Festschrift für Dieter Reuter
zum 70. Geburtstag

Dieter Reuter

Festschrift für

DIETER REUTER

zum 70. Geburtstag
am 16. Oktober 2010

herausgegeben von

Michael Martinek
Peter Rawert
Birgit Weitemeyer

De Gruyter

Gedruckt mit freundlicher Unterstützung der Bucerius Law School,
Hochschule für Rechtswissenschaft, Hamburg, des Notariats Ballindamm, Hamburg
sowie der ZEIT-Stiftung Ebelin und Gerd Bucerius, Hamburg.

ISBN 978-3-89949-684-0
e-ISBN 978-3-89949-685-7

Bibliografische Information der Deutschen Nationalbibliothek

Die Deutsche Nationalbibliothek verzeichnet diese Publikation in der Deutschen Nationalbibliografie; detaillierte bibliografische Daten sind im Internet über http://dnb.d-nb.de abrufbar.

Datenkonvertierung/Satz: Werksatz Schmidt & Schulz GmbH, Gräfenhainichen
Druck: Hubert & Co. GmbH & Co. KG, Göttingen
∞ Gedruckt auf säurefreiem Papier

Printed in Germany

www.degruyter.com

Dieter Reuter
zum 16. Oktober 2010

Arnd Arnold
Frank Bayreuther
Peter Bengelsdorf
Andreas Bergmann
Rolf Birk
Ulrich Burgard
Jan Busche
Per Christiansen
Dorothee Einsele
Volker Emmerich
Michael Fischer
Gerrit Forst
Martin Franzen
Markus Gehrlein
Anna Katharina Gollan
Joachim W. Habetha
Walther Hadding
Peter Hanau
Hans Hattenhauer
Elke Herrmann
Olaf Hoepner
Andreas Hoyer
Rainer Hüttemann
Gerhard Igl
Matthias Jacobs
Dominique Jakob
Joachim Jickeli
Detlev Joost
Abbo Junker
Ralf Katschinski
Heinrich Kiel
Sebastian Klausch
Thomas Koller
Horst Konzen
Rüdiger Krause
Peter Kreutz
Christopher Krois
Thomas Lobinger
Manfred Löwisch
Stefan Lunk
Michael Martinek
Hans-Christoph Matthes
Ernst-Joachim Mestmäcker
Rudolf Meyer-Pritzl
Wernhard Möschel
Karlheiz Muscheler
Jürgen Oechsler
Hartmut Oetker
Marian Paschke
Peter Picht
Eduard Picker
Henning Plöger
Wolfgang Portmann
Hans-Joachim Priester
Martin Probst
Hanns Prütting
Peter Rawert
Hermann Reichold
Gerhard Reinecke
Christoph Reymann
Reinhard Richardi
Andreas Richter
Volker Rieble
Christian Rolfs
Anne Röthel
Franz Jürgen Säcker
Haimo Schack
Karsten Schmidt
Edzard Schmidt-Jortzig
Werner Schubert
Norbert Sennhauser
Stefan Smid

Siegmar Streckel
Gregor Thüsing
Alexander Trunk
Winfried Veelken
Klaus Vieweg
Torsten Volkholz
Rolf Wank
Birgit Weitemeyer
Olaf Werner
Harm Peter Westermann
Stephan Weth
Herbert Wiedemann
Günther Wiese

Inhaltsverzeichnis

A. Allgemeines Privatrecht

B. Arbeitsrecht

C. Wirtschaftsrecht

D. Varia

Vorwort

Dieter Reuter wurde am 16.10.1940 in der kleinen Ortschaft Dahlbruch im katholisch geprägten Siegerland geboren. Eine akademische Laufbahn war ihm nicht in die Wiege gelegt. Früh jedoch erkannte man seine besondere Begabung. So kam er in die Obhut der Spiritaner im Kloster Knechtsteden in Dormagen und setzte seine Schullaufbahn während der Oberstufe am Städtischen Gymnasium in Siegen fort. Das Abitur entsprach den großen Hoffnungen, die der gescheite Schüler geweckt hatte.

Nach seinem Wehrdienst nahm *Dieter Reuter* im Jahre 1961 das Studium der Rechtswissenschaft in Münster auf. Er schloss es Anfang 1965 mit ausgezeichnetem Ersten Examen ab. Zwischendrin hatte es ihn aus dem beschaulichen Münsterland eine Weile nach Berlin gezogen. Den juristischen Vorbereitungsdienst und das Assessorexamen absolvierte er allerdings wieder in der Bischofsstadt – nebenbei bemerkt mit der Note „gut". Das ist gewiss eher ungewöhnlich für jemanden, der sich am liebsten mit grundlegenden Fragen des Rechts auseinander setzt und der die praktische Bewältigung des juristischen Alltags anderen überlässt. Und trotzdem: Dass er die Praxis ebenso souverän beherrscht wie die Wissenschaft, davon können seine Richterkollegen aus seiner zwanzigjährigen Zeit als Richter am Oberlandesgericht in Schleswig berichten.

Wie sehr sich *Dieter Reuter* für eine akademische Laufbahn eignete, zeigte sich schnell. Während seiner Tätigkeit als wissenschaftlicher Mitarbeiter am Lehrstuhl seines Doktorvaters *Dieter Nörr* in Münster entstand bis 1967 die Dissertation „Kindesgrundrechte und elterliche Gewalt". Die Arbeit nahm sich tiefschürfend des Spannungsverhältnisses zwischen dem grundrechtlich geschützten Selbstbestimmungsrecht des Kindes und den Grundrechten der Eltern an. Sie lieferte damit einen Beitrag zur Geltung der Grundrechte zwischen Privaten, der den Ehrgeiz des Autors belegte, Ewigkeitsfragen des Rechts anzupacken. Die neuesten Entscheidungen des EuGH zum Sorgerecht der Eltern für ihre Kinder belegen das eindrucksvoll. Kein Wunder, dass die Dissertation eines *summa cum laude* und des Fakultätspreises der Juristischen Fakultät der Universität Münster für würdig befunden wurde.

Entscheidend prägen sollte *Dieter Reuter* seine vierjährige Assistentenzeit von 1968 bis 1972 an der Reformuniversität Bielefeld unter *Ernst-Joachim Mestmäcker,* eines Lehrers also, der auf der Grundlage eines klaren ordnungspolitischen Bekenntnisses Wettbewerbspolitik und Wettbewerbsrecht in Deutschland entscheidend prägte. Heute noch schildert *Dieter Reuter* begeistert, wie er seine ersten beiden Assistentenjahre damit verbracht hat, sich die Gedankenwelt von *Franz Böhm*, *Walter Eucken* und *Friedrich August von Hayek* zu erschließen. Seine eigene und die Thesen dieser großen ordoliberalen Denker aufnehmende Habilitationsschrift mit dem Titel „Privatrechtliche Schranken der Perpetuierung von Unternehmen – Ein Beitrag zum Problem der Gestaltungsfreiheit im Recht der Unternehmensformen" schloss er 1973 nach nur dreijähriger Schreibarbeit ab. Gleichzeitig erhielt er die venia legendi für Bürgerliches Recht, Handelsrecht und Arbeitsrecht. Nach damaligem Brauch galt übrigens das Gesellschaftsrecht noch als Teil des Handelsrechts.

Zum Wintersemester 1974 nahm *Dieter Reuter* einen Ruf an die Freie Universität Berlin an, auf den Lehrstuhl für Bürgerliches Recht, Arbeits- und Wirtschaftsrecht. Er wurde Nachfolger von *Wilhelm Dütz*. Einen Ruf an die Universität Göttingen auf den Lehrstuhl von *Horst Neumann-Duesberg*, dem Erfinder der Rechtsfigur der „Relativen Person der Zeitgeschichte", lehnte er 1978 zugunsten der Universität Tübingen ab. Dort hatte man ihm den Lehrstuhl von *Josef Esser* angeboten. Dem Vernehmen nach soll *Esser* anfangs von der Besetzung seiner Nachfolge nicht begeistert gewesen sein. Er wurde jedoch bald eines Besseren belehrt, denn in die sechs Jahre der Tübinger Zeit *Dieter Reuters* fielen nicht nur rasch das Amt des Dekans der juristischen Fakultät (1981 bis 1982), sondern auch die Übernahme von Prüfungen für Wirtschaftsprüfer und zahlreiche schwergewichtige wissenschaftliche Publikationen: Sechs Monographien, zwei Auflagen der Kommentierungen zum Vereins- und Stiftungsrecht im Münchener Kommentar zum BGB, 22 Aufsätze, zahlreiche Urteilsanmerkungen und die Rechtsprechungsübersicht in der Juristischen Schulung zum Arbeitsrecht. Die Tübinger Jahre stehen überdies für eine besondere Arabeske in *Dieter Reuters* Karriere: Im Fernsehen konnte man ihn in dieser Zeit bewundern, wo er im Auftrag von ZDF und SWF eine Serie zur Einführung in das Familienrecht moderierte. Das gleichnamige Begleitbuch von 1980 lässt sich heute noch nachlesen. *Dieter Reuter* hat gesagt, er habe diese Aufgabe nicht übernommen, um Medienpräsenz zu zeigen – ein Motiv, das ihm in der Tat gänzlich fremd ist. Er habe vielmehr seiner Mutter beweisen wollen, dass man es auch als Wissenschaftler zu etwas bringen kann.

1984 erhielt *Dieter Reuter* seinen Ruf an die Universität Kiel. Er nahm ihn an und wurde Nachfolger von *Werner Thiele*. Kiel sollte seine wahre persönliche und fachliche Heimat werden. Den besonders ehrenvollen Ruf an die frühere Wirkungsstätte Bielefeld auf die Nachfolge von *Peter Hommelhoff* lehnte er daher trotz verheißungsvoller Perspektiven ab. In Kiel wurde *Dieter Reuter* Richter am Oberlandesgericht in Schleswig im zweiten Hauptamt, stellvertretender Vorsitzender des Justizprüfungsamts Schleswig-Holstein, Mitglied der renommierten Joachim-Jungius-Gesellschaft in Hamburg und Fachgutachter für die Deutsche Forschungsgemeinschaft. Gleich zweimal war er für den Deutschen Juristentag tätig: 1984 als Gutachter der wirtschaftsrechtlichen Abteilung zur Frage „Welche Maßnahmen empfehlen sich, insbesondere auf gesellschafts- und kapitalmarktrechtlichem Gebiet, um die Eigenkapitalausstattung der Unternehmen nachhaltig zu verbessern?“ und im Jahr 1996 als Referent in der Arbeitsrechtlichen Abteilung mit dem Thema: „Empfiehlt es sich, die Regelungsbedürfnisse der Tarifparteien im Verhältnis zu den Betriebsparteien neu zu ordnen?“. Zugleich war er 1996 Sachverständiger in Sachen Deregulierung des Arbeitsmarkts bei der Monopolkommission und bald darauf auch zur Reform des Stiftungsrechts beim Innenausschuss und der Enquetekommission des Bundestags.

Die ganze Bandbreite des wissenschaftlichen Werks von *Dieter Reuter* ist damit freilich nur angedeutet. Neben dem klassischen Bürgerlichen Recht mit Schwerpunkten im Vereins- und Stiftungsrecht, im Bereicherungsrecht und im Maklerrecht deckt es das Handels-, Gesellschafts- und Wirtschaftsrecht ab. Mit der Zeit entwickelte sich überdies das Arbeitsrecht zu einem gewichtigen Topos des Jubilars. Bedeutsame und ständig aktualisierte Kommentierungen zum Vereins- und Stiftungsrecht (Münchener Kommentar), zum Maklerrecht, zur Verwahrung, zu Leihe und Pacht (Staudinger) lassen das Pensum erahnen, das *Dieter Reuter* sich noch immer auferlegt. Dabei ist jede seiner Kommentierungen ein abgerundetes wissenschaftliches Werk für sich. Es handelt nicht nur Einzelfragen ab, sondern durchdringt das jeweilige Rechtsgebiet umfassend und seine Grundfragen in monographischer Tiefe. Kein Nachfolger wird diese Werke in vergleichbarer Weise fortführen können. Und immer streitet *Reuter* auf der Grundlage klarer ordnungspolitischer Prinzipien für den Schutz einer im Kern freien und nur wo es notwendig ist auch eingehegten Marktwirtschaft, mithin etwa für eine Deregulierung des Arbeitsrechts, gegen die Perpetuierung von Unternehmen – auch in Form von Unternehmensstiftungen – und gegen übermäßige wirtschaftliche Betätigungen in Idealvereinen. *Dieter Reuters* Beitrag zu einer auf klaren ordnungspolitischen Befunden basierenden Freiheitsethik und sein Plädoyer gegen eine moralisierende Verantwortungsethik sind zu seinem 65. Geburtstag 2005 in Kiel mit einem eindrucksvollen Symposion gewürdigt worden.

2006 hat man *Dieter Reuter* emeritiert. Lange Zeit hatte er nicht, um sich mit voller Kraft in seine geliebte wissenschaftliche Arbeit am Schreibtisch und in der Bibliothek zu stürzen. Nachdem der von ihm geschätzte *W. Rainer Walz* durch seinen plötzlichen Tod aus der Leitung des Instituts für Stiftungsrecht und das Recht der Non-Profit-Organisationen an der Bucerius Law School in Hamburg gerissen worden war, war *Dieter Reuter* auf Bitten der Bucerius Law School umgehend bereit, das Institut in der Zeit der Vakanz von Oktober 2006 bis März 2007 zu führen. Er übernahm umfangreiche organisatorische Aufgaben, die mit dieser Position verbunden waren, leitete die Hamburger Tage zum Stiftungs- und Non-Profit-Recht, organisierte Länderabende zu ausländischen Stiftungsrechtsordnungen, brachte das vom Institut edierte Non Profit Law Yearbook heraus, betreute eine Vielzahl verwaister Doktoranden und konzipierte eine völlig neue Vorlesung zum Recht der Non-Profit-Organisationen. Wer seine Leistungen aus einem halben Jahr in Hamburg betrachtet, muss bezweifeln, ob *Dieter Reuters* Selbsteinschätzung, er eigne sich nicht für Aufgaben mit Managementcharakter, wirklich richtig ist.

Generationen von Mitarbeitern haben *Dieter Reuter* und seine vorbildhafte Arbeitsdisziplin, seine intellektuelle Schärfe, seinen von Außenstehenden häufig völlig unterschätzten Humor und seine uneitle, nicht hierarchische Führungskultur schätzen und auch lieben gelernt. Seine stets sorgfältig vorbereiteten Vorlesungen, die den jeweiligen Stoff systematisch durchdrangen und gleichzeitig mit einer Fülle von Beispielsfällen die praktische Arbeitstechnik einübten, verlangten nicht wenig an Konzentrationsfähigkeit. Vorlesungen im Plauder- oder Repetitorstil waren nie die Sache von *Dieter Reuter*. Aber Studierende, die sich auf die stringent entwickelten Gedankengänge einließen, hatten neben vielen Details auch immer den Kern einer Rechtsfrage verstanden und damit mehr gelernt als zunächst angenommen. Die Mitarbeiter seines Kieler Lehrstuhls, die durch die Bank hervorragende Ergebnisse in den Staatsexamina erreichten und in vielen Bereichen als Juristen Karriere gemacht haben, erzählen gerne, sie hätten in der täglichen Teerunde mit ihrem Lehrer in *Edeltraut Strzeleckis* Sekretärinnenbüro mehr gelernt als bei jedem auch noch so guten Repetitor.

Trotz sieben vollendeter Lebensjahrzehnte hat *Dieter Reuter* sich weiter viel vorgenommen. Dem Jubilar sei dabei Freude gewünscht. Die Fachwelt darf weiter Schwergewichtiges erwarten.

Michael Martinek Peter Rawert Birgit Weitemeyer

A. Allgemeines Privatrecht

Satzungsvorbehalt für die Vorstandsvergütung bei Vereinen und Stiftungen?

Arnd Arnold

I. Einleitung

Auch im Vereins- und Stiftungsrecht, zu dessen Fortentwicklung der Jubilar maßgeblich beigetragen hat, sind zuletzt die Vorstandsvergütungen in die Diskussion geraten. Den Anlass bilden dabei – wie so häufig im Recht der Non-Profit-Organisationen – die Vorschriften über die steuerliche Gemeinnützigkeit: Nach dem durch das Gesetz zur weiteren Stärkung des bürgerschaftlichen Engagements[1] eingeführten § 3 Nr. 26 a EStG sind Einnahmen aus einer nebenberuflichen Tätigkeit im Dienst oder Auftrag einer unter § 5 Abs. 1 Nr. 9 KStG fallenden Einrichtung zur Förderung gemeinnütziger, mildtätiger und kirchlicher Zwecke (§§ 52–54 AO) bis zu einer Höhe 500 Euro von der Einkommensteuer befreit. Diese Regelung erweckt den Eindruck, gemeinnützige Vereine und Stiftungen könnten nunmehr ihren Vorständen unproblematisch steuerfrei eine Vergütung in entsprechender Höhe zahlen. Dieser Auffassung hat jedoch das Bundesfinanzministerium in mehreren Schreiben widersprochen. Dabei hat es zunächst ausgeführt, dass die Zahlung von Vergütungen nicht mit dem Gebot, sämtliche Mittel für die steuerbegünstigten satzungsmäßigen Zwecke zu verwenden (§ 55 Abs. 1 Nr. 1 AO), vereinbar und damit schädlich für die Gemeinnützigkeit sei, wenn der Vorstand nach der Satzung ehrenamtlich tätig sei.[2] In einem weiteren Schreiben[3] hat das Bundesfinanzministerium sogar einen noch restriktiveren Standpunkt eingenommen: Nach den für Vereine geltenden zivilrechtlichen Vorschriften habe der Vorstand sein Amt ehrenamtlich auszuüben. Die Gewährung von Vergütungen bedürfe einer ausdrücklichen Erlaubnis in der Satzung. Zahle ein Verein dem Vorstand ohne eine derartige Satzungsbestimmung eine Vergütung, verstoße er gegen das Gebot der Selbstlosigkeit und könne nicht als gemeinnützig behandelt werden.

[1] BGBl. I 2007, 2332.
[2] BMF, Schreiben v. 25.11.2008, IV C 4 – S 2121/07/0010, DStR 2008, 2479.
[3] BMF, Schreiben v. 22.4.2009, IV C 4 – S 2121/07/0010, DB 2009, 987; dazu *Hüttemann* DB 2009, 1205 ff.

Die Praxis wird auf diese Entwicklung mit entsprechenden Änderungen der Vereinssatzungen reagieren, soweit diese eine Vergütung des Vorstands noch nicht ausdrücklich erlauben. Da das Bundesfinanzministerium bei der Zahlung von Vergütungen ohne eine entsprechende Satzungsgrundlage zwischen dem 10.10.2007 – dem Tag der Ausfertigung des Gesetzes zur weiteren Stärkung des bürgerschaftlichen Engagements – und dem 31.12.2009 aus Billigkeitsgründen von einer Aberkennung der Gemeinnützigkeit absehen will, wenn die Leistungen nicht unangemessen hoch waren[4], scheinen die Konsequenzen für die Praxis auf den ersten Blick erträglich. Dies gilt freilich nicht, soweit eine entsprechende Satzungsänderung in der Mitgliederversammlung scheitert, weil die nach § 33 Abs. 1 BGB erforderliche Drei-Viertel-Mehrheit verfehlt wird. Zweifelsfragen ergeben sich zudem im Hinblick auf bislang ohne eine entsprechende Satzungsgrundlage erfolgte Zahlungen, auch wenn die Finanzverwaltung diese nicht zum Anlass für eine Aberkennung der Gemeinnützigkeit nehmen will. Wären derartige Vergütungen zivilrechtlich unzulässig, müssten die betroffenen Vorstande die Zahlungen den Vereinen zurückzahlen, und die handelnden Personen könnten sich wegen Untreue (§ 266 StGB) strafbar gemacht haben. Zuletzt wirkt es befremdlich, wenn sich die Finanzverwaltung nunmehr auch zur Auslegung des Zivilrechts berufen fühlt.

Im Folgenden soll daher überprüft werden, ob die Zahlung von Vergütungen an Vereinsvorstände tatsächlich eine entsprechende Regelung in der Satzung voraussetzt. Ferner soll auch die Rechtslage bei der Stiftung untersucht werden; denn auch wenn sich die Ausführungen der Finanzverwaltung nur auf Vereine beziehen, stellen sich für Stiftungen die gleichen Fragen.

II. Die Vergütung von Vereinsvorständen

1. Das Fehlen eines gesetzlichen Vergütungsanspruchs

Die §§ 21–79 BGB regeln die Frage, unter welchen Voraussetzungen ein Vereinsvorstand Anspruch auf eine Vergütung hat, nicht ausdrücklich. Allerdings bestimmt § 27 Abs. 3 BGB, dass sich das Rechtsverhältnis der Vorstandsmitglieder zum Verein nach den §§ 664–770 BGB bestimmt. Ein Anspruch des Vorstands auf Vergütung besteht damit grundsätzlich nicht[5]; denn die §§ 664–670 BGB sehen einen derartigen Anspruch nicht vor. Vielmehr

[4] Schreiben des BMF v. 22.4.2009 (Fn. 3), DB 2009, 987; siehe auch die vorherigen Übergangsregeln im Schreiben des BMF v. 9.3.2009, IV C 4 – S 2121/07/0010, DStR 2009, 585 und das Schreiben des BMF v. 25.11.2008 (Fn. 2), DStR 2008, 2479, 2480.

[5] Siehe nur OLG Celle Nds. Rpfl. 1993, 244, 245; JurisPK-BGB/*Otto*, 4. Aufl. 2008, § 27 Rn. 34; *Stöber*, Handbuch zum Vereinsrecht, 9. Aufl. 2004, Rn. 309; *Reuter* EWiR 1988, 427.

kann der Vorstand nach §§ 27 Abs. 3, 670 BGB nur den Ersatz seiner Aufwendungen verlangen kann. Damit hat der Vorstand einen Anspruch auf Ersatz seiner tatsächlich angefallenen Auslagen, insbesondere für Reisekosten, Post- und Telefonspesen, zusätzliche Beherbergungs- und Verpflegungskosten etc., wenn sie für die Ausführung der übernommenen Tätigkeit erforderlich sind und sich in einem angemessenen Rahmen halten; er kann aber keine Entschädigung für eingesetzte Arbeitszeit und Arbeitskraft verlangen.[6] Dabei sind sämtliche Pauschalen, die nicht tatsächlich entstandenen und belegbaren Aufwand abdecken oder Ersatz für Kosten sind, die mit der in Frage stehenden Tätigkeit typischerweise für den Beauftragten verbunden sind und in dieser Höhe üblicherweise pauschal ohne Einzelnachweis erstattet werden, verdeckte Vergütungen.[7]

2. *Die Zulässigkeit von Vergütungen*

a) Meinungsstand

Aus der fehlenden gesetzlichen Regelung eines Vergütungsanspruchs folgt aber nicht, dass eine Vergütung ausgeschlossen wäre. Vielmehr wird die Zulässigkeit einer Entschädigung des Vorstands für die von ihm aufgewandte Arbeitskraft bereits in § 27 Abs. 2 BGB vorausgesetzt. Dort heißt es, dass die Bestellung *unbeschadet des Anspruchs auf die vertragsgemäße Vergütung* jederzeit widerruflich ist. Zudem setzt auch der neue § 31a BGB, der für unentgeltlich oder für eine geringe Vergütung tätige Vorstände eine Haftungsprivilegierung vorsieht[8], die Zulässigkeit derartiger Gehaltszahlungen voraus. Begründet wird ein derartiger Anspruch durch Abschluss eines entsprechenden Anstellungsvertrags mit dem Vorstand. Dieser bedarf keiner Form, sondern kann auch stillschweigend abgeschlossen werden.[9] Darüber hinaus wird freilich im vereinsrechtlichen Schrifttum im Einklang mit den Ausführungen des Bundesfinanzministeriums vielfach eine Regelung in der Satzung, die eine Vergütung erlaubt, für erforderlich gehalten.[10] Zur Begrün-

[6] BGH NJW-RR 1988, 745, 746; *Reichert*, Handbuch Vereins- und Verbandsrecht, 12. Aufl. 2010, Rn. 1217 ff.; *Stöber*, Handbuch zum Vereinsrecht, 9. Aufl. 2004, Rn. 310 f.; *Sauter/Schweyer/Waldner*, Der eingetragene Verein, 18. Aufl. 2006, Rn. 288.

[7] BGH NJW-RR 1988, 745, 746.

[8] Zu dieser Regelung siehe nur *Reuter* NZG 2009, 1368 ff. und *Arnold* in: Non Profit Law Yearbook 2009, S. 89 ff.

[9] *Reichert* (Fn. 6), Rn. 1217; *Hüttemann* DB 2009, 1205, 1207.

[10] Palandt/*Ellenberger*, BGB, 69. Aufl. 2010, § 27 Rn. 5; jurisPK-BGB/*Otto* (Fn. 5), § 27 Rn. 45; *Hüffer* WuB II L § 27 BGB 1.88; *Hüttemann*, DB 2009, 1205, 1207. Unklar *Stöber* (Fn. 6), Rn. 309, nach dem ein Vergütungsanspruch nur besteht, wenn die Satzung dies vorsieht *oder* ein besonderer Verpflichtungsgrund insbesondere in Form eines schuldrechtlichen Anstellungsvertrags besteht, der dann aber feststellt, dass der Vorstand grundsätzlich ehrenamtlich zu arbeiten habe, soweit eine entsprechende Satzungsbestimmung fehle.

dung dieser Auffassung wird darauf verwiesen, dass der Vorstand nach der gesetzlichen Regelung ehrenamtlich tätig werde. Daher müsse eine abweichende Bestimmung nach § 40 BGB in der Satzung getroffen werden. Im Übrigen wird regelmäßig darauf hingewiesen, dass dies auch die Auffassung des BGH sei.

Indes ist der Standpunkt der Rechtsprechung keineswegs so eindeutig, wie es diese Ausführungen in der Literatur vermuten lassen. Dies gilt insbesondere im Hinblick auf das in diesem Zusammenhang immer wieder zitierte Urteil des BGH vom 14.12.1987[11], in dem dieser über die Rechtmäßigkeit von Vergütungen von Vorstandsmitgliedern und der Mitglieder eines von der Satzung als weiteres Organ vorgesehenen Verwaltungsrats zu entscheiden hatte. Dabei sah die Satzung des Vereins vor, dass dem Verwaltungsrat des Vereins die eventuelle Festsetzung einer angemessenen Vergütung für den Vorstand oblag. Im Hinblick auf die Mitglieder des Verwaltungsrats fehlte eine entsprechende Regelung. In seiner Entscheidung vertrat der BGH zunächst die Auffassung, dass das in der Satzung verankerte Tatbestandsmerkmal der „angemessenen Vergütung" gerichtlich voll nachprüfbar sei.[12] Die Zahlung von Vergütungen an die Mitglieder des Verwaltungsrats als weiteres satzungsmäßiges Organ des Vereins hielt der BGH für unzulässig. Da die Satzung den Verwaltungsrat nur zur Festsetzung einer angemessenen Vergütung für den Vorstand ermächtige und für die Festsetzung von Vergütungen von Verwaltungsratsmitgliedern eine entsprechende Satzungsbestimmung fehle, folge daraus im Umkehrschluss, dass dem Verwaltungsrat keine Vergütung zustehen solle, sondern dass er seine Tätigkeit ehrenamtlich auszuüben habe.[13] Der BGH hat also den Satzungsvorbehalt allein aus der Auslegung der konkreten Vereinssatzung abgeleitet. Die Aussage, dass eine Vergütung als Abweichung vom gesetzlichen Regelfall der ehrenamtlichen Tätigkeit generell einer Festsetzung in der Satzung bedürfe, lässt sich dem Urteil nicht entnehmen.

Nach dieser Entscheidung hat der BGH nochmals 2007 Stellung zu der Frage genommen, unter welchen Voraussetzungen eine Vergütung von Vereinsvorständen zulässig ist. Hierbei hat er seine Entscheidung aus dem Jahr 1987 ausdrücklich bestätigt und die im konkreten Fall gezahlten Vergütungen als „satzungswidrig" angesehen, „weil nach der Satzung des Vereins die Vorstandsmitglieder ihre organschaftliche Tätigkeit ehrenamtlich auszuüben haben und die Satzung eine Vergütung der aufgewendeten Arbeitszeit und Arbeitskraft gerade nicht vorsieht".[14] Damit hat der BGH die Unzulässigkeit einer Vergütung erneut nicht mit § 27 Abs. 3 BGB begründet, sondern den

11 BGH NJW-RR 1988, 745 ff.
12 BGH NJW-RR 1988, 745, 746.
13 BGH NJW-RR 1988, 745, 747.
14 BGH WM 2008, 736.

Satzungsvorbehalt für derartige Zahlungen allein aus der Satzung selbst abgeleitet, die eben eine ehrenamtliche Tätigkeit vorgesehen habe. Woraus sich in der Satzung ergab, dass der Vorstand ehrenamtlich tätig werden sollte, bleibt freilich offen, da die Entscheidung die fraglichen Bestimmungen der Satzung nicht wiedergibt.[15]

Festzuhalten ist damit: Aus der Rechtsprechung des BGH ergibt sich bislang keineswegs eindeutig, dass die Vergütung von Vereinsvorständen eine Regelung in der Satzung voraussetzt.

Allerdings finden sich in der Rechtsprechung der Instanzgerichte zwei Entscheidungen, die für die Notwendigkeit einer Satzungsregelung sprechen.[16] So hat das LG München I[17] die Auffassung vertreten, dass ein Mitglied des Vorstands eines eingetragenen Vereins nach seinem Ausscheiden aus dem Vorstand keinen Anspruch auf Übertragung einer vom Verein zu seinen Gunsten abgeschlossenen Lebensversicherung habe, wenn eine entsprechende Vergütung über den ihm für seine Tätigkeit zustehenden Aufwendungsersatz hinaus nicht satzungsgemäß beschlossen worden sei. Ausdrücklich bejaht wurde die Erforderlichkeit einer entsprechenden Satzungsregelung schließlich vom FG Hamburg.[18] Zur Begründung verwies es auf die genannten Entscheidungen des BGH und führte weiter aus, Finanzierungen von umfangreichen Leistungen an die Mitglieder eines Vereins wie die Gewährung einer Vergütung an den Vorstand fielen unter die wesentlichen Grundentscheidungen, die einer satzungsmäßigen Grundlage bedürften.

b) Kritische Analyse

aa) Der Wortlaut

Gegen die Notwendigkeit einer Regelung der Vorstandsvergütung in der Satzung spricht indes bereits der Wortlaut des § 27 Abs. 3 BGB. Dieser verweist nur auf die §§ 664–670 BGB. Auf § 662 BGB, der die Unentgeltlichkeit des Auftrags regelt, wird also gerade nicht Bezug genommen. Freilich wird teilweise auch mit § 40 BGB argumentiert: Da nach dieser Vorschrift § 27 Abs. 3 BGB nur dann keine Anwendung finde, wenn die Satzung etwas anderes bestimme, und §§ 27 Abs. 3, 664–670 BGB nur einen Anspruch auf

[15] Die vorhergehende Entscheidung des Kammergerichts in der Sache ist nicht verfügbar.

[16] Die teilweise in diesem Zusammenhang zitierte Entscheidung des OLG Celle Nds. Rpfl. 1993, 244, 245 betrifft nur den Aufwendungsersatzanspruch ehrenamtlich tätiger Vorstandsmitglieder oder besonderer Vertreter und enthält im Hinblick auf die hier behandelte Frage lediglich die selbstverständliche Feststellung, dass Vorstandsmitglieder, soweit keine abweichende *Vereinbarung* bestehe, ihr Amt ehrenamtlich zu führen und nur einen Anspruch auf Aufwendungsersatz nach §§ 27 Abs. 3, 670 BGB hätten.

[17] LG München I VersR 2008, 1703.

[18] FG Hamburg v. 19.6.2008, 5 K 165/06, Rn. 151 (Juris).

Aufwendungsersatz, nicht aber auf ein Gehalt vorsähen, erfordere die Zahlung einer Vergütung an den Vorstand eine entsprechende Satzungsregelung.[19] Damit wird freilich vorausgesetzt, dass die §§ 27 Abs. 3, 664–670 BGB das Rechtsverhältnis zwischen Vorstand und Verein abschließend regeln. Dies erscheint indes schon im Hinblick auf die eher rudimentäre Regelung der §§ 664–670 BGB fraglich. Dies gilt umso mehr, da § 27 Abs. 2 BGB bereits davon ausgeht, dass dem Vorstand durch Vertrag eine Vergütung gewährt werden kann. Schließlich steht die Einräumung eines Anspruchs auf Aufwendungsersatz der Zahlung einer Vergütung keineswegs zwangsläufig entgegen, wie bereits das Beispiel der entgeltlichen Geschäftsbesorgung (§ 675 BGB) zeigt. Insgesamt lässt sich damit aus dem Gesetzeswortlaut nicht ableiten, dass Vereinsvorstände nur dann ein Gehalt beziehen dürfen, wenn dies in der Satzung vorgesehen ist.

bb) Das Konzept des historischen Gesetzgebers

Dieser Befund wird auch durch den Blick in die Gesetzesmaterialien gestützt. Vorläufer des § 27 Abs. 3 BGB im ersten Entwurf des BGB war § 44 BGBG-E I.[20] Nach dieser Vorschrift fanden auf die Rechte und Pflichten des Vorstands gegenüber der Körperschaft die „Vorschriften der §§ 585, 588 bis 596 entsprechende Anwendung".[21] Auch im ersten Entwurf wurden damit die Rechte und Pflichte des Vorstands in Anlehnung an das Auftragsrecht geregelt. Dabei entsprachen die §§ 588–595 BGB-E I weitgehend den heutigen §§ 664–670 BGB. § 585 BGB-E I war der Vorläufer des heutigen § 662 BGB. Anders als dieser setzte die Regelung aber nicht voraus, dass der Auftrag unentgeltlich auszuführen war. Vielmehr sah § 596 BGB-E I, auf den § 44 BGB-E I für den Vereinsvorstand gleichfalls Bezug nahm, ausdrücklich vor, dass der Auftraggeber sich verpflichten könne, für die Ausführung des Auftrags dem Beauftragten eine Vergütung zu gewähren. Eine solche sollte als stillschweigend vereinbart anzusehen sein, wenn die Ausführung des Auftrags nach den Umständen nur gegen eine Vergütung zu erwarten war. Der Gesetzgeber ging also nicht davon aus, dass der Vorstand in der Regel ehrenamtlich tätig wird. Vor diesem Hintergrund kam es auf § 44 Abs. 7 BGB-E I, nach dem die Verweisung auf das Auftragsrecht nur galt, „als nicht die Verfassung ein Anderes bestimmt", im Hinblick auf die Vergütung gar nicht mehr an. Schon nach den in Bezug genommenen Vorschriften des Auftragsrechts konnte eine Vergütung vereinbart werden.

[19] So *Hüttemann* DB 2009, 1205, 1207, 1209.

[20] Die Vorschrift ist abgedruckt bei *Mugdan*, Die gesamten Materialien zum Bürgerlichen Gesetzbuch für das Deutsche Reich, Bd. 1, 1899, S. LX .

[21] Die Vorschriften sind abgedruckt bei *Mugdan*, Die gesamten Materialien zum Bürgerlichen Gesetzbuch für das Deutsche Reich, Bd. 2, 1899, S. XCV ff.

An dieser Lösung wollte auch die zweite Kommission nichts ändern. Sie hielt inhaltlich am ursprünglichen § 44 BGB-E I zunächst fest.[22] Im weiteren Verlauf der Beratungen wurde dann § 596 BGB-E I gestrichen und § 585 BGB-E I dahingehend geändert, dass die Unentgeltlichkeit zum Wesen des Auftrags gehören sollte. Als Konsequenz wurde im Hinblick auf die Rechte und Pflichten des Vereinsvorstands nicht nur die Verweisung auf den gestrichenen § 596 BGB-E I, sondern auch auf den geänderten § 585 BGB-E I beseitigt. Dazu heißt es in der Begründung:

> *„Nachdem § 585 des Entwurfs dahin abgeändert worden sei, dass die Unentgeltlichkeit ein Begriffsmerkmal für den Auftrag bilde, passe § 585 nicht mehr auf die Rechtsbeziehungen, welche zwischen dem Vorstande einer jur. Person und dieser selbst bestehen. Es könne nicht als der Normalfall hingestellt werden, dass der Vorstand einer Körperschaft seine Funktionen ohne jede Vergütung besorge, möge auch bei den Vereinen mit idealen Tendenzen die Unentgeltlichkeit die Regel bilden. Jedenfalls sei der § 585 insoweit entbehrlich, als er, auf den Vorstand einer jur. Person angewendet, nur ausspreche, dass der Vorstand, wenn er die Wahl angenommen habe, das Amt auch führen müsse; denn dies sei selbstverständlich. Anlangend den Ausfall des § 596, so entstehe dadurch keine Lücke, da der Abs. 1 selbstverständlich sei und bezüglich der Vergütung des Vorstands, sei es im Statute, sei es im besonderen Vertrage, Vorsorge getroffen sein werde, die Rechtssätze des Abs. 2 aber auch im Wege der Analogie gefunden werden würden.“*[23]

Ein weitergehender Antrag, die Verweisung auf das Auftragsrecht ganz zu streichen, da erst der Untersuchung des konkreten Falls entnommen werden könne, ob ein Auftragsverhältnis, ein Dienstvertrag oder ein nach der Geschäftsführung des Gesellschafters zu beurteilendes Rechtsverhältnis vorliege, wurde abgelehnt. Die in Bezug genommenen Vorschriften stellten keine besonderen Grundsätze des Auftragsrechts dar, sondern würden in allen Fällen zutreffen, in denen eine Geschäftsbesorgung in Frage komme. Mit dem Verweis solle nicht zum Ausdruck gebracht werden, dass das Rechtsverhältnis zwischen Vorstand und Verein allein nach Maßgabe der für den Auftrag geltenden Vorschriften zu behandeln sei.[24]

[22] Protokolle S. 1025–1027, zitiert nach *Mugdan* (Fn. 20), S. 609 f.

[23] Protokolle S. 2338, zitiert nach *Mugdan* (Fn. 20), S. 611 = Protokolle der Kommission für die zweite Lesung des Entwurfs des Bürgerlichen Gesetzbuchs, Band 2, 1898, S. 378 (mit geringen sprachlichen Änderungen). Zu diesen sprachlichen Glättungen bei der Herausgabe der Protokolle siehe die Einführung von *Schubert* zu Protokolle der Kommission für die zweite Lesung des Entwurfs des Bürgerlichen Gesetzbuchs, Band 1, 1897, Neudruck 1983.

[24] Protokolle S. 2339, zitiert nach *Mugdan* (Fn. 20), S. 612.

Damit zeigt sich, dass der historische Gesetzgeber gerade nicht davon ausgegangen ist, dass der Vereinsvorstand in der Regel unentgeltlich tätig wird. Für eine Vergütung des Vorstands sollte vielmehr, wie die zitierte Passage zeigt, ein entsprechender Vertrag genügen.

cc) Regelung der Vergütung als zwingender Bestandteil der Vereinsverfassung?

Die Notwendigkeit einer Regelung der Vorstandsvergütung in der Satzung ließe sich allerdings noch teleologisch begründen, wenn es sich bei der Entscheidung, ob die Vereinsorgane entgeltlich tätig werden, um eine Grundfrage der Vereinsverfassung handelte, die einer Regelung in der Satzung bedarf (§ 25 BGB). Wäre dies zu bejahen, müsste ein „Schweigen“ der Satzung zur Frage der Vorstandsvergütung als Entscheidung für eine unvergütete Tätigkeit verstanden werden.

Grundsätzlich gilt, dass die Vereinssatzung alle für das Vereinsleben bestimmenden Grundentscheidungen über die Organisation und die Mitgliedschaft zu enthalten hat.[25] Als „wesentliche Grundentscheidungen“, die in der Satzung getroffen werden müssen, sind dabei von der Rechtsprechung etwa Bestimmungen zum Ausschluss von Mitgliedern und zu sonstigen Vereinsstrafen angesehen worden.[26] Für einen Spitzenverband von Kreditgenossenschaften hat sie ferner Satzungsregelungen zur Beitragspflicht der Mitgliedsbanken und zu deren Ansprüchen auf Unterstützungsleistungen in der Unternehmenskrise als erforderlich angesehen.[27] Weitergehend wird in der Literatur vertreten, auch die Zusammensetzung und Wirkungsweise von Vereinsorganen sowie die Bestellung der Organmitglieder unterliege „in Grundsätzen“ – nicht dagegen in den technischen Details (Kopfzahl, Durchführung der Wahlen) – dem Satzungszwang.[28]

Maßgeblich für die Einordnung der genannten Regelungen als „wesentliche Grundentscheidung“ war für die Rechtsprechung in den genannten Fällen regelmäßig der Gedanke des Mitgliederschutzes, während in der Literatur teilweise auf die „Sicherung der Integrationsfunktion der Satzung“ abgestellt wird.[29] Weder diese abstrakten Kriterien noch die genannten Fallgruppen legen jedoch den Schluss nahe, dass es sich auch bei der Vergütung der Organe um eine wesentliche Grundentscheidung handelt, die in der Satzung geregelt werden müsste. Insbesondere kann man nicht – wie das FG

[25] BGHZ 88, 314, 316; 105, 306, 313; Palandt/*Ellenberger* (Fn. 10), § 25 Rn. 2; Soergel/*Hadding*, BGB, 13. Aufl. 2001, § 25 Rn. 21.
[26] Siehe nur BGHZ 47, 172, 177.
[27] BGHZ 105, 306, 313.
[28] MünchKommBGB/*Reuter*, 5. Aufl. 2006, § 25 Rn. 5.
[29] MünchKommBGB/*Reuter* (Fn. 28), § 25 Rn. 5 m.w.N.

Hamburg[30] – darauf abstellen, dass die Finanzierung von umfangreichen Leistungen an die Mitglieder eines Vereins einer satzungsmäßigen Grundlage bedürfe. Zwar liegt es nahe, für einen derartigen Grundsatz, der bislang vom BGH noch nicht allgemein formuliert worden ist, den Gedanken des Mitgliederschutzes anzuführen, und darauf zu verweisen, dass Zahlungen an die Organe das Vereinsvermögen schmälern. Indes können die Mitglieder ohnehin nicht auf das Vereinsvermögen zugreifen. Ein allgemeiner Grundsatz, dass jede erhebliche Schmälerung des Vereinsvermögens zum Schutz der Mitglieder einer satzungsmäßigen Grundlage bedarf, wäre auch kaum praktikabel und könnte zudem einer Vorstandsvergütung ohne Satzungsgrundlage nicht generell entgegenstehen, sondern würde nur Zahlungen ab einer bestimmten Höhe ausschließen. Zuletzt spricht gegen die Einordnung der Frage der Organvergütung als wesentliche, der Regelung in der Satzung bedürftige Grundentscheidung der Vergleich mit anderen Körperschaften wie etwa der GmbH, bei der ein Satzungsvorbehalt für die Zahlung von Vergütungen nicht bekannt ist, obwohl auch hier eine unentgeltliche Tätigkeit grundsätzlich möglich ist.[31] Auch aus dem Grundsatz, dass die Satzung die wesentlichen Grundentscheidungen selbst regeln muss, folgt damit nicht, dass die Vergütung des Vorstands in der Satzung geregelt werden muss.

c) Ergebnis

Festzuhalten ist damit: Weder aus dem Wortlaut, aus den Gesetzesmaterialien noch mit teleologischen Erwägungen lässt sich begründen, dass die Zahlung einer Vergütung an den Vereinsvorstand eine entsprechende Regelung in der Satzung voraussetzt. Die Satzung steht derartigen Zahlungen vielmehr nur entgegen, wenn sie eine unvergütete Tätigkeit des Vorstands vorsieht.

3. *Praktische Konsequenzen*

Praktisch folgt hieraus, dass die Zahlung einer Vergütung an den Vorstand nur dann eine Änderung der Satzung voraussetzt, wenn diese bislang eine unentgeltliche Tätigkeit des Vorstands vorsieht. Dabei kann eine Satzungsänderung insbesondere bei Satzungen erforderlich werden, die eine „ehrenamtliche" Tätigkeit des Vorstands vorsehen. Zwar bedeutet „Ehrenamtlichkeit" nicht zwangsläufig „Unentgeltlichkeit", sondern es bedarf einer Auslegung der konkreten Satzung, um den Bedeutungsgehalt des Begriffs im Einzelfall zu bestimmen.[32] In der Praxis wird aber regelmäßig aus der Anordnung einer

[30] FG Hamburg v. 19.6.2008, 5 K 165/06, Rn. 151 (Juris).

[31] Siehe für den GmbH-Geschäftsführer nur Baumbach/Hueck/*Zöllner*/*Noack*, GmbHG, 19. Aufl. 2010, § 35 Rn. 63.

[32] BFH/NV 2001, 1536, 1538; *Hüttemann* DB 2009, 1205, 1207 f. Gegen eine Gleichsetzung auch das Schreiben des BMF v. 22.4.2009 (Fn. 3), DB 2009, 987.

„ehrenamtlichen" Tätigkeit gefolgert werden, dass dem Vorstand keine Vergütung gezahlt werden darf.[33]

Sieht die Satzung keine unentgeltliche Tätigkeit des Vorstands vor, ist die Zahlung einer Vergütung bereits dann wirksam, wenn ein entsprechender Anstellungsvertrag geschlossen wurde. Zuständig für den Abschluss des Anstellungsvertrags mit dem Vorstand ist im Verein nach herrschender Meinung beim Fehlen abweichender statutarischer Regeln das Organ, dem auch die Bestellung des Vorstands obliegt.[34] Vorbehaltlich abweichender Satzungsregelung ist damit die Mitgliederversammlung nicht nur zur Bestellung des Vorstands berufen (§ 27 Abs. 1 BGB), sondern auch zum Abschluss des Anstellungsvertrags. Ausreichend ist dabei aber nach § 32 Abs. 1 S. 3 BGB ein mit einfacher Mehrheit gefasster Beschluss. Ist die Bestellung des Vorstands durch die Satzung einem Präsidium oder erweiterten Vorstand zugewiesen worden, ist dieses Organ vorbehaltlich abweichender Satzungsregelung auch für den Abschluss des Anstellungsvertrags zuständig und hat im Rahmen dieser Kompetenz darüber zu befinden, ob der Vorstand eine Vergütung erhält und welche Höhe diese haben soll. Wird dabei eine überhöhte Vergütung gewährt, kommt eine Haftung der Mitglieder eines solchen Organs gegenüber dem Verein auf Ersatz des hierdurch entstandenen Schadens in Betracht.[35]

Konsequenzen hat die Entbehrlichkeit einer Satzungsbestimmung zur Vorstandsvergütung auch für das Steuerrecht. Entgegen der Auffassung des Bundesfinanzministeriums[36] liegt ein Verstoß gegen das Gebot der Selbstlosigkeit nicht bereits dann vor, wenn der Verein dem Vorstand eine Vergütung zahlt, obwohl die Satzung dies nicht ausdrücklich vorsieht. Gemeinnützigkeitsschädlich ist vielmehr erst die Zahlung von Vergütungen, falls die Satzung vorsieht, dass der Vorstand unentgeltlich tätig ist; denn in diesem Fall verstößt der Verein mit der Gewährung von Vergütungen gegen das aus § 55 Abs. 1 Nr. 1 AO folgende Verbot, sämtliche Mittel allein für die steuerbegünstigten satzungsmäßigen Zwecke zu verwenden.[37]

33 Vgl. BGH WM 2008, 736 und OLG Köln OLGZ 1990, 233, 234 f.

34 BGHZ 113, 237, 241 ff.; *Sauter/Schweyer/Waldner* (Fn. 6), Rn. 263; Soergel/*Hadding* (Fn. 25), § 27 Rn. 13; kritisch MünchKommBGB/*Reuter* (Fn. 28), § 27 Rn. 9.

35 Siehe zur Haftung solcher durch die Satzung geschaffenen Organe nur *Arnold* in: Non Profit Law Yearbook 2009, S. 89, 90 und Erman/*H. P. Westermann*, BGB, 12. Aufl. 2008, § 27 Rn. 7.

36 Schreiben des BMF v. 22.4.2009 (Fn. 3), DB 2009, 987. Wie hier dagegen noch Schreiben des BMF v. 25.11.2008 (Fn. 2), DStR 2008, 2479, 2480.

37 Siehe dazu BFH/NV 2001, 1536, 1538; Schreiben des BMF v. 25.11.2008 (Fn. 2), DStR 2008, 2479.

III. Die Vergütung von Stiftungsvorständen

1. *Die Bedeutung landesrechtlicher Regelungen*

Angesichts der Diskussion über die Zulässigkeit der Vergütung von Vereinsvorständen liegt die Frage nahe, ob im Stiftungsrecht vergleichbare Probleme bestehen.[38] Dies gilt umso mehr, als § 27 Abs. 3 BGB gemäß § 86 BGB für Stiftungen entsprechend gilt. Allerdings könnten hier zusätzlich Regelungen der Landesstiftungsgesetze zu beachten sein. Diese enthalten üblicherweise die Vorgabe, dass Erträge nur zur Erfüllung des Stiftungszwecks verwendet werden dürfen.[39] In der Regel findet sich dabei die – selbstverständliche – Ergänzung, dass auch eine Verwendung für die notwendigen Verwaltungskosten zulässig ist. Klare Vorgaben für die Zulässigkeit von Organvergütungen lassen sich diesen allgemeinen Regelungen nicht entnehmen. Nur wenige Landesstiftungsgesetze sprechen die Frage der Vorstandsvergütung ausdrücklich an. So heißt es etwa in § 6 Abs. 3 BremStiftG, § 6 Abs. 4 NiedsStiftG und § 5 Abs. 2 SaarlStiftG, dass die Mitglieder der Stiftungsorgane Anspruch auf Ersatz angemessener Auslagen hätten; bei entgeltlicher Tätigkeit seien Art und Umfang der Dienstleistungen und der Vergütung vor Aufnahme der Tätigkeit schriftlich zu regeln. Eine Regelung *in der Satzung* wird damit aber nicht verlangt. Zudem soll der Verstoß gegen dieses Formerfordernis nicht die Nichtigkeit entsprechender Vereinbarungen zur Folge haben, da dem Landesgesetzgeber hierfür die Kompetenz fehle.[40]

Einzig § 4 Abs. 6 SchlHolstStiftG bestimmt, dass die Satzung für nicht hauptamtliche Mitglieder der Stiftungsorgane den Ersatz notwendiger Auslagen und des entgangenen Arbeitsverdienstes sowie die Gewährung einer angemessenen Aufwandsentschädigung vorsehen könne. Indes bleibt die Aussage dieser Vorschrift rätselhaft.[41] Sie legt den Umkehrschluss nahe, dass hauptamtliche Mitglieder der Stiftungsorgane überhaupt gar keine Vergütung erhalten dürfen. Dies wäre indes kaum ein sinnvolles Ergebnis. Tatsächlich ging auch der Landesgesetzgeber bereits davon aus, dass bei größeren Stiftungen eine hauptberufliche Verwaltungstätigkeit erforderlich sein könne.[42] Würde man umgekehrt aus der Vorschrift ableiten, dass die Vergütung hauptamtlicher Organmitglieder keine Regelung in der Satzung voraussetzt, bliebe unklar, weshalb die Vorschrift gerade bei ehrenamtlicher Tätigkeit eine ent-

[38] Vgl. zur Unsicherheit in der Praxis nur *Mecking* Stiftung & Sponsoring 4/2009, 43 f.
[39] Art. 7 Abs. 3 BayStiftG; § 7 Abs. 3 BremStiftG; § 4 Abs. 3 HambStiftG; § 6 Abs. 3 HessStiftG; § 6 Abs. 2 NiedsStiftG; § 4 Abs. 3 NWStiftG; § 7 Abs. 3 RhPfStiftG; § 6 Abs. 2 SaarlStiftG; § 4 Abs. 2 SchlHolstStiftG; § 8 Abs. 2 ThürStiftG.
[40] Siegmund-Schultze, NiedsStiftG, 9. Aufl. 2005, § 6 Anm. 5.
[41] Wenig ergiebig dazu *Lehmann*, SchlHolstStiftG, 2. Aufl. 2002, § 4 Anm. 4.3.
[42] Vgl. LT-Drucks. 7/169, S. 14.

sprechende Satzungsbestimmung verlangt.[43] Zudem widerspricht die Regelung den §§ 86, 27 Abs. 3, 670 BGB, die einen Anspruch auf Aufwendungsersatz unabhängig von einer entsprechenden Satzungsregelung vorsehen. Die insoweit vereinzelt vertretene Auffassung, § 4 SchlHolstStiftG verdränge als Spezialvorschrift die BGB-Vorschriften[44], ist kaum vertretbar. Vielmehr wird man annehmen müssen, dass der Bundesgesetzgeber mit §§ 86, 27 Abs. 3 BGB die Rechtsstellung des Stiftungsvorstands abschließend geregelt hat und den Ländern für eigene Regelungen in diesem Bereich die Gesetzgebungskompetenz fehlt.[45] Damit kann es für die Zulässigkeit von Vorstandsvergütungen bei Stiftungen von vornherein nicht auf landesrechtliche Regelungen ankommen, und § 4 Abs. 6 SchlHolstStiftG ist obsolet.

2. Der Bedeutung des § 86 BGB

Maßgeblich für die Zulässigkeit von Vorstandsvergütungen ist folglich allein § 86 BGB, nach dem § 27 Abs. 3 BGB auf Stiftungen entsprechende Anwendung findet, soweit „sich nicht aus der Verfassung, insbesondere daraus, dass die Verwaltung der Stiftung von einer öffentlichen Behörde geführt wird, ein anderes ergibt". Diese Regelung wird allgemein so verstanden, dass die entsprechende Anwendung des § 27 Abs. 3 BGB durch die Satzung ausgeschlossen werden kann.[46] Angesichts dieser Parallele zu § 40 BGB sollte man erwarten, dass auch im Stiftungsrecht die Zahlung einer Vergütung an den Vorstand von einer ausdrücklichen Regelung in der Satzung abhängig gemacht wird. Tatsächlich wird diese Auffassung aber eher selten vertreten.[47] Stattdessen wird es vielfach für ausreichend gehalten, dass sich die Zulässigkeit einer Vorstandsvergütung durch Auslegung der Satzung ergibt; auf das Erfordernis einer ausdrücklichen Regelung wird also verzichtet.[48] Dabei sollen bei der Auslegung insbesondere die Art und der Umfang der vom Stifter vorgesehenen Stiftungstätigkeit zu berücksichtigen sein. Bei Anstaltsstiftun-

[43] Die Gesetzesbegründung, LT-Drucks. 7/169, S. 14, verweist nur darauf, dass die Tätigkeit bei Stiftungen möglichst unentgeltlich sein sollte.

[44] So *Gebel/Hinrichsen*, SchlHolstStiftG, 1994, § 4 Anm. 5.3.

[45] *Hüttemann/Rawert* ZIP 2002, 2019, 2022 f.

[46] BeckOK BGB/*Schwarz/Backert*, Stand 1.2.2007, § 86 Rn. 5; Palandt/*Ellenberger* (Fn. 10), § 86 Rn. 1; Soergel/*Neuhoff*, BGB, 13. Aufl. 2001, § 86 Rn. 12; Staudinger/*Rawert* BGB, Bearbeitung 1995, § 86 Rn. 12. A. A. für die Vorstandshaftung unter Hinweis auf die Entstehungsgeschichte der Vorschrift MünchKommBGB/*Reuter* (Fn. 28), § 86 Rn. 20. Dagegen aber *Hüttemann/Herzog* in: Non Profit Yearbook 2006, S. 33, 45 f.; *Schwintek* ZSt 2005, 108, 112 und *Arnold* in: Non Profit Law Yearbook 2009, S. 89, 93 ff. mit eingehender Analyse der Gesetzesmaterialien.

[47] In diesem Sinne *Burgard*, Gestaltungsfreiheit im Stiftungsrecht, 2006, S. 232. Unklar *Feick*, ZSt 2007, 152 ff.

[48] *Schwintek*, Vorstandskontrolle in rechtsfähigen Stiftungen des bürgerlichen Rechts, 2001, S. 375; *Hüttemann* DB 2009, 1205, 1207.

gen und Stiftungen mit großem Kapitalvermögen sei daher regelmäßig von der Zulässigkeit einer Vergütung auszugehen.[49]

Zudem nehmen viele Autoren an, dass das Anstellungsorgan nach pflichtgemäßem Ermessen über die Gewährung einer Vergütung entscheiden könne, wenn die Stiftungssatzung zur Frage der Vergütung schweige und auch eine Auslegung des Stiftungsgeschäfts zu keinem Ergebnis führe.[50] Ein Satzungsvorbehalt soll also nicht bestehen. Begründet wird diese Abweichung gegenüber der im Vereinsrecht herrschenden Auffassung damit, dass der vereinsrechtliche Satzungsvorbehalt des § 40 BGB für die Stiftung mangels Verweisung in § 86 BGB nicht gelte.[51] Zudem stelle die Frage der Organvergütung keine identitätsbestimmende Grundentscheidung dar und unterliege daher nicht dem Vorbehalt des Stiftungsgeschäfts.[52]

Dieser liberalere Ansatz im Stiftungsrecht ist schon angesichts der besonderen Hürden bei der Änderung von Stiftungssatzungen verständlich. Auch überzeugt die These, dass sich die Zulässigkeit einer Vergütung nicht nur aus einer ausdrücklichen Satzungsregelung, sondern auch aufgrund einer Auslegung des Stiftungsgeschäfts ergeben kann. Die in der vereinsrechtlichen Literatur anklingende Forderung nach einer ausdrücklichen Regelung wird dort letztlich nicht begründet. Dagegen ist es unter Berücksichtigung der im Schrifttum überwiegenden Auffassung zu §§ 27, 40 BGB nicht verständlich, weshalb im Stiftungsrecht das Anstellungsorgan bei Fehlen einer Satzungsbestimmung berechtigt sein soll, nach pflichtgemäßen Ermessen über die Gewährung einer Vergütung zu entscheiden. Insbesondere kann nicht mit der fehlenden Anwendbarkeit des § 40 BGB argumentiert werden; denn im Hinblick auf § 27 Abs. 3 BGB enthält das Stiftungsrecht mit § 86 BGB einen § 40 BGB entsprechenden Satzungsvorbehalt. Indes erweist sich die h. L. im Stiftungsrecht vor dem Hintergrund der oben für den Verein gefundenen Lösung im Ergebnis als richtig. Da aus § 27 Abs. 3 BGB nicht folgt, dass der Vorstand im Regelfall unentgeltlich tätig zu werden hat, setzt auch bei der Stiftung die Gewährung eines Gehalts keine Regelung in der Satzung voraus.

3. Ergebnis

Auch im Stiftungsrecht ist damit die Zahlung einer Vergütung an den Vorstand zulässig, soweit die Satzung keine unentgeltliche Tätigkeit vorsieht.

[49] *Hüttemann* DB 2009, 1205, 1207.

[50] MünchKommBGB/*Reuter* (Fn. 28), § 86 Rn. 6; *Lüke*, in: Münchener Handbuch des Gesellschaftsrecht, Bd. 5: Verein, Stiftung, 3. Aufl. 2009, § 92 Rn. 41; *Hüttemann* DB 2009, 1205, 1207; *Lunk/Rawert* in: Non Profit Law Yearbook 2001, S. 91, 92.

[51] *Hüttemann* DB 2009, 1205, 1207.

[52] MünchKommBGB/*Reuter* (Fn. 28), § 86 Rn. 6; *Hüttemann* DB 2009, 1205, 1207; *Lunk/Rawert* in: Non Profit Law Yearbook 2001, S. 91, 92.

Notwendig ist lediglich der Abschluss eines entsprechenden Anstellungsvertrags. Regelt die Satzung die Frage der Vergütung nicht, so hat das Anstellungsorgan[53] nach pflichtgemäßem Ermessen zu entscheiden, ob dem Vorstand ein Gehalt gezahlt wird.

IV. Zusammenfassung

Nach § 27 Abs. 3 BGB finden auf die Geschäftsführung des Vereinsvorstands die §§ 664–670 BGB entsprechende Anwendung. Einen Anspruch des Vorstands auf eine Vergütung für seine Tätigkeit sehen diese Vorschriften nicht vor. Hieraus folgt aber nicht, dass das Gesetz eine unentgeltliche Vorstandstätigkeit als Regelfall ansieht. Daher setzt die Zahlung eines Gehalts nicht voraus, dass die Vereinsatzung dies ausdrücklich erlaubt. Vielmehr sind Vergütungen zulässig, soweit die Satzung nicht eine unentgeltliche Tätigkeit des Vorstands vorsieht. Zur Begründung von Vergütungsansprüchen genügt daher regelmäßig der Abschluss eines entsprechenden Anstellungsvertrags.

Für die Stiftung ergibt sich wegen der Verweisung des § 86 BGB auf § 27 Abs. 3 BGB das gleiche Ergebnis. Etwaige Regelungen der Landesstiftungsgesetze sind unbeachtlich, da den Ländern in diesem Bereich die Gesetzgebungskompetenz fehlt.

[53] Zum Bestellungs- und Anstellungsorgan bei Stiftungen siehe MünchKommBGB/*Reuter* (Fn. 28), § 86 Rn. 4; *Lunk/Rawert* in: Non Profit Law Yearbook 2001, S. 91, 93 ff.

In stipulationibus id tempus spectatur quo contrahimus

Tatbestandsteilung und Pendenz im Obligationenrecht

Andreas Bergmann

Inhaltsübersicht

I. Konzentration und Tatbestandsteilung

Rudolph v. Jhering sah im älteren römischen Recht den Gedanken der Konzentration des Rechtsgeschäfts verwirklicht:[1] Entstehung und Wirkung eines Rechtsgeschäfts konzentrierten sich im Zeitpunkt seiner Vornahme; das Davor und das Danach sei ohne Bedeutung. Diesen Gedanken der punktuellen Konzentration des Rechtsgeschäfts zeichnete er in drei Richtungen: der Simultanität des Aktes, des Tatbestandes und der Wirkung. Der *Akt des Vertragsschlusses* müsse ein „einiger" sein; er dürfe nicht aufgespalten und stückchenweise zu verschiedenen Zeiten an verschiedenen Orten vorgenom-

[1] *v. Jhering*, Geist des römischen Rechts III[8], 1954, S. 151 ff.

men werden.[2] Auch die übrigen, über den Willenskonsens hinausgehenden *Tatbestandsmerkmale* des Rechtsgeschäfts müssen zum Zeitpunkt des Willensaktes vorliegen. „Was nützt es dem Jäger, der im Moment, wo er schießen soll, zwar ein Gewehr, aber kein Pulver hat, daß er früher Pulver gehabt hat oder es später bekommen wird". Der dritte Punkt des Konzentrationsgedankens ist die Simultanität der *Wirkungen*: ist das Rechtsgeschäft abgeschlossen und sein übriger Tatbestand vollendet, so existiert und wirkt es. Ein leerer Zwischenraum zwischen dem Abschluss des Rechtsgeschäfts und der Entstehung des Rechts ist ebenso unmöglich „wie eine Geburt, bei der das Leben erst nach einiger Zeit beginnen soll".

Die Vorstellung eines Simultanitätsgebots für den Gründungsakt eines aus mehreren Stücken bestehenden Tatbestands ist heute – trotz seiner inhärenten Einfachheit – überwunden und wurde letztlich auch im älteren römischen Recht, wie die Zulassung der *condicio* zeigt, niemals mit Ausschließlichkeitsanspruch gehandhabt. Die sukzessive Realisierung, d.h. die sich über einen längeren Zeitraum erstreckende Verwirklichung eines Gesamttatbestands – ein Vorgang, den ich Anlehnung an die Terminologie *Kühnes* als *Tatbestandsteilung* bezeichnen möchte[3] – ist eine nicht weiter hinterfragte Selbstverständlichkeit.[4] Beim Vertragsschluss etwa können Angebot und Annahme zeitlich wie räumlich auseinander fallen (§ 147 Abs. 2 BGB). Mit Umsetzung des letzten, noch fehlenden Tatbestandstücks tritt *Vollwirkung* ein, d.h. die Rechtsfolgen, die die Rechtsordnung an die (vollständige) Erfüllung des Tatbestandes knüpft, treten in Geltung.

Die Zulassung der Tatbestandsteilung wird von einem weiteren Phänomen begleitet. Den Parteien wird nämlich nicht nur die Möglichkeit an die Hand gegeben, die verschiedenen vom Gesetz vorgegebenen Tatbestandsmerkmale (Rechtsbedingungen iwS) innerhalb eines weitgesteckten Raum-Zeit-Fensters zu erfüllen[5], sondern ihnen wird auch die eigentümliche Rechtsmacht einge-

[2] Die Ausläufer dieses Grundsatzes lassen sich in der Tat noch lange im römischen Recht nachzeichnen: man denke nur an die Trennung von *pactum ex continenti* und *pactum ex intervallo*; vgl. *Papinian*, Dig. 18, 1, 72 pr. (de contr. empt.); *Ulpian*, Dig. 2, 14, 7, 5–6 (de pactis).

[3] *Kühne*, Tatbestandsteilung, 1936, S. 6 ff.; vgl. *Blomeyer*, Studien zur Bedingungslehre I, 1938, S. 1 f.

[4] Nur noch in seltenen Ausnahmefällen, wie etwa der Eheschließung, die unter gleichzeitiger Anwesenheit beider Ehepartner und ohne Bedingung erfolgen muss, ist eine Tatbestandsteilung nicht möglich. Allerdings handelt es sich beim fallweisen Verbot der Tatbestandsteilung um eine Wertentscheidung des Gesetzgebers, die mal so, mal so ausfallen kann, wie etwa die Behandlung der bedingten Eheschließung im kanonischen Recht beweist (dazu: *Weigand*, Die bedingte Eheschließung im kanonischen Recht, Band I, 1963, S. 88 ff., Band II, 1980, S. 3 ff.).

[5] Der Anwendungsbereich von Parteibedingung und Rechtsbedingung wird durch den Stand der Gesetzgebung bestimmt. Was früher ausdrücklich oder stillschweigend als Parteibedingung vereinbart worden ist, wird häufig von der nachfolgenden Gesetzgebung als dispositives Gesetzesrecht angeordnet (*Blomeyer*, Studien zur Bedingungslehre I, 1938, S. 3).

räumt, nach eigenem Gutdünken den Eintritt der Rechtsfolgen des Rechtsgeschäfts an noch ausstehende, privatautonom gesetzte zusätzliche Tatbestandsstücke (*rechtsgeschäftliche Bedingungen* oder *Parteibedingungen*) zu knüpfen.[6] Die Notwendigkeit einer verlässlichen Organisation der kurz- und mittelfristigen Zukunft in einer arbeitsteiligen Welt hat die Anerkennung des freihändigen Setzens von Parteibedingungen erzwungen. Auch in einer noch so einfachen Warenwirtschaft kann sich der ordentliche Kaufmann nicht alleine auf die Umstände der Gegenwart beschränken. Seine Dispositionen wirken in die Nachzeit und hängen in ihrem Erfolg von künftigen, noch ungewissen Tatsachen ab. Die rechtsgeschäftliche Vereinbarung von Bedingungen ermöglicht es vorausdenkenden Parteien, die Vollwirkungen ihres Geschäfts durch die Verknüpfung mit einem weiteren Tatbestandselement den verschiedenen Gestaltungen der Zukunft, deren Möglichkeiten sie zwar voraussehen aber nicht sicher bestimmen können, anzupassen.[7] Dementsprechend hat auch schon das ältere römische Recht bei den bedingten Obligationen eine Ausnahme vom Grundsatz der Simultanität des Entstehungsaktes gemacht.[8]

[6] In der Pandektistik war das „Wesen der bedingten Willenserklärung" bzw. des „bedingten Rechtsgeschäfts" höchst umstritten: Das Meinungsspektrum reichte von der Auffassung, dass (a) der Wille als psychologische Faktum selbst durch die Bedingung in Frage gestellt (*Fitting*, Ueber den Begriff der Bedingung, AcP 39 [1856], 305 [307 f., 349]) oder doch zumindest in irgendeiner Weise beschränkt werde (*v. Savigny*, System des heutigen Römischen Rechts III, 1840, S. 120; *Scheurl*, Zur Lehre von den Nebenbestimmungen bei Rechtsgeschäften, 1871, S. 3; aA: *Eisele*, Das Dogma der rückwirkenden Kraft der erfüllten Suspensiv-Bedingung, AcP 50 [1867], 253 [262 f.]) bis hin zur Lehre, dass (b) auch der „bedingte Wille" ein Wollen sei, der sich eben dadurch auszeichne, dass er die anvisierte Rechtsfolge nicht durch sich alleine, sondern nur im Verein mit einem anderen Ereignis in Kraft setzen wolle; oder mit anderen Worten: auch durch die „bedingte" Willenserklärung komme ein Rechtsgeschäfts zustande, nur die Wirkungen des Rechtsgeschäfts seien an den Eintritt der Bedingung gebunden (*Windscheid/Kipp*, Lehrbuch des Pandektenrechts I[9], 1906, § 86 = S. 452 Fn. 3a; teilw. anders: *Karlowa*, Das Rechtsgeschäft und seine Wirkung, 1877, S. 77 ff.: zwar sei ein echter Wille gesetzt, aber das Rechtsgeschäft als solches, und nicht wie *Windscheid* meint, die Rechtsfolgen des Rechtsgeschäfts, seien bedingt). Der Auffassung (b) liegt dem BGB zugrunde (*Gebhard*, in: Schubert [Hrsg.], Die Vorlagen der Redaktoren für die erste Kommission, Allgemeiner Teil 2, S. 227 f. mit Fn. 1 aE). Sie entspricht auch der heute hM (BGHZ 20, 88 [97], Urt. v. 22.2.1956 – IV ZR 164/55; *Flume*, Das Rechtsgeschäft[4], 1992, § 38 4 b = S. 689, 691; Staudinger/*Bork* [2003] Vorbem 6 zu §§ 158–163). Vgl. auch den rechtsvergleichenden Überblick über die verschiedenen Konstruktionsversuche bei: *Schwarz*, Bedingung, in: Schlegelberger (Hrsg.), Rechtsvergleichendes Handwörterbuch für das Zivil- und Handelsrecht II, 1929, S. 391 (393 f.).

[7] *Flume*, Das Rechtsgeschäft[4], 1992, § 38 6 = S. 699; *v. Tuhr*, Der Allgemeine Teil des Deutschen Bürgerlichen Rechts II/2, 1918, § 80 I = S. 271.

[8] Vgl. *v. Jhering*, Geist des römischen Rechts III[8], 1954, S. 166 ff.

II. Tatbestandswirkung und Pendenzwirkung

Eine Rechtsordnung kann höchst unterschiedlich auf die Realisierung eines Teiltatbestandes reagieren. Eine Folge immerhin kann mit Notwendigkeit aus der Idee der Tatbestandsteilung als solcher gezogen werden. Jedem verwirklichten Tatbestandsstück kommt *Tatbestandswirkung* zu: ist ein Tatbestandselement einmal gesetzt, so muss es nicht erneut gesetzt werden.[9] Insoweit ist die Tatbestandswirkung eine schwache Rechtswirkung, in ihrer Wirkung allerdings vollkommen verschieden zur Vollwirkung des durch Verwirklichung aller Tatbestandsstücke entstandenen Primäranspruchs. Keine Antwort gibt die Tatbestandswirkung auf die Frage, ob auch dem willentlich gesetzten Tatbestandsmerkmal, wie etwa der Abgabe der Willenserklärung oder einer erreichten Willenseinigung eine darüber hinausgehende Rechtswirkung im Sinne einer *Unwiderruflichkeit* zukommt. Ein notwendiger Schluss besteht nicht. Maßgebend ist der Befehl der Rechtsordnung. Das deutsche Recht geht bei der Anordnung der Unwiderruflichkeit sehr weit und bindet den Offerenten schon vor Annahme an sein Angebot (§ 145 BGB). Der Gesetzgeber könnte aber auch anders entscheiden. Dürfen die volitiven Tatbestandsstücke frei widerrufen werden, so taugt erst die vollständige Tatbestandsvollendung zur Begründung weiterer, über die Tatbestandswirkung hinausgehender Rechtswirkungen. Bis dahin ist die Aussicht jeder Vertragspartei auf einen Rechtserwerb eine völlig unsichere, jederzeit grundlos und willkürlich vernichtbare Hoffnung.[10] Ist dagegen eine einseitige Rückgängigmachung des bisher Erreichten nicht möglich, so bleibt zwar auch hier das Eintreten des Resttatbestandes im Ungewissen, aber die Situation ist doch qualitativ verschieden. Die Unwiderruflichkeit ist die notwendige Voraussetzung dafür, an die Verwirklichung eines Tatbestandsstücks über die einfache Tatbestandswirkung (Bindung an den bisherigen Tatbestand) hinaus weitere, verstärkte *Zwischen-* bzw. *Pendenzwirkungen* zu knüpfen. Zwar rechtfertigt ein Teiltatbestand immer noch nicht den Eintritt der Vollwirkung, aber doch unter Umständen eine Sicherung des künftigen Rechts.[11] So ermächtigt etwa art. 1180 Code civil den Gläubiger eines bedingten Anspruchs auch schon vor Eintritt der Bedingung „exercer tous les actes conservatoires de son droit".[12]

[9] Vgl. *Kühne*, Tatbestandsteilung, 1936, S. 14 ff., 34.
[10] *Blomeyer*, Studien zur Bedingungslehre I, 1938, S. 2.
[11] *Kühne*, Tatbestandsteilung, 1936, S. 32, 34.
[12] *Malaurie/Aynès/Stoffel-Munck*, Les Obligations², 2005, n° 1238.

III. Notwendige und fakultative Pendenzwirkungen

Die eingehendste gesetzliche Regelung hat die Tatbestandsteilung im Bereich der bedingten Rechtsgeschäfte (vgl. §§ 158 ff. BGB) gefunden.[13] Ihr soll im Folgenden ganz unsere Aufmerksamkeit gelten, denn sicherlich kommt den Vorschriften über die bedingte Obligation als Modellregelung der Tatbestandsteilung besondere Bedeutung zu.[14] Die Parteien des bedingten Rechtsgeschäfts haben zwar schon den grundlegenden Konsens erzielt, vor Eintritt der Bedingung ist das letzte Tatbestandsstück aber noch nicht erfüllt. Die primären Vollwirkungen des bedingten Rechtsgeschäfts treten noch nicht ein: der bedingt berechtigte Gläubiger kann die Leistung noch nicht fordern.[15] Und dennoch finden wir verstärkte Schwebewirkungen. An zentraler Stelle: das bedingte Rechtsgeschäft ist unwiderruflich (§ 158 BGB).[16] Daneben finden wir auch die eigentümliche Regelung des § 160 Abs. 1 BGB: vereitelt oder beeinträchtigt der unter einer aufschiebenden Bedingung Verpflichtete schuldhaft den von der Bedingung abhängigen Leistungsanspruch, so haftet er *bei Bedingungseintritt* auf Schadensersatz. So große Schwierigkeiten diese Vorschrift der Theorie auch bereitet, sie hebt sich von allen anderen verstärkten Schwebewirkungen ab. Sie ist – ebenso wie die Tatbestandswirkung eine zwingende Folge der Tatbestandsteilung ist – eine notwendige Folge der Unwiderruflichkeit des bisherigen Tatbestandsstücks. Denn die Unwiderruflichkeit wäre nichts wert, wenn der Schuldner vor Vollendung des Gesamttatbestands folgenlos den bedingten Anspruch vereiteln oder beeinträchtigen könnte.

Aus den allgemeinen Regeln lässt sich der in § 160 Abs. 1 BGB positivierte Anspruch nicht – jedenfalls nicht ohne dogmatische Verrenkungen – herlei-

[13] Vgl. *Adickes*, Zur Lehre von den Bedingungen, 1876, S. 109 ff., 123 ff.

[14] Grundsätzlich keine Beachtung soll im Weiteren das bedingte Verfügungsgeschäft (Anwartschaftsrecht) finden. Hierfür haben sich Sonderrechtssätze herausgebildet, die das Anwartschaftsrecht weitgehend als dingliches Recht behandeln. Sie sind auf die bedingte Obligation kaum übertragbar.

[15] Vgl. *v. Tuhr*, Der Allgemeine Teil des Deutschen Bürgerlichen Rechts II/2, 1918, § 81 I 1 = S. 292 f. Das entspricht schon der Rechtslage im römischen Recht. Beim bedingten Forderungsrecht steht dem bedingten Gläubiger vor Eintritt der Bedingung keine Klage zu (*Ulpian*, Dig. 50, 16, 54 [de V.S.]; *ders.*, Dig. 44, 7, 42 pr. [de O. et A.], *Marcian*, Dig. 20, 1, 13, 5 [de pign.]; Inst 3, 15, 4 [de V.O.]). Vor Bedingungseintritt können sogar während der Schwebezeit erfolgte Zahlungen zurückgefordert werden; erst der Bedingungseintritt schließt die Rückforderung aus (*Pomponius*, Dig. 12, 6, 16 pr. [de cond. ind.]). Hiervon gab es aber eine wichtige Ausnahme: war mittlerweile klar, dass die Bedingung auf jeden Fall eintreten wird, so konnte das Geschuldete nicht mehr zurückgefordert werden (*Ulpian*, Dig. 12, 6, 18 [de cond. ind.]; vgl. *Glück*, Ausführliche Erläuterungen der Pandecten XIII, 1811, S. 78). Siehe auch art. 1181 al. 2 Code civil.

[16] Mugdan I, S. 494 (Motive); *Gebhard*, in: Schubert (Hrsg.), Die Vorlagen der Redaktoren für die erste Kommission, Allgemeiner Teil 2, S. 235 f.; MünchKomm⁵/*H. P. Westermann*, BGB⁵, 2006 § 158 Rn. 39.

ten. Ein Anspruch aus §§ 280, 281, 283 BGB wegen schuldhafter Verletzung einer primären Leistungspflicht lässt sich nicht ohne weiteres begründen: vor Bedingungseintritt war der vollständige Tatbestand des Schuldverhältnisses noch nicht erfüllt; irgendeine Leistungspflicht, die verletzt werden könnte, bestand ja gerade noch nicht. Auch auf anderen Wegen lassen sich Sorgfaltspflichten bzgl. des Leistungsgegenstandes nicht recht begründen. § 311a Abs. 2 BGB ist nicht einschlägig:[17] diese Vorschrift knüpft an der Verletzung von Aufklärungspflichten zum Zeitpunkt des Vertragsschlusses, aber nicht an der Vereitelung der künftigen Leistung an.[18] Gleiches gilt für einen Anspruch aus *culpa in contrahendo*: hier geht es doch in erster Linie um einen Schutz von „Rechten, Rechtsgütern und Interessen" und damit originär des Integritätsinteresses des anderen Teils (§ 241 Abs. 2 BGB).[19] Erst der Federstrich des Gesetzgebers in § 160 Abs. 1 BGB ordnet für den *Fall des Bedingungseintritts* eine besondere Haftung für ein vorwerfbares Verhalten während der Schwebezeit an.

Ebenfalls zu den notwendigen Folgen der Unwiderruflichkeit der gesetzten Tatbestandsstücke gehört wohl die Regelung des § 162 BGB. Die treuwidrige Vereitelung der Vollendung des Gesamttatbestandes gilt als dessen Vollendung und löst damit die Vollwirkungen aus. Dagegen sind weitere Pendenzwirkungen wie etwa Sicherungsrechte nach Vorbild des art. 1180 Code civil, die Übertragbarkeit der bedingten Forderung, die rangwahrende Sicherungsfähigkeit durch Bürgschaft oder Hypothek oder die Teilnahme am Insolvenzverfahren des Schuldners vielleicht zweckdienlich, aber nicht notwendig vorgegeben. In der Pandektistik entsprach etwa das vollständige Fehlen materiellrechtlicher (Sicherungs-)Ansprüche während der Schwebezeit einer weit verbreiteten Lehre.[20] Es steht dem Gesetzgeber auch frei, sie an weitere Voraussetzungen zu knüpfen. So wollte etwa § 133 des ersten Entwurfs zum BGB dem Berechtigten bei Gefahr der Vereitelung seines Anspruchs einen materiellrechtlichen Anspruch auf Sicherheitsleistung geben; allerdings unter der Voraussetzung, dass dem bedingten Anspruch überhaupt ein Vermögenswert zukommt, woran es fehlt, wenn nur eine entfernte Mög-

[17] Grundsätzlich kommen natürlich auch bei einem aufschiebend bedingt abgeschlossenen Vertrag Ansprüche aus *culpa in contrahendo* in Betracht (BGH, BB 1967, 811, Urt. v. 7.6.1967 – VIII ZR 259/64).

[18] AA: Erman/*Kindl*, BGB[12], 2008, § 311a Rn. 6 m.w.N.: Haftungsgrund sei die Nichterfüllung eines wirksamen Leistungsversprechens. Das ist unzutreffend, wie schon die Bezugnahme der Exkulpationsmöglichkeit des § 311a Abs. 2 S. 2 BGB auf die Kenntnis der Leistungsfähigkeit zeigt.

[19] AA: *Larenz/Wolf*, Allgemeiner Teil des Bürgerlichen Rechts[9], 2004, § 50 Rn. 49; MünchKomm/*H. P. Westermann*, BGB[5], 2006, § 160 Rn. 3: § 160 BGB sei ein besonders geregelter Anwendungsfall der §§ 311 Abs. 2, 241 Abs. 2 BGB.

[20] Vgl. *Scheurl*, Zur Lehre von den Nebenbestimmungen bei Rechtsgeschäften, 1871, S. 132 f.; *Wendt*, Die Lehre vom bedingten Rechtsgeschäft, 1872, S. 42 ff.

lichkeit des Bedingungseintritts besteht.[21] Zwar hat der Gesetzgeber schließlich davon abgesehen, dem Gläubiger einen materiellrechtlichen Anspruch zu geben; allerdings hat er ausdrücklich in § 916 Abs. 2 ZPO klargestellt, dass der Gläubiger auch einen bedingten Anspruch durch Arrest oder einstweilige Sicherungsverfügung (§ 935 ZPO) sichern kann: unter der eben genannten Voraussetzung einer hinreichenden Wahrscheinlichkeit des Bedingungseintritts.[22]

IV. Die sekundärrechtliche Vollwirkung des § 160 Abs. 1 BGB

Die vielleicht eigentümlichste, wenn auch notwendige Pendenzwirkung umschreibt § 160 BGB. Denn die Rechtsfolge des § 160 Abs. 1 BGB wegen Beeinträchtigung oder Vereitelung des bedingten Anspruchs ist identisch mit der Haftung des Schuldners nach Bedingungseintritt gem. §§ 280, 281, 283 BGB wegen Nicht- oder Schlechtleistung. Die Zwischenwirkung entspricht der Vollwirkung.[23] Aber nicht nur das: auch der Tatbestand beider Normen ist annähernd identisch; denn der Schadensersatzanspruch des § 160 Abs. 1 BGB verlangt mehr als nur den Abschluss des bedingten Vertrages als notwendiges Tatbestandsstück: die zunächst schwebende Bedingung muss eingetreten, der Gesamttatbestand also vollendet sein. Das ist mehr als eine Zufälligkeit. Weder der Gesetzgeber bei der Fixierung von Rechtsbedingungen iwS noch die Parteien bei der Aufstellung von zusätzlichen Parteibedingungen gehen willkürlich vor. Erst der vollständige Tatbestand rechtfertigt den Eintritt der Vollwirkungen.[24] Oder anders gewendet: (sekundärrechtliche) Vollwirkungen verlangen den Gesamttatbestand. Diese Parallelität der notwendigen Pendenzwirkung des § 160 Abs. 1 BGB zu Gesamttatbestand und Vollwirkung werfen ein anderes Licht auf die Lehre der Tatbestandsteilung und der verstärkten Schwebewirkungen. Dies rechtfertigt es, die überkommenen Erklärungsversuche der Pendenzwirkungen zu rekapitulieren.

[21] Vgl. dazu Mugdan I, S. 494 f. (Motive). So auch schon § 51 Abs. 3 des Vorentwurfs von *Gebhard*.

[22] *Schubert/Jakobs* (Hrsg.), Die Beratung des Bürgerlichen Gesetzbuchs, Allgemeiner Teil 2, S. 862 f., 865 f. (Beratungen der Vorkommission des Reichsjustizamtes und der Zweiten Kommission). Bedingte Ansprüche sind auch durch einstweilige Verfügung sicherbar (MünchKomm/*Drescher*, ZPO³, 2007, § 935 Rn. 12.). Die Verpflichtung zur Sicherheitsleistung bei Gefährdung der Erfüllung eines bedingten Anspruchs in den §§ 1986 Abs. 2, 2128 Abs. 1, 2217 BGB betreffen Sonderkonstellationen.

[23] Vgl. zur „inhaltlichen Gleichartigkeit" von Zwischenwirkung und Vollwirkung: *Blomeyer*, Studien zur Bedingungslehre I, 1938, S. 39 ff.; *Kühne*, Tatbestandsteilung, 1936, S. 29.

[24] Vgl. *Kühne*, Tatbestandsteilung, 1936, S. 2, 22.

V. Die tradierten Erklärungsversuche der Pendenzwirkungen

1. Pendenz- und Rückwirkung in den römischen Quellen

Die Möglichkeit der Parteien, den Eintritt von Rechtswirkungen von einem künftigen, ungewissen Ereignis (*condicio*) abhängig zu machen, war – als Ausnahme vom Konzentrationsgedanken – schon dem älteren römischen Recht bekannt und lässt sich bis zu den XII Tafeln zurückverfolgen.[25] Die teilweise recht eigenartigen, über die einfache Tatbestandswirkung hinausgehenden Pendenzwirkungen des bedingten Geschäfts für den Zeitraum, in dem noch ungewiss ist, ob die Bedingung eintritt (*existere*) oder ausfällt (*deficere*), die Bedingung also mit anderen Worten noch schwebt (*condicio pendet*), wurden im römischen Recht ausgebildet. Den Begriff der „Pendenzwirkung" muss für das römische Recht mit Bedacht benutzt werden. Den Römern war ein derartiger Systembegriff wie überhaupt eine allgemeine Bedingungslehre fremd.[26] Wenn die Quellen auf den Gedanken der Pendenz rekurrieren, dann nicht um eine juristische Konstruktion auszudrücken, sondern um die Verhältnisse zu veranschaulichen.[27] Und doch schien für die nachkommenden Juristen vieler Jahrhunderte ein Begründungselement hinter den Quelltexten immer wieder aufzublitzen und das Konglomerat der Pendenzwirkungen zu erklären: der Gedanke der *Rückwirkung* der eingetretenen Bedingung auf den Zeitpunkt des Vertragsschlusses. In der Tat gibt es zahlreiche Stellen, die mehr oder weniger deutlich von einer Rückwirkung des Bedingungseintritts sprechen[28]. Häufig ist die Wendung: „in stipulationibus id tempus spectatur quo contrahimus". Gestützt auf diese Worte wird *Bigot de Préamenau* im Anschluss an *Pothier* die Rückwirkung der erfüllten Bedingung (*effet rétroactif*) für den Code civil begründen[29]. Die Position der modernen Romanistik zu dieser Frage ist gespalten: die einen glauben, dass die römischen Juristen grundsätzlich eine Rückwirkung der erfüllten Bedin-

[25] Allgemein zur römischen Bedingungslehre *Archi*, Condizione (dir. rom.), in: Marchette (Red.), Enciclopedia del diritto VIII, 1961, p. 743 ss.; *Kaser*, Das römische Privatrecht I², 1971, § 61 = S. 252 ff. Allgemein zu Pendenzverhältnissen im klassischen römischen Recht außerhalb der Bedingungslehre: *Kurz*, Vor- und Rückwirkungen im klassischen römischen Recht, 1971, S. 11 ff.

[26] *Kaser*, Das römische Privatrecht I², 1971, § 61 I 4 = S. 255; *Schiemann*, Pendenz und Rückwirkung der Bedingung, 1973, S. 13 ff.

[27] *Siber*, Römisches Recht II, 1928, § 125 2 a γ = S. 420 f.; *Zimmermann*, The Law of Obligations, 1996, p. 724.

[28] *Paulus*, Dig. 45, 1, 78 pr. (de V.O.): „[…] quia in stipulationibus id tempus spectatur quo contrahimus"; *ders.*, Dig. 50, 17, 144, 1 (de R.J.): „In stipulationibus id tempus spectatur, quo contrahimus"; *ders.*, Dig. 18, 6, 8 pr. (de peric.): „Quod si pendente condicione emptor vel venditor decesserit, constat, si exstiterit condicio, heredes quoque obligatos esse quasi iam contracta emptione in praeteritum". Vgl. dazu: *Schiemann*, Pendenz und Rückwirkung der Bedingung, 1973, S. 15 ff.

[29] Exposé de motifs, bei: *Locré*, Législation civile, commerciale et criminelle VI, 1836, p. 158 (n° 65).

gung angenommen haben; andere dagegen meinen, dass bei den klassischen Juristen die erfüllte Bedingung nur Folgen *ex nunc* ausgelöst habe, die Idee der „generellen" Rückwirkung vielmehr eine Erfindung der byzantinischen Juristen sei[30]. Die wohl überwiegende Meinung geht heute davon aus, dass weder die Klassiker noch *Iustinian* dem Bedingungseintritt im Allgemeinen eine Rückwirkung zuerkannt hätten[31]. Die Wahrheit wird irgendwo in der Mitte liegen. Unter den Klassikern waren viele Einzelfragen umstritten. Ihnen wird der Rückwirkungsgedanke nicht vollkommen fremd gewesen sein, allerdings nicht als allgemeine Lehre sondern als kasuistische Grundlage der Entscheidung des konkreten Falles. Den modernen Versuchen einer annähernd vollständigen Bereinigung der klassischen Jurisprudenz vom Rückwirkungsgedanken kann man durchaus misstrauisch gegenüberstehen. Argumentation und Quellenanalyse der betreffenden Autoren ist teilweise doch sehr spitzfindig. Allzu schnell erliegt man der Versuchung eigene oder fremde Überzeugungen in die Quellen hineinzuinterpretieren; und der Rückwirkungsgedanke ist seit dem Wirken der deutschen Pandektisten in Europa seit annähernd 150 Jahren auf dem Rückzug.

Lösen wir uns aber schnell von der für unsere Zwecke unergiebigen Kontroverse, ob vorhandene oder vermeintliche Rückwirkungsbezüge in den Quellen ausschließlich das Werk „rückwirkungshöriger Kompilatoren" sind, sondern versuchen wir die verstärkten Pendenzwirkungen in den iustinianischen Quellen zu überblicken. Es kommt nach unseren Vorüberlegungen nicht unerwartet, dass uns die beiden notwendigen Pendenzfolgen des unwiderruflichen Geschäfts schon im römischen Recht begegnen: zum einen haftet der Schuldner *mit Bedingungseintritt* für eine in der Schwebezeit schuldhaft herbeigeführte Unmöglichkeit der Leistung (vgl. § 160 Abs. 1 BGB);[32] zum anderen darf niemand einen ihm nachteiligen Bedingungseintritt vereiteln: andernfalls gilt die vereitelte Bedingung als eingetreten (vgl. § 162 BGB).[33] Aber auch sonst werden wir fündig: Die bedingte Vertragsobligation – nicht das bedingte Legat – ist *vererblich*.[34] Beachtlich ist die

[30] So insbesondere *Siber*, Römisches Recht II, 1928, § 125 2 b α = S. 422 Fn. 18. Zum Meinungsstreit: *Zimmermann*, The Law of Obligations, 1996, p. 727 m.w.N.

[31] Eingehend: *Masi*, Studi sulla condzione nel diritto romano, 1966, p. 109 ss, 195 ss.; auch: *Kaser*, Das römische Privatrecht I², 1971, § 61 I 4 = S. 256; *ders.*, Das römische Privatrecht II², 1975, § 203 II 1 = S. 96; *Schiemann*, Pendenz und Rückwirkung der Bedingung, 1973, S. 13 ff., 23.

[32] So: *Siber*, Römisches Recht II, 1928, § 125 2 a γ = S. 421; siehe insbesondere: *Pomponius*, Dig. 18, 1, 8 pr. (de contr. empt.). Vgl. aber auch *Paulus*, Dig. 18, 6, 8 pr. (de peric.).

[33] Eingehend: *Masi*, Studi sulla condzione nel diritto romano, 1966, p. 211 ss.

[34] Dies ist spätestens seit *Iustinian* anerkannt. Es wird bis heute äußerst kontrovers beurteilt, ob schon die Klassiker die Vererblichkeit bedingter Rechtsgeschäfte *inter vivos* anerkannten (eingehend: *Masi*, Studi sulla condzione nel diritto romano, 1966, p. 19 ss.). Zur Frage, warum die Klassiker bedingtes Legat und Stipulation verschieden behandelten: *Masi*, cit., p. 71 ss.

Argumentation von *Iustinian*: aus einer bedingten Stipulation entspringe zwar lediglich die Hoffnung auf eine künftige Schuld (*spes debitum iri*); aber genau diese Hoffnung könne auf den Erben übertragen werden.[35] Der Gedanke der Rückwirkung spielt keine Rolle. Allerdings wird in einem Paulusfragment an anderer Stelle die (passive) Vererblichkeit der bedingten Obligation mit dem Rückwirkungsgedanken begründet: „Quod si pendente condicione emptor vel venditor decesserit, constat, si exstiterit condicio, heredes quoque obligatos esse quasi iam contracta emptione in praeteritum".[36] Und auch noch an einer anderen Stelle spielt der Rückwirkungsgedanke eine herausgehobene Rolle. Schon die römischen Juristen sprachen sich dafür aus, dass die bedingte Forderung durch Pfandbestellung gesichert werden kann. Der Sicherungswert des Pfands für eine bedingte Forderung hängt davon ab, ob sich die bedingte Forderung bei einer Mehrfachverpfändung durchsetzt. In dem Sachverhalt, der dem Fragment *Gaius*, Dig. 20, 4, 11, 1 (qui pot.) zugrundeliegt, sicherte ein besitzloses Pfand (Hypothek) eine bedingte Forderung.[37] Später wurde dieselbe Sache zum besitzlosen Pfand für die unbedingte Forderung eines anderen Gläubigers gestellt. Nachdem die Bedingung eingetreten war, drängte die Frage nach dem Rang der Hypotheken. *Gaius* wies entsprechend der zeitlichen Priorität der Bestellungsakte dem Gläubiger der bedingten Forderung den ersten Rang zu. Er begründet das mit der Rückwirkung des Bedingungseintritts auf den Zeitpunkt des Abschlusses der bedingten Forderung: „cum enim semel condicio exstitit, perinde habetur, ac si illo tempore, quo stipulatio interposita est, sine condicione facta esset". Ist die Bedingung eingetreten, so ist es, als wenn die Stipulation zu der Zeit, zu der sie abgeschlossen wurde, ohne die Bedingung vereinbart wurde. Allerdings gibt es auch Stellen, in denen die Römer auf eine Betrachtung *ex nunc* abstellen: ob eine Leistung rechtlich möglich ist oder nicht wurde in den Fällen der Stipulation oder des Kaufs einer eigenen Sache nach dem Zeitpunkt des Bedingungseintritts bestimmt.[38] Und ab und zu treten Meinungsverschiedenheiten zwischen den klassischen Juristen

[35] Inst. 3, 15, 4 (de V.O.).

[36] *Paulus*, Dig. 18, 6, 8 pr. (de peric.).

[37] Auch eine „insolvenzrechtliche" Berücksichtigung bedingter Forderungen bestand: Nach der *lex Aelia Sentia* waren Sklavenfreilassung zur Benachteiligung von Gläubigern unwirksam (Gai. 1, 37 und 47); der Schuldner konnte also nicht einfach durch Freilassung eines Sklaven sein Vermögen schmälern. Dies galt auch zugunsten des Gläubigers bedingter Forderungen (*African*, Dig. 40, 9, 8 [qui et a quib. manum.]; *Hermogen*, Dig. 40, 9, 27 pr. [qui et a quib. manum.]). Der freigelassene Sklave war mithin ein bedingt freigelassener Sklave in dem Sinne, dass seine Freiheit vom Eintritt oder Ausfall der Bedingung abhing (*Paulus*, Dig. 40, 9, 16, 4 [qui et a quib. manum.]).

[38] *Pomponius*, Dig. 45, 1, 31 (de V.O.); *Marcellus*, Dig. 18, 1, 61 (de contr. empt.); *ders.*, Dig. 45, 1, 98 pr. (de V.O.); *Mitteis*, Römisches Privatrecht, 1908, § 11 I 4 b = S. 175; *Siber*, Römisches Recht II, 1928, § 125 2 b β = S. 423; *Zimmermann*, The Law of Obligations, 1996, p. 726.

offen zu Tage. So war unter den klassischen Juristen streitig, ob die Wirksamkeit eines bedingten Damnationslegats nach dem Errichtungszeitpunkt oder dem Bedingungseintritt beurteil werden sollte.[39] Und selbst die Frage der Gefahrtragung beim bedingten Kauf scheint kontrovers beurteilt worden zu sein: während einige die Gefahr offenbar schon mit Vertragsschluss übergehen lassen wollten, lassen spätere die Gefahr erst mit Bedingungseintritt auf den Käufer übergehen.[40]

2. *In contractibus conditiones retro trahuntur ad initium et non in legatis*

Den römischen Quellen waren die Pendenzwirkungen – notwendige wie fakultative – als solche bekannt; eine einheitliche Theorie entwickelten sie nicht. Dies versuchen auch die Glossatoren noch nicht. Sie beschränkten sich darauf, die iustinianischen Quellen zu rekapitulieren und suchten nach punktuellen Erklärungen.[41] Erst *Bartolus* präsentierte die erste allgemeine, dann aber bis weit in das 19. Jahrhundert hinein wirkungsmächtigste Theorie der Zwischenwirkungen. Dabei steht die Bedingungslehre nicht für sich selbständig alleine. Sie wird von *Bartolus* eingebunden in eine große Gesamtkonzeption der *fictio iuris*.[42] Heute versteht man unter einer Fiktion die gesetzliche Anweisung, zwei Sachverhalte trotz ihrer Verschiedenheit gleich zu behandeln.[43] *Bartolus* definierte ungewohnt ausführlich: „fictio est in re certa eius quod possible contra veritatem pro veritate a iure facta assumptio".[44] Nicht alle Stücke des Definiens erschließen sich sofort. Die „res certa" bezeichnet die Abgrenzung zur Präsumtion: die Präsumtion findet über etwas statt, das zweifelhaft ist; die Fiktion über einen Sachverhalt, der eindeutig „falsch" ist (*contra veritatem*): das zweifelsfrei Falsche wird – und das ist die Rechtsfolge der Fiktion – als wahr (*pro veritate*) genommen. Nicht ohne weiteres verständlich ist auch die zusätzliche Wendung „eius quod possible",

[39] *Kaser*, Das römische Privatrecht I^2, 1971, § 61 I 4 – S. 256.

[40] *Kaser*, Das römische Privatrecht I^2, 1971, § 61 I 4 = S. 256 m.w.N.; *Zimmermann*, The Law of Obligations, 1996, p. 284 n. 76.

[41] Vgl. *Maffei*, Condizione (dir. interm.), in: Marchette (Red.), Enciclopedia del diritto VIII, 1961, p. 760 (§ 1); *Schiemann*, Pendenz und Rückwirkung der Bedingung, 1973, S. 26 ff.

[42] Die grundlegende Darstellung des *Bartolus* in seinen *commentaria* ad l. si is qui pro emptore (Dig. 41, 3, 15 [de usurp.]) gilt heute als der Endpunkt der mittelalterlichen Fiktionslehre, die von nachfolgenden Autoren vielfach einfach übernommen und kopiert wurde. Zur Fiktionslehre des Mittelalters: *Thomas*, Rechtsfiktion und Natur, in: Kervégan/Mohnhaupt, Recht zwischen Natur und Geschichte, 1997, S. 1 (6 ff.). Zum Gebrauch von Fiktionen im römischen Recht: *Demelius*, Die Rechtsfiktion, 1858, S. 25 ff.

[43] Vgl. *Larenz*, Methodenlehre der Rechtswissenschaft^6, 1991, S. 262; Staudinger/*Coing/Honsell* (2004) Einl 117 zum BGB.

[44] *Bartolus*, Comm. § 21 ad l. si is qui pro emptore (Dig. 41, 3, 15 [de usurp.]).

mit der *Bartolus* über die damalige Standartdefinition des *Cinus de Postoia* („fictio est in re certa contrariae veritatis pro veritate“) hinausging. *Bartolus* hat an dieser Stelle zur Vervollständigung seiner Fiktionslehre einen klassisch gewordenen Satz des *Aristoteles* aufgegriffen: ars imitatur naturam.[45] Die Fiktion muss sich auf etwas erstrecken, dass der Natur nach möglich ist: „[...] eius quod est possible, hoc dici, quia super eo quod est immpossible, non potest fingi [...]. Probatur per rationem, Ars enim semper imitatur naturam, & id quod est impossible secundum naturam, est impossible secundum artem“.[46] Oder vielleicht etwas einprägsamer formuliert: „fictio ergo imitatur naturam, ergo fictio habet locum, ubi potest habere locum veritas“.[47] Ein Beispiel kann das Gemeinte besser erläutern: eine Adoption lässt sich verstehen als die fingierte biologisch begründete Kindschaft (ars imitatur naturam); da sich eine Rechtsfiktion nicht auf etwas erstrecken kann, das nach der Natur unmöglich ist, kann der von Geburt an Zeugungsunfähige nicht adoptieren.[48]

Die mittelalterlichen Fiktionstheorien zeichnen sich durch einen hervorstechenden ontologischen Einschlag aus. In erkennbarerer Anlehnung an die *aristotelische* Kategorienlehre mit ihrem markanten Rangunterschied zwischen der Kategorie der Substanz (*substantia*) und den übrigen Prädikaten wie Ort und Zeit,[49] versucht *Bartolus* die überlieferten Anwendungsfälle römischer Rechtsfiktion in eine dreiteilige Ordnung zu bringen: die positive, die negative und die translative bzw. exentensive Fiktion. Fiktionen der ersten beiden Gruppen beziehen sich auf die Überkategorie der Substanz und behaupten etwas, das nicht ist, bzw. negieren etwas, das ist. Die translative oder extensive Fiktion (*fictio translativa sive extensiva*) dagegen bezieht sich nicht auf das Sein, sondern auf dessen verschiedene Modi und hat verschiebende Wirkung, in dem sie eine Handlung oder eine Sache von einem Zeitpunkt, von einer Person, von einem Gegenstand oder von einem Ort an einen jeweils anderen versetzt:

> „[...], quid sit fictio translativa? [...] est in re certa uno modo existenti, pro existenti, alio modo possibili, a iure facta assumptio. [..] rem seu actum transfert, seu extendit [...] de uno tempore ad alius tempus, [...] de una persona ad aliam personam, [...] de una re ad aliam rem, [...] de uno loco ad alium locum“.[50]

[45] *Aristoteles*, Physica II 2 [194a]; *Thomas Aquinas*, Commentaria in octo libros Physicorum, lib. 2 l. 4 n. 5 seq.; vgl. dazu: *Kirshner*, Ars imitatur natura, 5 Viator (1974), 289, 313 seqq.; *Kriechbaum*, Philosophie und Jurisprudenz bei Baldus de Ubaldis, Ius Commune 27 (2000), 299 (310 ff., 329 ff., 336 ff.); *Thomas*, Rechtsfiktion und Natur, in: Kervégan/Mohnhaupt, Recht zwischen Natur und Geschichte, 1997, S. 1 (18 ff.).
[46] *Bartolus*, Comm. § 22 seqq. ad l. si is qui pro emptore (Dig. 41, 3, 15 [de usurp.]).
[47] *Baldus*, Comm. § 2 ad l. ea vero (Dig. 17, 2, 3 [pro socio]).
[48] Vgl. *Baldus*, Comm. § 1 ad l. generalis § illud (Dig. 1, 7, 2, 1 [de adopt.]).
[49] *Aristoteles*, Categoriae; vgl. zur Kategorienlehre: *Höffe*, Aristoteles³, 2006, S. 166 ff.
[50] *Bartolus*, Comm. § 43 ad l. si is qui pro emptore (Dig. 41, 3, 15 [de usurp.]).

Damit hat *Bartolus* den metadogmatischen Boden bereitet, das Phänomen der Rückwirkung als translative Fiktion *de tempore ad tempus* zu erfassen.[51] Von hieraus lässt sich eine allgemeine Rückwirkungslehre für den Bedingungseintritt entfalten: conditio in contractibus conditionalibus trahitur retro ad tempus celebrati contractus.[52] *Bartolus* versteht die Rückwirkung dabei grundsätzlich umfassend. Die Verhältnisse hat man sich so zu denken, wie sie bestehen würden, wenn der Vertrag von Anfang an wirksam gewesen wäre; allerdings mit wichtigen Ausnahmen: einmal wird der Eigentumsübergang nicht von der Rückwirkung erfasst, da dieser notwendig die Übergabe der verkauften Sache voraussetzt; zum anderen kommt den Potestativbedingungen keine Rückwirkung zu. Dies begründet *Bartolus* mit der fehlenden *aequitas*, denn schließlich habe es der Berechtigte in der Hand, den Eintritt selbst herbeizuführen: „Nam deficit aequitas, cum in sua potestate fuerit ante implere". Die *aequitas* aber ist für *Bartolus* der tragende Gedanke der Fiktion überhaupt: „causa fictionis est aequitas". Es ist die *aequitas*, die die Gleichstellung verschiedener Sachverhalte verlangt. Ohne *aequitas* aber gibt es keine Fiktion: „[…] cessante aequitate, fictio cessat".[53] Auch wenn wir uns auf die bedingte Vertragsobligation konzentrieren, so müssen wir doch – um die folgenden Argumentationsmuster nachkommender Juristengenerationen besser zu verstehen – eine bemerkenswerte Erscheinung im Hinterkopf behalten: überhaupt ausgenommen von der Rückwirkung hat *Bartolus* das bedingte Legat: „in legatis conditionalibus, nam adveniente conditione, legatum non trahitur retro ad tempus mortis".[54] Dies entsprach der Quellenlage, wonach ein bedingtes Legat in sich zusammenfällt, wenn der Legatar vor Bedingungseintritt stirbt.[55]

3. *Duo vincula ligant plus quam unum*

Die Regel „in contractibus conditiones retro trahuntur ad initium et non in legatis" wurde schnell allgemein akzeptiert und zur *vulgata doctrina*. Allerdings lässt sich der Lehre des *Bartolus* vorwerfen, dass sie mit der Rückwirkungsfiktion vielleicht die dogmatische Begründung der Pendenzwirkungen geliefert hat, aber den materiellen Grund der Rückwirkungsfiktion schuldig geblieben sei. Dies wurde von nachfolgenden Juristengenerationen nachgeholt. Den Anknüpfungspunkt fand man in der besonderen Kraft der vertrag-

[51] *Bartolus*, Comm. §§ 43 seqq. ad l. si is qui pro emptore (Dig. 41, 3, 15 [de usurp.]).
[52] *Bartolus*, Comm. § 46 seq. ad l. si is qui pro emptore (Dig. 41, 3, 15 [de usurp.]); § 2 ad l. necessario § quod (Dig. 18, 6, 8 pr. [de peric.]).
[53] *Bartolus*, Comm. § 67 ad l. si is qui pro emptore (Dig. 41, 3, 15 [de usurp.]); vgl. zur Theorie der *aequitas* bei *Baldus*: *Horn*, Aequitas in den Lehren des Baldus, 1968, S. 7 ff.
[54] *Bartolus*, Comm. § 47 ad l. si is qui pro emptore (Dig. 41, 3, 15 [de usurp.]).
[55] Eingehend zur Quellenlage: *Masi*, Studi sulla condzione nel diritto romano, 1966, p. 71 ss.

lichen Einigung, die nicht mehr einseitig, sondern nur durch gemeinsamen Konsens der Parteien wieder aufgegeben werden konnte. Nicht anders als wir soeben, fanden sie damit das entscheidende Moment in der *Unwiderruflichkeit*. Von hieraus lässt sich einfach die fehlende Rückwirkung beim bedingten Legat erklären.[56] Denn dahinter steht lediglich eine einseitige, jederzeit widerrufliche Willenserklärung, die zudem dadurch geschwächt ist, dass das Legat nicht auf die Erben des Legatars übergeht.[57] Es bürgerte sich daher die Formel ein: „duo vincula ligant plus quam unum". Im Gewand der Windscheidchen Lehre von der Willensgebundenheit wird uns dieser Gedanke wieder begegnen; allerdings wird *Windscheid* die zentrale Bedeutung des Bedingungseintritts für die notwenigen Pendenzfolgen nicht mehr besonders betonen.

4. *Pothier und der Code civil*

Damit ist der Diskussionsstand für die kommenden Jahrhunderte im Wesentlichen umschrieben. Allerdings tritt der Rückwirkungsgedanke in den nachfolgenden Darstellungen der Pendenzwirkungen zunehmend zurück.[58] Man argumentierte weniger theorielastig und stützte die Schwebewirkungen unmittelbar auf die iustinianischen Quellen.[59] Zeitgenössische Erläuterungen gingen auch zunehmend dazu über, die Wirkungen der schwebenden und der erfüllten Bedingung getrennt zu besprechen.[60] Aber der Rückwirkungsgedanke als solcher wurde keinesfalls verdrängt oder das Theorievakuum durch ein anderes Modell gefüllt; er liefert weiterhin das zuverlässige Argumentationsmuster, wenn es etwa darum ging, die rangwahrende Hypothekenbestellung zugunsten einer bedingten Verbindlichkeit oder die grundsätzliche Vererblichkeit der bedingten Vertragsobligation zu erklären. In dieser enttheorisierten Gestalt hält sich die Rückwirkungslehre insbesondere in Deutschland bis weit in das 19. Jahrhundert hinein und wurde endlich als selbstverständlich von Schriftstellern wie *Glück* oder *Höpfner* und auch noch

[56] Mit diesem Erklärungsmuster lässt sich auch die fehlende Rückwirkung der Potestativbedingung gut erklären: hier ist nichts fest und stabil.

[57] *Zasius*, §§ 8 seq. ad. l. Si filius fam. sub condicione (Dig. 45, 1, 78 pr. [de V.O.]) im Anschluss an *Raphael Cumanus* und *Jason de Mayno*.

[58] Dies deckt sich weitgehend mit den Beobachtungen von *Schiemann*, Pendenz und Rückwirkung der Bedingung, 1973, S. 36 ff.

[59] *Glück*, Ausführliche Erläuterung der Pandecten IV, 1796, S. 493 f.; *Höpfner*, Theoretisch-practischer Commentar über die heineccischen Institutionen[6], 1798, § 740 = S. 757.

[60] Vgl. etwa die für lange Zeit umfassendste und maßgebliche Darstellung der bedingten Rechtsgeschäfte: *Brussel*, De conditionibus libri quatuor, Ausgabe von 1560, Lib. II Cap. 1 (de pedentis conditionis effectu), Lib. II Cap. 3 (de existentis conditionis effectu). Siehe aber etwa auch *Sell*, Ueber bedingte Traditionen, 1839, S. 101 f., der von einer Verschmelzung der Zustände vor Bedingungseintritt und nach Bedingungseintritt spricht.

v. Savigny vertreten.[61] Im *usus modernus pandectarum* hatte sich allgemein die Formel eingeschliffen: „Existentia enim conditionis retrotrahitur ad tempus conventionis, ita, ut illico intelligatur evenisse, vel pure ab initio conventum esse".[62] Letzte Ausläufer der Rückwirkungslehre lassen sich in der Pandektistik bis zum Ende des 19. Jahrhunderts nachweisen.[63]

Der Schwund des Interesses an den theoretischen Grundlagen der Bedingungslehre wurde für den romanischen Rechtsraum durch *Pothier* gestoppt. Er stellte in den Rückwirkungsgedanken wieder ganz in den Mittelpunkt der Bedingungslehre:[64] „Cet accomplissement de la condition a un effet rétroactif au temps que l'engagement a été contracté ; & le droit qui résulte de l'engagement, est censé avoir été acquis à celui envers qui il a été contracté, dès le temps du contrat".[65] Den Rückwirkungsgedanken selbst begründet er nach tradiertem Vorbild mit der *Unwiderruflichkeit* des Vertrages. Die Rückwirkungslehre *Pothiers* wurde vom Code civil annähernd eins zu eins übernommen und gilt – wenn auch nicht unangefochten – bis heute. Erst jüngst hat sich der Avant-Projet de Réforme du droit des obligations deutlich für eine grundsätzliche Beibehaltung der *rétroactivité* ausgesprochen;[66] man widerstand damit der Versuchung, sich die modischen Vorschläge von Modellregelungen wie Art. 16: 103 (1) PECL oder Art. III – 1: 107 (2) des Draft Common Frame of Reference (DCFR) zu eigen zu machen, die glauben, auf das Prinzip der Rückwirkung verzichten zu können. Und so heißt es nach wie vor in art. 1179 Code civil:

> **Art. 1179 Code Civil**. La condition accomplie a un effet rétroactif au jour auquel l'engagement a été contracté. Si le créancier est mort avant l'accomplissement de la condition, ses droits passent à son héritier.

[61] *Glück*, Ausführliche Erläuterung der Pandecten IV, 1796, S. 497 mit Fn. 94; *Höpfner*, Theoretisch-practischer Commentar über die heineccischen Institutionen^{6}, 1798, § 740 = S. 758; *v. Savigny*, System des heutigen Römischen Rechts III, 1840, S. 150 ff.; *Sell*, Ueber bedingte Traditionen, 1839, S. 100 ff.

[62] *Lauterbach*, Collegium pandectarum theoretico-practicum I, Ausgabe von 1714, L. II Tit. XIV § LXXXI; *Stryk*, Usus modernus III, Ausgabe von 1745, Lib. XVIII Tit. I § XXIIX; *Vinnius/Heineccius*, In quatuor libros institutionum imperialium commentarius academicus et forensic II, Ausgabe von 1704, Lib. III Tit. XVI, De conditione, Comment. § 6.

[63] Siehe etwa: *v. Vangerow*, Lehrbuch der Pandekten I^{7}, 1863, § 95 Anm. II 1 = S. 142 ff.

[64] *Pothier*, Traité des Obligations I, Ausgabe von 1764, n° 198 et suiv., 218 et suiv. Auch *Pothier* hält an der Regel fest: keine Rückwirkung bei Legaten. Die begründet er so: wer einen Vertrag – auch unter einer Bedingung – geschlossen hat, ist daran gebunden – auch gegenüber den Erben; ein Legat sei dagegen ausschließlich zugunsten des Legatar gegeben.

[65] *Pothier*, Traité des Obligations I, Ausgabe von 1764, n° 220.

[66] *Catala*, Avant-projet de réforme du droit des obligations et de la prescription, 2006, p. 66: „la rétroactivité se justifie à la fois sur un plan rationnel et sur un plan pratique". Insoweit wendet man sich von gegenläufigen Vorschlägen der Commission de Réforme du Code Civil ab. Das ist eine bemerkenswerte Entscheidung, gehört doch die *rétroactivité* zu den in der heutigen Diskussion am meisten diskutierten Fragen des französischen Bedingungsrechts (vgl. *Malaurie/Aynès/Stoffel-Munck*, Les Obligations^{2}, 2005, supra n° 1237).

Der historische Code civil versteht diese Vorschrift als Programmnorm. Im Gesetzgebungsverfahren stellt *Bigot de Préamenau* den *effet rétroactif* in das Zentrum der Bedingungslehre des Code civil. Der *effet rétroactif* sei die Grundregel, aus der sich alle Rechtsfolgen des Bedingungsrechts ableiten ließen „Les règles particulières aux conditions suspensives […] ne sont que des déductions de ces principes généraux".[67] Hier ist nicht der Platz, die konsistente Durchführung des Rückwirkungsprinzips im französischen Recht und seine scheinbaren oder tatsächlichen Durchbrechungen zu untersuchen.[68] Hier zählt zunächst alleine die Beobachtung, dass die Rückwirkungsfiktion des Bedingungseintritts die Haftung des Schuldners wegen schuldhafter Beeinträchtigung oder Vereitelung des bedingten Anspruchs ohne Schwierigkeiten erklären kann (vgl. art. 1182 al. 3, 4 Code civil). Denn die Rückwirkung des Bedingungseintritts vergegenwärtigt die Notwendigkeit der vollständigen Erfüllung des Gesamttatbestandes, ohne den die Vereitelung oder Beeinträchtigung des Anspruchs folgenlos bliebe. Mit anderen Worten: die Rückwirkung des Gesamttatbestandes verdeutlicht, dass auch die sekundärrechtlichen Vollwirkungen die Erfüllung des Gesamttatbestandes voraussetzen.

5. Von der Rückwirkung zur Rückziehung

Bisher verstand man die Rückwirkung des Bedingungseintritts als Fiktion. Doch von einigen Schriftstellern wurde die tradierte Rückwirkungslehre, die im Kern immer noch der Lehre des *Bartolus* entsprach, zu einer Lehre der *Rückziehung* fortentwickelt.[69] Den Beginn der Rückziehungslehre lässt sich an einer frühen Arbeit des jungen *Leibniz* festmachen. *Leibniz* hat sich in mehreren Arbeiten mit dem Rechte der Bedingung beschäftigt.[70] Dort kommt er – allerdings mehr am Rande – auch auf die Rückwirkung der eingetretenen Bedingung zu sprechen. *Leibniz* nähert sich der Bedingungslehre von einem zunächst recht eigentümlichen Standpunkt. Die Wirksamkeit eines bedingten Vertrages ist einzig noch abhängig von der Wahrheit der zur Bedingung gestellten Tatsache. Der Faktor Zeit spiele für die Wahrheit der Bedingung als solche aber keine Rolle. Der verstreichende Zeitraum zwischen bedingtem Vertragsschluss und Bedingungseintritt sei lediglich die Folge der Schwierigkeit, die von Anfang an bestehende Wahrheit zu erken-

[67] Exposé de motifs, bei: *Locré*, Législation civile, commerciale et criminelle VI, 1836, p. 158 (n° 66).

[68] Vgl. insoweit *Malaurie/Aynès/Stoffel-Munck*, Les Obligations², 2005, n° 1237 et suiv.

[69] Ich verwende an dieser Stelle den von *Fitting*, Ueber den Begriff der Rückziehung, 1856, S. 6, 19 begründeten Begriff der Rückziehung.

[70] Siehe die Disputatio juridica de conditionibus vom 14. Juli 1665, die Disputatio juridica posterior de conditionibus vom 17. August 1665 und seine Specimina juris von 1669, allesamt abgedruckt in: Preußische Akademie der Wissenschaften (Hrsg.), Gottfried Wilhelm Leibniz, Sämtliche Schriften und Briefe VI/1, S. 97 ff., 125 ff., 365 ff.

nen. Dies entspricht im Duktus schon *Leibniz' Determinismus* und seiner *Theorie des vollständigen Individualbegriffs*.[71] Nach dieser Lehre ist die Einzelsubstanz gekennzeichnet durch einen vollständigen Begriff ihrer individuellen Substanz. Dieser Begriff der Substanz schließt alle vergangenen, gegenwärtigen und zukünftigen Prädikate ein: „Notio completa seu perfecta substantiae singularis involvit omnia ejus praedicata praeterita praesentia ac futura".[72] Mithin ist daher schon jetzt die Aussage wahr (oder falsch), dass sich ein Prädikat künftig einstellen wird: „Utique enim praedicatum futurum esse futurum jam nunc verum est, itaque in rei notione continetur". Diese Aussage führt geradewegs zur charakteristischen Aussage des Determinismus: es ist im Voraus ebenso gewiss, dass ein Ereignis geschehen wird, wie es nachher gewiss sein wird, dass es geschehen ist.[73] Damit wird die übliche Fiktion der Rückwirkung der Bedingung auf den Zeitpunkt des Vertragsschlusses überflüssig. Die „Rückwirkung" ist die anfängliche Wirkung der wahren Tatsache, die zunächst nur deswegen noch keine Vollwirkung ist, weil den Beteiligten die Wahrheit der Bedingung noch nicht offenkundig ist. Mit anderen Worten: das Recht und die Forderung aus dem Rechtsgeschäft (Vollwirkung) entstehen sofort mit Vertragsschluss, weil zu diesem Zeitpunkt der Eintritt oder Nichteintritt der tatsächlichen Bedingung schon feststeht. Nur ist den Beteiligten das Bestehen der Forderung nicht sofort bewusst, weil sie noch keine Kenntnis von der Wahrheit der Bedingung haben. Der Bedingungseintritt ist also nicht Wirkungsvoraussetzung sondern nur Erkenntnisvoraussetzung für das durch das bedingte Recht entstandene Recht.[74] *Leibniz* verdeutlicht das Gemeinte mit einem hübschen Bild: gäbe es im Land einen Propheten, der schon bei Vertragsschluss sicher sagen könnte, ob die Bedingung eintritt, so könnte der Berechtigte sofort Erfüllung verlangen.[75] Man denke an die berühmte deterministische Figur des Laplaceschen Dämons, der unter der Kenntnis sämtlicher Naturgesetze und aller Initialbedingungen jeden vergangenen und jeden zukünftigen Zustand berechnen kann.[76] Für

[71] Vgl. dazu: *Liske*, Gottfried Wilhelm Leibniz, 2000, S. 64 ff., 108 ff.

[72] *Leibniz*, Principia logico-methapysica, in: Berlin-Brandenburgische Akademie der Wissenschaften (Hrsg.), Gottfried Wilhelm Leibniz, Sämtliche Schriften und Briefe VI/4, 1999, S. 1643 (1646).

[73] Vgl. *Leibniz*, Essais de theodicée I, Ausgabe von 1760, Essais sur la bonté de Dieu, Part. I § 36.

[74] *Fitting*, Ueber den Begriff der Rückziehung, 1856, S. 118; vgl. auch *Blomeyer*, Studien zur Bedingungslehre I, 1938, S. 50 ff., insb. 54.

[75] Vgl. *Leibniz*, Specimina Juris, Exhibitum in doctrina conditionum, in: Preußische Akademie der Wissenschaften (Hrsg.), Gottfried Wilhelm Leibniz, Sämtliche Schriften und Briefe VI/1, S. 367 ff., Cap. X Def. 79 = S. 421, The 68 = S. 426 ff.; vgl. *Schiemann*, Pendenz und Rückwirkung der Bedingung, 1973, S. 65 ff.; *Schneider*, Justitia universalis, 1967, S. 35 ff.

[76] Vgl. *Frey*, Determinismus/Indeterminismus, in: Hist. Wb. Philos. 2, 1972, S. 150 (155 ff.); *Drieschner*, Weltformel, in: Hist. Wb. Philos. 12, 2004, S. 470.

diesen Dämon ist der Eintritt oder Ausfall der Bedingung schon zum Zeitpunkt des Vertragsschlusses objektive Gewissheit. Zu Schwierigkeiten kann diese Auffassung bei den Potestativbedingungen führen, sofern man von keiner vollständigen Determinierung des menschlichen Willens ausgeht. Aber dieses Problem muss sich nicht stellen, wenn man im Anschluss an *Bartolus* die Potestativbedingung von der Rückwirkung bzw. Rückziehung ausnimmt.

Maffei weist *Leibniz* Arbeiten zur Bedingungslehre grundlegende Bedeutung für das weitere Verständnis der Bedingungslehre zu.[77] Dieses Urteil scheint mir mehr der Person *Leibniz* und der Qualität seiner hier in Frage stehenden Abhandlungen als ihrer tatsächlichen Verbreitung geschuldet. Denn einen Eingang in die weitere Diskussion fanden die Thesen *Leibniz* – soweit ich das überblicke – zunächst nicht. *Fitting* hat die Schrift *Leibniz* im 19. Jahrhundert wiederentdeckt. In seiner zentralen, allerdings nicht auf die Bedingung beschränkten Rückziehungslehre[78] nimmt er aber keinen Bezug auf sie und betont an anderer Stelle, dass er unabhängig *von Leibniz* – den er jetzt als Zeugen seiner Lehre aufruft – zu seinem gleichlautenden Rückziehungsbegriff gekommen sei.[79] Zumindest als gleichberechtigter Gründer der Rückziehungslehre kann daher *Fitting* gelten.[80] Wirkungslos war die Rückziehungslehre für die akademische Diskussion keinesfalls. *Enneccerus* wird sie noch am Ende des 19. Jahrhunderts in Rahmen seiner Pendenztheorie vertreten.[81] *Enneccerus* versucht überdies, die originären ex-tunc-Wirkungen der Rückziehung mit partiellen ex-nunc-Wirkungen des Bedingungseintritts, die den römischen Quellen nicht per se unbekannt sind, zu versöhnen. Dazu greift er in die juristische Trickkiste und bemüht den nicht ausgesprochenen Parteiwillen. In der Parteibedingung liege regelmäßig zugleich die (stillschweigende) Vereinbarung eines *dies*.[82] Mit anderen Worten: der nach-

[77] *Maffei*, Condizione (dir. interm.), in: Marchette (Red.), Enciclopedia del diritto VIII, 1961, p. 761 (§ 3): „[…] una opera fondamentale nella storia della dottrina moderna della condizione"; vgl. auch *Schneider*, Justitia universalis, 1967, S. 36 f.

[78] *Fitting*, Ueber den Begriff der Rückziehung, 1856.

[79] *Fitting*, Ueber den Begriff der Bedingung, AcP 39 (1856), 305 (306). Eine Bezugnahme findet sich nur auf den Seiten 331 Fn. 46 und 336 Fn. 55.

[80] *Fitting*, Ueber den Begriff der Rückziehung, 1856, S. 6, 19, 48 ff.

[81] *Enneccerus*, Rechtsgeschäft, Bedingung und Anfangstermin, Band I, 1888, S. 249 ff., 268, Band II, 1889, S. 335 ff., 379 ff.: der bedingte Vertrag erzeuge sofort eine pendente Obligation; trete die Bedingung ein, sei nunmehr klar, dass von Anfang an eine Obligation vorhanden war; falle die Bedingung aus, so zeige sich, dass nie eine Obligation vorhanden war.

[82] Eine zunehmende Betonung des Parteiwillens in diesem Sinne lässt sich schon bei *Sell* oder *v. Savigny* nachweisen (*v. Savigny*, System des heutigen Römischen Rechts III, 1840, S. 150 ff.; besonders deutlich *Sell*, Ueber bedingte Traditionen, 1839, S. 100 ff.). Ihren vorläufigen Höhepunkt findet diese Entwicklung bei *Windscheid*. In willenstheoretischer Manier überlässt er die grundsätzliche Beantwortung der Frage, ob dem Bedingungseintritt Rückwirkung zukommt, ganz dem Parteiwillen: „[…] hat die erfüllte Bedingung rückwirkende Kraft oder nicht? Die Quelle der Entscheidung dieser Frage kann nur der Wille

folgende Bedingungseintritt macht deutlich, dass von Anfang an eine Obligation bestanden hat (Rückziehung), eben mit dem Inhalt (Zeitbestimmung), dass erst zum Tag des Bedingungseintritts zu leisten ist. Habe ich dir etwa am 1. Januar 2008 versprochen, für den Fall, dass ich meinen Onkel beerbe, 100 € zu zahlen, und beerbe ich meinen Onkel am 1. Januar 2010, so habe ich dir letztlich – von Anfang an wirksam – versprochen, am 1. Januar 2010 die 100 € zu zahlen.[83]

VI. Die Unentbehrlichkeit des Rückwirkungsgedankens

Dem Gedanken der Rückwirkung des Bedingungseintritts auf den Zeitpunkt des Vertragsschlusses gelingt es ohne weiteres, die sekundärrechtlichen Vollwirkungen der Vereitelung oder Beeinträchtigung des bedingten Rechts zu erklären (§ 160 Abs. 1 BGB). Da durch die Fiktion der gesamte, nunmehr vollendete *Gesamttatbestand* in die Vergangenheit übertragen wird, rechtfertigen sich V*ollwirkungen* auch für schädigende Handlungen vor Bedingungseintritt. Diese Erklärung wird heute nicht mehr als befriedigend angesehen. Dahinter steht ein allgemeines Unbehagen gegenüber Rechtsfiktionen: Fiktionen dienten häufig allein der Verschleierung einer theoretischen Schwäche.[84] Stellt man die Rückwirkungsfiktion zur Disposition, verspricht auch die Rückziehungslehre wenig Abhilfe. Denn es geht ihr gar nicht um die rechtliche Beurteilung eines Falles der zeitlichen Tatbestandsteilung. Das letzte Tatbestandsstück ist für diese Lehre nicht ein künftiges, ungewisses Ereignis, sondern das Ereignis steht bereits zum Zeitpunkt des Vertragsschlusses fest. Es gibt überhaupt keine objektive, sondern nur eine subjektive Ungewissheit über die Wahrheit. Damit ist der bekannte Fall der sog. Unterstellung (*condicio in praesens vel praeteritum relata*) bezeichnet, in dem die Parteien den Eintritt von Rechtsfolgen daran binden, dass ein gegenwärtiges oder vielleicht schon in der Vergangenheit vorliegendes Ereignis besteht oder auch nicht besteht.[85] Eine Schwebephase der Un-

desjenigen sein, von dem das bedingte Rechtsgeschäft herrührt. Was hat er eigentlich mit der Bedingung gemeint?“ (*Windscheid*, Die Wirkung der erfüllten Bedingung, 1851, S. 1). Unter Hinweis auf den präsumtiven Willen der Parteien führt *Windscheid* aus: es sei eben im Zweifel anzunehmen, dass derjenige, der *für den Fall* einer gewissen Gestaltung der Verhältnisse das Eintreten eines bestimmten rechtlichen Erfolges wolle, zugleich wolle, dass dieser Erfolg *erst dann* eintrete, wenn sich die verlangte Gestaltung der Verhältnisse entschieden habe. Mit anderen Worten: es ist im Zweifel anzunehmen, dass das privatautonome Setzen einer Bedingung zugleich eine Befristung beinhalte (*Windscheid*, cit., S. 4 ff.).

83 *Enneccerus*, Rechtsgeschäft, Bedingung und Anfangstermin, Band I, 1888, S. 192 ff., Band II, 1889, S. 335 f.

84 Grundlegend: *Esser*, Wert und Bedeutung der Rechtsfiktionen^2, 1969, S. 81 ff.

85 Vgl. *Bekker*, System des heutigen Pandektenrechts II, 1889, § 114 Beil. II = S. 307 f.

gewissheit existiert überhaupt nicht: entweder ist das Geschäft sofort wirksam oder unwirksam.[86]

1. *Windscheids Theorie der Willensbindung und das BGB*

Der deutsche Gesetzgeber hat sich § 158 Abs. 1 BGB ausdrücklich gegen die Rückwirkung des Bedingungseintritt entschieden;[87] eine Linie, der sich auch Art. III – 1: 107 (2) DCFR angeschlossen hat.[88] Moderne Schriftsteller arbeiten mit der Vorstellung, dass der Schuldner bei bedingtem Geschäft zwar noch nicht zur Primärleistung verpflichtet sei, ihn aber doch schon die echte Rechtspflicht treffe, dass bedingte Recht des Gläubigers nicht zu vereiteln.[89] In der Lehre hat sich hierfür der Begriff der *Vorwirkung* eingebürgert[90]. Der Begriff – der auf *Fitting* zurückgeht[91] – scheint mir falsch gebraucht. Er wird an dieser Stelle daher nicht weiter verwendet. Zurück geht die herrschende Auffassung auf die Lehre *Windscheids*: mit dem Geschäftsabschluss sei der Wille der Parteien schon vor Bedingungseintritt *gebunden*.[92] Dies ist sicherlich zutreffend. Hoch problematisch ist aber die damit verbundene Vorstellung, *alleine* aus der Willensbindung – ohne Rekurs auf den Rückwirkungsgedanken – alle Pendenzfolgen ableiten zu können.[93] Die im Mittelpunkt unseres Interesses stehende Verpflichtung zum Schadensersatz bei Beeinträchtigung oder gar Vereitelung des bedingt begründeten Anspruchs kann sie gerade nicht vollständig erklären. Auch das deutsche Recht knüpft diesen Anspruch in § 160 Abs. 1 BGB ausdrücklich an den Eintritt der Bedingung. Die *sekundärrechtliche Vollwirkung* verlangt nach dem

[86] Staudinger/*Bork* (2003) Vorbem 28 zu §§ 158–163; *Schwarz*, Bedingung, in: Schlegelberger (Hrsg.), Rechtsvergleichendes Handwörterbuch für das Zivil- und Handelsrecht II, 1929, S. 391 (398 f.).

[87] *Gebhard*, in: Schubert (Hrsg.), Die Vorlagen der Redaktoren für die erste Kommission, Allgemeiner Teil 2, S. 241 f.; Mugdan I, S. 492 (Motive).

[88] Im Anschluss an Art. 16: 103 (1) PECL.

[89] *v. Tuhr*, Der Allgemeine Teil des Deutschen Bürgerlichen Rechts II/2, 1918, § 81 I 1 = S. 294; Staudinger/*Bork* (2003) § 160 Rn. 1 f., 4, 6 f.

[90] Z.B. *Blomeyer*, Studien zur Bedingungslehre I, 1938, S. 40 f.; *Larenz/Wolf*, Allgemeiner Teil des Bürgerlichen Rechts⁹, 2004, § 50 Rn. 45; *v. Tuhr*, Der Allgemeine Teil des Deutschen Bürgerlichen Rechts II/2, 1918, § 81 I = S. 292

[91] *Fitting*, Ueber den Begriff der Rückziehung, 1856, S. 21 f., 48.

[92] *Windscheid*, Die Wirkung der erfüllten Bedingung, 1851, S. 17 ff. Eine Ausnahme gilt – selbstverständlich für die bedingten letztwilligen Verfügungen. Dem folgten die gesetzgeberischen Vorarbeiten zum BGB: *Gebhard*, in: Schubert (Hrsg.), Die Vorlagen der Redaktoren für die erste Kommission, Allgemeiner Teil 2, S. 235 f., 244; Mugdan I, S. 494 (Motive).

[93] Darin liegt der Unterschied zu der von dem Humanisten *Zasius*, §§ 8 seq. ad l. Si filius fam. sub condicione (Dig. 45, 1, 78 pr. [de V.O.]) formulierten Lehre, die mit der besonderen Willensbindung der Vertragsparteien die Rückwirkung des Bedingungseintritts begründete: bei *Zasius* steht die Willensbindung nicht alleine, sondern bewirkt nur zusammen mit dem Bedingungseintritt die vollwirkungsgleiche Haftung.

Gesamttatbestand: Schadensersatz ist nur im Fall der Verwirklichung des noch fehlenden Tatbestandsteils zu leisten. Die herrschende Lehre erschafft zur Sicherung des noch nicht bestehenden Anspruchs auf Primärleistung (Vollwirkung) nur nach eigenen Worten eine Rechtspflicht, den Anspruch nicht zu vereiteln; aber auch sie muss letztlich anerkennen, dass für den Fall des Ausfalls der Bedingung eben doch – und zwar letztlich von Anfang an – keine Verpflichtung bestanden hat. So heißt es im Vorentwurf *Gebhards* und in den Motiven der Ersten Kommission:[94]

> „Die aufschiebende Bedingung schiebt den Eintritt der dem Rechtsgeschäft an sich zukommenden Wirkung hinaus. Solange sie schwebt, ist Recht und Belastung noch nicht existent. [...] Gleichwohl kommt dem den Grund zur Entstehung des zukünftigen Rechts legenden Rechtsgeschäft schon während der Schwebe *eine bestimmte Wirksamkeit* (*Anm.*: insbesondere ist damit gemeint, dass Handlungen, die den Gegenstand der bedingten Verpflichtung schädigen, zu unterlassen sind) zu; es hat bindende Kraft. Der Eintritt oder Nichteintritt der *rechtlichen Wirkung* ist *alleine von dem Ausgang der Bedingung abhängig*".

Bei der Pflicht, den bedingten Anspruch nicht zu beeinträchtigen oder zu vereiteln, handelt es sich eben auch um eine *bedingte Pflicht*;[95] die Pflicht wird rückwirkend aktiviert, wenn der Gesamttatbestand eingetreten ist. Es bleibt dabei: die Haftung wegen Beeinträchtigung oder Vereitelung ist keine ausschließlich auf die Willenseinigung (Tatbestandsstück) zurückzuführende Haftung. Notwendig ist der Gesamttatbestand.[96] Soll sie an einer schädigenden Handlung des Schuldners vor Bedingungseintritt anknüpfen, bedarf es des Gedankens der Rückwirkung des Bedingungseintritts (Gesamttatbestand). Den Spagat versuchte *Adickes*, der die Rückwirkungsfiktion dadurch „abmildern" wollte, dass er zwar anerkannte, dass die Haftpflicht des Schuldners erst mit Bedingungseintritt entstehe, aber aufgrund des Parteiwillens – und nicht aufgrund einer rückwirkenden Kraft des Bedingungseintritts – auch vor Bedingungseintritt begangene Sorgfaltsverstöße erfasse.[97]

[94] *Gebhard*, in: Schubert (Hrsg.), Die Vorlagen der Redaktoren für die erste Kommission, Allgemeiner Teil 2, S. 235; Mugdan I, S. 494 (Motive). Hervorhebungen vom Verfasser.

[95] So zutreffend: *Arndts*, Lehrbuch der Pandekten[11], 1883, § 71 Anm. 4 = S. 104; *Blomeyer*, Studien zur Bedingungslehre I, 1938, S. 39 ff.

[96] Dies spricht dagegen, eine (auf den Ausfall der Bedingung) auflösend bedingte Leistungstreuepflicht anzunehmen. Zumal eine stringente Argumentation mit einer auflösend bedingten Leistungstreuepflicht nur dann möglich ist, wenn man jedenfalls insoweit Rückwirkung annimmt.

[97] *Adickes*, Zur Lehre von den Bedingungen, 1876, S. 125: „die Haftpflicht entstehe jetzt (Anm.: Eintritt der Bedingung) mit dem Inhalte, den sie haben würde, wenn sie früher entstanden wäre".

2. *Die Vorwirkung*

Viele Missverständnisse sind mit dem Begriff der Vorwirkung verbunden. *Fitting* entwickelte den allgemeinen Begriff der Vorwirkung, den er dem Begriff der Rückziehung gegenüberstellte. Es geht ihm zunächst nur um begriffliche Klarheit. Die Lehre der Vor- und Rückziehung ist für ihn ein Allgemeiner Teil einer nachfolgenden Bedingungslehre. Mit Klärung der gegensätzlichen Begriffe Rückziehung (Wirkung *ex tunc*) und Vorwirkung (Wirkung *ex nunc*) ist noch keine Entscheidung darüber gefallen, wie die bedingten Obligationen oder die bedingten Verfügungen in diesen Kanon einzuordnen sind. Ein klarer Fall der Vorwirkung ist etwa entsprechend der hergebrachten Doktrin das bedingte Legat.[98] Mit der Einordnung des bedingten Schuldvertrags hat sich *Fitting* dagegen erkennbar schwer getan.[99] Zunächst hat er die bedingte Vertragsobligation entsprechen der tradierten Auffassung zur Rückwirkung dem Bereich der Rückziehung zugewiesen;[100] später sind ihm im Rahmen anderer Arbeiten Zweifel gekommen,[101] bis er letztlich zu der Überzeugung gelangt ist, wie er später beiläufig anmerkt, dass die Frage der Rückziehung im iustinianischen Recht wohl umstritten war, die Mehrzahl der Juristen dem Geschäft aber mit Bedingungseintritt eher *ex nunc* Wirkung (Vorwirkung) zugewiesen habe.[102] Der aufschiebend bedingten Übereignung schließlich weist *Fitting* nur Vorwirkungen zu.[103]

Den Verdienst *Fittings* sieht man heute in der Entdeckung der Vorwirkung.[104] Die Ausgangssituation für Rückziehung und Vorwirkung ist identisch. Nach der Verwirklichung eines Tatbestandsstücks besteht Ungewissheit über den Resttatbestand, die erst durch ein nachfolgendes Ereignis beseitigt wird. Bei der Rückziehung bezieht sich die Ungewissheit auf die Vergangenheit; der Resttatbestand ist bereits verwirklicht, nur können die Parteien dies noch nicht erkennen. Bei der Vorwirkung bezieht sich die Ungewissheit nicht auf die Vergangenheit, sondern auf die Zukunft. Der künftige Umstand entscheidet nicht darüber, ob ein Rechtsverhältnis war oder ist, sondern ob es *wird*. Nicht die Vergangenheit wird erkannt, sondern die Zukunft gestaltet. Mit anderen Worten: bei der Rückziehung zeigt der Umstand, dass jemand schon Gläubiger war; bei der Vorwirkung bewirkt der künftige Umstand,

[98] *Fitting*, Ueber den Begriff der Rückziehung, 1856, S. 31 ff., 119 f.

[99] Überhaupt schien *Fitting*, Ueber den Begriff der Rückziehung, 1856, S. 58 f., 62 den Unterschied zwischen Vor- und Rückwirkung bei Forderungsrechten nicht für sonderlich groß zu halten. Seine Bedeutung zeige sich bei den dinglichen Rechten.

[100] Vgl. *Fitting*, Ueber den Begriff der Rückziehung, 1856, S. 52 mit Fn. 84.

[101] *Fitting*, Zur Lehre vom Kauf auf Probe oder Besicht, ZHR 2 (1859), 203 (255) Fn. 79 aE.

[102] *Fitting*, Das Castrense Peculium, 1871, S. 265 Fn. 2.

[103] *Fitting*, Zur Lehre vom Kauf auf Probe oder Besicht, ZHR 2 (1859), 203 (255) Fn. 79.

[104] *Schiemann*, Pendenz und Rückwirkung der Bedingung, 1973, S. 101.

dass jemand – nur für die Zukunft – Gläubiger wird.[105] Vereinfacht ausgedrückt geht es der Unterscheidung zwischen Rückziehung und Vorwirkung darum, ob das erwartete Ereignis *ex nunc* oder *ex tunc* wirkt. Streng genommen verhält sich die Lehre von der Vorwirkung gar nicht über die Zwischenwirkungen vor Eintritt des künftigen Umstandes.

Die eingehendste Betrachtung hat die Unterscheidung zwischen Vorwirkung und Rückziehung bei *Fitting* am Beispiel des Eigentums und der Problematik der Zwischenverfügung gefunden. Bei der Rückziehung zeigt der nachfolgende Umstand, dass die eine oder andere Seite schon Eigentümer war (*ex tunc*); bei der Vorwirkung erwirbt die eine Seite das Eigentum mit Eintritt des Umstandes, während die andere Seite das Eigentum verliert (*ex nunc*). Schwierigkeiten bereitet der Vorwirkungslehre die Behandlung von Zwischenverfügungen, wenn man das gewünschte Ergebnis erreichen will: die Unwirksamkeit der Zwischenverfügungen. Keine Schwierigkeiten hat die Rückziehungslehre: Zwischenverfügungen sind entsprechend der Grundregel nemo plus iuris transferre potest quam ipse habet ohne Wirkung; denn das eingetretene Ereignis hat ja gezeigt, dass der Verfügende gar nicht Eigentümer war, also auch nicht wirksam verfügen konnte. Diese Argumentation greift bei der Vorwirkung nicht: denn hier war der Verfügende ja noch Eigentümer; er hat dies erst *ex nunc* zum Zeitpunkt der Tatbestandsvollendung erworben.

Im *usus modernus* war – für den Sonderfall des bedingten Geschäfts – allmählich erkannt worden, dass das bedingte Recht, die *spes*, ein Vermögenswert des Gläubigers ist.[106] Zur Verdeutlichung der Position des bedingt Berechtigten verwandte man das Bild des gezeugten, aber noch nicht geborenen Kindes. Solange die Bedingung schwebe, liegt eine konzipierte (gezeugte), aber noch nicht geborene Obligation vor:[107]

> „Ex quibus omnibus satis apparet, etiam pendente conditione aliquid subesse, quod conventionem quodammodo verificat & sustentat […] ac obligationem nondum quidem natam, conceptam tamen esse, illamque tanquam in utero materno latere. […] Unde etiam conditionales conventiones ex praesenti vires accipere dicuntur".

Dieses Bild ist haften geblieben.[108] Selbst im französischen Recht spricht man mit Blick auf das bedingte Recht gerne von einem *germe de droit*.[109] *Fitting*

[105] *Fitting*, Ueber den Begriff der Rückziehung, 1856, S. 21 f., 48, 51 ff.

[106] *Lauterbach*, Collegium pandectarum theoretico-practicum I, Ausgabe von 1714, L. II Tit. XIV § LXXVIII.

[107] *Lauterbach*, Collegium pandectarum theoretico-practicum I, Ausgabe von 1714, L. II Tit. XIV § LXXIX; *Stryk*, Usus modernus III, Ausgabe von 1745, Lib. XVIII Tit. I § XXVII.

[108] Z.B. *v. Jhering*, Passive Wirkungen der Rechte, JherJb 10 (1871), 387 (461).

[109] *Malaurie/Aynès/Stoffel-Munck*, Les Obligations², 2005, n° 1238.

greift diesen Gedanken auf: das Eigentum ist von Anfang an „objektiv belastet". „In allen Fällen des vorauslöslichen Eigentums trägt die Sache selbst den Keim in sich, beim Eintritt eines späteren Umstandes in das Eigentum eines anderen überzugehen. Es wird also durch die ursprünglich den späteren Eigentumsübergang begründende rechtliche Thatsache die Sache, das Eigentum selbst ergriffen in dem Umfang, in dem es beim Eintritt der jener Tatsache dem Verfügenden zustand".[110]

Das Bild des gezeugten, aber noch nicht geborenen Kindes ist stark. Und dennoch zeigt sich gerade in ihm, dass damit der Tatbestand zur Begründung von sekundärrechtlichen Vollwirkungen wegen Beeinträchtigung des bedingten Anspruchs nicht abschließend umschrieben ist. Denn wenn die Bedingung nicht eintritt, also die Geburt des Kindes ausbleibt, kann ich mich folgenlos am Embryo vergehen. Erst die Geburt des Kindes – also die Vollendung des Gesamttatbestandes – verpflichtet mich zusammen mit meinem vorangehenden Verhalten zum Schadensersatz. Ohne die „Rückwirkung" des Bedingungseintritts ist der Embryo in der Vergangenheit „schutzlos".

3. Die passive Wirkung der Rechte

v. Jhering versuchte die Schwebewirkungen damit zu erklären, dass ein Recht bereits *passive* Wirkungen äußern könne, bevor es als solches überhaupt existiert. Im Normalfall korrelierten die passive und aktive Seite (Berechtigung) eines Rechts; in bestimmten Situationen könne aber die aktive Seite zunächst fehlen. Dieses zeitige Fehlen eines berechtigten Subjekts schließe zwar die Annahme eines bestehenden subjektiven Rechts aus, nicht aber die Möglichkeit der (passiven) Sicherung seiner baldigen Entstehung: es falle der schon bestehenden passiven Seite des Rechts zu, den alsbaldigen Eintritt des berechtigten Subjekts in den unversehrten Bestand des Rechts zu ermöglichen und sicherzustellen.[111] *v. Jhering* bedient sich zur Verdeutlichung eines Bildes. Obwohl das Recht noch nicht entstanden sei und ein Tatbestandsteil noch ausstehe, werde dem künftig Berechtigten bereits ein Bett aufgeschlagen und gesichert. „Das Bett ist freilich zur Zeit noch leer, aber es ist bereits belegt, dem Unberechtigten verschlossen". Es bedarf nur des Erscheinens des Berechtigten. Auf den Rückwirkungsgedanken glaubt *v. Jhering* verzichten zu können: die passiven Wirkungen seien immer gegenwärtige Wirkungen.[112]

In der Lehre wird die Vorstellung einer passiven Seite eines Rechts ohne korrelierende aktive Seite kritisiert: eine passive Seite eines Rechts ohne

110 *Fitting*, Ueber den Begriff der Rückziehung, 1856, S. 64 ff.

111 *v. Jhering*, Passive Wirkungen der Rechte, JherJb 10 (1871), 387 (390 f., 392 ff.).

112 Vgl. *v. Jhering*, Passive Wirkungen der Rechte, JherJb 10 (1871), 387 (527 ff., insb. 534 f.).

aktive Seite sei wie ein Belastetsein ohne Last, wie eine Wirkung ohne Ursache.[113] Ich halte die Vorstellung *v. Jherings* von der Möglichkeit eines passiven Rechts an sich nicht für unpassend. Denn es erklärt tatsächlich den immer wieder vorkommenden Fall, dass ein Schuldner zwar gehalten ist – um das Wort „verpflichtet" zu vermeiden –, ein bestimmtes Verhalten zu vermeiden, dieser passiven Wirkung aber keine durchsetzbaren (klagbaren) materiellrechtlichen Ansprüche des Gläubigers auf Sicherung seines Rechts korrespondieren. Man denke nur an die Rücksichtnahmepflichten des § 241 Abs. 2 BGB. Diese sind grundsätzlich nicht klagbar.[114] Der Gläubiger kann sie nicht im Einzelfall durchsetzen, sondern ist auf Schadensersatzansprüche für den Fall ihrer Verletzung beschränkt (§ 280 Abs. 1 BGB ggf. iVm § 311 Abs. 2 BGB).[115] Das Rückwirkungsdogma kann allerdings auch die Lehre von der passiven Wirkung der Rechte nicht ersetzen.[116] Schadensersatz wegen oder Beeinträchtigung oder Vereitelung des Anspruchs ist nicht alleine deswegen zu leisten, weil der Hotelier das für den Gast gemachte Bett durchwühlt hat, sondern erst, wenn der Gast durch die Zimmertür geht (Tatbestandsvollendung) und nur das ungemachte Bett vorfindet. Bleibt er zuhause, bleibt das unordentliche Gastzimmer folgenlos.

VII. Anwendungsbereich

Die Schwelle zwischen einfachen Tatbestandswirkungen und den verstärkten Pendenzwirkungen ist in dem Zeitpunkt überschritten, in dem ein Zurückgehen hinter den bereits erfüllten Teiltatbestand für die Parteien nicht

[113] *Enneccerus*, Rechtsgeschäft, Bedingung und Anfangstermin II, 1889, S. 413 f.; siehe aber auch: *Blomeyer*, Studien zur Bedingungslehre I, 1938, S. 7.

[114] Rücksichtnahmepflichten sind nach hM nur dann ausnahmsweise klagbar, wenn eine Rechtsverletzung unmittelbar bevorsteht und sich die die Schutzpflicht auf ein bestimmtes Verhalten konkretisieren lässt (Staudinger/*Olzen* (2009) § 241 Rn. 544 ff.).

[115] Schon *v. Jhering*, Passive Wirkungen der Rechte, JherJb 10 (1871), 387 (463) Fn. 80 hat auf die enge Beziehung zwischen der Lehre von der passiven Wirkung entstehender Rechte und der *culpa in contrahendo* hingewiesen.

[116] Selbstverständlich können auch bei einem bedingten Vertragsverhältnis unabhängig vom Bedingungseintritt Schutzpflichten iSd § 241 Abs. 2 BGB verletzt werden (BGH, NJW 1992, 2489 [2490], Urt. v. 30.4.1992 – VII ZR 78/91; BGH, BB 1967, 811, Urt. v. 6.6.1967 – VIII ZR 259/64). Verletzungen verpflichten gem. § 280 BGB zum Schadensersatz. Schutzpflichten kommen sogar dann noch in Betracht, wenn die Bedingung ausgefallen ist. Ist der Vertrag etwa gescheitert, so kann eine Partei nicht mehr auf Vollziehung verlangen und entsprechende Maßnahmen ergreifen (BGH, NJW 1990, 507 [508], Urt. v. 29.9.1989 – V ZR 198/87). Ihr Erfüllungsinteresse kann eine Partei aber nur liquidieren, wenn die Bedingung eingetreten ist oder als eingetreten gilt. So kann eine Partei vor Bedingungseintritt wegen Erfüllungsverweigerung Schadensersatz nur verlangen, wenn die andere Seite gleichzeitig den Eintritt der Bedingung zurechenbar verhindert (vgl. BGHZ 90, 302 [308], Urt. v. 14.3.1984 – VIII ZR 284/82; BGH, MDR 1969, 1001, Urt. v. 28.5.1969 – VIII ZR 135/69).

mehr einseitig möglich ist. Sicherlich wird nun nicht jedes in der Vergangenheit verwirklichte Tatbestandsstück unwiderruflich sein und über die einfache Tatbestandswirkung hinaus verstärkte Schwebewirkungen hervorrufen. Es sind also diejenigen Teile eines Tatbestandes, die verstärkte Schwebewirkungen hervorbringen, abzugrenzen von solchen Tatbestandsstücken, an die sich nur Rechtshoffnungen und unbeachtliche Rechtsaussichten knüpfen, also jeder Partei für die Schwebezeit größtmögliche Freiheit lässt. Die Entscheidung zwischen einfacher Tatbestandswirkung und verstärkten Pendenzwirkungen, zwischen Freiheit und faktischer Bindung trifft der Gesetzgeber. Im Einzelfall kann ein starkes Verkehrsbedürfnis die weitgehende *Absicherung* der Tatbestandsteilung verlangen: könnte sich etwa eine Partei eines bedingten Vertrages vor Eintritt der Bedingung die Erfüllung seines Leistungsversprechens durch Widerruf verhindern oder über den Vertragsgegenstand faktisch anderweitig verfügen, so wäre es mit dem praktischen Wert eines solchen Vertrages dahin.[117] Der deutsche Gesetzgeber geht hier sehr weit. Bereits der Antrag auf Vertragsschluss ist grundsätzlich bindend und nicht einseitig widerruflich (§ 145 BGB). Daraus kann man den allgemeinen Satz folgern: die Grenze zu den verstärkten Schwebewirkungen ist im deutschen Recht überschritten, wenn der zu Verpflichtende seine Verpflichtungserklärung abgegeben hat. Da insbesondere die §§ 160 ff. BGB das Tatzwingende Minimalprogramm für den Fall der Unwiderruflichkeit eines Tatbestandsstückes regeln, sind die Vorschriften grundsätzlich als Ausdruck eines allgemeinen Rechtsgedankens entsprechend anwendbar.[118] Ich will ein Beispiel geben: Zerstört der Verkäufer nach Antrag auf Abschluss eines Kaufvertrages den Vertragsgegenstand, so haftet er entsprechend § 160 Abs. 1 BGB auf Schadensersatz; allerdings unter der Voraussetzung, dass der Käufer die Vertragsofferte annimmt: denn die sekundärrechtliche Vollwirkung verlangt Erfüllung des Gesamttatbestandes. Ein einziges Bedenken mag dieser Lösung entgegenstehen. *Bartolus* nahm die Potestativbedingung ausdrücklich von der Rückwirkung aus. Da die Annahme der Vertragsofferte in der Willkür des Akzeptanten liegt, ließe sich dieses Bedenken vielleicht auf unseren Fall übertragen. Nehmen wir dagegen Anleihen an der hier ausgeblendeten, weil im Obligationenrecht nicht ohne weiteres weiterführenden Diskussion um die quasidinglichen Anwartschaftsrechte, so mag die subjektive Abhängigkeit der Entstehung des Anspruchs vom Willen des Akzeptanten deutlich für die Anwendung des § 160 Abs. 1 BGB sprechen.

117 *v. Jhering*, Passive Wirkungen der Rechte, JherJb 10 (1871), 387 (458 ff., 462 ff., 470 f.).
118 Vgl. *Kühne*, Tatbestandsteilung, 1936, S. 24 ff., 38 ff., insb. 72 ff.

Ist § 31a BGB im Stiftungsrecht zwingend oder dispositiv?

Zur Auslegung von § 86 S. 1 Hs. 2 BGB

Ulrich Burgard

Dieter Reuter hat die Entwicklung des deutschen Stiftungsrechts wie kaum ein Zweiter geprägt. Seine Erläuterungen setzen den Maßstab, an dem sich alle anderen Autoren messen müssen, auch und gerade wenn sie – wie der Verfasser – ganz andere Grundauffassungen vertreten[1]. Zudem schließen abweichende Grundauffassungen Übereinstimmungen in vielen Detailfragen keineswegs aus. Für den Verfasser ist es daher eine besondere Freude, den Jubilar mit einem kleinen Beitrag ehren zu dürfen.

I. Das Problem

Jüngst hat der Gesetzgeber in seinem überbordenden Reformdrang § 31a BGB eingeführt. Durch diese Bestimmung soll die Haftung von ehrenamtlichen Vereinsvorständen gemildert, nämlich auf Vorsatz und grobe Fahrlässigkeit beschränkt werden. Dass diese Bestimmung völlig verfehlt ist, wurde bereits an anderer Stelle von dem Jubilar[2] und dem Verfasser[3] dargelegt. Völlig verfehlt ist auch, dass nach § 40 S. 1 BGB n.F. § 31a Abs. 1 S. 1, Abs. 2 BGB zwingend sein soll.[4] Und damit nicht genug: Gutgemeinter Lobbyarbeit ist es zu „danken", dass § 86 S. 1 Hs. 1 BGB den Anwendungsbereich von § 31a BGB auf Vorstandsmitglieder von Stiftungen erstreckt. Das läuft einem Hauptanliegen des Stiftungsrechts, nämlich dem Schutz der Stiftung und ihres Vermögens vor einer fehlerhaften Verwaltung durch den Vorstand, „*diametral zuwider*".[5] Allerdings verweist § 86 S. 1 Hs. 1 BGB nicht auch auf § 40 BGB. Hieraus hat der Verfasser gefolgert[6], dass § 31a BGB im Stiftungs-

[1] S. *Burgard*, Gestaltungsfreiheit im Stiftungsrecht, 2006, etwa S. 61 ff., 127 ff., 188 ff., 349 ff.; dagegen *Reuter*, AcP 207 (2007), 1, 6 f., 12 ff.
[2] *Reuter*, NZG 2009, 1368, 1369 ff.
[3] *Burgard*, ZIP 2010, 358 ff.
[4] *Burgard*, ZIP 2010, 358, 363 f.
[5] *Reuter*, NZG 2009, 1368, 1369.
[6] *Burgard*, ZIP 2010, 358, 364.

recht dispositiv ist.[7] Dieser Ansicht ist allerdings *Arnold* unter Hinweis auf § 86 S. 1 Hs. 2 BGB jüngst entgegengetreten.[8] *Arnold* versteht § 86 S. 1 Hs. 2 BGB als Parallelvorschrift zu § 40 BGB und begründet dies mit dem Wortlaut und der Entstehungsgeschichte der Vorschrift. Und eben dies wird im Folgenden näher zu untersuchen sein.

II. Der Wortlaut von § 86 BGB

Vergleicht man den Wortlaut von § 86 S. 1 Hs. 2 BGB mit dem Wortlaut von § 40 S. 1 BGB, so kann man sich in der Tat einer gewissen Übereinstimmung nicht verschließen. Allerdings ist für die Auslegung der gesamte Wortlaut der Vorschriften aufschlussreich, weswegen sie hier vollständig zitiert und die Übereinstimmungen hervorgehoben werden.

§ 86 BGB lautet: *„Die Vorschriften der §§ 26 und 27 Absatz 3 und der §§ 28 bis 31a und 42 finden auf Stiftungen entsprechende Anwendung,* ***die Vorschriften des § 26 Absatz 2 Satz 1, des § 27 Absatz 3 und des § 28 jedoch nur insoweit, als sich aus der Verfassung,*** *insbesondere daraus, dass die Verwaltung der Stiftung von einer öffentlichen Behörde geführt wird,* ***ein anderes ergibt.*** *Die Vorschriften des § 26 Absatz 2 Satz 2 und des § 29 finden auf Stiftungen, deren Verwaltung von einer öffentlichen Behörde geführt wird, keine Anwendung.“*

In § 40 BGB heißt es: ***„Die Vorschriften des § 26 Absatz 2 Satz 1, des § 27 Absatz 1 und 3, der §§ 28,*** *31a Abs. 1 Satz 2 sowie der §§ 32, 33 und 38* ***finden insoweit keine Anwendung als die Satzung ein anderes bestimmt.*** *Von § 34 kann auch für die Beschlussfassung des Vorstands durch die Satzung nicht abgewichen werden.“*

§ 86 S. 1 Hs. 1 BGB erklärt also eine Reihe von Vorschriften des Vereinsrechts zunächst einmal für entsprechend anwendbar, um sodann in Hs. 2 einen Teil dieser Vorschriften einem Verfassungsvorbehalt zu unterwerfen. Dabei wird die Verfassung einer Stiftung gemäß § 85 BGB durch das Stiftungsgeschäft bestimmt, soweit sie nicht auf Bundes- oder Landesgesetz beruht. Und das Stiftungsgeschäft besteht gemäß § 81 Abs. 1 BGB aus einer Vermögenswidmung und (regelmäßig) einer Stiftungssatzung. Der Verfassungsvorbehalt des § 86 S. 1 Hs. 2 BGB bedeutet also, dass von den dort genannten Vorschriften durch Landesgesetz oder durch das Stiftungsgeschäft und damit in der Regel durch die Stiftungssatzung abgewichen werden kann.

[7] Dass § 40 BGB mangels Verweisung in § 86 BGB für die Stiftung nicht gilt, betont auch *Hüttemann*, DB 2009, 1205, 1207.

[8] *Arnold*, Die Organhaftung in Verein und Stiftung (unter besonderer Berücksichtigung des neuen § 31a BGB) in Hüttemann/Rawert/K. Schmidt/Weitemeyer (Hrsg.), Non Profit Law Yearbook 2010 (erscheint 2011), Manuskript, S. 21.

Das wiederum legt den Umkehrschluss nahe, dass von den Vorschriften, die nicht in § 86 S. 1 Hs. 2, sondern nur in Hs. 1 der Vorschrift genannt sind, nicht durch Landes- oder Satzungsrecht abgewichen werden kann. Zwingend wären danach §§ 26 Abs. 1, Abs. 2 Satz 2, 29 bis 31a sowie § 42 BGB (wobei nach § 86 S. 2 BGB bei einer behördlichen Stiftungsverwaltung zudem §§ 26 Abs. 2 und 29 BGB außer Anwendung bleiben). Und für ein solches Verständnis spricht schließlich auch der Vergleich mit § 40 S. 1 BGB, der allgemein so verstanden wird, dass grundsätzlich nur die dort angegebenen Vorschriften satzungsdispositiv sind, wenn nicht bereits der Wortlaut der Vorschrift – wie bei § 30 BGB – Gestaltungsfreiheit einräumt.[9] Allerdings stimmen die in § 40 S. 1 BGB aufgeführten Vorschriften nur teilweise mit den in § 86 S. 1 Hs. 2 BGB Genannten überein. Die Abweichungen erklären sich jedoch samt und sonders aus der Mitgliederlosigkeit der Stiftung. Auch materiell bestehen keine Bedenken dagegen, dass §§ 26 Abs. 1 S. 1 und 2, 29, 31, 42 sowie mit Ausnahme behördlich verwalteter Stiftungen §§ 26 Abs. 2 Satz 2 und 29 BGB zwingend sein sollen. Bedenken bestehen insoweit nur hinsichtlich von § 31a BGB. Bemerkenswert ist allerdings ferner, dass §§ 26 Abs. 1 S. 3, 30 BGB nicht zwingend sind, wie sich schon aus dem Wortlaut der Vorschriften ergibt, obwohl sie nur in § 86 S. 1 Hs. 1 und nicht auch in Hs. 2 genannt sind. Das lässt immerhin erste Zweifel aufkommen, ob § 86 S. 1 Hs. 2 BGB den gleichen Umkehrschluss zulässt wie § 40 S. 1 BGB.

III. Entstehungsgeschichte von § 86 BGB

Vorläufer des heutigen § 86 BGB war § 61 BGB-E 1, der bestimmte vereinsrechtliche Vorschriften für entsprechend anwendbar erklärte. Hierzu lagen zahlreiche Änderungsanträge vor,[10] so dass beschlossen wurde im Einzelnen zu prüfen, ob und inwieweit vereinsrechtliche Vorschriften auf die Stiftung entsprechend Anwendung finden sollten[11]. Der Schwerpunkt der Diskussion lag dabei eindeutig bei der Frage, ob die vorgeschlagenen Verweisungen auch für solche Stiftungen sachgerecht seien, deren Verwaltung von einer öffentlichen Behörde geführt wird. Das kommt noch heute im Wortlaut des § 86 BGB deutlich zum Ausdruck. Betont wurde ferner die dispositive Natur des § 44 Abs. 2 BGB-E 1 (heute § 27 Abs. 3 BGB),[12] des § 44 Abs. 4

[9] *Reuter* in Münchener Kommentar zum BGB, 5. Auflage 2006, § 40 Rdn. 1; *Hadding* in Soergel, BGB, 13. Auflage 2000, § 40 Rn. 2; *Schwarz/Schöpflin* in Bamberger/Roth (Hrsg.), BGB, 2. Auflage 2007, § 40 Rn. 2; *Weick* in Staudinger, BGB, Neubearbeitung 2005, § 40 Rn. 1.

[10] Protokolle, S. 1194 f., zitiert nach *Mugdan*, Die gesamten Materialien zum Bürgerlichen Gesetzbuch für das Deutsche Reich, Bd. 1, 1899, S. 666.

[11] Protokolle, S. 1196 ff., zitiert nach *Mugdan* (Fn. 10), S. 666 ff.

[12] Protokolle, S. 1198, 1202 f., zitiert nach *Mugdan* (Fn. 10), S. 667, 668.

BGB-E 1 (heute § 26 Abs. 1 S. 3 BGB),[13] des § 44 Abs. 5 BGB-E 1 (heute § 26 Abs. 2 S. 1 BGB)[14] sowie des § 45a BGB-E 1 (heute § 30 BGB).[15] Von der zwingenden Natur einer der Verweisungen ist in den Materialien hingegen nicht die Rede. Den Materialien kann daher nicht entnommen werden, welche Vorschriften des Vereinsrechts für die Stiftung zwingend sein sollen, sondern nur, welche Vorschriften dispositiv sind. Mehr besagen allerdings auch die Ausführungen von *Arnold* zu dieser Frage nicht.[16]

IV. Der Sinn und Zweck von § 86 BGB

Der Sinn und Zweck von § 86 BGB erschließt sich aus einer Zusammenschau mit § 85 BGB. Danach wird die Verfassung einer Stiftung in erster Linie durch das Bundesrecht, in zweiter Linie durch das Landesrecht und (erst) in dritter Linie, d.h. soweit das Bundes- und Landesrecht keine zwingenden Vorgaben machen, durch das Stiftungsgeschäft, insbesondere die Stiftungssatzung bestimmt. Dementsprechend musste der Reichsgesetzgeber für den Fall Vorsorge treffen, dass weder das Landesrecht noch das Stiftungsgeschäft hinreichende Regelungen der Stiftungsverfassung enthalten. Im Blick hierauf gewährleisten die in § 86 S. 1 Hs. 1 BGB aufgeführten Verweise auf das Vereinsrecht eine Minimalverfassung und damit die Verkehrsfähigkeit der Stiftung. Dabei galt es allerdings eine Kollision mit dem Landesrecht zu vermeiden; denn der historische Gesetzgeber sah das Stiftungsrecht vornehmlich als öffentlich-rechtliche Materie an,[17] die zu regeln daher den Landesgesetzgebern weitgehend vorbehalten bleiben musste. Nach den historischen Vorstellungen konnte der Landesgesetzgeber zudem die Verwaltung einer Stiftung durch eine öffentliche Behörde erzwingen.[18] Das machte eine Berücksichtigung dieser Gestaltung unumgänglich, führte zu den vorgenannten (o. III.) Diskussionen und mündete in der Fassung des § 86 S. 1 Hs. 2, S. 2 BGB. Gestellt und von § 86 S. 1 Hs. 2, S. 2 BGB beantwortet wurde also nur die Frage, welche der in § 86 S. 1 Hs. 1 BGB genannten Bestimmungen auch dann gelten sollen, wenn die Stiftung von einer öffentlichen Behörde verwaltet wird. In diesem Rahmen wurde auch die Abdingbarkeit einzelner Bestimmungen betont. Die Frage der zwingenden Natur wurde dagegen gar nicht gestellt (o. III.).

13 Protokolle, S. 1199, zitiert nach *Mugdan* (Fn. 10), S. 667.

14 Protokolle, S. 1201, 1202 f., zitiert nach *Mugdan* (Fn. 10), S. 668.

15 Protokolle, S. 1203, zitiert nach *Mugdan* (Fn. 10), S. 668.

16 *Arnold* (Fn. 8), S. 7.

17 Protokolle, S. 1167 f., zitiert nach *Mugdan* (Fn. 10), S. 657 f.; *Reuter* (Fn. 9), Vor § 80 Rdn. 3.

18 Motive, S. 121, zitiert nach *Mugdan* (Fn. 10), S. 419. Tatsächlich gab es solche Bestimmungen noch bis in die 1970er Jahre, s. *Reuter* (Fn. 9), § 86 Rn. 2 m.w.N.

§ 86 S. 1 Hs. 2 BGB ist daher zuvörderst als Konzession des historischen Gesetzgebers an das heute nicht mehr bestehende Recht des Landesgesetzgebers zu verstehen, Stiftungen in die öffentliche Verwaltung zu integrieren. Das hat bereits der Jubilar zutreffend ausgeführt.[19] Aus § 86 S. 1 Hs. 2 BGB können daher keine Folgerungen hinsichtlich des zwingenden Charakters der dort nicht genannten Vorschriften gezogen werden,[20] was im Blick auf §§ 26 Abs. 1 S. 3, 30 BGB ja auch unzutreffend wäre (o. II. a.E.). Tatsächlich wird dieser Umkehrschluss, soweit dem Verfasser bekannt, bisher nur von *Arnold* vertreten. In der Kommentarliteratur zu § 86 BGB wird dagegen stets nur betont, dass hinsichtlich der Anwendbarkeit der vereinsrechtlichen Vorschriften danach zu unterscheiden ist, ob die Stiftung von einer öffentlichen Behörde verwaltet werde oder nicht.[21]

V. Unanwendbarkeit von § 31a BGB bei behördlich verwalteten Stiftungen

Wortlaut, Entstehungsgeschichte und Gesetzeszweck sprechen also gegen den von *Arnold* vertretenen Umkehrschluss, wonach die in § 86 S. 1 Hs. 2 BGB nicht genannten Vorschriften zwingend sein sollen. Allerdings wäre dieser Umkehrschluss auch weitgehend unschädlich, wenn er nicht auch den neu eingefügten § 31a BGB betreffen würde; denn die übrigen in § 86 S. 1 Hs. 2 BGB nicht genannten Vorschriften sind entweder tatsächlich zwingend (so §§ 26 Abs. 1 S. 1 und 2, 29, 31, 42 sowie mit Ausnahme behördlich verwalteter Stiftungen §§ 26 Abs. 2 Satz 2 und 29 BGB) oder aufgrund ihres Wortlauts offensichtlich dispositiv (so §§ 26 Abs. 1 S. 3, 30 BGB). Wäre § 31a BGB zwingend hätte dies dagegen nicht nur die im Stiftungsrecht besonders missliche Folge, dass die Vorschrift nicht abdingbar wäre (dazu VI.). Vielmehr müsste man annehmen, § 31a BGB solle auch für behördlich verwaltete Stiftungen gelten; denn die Repräsentanten der Behörde, die den Vorstand der Stiftung bilden, werden als solches unentgeltlich tätig. Und auch ihre Anstellungskörperschaft bzw. -anstalt erhält für die Verwaltung der Stiftung regelmäßig kein Entgelt. Eine Anwendung von § 31a BGB auf behördlich verwaltete Stiftungen ist indes unhaltbar.

19 *Reuter* (Fn. 9), § 86 Rn. 20.

20 Die Folgerung von *Reuter* (Fn. 9), § 86 Rn. 20, wegen des historisch beschränkten Zwecks von § 86 S. 1 Hs. 2 enthalte die Vorschrift keinen generellen Verfassungsvorbehalt, ist freilich ebenfalls nicht haltbar. Dagegen sprechen nicht nur der Wortlaut und die Entstehungsgeschichte der Vorschrift, sondern auch die Folge, dass danach alle Vorschriften, auf die § 27 Abs. 3 BGB verweist, zwingend wären, insoweit zutr. *Arnold* (Fn. 8), S. 6 f.

21 Paradigmatisch *Rawert* in Staudinger, BGB, 13. Bearbeitung 1995, § 86 Rn. 1; *Schwarz/Backert* in Bamberger/Roth (Fn. 9), § 86 Rn. 1; *Werner* in Erman, BGB, 12. Aufl. 2008, § 86 Rn. 1, 3.

Wird eine behördlich verwaltete Stiftung von einem Beamten der sie verwaltenden Körperschaft oder Anstalt geschädigt, richtet sich ihr Schadensersatzanspruch nach Art. 34 GG, § 839 BGB. Das ist allgemeine Meinung.[22] An dieser Rechtslage wollte und konnte der Gesetzgeber durch die Einführung von § 31a BGB nichts ändern. Vielmehr wurde auch diese Frage übersehen. Richtigerweise hätte daher in § 86 S. 1 Hs. 2 BGB ebenfalls ein Verweis auf § 31a BGB aufgenommen werden müssen.[23] Liest man aber in § 86 S. 1 Hs. 2 BGB auch einen Verweis auf § 31a BGB hinein, so steht auch diese Vorschrift unter dem Verfassungsvorbehalt und ist damit abdingbar.

VI. Stiftungsrechtliche Bedenken gegen die Unabdingbarkeit von § 31a BGB

Gegen die Unabdingbarkeit von § 31a BGB sprechen ferner schwere stiftungsrechtliche Bedenken. Dazu hat man sich zunächst vor Augen zu führen, dass keinerlei anerkennenswertes Bedürfnis für die Einführung von § 31a BGB bestand; denn im Bereich der Innenhaftung waren der Verantwortlichkeit von Vorstandsmitgliedern schon bisher erhebliche Grenzen gezogen.[24] Zudem besteht gerade bei der Stiftung ein strukturelles Durchsetzungsdefizit,[25] das durch § 31a BGB noch vertieft wird. Potentiell gefährlicher ist demgegenüber eine Außenhaftung, insbesondere im Blick auf die Verletzung von steuerrechtlichen (§§ 34 Abs. 1, 69 AO) und sozialversicherungsrechtlichen Pflichten (§ 823 Abs. 2 BGB i.V.m. § 266a StGB).[26] Hieran ändert § 31a BGB freilich nichts.[27] Zudem kommt eine Außenhaftung – z.B. auch wegen der Verletzung von Verkehrssicherungspflichten[28] – regelmäßig nur zum Zuge, wenn bei der Stiftung nichts zu holen ist. Insolvenzen von Stiftungen sind aber erfreulicherweise außerordentlich selten.[29] Tatsächlich sind Stiftungs-

[22] RGZ 161, 288, 294 f.; *Reuter* (Fn. 9), § 86 Rn. 27; *Rawert* (Fn. 21), § 86 Rn. 22; *Neuhoff* in Soergel (Fn. 9), § 86 Rn. 6; *Schwarz/Backert* (Fn. 21), § 86 Rn. 8; *Werner* (Fn. 21), § 86 Rn. 3.

[23] In Betracht käme zwar auch ein Verweis in § 86 S. 2 BGB. Das wäre jedoch schon aus systematischen Gründen nur die zweitbeste Lösung; denn abseits von § 31a BGB richtet sich die Haftung von Vorstandsmitgliedern einer Stiftung nach § 86 S. 1 i.V.m. § 27 Abs. 3, 664 ff., 280 Abs. 1 BGB.

[24] Ausf. *Burgard* in: Krieger/U. H. Schneider (Hrsg.), Handbuch Managerhaftung, 2. Aufl. 2010, § 6 Rn. 19, 30, 60, 156, 172 ff.

[25] Eindringlich *Reuter* in: Kötz/Rawert/K. Schmidt/Walz (Hrsg.), Non Profit Law Yearbook 2002, 2003, S. 157, 167 ff.

[26] S. *Burgard* (Fn. 24), § 6 Rn. 85, 89.

[27] *Burgard*, ZIP 2010, 358, 363.

[28] S. *Burgard*, ZIP 2010, 358, 359 m.w.N.

[29] *Röthel*, Deutsche Stiftungen, 2003, S. 48, konnte bei einer Umfrage unter Referenten deutscher Stiftungsbehörden lediglich zwei Stiftungen ermitteln, die in den letzten Jahren

vorstände daher nur geringen Haftungsrisiken ausgesetzt. Dementsprechend schwach ist die Handlungssteuerungsfunktion von Haftungsnormen bei der Stiftung ausgeprägt. Sie wird durch die Einführung von § 31a BGB weiter abgeschwächt, obwohl selbst große Stiftungen, deren Leitung und Überwachung größte Sorgfalt erfordern, oft von Ehrenamtlichen geführt werden. Zudem bewirkt die Vorschrift eine Verlagerung des Schadensrisikos auf die Stiftung.[30] Das ist deswegen besonders misslich, weil Stiftungen zur Zweckverfolgung auf eine ungeschmälerte Erhaltung ihres Vermögens angewiesen sind. Ganz zu Recht hat *Reuter* daher darauf hingewiesen, dass § 31a BGB einem Hauptanliegen des Stiftungsrechts, nämlich dem Schutz der Stiftung und ihres Vermögens vor einer fehlerhaften Verwaltung durch den Vorstand, „*diametral zuwider*" läuft.[31] Hiervor muss sich die Stiftung schützen können. Auch dies spricht gegen die Unabdingbarkeit von § 31a BGB.

VII. Verfassungsrechtliche Bedenken gegen die Unabdingbarkeit von § 31a BGB

An anderer Stelle wurde ausgeführt, dass § 40 BGB n.F. mit der von Art. 9 GG gewährleisteten Vereinsfreiheit insoweit nicht vereinbar ist als danach § 31a Abs. 1 S. 1 BGB sowie Abs. 2 dieser Vorschrift zwingend sein sollen.[32] Auch die Stifterfreiheit ist grundgesetzlich geschützt.[33] Einschränkungen der Gestaltungsfreiheit des Stifters müssen sich daher an dem Übermaßverbot messen lassen, d.h. sie müssen geeignet, erforderlich und verhältnismäßig im engeren Sinne sein. Vorliegend fehlt es bereits im Blick auf das Vereinsrecht an einem zureichenden Grund, der die zwingende Natur von § 31a Abs. 1 S. 1, Abs. 2 BGB rechtfertigen könnte.[34] Im Stiftungsrecht gilt das erst Recht, zumal der Gesetzgeber hier die Frage überhaupt nicht bedacht hat. Besteht schon kein anerkennenswertes Bedürfnis für die Einführung von § 31a BGB (o. VI.), so besteht erst Recht kein Bedürfnis für die Unabdingbarkeit der Vorschrift. Insbesondere vermag der Gedanke einer Förderung des ehrenamtlichen Engagements die Unabdingbarkeit nicht zu rechtfertigen, da § 31a

Insolvenz anmelden mussten. Zwei weitere Fälle schildern *Schulz*, ZSt 2005, 137 ff., und *Passarge*, NZG 2008, 605, s. ferner *Gregor Roth/Knof*, KTS 2009, 163 f. mit Fn. 1.

30 Das merkte auch die Bundesregierung in ihrer kritischen Stellungnahme zu dem Gesetzentwurf des Bundesrates (BR-Ds. 399/08 = BT-Ds. 16/10120) an, auf dem § 31a BGB beruht, BT-Ds. 16/10120, Anlage 2, S. 10, näher zur Entstehungsgeschichte der Norm *Burgard*, ZIP 2010, 358, 360 f.

31 *Reuter*, NZG 2009, 1368, 1369.

32 *Burgard*, ZIP 2010, 358, 363 f.

33 Anstelle anderer *Reuter* (Fn. 9), Vor § 80 Rdn. 26 ff.; *Burgard* (Fn. 1), S. 41 ff.

34 *Burgard*, ZIP 2010, 358, 364; *Arnold* (Fn. 8), S. 21 f.

BGB die realen Haftungsgefahren nur marginal verringert und daher vor allem geeignet ist, uninformierte Vorstandsmitglieder zu einem (noch) sorgloseren Verhalten zu verführen, was dann allerdings für die betroffenen Stiftungen ein ernstes Problem sein kann.[35] Will ein Stifter dies vermeiden, kann er allerdings in der Stiftungssatzung vorsehen, dass die Vorstandsmitglieder ein Entgelt i.H.v. 501,– Euro pro Jahr erhalten. Für kleinere Stiftungen ist dieser Weg freilich prohibitiv teuer, und zwar noch teurer als der Abschluss einer D&O-Versicherung, zumal wenn sie vernünftigerweise mehrere Vorstandsmitglieder haben. Gegenüber einer Unabdingbarkeit von § 31a BGB wäre daher die Pflicht zum Abschluss einer D&O-Versicherung, wie sie von der Bundesregierung vorgeschlagen wurde,[36] bei Aufrechterhaltung einer Haftung für leichte Fahrlässigkeit das mildere Mittel. Nachdem dieser Weg jedoch nicht beschritten wurde, ist es auch ein Gebot verfassungskonformer Auslegung, § 86 S. 1 Hs. 2 BGB nicht so zu interpretieren, dass § 31a BGB zwingend ist.

VIII. Folgerungen der Abdingbarkeit von § 31a BGB für bestehende Stiftungen

Folgt man diesen Überlegungen, spricht alles dafür, dass § 31a BGB im Stiftungsrecht abdingbar ist. Das hat freilich nicht nur Folgen für die Errichtung neuer Stiftungen, sondern auch für bereits bestehende Stiftungen.

Bestimmt die Stiftungssatzung, dass Organmitglieder für eine (schuldhafte) Verletzung ihrer Pflichten einzustehen haben, so ist diese Bestimmung vor dem Hintergrund der bisherigen Rechtslage grundsätzlich dahin zu interpretieren,[37] dass Organmitglieder auch für einfache Fahrlässigkeit haften. § 31a BGB bleibt in diesem Fall also außer Anwendung.

Enthält die Stiftungssatzung hingegen keine Bestimmung über die Haftung der Stiftungsorgane, so stellt sich die Frage, ob bestehende Stiftungen, deren Vorstandsmitglieder ehrenamtlich tätig sind, den bisherigen Rechtszustand durch Satzungsänderung wieder herstellen müssen. Hatte der Stifter nämlich keine Haftungsregelung getroffen, insbes. keine § 31a BGB entsprechende Haftungsmilderung vorgesehen, dann bewirkt das Inkrafttreten dieser Vorschrift eine erhebliche Veränderung der Haftungsverfassung der Stiftung, weil Schadensrisiken auf die Stiftung verlagert und mit der Haftungsdrohung zugleich die Handlungssteuerungsfunktion weiter geschwächt wird. Ersteres ist besonders bedenklich, weil Stiftungen zur Verfolgung ihres

[35] *Burgard*, ZIP 2010, 358, 365.
[36] BT-Ds. 16/10120, Anlage 2, S. 10.
[37] Eingehend zur Auslegung von Stiftungssatzungen, *Burgard* (Fn. 1), S. 192 ff. m.w.N.

Zwecks auf eine ungeschmälerte Erhaltung ihres Vermögens angewiesen sind. Und letzteres wiegt umso schwerer, als bei Stiftungen, wie gesagt, ohnehin ein strukturelles Durchsetzungsdefizit im Blick auf eine Innenhaftung besteht. Die Einführung von § 86 S. 1 i.V.m. § 31a BGB stellt daher eine wesentliche Veränderung der Verhältnisse, nämlich der rechtlichen Rahmenbedingungen dar,[38] die die zuständigen Stiftungsorgane zu einer Satzungsänderung berechtigen[39]. Ob zudem eine Handlungspflicht besteht, ist bisher wenig diskutiert und hängt, wenn in der Stiftungssatzung nichts geregelt ist, von dem mutmaßlichen Stifterwillen ab. Dieser wird im Zweifel darauf gerichtet sein, sowohl eine Verlagerung des Schadensrisikos auf die Stiftung als auch eine weitere Schwächung der Handlungssteuerungsfunktion zu vermeiden. Die zuständigen Stiftungsorgane müssen daher eine Satzungsänderung vornehmen, durch die § 31a BGB abbedungen wird. Das folgt richtigerweise aus § 86 S. 1 i.V.m. §§ 27 Abs. 3, 665 BGB.[40] Bleiben die Stiftungsorgane untätig, so ist die Stiftungsaufsichtsbehörde zum Einschreiten berechtigt und verpflichtet.[41] Angesichts der wenig diskutierten Rechtslage und der Schwäche der Stiftungsaufsicht ist freilich bis auf weiteres kaum zu erwarten, dass dies in der Praxis geschieht.

IX. Zusammenfassung

§ 31a BGB ist im Stiftungsrecht abdingbar. Das folgt zum einen daraus, dass § 86 S. 1 Hs. 1 BGB nicht auch auf § 40 BGB verweist. Zum anderen ist § 86 S. 1 Hs. 2 BGB nicht als das stiftungsrechtliche Äquivalent von § 40 BGB anzusehen. Dagegen sprechen der Wortlaut, die Entstehungsgeschichte sowie der Sinn und Zweck der Vorschrift. Außerdem kann § 31a BGB für behördlich verwaltete Stiftungen nicht gelten, weswegen man in § 86 S. 1 Hs. 2 BGB eine Verweisung auf diese Vorschrift hineinlesen muss, so dass der Verfassungsvorbehalt auch für § 31a BGB gilt. Schließlich sprechen schwere stiftungsrechtliche und verfassungsrechtliche Bedenken gegen den zwingenden Charakter von § 31a BGB.

[38] Das gilt allerdings nicht für Stiftungen, die unter Geltung einer § 31a BGB entsprechenden Bestimmung der Landesstiftungsgesetze (so § 12 Abs. 2 SAStiftG sowie Art. 7 S. 2 BayStiftG a.F.) gegründet wurden, und zwar auch dann nicht, wenn man mit einer verbreiteten Meinung – etwa *Reuter* (Fn. 9), § 86 Rn. 20 m.w.N. – die Verfassungskonformität dieser Regelungen bestreitet.

[39] Vgl. etwa § 6 S. 2 BWStiftG, Art. 5 Abs. 4 BayStiftG, §§ 5 BlnStiftG, 10 BbgStiftG, 8 BreStiftG; aus der Rspr. BGH, WM 1976, 869; BGHZ 99, 344, 348 f.; aus der Lit. *Hof* in Seifart/v. Campenhausen (Hrsg.), Handbuch des Stiftungsrechts, 3. Aufl. 2009, § 10 Rn. 284 f.; *Rawert* (Fn. 21), § 87 Rn. 19 ff.; enger wohl *Reuter* (Fn. 9), § 85 Rn. 9.

[40] *Burgard* (Fn. 1), S. 335 ff.

[41] Vgl. etwa § 6 S. 2 BWStiftG, Art. 12 Abs. 4 BayStiftG, §§ 9 Abs. 4 BlnStiftG, 8 Abs. 2 BbgStiftG, 13 Abs. 2 BreStiftG.

Die Abdingbarkeit von § 31a BGB kann zum einen bei Stiftungsneugründungen berücksichtigt werden. Sie ist zum anderen bei bestehenden Stiftungen zu beachten, die über statutarische Haftungsregeln verfügen. Legen diese den erforderlichen Verschuldensgrad nicht fest, so sind solche Bestimmungen vor dem Hintergrund der bisherigen Rechtslage so zu verstehen, dass auch für leichte Fahrlässigkeit gehaftet wird. Enthält die Stiftungssatzung hingegen keine Haftungsbestimmungen, so stellt die Einführung von § 31a BGB eine wesentliche Veränderung der Verhältnisse dar, die die zuständigen Stiftungsorgane zu einer Satzungsänderung berechtigen und verpflichten, durch die § 31a BGB abbedungen wird. § 31a BGB sollte im Stiftungsrecht daher keine Bedeutung erlangen. Ob die zuständigen Stiftungsorgane und die Stiftungsaufsicht diese Konsequenzen auch in der Praxis ziehen, darf freilich einstweilen bezweifelt werden. Bis dahin bleibt dem Verfasser nur zu hoffen, dass die vorstehenden Überlegungen wenigstens auf die Zustimmung des Jubilars treffen.

Die bereicherungsrechtliche Rückabwicklung von Zahlungen wegen falscher Kontoangabe

DOROTHEE EINSELE

Das Recht des Zahlungsverkehrs wurde im Jahr 2009 mit dem Gesetz zur Umsetzung der Verbraucherkreditrichtlinie, des zivilrechtlichen Teils der Zahlungsdiensterichtlinie[1] sowie zur Neuordnung der Vorschriften über das Widerrufs- und Rückgaberecht v. 29.7.2009[2] grundlegend umgestaltet.[3] Mit der Zahlungsdiensterichtlinie soll ein voll harmonisierter rechtlicher Rahmen für einen einheitlichen Euro-Zahlungsverkehrsraum (Single Euro Payments Area, abgekürzt SEPA) geschaffen werden.[4] Der Anwendungsbereich des Umsetzungsgesetzes betrifft indes nicht nur inländische und grenzüberschreitende Überweisungen zwischen Staaten des EWR. Vielmehr sind die Bestimmungen der §§ 675c bis 676c BGB im Grundsatz auch für Zahlungen in oder aus Drittstaaten maßgeblich.

Seit Umsetzung der Zahlungsdiensterichtlinie ist für die ordnungsgemäße Ausführung eines Zahlungsauftrags und damit auch einer Überweisung nur noch die Kundenkennung maßgeblich, also die Kontonummer des Zahlungsempfängers und Bankleitzahl oder IBAN[5] und BIC[6]. Der Zahlungsdienstleister[7] (Bank) kommt somit seiner Pflicht zur Ausführung des Zahlungsauftrags bereits dann ordnungsgemäß nach, wenn er den Zahlungsbetrag der richtigen Kontonummer gutschreibt (Art. 74 Abs. 1 und 2 der Zahlungs-

[1] Genauer Richtlinie 2007/64/EG des Europäischen Parlaments und des Rates v. 13.11.2007 über Zahlungsdienste im Binnenmarkt, zur Änderung der Richtlinien 97/7/EG, 2002/65/EG, 2005/60/EG und 2006/48/EG sowie zur Aufhebung der Richtlinie 97/5/EG, ABl. EG Nr. L 319 v. 5.12.2007, S. 1 ff.

[2] BGBl. I 2009, 2355.

[3] Dieses Gesetz trat in den hier relevanten Teilen (§§ 675a bis 676c BGB) am 31.10.2009 in Kraft, vgl. Art 11 Abs. 2 des Gesetzes zur Umsetzung der Verbraucherkreditrichtlinie, des zivilrechtlichen Teils der Zahlungsdiensterichtlinie sowie zur Neuordnung der Vorschriften über das Widerrufs- und Rückgaberecht v. 29.7.2009, BGBl. I 2009, 2355.

[4] Vgl. insbes. Art. 86 Abs. 1 der Zahlungsdiensterichtlinie sowie Erwägungsgrund 4.

[5] International Bank Account Number.

[6] Bank Identifier Code.

[7] Vgl. zur Begriffsbestimmung § 1 Abs. 1 Gesetz zur Umsetzung der aufsichtsrechtlichen Vorschriften der Zahlungsdiensterichtlinie v. 25.6.2009 (BGBl. I, S. 1506). Danach handelt es sich bei Zahlungsdienstleistern im Wesentlichen um Unternehmen, die gewerbsmäßig oder in einem Umfang, der einen in kaufmännischer Weise eingerichteten Geschäftsbetrieb erfordert, Zahlungsdienste erbringen (§ 1 Abs. 1 Nr. 5 ZAG).

diensterichtlinie, §§ 675r, 675y Abs. 3 BGB). Entsprechend sieht Nr. 1.6 Abs. 3 der Bedingungen für den Überweisungsverkehr (Fassung Oktober 2009) ausdrücklich vor, dass die Bank berechtigt ist, den Überweisungsauftrag ausschließlich anhand der vom Überweisenden angegebenen Kundenkennung des Zahlungsempfängers auszuführen. Dies gilt auch dann, wenn der Kunde (Zahlungsdienstnutzer) weitere Angaben, wie die Nennung des Empfängernamens, gemacht hat, aus denen ein Fehler in der Kundenkennung erkennbar war. Von Seiten des Gesetzgebers wird diese Regelung mit den stark verkürzten Ausführungsfristen[8] begründet, die nur bei einer voll automatisierten Bearbeitung ohne manuelle Intervention gewahrt werden könnten.[9]

Diese Regelung wirkt sich bei den verschiedenen Formen der bargeldlosen Zahlung indes in unterschiedlicher Weise aus: Vergleichsweise unproblematisch ist die Lage im Rahmen des Lastschriftverfahrens, bei dem der Zahlungsvorgang vom Empfänger initiiert wird. Gibt hier der Empfänger eine falsche Kundenkennung für den Zahlungspflichtigen an, hat der (wahre) Kontoinhaber die Belastung seines Kontos nicht autorisiert und kann dieser somit widersprechen. Im Grundsatz gilt dies auch für die Lastschrift im Abbuchungsauftragsverfahren, bei dem der Zahlungspflichtige seine Bank autorisiert, Lastschriften eines Zahlungsempfängers mit einer bestimmten Kundenkennung einzulösen; ist diese falsch oder gibt der Empfänger bei Vorlage der Lastschrift eine falsche Kundenkennung für den Zahlungspflichtigen an, wird allerdings bereits die Lastschrifteinlösung scheitern.

Problematisch ist diese Neuregelung jedoch bei der Überweisung. Zwar mag bei der IBAN die Gefahr deutlich verringert sein, dass durch einen bloßen Zahlendreher des Überweisenden der Zahlungsbetrag auf dem falschen Konto landet; denn insoweit bietet die Prüfziffer jedenfalls dann einen gewissen Schutz für den Überweisenden,[10] wenn – wie in Deutschland – der nationale Gesetzgeber wenigstens eine Kohärenzprüfung der Kundenkennung durch den Zahlungsdienstleister des Überweisenden verlangt (§ 675r Abs. 3 BGB).[11] Bei Überweisungen unter Angabe der nationalen Kontonummer ist aber absehbar, dass die alleinige Maßgeblichkeit der Kundenkennung zu einer nicht geringen Zahl an Überweisungen führen wird, die – aus Sicht des Überweisenden – auf dem falschen Konto gutgeschrieben werden. Mit dieser Neuregelung werden die seitherigen, in Deutschland höchstrichterlich entwickelten Grundsätze zu Lasten der Kunden verändert; denn bisher

[8] Nämlich ab 1.1.2012 grundsätzlich nur noch ein Geschäftstag, vgl. hierzu § 675s BGB.

[9] So die Begründung des Regierungsentwurfs, BT-Drucks. 16/11643, S. 110.

[10] Vgl. hierzu *Scheibengruber/Breidenstein* SEPA – Eine Zumutung für Verbraucher?, WM 2009, 1393–1401, 1398 f.

[11] Gem. Erwägungsgrund 48 der Zahlungsdiensterichtlinie ist es zulässig, aber nicht gefordert, dass der nationale Gesetzgeber eine solche Kohärenzprüfung verlangt.

wurde jedenfalls im Verhältnis zu Verbrauchern ein Kontonummer-Namensabgleich gefordert[12] und hiervon lediglich bei Nutzung der Datenfernübertragung bzw. des Datenträgeraustauschverfahrens durch Unternehmer eine Ausnahme gemacht.[13] Welche Rechtsfolgen ergeben sich aber, wenn der Kunde bei Ausfüllung des Überweisungsformulars eine falsche Kontonummer oder Bankleitzahl angegeben hat? Dieser Frage soll hier nachgegangen werden.

I. Bereicherungsanspruch des Überweisenden gegen den Empfänger

1. Kondiktionsart

Da die Zahlung an den Empfänger der angegebenen Kontonummer rechtsgrundlos erfolgte, kann dem Zahlenden ein Bereicherungsanspruch zustehen. Nicht gänzlich unproblematisch ist aber die Frage, welche Kondiktionsart hier gegeben ist. Eine Leistungskondiktion gem. § 812 Abs. 1 S. 1 Alt. 1 BGB würde eine bewusste, zweckgerichtete Mehrung des Vermögens des Empfängers durch den Zahlenden voraussetzen.[14] Dies ist jedoch mehr als fraglich, weil der Zahlende mit der Überweisung das Vermögen des Namensträgers und nicht des tatsächlichen Empfängers des irrtümlich angegebenen Kontos mehren will; auch verfolgt der Überweisende gegenüber dem Empfänger keinen Leistungszweck. Soweit ersichtlich, wird dies bisher jedoch anders gesehen. Bei alleiniger Maßgeblichkeit der Kontonummer soll danach die Kontonummer als Synonym für den Überweisungsempfänger stehen.[15] Hieraus wird sodann gefolgert, der Zahlende habe gegen den Empfänger einen Anspruch gem. § 812 Abs. 1 S. 1 Alt. 1 BGB.[16] Dies überzeugt jedoch nicht. Zwar lässt sich nach der Neuregelung (§§ 675r, 675y Abs. 3 BGB) die Kontonummer im Verhältnis zwischen dem Überweisenden und seiner Bank bzw. auch im Interbankenverhältnis als Synonym für den Empfänger ansehen. Dies ändert jedoch nichts an der Tatsache, dass in dem hier untersuchten Valuta- bzw. Zuwendungsverhältnis der Überweisende nicht einer Kontonummer, sondern einer Person, und zwar (in aller Regel) der Person mit

[12] Vgl. BGH 14.1.2003, NJW 2003, 1389; BGH 15.11.2005, NJW 2006, 503, 504.

[13] Vgl. BGH 15.11.2005, NJW 2006, 503, 504.

[14] Vgl. statt vieler BGH 23.10.2003, NJW 2004, 1169; BGH 31.10.1963, BGHZ 40, 272, 277; BGH 24.2.1972, BGHZ 58, 184, 188; *Kötter* Zur Rechtsnatur der Leistungskondiktion, AcP 153 (1954) 193–239, 198, 200 f.; *Reuter/Martinek* Ungerechtfertigte Bereicherung, 1983, § 4 II 5 (S. 111–116); Staudinger-*Lorenz* Komm. z. BGB, 2007, § 812 Rn. 4 bis 8; Münchener Komm.-*Schwab* Komm. z. BGB, 5. Aufl. 2009, § 812 Rn. 41.

[15] So BGH 15.11.2005, WM 2006, 28, 29; OLG Karlsruhe 31.8.2004, NJW-RR 2005, 1285, 1286; *Nobbe* Die Rechtsprechung des Bundesgerichtshofs zum Überweisungsverkehr, Beil. 4 zu WM 2001, S. 16; vgl. auch *Casper* Die fehlgeleitete Überweisung wegen falscher Kontonummer, in: FS Nobbe, 2009, S. 3–25, 22.

[16] So im Ergebnis OLG Dresden 19.3.2007, WM 2007, 1023, 1024; *Casper* (Fn. 15) S. 23.

dem angegebenen Namen den Zahlungsbetrag zuwenden möchte. Im Übrigen beurteilt sich die Frage, ob eine Leistung mit einer bestimmten Zweckbestimmung vorliegt, im Zweifel nach dem objektiven Empfängerhorizont. Maßgeblich ist danach, wie ein Empfänger die Zuwendung nach Treu und Glauben mit Rücksicht auf die Verkehrssitte verstehen musste und durfte.[17] Für den Empfänger der Zahlung wird indes – zumindest in aller Regel – ersichtlich sein, dass der Zahlende nicht sein Vermögen, sondern das des Namensträgers zu dem auf dem Überweisungsträger angegebenen Verwendungszweck mehren wollte. Eine Leistung des Überweisenden liegt mithin nicht vor.

Welchen Kondiktionsanspruch kann der Überweisende aber dann geltend machen? In der Terminologie der hM ist hier an einen Anspruch des Überweisenden aus Aufwendungskondiktion zu denken. Und in der Tat opfert der Überweisende hier freiwillig Vermögen, ohne gegenüber dem tatsächlichen Empfänger der Zahlung einen Leistungszweck zu verfolgen.[18] Keine sachlichen, sondern lediglich terminologische Divergenzen ergeben sich für den hier untersuchten Fall, wenn man der Einteilung der Kondiktionstypen bei *Reuter/Martinek* folgt; denn dann handelt es sich vorliegend ebenfalls um eine Nichtleistungskondiktion in der Form der Abschöpfungskondiktion, deren Ziel die Beseitigung des unrechtmäßigen Habens aus fremdem Vermögen ist.[19] Da der Zahlungsbetrag vor dem kondiktionsauslösenden Vorgang zum Vermögen des Bereicherungsgläubigers gehörte, stellt auch das Unmittelbarkeitserfordernis – trotz der Einschaltung der Banken als Leistungsmittler – hier kein Problem dar; der Überweisende hat daher – jedenfalls im Regelfall – einen Anspruch aus Nichtleistungskondiktion, und zwar nach herrschender Terminologie einen solchen aus Aufwendungskondiktion (§ 812 Abs. 1 S. 1 Alt. 2 BGB).

2. *Anspruchsinhalt*

a) Problematik der „aufgedrängten Bereicherung"

Der Empfänger hat – tatsächlich betrachtet – eine Gutschrift auf seinem (Giro-)Konto erlangt. Dies stellt nach zutreffender hM ein abstraktes Schuldanerkenntnis bzw. Schuldversprechen der Bank gegenüber ihrem

[17] So BGH 21.10.2004, NJW 2005, 60 f.; *Reuter/Martinek* (Fn. 14) § 4 II 3 d) (S. 104); Münchener Komm.-*Schwab* (Fn. 14) § 812 Rn. 50; kritischer allerdings Staudinger-*Lorenz* (Fn. 14) § 812 Rn. 61.

[18] Vgl. zu dieser Umschreibung der Aufwendungskondiktion in Münchener Komm.-*Schwab* (Fn. 14) § 812 Rn. 296; vgl. auch *Larenz/Canaris* Lehrbuch des Schuldrechts, Band II/2, Besonderer Teil, 13. Aufl. 1994, § 69 III 1 (S. 188–191); Bamberger/Roth-*Wendehorst* Online – Komm. z. BGB, Stand 1.10.2007, § 812 Rn. 145, 148.

[19] So *Reuter/Martinek* (Fn. 14) § 3 III 2 (S. 58).

Kunden dar (§§ 780, 781 BGB).[20] Aufgrund der Kontokorrentabrede kann diese Gutschrift als solche nicht an den Bereicherungsgläubiger herausgegeben (abgetreten) werden. Denkbar ist aber ein Wertersatzanspruch des Überweisenden gem. § 818 Abs. 2 BGB, den der Empfänger durch Rücküberweisung des Zahlungsbetrags erfüllen kann. Indes hat die Qualifikation des Bereicherungsanspruchs als ein Fall der Nichtleistungskondiktion in Form der Aufwendungskondiktion bzw. – nach *Reuter/Martinek* – der Abschöpfungskondiktion auch Auswirkungen auf den Anspruchsinhalt. Denn im Rahmen dieser Kondiktionsart besteht im Ergebnis zu Recht Einigkeit darüber, dass ein Schutz des Bereicherungsschuldners vor aufgedrängter Bereicherung erforderlich ist,[21] weil „der Erwerb ohne oder gar gegen den Willen des Bereicherten stattfindet".[22] Im vorliegenden Zusammenhang wird dies insbesondere dann relevant, wenn das Konto des Empfängers debitorisch oder gepfändet ist, der Empfänger mithin zwar eine (Teil-)Befreiung von seinen Verbindlichkeiten, aber keine verfügbaren (und damit sofort rückzahlbaren) Geldmittel erlangt hat. In welcher Weise kann dem Empfänger hier aber ein Schutz vor „aufgedrängter Bereicherung" gewährt werden? Abschläge vom Zahlungsbetrag wegen unzureichender Leistungsfähigkeit des Empfängers sind außerhalb des Insolvenzverfahrens generell problematisch, da man Geld zu haben hat; insbesondere aber wären solche Abschläge auch kaum bezifferbar. Denn einerseits entspricht der Wert der zurückgeführten Verbindlichkeiten auch vor dem Hintergrund der persönlichen Vermögensverhältnisse des Bereicherungsschuldners regelmäßig dem Nennbetrag der erfüllten Forderungen; andererseits würde ein (bloßer) Forderungsabschlag den Interessen des Bereicherungsschuldners ebenfalls nicht gerecht, weil dieser möglicherweise (zunächst) keinerlei flüssige Mittel hat, um den Anspruch des Überweisenden zu erfüllen.

[20] Vgl. statt vieler BGH 25.1.1988, BGHZ 103, 143, 146; BGH 11.10.1988, BGHZ 105, 263, 269; *Canaris* Bankvertragsrecht, Erster Teil, 3. Aufl. 1988, Rn. 415; *Schimansky* in: Bankrechtshandbuch, hrsg. v. Schimansky/Bunte/Lwowski, 3. Aufl. 2007, § 47 Rn. 52; Münchener Komm.-*Häuser*, Komm. z. HGB, Bd. 5, 2. Aufl. 2009, Zahlungsverkehr, B 402; *Kümpel* Bank- und Kapitalmarktrecht, 3. Aufl. 2004, Rn. 4.22; *Escher-Weingart* in: Bankrecht und Bankpraxis, Stand Juni 2006, Rn. 6/203; *Baumbach/Hopt* HGB, 34. Aufl. 2010, (7) BankGesch C/14.

[21] *Reuter/Martinek* (Fn. 14) § 15 III 2 b) (S. 546 f.); Staudinger-*Lorenz* (Fn. 14) Vorbem. zu § 812 Rn. 46; *Larenz/Canaris* (Fn. 18) § 72 IV (S. 286–294); Münchener Komm.-*Schwab* (Fn. 14) § 818 Rn. 201–207.

[22] So *Reuter/Martinek* (Fn. 14) § 15 III 2 b) (S. 546), die das Problem dadurch lösen wollen, „dass man das Erlangte auf dem Hintergrund der speziellen wirtschaftlichen Verhältnisse (einschließlich der Planungen) des Erwerbers ermittelt".

b) Stornierbarkeit der Gutschriftbuchung?

Möglicherweise könnte die Bereicherung des Empfängers und damit das gesamte Problem der Rückabwicklung von Zahlungen wegen falscher Kontoangabe auf andere Weise entfallen. Zu denken ist dabei an eine Stornobuchung der Empfängerbank, die diese etwa auf Betreiben der überweisenden Bank[23] vornimmt. Auch die Begründung des Regierungsentwurfs zur Umsetzung der Zahlungsdiensterichtlinie erwähnt die Möglichkeit der Stornobuchung „oder Ähnliches", fügt allerdings an, „vorausgesetzt, die rechtlichen Voraussetzungen sind dafür gegeben oder der Zahlungsempfänger stimmt der Belastung zu."[24] Ist die Empfängerbank zur Stornierung bereit und der Empfänger hiermit einverstanden, ist dies zulässig, sofern nicht der Gutschriftbetrag von einer Kontopfändung bereits mit erfasst ist, wie dies etwa bei Pfändung des (künftigen) Tagesguthabens auf dem betreffenden Konto der Fall ist; denn in diesem Fall können Bank und Kunde sich nicht mehr völlig frei auf vertraglich nicht bereits vereinbarte Stornierungen zu Lasten des pfändenden Gläubigers einigen (vgl. auch § 357 S. 2 HGB). Daneben hat die Bank gem. Nr. 8 Abs. 1 AGB-Banken das Recht, auch ohne Einverständnis des Kontoinhabers fehlerhafte Gutschriften auf Kontokorrentkonten (zum Beispiel wegen einer falschen Kontonummer) bis zum nächsten (quartalsweise erfolgenden)[25] Rechnungsabschluss durch eine Stornobuchung rückgängig zu machen, soweit ihr ein Rückzahlungsanspruch zusteht.[26] Auf diese Weise kann die Bank ihren Anspruch im Wege der Selbsthilfe auf einfache Weise durchsetzen; außerdem vermeidet sie damit im Fall eines Bereicherungsanspruchs dessen Schwächen, die insbes. in § 818 Abs. 3 BGB liegen.[27] Denn Nr. 8 Abs. 1 AGB-Banken schließt ausdrücklich die Einwendung des Kunden aus, in Höhe der Gutschrift bereits verfügt zu haben.[28]

[23] Vgl. hierzu die Pflicht der überweisenden Bank, sich um die Wiedererlangung des Zahlungsbetrags zu bemühen (§ 675y Abs. 3 S. 2 BGB).

[24] Vgl. Begründung des Regierungsentwurfs eines Gesetzes zur Umsetzung der Verbraucherkreditrichtlinie, des zivilrechtlichen Teils der Zahlungsdiensterichtlinie sowie zur Neuordnung der Vorschriften über das Widerrufs- und Rückgaberecht, BT-Drucks. 16/11643, S. 117.

[25] Vgl. Nr. 7 Abs. 1 AGB-Banken, Nr. 7 Abs. 2 AGB-Sparkassen.

[26] Deutlich restriktiver ist indes das Stornorecht in Nr. 8 Abs. 1 AGB-Sparkassen gefasst: Danach darf die Sparkasse Gutschriften, die ohne einen verpflichtenden Auftrag gebucht werden (z.B. wegen Irrtums, Schreibfehlers) bis zum nächsten Rechnungsabschluss durch einfache Buchung rückgängig machen (Stornobuchung), soweit ihr ein Rückforderungsanspruch gegen den Kunden zusteht.

[27] Vgl. BGH 9.5.1983, BGHZ 87, 246, 252; *Bunte* in: Bankrechtshandbuch, hrsg. v. Schimansky/Bunte/Lwowski, 3. Aufl. 2007, § 13 Rn. 14.

[28] Allerdings hält *Canaris* (Fn. 20) Rn. 451 einen Anspruch des Empfängers auf Ersatz seines Vertrauensschadens gegen die Bank analog § 122 BGB für möglich (etwa dann, wenn der Empfänger im Vertrauen auf die Wirksamkeit einer Überweisung eine Sicherheit aufgegeben hat).

Allerdings setzt dieses Stornorecht voraus, dass die Gutschriftbuchung fehlerhaft ist und der Empfängerbank ein Rückzahlungsanspruch gegen den Überweisungsempfänger zusteht.[29] Beide Voraussetzungen liegen aber bei falscher Kontoangabe durch den Überweisenden gerade nicht oder jedenfalls nicht mehr vor. Denn die Empfängerbank hat grundsätzlich die Verpflichtung, dem Zahlungsempfänger den Zahlungsbetrag unverzüglich verfügbar zu machen, nachdem er auf ihrem Konto (also dem Konto der Empfängerbank) eingegangen ist (§ 675t Abs. 1 S. 1 BGB). Die Empfängerbank erbringt somit bei Gutschriftbuchung eine Leistung an den Empfänger, deren Rechtsgrund der Girovertrag mit dem Empfänger ist; aus dem Girovertrag ergibt sich im Übrigen bereits nach allgemeinen Grundsätzen des Geschäftsbesorgungsrechts die Pflicht der Bank, bei ihr zugunsten des Empfängers eingegangene Zahlungen diesem herauszugeben, also gutzuschreiben (vgl. §§ 675 Abs. 1, 667 Alt. 2 BGB).

Zwar könnte man sich die Frage stellen, ob mit dem Zahlungsempfänger wirklich nur die in der Überweisung angegebene Kontonummer oder aber doch (auch) der Träger des angegebenen Namens zu verstehen ist. Denn immerhin ist der Überweisungsauftrag nach der gesetzlichen Vorstellung offenbar bereits mit Eingang des Zahlungsbetrags beim Zahlungsdienstleister des Empfängers ausgeführt (§ 675y Abs. 1 S. 4 BGB); daher könnten die Bestimmungen zur Maßgeblichkeit der Kundenkennung für den letzten Teilakt der Überweisung, nämlich die Gutschriftbuchung auf dem Konto des Empfängers, eventuell nicht mehr relevant sein (§§ 675y Abs. 3 S. 1, 675y Abs. 1 S. 4 BGB). Allerdings hat grundsätzlich erst die Empfängerbank die Möglichkeit, einen Kontonummer-Namensabgleich vorzunehmen, so dass bei dieser Argumentation die §§ 675r, 675y Abs. 3 S. 1 BGB im Rahmen des Überweisungsrechts (weitgehend) leer liefen. Sollte hingegen (ausnahmsweise) die angegebene Kundenkennung bereits für die Bank des Überweisenden erkennbar keinem Konto zuzuordnen sein, ist bereits die Bank des Überweisenden verpflichtet, ihren Kunden zu unterrichten und den Zahlungsbetrag wieder herauszugeben (§ 675r Abs. 3 BGB); denkbar ist dies etwa, wenn keine Empfängerbank mit der angegebenen Bankleitzahl existiert, die IBAN nicht kohärent ist oder im Fall einer Hausüberweisung eine (Empfänger-)Kontonummer bei der überweisenden Bank angegeben wurde, die nicht existiert. Im Übrigen aber muss die Maßgeblichkeit der Kundenkennung gem. § 675r Abs. 1 BGB bei der Überweisung auch die Gutschriftbuchung auf dem Empfängerkonto erfassen. Dies lässt sich im Übrigen auch der Formulierung des § 675r Abs. 1 BGB entnehmen. Denn danach haben

[29] Vgl. BGH 9.5.1983, BGHZ 87, 246, 252; vgl. ausführlich zur Beschränkung des Stornorechts auf Fälle, in denen der Bank ein Rückzahlungsanspruch, insbes. Bereicherungsanspruch gegen den Kunden zusteht, Münchener Komm.-*Häuser* (Fn. 20) Zahlungsverkehr, B 453–461.

die beteiligten Zahlungsdienstleister nicht nur generell das Recht, Zahlungsvorgänge ausschließlich anhand der von dem Zahlungsdienstnutzer (hier dem Überweisenden) angegebenen Kundenkennung auszuführen; daneben findet sich der klarstellende Hinweis, ein Zahlungsauftrag, der in Übereinstimmung mit dieser Kundenkennung ausgeführt werde, gelte im Hinblick auf den durch die Kundenkennung bezeichneten Zahlungsempfänger als ordnungsgemäß ausgeführt (§ 675r Abs. 1 BGB).[30] Daher steht der Empfängerbank kein originär eigener Rückzahlungsanspruch und somit auch kein Stornorecht gegen den Empfänger zu, wenn sie den Zahlungsbetrag an die vom Überweisenden angegebene falsche Kontonummer weiterleitet.[31]

Das Stornorecht der Banken könnte indes noch anders begründbar sein. Dazu müsste der Überweisende seinen Bereicherungsanspruch gegen den Empfänger an die Empfängerbank abtreten, die diesen nunmehr eigenen, wenn auch derivativ erworbenen Anspruch qua Stornobuchung geltend machen könnte. Allerdings fehlt es auch hier an einer der Voraussetzungen des Stornorechts, nämlich einer fehlerhaften Gutschriftbuchung[32] bzw. einer Gutschrift, die ohne einen verpflichtenden Auftrag vorgenommen wurde.[33] Zwar könnte man insoweit an eine extensive Auslegung des Stornorechts – ggf. auch dessen Erweiterung in den AGB der Kreditinstitute – denken, zumal dieser Fall vor der Umsetzung der Zahlungsdiensterichtlinie von dem Stornorecht der Banken erfasst war. Allerdings gehen Zweifel bei der Auslegung von AGB generell zu Lasten des Verwenders (§ 305c Abs. 2 BGB), hier der Banken. Insbesondere aber setzt nicht nur der Wortlaut, sondern auch Sinn und Zweck dieser Regelung Fehler der Bank und nicht solche des Überweisenden voraus. Das (auch hinsichtlich der Rechtsfolgen privilegierte) Selbsthilferecht der Banken darf generell nicht zugunsten von Rückzahlungsansprüchen Dritter instrumentalisiert und die Banken so zu Inkassounternehmen umfunktioniert werden. Daher steht der Empfängerbank auch nach Abtretung des Bereicherungsanspruchs des Überweisenden kein Stornorecht zu.

[30] Vgl. Begründung des Regierungsentwurfs eines Gesetzes zur Umsetzung der Verbraucherkreditrichtlinie, des zivilrechtlichen Teils der Zahlungsdiensterichtlinie sowie zur Neuordnung der Vorschriften über das Widerrufs- und Rückgaberecht, BT-Drucks. 16/11643, S. 110, wonach zu den beteiligten Zahlungsdienstleistern i.S.d. § 675r Abs. 1 BGB die Zahlungsdienstleister von Zahler und Zahlungsempfänger sowie die zwischengeschalteten Stellen gerechnet werden, die nach der Begründung des Regierungsentwurfs alle nicht mehr zum Abgleich von Kontonummer bzw. Kundenkennung und Empfängername verpflichtet sind.

[31] Im Ergebnis auch *Rauhut* Fehlüberweisungen wegen falscher Kontodaten, ZBB 2009, 32–46, 43.

[32] Nr. 8 Abs. 1 AGB-Banken.

[33] Nr. 8 Abs. 1 AGB-Sparkassen.

Im Übrigen wäre dem Überweisenden in den problematischen Fällen, insbesondere bei debitorischem Konto, durch ein Stornorecht der Empfängerbank allein noch nicht geholfen; vielmehr müsste dem Überweisenden auch ein Anspruch gegen die Empfängerbank zustehen, dieses Recht geltend zu machen. Dies dürfte indes kaum begründbar sein. Denn der Überweisende hat zwar gegen seine, die überweisende Bank einen Anspruch darauf, dass diese sich im Rahmen ihrer Möglichkeiten darum bemüht, den Zahlungsbetrag wiederzuerlangen (§ 675 y Abs. 3 S. 2 BGB). Dieser Anspruch richtet sich aber nicht (unmittelbar) gegen die Empfängerbank, mit der der Überweisende vertraglich nicht verbunden ist. Im Übrigen besteht das Stornorecht gem. Nr. 8 Abs. 1 AGB-Banken ohnehin nur bis zum nächsten Rechnungsabschluss. Danach hat die Bank nur das Recht zu einer Berichtigungsbuchung gem. Nr. 8 Abs. 2 AGB-Banken.[34] Erhebt der Kunde gegen diese Berichtigungsbuchung Einwendungen, hat die Bank den Betrag dem Konto wieder gutzuschreiben und ihren Rückzahlungsanspruch gesondert geltend zu machen. Im Ergebnis lässt sich also die Problematik der Rückabwicklung von Zahlungen wegen falscher Kontoangabe des Überweisenden nicht über das Stornorecht der Banken lösen.

c) Zurückweisungsrecht des Empfängers

Die Lösung des Rückabwicklungsproblems könnte indes in einem Zurückweisungsrecht des Empfängers liegen. Danach könnte der Empfänger den bereits gutgeschriebenen Überweisungsbetrag mit der Folge zurückzuweisen, dass die Verrechnung des Gutschriftbetrags mit ex-tunc-Wirkung entfällt.[35] Allerdings ist für die Frage des Zurückweisungsrechts des Kontoinhabers nicht allein entscheidend, ob dieser im Zeitpunkt der Gutschrift ein Interesse an der konkreten Gutschriftbuchung hat; denn der Bank wurde das Gestaltungsrecht, Schuldversprechen bzw. -anerkenntnisse in Kraft zu setzen, bereits mit Abschluss des Girovertrags eingeräumt.[36] Die Frage, ob der Kontoinhaber ein Zurückweisungsrecht hat, entscheidet sich deshalb (auch) nach dem Inhalt des Girovertrags als Zahlungsdiensterahmenvertrag (vgl. § 675 f Abs. 2 BGB), der gem. §§ 133, 157 BGB auszulegen ist. Dabei stehen weder die Zahlungsdiensterichtlinie noch deren Umsetzungsbestimmungen einer Auslegung des Girovertrags a priori entgegen, wonach der Kontoinha

[34] Ebenso Nr. 8 Abs. 2 AGB-Sparkassen.

[35] Vgl. BGH 19.9.1989, WM 1989, 1560, 1562; *Canaris* (Fn. 20) Rn. 473; *Larenz/Canaris* (Fn. 18) § 72 IV 4 b) (S. 293).

[36] Vgl. hierzu *Einsele* Bank- und Kapitalmarktrecht – Nationale und Internationale Bankgeschäfte, 2006, § 3 Rn. 16.

ber – unter bestimmten (engen) Voraussetzungen – ein Zurückweisungsrecht hat.[37]

Nun dürfte einerseits der Empfänger i.d.R. nur mit solchen Gutschriftbuchungen einverstanden sein, denen Zahlungen zugrundeliegen, die nach dem ausdrücklichen oder konkludent erklärten Willen des Kontoinhabers auf das betreffende Girokonto erfolgen sollten. Andererseits ist bei der Vertragsauslegung auch das Interesse der Bank an einem ungehinderten Giroverkehr und an der Kalkulierbarkeit des Tagessaldos als Grundlage für Dispositionen der Parteien mit zu berücksichtigen. Zudem hat die Bank keinen Einblick in die Vereinbarungen der Parteien des Valutaverhältnisses. Mit diesen Argumenten lehnte denn auch der BGH ein Zurückweisungsrecht für Gutschriften ab, die dem Empfänger materiell zustanden, aber auf ein Konto erfolgten, auf das die Zahlungen nicht bewirkt werden sollten.[38] Die Rechtsprechung des BGH ist aber durchaus uneinheitlich. Denn in einer früheren Entscheidung hatte er ein solches Zurückweisungsrecht des Kontoinhabers für (Fehl-)Überweisungen bejaht, die im Valutaverhältnis ohne Rechtsgrund erfolgten. Damals führte der BGH zur Begründung an, der Empfänger sei bei Fehlen eines Valutaverhältnisses einem Bereicherungsanspruch des Zahlenden (Überweisenden) gem. § 812 BGB ausgesetzt. Der Kunde könne aber nur durch eine Zurückweisung der Gutschrift verhindern, dass die Bank die Fehlüberweisung zur Verminderung seines Schuldsaldos auf dem Konto nutzt.[39]

In der Tat kann in etlichen Fällen nur durch ein Zurückweisungsrecht des Kontoinhabers vermieden werden, dass letztlich die Bank durch kontokorrentmäßige Verrechnung den Vorteil aus einer Fehlüberweisung zieht. Insofern sind aber die beiden vom BGH entschiedenen Fälle nicht unterschiedlich gelagert;[40] vielmehr stellt sich dieses Problem gerade auch dann, wenn eine Überweisung – entgegen dem Willen des Gläubigers – auf ein debitorisches Konto erfolgt. Aber auch auf der Grundlage dieser Rechtsprechung müsste dem Empfänger hier ein Zurückweisungsrecht zustehen, weil

[37] Vgl. hierzu auch die Begründung des Regierungsentwurfs eines Gesetzes zur Umsetzung der Verbraucherkreditrichtlinie, des zivilrechtlichen Teils der Zahlungsdiensterichtlinie sowie zur Neuordnung der Vorschriften über das Widerrufs- und Rückgaberecht, BT-Drucks. 16/11643, S. 102, wonach bei den Zahlungsdiensterahmenverträgen (Girokonten) innerhalb des gesetzlichen Rahmens weitgehend Gestaltungsfreiheit besteht.

[38] BGH 6.12.1994, BGHZ 128, 135, 139; OLG Nürnberg 23.5.2007, OLGR Nürnberg 2008, 536; so auch *Schimansky* (Fn. 20) § 47 Rn. 21; zurückhaltend gegenüber einem Zurückweisungsrecht des Kontoinhabers *Nobbe* (Fn. 15) Beil. 4 zu WM 2001, S. 17 f., der allerdings (ausnahmsweise) ein solches Recht annehmen möchte, wenn ein Valutaverhältnis fehlt.

[39] BGH 19.9.1989, WM 1989, 1560, 1562; im Grundsatz ebenfalls für ein Zurückweisungsrecht *Canaris* (Fn. 20) Rn. 473; *Larenz/Canaris* (Fn. 18) § 72 IV 4 b) (S. 293); Münchener Komm.-*Häuser* (Fn. 20) Zahlungsverkehr, B 433 f.

[40] Gegen die vom BGH vorgenommenen Differenzierungen *Einsele* (Fn. 35) § 3 Rn. 19–21; Münchener Komm.-*Häuser* (Fn. 20) Zahlungsverkehr, B 447.

bei Gutschrift auf einem falsch angegebenen Konto ebenfalls ein Valutaverhältnis zwischen Überweisendem und Empfänger fehlt. Im Übrigen dürfte sich das bereicherungsrechtliche Problem (der aufgedrängten Bereicherung) nur befriedigend lösen lassen, wenn man dem Bereicherungsschuldner im Verhältnis zu seiner Bank ein Recht zur Zurückweisung des gutgeschriebenen Betrags gibt und dem Bereicherungsgläubiger einen Anspruch auf Ausübung dieses Rechts einräumt. Andererseits können dem Zurückweisungsrecht des Kontoinhabers die Rechte bzw. Interessen der Bank entgegenstehen (§§ 133, 157 BGB). Insbesondere hat die Bank ein schützenswertes Interesse an der Kalkulierbarkeit des Tagessaldos als Grundlage für eigene Dispositionen, so etwa, wenn die Bank im Hinblick auf die Gutschrift ihrem Kunden weiteren Kredit gewährt.[41]

Im Ergebnis wird indes bei Angabe einer falschen Kundenkennung jedenfalls in aller Regel ein Zurückweisungsrecht des Kontoinhabers bestehen. Denn anders als bei schlichten Fehlüberweisungen an die falsche Person mit deren (richtiger) Kontonummer kann die Empfängerbank hier den Fehler aufgrund der Divergenz zwischen Empfängername und Kontonummer an sich erkennen. Sie hat zwar das Recht, den Zahlungsbetrag dem Inhaber der Kontonummer gutzuschreiben, ist hierzu im Verhältnis zum Empfänger aber nicht verpflichtet, sondern kann nach wie vor einen Kontonummer-Namensabgleich durchführen. Dies gilt, obgleich im SEPA Credit Transfer Scheme Rulebook – der Interbankenvereinbarung für Zahlungen in Euro – eine Bestimmung enthalten ist, wonach die Empfängerbank die Gutschriftbuchung nur anhand der Kundenkennung (IBAN) vornimmt.[42] Denn diese Bestimmung gilt nur im Interbankenverhältnis und erzeugt keine Rechte und Pflichten im Verhältnis zu Dritten. Auch ist sowohl in den maßgeblichen gesetzlichen Vorschriften (§§ 675r Abs. 1, 675y Abs. 3 S. 1 BGB) wie auch in den Bedingungen für den Überweisungsverkehr (Nr. 1.6 Abs. 2) jeweils (nur) von dem Recht der Zahlungsdienstleister die Rede, Zahlungsaufträge allein nach der Kundenkennung auszuführen, nicht aber von einer entsprechenden Pflicht. Dies muss auch gelten, soweit es um die Pflicht der Empfängerbank geht, dem Zahlungsempfänger den Zahlungsbetrag unverzüglich verfügbar zu machen, nachdem er auf ihrem Konto eingegangen ist (§ 675t Abs. 1 S. 1 BGB). Umgekehrt ist die Empfängerbank bei einem in sich unstimmigen Überweisungsauftrag auch nicht verpflichtet, den Zahlungsbetrag dem Kontoinhaber mit dem angegebenen Namen gutzuschreiben.[43] Erteilt die Empfängerbank deshalb keine Gutschriftbuchung, kann sie den Zahlungsbe-

[41] Dies wurde in BGH 19.9.1989, WM 1989, 1560, 1562 zwar erwogen, im konkreten Fall aber abgelehnt.

[42] Vgl. hierzu Nr. 5.8 SEPA Credit Transfer Scheme Rulebook (October 2009).

[43] In diesem Sinne auch bisher bereits für Überweisungen im Datenaustauschverfahren sowie bei Datenfernübertragung (DTA-/DFÜ-Überweisungen) *Casper* (Fn. 15) S. 23; aA *Rauhut* (Fn. 31) ZBB 2009, 42.

trag aber auch nicht behalten. Sie ist vielmehr aus dem Geschäftsbesorgungsvertrag der mit ihr vertraglich verbundenen zwischengeschalteten Bank gem. §§ 675 Abs. 1, 667 BGB verpflichtet, den Zahlungsbetrag an ihren Vertragspartner herausgeben, den dieser dann weiter in der Kette bis zum Überweisenden zurückzuleitet. Die Empfängerbank kann also den Fehler in der Kundenkennung nicht nur feststellen, sondern auch entsprechend handeln und den Zahlungsbetrag an den Überweisenden zurückleiten. Daher dürften dem Zurückweisungsrecht des Empfängers im Regelfall keine schützenswerten Interessen der Bank entgegenstehen.[44] Nur im Ausnahmefall könnte die Empfängerbank den Einwand des Rechtsmissbrauchs[45] erheben, wenn sie weder von dem Empfänger noch dem Überweisenden bzw. dessen Bank (vgl. § 675y Abs. 3 S. 2 BGB) in angemessener Frist[46] über den Fehler informiert wurde und im Vertrauen auf den (mit Gutschrift) höheren Tagessaldo Dispositionen vornahm, also dem Empfänger etwa einen Kredit gewährte.[47] In diesem Fall verbleibt es dabei, dass der Überweisende einen Anspruch auf Rückzahlung des vollen Zahlungsbetrags gegen den Empfänger hat, der aber ggf. (teilweise) nicht eintreibbar ist.

II. Durchsetzung des Bereicherungsanspruchs gegen den Empfänger

1. Bemühenspflicht des überweisenden Zahlungsdienstleisters

Fraglich ist nun allerdings, wie der Überweisende diesen Anspruch durchsetzen kann. Denn aus seinen Überweisungs-/Kontoinformationen geht zwar die Kontonummer und Bankleitzahl des tatsächlichen Empfängers, nicht aber dessen Name hervor. Eine Anspruchsdurchsetzung gegen eine Kontonummer ist indes problematisch. Nun sieht allerdings § 675y Abs. 3

[44] Vgl. auch 4.6.1 (Identification AT-R 3) SEPA Credit Transfer Scheme Rulebook (October 2009), wonach eine entsprechende Anweisung des Empfängers zur Rückgabe der Überweisung bzw. des Überweisungsbetrags führt.

[45] Vgl. zur Beschränkung von Rechten im Fall des Rechtsmissbrauchs Münchener Komm.-*Roth* Komm. z. BGB, 5. Aufl. 2007, § 242 Rn. 176 ff.

[46] Hierbei ließe sich in Anlehnung an die Widerspruchsfrist bei der SEPA-Lastschrift (§ 675x Abs. 4 BGB) an eine Frist von circa 8 Wochen nach der Belastungs- bzw. Gutschriftbuchung denken; vom BGH wurde in BGH 19.9.1989, WM 1989, 1560, 1562 die Frage offen gelassen, ob die Zurückweisung unverzüglich zu erfolgen hat (vgl. Nr. 11 Abs. 4 AGB-Banken) oder ob das Zurückweisungsrecht lediglich der Verwirkung unterliegt (so *Canaris* Die girovertragliche „Fakultativklausel" im Lichte des AGB-Gesetzes, ZIP 1986, 1021, 1025).

[47] Vgl. auch Münchener Komm.-*Häuser* (Fn. 20) Zahlungsverkehr, B 436.

S. 2 BGB – ebenso wie auch Art. 74 Abs. 2 der Zahlungsdiensterichtlinie[48] – einen Anspruch des Überweisenden gegen seinen Zahlungsdienstleister vor, dass dieser sich im Rahmen seiner Möglichkeiten darum bemüht, den Zahlungsbetrag wiederzuerlangen. Aus dieser Bemühenspflicht lässt sich entnehmen, dass die Bank des Überweisenden versuchen muss, den Überweisungsbetrag in der Kette der Zahlungsdienstleister wieder zu erlangen. Auch lassen sich die Geschäftsbesorgungsverträge der Zahlungsdienstleister untereinander im Zweifel so auslegen, dass diese zur Mitwirkung bei Rückleitung des Zahlungsbetrags verpflichtet sind.[49] Denn ansonsten wäre die entsprechende Bemühung der überweisenden Bank von vornherein zum Scheitern verurteilt und ihre Verpflichtung hierzu würde nur auf dem Papier stehen. Beschreiten die Beteiligten diesen Weg, kann der Empfänger – so er sich denn mit einer Stornobuchung einverstanden erklärt bzw. den Zahlungsbetrag zurückweist – anonym bleiben.

Problematisch ist allerdings der Fall, dass der Empfänger sich nicht kooperativ zeigt. Zwar könnte der Überweisende seinen Bereicherungsanspruch gegen den Empfänger an die Empfängerbank zedieren oder diese zumindest zur Forderungseinziehung ermächtigen. Allerdings lässt sich aus der Bemühenspflicht der überweisenden Bank sicherlich nicht die Verpflichtung der Empfängerbank ableiten, den Überweisungsbetrag als eine Art Inkassounternehmen bei ihrem Kunden einzutreiben. Insbesondere kann die Empfängerbank – wie festgestellt – den Bereicherungsanspruch des Überweisenden nur dann per Stornobuchung durchsetzen, wenn sich der Empfänger hiermit einverstanden erklärt. Auch hat die Empfängerbank gerade in den kritischen Fällen eines debitorischen Empfängerkontos kein eigenes Interesse an der Durchsetzung des Bereicherungsanspruchs des Überweisenden; vielmehr ist ihr umgekehrt daran gelegen, dass der Überweisungsbetrag nicht zurückgeleitet wird.

2. *Auskunftsanspruch des Überweisenden*

a) Grundsatz: Auskunftsanspruch in der Kette der Zahlungsdienstleister

Denkbar ist indes ein Anspruch des Überweisenden auf Auskunft über den Namen und die Anschrift des Empfängers der Überweisung. Da in aller Regel nur die Empfängerbank über die nötigen Informationen verfügt, ist in erster Linie an einen Auskunftsanspruch des Überweisenden gegen die Empfängerbank zu denken. Zwar bestehen zwischen diesen Personen keine ver-

48 Art. 74 Abs. 2 der Zahlungsdiensterichtlinie enthält folgende Formulierung: „Der Zahlungsdienstleister des Zahlers bemüht sich jedoch, soweit ihm dies vernünftigerweise zugemutet werden kann, den Geldbetrag, der Gegenstand des Zahlungsvorgangs war, wiederzuerlangen."

49 So auch *Scheibengruber/Breidenstein* (Fn. 10) WM 2009, 1400.

traglichen Beziehungen, doch könnte ein Auskunftsanspruch nach Treu und Glauben gegeben sein. Voraussetzung hierfür wäre indes eine Sonderverbindung zwischen den Beteiligten.[50] Da sich die Ansprüche des Überweisenden aus dem gesetzlichen Schuldverhältnis wegen ungerechtfertigter Bereicherung nicht gegen die Empfängerbank, sondern gegen den Empfänger richten, ist zwischen Überweisendem und Empfängerbank (zunächst) auch kein gesetzliches Schuldverhältnis erkennbar. Im Übrigen war schon bisher mehr als zweifelhaft, ob die Geschäftsbesorgungsverträge zwischen den Banken (hier also der Empfängerbank und der mit dieser vertraglich verbundenen zwischengeschalteten Bank) Schutzwirkung zugunsten Dritter (hier des Überweisenden) entfalten und hieraus ein Direktanspruch (hier direkter Auskunftsanspruch) abgeleitet werden kann.[51] Noch fraglicher dürfte dies jedoch nach Umsetzung der Zahlungsdiensterichtlinie sein, zumal Direktansprüche Dritter im SEPA Credit Transfer Scheme Rulebook – der Interbankenvereinbarung für Zahlungen in Euro – in Übereinstimmung mit der Intention der Zahlungsdiensterichtlinie[52] als ausgeschlossen angesehen werden müssen.[53]

Immerhin hat aber der Überweisende aus dem Girovertrag einen allgemeinen, geschäftsbesorgungsrechtlichen Auskunftsanspruch gegen seine Bank (§§ 675 Abs. 1, 666 BGB). Zweifelhaft ist indes, in welchem Umfang sich der geschäftsbesorgungsrechtliche Auskunftsanspruch im Interbankenverhältnis weiter fort- und durchsetzt. Denn zwischen den Teilnehmern dieses Systems gilt für Zahlungen in Euro im Interbankenverhältnis das SEPA Credit Transfer Scheme Rulebook. Dieses enthält zwar eine Reihe von Informationspflichten, sieht aber speziell für das Problem der (nicht durch eine Plausibilitätsprüfung erkennbaren) falschen Kontoangabe keinen ausdrücklich geregelten vertraglichen Auskunftsanspruch vor; im Übrigen gilt für dieses Interbankenverhältnis belgisches Recht.[54] Soweit hingegen für in Deutschland ansässige Banken/Zahlungsdienstleister (außerhalb des Anwendungsbereichs des SEPA Credit Transfer Scheme Rulebook) deutsches Recht

[50] Vgl. hierzu BGH 5.11.2003, NJW 2003, 582, 584; BGH 13.11.2001, BGHZ 149, 165, 174 f.

[51] Dagegen BGH 6.5.2008, WM 2008, 1252, 1254 (für den Überweisungs-, Lastschrift- und Scheckverkehr); vgl. zu dieser Problematik auch *Einsele* Haftung der Kreditinstitute bei nationalen und grenzüberschreitenden Banküberweisungen, AcP 199 (1999), 145–189, 149 ff., insbes. 158–161.

[52] Vgl. Erwägungsgrund 47 der Zahlungsdiensterichtlinie, aus dem zu entnehmen ist, dass die Frage des Haftungs- und Rückgriffsrechts im Interbankenverhältnis einschließlich der praktischen Handhabung von Ansprüchen gegenüber dem Zahlungsdienstleister oder der zwischengeschalteten Stellen den einheitlichen Verträgen der Zahlungsdienstleister überlassen werden sollte.

[53] Vgl. Nr. 5.14 SEPA Credit Transfer Scheme Rulebook (October 2009).

[54] So Nr. 3.5 SEPA Credit Transfer Scheme Rulebook (October 2009).

maßgeblich ist,[55] bestehen im Interbankenverhältnis ebenfalls Geschäftsbesorgungsverträge, so dass die überweisende Bank ihrerseits einen Auskunftsanspruch gegen die nächste, mit ihr vertraglich verbundene zwischengeschaltete Stelle hat. Die überweisende Bank ist zur Geltendmachung ihres Auskunftsanspruchs auch verpflichtet, zumal der Überweisende nicht nur seinerseits einen Auskunftsanspruch gegen seine Bank hat, sondern er von dieser auch verlangen kann, dass sie sich im Rahmen ihrer Möglichkeiten darum bemüht, den Zahlungsbetrag wiederzuerlangen (§ 675y Abs. 3 S. 2 BGB). Im Ergebnis besteht zwischen den jeweiligen Vertragspartnern bis zur Empfängerbank jedenfalls im Grundsatz ein Auskunftsanspruch, der in der Kette der Zahlungsdienstleister geltend zu machen ist. Damit ist aber noch nicht entschieden, ob dieser Auskunftsanspruch auch die Weitergabe des Namens und der Anschrift des betroffenen Kontoinhabers mit umfasst.

b) Inhalt des Auskunftsanspruchs

aa) Grundsatz: Bankgeheimnis

In der Tat liegt das Hauptproblem eines Auskunftsanspruchs in der Frage, ob die Empfängerbank dazu berechtigt und ggf. verpflichtet ist, über den Namen und die Anschrift des Inhabers des angegebenen Kontos Auskunft zu erteilen. Denn insoweit könnte die Verpflichtung der Empfängerbank zur Wahrung des Bankgeheimnisses entgegenstehen. Das Bankgeheimnis ist einerseits ausdrücklich vertraglich geregelt,[56] findet seine Rechtsgrundlage daneben aber auch im Recht auf informationelle Selbstbestimmung als Teilaspekt des allgemeinen Persönlichkeitsrechts gem. Art. 2 Abs. 1 iVm Art. 1 Abs. 1 GG;[57] diese grundrechtliche Wertung ist im Rahmen des Schutzes des allgemeinen Persönlichkeitsrechts gem. § 823 Abs. 1 BGB auch zivilrechtlich maßgeblich und schützt den Kunden vor der ungewollten Verbreitung personenbezogener Informationen.[58] Daneben[59] finden sich zum Schutz des allge-

[55] Insbes. gem. Artt. 4 Abs. 1 b), 19 Rom I-Verordnung (Genauer: Verordnung (EG) Nr. 593/2008 des Europäischen Parlaments und des Rates v. 17.6.2008 über das auf vertragliche Schuldverhältnisse anzuwendende Recht (Rom I), ABl. EG Nr. L 177 v. 4.7.2008, S. 6), sofern nicht bereits eine ausdrückliche Rechtswahl zugunsten des deutschen Rechts vorliegt, vgl. Art. 3 Abs. 1 Rom I-Verordnung.

[56] Vgl. Nr. 2 AGB-Banken, Nr. 1 Abs. 1 S. 2 AGB-Sparkassen.

[57] BVerfG 15.12.1983, BVerfGE 65, 1, 41 f.; für einen verfassungsrechtlichen Schutz des Bankgeheimnisses auch *Canaris* (Fn. 20) Rn. 37; *Bruchner/Krepold* in: Bankrechtshandbuch, hrsg. v. Schimansky/Bunte/Lwowski, 3. Aufl. 2007, § 39 Rn. 5.

[58] Vgl. Münchener Komm.-*Rixecker* Komm. z. BGB, 5. Aufl. 2006, § 12 Anh Rn. 2 f.

[59] Vgl. auch § 1 Abs. 3 S. 2 BDSG, wonach die Verpflichtung zur Wahrung gesetzlicher Geheimhaltungspflichten oder von Berufs- oder besonderen Amtsgeheimnissen, die nicht auf gesetzlichen Vorschriften beruhen, unberührt bleiben.

meinen Persönlichkeitsrechts natürlicher Personen[60] allgemeine Vorschriften und Grenzen der zulässigen Datenerhebung, -verarbeitung und -nutzung im Bundesdatenschutzgesetz (insbes. § 28 BDSG). In der Tat unterfällt nach allgemeiner Ansicht bereits das bloße Bestehen einer Geschäftsverbindung mit der Bank dem Bankgeheimnis.[61] Vergleichsweise unproblematisch ist zunächst der Fall, dass sich der Empfänger mit der Weitergabe seines Namens und seiner Anschrift einverstanden erklärt; da der Kunde insoweit Geheimnisherr ist,[62] ist hier die Mitteilung dieser Daten durch die Empfängerbank zulässig.[63] Ansonsten aber kann nicht ohne Weiteres von der Berechtigung, geschweige denn Verpflichtung der Empfängerbank zur Datenweitergabe ausgegangen werden.

Dabei ist die Frage, ob eine Bank zur Mitteilung des Namens und der Anschrift ihres Kunden berechtigt bzw. verpflichtet ist, nicht völlig neu, sondern wurde bereits im Rahmen des kartengestützten Lastschriftverfahrens in der Form des Elektronischen Lastschriftverfahrens (bzw. früher sog. wilden Lastschriftverfahrens) erörtert. Bei diesem Verfahren unterschreibt der Zahlungspflichtige einen Beleg und erteilt hiermit seinem Vertragspartner (Händler) die Ermächtigung zum Einzug des geschuldeten Betrags; daneben weist der Zahlungspflichtige mit seiner Unterschrift seine Bank (unwiderruflich) an, dem Händler bei Nichteinlösung der Lastschrift oder bei Widerspruch gegen die Lastschrift seinen Namen und seine Anschrift mitzuteilen. Ganz hM ist aber, dass die Bank aufgrund der Einwilligung des Kunden zwar berechtigt, nicht jedoch verpflichtet ist, dem (Gläubiger-)Unternehmen bei Nichteinlösung der Lastschrift Name und Anschrift des Kunden mitzuteilen.[64] In der Tat kann auch eine unwiderrufliche Weisung des Kunden an seine Bank, im Fall der Nichteinlösung der Lastschrift seinen Namen und seine Adresse weiterzugeben, nur dann zu einer Verpflichtung der Bank

[60] Vgl. zur Begrenzung des Schutzbereichs des BDSG auf natürliche Personen und personenbezogene Daten § 3 Abs. 1 BDSG.

[61] So *Bruchner/Krepold* (Fn. 57) § 39 Rn. 15; *Kümpel* (Fn. 20) Rn. 2.154; *Weber* in: Bankrecht und Bankpraxis, Stand Juni 1996, Rn. 2/844.

[62] So *Weber* (Fn. 61) Rn. 2/844; *Bruchner/Krepold* in: Bankrechtshandbuch, hrsg. v. Schimansky/Bunte/Lwowski, 3. Aufl. 2007, § 39 Rn. 31; *Bunte* in: Bankrechtshandbuch, hrsg. v. Schimansky/Bunte/Lwowski, 3. Aufl. 2007, § 7 Rn. 8.

[63] Vgl. statt vieler *Bruchner/Krepold* (Fn. 57) § 39 Rn. 31; *Bunte* (Fn. 27) § 7 Rn. 8, 12; *Kümpel* (Fn. 20) Rn. 2.161, 2.163–2.167; *Weber* (Fn. 61) Rn. 2/844.

[64] So LG Wuppertal 23.12.1996, WM 1998, 122, 123; zustimmend *Werner* in: Zahlungsverkehr, hrsg. v. Langenbucher/Gößmann/Werner, 2004, § 2 Rn. 119; *ders.* in: Bankrecht und Bankpraxis, Stand April 2006, Rn. 6/1659; *Koch/Vogel* in: Zahlungsverkehr, hrsg. v. Langenbucher/Gößmann/Werner, 2004, § 5 Rn. 62; Münchener Komm.-*Häuser/Haertlein* Komm. z. HGB, Bd. 5, 2. Aufl. 2009, Zahlungsverkehr, E 100, 97; so auch Staudinger-*Martinek* Komm. z. BGB, 2006, § 676h Rn. 93.

führen,[65] wenn eine solche Namens- und Adressenweitergabe mit zum Inhalt des Geschäftsbesorgungsvertrags (Girovertrags) zwischen Bank und Kunde gehört. Dies lässt sich aber zumindest nicht generell annehmen.[66] Wird die Einwilligung hingegen widerrufen oder bereits die Abgabe der Einwilligungserklärung etwa mit der Begründung bestritten, die Karte sei missbräuchlich verwendet worden, wird die Bank nicht einmal für berechtigt gehalten, Name und Anschrift des Kunden weiterzugeben.[67]

bb) Pflichtenkollision des Zahlungsdienstleisters des Empfängers?

Vorliegend könnte die Empfängerbank aber – zumindest im Grundsatz – vertraglich zur Auskunft über Name und Anschrift des Empfängers verpflichtet sein. Denn anders als beim Elektronischen Lastschriftverfahren bestehen bei der Überweisung in der Kette der Zahlungsdienstleister Geschäftsbesorgungsverträge, die jedenfalls im Grundsatz zu Auskunfts- und Rechenschaftspflichten der jeweils Beauftragten führen (§§ 675 Abs. 1, 666 BGB). Diese Pflichten dienen der Information des Geschäftsherrn über den Stand der Geschäftsausführung und der vollständigen Abwicklung des Geschäftsbesorgungsvertrags im Innenverhältnis, insbesondere dazu, die Ansprüche des Geschäftsherrn gem. § 667 BGB sowie des Geschäftsführers gem. § 670 BGB vorzubereiten.[68] Allerdings beziehen sich die Auskunftspflichten auf den betreffenden Geschäftsbesorgungsvertrag bzw. die erteilte Weisung. Ein Überweisungsauftrag ist aber gem. §§ 675r, 675y Abs. 3 BGB bereits dann ordnungsgemäß ausgeführt, wenn der Zahlungsbetrag der richtigen Kontonummer gutgeschrieben wurde. Im Grundsatz ist damit die Per-

[65] So aber *Baumbach/Hefermehl/Casper* Wechselgesetz, Scheckgesetz, Recht der kartengestützten Zahlungen, 23. Aufl. 2008, Kartenzahlungen Rn. 63 aufgrund der heutigen Formulierung der vom Kunden unterschriebenen Erklärung als (unwiderrufliche) Weisung an die Bank, den (eigenen) Namen und die Anschrift dem Händler mitzuteilen.

[66] Anders war dies allerdings bei dem (mittlerweile eingestellten) Lastschriftverfahren in Form des sog. Point of Sale ohne Zahlungsgarantie (POZ), bei dem die Banken zwar ebenfalls keine eigene Zahlungsverpflichtung (gem. §§ 780, 781 BGB) gegenüber dem Händler übernahmen, das aber von der Kreditwirtschaft immerhin insoweit unterstützt wurde, als unter der Voraussetzung der Einwilligung des Kunden in die Weitergabe seines Namens und seiner Anschrift sowie einer vorherigen Sperrdateiabfrage die Banken sich zur Mitteilung der Daten des Kunden verpflichteten, vgl. *Werner* in: Zahlungsverkehr, hrsg. v. Langenbucher/Gößmann/Werner, 2004, § 2 Rn. 116; Münchener Komm.-*Häuser/Haertlein* (Fn. 64) Zahlungsverkehr, E 98.

[67] So *Werner* in: Zahlungsverkehr, hrsg. v. Langenbucher/Gößmann/Werner, 2004, § 2 Rn. 117; *Harbeke* Die POS-Systeme der deutschen Kreditwirtschaft – Eine Darstellung unter rechtlichen Aspekten –, Beil. 1 zu WM 1994, S. 15; etwas anders *Gößmann* in: Bankrechtshandbuch, hrsg. v. Schimansky/Bunte/Lwowski, 3. Aufl. 2007, § 68 Rn. 14, der eine Weitergabe der Daten des Kunden durch das Kreditinstitut bei Widerruf der Einwilligung des Kunden nicht generell für unzulässig hält, sondern die Bank für verpflichtet hält, eine Interessenabwägung vorzunehmen.

[68] Vgl. statt vieler Staudinger-*Martinek* (Fn. 64) § 666 Rn. 8, 12.

son des Empfängers für die Information des Überweisenden über die Geschäftsausführung rechtlich nicht von Bedeutung; daher ist die Weitergabe von Name und Anschrift des Empfängers von dem Anspruch des Geschäftsherrn auf Auskunft und Rechenschaft zunächst nicht erfasst.

Überweisungen dienen jedoch der Erfüllung von Zahlungsverpflichtungen der Zahlungsdienstnutzer untereinander; hierauf weist auch Erwägungsgrund 40 der Zahlungsdiensterichtlinie ausdrücklich hin. Diese Zahlungsverpflichtungen bestehen indes nicht gegenüber Kontonummern, sondern gegenüber Personen (mit bestimmten Namen). Die Zahlungsdienstleister können ihrer Funktion als Leistungsmittler somit nur gerecht werden, wenn dieser Umstand auch im Verhältnis eines Zahlungsdienstnutzers zu seiner Bank sowie im Interbankenverhältnis Berücksichtigung findet. Folgerichtig sieht das Gesetz nach (ordnungsgemäßer) Ausführung des Überweisungsauftrags die Bemühenspflicht der überweisenden Bank gem. § 675y Abs. 3 S. 2 BGB (Art. 74 Abs. 2 der Zahlungsdiensterichtlinie) vor. Damit anerkennt der Gesetzgeber – wenn auch in äußerst „weichen" Formulierungen – das Interesse des Überweisenden, den Zahlungsbetrag bei falscher Kundenkennung wieder zu erlangen, sowie eine entsprechende Pflicht der Zahlungsdienstleister, ihn hierbei zu unterstützen. Dies entbindet die Empfängerbank zunächst zwar nicht von dem Bankgeheimnis und berechtigt sie nicht, Name und Anschrift des Empfängers weiterzugeben; vielmehr muss die Bank des Überweisenden in erster Linie versuchen, über die Kette der Zahlungsdienstleister und damit unter Wahrung der Anonymität des Empfängers den Überweisungsbetrag wieder zu erlangen. Scheitert dies aber an der mangelnden Kooperationsbereitschaft des Empfängers, kann der Überweisende seinen Bereicherungsanspruch gegen den Empfänger regelmäßig nur durchsetzen, wenn er dessen Name und Anschrift erhält. Immerhin diskutabel ist hier eine nachvertragliche Auskunftspflicht der Empfängerbank zum Zweck der vollständigen (Rück-)Abwicklung des Zahlungsvorgangs. Diese nachvertragliche Auskunftspflicht kollidiert dann zwar mit der Verpflichtung der Empfängerbank zur Wahrung des Bankgeheimnisses. Aufgrund der Divergenz von Kontonummer und Empfängername ist für die Empfängerbank aber ersichtlich, dass eine Zahlung an eine andere Person erbracht werden sollte und der Überweisende mit großer Wahrscheinlichkeit einen Rückzahlungsanspruch gegen den Empfänger hat. Sofern der Empfänger keine plausiblen Gründe vorbringen kann, warum er die Gutschrift nicht zurück(über)weist bzw. sich mit einer Stornobuchung einverstanden erklärt, können die Interessen des Überweisenden im Einzelfall überwiegen und dazu führen, dass die Empfängerbank den Namen und die Adresse ihres Kunden weiterzugeben hat.[69] Andererseits ist der Empfänger ohne sein

[69] So hat der BGH bereits mehrfach nach einer Interessenabwägung eine Warnpflicht der Bank im Rahmen des bargeldlosen Zahlungsverkehrs angenommen: Bejaht wurde dies

Zutun in die Situation geraten, einem Bereicherungsanspruch des Überweisenden ausgesetzt zu sein. Im Regelfall wird daher die (vertragliche) Verpflichtung der Bank zur Wahrung des Bankgeheimnisses gegenüber ihrem Kunden einer solchen Auskunftsberechtigung bzw. -verpflichtung zur Wahrung von Drittinteressen entgegenstehen. Daher ist es für den Überweisenden im Ergebnis höchst unsicher, ob er seinen Bereicherungsanspruch gegen den Empfänger durchsetzen kann.

3. *Grenzüberschreitende Überweisungen*

Noch problematischer ist die Rechtslage, wenn es sich um grenzüberschreitende Überweisungen handelt. Wurde in diesen Fällen nicht die Geltung eines anderen Rechts vereinbart[70] (Art. 3 Abs. 1 Rom I-Verordnung), findet das Recht des (jeweiligen) Zahlungsdienstleisters Anwendung, der im konkreten Vertragsverhältnis die maßgebliche Dienstleistung, also die Weiterleitung des Zahlungsbetrags, erbringt (Art. 4 Abs. 1 b) Rom I-Verordnung). Entscheidend für Inhalt und Umfang der vertraglichen (Auskunfts-) Ansprüche, aber auch des Bankgeheimnisses, soweit es auf vertraglichen bzw. sonstigen privatrechtlichen Grundlagen beruht, ist deshalb letztlich die Rechtsordnung, in der die Empfängerbank ihre (Haupt-)Niederlassung hat (vgl. Art. 19 Rom I-Verordnung). Außerdem: Bei gewöhnlichem Aufenthalt des Empfängers im Ausland wird regelmäßig die Bereicherung in diesem Staat eingetreten sein, so dass auch der Bereicherungsanspruch des Überweisenden regelmäßig[71] dem Recht dieses (Aufenthalts-)Staates unterliegt

etwa in einem Fall, in dem für die Bank objektiv evident war, dass von dritter Seite auf das Konto ihres Kunden eingezahlte Gelder von diesem veruntreut wurden, vgl. BGH 6.5.2008, WM 2008, 1252, 1253. Eine Warnpflicht der überweisenden Bank gegenüber dem Überweisenden wurde außerdem im Fall einer Hausüberweisung angenommen, in dem die Bank Kenntnis von der Zahlungseinstellung des Empfängers oder Kenntnis vom unmittelbaren Bevorstehen seines wirtschaftlichen Zusammenbruchs hatte, da dies zur Folge haben konnte, dass der (vorleistende) Überweisende mit seiner Gegenforderung im Konkurs des Empfängers ausfiel, vgl. BGH 29.9.1986, WM 1986, 1409, 1410; vgl. zu Aufklärungs- und Warnpflichten der Bank gegenüber ihrem Kunden nach Abwägung der Interessen ihres Geschäftspartners an der Geheimhaltung seiner Vermögensverhältnisse auch BGH 27.11.1990, WM 1991, 85 f.; vgl. zu dieser Interessenabwägung bei Pflichtenkollision der Bank *Canaris* (Fn. 20) Rn. 60 f.; *Kümpel* (Fn. 20) Rn. 2.168 f.; *Bruchner/Krepold* (Fn. 57) § 39 Rn. 88–92.

[70] Vgl. im Interbankenverhältnis für Euro-Zahlungen Nr. 3.5 SEPA Credit Transfer Scheme Rulebook (October 2009), wonach belgisches Recht zur Anwendung kommt.

[71] Vgl. zum Vorrang der (nachträglichen) Rechtswahl der Parteien (Art. 14 Rom II-Verordnung), des bei grenzüberschreitenden Überweisungen wohl kaum gegebenen gemeinsamen Aufenthaltsrechts von Bereicherungsschuldner und -gläubiger (Art. 10 Abs. 2 Rom II-Verordnung) sowie einer offensichtlich engeren Verbindung als gem. Art. 10 Abs. 2 bzw. 3 Rom II-Verordnung (Art. 10 Abs. 4 Rom II-Verordnung).

(Art. 10 Abs. 3 Rom II-Verordnung)[72]. Dies vervollständigt indes nur das bereits gefundene Ergebnis: Für den Überweisenden wird es außerordentlich schwierig, wenn nicht unmöglich sein, bei mangelnder Kooperationsbereitschaft des Empfängers wieder zu seinem Geld zu kommen.

III. Resümee

Nach Umsetzung der Zahlungsdiensterichtlinie ist ein Überweisungsauftrag bereits dann ordnungsgemäß ausgeführt, wenn der Zahlungsbetrag der angegebenen Kundenkennung gutgeschrieben wird; ein Kontonummer-Namensabgleich ist nicht mehr gefordert (§§ 675r, 675y Abs. 3 BGB). Hat der Überweisende eine falsche Kundenkennung angegeben, steht ihm aber ein Bereicherungsanspruch gegen den tatsächlichen Empfänger gem. § 812 Abs. 1 S. 1 Alt. 2 BGB zu. Hingegen hat die Empfängerbank nicht das Recht, einseitig – ohne Einverständnis des Empfängers – ihre Gutschriftbuchung auf dem Empfängerkonto zu stornieren; dies gilt auch dann, wenn der Bereicherungsanspruch des Überweisenden an sie abgetreten wurde. Im Übrigen ist der Empfänger nach den Grundsätzen der „aufgedrängten Bereicherung" geschützt und kann daher (bei fehlender Liquidität) solche Gutschriften gegenüber seiner Bank zurückweisen. Höchst problematisch ist allerdings die (tatsächliche) Durchsetzung des Bereicherungsanspruchs, da der Überweisende regelmäßig nur die Kontonummer des Empfängers kennen wird. Zwar hat sich die Bank des Überweisenden darum zu bemühen, den Überweisungsbetrag über die Kette der Zahlungsdienstleister – unter Wahrung der Anonymität des Empfängers – wieder zu erlangen (§ 675y Abs. 3 S. 2 BGB). Zeigt sich der Zahlungsempfänger jedoch nicht kooperativ, kann der Bereicherungsanspruch nur durchgesetzt werden, wenn die Empfängerbank Name und Anschrift des Empfängers mitteilt. Der Weitergabe dieser Daten wird aber regelmäßig die Pflicht zur Wahrung des Bankgeheimnisses entgegenstehen. Vollends unwahrscheinlich wird die Durchsetzung des Bereicherungsanspruchs bei grenzüberschreitenden Überweisungen. Die Neuregelung ist daher alles andere als kundenfreundlich. Im Übrigen führt sie dazu, dass die Zahlungsdienstleister in den relevanten Fällen – nach Prüfung einer Reihe ziemlich problematischer Rechtsfragen – ggf. doch manuelle Eingriffe in die Buchungsvorgänge vorzunehmen haben. Eine Änderung der Zahlungsdiensterichtlinie ist daher dringend geboten.

[72] Genauer: Verordnung (EG) Nr. 864/2007 des Europäischen Parlaments und des Rates v. 11.7.2007 über das auf außervertragliche Schuldverhältnisse anzuwendende Recht, vgl. ABl. EG Nr. L 199 v. 31.7.2007, S. 40.

Dogmatik des unselbständigen Stiftungsgeschäfts unter Lebenden und Steuerrecht

Michael Fischer

I. Einleitung

Als unselbständige Stiftung bezeichnet man die Zweckzuwendung eines Stifters an einen anderen Rechtsträger (Stiftungsträger) mit der Maßgabe, die übertragenen Vermögenswerte als ein von dem übrigen Vermögen getrenntes Sondervermögen zu verwalten und zur Verfolgung eines vom Stifter festgelegten Zweckes zu nutzen.[1] Sie ist damit keine Stiftung i.S. der §§ 80 ff. BGB. Sie kann entweder durch Verfügung von Todes wegen oder durch Stiftungsgeschäft unter Lebenden begründet werden. Während für die Stiftungserrichtung von Todes wegen im Wesentlichen Einvernehmen herrscht, dass sie entweder durch Testament bzw. Erbvertrag oder als Vermächtnis mit Auflage errichtet werden kann[2], ist die Rechtsnatur des Stiftungsgeschäfts unter Lebenden umstritten.[3] Die wohl heute vorherrschende Ansicht möchte die Einordnung des Gründungsvertrages von der konkreten Gestaltung der Parteien abhängig machen, hält also sowohl eine Auflagenschenkung als auch einen Treuhandvertrag für gestaltbar.[4]

Dieter Reuter hat sich in den letzten Jahren intensiv mit der Dogmatik des Stiftungsgeschäfts unter Lebenden bei der unselbständigen Stiftung, die er als „nicht anerkannte" Stiftung bezeichnen möchte[5], auseinandergesetzt.[6] Interessant ist dabei, dass er seine grundsätzliche Position gegenüber der Aner-

[1] *Hof*, in: Seifart/v. Campenhausen, Stiftungsrechts-Handbuch, 3. Aufl., 2009, § 36 Rz. 1; MünchKomm-BGB/*Reuter*, 5. Aufl., 2006, Vor § 80 Rz. 87; Staudinger/*Rawert* (1995), BGB, Vorbem. zu §§ 80 ff. BGB, Rz. 151.

[2] BayObLGZ 65, 77; *Hof* (Fn. 1), § 36 Rz. 102 ff. m.w.N.

[3] Zum Meinungsstand: MünchKomm-BGB/*Reuter* (Fn. 1), Vor § 80 Rz. 87 ff. m.w.N.

[4] *Hof* (Fn. 1), § 36 Rz. 30; *Plodeck*, ZSt 2007, 38, 41 unter zustimmendem Hinweis auf die unter juris veröffentlichte Entscheidung des OLG Oldenburg v. 18.11.2003, 12 U 60/03 und des BGH v. 26.1.2006, III ZR 388/03; *Rawert* (Fn. 1), Vorbem. §§ 80 ff. BGB Rz. 163; *Schwarz/Backert*, in: Bamberger/Roth, BGB, 2. Aufl., 2007, Vorbem. zu §§ 80–88 BGB Rz. 22.

[5] *Reuter*, FS Hadding, 2004, S. 231, 240.

[6] MünchKomm-BGB/*Reuter* (Fn. 1), Vor § 80 Rz. 87 ff.; *Reuter*, in: v. Campenhausen/Kronke/Werner (Hrsg.), Stiftungen in Europa, 1998, S. 203 ff.; *ders.*, FS Hadding (Fn. 5), S. 231 ff.; *ders.*, AcP 207 (2007), 1 ff.; *ders.*, AcP 207 (2007), S. 673, 706 ff.

kennung einer unselbständigen Stiftung korrigiert hat. Seine grundlegende Prämisse besteht darin, die unselbständige Stiftung unter Lebenden – insbesondere auf der Basis des von der h.M. für zulässig gehaltenen Treuhandmodells – sei „unpassendes Recht". Während er vor wenigen Jahren noch die Meinung vertrat, dass dieses unpassende Recht nicht korrekturbedürftig sei, weil dadurch die vom Gesetzgeber gewollte staatliche Beteiligung an der Entstehung und Tätigkeit von Stiftungen ausgehöhlt würde, hat er seinen Standpunkt wegen der aus seiner Sicht unzulänglichen Stiftungsreform aus dem Jahr 2002[7], die aus der Unfähigkeit des Gesetzgebers resultiere, den Abschied vom Verwaltungsmodell gegen Stiftungsbürokratie und -lobby durchzusetzen, geändert.[8] Denn sein früherer Standpunkt basierte darauf, dass die staatliche Beteiligung ihrerseits verfassungs- und sachgerecht sei, was *Dieter Reuter* inzwischen mit guten Gründen verneint.[9] Er hat deshalb ein eigenständiges am Treuhandmodell des Investmentrechts für die Investmentfonds angelehntes Konzept entwickelt, um im Wege der Rechtsfortbildung „passendes Recht" zu schaffen.[10] Dieses Konzept führt nicht zu einer (Teil-) Rechtsfähigkeit der unselbständigen Stiftung. Allerdings ist zum (dinglichen) Schutz des Sondervermögens die Rechtsfortbildung – insoweit ist *Dieter Reuter* uneingeschränkt zuzustimmen – unerlässlich, um dem Sondervermögen der unselbständigen Stiftung eine über die Relativität von Schuldverhältnissen hinausgehende Drittwirkung im Außenverhältnis zu verleihen. Denn das im Eigentum des Stiftungsträgers stehende Sondervermögen soll nicht für die Verbindlichkeiten des Stiftungsträgers haften, soweit diese nicht für Rechnung des Sondervermögens eingegangen wurden. Dazu muss das Sondervermögen gesondert vom Vermögen des Stiftungsträgers verwaltet werden, und es muss durch eine effektive Kontrolle sichergestellt sein, dass eine Vermögensvermischung unterbleibt.

Im Ergebnis wird damit erreicht, dass das Sondervermögen vor einem Zugriff der Gläubiger des Stiftungsträgers, die nichts mit dem Sondervermögen zu tun haben, im Falle der Zwangsvollstreckung in das Sondervermögen oder im Falle der Insolvenz des Stiftungsträgers effektiv geschützt wird. Aus Gründen eines effektiven Gläubigerschutzes wird es allerdings schwierig, den Zugriff der Stiftungsgläubiger, die dem Sondervermögen zuzurechnen sind, auf das Eigenvermögen des Stiftungsträgers auszuschließen, obwohl der

[7] Gesetz zur Modernisierung des Stiftungsrechts v. 15.7.2002, BGBl. I 2002, 2634; in Kraft getreten am 1.9.2002 (Art. 5).

[8] *Reuter*, FS Hadding (Fn. 5), S. 231, 240 f.

[9] Dazu ausführlich *Reuter*, in: Hopt/Reuter (Hrsg.), Stiftungsrecht in Europa, 2001, S. 139 ff.

[10] Dazu näher MünchKomm-BGB/*Reuter* (Fn. 1), Vor § 80 Rz. 106. Der Verf. dankt für die freundliche Erwähnung in Fn. 401.

Stiftungsträger für Rechnung des Sondervermögens gehandelt hat.[11] Denn dies würde bedeuten, dass auch im Außenverhältnis offenkundig würde, der Stiftungsträger handele im Namen des Sondervermögens (vgl. § 164 BGB). Letzteres würde allerdings zu Ende gedacht voraussetzen, dass die unselbständige Stiftung als selbständige Teilnehmerin am Rechtsverkehr anerkannt und damit die Rechtsfähigkeit der unselbständigen Stiftung im Außenverhältnis bejaht würde. Eine diesbezügliche Notwendigkeit der Rechtsfortbildung scheint nicht ohne Weiteres begründbar, weil der Stiftungsträger, soweit er von Gläubigern, die dem Sondervermögen intern zuzurechnen sind, in Anspruch genommen wird, einen berechtigten Zugriff im Innenverhältnis auf das Sondervermögen haben muss. Der Stiftungsträger haftet zwar im Außenverhältnis, kann sich aber über ein Entnahmerecht zur Verwendung des Sondervermögens für die erforderlichen Aufwendungen im Innenverhältnis im wirtschaftlichen Ergebnis schadlos halten.

Es bleibt also dabei, dass nach dem gegenwärtigen Stand der zivilrechtlichen Diskussion eine Teilrechtsfähigkeit der unselbständigen Stiftung abzulehnen ist. Sie gründet sich auf dem Rechtsverhältnis zwischen dem Stifter und dem Stiftungsträger, ohne zum Rechtssubjekt zu werden. Der Stiftungsträger handelt im Außenverhältnis gegenüber Dritten folglich nicht als Organ der unselbständigen Stiftung, sondern im eigenen Namen in Erfüllung seiner im Innenverhältnis gegenüber dem Stifter bestehenden Verpflichtungen aus dem Stiftungsgeschäft.[12] Diese Sichtweise wird im Weiteren als Prämisse zugrunde gelegt. Einen noch weiter gehenden Ansatz hat *Stefan Koos*[13] in seiner 2004 veröffentlichten Habilitationsschrift vertreten. *Koos* zielt darauf ab, im Wege der Rechtsfortbildung die unselbständige Stiftung als teilrechtsfähiges Zuordnungssubjekt einzuordnen.[14] Dabei möchte er dem Stiftungsvermögen ein subjektives Recht mit beschränkt dinglichen Zügen einräumen, welches sich im Ergebnis an dem dem anglo-amerikanischen Trust eigenen und dem der deutschen Rechtsordnung unbekannten Eigentumsdualismus orientiert. Das von *Koos* vorgestellte Modell muss sich allerdings entgegenhalten lassen, dass es mit der Rechtsfähigkeit der Treuhand die erforderliche Rechtsfortbildung überdehnt.[15]

Im Folgenden soll der Versuch unternommen werden, zur Klärung der dogmatischen Zweifelsfragen bei der unselbständigen Stiftung aus der Per-

[11] AA *Reuter*, FS Hadding (Fn. 5), S. 231, 247, wonach das Eigenvermögen des Stiftungsträgers nicht den Stiftungsgläubigern (der unselbständigen Stiftung) haften soll.

[12] *Hüttemann/Herzog*, DB 2004, 1001, 1002 m.w.N.

[13] Fiduziarische Person und Widmung: das stiftungsspezifische Rechtsgeschäft und die Peronifikation treuhänderisch geprägter Stiftungen, 2004.

[14] *Koos*, (Fn. 13), S. 248 ff., 354.

[15] MünchKomm-BGB/*Reuter* (Fn. 1), Vor § 80 Rz. 104; *ders.*, AcP 207 (2007), 673, 706 f.

spektive des Steuerrechts beizutragen. Im Zusammenhang mit dem Steuerrecht hat *Dieter Reuter* angemerkt, die Forderung der steuerrechtlichen Gemeinnützigkeit nach Endgültigkeit der Vermögenswidmung vermöge sich nicht „gegen", sondern nur „über" das Zivilrecht durchzusetzen.[16] Dagegen ist nichts einzuwenden, doch ist aus Sicht des Steuerrechts zum einen zu ergänzen, dass der Steuergesetzgeber seit mindestens 90 Jahren die unselbständige Stiftung als Gegenstand des Steuerrechts erfasst hat. Im BGB findet sich nur die selbständige Stiftung. Jedenfalls dann, wenn die Parteien das vereinbarte Rechtsverhältnis als „unselbständige Stiftung" bezeichnen, kann man also unterstellen, dass der Parteiwille darauf gerichtet ist, den steuerrechtlichen Vorgaben zu entsprechen. Das gilt umso mehr, wenn man als Regelfall davon ausgeht, dass sich die Parteien bei diesem sicherlich nicht alltäglichen, im BGB nicht geregelten und in seinen Rechtsfolgen nicht abschließend geklärten Konstrukt juristischen Rat einholen. Dann entspricht es wiederum sorgfältiger Praxis, die Beteiligten auch über die steuerrechtlichen Folgen ihres Handelns aufzuklären. Zum anderen legt die Existenz der unselbständigen Stiftung in den Steuergesetzen ergebnisorientiert nahe, dass es auch eine zivilrechtlich funktionsfähige Dogmatik geben muss. Wenn das Vertragsrecht an seine Grenzen stößt, folgt der Auftrag zur Rechtsfortbildung aus dem Willen des (Steuer-)Gesetzgebers.

II. Die unselbständige Stiftung als Gegenstand des Steuerrechts

1. Vorbemerkung

Das Steuerrecht kennt eine von der zivilrechtlichen Rechtsfähigkeit zu unterscheidende eigenständige Steuerrechtsfähigkeit.[17] Jedes Einzelsteuergesetz muss im Tatbestand neben dem Steuerobjekt, der Bemessungsgrundlage und dem Tarif das Steuersubjekt benennen.[18] Während etwa Personengesellschaften – trotz ihrer inzwischen auch für die Außen-GbR anerkannten zivilrechtlichen Rechtsfähigkeit[19] – weder ein Steuersubjekt des Einkommen- noch Körperschaftsteuerrechts sind, besteht an ihrer Unternehmerfähigkeit i.S.d. § 2 UStG kein Zweifel. Im Bereich der Gewerbe- und Grunderwerbsteuer ist die Personengesellschaft ein eigenständiges Steuersubjekt, obgleich die Abschirmwirkung der Personengesellschaft von der Sphäre der Gesellschafter durch bestimmte Normen (vgl. § 5 GrEStG) bzw. durch die Rspr.

[16] MünchKomm-BGB/*Reuter* (Fn. 1), Vor § 80 Rz. 88; *ders.*, Stiftungen in Deutschland und Europa (Fn. 6), S. 203, 210 f.

[17] *Lang*, in: Tipke/Lang, Steuerrecht, 20. Aufl., 2010, § 6 Rz. 12.

[18] Vgl. *Lang*, in: Tipke/Lang (Fn. 17), § 7 Rz. 17 ff., 22.

[19] BGH v. 28.1.2001, II ZR 331/00, BGHZ 146, 341, 344; einschränkend *Reuter*, AcP 207 (2007), 673, 681 ff.

des BFH[20] relativiert wird. Im Folgenden soll der Frage nachgegangen werden, inwieweit die unselbständige Stiftung ein eigenständiges Steuersubjekt, bezogen auf bestimmte Einzelsteuergesetze, bildet.

2. *Körperschaftsteuerrecht*

Wenn in neueren wissenschaftlichen Veröffentlichungen[21] sogar die Rechtsfähigkeit (Teilpersonifikation) der unselbständigen Stiftung gefordert wird, dann besitzt der Verweis auf das Steuerrecht – zumindest auf den ersten Blick – einen gewissen Charme, geht doch das Körperschaftsteuerrecht seit 1920[22] in § 1 Satz 1 Nr. 2 KStG (heute: § 1 Abs. 1 Nr. 5 KStG) von einer Steuerrechtssubjektivität der unselbständigen Stiftung aus. Das KStG (1920) formuliert: „§ 1. Der Körperschaftsteuer unterliegen mit **ihrem** Einkommen: … 2. **nichtrechtsfähige** Personenvereinigungen, Anstalten, **Stiftungen** und andere Zweckvermögen, soweit ihr Einkommen nicht unmittelbar nach diesem Gesetz oder nach dem Einkommensteuergesetz bei einem anderen Steuerpflichtigen steuerbar ist…“[23] Für Zwecke des Körperschaftsteuerrechts hat die unselbständige Stiftung seit 90 Jahren ein eigenes Vermögen und ein eigenes, jährlich zu versteuerndes Einkommen (vgl. § 8 Abs. 1 KStG i.V.m. §§ 2 ff. EStG), soweit nicht die objektive Steuerbefreiung des Gemeinnützigkeitsrechts (vgl. § 5 Abs. 1 Nr. 9 KStG) eingreift. Aus dem körperschaftsteuerrechtlichen Trennungsprinzip folgt sogar, dass man zur eigenständigen Ermittlung des Einkommens nach Fremdvergleichsgrundsätzen fiktive Vertragsbeziehungen zwischen der unselbständigen Stiftung und dem Stiftungsträger unterstellt.[24] Deshalb, so stellt *Dieter Reuter* fest, seien Überlegungen zur „Rechtsfähigkeit“ der unselbständigen Stiftung „kein praxisfernes theoretisches Konstrukt“.[25]

Letzterer Aussage kann man sich aus der Perspektive des Steuerrechts uneingeschränkt anschließen. Vor allem musste sich das Körperschaftsteuerrecht schon 20 Jahre vor der Geburt des Jubilars mit der Frage beschäftigen, was eine unselbständige Stiftung überhaupt „ist“. Der Reichsfinanzhof[26] hat

[20] Vgl. etwa zur Unternehmeridentität bei § 10a GewStG BFH v. 14.12.1989, IV R 117/88, BFHE 159, 528, 529 ff.; *Glanegger/Güroff*, GewStG, 7. Aufl., 2009, § 10a Rz. 93 m.w.N.

[21] Vgl. *Koos*, (Fn. 13), S. 248 ff., 354.

[22] Körperschaftsteuergesetz v. 20. März 1920, RGBl. 1920, S. 393.

[23] Hervorhebungen durch Verf.

[24] RFH v. 5.7.1938, VI a 9/37, RStBl. 1938, 827; Blümich/*Rengers*, KStG (Stand: September 2009), § 1 Rz. 108; *Hüttemann/Herzig*, DB 2004, 1001, 1007 f.; *Streck*, KStG, 7. Aufl., 2008, § 1 Rz. 20, 44.

[25] MünchKomm-BGB/*Reuter* (Fn. 1), Vor § 80 Rz. 105.

[26] RFH v. 1.4.1925, VI A 119/25, RFHE 16, 67, 68; RFH v. 7.4.1936, I A 227/35, RStBl. 1936, 442 unter Verweis auf RFH v. 26.4.1922, I A 162/22, RFHE 9, 178, 186 f. (zur Kapitalertragsteuer).

den Tatbestand dahingehend umschrieben, dass einer natürlichen oder juristischen Person Vermögen oder Vermögensteile von dritter Seite zugewendet werden mit der Auflage, die Erträgnisse für einen bestimmten Zweck zu verwenden. Ihre Struktur orientiert sich an der selbständigen Stiftung, mit dem wesentlichen Unterschied, dass die unselbständige Stiftung keine juristische Person ist und deshalb eines rechtsfähigen Trägers bedarf, um rechtswirksam handeln zu können.

Die ausdrückliche Aufnahme der unselbständigen Stiftung in § 1 Satz 1 Nr. 2 KStG (1920) 20 Jahre nach Inkrafttreten des BGB bedeutet des Weiteren, dass der (Steuer-)Gesetzgeber die Möglichkeit der zivilrechtlichen Gestaltung der unselbständigen Stiftung voraussetzt und damit ihre Existenz indirekt auch anerkannt hat. Nach Inkrafttreten des BGB hätte man zivilrechtsdogmatisch die Frage, ob neben der im BGB geregelten selbständigen Stiftung eine auf schuldvertraglicher Ebene konzipierte unselbständige Stiftung rechtlich als wirksames Vertragskonstrukt prinzipiell anzuerkennen ist, nicht nur diskutieren können, sondern sogar müssen. Die von *Dieter Reuter* immer wieder vorgebrachten Einwände gegen die Treuhand als Erklärungsmodell[27] bzw. der generelle Einwand, die privatautonome Gestaltungsmacht der Vertragsparteien, einen Schuldvertrag einvernehmlich auch wieder aufheben zu können[28], widerspreche dem Stiftungsgedanken, wären seinerzeit wohl geeignet gewesen, die unselbständige Stiftung zivilrechtsdogmatisch als rechtlich unmögliches Konstrukt zu (dis-)qualifizieren. Allein, jene Diskussion fand – soweit ersichtlich – nicht statt. Mit der indirekten Anerkennung durch das Körperschaftsteuerrecht haben sich 20 Jahre später die Vorzeichen umgekehrt. Es geht also seit 90 Jahren nicht mehr darum, „ob" es unselbständige Stiftungen geben darf, sondern „wann", d.h. unter welchen normativen Voraussetzungen eine unselbständige Stiftung anzunehmen ist. Diese steuerrechtliche Vorgabe hat wiederum Einfluss auf die Zivilrechtsdogmatik. Soweit nämlich die schuldvertragliche Gestaltung der unselbständigen Stiftung an dogmatische Grenzen stößt, lässt sich die Kompetenz zur Rechtsfortbildung bereits mit Blick auf die positivistische Entscheidung des Steuergesetzgebers begründen. Da das Zivilrecht – anders als das Steuerrecht wegen seiner Eingriffswirkung[29] – dem Vorbehalt des Gesetzes nach Art. 20 Abs. 3 GG nur sehr beschränkt unterliegt[30], ist ein Rechtsfortbildungsauftrag zu bejahen.

[27] Z.B. MünchKomm-BGB/*Reuter* (Fn. 1), Vor § 80 Rz. 87 ff.; *Reuter*, Stiftungen in Deutschland und Europa (Fn. 6), S. 203, 208 ff.

[28] *A. Werner*, in: Werner/Saenger, Die Stiftung, 2008, Rz. 948.

[29] *Fischer*, DStR 2008, 697 ff.

[30] BVerfG v. 26.6.1991, 1 BvR 779/85, BVerfGE 84, 212, 226 betr. Arbeitskampfparteien; aA *Schulze-Fielitz*, in: Dreier, GG, Bd. II, 2. Aufl. 2006, Art. 20 Rz. 109. Ausführlich zum Diskussionsstand, *Ruffert*, Vorrang der Verfassung und Eigenständigkeit des Privatrechts, S. 130 ff.; *P. Krause*, JZ 1984, 656, 659.

3. *Erbschaftsteuerrecht*

Neben dem Körperschaftsteuerrecht setzt auch das Erbschaftsteuerrecht die unselbständige Stiftung als gegeben voraus. In § 1 Abs. 1 ErbStG v. 7. August 1922[31] wird bestimmt: „Der Erbschaftsteuer unterliegen: 1. der Erwerb von Todes wegen, 2. Schenkungen unter Lebenden, 3. Zweckzuwendungen“. Was als „Zweckzuwendung“ gilt, wird in § 4 ErbStG (1922) eingehend umschrieben. Dabei ist es unstreitig, dass die Begründung einer unselbständigen Stiftung von Todes wegen oder unter Lebenden als Zweckzuwendung zu qualifizieren ist.

Das Reichsgericht[32] hatte bereits zum Erbschaftsteuergesetz 1906 ebenso wie später der Reichsfinanzhof[33] zum Erbschaftsteuergesetz 1919 die Ansicht vertreten, dass Zweckzuwendungen steuerbar seien. Nach Ansicht des Reichsgerichts[34] stelle § 84 BGB klar, dass als Erwerber einer Erbschaft oder eines Vermächtnisses auch die Stiftung gelte, die auf der die Zuwendungen anordnenden Verfügung des Stifters von Todes wegen beruhe. Für die selbständigen Stiftungen bewende es sonach bei dem Grundsatze, dass der Erwerb besteuert werde. Weiter führte das Reichsgericht aus: „Nicht selten werden aber sogenannte unselbständige Stiftungen in der Weise errichtet, dass gewisse Vermögensstücke einem anderen mit der Auflage zugewendet werden, sie zu einem bestimmten, nicht auf einen abgegrenzten Kreis von Personen beschränkten Zwecke nutzbar zu machen, dass also ein Zweckvermögen ohne juristische Persönlichkeit gebildet wird, als dessen Vertreter oder Verwalter der Beschwerte, auch wenn er rechtlich als Eigentümer gilt, anzusehen ist. In solchen Fällen kann, wie schon angedeutet, dieser, weil er nicht bereichert ist (…), zur Steuer nicht herangezogen werden, und an einem sonstigen Erwerber fehlt es beim Mangel eines für die Besteuerung fassbaren Kreises von Personen.“ Trotz dieser Feststellung kam das Reichsgericht zu dem Ergebnis, dass sich aus anderen Vorschriften des ErbStG von 1906 eine Steuerbarkeit der „Zuwendung selbst“ ergeben müsse. Das Gesetz könne nur davon ausgegangen sein, dass „die Steuer auf der Zuwendung beruhe und dass die unselbständige Stiftung im gleichen Umfange steuerpflichtig sei, wie die selbständige Stiftung, dass ferner für die Entrichtung der Steuer, entsprechend den Organen der rechtsfähige Stiftung, der Beschwerte zu sorgen habe“.

Der Reichsfinanzhof[35] führt in der Entscheidung vom 18.11.1921 aus: „Die Berufungsentscheidung stützt mit Recht die Steuerpflicht auf § 35

[31] RGBl. I 1922, 695.

[32] RG v. 17.2.1911, VII. 239/10, RGZ 75, 378, 379 ff. Ebenso RFH v. 14.3.1919, II A 27/19, RFHE 1, 10, 13 f.; v. 14.5.1919, II A 71/19, RFHE 1, 57, 58.

[33] RFH v. 18.11.1921, I a A 107/21, RFHE 7, 324.

[34] RG v. 17.2.1911, VII. 239/10, RGZ 75, 378, 379 ff.

[35] RFH v. 18.11.1921, I a A 107/21, RFHE 7, 324, 325.

Abs. 3 ErbStG. Diese Vorschrift lautet: ‚Sind ohne Begründung einer Stiftung Zuwendungen, auf welche die Voraussetzungen des Abs. 1 Nr. 3 zutreffen, gemacht worden, so werden sie hinsichtlich der Versteuerung ebenso behandelt, als ob zu demselben Zwecke eine Stiftung errichtet worden und auf diese der Betrag der Zuwendung übergegangen wäre.‘ Wie sich aus der Begründung zum Erbschaftsteuergesetze (S. 40) ergibt, soll die Bestimmung Zweifel beseitigen, die darüber entstanden waren, ob bei Zuwendungen an eine Mittelsperson mit der Bestimmung, den Betrag der Zuwendung zu einem der in Abs. 1 Nr. 3 bezeichneten Zwecke zu verwenden, als Bedachte diejenigen anzusehen sind, denen die Zuwendung zufließt, und ob daher nur der dem Einzelnen zugeflossene Betrag, oder ob nicht der Gesamtbetrag der Zuwendung für die Bemessung der Steuerpflicht maßgebend ist. Das Gesetz hat die Frage im letzteren Sinne entschieden. Das Wesen solcher Zuwendungen besteht darin, dass Vermögenswerte einem anderen zugewendet werden, um sie zu einem bestimmten Zwecke nutzbar zu machen, so dass ein besonderes Zweckvermögen gebildet wird, als dessen Vertreter der Empfänger der Zuwendung, auch wenn er rechtlich deren Eigentümer wird, anzusehen ist … Nach dieser Regelung ist die Zuwendung selbst so anzusehen, als ob sie eine selbständige Stiftung mit Rechtspersönlichkeit wäre. Die Zuwendung bildet den Gegenstand der Besteuerung, gleich als wäre sie die Erwerberin des den besonderen Zwecken gewidmeten Vermögens … Zur Entrichtung der Steuer ist entsprechend den Organen der rechtsfähigen Stiftung der mit der Zuwendung Beschwerte verpflichtet.“

Die erstmalige ausdrückliche Regelung der Zweckzuwendung im Erbschaftsteuergesetz 1922 erfolgte aus Gründen der Zweckmäßigkeit, um der von der Rspr. aus verschiedenen zerstreuten Gesetzesbestimmungen gefolgerten Zweckzuwendung einen gesetzlichen Niederschlag zu geben, um in der praktischen Anwendung Zweifel auszuschließen.[36] Daran hat sich bis heute nichts geändert. § 1 Abs. 1 Nr. 3 ErbStG führt die Zweckzuwendungen als steuerpflichtige Vorgänge im Anschluss an den Erwerb von Todes wegen und die Schenkungen unter Lebenden auf, und § 8 ErbStG definiert den Begriff der Zweckzuwendungen. Damit spricht auch die Erfassung der unselbständigen Stiftung im ErbStG ergebnisorientiert dafür, dass es auch eine zivilrechtlich funktionsfähige Dogmatik geben muss.

4. Umsatzsteuerrecht

Für die Zivilrechtsdogmatik wenig erhellend ist der Blick in das Umsatzsteuerrecht. Dort leitet sich die Steuersubjektivität aus der Unternehmerfähigkeit i.S.d. § 2 UStG ab.[37] Daraus folgt zugleich die Fähigkeit, als Emp-

[36] *Marens*, ErbStG, 6. Aufl., 1926, S. 126 (zu § 4).
[37] *Birkenfeld*, Das große Umsatzsteuer-Handbuch (Stand: April 2009), § 41.

fänger einer umsatzsteuerrechtlichen Leistung aufzutreten. Wie § 10 Abs. 5 Nr. 1 UStG erkennen lässt, können Unternehmer neben natürlichen und juristischen Personen auch nicht rechtsfähige Körperschaften, Personenvereinigungen und Gemeinschaften sein. Doch hilft der Wortlaut der Vorschrift gerade bei der mitgliederlosen unselbständigen Stiftung nicht weiter.

Geklärt ist durch die Rechtsprechung des BFH, dass es für die Steuersubjektivität auf die Rechtsfähigkeit nicht ankommt.[38] Unternehmer sei jedes selbständig tätige „Wirtschaftsgebilde", das nachhaltig Leistungen gegen Entgelt erbringe. Das Wirtschaftsgebilde müsse also zur Verbraucherversorgung in der Lage sein, d.h. die Rechtsordnung müsse ihm die Fähigkeit zusprechen, als solches am Rechtsverkehr (Wirtschaftleben) teilzunehmen.[39] Ob die unselbständige Stiftung ein solches Gebilde darstellt, ist – soweit ersichtlich – höchstrichterlich noch nicht entschieden. Von praktischer Relevanz wird die Frage, wenn der Stiftungsträger die Verwaltungstätigkeit für das Sondervermögen aus dem Sondervermögen selbst finanziert. Dies wäre als steuerbarer entgeltlicher Leistungsaustausch[40] zwischen dem Stiftungsträger und der unselbständigen Stiftung einzuordnen, wenn letztere Steuersubjektivität besäße.

Soweit sich das Schrifttum zu dieser Frage überhaupt äußert, möchte sie die Steuerbarkeit einschließlich der Steuersubjektivität der unselbständigen Stiftung bejahen.[41] Eine nähere Begründung sucht man regelmäßig vergeblich. Am aufschlussreichsten erweist sich dabei der Vorschlag von *Stadie*, eine gesetzesübergreifende Wertung zu entwickeln, die in den §§ 34 Abs. 1 Satz 1, Abs. 2 Satz 3 AO, 267 Satz 2 AO i.V.m. § 1 Abs. 1 Nr. 5 KStG zum Ausdruck komme.[42] Überzeugend erscheint dies nicht. Nach dem gegenwärtigen Stand der zivilrechtlichen Diskussion (vgl. oben I.) gründet sich die unselbständige Stiftung auf dem Rechtsverhältnis zwischen dem Stifter und dem Stiftungsträger, ohne zum Rechtssubjekt zu werden. Der Stiftungsträger handelt im Außenverhältnis gegenüber Dritten folglich nicht als Organ der unselbständigen Stiftung, sondern im eigenen Namen in Erfüllung seiner im Innenverhältnis gegenüber dem Stifter bestehenden Verpflichtungen aus dem Stiftungsgeschäft.[43] Für die Unternehmerfähigkeit ist es allerdings entscheidend,

[38] BFH v. 9.12.1993, V R 108/93, BStBl. II 1994, 483; BFH v. 30.5.2000, V B 31/00, BFH/NV 2000, 1505.

[39] *Stadie*, Umsatzsteuerrecht, 2005, Rz. 5.9.

[40] Nach BFH v. 5.12.2007, V R 60/05, BFH/NV 2008, 643 liegt ein entgeltlicher Leistungsaustausch bereits dann vor, wenn Aufwendungsersatz gezahlt wird.

[41] *Augsten/Wolf*, ZErb 2006, 155; *Hüttemann/Herzog*, DB 2004, 1001, 1009; *Radeisen*, in: Vogel/Schwarz, UStG (Stand: 11/2007), § 2 Rz. 37; unklar *Klenk*, in: Sölch/Ringleb, UStG (Stand: Sept. 2005), § 2 Rz. 10; umfassend hierzu *Tyarks*, Körperschaft – steuerrechtliche Zweckvermögen des privaten Rechts und ihre Behandlung im Umsatzsteuerrecht, 2010, S. 200 ff.

[42] *Stadie* (Fn. 39), Rz. 5.9; 5.18.

[43] *Hüttemann/Herzog*, DB 2004, 1001, 1002 m.w.N.

dass die unselbständige Stiftung nach der Rechtsordnung die Fähigkeit besitzt, als solche am Rechtsverkehr (im Wirtschaftsleben) teilzunehmen. Das ist bei sog. Innenpersonengesellschaften, namentlich der Stillen Gesellschaft, nach h.M. nicht der Fall.[44] Letztere könne per definitionem nicht Unternehmer sein, da kein gemeinsames Vermögen besteht und nur der Inhaber des Handelsbetriebes nach außen auftritt (vgl. § 230 HGB).

Da allein der Stiftungsträger im Außenverhältnis auftritt, könnte man noch diskutieren, ob es umsatzsteuerrechtlich teleologisch geboten ist, das treuhänderische Handeln des Stiftungsträgers im Außenverhältnis (z.B. bei der Vermögensverwaltung des Sondervermögens) der unselbständigen Stiftung selbst als Subjekt des UStG zuzurechnen. Ein „klassischer" Treugeber ist aber abweichend vom Einkommensteuerrecht nicht als Unternehmer i.S.d. § 2 Abs. 1 UStG anzusehen.[45] Das ist dogmatisch durchaus schlüssig. Während das Einkommensteuerrecht die Leistungsfähigkeit in Gestalt der Vermögensmehrung auf Grund wirtschaftlicher Betätigung besteuern will, also dort das Ergebnis der Unternehmertätigkeit dem Treugeber zuzurechnen ist, hat das Umsatzsteuerrecht nicht den Unternehmer im Auge, sondern den Verbraucher. Der Unternehmer fungiert lediglich als Gehilfe (Steuereinsammler) des Staates. Mithin ist es für Zwecke des Umsatzsteuerrechts ausreichend, als Unternehmer denjenigen anzusehen, der die Umsatzsteuer als Teil der Gegenleistungen für die erbrachten Leistungen vereinnahmt. Das ist in einem normalen Treuhandverhältnis der Treuhänder. Für eine abweichende Zurechnung der Tätigkeit besteht aus umsatzsteuerrechtlicher Sicht kein Anlass.

Jene Begründung kann ohne Weiteres auf die unselbständige Stiftung übertragen werden. Im Außenverhältnis handelt allein der Stiftungsträger als Treuhänder für das Sondervermögen. Auch wenn sich das Rechtsverhältnis zwischen Stiftungsträger und Stifter nicht ausschließlich vertraglich erklären lässt, ändert dies für umsatzsteuerrechtliche Zwecke nichts. Damit entfällt letztlich auch die Grundlage für einen (fiktiven) Leistungsaustausch zwischen der unselbständigen Stiftung und dem Stiftungsträger im Hinblick auf eine aus dem Sondervermögen finanzierte Verwaltungstätigkeit. Die Bezugnahme auf das Körperschaftsteuerrecht und die dort vertretene Fiktion eines entgeltlichen Leistungsaustausches (oben II. 2.) lassen sich aus dem körperschaftsteuerrechtlichen Trennungsprinzip rechtfertigen, das eine eigenständige Gewinnermittlung jedes Körperschaftsteuersubjekts nach Fremdvergleichsgrundsätzen verlangt. Dass der Stiftungsträger den Wert seiner Verwaltungsleistungen durch Entnahmen aus dem Sondervermögen vornehmen darf, ist zivilrechtlich mangels Rechtsfähigkeit des Zweckvermögens keine

[44] BFH v. 27.5.1982, V R 110, 111/81, BStBl. II 1982, 678; *Birkenfeld* (Fn. 37), § 41 Rz. 321 ff.

[45] *Stadie* (Fn. 39), Rz. 5.126 f.

gesonderte vertragliche Geschäftsbesorgung gegen Entgelt. Allenfalls könnte man an einen Leistungsaustausch zwischen dem Stiftungsträger und dem ursprünglichen Stifter denken, doch bestehen daran Zweifel, wenn das Entnahmerecht aus dem Sondervermögen nicht als Entgelt seitens des Stifters qualifiziert wird (dazu unten V. 4.).

III. Entreicherung und Steuerrecht

Nach Auffassung von *Dieter Reuter* begegnet die Konstruktion der unselbständigen Stiftung als Treuhandstiftung im Ansatz dem Einwand, dass diese Qualifikation wegen der Abhängigkeit vom Stifter und seinen Erben der Stiftungsidee nicht gerecht wird.[46] Sie bedeute, dass das Vermögen gerade nicht endgültig, sondern nur für die Dauer des Treuhandauftrages übergehe. Der Vermögensübergang auf den Stiftungsträger sei nicht endgültig, weil der Treuhandvertrag dazu keine geeignete causa im Sinne eines endgültigen Behaltensgrundes bilde.[47] Die dogmatische Einordnung als Treuhandverhältnis habe zwingend zur Folge, dass im Falle der Insolvenz des Erben bzw. des Stifters selbst das Rechtsverhältnis nach § 115 InsO erlösche[48] und der Insolvenzverwalter das Sondervermögen vom Stiftungsträger herausverlangen könne.

Die von *Dieter Reuter* angestellten zivilrechtlichen Überlegungen werden durch das Körperschaftsteuerrecht bestätigt. Die unselbständige Stiftung des privaten Rechts ist, wie sich aus der Formulierung des § 1 Abs. 1 Nr. 5 KStG ergibt, eine Unterform des Zweckvermögens.[49] Wie bereits der Wortlaut des § 1 Abs. 1 Satz 1 Nr. 2 KStG (1920) klar hervor hob, wird die unselbständige Stiftung nur deshalb als eigenständiges Körperschaftsteuersubjekt behandelt, weil ihr Einkommen nicht unmittelbar nach dem KStG oder nach dem EStG bei einem anderen Steuerpflichtigen steuerbar ist. Für die persönliche Zurechnung von Wirtschaftsgütern kommt es im Einkommen- und Körperschaftsteuerrecht auf das wirtschaftliche Eigentum i.S.d. § 39 AO an. Die Vorschrift ist dem § 11 StAnpG (1934)[50] nachgebildet. Treuhandverhältnisse werden in Satz 2 des § 39 Abs. 2 Nr. 1 AO beispielhaft für das in Satz 1 dieser Vorschrift umschriebene wirtschaftliche Eigentum genannt.[51] Was die beispielhafte Aufstellung anbelangt, stimmt Satz 2 mit der Vorläufervorschrift des § 11 Nr. 3 StAnpG überein. Im Falle einer „klassischen" Treuhand wer-

[46] *Reuter*, AcP 207 (2007), 1, 10; MünchKomm-BGB/*Reuter* (Fn. 1), Vor § 80 Rz. 88.
[47] MünchKomm-BGB/*Reuter* (Fn. 1), Vor § 80 Rz. 89.
[48] Zum Meinungsstand *A. Werner* (Fn. 28), Rz. 959 m.w.N.
[49] RFH v. 16.4.1943, III 84/42, RStBl. 1943, 658, 659.
[50] RGBl. 1934, 925.
[51] *Brockmeyer*, in: Klein, AO, 9. Aufl., 2006, § 39 Rz. 32 ff.

den sowohl das Treugut als auch die entsprechenden Erträgnisse nicht dem juristischen Eigentümer, sondern dem wirtschaftlichen Eigentümer zugerechnet. Zwar hat sich im Hinblick auf die Zurechnung von Einkünften, die nicht unmittelbar in § 39 AO geregelt werden, die Zurechnungsfrage möglicherweise in Richtung Treuhänder verschoben.[52] Doch kommt dieser neueren Entwicklung im vorliegenden Zusammenhang keine entscheidende Bedeutung zu. Maßgeblich ist die Regelungsidee des Steuergesetzgebers. Dieser hielt die Begründung der Steuersubjektivität der unselbständigen Stiftung ganz offensichtlich für notwendig, um eine Besteuerungslücke (sog. weiße Einkünfte) zu verhindern. Eine persönliche Zurechnung bei dem Stifter bzw. bei seinen Erben würde daran scheitern, dass die Voraussetzungen des wirtschaftlichen Eigentums mit einer entsprechenden Zurechnung des auf den Stiftungsträger übereigneten Vermögens einschließlich des durch die Verwaltung erzielten Einkommens nicht gegeben wären. Beim Stiftungsträger darf das Einkommen deshalb nicht erfasst werden, weil es ihm wirtschaftlich nicht gehört. Schließlich muss der begünstigte Personenkreis Einkommen erst dann versteuern, wenn ihm Zuwendungen in Geld bzw. geldwerte Vorteile zufließen.

Diese Sichtweise bestätigt auch ein Blick in die Rspr. des Reichsfinanzhofes. Bereits im Urteil vom 1.4.1925[53] führte der RFH aus, dass das Steuerrecht als Steuersubjekte außer natürlichen Personen nicht nur juristische Personen, sondern auch andere gegenüber dem formalen Inhaber mit einer gewissen Selbständigkeit ausgestattete Vermögensmassen kenne. Man spreche in einem solchen Falle von unselbständigen Stiftungen oder Zweckvermögen. Noch klarer sind die Ausführungen des RFH im Urteil vom 7.4.1936[54]. Dort heißt es: „Unter ‚Zweckvermögen' ist eine selbständige, einem bestimmten Zweck dienende **Vermögensmasse** zu verstehen, die aus dem Vermögen des Widmenden **ausgeschieden** ist und **eigene Einkünfte** besitzt."[55] Voraussetzung für seine persönliche Steuerpflicht sei eine wenigstens wirtschaftliche Selbständigkeit. Diese sei stets anzunehmen, wenn einer natürlichen oder juristischen Person Vermögensteile von dritter Seite zugewendet werden, mit der Auflage, die Erträgnisse für einen bestimmten Zweck zu verwenden. Man spreche in solchen Fällen, in denen die empfangende Person durch die Annahme zugewendeter Vermögensteile die Verpflichtung übernommen habe, mit diesen Vermögensteilen nach dem sie bindenden Willen des Zuwendenden zu verfahren, von nichtrechtsfähigen Stiftungen. Um ein mit steuerrechtlicher Selbständigkeit ausgestattetes Zweckvermögen zu schaffen, sei es

[52] Vgl. BFH v. 15.1.1998, IX B 25/97, BFH/NV 1998, 994; *Schmieszek*, in: Beermann/Gosch, AO/FGO (Stand: Mai 2002), § 39 AO Rz. 40.

[53] VI A 119/25, RFHE 16, 67, 68.

[54] I A 227/35, RFHE 39, 202, 206 f.

[55] Hervorhebungen durch Verf.

erforderlich, dass „der einem bestimmten Zweck gewidmete Vermögensbestandteil aus dem Vermögen des bisherigen Inhabers **ausscheidet**[56], wobei es dahingestellt bleiben kann, wem alsdann das zivilrechtliche Eigentum an diesem Sondervermögen zusteht (...). Dieses ‚Ausscheiden' muss derart sein, dass es eine **gewisse Sicherheit**[57] der Erfüllung des Verwendungszweckes verbürgt."

Mit der körperschaftsteuerrechtlichen Sichtweise stimmt im Übrigen auch die erbschaftsteuerrechtliche überein. Für eine Zweckzuwendung i.S.d. § 8 ErbStG wird verlangt, dass sich der Stifter seiner Verfügungsgewalt über das Vermögen entledigen muss.[58]

Auf der von *Dieter Reuter* vertretenen Linie[59] liegt schließlich auch das Urteil des Reichsfinanzhofes vom 21.6.1933[60]. Dort weist der RFH darauf hin, dass ein Zweckvermögen nicht vorliege, wenn sich der Zuwendende das Recht vorbehalte, die Übertragung des Vermögens jederzeit wieder rückgängig zu machen und das bisher gesondert verwaltete Vermögen wieder mit seinem übrigen Vermögen zu vereinigen. Dann „verliert der bisherige Eigentümer nicht das **wirtschaftliche Eigentum**[61] an diesem Teil seines Vermögens, und von einer Selbständigkeit des besonders verwalteten Vermögens kann nicht die Rede sein".

Eine unselbständige Stiftung liegt also nur dann vor, wenn die zugewendeten Vermögensgegenstände endgültig das Vermögen des Stifters entreichern. Mangels wirtschaftlichen Eigentums kann der Stifter bzw. sein Rechtsnachfolger im Falle eines Gläubigerzugriffs auf das Sondervermögen nicht nach §§ 47 InsO, 771 ZPO vorgehen (dazu unten V. 6.). Die Befürworter des Treuhandmodells unterscheiden davon abweichend zwischen wirtschaftlicher Eigentümerstellung einerseits und Dauerhaftigkeit der Zweckverfolgung. Das wirtschaftliche Eigentum solle beim Stifter als Treugeber verbleiben[62], was aber die Dauerhaftigkeit der Zweckverfolgung nicht gefährde[63].

[56] Hervorhebung durch Verf.
[57] Hervorhebung durch Verf.
[58] *Gebel*, in: Troll/Gebel/Jülicher, ErbStG (Stand: Oktober 2003), § 8 Rz. 23; *Weinmann*, in: Moench, ErbStG (Stand: Dezember 2003), § 8 Rz. 4.
[59] MünchKomm-BGB/*Reuter* (Fn. 1), Vor § 80 Rz. 88.
[60] III A 253/32, RStBl. 1933, 872.
[61] Hervorhebung durch Verf.
[62] *A. Werner* (Fn. 28), Rz. 958.
[63] *A. Werner* (Fn. 28), Rz. 955 m.w.N.

IV. Bereicherung und Steuerrecht

Die Vorbehalte gegen die Treuhandstiftung legen es nach Ansicht *Dieter Reuters* für den Regelfall nahe, die Stiftungserrichtung unter Lebenden entsprechend als Schenkung unter Auflage zu qualifizieren.[64] Zwar könne schenkungsrechtlich auf eine materielle Bereicherung des Stiftungsträgers nicht verzichtet werden, doch sei diese schon darin zu sehen, dass die Vermögensübertragung eine endgültige sei, d.h. auch dann Bestand haben solle, wenn die Erfüllung des Stiftungsauftrags (ohne Verschulden des Stiftungsträgers) unmöglich werde.[65] In diesem Punkt scheint aber auch *Dieter Reuter* einer petitio principii zu unterliegen[66], wenn er behauptet, bei Unmöglichwerden des Stiftungszwecks dürfe der Stiftungsträger das Sondervermögen behalten und deshalb liege eine Bereicherung, mithin auch eine Schenkung vor. Ein dahingehender (subsidiärer) Bereicherungswille des Stifters kann nicht ohne Anhaltspunkte unterstellt werden.[67] Ein Vergleich mit der rechtsfähigen Stiftung zeigt, dass die Organe sich nicht einen neuen möglichen Zweck suchen dürfen, sondern die Stiftung aufzuheben ist.[68] Die Auswahl des Anfallsberechtigten obliegt nicht der Stiftung, sondern ist dem Stifter freigestellt.[69,70]Ansonsten ist das Stiftungsvermögen dem Stifter bzw. seinen Erben zurückzugewähren. *Karsten Schmidt*, der die These der unselbständigen Stiftung als virtuelle juristische Person entwickelt hat[71], begründet die schenkungsrechtliche Bereicherung damit, dass man sich die unselbständige Stiftung als bereicherte virtuelle juristische Person vorstellen müsse. Damit gesteht er aber umgekehrt ein, dass der Stiftungsträger selbst gerade nicht bereichert sein kann. Vertragspartner des Stifters ist aber der Stiftungsträger, die unselbständige Stiftung kann es mangels Rechtsfähigkeit nicht sein.

Die erbschaftsteuerrechtliche Zweckzuwendung bestätigt gleichermaßen, dass es an einer Bereicherung fehlt. Nimmt man die Entscheidung des Reichsgerichts vom 17.2.1911[72] zum ErbStG 1906 als Ausgangspunkt der Entwicklung nach Inkrafttreten des BGB, dann geht die Rechtsprechung seit

[64] MünchKomm-BGB/*Reuter* (Fn. 1), Vor § 80 Rz. 93 ff.

[65] Vgl. BGH v. 10.2.2003, IV ZR 249/02, BGHZ 157, 178.

[66] Vgl. *Dieter Reuters* Einwand gegen die Treuhandlösung in MünchKomm-BGB (Fn. 1), Vor § 80 Rz. 88.

[67] Überzeugend *A. Werner* (Fn. 28), Rz. 952: Aus dem Stiftungsvertrag müsse deutlich der Wille hervorgehen, den Träger nicht persönlich beschenken zu wollen.

[68] *Hof* (Fn. 1), § 11 Rz. 59

[69] *Hof* (Fn. 1), § 11 Rz. 21.

[70] *A. Werner* (Fn. 28), Rz. 958. Soweit die gemeinnützigkeitsrechtliche Vermögensbindung zu beachten ist (vgl. § 55 Abs. 1 Nr. 4, 61 AO), muss das Stiftungsvermögen für ähnliche gemeinnützige Zwecke verwendet werden.

[71] *K. Schmidt*, in: Hopt/Reuter (Hrsg.), Stiftungsrecht in Europa, 2001, S. 175 ff., 182.

[72] VII 239/10, RGZ 75, 378, 379 ff.

knapp 100 Jahren – seit 1922 auch der Gesetzgeber – davon aus, dass der Stiftungsträger nur sog. Mittelsperson sei, der durch die Zuwendung nicht bereichert werde. Allein vor diesem Hintergrund macht es Sinn, dass das ErbStG bis heute in § 1 Abs. 1 ErbStG die Zweckzuwendungen als eigenständigen Tatbestand neben den Erwerb von Todes wegen und die Schenkungen unter Lebenden stellt. Der Gesetzgeber befürchtete seinerzeit gerade wegen der fehlenden materiellen Bereicherung der Mittelsperson eine Besteuerungslücke, die verhindert werden sollte. Auch außerhalb des Erbschaftsteuerrechts hat der Reichsfinanzhof entscheidend darauf abgestellt, dass der Stiftungsträger „wegen seiner Verpflichtung zur bestimmungsmäßigen Verwendung davon keinen Vorteil hat“[73], d.h., seine Bindung an einen für ihn „fremden Zweck“[74].

Ebenso wenig wird das von *Dieter Reuter* behauptete Gebot der Gleichbehandlung des Gleichartigen[75] zivilrechtlich vorgegeben und vom ErbStG nachvollzogen. Nach § 1922 BGB i.V.m. § 1942 BGB geht das vererbbare Vermögen im Wege der Gesamtrechtsnachfolge als Ganzes auf den oder die Erben über. Dabei kommt es allein auf das zivilrechtliche Eigentum an. § 3 Abs. 1 Nr. 1 Alt. 1 ErbStG knüpft an die zivilrechtliche Lage an.[76] Deshalb hat der BFH[77] ein vom Erblasser bereits an einen Dritten (oder Miterben) verkauftes, aber im Grundbuch noch nicht auf den Käufer umgeschriebenes Grundstück noch als Nachlassbestandteil in die erbschaftsteuerrechtliche Wertermittlung einbezogen und es für unerheblich erachtet, dass das sog. wirtschaftliche Eigentum (Besitz und Gefahr sowie Nutzen und Lasten) bereits auf den Käufer übergegangen waren. Gleiches gilt, wenn der Erblasser eine Treuhänderstellung innehatte.[78] Anders gewendet: Auf eine Bereicherung kommt es beim Erwerb durch Erbanfall nicht an. Abweichend von freiwilligen Zuwendungen unter Lebenden (§ 7 Abs. 1 Nr. 1 ErbStG) ist bei letztwilligen Zuwendungen von Todes wegen i.S.d. § 3 Abs. 1 Nr. 1 ErbStG die Unentgeltlichkeit kein Merkmal des objektiven Tatbestandes. Da deshalb der Begriff der Bereicherung nicht bereits zu den Voraussetzungen des Erwerbs gehört, kommt das Bereicherungsprinzip nur mittelbar über § 10 ErbStG zur Geltung. Nach § 10 Abs. 1 S. 1 ErbStG gilt als steuerpflichtiger Erwerb die Bereicherung des Erwerbers.

Erfolgt die Zuwendung im Vermächtniswege, dann fordert zwar § 1939 BGB die Zuwendung eines Vermögensvorteils, doch wird der Begriff in der

[73] RFH v. 1.4.1925, VI A 119/25, RFHE 16, 67, 68 (zur Körperschaftsteuer).
[74] RFH v. 16.4.1943, III 84/42, RStBl. 1943, 658, 659 (zur Vermögensteuer).
[75] MünchKomm-BGB/*Reuter* (Fn. 1), Vor § 80 Rz. 93, 95.
[76] *Fischer*, in: Fischer/Jüptner/Pahlke, ErbStG, 2009, § 3 Rz. 100; *Meincke*, ErbStG, 15. Aufl., 2010, § 3 Rz. 12.
[77] BFH v. 15.10.1997, II R 68/95, BStBl. II 1997, 820.
[78] *Fischer* (Fn. 76), § 3 Rz. 100; *Gebel*, BB 2000, 537.

Praxis in einem sehr weiten Sinne aufgefasst.[79] Ausreichend ist die Zuweisung eines Anspruchs. Ein Bereicherungswille ist nicht erforderlich. Beim Kaufrechtsvermächtnis kann den Berechtigten eine synallagmatische Gegenleistungspflicht treffen, so dass es letztlich an einer Bereicherung des Vermächtnisnehmers bzw. an einem Bereicherungswillen des Erblassers fehlt[80].

Dem gegenüber setzt die Schenkung zivilrechtlich und auch für Zwecke des § 7 Abs. 1 Nr. 1 ErbStG eine materielle Bereicherung voraus, die nicht mit dem bereicherungsrechtlichen Begriff der Bereicherung gleichzusetzen ist. Der Begriff der Bereicherung ist schenkungsrechtlich enger zu fassen als derjenige des erlangten „Etwas" in § 812 Abs. 1 S. 1 BGB. Die schenkungsrechtliche Bereicherung verlangt nicht nur eine Vermögensmehrung oder Minderung der Passiva, sondern die Verschaffung eines Vermögensvorteils. Deshalb kommt es für die schenkungsrechtliche Bereicherung nicht allein auf die dingliche Rechtslage, sondern auch auf die schuldrechtlichen Vereinbarungen mit dem Leistenden an. Ergibt die Auslegung der konkreten Parteiabrede, dass dem Empfänger rechtsgeschäftlich kein eigener Vorteil eingeräumt werden sollte, liegt weder eine Schenkung noch eine freigebige Zuwendung i.S.d. § 7 Abs. 1 Nr. 1 ErbStG vor. Dagegen wird im Bereicherungsrecht die konkrete Parteiabrede bzw. deren Wirksamkeit erst relevant, wenn es darum geht, festzustellen, ob der Bereicherungsschuldner den Bereicherungsgegenstand „ohne rechtlichen Grund" erlangt hat.

V. Konsequenzen

1. Körperschaftsteuerrechtlich setzt die Entstehung eines eigenständigen Steuersubjekts den Verlust des rechtlichen und wirtschaftlichen Eigentums seitens des zuwendenden Stifters voraus. Ohne Entreicherung des Stifters kommt es zu keiner Zweckzuwendung i.S.d. ErbStG. Von einer unselbständigen Stiftung sollte man deshalb auch im Zivilrecht nicht sprechen, wenn es nach dem Inhalt des Rechtsverhältnisses an einer Entreicherung des Zuwendenden fehlt.

2. Die unselbständige Stiftung zeichnet sich körper- und erbschaftsteuerrechtlich durch das Fehlen einer Bereicherung des Stiftungsträgers aus. Dieser hat die Funktion einer Mittelsperson, die fremde Vermögensinteressen wahrnimmt. Deshalb sollte man auch in der Zivilrechtsdogmatik den Typus einer unselbständigen Stiftung verneinen, wenn der Empfänger über den Zuwendungsgegenstand tatsächlich und rechtlich frei verfügen darf.

[79] RG v. 4.11.1909, IV 1/09, JW 1910, 6; *Edenhofer*, in: Palandt, BGB, 69. Aufl., 2010, § 1939 Rz. 4.

[80] Vgl. auch BGH v. 27.6.2001, IV ZR 120/00, BGHZ 148, 187.

3. Eine Bereicherung ist im Grundsatz zu bejahen, wenn der Empfänger eine juristische Person ist, deren satzungsmäßige Aufgabe den mit der Zuwendung verbundenen Zweck umfasst[81], und der Stiftungsträger zugleich durch seine eigenen Organe über die Verwendung der Stiftungserträge entscheidet.[82] Die Zweckidentität widerspricht der steuer- und zivilrechtlichen Selbständigkeit der Stiftung. Sie lässt sich aber dadurch vermeiden, dass organisationsrechtlich ein eigenständiges Stiftungsgremium als Entscheidungsträger gebildet wird, das mehrheitlich nicht mit den Organmitgliedern des Stiftungsträgers besetzt ist.[83]

4. Die vom Stifter dem Stiftungsträger eingeräumte Erlaubnis, für den Wert seiner Verwaltungsleistungen künftig Entnahmen aus dem Sondervermögen vornehmen zu dürfen, führt im Regelfall der sog. Kapitalstiftung[84] zu keiner substanziellen (schenkungsrechtlichen) Bereicherung des Stiftungsträgers am zugewendeten Grundstock[85]. Die h.M.[86] möchte dieses Entnahmerecht als Entgelt qualifizieren. Dagegen sind dogmatische Zweifel anzumelden, weil dem Stifter keine Leistungspflicht (Schuld) obliegt, die der Stiftungsträger ihm gegenüber durch Klage und Zwangsvollstreckung erzwingen könnte. Eine positive Leistung scheidet aus. Allerdings kann die Leistung auch in einem Unterlassen liegen, wobei die Pflicht zur Duldung eine Unterart der Unterlassungspflicht ist.[87] Sie verpflichtet den Gläubiger zum Unterlassen der ihm an sich zustehenden Abwehr- und Gegenrechte. Wenn aber das Eigentum an dem Sondervermögen weder rechtlich noch – nach hier vertretener Meinung[88] – wirtschaftlich dem Stifter zuzurechnen ist und der Stifter dem Stiftungsträger bereits im Stiftungsvertrag ein Entnahmerecht eingeräumt hat, dann stehen dem Stifter entsprechende Abwehr- und Gegen-

[81] MünchKomm-BGB/*Reuter* (Fn. 1), Vor § 80 Rz. 91 m.w.N. Hintergrund ist die vom Reichsgericht (RG v. 7.5.1909, VII 365/08, RGZ 71, 140, 143 f.; v. 8.11.1922, IV 74/22, RGZ 105, 305, 308 f.) begründete Sichtweise, eine juristische Person sei nicht von ihrem Zweck zu trennen, daher verwende sie alles, was diesem Zweck gewidmet sei, letztlich für sich. Vgl. auch BGH v. 5.11.2002, X ZR 140/01, NJW 2003, 1384, 1385.

[82] Dazu näher *Hüttemann/Herzog*, DB 2004, 1001, 1004 f.

[83] *Hüttemann/Herzog*, DB 2004, 1001, 1005. Dazu bedarf es keines eigenen Vorstands. Ausreichend erscheint ein Kuratorium, das an erster Stelle über die Vergabe der Stiftungsmittel entscheidet; vgl. *A. Werner* (Fn. 28), Rz. 981.

[84] Näher *A. Werner* (Fn. 28), Rz. 945. Die sog. Verbrauchsstiftung (vgl. *A. Werner* [Fn. 28], Rz. 945, 947) führt demgegenüber zum Verzehr des Stiftungsvermögens, so dass man eine Bereicherung des Stiftungsträgers in Höhe der Aufwandsentschädigung diskutieren kann.

[85] Ein Zugriff auf den Grundstock ist ausgeschlossen, wenn sich die Aufwandsentschädigung prozentual am Jahresertrag orientiert; vgl. *A. Werner* (Fn. 28), Rz. 982.

[86] *Hof* (Fn. 1), § 36 Rz. 45; *A. Werner* (Fn. 28), Rz. 957.

[87] *Grüneberg*, in: Palandt (Fn. 79), § 241 Rz. 4.

[88] Folgte man dem von der h. M. für zulässig gehaltenen Treuhandmodell, wäre die Entgeltlichkeit zu bejahen, weil der Treugeber die Entnahme aus „seinem" Vermögen duldet.

rechte überhaupt nicht mehr zu. Deswegen liegt auch keine Leistungspflicht durch Dulden eines sich wiederholenden Rechtseingriffs vor.

5. Es erscheint geboten, dass sich die Zivilrechtsdogmatik von der These löst, das Rechtsverhältnis müsse zwingend korrespondierend entweder zur Entreicherung des Zuwendenden mit Bereicherung des Empfängers (Schenkung) oder zur fehlenden Entreicherung auf Seiten des Zuwendenden mit fehlender Bereicherung auf Seiten des Empfängers (Treuhand) führen. Das Rechtsverhältnis der unselbständigen Stiftung ist ein eigenständiger Vertragstyp sui generis, der dogmatisch durch die Entreicherung des Stifters und die fehlende Bereicherung des Stiftungsträgers geprägt wird. Dass es eine entsprechende causa sui generis dogmatisch geben muss, wird durch die Vorgaben des Steuerrechts bestätigt.

6. Soweit es um das Element der Entreicherung geht, hat sich die Dogmatik an den Wertungen des Schenkungsrechts zu orientieren. Z.B. ist § 671 BGB deshalb nicht anwendbar, weil die Vorschrift dem Entreicherungsgedanken widerspricht. Gleiches gilt für das Weisungsrecht (vgl. § 665 BGB). Die entsprechende Anwendung des Rückforderungsrechts nach § 528 f. BGB erscheint ebenso diskussionswürdig wie die Formvorschrift des § 518 BGB. Demgegenüber passt das Widerrufsrecht wegen groben Undanks (vgl. § 530 BGB) nicht, weil ohne Bereicherung des Stiftungsträgers die Grundlage für dessen Dankbarkeit fehlt.[89] Im Falle der Insolvenz des Stifters oder seines Erben kommt § 115 InsO (Erlöschen von Aufträgen) nicht zur Anwendung. Mangels wirtschaftlichen Eigentums kann der Stifter bzw. sein Rechtsnachfolger im Falle eines Gläubigerzugriffs auf das Sondervermögen nicht nach §§ 47 InsO, 771 ZPO vorgehen. Dies schließt aber nicht zwingend aus, im Wege der Rechtsfortbildung dem Stifter bzw. seinen Rechtsnachfolgern ein modifiziertes Aussonderungs- bzw. Widerspruchsrecht einzuräumen (dazu sogleich).

7. Aus der fehlenden Bereicherung des Stiftungsträgers folgt, dass diesen für die Verwaltung des fremden Vermögens eine Vermögensfürsorgepflicht gegenüber dem Stifter bzw. dessen Erben trifft. Der Stiftungsträger ist zum Erhalt des Stiftungsvermögens und zu einer sparsamen Bewirtschaftung nach den Grundsätzen einer ordnungsgemäßen Wirtschaftsführung verpflichtet.[90] Es besteht eine Auskunfts- und Rechenschaftspflicht analog § 666 BGB und ein Entnahmerecht aus dem Sondervermögen für erforderliche Aufwendungen nach dem Rechtsgedanken des § 670 BGB. Im Falle schwerwiegender Pflichtverletzungen seitens des Stiftungsträgers oder dem Unmöglichwerden des Stiftungszwecks kann der Stifter Herausgabe des Sondervermögens an

[89] Ohnehin soll das Widerrufsrecht des § 530 BGB gegenüber juristischen Personen nach h.M. ausgeschlossen sein; vgl. *A. Werner* (Fn. 28), Rz. 953 m.w.N.

[90] *A. Werner* (Fn. 28), Rz. 986 m.w.N.

sich oder – um die Gemeinnützigkeit nicht zu gefährden – an einen Dritten verlangen. Mangels wirtschaftlichen Eigentums darf der Stifter bzw. sein Rechtsnachfolger im Falle eines Gläubigerzugriffs auf das Sondervermögen zwar nicht nach §§ 47 InsO, 771 ZPO vorgehen. Dies schließt aber wegen des gleichermaßen fehlenden wirtschaftlichen Eigentums des Stiftungsträgers nicht zwingend aus, im Wege der Rechtsfortbildung dem Stifter bzw. seinen Rechtsnachfolgern ein Aussonderungs- bzw. Widerspruchsrecht einzuräumen, welches auf die Freigabe durch den Insolvenzverwalter bzw. Vollstreckungsgläubiger zum Zweck der Weiterverwaltung durch den Stiftungsträger gerichtet ist[91]. Dieses Recht darf aber nur gegenüber denjenigen Gläubigern des Stiftungsträgers bestehen, die Forderungen innehaben, die nicht für Rechnung des Sondervermögens eingegangen worden sind. Ein weitergehendes Herausgaberecht des Stifters bzw. seines Rechtsnachfolgers ist ausgeschlossen.

VI. Schluss

Die wissenschaftlichen Beiträge des Jubilars zur unselbständigen Stiftung zeigen einmal mehr, dass der Jubilar zu den großen zivilrechtlichen Vor- und Querdenkern der Gegenwart gehört. Der Verf. hofft, dass er aus der Perspektive des Steuerrechts fruchtbare Anregungen geben konnte, die zu einer für das Zivil- und Steuerrecht stimmigen Dogmatik führen.

[91] Vgl. auch *Westebbe*, Die Stiftungstreuhand, 1993, S. 147 ff.

„Modernisierung des Vereinsrechts"

Zum Gesetzesentwurf des Landes Baden-Württemberg vom 3.2.2006

Walther Hadding

Unter den Rechtsgebieten, denen *Dieter Reuter* sich mit prägenden wissenschaftlichen Beiträgen gewidmet hat, bildet das Vereinsrecht unverkennbar einen Schwerpunkt. Von Beginn an hat er im Münchener Kommentar zum BGB neben allgemeinen Ausführungen zur juristischen Person und zu Verbänden die einschlägigen §§ 21–79 BGB mit umfangreichen Erläuterungen versehen[1]. Hinzu treten zahlreiche vertiefende Aufsätze zum Recht der Vereine, die im Schriftenverzeichnis des Jubilars schon in „Formale Freiheitsethik oder materiale Verantwortungsethik"[2] und nun aktuell in der vorliegenden Festschrift dokumentiert sind. Gerade auch an der Diskussion über eine „Reform des Vereinsrechts" nimmt *Dieter Reuter* fortlaufend mit weiterführenden und kritischen Stellungnahmen teil[3].

In einer Auflistung der einzelnen Gesetzgebungsschritte, die zu den jüngsten vereinsrechtlichen Gesetzen vom 24.9.2009 (BGBl. I, S. 3145) und vom 28.9.2009 (BGBl. I, S. 3161) geführt haben[4], wird am Ende unter „Ruhende und ältere Reformvorschläge zur Modernisierung des Vereinsrechts" neben dem erwähnten Gesetzesentwurf des BMJ Referat I B1 zuletzt vom 25.8.2005[5] noch der „Gesetzesantrag des Landes Baden-Württemberg vom 3.2.2006 für einen Entwurf eines Gesetzes zur Modernisierung des Vereinsrechts (BR-Drucks. 99/06)" aufgeführt. Angesichts der „rechtspolitischen Kritik", die *Dieter Reuter* – vollauf zutreffend – sowohl an dem seinerzeitigen Referen-

[1] 1. Aufl., Bd. 1, 1978 bis derzeit 5. Aufl., Bd. 1, 2006.

[2] Kessal-Wult/Martinek/Rawert (Hrsg.), Bericht über das wissenschaftliche Kolloquium zum 65. Geburtstag von Professor Dr. Dieter Reuter am 15. und 16. Oktober 2005 in Kiel, 2006, S. 147 ff.

[3] Vgl. zum Referentenentwurf des BMJ vom August 2004 zur Änderung des Vereinsrechts: *Reuter* NZG 2005, 738 ff.; *ders.* MünchKomm BGB, 5. Aufl., Bd. 1, 2006, Vor § 21 Rn. 172; zur Vereinsrechtsreform 2009: *Reuter* NZG 2009, 1368 ff.

[4] Bucerius Law School, Institut für Stiftungsrecht und das Recht der Non-Profit-Organisationen, http://www.law-school.de/stiftungsrecht_zivilrecht.html (21.12.2009). *Dieter Reuter* war nach dem Tod von *W. Rainer Walz* im Sommer 2006 bis 1.4.2007 in der kommissarischen Leitung des Instituts tätig.

[5] Vgl. schon Fn. 3.

tenentwurf des BMJ vom August 2004[6], als auch an der Vereinsrechtsreform 2009[7] geübt hat, findet eine Skizze zu dem „ruhenden" und in der Diskussion bisher nur begrenzt angesprochenen Gesetzesentwurf des Landes Baden-Württemberg vom 3.2.2006[8] hoffentlich sein Interesse, wenngleich auch dort Vieles offen geblieben ist.

I. Zielsetzung des Gesetzesentwurfs des Landes Baden-Württemberg vom 3.2.2006[9]

Als „Zielsetzung" des Entwurfs eines Gesetzes zur Modernisierung des Vereinsrechts wird allgemein bezeichnet, daß das in weiten Teilen schon über hundert Jahre alte Vereinsrecht „an die Bedürfnisse des modernen Rechtsverkehrs angepasst werden" soll. Der Gesetzesentwurf habe „zum Ziel, überflüssige Hemmnisse abzubauen und das Vereinsrecht auf eine moderne Grundlage zu stellen". Als „Inhalt" des Gesetzesentwurfs wird vorweg zusammengefaßt:

Im Bürgerlichen Gesetzbuch (BGB) „soll zunächst die Unterscheidung zwischen rechtsfähigen und nicht rechtsfähigen nicht wirtschaftlichen Vereinen aufgegeben – anders gewendet: das System der Normativbedingungen für nicht wirtschaftliche Vereine durch das System der freien Körperschaftsbildung ersetzt – werden. Weiter vorgesehen ist eine Konkretisierung der Regelungen zur Vertretung des Vereins durch den Vorstand, eine Regelung zur Haftung der Vereinsmitglieder untereinander, die Eröffnung der Möglichkeit, die mit der Anmeldung zum Vereinsregister verbundenen Förmlichkeiten direkt bei den Amtsgerichten zu erledigen. Entsprechend sieht der Gesetzesentwurf weiter Änderungen namentlich des Einführungsgesetzes zum Bürgerlichen Gesetzbuche, des Beurkundungsgesetzes und der Zivilprozessordnung vor."

Als „Folge" dieser Gesetzesänderungen wird erwartet:

„Für Vereine, insbesondere solche, die eine Eintragung in das Vereinsregister nicht anstreben, und damit für Bürgerinnen und Bürger, die sich in Ver-

[6] NZG 2005, 738 und 746: Vor allem zur „Stellung der Verbände" enthalte der Entwurf „nichts zu diesem ‚Großthema' des Vereinsrechts. Stattdessen konzentriert er sich auf drei Bereiche, in denen die Rechtsfortbildung schon mehr oder weniger konsolidiert ist".

[7] NZG 2009, 1368, 1369: „Die rechtspolitische Weisheit der für § 31a BGB Verantwortlichen läßt sich mit guten Gründen bezweifeln". Sehr kritisch auch *Burgard* ZIP 2010, 358 ff.: „Das Gesetz schadet erheblich mehr, als es nutzt".

[8] BR-Drucks 99/06. Vgl. dazu *Heermann* ZHR 170 (2006), 247, 251 f., 270, 274, 276–279, 282 f.; *Lepsius* JZ 2006, 998, 999 ff. (nur zu § 31a BGB-E); *Segna*, in: Gedächtnisschrift Walz, 2008, 705, 720 ff.

[9] Durch Anführungszeichen gekennzeichnete Zitate entstammen nachfolgend, soweit nicht anders vermerkt, dem Gesetzesentwurf und seiner Begründung.

einen engagieren, werden die Verfahrensabläufe und die Teilnahme am Rechtsverkehr erleichtert.“

Nachstehend sollen die Schwerpunkte der vorgesehenen „Neuregelungen“ näher betrachtet werden.

II. Rechtsfähigkeit auch des nicht eingetragenen Idealvereins als juristische Person des Privatrechts

1. Gesetzesvorschlag

Sicherlich die am stärksten die Grundlagen des Vereinsrechts ändernde Regelung besteht darin, daß das „System der Normativbedingungen … durch das System der freien Körperschaftsbildung ersetzt“ werden soll. Ein Verein, dessen Zweck nicht auf einen wirtschaftlichen Geschäftsbetrieb gerichtet ist (§ 21 BGB: Idealverein), soll „ohne Rücksicht auf seine Eintragung mit seiner Entstehung als rechtsfähig und damit als juristische Person des Privatrechts anerkannt“ sein. Er ist „künftig ohne Rücksicht auf die Eintragung im Vereinsregister Träger der in seinem Namen begründeten Rechte und Haftungssubjekt der zu seinen Lasten begründeten Verbindlichkeiten“. Im Hinblick auf die Rechtsprechung des Bundesgerichtshofs zur Rechtfähigkeit der nach außen wirkenden Gesellschaft bürgerlichen Rechts (GbR)[10] sei „die Unterscheidung zwischen rechtsfähigen und nicht rechtsfähigen nicht wirtschaftlichen Vereinen nicht mehr zeitgemäß“. Demgemäß soll § 21 BGB lauten: „Ein Verein, dessen Zweck nicht auf einen wirtschaftlichen Geschäftsbetrieb gerichtet ist, *ist rechtsfähig und kann in das Vereinsregister eingetragen werden*“ (neue Fassung kursiv). Wird die „Möglichkeit“ der Eintragung in das Vereinsregister wahrgenommen, soll sich „an den bisher geltenden Voraussetzungen einer Eintragung“ nichts ändern. Jeder Idealverein sei künftig – unabhängig von § 47 GBO – als alleinzuständig auch *grundbuchfähig*. Wenn zu erwarten sei, daß während der Amtszeit des Vorstands Grundbucherklärungen für den nicht eingetragenen Idealverein abzugeben sein werden, könne die Versammlung des Wahlgremiums von einem Notar öffentlich beurkundet werden, um § 29 Abs. 1 Satz 2 GBO zu genügen[11]. Wegen der Gleichstellung des nicht eingetragenen Idealvereins mit dem in das Vereinsregister eingetragenen als „juristische Person des Privatrechts“ und der Regelung des nicht konzessionierten Wirtschaftsvereins in § 22 Abs. 3 BGB-E ist es folgerichtig, daß § 54 BGB ersatzlos gestrichen werden soll.

[10] BGHZ 146, 341 ff. Vgl. zur Entwicklung MünchKomm BGB/*Ulmer*, 5. Aufl., Bd. 5, 2009, Vor § 705 Rn. 9–11 m.w.N.

[11] BayObLGZ 1991, 24, 34 f.

2. *Stellungnahme*

Man vergegenwärtige sich, daß zunächst der Bundesgerichtshof[12] und kürzlich auch der Gesetzgeber[13] dem nicht rechtsfähigen Idealverein im Sinne des § 54 BGB die länger als einhundert Jahre in § 50 Abs. 2 ZPO a.F. versagte *aktive Parteifähigkeit* zuerkannt hat (§ 50 Abs. 2 ZPO n.F.). Doch nach wie vor ist die hierfür systematisch im Grundsatz vorauszusetzende *Rechtsfähigkeit* des nicht eingetragenen Idealvereins in den ausdrücklichen Vorschriftenbestand des BGB *nicht* aufgenommen worden. Vielmehr erschließt sich die Rechtsfähigkeit nur aus der Verweisung in § 54 Satz 1 BGB auf die Vorschriften über die GbR, die ihrerseits vom Bundesgerichtshof[14] als rechtsfähig anerkannt wird, wenn es sich um eine Außengesellschaft handelt. Schon zu dem Referentenentwurf des BMJ 2004 hatte *Beuthien*[15] zutreffend bemerkt, der nicht rechtsfähige Verein könne „kaum weniger rechtsfähig sein als die rechtsfähige Personengesellschaft" (vgl. § 14 Abs. 2 BGB). Aber dies kann sich bisher allein aus der Verweisung in § 54 Satz 1 BGB ergeben und begründet auch nur die Rechtsfähigkeit als *Gesamthand*. Hinzu kommt: Solange § 54 Satz 1 BGB weiterhin auf das Gesellschaftsrecht verweist, nicht aber auf die §§ 24–53 BGB, ist immer noch – mit den Worten von *Dieter Reuter*[16] – „die überfällige Anpassung des Textes von § 54 S. 1 BGB an die anerkannte Praxis der Beurteilung des nicht eingetragenen nichtwirtschaftlichen Vereins nach Vereinsrecht ... unterblieben".

Bei dieser gegenwärtigen Gesetzeslage wird jeder, der seit langem für die Rechtssubjektivität des nicht eingetragenen Idealvereins und seine Beurteilung nach den Vorschriften über den eingetragenen Verein eingetreten ist[17], dem Gesetzesentwurf des Landes Baden-Württemberg vom 3.2.2006 (§ 21 BGB-E) vollauf zustimmen. Der nicht eingetragene Idealverein soll hiernach nicht etwa nur einer „rechtsfähigen Personengesellschaft" (§ 14 Abs. 2 BGB) gleichgestellt sein, sondern wird kraft Gesetzes „als *juristische Person* des Privatrechts" anerkannt. Die weiterhin mögliche Eintragung in das Vereinsregister wirkt insoweit nicht mehr konstitutiv. Die Fassung von § 21 BGB-E eröffnet zugleich den einfachen Zugang zu den vereinsrechtlichen Vorschriften in den §§ 24–53 BGB, die nunmehr unmittelbar auf den nicht eingetragenen Verein anzuwenden sind. Es bedarf nicht mehr einer unterstellten

[12] Urteil des II. Zivilsenats vom 2.7.2007 – II ZR 111/05 –, WM 2007, 1932 m. Anm. *Hadding* WuB II N. § 54 BGB 1.08 = NJW 2008, 69 = ZIP 2007, 1942.

[13] Gesetz vom 24.9.2009 (BGBl. I, S. 3145); in Kraft getreten am 30.9.2009.

[14] Vgl. Fn. 10.

[15] NZG 2005, 493.

[16] NZG 2009, 1368, 1372 (unter III. a.E.).

[17] Vgl. MünchKommBGB/*Reuter* (Fn. 1), zuletzt 5. Aufl., 2006, § 54 Rn. 15; *ders.* NZG 2005, 738, 745; *K. Schmidt*, Gesellschaftsrecht, 4. Aufl., 2004, § 25 II 1a; Soergel/*Hadding*, BGB, 12. Aufl., Bd. 1, 1988; 13. Aufl., Bd. 1, 2000, jeweils § 54 Rn. 16–20.

Abbedingung der nach § 54 Satz 1 BGB anwendbaren Vorschriften über die GbR (§§ 705 ff. BGB) und sodann einer entsprechenden Heranziehung der Vorschriften über den eingetragenen Verein wegen der zumeist parallelen körperschaftlichen Struktur. Auch der noch nicht eingetragene Vorverein ist nach § 21 BGB-E schon rechtsfähig und unterliegt den vereinsrechtlichen Vorschriften der §§ 24–53 BGB. Nicht nur § 54 BGB, sondern auch die spezifischen Vorschriften über die Parteifähigkeit des „nicht rechtsfähigen Vereins" (§ 50 Abs. 2 ZPO) und die Zwangsvollstreckung in das Vermögen eines „nicht rechtsfähigen Vereins" (§ 735 ZPO) können mit der gesetzlichen Anerkennung der Rechtsfähigkeit des nicht eingetragenen Idealvereins entfallen. Insgesamt wäre es also zu begrüßen, wenn der gekennzeichnete Gesetzesvorschlag (§ 21 BGB-E) des Landes Baden-Württemberg weiterverfolgt würde.

Zu beachten ist freilich, daß es dann für die Anwendbarkeit der §§ 24–53 BGB entscheidend darauf ankommt, ob tatsächlich ein „Verein" gegründet worden ist und nicht etwa eine „Gesellschaft" im Sinne der §§ 705 ff. BGB. Die begriffliche Abgrenzung gerade des Vereins gewinnt dadurch eine erhöhte Tragweite.

III. Beibehaltung des Wirtschaftsvereins als allgemeine Gesellschaftsform

1. Gesetzesvorschlag

Der Referentenentwurf des BMJ 2004 war noch von der praktischen Bedeutungslosigkeit des rechtsfähigen Wirtschaftsvereins ausgegangen und hatte deshalb die Streichung von § 22 BGB vorgesehen. Demgegenüber soll nach dem baden-württembergischen Gesetzesentwurf der „Wirtschaftliche Verein" als allgemeine Gesellschaftsform erhalten bleiben. Mit Rücksicht auf die gesetzlichen Änderungen zum nicht wirtschaftlichen Verein (Idealverein) in § 21 BGB E soll die Vorschrift in „§ 22 Wirtschaftlicher Verein" folgende Fassung erhalten:

„(1) Auf einen Verein, dessen Zweck auf einen wirtschaftlichen Geschäftsbetrieb gerichtet und dem durch staatliche Verleihung Rechtsfähigkeit als Verein verliehen ist, finden die Vorschriften über Vereine Anwendung. Die Verleihung steht dem Land zu, in dessen Gebiet der Verein seinen Sitz hat.
(2) Dem Verein kann die Rechtsfähigkeit entzogen werden, wenn er einen anderen als den in der Satzung bestimmten Zweck verfolgt. §§ 44 bis 53 gelten entsprechend.
(3) Auf Vereine, deren Zweck auf einen wirtschaftlichen Geschäftsbetrieb gerichtet ist und denen Rechtsfähigkeit als Verein durch staatliche Verleihung nicht zukommt, finden die Vorschriften über die Gesellschaft

Anwendung. Aus einen Rechtsgeschäft, das im Namen eines solchen Vereins einem Dritten gegenüber vorgenommen wird, haftet der Handelnde persönlich; handeln mehrere, so haften sie als Gesamtschuldner".

In der Begründung wird angeführt:

„Wirtschaftliche Vereine spielen nach wie vor – wenn auch nicht in allzu großem Maße – eine Rolle. Sie werden in § 3 des Marktstrukturgesetzes, § 19 des Bundeswaldgesetzes oder § 14 des Steuerberatungsgesetzes vorausgesetzt. Diese Bestimmungen dokumentieren das fortbestehende rechtspolitische Interesse an der Rechtsform des wirtschaftlichen Vereins. Eine Aufhebung des § 22 und eine spezialgesetzliche Regelung der Verleihung der Rechtsfähigkeit schüfen das Bedürfnis nach den bürgerlichrechtlichen Vorschriften entsprechenden Regelungen über die Verfassung des Vereins im Marktstrukturgesetz, Bundeswaldgesetz oder Steuerberatungsgesetz und wären dazu angetan, den Bestand an Normen weiter zu erhöhen. Die Wiederholung jeweils gleicher Grundsätze in verschiedenen Spezialgesetzen ist redundant und einer Bezugnahme auf Grundsätze des Bürgerlichen Gesetzbuchs unterlegen. Im Übrigen begründete sie die Gefahr, dass sich die Regelungskonzepte in den Spezialgesetzen mit der Zeit auseinander entwickelten und das Erscheinungsbild des wirtschaftlichen Vereins vollends unübersichtlich würde. Der Verzicht auf § 22 provozierte Folgeprobleme, die sich ohne erkennbare Unannehmlichkeiten mit seinem Erhalt vermeiden lassen."

In § 22 Abs. 2 Satz 1 BGB-E wird § 43 Abs. 4 BGB a.F. übernommen (seit dem Inkrafttreten des Gesetzes vom 24.9.2009, BGBl. I, S. 3145 am 30.9.2009: § 43 BGB n.F.).

Neu ist die bislang in § 54 BGB gleichsam versteckte, jedoch nunmehr ausdrücklich in § 22 Abs. 3 BGB-E enthaltene Regelung zu Vereinen, deren Zweck auf einen *wirtschaftlichen* Geschäftsbetrieb gerichtet ist, *ohne* daß ihnen *Rechtsfähigkeit* nach § 22 BGB verliehen worden ist. Obwohl es sich um „körperschaftlich organisierte Einheiten" handele, sollen sie (nach Satz 1) den Vorschriften über die Gesellschaft unterliegen, mithin den §§ 705 ff. BGB. Für solche Wirtschaftsvereine, die nicht kraft staatlicher Verleihung Rechtsfähigkeit als juristische Person erlangt haben, soll (nach Satz 2) die Handelndenhaftung aufrechterhalten werden.

2. *Stellungnahme*

a) In Kritik an der im Referentenentwurf des BMJ 2004 vorgesehenen ersatzlosen Streichung von § 22 BGB hat *Dieter Reuter*[18] darauf aufmerksam

[18] NZG 2005, 738, 744.

gemacht, daß „sich möglicherweise ein Bedarf für wirtschaftliche Vereine in der jüngeren Vergangenheit neu entwickelt hat". Dieser mögliche Bedarf sei dadurch entstanden, „dass sich in den letzten Jahrzehnten – namentlich im Gesundheitsbereich, im Pflegebereich und im Bildungsbereich – ehemals nichtwirtschaftliche Tätigkeit in wirtschaftliche Tätigkeit verwandelt, weil sich dafür auf breiter Front eine marktfähige Nachfrage entwickelt hat". Der Jubilar wird es daher befürworten, wenn der Gesetzesentwurf von Baden-Württemberg es vorzieht, § 22 BGB grundsätzlich aufrechtzuerhalten. Von argumentativem Gewicht ist sicherlich auch der in der Begründung des Gesetzesentwurfs enthaltene Hinweis, die in Spezialgesetzen geregelten Erzeugergemeinschaften (§ 3 Abs. 1 Marktstrukturgesetz), Forstbetriebsgemeinschaften (§§ 16 ff. Bundeswaldgesetz), Verwertungsgesellschaften (§ 1 Abs. 4 Urheberrechtswahrnehmungsgesetz) und Steuerberatergemeinschaften (§ 14 Steuerberatungsgesetz) würden sonst ihren allgemeinen zivilrechtlichen Hintergrund in Gestalt vereinsrechtlicher Vorschriften verlieren, deren Anwendung § 22 BGB (§ 22 Abs. 1 Satz 1 BGB-E) vermittelt[19]. Deshalb sollte die Beibehaltung des „Wirtschaftlichen Vereins", der durch staatliche Verleihung Rechtsfähigkeit erlangt (§ 22 Abs. 1 BGB-E), als allgemeine Gesellschaftsform durchaus Zustimmung finden.

b) Allerdings muß man sich zum *nicht* konzessionierten wirtschaftlichen Verein (§ 22 Abs. 3 BGB-E) die weitreichende Problematik dieser Gesellschaftsform vor Augen führen. Mit der bloßen Verweisung auf das Recht der GbR (§§ 705 ff. BGB), wie sie schon bisher und gegenwärtig fortdauernd in § 54 Satz 1 BGB enthalten ist[20], ist es zur hinreichenden Erfassung der Rechtslage nicht getan. Es ist das Verdienst von *Dieter Reuter*[21], auf die Schwierigkeiten näher eingegangen zu sein. Das gilt auch für die Ausführungen von *Schöpflin*[22]. Einerseits entspricht es der mit einem Verein angestrebten *körperschaftlichen* Organisation, auf die einschlägigen vereinsrechtlichen Vorschriften zurückzugreifen, also gerade nicht auf die Regelungen zur GbR. Andererseits macht bei einem wirtschaftlichen Verein, der sich den Anforderungen entzieht, die mit der Gründung einer Aktiengesellschaft oder eingetragenen Genossenschaft oder der Verleihung der Rechtsfähigkeit verbunden sind, die nicht gesicherte Aufbringung eines hinreichenden Vereinsvermögens und der deshalb gebotene Gläubigerschutz die persönliche Haftung der Mitglieder notwendig. Betreibt ein solcher „Verein" ein Handelsgewerbe, so liegt in Wirklichkeit eine Offene Handelsgesellschaft oder Kommanditgesellschaft mit vereinbarter körperschaftlicher Organisation vor. Nur bei nicht

[19] Vgl. für die Aufrechterhaltung von § 22 BGB auch *Terner* Rpfleger 2005, 296, 300.

[20] Im Referentenentwurf des BMJ 2004 ist der nichtrechtsfähige wirtschaftliche Verein schlicht übersehen worden (vgl. *Hadding* ZGR 2006, 137, 157 f. m. Fn. 84).

[21] In: Festschrift für Semler, 1993, S. 931–953.

[22] Der nichtrechtsfähige Verein, 2003, S. 188 ff., 305 ff., 353 ff., 376 ff., 449 ff.

handelsgewerblichem wirtschaftlichem Geschäftsbetrieb besteht eine abredegemäß körperschaftlich strukturierte GbR. Da jedoch nach der neueren Rechtsprechung des Bundesgerichtshofs[23] auch die Gesellschafter einer GbR als Außengesellschaft grundsätzlich analog §§ 128–130 HGB für die Gesellschaftsschulden haften, ist – wenn man dem Bundesgerichtshof folgt – die früher insoweit zu treffende Unterscheidung[24] entfallen. Dann aber ist die in § 22 Abs. 3 Satz 2 BGB-E Baden-Württemberg beibehaltene Handelndenhaftung entbehrlich. Erforderlich bliebe demgegenüber die Abbedingung der gesellschaftsrechtlichen zugunsten der vereinsrechtlichen Organisationsregeln, die dem körperschaftlichen Charakter des nicht konzessionierten wirtschaftlichen Vereins Rechnung tragen. Ein nicht eingetragener Idealverein, der die durch das Nebentätigkeitsprinzip gezogenen Grenzen wirtschaftlicher Betätigung überschreitet, soll offenbar nicht unter § 22 Abs. 3 BGB-E fallen, sondern nach § 43 Abs. 2 BGB-E aufgelöst werden (vgl. unten VI.).

IV. Haftung der Vereinsmitglieder untereinander

1. Gesetzesvorschlag

a) Der baden-württembergische Entwurf sieht vor, daß zur „Haftung der Vereinsmitglieder untereinander" ein neuer § 31a BGB mit folgendem Wortlaut eingefügt werden soll: „Die Vereinsmitglieder haben in Angelegenheiten, die den Verein betreffen, untereinander nur für diejenige Sorgfalt einzustehen, welche sie in eigenen Angelegenheiten anzuwenden pflegen". Hierdurch wird die Regelung zur Sorgfalt, die Gesellschafter einer GbR untereinander walten lassen müssen (§ 708 BGB), angesichts der neuen §§ 21, 22 BGB-E auf sämtliche Mitglieder aller Vereine übertragen. Mit der bisherigen Haftung für jede Fahrlässigkeit würden den Vereinsmitgliedern, insbesondere solchen, die „sich stärker als andere im Verein engagieren, ... potentiell große Risiken aufgebürdet". Die vorgeschlagene Regelung folge dem Grundsatz, daß „sich die Vereinsmitglieder so nehmen müssen, wie sie sind". Da es jedermann freistehe, Mitglied eines Vereins zu werden, sei die Haftungsbeschränkung, von der durch die Satzung abgewichen werden könne (§ 40 BGB-E), „nicht unbillig"[25].

b) In der Begründung wird hervorgehoben, der neue § 31a BGB-E ergänze auch die Vorschrift des § 27 Abs. 3 BGB, so daß „der Vorstand, der

[23] BGHZ 146, 341, 358; BGHZ 154, 370, 373 ff.

[24] Vgl. Soergel/*Hadding* (Fn. 17), § 54 Rn. 25 a.E.

[25] Die in der Rechtsprechung entwickelten Ausnahmen von § 708 BGB (bei Teilnahme am allgemeinen Straßenverkehr) ließen sich ohne weiteres „auf den neuen § 31a übertragen".

zugleich Mitglied des Vereins ist, anders als der Beauftragte in den Genuss der Haftungserleichterung kommt, sofern die Satzung nichts anderes vorsieht. Da der Vorstand, der Mitglied des Vereins ist, nicht ausschließlich in fremdem, sondern auch im eigenen – über die Mitgliedschaft vermittelten – Interesse tätig wird, passt in diesem Falle die Orientierung an dem Sorgfaltsmaßstab, den der Vorstand in eigenen Angelegenheiten anzuwenden pflegt". Auch wenn auf die Geschäftsführung des Vorstands für den Verein die für den Auftrag geltenden Vorschriften der §§ 664 bis 670 BGB entsprechende Anwendung finden (§ 27 Abs. 3 BGB), soll der Vorstand, der Mitglied des Vereins ist, nur für die Nichtbeachtung der Sorgfalt in eigenen Angelegenheiten (§ 277 BGB) einstehen; anderes gilt bei Drittorganschaft des Vorstands.

2. *Stellungnahme*

Es liegt auf der Hand, daß dem baden-württembergischen Vorschlag einer „Erleichterung" hinsichtlich einer Schadenersatzpflicht im Verhältnis der Vereinsmitglieder untereinander (§ 31a BGB-E) ein anderes Konzept zugrunde liegt als dem kürzlich am 3.10.2009 in Kraft getretenen § 31a BGB zur Verringerung der Haftungsrisiken von ehrenamtlich tätigen Vereinsvorständen[26]. Die Mitglieder des Vereinsvorstands – und nur sie – haften nach § 31a Abs. 1 BGB für einen Schaden des Vereins oder eines Mitglieds, den sie in Wahrnehmung ihrer Vorstandspflichten verursacht haben, allein bei vorsätzlichem oder grob fahrlässigem Verhalten. Bei einer Schadenersatzpflicht des Vorstandsmitglieds wegen lediglich einfach fahrlässiger Pflichtverletzung besteht ein Freistellungsanspruch gegen den Verein (§ 31a Abs. 2 BGB). Für andere Vereinsmitglieder, die nicht dem Vorstand angehören, hat sich der Sorgfaltsmaßstab (§ 276 BGB) nicht geändert. In zutreffender Kritik führt *Dieter Reuter*[27] hierzu aus: „Die Bereitschaft, die ehrenamtliche Tätigkeit zu fördern, ist gewiss eine löbliche Absicht. Aber dabei ist unten anzusetzen, d.h. bei den ehrenamtlichen Mitarbeitern, die sich ohne Belohnung durch ein besonderes Sozialprestige innerhalb einer mehr oder weniger großen Gemeinschaft, wie es das Vorstandsamt regelmäßig vermittelt, engagieren. Es fehlt nicht an Häuptlingen, sondern an Indianern". Der Jubilar würde deshalb dem baden-württembergischen § 31a BGB-E wohl jedenfalls insoweit zustimmen, als in erster Linie die „Indianer", das heißt die einfachen Vereinsmitglieder, mit dem Sorgfaltsmaßstab der „diligentia quam in suis" versieht. Wenn dies dann gemäß § 27 Abs. 3 BGB-E auch auf Vereinsvorstände erstreckt sein soll, die Mitglied sind, würde *Reuter*[28] dem wahrscheinlich entge-

[26] Vgl. zum neuen § 31a BGB: *Reuter* NZG 2009, 1368, 1369–1371; *U. Unger* NJW 2009, 3269; Palandt/*Ellenberger*, BGB, 69. Aufl., 2010, Kommentierung zu § 31a.

[27] NZG 2009, 1368, 1369.

[28] AaO (Fn. 27) mit Hinweis auf MünchKommBGB/*Seiler*, 5. Aufl., Bd. 4, 2009, § 662 Rn. 15 ff.

genhalten, daß der Vorstand eine „treuhänderische Position" habe, die „in der Zivilrechtsordnung sonst unabhängig von ihrer Entgeltlichkeit oder Unentgeltlichkeit mit der Normalhaftung für Vorsatz und Fahrlässigkeit verbunden ist". Aber auch zu den einfachen Vereinsmitgliedern kann man fragen, ob in einer körperschaftlich organisierten Gesellschaftsform, deren Grundmodell ja der Verein ist, die ihn kennzeichnende Fluktuation der Mitglieder dazu paßt, daß sie sich „so nehmen müssen, wie sie sind", also nur die eigenübliche Sorgfalt erwarten dürfen (§ 277 BGB) statt der „im Verkehr erforderlichen Sorgfalt" (§ 276 Abs. 2 BGB). Die eigenübliche Sorgfalt als Maßstab für das Verhalten untereinander ist eher für nicht körperschaftlich organisierte Gesellschaftsformen, also vor allem die Personalgesellschaften, angemessen[29]. Doch auch wer sich mit dem neuen Maßstab der eigenüblichen Sorgfalt für Vereinsmitglieder untereinander (§ 31a BGB-E) einverstanden erklären kann, muß zumindest diesen Maßstab auch ausdrücklich für das Rechtsverhältnis des Mitglieds zu dem nunmehr stets rechtsfähigen *Verein* (§§ 21, 22 BGB-E) fordern. In diesem Zusammenhang sollte man sich sodann vor Augen führen, daß eine Begrenzung des Einstehenmüssens auf die eigenübliche Sorgfalt (§ 277 BGB) sich auch bei Ansprüchen aus unerlaubter Handlung auswirken würde, wenn man mit der Rechtsprechung des Bundesgerichtshofs[30] „die Mitgliedschaft ... in ihrem Kern" als sonstiges Recht im Sinne des § 823 Abs. 1 BGB ansieht. Schließlich ist auf der formalen Ebene deutlich zu machen, daß § 31a BGB-E ebenso wie der seit 3.10.2009 geltende § 31a BGB das Innenverhältnis regelt und deshalb systematisch seinen gesetzlichen Standort nicht hinter § 31 BGB, sondern im Anschluß an § 27 BGB finden müßte.

V. Unbeschränkbare Vertretungsmacht des Vorstands

1. Gesetzesvorschlag

a) Um den Rechtsverkehr im Vertrauen auf vorhandene Vertretungsmacht der geschäftsführenden Organe von Gesellschaften zu schützen, ist bei den meisten Gesellschaftsformen die Vertretungsmacht unabhängig von bestehender Geschäftsführungsbefugnis und mit gegenüber Dritten unbeschränkbarem gesetzlichen Umfang ausgestaltet.[31] Demgegenüber kann beim Verein der Umfang der Vertretungsmacht des Vorstands nach geltendem Recht (§ 26

[29] Kritisch auch die in Fn. 8 Genannten sowie *Burgard* ZIP 2010, 358, 360 bei Fn. 33.
[30] BGHZ 110, 323 ff.; dazu Soergel/*Hadding* (Fn. 17), § 38 Rn. 3c m.w.N.
[31] Vgl. z.B. für die OHG, die KG und die Partnerschaft §§ 126, 161 Abs. 2 HGB, § 7 Abs. 3 PartGG; für die AG § 82 Abs. 1 AktG; für die GmbH § 37 Abs. 2 GmbHG; für die eG § 27 Abs. 2 GenG.

Abs. 1 Satz 3 BGB) „durch die Satzung mit Wirkung gegen Dritte beschränkt werden“.[32] Hinzu tritt die Regelung in § 26 Abs. 2 Satz 1 BGB, nach der bei einem Vorstand aus mehreren Personen der Verein „durch die Mehrheit der Vorstandsmitglieder vertreten“ wird, und nach § 28 BGB, daß bei einem solchen Vorstand intern eine Beschlußfassung nach den Vorschriften über Beschlüsse der Mitglieder des Vereins vorausgesetzt wird.

b) Der Gesetzesentwurf von Baden-Württemberg will die Vertretungsmacht des Vereinsvorstands im Verhältnis zu Dritten nicht mehr von der Satzung (§ 26 Abs. 1 Satz 3 BGB) oder bei einem mehrgliedrigen Vorstand von einem internen Mehrheitsbeschluß (§ 26 Abs. 2 Satz 1 in Verbindung mit § 28 BGB) abhängig sehen. Deshalb sollen der frühere § 26 Abs. 2 Satz 2 BGB (= gegenwärtig § 26 Abs. 1 Satz 3 BGB) sowie § 28 BGB ersatzlos wegfallen. Der neue § 26 BGB-E soll lauten:

> „(1) Der Verein muss einen Vorstand haben. Der Vorstand vertritt den Verein gerichtlich und außergerichtlich. Er hat die Stellung eines gesetzlichen Vertreters.
> (2) Besteht der Vorstand aus mehreren Personen, so setzt die wirksame Vertretung des Vereins ein Zusammenwirken von mindestens zwei Mitgliedern des Vorstands voraus, sofern die Satzung nicht ein anderes bestimmt.
> (3) Ist eine Willenserklärung gegenüber dem Verein abzugeben, so genügt die Abgabe gegenüber einem Mitglied des Vorstands.“

In der Begründung wird gesagt: „Zum Schutz des Rechtsverkehrs kann die Vertretungsmacht im Außenverhältnis künftig nicht mehr durch die Satzung eingeschränkt werden …“, zumal § 26 „künftig keine Erwähnung in § 40 finden soll“. Bei einem Vorstand „aus mehreren Personen“ könne die Satzung anordnen, daß jedes Vorstandsmitglied den Verein alleine vertreten kann (sonst gemäß § 26 Abs. 2 BGB-E „Vieraugenprinzip“). Man „verzichtet auf die Willensbildung des mehrgliedrigen Vorstands durch Beschlussfassung als – ohnehin im geltenden Recht nicht konsequent durchgehaltene – Voraussetzung einer wirksamen Vertretung des Vereins nach außen“.

2. *Stellungnahme*

Wird die Vertretungsmacht des Vorstands gegenüber Dritten von etwaigen Beschränkungen in der Satzung oder durch Vorstandsbeschlüsse unabhängig, so ist diese Angleichung an andere Gesellschaftsformen[33] sicherlich zu

[32] Auch für die GbR richtet sich gemäß § 714 BGB der Umfang der Vertretungsmacht von Gesellschaftern im Verhältnis zu Dritten im Zweifel nach der gesellschaftsvertraglich oder gesetzlich bestehenden Geschäftsführungsbefugnis.

[33] Vgl. die Angaben in Fn. 31.

begrüßen. Denn der Schutz des Rechtsverkehrs, also das Vertrauen Dritter in das Vorhandensein von ausreichender Vertretungsmacht von Vereinsvorständen, wird gestärkt. Das Interesse der Mitglieder des Vereins an einer gegenüber Dritten wirksamen Bindung der Vertretungsmacht des Vorstands an Vereinsinterna sollte zurücktreten, zumal bei der möglichen Vielfalt satzungsmäßiger Beschränkungen und ihrer Auslegung leicht Unklarheiten entstehen können. Auch die für den Verein und den Vorstand unliebsamen Rechtsfolgen, wenn satzungsmäßige Beschränkungen der Vertretungsmacht nicht beachtet worden sind[34], werden vermieden.

Das Vereinsrechtsänderungsgesetz vom 24.9.2009 hat die Vertretung des Vereins zwar ausschließlich in § 26 BGB geregelt und klargestellt, daß § 28 BGB sich allein auf die Beschlußfassung des Vorstands bezieht[35]. Aber die Möglichkeit, den Umfang der Vertretungsmacht durch die Satzung mit Wirkung gegen Dritte zu beschränken, ist beibehalten worden (jetzt § 26 Abs. 1 Satz 3 BGB). Der weiterreichende Gesetzesvorschlag des Landes Baden-Württemberg (§ 26 BGB-E) steht mithin nach wie vor zur Diskussion.

VI. Auflösung des Vereins statt Entziehung der Rechtsfähigkeit

1. Gesetzesvorschlag

Die im ursprünglichen § 43 Abs. 3 BGB (1900) für einen eingetragenen Verein vorgesehene Entziehung der Rechtsfähigkeit, wenn er satzungswidrig einen politischen, sozialpolitischen oder religiösen Zweck verfolgt, war schon durch Art. 124 Abs. 2 Satz 2 WRV aufgehoben worden[36]. Für die seinerzeit verbliebenen Tatbestände des § 43 Abs. 1, nämlich Gefährdung des Gemeinwohls durch einen gesetzwidrigen Beschluß der Mitgliederversammlung oder durch gesetzwidriges Verhalten des Vorstands, sowie § 43 Abs. 2 BGB: Verfolgung eines wirtschaftlichen Zwecks durch einen satzungsmäßigen Idealverein, soll nach dem baden-württembergischen Gesetzesentwurf die *Auflösung* des Vereins an die Stelle der Entziehung der Rechtsfähigkeit treten (§ 43 Abs. 1 und Abs. 2 BGB-E). Die Entziehung der Rechtsfähigkeit, die auf Verleihung beruht (bisher § 43 Abs. 4 BGB a.F.), soll in § 22 Abs. 2 Satz 1 und § 23 Abs. 2 BGB-E übernommen werden.

Als Begründung des Vorschlags wird genannt, in den Fällen des § 43 Abs. 1 und Abs. 2 BGB a.F. erscheine „als Reaktion die Entziehung der Rechtsfähigkeit, die den Bestand des Vereins als Organisationseinheit unberührt lässt, nicht angemessen".

[34] Vgl. Soergel/*Hadding* (Fn. 17), § 26 Rn. 26.

[35] Vgl. BT-Drucks. 16/13542, S. 18; Palandt/*Ellenberger* (Fn. 26), § 26 Rn. 1.

[36] Bestätigt durch das Gesetz zur Wiederherstellung der Gesetzeseinheit auf dem Gebiete des bürgerlichen Rechts vom 5.3.1953 (BGBl. I, S. 33), Teil I Art. 1 Nr. 1.

2. *Stellungnahme*

Inzwischen ist der Bundesgesetzgeber sogar einen Schritt weitergegangen und hat durch das Vereinsrechtsänderungsgesetz vom 24.9.2009 die beschriebenen Tatbestände in § 43 Abs. 1 und Abs. 2 BGB a.F. und die für sie vorgesehene Entziehung der Rechtsfähigkeit überhaupt aufgehoben. Für eine „Gefährdung des Gemeinwohls“ (§ 43 Abs. 1 BGB a.F.) sah man zum einen nur ein geringes Vorkommen in der Praxis und zum anderen in einem Einschreiten nach dem öffentlichrechtlichen Vereinsgesetz die sachgerechte Reaktion[37]. Bei „wirtschaftlicher Zweckverfolgung“ durch einen satzungsmäßigen Idealverein sei die von Amts wegen durchgeführte Löschung der Eintragung die zur persönlichen Haftung der Mitglieder führe, eine wirkungsvollere Sanktion[38]. Die Zuständigkeit des Registergerichts und das Verfahren der Amtslöschung ergeben sich aus den allgemeinen Vorschriften (§ 395 FamFG; bisher §§ 159, 142 FGG a.F.). Als neuer § 43 BGB ist demnach allein der frühere § 43 Abs. 4 BGB a.F. verblieben, der die Entziehung der Rechtsfähigkeit noch vorsieht, wenn ein Verein, dessen Rechtsfähigkeit auf Verleihung beruht, einen anderen als den in der Satzung bestimmten Zweck verfolgt. Zuständigkeit und Verfahren hierfür richten sich nach § 44 BGB n.F., das heißt nach dem Recht des Landes, in dem der Verein seinen Sitz hat. In Betracht kommt die Entziehung der Rechtsfähigkeit nur noch für einen Wirtschaftsverein (§ 22 BGB), weil die Regelung über die Verleihung der Rechtsfähigkeit an einen ausländischen Verein (§ 23 BGB a.F.) durch das Vereinsrechtsänderungsgesetz vom 24.9.2009 entfallen ist.

Angesichts dieser Entwicklung und gegenwärtigen Gesetzeslage erübrigt sich der insoweit vom Land Baden-Württemberg gemachte Vorschlag.

Läßt man erneut *Dieter Reuter*[39] zu Wort kommen, so begrüßt er zu § 43 Abs. 1 und Abs. 2 BGB a.F. den Wegfall wegen der „im Schrifttum schon lange erhobene Forderung nach Streichung“. Denn bei bloßer Entziehung der Rechtsfähigkeit gemäß § 43 Abs. 1 BGB a.F. könne der Verein, der als nicht rechtsfähig fortbesteht, seine „gemeinwohlwidrigen Gesetzesverstöße“ fortsetzen. Die „sinnvolle Rechtsfolge Auflösung bei Deutschen Vereinen“ verletze Art. 9 Abs. 1 und Abs. 2 GG. Eine Auflösung sei nur nach dem öffentlichrechtlichen Vereinsgesetz wegen eines Vorstoßes gegen die Strafgesetze zulässig. Dies hätte *Reuter* sicherlich auch gegen den baden-württembergischen Gesetzesvorschlag eingewendet, die Entziehung der Rechtsfähigkeit nach § 43 Abs. 1 und Abs. 2 BGB a.F. durch die Auflösung zu ersetzen. Der Wegfall des § 43 Abs. 2 BGB a.F. beseitige einen Unterschied

[37] Vgl. Palandt/*Ellenberger* (Fn. 26), § 43 Rn. 2; § 41 Rn. 4.
[38] BT-Drucks. 16/12813, S. 43; BT-Drucks. 16/13542, S. 19; Palandt/*Ellenberger* (Fn. 26), § 43 Rn. 3.
[39] NZG 2009, 1368, 1372; NZG 2005, 738, 744, 745.

der Meinungen in der Literatur hinsichtlich des Anwendungsbereichs und habe „den Weg für die Anwendung des § 395 FamFG (der §§ 159, 142 FGG a.F.) auf die offene *und* die verdeckte Rechtsformverfehlung freigemacht".

VII. Recht des Vereinsregisters

1. Gesetzesvorschläge

a) Für den „eingetragenen Verein" (§ 21 BGB-E, vgl. oben II. 1.) soll nach dem baden-württembergischen Entwurf die Eintragung eines neuen Vorstands in das Vereinsregister nicht mehr nur deklaratorisch, sondern künftig konstitutiv wirken. Für § 67 Abs. 1 BGB wird folgende Fassung vorgeschlagen:

> „(1) Änderungen des Vorstands bedürfen zu ihrer Wirksamkeit der Eintragung in das Vereinsregister. Die Änderung ist von dem Vorstand zur Eintragung anzumelden; § 26 Abs. 2 gilt entsprechend. Der Anmeldung ist eine Abschrift der Urkunde über die Änderung beizufügen."

§ 68 BGB soll wie folgt gefaßt werden:

> „Ist die Änderung des Vorstands eingetragen, so braucht ein Dritter, wenn zwischen ihm und den bisherigen Mitgliedern des Vorstands ein Rechtsgeschäft vorgenommen wird, die Änderung nicht gegen sich gelten zu lassen, wenn er sie nicht kennt und seine Unkenntnis nicht auf Fahrlässigkeit beruht."

Infolge der konstitutiven Wirkung der Eintragung eines neuen Vorstands (§ 67 Abs. 1 Satz 1 BGB-E) weise das Vereinsregister „die Vertretungsverhältnisse künftig stets richtig" aus, weil der bisherige Vorstand im Amt bleibe. In dem entsprechend neu gefaßten § 68 BGB-E gehe auch der bisherige § 70 BGB auf und könne deshalb entfallen.

b) In § 71 Abs. 1 BGB über Änderungen der Satzung, die zu ihrer Wirksamkeit der Eintragung in das Vereinsregister bedürfen (Satz 1), soll die Pflicht des Vorstands, die Änderung zur Eintragung anzumelden, (Satz 2) um den Halbsatz ergänzt werden: „§ 26 Abs. 2 [n.F.] gilt entsprechend". Dies bedeutet, daß ein mehrgliedriger Vorstand nur in vertretungsberechtigter Anzahl seiner Mitglieder die Satzungsänderung zur Eintragung anzumelden hat. Der Anmeldung soll nicht allein „der die Änderung enthaltende Beschluss in Urschrift und Abschrift beizufügen" sein (Satz 3), sondern auch ergänzend „der vollständige Wortlaut der geänderten Satzung".

c) Die Auflösung des Vereins durch Eröffnung des Insolvenzverfahrens (§ 42 Abs. 1 Satz 1 BGB) soll künftig in das Vereinsregister eingetragen werden. Erreicht werden soll dies durch die Streichung von § 74 Abs. 1 Satz 2 BGB a.F.

d) In der Vorschrift des § 78 Abs. 1 BGB über die Festsetzung von Zwangsgeld durch das Amtsgericht, um die Mitglieder des Vorstands zur

Befolgung bestimmter Vorschriften anzuhalten, sollen die §§ 67 Abs. 1 und 71 Abs. 1 BGB gestrichen werden. Da für eine Satzungsänderung schon bisher (§ 71 Abs. 1 Satz 1 BGB) und für eine Änderung des Vorstands künftig (§ 67 Abs. 1 Satz 1 BGB-E) die Eintragung in das Vereinsregister konstitutiv wirke, müsse insoweit nicht die Richtigkeit der Registereintragung erzwungen werden.

e) Ferner soll § 62 Abs. 1 des Beurkundungsgesetzes dahin ergänzt werden, dass „die mit der Anmeldung zum Vereinsregister verbundenen Förmlichkeiten, nämlich die öffentliche Beglaubigung der an die registerführende Stelle zu richtenden Erklärung, auch vor den Amtsgerichten erledigt werden können“ (Rechtspfleger). Es handele sich um „Vorzüge, die für den Vorstand und die Liquidatoren von Vereinen ... geschaffen werden“.

f) Schließlich soll den Bundesländern die Möglichkeit eröffnet werden, die Führung des Vereinsregisters anderen Stellen als den Amtsgerichten zu übertragen. Deshalb ist in einem neuen „Artikel 246“ des Einführungsgesetzes zum BGB eine umfängliche Regelung (Absätze 1–6) vorgesehen, von der hier nur Abs. 1 wiedergegeben wird: „Durch Landesgesetz kann bestimmt werden, dass das Vereinsregister abweichend von § 55 des Bürgerlichen Gesetzbuchs an Stelle von den Gerichten von den durch Landesrecht bestimmten Stellen geführt wird“. Nur die Beschwerde (nach einem Vorverfahren bei der registerführenden Stelle) und die sofortige Beschwerde sollen noch nach dem bisherigen FGG an das zuständige Landgericht stattfinden (Abs. 6).

2. *Stellungnahme*

a) Von den im baden-württembergischen Gesetzesvorschlag enthaltenen Neuerungen zum Recht des Vereinsregisters sind zwei inzwischen in das Bürgerliche Gesetzbuch aufgenommen worden. Das trifft zunächst für die Eintragung der Eröffnung des Insolvenzverfahrens (oben VIII. 1. c) zu, und zwar in den noch darüberhinausgehenden Vorschriften des gegenwärtigen § 75 Abs. 1 BGB n.F. Aber auch bei der Anmeldung einer Vorstandsänderung (§ 67 Abs. 1 Satz 1 BGB) oder von Liquidatoren (§ 76 Abs. 2 Satz 1 BGB) oder einer Satzungsänderung (§ 71 Abs. 1 Satz 2; bisher Abs. 2 Satz 2 BGB) soll die vertretungsberechtigte Anzahl der Mitglieder eines mehrgliedrigen Vereinsvorstands (vgl. § 26 Abs. 2 BGB n.F.) genügen (oben VII. 1. b), weil es in § 77 Satz 1 BGB n.F. laute: „die insoweit zur Vertretung berechtigt sind“. Hierzu bedauert *Dieter Reuter*[40], daß der Bundesgesetzgeber nicht die Anregung des Bundesrats aufgegriffen habe, in § 59 Abs. 1 BGB ausdrücklich klarzustellen, daß auch bei der Erstanmeldung des Vereins der mehrgliedrige Vorstand nur mit seinen Mitgliedern in vertretungsberechtigter Anzahl tätig

[40] NZG 2009, 1368, 1372.

werden muß. Immerhin finde die entsprechende Absicht des Gesetzgebers nunmehr in den neuen Materialien „ihre eindeutige Bestätigung".

b) Bislang nicht berücksichtigt ist der Vorschlag, daß beim eingetragenen Verein der Eintragung eines neuen Vorstands konstitutive Wirkung zukommen soll (oben VII. 1. a), wie es für Änderungen der Satzung schon geltendes Recht ist (§ 71 Abs. 1 Satz 1 BGB). Angesichts der dann gewährleisteten Richtigkeit der sich aus dem Vereinsregister ergebenden Vertretungsmacht des jeweils eingetragenen Vorstands und des dadurch vereinfachten Vertrauensschutzes Dritter gewinnt diese vorgeschlagene Neuerung (§§ 67 Abs. 1, 68 BGB-E) wohl durchaus rechtspolitisch Überzeugungskraft. Folgerichtig ist dann auch die Streichung der §§ 67 Abs. 1 und 71 Abs. 1 BGB in § 78 Abs. 1 BGB über die Festsetzung von Zwangsgeld, um den Vorstand zur Befolgung der sich aus diesen Vorschriften ergebenden Anmeldungspflichten anzuhalten (oben VII. 1. d). Auch die Erleichterung für Vereinsvorstände, notwendige öffentliche Beglaubigungen von der registerführenden Stelle vornehmen lassen zu können (oben VII. 1. e): Ergänzung von § 62 BeurkG), verdient Zustimmung. Freilich wird es hierzu Widerstand der Notare geben. Daß man die Führung des Vereinsregisters doch allein in den bewährten Händen des Amtsgerichts belassen sollte, statt sie kraft einer Ermächtigung gemäß Art. 246 EGBGB-E auch „anderen Stellen" anzuvertrauen (oben VII. 1. f), erscheint vorzugswürdig. Selbst wenn das Vereinsregister elektronisch geführt wird, wären gegebenenfalls unterschiedliche Zuständigkeiten in den einzelnen Bundesländern wahrscheinlich nicht zuträglich.

VIII. Rechtspolitisches Fazit

Der Gesetzesentwurf des Landes Baden-Württemberg zur „Modernisierung des Vereinsrechts" vom 3.2.2006 enthält mit dem „Wechsel vom System der Normativbedingungen zum System der freien Körperschaftsbildung" für Idealvereine einen die Grundlagen des Vereinsrechts ändernden, aber durchaus weiterführenden Schritt. Die bisherige Unterscheidung zwischen rechtsfähigen und nicht rechtsfähigen Vereinen, deren Zweck nicht auf einen wirtschaftlichen Geschäftsbetrieb gerichtet ist (§§ 21, 54 BGB), soll zugunsten der Unterscheidung zwischen eingetragenen und nicht eingetragenen Vereinen aufgegeben werden, die jedoch *beide* mit ihrer Entstehung *kraft Gesetzes* rechtsfähig sind. Es würde auf der materiellrechtlichen Ebene nachvollzogen, was der Bundesgesetzgeber mit dem Vereinsrechtsänderungsgesetz vom 24.9.2009 für zivilrechtliche Streitigkeiten im Gefolge der Rechtsprechung des Bundesgerichtshofs[41] in § 50 Abs. 2 Satz 2 ZPO n.F. anerkannt hat: „Im Rechtsstreit hat der Verein die Stellung eines rechtsfähigen Vereins".

[41] Vgl. Fn. 12.

Andere anstehende Fragen grundsätzlicher Art sind in dem baden-württembergischen Gesetzesentwurf zum Vereinsrecht nicht angesprochen. So sind etwa das hinnehmbare Ausmaß wirtschaftlicher Betätigung von Idealvereinen (sogenanntes Nebentätigkeitsprivileg[42]) und in diesem Zusammenhang die Zurechnung der reinen Wirtschaftstätigkeit von ausgegliederten hundertprozentigen Tochtergesellschaften und damit überhaupt Fragen eines Vereinskonzernrechts ausgeklammert geblieben. Auch die Rechnungslegung des Vereins bildet ein weiteres rechtspolitisches Thema. Die von *Dieter Reuter*[43] schon zum Referentenentwurf des BMJ 2004 eigentlich erwartete „Integration der politischen und sozialpolitischen Großvereine in die Privatrechtsordnung" (Recht der Verbände als „Ordnungsaufgabe") wird in dem Gesetzesentwurf des Landes Baden-Württemberg ebenfalls nicht angegangen. Wenngleich also dieser Gesetzesentwurf jenseits der grundlegend neuen Regelung zum Erlangen von Rechtsfähigkeit der Vereine in einer gewissen „Kleinteiligkeit" verharrt, enthält er doch eine Reihe beachtenswerter Schritte, die den Interessen der Praxis im alltäglichen Vereinsleben dienlich sind. Hiervon hat der Bundesgesetzgeber mit dem Vereinsrechtsänderungsgesetz vom 24.9. 2009 bislang nur sehr wenig übernommen. Das Gesetz zur Begrenzung der Haftung von ehrenamtlich tätigen Vereinsvorständen vom 28.9.2009 (im Bundestagswahlkampf angekündigt[44]) greift wohl zu kurz[45]. Sollte es demnach einmal dazu kommen, daß das Vereinsrecht erneut in den Blickpunkt der Rechtspolitik rückt, dann hätte der „ruhende" Gesetzesentwurf des Landes Baden-Württemberg vom 3.2.2006 es verdient, aus dem gegenwärtig andauernden „Dornröschenschlaf" geweckt zu werden.

[42] Vgl. zu dem mißlungenen Versuch im Referentenentwurf des BMJ 2004: *Reuter* NZG 2005, 738, 739, 741 ff.; *Hadding* ZGR 2006, 137, 149 ff. m.w.N.

[43] NZG 2005, 738.

[44] Vgl. FAZ vom 3.7.2009, Nr. 151, S. 13; FAZ vom 8.7.2009, Nr. 155, S. 19.

[45] Vgl. *Reuter* (Fn. 27).

De senectute

Olaf Hoepner

I.

Die Lebenserwartung hat sich erfreulicherweise in den letzten 100 Jahren deutlich erhöht. Der Einzelne lebt bewusster, gesünder und dem, was sich ihm noch an Unbill entgegenstellt, versucht er mit Medizin zu begegnen. Bei allem aber bleibt die Einsicht, dass mit zunehmend höherem Alter ein Versorgungs- und Betreuungsproblem dringlicher wird. Dem kann in gewisser Weise dadurch Rechnung getragen werden, dass man in einer Seniorenanlage eine Immobilie erwirbt und in diesem Zusammenhang einen Betreuungsvertrag abschließt.

So begab es sich hoch im Norden der Republik, in einer kleinen Gemeinde im Dänischen Wohld, nur einen Steinwurf weit entfernt von dem Domizil unseres Jubilars, dass ein schon in die Jahre gekommener bemooster Herr, der die Früchte seiner staatsdienenden Tätigkeit wohl versorgt geniessen wollte und den wir aus juristischer Gepflogenheit mit A bezeichnen, in einer derartigen von der Gemeinde D. errichteten Seniorenwohnanlage eine Immobilie in Form einer Doppelhaushälfte als Eigentum zu erwerben gedachte. Zur Zeit der Schneeschmelze des Jahres 2005 war das Vorhaben ins Werk gesetzt.

Dieses Grundeigentum hatte der Veräusserer zuvor von der örtlichen Gemeinde erworben zu deren Gunsten das Eigentum mit einer persönlich beschränkten Dienstbarkeit in Form eines Wohnungsbesetzungsrechts belastet worden war. Diese beschränkte persönliche Dienstbarkeit – natürlich an rangerster Stelle – hatte folgenden Inhalt:

„Die Wohnungen dürfen nur an Personen, die das 60. Lebensjahr vollendet haben, zur Nutzung überlassen werden, die von der Gemeinde D. benannt werden. Diese Benennung gilt als erteilt für Personen, die oder für die gleichzeitig ein Betreuungsvertrag gemäß Anlage mit dem Verein Betreutes Wohnen e.V. oder deren Rechtsnachfolger abschließen bzw. abgeschlossen wird."

Der ländliche Notar selbst war sich wegen dieser Angelegenheit wohl nicht sicher, wies er doch die Parteien des notariellen Vertrages daraufhin, dass ein zeitlich uneingeschränktes Besetzungsrecht unter Umständen als sittenwidrig oder als gegen Treu und Glauben verstoßend beurteilt werden könnte.

Der abzuschließende Betreuungsvertrag sah Betreuungsleistungen als Grund- und Wahlleistungen vor. Als Entgelt war eine Pauschale für die Grundleistung in Höhe von monatlich 50,00 € vorgesehen mit einer Preisgleitklausel. Zur Vertragsdauer heißt es in dem Formularvertrag, dass dieser auf unbestimmte Zeit geschlossen und nur gekündigt werden kann, wenn das erworbene Grundstück vom Erwerber verkauft oder vom Nutzer nicht mehr genutzt wird. In dem Kaufvertrag verpflichtete sich A, einen entsprechenden Betreuungsvertrag – wie er auch als Anlage beigefügt war – mit dem Verein abzuschließen.

A., trotz seines Alters noch sehr rüstig, hatte zunächst weder Veranlassung die Grundleistungen noch gar erst die Wahlleistungen, die vom Verein angeboten wurden, in Anspruch zu nehmen. Vielmehr ärgerten ihn die Zahlungsverpflichtungen in Höhe von jährlich 600,00 €, deren Steigerung für die nahe Zukunft als sicher in Aussicht gestellt war, so dass er dieserhalb den Pflegevertrag einfach kündigte. Über die gekürzten Bezüge entsetzt und Trittbrettfahrer fürchtend wandte sich der Verein nunmehr an die Gemeinde, welche – weil sich die Streitigkeiten verschärften – die Unterlassung der Nutzung der Immobilie durch den Eigentümer A dem Landgericht zur Entscheidung antrug. Das Landgericht sah den A als vertragsbrüchig an und verurteilte ihn antragsgemäß zur Unterlassung der Nutzung.

Um angedrohten Zwangsvollstreckungsmaßnahmen aus dem Wege zu gehen, entschloss sich A, zunächst doch einen entsprechenden Betreuungsvertrag erneut abzuschließen. Alsbald aber gewann wieder der Ärger über die unnützen und sogar steigenden Kosten auf der Ebene der Grundleistungen überhand über die Sorgen einer möglichen Zwangsvollstreckung, so dass A auch den neuen Vertrag kündigte. Dieser Schritt veranlasste die Gemeinde nunmehr aus dem landgerichtlichen Urteil mit dem Unterlassungsgebot gegen A vorzugehen. Hiergegen erhob A eine Vollstreckungsgegenklage und machte geltend: Das Urteil sei „überholt“, weil seinerzeit nur das Fehlen des Betreuungsvertrages zu einer Verurteilung geführt habe. Ein solcher sei nach Rechtskraft des Unterlassungsurteils aber geschlossen worden. Damit habe sich die Situation geändert. Die Beklagte könne daher ihre früheren Rechte aus dem Urteil nicht mehr durchsetzen. Gegebenenfalls müsse die Gemeinde erneut Klage auf Unterlassung erheben.

Das Landgericht ist auf diese Argumentation nicht eingegangen. Es befand die Klage bereits als unzulässig, weil die Einwendung, das Urteil sei „überholt“, keine zulässige Einwendung im Sinne des § 767 ZPO sei. Dagegen ist diese Argumentation beim Oberlandesgericht auf fruchtbaren Boden gefallen.[1] Streitgegenstand und Rechtskraft des Ersturteils – so das Oberlandesge-

[1] OLG Schleswig, Urteil v. 04. Dezember 2009 – 17 U 41/09.

richt – erstreckten sich auf den Nichtabschluss eines Betreuungsvertrages, nicht aber auf die Frage, wie die Situation zu beurteilen sei, wenn nach Abschluss eines Betreuungsvertrages ein solcher wieder gekündigt werde. Das Oberlandesgericht ist damit von einem zulässigen und begründeten Einwand im Sinne des § 767 ZPO ausgegangen, so dass aus dem bekämpften Urteil nicht weiter hat vollstreckt werden können. Hierzu bedürfe es – so das OLG wörtlich – erforderlichenfalls einer neuen Entscheidung, um welche sich Verein und Gemeinde nunmehr wieder gemeinschaftlich bemühen. Damit kann nunmehr das ganze Spiel von neuem beginnen zu ewigem Kreislauf und droht zu einer Justizposse zu werden. Das sollte Veranlassung genug sein, die Angelegenheit einmal näher zu beleuchten.

II.

In einem ersten Abschnitt soll untersucht werden, ob die Kündigung durch A dem Verein gegenüber wirksam ist und ob gegebenenfalls der Verein einen Anspruch auf Neuabschluss dieses Vertrages hat. In einem zweiten Abschnitt soll die Rechtstellung der Gemeinde als Berechtigte der Dienstbarkeit beleuchtet werden.

1.) A hat den mit dem Verein geschlossenen Betreuungsvertrag gekündigt. Es ist zweifelhaft, ob diese Kündigung wirksam ist (a.) und ob gegebenenfalls ein Anspruch des Vereins gegen A auf erneuten Abschluss eines Betreuungsvertrages besteht (b.).

a.) Dieser Betreuungsvertrag enthält die Regelung, dass der auf unbestimmte Zeit geschlossene Vertrag nur gekündigt werden kann, wenn das erworbene Grundstück vom Erwerber verkauft oder vom Nutzer nicht mehr genutzt wird. Ersichtlich liegen weder Gründe für eine bei einem Dauerschuldverhältnis wie hier stets zulässige außerordentliche Kündigung vor noch einer der vorgenannten Kündigungsgründe. Deshalb ist auf den ersten Blick die Kündigung dieses Vertragsverhältnisses ausgeschlossen.

Es ist jedoch unstreitig, dass es sich bei dem vorliegenden Vertrag um einen Formularvertrag handelt, wie er mit allen Mitgliedern der Seniorenwohnanlage, die die Gemeinde D. errichtet hat, geschlossen worden ist. Deshalb unterliegen die Regelungen der AGB-Kontrolle. Der Betreuungsvertrag ist seinem Charakter nach ein gemischtrechtlicher Vertrag, der sowohl werkvertragliche, überwiegend aber dienstvertragliche Regelungen enthält, wie sie sich üblicherweise in derartigen Verträgen wiederfinden. Danach verpflichtet sich nämlich der Verein zu Betreuungsleistungen in Form von Grund- und Wahlleistungen. Dabei sind die Grundleistungen finanziell über eine Pauschale von monatlich 50,00 € abgedeckt, während Wahlleistungen extra zu vergüten sind. Im Einzelnen kann es sich bei den Grundleistungen handeln um

- die Unterstützung der Mitbestimmung der Betreuten bei der Planung, Organisation und Durchführung von Freizeitveranstaltungen,
- Förderung und Aufbau von Nachbarschaftshilfen,
- Angebot und Vermittlung zur Teilnahme an Aktivitäten
- Betreuung bei Behördenangelegenheiten,
- gelegentliche Hol- und Bringdienste (Zeitung, Post, Brötchen),
- Vermittlung, Sicherstellung und Versorgung durch externe sozialpflegerische Dienste,
- kleinere Hilfestellung in der Grundpflege,
- Veranlassung von ärztlicher Betreuung,
- bei Bedarf Vermittlung von hauswirtschaftlicher Versorgung,
- Vermittlung von Pflegehilfsmitteln.

Diese Aufzählung, die nicht vollständig ist, macht aber deutlich, dass im Vordergrund Dienstleistungen stehen, so dass die Kündigungsklausel zu bemessen ist an § 309 Ziffer 9 lit. a BGB. Danach sind in allgemeinen Geschäftsbedingungen bei einem Vertragsverhältnis, das […] die regelmäßige Erbringung von Dienst- oder Werkleistungen durch den Verwender zum Gegenstand hat, Klauseln mit einer länger als 2 Jahre bindenden Laufzeit unzulässig und unwirksam. So hat dann auch das Oberlandesgericht Frankfurt[2] einen Betreuungsvertrag, der nach seinem Inhalt nur aus wichtigem Grund gekündigt werden durfte, insoweit für unwirksam erachtet, als er gegen § 11 Ziffer 12 lit. a AGBG verstößt. Dieser Regelung entspricht § 309 Ziffer 9 lit. a BGB. Auch der 5. Zivilsenat des Bundesgerichtshofs hat einen Betreuungsvertrag mit einer zeitlichen Bindung von mehr als 2 Jahren als unwirksam beurteilt.[3] Danach ist die ordentliche Kündigung des Vertragsverhältnisses gegenüber dem Verein mit Blick auf die gesetzliche Regelung in § 620 BGB wirksam.

b.) Dieser Kündigung kann auch nicht die von amtswegen zu beachtende, aus § 242 BGB hergeleitete Einwendung des *dolo facit, qui petit, quod statim redditurus est* entgegengehalten werden. In Betracht kommt insoweit die Verpflichtung aus dem Kaufvertrag wonach *„die Bewohner der verkauften Doppelhaushälfte verpflichtet sind, die Grundleistungen des Betreuungsangebotes der Seniorenwohnanlage in Anspruch zu nehmen und einen der Anlage entsprechenden Betreuungsvertrag mit dem Verein abzuschließen."*

Zwar ist es richtig, dass eine ordentliche Kündigung eines Dauerschuldverhältnisses dann treuwidrig und deshalb unwirksam ist, wenn der Kündigende bei Beendigung des Vertrages zum Neuabschluss dieses Vertrages ver-

[2] OLG Frankfurt, Urteil vom 06. Dezember 2001 – 15 U 208/00 n.v.

[3] BGH WM 2006, 2374 [Tz. 14 ff. juris]; LG Lüneburg NJW-RR 2001, 1637; zustimmend: Palandt – *Grüneberg* BGB, 68. Aufl., [2010], § 309, Rdn. 81; Münch-Komm-*Kieninger* BGB, 5. Aufl., § 309 Nr. 9, Rdn. 6; *Dammann* in Wolf/Lindacher/Pfeiffer AGB-Recht, 5. Aufl. [2009], § 309 Nr. 9, Rdn. 15.

pflichtet ist.[4] Zum Neuabschluss eines Betreuungsvertrages aber, der eine nichtige Kündigungsklausel enthält, kann A jedoch nicht verpflichtet werden. Einen solchen Kontrahierungszwang gibt es nicht[5].

2.) Nach dem soeben gefundenen Ergebnis fragt es sich, ob die Gemeinde D. jedenfalls – wie zuvor geschehen – mit einem Anspruch auf Unterlassung der Nutzung gegen A deshalb vorgehen kann, weil dieser *derzeit* keinen Betreuungsvertrag geschlossen hat. Anspruchsgrundlage für eine Untersagung der Nutzung durch die Gemeinde kann allein § 1004 BGB sein.

Der Gemeinde ist ein Wohnungsbesetzungsrecht eingeräumt worden. Hierbei handelt es sich um eine beschränkte persönliche Dienstbarkeit (§§ 1090, 1018 BGB). Diese gibt der Gemeinde das Recht nur solchen Personen die Nutzung des Grundstücks zu überlassen,

- die das 60. Lebensjahr vollendet haben (a.) und
- die von der Gemeinde benannt worden sind (b.).

Damit handelt es sich um eine sog. Unterlassensdienstbarkeit (§ 1018 BGB 2. Variante), deren Verletzung der Berechtigte über § 1027 BGB entgegenwirken kann. Nach dieser Vorschrift stehen dem Berechtigten die Rechte aus § 1004 BGB zu.

a.) Unstreitig hat A bereits die Altersgrenze von 60 Jahren deutlich überschritten.

b.) A hatte einen Betreuungsvertrag geschlossen. A war deshalb als Nutzer benannt und zwar im Wege der Fiktion. Schon vom Wortlaut her lässt sich ein Anspruch auf Unterlassung der Nutzung der eigenen Immobilie daher derzeit nicht begründen. Das könnte allenfalls dann eine andere Beurteilung erfahren, wenn die Gemeinde die Benennung unter Hinweis darauf, dass A den Betreuungsvertrag wirksam gekündigt hat, widerrufen könnte.

Der Anspruch auf Untersagung der Nutzung gem. §§ 1004, 1027, 1090 Abs. 2 BGB setzt als notwendig voraus, dass

- ein Benennungsrecht überhaupt durch eine beschränkte persönliche Dienstbarkeit gesichert werden kann und ferner
- die Gemeinde die Benennung mit Rücksicht auf den fehlenden Betreuungsvertrag widerrufen könnte und sie schließlich
- diesen Widerruf auch wirksam ausgeübt hat.

Der Notar hatte bei der Beurkundung ausdrücklich Zweifel anklingen lassen, ob ein zeitlich uneingeschränktes Besetzungsrecht als sittenwidrig oder aber als gegen Treu und Glauben verstoßend angesehen werden könnte. Derartige

[4] BGH WM 2006, 2374, [Tz. 14 juris]; BGH VersR 1982, 259, 260; OLG Brandenburg NJW 2001, 450, 451, [Tz. 27 juris]; Palandt-*Grüneberg* aaO, § 242 Rdn. 52 m.Nw.
[5] BGH WM 2006, aaO.

Zweifel erweisen sich letztlich als nicht begründet, weil das Wohnungsbesetzungsrecht für eine juristische Person nicht notwendig zeitlich zu begrenzen ist. In § 1090 Abs. 2 BGB ist ausdrücklich geregelt, dass auch eine juristische Person Berechtigte einer beschränkten persönlichen Dienstbarkeit sein kann. Damit entfällt bereits eine zeitliche Schranke für das Recht. Dies folgt im Übrigen auch aus der Verweisung in § 1090 Abs. 2 BGB auf §§ 1059a ff. BGB, wonach das Recht in diesem Falle auf einen Dritten übertragbar ist[6]. Die grundsätzliche Zulässigkeit einer solchen Dienstbarkeit in Form eines Wohnungsbesetzungsrechts steht *„heute nicht mehr in Frage“*[7]. Das wird und soll hier auch nicht in Zweifel gezogen werden.

Geht man davon aus, dass in einer Untersagung der Nutzung problemlos jedenfalls konkludent die Ausübung eines Widerrufs gesehen werden kann (§§ 133, 157 BGB), kommt es entscheidend darauf an, ob der Gemeinde ein Widerrufsrecht überhaupt zusteht. Eine solche Widerrufsmöglichkeit ist ihr in der Dienstbarkeit ausdrücklich nicht eingeräumt worden. Vielmehr fehlt eine Regelung für den Fall, dass eine Betreuungsvereinbarung zunächst abgeschlossen, im späteren Verlauf aber gekündigt wird. Man könnte nun erwägen, hier eine Regelungslücke zu sehen, die im Wege der ergänzenden Vertragsauslegung in der Weise geschlossen wird, dass dem Berechtigten der Dienstbarkeit ein Widerrufsrecht eingeräumt wird. Dann müsste aber tatsächlich eine Regelungslücke festgestellt werden können. Das dürfte jedoch mit Rücksicht auf § 1027 BGB zu verneinen sein. Nach § 1027 BGB stehen dem Berechtigten die in § 1004 BGB bestimmten Rechte zu, wenn eine Grunddienstbarkeit beeinträchtigt wird. Diese Vorschrift ist auf die beschränkte persönliche Dienstbarkeit gemäß § 1090 Abs. 2 BGB ausdrücklich für anwendbar erklärt worden. Ob sich hierauf ein Widerrufsgrund stützen lässt, ist offensichtlich zweifelhaft. Bei dem Anspruch aus §§ 1090 Abs. 2, 1027, 1004 BGB handelt es sich nämlich um einen sachenrechtlichen Rechtsverwirklichungsanspruch, der gerichtet ist auf die Beseitigung fortdauernder oder Unterlassung weiterer Beeinträchtigungen. Es wird „die Wiederherstellung des dem Inhalt des verletzten Rechts entsprechenden Zustandes durch Wiederaufhebung der Beeinträchtigung erstrebt“.[8] Ein Recht die Gestattung zu widerrufen, kann über §§ 1027, 1004 BGB somit nicht begründet werden.

Analysiert man den Inhalt der Dienstbarkeit genau, ist festzustellen, dass die Dienstbarkeit selber gar keine Verpflichtung ausspricht, einen Betreuungsvertrag abzuschließen. Die entsprechende Regelung lautet in Satz 1:

„Die Wohnungen dürfen nur von Personen genutzt werden, die von der Gemeinde D. benannt werden.“

[6] BayObLGZ 2000,140.
[7] BayObLGZ 2000, 140, 141; BayObLG MittBayNot 2001, 317.
[8] Staudinger-*Mayer* BGB [2009], § 1027 Rdn. 10.

Hier geht es also rein um die Benennung, nicht aber um die Frage, ob die zur Nutzung berechtigte Person einen Betreuungsvertrag bereits abgeschlossen hat oder aber abschliessen muss. Auch Satz 2 enthält explizit keine Verpflichtung zum Vertragsschluss. Heißt es doch:

„Diese Benennung gilt als erteilt für Personen, die oder für die gleichzeitig ein Betreuungsvertrag gemäß Anlage mit dem Verein Betreutes Wohnen e.V. oder deren Rechtsnachfolger abschließen bzw. abgeschlossen wird.“

Die Dienstbarkeit selbst enthält also überhaupt keine Regelung darüber, unter welchen Voraussetzungen eine Benennung durch den Berechtigten erfolgen kann, auch nicht, wann die Gemeinde eine Benennung vornehmen muss. Die Norm stellt nur klar, dass jedenfalls dann, wenn ein Betreuungsvertrag geschlossen worden ist, die Benennung als fingiert gilt. Bedenken gegen die Eintragungsfähigkeit einer solchen Dienstbarkeit wegen Verstoßes gegen den Bestimmtheitsgrundsatz können mit Rücksicht darauf zurückgestellt werden, dass sich die Unklarheit nur auf den Tatbestand der Benennung, nicht aber auf den Inhalt der Dienstbarkeit selbst bezieht[9].

Es könnte aber für einen Widerruf der Gestattung ausreichend erscheinen, wenn nur eine schuldrechtliche Verpflichtung des A zum Abschluss eines Betreuungsvertrages besteht. Immerhin hatte A in dem Kaufvertrag die zwischen dem Verkäufer und der Gemeinde sowie dem Verein Betreutes Wohnen gegenüber bestehenden Vereinbarungen und Verpflichtungen ausdrücklich anerkannt und übernommen. Problematisch erscheint es allerdings, ob eine Benennung überhaupt anknüpfen darf an eine derartige schuldrechtliche Bindung der Besitzer des Grundstücks, die einen Betreuungsvertrag mit einem bestimmten Vertragspartner nachweisen müssen. Das wäre jedenfalls dann nicht der Fall, wenn die beschränkte persönliche Dienstbarkeit selbst keinen derartigen Inhalt haben könnte.

Joost[10] sieht in der Verknüpfung der beschränkten persönlichen Dienstbarkeit mit einem bestimmten Betreuungsvertrag einen Abschlusszwang und damit eine unzulässige Beschränkung der rechtlichen Handlungsfähigkeit des Grundstückseigentümers, die über § 1090 BGB nicht erreicht werden könne. Untersucht man zunächst die zu diesem Thema vorliegenden gerichtlichen Entscheidungen, namentlich des Bayerischen Obersten Landesgerichts, das sich mit dem Wohnungsbesetzungsrecht mehrfach auseinandergesetzt hat, dann ist festzustellen, dass das Wohnungsbesetzungsrecht mit der Verknüpfung eines Betreuungsvertrages keinesfalls als rechtlich gesichert angesehen werden kann:

Der Bundesgerichtshof ist in seiner Entscheidung vom 13. Oktober 2006[11] in einem obiter dictum zu der Auffassung gelangt, dass bei der Bildung von

[9] zutr.: LG München MittBayNot 2002, 400.
[10] *Joost* in MüKo – BGB, 5. Aufl., § 1090 Rdn. 11.
[11] WM 2006, 2374.

Wohnungseigentum über eine *Teilungserklärung* die Sondereigentümer grundsätzlich verpflichtet werden können, jeweils einen Betreuungsvertrag über sog. Regelleistungen abzuschließen. Teilungserklärung und beschränkte persönliche Dienstbarkeit sind aber in ihrem Wesen grundverschieden. Zwar folgt aus dem Umstand, dass § 1019 BGB auf die beschränkte persönliche Dienstbarkeit nicht anwendbar ist (vgl. § 1090 Abs. 2 BGB), dass für deren Zulässigkeit jeder rechtschutzwürdige Zweck ausreicht, der mit Mitteln des Privatrechts erreichbar ist. Insoweit ähneln sich beide Rechtsinstitute durchaus. Aber Inhalt einer beschränkten persönlichen Dienstbarkeit kann nur sein, was auch gemäß § 1018 BGB Inhalt einer Grunddienstbarkeit sein kann. Hier besteht wegen des Typenzwangs des Sachenrechts (sog. *numerus clausus* des Sachenrechts) weitgehend ein Verbot der Gestaltungsfreiheit. Auch soweit vom Bundesgerichtshof ein Abschlusszwang über eine Teilungserklärung für zulässig erachtet wird, muss ein solcher Vertrag doch die zeitlichen Grenzen aufweisen, wie sie sich aus § 309 Ziffer 9 lit. a BGB ergeben oder aber jedenfalls über § 242 BGB in gleichem Maße gewonnen werden können.[12]

Das Bayerische Oberste Landesgericht hat sich in mehreren Entscheidungen mit der Frage der Zulässigkeit eines Wohnungsbesetzungsrechts befassen müssen. In einer frühen Entscheidung vom 06. April 1982[13] wird allerdings lediglich bestätigt, dass ein Wohnungsbesetzungsrecht, wonach der Eigentümer die auf dem belasteten Grundstück errichteten Wohnungen nur an solche Personen überlassen darf, die ihm von den Berechtigten benannt werden, als beschränkte persönliche Dienstbarkeit im Grundbuch eingetragen werden darf. Über die hier in Rede stehende Problematik der *zusätzlichen Bindung an den Abschluss eines Betreuungsvertrages*, verhält sich diese Entscheidung nicht.

In der bereits angesprochenen Entscheidung vom 22. Mai 2000[14] hat sich dieses Gericht nur mit der Frage auseinandergesetzt, ob die Eintragung einer beschränkten persönlichen Dienstbarkeit in der Form eines Wohnungsbesetzungsrechts für eine juristische Person zwingend voraussetzt, dass das Recht zeitlich begrenzt ist und hat dies im Ergebnis zutreffend verneint. Das hier zu beurteilende Problem der Zulässigkeit der Vertragsbindung ist nicht in den Fokus des Senates geraten, heißt es doch in der Entscheidung lediglich, dass die grundsätzliche Zulässigkeit einer solchen Unterlassungsdienstbarkeit in Form eines Wohnungsbesetzungsrechts, mit dem öffentliche Interessen verfolgt werden, heute nicht mehr in Frage steht.

12 BGH aaO, [Tz. 15 ff. juris] unter Hinweis auf BGHZ 151, 164, 173 f. m.w.Nw.
13 BayObLGZ 1982, 184.
14 BayObLGZ 2000, 140.

Auch eine weitere Entscheidung des BayObLG vom 30. März 1989[15] setzt sich mit der hier in Rede stehenden Problematik nicht direkt auseinander. In dieser Entscheidung billigt das Gericht lediglich, dass die Nutzung des auf dem belasteten Grundstücks zu errichtenden Gebäudes – eines sogenannten „Austragshauses“ [d.i. ein bayr. Altenteil] – für den landwirtschaftlichen Betrieb erhalten bleibt, solange es im Außenbereich liegt. Das Gericht hat dann im Weiteren die Zulässigkeit der beschränkten persönlichen Dienstbarkeit damit begründet, dass die gemäß § 35 BauGB privilegierte Nutzung des Wohnraums nur im Rahmen des landwirtschaftlichen Betriebs auf Dauer erhalten bleibt.

Aufschlussreich und ergiebig für das vorliegende Problem sind dagegen zwei Entscheidungen des Bayerischen Obersten Landesgerichts aus den Jahren 1980 und 1989. In Letzterer hatte das Gericht darüber zu befinden, ob eine Eintragung einer beschränkten persönlichen Dienstbarkeit mit dem Inhalt zulässig ist, wonach der auf dem Grundstück zu errichtende Wohnraum nur durch Personen genutzt werden darf, die vom jeweiligen Eigentümer des belasteten Grundstücks mit Zustimmung der Gemeinde *im Rahmen der Bewirtschaftung des landwirtschaftlichen Betriebes bestimmt* werden kann.[16] Diese Frage hat das Gericht in Abgrenzung zu der Entscheidung vom 30. März 1989[17] ausdrücklich verneint, weil nämlich eine solche Eintragung lediglich eine Beschränkung der rechtlichen Verfügungsfreiheit enthält. Ähnlich hatte das BayObLG schon 1980[18] geurteilt, als es die Eintragung einer beschränkten persönlichen Dienstbarkeit mit dem Inhalt untersagte, jede Nutzung eines zu errichtenden Wohnhauses mit Altenteil zu unterlassen, die dem entgegensteht, dass dieses Wohnhaus dem jeweiligen Inhaber des landwirtschaftlichen Betriebes des herrschenden Grundstücks dient. Das Wohnhaus hätte also immer dem jeweiligen Inhaber des landwirtschaftlichen Betriebes des herrschenden Grundstücks, dessen Familie oder dessen landwirtschaftlichen Arbeitnehmern zur Verfügung stehen sollen. In der Art der tatsächlichen Benutzung des Grundstücks mache es nämlich keinen Unterschied, wer das auf dem Grundstück stehende Haus bewohne.[19]

Diese Entscheidungen sprechen deutlich dafür, in unserem Falle die Verknüpfung des Wohnungsbesetzungsrechts mit dem Abschluss eines Betreuungsvertrages für unzulässig anzusehen. Wenn nämlich nach § 1018 BGB zweite Alternative *„auf dem Grundstück gewisse Handlungen nicht vorgenommen werden dürfen,“* so ist damit eine Beschränkung der tatsächlichen Herrschaftsmacht des Eigentümers gemeint. Handlungen in diesem Sinne

[15] BayObLGZ 1989, 89.
[16] BayObLGZ 1989, 347.
[17] BayObLGZ 1989, 89.
[18] BayObLGZ 1980, 232.
[19] BayObLGZ 1980, aaO [Tz. 34 juris].

sind tatsächliche Maßnahmen, die dem Grundstückseigentümer an sich erlaubt sind als Ausfluss des sich aus § 903 BGB ergebenden Rechts, mit dem Grundstück soweit nicht das Gesetz oder Rechte Dritter entgegenstehen, beliebig zu verfahren und andere von jeder Einwirkung auszuschließen. Die vom Grundstückseigentümer übernommene Unterlassungspflicht darf daher nicht nur eine Beschränkung der rechtlichen Verfügungsfreiheit erhalten. Das ist ganz herrschende Auffassung.[20] Das Verbot muss sich deshalb auf die Benutzung des Grundstücks in tatsächlicher Hinsicht auswirken, also eine Verschiedenheit in der Benutzungsart zur Folge haben.[21] Die Vornahme der verbotenen Handlung muss demgemäß zu einer anderen Benutzung des Grundstücks führen als dies bei den weiterhin zulässigen Handlungen der Fall wäre. In diesem Sinne aber stellt die Sicherstellung der Pflege der Hausbewohner keine Nutzungsart des Grundstücks dar. Erkennbar führt die Vertragsklausel nicht zu einer anderen Nutzungsart des Grundstücks. Als Zweck schält sich vielmehr ausschließlich die Sicherung eines rechtlichen Kontrahierungszwanges heraus. Das aber ist unzulässig.[22]

Nach allem ist die Eintragung eines Wohnungsbesetzungsrechts in der Form einer beschränkten persönlichen Dienstbarkeit unzulässig, wenn die Benennung von dem Abschluss eines Betreuungsvertrages abhängig gemacht wird. In Konsequenz hieraus kann eine Benennung auch nicht deshalb widerrufen werden, weil der Verpflichtete keinen Betreuungsvertrag geschlossen hat. Als gesichertes Ergebnis bleibt danach festzuhalten: Ein Anspruch auf Untersagung der Nutzung kann nicht auf §§ 1090 Abs. 2, 1027, 1004 BGB gestützt werden.[23]

[20] Vgl. grundlegend BGHZ 29, 244, 248 f.; BGH NJW 1962, 486 f.; NJW 1981, 343; BayObLGZ 1980, 232 [Tz. 29 juris]; BayObLGZ 1985 193 [Tz. 14 juris]; BayObLGZ 1989, 89, [Tz. 24 juris]; 1989, 347, [Tz. 12 juris]; Staudinger-*Mayer* aaO, § 1090 Rdn. 78 m.Nw.

[21] BGHZ 29, 244, 250; BGH NJW 1962, 486 f.; BayObLGZ 1985, 193, 195.

[22] Ausdrücklich: BayObLGZ 1985, 285, 289; 1997, 129, 133; s.a. Staudinger-*Mayer*, aaO, § 1018, Rdn. 78a.

[23] AA OLG Schleswig, Beschl. v. 30. Januar 2009 – 16 W 157/08: „*Die Nutzung des streitigen Grundstücks ohne Benennung durch die [Gemeinde] und ohne einen bestehenden Betreuungsvertrag verletzt den Kern des Unterlassungsgebots*“.

Der Stiftungszweck nach dem BGB

Rainer Hüttemann

I. Einführung

Die Festlegung des Stiftungszwecks bildet ein notwendiges Element des Stiftungsgeschäfts unter Lebenden und von Todes wegen. Nach § 80 Abs. 1 Satz 2 BGB ist es allein dem Stifter vorbehalten, den Stiftungszweck „vorzugeben". Zugleich gehört der Stiftungszweck nach § 81 Abs. 1 Satz 3 Nr. 3 BGB zu den notwendigen Bestandteilen der Stiftungssatzung. Eine entscheidende Bedeutung kommt dem Stiftungszweck auch für die Anerkennung einer Stiftung als rechtsfähig zu. Denn nach § 80 Abs. 2 BGB ist eine Stiftung nur dann als rechtsfähig anzuerkennen, wenn die „dauernde und nachhaltige Erfüllung des Stiftungszwecks gesichert erscheint und der Stiftungszweck das Gemeinwohl nicht gefährdet". Schließlich enthält § 87 BGB eine Regelung für den Fall, dass die Erfüllung des Stiftungszwecks „unmöglich geworden ist".

Auf Grund seiner herausragenden Funktion für die Existenz der Stiftung wird der Stiftungszweck auch als die „Seele der Stiftung" bezeichnet.[1] Doch was macht eigentlich die „Seele" der Stiftung aus? Wie genau muss der Stifter den Stiftungszweck im Stiftungsgeschäft bestimmen? Ist mit dem in der Satzung anzugebenden Stiftungszweck nur das eigentliche Ziel der Stiftung (Stiftungszweck im engeren Sinne) gemeint oder müssen auch Angaben zu der Art seiner Verwirklichung gemacht werden? Wie verhalten sich die stiftungsrechtlichen Anforderungen an den Stiftungszweck zu den gemeinnützigkeitsrechtlichen Vorgaben, die für über 95 v.H. der deutschen Stiftungen von Bedeutung sind? Und schließlich: Hat der Begriff des Stiftungszwecks in §§ 80, 81 BGB möglicherweise eine andere Bedeutung als in § 87 BGB? Diese Fragen bilden den Gegenstand des nachfolgenden Beitrags, der *Dieter Reuter* – dem Doyen des deutschen Stiftungsrechts – gewidmet ist.

[1] Vgl. nur *Liermann*, in: Deutsches Stiftungswesen 1948–1966, S. 154.

II. Begriff des Stiftungszwecks

1. Begriffliche Unsicherheiten

Das modernisierte Stiftungsrecht verwendet den Begriff des Stiftungszwecks in den §§ 80 Abs. 2, 81 Abs. 1 Sätze 2 und 3 Nr. 3 sowie in § 87 BGB ohne eine gesetzliche Erläuterung, was den Stiftungszweck ausmacht. Eine solche begriffliche Präzisierung ist aber beispielsweise erforderlich, um beurteilen zu können, ob das Stiftungsgeschäft den Anforderungen des § 81 Abs. 1 Satz 2 BGB genügt und die Satzung die nach § 81 Abs. 1 Satz 3 Nr. 3 BGB erforderlichen Angaben enthält. Reicht es aus, wenn der Stifter seiner Stiftung nur ein relativ allgemeines Ziel (z.B. die Förderung von Kunst und Kultur) vorgibt oder bedarf es auch einer Regelung darüber, auf welche Weise (z.B. durch das Betreiben eines Museums in X) die Stiftung nach dem Willen des Stifters dieses Ziel erreichen soll? In der Begründung zu § 81 BGB findet sich nur der Hinweis, „der Stiftungszweck und die Maßnahmen zu seiner Verwirklichung sollten so bestimmt wie möglich formuliert sein, ohne aber im Hinblick auf die Dauerhaftigkeit zu eng zu sein."[2] Die Formulierung – „und die Maßnahmen zu seiner Verwirklichung" – deutet darauf hin, dass nach Ansicht der Gesetzesverfasser die alleinige Angabe des Stiftungsziels zumindest in der Stiftungssatzung nicht ausreichen soll. Die Auffassungen im stiftungsrechtlichen Schrifttum sind geteilt.[3] Die praktische Relevanz der Streitfrage ist eher gering, weil § 60 AO für gemeinnützige Stiftungen eine eindeutige gesetzliche Vorgabe enthält.[4] Danach setzt die Gewährung der Steuervergünstigung nicht nur die satzungsmäßige Angabe des Zwecks, sondern auch Angaben zur Art seiner Verwirklichung voraus.[5] Beide nach § 60 AO geforderte Elemente – der Zweck und die Art seiner Verwirklichung – werden in der Praxis auch vielfach in einer einzigen Satzungsbestimmung zusammengefasst.[6] Soll diese Bestimmung später geändert werden, weil sich die tatsächlichen Verhältnisse geändert haben, stellt sich allerdings die Frage, ob es sich bei einer solchen Änderung immer um eine „Zweckänderung" im Sinne von § 87 BGB handelt, die das Gesetz nur unter sehr

[2] BT-Drucks. 14/8765, S. 10.

[3] Vgl. etwa *Burgard*, Gestaltungsfreiheit im Stiftungsrecht, 2006, S. 121: „Angabe des Stiftungsziels (Stiftungszweck i.e.S.) ausreichend". Für eine stiftungsrechtliche Pflicht zur Angabe der „Stiftungsziele und der Art ihrer Verwirklichung" dagegen z.B. *Hüttemann*, ZHR 167 (2003), S. 52; ebenso wohl auch *Happ*, Stifterwille und Zweckänderung, 2007, S. 57 ff.

[4] Zutreffend *Happ* (Fn. 3), S. 58.

[5] Vgl. zur satzungsmäßigen Gemeinnützigkeit statt vieler *Hüttemann*, Gemeinnützigkeits- und Spendenrecht, 2008, § 4 Rz. 122 ff.

[6] Statt vieler *Rawert* in Hoffmann-Becking/Rawert, Beck'sches Formularbuch Bürgerliches, Handels- und Wirtschaftsrecht, 10. Aufl. 2010, I. 26.

engen Voraussetzungen (Unmöglichkeit der Erfüllung des Stiftungszwecks) zulässt. Wäre also – in Fortführung des oben gebildeten Beispiels – die Schließung des Museums in X stets als Zweckänderung im Sinne von § 87 BGB zu beurteilen oder hätte eine Satzungsänderung mit dem Ziel der Neuausrichtung der Fördertätigkeit (die Stiftung verfolgt künftig ihre kulturellen Zwecke ausschließlich durch Leihgaben an andere Museen) nur die Qualität einer „einfachen" Satzungsänderung, die unterhalb der von § 87 BGB verlangten Voraussetzungen zulässig ist?[7]

2. Verbandsrechtliche Unterscheidung zwischen Zweck, Ziel und Gegenstand

Wer den Begriff des Stiftungszwecks zu klären versucht, wird einen Blick in das Verbandsrecht werfen, wo die Abgrenzung zwischen dem Verbandszweck und der Art seiner Verwirklichung ebenfalls relevant ist.[8] So fordern § 3 Abs. 1 Nr. 2 GmbHG und § 23 Abs. 3 Nr. 2 AktG die satzungsmäßige Angabe des „Gegenstandes des Unternehmens", während nach § 57 Abs. 1 BGB der „Zweck" des Vereins anzugeben ist. Das Verhältnis von Verbandszweck und Verbandsgegenstand wird heute wohl überwiegend so verstanden, dass der Verbandszweck den Oberbegriff bildet, unter dem das Verbandsziel (der Endzweck) und der Verbandsgegenstand (die Tätigkeit des Verbandes) zusammengefasst werden.[9] Im gesetzlichen Regelfall der Erwerbsgesellschaft (vgl. dazu nur die §§ 58 Abs. 4, 174 AktG, § 29 GmbHG) bildet also die Gewinnerzielung zugunsten der Gesellschafter das Ziel des Verbandes, während der Bereich der Geschäftstätigkeit der Gesellschaft den Geschäftsleitern durch die satzungsmäßige Angabe des „Gegenstands des Unternehmens" (§ 3 Abs. 1 Nr. 2 GmbHG, § 23 Abs. 3 Nr. 2 AktG) von den Gesellschaftern vorgegeben werden muss. Durch die Angabe des Unternehmensgegenstandes – z.B. durch eine Branchenangabe – sollen nicht nur die Gesellschafter vor einer ungewollten Änderung der Geschäftstätigkeit (und ihres Beteiligungsrisikos) durch die Geschäftsleitung geschützt, sondern auch der Geschäftsverkehr über die Tätigkeit der Gesellschaft informiert werden.[10] Dies ist deshalb geboten, weil der Zweck „Gewinnerzielung" viel zu unbestimmt ist, um diese Funktionen zu erfüllen. Soll eine Kapitalgesell-

[7] Zweifelnd *Happ* (Fn. 3), S. 87: „Materielle Wertung" erforderlich.

[8] Grundlegend dazu *Rawert*, Die Genehmigungsfähigkeit der unternehmensverbundenen Stiftung, 1990, S. 13 f.; vgl. aus dem neueren Schrifttum auch *Burgard* (Fn. 3), S. 110 ff.

[9] Vgl. dazu aus dem Gesellschaftsrecht nur *Pentz* in MünchKommAktG, 2. Aufl. 2005, § 23 Rz. 76; *Winter*, Mitgliedschaftliche Treuebindungen im GmbH-Recht, 1988, S. 97 f.; eingehend *Tieves*, Der Unternehmensgegenstand der Kapitalgesellschaft, 1998 passim.

[10] Zu Bedeutung und Funktion der Gegenstandsbestimmung vgl. nur *Tieves* (Fn. 9), S. 45 ff.

schaft ausnahmsweise anderen als erwerbswirtschaftlichen Zwecken (also z.B. gemeinwirtschaftlichen oder gemeinnützigen Zwecken) dienen, muss dies nach allgemeiner Ansicht in der Satzung bestimmt sein.[11] Unstreitig ist auch, dass eine Änderung des Verbandsziels – also z.B. ein Wechsel von der erwerbswirtschaftlichen zur gemeinnützigen Zielsetzung – nur mit Zustimmung aller Gesellschafter möglich ist.[12]

Im Unterschied zur Situation bei Kapitalgesellschaften bedarf es bei der Genossenschaft heute neben der Angabe des Gegenstandes auch einer Festlegung des Ziels. Denn seit der Reform von 2006[13] kann eine Genossenschaft nach § 1 Abs. 1 GenG n.F. nicht nur der Förderung des Geschäftsbetriebs ihrer Mitglieder, sondern auch der Förderung sozialer oder kultureller Zwecke der Mitglieder dienen. Noch anders stellt sich schließlich die Rechtslage für den rechtsfähigen Verein dar. Nach § 57 Abs. 1 BGB ist der „Zweck" in der Vereinssatzung anzugeben. Dazu gehört in jedem Fall die Angabe des Vereinsziels im Sinne des „obersten Leitsatzes für die Vereinstätigkeit", da das Vereinsrecht neben dem Idealverein auch noch den wirtschaftlichen Verein kennt, der nach § 22 BGB nur durch Konzession Rechtsfähigkeit erlangen kann. Insoweit ist allerdings umstritten, ob die Angabe des Vereinsziels (z.B. die Förderung des Amateursports) im Rahmen von § 57 Abs. 1 BGB ausreicht, oder ob zusätzlich – insbesondere um dem Registerrichter die Prüfung der Eintragungsfähigkeit des Vereins zu ermöglichen (Verbot des wirtschaftlichen Vereins) – auch die geplante Vereinstätigkeit anzugeben ist.[14] Andererseits ist anerkannt, dass nur eine Änderung des Vereinszwecks i.e.S. (insbesondere der Wechsel vom Ideal- zum Wirtschaftsverein) nach § 33 Abs. 1 S. 2 BGB der Zustimmung aller Mitglieder bedarf, nicht jedoch eine Änderung der Vereinstätigkeit.[15]

3. Gemeinnützigkeitsrechtliche Vorgaben

Auch das Gemeinnützigkeitsrecht statuiert für gemeinnützige Verbände eigenständige Satzungsanforderungen (§§ 59 ff. AO). Nach § 60 Abs. 1 AO müssen „die Satzungszwecke und die Art ihrer Verwirklichung" so genau bestimmt sein, dass auf Grund der Satzung geprüft werden kann, ob die satzungsmäßigen Voraussetzungen für Steuervergünstigungen gegeben sind. In der verbandsrechtlichen Diktion verlangt das Steuerrecht also nicht nur die

[11] Statt vieler nur *Pentz* (Fn. 9), § 23 Rz. 76.

[12] Vgl. nur *K. Schmidt*, Gesellschaftsrecht, 4. Aufl. 2002, § 4 II; *Pentz* (Fn. 9), § 23 Rz. 77.

[13] Für einen Überblick vgl. *Hirte*, DStR 2007, 2166 ff.

[14] Befürwortend etwa *K. Schmidt*, BB 1987, 556, 559; *Reichert*, Handbuch Vereins- und Verbandsrecht, 10. Aufl. 2005, Rz. 528.

[15] Statt vieler *Reuter* in MünchKommBGB, 5. Aufl. 2006, § 33 Rz. 3 ff.; *K. Schmidt*, BB 1987, 556, 559.

Angabe des „Verbandsziels“, sondern auch Angaben zu der Art seiner Verwirklichung. Seit 2009 muss die Satzung nach § 60 Abs. 1 Satz 2 AO darüber hinaus die „in der Anlage 1 bezeichneten Festlegungen enthalten“. Das Satzungserfordernis hat – wie es der BFH ausdrückt – die Funktion eines „Buchnachweises“.[16] Es ist deshalb erforderlich, weil die – vor allem für den Spendenabzug und die Abstandnahme vom Kapitalertrag – erforderliche „vorläufige“ Anerkennung einer Körperschaft als steuerbegünstigt nur auf der Grundlage der Satzung ex ante erfolgen kann. Ferner reichen die nach Gesellschafts-, Vereins- und Stiftungsrecht erforderlichen Satzungsangaben für die gemeinnützigkeitsrechtliche Prüfung nicht aus. Denn das Steuerrecht knüpft die Gewährung der Steuervergünstigungen nicht nur an die Verfolgung bestimmter steuerbegünstigter Zwecke (vgl. §§ 52 bis 54 AO), sondern auch an die Einhaltung weiterer materieller Voraussetzungen (Ausschließlichkeit, Unmittelbarkeit, Selbstlosigkeit einschließlich der zeitnahen Mittelverwendung, Vermögensbindung, Inlandsbezug), deren Beachtung nach § 59 AO bereits in der Satzung verankert sein muss, um den Finanzämtern eine ex ante Prüfung der Gemeinnützigkeit zu ermöglichen. Das Gebot der „satzungsmäßigen Gemeinnützigkeit“ hat zugleich zur Folge, dass die Organe gemeinnütziger Einrichtungen auch mit den Mitteln des privaten Organisationsrechts auf die Einhaltung gemeinnützigkeitsrechtlicher Standards verpflichtet werden.[17]

4. Ergebnis

Der Blick in das Verbands- und Gemeinnützigkeitsrecht bestätigt zunächst, dass begriffliche Unsicherheiten in Hinsicht auf den Zweckbegriff keine Besonderheit des Stiftungsrechts sind. Ferner erscheint es sinnvoll, die im Verbands- und Gemeinnützigkeitsrecht übliche begriffliche Unterscheidung zwischen Verbandsziel und Verbandstätigkeit auch für das Stiftungsrecht fruchtbar zu machen. Damit ist noch nicht gesagt, ob und welche materielle Bedeutung der Differenzierung zwischen Stiftungsziel und Stiftungsgegenstand für die Anwendung der §§ 80 Abs. 2, 81 Abs. 1 Satz 2, Satz 3 Nr. 3, 87 BGB zukommt. Dazu bedarf es vielmehr einer autonom stiftungsrechtlichen Untersuchung der einzelnen Regelungen.

[16] Vgl. dazu BFH v. 26.2.1992, BFH/NV 1992, 695; BFH v. 13.8.1997, BStBl. II 1997, 794.

[17] Dazu *Hüttemann*, DStJG Bd. 26 (2003), S. 49 ff.

III. Vorgabe des Stiftungszwecks durch den Stifter und Satzungsangabe

1. Vorgabe des Stiftungszwecks

Nach § 81 Abs. 1 Satz 2 BGB muss das Stiftungsgeschäft unter Lebenden die verbindliche Erklärung des Stifters enthalten, ein Vermögen „zur Erfüllung eines von ihm vorgegebenen Zweckes zu widmen".[18] Für das Stiftungsgeschäft von Todes wegen gilt in der Sache nichts anderes. Die Vorgabe des Stiftungszweckes durch den Stifter ist aber nicht nur ein notwendiges Element des Stiftungsgeschäfts, sondern die Stiftung muss „durch das Stiftungsgeschäft" eine Satzung erhalten, die bestimmte gesetzlich vorgegebene Regelungen enthält. Dazu gehört nach § 81 Abs. 1 Satz 3 Nr. 3 BGB auch eine Regelung über „den Zweck der Stiftung". Der Stiftungszweck bildet also auch einen notwendigen Satzungsbestandteil. Insoweit stellt sich allerdings die Frage, ob es sich bei dem nach § 81 Abs. 1 Satz 3 Nr. 3 BGB anzugebenden „Stiftungszweck" nur um eine schlichte Wiederholung des im Stiftungsgeschäft „vorgegebenen Zwecks" handelt oder ob das Satzungserfordernis nach § 81 Abs. 1 Satz 3 Nr. 3 BGB inhaltlich weiter reicht. Für letzteres könnte die Gesetzesbegründung zu § 81 Abs. 1 Satz 3 Nr. 3 BGB sprechen. Darin heißt es:[19]

> „Die nach Ziffer 3 erforderlichen Bestimmungen über den Zweck der Stiftung ergänzen die grundsätzliche Zweckbestimmung im eigentlichen Stiftungsakt ... Der Satzungsbestimmung über den Zweck kommt besondere Bedeutung zu, da der Stiftungszweck als wichtigster Bestandteil von Stiftungsgeschäft und Satzung im Hinsichtlich auf die auf Dauer angelegte Stiftung besonders sorgfältig formuliert sein muss. Dies gilt um so mehr als eine Nachbesserung nicht wie bei Vereinen – durch die Mitgliederversammlung – ohne weitere möglich ist. Der Stiftungszweck und die Maßnahmen zu seiner Verwirklichung sollen so bestimmt wie möglich formuliert sein, ohne aber im Hinsicht auf die Dauerhaftigkeit zu eng zu sein."

Diese Begründung erscheint, was das Verhältnis von Satzungsangabe und Zweckvorgabe anbetrifft, auf den ersten Blick widersprüchlich:[20] Einerseits soll die Satzungsangabe nach § 81 Abs. 1 Satz 3 BGB den eigentlichen Stiftungsakt „ergänzen", andererseits soll ihr besondere Bedeutung für die Formulierung des Stiftungszwecks als wichtigstem Bestandteil von „Stiftungsgeschäft und Satzung" zukommen, was eher für eine Wiederholung des vom Stifter vorgegebenen Stiftungszwecks spricht. Dieser Widerspruch lässt sich

[18] Zu dieser Vermögenswidmung vgl. näher *Hüttemann*, FS Werner, 2009, S. 85.
[19] BT-Drucks. 14/8765, S. 10.
[20] Zu Recht kritisch auch *Muscheler*, Stiftungsrecht – Gesammelte Beiträge, 2005, S. 79 f.

nur auflösen, wenn man (1.) davon ausgeht, dass mit dem Stiftungszweck in § 81 Abs. 1 Satz 2 BGB die „grundsätzliche Zweckbestimmung" im Sinne des eigentlichen Stiftungsziels gemeint ist, und (2.) annimmt, dass die „Regelung über den Stiftungszweck" nach § 81 Abs. 1 Satz 3 Nr. 3 BGB neben der Angabe des eigentlichen Stiftungsziels auch ergänzende Angaben über die „Maßnahmen" zu ihrer Verwirklichung umfasst.[21] Diesen Angaben kommt schließlich (3.) eine besondere Bedeutung für die Formulierung des Stiftungszwecks (im Sinne des Stiftungsziels) zu, weil die Umschreibung der geplanten Maßnahmen zur Verwirklichung zugleich eine „Erkenntnisquelle" für den Stiftungszweck darstellt. Die vorstehende Auslegung bedarf indes noch weiterer Begründung, denn mit den „ergänzenden" Angaben nach § 81 Abs. 1 Satz 3 Nr. 3 BGB könnten auch Regelungen betreffend das Nebeneinander mehrerer „Ziele" oder eine spätere Zweckänderung gemeint sein.[22] Eine solche Begründung könnte sich zunächst aus dem stiftungsrechtlichen Bestimmtheitsgebot ergeben.

2. *Stiftungsrechtliches Bestimmtheitsgebot*

Nach wohl allgemeiner Ansicht muss der Stifter den Stiftungszweck bei Errichtung hinreichend bestimmt vorgeben. In den Worten des BGH soll die „Bestimmung des Stiftungszwecks ... den Stiftungsorganen einen eindeutigen und klar abgrenzbaren Auftrag geben, um Rechtsunsicherheit, Willkür der Stiftungsverwaltung und eine Verzettelung der Stiftungsleistungen zu verhüten".[23] *Reuter* sieht die Funktion des Bestimmtheitsgrundsatzes in erster Linie in der Abgrenzung der Stiftung von der Körperschaft. Nur durch einen hinreichend bestimmten Stiftungszweck werde verhindert, dass „die Stiftungsorgane praktisch frei darüber entscheiden können, welchen Anliegen die Stiftung dienen soll".[24] Andere weisen ergänzen darauf hin, dass eine funktionierende Rechtsaufsicht durch die Stiftungsbehörden einen eindeutig formulierten Stifterwillen voraussetze.[25] Aber was folgt daraus für das Maß an Bestimmtheit, das der Stifter bei der Formulierung des Stiftungszwecks einhalten muss? Einigkeit besteht wohl nur darüber, dass allzu weit gefasste Stiftungszwecke wie die „Förderung des Glücks der Menschheit" oder die „Förderung des Wohls der Menschen in X" unzulässig sind.[26] Dies ergibt sich indes schon daraus, dass „Glück" und „Wohl" Begriffe sind, die sich intersubjektiv überhaupt nicht nachprüfen lassen, so dass eine solche Vor-

[21] So auch *Happ* (Fn. 3), S. 56; aA *Burgard* (Fn. 3), S. 121.
[22] Zutreffend *Happ* (Fn. 3), S. 56.
[23] BGH v. 3.3.1977, BGHZ 68, 142, 148.
[24] *Reuter* (Fn. 15), §§ 80, 81 Rz. 27.
[25] Dazu etwa *Happ* (Fn. 3), S. 52.
[26] Statt vieler nur *Reuter* (Fn. 15), §§ 80, 81 Rz. 27.

gabe letztlich überhaupt keine rechtliche Bindungswirkung entfalten kann. Aus dem gleichen Grund wäre auch das – an der Formulierung des § 52 Abs. 1 AO angelehnte – Ziel der „Förderung der Allgemeinheit" unzureichend. Denn auch diese Zielvorgabe vermag für sich genommen – ebenso wie der Gewinnerzielungszweck bei Erwerbsgesellschaften – den Leitungsorganen der Stiftung keine hinreichende rechtliche Bindung zu vermitteln. Insoweit besteht eine gewisse Parallele zwischen der gesellschaftsrechtlichen Diskussion über die notwendige Bestimmtheit der statutarischen Gegenstandsbestimmung und dem stiftungsrechtlichen „Bestimmtheitsgrundsatz". In beiden Fällen geht es negativ formuliert um eine Begrenzung der Geschäftsleiterkompetenz und positiv formuliert um eine hinreichend konkrete satzungsmäßige Vorgabe von Handlungszielen für die Geschäftsleiter.[27]

Allerdings besteht ein wesentlicher Unterschied darin, dass die erwerbswirtschaftliche Zielsetzung („Gewinnerzielung") einer Konkretisierung nur auf der Ebene des Unternehmensgegenstandes („womit soll Gewinn gemacht werden?") zugänglich ist. Demgegenüber kann die gemeinnützige Zielsetzung („Förderung der Allgemeinheit") auch auf der Ebene des Ziels selbst durch thematische Einschränkungen („Förderung von Kunst und Kultur") präzisiert werden. Die Festlegung eines derart fest umrissenen Lebensbereiches wird man, was das stiftungsrechtlich unbedingt erforderliche Mindestmaß an „Bestimmtheit" des Zieles anbetrifft, aber als ausreichend ansehen müssen, ebenso wie im Gesellschaftsrecht nach ganz herrschender Ansicht eine branchenmäßige Festlegung des Unternehmensgegenstandes (z.B. „Herstellung und Vertrieb von Hausgeräten") genügt.[28] Für diese Einschätzung spricht entscheidend, dass mit einer solchen thematischen Einschränkung die stiftungsrechtliche Kompetenzordnung hinreichend gewahrt ist, weil die Stiftungsorgane auf eine bestimmte, rechtlich nachprüfbare Zielsetzung verpflichtet werden.

Dagegen würde das Bestimmtheitsgebot überdehnt, wenn man zwingend verlangen würde, dass der Stifter die Zielsetzung noch weiter einschränkt („Förderung der mittelalterlichen Kunst"), in örtlicher Hinsicht lokalisiert („durch Tätigkeiten in X") oder die Art und Weise der Verwirklichung des Stiftungszieles konkret vorgibt („durch den Bau und die Unterhaltung eines Museums"). Solche ergänzenden Angaben in Hinsicht auf das Stiftungsziel und die Art seiner Verwirklichung sind zwar stiftungsrechtlich ganz unbedenklich und für die Stiftungsorgane auch grundsätzlich bindend. Anders als im Aktienrecht begegnen sie auch keinen Bedenken in Hinsicht auf die Leitungsautonomie des Vorstandes, weil das Stiftungsrecht keine dem § 76 AktG vergleichbare Regelung kennt. Ergänzende Angaben zum Stiftungs-

[27] Vgl. nur *Tieves* (Fn. 9), S. 608 f.

[28] Eingehend zur notwendigen Bestimmtheit *Tieves* (Fn. 9), S. 99 ff.

zweck sind bei steuerbegünstigten Stiftungen sogar – was die Art und Weise der Zweckverwirklichung anbetrifft – wegen des gemeinnützigkeitsrechtlichen Satzungserfordernisses nach § 60 AO zwingend erforderlich. Dies ändert aber nichts daran, dass solche zusätzlichen Angabepflichten aus dem stiftungsrechtlichen Bestimmtheitsgebot nicht zu gewinnen sind, weil der Stifter mit der Benennung eines sachlich abgegrenzten Lebensbereiches, auf dem die Förderung der Allgemeinheit stattfinden soll, dem Wirken der Stiftungsorgane eine hinreichend deutliche Ausrichtung gegeben hat.[29] Wer eine Stiftung zur „Förderung von Kunst und Kultur" errichtet, kann also – auch im Interesse einer gewissen „Entwicklungsoffenheit" auf der Tätigkeitsebene – durchaus den Stiftungsorganen die Entscheidung darüber überlassen, auf welchen Bereichen der Kunst, an welchen Orten und mit welchen Maßnahmen die Stiftung ihr satzungsmäßiges Ziel verfolgen soll. Nichts anderes gilt bei privatnützigen Stiftungen. Auch hier bedarf es aus Gründen der Bestimmtheit nur einer gewissen Einschränkung des Kreises der Destinatäre, die von der Stiftung materiell gefördert werden sollen. Wie die Auswahl innerhalb dieses Kreises getroffen werden soll und wie die Förderung dieser Destinatäre im Einzelnen zu erfolgen hat (z.B. durch laufende Unterstützungsleistungen oder Zuwendungen im Einzelfall), hat dagegen – wenn die Satzung darüber schweigt – der Stiftungsvorstand zu entscheiden.

Die Bedeutung des stiftungsrechtlichen Bestimmtheitsgebotes erschöpft sich allerdings nicht in der Festlegung eines rechtlichen Mindestmaßes an „Bestimmtheit". Vielmehr lässt sich aus der gesellschaftsrechtlichen Diskussion über den Unternehmensgegenstandes noch etwas anderes lernen: Die statutarische Gegenstandsbestimmung hat nicht nur hinreichend bestimmt zu sein, sondern sie muss auch dem Grundsatz der „Gegenstandswahrheit" genügen.[30] Übertragen auf das Stiftungsrecht müsste man besser von „Zweckwahrheit" sprechen. Damit ist zum einen gemeint, dass der Stifter seiner Stiftung nur solche Ziele vorgeben darf, die diese auch tatsächlich ernsthaft verfolgen soll. Dies trifft sich mit den Überlegungen des Jubilars, der zu Recht gefordert hat, dass die Satzung bei Aufnahme mehrerer Stiftungszwecke zugleich angeben muss, in welcher Reihenfolge diese im Konkurrenzfall zu verfolgen sind.[31] Zum anderen darf aber auch der Stiftungsgegenstand nicht weiter gefasst sein, als es dem tatsächlichen Stifterwillen entspricht. Soll sich die Tätigkeit der Stiftung nach dem Willen des Stifters

[29] Für weitergehende Angabepflichten nach § 81 Abs. 1 Satz 3 Nr. 3 BGB *Happ* (Fn. 3), S. 58: „Üblicherweise ist dafür neben der eigentlichen Zweckangabe auch die Festlegung der Art und Weise der Zweckverwirklichung geboten."

[30] Zum Begriff *Wallner*, JZ 1986, 721, 727; zustimmend *Pentz* (Fn. 9), § 23 Rz. 79; *Tieves* (Fn. 9), S. 118 ff.

[31] *Reuter* (Fn. 15), §§ 80, 81 Rz. 28; ebenso *Happ* (Fn. 3), 62 f. Großzügiger *Hof* in v. Campenhausen, Stiftungsrechtshandbuch, 2009, § 7 Rz. 8 ff.

auf die finanzielle Unterstützung einer bestimmten kulturellen Einrichtung beschränken, dann muss diese Beschränkung im Stiftungsgeschäft und in der Satzung auch zum Ausdruck kommen.

3. Anerkennungsverfahren und Gegenstandsbestimmung

Nachdem gezeigt worden ist, dass der Bestimmtheitsgrundsatz zwar eine thematische Einschränkung des Stiftungsziels, aber keine Festlegung des Stiftungsgegenstands fordert, bleibt zu überlegen, ob eine Pflicht des Stifters zur Angabe des Stiftungsgegenstandes aus anderen Gründen zu bejahen ist. Als weiterführend erweist sich insoweit der Blick in das Vereinsrecht. Wenn die heute wohl h.M. trotz des von § 3 Abs. 1 Nr. 2 GmbHG, § 23 Abs. 3 Nr. 2 AktG („Gegenstand des Unternehmens") abweichenden Wortlautes von § 57 Abs. 1 BGB („Zweck des Vereins") nicht nur eine Angabe des Vereinsziels, sondern auch der Vereinstätigkeit fordert,[32] dann dient dies in erster Linie dazu, die registerrechtliche Prüfung der Eintragungsfähigkeit des Vereins zu ermöglichen. Denn die von *Karsten Schmidt* begründete teleologisch-typologische Vereinsklassenabgrenzung (vgl. §§ 21, 22 BGB) setzt gerade nicht beim Verbandsziel, sondern bei der Tätigkeit des Vereins an, so dass der Registerrichter entsprechende Angaben zum Vereinsgegenstand benötigt, um die Eintragungsfähigkeit beurteilen zu können.[33] Zwar hat der Modernisierungsgesetzgeber die vom Jubilar befürwortete analoge Anwendung der §§ 21, 22 BGB im Stiftungsrecht[34] abgelehnt, so dass eine unmittelbare Parallele zwischen § 57 Abs. 1 BGB und § 81 Abs. 1 S. 3 Nr. 3 BGB nicht besteht.[35] Der Anspruch des Stifters auf Anerkennung seiner Stiftung als rechtsfähig ist aber ebenfalls an gewisse Voraussetzungen geknüpft, deren Feststellung – wie im Weiteren darzulegen ist – ohne Angaben zur Stiftungstätigkeit nicht möglich ist.

Nach § 80 Abs. 2 BGB ist eine Stiftung als rechtsfähig anzuerkennen, wenn „die dauernde und nachhaltige Erfüllung des Stiftungszwecks gesichert erscheint und der Stiftungszweck das Gemeinwohl nicht gefährdet". Nimmt man diese Normativbestimmungen ernst, dann reicht die Angabe des bloßen Stiftungsziels nicht aus.[36] Wird z.B. eine Stiftung zur Förderung der Gentechnik errichtet, dann lässt sich ohne nähere Angaben darüber, auf welchem Wege diese Stiftung nach dem Willen des Stifters die Gentechnik voranbrin-

[32] Vgl. Nachweise in Fn. 14.

[33] Dazu nur *K. Schmidt*, Verbandszweck und Rechtsfähigkeit im Vereinsrecht, 1984.

[34] Vgl. dazu *Reuter* (Fn. 15), §§ 80, 81 Rz. 88 ff.; *Rawert* (Fn. 8).

[35] Zur unternehmensverbundenen Stiftung nach der Stiftungsrechtsmodernisierung vgl. statt vieler nur *Rawert*, Non Profit Law Yearbook 2003, 1 ff.; *Hüttemann*, ZHR 167 (2003), 35, 61 ff.

[36] Vgl. bereits *Hüttemann*, ZHR 167 (2003), 35, 52; zustimmend *Happ* (Fn. 3), S. 57.

gen soll, kaum etwas darüber sagen, ob die Vermögensausstattung für eine dauernde und nachhaltige Erfüllung des Stiftungszwecks voraussichtlich ausreicht und ob „der Stiftungszweck“ das Gemeinwohl gefährdet. Denn ob die Erfüllung des Stiftungszwecks „gesichert erscheint“, hängt nicht nur vom Ziel der Stiftung, sondern auch von den zu seiner Verwirklichung geplanten Maßnahmen ab: Ob die gentechnische Forschung durch die Auslobung eines Preises befördert werden soll oder durch den Betrieb eines eigenen Forschungslabors, macht für den Finanzbedarf der Stiftung einen erheblichen Unterschied. Nichts anderes gilt auch in Hinsicht auf die Gemeinwohlgefährdung, die sich vielfach nicht allein aus dem Ziel der Stiftung ableiten lässt, sondern erst aus der Wahl der Mittel. Auch insoweit hängt die Beurteilung wesentlich davon ab, ob die gentechnische Forschung durch gesetzlich erlaubte oder verbotene Forschungsmethoden vorangebracht werden soll.

Damit die Anerkennungsbehörden ihrem gesetzlichen Prüfungsauftrag nach § 80 Abs. 2 BGB nachkommen können, wird man also zumindest gewisse Mindestangaben zur Stiftungstätigkeit fordern müssen. Dies gilt zunächst und vor allem für den „Lebensfähigkeitsvorbehalt“, der eine stiftungsrechtliche Besonderheit darstellt und den es in dieser Form bei anderen Rechtsformen nicht gibt. So hindert nach h.M. beispielsweise eine materielle „Unterkapitalisierung“ nicht die Eintragung der Kapitalgesellschaft mit der Folge, dass der Registerrichter die Zweck-Mittel-Relation zwischen statutarischem Eigenkapital und Unternehmensgegenstand nicht prüfen braucht.[37] Gleiches gilt erst recht für den Idealverein. Im Stiftungsrecht ist der Gesetzgeber aber einen anderen Weg gegangen und diese Grundentscheidung kann nicht ohne Rückwirkungen auf den Umfang der satzungsmäßigen Angabepflichten bleiben. Vor allem kann es nicht Aufgabe der Anerkennungsbehörden sein, bei der Prüfung der Lebensfähigkeit einer Stiftung eigene Überlegungen zu möglichen Arten der Zweckverwirklichung anzustellen und dann auf dieser Grundlage zu prüfen, ob die Vermögensausstattung zumindest für solche „Minimalaktivitäten“ (dies ist in der Praxis vielfach die Auslobung eines Preises oder die finanzielle Unterstützung anderer Einrichtungen) ausreicht. Gerade in dem Fall, dass der Stifter seine Stiftung nur mit sehr geringen Mitteln ausstattet, muss die Satzung zumindest einen plausiblen Weg beschreiben, wie die Stiftung trotz der geringen Mittelausstattung ihr Ziel erreichen soll. Wenn man erkennt, dass die Prüfung der „Lebensfähigkeit“ nach § 80 Abs. 2 BGB vor allem ein Problem kleinerer und mittlerer Stiftungen ist, dann ergibt sich zugleich, dass die Angaben zur Stiftungstätigkeit umso konkreter sein müssen, je geringer die Leistungskraft der Stiftung ist.

Ähnliche Auswirkungen auf die Angabepflicht nach § 81 Abs. 1 Satz 3 Nr. 3 BGB hat – wenn auch deutlich abgeschwächt – der „Gemeinwohlvorbehalt“.

[37] Vgl. dazu statt vieler nur *K. Schmidt* (Fn. 12), § 18 II.

Dieser bezieht sich – ungeachtet des missverständlichen Wortlauts von § 80 Abs. 2 BGB – richtigerweise nicht nur auf das Stiftungsziel selbst, sondern auch auf die satzungsmäßig bestimmte Art seiner Verwirklichung.[38] Deshalb verfolgt eine „Robin-Hood-Stiftung", die nach ihrer Satzung die Reichen berauben und die Beute den Armen geben soll, zwar u.U. „mildtätige" Ziele im Sinne von § 53 AO, ist aber wegen Gesetzwidrigkeit des Stiftungsgegenstandes (Art seiner Verwirklichung) sicher nicht anerkennungsfähig.[39] Die praktische Schwierigkeit besteht allerdings darin, dass derartige Gesetzesverstöße – wenn sie denn geplant sind – in der Satzung kaum angegeben werden.[40] Andererseits ginge es entschieden zu weit, wenn man gleichsam „ins Blaue hinein" in jeder Stiftungssatzung eine Versicherung des Inhalts verlangen würde, dass der Stiftungszweck nur mit erlaubten Mitteln verwirklicht werden soll. Eine satzungsmäßige Erläuterung der Stiftungstätigkeit wird die Stiftungsbehörde wegen des Gemeinwohlvorbehalts also nur in solchen Fällen verlangen dürfen, in denen auf Grund eines (für sich genommen noch nicht gesetzwidrigen) Stiftungsziels die Gefahr von gesetzeswidrigen Handlungen durch Stiftungsaktivitäten nahe liegt und dieser Verdacht durch Satzungsangaben zur Art und Weise der Zweckerfüllung ausgeräumt werden kann.

In der Pflicht zu ergänzenden Angaben über die Stiftungstätigkeit liegt auch keine unzulässige Einschränkung der Stifterfreiheit, sondern eher das Gegenteil. Zum einen wird der Stifter dadurch angehalten, sich bereits im Gründungsstadium ein gewisses „Stiftungskonzept" zu überlegen. Zum anderen wird die Stifterfreiheit dadurch gewahrt, dass der Lebensfähigkeitsvorbehalt und das Verbot der Gemeinwohlgefährdung gerade keine detaillierten und abschließenden Kataloge der geplanten Stiftungstätigkeiten verlangen, sondern eben nur gewisse Mindestangaben, die die Anerkennungsbehörde in den Stand setzen, die nach § 80 Abs. 2 BGB erforderlichen Feststellungen zu treffen. Ferner ist daran zu erinnern, dass die Behörde bei der Prüfung der Normativbedingungen keinen Ermessensspielraum hat. Es handelt sich um eine bloße Rechtsaufsicht. Sie kann – wie der Jubilar zutreffend feststellt[41] – das vom Stifter in der Satzung formulierte „Stiftungskonzept" also nur dann ablehnen, wenn es unvertretbar ist. Eine solche – gerichtlich voll überprüfbare – Grenzkontrolle ist aber ohne gewisse Mindestangaben des Stifters über die Art und Weise der Zweckerfüllung nicht möglich. Denn die behörd-

[38] AA *Muscheler* (Fn. 19), S. 127 f.: Schädlich sei nur eine gesetzwidrige Hauptzwecksetzung.

[39] Dazu, dass die Gemeinwohlgefährdung einschränkend im Sinne einer Gesetzeswidrigkeit zu verstehen ist, vgl. *Reuter* (Fn. 15), §§ 80, 81 Rz. 53 ff.; *Hüttemann*, ZHR 167 (2003), 35, 59.

[40] Vgl. auch *Tieves* (Fn. 3), S. 72.

[41] *Reuter* (Fn. 15), §§ 80, 81 Rz. 50 f.

liche Feststellung, dass die Anforderungen des § 80 Abs. 2 BGB gewahrt sind, kann nur auf der Grundlage der satzungsmäßigen Vorgaben des Stifters erfolgen, weil nur diese für die Stiftungsorgane bindend sind und die Stiftungsbehörde nicht ihre Überlegungen an die Stelle des Stifterwillens stellen kann. Für die weiteren Überlegungen kann deshalb festgehalten werden, dass sich eine gesetzliche Pflicht zu gewissen Mindestangaben hinsichtlich des Stiftungsgegenstandes nach § 81 Abs. 1 Satz 3 Nr. 3 BGB aus dem Anerkennungsverfahren nach § 80 Abs. 2 BGB ableiten lässt.

4. Stiftungsrechtliche und gemeinnützigkeitsrechtliche Satzungsanforderungen

Geht man davon aus, dass die stiftungsrechtliche Angabepflicht nach § 81 Abs. 1 Satz 3 Nr. 3 BGB nicht nur das Stiftungsziel, sondern auch gewisse Mindestangaben zum Stiftungsgegenstand umfasst, dann ergibt sich ein scheinbarer Gleichlauf von stiftungs- und gemeinnützigkeitsrechtlichen Satzungsanforderungen. Denn nach § 60 Abs. 1 Satz 1 AO müssen „die Satzungszwecke und die Art ihrer Verwirklichung" so genau bestimmt sein, dass auf Grund der Satzung geprüft werden kann, ob die satzungsmäßigen Voraussetzungen für Steuervergünstigungen gegeben sind. Mit „Satzungszwecke" sind folglich die Stiftungsziele gemeint, während sich die „Art ihrer Verwirklichung" auf den Stiftungsgegenstand bezieht.[42] Ferner verlangt auch § 60 Abs. 1 Satz 1 AO eine hinreichend „bestimmte" Angabe. Blickt man genauer hin, so ergeben sich allerdings – was den Umfang und die Zielrichtung der erforderlichen Angaben anbetrifft – gewisse Unterschiede, die in der unterschiedlichen Teleologie der stiftungs- und steuerrechtlichen Satzungserfordernisse begründet sind. So ist dem stiftungsrechtlichen Bestimmtheitsgrundsatz – wie oben dargelegt – schon durch eine thematische Eingrenzung des Stiftungsziels auf einen bestimmten Lebensbereich (insbesondere auf einen steuerbegünstigten Zweck im Sinne der §§ 52 bis 54 AO) Genüge getan, während das gemeinnützigkeitsrechtliche Bestimmtheitsgebot alle satzungsmäßigen Voraussetzungen der Gemeinnützigkeit umfasst. Dazu gehört nicht nur eine (wenn auch nicht unbedingt abschließende) Aufzählung der Stiftungstätigkeiten, sondern auch Angaben zur Unmittelbarkeit und Selbstlosigkeit der Förderung.[43] Aus stiftungsrechtlicher Sicht reichen demgegenüber gewisse Mindestangaben zur Stiftungstätigkeit aus, die eine Prüfung des Lebensfähigkeitsvorbehalts ermöglichen. Kein materieller Unterschied besteht hinsichtlich des Ausschließlichkeitsgebotes, das zwar stiftungsrechtlich nicht

[42] Ebenso bereits *Hüttemann*, Wirtschaftliche Betätigung und steuerliche Gemeinnützigkeit, 1991, S. 17.

[43] Vgl. dazu nunmehr die „Mustersatzung" in Anlage 1 zu § 60 AO: „Der Satzungszweck wird verwirklicht insbesondere durch …".

in der Satzung ausdrücklich ausgesprochen werden muss, aber im Bestimmtheitsgrundsatz enthalten ist: Es versteht sich von selbst, dass die Stiftungsorgane „nur“ den vom Stifter bestimmten Satzungszweck verfolgen dürfen.

5. *Ergebnis*

Zusammenfassend ist festzustellen, dass der Begriff des Stiftungszwecks in §§ 80 Abs. 2, 81 Abs. 1 Satz 2 und 3 Nr. 3 BGB dahingehend auszulegen ist, dass der Stifter nicht nur ein hinreichend bestimmtes Stiftungsziel vorzugeben hat, sondern – zumindest im Rahmen der Stiftungssatzung nach § 81 Abs. 1 Satz 3 Nr. 3 BGB – auch gewisse Mindestangaben zu der Art und Weise der Zielverwirklichung (Stiftungsgegenstand) machen muss. Dieses stiftungsrechtliche Satzungserfordernis dient – soweit es um die erläuternde Angabe der Stiftungstätigkeit geht – indes einzig zu dem Zweck, dass die Stiftungsbehörden die Einhaltung der Normativbedingungen nach § 80 Abs. 2 BGB prüfen können. Es bleibt deshalb in verschiedener Hinsicht hinter dem gemeinnützigkeitsrechtlichen Satzungserfordernis des § 60 AO zurück, das für über 95 % aller Stiftungen in Deutschland verbindlich ist und deshalb in der Stiftungsrechtspraxis die Satzungsformulierung vorrangig bestimmt.

IV. Unmöglichkeit der Erfüllung des Stiftungszwecks nach § 87 BGB

1. *Problemstellung*

Das BGB verwendet den Begriff des Stiftungszwecks nicht nur im Zusammenhang mit der Stiftungsgründung, sondern auch in § 87 BGB. Nach dieser Vorschrift „kann“[44] die zuständige Behörde der Stiftung eine andere Zweckbestimmung geben oder die Stiftung aufheben, wenn „die Erfüllung des Stiftungszwecks unmöglich geworden oder gefährdet ist“. Auch hier stellt sich wiederum die Frage, was genau mit dem Begriff des Stiftungszwecks gemeint ist. Kommt es – in der verbandsrechtlichen Terminologie – nur darauf an, ob die Erreichung des Stiftungsziels unmöglich geworden ist, oder ist eine Unmöglichkeit der Zweckerfüllung auch schon dann gegeben, wenn die in der Satzung angegebene Art und Weise der Zweckverwirklichung nicht mehr durchführbar ist? Die Frage wird im Schrifttum so kaum gestellt. Zumeist wird die Unmöglichkeit im Sinne von § 87 BGB nur beispielhaft erläutert (Verlust des Stiftungsvermögens, Wegfall der Destinatäre, Untergang des Förderobjekts).[45] Im neueren Schrifttum hat sich vor allem *Happ* mit der

[44] Dazu, dass das Wort „kann“ richtigerweise als „muss“ zu lesen ist, vgl. nur *Reuter* (Fn. 15), § 87 Rz. 2.

[45] So auch *Burgard* (Fn. 3), S. 623, der auf die verbandsrechtliche Unterscheidung von Zweck, Ziel und Gegenstand im Zusammenhang mit der Auflösung nicht eingeht.

Abgrenzung zwischen dem „Zweck der Stiftung und der Art seiner Verwirklichung" im Rahmen von § 87 BGB auseinandergesetzt.[46] Nach ihrer Ansicht kann der Begriff des Stiftungszwecks in § 87 BGB nicht ohne Weiteres auf den Zweck (im engeren Sinne) beschränkt werden, sondern es bedarf einer „materiellen Wertung". Insoweit plädiert sie für eine Parallele zum Bestimmtheitsgebot: Regelungen des Zwecks, die aus Gründen der Bestimmtheit erforderlich seien, hätten den Charakter „wesentlicher Satzungsbestandteile" und seien folglich nur unter erschwerten Bedingungen – also nur in den Grenzen des § 87 BGB – abänderbar. Berücksichtigt man, dass *Happ* aus Bestimmtheitsgründen auch Angaben zur Art und Weise der Zweckverwirklichung für erforderlich hält, wären somit auch Änderungen des Stiftungsgegenstandes regelmäßig nur in den Grenzen des § 87 BGB möglich. Im Weiteren ist zu untersuchen, ob dieser Auffassung zu folgen ist.

2. *Vergleichender Blick in das Verbandsrecht*

Der Begriff des Verbandszwecks und seine begriffliche Unterscheidung in Verbandsgegenstand und Verbandsziel haben auch Bedeutung für die Auflösung eines Verbandes und die Zulässigkeit von Zweckänderungen. So können Gesellschafter, die zusammen mehr als 10 v.H. der Geschäftsanteile halten, nach § 61 Abs. 1 GmbHG die Auflösung der Gesellschaft durch gerichtliches Urteil verlangen, wenn die „Erreichung des Gesellschaftszweckes unmöglich wird". Insoweit besteht zumindest im Ergebnis darüber Einigkeit, dass eine solche Unmöglichkeit auch schon dadurch eintreten kann, dass die Verfolgung des Unternehmensgegenstandes unmöglich wird und die Gesellschafter sich nicht im Wege der Satzungsänderung über eine Änderung des Unternehmensgegenstandes einigen können.[47] Darüber hinaus bedarf der Begriff des Gesellschaftszwecks im Zusammenhang mit späteren Satzungsänderungen einer näheren Abgrenzung. So ist für alle Körperschaften anerkannt, dass Änderungen des Verbandsziels (anders als Änderungen des Verbandsgegenstandes) grundsätzlich der Zustimmung aller Mitglieder bedürfen, sofern die Satzung keine abweichende Bestimmung enthält. Diese Unterscheidung zwischen „Zweckänderungen" (i.e.S.) und Änderungen des Unternehmensgegenstandes folgt aus § 33 Abs. 1 Satz 2 BGB, der Ausdruck eines allgemeinen verbandsrechtlichen Prinzips ist und daher grundsätzlich auch im Aktien- und GmbH-Recht Anwendung findet.[48] Für den Regelfall der erwerbswirtschaftlichen Kapitalgesellschaft ergibt sich daraus Folgendes:

[46] *Happ* (Fn. 3), S. 87.
[47] Vgl. *Schulze-Osterloh/Fastrich* in Baumbach/Hueck, 18. Auf. 2006, § 61 Rz. 7 f.; eingehend *Tieves* (Fn. 9), S. 29 f.
[48] Dazu *K. Schmidt* (Fn. 12), § 4 II 3a; *Zöllner* in KölnKommAktG, § 179 Rz. 113; *Seibt* in Schmidt/Lutter, AktG, 2008, § 179 Rz. 10.

Soll der Unternehmensgegenstand einer GmbH vom „Handel mit Baustoffen" in „Handel mit Kraftstoffen" geändert werden, bedarf es dafür einer Satzungsänderung, der drei Viertel der Gesellschafter zustimmen müssen (§ 53 Abs. 2 GmbHG). Soll hingegen das erwerbswirtschaftliche Verbandsziel („Gewinnerzielung") in eine gemeinnützige Zielsetzung geändert werden („Förderung des Denkmalschutzes"), müssen alle Gesellschafter zustimmen.

Während sich die Abgrenzung zwischen Verbandsziel und Unternehmensgegenstand im gesetzlichen Regelfall der reinen Erwerbsgesellschaft regelmäßig als unproblematisch darstellt, bereitet die Abgrenzung zwischen einer nur einstimmig möglichen „Zweckänderung" im Sinne von § 33 Abs. 1 Satz 2 BGB und einfachen Satzungsänderungen beim Idealverein mitunter Schwierigkeiten. Nach Ansicht des BGH ist im Zweifel „nur derjenige enge Satzungsbestandteil, in dem der oberster Leitsatz für die Vereinstätigkeit zum Ausdruck gebracht wird und mit dessen Abänderung schlechterdings kein Mitglied bei seinem Beitritt zum Verein rechnen kann, als Vereinszweck i.S.d. § 33 Abs. 1 Satz 2 BGB anzusehen."[49] Nach diesen Grundsätzen soll z.B. noch keine Änderung des Vereinszwecks vorliegen, wenn sich ein Fußballverein eine Leichtathletikabteilung zulegt.[50] Dafür spricht, dass das Ziel des Verbandes („Förderung des Sports") mit ganz verschiedenen sportlichen Aktivitäten erreicht werden kann.[51] Eine Zweckänderung wäre hingegen anzunehmen, wenn ein Sportverein künftig auch noch andere Zwecke – z.B. „Förderung der Kleingärtnerei" – verfolgen soll. Auch ein Wechsel der „Vereinsklasse" i.S.d. §§ 21, 22 BGB stellt unstreitig eine Zweckänderung dar (z.B. der Übergang zum wirtschaftlichen Verein).[52] Fraglich ist hingegen, wie man einen „Ausstieg aus der Gemeinnützigkeit" zu beurteilen hat.[53] Soweit dieser z.B. mit der Aufnahme nicht steuerbegünstigter Zwecke verbunden ist, liegt sicherlich eine Zweckänderung vor. Bleibt aber die ideelle Zielsetzung selbst unverändert, wird man den isolierten Verzicht auf den steuerlichen Gemeinnützigkeitsstatus – z.B. durch Aufhebung der gemeinnützigkeitsrechtlich erforderlichen Vermögensbindung nach § 61 AO – trotz des Verlustes bestimmter steuerlicher Vorteile noch nicht unbedingt als Zweckänderung verstehen müssen.

[49] BGH v. 11.11.1985, BGHZ 96, 245; dazu *Reuter*, ZGR 1987, 475.
[50] *Reuter* (Fn. 15), § 33 Rz. 6.
[51] Ebenso *Segna*, Vorstandskontrolle in Großvereinen, 2002, S. 123.
[52] Statt vieler nur *K. Schmidt*, BB 1987, 556, 559.
[53] Dazu aus steuerlicher Sicht *H. Fischer*, Ausstieg aus dem Dritten Sektor, 2005.

3. Zweckänderungen und Unmöglichkeit des Stiftungszwecks im Sinne von § 87 BGB

Aus der verbandsrechtlichen Diskussion über die Abgrenzung von Zweck- und Satzungsänderungen lässt sich für die Anwendung des § 87 BGB auf den ersten Blick wenig herleiten, weil Stiftungen keine Mitglieder haben, so dass sich das Problem der Mehrheitsherrschaft und des Mitgliederschutzes nicht stellt. Demgegenüber geht es in § 87 BGB vorrangig darum, ob und unter welchen Voraussetzungen die Stiftungsbehörde die Stiftung aufheben oder – als weniger einschneidende Maßnahme – den Stiftungszweck ändern muss. Das geltende Recht lässt einen solchen existenziellen Eingriff nur zu, wenn die Erfüllung des Stiftungszwecks unmöglich geworden ist oder dieser das Gemeinwohl gefährdet. Insoweit ist – ähnlich wie in § 61 Abs. 1 GmbHG – zu entscheiden, ob dies auch dann der Fall ist, wenn die in der Satzung bestimmte Stiftungstätigkeit unmöglich wird.

Aus der in § 87 Abs. 2 und 3 BGB angelegten gesetzlichen Unterscheidung zwischen dem Stiftungszweck und der Verfassung der Stiftung ergibt sich aber auch, dass es neben Zweckänderungen auch noch Änderungen der Stiftungsverfassung geben muss, deren Zulässigkeit sich nicht nach § 87 BGB richtet. Die verbandsrechtliche Unterscheidung zwischen einer Änderung des Verbandsziels und einer Änderung des Verbandsgegenstandes findet damit ihre stiftungsrechtliche Parallele in der Frage, ob eine nachträgliche Änderung des Stiftungsgegenstandes unter geringeren Voraussetzungen als eine Änderung des Stiftungsziels zulässig ist. Im Schrifttum wird dieses Problem – soweit es überhaupt ausdrücklich behandelt wird – verschieden beurteilt. Nach *Happ* sind – wie bereits dargelegt – alle Regelungen des Zwecks, die aus Gründen der Bestimmtheit erforderlich sind, „wesentliche Satzungsbestandteile und nur unter erschwerten Bedingungen abänderbar".[54] Auch der Jubilar betont die strenge Bindung der Organe an den Stiftungszweck.[55] Diese schließe indes die Pflicht ein, die Stiftungsverfassung entsprechend 313 BGB zu ändern, wenn dies zur Erfüllung des Stiftungszwecks geboten ist. Damit stellt sich die Frage, ob Vorgaben des Stifters hinsichtlich der Art und Weise der Zweckverwirklichung noch zum Stiftungszweck zu rechnen sind. Wie der Jubilar an anderer Stelle ausführt, müsse man die Vorgabe des Stifters „Fürsorge für kranke Menschen durch das Betreiben eines Krankenhauses in X" als eine Konkretisierung des Stiftungszwecks verstehen.[56] Daraus wird man schließen müssen, dass die Einstellung des Krankenhausbetriebes nur unter den Voraussetzungen des § 87 BGB möglich wäre.

Beide Auffassungen stimmen darin überein, dass der Begriff des Stiftungszwecks im Sinne von § 87 BGB über das eigentliche Stiftungsziel hinaus-

[54] *Happ* (Fn. 3), S. 87.
[55] *Reuter* (Fn. 15), § 85 Rz. 1.
[56] *Reuter* (Fn. 15), § 85 Rz. 14.

gehen und auch Vorgaben des Stifters hinsichtlich der Art und Weise der Zweckverwirklichung umfassen kann. Während *Happ* insoweit eine Art „objektive" Abgrenzung anhand des Bestimmtheitsgebots vornehmen möchte, geht die Auffassung des Jubilars weiter und erstreckt die Veränderungssperre des § 87 BGB auch auf solche Konkretisierungen des Stiftungszwecks, die durch den Bestimmtheitsgrundsatz nicht geboten wären. Gegen die Ansicht von *Happ* spricht aber, dass dem Bestimmtheitsgrundsatz bei gemeinnützigen Stiftungen nach der hier vertretenen Ansicht mit einer sachlichen Abgrenzung des Lebensbereiches, auf dem die Stiftung die Allgemeinheit fördern soll, bereits Genüge getan ist. Die Auffassung von *Reuter* hebt die Unterscheidung zwischen Stiftungsziel und Stiftungsgegenstand hingegen weitgehend auf: Sieht man in der vom Stifter bestimmten Art und Weise der Zweckverwirklichung stets zugleich eine Konkretisierung des Stiftungszwecks im Sinne von § 87 BGB, dann wäre jede satzungsmäßige Bestimmung über den Stiftungsgegenstand bis zur Unmöglichkeitsgrenze bindend. Diese Auffassung erscheint aber deshalb zu weitgehend, weil sie die „Zweck-Mittel-Relation" vernachlässigt, die zwischen Stiftungsziel und Stiftungsgegenstand naturgemäß besteht. Solange also der Stiftungsgegenstand tatsächlich nur ein „Mittel zum Zweck" ist, dann hat der Stiftungsvorstand auf Änderungen der tatsächlichen Verhältnisse mit einer Anpassung der Stiftungstätigkeit zu reagieren, um einer Unmöglichkeit der Zweckerfüllung vorzubeugen.

Anders ausgedrückt: Ob der Stifter mit der Vorgabe „Förderung der Universität in X" den Stiftungszweck „Förderung von Bildung und Wissenschaft" konkretisiert hat oder den Stiftungsorgane nur *eine* – und zwar vorrangig zu verfolgende – Handlungsalternative zur Erfüllung des Ziels „Förderung von Bildung und Wissenschaft" aufzeigen wollte, lässt sich nicht generell abstrakt beurteilen, sondern bedarf der Feststellung im Einzelfall anhand des im Stiftungsgeschäft zum Ausdruck gekommenen Stifterwillens. Nur so lässt sich entscheiden, ob der Stifter das Stiftungsziel derart mit dem Stiftungsgegenstand verknüpft hat, dass eine Änderung des Stiftungsgegenstandes nur unter den Voraussetzungen des § 87 BGB zulässig sein soll, oder ob die Stiftungsorgane wegen des Vorrangs des Stiftungsziels auch unterhalb der Unmöglichkeitsschwelle verpflichtet sind, den Stiftungsgegenstand wegen einer wesentlichen Änderung der tatsächlichen Verhältnisse anzupassen. Eine solches „stifterbezogenes" Verständnis des Begriffs des „Stiftungszwecks" in § 87 BGB respektiert einerseits den Gestaltungsspielraum des Stifters hinsichtlich des Stiftungszwecks und seiner Verwirklichung und verhindert andererseits, dass satzungsmäßigen Angaben hinsichtlich des Stiftungsgegenstandes nach § 81 Abs. 1 Satz 3 Nr. 3 BGB eine größere Bedeutung beigelegt wird, als ihnen nach dem Willen des Stifters tatsächlich zukommen soll.

Fragt man nach den praktischen Konsequenzen dieses Ansatzes, so geht es im Kern um ein Problem der Auslegung des Stiftungsgeschäftes und der Stiftungssatzung. Entscheidend ist, ob das Stiftungsziel nach dem Willen des Stifters mit dem Stiftungsgegenstand „stehen und fallen“ soll. Was dies bedeutet, lässt sich am Beispiel einer Anstaltsstiftung verdeutlichen. Man denke an eine Stiftung, deren einziges satzungsmäßiges Ziel die Förderung von Kunst und Kultur ist. Dieser Zweck soll nach der Stiftungssatzung ausschließlich durch die Unterhaltung des vom Stifter X gegründeten und auf die Stiftung übertragenen X-Museums in Y verfolgt werden, in dem die Kunstsammlung des Stifters ausgestellt wird. Angenommen, der Betrieb des X-Museums erweist sich nach dem Tod des Stifters als zunehmend schwierig, weil die Lage in Y ungünstig ist, der weitgehend unveränderte Sammlungsbestand nur wenige Besucher anzieht und größere bauliche Renovierungen anstehen. Darf der Stiftungsvorstand unter diesen Bedingungen das X-Museum schließen und die dadurch freigesetzten Mittel dafür verwenden, die Kunstsammlung des X durch Leihgaben an andere Museum und Sonderausstellungen der Öffentlichkeit zugänglich zu machen? Oder hat der Vorstand das Museum solange zu erhalten, bis die Schließung unumgänglich ist, weil die Verluste aus dem Museumsbetrieb das Vermögen der Stiftung in absehbarer Zeit aufgezehrt haben (Unmöglichkeit der Zweckerfüllung)? Die Beantwortung dieser Frage wird man davon abhängig machen müssen, wie der Stifter selbst die Bedeutung des X-Museums in Y für die Verfolgung des Stiftungsziels beurteilt hat. Ging es ihm vorrangig darum, in der kulturarmen Region Y ein Museum zu betreiben, dann wird man – mit *Reuter* – in dem Zweckverwirklichungsbetrieb „X-Museum in Y“ zugleich eine sachliche und örtliche Konkretisierung des Stiftungsziels sehen müssen (Verbesserung des kulturellen Angebots in Y durch Betreiben eines Museums), für die die Veränderungssperre des § 87 BGB gilt. Unter diesen Umständen wird der Stiftungsvorstand aber u.U. Teile der Kunstsammlung veräußern müssen, um das Museum als Kultureinrichtung – ggf. mit einer anderen inhaltlichen Ausrichtung – zu erhalten. Anders wird man aber zu entscheiden haben, wenn es dem Stifter vor allem darum ging, seine eigene Kunstsammlung dauerhaft für die Öffentlichkeit zu perpetuieren. In diesem Fall ist das Museum nur eine mögliche Handlungsalternative, an die der Vorstand zwar grundsätzlich gebunden ist, die aber bei einer wesentlichen Veränderung der Verhältnisse durchaus auch aufgegeben werden kann.

Einfacher liegen die Dinge natürlich, wenn der Stifter in der Satzung nicht nur eine einzige Art und Weise der Zweckverwirklichung, sondern einen abschließenden oder beispielhaften Maßnahmenkatalog vorgegeben hat. Denn in diesen Fällen ist der Vorstand zwar auch an die Vorgabe des Stifters gebunden, diese Bindung fällt aber schwächer aus als bei der Vorgabe mehrerer Stiftungsziele. Denn man wird im Zweifel davon ausgehen müssen, dass der Stifter keine gleichmäßige Umsetzung aller Handlungsalternativen gewollt hat, sondern der Stiftungsvorstand nach pflichtgemäßem Ermessen darüber entscheiden soll, welche der im Maßnahmenkatalog aufgezählten

Tätigkeiten ergriffen werden sollen. Bei seiner Ermessensausübung wird sich der Vorstand danach zu richten haben, welche Zweckverwirklichungsmaßnahmen nach seiner Einschätzung ex ante am besten geeignet sind, um das Stiftungsziel zu verwirklichen. Handelt es sich um einen beispielhaften Katalog, ist der Vorstand nicht auf die in der Satzung beschriebenen Maßnahmen beschränkt, sondern kann auch andere ähnlich wirkungsvolle Maßnahmen ergreifen. Eine Zweckunmöglichkeit nach § 87 BGB ist unter diesen Umständen erst dann denkbar, wenn nicht nur alle satzungsmäßig genannten Handlungsoptionen versperrt sind, sondern auch keine gleichwertigen anderen Handlungsalternativen mehr erkennbar sind, wie das Stiftungsziel noch erreicht werden könnte.

4. Ergebnis

Zusammenfassend ist festzustellen, dass der Begriff des Stiftungszwecks in § 87 BGB sich nicht nur auf das eigentliche Stiftungsziel bezieht, sondern – je nach Stifterwillen – auch den Stiftungsgegenstand umfasst. Dies setzt aber voraus, dass der Stiftungsgegenstand nach dem Stifterwillen derart mit dem Stiftungsziel verknüpft ist, dass das Stiftungsziel mit dem Stiftungsgegenstand „stehen und fallen" soll. Ob dies der Fall ist, lässt sich nur durch eine Auslegung des Stiftungsgeschäfts und der Stiftungssatzung feststellen. Allein der Umstand, dass der Stifter in der Stiftungssatzung bestimmte Maßnahmen zur Verwirklichung des Stiftungsziels nach § 81 Abs. 1 Satz 3 Nr. 3 BGB angegeben hat, um den stiftungsrechtlichen und gemeinnützigkeitsrechtlichen Satzungserfordernissen zu genügen, spricht noch nicht für eine solche enge Verknüpfung mit dem Stiftungsziel. Vielmehr ist davon auszugehen, dass der Stiftungsgegenstand zumeist nur als „Mittel zum Zweck" dienen soll und der Vorstand daher gehalten ist, bei einer Veränderung der tatsächlichen Verhältnisse die Stiftungstätigkeit so anzupassen, dass eine Unmöglichkeit der Zweckerfüllung verhindert wird.

Trust und Nachlassplanung in der Schweiz nach der Ratifikation des HTÜ[1]

Dominique Jakob / Peter Picht*

Rechtsordnungen stellen für die Gestaltungsanliegen ihrer Rechtssubjekte Institute zur Verfügung, deren Eigenarten für eine sachgerechte Interpretation oder Behandlung analysiert und differenziert werden müssen. *Dieter Reuter* hat sich um diesen Analyseprozess insbesondere im Stiftungsrecht durch seine eingehende Beschäftigung mit dem Nebeneinander stiftungsrechtlicher (Sonder-)Formen, auch in rechtsvergleichender Perspektive, verdient gemacht.[2]

Aus diesem Grunde sei dem Jubilar ein Beitrag gewidmet, der auf die Einbindung des auslandsrechtlichen, der Stiftung nahe stehenden Gestaltungsinstituts des *trust* in eine benachbarte Rechtsordnung eingeht: Die Schweiz hat sich mit der Ratifikation des Haager Trust-Übereinkommens (HTÜ) völkerrechtlich zur „Anerkennung" des Rechtsinstitutes *trust* verpflichtet. Insbesondere im Bereich des Erbrechts und der Nachlassgestaltung hat diese Ratifikation bereits zu einer intensiven wissenschaftlichen Diskussion geführt. Einige besonders prominente Aspekte dieser Diskussion sollen im Folgenden vorgestellt und bewertet werden, um im Anschluss einige Leitwertungen für die Einbindung des *trust* in die schweizerische Rechtsordnung herauszuarbeiten. Hierdurch soll dem deutschen Rechtsanwender ein Einblick in die höchst praxisrelevante Thematik gegeben und ein vom deutschen Recht abweichender Ansatz zur Behandlung der Rechtsfigur des *trust* vorgestellt werden.

[1] Dem vorliegenden Beitrag liegt eine eingehende Auseinandersetzung mit erb- und sachenrechtlichen Aspekten der *trust*-Implantierung in das Schweizer Recht zugrunde (vgl. *Jakob/Picht*, Der trust in der Schweizer Nachlassplanung und Vermögensgestaltung – Materiellrechtliche und internationalprivatrechtliche Aspekte nach der Ratifikation des HTÜ, erscheint in AJP 7/2010). Die Autoren haben versucht, einige Gedanken zu extrahieren und für den deutschen Leser aufzubereiten.

* *Dominique Jakob* ist Inhaber eines Lehrstuhls für Privatrecht und Leiter des Zentrums für Stiftungsrecht an der Universität Zürich (http://www.zentrum-stiftungsrecht.uzh.ch), *Peter Picht* ist wissenschaftlicher Assistent am Lehrstuhl von Prof. Jakob.

[2] S. nur *Hopt/Reuter*, Stiftungsrecht in Europa: Eine Einführung; in: *Hopt/Reuter* (Hrsg.), Stiftungsrecht in Europa, Köln 2001, 1–21; *Mestmäcker/Reuter*, Stiftungen in Deutschland; Stiftungen in Europa, Baden-Baden 1971; *Säcker/Rixecker* (Hrsg.)/*Reuter*, Münchener Kommentar zum BGB, Band 1, 5. Aufl., München 2006, Vor § 80 Rn. 124 ff.

I. Einführung: Regelungslage und dogmatische Grundfragen

1. *Die „Implantierung" des trust als Folge der HTÜ-Ratifikation*

Seit dem 1.7.2007 ist für den Umgang der Schweiz mit dem anglo-amerikanischen *trust* das HTÜ massgeblich.[3] Zwar war der *trust* für das schweizerische Recht bereits zuvor kein unbekanntes Phänomen, seine Berücksichtigung erfolgte aber in den Formen des Schuld- und Gesellschaftsrechts.[4] Die Ratifikation des HTÜ hat nun einen Perspektivwechsel herbeigeführt: Der *trust* soll vom schweizerischen Recht nicht mehr als strukturell fremdes Institut gesehen werden, das erst in eine bekannte Rechtsform „umgedeutet" werden muss. Vielmehr wird er als Institut „*sui generis*" anerkannt[5] und im Grundsatz dem Recht unterstellt, nach dem er auch errichtet wurde (dem *trust*-Statut).[6]

Aus dieser, vielfach als Implantierung[7] bezeichneten, Form der Anerkennung darf indes nicht der Fehlschluss abgeleitet werden, es gäbe nun einen *trust gemäss Schweizer Recht*. Denn nach wie vor kann ein *trust* nur als Institut einer solchen ausländischen Rechtsordnung existieren, der er als eigene Rechtsfigur bekannt ist.[8] Charakteristisch für die Beurteilung rechtlicher Sachverhalte mit *trust*-Bezug ist daher ein Ineinandergreifen des jeweiligen trust-Statuts und des schweizerischen Rechts. Hierbei unterliegen dem *trust*-Statut etwa die Entstehung und Wirksamkeit des *trust*, seine Beendigung und seine Verwaltung durch den *trustee*.[9] Der dingliche Aspekt von Vermögens-

[3] Das Haager Übereinkommen vom 1. Juli 1985 über das auf Trusts anzuwendende Recht und über ihre Anerkennung ist für die Schweiz am 1.7.2007 in Kraft getreten, SR 0.221.371.

[4] Vgl. etwa BGE 96 II 79; BGer 4C–94/2005 v. 14.9.2005; *Amstutz/Breitschmid/Furrer/Girsberger/Huguenin/Müller-Chen/Roberto/Rumo-Jungo/Schnyder* (Hrsg.)/*Gassmann*, Handkommentar zum Schweizer Privatrecht, Zürich 2007, Art. 149a N 1 f. m.w.N.; *Seiler*, Trust und Treuhand im Schweizerischen Recht unter besonderer Berücksichtigung der Rechtsstellung des Trustees, Dissertation Zürich 2005, 109 ff.

[5] S. auch Art. 11 HTÜ, der einige Mindestbestandteile und Regelbeispiele für eine „Anerkennung" i.S.d. HTÜ nennt; vgl. zu allen Einzelheiten des Implementierungsprozesses *Jakob/Gauthey Ladner*, Die Implementierung des Haager Trust Übereinkommens in der Schweiz, IPRax 2008, 453 m.w.N.

[6] Das *trust*-Statut bestimmt sich nach Art. 6 f. HTÜ und hängt vorrangig von der Rechtswahl des *settlor* ab. Fehlt es an einer Rechtswahl, so ist das Recht maßgeblich, zu dem der *trust* die engste Verbindung aufweist, wobei das HTÜ als Kriterien zu Bestimmung der engsten Verbindung die Orte der Verwaltung, Vermögensbelegenheit und Zweckerfüllung des *trust* nennt sowie den gewöhnlichen Aufenthalt bzw. die Niederlassung des *trustee*.

[7] Vgl. etwa *Vogt*, Trusts und schweizerisches Recht (das Haager Trust Übereinkommen und die neuen Art. 149a–e IPRG), Anwaltsrevue 2007, 199.

[8] Vgl. zur Bedeutung der „Anerkennung" des *trust* und damit zum wesentlichen Gehalt des HTÜ etwa *Gutzwiller*, Trusts für die Schweiz, Anwaltsrevue 2007, 156; *Thévenoz*, Créer et gérer des trusts après l'adoption de la Convention de La Haye, Journée 2006 de droit bancaire et financier, 51.

[9] Vgl. Art. 8 HTÜ.

übertragungen in das oder aus dem *trust*-Vermögen, das Erbrecht und das Eherecht sind hingegen Beispiele für grundsätzlich nicht dem *trust*-Statut unterliegende Bereiche.[10]

2. *Die Regelungslage*

Die Ratifikation des HTÜ hat bereits einige Akte der Gesetzgebung und Richtliniensetzung im nationalen Schweizer Recht nach sich gezogen und es ist zu erwarten, dass weitere Normierungsschritte folgen werden.

An erster Stelle der hier herausgegriffenen Beispiele[11] sind die neuen Art. 149a–d IPRG[12] zu nennen. Mit ihnen hat der Gesetzgeber den Anwendungsbereich des HTÜ auf nicht schriftlich nachgewiesene *trusts* ausgedehnt (Art. 149a IPRG), die Zuständigkeiten und die Geltung des HTÜ zur Bestimmung des anwendbaren Recht festgelegt (Art. 149b und 149c IPRG), die Eintragung des *trust*-Verhältnisses in öffentliche Register vorgesehen (Art. 149d IPRG) sowie die Anerkennung *trust*-rechtlicher Entscheidungen geregelt (Art. 149e IPRG).[13]

Eine Wegleitung zur grundbuchlichen Behandlung von Trustgeschäften[14] enthält Empfehlungen insbesondere dazu, welche Anforderungen das Grundbuchamt bei der Grundstücksübertragung in ein oder aus einem *trust*-Vermögen zu stellen hat und wie die Zugehörigkeit eines Grundstücks zum *trust*-Vermögen im Grundbuch kenntlich gemacht werden kann. Schliesslich hat die Schweizer Steuerkonferenz die Ratifikation des HTÜ zum Anlass für ein Kreisschreiben zur *trust*-Besteuerung[15] genommen.[16]

[10] Vgl. Art. 4 und 15 HTÜ.

[11] Vgl. eingehender zu den Anpassungen im Schweizer Recht die Botschaft zur Genehmigung und Umsetzung des Haager Übereinkommens über das auf Trusts anzuwendende Recht und über ihre Anerkennung vom 2.12.2005 (Botschaft HTÜ), BBl. 2006, 551, insbesondere 581 ff. Die Botschaft kann abgerufen werden unter http://www.bj.admin.ch/bj/de/home/themen/wirtschaft/gesetzgebung/abgeschlossene_projekte/trust.html.

[12] Bundesgesetz vom 18. Dezember 1987 über das Internationale Privatrecht (IPRG) in der Fassung vom 3.10.2008, SR 291. Die Art. 149a ff. IPRG wurden eingeführt mit dem Bundesbeschluss vom 20.12.2006 über die Genehmigung und Umsetzung des Haager Übereinkommens über das auf Trusts anzuwendende Recht und über ihre Anerkennung, AS 2007, 2849.

[13] S. näher zu den Art. 149a ff. IPRG etwa *Jakob/Gauthey Ladner*, IPRax 2008, 453 m.w.N.

[14] *Eidgenössisches Amt für Grundbuch- und Bodenrecht*, Wegleitung zur grundbuchlichen Behandlung von Trustgeschäften (im Folgenden: Wegleitung *trust*) vom 28.6.2007 i.d.F. vom 14.8.2007, abrufbar unter http://www.bj.admin.ch/bj/de/home/themen/wirtschaft/grundbuch_egris.html.

[15] *Schweizer Steuerkonferenz*, Besteuerung von Trusts, Kreisschreiben 30 vom 22.8.2007, abrufbar unter http://www.steuerkonferenz.ch/pdf/ks_30.pdf.

[16] Vgl. zum Kreisschreiben etwa *Amonn*, Steuerrechtliche Aspekte des Trusts, in: *Wolf* (Hrsg.), Der Trust – Einführung und Rechtslage in der Schweiz nach dem Inkrafttreten des Haager Trust-Übereinkommens, Bern 2008, 79 mit den dortigen Literaturnachweisen.

3. Die Grundstruktur des trust mit dem trustee als Zuordnungssubjekt des trust-Vermögens

In der (vom englischen Recht geprägten) Grundform[17] des *trust* überträgt ein „*settlor*" Vermögen auf einen „*trustee*". Hierdurch wird der *trustee* im rechtlichen Sinne Eigentümer, er hält das Eigentum aber als eine Art Treuhänder für den „*beneficiary*", dem die wirtschaftlichen Vorteile aus dem Vermögen zugute kommen sollen.[18] Das *trust*-Gut bildet beim *trustee* ein Sondervermögen, in das persönliche Gläubiger des *trustee* nicht vollstrecken können. Vom *trustee* pflichtwidrig übertragenes *trust*-Gut kann der *beneficiary* im Wege des „*tracing*" für das *trust*-Vermögen zurückfordern. Für die Errichtung eines *trust* bedarf es keiner besonderen Form, drei Elemente (die „*three certainties*") müssen aber mit hinreichender Bestimmtheit feststellbar sein, nämlich der Zweck des *trust*, mindestens ein *beneficiary* sowie mindestens ein Vermögenswert, der *trust*-Gut wird. Dem Fortbestand eines *trust* wird durch die „*rule against perpetuities*" eine zeitliche Grenze gesetzt, welche das dauerhafte Auseinanderfallen von *legal* und *equitable title* verhindern soll.[19]

Der kundigen Leserschaft ist diese Grundstruktur bekannt, auf einen Aspekt soll aber doch besonders hingewiesen werden: Ein *trust*[20] als solcher ist kein Rechtssubjekt und kann nicht als Träger von Rechten und Pflichten angesehen werden. Vielmehr bildet die *Person des trustee* das Zuordnungssubjekt der Rechte und Pflichten „des *trust*".[21] Die Übertragung von Vermögenswerten „*auf den trust*" ist mithin als Vermögensübertragung „*auf den trustee*" zu verstehen. Hält man sich dies nicht vor Augen, so läuft man Gefahr, dem *trust* unbewusst doch Rechtssubjektivität zuzuschreiben und hierdurch in eine verfälschte Sichtweise auf seine rechtlichen Beziehungen zu geraten.[22]

[17] Trotz der zahllosen und tiefgreifenden Modifikationen, welche die grobe Grundstruktur eines *trust* in den verschiedenen *trust*-Jurisdiktionen gefunden hat, ist sie als gedanklicher Hintergrund auch für die hier erörterten Einzelfragen von Nutzen.

[18] Man spricht daher davon, dass der *trustee* Inhaber des „*legal title*" ist, während dem *beneficiary* ein „*equitable title*" zukommt.

[19] Vgl. zu Geschichte und Grundstruktur des *trust* statt aller *Hudson*, Understanding Equity & Trusts, 3. Aufl., Oxon 2008, 13 ff.

[20] Angemerkt sei an dieser Stelle, dass sich der vorliegende Beitrag lediglich mit dem durch Rechtsgeschäft errichteten *trust* (*express trust*) befasst. Jener bildet auch das Modellobjekt für die Regelungen des HTÜ, vgl. *Gutzwiller*, Schweizerisches internationales Trustrecht, Kommentar zum Haager Übereinkommen über das auf Trusts anzuwendende Recht und über ihre Anerkennung (HTÜ) vom 1. Juli 1985 und zur schweizerischen Umsetzungs-Gesetzgebung vom 20. Dezember 2006, Basel 2007, 42 f.

[21] Vgl. hierzu auch Art. 2 HTÜ sowie etwa *Böckli*, Der angelsächsische Trust – zivil- und steuerrechtliche Behandlung, GesKR 2007, 209.

[22] Im Folgenden soll daher, wenn eine Betonung der Rechtsinhaberschaft des *trustee* bei gleichzeitiger Bindung an den *trust* erforderlich erscheint, die Terminologie „*trust(ee)*" statt einfach nur „*trust*" oder „*trustee*" verwendet werden.

II. Die Errichtung eines *trust* in einer letztwilligen Verfügung nach Schweizer Recht

Die Errichtung eines „*testamentary trust*“, der das Vermögen des Erblassers nach dessen Tode erfasst, bildet in *trust*-Jurisdiktionen – unter anderem wegen steuerlicher Vorteile[23] – ein bedeutsames Mittel der Nachlassgestaltung.[24] Vor diesem Hintergrund mag es überraschen, dass in der Schweiz streitig diskutiert wird, ob der *testamentary trust* auch solchen Erblassern als Gestaltungsmittel zur Verfügung steht, deren Rechtsnachfolge von Todes wegen dem *schweizerischen* Recht unterliegt.[25] Kann also die Möglichkeit bejaht werden, innerhalb eines *Testaments nach schweizerischem Recht* einen „*trust* von Todes wegen“ zu errichten und den (teilweisen) Übergang der Erbmasse auf ihn vorzusehen? Die durchaus lebhafte Diskussion ist bisher nicht durch bundesgerichtliche Rechtsprechung für die Praxis kanalisiert worden.

1. *Der Meinungsstand*

Gewichtige Stimmen wenden sich gegen den *trust* von Todes wegen im oben beschriebenen Sinne.[26] Sie verweisen insbesondere auf den *numerus clausus* von Verfügungsarten, welche das schweizerische Erbrecht einem Erblasser zur Verfügung stellt, ohne hierbei auch die Errichtung eines *trust* vorzusehen.

Die – wohl leicht überwiegende – Gegenposition hält die Errichtung eines *trust* für vereinbar mit dem schweizerischen Erbrecht und seinem *numerus clausus*.[27] Gestützt wird dieser Ansatz im Wesentlichen entweder auf eine

[23] S. hierzu etwa *Dodge*, Will, Trusts, and Estate Planning Law and Taxation, Eagan 1996, 576; *Opton*, Decedents' Estates, Wills and Trust in the U.S.A., New York 1987, 67 ff.

[24] S. statt aller *Oakley*, Parker and Mellows: The Modern Law of Trusts, 9. Aufl., London 2008, 2 ff.

[25] Nach Art. 86 ff. IPRG bildet schweizerisches Erbrecht grundsätzlich dann das Erbstatut, wenn der Erblasser seinen letzten Wohnsitz in der Schweiz hatte. Lebt ein Schweizer Erblasser aber im Ausland oder ist der Erblasser mit Wohnsitz in der Schweiz ausländischer Staatsbürger, so kann er in einigen Fällen eine Rechtswahl zum Recht seines Heimatstaates treffen.

[26] So etwa *Guillaume*, Trust, réserves héréditaires et immeubles, AJP 2009, 33, 38; *Thévenoz*, Trusts en Suisse: Adhésion à la Convention de La Haye sur les trusts et codification de la fiducie – Trusts in Switzerland: Ratification of The Hague Convention on Trusts and Codification of Fiduciary Transfers, Zürich 2001, 215.

[27] S. (auch zu den verschiedenen dogmatischen Begründungen) insbesondere *Wolf/Jordi*, Trust und schweizerisches Zivilrecht – insbesondere Ehegüter-, Erb- und Immobiliarsachenrecht, in: *Wolf* (Hrsg.), Der Trust – Einführung und Rechtslage in der Schweiz nach dem Inkrafttreten des Haager Trust-Übereinkommens, Bern 2008, 60; *Perrin*, Le Trust à l'épreuve du droit successoral en Suisse, en France et au Luxembourg, Dissertation Lausanne

Vergleichbarkeit der *trust*-Errichtung mit bekannten erbrechtlichen Verfügungen[28] oder im Gegenteil darauf, dass die *trust*-Errichtung keine erbrechtliche Verfügung im eigentlichen Sinne darstelle und damit nicht dem *numerus clausus* unterliege.[29]

2. *Stellungnahme*

Indes: Nach unserer Auffassung ist die Frage, ob der *trust* von Todes wegen *innerhalb des schweizerischen Erbstatuts* mit dem *numerus clausus* letztwilliger Verfügungen vereinbar ist, falsch gestellt. Vielmehr unterliegt die Errichtung eines *trust* auch dann dem *trust*-Statut, wenn es sich um einen *trust* von Todes wegen handelt. Gilt aber insoweit das *trust*-Statut, kommt der *numerus clausus* von vorneherein nicht zur Anwendung. Mittels eines „Einbruchs" in das fremde *trust*-Statut könnte er sich nur durchsetzen, sofern der *numerus clausus* (bzw. seine einzelnen Bestandteile) als international zwingende „*loi d'application immédiate*" oder als Bestandteil des *ordre public* qualifiziert würde – ein Rang, den ihm nicht einmal energische Gegner des *trust* von Todes wegen einräumen möchten. Folglich ist die Errichtung eines *trust* von Todes wegen für grundsätzlich zulässig zu erachten.

Für unseren Ansatz spricht es, dass das HTÜ auch die Errichtung eines *testamentary trust* dem *trust*-Statut unterstellt.[30] Diese Anordnung kann die Schweiz nach Ratifikation des Abkommens schon aus völkerrechtlicher Perspektive nicht einfach missachten. Überdies kann die Versagung des *trust* von Todes wegen für Erblasser, die sich dieses Gestaltungsmittels bedienen möchten, ein Argument für die Abwahl des Schweizer Erbrechts bilden. Ob das ein von den Verteidigern des *numerus clausus* gewünschter Effekt wäre, erscheint unter anderem deswegen zweifelhaft, weil schweizerische Pflichtteilsrechte sich nach herrschender Meinung gegenüber einem ausländischen

2006, N 484 f.; *Mayer*, Das Haager Trust Übereinkommen; Auswirkungen und Vorteile einer Ratifikation aus rechtlicher Sicht, AJP 2004, 156, 161. Obgleich die Botschaft zur Ratifikation des HTÜ letztlich keine klare Position bezieht, steht sie dem *trust* von Todes wegen offenbar eher positiv gegenüber, s. Botschaft HTÜ, 551.

[28] Genannt wird hier insbesondere Art. 493 ZGB, der die Errichtung einer Stiftung durch Verfügung von Todes wegen vorsieht.

[29] Bemerkenswerterweise dürfte außerhalb der *trust*-spezifischen Diskussion die Zulässigkeit nicht streng erbrechtlicher Verfügungen in einem Testament herrschender Meinung entsprechen, obgleich sie vom *numerus clausus* nicht vorgesehen sind. Vgl. nur *Gmür* (Begr.)/*Hausheer*/*Becker*/*Meier-Hayoz* (Hrsg.)/*Tuor*, Berner Kommentar. Kommentar zum schweizerischen Privatrecht, Band 3: Das Erbrecht, 1. Abteilung: Die Erben, Bern 1952, Vorbem. zu Art. 481 ff. ZGB N 4 ff.

[30] S. hierzu etwa *Overbeck*, Explanatory Report on the 1985 Hague Trusts Convention, Den Haag 1985, Rn. 42. 81 ff.; *Hayton*, The Hague Convention on the law applicable to trusts and on their recognition, International and Comparative Law Quarterly 36 (1987) 260.

Erbstatut grundsätzlich nicht durchsetzen würden.[31] Will man daher den *trust* von Todes wegen zulassen, so nimmt die oben dargestellte überwiegende Auffassung mit ihrem Versuch, den *trust* von Todes wegen *innerhalb* des Schweizer Erbstatutes zu rechtfertigen, gegenüber der hier vorgeschlagenen Lösung unnötige dogmatische Umwege in Kauf.

III. Das Verbot von Familienfideikommiss und Unterhaltsstiftung durch Art. 335 ZGB als Grenze der *trust*-Gestaltung?

1. Die Normaussage des Art. 335 ZGB und ihre möglichen Auswirkungen auf die trust-Anerkennung

Art. 335[32] ZGB[33] wendet sich gegen bestimmte Formen der Schaffung dauerhafter, an eine Familie gebundener Sondervermögen. In seinem Absatz 1 schreibt er für Familienstiftungen einen Katalog von Ausschüttungszwecken vor. Hierdurch sollen so genannte Unterhaltsstiftungen verhindert werden, die voraussetzungslose Ausschüttungen an Familienmitglieder tätigen. In seinem Absatz 2 verbietet Art. 335 ZGB die Errichtung neuer Familienfideikommisse.[34] Historisches Ziel der Norm war es, der Entstehung feudalistischer Strukturen entgegenzuwirken und die (potentiellen) Begünstigten von Unterhaltsstiftungen oder Familienfideikommissen vor Müßiggang zu bewahren.

Trusts können durchaus auf eine Weise ausgestaltet werden, die mit Art. 335 ZGB in Konflikt gerät. Zentrale Auslöser einer solchen Konfliktstellung

[31] S. dazu noch unten IV.2.

[32] Art. 335 ZGB
[1] Ein Vermögen kann mit einer Familie dadurch verbunden werden, dass zur Bestreitung der Kosten der Erziehung, Ausstattung oder Unterstützung von Familienangehörigen oder zu ähnlichen Zwecken eine Familienstiftung nach den Regeln des Personenrechts oder des Erbrechts errichtet wird.
[2] Die Errichtung von Familienfideikommissen ist nicht mehr gestattet.

[33] Schweizerisches Zivilgesetzbuch vom 10. Dezember 1907 in der Fassung vom 5.10.2007, SR 210.

[34] Der Familienfideikommiss lässt sich definieren als ein durch privates Rechtsgeschäft gebundenes Sondervermögen, das grundsätzlich unveräusserlich und unbelastbar ist, von bestimmten Familienmitgliedern nacheinander in einer von vornherein festgelegten Folgeordnung genutzt wird und dazu bestimmt ist, die wirtschaftliche Kraft und das soziale Ansehen einer Familie dauernd zu erhalten; vgl. *Koehler/Heinemann*, Das Erlöschen der Familienfideikommisse und sonstigen gebundenen Vermögens, München 1940, 67; BGer 2P_168/2002 v. 25.11.2002; BGE 120 Ib 474, 483 ff. S. zur Rechtsnatur des Fideikommisses auch *Reuter*, Wiederbelebung der Fideikommisse im Rechtskleid der privatnützigen Stiftung?, in: *Hoyer/Hattenhauer/Meyer-Pritzl/Schubert* (Hrsg.), Gedächtnisschrift für *Jörn Eckert*, Baden-Baden 2008, 677–693, der eine „Wiederbelebung" des Fideikommisses in Gestalt der Familienstiftung im Rahmen des deutschen Rechtes sehr kritisch bewertet.

bilden eine lange Dauer des *trust*, die Begünstigtenstellung einer bestimmten Familie sowie die Voraussetzungslosigkeit von Zuwendungen aus dem *trust*. Gilt es, die Wirksamkeit eines solchen *trust* in der schweizerischen Rechtsordnung zu beurteilen, so stellt sich die Frage, ob Art. 335 ZGB seiner Anerkennung entgegensteht.

2. *Der Meinungsstand zur national- und internationalrechtlichen Bedeutungskraft des Art. 335 ZGB*

Auch wenn er *de lege lata* noch[35] als Bestandteil der schweizerischen Rechtsordnung akzeptiert werden muss, begegnet Art. 335 ZGB außerhalb des *trust*-rechtlichen Zusammenhanges heute nahezu einhellig deutlicher Ablehnung. Sie richtet sich vornehmlich gegen die antiquierten Normzwecke, die Unflexibilität des Zweckkataloges für Familienstiftungen und die hieraus resultierende Unattraktivität der schweizerischen Familienstiftung im Vergleich zu ähnlich gelagerten Rechtsinstituten anderer Rechtsordnungen.[36] Als besonders aktuelle und prominente Stimme in diesem Chor der Kritik ist eine Entscheidung des Schweizer Bundesgerichts vom 17. November 2009 hervorzuheben, die den Normzwecken der Bestimmung attestiert, sie hätten für die gegenwärtige Gesellschafts- und Wirtschaftsordnung der Schweiz und die in ihr schützenswerten Interessen ihre Relevanz verloren.[37]

Trotz dieses Hintergrundes findet sich für den *trust*-rechtlichen Zusammenhang eine Reihe von Stimmen, die eine ausnahmsweise Anwendung von Art. 335 ZGB zumindest dann befürworten, wenn der *trust* einen besonders engen Inlandsbezug aufweist (so genannter Binnentrust).[38]

[35] Bereits seit längerer Zeit wird über eine Abschaffung des Art. 335 ZGB diskutiert. Der Vorschlag, die Ratifikation des HTÜ zum Anlass für einen solchen Schritt zu nehmen, wurde allerdings nicht realisiert, um den Ratifikationsprozess nicht zu verlangsamen; vgl. auch die Darstellung des entsprechenden Reformvorschlages, abrufbar unter http://www.parlament.ch/D/Suche/Seiten/geschaefte.aspx?gesch_id=20033233.

[36] Vgl. hierzu statt vieler *Künzle*, Familienstiftung – Quo vadis?, in: *Breitschmid/Portmann/Rey/Zobl* (Hrsg.), Festschrift für *Hans Michael Riemer* zum 65. Geburtstag, Bern 2007, 190 f.; *Jakob*, Das Stiftungsrecht der Schweiz zwischen Tradition und Funktionalismus, ZEV 2009, 165; *Jakob/Gauthey Ladner*, IPRax 2008, 453; *Hamm/Peters*, Die schweizerische Familienstiftung – ein Auslaufmodell?, successio 2008, 248. Zur Familienstiftung des liechtensteinischen Rechts ausführlich *Jakob*, Die liechtensteinische Stiftung, Schaan 2009, Rn. 115 ff.

[37] BGE 135 III 614, E. 4.3.3: „En effet, à l'époque actuelle, c'est bien plutôt la lutte contre le chômage que celle contre le désoeuvrement qui représente une tâche étatique prioritaire en Suisse; autrement dit, le combat contre l'oisiveté n'a plus rien à voir avec la sauvegarde d'intérêts supérieurs. Quant aux biens de mainmorte, ils se rapportent à l'ancien régime et sont totalement étrangers au système économique de la Suisse moderne".

[38] S. etwa *Mayer*, Neue IPRG-Bestimmungen zum Trust, Basel 2009, 76 f.; *Schnyder*, Trust, Pflichtteilsrecht, Familienfideikommiss, in: FS *Riemer*, 349.

3. Art. 335 ZGB bildet kein Anerkennungshindernis für den trust

Über das wirksame Bestehen des *trust* befindet grundsätzlich das jeweilige *trust*-Statut. Art. 335 ZGB kann unter Geltung des HTÜ also nur dann in das *trust*-Statut eingreifen, wenn er als international zwingende *loi d'application immédiate* im Sinne des Art. 16 HTÜ interpretiert werden kann.[39]

Nach unserer Auffassung lässt sich jedoch eine solche Einordnung der Bestimmung vor dem Hintergrund der aktuellen Entwicklungen nicht mehr halten: Der Normsinn ist derart zweifelhaft und bezweifelt, dass es an einer rechtspolitischen Basis dafür fehlt, die Norm dem Geltungsanspruch fremder Rechtsordnungen und der Gestaltungsautonomie der Rechtsanwender überzuordnen.[40] Mit der Ratifikation des HTÜ hat der schweizerische Gesetzgeber seinen Willen zum Ausdruck gebracht, dem *trust* in seiner vielgestaltigen Wesensart Geltung zu verleihen; diese Wertentscheidung darf nicht leichtfertig durch nationalrechtliche Gestaltungsschranken untergraben werden, die dem *trust*-Recht fremd sind. Nicht zuletzt widerspräche die Einordnung des Art. 335 ZGB als Norm im Sinne des Art. 16 HTÜ der höchstrichterlichen Rechtsprechung. Beurteilungsgegenstand der hier bereits zitierten, in der Diskussion noch wenig beachteten Entscheidung vom 17. November 2009[41] war zwar kein *trust*, sondern eine Stiftung liechtensteinischen Rechts. Das Bundesgericht hat die Gelegenheit aber genutzt, um den Charakter des Art. 335 ZGB als Eingriffsnorm generell zu verneinen. Mithin kommt es nicht darauf an, ob eine auslandsrechtliche Stiftung oder ein auslandsrechtlicher *trust* in Konflikt mit Art. 335 ZGB tritt; die Norm kann die Anerkennung und Wirkung derartiger Institute nicht verhindern.[42]

IV. Trust und Pflichtteilsrechte

1. Pflichtteil und Herabsetzung nach Art. 527 ZGB

Auch im schweizerischen Recht sind die Nachkommen, die Eltern und der Ehegatte bzw. eingetragene Lebenspartner eines Erblassers pflichtteilsberechtigt (Art. 470 ff. ZGB). Allerdings ist der Pflichtteil nicht, wie im deut-

[39] Die Aufnahme der Bestimmung in den *ordre public* im Sinne des Art. 18 HTÜ dürfte sich schon wegen der massiven Zweifel der Rechtsgemeinschaft an ihrer Berechtigung verbieten. Sie wird – soweit ersichtlich – auch nicht mehr ernsthaft vertreten.

[40] Vgl. zu Charakter und Voraussetzungen international zwingender *lois d'application immédiate* etwa *Schnyder*, in: FS *Riemer*, 338 ff. m.w.N.; *Honsell/Vogt/Schnyder/Berti* (Hrsg.)/*Mächler-Erne/Wolf-Mettier*, Basler Kommentar zum Internationalen Privatrecht (IPRG), 2. Aufl., Basel 2006, Art. 18 N 10 ff.

[41] BGE 135 III 614, E. 4.3. S. dazu bereits oben III.2.

[42] Nicht eingegangen werden kann hier auf das Verbot mehrfacher Nacherbeneinsetzung aus Art. 488 ZGB, das sich in seinen Wirkungen teilweise mit Art. 335 ZGB überschneidet; vgl. dazu eingehend *Jakob/Picht*, AJP 7/2010, II.4.

schen Recht, als rein schuldrechtlicher Anspruch gegen die Erbengemeinschaft konzipiert, sondern grundsätzlich als echte (Not-)Erbberechtigung, die zu einer Beschränkung der Verfügungsbefugnis für den Erblasser im Umfang der Pflichtteile führt. Überträgt der Erblasser Vermögen durch eine Verfügung unter Lebenden, so können die Pflichtteilsberechtigten, soweit sie in ihrem Pflichtteil beeinträchtigt sind, unter den Voraussetzungen des Art. 527 ZGB[43] Herabsetzungsklage gegen die Verfügung erheben und auf diese Weise die betroffenen Vermögenswerte „zurückholen".[44]

2. *Die Geltung der Pflichtteilsrechte und der Herabsetzung auch gegenüber einem auslandsrechtlichen trust*

Sofern schweizerisches Recht nach Art. 86 ff. IPRG das Erbstatut bildet, unterfällt ihm auch die Gewährung von Pflichtteilsrechten. Damit muss aber das Erbstatut entscheiden, ob eine Verfügung des Erblassers Pflichtteilsrechte verletzt und daher mit den Mechanismen des schweizerischen Erbrechts korrigiert werden kann. Geschieht die Verletzung durch Vermögensübertragung auf einen *trust(ee)*, so bedeutet eine derartige Korrektur zwar zugleich eine Einwirkung auf den Geltungsbereich des *trust*-Statuts, weil sie sich auf die Gestalt, die Verwaltung und gegebenenfalls sogar die Existenz[45] des *trust* auswirkt. Die Einwirkung des Erbstatuts auf das *trust*-Statut ist für diesen Bereich aber vom HTÜ ausdrücklich in Art. 15 Abs. 1 lit. c HTÜ[46] vorge-

[43] Art. 527 ZGB
Der Herabsetzung unterliegen wie die Verfügungen von Todes wegen:
1. die Zuwendungen auf Anrechnung an den Erbteil, als Heiratsgut, Ausstattung oder Vermögensabtretung, wenn sie nicht der Ausgleichung unterworfen sind;
2. die Erbabfindungen und Auskaufsbeträge;
3. die Schenkungen, die der Erblasser frei widerrufen konnte, oder die er während der letzten fünf Jahre vor seinem Tode ausgerichtet hat, mit Ausnahme der üblichen Gelegenheitsgeschenke;
4. die Entäusserung von Vermögenswerten, die der Erblasser offenbar zum Zwecke der Umgehung der Verfügungsbeschränkung vorgenommen hat.

[44] Die folgenden Ausführungen beschränken sich auf die Herabsetzung von Verfügungen *unter Lebenden* nach Art. 527 ZGB als der gegenwärtig in der Schweiz am intensivsten diskutierten Konstellation. Die „normale" Herabsetzung von Verfügungen *von Todes wegen* nach Art. 522 ff. ZGB und die Ausgleichung nach Art. 626 ZGB bleiben hier damit außen vor.

[45] Führt die Korrektur dazu, dass kein *trust*-Vermögen mehr besteht, so kann der *trust* in aller Regel nicht fortbestehen, s. zu den „*three certainties*" schon oben I.3.

[46] Art. 15 [HTÜ].
Soweit von Bestimmungen des Rechts, auf das die Kollisionsnormen des Staates des angerufenen Gerichts verweisen, durch Rechtsgeschäft nicht abgewichen werden kann, steht das Übereinkommen der Anwendung dieser Bestimmungen nicht entgegen, insbesondere auf folgenden Gebieten:
[…]
c) Erbrecht einschliesslich Testamentsrecht, insbesondere Pflichtteil;
[…]."

sehen, so dass sich ein Rückgriff auf Art. 16 HTÜ als nicht erforderlich erweist. Somit ist festzuhalten, dass sich bei Geltung schweizerischen Erbrechts dessen Pflichtteilsrecht gegenüber dem *trust*-Statut durchsetzt und eine Korrektur von Vermögensübertragungen auf den *trust(ee)* erlaubt.[47]

Wird das Erbstatut hingegen von einem anderen Recht als dem schweizerischen gebildet, so ist es an jenem Recht, über den Bestand von Pflichtteilsrechten und die Mechanismen zu ihrer Durchsetzung zu befinden. Kennt das betreffende Erbrecht keine Pflichtteilsrechte, sieht es sie durch eine Vermögensübertragung auf einen *trust(ee)* nicht als verletzt an oder gewährt es aus sonstigen Gründen keine Korrekturmöglichkeit für die Übertragung, so stellt sich das Schweizer Recht diesem Ergebnis grundsätzlich nicht entgegen. Denn nach herrschender Auffassung bilden Pflichtteilsrechte keinen Bestandteil des schweizerischen *ordre public*.[48]

3. *Dogmatische Grundlage, Voraussetzungen und Folgen einer Herabsetzung*

a) Die Anwendung von Art. 527 Ziff. 3 und Ziff. 4 i.V.m. Art. 82 ZGB analog

Als Grundlage für die Herabsetzung lebzeitiger Zuwendungen an einen *trust(ee)* kommen insbesondere Art. 527 Ziff. 3 und Ziff. 4 ZGB in Betracht.

Mitunter wird man zum Ergebnis kommen (und es auch nachweisen können), dass der Erblasser die Vermögensübertragung „offenbar zum Zwecke der Umgehung der Verfügungsbeschränkung vorgenommen hat" und daher eine Herabsetzung nach Art. 527 Ziff. 4 ZGB möglich ist.

Hauptsächlich werden Vermögensübertragungen aber deswegen der Herabsetzung unterliegen, weil sie sich als unentgeltliche Zuwendungen darstellen, die nicht früher als fünf Jahre vor dem Tod des Erblassers erfolgten. Art. 527 Ziff. 3 ZGB sieht für derartige Zuwendungen eine Herabsetzung vor, sofern es sich bei ihnen um „Schenkungen" handelt. Art. 82 ZGB erstreckt diese Bestimmung in entsprechender Anwendung auf die Errichtung einer Stiftung; dies ist notwendig, weil es sich bei jener um eine einseitige Zuwen-

[47] So im Ergebnis auch die nahezu einhellige Meinung, vgl. etwa *Gutzwiller*, HTÜ, 110; *Bonnard/Ciola-Dutoit*, Trusts internes suisses: Objectifs recherchés et obstacles juridiques, AJP 2007, 1509, 1512.

[48] Gegen eine Einordnung des Pflichtteilsrechts als *ordre public*-Bestandteil etwa BGE 102 II 136, 140 f. mit der dort zitierten Literatur; *Schnitzer*, Handbuch des internationalen Privatrechts einschliesslich Prozessrecht, unter besonderer Berücksichtigung der schweizerischen Gesetzgebung und Rechtsprechung, Band 2, 4. Aufl., Basel 1958, 513. Es existieren freilich auch Stimmen, die für eine (ausnahmsweise) Anwendung Schweizer Pflichtteilsrechts auch bei ausländischen Erbstatuten votieren, vgl. etwa *Schnyder*, in: FS *Riemer*, 345.

dung *sui generis* und nicht um eine „Schenkung" handelt.[49] Auch die Übertragung von Vermögen auf einen *trust(ee)* wird man nicht als Schenkung, sondern als einseitiges Rechtsgeschäft *sui generis* zu qualifizieren haben.[50] Art. 527 Ziff. 3 ZGB sollte daher nicht direkt zur Anwendung gebracht werden, sondern über eine analoge Anwendung der Verweisungsnorm des Art. 82 ZGB.[51]

b) Der Fristanlauf im Sinne des Art. 527 Ziff. 3 ZGB

Bei der soeben erläuterten Anwendung von Art. 527 Ziff. 3 i.V.m. Art. 82 ZGB analog bildet die 5-Jahresfrist zwischen Zuwendung und Tod des *settlor* die zentrale Voraussetzung für eine Herabsetzung. Man wird bei ihrer Beurteilung in Betracht zu ziehen haben, ob der Anlaufzeitpunkt der Frist von der Rechtsstellung des *settlor* im Hinblick auf den *trust* beeinflusst wird. Denn auch bei der Parallelproblematik einer Stiftungserrichtung wird für den Anlauf der Frist verlangt, dass der Stifter die Stiftung nicht frei widerrufen kann, weil er sich ansonsten seines auf die Stiftung übertragenen Vermögens nicht endgültig entäußert hat.[52] Wendet man diesen Gedanken auf den *trust* an, so dürfte etwa bei Vorliegen eines *revocable trust* die Frist für eine Herabsetzung jedenfalls dann nicht zu laufen beginnen, wenn die Widerrufsmöglichkeit an keine besonderen Voraussetzungen geknüpft ist.

c) Die Folgen einer Herabsetzung für den *trust*

Kommt es zur Herabsetzung, so kann die hierdurch bewirkte Minderung des *trust*-Vermögens die Existenz des *trust*, die Erreichung seines Zwecks oder zumindest die existierenden Verwaltungsstrukturen infrage stellen.

[49] Dazu eingehend *Jakob*, Schutz der Stiftung, Tübingen 2006, 118 ff. Die an dieser Stelle ansetzende Diskussion im deutschen Recht, vgl. zu ihr *Jakob*, Die Haftung der Stiftung als Erbin oder „Beschenkte", Non Profit Law Yearbook 2007, Köln 2008, 113, 118 ff., wird im Schweizer Recht also durch Art. 82 ZGB ausdrücklich adressiert.

[50] Ebenso etwa *von Burg*, Der Trust in der Schweiz, in: *Baudenbacher* (Hrsg.), Aktuelle Entwicklungen des Europäischen und Internationalen Wirtschaftsrechts, Band IX, Basel 2007, 499; *Honsell/Vogt/Wiegand* (Hrsg.)/*Vogt*, Basler Kommentar zum Schweizerischen Obligationenrecht, OR I (Art. 1-529 OR), 4. Aufl., Basel 2006, Art. 239 N 31 m.w.N.

[51] Ähnlich *von Burg*, Trust in der Schweiz, 499. *Chappuis*, L'utilisation de véhicules successoraux dans un contexte international et la lésion de la réserve successorale: considérations de droit civil et de procedure, Semaine judiciaire 2005, 37, 61 f., zieht hingegen eine (exklusive?) Anwendung von Art. 527 Ziff. 3 und 4 ZGB vor.

[52] S. hierzu *Jakob*, Die liechtensteinische Stiftung, Rn. 243 m.w.N.; für das österreichische und deutsche Recht ausserdem *Jakob*, Stifterrechte zwischen Privatautonomie und Trennungsprinzip – Möglichkeiten und Konsequenzen der Einflussnahme des Stifters auf seine Stiftung unter Berücksichtigung aktueller Entwicklungen des schweizerischen, österreichischen und liechtensteinischen Rechts, in: *Bayer/Koch/Körber/Saenger* (Hrsg.), Gründen und Stiften – Festschrift für *Olaf Werner* zum 70. Geburtstag, Baden-Baden 2009, 110 m.w.N.

Über die Konsequenzen, die in einer solchen Situation zu ziehen sind, sollte indes nicht das (schweizerische) Erbstatut befinden, sondern das *trust*-Statut selbst.[53]

Festzuhalten ist freilich, dass aus Sicht des schweizerischen Rechtsanwenders nicht der Untergang des *trust* den automatisch anzunehmenden Regelfall bilden darf, jedenfalls solange nach der Herabsetzung noch *trust*-Vermögen vorhanden ist. Vielmehr ist auf den privatautonomen Gestaltungswillen des *settlor* Rücksicht zu nehmen und eine diesen Willen möglichst weitgehend wahrende Anpassung des *trust* zu versuchen.

d) Pflichtteil in Gestalt einer beneficiary-Stellung?

Literatur und Rechtsprechung in der Schweiz haben in den vergangenen Jahrzehnten den Grundsatz, dass der Pflichtteil in Gestalt einer echten Erbenstellung zugewandt werden muss, gelockert. Es kann demnach ausreichen, dass der Pflichtteilsberechtigte den *Wert* seines Noterbteils erhält, etwa durch Zuwendung unter Lebenden oder durch entsprechende Vermächtnisse.[54]

Diese Entwicklung berechtigt im Hinblick auf den *trust* zur Frage, ob nicht die Zuwendung des Pflichtteils auch in der Weise erfolgen kann, dass der *settlor* und Erblasser *den Pflichtteilsberechtigten als beneficiary eines trust* einsetzt. Pauschal zurückgewiesen werden sollten derartige Gestaltungen im Hinblick auf die beschriebene Auflockerung des Noterbrechts-Grundsatzes nicht.[55] Jedoch können sie im Hinblick auf den gebotenen Schutz der Pflichtteilsberechtigten nur dann akzeptiert werden, wenn sie Gestaltungen gleich stehen, die schon bisher im schweizerischen Erbrecht als Zuwendung des Pflichtteils akzeptiert werden.

Eine solche Gleichstellung, und damit eine „Pflichtteilserfüllung" durch den *trust*, wird man bei Erlangen der *beneficiary*-Stellung *zu Lebzeiten* des *settlor* nur dann akzeptieren können, wenn die Zuwendungen aus dem *trust* dem *beneficiary* tatsächlich zur freien Verfügung zufliessen und einen inhaltlichen Bezug zur Pflichtteilsberechtigung aufweisen. Sind diese beiden Kriterien gegeben, belaufen sich die im Zeitpunkt des Erbfalles erfolgten

[53] AA *Gutzwiller*, HTÜ, 110, gegen dessen Position freilich Art. 8 HTÜ spricht, der Bestand und Gestalt des *trust* ausdrücklich dem *trust*-Statut unterstellt.

[54] Vgl. nur den Überblick bei *Honsell/Vogt/Geiser* (Hrsg.)/*Staehelin*, Basler Kommentar zum Schweizerischen Zivilgesetzbuch, ZGB II (Art. 457–977 ZGB), 3. Aufl., Basel 2007, Art. 470 N 4; *Gmür* (Begr.)/*Hausheer/Walter* (Hrsg.)/*Weimar*, Berner Kommentar. Kommentar zum schweizerischen Privatrecht, Band 3: Das Erbrecht, 1. Abteilung: Die Erben, 1. Teilband: Die gesetzlichen Erben. Die Verfügungen von Todes wegen, Bern 2009, Vorbemerkung vor Art. 470 N 19.

[55] Sehr kritisch aber *Gutzwiller*, HTÜ, 110. Eingehend wird die Frage, soweit ersichtlich, in der Schweiz noch nicht diskutiert.

Zuwendungen aus dem *trust* aber nicht auf die volle Höhe des Pflichtteilswertes, so kommt eine Anrechnung der Zuwendungen auf den Pflichtteil in Betracht.

Sollen Pflichtteilsrechte *nach dem Tode* des *settlor* durch eine *beneficiary*-Stellung abgegolten werden, so wird es auf die Höhe, Sicherheit und Verfügbarkeit der mit einer *beneficiary*-Stellung verbundenen Zuwendungen ankommen. An einer (vollumfänglichen) Befriedigung des Pflichtteilsberechtigten wird es daher fehlen, wenn die vorgesehenen Zuwendungen aus dem *trust* den Wert des Noterbrechts nicht erreichen oder der *trust* ein zu geringes Vermögen aufweist, um Zuwendungen in genügender Höhe sicherzustellen. Handelt es sich nicht um einen *fixed interest trust*, sondern um einen *discretionary trust*, so wird der Erhalt genügender Zuwendungen in aller Regel nicht hinreichend gewiss sein.[56] Schränkt der *trust* – etwa durch weit reichende Verwaltungsbefugnisse des *trustee*, durch eine über lange Dauer gestreckte Auszahlung oder durch Zuwendung nur beschränkt verkehrsfähiger Güter[57] – den Zugriff auf den Pflichtteilswert übermässig ein, so wird es an der tatsächlichen Verfügbarkeit des Pflichtteiles mangeln. Ausserdem wird man auch für Zuwendungen nach dem Tode des Erblassers bzw. *settlor* verlangen müssen, dass ein inhaltlicher Konnex zur Pflichtteilsrechtsberechtigung besteht, der *beneficiary* die Zuwendungen also nicht etwa zusätzlich zu seinem Pflichtteil erhalten soll.

V. Leitwertungen für die *trust*-Implantierung

Schon dieser kurze Beitrag hat gezeigt, dass die Implantierung des *trust* ins schweizerische Rechtssystem die Klärung vielfältiger Aspekte verlangt. Dieser Prozess sollte nicht im Wege einer *ad hoc*-Beantwortung isolierter Teilfragen vonstatten gehen, die wenig Rücksicht auf eine Stimmigkeit des Gesamtbildes nehmen würde und zu Wertungswidersprüchen führen könnte. Vielmehr gilt es, die einzelnen Elemente der Implantierung aufeinander abzustimmen und Leitwertungen herauszuarbeiten, die ein kohärentes Gesamt-

[56] Hierauf stellen auch *Wolf/Jordi*, Trust, 65, sowie *Künzle*, Rezension zu Peter Max Gutzwiller, „Schweizerisches Internationales Trustrecht", Basel 2007, successio 2007, 198, 199, ab. Vgl. allgemein zum *fixed interest* bzw. *discretionary trust* etwa *Penner*, The Law of Trusts, 3. Aufl., Oxford 2002, 55. In diesem Kontext sei auch gesagt, dass sich mit dem Ermessen des *trustee* die Frage verbindet, welche Grenzen die Grundsätze der formellen und materiellen Höchstpersönlichkeit dem *trust* von Todes wegen setzen. Auf sie näher einzugehen, muss sich an dieser Stelle freilich verbieten.

[57] Die h.M. fordert für die Anrechnung einer Zuwendung auf den Pflichtteil zu Recht, dass die Zuwendung in Eigentum an unproblematisch verkehrsfähigen Vermögenswerten bestehe, vgl. dazu nur die Nachweise bei BK-*Weimar*, Vorbemerkung vor Art. 470 N 19.

system fördern und zugleich ausschlaggebend für die Lösung von Einzelproblemen sein können.

Zu diesen Leitwertungen sollte nach unserer Auffassung der Grundsatz der *trust-Freundlichkeit* zählen. Der Schweizer Gesetzgeber hat mit der Ratifikation des HTÜ eine Grundsatzentscheidung für die Einbindung eines fremden Rechtsinstitutes getroffen. Aus dieser Entscheidung sprechen unter anderem der Wille zur Förderung des Rechts- und Finanzstandortes Schweiz sowie das Zutrauen in die Integrationskraft und Flexibilität der Schweizer Rechtsordnung. Diese Anliegen sollten nicht durch zaghafte Haltung in den Details – etwa bezüglich des *trust* von Todes wegen – konterkariert werden.

In enger Beziehung zu einer *trust*-freundlichen Grundhaltung steht der Respekt vor dem *privatautonomen Gestaltungswillen des settlor*. Bedarf es beispielsweise einer Anpassung des *trust* an veränderte Rahmenbedingungen oder Schranken der schweizerischen Rechtsordnung, so müssen sich diese Operationen grundsätzlich am Willen des *settlor* orientieren.

Zugleich ist aber Bedacht zu nehmen auf die Wahrung *konkreter schutzwürdiger Drittinteressen*: Personen, die nicht zu den unmittelbar gestaltenden Beteiligten des *trust*-Verhältnisses gehören, von den Rechtswirkungen des *trust* aber gleichwohl betroffen sind, müssen nicht schon deswegen Nachteile akzeptieren, weil sich diese aus einer unumschränkten Geltung des *trust* und des auf ihn anwendbaren Statuts ergeben würden. So darf etwa die Bereitstellung des *trust* als neues Gestaltungsinstrument nicht zu einem faktischen Wegfall von Pflichtteilsrechten führen. Hingegen wird man fiskalische Erwägungen oder formale Belange des Rechtsverkehrs eher modifizieren können, wenn dies für eine effektive Anerkennung des *trust* und seiner Wirkungen erforderlich ist.

Zielvorgabe der Implantierung muss es schließlich sein, dass das Rechtsinstitut des *trust* und das schweizerische Recht zu einem kohärenten und funktionsfähigen Gesamtsystem zusammenfinden. Hierbei werden nach Art einer „praktischen Konkordanz" beiderseitige Modifikationen und Kompromisse erforderlich sein. Keinesfalls darf dabei aber der *trust* einer schleichenden „Umdeutung" in bekannte Institute des Schweizer Rechts unterliegen. Er muss ein *Rechtsinstitut sui generis* bleiben und als solches in das schweizerische Rechtsgefüge eingebunden werden.

VI. Ausblick

Mit der Ratifikation des HTÜ und der daraus folgenden Implantierung des *trust* hat sich die Schweiz eine anspruchsvolle Aufgabe gestellt, die aber auch beträchtliche Chancen birgt: Eine Rechtsordnung kann in ihrer nationalen und grenzüberschreitenden Handhabung an Qualität gewinnen, wenn sie sich den Umgang mit auslandsrechtlichen Instituten zutraut und aus diesem heraus ihre Sicht auf den eigenen Rechtsbestand schärft. Zugleich bildet ein Ambiente, das einer Vermögensperpetuierung freundlich gestimmt ist und ihr vielfältige Gestaltungsformen einräumt, keinen unwesentlichen Standortgesichtspunkt.

In Deutschland ist der Umgang mit dem Rechtsinstitut *trust* zurückhaltender, eine Ratifikation des HTÜ ist nicht erfolgt und es ist vielfach eine „Übersetzung" *trust*-rechtlicher Gestaltungen in die Mechanismen des deutschen Rechts zu beobachten, insbesondere im erbrechtlichen Bereich.[58] In dieser Situation bieten die Entwicklungen in der Schweiz aus deutscher Sicht ein erhebliches Anschauungspotential: die Chance nämlich, das „*trust*-Experiment" einer verwandten Rechtsordnung zu verfolgen und von den Erfahrungen des Nachbarn zu lernen. Diese Chance sollte aktiv genutzt werden, auch zu einer kritischen Überprüfung der eigenen Position.

[58] Vgl. als Überblick etwa *von Staudinger (Begr.)/Kropholler (Red.)/Dörner*, Kommentar zum Bürgerlichen Gesetzbuch mit Einführungsgesetz und Nebengesetzen, Einführungsgesetz zum Bürgerlichen Gesetzbuche/IPR, 14. Aufl., Neubearbeitung 2000, Art. 25 EGBGB Rn. 424 ff., 431 m.w.N.

Besitzschutz und Nutzungsinteresse

Detlev Joost

Ich lieg' und besitz'.
Fafner

Der Besitz, so wie er seine Regelung im Bürgerlichen Gesetzbuch erfahren hat, ist eine schwer zu erfassende Erscheinung. Er bleibt gesetzlich undefiniert, er entsteht mit der Erlangung der tatsächlichen Sachherrschaft und ist diese erstaunlicherweise zugleich (§ 854 Abs. 1 BGB), er setzt aber für sein weiteres Bestehen keine gleich intensive Sachherrschaft voraus (§ 856 BGB), er soll auch Personen zustehen, die keine tatsächliche Sachherrschaft haben (§§ 857, 868 BGB), und gewissen Personen, die sie haben, steht er nicht zu (§ 855 BGB); das ist schon etwas mysteriös. Eine derart schillernde Erscheinung bereitet jeder Analyse beträchtliche Schwierigkeiten. So nimmt es nicht Wunder, dass sich grundsätzliche Fragen des positiven Rechts des Besitzes immer neu stellen ungeachtet des Umstandes, dass gerade der Besitz als rechtliche Regelung ein ehrwürdiges Alter hat und man deshalb geradezu gegenteilig erwarten könnte, dass alle grundsätzlichen Fragen seit langem geklärt sind.

Es herrscht aber weder Klarheit noch Einigkeit. Eine aktuelle Entscheidung des Bundesgerichtshofs[1] zur Besitzstörung lässt dies wieder einmal deutlich werden. Es mag ein Ausdruck der schlechten Zeiten sein, in denen wir leben, dass sich die Instanzrechtsprechung in den letzten Jahren vermehrt mit Fällen zu befassen hatte, in denen gegenüber einem Wohnungsmieter oder einem gewerblichen Mieter von Räumen der Bezug von Energie, Wasser, Wärme etc. gesperrt wird.[2] Der Bundesgerichtshof hatte erst jüngst in der bereits erwähnten Entscheidung eine Gelegenheit, zur Frage der mit einer Versorgungssperre verbundenen Besitzstörung grundsätzlich Stellung zu beziehen. Der zugrunde liegende konkrete Sachverhalt ist nicht unbedingt typisch, wohl aber die durch ihn aufgeworfene Rechtsfrage. Ein Mieter von Gewerberäumen bezog Warmwasser und Heizung nicht unmittelbar von einem entsprechenden Versorgungsunternehmen, sondern von seinem Ver-

[1] BGH Urt. v. 6. Mai 2009, XII ZR 137/07, BGHZ 180, 300 ff.

[2] Siehe aus der obergerichtlichen Rechtsprechung z.B. OLG Köln NZM 2000, 1026 ff.; OLG Koblenz RdL 2000, 236 ff.; OLG Köln NJW-RR 2005, 99 f.; KG NJW-RR 2004, 1665 ff.; OLG Celle NJW-RR 2005, 1383 f.; KG ZMR 2005, 951 f.; OLG Saarbrücken NJOZ 2006, 2059 ff.; OLG Frankfurt NZM 2006, 869 ff.

mieter. Im weiteren Verlauf des Mietverhältnisses zahlte der Mieter zunächst die Nebenkosten und später auch die Grundmiete nicht mehr. Der Vermieter stellte daraufhin die Versorgung mit Warmwasser ein. Zwei Jahre später drohte der Vermieter seinem Mieter, die Versorgung mit Heizwärme zu unterbrechen. Der Mieter ließ ihm dies durch eine einstweilige Verfügung untersagen. Die einstweilige Verfügung wurde wieder aufgehoben, weil die vom Mieter eingereichte Hauptsacheklage mangels Vorschusszahlung nicht zugestellt worden war. Danach drohte der Vermieter erneut eine Versorgungssperre an und kündigte auch den Mietvertrag wegen Zahlungsverzugs gleich mehrfach. Mit seiner Klage will der Mieter dem Vermieter die angedrohte Versorgungssperre untersagen lassen.

Die Gestaltung ist, wie gesagt, nicht gerade typisch, zeigt aber doch das grundlegende Problem auf. Der Mieter ist auf die Versorgung angewiesen, der Versorger ist ohne Bezahlung dazu nicht bereit. Die Versorgung und deren Bezahlung haben auf vertragsrechtlicher Grundlage zu erfolgen. Die Wirkungen der Versorgung bzw. der Versorgungssperre treten aber bei der tatsächlichen Nutzung der Mieträume, also auf der Ebene des Besitzes der Mieträume ein. Dies wirft die Frage des Besitzschutzes auf, also die Frage nach einem (ggf. vorbeugenden) Unterlassungsanspruch des Besitzers wegen einer Besitzstörung nach § 862 BGB.

Die in der bisherigen Rechtsprechung und Literatur dazu vertretenen Auffassungen lassen sich im Wesentlichen in zwei Gruppen gliedern. Nach h.M. ist die Unterbrechung der laufenden Versorgung eine verbotene Eigenmacht gem. § 858 BGB,[3] die den Unterlassungsanspruch nach § 862 BGB auslöst.[4] Ein Teil der h.M. ist der Auffassung, dass die Unterbrechung der Versorgungsleistung zwar grundsätzlich eine verbotene Eigenmacht sei; eine verbotene Eigenmacht liege aber nicht vor, wenn der Vermieter (Versorger) es unterlasse, eine Vorleistung zu erbringen, zu der er nicht verpflichtet ist.[5] Die Gegenansicht geht dahin, dass durch die Einstellung der Versorgung in den Besitz nicht eingegriffen werde und deshalb in keinem Fall eine Besitzstörung vorliege.[6] Die für diese Ansicht vielfach herangezogene Entschei-

[3] OLG Celle NJW-RR 2005, 1383; KG ZMR 2005, 951.

[4] OLG Köln NZM 2000, 1026 f.; OLG Koblenz RdL 2000, 236 f.; OLG Köln NJW-RR 2005, 99 f.; KG ZMR 2005, 951; OLG Saarbrücken NJOZ 2006, 2059 ff. Diese Auffassung wird auch im Schrifttum weitgehend vertreten: Staudinger/*Bund*, BGB, Neubearbeitung 2007, § 858 Rn. 53 m.w.N.; *Hinz* NZM 2005, 841, 846 f.; *Gaier* ZWE 2004, 109, 113; wohl auch Westermann/*Gursky*, Sachenrecht, 7. Aufl. 1998, S. 134.

[5] *Joost* in Münchener Kommentar zum BGB, 5. Aufl. 2009, § 858 Rn. 5; zustimmend Soergel/*Stadler*, BGB, Stand 2002, § 858 Rn. 8; *Bub/Gaier/Kraemer*, Handbuch der Geschäfts- und Wohnraummiete, 3. Aufl. 1999, III. Rn. 1220; wohl auch Erman/*Lorenz*, BGB, 12. Aufl. 2008, § 858 Rn. 3. S. dazu auch *Derleder* NZM 2000, 1089, 1100 m.w.N.

[6] LG Berlin BeckRS 2009, 12542; *Ulrici* ZMR 2003, 895, 896 f.; *Hempel* NZM 1998, 689, 691 (s. auch *ders.* WuM 1998, 646 ff.); *Scheidacker* NZM 2005, 281, 286 f.; *Herrlein* NZM 2006, 527, 530; *Scholz* NZM 2008, 387 ff.; *Bub/Gaier/v. Martius* Fn. 5, III. Rn. 1152; *Streyl* DWW 2009, 82, 87 und WuM 2006, 234 ff.; *Mummenhoff* DWW 2005, 312, 315.

dung des Kammergerichts vom 17. Dezember 1998 gehört nicht hierher.[7] Dort wird eine Besitzstörung abgelehnt, weil das Mietverhältnis beendet war und es damit an einer Verpflichtung des Vermieters zur Versorgung fehlte.[8] Die Entscheidung entspricht damit der differenzierenden Ansicht innerhalb der h.M.

Da der Mieter die Nebenkosten im Falle der Entscheidung des Bundesgerichtshofes vom 6. Mai 2009 nicht bezahlt hatte und für eine dauernde Vorleistungspflicht des Vermieters keine Anhaltspunkte bestanden, hätte die Frage einer Besitzstörung offengelassen und der Unterlassungsanspruch wegen des Nichtbestehens der Vorleistungspflicht abgelehnt werden können. Der Bundesgerichtshof nimmt die Entscheidung aber zum Anlass, mit eingehender Begründung mit der Mindermeinung eine Besitzstörung grundsätzlich auszuschließen und den Unterlassungsanspruch in jedem Fall zu versagen, weil kein Eingriff in die Sachherrschaft vorliege und sich der Versorgungsanspruch nicht aus dem Besitzschutz, sondern nur aus der vertraglich vereinbarten Nutzung ergebe.[9] Die Rechtsfrage wird damit für die Praxis (jedenfalls zunächst) erledigt sein. Die Entscheidung des Bundesgerichtshofs ist indessen bedenklich und wirft interessante Grundsatzfragen des Besitzrechts auf.

I. Der Besitz und das Recht zum Besitz

Die Anerkennung des Besitzes – nur von dem unmittelbaren Besitz ist im Folgenden die Rede – durch die Rechtsordnung als einer schützenswerten Rechtsposition hat verschiedene Wirkungsrichtungen, die sich als Funktionen des Besitzes auffassen lassen. Im Mittelpunkt der Betrachtung des Besitzes steht zumeist die Regelung über die verbotene Eigenmacht. Sie gewährt dem Besitzer als solchem, also ohne Rücksicht auf einen Rechtsgrund für seinen Besitz, die Gewaltrechte. Indessen: Auch wenn es im Rechtsunterricht eine spektakuläre Aussage ist, dass selbst der Dieb einer Sache sich mit Gewalt wehren darf, wenn sie ihm wieder weggenommen wird, das primäre und wesentliche Anliegen der Regelung ist dies nicht. Der Besitz wird nicht, jedenfalls nicht allein, um seiner selbst willen geschützt, gleichsam als *nudum factum*. Die rechtliche Regelung des Besitzes dient menschlichen Interessen. Das Interesse des Menschen bezieht sich in der Regel nicht auf das bloße Haben einer Sache. Gewöhnlich wird die besessene Sache genutzt, wobei der Besitzer die Art der Nutzung bestimmt, etwa die Nutzung von Räumen als

[7] KG GE 2004, 622.
[8] S. die entsprechende Klarstellung in KG ZMR 2005, 951, 952; ebenso KG NJW-RR 2004, 1665, 1666 f. und KG NZM 2007, 923 f.
[9] BGH BGHZ 180, 300, 308 f.

Wohnräume. Wenn die Rechtsordnung den Besitz schützt, so dient dies dem Schutz der Nutzung.[10] Die Anknüpfung des Schutzes an den Besitz als tatsächliche Sachherrschaft beruht auf dem Umstand, dass dies die einfachste legislatorische Maßnahme ist, der Vielgestaltigkeit der Nutzungsmöglichkeiten bei Ausübung der tatsächlichen Sachherrschaft zu entsprechen.

Der Regelfall, der die Grundlage der rechtlichen Regelung bildet, ist der berechtigte Besitz, also der Besitz, der einen Rechtsgrund hat. Dieser Umstand wird leicht dadurch verdeckt, dass der Besitzschutz nicht an den Vertrag als das den berechtigten Besitz des Fremdbesitzers ausweisende Rechtsverhältnis anknüpft, sondern eben an den Besitz. Dies ändert aber nichts daran, dass dem Besitz die wesentliche Funktion zukommt, in einer auf der Unterscheidung von dinglichem Recht und obligatorischem Recht beruhenden Zivilrechtsordnung dem obligatorischen Recht einen dem Eigentum ähnlichen[11] oder sogar gleichen Rechtsschutz zu gewähren. Hierauf beruht die weitgehende Textgleichheit in § 862 Abs. 1 BGB einerseits und § 1004 Abs. 1 BGB andererseits. So hat etwa der besitzende Mieter, auch wenn er kein absolutes dingliches Recht an der Sache hat, durch den Besitz gleichwohl eine gegenüber jedermann geschützte Rechtsposition, die schon mehrfach als Verdinglichung des obligatorischen Rechts angesprochen worden ist.[12] Über die allgemeine Selbsthilfe (§§ 229 ff. BGB) geht dies weit hinaus und stellt sich damit als eine bedeutende Besonderheit des Besitzrechts dar.

Wenn die gesetzliche Regelung des Schutzes des Besitzes gleichwohl von dem Recht zum Besitz absieht, so beruht dies darauf, dass der vieldiskutierte rechtspolitische Grund für den allgemeinen Besitzschutz durch die natürlichen Anschauungen über die Herrschaftssphäre einer Person vorgegeben wird[13] und das Recht zum Besitz insoweit keine Rolle spielt. Dies schließt es aber bei der Beurteilung einzelner Rechtsfragen keineswegs aus, dass dem Recht zum Besitz eine geradezu maßgebliche Bedeutung zukommen kann. Das zeigt sich deutlich bei der Fragestellung, ob der Besitz deliktischen Schutz nach § 823 Abs. 1 BGB genießt. Die h.M. nimmt dies zwar an, aber nur für den Fall, dass es sich um einen berechtigten Besitz handelt.[14] Die klare Trennung zwischen dem Besitz und dem Recht zum Besitz besagt also als solche noch nichts allgemein darüber, ob Besitzfragen ganz unabhängig von dem Recht zum Besitz zu beurteilen sind und ob der berechtigte und der unberechtigte Besitzer in jedem Falle besitzrechtlich gleich zu behandeln sind.

[10] S. *Baur/Stürner*, Sachenrecht, 18. Aufl. 2009, S. 64: Mit dem Besitz würden die hinter ihm liegenden Interessen geschützt.

[11] Westermann/*Gursky* Fn. 4, S. 67.

[12] *Dulckeit*, Die Verdinglichung obligatorischer Rechte, 1951; *Canaris*, Festschrift für Flume, 1978, Band I, S. 371 ff.

[13] *Joost* in Münchener Kommentar zum BGB, Fn. 5, Vor § 854 Rn. 16.

[14] BGH BGHZ 73, 355, 362; BGH BGHZ 79, 232, 236 ff.; BGH BGHZ 114, 305, 312. Eingehend dazu *Sosnitza*, Besitz und Besitzschutz, 2003, S. 258 ff.

II. Der Besitz und das Nutzungsinteresse

Die das Abwehrrecht auslösende Besitzstörung wird gemeinhin definiert als jede Besitzbeeinträchtigung außer der Entziehung der Sache.[15] Geht man davon aus, ist die Frage nach der Besitzstörung so zu stellen, ob durch die Versorgungssperre der Besitz beeinträchtigt wird. Die Entscheidung des Bundesgerichtshofs vom 6. Mai 2009 beruht maßgeblich auf seiner Erwägung, der Besitz umfasse „lediglich den Bestand der tatsächlichen Sachherrschaft", so dass ein Eingriff nur vorliege, wenn der Besitzer „in dem Bestand seiner tatsächlichen Sachherrschaft beeinträchtigt" wird bzw. „die sich aus dem bloßen Besitz ergebende Nutzungsmöglichkeit" eingeschränkt wird.[16] Die mit der Vorstellung eines „bloßen Besitzes" verbundene Reduktion des Besitzschutzes auf ein reines Bestandsinteresse wird dem Zweck des gesetzlichen Besitzschutzes jedoch nicht gerecht. Wer eine Sache seiner Herrschaftssphäre einverleibt, bestimmt durch die Ausübung seiner Sachherrschaft zugleich, wie er die Sache nutzt. Es geht also nicht nur um die Einfügung in eine Herrschaftssphäre, sondern zugleich um die Einfügung in eine Interessenssphäre.[17] Ungeachtet der Frage, ob der Besitzer zu der Nutzung ein Recht hat, besteht sein Interesse darin, nicht von anderen Personen in dieser Ausübung seiner Sachherrschaft eigenmächtig gestört zu werden.

Eine genaue Abgrenzung, was als Störung „im Besitz" (so § 858 Abs. 1 BGB) anzusehen ist, fehlt im Gesetz. Es wird deshalb seit langem auf die für das Eigentum geltenden Regelungen zurückgegriffen, insbesondere §§ 1004, 906 ff. BGB.[18] Die sich daraus ergebende Rechtsposition des Besitzers hinsichtlich des Schutzes seines Besitzes ist mit der Beschränkung auf die bloße Sachherrschaft im Sinne eines bloßen Bestandsinteresses nicht erklärbar. Wenn z.B. ein Grundstücksnachbar durch die Zuführung von Imponderabilien (§ 906 Abs. 1 Satz 1 BGB) die Benutzung des Grundstücks des Besitzers nicht unwesentlich beeinträchtigt, lässt sich schwerlich sagen, dass die sich aus dem „bloßen Besitz" ergebende Nutzungsmöglichkeit eingeschränkt wird. Der Besitzer kann immer noch seine Sachherrschaft ausüben. Gleichwohl wird durch den Vorgang der Besitzschutz ausgelöst, weil das Nutzungsinteresse des Besitzers wie bei einem Eigentümer geschützt wird. Dieses Nutzungsinteresse gibt der Besitzer wie ein Eigentümer selbst vor; dies ist eine Wirkung der Analogie zu § 906 BGB.

[15] *Wolff/Raiser*, Sachenrecht, Zehnte Bearbeitung 1957, § 17 I. 2.; Westermann/*Gursky* Fn. 4, S. 133.

[16] BGH BGHZ 180, 300, 307.

[17] *Heck*, Grundriß des Sachenrechts, Zweiter Neudruck der Ausgabe Tübingen 1930, 1970, § 3 a) 1.

[18] *Heck* Fn. 17, § 13 a) 3.; Soergel/*Stadler* Fn. 5, § 858 Rn. 8; *Joost* in Münchener Kommentar zum BGB, Fn. 5, Rn. 5.

Auch andere Vorgänge, die als Besitzstörung angesehen werden, lassen sich mit der Reduktion auf die sich aus dem „bloßen Besitz" ergebenden Nutzungsmöglichkeiten nicht hinreichend erklären.[19] Einige Beispiele mögen das verdeutlichen. In der Rechtsprechung sind z.B. psychische Einwirkungen als Besitzstörung angesehen worden.[20] Der Bundesgerichtshof meint, derartige Einwirkungen hinderten den Besitzer an der Ausübung der tatsächlichen Sachherrschaft und unterschieden sich von der Versorgungssperre.[21] Gewiss unterscheiden sich die Einwirkungen; eine Begründung aber, weshalb sich dies unterschiedlich auf den Besitzschutz auswirken soll, fehlt. Durch psychische Einwirkungen wird die Beziehung des Besitzers zur Sache im Sinne eines „bloßen Besitzes" schwerlich beeinträchtigt. Die Einwirkung betrifft das Verhalten des Besitzers hinsichtlich der von ihm bestimmten Nutzung der Sache. Dies gilt etwa für verbale Verunsicherungen, die als Besitzstörung angesehen wurden.[22] Sie wirken sich nicht unmittelbar auf die Sachherrschaft aus, sondern auf das Verhalten des Besitzers. Der Tatbestand einer Besitzstörung ist demnach keineswegs auf die sich aus der bloßen Sachherrschaft ergebende Nutzungsmöglichkeit beschränkt.

In der Rechtsprechung wird die Behinderung der Ausfahrt aus einem Grundstück durch verbotswidriges Parken als Eigentumsstörung nach § 1004 BGB angesehen.[23] Gleiches muss für den Besitz gelten, also etwa für den Mieter des Grundstücks. Wird hier aber in den Bestand der tatsächlichen Sachherrschaft eingegriffen? Das die Zufahrt hindernde Fahrzeug steht immerhin nicht auf dem angemieteten Grundstück (dies wäre unzweideutig eine Besitzstörung oder eine teilweise Besitzentziehung), sondern davor auf der öffentlichen Straße. Das Grundstück bleibt also gegenständlich davon im Wortsinne unberührt. Der Bundesgerichtshof nimmt einen Eingriff beim Besitz von Räumen gleichwohl an, wenn der Zugang des Besitzers zu den Räumen erschwert wird.[24] Die Sachherrschaft über die Räume bleibt aber in diesem Fall erhalten. Bei einem Grundstück, dessen Zufahrt zugeparkt wird, kann der Besitzer die Sachherrschaft über das Grundstück durchaus weiter ausüben (vielleicht bemerkt er das vorübergehende Zuparken der Zufahrt überhaupt nicht). Gehindert wird er nur an einer bestimmten Verhaltensweise in Form der Benutzung der Zufahrt. Es steht außer Frage, dass es die

[19] Darüber, dass schon früh die verschiedenartigsten Nutzungsbehinderungen als Besitzstörungen angesehen wurden, s. *Windscheid/Kipp*, Lehrbuch des Pandektenrechts, 9. Aufl. 1906, Bd. 1, § 159 in Anm. 1.

[20] RG JW 1908, 724; RG JW 1931, 2904, 2906; OLG Celle MDR 1980, 311; OLG Düsseldorf NZM 2007, 582 f.

[21] BGH BGHZ 180, 300, 308 m.w.N.

[22] RG RGZ 101, 335, 340; RG JW 1908, 274; RG JW 1931, 2904, 2906.

[23] Z.B. OLG Karlsruhe NJW 1978, 274. Zur Besitzstörung s. auch OLG Frankfurt RuS 1980, 194.

[24] BGH BGHZ 180, 300, 307.

Aufgabe des Besitzschutzes ist, dem Besitzer hier eine Abwehrmöglichkeit zu geben. Wiederum erweist sich aber die Nutzung, die der Besitzer real vornimmt, als entscheidend, nicht eine davon losgelöste allgemeine Herrschaftsausübung im Sinne eines „bloßen Besitzes".

III. Die Besitzstörung durch Unterlassen

Der Ausdruck „Versorgungssperre" assoziiert einen Handlungseingriff durch aktives Tun, also eine positive Handlung. Vielfach wird es bei einer Versorgungssperre derartige Handlungen geben (z.B. Absperren eines Hahns). Für die Besitzstörung kommt es weniger darauf an, wie die Versorgungssperre bewirkt wird. Maßgeblich für die Interessen des Besitzers ist die Nutzung der Sache in dem Zustand, den sie durch die Handlung erfährt. Dieser Zustand wird aber durch das Unterbleiben der Versorgung gekennzeichnet. Im Schwerpunkt ist die Versorgungssperre daher auf ein Unterlassen der Versorgung gerichtet.[25]

Eine Besitzstörung kann durch Unterlassen erfolgen, wenn eine Rechtspflicht zum Handeln besteht.[26] Für die Besitzstörung gilt insoweit nichts anderes als für andere Verletzungstatbestände. Der Bundesgerichtshof lässt es in der Entscheidung vom 6. Mai 2009 ausdrücklich offen, ob eine Besitzstörung durch Unterlassen möglich ist. Eine sich aus den vertraglichen Pflichten des Vermieters ergebende Pflichtwidrigkeit soll dafür jedenfalls nicht genügen.[27] Dem liegt die Ansicht zugrunde, dass der Besitztatbestand ein tatsächlicher Tatbestand sei und deshalb auch die Besitzstörung rein tatsächlich, losgelöst von subjektiven Rechten beurteilt werden müsse.

Dies entspricht dem geltenden Besitzrecht nicht. Die verbotene Eigenmacht kann durchaus unter Berücksichtigung subjektiver Rechte zu beurteilen sein.[28] Dabei wirkt sich aus, dass nicht jeder Besitz völlig gleich zu behandeln ist, sondern die mit dem Recht zum Besitz verbundene Nutzungsfunktion von wesentlicher Bedeutung ist (oben I. und II.). Da mit dem Besitz das Nutzungsinteresse des berechtigten Besitzers geschützt wird, ist der Schutzumfang nicht ohne das Recht zum Besitz festzustellen, sondern unter

[25] Ebenso *Hempel* WuM 1998, 646, 650; *Ulrici* ZMR 2003, 895, 897; *Hinz* NZM 2005, 841, 847; *Streyl* WuM 2006, 234, 236 und DWW 2009, 82, 87; *Herrlein* NZM 2006, 527, 529 f. Siehe auch KG NJW-RR 2004, 1665, 1666 f.

[26] *Joost* in Münchener Kommentar zum BGB, Fn. 5, § 858 Rn. 6; *Gaier* ZWE 2004, 109, 113; *Streyl* DWW 2009, 82, 87 und WuM 2006, 234, 236 f.; wohl auch *Herrlein* NZM 2006, 527, 529 f.; *Hempel* WuM 1998, 646, 650. AA *Ulrici* ZMR 2003, 895, 897; *Hinz* NZM 2005, 841, 847.

[27] BGH BGHZ 180, 300, 309 f.

[28] Staudinger/*Bund* Fn. 4, § 863 Rn. 5.

dessen Einbeziehung. Hieraus kann sich eine Pflichtenstellung ergeben, die das Unterlassen einer Handlung als rechtswidrig darstellt und das Unterlassen damit als verbotene Eigenmacht anzusehen ist. Der Umstand, dass es sich um eine Vertragspflicht handelt, ist dafür bedeutungslos. Bei einem Fremdbesitzer (wie einem Wohnungsmieter) ist es ganz regelmäßig ein mit dem Vertrag zusammenhängender Zustand der Sache, der durch die Besitzregeln geschützt wird.

Es lässt sich demgegenüber allerdings durchaus ein objektives Besitzrecht denken, dass allein auf den „bloßen" Besitz abstellt, also das *nudum factum*, und auf jede Berücksichtigung der mit dem Besitz verbundenen rechtlichen Interessen verzichtet. Wenn man eine derartige Konzeption dem Bürgerlichen Gesetzbuch unterlegt, wird aber die Frage aufgeworfen, aus welchem teleologischen Grund eine derartige Reduktion des Besitzschutzes als die richtige Konzeption anzusehen ist. Der Grund könnte sich nur aus der Interessenlage der Beteiligten ergeben. Indessen ist ein derartiger teleologischer Grund nicht ersichtlich. Es ist z.B. nicht zu erkennen, weshalb ein auf der Grundlage eines Vertrages besitzender Fremdbesitzer zwingend nur den gleichen Besitzschutz haben soll und darf wie ein Besitzer, der sich den Besitz durch verbotene Eigenmacht deliktisch verschafft hat. Dass im Gegenteil eine Differenzierung sinnvoll und notwendig ist, zeigt die bereits erwähnte unterschiedliche Behandlung des berechtigten und des unberechtigten Besitzes im Rahmen des deliktischen Schadensersatzanspruchs nach § 823 Abs. 1 BGB.

Die soeben angesprochene Parallele zum deliktischen Schadensersatzanspruch ist noch in einem allgemeineren Zusammenhang bedeutsam. Die Reduktion des Besitzes auf ein *nudum factum* führt zu einem Systembruch. Der Besitzschutz soll dem Besitzer einen dem Eigentum vergleichbaren Schutz gewähren. Der Eigentumsschutz beruht auf drei Säulen: dem Herausgabeanspruch bei Entziehung oder Vorenthaltung der Sache (§ 985 BGB), dem Beseitigungs- und Unterlassungsanspruch bei einer sonstigen Beeinträchtigung des Eigentums (§ 1004 BGB) und dem Schadensersatzanspruch bei Beschädigung oder Zerstörung der Sache (§ 823 Abs. 1 BGB). Dies wird im Recht des Besitzes nachgezeichnet (oder, wenn man so will, sogar vorgezeichnet). Der Herausgabeanspruch besteht bei verbotener Entziehung (§ 861 BGB) oder Vorenthaltung der Sache (§ 1007 BGB) und der Beseitigungs- und Unterlassungsanspruch besteht bei einer Störung des Besitzers (§ 862 BGB). Die Regelungslücke, die durch das Fehlen eines deliktischen Schadensersatzanspruchs vorliegt,[29] ist (zumindest aus heutiger Sicht) systemfremd und wird durch die Analogie zu § 823 Abs. 1 BGB für den berechtig-

[29] Von der Möglichkeit eines deliktischen Schutzes nach §§ 823 Abs. 2, 858 BGB wird hier abgesehen.

ten Besitz geschlossen. Vor diesem Hintergrund ist der berechtigte Besitzer auch vor Störungen im Besitz so zu schützen wie ein Eigentümer, dessen Berechtigung, anders als beim Besitzer, bereits mit seiner Rechtsposition (Eigentum) gegeben ist. Es ist anerkannt, dass eine Eigentumsstörung auch durch ein pflichtwidriges Unterlassen als Handlungsstörer erfolgen kann.[30] Systemgerecht ist der gleiche Schutz dem berechtigten Besitzer einzuräumen, wobei die Rechtspflicht zum Handeln aus dem Rechtsverhältnis resultieren kann, das den Besitz zum berechtigten Besitz macht.

Wendet man diese Grundsätze auf die Versorgungssperre des Vermieters gegenüber einem Wohnraummieter an, so ergibt sich, dass das Unterbleiben der Versorgung durchaus eine Besitzstörung durch Unterlassen sein kann. Dies gilt aber nur, wenn eine Versorgungspflicht als Handlungspflicht besteht. Sie kann fehlen wegen einer Beendigung des Mietvertrages[31] oder mangels einer Vorleistungspflicht des Vermieters, die ihrerseits durch die Nichtzahlung der Kosten der Versorgung durch den Mieter entfallen kann. Auf eigene Kosten braucht der Vermieter den besitzenden Mieter nicht zu versorgen,[32] so dass eine Handlungspflicht insoweit nicht besteht.

IV. Die negativen Einwirkungen

Die Versorgungssperre gegenüber dem Besitzer kann als *actus contrarius* zur nach § 906 BGB verbotenen Zuführung von Stoffen und damit als negative Einwirkung angesehen werden. Der Problemkreis der negativen Einwirkungen ist im Recht der Eigentumsstörungen näher diskutiert worden.[33] Dies ist insofern bedeutsam, als der Tatbestand der Besitzstörung weitgehend deckungsgleich mit der Störung des Eigentums gesehen und deshalb auf den zu § 1004 Abs. 1 BGB entwickelten Störungsbegriff zurückgegriffen wird (s.o. II.). Als derartige negative Einwirkungen werden Verhaltensweisen angesehen, durch die einem Grundstückseigentümer Vorteile vorenthalten werden, etwa durch die Entziehung von Licht, Luft oder Grundwasser.[34]

Nach h.M. und der Rechtsprechung des Bundesgerichtshofs sind die negativen Einwirkungen keine den Abwehranspruch aus § 1004 Abs. 1 BGB aus-

[30] BGH NJW-RR 2001, 232 m.w.N.; BGH NJW 2007, 432 m.w.N.; *Baldus* in Münchener Kommentar zum BGB, Fn. 5, § 1004, Rn. 62; Staudinger/*Gursky*, BGB, Neubearbeitung 2006, § 1004 Rn. 93.

[31] KG GE 2004, 622; KG NJW-RR 2004, 1665, 1666 f.; KG ZMR 2005, 951, 952; OLG Köln, NJW-RR 2005, 99; KG NZM 2007, 923 f. Vgl. auch KG NZM 2005, 65 ff.

[32] Im Ergebnis aA OLG Koblenz RdL 2000, 236 f.; OLG Köln NJW-RR 2005, 99 f.; OLG Saarbrücken NJOZ 2006, 2059, 2061 f.; wohl auch OLG Celle NJW-RR 2005, 1383 f.

[33] *Baldus* in Münchener Kommentar zum BGB, Fn. 5, § 1004 Rn. 48 ff. m.w.N.

[34] *Baldus* in Münchener Kommentar zum BGB, Fn. 5, § 1004 Rn. 48 m.w.N.

lösenden Störungen des Eigentums.[35] Folgt man dem, so wird gewissermaßen ein Gleichlauf der Störungsbeurteilung bei der Besitzstörung nach der Entscheidung des Bundesgerichtshofs vom 6. Mai 2009 und der Eigentumsstörung bewirkt.[36] Ein solcher Gleichlauf ist im Hinblick auf die Gleichartigkeit von Besitzschutz und Eigentumsschutz durchaus anzustreben. Dabei ist aber der h.M. zu den negativen Einwirkungen nicht zu folgen. Es ist im Schrifttum zutreffend darauf hingewiesen worden, dass § 906 BGB eine Unterscheidung zwischen (positiven) Immissionen und negativen Einwirkungen nicht enthält und die Bestimmung negative Einwirkungen nicht rechtfertigt.[37] Es geht bei den negativen Einwirkungen in gleicher Weise wie bei Immissionen um die Beeinträchtigung der Nutzung des Eigentums und damit um eine der wesentlichsten Eigentumsfunktionen. Es ist nicht ersichtlich, weshalb negative Einwirkungen bereits auf der Tatbestandsebene keine Störung darstellen sollen. Die negativen Einwirkungen sind demzufolge nicht von vornherein vom Störungsbegriff auszunehmen. Ihre Besonderheit liegt darin, dass sie durch die Inanspruchnahme eigener Befugnisse des Grundstücksnachbarn gerechtfertigt sein können.[38] Übertragen auf den Besitz bedeutet dies, dass eine negative Einwirkung durchaus eine Besitzstörung sein kann, dass aber die rechtmäßige Ausübung eigener Befugnisse des Einwirkenden berücksichtigt werden muss.

Im Übrigen sind positive und negative Einwirkungen kaum zuverlässig gegeneinander abzugrenzen, wodurch stark unterschiedliche Wirkungen hinsichtlich des Besitzschutzes fragwürdig sind. Zur Illustration sei der hier zum Ausgangspunkt genommene Sachverhalt der Entscheidung des Bundesgerichtshofs vom 6. Mai 2009 etwas abgewandelt.[39] Ein übel wollender Zeitgenosse kappt, aus welchen Gründen auch immer, die Versorgungsleitung zu den Wohnräumen eines Mieters. Dessen Schuldverhältnis zum Vermieter gibt ihm keine Abwehrmöglichkeit gegen jedermann. Diese Aufgabe soll das Besitzrecht übernehmen. Sieht man den Kappungsvorgang als Handlungseingriff in den Besitz an, ist der Besitzschutz gegeben. Es ist in keiner Weise überzeugend, weshalb dies anders sein soll, wenn man auf die Wirkung der Kappung abstellt, also das Unterbleiben der Versorgung als negative Einwirkung. Die ganze Unterscheidung ist für den Besitzschutz (und auch für den Eigentumsschutz) untauglich, weil in beiden Fällen gleichermaßen das Schutzobjekt die Nutzungsmöglichkeit des Besitzers ist und deren Beeinträchtigung in beiden Fällen vorliegt.

35 BGH BGHZ 88, 344, 345 ff. m.w.N; Westermann/*Gursky* Fn. 4, S. 262.
36 BGH BGHZ 180, 300 ff. geht auf diesen Aspekt nicht ein.
37 *Baldus* in Münchener Kommentar zum BGB, Fn. 5, § 1004 Rn. 48 m.w.N.
38 Zutreffend *Baldus* in Münchener Kommentar zum BGB, Fn. 5, § 1004 Rn. 49.
39 BGH BGHZ 180, 300 ff.

V. Possessorium absorbet petitorium

Einer der bekanntesten Sätze des Besitzrechts ist der Satz „*possessorium absorbet petitorium*". Er findet seinen positivrechtlichen Ausdruck in § 863 BGB, wonach gegenüber den Besitzschutzansprüchen ein Recht zum Besitz oder zur Vornahme der störenden Handlung nur zur Begründung der Behauptung geltend gemacht werden kann, dass die Entziehung oder die Störung des Besitzes keine verbotene Eigenmacht sei. Der damit verbundene Ausschluss petitorischer Einwendungen ist legislatorisch nicht überraschend. Wenn es das erklärte Ziel des Besitzrechts ist, Eigenmacht grundsätzlich zu verbieten, muss die Geltendmachung von Rechten geradezu notwendig auf den gerichtlichen Verfahrensweg verwiesen werden, weil es anderenfalls doch zur Ausübung von Eigenmacht käme.

Die Reduktion des Besitzschutzes auf den „bloßen Besitz" ohne Berücksichtigung des Rechts zum Besitz lässt sich nicht mit dem Satz *possessorium absorbet petitorium* begründen.[40] Insbesondere ergibt sich daraus nicht die Unbeachtlichkeit des Rechts zum Besitz für den Umfang des Besitzschutzes. Der Satz *possessorium absorbet petitorium* hat zum Ziel, den Besitzschutz im Hinblick auf den Zweck des Verbots von Eigenmacht gegenüber bloßen Handlungsrechten abzusichern. Der Besitzschutz wird also durch diesen Satz folgerichtig verstärkt. Dies schließt es aus, den Satz umgekehrt für eine Einschränkung des Besitzschutzes zu verwenden. Die Einbeziehung eines Rechts zum Besitz zur Feststellung des Nutzungsinteresses des Besitzers steckt den Umfang des Besitzschutzes überhaupt erst ab. Für diesen festgestellten Umfang gilt der Satz *possessorium absorbet petitorium* sodann ohne weiteres. Er ist für diesen Besitzschutz anzuwenden, nicht gegen ihn.

Der Satz *possessorium absorbet petitorium* ist noch in einem anderen Zusammenhang von Interesse. In der obergerichtlichen Rechtsprechung wird die Annahme einer Besitzstörung selbst bei fehlender Belieferungspflicht oder fehlender Vorleistungspflicht des Vermieters mit dem Ausschluss petitorischer Einwendungen begründet.[41] Dies beruht auf einem Missverständnis. Das Fehlen einer Versorgungspflicht oder das Zurückbehaltungsrecht des Versorgers bei Nichtzahlung der Versorgungskosten ist keine petitorische Einwendung, die nach § 863 BGB ausgeschlossen sein könnte. Zwar geht es um eine rechtliche Handlungspflicht des Vermieters. Sie gehört aber nicht zum (ausschlussfähigen) *petitorium*. Wenn das *possessorium* das *petitorium* absorbieren soll, handelt es sich um ein Recht „zur Vornahme der störenden Handlung", wie es in § 863 BGB ganz richtig heißt. Das *possesso-*

[40] AA BGH BGHZ 180, 300, 309.

[41] OLG Saarbrücken NJOZ 2006, 2059, 2062. Vgl. auch OLG Köln NZM 2000, 1026 ff. und OLG Köln NJW-RR 2005, 99; OLG Celle NJW-RR 2005, 1383 f.; *Scholz* NZM 2008, 387, 388.

rium wird verstärkt, es wird geschützt gegenüber einem Recht zur Handlung. Darum geht es hier nicht. Bei einer Unterlassung ist ein *possessorium* nicht vor der Ausübung eines *petitoriums* zu schützen, sondern die Rechtspflicht begründet überhaupt erst das *possessorium* im Sinne einer verbotenen Besitzstörung. Dies ist kein Gegensatz zu § 863 BGB. Der Ausschluss von Handlungsrechten im Hinblick auf eine gegebene Besitzstörung hat nicht zur Folge, dass auch Handlungspflichten unbeachtlich wären, die bei einer Unterlassung die Besitzstörung überhaupt erst begründen.

VI. Die Bedürfnisse des Lebens

Es wird oft betont, dass es bei den sich für den Besitz stellenden Rechtsfragen wesentlich auf die Bedürfnisse des Lebens ankommt.[42] Das sollte zwar bei allen Rechtsfragen so sein. Bei dem Besitz als einem tatsächlichen Tatbestand tritt dieses Erfordernis aber besonders klar in Erscheinung, weil tatsächliche Verhältnisse durch das Leben vorgegeben sind. Rein abstrakte begriffliche Erwägungen können dem nicht gerecht werden. Sind in Bezug auf den Besitztatbestand Interessenssphären gegeneinander abzugrenzen,[43] müssen die realen Wirkungen im jeweiligen Lebenskreis maßgeblich berücksichtigt werden.

Betrachtet man unter diesem Aspekt die Versorgungssperre gegen den Mieter, so ist nicht zu verkennen, dass die Nutzung der Sache in der Lebenswirklichkeit eine fundamental andere ist, wenn die sich aus den Lebensverhältnissen ergebende gewöhnliche Versorgung unterbleibt. Wird etwa in der kalten Jahreszeit die Versorgung mit Heizwärme gesperrt, so liegt es bezüglich der Lebenswirklichkeit auf der Hand, dass das Lebensinteresse des Mieters an seiner Wohnung auf das Schwerste beeinträchtigt wird, ggf. bis zur erzwungenen Aufgabe der Nutzung der Räume. Aus dieser Sicht wird der Besitztatbestand nicht allein durch eine bloße Sachherrschaft konstituiert, sondern auch durch eine sich aus den Lebensverhältnissen ergebende bestimmte Art der Nutzung. Der Wohnungsmieter etwa begründet den Besitz an der Wohnung nicht allein, um Zugang zur Wohnung zu haben, sondern um in ihr zu leben. Der Besitztatbestand ist auf dieses Leben auszurichten und erfährt eine grundlegende Änderung und damit Störung, wenn die vom Mieter intendierte Nutzung in der vorgesehenen Weise nicht mehr möglich ist. In der Lebenswirklichkeit erfährt die vom Recht zu schützende

[42] *Heck* Fn. 17, § 3 a) 2.; *Wolff/Raiser* Fn. 15, § 5 III.; Planck/*Greiff*, BGB, Erste und zweite Aufl. 1902, § 854 Anm. 2; *Baur/Stürner* Fn. 10, § 7 II. 1. Vgl. auch *Hecks* Plädoyer (Fn. 17 § 2 b) 7. und 9.), dass (auch) das Sachenrecht der Befriedigung wichtiger Lebensinteressen dient und eine „lebensrichtige Anwendung" verlangt.

[43] Vgl. *Heck* Fn. 17, § 3 a) 2.

Nutzungsmöglichkeit eine bestimmte stabilisierte Ausrichtung, im Beispielsfall: die Nutzung beheizter Räume. Hieraus ergibt sich zugleich die Einschränkung, dass die Versorgung nur auf Kosten des Besitzers erfolgt bzw. erfolgen muss. Die Konkretisierung seiner Sachherrschaft in der Lebenswirklichkeit enthält dieses Erfordernis. Dabei handelt es sich um die Beachtung der Art und Weise, wie der Besitzer die Ausübung seiner Sachherrschaft eingerichtet hat. In der Lebenswirklichkeit macht es einen bedeutenden Unterschied, ob man die Sache auf eigene Kosten nutzt oder ob man durch Zahlungseinstellung die Nutzung so ändert, dass sie (teilweise) auf fremde Kosten erfolgen soll.

Zusammenfassung

1. Der (unmittelbare) Besitz ist im Gesetz zwar als tatsächliches Verhältnis geregelt. Damit wird der Vielgestaltigkeit der Besitzverhältnisse legislatorisch Rechnung getragen. Dies bedeutet aber nicht, dass bei der Beurteilung von Besitzfragen das Recht zum Besitz generell ohne Bedeutung wäre.
2. Der Besitzschutz ist nicht auf einen „bloßen Besitz“ beschränkt. Er bezweckt (auch) den Schutz der Nutzungsinteressen des Besitzers. Sie können sich bei einem berechtigten Besitz aus dem die Berechtigung enthaltenden Rechtsverhältnis ergeben und damit den Umfang des Besitzschutzes beeinflussen.
3. Eine Besitzstörung kann durch Unterlassen erfolgen, wenn eine Rechtspflicht zum Handeln besteht. Die Rechtspflicht kann sich aus dem Rechtsverhältnis ergeben, das zum Besitz berechtigt.
4. Eine Versorgungssperre des Vermieters gegenüber dem Mieter kann eine Besitzstörung durch Unterlassen sein, wenn der Vermieter zur Versorgung verpflichtet ist.

Schenkkreise und Kondiktionssperre

Ein Lehrstück zur Regelung des § 817 S. 2 BGB als einer „integrierten Ausgleichsnorm“

MICHAEL MARTINEK

I. Aufbau und Wirkung von Schenkkreisspielen

Unser Jubilar *Dieter Reuter* steht eigentlich ungern im Mittelpunkt des Geschehens. Deshalb beginnen wir gleich mit unserem Bericht, in dem *Dieter Reuter* natürlich später noch vorkommen wird. Es ist der Bericht über die Schenkkreisfälle als einer neuen Fallgruppe der Rechtsprechung zur Kondiktionssperre des § 817 S. 2 BGB. Der Bericht führt uns also in das Recht der ungerechtfertigten Bereicherung – bekanntlich eines der Lieblingsgebiete unseres Jubilars, mit dem er besonders vertraut ist und in das er den Jubilanten vor dreißig Jahren eingeführt hat.[1] Der Bericht führt uns aber auch in einen faszinierenden Ausschnitt aus der prallen, bunten Lebenswirklichkeit, mit dem (*nota bene*: nicht „mit der“) unser Jubilar bestimmt weit weniger vertraut ist.

In medias res: Die deutsche Rechtsprechung muss sich seit einigen Jahren immer wieder mit so genannten Schenkkreisen beschäftigen, die sich selbst etwa leutselig „Herzkreis“, „Sonnenmännerkreis“, „Lotusblüten-Kreis“, „Power Circle“, „Herzclub“, „Sternentaler“ oder „Die Tafelrunde“ nennen mögen[2], aber im Kern auf eine ausbeuterische Gewinnerzielung einiger Weniger auf Kosten anderer Vieler ausgerichtet sind; hier findet die „ungerechtfertigte Bereicherung“ in systematisch organisierter Form statt. Solche Systeme, die unser Land (wie unsere Nachbarländer) in den letzten zehn, fünfzehn Jahren wellenartig überrollt haben und die gern unter dem Deck-

[1] Vgl. *Reuter/Martinek*, Ungerechtfertigte Bereicherung, 1983. Zum sonstigen, besser: *weiteren bisherigen* bereicherungsrechtlichen Schrifttum von *Dieter Reuter* darf auf die Nachweise im Verzeichnis seiner Veröffentlichungen in dieser Festschrift verwiesen werden.

[2] Andere Namen für Schenkkreise sind etwa „Herzspirale“, „Sternenkreis“, „Sonnenmännerkreis“, „Power-Circle“, „Artus' Tafelrunde“, „Ritter und Knappen“, „Jump“ oder „Cash Gifting“; zu weiteren Bezeichnungen sowie zum Aufbau und Ablauf von Schenkkreisen vgl. http://de.wikipedia.org/wiki/Schenkkreis (21.2.2010); vgl. ferner die romanhafte Schilderung der Schenkkreis-Szene bei *Hettlage*, Geschenkt, 2009.

mantel eines zwanglosen wöchentlichen oder monatlichen Zusammentreffens Gleichgesinnter veranstaltet werden, geben sich oft einen wohltätigen oder geheimbündlerischen, zumindest aber einen gesellig-freundschaftlichen Anstrich. Unter diesem Deckmantel der Harmlosigkeit geifert die nackte Habgier; hinter der Maske der Freundschaft lauert der pure Eigennutz. All diesen Gruppen ist gemein, dass sie von einer Initiatoren-Clique, den um weitere Teilnehmer werbenden Gründungsveranstaltern, als ein überschaubarer „Freundeskreis" oder „Spielkreis" vorgestellt und erläutert werden, wohl um dem nahe liegenden Vergleich mit den sattsam bekannten Pyramidenspielen zu entgehen. Im Ergebnis aber laufen die Schenkkreise auf die gleichen Strukturen hinaus: Einige Wenige bereichern sich auf Kosten der Mehrheit der lawinenartig anschwellenden Teilnehmer, die rechnerisch kaum mehr die Chance haben, ihrerseits auf eine der Gewinnstufen aufzusteigen. Bei den Schenkkreisen werden die exponentiellen Multiplikationseffekte nur raffinierter eskamotiert, weil sich die Kreise selbst teilend vervielfältigen. Im Einzelnen:

Aufbau und Wirkung von Schenkkreisen sind typischerweise am Modell der kanadischen „Women's Gifting Circles" ausgerichtet, die in den neunziger Jahren in einigen Städten und Kommunen Kanadas gegründet wurden, angeblich um in Not geratene Gemeindemitglieder finanziell zu unterstützen. Ein „Initiator" und „Empfänger" (*receiver*) steht (allein) auf der obersten Hierarchiestufe und sucht sich zwei mitwirkende „Lehrlinge" (*apprentices*), auch „Reifende" genannt, die auf der zweiten Stufe angesiedelt sind, sowie vier weitere „Unterstützer" oder „Dienende" (*supporters*) für die dritte Stufe. Diese sieben Gruppengründer suchen nun für die vierte Stufe insgesamt acht weitere Personen, die „Geber" (*givers*), die bereit sind, jeweils einen Geldbetrag dem auf der ersten Stufe stehenden „Empfänger" zu „schenken". Damit erweitert sich der Kreis von den sieben Gründungsmitgliedern auf die fünfzehn Mitglieder eines „kompletten" Kreises. Hat der Empfänger die Geldgeschenke von den acht Gebern vereinnahmt, scheidet er aus dem Kreis aus. Der verbleibende Kreis teilt sich, indem die beiden bisher auf der zweiten Stufe des alten Kreises angesiedelten „Lehrlinge" jeweils zu „Empfängern" und damit auf die erste Stufe eines neuen Kreises aufrücken, während die vier „Unterstützer" des früheren Kreises nun in den beiden neuen Kreisen die jeweils zwei „Lehrlinge" und während die acht „Geber" des alten Kreises nun in den beiden neuen Kreisen die jeweils vier „Unterstützer" bilden, womit auch sie alle jeweils eine Stufe höher rücken. Und wieder sind die Mitglieder der beiden neuen Kreise aufgerufen, für jeden Kreis mit den anfänglich sieben Mitgliedern für die neu zu bildenden vierten Stufen jeweils acht neue „Geber" zu suchen, die zu Schenkungen an den jeweiligen „Empfänger" an der Spitze bereit sind, der nach Erhalt des Geldes wiederum ausscheidet, woraufhin sich die beiden Kreise abermals teilen und das „Spiel" in den nunmehr schon vier Kreisen aufs Neue beginnt.

Schenkkreise sind nach diesem Modell – die Varianten können wir vernachlässigen – typischerweise in vier Hierarchieebenen aufgeteilt, die man sich nicht nur räumlich als „Stufen" eins bis vier vorstellen, sondern auch flächig als mehrere konzentrische Kreise, nämlich als „äußersten Kreis" (Geber), „äußeren Kreis" (Unterstützer), „inneren Kreis" (Lehrlinge) und „Kreismitte" oder „Kreiskern" (Empfänger) veranschaulichen kann. Jedenfalls legt der organisatorische oder morphologische Aufbau eines „Schenk*kreises*" aber bereits die räumliche Vorstellung einer Pyramide nahe. Der Initiator eines Schenkkreises muss zunächst sechs Nicht-Zahler als Kumpanen für seine Clique gewinnen, um dann mit ihnen gemeinsam acht weitere Mitspieler zu rekrutieren, die sich dazu verstehen, dem „Empfänger" den in den Regeln festgelegten Betrag zu „schenken". Die sieben Gründer auf den Stufen eins bis drei leisten keinen Einsatz, doch spekulieren die beiden Lehrlinge (auf Stufe zwei oder im inneren Kreis) wie die vier Unterstützer (auf Stufe drei oder im äußeren Kreis) auf ihr „Aufrücken". Die acht geworbenen Teilnehmer der vierten Stufe (oder im äußersten Kreis) bezahlen stets den vorgesehenen Betrag an den auf der ersten Stufe (in der Kreismitte) stehenden Mitspieler und spekulieren ihrerseits auf das Aufrücken und schließlich auf einen massiven Gewinn als Empfänger in der Kreismitte. Der Höhe nach übrigens variiert dieser Betrag je nach Schenkkreis im Durchschnitt zwischen 100 und 5.200 Euro; die lange Zeit verbreitete Höchstgrenze von 5.200 Euro erklärte sich wohl durch die entsprechende Schenkungsfreibetragsgrenze von 5.200 Euro. Bei einigen Schenkkreisen können die Beträge auch wesentlich höher liegen. Einsätze von 10.000 Euro kommen durchaus vor. Haben alle acht Mitspieler der vierten Stufe oder des äußersten Kreises den Empfänger in der Spitzenposition (also der Mitte des Kreises) „beschenkt", verlässt dieser den Kreis mit seinen „Geschenken", die in der Summe leicht und oft etwa 56.000 Euro (8 × 5.200 Euro) betragen können – manchmal wesentlich mehr. Teilt sich dann der Kreis in zwei neue Kreise und rücken die Spender nun eine Stufe innerhalb des Kreises nach, bilden sich jeweils zwei neue Kreismitten oder Kreiskerne, in die die bisherigen „Lehrlinge" des alten Kreises einrücken. Die acht zunächst vakanten Positionen auf den vierten Stufen (oder den äußersten Kreisen) der beiden neuen Kreise müssen wiederum durch neue Spieler besetzt werden. Damit sich der Schenkkreis für die acht ersten gebenden Mitglieder „schließt" und diese selbst ihre Geschenke in Empfang nehmen können, müssen insgesamt 127 Mitspieler teilnehmen. Nach Einstieg des achten Teilnehmers braucht ein Kreis also mindestens 119 weitere Interessenten, da sich die Anzahl der konkurrierenden, parallel laufenden Schenkkreise in jeder Runde verdoppelt. Es versteht sich, dass es einem ausgeschiedenen Beschenkten freisteht, sich erneut für einen Kreis als Geber zur Verfügung zu stellen, um auf ein Aufrücken in den Kreiskern und neuen Geldsegen zu spekulieren, was – allerdings nur in Grenzen, wie wir noch sehen werden – erfolgreich sein kann.

II. Schenkkreise und Sittenwidrigkeitsverdikt des § 138 BGB

Unsere höchstrichterliche Rechtsprechung hat schon in den neunziger Jahren Zuwendungen im Rahmen von „Gewinnspielen", die den späteren „Schenkkreisen" sehr ähnlich aufgebaut waren, wegen ihrer hohen Verlustwahrscheinlichkeit für später eintretende Mitglieder als sittenwidrig und deshalb „nichtig" im Sinne des § 138 Abs. 1 BGB eingestuft[3] und damit jenen Weg weiter verfolgt, den sie bereits vorher bei vergleichbaren Schneeball- und Pyramidensystemen eingeschlagen hatte.[4] Die klassische Formel vom Rechtsgeschäft, „das gegen das Anstandsgefühl aller billig und gerecht Denkenden verstößt", die sich schon in den Motiven zum Bürgerlichen Gesetzbuch findet[5] und die in der Rechtsprechung[6] immer wieder aufgegriffen wurde, um das Nichtigkeitsverdikt des § 138 Abs. 1 BGB sozialethisch abzusichern, den bürgerlich-rechtlichen Aufschrei der Empörung „*sittenwidrig! contra bonos mores! contre l'ordre public!*" zu sublimieren und das Urteil des Spruchkörpers durch das imaginäre Gremium aller billig und gerecht Denkenden mit ihrem Anstandsgefühl sozusagen in Erweiterung des Spruchkörpers abzusegnen, ist letztlich auch den Schenkkreisspielen zum Verhängnis geworden. Freilich: In neueren Entscheidungen wird die antiquiert erscheinende Formel gern durch „modernere" Wendungen – mit allerdings tautologischem Inhalt – ersetzt, wie: „Ein Rechtsgeschäft ist nach § 138 Abs. 1 BGB nichtig, wenn es nach seinem aus dem Zusammenhang von Inhalt, Beweggrund und Zweck zu entnehmenden Gesamtcharakter mit den guten Sitten nicht zu vereinbaren ist."[7]

In der Tat: Nur kurze Zeit können allfällige Zweifel daran währen, ob sich Zuwendungen, die im Rahmen von solchen Veranstaltungen getätigt werden, wirklich so weit von dem im Grundgesetz verkörperten Wertesystem entfernen, dass ihnen der Wirksamkeitsschutz privatautonom gestalteter Rechtsgeschäfte verwehrt bleiben muss. Nur auf den ersten Blick könnte das Sittenwidrigkeitsverdikt als eine überfürsorglich anmutende Schutzhandlung erscheinen, die gerade im Widerspruch zu dem prominentesten Grundprin-

[3] *BGH*, NJW 1997, 2314 = WM 1997, 1212 = ZIP 1997, 1100 = EWiR 1997, 687 (*Martinek*); der Entscheidung lag das Computerspiel „World Trading System" zugrunde, das ganz ähnlich einem Schenkkreis aufgebaut war; siehe hierzu die Entscheidungsrezensionen von *Willingmann*, NJW 1997, 2932; *Kissler*, WRP 1997, 625; vgl. auch *OLG Celle*, NJW 1996, 2660; dieser Entscheidung lag ein schenkkreisähnliches „Unternehmer-Life-Spiel" zugrunde.

[4] Vgl. etwa *OLG Karlsruhe*, GRUR 1989, 615; *OLG München*, NJW 1986, 1880.

[5] *Mugdan*: Die gesammten Materialien zum Bürgerlichen Gesetzbuch für das Deutsche Reich, Bd. II (1899), 406.

[6] Siehe beispielhaft *RGZ* 80, 219; *BGHZ* 10, 228; *BAG*, NJW 1976, 1958.

[7] So etwa *BGHZ* 86, 82, 86 = NJW 1983, 1851; *BGHZ* 106, 269, 272 und auch *BGH*, NJW 1997, 2314 = WM 1997, 1212 = ZIP 1997, 1100 = EWiR 1997, 687 *(Martinek)*.

zip unseres Privatrechts stehen könnte, dem Recht nämlich, seine Lebensverhältnisse im Rahmen der Rechtsordnung durch Rechtsgeschäft eigenverantwortlich zu gestalten und sich nicht ohne Not paternalistisch bevormunden lassen zu müssen. Gewiss, die Privatautonomie ist Teil des allgemeinen Prinzips der Selbstbestimmung des Menschen und wird zumindest in ihrem Kern ihrerseits durch Art. 2 Abs. 1 i.V.m. Art. 1 GG verfassungsrechtlich geschützt.[8] Gewiss, die Schenkung ist als unentgeltliche Zuwendung, „durch die jemand aus seinem Vermögen einen anderen bereichert", in unserer Rechtsordnung nicht nur in den §§ 516 ff. BGB ausdrücklich gesetzlich normiert, sondern ist ein in der Praxis verbreitetes Rechtsgeschäft, dessen Kern es gerade ist, dass sich jemand freiwillig einer Vermögensposition begibt, ohne dafür einen Gegenwert zu erhalten.

Wie einfältig und unangemessen es wäre, Schenkkreis-Zuwendungen vom Sittenwidrigkeitsurteil des § 138 Abs. 1 BGB nach dem Motto „Es kann nicht sittenwidrig sein zu schenken" unangetastet zu lassen, zeigt eine nähere Betrachtung der psychologischen Begleitumstände und wirtschaftlichen Hintergründe der typischen oder klassischen Schenkkreise. Es beginnt damit, dass die Teilnehmer jenseits der ersten Initiatoren-Clique häufig mittels arglistiger psychischer Beeinflussung und unter falschen Versprechungen zur Leistung ihrer Mitgliederzahlung veranlasst werden, wenn ihnen eine wundersame Geldvermehrung vorgegaukelt und das Sterntaler-Erlebnis eines späteren Geldregens nach nur vergleichsweise geringer „Investition" in Aussicht gestellt wird. Die Treffen finden nicht selten in ausgesuchten romantischen Hotels oder in privaten Villen statt, um das Ambiente für eine Art „Gehirnwäsche" der Gäste zu optimieren.[9] Vielfach bleiben die Teilnehmer dabei anonym oder doch schwer identifizierbar, weil sie sich nur mit ihren Vornamen einbringen. Bisweilen bedienen sich die Initiatoren zur Einstimmung der Teilnehmer einer esoterischen Wortwahl („gereinigte Geldenergie", „morphogenetische Gedankenfelder", „Energiefeld der Fülle", „Geld schenken heißt, loslassen zu lernen"). Die Verwendung des Begriffs der „Schenkung" ist dabei im Kern zutreffend, insofern der gezahlte Zuwendungsbetrag in der Tat für die meisten späteren Teilnehmer endgültig „weg" ist und jede Kompensation, erst recht der erwartete Geldregen ausbleibt. Der Schenkungsbegriff ist aber insofern irreführend, als den Teilnehmern für ihre zunächst unentgeltlichen Zuwendungen durchaus massive vielseitige spätere „Gegenschenkungen" angekündigt werden, also die illusionäre Hoffnung auf nur kurzfristigen Verlust, aber sodann bombastischen Gewinn geschürt wird. Für den einzelnen Geber in einem „Schenkkreis" steht bei der Zuwendung

[8] *BVerfGE* 72, 170.

[9] Vgl. den Beitrag von *Reents*, Betrügerische Geldgeschenke, vom 22.01.2006, http://www.welt.de/print-wams/article137544/Betruegerische_Geldgeschenke.html (20.02.2010).

an den Empfänger keineswegs die übereinstimmend unentgeltliche Bereicherung eines anderen aus dem eigenen Vermögen im Sinne des § 516 Abs. 1 BGB im Vordergrund, sondern allein die Aussicht darauf, in absehbarer Zeit selbst Empfänger eines den eigenen Einsatz erheblich übersteigenden Geldbetrages zu werden. Er leistet nur vordergründig *causa donandi*, erbringt aber in Wirklichkeit nur (vermeintlich) vorläufig ein erstes Opfer, um selbst in den Genuss unentgeltlicher Bereicherungen aus dem Vermögen der nachrückenden Teilnehmer zu gelangen.

Und gerade diese Aussicht kann sich für die weit überwiegende Mehrzahl der Teilnehmer an solchen Schenkkreisen niemals erfüllen. Statistisch gesehen büßen etwa 85 % der zahlenden Mitglieder ihren Einsatz endgültig ein, ohne jemals einen den Einsatz auch nur teilweise kompensierenden Gewinn, geschweige denn den erhofften Mehrfachgewinn zu erhalten.[10] Dieses Ergebnis eines höchstwahrscheinlichen Totalverlustes ist den Gesetzen der Arithmetik geschuldet, die so mancher der durch die scheinbar sichere Gewinnerwartung euphorisierten Teilnehmer bei seiner Zuwendung außer Acht lässt. Da sich die Kreise immer weiter aufteilen, müssen bereits in der zehnten Runde 4096, in der zwanzigsten Runde über vier Millionen Neueinsteiger angeworben werden, um das System am Leben zu erhalten. Damit können nur die ersten Mitglieder und die Initiatoren solcher Schenkkreise einen vergleichsweise sicheren Gewinn erzielen, während die große Masse der nachfolgenden Teilnehmer ihren Einsatz vollständig verlieren muss. Denn angesichts des Vervielfältigungsfaktors können in absehbarer Zeit einfach keine neuen Mitglieder mehr geworben werden. Es liegt – jedenfalls für Mathematiker – auf der Hand, dass ein solches System bereits nach wenigen Runden zwangsläufig kollabieren muss, da es durch die erforderlichen Neuanwerbungen im persönlichen Umfeld bald zu lokalen Überschneidungen der potentiellen Neueinsteiger kommt. Da sich die Mitgliederzahl jeweils verachtfachen müsste, überstiege die Gesamtmitgliederzahl bereits in der neunten Potenz die Bevölkerung Deutschlands, in der zehnten diejenige Europas und in der elften Potenz die Weltbevölkerung. In einer Verbraucherschutz-Broschüre heißt es warnend: „Einige wenige, die früh einsteigen, machen einen großen Reibach. Aber die große Masse, die später dazukommt, ist ihr Geld los."[11] Kurz: Schenkkreise sind eine Form von lawinenartig anschwellenden Schneeballsystemen.

Naturgemäß stellen die Organisatoren diese Tatsache während ihrer Rekrutierungsveranstaltungen nicht in den Vordergrund, sondern lenken die neu angeworbenen Teilnehmer dadurch arglistig in die Irre, dass sie in ihre

[10] Vgl. *Rühl*, Märchenstunde im Hotel, vom 23.12.2005, http://www.sueddeutsche.de/wirtschaft/217/348053/ text/print.html (20.2.2010).

[11] Vgl. dazu http://de.wikipedia.org/wiki/Schenkkreis (21.2.2010).

erläuternden Rechenbeispiele meist nur einige wenige Kreise einbeziehen und die durch Teilung immer weiter entstehenden neuen Kreise ignorieren, also gerade den verhängnisvollen Lawineneffekt verschweigen. Um Bedenken von Zweiflern und Zauderern im Keim zu ersticken, setzen die Initiatoren solcher Schenkrunden den Anreiz zum Kapitaleinsatz durch einen Vergleich des Spielbetrags mit dem in den ersten Runden erzielbaren Gewinn, der, wie beschrieben, durchaus ein Vielfaches des Einsatzes betragen kann. Aber gerade die weiteren Runden und die neuen Kreise bewirken durch ihren eigenen Mitgliederbedarf eine Abschöpfung der potentiellen regionalen Neu-Mitglieder, so dass sich die Rekrutierungsbemühungen der Alt-Mitglieder zunehmend als schwierig und schon bald als schlechthin aussichtslos darstellen. Es tritt also mit mathematischer Gesetzmäßigkeit bereits sehr schnell eine Verengung der denkbaren Teilnehmerzahl ein, die systemimmanent dazu führt, dass die Gewinnerwartung der nachfolgend auf niedriger Stufe eintretenden Teilnehmer zwangsläufig enttäuscht werden muss. Dabei wird insbesondere wirtschaftlich schwächeren oder geschäftlich unerfahrenen Interessenten ohne mathematische Ambitionen suggeriert, dass sie ohne nennenswerten Arbeitseinsatz ihre finanzielle Situation nachhaltig aufbessern können. Häufig wird den Neuteilnehmern verschleiert, ob der Inhaber der Empfangsposition seinerseits überhaupt Beiträge geleistet hat oder er ein Initiator mit nur vorgespiegelten Eigenbeiträgen ist. Gelegentlich werden gar zusätzliche Strohmänner als Schenker eingesetzt, die den Einsatz aus den Mitteln eines mit ihnen kollusiv zusammenarbeitenden Empfängers *in spe* erbringen und in Wirklichkeit nicht stattfindende Geldbewegungen vortäuschen sollen, um eine verstärkte Anlockungswirkung auf die Geber zu erzielen. Meist werden auch die Teilnahmeregeln mit irreführenden Formulierungen versehen, die auf die Leichtgläubigkeit und die Unerfahrenheit potentieller Teilnehmer setzen. In einem Werbeschreiben des „Frauen-Schenk-Kreises“ hieß es beispielsweise: „Das gesamte Leben ist ein ewiger Kreislauf aus Geben und Empfangen. Wir überreden niemanden mit falschen Versprechungen, in den Kreis einzutreten. Wir weisen offen auf die Möglichkeiten und Risiken hin. Jede Frau, die unserem Kreis beitritt, sollte sich der Möglichkeit bewusst sein, dass sie selbst vielleicht keinen finanziellen Gewinn aus dem Kreis zieht. Jedes Geld, das in unserem Kreis empfangen wird, ist tatsächlich ein Geschenk. Unser Kreis ist ein lebendiges und fließendes System ...“[12] Nur zur Vermeidung von Missverständnissen sei betont, dass sich die Opfer von Schenkkreisen quer durch alle Bevölkerungskreise ziehen: Berichtet wird von Hartz-IV-Empfängern, alleinerziehenden Frauen und Familien mit behinderten Kindern ebenso wie von Pfarrern, Anwälten und Steuerberatern; nur Universitätsprofessoren bleiben offenbar verschont.

[12] Vgl. die Darstellung in der Entscheidung des *LG Freiburg*, NJW-RR 2005, 491.

Eine Internet-Recherche zum Thema bietet ein ungeheuerlich farbenprächtiges Bild von der Schenkkreis-Szene.

Damit nicht genug. Das System ist auch zielgerichtet darauf ausgelegt, dass durch die Ausnutzung vor allem privater Kontakte der Teilnehmer immer weitere Mitspieler gewonnen werden sollen und müssen. Dies führt nun aber zu einer Kommerzialisierung des Privatlebens und – angesichts der hohen Verlustwahrscheinlichkeit für jeden späteren Teilnehmer – vielfach zu einer Belastung des sozialen Umfeldes eines jeden Spielers. Denn letztere sind ja geradezu genötigt, zur Steigerung eigener Gewinne und zur Vermeidung von Verlusten Freunde, Bekannte und Familienangehörige anzuwerben, wobei sie sich letztlich auf deren Kosten ohne jede Gegenleistung bereichern. Die besondere Perfidie der Schenkkreise besteht darin, dass auch die anfangs vielleicht naiven und gutwilligen Einsteiger später, gefangen in einer Spirale der Habgier, böswillig und gemeingefährlich werden. Das *OLG Celle* hat den Teilnahmevertrag zu einem solchen System deshalb bereits in seiner Entscheidung vom 20.3.1996 zutreffend als „nach seinem Inhalt, Zweck und Beweggrund schlechthin sozialschädlich" gebrandmarkt.[13] Der *BGH* hat allerdings schon in seinem *World Trading System*-Urteil vom 22.4.1997 betont, dass es für das Sittenwidrigkeitsverdikt überhaupt nicht auf eine Täuschung oder Irreführung der Mitglieder ankomme, sondern allein darauf, dass das System angesichts des Vervielfältigungsfaktors und der baldigen Aussichtslosigkeit neuer Mitspielerzuwächse objektiv einfach nicht funktionieren *kann*.[14] Gleichwohl hängt das anfängliche Funktionieren des Systems, auf das die Gründer bauen, von Täuschungen und Irreführungen ab. Die Arglist ist dem Schenkkreis immanent. Je näher man sich also mit diesen Schenkkreisen befasst, desto verständlicher ist es, dass sich die höchstrichterliche Rechtsprechung wiederholt dazu entschieden hat, den Schenkkreis-Zahlungen wegen ihrer Sittenwidrigkeit eine Rechtswirksamkeit zu versagen.[15] Die zu dem Sittenwidrigkeitsverdikt nach § 138 Abs. 1 BGB führenden Tatumstände sind allerdings zwar meistens, aber nicht immer allen Schenkkreis-Teilnehmern bewusst, weil die Werbeblätter oder Spielregeln und das psychologisch aufbereitete Ambiente die Auswirkungen des Systems manchmal erfolgreich verschleiern.

[13] *OLG Celle*, NJW 1996, 2660.

[14] *BGH*, NJW 1997, 2314 = WM 1997, 1212 = ZIP 1997, 1100 = EWiR 1997, 687 *(Martinek)*.

[15] Vgl. insbes. *BGH*, NJW 2006, 45; *BGH*, NJW 2008, 1942 = JZ 2009, 363 mit Anm. *Martinek*; *BGH*, NJW 1997, 2314; *OLG Celle*, NJW 1996, 2660; *OLG Celle*, OLGR Celle 2000, 255; *OLG Frankfurt am Main*, OLGR Frankfurt 2000, 143; *OLG Bamberg*, NJW-RR 2002, 1393.

III. Anspruch auf Rückzahlung der geleisteten Schenkbeiträge

Wer als Teilnehmer eines Schenkkreises sein Geld „quitt" geworden ist und sich seiner Gewinnerwartung beraubt sieht, wird sich die Frage stellen, wie und ob er diese Zahlungen zurückverlangen kann. Schon auf das „Wie" – *quae sit actio?* – ist die Antwort nur umweghaft zu finden. Das klassische Instrument für die Rückführung ungerechtfertigt erlangter Vermögensvorteile stellt das Kondiktionsrecht dar, bei dem sich aber sofort die Frage stellt, ob die *condictio indebiti* nach § 812 Abs. 1 S. 1 Var. 1 BGB (Rückforderung wegen Nichtschuld) oder die *condictio ob turpem vel iniustam causam* des § 817 S. 1 BGB (Rückforderung wegen gesetzes- oder sittenwidrigen Empfangs) einschlägig ist. Die *condictio indebiti* liegt zunächst nahe, denn der Teilnehmer hat das Geld an den Empfänger durch eine bewusste und gewollte sowie zweckgerichtete Mehrung von dessen Vermögen „geleistet". Diese Leistung hat auch ihren Zweck verfehlt, so dass der Geldbetrag vom Empfänger „ohne Rechtsgrund" erlangt ist. Der Teilnehmer hat ja *causa donandi*, zur Begründung und zugleich Erfüllung seiner schenkungsvertraglichen Verpflichtung leisten wollen. Allein auf diesen Leistungszweck und ersten Geschäftszweck kommt es an, auch wenn dieser in der wirtschaftlichen Gesamtkalkulation des Teilnehmers nur – wie erwähnt – „vordergründig" erscheint; weitere mit der Leistung einseitig oder übereinstimmend verbundene und angestaffelte Zwecke wie die späteren Gewinnerwartungen des Zahlenden bleiben ebenso wie einseitige sonstige Motive erfüllungs- und bereicherungsrechtlich unbeachtlich.[16] Die Zweckverfehlung und damit Rechtsgrundlosigkeit der Leistung i.S. des § 812 Abs. 1 S. 1 Var. 1 BGB gründet zwar nicht in einem Formmangel des Schenkungsvertrags – es liegt ja eine Handschenkung i.S. des § 518 Abs. 2 BGB vor –, wohl aber in der Sittenwidrigkeit des Vertrags nach § 138 Abs. 1 BGB, weil die unentgeltliche Zuwendung in einen Schenkkreis eingebettet ist. Wenn damit auch die tatbestandsmäßigen Voraussetzungen einer *condictio indebiti* erfüllt sind, wird doch ein Anspruch aus § 812 Abs. 1 S. 1 Var. 1 BGB in den Schenkungskreisfällen häufig an der Kondiktionssperre des § 814 Var. 1 BGB scheitern. Denn dem zahlenden Teilnehmer dürften oft nicht nur die zum Sittenwidrigkeitsverdikt führenden Umstände durchaus bekannt und bewusst gewesen sein, sondern er dürfte vielfach auch genau gewusst haben, dass ihn keine Verpflichtung zur Leistung traf, so dass sich sein Rückforderungsverlangen „wegen Nichtschuld" als ein nach § 814 Var. 1 BGB unzulässiges *venire contra factum proprium* darstellt.[17] Man könnte diese Kondiktionssperre, die sich aus dem

[16] *Reuter/Martinek*, Ungerechtfertige Bereicherung, 1983, § 5 III 2, S. 155 ff.

[17] Zweifelnd, ob die Voraussetzungen des § 814 1. Alt. BGB in diesen Fällen überhaupt jemals erfüllt sind, *Amend-Traut*, KJ 2008, 412, die eine positive Kenntnis im Sinne der Vorschrift bei den Teilnehmern der Schenkkreisspiele eher als ausgeschlossen ansieht und deren bloße Tatsachenkenntnis als nicht ausreichend erachtet.

Grundsatz von Treu und Glauben nährt, allenfalls unter Hinweis darauf teleologisch reduzierend für unanwendbar erklären, dass der Leistungsempfänger in den Schenkkreisfällen, dem ja seinerseits die Rechtsgrundlosigkeit der vereinnahmten Leistung bewusst war, auch seinerseits keine berechtigte Erwartung in das Ausbleiben einer bereicherungsrechtlichen Rückforderung des Leistenden haben darf – womit aber der Anwendungsbereich des § 814 Var. 1 BGB erhebliche Einschränkungen auch in anderen Fällen erführe. Zugegeben: Es geht bei der Frage, wem was bekannt und bewusst war, um eine „Tatfrage", und es mag in Einzelfällen nicht zur Anwendung der Kondiktionssperre kommen können. Vielfach aber scheidet die Leistungskondiktion aus § 812 Abs. 1 S. 1 Var. 1. BGB bei den Schenkkreisfällen wohl wegen der Kondiktionssperre des § 814 Var. 1 BGB aus.

Die Voraussetzungen eines Anspruches aus § 817 S. 1 BGB sind ebenfalls ohne weiteres erfüllt, denn gerade durch die Annahme der „Schenkung", die Entgegennahme des zugewandten Geldes also, wird eine Vermögenslage geschaffen, die von der Rechtsordnung und damit der Verbotsnorm des § 138 Abs. 1 BGB missbilligt wird und sich als sittenwidrig darstellt. Und die Kondiktionssperre des § 814 Var. 1 BGB findet auf die *condictio ob turpem vel iniustam causam* bekanntlich keine Anwendung; für die Kondiktion wegen gesetzes- oder sittenwidrigen Empfangs nach § 817 S. 1 BGB kennt das Gesetz nur die Kondiktionssperre des § 817 S. 2 BGB, die mit ihren von § 814 Var. 1 abweichenden Voraussetzungen – hier reicht die Kenntnis der die Sittenwidrigkeit begründenden Umstände für den Leistenden aus – allerdings ihrerseits auch auf die *condictio indebiti* eine sperrende Anwendung finden könnte, wenn der Anspruch aus § 812 Abs. 1 S. 1 Var. 1 BGB nicht schon an § 814 Var. 1 BGB scheitern sollte. Nur nebenbei sei bemerkt, dass in der Rechtsprechung zur Rückabwicklung der im Rahmen eines Schenkkreises geleisteten Zahlung die Frage nach der einschlägigen bereicherungsrechtlichen Anspruchsgrundlage oft nur pauschal und ohne jegliche Begründung mit § 812 Abs. 1 S. 1 Var. 1 BGB beantwortet wird. In Wirklichkeit muss der Rechtsanwender oft auf den speziellen Kondiktionsanspruch des § 817 S. 1 BGB zurückgreifen[18], der durch § 814 Var. 1 BGB nicht gesperrt wird. Diesen kleinen Schönheitsfehler kann man natürlich als im Ergebnis unbedeutend übersehen.[19] Denn ob man nun den durch § 814 Var. 1 BGB ausnahmsweise nicht gesperrten § 812 Abs. 1 S. 1 Var. 1 BGB oder § 817 S. 1 BGB als Anspruchsgrundlage heranzieht, jedenfalls hängt für die „Schenker" doch alles von der – für beide Kondiktionen geltenden – Sperre des § 817 S. 2 BGB ab, die eine Rückforderung der Leistung, durch deren Annahme der Empfän-

[18] Ablehnend *Schmidt-Recla*, JZ 2008, 61, da § 817 S. 1 BGB eine *causa* voraussetze, an der es bei einem Verstoß gegen §§ 134, 138 BGB fehle.

[19] *Karsten Schmidt*, JuS 2006, 265 f.

ger gegen die guten Sitten verstoßen hat, dann verwehrt, „wenn dem Leistenden gleichfalls ein solcher Verstoß zur Last fällt".

IV. Die Kondiktionssperre des § 817 S. 2 BGB

Das „Ob" eines bereicherungsrechtlichen Rückzahlungsanspruches erweist sich damit als eine höchst unsichere Angelegenheit für den das „Geschenk" leistenden Teilnehmer eines Schenkkreises. Der Anspruchsausschluss des § 817 S. 2 BGB war und ist eine der am heftigsten umstrittenen Vorschriften des Bereicherungsrechts[20], das ja seinerseits mit seinen nur elf Paragraphen wahrlich keinen Mangel an umstrittenen Vorschriften aufweist.[21] Schon über den Normzweck kann man endlos diskutieren – und hat es getan. Es lohnt sich eine Rückbesinnung auf die Diskussion – und diese wird uns zum Verständnis des § 817 S. 2 BGB als einer „integrierten Ausgleichsnorm" im Sinne der bereicherungsrechtlichen Theorie unseres Jubilars *Dieter Reuter* führen.

Es liegt ja *prima vista* nicht fern, in § 817 S. 2 BGB eine Art zivilrechtlicher Strafvorschrift zu sehen, und immer noch und immer wieder ist man versucht, über eine solche Grundierung nachzudenken. Gesetzes- oder sittenwidriges Verhalten ist ja vielfach weder straf- noch verwaltungsrechtlich bußgeldbewehrt[22], so dass derartige Rechtsgeschäfte auch im Übrigen völlig sanktionslos blieben, wenn nicht wenigstens § 817 S. 2 BGB korrigierend eingriffe.[23] Auf einer solchen Sichtweise fußen bereits die Motive zum BGB, die keinen Zweifel daran lassen, dass § 817 S. 2 BGB als zivilrechtliche Strafvorschrift die verwerfliche Gesinnung des Leistenden treffen sollte.[24] Das *Reichsgericht*[25] und ursprünglich auch der *BGH*[26] sind dieser Linie gefolgt und haben der Norm unmissverständlich eine Straffunktion zugemessen. Aber ganz abgesehen davon, dass sich nach dem Aufruf zur „Befreiung des

[20] „Kaum eine Bestimmung des Bürgerlichen Gesetzbuches ist so umstritten wie § 817 S. 2 BGB", stellte *Heinrich Honsell* im Jahre 1974 zu Beginn seiner Monographie, Die Rückabwicklung sittenwidriger oder verbotener Geschäfte, fest.

[21] Vgl. dazu *Reuter/Martinek*, Ungerechtfertigte Bereicherung, 1983, *passim*.

[22] In Deutschland ist progressive Kundenwerbung durch Pyramidensysteme nach § 16 UWG strafbar, doch erfasst diese Vorschrift die klassischen Schenkkreise nicht, deren Veranstaltung auch nicht nach §§ 284, 286 bzw. § 263 StGB strafbar ist. Schenkkreise sind insbesondere keine „Glücksspiele". In Österreich sind Ketten- und Pyramidenspiele gemäß § 168a des StGB verboten und strafbar; auch in der Schweiz ist die Gründung von und Werbung für Schenkkreise strafbar.

[23] *Canaris*, in: Festschrift für Steindorf, 1990, 519, 523 ff.

[24] *Mugdan*, Die gesammten Materialien zum Bürgerlichen Gesetzbuch für das Deutsche Reich, Bd. II, 1899, 726 f.

[25] *RGZ* 95, 349; *RGZ* 161, 52, 58, 60.

[26] *BGHZ* 39, 87, 91; *BGHZ* 63, 365, 369.

Zivilrechts vom strafrechtlichen Denken" eine Norm mit Strafcharakter im BGB als ein Fremdkörper ausnähme[27], erscheint eine pönalisierende Einordnung der Vorschrift kaum überzeugend und sinnvoll, denn bei beiderseitiger Gesetzes- oder Sittenwidrigkeit würde man schließlich nur den einen Übeltäter zum Vorteil des anderen bestrafen. Gerade dadurch, dass der Empfänger auf Kosten des Zuwendenden nachhaltig bereichert bleiben darf, sieht § 817 S. 2 BGB offenbar von einer angemessenen Schuldkompensation beider Übeltäter ab. Damit erweist sich die Verfolgung eines überzeugenden Strafzwecks als ausgeschlossen: Welcher der verschiedenen Strafzwecklehren man auch folgen mag, jedenfalls wirkte eine als „Strafe" verstandene Kondiktionssperre des § 817 S. 2 BGB immer nur auf den Zuwendenden ein, während der nicht minder strafwürdige Empfänger von den Rechtsfolgen des § 817 S. 2 BGB unberührt bliebe. Die Straftheorie vermag den Widersinn nicht zu bewältigen, dass, genau genommen, die Bestrafung des einen zur Belohnung des anderen Übeltäters führt – oder doch führen *kann*: Gewiss, bei bereits vollzogenem gegenseitigen Leistungsaustausch können *beide* Parteien nach § 817 S. 2 BGB von ihrer bereicherungsrechtlichen Rückforderung ausgeschlossen sein. Hat aber der Empfänger der gesetzes- oder sittenwidrigen Zuwendung seinerseits (noch) nichts geleistet, wird der „größere Gauner" für seinen Verstoß auch noch belohnt.[28] Auch merkt *Canaris* zutreffend an, dass bei dieser Kondiktionssperre jede Proportionalität zwischen Verschulden und Strafhöhe fehlt, wie sie für Strafnormen sonst charakteristisch ist, hängt doch der „strafende" Verlust des Leistenden ausschließlich von der Höhe seiner Leistung ab und ist damit in seiner Empfindlichkeit von Grad und Maß der Gesetzes- oder Sittenwidrigkeit entkoppelt.[29] Die Straftheorie zu § 817 S. 2 BGB bleibt also letztlich eine überzeugende Erklärung dafür schuldig, dass der Empfänger, der durch die Annahme der Leistung gesetzes- oder sittenwidrig gehandelt hat, das erlangte Etwas endgültig behalten darf, nur weil „dem Leistenden gleichfalls ein solcher Verstoß zur Last fällt". Die alte Straftheorie zu § 817 S. 2 BGB, so muss man zusammenfassend sagen, ist nicht „schlüssig", sondern führt mit ihrer wortlautgetreuen und uneingeschränkten Anwendung der Norm in vielen Fällen zu unbefriedigenden Ergebnissen.[30]

Abhilfe lässt sich auch nicht durch eine Art „Flucht nach vorn" in Form einer offen und gezielt deliktsrechtlichen Einfärbung des § 817 S. 2 BGB schaffen, wie sie die Versuche einer Flexibilisierung dieser Norm durch die

[27] So *Flume,* Allgemeiner Teil des Bürgerlichen Rechts Bd. II: Das Rechtsgeschäft, 2. Aufl. 1975, S. 390.

[28] *Honsell,* Die Rückabwicklung sittenwidriger oder verbotener Geschäfte, 1974, S. 88.

[29] *Canaris,* in: Festschrift für Steindorf, 1990, 519, 523.

[30] Vgl. *BGHZ* 75, 299, 305, wo § 817 S. 2 BGB als eine „dem Zivilrecht an sich fremde Regelung, die nicht selten zu unbilligen Ergebnissen führen kann", eingestuft wurde.

Einführung einer Verschuldensabwägung unter Heranziehung des Rechtsgedankens des § 254 BGB repräsentieren.[31] Bereits das *Reichsgericht* hat diesem Ansatz eine klare Absage erteilt, weil er „dem Gesetz fremd" sei und es bei dem Verstoß gegen Sitten und Gesetz nicht „auf das höhere oder geringere Maß" ankommen könne.[32] Hinzukommt: Eine solche Sichtweise erscheint in der Rechtsanwendungspraxis schwerlich umsetzbar, denn wie soll man im Nachhinein beweisen und beurteilen können, wessen Handeln im Einzelfall ehrloser war?

Es ist im Lichte all dieser Hindernisse für eine „pönale Teleologie" des § 817 S. 2 BGB verständlich, wenn die Norm heute und schon seit längerem eher mit dem Gedanken der Rechtsschutzverweigerung motiviert wird: Beide Übeltäter werden bei der Rückabwicklung der gesetzes- oder sittenwidrig empfangenen wie auch erbrachten Leistung gleichsam von der Rechtsordnung unter Inkaufnahme der ungerechtfertigten Bereicherung im Stich gelassen. Dies lässt sich auf den traditionsreichen Gedanken zurückführen, dass ein Rechtsschutz für solche Ansprüche ausgeschlossen ist, zu deren Begründung sich der Gläubiger auf eigenes gesetzes- oder sittenwidriges Verhalten berufen muss: *nemo auditur turpitudinem suam allegans.*[33] Diese Parömie kann als römisch- und kontinentalrechtliche Ausprägung der *clean hands-doctrine* des *Common Law* verstanden werden: *He who comes in equity must come there with clean hands.*[34] Man kann darüber streiten, ob es sich bei dieser Betrachtungsweise nicht weniger um einen materiell-rechtlichen als vielmehr einen prozessualen Rechtfertigungsgrund für die Kondiktionssperre handelt.[35] Letzteres würde wohl bedeuten, dass der Rückerstattungsanspruch nicht untergeht und erfüllbar bleibt, aber mit einer Art rechtshemmender Einwendung belegt wird, die seine gerichtliche Verfolgbarkeit ausschließt und zur Naturalobligation macht.[36] Jedenfalls ist inzwischen innerhalb der Normzwecklehren zu § 817 S. 2 BGB die aus dem römischen Recht überkommene Straftheorie auch in der Rechtsprechung in den Hintergrund gerückt und jedenfalls im Grundsatz der Theorie der Rechtsschutzverweigerung gewichen[37], die besonders prägnant von *Karl Larenz* formuliert worden ist: „Dass dann die Leistung dem anderen, der sie ebenso wenig verdient, verbleibt, entspricht sicher nicht der Gerechtigkeit, muss aber in Kauf genommen werden, eben weil die Rechtsordnung auf ein Ein-

[31] *Reuter/Martinek*: Ungerechtfertigte Bereicherung, 1983, S. 207.
[32] *RGZ* 78, 282, 285.
[33] *Medicus,* Bürgerliches Recht, 21. Aufl. 2007, Rn. 697.
[34] Vgl. dazu *Goff/Jones,* The Law of Restitution, 5th ed. 1998, S. 505.
[35] Vgl. dazu *OGHZ* 4, 60, wonach § 817 S. 2 BGB mehr verfahrens- als materiell-rechtlichen Charakter aufweist.
[36] Vgl. dazu *BGHZ* 36, 395, 399, Urt. v. 07.03.1962, Az: V ZR 132/60.
[37] Vgl. insbes. *BGHZ* 8, 348, 378; *BGHZ* 35, 103, 107; *BGHZ* 36, 394, 399; *BGHZ* 44, 1, 6.

greifen hier verzichtet."[38] Ganz und gar befriedigend ist diese Sichtweise freilich auch nicht, muss doch danach die Rechtsordnung resignierend in Kauf nehmen, dass es bei der tatsächlichen Lage bleibt, wie sie durch das Handeln *contra bonos mores* geschaffen wurde. Sicherlich ließe sich unter Aufrechterhaltung des materiell-rechtlichen Unwerturteils über den gesetzes- oder sittenwidrigen Empfang der Leistung sagen: Eine den Grundsätzen der materiellen Gerechtigkeit eigentlich entsprechende Korrektur der Vermögensverschiebung wird dem Leistenden auf prozessualem Wege versagt, weil er sich durch sein Handeln selbst außerhalb der Rechts- und Sittenordnung positioniert hat. Indes bliebe bei dieser „Kapitulationstheorie" der Grundsatz der Einheit der Rechtsordnung auf der Strecke.[39]

Um eine Anwendung der Kondiktionssperre des § 817 S. 2 BGB in denjenigen Fällen zurückzudrängen, in denen sie in krass widersinniger Weise den gesetzes- oder sittenwidrigen Zustand perpetuieren würde, hat sich die Rechtsprechung zunächst mit einer Verschärfung der subjektiv-tatbestandlichen Voraussetzungen des § 817 S. 2 BGB zu behelfen versucht. Ob und inwieweit im Rahmen des § 817 S. 2 BGB subjektive Voraussetzungen eine Rolle spielen dürfen oder müssen, war, ähnlich wie im Bereich der §§ 134, 138 BGB, lange Zeit umstritten. Gern wird in der Rechtsprechung[40] und Teilen der Literatur[41] betont, ein derartiger Kondiktionsausschluss, der als Sanktion auf die Versagung an sich gerechtfertigter Ausgleichsansprüche abziele, sei nur dann zu rechtfertigen, wenn sich der Leistende bewusst gegen das Gesetz bzw. die guten Sitten entschieden und der Rechts- und Sittenordnung den Rücken gekehrt habe.[42] Es handele sich bei der Rechtsfolge des § 817 S. 2 BGB um eine Verhaltensunrechtsfolge. Man kann aber schwerlich für die Verwirklichung der subjektiven Voraussetzungen ein Bewusstsein der Geset-

[38] *Larenz*, Schuldrecht BT, 12. Aufl. 1981, S. 560.

[39] Einige Literaturstimmen wollen sich hiermit denn auch nicht abfinden. So hat z.B. *Wilburg*, in: *Klang*, Kommentar zum Allgemeinen Bürgerlichen Gesetzbuch (Österreichs), 2. Aufl., Wien 1951, S. 471 zu § 1174 ABGB kritisiert, dass die Theorie der Rechtsschutzverweigerung „einem primitiven Denken" entspringe, „dem jegliche Abwägung, die ein fein entwickeltes Recht erfordert, fehlt" und dadurch, dass sie die an einem unerlaubten Geschäft Beteiligten ihrem Schicksal überlasse, kapitulierend auf seine Ordnungsaufgabe verzichte. *Bufe*, AcP 157 (1958/1959), 215, 216, will die Rechtsschutzverweigerungstheorie als „Resignationstheorie" verstanden wissen und klagt an, dass die Justiz durch § 817 S. 2 BGB „gegenüber schmählichen Geschäften mit der Bewegung der Entrüstung und des Ekels ihr Antlitz verhülle". Ebenfalls ablehnend *Canaris*, in: Festschrift für Steindorf, 1990, 519, 523, der dieser Ansicht die nötige Evidenz abstreitet, weil sie nicht erklären könne, warum eigentlich dem Leistenden der Rechtsschutz versagt werden soll, denn schließlich sei ja noch lange nicht jeder vogelfrei, der gesetzes- oder sittenwidrig handele.

[40] *RGZ* 127, 276; *BGH*, WM 1967, 229.

[41] *Larenz/Canaris*: Lehrbuch des Schuldrechts, Bd. II/2, 13. Aufl. 1994, § 68 III 3b, 163; MünchKomm(BGB)/*Lieb*, 4. Aufl. 2004, § 817 Rn. 42.

[42] Vgl. dazu *Reuter/Martinek*, Ungerechtfertigte Bereicherung, 1983, S. 213.

zes- und Sittenwidrigkeit verlangen, sondern muss eine Kenntnis der die Gesetzes- bzw. Sittenwidrigkeit begründenden Umstände ausreichen lassen. Zur Begründung hat sich – eine Art „Totschlagsargument" – der Hinweis darauf durchgesetzt, dass mit einer Forderung nach ausdrücklicher Kenntnis der Gesetzes- oder Sittenwidrigkeit „das härtere Gewissen und das gröbere Moralempfinden" prämiert werde.[43] Wenn der Leistende sittenblind war, hat er doch gerade die Augen vor der Bewertung seines Tuns verschlossen, so dass § 817 S. 2 BGB bereits deshalb eingreifen muss.[44] Die Rechtsprechung sieht es denn auch als ausreichend an, wenn sich der Leistende der Einsicht in den Gesetzes- und Sittenverstoß leichtfertig verschließt.[45]

In der Literatur hat namentlich *Heinrich Honsell* eine Rückführung der Norm auf den historischen Anwendungsbereich *der condictio ob turpem vel iniustam causam* im gemeinen Recht angeregt[46], also auf Fälle, in denen sich der mit der Leistung bezweckte Erfolg i.S. der *condictio ob rem* nach § 812 Abs. 1 S. 2, 2. Fall BGB (*causa futura*) als moralisch verwerflich darstellt. Schon *Philipp Heck* hat versucht, den Wirkungskreis des § 817 S. 2 BGB dadurch einzudämmen, dass diese Kondiktionssperre – und dafür spricht ihre systematische Stellung – nur der *condictio ob turpem vel iniustam causam* entgegenstehen soll.[47] Im Einzelnen wären davon vor allem solche Sachverhalte betroffen, bei denen Sachen oder Geld als Lohn für die künftige Vornahme einer gesetzes- oder sittenwidrigen Handlung hingegeben werden. Indes steht der Vorschlag zur Rückbesinnung auf die römisch-rechtlichen Kategorien der *causa futura* im Widerspruch zur gesetzgeberischen Intention bei der Schaffung der Vorschrift, wonach die Kondiktionssperre des § 817 S. 2 BGB von den Fällen der *condictio ob rem* losgelöst sein soll. Eine Reduzierung des Anwendungsbereichs auf die vereinzelten Fälle, bei denen Zuwendungen für Falschaussagen, Schweigegelder oder zur sonstigen Begehung von Straftaten erbracht werden, wäre zwar im Rahmen einer weitreichenden teleologischen Reduktion durchaus methodologisch stimmig und auch rechtspolitisch begrüßenswert. So würde etwa der Anreiz zur tatsächlichen Begehung der Tat wegfallen, wenn der Angestiftete die Leistung ohnehin endgültig behalten dürfte.[48] Allerdings hat die Rechtsentwicklung die Chancen für eine solche dogmatisch-historische Rückbesinnung längst überrollt. Eine derart pauschale Einschränkung von § 817 S. 2 BGB, der längst aner-

[43] *Lehmann*, JW 1931, 1924 f.; Staudinger/*S. Lorenz* (2007), § 817 Rn. 21.
[44] So *Canaris* in Festschrift für Steindorf, 1990, 519, 526.
[45] Vgl. insbes. *BGH*, NJW 1989, 3217, 3218.
[46] *Honsell*: Die Rückabwicklung sittenwidriger oder verbotener Geschäfte, 1974, S. 136 ff.
[47] *Heck*, AcP 124 (1925), 1, 21, 53.
[48] *Honsell*, Die Rückabwicklung sittenwidriger oder verbotener Geschäfte, 1974, S. 63, 143.

kanntermaßen bei allen Leistungskondiktionen Platz greift, „immer gilt", ja sogar zur Vermeidung von Wertungswidersprüchen auf die *rei vindicatio* des § 985 BGB sowie auf den Grundbuchberichtigungsanspruch des § 894 BGB ausgedehnt wird (wenn sich die Unwirksamkeit nicht allein auf das schuldrechtliche Verpflichtungsgeschäft, sondern auch auf das dingliche Erfüllungsgeschäft erstreckt), ist kaum mehr durchsetzbar.[49]

Man kann natürlich die Vorschrift als endgültig misslungen ansehen und ihre völlige Abschaffung fordern.[50] Aber dies ist ein nur rechtspolitischer Vorschlag *de lege ferenda* und hilft dem Rechtsanwender heute wenig. Über eine Tilgung des § 817 S. 2 BGB aus dem 26. Titel des Bürgerlichen Gesetzbuches kann allein der Gesetzgeber entscheiden. Dieser aber hat sich bis *dato* allen Forderungen nach einer Streichung widersetzt. Rechtswissenschaft und Rechtsprechung müssen unter Einsatz der ihr zur Verfügung stehenden Instrumentarien der juristischen Methodologie der Vorschrift ein praktisch operationales Gepräge geben.

Einen vielversprechenden Ansatz hierzu, der in seinem Ausgangspunkt durchaus an die Rechtsschutzverweigerungstheorie anknüpft, haben *Fritz Fabricius* und *Andreas Wacke* vorgeschlagen.[51] Dieser Lösungsvorschlag basiert darauf, dass ausweislich des § 134 BGB ein Rechtsgeschäft, das gegen ein gesetzliches Verbot verstößt, (nur dann) nichtig ist, „wenn sich nicht aus dem Gesetz etwas anderes ergibt". Dies lädt jeweils zu einer näheren Untersuchung von Sinn und Zweck des Verbotsgesetzes ein. Dementsprechend soll auch im Rahmen des § 817 S. 2 BGB durch eine teleologische Betrachtung der Gesetzes- bzw. Sittenwidrigkeit ermittelt werden, ob die Anwendung der Kondiktionssperre zweckdienlich ist oder man nicht durch den Ausschluss ihrer Anwendung und damit gerade durch die Zulassung der Rückforderung der Bekämpfung der Gesetzes- oder Sittenwidrigkeit besser dienen kann. Dieser Ansatz hat sich schnell als universell akzeptabel erwiesen und wurde von Rechtsprechung und Literatur gleichermaßen angenommen. Ein solches normatives Verständnis der Kondiktionssperre des § 817 S. 2 BGB im Sinne einer Einzelfallteleologie, bei der die Frage von entscheidender Bedeutung ist, wie die Verbotsverletzung auf die Gültigkeit des Grund- bzw. des Leis-

[49] St. Rspr., vgl. nur *BGHZ* 44, 1, 6; *BGHZ* 50, 90, 91; *RGZ* 151, 70, 72; *RGZ* 161, 52, 55; aus der h.L. vgl. *Esser/Weyers,* Schuldrecht Bd. II BT/2, 8. Aufl. 2000, § 49 IV; *Larenz/Canaris,* Lehrbuch des Schuldrechts, Bd. II/2, 13. Aufl. 1994, § 69 III b; *Medicus*: Bürgerliches Recht, 21. Aufl. 2007, Rn. 696; *Reuter/Martinek,* Ungerechtfertigte Bereicherung, 1983, S. 209: „Das Rad der Rechtsanwendungspraxis lässt sich kaum zurückdrehen."

[50] So *Reeb,* Grundprobleme des Bereicherungsrechts, 1975, S. 67.

[51] *Fabricius,* JZ 1963, 85; *Wacke*, Vorzüge und Nachteile des deutschen Bereicherungsrechts, Beiträge zum deutschen und israelischen Privatrecht, 1977, S. 131 ff., insbes. S. 146; zustimmend *Koppenstein/Kramer,* Ungerechtfertigte Bereicherung, 1975, S. 74; *Erman/Westermann,* BGB-Komm., 11. Aufl. 2004, Rn. 15 zu § 817; *Reuter/Martinek,* Ungerechtfertigte Bereicherung, 1983, S. 211; ausführlich zuletzt *Weyers,* WM 2002, 627 ff.

tungsgeschäfts einwirken soll, hat sich als taugliches Korrektiv bewährt. Der Rechtsanwender muss danach prüfen, ob die Aufrechterhaltung der rechtsgrundlosen Vermögenszuordnung mit dem Zweck des Unwerturteils und der daraus resultierenden Nichtigkeitssanktion vereinbar ist oder nicht. Wenn diese Frage negativ beantwortet werden muss, dann muss sowohl bei Verstößen gegen gesetzliche Verbote wie auch bei solchen gegen die guten Sitten die Kondiktionssperre nach § 817 S. 2 BGB eine teleologische Reduzierung „auf null" erfahren. Denn wenn schon die betreffende Güterbewegung oder Vermögensverschiebung wegen Gesetzes- oder Sittenwidrigkeit unterbunden werden soll, dann ist die dauernde Aufrechterhaltung der rechtsgrundlosen Vermögenszuordnung mit dem Zweck der Nichtigkeitssanktion unvereinbar. Verbotsgesetze im Sinn des § 134 BGB und die Generalklausel des § 138 BGB gehen sozusagen als *leges speciales* dem § 817 S. 2 BGB vor und determinieren seine Rechtsfolge.[52] Denn oft erweist sich sonst „das schneidige Schwert unseres § 817 S. 2 BGB als viel zu scharf".[53] So ist offenkundig, dass es bei Transaktionen, die gegen Devisenbestimmungen verstoßen haben, dem Zweck des Verbots gerade zuwiderliefe, wenn die Leistung nicht rückgängig gemacht würde.[54]

Die Kondiktionssperre des § 817 S. 2 BGB verwirklicht damit ein „normativ graduierendes Rechtsschutzverweigerungsprinzip"[55], bei dem die Rechtsschutzverweigerung je nach Zielrichtung des gesetzlichen oder sittlichen Verbots abgestuft werden kann, um die mit der rigorosen Anwendung der Norm verbundenen Ungereimtheiten zu beseitigen oder zumindest doch zu verringern. Indem die Anpassung des verwerflichen Geschäfts an die Rechtsordnung als primäre Funktion und die gänzliche Desavouierung der von den Parteien verfolgten Zwecke als *ultima ratio* der Kondiktionssperre verstanden wird, kann man dem aus seinem historischen Zusammenhang gerissenen Rechtsinstitut wieder einen sinnstiftenden Anwendungsbereich eröffnen.[56] In der Tat ist der Gedanke der Rechtsschutzverweigerung nach dem Abschied vom Strafcharakter des § 817 S. 2 BGB tauglich, dieser Konditionssperre eine Rechtfertigung abzugewinnen. Er darf freilich nicht zur Vertuschung oder Legitimierung von Wertungswidersprüchen in den Ergebnissen seiner Anwendung dienen, sondern muss – und kann – als teleologisches Korrektiv dieser Kondiktionssperre eingesetzt werden: § 817 S. 2 BGB

[52] *Flume*: Allgemeiner Teil des Bürgerlichen Rechts Bd. II: Das Rechtsgeschäft (2. Auflage, 1975) S. 396 f.; ausdrücklich auch *BGHZ* 41, 341; Münch Komm(BGB)/*Lieb*, 4. Aufl. 2004, § 817 Rn. 13.

[53] So *Wacke*, Vorzüge und Nachteile des deutschen Bereicherungsrechts, Beiträge zum deutschen und israelischen Privatrecht, 1977, S. 131 ff., 146.

[54] Vgl. dazu *BGH*, NJW 1956, 338; *BGHZ* 41, 341, *BGHZ* 63, 365

[55] *Reuter/Martinek*, Ungerechtfertigte Bereicherung, 1983, S. 203 ff., 211.

[56] *Reuter/Martinek*: Ungerechtfertigte Bereicherung, 1983, S. 211.

darf nur eingreifen, wenn und soweit eine Rechtsschutzverweigerung nach Maßgabe des konkreten Gesetzes- oder Sittenverstoßes im Einzelfall im Interesse der Allgemeinheit erforderlich und angemessen ist. Er darf insbesondere nicht eingreifen, soweit er eine Vermögenslage aufrecht erhält, die nach der Verbotsnorm gerade missbilligt wird. Auf dieser Linie haben sich in der Rechtsprechung zu der Vorschrift des § 817 S. 2 BGB in den vergangenen Jahrzehnten Fallgruppen herausgebildet, bei denen der Gewinn erhöhter Einzelfallgerechtigkeit gegenüber einer unangemessen strikten Anwendung des § 817 S. 2 BGB auf der Hand liegt. Man denke nur an die Kredit- und Mietwucherfälle[57], an die – inzwischen allerdings wegen geänderter gesellschaftlicher Anschauungen und verbreiteter staatlicher Tolerierung bereits teilweise wieder überholten – Bordellverkaufs- und Bordellpachtfälle[58] oder an die Schwarzarbeitsfälle.[59]

Dieses Verständnis liegt ganz auf der Linie der bereicherungsrechtlichen Theorie unseres Jubilars *Dieter Reuter*, der nachdrücklich und wegweisend betont hat, dass das Bereicherungsrecht als „integriertes Ausgleichsrecht" verstanden und angewandt werden muss, das die Zuordnungs-, Ausgleichs-, Wertungs- und Gerechtigkeitsvorgaben derjenigen Regelungsprogramme aufgreift und umsetzt, in denen der Bereicherungsfall „spielt", um „wertungsmäßige Konsistenz" und „ordnungspolitische Folgerichtigkeit" zu erreichen.[60] Dagegen darf das Bereicherungsrecht nicht mit der zweifelhaften Rolle eines „autonomen Billigkeitsrechts" bedacht werden, mit der es mangels eigener Maßstäbe und eigener Wertentscheidungen überfordert ist; es kann einen Autonomieanspruch nicht einlösen. Dieser Gedanke eines integrierten Ausgleichsrechts statt eines autonomen Billigkeitsrechts führt, bezogen auf die Problematik des § 817 S. 2 BGB, zu einer Hintanstellung der traditionsbelasteten und unfruchtbaren Sinn- und Zweck-Debatte und zu einem funktionalen Normanwendungsverständnis, das jeweils an dem konkreten Sitten- oder Gesetzeswidrigkeitsvorwurf orientiert ist, dem der Empfang und „gleichfalls" die Hingabe der Leistung ausgesetzt sind. Das richtige Verständnis des § 817 S. 2 BGB ist damit das einer „integrierten Ausgleichs-

[57] Grundlegend *RGZ* 161, 52.

[58] Vgl. *BGHZ* 41, 341, 344; *BGHZ* 63, 365, 367; *BGH*, WM 1969, 1083; anders noch die fragwürdigen Konstruktionen von *RGZ* 63, 179, 189; dazu Staudinger/*S. Lorenz*, 2007, § 817 Rn. 11.

[59] Vgl. *BGHZ* 111, 308; *BGH*, NJW-RR 2008, 1050; *BGHZ* 176, 198; vgl. zu diesen und anderen Fallgruppen Staudinger/*S. Lorenz*, 2007, § 817 Rn. 10 ff.; *Tiedtke*, DB 1990, 2307, 2310; *Köhler*, JZ 1990, 466, 469; *Armgardt*, NJW 2006, 2070; MünchKomm(BGB)/*Lieb*, 4. Aufl. 2004, § 817 Rn. 37; *Larenz/Canaris*: Lehrbuch des Schuldrechts, Bd. II/2, 13. Aufl. 1994, § 68 III 3g.

[60] Ausführlich hierzu *Reuter*, in: *Reuter/Martinek*, Ungerechtfertigte Bereicherung, 1983, § 3, S. 39 ff.

norm", bei der der Rechtsanwender das konkrete Verdikt der Gesetzes- oder Sittenwidrigkeit aufgreifen und umsetzen muss, um im Ergebnis wertungsmäßige Konsistenz und ordnungspolitische Folgerichtigkeit zu erzielen.

V. Die Entwicklung der Rechtsprechung zu den Schenkkreisfällen

Für die Rechtsprechung war es nicht leicht, sich den Weg zu einem angemessenen und überzeugenden Umgang mit der Kondiktionssperre des § 817 S. 2 BGB in den Schenkkreisfällen zu bahnen. Sie hat erst auf verschlungenen Pfaden und nicht ohne Umwege den Durchbruch zu einem Verständnis des § 817 S. 2 BGB als integrierter Ausgleichsnorm gefunden und die neue Fallgruppe der Schenkkreisfälle zur teleologischen Reduktion des § 817 S. 2 gebildet. Seit Beginn des Schenkkreis-Wahns, verstärkt seit den Jahren 2003/2004 haben die Geschädigten von Schenkkreisen – teils einzeln, teils in Gruppen – klageweise versucht, die eingesetzten Schenkbeiträge von den Hintermännern und ausbezahlten Teilnehmern der Kreise zurückzuerlangen, bisweilen unterstützt von der Interessengemeinschaft der Schenkkreisgeschädigten (IGSG) oder den allgemeinen Verbraucherschutz-Organisationen.

Am 20.3.1996 erging das schon erwähnte Urteil des *OLG Celle*, wonach das ganz ähnlich einem Schenkkreis als Schneeball- und Pyramidenspiel aufgebaute „Unternehmer-Life-Spiel" sittenwidrig im Sinne des § 138 BGB war.[61] Indes blieb dem Kläger der Erfolg versagt, weil sich das Gericht bei der Anwendung des § 817 S. 2 BGB unerbittlich hart zeigte: Den Spieler, der seinen „Einsatz" in einem solchen Kreis leistet, treffe „gleichfalls" der Vorwurf des eigenen Sittenverstoßes. Der achselzuckende Hinweis des Klägers, er habe das „System einfach nicht durchschaut", half ihm nicht. Nach Auffassung des *Senats* hatte sich der Leistende der Einsicht in die Sittenwidrigkeit seines Tuns leichtfertig verschlossen. Hierfür sei bereits die oberflächliche Kenntnis von der Konzeption des Spiels ausreichend. Da über Schneeball- und Pyramidensysteme seit Anfang der 80er Jahre zunehmend in den Medien berichtet worden sei, seien jedem Mitspieler hinreichende Informationen über die Auswirkungen, insbesondere die Verlustmöglichkeiten solcher progressiven Systeme, zugänglich.[62] Mit der Teilnahme an einem solchen Spiel stelle sich die Kläger selbst außerhalb der Sitten- und Rechtsordnung und könne seinen Bereicherungsanspruch aus § 812 Abs. 1 S. 1 Var. 1 BGB wegen der Kondiktionssperre des § 817 S. 2 BGB nicht durchsetzen. Eine Korrektur dieses Ergebnisses über den Grundsatz von Treu und Glauben nach § 242

[61] *OLG Celle*, NJW 1996, 2660.

[62] Die Tragfähigkeit dieses Arguments bezweifeln *Millgramm/Grafmüller*, MDR 2008, 1140, da es dem Beklagten schwer fallen werde, ausdrückliche Kenntnis des Klägers von Pressepublikationen zum Thema Schenkkreise nachzuweisen.

BGB hat das *OLG Celle* nicht zugelassen. Auch wenn Veranstalter und Beklagten ein deutlich schwererer Sittenwidrigkeitsvorwurf treffe, verbiete sich bei beiderseitigem Sittenverstoß eine Abwägung beider Handlungen. Dass nunmehr eine Vermögensverschiebung im Widerspruch zur Rechtsordnung doch endgültigen Bestand habe, sei auch unter Berücksichtigung der Wertung des § 762 BGB hinzunehmen. Selbst wenn die Erklärungen der Parteien ungeachtet der festgestellten Sittenwidrigkeit des Rechtsgeschäftes wirksam wären, bestünde ein aus einem Vertrag herrührender Rückforderungsanspruch des Klägers dennoch nicht. Ein Rückforderungsanspruch scheitere nämlich jedenfalls an § 762 Abs. 1 S. 2 BGB. Denn die Erklärungen der Parteien zielten auf eine Spielvereinbarung ab, die nach § 762 Abs. 1 S. 1 BGB eine Verbindlichkeit nicht begründet.

Der *BGH* hat in seinem *World-Trading-System*-Urteil vom 22.4.1997[63] zwar das Sittenwidrigkeitsverdikt über derartige Systeme aufgegriffen und bestätigt, sich aber im Umgang mit der Kondiktionssperre konzilianter gezeigt: Der *Senat* ließ es – ohne Auseinandersetzung mit Sinn und Zweck dieser Kondiktionssperre – dahinstehen, ob die Norm hier eingreift. Es sei *in casu* keineswegs zweifelsfrei, dass sich der Kläger der Einsicht in die Sittenwidrigkeit seines Vorgehens leichtfertig verschlossen habe. In der bloßen Zahlung des Einstiegsbeitrages könne allein noch nicht ein bewusster Sittenverstoß gesehen werden. Das gesamte Spielsystem sei schließlich absichtsvoll undurchsichtig gestaltet worden, um die Kenntnis der Teilnehmer von den Zusammenhängen zu erschweren.[64] Der Kläger hat in der Tat vor dem BGH obsiegt; die subjektiven Voraussetzungen der Kondiktionssperre waren nicht gegeben; die Frage einer Korrektur aus Billigkeitserwägungen heraus hatte sich gar nicht erst gestellt.

In diesen beiden Entscheidungen standen mithin die subjektiven Voraussetzungen der Kondiktionssperre im Mittelpunkt der Erörterungen: Die Kondiktionssperre kommt zur Anwendung, wenn sich der Kläger leichtfertig der Einsicht in die Sittenwidrigkeit verschließt (*OLG Celle*); sie kommt nicht zur Anwendung, wenn ihm eine solche Leichtfertigkeit nicht vorgeworfen werden kann (*BGH*). Fragen der Teleologie haben sich für den *BGH* überhaupt nicht und für das *OLG Celle* nur am Rande gestellt – und wurden vom *OLG Celle* auch noch in sehr fragwürdiger Weise beantwortet. Denn der Hinweis auf den Rückforderungsausschluss nach § 762 Abs. 1 S. 2 BGB, mit dem die strikte Anwendung des § 817 S. 2 BGB angeblich in wertungsmäßiger Übereinstimmung stehen soll, erweist sich bei näherem Hinsehen als dogmatischer Missgriff. Zum Ersten kann § 762 Abs. 1 S. 2 BGB nur zum

[63] *BGH*, NJW 1997, 2314 = WM 1997, 1212 = ZIP 1997, 1100 = EWiR 1997, 687 *(Martinek)*.

[64] *BGH*, NJW 1997, 2314 = WM 1997, 1212 = ZIP 1997, 1100 = EWiR 1997, 687 *(Martinek)*; zustimmend *Millgramm/Grafmüller*, MDR 2008, 1140.

Zuge kommen, wenn die Rückforderung auf einen „Spielcharakter“ von Schenkkreisen gestützt werden könnte. Wie das *OLG Celle* im Zusammenhang mit der Versagung eines Schadensersatzanspruchs aus § 823 Abs. 2 BGB i.V.m. §§ 284, 286 StGB zutreffend betont, aber im Zusammenhang mit § 762 BGB gänzlich vernachlässigt, haben Schenkkreise im Rechtssinn keinen „Spielcharakter“. Sie sind weder Glücks- noch Geschicklichkeitsspiele, denn die Teilnehmer zahlen keinen „Spieleinsatz“. Der von den Gebern gezahlte Einsatz ist in jedem Fall verloren und fließt den Empfängern auf der höheren Position endgültig zu, ohne Gegenstand einer Auszahlung zu werden; um ihn wird nicht „gespielt“.[65] Zum Zweiten lässt sich auch bei Bejahung eines spielähnlichen Charakters von Schenkkreisen keine analoge Anwendung des § 762 Abs. 1 S. 2 BGB begründen. Denn die zugrunde liegende Vereinbarung ist doch nach § 138 Abs. 1 BGB nichtig, so dass es bei den allgemeinen Regeln des Bereicherungsrechts verbleiben muss.[66] Bei einem Schenkkreis kann keine erfüllbare Naturalobligation nach § 762 Abs. 1 S. 1 BGB (analog) entstehen, und daher kann auch eine Rückforderung des Geleisteten nicht unter Hinweis auf einen Naturalobligationscharakter der (in Wirklichkeit nicht bestehenden) Forderung nach § 762 Abs. 1 S. 2 BGB (analog) gehindert sein.

Die Kernfrage, die sich für ein Verständnis des § 817 S. 2 als integrierter Ausgleichsnorm stellt, wurde weder vom *OLG Celle* noch vom *BGH* gesehen, jedenfalls nicht angesprochen. Sie kann im Lichte des Verständnisses des § 817 S. 2 BGB als integrierter Ausgleichsnorm nur lauten: Kann man der Sittenwidrigkeit und Sozialschädlichkeit der Schenkkreise besser dadurch Rechnung tragen, dass man den Bereicherungsanspruch des Leistenden sperrt, oder besser dadurch, dass man ihn gewährt? Sperrt man ihn, setzt man also mit der Sanktion beim gebenden Schenker an, kommt der Empfänger mit der Beute davon, und die von der Rechtsordnung missbilligte Vermögenslage wird aufrechterhalten, doch kann man tendenziell immerhin künftige Schenker durch den Totalverlust ihres Einsatzes abschrecken und damit den Schenkkreisen entgegenwirken. Die generalpräventive Zielsetzung bleibt hier allerdings durch die Raffinesse und Perfidie der Schenkkreis-Promoter bedroht, weil sich manche Schenker offensichtlich kaum durch einen drohenden Verlust des Einsatzes abschrecken lassen. Gewährt man den Bereicherungsanspruch, setzt man also mit der Sanktion beim rückgabepflichtigen Empfänger an, führt dies zum Beuteverlust, zur Wiederherstellung des *status quo ante* und zum Wegfall jeder Lukrativität der Veranstaltung von Schenkkreisen und damit zu ihrer nachhaltigen Bekämpfung, gedämpft allenfalls

[65] Vgl. *LG Bonn*, NJW-RR 2005, 490.

[66] Vgl. dazu *BGH*, NJW 2006, 45 mit Hinweisen u.a. auf *OLG Bamberg*, NJW-RR 2202, 1393, 1394; *LG Trier*, NJW 1990, 313; *LG Freiburg*, NJW-RR 2005, 481, 492; Staudinger/*Engel* (2001), § 762 Rn. 26; MünchKomm(BGB)/*Habersack*, 4. Aufl. 2005, § 762 Rn. 10.

dadurch, dass einige der Geber aus persönlicher Verbundenheit mit den Empfängern oder aus Scham von der Geltendmachung eines Bereicherungsanspruchs absehen mögen. Es leuchtet aber ein, dass die Gewährung der bereicherungsrechtlichen Rückforderung und die Versagung der Kondiktionssperre des 817 S. 2 BGB ein probateres Mittel der Schenkkreisbekämpfung bildet und hierdurch der generalpräventiven Stoßrichtung des Sittenwidrigkeitsverdikts deutlich besser Rechnung getragen werden kann. Dann aber erübrigt sich die Frage nach den subjektiven Voraussetzungen des § 817 S. 2 BGB im Einzelfall. Ein Verständnis des § 817 S. 2 BGB als integrierter Ausgleichsnorm muss mit dem Sittenwidrigkeitsverdikt über die Schenkkreise sogleich die Versagung der Kondiktionssperre verbinden, weil auf diese Weise weit besser „wertungsmäßige Konsistenz" und „ordnungspolitische Folgerichtigkeit"[67] zu erreichen sind. Diese Problematik hat der *BGH* in seiner Entscheidung vom 22.4.1997 nicht behandelt; das Verständnis des § 817 S. 2 BGB als integrierter Ausgleichsnorm wurde von der Einzelfallbetrachtung der subjektiven Voraussetzungen des § 817 S. 2 BGB verschüttet.

Das Ergebnis: Rechtsunsicherheit. In den Folgejahren häuften sich die Klagen im Zusammenhang mit Schenk- und Herzkreisspielen vor den unterinstanzlichen Gerichten; offenbar fühlten sich die geprellten Schenkkreis-Teilnehmer durch die divergierenden Urteile des *OLG Celle* und des *BGH* zu § 817 S. 2 BGB ermuntert, erneut „ihr Glück zu wagen". Die weiterhin stark einzelfallbezogenen Urteile mit ganz unterschiedlichen Ergebnissen waren auf die Würdigung der subjektiven Voraussetzungen des § 817 S. 2 BGB fixiert und verstärkten in der Schenkkreis-Szene nur die Rechtsunsicherheit. Das *LG Bielefeld*[68] und das *LG Freiburg*[69] haben – auf der Linie des *BGH* – im Jahre 2004 zugunsten des klagenden Teilnehmers entschieden und die Kondiktionssperre des § 817 S. 2 BGB nicht eingreifen lassen. Die Gerichte sahen es jeweils nicht als erwiesen an, dass sich der Kläger der Kenntnis von der Sittenwidrigkeit seiner Leistung leichtfertig verschlossen hätte. Bei der Ausgestaltung des „Frauen-Schenk-Kreises" etwa hätten die Beklagten in wohlklingenden Absichtserklärungen die Wirkungsweise des Systems verschleiert und damit für Neueinsteigerinnen den Blick auf das Wesentliche und Sittenwidrige dieses Geschäftes verstellt.[70] Auch wenn die Teilnehmerinnen ein blauäugiges und naives Verhalten, gepaart mit einem überdurchschnittlich ausgeprägten Gewinnstreben an den Tag gelegt hätten, sei damit noch nicht dargetan, dass sie sich auch leichtfertig einer Kenntnis der Sittenwidrigkeit ihrer Leistung verschlossen hätten.

[67] Ausführlich hierzu *Reuter*, in: *Reuter/Martinek*, Ungerechtfertigte Bereicherung, 1983, § 3, S. 39 ff.
[68] *LG Bielefeld*, Urt. v. 14.07.2004, Az: 22 S 300/03 (abrufbar unter www.nrwe.de).
[69] *LG Freiburg*, NJW-RR 2005, 491.
[70] *LG Freiburg*, NJW-RR 2005, 491, 492.

Demgegenüber blieb zu etwa derselben Zeit (2004/2005) den klagenden und geprellten „Schenkern“ im Urteil des *AG Köln*[71] und in zwei Entscheidungen des *LG Bonn*[72] ein günstiger Prozessausgang versagt. In allen drei Fällen haben die Gerichte zu Lasten der Kläger die Kondiktionssperre des § 817 S. 2 BGB zum Einsatz gebracht: Bei nüchterner und von eigener Gewinnsucht nicht getrübter Betrachtung habe sich dem Leistenden die Erkenntnis aufdrängen müssen, dass ein derartiges Spielsystem einen immer größer werdenden Kreis von neuen Teilnehmern benötige und ein baldiger Zusammenbruch daher unausweichlich sei. Dem Schenker hätten sämtliche, die Verwerflichkeit des Systems kennzeichnenden Informationen zur Verfügung gestanden. Die Urteile lehnen sich spürbar an die Entscheidung des *OLG Celle* vom 20.3.1996 an. Auch in der auf eines der Urteile des *LG Bonn* ergangenen Entscheidung des 20. Zivilsenats des *OLG Köln* vom 6.5.2005[73] befand das Gericht nach sorgfältiger Abwägung aller Umstände des Einzelfalls, dass ungeachtet der undurchsichtigen Ausgestaltung des Spiels, der durch die Rekrutierungsveranstaltung geschaffenen „Goldgräberstimmung“ und der geschäftlichen Unerfahrenheit der Teilnehmer alleine die Kenntnis der Leistenden von der grundsätzlichen Konzeption des Spieles ausreiche, um die Sittenwidrigkeit des Schenkkreises zumindest erkennen zu können. Wer trotz dieser Kenntnis seine Geldzahlung leiste, handele somit in leichtfertiger Außerachtlassung der Sittenwidrigkeit seines Tuns. Auch das *OLG Köln* stellt damit zunächst rein tatsächliche Erwägungen in den Vordergrund seiner Entscheidungsbegründung und bejaht die subjektiven Voraussetzungen der Kondiktionssperre.

Im Unterschied zu früheren Urteilen anderer Gerichte setzt sich das *OLG Köln* aber auch mit teleologischen Überlegungen zu einer Eindämmung des Anwendungsbereiches von § 817 S. 2 BGB auseinander. Insbesondere greift der *Senat* den Gedanken auf, dass es für die Anwendung des § 817 S. 2 BGB auf den Zweck der verletzten Verbotsnorm ankommen muss. Denn wenn der Schutzzweck dieser Norm die erfolgte Wertbewegung gerade verhindern solle, sei es unangebracht, § 817 S. 2 BGB uneingeschrankt anzuwenden. Damit war sozusagen endlich das Stichwort gefallen. Konkret auf den zu beurteilenden Fall angewandt, stehe jedoch die Kondiktionssperre *nicht* im Widerspruch zu Sinn und Zweck des § 138 BGB. Denn das Sittenwidrigkeitsurteil solle letztlich nur einen wirkungsvollen Schutz vor einer Übervorteilung bewirken. In einem Schenkkreissystem würden Menschen über den Missbrauch sozialer Beziehungen zu verlustreichen Einsätzen verleitet. Dies sei nicht nur für die beteiligten Einzelpersonen nachteilig, sondern darüber

[71] *AG Köln*, Urt. v. 18.02.2004, Az: 112 C 551/03 (abrufbar unter www.nrwe.de).

[72] *LG Bonn*, NJW-RR 2005, 490; *LG Bonn*, Urt. v. 23.06.2005, Az: 6 S 220/04 (abrufbar unter www.nrwe.de).

[73] *OLG Köln*, NJW 2005, 3290, 3292.

hinaus allgemein sozialschädlich. Diese Hintergründe und Zielrichtungen des Sittenwidrigkeitsverdikts sieht das *OLG Köln* durch eine stringente Anwendung des § 817 S. 2 BGB keineswegs als gefährdet an. Dessen Kerngedanke sei ja, dass derjenige, der sich in ein sittenwidriges Rechtsgeschäft verstricke, als Sanktion den Vermögensnachteil des Anspruchsverlustes tragen solle. Diesem Kerngedanken liege die gesetzgeberische Intention zugrunde, auf den Einzelnen bereits im Vorfeld einer Beteiligung an potentiell sittenwidrigen Geschäften hinreichenden Druck auszuüben, damit er die Risiken seines Vorgehens mit Blickrichtung darauf bedenke, dass die Rechtsordnung einem Verlangen auf Rückzahlung der Einsätze nicht beitreten werde. Damit komme letztlich die in der Privatautonomie verankerte Verantwortung des Einzelnen für seine eigenen Angelegenheiten in der Ausprägung eines gesteigerten Verlustrisikos zum Tragen. Gerade durch einen verstärkten Appell an die Selbstverantwortung und durch die Erhöhung der Verlustrisiken könnten die sozialschädlichen Auswirkungen von Unternehmungen der vorliegenden Art begrenzt werden. Es bestehe „kein durchgreifender Anlass, von der Anwendung des § 817 S. 2 BGB abzusehen."

Das *OLG Köln* hat in dieser Entscheidung vom 6.5.2005 auch Erwägungen dahingehend angestellt, ob nicht Schneeballsysteme unter Umständen effizienter bekämpft werden können, wenn man durch Zubilligung von Rückforderungsansprüchen „den Schneeball gleichsam rückwärts rollen lässt" und auf diese Weise die Möglichkeit eröffnet, den Initiatoren einen Teil der sittenwidrig erlangten Gewinne wieder zu entwinden.[74] Jedoch sind die Richter in letzter Konsequenz vor einer solchen Eingrenzung der Norm mit Rücksicht auf die eindeutige Zielrichtung des Gesetzgebers zurückgeschreckt: Für § 817 S. 2 BGB bliebe so „kaum noch ein bedeutsamer Anwendungsbereich". Darüber hinaus zweifelte der Senat auch an der Effizienz einer solchen Vorgehensweise in Bezug auf die Eindämmung sittenwidriger Geschäfte. Zu vielfältig und komplex seien die in einem Schenkkreis zusammenhängenden persönlichen Beziehungsgeflechte, als dass mit einer großflächigen Anzahl von Rückforderungsklagen zu rechnen sei. Somit muss es nach Ansicht des *OLG Köln* angesichts des grundsätzlich freiwilligen Eintritts in einen Schenkkreis unter Berücksichtigung der grundrechtlich verankerten Privatautonomie bei einem Verlust des Rückzahlungsanspruchs bleiben, ungeachtet der auch vom Gericht nicht geleugneten vielfältigen Möglichkeiten unlauterer Gestaltung durch die Initiatoren und trotz der erheblichen Eigendynamik des Spielsystems.

Das *OLG Köln* hat in dieser Entscheidung vom 6.5.2005 das Zentralproblem der bestmöglichen Bekämpfung von Schenkkreisen erkannt und – durchaus getragen von einem Verständnis des § 817 S. 2 BGB als integrierter

[74] *OLG Köln*, NJW 2005, 3290, 3292.

Ausgleichsnorm – die richtige Frage gestellt, ob man mit dem konsequenten, wortlautgetreuen Einsatz oder mit der ausnahmsweisen Versagung der Kondiktionssperre dem Sittenwidrigkeitsverdikt besser Rechnung tragen kann. Der *Senat* hat sich für die erste Alternative entschieden und es ausreichen lassen, dass die sozialschädlichen Auswirkungen von Schenkkreisen „durch einen verstärkten Appell an die Selbstverantwortung und durch die Erhöhung des Verlustrisikos begrenzt" und „das zur Verfügung stehende Potential an Mitspielern kleiner" werden. Ungeachtet der Länge der Urteilsbegründung greift sie indes in der Sache zu kurz. Die vom OLG Köln aufgeworfene und in den Mittelpunkt gestellte Frage, „welche Zwecksetzung mit dem Unwerturteil über den Eintritt in einen Schenkkreis verbunden ist", kann in Wirklichkeit keineswegs mit dem Hinweis auf einen „wirkungsvollen Schutz vor einer Übereilung" beantwortet werden. Dies ist eine reine „Erfindung". Das Unwerturteil des Sittenwidrigkeitsverdikts führt nach § 138 Abs. 1 BGB in voller Radikalität und kompromissloser Totalität zur Nichtigkeit des Rechtsgeschäfts. Da bleibt kein Raum für privatautonome Selbstverantwortung. Die Nichtigkeitssanktion des § 138 Abs. 1 BGB mit einer Warnfunktion auszustatten, ihr eine Vorfeld-Wirkung nach dem Motto „Hüte dich vor sittenwidrigen Schenkkreisen!" beizumessen und als einen Appell an die Selbstverantwortung zu lesen, liegt jenseits des dogmatisch gesicherten Verständnisses dieser Norm. Zudem erscheint es kaum plausibel, dass durch die strikte Anwendung der Kondiktionssperre und einen „verstärkten Appell an die Selbstverantwortung" angesichts der Verlustrisiken den sittenwidrigen Schenkkreisen wirksam Grenzen gesetzt können.[75]

Den „Durchbruch" zu einer generalisierenden Betrachtungsweise, nach der in den Schenkkreisfällen nur die Versagung der Kondiktionssperre dem Sittenwidrigkeitsverdikt angemessen und umfänglich Rechnung tragen kann, schuf eine viel beachtete Entscheidung des BGH vom 10.11.2005, die durch eine praktisch gleichlautende Entscheidung desselben Senats vom selben Tage flankiert wurde und die die bis heute maßgebliche Grundsatzentscheidung zum Thema bildet.[76] Dort verlangte eines der „gebenden" Mitglieder seinen Einsatz von einem „beschenkten" Gründungsmitglied wieder heraus. Überlegungen zu den subjektiven Voraussetzungen des § 817 S. 2 BGB blieben in dieser Entscheidung unbeachtet; das Gericht hat vielmehr ausdrück-

[75] So auch *Goerth* in seiner Anmerkung zum Urteil des *OLG Köln* vom 6.5.2005, VuR 2006, 76, 77, und zwar mit der originellen weiteren Überlegung, bereits die tatbestandliche Anwendbarkeit des § 817 S. 2 BGB sei zweifelhaft, weil der Sittenverstoß des einzelnen Teilnehmers nicht schon in der Zahlung seines Beitrags, sondern erst in der den Schenkkreis stabilisierenden Anwerbung neuer Mitglieder liege und damit nicht „gleichfalls" im Sinne des § 817 S. 2 BGB erfolge, nachdem schon weit „vorher" die Initiatoren eine objektive Sittenwidrigkeit des Systems geschaffen hätten.

[76] *BGH,* NJW 2006, 45, Urt. v. 10.11.2005, Az: III ZR 72/05; *BGH*, ZGS 2005, 446, Urt. v. 10.11.2005, Az: III ZR 73, 05.

lich betont, dass die Frage dahinstehen könne, ob sich der Teilnehmer der Sittenwidrigkeit der Spielanlage bewusst gewesen sei. Denn jedenfalls, so der *Senat*, sprächen der Grund und der Schutzzweck der Nichtigkeitssanktion des § 138 BGB hier ausnahmsweise *gegen* das Eingreifen der Kondiktionssperre. Gerade wenn die Initiatoren solcher „Spiele" ungeachtet der Nichtigkeit der das Spiel tragenden Abreden die mit sittenwidrigen Methoden erlangten Gelder behalten dürften, würden der Sinn und Zweck des § 138 Abs. 1 BGB konterkariert und die „Köpfe" hinter den Schenkkreissystemen zum Weitermachen geradezu eingeladen. Auch unter Berücksichtigung von § 762 Abs. 1 S. 2 BGB könne sich kein anderes Ergebnis ergeben. Da die Spielvereinbarung nichtig sei, bleibe es bei der Anwendbarkeit der allgemeinen Regeln des Bereicherungsrechts. Von einer Grundsatzentscheidung des *BGH* kann gesprochen werden, weil der *BGH* erstmalig in seiner Rechtsprechung von einer Einzelfallbetrachtung der subjektiven Voraussetzungen des § 817 S. 2 BGB absieht und verallgemeinerungsfähige Erwägungen für die Fallgruppe der Schenkkreisfälle in den Mittelpunkt stellt. Er hat in der Entscheidung vom 10.11.2005 unmissverständlich zum Ausdruck gebracht, dass er die Schenkkreisfälle, ähnlich wie die Schwarzarbeiterfälle, in den Kanon der Ausnahmefallgruppen zu § 817 S. 2 BGB aufgenommen wissen will, bei denen diese Kondiktionssperre, unabhängig von jeglichen subjektiven Einzelfallerwägungen, den bereicherungsrechtlichen Rückforderungsanspruch *nicht sperren*, sondern ihrerseits *gesperrt* sein und der Anspruch gleichsam *entsperrt* sein soll.[77]

Dieser „Durchbruch" entfaltete seine wegweisende Wirkung schon kurze Zeit später für ein Berufungsurteil des 15. Zivilsenats des *OLG Köln* vom 7.2.2006[78], das sich nun gleichfalls von der früheren Einzelfallbetrachtung löste. Der früheren Rechtsprechung, wonach der Zahlende keinen Rückforderungsanspruch habe, wenn und weil er sich der Sittenwidrigkeit des Spiels bewusst gewesen sei oder sich dieser Einsicht zumindest leichtfertig verschlossen habe, sei „im Hinblick auf die jüngste Entscheidung des BGH vom 10.11.2005 (…) der Boden entzogen worden. Danach ist bei derartigen Spielen nach dem Schneeballsystem ausnahmsweise die Kondiktionssperre gem § 817 S. 2 BGB nicht anwendbar." In dieser Entscheidung des *OLG Köln* standen nicht – wie in der Grundsatzentscheidung des *BGH* – die Initiatoren des Systems auf der Beklagtenseite, sondern höherstufige Teilnehmer in Rede, die zwar zunächst selbst ihre „Einlage" erbracht hatten, dann jedoch von einem noch frühen Spielstadium profitieren und sich noch selbst zu den

[77] Zustimmend *S. Lorenz*, LMK 2006, 164413, der insbesondere betont, mit dem vom BGH verfolgten Ansatz der Generalprävention ließen sich viel eher überzeugende Einzelergebnisse erzielen als wenn man § 817 S. 2 BGB im Sinne einer strikten Rechtsschutzverweigerung anwenden würde.

[78] *OLG Köln*, NJW 2006, 3288.

„Beschenkten“ zählen konnten. Diese Beklagten stellten sich auf den Standpunkt, die Entscheidung des *BGH* betreffe nur die Schenkkreisgründer, nicht aber die nachträglich eingestiegenen und ihrerseits selbst schützenswerten Mitspieler, die den Schenkkreis weder werbend gefördert, noch ins Leben gerufen hätten. Dieser Argumentation ist das *OLG Köln* indes nicht gefolgt. Die der Entscheidung des *BGH* zugrunde liegende Zielsetzung, derartige Schenkkreise dadurch zu unterbinden, dass an dem erlangten Geld keine gesicherte Rechtsposition entstehe, erlaube keine differenzierende Betrachtung zwischen den Initiatoren und späteren Mitspielern. Andernfalls komme es womöglich zu einer doppelten Begünstigung der höherstufigen Mitspieler, die einerseits ihren Einsatz von den Initiatoren des Systems zurückverlangen könnten, andererseits aber selbst ihre von den nachrangigen Spielern vereinnahmten Gewinne nicht herauszugeben brauchten. Eine derartig einseitige Vorteilsgewährung könne vom *BGH* sicherlich nicht gewollt sein.

Der Durchbruch des BGH zum richtigen Verständnis des § 817 S. 2 BGB als integrierter Ausgleichsnorm blieb allerdings nicht ohne Proteste. Namentlich die *Amtsgerichte Mühlheim*[79] und *Siegburg*[80] positionierten sich kurze Zeit später ausdrücklich gegen die Ansicht des *BGH*. So blieb das *AG Mühlheim* in einem Schenkkreisfall bei einer strikten und wortlautgetreuen Anwendung der Kondiktionssperre.[81] Bei einem beiderseitigen Sittenverstoß habe der Gesetzgeber ganz eindeutig den Gedanken eines gerechten Ausgleichs hintangestellt. Eine Instrumentalisierung der Justiz als Versicherung für den Fall des Misserfolges des bewusst eingegangenen Gesetzes- oder Sittenverstoßes lade geradezu zu solchem vom Gesetz missbilligten Verhalten ein. In der Entscheidung des *AG Siegburg* machte sich das Gericht die Ansicht zu eigen, § 817 S. 2 BGB stelle eine besondere Ausprägung des Grundsatzes von Treu und Glauben nach § 242 BGB dar, insofern sich der an dem sittenwidrigen Geschäft Beteiligte nicht allein auf den Sittenverstoß des Anderen beziehen dürfe, sondern sich den eigenen Verstoß in rechtlich relevanter Weise entgegenhalten lassen müsse. Bei diesem Verständnis von § 817 S. 2 BGB als spezielle Auspragung von § 242 BGB mute ein auf diese Norm gestützter Ausschluss der Anwendbarkeit des § 817 S. 2 BGB geradezu widersinnig an. Das Gericht meinte, dem *BGH* einen verklärten Blick auf die Rechtswirklichkeit vorwerfen zu können, weil sich die handelnden Parteien keineswegs immer in „böse Initiatoren“ und „unbedarfte Schenker“ unterteilen ließen. Vielmehr würden sich in der Praxis die Parteirollen immer wieder abwechseln, wobei die einzelnen Personen dabei in den unterschiedlichsten Rollen vor Gericht auftreten, mal als Schenker, als Beschenkter, als Zeuge, als

[79] *AG Mühlheim,* Urt. v. 01.06.2006, Az: 23 C 2687/05.
[80] *AG Siegburg*, NJW-RR 2007, 1431.
[81] *AG Mühlheim,* Urt. v. 01.06.2006, Az: 23 C 2687/05.

Kläger und Beklagte. In einer derart durchmischten Situation den „abstrakten Schenker vor dem abstrakten Beschenkten schützen zu wollen" sei kaum nachvollziehbar.[82] Denn letztlich schenke jeder Teilnehmer eines solchen Schenkkreises ausschließlich und alleine deshalb, um selbst irgendwann in die Position des zu Beschenkenden zu gelangen. Er werde damit durch Zeitablauf selbst zum Initiator, insbesondere wenn er aktiv weitere Teilnehmer für den Kreis anwerbe. Das *AG Siegburg* kritisiert das rechtspolitisch motivierte Einschreiten des *BGH* in Bezug auf eine Frage, die der Gesetzgeber eindeutig in anderer Art und Weise habe behandelt haben wollen. Das Betreiben von Rechtspolitik in diesem Umfang stünde dem *BGH* auch unter dem Aspekt richterlicher Rechtsfortbildung nicht zu. Im Einklang mit der Entscheidung des *OLG Köln* vom 6.5.2005 sei eine Unterbindung derartiger Spiele viel eher dadurch zu gewährleisten, dass man eben alle Zahlungen dort belasse, wo sie hingeflossen seien. Damit sollten die einzelnen Teilnehmer in ihren wechselnden, aber letztlich doch personenidentischen Funktionen als Schenker und Beschenkte jeweils auf ihrem Schaden sitzen bleiben.

Ungeachtet solcher instanzgerichtlichen Rückfälle hat der *BGH* seine Linie in Bezug auf die Schenkkreise in einer weiteren Entscheidung vom 13.3.2008 beibehalten und um zusätzliche Erwägungen ergänzt.[83] In Bestätigung des Urteils des *OLG Köln* vom 7.2.2006 hat der *Senat* entschieden, dass jeder beschenkte Teilnehmer das Erhaltene wieder herausgeben muss, gleichgültig ob es sich bei ihm um einen der Initiatoren des Schenkkreises gehandelt hatte oder nicht. Eine darüber hinausgehende einzelfallbezogene Prüfung der Geschäftsgewandtheit und Erfahrenheit des betroffenen Gebers oder Empfängers sei nicht durchzuführen. Unter passagenweise wörtlicher Wiederholung seines früheren Urteils erweitert der *BGH* nunmehr seine Rechtsprechung, genauer „die Grundsätze jener Senatsentscheidung" auch zu Lasten von Bereicherungsschuldnern außerhalb der Initiatoren, also auf sämtliche Mitspieler als potentielle Bereicherungsschuldner. Das Kernargument lautet: Der Schutzzweck der jeweiligen nichtigkeitsbegründenden Norm darf nicht über einen Kondiktionsausschluss dadurch konterkariert werden, dass der zu verhindernde sittenwidrige Zustand perpetuiert oder weiterem sitten- und verbotswidrigem Handeln Vorschub geleistet wird. Eine Kondiktionssperre würde „zum Weitermachen geradezu einladen", wenn die Mitglieder des Schenkkreises die mit sittenwidrigen Methoden erlangten Gelder behalten dürften. Hier würden, so der *Senat*, „der Grund und der Schutzzweck der Nichtigkeitssanktion" nämlich „ausnahmsweise" gegen eine Kondiktionssperre nach § 817 S. 2 BGB sprechen. Das Wort „ausnahmsweise" lädt dabei zu der Erläuterung ein, dass die Kondiktionssperre

82 *AG Siegburg,* NJW-RR 2007, 1431.
83 *BGH,* NJW 2008, 1942 = JZ 2009, 363 mit Anm. *Martinek*.

des § 817 S. 2 ihrerseits Ausnahmecharakter (keine Kondiktion) gegenüber dem Regelfall der *condictio ob turpem vel iniustam causam* nach § 817 S. 1 BGB oder einer anderen Leistungskondiktion (Kondiktion) reklamiert, wobei bereits in § 817 S. 2 am Ende wiederum ausdrücklich eine Ausnahme von der Ausnahme (doch Kondiktion) vorgesehen ist, nämlich für den Fall der Leistung in der Form der „Eingehung einer Verbindlichkeit". Auch dem *BGH* geht es in den Schenkkreisfällen um eine Ausnahme von der Ausnahme, also um eine „Entsperrung" der Kondiktionssperre, und zwar um eine ungeschriebene Ausnahme, die sich aus dem Grund und dem Schutzzweck der Nichtigkeitssanktion rechtfertigen soll.

VI. Gesamtwürdigung und Schlussbetrachtung

Die Entscheidung des Senats vom 10.11.2005 und das neue, jenes Senatsurteil fortführende und erweiternde Urteil vom 13.3.2008 begründen die neue Fallgruppe der Schenkkreis-Rechtsprechung. Diese neue Fallgruppe „Schenkkreise" zum ausnahmsweisen Ausschluss der Kondiktionssperre des § 817 S. 2 BGB „in der gebotenen generalisierenden Betrachtungsweise", so der BGH in seiner letzten Entscheidung vom 13.3.2008, hat in der Literatur überwiegend Zustimmung[84] erfahren, ist aber auch nicht ohne Kritik[85] geblieben. Auf wenig Zustimmung trifft die neue Linie der *BGH*-Rechtsprechung bei *Amend-Traut*. Ihrer Meinung nach ermöglicht die Grundsatzentscheidung des *BGH* nicht nur den Schenkern die gerichtliche Rückabwicklung der vorgenommenen Vermögensverschiebungen, sondern biete auch potentiellen Neueinsteigern eine Art judikativen Versicherungsschutz: Sollte sich die Erwartung, dereinst selbst zu den Beschenkten zu gehören nicht erfüllen, könne das Geleistete schließlich auf gerichtlichem Wege zurückgefordert werden.[86] Eine derartige Instrumentalisierung der Justiz als Versicherung für den Fall des Misserfolgs eines bewusst eingegangenen Fehlverhaltens dürfe nicht hingenommen werden.[87] Eine verlässliche, auch von der Rechtsprechung angestrebte und vom Gesetzgeber intendierte Präventionswirkung sei nur dann zu erzielen, wenn die Teilnehmer der Schenkkreise als Verbotsadressaten des § 138 die Wirkung des § 817 S. 2 BGB einschränkungslos zu spüren bekämen. Nur indem man an die Selbstverantwortung der potentiellen Mitspieler appelliere und deren Verlustrisiko erhöhe, könn-

[84] *Möller*, NJW 2006, 268; *Armgardt*, NJW 2006, 2070; *Armgardt*, JR 2009, 177; *Karsten Schmidt*, JuS 2006, 265; *Martinek*, JZ 2009, 364.
[85] *Schmidt-Recla*, JZ 2008, 64; *Amend-Traut*, KJ 2008, 415.
[86] *Amend-Traut*, KJ 2008, 415.
[87] Ähnlich *AG Siegburg*, NJW-RR 2007, 1431, 1432, das die unter den Schenkern verbreitete „Vollkaskomentalität" anprangert.

ten diese von einer Teilnahme an den Schenkkreissystemen abgehalten werden. Darüber hinaus bedeute die neue höchstrichterliche Rechtsprechung eine klare Missachtung des gesetzgeberischen Willens. Ein derartiger Eingriff, der die ursprüngliche legislative Konstruktion derart drastisch abändere, sei nur dann zulässig, wenn die verfassungsrechtlich garantierte Privatautonomie durch den Verlust des Rückzahlungsanspruchs nach § 817 S. 2 BGB in ihrem Kernbereich eingeschränkt werde. Dies aber könne in den Schenkkreisfällen nicht angenommen werden. Zur privatautonomen Selbstverantwortung gehöre auch die Entscheidungsfreiheit, in solche Schenkkreise einzutreten oder nicht, und diese Verantwortung umfasse auch regelmäßig das eigene Verlustrisiko. Auch sei die in den Entscheidungen des *BGH* durchschimmernde verbraucherschutzrechtliche Tendenz, die vermeintlich wirtschaftlich Unerfahrenen und Schwächeren besonders zu schützen, im Zusammenhang mit den Schenkkreisspielen verfehlt. Zum einen gehörten auch durchaus Akademiker und Geschäftsleute zu den von solchen Systemen angesprochenen Personengruppen, zum anderen würden wohl viele Teilnehmer „sehenden Auges hoffen, dass sie gerade noch Glück haben und der Abbruch des Systems erst hinter ihnen einsetzt".[88] Gerade diese fehlende Schutzbedürftig- und Schutzwürdigkeit korrespondiere auf normativer Ebene mit dem Einsatz des § 817 S. 2 BGB als Rechtsschutzverweigerungsprinzip. Es sei daher nur vernünftig, wenn sich die Rechtsordnung nicht für jedes verwerfliche Geschäft hergebe.

Auch *Schmidt-Recla* steht der generalisierenden Betrachtungsweise des *BGH* kritisch gegenüber und fordert in Anlehnung an die im *common law* gepflegte Rechtsprechung eine Rückkehr zur Verknüpfung der Normzwecklehre mit subjektiven Tatbestandsvoraussetzungen des § 817 S. 2 BGB. Generalpräventive Aspekte der Eindämmung von § 817 S. 2 BGB sieht er als ungeeignet für Begründungsversuche an: Ungeachtet aller sozio-psychologischen Einwände gegen die Wirksamkeit generalpräventiver Bestrebungen stünde doch vor allem eine empirische Untersuchung darüber aus, ob sich die gewünschten Erfolge durch entweder eine Eindämmung oder aber eine strikte Durchführung der Kondiktionssperre überhaupt erzielen ließen.[89] Da bislang aber noch unerörtert sei, auf welcher Seite die Sanktion optimal wirke (bei dem Beschenkten durch Aufrechterhaltung des Leistungsanspruches gegen ihn oder bei dem Schenker durch eine Versagung seines Kondiktionsanspruches), könne die Rechtsprechung es auch gleich bei dem Wortlaut des Gesetzes belassen und § 817 S. 2 BGB uneingeschränkt anwenden. Der *BGH* habe die Vorschrift nahezu vollständig ihres eigentlichen Anwendungsbereiches beraubt. *Schmidt-Recla* orientiert sich daher eher an den Kategorien

[88] *Amend-Traut,* KJ 2008, 417.
[89] *Schmidt-Recla,* JZ 2008, 64.

des *common law*, welches im Zusammenhang mit Kondiktionssperren dem Prinzip der *clean hands* folgt: wer sich nach dieser Prämisse nicht rechtstreu verhält, den Gerichtssaal also mit *unclean hands* betritt, der braucht auch nicht auf den Schutz der Gerichtsbarkeit zu hoffen. Im Gleichklang mit der in Deutschland vorherrschenden Rechtsschutzverweigerungstheorie wird auch die *unclean hands doctrine* doch von bestimmten Ausnahmen durchbrochen. Die wichtigste davon gemahnt an die zu § 817 S. 2 BGB vertretene Normzwecklehre, indem sie dann eine Rückforderung des Geleisteten für möglich ansieht, wenn die Vorschrift, die zur Illegalität des Vertrages führt, dem Schutz einer Personengruppe dient, zu welcher der Leistende gehört.[90] Damit kann derjenige, der von einer bestimmten Norm oder dem Sittengebot geschützt wird, sich seine Hände auch durch eine nach diesen Vorschriften sittenwidrige Leistung nicht beschmutzen. Er behält demnach die vom *Common Law* geforderten *clean hands* und kann durchaus gerichtlichen Schutz in Anspruch nehmen. Auch auf die Rechtsprechung zum Thema Schenkkreise in Deutschland lasse sich, so *Schmidt-Recla* diese Auffassung übertragen. Denn da das Verdikt der Sittenwidrigkeit gerade darauf abziele, mathematisch oder geschäftlich unerfahrene Personen zu schützen, die den diesen Systemen inhärenten Kollabierungseffekt nicht durchschauen könnten, wolle § 138 Abs. 1 BGB gerade das Entstehen eines Erfüllungsanspruches des Anbieters gegen den unerfahrenen Interessenten verhindern. Damit verbiete es sich aus dem Schutzzweck der Norm heraus, dieses Ergebnis durch die strikte Durchsetzung der Kondiktionssperre zu konterkarieren. Allerdings bleibe zu beachten, dass dies nur dann gerechtfertigt erscheint, wenn der Leistende sich des Verstoßes gegen das Verbots- bzw. Sittengesetz nicht bewusst gewesen ist. Der Autor schlägt also im Einklang mit der älteren Rechtsprechung zu den Schneeball- und Pyramidenspielen eine anhand subjektiver Kriterien vorzunehmende Korrektur der ihrem Wortlaut nach eine solche subjektive Komponente nicht vorsehenden Restitutionssperre vor.

Zu Recht überwiegen aber die dem BGH zustimmenden Stellungnahmen. Einschränkungslos stimmt namentlich *Armgardt* zu.[91] Er begrüßt die von der Rechtsprechung eingeschlagene Richtung mit Blick auf die Kondiktionssperre des § 817 S. 2 BGB und will zu Aspekten der Generalprävention und Aufrechterhaltung des Schutzzwecks der Gesetzes- oder Sittenwidrigkeitsnorm keine weiteren Voraussetzungen und Erwägungen hinzutreten lassen. Eine Abwägung der Parteiinteressen oder ein Forschen nach demjenigen, der sich des schärferen Sittenverstoßes schuldig gemacht hat, sei unter Berücksichtigung des ausdrücklichen gesetzgeberischen Willens bei der Konzeption von § 817 S. 2 BGB nicht geboten und auch nicht zulässig.

[90] Vgl. dazu *Schlechtriem*, Restitution und Bereicherungsausgleich in Europa, Bd. I, 2000, S. 664 mit Anm. 1488.

[91] *Armgardt*, NJW 2006, 2070; *Armgardt*, JR 2009, 177.

Andere Stimmen der Literatur aber geben dem BGH zwar im Kern recht, empfehlen ihm aber, sich für Extremfälle doch noch eine Hintertür offenzuhalten.[92] Namentlich *Möller*[93] pflichtet dem *BGH* im Ergebnis bei und befürwortet die dogmatische Ausrichtung am Schutzzweck der Nichtigkeitsnorm. Er fordert jedoch – wiederum korrigierend – die Berücksichtigung einer zweiten Voraussetzung, die bei jeder Einengung der Kondiktionssperre vorliegen müsse. Ähnlich wie bei den Schwarzarbeiter-Fällen will *Möller* auch im Rahmen der Schenkkreise noch eine Abwägung anstellen, inwiefern der Leistende im konkreten Fall überhaupt schutzwürdig ist bzw. ob die Intensität seines Gesetzes- oder Sittenwidrigkeitsverstoßes nicht etwa der des Empfangenden gleichzusetzen ist und diese gar übersteigt. Denn eine gegen den Wortlaut und die gesetzgeberische Intention erfolgende Einschränkung des § 817 S. 2 BGB könne nur mit dem Argument gerechtfertigt werden, dass sich die Rechtsordnung insgesamt als unglaubwürdig darstelle, wenn sie einem deutlich Schutzbedürftigeren ihren Schutz losgelöst von der Frage versagen würde, ob eine solche Verweigerung aus bestimmten generalpräventiven Gründen erforderlich sei.[94] Der Autor begreift die Abwägung der Schutzbedürftigkeit als ein notwendiges Korrektiv dahingehend, dass es in jedem Fall bei dem Kondiktionsausschluss des § 817 S. 2 BGB bleiben müsse, wenn sich der Leistende durch seinen Sittenverstoß deutlich weiter in das „Abseits der Rechtsordnung" stellt als sein Gegenüber. Konkret bedeutsam sei eine derartige Abwägung bei der im Zusammenhang mit „totgelaufenen" Schenkkreisen zu beobachtenden Praxis des so genannten „Sponsorings", bei dem es zu Scheinzahlungen der Initiatoren untereinander oder sogar an nachgeordnete Hierarchie-Ebenen kommt.[95] Diese Zahlungen sollen einen Schenkkreis auch in Ermangelung neuer zahlungskräftiger Mitglieder nach außen hin am Leben erhalten. Im Hinblick auf solche Zahlungen wäre eine Einengung der Kondiktionssperre nicht zu rechtfertigen, weil der Leistende, auch im Vergleich zu dem Empfänger in besonders krasser Weise zur Aufrechterhaltung des sittenwidrigen Systems beigetragen hat. Und auch wenn *Möller* den deutlich abgesteckten Anwendungsbereich der vergleichsweise klar formulierten Rechtsnorm des § 817 S. 2 BGB durch dogmatisch-teleologische Erwägungen eingetrübt sieht, erkennt er letztlich doch die Notwendigkeit dieser Rechtsfortbildung unter Berücksichtigung von Billigkeitserwägungen und der Gesamtkonzeption des Gesetzes an.[96]

Dieser Auffassung ist in der Tat zuzustimmen, wobei das von *Möller* geforderte Korrektiv allerdings auf Extremfälle beschränkt werden muss und

[92] So insbes. *Möller*, NJW 2006, 268 und ihm folgend *Martinek*, JZ 2009, 364.
[93] *Möller*, NJW 2006, 268.
[94] *Möller*, NJW 2006, 269.
[95] *Möller*, NJW 2008, 268, 269 mit Fn. 12.
[96] *Möller*, NJW 2006, 268, 270.

gleichsam als Reaktion auf eine sonst „schreiende Ungerechtigkeit" bereit gehalten werden sollte. Denn die ausnahmsweise Versagung der Kondiktionssperre und Gewährung des bereicherungsrechtlichen Rückforderungsanspruchs wird vom BGH mit dem Hinweis auf die Zwecksetzung des Sittenwidrigkeitsverdikts und auf die Durchsetzung der generalpräventiven Stoßrichtung des § 138 Abs. 1 BGB durchaus überzeugend begründet. Die „generalisierende Betrachtungsweise" der Schenkfälle erweist sich als „geboten". Dem BGH ist damit glücklicherweise der Durchbruch gelungen, und er hat ein schönes Lehrstück zum Verständnis des Bereicherungsrechts als integriertes Ausgleichsrecht geliefert. Die lange Zeit bestehende Rechtsunsicherheit ist endlich einer klaren Einordnung der Schenkkreisfälle als ausnahmsweise nicht kondiktionsgesperrt gewichen. Es ist also zu befürworten, dass zur Durchsetzung der generalpräventiven Zwecke des Nichtigkeitsverdikts nach § 138 Abs. 1 BGB ein Außerkraftsetzen der Kondiktionssperre in „generalisierender Betrachtungsweise" erfolgt. Gleichwohl bleiben – in der Praxis gewiss äußerst seltene – Extremfälle denkbar, in denen doch ein Rekurs auf die Kondiktionssperre schlechthin unabweisbar erscheint. Nur um diese geht es. Die Formulierungen der Entscheidungsgründe in den beiden *BGH*-Entscheidungen vom 10.11.2005 und vom 13.3.2008 lassen, genau besehen, eine solche „Hintertür" noch offen, die methodisch nichts mit der gebotenen teleologischen Reduktion des § 817 S. 2 „auf Null" in den Schenkkreisfällen zu tun hat, sondern sich als Korrektiv nach Treu und Glauben gemäß § 242 BGB versteht.[97] Bei dieser „Hintertür" geht es nicht um die frühere Abwägung der jeweiligen Sittenverstöße von Geber und Empfänger[98] und auch nicht um eine stärkere Berücksichtigung von subjektiven Tatbestandmerkmalen im Rahmen der Prüfung des § 817 S. 2 BGB[99], wonach die Folgen des Restitutionsausschlusses auch weiterhin nur jenen treffen sollen, der sich zumindest leichtfertig der Erkenntnis verschließt, mit seiner Zahlung ein sittenwidriges Geschäft auszuführen. Es geht nur um die Vermeidung extremer Ungerechtigkeiten, die sich eben bei der ansonsten gebotenen generalisierenden Betrachtungsweise ergeben können. Denn zu Recht weist *Möller* darauf hin, dass sich die Rechtsordnung als „unglaubwürdig darstellen würde, wenn sie – letztlich auf generalpräventive Erwägungen gestützt – Bereicherungsansprüche gegen den ausdrücklichen Gesetzeswortlaut zuspre-

[97] In dem der Entscheidung vom 13.3.2008 zugrunde liegenden Schenkkreisfall stellte sich die Frage eines Korrektivs der ansonsten gebotenen generalisierenden Betrachtungsweise nicht, weil den Beteiligten kein intensional krass unterschiedliches Fehlverhalten vorgeworfen werden konnte.

[98] Vgl. zu diesem früheren Verständnis insbes. *BGHZ* 111, 308 und auch *BGH,* NJW-RR 1993, 1457.

[99] Vgl. dazu früher *BGH,* NJW 1997, 2314; diese Linie wünscht sich wohl *Schmidt-Recla,* JZ 2008, 67, zurück.

chen würde, ohne hierbei zumindest sicherzustellen, dass dies nicht zu Gunsten desjenigen geht, der die Rechtsordnung – im Vergleich zu seinem Gegenüber – in besonders krasser Weise missachtet hat und daher gegenüber Letzterem unter keinem denkbaren Gesichtspunkt schutzbedürftig sein kann".[100] Dieser Gedanke, wonach die Generalprävention die Abwägung der Parteiinteressen und die Berücksichtigung der Schutzwürdigkeit nicht völlig verdrängen darf, reklamiert für die Schenkkreis- ebenso wie für die Schwarzarbeitsfälle unabweisbare Geltung. Es darf dabei nicht stören, dass man mit der Anerkennung eines solchen Korrektivs sozusagen eine „Ausnahme von der Ausnahme von der Ausnahme" und im Ergebnis die Rückkehr zur Vor-Ausnahme begründet: Der bereicherungsrechtliche Rückforderungsanspruch, der von der Kondiktionssperre des § 817 S. 2 BGB ausnahmsweise versagt wird, in den Schenkkreisfällen aber in gebotener generalisierender Betrachtungsweise ausnahmsweise doch wieder (bei Versagung der Kondiktionssperre) gewährt wird, ist in Extremfällen nach Treu und Glauben doch wieder zu versagen. Auch die Anerkennung dieses *ultima ratio*-Korrektivs bei Anwendung des § 817 S. 2 BGB auf die neue Fallgruppe der Schenkkreisfälle gründet in der bereicherungsrechtlichen Theorie unseres Jubilars *Dieter Reuter* und in seinem Verständnis des Bereicherungsrechts als „integriertes Ausgleichsrecht", das die Zuordnungs-, Ausgleichs-, Wertungs- und Gerechtigkeitsvorgaben derjenigen Regelungsprogramme aufgreift und umsetzt, in denen der Bereicherungsfall „spielt", um „wertungsmäßige Konsistenz" und „ordnungspolitische Folgerichtigkeit" zu erreichen.[101]

[100] So zu Recht *Möller*, NJW 2006, 268, 269; zustimmend *Martinek*, JZ 2009, 364.

[101] Ausführlich hierzu *Reuter*, in: *Reuter/Martinek*, Ungerechtfertigte Bereicherung, 1983, § 3, S. 39 ff.

Aufgabe und Notwendigkeit der Präzisierung der Testierfreiheit angesichts der Herausforderungen durch das Sozialrecht und den Antidiskriminierungsschutz

Rudolf Meyer-Pritzl

Rechtswissenschaftler neigen dazu, ihrer Disziplin von Zeit zu Zeit eine Krise zu attestieren: *Franz Wieacker* konstatierte in seiner „Privatrechtsgeschichte der Neuzeit" sogar eine allgemeine „Krisis des Rechtsgedankens in den letzten hundert Jahren" und vor allem eine Krise der „Methode der Zivilrechtswissenschaft",[1] *Ernst Kramer* sprach in einem Vortrag über „Die „Krise" des liberalen Vertragsdenkens"[2] und im Bereich des Internationalen Privatrechts gehört es schon seit langem zum guten Ton, immer wieder über eine „Krise" zu klagen.[3] In den letzten Jahren wurden die Krisenszenarien einer Entwicklung vom „Bürgerlichen Gesetzbuch zum kleinbürgerlichen Gesetzbuch"[4] oder hin zu einer verkümmerten „Bonsaï-Jurisprudenz"[5] beschrieben. Ganz unbegründet sind derartige Warnrufe nicht in einer Zeit, in der das europäische Privatrecht, das der römische Jurist *Celsus* noch als eine *ars iuris* begriffen hatte,[6] in einem *Common Frame of Reference* präsentiert wird, der nach dem Verständnis seiner Autoren eine *toolbox*, also einen Werkzeugkasten darstellen soll.[7] Sollte sich die Jurisprudenz tatsächlich auf

[1] *Franz Wieacker* Privatrechtsgeschichte der Neuzeit unter besonderer Berücksichtigung der deutschen Entwicklung, 2. Aufl., Göttingen 1967, 619 und 624.

[2] *Ernst A. Kramer* Die „Krise" des liberalen Vertragsdenkens. Eine Standortbestimmung, München/Salzburg 1974.

[3] Siehe nur: *Heinrich Kronstein* „Crisis of Conflict of Laws", Georgetown Law Journal 37, 1949, 483 ff.; *Gerhard Kegel* The Crisis of Conflict of Laws, in: Recueil des Cours 112, 1964-II, 95–263; *Christian Joerges* Zum Funktionswandel des Kollisionsrechts. Die „Governmental Interest Analysis" und die „Krise des Internationalen Privatrechts", Berlin/Tübingen 1971.

[4] *Wolfgang Zöllner* Regelungsspielräume im Schuldvertragsrecht, AcP 196, 1996, 1, 4; *Abbo Junker* Vom Bürgerlichen zum kleinbürgerlichen Gesetzbuch. Der Richtlinienvorschlag über den Verbrauchsgüterkauf, DZWiR 1997, 271–281.

[5] *Michael Martinek* Buchbesprechung, JZ 1993, 196.

[6] D. 1,1,1 pr. (*Ulpianus libro primo institutionum*).

[7] *Christian von Bar/Eric Clive/Hans Schulte-Nölke* (Hrsg.) Principles, Definitions and Model Rules of European Private Law. Draft Common Frame of Reference (DCFR), München 2009. Kritisch zur Bezeichnung des DCFR als *toolbox*: *Rudolf Meyer-Pritzl* Formalis-

dem Weg von einer Wissenschaft zu einem Handwerk befinden, wird man mit Fug und Recht von einer Krise sprechen dürfen. Um derartigen Entwicklungen zu begegnen, und auch im Hinblick auf die Grundlegung eines gemeinsamen europäischen Privatrechts ist es erforderlich, sich der Eckpfeiler des Zivilrechts immer wieder von Neuem zu vergewissern.[8]

In diesem Sinne hat *Dieter Reuter* stets auch die Fundamente des Privatrechts, vor allem die Bipolarität zwischen „formaler Freiheitsethik" und „materialer Verantwortungsethik", fokussiert.[9] In seinem Aufsatz über „Die ethischen Grundlagen des Privatrechts" nennt er als Quelle für dieses von ihm diskutierte Begriffspaar *Franz Wieackers* Vortrag über „Das Sozialmodell der klassischen Privatrechtsgesetzbücher"[10] aus dem Jahr 1952.[11] *Wieacker* führte dort aus: „[...] Das spezifische Ethos der bürgerlichen Gesellschaft des 19. Jahrhunderts war die Freiheit, deren großartiges Selbstbewußtsein aus der Emanzipation des Bürgertums und dem europäischen Pioniertum auf dem ganzen Erdball entsprang; das Ethos unserer Zeit [...] ist das der Verantwortung, das dem Aufstieg neuer Klassen und der Gewinnung neuer sozialer Einsichten, aber auch den inneren Ordnungsaufgaben eines auf sich selbst zurückgeworfenen Europa entspringt. Diese Gegenüberstellung ist keine polemische Antithese; denn Freiheit und Verantwortung sind beide Ausdruck eines dauernden Grundzuges europäischen Menschentums, der Voraussetzung der Personhaftigkeit des öffentlich und sozial handelnden Menschen. [...]"[12] Von diesem Ausgangspunkt her ist *Reuters* Anliegen eine „Rehabilitierung der formalen Freiheitsethik als Grundlage des Privatrechts".[13] Daher werden die folgenden Ausführungen hoffentlich das Interesse des Jubilars finden, da ihr Gegenstand die privatrechtliche Teildisziplin ist, in der wie in keiner anderen auch heute noch die Freiheitsidee weitgehend unangefochten zum Ausdruck kommt: das Erbrecht.

mus und Finalismus im europäischen Privatrecht, in: *Avenarius/Meyer-Pritzl/Möller* (Hrsg.) Ars Iuris. Festschrift für Okko Behrends zum 70. Geburtstag, Göttingen 2009, 391, 391 f. und 416 ff.

[8] Dieser Aufgabe dient der *Michael Martinek* herausgegebene Band „Eckpfeiler des Zivilrechts", 3. Neubearb., Berlin 2010, in Staudingers Kommentar zum BGB.

[9] So der Titel des wissenschaftlichen Kolloquiums zum 65. Geburtstag von *Dieter Reuter* am 15. und 16. Oktober 2005 in Kiel, der Bezug nahm auf *Dieter Reuter* Die ethischen Grundlagen des Privatrechts – formale Freiheitsethik oder materiale Verantwortungsethik, AcP 189, 1989, 199–222; *ders.* Freiheitsethik im Privatrecht, in: *Möschel/Streit/Witt* (Hrsg.) Marktwirtschaft und Rechtsordnung. Festschrift zum 70. Geburtstag von Erich Hoppmann, Baden-Baden 1994, 349–372.

[10] *Franz Wieacker* Das Sozialmodell der klassischen Privatrechtsgesetzbücher und die Entwicklung der modernen Gesellschaft. Vortrag gehalten vor der Juristischen Studiengesellschaft in Karlsruhe am 12.12.1952, Karlsruhe 1953.

[11] *Reuter* (Fn. 9) AcP 189, 1989, 200.

[12] *Wieacker* (Fn. 10) 25.

[13] *Reuter* (Fn. 9) AcP 189, 1989, 207.

1. Die historisch tradierte Bipolarität von Freiheitsethik und Solidarität im Erbrecht

Dass das BGB dem Erbrecht die Maxime der Testierfreiheit zugrundelegte, war keineswegs selbstverständlich. Die Entwicklung des Erbrechts im 19. Jahrhundert zeichnet sich vielmehr durch eine Ambivalenz der aus der romanistisch-liberalen Tradition stammenden Testierfreiheit und des Gedankens der Familienerbfolge, oft kombiniert mit sozialpolitischen Vorstellungen und Forderungen, aus.

Die Testierfreiheit hat ihre Wurzeln in der römischen Antike und geht in ihrer charakteristischen Verbindung mit der Eigentumsfreiheit auf Forderungen des liberalen Bürgertums im 19. Jahrhundert zurück.[14] Die bürgerliche Freiheit umfasste sowohl die Verfügung über das Eigentum unter Lebenden als auch von Todes wegen. Sehr plastisch formulierte *Theodor Kipp*: „Ohne das Erbrecht wäre das Privateigentum eine Halbheit; wir wären in Ansehung unseres Erwerbs nicht viel mehr als lebenslängliche Nießbraucher."[15] Auch das Bundesverfassungsgericht betont die enge Verknüpfung zwischen der Eigentums- und der Testierfreiheit.[16]

Der Grundgedanke der Testierfreiheit musste sich im Laufe des 19. Jahrhunderts sowohl gegenüber dem Prinzip der Familienerbfolge als auch gegenüber sozialpolitischen Forderungen nach einer völligen Abschaffung des Erbrechts durchsetzen.[17] *Hegel* kritisierte die Testierfreiheit scharf: „Diese Willkür innerhalb der Familie zum Hauptprinzip der Erbfolge zu machen, gehörte zu der vorhin bemerkten Härte und Unsittlichkeit der römischen Gesetze […]".[18] *Otto von Gierke* stellte zwar die Testierfreiheit nicht mehr als solche in Frage, plädierte aber wortgewaltig für einen Vorrang der Familienerbfolge: „Wir haben die römische Testierfreiheit in unser Bewußtsein und zum Theil in unsere Sitten aufgenommen und können mit ihr nicht bre-

[14] Ausführlich: *Rudolf Meyer-Pritzl* in: Staudinger/Eckpfeiler des Zivilrechts, 2. Neubearb., Berlin 2008, 1148 f.; Staudinger/*Boehmer* 11. Aufl., 1954, Einl. zum Erbrecht; *Inge Kroppenberg* Privatautonomie von Todes wegen. Verfassungs- und zivilrechtliche Grundlagen der Testierfreiheit im Vergleich zur Vertragsfreiheit unter Lebenden, Tübingen 2008.

[15] *Theodor Kipp* Das Erbrecht, 8. Bearb., Marburg 1930, 1.

[16] BVerfG, Beschl. v. 16.10.1984 – 1 BvR 513/78, BVerfGE 67, 329, 341: „Bestimmendes Element der Erbrechtsgarantie ist die Testierfreiheit […]. Sie ist als Verfügungsbefugnis des Eigentümers über den Tod hinaus eng mit der Garantie des Eigentums verknüpft und genießt wie diese als Element der Sicherung der persönlichen Freiheit des Einzelnen von Verfassungs wegen besonders ausgeprägten Schutz."

[17] Zu der Entwicklung des Erbrechts im 19. Jahrhundert: *Hans Hattenhauer* Grundbegriffe des Bürgerlichen Rechts, 2. Aufl., München 2000, 218 ff.; *Meyer-Pritzl* (Fn. 14) 1147 ff.; aus soziologischer Sicht: *Jens Beckert* Unverdientes Vermögen. Soziologie des Erbrechts, Frankfurt/New York 2004, 66 ff.

[18] *Georg Wilhelm Friedrich Hegel* Grundlinien der Philosophie des Rechts, Berlin 1821, § 180 (zitiert nach der Edition von *Johannes Hoffmeister* Hamburg 1995, 162).

chen. Wollen wir aber nicht die ganze Zukunft des Erbrechts in Frage stellen, so dürfen wir es nimmermehr vom individuellen Willen her aufbauen! […] Nur in der Verwirklichung der im natürlichen Bau der Familie angelegten Geschlechterfolge, in dem Eintritt der kraft der Gliederung des gesellschaftlichen Körpers hierzu nächstberufenen Individuen in die leer gewordene Stelle liegt die unvergleichlich werthvolle soziale Funktion, liegt die unvergängliche innere Berechtigung des Erbrechts. […]"[19] *Gierke* akzentuierte mit aller Deutlichkeit die soziale Funktion des Erbrechts, die er mit dem in der germanistischen Rechtstradition verankerten Gedanken der Familienerbfolge verband und die er von der romanistisch-individualistischen Auffassung klar abgrenzte.

Diese scharfe Antithese ist allerdings nicht gerechtfertigt, da die Testierfreiheit auch in der römischrechtlichen Tradition keineswegs dem Erblasser Tür und Tor für völlig willkürliche letztwillige Verfügungen öffnen sollte; vielmehr handelte es sich auch nach diesem Verständnis ursprünglich um eine Freiheit, die in familiärer und insofern auch sozialer Verantwortung ausgeübt werden sollte. Ihr liegt der Gedanke zugrunde, dass das Hausvermögen auf einen bestimmten Erben übergehen soll, um es als Einheit zu sichern und zusammenzuhalten, während die übrigen Verwandten in anderer Weise versorgt werden.[20] Die Testierfreiheit sollte also dem Erblasser die Möglichkeit geben, eine Nachlassregelung zu treffen, die dem Familienverband und seiner Versorgung am besten entsprach. Vor diesem Hintergrund meint *Papantionou* ganz zu Recht, dass es sich auch bei der Testierfreiheit im modernen Recht „nicht um Freiheit im eigentlichen Sinne des Wortes handelt"; er zieht es daher vor, von einer Befugnis zu sprechen, die das Gesetz dem Erblasser in der Erwartung verliehen habe, dass er seinen wirtschaftlich geeigneten Nachfolger selbst benenne.[21]

Zielte die Kritik *Gierkes* keineswegs darauf ab, die Testierfreiheit insgesamt in Frage zu stellen, sondern sie lediglich in den sozialen Kontext zu integrieren, plädierte die politische Linke im 19. Jahrhundert für eine vollständige Abschaffung des Erbrechts, in dem sie lediglich ein Instrument zur Perpetuierung ungleicher Eigentumsverhältnisse sah. Im „Manifest der Kommunistischen Partei" wurde die Forderung aufgestellt, dass das Proletariat der Bourgeoisie nach und nach alles Kapital entreißen sollte und alle Produktionsinstrumente in den Händen des Staates, womit das als herrschende Klasse organisierte Proletariat gemeint war, zentralisiert werden sollten. In dem

[19] *Otto von Gierke* Die soziale Aufgabe des Privatrechts, Berlin 1889, 38 f.

[20] Zu den Ursprüngen der Testierfreiheit im altrömischen Recht: *Franz Wieacker* Hausgenossenschaft und Erbeinsetzung. Über die Anfänge des römischen Testaments, in: Festschrift der Leipziger Juristenfakultät für Heinrich Siber, Band I, Leipzig 1941, 3 ff.; siehe auch: *Detlef Liebs* Römisches Recht, 6. Aufl., Göttingen 2004, 137 ff.

[21] *Nikos Papantoniou* Die soziale Funktion des Erbrechts, AcP 173, 1973, 385, 394.

Manifest heißt es weiter, dass es dazu zunächst „despotischer Eingriffe in das Eigentumsrecht und in die bürgerlichen Produktions-Verhältnisse" bedürfe. Als Maßregeln zur Erreichung dieses Ziels werden genannt: „1) Expropriation des Grundeigentums [...]. 2) Starke Progressiv-Steuern. 3) Abschaffung des Erbrechts. [...]".[22] Dieses Konzept, das zu einer in der Geschichte einmaligen Bestimmung des Erbrechts durch den Staat führen sollte, konnte sich – abgesehen von einem kurzen Intermezzo in der frühen Sowjetunion – nirgendwo und zu keinem Zeitpunkt durchsetzen. Doch ist die Frage nach der Reichweite des staatlichen Einflusses auf das Erbrecht aktuell geblieben, auch wenn sie sich inzwischen vor allem auf die Regelung des Erbschaftsteuerrechts verlagert hat.

Das historisch gewachsene Spannungsverhältnis zwischen individueller Freiheit und sozialer Verantwortung ist durch das klare Bekenntnis des BGB zur Testierfreiheit, allerdings abgemildert durch das Pflichtteilsrecht, nach dem Inkrafttreten des BGB zunächst in den Hintergrund getreten. Es wirkt aber weiterhin nach. *Franz Bydlinski* hat zwar in seinem Werk „System und Prinzipien des Privatrechts" 1996 konstatiert: „Im Erbrecht hat der „soziale Gedanke" bisher keine eigenständigen Auswirkungen gezeitigt."[23] Doch muss sich auch die Testierfreiheit in dem „Zwischenreich zwischen dem traditionellen öffentlichen Recht und dem Privatrecht", in der „die Ethik der Autonomie" und das „Pathos der heutigen Gesellschaft [...] der Solidarität" aufeinanderprallen,[24] behaupten. Vor allem an den Schnittstellen zum Sozialrecht und zum Antidiskriminierungsschutz besteht ein Bedürfnis, die Testierfreiheit inhaltlich zu präzisieren, ihre Reichweite klar zu bestimmen und zu einem Ausgleich zwischen individueller Freiheit und gesamtgesellschaftlicher Verantwortung zu gelangen. Vor diesem Hintergrund stellt sich die Aufgabe, die Testierfreiheit „im sozialstaatlichen Rechtsbewusstsein" neu zu legitimieren.[25] Daher soll im Folgenden der Frage nachgegangen werden, ob sich ein zunehmender Einfluss von Wertungen der sozialen Verantwortung oder des Schutzes vor Diskriminierungen auf das Erbrecht abzeichnet.

Erweisen sich im Wirtschafts- und Verbraucherschutzrecht die Generalklauseln des § 138 Abs. 1 BGB und des § 242 BGB, die Topoi des „Schutzes des Schwächeren" und des „Schutzes legitimer Erwartungen"[26] sowie der Antidiskriminierungsschutz als die typischen Einfallstore einer materialen Verantwortungsethik, konzentriert sich die Frage nach einer Begrenzung der Testierfreiheit vor allem auf § 134 und § 138 Abs. 1 BGB. Im Folgenden sollen drei Beispiele behandelt werden, die zeigen werden, dass sich Vorschrif-

[22] So ausdrücklich im „Manifest der Kommunistischen Partei" aus dem Jahr 1848.

[23] *Franz Bydlinski* System und Prinzipien des Privatrechts, Wien/New York 1996, 410.

[24] *Wieacker* (Fn. 1) 546.

[25] *Wieacker* (Fn. 1) 547, 622 (bezogen auf die subjektiven Privatrechte und das Privatrecht insgesamt).

[26] Dazu: *Reuter* (Fn. 9) Festschrift Hoppmann, 356–368.

ten mit sozialrechtlichen Inhalten und Normen, die vor Diskriminierungen schützen sollen, sehr unterschiedlich auf die Testierfreiheit auswirken können: Bei dem sogenannten Behindertentestament trifft die Testierfreiheit auf die finanziellen Interessen des Sozialleistungsträgers und genießt dabei – zumindest bisher – den Vorrang (dazu unter 2.). Eine Einschränkung der Testierfreiheit zum Schutz vor Diskriminierungen wird weitgehend abgelehnt; diese Position ist vor dem Hintergrund der Judikatur des Europäischen Gerichtshofes für Menschenrechte zum Diskriminierungsschutz bei der Auslegung letztwilliger Verfügungen neu zu beleuchten (dazu unter 3.). Aus § 14 HeimG, einer Norm mit charakteristischem sozialrechtlichem Einschlag, wird ganz überwiegend eine Einschränkung der Testierfreiheit von Heimbewohnern abgeleitet, die allerdings nicht mit sozialstaatlichen Erwägungen begründet wird, sondern gerade mit dem Schutz der Testierfreiheit der Heimbewohner (dazu unter 4.).

2. Testierfreiheit und soziale Verantwortung am Beispiel des sogenannten Behindertentestaments

Die Frage nach einer Einschränkung der Testierfreiheit aus Gründen der sozialen Verantwortung des Erblassers stellt sich besonders deutlich im Zusammenhang mit den sogenannten Behindertentestamenten. Vor dem Hintergrund einer immer häufigeren und intensiveren Inanspruchnahme staatlicher Leistungen ist zu klären, ob der Staat an dem empfangenen Erbe bzw. an dem Nachlass eines Bürgers, für den Leistungen erbracht worden sind, partizipieren kann. Nach § 102 SGB XII ist der Erbe einer leistungsberechtigten Person zum Ersatz der Kosten der Sozialhilfe verpflichtet. Gemäß § 35 SGB XII besteht auch bei Leistungen zur Sicherung des Lebensunterhalts eine Erbenhaftung. Näher zu bestimmen ist daher die Reichweite der Testierfreiheit, wenn finanzielle Interessen öffentlich-rechtlicher Leistungsträger tangiert sind. Schließlich kann der Sozialleistungsträger nach § 93 SGB XII einen Anspruch, den eine leistungsberechtigte Person für die Zeit, für die Leistungen erbracht wurden, gegen einen anderen hat, der kein Leistungsträger ist, bis zur Höhe seiner Aufwendungen auf sich überleiten.

Die bekannte Konstellation des sogenannten Behindertentestaments betrifft das Problem, ob Eltern eines behinderten Kindes durch bestimmte Gestaltungen ihres Testaments den Zugriff des Sozialleistungsträgers auf das ererbte Vermögen des Kindes verhindern können.[27] Mit dem Behinderten-

[27] Zu den einzelnen Konstruktionen eines Behindertentestaments ausführlich die Kieler Dissertation von *Tina Meyer-Dulheuer* Gestaltungsformen des Behindertentestamentes. Unter besonderer Betrachtung der Vermächtnislösung und des Berliner Testaments (= Schriftenreihe zum deutschen und internationalen Erbrecht, Band 1), Frankfurt 2009, 47 ff. m.w.N.

testament versuchen die Eltern regelmäßig, den Lebensstandard des behinderten Kindes zu verbessern und das zu vererbende Vermögen langfristig in der Familie zu halten. Dazu wird das behinderte Kind als Vorerbe eingesetzt. Die anderen zu bedenkenden Personen, meistens die Geschwister, werden seine Nacherben. Über die Vorerbschaft des Behinderten wird eine Dauertestamentsvollstreckung angeordnet. Bei einer derartigen Gestaltung des Testaments hat der Sozialleistungsträger keine Möglichkeit, auf die Erbschaft zuzugreifen oder den Behinderten auf diese Erbschaft zu verweisen.

Der BGH hat in seinen beiden Urteilen vom 21. März 1990 und vom 20. Oktober 1993 entschieden, dass derartige Testamente nicht sittenwidrig und daher wirksam seien.[28] In beiden Entscheidungen rekurriert der BGH auf den Grundsatz der Testierfreiheit: „Eine Einschränkung der Testierfreiheit [wäre] ein Eingriff in die grundrechtlich gewährleistete Privatautonomie im Erbrecht".[29] Im Wesentlichen stützt sich der BGH auf das Argument, dass man von den Eltern eines behinderten Kindes nicht verlangen könne, dass sie ihre sittliche Verantwortung für das Kindeswohl hinter das Interesse der öffentlichen Hand an einer Teildeckung ihrer Kosten stellten.[30] Die klagenden Sozialleistungsträger beriefen sich hingegen vor allem auf das sozialrechtliche Nachrangprinzip, demzufolge zunächst das private Vermögen des Kindes einschließlich seines Erbanteils, zumindest aber seines Pflichtteils, zur Versorgung heranzuziehen ist, bevor staatliche Leistungen beansprucht werden dürfen.

Der BGH hat in diesen beiden Urteilen klar der Testierfreiheit den Vorrang vor der Verantwortung des Erblassers für die Leistungsfähigkeit der Sozialverwaltungen zugewiesen. Diese deutliche Positionierung hat – ganz zu Recht – überwiegend ein positives Echo gefunden.[31] Gerade in den beiden konkreten Fällen, über die der BGH zu befinden hatte, leuchtet die Argumentation sehr ein. So hatte der Erblasser in dem am 21. März 1990 entschiedenen Fall seine spastisch gelähmte und geistig schwer behinderte Tochter 38 Jahre lang, bis wenige Tage vor seinem Tod, in seiner Wohnung selbst gepflegt. Einen Tag vor seinem Tod setzte er in einem notariellen Testament seine Tochter als befreite Vorerbin und die Tochtergesellschaft eines Vereins zur Förderung und Betreuung spastisch gelähmter Kinder als Nacherbin ein;

[28] BGH, Urt. v. 21.3.1990 – IV ZR 169/89, BGHZ 111, 36; BGH, Urt. v. 20.10.1993 – IV ZR 231/92, BGHZ 123, 369.

[29] BGHZ 123, 377 mit Hinweis auf BGHZ 111, 39.

[30] BGHZ 111, 42.

[31] Staudinger/*Otte* Neubearb. 2002, Vorbem. zu §§ 2064 ff., Rn. 172–176; *Meyer-Dulheuer* (Fn. 27) 229 ff., jeweils m.w.N. Auch *Olaf Deinert* Privatrechtsgestaltung durch Sozialrecht. Begrenzungen des Akzeptanz- und Vermögenswertprinzips durch sozialrechtliche Regelungen, Baden-Baden 2007, 415 ff. kommt in seiner Rostocker Habilitationsschrift nach ausführlicher Erörterung zu dem Ergebnis, dass das Behindertentestament nicht sittenwidrig sei.

außerdem bestimmte er diese Tochtergesellschaft zur Dauertestamentsvollstreckerin. Hat sich der Erblasser selbst jahrzehntelang um seine schwerbehinderte Tochter in der eigenen Wohnung gekümmert und wählt er eine Testamentsgestaltung, die sowohl seiner Tochter als auch einer staatlich geförderten Behindertenorganisation zugute kommt, ist in einer solchen letztwilligen Verfügung kein Verstoß gegen die guten Sitten zu erkennen. Gleiches gilt aber auch, wenn der Nachlassstamm nicht für eine Behindertenorganisation bestimmt ist, sondern in der Familie erhalten bleiben soll. Auch die Zuwendung innerhalb der Familie, die im Hinblick auf Art. 6 Abs. 1 GG sittlich anzuerkennen ist, führt nicht zur Sittenwidrigkeit des Testaments.

Allerdings reicht es nicht aus, sich zur Begründung lediglich ganz allgemein auf den Vorrang der Testierfreiheit vor dem sozialrechtlichen Nachrangprinzip zu berufen. Vielmehr ist auch auf die in diesen Prinzipien enthaltenen Wertungen abzustellen. Die sogenannten Behindertentestamente weisen die Besonderheit auf, dass es den Eltern regelmäßig nicht primär darum geht, den Sozialleistungsträger zu benachteiligen, sondern darum, eine für ihr behindertes Kind, um das sie sich seit der Geburt bereits selbst intensiv gekümmert haben, möglichst lebenswerte Zukunft auch nach dem Tod der engsten Bezugspersonen zu sichern. Diese letztwilligen Verfügungen sind also von einem hohen Maß an Fürsorge für das eigene behinderte Kind gekennzeichnet. Sie erfüllen damit eine der klassischen Funktionen des Erbrechts, nämlich die Daseinsvorsorge – sowohl für das behinderte Kind als auch für die anderen Kinder. Außerdem wird man gerade in der gegenwärtigen Zeit, in der staatliche Unterstützungsleistungen stetig reduziert werden, den Erblassern zugute halten, dass die von ihnen gewählte Testamentsgestaltung darauf abzielt, dem behinderten Kind auch nach dem Tod der Eltern einen bestimmten, in etwa gleichwertigen Lebensstandard zu sichern.

Auf der anderen Seite steht das sozialhilferechtliche Nachrangprinzip (§ 2 SGB XII), das – wie der BGH zutreffend hervorgehoben hat – „zur Erhaltung der Leistungsfähigkeit des Staates allgemein besonderer Beachtung bedarf".[32] Auch die Berufung auf diesen Gedanken bedarf aber einer inhaltlichen Ausfüllung. Andernfalls läuft man Gefahr, wie das Landgericht Flensburg in seiner Entscheidung vom 1. September 1992 eine Umgehung des sozialhilferechtlichen Nachrangprinzips allein deshalb als sittenwidrig zu erachten, weil sie „mit jeglichem gesunden Volksempfinden schlechthin nicht vereinbar" sei.[33] Eine derartige Argumentation gerät in die Nähe des vom nationalsozialistischen Gesetzgeber geschaffenen § 48 Abs. 2 Testamentsgesetz: „Eine Verfügung von Todes wegen ist nichtig, soweit sie in einer gesundem Volksempfinden widersprechenden Weise gegen die Rücksichten

[32] BGHZ 111, 42.
[33] LG Flensburg, Urt. v. 1.9.1992 – 2 O 265/92, NJW 1993, 1866, 1867.

verstößt, die ein verantwortungsbewußter Erblasser gegen Familie und Volksgemeinschaft hat". Nicht zuletzt angesichts dieser historischen Erfahrungen bedarf die Bezugnahme auf überwiegende Gemeinschaftsinteressen einer besonders sorgfältigen Begründung. So hat der BGH sehr zutreffend darauf hingewiesen, dass das Nachrangprinzip im SGB XII ohnehin vielfach durchbrochen wird. Gerade bei dem allgemeinen Lebensrisiko einer Behinderung gilt es kaum noch; vielmehr wird dieses Risiko weitgehend sozialisiert.[34] Auch darin manifestiert sich eine sozialstaatliche Wertung, dass nämlich Eltern behinderter Kinder mit ihrem Schicksal nicht alleingelassen werden sollen.

Der Vorrang der Testierfreiheit vor dem sozialrechtlichen Nachrangprinzip ist vom BGH bisher lediglich in zwei Fällen anerkannt worden, in denen die Vermögen nicht so groß waren, dass sie zur Versorgung des behinderten Kindes allein ausgereicht hätten. Gerade in Zeiten knapper öffentlicher Kassen und zugleich wachsender Inanspruchnahme finanzieller Leistungen des Staates lässt sich nicht mit Sicherheit voraussagen, wie der BGH einen Fall beurteilen würde, in dem es um ein Vermögen geht, bei dem der Lebensunterhalt bereits aus den Nachlassfrüchten bestritten werden könnte. Dann wird man sich um einen behutsamen Ausgleich zwischen den in der Testierfreiheit und im Nachrangprinzip verkörperten Wertungen bemühen müssen, ohne sogleich mit dem Verdikt der Sittenwidrigkeit zu arbeiten. Wenn allerdings ein Vorteil für den Behinderten überhaupt nicht ersichtlich ist, wird sich ein Vorrang der Testierfreiheit vor dem sozialrechtlichen Nachrangprinzip kaum mehr aufrechterhalten lassen.[35]

Das Bemühen um einen sachgerechten Ausgleich zwischen Testierfreiheit und sozialrechtlichem Nachrangprinzip ist auch dann zu beachten, wenn der Sozialleistungsträger einen Pflichtteilsanspruch des behinderten Kindes gemäß § 93 Abs. 1 S. 1 SGB XII auf sich überleiten möchte. Dabei handelt es sich um eine Ermessensentscheidung, so dass stets zu prüfen sein wird, ob der Sozialleistungsträger sein Ermessen fehlerfrei ausgeübt hat. Ein Ermessensfehler kommt in Betracht, wenn die Überleitungsentscheidung nicht mit dem Grundsatz der familiengerechten Hilfe (§ 16 SGB XII) vereinbar ist. Dies wird vielfach dann der Fall sein, wenn die Eltern ihr behindertes Kind ohnehin bereits über das normale Maß der sie treffenden Verpflichtung hin aus gepflegt und so den Sozialleistungsträger erheblich entlastet haben.[36]

Zusammenfassend bleibt festzuhalten, dass die fiskalischen Interessen des Sozialstaates bei Behindertentestamenten bisher nicht zu einer Einschrän-

[34] *Pia Settergren* Das „Behindertentestament" im Spannungsfeld zwischen Privatautonomie und sozialhilferechtlichem Nachrangprinzip, Diss. Mainz, Hamburg 1999, 223.

[35] So auch die Einschätzung von *Manfred Bengel* in: *Reimann/Bengel/J. Mayer* (Hrsg.) Testament und Erbvertrag, 5. Aufl., Neuwied 2006, A 544.

[36] Dazu: *Meyer-Dulheuer* (Fn. 27) 195 f., 209 f.

kung der Testierfreiheit geführt haben. Die Problematik der Behindertentestamente verdeutlicht darüber hinaus, dass – wie *Reuter* und *Wieacker* bereits für das Privatrecht insgesamt dargelegt haben – Freiheits- und Verantwortungsethik keinesfalls als Antithese verstanden werden dürfen. Vielmehr zeigt sich, dass in diesen Fällen von der Testierfreiheit in einer Weise Gebrauch gemacht wird, die von einem hohen Maß an familiärer und insofern auch sozialer Verantwortung gekennzeichnet ist. Es besteht keinerlei Anlass, eine Testierfreiheit zu beschränken, die gar nicht auf eine Schädigung der sozialen Sicherungssysteme abzielt, sondern primär eine Verbesserung der materiellen Situation des behinderten Kindes bezweckt. Die Testierfreiheit bedarf also einer inhaltlichen Präzisierung und Konkretisierung. Gleiches gilt für die soziale Verantwortung, die sich keineswegs in den fiskalischen Interessen des Sozialleistungsträgers erschöpft, sondern auch die gesamtgesellschaftliche Verantwortung für die Versorgung eines behinderten Menschen in den Blick zu nehmen hat.

3. Einflüsse des Diskriminierungsverbots in Art. 14 EMRK auf die Testierfreiheit

Die Notwendigkeit einer inhaltlichen Präzisierung der Testierfreiheit zeigt sich zusehends auch im Verhältnis zu den Diskriminierungsverboten.[37] Das Allgemeine Gleichbehandlungsgesetz, das am 18. August 2006 in Deutschland in Kraft getreten ist, enthält allerdings kein gesetzliches Verbot für Verfügungen von Todes wegen, da es gemäß § 19 Abs. 4 AGG nicht auf familien- und erbrechtliche Schuldverhältnisse anwendbar ist.[38] Im Übrigen können Diskriminierungen in einer letztwilligen Verfügung nur in ganz bestimmten Extremfällen, etwa bei Benachteiligungen allein aus rassischen Gründen, zur Nichtigkeit gemäß § 138 Abs. 1 BGB führen.[39] Es ist gerade eine Konsequenz der Testierfreiheit, dass den Erblasser keine Pflicht zur Gleichbehandlung gleichnaher Angehöriger trifft.[40]

[37] *Marius J. de Wall* Comparative Succession Law, in: *Reimann/Zimmermann* (Hrsg.) The Oxford Handbook of Comparative Law, Oxford 2008, 1086 f.

[38] Allerdings wurde in der Literatur der Vorschlag gemacht, dieses Diskriminierungsverbot auch auf das Erbrecht zu erstrecken (*Jörg Neuner* Diskriminierungsschutz durch Privatrecht, JZ 2003, 57, 63 und 66). Dazu sehr scharf, aber treffend Staudinger/*Otte* Neubearb. 2002, Vorbem. zu §§ 2064 ff., Rn. 147a: „Solchem gefährlichen Dilettantismus ist entschieden entgegenzutreten."

[39] Staudinger/*Otte* Neubearb. 2002, Vorbem. zu §§ 2064 ff., Rn. 156 f.; Soergel/*Stein* 13. Aufl., 2001, § 1937, Rn. 26.

[40] BVerfG, Beschl. v. 21.2.2000 – 1 BvR 1937/97, NJW 2000, 2495 f.; Staudinger/*Otte* Neubearb. 2002, Vorbem. zu §§ 2064 ff., Rn. 154; BGH, Beschl. v. 2.12.1998 – IV ZB 19/97, BGHZ 140, 118, 130; BGH, Urt. v. 9.2.1978 – III ZR 59/76, BGHZ 70, 313, 324 ff.

Möglicherweise ergibt sich jedoch aus den Regelungen der EMRK und der Judikatur des Europäischen Gerichtshofes für Menschenrechte (EGMR), dass sich der Schutz vor Diskriminierungen auch auf letztwillige Verfügungen erstrecken muss und so zu einer Beschränkung der Testierfreiheit führen könnte. Anlass, über diese Problematik nachzudenken, bietet das Urteil des EGMR vom 13. Juli 2004 in der Sache *Pla und Puncernau ./. Andorra.*[41] Die Erblasserin hatte 1939 ihren Sohn als Vorbehaltserben eingesetzt und im Übrigen verfügt, dass er das Nachlassvermögen an einen Sohn oder Enkel weitergeben müsse, der einer gesetzlich anerkannten, kirchlich geschlossenen Ehe entstamme. Der Sohn der Erblasserin lebte in einer gesetzlich anerkannten und kirchlich geschlossenen Ehe, hatte aber keine leiblichen Kinder. Gemeinsam mit seiner Frau hatte er 1969, zwanzig Jahre nach dem Tod der Erblasserin, einen Sohn adoptiert. Daher war zu klären, ob die Testamentsklausel auch auf den Adoptivenkel der Erblasserin anzuwenden sei. Der Oberste Gerichtshof (OGH) Andorras legte das Testament dahingehend aus, dass mit dem Begriff „Sohn" allein leibliche Söhne gemeint gewesen seien. Demgegenüber ist der EGMR zu dem Ergebnis gelangt, dass in der Klausel nicht zwischen leiblichen und adoptierten Abkömmlingen differenziert werde, so dass sie auch auf den adoptierten Enkel anzuwenden sei.

Der EGMR prüft einen eventuellen Verstoß gegen die EMRK durch das Urteil des Obersten Gerichtshofes Andorras am Maßstab von Art. 14 i.V.m. Art. 8 EMRK. Art. 8 EMRK garantiert das Recht auf Achtung des Privat- und Familienlebens; Art. 14 EMRK enthält das Verbot von Diskriminierungen „insbesondere wegen des Geschlechts, der Rasse, der Hautfarbe, der Sprache, der Religion, der politischen oder sonstigen Anschauung, der nationalen oder sozialen Herkunft, der Zugehörigkeit zu einer nationalen Minderheit, des Vermögens, der Geburt oder seines sonstigen Status". Der EGMR hat bereits im Fall *Marckx* festgestellt, dass das Erbrecht zwischen Kindern und Eltern sowie zwischen Enkeln und Großeltern so fest mit dem Familienleben verbunden sei, dass es in den Anwendungsbereich von Art. 8 EMRK falle. Das Familienleben erfasse – so der EGMR – nicht nur Bindungen sozialer, moralischer oder kultureller Art, etwa im Bereich der Kindererziehung, sondern auch materielle Interessen, wie insbesondere die Unterhaltspflichten und die Pflichtteilsregelungen im Recht der Mehrheit der Vertragsstaaten zeigten.[42]

In seinem Urteil vom 13. Juli 2004 hält der EGMR zunächst fest, dass im vorliegenden Fall nicht die Willensfreiheit der Erblasserin betroffen, sondern dass die Auslegung der Testamentsklausel durch den andorranischen OGH zu beurteilen sei. Insofern betrifft der Fall in der Tat nicht etwa direkte Aus-

[41] EGMR, Urt. v. 13.7.2004, NJW 2005, 875–878 = ZEV 2005, 162–165 = FamRZ 2004, 1467–1470.

[42] EGMR, Urt. v. 13.6.1979, NJW 1979, 2449 = EuGRZ 1979, 454, Ziffer 28 ff.

wirkungen des Diskriminierungsverbots auf die Testierfreiheit. Bei der Überprüfung der Auslegung des Testaments blendet der EGMR die rechtlichen Gründe, die die andorranischen Gerichte ihren Entscheidungen zugrundegelegt hatten, bewusst aus.[43] Vielmehr begnügt er sich mit recht kargen Ausführungen zu der für die Entscheidung des Falles zentralen Frage, ob mit dem Wort „Sohn" in der Testamentsklausel allein leibliche Söhne oder auch Adoptivsöhne gemeint sein sollten: „Dem Text lässt sich nicht entnehmen, dass die Erblasserin einen etwaigen Adoptivenkel von der Erbfolge habe ausschließen wollen. Sie hätte es tun können. Dass sie es nicht getan hat, lässt logisch nur den Schluss zu, dass sie es nicht tun wollte."[44] Die zum anderen Ergebnis gelangende Auslegung durch den andorranischen OGH sei gekünstelt. Außerdem widerspreche sie „dem allgemeinen Rechtsgrundsatz, wonach es nicht erforderlich ist, nach dem Willen dessen zu fragen, der sich geäußert hat, wenn seine Äußerung unzweideutig ist („*cum in verbis nulla ambiguitas est, non debet admitti voluntatis quaestio*")".[45]

Mit diesem Rückgriff auf die *sens-clair*-Lehre[46] macht es sich der EGMR sehr einfach. *Pintens* spricht in seiner Urteilsanmerkung sogar von „einer primitiven Auslegungsmethode".[47] Die Argumentation des EGMR kann in diesem Punkt tatsächlich nicht überzeugen. Bereits der römische Jurist *Iulius Paulus*, auf den die vom Gerichtshof zitierte Parömie zurückgeht, hatte an anderer Stelle gerade nicht auf den Wortlaut, sondern auf den Willen des Erblassers abgestellt: *in testamentis plenius voluntates testantium interpretamur.*[48] Auch in der *causa Curiana*, einem berühmten Erbrechtsstreit in der römischen Antike, setzte sich vor Gericht letztlich die von dem Redner *Licinnius Crassus* favorisierte Auslegung nach dem Willen gegenüber der von *Quintus Mucius* vorgenommenen Berufung auf den Wortlaut durch.[49] Aller-

[43] EGMR, Urt. v. 13.7.2004, Ziffer 56.

[44] EGMR, Urt. v. 13.7.2004, Ziffer 58.

[45] EGMR, Urt. v. 13.7.2004, Ziffer 58. Das lateinische Zitat stammt aus D. 32,25,1 (*Paulus libro primo ad Neratium*).

[46] Dazu aus rechtshistorischer Sicht: *Clausdieter Schott* „Interpretatio cessat in claris" – Auslegungsfähigkeit und Auslegungsbedürftigkeit in der juristischen Hermeneutik, in: *J. Schröder* (Hrsg.) Theorie der Interpretation vom Humanismus zur Romantik – Rechtswissenschaft, Philosophie, Theologie, Stuttgart 2001, 155–189.

[47] *Walter Pintens* FamRZ 2004, 1471. Kritisch zur Auslegung durch den EGMR auch: *Ansgar Staudinger* Die Europäische Menschenrechtskonvention als Schranke der gewillkürten Erbfolge?, ZEV 2005, 140, 141; *Richard S. Kay* The European Convention on Human Rights and the Control of Private Law, European Human Rights Law Review 2005, 466, 468 ff.

[48] D. 50,17,12 (*Paulus libro tertio ad Sabinum*).

[49] Zur *causa Curiana*: *Ulrich Manthe* Ein Sieg der Rhetorik über die Jurisprudenz. Der Erbschaftsstreit des Manius Curius – eine vertane Chance der Rechtspolitik, in: *ders./von Ungern-Sternberg* (Hrsg.) Große Prozesse der römischen Antike, München 1997, 74–84.

dings wird der EGMR wohl weniger eine Bezugnahme auf die Auslegungsregeln des römischen Rechts beabsichtigt haben als vielmehr den Rückgriff auf einen im internationalen Recht anerkannten allgemeinen Rechtsgrundsatz.

Nach den Grundsätzen, die im deutschen Erbrecht Anwendung finden, wird der Auslegung keine Grenze durch den Wortlaut einer letztwilligen Verfügung gesetzt. Selbst bei einer ihrem Wortlaut nach scheinbar eindeutigen Willenserklärung ist der Richter nicht an ihren Wortlaut gebunden, wenn sich aus den Umständen ergibt, dass der Erklärende mit seinen Worten einen anderen Sinn verbunden hat, als es dem allgemeinen Sprachgebrauch entspricht.[50] Dass der Wortlaut der Testamentsklausel („Sohn") nicht eindeutig war, ergibt sich bereits aus dem unterschiedlichen Verständnis, zu dem die verschiedenen Gerichte in Andorra gelangt waren.[51] Ziel der Auslegung ist es, dem tatsächlichen Willen des Erblassers zum Erfolg zu verhelfen. Dazu ist zwar vom Wortlaut des Testaments auszugehen, doch ist zu ermitteln, was die Erblasserin mit dem Wort „Sohn" meinte. Hierbei ist auf den Zeitpunkt der Testamentserrichtung, also das Jahr 1939, und die gesamten Umstände, die damals den Willen der Erblasserin geprägt haben, abzustellen.

Der OGH Andorras hatte ausgeführt, dass eine Adoption in Andorra in der ersten Hälfte des 20. Jahrhunderts praktisch unbekannt gewesen sei, so dass es kaum dem Willen der Erblasserin entsprochen haben dürfte, den Begriff „Sohn" auch auf Adoptivkinder zu beziehen.[52] Außerdem seien nach dem katalonischen Recht, auf das der Adoptionsvertrag verwiesen habe, Adoptivkinder allein nach ihren Adoptiveltern, nicht aber nach deren Eltern zur gesetzlichen Erbfolge berufen gewesen. Berücksichtigt man diese Umstände bei der Auslegung der Testamentsklausel, deutet vieles darauf hin, dass sich der Wille der Erblasserin nicht auf eine Erbeinsetzung von Adoptivkindern bezogen hat. In jedem Fall verwundert es, dass der EGMR diese Gesichtspunkte gar nicht würdigt.

Noch erstaunlicher ist es, dass der Gerichtshof in dieser doch zumindest nachvollziehbaren Argumentation des andorranischen OGH einen „flagranten Widerspruch zu dem in Art. 14 EMRK niedergelegten Verbot der Diskriminierung und, weitergehend, zu den der Konvention zu Grunde liegenden Grundprinzipien erkennt."[53] Die Argumentation des EGMR überrascht auch deshalb, weil der Gerichtshof selbst festgestellt hat, „dass es vorrangig den staatlichen Behörden und insbesondere den Gerichten obliege, das innerstaatliche Recht auszulegen und anzuwenden" und dass dieser Grundsatz

[50] BGH, Urt. v. 8.12.1982 – IVa ZR 94/81, BGHZ 86, 41, 46; Staudinger/*Otte* Neubearb. 2002, Vorbem. zu §§ 2064 ff., Rn. 54 ff.

[51] Ebenso *Staudinger* (Fn. 47) ZEV 2005, 141.

[52] EGMR, Urt. v. 13.7.2004, Ziffer 52.

[53] EGMR, Urt. v. 13.7.2004, Ziffer 59.

„a fortiori bei der Auslegung eines eindeutig privaten Rechtsgeschäfts wie einer von einer Privatperson aufgesetzten Testamentsklausel" gelte.[54]

Droht nun mit dieser Ausdehnung des Antidiskriminierungsschutzes auf die Auslegung eines Testaments auch eine Einschränkung der Testierfreiheit? Unmittelbar ist – wie der EGMR auch selbst explizit festgestellt hat – die Testierfreiheit sicherlich nicht berührt. Dies muss auch so sein, da nach dem Verständnis des EGMR Art. 1 des Zusatzprotokolls zur EMRK nicht allein das dort ausdrücklich genannte Eigentum, sondern auch die Testierfreiheit schützt.[55] Auch das Bundesverfassungsgericht hat klargestellt, dass der Erblasser gerade nicht zur Gleichbehandlung seiner Abkömmlinge verpflichtet ist.[56] Dies ist ja der Sinn der Testierfreiheit, wie sie in Art. 14 Abs. 1 Satz 1 GG garantiert wird.

Allerdings wird die stärkere Berücksichtigung des Art. 14 EMRK auch in der erbrechtlichen Rechtsprechung nicht ohne Auswirkungen auf die Testierfreiheit bleiben. Ein Erblasser, der etwa allein leibliche Abkömmlinge bedenken und adoptierte Abkömmlinge von der Erbfolge ausschließen möchte, kann dies auch weiterhin tun. Er muss jedoch damit rechnen, dass sein letzter Wille anders ausgelegt wird, sofern er nicht eindeutig erkennbar ist. Damit wird die Testierfreiheit keineswegs beschränkt, der Erblasser muss jedoch seinen Willen so klar wie möglich artikulieren, um Zweifelsfälle zu vermeiden. Die Gerichte, die über derartige Fälle zu entscheiden haben, sollten alle Möglichkeiten, den Erblasserwillen zu ermitteln, ausschöpfen. Der EGMR ist der Auffassung, dass dabei dem Testament „möglichst der Sinn beizulegen ist, der dem staatlichen Recht und der Konvention in ihrer Auslegung durch den Gerichtshof am besten entspricht" und begründet dies damit, dass „die Konvention, ein dynamischer Text mit positiven Handlungspflichten für die Vertragsstaaten, […] ein lebendes Instrument [ist], das unter Berücksichtigung der heutigen gesellschaftlichen Verhältnisse auszulegen ist."[57] Diese Auffassung kann allerdings nicht überzeugen.[58] Bei der Auslegung einer letztwilligen Verfügung ist der Wille des Erblassers zu ermitteln. Wenn, wie in diesem Fall, die Erblasserin ihr Testament 1939 errichtet hat und sie 1949 verstorben ist, wird man die aktuelle Interpretation der EMRK durch den EGMR nur mit großer Vorsicht zur Ermittlung des Willens der Erblasserin heranziehen können. Nur sofern sich ein eindeutiger Erblasserwille überhaupt nicht feststellen lassen sollte, ist dem vom EGMR verfolgten Ansatz, den *Leipold* als „grund- und menschenrechtskonforme Auslegung" bezeichnet, zuzustimmen.[59]

[54] EGMR, Urt. v. 13.7.2004, Ziffer 46.
[55] EGMR, Urt. v. 13.6.1979, Ziffer 63.
[56] BVerfG, Beschl. v. 21.2.2000 – 1 BvR 1937/97, NJW 2000, 2495 f.
[57] EGMR, Urt. v. 13.7.2004, Ziffer 62.
[58] Ebenso: Staudinger/*Otte* Neubearb. 2008, Einl. zum Erbrecht, Rn. 108.
[59] *Dieter Leipold* Erbrecht, 18. Aufl., Tübingen 2010, Rn. 257e.

4. Einschränkung der Testierfreiheit zum Schutz der Testierfreiheit: Das Verbot letztwilliger Verfügungen von Heimbewohnern zugunsten von Heimträgern oder -bediensteten nach § 14 HeimG

Hat sich die Testierfreiheit gegenüber dem sozialhilferechtlichen Nachrangprinzip und dem Antidiskriminierungsschutz bisher behaupten können, so führt nach ganz überwiegender Ansicht mit § 14 HeimG eine Norm mit sozialrechtlichem Einschlag zu einer spürbaren Einschränkung der Testierfreiheit. Danach ist es dem Träger eines Heims sowie den Beschäftigten des Heims untersagt, sich von oder zu Gunsten von Heimbewohnern Geld oder geldwerte Leistungen versprechen oder gewähren zu lassen. Durch die Föderalismusreform 2006 wurde die Gesetzgebungskompetenz für das Heimrecht vom Bund auf die Länder übertragen. Soweit die Länder bereits gesetzliche Neuregelungen beschlossen haben, halten sie am Regelungsinhalt des § 14 HeimG fest.[60] § 14 HeimG sowie die entsprechenden Regelungen auf Länderebene erwähnen zwar letztwillige Verfügungen nicht ausdrücklich, doch werden einmütig Erbverträge zu Gunsten einer der genannten Personen oder Einrichtungen und ganz überwiegend auch Testamente mit entsprechendem Inhalt als nichtig angesehen.[61] Als Gründe für die Nichtigkeitsfolge werden eine Gefährdung der Testierfreiheit der Heimbewohner durch den eventuell von Heimmitarbeitern ausgeübten Druck, die Ausnutzung der besonderen Hilflosigkeit der Heimbewohner und der Schutz des „Heimklimas" genannt.[62] Diese Gründe sind plausibel, führen allerdings auch dazu, dass vielfach letztwillige Verfügungen von Heimbewohnern zugunsten Einrichtungen oder Pflegepersonen, denen sie sich besonders verbunden fühlen, da sie dazu beigetragen haben, den letzten Lebensabschnitt so angenehm wie möglich zu gestalten, nicht möglich sein werden.

Durch § 14 HeimG wird die Testierfreiheit klar eingeschränkt. Dabei stehen allerdings Interessen der Allgemeinheit – wenn man vielleicht vom Schutz des Heimfriedens absieht – nicht im Vordergrund. Die Testierfreiheit wird hier nicht aus Gründen der gesamtgesellschaftlichen Verantwortung eingeschränkt, sondern in erster Linie zum Schutz der Testierfreiheit des Erblassers vor Manipulationen oder vor der Ausübung eines Drucks, in einer bestimmten Weise zu testieren. Letztlich wird also die Testierfreiheit durch

[60] Dazu ausführlich die Kieler Dissertation von *Miriam Hollstein* Die Nichtigkeit letztwilliger Verfügungen wegen Verstoßes gegen das gesetzliche Verbot aus § 14 Abs. 1, 5 HeimG vor und nach der Föderalisierung des Heimrechts (= Schriftenreihe zum deutschen und internationalen Erbrecht, Band 3), Frankfurt 2010 (erscheint in Kürze).

[61] Ausführliche Nachweise zum Meinungsbild bei *Hollstein* (Fn. 60) 1. Teil, § 4.

[62] BT-Drucks. 7/180, 12; BVerfG, Beschl. v. 3.7.1998 – 1 BvR 434/98, FamRZ 1998, 1498.

eine Norm des öffentlichen Rechts beschränkt, um sie zu schützen. Es stellt sich die Frage, ob diese an sich paradoxe Vorgehensweise zwingend geboten ist oder ob es nicht auch andere Möglichkeiten geben könnte, den Schutzgründen gerecht zu werden und gleichwohl die Testierfreiheit unberührt zu lassen.

Das vorhandene zivilrechtliche Instrumentarium dürfte bereits ausreichen, um den Schutzzwecken zu genügen.[63] Immerhin hat der Heimbewohner, der zu Gunsten eines Heimträgers oder -bediensteten verfügt hat, die Möglichkeit, sein Testament jederzeit zu widerrufen (§§ 2253 ff. BGB), so dass er ein Testament, bei dessen Errichtung er sich zunächst vielleicht unter Druck gesetzt fühlte, problemlos – und im Übrigen auch sehr einfach, nämlich durch bloßes Vernichten – wieder aus der Welt schaffen kann. Für eine „Zwangsfürsorge" besteht angesichts der Möglichkeiten, die bereits das Erbrecht selbst bereithält, kein Anlass. Auch wird man eventuellen sittenwidrigen Ergebnissen der Erbfolge mit der Nichtigkeitsfolge des § 138 Abs. 1 BGB begegnen können.[64] Ein Blick in das europäische Ausland zeigt, dass eine Regelung wie § 14 HeimG in Deutschland die Ausnahme darstellt, ohne dass es deshalb zu einer Häufung von Fällen kommt, in denen auf Heimbewohner Druck ausgeübt wird.[65] Ungleichbehandlungen, die im Kreis der Heimbewohner Neid und Missgunst wecken und sich daher nachteilig auf den „Heimfrieden" auswirken, wird es im Übrigen immer geben. Dabei müssen Bevorzugungen und Benachteiligungen durch Heimbedienstete keineswegs immer ihren Grund in den Vermögensverhältnissen der Heimbewohner haben; vielfach sind es lediglich Sympathie oder Antipathie, die den Grad der menschlichen Zuwendung durch das Pflegepersonal bestimmen.

Gegen die Einschränkung der Testierfreiheit durch § 14 HeimG ist auch anzuführen, dass dieses Verbot eine Einzelregelung allein im Anwendungsbereich des Heimgesetzes schafft, während der Gesetzgeber für ganz ähnlich gelagerte Fälle – etwa bei Betreuungsverhältnissen oder bei schwerkranken Patienten in Krankenhäusern – keine entsprechende Norm vorsieht. Auch lebensbedrohend erkrankte Patienten müssen sich nicht selten mehrere Monate lang in einem Krankenhaus aufhalten und befinden sich dort gegenüber Ärzten und Pflegepersonal in einem vergleichbaren Abhängigkeitsverhältnis wie Heimbewohner. Es ist nicht recht einzusehen, wieso allein Heimbewohner,

[63] *Hans Brox/Wolf-Dietrich Walker* Erbrecht, 23. Aufl., Köln 2009, Rn. 261; *Hollstein* (Fn. 60) 1. Teil, § 5; s.a. *Meyer-Pritzl* (Fn. 14) 1174 f.

[64] *Brox/Walker* (Fn. 63) Rn. 261; *Heinrich Lange/Kurt Kuchinke* Erbrecht, 5. Aufl., München 2001, 824 (Anwendung von § 138 Abs. 1 BGB bei Missbrauch der Machtstellung eines Betreuers, um den Betreuten zu einer bestimmten letztwilligen Verfügung zu drängen).

[65] So für die Schweiz: *Hollstein* (Fn. 60) 1. Teil, § 4, A. Siehe auch BG, Urt. v. 6.2.2006, BGE 132 III 305 (Behandlung einer Erbschleicherei als Fall der Erbunwürdigkeit nach Art. 540 Abs. 1 Ziff. 3 ZGB).

nicht aber Krankenhauspatienten in einer ähnlichen Lage in ihrer Testierfreiheit eingeschränkt werden.[66]

Vor diesem Hintergrund bleiben – trotz der gegenteiligen Entscheidung des Bundesverfassungsgerichts[67] – auch verfassungsrechtliche Bedenken gegenüber der Einschränkung der Testierfreiheit durch § 14 HeimG.[68] Zweifel bestehen vor allem gegenüber der Verhältnismäßigkeit des Testierverbots. Die Testierfreiheit zu schützen, indem man sie beschränkt, dürfte kaum das mildeste Mittel darstellen, um die Schutzzwecke des Heimgesetzes zu verwirklichen.

Somit zeigt sich, dass die derzeit wohl stärkste Einschränkung der Testierfreiheit durch eine Norm mit sozialrechtlichem Einschlag letztlich dem Zweck dienen soll, die Testierfreiheit zu erhalten. Eine allgemeine Tendenz der Zurückdrängung der Testierfreiheit unter dem Gesichtspunkt der Solidarität oder gesamtgesellschaftlichen Verantwortung lässt sich daraus sicher nicht ableiten. Unabhängig davon vermag die Regelung nicht zu befriedigen, da sie für den Schutz des Erblassers vor Manipulationen bei der Errichtung letztwilliger Verfügungen eine schwer begründbare „Insellösung" allein für den Anwendungsbereich des Heimgesetzes vorsieht und im Übrigen eine Regelung vorzuziehen ist, die die Testierfreiheit der Heimbewohner – auch zugunsten des Heimträgers und der Heimbediensteten – möglichst weitgehend gewährleistet.

5. Ergebnisse

Die Bipolarität zwischen „formaler Freiheitsethik" und „materialer Verantwortungsethik" berührt das Erbrecht bisher bestenfalls in einigen Randbereichen, vor allem an den Schnittstellen zum Sozialrecht. Bei den sogenannten Behindertentestamenten hat sich die Testierfreiheit gegenüber dem sozialhilferechtlichen Nachrangprinzip durchgesetzt. Der Schutz vor Diskriminierungen lässt die Testierfreiheit weitestgehend unberührt. Die einzige erheblichere Einschränkung der Testierfreiheit, die in einer Norm mit sozialrechtlichem Einschlag vorgesehen ist, soll in erster Linie ihrem Schutz vor Manipulationen durch Dritte dienen.

Trotz dieses Befundes stellt sich die Aufgabe, die Testierfreiheit gerade in Fällen, die die Schnittstellen zwischen Erb- und Sozialrecht betreffen, inhaltlich zu präzisieren und ihre Funktionen klar zu bezeichnen.[69] Eine fundierte

[66] Ebenso: *Hollstein* (Fn. 60) 1. Teil, § 4, A.
[67] BVerfG, Beschl. v. 3.7.1998 – 1 BvR 434/98, FamRZ 1998, 1498.
[68] Dazu ausführlich: *Hollstein* (Fn. 60) 1. Teil, § 5.
[69] Insofern sind die umfassenden Bemühungen um eine Präzisierung der Testierfreiheit in den letzten Jahren sehr zu begrüßen. Hervorzuheben sind die Habilitationsschrift von

inhaltliche Konturierung der Testierfreiheit ist vor allem deshalb erforderlich, weil sie sich im Kontext der Daseinsvorsorge entwickelt hat, deren erbrechtliche Bedeutung aber – worauf bereits mehrfach hingewiesen worden ist[70] – inzwischen vielfach in den Hintergrund getreten ist. Allerdings ist anzunehmen, dass die Funktion der Daseinsvorsorge in der gegenwärtigen, von einer tiefgreifenden wirtschaftlichen Krise und ihren Folgen gekennzeichneten Zeit wieder an Bedeutung gewinnen wird.

Die Notwendigkeit einer gründlicheren inhaltlichen Bestimmung der Testierfreiheit ergibt sich nicht zuletzt aufgrund der wachsenden internationalen Dimension des Erbrechts. Die zunehmende Bedeutung der Judikatur des EGMR für das Erbrecht, aber natürlich auch die immer größere Zahl von Erbrechtsfällen mit internationalen Bezügen verlangt nach einer klareren Erfassung der Grundprinzipien des deutschen Erbrechts, damit diese im Dialog der Rechtsordnungen in angemessener Weise Berücksichtigung finden.

Die Präzisierung der Testierfreiheit auf nationaler ebenso wie auf internationaler Ebene wird noch deutlicher zeigen, dass Freiheit und soziale Verantwortung keine Antithese bilden, sondern zu einem Ausgleich tendieren. In der europäischen Rechtstradition ist die Testierfreiheit mit einer Verantwortung für die nächsten Angehörigen verbunden. Dieser Zusammenhang zeigt sich erneut an dem aktuellen Beispiel der Behindertentestamente. Angesichts der verantwortungsvollen Weise, in der dabei ganz überwiegend von der Testierfreiheit Gebrauch gemacht wird, besteht derzeit praktisch kein Anlass, sie – über die im BGB vorgesehenen Grenzen des Pflichtteilsrechts und der Sittenwidrigkeit hinaus – zu beschränken.

Bei dem Bemühen, eine Balance zwischen Testierfreiheit und sozialer Verpflichtung herzustellen, wird stets zu berücksichtigen sein, dass sich ein möglicherweise wünschenswertes Maximum an gesellschaftlicher Verantwortung nicht allein mit den Regeln des Rechts durchsetzen lassen wird. *Wieacker* sah das „Ethos der Verantwortung" vor allem durch den „Mangel an *caritas*" bedroht, womit er sowohl einen Mangel an betätigter Nächstenliebe als auch einen Mangel an zwischenmenschlicher Verständigung überhaupt meinte.[71] Auch *Reuter* verweist für das Wirtschaftsrecht auf einen Zusammenhang zwischen Verantwortung und außerrechtlichen, moralischen und religiösen Kategorien: „So wird der unleugbare Bedarf an ethisch verantwortungsbe-

Kroppenberg (Fn. 14) sowie die Tübinger Dissertation von *Anja Celina Linker* Zur Neubestimmung der Ordnungsaufgaben im Erbrecht in rechtsvergleichender Sicht (= Studien zum ausländischen und internationalen Privatrecht, Band 75), Tübingen 1999.

[70] *Hattenhauer* (Fn. 17) 223 f.; *Linker* (Fn. 69) 105 ff. und 147 ff.; *Maximilian Fuchs* Zivilrecht und Sozialrecht. Recht und Dogmatik materieller Existenzsicherung in der modernen Gesellschaft (= Münchener Universitätsschriften, Band 86), München 1992, 329 ff.

[71] *Wieacker* (Fn. 10), 26.

wußtem Handeln der Wirtschaftssubjekte, der aus den gestiegenen Umweltrisiken, der Aufwertung des Faktors Mensch und dem Interesse an Integrität der Gesamtkultur erwächst, weniger eine Frage rechtlichen Befehls als ein Problem von Überzeugungsarbeit sein, die in die Zuständigkeiten moralischer Autoritäten, allen voran der Kirchen fällt."[72] Die Formulierung und Umsetzung einer Verantwortungsethik stellt sich in der Tat als eine gesamtgesellschaftliche Aufgabe dar, an der auch Juristen mitzuwirken haben, die aber nicht allein mit den Mitteln des Rechts bewältigt werden kann.

[72] *Reuter* (Fn. 9) AcP 189, 1989, 222 (mit dem Zusatz, der heute leider noch berechtigter sein dürfte als 1989: „Inwieweit die Kirchen dem angesichts stetig schwindender Autorität gerecht werden können, bleibt freilich offen.").

Der Notvorstand in Verein und Stiftung

Karlheinz Muscheler

I. Entstehungsgeschichte

Die (zwingende, § 40 S. 1 BGB) vereinsrechtliche Vorschrift des § 29 BGB lautet: „Soweit die erforderlichen Mitglieder des Vorstands fehlen, sind sie in dringenden Fällen für die Zeit bis zur Behebung des Mangels auf Antrag eines Beteiligten von dem Amtsgericht zu bestellen, das für den Bezirk, in dem der Verein seinen Sitz hat, das Vereinsregister führt". Nach § 86 S. 1 BGB findet § 29 BGB auf Stiftungen entsprechende Anwendung; keine Anwendung findet § 29 BGB jedoch auf Stiftungen, deren Verwaltung von einer öffentlichen Behörde geführt wird (§ 86 S. 2 BGB), vielmehr entscheiden in diesem Fall über die Ersetzung der fehlenden Mitglieder die Landesgesetze (Kommunal-, Beamtenrecht etc.)[1].

Der Erste Entwurf des BGB enthielt eine dem § 29 BGB entsprechende Norm nur für die Liquidation (§ 50 III): „Sind Liquidatoren nicht oder nicht in der erforderlichen Zahl vorhanden, so hat das Amtsgericht, in dessen Bezirke die Körperschaft ihren Sitz hatte, auf Antrag eines Betheiligten, soweit nöthig, für die Zeit bis zur Beseitigung des Mangels an Stelle der fehlenden Person eine andere als Liquidator zu bestellen". Außerdem war im Ersten Entwurf für die Passivvertretung (heute § 28 II BGB) in § 44 VI 2 Folgendes vorgesehen: „Ist zu der Zeit, in welcher die Mittheilung einer solchen Willenserklärung erfolgen soll, eine zur Entgegennahme derselben berufene Person nicht vorhanden, so hat bei Gefahr im Verzuge auf Antrag des Dritten, welcher die Mittheilung bewirken will, das Amtsgericht, in dessen Bezirke die Körperschaft ihren Sitz hat, zur Entgegennahme der Willenserklärung einen besonderen Vertreter zu bestellen". § 44 VI 2 E_1 sollte auf Stiftungen entsprechende Anwendung finden (§ 61 E_1), nicht aber § 50 III E_1. Zu § 44 VI 2 E_1 meinte die Erste Kommission[2]: Die Körperschaft bei zeitweiligem Fehlen eines erforderlichen Vorstands (nach § 44 VI 1 E_1 sollte wie heute nach § 28 II BGB bei einer dem Verein gegenüber abzugebenden Willenserklärung Abgabe gegenüber einem Mitglied des Vorstands genügen) in den Stand zu setzen, Rechtsgeschäfte vorzunehmen oder Klagen zu erheben,

[1] *Planck/Knoke*, BGB, 4. Aufl. 1913, § 86 Anm. 5.
[2] *Motive*, I, S. 100.

sei durch das allgemeine Verkehrsinteresse nicht geboten. Die Körperschaft werde dem Mangel durch Bestellung eines anderen Vorstands alsbald abzuhelfen haben. Ebensowenig bedürfe es gegenüber dem § 55 der CPO (heute § 57 ZPO) besonderer Fürsorge, wenn die Körperschaft verklagt werden solle. Dagegen sei eine Bestimmung nicht zu entbehren, welche Vorkehrung für den Fall treffe, dass der Körperschaft gegenüber eine Erklärung abzugeben sei, zu deren Entgegennahme sie verpflichtet ist (Mahnung, Kündigung usw.). Für die Stiftung wurde die Frage einer Generalisierung des § 44 VI 2 E_1 in der Ersten Kommission nicht diskutiert, obwohl sie hier wegen der fehlenden Mitgliederversammlung besonders dringlich erscheinen konnte[3].

In der Zweiten BGB-Kommission[4] wurde in der Sitzung vom 7.12.1891 von dem bayerischen Kommissionsmitglied Jacubezky der Antrag gestellt, § 44 VI 2 E_1 zu generalisieren und als eigenständige Norm hinter dem § 44 ins Gesetz einzustellen. Der Antrag Jacubezky hatte folgenden Wortlaut: „Soweit es an den erforderlichen Vorstandsmitgliedern fehlt, kann für die Zeit bis zur Hebung des Mangels das Amtsgericht, in dessen Bezirke der Verein seinen Sitz hat, besondere Vertreter bestellen". Ein Unterantrag wollte hinter das Wort „kann" die Worte einschalten „auf Antrag eines Betheiligten, wenn Gefahr im Verzuge ist"; ein zweiter Unterantrag wollte statt „kann" das Wort „hat" setzen. In der Kommission wurde der Antrag Jacubezky mit der Änderung, dass statt „kann für die Zeit" gesetzt werden sollte „hat, auf Antrag eines Betheiligten, wenn Gefahr im Verzuge ist, für die Zeit" unter Stichentscheid des Vorsitzenden (Robert Bosse[5]) mit 11 gegen 11 Stimmen angenommen. Der Antrag Jacubezky wurde somit einerseits verschärft (Pflicht des Gerichts statt bloßes Können), andererseits entschärft (Bestellung nur bei Gefahr im Verzug und nur auf Antrag eines Beteiligten, nicht von Amts wegen).

Die Entscheidung der Zweiten Kommission beruhte auf folgenden Erwägungen: Der Erste Entwurf habe an verschiedenen Stellen Bestimmungen getroffen, welche darauf abzielten, Ersatz für den Mangel zu schaffen, welcher beim Nichtvorhandensein oder bei der Behinderung gesetzlicher Vertreter eines Vereins eintrete. Im § 44 VI behandle er die Frage lediglich aus dem Gesichtspunkt des Interesses Dritter, im § 45 S. 2 sorge er für den speziellen Fall, dass bei einem Rechtsgeschäft oder Rechtsstreit der Körperschaft ein kollidierendes Interesse eines Vorstandsmitglieds bestehe (Verweis auf Bestellung eines Vorstands durch Beschluss der Mitglieder und auf § 44 VI 2

[3] *Motive*, I, S. 121.

[4] *Jakobs/Schubert*, Die Beratung des BGB, §§ 1–240, Teil 1, 1985, S. 275, 314, 321, 332; *Protokolle*, I, S. 515 ff.

[5] Zu ihm *Schubert*, Materialien zur Entstehungsgeschichte des BGB – Einführung, Biographien, Materialien –, 1978, S. 93 f.; zu Jacubezky ebd., S. 101.

E_1), im § 50 III endlich lege er für den Fall des Fehlens eines Liquidators ganz allgemein dem Amtsgericht die Pflicht auf, in der Zwischenzeit bis zur Beseitigung des Mangels an Stelle der fehlenden Person eine andere als Liquidator zu bestellen. Ein innerer Grund für diese unterschiedliche Behandlung des Vorstands und der Liquidatoren könne nicht anerkannt werden. Es werde sich nicht leugnen lassen, dass auch den Mitgliedern einer Körperschaft daran gelegen sein könne, für eine durch den Tod eines Vorstandsmitglieds erledigte Stelle oder für ein durch Krankheit behindertes Vorstandsmitglied einen alsbaldigen, wenn auch nur vorläufigen Vertreter zu erlangen. Es könne sich dabei um recht erhebliche Berechtigungen der Mitglieder, z.B. um die Anfechtung eines verfassungswidrigen Beschlusses handeln, deren Wahrnehmung einen Aufschub nicht vertrüge, und es sei deshalb auch nicht angängig, die Körperschaft so lange ohne Vertretung zu lassen, bis nach Einberufung der Generalversammlung ein neuer Vorstand gewählt sei. Die Rechte der Mitglieder seien des gleichen Schutzes würdig wie die Interessen der Dritten; Abhilfe in der Bestellung eines Pflegers zu suchen, werde man schwerlich für ein geeignetes Mittel erachten. Wie die Motive zum Entwurf des Einführungsgesetzes S. 171 zeigten, sei man bei der ersten Lesung davon ausgegangen, es stehe auf Grund des Entwurfs des Einführungsgesetzes, Art. 49, den Landesgesetzen frei, zu bestimmen, dass die Befolgung der Vorschrift, nach welcher jede juristische Person einen Vorstand haben müsse, im Aufsichtsweg erzwungen werden solle oder dass die Funktionen des Vorstands, wenn ein solcher fehle, von Staatsbeamten wahrzunehmen seien oder dass die zum Ersatz notwendige Bestellung unter Umständen durch Staatsbeamte zu erfolgen habe. Jetzt handele es sich um die dem Gebiet des Privatrechts angehörenden Vereine und um die Setzung einer für diese Vereine ausreichenden und zutreffenden reichsrechtlichen Norm. Beschränke man den Hauptantrag in der im ersten Unterantrag vorgesehenen angemessenen Weise, so werde man nicht zu befürchten brauchen, dass das Amtsgericht sich ohne Anlass in die Angelegenheiten des Vereins einmischen werde. Andererseits müsse aber das Amtsgericht, wie dies auch der § 44 VI S. 2 des Ersten Entwurfs bestimme, nicht nur berechtigt, sondern verpflichtet sein, beim Vorhandensein der gesetzlichen Voraussetzungen einzugreifen.

Der neuen Vorschrift war in der Zweiten Kommission entgegengehalten worden, dass es geraten erscheine, in der Fürsorge für die Vertretung der Vereine nicht weiter zu gehen, als das Interesse Dritter erheische. Der § 55 der CPO beruhe auf demselben Gesichtspunkt. Es sei zu besorgen, dass ein weiter gehender Schutz von den Vereinen leicht als eine wenig erwünschte Bevormundung möchte empfunden werden. Wenn der Abs. 3 des § 50 dem Amtsgericht zur Pflicht mache, jeweils für die Bestellung fehlender Liquidatoren zu sorgen, so habe dies seinen Grund darin, dass die Liquidation in erster Reihe den Schutz der Gläubiger bezwecke. Von diesen Einwänden ließ sich die Kommission jedoch nicht überzeugen.

Die Zweite BGB-Kommission überließ es der Prüfung der bei ihr eingerichteten Redaktionskommission, ob die Vorschrift als eigenständige Norm ins Gesetz einzufügen oder in einer anderen Norm aufzunehmen sei. Die Redaktionskommission entschied sich für Ersteres, machte überdies aus der „Gefahr im Verzug" die „dringenden Fälle"[6] und aus dem „besonderen Vertreter" ein Mitglied des Vorstands. Darüber, dass die Norm grundsätzlich auf Stiftungen zu übertragen sei (abgesehen vom heutigen § 86 S. 2 BGB), bestand in der Kommission „allseitiges Einverständnis"[7].

Aus der Entstehungsgeschichte, insbesondere aus der in der Zweiten Kommission erfolgten Generalisierung des Norminhaltes, erhellt, dass die Bestellung eines Notvorstands erfolgen kann, mag es sich um eine dem Verein gegenüber oder um eine von demselben abzugebende Willenserklärung handeln, und dass es im ersten Fall nicht darauf ankommt, ob der Verein zur Entgegennahme der Erklärung verpflichtet ist oder nicht. Die Bestellung kann auch dann erfolgen, wenn sie zu der gerichtlichen Geltendmachung eines Anspruchs von Seiten des Vereins oder gegenüber demselben oder zu bloß tatsächlichen Handlungen für den Verein erforderlich ist[8].

II. Systematische Einordnung des § 29 BGB

§ 29 BGB reiht sich ein in eine ganze Gruppe von Normen, die ein Gericht einschalten, um Handlungs- und Entscheidungsfähigkeit herzustellen. Hierbei handelt es sich einmal um Normen, die die gerichtliche Ersetzung eines an sich erforderlichen Einverständnisses oder einer an sich erforderlichen Zustimmung vorsehen (z.B. §§ 1365 II, 1369 II, 1430, 1452, 1598 a II, 1618 S. 4, 1746 III, 1748 BGB). Es gibt zweitens Normen, die bei Nichteinigung der Entscheidungsbefugten dem Gericht erlauben, die Entscheidung einem der Entscheidungsbefugten allein zu übertragen (z.B. §§ 1617 II, 1628 BGB). Es gibt drittens Normen, die bei Handlungsunfähigkeit die gerichtliche Bestellung eines Vormundes (§§ 1773 ff. BGB) oder eines Pflegers vorsehen (z.B. §§ 1909 ff., 1960 f. BGB). Es gibt viertens Normen, die bei Uneinigkeit der Entscheidungsbefugten Entscheidung der Meinungsverschiedenheit durch das Gericht vorsehen (z.B. §§ 1797 I 2, 2224 I 1 HS. 2 BGB)[9]. Es gibt fünftens

[6] Kleinere redaktionelle Änderungen seit Inkrafttreten des BGB beruhen auf § 30 Nr. 1 RPflegerG v. 8.2.1957 (BGBl. I, S. 18): Aus „Hebung" wurde „Behebung"; aus dem Amtsgericht, „in dessen Bezirk der Verein seinen Sitz hat" wurde das Amtsgericht, „das für den Bezirk, in dem der Verein seinen Sitz hat, das Vereinsregister führt".

[7] *Protokolle*, I, S. 603; *Jakobs/Schubert* (Fn. 4), S. 404.

[8] *Planck/Knoke* (Fn. 1), § 29 Anm. 1.

[9] Die streng liberale Erste BGB-Kommission hatte (nicht nur § 29 BGB, sondern auch) § 2224 I 1 HS. 2 BGB noch abgelehnt, *Motive*, V, S. 223: „Das Nachlaßgericht entscheiden zu lassen, würde nicht im Einklange stehen mit der von dem Entwurfe dem Nachlaßgerichte zugewiesenen Stellung"; anders dann die Zweite Kommission, vgl. *Protokolle*, V, S. 255 ff.

Normen, die das Gericht ermächtigen, bei Verhinderung der eigentlich Handlungsbefugten selbst nach außen die erforderlichen Maßregeln zu treffen (z.B. §§ 1693, 1846 BGB; hier keine Beschränkung auf Eilfälle und kein Antrag erforderlich, die Normen gelten sowohl für rechtliche wie faktische, für vollständige wie partielle Verhinderung). Es gibt sechstens Normen, die das Gericht ermächtigen, bei entsprechendem Ersuchen einer Privatperson einen Handlungsbefugten zu ernennen (z.B. § 2200 BGB).

Bei § 29 BGB geht es offenkundig nicht um die Klärung von Meinungsverschiedenheiten in einem feststehenden Entscheidungsgremium. Eigene Maßregeln im Namen des Vereins oder der Stiftung trifft das Gericht ebenfalls nicht. Von Sachverhalten in der Art des § 2200 BGB unterscheidet sich § 29 BGB vielfältig: Das Gericht ernennt bei letzterer Norm nur in dringenden Fällen und nur für eine Übergangszeit einen Handlungsbefugten; seine Ernennungskompetenz ist nicht von einem entsprechenden Ersuchen in der Satzung (von Verein und Stiftung) abhängig.

Die größte Ähnlichkeit weist der Vorgang des § 29 BGB mit der Pflegerbestellung auf, so vor allem in der Abhängigkeit der Ernennungskompetenz vom „Fehlen" eines eigentlich Handlungsbefugten. Doch sind auch hier Unterschiede nicht zu übersehen. Der Pfleger wird von Amts wegen bestellt. Der Pfleger ist (mit Ausnahme von § 1914 BGB) gesetzlicher Vertreter einer natürlichen Person, der nach § 29 BGB ernannte Vorstand Organ einer juristischen Person. Der Pfleger ist, anders als der Vormund, nicht mit umfassender Vertretungsmacht ausgestattet, sondern nur mit Vertretungsmacht im Rahmen seines beschränkten Aufgabenkreises, er ist gewissermaßen, in der Terminologie der §§ 29 f. BGB gesprochen, nicht Vorstand, sondern besonderer Vertreter; bei § 29 BGB bleibt dagegen zu beachten, dass in der Entstehungsgeschichte der Norm aus dem „besonderen Vertreter" ausdrücklich ein „Vorstand" wurde.

III. Voraussetzungen der Bestellung eines Notvorstands

1. Fehlen

Erste Voraussetzung für die Bestellung eines Notvorstands ist, dass die erforderlichen Mitglieder des Vorstands „fehlen". Gleichgültig ist dabei, ob die erforderlichen Personen noch nicht ernannt oder nicht wirksam ernannt[10] oder die ernannten aus irgendeinem Grund wieder weggefallen sind, sei es durch Tod, Widerruf[11], Amtsniederlegung oder Amtsablauf[12].

[10] Nichtige Vorstandswahl: *LG Düsseldorf*, Rpfleger 1987, 72.
[11] *BGHZ* 86, 177 (183) = NJW 1983, 938; *BayObLG*, NJW-RR 1986, 523.
[12] *BayObLG*, NJW-RR 1989, 765; *OLG Hamm*, OLGZ 1965, 329.

Aber das „Fehlen" muss, dem Sinn der Norm entsprechend, in einem *weiteren Sinne* verstanden werden. Es kann nur darauf ankommen, ob die vorhandenen Organe für das Handeln des Vereins ausreichen. Das ist nicht nur dann zu verneinen, wenn nicht hinreichend viele Mitglieder des Vorstands vorhanden sind, sondern auch dann, wenn die vorhandenen an der Entfaltung ihrer Organtätigkeit rechtlich oder tatsächlich gehindert sind. Denn im Sinne einer aktuellen Betätigung für den Verein fehlen auch sie. Für dieses Ergebnis spricht neben dem Sinn des § 29 BGB auch dessen Entstehungsgeschichte. Die Norm sollte § 44 VI 2 des Ersten BGB-Entwurfs generalisieren; hier war aber die Rede vom Nichtvorhandensein einer zu einer konkreten Tätigkeit berufenen Person (s.o. I.). Unter § 29 BGB sind also auch die Fälle zu subsumieren, in denen ein oder mehrere Mitglieder wegen einer Interessenkollision nach § 28 BGB in Verbindung mit §§ 34, 181 BGB[13] oder wegen Eintritts der Geschäftsunfähigkeit[14] oder Anordnung einer Betreuung mit Einwilligungsvorbehalt (bei satzungsmäßig notwendiger voller Geschäftsfähigkeit)[15] oder wegen langer Krankheit und Abwesenheit am Tätigwerden für Verein oder Stiftung gehindert sind.

Zweifelhaft ist der Fall, dass die zur Tätigkeit fähigen Vorstandsmitglieder diese einfach *verweigern*. Das ist, wenn es grundlos geschieht, wohl oft ein wichtiger Grund zur Abberufung (§ 27 II BGB); außerdem hat prinzipiell die Mitgliederversammlung die notwendigen Maßnahmen (Anweisung zum Handeln, notfalls Abberufung und Bestellung eines anderen) zu treffen[16]. Verweigern die Vorstandsmitglieder nur einzelne Maßnahmen, dann greift § 29 BGB auf keinen Fall ein. Denn die Norm ermöglicht keineswegs, ein Handeln oder Unterlassen des Vorstands, das man für rechtswidrig oder unzweckmäßig hält, durch Bestellung eines Notvorstandes zu verhindern oder zu überspielen. Das Registergericht darf keinen Notvorstand zur Schlichtung des Machtkampfs zwischen auf verschiedenen Mitgliederversammlungen gewählten, rivalisierenden Vorständen[17] oder zur Überwindung von Differen-

[13] *BayObLGZ* 1989, 298 (306); *KG*, OLGE 7, 151. Nach der erstgenannten Entscheidung fehlt der Vorstand auch dann, wenn der erste Vorsitzende gegen den Verein auf Feststellung der Unwirksamkeit der Abwahl des ersten und zweiten Vorsitzenden klagt. Denn die Vertretung des Vereins durch den zweiten Vorsitzenden soll im Fall des Obsiegens des Vereins zu einem Urteil führen, das sowohl mit dem absoluten Revisionsgrund des § 547 Nr. 4 ZPO als auch mit dem Nichtigkeitsgrund des § 579 I Nr. 4 ZPO angegriffen werden kann.

[14] *BayObLG*, BB 1982, 1508.

[15] *Reichert*, Vereins- und Verbandsrecht, 11. Aufl. 2007, Rn. 2009; *MünchKomm/Reuter*, BGB, 5. Aufl. 2006, § 29 Rn. 8.

[16] *OLG Frankfurt*, NJW 1966, 504.

[17] So richtig *MünchKomm/Reuter* (Fn. 15). § 29 Rn. 9; zögernd *BayObLG*, Rpfleger 1983, 74; wohl aA *OLG Köln*, Rpfleger 2002, 569; *Reichert* (Fn. 15), Rn. 2010.

zen zwischen mehreren Vorstandsmitgliedern[18] bestellen oder gar ein gewähltes (bzw. in der Stiftung: ernanntes) Vorstandsmitglied wegen Unfähigkeit oder schuldhaft schlechter Amtsführung durch ein Notmitglied ersetzen[19].

Nach herrschender Meinung soll § 29 BGB jedoch anwendbar sein, wenn ein unentbehrliches Vorstandsmitglied die Geschäftsführung *grundsätzlich* verweigert[20]. Das Nichtwollen stehe dem Nichtkönnen teleologisch gleich[21]. Das ist abzulehnen. Schon Wortlaut und Entstehungsgeschichte sprechen dagegen. In aller Regel wird das Vorstandsmitglied sich nur dann grundsätzlich verweigern, wenn es sich aus rechtlichen Gründen für nicht wirksam berufen hält. Dann bietet sich eine Klage auf Feststellung, dass der Beklagte Vorstand ist, an. Außerdem ist auch hier Widerruf der Vorstandsbestellung am Platz; beim Verein kann die dafür zuständige Mitgliederversammlung nach § 37 BGB erzwungen werden. Ferner ist der Verein durch Schadensersatzansprüche geschützt. Dritte bedürfen in der fraglichen Situation keines Schutzes.

2. *Die erforderlichen Mitglieder*

Es müssen nur die „erforderlichen" Mitglieder fehlen, also nicht notwendig alle. Entscheidend ist, ob ein Mitglied fehlt, dessen Vorhandensein für den konkreten Fall zur ordnungsgemäßen Betätigung von Verein oder Stiftung unerlässlich ist. Stehen Erklärungen an den Verein in Rede, sind die Voraussetzungen des § 29 BGB solange nicht erfüllt, als noch mindestens ein Vorstandsmitglied vorhanden ist (§ 28 II BGB). Bei aktiver Betätigung kommt es wesentlich auf die Satzung an (§§ 28 I, 40 BGB); haben die Vorstandsmitglieder Einzelvertretungsmacht, sind auch für die aktive Betätigung die Voraussetzungen des § 29 BGB solange nicht erfüllt, als noch mindestens ein Vorstandsmitglied vorhanden ist.

[18] Arg. e contrario aus § 2224 I 1 HS. 2 BGB (s. auch o. II.); wie im Text *OLG Frankfurt*, NJW 1966, 504; *BayObLGZ* 1998, 179 (184); *Soergel/Hadding*, BGB, 13. Aufl. 2000, § 29 Rn. 7; *Reichert* (Fn. 15), Rn. 2010; *MünchKomm/Reuter* (Fn. 15), § 29 Rn. 9. Bedenklich *LG Bonn*, Rpfleger 1987, 460.

[19] *KG*, JW 1937, 1730; *OLG Frankfurt*, GmbHR 1986, 432; *Soergel/Hadding* (Fn. 18), § 29 Rn. 7; *MünchKomm/Reuter* (Fn. 15), § 29 Rn. 9.

[20] *KG*, JW 1937, 1730; *RGRK/Steffen*, BGB, 12. Aufl. 1974, § 29 Rn. 2; *MünchKomm/Reuter* (Fn. 15), § 29 Rn. 9; *Soergel/Hadding* (Fn. 18), § 29 Rn. 6; *Staudinger/Weick*, BGB, 13. Bearbeitung 1995, § 29 Rn. 7. AA *Planck/Knoke* (Fn. 1), § 29 Anm. 2a; *v. Tuhr*, Allgemeiner Teil, I, 1910, S. 522 Anm. 12.

[21] *Oertmann*, Allgemeiner Teil, 2. Aufl. 1908, § 29 Anm. 1a.

3. In dringenden Fällen

Ein dringender Fall liegt vor, wenn die Bestellung des Notvorstands notwendiges und geeignetes Mittel zur Abwehr von Schäden für Verein oder Stiftung oder für andere Beteiligte ist[22]. Unter einem Schaden ist hier jede rechtliche oder tatsächliche Beeinträchtigung von Rechtspositionen zu verstehen; ein Vermögensschaden braucht nicht zu drohen. Insbesondere reicht das Interesse des Antragstellers an einem Rechtsstreit oder einer Zwangsvollstreckung gegen die juristische Person aus, gleichgültig, ob ein Zuwarten bis zur regulären Besetzung des Vorstands mit Vermögenseinbußen verbunden wäre oder nicht.

Umstritten ist das Verhältnis von § 57 I ZPO und § 29 BGB. Nach herrschender Meinung ist § 57 ZPO gegenüber § 29 BGB subsidiär[23]. Weder ein schon ernannter Prozesspfleger noch die Möglichkeit der Bestellung eines Prozesspflegers schließe die Bestellung eines Notvorstands aus. Der Prozesspfleger habe nicht die umfassende Stellung eines Notvorstands und werde nicht ins Vereinsregister eingetragen. Eine zweite Ansicht differenziert: An sich gehe § 29 BGB vor. Sei aber bereits ein Prozesspfleger bestellt und bestehe nur für das konkrete Verfahren ein Bedürfnis für eine Vertretungsregelung, entfalle die Anwendung des § 29 BGB[24]. Nach einer dritten Ansicht fehlt für einen Antrag nach § 29 BGB das Rechtsschutzbedürfnis, falls der einfachere Weg über § 57 ZPO offen steht[25]. Die vierte Ansicht hält § 57 ZPO für schlicht nicht anwendbar, da nach der Auffassung des BGB Verein und Stiftung nicht als „nicht prozessfähige Partei" zu betrachten seien[26]. Richtig ist die zuletzt genannte Ansicht. Dass die Erste BGB-Kommission für Klagen gegen die juristische Person auf § 57 ZPO (früher § 55 CPO) hinwies und eine Minderheit in der Zweiten Kommission dasselbe tat (s.o. I.), verschlägt nichts. Vereine und Stiftungen ohne Vorstand sind keine „nicht

[22] *BayObLGZ* 1998, 179 (184); *BayObLG*, NJW-RR 1999, 1259 (1260); *RGRK/Steffen* (Fn. 20), § 29 Rn. 2; *Soergel/Hadding* (Fn. 18), § 29 Rn. 8; *Staudinger/Weick* (Fn. 20), § 29 Rn. 7; *MünchKomm/Reuter* (Fn. 15), § 29 Rn. 11. Beachte übrigens, dass es sich nach h.M. bei § 121 II 2 AktG um einen verallgemeinerungsfähigen Gedanken handelt: Ist im Vereinsregister ein inzwischen nicht mehr amtierender Vorstand eingetragen, so kann dieser noch eine Mitgliederversammlung einberufen, sodass es dafür eines Notvorstandes nicht bedarf: *BGHZ* 18, 334 (340) = NJW 1955, 1917; *BayObLGZ* 1985, 24; *BayObLG*, MDR 1973, 134; *LG Aurich*, Rpfleger 1987, 115; *Staudinger/Weick* (Fn. 20), § 29 Rn. 7.

[23] *OLG Celle*, NJW 1965, 504 (505); *BayObLGZ* 1998, 179 (184); *RGRK/Steffen* (Fn. 20), § 29 Rn. 2.

[24] *OLG Zweibrücken*, NJW-RR 2001, 1057; *Palandt/Ellenberger*, BGB, 68. Aufl. 2009, § 29 Rn. 3; *Reichert* (Fn. 15), Rn. 2014; *Staudinger/Weick* (Fn. 20), § 29 Rn. 7; *Soergel/Hadding* (Fn. 18), § 29 Rn. 8; *Zöller/Vollkommer*, ZPO, 27. Aufl. 2009, § 57 Rn. 2.

[25] *OLG Dresden*, GmbHR 2002, 163; *OLG München*, NZG 2008, 160; *Erman/H. P. Westermann*, BGB, 12. Aufl. 2008, § 29 Rn. 2; *MünchKomm/Reuter* (Fn. 15), § 29 Rn. 11; *Kutzer*, ZIP 2000, 654 ff.

[26] *Planck/Knoke* (Fn. 1), § 29 Anm. 1.

prozessfähigen Parteien"; sonst wäre die zusätzliche Tatbestandsvoraussetzung des § 57 I ZPO „ohne gesetzlichen Vertreter" überflüssig. Auch dass § 57 I ZPO von „Partei", § 57 II ZPO dagegen von „Person" redet, macht keinen Unterschied: § 57 ZPO geht auf § 55 CPO (1877), dieser wiederum auf § 54 des preußischen CPO-Entwurfs von 1871[27] zurück. In der Begründung zu diesem § 54 wird auch in Bezug auf Absatz 1 von einer prozessunfähigen „Person" gesprochen, sodass der Terminuswechsel zwischen den Absätzen als zufällig gelten darf. Dass das Gesetz mit dem „gesetzlichen Vertreter" nicht auch Organe juristischer Personen meint, zeigt etwa § 278 S. 1 BGB; dort ist man sich einig, dass Organe juristischer Personen nicht unter die Norm fallen.

4. *Antrag*

Die Notbestellung erfolgt nur auf Antrag, nicht von Amts wegen. Der Antrag muss beim zuständigen Amtsgericht gestellt werden. Das Amtsgericht, das für den Bezirk, in dem der Verein seinen Sitz hat, das Vereinsregister führt, ist hier das Vereinsgericht auch für den konzessionierten Verein. Nach herrschender Meinung soll es Fälle geben, in denen das Registergericht den Notvorstand ausnahmsweise auch ohne Antrag bestellen kann, nämlich dann, wenn der Vorstand nach den §§ 73, 74 BGB im Rahmen der Entziehung der Rechtsfähigkeit mitzuwirken hat[28]. Das ist abzulehnen. Das Gesetz weiß von einer solchen Ausnahme nichts, ja der Gesetzgeber hat sie bewusst abgelehnt (s.o. I.).

5. *Beteiligte*

Zu den Beteiligten gehören beim *Verein*: der Verein in seiner Gesamtheit; die noch vorhandenen Vorstandsmitglieder; jedes einzelne Vereinsmitglied[29]; ein Dritter, dessen Interesse durch das Fehlen der Vorstandsmitglieder gefährdet wird, z.B. Gläubiger und Schuldner des Vereins[30] oder der Betriebsrat im Betrieb des Vereins im Hinblick auf die betriebsverfassungsrechtlichen

[27] S. Neudrucke zivilprozessualer Kodifikationen und Entwürfe des 19. Jahrhunderts, Bd. 2, 1971, S. 269, 523.

[28] *BayObLG*, NJW-RR 1989, 765 (766); *Reichert* (Fn. 15), Rn. 2018; *Soergel/Hadding* (Fn. 18), § 29 Rn. 9; *MünchKomm/Reuter* (Fn. 15), § 29 Rn. 14. Ein ähnliches öffentliches Interesse für die Bestellung eines Notvorstandes von Amts wegen will *BayObLGZ* 1988, 410 (413) im Hinblick auf § 68 BGB zum Zwecke der Anmeldung des Ausscheidens des eingetragenen Vorstandes anerkennen, wenn mit Sicherheit der Antrag eines Beteiligten auf Notbestellung nicht zu erwarten ist.

[29] *KG*, Recht 1907, 632 Nr. 1278a; *BGHZ* 24, 47.

[30] *KG*, OLGE 4, 256; *BayObLGZ* 1971, 178.

Mitbestimmungs- und Mitwirkungsrechte[31]. Nicht zu den Beteiligten zählt das Insolvenzgericht[32].

Bei der *Stiftung* zählt zu den Beteiligten unstreitig die Stiftungsbehörde[33], da ihre Befugnisse und Pflichten durch die Notbestellung unmittelbar beeinflusst werden, und richtigerweise auch alle Mitglieder aller Stiftungsorgane (Vorstand, Beirat, Kuratorium etc.). Umstritten ist, ob auch Destinatäre zum Kreis der Beteiligten gehören. Nach herrschender Meinung soll das, da ein rechtliches Interesse erforderlich sei, nur dann zu bejahen sein, wenn die Stiftungssatzung den Destinatären Leistungs- oder doch wenigstens Organschaftsrechte zugesteht[34]. Das vermag in dieser Allgemeinheit nicht zu überzeugen. Gewiss sind Destinatäre dann Beteiligte, wenn sie zwar nicht durch Satzung, wohl aber qua einseitiger Leistungsbewilligung oder qua Finanzierungsvertrag schon zu Gläubigern der Stiftung geworden sind. Als Gläubiger können sie einen Antrag nach § 29 BGB auch dann stellen, wenn es nicht um die Durchsetzung ihrer Rechte, sondern um einen sonstigen dringenden Fall geht; nirgendwo steht geschrieben, dass der „dringende Fall" gerade ein solcher aus der Sicht der „Beteiligten" sein muss. Letztlich wird man noch einen Schritt weiter gehen und jeden auch nur (ernsthaft) möglichen Destinatär zu den Antragsberechtigten zählen müssen. Was natürlich nicht geht, ist, dass Stiftungsinteressierte die Bestellung eines Notvorstandes beantragen, damit dieser im Falle der Weigerung von Vorstand und Stiftungsaufsicht die Ansprüche der Stiftung auf Schadensersatz oder auf ein gesetz- und satzungsmäßiges Verhalten durchsetze[35], und das geht auch nicht bei eindeutig als Beteiligte anerkannten Personen wie Stiftungsgläubigern: Genauso wenig wie im Vereinsrecht die Bestellung eines Notvorstandes möglich ist, um die zögernde Mitgliederversammlung auf Trab zu bringen, ja ihr Unterlassen zu kompensieren, genauso wenig kann sie im Stiftungsrecht das Versagen der Stiftungsaufsicht ausgleichen[36].

[31] *Benner*, RdA 1955, 138 ff.; *MünchKomm/Reuter* (Fn. 15), § 29 Rn. 13.

[32] *BayObLGZ* 1950/51, 340; *Soergel/Hadding* (Fn. 18), § 29 Rn. 9; *Staudinger/Weick* (Fn. 20), § 29 Rn 8

[33] Die Stiftungsbehörde ist zur Antragstellung verpflichtet (da bei Eingreifen des § 29 BGB eigene Handlungskompetenzen der Behörde fehlen); a.A. *Seifart/v. Campenhausen/Hof*, Stiftungsrechts-Handbuch, 3. Aufl. 2009, § 10 Rn. 230.

[34] *MünchKomm/Reuter* (Fn. 15), § 86 Rn. 13; *Staudinger/Rawert*, BGB, 13. Bearbeitung 1995, § 86 Rn. 15; nach *BayObLG*, NJW-RR 2000, 1198 sind nicht einmal Mitglieder eines Stiftungsbeirats Beteiligte. Für die Beteiligteneigenschaft aller Destinatäre *Blydt-Hansen*, Die Rechtsstellung der Destinatäre der rechtsfähigen Stiftung Bürgerlichen Rechts, 1998, S. 82 ff., 89; *Jeß*, Das Verhältnis des lebenden Stifters zur Stiftung unter besonderer Berücksichtigung der Gestaltungsmöglichkeiten der Stiftungsverfassung und des Rechtsschutzes der Stiftung vor Übergriffen des Stifters, 1991, S. 187.

[35] *VGH Mannheim*, NJW 1985, 1573 (1574); *BayObLG*, NJW-RR 2000, 1198; a.A. *Jeß* (Fn. 34), S. 182 ff.

[36] So zu Recht *MünchKomm/Reuter* (Fn. 15), § 85 Rn. 19.

IV. Verhältnis des § 29 BGB zu den Landesstiftungsgesetzen

a) Die Regelungen der Landesstiftungsgesetze

Nach dem Wortlaut der meisten Landesstiftungsgesetze kann die Stiftungsbehörde bei Vorliegen eines wichtigen Grundes, insbesondere bei grober Pflichtverletzung oder Unfähigkeit zu ordnungsgemäßer Geschäftsführung, *Abberufung* eines Stiftungsvorstands und Berufung eines anderen Mitglieds verlangen und dem Vorstandsmitglied seine Tätigkeit für die Stiftung einstweilen untersagen. Ist die Stiftung zur Abberufung des Mitglieds nicht in der Lage oder kommt sie innerhalb einer bestimmten Frist dem Verlangen der Stiftungsbehörde nach Abberufung nicht nach, so kann die Stiftungsbehörde das Mitglied selbst abberufen[37]. Nach dem Wortlaut einer zweiten Gruppe von Landesstiftungsgesetzen kann die Stiftungsbehörde bei Vorliegen eines wichtigen Grundes abberufen oder die Ausübung der Tätigkeit einstweilen untersagen[38]. Ein Stiftungsgesetz beschränkt sich auf die Erwähnung der Abberufung aus wichtigem Grund[39]. Einige Stiftungsgesetze erwähnen nur das Verlangen von Abberufung und die einstweilige Untersagung der Tätigkeit durch die Stiftungsbehörde[40]. Auch wo die Abberufung von Organmitgliedern durch die Behörde nicht ausdrücklich erwähnt ist, dürfte sie sich, als ultima ratio nach einem Nichthandeln der Stiftung, aus der Anordnung der Rechtsaufsicht über die Stiftung als solcher ergeben[41]. Aus den verfassungsrechtlichen Grundsätzen der Subsidiarität und der Verhältnismäßigkeit folgt, dass der Abberufung durch die Behörde stets, also auch dort, wo es nicht ausdrücklich vorgesehen ist, ein an die Stiftung gerichtetes Aufhebungsverlangen vorausgehen muss[42]. Eine einstweilige Tätigkeitsuntersagung ist als milderes Mittel zur Abberufung auch dort möglich, wo sie nicht ausdrücklich vorgesehen ist[43].

Die meisten Landesstiftungsgesetze sehen auch die *Bestellung von Vorstandsmitgliedern* (und Mitgliedern anderer Organe) *durch* die *Stiftungsbehörde* vor. Dabei lassen sich grob drei Gruppen bilden. In der ersten Gruppe steht das Bestellungsrecht im Zusammenhang mit der Abberufung aus wich-

[37] § 12 V StiftG Thüringen; § 19 IV StiftG Sachsen-Anhalt; § 7 IV, V StiftG Sachsen; § 9 I, II StiftG Nordrhein-Westfalen, § 14 StiftG Niedersachsen; § 12 I, II StiftG Baden-Württemberg.

[38] § 9 I StiftG Brandenburg; § 6 III StiftG Hamburg; § 15 StiftG Hessen; § 7 I StiftG Mecklenburg-Vorpommern; § 14 I StiftG Saarland.

[39] § 9 V StiftG Berlin.

[40] Art. 13 S. 2 StiftG Bayern; § 13 III 1 StiftG Bremen; § 9 IV StiftG Rheinland-Pfalz; § 13 StiftG Schleswig-Holstein.

[41] *MünchKomm/Reuter* (Fn. 15), vor § 80 Rn. 75. A.A. *Seifart/v. Campenhausen/Hof* (Fn. 33), § 10 Rn. 214 Fn. 372.

[42] *Seifart/v. Campenhausen/Hof* (Fn. 33), § 10 Rn. 222.

[43] Wie in § 9 V StiftG Berlin; vgl. *Seifart/v. Campenhausen/Hof* (Fn. 33), § 10 Rn. 223.

tigem Grund. Typisch ist hierfür § 12 I StiftG Baden-Württemberg: „Die Stiftungsbehörde kann ein Mitglied eines Stiftungsorgans aus wichtigem Grund, insbesondere wegen grober Pflichtverletzung oder Unfähigkeit zu ordnungsgemäßer Geschäftsführung, abberufen. Sie kann ein neues Mitglied bestellen, sofern die Stiftung innerhalb einer ihr von der Stiftungsbehörde gesetzten angemessenen Frist kein neues Mitglied bestellt hat“ [44]. Das Bestellungsrecht der Behörde hängt hier ab von der behördlichen Abberufung aus wichtigem Grund und der Nichtbestellung durch die Stiftung selbst. Nicht erforderlich sind nach dem Wortlaut Dringlichkeit, Nichteingreifen von § 29 BGB, Fehlen eines „erforderlichen“ Mitglieds, Befristung bis zur Behebung des Mangels.

Die zweite Gruppe von Landesstiftungsgesetzen enthält ein behördliches Bestellungsrecht unabhängig von der Abberufung aus wichtigem Grund. So heißt es etwa in § 4 II StiftG Berlin: „Fehlen einem Organ Mitglieder, die zur Erfüllung seiner gesetzlichen oder satzungsmäßigen Aufgaben erforderlich sind, so kann die Aufsichtsbehörde bis zur Behebung des Mangels Ersatzmitglieder bestellen; sie ist dabei nicht an die Zahl der satzungsgemäß vorgesehenen Mitglieder gebunden“; und Absatz 3 fährt fort: „Die Aufsichtsbehörde kann den Ersatzmitgliedern bei der Bestellung oder später eine angemessene Vergütung bewilligen, wenn das Vermögen der Stiftung sowie der Umfang und die Bedeutung der zu erledigenden Aufgaben dies rechtfertigen. Die Vergütung kann jederzeit für die Zukunft geändert oder entzogen werden“. § 9 II StiftG Brandenburg lautet: „Vorbehaltlich der §§ 86 und 29 des Bürgerlichen Gesetzbuches kann die Stiftungsbehörde Mitglieder eines Stiftungsorgans bestellen, sofern sie nicht innerhalb einer von der Stiftungsbehörde gesetzten angemessenen Frist im satzungsmäßigen Bestellungsverfahren berufen werden“ [45]. Diese letztere Norm bezeichnet im Vergleich mit der Berliner Regelung zwar § 29 BGB als vorrangig, verlangt aber wie sie keine Dringlichkeit und anders als sie auch keine Erforderlichkeit des Mitglieds und keine Beschränkung der Bestellung auf die Zeit bis zur Behebung des Mangels. Vorsichtiger formuliert § 14 StiftG Bremen: „Soweit einem Stiftungsorgan die erforderlichen Mitglieder fehlen und nicht nach § 29 des Bürgerlichen Gesetzbuchs zu verfahren ist, kann die Stiftungsbehörde sie in dringenden Fällen für die Zeit bis zur Behebung des Mangels bestellen“ [46].

Eine dritte Gruppe von Landesstiftungsgesetzen kennt beides, also sowohl das Bestellungsrecht bei Abberufung aus wichtigem Grund (ohne Vorrang des § 29 BGB und ohne die Erfordernisse der Erforderlichkeit des Mitglieds, der Dringlichkeit und der Vorläufigkeit der Bestellung) und das allgemeine,

[44] Ebenso § 19 IV StiftG Sachsen-Anhalt; ohne den „sofern“-Nebensatz auch § 15 I 1 StiftG Hessen; vorbehaltlich des § 29 BGB § 9 II StiftG Nordrhein-Westfalen.

[45] Ähnlich § 7 II StiftG Mecklenburg-Vorpommern.

[46] In der Sache ähnlich wohl § 6 II 5 StiftG Hamburg.

abberufungsunabhängige Recht zur Ergänzung von Organen. Typisch für diese Gruppe ist das StiftG Sachsen; in § 7 V bestimmt es: „Ist die Stiftung zur Abberufung des Mitglieds (gemeint: aus wichtigem Grund) nicht in der Lage oder kommt sie innerhalb einer bestimmten Frist dem Verlangen der Stiftungsbehörde nach Absatz 4 Satz 1 nicht nach, kann die Stiftungsbehörde das Mitglied abberufen und ein anderes an seiner Stelle berufen"; § 7 VI fährt fort: „Soweit einem Stiftungsorgan die erforderlichen Mitglieder fehlen und weder eine satzungsgemäße Berufung möglich noch nach § 29 BGB zu verfahren ist, kann die Stiftungsbehörde diese in dringenden Fällen für die Zeit bis zur Behebung des Mangels bestellen". Ohne Beschränkung auf die Unmöglichkeit einer satzungsgemäßen Berufung § 15 StiftG Saarland (das Bestellungsrecht nach Abberufung aus wichtigem Grund findet sich in § 14 II): „Soweit einem Stiftungsorgan die erforderlichen Mitglieder fehlen und nicht nach § 29 Bürgerliches Gesetzbuch zu verfahren ist, kann die Stiftungsbehörde sie in dringenden Fällen bestellen. Die Bestellung ist auf die erforderliche Dauer zu befristen"[47].

Keinerlei ausdrückliches Bestellungsrecht der Behörde kennen Thüringen, Schleswig-Holstein und Rheinland-Pfalz. Eigengeartet Art. 13 StiftG Bayern: „Hat ein Mitglied des Stiftungsorgans sich einer groben Pflichtverletzung schuldig gemacht oder ist es zur ordnungsmäßigen Geschäftsführung unfähig, so kann die Stiftungsaufsichtsbehörde die Abberufung dieses Mitglieds und die Bestellung eines neuen verlangen. Sie kann gleichzeitig oder später dem Mitglied die Wahrnehmung seiner Organrechte einstweilen untersagen und einen vorläufigen Vertreter bestellen, sofern nicht § 29 BGB anzuwenden ist. Diese Bestimmungen finden keine Anwendung auf Stiftungen, deren Verwaltung von einer öffentlichen Behörde geführt wird". Nach Art. 14 I 2 StiftG Bayern hat die Stiftungsbehörde für Insichgeschäfte des Vorstands jeweils einen besonderen Vertreter zu bestellten.

b) Wirksamkeit der Landesstiftungsgesetze

Eines muss vorab klar sein: §§ 86, 29 BGB gehen als bundesrechtliche Regelung den Landesstiftungsgesetzen vor (Art. 31 GG)[48]. Daher kommt die Bestellungskompetenz der Stiftungsbehörde nicht in Betracht, soweit nach § 29 BGB das Amtsgericht zuständig ist.

[47] Ebenso wie das Saarland §§ 14 II, 15 StiftG Niedersachsen.

[48] So auch *Peiker*, Stiftungsgesetz Hessen, 3. Aufl. 2005, § 15 Anm. 3; *Seifart/v. Campenhausen/Hof* (Fn. 33), § 10 Rn. 229; *Hüttemann/Rawert*, ZIP 2002, 2019 (2027) (zu § 6 ME); *MünchKomm/Reuter* (Fn. 15), vor § 80 Rn. 75; *Staudinger/Rawert* (Fn. 34), § 86 Rn. 17. A.A. *Andrick/Suerbaum*, Stiftung und Aufsicht, 2001 (Nachtrag 2003), § 7 Rn. 70; *Soergel/Neuhoff*, BGB, 13. Aufl. 2000, § 86 Rn. 3 (Ermächtigung des Landesgesetzgebers zur Abweichung von §§ 86, 29 BGB durch § 85 BGB); *Ebersbach*, Handbuch des deutschen Stiftungsrechts, 1972, S. 444.

Aber was bedeutet dieser Vorrang des § 29 BGB genau? Das Amtsgericht ist zuständig, wenn dem „Vorstand" einer Stiftung die „erforderlichen" Mitglieder „fehlen". In diesen Fällen hat die Behörde kein Bestellungsrecht. Das gilt auch dann, wenn das Amtsgericht selbst im konkreten Fall keinen Notvorstand bestellen kann, sei es, weil es an der Dringlichkeit, an einem Antrag oder am Antrag gerade eines Beteiligten fehlt. Beim Fehlen einer dieser Voraussetzungen greift nicht etwa subsidiär die Bestellungskompetenz der Behörde ein. Denn sonst würden die vom BGB für die Notbestellung beim Fehlen erforderlicher Vorstandsmitglieder aufgestellten spezifischen Voraussetzungen umgangen werden können. Geht es dagegen nicht um den Vorstand (sondern um ein anderes Organ der Stiftung), kann der Landesgesetzgeber eine Bestellungskompetenz der Behörde begründen. Geht es zwar um Mitglieder des Vorstands, aber nicht um „erforderliche" im Sinne des § 29 BGB, dann gibt es keine Landeskompetenz für die Begründung einer Behördenbestellung, denn § 29 BGB ist insofern abschließend; seine Entstehungsgeschichte zeigt, dass in die Autonomie von Verein und Stiftung so wenig wie möglich eingegriffen werden soll. Dasselbe gilt, wenn es zwar um Mitglieder des Vorstands geht, diese aber nicht „fehlen" im Sinne des § 29 BGB, so wenn etwa im Vorstand Streit herrscht über bestimmte Fragen; der BGB-Gesetzgeber hat nun einmal bewusst abgesehen von einer Parallele zu § 2224 I 1 HS. 2 BGB.

Nun muss freilich berücksichtigt werden, dass die Stiftung, anders als der Verein, keine Mitgliederversammlung hat und auch kein zwingendes Aufsichtsorgan, das auf Versagen von Stiftungsvorständen durch Abberufung reagieren kann. Wenn es nicht anders geht, muss daher die Stiftungsbehörde Vorstandsmitglieder abberufen können, während beim Verein (wie wir oben III.1. gesehen haben) § 29 BGB keine Handhabe dafür bietet, ein abberufungswürdiges Vorstandsmitglied durch Bestellung eines Notvorstands zu entmachten. Diese Abberufungskompetenz kann sich nur aus Landesrecht ergeben. Hat die Behörde jedoch aus wichtigem Grund abberufen, dann kommt es (in der Regel) zu einem Fehlen der erforderlichen Vorstandsmitglieder und es greifen die §§ 86, 29 BGB ein. Aus der Abberufungskompetenz der Behörde ergibt sich keine Annexkompetenz zur Füllung der dadurch entstandenen Lücke. Bloß weil die Behörde selbst die Lücke gerissen und das „Fehlen" verursacht hat, können ihre Kompetenzen auf der Grenze zu § 29 BGB nicht größer sein als sonst. Es gibt somit keinen Bonus für die Landeskompetenz in den Abberufungsfällen. Es bleibt hier beim Vorrang der stiftungsinternen Lösung (nach § 81 I 3 Nr. 5 BGB muss die Stiftungssatzung Regelungen über die Bildung des Vorstands enthalten) und in dringlichen Fällen bei der Notkompetenz des Amtsgerichts. Danach zu differenzieren, ob die Stiftung im satzungsgemäßen Verfahren die Bestellung des Nachfolgers selbst vornehmen könnte, es jedoch entgegen der ausdrücklichen Anordnung der Behörde nicht tut (dann Kompetenz der Behörde zur Nachfolgerbestellung), oder ob die Stiftung aus tatsächlichen oder rechtlichen Gründen nicht in der Lage ist, die Anordnung der Behörde zur Abberufung zu befolgen (dann nur § 29 BGB eröffnet)[49], geht nicht an[50]. Wenn gesagt wird, in der ersten Konstellation liege ein spezieller Fall der Ersatzvornahme und keine Notbestellung vor[51], dann greift das an der Sache vorbei: Die Not ergibt sich bei § 29 BGB nicht aus der Unmöglichkeit der internen Vorstandsergänzung, sondern aus den dringlichen Bedürfnissen der Antragsteller. Unwirksam sind somit alle landesrechtlichen Bestimmungen, die der Behörde nach Abberufung eines Vorstandsmitglieds auch bei Anwendbarkeit der §§ 86, 29 BGB das Bestellungsrecht geben (§§ 12 I 2 StiftG Baden-Württemberg, 19 IV StiftG Sachsen-Anhalt, 15 I 1 StiftG Hessen, 14 II StiftG Saarland, 14 II StiftG Niedersachsen, 7 V StiftG Sachsen); ferner § 4 II StiftG Berlin; ferner Art. 14 I 2 StiftG Bayern (besondere Vertreter bei Insichgeschäften).

Auch wo § 29 BGB nicht tangiert ist, sein bundesrechtlicher Vorrang also nicht in Frage steht, dürften jene Bestimmungen der Landesstiftungsgesetze, die für die Bestellungskompetenz der Behörde auf Erforderlichkeit der zu bestellenden Organmitglieder, auf Dringlichkeit und Vorläufigkeit der Bestellung verzichten, zwar nicht wegen des Vorrangs von Bundesrecht, wohl aber wegen Verstoßes gegen Verhältnismäßigkeits- und Subsidiaritätsprinzip unwirksam sein. Auch insofern entfaltet § 29 BGB also eine zumindest inhaltliche Prägekraft. Verhältnismäßigkeits- und Subsidiaritätsprinzip gebieten auch, dass vor einer Organbestellung durch die Stiftungsaufsicht diese der Stiftung selbst Gelegenheit geben muss, im satzungsgemäßen Verfahren die Organbestellung vorzunehmen, und zwar auch dort, wo das Landesstiftungsgesetz dies nicht ausdrücklich vorsieht[52].

Einige Landesstiftungsgesetze sehen die Möglichkeit vor, dass die Aufsichtsbehörde als letztes und schärfstes Mittel der Aufsicht *Staatskommissare* einsetzt. So heißt es etwa in § 16 StiftG Saarland: „Wenn und solange es zur ordnungsgemäßen Verwaltung der Stiftung erforderlich ist und die Befugnisse der Stiftungsbehörde nach den §§ 11 bis 15 nicht ausreichen, kann die Stiftungsbehörde Beauftragte bestellen, die alle oder einzelne Aufgaben von Stiftungsorganen auf Kosten der Stiftung wahrnehmen. Soweit die Aufgaben

[49] *Seifart/v. Campenhausen/Hof* (Fn. 33), § 10 Rn. 229; in Rn. 233 wird die Differenzierung bei der generellen Befugnis der Aufsichtsbehörde zur Organbestellung inkonsequenterweise nicht vorgenommen.

[50] Wenn man schon differenzieren wollte, müsste es doch eher umgekehrt sein; so ja auch § 7 VI StiftG Sachsen.

[51] So *Seifart/v. Campenhausen/Hof* (Fn. 33), aaO unter Berufung auf *Voll/Störle*, Bayerisches Stiftungsgesetz, 4. Aufl. 2003, Art. 21 Rn. 3 (inkonsequent dann Hof, Rn. 230, wo generell davon ausgegangen wird, dass in allen Fällen, in denen die Behörde einen Antrag nach § 29 BGB stellen könnte, sie selbst auch eine eigene vorläufige Bestellung vornehmen könnte).

[52] Zutreffend *Seifart/v. Campenhausen/Hof* (Fn. 33), § 10 Rn. 228.

und Befugnisse der Beauftragten reichen, ruhen die Befugnisse der Stiftungsorgane"[53]. Da in dieser und den ähnlichen Normen anderer Landesstiftungsgesetze auf das Nichtausreichen anderer Aufsichtsbefugnisse und damit auch der Organbestellung durch die Behörde als Voraussetzung verwiesen wird, ist davon auszugehen, dass der Staatskommissar auch ein Surrogat für die (nicht ausreichende) behördliche Organbestellung darstellen soll[54]. Für ihn müssen konsequenterweise die aus § 29 BGB fließenden Grenzen ebenso gelten wie für die behördliche Organbestellung. Davon abgesehen dürfte wohl jenen Stimmen beizupflichten sein, die das aufsichtsrechtliche Instrument des Staatskommissars ohnehin für verfassungswidrig halten[55].

V. Der Bestellungsbeschluss des Amtsgerichts

Das Amtsgericht entscheidet über den Antrag auf Bestellung des Notvorstands durch *Beschluss* (§ 38 I FamFG), der zu begründen ist (§ 38 III FamFG). Sowohl der Bestellungsbeschluss als auch die Ablehnung des Bestellungsantrags können mit Beschwerde (§ 58 I FamFG) und, wenn sie das Beschwerdegericht zugelassen hat, mit Rechtsbeschwerde (§ 70 I FamFG) angefochten werden. Beschwerdeberechtigt sind bei Ablehnung des Antrags der Antragsteller (§ 59 II FamFG), bei Bestellung des Notvorstands für einen Verein der Verein sowie die Vereins- und Vorstandsmitglieder[56] und bei Bestellung für eine Stiftung die Stiftung und die Mitglieder aller Stiftungsorgane. Die Beschwerdeinstanz ist nicht auf die Aufhebung der Entscheidung des Amtsgerichts beschränkt, sondern kann unmittelbar einen Notvorstand oder einen anderen Notvorstand bestellen[57].

Ist der Bestellungsbeschluss einmal wirksam geworden, dann bleibt er auch dann wirksam, wenn sich später herausstellt, dass seine materiellen *Voraussetzungen* in Wirklichkeit *nicht erfüllt* waren. Die Bestellung hat rechtsgestaltende Wirkung. Sie bindet den Prozessrichter; dieser kann nur nachprüfen, ob der Richter der freiwilligen Gerichtsbarkeit überhaupt sachlich zuständig und der Beschluss seinem Inhalt nach überhaupt zulässig war[58].

[53] Ähnlich § 6 IV StiftG Hamburg; § 16 StiftG Hessen; § 8 StiftG Mecklenburg-Vorpommern; § 9 III StiftG Nordrhein-Westfalen; § 9 VI StiftG Rheinland-Pfalz; § 14 StiftG Schleswig-Holstein. Vgl. zum stiftungsrechtlichen Staatskommissar *OVG Münster*, NVwZ-RR 1996, 426; *OLG Hamm*, NJW-RR 1995, 120.

[54] Zu unsauber die Abgrenzung bei *OVG Münster*, NVwZ-RR 1996, 426 (427).

[55] *MünchKomm/Reuter* (Fn. 15), vor § 80 Rn. 76; *Seifart/v. Campenhausen/Hof* (Fn. 33), § 4 Rn. 139, § 10 Rn. 239 ff.; kritisch auch *Pöllmann*, ZSt 2005, 32 (35). A.A. *Andrick/Suerbaum* (Fn. 48), § 8 Rn. 26.

[56] *BayObLG*, NJW-RR 1997, 289.

[57] *BGHZ* 24, 47 (51) = NJW 1957, 832.

[58] *BGHZ* 24, 47 = NJW 1957, 832; *Staudinger/Weick* (Fn. 20), § 29 Rn. 9; *Soergel/Hadding* (Fn. 18), § 29 Rn. 11.

Der Beschluss wird wirksam mit *Bekanntgabe* an den Beteiligten, für den er seinem wesentlichen Inhalt nach bestimmt ist (§ 40 I FamFG). Das ist in unserem Fall der zum Notvorstand Bestellte. Haben Verein oder Stiftung einen Empfangsvertreter, setzt die Wirksamkeit der Bestellung auch die Bekanntmachung an diesen voraus[59].

Nach vor allem in der Praxis vertretener Auffassung kann der gerichtliche Bestellungsbeschluss zugleich die Anstellung regeln, insbesondere die *Vergütung* des Notvorstands (einseitig) festsetzen[60]. Manche behaupten, das Amtsgericht (der Rechtspfleger) dürfe mit dem Notvorstand eine bestimmte Vergütung vereinbaren[61]. In Wahrheit ist das Amtsgericht weder zum einen noch zum anderen in der Lage[62]. Das Gesetz enthält keine entsprechende Ermächtigung, will vielmehr den gerichtlichen Einfluss auf die juristische Person so stark wie möglich eingrenzen. Eine Analogie zu § 64 I InsO (Vergütung des Insolvenzverwalters) kommt nicht in Betracht. Wenn das Landesrecht der Stiftungsaufsicht teilweise zusätzlich zur Organbestellungskompetenz die Möglichkeit gewährt, auch die Vergütung festzusetzen (s.o. IV. 1.), so wäre zunächst zu fragen, ob hier nicht die Grenzen der Rechtsaufsicht überschritten sind, und zweitens auf die Unterschiede zu § 29 BGB hinzuweisen. Der Bestellte hat keinen Vergütungsanspruch gegen den Staat oder den Antragsteller, sondern gemäß § 612 BGB gegen die juristische Person[63]. Wenn nach den Umständen eine ehrenamtliche Tätigkeit zu erwarten war, hat der Bestellte nur den Aufwendungsersatzanspruch gemäß §§ 27 III, 670 BGB.

VI. Wirkungen der Notbestellung

Umstritten ist, ebenso wie bei der rechtsgeschäftlichen Bestellung des Vorstands durch Mitgliederversammlung und Aufsichtsrat, ob die Bestellung durch das Amtsgericht, um wirksam zu werden, der *Annahme* durch den Bestellten bedarf. Die familiengerichtliche Ernennung von Pfleger und Vormund zeigt, dass im Rahmen der freiwilligen Gerichtsbarkeit durchaus mit Pflichten belastete Rechtsstellungen einseitig übertragen werden können. Aber dabei handelt es sich um Pflichtämter (§§ 1785, 1915 I 1 BGB), während

[59] *Reichert* (Fn. 15), Rn. 2041; *MünchKomm/Reuter* (Fn. 15), § 29 Rn. 16.

[60] *BayObLGZ* 1973, 59 (62 f.); *AG Charlottenburg*, MDR 1978, 49; *LG Hamburg*, MDR 1971, 298; *Sauter/Schweyer/Waldner*, Der eingetragene Verein, 18. Aufl. 2006, Rn. 301.

[61] Vgl. *BayObLGZ* 1955, 288 (293); *LG Siegen*, MDR 1951, 102; *Möhring*, BB 1953, 1037; *Sauter/Schweyer/Waldner* (Fn. 60), Rn. 301; *Staudinger/Weick* (Fn. 20), § 29 Rn. 12.

[62] Ebenso *BayObLG*, NJW-RR 1988, 1500 (GmbH); *Soergel/Hadding* (Fn. 18), § 29 Rn. 14; *Palandt/Ellenberger* (Fn. 24), § 29 Rn. 9; *MünchKomm/Reuter* (Fn. 15), § 29 Rn. 19; *Stöber*, Handbuch zum Vereinsrecht, 9. Aufl. 2004, Rn. 367.

[63] *BGH*, WM 1959, 600; *BayObLGZ* 1975, 260; *Palandt/Ellenberger* (Fn. 24), § 29 Rn. 9.

im Rahmen des § 29 BGB ein freies Ablehnungsrecht besteht, wie sich im Fehlen eines den §§ 1785–1788 BGB entsprechenden Normenkatalogs zeigt. Die Bestellung bedarf daher der Annahme[64]. Die Annahme kann gegenüber dem Gericht oder einem noch vorhandenen Vorstandsmitglied (§ 28 II BGB) erklärt werden.

Die Bestellung ist von Amts wegen (§ 67 II BGB) ins Vereinsregister einzutragen; die Eintragung hat nur deklaratorische Bedeutung[65]; es gelten aber die §§ 64 S. 2, 70, 68 BGB. Wirkungen auf die Rechtsstellung der noch vorhandenen Vorstandsmitglieder hat die Notbestellung nicht[66]; insbesondere tritt kein Ruhen dieser Ämter ein.

Nach ganz herrschender Meinung richtet sich der Umfang der Vertretungsmacht nach dem Bestellungsbeschluss, das Gericht kann die *Vertretungsmacht* bis zur Grenze zwingender gesetzlicher Vorschriften *beschränken*[67], wobei im Außenverhältnis auch die zulässige Beschränkung allein nach Maßgabe der §§ 64, 68, 70 BGB wirkt. Das Registergericht sei, so die herrschende Meinung, zwar durch das Übermaßverbot gehalten, die Notbestellung möglichst an die satzungsmäßigen Anforderungen anzupassen[68]; sehe die Satzung z.B. Gesamtvertretung vor, so dürfe auch das Registergericht grundsätzlich nur Gesamtvertretungsmacht verleihen. Ein abweichender Bestellungsbeschluss, der unanfechtbar geworden ist, gehe jedoch der Satzung vor[69].

Die Ansicht von der beliebigen Beschränkung der Vertretungsmacht ist abzulehnen (und zwar sowohl für das Außen- wie für das Innenverhältnis). Dafür spricht zunächst der Wortlaut des Gesetzes: Das Gericht hat nach § 29 BGB ein Vorstandsmitglied zu bestellen, sonst hat es nichts zu tun. Ihm

[64] *BayObLGZ* 1980, 306 (310); *KG*, BB 2000, 998; *MünchKomm/Reuter* (Fn. 15), § 29 Rn. 16; *Reichert* (Fn. 15), Rn. 2043; *Palandt/Ellenberger* (Fn. 24), § 29 Rn. 6; *Soergel/Hadding* (Fn. 18), § 29 Rn. 11. Mit der Annahme entsteht ein Geschäftsbesorgungsvertrag Verein-Bestellter, da aus § 29 BGB sich implizit entnehmen lässt, dass hier ausnahmsweise ein Insichgeschäft zulässig sein muss (§ 181 BGB).

[65] Vgl. *RG*, JW 1937, 3187; *Soergel/Hadding* (Fn. 18), § 29 Rn. 11.

[66] *OLG Schleswig*, NJW 1960, 1862 = SchlHA 1960, 239; *BayObLGZ* 1998, 179 (185) = NJW-RR 1999, 1259 (1260); *OLG Köln*, OLGR 2003, 210 (211); *OLG München*, DB 1994, 320; *RGRK/Steffen* (Fn. 20), § 29 Rn. 4; *Soergel/Hadding* (Fn. 18), § 29 Rn. 13; *Reichert* (Fn. 15), Rn. 2045.

[67] *BayObLGZ* 1976, 126 (130 f.); *OLG Düsseldorf*, ZIP 2002, 481; *BayObLG*, NJW-RR 1986, 523; *BayObLG*, NJW-RR 2000, 409; *LG Frankenthal*, GmbHR 2003, 586 (587); *Reichert* (Fn. 15), Rn. 1277; *MünchKomm/Reuter* (Fn. 15), § 29 Rn. 18; *Soergel/Hadding* (Fn. 18), § 29 Rn. 13; *Palandt/Ellenberger* (Fn. 24), § 29 Rn. 7; *Staudinger/Weick* (Fn. 20), § 29 Rn. 10. A.A. *Planck/Knoke* (Fn. 1), § 29 Anm. 3: Beschränkung nur im Innenverhältnis.

[68] *BayObLG*, Rpfleger 1992, 114 (betreffend die Anordnung, dass der Vorstand katholischer Geistlicher ist).

[69] *KG*, OLGZ 1965, 332; *KG*, OLGZ 1968, 200 (207); *RGRK/Steffen* (Fn. 20), § 29 Rn. 5; *MünchKomm/Reuter* (Fn. 15), § 29 Rn. 18.

kommt keinerlei inhaltliche Gestaltungsmacht zu. Die Vertretungsmacht kann nach § 26 II 2 BGB nur durch die Satzung eingeschränkt werden. Nirgendwo steht geschrieben, schon gar nicht in § 29 BGB, dass das Amtsgericht aus Anlass einer Notbestellung die Satzung ändern oder durchbrechen dürfte. Die Entstehungsgeschichte des § 29 BGB (s.o. I.) zeigt, wie sehr es dem Gesetzgeber darauf ankam, so wenig wie möglich in die Autonomie der juristischen Person einzugreifen. Es geschah daher nicht von ungefähr, dass im Verlaufe der Beratungen der „besondere Vertreter" durch das „Mitglied des Vorstands" ersetzt wurde. Der vom Gericht Bestellte ist Vorstand gerade so wie ein durch Rechtsgeschäft satzungsgemäß Bestellter. Nicht umsonst steht § 29 BGB – systematisches Argument – vor § 30 BGB, wo das Institut des (rechtsgeschäftlich bestellten) besonderen Vertreters eingeführt wird; wäre die herrschende Meinung richtig, hätte der Inhalt des § 29 BGB nach dem § 30 BGB geregelt werden müssen. Die These von der beliebigen Beschränkbarkeit der Vertretungsmacht macht die Notvorstandsbestellung in der Sache zur Pflegerbestellung; diese hielt der Gesetzgeber aber gerade nicht für sachgerecht. Die herrschende Meinung verwechselt den Notvorstand des § 29 BGB mit dem Staatskommissar des Stiftungsaufsichtsrechts. Die Landesstiftungsgesetze, die den Staatskommissar kennen, sehen vor, dass dessen Befugnisse von der Stiftungsbehörde in der Bestallungsurkunde festzulegen sind[70]. Was hier schon bedenklich ist (wegen der grundsätzlichen Zweifelhaftigkeit des Staatskommissars als solchen), immerhin aber noch mit dem umfassenderen Fürsorgeauftrag der Stiftungsaufsicht eine gewisse Grundlage hat, kann im Zivilrecht auf keinen Fall zulässig sein.

Was die *Amtsdauer* des Notvorstands angeht, so denkt sich die herrschende Meinung die Sache so: Befristet der Bestellungsbeschluss die Amtsdauer nicht, so endet das Amt ipso facto mit der Behebung des Mangels; eines gerichtlichen Aufhebungsbeschlusses oder einer Entlassungsverfügung bedarf es nicht, da der Rechtsverkehr ausreichend durch § 68 BGB geschützt sei[71]. Das Gericht kann den Notvorstand auf Antrag oder von Amts wegen abberufen[72], aber nur aus wichtigem Grund[73]; antragsberechtigt sind für die Abberufung beim Verein Vorstands- und Vereinsmitglieder[74], nicht aber

[70] § 9 III 2 StiftG Nordrhein-Westfalen; § 14 S. 2 StiftG Schleswig-Holstein; § 16 StiftG Saarland; § 6 IV StiftG Hamburg; § 16 StiftG Hessen; § 8 StiftG Mecklenburg-Vorpommern; § 9 VI StiftG Rheinland-Pfalz.

[71] *BayObLG*, NZG 2002, 433 (434); *OLG Düsseldorf*, Rpfleger 1997, 439 (440); *v. Tuhr*, Allgemeiner Teil, I (Fn. 20), § 37 I; *Meltendorf*, JR 1956, 5 (6); *RGRK/Steffen* (Fn. 20), § 29 Rn. 5; *Soergel/Hadding* (Fn. 18), § 29 Rn. 15; *Staudinger/Weick* (Fn. 20), § 29 Rn. 10; *Palandt/Ellenberger* (Fn. 24), § 29 Rn. 8; *Sauter/Schweyer/Waldner* (Fn. 60), Rn. 304; *Reichert* (Fn. 15), Rn. 2054; *MünchKomm/Reuter* (Fn. 15), § 29 Rn. 20.

[72] *KG*, NJW 1967, 933.

[73] *OLG Düsseldorf*, NJW-RR 1997, 1398; *OLG Düsseldorf*, ZIP 2002, 481; *Palandt/Ellenberger* (Fn. 24), § 29 Rn. 8.

[74] *BayObLGZ* 1978, 247.

sonstige Beteiligte (da Dritte hier am Vereinsinteresse nicht teilhaben)[75]. Der Notvorstand kann sein Amt unter den gleichen Voraussetzungen niederlegen wie der reguläre Vorstand; auch in diesem Fall ist (ebenso wie bei gerichtlicher Abberufung des ersten Notvorstands) gerichtliche Ersatzbestellung ohne erneuten Antrag eines Beteiligten möglich[76].

Von all dem trifft nur der Ausgangspunkt einer ipso-facto-Beendigung mit Behebung des Mangels zu. *Von Amts wegen* den Notvorstand abberufen kann das Amtsgericht nicht. Erstens weiß § 29 BGB davon nichts. Zweitens widerspricht es der Tendenz des Gesetzgebers zur möglichst weitgehenden Schonung der Vereins- und Stiftungsautonomie. Drittens gibt es, anders als bei Vormund und Pfleger (§§ 1837 ff., 1915 I 1 BGB), keine Aufsicht des Gerichts über den Notvorstand. Viertens widerspricht die herrschende Meinung dem FamFG: Nach dessen § 48 I 1 kann zwar das Gericht des ersten Rechtszuges eine rechtskräftige Endentscheidung mit Dauerwirkung aufheben oder ändern, wenn sich die zugrundeliegende Sach- oder Rechtslage nachträglich wesentlich geändert hat. Doch bestimmt § 48 I 2 FamFG: „In Verfahren, die nur auf Antrag eingeleitet werden, erfolgt die Aufhebung oder Abänderung nur auf Antrag". Enger hatte noch § 18 I HS. 2 FGG formuliert: „soweit eine Verfügung nur auf Antrag erlassen werden kann und der Antrag zurückgewiesen worden ist, darf die Änderung nur auf Antrag erfolgen". Hier konnte man noch die Ansicht vertreten, dass § 18 I HS. 2 FGG nicht eingriff, da die Abberufung des Notvorstands ja voraussetzte, dass ein solcher Notvorstand auf Antrag einmal berufen worden war. In § 48 I FamFG gibt es die einengende Voraussetzung, dass der Antrag zurückgewiesen worden sein muss, nicht mehr, und daher darf die Abberufung des Notvorstands stets nur auf Antrag (eines wie üblich zu definierenden[77] Beteiligten) erfolgen. Dasselbe gilt für die Ersetzung eines (durch Amtsniederlegung oder gerichtliche Abberufung) weggefallenen Notvorstands durch einen neuen Notvorstand; hier müssen erneut sämtliche Voraussetzungen des § 29 BGB vorliegen und damit auch der aktuelle Antrag eines (wie üblich zu definierenden) Beteiligten. Das gilt auch für den bei gerichtlicher Abberufung notwendig gewordenen gerichtlichen Ersatz, hat hier aber nach dem Gesagten nur geringe praktische Relevanz, da der auf Abberufung gerichtete Antrag meist auch Antrag auf Neubestellung eines Notvorstands sein wird.

[75] *KG*, NJW 1967, 933 = WM 1967, 83; *Reichert* (Fn. 15), Rn. 2050; *MünchKomm/Reuter* (Fn. 15), § 29 Rn. 20. A.A. *Soergel/Hadding* (Fn. 18), § 29 Rn. 16. Vgl. auch *BayObLG*, NJW-RR 1997, 289.

[76] *Soergel/Hadding* (Fn. 18), § 29 Rn. 15; *Staudinger/Weick* (Fn. 20), § 29 Rn. 10; *Sauter/Schweyer/Waldner* (Fn. 60), Rn. 305. A.A. (Ersatzbestellung richtet sich nach § 29 BGB) *MünchKomm/Reuter* (Fn. 15), § 29 Rn. 20.

[77] Wohl ebenso *Soergel/Hadding* (Fn. 18), § 29 Rn. 16.

Das Abstraktionsprinzip und der Bereicherungsausgleich im Urheberrecht

Jürgen Oechsler

A. Einleitung

Der Anlass für diese Zeilen liegt in einer bis heute nicht verblassten Erinnerung an den Auftritt des Jubilars in einem universitären Seminar zum Bereicherungsrecht Anfang der neunziger Jahre. Wie bei solchen Veranstaltungen üblich, wurden alle möglichen Dreieckskonstellationen zur Sprache gebracht, mit der Besonderheit nur, dass es dem Verfasser dieser Zeilen rasch *die Sprache verschlug*: Freundlich im Ton, aber hart in der Sache unterzog *Reuter* die teilweise schülerhaft erlernte Kritik am herrschenden Leistungsbegriff einer strengen Überprüfung im Hinblick auf alle für- und widerstreitenden Sacheinwände der jeweiligen Fallkonstellation, die ihm auch in entlegenen Gebieten (finanzierter Teilzahlungskauf, Vertragsübernahme) mühelos zur Hand waren. Mit welchem Dreiecksverhältnis – so lautet daher rückblickend die Frage – ehrt man denjenigen, der schon alle kennt? Vielleicht mit einer Konstellation außerhalb des Geltungsbereichs des Abstraktionsprinzips. So zerfällt der folgende Beitrag in zwei Teile: Nach heute h.M. gilt das Abstraktionsprinzip in den Verträgen zwischen Urheber und Nutzungsberechtigten nicht. Daran bestehen indes erhebliche Zweifel, die einer eigenen Erörterung bedürfen (unten B). Wendet man mit der im Urheberrecht h.M. das Kausalitätsprinzip jedoch an, stellt sich die Frage nach dem Verhältnis von Eingriffs- und Leistungskondiktion im Anschluss an die grundlegende Arbeit des Jubilars[1] neu (unten C).

B. Die Geltung des Abstraktionsprinzips im Urheberrecht

Nach § 9 Abs. 1 zweiter Halbsatz des Gesetzes über das Verlagsrecht (VerlG) erlischt das Verlagsrecht[2] mit der Beendigung des zugrunde liegenden Vertragsverhältnisses. Nach ganz h.M. durchbricht diese Norm das Ab-

[1] *Reuter/Martinek*, Ungerechtfertigte Bereicherung, 1983, § 10.

[2] Nach § 1 VerlG eine Kombination aus dem urheberrechtlichen Vervielfältigungs- (§ 16 UrhG) und Verbreitungsrecht (§ 17 UrhG).

straktionsprinzip.[3] In einer frühen Entscheidung lehnte der Bundesgerichtshof allerdings ihre analoge Anwendung auf die Vertragsbeziehung zwischen zwei Lizenznehmern im Filmgeschäft ab.[4] Entsprechend ging auch eine ältere h.M. zunächst von der Geltung des Abstraktionsprinzips im Urheberrecht aus.[5] Eine Reihe z.T. widersprüchlicher und insbesondere nicht weiter begründeter BGH-Entscheidungen erschütterte diese Gewissheit jedoch in der Folge,[6] so dass seit einiger Zeit die Berufungsgerichte im Anschluss an Vorarbeiten *Ulmers*[7] das Kausalitätsprinzip auf Verträge des Urhebers mit Lizenznehmern anwenden.[8] Das neuere Schrifttum ist diesen Berufungsentscheidungen ganz überwiegend gefolgt.[9]

[3] BGHZ 27, 90, 94 f.; *Wente/Härle* GRUR 1997, 96, 97 halten dies für unstreitig; anders allerdings *Schack*, Urheber- und Urhebervertragsrecht, 3. Aufl. 2005, Rn. 526; im Sinne der h.M. *Forkel*, Gebundene Rechtsübertragungen, 1977, S. 155 ff.; *Gernhuber*, Bürgerliches Recht, 3. Aufl., § 4 II 1, S. 32; *Götting*, in: Festgabe Schricker, 1995, S. 53, 71; *Haberstumpf*, in: FS Hubmann, 1985, S. 137 f.; *Jauernig* JuS 1994, 721, 722 Fn. 9; *Kotthoff*, in: Dreyer/Kotthoff/Meckel, Urheberrecht, 2. Aufl. 2008, § 31 Rn. 18; *Kraßer* GRUR Int. 1973, 230, 236; *J. B. Nordemann*, in: Nordemann/Fromm, Urheberrecht, 10. Aufl. 2008, § 31 Rn. 32; *Maurer*, Die Prinzipien der Abstraktion, Kausalität und Trennung, insbesondere bei Verfügungen, Diss. Heidelberg 2003, S. 78; *Schricker*, in: Schricker/Loewenheim, Urheberrecht, 3. Aufl. 2006, Vor §§ 28 ff. Rn. 60; *ders.*, Verlagsrecht, 3. Aufl. 2001, § 9 Rn. 23; *Ulmer*, Urheber- und Verlagsrecht, 3. Aufl. 1980, § 92 I 1, S. 390.

[4] BGHZ 27, 90, 94 ff. – Privatsekretärin.

[5] Vgl. etwa *de Boor*, Vom Wesen des Urheberrechts, 1933, S. 60 ff.; *Hubmann*, Urheber- und Verlagsrecht, 2. Aufl. 1966, S. 194; *von Gamm*, Urheberrechsgesetz, 1968, Einf. Rn. 70; aA *Büchler*, Die Übertragung des Urheberrechts unter spezieller Berücksichtigung der Rechtswirkungen einschränkender Vertragsklauseln nach dem deutschen und schweizerischen Recht, Bern 1925, S. 72 f.

[6] Zugrundelegung des Kausalitätsprinzips im Verhältnis Urheber/erster Nutzungsberechtigter: BGH GRUR 1966, 567, 569 – GELU; GRUR 1982, 308, 309 – Kunsthändler; GRUR 1990, 443, 446 – Musikverleger IV; für die Geltung des Abstraktionsverhältnisses zwischen Nutzungsberechtigten: BGH GRUR 1982, 369, 371 – Allwetterbad.

[7] *Ulmer* (Fn. 3) § 92 I 2 und 3, S. 390 ff.

[8] OLG Hamburg GRUR 2002, 335, 336; OLGR Karlsruhe 2007, 62 = ZUM-RD 2007, 76; OLG Köln MMR 2006, 750; OLG Brandenburg NJW-RR 1999, 839, 840; wohl auch OLG München ZUM 2008, 875, 877 f.; LG Mannheim DZWiR 2005, 479, 482.

[9] *Forkel* (Fn. 3) S. 155 ff.; *Götting* (Fn. 3) S. 70 f.; *Kraßer* GRUR Int. 1973, 230, 236; *Haberstumpf* (Fn. 3) S. 137 f.; *Wente/Härle* GRUR 1997, 96, 98 ff.; ferner *Grunert*, in: Wandtke/Bullinger, Praxiskommentar zum Urheberrecht, 3. Aufl. 2009, Vor §§ 31 ff. Rn. 6; *Hertin*, in: Nordemann/Fromm, Urheberrecht, 9. Aufl. 1996; Vor § 31 Rn. 10; *Kotthoff*, in: Dreyer/Kotthoff/Meckel (Fn. 3) § 31 Rn. 18; *J. B. Nordemann*, in: Nordemann/Fromm (Fn. 3) § 31 Rn. 32; *Maurer* (Fn. 3) S. 75 ff.; *Schricker*, in: Schricker/Loewenheim (Fn. 3) Vor §§ 28 ff. Rn. 60; *Schulze*, in: Dreier/Schulze, Urheberrechtsgesetz, 3. Aufl. 2008, § 31 Rn. 18; *Spautz*, in: Möhring/Nicolini, Urheberrechtsgesetz, 2. Aufl. 2000, § 31 Rn. 14; aA *Rehbinder*, Urheberrecht, 15. Aufl. 2008, Rn. 602; *Schack* (Fn. 3) Rn. 525; *Scholz*, in: Mestmäcker/Schulze, Urheberrechtskommentar, LB, Stand 2007, § 31 Rn. 51; *Schwarz/Klingner* GRUR 1997, 103, 105 ff.; *Srocke* GRUR 2008, 867, 870 ff.

I. Die historische Konzeption des § 9 Abs. 1 zweiter Halbsatz VerlG aus der Verneinung des Trennungsprinzips

Dem Wortlaut des § 9 Abs. 1 VerlG wird bisweilen entnommen, dass das Verlagsrecht innerlich abstrakt und äußerlich kausal sei:[10] Die Rechtsentstehung setze nach dem ersten Halbsatz ja nur die Einigung und Ablieferung des Werks voraus, nicht aber zugleich den Abschluss des Kausalverhältnisses; ein späterer Wegfall des Kausalverhältnisses führe jedoch nach dem zweiten Halbsatz zum Untergang des Rechts. Das Verständnis der Praxis geht allerdings deutlich darüber hinaus: Denn in den Fällen eines von Anfang an nichtigen Kausalverhältnisses soll das Verlagsrecht ebenfalls nicht entstehen.[11] Schwerer wiegt indes, wie selten der historische Zweck dieser rätselhaften Norm im Schrifttum erörtert wird.[12] Auch der Bundesgerichtshof ließ sich bei der Frage ihrer analogen Anwendung nicht vom Normzweck leiten, sondern stellte darauf ab, ob andere urheberrechtliche Nutzungsverträge einer dem Verlagsvertrag vergleichbaren Risikostruktur folgen.[13]

Neben der schlechten Quellenlage dürfte sich dieses Defizit vor allem aus den heute überholt wirkenden systematischen Vorstellungen des Gesetzgebers erklären. Im 19. Jahrhundert wurde die vertragsrechtliche Seite des Verlagsrechts zunächst – von einigen versprengten Teilnormen abgesehen[14] – vor allem durch den praktischen Umgang der Verlage mit ihren Autoren bestimmt. Erst gegen Ende des Jahrhunderts verschärfte die sich dynamisierende wirtschaftliche Entwicklung den Interessengegensatz, was dazu führte, dass der Börsenverein der deutschen Buchhändler am 30. April 1893 eine Verlagsordnung erließ, in der die Rechtsbeziehungen aus Verleger- und Händlersicht präsentiert wurden, worauf der Deutsche Schriftstellerverband mit Beschluss vom 15. September desselben Jahres erwiderte und den Entwurf eines Gesetzes über den Verlagsvertrag vorlegte.[15] Im Jahre 1899 reagierte die

[10] So *Maurer* (Fn. 3) S. 77 f. Innere Abstraktion bedeutet, dass das Zustandekommen des Kausalgeschäfts nicht Tatbestandsvoraussetzung der Verfügung ist, äußere Abstraktion, dass die Wirksamkeit der Verfügung unabhängig von der Wirksamkeit des zugrunde liegenden Kausalgeschäftes ist; dazu: *Jahr* AcP 168 (1968) 9, 14 ff.; *Jauernig* JuS 1994, 721, 722; vgl. auch *Oechsler*, in: Münchener Kommentar BGB, 5. Aufl. 2009, § 929 Rn. 8.

[11] OLGR Karlsruhe 2007, 62.

[12] Im neueren Schrifttum geht – soweit erkennbar – nur *Forkel* (Fn. 3) S. 155 ff. auf die Entstehungsgeschichte ein.

[13] BGHZ 27, 90, 96 ff. – Privatsekretärin: verneint für einen Vertrag über das Wiederverfilmungsrecht, bejaht für einen Filmverwertungsvertrag mit Auswertungspflicht; kritisch dazu bereits auch *Forkel* (Fn. 3) S. 160.

[14] Vgl. das Preußische Allgemeine Landrecht, Theil 1, Titel XI, §§ 996 ff.; einen Überblick gewährt das Werk von *Volkmann*, Zusammenstellung der gesetzlichen Bestimmungen über das Urheber- und Verlagsrecht, Leipzig 1855.

[15] Zu diesen Vorgängen jeweils knapp *Mittelstaedt/Hillig*, Das Verlagsrecht, 1901, S. XIII f.; *Schricker*, Verlagsrecht (Fn. 3) Einl. S. 26.

Reichsregierung mit einem Entwurf eines einheitlichen Reichsgesetzes, der urheber- und verlagsrechtliche Fragen gemeinsam behandelte. Dieses Projekt ließ sich jedoch nicht verwirklichen, was zur systematischen Trennung des Verlagsrechts vom Gesetz betreffend das Urheberrecht an Werken der Literatur und Tonkunst führte.

Auf dieser Grundlage veröffentlichte das Reichsjustizamt am 14. Juli 1900 den Entwurf eines Gesetzes über das Verlagsrecht,[16] in dem § 10 Abs. 1 bereits dem heutigen Wortlaut entspricht: „Das Verlagsrecht entsteht mit der Ablieferung des Werkes an den Verleger und erlischt mit der Beendigung des Vertragsverhältnisses." Allerdings ist der zweite Halbsatz in den Materialien noch nicht begründet. Bedeutend erscheint jedoch, wie der Gesetzgeber zu der Frage der Entstehung des Verlagsrechts (also dem Fall des heutigen § 9 Abs. 1 erster Halbsatz VerlG) Stellung bezieht. Zuvor waren dazu zwei Auffassungen vertreten worden: Nach der einen entstand das Verlagsrecht in der Person des Verlegers bereits mit Abschluss des Werkvertrages, nach der anderen musste es nach Abschluss des Werkvertrages und der Fertigstellung des Werkes eigens auf den Verleger übertragen werden.[17] Dass § 10 Abs. 1 erster Halbsatz des ersten Entwurfs sich für die zweite Betrachtungsweise entschied, wird so begründet: „Im bestehenden Rechte wird zwischen der obligatorischen und dinglichen Seite des Verlagsvertrags regelmäßig nicht scharf unterschieden. Namentlich geben die vorhandenen Gesetze und Entwürfe darüber keine sichere Auskunft, ob das Verlagsrecht schon mit dem Abschlusse des Verlagsvertrags oder unter Umständen, insbesondere dann, wenn der Verfasser das den Gegenstand des Vertrags bildende Werk erst auszuarbeiten hatte, in einem späteren Zeitpunkte ... zur Entstehung gelangt. Der Entwurf hält es aus praktischen Gründen für geboten, das Verhältniß für alle Fälle des Verlagsvertrags gleichmäßig zu ordnen, und zwar in dem Sinne, daß über den Zeitpunkt, mit welchem das Verlagsrecht entsteht, ein Zweifel nicht obwalten kann."[18] Am 8. und 9. Januar 1901 beriet darauf der Reichstag in zwei Sitzungen[19] einen leicht veränderten zweiten Entwurf eines Gesetzes über das Verlagsrecht.[20] Der hier interessierende § 10 Abs. 1 zweiter Halbsatz wird nun erstmals im Anschluss an das gerade wiedergegebene Zitat so begründet: „Wenn die persönlichen Ansprüche des Verlegers gegen den Verfasser zugleich für den Inhalt des Verlagsrechts maßgeblich sind, so ergiebt

[16] Entwurf eines Gesetzes über das Verlagsrecht, Amtliche Ausgabe, J. Guttentag Verlagsbuchhandlung, 1900.

[17] Zum Streit und den einschlägigen Beiträgen etwa *Mittelstaedt/Hillig* (Fn. 15) S. 48 m.w.N.

[18] Erster Entwurf (Fn. 16) S. 29.

[19] Drucksachen des Reichstags 10. Legislaturperiode, 1900/1903, 20. Sitzung vom 8. Januar 1901, S. 409 und 21. Sitzung vom 9. Januar 1901, S. 562.

[20] Drucksachen des Reichstags 10. Legislaturperiode, II. Session 1900/1903, Anlage Nr. 97, S. 409 ff.

sich hieraus mit Nothwendigkeit, daß vermöge der Beendigung des Vertragsverhältnisses, die jene Ansprüche sämmtlich in Wegfall bringt, auch das Verlagsrecht von selbst für die Zukunft erlischt. Das Urheberrecht des Verfassers wird dann von den ihm durch das Recht des Verlegers gezogenen Schranken ohne Weiteres frei."[21]

Ursprünglich beruht § 9 Abs. 1 zweiter Halbsatz VerlG also auf der Nichtanwendung des Trennungsprinzips im Verlagsrecht, weil der Gesetzgeber eine Unterscheidung zwischen Recht (Verlagsrecht) und Causa (Verlagsvertrag) für nicht durchführbar hält. Dem steht im modernen Urheber- und Verlagsrecht die unstreitige Geltung des Trennungsprinzips gegenüber.[22] Wenn deswegen die Herleitung des Trennungsprinzips teilweise sogar aus dem Wortlaut des § 9 Abs. 1 VerlG begründet wird,[23] zeigt sich ein Anachronismus. Immer schon ist nämlich der Verdacht geäußert worden, dass § 9 Abs. 1 zweiter Halbsatz VerlG den Stand der Lizenzdogmatik im Zeitpunkt der Gesetzesentstehung widerspiegele; denn damals wurde die Einräumung eines Nutzungsrechts vor allem in einem schuldrechtlichen Sinne verstanden.[24] Führt man nämlich die Lizenz über den ursprünglichen lateinischen Wortsinn auf eine bloße Erlaubnis zurück, beschränkt sie sich schuldrechtlich auf ein pactum de non petendo, also das vertragliche Versprechen des Urhebers, bei Erhalt der Gegenleistung nicht von den urheberrechtlichen Abwehrrechten Gebrauch zu machen. Der Lizenznehmer erwirbt in diesem Fall nur eine Forderung gegen den Urheber, deren Inhalt den Vereinbarungen im Kausalverhältnis entspricht und die mit dem Kausalverhältnis, aus dem sie hervorgegangen ist, untergeht. Dass dieses Verständnis auch für den Gesetzgeber maßgeblich war, wird an den Überlegungen des einflussreichen Urheberrechtlers *de Boor* aus dem Jahre 1916 plausibel. Seiner Auffassung nach entsteht nämlich das Verlagsrecht durch „die schuldrechtliche Verpflichtung des Verfassers zu entsprechender Unterlassung und Gestattung nebst daraus folgender Ablieferung."[25] Deshalb liege auch die Rechtsfolge des § 9 Abs. 1 zweiter Halbsatz VerlG nahe: „So wird auch die Vorschrift verständlich, daß das Verlagsrecht nach Beendigung des Verlagsvertrags von selbst erlischt. Es ist von der Unterlassungs- und Gestattungspflicht des Verfassers nicht durch einen besonderen Willensakt abgelöst und kann nicht fortbestehen, wenn

[21] Drucksachen des Reichstags 10. Legislaturperiode, II. Session 1900/1901, Anlage Nr. 97, S. 419, rechte Spalte; auf diese Stelle geht auch *Forkel* (Fn. 3) S. 159 ein.

[22] *Maurer* (Fn. 3) S. 75 f. für das Verlagsrecht, S. 79 f. für das Urheberrecht mit Verweis auf §§ 31a Abs. 1 Satz 1, 40 Abs. 1 Satz 1 und Abs. 3 sowie 31 Abs. 5 UrhG; ähnlich *Scholz*, in: Mestmäcker/Schulze (Fn. 9) § 31 Rn. 47; vgl. ferner etwa *Götting* (Fn. 3) S. 69; *Grunert*, in: Wandtke/Bullinger (Fn. 9) Vor §§ 31 ff. Rn. 3; *Schricker*, in: Schricker/Loewenheim (Fn. 3) Vor §§ 28 ff. Rn. 58; *Ulmer* (Fn. 3) § 92 I, S. 390; *Wente/Härle* GRUR 1997, 96.

[23] *Maurer* (Fn. 3) S. 75 f.

[24] *Schack* (Fn. 3) Rn. 526.

[25] *De Boor* ZHR 79 (1916) 421, 451.

diese Pflicht wegfällt."[26] Diese Betrachtungsweise hat sich im Urheberrecht erstaunlich lange erhalten und begegnet noch bei *Ulmer*: Dieser beschäftigt sich etwa mit der Frage, ob bei einem bereits bestehenden (obligatorischen) Verlagsvertrag das Verlagsrecht durch eine weitere Einigung eingeräumt werden müsse, verneint dies aber mit der Überlegung, die Verfügung sei bereits im Verlagsvertrag enthalten.[27] Es bedarf keiner großen Worte darüber, dass heute, wo Nutzungsrechte nach § 31 Abs. 3 UrhG ausschließlich, d.h. gegenüber jedermann und vor allem auch gegenüber dem Urheber selbst eingeräumt werden können, diese Auffassung überholt ist.

II. Nachgeschobene Normzwecke

1. Statusgebundene Schutzzwecküberlegungen

Aus der engen teleologischen Konzeption des § 9 Abs. 1 zweiter Halbsatz VerlG lassen sich deshalb die weit reichenden Analogien der h.M. nicht begründen. Es verwundert daher kaum, dass der Norm nachträglich neue Zwecksetzungen unterlegt wurden. Am leichtesten sind diese erfahrungsgemäß auf der Grundlage personaler, auf den Status abhebender Argumente zu entwickeln, wonach der Urheber sich vermeintlich in der schwächeren Position befinde, weil er auf die Verwertung seines Werkes durch andere angewiesen sei;[28] der Urheber müsse deshalb nach Vertragsbeendigung möglichst schnell die Kontrolle über sein Werk zurück erlangen.[29] Solange nämlich das Nutzungsrecht rechtsgrundlos beim Dritten verbleibe, werde dem Urheber die ihm nach § 11 Satz 2 UrhG gebührende Entlohnung vorenthalten.[30] Überlegungen dieser Art beantworten allerdings schon die Frage nicht, warum der Gesetzgeber diesen Anliegen ausgerechnet im VerlG, nicht aber im UrhG[31] Rechnung getragen hat. Denn das Verlagsrecht regelt einen vermögensrechtlichen Teilausschnitt der Gesamtmaterie (arg. e § 1 VerlG) und

[26] *De Boor* ZHR 79 (1916) 421, 452.

[27] *Ulmer* (Fn. 3) § 103 I 3, S. 443.

[28] *Kraßer* GRUR Int. 1973, 230, 237; *Srocke* GRUR 2008, 867, 868.

[29] *Wente/Härle* GRUR 1997, 96, 98; *Haberstumpf* (Fn. 3) S. 127; ähnlich *Wallner* NZI 2002, 70, 75.

[30] *J. B. Nordemann*, in: Nordemann/Fromm (Fn. 3) § 31 Rn. 32.

[31] Einige Stimmen entnehmen den §§ 40 Abs. 3, 41 Abs. 5, 42 Abs. 5 UrhG die Geltung des Kausalitätsprinzips auch im UrhG; so: OLGR Karlsruhe 2007, 62; *Forkel* (Fn. 3) S. 159 ff., 162; ferner *J. B. Nordemann*, in: Nordemann/Fromm (Fn. 3) § 31 Rn. 32. Dagegen spricht einerseits der Ausnahmecharakter der Normen und ihre Entbehrlichkeit, wenn die Kausalität allgemein gelten würde; so auch *Schack* (Fn. 3) Rn. 526; *Srocke* GRUR 2008, 867, 871.

blendet den umfassenden Urheberpersönlichkeitsschutz gerade aus.[32] Auch erscheinen statusbezogene Argumente stets austauschbar: Denn die Geltung des Kausalitätsprinzips ist für den Urheber auch mit Nachteilen verbunden. So gilt § 320 BGB nicht, was dazu führen kann, dass das Nutzungsrecht u.U. in der Person des ersten Lizenznehmers vor Zahlung der Gegenleistung entstehen kann, wenn kein Vorvertrag geschlossen wird.[33] Auch verschlechtert die mit dem Kausalitätsprinzip verbundene erhebliche Einschränkung der Verkehrsfähigkeit des Urheberrechts (unten B II 4 und C) die Verwertungschancen des Urhebers erheblich[34] usw.

2. *Die Zweckbindungslehre*

Wirklich ernst zu nehmen sind daher vor allem die Überlegungen *Ulmers* zum Zweck des § 9 Abs. 1 zweiter Halbsatz VerlG. Danach trägt die Norm der Zweckbindung jedes vom Urheber eingeräumten Nutzungsrechtes an das Stammrecht Rechnung. Die Abspaltung einzelner Nutzungsrechte vom Urheberrecht bedürfe deshalb stets der besonderen Rechtfertigung durch ein Kausalgeschäft; falle dieses weg, müsse auch das Nutzungsrecht an den Urheber zurückfallen.[35] Nach *Forkel*, der am überzeugendsten an diese Überlegung anknüpft, prägt den Verlagsvertrag nämlich vor allem die Verpflichtung des Verlegers zur Verwertung des Verlagsrechts (§ 1 Satz 2 VerlG). Darin komme der allgemeine Grundgedanke zum Ausdruck, dass „die abgeleitete Berechtigung nicht bloß als rein eigennütziges Recht, in dessen Ausübung der Erwerber beliebige Freiheit genießt, begründet wird, sondern zugleich den Urheberinteressen zu dienen hat … Für eine solche Interessenlage, bei der die Verfügung nur ein Mittel ist, um den Nutzungsberechtigten dazu zu bringen, zwar in seinem eigenen, zugleich aber auch ganz wesentlich im Interesse der Urhebers tätig zu werden, passt eigentlich … die Figur der abstrakten Übertragung grundsätzlich nicht, es würde dieser Lage eher entsprechen, den Rechtserwerb viel stärker an den Schuldvertrag heranzubringen."[36] Darauf stützt sich die heute h.M. im Wesentlichen und bezieht sich dabei auch auf das Zweckübertragungsprinzip des § 31 Abs. 5 UrhG:[37] Danach bestimmt sich der Umfang der eingeräumten Nutzungsarten nach

[32] *Mittelstaedt/Hillig* (Fn. 15) S. 38: „Das Urheberrecht ist ein persönliches Recht mit vermögensrechtlichen Beziehungen, das Verlagsrecht ein Vermögensrecht mit personenrechtlichen Beziehungen" im Anschluss an *Birkmeyer*.

[33] *Schack* (Fn. 3) Rn. 525.

[34] *Srocke* GRUR 2008, 867, 868 f.

[35] Im Anschluss an *Ulmer* (Fn. 3) § 92 I 2, S. 391; vgl. die Nachweise in Fn. 37.

[36] *Forkel* (Fn. 3) S. 161; zuvor ähnlich *de Boor* (Fn. 5) S. 60 ff.

[37] OLGR Karlsruhe 2007, 62; OLG Hamburg GRUR 2002, 335, 336 – Kinderfernseh-Sendereihe; *Götting* (Fn. 3) S. 71; *Haberstumpf* (Fn. 3) S. 137; *Kraßer* GRUR Int. 1973, 230, 237; *J. B. Nordemann*, in: Nordemann/Fromm (Fn. 3) § 31 Rn. 32; *Spautz*, in: Möhring/Nicolini (Fn. 9) § 31 Rn. 14.

dem von beiden Parteien zugrunde gelegten Vertragszweck. Beispielhaft zeigt sich die Argumentation an der Entscheidung des OLG Hamburg:[38] Aus dem Zweckübertragungsprinzip folgt vermeintlich der Rechtsgedanke, dass die urheber- und leistungsschutzrechtlichen Befugnisse die Tendenz hätten, so weit wie möglich bei ihrem ursprünglichen Inhaber zu verbleiben, damit dieser in angemessener Weise an den Erträgnissen seiner Werke oder seiner sonstigen Leistung beteiligt werde.[39] Diese aus dem Kausalverhältnis herrührende Zweckbindung greife deshalb zwingend auf die dingliche Ebene durch.

Zunächst trägt gerade das Zweckübertragungsprinzip des § 31 Abs. 5 UrhG eine so weit reichende Folgerung nicht. In ihrer historischen und systematischen Konzeption erscheint die Norm nur als ein besonderer, neben § 157 BGB tretender Auslegungsgrundsatz, der das Abstraktionsprinzip schon in dieser Funktion nicht infrage stellen kann. Dem Schöpfer des Zweckübertragungsprinzips, *Goldbaum*, ging es ursprünglich nur um die Frage, welche Nutzungsrechte ein Urheber im Zweifel auf einen Lizenznehmer überträgt. Dies sah *Goldbaum* als eine Frage „der Auslegung des Vertrages" an, wobei der Einräumung von Nutzungsrechten das Element der „Zweckübertragung" anhafte: Diese würden nur soweit eingeräumt, als es der im Vertrag verfolgte Leistungszweck gebiete.[40] Die Rechtsprechung ist dem später im Ergebnis gefolgt.[41] § 31 Abs. 5 UrhG lassen sich darüber hinaus keine Argumente gegen das Abstraktionsprinzip entnehmen. Dass das Kausalgeschäft Rückschlüsse auf den Gegenstand der Verfügung zulässt, steht der Geltung des Abstraktionsprinzips nämlich nicht entgegen; im Gegenteil: Nach *von Savigny* bewahrheitet sich gerade an diesem Umstand das Abstraktionsprinzip. Der Verfügungsgegenstand erscheint nämlich häufig mangels ausdrücklicher Vereinbarung der Parteien nicht unmittelbar bestimmbar: „Um nun in zweifelhaften Fällen eine sichere Entscheidung zu finden, bleibt Nichts übrig, als auf die umgebenden Umstände, Absichten, Zwecke zu sehen, auf dasjenige Rechtsgeschäft, mit welchem die Tradition in Verbindung steht, wodurch sie herbeigeführt worden ist. Eben Dieses nun ist die wahre Bedeutung der justa causa, denn hieraus wird sich stets mit Sicherheit erkennen lassen, ob die Absicht auf Uebertragung des Eigenthums gerichtet war (wie bei Kauf oder Tausch) oder nicht (wie bei der Miethe)."[42] Stellt sich deshalb heute die Frage, ob zwischen zwei Parteien bereits eine Verfügung nach § 929 Satz 1 BGB getroffen wurde, werden deshalb ohne weiteres die

[38] OLG Hamburg GRUR 2002, 335, 336 – Kinderfernseh-Sendereihe.

[39] Dieser allgemeine Gedanke entspricht der Rechtsprechung des BGH seit GRUR 1979, 637 = NJW 1979, 2610 – White Christmas.

[40] *Goldbaum*, Urheberrecht und Urhebervertragsrecht, 1922, S. 316; zur Urheberschaft Goldbaums kurz *Ulmer* (Fn. 3) § 84 III, S. 364.

[41] RGZ 118, 282, 287 f. – Musikantenmädl; BGHZ 9, 262, 265 – Lied der Wildbahn I.

[42] *V. Savigny*, Obligationenrecht, Band 2, 1853, S. 258.

Einzelumstände des Vertragsschlusses im Kausalverhältnis berücksichtigt: Vereinbaren die Parteien eines Fahrzeugkaufs, dass der Verkäufer den Kfz-Brief zunächst einbehalten soll, muss der Erwerber von der konkludenten Vereinbarung eines Eigentumsvorbehalts ausgehen.[43] Solche und ähnliche Schlüsse sind im Recht der beweglichen Sachen eine Selbstverständlichkeit und führen dort nicht zu einer Infragestellung des Abstraktionsprinzips, obwohl sich auch hier argumentieren ließe, dass das Eigentum (arg. e §§ 903 Satz 1, 935 Abs. 1 BGB) die Tendenz habe, beim Eigentümer zu verbleiben, und nur unter Ausnahmevoraussetzungen (§§ 929 ff. BGB) einen anderen Weg nehme.

Übrig bleiben deshalb nur die Überlegungen *Ulmers* und *Forkels* zur fremdnützigen Bindung des Nutzungsberechtigten, der die vom Urheber eingeräumten Ausschließlichkeitsbefugnisse nie nur eigennützig, sondern stets auch im Interesse des Urhebers ausüben muss. Mit Blick auf § 137 Satz 2 BGB folgt aber auch daraus kein Argument gegen das Abstraktionsprinzip. Treuhänderische Bindungen entfalten im Privatrecht nur persönliche (schuldrechtliche) Rechtsfolgen, führen aber nicht zur Durchbrechung des Abstraktionsprinzips. Zwar ist § 137 Satz 1 BGB auf das nach § 29 Abs. 1 UrhG unveräußerliche Urheberrecht nicht unmittelbar anwendbar; anders liegt der Fall jedoch – mindestens auf der Wertungsebene – bei den davon abgespaltenen, nach § 34 UrhG übertragbaren urheberrechtlichen Nutzungsrechten.

3. *Der fehlende Typenzwang*

Einen eigenständigen Weg für die Begründung des Kausalitätsprinzips sieht allerdings *Kraßer* im fehlenden Typenzwang des Urheberrechts: „Die Vielfalt der Gestaltungsmöglichkeiten und das Fehlen vorgeformter gesetzlicher Typen bedingen, daß oft der Inhalt des Rechts, auf das sich die Verfügung bezieht, erst durch den schuldrechtlichen Vertrag seine nähere … Ausformung erfährt."[44] Weil urheberrechtliche Nutzungsrechte wie das Verlagsrecht also keinen fest umrissenen Umfang haben, sondern ihr Gegenstand sich aus dem Kausalverhältnis ergibt, sollen sie mit diesem stehen und fallen. Das Argument lädt zum systematischen Vergleich mit der Forderung ein, deren Inhalt ebenfalls aus dem zugrunde liegenden Kausalverhältnis folgt und mit dessen Untergang erlischt. Allerdings ist der Zusammenhang zwischen dem Inhalt eines Rechtes und seiner Abstraktion nicht zwingend. Bereits *Forkel* weist darauf hin, dass für die Patentlizenz, die ebenfalls keinem Typenzwang unterliegt, das Abstraktionsprinzip gelte.[45] Näher liegende Bei-

[43] BGH NJW 2005, 1365, Tz. 13; *Fritsche/Würdinger* NJW 2007, 1037; weitere Fälle etwa bei *Oechsler*, in: Münchener Kommentar (Fn. 10) § 929 Rn. 27 ff.

[44] *Kraßer* GRUR Int. 1973, 230, 237; ähnlich etwa *Ulmer* (Fn. 3) § 92 I 2, S. 391; *Götting* (Fn. 3) S. 71; dagegen etwa *Wente/Härle* GRUR 1997, 96, 98.

[45] *Forkel* (Fn. 3) S. 163; ähnlich übrigens *Kraßer* GRUR Int. 1973, 230, 237.

spiele finden sich im Sachenrecht: Auch der Inhalt einer Grunddienstbarkeit (§ 1018 BGB) oder einer beschränkten persönlichen Dienstbarkeit (§ 1090 BGB) spiegelt regelmäßig das Ergebnis schuldrechtlicher Abreden wider, ohne dass dies die Abstraktheit der Dienstbarkeiten infrage stellte. Dass sich der *Inhalt* eines Kausalverhältnisses auf der Verfügungsebene dupliziert, erscheint daher kein taugliches Argument für das Kausalitätsprinzip. Entscheidend kommt es allein darauf an, dass der *Bestand* des Kausalverhältnisses Tatbestandsvoraussetzung für die Wirksamkeit der Verfügung ist.

4. Die Bedeutung des Verkehrsschutzes

Forkel rechtfertigt die Nichtanwendung des Abstraktionsprinzips deshalb vor allem mit dem im Urheberrecht regelmäßig fehlenden Verkehrsschutz.[46] Der Bundesgerichtshof folgte ursprünglich allerdings einer anderen Einschätzung: Ein Filmproduzent hatte das Wiederverfilmungsrecht an einem Stoff erworben und mit der Produktion begonnen, doch war das vorgelagerte Kausalverhältnis zwischen seinem Lizenzgeber und dessen Vormann entfallen. In Anbetracht der nicht unerheblichen Investitionen in den Film verneinte das Gericht aus Verkehrsschutzüberlegungen heraus die Möglichkeit, dass das Nutzungsrecht des Filmproduzenten ohne dessen Zutun entfallen könne.[47] Auch die Möglichkeit einer ausschließlichen Lizenz (§ 31 Abs. 3 UrhG) mit Wirkung gegenüber dem Urheber spricht für die Geltung des Abstraktionsprinzips.[48] Denn ein kausales Nutzungsrecht wiederholte im Verhältnis zum Urheber nur die bereits aufgrund des Kausalverhältnisses bestehende Pflichtenlage.[49] Umgekehrt kann sich der wegen einer Urheberrechtsverletzung in Anspruch Genommene auf die Schutzrechtsverwarnung eines vermeintlich Nutzungsberechtigten unter der Geltung des Kausalprinzips nur einlassen, wenn er Gewissheit über die Wirksamkeit der auf diesen hinführenden Vertragskette hätte: eine abenteuerliche Vorstellung!

Forkel erwägt daher Ausnahmen vom Kausalitätsprinzip bei einem gegenüber dem Urheberschutz dominierenden Verkehrsschutzinteresse.[50] Ihm schweben neben dem Arbeitnehmerurheberrecht vor allem Ausnahmen beim Filmschaffen und der Auftragsproduktion selbständiger Urheber vor.[51] Hier bleibt aber ein systemimmanenter Widerspruch: Die Geltung des Verkehrschutzes soll ja von der Abwägung zwischen Urheberrechts- und Verkehrsschutzinteresse abhängen, ist also in ihren Voraussetzungen für den

[46] *Forkel* (Fn. 3) S. 164.
[47] BGHZ 27, 90, 94, 99 – Privatsekretärin.
[48] *Kraßer* GRUR Int. 1973, 230, 237.
[49] Ähnlich *Wallner* NZI 2002, 70, 75; kritisch mit Blick auf § 119 InsO LG Mannheim DZWiR 2003, 479, 482,
[50] *Forkel* (Fn. 3) S. 161.
[51] *Forkel* (Fn. 3) S. 164.

Geschützten nicht eindeutig bestimmt. Ein Verkehrsschutz, dessen Geltungsbereich nicht zweifelsfrei feststeht, leidet indes unter einem Selbstwiderspruch. Die andere Seite des Problems verdeutlicht das Arbeitnehmerurheberrecht: Nach § 69b UrhG steht dem Arbeitgeber ein ausschließliches Recht an den vermögensrechtlichen Befugnissen an einem Computerprogramm zu, das ein Arbeitnehmer in Wahrnehmung seiner Aufgaben oder auf Anweisung des Arbeitgebers erstellt hat. Die Kündigung des Arbeitsvertrags durch den Arbeitnehmer kann aber kaum dazu führen, dass die Nutzungsrechte analog § 9 Abs. 1 zweiter Halbsatz VerlG an diesen zurückfallen. *Ulmer* argumentiert, es gehe hier um ein Nutzungsrecht, das seinem Sinn nach fortbestehe, wenn das Arbeitsverhältnis beendet sei.[52] Führt man diesen Gedanken weiter, würden aber die Parteien dem Nutzungsrecht durch den Gegenstand ihrer Vereinbarung (hier: Arbeitsvertrag) die Abstraktheit verleihen. Dies zeigt sich besonders deutlich beim Regelfall des Arbeitnehmerurheberrechts (§ 43 UrhG), auf den sich *Ulmer* bezieht: Danach bleiben die Nutzungsrechte grundsätzlich beim Arbeitnehmer als Schöpfer, wenn die Parteien des Arbeitsvertrages nichts anderes vereinbaren.[53] Durch eine solche Vereinbarung würden also die Vertragspartner das Nutzungsrecht gerade abstrakt ausgestalten. Die Möglichkeit einer Parteidisposition über die Abstraktheit des Nutzungsrechts widerspricht indes dem unbedingten Geltungsanspruch des Abstraktionsprinzips, der sich aus dem zugrunde liegenden Verkehrsschutzinteresse erklärt.

III. § 9 Abs. 1 zweiter Halbsatz VerlG als einfache Interpretationsregel

Fraglich ist deshalb, welche systematische Stellung die Rechtsfolge des § 9 Abs. 1 zweiter Halbsatz VerlG in der Privatrechtsordnung einnimmt. Eher zögernd wird gelegentlich angedeutet, es handele sich um eine Auslegungshilfe;[54] nach einer von *Hubmann* geäußerten Auffassung müsse den Anliegen des Urhebers ohnehin immer schon dadurch Rechnung getragen werden, dass die abstrakte Einräumung des Nutzungsrechts stillschweigend durch die Wirksamkeit des zugrunde liegenden Kausalgeschäftes bedingt sei.[55] Für eine solchermaßen reduzierte, auf das Verlagsrecht beschränkte Bedeutung spricht ein Umstand, der in der Diskussion bislang noch keine Beachtung gefunden hat: Bei § 9 Abs. 1 zweiter Halbsatz VerlG handelt es sich nämlich um dispositives Recht! Dafür spricht zunächst, dass § 9 Abs. 1 erster Halb-

[52] *Ulmer* (Fn. 3) § 92 I 3, S. 391 f.
[53] Dazu BGH GRUR 1990, 443, 446 – Musikverleger IV.
[54] So vorsichtig *Srocke* GRUR 2008, 867, 871 Fn. 23.
[55] *Hubmann*, Urheber- und Verlagsrecht, 2. Aufl. 1966, S. 194.

satz VerlG, der Fall der Einräumung des Verlagsrechts durch Einigung und Ablieferung des Werks, ganz überwiegend als eine dispositive Norm angesehen wird.[56] Dass im Umkehrschluss auch der zweite Halbsatz der Norm dispositiv sein könnte, belegt die Entstehungsgeschichte des VerlG. Der Gesetzgeber selbst sah die von ihm geschaffene Regelung nämlich sämtlich weitgehend als abdingbar an: „Die Gestaltung der ... Vorschriften hat sich in erster Linie nach den regelmäßigen Zwecken des Verlagsvertrags zu richten. Dabei kann aber nicht außer Betracht bleiben, daß in dem geschäftlichen Verkehre zwischen dem Verleger auf der einen und dem Schriftsteller auf der anderen Seite der Verleger regelmäßig der geschäftserfahrenere und häufig auch der wirtschaftlich stärkere Theil ist. Im Zweifel wird daher das Gesetz sich zu Gunsten des Verfassers entscheiden und es dem Verleger überlassen müssen, im einzelnen Falle die den Umständen entsprechenden Aenderungen durch besondere Vereinbarung herbeizuführen."[57] So folgen die Normen bewusst dem Grundsatz „in dubio pro autore"[58], weil sie als dispositiv angelegt sind und ihre Rechtsfolgen durch spätere Vereinbarung an die Interessen des Verlegers angepasst werden können. Den sachlichen Grund für den bescheidenen Geltungsanspruch des VerlG formuliert der Gesetzgeber so:[59] „Sachlich will der Entwurf kein wesentlich neues Recht schaffen, sondern nur das in Uebung befindliche Recht, wie es durch die Wissenschaft und Rechtsprechung auf Grund der Gepflogenheiten des hoch angesehenen deutschen Verlagsgewerbes sich ausgebildet hat, feststellen, bestimmte Streitfragen entscheiden und die einzelnen Vorschriften mit den Grundsätzen des Bürgerlichen Gesetzbuchs in Einklang bringen." Es verwundert daher nicht, dass sich in den gesetzlichen Beratungen vom 8. und 9. Januar 1901 unter den Abgeordneten des Reichstages eine lebhafte Diskussion über die grundsätzliche Notwendigkeit eines VerlG entspann.[60] Bis heute hält die ganz h.M. an dieser Tradition fest und sieht das VerlG bis auf wenige Ausnahmenormen – es handelt sich um die insolvenzrechtlichen Regelungen der §§ 36, 39 Abs. 1 VerlG – als dispositiv an.[61] Die Abdingbarkeit des § 9 Abs. 1 zweiter

[56] *Allfeld*, Das Verlagsrecht, Kommentar, 2. Aufl. 1925, § 9 Anm. 5; *Haberstumpf/Hintermeier*, Einführung in das Verlagsrecht, 1985, S. 173; *Schricker*, Verlagsrecht (Fn. 3) § 9 Rn. 5; aA *Hoffmann*, Das Reichsgesetz über das Verlagsrecht, 1925, S. 52.

[57] Drucksachen des Reichstags 10. Legislaturperiode, II. Session 1900/1903, Anlage Nr. 97, S. 416, linke Spalte.

[58] So der Abgeordnete *Müller*, Drucksachen des Reichstags 10. Legislaturperiode, 1900/1903, 21. Sitzung vom 9. Januar 1901, S. 562.

[59] Drucksachen des Reichstags 10. Legislaturperiode, II. Session 1900/1903, Anlage Nr. 97, S. 413, rechte Spalte.

[60] Vgl. zunächst den SPD-Abgeordneten *Dietz*, Drucksachen des Reichstags 10. Legislaturperiode, 1900/1903, 20. Sitzung vom 8. Januar 1901, S. 532; darauf die Abgeordneten *Haussmann* aaO S. 539, *Oertel* aaO, 21. Sitzung vom 9. Januar 1901, S. 543.

[61] Vgl. nur *Allfeld* (Fn. 56) Vorbemerkung Nr. 2 vor § 1 (S. 10); *Schricker*, Verlagsrecht (Fn. 3) § 1 Rn. 3.

Halbsatz VerlG aber ist nicht mit dem Anspruch vereinbar, durch sie werde das Abstraktionsprinzip – ein seinem teleologischen Anspruch nach unverhandelbares Prinzip – durchbrochen. Zieht man den überholten Normzweck (oben B I) und die gerade zitierte Gesetzesbegründung hinzu, handelt es sich bei § 9 Abs. 1 zweiter Halbsatz VerlG wohl in der Tat um nicht mehr als eine Vermutung, nach der die Parteivereinbarungen regelmäßig so gestaltet sind, dass das Verlagsrecht nach Beendigung der Causa an den Urheber zurückfällt. Auf die Verhältnisse des BGB übertragen, wird das Verlagsrecht also nach § 9 Abs. 1 zweiter Halbsatz VerlG im Zweifel auflösend bedingt durch das Bestehen der zugrunde liegenden Causa bestellt (§ 158 Abs. 2 BGB). Eine Durchbrechung des Abstraktionsprinzips ist mit dieser Rechtsfolge aber gerade nicht verbunden.

C. Die Eingriffskondiktion beim Rückfall urheberrechtlicher Nutzungsrechte

I. Das Problem

Die Anwendung des Kausalitätsprinzips im Urheberrecht (entgegen B) stellt die systematische Funktion des bereicherungsrechtlichen Leistungsbegriffs auf eine ganz eigene Probe: Räumt ein Urheber einem ersten Lizenznehmer ausschließliche Nutzungsrechte an seinen Kompositionen ein, ist das zugrunde liegende Kausalverhältnis jedoch wegen Wucherähnlichkeit nichtig (§ 138 Abs. 1 BGB),[62] erwirbt der erste Lizenznehmer keine Rechte und seine Verfügung zugunsten eines Zweiterwerbers (§ 34 Abs. 1 Satz 1 UrhG) geht ins Leere. Rückblickend stellt sich die Frage, ob der Zweiterwerber bis zum Zeitpunkt der Kenntnisnahme von diesen Umständen dem Urheber aus Eingriffskondiktion auf Wertersatz für das Nutzungsrecht haftet (§ 818 Abs. 2 BGB).[63] Eine Zwischenüberlegung zeigt dabei, dass eine Haftung nach § 97 Abs. 2 Satz 1 und 3 UrhG auf die fiktive, angemessene Lizenzgebühr[64] ausscheidet, weil die Norm Verschulden voraussetzt. Dieser Umstand sperrt die Eingriffskondiktion im Urheberrecht allerdings nicht; diese steht dem Urheber – wie es der Systematik der §§ 818 Abs. 3, 4, 819 Abs. 1 BGB ent-

[62] Angelehnt an OLGR Karlsruhe 2007, 62 = ZUM-RD 2007, 76.

[63] Seit BGHZ 82, 299, 307 f. beziffert sich der Wertersatz auf die ersparte angemessene Lizenzgebühr; vgl. m.w.N. *Wild*, in: Schricker/Loewenheim (Fn. 3) § 97 Rn. 87.

[64] Die Regelung in Satz 3 geht auf BGH GRUR 1996, 1008, 1009 – Lizenzanalogie zurück; *Wild*, in: Schricker/Loewenheim (Fn. 3) § 97 Rn. 60; zur Kritik vgl. nur *Sack*, in: FS Hubmann, 1985, S. 388 ff.

spricht – grundsätzlich auch gegenüber einem gutgläubigen Bereicherungsschuldner zu.[65]

Was die vorliegende Konstellation allerdings vom Normalfall der Eingriffskondikton des Urhebers gegenüber einem Dritten, der sich urheberrechtliche Nutzungen angemaßt hat, unterscheidet, ist der Umstand, dass der Zweiterwerber darauf vertraut, ein Nutzungsrecht durch Leistung des ersten Lizenznehmers erworben zu haben. Fraglich ist deshalb, ob er dem Urheber gegenüber sein Leistungsverhältnis zum ersten Lizenznehmer einwenden kann oder ob er wie jeder andere Täter haftet, der sich eine urheberrechtlich geschützte Nutzung in der Vergangenheit angemaßt hat. Die heute im Schrifttum herrschende Auffassung löst das zugrunde liegende Problem der Konkurrenz von Nichtleistungs- und Leistungskondiktion auf der Tatbestandsebene der Nichtleistungskondiktion im Rahmen des Merkmals des fehlenden Rechtsgrundes.[66] Wegen § 816 Abs. 1 Satz 1 BGB liegt für sie der Rechtsgrund im wirksamen (gutgläubigen) Rechtserwerb. Vorliegend käme diese Auffassung zu einer ebenso harten wie klaren Konsequenz: Weil der Zweiterwerber im Beispielsfall kein Nutzungsrecht erworben hat, wäre er der Eingriffskondiktion des Urhebers schutzlos ausgesetzt. Er verliert daher nicht nur das urheberrechtliche Nutzungsrecht für die Zukunft (eine unvermeidliche Folge des Kausalitätsprinzips), sondern muss auch für die Vergangenheit ein zweites Mal für dessen Gebrauch zahlen (eine fiktive Lizenzgebühr an den Urheber nach § 818 Abs. 2 BGB), wobei er für seine Rückforderungsansprüche aus Rechtsmängelhaftung das Insolvenzrisiko des ersten Lizenznehmers trägt.

Der Jubilar vertritt bekanntlich prominent die der h.M. entgegengesetzte Ansicht.[67] Seiner Auffassung nach lösen die §§ 932 ff. BGB, auf die § 816 Abs. 1 Satz 1 BGB verweist, einen Zweipersonenkonflikt zwischen dem Integritätsinteresse des alten Rechtsinhabers und dem Gutglaubensschutz des Erwerbers.[68] Der Bereicherungsausgleich finde aber regelmäßig in einem Dreipersonenverhältnis statt, wobei es um die Frage gehe, wer der nähere Kondiktionsschuldner sei: der Erwerber oder der nichtberechtigt Verfü-

[65] Ganz h.M. BGHZ 5, 116, 223 und BGHZ 15, 338, 348 – Indeta; h.M. vgl. den Nachweis bei *Wild*, in: Schricker/Lowenheim (Fn. 3) § 97 Rn. 87.

[66] *Thielmann* AcP 187 (1987) 23 ff., 58; *Larenz/Canaris*, Schuldrecht II/2, 1994, S. 145; *Lieb*, in: Münchener Kommentar BGB, 4. Aufl. 2004, § 812 Rn. 282; *W. Lorenz*, in: Staudinger, BGB, 13. Aufl. Bearbeitung 1999, § 812 Rn. 64; *S. Lorenz*, in: Staudinger, BGB, 13. Aufl. Bearbeitung 2007, § 812 Rn. 64; *Wendehorst*, in: Bamberger/Roth, BGB, 2. Aufl. 2008, § 812 Rn. 142.

[67] *Reuter/Martinek* (Fn. 1) § 10 II, S. 399 ff., 402 ff. im Anschluss an die durch BGHZ 40, 272, 278 geprägte Rechtsprechung.

[68] *Reuter/Martinek* (Fn. 1) § 10 II 2 b, S. 404.

gende. Hier aber komme es auf die den Leistungsverhältnissen zugrunde liegenden Wertungen an.[69]

II. Die Bedeutung des Abstraktionsprinzips für den Bereicherungsausgleich

Betrachtet man deshalb die Wertungsebene, liegt die Besonderheit des vorliegenden Falles (C I) in der Geltung des Kausalitätsprinzips. Fraglich ist dessen Einfluss auf den Schutz des Zweiterwerbers vor der Eingriffskondiktion. Für das Gegenprinzip, den Abstraktionsgrundsatz, wird ein doppelter systematischer Zusammenhang mit dem Bereicherungsrecht erwogen. Den ersten bringt die bekannte Parömie *Dernburgs* auf den Punkt, wonach das Gesetz mit der Condictio indebiti die Wunde heile, die es selbst durch das Abstraktionsprinzip geschlagen habe.[70] Darum geht es hier jedoch nicht. Eine weitere Verbindung legt *Canaris* mit der Überlegung nahe, dass hinter der Leistungskondiktion der Schutzzweck des Abstraktionsprinzips stünde, „die Auswirkungen der Nichtigkeit eines Kausalverhältnisses grundsätzlich auf dessen Parteien zu beschränken und Dritte vor ihnen zu bewahren."[71] Gegenstand des Abstraktionsprinzips sei es daher, „daß der Empfänger einer Leistung von den Mängeln eines Kausalverhältnisses, an dem er nicht beteiligt ist, grundsätzlich unberührt bleibt ..."[72] Nach *von Caemmerer* allerdings wird die einschlägige Bedeutung des Abstraktionsprinzips überschätzt, weil die Leistungskondiktion unter ähnlichen Voraussetzungen auch in Rechtsordnungen bekannt sei, die sich gerade nicht am Abstraktionsprinzip orientierten.[73] Bereits dieser Gedanke legt es nahe, dass der Schutz vor der Eingriffskondiktion nicht notwendig mit den Verkehrsschutzinteressen parallel laufen kann, die dem Abstraktionsprinzip zugrunde liegen. Denn das Kausalitätsprinzip unterscheidet sich vom Abstraktionsgrundsatz gerade durch die Herabstufung des Verkehrsschutzinteresses bei der sachenrechtlichen Zuweisungsentscheidung.[74] Dies zeigt ein Blick auf die urheberrechtliche Verwertungskette: Hängt der Bestand des Nutzungsrechts, das der Urheber dem ersten Lizenznehmer einräumt, von der Wirksamkeit des zwischen beiden

[69] *Reuter/Martinek* (Fn. 1) § 10 II 2 b, S. 405.

[70] Zitiert nach *von Caemmerer*, in: FS Rabel, Bd. 1, 1953, S. 333, 338; in diesem Sinne versteht auch *Krawielicki*, Grundlagen des Bereicherungsrechts, 1936, S. 6 den Begriff; vgl. vor allem auch *Reuter/Martinek* (Fn. 1) § 2 II 2, S. 28.

[71] *Canaris*, in: FS Larenz, 1973, S. 799, 804; zuvor bereits *Krawielicki*, Grundlagen des Bereicherungsrechts, 1936, Neudruck 1964, S. 6 ff.; darauf weisen *Reuter/Martinek* (Fn. 1) S. 27 hin.

[72] *Canaris* (Fn. 71) S. 799, 817.

[73] *Von Caemmerer* (Fn. 70) S. 333, 338 f.

[74] Vgl. im einschlägigen Zusammenhang *Forkel* (Fn. 3) S. 161.

bestehenden Kausalverhältnisses ab, hat dies auch Folgen für die Rechtsnachfolger. Überträgt nämlich der erste Lizenznehmer das Nutzungsrecht an einen Zweiterwerber (§ 34 UrhG), verändert sich der Rechtsinhalt nicht: Der erste Lizenznehmer kann ja nicht mehr übertragen, als ihm selbst an Rechten zusteht, und ein gutgläubiger Erwerb findet im Urheberrecht nicht statt. Folglich bleibt das vom Zweiterwerber erlangte Recht in seiner Wirksamkeit weiterhin an das Kausalverhältnis zwischen dem Urheber und dem ersten Lizenznehmer gebunden.[75] Dies legt einen einfachen Schluss nahe: Vor den Einwendungen aus einem vorgelagerten Kausalverhältnis verdient derjenige wohl keinen Verkehrsschutz, der sich auf den Erwerb eines Rechtes eingelassen hat, dessen Bestand gerade vom vorgelagerten Kausalverhältnis abhängt.

III. Die Bedeutung des Leistungsverhältnisses bei der Konkretisierung der Eingriffskondiktion des Urhebers

Dass es für den Schutz vor der Eingriffskondiktion aber nicht allein auf das Verkehrsinteresse ankommen könnte, legt ein vom Bundesgerichtshof geäußerter Wertungsgedanke nahe. Seiner zentralen Entscheidung lag der Fall einer urheberrechtlichen Verwertungskette zugrunde: Weil der vorgelagerte Vertrag rückabgewickelt worden war, stellte sich die Frage, ob ein Filmproduzent, Gläubiger aus dem nachgeschalteten Vertrag, das ihm eingeräumte Wiederverfilmungsrecht verloren hatte. Der Bundesgerichtshof verneinte die Frage und beließ es in diesem Fall bei der Geltung des Abstraktionsprinzips.[76] Dies mutete das Gericht auch dem ursprünglichen Rechtsinhaber mit folgender bemerkenswerter Überlegung zu: Dem ursprünglichen Rechtsinhaber geschehe kein Unrecht, weil er sich auf die für ihn günstige Vermarktung in der Verwertungskette eingelassen habe.[77] Deshalb – so wird man ergänzen dürfen – trägt er auch das Risiko, dass die in der Vergangenheit auf der Grundlage des Nutzungsrechts geschöpften Werte für ihn unerreichbar bei Dritten liegen können.

Die systematische Einordnung dieses Arguments führt zu den Überlegungen des Jubilars zurück. Allerorten für den herrschenden Leistungsbegriff zitiert, stellt *Reuter* doch nüchtern fest, dass dieser „genausowenig wie jeder

[75] *Haberstumpf* (Fn. 3) S. 137; *Forkel* (Fn. 3) S. 164; *J. B. Nordemann*, in: Nordemann/Fromm (Fn. 3) Vor §§ 31 Rn. 231; *Wente/Härle* GRUR 1997, 96, 99.

[76] Dies entspricht übrigens der h.M. Das Kausalitätsprinzip gilt nur im Verhältnis des Urhebers zu einem Lizenznehmer, nicht auch zwischen den Lizenznehmern selbst (vgl. den Wortlaut des § 9 Abs. 1 zweiter Halbsatz VerlG): *Ulmer* (Fn. 3) § 92 I 4 b, S. 392; *Forkel* (Fn. 3) S. 157, 164; *Kraßer* GRUR Int. 1973, 230, 238; *J. B. Nordemann*, in: Nordemann/Fromm (Fn. 3) Vor §§ 31 Rn. 231; *Schricker*, in: Schricker/Loewenheim (Fn. 3) Vor §§ 28 Rn. 62; *Wente/Härle* GRUR 1997, 96, 97 und 99.

[77] So BGHZ 27, 90, 99 f. – Privatsekretärin.

andere Rechtsbegriff mehr hergeben [kann], als in ihn hineingelegt worden ist."[78] Deshalb kommt es letztlich entscheidend auf die im Leistungsbegriff angelegte Möglichkeit an, dass die Parteien selbst durch freie Setzung von Leistungszwecken über die Gläubiger- und Schuldnerstellung (auch im Rahmen der bereicherungsrechtlichen Rückabwicklung) entscheiden können.[79] Darin liegt wiederum ein Gesichtspunkt, der einen möglichen Schutz des Zweiterwerbers auch unter der Geltung des Kausalitätsprinzips rechtfertigen kann: Wenn sich der Urheber nämlich dafür entscheidet, mit dem ersten Lizenznehmer und nicht mit dem Zweiterwerber über das Nutzungsrecht zu kontrahieren, hat er eine privatautonome Risikoentscheidung getroffen. Während er einerseits die ihn selbst treffenden Risiken auf die Person des ersten Lizenznehmers einschränkt, zwingt er andererseits den Zweiterwerber, mit dem ersten Lizenznehmer zu kontrahieren. Entfernt erinnert der Gedanke an die heute praktisch nicht mehr vertretene modifizierte Subsidiaritätslehre, wonach die Eingriffskondiktion demjenigen verwehrt ist, der das Erlangte zuvor durch Leistung aus der Hand gegeben hat.[80] Diese wurde lange Zeit als vordergründiger Versuch kritisiert, Einbaufälle im Bereich des § 935 Abs. 1 BGB in die Subsidiaritätslehre zu integrieren.[81] Der zugrunde liegende Gedanke ist indes möglicherweise doch tiefgründiger, wenn man der Idee *Reuters* folgt: Der Schutz des Letzten vor dem Ersten in der Kette hängt danach nicht (allein) vom Verkehrsschutzintereresse und schon gar nicht zwingend vom Erfolg eines Rechtserwerbs ab, sondern vor allem von der Risikoentscheidung des Ersten, der sich durch die von ihm verantwortete Vertriebsstruktur nicht nur gegenüber dem unmittelbaren Vertragspartner, sondern bereicherungsrechtlich auch gegenüber den nachfolgenden Erwerbern in der Kette bindet. Für diese Betrachtungsweise spricht nicht zuletzt das Verbot des Selbstwiderspruchs: Der Urheber darf den Zweiterwerber bei der Begründung und Erfüllung der Primärleistungspflichten nicht einerseits an den ersten Lizenznehmer verweisen, andererseits aber die Folgen dieser Entscheidung bei der Rückabwicklung beiseite schieben, um die Vorteile eines direkten Rückgriffs zu realisieren. Auch unter der Geltung des Kausalitätsprinzips bindet sich der Urheber daher bereicherungsrechtlich gegenüber späteren Zweiterwerbern durch die Struktur der von ihm initiierten Vertragskette. Eine Eingriffskondiktion des Urhebers gegen den Zweiterwerber scheidet daher im Beispielsfall aus.

[78] *Reuter/Martinek* (Fn. 1) S. 394.
[79] *Reuter/Martinek* (Fn. 1) S. 396.
[80] *Esser*, Schuldrecht BT, 4. Aufl. 1971, § 104 II 4; *Heimann-Trosien*, in: RGRK, 12. Aufl. 1989, § 812 Rn. 41; *Ehmann* NJW 1971, 613 f.; teilweise auch BGHZ 56, 228, 240 f. = NJW 1971, 1759.
[81] *Lieb*, in: Münchener Kommentar (Fn. 66) § 812 Rn. 282.

D. Ergebnis

Die Argumente für die Geltung des Kausalitätsprinzips im Urheberrecht überzeugen nicht; bei § 9 Abs. 1 zweiter Halbsatz VerlG dürfte es sich um nicht mehr als eine § 31 Abs. 5 UrhG vergleichbare Auslegungsregel handeln (B). Auch unter der Geltung des Kausalitätsprinzips ist ein Lizenznehmer vor einer Direktkondiktion (Eingriffskondiktion) des Urhebers geschützt (C).

Der nichtrechtsfähige Verein im Zivilprozess, in der Zwangsvollstreckung und Insolvenz sowie im Grundbuch

Hanns Prütting

I. Einführung

Ein methodisch und inhaltlich-dogmatisch besonders aufregendes Kapitel der Umgestaltung zivilrechtlicher Grundstrukturen ist in den vergangenen 10 Jahren im Bereich des Rechts der Personengesellschaften und der Gemeinschaften zu beobachten gewesen. Im Mittelpunkt dieser Rechtsentwicklung stand dabei die Gesellschaft bürgerlichen Rechts. Da aber der nichtrechtsfähige Verein über § 54 BGB vom Gesetzgeber eng mit dem Schicksal der Gesellschaft bürgerlichen Rechts verbunden ist, konnte eine deutliche Veränderung auch im Vereinsrecht nicht ausbleiben.

Allerdings scheint die Rechtslage in diesem Bereich seit der Entscheidung des II. Zivilsenats des BGH vom 02.07.2007[1] weitgehend geklärt und der Gesetzgeber hat mit dem Gesetz zur Erleichterung elektronischer Anmeldungen zum Vereinsregister und anderer vereinsrechtlicher Änderungen vom 24.09.2009 (BGBl. I 3145) die Situation in prozessualer Hinsicht durch die sprachliche Ergänzung des § 50 Abs. 2 ZPO verdeutlicht. Dennoch bleiben Zweifel, wie die Rechtsentwicklung heute methodisch und dogmatisch zu beurteilen ist. Dem will der folgende Beitrag ein wenig nachspüren. Er ist *Dieter Reuter* zu seinem 70. Geburtstag gewidmet, der neben vielen anderen wichtigen Beiträgen im Jahre 2007 in einem grundlegenden AcP-Beitrag erstmals die neuen Strukturen von Rechtsfähigkeit und Rechtspersönlichkeit überzeugend verdeutlicht hat[2]. Aus diesem Grunde hofft der Verfasser auch ein wenig, dass der vorliegende Beitrag das Interesse des Jubilars findet.

[1] BGH, NJW 2008, 69.

[2] *Reuter*, Rechtsfähigkeit und Rechtspersönlichkeit, AcP 207, 2007, S. 673 ff.; dem folgend PWW/*Prütting*, BGB, 5. Aufl. 2010, § 1 Rn. 4a.

II. Die Entwicklungslinien bei der Gesellschaft bürgerlichen Rechts

Fast 100 Jahre lang galt es in Deutschland als eine absolut gesicherte Erkenntnis, dass rechtsfähig und deshalb nach § 50 Abs. 1 ZPO parteifähig nur natürliche und juristische Personen sein können[3]. Mit einer berühmt gewordenen Abhandlung von *Flume* aus dem Jahre 1972 begann hier eine neue Diskussion über die Frage, ob Gesamthandsgemeinschaften als eigene Rechtssubjekte anzusehen seien[4]. Der Gesetzgeber hat an verschiedenen Stellen, vor allem aber in der Insolvenzordnung von 1999 deutlich gemacht, dass er die Gesamthandsgemeinschaften ebenfalls als Rechtsträger ansieht, ohne Ihnen eine Rechtspersönlichkeit zuzugestehen (vgl. § 11 Abs. 2 Nr. 1 InsO). Diese Entwicklungslinien hat dann der II. Zivilsenat des BGH in seiner berühmt gewordenen Entscheidung vom 29.01.2001 (Weißes Ross) aufgenommen[5]. Der BGH hat in dieser Entscheidung die Gesellschaft bürgerlichen Rechts für rechtsfähig und für parteifähig erklärt und damit die Rechtsentwicklung der Gesamthandsgemeinschaften ein zentrales Stück vorangebracht, andererseits aber auch viele neue Fragen aufgeworfen. Seit 2001 sind sowohl die Rechtsprechung als auch die Rechtswissenschaft, zunehmend aber auch der Gesetzgeber damit beschäftigt, den Grundgedanken der Rechtsprechung aus dem Jahre 2001 in den einzelnen Bereichen des materiellen und des formellen Rechts umzusetzen. Von besonderer Bedeutung war dabei zuletzt die Frage der Grundbuchfähigkeit gewesen, die der V. Zivilsenat des BGH nach längeren Auseinandersetzungen in Rechtsprechung und Literatur in einer Entscheidung vom 04.12.2008 geklärt hat[6]. Dieser Streit hat sich im Jahre 2009 insoweit überholt, als das Gesetz zur Einführung des elektronischen Rechtsverkehrs und der elektronischen Akte im Grundbuchverfahren sowie zur Änderung weiterer grundbuch-, register- und kostenrechtlicher Vorschriften (ERVGBG) vom 11.08.2009 (BGBl. I 2713) in Art. 1 den § 47 GBO in der Form geändert hat, dass der bisherige Wortlaut zu einem Absatz 1 wurde und ein neuer Absatz 2 angefügt wurde. Soll danach ins Grundbuch ein Recht für eine Gesellschaft bürgerlichen Rechts eingetragen werden, so schreibt der Gesetzgeber nunmehr zwingend vor, dass die Gesellschaft als solche und zusätzlich deren Gesellschafter im Grundbuch einzutragen sind.

Es bedarf an dieser Stelle keiner Diskussion, ob mit der bisherigen Entwicklung in Rechtsprechung und Gesetzgebung wirklich alle Fragen zur Gesellschaft bürgerlichen Rechts geklärt sind. Von besonderem Interesse ist aber die Frage, inwieweit diese Rechtsentwicklung eine Ausstrahlungswirkung auf den nichtrechtsfähigen Verein hatte und hat.

[3] *Reuter*, AcP 207, 674.
[4] *Flume*, ZHR 136 (1972), S. 177.
[5] BGHZ 146, 341 = NJW 2001, 1056 = EWiR 2001, 341 (mit Anmerkung *Prütting*).
[6] BGH, ZIP 2009, 66.

III. Die Konsequenzen für den nichtrechtsfähigen Verein

1. Der Gesetzgeber des Bürgerlichen Gesetzbuches hat aus den bekannten Gründen einer Überwachung der Vereine den nichtrechtsfähigen Verein von Anfang an in seiner rechtlichen Form dadurch diskriminiert, dass er ihn gem. § 54 BGB der Gesellschaft bürgerlichen Rechts und deren Regeln unterstellt hat. Dabei war es auch im Jahre 1900 schon allgemein anerkannt, dass der grundsätzliche Typus eines Vereins in seiner Organisationsform mit dem einer Personengesellschaft nicht übereinstimmt. Das körperschaftliche Grundmodell eines Vereins lässt eine regelmäßig große Anzahl von Mitgliedern zu und macht die Verfolgung des Vereinszwecks von den einzelnen Mitgliedern unabhängig. Der Verein will im Verkehr als Rechtseinheit auftreten. Er ist daher körperschaftlich gestaltet. Dies setzt beim Verein die Existenz besonderer Organe voraus, die sich entsprechend den §§ 26, 32 BGB heute in aller Regel als Vorstand und Mitgliederversammlung bezeichnen[7].

2. Gegenüber dieser gesetzgeberischen Grundentscheidung haben Rechtsprechung und Rechtslehre schon frühzeitig den der Natur der Sache entsprechenden körperschaftlichen Charakter von Vereinen anerkannt und deshalb die nichtrechtsfähigen Vereine in ihrer rechtlichen Behandlung zunehmend dadurch berücksichtigt, dass sie die Regeln des Vereinsrechts analog angewendet haben[8].

3. Diese Fortentwicklung des Vereinsrechts hat aber zu keinem Zeitpunkt zu der Behauptung geführt, der nichtrechtsfähige Verein sei rechtsfähig und parteifähig. Dies wurde ganz besonders an der berühmten Gewerkschaftsrechtsprechung des BGH deutlich. In mehreren Entscheidungen hat nämlich die Rechtsprechung den Gewerkschaften, die regelmäßig als nichtrechtsfähige Vereine organisiert waren und sind, auch im Zivilprozess die aktive Parteifähigkeit (entgegen § 50 Abs. 2 ZPO) zuerkannt[9]. Diese Rechtsprechung wurde ausdrücklich auf die verfassungsrechtliche Sonderlage der Gewerkschaften und auf deren besondere historische Situation gestützt. Deutlich wurde damit, dass die Gewerkschaften in ihrer Sondersituation hervorgehoben waren und nicht als normale nichtrechtsfähige Vereine behandelt wurden. Daraus ließ sich ohne weiteres der Rückschluss ziehen, dass die Rechtsprechung alle anderen nichtrechtsfähigen Vereine weiterhin als nicht aktiv parteifähig und nicht rechtsfähig behandeln wollte.

4. Diese Situation hat sich erst durch die Entscheidung vom 29.01.2001 grundlegend gewandelt[10]. Zwar hat sich die Entscheidung des Jahres 2001 in

[7] Zur Abgrenzung von Verein und Gesellschaft vgl. insbesondere *Reuter*, ZGR 1981, 364.

[8] Vgl. statt vieler *Hübner*, Allgemeiner Teil des BGB, 1985, S. 136 ff., Rn. 154. Umfassend dazu *Schöpflin*, Der nichtrechtsfähige Verein, Köln, 2003, S. 21 ff.

[9] BGHZ 42, 210; BGHZ 50, 325.

[10] BGHZ 146, 341 = NJW 2001, 1056 = EWiR 2001, 341 (m. Anmerkung *Prütting*).

keinem Wort mit dem nichtrechtsfähigen Verein befasst. Durch die Generalverweisung des § 54 BGB musste aber von Anfang an klar sein, dass diese Entscheidung auch auf den nichtrechtsfähigen Verein Auswirkungen haben würde. Nach längerer Diskussion sind diese Auswirkungen dann in der Entscheidung des II. Zivilsenats des BGH vom 02.07.2007 zu Tage getreten[11]. In dieser Entscheidung hat der BGH zwar auf seine frühere Rechtsprechung verwiesen, wonach entsprechend dem Wortlaut des § 50 Abs. 2 ZPO den nichtrechtsfähigen Vereinen die aktive Parteifähigkeit zu versagen sei[12]. Der BGH hat dann aber auf seine Rechtsprechung zur Rechtsfähigkeit und zur aktiven Parteifähigkeit der Gesellschaft bürgerlichen Rechts verwiesen und im Zusammenhang mit § 54 BGB schlicht festgestellt, dass aus diesem Zusammenhang dem Verein heute die aktive Parteifähigkeit nicht mehr vorenthalten werden könne.

5. Den Schlusspunkt der bisherigen Entwicklung hat sodann der Gesetzgeber mit dem Gesetz zur Erleichterung elektronischer Anmeldung zum Vereinsregister und anderer vereinsrechtlicher Änderungen vom 24.09.2009 gesetzt. Nach Art. 3 dieses Gesetzes hat der Gesetzgeber in § 50 Abs. 2 ZPO ausdrücklich die aktive Parteifähigkeit des nichtrechtsfähigen Vereins eingefügt. Diese gesetzliche Entwicklung war schon seit einiger Zeit in Gesetzentwürfen, die bis in das Jahr 2004 zurückreichen, vorbereitet worden[13].

IV. Die methodischen Probleme

1. Die Verweisung des § 54 Satz 1 BGB

Entgegen mehrfach diskutierter gesetzgeberischer Pläne hat der Gesetzgeber in den jüngsten Novellierungen zum Vereinsrecht § 54 BGB vollkommen unverändert gelassen. Dies stellt insofern keine neuartige Herausforderung für Rechtsprechung und Rechtslehre dar, als das alte Dilemma einer Verweisung auf die Normen der Personengesellschaften fortbesteht, wobei diese Verweisung von Rechtsprechung und Rechtslehre längst als überholt erkannt worden ist. Erstaunlicher als dieses Fortbestehen eines uralten Problems ist die Beibehaltung der Terminologie. § 54 BGB enthält die amtliche Überschrift „Nichtrechtsfähiger Verein". Damit haben die Rechtsprechung und aus dem Blickwinkel von § 50 Abs. 2 ZPO auch der Gesetzgeber den neuen Leitsatz gebildet: „Der nichtrechtsfähige Verein ist rechtsfähig". Diese unsinnige Terminologie hätte vermieden werden können, wenn der Gesetzgeber in der amtlichen Überschrift und im Gesetzestext jeweils vom nichteingetragenen Verein gesprochen hätte. Im Ergebnis ist allerdings auch eine

[11] BGH, NJW 2008, 69.
[12] So zuletzt noch BGHZ 109, 15 = NJW 1990, 186.
[13] Vgl. dazu *Terner*, DNotZ 2010, S. 5; ders., NJW 2008, 16; *Beuthien*, NZG 2005, 493.

inhaltliche Revision von § 54 BGB überfällig. Es ist schon erstaunlich, dass es offenbar nicht gelingt, die Gesetzeslücken, die die unausgewogene Verweisung des § 54 BGB schon seit dem Jahr 1900 gelassen hat, durch eine geordnete und systematische Norm zu schließen.

2. *Die Parteifähigkeit gem. § 50 Abs. 2 ZPO*

Ausdrücklich geregelt ist nunmehr die aktive (und die passive) Parteifähigkeit des nichtrechtsfähigen Vereins. Diese Regelung dient zweifellos der Rechtsklarheit und löst inhaltlich die Probleme, die im Rechtsverkehr des nichtrechtsfähigen Vereins in der Vergangenheit stets nur mit Schwierigkeiten abgewickelt werden konnten (Treuhandlösung, Prozesstandschaft des Vorstandes). Andererseits fällt in methodischer Hinsicht auf, dass jedes Rechtssubjekt, das für rechtsfähig erklärt ist, automatisch unter § 50 Abs. 1 ZPO fällt und damit Kraft dieser gesetzlichen Festlegung als parteifähig gilt. § 50 Abs. 2 ZPO ist also heute eine gänzlich überflüssige Norm. Dies muss umso mehr gelten, als die aktive Parteifähigkeit der Gesellschaft bürgerlichen Rechts im Gesetzestext noch keinerlei Niederschlag gefunden hat, dank der BGH-Rechtsprechung aus dem Jahre 2001 aber heute allgemein anerkannt ist. Insgesamt ist also in diesem Bereich das Normengefüge der § 54 BGB, 50 Abs. 1, 50 Abs. 2 ZPO zwischen Verein und Gesellschaft mehr als eigenartig und in sich widersprüchlich. Eine Fortsetzung findet diese Widersprüchlichkeit in § 124 HGB. Auch diese Norm ist seit der Rechtsprechung des Jahres 2001 im Grunde überflüssig und könnte vom Gesetzgeber ersatzlos gestrichen werden.

3. *Die vollstreckungsrechtlichen Sondernormen*

Wie inkonsistent und widersprüchlich die gesetzliche Regelung wirklich ist, zeigt insbesondere ein Blick auf die Regelungen in der Zwangsvollstreckung. Diese Regelungen sind unverändert und weisen in § 735 ZPO für die Zwangsvollstreckung in das Vermögen eines nichtrechtsfähigen Vereins darauf hin, dass ein gegen den Verein ergangenes Urteil genüge. Diese Norm ist nach heutigem Rechtsverständnis und unter Zugrundelegung des § 50 Abs. 2 ZPO eine blanke Selbstverständlichkeit. Allerdings ist der Wortlaut insoweit unrichtig und missverständlich, als dort davon die Rede ist, dass ein gegen den Verein ergangenes Urteil „genügt". Nach heutiger Terminologie müsste § 735 ZPO lauten, dass ein gegen den Verein ergangenes Urteil erforderlich ist. Demgegenüber stellt § 736 ZPO unverändert fest, dass eine Zwangsvollstreckung in das Vermögen der Gesellschaft bürgerlichen Rechts ein gegen alle Gesellschafter ergangenes Urteil erfordert. Diese Norm ist insoweit überholt und derogiert, als die Rechtsprechung mit der aktiven Parteifähigkeit der Gesellschaft bürgerlichen Rechts zugleich anerkennen muss, dass ein Titel gegen die Gesellschaft ergehen kann und dass dieser Titel dann notwendigerweise ausreichender Vollstreckungstitel in der Zwangsvollstreckung gegen die Gesellschaft bürgerlichen Rechts ist. Will man § 736 ZPO nicht gänzlich für obsolet halten, so könnte man ihn in der Weise auslegen, dass neben einem Titel gegen die Gesellschaft weiterhin eine Zwangsvollstreckung in das Gesellschaftsvermögen in Betracht kommt, wenn ein Titel gegen alle Gesellschafter vorliegt. Ob man dies noch bejahen kann, ist höchstrichterlich nicht entschieden. Freilich liegt diese Auffassung deshalb nahe, weil der BGH in seiner Entscheidung des Jahres 2001 ausdrücklich darauf hingewiesen hat, dass eine Klage gegen die Gesellschaft zusätzlich auch gegen die Gesellschafter gerichtet sein sollte. Für den nichtrechtsfähigen Verein ist § 736 ZPO trotz der Generalverweisung des § 54 BGB ohne Bedeutung, weil insoweit die §§ 50 Abs. 2, 735 ZPO schon immer leges speciales waren.

4. *Die Grundbuchfähigkeit*

Noch ungelöst scheint bis heute die Frage zu sein, ob der nichtrechtsfähige Verein grundbuchfähig ist. Diese Frage ist auch durch die jüngsten Gesetzesänderungen nicht gelöst worden. Ursprünglich war ganz allgemein anerkannt, dass ein nicht rechtsfähiger Verein als solcher nicht ins Grundbuch eingetragen werden kann[14]. Dies wurde selbst nach dem Jahr 2001 weiterhin vertreten, als sich die aktive Parteifähigkeit im Zivilprozess abzeichnete[15]. Das aber konnte entsprechend dem früheren § 47 GBO nur bedeuten, dass ins Grundbuch die einzelnen Mitglieder des Vereins mit dem Zusatz einzutragen waren „als Mitglieder des nicht eingetragenen Vereins“. Diese Auffassung wirft heute in zweifacher Hinsicht Fragen auf. Zunächst stellt sich die naheliegende Frage nach der materiellen Grundbuchfähigkeit des nichtrechtsfähigen Vereins. Es kann heute ernstlich nicht mehr zweifelhaft sein, dass ein einmal für rechtsfähig erklärtes Rechtssubjekt wie der nichtrechtsfähige Verein auch in materieller Hinsicht Eigentümer von Grundstücken sein können muss. Für die Gesellschaft bürgerlichen Rechts ist dies zwar insbesondere vom BayObLG bestritten worden[16]. Diese Gegenauffassung war aber erkennbar dadurch beeinflusst, dass die formelle Eintragung im Grundbuch bisher Schwierigkeiten bereitete. Sieht man heute den nichtrechtsfähigen Verein als rechts- und parteifähig an, der insofern unter seinem Vereinsnamen als eigenes Rechtssubjekt am Rechtsverkehr teilnimmt und eigene Rechte und Pflichten begründet, der also unstreitig Eigentümer von beweg-

[14] Umfassend dazu MüKo-BGB/*Reuter*, 5. Auflage 2006, § 54 Rn. 27 ff.

[15] *Demharter*, Grundbuchordnung, 27. Aufl. 2010; LG Hagen, Rechtspfleger 2007, 26 mit weiteren Nachweisen.

[16] BayObLG, NJW 2003, 70.

lichen Sachen sein kann, so kann dieser Verein wohl schwerlich eigentumsrechtlich vom Grundstücksbereich ausgeschlossen werden. Eine solche Trennung wäre ebenso wie bei der Gesellschaft bürgerlichen Rechts dem deutschen Recht vollkommen fremd und willkürlich. Daher muss die Anerkennung der Rechtsfähigkeit des nichtrechtsfähigen Vereins durch den BGH und durch den Gesetzgeber auch zur materiellen Fähigkeit, Grundeigentum zu erwerben und innezuhaben, führen.

Diese materielle Position wirft nun die zentrale Frage auf, wie und in welcher Form ein solches Grundeigentum im Grundbuch zu verzeichnen ist. Bis zur Änderung des § 47 GBO sind dazu für die Gesellschaft bürgerlichen Rechts eine Fülle von Meinungen vertreten worden, die der BGH in seiner Entscheidung vom 04.12.2008 dahingehend geklärt hat, dass nunmehr die Gesellschaft als solche ins Grundbuch einzutragen sei[17]. Nunmehr hat allerdings der Gesetzgeber durch das Gesetz zur Einführung des elektronischen Rechtsverkehrs und der elektronischen Akte im Grundbuchverfahren sowie zur Änderung weiterer grundbuch-, register- und kostenrechtlicher Vorschriften (ERVGBG) vom 11.08.2009 (BGBl. I 2713) § 47 GBO in der Form geändert, dass in dem neuen Absatz 2 eine Sondervorschrift für die Eintragung der Gesellschaft bürgerlichen Rechts geschaffen wurde. Danach ist künftig die Gesellschaft selbst und zusätzlich deren Gesellschafter ins Grundbuch einzutragen. Diese Rechtsänderung soll erkennbar die nunmehr anerkannte Rechtsfähigkeit der Gesellschaft bürgerlichen Rechts grundbuchrechtlich umsetzen. Unklar ist allerdings, ob der neue § 47 Abs. 2 GBO über die Verweisung des § 54 BGB auch auf den nichtrechtsfähigen Verein anzuwenden ist oder ob insoweit weiterhin § 47 Abs. 1 GBO gilt. Jedoch wäre die Anwendung beider Normen wenig hilfreich, weil in beiden Fällen alle Vereinsmitglieder in das Grundbuch einzutragen wären, was bei einem größeren Verein schon rein äußerlich auf unüberwindliche Hindernisse stößt. Die früher in solchen Fällen ergriffene Lösung der Eintragung eines Treuhänders kann heute ernstlich einem für rechtsfähig gehaltenen nichtrechtsfähigen Verein nicht mehr angesonnen werden. Aus dem Rechtsgedanken von § 735 ZPO und § 50 Abs. 2 ZPO wird man daher im Umkehrschluss zu § 47 GBO künftig folgern müssen, dass ein nichtrechtsfähiger Verein allein unter seinem Namen in das Grundbuch eingetragen werden kann. Die Tatsache, dass der nichtrechtsfähige Verein registermäßig nicht erfasst ist, kann diesem Verfahren nicht entgegenstehen. Bekanntlich ist auch die Gesellschaft bürgerlichen Rechts registermäßig nicht erfasst und muss nach heutigem Recht dennoch in das Grundbuch eingetragen werden.

[17] BGH, ZIP 2009, 66 ff.

V. Ergebnis

Der nichtrechtsfähige Verein ist dank der Gesetzesänderung vom 24.09. 2009 heute im Zivilprozess gem. § 50 Abs. 2 ZPO aktiv parteifähig. In der Zwangsvollstreckung kann der Verein daher unter seinem Vereinsnamen die Zwangsvollstreckung betreiben. Wird gegen den Verein vollstreckt, so ist weiterhin gem. § 735 ZPO ein Vollstreckungstitel gegen den Verein erforderlich und ausreichend. In der Insolvenz ist der nichtrechtsfähige Verein gem. § 11 Abs. 1 Satz 2 InsO insolvenzfähig. Dagegen ist nach der äußeren Gesetzeslage der nichtrechtsfähige Verein noch immer nicht grundbuchfähig. Auch wenn man § 47 Abs. 1 oder § 47 Abs. 2 GBO in der neuen Fassung auf den nichtrechtsfähigen Verein anwenden wollte, müsste man weiterhin alle Vereinsmitglieder in das Grundbuch eintragen. In diesem Bereich ist also weiterhin gesetzgeberisches Handeln erforderlich. Bis zu einer Gesetzesänderung wird man aus §§ 50 Abs. 2, 735 ZPO entnehmen müssen, dass der Verein auch formell unter seinem Namen im Grundbuch eingetragen werden kann.

Unabhängig von dieser formalen Gesetzeslage bleibt festzuhalten, dass das Normengeflecht der §§ 54 BGB, § 50 Abs. 2 ZPO, §§ 735, 736 ZPO und § 47 GBO eine auffallende Inkonsistenz aufweist. Es gilt daher für den nichtrechtsfähigen Verein auch heute noch die Feststellung, die für die Gesellschaft bürgerlichen Rechts in vielfältiger Weise bereits getroffen wurde: eine komplexe Rechtsfortbildung im Bereich des Rechts der Rechtssubjekte lässt sich weder durch die höchstrichterliche Rechtsprechung noch durch einen einzelnen Federstrich des Gesetzgebers vollständig umsetzen.

Rechtsscheinhaftung und Bereicherungsausgleich beim Gutglaubenserwerb nach § 899a BGB

Christoph Reymann

I. Einführung

Seit jeher bestehen zwischen dem sachenrechtlichen Gutglaubenserwerb und dem Bereicherungsrecht enge Wechselwirkungen. Während die Regelungen zum Gutglaubenserwerb den dinglichen Eigentumsübergang trotz fehlender Berechtigung des Verfügenden ermöglichen (§§ 892, 893 BGB), legen bereicherungsrechtliche Vorschriften fest, ob der Erwerber das gutgläubig Erworbene auch dauerhaft behalten darf. So kann ein Grundstückskäufer nach § 892 BGB im Vertrauen auf das Grundbuch Eigentum erwerben. Sein gutgläubig erworbenes Eigentum muss der Erwerber nur dann ggf. wieder herausgeben, wenn er es unentgeltlich übertragen bekommen hat (§ 816 Abs. 1 S. 2 BGB).[1] Mit § 899a BGB wurde jetzt erstmals eine Spezialkonstellation des Gutglaubenserwerbs bei Veräußerung durch eine GbR geregelt – nämlich diejenige, dass die im Grundbuch eingetragenen Gesellschafter, welche die GbR beim Grundstücksgeschäft vertreten, tatsächlich gar nicht zur Vertretung der Gesellschaft berechtigt sind. Diese Sondervorschrift wurde durch das ERVGBG mit Wirkung zum 18.8.2009 in das BGB eingefügt.[2]

Zugegebenermaßen konnten von einer GbR auch schon vor der Verabschiedung des § 899a BGB Grundstücke und grundstücksgleiche Rechte gutgläubig erworben werden (§§ 892, 893 BGB). Zu scheitern drohte ein solcher Gutglaubenserwerb aber gegebenenfalls daran, dass das Geschäft mit der GbR als Bucheigentümerin wegen fehlender Vertretungsmacht der handelnden Gesellschafter nicht wirksam zustande kam oder die im Grundbuch ausgewiesene GbR tatsächlich gar nicht existierte.[3] Insofern ergänzt § 899a BGB die traditionellen Gutglaubensschutznormen. Ähnlich wie § 15 HGB, § 172

[1] Vgl. *Larenz/Canaris,* Lehrbuch des Schuldrechts, Bd. 2 Halbbd. 2, 13. Aufl. 1994, § 69 II 1 a) (S. 180 f.)

[2] Gesetz zur Einführung des elektronischen Rechtsverkehrs und der elektronischen Akte im Grundbuchverfahren sowie zur Änderung weiterer grundbuch-, register- und kostenrechtlicher Vorschriften (ERVGBG) – BGBl. 2009 I, S. 2713.

[3] Im Überblick: *Reymann,* ZfIR 2009, 81 (81 ff.).

BGB gewährt er Vertrauensschutz mit Blick auf die Vertretungsmacht und wirkt sich dabei auch auf die bereicherungsrechtliche Beurteilung gescheiterter Erwerbsvorgänge aus. Von § 892 BGB unterscheidet er sich insofern, als ihm bereicherungsrechtlich kein echtes Dreiecksverhältnis zugrunde liegt (Verfügender – Berechtigter – Erwerber). Vielmehr geht mit ihm ein unechtes Dreiecksverhältnis einher[4], bei dem die Gesellschafter, ähnlich wie mit dem Erwerb durch sog. Geheißpersonen oder sonstige Gehilfen, nicht im eigenen Namen, sondern im Namen der GbR handeln, die zugleich Berechtigte und Verfügende ist.[5]

Freilich konnte § 899a BGB noch nicht berücksichtigt werden, als *Dieter Reuter* im Jahre 1983 mit seinem Schüler *Michael Martinek* seine grundlegende Monographie „Ungerechtfertigte Bereicherung" vorlegte. Gerade die Teile, die *Dieter Reuter* verfasste (§ 3 und Kapitel IV bis VI), geben aber zumindest mittelbare Anhaltspunkte, wie mit dem neuen § 899a BGB bereicherungsrechtlich umzugehen ist. *Weitnauer* nannte *Reuter/Martineks* „Ungerechtfertigte Bereicherung" schon damals eine „sachkundige, gründliche, überaus sorgfältige und, wo es um Meinungsverschiedenheiten geht, stets faire Darstellung des [damals] gegenwärtigen Standes" des Bereicherungsrechts.[6] *Schlechtriem* ging darüber hinaus und bescheinigte den Autoren den Versuch einer „grundsätzliche[n] Neukonzeption [des Bereicherungsrechts] unter teilweiser Nutzung der von *Wilburg* und *von Caemmerer* geschaffenen Grundlagen".[7] Er sah in den Ausführungen den Versuch eines „*System[s]* ..., das eine in sich konsistente bereicherungsrechtliche Praxis ermöglicht".[8]

Die „nächste bereicherungsrechtliche Wende", die *Reuter/Martinek* im Jahre 1983 bereits „in Sichtweite" wähnten[9], leitet § 899a BGB sicherlich nicht ein. Gleichwohl gibt er Anlass, das Verhältnis zwischen dem Bereicherungsrecht und der Rechtsscheinhaftung mit Blick auf § 899a BGB zu überdenken.

[4] Zum unechten Dreiecksverhältnis beim sog. Geheißerwerb: *Reuter/Martinek*, Ungerechtfertigte Bereicherung, § 13 I 1 (S. 508 f.).

[5] Zum sog. „unechten Dreiecksverhältnis" siehe: *Reuter/Martinek*, Ungerechtfertigte Bereicherung, § 13 (S. 508 ff.); zur bereicherungsrechtlichen Relevanz der Unterscheidung zwischen unmittelbarer und mittelbarer Stellvertretung siehe auch: *Wendehorst*, in: Bamberger/H. Roth, BGB, 2. Aufl. 2008, § 812 Rn. 166; *H. P. Westermann/P. Buck/Heeb*, in: Erman, BGB, 12. Aufl. 2008, § 812 Rn. 18.

[6] *Weitnauer*, DB 1984, 2496 (2496).

[7] *Schlechtriem*, ZHR 149 (1985), 327 (327).

[8] *Reuter/Martinek*, Ungerechtfertigte Bereicherung, Vorwort.

[9] *Reuter/Martinek*, Ungerechtfertigte Bereicherung, Vorwort.

II. Ausgangslage beim fremdfinanzierten Grundstückskauf

Will man die rechtsscheins- und bereicherungsspezifischen Aspekte des § 899a BGB nachvollziehen, muss man sich zunächst dessen praktischen Hauptanwendungsfall vor Augen führen. In der Praxis bedeutsam ist § 899a BGB beim Eigentumserwerb von einer GbR, wenn die falschen Gesellschafter im Grundbuch eingetragen sind und diese die GbR „vertreten". In diesem Zusammenhang spielt § 899a BGB auch bei der Finanzierungsgrundschuld des Käufers eine Rolle, die in der Regel noch die GbR bestellt. Muss der Käufer ein Darlehen zur Kaufpreisfinanzierung aufnehmen, verfügt er aber über keine ausreichende (Real-)Sicherheit zur Absicherung der Bank, wird in der Regel der noch zu erwerbende Grundbesitz als Beleihungsobjekt herangezogen. Aus dem Dilemma heraus, dass der Käufer bei üblicher Kaufvertragsabwicklung den Kaufpreis bereits vor Eintragung des Eigentumswechsels zahlen muss, zu diesem Zeitpunkt aber noch nicht als verfügungsberechtigter Eigentümer Grundpfandrechte zugunsten seiner Finanzierungsbank bestellen kann, wird in den Kaufvertrag regelmäßig eine Belastungsvollmacht aufgenommen, mit welcher der Verkäufer den Käufer bevollmächtigt, zum Zwecke der Kaufpreisfinanzierung den vertragsgegenständlichen Grundbesitz (auch im Namen des Verkäufers) mit Grundpfandrechten zugunsten von Kreditinstituten zu belasten.[10]

1. *Besonderheiten beim Grundstückskauf von einer GbR*

Bei der GbR wird diese Ausgangskonstellation in Zukunft durch die Neuregelung des § 899a BGB beeinflusst. Mit dieser Vorschrift hat der Gesetzgeber erstmals nicht nur eine Gutglaubensschutznorm bezüglich der persönlichen Verhältnisse des eingetragenen Berechtigten geschaffen (Gesellschafterstellung bei der GbR), sondern auch ein Kapitel der Rechtsschein- und Bereicherungshaftung beim Grundstückserwerb von einer GbR abgeschlossen, welches durch den II. und V. Zivilsenat des BGH vor einigen Jahren eingeleitet wurde. In diesem Sinne ist § 899a BGB erstens als Reaktion auf die Anerkennung der Partei- und Rechtsfähigkeit der GbR durch den II. Zivilsenat des BGH zu begreifen.[11] Des Weiteren versucht der Gesetzgeber mit dieser Norm, die praktischen Probleme in den Griff zu bekommen, die durch die Anerkennung der Grundbuchfähigkeit der GbR durch den V. Zivilsenat des BGH entstanden sind.[12]

[10] Vgl. *Reymann*, MittBayNot 2008, 272 (272 ff.).

[11] BGH v. 29.1.2001 – II ZR 331/00 – BGHZ 146, 341 (341 ff.); siehe hierzu: *Reuter*, AcP 207 (2007), 673 (673 ff.).

[12] BGH v. 4.12.2008 – V ZB 74/08 – BGHZ 179, 102 (102 ff.); zum BGH-Beschluss vom 4.12.2008 – V ZB 74/08 – kritisch: *Hertel*, DNotZ 2009, 121 (121 ff.); *Kesseler*, NZM 2009, 190 (190 ff.); *Reymann*, ZfIR 2009, 81 (81 ff.); *Ruhwinkel*, MittBayNot 2009, 177 (177 ff.); *Zimmer*, MDR 2009, 237 (237 ff.).

a) Individualistische Gesamthandslehre und Anerkennung der Rechtsfähigkeit

Betrachtet man die Rechtsprechung zur GbR chronologisch, ergaben sich nach der vom BGH vormals vertretenen individualistischen Gesamthandslehre beim Grundstücksverkauf durch GbR-Gesellschafter zunächst keine Sonderprobleme mit Blick auf den Gutglaubensschutz gemäß §§ 891 ff. BGB.

Nach der traditionellen Auffassung hatte die GbR selbst keine Rechtspersönlichkeit, sodass nur die einzelnen Gesellschafter als Zuordnungssubjekte der die Gesellschaft betreffenden Rechte und Pflichten und dementsprechend als Berechtigte im Sinne der §§ 892, 893 BGB in Betracht kamen.[13] Vertragspartner beim Kauf und Verkauf eines Grundstücks war nicht die GbR. Vielmehr traten die Gesellschafter in gesamthänderischer Bindung als Vertragspartei auf und wurden in Abteilung I des Grundbuchs als Eigentümer mit dem Berechtigungsverhältnis „in Gesellschaft bürgerlichen Rechts" (§ 47 GBO) eingetragen. Bei Unrichtigkeit des Grundbuchs bezüglich eines Mitgesellschafters gab es nicht nur für den Grundstückserwerber, sondern auch für die finanzierende Bank (Grundschuld) die Möglichkeit des Gutglaubenserwerbs (§ 892 BGB).

In seiner Entscheidung vom 29.1.2002 stellte der BGH dann fest, dass die GbR eine eigene Rechtspersönlichkeit hat und folgte damit erstmals der von *Flume* geprägten Gruppenlehre, die sich bereits zuvor dafür ausgesprochen hatte, dass die GbR Trägerin von Rechten und Pflichten sein kann.[14] Angesichts dieser Rechtsprechungsänderung wurde es problematisch, ob die GbR-Gesellschafter weiterhin als Berechtigte im Sinne der §§ 892, 893 BGB eingestuft werden konnten. Die Anerkennung der Rechtsfähigkeit warf auch die schwierige Frage auf, ob die GbR als grundbuchfähig einzustufen war.

b) Grunderwerbsfähigkeit und Grundbuchfähigkeit der GbR

Zusätzliche Zweifel daran, ob die §§ 891 ff. BGB den guten Glauben an die Gesellschafterstellung schützten, kamen 2006 auf, als der BGH die Grunderwerbsfähigkeit der GbR anerkannte, ohne allerdings klar zur Grundbuchfähigkeit Stellung zu nehmen.[15] Seitdem stand fest, dass die GbR auch dann in eigener Person Eigentum an einem Grundstück erwirbt, wenn nach tradi-

[13] *Kessler,* in: Staudinger, BGB, 12. Aufl. 1991, Vorbem. zu § 705 Rn. 69; *Buchner,* AcP 169 (1969), 483 (483 ff.); *Rittner,* AcP 175 (1975), 464 (469); *Hueck*, in: FS Zöllner, Bd. I, 1998, 275 (275 ff.); im Überblick: *Zöllner,* in: FS Gernhuber, 1993, 563 (563); *Beuthien/Ernst,* ZHR 156 (1992), 227 (231 ff.).

[14] BGH v. 29.1.2001 – II ZR 331/00 – BGHZ 146, 341 (341 ff.); *Flume,* ZHR 136 (1972), 177 (177 ff.); *ders.* Allgemeiner Teil des Bürgerlichen Rechts, Bd. I/1, 1977, § 4 (S. 50 ff.).

[15] BGH v. 25.9.2006 – II ZR 218/05 – NJW 2006, 3716 (3716 f.).

tioneller Methode noch die Gesellschafter unter Angabe des Berechtigungsverhältnisses (§ 47 GBO) im Grundbuch eingetragen wurden.

Grundsätzlich kennt das Immobiliarsachenrecht keinen guten Glauben an die persönlichen Verhältnisse eines eingetragenen Eigentümers, sodass es nahelag, dass ein Teil der Literatur, übrigens auch *Dieter Reuter*[16], die Möglichkeit eines Gutglaubenserwerbs nach § 892 BGB mit Blick auf die Gesellschafterstellung spätestens seit dieser Zeit ablehnte.[17] Aber auch Gegenpositionen wurden hierzu vertreten – beispielsweise von *Gursky,* der es aus Gründen der Praktikabilität für angemessen hielt, dass die Gesellschafter an der Vermutungswirkung des § 891 BGB nach wie vor teilhatten, wenn sie im Grundbuch eingetragen waren.[18]

Was die Grundbuchfähigkeit der GbR anbelangt, wurde es bis 2008 überwiegend verneint, dass die GbR unter einer eigenen Bezeichnung als Eigentümerin bzw. Inhaberin von beschränkten dinglichen Rechten im Grundbuch eingetragen werden konnte.[19] Andere – wie beispielsweise *Dieter Reuter*[20] – bejahten die Möglichkeit, die GbR als Berechtigte im Grundbuch einzutragen[21]; teilweise wurde dies nur unter der Einschränkung zugelassen, dass auch die Gesellschafter weiterhin eingetragen wurden[22]. Eine andere Ansicht hielt die GbR zwar für grundbuchfähig, aber – wie bisher – nur unter Eintragung ihrer Gesellschafter mit einem Hinweis auf das Gesellschaftsverhältnis.[23] Die Praxis der Grundbuchämter ging fast einhellig von der fehlenden Grundbuchfähigkeit aus, sodass die GbR trotz Rechtsfähigkeit weiterhin unter Angabe ihrer Gesellschafter „in GbR" (§ 47 GBO) im Grundbuch eingetragen wurde.

Als der BGH die GbR schließlich mit Beschluss vom 4.12.2008 auch als grundbuchfähig einstufte[24], wurde die Anwendbarkeit der §§ 892, 893 BGB

[16] *Reuter,* AcP 207 (2007), 673 (712 f.).

[17] *Bielicke,* Rpfleger 2007, 441 (442 f.); *Lautner,* MittBayNot 2005, 93 (97); *ders.,* MittBayNot 2001, 425 (434); *Ulmer/Steffek,* NJW 2002, 330 (337 f.); *Wagner,* ZIP 2005, 637 (644); *Pohlmann,* WM 2002, 1421 (1430); *Wertenbruch,* WM 2003, 1786 (1788); *Dümig,* in: KEHE, Grundbuchrecht, 6. Aufl. 2006, Einl. B 62 m w.N.

[18] *Gursky,* in: Staudinger, BGB, Neubearb. 2008, § 891 Rn. 37; so im Ergebnis auch *Münch,* DNotZ 2001, 535 (548).

[19] *Heil,* NJW 2002, 2158 (2159 f.); *Kremer,* RNotZ 2004, 239, 245; *Münch,* DNotZ 2001, 535 (535 ff.); zu den Vertretern der verschiedenen Ansichten siehe im Überblick die Fundstellenangaben in: BGH v. 4.12.2008 – V ZB 74/08 – DNotZ 2009, 115 f., Tz. 8.

[20] *Reuter,* AcP 207 (2007), 673 (712 f.).

[21] *Dümig,* Rpfleger 2002, 53 (53 ff.); *Eickmann,* ZfIR 2001, 433 (435 ff.); OLG Stuttgart v. 9.1.2007 – 8 W 223/06 – ZIP 2007, 419 (419 ff.); *Leipold,* FS Canaris II, 2007, S. 221 ff.; *Wagner,* ZIP 2005, 637 ff.; *Pohlmann,* WM 2002, 1421 (1429 ff.); mit dem Vorschlag, eine Gesellschafterliste zu den Grundakten einzureichen: *Ulmer,* ZIP 2000, 585 (594 f.).

[22] *Böhringer,* BWNotZ 2006, 118 (121); *ders.,* Rpfleger 2005, 225 (226); *Lautner,* MittBayNot 2005, 93 (99).

[23] *Nagel,* NJW 2003, 1646 (1647); *Ruhwinkel,* MittBayNot 2007, 92 (95 f.).

[24] BGH v. 4.12.2008 – V ZB 74/08 – BGHZ 179, 102 (102 ff.).

auf die Gesellschafterstellung gewissermaßen zu einem „Lotteriespiel“.[25] Nur das LG Ingolstadt[26] und ein Teil der Literatur[27] sprachen sich nach wie vor dafür aus, dass auch bezüglich der eingetragenen Gesellschafter Gutglaubensschutz bestehe. Die überwiegende Literatur verneinte dagegen die Anwendbarkeit der §§ 892, 893 BGB auf die Gesellschafterstellung.[28] Dies machte Grundstücksrechte von GbRs fast zur *res extra commercium.*[29] Um Erwerberschutz über § 892 BGB bzw. über § 15 HGB sicherzustellen, wurden von Seiten der Kautelarjurisprudenz Sondergestaltungen wie das sog. Anwachsungsmodell, die Überführung des Gesamthands- in Bruchteilseigentum der Gesellschafter oder die identitätswahrende Umwandlung der GbR in eine vermögensverwaltende Personenhandelsgesellschaft (OHG oder KG) propagiert.[30]

2. *Erwerberschutz nach § 899a BGB*

In völlig neuen Kategorien muss nun seit dem 18.8.2009 gedacht werden. Wird auf die GbR ein Grundstück übertragen oder ein Recht zu ihren Gunsten bestellt, sind nach § 47 Abs. 2 S. 1 GBO auch die Gesellschafter im Grundbuch zwingend einzutragen. Über die Verweisung des § 899a S. 2 BGB auf die §§ 892 bis 899 BGB werden die Gesellschaftereintragungen denselben Grundsätzen unterstellt wie Eintragungen zu einem Eigentümer bzw. Berechtigten.[31] Dabei wird im Hinblick auf den Gutglaubensschutz vermutet, dass

[25] So *Abicht,* notar 2009, 117 (118); ebenfalls kritisch: *Volmer,* ZfIR 2009, 97 (97 ff.).

[26] LG Ingolstadt v. 14.4.2009 – 12 T 526/09 – MittBayNot 2009, 300 (301 f.).

[27] *Hertel,* DNotZ 2009, 121 (127 f.); *Ruhwinkel,* MittBayNot 2009, 177 (184).

[28] *Kesseler,* NZM 2009, 190 (191); *Kuckein/Jenn,* NZG 2009, 848 (850); *Lautner,* NotBZ 2009, 78 (82); *Miras,* GWR 2009, 78 (79 f.); *Schubert,* ZNotP 2009, 178 (185 f.); jüngst auch *Krüger,* in: FS für S. Zimmermann, 2010, S. 177 (S. 180 f.); ebenfalls kritisch: *Tebben,* NZG 2009, 288 (290); offen lassend: *Hartmann,* ErbStB 2009, 76 (77).

[29] So *Böttcher,* ZfIR 2009, 613 (615); ähnlich zuvor bereits *Heil,* NJW 2002, 2158 (2158 ff.).

[30] *Hertel,* DNotZ 2009, 121 (128); *Miras,* GWR 2009, 78 (81); im Überblick: *Abicht,* notar 2009, 117 (118); vgl. auch *Schubert,* ZNotP 2009, 178 (181).

[31] Nach Art. 229 § 21 EGBGB gelten die neuen Vorschriften zur GbR auch für solche GbRs, die vor dem Inkrafttreten des ERVGBG bereits im Grundbuch eingetragen waren. Nach der Begründung des BT-Rechtsausschusses finden § 899a BGB und § 47 Abs. 2 S. 2, § 82 S. 3 GBO selbst dann uneingeschränkt Anwendung, wenn die GbR noch nach dem alten Modell *(Eintragung der Gesellschafter unter Angabe des Beteiligungsverhältnisses gemäß § 47 GBO)* im Grundbuch vermerkt ist (*Wicke,* GWR 2009, 336 [338 f.]; für eine sehr weit reichende Rückwirkung auch in Bezug auf in der Vergangenheit abgeschlossene Vorgänge: *Lautner,* DNotZ 2009, 650 [676 f.]). Davon abzugrenzen ist der Fall, dass eine Namens-GbR nach dem Modell des V. Zivilsenat des BGH in das Grundbuch aufgenommen wurde *(Eintragung der GbR unter eigener Bezeichnung ohne Gesellschafter).* In diesem Fall sind die neuen Vorschriften weder einschlägig noch besteht eine Pflicht oder eine Erleichterung, die Gesellschafter im Grundbuch noch nachträglich einzutragen (*Böttcher,* ZfIR 2009, 613 [627]).

diejenigen Personen Gesellschafter sind, die nach § 47 Abs. 2 S. 1 GBO im Grundbuch eingetragen werden, und dass darüber hinaus keine weiteren Gesellschafter vorhanden sind. Werden alle im Grundbuch eingetragenen Gesellschafter für die GbR tätig, hat der Erwerber die Möglichkeit eines Gutglaubenserwerbs. Außerdem ist die Feststellungslast gegenüber dem Grundbuchamt entsprechend reduziert.[32] Auch bezüglich der (Fort-)Existenz der Gesellschaft gewährt § 899a BGB Gutglaubensschutz, obwohl § 899a S. 1 BGB seinem Wortlaut nach eigentlich nur von der Vermutung spricht, „dass diejenigen Personen Gesellschafter sind, die ... im Grundbuch eingetragen sind".[33] Denn der gute Glaube an die Existenz der GbR ist notwendiges Durchgangsstadium für den Gutglaubensschutz an die Organstellung der Gesellschafter.

In gegenständlicher Hinsicht ist unstreitig, dass sämtliche Verfügungen über ein eingetragenes Recht der GbR in den Anwendungsbereich von § 899a BGB fallen. Dementsprechend kann der Erwerber von den eingetragenen (Schein-)Gesellschaftern an dem eingetragenen Grundstück einer GbR z.B. das Eigentum, eine Finanzierungsgrundschuld oder auch eine Vormerkung erwerben (die Existenz eines zu sichernden Anspruchs gemäß § 883 Abs. 1 BGB vorausgesetzt). Denselben Gutglaubensschutz dürfte die Bank genießen, wenn sie von der veräußernden GbR eine Grundschuld erwirbt, die bereits der Erwerber im Namen der GbR in Ausübung der von dieser erteilten Belastungsvollmacht (vor Umschreibung des Eigentums auf den Erwerber) bestellt.[34] Nicht von dem Gutglaubensschutz nach § 899a BGB erfasst werden dagegen Rechtsgeschäfte, die nicht „in Ansehung des eingetragenen Rechts" vorgenommen werden. In Anbetracht dieser Einschränkung fallen beispielsweise bewegliche Gegenstände selbst dann nicht unter den Anwendungsbereich der Norm, wenn sie aus Anlass eines Grundstückserwerbs mitverkauft werden.[35] Weitgehend ungeklärt ist derzeit noch die Frage, in welchem Verhältnis § 899a BGB zum schuldrechtlichen Kausalgeschäft steht.

[32] Mit Beispielsfall *Kuckein/Jenn*, NZG 2009, 848 (850).

[33] *Rebhan*, NotBZ 2009, 445 (447); *Toussaint*, in: jurisPK, BGB, 4. Aufl. 2008, § 899a Rn. 23; *Ruhwinkel*, MittBayNot 2009, 421 (422); *Heinze*, RNotZ 2010, 289 (295 f.); *Böttcher*, ZfIR 2009, 613 (623); *Lautner*, DNotZ 2009, 650 (667); *Wicke*, GWR 2009, 336 (337 f.); *Böhringer*, Rpfleger 2009, 537 (541); *Krauß*, Immobilienkaufverträge in der Praxis, 5. Auf. 2010, Rn. 326; dementsprechend bereits die Begründung des BT-Rechtsausschusses: BT-Drucks. 16/13437, S. 27, li. Sp. oben; aA: *Steffek*, ZIP 2009, 1445 (1456); *Bestelmeyer*, Rpfleger 2010, 169 (174); zweifelnd: *Bassenge*, in: Palandt, 69. Aufl. 2010, § 899a Rn. 6; kritisch: *Krüger*, in: FS für S. Zimmermann, 2010, S. 177 (S. 185).

[34] Denn auch die Erteilung einer Vollmacht ist ein Rechtsgeschäft „in Ansehung des eingetragenen Rechts" (§ 899a S. 1 BGB) – zumindest soweit sie zur Vornahme dinglicher Verfügungen, wie beispielsweise zur Bestellung einer Grundschuld, berechtigt.

[35] Zum fehlenden Gutglaubensschutz bei beweglichen Gegenständen: *Böhringer*, Rpfleger 2009, 537 (541); *Ruhwinkel*, MittBayNot 2009, 421 (423 f.); *Krauß*, Immobilienkaufverträge in der Praxis, 5. Auf. 2010, Rn. 321 ff.; *ders.*, notar 2009, 429 (435); *Lautner*, DNotZ 2009, 650 (672); offen lassend, ob dies auch mit Blick auf § 926 Abs. 1, § 311c BGB für das von diesen Normen erfasste Zubehör gilt: *Rebhan*, NotBZ 2009, 445 (448).

III. Rechtsgrund des Gutglaubenserwerbs und Vormerkungsschutz

Die Frage nach dem Verhältnis von § 899a BGB zu dem schuldrechtlichen Kausalgeschäft hat für den Grundstückskauf von einer GbR deswegen eine so große Praxisrelevanz, weil die Beantwortung dieser Frage von zentraler Bedeutung für die Beständigkeit von Rechten ist, die der Erwerber von den (Schein-)Gesellschaftern gemäß § 899a BGB erwirbt. So könnte die GbR das Eigentum des Erwerbers wegen Rechtsgrundlosigkeit ggf. kondizieren, wenn Kausalverträge von vornherein nicht von § 899a BGB erfasst werden. Darüber hinaus würde die Vormerkung des Erwerbers mangels gesicherten Eigentumsübertragungsanspruchs gegenüber der GbR nicht entstehen.[36] Die GbR könnte gegenüber der finanzierenden Bank eine gutgläubig erworbene Grundschuld kondizieren, weil auch der Sicherungsvertrag an einem Vertretungsmangel leidet. § 816 Abs. 1 S. 1 BGB würde in diesem Zusammenhang keine Kondiktionssperre aufstellen, weil er nur solche Konstellationen des entgeltlichen Gutglaubenserwerbs erfasst, in denen Verfügender und Berechtigter nicht personenidentisch sind.[37] Dies ist beispielsweise bei der mittelbaren Stellvertretung, bei der ein Gutglaubenserwerb nach den §§ 892, 893 BGB möglich ist, der Fall. Keine Anwendung findet § 816 Abs. 1 S. 1 BGB dagegen in den Fällen der offenen Stellvertretung wie bei § 899a BGB, in denen der Vertretene (GbR) „Berechtigter" und zugleich „Verfügender" ist.

1. *Generelle Kondiktionsfestigkeit des Gutglaubenserwerbs*

Das „Kondiktionsproblem" würde sich in Bezug auf § 899a BGB nicht stellen, wenn ein Gutglaubenserwerb einer schuldrechtlichen *causa* gar nicht erst bedürfte. Einen solchen Ansatz hat mit Blick auf die traditionellen Tatbestände des Gutglaubenserwerbs *von Caemmerer* geprägt.[38] Seiner Ansicht nach wäre es „sinnlos und würde den Verkehrsschutz illusorisch machen, wollte man für den gutgläubigen Erwerb eine causa, eine ‚schuldrechtliche Unterlage' verlangen."[39] Vermögensverschiebungen, die durch gesetzliche Vorschriften über Verjährung, Rechtsverlust durch Ablauf von Ausschlussfristen, Verwirkung, Verlust des Pfandbesitzes, Ersitzung und die Normen über den gutgläubigen Erwerb eintreten, stellten vielmehr niemals eine ungerechtfertigte Bereicherung dar. Die Kondiktionsfestigkeit des gutgläubigen Erwerbs sei in den romanischen Rechten eine der Hauptfunktionen des Prinzips der Subsidiarität der Bereicherungsansprüche, über die man sich seit den Glossatoren bereits einig

[36] So in Bezug auf § 899a BGB: *Bassenge*, in: Palandt, BGB, 69. Aufl. 2010, § 899a Rn. 7.

[37] Vgl. *Martinek*, in: jurisPK, 4. Aufl. 2008, § 816 Rn. 8 ff.; zum Verdikt der Versionsklage historisch betrachtet: *Reuter/Martinek*, Ungerechtfertigte Bereicherung, § 1 II 2 (S. 18 ff.).

[38] *Von Caemmerer*, in: FS Boehmer, 1954, S. 145 (S. 151 f.).

[39] *Von Caemmerer*, in: FS Boehmer, 1954, S. 145 (S. 152).

sei.[40] Im deutschen Recht könne „verständlicherweise nichts anderes gelten, auch nicht im Fall der Ersitzung und gewiß nicht im Fall des gutgläubigen Erwerbs."[41]

Andere haben die Kondiktionsfestigkeit bei Erwerbskonstellationen, in denen „Verfügender" und „Berechtigter" wie bei § 892 BGB auseinanderfallen, ähnlich beurteilt. So haben *Reuter/Martinek* den § 816 Abs. 1 S. 2 BGB im Sinne der herrschenden Eingriffstheorie als Ausnahme vom allgemeinen Verbot der Versionsklage eingestuft und eine Gleichstellung von „rechtsgrundlosem" mit „unentgeltlichem" Erwerb u.a. deswegen abgelehnt, weil der entgeltliche Erwerb unabhängig vom wirksamen Zustandekommen des Kausalverhältnisses kondiktionsfest sei.[42]

2. *Schuldrechtliche Relevanz des § 899a BGB*

Überträgt man die These von der *per-se*-Kondiktionsfestigkeit des Gutglaubenserwerbs nicht kritiklos auf den Erwerbstatbestand des § 899a BGB, sondern fragt nach dem „Warum" der Kondiktionsfestigkeit, könnte diese mit Blick auf § 899a BGB zum Beispiel damit begründet werden, dass § 899a BGB auch GbR-spezifische Vertretungsmängel beim schuldrechtlichen Kausalverhältnis „heilt". Damit würde § 899a BGB auch das wirksame Zustandekommen des Kausalvertrages gewährleisten.[42a]

Für eine weite Auslegung in diesem Sinne spricht sicherlich der Sinn und Zweck der Norm.[43] So vertritt *Lautner* die Ansicht, dass mit § 899a BGB eine Ersatzregisterfunktion einhergeht, die nicht nur Vertrauensschutz in dinglicher, sondern auch in schuldrechtlicher Hinsicht gewährt.[44] Ein solcher Ansatz stünde nicht zuletzt mit den §§ 172 ff. BGB und § 15 HGB im Einklang, die ebenfalls jeweils das dingliche und schuldrechtliche Rechtsgeschäft gleichermaßen betreffen. Daneben existieren weitere Bestrebungen im Zivilrecht, dingliches und schuldrechtliches Geschäft aufeinander abzustimmen. Dies betrifft z.B. die Gesamtbetrachtungslehre, wonach jedes dingliche Vollzugsgeschäft im Lichte des schuldrechtlichen Kausalgeschäfts zu betrachten ist, um zu ermitteln, ob ein Rechtsgeschäft für einen Minderjährigen als ausschließlich rechtlich vorteilhaft einzustufen ist.[45] Ähnlich legt auch § 1365 BGB Zeugnis dafür ab, dass dingliche und schuldrechtliche Ebene vermengt werden, wenn die Rechtsprechung bei der Frage, ob die Kenntnis des Erwer-

[40] Vgl. *Chavellier,* Répétition des enrichissements non causés, in: Ripert, Le droit privé français au milieu du XXe siècle II, 1950, S. 237 (S. 246).

[41] *Von Caemmerer,* in: FS Boehmer, 1954, S. 145 (S. 152); im Ansatz ähnlich: *Reuter/Martinek,* Ungerechtfertigte Bereicherung, § 8 II 2. c) (S. 344).

[42] *Reuter/Martinek,* Ungerechtfertigte Bereicherung, § 8 II 2. c) (S. 344).

[42a] So im Ergebnis: *Heinze,* RNotZ 2010, 289 (297 f.); *Lautner,* DNotZ 2009, 650 (671 f.).

[43] *Krauß,* notar 2009, 429 (436); *Rebhan,* NotBZ 2009, 445 (447).

[44] *Lautner,* DNotZ 2009, 650 (671 f.).

[45] BGH v. 25.11.2004 – V ZB 13/04 – NJW 2005, 415 (415 ff.); BayObLG v. 29.5.1998 – 2Z BR 85/98 – NJW 1998, 3574 (3574 ff.).

bers von den Vermögensverhältnissen des Veräußerers der Wirksamkeit der Veräußerung entgegen steht, maßgeblich auf den Vornahmezeitpunkt des Kausalgeschäfts abstellt.[46] Schließlich gewährt § 49 Abs. 2 HGB seinem Wortlaut nach zwar nur Vertretungsmacht für Veräußerungen und Belastungen, betrifft nach h.M. aber auch das schuldrechtliche Kausalgeschäft.[47]

Sondervorschriften, die § 899a BGB vergleichbar sind, sucht man dagegen vergeblich. Zwar könnte die Vorschrift zum Grundbuchvertreter (§ 1189 BGB) Anhaltspunkte für die Auslegung von § 899a BGB geben. Im Ergebnis trifft § 1189 BGB für § 899a BGB aber keine Vorentscheidung[48], indem er als sachenrechtliche Vertretungsregelung nur die Geltendmachung von dinglichen Rechten, nicht aber von persönlichen Ansprüchen betrifft[49]. Denn im Gegensatz zu § 899a BGB handelt es sich bei § 1189 BGB um keine Gutglaubensschutznorm, sondern um eine dingliche Sonderregelung zum Grundbuchvertreter. Davon abgesehen liefert auch die Begründung des BT-Rechtsausschusses keine eindeutige Aussage, ob es sich auch bei dem Grundgeschäft zu einem Gutglaubenserwerb um ein Geschäft „in Ansehung des eingetragenen Rechts" handelt (vgl. einerseits die Aussage, dass § 899a BGB „der Vorschrift des § 15 Absatz 3 des Handelsgesetzbuchs" gleicht[50], andererseits die Feststellung, dass § 899a BGB nicht die „Funktion eines allgemeinen Gesellschaftsregisters" hat[51]).

Dezidiert gegen eine Ausweitung von § 899a BGB auf Kausalgeschäfte spricht dessen systematische Stellung im Sachenrecht. Diese deutet auf eine Beschränkung des Anwendungsbereichs auf dingliche Verfügungsgeschäfte hin.[52] Dementsprechend könnte man es bei § 899a BGB mit einer Art „Schildbürgerstreich" zu tun haben, wenn man davon ausgeht, dass man dasjenige, was „man mithilfe von § 899a BGB erworben hat, ... nach § 812 BGB sogleich wieder herausgeben" muss.[53] Ungeachtet des Wortlauts von § 899a BGB sowie dessen systematischer Stellung könnte aber auch eine analoge

[46] BGH v. 12.1.1989 – V ZB 1/88 – BGHZ 106, 253 (257 f.); BayObLG v. 10.12.1987 – BReg. 2 Z 125/87 – BayObLGZ 1987, 431 (431 ff.).

[47] *Hopt*, in: Baumbach/Hopt, HGB, 34. Aufl. 2010, § 49 Rn. 1; *Krebs*, in: MünchKomm, HGB, 2. Aufl. 2005, § 49 Rn. 43; *Wagner*, in: Röhricht/Graf von Westphalen, HGB, 3. Aufl. 2008, § 49 Rn. 16.

[48] Vergleiche zu § 1189 BGB hat in der Literatur auch *Böhringer* gezogen: Rpfleger 2009, 537 (539); NotBZ 2009, 86 (89).

[49] *Strecker*, in: Planck, BGB, 4. Aufl. 1920, § 1189 Anm. 7; *Wolfsteiner*, in: Staudinger, BGB, Neubearb. 2009, § 1189 Rn. 24.

[50] BT-Drucks. 16/13437, S. 27 li. Sp.

[51] BT-Drucks. 16/13437, S. 26 re. Sp.; so auch *Lautner*, DNotZ 2009, 650 (652).

[52] Ebenso *Kuckein/Jenn*, NZG 2009, 848 (851); *Krüger*, in: FS für S. Zimmermann, 2010, S. 177 (S. 186); *Toussaint*, in: jurisPK, BGB, 4. Aufl. 2008, § 899a Rn. 25; *Bassenge*, in: Palandt, BGB, 69. Aufl. 2010, § 899a Rn. 5 und 7; *Kiehnle*, ZHR 174 (2010), 209 (228 ff.); *Bestelmeyer*, Rpfleger 2010, 169 (174 f.).

[53] So *Krüger*, in: FS für S. Zimmermann, 2010, S. 177 (S. 186).

Anwendung des § 899a BGB in Betracht gezogen werden.[54] Eine solche setzt allerdings eine planwidrige Regelungslücke voraus, die von vornherein nicht bestehen würde, wenn allgemeine Rechtsscheinsinstitute – wie die allgemeine Rechtsscheinhaftung[54a] – schuldrechtlich zur Vertragsentstehung führen.

IV. Schuldrechtlicher Vertrag kraft Rechtsscheins

Findet § 899a BGB auf der schuldrechtlichen Ebene keine Anwendung, muss dies nicht ohne Weiteres die Unwirksamkeit des jeweiligen Kausalgeschäfts nach sich ziehen. Insbesondere die Möglichkeit eines Vertragsschlusses, der auf dem Institut der allgemeinen Rechtsscheinhaftung basiert, wird dadurch nicht ausgeschlossen. Diese Grundannahme ist bereits deshalb gerechtfertigt, weil die Verdrängung durch eine Norm grundsätzlich nicht weiter reichen kann als ihr Anwendungsbereich. Selbst das Trennungs- und Abstraktionsprinzip legt es nicht nahe, dass das schuldrechtliche Kausalgeschäft im Rahmen des § 899a BGB unwirksam sein *muss.* Das Trennungs- und Abstraktionsprinzip besagt lediglich, dass das dingliche Erfüllungsgeschäft losgelöst von der Wirksamkeit des schuldrechtlichen Kausalgeschäfts zu beurteilen ist.[55] Dem steht nicht entgegen, dass beim Grundstückskauf der Kaufvertrag sowie bei der Finanzierungsgrundschuld der Sicherungsvertrag kraft allgemeinen Rechtsscheins mit der GbR zustande kommt.[56]

1. *Grundbucheintragungen als Rechtsscheinträger*

Als Grundvoraussetzung einer schuldrechtlichen Rechtsscheinhaftung ist allerdings zu fordern, dass die Grundbucheintragung der Gesellschafter auch außerhalb von § 899a BGB überhaupt als Rechtsscheinträger geeignet ist. Grundsätzlich ist hiergegen nichts einzuwenden.

Die Frage nach einer schuldrechtlichen Rechtsscheinträgereignung des Grundbuchs wurde bis zum Inkrafttreten der ERVGBG in Rechtsprechung

[54] Für eine analoge Anwendung des § 899a BGB auf das schuldrechtliche Kausalgeschäft: *Ruhwinkel,* MittBayNot 2009, 421 (423); *Böttcher*, Rpfleger 2010, 173 (175).

[54a] Die Literatur verwendet teilweise den Begriff der „Rechtsscheinsvollmacht" in diesem Zusammenhang (*Schilken,* in: Staudinger, BGB, Neubearb. 2009, § 167 Rn. 28 ff.).

[55] *Martinek,* JuS 1993, 615 (615); näher zum Trennungs- und Abstraktionsprinzip: *Baur/Stürner,* Sachenrecht, 18. Aufl. 2009, § 5 Rn. 40 ff. (S. 55 ff.).

[56] Diesen Gedanken ebenfalls aufwerfend: *Kuckein/Jenn,* NZG 2009, 848 (851); zur Rechtsscheinsvollmacht im Überblick: *Schilken,* in: Staudinger, BGB, Neubearb. 2009, § 167 Rn. 28 ff. Als dogmatische Grundlage der allgemeinen Rechtsscheinhaftung wird teilweise von dem Tatbestand des § 242 BGB, teilweise von einer analogen Anwendung der §§ 171, 172 BGB bzw. § 56 HGB und teilweise von einem *Zusammenspiel mehrerer Prinzipien* ausgegangen (*Canaris,* Die Vertrauenshaftung im deutschen Privatrecht, 1971, 1. Kap. § 4 [S. 29]).

und Literatur zwar, soweit ersichtlich, nicht behandelt und dementsprechend auch noch nicht bejaht.[57] Dies dürfte aber in erster Linie darauf beruhen, dass diese Fragestellung bis zu diesem Zeitpunkt keine Relevanz hatte. Denn bis zum Inkrafttreten des § 899a BGB wurde ausschließlich die Inhaberschaft des eingetragenen Berechtigten und keinerlei sonstige Angaben zu seiner Person durch den öffentlichen Glauben des Grundbuchs geschützt.[58] Verfügt der Buchberechtigte nach traditioneller Dogmatik als eingetragener Inhaber wirksam über fremdes Eigentum (§ 892 BGB), ist er schuldrechtlich ohne Weiteres in der Lage, den zugrunde liegenden Kaufvertrag im eigenen Namen wirksam abzuschließen. Wird seit dem Inkrafttreten des § 899a BGB aber auch die Vertretungsmacht von eingetragenen Gesellschaftern vermutet, kommt es auf der schuldrechtlichen Ebene darauf an, ob auch insofern ein Rechtsschein für die wirksame Vertretungsmacht nutzbar gemacht werden kann. Denn nur dann kann der Erwerber das gemäß § 899a BGB Erworbene langfristig behalten.

a) Schuldrechtliche (Fern-)Wirkungen des Grundbuchs

Grundsätzlich schließen es die Regelungen des BGB nicht aus, dass sich der Rechtsscheinsgehalt des Grundbuchs auch auf die schuldrechtliche Sphäre bezieht. Bereicherungsrechtlich perpetuieren Grundbucheintragungen Vermögensverschiebungen zwar nicht endgültig. Dies hat den BGH aber beispielsweise nicht davon abgehalten, einen Bereicherungsausgleich zwischen zwei Inhabern von Grundstücksrechten hinsichtlich einer schuldrechtlich nicht vereinbarten Rangstelle mit der Begründung zu verneinen, dass § 879 BGB neben der dinglichen Rangstellung auch Rechtsgrund für den tatsächlich erworbenen Rang sein kann.[59] Obwohl diese Einordnung nicht unumstritten ist[60], sind ihr weite Teile der Literatur gefolgt[61]. Daneben gehen von Grundbucheintragungen auch beweisrechtliche Vermutungswirkungen zugunsten der Richtigkeit von eingetragenen und gelöschten Rechten aus.[62]

[57] Erst jüngst hat *Kiehnle* sich gegen die Rechtsscheinträgereignung des Grundbuchs ausgesprochen, hierfür aber keine nähere Begründung geliefert. Er verweist zwar darauf, dass Grundbucheintragungen nicht als scheinbar geduldetes Verhalten eingestuft werden können, womit er in der Sache aber eher die Zurechenbarkeit eines (vorausgesetzten) Rechtsscheins anzweifelt: ZHR 174 (2010), 209 (227 f.).

[58] *Gursky,* in: Staudinger, BGB, Neubearb. 2008, § 891 Rn. 41; *Böttcher,* in: Meikel, GBO, 10. Aufl. 2009, Einl. H Rn. 52; Augustin, in: RGRK, BGB, 12. Aufl. 1979, § 891 Rn. 31; *Schöner/Stöber,* Grundbuchrecht, 14. Aufl. 2008, Rn. 346.

[59] BGH v. 20.6.1956 – V ZR 28/55 – BGHZ 21, 98 (99 ff.).

[60] *A. Lorenz,* in: Erman, BGB, 12. Aufl. 2008, § 879 Rn. 22; *Stürner,* in: Soergel, BGB, 13. Aufl. 2002, § 879 Rn. 12; *Larenz/Canaris,* Lehrbuch des Schuldrechts, Bd. 2 Halbbd. 2, 13. Aufl. 1994, § 69 I 3 d) (S. 179 f.); *H. P. Westermann/P. Buck/Heeb,* in: Erman, BGB, 12. Aufl. 2008, § 812 Rn. 80; *Lent,* NJW 1957, 177 (177); *H. Westermann,* JZ 1956, 656 (656 f.).

[61] *Kutter,* in: Staudinger, BGB, Neubearb. 2007, § 879 Rn. 47; *Kohler,* in: Staudinger, BGB, 5. Aufl. 2009, § 879 Rn. 41; *Bassenge,* in: Palandt, BGB, 68. Aufl. 2009, § 879 Rn. 10.

[62] *Gursky,* in: Staudinger, BGB, Neubearb. 2008, § 891 Rn. 1.

Grundbucheintragungen haben eine Beweiserleichterung zur Folge und können dementsprechend dem ausgewiesenen Rechtsinhaber durch Urteil einen Anspruch verschaffen, der ihm eigentlich gar nicht zusteht (z.B. aus *rei vindicatio* gemäß § 985 BGB). Zur Entkräftung dieser Wirkung genügt zivilprozessual keine bloße Erschütterung der Vermutung, sondern der volle Beweis des Gegenteils muss geführt werden (§ 292 ZPO).

Ausdrückliche Regelungen, dass Schuldverhältnisse aus dem Rechtsschein des Grundbuchs unmittelbar erwachsen können, enthält das BGB zwar keine.[63] Mittelbare Anhaltspunkte dafür, dass dingliche Rechtsscheinträger auch auf schuldrechtlicher Ebene Rechtsscheintatbestand sein können, liefert aber das Recht der beweglichen Sachen. Zwar dient der Besitz an einer beweglichen Sache nach den §§ 932 ff. BGB nur als Rechtsscheinträger für die Eigentümerstellung. Nach § 366 HGB kann er aber auch Rechtsscheintatbestand für die Verfügungsmacht und im Rahmen des § 172 BGB auch Vertrauensträger für die schuldrechtliche Vertretungsmacht sein, sofern der Vertreter die Urschrift oder Ausfertigung der Vollmachtsurkunde vorlegen kann. In diesem Sinne hat beispielsweise auch der BGH bereits anerkannt, dass der Besitz an Wettscheinen, Wertmarken und Entwertungsstempeln grundsätzlich (auch schuldrechtlich) geeignet ist, den Rechtsschein einer Bevollmächtigung durch die Inhaberin einer Wettannahmestelle hervorzurufen.[64]

b) Der Vergleich mit § 1138 BGB und § 893 Alt. 2 BGB

Von anderen Gutglaubensschutznormen wie § 1138 BGB unterscheidet sich § 899a BGB zwar dadurch, dass er nicht ausdrücklich vorsieht, dass sich der Rechtsschein der Gesellschafterstellung auch auf die schuldrechtliche Ebene erstreckt. Bei näherer Betrachtung steht dies aber einer schuldrechtlichen Rechtsscheinträgereignung der Gesellschaftereintragung nicht entgegen. Denn im direkten Vergleich ist die ausdrückliche Anordnung in § 1138 BGB, dass sich der Rechtsschein auch auf die Forderung erstreckt, maßgeblich damit zu erklären, dass der öffentliche Glaube des Grundbuchs sich in gegenständlicher Hinsicht auf dingliche Rechte beschränkt und somit grundsätzlich keine Vermutung für das Bestehen zugrunde liegender Forderungen hervorruft. Im Vergleich dazu geht § 899a BGB von ganz anderen Prämissen aus. Ein gegenständlicher Rechtsschein des Grundbuchs wie bei § 1138 BGB (Forderung) steht bei § 899a BGB (Gesellschafterstellung) von vornherein nicht im Raum. Vielmehr weist § 899a BGB die Besonderheit auf, dass er nur den sachenrechtlichen Ausschnitt einer Rechtsscheinhaftung für

[63] Man könnte allenfalls ganz entfernt daran denken, dass das Grundbuch als Rechtsscheinträger etwa dazu beiträgt, dass ein gesetzliches Schuldverhältnis mit dem Inhalt der §§ 1020 bis 1023 BGB entsteht, wenn eine Dienstbarkeit gutgläubig vom Bucheigentümer erworben wird.

[64] BGH v. 12.2.1952 – I ZR 96/51 – BGHZ 5, 111 (116.)

Gesellschafterangaben regelt und damit auch eine entsprechende schuldrechtliche Haftung nach allgemeinen Grundsätzen indiziert.

Vor dem Hintergrund, dass bei persönlichen Angaben zum Rechtsinhaber (wie bei den Gesellschafterangaben zur GbR) naturgemäß nicht zwischen dinglicher und schuldrechtlicher Ebene differenziert wird, kann auch der mit der Grundbucheintragung der Gesellschafter hervorgerufene Vertrauensschutz nicht heterogen ausfallen. Vielmehr spricht viel dafür, dass das Grundbuch insofern trotz des Ausschnittscharakters von § 899a BGB auch auf schuldrechtlicher Ebene ausnahmsweise die Funktion eines Rechtsscheinträgers einnimmt. Etwas anderes kann auch nicht aus einem Vergleich mit § 893 Alt. 2 BGB abgeleitet werden. Zwar reicht bei § 893 Alt. 2 BGB der Rechtsschein des Grundbuchs nicht aus, um schuldrechtliche Geschäfte wie beispielsweise den Abschluss eines Miet- oder Pachtvertrages mit dem wahren Eigentümer zustande kommen zu lassen.[65] Hiervon ist das dem § 899a BGB zugrunde liegende Kausalverhältnis aber klar abzugrenzen. Denn bei den GbR-Gesellschaftern ist nicht – wie bei § 893 Alt. 2 BGB – der gute Glaube an die Inhaberschaft, aus der lediglich die Verfügungsbefugnis des Buchberechtigten in dinglicher Hinsicht traditionell abgeleitet wird, geschützt.[66] Vielmehr ist der gute Glaube an die Gesellschafterstellung betroffen, die maßgeblich auch in schuldrechtlicher Hinsicht das Vorliegen von Vertretungsmacht indiziert.

c) Zwischenfazit zur Rechtsscheinträgereignung der Gesellschafterangaben

Als Zwischenfazit lässt sich festhalten, dass § 899a BGB seit dem Inkrafttreten des ERVGBG den guten Glauben an die Gesellschafterstellung schützt. Seitdem werden mit den Gesellschaftern der GbR persönliche Angaben zum eingetragenen Berechtigten vom Rechtsscheingehalt des Grundbuchs erfasst. Bei diesen Angaben laufen dingliche und schuldrechtliche Ebene untrennbar ineinander. Ähnlich wie der Besitz im Mobiliarsachenrecht dürften auch die Grundbucheintragungen zu den GbR-Gesellschaftern einer schuldrechtlichen Rechtsscheinhaftung zugänglich sein. Sie sind jedenfalls gegenüber solchen Personen als Rechtsscheinträger geeignet, die zur Grundbucheinsicht nach § 12 GBO berechtigt sind.

2. *Vertrauensschutz und Zurechenbarkeit des Scheins*

Bejaht man bei GbR-Gesellschaftern die schuldrechtliche Rechtsscheinträgereignung des Grundbuchs, kommt ein (Kausal-)Vertragsschluss kraft Rechtsscheins letztlich aber nur dann in Betracht, wenn als weitere Voraus-

[65] RG v. 22.12.1922 – III 520/22 – RGZ 106, 109 (109 ff.); *Augustin,* in: RGRK, BGB, 12. Aufl. 1979, § 893 Rn. 15; *Stürner,* in: Soergel, BGB, 13. Aufl. 2002, § 893 Rn. 3; *Toussaint,* in: jurisPK, BGB, 4. Aufl. 2009, § 893 Rn. 12; *A. Lorenz,* in: Erman, BGB, 12. Aufl. 2008, § 893 Rn. 10; *Gursky,* in: Staudinger, BGB, Neubearb. 2008, § 893 Rn. 24.

[66] Vgl. *Kohler,* in: MünchKomm, BGB, 5. Aufl. 2009, § 893 Rn. 12.

setzung zwischen der Grundbucheintragung der (Schein-)Gesellschafter (Rechtsscheinträger) und dem Geschäftskreis der GbR eine hinreichende Beziehung besteht. Denn nur dann lässt sich auch vor dem Grundsatz der Selbstverantwortung rechtfertigen, dass die GbR für einen Rechtsschein, den das Grundbuch hervorruft, *praeter legem* einstehen muss. Die Beziehung zwischen der Grundbucheintragung der Gesellschafter und der Risikosphäre der GbR muss so stark sein, dass es gerechtfertigt ist, den Rechtsschein der GbR auch in schuldrechtlicher Hinsicht zuzurechnen. Der erzeugte Rechtsschein muss sich also quasi im Verantwortungsbereich der GbR abspielen.[67] Ist die Grundbucheintragung in diesem Sinne zurechenbar, muss noch hinzukommen, dass der Geschäftspartner auf den erzeugten Rechtsschein vertraut und in diesem Vertrauen schutzwürdig ist. Dies setzt Gutgläubigkeit bezüglich der vermeintlichen Berechtigung der eingetragenen Gesellschafter voraus. Nur wenn diese Voraussetzungen insgesamt gegeben sind, kommt ein Vertragsschluss kraft Rechtsscheins auch auf schuldrechtlicher Ebene in Betracht.

a) Zurechenbarkeit des Rechtsscheins

Im Zentrum der Zurechnungsfrage stehen seit jeher das Risikoprinzip und das Veranlassungsprinzip. Auch bei der GbR können diese Prinzipien zur Zurechnung unrichtiger Gesellschafterangaben führen. Bei Grundbuchunrichtigkeit kann zwar jedermann, der durch eine Berichtigung gewinnt oder verliert, eine Grundbuchberichtigung durch Unrichtigkeitsnachweis bewirken (§ 22 GBO)[68], was aber bei der GbR eine Zurechnung unrichtiger Gesellschafterangaben nicht von vornherein ausschließt.

aa) Zurechenbarkeit nach dem Risikoprinzip

Nach dem Risikoprinzip sind der GbR solche Mängel zurechenbar, deren Behebung in ihrer Sphäre liegen.[69] Die GbR muss Kenntnis von dem Mangel und die Möglichkeit zur Mangelbehebung haben.

Eine im Grundbuch eingetragene GbR erlangt von Änderungen im Gesellschafterbestand regelmäßig dadurch Kenntnis, dass das Wissen des betreffenden Gesellschafters, in dessen Person die Änderung eintritt, der Gesellschaft über § 166 Abs. 1 BGB zugerechnet wird. Jeder Gesellschafterwechsel ist nach der Dogmatik zu § 166 Abs. 1 BGB als Information rechtserheblich und von dem betreffenden Gesellschafter nach BGH-Rechtsprechung (unabhängig von der Ausgestaltung der Vertretungsmacht der GbR[70]) an die GbR

[67] Zum Begriff der Zurechnung: *Canaris,* Die Vertrauenshaftung im deutschen Privatrecht, 1971, § 37 I. (S. 468 f.).

[68] *Demharter,* GBO, 27. Aufl. 2010, § 22 Rn. 45.

[69] *Canaris,* Die Vertrauenshaftung im deutschen Privatrecht, 1971, § 38 III. (S. 480).

[70] Entgegen der traditionellen Ansicht kann nicht nur im Falle von Gesamtvertretung die Wissenszurechnung erfolgen, die bei einem der organschaftlichen Vertreter der GbR vorhanden ist (*K. Schmidt,* in: Schlegelberger, HGB, 5. Aufl. 1992, § 125 Rn. 50).

weiterzuleiten. Die weitergeleiteten Informationen sind so zu dokumentieren, dass sie bei Bedarf jederzeit wieder abgerufen werden können.[71] Auf diese Weise ist die Kenntniserlangung der GbR von Gesellschafterwechseln gewährleistet. Zusätzlich zu dieser Kenntniserlangung ist die GbR seit dem ERVGBG verpflichtet, den Bestand der Gesellschafter richtig und vollständig im Grundbuch zu verlautbaren (§ 47 Abs. 2 GBO). Bei nachträglichen Änderungen trifft die GbR zudem ein Berichtigungszwang (§ 82 S. 3 GBO).

In der Literatur wird zwar in Anbetracht der fehlenden Eindeutigkeit des Wortlauts von § 82 S. 3 und 1 GBO vertreten, dass allein die Gesellschafter Adressaten des Berichtigungszwangsverfahrens seien.[72] Aus dem Sinn und Zweck von § 82 GBO folgt aber, dass die GbR selbst die Berichtigung vornehmen muss. Denn das Berichtungszwangsverfahren ist gemäß § 82 GBO grundsätzlich an den Grundstückseigentümer gerichtet, vorausgesetzt, er ist in der Lage, den Berichtigungsantrag zu stellen und die zur Berichtigung notwendigen Unterlagen zu beschaffen.[73] Beides trifft auf die GbR bei unrichtiger Eintragung eines oder mehrerer Gesellschafter zu. Denn antragsberechtigt im Sinne des § 13 Abs. 1 S. 2 GBO ist nach traditioneller Ansicht derjenige, dessen grundbuchmäßiges Recht durch die Eintragung rechtlich beeinträchtigt wird bzw. einen Verlust erleiden kann.[74] Ein derartiger Rechtsverlust droht der GbR, wenn Personen als ihre Gesellschafter unrichtig im Grundbuch eingetragen sind und in ihrem Namen nach Maßgabe des § 899a BGB verfügen. Daneben ist die GbR auch in der Lage, dem Grundbuchamt die zur Grundbuchberichtigung von Gesellschafterangaben erforderlichen Unterlagen zu verschaffen (Berichtigungsbewilligung, Unrichtigkeitsnachweis). Aus dem Gesellschaftsverhältnis dürften nämlich regelmäßig sämtliche ein- und austretenden Gesellschafter verpflichtet sein, der Gesellschaft alle Berichtigungsbewilligungen bzw. Nachweisurkunden auszuhändigen, die zur Verhinderung eines Rechtsverlusts nach § 899a BGB erforderlich sind.

Von einer Zurechnung nach dem Risikoprinzip ist im Ergebnis daher auszugehen.

bb) Zurechnung nach dem Veranlassungsprinzip

Darüber hinaus kommt auch eine Zurechnung unrichtiger Gesellschafterangaben nach dem Veranlassungsprinzip in Betracht. *Canaris* hält das Veranlassungsprinzip als alternatives Zurechnungsprinzip zwar für ungeeignet, wenn Scheintatbestände durch Untätigkeit hervorgerufen werden, wie dies

[71] BGH v. 12.11.1998 – IX ZR 145/98 – BGHZ 140, 54 (61 f.); siehe hierzu auch *Gursky*, in: Staudinger, BGB, Neubearb. 2008, § 892 Rn. 166.

[72] Von einem Berichtigungszwang der Gesellschafter nach dieser Norm ausgehend: *Lautner*, DNotZ 2009, 650 (666).

[73] *Demharter*, GBO, 27. Aufl. 2010, § 83 Rn. 15.

[74] *Schöner/Stöber*, Grundbuchrecht, 14. Aufl. 2008, Rn. 88.

beim Unterlassen einer Grundbuchberichtigung der Fall ist. Er begründet dies damit, dass es sich bei dem Veranlassungsprinzip um nichts anderes als um eine reine Kausalhaftung mit anderem Namen handelt, die in den Fällen des Unterlassens versage.[75] Ein solcher Ansatz ließe aber unberücksichtigt, dass auch das Unterlassen der Grundbuchberichtigung „Veranlassung" im weiteren Sinne sein kann. Denn trifft den Unterlassenden (wie die GbR gemäß § 82 GBO) eine Pflicht zum Handeln („Garantenstellung"), dürfte auch das Veranlassungsprinzip herangezogen werden, um eine Zurechnung zu begründen.

cc) Zwischenfazit zur Zurechnung

Im Ergebnis legen sowohl das Risikoprinzip als auch das Veranlassungsprinzip nahe, dass der GbR unrichtige Grundbuchangaben zu den Gesellschaftern zurechenbar sind.[76]

b) Erwerbervertrauen und Kausalität für die Vermögensdisposition

Ist der Rechtsschein, der von der Eintragung der Gesellschafter ausgeht, der GbR zurechenbar, muss der Erwerber außerdem den schuldrechtlichen Vertrag im Vertrauen auf diesen Rechtsschein abschließen (Vertragsschluss). In diesem Zusammenhang stellt sich die Frage, ob der Erwerber auf schuldrechtlicher Ebene – damit sein Vertrauen schutzwürdig ist – auf die unrichtigen Grundbucheintragungen zu den Gesellschaftern tatsächlich vertrauen muss. Dies wäre nicht der Fall, wenn der Erwerber – wie auf sachenrechtlicher Ebene (§§ 892, 893, 899a BGB) – weder positive Kenntnis vom Grundbuchinhalt haben müsste, noch zwischen dieser und dem Erwerbsgeschäft irgendein Kausalzusammenhang erforderlich wäre.[77] Es würde dann ausreichen, dass der Erwerber zum maßgeblichen Zeitpunkt nicht bösgläubig ist, also den wahren Gesellschafterbestand nicht kennt.

aa) Erwerbervertrauen bei der Rechtsscheinhaftung

Im Rahmen der §§ 892 ff. BGB ist es traditionell ausreichend, dass das Grundbuch einen Scheintatbestand hervorruft, ohne dass der Erwerber hiervon tatsächlich Kenntnis erlangen muss.[78] Auch im Rahmen des § 899a BGB

[75] *Canaris,* Die Vertrauenshaftung im deutschen Privatrecht, 1971, § 38 I (S. 473 ff.).

[76] Keine Bedeutung ist dagegen dem Verschuldensprinzip bei der Rechtsscheinhaftung im Zusammenhang mit § 899a BGB beizumessen. Denn das Verschuldensprinzip ist grundsätzlich nur in den Konstellationen der Vertrauenshaftung kraft rechtsethischer Notwendigkeit (z.B. in den Fällen des dolosen Vorverhaltens) als Zurechnungsprinzip geeignet (*Canaris,* Die Vertrauenshaftung im deutschen Privatrecht, 1971, § 38 II [S. 476 ff.]).

[77] Siehe zur Rechtslage bei § 892 BGB: *Gursky,* in: Staudinger, BGB, Neubearb. 2008, § 892 Rn. 140.

[78] *Gursky,* in: Staudinger, BGB, Neubearb. 2008, § 892 Rn. 140 ff.

genügt es demgemäß, dass die handelnden (Schein-)Gesellschafter im Grundbuch eingetragenen sind. Die Kenntnis des Erwerbers von diesem Grundbuchstand ist genauso wenig notwendig wie eine Kausalität zwischen Erwerbervertrauen und Geschäftsabschluss. Hiervon weicht die Dogmatik zur allgemeinen Rechtsscheinhaftung traditionell ab. Sie geht grundsätzlich davon aus, „daß der Vertrauende *Kenntnis von dem Vertrauenstatbestand* hat und daß dieser ihm als solcher zu Bewusstsein gekommen ist." [79] Würde man dem auch bei der schuldrechtlichen Rechtsscheinhaftung zu § 899a BGB folgen, müsste der Erwerber allein auf schuldrechtlicher Ebene *positive Kenntnis* von den Grundbuchangaben zu den Gesellschaftern haben. Dies könnte im Einzelfall zu einem Auseinanderfallen von schuldrechtlicher Rechtsscheinhaftung und dinglichem Gutglaubensschutz führen (§ 899a BGB).

Auf der Wertungsebene wäre es zwar nicht unbillig, für das dauerhafte Behaltendürfen eine positive Kenntnis zu verlangen und insofern höhere Vertrauenshürden aufzustellen als beim kurzfristigen Erwerb (§ 899a BGB). Andererseits müsste man in diesem Fall allerdings auch den maßgeblichen Zeitpunkt für die Bösgläubigkeit auf schuldrechtlicher Ebene an den Grundsätzen der allgemeinen Rechtsscheinhaftung ausrichten. Hierdurch ergäbe sich folgende Divergenz: Während in dinglicher Hinsicht Gutgläubigkeit des Erwerbers bei Vollendung des Rechtserwerbs notwendig wäre (vgl. § 899a S. 2, § 892 Abs. 2 BGB)[80], würde in schuldrechtlicher Hinsicht Gutgläubigkeit bei Abschluss des Kausalgeschäfts ausreichen[81]. Durch eine derartige Vorverlagerung des maßgeblichen Zeitpunkts auf schuldrechtlicher Ebene könnte dem Erwerber ein einklagbarer schuldrechtlicher Übertragungsanspruch zufallen, obwohl ein Gutglaubenserwerb auf dinglicher Ebene wegen nachfolgender Bösgläubigkeit ausgeschlossen wäre. Dies würde dem Regelungsmodell des § 899a BGB widersprechen, mit dem der Gesetzgeber sicherlich keine *eigenständige* schuldrechtliche Rechtsscheinhaftung für unrichtige Gesellschafterangaben implementieren wollte.

Ganz abgesehen davon müsste man bei einer stringenten Anwendung der Grundsätze zur allgemeinen Rechtsscheinhaftung fordern, dass der Erwerber zwecks Vertrauensbildung persönlich in das Grundbuch Einsicht nimmt. Dies wäre jedoch nicht praktikabel und entspricht auch nicht dem Verfahren nach dem Beurkundungsgesetz. Denn abgesehen von der Grundbuchschuldbestellung durch eine GbR, bei welcher die Bank regelmäßig durch eigene Grundbucheinsicht *positive Kenntnis* von der Person der eingetragenen Gesellschafter erlangt, ist eine persönliche Einsicht von Erwerbern in das Grund-

[79] *Canaris,* Die Vertrauenshaftung im deutschen Privatrecht, 1971, § 40 II (S. 507).
[80] Vgl. *Gursky,* in: Staudinger, BGB, Neubearb. 2008, § 892 Rn. 196, 215; *Baur/Stürner,* Sachenrecht, 18. Aufl. 2009, § 23 Rn. 33 (S. 301).
[81] Vgl. *Canaris,* Die Vertrauenshaftung im deutschen Privatrecht, 1971, § 40 (S. 503 ff.).

buch bei Erwerbsgeschäften absolut unüblich. Regelmäßig wird der Erwerber bei beurkundungspflichtigen Rechtsgeschäften nur von dem Notar über die Grundbucheintragungen zu den Gesellschaftern informiert, der seinerseits nach § 21 BeurkG zur Einsicht in das Grundbuch verpflichtet ist.[82] Vor dem Hintergrund, dass der Notar bei der Grundbucheinsicht nicht als Wissensvertreter des Erwerbers fungiert[83], erlangt der Erwerber regelmäßig nur indirekt von den Grundbuchangaben zu den Gesellschaftern Kenntnis.

bb) Enge Anbindung der schuldrechtlichen Rechtsscheinhaftung

Überzeugender erscheint es daher, von einer *engen Anbindung* der schuldrechtlichen Rechtsscheinhaftung an § 899a BGB mit Blick auf die Anforderungen an das Erwerbervertrauen auszugehen. Eine solche Anbindung wäre bereits deswegen interessengerecht, weil die Literatur bei sog. „künstlichen äußeren Tatbeständen" (wie bei Grundbucheintragungen) eine Ausnahme von dem Erfordernis der *positiven Kenntnis* des Vertrauenstatbestandes macht und die Eintragung an sich als Rechtsscheinsgrundlage für ausreichend erachtet.[84] *Canaris* rechtfertigt diese Ausnahme mit dem grundbuchrechtlichen Voreintragungsgrundsatz (§ 39 GBO), der gewährleistet, dass ein Rechtserwerb nur dann im Grundbuch eingetragen wird, wenn gerade der Veräußerer mit seinem Recht im Grundbuch tatsächlich verlautbart war. Vor diesem Hintergrund sei der Erwerber in aller Regel auch dann schutzwürdig, „wenn er sich ohne Überprüfung der Buchrechtslage lediglich darauf verläßt, daß der Veräußerer seine – d.h. des Dritten – Eintragung durchsetzen kann; denn er vertraut dann immerhin noch mittelbar auf dessen Voreintragung und damit auf den Rechtsschein des Grundbuchs".[85] Diese Argumentation wurde zwar zu den §§ 892, 893 BGB entwickelt und betrifft daher eigentlich nur die dingliche Ebene. Jedoch kann sie aus den nachstehenden Gründen auf die schuldrechtliche Rechtsscheinhaftung übertragen werden, mit der Folge, dass keine Divergenzen zwischen dieser und den Rechtsfolgen des dinglichen Gutglaubensschutzes eintreten.

Bereits nach seinem Wortlaut setzt § 899a BGB voraus, dass tatbestandsmäßige Verfügungen „in Ansehung eines eingetragenen Rechts" vorgenommen werden müssen. Vor diesem Hintergrund macht auch eine schuldrechtliche Rechtsscheinhaftung nur in solchen Fällen Sinn, in denen das betreffende Kausalgeschäft mit einer Verfügung im Sinne des § 899a BGB korrespondiert – in denen der schuldrechtliche Vertrag also *causa* für eine

[82] Zur fehlenden Vermerkpflicht siehe *Preuß*, in: Armbrüster/Preuß/Renner, BeurkG/DONot, 5. Aufl. 2009, § 21 Rn. 4.

[83] *Gursky*, in: Staudinger, BGB, Neubearb. 2008, § 892 Rn. 170; vgl. RG v. 7.12.1912 – Rep. 245/12 – RGZ 81, 82 (86).

[84] *Canaris*, Die Vertrauenshaftung im deutschen Privatrecht, 1971, § 40 II 1 (S. 507 f.).

[85] *Canaris*, Die Vertrauenshaftung im deutschen Privatrecht, 1971, § 40 II 1 (S. 508).

Verfügung ist, die unter den Anwendungsbereich des § 899a BGB fällt. Dagegen erscheint es wenig interessengerecht, z.B. auch bei Kaufverträgen über bewegliche Gegenstände oder Anteile an einer GbR einen Kausalvertragsschluss kraft Rechtsscheins zu bejahen. Denn dies hätte zur Folge, dass der schuldrechtliche Verkehrsschutz im Wege der allgemeinen Rechtsscheinhaftung wesentlich weiter reichen würde als der Gutglaubensschutz in sachenrechtlicher Hinsicht. Angesichts dieser engen Anbindungen der schuldrechtlichen Rechtsscheinhaftung an den § 899a BGB liegt es nahe, auch den maßgeblichen Zeitpunkt für die Gutgläubigkeit auf schuldrechtlicher Ebene nach dem Regelungsgehalt der § 899a S. 2, § 892 Abs. 2 BGB zu bestimmen. Auf diese Weise wäre gewährleistet, dass die allgemeine Rechtsscheinhaftung der Gesellschaft nicht über das hinausgeht, was mit der Einfügung des § 899a BGB durch den Gesetzgeber beabsichtigt war.

cc) Anforderungen an den guten Glauben und Widerspruch

Orientieren sich die schuldrechtlichen Anforderungen an das Erwerbervertrauen an den Grundsätzen zu § 899a BGB, so schadet auch auf schuldrechtlicher Ebene nur positive Kenntnis von der Unrichtigkeit des Grundbuchs oder die Eintragung eines Widerspruchs gegen die Angaben zu den Gesellschaftern (§ 899a S. 2, § 899 BGB, § 53 GBO).[86] Grobe Fahrlässigkeit dürfte im Rahmen der allgemeinen Rechtsscheinhaftung (wie auch sonst in den Fällen des Registerschutzes bzw. der sog. „künstlichen äußeren Tatbestände“[87]) unschädlich sein. Vertraut der Erwerber in diesem Sinne in den Grundbuchstand und schließt den Kausalvertrag ab, ist seine Gutgläubigkeit regelmäßig ursächlich für den Abschluss des jeweiligen Kaufvertrages bzw. des Sicherungsvertrages. Ein eingetragener Widerspruch dürfte dabei aber auch dem Kausalvertragsschluss entgegen stehen. Denn jeder Widerspruch, der sich gegen die Person eines eingetragenen Gesellschafters richtet, zerstört notwendig auch auf schuldrechtlicher Ebene den Rechtsschein des Grundbuchs.[88]

[86] Siehe zu diesen Hindernissen bei § 892 BGB: *Gursky,* in: Staudinger, BGB, Neubearb. 2008, § 892 Rn. 130.

[87] *Canaris,* Die Vertrauenshaftung im deutschen Privatrecht, 1971, § 40 I 1 (S. 504 f.).

[88] Bindet man die Anforderungen an das Erwerbervertrauen bei der schuldrechtlichen Rechtsscheinhaftung an die Vorgaben des § 899a BGB eng an, muss es für die Rechtsschein zerstörende Wirkung des Widerspruchs wiederum gleichgültig sein, ob der Erwerber von dessen Existenz Kenntnis hat oder nicht. Zu einem Auseinanderfallen zwischen schuldrechtlicher und dinglicher Rechtsscheinhaftung könnte es gleichwohl kommen, wenn ein Widerspruch nach Abschluss des Kausalgeschäfts, aber vor Vollendung des Rechtserwerbs im Grundbuch eingetragen wird. In diesem Fall könnte trotz schuldrechtlicher Rechtsscheinhaftung ein gutgläubiger Erwerb scheitern, wenn die Eintragung des Eigentumswechsels weder durch Vormerkung noch durch §§ 17, 45 GBO gegen die Wirkung des Widerspruchs abgesichert ist.

3. Rechtsscheinhaftung als positive Vertrauenshaftung

Liegen die vorgenannten Voraussetzungen vor, bleibt auf der Rechtsfolgenseite zu klären, ob der Erwerber auf schuldrechtlicher Ebene überhaupt *positiven* Vertrauensschutz mit Blick auf die Gesellschafterstellung genießt (Vertragsabschlusshaftung). Alternativ käme in Betracht, dass die unrichtigen Grundbucheintragungen nur negativen Vertrauensschutz hervorrufen können (Schadensersatzhaftung).

Zwar erzeugt das Institut der allgemeinen Rechtsscheinhaftung grundsätzlich nur im Handelsverkehr positiven Vertrauensschutz. Denn nur dort ist es wegen der Häufigkeit der Geschäftsabschlüsse, der gesteigerten Sorgfaltspflichten von Kaufleuten und des qualifizierten Verkehrsschutzes gerechtfertigt, dass die Nichtbeachtung von Sorgfaltspflichten zu einem Vertragsschluss führt.[89] Würde man allein deswegen aber eine positive Rechtsscheinhaftung bei schuldrechtlichen Geschäften zu § 899a BGB verneinen, bliebe unberücksichtigt, dass das Institut der Rechtsscheinhaftung maßgeblich aus dem Gedanken der Haftung kraft *wissentlicher* Schaffung eines Rechtsscheins abgeleitet wird. Es basiert damit genau genommen nicht nur auf dem Verschuldens- und Risikoprinzip, sondern auch darauf, dass derjenige, der bewusst den Schein eines in Wirklichkeit nicht gegebenen Rechts(-verhältnisses) hervorruft, weiß, dass der Vertrauende sein Verhalten u.U. nach diesem Scheintatbestand ausrichtet.[90]

Zu Lasten eines Wissenden wie der GbR, welche die Unrichtigkeit von Grundbuchangaben – wie bereits ausgeführt – kraft Zurechnung kennt (§ 166 Abs. 1 BGB), ist es im Ergebnis vor diesem Hintergrund nur billig und angemessen, „*Rechtsschein und Rechtswirklichkeit*" gleich zu stellen.[91] Dem kann auch nicht entgegen gehalten werden, dass der Begriff der Rechtsschein-„Haftung" terminologisch eher eine Schadensersatzhaftung als eine Erfüllungshaftung nahelegt.[92] Denn im Hinblick auf dieses begriffliche Argument bringt das BGB bereits an anderer Stelle – wie z.B. bei dem Begriff der „Bereicherungshaftung" oder bei § 179 Abs. 1 BGB – hinreichend zum Ausdruck, dass deklarierte „Haftungstatbestände" keine Schadensersatzpflicht zur Folge haben müssen, sondern auch Erfüllungspflichten nach sich ziehen können.[93]

[89] *Schilken,* in: Staudinger, BGB, Neubearb. 2009, § 167 Rn. 31.

[90] *Canaris,* Die Vertrauenshaftung im deutschen Privatrecht, 1971, 1. Kap. 2. Abschnitt (S. 29).

[91] *Canaris,* Die Vertrauenshaftung im deutschen Privatrecht, 1971, 1. Kap. (S. 9).

[92] *Schilken,* in: Staudinger, BGB, Neubearb. 2009, § 167 Rn. 31; *Flume,* Allgemeiner Teil des Bürgerlichen Rechts, Bd. II: Das Rechtsgeschäft, 4. Aufl. 1992, § 49 4. (S. 832 ff.); vgl. *Canaris,* Die Vertrauenshaftung im deutschen Privatrecht, 1971, Einleitung § 2 II (S. 3) und § 5 IV (S. 48 f.).

[93] *Fikentscher,* AcP 154 (1954), 1 (5 ff.); *Steffen,* in: RGRK, 12. Aufl. 1982, § 167 Rn. 12.

Selbst wenn man die *positive* Rechtsscheinhaftung auf das Handelsrecht beschränken wollte, ist darüber hinaus Folgendes zu bedenken: Im Handelsverkehr erfüllt die positive Vertrauenshaftung maßgeblich die Funktion, einen Ausgleich dafür zu schaffen, dass Geschäftspartner häufig mit Unternehmen zu tun haben, deren Organisationsstruktur sie nicht durchschauen können.[94] Ein ähnlicher Schutzzweckaspekt greift bei den Gesellschafterangaben im Grundbuch ein. Zum einen wäre es bei § 899a BGB geradezu widersprüchlich, den Vertrauenden dinglich so zu stellen, wie wenn der Rechtsschein der von ihm angenommenen Lage entspricht, ihn schuldrechtlich aber auf Haftungsansprüche zu verweisen, die auf das negative Interesse lauten.[95] Zum anderen erscheint auch im Grundbuchverkehr eine positive Rechtsscheinhaftung besonders prädestiniert, um den Geschäftspartner einer GbR vor den Gefahren zu schützen, die mit der arbeitsteiligen Organisation der Gesellschaft verbunden sind. Ein ähnlicher Schutzgedanke wie im Handelsrecht kommt daher auch bei der GbR zum Tragen. Damit ist im Ergebnis auch bei Verpflichtungsgeschäften einer im Grundbuch eingetragenen GbR eine *positive* Rechtsscheinhaftung nahe liegend.

4. *Zwischenfazit zum schuldrechtlichen Vertrag kraft Rechtsscheins*

Als Zwischenresumé ist festzuhalten, dass bei Verfügungen gemäß § 899a BGB viel dafür spricht, dass auch das schuldrechtliche Kausalgeschäft kraft Rechtsscheinhaftung zustande kommt. Beim fremdfinanzierten Grundstücksverkauf könnte danach sowohl der Kaufvertrag mit dem Käufer als auch der Sicherungsvertrag mit der finanzierenden Bank trotz Vertretungsmangels der GbR-Gesellschafter wirksam sein. Die üblichen Einschränkungen, die an die Wirksamkeit von Rechtsgeschäften zu stellen sind (§§ 134, 138, 125 S. 1 BGB), sind dabei allerdings zu beachten.[96]

V. Vertrag kraft Rechtsscheins und Bereicherungsrecht

Spezifische bereicherungsrechtliche Wertungen zu der Erwerbskonstellation des § 899a BGB konnten sich in der Vergangenheit zwar nicht herausbilden, weil der gute Glaube an persönliche Eigenschaften des eingetragenen Berechtigten bis zur Verabschiedung des § 899a BGB nicht geschützt wurde. Dennoch müssen die Wertungen des Bereicherungsrechts („Fortsetzung des

[94] Vgl. *Canaris,* Die Vertrauenshaftung im deutschen Privatrecht, 1971, § 5 IV (S. 51); *Steffen,* in: RGRK, BGB, 12. Auf. 1982, § 167 Rn. 12.

[95] Zu dieser Unterscheidung siehe *Canaris,* Die Vertrauenshaftung im deutschen Privatrecht, 1971, Einleitung § 2 II (S. 5 f.).

[96] *Canaris,* Die Vertrauenshaftung im deutschen Privatrecht, 1971, § 36 (S. 463 ff.).

Vertragsrechts mit anderen Mitteln"[97]) bei der Frage, ob ein schuldrechtlicher Vertragsschluss kraft Rechtsscheins bei § 899a BGB möglich ist, berücksichtigt werden. Auch die Tatsache, dass das Bereicherungsrecht – wie *Wilburg* und *von Caemmerer* es bereits ausgedrückt haben – kein Recht höherer Ordnung ist[98], ändert nichts daran, dass es selbst als normative Größe in einen dialektischen Verwertungsprozess mit den anderen Zivilrechtsbereichen tritt.[99] So greift es bei der Auslegung von Zweck- und Tilgungsbestimmungen und der Bestimmung der maßgeblichen Leistungsbeziehung beispielsweise auf Rechtsscheinaspekte zurück. Vor dem Hintergrund, dass diese Rechtsscheinsaspekte in ähnlicher Weise auch bei der schuldrechtlichen Rechtsscheinhaftung eine Rolle spielen, besteht Anlass, die schuldrechtliche Rechtsscheinhaftung mit den Aussagen des Bereicherungsrechts abzustimmen.[100]

1. Leistung durch Geheißperson („Hemden-Fall" des BGH)

Ein prominenter Fall, den der BGH vor geraumer Zeit zu entscheiden hatte und dem wie § 899a BGB ein unechtes Dreiecksverhältnis zugrunde lag, ist der sog. „Hemden-Fall".[101] Der Sachverhalt der Entscheidung war so gelagert, dass M im eigenen Namen mit dem Beklagten einen Kaufvertrag über Hemden abgeschlossen hatte. Eigentümer der Hemden war aber nicht M, sondern E. Dessen Rechtsnachfolger machte bereicherungsrechtliche Ansprüche gegenüber dem Beklagten geltend. Die Besonderheit des Falles lag darin, dass E selbst die Hemden unmittelbar an den Beklagten geliefert hatte, allerdings in dem falschen Glauben, dass der schuldrechtliche Kausalvertrag in seinem Namen und nicht im Namen des M geschlossen worden sei. Dies war für den Beklagten zu keiner Zeit erkennbar, weshalb er den Kaufpreis auch nicht an E, sondern an M gezahlt hatte.

Der BGH lehnte eine bereicherungsrechtliche Haftung des Beklagten gegenüber E ab. Zum einen verneinte er eine Leistungskondiktion des E, weil sich die Zuwendung aus dem maßgeblichen Empfängerhorizont des Beklagten als Leistung des M dargestellt hatte und eine Kondiktion des M nach den entsprechend anzuwendenden Grundsätzen des Bereicherungsausgleichs im

[97] So *Knieper*, KJ 1980, 117 (127).

[98] *Wilburg*, Die Lehre von der ungerechtfertigten Bereicherung, 1934, 1. Teil 4. (S. 21); *von Caemmerer*, in: FS Rabel, Bd. I, 1954, 333 (339); aA *Stammler*, in: FS Fitting, 1903, 131 (153 ff.).

[99] *Reuter/Martinek*, Ungerechtfertigte Bereicherung, § 3 III 1 (S. 52 ff.); *Wendehorst*, in: Bamberger/H. Roth, BGB, 2. Aufl. 2008, § 812 Rn. 3; *H. P. Westermann/P. Buck/Heeb*, in: Erman, BGB, 12. Aufl. 2008, Vor § 812 Rn. 3.

[100] Vgl. *Martinek*, in: jurisPK, BGB, 4. Aufl. 2008, § 812 Rn. 102; *Wendehorst*, in: Bamberger/H. Roth, BGB, 2. Aufl. 2008, § 812 Rn. 231 ff.

[101] BGH v. 14.3.1974 – VII ZR 129/73 – NJW 1974, 1132 (1132 ff.).

Dreiecksverhältnis ausscheiden müsse.[102] Zum anderen bejahte der BGH aber einen gutgläubigen Hemdenerwerb des Beklagten und ließ dabei (was in der Literatur auf heftige Kritik gestoßen ist[103]) den Anschein einer Übergabe auf Geheiß von M als Rechtsscheinsgrundlage ausreichen (§§ 929, 932 BGB).[104] Zur Begründung stützte sich der BGH maßgeblich darauf, dass der Empfängerschutz nur unvollkommen wäre, wenn der Erwerber trotz seines Vertrauens „einem Bereicherungsanspruch des Dritten nach § 812 oder § 816 BGB voll ausgesetzt [wäre], d.h. sogar ohne seine eigenen an den wahren Schuldner erbrachten Leistungen absetzen zu dürfen […]".[105]

2. *Hypothetische Vergleichsbetrachtung in bereicherungsrechtlicher Hinsicht*

Auf den Erwerb nach § 899a BGB als unechte Dreieckskonstellation ist die „Hemden"-Entscheidung des BGH nicht ohne Weiteres übertragbar. Eine Parallele besteht aber insofern, als auch in dem BGH-Fall der bereicherungsrechtliche Durchgriff des vormaligen Berechtigten gegenüber dem Erwerber in Frage stand und der BGH diesen unter Rückgriff auf eine weit interpretierte Rechtsscheinträgerhaftung abwehrte. Gerade weil die Entscheidung in die Kategorie bereicherungsrechtlicher Rechtsprechung einzuordnen ist, die in erster Linie pragmatische Wertungsjurisprudenz an den Tag legt, gibt sie dazu Anlass, den Erwerb im unechten Dreiecksverhältnis systematischen Überlegungen zuzuführen. Dabei bietet sich in Bezug auf § 899a BGB eine Art „Vergleichsbetrachtung" an, bei der darauf abgestellt wird, welche bereicherungsrechtlichen Auswirkungen die Rechtslage *mit* und *ohne Rechtsscheinhaftung* jeweils hervorruft.

a) Bereicherungsausgleich bei fehlender *causa*

Geht man hypothetisch davon aus, dass beim Eigentumserwerb gemäß § 899a BGB der Kaufvertrag *nicht* kraft Rechtsscheins mit der GbR zustande kommt, würde sich die bereicherungsrechtliche Rückabwicklung recht schwierig gestalten. Im Verhältnis zum Erwerber könnte die GbR in diesem

[102] BGH v. 14.3.1974 – VII ZR 129/73 – NJW 1974, 1132 (1133).

[103] *Reuter/Martinek*, Ungerechtfertigte Bereicherung, § 13 I 1 (S. 510 f.); *von Olshausen*, JZ 1975, 29 (30 f.); *Picker*, NJW 1974, 1790 (1794); *Weitnauer*, NJW 1974, 1729 (1732 f.); vgl. auch *Flume*, Studien zur Lehre der ungerechtfertigten Bereicherung, § 6 III (S. 209 f.).

[104] Siehe hierzu auch den ähnlich gelagerten „Koks-Fall" des BGH, dessen Leitsatz u.a. lautet: „Bei gutgläubigem Erwerb von einem Nichteigentümer genügt es für die Übergabe im Sinne des § 929 BGB, daß der Besitz auf Geheiß des Veräußerers von einem Dritten, der unmittelbarer Besitzer ist, an den Erwerber übertragen wird." (BGH v. 30.10.1961 – VII ZR 218/60 – BGHZ 36, 56 [56]).

[105] BGH v. 14.3.1974 – VII ZR 129/73 – NJW 1974, 1132 (1134).

Fall das Grundstückseigentum im Wege der Leistungskondiktion zurückfordern (§ 812 Abs. 1 S. 1 Alt. 1 BGB). Denn die Eigentumsübertragung würde sich aus der Sicht des Erwerbers als Leistung der GbR darstellen und mangels wirksamen Eigentumsübertragungsanspruchs ohne Rechtsgrund erfolgen.[106] Ebenfalls herausgeben müsste der gutgläubige Erwerber tatsächlich gezogene Nutzungen (§ 818 Abs. 1 BGB); ab Rechtshängigkeit bzw. Eintritt der Bösgläubigkeit würde er verschärft haften (§ 819 Abs. 1, § 818 Abs. 4, §§ 292, 987 BGB).[107] Für den Fall, dass die GbR zugunsten des Darlehensgebers des Käufers das Grundstück vor Eigentumsumschreibung mit einer Grundschuld belastet hätte, könnte die GbR im Rahmen der Rückabwicklung die Aufhebung oder Übertragung der Grundschuld verlangen, wenn die Gläubigerin zu deren Ablösung durch den Käufer bereit ist.[108] Hätte der Erwerber den Grundbesitz bereits weiterveräußert, müsste er grundsätzlich gemäß § 818 Abs. 2 BGB den objektiven Grundbesitzwert herausgeben[109]; dabei würde er, wenn er bösgläubig ist, auch auf Herausgabe eines etwaigen Wertzuwachses haften (§ 819 Abs. 1, § 818 Abs. 4, § 292 Abs. 1, § 989 BGB)[110].

Nicht ohne Weiteres funktionieren würde bei Verneinung eines Kaufvertragsschlusses kraft Rechtsscheins das faktische Synallagma der Saldotheorie, dessen Aufgabe es ist, den Rückabwicklungsschuldner bei ungleichartigen Bereicherungsgegenständen über eine Zug-um-Zug-Abwicklung zu schützen.[111] Denn wäre das Kausalverhältnis unwirksam, wäre der Erwerber möglicherweise schutzlos gestellt, wenn er das Eigentum an die GbR zurückgeben müsste, ohne von der GbR den Kaufpreis wieder zu erlangen. Würde man die Kaufpreiszahlung aus der Sicht der GbR nicht als Leistung an die Gesellschaft, sondern an die (Schein-)Gesellschafter einstufen (weil die GbR

[106] Ebenfalls von einer Leistungskondiktion gemäß § 812 Abs. 1 S. 1 Alt. 1 BGB ausgehend: *Kuckein/Jenn,* NZG 2009, 848 (851); *Kiehnle,* ZHR 174 (2010), 209 (221 f.); *Bestelmeyer,* Rpfleger 2010, 169 (175); zum Begriff des Rechtsgrundes: *Martinek,* in: jurisPK, BGB, 4. Aufl. 2008, § 812 Rn. 30 ff.; *Wendehorst,* in: Bamberger/H. Roth, BGB, 2. Aufl. 2008, § 812 Rn. 59 ff.; *Schwab,* in: MünchKomm, BGB, 5. Aufl. 2009, § 812 Rn. 336 ff.

[107] *S. Lorenz,* in: Staudinger, BGB, Neubearb. 2007, § 818 Rn. 10 f.

[108] BGH v. 15.03.2002 – V ZR 396/00 – BGHZ 150, 188 (188 ff.); anders noch: BGH v. 26.10.1990 – V ZR 22/89 – BGHZ 112, 376 (376 ff.); gegen eine Beseitigungspflicht des gutgläubigen unverklagten Bereicherungsschuldners: *Canaris,* NJW 1991, 2513 (2515 f.). Ein Wertersatzanspruch nach § 818 Abs. 2 BGB käme wegen der Belastung mit der Finanzierungsgrundschuld grundsätzlich nicht in Betracht (*Reuter,* JZ 1991, 872 (872 ff.); im Überblick: *H. P. Westermann/P. Buck/Heeb,* in: Erman, BGB, 12. Aufl. 2008, § 818 Rn. 6).

[109] BGH v. 8.4.1963 – VIII ZR 219/61 – NJW 1963, 1299 (1301).

[110] BGH v. 12.7.1996 – V ZR 117/95 – NJW 1996, 2652 (2654); *Dubischar,* JuS 2002, 131 (133).

[111] Näher zur Saldotheorie: *Martinek,* in: jurisPK, BGB, 4. Aufl. 2008, § 818 Rn. 77 ff.; *Wendehorst,* in: Bamberger/H. Roth, BGB, 2. Aufl. 2008, § 818 Rn. 103 ff.; *Schwab,* in: MünchKomm, BGB, 5. Aufl. 2009, § 818 Rn. 209 ff.; *H. P. Westermann/P. Buck/Heeb,* in: Erman, BGB, 12. Aufl. 2008, § 818 Rn. 41 ff.; *Mühl/Hadding,* in: Soergel, BGB, 12. Aufl. 2007, § 818 Rn. 81 ff.

von der fehlenden Berechtigung der Scheingesellschafter Kenntnis hat), wäre die GbR bei der Rückabwicklung insofern privilegiert, als sie das Eigentum herausverlangen könnte, ohne selbst eine Gegenleistung erbringen zu müssen. Dies wäre bereits deswegen unbillig, weil im Grunde allein die GbR für die Grundbuchunrichtigkeit verantwortlich ist. Zum Schutz des Erwerbers wäre es daher konsequent, ihr die Zahlung an die (Schein-)Gesellschafter bereicherungsrechtlich zuzurechnen. Dies würde im Übrigen auch dem bisherigen Meinungsstand zur Konstellation bei der offenen Stellvertretung entsprechen. Denn hier geht die h.M. davon aus, dass der Vertragspartner (= Erwerber) Leistungen an einen vollmachtlos Vertretenen (GbR) selbst dann im Wege der Leistungskondiktion herausverlangen kann, wenn der *falsus procurator* selbst nach § 179 Abs. 1 BGB haftet.[112]

Bejaht man mit dieser Begründung eine Leistungskondiktion des Erwerbers gegenüber der GbR, wäre zwar die Saldotheorie anwendbar. Selbst dann entstünde allerdings das Folgeproblem, dass nicht ganz klar wäre, worauf sich die in die Saldierung einzustellende Leistungskondiktion des Erwerbers gegenüber der GbR gegenständlich überhaupt bezieht. Unterstellt, dass die GbR wegen des Kaufpreises ihrerseits einen Anspruch aus Eingriffskondiktion gegenüber den handelnden (Schein-)Gesellschaftern hat, käme zum einen dieser Kondiktionsanspruch als erlangtes Etwas in Betracht. Zum anderen könnte sich die Leistungskondiktion des Erwerbers aber auch direkt auf die Herausgabe des Kaufpreises richten. In Anbetracht dieser Alternativen wäre die Konstellation vergleichbar mit derjenigen des sog. Doppelmangels in der Leistungskette. Auch wenn man es bei der Leistungskette regelmäßig mit zwei hintereinander geschalteten Leistungskondiktionen zu tun hat, ist die Konkretisierung des Bereicherungsgegenstandes ähnlich problematisch wie im hier vorliegenden Fall des rechtsgrundlosen Erwerbs von einer GbR. Hat der Enderwerber bei der Leistungskette den Kaufgegenstand noch nicht zurückgegeben, ist der Zwischenerwerber nach der Rechtsprechung und einem Teil der Literatur um seinen eigenen Bereicherungsanspruch gegenüber dem Enderwerber bereichert[113], während die Gegenmeinung den Kaufgegenstand selbst als erlangtes Etwas einstuft – den Zwischenerwerber also so behandelt, als ob er von dem Enderwerber bereits den Kaufgegenstand

[112] OLG Schleswig v. 28.6.2007 – 5 U 4/07 – FamRZ 2008, 512 (512); OLG Hamm v. 13.12.1974 – 12 U 186/74 – MDR 1975, 488 (488 f.); RG v. 20.6.1919 – 78/19 VII – JW 1919, 715 (715); *von Caemmerer,* in: FS Rabel, Bd. I, 1954, 333 (373); *H. P. Westermann/ P. Buck/Heeb,* in: Erman, BGB, 12. Aufl. 2008, § 812 Rn. 18; *S. Lorenz,* in: Staudinger, BGB, Neubearb. 2007, § 812 Rn. 33 f.; *Sprau,* in: Palandt, BGB, 69. Aufl. 2010, § 812 Rn. 55; für einen differenzierten Vertrauensschutz gemäß § 818 Abs. 3 BGB: *Flume,* JZ 1962, 281 (282).

[113] OLG Saarbrücken v. 11.8.1999 – 1 U 867/98-157 – NJW-RR 2000, 845 (845 ff.); *Sprau,* in: Palandt, BGB, 69. Aufl. 2010, § 812 Rn. 67.

wiedererlangt hätte.[114] Hilfsweise kann der Verkäufer von dem Zwischenerwerber nach der zweiten Ansicht Wertersatz verlangen (§ 818 Abs. 2 BGB).

Überträgt man den Streitstand zur Leistungskette auf die Rückabwicklung zu § 899a BGB, könnte der Käufer aus seiner Leistungskondiktion von der GbR nach der ersten Ansicht nur Abtretung des Anspruchs verlangen, welcher der GbR ihrerseits aus ihrer Eingriffskondiktion gegenüber den (Schein-)Gesellschaftern zusteht. Dies würde bedeuten, dass der Erwerber auf eigenes Risiko die Ansprüche aus Eingriffskondiktion gegenüber den (Schein-)Gesellschaftern durchsetzen müsste, die ihm die GbR im Rahmen der Zug-um-Zug-Rückabwicklung abtritt. Auf diese Weise würde die mit § 899a BGB beabsichtigte Verkehrsschutzsteigerung letztlich leer laufen. Der Erwerber müsste bei der Rückabwicklung das Liquiditätsrisiko der (Schein-)Gesellschafter tragen, obwohl § 899a BGB ihm eigentlich Vertrauensschutz gewährt und § 82 S. 3 GBO die Berichtigung des Grundbuchs dem Verantwortungsbereich der GbR zuordnet.

Nach der zweiten Ansicht wäre der Erwerber zwar bei der Rückabwicklung besser gestellt, weil er den Kaufpreis unabhängig davon fordern könnte, ob die (Schein-)Gesellschafter gegenüber der GbR ihre Rückzahlungsverpflichtung aus der Eingriffskondiktion bereits erbracht hätten. Auch nach der zweiten Ansicht wäre die Schutzposition des Erwerbers aber bruchstückhaft. Er würde zwar Rückübereignung nur Zug um Zug gegen Erstattung des gezahlten Kaufpreises schulden, sodass er vor den Risiken einer ungesicherten Vorleistung geschützt wäre. Dies änderte aber nichts daran, dass der Gutglaubenserwerb nach § 899a BGB durchgehend kondiktionsbehaftet wäre und regelmäßig in eine Rückabwicklung mündete.

b) Bereicherungsausgleich bei vorliegender *causa*

Zu den vorgenannten Schutzdefiziten kommt es auf Erwerberseite erst gar nicht, wenn man im Rahmen des § 899a BGB einen Vertragsschluss kraft Rechtsscheins mit Blick auf das schuldrechtliche Kausalgeschäft zulässt. In diesem Fall besteht wegen des zustande gekommenen Kaufvertrags für eine Leistungskondiktion der GbR gegenüber dem Erwerber kein Raum. Denn ist der Kaufvertrag wirksam, tritt der angestrebte Leistungszweck, die Eigentumsverschaffungsverpflichtung der GbR gegenüber dem Erwerber zu erfüllen, mit dem gutgläubigen Eigentumserwerb ein. Die GbR hat aus dem wirksamen Kaufvertrag mit dem Erwerber zwar einen Zahlungsanspruch. Hat der Erwerber aber bereits an die im Grundbuch noch eingetragenen (Schein-)Gesellschafter geleistet, kommt eine Leistung mit befreiender Wir-

[114] *Martinek*, in: jurisPK, 4. Aufl. 2008, § 812 Rn. 108; *Schwab*, in: MünchKomm, BGB, 5. Aufl. 2009, § 812 Rn. 56; *Medicus/Petersen*, Bürgerliches Recht, 22. Aufl. 2009, Rn. 670, 673.

kung analog § 407 BGB in Betracht. Die GbR kann in diesem Fall ihrerseits dann nur gegen die vermeintlichen Gesellschafter vorgehen. Zwar hat man es insofern mit keinem Fall des § 816 Abs. 1 S. 1 BGB zu tun, weil dieser nur Konstellationen betrifft, in denen der Verfügende im eigenen Namen auftritt (z.B. als mittelbarer Stellvertreter).[115] In Fällen der direkten Stellvertretung wie bei § 899a BGB, in denen der Vertretene „Verfügender" und „Berechtigter" ist, kommt aber die allgemeine Eingriffskondiktion als Anspruchsgrundlage in Betracht (§ 812 Abs. 1 S. 1 Alt. 2 BGB). Im Zentrum steht dabei die Frage nach dem erlangten Etwas.

Qualifiziert man den gezahlten Kaufpreis als Bereicherungsgegenstand, ist zu berücksichtigen, dass die handelnden (Schein-)Gesellschafter von vornherein nichts erlangen, wenn die Zahlung des Kaufpreises auf ein Konto der GbR erfolgt. Eine Eingriffskondiktion der GbR gegenüber den (Schein-)Gesellschaftern scheidet in diesem Fall aus. Anders ist die Lage, wenn der Erwerber den Kaufpreis auf die Konten der handelnden (Schein-)Gesellschafter überweist. Zahlung erhalten in diesem Fall allein die (Schein-)Gesellschafter, zumal eine Zurechnung zur GbR auf der Grundlage der § 899a S. 2, § 893 Alt. 2 BGB nicht in Betracht kommt.[116] Die (Schein-)Gesellschafter haften in diesem Fall auf Herausgabe des *tatsächlich* gezahlten Kaufpreises – und zwar je nachdem, ob der jeweilige (Schein-)Gesellschafter bös- oder gutgläubig war, als Gesamt- oder Teilschuldner.[117] Ob der erlangte Kaufpreis nominell über oder unter dem Verkehrswert des veräußerten Gegenstandes liegt, ist dabei gleichgültig. Insofern ist die Situation bei der hier einschlägigen allgemeinen Eingriffskondiktion vergleichbar zu derjenigen im Rahmen des § 816 Abs. 1 S. 1 BGB, bei dem die h.M. der sog. Theorie der Gewinnhaftung folgt[118] und auch bei Unterwertveräußerungen davon ausgeht, dass der Nichtberechtigte (lediglich) zur Herausgabe des *tatsächlich* Erlangten

[115] Vgl. *Martinek*, in: jurisPK, 4. Aufl. 2008, § 816 Rn. 8 ff.; *Wendehorst*, in: Bamberger/H. Roth, BGB, 2. Aufl. 2008, § 816 Rn. 5 f., *Schwab*, in: MünchKomm, BGB, 5. Aufl. 2009, § 816 Rn. 25; *S. Lorenz*, in: Staudinger, BGB, Neubearb. 2007, § 816 Rn. 4.

[116] Ähnlich *Kuckein/Jenn*, NZG 2009, 848 (851) Fn. 43.

[117] *Reuter/Martinek*, Ungerechtfertigte Bereicherung, § 17 IV 4 (S. 626); generell eine Gesamtschuldnerhaftung unter Hinweis auf die Akzessorietätstheorie zu bejahen, erscheint dagegen fernliegend, weil es bei der Eingriffskondiktion der GbR gegenüber den (Schein-)Gesellschaftern nicht um eine akzessorische Haftung für Gesellschaftsschulden geht (vgl. *Wendehorst*, in: Bamberger/H. Roth, BGB, 2. Aufl. 2008, § 812 Rn. 279).

[118] *Martinek*, in: jurisPK, 4. Aufl. 2008, § 816 Rn. 24; *Wendehorst*, in: Bamberger/H. Roth, BGB, 2. Aufl. 2008, § 816 Rn. 16; *Heimann-Trosien*, in: RGRK, BGB, 12. Aufl. 1989, § 816 Rn. 12; differenzierend: *Larenz/Canaris*, Lehrbuch des Schuldrechts, Bd. 2 Halbbd. 2, 13. Aufl. 1994, § 72 I 2 (S. 267 ff.); aA (objektiver Verkehrswert): *Schwab*, in: MünchKomm, BGB, 5. Aufl. 2009, § 816 Rn. 43; *H. P. Westermann/P. Buck/Heeb*, in: Erman, BGB, 12. Aufl. 2008, § 816 Rn. 19 f.; differenzierend: *S. Lorenz*, in: Staudinger, BGB, Neubearb. 2007, § 816 Rn. 25.

verpflichtet ist[119]. In jedem Fall würde sich die Herausgabepflicht der (Schein-)Gesellschafter auch auf erzielte bzw. ersparte Zinsen sowie ab Rechtshängigkeit oder Eintritt der Bösgläubigkeit auch auf solche Zinsen erstrecken, die nach den Regeln einer ordnungsgemäßen Wirtschaft hätten erzielt werden können (§ 818 Abs. 1, Abs. 4, § 819 Abs. 1, §§ 292, 987 BGB).[120]

Die Bejahung eines Kausalvertragsschlusses kraft Rechtsscheins erscheint vor allem deshalb interessengerecht, weil auf diese Weise dem Sphärengedanken und dem Veranlassungsprinzip optimal Rechnung getragen wird. Denn nur wenn der Gutglaubenserwerb mit Rechtsgrund erfolgt, wird der Erwerber aus der Rückabwicklung herausgehalten und es wird berücksichtigt, dass der Erwerber den unrichtigen Rechtsschein nicht veranlasst hat. Nur dann wird dem Umstand Rechnung getragen, dass „niemals der gutgläubige Erwerber, sondern stets der Verfügende … [a]uf Kosten des früheren Eigentümers ‚in sonstiger Weise' bereichert ist".[121]

Dadurch, dass bei Bejahung einer schuldrechtlichen Rechtsscheinhaftung eine (Eingriffs-)Kondiktion zwischen GbR und (Schein-)Gesellschaftern in Betracht kommt, wird interessengerecht zwischen denjenigen der Bereicherungsausgleich durchgeführt, zwischen denen wirtschaftlich die Vermögensverlagerung stattfindet. Den erworbenen Grundbesitz gegenständlich zurück erlangen könnte die GbR zwar nur dann, wenn der Erwerber in die Rückabwicklung einbezogen wird. Insofern ist die GbR aber nicht schutzwürdig, weil gerade sie es war, die die Berichtigung des Grundbuchs versäumt und auf diese Weise den Gutglaubenserwerb ermöglicht hat. Darüber hinaus hat die GbR auch kein schutzwürdiges Interesse, statt auf die (Schein-)Gesellschafter auf den Erwerber als liquiden Schuldner zurück zu greifen. Vielmehr erscheint es billig, dass man sie auf eine Eingriffskondiktion gegenüber den (Schein-)Gesellschaftern verweist, deren Liquiditätsrisiko sie tragen muss.

Greifen die Grundsätze zur allgemeinen Rechtsscheinhaftung mit Blick auf das schuldrechtliche Kausalgeschäft ein, besteht auch für eine analoge Anwendung von § 816 Abs. 1 S. 1 BGB von vornherein kein Bedarf.[122] Denn im Grunde hat man es dann mit einem Zweipersonenverhältnis (GbR-Erwerber) zu tun, bei dem die Eigentumsübertragung an den Erwerber (§ 899a BGB) mit Rechtsgrund erfolgt.

[119] *Martinek,* in: jurisPK, BGB, 4. Aufl. 2008, § 812 Rn. 25; anders der vormalige Ansatz von *Reuter/Martinek* („Wertersatz als Untergrenze"): *Reuter/Martinek,* Ungerechtfertigte Bereicherung, § 8 I 1 d) (S. 321 ff.).

[120] *S. Lorenz,* in: Staudinger, BGB, Neubearb. 2007, § 818 Rn. 10 f.; *Dubischar,* JuS 2002, 131 (133); vgl. BGH v. 6.3.1998 – V ZR 244/96 – BGHZ 138, 160 (160 ff.).

[121] *Von Caemmerer,* in: FS Boehmer, 1954, S. 145 (S. 153).

[122] Eine entsprechende Anwendung von § 816 BGB in den Fällen des § 899a BGB in Erwägung ziehend: *Rebhan,* NotBZ 2009, 445 (448).

Selbst in den Fällen des unentgeltlichen Gutglaubenserwerbs kommt eine analoge Anwendung von § 816 Abs. 1 S. 2 BGB nicht in Betracht. Denn abgesehen von der auch in diesem Fall bestehenden *causa* zwischen GbR und Erwerber (Kausalvertrag kraft Rechtsscheins) und dem fehlenden Dreiecksverhältnis wäre es auch bei unentgeltlichen Verfügungen nicht interessengerecht, der GbR eine Durchgriffsmöglichkeit gegenüber dem Erwerber einzuräumen. Denn auch hier ist die GbR für den unrichtigen Grundbuchstand verantwortlich. Würde man ihr dennoch die Möglichkeit zur Direktkondiktion gegenüber dem Erwerber geben, würde sie dieselbe Privilegierung wie der wahre Berechtige in klassischen Dreiecksverhältnissen erfahren (§ 892 BGB). Dies wäre bei § 899a BGB nicht interessengerecht, weil hier die den Eigentumsverlust verursachenden (Schein-)Gesellschafter der Sphäre der GbR zuzurechnen sind.

Darüber hinaus würde eine analoge Anwendung des § 816 Abs. 1 S. 2 BGB dazu führen, dass der Schaden der GbR, der durch den Eigentumsverlust entstanden ist, über die Kondiktion des Eigentums gegenüber dem Erwerber unmittelbar wieder ausgeglichen wäre. Die eigentlich bestehende deliktische Haftung der (Schein-)Gesellschafter (z.B. aus § 823 Abs. 1 BGB) würde sich erübrigen, weil der Bereicherungsausgleich im Verhältnis „Erwerber – GbR" zum Schadenswegfall bei der GbR führen würde. Widersprechen würde dies insbesondere § 678 BGB, der die Schadensbehebung im Falle einer Geschäftsführung wider den Willen des Geschäftsherrn (GbR) gerade den unberechtigten Fremdgeschäftsführern (Scheingesellschaftern) auferlegt.

3. Zwischenfazit zu den Wertungen des Bereicherungsrechts

Als Zwischenfazit ist festzuhalten, dass die Bejahung eines Vertragsschlusses kraft Rechtsscheins deutlich besser zur bereicherungsrechtlichen Systematik als dessen Verneinung passt. Denn nur bei wirksamem Kausalverhältnis wird zwischen den wirklich Verantwortlichen die rechtsgrundlose Vermögensverschiebung ausgeglichen (Eingriffskondiktion der GbR gegenüber den Scheingesellschaftern).

Lehnt man eine Rechtsscheinhaftung dagegen ab, hat die GbR einen Anspruch aus Leistungskondiktion gegenüber dem Erwerber (Grundbesitz). Um den Erwerber dabei nicht schutzlos zu stellen, müsste die Rückabwicklung mehrfach auf der Wertungsebene korrigiert werden. Zum einen müsste man mit Zurechnungsüberlegungen argumentieren, um dem Erwerber überhaupt einen Anspruch aus Leistungskondiktion gegenüber der GbR zu geben und den Rückabwicklungsschutz der Saldotheorie eingreifen zu lassen. Darüber hinaus wäre mit Wertungsaspekten zu begründen, dass als Bereicherungsgegenstand der Kaufpreis einzustufen ist; denn nur dann würde die GbR – und nicht der Erwerber – das Liquiditätsrisiko der (Schein-)Gesellschafter tragen.

VI. Zweck- und Tilgungsbestimmung und Rechtsscheinhaftung

Abgesehen von der anspruchsbezogenen Vergleichsbetrachtung, die vorstehend angestellt wurde, könnte auch die bereicherungsrechtliche Dogmatik zur Zweck- und Tilgungsbestimmung Anhaltspunkte dafür geben, ob eine Rechtsscheinhaftung auf der Ebene des Schuldrechts im Einklang mit den Wertungen des Bereichungsrechts steht oder nicht.

Dogmatisch werden bereicherungsrechtliche Leistungen erst durch die Tilgungs- und Zweckbestimmung in eine Beziehung zu dem geschuldeten Zweck gesetzt. Auf diese Weise stellt die Zweckbestimmung in Fällen, in denen eine Leistung *causa solvendi* erfolgt, die eigentliche Verbindung zu der schuldrechtlichen Planungsgrundlage her.[123] In Mehrpersonenverhältnissen wird über die Zweckbestimmung festgelegt, wer überhaupt Leistender und Empfänger ist, ob der Leistende auf eigene oder fremde Schuld leistet und auf welches Schuldverhältnis bei mehreren geleistet werden soll.[124] Vor diesem Hintergrund könnte es bei einem gutgläubigen Erwerb nach § 899a BGB zu einem Dilemma kommen, wenn man eine schuldrechtliche Rechtsscheinhaftung verneint. Dies offenbart sich besonders plastisch durch die sog. Doppelverpflichtungslösung, die seit Inkrafttreten des ERVGBG in der kautelarjuristischen Literatur vorgeschlagen wird, um eine Kondiktion durch die GbR im Falle des gutgläubigen Eigentumserwerbs auszuschließen.

Inhaltlich zielt die Doppelverpflichtungslösung darauf ab, dass sich in einem Grundstückskaufvertrag die Gesellschafter der GbR auch persönlich zur Übertragung des Eigentums verpflichten.[125] Eine solche persönliche Verpflichtung der im Grundbuch eingetragenen Gesellschafter ist in Anbetracht des Trennungs- und Abstraktionsprinzips grundsätzlich möglich, obwohl die Gesellschafter selbst kein Eigentum an dem verkauften Grundstück haben. Durch die sog. Doppelverpflichtung soll das sinnwidrige Ergebnis vermieden werden, dass der Erwerber bei unwirksamem Kaufvertrag auf Grund seines Vertrauens in den Grundbuchstand einer Leistungskondiktion der GbR ausgesetzt wird. Seine Rechtfertigung findet dieser Gedanke darin, dass eine ausreichende *causa* auch dann vorliegen kann, wenn eine Leistung im Hinblick auf eine Drittbeziehung (z.B. eine fremde Schuld) erfolgt.[126] Die Doppelverpflichtung führt allerdings dazu, dass neben dem potenziellen

[123] *Reuter/Martinek*, Ungerechtfertigte Bereicherung, § 4 II 3 a) (S. 91 f.).

[124] *Reuter/Martinek*, Ungerechtfertigte Bereicherung, § 4 II 3 a) (S. 92); *Martinek*, in: jurisPK, BGB, 4. Aufl. 2008, § 812 Rn. 27.

[125] *Ruhwinkel*, MittBayNot 2009, 421 (423); *Rebhan*, NotBZ 2009, 445 (449 f.); *Wicke*, GWR 2009, 336 (338); mit Formulierungsvorschlag: *Hertel*, in: Würzburger Notarhandbuch, 2. Aufl. 2010, Teil 2 Kap. 2, Rn. 539 f.; *Krauß*, Immobilienkaufverträge in der Praxis, 5. Auf. 2010, Rn. 335; *ders.*, notar 2009, 429 (436); siehe auch: *Bachmayer*, NotBZ 2010, 161 (169 ff.).

[126] *Von Caemmerer*, in: FS Rabel, Bd. I, 1954, 333 (383).

Kausalverhältnis zwischen Erwerber und GbR ein weiteres Kausalverhältnis entsteht, auf das geleistet werden kann.

Bereicherungsrechtlich wird in diesem Zusammenhang der Streit um die dogmatische Einordnung der Zweckbestimmung relevant.[127] Denn hiervon hängt die Beantwortung der Frage ab, ob die (Schein-)Gesellschafter den gutgläubigen Eigentumserwerb als Leistung auf eigene Schuld deklarieren können. Die Diskussion um die Rechtsnatur der Zweckbestimmung wird im Prinzip analog zu derjenigen zu den Erfüllungstheorien geführt (vgl. § 366 Abs. 1 BGB).[128] Dementsprechend ist umstritten, ob es sich bei der Zweckbestimmung um eine tatsächliche Zuwendung (Theorie der realen Leistungsbewirkung), eine echte Willenserklärung (Theorie der finalen Leistungsbewirkung) oder um einen Vertrag handelt (Vertragstheorie). Während die Rechtsprechung mit der Vertragstheorie sympathisiert, sprechen sich *Reuter/Martinek* und viele andere für die Einstufung als empfangsbedürftige Willenserklärung aus. In beiden Fällen finden die §§ 104 ff. BGB auf die Zweckbestimmung Anwendung. Auf die sog. Doppelverpflichtungslösung, wie sie von der Gestaltungsliteratur vorgeschlagen wird, hat dies maßgebliche Auswirkungen. Denn bei Anwendung der §§ 104 ff. BGB können die (Schein-)Gesellschafter nur dann eine Zweckbestimmung im Namen der GbR abgeben, wenn sie entweder tatsächlich Vertretungsmacht haben oder ein §§ 170 ff. BGB vergleichbarer Rechtsschein für eine Vertretungsmacht der GbR gegeben ist.[129]

Bejaht man bei der Zweckbestimmung eine Rechtsscheinhaftung der GbR für das Handeln der (Schein-)Gesellschafter, wäre es inkonsequent, auf der Ebene des Vertragsschlusses eine schuldrechtliche Rechtsscheinhaftung insofern zu verneinen. Denn letztlich hat die Rechtsscheinhaftung hier keine andere Qualität als bei der Scheinvertretungsmacht zur Abgabe einer Zweckbestimmung. In beiden Fällen vertraut der Erwerber darauf, dass die (Schein-)Gesellschafter Vertretungsmacht haben, eine Willenserklärung im Namen der Gesellschaft abzugeben. Dabei ist ein sachlicher Grund für eine unterschiedliche Behandlung nicht ersichtlich. Die Vertretungsmacht zum Vertragsabschluss (Kausalvertrag), die im ersten Fall im Raum steht, unterscheidet sich nicht wesentlich von der Vertretungsmacht, die Zuordnung zu einem vermeintlichen Vertrag zu treffen (Zweck- und Tilgungsbestimmung), wie sie im anderen Fall betroffen ist. Vor diesem Hintergrund liegt es auch aus dem Blickwinkel der Zweckbestimmungsdogmatik nahe, auf der Ebene des schuld-

[127] Hierzu im Überblick: *Reuter/Martinek,* Ungerechtfertigte Bereicherung, § 4 II 3 (S. 91 ff.).

[128] Vgl. *H. P. Westermann/P. Buck/Heeb,* in: Erman, BGB, 12. Aufl. 2008, § 812 Rn. 13.

[129] *Reuter/Martinek,* Ungerechtfertigte Bereicherung, 1983, § 4 II 3 d) (S. 101); so auch: *Larenz/Canaris,* Lehrbuch des Schuldrechts, Bd. 2 Halbbd. 2, 13. Aufl. 1994, § 67 II 1 e) (S. 133 f.); *Schwab,* in: MünchKomm, BGB, 5. Aufl. 2009, § 812 Rn. 48 ff.

rechtlichen Kausalvertrages eine Rechtsscheinhaftung zu bejahen. Zwar ließe sich eine einheitliche Behandlung auch dadurch erreichen, dass man auch im Rahmen der Zweck- und Tilgungsbestimmung die Scheinvertretungsmacht ablehnt. Dies hätte jedoch eine überzogene Verkehrsschutzreduzierung zur Folge.

VII. Sonderfall der doppelten Nichtberechtigung

Des Weiteren lassen sich auch dem Sonderfall der doppelten Nichtberechtigung Anhaltspunkte dafür entnehmen, ob die Annahme eines schuldrechtlichen Vertragsschlusses kraft Rechtsscheins mit den Wertungen des Bereicherungsrechts im Einklang steht oder nicht. Der Fall der doppelten Nichtberechtigung ist dann gegeben, wenn nicht nur die eingetragenen Gesellschafter in Wirklichkeit keine Mitglieder der GbR sind, sondern auch die GbR in Wahrheit nicht Eigentümerin des eingetragenen Grundstücks ist. In diesem Fall kommt eine kombinierte Anwendung von § 892 BGB *(fehlende Inhaberschaft der GbR)* und § 899a BGB *(fehlende Vertretungsmacht der Gesellschafter)* in Betracht.

Würde man bei dieser Ausgangslage eine schuldrechtliche Rechtsscheinhaftung im Zusammenhang mit § 899a BGB verneinen, wäre der Erwerber bei Hinzutreten des § 899a BGB weniger geschützt als im Grundfall der einfachen Nichtberechtigung (§ 892 BGB). Zum einen müsste die GbR nämlich bei Hinzutreten des § 899a BGB dem früheren Berechtigten den Kaufpreis gemäß § 816 Abs. 1 S. 1 BGB herausgeben, weil die GbR als Nichtberechtigte in eigener Person verfügte. Zum anderen müsste die GbR in Rückabwicklung des fehlgeschlagenen Kaufvertrages dem Erwerber den Kaufpreis im Wege der Leistungskondiktion zurücküberweisen (§ 812 Abs. 1 S. 1 Alt. 1 BGB). Während die GbR als Schuldnerin damit den Kaufpreis gegenüber dem wahren Eigentümer und dem Erwerber insgesamt zweimal herausgeben müsste, könnte sie ihn als Gläubigerin nur einmal gegenüber den (Schein-) Gesellschaftern geltend machen (Eingriffskondiktion). Davon abgesehen wäre der Verkehrsschutz des Erwerbers dezimiert. Denn anders als im Falle der einfachen Nichtberechtigung (§ 892 BGB) könnte die GbR das gutgläubig erworbene Grundstückseigentum gegenüber dem Erwerber kondizieren. Insofern käme eine Leistungskondiktion nach § 812 Abs. 1 S. 1 Alt. 1 BGB in Betracht, was diametral im Widerspruch zu der Grundwertung von § 816 Abs. 1 S. 1 BGB stünde.[130]

Im Falle der doppelten Nichtberechtigung würde schließlich auch eine analoge Anwendung von § 816 Abs. 1 S. 1 BGB zu keinem widerspruchs-

[130] *Martinek*, in: jurisPK, 4. Aufl. 2008, § 816 Rn. 2.

freien Ergebnis führen. Zwar könnte eine lückenfüllende Anwendung des § 816 Abs. 1 S. 1 BGB eine Kondiktion des entgeltlich gemäß § 899a BGB erworbenen Eigentums verhindern. Im Übrigen hätte eine entsprechende Anwendung von § 816 Abs. 1 S. 1 BGB im Falle der doppelten Nichtberechtigung aber divergierende Herausgabepflichten zur Folge. Der vormals Berechtigte hätte nicht nur gegenüber der GbR als „Verfügende" in direkter Anwendung von § 816 Abs. 1 S. 1 BGB einen Anspruch auf Herausgabe des Veräußerungserlöses. Er könnte wegen der Anwendung des § 816 Abs. 1 S. 1 BGB auch gegenüber den (Schein-)Gesellschaftern Herausgabe des Veräußerungserlöses verlangen. Welcher der beiden Anspruchsgegner tatsächlich etwas durch die Verfügung erlangt hätte, würde vom jeweiligen Einzelfall abhängen. Wegen der einerseits direkten und andererseits analogen Anwendung des § 816 Abs. 1 S. 1 BGB bestünde zumindest abstrakt die Gefahr, dass der vormals Berechtigte zweimal Herausgabe des gezahlten Kaufpreises geltend machen könnte.

GbR und früherer Berechtigter könnten zwar ebenfalls jeweils Bereicherungsansprüche geltend machen, wenn man die Möglichkeit eines Kausalvertragsschlusses kraft Rechtsscheins bejaht. Die jeweiligen Ansprüche würden aber – anders als bei Rechtsgrundlosigkeit des Eigentumserwerbs – nicht miteinander kollidieren. Die GbR hätte einen Anspruch auf Herausgabe des Veräußerungserlöses aus Eingriffskondiktion gegenüber den (Schein-)Gesellschaftern, während der früher Berechtigte von der GbR Herausgabe des Veräußerungserlöses auf der Grundlage des § 816 Abs. 1 S. 1 BGB verlangen könnte. Es käme weder zu einer doppelten Herausgabeverpflichtung der GbR bezüglich des Veräußerungserlöses noch zu einem § 816 Abs. 1 S. 1 BGB widersprechenden bereicherungsrechtlichen Durchgriff bezüglich des gutgläubig erworbenen Eigentums gegenüber dem Erwerber.

VIII. Zusammenfassung und Thesen

1. Vor dem Hintergrund, dass Bereicherungsrecht und Gutglaubenserwerb nicht selbständig nebeneinander stehen, wird auch der neu in das BGB eingefügte § 899a BGB durch die Wertentscheidungen der §§ 812 ff. BGB beeinflusst und umgekehrt. Nachdem der BGH in mehreren Schritten die Rechtsfähigkeit, die Grunderwerbsfähigkeit und die Grundbuchfähigkeit der GbR anerkannte, hat der Gesetzgeber nunmehr mit § 899a BGB eine neue Kategorie der Gutglaubensschutznorm verabschiedet, die erstmals Vertrauensschutz im Hinblick auf die persönlichen Eigenschaften des eingetragenen Berechtigten gewährt (Gesellschafterbestand der GbR).
2. Hält man Gutglaubenserwerbe nicht *per se* für kondiktionsfest, stellt sich bei § 899a BGB die Frage, ob der zugrunde liegende Kausalvertrag trotz

Vertretungsmangels mit der GbR wirksam zustande kommt. Beim Grundstückserwerb von einer GbR wirkt sich dies auf die Kondiktionsfestigkeit des gutgläubig erworbenen Eigentums (Kaufvertrag), die Entstehung der Vormerkung (Eigentumsübertragungsanspruch) und die Kondiktionsfestigkeit der Finanzierungsgrundschuld aus (Sicherungsvertrag). Im Ergebnis erscheint es zweifelhaft, ob § 899a BGB auch auf das schuldrechtliche Kausalverhältnis Anwendung findet. Keinesfalls schließt § 899a BGB es aber aus, dass das Institut der allgemeinen Rechtsscheinhaftung insofern zum Tragen kommt. Auch in diesem Zusammenhang ist die Grundbucheintragung der Gesellschafter als Rechtsscheinträger geeignet – zumindest denjenigen gegenüber, die sich auf ein berechtigtes Interesse gemäß § 12 GBO berufen können. Ein unrichtiger Grundbuchstand zu den Gesellschaftern ist der GbR zuzurechnen. Dies gilt spätestens seit dem ERVGBG, das die Eintragung der Gesellschafter auf eine neue Grundlage gestellt hat. Denn nach § 82 S. 3 GBO ist jetzt die GbR zur Berichtigung des Grundbuchs im Hinblick auf die Gesellschafterstellung verpflichtet, bei der landläufig nicht zwischen sachenrechtlicher und schuldrechtlicher Ebene unterschieden wird. Bezüglich des Erwerbervertrauens erscheint eine enge Anbindung der schuldrechtlichen Rechtsscheinhaftung an die Voraussetzungen zu § 899a BGB geboten.

3. Auch aus dem Blickwinkel der §§ 812 ff. BGB führt die Annahme einer schuldrechtlichen Rechtsscheinhaftung zu einem Bereicherungsausgleich ohne Wertungswidersprüche. Der Erwerber wird in seinem Vertrauen auf das Grundbuch geschützt, indem er kondiktionsrechtlich – selbst bei unentgeltlichem Erwerb – keinem Anspruch ausgesetzt ist. Die GbR muss sich wegen ihres Eigentumsverlusts an die handelnden (Schein-)Gesellschafter halten, die sie im Wege der Eingriffskondiktion auf Herausgabe des erlangten Kaufpreises in Anspruch nehmen kann. Hierzu bedarf es auch auf der Wertungsebene keiner Korrektur. Das Zahlungs- und Insolvenzrisiko der (Schein-)Gesellschafter trägt in jedem Fall die GbR, was auch billig ist, weil sie die Berichtigung des Grundbuchs versäumt hat. Würde man eine schuldrechtliche Rechtsscheinhaftung dagegen verneinen, hätte die GbR auch gegenüber dem Erwerber einen bereicherungsrechtlichen Anspruch (Anspruch aus Leistungskondiktion, gerichtet auf Rückübereignung des gutgläubig erworbenen Eigentums). Bereits die bloße Einbeziehung des Erwerbers in die bereicherungsrechtliche Rückabwicklung, die in diesem Fall erfolgen würde, widerspräche dem Sphärengedanken und dem Veranlassungsprinzip. Davon abgesehen müsste die Rückabwicklung zum Schutz des Erwerbers mehrfach auf der Wertungsebene korrigiert werden, um den Erwerber nicht schutzlos zu stellen. So müsste als Bereicherungsgegenstand beispielsweise der Kaufpreis qualifiziert werden, um der GbR und nicht dem Erwerber das Liquiditätsrisiko der (Schein-)Gesellschafter aufzuerlegen.

4. Die Gestaltungsliteratur setzt mit ihrem Modell der sog. Doppelverpflichtungslösung implizit voraus, dass die Grundbucheintragung der Gesellschafter einen ausreichenden Rechtsschein erzeugt, im Namen der GbR eine wirksame Zweck- und Tilgungsbestimmung abzugeben. Lässt man auf der bereicherungsrechtlichen Ebene den Rechtsschein des Grundbuchs insofern ausreichen, müsste konsequenterweise bereits eine die Vertretungsmacht der (Schein-)Gesellschafter begründende Rechtsscheinhaftung auf der Ebene des Vertragsschlusses bejaht werden. Davon abgesehen macht auch der Fall der doppelten Nichtberechtigung deutlich, dass die Verneinung einer schuldrechtlichen Rechtsscheinhaftung nicht im Einklang mit den bereicherungsrechtlichen Systemvorstellungen steht. Bei kumulativer Anwendung von § 892 BGB und § 899a BGB wäre die GbR nämlich ohne Rechtsscheinhaftung sowohl dem Erwerber als auch dem vormals Berechtigten zur Herausgabe des Kaufpreises bereicherungsrechtlich verpflichtet, könnte ihn ihrerseits aber nur einmal bei den (Schein-)Gesellschaftern liquidieren. Eine analoge Anwendung von § 816 Abs. 1 S. 1 BGB auf den Gutglaubenserwerb nach § 899a BGB wäre keine Alternative zu einer schuldrechtlichen Rechtsscheinhaftung. Sie würde unter anderem dazu führen, dass der früher Berechtigte sowohl gegenüber der GbR (§ 816 Abs. 1 S. 1 BGB) als auch gegenüber den (Schein-)Gesellschaftern (§ 816 Abs. 1 Abs. 1 BGB analog) wegen der Kaufpreisherausgabe vorgehen könnte.

Erbrechtliche Wirkungsgrenzen (§§ 2109, 2210 BGB) als Intentionalitätsgarantien

Anne Röthel *

I. Einführung

Dieter Reuter hat immer wieder dafür plädiert, privatnützige bzw. Familienstiftungen nicht zeitlich unbefristet zuzulassen. Man könne mit guten Gründen vertreten, so *Dieter Reuter* im Münchener Kommentar, dass der Gesetzgeber seine Schutzpflicht gegenüber dem Selbstbestimmungsrecht der Vermögensnachfolger verletzt hat, als er auf die Begrenzung der Familienstiftung verzichtet hat.[1] Naheliegende Regelungsvorbilder finden sich bekanntlich im Erbrecht.[2] Eine Frist von 30 Jahren ist vorgesehen in § 2210 S. 1 BGB für die Dauervollstreckung, in § 2109 Abs. 1 S. 1 BGB für die Einsetzung eines Nacherben, in § 2044 Abs. 2 S. 1 BGB für den Ausschluss der Auseinandersetzung und in § 2162 Abs. 1 BGB für aufgeschobene Vermächtnisse. Daher rührt der unmittelbar plausibel erscheinende Gedanke, Familienstiftungen nicht nur steuerlich[3], sondern auch materiell-rechtlich einer zeitlichen Grenze und insbesondere einer 30-Jahres-Grenze zu unterwerfen.[4] Ein ent-

* Verf. ist Inhaberin des Lehrstuhls für Bürgerliches Recht, Europäisches und Internationales Privatrecht der Bucerius Law School, Hamburg.

[1] *Dieter Reuter*, in: MünchKommBGB, 5. Aufl. 2006, §§ 80, 81 Rn. 84; für die unselbständige Stiftung *ders.*, Die unselbständige Stiftung, in: von Campenhausen/Kronke/Werner (Hrsg.), Stiftungen in Deutschland und Europa, 1998, S. 203 (226 ff.).

[2] Näher zum Verhältnis von Erbrecht und Stiftungsrecht *Röthel*, Vermögenswidmung durch Stiften oder Vererben: Konkurrenz oder Konkordanz, in: GS Walz, 2008, S. 617 ff.

[3] Siehe § 1 Abs. 1 Nr. 4 ErbStG (sog. Erbersatzsteuer).

[4] Hierfür auch *Staudinger/Rawert*, 13. Bearb. 1995, vor §§ 80 ff. Rn. 132 ff.; *Däubler*, Zur aktuellen Bedeutung des Fideikommissverbots, JZ 1969, 499 (502); de lege ferenda für eine Befristung „auf rund 100 Jahre" nach anglo-amerikanischem Vorbild *Richter*, Rechtsfähige Stiftung und Charitable corporation, 2001, S. 384 ff.; *Kronke*, Stiftungstypus und Unternehmensträgerstiftung, 1988, S. 75; aA *Edenfeld*, Lebenslange Bindungen im Erbrecht?, DNotZ 2003, 4 (9); *Saenger*, Wahl der Rechtsform Stiftung, in: Werner/Saenger (Hrsg.), Stiftungsrecht, 2008, Rn. 187; *Erman/O. Werner*, 12. Aufl. 2008, vor § 80 Rn. 8, 17; *Fröhlich*, Die selbständige Stiftung im Erbrecht, 2003, S. 66 ff.; *Schwintek*, Systemförderung durch Normativsystem?, ZRP 1999, 25 (30).

sprechender Regelungsentwurf aus dem Jahr 1997 ist allerdings nicht Gesetz geworden.[5]

Ob man diese Übertragung der erbrechtlichen Grenzen für sinnvoll und geboten erachtet, hängt maßgeblich davon ab, welches Gewicht der Sorge vor der „toten Hand" und dem Schutz der Vermögensnachfolger vor Bevormundung eingeräumt wird. Individuelles Vorverständnis und innere Haltungen hinterlassen zumeist prägenderen Eindruck als juristische Argumentation. Ähnlich werden die erbrechtlichen Wirkungsgrenzen diskutiert. Hier hat die Befassung mit dem Grundsätzlichen zuweilen die Auseinandersetzung mit der konkreten Ausgestaltung überdeckt. Denn neben der grundsätzlichen Frage, ob andauernde Vermögensbindungen eher als selbstverständliche Ausprägung der Testierfreiheit anzusehen sind oder eher zum Schutz der Erben und aus Gründen der Allgemeininteresses vermieden werden sollten, bleibt doch die für den auf Folgerichtigkeit und Konsequenz bedachten Juristen eigentlich drängende Frage, ob sich in den geltenden zeitlichen Wirkungsgrenzen ein Regelungskonzept entdecken lässt, dass auch heute noch eine überzeugende Antwort auf die Frage gibt: Was macht eine Vermögensbindung zu einer „überlangen" Bindung, und was unterscheidet sie von einer nur „langen" Bindung?

Die Beantwortung dieser Frage setzt Einsichten zur Erbrechtspraxis (unten II.) und eine historisch-rechtsvergleichende Standortbestimmung (unten III.) voraus. Das hier vorgeschlagene Erklärungsmodell (unten IV.) legt es nahe, dem Plädoyer von *Dieter Reuter* für eine Übertragung der erbrechtlichen Wirkungsgrenzen auf Familienstiftungen zu widersprechen (unten V.).

II. Erbrechtspraxis

Vielfach wird der Schutz vor überlanger Vermögensbindung im Erbrecht gleichgesetzt mit der 30-Jahres-Grenze (§§ 2109 Abs. 1 S. 1, 2210 S. 1 BGB). Dies ist indes nur eine Grenze und – wie die Praxis zeigt – eigentlich die unwichtigere. Vielmehr ermöglichen §§ 2109 Abs. 1 S. 2, 2210 S. 2 BGB, dass Nacherbenbindungen (unten 1.) und Verwaltungsvollstreckung (unten 2.) weit über 30 Jahre nach dem Erbfall hinaus fortbestehen.

[5] § 81 Abs. 2 i.d.F. des Entwurfs eines Gesetzes zur Förderung des Stiftungswesens vom 1.12.1997 (BT-Drucks. 13/9320); kritisch dazu *Saenger/Arndt*, Reform des Stiftungsrechts: Auswirkungen auf privatnützige und unternehmensverbundene Stiftungen, ZRP 2000, 13 (15 f.); aA *Crezelius/Rawert*, Stiftungsrecht – quo vadis?, ZIP 1999, 337 (339 f.).

1. *Gestaffelte Nacherbfolge (§ 2109 Abs. 1 S. 2 BGB)*

Praktisch bedeutsam ist insbesondere § 2109 Abs. 1 S. 2 BGB. Danach bleibt eine Nacherbschaft auch nach Ablauf von 30 Jahren nach dem Erbfall wirksam, wenn sie für den Fall angeordnet ist, dass in der Person des Vorerben oder des Nacherben ein bestimmtes Ereignis eintritt, und derjenige, in dessen Person das Ereignis eintreten soll, zur Zeit des Erbfalls lebt. Um ein Beispiel zu geben: Ein Erblasser setzt im Jahr 1920 seinen ältesten Sohn zum Alleinerben ein, bestimmt aber zugleich, dass dieser nur Vorerbe sein soll. Zu seinem Nacherben bestimmt er dessen erstgeborenes Kind. Auch dieses soll aber nur Vorerbe sein, zu seinem Nacherben wird wiederum dessen erstgeborenes Kind bestimmt. Stellen wir uns vor, der Erblasser verstirbt im Jahr 1941. Zu diesem Zeitpunkt lebt sein erstgeborener Sohn, geboren 1910 (verstorben 1980), und dessen erstgeborener Sohn, geboren 1940, der inzwischen seinerseits eine erstgeborene Tochter (geboren 1975) und die wiederum eine erstgeborene Tochter (geboren 2010) hat. Nach der 30-Jahres-Regel müsste die Nacherbfolge im Jahr 1971 erlöschen. Anderes gilt gemäß § 2109 Abs. 1 S. 2 Nr. 1 BGB, weil die Nacherbfolge für den Fall angeordnet ist, dass in der Person des Vorerben ein bestimmtes Ereignis eintritt – dessen Tod – und der Vorerbe zur Zeit des Erbfalls bereits lebt. Dies ist hier auch noch für den Enkel der Fall. Er bleibt während seines ganzen Lebens Vorerbe, und erst mit seinem Tod – vielleicht im Jahr 2020 – erlischt die Nacherbschaft. Nach geltendem Recht kann also eine Verfügung, die im Jahr 1941 mit dem Tod des Erblassers ihren Wirkungsbeginn genommen hat, immerhin gut 80 Jahre lang Wirkungen erzielen. Mit weiter ansteigender Lebenserwartung[6] dürften in der Zukunft auch Weiterwirkungen über mehr als 100 Jahre häufiger werden.[7]

2. *Ewige Testamentsvollstreckung?*

Noch weitergehender ist die Verwaltungsvollstreckung zulässig: Der Erblasser kann anordnen, dass die Verwaltung bis zum Tod des Erben oder des

[6] Bezieht man sich auf die Lebenserwartung Neugeborener, ergibt sich heute eine gegenüber dem Jahr 1900 fast verdoppelte Lebenserwartung. Nach der vereinfachten Sterbetafel des Statistischen Bundesamtes (Statistisches Jahrbuch 2009), 2.29 betrug die durchschnittliche Lebenserwartung der in den Jahren 1901–1910 geborenen männlichen Säuglinge 44,82 Jahre gegenüber 76,89 Jahren der in den Jahren 2005–2007 geborenen männlichen Säuglinge. Ähnliche Zahlen ergeben sich für weibliche Säuglinge: 48,33 Jahre gegenüber 82,25 Jahre. – Die Zahlen relativieren sich allerdings, wenn man wegen der um 1900 erheblich höheren Säuglings- und Kindersterblichkeit auf die Lebenserwartung der 25-Jährigen abstellt. *Otte*, Das Pflichtteilsrecht – Verfassungsrechtsprechung und Rechtspolitik, AcP 202 (2002), 317 (337 f.) hat insoweit aber immer noch eine um 15 bzw. 19,5 Jahre gestiegene Lebenserwartung nachgewiesen.

[7] Siehe auch die Beispiele für mehr als 100 Jahre andauernde Nacherbfolgen bei *Edenfeld*, DNotZ 2003, 4 (10 f.); *Lange/Kuchinke*, Erbrecht, 5. Aufl. 2001, § 28 I 3 c (S. 575 f.).

Testamentsvollstreckers oder bis zum Eintritt eines anderen Ereignisses in der Person des einen oder des anderen fortdauern soll (§ 2210 S. 2 BGB). Auch hier haben sich die Ausnahmen als bedeutsamer erwiesen als die eigentliche Regel. Nach dem Wortlaut von § 2210 S. 2 BGB wäre sogar eine ewige Dauervollstreckung möglich, indem der Erblasser anordnet, dass die Vollstreckung bis zum Tod des eingesetzten Testamentsvollstreckers oder seines Nachfolgers gelten soll und zugleich bestimmt, dass beim Tod des Testamentsvollstreckers ein Nachfolger zu benennen ist (§§ 2197 ff. BGB). Die langwierige Geschichte der Hohenzollern-Erbfolge ist nur ein Beispiel dafür.[8] Der im Jahr 1938 zwischen Wilhelm von Preußen und seinem Sohn Louis Ferdinand geschlossene Erbvertrag enthält u.a. die Regelung, dass die Testamentsvollstreckung „solange bestehen [soll], als das Gesetz es zulässt (BGB § 2210), also mindestens 30 Jahre nach dem Tode des Kronprinzen, mindestens bis zum Todes des Erben (Nacherben) und mindestens bis zum Tode der Testamentsvollstrecker oder ihrer Nachfolger." Weiterhin ist bestimmt, dass der „Präsident des deutschen Bundesgerichts" Ersatztestamentsvollstrecker ernennen soll, wenn während der Dauer der Testamentsvollstreckung einer der drei namentlich benannten Testamentsvollstrecker bzw. einer der drei ebenfalls benannten Ersatztestamentsvollstrecker fortfällt. Dazu kam es auch in der Folge.[9] Bei unbefangener Lektüre von § 2210 S. 2 BGB wäre hiernach eine endlose Testamentsvollstreckung möglich. Das LG Berlin argumentierte mit dem Zweck der Vorschrift: Es sei dem historischen Gesetzgeber gerade um eine zeitliche Begrenzung gegangen. Daher müsse die Vorschrift entsprechend korrigiert werden. Doch wo soll die Korrektur gezogen werden? Ein Teil des Schrifttums bezweifelte schon, ob überhaupt alle drei Verlängerungsmöglichkeiten kombinierbar seien. Denkbar wäre auch ein Ausschließlichkeitsverhältnis: Der Erblasser müsse sich auf eine Verlängerungsoption beschränken. Andere wollten ergänzend den Gedanken von § 2109 Abs. 1 S. 2 Nr. 1 BGB heranziehen und die Testamentsvollstreckung nur solange andauern lassen, als der Testamentsvollstrecker im Zeitpunkt des Erbfalls bereits gelebt hat (Generationentheorie; Theorie der zeitlichen Koexistenz).[10] Der BGH hat bekanntlich anders entschieden und sich der sog. Amtstheorie angeschlossen: Die Dauervollstreckung bleibe solange wirksam, als die Ernennung des maßgeblichen Testamentsvoll-

[8] Zur Erbfolge LG Hechingen, FamRZ 2001, 721; OLG Stuttgart, FamRZ 2002, 1365; OLG Stuttgart, FamRZ 2005, 1863; BGH, NJW 1999, 566; BVerfG, NJW 2004, 2008. Zur Dauer der Testamentsvollstreckung LG Berlin, ZEV 2006, 506; KG, ZEV 2007, 335; BGHZ 174, 346 ff.; BVerfG, 1 BvR 909/08 vom 25.3.2009 (Nichtannahmebeschluss).

[9] Vgl. LG Berlin, ZEV 2006, 506 f.

[10] *Bamberger/Roth/J. Mayer*, 2. Aufl. 2008, § 2210 Rn. 4; MünchKommBGB/*W. Zimmermann*, 5. Aufl. 2010, § 2210 Rn. 3; noch enger *Reimann*, Die „rule against perpetuities" im deutschen Erbrecht, NJW 2007, 3034 (3037): nur der erste im Rahmen der 30-Jahres-Frist ernannte Testamentsvollstrecker sei gemeint.

streckers innerhalb des Zeitraums von 30 Jahren seit dem Eintritt des Erbfalls erfolgt ist.[11] Folgerichtig erkannte der BGH im Hohenzollern-Fall auf Fortdauer der Testamentsvollstreckung, da einer der amtierenden Testamentsvollstrecker vor Ablauf der 30-Jahres-Frist ernannt worden war, im Jahr 1975. Die Testamentsvollstreckung dauert also bereits 60 Jahre an und kann noch weitere 10 bis 20 Jahre weiterwirken.

III. Standortbestimmung

1. Historischer Ausgangspunkt

Das BGB ermöglicht dem Erblasser mit der Nacherbschaft (§§ 2100 ff. BGB) und der Testamentsvollstreckung (§§ 2197 ff. BGB) vergleichsweise weit reichende Beschränkungen des Erben. Damit rezipierte das BGB wesentliche und charakteristische Institutionen des gemeinen Rechts.[12] Der liberale Prinzipienkonflikt zwischen Erblasserwille und Erbenfreiheit wurde in der Tendenz zugunsten des Erblassers entschieden. Der Willensherrschaft des Erblassers wurden mit dem BGB keine inhaltlichen, sondern vergleichsweise großzügige zeitliche Grenzen gezogen (§§ 2044 Abs. 2, 2109, 2162 f., 2210 BGB).[13] Selbst diese erschienen an der Wende zum 20. Jahrhundert nur deshalb hinnehmbar, weil dem Erblasser mit dem Familienfideikommiss „andere erbrechtlich zulässige Wege" blieben.[14] Im Zuge der Beratungen wurde die Stellung des Testamentsvollstreckers – angeregt durch den 21. Juristentag 1890[15] – sogar noch verstärkt[16] und die Beschränkung auf *eine* Nacherbfolge aufgegeben.[17] Anders als dies heute vielleicht erscheinen mag, zeugt die im BGB-Erbrecht getroffene Regelung also eher von einer vergleichsweise gering ausgeprägten Sorge vor andauernden Vermögensbindungen.

[11] BGHZ 174, 346 (355 ff.) – Dauertestamentsvollstreckung im Haus Hohenzollern.

[12] Zur Nacherbschaft Mot. V, 79, 81; Prot. V, 77 f.; *Coing*, Europäisches Privatrecht, Bd. I, 1985, § 123; Bd. II, 1989, § 129; zur Testamentsvollstreckung Mot. V, 236; *Kipp/Coing*, 14. Aufl. 1990, § 66 I; *Lange/Kuchinke* (Fn. 7), § 31 I (S. 664); *Muscheler*, Die Haftungsordnung der Testamentsvollstreckung, 1994, S. 28 ff.

[13] Für die Auflage (§ 2192 BGB) erschienen besondere zeitliche Grenzen verzichtbar, um die Verfolgung stiftungsähnlicher Ziele zu ermöglichen, Prot. V, 243 f., 308. Eine Grenze zog aber § 197 Abs. 1 Nr. 2 BGB a.F., jetzt § 199 Abs. 3a BGB. Gegen eine Analogie zu §§ 2162 f. BGB etwa *Staudinger/Otte*, 13. Bearb. 2003, § 2192 Rn. 20 m.w.N.

[14] *v. Schmitt*, Erbrecht, Teil 1 (Begründung des Entwurfs), 1876 [hrsg. von Schubert, 1984], S. 194 f.

[15] Insbesondere *Gierke*, Verhandlungen zum 21. DJT 1890, Bd. III, S. 224 ff.

[16] Prot. V, 270, 275, 283; dazu *Offergeld*, Die Rechtsstellung des Testamentsvollstreckers (1995), S. 43 ff.; *Muscheler* (Fn. 12), S. 45 ff.

[17] Anders noch § 1812 E 1.

2. *Europäischer Rechtsvergleich*

Ausländische Rechtsordnungen haben zumeist zurückhaltender entschieden. In vielen vom Code civil beeinflussten Rechtsordnungen ist die fiduziarische Substitution bis heute nur zugunsten von Kindern und Geschwistern zugelassen.[18] Möglicherweise deutet sich mit den jüngsten Änderungen des französischen Code Civil hier eine Trendwende an: Im Jahr 2007 hat Frankreich die persönliche Beschränkung aufgegeben.[19] Jedenfalls kennen die meisten europäischen Rechtsordnungen deutlich engere zeitliche Grenzen, entweder durch striktere Höchstfristen[20] oder durch Beschränkung der Anzahl von Nacherbfolgen[21]. Schließlich besteht eine Tendenz zur Zulassung weitgehender Befreiungen des Vorerben.[22]

Ein ähnliches Gefälle besteht bei der Testamentsvollstreckung.[23] Soweit die Verwaltungsvollstreckung überhaupt zugelassen wurde,[24] ist sie zumeist auf einen erheblich kürzeren Zeitraum begrenzt, etwa in Belgien, Luxemburg und Italien[25] auf grundsätzlich ein Jahr, in Frankreich seit dem 1.1.2007 auf zwei Jahre.[26] Eine Verwaltungsvollstreckung ähnlich dem deutschen Recht

[18] Art. 896 f., 1048 ff. belg. und luxem. C.c.; Art. 692 ital. C.c., Art. 2286, 2288 portug. C.c.; ähnlich die Regelungen in Polen, Rumänien, Bulgarien, Slowenien und Ungarn; siehe *Dutta*, Vor- und Nacherbschaft, in: Basedow/Hopt/R. Zimmermann (Hrsg.), Handwörterbuch zum Europäischen Privatrecht, 2009, S. 1735 ff.

[19] Art. 1048 ff. C.c. (libéralités graduelles et résiduelles) n.F. seit 1.1.2007.

[20] Etwa in den Niederlanden (Art. 4:140 Abs. 1 B.W.): 30 Jahre; ähnlich die herkömmliche rule against perpetuities des anglo-amerikanischen Rechts (within a life in being and 21 years thereafter), dazu *Kötz*, Trust und Treuhand (1963), S. 50 ff. Die jüngere Tendenz geht allerdings dahin, die rule against perpetuities weiter zu fassen oder ganz aufzugeben, wie beispielsweise jüngst in Irland (The Land and Conveyancing Law Reform Act 2009, in Kraft getreten am 1.12.2009). Zahlreiche US-amerikanische Bundesstaaten haben die Geltungsdauer verlängert (Washington: 150 Jahre, Florida: 360 Jahre, Nevada: 365 Jahre, Utah und Wyoming: 1.000 Jahre) oder verzichten ganz auf eine Beschränkung; näher *F. Schneider*, A Rule against Perpetuities for the Twenty First Century (2006).

[21] §§ 611, 612 ABGB; Art. 781, 785 span. C.c.; Art. 488 Abs. 2 schw. ZGB; Art. 1923 Abs. 2 griech. ZGB; Art. 2200 port. C.c.

[22] Etwa in der Schweiz (Nacherbeneinsetzung auf den Überrest, zu den Grenzen BGE 100 II 92), in Frankreich (liberalité résiduelle, Art. 1057 ff. C.c.) und in Spanien (Art. 783 Abs. 2 span. C.c.).

[23] Rechtsvergleichender Überblick bei *Muscheler* (Fn. 12), S. 60 ff.; *R. Zimmermann*, Heres fiduciarius?, in: R. Zimmermann/Helmholtz (Hrsg.), Itinera Fiduciae, 1998, S. 267 ff.

[24] Anders etwa in Österreich (§ 816 ABGB): Für die Erben bindend ist nur die Abwicklungsvollstreckung, während sog. Verwaltungsanordnungen von den Erben widerrufen werden können; de lege ferenda für die Zulassung bindender Verwaltungsanordnungen *Welser*, Verh. des 17. ÖJT, Bd. II/1 (2009), S. 51.

[25] Art. 1026 f. belg. und luxem. C.c. nach dem Vorbild von Art. 1026 f. frz. C.c. a.F.; Art. 703 Abs. 3 ital. C.c. – In den Niederlanden ist die frühere Jahresfrist (Art. 1054 Abs. 2 B.W. i.d.F. bis zum 31.12.2002) allerdings aufgegeben worden (Art. 4: 149 B.W.).

[26] Art. 1032, 812 Abs. 1 S. 1 C.c. n.F. (administration de la succession par un mandataire).

kennen lediglich die Schweiz[27], Griechenland[28] und inzwischen auch die Niederlande[29].

3. *Bewertungen*

Die §§ 2109, 2210 BGB wurden seit Inkrafttreten des BGB nicht geändert. Geändert hat sich indes ihre Bewertung. Nachdem die zeitlichen Grenzen während der Entwurfsberatungen eher ausgedehnt wurden, sind inzwischen größere Vorbehalte gegen andauernde Vermögensbindungen deutlich geworden.[30] Kritisch wird heute insbesondere die Dauervollstreckung gesehen. Für engere Grenzziehungen ist u.a. *Heinrich Lange* eingetreten, in jüngerer Zeit etwa unterstützt von *Karl-Heinz Muscheler*.[31]

Die Kautelarpraxis zeichnet allerdings ein anderes Bild. Offenbar besteht für längerfristige Vermögensbindungen ein ungebrochener Bedarf. Die Sorge für behinderte Kinder durch sog. Behindertentestament und die Gestaltung der Vermögensnachfolge in den immer zahlreicher und komplexer werdenden patchwork-Familien hat neue Bedürfnisse für andauernde, trustähnliche Nachfolgeregelungen geschaffen. Dies mag auch die Neigung der höchstrichterlichen Rechtsprechung erklären, die bestehenden zeitlichen Grenzen eher ausdehnend als einschränkend zu interpretieren.[32] Konzeptionelle Unterstützung leisten hier die Überlegungen von *Inge Kroppenberg*.[33] Ihr Plädoyer für

[27] Art. 517 f. ZGB, zeitlich begrenzt auf die Lebensdauer der unmittelbaren Erben (analog Art. 488 Abs. 2, 531 ZGB).

[28] Art. 2017 ff. gr. ZGB.

[29] Art. 4:153 ff. B.W. (testamentair bewind). Eine allgemeine zeitliche Höchstgrenze ist darin nicht vorgesehen, sondern Kündungs- und Aufhebungsrechte mit Ablauf von fünf (Art. 178 Abs. 2 B.W.) bzw. dreißig Jahren (Art. 178 Abs. 1 S. 2 sowie Art. 179 Abs. 2 B.W.).

[30] Insbesondere *Windel* (Fn. 52), S. 244 ff.; *Schlüter*, Grenzen der Testierfreiheit – Grenzen einer „Herrschaft aus dem Grabe", in: FG Zivilrechtslehrer 1934/1935, 1999, S. 575 ff.; *Lange/Kuchinke* (Fn. 7), § 31 II 2 (S. 668); zu anderen Formen postmortaler Verhaltenssteuerung *Otte*, Lenkung und Beschränkung des Erben durch Auflagen und Bedingungen, in: Bayer/Koch (Hrsg.), Unternehmens- und Vermögensnachfolge, 2009, S. 61 ff.; *Westermann*, Der strafende und disziplinierende Erblasser, in: FS für Wiegand, 2005, S. 661 ff.; *Budzikiewicz*, Die letztwillige Verfügung als Mittel postmortaler Verhaltenssteuerung, AcP 209 (2009), 354 ff.

[31] *Lange*, Die Rechtsmacht des Testamentsvollstreckers und ihre Grenzen, JuS 1970, 101 (102); *Muscheler* (Fn. 12), S. 3; MünchKommBGB/W. *Zimmermann*, 5. Aufl. 2010, § 2210 Rn. 1; für Streichung von § 2210 S. 2 BGB *Sasse*, Grenzen der Vermögensperpetuierung bei Verfügungen durch den Erblasser, 1997, S. 90 ff.; *Offergeld* (Fn. 16), S. 229; noch enger *Windel* (Fn. 52), S. 58 Fn. 49: Befristung auf fünf Jahre sachrichtig. – Zu § 2109 Abs. 1 S. 2 BGB kritisch *Schlüter* (Fn. 30), S. 575 f.: übermäßige Bindung.

[32] BGHZ 174, 346 – Erlöschen der Dauertestamentsvollstreckung erst mit dem Tod des letzten, innerhalb von 30 Jahren nach dem Erbfall ernannten Testamentsvollstreckers; enger die Vorinstanz LG Berlin, ZEV 2006, 506 – Ausschließlichkeit der in § 2210 S. 2 BGB genannten „Ereignisse".

[33] *Kroppenberg*, Privatautonomie von Todes wegen, 2008; dazu *Röthel*, AcP 210 (2010) – im Erscheinen.

eine Höherbewertung der Testierfreiheit zielt ganz wesentlich darauf, die Testierfreiheit auch im Zusammenhang mit Vermögensbindungen als Facette von Privatautonomie in Erinnerung zu rufen und so vor Delegitimierungen durch den Topos von der „Herrschaft aus dem Grabe“ zu bewahren.[34]

Wir stehen damit noch immer vor einem diffusen Befund: Gemessen an der europäischen Rechtsentwicklung werden andauernde Vermögensbindungen im deutschen Recht eher begünstigt und spielen in der Praxis eine große Rolle. Die wissenschaftliche Bewertung ist indes nach wie vor kontrovers in hohem Maße durch Haltungen geprägt.

IV. Erklärungsmodelle

Zur Erklärung der erbrechtlichen Wirkungsgrenzen werden regelmäßig Belange der Allgemeinheit (sozialpolitische, ökonomische Gründe) und individualrechtliche Belange der Vermögensnachfolger (Teilhabe und Selbstbestimmung) angeführt. Das ausdifferenzierte Regelungskonzept lässt sich mit diesen Argumenten indes nur unvollständig erklären (unten 1., 2.). Weiterführend ist es, die zeitlichen Grenzen über den Gedanken materieller Höchstpersönlichkeit zu erklären: Ihr Zweck ist es, intentionale, also bedachte und verantwortete Entscheidungen des Erblassers zu garantieren (unten 3., 4.).

1. Ordnungspolitische Erklärungen

Die erbrechtlichen Wirkungsgrenzen werden vielfach mit ökonomischen Erwägungen erklärt.[35] Volkswirtschaftlich geht es einerseits um die Vermeidung machtvoller Vermögenskonzentrationen. Diese Sorge mag mit den veränderten Eigentums- und Machtstrukturen an Bedeutung verloren haben: Wirtschaftliche Machtkonzentration wird heute weniger durch erbrechtliche Sukzession als durch Kapitalgesellschaften bewirkt.[36] Aber die ökonomische Erklärung hat noch eine andere Facette, die heute bedeutungsvoller sein dürfte. *Kipp/Coing* verweisen darauf, dass die Vorbehalte der Verfasser des BGB gegen eine Festlegung von Vermögen auf lange Zeit auf der Einsicht beruhten, dass nur der freie Eigentümer sein Vermögen ökonomisch am

[34] Insbesondere *Kroppenberg* (Fn. 33), S. 70 ff., 132 ff.; *dies.*, „Wer lebt, hat Recht“ – Lebzeitiges Rechtsdenken als Fremdkörper in der Inhaltskontrolle von Verfügungen von Todes wegen, DNotZ 2006, 86 ff.

[35] Etwa *Edenfeld*, DNotZ 2003, 4 (12 ff.) m.w.N.

[36] Dazu bereits *Röthel* (Fn. 2), S. 617 (632 f.); *Beckert*, Familiäre Solidarität und die Pluralität moderner Lebensformen, in: Röthel (Hrsg.), Reformfragen des Pflichtteilsrechts, 2007, S. 1 (10).

zweckmäßigsten verwenden werde.[37] Dieser Gedanke erscheint nach wie vor plausibel und mag heute – unter dem Eindruck der selbstverständlicher gewordenen ökonomischen Analyse des Rechts[38] – vielleicht noch größere Überzeugungskraft haben. Allerdings gilt der Zusammenhang von Verfügungsfreiheit und zweckmäßigster Verwendung nicht nur für den Erben. Genauso könnte aus der Perspektive des Erblassers argumentiert werden: Je größer die Gestaltungsfreiheit bei der Vermögenswidmung von Todes wegen, umso größer sei auch der Anreiz zu lebzeitig schonendster Vermögensverwendung.

2. *Teilhabeorientierte Erklärungen*

Eher lassen sich die zeitlichen Grenzen individualrechtlich erklären mit den Interessen der Vermögensnachfolger auf ungeschmälerte Teilhabe und Selbstbestimmung. Unabweisbar sind diese Interessen freilich nicht. Mit dem Pflichtteilsrecht (§§ 2303 ff. BGB) wird den gesetzlichen Erben bereits ein komfortabler Mindestschutz an Nachlassteilhabe und entsprechender Selbstbestimmung gewährleistet.[39] Ein weitergehendes Selbstbestimmungsinteresse auch der gewillkürten Erben steht nicht auf derselben Ebene. Jedenfalls besteht insoweit kein grundrechtlicher Schutz. Weil sich der verfassungsrechtliche Schutz des gewillkürten Erben, so das BVerfG im September 2009, von der Testierfreiheit ableitet, kann der Erbe nicht unter Berufung auf ein durch Art. 14 Abs. 1 S. 1 GG verbürgtes Erwerbsrecht erreichen, dass seinem Interesse an der Ausübung unbeschränkter Rechte am Nachlass der Testierwille des Erblassers untergeordnet wird.[40] Mit anderen Worten: Der Erbe hat das Erbe so zu nehmen, wie es vom Erblasser bestimmt ist. Ein verfassungsrechtlicher Anspruch auf unbeschränkte Erbeinsetzung und ungebundenes Vermögen besteht nicht. Außerhalb des Pflichtteilsrechts genießen Teilhabe- und Selbstbestimmungswünsche keinen verfassungsrechtlichen Schutz.[41] Mit dieser Argumentation entschied das BVerfG die Nichtannahme einer Verfassungsbeschwerde gegen die Entscheidungen des KG und des BGH zur fortdauernden Testamentsvollstreckung in Sachen Hohenzollern.[42]

Dass der Erbe grundsätzlich keinen Anspruch auf unbeschränkte Erbeinsetzung hat, macht die zeitlichen Grenzen nicht verfassungswidrig, mindert

[37] *Kipp/Coing* (Fn. 12), § 48 I.

[38] Indes zählt das Erbrecht nicht zu den Bereichen, die systematisch von der ökonomischen Analyse erschlossen sind; siehe nur den knappen Befund bei *Eidenmüller*, Effizienz als Rechtsprinzip, 3. Aufl. 2005, S. 312 ff. *Schäfer/Ott*, Lehrbuch der ökonomischen Analyse des Zivilrechts, 4. Aufl. 2005, thematisieren das Erbrecht überhaupt nicht.

[39] Näher bereits *Röthel* (Fn. 2), S. 617 (633 f.).

[40] Nichtannahmebeschluss des BVerfG vom 25.3.2009, 1 BvR 909/08 – Hohenzollern.

[41] Genauso BGHZ 174, 346 (358) – Dauertestamentsvollstreckung Hohenzollern.

[42] Siehe bereits oben, II. 2.

aber das Gewicht des Selbstbestimmungs- und Teilhabearguments. Unabhängig von der Gewichtung dieses Arguments erheben sich weitere Fragen. Wenn Selbstbestimmung und Teilhabe maßgebliches Gewicht zukäme, müsste dann nicht auf sämtliche Durchbrechungen verzichtet und eine einheitliche Frist gesetzt werden, die auch dem unmittelbar nachfolgenden Erben die Chance eröffnet, zum unbeschränkten Erben zu werden? Warum sollte – wie es derzeit der Fall ist – das Selbstbestimmungsinteresse der Enkel schutzwürdiger sein als dasjenige der Kinder? Noch weniger erklärlich sind die Durchbrechungen: Warum ist das Selbstbestimmungsinteresse der Erben weniger schutzwürdig, wenn der Erblasser mehrere Testamentsvollstrecker und Nachfolgebestimmungen getroffen hat? Müsste es nicht gerade dann überwiegen, wenn der vom Erblasser benannte Testamentsvollstrecker nicht mehr im Amt ist? Und schließlich ist zu bedenken, dass Aufwertungen des Selbstbestimmungsinteresses auch in ihr Gegenteil umschlagen können. Wenn es dem Erblasser gerade auf eine andauernde Fremdverwaltung ankommt, wird er, sollte dies nicht durch Testamentsvollstreckung oder Nacherbfolge zu verwirklichen sein, eher dazu neigen, die Erbeinsetzung durch eine schwächere Begünstigung (Vermächtnis, Auflage) zu ersetzen. Das Argument der Selbstbestimmung der Erben ist also zwiespältig: Stets ist zu bedenken, ob damit nicht ein Bärendienst erwiesen wird.

3. Testierbezogene Erklärungen

Die aufgezeigten Deutungslücken lassen sich durch einen Perspektivenwechsel schließen. Der Blick auf die Auswirkungen andauernder Vermögensbindungen für die Allgemeinheit und insbesondere die Erben kann nur einen Teil des Regelungsgefüges erklären. Eine schlüssige und ausdifferenzierte Erklärung der zeitlichen Grenzen gelingt erst, wenn sie aus der Perspektive des Erblassers und damit aus der Perspektive der Testierfreiheit gedeutet werden.

a) Typisierte Missbrauchsgrenze?

In den Beratungen zum BGB wurde die 30-Jahres-Grenze des § 2109 Abs. 1 S. 1 BGB damit erklärt, dass sich die meisten Nacherbschaften in diesem Zeitraum „ohnehin erledigten".[43] Dies zielt auf die Einsetzung der Kinder als Vorerben. Die 30-Jahres-Grenze war damit als Typisierung des Generationenwechsels gedacht. Es soll dem Erblasser ermöglicht werden, das Vermögen noch über eine Generation zusammenzuhalten. Die Erweiterungen der 30-Jahres-Regel wurden damit begründet, dass der Gestaltungswille des Erblassers im Hinblick auf eine Person, die der Erblasser noch

[43] Prot. V, 86 f.

erlebt, regelmäßig nicht missbräuchlich sei.[44] Diese Überlegungen wurden für die Testamentsvollstreckung übernommen.[45]

Auf den ersten Blick mag es nach wie vor überzeugen, das geltende Regelungsgefüge als Konturierung von Missbrauchsgrenzen zu erfassen. Immerhin wurde im BGB darauf verzichtet, Nacherbschaft und Verwaltungsvollstreckung in irgendeiner Form inhaltlich vorzuprägen. Der Erblasser kann Vermögensbindungen nach eigener Vorstellung und freier Zwecksetzung verwirklichen. Auf besondere Gründe in der Zusammensetzung des Nachlasses (Unternehmen, Kunstsammlung) oder in der Person des Erben (Unerfahrenheit, Lebensstil) soll es nicht ankommen. Dies mag es nahe legen, mit den zeitlichen Wirkungsgrenzen Vorstellungen über achtenswerte Motive und berechtigte Interessen des Erblassers durchschimmern zu lassen.

Indes sind wir heute vorsichtiger geworden, bei der Wahrnehmung von Privatautonomie ein Urteil über „achtenswerte" oder „missbräuchliche" Motive zu treffen. Im Erbrecht entlastet hiervon schon das Pflichtteilsrecht. Selbst die Übergehung der Kinder führt nicht dazu, einer letztwilligen Verfügung die Wirksamkeit zu versagen, sondern berechtigt lediglich zu schuldrechtlicher Mindestteilhabe (§§ 2303 ff. BGB). Dabei erfüllt das Pflichtteilsrecht eine doppelte Funktion: Es erhebt die gesetzliche Erbfolge zum normativen Leitbild der Testierfreiheit[46] und macht zugleich die Frage nach „pflichtgemäßem" oder „missbräuchlichem" Testieren entbehrlich.[47] Ähnliche Veränderungen haben bei der Ausrichtung der richterlichen Inhaltskontrolle (§ 138 BGB) stattgefunden. Auch hier geht die Entwicklung weg von einer Motiv- und Inhaltskontrolle und hin zu einer eher auf die Abschlussfreiheit zielenden Kontrolle: Das sog. Geliebtentestament halten wir für wirksam, die Ausübung „unzumutbaren Drucks" weckt Bedenken.[48] Die damit verbundenen Wandlungen im Verständnis von Privatautonomie generell und im Verständnis der Testierfreiheit insbesondere erfordern weiter

[44] Prot. V, 86 ff.

[45] Prot. V, 308.

[46] *Röthel*, Solidaritätskonzept und Statusorientierung des Erbrechts, in: Lipp/Röthel/Windel, Familienrechtlicher Status und Solidarität, 2007, S. 83 (97 ff.).

[47] Weitergehende Leitbilder von „pflichtgetreuen" und „gerechten" Erblassern schimmern aber noch durch bei *Großfeld*, Höchstpersönlichkeit der Erbenbestimmung und Auswahlbefugnis Dritter, JZ 1968, 113 (118): „Familienvater"; relativiert bei *Lange/Kuchinke* (Fn. 7), § 16 I (S. 326). Auf eine Motivkontrolle läuft auch der Vorschlag von *Reimann*, NJW 2007, 3034 (3037) hinaus, eine Testamentsvollstreckung innerhalb der 30-Jahres-Frist des § 2210 S. 1 BGB zu verkürzen, weil es immer wieder Fälle gebe, „in denen es keinen vernünftigen Grund dafür gibt, die Erben, die den Nachlass auch selbst sachgerecht verwalten könnten, mit einer 30 Jahre währenden Dauervollstreckung zu beschweren." – Zu den Gefahren solcher Motivkontrollen siehe die Nachweise sogleich in Fn. 48.

[48] Näher *Leipold*, Testierfreiheit und Sittenwidrigkeit in der Rechtsprechung des Bundesgerichtshofs, in: FS 50 Jahre BGH, 2000, Bd. I S. 1011 ff.; *Röthel*, Testierfreiheit und Testiermacht, AcP 210 (2010), 32 ff.

gehende Erklärungen für das Regelungsgefüge der zeitlichen Grenzen. Die vom historischen Gesetzgeber nahe gelegte Erklärung als typisierte Missbrauchsgrenze mag allenfalls als Schlagwort genügen.

b) Intentionalitätsgarantien

Gleichwohl ist die Grundentscheidung für eine zeitliche Begrenzung von Erbenbeschränkungen nach wie vor sachrichtig. Denn sie ist Ausdruck des mit der Zeit geringer werdenden Achtungsanspruchs von Autonomie. Ein unbegrenzter postmortaler Willensschutz ist unserer Rechtsordnung generell fremd.[49] Genauso wie der Achtungsanspruch des Persönlichkeitsrechts[50] oder des geistigen Schaffens[51] im Laufe der Zeit erlischt, vermindert sich auch der Achtungsanspruch letztwilliger Autonomie. Der Wille des Erblassers verliert mit der Zeit an legitimierender Kraft, weil er zugleich an Intentionalität und Verantwortetheit verliert. Die Wirkungen letztwilliger Dauerverfügungen werden mit zunehmender Dauer zwangsläufig immer weniger vorhersehbar: Nacherbfolge und Testamentsvollstreckung könnten Personen treffen oder Wirkungen haben, die der Erblasser – wenn keine zeitlichen Wirkungsgrenzen bestünden – nicht verantwortungsvoll bedacht haben kann. Die Wirkungsgrenzen sind damit Ausdruck des Anliegens, bedachte Erblasserentscheidungen zu garantieren. Ihre gedankliche Wurzel liegt im Gebot materieller Höchstpersönlichkeit (§ 2065 Abs. 2 BGB).[52] Überlang sind daher solche Verfügungen, die solange andauern, dass der Erblasser ihre Auswirkungen typischerweise nicht mehr verantwortungsvoll bedacht haben kann. Die zeitlichen Wirkungsgrenzen sind als *Intentionalitätsgarantien* zu verstehen.

4. Folgerungen

Mit dem Gedanken der Intentionalitätsgewähr lässt sich das Bedürfnis nach zeitlichen Wirkungsgrenzen von Erbenbeschränkungen und auch das grundsätzliche Regelungsgefüge der §§ 2109, 2210 BGB erklären. Aktualisierungsbedarf besteht aber im Hinblick auf § 2210 S. 2 BGB.

[49] *Großfeld/Gersch*, Zeitliche Grenzen von privaten Schuldverträgen, JZ 1988, 937 ff.

[50] § 12 Abs. 2 S. 2 des Entwurfs eines Gesetzes zur Neuordnung des zivilrechtlichen Persönlichkeits- und Ehrenschutzes (BT-Drucks. 3/1237) wollte auch hier die 30-Jahres-Frist übernehmen. Die Rspr. orientiert sich eher an § 22 S. 3 KUG, siehe BGHZ 169, 193 (199) – Klaus Kinski. Parallelen auch bei *Sasse* (Fn. 31), S. 96 ff.

[51] §§ 64 Abs. 1, 28 Abs. 2 UrhG.

[52] Als Gewährleistung der Verantwortungsübernahme des Erblassers: BGHZ 15, 199 (200); eingehend *Windel*, Über die Modi der Nachfolge in das Vermögen einer natürlichen Person, 1998, S. 235 ff.; *Keim*, Die höchstpersönliche Struktur der Verfügung von Todes wegen, 1990, S. 35 ff.; *Großfeld*, JZ 1968, 113 ff.; *Röthel* (Fn. 46), S. 83 (95 f.).

a) § 2109 Abs. 1 S. 2 Nr. 1 BGB

Die in § 2109 Abs. 1 S. 2 Nr. 1 BGB zugelassene Überwindung der 30-Jahres-Grenze fügt sich bruchlos in die hier vorgeschlagene Erklärung der zeitlichen Grenzen als Intentionalitätsgarantien zur Gewährleistung höchstpersönlicher Verantwortung. Nach dieser Vorschrift bleibt die Anordnung einer Nacherbschaft auch nach Ablauf von 30 Jahren wirksam, wenn der betroffene Erbe zur Zeit des Erbfalls bereits lebt. Damit ist sichergestellt, dass die Nacherbenbindungen nur solange andauern, als der Erblasser die Person der von der Beschränkung Betroffenen in seinen Willen aufnehmen *konnte*. Dies muss nicht heißen, dass sich der Erblasser sämtlicher konkreter Auswirkungen bewusst war. Das wäre ohnehin kaum kontrollierbar. Aber es muss zumindest eine denkbare, lebzeitige Koinzidenz zwischen Erblasser und beschränktem Erbe gegeben haben, so dass eine bewusste, auch in Bezug auf den beschränkten Erben höchstpersönliche und verantwortungsvolle Entscheidung *möglich* war.

Vielfach wird in diesem Zusammenhang befürwortet, § 2109 Abs. 1 S. 2 Nr. 1 BGB auch auf ungeborene, aber bereits gezeugte Erben auszudehnen.[53] Versteht man die zeitlichen Wirkungsgrenzen als Garantien der Intentionalität und Verantwortungsübernahme durch den Erblasser, lässt sich diese seit Inkrafttreten des BGB diskutierte Auslegungsfrage vergleichsweise eindeutig entscheiden. Zwar mag im Einzelfall denkbar sein, dass ein Erblasser im Wissen um die Zeugung auch den noch ungeborenen späteren Erben verantwortungsvoll bedacht hat. Doch wird für den Regelfall richtig sein, dass verantwortete und bedachte Entscheidungen eher möglich sind, wenn der betroffene Erbe bereits geboren ist. § 1923 Abs. 2 BGB ist daher nicht auf § 2109 Abs. 1 S. 2 Nr. 1 BGB anzuwenden.[54]

b) § 2210 S. 2 BGB

Für die Dauervollstreckung verkörpert § 2210 S. 2 BGB nach derzeitigem Verständnis eine geringere Intentionalitätsgewähr. Die Unterschiede zur Nacherbeneinsetzung sind erheblich: Die Verwaltungsvollstreckung kann auch Erben betreffen, die im Zeitpunkt des Erbfalls noch nicht gelebt haben, solange nur der Testamentsvollstrecker – so die Einschränkung der Rechtsprechung – innerhalb von 30 Jahren nach dem Erbfall ernannt wurde.[55]

[53] *Kipp/Coing* (Fn. 12), § 48 II 2 a; *Staudinger/Avenarius*, 13. Bearb. 2003, § 2109 Rn. 7; MünchKommBGB/*Grunsky*, 5. Aufl. 2010, § 2109 Rn. 3; *Palandt/Edenhofer*, 69. Aufl. 2010, § 2109 Rn. 2.

[54] Wie hier *Lange/Kuchinke* (Fn. 12), § 28 I 3 c (S. 574) mit dem von der Richtung her ähnlichen Argument, dass § 1923 BGB den Erben begünstigen wolle, nicht aber dazu diene, andauernde Beschränkungen zu begrenzen.

[55] Siehe bereits oben, II. 2.

aa) Erklärungsversuche

Diese Abschwächung der Intentionalitätsgewähr ließe sich mit zwei Überlegungen erklären. Zunächst könnte dahinter die Vorstellung stehen, dass die Dauervollstreckung im Vergleich zur Anordnung von Nacherbschaft die weniger schwer wiegende Beschränkung sei und daher auch geringere Intentionalitätsanforderungen stelle. Für ein solches *Stufenverhältnis* gibt das Gesetz indes nichts her. Im Gegenteil: Betrachtet man nur die Verfügungsbefugnis, so bedeutet die Anordnung von Testamentsvollstreckung die tiefgreifendere Beschränkung der Erbenfreiheit (siehe einerseits § 2112 BGB, andererseits §§ 2205, 2211 BGB). Von daher wäre eher umgekehrt zu fordern, die Anordnung von Dauervollstreckung an höhere Intentionalitätsvoraussetzungen zu knüpfen.

Zweitens ließe sich die geringer ausgeprägte Intentionalitätsgewähr bei § 2210 S. 2 BGB damit rechtfertigen, dass der Testamentsvollstrecker dabei gewissermaßen an die Stelle des Erblassers rücke und dessen Intentionalitätsdefizite kompensiere. Dieser *Kompensationsgedanke* mag der vergleichsweise starken Stellung des Testamentsvollstreckers im deutschen Recht entsprechen.[56] Indes geht es bei der Sicherung hinreichender Intentionalität um die Gewährleistung einer vom Erblasser – und gerade nicht von Dritten – verantworteten und bedachten Entscheidung. Intentionalität kann weder delegiert werden, noch können Intentionalitätsdefizite durch Drittentscheidungen kompensiert werden. Dies entspricht dem Regelungsgehalt von § 2065 Abs. 2 BGB.

bb) Folgerungen

Die vorstehenden Überlegungen legen es nahe, die zeitlichen Grenzen der Verwaltungsvollstreckung nach dem Vorbild der zeitlichen Grenzen der Nacherbschaft auszuprägen. Es gilt sicherzustellen, dass die Verwaltungsvollstreckung nur solange wirksam ist, als der Erblasser die Person des Erben in seinen Willen aufnehmen konnte. Daher sollte, genauso wie bei § 2109 Abs. 1 S. 2 Nr. 1 BGB, eine Obergrenze dadurch gezogen werden, dass der betroffene Erbe zum Erbfall bereits gelebt hat.[57] Dies lässt in begrenztem Rahmen Ersatz- und Drittbestimmungen in Bezug auf den Testamentsvollstrecker zu, verhindert aber die derzeit nach dem Wortlaut von § 2210 S. 2

[56] Für einen rechtsvergleichenden Überblick siehe bereits die Nachweise in Fn. 23.

[57] Dies wurde bislang nur für die Person des Testamentsvollstreckers vertreten; *Kipp/Coing* (Fn. 12), § 69 III 2; *Bund*, Aufgaben und Risiko des Testamentsvollstreckers, JuS 1966, 60 (62); *Staudinger/Reimann*, 2002, § 2210 Rn. 11: bis zum Tod eines Nachfolgers, der bereits zum Zeitpunkt des Erbfalls gelebt hat (sog. Generationentheorie); noch enger *W. Zimmermann*, ZEV 2006, 508 (509): bis zum Tod des ersten, vom Erblasser ernannten Testamentsvollstreckers. – Gegen diese Auffassungen aber BGHZ 174, 346 (354 ff.), dazu bereits oben, II. 2. sowie *Röthel*, 68. DJT 2010, A 93 ff.

Alt. 2 BGB in Verbindung mit §§ 2198 ff. BGB mögliche verewigte Dauervollstreckung. Ohnehin ist nicht einsichtig, dass das Erlöschen der Dauervollstreckung de lege lata auch durch ein Ereignis in der Person des Vollstreckers hinausgeschoben werden kann: Die Dauervollstreckung findet ihre innere Berechtigung in Gründen des Erben oder des Nachlasses, nicht aber in der Versorgung des Testamentsvollstreckers.[58] Ansonsten müsste eine absolute Höchstfrist überlegt werden.[59]

c) §§ 2109 Abs. 1 S. 1, 2210 S. 1 BGB (30-Jahres-Frist)

Im Verhältnis zu den erbrechtlich weitaus bedeutsameren Durchbrechungen (§§ 2109 Abs. 1 S. 2, 2210 S. 2 BGB) mag die Frage nach der Sachrichtigkeit der generellen Frist von 30 Jahren (§§ 2109 Abs. 1 S. 1, 2210 S. 1 BGB) fast nebensächlich erscheinen. Bedeutsam wird die generelle Frist von 30 Jahren aber, wenn der Vorerbe oder Nacherbe, in dessen Person das Ereignis eintreten soll (§ 2109 Abs. 2 BGB) und insbesondere der Testamentsvollstrecker (§§ 2210 S. 3 i.V. mit § 2163 Abs. 2 BGB) keine natürliche, sondern eine juristische Person ist. Hier bedeutet die 30-Jahres-Grenze Schutz vor Verewigung. Darin liegt zugleich die Verbindung zum Stiftungsrecht.

Fristen sind zumeist sowohl Ausdruck von Typisierungen und Pauschalierungen als auch Ausdruck von politischer Dezision. Dogmatischer Vergewisserung zugänglich ist nur die Frage, was genau mit einer Frist pauschaliert werden soll. Die Diskussionen bei der Entstehung der zeitlichen Grenzen legen es nahe, dass die 30-Jahres-Frist als Typisierung der Zeitspanne gedacht war, um die die Kindergeneration die Elterngeneration überlebt.[60] Dann allerdings spricht Vieles für eine Verlängerung der Frist. Dies ist bereits bei der Entstehung des BGB gesehen und diskutiert worden. Damals wurde eine Erweiterung auf 40 Jahre nur aus Gründen der Einheitlichkeit abgelehnt.[61]

Bei diesem Verständnis der generellen Frist als Pauschalierung der Lebenszeit der Folgegeneration würde man allerdings über die Hintertür wieder bei Motivbewertungen anlangen: die Vorstellung, dass es ein typisches und achtenswertes Motiv des Erblassers sei, das Vermögen über die Kindergeneration zusammenzuhalten. Sieht man in den zeitlichen Wirkungsgrenzen von

[58] Kritisch auch *W. Zimmermann*, ZEV 2006, 508; *Zimmer*, Die Fortdauer der Testamentsvollstreckung über den Zeitraum von 30 Jahren hinaus, NJW 2008, 1125 (1127).

[59] Dafür *Edenfeld*, DNotZ 2003, 4 (18 f.): Höchstgrenze von 60 Jahren seit dem Erbfall; kritisch *Zimmer*, NJW 2008, 1125 (1126) mit dem Argument, dass auch für längere Beschränkungen ein Bedürfnis bestehen kann, etwa zur Nachlassverwaltung bei einem behinderten Kind. Dies läuft allerdings abermals auf Motivbewertungen hinaus; kritisch dazu bereits oben, IV. 3. a.

[60] Dafür spricht, dass die Wirksamkeitsfrist der Nacherbfolge damit begründet wurde, dass sich die meisten Nacherbschaften in diesem Zeitraum ohnehin „erledigten", siehe Prot. V, 86 f.; kritisch dazu bereits oben, IV. 3. a. und sogleich im Text.

[61] Prot. V, 86.

Erbenbeschränkungen in erster Linie Intentionalitätsgarantien, lässt sich indes auch die Beibehaltung der 30-Jahres-Frist rechtfertigen: Im Zweifel wird der Erblasser die Auswirkungen von Dauervollstreckung und Nacherbschaft für den Erben umso eher vorhersehen und verantwortungsvoll bedenken können, je kürzer die Frist ist. Prägnantere Forderungen verlassen den Bereich des Dogmatischen.[62]

V. Übertragung auf Familienstiftungen?

Sieht man die tragende Erklärung der erbrechtlichen Wirkungsgrenzen von Erbenbeschränkungen in einer Intentionalitätsgarantie, so hat dies Auswirkungen auf ihre Aussagekraft für das Stiftungsrecht. Verstehen wir im Erbrecht solche Erbenbeschränkungen als „überlang", die der Erblasser nicht mehr verantwortungsvoll übersehen kann, so geht dies an der Errichtung einer Familienstiftung vorbei. Denn die Erbeinsetzung unter Beschränkungen unterliegt deshalb gesteigerten Intentionalitätsanforderungen, weil sie für den betroffenen Erben in besonderem Maße *ambivalent* ist: Obwohl als Erbe eingesetzt, wird er durch den Testamentsvollstrecker oder mit Rücksicht auf den Nacherben um wesentliche Inhalte des Eigentums gebracht.[63]

Die Errichtung einer Familienstiftung von Todes wegen ist indes nicht von vergleichbarer Ambivalenz. Wenn der Erblasser sein Vermögen von Todes wegen in eine Familienstiftung einbringt, liegt darin eine vollständige Enterbung, die ggf. Pflichtteilsansprüche auslöst, und nicht nur eine Erbenbeschränkung.[64] Die Verfügung ist also nicht ambivalent, sondern im Hinblick auf die Erbeinsetzung eindeutig: Der Erblasser setzt die Stiftung höchstpersönlich als Erbin ein und schließt damit seine Familie aus. Außerdem fallen mit der erbrechtlichen Begünstigung einer Stiftung Eigentum und Verfügungsbefugnis nicht auseinander.[65] Dies führt zu einer auf den ersten Blick

[62] Jedenfalls wäre verfassungsrechtlich weder gegen eine drastische Verkürzung der Frist, z.B. für die Dauervollstreckung nach ausländischen Vorbildern auf fünf oder zwei Jahre, noch gegen eine Verlängerung auf etwa 100 Jahre Gesichertes entgegen zu halten. Der die Testierfreiheit ausgestaltende Gesetzgeber verfügt über einen weiten Spielraum; näher *Röthel*, 60 Jahre Grundrechte – und mehr als 100 Jahre BGB-Erbrecht, ErbR 2009, 266 ff.

[63] Ein weiteres Beispiel für ambivalente Verfügungen sind Erbeinsetzungen unter Potestativbedingungen, etwa geknüpft daran, eine Ehe einzugehen oder nicht einzugehen, aus Scientology auszutreten, die Religion zu wechseln, einen bestimmten Beruf zu ergreifen, das Jurastudium abzuschließen etc. Die Funktion der zeitlichen Wirkungsgrenzen muss dort über § 138 Abs. 1 BGB verwirklicht werden; dazu näher *Röthel*, AcP 210 (2010), 32 ff.

[64] Zu den erbrechtlichen Folgen einer Stiftungserrichtung de lege lata *Röthel*, Pflichtteil und Stiftungen, ZEV 2006, 8 ff.; *K.W. Lange*, Zur Pflichtteilsfestigkeit von Zuwendungen an Stiftungen, in: FS für Spiegelberger, 2009, S. 1321 ff.; de lege ferenda *Hüttemann/Rawert*, Pflichtteil und Gemeinwohl – Privilegien für gute Zwecke?, in: Röthel (Fn. 36), S. 73 ff.

[65] So auch das Argument von *Saenger* (Fn. 4), Rn. 187.

paradoxen Folgerung: Je geringer die Rechtsstellung der gesetzlichen Erben, umso geringer die Anforderungen an Intentionalität. Vergegenwärtigt man sich aber, dass die zeitlichen Wirkungsgrenzen nicht der Verwirklichung einer materiellen Erbordnung dienen sollen – dies wird bereits durch das Pflichtteilsrecht gewährleistet –, sondern lediglich dazu, dass auch in ihren Wirkungen ambivalente Verfügungen vom Erblasser hinreichend bedacht und verantwortet sind, ist es konsequent, bei ambivalenten Verfügungen höhere Anforderungen an ihre Intentionalität zu stellen. Hinzu kommt, dass die Errichtung der Stiftung schon wegen der Mindestinhalte des Stiftungsgeschäfts (vgl. § 81 Abs. 1 S. 3 BGB) größere Intentionalität verbürgt.

VI. Zusammenfassung

Der BGB-Gesetzgeber hat sich mit den §§ 2109, 2210 BGB für einen vergleichsweise lockeren Schutz vor „überlangen" Vermögensbindungen entschieden. Verfassungsrechtliche Bedenken im Hinblick auf das Selbstbestimmungsinteresse des Erben dürften nach der jüngsten Entscheidung des BVerfG in Sachen Hohenzollern vom September 2009 weiter relativiert worden sein. Eher lassen sich die geltenden Regeln als Sicherungen intentionaler, also verantworteter und bedachter Erblasserentscheidungen erklären: Als überlang sind Beschränkungen anzusehen, die solange andauern, dass der Erblasser ihre Auswirkungen typischerweise nicht mehr verantwortungsvoll bedacht haben kann. Die gedanklichen Wurzeln liegen im Gebot materieller Höchstpersönlichkeit (§ 2065 Abs. 2 BGB).

Mit diesem Verständnis überlanger Vermögensbindungen besteht ein Argument mehr gegen die Übertragung der erbrechtlichen Wirkungsgrenzen auf die Erbeinsetzung einer Familienstiftung. Denn die Intentionalität der Erbeinsetzung ist ohnehin durch § 2065 Abs. 2 BGB gewahrt. Eine weitergehende Sicherung intentionaler Erblasserentscheidungen ist nicht erforderlich, da die Erbeinsetzung der Stiftung keine vergleichbaren Ambivalenzen für die Begunstigten mit sich bringt.

Die Eingangsthese von *Dieter Reuter*, es lasse sich mit guten Gründen vertreten, dass der Gesetzgeber seine Schutzpflicht gegenüber den Vermögensnachfolgern verletzt habe, indem er bei der Zulassung von Familienstiftungen auf zeitliche Grenzen verzichtete,[66] vermag ich also nicht zu teilen. Und auch in Anderem möchte ich mich gegen zeitliche Wirkungsgrenzen aussprechen: Dem inspirierenden Werk *Dieter Reuters* sei zeitlose Wirkung gewünscht!

[66] Oben, Fn. 1.

„Kollektivklagen bei Verstößen gegen Wettbewerbs- und Verbraucherschutzvorschriften nach dem Opt-in- und Opt-out-Modell“

Franz Jürgen Säcker

Inhaltsübersicht

I. Einleitung

Die EU-Kommission hat im Sommer 2009 auf der Rechtsgrundlage von Art. 103 AEUV (ehemals Art. 83 EG) den Entwurf eines Richtlinienvorschlags zur Einführung von Sammelklagen im Kartellrecht vorgelegt, der Kartellgeschädigten die Möglichkeit geben sollte, mit einer sog. Opt-out-Verbandsklage grenzüberschreitend Schadensersatzansprüche geltend zu machen.[1] Aufgrund erheblicher Widerstände[2] hat die alte EU-Kommission ihr

[1] Dazu *N. Kroes*, Making consumer's right to damage a reality: the case for collective redress mechanism in anti-trust claims, Vortrag in Lissabon am 9. November 2007, www.europa.eu/rapid/pressreleases; *dies.*, Collective Redress- delivering justice for vitims, Rede bei der ALDE Conference, Europäisches Parlament Brüssel am 4.03.2009, http://ec.europa.eu/commission_barroso/kroes/speeches_de.html.

[2] Das Europäische Parlament hatte sich bereits in seiner Entschließung vom 26.03.2009 gegen Sammelklagen nach U.S.-amerikanischem Vorbild ausgesprochen und Opt-out-Klagen abgelehnt. Das EU-Parlament verneinte auch Art. 103 AEUV (ehemals Art. 83 EG) als Rechtsgrundlage, weil es dadurch das parlamentarische Mitentscheidungsverfahren „ausgehebelt“ sah.

„Proposal for a Council Directive on rules governing damages actions for infringements of Articles 81 and 82 of the Treaty" zunächst zurückgezogen. Es bleibt zu erwarten, dass die neue Kommission dieses Vorhaben, das durch das Weißbuch über „Schadensersatzklagen wegen Verletzung des EG-Wettbewerbsrechts" vom 02.04.2008[3] vorbereitet war, wieder aufgreifen wird.

Grundsätzliche verfassungsrechtliche Bedenken gegen ein solches Vorhaben aus deutscher Sicht können nach der Entscheidung des Bundesverfassungsgerichts vom 14.06.2007[4] nicht mehr geltend gemacht werden, nachdem das Gericht eine wirksame Inlandszustellung US-amerikanischer class actions in Deutschland im Wege der Rechtshilfe nach Maßgabe des Haager Übereinkommens (HZÜ) nur unter der sehr engen Vorrausetzung verneint hat, dass das Ziel und die konkreten Umstände der Klageverfahren auf einen offensichtlichen Rechtsmissbrauch schließen lassen; im konkreten (typischen) Fall verneinte das Bundesverfassungsgericht[5] einen solchen Rechtsmissbrauch. In der Entscheidung des Bundesverfassungsgerichts heißt es ausdrücklich:

> „Weder für sich genommen, noch in der Kumulation können die dargestellten Rechtsinstitute (des amerikanischen Zivilprozesses) bereits als solche den Vorwurf begründen, dass auf sie gestützte Klagen mit unverzichtbaren Grundsätzen eines freiheitlichen Rechtsstaates unvereinbar sind (…) Auch die von deutscher Seite grundsätzlich zu respektierende rechtspolitische Entscheidung, für deliktisches Handeln mit einer Vielzahl von Geschädigten Sammelklagen zuzulassen, an denen sich das einzelne Mitglied der class nicht aktiv beteiligen muss, begründet keinen Verstoß gegen unverzichtbare Grundsätze eines freiheitlichen Rechtsstaats, solange auch im class action-Verfahren unabdingbare Verteidigungsrechte gewahrt bleiben."

Es wird insbesondere zu prüfen sein, ob der Grundsatz, dass es in einem Privatautonomie gewährleistenden Rechtssystem Sache des verletzten Rechtsinhabers ist, seine Ansprüche gegen den Verletzer geltend zu machen, bei Schädigungen durch Wettbewerbsverstöße zum Zweck der Erhöhung der Effizienz der Wettbewerbsvorschriften generell durchbrochen werden sollte und ob Verbandsklagen (class actions) mit einer Opt-out-Regelung verbunden werden sollten.

Der Beitrag ist Dieter Reuter gewidmet, der sich nie damit begnügt hat, etwas schon allein deshalb für „gut" und „richtig" zu befinden, weil es der lex lata entspricht, sondern der immer wieder nach den normleitenden Prin-

[3] KOM(2008) 165 endgültig.
[4] BVerfG, NJW 2007, 3709, 3710, 3711.
[5] BVerfG, NJW 2007, 3709, 3710, 3711.

zipien und Zusammenhängen hinter den Einzelnormen gesucht hat[6], um das „innere System“ der Rechtsnormen offen zu legen bzw. bei Divergenzen und Wertungswidersprüchen nach dem Prinzip der inneren Kohärenz zusammengefügt hat, was zusammengehört.

II. Verbands- und Musterklagen als Ergänzung des individuellen Rechtsschutzes

2.700 Anleger hatten vor dem LG Frankfurt gegen die Telekom AG wegen fehlerhafter bzw. unvollständiger Angaben im Börsenprospekt, der über die bevorstehende Aktienkapitalerhöhung im Mai 2000 informierte, Klage auf Schadensersatz in Höhe von 80 Mio. Euro erhoben.[7] Sie nutzten dabei die verfahrensrechtlichen Möglichkeiten, die ihnen das KapMuG einräumt. Es stellt sich die Frage, ob solche Sammelklageverfahren ein generalisierungswürdiges modernes Instrument zur Verbesserung des effektiven Rechtsschutzes bei Verstößen gegen Wettbewerbs- bzw. allgemeiner bei Verstößen gegen Verbraucherschutzvorschriften sind oder ob die Zulassung bereichsspezifischer Verbandsklagen sich als der bessere Weg darstellt.[8]

Sammelklage- und Verbandsklageverfahren sprengen die traditionellen Grundlagen des Zivilprozessrechts, das die Aktivlegitimation und die Prozessführungsbefugnis an die individuelle Verletzung rechtlich geschützter Interessen anknüpft und Popularklagen nicht zulässt. Gleichwohl nehmen Verbands- und Sammelklagen im Wirtschaftsrecht mit dem Ziel, den Schutz der Verbraucher zu verbessern, immer weiter zu, und zwar nicht nur in Deutschland, sondern, vom EU-Recht vorangetrieben, europaweit. Wir kennen z.B. im französischen Recht die „Action en représentation“, in England die „Enforcement Orders“ und in den USA die „Class Action“.[9] Nachdem im UWG von 1896 erstmals in Deutschland die Verbandsklage der Gewerbeverbände verankert wurde, hat sich in den vergangenen 100 Jahren mit den Klagemöglichkeiten der Kammern, der Verbraucher-, der Behinderten- und Umweltverbände auf den verschiedensten Rechtsgebieten ein Wildwuchs

[6] Vgl. zur Würdigung der rechtsmethodologischen Position Dieter Reuters *Säcker*, Juristische Auslegung und linguistische Pragmatik, in: Formale Freiheitsethik oder materiale Verantwortungsethik, Bericht über das wissenschaftliche Kolloquium zum 65. Geburtstag von Professor Dr. Dieter Reuter am 15. und 16. Oktober 2005 in Kiel, 2005, S. 1 ff.

[7] LG Frankfurt, ZIP 2006, 1730 ff.; dazu *Jahn*, ZIP 2008, 1314 ff. OLG Frankfurt, 23 Kap 1/06, Beschluss v. 25.06.2008, veröffentlicht im elektronischen Bundesanzeiger.

[8] *Hirte*, VersR 2000, 148 ff.

[9] Vgl. dazu *Eicholtz*, Die US-amerikanische Class-Action und ihre deutschen Funktionsäquivalente, 2002; *Pietzke*, GRUR Int 1979, 543; *Mann*, NJW 1994, 1187; *Mark*, EuZW 1994, 238 ff.; *Geulen/Sebok*, NJW 2003, 3244, 3245; *Burckhardt*, Auf dem Weg zu einer class action in Deutschland? 2005; *Röhm/Schütze*, RIW 2007, 241 ff.

ausgebreitet, der auch von den Befürwortern von Verbandsklagen als „in hohem Maße unerfreulich“[10] bezeichnet wird. Eine allseits anerkannte Theorie der Funktion der Verbandsklage und ihrer Grenzen in einer freiheitlichen Privatrechtsordnung steht nach wie vor aus. Es ist daher zu begrüßen, dass sich EU-Kommission und Europäisches Parlament bemühen, die Einsatzmöglichkeiten des „Collective redress in competition, environmental and consumer legislation“ systematisch aufzuarbeiten.

Unbestreitbar ist, dass Verbands- und Sammelklagen nach dem sog. Opt-out-Modell, bei dem der Einzelne sich nur durch konstitutive protestatio der Erfassung durch die Klage entziehen kann,[11] „in einem offensichtlichen Spannungsverhältnis zu der individualistischen Konzeption unserer Wirtschafts- und Gesellschaftsordnung, wie sie in der überkommenen Privat- und Prozessrechtsordnung ihren Ausdruck gefunden hat“,[12] stehen. Dies wird auch von der im Auftrag des Verbraucherschutzministeriums erstellten Studie zum „Verbandsklagerecht in der Informations- und Dienstleistungsgesellschaft“ (2005) nicht bestritten.[13] Die Studie hält aber die herkömmlichen zivilprozessrechtlichen Instrumente zu einer effektiven privaten Rechtsdurchsetzung nur für begrenzt tauglich und empfiehlt deshalb eine Ergänzung des individuellen Rechtsschutzes durch kollektiven Rechtsschutz. Dem Staat als dem Beschützer der Schwachen wird kein ausreichendes Vertrauen zur Konfliktlösung mehr entgegengebracht, da er dem dominierenden Einfluss der globalen Finanz- und Industriewelt ausgesetzt sei. Aus diesem Grunde sei die Einschaltung privatrechtlicher Verbände sinnvoll, um Verbraucher-, Gesundheits- und Umweltinteressen besser durchzusetzen. Demgemäß seien die freiheitsrechtlichen Grundlagen des Privatrechts zu modifizieren, da dieses dem Betroffenen nur dann, wenn subjektiv-private oder subjektiv-öffentliche Rechte betroffen seien bzw. wenn eine *individuelle* Betroffenheit im Sinne von Art. 263 Abs. 4 AEUV vorliege, Anspruch auf gerichtlichen Rechtsschutz gebe. Verbandsklagen im individuellen oder im öffentlichen Interesse ohne Legitimierung durch die Betroffenen sind in der Tat ein Fremdkörper im System des freiheitlichen, das autarke Individuum

[10] *Micklitz/Stadler*, Verbandsklagerecht in der Informations- und Dienstleistungsgesellschaft, 2005, S. 37; ähnlich *E. Schmidt*, NJW 2002, 25.

[11] Vgl. dazu *Wundenberg*, ZEuP 2007, 1097, 1112 ff.; *Fleischer*, Gutachten F zum 64. DJT, 2002, F 114 ff.; *Reuschle*, WM 2004, 966 f.; *Eichholtz*, Die US-amerikanische Class Action und ihre deutsche Funktionsäquivalente, 2002, S. 230 ff., 305 ff.; *Böge/Ost*, E.C.L.R. 2006, S. 197 ff.; *Stadler/Mom*, RIW 2006, 199 ff.; *Franklin/Heydn*, ZVglRWiss 105 (2006), 313.

[12] *Basedow*, AcP 182 (1982), 335, 336; *Säcker*, Die Einordnung der Verbandsklage in das System des Privatrechts, 2006, S. 1 ff.; *R. Scholz*, ZG 2003, 248, 255.

[13] Vgl. *Micklitz/Stadler*, aaO (Fn. 10); Auch im Verbandsrecht wird eine Mitgliedschaft nur durch eine konstitutive Willenserklärung („opt-in“), nicht durch Schweigen unter Verzicht auf ein opt-out begründet; näher dazu *Säcker*, Probleme der Repräsentation von Großvereinen, 1986, S. 31 ff.

schützenden Privatrechts. Verbands- und Musterklagen bedürfen daher einer besonderen Rechtfertigung. Vor Einführung von Muster- und Verbandsklagen ist daher darzulegen:

1. das die Verbands- oder Musterklage legitimierende Bedürfnis,
2. die Eignung der Verbände als Legitimationsträger für die Klage,
3. die systemgerechte Einfügung der Verbandsklage in das Gefüge des gerichtlichen Rechtsschutzes und
4. die Erträglichkeit der Klage für den Klagegegner im Lichte des verfassungsrechtlichen Grundsatzes der Verhältnismäßigkeit.[14]

Jeder Klage steht auf der anderen Seite ein Rechtssubjekt gegenüber, das durch eine unberechtigte Klage in seiner Freiheits- und/oder Berufssphäre beeinträchtigt wird. Der Grundsatz der prozessualen Waffengleichheit, den das Bundesverfassungsgericht[15] entwickelt hat, soll sicherstellen, dass Chancen und Risiken von Kläger und Beklagtem im Prozess fair verteilt sind. Wer den Prozess gewinnt, hat grundsätzlich Anspruch auf Erstattung seiner Kosten durch den Gegner. Dieser Grundsatz veranlasst dazu, Klagen nicht mutwillig zu erheben und berechtigte Ansprüche zu erfüllen, bevor zusätzliche Prozesskosten entstehen.[16] Jede Abweichung vom Prinzip der prozessualen Waffengleichheit durch die Verstärkung der Position einer Seite durch Einräumung einer Verbandsklagebefugnis bedarf daher der Rechtfertigung.

III. Erscheinungsformen der Verbands- und Musterklagen

Bevor ich eine systematische Einordnung der unterschiedlichen Typen von Verbandsklagen versuche, möchte ich zunächst die Anwendungsbereiche der heutigen Verbandsklagen darstellen.

1. Die Verbandsklage im UWG

Eine Verbandsklage ist, wie eingangs schon festgestellt, erstmals den Gewerbeverbänden im UWG von 1896 zuerkannt worden. Mit der Verbandsklage sollte wirksamer als bisher „Auswüchsen des Wettbewerbs"[17] zum Schutz der ehrbaren Kaufleute[18] entgegentreten werden. Die Bekämpfung des unlauteren Wettbewerbs wurde vom Gesetzgeber als Interesse der Allgemeinheit angesehen. Die Klagebefugnis des Gewerbeverbandes setzt

[14] Vgl. dazu bereits *Weyreuther*, Verwaltungskontrolle durch Verbände, 1975, S. 12 ff.
[15] BVerfGE 74, 78, 95; BVerfG NJW 2001, 2531 ff.; näher *Säcker*, VersR 2005, 10, 14 f.
[16] Dem Bedürftigen hilft das sozialstaatsgebotene Prinzip der Prozesskostenhilfe (§§ 114 ff. ZPO).
[17] RGZ 120, 47, 49; *Koch*, ZZP 113 (2000), 413, 415.
[18] Vgl. zur Entwicklung *Schricker,* Gesetzesverletzung und Sittenverstoß, 1970, S. 248.

voraus, dass ihm eine erhebliche Zahl von Gewerbebetreibenden angehört, um Popularklagen zu verhindern.[19] Die Zuwiderhandlung muss zudem die kollektiven Interessen der Verbandsmitglieder berühren (§ 8 Abs. 3 Nr. 2 UWG).[20] Im Jahre 1965 wurde die Verbandsklage auch den Verbraucherverbänden zugestanden, da das UWG nach seiner Schutzfunktion nicht nur dem Konkurrentenschutz, sondern in gleicher Weise auch dem Verbraucherschutz dienen sollte.[21] Die Verbraucherverbände sollten aber nicht generell als „Tribun der Konsumenteninteressen"[22] auftreten können; ihre Klagebefugnis wurde deshalb damals auf Fälle der irreführenden Werbung[23] beschränkt. Erst mit dem Gesetz über Unterlassungsklagen bei Verbraucherrechts- und anderen Verstößen vom 27.08.2002[24] (UKlaG) wurde den Verbraucherverbänden eine generelle Klagebefugnis eingeräumt.

2. *Die Verbandsklage im Wettbewerbs- und Regulierungsrecht*

Im Wettbewerbsrecht verankern §§ 33 Abs. 2 GWB, 32 Abs. 2 EnWG und 44 Abs. 2 TKG eine Klagebefugnis der Verbände zur Förderung gewerblicher Interessen.[25] Während Deutschland im Bereich des UWG keine Behörde zur Bekämpfung unlauteren Wettbewerbs kennt, besteht – und dies ist ein gravierender Unterschied – im Wettbewerbsrecht eine umfassende behördliche Zuständigkeit der europäischen und deutschen Kartellbehörden zur Bekämpfung von Wettbewerbsbeschränkungen. Die Verfolgung wettbewerbswidrigen Verhaltens erfolgt durch die Generaldirektion Wettbewerb, durch das Bundeskartellamt und die Landeskartellbehörden. Das Wettbewerbsrecht kennt keine Verbraucherverbandsklage.[26] Nur § 44 Abs. 2 TKG gewährt auch den Verbraucherverbänden durch Verweis auf § 3 UKlaG eine Klagebefugnis. Im Markenrecht besteht eine Verbandsklagebefugnis für

[19] BGH GRUR 1995, 64, 65; BGH GRUR 1997, 933, 934.

[20] Vgl. *Baumbach/Hefermehl/Köhler*, Wettbewerbsrecht, 23. Aufl. 2004, § 8 Rn. 351.

[21] Näher dazu *Säcker*, WRP 2004, 1199 ff.

[22] *Reimann*, BB 1964, 860.

[23] Nach der Fassung des § 8 Abs. 3 Nr. 2 UWG vom 31.10.2009 besteht die Klagebefugnis der Verbände bei jeglichen unlauteren Geschäftspraktiken i.S.d. § 3 UWG und der unzumutbaren Belästigung i.S.d. § 7 UWG.

[24] BGBl. I 2002, 3422.

[25] Vgl. *Köhler*, WRP 2007, 602 ff.; *Lübbig/Le Bell*, WRP 2006, 1209 ff.; ferner *Basedow*, ZWeR 2006, 294 ff.

[26] Die Kommission schlägt in ihrem Weißbuch Verbandsklagen qualifizierter Einrichtungen sowie Gruppenklagen nach dem Opt-in-Modell vor, vgl. Weißbuch KOM(2008) 165 endgültig, siehe zugleich die diesbezüglichen Arbeitspapiere (SEC(2008)404) und (SEC (2008)405) mit näheren Erläuterungen; zustimmend das Europäische Parlament in seiner Entschließung vom 26.03.2009 (2008/2154(INI)); dazu auch: *Zimmer/Logemann*, ZEuP 2009, 489 ff.; *Keßler*, Schadensersatz und Verbandsklagerechte im Deutschen und Europäischen Kartellrecht, 2009; *Wiedenbach/Saller*, BB 2008, 1020 ff.; *Tamm*, EuZW 2009, 439 ff.

Löschungsansprüche gegen das Bestehen einer geographischen Herkunftsangabe mit älterem Zeitrang und für Unterlassungsansprüche zum Schutz geographischer Herkunftsangaben im Sinne der europäischen VO Nr. 2081/92 vom 14.07.1992.[27] Im Urheberrecht besteht eine Verbandsklagebefugnis gemäß § 95b UrhG, um Personen und Institutionen, die einen lizenzfreien Nutzungsanspruch haben, die Durchsetzung ihres Anspruches mit Hilfe von Verbänden zu erleichtern. Ähnlich strukturierte Schutzvorschriften, die Verbandsklagebefugnisse enthalten, finden sich in § 3 LebensmittelspezialitätenG sowie in § 9 RindfleischetikettierungsG. Auch hier bestehen aber parallel zur Verbandsklagebefugnis behördliche Überwachungskompetenzen der Kontrollstellen der Länder.

3. *Die AGB-Klage*

Ihr zweites großes Einsatzfeld neben dem Wettbewerbsrecht hat die Verbandsklage der Verbraucherverbände in der Inhaltskontrolle von Allgemeinen Geschäftsbedingungen (§ 1 UKlaG; früher: § 13 AGB-Gesetz). Ziel ist hier, eine **inter-omnes-Wirkung** der gerichtlichen Kontrollentscheidungen über die Gültigkeit einer AGB-Bestimmung zu erreichen, die im bilateralen Individualprozess nicht zu erreichen ist. Die Verbandsklage hat hier staatsentlastenden Charakter, weil sie eine sonst notwendige behördliche Inhaltskontrolle von Allgemeinen Geschäftsbedingungen überflüssig macht. Die Verbandsklage dient hier der beidseitig ausgewogenen, zweiseitig-eigennützigen Gestaltung der Vertragsbeziehungen und damit der Funktionstüchtigkeit des Austauschvertrages.[28] Deshalb wurde durch § 11 UKlaG (früher: § 21 AGB-Gesetz) die Rechtskraft der gerichtlichen Feststellung, dass eine Klausel ungültig ist, auf *alle* Auseinandersetzungen erstreckt, die diese Klausel betrafen. Dank dieser Regelung wirkt heute ein Verbandsklagenurteil, durch das einem Unternehmen die Weiterverwendung einer AGB-Klausel untersagt wird, nicht nur inter partes, sondern auch inter omnes. In der EU wird erwogen, die Verbandsklagebefugnis auch auf die Kontrolle der Angemessenheit des Preises zu erstrecken. Die Befürworter übersehen, dass es in einer Marktwirtschaft kein „iustum pretium" und daher auch keine laesio enormis bei Missachtung des iustum pretium geben kann.[29] Der Richter wäre mit der Aufgabe der Preiskontrollen schlechterdings überfordert, wie in

[27] Vgl. ABl. EG Nr. L 208, 1.

[28] Vgl. *Basedow*, AcP 182 (1982), 335 ff.; *M. Wolf*, Die Klagebefugnis der Verbände, 1971, S. 60 ff.

[29] Zur Verwurzelung des iustum pretium und der laesio enormis im mittelalterlichen Naturrecht *Westermann*, NJW 1997, 1.

Deutschland die Diskussion um die Billigkeitskontrolle der Energiepreise demonstriert.[30]

4. Die allgemeine Verbraucherverbandsklage

Mit den §§ 2, 3 UKlaG ist in Umsetzung des Art. 11 Abs. 2 der EU-Fernabsatzrichtlinie vom 20.05.1997 und der Unterlassungsklagenrichtlinie vom 19.05.1998 eine allgemeine Verbandsklagebefugnis für Verbraucherverbände bei Verstößen gegen Verbraucherschutzgesetze eingeführt worden. Die EU-Richtlinien sehen als Alternative dazu allerdings auch eine Durchsetzung der Verbraucherinteressen durch öffentlich-rechtliche Stellen vor.[31] Durch die allgemeine Verbraucherverbandsklage sollen die *Kollektivinteressen* der Verbraucher geschützt werden. Darunter versteht Erwägungsgrund 2 der RL 98/27/EG solche Interessen, bei denen es sich nicht um eine bloße additiv-summative Kumulierung von Individualinteressen geschädigter Personen wie bei der AGB-Klage handelt, sondern bei denen der Verstoß nach seinem Gewicht und seiner Bedeutung über den Einzelfall hinausreicht und eine generelle Klärung geboten erscheint.

Während die Verbände ursprünglich nur einen Unterlassungsanspruch für die Zukunft erheben konnten, sehen neuere Gesetze zusätzlich einen Anspruch auf Gewinn-, Mehrerlös- oder Vorteilsabschöpfung vor. Im Jahre 2004 wurden in § 10 UWG die Unterlassungsansprüche um einen Gewinnabschöpfungsanspruch ergänzt. Begründung hierfür war, dass bei Streu- und Bagatellschäden das „rationale Desinteresse" des Einzelnen in aller Regel eine Geltendmachung dieser Schäden verhindere, so dass ohne eine Befugnis zur kollektiven Geltendmachung die Lenkungsfunktion des Haftungsrechts beeinträchtigt sei.[32] Die Schaffung einer solchen auf Schadensersatz gerichteten Sammelklage war in früheren Jahren mehrfach gefordert, im Ergebnis aber immer wieder abgelehnt worden,[33] da die Probleme der Schadensberechnung, der Verteilung des Schadensersatzes, der Mehrfachklagen und des Missbrauchspotenzials als zu groß erschienen. Deshalb wurde mit dem Gewinnabschöpfungsanspruch der Verbände zugunsten des Bundeshaushalts ein Novum geschaffen.[34] Ich werde darauf noch später eingehen.

[30] Vgl. dazu *Fricke*, WuM 2005, 547 ff.; *Derleder/Rott*, WuM 2005, 423 ff.; *Ehricke*, JZ 2005, 599 ff.; *Büdenbender*, NJW 2007, 2945 ff.; *Strohe*, NZM 2007, 871 ff.; *Säcker*, RdE 2006, 65 ff.; *Markert*, RdE 2007, 161 ff.; *Dreher*, ZNER 2007, 103 ff.

[31] Vgl. Art. 3 RL 98/27/EG; Art. 11 Abs. 2 RL 97/7/EG.

[32] Vgl. *Micklitz/Stadler*, Unrechtsgewinnabschöpfung, 2003, S. 34 ff., 92 ff.

[33] Vgl. dazu *Kraft*, ZRP 1979, 161 ff.

[34] Vgl. *Hefermehl/Köhler/Bornkamm*, Wettbewerbsrecht, 27. Aufl. 2008, § 10 Rn. 1 ff.; *Harte-Bavendamm/Henning-Bodewig*, Gesetz gegen den unlauteren Wettbewerb, 2. Aufl. 2009, § 10 Rn. 1 ff.; *Piper, Ohly/Piper*, UWG, 5. Aufl. 2009, § 10 Rn. 1 ff.

Die Selbsteinschätzung eines Vereins als Verbraucherverband sichert allein allerdings noch keine wohlfahrtstheoretisch befriedigenden Ergebnisse i.S. von Consumer Welfare. Als Verbraucherverbände im Sinne des § 8 Abs. 3 Nr. 2 UWG i.V. mit § 4 Abs. 2 UKlaG werden daher nur Verbände anerkannt, die die Zielsetzung der Beratung und Aufklärung der Verbraucher in ihrer Satzung verankert haben und die die Bewahrung von kollektiven Verbraucherinteressen vor deren spürbarer Beeinträchtigung, wie es in § 3 UWG heißt,[35] bezwecken. Der Verband muss seit mindestens einem Jahr bestehen und aufgrund seiner bisherigen Tätigkeit Gewähr für eine sachgerechte Aufgabenerfüllung bieten. Die Hürden in Bezug auf die Mitgliederzahl der Verbände sind in Deutschland allerdings sehr niedrig. Während in Griechenland mindestens 500 und in Frankreich sogar mindestens 10.000 natürliche Personen Mitglieder des Verbraucherverbandes sein müssen, genügt nach § 4 Abs. 2 Satz 1 UKlaG bereits die Mitgliedschaft von 75 natürlichen Personen oder von zwei in diesem Aufgabenbereich tätigen Verbänden. Zwischen den Verbraucherverbänden und den Verbrauchern besteht mangels ausreichender, sich zahlenmäßig ausdrückender Repräsentativität keine so enge Verknüpfung, dass daraus eine überzeugende politische Legitimation zur Vertretung von Verbraucherinteressen erwachsen könnte. In § 4 Abs. 2 Satz 2 UKlaG wird sogar allen Verbänden in Form einer unwiderleglichen Vermutung die Erfüllung der Eintragungsvoraussetzungen zugesprochen, die mit öffentlichen Mitteln gefördert werden. Der Verbraucherverband wird damit zu einer quasi-halbstaatlichen Institution.

Das vom Standpunkt der Privatautonomie bestehende Legitimationsproblem wird noch dadurch verschärft, dass von den Anhängern der allgemeinen Verbandsklage de lege ferenda eine Ausschaltung der zivilprozessrechtlichen Dispositionsmaxime gefordert wird.[36] Der Kläger soll nur noch mit Zustimmung des Gerichts auf den geltend gemachten Anspruch verzichten können; selbst eine mit Einwilligung des Beklagten erklärte Klagerücknahme soll der Zustimmung des Gerichts bedürfen. Das gleiche soll für einen Prozessvergleich gelten, der obendrein erst nach mündlicher Verhandlung und Aufklärung der Parteien durch das Gericht geschlossen werden darf. Das Gericht seinerseits hat bei der Ausübung seiner prozessleitenden Befugnisse in jedem Verfahrensstadium auf die Verwirklichung des öffentlichen Interesses hinzuwirken. Der Zivilprozess als Instrument privatautonomer Rechtsdurchsetzung wird dadurch zu einem dem öffentlichen Interesse dienenden Gerichtsverfahren. Die Dispositionsmaxime, die mit der Privatautonomie auf der Prozessrechtsebene korrespondiert, wird damit weitgehend eingeschränkt. Der als Begründung gegebene Hinweis auf das „gesellschaftliche Reform-

[35] Zu diesem Kriterium, das im alten UWG inhaltlich identisch als „wesentliche Belange der Verbraucher" charakterisiert wurde, vgl. BGH GRUR 2004, 435 f.

[36] Vgl. *Micklitz/Stadler*, aaO (Fn. 10), S. 1419 ff.

potential einer kollektiven Rechtsdurchsetzung im verbandlichen Interesse"[37] und auf die Zulassung der Verbandsklage als „Gebot der Demokratie" ist bei einer Mindestmitgliederzahl von 75 Personen und der unwiderleglichen Vermutung der Eintragungsvoraussetzung für staatlich geförderte Verbände Ausdruck einer antiliberalen, rein ideologischen Position.

Besonderen Bedenken begegnet die Legitimation zur Geltendmachung von Gewinnabschöpfungsansprüchen, wie sie in § 10 UWG verankert ist.[38] Die Abschöpfung, die auch von mehreren Verbänden in verschiedenen Prozessen als Ziel verfolgt werden kann, ist mit der Gefahr verbunden, dass an Stelle der früheren „Abmahnvereine" Gewinnabschöpfungsvereine unter der Leitung von Juristen auftreten, die den gesetzlich vorgesehenen Aufwendungsersatzanspruch als Einnahmequelle missbrauchen, um die Zahlung eines Betrages unterhalb der Schwelle der drohenden Vorteilsabschöpfung im Falle einer Rücknahme der Klage oder eines Vergleichs zu erreichen. Bisherige Erfahrungen geben Anlass zu der Befürchtung, dass ein solcher „Ablasshandel" entsteht. So hat z.B. eine der größten deutschen Umweltorganisationen, der Bund für Umwelt und Naturschutz Deutschland (BUND), seine Verbandsklage gegen einen in Thüringen geplanten Pumpspeicher wegen angeblicher Aussichtslosigkeit zurückgezogen und im Gegenzug vom Bauherren, der heutigen Vattenfall Europe AG, 7 Mio. Euro für den Aufbau einer Stiftung zur Förderung regenerativer Energien erhalten.

In Deutschland wird ein Kohlekraftwerk von der Planung bis zur Fertigstellung nicht schneller als in acht Jahren fertig. Eine Freilandtrasse für Stromleitungen braucht mindestens 10–12 Jahre bis zu ihrer Fertigstellung[39] und ein Flughafen mehr als 20 Jahre.[40] Man mag dies für ein Zeichen eines hochentwickelten, die Bürger im Wege der Anhörung und der Verbandsklage miteinbeziehenden demokratischen Planungsprozesses halten; man kann aber auch auf diesem Wege die Dynamik und Anpassungsflexibilität einer im internationalen Wettbewerb stehenden marktwirtschaftlichen Ordnung beeinträchtigen.

Eine ähnliche Problematik ist aus den USA bekannt, wo die Gerichte namentlich bei consumer antitrust class actions oder bei Klagen, gestützt auf den Clean Air Act oder den Clean Water Act, in Settlements „with increasing

[37] *Micklitz/Stadler* in: Münchener Kommentar zum BGB, Bd. I, 4. Aufl. 2001, § 13 AGB-Gesetz Rn. 86.

[38] Zu den Vorraussetzungen und Rechtsfolgen des § 10 UWG siehe *Zimmer/Höft*, ZGR 2009, 663, 675 ff.; kritisch dazu auch *Boesche*, Wettbewerbsrecht, 3. Aufl. 2009, S. 15 ff.

[39] Vgl. dazu die Begründung zum Referentenentwurf eines Gesetzes zur Beschleunigung von Planungsverfahren für Infrastrukturvorhaben, BT-Drs. 363/05, S. 79 ff.; näher dazu *Säcker*, Der beschleunigte Ausbau der Höchstspannungsnetze als Rechtsproblem – Erläutert am Beispiel der 380 kV-Höchstspannungsleitung Lauchstädt – Redwitz – Grafenrheinfeld mit Querung des Rennsteigs im Naturpark Thüringer Wald (Hrsg.), 2009.

[40] Vgl. dazu BVerwGE 125, 116 ff. (Schönefeld).

frequency" die Zahlung großer Summen „to charities and other public interest institutions" verlangen.[41] Der renommierte US-amerikanische Rechtsprofessor Adam Liptak zeigte sich, als er diesen Befund analysierte, „shocked" und kennzeichnete die „Cy Pres"-Doktrin, die diese vergleichsweise erfolgenden Zahlungen an vom Richter bestimmte charitable trusts rechtfertigt, als „an invitation to wild corruption of the judicial process". Auch Foer, Präsident des American Antitrust Institute, schreibt in einem Working Paper vom November 2007, dass diese Vergleichspraxis „possibilities of corruption" eröffnet und bemüht sich in seinem Beitrag um eine Begrenzung der Gefahr.[42]

5. *Umweltschutz-, naturschutz- und sozialrechtliche Verbandsklagen*

Im öffentlichen Recht existiert gleichfalls eine Fülle von Verbandsklagebefugnissen, u.a. in den §§ 58–61 Bundesnaturschutzgesetz (BNatSchG), in § 13 Behindertengleichstellungsgesetz (BGG)[43] und in § 63 SGB IX.[44] Das Öffentlichkeitsbeteiligungsgesetz und insbesondere das Umwelt-Rechtsbehelfsgesetz führen zu erweiterten Verbandsklagemöglichkeiten bei umweltrechtlichen Entscheidungen über Zulassung von Industrieanlagen und die Durchführung von Infrastrukturmaßnahmen. Nach § 2 Abs. 1 des Umwelt-Rechtsbehelfsgesetzes vom 07.12.2006[45] können die Umweltverbände die Verletzung *sämtlicher* dem Umweltschutz dienenden Rechtsvorschriften geltend machen, und zwar unabhängig davon, ob diese drittschützenden Charakter haben. Eine solche Ausweitung der Klagerechte der Verbände wird allerdings weder von der Aarhus-Konvention vom 25.06.1998 noch von der Öffentlichkeitsbeteiligungsrichtlinie der EU in Umweltangelegenheiten vorgeschrieben.[46] Sowohl Art. 9 Abs. 2 und 3 der Aarhus-Konvention als auch Art. 3 Nr. 7 und Art. 4 Nr. 4 der Öffentlichkeitsbeteiligungs-Richtlinie sehen ausdrücklich die Möglichkeit vor, die Verbände bezüglich ihrer Klagemög-

[41] New York Times, 26. November 2007, S. A 12.

[42] Vgl. *Albert A. Foer*, Enhancing Competition through the Cy Pres Remedy: Suggested Best Practices, Working Paper 07–11, AAF website, www.antitrustinstitute.org.

[43] Das AGG sieht hingegen in § 23 AGG bloß eine Unterstützung durch Verbände vor; eine Pflicht zur Einführung einer Verbandsklage bei Diskriminierungsfällen wird im Zusammenhang mit dem Urteil des EuGH vom 10.07.2008 in der Rechtssache Feryn (Rs. C-54/07) diskutiert, jedoch überwiegend abgelehnt; vgl. *Lobinger*, EuZA 2009, 365 ff., aA *Bayreuther*, NZA 2008, 986 ff.

[44] Vgl. dazu aus letzter Zeit *Koch*, NVwZ 2007, 369 ff.; *Gellermann*, NVwZ 2006, 7 ff.

[45] BGBl. I vom 14.12.2006, 2816.

[46] Vgl. dazu das Gesetz über die Öffentlichkeitsbeteiligung in Umweltangelegenheiten nach der EU-Richtlinie 2003/35/EG, BGBl. I vom 14.12.2006, 2816, 2819 f.; dazu *v. Danwitz*, Zur Ausgestaltungsfreiheit der Mitgliedstaaten bei Einführung der Verbandsklage anerkannter Umweltschutzvereine nach den Vorgaben der RL 2003/35/EG und der sogenannten Aarhus-Konvention, 2005.

lichkeiten auf die Geltendmachung *drittschützender* Normen zu beschränken.

Eine weitere Verbandsklagemöglichkeit gewährt § 11 Abs. 2 des Umweltschadensgesetzes vom 10.05.2007[47]. Hier hat nach den §§ 7 ff. die zuständige Aufsichtsbehörde aber bereits umfassende Befugnisse zur Überwachung und zur Anordnung erforderlicher Schadensbegrenzungs- und Sanierungsmaßnahmen, so dass sich die Frage stellt, ob es wirklich gerechtfertigt ist, zusätzliche Verbandsklagemöglichkeiten zu schaffen.

Weiterhin existiert in Umsetzung der EU-Richtlinie 2003/35/EG das Umwelt-Rechtsbehelfsgesetz vom 07.12.2006[48], das ein Klagerecht der Umweltverbände in allen Bereichen des Umweltrechts eingeführt hat. Besonders problematisch ist hier die extensive Definition des Begriffs „Umweltrecht". Zum Umweltrecht gehören alle Vorschriften, deren Ziel der Schutz oder die Verbesserung der Umwelt einschließlich der menschlichen Gesundheit und des Schutzes der rationellen Nutzung natürlicher Ressourcen ist, insbesondere auf den Gebieten des Gewässerschutzes, des Lärmschutzes, des Bodenschutzes, der Luftverschmutzung, der Flächenplanung und Bodennutzung, der Erhaltung der Natur und der biologischen Vielfalt, der Abfallwirtschaft, der Chemikalien einschließlich der Biozide und Pestizide, der Biotechnologie, usw. Mit dieser weiten Definition besteht die Gefahr einer nahezu uferlosen Ausweitung des Verbandsklagerechts nach § 2 des Umwelt-Rechtsbehelfsgesetzes. So ist beispielsweise in den EU-Energierichtlinien eine umweltverträgliche Strom- und Gasversorgung vorgeschrieben. Bei einer extensiven Auslegung dieser Richtlinien könnten z.B. alle Energieverwaltungsverfahren als Verfahren in Umweltangelegenheiten angesehen werden, die dann von Umweltverbänden mit der Verbandsklage angegriffen werden könnten. Die im deutschen Gesetzgebungsverfahren 2005 erfolgte Streichung der Verbandsklage für Verbraucherverbände im EnWG würde dann durch die Hintertür wieder eingeführt.

6. Die Musterklage nach dem KapMuG als verallgemeinerungsfähiges Modell (Opt-in- statt Opt-out-Prinzip)

Ein anderes Instrument, für eine von einem Streuschaden betroffene Personengruppe („class") einen effektiven Rechtsschutz trotz bestehender rationaler Apathie vieler Betroffener zu erreichen, stellen die Musterklagen dar, die Sammelklagen praktikabel gestalten sollen.[49] In Deutschland ist im Kapi-

[47] Gesetz zur Umsetzung der Richtlinie des Europäischen Parlaments und des Rates über Umwelthaftung zur Vermeidung und Sanierung vom Umweltschäden, BGBl. I Nr. 19 vom 14.05.2007, 666 ff.

[48] BGBl. I vom 14.12.2006, 2816, 2817.

[49] Vgl. *Wundenberg*, ZEuP 2007, 1097 ff.; *Zimmer/Höft*, ZGR 2009, 663 ff.

talanleger-Musterverfahrensgesetz (KapMuG) eine solche Musterklage als kollektives Rechtsschutzinstrument vorgesehen, die sich nach ihrer immanenten Logik und Teleologie bei kollektiver Betroffenheit de lege ferenda auf alle Arten von Verbraucherschutzklagen ausdehnen lässt.

Bei falscher, irreführender oder unterlassener öffentlicher Kapitalmarktinformation kann von einem einzelnen Kläger ein Musterverfahren eröffnet werden (§ 1 KapMuG). In dem Musterverfahren können dann einzelne Tatbestandselemente einer Anspruchsgrundlage festgestellt oder Rechtsfragen geklärt werden, die dann einheitlich für eine Vielfalt von Rechtsstreitigkeiten gelten.[50] Das Prozessgericht macht einen Antrag in einem Klageregister des elektronischen Bundesanzeigers öffentlich bekannt, um weitere Anleger zur Beteiligung an dem Musterverfahren zu veranlassen (§ 2 KapMuG). Wenn innerhalb von vier Monaten nach der Veröffentlichung in mindestens neun weiteren Rechtsstreitigkeiten gleichgerichtete Musterfeststellungsanträge gestellt werden, so erlässt das Prozessgericht, bei dem der zeitlich *erste* Musterfeststellungsantrag gestellt wurde, einen unanfechtbaren Vorlagebeschluss an das zuständige Oberlandesgericht, in dem der Gegenstand des Musterverfahrens festgelegt wird. In einem zweiten Verfahrensschritt wird dann das eigentliche Musterverfahren vor dem Oberlandesgericht durchgeführt. Das Oberlandesgericht veröffentlicht gemäß § 6 KapMuG das Feststellungsziel des Musterverfahrens und den Inhalt des Vorlagebeschlusses im Klageregister. Nach der Veröffentlichung haben alle Prozessgerichte die bei ihnen anhängigen Rechtsstreitigkeiten auszusetzen, wenn ihre Entscheidung von der in dem Musterverfahren zu treffenden Entscheidung abhängt.

Rechtspolitisch kann vom Standpunkt der Privatautonomie gegen solche von der Zustimmung eines jeden Klägers getragene Opt-in-Musterverfahren nichts eingewandt werden. Gegen eine Generalisierung der Regelungen des KapMuG lassen sich daher – vorbehaltlich der praktischen Bewährung der Vorschriften – keine durchgreifenden Bedenken erheben. Auf EU-Ebene sollen daher Musterklageverfahren generell zur Verstärkung des Verbraucherschutzes eingeführt werden, weil zum Schutz des Verbrauchers Musterklagen die Einhaltung der geltenden Normen besser gewährleisten können als die Bestrafung der Unternehmen durch Bußgeld- bzw. Strafrechtsvorschriften.[51] Unvertretbar sind nur Opt-out-Lösungen, bei denen unbeteiligte Dritte allein wegen objektiv gleicher Interessenlage ohne ihre Zustimmung in

[50] Vgl. *Duve/Pfitzner*, BB 2005, 673 ff.; *Reuschle*, NZG 2004, 590 ff.; *ders*, WM 2004, 2334; *Hess*, WM 2004, 2329 ff.; *Sessler*, WM 2004, 2344 ff.; *Leufgen*, Kollektiver Rechtsschutz zugunsten geschädigter Kapitalanleger, 2007, S. 128 ff.; *Kilian*, Ausgewählte Probleme des Musterverfahrens nach dem KapMuG, 2007; *Jahn*, ZIP 2008, 1314 ff.

[51] Vgl. die Diskussion zum Thema „Compensating Consumers for Damages vs. Punishing Enterprises by Damages“ im Europäischen Parlament, 2008.

den Prozess einbezogen werden.[52] Die theoretische Möglichkeit, ein Veto einzulegen, ist keine ausreichende Gewährleistung einer privatautonomen Mitwirkung.[53] Sie stellen daher unverhältnismäßige Einschränkungen der Privatautonomie dar. Erinnert sei daran, dass aus dem gleichen Grunde auch eine berechtigte Geschäftsführung ohne Auftrag keine Vertretungsmacht vermittelt.[54] Mit einer liberalen Privatrechtsordnung sind Lösungen, die auf dem Opt-out-Prinzip beruhen, unvereinbar.

In der Literatur wird zur Rechtfertigung des Ausbaus von Verbandsklagen immer wieder vorgetragen, dass das US-amerikanische Recht Vorbild für die Ausweitung der Verbandsklagen auch im deutschen Recht sein könne.[55] Bei der Class Action führen ein oder mehrere Betroffene im Namen aller gleichermaßen Betroffenen – mag die genaue Abgrenzung der Personengruppe auch noch so schwierig sein – den Prozess. Mit Ausnahme der Repräsentanten müssen die Betroffenen nicht bekannt sein. Es muss nur bestimmbar sein, wen die Class Action betrifft. Ergeht eine Gerichtsentscheidung, so ist diese für sämtliche Mitglieder der Class bindend, auch wenn sie nicht am Verfahren beteiligt sind. Die Anwendungsgebiete der Class Action reichen in Amerika von den Civil Rights (Aufhebung der Rassentrennung an Schulen, Gefängnisreform, Diskriminierung am Arbeitsplatz) über die Streuschäden (insbesondere im Wettbewerbs- und Wertpapierrecht) bis hin zu den Großschäden (Flugzeugabstürze, Produkthaftung, Schäden aufgrund toxischer Substanzen).

Dieser Anwendungsbereich der Class Action ist auf deutsche Verhältnisse indes nicht übertragbar und rechtfertigt daher keine Abweichung vom Prinzip des Individualprozesses. Die starke Betonung des Individuums und der Privatinitiative in den USA, der Vorrang der Interessenwahrnehmung durch den Betroffenen selbst („private enforcement"), die Betrachtung staatlicher Regelungen als freiheitsbeschränkende Eingriffe und die daraus folgende Minimierung staatlicher Behördentätigkeit führen in den USA konsequent zu größeren Selbsthilfemaßnahmen der Bürger und geben der Judikative einen rechtlichen Gestaltungsspielraum, der in Deutschland schon aus verfassungsrechtlichen Gründen der Legislative vorbehalten ist.[56]

[52] Kritisch insoweit auch *Alexander*, WRP 2009, 683, 688; *Tamm*, EuZW 2009, 439, 442.

[53] Vgl. *Micklitz/Stadler*, aaO (Fn. 10), S. 1185, 1383; näher dazu *Säcker*, Neues Energierecht, 2 Aufl. 2003, S. 317 ff.

[54] Vgl. zutreffend *Olschewski*, NJW 1972, 346; *Berg*, NJW 1972, 1117; aus der Rechtsprechung vgl. BGHZ 17, 181, 188; BGHZ 69, 323, 327 aA F. *Baur*, JZ 1952, 328ff.; z.T. auch *Bertzel*, AcP 158 (1959/60), 107 ff.

[55] *Greiner*, Die Class Action im amerikanischen Recht und deutscher Ordre Public, 1998; *Burckhardt*, Auf dem Weg zu einer class action in Deutschland? 2005.

[56] Näher *Eicholtz*, Die US-amerikanische Class-Action und ihre deutschen Funktionsäquivalente, 2002, S. 53 ff.; *Ebbing*, ZVglRWiss 103 (2004), 31 ff.

Die aktuelle Bedeutung der Class Action bei Großschäden in den USA hat ihren Grund vor allem in der Passivität des Gesetzgebers. Dieser stellt keine rechtlichen Instrumente bereit, um Großschäden juristisch zu bewältigen. In Deutschland führen dagegen bei Großschäden die Sozialversicherungssysteme über die cessio legis (§ 116 Abs. 1 SGB X, §§ 67, 158 f. VVG; § 14 Abs. 1 AtomG) automatisch zu einer Bündelung typischer Ansprüche. Häufig erfolgt bei Großschäden auch eine gesetzliche Regelung und ein Ausschluss aller sonstigen Entschädigungsansprüche (Beispiele: Das Gesetz über die Errichtung einer Stiftung „Hilfswerk für behinderte Kinder" vom 17.12.1971, das Gesetz über humanitäre Hilfe für durch Blutprodukte HIV-infizierte Personen oder das Gesetz zur Errichtung einer Stiftung „Erinnerung, Verantwortung, Zukunft" zur Entschädigung von Holocaust-Opfern vom 02.08.2000).

Das amerikanische System der Class Action beruht zu einem nicht unerheblichen Teil auf dem Versagen staatlicher Institutionen, die im Gegensatz zu europäischen Behörden weder mit wirksamen Regulierungsmöglichkeiten ex ante noch mit Sanktionsmöglichkeiten ex post ausgestattet sind.[57]

IV. Dogmatische Einordnung der Verbands- und Musterklagen

Die einzelnen Typen von Verbands- bzw. Musterklagen lassen sich im Interesse einer rechtsdogmatischen Einordnung und teleologischen „Bändigung" wie folgt systematisieren:

1. *Additiv-summative, mandatarisch legitimierte Verbandsklagen*

Da, wo der Einzelne seine Rechte selber nicht angemessen wahrnehmen kann (z.B. im Urheber- und Leistungsschutzrecht), kann er kraft privatautonomer Entscheidung seine Rechte auf Verbände (z.B. die GEMA oder die Verwertungsgesellschaft „Wort") übertragen. Diese Verbände nehmen dann an seiner Stelle aufgrund entsprechender Bevollmächtigung seine Rechte wahr. Es handelt sich in diesen Fällen aber immer um die Wahrnehmung individueller Rechte, die lediglich additiv-summativ gebündelt und kumulativ-gleichgerichtet ausgeübt werden. Unverzichtbare Voraussetzung dafür ist, dass der Einzelne die Wahrnehmung seiner Rechte durch Verbände will und eine entsprechende Vollmacht erteilt hat. Die Verbände können sich daher nicht zum sozialen Vormund der Individuen entwickeln.

[57] Vgl. *Kötz*, in: Homburger/Kötz, Klagen Privater im öffentlichen Interesse, 1975, S. 69 ff., 87; näher dazu *Säcker*, Die Einordnung der Verbandsklage in das System des Privatrechts, 2006, S. 27 ff.

2. *Additiv-integrale Verbandsklagen zum Schutz überindividueller Gruppeninteressen*

Von dieser Fallgruppe der gleichgerichteten Bündelung individueller Interessen sind Verbandsklagen zu unterscheiden, bei denen die Verbände überindividuelle integrale Kollektivinteressen wahrnehmen. In der Richtlinie 98/27/EG vom 19. Mai 1998[58] über Unterlassungsklagen zum Schutz der Verbraucherinteressen werden diese Kollektivinteressen als Interessen definiert, bei denen es sich nicht bloß um eine Kumulierung von Interessen geschädigter Personen handelt. Bei der Schädigung von Kollektivinteressen gelte es, solche Verhaltensweisen zu unterbinden, die im Widerspruch zum geltenden Privatrecht stehen. Hier ist es das Ziel der Verbandsklage, Interessen, die mit individueller Klage nicht wirksam geschützt werden können, *kollektiv* zu schützen, weil die Rechtsverletzung durch Einzelklagen zwar im bilateralen Verhältnis inter partes sanktioniert werden kann, aber gleichwohl in anderen bilateralen Rechtsbeziehungen als Verstoß gegen die immanente Vertragsgerechtigkeit weiterwirkt. Um die Wahrnehmung solcher überindividuellen Kollektivinteressen geht es z.B. bei der Verbraucherverbandsklage gegen unangemessene AGB-Klauseln; denn hier ist nur über eine Klage des Verbandes eine inter omnes-Wirkung gesichert. Ohne eine Klage der Verbraucherschutzverbände lässt sich hier ein wirksamer Verbraucherschutz nicht erreichen.

Das Interesse, das hier geschützt wird, ist aber kein Allgemeininteresse – sonst wäre das ganze Privatrecht Verwirklichung des bonum commune –, sondern ein *Gruppeninteresse* der Verbraucher, vor unbilligen Allgemeinen Geschäftsbedingungen geschützt zu werden. Ziel ist hier die Wahrung eines fairen Interessenausgleichs in vorformulierten Verträgen.[59] Es geht nicht um die Ausübung staatlicher Funktionen durch private Institutionen,[60] sondern um die Sicherung über den Einzelfall hinausreichender Kollektivinteressen der Verbraucher, die anders nicht effektiv geschützt werden können. Der Staat hat in diesen Fällen, wie in der europäischen Richtlinie über Unterlassungsklagen und in der europäischen Richtlinie über unlautere Geschäftspraktiken vorgesehen ist, die Option, entweder durch eine unabhängige staatliche Institution, die für den Schutz der Kollektivinteressen der Verbraucher zuständig ist, *oder* durch privatrechtliche Verbraucherschutzvereinigungen diese überindividuellen Interessen zu schützen. Der Gesetzgeber hat sich in Deutschland staatsentlastend aus guten Gründen für den zweiten Weg entschieden.

[58] ABl. Nr. L 166, 51.

[59] Vgl. dazu näher *Säcker*, in: Münchner Kommentar zum BGB, Bd. I, 5. Aufl. 2006, Einl., Rn. 162 ff.

[60] So *Pfarr/Kocher*, Kollektivverfahren im Arbeitsrecht, 1998, S. 124 f.

3. Delegatarische Verbandsklagen zum Schutz von Allgemeininteressen

Bei wichtigen Gemeinschaftsgütern, die durch ein genuin öffentliches Interesse an ihrer Realisierung gekennzeichnet sind, z.B. bei dem Interesse an einem unverfälschten Wettbewerb i.S.v. Art. 3 Abs. 1 b) AEUV als Grundlage einer im Verbraucherinteresse funktionierenden marktwirtschaftlichen Ordnung, an einem wirksamen Kapitalanlegerschutz im Interesse funktionierender Kapitalmärkte oder an wettbewerblicher Öffnung der monopolistischen Energie- und Telekommunikationsmärkte, hat der Staat spezielle Behörden (Kartellbehörden, Finanzdienstleistungsaufsichtsbehörden, Regulierungsbehörden) mit speziellen hoheitsrechtlichen Eingriffsbefugnissen zum Schutz dieser Rechtsgüter eingerichtet. Beim Schutz des lauteren Wettbewerbs vertraut der deutsche Staat dagegen darauf, dass der Schutz dieses Gemeinschaftsguts durch Verbraucher- und Unternehmensverbände genauso gut oder besser gewährleistet werden kann als durch eine Behörde und delegiert damit eine Aufgabe auf private Verbände, die er sonst selber hoheitlich erfüllen müsste. Ist dagegen einer Fachbehörde der Schutz eines wichtigen Gemeinschaftsgutes anvertraut, ist eine zusätzliche Delegation des Wächteramtes auf private Verbände entbehrlich und zugleich unverhältnismäßig, da bereits eine spezielle Aufsichtsbehörde mit dieser Aufgabe betraut ist. Der Staat steht hier vor der Alternative: „compensating consumers for damages" oder „punishing enterprises by damages". Der Staat sollte nicht doppelt zuschlagen.

Die rechtspolitische Behauptung, es bestehe ein Implementierungs- und Vollzugsdefizit bei der behördlichen Durchsetzung eines Gemeinschaftsgutes, gebietet nicht zwingend mehr „collective private enforcement", um dem Staat helfend zur Seite zu treten; es muss vielmehr im Einzelfall der Vorwurf überprüft werden, um im Falle seiner Berechtigung diesem durch Reform der Behördenorganisation Rechnung zu tragen. Keinesfalls sollte der Vorwurf, der Staat sei schwach und korrupt, als Rechtfertigung dafür dienen, dass privaten Verbänden und sonstigen Gruppen nach dem Opt-out-Prinzip eine Klagebefugnis zuerkannt werden müsse. In Wahrheit wird damit Vertretern partikulärer Gemeinwohlinteressen (z.B. Umwelt- und Naturschutzverbänden) das Recht eingeräumt, die zügige Umsetzung universeller Gemeinwohlziele, die eine Abwägung verschiedener Gemeinschaftsgüter, z.B. im Bereich der Infrastruktur und der Industrieansiedlung, verlangen, im partikulären Interesse zu verzögern und u.U. zu verhindern. Wer das 300 Seiten lange Urteil des Bundesverwaltungsgerichts[61] über die Komplexität der von der Planfeststellungsbehörde zu treffenden Gesamtabwägung zur Festlegung des Standorts eines Flughafens unter lärmschutz- und naturschutzrechtlichen Aspekten liest, weiß, wie komplex die Abwägung der Behörde ohne-

[61] BVerwGE 125, 116 ff.

hin ist und wie der Abwägungsprozess durch Partikularinteressen, die auf diesen Abwägungsprozess einwirken können, einseitig beeinflusst und in die Länge gezogen werden kann.

Bei Verletzung von Gemeinschaftsgütern ist es grundsätzlich Sache des Rechtsstaates, effektive Sanktionen (z.B. Geldbußen) zu verhängen, und er tut dies ja auch im Wettbewerbsrecht mit zunehmender Intensität.[62] Wenn der Staat, statt selber den Mehrerlös abzuschöpfen und die instrumenta sceleris einzuziehen, privaten Verbänden durch Zuerkennung einer Prozessstandschaft das Recht zur Gewinnabschöpfung einräumt, schafft er damit einen Anspruch, der mit den Wertungsgrundlagen eines freiheitlichen Privatrechts nur schwer vereinbar ist. Die Legitimationsdefizite der Verbände begründen, verschärft noch durch hier häufig anzutreffende Interessenkonflikte, die Gefahr, dass angesichts der weiten Interpretationsmöglichkeiten wirtschaftsrechtlicher Normen der Abschöpfungsanspruch zum „Abschröpfungsanspruch" denaturiert, zumal die gesetzlich vorgesehene Pflicht zur Abführung des Gewinns an den Staatshaushalt zugunsten von Verbandsinteressen unterlaufen werden kann. Die partikulären Interessenverbänden zuerkannte Verfahrensbeteiligungsbefugnis und die Verbandsklage zum Schutz von Gemeinschaftsgütern sind rechtspolitisch problematisch, weil sie den Abwägungsprozess der nur dem Gemeinwohl verpflichteten, zur Amtlichkeit und Unbefangenheit der Motivation[63] verpflichteten staatlichen Entscheidungsinstanz dem Zugriff von Partikularinteressen ausliefert.

V. Rechtspolitische Würdigung

1. Ordnungspolitische Grundlage des Zivilrechts ist die Freiheit der Privatrechtssubjekte, autonom über den Schutz ihrer individuellen Rechte und über die Durchsetzung dieser Rechte im Prozess als Reaktion auf tatsächliche oder vermeintliche Verletzungen zu entscheiden. Selbst bei Verletzung fundamentaler Rechtsgüter kennt das Deliktsrecht (§ 823 BGB) keine Legitimierung privater Verbände zur Wahrnehmung der Rechte des Einzelnen ohne Mandatierung durch den Berechtigten. Es bedarf daher besonderer sachlicher Rechtfertigung, wenn in Durchbrechung des allgemeinen Systems zusätzlich zu den individuellen Rechtsdurchsetzungsbefugnissen den Verbänden eigenständige Befugnisse zum Schutz von individuellen Rechtsgütern eingeräumt werden sollen.

2. Musterklagen nach dem Opt-Out-Modell bzw. Verbandsklagen zur Verwirklichung von **Gemeinwohlzielen** fördern den Umbau eines freiheit-

[62] Vgl. dazu näher *Säcker*, WuW 2009, 362 ff.

[63] Vgl. dazu näher *Säcker*, Die Einordnung der Verbandsklage in das System des Privatrechts, 2006, S. 78.

lichen Privatrechts in ein heteronom instrumentalisiertes Privatrecht. Die Zulassung solcher Klagen entbehrt der sachlichen Berechtigung, wenn staatliche Agenturen wie Kartell- und Regulierungsbehörden die betroffenen Gemeinwohlinteressen effektiv und effizient schützen. Die EU-Kommission sollte daher ihr Vorhaben, kollektive Schadensersatzklagen wegen Verletzung des EU-Wettbewerbsrechts nach dem Opt-Out-Modell einzuführen, nicht wieder aufgreifen.

3. Die **Gruppeninteressen** dienenden Verbands- und Sammelmusterklagen sind da legitim, wo der „Kampf ums Recht" (Jhering)[64] oder modern ausgedrückt: das private enforcement dem verletzten Individuum bei ökonomischer Analyse zunehmend irrational erscheint. Die sozialstaatliche Rechtfertigung der Geltung des Vertrages durch seinen vernünftigen Inhalt („Pro voluntate stat ratio!") verleitet die Anhänger eines sozialen Privatrechts dazu, den einzelnen Verbraucher immer stärker als intellektuell und ökonomisch überfordert, seine Rechtsverhältnisse autonom zu regeln, zu charakterisieren. Daraus wird die Forderung abgeleitet, dass die Rechtsordnung ihn durch zwingendes Recht noch stärker vor Unvernunft und Verführung schützen müsse. Umfassende und verbraucherfreundlich ausgestaltete Informationspflichten sollen ihn vor Fehlurteilen bewahren.[65] Doch die sintflutartige Überflutung mit nützlicher Aufklärung vertieft nur die rationale Apathie; der Verbraucher ist praktisch unfähig, die Fülle der Daten, die ihm zu seinem Nutzen zuteil wird, zu verarbeiten. Das von der EU propagierte Leitbild des aufgeklärten und informierten Verbrauchers[66] wird deshalb bereits ergänzt durch das Leitbild des fairen Unternehmers, der dem überforderten Verbraucher einen guten Rat zu geben hat und haftet, wenn er solchen Rat schuldhaft unterlässt.

Die Ausdehnung der Muster- und Verbandsklage wegen unterstellter kognitiver Erlahmung und volitivem Desinteresse des Konsumenten ist ein zentraler Teil der von einer neosozialistischen Theorie vertretenen Konzeption eines sozialen Privatrechts. Zu einer ökologischen und sozialen Marktwirtschaft gehört aber nicht nur der Schutz des Verbrauchers, sondern auch die Sicherung der unternehmerischen Autonomie durch ein System unverfälschten Wettbewerbs. Der Ausbau von Muster- und Verbandsklagen führt zu einer Belastung der betroffenen Unternehmen, deren Management durch eine Fülle von öffentlichkeitswirksamen Verbands- und Musterklagen mit ungewissem Ausgang von seinen unternehmerischen Zielen abgelenkt wird

[64] *Rudolph von Jhering*, „Der Kampf ums Recht", Vortrag Wien 1872.

[65] Vgl. dazu die entsprechenden EU-Vorschriften umsetzende Verordnung über Informations- und Nachweispflichten nach bürgerlichem Recht i.d.F. vom 05.08.2002, BGBl. I 2002, S. 3002 und geändert durch Gesetz zur Änderung der Vorschriften über Fernabsatzverträge bei Finanzdienstleistungen vom 2.12.2004, BGBl. I 2004, S. 3102.

[66] Vgl. RL 97/7/EG; näher dazu *Säcker*, in: Festschrift für W. Seiffert, 2006, S. 479 ff.; *ders.*, WRP 2004, 1199 ff.; *ders.*, AöR 130 (2005), 180 ff.

und einen Großteil seiner berufsbezogenen Kräfte in die Verteidigung gegen solche Klagen stecken muss. Bei einer Abwägung mit den Belangen des Verbraucherschutzes ist dieser i.S. des Art. 12 GG relevante Grundrechtskollisionstatbestand mit zu berücksichtigen.[67]

4. Bei einer abgewogenen Lösung, die den Individualrechtsschutz des Privatrechts nicht aus dem Auge verliert, erscheinen folgende Ergebnisse sachgerecht:

a) Additiv-summative Verbandsklagen, d.h. mandatarisch durch Vollmacht oder Abtretung hergestellte Legitimation zur Klageerhebung (Prototyp: urheberrechtliche Verwertungsgemeinschaften oder Klagegemeinschaften gegen Strompreiserhöhungen) sind privatautonom gerechtfertigt.
b) Additiv-integrale Verbandsklagen (Prototyp: AGB-Verbandsklage) nehmen überindividuelle Gruppeninteressen wahr, um auf effektivem Wege eine inter omnes-Wirkung von Urteilen zur Sicherung eines fairen Interessenausgleichs bei *standardisierten* Austauschverträgen des Massenverkehrs zu erreichen. Dies rechtfertigt es, mit Hilfe von Verbandsklagen oder Musterklagen nach dem Opt-in-Modell staatsentlastend privatrechtliche Lösungen zu suchen und den individuellen „Kampf ums Recht" zu unterstützen. Hier liegt ein Handeln zugunsten Dritter vor, das im Privatrecht (vgl. §§ 328 ff. BGB) kein Fremdkörper ist. Soweit Verbandsklagen in diesem Bereich die Integrität der geschützten Rechtsgüter gewährleisten, besteht dann aber keine Notwendigkeit, zusätzliche staatliche Behörden mit gleicher Aufgabe einzusetzen. Kontrolle muss nicht in Kontrollhypertrophie oder gar Kontrollhysterie ausarten.
c) Delegatarische Verbandsklagen, bei denen der Staat privaten Verbänden die Wahrnehmung **genuin** gemeinwohlorientierter öffentlicher Aufgaben überlässt, bedürfen besonderer Rechtfertigung. Bei hochkomplexen Abwägungsprozessen z.B. zwischen Wirtschafts- und Umweltinteressen, zwischen Bebauungs-, Industrieansiedlungs-, Lärmschutz-, Naturschutz- und Tierschutzinteressen („Flora, Fauna, Habitat") hat der Staat die Aufgabe, selber gemeinwohlorientiert durch leistungsfähige integre Behörden zu entscheiden und diese Entscheidungen nicht durch Verbandsklagen dem peremptorischen und dilatorischen Einfluss partikulärer Gemeinwohlinteressen auszuliefern.

[67] Vgl. *Scholz* in: Maunz/Dürig, GG, Bd. II, 44. Lieferung 2005, Art. 12, Rn. 78 ff.

Anfechtung von Versammlungsbeschlüssen in gegliederten Vereinen

Karsten Schmidt

Inhaltsübersicht

I. Zum Gegenstand dieses Beitrags

1. Zueignung

Dieter Reuter hat sich in seiner grundlegenden Vereinsrechtskommentierung mit der ihm eigenen Mischung aus Nachdenklichkeit und Bestimmtheit auch der Rechtsfragen fehlerhafter Vereinsbeschlüsse angenommen[1], eines begreiflicherweise wichtigen, jedoch schwierigen Fragekreises. Vergleicht man allerdings die höchstrichterliche Rechtsprechung über Vereinsbeschlüsse mit derjenigen über AG-Hauptversammlungen und GmbH-Gesellschafterversammlungen, so ist die Bedeutung dieser Materie nicht eben notorisch. Umso

[1] *Reuter* in: MünchKommBGB, 5. Aufl. 2006, § 32 Rn. 51 ff.

mehr macht schon das statistische Verhältnis jede Befassung des Bundesgerichtshofs mit Vereinsbeschlüssen zu einer cause célèbre. Das gilt auch für das hier besprochene BGH-Urteil vom 2. Juli 2007[2]. Die letzte vorausgegangene Grundsatzentscheidung lag, soweit ersichtlich, zwei Jahrzehnte zurück[3]. In dieselbe Periode fielen je mehr als 100 BGH-Urteile über Hauptversammlungsbeschlüsse und über GmbH-Gesellschafterbeschlüsse[4]. Grund zu besonderer Aufmerksamkeit gibt aber das Urteil aus dem Jahr 2007 auch um der Sache selbst willen. Es handelt nämlich zugleich von dem schwierigen, gleichfalls vom Jubilar untersuchten[5] Fragenbereich der gegliederten Großverbände, berührt also *Reuters* Œuvre in doppelter Hinsicht.

2. *Der Fall*

Der im einzelnen komplizierte Fall braucht hier nur kurz in Erinnerung gebracht zu werden. Die Ruderabteilung eines Vereins (Klägerin zu 1) und ihre 131 Streitgenossen, sämtlich Mitglieder der Ruderabteilung, waren gegen einen unter dem allgemein gehaltenen Tagesordnungspunkt „Verkauf Clubhaus“ gefassten Beschluss des Vereins (Beklagten zu 1) sowie gegen einen vom Vorstand mit einem dritten Verein (des Bekl. zu 2) abgeschlossenen Grundstückskaufvertrag zu Felde gezogen. Das den Gegenstand des Rechtsstreits bildende Clubhaus war mit einem Bootssteg versehen und wurde überwiegend (nicht ausschließlich) von den Ruderern genutzt. Die Kläger hatten die Feststellung der Nichtigkeit sowohl des Beschlusses als auch des Vertrags beantragt. Sie hatten im wesentlichen gerügt, dass die Einladung zur Mitgliederversammlung außer dem allgemein gehaltenen Tagesordnungspunkt „Verkauf Clubhaus“ nicht die erforderlichen Informationen enthalten habe. Der Bundesgerichtshof wies diese Klagen, soweit der Fall hier dargestellt wird, ab. Das Urteil wurde mit den folgenden Leitsätzen veröffentlicht:

> „1. Der nicht rechtsfähige Verein ist aktiv parteifähig.
> 2. Einer rechtlich unselbständigen Untergliederung eines eingetragenen Vereins fehlt das Feststellungsinteresse, von dessen Mitgliedern gefasste Beschlüsse einer gerichtlichen Kontrolle zuzuführen. Die Beschlussanfechtung setzt auch im Vereinsrecht grundsätzlich voraus, dass das klagende Mitglied dem Verein sowohl im Zeitpunkt der Beschlussfassung als auch dem der Rechtshängigkeit angehört.

[2] BGH BB 2007, 2310 = NJW 2008, 69 = NZG 2007, 826 = WM 2007, 1932 = ZIP 2007, 1942.
[3] BGHZ 99, 119 = NJW 1987, 1811.
[4] Überschlägige Durchsicht des Entscheidungsmaterials.
[5] *Reuter* in: MünchKommBGB (Fn. 1), vor § 21 Rn. 123 ff.

3. Ist der Gegenstand der Beschlussfassung in der Einladung zu einer Mitgliederversammlung nicht oder so ungenau bestimmt, dass den Mitgliedern eine sachgerechte Vorbereitung der Versammlung und eine Entscheidung, ob sie an der Versammlung teilnehmen wollen, nicht möglich ist, so sind die auf der Versammlung gefassten Beschlüsse nichtig."

Hiermit wird sich Teil II des vorliegenden Beitrags befassen, wobei der zweite Leitsatz bereits auf den sich anschließenden Teil III verweist, nämlich auf die Binnenstruktur des gegliederten Vereins. Auf diese lässt sich das Urteil nicht nur in der Beschlussmängelfrage ein, sondern es enthält auch wichtige Hinweise auf die Vermögensseite. Stattgegeben wurde nämlich der Widerklage des Beklagten zu 1 auf die Feststellung, dass er nicht nur Treuhandeigentümer zugunsten des Klägers zu 1 sei.

3. Die Bedeutung des Urteils

a) In der Literatur ist das Urteil vor allem mit seinem ersten Leitsatz wahrgenommen worden: Der im Sinne des § 54 BGB „nichtrechtsfähige" Verein ist – nicht weniger als die Außengesellschaft bürgerlichern Rechts – rechtsfähig und uneingeschränkt parteifähig[6]. *Reuter* (bezüglich der nichtwirtschaftlichen Vereine)[7] und der Verfasser[8] hatten dies zwar bereits ebenso gesehen[9], womit das aus dem 19. Jahrhundert stammende Konzept der §§ 50, 735 ZPO aus den Angeln gehoben und einer behäbigen Prozessrechtswissenschaft, die durchaus dem BGH hätte vorauseilen können, einiges zugemutet worden ist[10], bis dann der Gesetzgeber durch Änderung des § 50 Abs. 2 ZPO[11] jedenfalls den gröbsten Widerspruch mit dem geschriebenen Recht beseitigte. Zitate in Standardwerken sind diesem Teil der Entscheidung sicher. Doch ist diese ins Auge springende, nach der vorausgegangenen Diskussion freilich nur noch wenig überraschende, Fortbildung des Rechts der nicht eingetragenen Vereine für den Prozess und für die künftige Diskussion des Urteils, bei Nähe besehen, von minderer Bedeutung. Erstens nämlich war das vom Bundesgerichtshof als nichtrechtsfähiger Verein eingeschätzte Gebilde (der Kläger zu 1) nichts als die Ruderabteilung eines rechtsfähigen Ver-

[6] Vgl. nur *Ellenberger* in: Palandt, BGB, 69. Aufl. (2010), § 54 Rn. 2; *Hadding* WuB II N § 54 BGB, 1.08; *Terner* NJW 2008, 16, 17.

[7] *Reuter* in: MünchKommBGB (Fn. 1), § 54 Rn. 15 ff.

[8] *Karsten Schmidt* Gesellschaftsrecht, 4. Aufl. 2002, S. 736 ff., 753; *ders.* NJW 2001, 993, 1003.

[9] In gleichem Sinne etwa auch *Hadding* ZGR 2006, 137, 145.

[10] Zusammenfassend *Vollkommer* in: Zöller, ZPO, 28. Aufl. 2010, § 51 Rn. 37; ablehnend etwa noch *Bork* in: Stein/Jonas, ZPO, 22. Aufl. 2004, § 50 Rn. 35 ff.; *Schöpflin* Der nichtrechtsfähige Verein, 2003, S. 83 ff.; *Leipold* FS Canaris, Bd. II, 2008, S. 221, 240 f.; *Wagner* ZZP, 117 (2004), 305, 358 ff.

[11] Gesetz vom 24.9.2009, BGBl. I S. 3145.

eins (des Beklagten zu 1), und zweitens wurde dessen Klage abgewiesen, weil die Ruderabteilung als Untergliederung des Vereins zwar als parteifähig, aber nicht als klagebefugt angesehen wurde (dazu näher unter II 4).

b) Was seine diskussionswürdigen Teile anlangt, so ruht das Urteil, wie schon bemerkt, auf zwei tragenden Elementen:

- auf den Grundsätzen vereinsrechtlicher Beschlussmängelklagen (dazu unter II) und
- auf dem Rechtsbild des gegliederten Vereins und seiner Binnenorganisation (dazu unter III).

Diesen Fragen soll hier – immer mit dem Blick auf *Dieter Reuters* Kommentierung – nachgegangen werden.

II. Auf dem Wege zu einer vereinsrechtlichen Beschlussanfechtungsklage?

1. Das aktienrechtliche Konzept der §§ 241 ff. AktG

Das im Guten wie im Schlechten durch einen gewissen Perfektionismus geprägte Beschlussmängelrecht der §§ 241 ff. AktG ist uns Heutigen so gegenwärtig, dass wir die dahinter stehende Rechtsentwicklung kaum noch als den verbandsrechtlichen Kraftakt erkennen, um den es sich handelte. Geht man den in der Aktiengesetzgebung seit 1884 und in einer über hundertjährigen Judikatur und Wissenschaft herausgebildeten Rechtsprinzipien nach[12], so bestehen diese im wesentlichen in folgenden – bemerkenswerterweise erst später im Verwaltungs- und Verwaltungsprozessrecht rechtsähnlich nachgebildeten[13] – Grundsätzen:

- Fehlerhafte Beschlüsse können nichtig (§ 241 AktG), schwebend unwirksam oder anfechtbar, in diesem letzteren Fall also schwebend wirksam sein (§ 243 AktG).
- Die Nichtigkeit von Beschlüssen wirkt ipso iure, während ein anfechtbarer Beschluss, obwohl rechtswidrig, vorläufig wirksam ist, weshalb es für die Herbeiführung von Nichtigkeitsfolgen einer Aufhebung durch einen neuen Versammlungsbeschluss oder durch ein Gestaltungsurteil (§ 248 AktG) bedarf.

[12] Materialien bei *Schubert/Hommelhoff* Hundert Jahre modernes Aktienrecht, 1984; *Kropff* Aktiengesetz, 1965, S. 326 ff.; zu der Entwicklung über das HGB 1897, das AktG 1937 und das AktG 1965 vgl. *Zöllner* in: Bayer/Habersack (Hrsg.), Aktienrecht im Wandel, Band II, 2007, S. 462 ff.; *Karsten Schmidt* AG 2009, 248 ff.

[13] Zur Geschichte der verwaltungsgerichtlichen Klagformen vgl. *Laubinger* u.a. in: Erichsen u.a. (Hrsg.), System des verwaltungsgerichtlichten Rechtsschutzes, FS Menger, 1985, S. 443 ff.

- Das Gestaltungsurteil ist prozessuales Ziel einer Gestaltungsklage. Diese setzt – typisch für Gestaltungsklagen! – voraus, dass sie vom richtigen Kläger (in unseren Fällen: einem Anfechtungsberechtigten) gegen den richtigen Beklagten (in unseren Fällen: die Gesellschaft) vor Ablauf einer Präklusionsfrist erhoben wird (§§ 245, 246 Abs. 1, 2 AktG).
- Das Gestaltungsurteil äußert seine Gestaltungswirkung mit Eintritt der Rechtskraft und wirkt erga omnes (§ 248 AktG).
- Die Nichtigkeit eines Beschlusses kann in ähnlicher Weise durch Nichtigkeitsklage geltend gemacht werden, und zwar gleichfalls mit Wirkung erga omnes (§ 249 AktG)[14]. Die beschlussmängelrechtliche Nichtigkeitsklage ist deshalb von einer regulären, auf ein Zweiparteienverhältnis begrenzten Feststellungsklage nach § 256 ZPO zu unterscheiden[15]. Sie ist richtigerweise – allerdings entgegen der herrschenden Ansicht[16] – sogar als Gestaltungsklage einzuordnen[17].

Der Zweck dieses raffinierten normativen Konzepts besteht in einer Balance zwischen den Geboten eines effektiven Rechtsschutzes gegen fehlerhafte Beschlüsse und der durch das Nichtigkeitsrisiko von Beschlüssen gefährdeten Rechtssicherheit. Seine prinzipielle Überzeugungskraft als verbandsrechtliches Rechtsschutzmodell ist immer wieder in Zweifel gezogen[18], vom Verfasser jedoch wiederholt unterstrichen worden[19].

2. *Ein Konzept auch für den Verein als pluralistische Körperschaft?*

a) Das Konzept der §§ 241 ff. AktG hat sich trotz gewichtiger Gegenstimmen[20] praeter legem auch im Recht der GmbH durchgesetzt[21], einstweilen jedoch nicht beim Verein. Bei diesem soll ein fehlerhafter Versammlungsbeschluss – so die vorherrschende Praxis und Lehre – ohne weiteres nichtig

[14] Vgl. zu den identischen Rechtswirkungen BGHZ 134, 364, 367 = NJW 1997, 1510, 1511; BGH AG 1999, 375 = ZIP 1999, 580.

[15] Vgl. *Karsten Schmidt* in: Scholz, GmbHG, 10. Aufl. 2007, § 45 Rn. 49.

[16] Angaben bei *Schwab* in: Karsten Schmidt/Lutter, AktG 2008, § 249 Rn. 1.

[17] Vgl. *Karsten Schmidt* Gesellschaftsrecht (Fn. 8), S. 445 f.; *ders.* in: GroßkommAktG, 4. Aufl. 1996, § 249 Rn. 4; *ders.* in: Scholz (Fn. 15), § 45 Rn. 48, 82, 127; zuerst *ders.* JZ 1988, 729 ff.; der Einwand der h.M., die ohnehin vorhandene Nichtigkeit könne doch nur festgestellt und nicht durch Gestaltung herbeigeführt werden, verfängt nicht; es handelt sich um das Phänomen der Doppelwirkungen im Recht; vgl. ebd.

[18] Vgl. namentlich *Zöllner/Noack* ZGR 1989, 525 ff.

[19] Zusammenfassend *Karsten Schmidt* Gesellschaftsrecht (Fn. 8), S. 445 ff.

[20] *Zöllner* in: Baumbach/Hueck, GmbHG, 19. Aufl. 2010, Anh. § 47 Rn. 3 ff.; *Raiser* in: Ulmer/Habersack/Winter (Hrsg.), GroßkommGmbHG, 2006, Anh. § 47 Rn. 4 ff.; grundlegend *Zöllner/Noack* ZGR 1989, 525 ff.

[21] BGHZ 104, 66, 69 f. = NJW 1988, 1844 ff.; BGHZ 111, 224, 226 = NJW 1990, 2625; std. Rspr.; Überblick bei *Roth* in: Roth/Altmeppen, GmbHG, 6. Aufl. 2009, § 47 Rn. 91 ff.

bzw. unwirksam sein[22], was bei Verfahrensfehlern allerdings eine Beschlussrelevanz des Verstoßes (früher: Kausalität) voraussetzt[23]. Als Mittel für die Geltendmachung von Beschlussmängeln gilt folgerichtig die Feststellungsklage gemäß § 256 ZPO[24], aber die ipso iure eintretende Nichtigkeit oder Unwirksamkeit kann auch inzident geprüft und von jedermann ohne weiteres geltend gemacht werden, z.B. von einem auf Zahlung erhöhter Beiträge aufgrund Mehrheitsbeschlusses verklagten Vereinsmitglied[25]. Für die notwendige Rechtssicherheit sorgt nicht eine die Gestaltungsklage ausschließende Anfechtungsfrist, sondern nur eine satzungsmäßige, evtl. auch gesetzliche Widerspruchsobliegenheit[26] sowie der allgemeine Arglisteinwand[27]. An dieser Konvention hält der II. Zivilsenat in unserem Ausgangsurteil mit der folgenden Begründung fest[28]:

„Nach der Rechtsprechung des Senats kommt im Vereinsrecht bei der Behandlung fehlerhafter Beschlüsse eine entsprechende Anwendung der §§ 241 ff. AktG wegen der Vielgestaltigkeit vereinsrechtlicher Zusammenschlüsse und der darum anders gelagerten tatsächlichen und rechtlichen Verhältnisse nicht in Betracht (BGHZ 59, 369, 371 f.; vgl. auch BGH, Urt. v. 3.3.1971 – KZR 5/70, NJW 1971, 879 f.; insoweit bei BGHZ 55, 381 ff. nicht abgedruckt). An dieser Rechtsprechung ist trotz im Schrifttum geäußerter Kritik (vgl. etwa *Reuter*, in: MünchKomm, 5. Aufl., § 32 Rn. 56 m.w.Nachw.) insbesondere mit Rücksicht auf die geringeren Förmlichkeiten des Vereinsrechts, das gerade nicht zwischen rechtsgestaltender Beschlussanfechtung und deklaratorischer Feststellung der Nichtigkeit

[22] BGHZ 55, 381 = NJW 1971, 879; BGHZ 59, 396, 372 f. = NJW 1973, 235; BGH NJW 1971, 879 f.; 1975, 2101; NJW 187, 1811; *Stöber* Handbuch zum Vereinsrecht, 9. Aufl. 2004, Rn. 58; *Waldner* in: Sauter/Schweyer/Waldner, Der eingetragene Verein, 18. Aufl. 2006, Rn. 212; *Hadding* in: Soergel, BGB, 13. Aufl. 2000, § 32 Rn. 37a; *Weick* in: Staudinger, BGB, 2005, § 32 Rn. 26.

[23] Näher Rn. 44 des Ausgangsurteils; *Reuter* (in: MünchKommBGB [Fn. 1], § 32 Rn. 58) sieht schon hierin eine Konzession an das Anfechtungsmodell.

[24] Vgl. Rn. 60 des Ausgangsurteils; *Waldner* in: Sauter/Schweyer/Waldner (Fn. 22), Rn. 215a; *Hadding* in: Soergel (Fn. 22), § 32a Rn. 40; *Weick* in: Staudinger (Fn. 22), § 32 Rn. 28.

[25] Charakteristisch BGHZ 49, 209 = NJW 1968, 543.

[26] BGHZ 59, 369, 373 = NJW 1973, 235 f.; *Reichert* Handbuch Verbands- und Vereinsrecht, 12. Aufl. 2010, Rn. 1994 ff., 2012 f.; *Waldner* in: Sauter/Schweyer/Waldner (Fn. 22), Rn. 326; *Ellenberger* in: Palandt (Fn. 6), § 32 Rn. 10; *Hadding* in: Soergel (Fn. 22), § 32 Rn. 18; *Schwarz/Schöpflin* in: Bamberger/Roth, BGB, 2. Aufl. 2007, § 32 Rn. 38 (bei Verstößen gegen mitgliederschützende Verfahrensregeln); *Weick* in: Staudinger (Fn. 22), § 32 Rn. 27 (bei Verstößen gegen minder wichtige Verfahrensvorschriften).

[27] Dazu etwa *Hadding* in: Soergel (Fn. 22), § 32 Rn. 40; *Schwarz/Schöpflin* in: Bamberger/Roth (Fn. 26), § 32 Rn. 41; *Ellenberger* in: Palandt (Fn. 6), § 32 Rn. 11.

[28] Rn. 36 der Entscheidung.

unterscheidet, festzuhalten. Mängel von Vereinsbeschlüssen sind daher mit Hilfe der allgemeinen Feststellungsklage zu verfolgen."

Es kann nicht verwundern, dass das Urteil in der seitherigen Kommentarliteratur als Bestätigung der vorherrschenden Ansicht angeführt wird, wonach das Rechtsinstitut der kassatorisch wirkenden Beschlussanfechtungsklage dem Vereinsrecht fremd ist[29].

b) Dass diese Rechtsprechung gerade für die auch den Ausgangsfall bestimmende Einberufungsrüge im Einklang mit dem historischen Gesetzgeberwillen steht[30], ist aus § 32 Abs. 1 Satz 2 BGB ohne weiteres ableitbar und wird in den Entscheidungsgründen des Ausgangsurteils in folgende Worte gefasst[31]:

„Zur Gültigkeit eines Beschlusses der Mitgliederversammlung ist es gem. § 32 Abs. 1 Satz 2 BGB erforderlich, dass der Gegenstand bei der Einberufung bezeichnet wird. In Anlehnung an diese Bestimmung sieht § 8 Nr. 4 der Satzung des Beklagten zu 1) vor, die Mitgliederversammlung mit einer Frist von mindestens vier Wochen unter Mitteilung der Tagesordnung einzuberufen. Ist der Gegenstand der Beschlussfassung nicht oder so ungenau bestimmt, dass den Mitgliedern eine sachgerechte Vorbereitung der Versammlung und eine Entscheidung, ob sie an der Versammlung teilnehmen wollen, nicht möglich ist, so sind die auf der Versammlung gefassten Beschlüsse gem. § 32 Abs. 1 Satz 2 BGB nichtig (Senatsurt. v. 17.11.1986 – II ZR 304/85, NJW 1987, 1811 f.; *Waldner*, in: Sauter/Schweyer/Waldner, Der eingetragene Verein, 18. Aufl., Rz. 213; *Soergel/Hadding*, BGB, 13. Aufl., § 32 Rz. 15)."

Auf dieser Basis hatten die Klagen derjenigen Mitglieder, die dem Beklagten zu 1 schon bei der Beschlussfassung angehört hatten, Erfolg in dem Sinne, dass die Nichtigkeit des Beschlusses der Mitgliederversammlung „festgestellt" wurde[32], mangels Außenwirkung allerdings nicht auch die Nichtigkeit der Grundstücksgeschäfte selbst[33].

3. *Dieter Reuter als Repräsentant der Gegenauffassung*

Doch die herrschende Auffassung blieb nicht ohne Gegner. *Dieter Reuter* plädiert, wie der Verfasser[34], für ein am Beispiel der §§ 241 ff. AktG fort-

[29] Vgl. nur *Ellenberger* in: Palandt (Fn. 6), § 32 Rn. 9.

[30] Vgl. Motive in: *Mugdan* Die gesammten Materialien zum BGB, 1899 (Nachdruck 1979), Band 1, S. 412; Protokolle, ebd., S. 626.

[31] Rn. 38; s. auch BayObLG NZG 2002, 1069, 1070; 2004, 1017, 1019; *OLG Zweibrücken* NZG 2002, 436, 437.

[32] Rn. 33 ff.

[33] Rn. 66 ff., zur Begründung krit. *Terner* NJW 2008, 16, 19 f.

[34] *Karsten Schmidt* Gesellschaftsrecht (Fn. 8), S. 448 f., 696 f.; *ders.* FS Stimpel, 1984, S. 217, 220 ff.; s. auch bereits AG 1977, 243, 249 ff.

gebildetes Recht auch bezüglich fehlerhafter Vereinsbeschlüsse[35]. Er betont, ganz im Einklang mit dem vom Verfasser vertretenen Institutionalisierungsgedanken[36], dass im Konzept der Anfechtungsklage nicht ein positivrechtliches Spezifikum des Aktienrechts, sondern ein der Natur „des Verbandsrechts schlechthin" entsprechendes Regelwerk erkannt werden muss[37]. Dass der BGB-Gesetzgeber, anders als die Aktiengesetzgebung von 1884/1937[38], dieses verbandsrechtliche Regelwerk nicht zu erkennen vermochte, liegt in einer charakteristischen Schwäche unserer Zivilrechtskodifikation begründet. Diese weiß, in der romanistischen Doktrin des 19. Jahrhunderts verwurzelt[39], nur wenig von Märkten und – dies ist hier entscheidend – nur wenig von Organisationen, weil ihm der hierzu erforderliche Tropfen *Gierke*'schen Öls mangelte[40]. Die von *Gierke* herausgearbeitete Verschiedenartigkeit von Beschluss und Vertrag[41] ist der in den §§ 104–185 BGB zugrundeliegenden Rechtsgeschäftslehre fremd. Fremd ist ihr auch der von *Reuter* zum Ausdruck gebrachte Gedanke[42], dass auch nach allgemeinem bürgerlichen Recht gesetz- oder satzungswidrige Beschlüsse nicht per se wegen Mangels der Form (§ 125 BGB), wegen Gesetzwidrigkeit (§ 134 BGB) oder Sittenwidrigkeit (§ 138 BGB) nichtig sind, dass sich diese Fehler vielmehr regelmäßig nur als Verletzungen des mitgliedschaftlichen Rechts auf rechtmäßiges Verbandshandeln darstellen[43]: „Die aktienrechtliche Anfechtungsklage tritt also entgegen der h.M. nicht an die Stelle der bürgerlichrechtlichen Klage auf Feststellung der Nichtigkeit, sondern an die Stelle einer Leistungsklage auf Aufhebung des – weil das Mitgliedschaftsrecht auf gesetz- und satzungsgemäße Behandlung verletzenden – rechtswidrigen[44] Beschluss

[35] *Reuter* in: MünchKommBGB (Fn. 1), § 32 Rn. 57 ff.; eingehend hierzu insbesondere *Segna* Vorstandskontrolle in Großvereinen, 2002, S. 233 ff. mit umfangreichen Nachweisen und (S. 241 f.) mit Kritik an Differenzierungen bei *Noack* Fehlerhafte Beschlüsse bei Gesellschaften und Vereinen, 1989, S. 155 f., 167 ff.

[36] Zur Institutionenbildung als Anliegen des Werks vgl. *Karsten Schmidt* Gesellschaftsrecht (Fn. 8), S. 53 f.

[37] *Reuter* in: MünchKommBGB (Fn. 1), § 32 Rn. 58.

[38] Vgl. Fn. 12.

[39] Bände spricht das offenkundige Desinteresse an den Beschlüssen der Mitgliederversammlung bei *Windscheid/Kipp* Lehrbuch des Pandektenrechts, Bd. I 1906 (Nachdruck 1984), S. 272.

[40] Zu diesem kryptischen Zitat vgl. bereits *Karsten Schmidt* AcP 206 (2006), 169, 171.

[41] Vgl. nur *Otto Gierke* Die Genossenschaftstheorie und die deutsche Rechtsprechung, 1887 (Nachdruck 2001), S. 684.

[42] *Reuter* in: MünchKommBGB (Fn. 1), § 32 Rn. 57.

[43] *Reuter* in: MünchKommBGB (Fn. 1), § 32 Rn. 57 mit Hinweis auf *Noack* (Fn. 35), S. 15 ff., 41; zust. *Terner* NJW 2008, 16, 18 f.; *Habersack* Die Mitgliedschaft – subjektives und „sonstiges" Recht, 1996, S. 230; vgl. den ähnlichen Gedanken bei *Karsten Schmidt* in: FS Stimpel (Fn. 34), S. 217, 221 ff.

[44] Hier mit Hinweis auf eine vermeintliche Inkonsequenz des *Verfassers* bei *Karsten Schmidt* Gesellschaftsrecht (Fn. 8), S. 443 f.; dort ist indes nicht von fehlerhaften Beschlüs-

(die nach § 894 ZPO mit der Rechtskraft des Urteils gleichfalls automatisch vollzogen würde).“[45] *Reuter*, der in diesem Zusammenhang neben den Besonderheiten der Klagebefugnis und der erga-omnes-Wirkung die rückwirkende Kraft des Anfechtungsurteils unterstreicht[46], verbindet die so beschriebene Funktionsweise der Anfechtungsklage sogar mit der These, dass es sich „in Wirklichkeit um eine (scl.: von der herrschenden Auffassung in ihrer Natur nur verkannte) Leistungsklage handelt“[47]. In diesem letzten Punkt wird ihm freilich nur zustimmen können, wer jede Gestaltungsklage als eine verkappte Klage auf Abgabe einer Willenserklärung versteht, gerichtet z.B. auf ein Ausscheiden als Gesellschafter (§ 140 HGB), auf die rückwirkende Rücknahme eines Verwaltungsakts (§ 113 VwGO) oder auf die rückwirkende Aufhebung eines Beschlusses (§ 248 AktG). Das verträgt sich schlecht mit der heute zur Schulweisheit arrivierten Lehre von den drei Klagformen (Leistungsklage, Feststellungsklage und Gestaltungsklage)[48], doch als Funktionsbeschreibung der *Gestaltungs*klage trifft die *Reuter*'sche Deutung der Beschlussanfechtung durchaus ins Schwarze[49], verbirgt sich doch hinter jeder Klagebefugnis in Gestaltungsprozessen die Annahme eines durchsetzbaren Rechts auf Vollzug einer materiellen Rechtsänderung[50]. In diesem Sinne hat die Anfechtungsklage Züge einer actio negatoria[51].

4. Von der Klagebefugnis zur Anfechtungsbefugnis

a) Charakteristisch für die Rechtsfigur der Gestaltungsklage ist das Erfordernis der einem bestimmten Kreis möglicher Kläger vorbehaltenen Klagebefugnis[52]. Konsequenz der herrschenden Auffassung müsste die Entbehrlichkeit einer solchen Befugnis bei vereinsrechtlichen Beschlussmängelklagen sein, weil sich das Beschlussmängelrecht ja angeblich von selbst vollzieht und

sen die Rede, sondern von der Möglichkeit eines ex ante fehlerfreien Beschlusses, dessen Aufhebung ein Mitglied ex post verlangen kann.

[45] *Reuter* in: MünchKommBGB (Fn. 1), § 32 Rn. 58.

[46] Ebd.

[47] Ebd.

[48] Vgl. zur Klagformenlehre des geltenden Rechts *Lüke* JuS 1969, 301 ff.; krit. *Bettermann* in: FS Fragistas, Teil II, 1967, 47 ff. = (Neuabdruck) *Bettermann* Staatsrecht – Verfahrensrecht – Zivilrecht, 1988, S. 466 ff.

[49] Dezidiert anders *Martin Schwab* Das Prozessrecht gesellschaftsinterner Streitigkeiten, 2005, S. 277 ff.; freilich im Kontrast zur Anspruchsdeutung bei der Ausschließungsklage auf S. 181 ff.; *Schwab* der im „Gestaltungsprinzip“ durchaus die Geltendmachung eines privaten Gestaltungsanspruchs erkennt (S. 182 f.), sieht im Anfechtungsstreit lediglich ein „objektives Rechtsbeanstandungsverfahren“.

[50] *Karsten Schmidt* Mehrseitige Gestaltungsprozesse in Personengesellschaften, 1992, S. 26 ff.; *ders.* in: FS Semler, 1993, S. 329, 332 f.

[51] Vgl. *Karsten Schmidt* Gesellschaftsrecht (Fn. 8), S. 646 ff.; *ders.* in: GroßkommAktG (Fn. 17), § 245 Rn. 3; *ders.* in: FS Semler (Fn. 50), S. 329, 331.

[52] Vgl. *Karsten Schmidt* JuS 1986, 35, 39.

von jedermann – im Klagewege unter der Voraussetzung eines Feststellungsinteresses nach § 256 ZPO – geltend gemacht werden kann[53]. Aber daran hält sich der BGH nicht. Bemerkenswert ist insofern sein Umgang mit dem für die Beschlussmängelklage angeblich erforderlichen, aber auch ausreichenden, „Feststellungsinteresse". Dieses „Feststellungsinteresse" hat der Senat dem Kläger zu 1 abgesprochen, weil er nicht Mitglied des Beklagten zu 1 sei[54].

Auch die Beschlussmängelklagen der erst nach dem angegriffenen Beschluss dem Verein beigetretenen Mitglieder hat der Bundesgerichtshof abgewiesen[55] und sich hierfür aber auf die „im Kapitalgesellschaftsrecht ganz überwiegend vertretene Auffassung" berufen, denn nach dieser setze

> „die Beschlussanfechtung auch im Vereinsrecht grundsätzlich voraus, dass der Kl. sowohl im Zeitpunkt der Beschlussfassung als auch dem der Rechtshängigkeit Mitglied des Vereins ist. Die Mitgliedschaft im Zeitpunkt der Beschlussfassung ist unverzichtbare Klagevoraussetzung, weil sie bei einem späteren Erwerb durch den angegriffenen Beschluss nicht verletzt worden sein kann (RGZ 66, 134; RGZ 33, 91 [94]; Hüffer, AktG, 6. Aufl., § 245 Rdnr. 7; ders., in: MünchKommAktG, § 245 Rdnr. 23; Karsten Schmidt, in: GroßkommAktG, § 245 Rdnr. 17 m.w.Nachw. betr. die AG vor Klarstellung der Frage durch das UMAG; Lutter/Hommelhoff, GmbHG, 16. Aufl., Anh. § 47 Rdnr. 63; Scholz/Karsten Schmidt, GmbHG, 9. Aufl., § 45 Rdnr. 131 betr. Die GmbH; aA Baumbach/Hueck/Zöllner, GmbHG, 18. Aufl., Anh. § 47 Rdnr. 138)".

b) Um die vereinsrechtliche Relevanz dieser Ausführungen zu beglaubigen, hätte sich der BGH gut und gern auf *Dieter Reuter* berufen können (oder auf die vereinsrechtlichen Beiträge des *Verfassers*). Allerdings hätte ein Hinweis auf *Reuters* klare Formulierung, wonach „die Gesetzes- oder Satzungswidrigkeit von Vereinsbeschlüssen nur von den Mitgliedern geltend gemacht (= angefochten) werden kann (§ 245 Nr. 1 bis 3 AktG analog)"[56], verräterische Züge gehabt, hätte nämlich das Erfordernis einer Mitgliedschaft des Klägers im Zeitpunkt der Beschlussfassung als eine mühsam dissimulierte Annäherung an das Anfechtungsmodell der §§ 241 ff. AktG erscheinen lassen. Was anders als eine Gestaltungsklagebefugnis soll dieses vom BGH verlangte „Feststellungsinteresse" denn schließlich sein? Schon zwanzig Jahre zuvor hatte der Senat die „Klagebefugnis" und das „rechtliche Interesse" auf den „allgemeinen Grundsatz" gestützt, „dass das Vereinsmitglied einen Anspruch darauf hat, dass der Verein nur in den Grenzen tätig wird, die Recht und Satzung setzen"[57]. Das hat viel mit einer Klagbefugnis und ziemlich

[53] Vgl. *Habersack* (Fn. 43), S. 296 f.
[54] Rn. 58 des Ausgangsurteils.
[55] Rn. 62 des Ausgangsurteils.
[56] *Reuter* in: MünchKommBGB (Fn. 1), § 32 Rn. 66.
[57] BGHZ 99, 119, 122 = NJW 1987, 1811.

wenig mit dem allgemeinen Feststellungsinteresse zu tun[58]. Dieses, ernsthaft verstanden, hätte im Ausgangsfall nicht verneint und auf die anfänglichen Mitglieder des Vereins begrenzt werden können[59]. § 256 ZPO verlangt nicht mehr, als „ein rechtliches Interesse daran …, dass das Rechtsverhältnis … alsbald festgestellt werde", und hierfür reicht aus, dass bezüglich des Rechtsverhältnisses oder der Rechtslage eine gegenwärtige Gefahr der Unsicherheit droht und ein Feststellungsurteil diese Gefahr zu beheben geeignet ist[60]. Hieran also sollte es im Ausgangsfall fehlen? Das ist schwer zu akzeptieren. Der als Verein rechtsfähigen Ruderabteilung, also der Klägerin zu 1, und allen gegenwärtigen Mitgliedern konnte doch schwerlich ein rechtliches Interesse am Verbleib des Clubhauses abgesprochen werden. Darum geht es dem Senat aber auch gar nicht. Es geht vielmehr just um dasselbe, was wir als Anfechtungsbefugnis begreifen, auch wenn sich der Bundesgerichtshof dies nicht einzugestehen vermag: Es geht um die Befugnis, die Fehlerhaftigkeit prozessual geltend zu machen, mithin nicht um ein Feststellungsinteresse, sondern um ein charakteristisches Element der Beschlussanfechtung.

5. *Was fehlt zur Anerkennung der Beschlussanfechtungsklage?*

Die Feststellung einer Teil-Übernahme eines Teilelements des Anfechtungskonzepts legt die Frage nahe, wie viel denn noch zu dessen Anerkennung in toto fehlt. Im Kern basiert das Prinzip der anfechtbaren Beschlüsse auf den folgenden Prinzipien:

- Erstens: Rechtswidrige Beschlüsse sind mit Ausnahme eines numerus clausus von schweren Verstößen nicht ohne weiteres nichtig (Prinzip des Anfechtungsbedürfnisses).
- Zweitens: Die Anfechtung von Beschlüssen findet durch Klage statt und ist nur einem abgegrenzten Kreis anfechtungsberechtigter Personen eröffnet (Prinzip der Anfechtungsbefugnis).
- Drittens: Die Anfechtung ist zeitlich limitiert (Prinzip der Anfechtungsfrist).
- Viertens: Die Anfechtungswirkung tritt mit der Rechtskraft des Urteils ein, und zwar mit Wirkung für und gegen jedermann (Prinzip der Wirkung erga omnes) und mit rückwirkender Kraft (Prinzip der Wirkung ex post).

Keiner dieser Grundsätze ist in Stein gemeißelt. Jeder ist das Ergebnis eines Geflechts von Interessenbewertungen und Kompromissen. Erst in Gemein-

[58] Ähnlich *Terner* NJW 2008, 16, 19.

[59] Bemerkenswert *Waldner* in: Sauter/Schweyer/Waldner (Fn. 22), Rn. 215a mit Hinweis auf RGZ 122, 266, 269: „Denkbar ist auch die Feststellungsklage eines Außenstehenden, sofern … das Feststellungsinteresse gegeben ist."

[60] BGHZ 15, 382, 390; BGHZ 69, 144, 147 = NJW 1977, 1881; std. Rspr.; *Becker-Eberhard* in: MünchKommZPO, 3. Aufl. 2008, § 256 Rn. 37.

schaft aber machen diese das Modell komplett. Sehen wir also, wie nah oder wie weit noch die Strecke zur Institutionalisierung des Anfechtungsmodells ist.

a) Das Prinzip des Anfechtungserfordernisses ist in der vereinsrechtlichen Rechtsprechung bisher nicht anerkannt[61]: Hierauf gestützt hat der Bundesgerichtshof auch schon die konstitutive Wirkung einer Beschlussfeststellung durch den Versammlungsleiter abgelehnt[62], während er ausgerechnet bei der GmbH, bei der das Bedürfnis nach Rechtsklarheit wegen der Übersichtlichkeit der Verhältnisse typischerweise geringer ist, diese Konstitutivwirkung im Verein mit dem Anfechtungsklagekonzept längst schon anerkannt hat[63]. Dies ist, wie *Reuter* mit Recht bemerkt, konzeptionell unausgewogen[64]. Gerade das Problem eines – evtl. unrichtig – verkündeten und dokumentierten Beschlusses unterstreicht die Angemessenheit eines Anfechtungserfordernisses als Bestandteil eines auf Rechtssicherheit zielenden Gesamtkonzepts.

b) Der Sache nach anerkannt hat der BGH, wie angemerkt, auch in dem Ausgangsurteil, das Prinzip der Anfechtungsbefugnis. Über deren kaum überzeugende Einordnung als Begrenzung des allgemeinen Feststellungsinteresses im Rahmen einer Feststellungsklage wurde das Notwendige schon gesagt (oben unter II 4).

c) Von einer zeitlichen Limitierung der Anfechtung nach dem Vorbild des § 246 AktG ist bisher in der Rechtsprechung keine Rede. Selbst die widerspruchslose Genehmigung eines Versammlungsprotokolls auf einer Folgeversammlung muss nicht in jedem Fall die Nichtigkeitsrüge abschneiden, führt vielmehr bei bloßen Verfahrensmängeln nur im Hinblick auf den „bei fortschreitender Zeit zwangsläufig schwieriger werdenden Nachweis" zu einer Beweislastumkehr[65]. Für eine allgemeine Quasi-Verfristung sorgt nur der Arglisteinwand[66]. Hier ist der Rückstand der Rechtsfortbildung vielleicht nicht de facto, wohl aber de iure, noch beträchtlich.

d) Auch das vierte Merkmal des Beschlussanfechtungsprinzips, die erga omnes gestaltende Wirkung des Anfechtungsurteils, ist der von der herrschenden Auffassung angenommenen Feststellungsklage im Ausgangspunkt fremd. An ihre Stelle soll nach manchen die Geltendmachung des Mangels durch Widerspruch treten[67]. Mit *Reuter* ist indes zu betonen, dass dieser Vor-

[61] BGHZ 59, 369 = NJW 1973, 235.

[62] BGH NJW 1975, 2101; 1987, 2430.

[63] Vgl. BGH GmbHR 1988, 304; *Zöllner* in: Baumbach/Hueck (Fn. 20), Anh. § 47 Rn. 118 ff.; *Karsten Schmidt/Seibt* in: Scholz (Fn. 15), § 48 Rn. 53.

[64] *Reuter* in: MünchKommBGB (Fn. 1), § 32 Rn. 49 f.

[65] BGHZ 49, 209, 211 f. = NJW 1968, 543.

[66] Vgl. Fn. 27.

[67] *Waldner* in: Sauter/Schweyer/Waldner (Fn. 22), Rn. 212; *Hadding* in: Soergel (Fn. 22), § 22 Rn. 18.

schlag zwar auf die Einführung eines Anfechtungserfordernisses hinausläuft, aber die erga omnes klarstellende Wirkung eines Anfechtungsurteils in keiner Weise zu ersetzen vermag[68]. Es verwundert deshalb nicht, dass sich neuere Stimmen bemühen, die in §§ 248 f. AktG angelegte erga-omnes-Wirkung auch eines angeblichen Feststellungsurteils (§ 249 AktG) auf die Feststellungsklage nach § 32 BGB zu übertragen[69]. Dies ist, ähnlich wie der Umgang des BGH mit dem vermeintlichen Feststellungsinteresse des Beschlussmängelklägers, jedenfalls eine partielle Annäherung an das Anfechtungskonzept, wenn auch schwerlich ein dogmatisch und verfahrensrechtlich stimmiges Rechtsfortbildungsergebnis.

6. *Fazit zum allgemeinen Beschlussmängelrecht*

Das Urteil ist ein ermutigender Schritt auf dem mühsamen Weg zu einem von Provisorien bereinigten Beschlussmängelrecht bei Vereinen. Es geht auf diesem Weg weiter, als die Entscheidungsgründe dies eingestehen. Dass vor der Vereinsrechtsdoktrin und damit vor allem vor *Dieter Reuter* noch beharrliche Grundlagenarbeit liegt, ist jedoch nach dem Urteil nur umso nachhaltiger zu unterstreichen.

III. Rechtsschutzprobleme und Binnenkontrolle im gegliederten Verein

1. *Zum Ausgangsurteil*

Nicht minder bedeutend als die Stellungnahme der Ausgangsentscheidung zum vereinsrechtlichen Beschlussmängelrecht, aber auch nicht minder diskussionsbedürftig, ist ihr Beitrag zu den schwierigen Organisationsfragen gegliederter Vereine. Jüngere Publikationen haben daran erinnert, dass hier noch Grundsatzprobleme der Klärung harren[70] und dass von deren Klärung durch das neue Urteil nur in Grenzen gesprochen werden kann[71]. Erinnern wir uns: Der Bundesgerichtshof betrachtet den Kläger zu 1, die Ruderabteilung des beklagten Vereins, als einen „nichtrechtsfähigen" – wie man heute weiß: rechtsfähigen[72] – Verein, aber er betrachtet ihn nicht als ein Mitglied des beklagten Vereins, weil dessen Satzung nur natürliche Personen als Mitglieder zulässt. Aus dem ersten dieser Gründe konzediert er der Ruder-

[68] *Reuter* in: MünchKommBGB (Fn. 1), § 32 Rn. 68.
[69] Vgl. nur *Hadding* in: Soergel (Fn. 22), § 32 Rn. 40; *Ellenberger* in: Palandt (Fn. 6), § 32 Rn. 11.
[70] *Grooterhorst* in: FS Lüer, 2008, S. 187 ff.
[71] *Terner* NJW 2008, 16, 20; *Wolff* in: Non Profit Law Yearbook 2008, S. 21, 22 ff.
[72] Vgl. Fn. 6.

abteilung die Parteifähigkeit, aus dem zweiten streitet er ihr die Anfechtungsbefugnis ab (vgl. oben II 4a). Diese spezifische Einschätzung der Vereins-Binnenstruktur ist unverkennbar ein Schüssel zum Verständnis des Prozessergebnisses. Aber ist sie auch der Schlüssel zum Verständnis der Binnenstruktur gegliederter Vereine? Wer sich mit dem Urteil beschäftigt, wird in diesem Organisationsproblem dessen schwierigsten Teil erkennen: Grundlagenarbeit auf einem dem Jubilar vertrauten Terrain[73], das für die Praxis weitaus weniger erschlossen ist als die Fragen der Rechtsfähigkeit nicht eingetragener Vereine und des Rechts der Beschlussmängelklagen.

2. *Die klassischen Gestaltungsmodelle: Vereinsverband, Gesamtverein und Mischkonstruktionen*

Zwei Grundmodelle des gegliederten Vereins werden einander bekanntlich gegenübergestellt: der Vereinsverband (Dachverband mit Unterverbänden) und der Gesamtverein. Wie das Verbandsleben so ist, lassen diese Modelle Abweichungen, Mischungen und Abstufungen zu. Aber wir sollten um des besseren Einblicks willen mit den Grundmodellen beginnen.

a) Zweifelsfrei ist es zulässig, eine Vereinsgruppe zu bilden, dergestalt, dass einem Dachverband Unterverbände als Mitglieder angehören (sog. Vereinsverband)[74]. Mitglieder dieser Unterverbände können ihrerseits wieder Unterverbände einer weiteren Stufe sein[75]. Es entsteht auf diese Weise eine einerseits konzernähnliche Gruppe, die jedoch durch die Besonderheit gekennzeichnet ist, dass nicht von der Spitze her mitgliedschaftliche Rechte in den untergeordneten Teil-Körperschaften unterer Stufe ausgeübt werden[76], sondern diese ganz umgekehrt der Spitze als unmittelbare oder mittelbare Mitglieder verbunden sind. Gleichwohl können die nachgeordneten Teilvereine als Organe in Abhängigkeit von dem Vereinsverband stehen[77]. Gerade dies kann aber die Unterscheidung zwischen einem Vereinsverband und der Gliederung in unselbständige nachgeordnete Organisationseinheiten – in grundsätzlicher Hinsicht vollkommen gegensätzliche Organisationsformen[78] – schwierig machen (dazu auch unten, III 3).

[73] *Reuter* in: MünchKommBGB (Fn. 1), vor § 21 Rn. 123 ff.

[74] *König* Der Verein im Verein, 1992, S. 60 ff.; *Reichert* Hdb. Verbands- und Vereinsrecht (Fn. 26), Rn. 5671 ff.; *Steinbeck* in: Beuthien/Gummert (Hrsg.), MünchHdbGesR V, 3. Aufl. 2009, § 5 Rn. 5 ff.; *Waldner* in: Sauter/Schweyer/Waldner (Fn. 22), Rn. 323; *Reuter* in: MünchKommBGB (Fn. 1), vor § 21 Rn. 124 ff.

[75] Vgl. nur *Wolff* in: Non Profit Law Yearbook 2008, S. 21, 24.

[76] Zu diesem klassischen Konzernmodell vgl. *Emmerich* in: Emmerich/Habersack, Aktien- und GmbH-Konzernrecht, 5. Aufl. 2008, § 17 Rn. 17.

[77] Ausführlich *König* (Fn. 74), S. 219 ff.

[78] Eingehend *König* (Fn. 74), S. 88 ff.; *Reichert* Hdb. Verbands- und Vereinsrecht (Fn. 26), Rn. 5711 ff.

b) Vom Vereinsverband unterschieden wird der Gesamtverein: ein gegliederter Großverein, dessen Mitglieder gleichzeitig den ihm untergeordneten Teileinheiten mitgliedschaftlich verbunden sind[79]. Den Gesamtverein erklärt *Reuter* durch einen Vergleich mit einem Bundesstaat[80]. Wie dieser rekrutiere sich der Gesamtverein unmittelbar aus den ihm angehörenden natürlichen Personen[81], die Mitglieder eines Gliedvereins wie auch des Gesamtvereins seien. Von einer „gestuften Mehrfachmitgliedschaft" ist hier die Rede[82], die im Fall des Gesamtvereins[83] in der Satzung des Großvereins angeordnet werden kann[84]. Um eine solche Gestaltung handelte es sich im Ausgangsfall. Die Teilvereine sind beim Gesamtverein dagegen nicht als Mitglieder[85] und doch dem Großverein organisationsrechtlich verbunden[86]. Wenn die in den Gesamtverband einbezogenen Teileinheiten nicht selbständige Vereine, sondern nur unselbständige Gliederungseinheiten sind, liegt dagegen wiederum ein Phänomen eigener Art vor[87].

c) Als Mischform zwischen einem Vereinsverband und einem Gesamtverein ordnet *Reuter* die – von anderen den Gesamtvereinen zugeordnete[88] und oft am Beispiel des Deutschen Roten Kreuzes exemplifizierte[89] – Gestaltung ein, bei der mit der gestuften Mitgliedschaft der Mitglieder in Vereinen verschiedener Ebenen eine Mitgliedschaft der jeweils untergeordneten Vereine im jeweils übergeordneten Verein einhergeht[90]. Geht man von den Entscheidungsgründen unseres Ausgangsurteils aus, so hätte der Senat der Klage auch des Klägers zu 1 stattgeben müssen, wenn eine solche Gestaltung vorgelegen hätte. Aber ein solcher Ausnahmefall[91] lag nicht vor.

[79] Eingehend *Schaible* Der Gesamtverein und seine vereinsmäßige organisierten Untergliederungen, 1992; *Steinbeck* in: MünchHdbGesR (Fn. 74), § 5a Rn. 1 ff.; *Reuter* in: MünchKommBGB (Fn. 1), vor § 21 Rn. 131.

[80] *Reuter* in: MünchKommBGB (Fn. 1), vor § 21 Rn. 123.

[81] Um solche muss es sich richtigerweise freilich nicht handeln. Auch ein Wirtschafterverband, dem lediglich Handelsgesellschaften angehören, kann als Gesamtverein strukturiert sein.

[82] BGHZ 73, 275, 278 = NJW 1979, 1402; *Weick* in: Staudinger (Fn. 22), § 21 Rn. 37.

[83] *Reuter* in: MünchKommBGB (Fn. 1), vor § 21 Rn. 127 gegen BGHZ 28, 131, 134 = NJW 1958, 1867.

[84] So wohl auch offenbar bezogen auf einen Beitritt zum Großverein selbst, *Reuter* in: MünchKommBGB (Fn. 1), vor § 21 Rn. 133.

[85] Vgl. *Schaible* (Fn. 79), S. 77.

[86] *Schaible* (Fn. 79), S. 78 f.

[87] Vgl. *Schaible* (Fn. 79), S. 20 f.

[88] *Grooterhorst* in: FS Lüer (Fn. 70), S. 187, 189; *Wolff* in: Non Profit Law Yearbook 2008, S. 21, 25.

[89] Vgl. nur *Reuter* in: MünchKommBGB (Fn. 1), vor § 21 Rn. 123; *Wolff* in: Non Profit Law Yearbook 2008, S. 21, 25 f.; *Schaible* (Fn. 79), S. 18, Fn. 28.

[90] *Reuter* in: MünchKommBGB (Fn. 1), vor § 21 Rn. 123.

[91] Vgl. *Schaible* (Fn. 79), S. 77.

3. *Abgrenzung gegen unselbständige Suborganisationen*

a) Die Suborganisationen bei den soeben dargestellten Organisationsvarianten stellen allemal selbständige korporative Einheiten dar. Unterscheiden müssen wir sie von unselbständigen Untergliederungen[92]. Diese entsprechen, wenn nochmals das Bild einer Unternehmensgruppe zur Hilfe gerufen werden soll, gleichsam Betriebsabteilungen in einem Stammhauskonzern. Eine Mitgliedschaft der ihnen zugewiesenen Vereinsmitglieder in der unselbständigen Gliederungseinheit kann es im Rechtssinne nicht geben[93], und doch hat jede dieser Einheiten eine dem Zentralverein organschaftlich zuzurechnende, jedoch in der Teileinheit wirkende Organisationsstruktur[94].

b) *Reinmar Wolff* hat das Ausgangsurteil als Beleg für die Schwierigkeit gesehen, selbständige und unselbständige Untergliederungen voneinander zu unterscheiden[95]. Als vergleichsweise einfach hat er Untergliederungen mit eigener körperschaftlicher Verfassung bezeichnet[96], als schwierig dagegen die Anerkennung der Selbständigkeit kraft eigenständiger Wahrnehmung von Aufgaben[97], wie dies der Bundesgerichtshof zugelassen hat[98]. In Übereinstimmung mit *Reuter*[99] und mit der herrschenden Auffassung[100] erklärt er dagegen das Vorhandensein eigenen Vermögens oder eigener Einnahmen für überflüssig[101]. Der Bundesgerichtshof verlangt – in diesem Punkt gegen *Reuters* Kritik[102] – für die Selbständigkeit auch keine eigene Satzung des Teilvereins[103]. Im konkreten Fall konnte die Ruderabteilung hiernach als selbständige vereinsförmige Untergliederung durchgehen. Fraglich bleibt aber doch, was damit gewonnen ist. Was bewegt uns, eine Teileinheit des Vereins zum „nichtrechtsfähigen" Verein im Verein erklären und diesem „nichtrechtsfähigen" Verein die Rechtsfähigkeit zuzusprechen, wenn wir von subjektiven Rechten dieser Teileinheit am Ende nichts wissen wollen? Diese Frage hinterlässt das Gefühl, dass das Urteil zum Innenrecht der gegliederten Verbände noch nicht das letzte Wort gesprochen hat.

[92] Dazu etwa *Schaible* (Fn. 79), S. 23 ff.; *Hadding* in: Soergel (Fn. 22), vor § 21 Rn. 52 f.; *Reichert* Hdb. Verbands- und Vereinsrecht (Fn. 26), Rn. 5711 ff.; *Reuter* in: MünchKommBGB (Fn. 1), vor § 21 Rn. 135 ff.

[93] *Reichert* Hdb. Verbands- und Vereinsrecht (Fn. 26), Rn. 5713.

[94] *Wolff* in: Non Profit Law Yearbook 2008, S. 21, 31 f.; *Reichert* Hdb. Verbands- und Vereinsrecht (Fn. 26), Rn. 5714.

[95] *Wolff* in: Non Profit Law Yearbook 2008, S. 21, 27 ff.; s. auch *Grooterhorst* in: FS Lüer (Fn. 70), S. 187, 192 f.

[96] Ebd., S. 27 f.

[97] Ebd., S. 29.

[98] BGHZ 90, 331 = NJW 1984, 2223; vgl. auch Rn. 50 des Ausgangsurteils.

[99] *Reuter* in: MünchKommBGB (Fn. 1), vor § 21 Rn. 145.

[100] Vgl. nur *Reichert* Hdb. Verbands- und Vereinsrecht (Fn. 26), Rn. 5691 f.

[101] *Wolff* in: Non Profit Law Yearbook 2008, S. 21, 31.

[102] *Reuter* in: MünchKommBGB (Fn. 1), vor § 21 Rn. 138.

[103] BGHZ 90, 331 = NJW 1984, 2223.

4. Die Vermögensseite

Der Blick auf die Vermögensseite der Ruderabteilung verstärkt diese Zweifel. Der beklagte Verein hatte widerklagend die Feststellung beantragt, dass er das Eigentum an dem Clubhaus nicht bloß treuhänderisch für den Kläger zu 1 (also die Ruderabteilung) halte und den Klägern nicht zur treuhänderischen Verwaltung verpflichtet sei, sondern ausschließlicher Eigner des Grundstücks, des Gebäudes und des Bootsstegs sei. Diesen Feststellungsantrag hielt der Senat, wie schon das Kammergericht in der Vorinstanz, für begründet. Hinweise auf ein Treuhandverhältnis vermochte der Senat nicht zu erkennen. Er sah geradezu umgekehrt in der Finanzierung des Clubhauses durch eine an den beklagten Verein gerichtete Zuwendung ein gegen ein Treuhandverhältnis sprechendes Indiz[104]. Schon gar nicht könne aus allgemeinen verbandsrechtlichen Grundsätzen auf ein Treuhandverhältnis geschlossen werden. Bei einem eingetragenen Verein und seinen teilweise verselbständigten Untergliederungen seien vielmehr

> „beide Vermögenssphären zu unterscheiden und der jeweiligen Organisation die von ihr erworbenen Vermögensgegenstände rechtlich zugeordnet (*Schaible*, Der Gesamtverein und seine vereinsmäßig organisierte Untergliederung, 1992, S. 89). Befinden sich Einrichtungen im Eigentum des Gesamtvereins, begründet deren Nutzung durch eine Abteilung bereits ein zu ihren Gunsten wirkendes Treuhandverhältnis. Andernfalls würde der eingetragene Verein entgegen der sachenrechtlichen Zuordnung für sämtliche von ihm selbst erworbene Vermögensgegenstände allgemein zum bloßen Treuhänder seiner Abteilung herabgestuft. Eine derart einschneidende Rechtsfolge, die den Gesamtverein faktisch jeglicher Handlungsmöglichkeiten beraubt, würde das Überordnungsverhältnis zwischen Gesamtverein und Untergliederung in das Gegenteil verkehren und kann darum nicht Ausdruck allgemeiner vereinsrechtlicher Grundsätze sein."

Die Vermögensträgerschaft ist es also nicht, die uns zur Anerkennung der Ruderabteilung als eines Vereins im Verein zwingt. Es liegt, wenn man dem BGH folgt, ein vermögensloser Gliedverein ohne eigene mitgliedschaftliche Rechte vor, kurz: eine doch recht ärmliche Suborganisation des beklagten Vereins.

5. Auswirkungen auf die Klagebefugnis

a) Wie man dem Urteil entnehmen muss, wäre die Klage des Klägers zu 1 zulässig – und dann auch, wie die Klage der Alt-Mitglieder, begründet – gewesen, wenn er eine doppelte Eigenschaft aufgewiesen hätte: Er musste

[104] Rn. 24.

trotz fehlender Registereintragung rechtsfähig sein (was der Bundesgerichtshof bejaht hat), und er hätte auf der Basis dieser Rechtsfähigkeit Mitglied des Beklagten zu 1 gewesen sein müssen (was, wie wir wissen, verneint wurde). Als unzulässig sieht der BGH die Klage einer Gliederungseinheit also an, wenn sie

- entweder unselbständig und damit parteiunfähig
- oder, wie hier, zwar parteifähig, aber kein Mitglied des beklagten Gesamtvereins ist.

Beide Kriterien weisen auf schwierige Grundsatzprobleme: das erste auf das Problem eines vereinsrechtlichen Insichprozesses, das zweite auf die Frage, ob man nicht einem Zweigverein im Gesamtverein doch korporative Rechte zuerkennen kann (dazu sogleich unter III 6).

b) Der Bundesgerichtshof ist hiervon weit entfernt, behandelt den Kläger zu 1 in dieser letzteren Hinsicht vielmehr wie einen außenstehenden Dritten und führt hierzu aus[105]:

> „Die Gültigkeit eines Beschlusses der Mitgliederversammlung kann von jedem Vereinsmitglied durch eine Feststellungsklage zur gerichtlichen Prüfung gestellt werden (*Waldner*, Rdnr. 215a), wobei der Beschluss einer Untergliederung von deren Mitgliedern angegriffen werden kann (KG, NJW 1988, 3159 = NVwZ 1989, 93). Über die Mitglieder hinaus sind auch die Organe eines Vereins berechtigt, die Nichtigkeit von Mitgliederbeschlüssen geltend zu machen, während außerhalb des Vereins stehenden Dritten diese Befugnis mangels eines anerkennenswerten Feststellungsinteresses nicht zukommt (Senat, NJW 1975, 2101 = WM 1975, 1041). Da der Kl. zu 1 … als Untergliederung weder zu den Mitgliedern noch zu den Organen des Bekl. zu 1 gehört, ist seine Feststellungsklage unzulässig.
>
> Dessen ungeachtet ist der Vorstand des Kl. zu 1 – wie die ihm durch § 10 Nr. 6 der Satzung erteilte Vertretungsmacht verdeutlicht – satzungsmäßiger Vertreter des Bekl. zu 1 (§ 30 BGB) und unterliegt in dieser Eigenschaft gem. §§ 665, 27 III, 30 BGB einem Weisungsrecht der Gesamtvereinsversammlung (vgl. *Schaible*, S. 82). Mit diesem Weisungsrecht wäre es unvereinbar, der Untergliederung, die nur ihre eigenen Belange selbst regeln darf, die Befugnis zuzuerkennen, Beschlüsse des ihr übergeordneten Gesamtvereins zu beanstanden."

6. *Fazit zum Recht des gegliederten Vereins*

Die vorstehenden Ausführungen vermehren die Zweifel an dem vom Senat zugrunde gelegten Organisationsmodell: Die Klagebefugnis wird der klagenden Ruderabteilung teils wegen ihrer korporativen Untergliederung abge-

[105] Rn. 60 f.

sprochen, teils mit Argumenten, die auf einen „außerhalb des Vereins stehenden Dritten“ gelten[106].

Diese Sichtweise mochte noch angehen, solange man der Nichtrechtsfähigkeit des „nichtrechtsfähigen“ Vereins ungeachtet aller ein ganzes Jahrhundert durchziehenden Zweifel[107] noch etwas abzugewinnen vermochte. Nun aber, in demselben Urteil, das die diesbezügliche Rechtsfortbildung zum Abschluss bringt und mit seiner Nichtrechtsfähigkeit definitiv bricht, spricht der Senat dem Gliedverein gerade die Eigenschaften ab, für die ihm die Rechtsfähigkeit etwas nützen könnte:

- Er bestreitet ihm die Anfechtungsbefugnis im Beschlussmängelrecht, weil er nicht Vereinsmitglied des beklagten Vereins sei.
- Er bestreitet ihm Treugeberrechte an dem in seinen Bereich fallenden Teil des Anlagevermögens.

Was aber berechtigt uns, einer Teileinheit des beklagten Vereins eine eigene korporative Verfassung sowie die Rechts- und Parteifähigkeit zuzuerkennen, wenn ihr die Früchte dieser Einordnung – Vermögens- und Klagrechte – doch am Ende versagt werden? Müsste nicht eine solche Gliederungseinheit

- entweder doch zur bloß unselbständigen Untergliederung erklärt
- oder unabhängig von der eigenen Mitgliedschaft im Hauptverein zur Wahrnehmung eigener korporativer Rechte autorisiert werden[108]?

Möglicherweise zwingt uns das neue Verständnis des nichtrechtsfähigen Vereins als Rechtssubjekt, die Voraussetzungen einer Anerkennung des „Vereins im Verein“ ihrerseits neu zu überdenken. Wenn dies aber zutrifft, hat der Bundesgerichtshof, indem er einen Schlussstein der Rechtsfortbildung im Vereins-Außenrecht gesetzt hat, den für den konkreten Prozess wirklich maßgebenden Fragenkomplex des Vereins-Innenrechts nur mit neuen Fragezeichen versehen. Gerade hier bleibt er entscheidende Antworten schuldig.

IV. Schluss, oder: Warten auf *Dieter Reuter*

Passt eine Urteilsbesprechung in eine Festschrift für einen Gelehrten vom Schlag *Dieter Reuters*? Wird dies nicht sogar noch fragwürdiger, wenn das Urteil dem zuständigen Senat – aus welchen Gründen auch immer – nicht einmal eine Aufnahme in die Amtliche Sammlung wert war? Hätte der Jubi-

[106] Für ein korporatives Rechtsverhältnis wohl *Grooterhorst* FS Lüer (Fn. 70), S. 187, 198.

[107] Vgl. namentlich *Otto Gierke* Vereine ohne Rechtsfähigkeit nach dem neuen Recht, 2. Aufl. 1902, S. 15 ff.; *Boehmer* Grundlagen der Bürgerlichen Rechtsordnung, Bd. II/2, 1952, S. 172 ff.

[108] In dieser Richtung wohl *Wolff* in: Non Profit Law Yearbook 2008, S. 21, 35.

lar nicht, wie vom Verfasser vor fünf Jahren beim Kieler *Reuter*-Symposion unternommen[109], eine Auseinandersetzung mit einer monographischen Arbeit oder mit einem seiner nicht selten zu kritischer Diskussion auffordernden Grundsatzbeiträge[110] verdient? Der Verfasser hat sich diese Frage bei der Themenwahl sehr ernsthaft gestellt. Doch würden die vorausgegangenen Ausführungen missverstanden, wollte man sie statt als Grundlagenbeitrag nur als Auseinandersetzung mit einem aktuellen Urteil des BGH verstehen. Dies zwar sollen sie durchaus sein. Jedoch diente die Befassung mit dem BGH-Fall und mit den davon ausgehenden ungelösten Fragen in erster Linie als ein willkommener Vorwand, die *Reuter*'sche Vereinsrechtskommentierung in ihrer Außerordentlichkeit zu Rate zu ziehen. In bisher fünf Auflagen erschienen[111], hat diese Kommentierung seit mehr als drei Jahrzehnten das deutsche Vereinsrecht auf eine rechtsdogmatische Höhe gebracht, aus der Fragen wie die hier behandelten hellsichtig und mit weitem Blick für die Zukunft betrachtet und entschieden werden können. Der schwierige Ausgangsfall zeigt, wie sehr es dessen auch in Zukunft bedarf.

[109] *Karsten Schmidt* in: Kessal-Wulf/Martinek/Rawert (Hrsg.), Formale Freiheitsethik oder materiale Verantwortungsethik, Bericht über das wissenschaftliche Symposion zum 65. Geburtstag von Prof. Dr. Dieter Reuter, 2006, S. 9 ff.

[110] So etwa mit seinen Ausführungen über die Binnenverfassung der Personengesellschaft in FS Karsten Schmidt, 2009, S. 1357 ff.

[111] Zuerst *Reuter* in: MünchKommBGB, Bd. I, 1. Aufl. 1978.

Die Unterschrift mit dem Namen des Vertretenen durch den bevollmächtigten Vertreter

Die Durchsetzung der weiten Auslegung des § 126 BGB durch die Vereinigten Zivilsenate des Reichsgerichts vor hundert Jahren

Werner Schubert

Vor hundert Jahren, am 27. Juni 1910, entschieden die Vereinigten Zivilsenate (VZS) des Reichsgerichts unter seinem Präsidenten *Seckendorf*[1], dass der Vorschrift des § 126 Abs. 1 BGB genügt sei[2], „wenn bei gesetzlich vorgeschriebener Schriftform der bevollmächtigte Vertreter ausschließlich mit dem Namen des Vertretenen unterschreibt".

Durch Beschluss vom 1.7.1909 hatte der VI. Zivilsenat (ZS) unter dessen Präsidenten *Winchenbach* beschlossen, über die genannte Rechtsfrage die Entscheidung der VZS einzuholen. Grundlage hierfür war § 137 GVG (1898)[3]: „Will in einer Rechtsfrage ein Civilsenat von der Entscheidung eines anderen Civilsenats oder der vereinigten Civilsenate ... abweichen, so ist über die streitige Rechtsfrage ... eine Entscheinung der vereinigten Civilsenate ... einzuholen. – Einer Entscheidung der Rechtsfrage durch das Plenum bedarf es, wenn ein Civilsenat von der Entscheidung eines Strafsenats oder der vereinigten Strafsenate ... oder ein Senat von der früher eingeholten Entscheidung des Plenums abweichen will. Die Entscheidung der Rechtsfrage durch die vereinigten Senate oder das Plenum ist in der zu entscheidenden Frage bindend. Sie erfolgt in allen Fällen ohne vorgängige mündliche Verhandlung." Zur Fassung von Plenarentscheidungen und von Entscheidungen der vereinigten Zivil- oder Strafsenate war die Teilnahme von mindestens zwei Dritteln aller Mitglieder mit Einschluss des Vorsitzenden erforderlich. Die Zahl der Mitglieder, die eine entscheidende Stimme führten, musste eine ungerade sein (§ 139 GVG).

[1] Über Seckendorff *Adolf Lobe,* Fünfzig Jahre Reichsgericht am 1. Oktober 1929, Berlin 1929, S. 339; *Erwin Bumke,* Rudolf Freiherr von Seckendorff zum Gedächtnis, 1932; *Kai Müller,* Der Hüter des Rechts. Die Stellung des Reichsgerichts im Deutschen Kaiserreich 1879–1918, Baden-Baden 1997.

[2] RGZ 74, 69. – Zum behandelten Problemkreis liegt die umfassende Monographie von *Heinz Holzhauer,* Die eigenhändige Unterschrift. Geschichte und Dogmatik des Schriftformerfordernisses im Deutschen Recht, Frankfurt a.M. 1973, vor, der für die enge Auslegung des § 126 Abs. 1 BGB eintritt.

[3] RGBl. 1898, S. 371, 397 f.

Den Mitgliedern des Reichsgerichts lagen vor der Entscheidung der VZS zwei unveröffentlicht gebliebene Gutachten vor, der „Bericht" des ersten Berichterstatters *Rudolf Schlesinger* und das Gutachten des zweiten Berichterstatters *Anton Adolph Christian Sprecher von Bernegg,* auf die im Folgenden näher eingegangen werden soll.

I. Der Beschluss des VI. Zivilsenats vom 1.7.1909, die Entscheidung der Vereinigten Zivilsenate einzuholen

Nach den Gründen dieses Beschlusses[4] hatte die Klägerin (Aktiengesellschaft Vereinsbrauerei Höscheid) die ursprüngliche Beklagte H. (Witwe Schmidtmann), an deren Stelle nunmehr ihre Erben getreten waren, in Anspruch genommen, „insofern diese die Bürgschaft übernommen habe für eine Schuldverbindlichkeit der Eheleute Johann Wilkes zu Krefeld". Der Anspruch war gestützt auf einen Bürgschaftsschein von 25.6.1904, der mit „Witwe H. Schmidtmann" unterzeichnet war. Die Klägerin behauptete, Frau Wilkes habe vorher die Urkunde der Frau Schmidtmann vorgelesen und dann in deren Auftrag unterschrieben; sie behauptete außerdem, „Frau Wilkes habe von der Frau Schmidtmann allgemeine Vollmacht gehabt, für sie Unterschriften zu leisten". Nach RGZ 50, 54 (21.12.1901), wonach der Schriftform des § 126 Abs. 1 BGB genügt war, wenn der bevollmächtigte Vertreter mit seinem eigenen Namen unterschrieb, hätte der Klage stattgegeben werden müssen. Das OLG hatte jedoch angenommen, dass nach der Darstellung der Klägerin Frau Wilkes nicht als Bevollmächtigte, sondern als „Werkzeug" der Frau Schmidtmann unterschrieben habe. In diesem Fall wäre entsprechend einer Entscheidung des RG vom 9.7.1904 (RGZ 58, 387) eine Bürgschaft nicht zustande gekommen, da die nach § 126 Abs. 1 BGB erforderliche eigenhändige Unterschrift nicht dadurch wirksam hergestellt werden konnte, „dass derjenige, der durch die Unterschrift verpflichtet werden soll, sich zur Herstellung der Unterschrift der mechanischen Dienstleistung eines anderen bediente".

Wie *Heinrich Lehmann* bereits 1904 nachgewiesen hat[5], hatte die Unterscheidung, ob die Unterschrift von einem Stellvertreter oder einem Gehilfen stammte, seinen Ursprung im preußischen Recht. Nach diesem war der Vollmachtgeber an Rechtsgeschäfte seines Vertreters nur gebunden[6], wenn er die

[4] Der Beschluss befindet sich in der Bibliothek des BGH in der „Vollständigen Sammlung der Erkenntnisse des Reichsgerichts in Zivilsachen" 1909, VI ZS 2./3. Quartal Nr. 121. – Über den Senatsvorsitzenden *Heinrich Hermann Friedrich Winchenbach: Werner Schubert,* Sammlung sämtlicher Erkenntnisse des RG in Zivilsachen, Jg. 1902, Goldbach 1993, S. 6.

[5] Hierzu *Leo Rosenberg,* Stellvertretung im Prozeß, Berlin 1908, S. 297 ff.

[6] Vgl. ALR I 13 §§ 8, 149 (Ed. von *Hans Hattenhauer,* 2. Aufl. Neuwied 1994).

Vollmacht schriftlich erteilt hatte. Ein Schreibgehilfe dürfte in der Regel nicht aufgrund einer schriftlichen Vollmacht gehandelt haben. Das Reichsgericht berief sich in seiner Entscheidung von 1904 auf die Rechtsprechung des Obertribunals[7] und stellte fest, dass auch nach dem BGB daran festgehalten werden müsse, dass die nach § 126 Abs. 1 erforderliche eigenhändige Namensunterschrift dadurch wirksam nicht hergestellt" werde, „dass der, der durch die Unterschrift wie durch seine Willenserklärung verpflichtet werden soll, sich zur Herstellung der Unterschrift der Hilfe eines anderen, dessen mechanischer Dienstleistung, bedient". Dies ergebe sich auch aus den Motiven zum 1. BGB-Entwurf: „Daß damit dem Betruge Tor und Tür geöffnet werden kann, wie die Revision geltend macht, ist nicht zu leugnen." Dagegen gebe es aber gesetzliche Hilfe[8] Bereits *Rosenberg* stellte im Anschluss an RGZ 58, 387 fest, dass in dem dort entschiedenen Fall das Dienstmädchen ebenso Vertreterin seiner Herrin geworden sei, wie wenn es aufgrund einer allgemeinen Vollmacht die Wechsel ausgestellt und unterschrieben hätte[9]. Durch eine Entscheidung vom 19.11.1912 gab das Reichsgericht die in RGZ 58, 387 vertretene Rechtsmeinung weitgehend auf[10]: „Wenn jemand eine urkundliche Erklärung im Auftrag eines anderen mit dessen Namen unterschreibt, ist im Zweifel anzunehmen, dass er nicht als bloßer Schreibgehilfe (in mechanischer Dienstleistung), sondern als Vertreter in Willen handelt."

Die Revision in der vom VI. Zivilsenat zu entscheidenden Sache wandte sich gegen das OLG-Urteil mit der Begründung, dieses habe verkannt, dass „auch ein Generalbevollmächtigter sich für den Einzelfall genaue Instruktionen einholen und darum doch als Bevollmächtigter unterzeichnen könne". Der VI. ZS hielt diesen Angriff für zutreffend und hätte insoweit das OLG-Urteil auch aufheben müssen. Es hielt jedoch die Aufrechterhaltung des Urteils aus dem Grunde für „angezeigt", weil nach § 126 Abs. 1 BGB die eigenhändige Unterschrift des Bevollmächtigten „nicht in dem Hinschreiben des Namens des Vollmachtgebers, sondern seines eigenen Namens bestehen würde". Dies auszusprechen, sah sich der Senat jedoch durch das bereits erwähnte Urteil des I. ZS von 1901 gehindert.

II. Der Meinungsstand in Literatur und Rechtsprechung

Zur Zeit des Erlasses des Urteils von 1901 (RGZ 50, 51) standen sich in der Literatur eine engere und eine weitere Auslegung des § 126 Abs. 1 BGB gegenüber[11]; gleiches galt für die allerdings noch spärliche OLG-Rechtspre-

[7] RGZ 58, 387, 388; hierzu *Holzhauer,* aaO (Fn. 2), S. 109 ff., 232 ff.
[8] Hierzu im Einzelnen RGZ 58, 387, 389.
[9] *Rosenberg,* aaO (Fn. 5), S. 298 f.
[10] Zitiert nach *W. Schubert/H. P. Glöckner,* Nachschlagewerk des Reichsgerichts. Bürgerliches Gesetzbuch, Bd. 1, Goldbach 1994, S. 524 (Nr. 79).
[11] Nachweise in RGZ 50, 51, 56 f.; vgl. auch *Holzhauer,* aaO (Fn. 2), S. 17 f.

chung. Das Urteil berief sich zunächst auf die Motive zum 1. BGB-Entwurf und die Protokolle der 2. Kommission[12] sowie auf Entscheidungen des Reichsoberhandelsgerichts und des Reichsgerichts, die für das preußische Recht angenommen hatten, dass der Bevollmächtigte seine schriftliche Willenserklärung rechtswirksam mit dem Namen des Vollmachtgebers wirksam unterzeichnen könne[13]. Maßgebend für diese grundsätzlich von der Rechtsprechung des Obertribunals abweichende Rechtsmeinung war eine Entscheidung des ROHG vom 12.2.1872. Diese Entscheidung hatte zunächst ausgeführt, dass das Obertribunal wiederholt ausgesprochen habe[14], „der Name eines Menschen sei derart ein Theil seiner Persönlichkeit, dass sein Gebrauch mandatweise einem Anderen nicht übertragen werden könne; solle für einen Anderen gehandelt werden, so vertrete der Mandatar diesen nicht physisch, sondern juristisch, und deshalb könne jener nur *in,* aber nicht *unter* dem Namen des Vertretenen handeln; folgerecht habe der Mandatar den für den Mandanten abgeschlossenen Vertrag nicht mit dessen, sondern mit seinem eigenen Namen zu unterzeichnen, und der nur mit des Mandanten Namen vollzogene Vertrag verpflichte diesen nicht.“

Demgegenüber stellte das ROHG fest[15], „dass, wer seinen Namen unter einen Vertrag setze, der ihn als Kontrahenten aufführt“, durch diesen Gebrauch seines Namens eine Willenserklärung abgebe: „die Namensunterschrift soll besagen, dass der Namensinhaber durch diesen Vertrag berechtigt und verpflichtet sein will“. Dieser Gebrauch des Namens ist also als Ausdruck eines bestimmten Willens, eine Äußerung nicht der *physischen,* sondern der *rechtlichen* Persönlichkeit. Auch ist der Name eines Menschen überhaupt kein *Bestandtheil* der physischen Persönlichkeit, sondern nur ihre *Bezeichnung*. Verbietet auch das Interesse der bürgerlichen Ordnung die beliebige Annahme oder Ablegung eines Namens als solchen, so verändert doch weder die irrtümliche oder absichtliche Führung eines falschen noch die berechtigte Annahme eines anderen Namens die Person des Namensträgers. Ist aber der Namensgebrauch als Unterschrift in dem angegebenen Sinne *Willenserklärung,* so liegt in dem Begriff des Namens Nichts, was den Namensinhaber hindern könnte, einen Andern zu beauftragen, diese Willenserklärung statt seiner zu beschaffen, d.h. den Willen des Auftraggebers durch Unterzeichnung seines Namens kund zu thun.“ Dem standen auch die

[12] Motive zu dem Entwurfe eines Bürgerlichen Gesetzbuches für das Deutsche Reich, Bd. I: Allgemeiner Theil, Berlin 1888, S. 184; Prot. II, Bd. 1, S. 89 f.

[13] ROHG 5, 263; hier Nachweis der grundsätzlich abweichenden Rechtsprechung des Obertribunals; hierzu ausführlich *Holzhauer,* aaO (Fn. 2), S. 91 ff., unter Hinweis auf die wichtige, vom ROHG nicht erwähnte Entscheidung vom 24.11.1868 (abgedruckt bei *Theodor Striethorst,* Archiv für Rechtsfälle aus der Praxis der Rechtsanwälte des Kgl. Ober-Tribunals, Bd. 71, S. 358 ff.).

[14] ROHG 5, 264; *Holzhauer,* aaO (Fn. 2), S. 97 ff.

[15] ROHG 5, 263, 265.

Artikel 44 und 48 ADHGB nicht entgegen, wonach Prokuristen und Handlungsbevollmächtigte der Unterschrift ein die Vollmacht andeutenden Zusatz beizufügen hatten, jedoch handelte es sich insoweit um eine bloße Ordnungsvorschrift. Das Reichsgericht billigte die Rechtsansicht des ROHG in einer Entscheidung vom 2.4.1881 unter eingehender Auseinandersetzung mit dem preußischen Recht und der Judikatur des Obertribunals (RGZ 4, 307) und in einer weiteren Entscheidung vom 14.1.1893 (RGZ 30, 49).

Das Reichsgericht berief sich 1901 (RGZ 50, 64) in seiner Entscheidung zur Auslegung des § 126 Abs. 1 BGB auf die Materialien dieser Kodifikation und schloss sich der Auslegung an, „dass die Unterzeichnung mit dem Namen des Vertretenen zulässig sei". Aus dem Wortlaut des Gesetzes lasse sich das Gegenteil nicht zwingend begründen. Aus den Motiven zum 1. Entwurf lasse sich ersehen, dass man an die Unterschrift des eigenen Namens gedacht habe; aber sie enthielten keinerlei Andeutung, „dass man neben dem gewöhnlichen Falle, wo dies zutrifft, auch den besonderen Fall der Vertretung im Auge gehabt habe." Die Unzulässigkeit der Unterschrift des Vertreters mit dem Namen des Vertretenen in den Fällen der vorgeschriebenen Schriftform könne daher lediglich aus § 126 Abs. 1 BGB abgeleitet werden: „Diese Folgerung kann aber gegenüber dem unbestimmten Wortlaute des § 126 umsoweniger gerechtfertigt erscheinen, als es schwer annehmbar ist, dass eine so wichtige Abweichung von dem geltenden Rechte, wenn sie beabsichtigt war, nicht wenigstens eine Erwähnung in den Materialien gefunden hätte."

III. Der „Bericht" des ersten Berichterstatters Rudolf Schlesinger

Rudolf Christian David Schlesinger (geb. 17.8.1831 in Hamburg als Sohn des angesehenen Hamburger Kaufmanns Arnold Schlesinger [1791–1878]; gest. 1.9.1912 in Leipzig)[16] hatte von 1849 bis 1853 in Bonn und Göttingen Rechtswissenschaft studiert und sich 1853 nach seiner Promotion als Advokat in Hamburg niedergelassen. 1858 erfolgte die Habilitation an der Universität Göttingen[17], die ihn 1862 zum ao. Professor ernannte. 1866 wurde er

[16] Über *Schlesinger* DJZ 1912, Sp. 209 f.; Personalakte im BA Berlin R 3002 Nr. 853. – Schlesingers Vater war jüdischer Abstammung (1817 in Philadelphia ev. getauft). Verheiratet war Schlesinger mit der Tochter Agathe von Agathon Wunderlich (1810–1878; 1833) rechtswissenschaftl. Habilitation Göttingen, anschließend auch in Berlin, 1838 Prof. in Basel, 1842 in Rostock, 1847 in Halle, 1850 Rat am Oberappellationsgericht in Lübeck (Herausgeber der Entscheidungssammlung dieses Gerichts). Lit. über Wunderlich: ADB; *Ihering* in seinen Jahrbüchern, 1879, S. 145 ff.).

[17] Die Habilitationsschrift ist in Leipzig 1858 veröffentlicht worden unter dem Titel: „Zur Lehre von den Formalcontracten und der Querela non numeratae pecuniae. Zwei Abhandlungen." Ferner veröffentlichte Schlesinger: Die rechtlich Unzulässigkeit der Be-

Beisitzer des Göttinger Spruchkollegiums. 1870 erfolgte nach Ablehnung eines Rufs nach Marburg die Berufung an das Hanseatische Oberappellationsgericht zu Lübeck, von dem er zum 1.10.1879 an das Reichsgericht überwechselte. Kurz nach dem Eintritt in den Ruhestand zum 1.2.1912 verstarb Schlesinger am 1.9.1912. Schlesinger war Anfang 1912 das dienstälteste Mitglied des Reichsgerichts, aus dem er nach über 32jähriger Tätigkeit ausschied[18].

Die Auslegung des § 126 Abs. 1 BGB, dass die „eigenhändige Schrift nicht die des eigenen Namens sein müsse", erschien Schlesinger „als der Gipfel einer sich an den bloßen äußerlichen Wortlaut klammernden Auslegung. Es ist zuzugeben, dass dem Wortlaute nach man die Bestimmung dahin verstehen *kann*, der Aussteller müsse *irgend* eine Namensunterschrift eigenhändig unter die Urkunde setzen. Dann sieht man nur nicht ein, warum das gerade die Schrift entweder des Namens des Geschäftsherrn, oder des Namens des Vertreters, und nicht eine *ganz beliebige* Namensschrift sein soll; denn von jener Alternative steht doch gleichfalls nichts in den Worten des Gesetzes; und mindestens sähe man nicht ein, warum dann nicht auch der Geschäftsherr, wenn er selbst die Urkunde unterzeichnet, statt seines eigenen Namens eben so gut den Namen seines Bevollmächtigten, dessen Vollmacht etwa die Ausstellung dieser Urkunde mit umfassen würde, mit Rechtswirkung hinschreiben könnte. An diesen Konsequenzen erkennt man schon, welche Bedenken jener wirklichen Auslegung entgegenstehen; aber vor allem steht hier entgegen das Wort ‚eigenhändig'". Dieses Wort würde im Gesetz einen „geschmacklosen Pleonasmus darstellen [...], wenn nicht damit darauf hingewiesen sein sollte, dass der *eigene* Name des Ausstellers geschrieben werden müsse. Es ist also hiernach, wenn ein Vertreter als solcher i.S. des § 126 Abs. 1 Aussteller der Urkunde ist, erforderlich, dass er *seinen* Namen unterschreibe; weiter allerdings auch nichts: insbesondere ist nicht erforderlich, dass er seinen Namen ‚unter Beifügung des Vollmachtverhältnisses' (oder des sonstigen Vertretungsverhältnisses), wie der I. ZS in RGZ 58, 388 die Frage zu stellen scheint, unterschreibe. Natürlich muss aus der Urkunde hervorgehen, dass ein solcher Aussteller seinen rechtsgeschäftlichen Willen *im Namen des Vertretenen* erkläre, wenn anders die gewollte Rechtswirkung entstehen soll; aber das ist eine von der Form ganz zu sondernde Frage, die

schlagnahme des noch nicht verdienten Lohns nebst Erörterungen über die rechtliche Natur und die Cession der gegenseitigen Verträge, Leipzig 1869; Aufsätze in AcP 50 (1867), S. 137 ff.; Kritische Vierteljahresschrift für Gesetzgebung und Rechtswissenschaft, Bd. 7 (1865), S. 470 ff.; Archiv für Deutsches Wechselrecht Bd. 9 (1860), S. 412 ff.; Zeitschrift für Rechtsgeschichte, Bd. 9 (1866), S. 219 ff.; Bd. 8 (1869), S. 50 ff.; Bd. 9 (1870), S. 239 ff.

[18] Die mittellose Tochter Agnes Schlesinger (geb. 1881) erhielt eine Unterstützung durch das Reichsgericht, was 1936 zu Ermittlungen hinsichtlich einer jüdischen Abstammung führte, die nur bezüglich ihres Großvaters väterlicherseits bestand. Sie erhielt die Unterstützung bis Kriegsende (vgl. die in Fn. 16 genannte Personalakte).

den *Inhalt* der Urkunde betrifft. Diese Erklärung des Vertretungswillens erfolgt zwar vom Aussteller nach der Übung des Verkehrs *meistens* durch einen Zusatz zu seiner Namensunterschrift, *kann* aber eben so gut auch in den darüber stehenden Kontext der Urkunde mitaufgenommen sein."

Zur Bekräftigung seiner Ansicht wies Schlesinger[19] auf die „besondere Bedeutung der Unterschrift" auch auf prozessualem Gebiet hin. Eine unterschriebene Urkunde werde „in Ansehung der Beweiswürdigung anders behandelt" „als eine Urkunde, die die Erklärung des Ausstellers in irgend einer anderen Form enthält. Bei einer Urkunde der letzteren Art muss im Bestreitungsfalle der Produzent beweisen, dass der ganze Inhalt der Urkunde mit dem Willen des angeblichen Ausstellers darin stehe; dagegen wird bei einer unterschriebenen Urkunde, sobald nur erst einmal die Echtheit der Unterschrift feststeht, vermutet, dass alles, was über dieser geschrieben steht, mit dem Willen des Ausstellers dort stehe, so dass es Sache des Gegners des Produzenten ist, gegebenen Falles den Beweis des Gegenteils zu erbringen. Dies ergibt sich jetzt aus §§ 416, 439 Abs. 2 und 440 Abs. 2 ZPO, ist aber nicht eine Neuheit dieses Gesetzes, sondern nur eine Wiederholung dessen, was im gemeinen Zivilprozesse von je her rechtens und von da in alle an dessen Stelle getretenen neueren Gesetzgebungen übergegangen war (RGZ 57, 67, 64, 406 ff.). Damit ist also die Namensunterschrift, wo sie vorkommt, in gewisser Beziehung formell zum Hauptbestandteile der Urkunde erhoben, der im Zweifel den übrigen Inhalt mit deckt." Dies kommt daher, „dass im modernen schriftlichen Verkehre seit Jahrhunderten die Namensunterschrift *üblich* geworden ist. Das hat zugleich mit sich gebracht, dass sich jeder in einem etwas ausgebreiteteren schriftlichen Verkehre Stehende mehr oder weniger eine bestimmte Form seiner Namensunterschrift anzugewöhnen pflegt, die dann innerhalb eines gewissen Kreises von Menschen bekannt wird. Daher kann die gebräuchliche Namensunterschrift eines Menschen zugleich als ein Kennzeichen seiner Person gelten, und wer sie kennt, der kann, wo sie auf einer Urkunde auftritt, in ihr schon eine gewisse Garantie für die Echtheit der letzteren ohne weiteren Beweis finden. Dieser besondere Zusammenhang zwischen der Person selbst und ihrer Namensunterschrift hat m.E. die Rechtsnorm zur Folge gehabt, durch die der letzteren eine besondere Bedeutung beigelegt worden ist."

In diesem Zusammenhang wies Schlesinger auf den Diffessionseid[20] des gemeinen Prozesses hin, der dahin zu leisten war, dass der Gegner die „vorgelegte Urkunde weder geschrieben, noch unterschrieben habe". Daneben

[19] Das Folgende nach dem Gutachten (Metallographie) in der Bibliothek des BGH (11 Seiten).

[20] Unter einer Diffession verstand man das Ableugnen einer Urkunde. War dies der Fall, so leistete der Beklagte den Diffessionseid, so dass die Urkunde keine Beweiskraft gegen ihn hatte.

war auch die Eideszuschiebung möglich, die dahin gefasst wurde, dass der Gegner die „vorgelegte Urkunde nicht unterschrieben habe, und dass dieselbe auch mit seinem Wissen und Willen von einem andern unterschrieben sei". Da solche Fälle in der Praxis selbstverständlich häufig vorgekommen seien, so sei, durch Vernachlässigung der Unterscheidung zwischen zugeschobenem Eid und Diffessionseid[21] in der Praxis die Lehre zu einer weit verbreiteten Herrschaft gekommen, dass der Diffessionseid in der zuletzt erwähnten Formierung abzuleisten sei, was er für unrichtig halte: „Ohne Zweifel hat nun auch die Üblichkeit der zuletzt erwähnten Eidesformel wesentlich mit dazu beigetragen, dass sich in einem großen Teile der deutschen Gerichtspraxis die Vorstellung festsetzte, die durch einen Beauftragten ausgeführte Namensunterschrift des Ausstellers der Urkunde sei *formell* gleichwertig mit der eigenhändigen Namensunterschrift des letzteren, während sie dies doch nur (in der Regel) materiell war, insbesondere nach gemeinem deutschen Rechte, wo es regelmäßig bei Willenserklärungen überhaupt nicht auf irgendeine bestimmte Form ankam. Hieraus erklären sich diejenigen älteren Entscheidungen, auf welche der I. Zivilsenat in seinen hier angegriffenen Urteilsgründen hingewiesen hat." Dem fügte Schlesinger noch hinzu, dass demgegenüber bezeichnend sei, dass das Obertribunal die „durch einen Beauftragten vollzogenen Namensunterschrift des Kontrahenten in lange festgehaltener Rechtsprechung nicht gelten ließ".

Nach Schlesinger war daraus, „dass in der modernen Verkehrsentwicklung die einem Menschen eigentümliche *gewohnte* Art der Namensschrift zugleich zu einem Kennzeichen seiner Person geworden ist, und dass *deswegen* bei Urkunden es zunächst nur auf die Echtheit der *Unterschrift* ankommt, vernünftigerweise zu folgern, dass der von einem Andern, also natürlich auch in einer beliebigen andern Art, geschriebene Name des Ausstellers da, wo eine gesetzliche Formvorschrift gerade die Namensunterschrift für wesentlich erklärt, niemals gleichwertig sein kann mit der eigenhändigen Namensschrift des Ausstellers. Am wenigsten ist dies aber da denkbar, wo, wie durch § 126 Abs. 1 BGB, Handzeichen *des Ausstellers selbst*, offenbar wegen ihres Mangels an eigenartiger, individueller Erscheinung, nicht gelten sollen, wenn sie nicht gerichtlich oder notariell beglaubigt sind."

[21] Zu diesem Problemkreis *Holzhauer*, aaO (Fn. 2), S. 77.

IV. Das Gutachten des zweiten Berichterstatters Anton Adolf Christoph Sprecher von Bernegg

Von Bernegg (geb. am 2.10.1849 in Chur/Schweiz [entstammt einer aristokratischen Familie im Schweizer Kanton Graubünden]; gest. 9.5.1915 in Baden/Aargau)[22] wuchs nach dem frühen Verlust seiner Eltern zusammen mit seinem Vetter Theophil Sprecher v. Bernegg – später Chef des Generalstabs der Schweizer Armee – in Marienfeld auf. 1859 kam er nach Lausanne und 1865 an das Paedagogium in Basel, wo er 1868 das Abitur mit summa cum laude ablegte. Bernegg studierte zunächst Theologie und anschließend Rechtswissenschaften in Basel, Göttingen (Sommersemester 1869) und anschließend in Leipzig (hier 1872/73 Promotion). Seine Zulassung zum preußischen Referendarexamen am Appellationsgericht Kassel erfolgte erst, nachdem er im November 1873 die preußische Staatsbürgerschaft erworben hatte. Sein Gesuch um Zulassung zur ersten Staatsprüfung, die er im März 1873 mit „recht gut" bestand, begründete er wie folgt: „Schon während des Studiums war ich zur Überzeugung gekommen, dass eine Rückkehr in die Schweiz nicht rathsam sei. Die Gründe liegen in der sehr mangelhaften Entwickelung des dortigen Justizdienstes. Das Rechtsstudium führt hauptsächlich nur zu Erlernung der Advocatur, welche wiederum zum großen Theile nur als Anknüpfungspunkt einer politischen Carrière behandelt wird. Ganz vorzüglich gilt dies von meiner engern Heimath, dem Kanton Graubünden. Hier ist sogar der Oberste Gerichtshof ‚Kantons- u. Ober-Gericht' nicht nothwendig mit Juristen besetzt. Auch liegt die Jurisprudenz dort nach der anderen Seite im Argen, dass die Advocatur in der Weise freigegeben ist, dass es dafür überhaupt keiner Prüfungen bedarf." Nach der 2. Staatsprüfung mit der Note „gut" war er seit Anfang 1879 zunächst am Kreisgericht Kassel und dort von Oktober 1879 bis Mai 1880 bei der landgerichtlichen Staatsanwaltschaft beschäftigt. Von 1880 bis 1885 war er Amtsrichter in Lichtenau, anschließend Landrichter in Hechingen (seit 1893 mit dem Titel Landgerichtsrat). Anfang 1889 bereits als Hilfsrichter am OLG Frankfurt tätig, erhielt er zum 1.10.1893 die Stelle eines Rats am dortigen OLG (1894/95 Abordnung in das preußische Justizministerium). Seine Ernennung zum Reichsgerichtsrat erfolgte zum 1.10.1900 (Ruhestand ab 1.10.1911).

[22] Zu Sprecher von Bernegg vgl. die Personalakte im BA Berlin, R 3002, Nr. 936; vgl. ferner *Adolf Lobe*, Fünfzig Jahre Reichsgericht am 1. Oktober 1929, Berlin, Leipzig 1929, S. 368. In der Personalakte von v. Bernegg befindet sich die handschriftliche Staatsexamensarbeit von 1874: „Heutiges Recht in Betreff der querela und exceptio non numeratae pecuniae" (40 eng beschriebene Seiten). – Zur Familiengeschichte der Sprecher v. Bernegg (Nachfahren der freien Walser) vgl. *Daniel Sprecher*, Generalstabschef Theophil Sprecher von Bernegg, Diss. St. Gallen, erschienen in Zürich 2000, S. 23 ff.; vgl. ferner den Nekrolog von Theophil Sprecher v. Bernegg im Bündner Tageblatt vom 13.6.1915.

v. Bernegg beginnt sein umfassendes Gutachten[23] mit einer einleitenden Betrachtung: Nach ihm ging die Rechtsprechung des ROHG und des RG „offenbar von der Überzeugung aus, dass das von einem Vertreter mit seinem Namen unterzeichnete Schriftstück „eine praktisch verwertbare Beurkundung des erklärten Geschäftswillens sei. Daran wird man auch nicht zweifeln können, wenn man, von besonderen Gültigkeitsvorschriften absehend, nur untersucht, was die Urkunde, die mit der vom Vertreter bewirkten Namensunterschrift des Vollmachtgebers unterzeichnet ist, dem Empfänger des Papiers in die Hand gibt und gewährleistet. Die materielle Funktion der Unterschrift, als Kennzeichen für den Abschluss der Willenserklärung zu dienen, wird natürlich nicht davon berührt, welcher Name unterschrieben wird. Durch die Angabe des Namens des Vertretenen erhält der Empfänger die beste Individualisierung der Person, gegen welche er nach dem Inhalte der Urkunde Ansprüche zu erheben hat. Es ist nicht ersichtlich, was er darüber mehr erfahren würde, wenn diese ihren Namen selbst geschrieben hätte. Damit hat der Urkundenempfänger, der Gläubiger, zunächst alles, dessen er zum Vorgehen gegen den Schuldner bedarf. Ihn davor zu bewahren, dass der Schuldner nicht später die Unterschrift bestreite, […], gibt es überhaupt kein Mittel. Jedenfalls steht in diesem Punkte die Urkunde mit eigener Namensunterschrift des Schuldners nicht wesentlich günstiger."

Wichtiger für den Gläubiger sei, dass der mit Wissen und Willen des Schuldners unterschriebene Name eine echte Unterschrift bilde: „Dass aber ohne oder über die Vollmacht hinaus gehandelt wird, kann ebensogut vorkommen, wenn der Vertreter sich nennt oder wenn er sich versteckt. Man darf doch nicht sagen, dass die hierdurch mögliche Gefährdung des Gläubigers einen wirklichen Notstand begründen könnte, der im Interesse der Sicherheit des Verkehrs die gänzliche Unterdrückung solcher, das Vertretungsverhältnis verschweigender Urkunden erfordern würde." Praktisch in Betracht kämen nur die „einseitigen Willenserklärungen in Schriftform," wobei dem Empfänger der Urkunde in den meisten Fällen jeder Anlass und auch jedes Mittel fehlen werde, eine von der Darstellung im Papier abweichende Art der Willenserklärung zu vermuten und festzustellen: „Gerade diese Urkunden mit einseitigen Willenserklärungen spielen im Verkehrsleben eine große Rolle. Es wird kaum zu bezweifeln sein, dass darunter auch vielfach Urkunden sich befinden werden, worin das Vertretungsverhältnis verdeckt und Erklärung wie Namensunterschrift direkt auf den Vertretenen gestellt sind, obgleich es grundsätzlich auf die mehr oder weniger große Häufigkeit dieser Fälle nicht ankommt. Wenn der § 126 Abs. 1 BGB für die gesetzlich gebotene Schriftform eine solche Art der Beurkundung wirklich ausschließt, so ist, da das Gesetz die Schriftform auch z.B. für das – abstrakte – Schuldversprechen und Schuldanerkenntnis – §§ 780, 781 – verlangt, gerade

[23] Das Gutachten befindet sich in der Bibliothek des Reichsgerichts BGH (16 Seiten).

in den praktisch wichtigsten und häufigsten Fällen die Folge, dass der Gläubiger nicht nur keinen Schutz erhält, sondern dass ihm im Gegenteil auch noch das abgesprochen wird, was ihm an sich die Urkunde wohl gewähren könnte. Dabei darf der wichtige Umstand nicht übersehen werden, dass auch nicht einmal der präventive Schutz besteht, welcher in der Strafbarkeit dieser Art von Unterschriftsvollziehung liegen würde. Ein Falsum ist die Zeichnung mit dem Namen des Vertretenen nicht. Mit Recht hat daher, wie mir scheint, der I. ZS geltend gemacht, dass viel mehr als die Zulassung, der Ausschluss der auf den Vertretenen gestellten Namensunterschrift geeignet wäre, der Täuschung Tür und Tor zu öffnen, indem er dem redlichen Empfänger, der den Vorgang bei der Unterschrift nicht kontrollieren könne, statt einer wertvollen Urkunde ein nichtiges Stück Papier in die Hand spiele."

Es ergebe sich aus dem Wortlaut des § 126 Abs. 1 BGB, dass diese Norm den Namen, welcher zu unterzeichnen sei, „nicht ausdrücklich" bezeichne. Die Erwägung des I. ZS sei durchaus berechtigt, dass „in den Motiven jede Andeutung fehle, es sei hier neben dem gewöhnlichen Falle, wofür das Gesagte zutreffe, auch an den besonderen Fall der Vertretung gedacht. Bei der Besprechung der hier eingreifenden Bestimmungen des Abs. 1 wird mit keinem Worte auf die Möglichkeit eines Vertretungsverhältnisses hingewiesen. Erst an einer späteren Stelle (S. 186) und bei einer ganz anderen Frage – dem Unterschiede zwischen der Abgabe einer Erklärung vor und gegenüber einer Behörde – wird, wie schon bemerkt worden ist, zwischen dem ‚Erklärenden' und dem Vertreter unterschieden." Man dürfe wohl festhalten, „dass eine so viel ventilierte Frage, wie die der Zulässigkeit vertretungsweiser Unterzeichnung mit dem Namen des Vollmachtgebers, auch dem Verfasser der Motive bekannt war. Es müsste nun im höchsten Grade auffallen, wenn er der Auffassung, dass die – jedenfalls nicht unzweideutige – Bestimmung des Entwurfs den bisher geltenden Rechtszustand ändere, nur in der angeführten, völlig unzulänglichen Bemerkung der Motive einen indirekten Ausdruck sollte gegeben haben. Eine plausible Erklärung ist nur möglich, wenn man annimmt, dass die Motive den Fall der Vertretung nicht im Auge gehabt haben."

„Fasse man alle Momente zusammen" – so Bernegg –, „so dürfte sich die Behauptung wohl rechtfertigen, dass der Wortlaut des Textes ein bestimmtes Gebot an den Vertreter, sich bei der Unterschrift seines eigenen Namens zu bedienen, nicht ergibt". Es komme allerdings darauf an, ob die strengere Auslegung, welcher der VI. ZS folgen wolle, derart „durch innere Gründe gestützt sei, dass man, trotz der mangelnden Stringenz der Gesetzesworte, sie billigen müsste". Die Meinung, dass der Vertreter mit seinem eigenen Namen unterzeichnen müsse, „würde sich auf die Bedeutung der Namensunterschrift nur stützen lassen, wenn sie darzutun vermöchte, dass jene an sich unstreitige Rechtswirkung die Folge der Unterschrift nur gerade des eigenen Namens sei. Nun ist dies aber durchaus nicht der Fall. Vielmehr ist das Gegenteil erwiesen. Daß das Wesen des Namens den vertretungsweisen Gebrauch zur Unterzeichnung innerhalb der erteilten Vollmacht ausschließe, wird nach der vom RG in RGZ 4, 321 gebilligten und wiederholten Widerlegung durch das ROHG (Bd. 5, 265) niemand mehr behaupten wollen. Aber auch in Leben und Verkehr lässt sich nicht eine solche Bevorzugung der Unterzeichnung des eigenen vor der des fremden Namens nachweisen, dass darin die Überzeugung von einer rechtlichen Minderwertigkeit der zweiten Unterzeichnungsart zum Ausdrucke gelangt wäre. Man mag wohl einräumen, dass die Unterschrift mit dem eigenen Namen gewisse empfehlende Eigenschaften besitzt, indem sie durch ihr individuelles Gepräge einen Anhalt für die Beurteilung der Echtheit bietet. Doch darf auch dieser Vorteil nicht überschätzt werden, da die genaue Kenntnis eines Privatnamenszuges auf engere Kreise beschränkt zu sein pflegt."

Die Ausführungen von *Schlesinger* hätten ihn, v. Bernegg, nicht davon überzeugt, dass in der modernen Verkehrsentwicklung die einem Menschen eigentümliche, *gewohnte* Art der Namensunterschrift zugleich zu einem Kennzeichen seiner Person geworden sei, wenigstens nicht, wenn dies bedeuten soll, wie es, um schlüssig zu sein, bedeuten müsste, dass erst durch dieses Kennzeichen eine rechtlich ausreichende Bezeichnung des Individuums zustande komme. Die volle Konsequenz aus diesem Satze würde dazu führen, die Ungültigkeit einer Urkunde zu behaupten, die der Aussteller zwar mit seinem eigenen Namen, aber nicht in der ihm eigentümlichen, gewohnten Art der Namensschrift unterzeichnet hat. Selbstverständlich ein unmögliches Ergebnis."[24]

Die Versuche von Autoren, die grundsätzlich die engere Auslegung des § 126 Abs. 1 BGB bevorzugten, den Konsequenzen dieser Meinung für das Handels- und Wechselrecht zu entgehen, hätten im Übrigen einen „großen symptomatischen Wert": „Sie zeigen, dass ihre Urheber es als eine praktische Unerträglichkeit auf dem Gebiete des Handels- und Wechselrechts empfunden haben, wenn die Vorschrift des § 126 Abs. 1 i.S. der engeren Auslegung durchgeführt würde." Das Verhältnis des § 126 Abs. 1 BGB zu den Bestimmungen des HGB sei aber hier nicht nur deshalb von Interesse, „weil es die praktischen Unzuträglichkeiten der ‚engeren' Auslegung aufdeckt und illustriert, sondern es bietet auch, wie schon in RGZ 50 geltend gemacht worden ist, ein unmittelbares Argument gegen diese Auslegung."

Abschließend stellt v. Bernegg fest, dass zwar die größere Zahl der Autoren sich für die engere Auslegung des § 126 Abs. 1 BGB ausspreche, dagegen die Praxis mit Ausnahme des OLG Marienwerder „einmütig" sich auf den Boden der vom I. ZS gebilligten Auslegung gestellt habe[25].

[24] Auf die prozessrechtliche Argumentation von Schlesinger geht v. Bernegg nicht näher ein.

[25] v. Bernegg führt hier Entscheidungen der Oberlandesgerichte Breslau und Königsberg und ferner des Kammergerichts an. Der V. Zivilsenat hatte sich mit einem Urteil vom 11. Juli 1908 dem 1. Zivilsenat angeschlossen (*Schubert,* Erkenntnisse 1908, S. 387, Nr. 53).

Vor allem habe er in seinem Gutachten „großes Gewicht auf die Folgen gelegt", „welche der Ausschluss der Unterzeichnung mit dem Namen des Vertretenen für die Praxis haben müsste. Es ist geltend gemacht worden, dass davon schon auf dem Gebiete des Zivilrechts empfindliche Schädigung des gutgläubigen Verkehrs zu befürchten wäre. Es ist dann insbesondere für die handelsrechtlichen Geschäfte und namentlich für die Wechselunterschriften die Darlegung versucht worden, dass die praktische Durchführung dieses Ausschlusses unerträgliche Ergebnisse zur Folge haben würde. Ich bin mir wohl bewusst, dass mit solchen Erwägungen gegen eine bestimmte Vorschrift des Gesetzes nicht aufzukommen wäre. Wenn der Wille des Gesetzgebers, die Formvorschrift in dem strengeren, hier bekämpften Sinne aufzustellen, in § 126 Abs. 1 BGB einen sicheren Ausdruck gefunden hat, so muss man sich dabei einfach bescheiden, auch wenn man von der Schädlichkeit der Vorschrift noch so sehr überzeugt wäre. Dagegen ist es ohne Zweifel zulässig und geboten, bei der Auslegung des Gesetzes diese praktischen Rücksichten im Auge zu behalten und im Hinblick darauf, die Frage, ob dieser Wille des Gesetzgebers einen unzweideutigen Ausdruck gefunden habe, einer strengeren Prüfung zu unterziehen. Die Momente, welche man dafür geltend machen kann, dass es an dieser Sicherheit des Ausdrucks fehle, habe ich zusammengestellt. Im Übrigen verkenne ich nicht, dass bei Auslegungsfragen in letzter Linie das individuelle Sprachgefühl den Ausschlag gibt, das durch bloße logische Deduktionen nicht wesentlich kann beeinflusst werden. Es wird jetzt zu entscheiden sein, ob die Auslegung, die der I. ZS dem § 126 Abs. 1 BGB gegeben hat, nicht nur – was ich für zweifellos halte – formell mit dem Wortlaute vereinbar ist, sondern auch, ob sie den Vorwurf verdient, dem darin erkennbar ausgesprochenen Gesetzeswillen Gewalt anzutun. Der Herr I. Berichterstatter bejaht dies, ich möchte es verneinen."

In seinen zwei Seiten umfassenden „Erwidernden Bemerkungen"[26] zum Gutachten von v. Bernegg ging *Schlesinger* im Wesentlichen nur noch auf die von diesem vorgebrachten „praktischen Rücksichten" ein, die für eine weite Auslegung des § 126 Abs. 1 BGB sprächen: „Dabei handelt es sich darum, dass, wie jede Formvorschrift, so auch die Vorschrift eigenhändiger Unterschreibung arglose Menschen, die als Gegenkontrahenten an die betreffende Gesetzesbestimmung bei einem Rechtsgeschäfte nicht denken (entweder weil sie sie nicht kennen, oder aus einem anderen Grunde), in Vermögensschaden bringen kann. Wenn sie nämlich daran *denken,* so werden sie sich auf das betreffende Geschäft verständigerweise nicht einlassen, ohne gute Gründe für die Annahme zu haben, dass die gesetzliche Form beobachtet ist. Für die Annahme aber, dass eine Unterschrift, *die man nicht kennt,* wirklich die eigenhändige Unterschrift desjenigen sei, dessen Namen oder Firma sie darstellt, gibt es ohne eingezogene Erkundigung vorläufig *keinen* guten Grund.

[26] Ebenfalls erhalten in der Bibliothek des BGH.

Freilich kann man auch trotz aller Erkundigungen über die Eigenhändigkeit getäuscht werden; aber grade so kann man auch bei einer ganz unechten Unterschrift über die *Echtheit* getäuscht werden."

V. Die Entscheidung der Vereinigten Zivilsenate vom 27.6.1910

Die VZS entschieden die vom VI. ZS aufgeworfene Rechtsfrage dahin, dass der Vorschrift in § 126 Abs. 1 BGB genügt sei, „wenn bei gesetzlich vorgeschriebener Schriftform der bevollmächtigte Vertreter ausschließlich mit dem Namen des Vertretenen unterschreibt". An der Entscheidung nahmen der Präsident des Reichsgerichts (zugleich Vorsitzender des I. ZS), die weiteren sechs Senatspräsidenten sowie 53 Reichsgerichtsräte teil. Über das Stimmenverhältnis enthält der Beschluss keine Ausführungen. Der Beschluss ist in RGZ 74, S. 69–76 bis auf das Rubrum und die einleitenden Ausführungen der Gründe vollständig wiedergegeben[27]. Die Gründe geben im Wesentlichen, wenn auch verkürzt, die Ergebnisse des Gutachtens von v. Bernegg wieder.

Weshalb hat sich der VI. ZS mit dem Gutachten von Schlesinger nicht durchgesetzt? Das Gutachten von v. Bernegg ist im Ganzen ausführlicher als dasjenige von Schlesinger auf die Problematik der Auslegung des § 126 Abs. 1 BGB eingegangen[28] und brachte für die Mehrheit der Reichsrichter im Ganzen wohl überzeugendere Argumente für die weite Auslegung der genannten Norm als Schlesinger, der anders als v. Bernegg noch mit der vor der maßgebenden ROHG-Entscheidung von 1872 von ihm für zutreffend gehaltenen Rechtslage voll vertraut war, für die Ablehnung der gestellten Frage. Beide Gutachter haben nur die Motive zum 1. BGB-Entwurf und die Protokolle der 2. Kommission herangezogen; mit dem Vorentwurf von *Gebhard* und dessen Begründung sowie mit den Protokollen der 1. Kommission, die erstmals *Holzhauer*[29] ausgewertet hat, haben sie sich nicht befasst. Nach diesen Materialien, die in den Motiven nur verkürzt wiedergegeben sind, war die Frage, „ob die *Eigenhändigkeit* der Unterschrift verlangt werden solle", in den Kommissionsberatungen umstritten[30]: „Die in den Motiven[31] vertretene,

[27] Die vollständige Fassung des Beschlusses findet sich in der Bibliothek des BGH.

[28] Hierzu die Nachweise bei *Holzhauer,* aaO (Fn. 2), S. 17 ff.

[29] *Holzhauer,* aaO (Fn. 2), S. 115.

[30] Wiedergabe des Protokolls insoweit bei *J. H. Jakobs/W. Schubert,* Die Beratung des BGB. Allgemeiner Teil, Berlin 1983, S. 5, 651 f.

[31] Mit den „Motiven" ist die Begründung des Teilentwurfs des Redaktors Gebhard gemeint (wiedergegeben bei *W. Schubert* [Hrsg.]), Vorlagen der Redaktoren für die erste Kommission zur Ausarbeitung des Entwurfs eines BGB. Allgemeiner Teil, Teil 2, Berlin 1981, S. 101. Der Vorschlag im Teilentwurf lautet als § 93 Abs. 1: „Schreibt das Gesetz die Form einfacher Schriftlichkeit vor, so muss die Urkunde von dem Erklärenden mit dem Familiennamen, geeignetenfalls mit dem Geschäftsnamen, unterschrieben oder mittels gerichtlich oder notariell beglaubigten Handzeichens unterzeichnet sein." Zu den zitierten Materialien *Holzhauer,* aaO (Fn. 2), S. 101.

diese Frage bejahende Antwort wurde namentlich von einer Seite als zu weit gehend bekämpft. Im Verkehr komme es häufig vor, dass *Einer* im Auftrage es Anderen dessen Namen unter die Urkunde setze, und es sei bedenklich, wenn in solchen Fällen das Rechtsgeschäft als nichtig gelten solle, welches Bedenken insbesondere hervortrete, wenn der sogar im Schreiben erfahrene Urheber des Rechtsgeschäfts sich eines Anderen zur Unterschrift einzig und allein als seines Instruments bedient habe. Es komme nur darauf an, dass die Unterschrift dem Willen des Erklärenden entspreche und mit dessen Willen erfolgt sei." Die Mehrheit, so weiter die Protokolle der 1. Kommission, „glaubte jedoch, dass, wenn einmal die Form der Schriftlichkeit der Willenserklärung von dem Gesetze verlangt werde, das Erforderniß der Eigenhändigkeit der Unterschrift dem Zwecke des Gesetzes entsprechender sei und zur Vereinfachung der Rekognition diene, und beschloss, dass jenes Erforderniß im § 93 durch die Hinzufügung des Wortes: ‚selbst' oder ‚eigenhändig' zum deutlichen Ausdrucke gebracht werden sollen." Damit dürfte die 1. Kommission in ihren Beratungen vom 18.11.1881 – die Entscheidung RGZ 4, 305 vom 8.3.1881 dürfte den Kommissionsmitgliedern bekannt gewesen sein – auf dem Standpunkt der sog. engeren Auslegung der Norm gestanden haben.

Auffallend ist allerdings, dass *Gottlieb Planck* in der ersten Auflage seines Kommentars auf die Frage der engeren oder weiteren Auslegung des § 126 BGB überhaupt nicht eingegangen ist. Allerdings hatte sich zu dieser Zeit – 1897 – noch keine Meinung zur Auslegung der genannten Norm gebildet. Erst in der 2. Auflage des Bandes zum Allgemeinen Teil trat Planck für die engere Auslegung ein[32]: „Hätte das BGB trotz der Aufstellung des Erfordernisses der eigenhändigen Unterschrift des Ausstellers jene [frühere] Praxis aufrecht erhalten wollen, so hätte dies ausdrücklich bestimmt werden müssen. Man wird eine ungenaue Ausdrucksweise anzunehmen um so weniger berechtigt sein, als die hier vertretene Auffassung praktisch den Vorteil bietet, dass durch das Erforderniß der Angabe des Vertretungsverhältnisses für den Fall, dass ein Vertreter unterzeichnet, das wirkliche Sachverhältnis klargestellt und eine Verdunkelung desselben vermieden wird." Die Meinung von Planck, der als Mitglied beider BGB-Kommissionen mit den Beratungen bestens vertraut war und zudem über ein hervorragendes Erinnerungsvermögen verfügte[33], wurde jedoch nicht einmal von Schlesinger näher beachtet, was ihn hätte veranlassen können, auch die unveröffentlichten Materialien des BGB heranzuziehen, die in der Bibliothek des Reichsgerichts greifbar waren.

[32] *G. Planck*, BGB nebst EG, Bd. 1, 3. Aufl., Berlin 1903, S. 229.
[33] Vgl. *Ferdinand Frensdorff*, Gottlieb Planck, deutscher Jurist und Politiker, Berlin 1914, der S. 219 f. Plancks „kolossale Gedächtniskraft" herausstellt.

Insgesamt lagen für die Vereinigten Zivilsenate keine durchgreifenden Gründe vor, von einer seit 1872 kontinuierlich verfolgten Judikatur abzugehen, auf welche sich die Praxis eingerichtet hatte. Auch soziale Gesichtspunkte, welche die Judikatur des Reichsgerichts zunehmend beeinflussten, dürften für die Aufrechterhaltung der vom I. ZS 1901 vorgenommenen Auslegung des § 126 Abs. 1 BGB maßgebend gewesen sein. Die Gründe des Beschlusses vom 27.6.1910 (RGZ, 74, 69) wiesen gleich zu Anfang darauf hin, dass Urkunden, die nur mit dem vom Vertreter geschriebenen Namen des Vertretenen unterzeichnet seien, „tatsächlich nicht selten" vorkämen, und zwar auch gerade über Erklärungen, für welche das Gesetz die Schriftform verlange: „Es genügt, auf die Gepflogenheiten des *kleineren und namentlich des ländlichen Verkehrs* hinzuweisen, in dem z.B. Schuldversprechen und Schuldanerkenntnisse im Sinne der §§ 780, 781 BGB, Bürgschaftserklärungen, Erklärungen des Beitritts zu Genossenschaften und dgl. ein praktisches Anwendungsfeld für solche Unterschriften sind. Besonders aber lehrt die Erfahrung, dass diese Art von Namensunterschriften bei den Skripturakten des Wechselverkehrs recht verbreitet ist." Vor dem Inkrafttreten des BGB sei denn auch „durch die Rechtsprechung der höchsten Gerichte die Rechtswirksamkeit der nur mit dem Namen des Vertretenen unterzeichneten Urkunden in den Fällen gesetzlich gebotener Schriftform außer Zweifel gestellt" gewesen.

In der Folgezeit vertraten die wissenschaftlichen Kommentare von Planck, Oertmann und Staudinger weiterhin die enge Auslegung des § 126 BGB. Zu den Beratungen des Sonderausschusses der Akademie für Deutsches Recht für Allgemeines Vertragsrecht (1939) vertrat der Gutachter *Heldrich* die Meinung[34], die ständige Rechtsprechung zur weiten Auslegung des § 126 Abs. 1 BGB widerspreche „dem Zweck der Form, die gerade Verdunkelung und Anonymität beseitigen soll. Auch entfalle dadurch die Erkennbarkeit der Identität und der Fälschungsschutz; daher solle in Zukunft der Vertreter mit seinem Namen unter Hinweis auf das Vertretungsverhältnis unterzeichnen." Während *Nipperdey* diesem Vorschlag beitrat, wollte der Reichsgerichtsrat *Epping* nur eine Sollvorschrift vorsehen, „da sich die von der Rechtsprechung des RG ausgehende Übung schon sehr eingebürgert habe und sonst die Gefahr bestünde, dass in Zukunft zahlreiche Verträge nichtig würden". Der Ausschussvorsitzende *Hueck* stellte „nach längerer Diskussion" fest, dass sich die Mehrheit des Ausschusses für eine Sollvorschrift ausspreche. Die für das Volksgesetzbuch vorgesehene Regelung sollte lauten: „Schließt jemand einen Vertrag als Vertreter, so soll er mit seinem eigenen Namen unter Hinweis auf das Vertretungsverhältnis unterzeichnen." Über die heutige

[34] Das Folgende nach *W. Schubert* (Hrsg.), Akademie für Deutsches Recht. Ausschuss für Personen-, Vereins- und Schuldrecht 1937–1939, Bd. III, 4 der Reihe, Berlin 1992, S. 446 f., 492.

praktische Bedeutung der mit RGZ 74, 69 begründeten Tradition liegen, soweit ersichtlich, keine rechtstatsächlichen Untersuchungen vor. In der Literatur wird die h.M. zumindest für Teilbereiche zunehmend für nicht unbedenklich gehalten[35].

[35] Hierzu die Übersicht bei *Einsele* im MünchKomm. 5. Aufl. 2006, Rn. 12 zu § 126 BGB.

Stiften in Russland?

Eine Skizze zum russischen Stiftungsrecht

Alexander Trunk

Stiftertätigkeit hat in Russland eine lange, auch religiös verwurzelte Tradition[1]. Besonders seit der 2. Hälfte des 19. Jahrhunderts nahm die Zahl privater Stiftungen, die vorwiegend durch wohlhabende Unternehmer eingerichtet wurden, stark zu. In der Oktoberrevolution wurden diese Stiftungen verstaatlicht[2]. In der sowjetischen Periode war zwar die Gründung von Stiftungen nicht ausgeschlossen[3], die Abschaffung des Privateigentums an Produktionsmitteln und die herrschende Ideologie ließen privater Stiftertätigkeit aber keinen nennenswerten Raum. Erst die wirtschaftlichen und gesellschaftlichen Reformen der Perestrojka-Politik Gorbatschows öffneten wieder ein Fenster für private Stiftungen. Sowohl das sowjetische Eigentumsgesetz vom 6.3.1990 als auch die Grundlagen der Zivilgesetzgebung der UdSSR vom 31.5.1991 führten unter den Gestaltungsformen juristischer Personen ausdrücklich auch Stiftungen auf (Art. 17 EigentumsG UdSSR 1990; Art. 11 GZG 1991[4]). Eine ähnliche, aber etwas ausführlichere Regelung enthielt Art. 18 des russischen Eigentumsgesetzes vom 24.12.1990[5]: Der wesentliche Inhalt dieser Bestimmungen wurde später in das russische Zivilgesetzbuch von 1994 übernommen und weiter konkretisiert.

In den letzten Jahren hat sich in Russland die Zahl und Aktivität von Stiftungen spürbar belebt. Stand in den ersten Jahren nach dem Zerfall der

[1] Zur Geschichte des russischen Stiftungswesens s. http://www.mosblago.ru/groups/page-31.htm.

[2] S. http://www.mosblago.ru/groups/page-32.htm.

[3] Das ZGB der RSFSR von 1922 sah private „Einrichtungen" (uchrezhedenia; dieser Begriff schloss auch Stiftungen ein) noch ausdrücklich vor, machte ihre Gründung aber von einer staatlichen Genehmigung abhängig (Art. 14, 15 ZGB 1922). Das ZGB der RSFSR 1964 sprach private Einrichtungen nur noch indirekt an („andere Organisationen", Art. 24 ZGB 1964); ihre Gründung war nur noch auf der Grundlage spezieller gesetzlicher Regelungen zugelassen.

[4] Art. 17 EigtG UdSSR erwähnte nur gemeinnützige Stiftungen (russ. „blagotvoritel'nye i drugie obshchestvennye fondy". Art. 11 Pkt. 2 GZG UdSSR dagegen sprach allgemeiner von „wohltätigen und anderen" Stiftungen, (blagotvoritel'nye i drugie fondy), so dass auch privatnützige Stiftungen erfasst waren.

[5] Auch dieses Gesetz befasste sich, ähnlich wie das sowjetische Eigentumsgesetz vom 6.3.1990, nur mit gemeinnützigen Stiftungen.

Sowjetunion vor allem die Tätigkeit ausländischer Stiftungen in Russland im Vordergrund[6], haben sich mittlerweile auch einige bedeutende russische Stiftungen etabliert, z.B. die V. Potanin-Stiftung[7] oder die Dmitry Zimin Dynasty Foundation[8]. Im Westen bekannt ist auch die vom letzten Präsidenten der UdSSR geleitete Gorbatschow-Stiftung[9]. Das Kapital auch der führenden russischen Stiftungen[10] ist zwar noch deutlich geringer als das Kapital großer westlicher Stiftungen, die Entwicklungslinie ist aber positiv, wenn auch gebremst durch die jüngste Wirtschaftskrise.

A. Rechtsgrundlagen

Die grundlegenden Vorschriften des russischen Stiftungsrechts sind Art. 118 und 119 des russischen Zivilgesetzbuchs (Teil 1) vom 30.11.1994[11]. Diese Bestimmungen befinden sich im Personenrecht des Zivilgesetzbuchs (Abschnitt 1 Allgemeine Bestimmungen, Unterabschnitt 2 Personen), das in Kapitel 4 die Regelungen über Juristische Personen zusammenfasst. Art. 118, 119 ZGB sind hier in den Unterabschnitt über „Nichtkommerzielle Personen (§ 5: Art. 116–123 ZGB) eingestellt. Kapitel 4 § 5 ZGB enthält keine allgemeinen Vorschriften über nichtkommerzielle Personen, sondern Regeln über die einzelnen, nach russischem Recht hier vorgesehenen Gestaltungsformen (Verbraucherkooperativen, gesellschaftliche und religiöse Vereinigungen, Stiftungen, Einrichtungen, Assoziationen und Verbände[12]). Auf Stiftungen sind aber die allgemeinen Vorschriften des Zivilgesetzbuchs über juristische Personen (Kapitel 4 § 1, Art. 48–65 ZGB) anwendbar, ebenso wie die Grundlagenbestimmungen des Allgemeinen Teils des ZGB (Kapitel 1 und 2: Art. 1–16 ZGB) und andere Vorschriften des Zivilgesetzbuchs. Im russischen Recht existiert derzeit kein besonderes Stiftungsgesetz. Das Zivilgesetzbuch ergänzende Vorschriften über Stiftungen finden sich aber im Gesetz über Nichtkommerzielle Organisationen vom 12.1.1996 (im folgen-

[6] S. http://www.maecenas.ru/doc/2005_3_12.html. Ein bedeutendes Beispiel ist etwa die Tätigkeit der Soros Foundation Russia (Open Society Institute, New York), die in großem Umfang Stipendien vergab und andere Projekte förderte, s. http://www.soros.org/about.

[7] S. http://www.fund.potanin.ru/.

[8] S. http://www.dynastyfdn.ru/.

[9] S. http://www.gorby.ru/rubrs.asp?rubr_id=7.

[10] Mehrere große russische Stiftungen haben sich mit ausländischen, in Russland tätigen Stiftungen im Forum donorov als Gesprächsplattform, Informationsvermittler und Interessenvertretung zusammengeschlossen, s. http://www.donorsforum.ru/.

[11] Sobranie Zakonodatel'stva Rossijskoj Federatsii (SZ RF) 1994 Nr. 32 Pos. 3301, zuletzt geändert durch Gesetz vom 21.2.2010; Text auch verfügbar in verschiedenen elektronischen Datenbanken, z.B. http://www.garant.ru oder http://www.consultant.ru.

[12] Die Liste ist nicht abschließend; in Sondergesetzen (z.B. im Gesetz über Nichtkommerzielle Organisationen) werden weitere Organisationsformen benannt.

den: NKOG)[13], insbesondere in Art. 7 dieses Gesetzes. Für wohltätige[14] Stiftungen ist ferner das Gesetz „Über wohltätige Tätigkeit und wohltätige Organisationen" vom 11.8.1995 (im folgenden: WTG)[15] von Bedeutung. Daneben haben auch Subjekte der Föderation entsprechende Gesetze erlassen, die das föderale Wohltätigkeitsgesetz ergänzen[16]. Neben diese grundlegenden Vorschriften treten spezielle Regelungen in anderen Gesetzen, z.B. im Steuergesetzbuch oder in Gesetzen über bestimmte Bereiche des sozialen Lebens, in denen sich Stiftungen typischerweise betätigen (Bildung, Kultur, Forschung, Sport etc.)[17]. Ergänzend sind untergesetzliche Vorschriften zu beachten.

B. Allgemeine Fragen

I. Grundstruktur

Die Grundstruktur eines „fond" (Stiftung) wird in Art. 118 ZGB wie folgt beschrieben: eine nichtkommerzielle Organisation mit Rechtspersönlichkeit, aber ohne „Mitglieder", die von einem oder mehreren Gründern eingerichtet und mit Vermögen ausgestattet wird und der Förderung gesellschaftlich nützlicher Zwecke dient. Das Ziel der Förderung gesellschaftlichen Wohls wird vom Gesetz über Nichtkommerzielle Organisationen als Merkmal solcher Organisationen generell genannt (Art. 2 Pkt. 2 NKOG). Das Zivilgesetzbuch erwähnt dieses Kriterium aber nur bei der Stiftung[18]. Durch die Beschränkung auf gesellschaftlich nützliche Zwecke schließt das russische Zivilgesetzbuch die Nutzung des Instituts der Stiftung für rein privatnützige Zwecke, z.B. als Familienstiftung zur Erhaltung des Familienvermögens über den Tod des Stifters hinaus, derzeit aus.

Art. 118 ZGB regelt allein die rechtsfähige Stiftung. Nicht rechtsfähige Stiftungen sind im Zivilgesetzbuch nicht ausdrücklich angesprochen. Im Rahmen

[13] SZ RF 1996 Nr. 3 Pos. 145 mit späteren Änderungen.

[14] „blagotvoritel'nye", s. Art. 1 WohltätigkeitsG (WTG). Zur Abgrenzung vom Begriff der Gemeinnützigkeit s.u. B.III.

[15] SZ RF 1995 Nr. 33 Pos. 3340.

[16] S. z.B. das Gesetz der Stadt Moskau „Über wohltätige Tätigkeit" vom 5.7.1995, zugänglich in der Rechtsdatenbank http://www.mosopen.ru/documents; s. dazu die Kommentierung bei http://www.mosblago.ru/groups/page-71.htm.

[17] S. auch die kurze, weitgehend auf die allgemeinen stiftungsrechtlichen Regeln verweisende Vorschrift über „gesellschaftliche Stiftungen" (obshchestvennye fondy) in Art. 10 des Gesetzes über gesellschaftliche Vereinigungen vom 19.5.1995 (Hauptgrundlage des russischen Vereinsrechts hinter dem ZGB), zugänglich in der Datenbank Garant.

[18] „Gesellschaftliche Organisationen (Vereinigungen)" i.S.v. Art. 117 ZGB können, müssen aber nach dem Wortlaut des ZGB nicht unbedingt gesellschaftlich nützliche Zwecke verfolgen.

schuldrechtlicher Vertragsfreiheit und auf der Grundlage des in Art. 1012 ff ZGB geregelten Vertrags über die treuhänderische Vermögensverwaltung[19] können aber nichtrechtsfähigen Stiftungen entsprechende Gestaltungen entwickelt werden.

Ein weiteres zentrales Element der Legaldefinition der Stiftung in Art. 118 Pkt. 1 ZGB besteht im Fehlen von „Mitgliedern". Durch dieses Negativkriterium grenzt sich die Stiftung von Gesellschaften und Vereinen, insbesondere auch von „gesellschaftlichen Organisationen (Vereinigungen)" im Sinne von Art. 117 ZGB, ab. Der Gründer der Stiftung (Stifter) bestimmt zwar den Zweck und die in der Stiftungssatzung verankerte Grundstruktur der Stiftung. Er hat aber, wenn die Stiftung gegründet ist, nicht die Gestaltungsmöglichkeiten (und Pflichten) eines Gesellschafters oder Vereinsmitglieds. Der Stifter kann sich jedoch, wenn ihm daran gelegen ist, durch die Satzung erheblichen Einfluß auf die Tätigkeit und das weitere Schicksal der Stiftung vorbehalten, etwa indem er dem Vorstand das Recht einräumt, die Stiftungssatzung zu ändern[20], und sich selbst zum Vorstand der Stiftung bestimmt.

II. Verwandte Gestaltungsformen

Neben der Stiftung (fond) kennt das russische Recht auch andere, verwandte Gestaltungsformen[21]. Welche davon im konkreten Fall gewählt wird, hängt von der Interessenlage der Beteiligten, strukturellen Vorgegebenheiten und von den mit der Wahl der betreffenden Rechtsform verbundenen Konsequenzen ab.

Unmittelbar nach der Stiftung (fond) regelt das Zivilgesetzbuch in Art. 120 die sog. Einrichtung (uchrezhdenie). Auch die Einrichtung beruht auf dem Gründungsakt einer oder mehrerer Personen und hat keine Mitglieder[22]. Die Gründer werden in Art. 120 ZGB als „Eigentümer" des der Einrichtung übergebenen Vermögens[23] bezeichnet. Anders als bei der Stiftung bleibt der Gründer Eigentümer des betreffenden Vermögens, die Einrichtung erhält ein beschränktes dingliches Recht an den Vermögensgegenständen, das sog.

[19] Zu diesem Vertragstyp siehe ausführlich *Primaczenko*, Treuhänderische Vermögensverwaltung nach russischem Recht (2010). Der wichtigste Unterschied zur klassischen Treuhanddefinition im deutschen Recht besteht darin, dass nach russischem Recht der Treugeber Eigentümer der an den Treuhänder übergebenen Sache bleibt (Art. 1012 Pkt. 1 Unterabs. 2 ZGB).

[20] S. Art. 119 Pkt. 1 Unterabs. 1 ZGB.

[21] Zur nichtrechtsfähigen Stiftung s. bereits oben B.I.

[22] Die möglichen Ziele der Einrichtung werden in Art. 120 ZGB weiter gefasst als in Art. 118 ZGB: Ziele „nichtkommerziellen Charakters" (mit Beispielsaufzählung).

[23] Der Einrichtung kann jede Art von Vermögen übertragen werden, z.B. auch Forderungen. Der Ausdruck „Eigentümer" ist im russischen Recht nicht auf Eigentum an Sachen beschränkt.

Recht der operativen Verwaltung gemäß Art. 120 Pkt. 1 Unterabs. 2 i.V.m. Art. 296 ZGB[24]. Die Einrichtung ist gemäß Art. 298 ZGB aber nicht befugt, über das ihr übergebene Vermögen zu verfügen; Verfügungen kann nur der Eigentümer vornehmen. Dies erschwert rasches rechtsgeschäftliches Handeln der „Einrichtung", sie ist insoweit schwerfälliger als eine Stiftung.

Eine weitere der Stiftung ähnliche Rechtsform ist die sog. autonome nichtkommerzielle Organisation gemäß Art. 10 des Gesetzes über Nichtkommerzielle Organisationen. Auch insoweit handelt es sich um eine juristische Person ohne Mitglieder. Gründer können natürliche oder juristische Personen sein. Wie bei der Stiftung – aber anders als bei der „Einrichtung" – erwirbt die autonome nichtkommerzielle Organisation Eigentum an dem ihr übertragenen Vermögen. Der Kreis möglicher Zwecke der autonomen nichtkommerziellen Organisation wird in Art. 10 NKOG enger gezogen als bei der Stiftung: sie kann (nur) zur Erbringung von Dienstleistungen, z.B. in den Bereichen Ausbildung, Gesundheitsversorgung, Kultur, Wissenschaft, Recht und Sport gegründet werden. Ein aktuelles Beispiel ist das Organisationskomitee der XXI. Olympischen Winterspiele in Sochi, das vom Olympischen Komitee Russlands, der Russischen Föderation und der Stadt Sochi in der Rechtsform der autonomen nichtkommerziellen Organisation gegründet wurde (s. Art. 4 des Gesetzes zur Vorbereitung der Olympischen Spiele in Sochi vom 1.12.2007[25]). Art. 10 NKOG weicht auch in anderer Hinsicht etwas von der Regelung über Stiftungen ab. So ist nach Art. 10 NKOG der Gründer der autonomen nichtkommerziellen Organisation verpflichtet, über die Tätigkeit der Organisation „Aufsicht" zu führen (Art. 10 Pkt. 3 NKOG). Bei Stiftungen ist eine solche Aufsicht durch den Gründer nicht verpflichtend.

III. Erscheinungsformen von Stiftungen

Stifter gemäß Art. 118 ZGB können sowohl Personen des Privatrechts als auch des öffentlichen Rechts sein[26]. „Öffentlichrechtliche Stiftungen" als be-

[24] Das Institut der operativen Verwaltung ist in das russische Recht aus dem sowjetischen Recht überkommen und dient primär der Aufteilung der sachenrechtlichen Positionen des Staates als Eigentümer und staatlicher Unternehmen. Bei Einrichtungen, die auch von Privaten gegründet werden können, wird der Anwendungsbereich dieses Rechtsinstituts in den Privatsektor hinein erstreckt.

[25] SZ 2007 Nr. 49 Pos. 6071. Die Regelung in Art. 4 dieses Gesetzes war wohl auch deshalb erforderlich, weil Art. 10 NKOG nach seinem Wortlaut die Möglichkeit der Gründung von autonomen nichtkommerziellen Organisationen durch die Russische Föderation oder Kommunen (die nach traditionellem russischem Begriffsverständnis nicht als „juristische Personen" verstanden werden) nicht vorsieht.

[26] S. *Zlobina*, Kommentarij k Federal'nomu Zakonu O nekommercheskich organizatsiach (2006), Art. 7, S. 49 f. Art. 118 Pkt.1 ZGB spricht von natürlichen und juristischen

sondere Kategorie von Stiftungen außerhalb der Art. 118 f. ZGB sind in Russland bislang nicht anerkannt[27]. Aufgrund der Zweckbeschränkung durch Art. 118 ZGB[28] sind russische Stiftungen (fondy) stets gemeinnützige Einrichtungen. Der Ausdruck „Gemeinnützigkeit" wird allerdings als solcher weder im russischen Stiftungs- noch im Steuerrecht verwendet. Das russische Steuergesetzbuch sieht aber bei Spenden für wohltätige Zwecke bestimmte steuerrechtliche Abzugsmöglichkeiten vor[29]. Eine spezielle Stiftungsvariante sind „wohltätige (blagotvoritel'nye) Stiftungen", d.h. private[30] Stiftungen, welche (unmittelbar) eine wohltätige Tätigkeit im Sinne des Wohltätigkeitsgesetzes (WTG) vom 11.8.1995 ausüben[31]. Wohltätige Stiftungen sind eine von mehreren Formen von Wohltätigkeitsorganisationen. Das Wohltätigkeitsgesetz enthält für die Gründung, Struktur und Tätigkeit derartiger Organisationen spezielle Vorschriften, die die allgemeineren Regelungen des ZGB und des Gesetzes über Nichtkommerzielle Organisationen ergänzen.

IV. Gebrauch des Wortes „fond" im russischen Rechtsverkehr

Das Wort „fond" hat in der russischen Rechtssprache verschiedene Bedeutungen. Es bezeichnet nicht nur Stiftungen (fondy) im Sinne von Art. 118 f. ZGB, sondern auch verschiedene Institutionen des öffentlichen Sektors oder der Privatwirtschaft, die Finanzmittel zu verwalten haben (z.B. Staatsvermögensfonds, Pensionsfonds, Investmentfonds u.a.[32]). Darüber hinaus bezeich-

Personen. Nach Art. 124 Pkt. 1 ZGB können auch die Russische Föderation, Föderationssubjekte und Kommunen als Rechtssubjekte (und nach den gleichen Regeln wie Subjekte des Privatrechts) am Zivilrechtsverkehr teilnehmen. Daraus folgt, dass sie auch als Stifter gemäß Art. 118 ZGB auftreten können, sofern keine besonderen Vorschriften entgegenstehen. Ausgeschlossen ist beispielsweise die Errichtung einer wohltätigen Stiftung (oder die Gründung anderer wohltätigen Organisationen) durch den Staat, Kommunen und staatliche Einheitsunternehmen, Art. 6, 8 WTG. Die Rechtsfigur der juristischen Person öffentlichen Rechts mit sich daraus ergebenden Besonderheiten ist in Russland noch nicht allgemein anerkannt, s. aber (bejahend) *Chirkin*, Juridicheskoe litso publichnogo prava (Die juristische Person des öffentlichen Rechts), (2007) passim. Dies schließt freilich nicht aus, dass öffentlichrechtliche Stifter – über Art. 118, 119 ZGB hinaus – besonderen Vorschriften des öffentlichen Rechts unterliegen, die auch die allgemeinen Regeln des Stiftungsrechts modifizieren können.

27 Die neueste Abhandlung über juristische Personen des öffentlichen Rechts von *Chirkin* (Fn. 26) führt Stiftungen nicht auf (wohl aber „Einrichtungen" und „gesellschaftliche Vereinigungen").

28 S. o. B.I.

29 S. dazu näher unten F.

30 Die Beteiligung des Staates, von Kommunen und staatlichen oder kommunalen Einheitsunternehmen an solchen Stiftungen ist nach Art. 6, 8 WTG ausgeschlossen.

31 Art. 7 i.V.m. Art. 6, 2 und 3 WTG.

32 S. *Zalesskij/Kallistratova*, Kommentarij k FZ „O nekommercheskich organizatsiach" (1998), Art. 7 Anm. 1.

net der Ausdruck „fond" auch bestimmte Kategorien der Finanzmittel von Unternehmen[33]. Zudem beschränkt das russische Firmenrecht die Verwendung des Begriffs „fond" nicht auf Stiftungen im Sinne von Art. 118 f. ZGB. Dementsprechend führen viele Unternehmen oder auch nichtkommerzielle Organisationen die Bezeichnung „fond" in ihrer Firma. Es bleibt dem Rechtsverkehr überlassen, sich über die Rechtsform des jeweiligen „Fond" zu informieren.

C. Gründung der Stiftung und Organisationsstruktur

Art. 118 Pkt. 1 ZGB benennt zwar die „Gründung" einer Stiftung als gedanklich gesonderten Akt, aber das russische Recht stellt an das Stiftungsgeschäft (einseitiges Rechtsgeschäft) keine besonderen Anforderungen[34]. Insoweit gelten die allgemeinen Vorschriften über Rechtsgeschäfte (Art. 153 ff. ZGB). Fragen, die in diesem Zusammenhang auftreten könnten (z.B. Folgen einer Unwirksamkeit des Stiftungsgeschäfts auf den Bestand der Stiftung) werden in der russischen Fachliteratur, soweit ersichtlich, bislang nicht erörtert.

Die Stiftung als juristische Person entsteht, entsprechend den allgemeinen Vorschriften über juristische Personen, mit ihrer staatlichen Registrierung (Art. 51 Pkt. 2 ZGB, konkretisiert durch Art. 3 und 13.1 NKOG). Zuständig für die Registrierung von nichtkommerziellen Organisationen, darunter Stiftungen, ist der dem russischen Justizministerium unterstellte Föderale Registrierungsdienst (Federal'naja Registratsionnaja Sluzhba) mit Sitz in Moskau[35]. Die Einzelheiten des Registrierungsverfahrens ergeben sich aus Art. 13.1 NKOG und dem Gesetz über die staatliche Registrierung juristischer Personen und von Einzelunternehmern vom 8.8.2001[36]. Erforderlich ist insbesondere die Einreichung der Gründungsdokumente der nichtkommerziellen Organisation (Art. 13.1 Pkt. 5 Ziff. 2 NKOG)[37].

Gründungsdokument bei Stiftungen ist allein deren Satzung (Art. 14 Pkt. 1 NKOG). Art. 118, 119 ZGB und Art. 7 NKOG überlassen die Ausgestaltung des Inhalts der Stiftungsverfassung weitgehend dem (oder den) Stifter(n). Art. 118 Pkt. 4 ZGB i.V.m. Art. 52 Pkt. 2 ZGB geben an, zu welchen Fragen die Stiftung eine Regelung enthalten muss – insbesondere zu ihrem Namen, ihrem Sitz, zu den Zielen der Stiftung sowie ihren Organen. Pflicht-

[33] Vgl. *Azrilian* (Red.), Juridicheskij slovar' (2009), Stichwort „fond", Anm. 2, S. 1101.

[34] Art. 13 Pkt. 2 NKOG spricht von einer „Entscheidung" über die Gründung der nichtkommerziellen Organisation.

[35] Ziff. 6 Pkt. 4 der Bestimmung über den Föderalen Registrierungsdienst vom 13.10. 2004 mit späteren Änderungen, zugänglich in der Datenbank „Garant".

[36] SZ 2001 Nr. 33 (Teil 1) Pos. 3431 mit späteren Änderungen, Text auch zugänglich in der Datenbank Garant.

[37] Zu den persönlichen Anforderungen an Gründer nichtkommerzieller Organisationen s.a. Art. 15 NKOG.

organ der Stiftung ist nach Art. 7 Pkt. 3 NKOG lediglich ein Beirat (popechitel'skij sovet), dem allerdings auch Verwaltungsaufgaben übertragen werden können[38]. In aller Regel sehen die Stifter jedoch auch ein Vollzugsorgan (Vorstand) vor. Bei wohltätigen Stiftungen (bzw. Wohltätigkeitsorganisationen generell) ist ein kollegiales Leitungsorgan (organ upravlenia) zwingend vorgeschrieben, und seine Zuständigkeiten sind gesetzlich festgelegt (Art. 10 WTG).

D. Tätigkeit der Stiftung, insbesondere Außenverhältnis

Die Tätigkeit der Stiftung erfolgt auf der Grundlage der Satzung, insbesondere der darin bezeichneten Stiftungsziele. Denkbar sind danach, beispielsweise, sowohl fördernde als auch operative Stiftungen. Obwohl die Stiftung eine nichtkommerzielle Organisation ist, gestattet Art. 118 Pkt. 2 ZGB Stiftungen zur Verwirklichung ihrer Ziele auch eine wirtschaftliche Tätigkeit. In Art. 2 Pkt. 1 NKOG wird das Kriterium der „Nichtkommerzialität" vorsichtig auflockernd so definiert, dass Gewinnerzielung nicht das Hauptziel der Stiftungstätigkeit sein dürfe (s. a. Art. 24 Pkt. 2 NKOG). Danach stehen – wenn die Satzung dies gestattet – einer unternehmerischen Tätigkeit kaum Hindernisse entgegen. Die Stiftung kann sowohl selbst ein Unternehmen betreiben (Unternehmensträgerstiftung) als auch Anteile an Unternehmen halten (Beteiligungsträgerstiftung)[39]. Eine Gewinnverteilung an die Stifter ist jedoch nach der Grundkonzeption der Stiftung (keine Mitgliedschaftsrechte der Stifter) ausgeschlossen[40]

Nichtkommerzielle Organisationen haben nach russischem Recht lediglich beschränkte Rechtsfähigkeit im Rahmen ihrer satzungsmäßigen Ziele (Art. 49 Pkt. 1 ZGB). Rechtsgeschäfte, die das Leitungsorgan der Stiftung außerhalb der satzungsmäßigen Ziele abschließt, sind anfechtbar, wenn der Geschäftspartner von diesem Umstand Kenntnis hatte oder haben musste (Art. 173 ZGB)[41].

[38] S. *Zalesskij/Kallistratova*, Kommentarij k FZ „O nekommercheskich organizatsiach" (1998), Art. 7 Anm. 3; vgl. auch Art. 29 Pkt. 1 NKOG (überlässt Entscheidung über Einrichtung eines Leitungsorgans der Satzung). Nach aA ist neben dem Beirat zwingend ein Leitungsorgan einzurichten, *Chernega*, in: Mozolin/Masljaev (Red.), Grazhdanskoe pravo, chast' pervaja (2005), S. 155.

[39] S. Art. 7 Pkt. 2 NKOG, *Zalesskij/Kallistratova*, Kommentarij k FZ „O nekommercheskich organizatsiach" (1998), Art. 7 Anm. 2.

[40] *Zlobina*, Kommentarij k Federal'nomu Zakonu O nekommercheskich organizatsiach (2006), Art. 7, S. 46.

[41] Nach einigen Stimmen in der russischen Fachliteratur soll daneben eine Schadensersatzpflicht der für die Unwirksamkeit des Geschäfts verantwortlichen Partei möglich sein, *Sergeev* in: ders. (Red.), Kommentarij k Grazhdanskomu kodeksu RF, chast' pervaja (2010), Art. 173 Anm. 5.

Als juristische Person kann die Stiftung in eigenem Namen Vermögen erwerben und veräußern (s. Art. 25 NKOG). Der Stifter hat bezüglich des Stiftungsvermögens weder dingliche noch schuldrechtliche Rechte[42] und kann sich solche auch nicht durch die Satzung einräumen lassen. Der Stifter haftet nicht für Verbindlichkeiten der Stiftung, und – umgekehrt – haftet die Stiftung nicht für Verbindlichkeiten des Stifters (Art. 118 Pkt. 1 Unterabs. 2 ZGB).

Die Mitglieder der Vertretungsorgane der Stiftung[43] sind gegenüber der Stiftung zu Handeln nach Treu und Glauben verpflichtet (s. Art. 53 Pkt. 3 ZGB). Art. 27 NKOG enthält zudem eine besondere, dem russischen Kapitalgesellschaftsrecht entsprechende Regelung über Interessenkonflikte (Informationspflichten, ggf. Anfechtbarkeit von Rechtsgeschäften)[44].

Eine gewisse Kontrolle der Stiftungstätigkeit wird durch die Pflicht zur Buchführung und Veröffentlichung eines jährlichen Vermögensverwendungsberichts hergestellt (Art. 118 Pkt. 2 Unterabs. 2 ZGB; Art. 7 Pkt. 2 Unterabs. 2 NKOG und Art. 32 NKOG). Das Wohltätigkeitsgesetz schreibt ferner eine Aufsichtspflicht der Gründer vor. Eine spezielle behördliche Stiftungsaufsicht kennt das russische Recht derzeit nicht, aber die Registerbehörde[45] hat gemäß Art. 32 Pkt. 4 eine dauernde Kontrollaufgabe und Eingriffsbefugnisse gegenüber nichtkommerziellen Organisationen. Hinzu kommen Kontrollbefugnisse sowohl der Staatsanwaltschaft als auch der Steuerbehörden[46].

Nach Vollzug der Stiftungsgründung (durch Registereintragung) ist die Satzung grundsätzlich unveränderlich, sofern sie nicht selbst den Stiftungsorganen (nicht dem Stifter als solchem[47]) die Befugnis zu Satzungsänderungen einräumt (Art. 119 Pkt. 1 ZGB)[48]. Ausnahmsweise kann durch gerichtliche Gestaltungsentscheidung[49] auf Klage der Stiftungsorgane oder der

[42] S. *Chernega*, in: Mozolin/Masljaev (Red.), Grazhdanskoe pravo, chast' pervaja (2005), S. 156, *Zlobina*, Kommentarij k Federal'nomu Zakonu O nekommercheskich organizatsiach (2006), Art. 7, S. 46.

[43] Mitglieder von Aufsichtsorganen werden vom Wortlaut der Vorschrift nicht erfasst, in Betracht kommt aber möglicherweise eine analoge Anwendung.

[44] Der Vermeidung von Interessenkonflikten dient auch das Verbot für Mitglieder des Leitungsorgans einer wohltätigen Organisation, leitende Funktionen in anderen Organisationen zu übernehmen, deren Gründer oder Gesellschafter die betreffende wohltätige Organisation ist, Art. 10 Pkt. 4 WTG.

[45] S. o. C.

[46] *Nikiforov*, in: Sergeev (Red.), Kommentarij k Grazhdanskomu kodeksu RF, chast' pervaja (2010), Art. 119 Anm. 1.

[47] Der Stifter kann aber in Person selbst die Funktion des Stiftungsorgans innehaben, s. o. B.I.

[48] Bei wohltätigen Stiftungen ist die Befugnis zu Satzungsänderungen durch das Leitungsorgan der Stiftung im Gesetz verankert, Art. 10 Pkt. 1 WTG.

[49] Hinsichtlich des Rechtswegs sind gemäß Art. 22 Pkt. 1 Ziff. 1 russ. ZPO 2003 die allgemeinen Gerichte zuständig; zur Unzuständigkeit der Arbitragegerichte s. Pkt. 5 des

Registerbehörde eine Satzungsänderung verfügt werden, falls sonst negative Folgen eintreten würden, die bei Gründung der Stiftung nicht vorhersehbar waren, und eine Änderung ohne gerichtliche Entscheidung nicht möglich ist (Art. 118 Pkt. 1 Unterabs. 2 ZGB, Art. 14 Pkt. 4 Unterabs. 2 NKOG).

E. Beendigung und Umwandlung der Stiftung

Die Auflösung der Stiftung kann nur durch gerichtliche Entscheidung auf Antrag „interessierter Personen" verfügt werden (Art. 119 Pkt. 2 ZGB). Eine Satzungsbestimmung, die eine Auflösung durch Beschluss der Stiftungsorgane vorsähe, wäre unwirksam. Antragsberechtigt sind der (oder die) Stifter, die Stiftungsorgane, Behörden mit Aufsichtsfunktion über die Stiftung sowie Dritte, in deren Interesse die Stiftung eingerichtet ist[50]. Die Auflösungsgründe sind in Art. 119 Pkt. 2 Unterabsatz 2 ZGB aufgeführt: für die weitere Stiftungstätigkeit nicht ausreichendes Stiftungsvermögen, Unmöglichkeit der Erreichung der Stiftungsziele, Nichtverfolgung der Stiftungsziele durch die Stiftung oder andere gesetzlich bestimmte Auflösungsgründe (z.B. nach Art. 61 Pkt. 2 Unterabs. 3 ZGB: schwere oder wiederholte Gesetzesverletzungen u.a.). Zu den anderen Gründen zählt auch die Eröffnung eines Insolvenzverfahrens über die Stiftung[51].

Nichtkommerzielle Organisationen können nach russischem Recht grundsätzlich nach den allgemeinen Regeln über juristische Personen umgewandelt[52] werden (Art. 57 ZGB). Das Gesetz über Nichtkommerzielle Organisationen und das Wohltätigkeitsgesetz enthalten hierzu einige ergänzende spezielle Bestimmungen (Art. 16 f. NKOG, Art. 11 WTG). Art. 17 WTG sieht die Möglichkeit eines Rechtsformwechsels verschiedener nichtkommerzieller Organisationen in eine Stiftung, nicht aber – umgekehrt – die Rechtsformumwandlung einer Stiftung in eine andere nichtkommerzielle Organisation oder eine Wirtschaftsgesellschaft (GmbH, AG etc.) vor. Die russische Rechtsprechung sieht darin ein Verbot des Rechtsformwechsels aus der Stif-

Plenarbeschlusses des Obersten Arbitragegerichts Nr. 11 vom 9.12.2002, zugänglich in der Datenbank Garant. Die örtliche Zuständigkeit ergibt sich aus Art. 28 russ. ZPO (Beklagtengerichtsstand). Für Klagen über die Auflösung einer Stiftung sehen weder die russische ZPO und die oben genannten Sondergesetze (NKOG, WTG) eine besondere oder ausschließliche Zuständigkeit vor.

50 *Nikiforov*, in: Egorov/Sergeev, Kommentarij k GK RF (2005), Art. 119 Anm. 3; bezüglich der Definition der „interessierten Personen" weitergehend der Brief des Obersten Gerichts der Russischen Föderation vom 5.2.1998 Nr. 109-4/obshch. „Über die Zuständigkeit von Arbitragegerichten in Verfahren zur Liquidation gesellschaftlicher Stiftungen", zugänglich in der Datenbank Garant.

51 *Nikiforov*, in: Egorov/Sergeev, Kommentarij k GK RF (2005), Art. 119 Anm. 4.

52 In der offenbar dem US-amerikanischen Recht entlehnten Terminologie des Gesetzes wird die Umwandlung als „Reorganisation" bezeichnet; der Ausdruck „Umwandlung" (preobrazovanie) wird nur auf die Rechtsformumwandlung bezogen.

tung hinaus[53]. In der Literatur wird teilweise die Auffassung vertreten, eine Reorganisation von Stiftungen (z.B. durch Verschmelzung oder Aufspaltung) sei nach allgemeinen Regeln zulässig[54]. Diese Auffassung kann sich darauf berufen, dass Art. 16 NKOG Stiftungen nicht ausdrücklich ausnimmt. Nach der Gegenauffassung können Stiftungen keiner Reorganisation im Sinne von Art. 57 ZGB unterzogen werden[55]; diese Auffassung dürfte dem aus Art. 17 NKOG ersichtlichen Bestreben des russischen Gesetzgebers, dem Risiko von Missbräuchen im Umgang mit Stiftungsvermögen entgegenzuwirken, besser entsprechen.

F. Steuerrechtliche Aspekte

Das geltende russische Steuerrecht gibt nur geringe Anreize zu Stiftungen[56]. Zuwendungen an eine Stiftung zu deren Gründung sind nicht steuerabzugsfähig. Bei der Einkommensteuer natürlicher Personen sieht Art. 219 Pkt. 1 Ziff. 1 des russischen Steuergesetzbuchs (Teil 2) vom 5.8.2000[57] zwar bei Spenden zu wohltätigen Zwecken eine Steuervergünstigung durch Spendenabzug von den Einkünften vor. Die Voraussetzungen dieses Spendenabzugs sind aber – als Reaktion des Gesetzgebers auf Missbräuche dieses Abzugs vor Inkrafttreten des Steuergesetzbuchs[58] – sehr eng begrenzt. So sind danach insbesondere nur Spenden an Einrichtungen abzugsfähig, die jedenfalls teilweise aus den öffentlichen Haushalten finanziert werden. Spenden an private Stiftungen sind damit praktisch von der Abzugsmöglichkeit ausgenommen.

G. Russisches internationales Stiftungsrecht

Nach russischem Internationalem Privatrecht unterliegen die Errichtung und Struktur von Stiftungen – wie auch anderer juristischer Personen – dem Recht des Gründungsstaates (Art. 1202 ZGB). Darüber hinaus enthalten sowohl das Gesetz über Nichtkommerzielle Organisationen als auch das

[53] S. etwa das Urteil des Föderalen Arbitragegerichts für den Bezirk Ost-Sibirien vom 13.7.2006, zugänglich in Datenbank Garant.

[54] So etwa *Zlobina*, Kommentarij k Federal'nomu Zakonu O nekommercheskich organizatsiach (2006), Art. 7, S. 50; *Suchanov/Kozlova*, in: Suchanov (Red.), Grazhdanskoe pravo, Bd. 1, 3. Aufl. (2004), S. 364.

[55] *Nikiforov*, in: Sergeev (Red.), Kommentarij k Grazhdanskomu kodeksu RF, chast' pervaja (2010), Art. 119 Anm. 2.

[56] Eine Übersicht über die Besteuerung nichtkommerzieller Organisationen geben *Makal'skaja/Pirozhkova*, Nekommercheskie organizatsii v Rossii, 6. Aufl. (2008), S. 36 ff.

[57] Zugänglich in der Datenbank Garant.

[58] S. *Roche & Duffay*, Blagotvoritel'naja dejatel'nost' i nalogovoe planirovanie (Wohltätigkeit und Steuerplanung), http://www.roche-duffay.ru/articles/charity.htm.

Wohltätigkeitsgesetz einige internationalsachrechtliche Bestimmungen, die sich speziell an ausländische Organisationen – darunter ausländische Stiftungen – richten[59]. Grundsätzlich steht ausländischen Stiftungen die Betätigung in Russland frei (vgl. Art. 22 WohltätigkeitsG). Gemäß Art. 2 Pkt. 4 und 5 NKOG dürfen sie ihre Tätigkeit aber nur im Rahmen russischer Zweigniederlassungen („otdelenie" – Zweigstelle, „filial" – Filiale, „predstavitel'stvo" – Repräsentanz[60]) ausüben[61]. Art. 13.2 NKOG verpflichtet ausländische nichtkommerzielle Organisationen, die russische Registerbehörde über die Absicht der Gründung einer Zweigniederlassung zu informieren. Die Registerbehörde darf die Eintragung nur aus bestimmten rechtlichen Gründen verweigern (s. Art. 13.2 Pkt. 7 NKOG). Die Versagung der Eintragung kann gerichtlich angefochten werden (Art. 13 Pkt. 9 NKOG). Wird die Eintragung verweigert, ist der ausländischen Organisation die Betätigung in Russland untersagt. Eine wiederholte Antragstellung bleibt aber möglich (Art. 13.2 Pkt. 10 NKOG). Art. 22 WTG u.a.).

H. Perspektiven

Insgesamt gesehen entspricht das russische Stiftungsrecht internationalen Standards. Die Beschränkung auf Stiftungen mit gemeinnützigen Zielen (Art. 118 ZGB) mag man als restriktiv bezeichnen, sie ist aber unter den besonderen russischen Verhältnissen (Bemühen des Staates, die Inhaber von oft unter problematischen Voraussetzungen neu gewonnenen Vermögen zu gemeinnütziger Tätigkeit anzuregen) nachvollziehbar. Sehr schwach ausgeprägt sind derzeit die steuerlichen Anreize zur Gründung von Stiftungen und Spenden. Dies muss allerdings vor dem Hintergrund des niedrigen pauschalen Steuersatzes für die Einkommensteuer natürlicher Personen (derzeit grundsätzlich 13 %) gesehen werden. Die russische Regierung hat am 20. Juli 2009 eine Konzeption zur Entwicklung der wohltätigen Tätigkeit in Russland verabschiedet, die u.a. eine verbesserte steuerliche Behandlung von Spenden für gemeinnützige Zwecke vorsieht[62].

[59] Zur internationalen Tätigkeit russischer nichtkommerzieller Organisationen s. etwa Art. 21 WTG.

[60] Zu den Unterscheidungsmerkmalen von Filialen und Repräsentanzen (nach dem Umfang der Aufgaben der betreffenden Einheiten) s. Art. 55 ZGB (Teil 1). Zweigstellen (otdelenia) haben nach der Konzeption des NKOG, anders als Filialen und Repräsentanzen, eigene Rechtspersönlichkeit.

[61] Der Begriff der „Tätigkeit in Russland" enthält eine begriffliche Unschärfe; er setzt wohl eine gewisse Intensität und Dauerhaftigkeit der Tätigkeit voraus.

[62] Die Konzeption ist zugänglich unter http://rusblago.ru/all-articles/koncepciya-sodejstviya-razvitiyu-blagotvoritelnoj-deyatelnosti-i-dobrovolchestva-v-rossijskoj-federacii/; s. hierzu die Analyse von *Dubizhanskaja*, http://www.nprussia.ru/HTML/2009/blagotvor/docladi/Dubizhanskaya.doc.

Vormitgliedschaftliche Rechtsverhältnisse eingetragener Vereine*

Klaus Vieweg

Inhaltsübersicht

I. Einleitung

Das Vereinsrecht hat in den letzten Jahrzehnten insbesondere aufgrund der Entwicklungen im Sport erheblich an Bedeutung gewonnen. Das angesichts der Kommerzialisierung, Professionalisierung und Medialisierung massiv gestiegene Konfliktpotential hat zu einer Fülle von Rechtsstreitigkeiten mit vereinsrechtlichen Bezügen geführt. Dabei reicht das Spektrum von Nominierungsproblemen und Sanktionen über Sponsoringkonflikte bis hin zu Veröffentlichungen von Verbandsentscheidungen im Internet. Die Gesetzeslage ist relativ statisch. Der Gesetzgeber hat nur wenige Änderungen

* Der Verfasser erinnert sich gern an den Beginn seines Jurastudiums in Bielefeld und an die von *Privatdozent Dr. Dieter Reuter* geleitete Arbeitsgemeinschaft zum Bürgerlichen Recht. Christoph Röhl und Paul Staschik haben mich bei der Erstellung dieses Beitrags tatkräftig unterstützt. Ihnen gebührt mein herzlicher Dank.

vorgenommen. So können nunmehr die erforderlichen Registeranmeldungen online erfolgen (§ 55a BGB). Der Bedeutung des Ehrenamts ist durch eine Haftungsbegrenzung in § 31a BGB Rechnung getragen worden.[1] Im Übrigen hat sich das BGB-Vereinsrecht im Großen und Ganzen bewährt. Seine Offenheit für Satzungsgestaltungen und die Wahrnehmung der Wächterfunktion durch die Rechtsprechung haben maßgeblich zum Erfolgsmodell BGB-Vereinsrecht beigetragen. Die Fortentwicklung des Vereinsrechts erfolgte im Wesentlichen durch die Inanspruchnahme von Rechtsschutz durch Vereinsgerichte, Schiedsgerichte und staatliche Gerichte gegenüber der Normsetzung und -anwendung der Vereine und Verbände. Einen erheblichen Beitrag zur Fortentwicklung des Vereinsrechts hat auch die Literatur geliefert. *Dieter Reuter* – der Doyen der Vereinsrechtler – hat mit zahlreichen Beiträgen und insbesondere mit seiner Kommentierung im Münchener Kommentar, die inzwischen in 5. Auflage vorliegt, insofern Maßstäbe gesetzt.

Im Folgenden sollen – angeregt durch Gerichtsentscheidungen (dazu II.) – die Fallkonstellationen und Probleme systematisiert werden, die sich unter dem Topos vormitgliedschaftliche Rechtsverhältnisse eingetragener Vereine zusammenfassen lassen (dazu III.). Überlegungen zu Lösungsansätzen (dazu IV.) und eine Zusammenfassung (dazu V.) schließen den Beitrag ab.

II. Gerichtsentscheidungen

Exemplarisch sollen drei Urteile vorgestellt werden, die den Verfasser angeregt haben, über vormitgliedschaftliche Rechtsverhältnisse eingetragener Vereine nachzudenken.

1. BGH, Urteil vom 2.12.1974 (Rad- und Kraftfahrerbund Solidarität)

Der Rad- und Kraftfahrerbund Solidarität bildete bis zu seiner Auflösung in der Zeit des Dritten Reiches mit ca. 350.000 Mitgliedern den größten Radsportverband der Welt.[2] Eine Neugründung erfolgte im April 1949; diese geriet aber in Widerspruch zur Einheitssportbewegung. Unter Hinweis auf sein satzungsmäßiges Ein-Platz-Prinzip lehnte der Deutsche Sportbund (DSB) die in den Jahren 1954–1960 gestellten Aufnahmeanträge des RKB Solidarität jeweils ab. Den Radsportplatz hatte seit der Gründung des DSB im Jahre

[1] Zur Vereinsrechtsreform 2009 vgl. *Reuter*, NZG 2009, 1368 ff.; *Unger*, NJW 2009, 3269 ff. Zum Referentenentwurf aus dem Jahr 2004 vgl. *Reuter*, NZG 2005, 738 ff.; *Damas*, ZRP 2005, 3 ff.; *Arnold*, DB 2004, 2143 ff.; *Segna*, NZG 2002, 1048 ff.; *Beuthien*, NZG 2005, 493 ff.

[2] Vgl. zum rechtlichen Instrumentarium der Organisation des Sports im Dritten Reich *Vieweg*, Gleichschaltung und Führerprinzip, in: Salje (Hrsg.), Recht und Unrecht im Nationalsozialismus, 1985, S. 244 ff.

1950 der Bund Deutscher Radfahrer (BDR) inne. Als sein erneut im April 1968 gestellter Aufnahmeantrag vom DSB abgelehnt wurde, ging der RKB Solidarität den Weg durch die Gerichtsinstanzen.

In seiner Leitentscheidung vom 2.12.1974 stellte der II. Zivilsenat des BGH[3] hinsichtlich des Aufnahmezwangs aufgrund nichtiger oder nur eingeschränkt anwendbarer satzungsmäßiger Aufnahmebeschränkungen auf § 826 BGB und auf Tatbestandselemente des die Aufnahme in Wirtschafts- oder Berufsvereinigungen regelnden § 20 Abs. 6 GWB (§ 27 GBW a.F.) ab. Gestützt auf diese Vorschriften entwickelte er die Formel, dass die vom Text der Satzung gedeckte Ablehnung der Aufnahme nicht zu einer – im Verhältnis zu den bereits aufgenommenen Mitgliedern – sachlich nicht gerechtfertigten ungleichen Behandlung und unbilligen Benachteiligung eines die Aufnahme beantragenden Bewerbers führen dürfe. Dies sei anhand einer *Interessenabwägung* zu bestimmen. In deren Rahmen komme es einerseits auf die berechtigten Interessen des Bewerbers an der Mitgliedschaft und die Bedeutung der damit verbundenen – ihm vorenthaltenen – Rechte und Vorteile an, andererseits aber auch auf eine Bewertung und Berücksichtigung des Interesses des Monopolverbandes an der Geltung der Aufnahmebeschränkungen. Im *Einzelfall* müsse geprüft werden, ob der Bewerber ohne unverhältnismäßige Opfer in der Lage wäre, die vom Monopolverband aufgestellten Aufnahmevoraussetzungen zu erfüllen. Aber auch dem Monopolverband müsse ggf. angesonnen werden, den mit der Aufnahmebeschränkung verfolgten Zweck durch eine andere, mildere Ausgestaltung der Satzung zu erreichen und dem Bewerber auf diese Weise den Zugang zu den Verbandsvorteilen zu eröffnen.

Der weitere Verfahrensablauf wirft ein Schlaglicht auf die – damaligen – Schwierigkeiten der praktischen Behandlung der Aufnahmepflicht. Kehrseite der flexiblen Interessenabwägung war und ist zwangsläufig eine gewisse Rechtsunsicherheit durch mögliche Bewertungsdivergenzen. Bis zur Aufnahme des RKB Solidarität als „Sportverband mit besonderer Aufgabenstellung"[4] in den DSB verstrichen seinerzeit nochmals über zwei Jahre.

2. OLG Frankfurt, Urteil vom 10.5.1985 (Freizeit-Sport-Club Dynamo Windrad Kassel e.V.)

Der Fall des Freizeit-Sport-Clubs Dynamo Windrad Kassel e.V. führte gar bis zum Bundesverfassungsgericht. 1982 lehnte der Landessportbund Hessen die Aufnahme ab. Der Begriff „Dynamo" ähnele zu sehr den Gepflogen-

[3] BGHZ 63, 282 = BGH NJW 1975, 771; vgl. auch BGH NJW 1999, 1326 (1326); MünchKomm-Reuter, BGB, 5. Aufl. 2006, Vor § 21 Rn. 108 ff.

[4] § 5 Nr. 1 lit. c) der Satzung des DSB i.d.F. v. 28.11.1998, zuletzt geändert am 4.12.2004.

heiten der Sportvereine in der DDR bzw. in den Ostblockstaaten.[5] Die gegen die Ablehnung der Aufnahme gerichtete Klage wies das OLG Frankfurt[6] mit der Begründung ab, eine sittenwidrige Schädigung im Sinne von § 826 BGB liege nicht vor. Das Bundesverfassungsgericht[7] nahm die hiergegen eingelegte Verfassungsbeschwerde mangels Erfolgsaussicht nicht an. Es stellte zu Recht heraus, dass sowohl der LSB Hessen als auch der FSC Dynamo Windrad sich auf das Grundrecht des Art. 9 Abs. 1 GG berufen könnten, so dass eine Abwägung zwischen beiden Grundrechtspositionen erforderlich werde. Konkret könne der Vereinsname des Bewerbers keinen absoluten Vorrang gegenüber dem Interesse des monopolartigen Verbandes beanspruchen, sein in der Satzung normiertes parteipolitisches Neutralitätsgebot durchzuhalten. Zudem wies das Bundesverfassungsgericht darauf hin, dass das OLG Frankfurt die Frage des Aufnahmezwangs in Anwendung der hierzu in Rechtsprechung und Literatur einhellig vertretenen Grundsätze entschieden habe.

3. AG Nürnberg, Urteil vom 3.9.2009 (Waffensachkundeprüfung eines Sportschützen)

Dem kürzlich vom AG Nürnberg[8] entschiedenen Fall lag folgender Sachverhalt zugrunde: Der Kläger war zunächst Mitglied in einem anderen Schützenverein. Dieser kündigte die Mitgliedschaft im November 2008. Daraufhin trat der Kläger beim beklagten Verein ein. Bei der Beantragung der Mitgliedschaft äußerte er gegenüber dem Vorstand des Beklagten, dass er nicht wisse, warum ihm vom anderen Schützenverein gekündigt worden sei. Während seiner Mitgliedschaft im anderen Verein bestand der Kläger die Sachkundeprüfung für den Umgang mit Waffen gem. § 7 WaffG zweimal nicht. Unbestritten blieb, dass der Vorstand des Beklagten bei Kenntnis des Nichtbestehens der Sachkundeprüfung für den Umgang mit Waffen den Kläger nicht als Mitglied aufgenommen hätte. Nach Erlangung dieser Kenntnis wurde ein Vereinsausschlussverfahren eingeleitet und in der Vorstandssitzung vom 24.6.2009 hierüber Beschluss gefasst. Dem Kläger wurde daraufhin der Ausschluss mitgeteilt. Zugleich wurde ihm die Anfechtung der Aufnahme wegen arglistiger Täuschung erklärt. Mit seinem Antrag verfolgte der Kläger drei Ziele: Zum einen sollte der beklagte Verein verurteilt werden, dem Kläger auf dem Formular des Bayerischen Sportschützenbundes „Bestätigung des anerkannten Dachverbandes/angegliederten Teilverbandes über das Bedürfnis

[5] Der Spiegel, Ausg. 13/87 v. 23.3.1987, S. 94 f. schildert die Eigeneinschätzung als „ein bißchen links", „ein bißchen alternativ".

[6] OLG Frankfurt, Urt. v. 10.5.1985 – 2 U 23/85 (nicht veröffentlicht).

[7] BVerfG (Erste Kammer des Ersten Senats), NJW-RR 1989, 636.

[8] AG Nürnberg, Urt. v. 3.9.2009 – 23 C 3479/09 (noch nicht veröffentlicht). Die gegen das Urteil eingelegte Berufung beim LG Nürnberg-Fürth (5 S 8522/09) wurde am 16.4.2010 durch gerichtlichen Vergleich erledigt.

zum Erwerb einer Waffe" mit Vereinsstempel und Unterschrift des Ersten Vorsitzenden Folgendes zu bestätigen: (1) die Mitgliedschaft des Klägers im beklagten Verein, (2) die regelmäßige Ausübung des Schießsports im Verein seit mindestens vier Monaten und (3) die Verfügbarkeit der notwendigen Standanlagen für die Disziplinen DK-Pistole 9 mm und DK-Revolver 357 mag. Zum anderen beantragte der Kläger die Verurteilung des beklagten Vereins, ihm auf dem Formular „Nachweis der Sportschützeneigenschaften" seine Übungseinheiten im Zeitraum Dezember 2008 bis März 2009 mit Vereinsstempel und Unterschrift des Ersten Vorsitzenden zu bestätigen. Zum Dritten schließlich beantragte er die Feststellung, dass er noch Mitglied des beklagten Vereins mit allen satzungsmäßigen Rechten und Pflichten sei.

Das Amtsgericht Nürnberg hat sowohl die Leistungsklage als auch die Zwischenfeststellungsklage als unbegründet abgewiesen.

Die Zwischenfeststellungsklage sei unbegründet, da der Kläger nicht Mitglied beim Beklagten mit allen satzungsmäßigen Rechten und Pflichten sei. Der Vorstand des Beklagten habe die Aufnahme des Klägers nach § 123 Abs. 1 BGB wirksam angefochten, so dass das Mitgliedschaftsverhältnis nach § 142 Abs. 1 BGB rückwirkend auf den Aufnahmezeitpunkt erloschen sei. Zwischen dem Kläger und dem Beklagten habe eine vormitgliedschaftliche wechselseitige Förderpflicht bestanden. Aus dieser wechselseitigen Förderpflicht zwischen dem potentiellen Mitglied und dem Verein ergebe sich für den Kläger die Informationsobliegenheit, alle für die Aufnahme in den Verein entscheidungserheblichen Gesichtspunkte mitzuteilen. Den Beklagten habe keine Aufnahmepflicht getroffen, da dieser keine Monopolstellung innehabe. Daher sei es der freien Entscheidung des Vorstands des Beklagten überlassen geblieben, ob er den Kläger aufnehme oder nicht. Der Kläger hätte ungefragt gegenüber dem Vorstand des Beklagten den ihm bekannten Umstand offenlegen müssen, dass er bereits zweimal die Sachkundeprüfung für den Umgang mit Waffen nicht bestanden habe. Bei dem zweimaligen Nichtbestehen der Sachkundeprüfung für den Umgang mit Waffen handele es sich um ein spezifisches sicherheitsrelevantes Risiko. Angesichts der Verschärfung des Waffenrechts sowie des Renommees der Vereine in der Öffentlichkeit – nicht zuletzt aufgrund der Vorfälle in jüngster Zeit – sei das erstmalige Bestehen der Sachkundeprüfung für den Umgang mit Waffen ein für die Schützenvereine entscheidungserhebliches Kriterium. Hätte der Vorstand des Beklagten gewusst, dass der Kläger zweimal die Sachkundeprüfung nicht bestanden hatte, so hätte er den Kläger nicht als Mitglied aufgenommen. Maßgeblicher Zeitpunkt sei der vom Kläger gestellte Aufnahmeantrag. Es komme daher nicht darauf an, dass der Kläger später die Sachkundeprüfung doch noch bestanden habe.

Auch die Leistungsklage sei unbegründet. Dem Kläger stehe gegenüber dem Beklagten kein Anspruch auf die beantragten Bestätigungen aus der zwischen Vereinsmitglied und Verein bestehenden wechselseitigen Förderpflicht zu. Die Mitgliedschaft des Klägers beim Beklagten sei gem. § 142 Abs. 1 BGB rückwirkend erloschen. Ein Bedürfnis bestehe als Sportschütze gem. § 8 Ziff. 1 WaffG nur dann, wenn der Antragsteller Mitglied eines schießsportlichen Vereins sei. Auch § 14 Abs. 2 WaffG spreche von den „Mitgliedern eines Schießsportvereins". Der Kläger sei aber niemals Mitglied bei dem Beklagten gewesen. Folglich stehe ihm kein dahin gehender Anspruch zu, dass der Beklagte die Mitgliedschaft des Klägers bestätige. Er habe auch keinen Anspruch auf die anderen beantragten Bestätigungen. Ein solcher Anspruch ergebe sich auch nicht aus der wechselseitigen Förderpflicht.

III. Fallkonstellationen und Probleme

1. Fallkonstellationen

Betrachtet man die genannten Urteile unter dem Blickwinkel vormitgliedschaftlicher Rechtsverhältnisse, so lassen sich im Grunde vier Fallkonstellationen voneinander unterscheiden. Die erste Konstellation betrifft Fälle unrechtmäßiger Aufnahmeverweigerungen. In zeitlicher Hinsicht lassen sich insofern noch kurzfristige von verzögerten Ablehnungsentscheidungen unterscheiden. So lehnte der Deutsche Sportbund die in den Jahren 1954–1960 gestellten Aufnahmeanträge des RKB Solidarität jeweils ab. Der der Leitentscheidung des BGH vom 2.12.1974 zugrundeliegende Antrag des RKB Solidarität datierte vom April 1968. Das OLG Frankfurt, an das der BGH zurückverwiesen hatte, verpflichtete mit Urteil vom 27.11.1975 den DSB zur Aufnahme des RKB Solidarität. Bis zur Aufnahme als „Sportverband mit besonderer Aufgabenstellung" in den DSB verstrichen dann nochmals über zwei Jahre.[9]

Die zweite Konstellation betrifft Fälle unrechtmäßiger Aufnahme. Auch hier lassen sich anhand des Zeitmoments weitere Differenzierungen vornehmen, insbesondere dann, wenn die Aufnahmeentscheidung sich später als ex tunc nichtig erweist.

Eine dritte Konstellation betrifft im Ergebnis erfolglose Aufnahmeverhandlungen von ebenfalls unterschiedlicher Dauer. Insofern ist z.B. an Fälle zu denken, in denen Mitgliedschaftsinteressenten probeweise am Trainingsbetrieb eines Sportvereins teilnehmen oder zum Zwecke gegenseitigen Sichkennenlernens Veranstaltungen wissenschaftlicher und/oder geselliger Art des Vereins besuchen.

Eine vierte Konstellation – in der Praxis dürfte dies die weitaus häufigste Fallgestaltung sein – betrifft die Fälle, in denen dem Aufnahmeantrag des

[9] *Horsch*, in: Festschrift und Dokumentation 90 Jahre Rad- und Kraftfahrbund Solidarität 1896 e.V., 1986, S. 73.

Interessenten durch den Verein entsprochen wird, es aber in der Zwischenphase zwischen Antragstellung und Aufnahme bereits zu einer Teilnahme am Trainingsbetrieb oder an Veranstaltungen des Vereins kommt.

2. *Probleme*

Eine Auflistung und Systematisierung der Probleme, die sich in den vorgenannten Fallkonstellationen ergeben können, knüpft zweckmäßigerweise an die Vorteile an, die die Mitgliedschaft in einem Verein mit sich bringen kann. Neben den üblichen Mitgliedschaftsrechten wie dem Stimmrecht in der Mitgliederversammlung und dem Recht, an Vereinsveranstaltungen teilnehmen zu dürfen, können sich auch mittelbare Vorteile ergeben. So werden z.B. Fördermittel nur solchen Sportvereinen und -verbänden zugewiesen, die einen Mitgliedstatus im Rahmen der Verbandspyramide des Deutschen Olympischen Sportbundes (DOSB) haben. Ebenso können nur solche Schießsportvereine die Waffensachkundeprüfung für ihre Mitglieder nach § 7 WaffG abnehmen, die einem nach § 15 Abs. 3 WaffG anerkannten Schießsportverband angehören.[10] Weiterhin kann es sein, dass nur Mitglieder eines Vereins Anspruch auf bestimmte Vergünstigungen (z.B. geringere Prämien bei der Gruppenversicherung etc.) haben.

Hiervon ausgehend ergeben sich zunächst – je nach Fallkonstellation – unterschiedliche Anspruchsziele. Es kann um Schadensersatzforderungen aufgrund entgangener Vorteile gehen. Unrechtmäßig genutzte Vorteile können Gegenstand von Schadensersatz- und Bereicherungsansprüchen sein. Sind Mitgliedsbeiträge oder von den Mitgliedern zu erfüllende Dienste bei ex tunc beendeter Mitgliedschaft geleistet worden, ist ebenfalls die Rückforderung insbesondere aufgrund von Bereicherungsansprüchen zu diskutieren. Ziel kann es sein, Mehrheitsentscheidungen der Mitgliederversammlung bei fehlendem bzw. nicht zugebilligtem Stimmrecht zu korrigieren. Hinsichtlich etwaiger Förderpflichten – auch Treue- und Solidaritätspflichten genannt – können Anspruchsziele deren Erfüllung bzw. die Unterlassung von Förderpflichtverletzungen sein.

Zu fragen ist, nach welcher rechtlichen Grundlage diese Anspruchsziele, die sich im Rahmen einer vormitgliedschaftlichen Beziehung ergeben können, zu beurteilen sind. In Betracht kommen neben den §§ 21 ff. BGB auch § 311 Abs. 2 BGB (culpa in contrahendo) und § 823 Abs. 1 BGB sowie bei sozial und/oder wirtschaftlich mächtigen Vereinen und Verbänden § 20 Abs. 6 GWB. Daneben könnte als allgemeiner Grundsatz § 242 BGB Anwendung finden.

[10] Die – strengen – Voraussetzungen der Anerkennung sind in § 15 Abs. 1 WaffG geregelt. Beispielsweise muss der Verband mindestens über 10.000 Mitglieder verfügen, den Schießsport als Breitensport und Leistungssport betreiben sowie regelmäßig überregionale Wettbewerbe organisieren oder daran teilnehmen.

Weiterhin geht es um die Frage, ob der vereinsrechtliche Gleichbehandlungsgrundsatz bereits für vormitgliedschaftliche Beziehungen gilt und ob die wechselseitigen Förder- bzw. Treuepflichten von Verein und Mitgliedern ebenfalls schon in einem vormitgliedschaftlichen Verhältnis Geltung beanspruchen können. Zu überlegen ist schließlich, ob die von der Rechtsprechung entwickelten Grundsätze hinsichtlich der fehlerhaften Gesellschaft auf Vereine Anwendung finden und die hier in Frage stehenden Probleme erfassen. Aus Raumgründen werden Drittwirkungen innerhalb und außerhalb der Verbandspyramide nicht erörtert.

IV. Lösungsansätze

1. Ausgangspunkt: Vereinsbeitritt durch Abschluss eines Aufnahmevertrages

Ausgangspunkt für die Lösung der erwähnten Probleme ist der Vereinsbeitritt. Gemäß § 58 Nr. 1 BGB gehören zum Sollinhalt der Vereinssatzung Bestimmungen über den Eintritt und Austritt der Mitglieder. Wird die Sollvorschrift des § 58 BGB nicht beachtet, weist das Registergericht die Anmeldung gem. § 60 BGB zurück. Insbesondere muss die Satzung bestimmen, ob sich der Eintritt durch ein Beitrittsangebot und dessen Annahme vollzieht oder ob ein besonderes Aufnahmeverfahren ablaufen soll.[11] Die Mitgliedschaft in einem bestehenden Verein wird also durch Abschluss eines Aufnahmevertrages zwischen dem Beitrittswilligen und dem Verein begründet.[12] Eine einseitige Begründung der Mitgliedschaft z.B. durch eine Satzungsbestimmung, dass die Mitgliedschaft auf den Funktionsnachfolger eines Mitglieds übergeht, ist damit ausgeschlossen.[13] Ebenso ist ausgeschlossen, dass der Bewerber selbst die Mitgliedschaft einseitig durch Erklärung gegenüber dem Verein begründen kann.[14] Der Abschluss des Aufnahmevertrages kommt nach §§ 145 ff. BGB vielmehr durch Angebot und Annahme zustande. Zumeist gibt der Eintrittswillige mit seinem Aufnahmeantrag oder -gesuch das Angebot ab. Möglich ist aber auch, dass – z.B. im Rahmen einer Mitgliederwerbeaktion – das Angebot vom Verein ausgeht.[15] In Ausnahmefällen kann schon die Satzung einen bindenden Antrag i.S.v. § 145 BGB auf Abschluss eines Aufnahmevertrages (ad incertas personas) enthalten, dessen Annahme der Bewerber nur noch gegenüber dem Verein zu erklären braucht.[16] In der

[11] PWW-*Schöpflin* (Fn. 11), § 58 Rn. 1, LG Münster MDR 1974, 309.
[12] BGHZ 101, 193 (196) = NJW 1987, 2503 = IWiR § 25 BGB 1/87 *Reuter*.
[13] BGH WM 1980, 1286; dazu *Reuter*, ZHR 145 (1981), 273 (279 ff.).
[14] Zur a.A. vgl. *Schopp*, RPfl. 1959, 335 (337).
[15] *Reichert*, Handbuch des Vereins- und Verbandsrechts, 12. Aufl. 2010, Rn. 1008.
[16] Jauernig-*Jauernig*, BGB, 13. Aufl. 2009, § 38 Rn. 2; *Reichert/van Look*, Handbuch des Vereins- und Verbandsrechts, 6. Aufl. 1995, Rn. 624.

Regel wird die Annahme ausdrücklich durch eine Aufnahmeerklärung seitens des Vereins erklärt. Zuständig ist der Vorstand des Vereins (§ 26 Abs. 2 S. 1 BGB).

Verbreitet sehen Vereinssatzungen spezielle Aufnahmeverfahren vor. Diese können darin bestehen, dass bestimmte Vereinsorgane – z.B. die Mitgliederversammlung[17] oder ein Ausschuss – ihre Zustimmung erteilen müssen, dass der Aufnahmeantrag von einer bestimmten Anzahl von Mitgliedern unterstützt werden muss (Vorschlagsrecht) oder dass Einzelnen oder einer bestimmten Anzahl oder Gruppe von Mitgliedern ein Vetorecht gegen die Aufnahme zusteht. Auch kann die Ableistung einer „Probezeit" in der Satzung vorgesehen sein.[18] Weiterhin kann der Verein in der Satzung die materiellen Voraussetzungen der Mitgliedschaft im Rahmen seiner Satzungsautonomie festlegen. Grenzen ergeben sich insofern aus den allgemeinen im Privatrecht geltenden Vorschriften, namentlich aus §§ 134, 138, 242 und 826 BGB sowie aus den Vorschriften des AGG[19]. So kann die Satzung festlegen, dass nur natürliche Personen Mitglied werden können und dass diese bestimmte Merkmale (Alter, Geschlecht, Konfession, Staatsangehörigkeit, Beruf, Wohnsitz, Herkunft etc.) aufweisen müssen.[20] Schließlich kann die Satzung formelle Aufnahmevoraussetzungen festlegen. Hierzu gehört die Zahlung eines Aufnahmebeitrags („Eintrittsgeld") oder – bei Verbänden – dass die beitrittswilligen Vereine steuerlich als gemeinnützig anerkannt sind und den Nachweis ihrer Eintragung im Vereinsregister erbringen können.

Die Rechtsnatur der Satzung wird nach wie vor nicht einheitlich beurteilt. Die Vertragstheorie sieht in der Satzung einerseits einen Organisationsvertrag, der die Organe des Vereins näher regelt, und andererseits einen schuldrechtlichen Vertrag, soweit z.B. die Mitglieder zu Beiträgen verpflichtet werden.[21] Die Normentheorie sieht hingegen die Gründung des Vereins als einen schöpferischen sozialen Gesamtakt an, der objektives Recht setzt, das für die Mitglieder vom Erwerb ihrer Mitgliedschaft an gilt.[22] Nach der modifizierten Normentheorie verobjektiviert sich die Satzung nach ihrer Feststellung. Sie wird dadurch zur objektiven Vereinsnorm.[23]

Ungeachtet dieses traditionellen Streits besteht Einigkeit, dass der Beitritt durch einen Aufnahmevertrag erfolgt.

[17] Vgl. etwa Soergel/*Hadding*, BGB, 13. Aufl. 2000, § 38 Rn. 7a.
[18] *Reichert* (Fn. 15), Rn. 1024.
[19] *Gutzeit,* Auswirkungen des Allgemeinen Gleichbehandlungsgesetzes auf das Sportrecht, in: Vieweg (Hrsg.), Facetten des Sportrechts, 2009, S. 55 ff.
[20] *Friedrich*, DStR 1994, 61 (65); *Reichert* (Fn. 15), Rn. 1021.
[21] Soergel/*Hadding* (Fn. 17), § 25 Rn. 11, 17; *Hadding/van Look*, ZGR 1988, 270 (274).
[22] MünchKomm-*Reuter* (Fn. 3), § 25 Rn. 17 f.; PWW-*Schöpflin* (Fn. 11), § 25 Rn. 4.
[23] BGHZ 21, 370 (373 ff.) = NJW 1956, 1793; BGHZ 47, 172 (179 f.) = NJW 1967, 1268; BGHZ 105, 306 = NJW 1989, 1724; *Reichert* (Fn. 15), Rn. 428 f.

2. *Aufnahmefreiheit und Aufnahmezwang*

Die Entscheidung von Verein und Mitglied über Ein- und Austritt bzw. Aufnahme ist grundsätzlich frei. Dies gehört zu den Grundprinzipien des Vereinsrechts und ist Voraussetzung eines funktionierenden Wettbewerbs im Bereich des Vereinswesens.[24] Demgemäß besteht kein Aufnahmezwang der Vereine. Grundsätzlich genießen Vereine aufgrund der grundrechtlich geschützten Verbandsautonomie gem. Art. 9 Abs. 1 GG Aufnahmefreiheit. Ein Verein ist selbst dann nicht zur Aufnahme verpflichtet, wenn der Bewerber die satzungsmäßigen Aufnahmevoraussetzungen erfüllt.[25] Ein Aufnahmezwang kommt nur dann in Betracht, wenn es keinen funktionierenden Wettbewerb gibt.[26] Ein kartellrechtlicher Aufnahmeanspruch kann sich gegenüber Wirtschafts- und Berufsvereinigungen aus § 20 Abs. 6 GWB (§ 27 Abs. 1 GWB a.F.) ergeben.[27] Eine sachlich nicht gerechtfertigte Ungleichbehandlung und dadurch bewirkte unbillige Benachteiligung (des Unternehmens) im Wettbewerb i.S.v. § 20 Abs. 6 GWB ist anhand einer umfassenden Abwägung des Interesses des Verbandes an seiner freien Entscheidung über die Zusammensetzung seines Mitgliederkreises einerseits und des Interesses des Bewerbers an der Teilhabe an der Verbandstätigkeit andererseits zu entscheiden.[28] Über diesen speziellen kartellrechtlichen Aufnahmeanspruch gegenüber Wirtschafts- und Berufsvereinigungen hinaus hat die Rechtsprechung einen allgemeinen Aufnahmeanspruch aus den Rechtsgedanken aus § 20 Abs. 6 GWB (§ 27 Abs. 1 GWB a.F.) und § 826 BGB abgeleitet. Dieser Anspruch besteht gegenüber Monopolverbänden sowie solchen Vereinen, die in einem wirtschaftlichen oder sozialen Bereich eine überragende Machtstellung haben.[29] Eine dahin gehende überragende Machtstellung in einem wirtschaftlichen oder sozialen Bereich kann auch ein Verein auf örtlicher Ebene haben, der regional einzigartig ist.[30] Eine Aufnahmepflicht ist dann zu bejahen, wenn die Ablehnung der Aufnahme zu einer – im Verhältnis zu bereits aufgenommenen Mitgliedern – sachlich nicht gerechtfertigten ungleichen Behandlung und unbilligen Benachteiligung eines die Aufnahme beantragenden Bewerbers führen würde. Die Abwägung der beiderseitigen Interessen muss die Zurückweisung des Bewerbers als unbillig erscheinen

[24] PWW-*Schöpflin* (Fn. 11), § 25 Rn. 10.

[25] BGHZ 101, 193 (200) = NJW 1987, 2503; hierzu *Reuter*, IWiR 1987, 959.

[26] Bamberger/Roth-*Schwarz/Schöpflin*, BGB, 2. Aufl. 2007, § 25 Rn. 34.

[27] Diese Vorschrift begründet analog § 1004 einen verschuldensunabhängigen Aufnahmeanspruch; BGHZ 29, 344 (351) = NJW 1959, 880.

[28] Bamberger/Roth-*Schwarz/Schöpflin* (Fn. 26), § 25 Rn. 34 mit Verweis auf BGH NJW-RR 1986, 339 (340).

[29] BGHZ 63, 282 (286) = NJW 1975, 771.

[30] BGH NJW 1999, 1326 (regional tätiger Amateurverein); BGH NJW 1980, 186 (Hamburgischer Anwaltsverein).

lassen.[31] Zu berücksichtigen ist, dass sowohl auf Seiten des Vereins als auch auf Seiten des Bewerbers um die Mitgliedschaft grundrechtlich geschützte Positionen stehen. Derartige Grundrechtskollisionen sind nach dem Grundsatz der praktischen Konkordanz letztlich nach Verhältnismäßigkeitsgesichtspunkten zu lösen.[32]

3. Erste Konsequenzen

Da die Aufnahme für den Bewerber und den Verein ein Rechtsgeschäft darstellt, ergibt sich als Konsequenz, dass auf beiden Seiten die Nichtigkeitstatbestände für Willenserklärungen, die sich etwa aus §§ 117, 118, 134 und 138 BGB ergeben, gelten. Auf Seiten des Bewerbers kann weiterhin die Geschäftsfähigkeit fehlen oder beschränkt sein, so dass es auf die Mitwirkung des gesetzlichen Vertreters ankommt. Für beide Vertragspartner können Anfechtungsgründe wegen Irrtums, Drohung oder arglistiger Täuschung relevant werden.[33] Fraglich ist, ob die Wirkungen des Vereinsbeitritts rückwirkend wieder beseitigt werden können. § 142 Abs. 1 BGB ordnet grundsätzlich die Nichtigkeit ex tunc an. Ausnahmen gelten nach herrschender Auffassung für vollzogene Arbeits- und Gesellschaftsverträge. Insofern ist, um untunliche Rückabwicklungen zu vermeiden, von einer ex nunc-Unwirksamkeit oder -Nichtigkeit auszugehen.[34] Von der wohl herrschenden Auffassung werden die Grundsätze für den fehlerhaften Beitritt zu einer Gesellschaft auf den fehlerhaften Beitritt zu einem Verein entsprechend angewendet.[35] Grund für diese Abweichung von § 142 Abs. 1 BGB ist, dass auf diese Weise vermieden wird, die Wahrnehmung mitgliedschaftlicher Rechte und Pflichten mit Wirkung für die Vergangenheit in Frage zu stellen.[36] Zutreffend ist insofern, dass unmögliche oder untunliche Rückabwicklungen vermieden werden sollen. Zu berücksichtigen ist aber auch, dass die Grundsätze über die fehlerhafte Gesellschaft eine Ausnahme von der Grundsatzregelung des § 142 Abs. 1 BGB darstellen, die eng gefasst werden muss. Aus

[31] BGHZ 63, 282 (285) = NJW 1975, 771; BGHZ 93, 151 (153 f.) = NJW 1985, 1216; Bamberger/Roth-*Schwarz/Schöpflin* (Fn. 26), § 25 Rn. 34; Jauernig-*Jauernig* (Fn. 16), § 38 Rn. 2.

[32] *Hesse*, Grundzüge des Verfassungsrechts der Bundesrepublik Deutschland, 20. Aufl. 1999, Rn. 72; *Vieweg*, Normsetzung und -anwendung deutscher und internationaler Verbände, 1990, S. 192.

[33] Vgl. zu den Beitrittsmängeln *Reichert* (Fn. 15), Rn. 1036 ff.

[34] Umfassend zu den Grundsätzen über die fehlerhafte Gesellschaft *K. Schmidt*, Gesellschaftsrecht, 4. Aufl. 2002, § 6, S. 136 ff., 160 ff.

[35] MünchKomm-*Reuter* (Fn. 3), § 38 Rn. 34; Palandt-*Heinrichs*, BGB, 69. Aufl. 2010, § 38 Rn. 4; Soergel/*Hadding* (Fn. 17), § 38 Rn. 10; *Walter*, NJW 1975, 1033; *Reichert* (Fn. 15), Rn. 1037; KG OLG-NL 2004, 101 (106).

[36] *Reichert* (Fn. 15), Rn. 1037.

Raumgründen kann die Frage der ex tunc- oder ex nunc-Nichtigkeit hier nicht vertieft behandelt werden. Neben praktischen Erwägungen dürfen aber grundrechtsrelevante Wertungsaspekte und übergeordnete öffentliche Interessen nicht ausgeblendet werden. So ist jedenfalls von einer ex tunc-Nichtigkeit auszugehen, wenn es sich um einen Vereinsbeitritt eines Geschäftsunfähigen oder eines Minderjährigen handelt und der gesetzliche Vertreter nicht mitgewirkt hat.[37] Auch kommt eine ex tunc-Nichtigkeit in Fällen arglistiger Täuschung in Betracht.

Weiterhin ergibt sich als Konsequenz des Vereinsbeitritts durch Abschluss eines Aufnahmevertrages, dass § 311 Abs. 2 BGB anwendbar ist. Diese Norm kodifiziert die verschiedenen Fälle, die als Rechtsinstitut der culpa in contrahendo zusammengefasst wurden. Die Vorschrift nennt die allgemeinen Voraussetzungen für die Begründung eines vorvertraglichen Schuldverhältnisses, während Inhalt und Umfang der einzelnen Pflichten aus § 241 Abs. 2 BGB folgen. Dies sind vor allem Schutzpflichten, Treuepflichten und Aufklärungspflichten.[38] So ist anerkannt, dass sich bereits im vorvertraglichen Bereich beide Teile – unabhängig von etwaigen deliktischen Verkehrssicherungspflichten – so zu verhalten haben, dass Körper, Leben, Eigentum und sonstige Rechtsgüter (einschließlich des Vermögens) des anderen Teils nicht beeinträchtigt werden. Unter Umständen muss zudem auf einen beabsichtigten Abbruch der Vertragsverhandlungen hingewiesen werden, wenn der andere Teil erkennbar bereits auf einen Vertragsschluss vertraut.[39] Von eminenter Bedeutung sind schließlich etwaige Auskunfts- und Informationspflichten der Beteiligten, insbesondere wenn und soweit es um Umstände geht, die für den Verhandlungspartner erkennbar für den Vertragsschluss entscheidungserheblich sind.

4. Vormitgliedschaftliche Förderpflichten, insbesondere Informationspflichten

Durch seinen Beitritt zum Verein erklärt sich das Mitglied mit dem Vereinszweck einverstanden und bewirkt die Begründung eines mitgliedschaftlichen Gemeinschaftsverhältnisses. Damit geht für beide Seiten eine gewisse Einwirkungsmacht einher. So kann der Verein in meist nicht unerheblichem

[37] *Reichert* (Fn. 15), Rn. 1038 ff. *Reichert/van Look*, Handbuch des Vereins- und Verbandsrechts, 6. Aufl. 1995, Rn. 637, gehen von einer ex tunc-Nichtigkeit bei überwiegendem öffentlichen Interesse aus. Hierzu zählt – neben Fällen des § 134 und 138 BGB – möglicherweise auch der Fall der erschlichenen Teilnahme an der Sachkundeprüfung, die das Waffengesetz u.a. auf die Schießsportvereine delegiert hat (§ 7 Abs. 2 WaffG i.V.m. § 3 Abs. 5 AWaffV).

[38] Bamberger/Roth-*Grüneberg/Sutschet*, BGB, 2. Aufl. 2007, § 311 Rn. 37; PWW-*Medicus*, BGB, 4. Aufl. 2009, § 311 Rn. 35, mit Fallgruppenbildung.

[39] BGH NJW 1980, 1683; NJW 1996, 1884 (1885).

Umfang Einfluss auf das Mitglied und dessen Mitgliedschaftsrecht ausüben. Das Mitglied hingegen kann durch Stimm- und Gestaltungsrechte die Geschicke des Vereins mitbestimmen. Mit dieser gewonnenen Rechtsmacht korreliert ein beachtliches Maß an Verantwortung, das in speziellen Förder- bzw. Treuepflichten seinen Ausdruck findet. Diese wechselseitigen Förderpflichten[40] gehen weiter als das zwischen allen Beteiligten im Rechtsverkehr ohnehin einzuhaltende Gebot von Treu und Glauben (§ 242 BGB).[41] Das Mitglied ist verpflichtet, sich gegenüber dem Verein loyal zu verhalten, seine Zwecke aktiv zu fördern und alles zu unterlassen, was dem Vereinszweck schadet. Umgekehrt muss der Verein auf die schutzwürdigen Interessen seiner Mitglieder Rücksicht nehmen.[42]

Auch im Vorfeld eines Vereinsbeitritts sind wechselseitige Förderpflichten anzuerkennen.[43] Der Mitgliedschaftserwerb ist ein zeitlich gestreckter Prozess. Nicht zuletzt daraus ergibt sich die „funktionelle Notwendigkeit" einer partiellen Gleichstellung von Mitgliedern und Beitrittswilligen.[44] So können beispielsweise bereits im Stadium der Anbahnung einer Mitgliedschaft auf beiden Seiten hinreichende Einwirkungsmöglichkeiten gegeben sein.[45] Als rechtliche Grundlage für die Anerkennung vormitgliedschaftlicher Förderpflichten dient nach h.M.[46] auch im Gesellschaftsrecht § 311 Abs. 2 BGB i.V.m. den Grundsätzen der culpa in contrahendo. In Parallele zu den gesetzlich anerkannten Schutz- und Loyalitätspflichten im Anbahnungszeitraum von Schuldverhältnissen ergäbe sich auch im Vorfeld einer Mitgliedschaft eine entsprechende Treue- und Förderpflicht der Beteiligten. Nach anderer – erstmals von *Weber*[47] vertretener – Auffassung resultieren spezielle vormitgliedschaftliche Treuebindungen als Vorwirkung aus den allgemeinen gesellschaftsrechtlichen Treuepflichten. Im praktischen Ergebnis dürften diese beiden unterschiedlichen dogmatischen Ansätze kaum zu abweichenden Resultaten führen. Dies gilt selbst dann, wenn man insoweit die Stukturunterschiede schuldvertraglicher und gesellschaftsrechtlicher Pflichten besonders

[40] Vgl. *Vieweg*, Sponsoring und internationale Sportverbände, in: Vieweg (Hrsg.), Sponsoring im Sport, 1996, S. 53 (83 ff.).

[41] Bamberger/Roth-*Schwarz/Schöpflin* (Fn. 26), § 38 Rn. 27.

[42] BGH WM 1977, 1166; BGH ZIP 1988, 1118; *Reichert* (Fn. 15), Rn. 961 ff.; Bamberger/Roth-*Schwarz/Schöpflin* (Fn. 26), § 38 Rn. 27.

[43] Vgl. jüngst *Dembski*, Gesellschaftsrechtliche Treuebindungen von Nichtmitgliedern, insbesondere nachmitgliedschaftliche Treuepflichten, 2009, S. 130 ff.; a.A. *Lutter*, ZHR 153 (1989), 446 (460); *ders.*, ZHR 162 (1998), 164 (174); *Claussen*, ZHR 154 (1990), 488 (491), mit der Begründung, dass Treuepflichten Bestandteil des Mitgliedschaftsverhältnisses seien und es sie daher erst dann und nur so lange geben könne, wie die Mitgliedschaft dauere.

[44] Vgl. *Korte*, ZHR 164 (2000), 444 (451).

[45] Beispiel: Probetraining in einem Sportverein.

[46] Etwa *Fleischer*, NZG 2000, 561 (562 f.); *Wittkowski*, GmbHR 1990, 544 (549); *Korte*, ZHR 164 (2000), 444 (446 ff.).

[47] *Weber*, Vormitgliedschaftliche Treuebindungen, 1999, S. 178 ff.

hervorheben möchte. Auch bei Zugrundelegung eines vorvertraglichen Begründungsansatzes wird man die gesellschaftsrechtlichen (hier: vereinsrechtlichen) Grundsätze und Wertungen beachten und zur Konkretisierung von Inhalt und Umfang der vormitgliedschaftlichen Förderpflichten heranziehen müssen.

Für die Bejahung vormitgliedschaftlicher Förderpflichten spricht entscheidend, dass bereits vor dem konkreten Aufnahmezeitpunkt – quasi vorwirkend – sowohl auf Seiten des Mitgliedschaftsaspiranten als auch auf der des Vereins Art. 19 Abs. 1 GG Geltung zukommt. Damit findet der Grundsatz der praktischen Konkordanz Anwendung. Der danach vorzunehmenden Abwägung der beiderseitigen Interessen unter Berücksichtigung des Verhältnismäßigkeitsprinzips dürfte am besten mit der Anerkennung wechselseitiger vormitgliedschaftlicher Förderpflichten – insbesondere Informationspflichten – Rechnung getragen werden.

Damit lässt sich festhalten: Sowohl dem Verein als auch dem potentiellen Mitglied erwachsen bereits mit dem Beginn erster Aufnahmeverhandlungen Förder- und Fürsorgepflichten insbesondere in Gestalt von Rücksichtnahme-, Loyalitäts- und Informationspflichten als Basis für eine vertrauensvolle Beziehung.

Noch nichts ist damit über Umfang und Grenzen dieser Pflichten gesagt. Allgemeingültige Aussagen lassen sich hierzu kaum treffen. Vielmehr sind jeweils die konkreten Umstände des Einzelfalls maßgeblich. Berücksichtigt werden muss beispielsweise, ob es sich in concreto um einen sozial und/oder wirtschaftlich mächtigen Verein handelt, auf dessen Mitgliedschaft der Einzelne faktisch angewiesen ist. Weiter kommt es entscheidend auf die jeweilige Mitgliederstruktur des Vereins an. Ist diese gekennzeichnet durch eine enge persönliche Verbundenheit der einzelnen Mitglieder untereinander, so werden auch im Verhältnis von Verein und künftigen Mitgliedern erhöhte Rücksichtnahme- und Informationspflichten anzunehmen sein. Schließlich stellt die konkrete Zweckrichtung des Vereins einen bedeutenden Aspekt dar. Vor allem für die Frage, über welche Umstände ein Beitrittswilliger auch ohne entsprechende Nachfrage aufzuklären hat, kommt es maßgeblich darauf an, welche Gesichtspunkte den Vorstand eines Vereins bei einer Aufnahmeentscheidung konkret leiten. Nur über die entscheidungserheblichen Aspekte muss aufgeklärt werden. Diese werden jedoch bei einem Schießsportverein gänzlich anders gelagert sein als beispielsweise bei einem Kleingärtnerverein. Durch diese Überlegungen wird deutlich, dass sich Art und Umfang der vormitgliedschaftlichen Förderpflichten erst bei einer Gesamtbetrachtung aller Einzelfallumstände unter Berücksichtigung der vereinsrechtlichen Besonderheiten ermitteln lassen.

Ebenfalls in diesen Kontext einzuordnen ist die Frage, ob und in welchem Umfang die Vereine bereits vor der Aufnahme insbesondere bei der Auswahl ihrer Mitglieder an den allgemeinen Gleichbehandlungsgrundsatz gebunden sind. Ausdrückliche Stellungnahmen hierzu sind – soweit ersichtlich – noch nicht erfolgt. Diskutiert wurde die Geltung des Gleichbehandlungsgrundsatzes bislang nur im bestehenden Mitgliedschaftsverhältnis.[48] Weitgehend anerkannt ist seine Funktion als Auslegungsmaxime.[49] Gleiche Sachverhalte sind grundsätzlich gleich und ungleiche dementsprechend ungleich zu behandeln. Abweichendes gilt bei Vorliegen sachlich gerechtfertigter Gründe, da hier das benachteiligte Mitglied nicht willkürlich schlechter gestellt wird als andere Mitglieder.[50] Die dogmatische Begründung dieses Gleichbehandlungsgebots variiert. So finden sich Stimmen, die einerseits an einen entsprechenden (fingierten) Willen der Parteien[51], andererseits an das Vorhandensein eines Gemeinschaftsverhältnisses[52], die Übertragung von Verteilungsmacht[53] oder aber die notwendige Beschränkung der Ausübung von Verbandsmacht[54] anknüpfen wollen. Die h.M.[55] vertritt den Standpunkt, der Grundsatz der gleichmäßigen Behandlung der Vereinsmitglieder sei ein allgemeiner Rechtssatz für privatrechtliche Personenzusammenschlüsse und folge in erster Linie aus der gesellschaftsrechtlichen Treuepflicht. Erkennt man jedoch derartige Förder- bzw. Treuepflichten – wie oben ausgeführt – richtigerweise auch bereits im vormitgliedschaftlichen Verhältnis an, folgt hieraus, dass der Gleichbehandlungsgrundsatz ebenfalls entsprechende Vorwirkungen entfalten muss. Jedenfalls bei Fehlen ausdrücklicher anderslautender Satzungsbestimmungen kann der Verein daher auch im Rahmen einer Aufnahmeentscheidung an den Gleichbehandlungsgrundsatz gebunden sein. Fraglich erscheint allenfalls, ob Vereinssatzungen oder -beschlüsse zulässigerweise eine völlig freie – auch an unsachlichen Gründen – orientierte Aufnahmeentscheidung vorsehen können. Hierzu wird einerseits vertreten, eine generelle Pflicht zur Gleichbehandlung bestehe nur bei Vereinen mit Monopolstellung, da diese einem weitgehenden Aufnahmezwang unterlägen. Im Übrigen bestehe aus Gründen der Privatautonomie völlige Aufnahmefreiheit. Der Verein könne daher – bis zur Grenze des § 138 BGB – auch unsachliche Dif-

[48] Vgl. im Einzelnen *Vieweg/Müller*, Gleichbehandlung im Sport – Grundlagen und Grenzen, in: Manssen/Jachmann/Gröpl (Hrsg.), Nach geltendem Verfassungsrecht, Festschrift für Udo Steiner zum 70. Geburtstag, 2009, S. 888 ff.

[49] MünchKomm *Reuter* (Fn. 3), § 34 Rn. 20; Staudinger-*Weick* (2005), BGB, § 35 Rn. 13.

[50] Bamberger/Roth-*Schwarz/Schöpflin* (Fn. 26), § 38 Rn. 21; Soergel/*Hadding* (Fn. 17), § 38 Rn. 19.

[51] *Cohn*, AcP 132 (1930), 129 (154 ff.).

[52] *Hueck*, Der Grundsatz der gleichmäßigen Behandlung im Privatrecht, 1958, S. 151 ff.; *Wüst*, Die Interessengemeinschaft, 1958, S. 60.

[53] *Raiser*, ZHR 111 (1948), 75 (90 ff.).

[54] *K. Schmidt* (Fn. 34), § 16 II. 4.

[55] BGHZ 55, 381 (385); BGH NJW 1960, 2142 (2143); BGH NZG 2010, 37 (37 f.); *Reichert* (Fn. 15), Rn. 838.

ferenzierungskriterien festlegen.[56] Andererseits findet sich die Auffassung, der Gleichbehandlungsgrundsatz sei auf alle Vereine gleichermaßen anzuwenden mit der Folge, dass unsachliche Entscheidungskriterien unzulässig und entsprechende Satzungen und Beschlüsse nichtig seien.[57] Auch hier dürfte die Anwendung des Grundsatzes der praktischen Konkordanz zu akteptablen Ergebnissen führen.

5. Rechtsfolgen der Verletzung vormitgliedschaftlicher Förderpflichten

Für den Fall der Verletzung einer vormitgliedschaftlichen Förderpflicht stellt sich in den oben herausgearbeiteten vier Fallgruppen[58] die notwendige Anschlussfrage nach den konkreten Rechtsfolgen des Pflichtverstoßes. Angesichts der Vielgestaltigkeit möglicher Förderpflichtverletzungen und aufgrund der dargestellten Unbestimmtheit von Inhalt und Umfang des Pflichtenkatalogs erscheint eine allgemeine Typenbildung kaum möglich.[59] Allenfalls lässt sich grob unterscheiden zwischen Erfüllungs-, Unterlassungs-, Schadensersatz- und Bereicherungsansprüchen. Ausnahmsweise kommt als ultima ratio auch ein Ausschluss des Mitglieds aus dem Verein in Betracht.[60]

Soweit ein Mitglied seiner Pflicht zur Offenlegung entscheidungserheblicher Umstände nicht nachkommt, ist im Einzelfall an einen dahin gehenden Erfüllungsanspruch des Vereins zu denken. Unterlassungsansprüche können insbesondere in Fällen drohender Pflichtverletzungen bestehen. Bei schuldhaften Förderpflichtverletzungen kommen regelmäßig Schadensersatzansprüche aus §§ 280 Abs. 1, 311 Abs. 2 BGB in Betracht. Dabei gilt es jedoch zu beachten, dass eine Vereinsmitgliedschaft meist nicht auf hohe Vermögensrisiken angelegt ist. Unter Umständen trifft den Verein daher eine Pflicht zur Risikoabwendung bzw. -minderung etwa in Form einer Warnpflicht.[61] Zudem wird diskutiert, ob in bestimmten Fällen der Verschuldensmaßstab bei der Haftung wegen Förderpflichtverletzungen auf Vorsatz zu beschränken ist.[62] Mit § 31a BGB hat dies einen ersten gesetzlichen Niederschlag gefunden. Bereicherungsansprüche werden schließlich relevant, wenn trotz Fehlens einer wirksam begründeten Mitgliedschaft wechselseitig Leistungen (z.B. Mitgliedsbeiträge, Arbeitsleistungen, Vergünstigungen) erbracht worden sind. Besonders virulent wird dieser Problemkreis in Fällen einer nachträg-

[56] MünchKomm-*Reuter* (Fn. 3), § 34 Rn. 19; Bamberger/Roth-*Schwarz/Schöpflin* (Fn. 26), § 38 Rn. 21.
[57] Staudinger-*Weick* (2005), BGB, § 35 Rn. 16; wohl auch *Reichert* (Fn. 15) Rn. 838 ff.
[58] Oben III.1.
[59] Vgl. auch Bamberger/Roth-*Schwarz/Schöpflin* (Fn. 26), § 38 Rn. 28.
[60] Dazu umfassend *Grunewald*, Der Ausschluss aus Gesellschaft und Verein, 1987, passim; *Lutter*, AcP 180 (1980), 84 (117 ff.).
[61] Vgl. etwa *Lutter*, AcP 180 (1980), 84 (119).
[62] BGH NJW 1995, 1739; Bamberger/Roth-*Schwarz/Schöpflin* (Fn. 26), § 38 Rn. 28.

lichen Geltendmachung von Nichtigkeits- und Unwirksamkeitsgründen. Hier stellt sich die oben aufgeworfene Frage der ex nunc- bzw. ex tunc-Nichtigkeit mit den im Einzelfall möglicherweise höchst komplexen Rückabwicklungsproblemen.

V. Zusammenfassung

Der Aufnahmevertrag begründet die Vereinsmitgliedschaft mit allen Rechten und Pflichten. Hierzu gehören auch die wechselseitigen Förderpflichten (Treue-, Loyalitätspflichten) von Verein und Mitglied. Deren Geltung bereits in vormitgliedschaftlichen Rechtsverhältnissen kann ihre Grundlage finden in § 311 Abs. 2 BGB i.V.m. den Grundsätzen der culpa in contrahendo, in der Parallele zum Gesellschaftsrecht und in den Vorwirkungen des Art. 9 Abs. 1 GG im Rahmen der Anwendung des Grundsatzes der praktischen Konkordanz. Der Umfang der vormitgliedschaftlichen Förderpflichten richtet sich nach dem Charakter des Vereins, wie er insbesondere in der Gestaltung der Satzung und in der gelebten Vereinspraxis (Observanz) zum Ausdruck kommt. Verletzungen der vormitgliedschaftlichen Förder-, insbesondere Informationspflichten können Grundlage einer Anfechtung der Aufnahmeentscheidung aufgrund arglistiger Täuschung sein. Weiterhin kommen – je nach Fallkonstellation und Umständen des konkreten Falles – Unterlassungs-, Schadensersatz- und Bereicherungsansprüche in Betracht.

PIK-Darlehen und das Zinseszinsverbot

Torsten Volkholz

Dieter Reuters Wirken ist stets davon geprägt, Theorie und Praxis zu vereinen. Nachdem ich das intensive Wirken *Reuters* selbst bereits einige Jahre erlebt hatte, war es für mich umso überraschender, als dem führenden Gesellschaftsrechtler einer großen deutschen Kanzlei vor einigen Jahren im Rahmen einer Rekrutierungsveranstaltung in etwa der Ausspruch entfuhr: „Sie arbeiten bei Herrn *Reuter*, dem Rechtspuritaner und Schrecken der Praxis?“ Die eigene Sicht ist eine andere. *Dieter Reuter* beherrscht wie kaum ein anderer das Wechselspiel zwischen der reinen Lehre und angemessenen Lösungen für Praktiker. Letztere indes scheinen die Ergebnisse seines Wirkens zum Teil erst mit gewissem Vorlauf anzunehmen.

Dieser Beitrag versucht, die Diskussion darüber voranzutreiben, wie das Zinseszinsverbot im Rahmen der Ausreichung von PIK-Darlehen und dem Entwerfen entsprechender Vereinbarungen sinnvoll adressiert werden kann. Der Verfasser hofft, dass der von *Dieter Reuter* in so vielen Rechtsgebieten immer wieder erfolgreich vollzogene Spagat zwischen Rechtslehre und Rechtsanwendung auch bei den weiteren Diskussionen über diese aktuelle Frage gewagt und eine sinnvolle Lösung im Sinne der Privatautonomie erzielt wird.

I. Einleitung

Bereits vor der Finanzkrise zum Ende des ersten Jahrzehnts des 21. Jahrhunderts wurden PIK-Darlehen im Zusammenhang mit Konsortialfinanzierungen bekannt. Hinter der hierbei regelmäßig vorgesehenen, abgestuften Besicherung von Senior- und Mezzanine-Darlehensgebern stellten PIK-Darlehen die dritte Reihe von Darlehensgebern dar. Letztere sollten einerseits im Falle einer Insolvenz bei der Erlösverteilung erst hinter den Senior- und Mezzanine-Darlehen befriedigt werden, wurden andererseits aber vor etwa bestehenden Gesellschafter- und vergleichbaren nachrangigen Darlehen besichert.

PIK ist die Abkürzung für das englische *payment in kind.* Dies bedeutet, dass die Zinsen nicht am Ende der jeweiligen Zinsperiode zu begleichen sind.[1]

[1] *Speechley*, Acquisition Finance, 2008, S. 285.

Sie werden vielmehr kapitalisiert und der Hauptschuld zugerechnet. Die damit verbundene Rückzahlung der „Zinsen“ erst am Laufzeitende entlastet die Liquidität der Darlehensnehmer, was sich die Darlehensgeber durch einen erhöhten Zinssatz oder – bei Darlehen mit variablem Zinssatz, wie beispielsweise EURIBOR-Darlehen – durch eine erhöhte Darlehensmarge vergüten lassen.

Diese Erleichterungen im Hinblick auf die Liquidität der Darlehensnehmer führten während der Finanzkrise zu einer Renaissance von PIK-Darlehen. Diese werden nunmehr auch ohne vorrangig besicherte Darlehenstranchen zum Beispiel für die Refinanzierungen fälliger oder wegen Verschlechterung der wirtschaftlichen Situation eines Darlehensnehmers vorzeitig fällig gestellter Darlehen genutzt. Die Kapitalisierung von Zinsen kann aber auch bei Senior- und vor allem bei Mezzanine-Darlehen relevant werden, obgleich diese in der Regel vor den eigentlichen PIK-Darlehen besichert sind. Auch hier werden regelmäßig Teile der regulären Zinsen nicht in bar, sondern durch Kapitalisierung der Zinsen beglichen. Diese sogenannte PIK-Marge tritt dann neben die Cash-Marge.

Obgleich ihrer umfassenden und nicht zuletzt gestiegenen Bedeutung auch in Deutschland stellen die aus dem Londoner und New Yorker Finanzmarkt und vom angloamerikanischen Recht geprägten PIK-Darlehen einen Fremdkörper im deutschen Darlehensrecht dar. Während die §§ 488 ff. BGB keine Regelung für die Kapitalisierung von Darlehenszinsen treffen, beinhaltet § 248 Abs. 1 BGB ein weitreichendes Verbot von Zinseszinsen, wie sie für ein PIK-Darlehen üblich sind. Danach ist eine im Voraus getroffene Vereinbarung darüber, dass fällige Zinsen wieder Zinsen tragen sollen, grundsätzlich nichtig.

Damit stellt sich für die Beratungspraxis nicht nur bei Konsortial- und Restrukturierungskrediten die Frage, die sich auch *Dieter Reuter* in seiner mehr als 50jährigen Schaffenszeit als Rechtslehrer und bei der Normanwendung als Richter am Bankensenat des Oberlandesgerichts Schleswig immer wieder gestellt hat. Wie können das theoretische Konstrukt und die Vorgabe des Gesetzgebers mit den Anforderungen der Praxis in Übereinstimmung gebracht werden? Das verstärke Aufkommen von PIK-Darlehen deutet auf die Notwendigkeit, eine Kapitalisierung von Zinsen trotz der in § 248 Abs. 1 BGB enthaltenen Einschränkungen auch im Voraus rechtssicher regeln zu können.

II. Zinskapitalisierungsklauseln in der Praxis

Die Ausgestaltung von PIK-Zinsen in Kreditverträgen erfolgt in der Regel so, dass die Zinsrate entweder durch Angabe eines fixen Zinsbetrages für eine bestimmte Laufzeit oder der Berechnungsgrundlage mittels eines variablen

Zinssatzes für die jeweilige Zinsperiode zzgl. der anwendbaren Marge bestimmt wird. Die Zinszahlung wird in PIK-Darlehen dazu in etwa wie folgt geregelt:

> *"Payment of interest – Interest on each Loan will be capitalised and added to the principal amount of that Loan on the last day of each Interest Period. Such interest will be payable on the Termination Date or, if earlier, the date on which the Facility is repaid or prepaid in full."*

Dadurch wird die Darlehenssumme durch Kapitalisierung der ausstehenden Zinszahlung entsprechend erhöht.[2] Durch die Erhöhung der Darlehenssumme erhöht sich in der folgenden Zinsperiode der fällige Zinsbetrag, so dass auch die nunmehr kapitalisierten Zinsen wiederum Zinsen tragen.

Anstelle einer Kapitalisierung kann auch die Thesaurierung der Zinsen vereinbart werden.[3] Dabei entscheidet der genaue Wortlaut der Thesaurierungsabrede darüber, ob der ausstehende Zinsbetrag selbst zu verzinsen ist. Daneben treten kann auch ein Wahlrecht des Darlehensnehmers, die Zinsen anstelle der Kapitalisierung doch unmittelbar bei Ablauf der Zinsfestschreibung zu bezahlen:

> *"The Borrower may, by giving written notice to the Agent not less than 5 Business Days prior to the last day of an Interest Period on the Loans, elect to pay all accrued unpaid and uncapitalised interest on the Loans on the last day of that Interest Period."*

In diesem Fall scheidet ein Verstoß gegen das Zinseszinsverbot aus. Relevant wird das Verbot jedoch wieder, wenn die Parteien von vornherein eine Aufspaltung der Marge in eine am Ende der Zinsperiode zu begleichende Bar-Marge und eine PIK-Marge vereinbaren oder aber ein Wahlrecht des Darlehensnehmers vorsehen, wonach zwischen null und einhundert Prozent der eigentlich in bar auszugleichenden Zinsen als zusätzlicher Darlehensbetrag zu kapitalisieren sind („*to pik the interest*" mittels des sogenannten „*pik toggle*"[4]).

III. §§ 248 und 289 S. 1 (i.V.m. § 291 S. 2) BGB und § 353 S. 2 HGB sowie die gesetzlich geregelten Ausnahmen vom Zinseszinsverbot

§ 248 Abs. 1 BGB regelt das generellere Verbot einer im Voraus getroffenen Vereinbarung der Kapitalisierung (und damit ihrerseits der Verzinsung) für aufgelaufene Zinsen jeder Art (***Zinseszinsverbot*** oder ***Verbot des Anatozismus***).

[2] *Diem*, Akquisitionsfinanzierungen: Konsortialkredite für Unternehmenskäufe, 2009, S. 218.

[3] *Diem*, Akquisitionsfinanzierungen, S. 218.

[4] Vgl. dazu noch auf Seite 423.

Dagegen betrifft § 289 S. 1 BGB den im Vergleich zu § 248 BGB spezielleren Fall der Verzinsung gesetzlich angeordneter Zinsen und stellt klar, dass auf gesetzliche Verzugszinsen keine Zinsen zu entrichten sind. Das Zinseszinsverbot wird dadurch komplettiert, dass § 353 S. 2 HGB eine entsprechende Klarstellung auch in Bezug auf Fälligkeitszinsen für Handelsgeschäfte vorhält.

1. Zinsbegriff, Sinn und Zweck sowie Reichweite des Zinseszinsverbots

Das Verbot von Zinseszinsen durch § 248 BGB soll die Kumulation von Zinsen verhindern[5] und damit für Klarheit über die tatsächliche Zinshöhe sorgen.[6] Nach einer – zum Teil weitergehenden Auffassung – soll dadurch auch eine unübliche Zinslast des Darlehensnehmers verhindert werden.[7] Insofern handelt es sich um eine vom sonstigen Inhalt des Darlehensvertrages losgelöste Schuldnerschutzvorschrift[8], die jedoch Zinseszinsen nicht *per se* verbietet.[9]

Zinsen stellen die Gegenleistung für die zeitweise Überlassung von Geld dar, wobei es auf den Zeitpunkt der Fälligkeit und tatsächlichen Zahlung der Zinsen nicht ankommt.[10] Abzugrenzen sind Zinsen zum einen von gewinn- und umsatzabhängigen Beteiligungen des Geldgebers am wirtschaftlichen Erfolg des Schuldners und zum anderen von einmalig anfallenden Bearbeitungsgebühren, die als Gegenleistung für die Zurverfügungstellung des Darlehensbetrages selbst zu zahlen sind.[11] Während nach einer Auffassung auch Kreditgebühren unabhängig von ihrer Ausgestaltung als Zinsen gelten[12], stellen sich nach der Rechtsprechung des Bundesfinanzhofes zu § 8 Nr. 1 GewStG i.d.F. des StRG 1990 laufende Verwaltungskostenbeiträge nur dann als Entgelte für Dauerschulden und damit Zinsen dar, wenn sich ihre Höhe prozentual an Darlehensbetrag und Laufzeit bemisst.[13] Anderes gilt danach für regelmäßige Kontoführungsgebühren, sofern sich deren Höhe nicht nach der Darlehenshöhe richtet. Diese sind als Gegenleistung für über die Kapitalüberlassung hinausgehende Leistungen des Darlehensgebers keine Entgelte für Dauerschulden und damit keine Zinsen.[14]

[5] *Canaris* NJW 1978, 1891, 1893; *Reifner* NJW 1992, 337, 338; *Haas* Beilage BB 1993, Heft 30, S. 25, 27.

[6] Vgl. *Bezzenberger* WM 2002, 1617, 1618 f.; OLG Köln WM 1992, 603, 603.

[7] Soergel-*Teichmann*[12] § 248 Rn. 1.

[8] *Haas* Beilage BB 1993, Heft 30, S. 25, 27. Zur Historie des Verbotes der Vorabvereinbarung von Zinseszinsen vgl. zuletzt *K. Schmidt*, FS Claussen, 1997, S. 483, 484 f.

[9] Vgl. *Canaris* NJW 1978, 1891, 1891; *K. Schmidt* JZ 1981, 126, 127.

[10] MüKo-*Grundmann*[5] § 246 Rn. 4 ff.; *K. Schmidt* JZ 1982, 829, 831.

[11] *Canaris* NJW 1978, 1891, 1893 f.; *Diem*, Akquisitionsfinanzierungen, S. 86.

[12] Palandt-*Grüneberg*[69], § 246 Rn. 3, § 248 Rn. 1.

[13] BFH DStRE 2001, 27, 28.

[14] BFH DStRE 2001, 27, 28.

Das Abgrenzungskriterium ist also die Erhöhung der Gegenleistung proportional zur Laufzeit und/oder zum Umfang eines Darlehens. Damit steht die Definition des Zinsbegriffs im Einklang mit dem soeben geschilderten Sinn und Zweck des Zinseszinsverbotes. Aus diesem Grunde führt auch die Einbehaltung eines vereinbarten Darlehensteils bei der Auszahlung der Darlehenssumme (Disagio) nicht zu einem Verstoß gegen § 248 Abs. 1 BGB, obgleich die gesamte Darlehenssumme (unter Einschluss des Disagios) zu verzinsen ist.[15] Dass sich der Anteil der auf das Disagio entfallenden (Zinses-)Zinsen mit der Höhe des Darlehensbetrages erhöht, sieht der Bundesgerichtshof in seiner neueren Rechtsprechung[16] lediglich als Reflex der wirtschaftlichen Gestaltung.[17] Damit sei die Verzinsung des (zwecks Absenkung des Nominalzinssatzes) dem Schuldner zu keinem Zeitpunkt ausgezahlten Darlehensteils im Hinblick § 248 Abs. 1 BGB unbedenklich.[18] Das OLG Köln stellte dagegen zuvor vor allem auf den dem § 248 BGB immanenten Transparenzgedanken ab, der auch bei einer im Vorhinein vereinbarten Verrechnung der Zinsen mit Teilen des Darlehensbetrages gewahrt sei.[19] Ob und inwieweit diese Argumentation auf Nullzinsanleihen (sogenannte *Zero-Bonds*) übertragen werden kann, hat der Bundesgerichtshof offen gelassen. Trotz der bei einer Nullzinsanleihe enthaltenen Zinseszinskomponente[20] stellen Nullzinsanleihen keinen Verstoß gegen § 248 Abs. 1 BGB dar. Dies folgt nach einer Ansicht daraus, dass die maximale Zinshöhe bei solchen Anleihen durch eine Obergrenze (ein *cap*) begrenzt werden könne[21], während andere auch hier auf den Transparenzgedanken abstellen, da von vornherein feststellbar sei, welche Zinsen letztlich geschuldet werden.[22] Da in der Praxis jedoch weder ein *cap* immer durchsetzbar ist noch der Transparenzgedanke nur für Zero-Bonds, nicht aber für thesaurierende Anleihen mit variablem Zinssatz durchgreift, ist in diesen Fällen ein Verstoß gegen § 248 Abs. 1 BGB nicht immer auszuschließen.

Inwiefern die mit § 248 Abs. 1 BGB verbundene Beeinträchtigung der privatautonomen Gestaltung des Kreditverhältnisses anhand der Schranken des Art. 2 Abs. 1 GG gerechtfertigt ist, wird zumeist nur am Rande themati-

[15] Vgl. *K. Schmidt* JZ 1982, 829, 832 unter Hinweis auf *Mugdan*, Die gesammelten Materialien zum Bürgerlichen Gesetzbuch für das Deutsche Reich, 2. Band: Recht der Schuldverhältnisse, Berlin 1899/ Stockstadt 2005, S. 109.

[16] Vgl. zuvor etwa BGH NJW 1981, 2180, 2181 sowie BGH ZIP 1989, 903, 905.

[17] BGH NJW 2000, 352, 352.

[18] AA m.w.N. *Bezzenberger* WM 2002, 1617, 1624.

[19] OLG Köln WM 1992, 603, 603. So auch Staudinger-*K. Schmidt* (1997) § 248 Rn. 10 und 11.

[20] Vgl. *Bezzenberger* WM 2002, 1617, 1622.

[21] *Beckmann* BB 1991, 938, 940.

[22] Staudinger-*K. Schmidt* (1997) § 248 Rn. 11.

siert.[23] Während zum Teil als legitimer Zweck für die Einschränkung der Privatautonomie auf den Schutz des Zinsschuldners *per se* abgestellt wird[24], gründet sich das Verbot, im Vorfeld die Haftung für Zinseszinsen zu vereinbaren, insbesondere auf den Gedanken der Zinsklarheit.[25]

2. *Ausnahme des § 248 Abs. 2 BGB für Kreditinstitute*

Das Zinseszinsverbot gilt nicht uneingeschränkt. Für die vertraglich geschuldeten Zinsen (also nicht auch für die Verzinsung gesetzlicher Verzugszinsen nach § 289 BGB oder Fälligkeitszinsen nach § 353 HGB) können Sparkassen, Kreditanstalten und Inhaber von Bankgeschäften gemäß § 248 Abs. 2 S. 1 BGB im Voraus vereinbaren, dass nicht direkt beglichene Zinsen von Einlagen als neue verzinsliche Einlagen gelten sollen. Die so privilegierten Personen im Sinne des § 1 KWG i.V.m. § 39 KWG (Banken) und § 40 KWG (Sparkassen), also den Instituten, denen nach § 32 KWG oder einer entsprechenden Ausnahmevorschrift insbesondere für ausländische Institute gestattet ist, Bankgeschäfte zu betreiben oder Finanzdienstleistungen zu erbringen, können damit ihren Gläubigern (also ihren Einlagekunden) von vornherein zusagen, dass Zinsen auf deren Einlagen selbst wieder Zinsen tragen werden. Nach § 248 Abs. 2 S. 2 BGB gilt dies auch für von Kreditanstalten im Sinne des Kreditwesengesetzes ausgereichte Darlehen sofern sie berechtigt sind, für die gewährten Darlehen (deckungsgleiche) verzinsliche Schuldverschreibungen auf den Inhaber auszugeben. Hintergrund dieser Ausnahme ist es, den betreffenden Instituten insbesondere in Bezug auf Bodenkredite und Schiffsfinanzierungen die Refinanzierung sicherzustellen.[26]

Bei § 248 Abs. 2 S. 2 BGB handelt es sich damit jedoch um einen eng beschriebenen Ausnahmetatbestand, der für das alltägliche Bankgeschäft sowohl mit Verbrauchern, aber auch mit Schuldnern syndizierter Darlehen kaum Bedeutung hat. Für syndizierte Darlehen ist diese Ausnahme aus Banksicht auch deshalb nur wenig hilfreich, weil – abgesehen von den Grundfreiheiten nach Artikeln 56 und 63 AEUV – nicht jeder ausländische Darlehensgeber, insbesondere nicht die häufig außerhalb der Europäischen Union ansässigen *special purpose vehicles (SPVs)*, über die nicht nur Hedge Fonds ihre Darlehen ausreichen, die Privilegierung des § 248 Abs. 2 S. 2 BGB nutzen kann.

[23] Eine gelungene Ausnahme findet sich bei *K. Schmidt* in JZ 1982, 829, 830 f.

[24] Vgl. OLG Köln WM 1992, 603, 603 mit Verweis auf *Mugdan*, 2. Band, S. 108.

[25] BGH NJW 2000, 352, 352; OLG Köln WM 1992, 603, 603. Ob und wieweit die Regelung des § 248 BGB unter diesem Gesichtspunkt nicht nur geeignet, sondern auch erforderlich und angemessen ist, soll an dieser Stelle nicht näher behandelt werden.

[26] Vgl. hierzu detailliert Staudinger-*K. Schmidt* (1997) § 248 Rn. 27.

3. Verbot nur für eine im Voraus getroffene Abrede

Dies lenkt die Aufmerksamkeit auf die zweite Ausnahme, die unmittelbar in § 248 Abs. 1 BGB verankert ist, der das Verbot von Zinseszinsen auf im Voraus getroffene Abreden beschränkt. Nach dem Ende der Zinsperiode ist es den Parteien gestattet, anstelle einer Zahlung der fälligen Zinsen deren Kapitalisierung zu vereinbaren. Die Ausnahme korreliert damit unmittelbar mit Sinn und Zweck des Zinseszinsverbotes. Einigen sich die Parteien im Nachhinein auf eine Kapitalisierung der Zinsen, besteht die vom Gesetzgeber befürchtete Unklarheit über die Zinshöhe gerade nicht. Damit gestattet das deutsche Recht vergleichsweise flexible Abreden zu Zinseszinsen, während etwa das Luxemburger Zivilrecht in Artikel 1154 des Luxemburger Zivilkodex[27] vorsieht, dass Zinseszinsen nur dann erhoben werden dürfen, wenn sie den Zeitraum eines ganzen Jahres betreffen und sich der Schuldner nach diesem Zeitraum auf eine gesonderte Aufforderung des Gläubigers hin mit der Kapitalisierung einverstanden erklärt.

Wegen Sinn und Zwecks des Zinseszinsverbotes sehen einige Autoren auch dann keinen Verstoß gegen § 248 BGB, wenn der zu verzinsende Zinsbetrag im Voraus summenmäßig benannt ist.[28] In diesen Fällen sei der Schutz vor Ungewissheit über die letztliche Zinshöhe nicht relevant, während der Schutz vor sittenwidrigen oder wucherischen Zinsen durch § 138 BGB ausreichend gewährleistet sei.[29] Die Möglichkeit einer entsprechenden teleologischen Reduktion des Anwendungsbereichs des § 248 BGB liegt zwar eigentlich auf der Hand. Dennoch hat das gesetzgeberische Ziel, dass letztlich nur die Zinshöhe erkennbar sein müsse, keinen eindeutigen Niederschlag im Wortlaut von § 248 Abs. 1 BGB gefunden, der auf die „im Voraus getroffene Vereinbarung" abstellt. Dieser eindeutige Wortlaut, der allein auf die zeitliche Abfolge des Anfalls der Zinsen und der Vereinbarung von Zinseszinsen abstellt, und auch die Entstehungsgeschichte des § 248 Abs. 1 BGB sprechen damit gegen dessen einschränkende Auslegung.[30] Bei der in Fällen syndizierter Darlehen regelmäßig anzutreffende Zinsberechnung auf Basis eines (wechselnden) Referenzzinssatzes wie EURIBOR oder LIBOR führen jedoch in der Regel beide Auffassungen zur Unzulässigkeit der im Voraus

[27] Art. 1154 des Luxemburger *Code Civil* lautet in seiner nichtamtlichen deutschen Fassung: *„Auf Kapital anfallende Zinsen können im Wege einer gerichtlichen Anordnung oder vertraglichen Vereinbarung Zinseszinsen nur dann berechnet werden, sofern der Anspruch auf die anfallenden Zinsen seit mindestens einem Jahr fällig war."*

[28] *K. Schmidt* JZ 1982, 823, 831; *Ulmer/Ihrig* ZIP 1985, 1169, 1173; Staudinger-*K. Schmidt* (1997) § 248 Rn. 10; MüKo-*Grundmann*[5] § 248 Rn. 4.

[29] *K. Schmidt* JZ 1982, 823, 831; *Canaris* Beilage zur WM 1987/Nr. 4, S. 4.

[30] So etwa Soergel-*Teichmann*[12] § 248 Rn. 8 und *Bezzenberger* WM 2002, 1617, 1621, wobei sich letzterer dezidiert mit den Motiven des Gesetzgebers auseinander setzt (vgl. Fn. 34).

getroffenen Zinseszinsabrede[31], da eine entsprechende Bestimmbarkeit der künftig anfallenden und damit zu kapitalisierenden Zinsen zumeist nicht möglich ist.

4. *Aus § 355 HGB folgende Ausnahme*

Schließlich erleichtert die dritte geschriebene Ausnahme vom Zinseszinsverbot mit § 355 Abs. 1 HGB die Berechnung von Zinseszinsen bei laufender Rechnung im Verhältnis mit (zumindest) einem Kaufmann[32] jeweils ab dem folgenden Rechnungsabschluss. Damit ist es darlehensgebenden Kaufleuten (also auch Kreditinstituten) in der Regel gestattet, Zinsen etwa von Kontokorrentdarlehen quartalsweise zu kapitalisieren und damit Zinseszinsen zu erheben, solange es sich hierbei nicht um Zinsen handelt, mit deren Zahlung der Schuldner im Verzug ist (vgl. § 289 S. 1 i.V.m. § 497 Abs. 2 S. 1 BGB). Hintergrund dieser Befreiung von den Beschränkungen des § 248 Abs. 1 BGB ist, dass damit ein Handelsbrauch normiert und den Kaufleuten nicht die Verpflichtung auferlegt werden sollte, neben dem Kontokorrent ein unverzinsliches Zinskonto zu führen.[33]

Obgleich ein Darlehensgeber (etwa ein *SPV*) bei fehlender Eintragung ins Handelsregister nicht bereits gemäß § 5 HGB als Formkaufmann gilt oder etwa entsprechend der zwischenzeitlich[34] aufgehobenen Legaldefinition für Musskaufleute, wonach gemäß § 1 Abs. 2 Nr. 4 HGB a.F. die Durchführung von Bankiergeschäften zwangsläufig zur Kaufmannseigenschaft führte, sind in Deutschland ansässige oder mit einer Niederlassung vertretene Banken Kaufleute im Sinne des Handelsgesetzbuchs (vgl. §§ 340 ff. HGB)[35]. Bei Darlehensgebern, die als Zweckgesellschaften (*SPVs*) organisiert sind, ist diese Frage weniger eindeutig zu beantworten. Hier richtet sich die Kaufmannseigenschaft entweder nach Recht am Unternehmenssitz als Ort ihrer gewerblichen Niederlassung[36] oder dem Vertragsstatut.[37] Damit kommen *SPVs* nicht zwangsläufig in den Genuss der Privilegierung durch § 355 HGB, weshalb diese Ausnahme im Rahmen syndizierter Darlehen wenig Rechtssicherheit bietet.

[31] Vgl. *Diem*, Akquisitionsfinanzierungen, S. 89.

[32] Nach aA mit dem Argument, dass die §§ 355–357 HGB auch im Übrigen unter Nichtkaufleuten Anwendung fänden, gilt § 355 HGB auch bei vergleichbaren Abreden außerhalb des Handelsverkehrs (vgl. Baumbach-*Hopt*[34] § 355 Rn. 3, 18).

[33] Vgl. *K. Schmidt*, FS Claussen, 1997, S. 483, 487.

[34] Zum 1. Juli 1998 aufgehoben im Rahmen der Änderung des Kaufmanns- und Firmenrechts durch das Handelsrechtsreformgesetz vom 22.6.1998 (BGBl. I 1474).

[35] Vgl. hierzu auch *Canaris* Beilage zur WM 1987/Nr. 4, S. 2.

[36] Baumbach-*Hopt*[34] § 1 Rn. 55.

[37] Baumbach-*Hopt*[34] Einl. vor § 1 Rn. 24.

5. *Zinseszinsen im Falle der vollständigen Fälligstellung des Darlehens*

Schließlich sind Zinseszinsen ab vollständiger Beendigung des Kreditvertrages aufgrund der damit verbundenen Verpflichtung zur Rückzahlung des Darlehens in einer Summe zulässig.[38] Gleiches gilt gemäß § 289 S. 2 BGB für den Anspruch auf Schadensersatz gemäß § 280 Abs. 1 und 2 i.V.m. § 286 BGB bei Vorliegen der Verzugsvoraussetzungen.[39]

IV. Vertragliche Gestaltung von PIK-Klauseln

1. *Anwendbarkeit und Reichweite des Zinseszinsverbots nach deutschem Recht*

Sobald die PIK-Zinsen abredegemäß kapitalisiert werden und infolge dessen selbst Zinsen tragen sollen, stellt dieses grundsätzlich eine Zinseszinsvereinbarung dar. Soweit nicht entweder die Ausnahme des § 248 Abs. 2 S. 2 BGB für Kreditinstitute zur Ausgabe deckungsgleicher Schuldverschreibungen oder aber die Ausnahme des § 355 HGB für die laufende Rechnung greift, verstoßen entsprechende Vereinbarungen grundsätzlich gegen das Zinseszinsverbot.[40] Bei Finanzierungen mit zumindest einem Darlehensgeber, auf den keine der Ausnahmen anwendbar ist, oder sofern die Finanzierung die Möglichkeit einer Syndizierung auch an nicht privilegierte Darlehensgeber (und damit den Regelfall einer Konsortialfinanzierung) vorsieht, ist damit das Zinseszinsverbot bei der Gestaltung der Verträge intensiver zu beachten. In der Praxis haben sich hierfür verschiedene Modelle herausgebildet.

a) Ausreichung eines weiteren Darlehens in Höhe der Zinsen

Von gegebenenfalls bestehenden Untersagungstatbeständen in bereits gezogenen Darlehensverträgen abgesehen, ist es Darlehensnehmern ohne weiteres möglich, fällige Zinsen aus einem weiteren, neuen Darlehen zu begleichen. Wenn dieses von dem gleichen Darlehensgeber ausgereicht wird, dem die Zinsen geschuldet werden, führt die Verzinsung des weiteren Darlehens wirtschaftlich zur Zahlung von Zinsen auf Zinsen, die gleichwohl nicht vom Verbot der Vorausvereinbarung von Zinseszinsen umfasst sind.[41] Dies gilt jedenfalls insoweit, wie es dem Darlehensnehmer freigestellt ist, die Zinsen

[38] *Diem*, Akquisitionsfinanzierungen, S. 89.
[39] Vgl. auch die Klarstellung in § 497 Abs. 2 S. 2 BGB für Verbraucherdarlehen; *Diem*, Akquisitionsfinanzierungen, S. 84.
[40] *Bezzenberger* WM 2002, 1617, 1621; Staudinger-*K. Schmidt* (1997) § 248 Rn. 12; Soergel-*Teichmann*[12] § 248 Rn. 3.
[41] Vgl. *K. Schmidt* JZ 1982, 829, 829.

aus seinen Barmitteln zu begleichen oder das weitere Darlehen aufzunehmen. Problematischer ist es, wenn Darlehensnehmer und Darlehensgeber von vornherein die Ziehung eines Darlehens zur Zahlung künftiger Zinsen vorsehen. Dann ist die eigentliche Ziehung dem Darlehensnehmer zwar nach wie vor freigestellt, in der Praxis wird er hierfür jedoch ein Bereitstellungsentgelt zu zahlen haben, welches – von der Frage nach dem Vorhandensein freier Barmittel beim Darlehensnehmer einmal abgesehen – für einen gewissen (wirtschaftlichen) Zwang zur Aufnahme des Darlehens und damit in der Regel zu einer unzulässigen Umgehung des Verbotstatbestandes des § 248 Abs. 1 BGB führt.

b) (Nachträglich abzugebendes) abstraktes Schuldanerkenntnis

Eine andere Variante sieht vor, dass die Höhe der zu kapitalisierenden Zinsen im Wege eines abstrakten Schuldanerkenntnisses vereinbart wird.[42] Dadurch wird gemäß §§ 780, 781 BGB eine eigene Schuld begründet. Diese ersetzt je nach Formulierung den Anspruch auf die Zinsen oder tritt als unselbständiger Anspruch neben den Anspruch auf Zinszahlung aus § 488 BGB, jedoch ohne dessen Einwendungen, insbesondere nicht die rechtshindernde Einwendung einer Nichtigkeit nach § 248 Abs. 1 BGB zu teilen.[43] Dieses stellt jedoch einen Umgehungstatbestand dar, der das Verbot des § 248 BGB aushebelt, selbst wenn die Abgabe des Schuldanerkenntnisses erst nach Ablauf der jeweiligen Zinsfestschreibungsperioden erfolgt, solange sich der Darlehensnehmer zur Abgabe des Anerkenntnisses bereits im Voraus – also bei Unterzeichnung des Kreditvertrages – verpflichtet.[44]

Hier ist jedoch zwischen der schuldrechtlichen Verpflichtung zur Abgabe des abstrakten Schuldanerkenntnisses und der eigentlichen Abgabe des Anerkenntnisses zu differenzieren. Während die vorweggenommene schuldrechtliche Verpflichtung im Darlehensvertrag tatsächlich noch als ein Fall des § 248 Abs. 1 BGB zu werten ist, beinhaltet ein abstraktes Schuldanerkenntnis in seiner Reinform selbst die schuldrechtliche *causa*.[45] Dieser eigene, nachträglich gegebene Rechtsgrund führt dazu, dass – wenn auch von vornherein keine durchsetzbaren Zinseszinsen geschuldet waren – nach Abgabe des abstrakten Schuldanerkenntnisses Zinsen auch auf den dadurch begründeten Forderungsanteil geschuldet werden.[46] Obgleich die Zinsen vor Abgabe des

[42] So schon RGZ 95, 18, 19 f.; vgl. auch *K. Schmidt* JZ 1981, 126, 127; Soergel-*Teichmann*[12] § 248 Rn. 6.

[43] Staudinger-*Marburger* (2009) § 780 Rn. 6. Das Schuldanerkenntnis ist, sofern es auf einer Abrechnung beruht, gemäß § 782 Var. 2 BGB sogar von dem Formerfordernis der §§ 780, 781 BGB befreit (vgl. Staudinger-*Marburger* (2009) § 782 Rn. 12).

[44] OLG Kiel OLGE 35 (1917) 321, 322; *Diem*, Akquisitionsfinanzierungen, S. 219.

[45] Staudinger-*Marburger* (2009) § 780 Rn. 6.

[46] Vgl. für die nachträgliche Abgabe des Schuldanerkenntnisses auch RGZ 95, 18, 19 f.

Schuldanerkenntnisses noch nicht fällig gewesen sein mögen, so führt – im Gegensatz zu einer im Vorfeld nur abstrakt errechenbaren Zinshöhe – allein deren Berechenbarkeit durch den Ablauf der zugrundeliegenden Zinsperiode zur Zeit des Schuldanerkenntnisses zu einer wirksamen Abrede.[47]

c) Wahlrecht des Darlehensnehmers (PIK Toggle)

Eine weitere Möglichkeit zur wirksamen Gestaltung von Zinseszinsen besteht in einem Wahlrecht zu Gunsten des Darlehensnehmers, anstelle der Barzinsen eine Erhöhung der Darlehensforderung zu wählen. § 248 Abs. 1 BGB untersagt nämlich nur die im Voraus getroffene Zinseszinsabrede.[48]

Bei der Ausgestaltung des Wahlrechts ist jedoch sehr genau darauf zu achten, dass dieses nicht durch Nebenabreden eingeschränkt oder die Ausübung aufgrund der wirtschaftlichen Gestaltung des Wahlrechts zu Ungunsten der Barzinsen tatsächlich unmöglich ist. Hier ist insbesondere bei den Rangabreden zwischen Darlehensnehmer und auf unterschiedlichen Stufen besicherten Darlehensgebern darauf zu achten, dass diese *Intercreditor* Vereinbarungen nicht – wie es ohne PIK-Abrede üblich ist – die Auszahlung gerade auch von Zinsen an die grundsätzlich nachrangigen PIK-Darlehensgeber untersagen.[49] Ferner ist darauf zu achten (und dies erschwert die praktische Anwendbarkeit dieser Gestaltung), dass der im Vorfeld des Zinszahlungstermins regelmäßig zur Ausübung des Wahlrechts geforderten *intention notice* auch tatsächlich eine nach Fälligkeit der Zinsen abzugebende *capitalization notice* des Darlehensnehmers folgt. Nur auf diese Weise entspricht der PIK Toggle den Anforderungen des § 248 Abs. 1 BGB.

d) Ansteigender Zinsbetrag

Durch eine Staffelung der Zinshöhe (entweder durch einen erhöhten fixen Zinssatz oder eine Dynamisierung der Zinsmarge) kann ebenfalls eine Abrede getroffen werden, die wirtschaftlich einem Zinseszins gleich kommt.[50] Der ansonsten durch den Zinseszinseffekt entstehende wirtschaftliche Vorteil wird dabei im Vorwege in den Erhöhungsbetrag bezüglich der Zinsen eingerechnet. Wie in der generell zur Frage der Zinseszinsen vorhandenen wenigen Rechtsprechung, wurde diese Variante unter dem Gesichtspunkt einer Unzulässigkeit gemäß § 248 Abs. 1 BGB – soweit ersichtlich[51] – noch nicht entschieden.

[47] Staudinger-*K. Schmidt* (1997) § 248 Rn. 24.
[48] *Diem*, Akquisitionsfinanzierungen, S. 219.
[49] *Diem*, Akquisitionsfinanzierungen, S. 219.
[50] *Diem*, Akquisitionsfinanzierungen, S. 219 f.
[51] Vgl. *Diem*, Akquisitionsfinanzierungen, S. 220.

e) Von vornherein erhöhter, konstanter Zinsbetrag

Wirtschaftlich ebenfalls ein gleichwertiges Ergebnis, welches auch durch § 248 Abs. 1 BGB gedeckt ist[52], ergibt sich, indem zwar ein gleich bleibender Zinsbetrag oder eine feste Zinsmarge vereinbart werden, wobei der wirtschaftliche Vorteil in dem von vornherein erhöhten Zinssatz oder in die entsprechend erhöhte Zinsmarge eingepreist wird.

f) Staffelung der Darlehenshöhe

Schließlich finden sich Gestaltungen, bei denen im Vorfeld vereinbart wird, dass zu bestimmten Zeiten ein fester Betrag geschuldet wird.[53] Die Regelungen können etwa vorsehen, dass zum jeweiligen Ablauf der (in der Regel im Voraus für die gesamte Darlehensdauer feststehenden) Zinsperioden oder aber zur Zeit der Endfälligkeit des Darlehens ein um einen PIK-Anteil jeweils erhöhter Darlehensbetrag geschuldet wird, was durchaus als zulässige Gestaltung gesehen wird.[54]

g) Zwischenergebnis

Inhaltlich sollten all diese Abreden analog dem Schuldanerkenntnis behandelt werden. Handelt es sich wirtschaftlich um einen Zinseszinsanteil und wird dieser im Voraus fest vereinbart, so wäre diese Vereinbarung nach Sinn und Zweck des § 248 Abs. 1 BGB unwirksam. Wenn sich der Darlehensnehmer jedoch nachträglich dafür entscheidet, den jeweils erhöhten Darlehensbetrag zu akzeptieren, so bestehen dagegen keine Bedenken. Inhaltlich kommt die Staffelung der Darlehenshöhe damit dem Wahlrecht des Darlehensnehmers im Sinne eines *PIK Toggle* wiederum gleich. Mit der hier vertretenen Ansicht kann auch der Gefahr begegnet werden, dass ein Gericht in der Vorausvereinbarung gestaffelter Rückzahlungsbeträge eine Umgehung des § 248 Abs. 1 BGB etwa in Fällen einer nur teilweisen Inanspruchnahme des Darlehens (ohne die dann gegebenenfalls gebotene, aber noch separat zu vereinbarende Anpassung der Festbeträge) sehen würde.[55]

2. *Wahl einer anderen Rechtsordnung*

Eine weitere Variante zur Gestaltung von PIK-Zinsen besteht darin, die Regelungen zu Zinsen (analog zu den Abreden zu Rückzahlungsverboten (sog. *non-call periods*) oder Rückzahlungsentgelten (*prepayment fees*) trotz

[52] Vgl. *Diem*, Akquisitionsfinanzierungen, S. 220.
[53] *Diem*, Akquisitionsfinanzierungen, S. 219.
[54] *K. Schmidt* JZ 1982, 829, 932; vgl. auch *Diem*, Akquisitionsfinanzierungen, S. 219.
[55] Vgl. *Diem*, Akquisitionsfinanzierungen, S. 219.

der nach deutschem Recht gemäß § 489 Abs. 4 S. 1 BGB gegebenen Möglichkeit zur kostenfreien Darlehensrückzahlung am Ende einer Zinsbindungsperiode) einer Rechtsordnung zu unterstellen, in denen PIK-Zinsen (wie eben auch Rückzahlungsverbote und -entgelte) wirksam vereinbart werden können. Solche Regelungen sind nach englischem oder US-Recht in der Regel wirksam.

a) Teilrechtswahl des englischen oder New Yorker Rechts

Treffen die Parteien die Entscheidung, sich eine fremde Rechtsordnung zu Nutze zu machen und können den Darlehensvertrag in Bezug auf die Regelungen zu Zinsen wirksam einer anderen Rechtsordnung unterstellen, ist das deutsche Zinseszinsverbot nicht einschlägig.

Jedoch stellt sich bereits die Frage, ob die Parteien einen Darlehensvertrag kraft ihrer Privatautonomie zwei verschiedenen Rechtsordnungen unterstellen können. So könnte sich zwar die Hauptschuld nach deutschem Recht richten, während für die Zinsen im Wege einer Teilrechtswahl die Geltung des englischen Rechts etwa wie folgt vereinbart werden würde:

"This Clause [•] (Interest) and any non-contractual obligations arising out of or in connection with it are governed by and shall be construed in accordance with the laws of England."

während die Rechtswahl ansonsten lautet:

"Except for Clause [•] (Interest) and any non-contractual obligations arising out of or in connection with it which shall be governed by and be construed in accordance with English law, this Agreement and any non-contractual obligations arising out of or in connection with it are governed by the laws of the Federal Republic of Germany."

b) Kollisionsrechtliche Zulässigkeit der Teilrechtswahl

Selbst bei einem einheitlichen Vertrag kann die durch die Parteien getroffene freie Rechtswahl aufgrund der in Art. 3 Abs. 1 S. 3 der Verordnung (EG) Nr. 593/2008 („*ROM I*") explizit getroffenen Anordnung nur Teile des Vertrages betreffen. Dementsprechend wurde bereits die Vorgängerregelung (Art. 27 Abs. 1 S. 3 EGBGB) dahingehend interpretiert, dass ein Vertrag ausdrücklich dem Recht mehrerer Staaten unterstellt werden kann.[56] Der Wirksamkeit der Rechtswahl steht in der Regel nicht Erwägungsgrund 15 der ROM I Verordnung und auch nicht Art. 3 Abs. 3 und 4 ROM I entgegen, wonach zwingende Bestimmungen eines oder mehrerer relevanter Staaten nicht durch die Wahl des Rechts eines anderen bzw. dritten Staates unterlau-

[56] Staudinger EGBGB-*Magnus* (2002) Art. 27 Rn. 90.

fen werden können. Der Grund hierfür liegt in der Internationalität syndizierter Kreditverträge selbst, da an diesen in den meisten Fällen ausländische Darlehensgeber beteiligt sind.

Eine Rechtswahl kann jedoch wegen Art. 9 Abs. 3 ROM I nur insoweit erfolgen, wie dem nicht eine deutsche Eingriffsnorm wegen der in Deutschland zu leistenden Zahlung der Zinseszinsen entgegen steht und die Folgen der Anwendung bzw. Nichtanwendung der Eingriffsnorm gemäß Art. 9 Abs. 3 S. 2 ROM I nach Art und Zweck des mit ihr beabsichtigten Schutzes nicht außer Verhältnis zu dem von den Parteien Gewollten stehen. Gemäß Art. 9 Abs. 3 S. 1 ROM I ist eine Eingriffsnorm eine zwingende Vorschrift (wie etwa § 248 Abs. 1 BGB), deren Einhaltung von einem Staat als so entscheidend für die Wahrung seines öffentlichen Interesses, insbesondere seiner politischen, sozialen oder wirtschaftlichen Organisation, angesehen wird, dass sie ungeachtet des nach Maßgabe der ROM I-Verordnung auf den Vertrag anzuwendenden Rechts auf alle Sachverhalte anzuwenden ist, die in ihren Anwendungsbereich fallen, was im *ordre public* nach Art. 6 EGBGB (bzw. Art. 21 ROM I) seinen Ausdruck findet.

Die Rechtsnormen eines anderen Staates sind danach nicht anzuwenden, wenn ihre Anwendung zu einem Ergebnis führt, das mit wesentlichen Ergebnissen des deutschen Rechts offensichtlich unvereinbar ist. Danach wäre die Teilrechtswahl englischen oder des US-Rechts mit dem deutschen Zinseszinsverbot nicht vereinbar, wenn § 248 Abs. 1 BGB dem Schutz des Gemeinwohls diente.[57] Dies wäre der Fall, wenn ein besonderes öffentliches Interesse an der Durchsetzung des Zinseszinsverbots bestehen würde, und sei es auch nur, um den damit bezweckten Schutz der sozialschwächeren Vertragspartei sicherzustellen. Dafür darf sich der Eingriff nicht darin beschränken, dass der Ausgleich widerstreitender Interessen der Vertragsparteien durch den Gesetzgeber vorgegeben wird. Dieses Ziel würde nämlich gerade nicht einem Gemeinwohlziel dienen.[58] Dies ist beim Zinseszinsverbot, welches nach hier vertretener Ansicht allein der Zinsklarheit dient[59], nicht der Fall.[60] Diese Argumentation erklärt auch, warum die Aufspaltung des anwendbaren Rechts für einen Vertrag kein unzulässiges „Rosinenpicken" zur Umgehung zwingenden Rechts darstellt, obgleich diese Frage – soweit erkennbar – noch nicht gerichtlich entschieden worden ist.[61] Das „Rosinenpicken" jedenfalls wäre immerhin auch ein Ergebnis des Ausgleichs der widerstreitenden Interessen der Vertragsparteien.

[57] Staudinger EGBGB-*Magnus* (2002) Art. 34 Rn. 57, 67.

[58] Palandt-*Thorn*[69] Rom I Art. 9 Rn. 8.

[59] Vgl. Seiten 416–418.

[60] Reithmann/*Martiny*, Internationales Vertragsrecht, 7. Auflage, 2010, Rn. 1156 mit der jedoch etwas undifferenzierten Aussage, dass „die Anwendung … auf Verträge mit Auslandsbezug … zweifelhaft" sei.

[61] Vgl. Reithmann/*Martiny*, Internationales Vertragsrecht, Rn. 308 für die Rechtswahl in Bezug auf Auslegungsregelungen und deutlicher noch die 6. (Vor)Auflage 2004 Rn. 54, 55.

c) Abtrennbarkeit der Zinsregelung

Ferner könnte einer gespaltenen Rechtswahl der Umstand entgegen stehen, dass diese nur soweit möglich ist, wie die betreffenden Regelungen des Kreditvertrages voneinander getrennt werden können. Die Teilfrage muss also abtrennbar sein, was selbst bei bestehendem Gegenseitigkeitsverhältnis der zu trennenden Leistungen der Fall ist, wenn keine widersprüchlichen Ergebnisse eintreten und sich die jeweiligen Teile sachgerecht miteinander verbinden lassen.[62] Dies ist sowohl hinsichtlich der einzelnen Hauptleistungspflichten Darlehensausreichung einerseits als auch der Vergütung des Darlehens andererseits der Fall, da der Inhalt dieser Pflichten jeweils in eine andere Richtung zielt. Ein Widerspruch der nach deutschem Recht zu beurteilenden Anordnungen für die Darlehensgewährung und der etwa nach englischem Recht zu beurteilenden Zahlung der Vergütung in Form von Zinsen (und Zinseszinsen) ist insofern ausgeschlossen, womit die betreffenden Regelungen des Kreditvertrages auch voneinander getrennt werden können.

V. Zinseszinsverbot im 21. Jahrhundert

Anders als etwa §§ 138 und 826 BGB lässt das Verbot in § 248 Abs. 1 BGB keine Einzelfallabwägung zu, die außerhalb der geschriebenen Ausnahmetatbestände Zinseszinsabreden ausnahmsweise zulässt. Während die Überforderung eines Darlehensnehmers, welche gegen die guten Sitten verstößt, im Einzelfall festgestellt und der betreffende Darlehensnehmer entsprechend geschützt werden kann, ist eine solche Einzelfallbetrachtung im Rahmen des Zinseszinsverbotes nicht vorgesehen. Dementsprechend liegt die Einordnung dieses Verbots als abstrakter Gefährdungstatbestand nicht fern.[63] Ob eine Anpassung des § 248 Abs. 1 BGB an die moderne Finanzwelt nur durch die Aufnahme tatbestandlich umschriebener Ausnahmetatbestände (etwa nach Größe und Professionalität des Schuldners, Laufzeit oder der Art der Platzierung eines Darlehens am Kapitalmarkt) begegnet werden kann[64], ist zu bezweifeln. Abgesehen von einer Freistellung von Finanzinstrumenten des regulierten Kapitalmarkts vom Zinseszinsverbot[65] könnten weitere Ausnahmetatbestände das Ungleichgewicht zwischen den durch die § 248 Abs. 2 S. 2 BGB und § 355 HGB begünstigten Instituten und anderen – nicht privilegierten – Darlehensgebern noch verstärken.

Entscheidend für die künftige Behandlung von Zinseszinsen muss die Transparenz der Zinshöhe und ihrer Berechnung sein. Sofern nämlich die

[62] Vgl. Reithmann/*Martiny*, Internationales Vertragsrecht[6] Rn. 54.
[63] So etwa *Bezzenberger* WM 2002, 1617, 1624.
[64] *Bezzenberger* WM 2002, 1617, 1625.
[65] Vgl. hierzu etwa *Bezzenberger* WM 2002, 1617, 1625.

konkrete Höhe der Zinsen von vornherein offengelegt wird oder diese Transparenz durch regelmäßige Rechnungsabschlüsse des Gläubigers gegenüber dem Schuldner zeitnah hergestellt werden kann, besteht die gebotene Klarheit über die konkrete Zinshöhe, womit der entscheidende Beweggrund für das Verbot nicht mehr durchgreifen würde. Der Schuldner kann am Ende der Rechnungsperiode entscheiden, ob er die Zinsen kumulieren und die Schuld entsprechend erhöhen lassen oder ob er zu deren Vermeidung die fälligen Zinsen sogleich begleichen will. Bei dieser Herangehensweise wäre auch dem anderen – hier nicht geteilten – Beweggrund für das Zinseszinsverbot, dem weitergehenden Schutz des Schuldners vor Überforderung, ausreichend begegnet.

Zur Herstellung dieser Transparenz zwecks Ermöglichung von Zinseszinsen bedarf es insofern nicht zwangsläufig einer Änderung oder Anpassung des § 248 BGB. Vielmehr könnten die Anforderungen der Kontokorrentregelungen des § 355 Abs. 1 HGB bei der privatautonomen Gestaltung entsprechender PIK-Regelungen beachtet und auch auf Zinsgeschäfte, die nicht notwendig ein Handelsgeschäft im Sinne des § 343 HGB, also auch unter Personen, die keine Kaufleute im Sinne der §§ 1 ff. HGB sind, angewendet werden. Diese Anforderungen betreffen zum einen die Benennung der konkreten Zinshöhe sowie die Ermöglichung eines Wahlrechtes des Schuldners zur Kapitalisierung („*to pik the interest*") oder Begleichung der fälligen Zinsen. Letzteres ist der Kontokorrentabrede im Handelsrecht insofern sehr ähnlich, als auch hier der jeweilige Schuldner des Saldos die Schuld durch Begleichung desselben beseitigen würde. Ob eine Anwendung des § 355 HGB darüber hinaus erfordert, dass die weiteren Voraussetzungen des § 355 HGB, wonach auf mindestens einer Seite ein Kaufmann Partei der Abrede und die aus der Geschäftsbeziehung resultierenden Ansprüche auf Leistung und Gegenleistung gegenseitig (also der Verbindung entspringende Ansprüche *beiderseitig* im Sinne von § 355 HGB) sein müssen und darüber hinaus ein Überschuss für eine der Parteien entstehen muss,[66] wurde bereits anderweitig umfassend diskutiert[67] und soll hier nicht wiederholt werden.

Nach Sinn und Zweck des § 248 Abs. 1 BGB, nämlich der Herstellung von Transparenz über die zu zahlenden Zinsen, ist bei Einhaltung der skizzierten Anforderungen unabhängig vom Vorliegen aller seiner tatbestandlichen Voraussetzungen die Anwendbarkeit des § 355 HGB auf ein laufendes Dar-

[66] So instuktiv RGZ 95, 18, 19; vgl. hierzu *K. Schmidt* FS Claussen, 1997, S. 483, 490–492.

[67] Vgl. *Raisch*, Geschichtliche Voraussetzungen, dogmatische Grundlagen und Sinnwandlung des Handelsrechts, 1965, S. 179 ff., 231 f.; *K. Schmidt* JZ 1981, 126, 129 f. und in FS Claussen, 1997, S. 483, 488 f.; *Canaris*, Beilage zur WM 1987/Nr. 4, S. 2 ff. sowie *Reifner* NJW 1992, 337, 340 f. Wobei insbesondere *Reifner* die Voraussetzungen einer laufenden Rechnung dann nicht als gegeben ansieht, wenn nach Darlehensausreichung nur der Darlehensnehmer Zahlungen leisten muss (NJW 1992, 337, 340).

lehen entgegen der anderslautenden Auffassung[68] – auch bei nur kontokorrentähnlichen Abrechnungsverhältnissen zwischen Nichtkaufleuten – nicht nur zu Gunsten, sondern auch zu Lasten des Nichtkaufmanns denkbar. Diese extensive Auslegung des Befreiungstatbestandes vom Verbot des § 248 BGB macht erst recht zwischen den Parteien eines Konsortialdarlehens – auch hier unabhängig vom tatsächlichen Vorliegen aller Voraussetzungen des § 355 HGB – eine privatautonome Vereinbarung von Zinseszinsen im Rahmen einer laufenden Rechnung bei Offenlegung der Voraussetzungen und konkreten Folgen – etwa anhand von Rechenbeispielen – sowie der Einräumung eines Wahlrechtes des Schuldners, die Zinsen zu zahlen oder zu kapitalisieren, gerade auch im Voraus möglich.[69] § 355 HGB ist damit unter dem Gesichtspunkt der Zinsklarheit nach Sinn und Zweck des in § 248 Abs. 1 BGB enthaltenen Verbotes weit und das Verbot der Vorausvereinbarung von Zinseszinsen entsprechend eng auszulegen. Allein dieses systematische Zusammenspiel ist auch systemgerecht. So kann ein Abschluss auch unter Nichtkaufleuten entsprechend § 355 HGB nicht anders verstanden werden als der gemäß § 782 BGB formfrei mögliche Abschluss einer laufenden Rechnung unter Privaten durch periodisch wiederkehrende Abgabe eines abstrakten Schuldanerkenntnisses.[70]

Unabhängig davon ist das Zinseszinsverbot auch dann nicht einschlägig, wenn der effektiv vom Schuldner zu zahlende Zinssatz von vornherein bestimmbar ist und entsprechend im Darlehensvertrag niedergelegt wird. Dies ist etwa bei Angaben des effektiven Zinssatzes nach § 6 Abs. 2 S. 2 der Preisangabenverordnung für Kredite an Letztverbraucher der Fall. Danach ist der Zinssatz anzugeben, der vom Verbraucher bei regelmäßigem Verlauf des Darlehensvertrages einschließlich aller vom Darlehensnehmer zu leistenden Zahlungen auf Grundlage einer taggenauen Verrechnung effektiv ergeben würde. Gemäß § 6 Abs. 2 S. 3 Preisangabenverordnung gilt die exponentielle Verzinsung auch im unterjährigen Bereich, so dass der Effektivzins den Zinseszins auch insoweit einschließt. Sofern diese Voraussetzung gewahrt ist, ist ein Verstoß gegen § 248 Abs. 1 BGB nach dessen Sinn und Zweck wegen ausreichender Wahrung des Transparenzgebotes nicht gegeben.[71]

[68] *K. Schmidt* JZ 1981, 126, 130 sowie in: FS Claussen, 1997, S. 483, 485.

[69] Anders *K. Schmidt* FS Claussen, 1997, S. 483, 485, wobei jedoch im Folgenden auf S. 488 ausgeführt wird, dass die Normierung der Ausnahme für die gegenseitige Rechnung gerade „ein Produkt der Verkehrsübung und des Parteiwillens" sei, der – so der Hinweis auf Rechtsprechung zum Allgemeinen Deutschen Handelsgesetzbuch – auch zwischen Nichtkaufleuten möglich sein müsse.

[70] Vgl. Staudinger-*Marburger* (2009) § 782 Rn. 12, der explizit das Beispiel des unentgeltlichen Kontokorrent als Fall der §§ 780–782 BGB benennt.

[71] Vgl. *K. Schmidt* JZ 1982, 829, 834 unter Hinweis auf § 1 Abs. 4 Preisangabenverordnung in der damals geltenden Fassung.

VI. Fazit

Es zeigt sich, dass die mit § 248 Abs. 1 BGB verbundenen Beschränkungen von im Finanzmarkt akzeptablen (und nicht zuletzt wirtschaftlich sowohl von Darlehensgebern aber auch an einer vorausschauenden Liquiditätsplanung interessierten Darlehensnehmern gewünschten) Zinsregelungen, die die Verzinsung aufgelaufener Zinsen einschließen, zu erheblicher Rechtsunsicherheit führen. Um ein Ausweichen auf andere Jurisdiktionen zu vermeiden, sollten die Ausnahmetatbestände des § 248 Abs. 1 BGB, insbesondere der Anwendungsbereich der in § 355 HGB für die laufende Rechnung und das Kontokorrent getroffene Ausnahme weitestgehend Anwendung finden. Dies gilt jedenfalls insoweit, wie es dem Schuldner möglich ist, (a) den jeweils geschuldeten Betrag und seine Erhöhung aufgrund des Zinseszinseffektes im Vorwege zu erkennen und (b) die zusätzliche Belastung durch Zinseszinsen mittels Begleichung des fälligen Betrages zu verhindern.

Der Verein als Stifter

Olaf Werner

Wenn auch der rechtsfähige Verein wie die rechtsfähige Stiftung des Privatrechts als Rechtsform einer juristischen Person gleichermaßen durch Rechtsgeschäft errichtet werden, sind sie unterschiedlich konstruiert; der Verein als Körperschaft, d.h. auf Mitglieder und Mitgliederwechsel angelegt,[1] die Stiftung unabhängig von Mitgliedern als kapitalorientierte Institution.[2] Zwar verweist § 86 BGB für die Stiftung auf die entsprechende Anwendung entscheidender Vorschriften des rechtsfähigen Vereins. Dadurch wird die Verschiedenartigkeit beider juristischer Personen jedoch nicht nivelliert. Da beide Institute auf eine Zweckerfüllung ausgerichtet sind, steht der Berater wie der Gründer vor der Entscheidung, welche Rechtsform für die jeweilige Zweckerreichung geeigneter ist, welche Voraussetzungen erfüllt sein müssen. Damit verbunden ist die Entscheidung, ob und welche Rechtsform errichtet werden soll oder ob nicht sogar beides, Stiftung und Verein, nebeneinander zum gewollten Ziel führen.

Neben dem „Entweder-Oder" steht das „Sowohl-Als auch". Diese Entscheidungen setzen die intensive Befassung in tatsächlicher und rechtlicher Optimierung mit beiden Materien voraus. So hat sich auch der Jubilar nicht allein mit seiner grundlegenden Kommentierung des Vereins- und Stiftungsrechts im Münchener Kommentar[3] der Parallelität beider Materien angenommen.[4] Es bietet sich daher geradezu an, einen den Jubilar ehrenden Beitrag über die Beziehung von Verein und Stiftung einzubringen.

[1] MünchKomm-BGB/Reuter, 5. Aufl. 2006, §§ 21, 22 Rn. 1; Hk-BGB-Dörner, 5. Aufl. 2007, Vorbem. zu § 21–89 Rn. 1; Palandt/Ellenberger, Bürgerliches Gesetzbuch, 69. Aufl. 2010, Einf. vor § 21 Rn. 14; RGZ 165, 143; Erman/H. P. Westermann, BGB 12. Aufl. 2008 Vor § 21 Rn. 14; B. Reichert, Vereins- und Verbandsrecht, 12. Aufl. 2010 Rn. 30, 31; Sauter/Schweyer/Waldner, Der eingetragene Verein, 18. Aufl. 2006, Rn. 1.

[2] MünchKomm-BGB/Reuter, aaO Vor § 80, Rn. 14; O. Werner, in: O. Werner/I. Saenger (Hrsg.), Die Stiftung – Recht, Steuern, Wirtschaft, 2008 Rn. 9; v. Campenhausen, in: Seifart/v. Campenhausen, Stiftungsrechtshandbuch, 3. Aufl. 2009 § 1 Rn. 6, 7.

[3] MünchKomm-BGB/Reuter, 1.–5. Aufl. 2006, §§ 21–89.

[4] Hinzuweisen ist insbesondere auf Reuter, Stiftungsrecht und Vereinsrecht – Konsequenzen aus Übereinstimmungen und Unterschieden, in: Deutsches Stiftungswesen 1977–1988, S. 95 ff.

I. Synergie und Optimierung

Mit der Formulierung in §§ 21, 22 BGB ist der Verein auf einen bestimmten Zweck gerichtet, nicht wirtschaftlich als Idealverein oder wirtschaftlich auf Gewinnerzielung in der Form des wirtschaftlichen Vereins bzw. in den Sonderformen der Kapitalvereine (Kapitalgesellschaft, Aktiengesellschaft, GmbH). Damit kann mit und über einen Verein letztlich jeder Zweck Gegenstand der Tätigkeit sein, der nicht gegen gesetzliche Regeln verstößt (§ 134 BGB).[5] Ebenso soll die Stiftung zur Verwirklichung eines bestimmten Zweckes als selbstständiger Rechtsträger entstehen.[6] Auch hier ist die satzungsgemäße Ausrichtung auf jeden möglichen fremd- oder eigennützigen Zweck zulässig, sofern er nicht das Gemeinwohl gefährdet (§ 80 Abs. 2 BGB). Die Stiftung ist zu jedem gesetzmäßigen Zweck erlaubt (gemeinwohlkonforme Allzweckstiftung).[7] Nur eine Gesetzwidrigkeit ist wie bei dem Verein Entstehungs- und Bestehenshindernis.[8] Damit können sowohl Verein wie auch Stiftung auf jeden gesetzeskonformen, d.h. grundsätzlich auf denselben Zweck ausgerichtet sein.

Die Entscheidung für oder gegen eine Rechtsform liegt daher allein in den tatsächlichen Voraussetzungen und den praktischen Umsetzungen des gewählten Zweckes.

1. Gründungsvoraussetzungen

Ohne auf die einzelnen Entstehungsvoraussetzungen des Vereins und der Stiftung näher einzugehen, sei nur auf die Gesichtspunkte hingewiesen, in denen beide Rechtssubjekte differenzieren und die folgerichtig die Grundlage der Gründungsentscheidung beeinflussen.

Der formale Akt der Gründung – beim Verein Gründungsversammlung mit Beschluss der Vereinsgründung und Satzungsverabschiedung,[9] notarielle Unterschriftsbeglaubigung der gewählten Vorstandsmitglieder für die Anmeldung beim Vereinsregister und die Eintragung – ist nicht entscheidend umfangreicher und kostenträchtiger als bei der Stiftung – nämlich Stiftungsgeschäft als einseitige Willenserklärung in Schriftform (Errichtungserklärung mit Vermögenszuwendungsversprechen und Satzung) sowie Antrag auf An-

[5] Sauter/Schweyer/Waldner, aaO, Rn. 51; B. Reichert, aaO, Rn. 212–215.

[6] MünchKomm-BGB/Reuter, 5. Aufl. 2005, § 80 Rn. 5; Hk-BGB/Dörner, aaO, Vorbem. zu §§ 80–88 Rn. 1.

[7] MünchKomm-BGB/Reuter, aaO, Vor § 80 Rn. 8 ff., § 87 Rn. 5; Hof, in: Seifart/v. Campenhausen, aaO, Rn. 153; Palandt/Ellenberger, aaO, § 80 Rn. 6.

[8] Hof, in: Seifart/v. Campenhausen, aaO, Rn. 153; Palandt/Ellenberger, aaO, § 80 Rn. 6; Erman/O. Werner, aaO, § 80 Rn. 12.

[9] Gründungsprotokoll, Unterschriften von mindestens sieben Vereinsgründern.

erkennung gem. § 80 Abs. 1 BGB. Der Gründungsakt wird damit kaum entscheidend für die Formwahl ins Gewicht fallen.

Wesentlich dagegen ist die körperschaftliche Struktur des Vereins, der mitgliederabhängig ist und bei dem die Mitgliederversammlung als oberstes Vereinsorgan[10] die Geschicke des Vereins und damit die Erfüllung des Vereinszweckes ebenso bestimmt, wie sie Satzungsänderung bis hin zur Zweckänderung vornehmen kann. Die Vereinsgründer können also nicht sicher davon ausgehen, dass der von ihnen gewählte Zweck und die Organisation auf Dauer Bestand haben. Anders dagegen bei der Stiftung, bei der der mit der Gründung im Stiftungsgeschäft und in der Satzung festgelegte Zweck ebenso unabänderlich ist wie die vom Stifter festgelegte Organisation.[11] Sein Stifterwille bestimmt auf alle Zeit die Tätigkeit der Stiftung. Sofern er Satzungsänderungen zulassen will, legt er dies selbst in der Satzung fest. Der Stifterwille ist oberstes Gebot des Handelns der Stiftungsorgane (Dauerhaftigkeit des Stiftungszweckes).[12]

Ein weitaus wesentlicheres Entscheidungskriterium ist die wirtschaftliche, finanzielle Grundlage beider juristischer Personen. So ist ein Verein von den ideellen und finanziellen Leistungen seiner Mitglieder abhängig und damit ohne dauerhafte sichere Basis. Bei einem Mitgliederschwund bzw. bei schwankender Mitgliederzahl ist eine langfristige Einnahmekalkulation kaum möglich. Es verbieten sich somit langfristige Projekte, die von der Finanzkraft des Vereins abhängen (z.B. Personalkosten, laufende Kosten usw.). Selbst ein Vertrauen auf Zuwendungen Dritter (Spenden) ist nicht möglich. Anders ist dies bei der Stiftung. Sie muss – um anerkannt zu werden – ein Grundstockvermögen haben, aus dessen Erträgen deren Stiftungszweck auf lange Sicht (auf Dauer) erfüllt werden kann. Für die Stiftung bieten sich daher – mangels Mitglieder – weniger Projekte an, die durch Angehörige der juristischen Person persönlich erfüllt werden können. Die Stiftung kann langfristige finanzielle Unterstützung und Projekte planen und erfüllen. Somit ergibt sich ein unterschiedlicher Weg der Zweckerfüllung bei Vereinen kurzfristig durch aktive Mitglieder, bei der Stiftung langfristig durch auf Dauer gesicherte Kapitalzuwendung. Andererseits liegt der Vorteil eines Vereins darin, dass zu seiner Gründung kein Kapital erforderlich ist, d.h. er kann auch ohne finanzielle Grundlage gegründet werden. Er bietet sich daher allenfalls als „Geburtshelfer“ für die Gründung einer Stiftung und als Übergangslösung mit

[10] MünchKomm-BGB/Reuter, aaO, § 32 Rn. 11, Hk-BGB/Dörner, aaO, § 32 Rn. 1, 2; B. Reichert, aaO, Rn. 1198.

[11] Staudinger/Rawert, 13. Aufl., 1995, Vorbem. zu §§ 80 ff. Rn. 8; Hof, in: Seifart/v. Campenhausen, § 7 Rn. 7; Palandt/Ellenberger, aaO, Vorbem. v. § 80 Rn. 6.

[12] Otto, Handbuch der Stiftungspraxis 2007, S. 15; Schlüter/Stolte, Stiftungsrecht 2007, Rn. I 29; Staudinger/Rawert, aaO, Vorbem. zu §§ 80 ff. Rn. 15; MünchKomm-BGB/Reuter, aaO, Vor § 80 Rn. 49; Meyn/Richter/Koss, Die Stiftung, 2. Aufl. 2009, Rn. 3, 25, 37.

dem Ziel der Kapitaleinwerbung (Spenden) ebenso an wie für die Gewinnung von Persönlichkeiten, die als Stifter das Gründungskapital einer späteren Stiftung aufbringen sollen. Da die tätigen Vereine erfolgreicher in der Spenden- und Kapitalansammlung wirken als noch nicht existierende und erst geplante juristische Personen (etwa geplante Stiftungen), kann bereits am Anfang eine Zweigleisigkeit dahingehend vorgesehen werden, dass zunächst allein der Verein tätig wird, später aber, sobald der Verein hinreichende Mittel gesammelt hat, zusätzlich über eine Stiftung.

2. *Mittelverwendung*

Letztlich dürfen auch die steuerlichen Aspekte nicht außer Acht gelassen werden. Zum einen unterliegt der Verein dem Gebot der zeitnahen Mittelverwendung, d.h. die Mitgliederbeiträge und Spenden müssen in dem auf den Zufluß der Zuwendung folgenden Kalenderjahr verausgabt werden (§ 55 Abs. 1 Nr. 5 AO). Dies gilt auch für gebundene und freie Rücklagen, die nicht als Thesaurierung, d.h. als Kapitalanlage zwecks Dauererträge gebildet werden können.

Es ist für einen gemeinnützigen Verein steuerschädlich, wenn er aufgrund zahlreicher Spenden ein Vermögen angehäuft hat, das er nicht zweckentsprechend vernünftig kurzfristig ausgeben kann. Hier verfallen Vereine zunehmend auf die Lösung einer Stiftungserrichtung mit dem angesparten Kapital, um den steuerlichen Geboten zeitnaher Mittelverwendung gerecht zu werden und gleichzeitig über die Erträge aus dem Stiftungsvermögen eine Thesaurierung mit langfristigen Einnahmen aus den Zinsen (Erträgen) abzusichern. Derartige Stiftungen haben denselben Zweck wie der Verein oft sogar satzungsmäßig dahingehend festgelegt, die Projekte des Vereins zu unterstützen, die Vereinsarbeit zu fördern.[13] Des Weiteren besteht ausschließlich für die Stiftung der Sonderspendenabzug bis zu einer Höhe von 1 Mio Euro. Diese rückwirkend zum 1.1.2007 eingeräumten Vorteile wurden durch das Gesetz zur weiteren Steigerung des bürgerlichen Engagements eingeführt.[14]

Sind zugunsten eines Vereines Zuwendungen erheblichen Ausmaßes zu erwarten, die bei der beschränkten Abzugsfähigkeit von Vereinszuwendungen dem Spender nur teilweise die Steuervorteile gewähren, bleibt allein der Ausweg über eine den Verein fördernde Stiftung, um die für diese Rechtsform erhöhte Möglichkeit zu nutzen, zumal in der Regel der Zuwendende die ersparten Steuern ebenfalls dem Verein bzw. der Stiftung zugutekommen lässt.

[13] So hat z.B. ein Förderverein zugunsten eines Schlosses eine Stiftung mit dem alleinigen Zweck der Vereinsförderung errichtet.

[14] BGBl. I 2332.

3. Parallele Gründungen

Erfordert also die optimale und umfassende Errichtung des gewählten Zweckes sowohl einen persönlichen Einsatz der Mitglieder wie eine langfristige planbare wirtschaftliche Absicherung, kann dies nur gemeinsam durch einen Verein und eine Stiftung in Kooperation erfolgen, entweder indem bereits eine Doppelgründung (Verein und Stiftung) erfolgt oder aber – dies ist die Regel – ein Verein erkennt, dass er der „Hilfe" einer Stiftung bedarf und daher die Gründung einer letzteren ins Auge fasst.

Ein Nebeneinander von Stiftung und Verein bei Erreichung der deckungsgleichen Zwecke bietet zahlreiche Vorteile. Bei jeder Vereins- und Stiftungsgründung sollte daher die Errichtung einer solchen parallelen Institution in Erwägung gezogen werden, wie bei späterer Erkenntnis der Vorteile Stiftungsgründungen durch Vereine erfolgen.

Als Beispiele für eine derartige Parallele in der gemeinsamen Zweckerreichung von Stiftung und Verein durch Stiftungsgründung durch einen bereits bestehenden Verein sei auf die Errichtung der VWA-Stiftung Köln durch die Verwaltungs- und Wirtschafts-Akademie e.V. Wiesbaden hingewiesen, durch die Gründung der Otto-von-Guericke-Stiftung Magdeburg[15] durch die Otto-von-Guericke-Gesellschaft e.V. Magdeburg, auf die geplante Errichtung einer Kinderhilfestiftung durch die Kinderhilfestiftung Jena e.V. Ebenso hat der Universitätssportverein Jena e.V. eine Universitätssportstiftung Jena errichtet und ein Förderverein zugunsten eines Schlosses hat eine Stiftung errichtet mit dem Ziel der Vereinsunterstützung.

II. Die juristische Person im Rechtsverkehr

1. Rechtsnatur des Entstehungsaktes

Die Gründung eines Vereins wird allgemein als sozialrechtlicher Vertrag des Privatrechts angesehen, der unter den Gründungsmitgliedern geschlossen wird.[16] Ebenso erfolgt der Beitritt eines Mitgliedes durch einen Vertrag zwischen letzterem und dem Verein, dieser vertreten durch den Vorstand (§ 26 BGB).[17] Ebenso unstreitig ist die Einordnung des Stiftungsgeschäfts als einseitige Willenserklärung des oder der Stifter mit dem Inhalt, die Stiftung zu errichten und bei Anerkennung derselben die zugesagte Vermögensausstat-

[15] Dazu ZStV 2010, Heft 2.

[16] Hk-BGB/Dörner, aaO, § 25 Rn. 5; B. Reichert, aaO, Rn. 70; Stöber, Handbuch zum Vereinsrecht, 7. Aufl. 1997, Rn. 13; Sauter/Schweyer/Waldner, aaO, Rn. 9; O. Werner, Verein, 2. Aufl. 2003, S. 63.

[17] B. Reichert, aaO, Rn. 1006.

tung vorzunehmen.[18] Als Teil des Stiftungsgeschäfts hat die Satzung dieselbe Rechtsnatur. Die Gründung eines Vereins und die Errichtung einer Stiftung erfolgen damit gleichermaßen durch ein privatrechtliches Rechtsgeschäft, das durch den Hoheitsakt, die Eintragung in das Vereinsregister (§ 21 BGB) bzw. die Anerkennung durch die nach Landesrecht zuständige Stiftungsbehörde (§ 80 Abs. 1 BGB) zur „Geburt" der juristischen Person des Privatrechts führt.

2. *Privatautonomie juristischer Personen*

Als Subjekte des Privatrechts genießen juristische Personen den Schutz der Grundrechte, soweit sie ihrem Wesen nach anzuwenden sind (Art. 19 Abs. 3 GG)[19] und damit für ihr privatrechtliches Handeln die privatautonome Handlungsfreiheit (Art. 2 GG). Sie können privatrechtliche Verträge ebenso schließen wie Rechtsgeschäfte in der Form der Willenserklärung.[20]

a) Vereinsbeitritt

Unproblematisch ist der Erwerb der Mitgliedschaft einer Stiftung in einem Verein (Verband) sowohl als Mitgründer oder Beitritt, sofern dies mit dem Stiftungszweck und der Satzung vereinbar ist. Die Stiftung ist damit allerdings nur ein Mitglied unter vielen und dementsprechend nur begrenzt einflussreich. Im Falle des Beitritts ist sie sogar der bereits bestehenden Satzung unterworfen. Es kommen daher vornehmlich Vereinsbeitritte in Interessenverbände in Betracht, die gegenüber Politik und Gesellschaft Lobbyarbeit leisten (z.B. Bundesverband Deutscher Stiftungen, Kultur-, Sportverbände usw.).

b) Stiftungserrichtung

Da anders als beim Verein in der Stiftung kein Beitritt möglich ist, kommt eine Initiative des Vereins, über eine Stiftung tägig zu sein, nur über eine Stiftungserrichtung in Betracht. Der Verein muss Gründer der Stiftung und damit Stifter sein, der durch seinen Vorstand als gesetzlichen Vertreter im Stiftungsgeschäft die erforderlichen Erklärungen der Stiftungserrichtung (Zweckbestimmung und Zusage der Übertragung des Grundstockvermögens) abgibt. Stifter kann nur sein, wer sich zur Zuwendung des Stiftungsvermögens verpflichtet.[21] Der Verein muss also aus seinem grundsätzlich der

[18] MünchKomm-BGB/Reuter, aaO, §§ 80, 81 Rn. 16; Staudinger/Rawert, aaO, § 80 Rn. 2.

[19] BVerfG NJW 1992, 549; MünchKomm-BGB/Reuter, aaO, Vor § 21 Rn. 14; B. Reichert, aaO, Rn. 6512; Sauter/Schweyer/Waldner, aaO, Rn. 5 m.w.N.

[20] B. Reichert, aaO, Rn. 394 ff.; O. Werner, Verein, aaO, S. 41, 89, 152 f.

[21] O. Werner, in: O. Werner/I. Saenger (Hrsg.), aaO, S. 171 ff.

zeitnahen Mittelverwendung unterliegenden Vermögen einen in der Regel nicht unerheblichen Teil als unantastbares Stiftungsvermögen dauerhaft festlegen. Da die Stiftung auf Dauer angelegt ist, soll grundsätzlich keine Rückübertragung erfolgen. Es entsteht somit ein Spannungsverhältnis zwischen der Freiheit privatautonomer Rechtsgestaltung und -bindung an steuer- und satzungsrechtliche Vorgaben. Die durch den Gesetzgeber festgelegten Grenzen der Privatautonomie sind nicht einschlägig, denn die Gründung einer gemeinwohlkonformen Stiftung unterliegt keinem gesetzlichen Verbot. Es besteht sogar ein subjektives Recht auf Anerkennung.[22]

c) Grenzen aus der Satzung und Vereinsnatur

Wie die privatautonome Gestaltungsfreiheit einer Stiftung neben den gesetzlichen Schranken durch den in der Satzung zum Ausdruck gebrachten Stifterwillen begrenzt wird,[23] sind auch die Organe eines Vereins (Vorstand) durch die Vereinssatzung und gegebenenfalls Beschlüsse der Mitgliederversammlung gebunden. Ausdrückliche Regelungen in Vereinssatzungen über ein Verbot oder die Zulässigkeit einer Stiftungserrichtung finden sich bisher aufgrund der erst neuen Aktualität dieses Themas kaum, so dass die Frage entsteht, ob mangels einer Einschränkung die volle privatautonome Handlungsfreiheit im Hinblick auf die Errichtung einer Stiftung besteht. Enthält die Satzung eine entsprechende Einschränkung, ist über die Mitgliederversammlung eine dieses Hindernis beseitigende Satzungsänderung in Betracht zu ziehen. Dieser letztere Weg wird häufig von Stiftungsbehörden, von Rechts- und Steuerberatern empfohlen, um sicherzugehen. In beiden Konstellationen bestehen trotzdem Bedenken dahingehend, ob eine Stiftungsgründung mit der Natur des Vereins vereinbar ist. Sowohl die Gründer des Vereins gehen bei der Erstellung der Satzung ebenso wie die später beitretenden Mitglieder davon aus, dass ihre finanziellen Zahlungen, ihre zu erbringenden Leistungen schließlich die gesamte Vereinstätigkeit auf eine zeitnahe Mittelverwendung ohne Thesaurierung gerichtet ist. Ebenso setzt der Spender voraus, dass seine Zuwendung zur unmittelbaren zeitnahen Zweckerreichung eingesetzt wird. Zur Natur des Vereins gehört im Gegensatz zur Stiftung gerade nicht die Bildung eines langfristig gebundenen Vermögens im Sinne eines Grundstockvermögens einer Stiftung. Die bisherigen Mitglieder und Spender rechnen nicht mit der Übertragung eines erheblichen Vermögensanteils vom Verein auf eine andere juristische Person.

[22] Erman/O. Werner, aaO, § 80 Rn. 9 m.w.N.; Hk-BGB/Dörner, aaO, § 80 Rn. 4; Hof, in: Seifart/v. Campenhausen, aaO, Rn. 14; Palandt/Ellenberger, aaO, § 80 Rn. 4.

[23] Staudinger/Rawert, aaO, § 80 Rn. 8, 14.

d) Satzungsverbot

Sofern die Satzung – was soweit ersichtlich in der Praxis kaum vorkommt – ausdrücklich die Errichtung einer Stiftung durch den Verein als Stifter (und damit als Kapitalgeber) verbietet, kann selbst bei erkannter Notwendigkeit kein entsprechender hypothetischer Wille zugrunde gelegt werden. Hier hilft allein der Weg über eine umständliche noch zu erörternde Satzungsänderung,[24] die diese Sperre aufhebt und eventuell sogar eine entgegenstehende Erlaubnis festlegt.

e) Vereinsnatur

Nach den Vorausführungen wurde bereits angedeutet, dass der zeitnahe gegenwärtige Mittel- und Arbeitseinsatz dem Verein immanent ist. Er soll und will die gesetzten Zwecke erfüllen, nicht aber Kapital ansammeln, sondern unmittelbar verausgaben. Über eine vom Verein gegründete Stiftung erfolgt jedoch nicht mehr die unmittelbare, sondern nur die mittelbare Mittelverwendung und dies nicht einmal aus dem Vereinsvermögen selbst, sondern aus den Erträgen des insoweit unantastbaren und nicht zur unmittelbaren Zweckerfüllung einsetzbaren Grundstockvermögens. Die Stiftung ist – selbst bei gleicher Zweckgebung – derart wesensverschieden, dass sie den Vereinsgründern und den Mitgliedern grundsätzlich fern liegt und von ihnen nicht gewollt ist. Werden aber Beiträge und sonstige Zuwendungen zweckbestimmt von den Mitgliedern für den Verein und die ihn typisierende Verwendungsart erbracht, obliegt dem Verein durch die Bindung an die Rechtsnatur von Gründung und Beitritt die Pflicht, das Kapital zuwendungsbestimmt zu verwenden. Damit ist es grundsätzlich ohne entsprechende Satzungsbestimmung mit dem Wesen des Vereins und der Bindung an die Zuwendungsbestimmung durch die Mitglieder unvereinbar, die Gründung einer Stiftung als kapitalzuwendender Stifter vorzunehmen.

Allerdings besteht – wie bei allen Rechtsproblemen – keine Regel ohne Ausnahme. Den den Mitgliederbeitrag erbringenden Personen ist daran gelegen, dass der Verein durch die Organe das Kapital optimal und zweckgebunden verwaltet und verausgabt. Steht dem Verein ein Vermögen zur Verfügung, das zeitnah nicht verausgabt und steuerunschädlich in Rücklagen erbracht werden kann, sollen keine sinnlosen und damit zweckwidrigen Ausgaben getätigt werden, nur um den formalen Geboten der zeitnahen Mittelverwendung zu genügen. Dem vermuteten (hypothetischen) Willen der Vereinsgründer und Vereinsmitglieder wird es daher entsprechen, Wege zu finden, dieses Kapital so anzulegen, dass die Gemeinnützigkeit nicht

[24] Vgl. III.

gefährdet wird und über eine Stiftung lediglich mittelbar dem Vereinszweck zugutekommt. Dies gilt allerdings nur, sofern dem Verein trotzdem hinreichende Mittel zur unmittelbaren eigenen Zweckerfüllung bereitstehen. Lediglich das zurzeit „überflüssige" Kapital wird in einer Stiftung angelegt. Dies erfolgt mit dem positiven Nebeneffekt, dass über die Stiftung die langfristige – eventuell zusätzliche – Verfolgung des Stiftungszweckes gesichert wird.

Damit ist die zweite Ausnahme für die Zulässigkeit einer Stiftertätigkeit des Vereins angesprochen. Wird im Laufe der Vereinstätigkeit ein Defizit dahingehend erkannt, dass langfristige Kapitalbindungen zur optimalen Zweckerfüllung erforderlich sind, die aber der Verein aufgrund der voraufgezeigten Risiken (Mitgliederschwund, Rückgang der Spenden usw.) nicht eingehen kann, dürfte es ebenfalls dem hypothetischen Willen der Mitglieder entsprechen, einen notwendigen Weg zur Dauerfinanzierung zur Errichtung einer Stiftung mit den Mitteln herbeizuführen, die zurzeit für die unmittelbare Vereinstätigkeit nicht bzw. nicht unbedingt erforderlich sind.

3. *Satzungsermächtigung*

Ist bereits in der Stiftungssatzung die Errichtung einer Stiftung mit Zweckgleichheit bei hinreichendem Kapital und notwendiger Langfristigkeit festgeschrieben, erbringen die Gründer und Mitglieder ihre Beiträge bereits unter diesem Gesichtspunkt und der Möglichkeit eines solchen Weges. Es bedarf damit nicht mehr eines Rückgriffs auf den hypothetischen Willen bei Erbringung der Mitgliederleistungen. Gründer und Beitretende haben wegen der Bindung an die Satzung den tatsächlichen Willen einer solchen Stiftungsmöglichkeit. Aber auch bei einer Satzungsermächtigung bleibt das primäre vereinstypische Gebot der vorrangigen unmittelbaren Zweckerfüllung und Mittelverwendung durch den Verein selbst. Durch die Stiftungsgründung darf der Vereinszweck nicht gefährdet oder beeinträchtigt werden.

4. *Zwischenergebnis*

Zusammenfassend kann als Zwischenergebnis festgestellt werden, dass ein Verein nur berechtigt ist, eine Stiftung zu gründen und aus dem Vereinsvermögen mit dem Grundstockkapital auszustatten, wenn

1. eine entsprechende Ermächtigung in der Vereinssatzung enthalten ist oder
2. das vorhandene Vermögen zeitnah nicht sinnvoll für die Erfüllung des Vereinszweckes ausgegeben werden kann und/oder
3. der Vereinszweck zur Absicherung von Projekten mit längerer Dauer eine kapitalertragsfinanzierende Dotierung absichern muss.

In allen Fällen ist jedoch Voraussetzung, dass die vereinstypische zeitnahe Finanzierung der Vereinsprojekte nicht beeinträchtigt wird.

III. Satzungsänderung

Zwar ist – wie voraufgeführt – bei vorhandener Satzungsermächtigung die Errichtung einer Stiftung durch den Verein weniger mit den Zweifeln eines hypothetischen Willens der Mitglieder erschwert, als bei einem Schweigen der Satzung. Ebenso wurde aber deutlich, dass bei Notwendigkeit zum Statuserhalt und zur Optimierung der Vereinsziele eine Stiftungserrichtung erlaubt sein kann. Es bedarf daher nicht erst des zeitraubenden Weges über eine Satzungsänderung, um ohne Gefährdung der Vereinstätigkeit eine Stiftung zu errichten.

1. Zustimmungserfordernis

Will aber der Verein, um allen Bedenken zu entgehen und der Vermutung der grundsätzlichen Unzulässigkeit zu begegnen, über eine Satzungsänderung einen tatsächlichen Willen der Mitglieder festschreiben, bleibt zu bedenken, dass auch die vormaligen Gründer und bereits vorhandenen Mitglieder bei ihren Leistungen an den Verein von den voraufgezeigten vereinsimmanenten Grundsätzen der unmittelbaren und zeitnahen Mittelverwendung ausgehen bzw. ausgegangen sind. Sie können nicht durch Mehrheitsentscheidung der Mitgliederversammlung oder gar nur des Vorstandes eine Verwendung der von ihnen erbrachten Zahlungen zu anderen als den bisher vorausgesetzten Zwecken dulden. Es bedarf daher der Zustimmung aller Mitglieder und Spender, die bei der Bildung des Kapitals mitgewirkt haben, das nunmehr – entgegen ihrer Zwendungsansicht und Vereinbarung – einer Kapitalbindung über eine Stiftung zukommen soll, d.h. letztlich ist es erforderlich, dass alle aktuellen Mitglieder und Spender, deren Geschäftsgrundlage bei ihrer Leistung auf vereins- nicht auf stiftungsimmanente Verwendung gerichtet war, zustimmen müssen.

Im Ergebnis würde dies bedeuten, dass eine Satzungsänderung mit den in der Satzung vorgegebenen Quoren durchführbar ist, die Mittelverwendung über eine Zuwendung zugunsten einer Stiftung aber trotzdem danach differenziert werden muss, als nur die Mittel dem Stiftungsvermögen zugeführt werden dürfen, die von Mitgliedern oder Spendern stammen, die hierzu ihr Einverständnis gegeben haben. Sofern trotz der Satzungsänderung überstimmte Mitglieder oder die außenstehenden Spender von ihrer früheren Zweckbestimmung der zeitnahen Mittelverwendung nicht ablassen wollen, können deren Vermögensanteile – sofern noch vorhanden – nicht in die Stiftung eingebracht werden. Würde der Verein entgegen der Zweckbestimmung der zuwendenden Mitglieder oder Spender die Mittel zweckwidrig verwenden, würde dies einen Wegfall der Geschäftsgrundlage bedeuten. Eine solche zweckwidrige Weiterleitung des Vermögens würde eine Rückforderungsberechtigung der Zuwendenden auslösen. Spenden und Mitgliedsbeiträge sind nun einmal zweckgerichtet erfolgt. Daran ist der Verein gebunden.

Zusammengefasst kann damit festgestellt werden, dass selbst eine Satzungsänderung entsprechend den satzungsgemäßen Voraussetzungen zwar wirksam ist, jedoch nicht automatisch den Verein berechtigt, auch die zugewendeten Mittel der Stiftung zuzuführen, die von Personen geleistet worden sind, die mit der Weiterleitung ihres Geldes an eine Stiftung nicht einverstanden sind.

IV. Entscheidungskompetenz

Nach § 33 BGB ist für eine Satzungsänderung die Mehrheit von 3/4 der in der Mitgliederversammlung erschienenen Mitglieder erforderlich, d.h. die Satzungsänderungskompetenz liegt bei der Mitgliederversammlung. Damit bleibt noch offen, welches Organ bei fehlender Satzungsbestimmung ohne Satzungsänderung die unter II. erkannte Stiftungsgründung in Ausnahmefällen vornehmen kann.

Mangels Regelung einer Stiftungsgründung in der Vereinssatzung wird dort auch keine spezielle Bestimmung über die Zuständigkeit bei Zulässigkeit in den vorerörterten Ausnahmefällen existieren. Damit ist auf die generelle Kompetenzverteilung in einem Verein einzugehen, insbesondere auch, wie eine pauschale Organermächtigung – in der Regel des Vorstandes – für alle Angelegenheiten, die nicht einem anderen Organ zugewiesen sind, zu beurteilen ist.

Enthält die Vereinssatzung keine spezielle Kompetenzregelung für die Entscheidungszuständigkeit bei Errichtung einer Stiftung durch den Verein, verbleibt es bei den allgemeinen vereinsrechtlichen Bestimmungen. Dabei ist die Entscheidung über eine Stiftungsgründung mit Übertragung von Vereinsvermögen als Stiftungskapital eine Regelung des Innenverhältnisses, so dass § 26 Abs. 2 BGB erst eingreift, wenn ein solcher Beschluss im Innenverhältnis wirksam gefasst und auszuführen ist. Ansonsten ergibt sich aus § 27 BGB lediglich die Geschäftsführungsbefugnis des Vorstandes. Wenn auch allgemein darauf hingewiesen wird, dass der Vorstand grundsätzlich für alle Angelegenheiten des Vereins zuständig ist, wird dies in der Regel auf die Vertretung und Geschäftsführung beschränkt.[25] Ebenso besteht in Rechtsprechung und Literatur Einigkeit dahingehend, dass mangels ausdrücklicher gesetzlicher Regelung die Mitgliederversammlung als oberstes Organ grundsätzlich für alle Angelegenheiten des Vereins zuständig ist.[26] Dem Vorstand bleibt allein die laufende Geschäftsführung zugewiesen,

[25] Z.B. O. Werner, Verein, 2. Aufl. 2003, S. 193; Sauter/Schweyer/Waldner, Rn. 277 ff.; B. Reichert, aaO, Rn. 2606 ff.

[26] Hk-BGB/Dörner, aaO, § 32 Rn. 1; O. Werner, Verein, aaO, S. 213; Erman/H. P. Westermann, aaO, § 32 Rn. 1.

während die wichtigen Entscheidungen durch die Mitgliederversammlung zu treffen sind.[27]

Die Gründung einer Stiftung und Übertragung erheblichen Vereinsvermögens, die organisatorische Zusammenarbeit, die Zweckerfüllung mit und über eine Stiftung kann nicht mehr in den Rahmen einer „laufenden Geschäftsführung" fallen. Bei der als Kapitalverein gegründeten GmbH legt § 53 GmbHG für Satzungsänderungen und § 193 Abs. 1 UmWG für einen Formwechsel die ausschließliche Kompetenz der Gesellschafterversammlung fest[28] und verdeutlicht damit, dass diejenigen Entscheidungen, die das Wesen und die Substanz der juristischen Person betreffen, den Mitgliedern vorbehalten sind und nicht als der regelmäßigen, täglichen Geschäftsführung zuzuordnenden Tätigkeit dem Vorstand überlassen bleiben. Die Gründung einer juristischen Person (Stiftung) von einem Verein, der Wechsel von allein körperschaftlicher Struktur auf eine zusätzliche kapitalorientierte ist eine Grundlagenentscheidung, die der Mitgliederversammlung vorbehalten bleibt. Dies gilt selbst dann, wenn die Satzung den Vorstand für alle Angelegenheiten für zuständig erklärt, die nicht ausdrücklich der Mitgliederversammlung zugewiesen sind, denn auch insoweit ist lediglich an die allgemeine Geschäftsführung und Vertretung gedacht, nicht aber an Grundlagenentscheidungen. Zur Geschäftsführung gehören zwar nicht nur alltägliche Maßnahmen, sondern auch außergewöhnliche, sofern diese im Rahmen der Regeln der Geschäftsführungsbefugnis eine Sonderstellung einnehmen.[29] Als Geschäfte, die die Grundlagen des Vereins betreffen, gelten insbesondere die Veräußerungen wesentlicher Vermögensanteile.

Die Gründung einer Stiftung, d.h. einer anders strukturierten juristischen Person und die Übertragung wesentlicher Vermögenswerte auf diese, ist bisher in Rechtsprechung und Literatur zum Vereinsrecht kaum erörtert worden,[30] dürfte aber in ihrer Bedeutung die Existenz und die Tätigkeit eines Vereins von so grundlegender Bedeutung sein, dass sie weit mehr als die bisher angesprochenen Beispiele den allein in die Kompetenz der Mitgliederversammlung fallenden Grundlagenentscheidungen zuzurechnen ist.

Bei fehlender ausdrücklicher Zuweisung einer Stiftungsgründung an ein anderes Organ verbleibt es bei dem Grundsatz der Allzuständigkeit der Mitgliederversammlung,[31] so dass diese unter den vorerörterten Voraussetzungen die Entscheidung über die Errichtung einer Stiftung durch den Verein zu treffen hat. Die Durchführung eines solchen Beschlusses der Mitgliederversammlung obliegt dann dem Vorstand des Vereins (§ 26 BGB).[32]

[27] O. Werner, Verein, aaO, S. 213; Erman/H. P. Westermann, aaO, § 32 Rn. 1.
[28] Baumbach/Hueck/Zöllner, GmbHG, 19. Aufl. 2010, § 46 Rn. 72, 74.
[29] Hennrichs, in: Deutsches Rechtslexikon, 3. Aufl. 2001, Stichwort: Geschäftsführung.
[30] Hinweise lediglich bei O. Werner, in: O. Werner/I. Saenger, aaO, Rn. 271.
[31] MünchKomm-BGB/Reuter, aaO, § 32 Rn. 12; Hk-BGB/Dörner, aaO § 32 Rn. 1, 2.
[32] Dazu unter IX.

V. Stifterposition

Wenn auch die Mittel des Vereins für die Erbringung des Grundstockvermögens von den Mitgliedern und Spendern aufgebracht worden sind, erfolgt eine Übertragung durch die juristische Person Verein, die die Vermögensübertragung von sich auf die Stiftung nach deren Anerkennung vorzunehmen hat (§ 82 BGB). Der Verein ist als juristische Person Stifter. Dies ist nicht nur von formaler Bedeutung für die Fassung des Stiftungsgeschäfts und der Stiftungssatzung, sondern hat z.B. Auswirkungen auf eine spätere Ermittlung des Stifterwillens bei Auslegung der Stiftungssatzung und bei einer Satzungsänderung, die selbst bei satzungsgemäßer Zulässigkeit entweder nach der Satzung selbst oder nach den Bestimmungen in zahlreichen Landesstiftungsgesetzen[33] der Zustimmung des noch „lebenden" Stifters, d.h. im vorliegenden Problembereich des noch existierenden Vereins, bedarf. Um den voraufgezeigten Problemen und Voraussetzungen zu entgehen, kann der Verein auch nicht lediglich mit einem symbolischen Betrag (etwa 1 €) als Stifter fungieren und das restliche Stiftungsvermögen über „Mitstifter" beibringen. Zum einen wäre er als lediglich „Mitstifter" nur eingeschränkt einflussreich. Andererseits setzt die Vermögenszuwendung des Stifters einen ertragsbringenden Kapitalbeitrag voraus.

VI. Verlust der Gemeinnützigkeit

Bei der Bestätigung einer Zuwendung an eine gemeinnützige Stiftung unterscheidet das Steuerrecht eindeutig zwischen einer zum zeitnahen Verbrauch bestimmten Spende und einer das Grundstockvermögen erhöhenden Zustiftung. Wenn auch für beide Zuwendungsarten – abgesehen von Höchstbetragsgrenzen – für den Zuwendenden dieselben steuerrechtlichen Abzugsmöglichkeiten bestehen, wird dadurch die Bindung deutlich, die für den Zuwendungsempfänger festgelegt ist. Die empfangende Stiftung kann eine Zustiftung ebenso wie das Anfangsvermögen der Stiftung nicht dem zeitnahen Verbrauch zuführen und Spendeneinnahmen allenfalls bis zu einer Höhe von 10 % thesaurieren (§ 58 Nr. 7a AO). Der Zuwendende bestimmt also für den gemeinnützigen Empfänger verbindlich die Verwendungsart. Zwar ist die steuerliche und rein wirtschaftliche Betrachtungsweise nicht für die zivilrechtliche Bewertung bindend. Es bestätigt sich damit jedoch die auch hier vorausgesetzte Bindung des Vereins an den Willen, an die Bestimmung des zuwendenden Mitglieds bzw. Spenders. Seine Leistung erfolgt nicht zur Bildung eines ertragsbringenden Anlagekapitals, sondern zur zeitnahen Verwendung zwecks Erfüllung der Vereinszwecke.

[33] Z.B. § 9 Abs. 2 ThürStiftG.

Ohne Zustimmung der zuwendenden Mitglieder oder Spender ist deren Beitrag nicht entgegen der Zuwendungsbestimmung zur Bildung eines Grundstockvermögens in einer Stiftung heranzuziehen. Die Erbringung des Grundstockvermögens in eine Stiftung mit denselben bzw. wesentlich gleichen gemeinnützigen Zwecken wie bei dem Verein führt zwar weiterhin zu einer Zweckerfüllung, die als steuerrelevant abzugsfähig ist, d.h. dem Staat entsteht durch die Umwidmung von zeitnaher zur anlageorientierten Mittelverwendung kein Einnahmeverlust, d.h. kein Schaden, so dass die Stiftungserrichtung insoweit nicht zu steuerlichen Nachteilen bzw. Problemen bei den Vereinen im Hinblick auf den Erhalt der Gemeinnützigkeit führen dürfte.[34]

Dies schließt aber die Notwendigkeit der Willensbeachtung des Zuwendenden nicht aus. Es dürfen nur diejenigen Zuwendungen an den Verein über eine Stiftung in eine ertragbringende Kapitalanlage eingebracht werden, die vom Zuwender dafür bestimmt und in der Zuwendungsbescheinigung als solche ausgewiesen sind bzw. wenn nachträglich eine Zustimmung erfolgt. Wird diese verweigert oder aus anderen Gründen nicht eingeholt (z.B. Tod des Spenders), darf dieser Betrag nicht für die Stiftungsgründung herangezogen werden.

Daneben bleibt aber die Frage, ob die Übertragung der zweckmäßigen Mittelverwendungspflicht den Vorgaben des Gemeinnützigkeitsrechts widerspricht und damit die Gemeinnützigkeit des Vereins gefährdet. Dabei ist zunächst von dem Grundsatz auszugehen, dass der Verein seine Mittel zeitnah unmittelbar für die satzungsmäßigen Zwecke zu verwenden hat. Nach Auffassung der Finanzverwaltung ist es allerdings unschädlich, wenn der Verein bis zu 50 % seiner Mittel an eine andere Körperschaft bzw. Stiftung weitergibt, sofern diese die Anerkennung der Gemeinnützigkeit erhalten haben (§ 58 Nr. 2 AO). Allerdings bezieht sich die maximale Weitergabe in Höhe von 50 % des zuzuwendenden Kapitals auf einen bestimmten Zeitraum. Insoweit entstehen bei einer einmaligen Zuwendung in das Grundstockvermögen einer Stiftung in der Regel keine Probleme. Die Definition der Mittel und damit die Bemessung der Höhe der übertragbaren Mittel ist in diesem Zusammenhang umstritten. Einigkeit besteht darin, dass in der Satzung des Vereins bei einer Mittelweitergabe bis zu 50 % keine entsprechende Satzungsvorgabe enthalten sein muss.[35] Die empfangene Körperschaft muss die Mittel unmittelbar für steuerbegünstigte Zwecke verwenden. Es ist nicht erforderlich, dass der von der empfangenen Körperschaft bzw. Stiftung verfolgte Zweck in der Satzung des abgebenden Vereins verankert ist. Zu beachten ist im Rahmen der steuerlichen Beurteilung, dass, sofern die weitergegebenen Mittel bei dem vereinnahmenden Verein zeitnah zu verwenden waren,

[34] Vgl. nur § 10b Abs. 4 EStG, § 9 Abs. 3 KStG, § 9 Nr. 5 GewStG.

[35] Fischer, in: Hübschmann/Hepp/Spitaler, Kommentar zur Abgabenordnung und Finanzgerichtsordnung (177. EL) zu § 58 Tz. 42.

diese auch bei der empfangenden Stiftung zeitnah zu verwenden sind. Damit können in den Vermögensstock einer Stiftung nur die Mittel zugewandt werden, die bei dem Verein zulässigerweise von der zeitnahen Verwendung ausgenommen sind.[36] Damit kann festgestellt werden, dass steuerrechtlich eine Zuwendung an eine Stiftung nur dann unschädlich ist, wenn die Zuwendung nicht mehr als 50 % der Mittel des Vereins in einem vorgegebenen Zeitraum übersteigt und wenn bei dem Verein zeitnah zu verwendende Mittel bei dem Empfänger ebenfalls zeitnah verwendet werden. Für diese Mittel wäre die Einbringung in ein unantastbares, also nicht verbrauchbares Grundstockvermögen in eine Stiftung unzulässig.

VII. Verein als Vorstiftung

Während bei dem Kapitalverein die GmbH mit der so genannten „Vor-GmbH" bereits für den Zeitraum zwischen Abschluss des Gesellschaftsvertrages und Erlangung der Rechtsfähigkeit durch Eintragung in das Handelsregister eine selbstständige Teilnehmerin am Rechtsverkehr anerkannt ist,[37] ebenso zwischen Vereinsgründungsvertrag und Eintragung in das Vereinsregister der „Vor-Verein" als nicht rechtsfähiger Verein oder mit dem Argument der Gleichbehandlung mit der „Vor-GmbH" eine Gleichstellung mit dem rechtsfähigen Verein erfolgen soll, [38] lehnt auch die von *Reuter* vertretene noch überwiegende Ansicht eine entsprechende „Vorstiftung" ab.[39] Die nach seinen Worten vordringende Meinung dagegen will wie bei dem „Vor-Verein" und der „Vor-GmbH" eine solche Vorstiftung bereits mit Erklärung des Stifters im Stiftungsgeschäft und noch vor der Anerkennung durch die Landesanerkennungsbehörde insoweit mit einer Rechtspersönlichkeit ausstatten, als sie Rechte und Pflichten erwerben könne.[40]

Die Notwendigkeit eines solchen Instituts wird vor allem für die Fälle gesehen, in denen dieser Zeitraum bis zur endgültigen Entstehung der juristischen Person genutzt werden soll, um das notwendige Grundstockvermögen einzuwerben oder ein bereits vorhandenes durch Übertragung an die Vor-Stiftung zu sichern. Beide Gesichtspunkte sind von erheblicher Praxisrelevanz. Zum einen ist ein Stifter gem. § 82 BGB erst mit der Anerkennung

[36] Hüttemann, Gemeinnützigkeit und Spendenrecht, 2008 S. 200.

[37] MünchKomm-BGB/Reuter, aaO, §§ 80, 81 Rn. 62 ff.

[38] MünchKomm-BGB/Reuter, aaO, § 21, 22 Rn. 82; O. Werner, Verein, aaO, S. 79; Erman/H. P. Westermann, aaO, § 21 Rn. 9.

[39] MünchKomm-BGB/Reuter, aaO, §§ 80, 81 Rn. 63; Staudinger/Rawert, aaO, § 80 Rn. 41–43; Hof, in: Seifart/v. Campenhausen, aaO, § 6 Rn. 252 ff.

[40] Befürwortend Erman/O. Werner, aaO, § 80 Rn. 22; I. Saenger, in: O. Werner/I. Saenger (Hrsg.), aaO, Rn. 206, 379 ff.; Hunnius, Die Vor-Stiftung, 1999, Abschnitt E.

seiner Stiftung zur Übertragung des zugesagten Vermögens verpflichtet. Nach § 83 Abs. 2 BGB ist er sogar bis zur Anerkennung der Stiftung zum Widerruf des Stiftungsgeschäfts berechtigt. Mit der Stiftererklärung im Stiftungsgeschäft ist damit die Erlangung des notwendigen Grundstockvermögens noch nicht gesichert. Der Stifter kann widerrufen oder die Leistung ist aufgrund Vermögenslosigkeit (Zahlungsunfähigkeit, Vermögensverlust) nicht realisierbar. Dem kann durch vorgezogene Leistungserbringung begegnet werden. Bereits vor der Anerkennung überträgt der Stifter das zugesagte Vermögen auf eine Institution, von der es für die später entstehende Stiftung gesichert ist. Dafür bietet sich als kostensparendes Instrument ein Vorstadium der Stiftung an. Kann dies nach der noch h.M. nicht eine Vorstiftung sein, ist an einen rechtsfähigen Verein zu denken, der lediglich die Aufgabe hat, als juristische Person das zukünftige Stiftungsvermögen bis zur Entstehung der Stiftung zu sichern und auf die dann rechtsfähige juristische Person zu übertragen. Dieser Weg wird daher in der Praxis oft von Beratern empfohlen, wobei allerdings bei kostenträchtigen Vermögensübertragungen (z.B. bei Grundstücken, GmbH-Anteilen) von dem Stifter auf den Verein und von letzterem wiederum auf die Stiftung nicht zu unterschätzende Belastungen das Stiftungsvermögen schon vor Tätigkeitsbeginn schmälern.

Ein solcher die Stiftung vorbereitender Verein könnte eine weitere wesentliche Aufgabe übernehmen. Zahlreiche Stiftungsgründungen erfolgen neuerdings mit guten Ideen und zeitlich engagierten Bürgern. Allerdings mangelt es an dem für eine Stiftungsgründung notwendigen Vermögen. Hierfür sind die populär gewordenen Bürgerstiftungen ein typisches Beispiel. Finden sich also mehrere Personen (vornehmlich natürliche) zusammen, um Geld für die Errichtung einer Stiftung einzuwerben und dafür bereits ein das Vermögen tragende und sichernde Institution anzubieten, wird die Gründung eines letztlich mit geringen Kosten verbundenen Vereins den idealen Weg bieten. Der Zweck des Vereins ist auf die nach erfolgreicher Vermögenssammlung mögliche Stiftungsgründung gerichtet. In der Satzung des Vereins ist damit festgelegt, wann und unter welchen Bedingungen die Stiftung durch und von dem Verein als Stifter zu errichten ist. Mit Erfüllung dieses Vereinszweckes, d.h. Errichtung der rechtsfähigen Stiftung, wird – ebenfalls entsprechend der Vereinssatzung – das gesamte angesammelte „Vereinsvermögen“ auf die Stiftung übertragen und damit der Verpflichtung aus § 82 S. 1 BGB Genüge getan. Der Verein wird aufgrund der Zweckerreichung und damit des Zweckfortfalls aufgelöst. Eine Anfallberechtigung kommt, da das gesamte Vermögen auf die Stiftung bereits vor Auflösung übertragen worden ist, nicht mehr zum Tragen.

Ein solcher allein eine Stiftungserrichtung bezweckender Verein ist somit wohl eine der wenigen, wenn nicht die einzige juristische Person, die laut Satzung als Stifter tätig werden soll. Allerdings ist dies für die hier behandelte Problematik ein Sonderfall, denn weder besteht der Verein neben der Stiftung fort noch erfolgt die Stiftungsgründung durch einen Verein, der mit dem allgemeinen Zweck gemeinnütziger Tätigkeit gegründet wurde und fortbesteht.

VIII. Vernetzung des Vereins und der Stiftung

1. *Personalunion*

Soll die vom Verein zu gründende Stiftung ersteren in seiner Zweckerfüllung unterstützen, werden die Vereinsmitglieder an einer Sicherheit auch dahingehend interessiert sein, dass diese Zweckkonformität umgesetzt wird. Der Verein soll auch die Tätigkeit der Stiftung bestimmen und kontrollieren. Dies kann durch die vom Verein zu bestimmende Besetzung der Stiftungsorgane erfolgen. Der Verein kann – und dies ist die einfachste Lösung – in der Stiftungssatzung festlegen, dass die Mitglieder des Vereinsvorstands auch gleichzeitig in Personalunion den Vorstand der Stiftung bilden. Denkbar ist auch, dass dem Vereinsvorstand oder der Mitgliederversammlung die Bestimmung der Mitglieder der Stiftungsorgane (Vorstand, Beirat) obliegt. Damit sind über diese vom Verein in die Stiftung entsandten Personen der gegenseitige Einfluss, die Kontrolle und Zusammenarbeit garantiert.

Neben der an anderer Stelle zu erörternden Anfallberechtigung wird eine solche Personalunion in den Vereins- und Stiftungsorganen den über die Stiftungsgründung beschließenden Mitgliedern den Weg und die Bereitschaft erleichtern, eine Stiftungsgründung und Vermögensinvestition durch den Verein in einer Stiftung durchzuführen.

2. *Anfallberechtigung*

Der in der Regel gemeinnützige Idealverein des § 21 BGB wird als „Stifter" Wert darauf legen, die in der Stiftungssatzung zu regelnde Anfallberechtigung[41] dahingehend zu lösen, dass er sich selbst zum Anfallberechtigten erklärt und dadurch einen Verlust des Vermögens an außenstehende Dritte bzw. an das Sitzland der Stiftung ausschließt. Aufgrund der ihm zuerkannten Gemeinnützigkeit kann er diese Anfallberechtigung bereits bei Stiftungserrichtung nachweisen und sich selbst als Anfallberechtigten konkretisieren. Dieser Hinweis wird den Mitgliedern und Vereinsorganen neben der bereits erwähnten Personalunion die erforderliche Zustimmung zu einer Stiftungsgründung erleichtern, sehen sie damit das von ihnen aufgebrachte Vereinsvermögen für den Verein und für die Vereinszwecke gesichert.

[41] Vgl. § 61 AO.

Ebenso sollte und wird der stiftungsgründende gemeinnützige Verein in seiner Satzung die Anfallberechtigung zugunsten der von ihm errichteten Stiftung festlegen, so dass eine doppelte Absicherung des Vereinsvermögens für Vereinszwecke erreicht wird, denn da die Stiftung zweckidentisch mit dem Verein errichtet worden ist, würde das Vereinsvermögen über die Anfallberechtigung auch nach Auflösung des Vereins bei der Stiftung weiterhin den „Vereinszwecken" dienen.

IX. Durchführung der Stiftungsgründung

1. Zuständigkeit des Vorstandes

Mit dem Vorliegen der positiven Entscheidung des zustimmenden Vereinsorgans im Hinblick auf die Errichtung einer Stiftung durch den Verein als Stifter einschließlich der Akzeptanz der Stiftungssatzung hat der Vorstand als Geschäftsführungs- und Vertretungsorgan (§ 26 Abs. 2 BGB) das Stiftungsgeschäft zu tätigen, worin der Verein als Stifter bezeichnet und von den vertretungsberechtigten Vorstandsmitgliedern unterzeichnet wird. Dem Anerkennungsantrag, der vom Vorstand an die nach Landesrecht zuständige Anerkennungsbehörde zu richten ist,[42] sind das Protokoll über den Errichtungsbeschluss des zuständigen Vereinsorgans (im Zweifel die Mitgliederversammlung) beizufügen sowie die Vereinssatzung, aus der sich die Zuständigkeit für diese Beschlussfassung und die Vertretungsberechtigung der Vorstandsmitglieder (Art und Umfang der Vertretungsmacht) ergibt. Sofern das Stiftungskapital auch die vorher als Spenden zugewendeten Mittel umfassen soll, ist die Zustimmung dieser Spender dahingehend beizubringen, dass ihre ursprüngliche zur zeitnahen unmittelbaren Zweckerfüllung erbrachte Zahlung nunmehr als eine „Dauereinlage" in ein unantastbares Stiftungsgrundstockvermögen umgewidmet werden darf.

2. Darlegungs- und Beweislast

a) Satzungsgemäße Gründungsbedingungen

Eröffnet die Satzung eines Vereins die Möglichkeit einer Stiftungsgründung unter bestimmten Voraussetzungen (Bedingungen), hat im Streit- und Zweifelsfall der Verein das Vorliegen dieser Voraussetzungen darzulegen und zu beweisen. Da bei Vorliegen der Bedingungen kein Ausnahmefall vorliegt, sondern nur ein Ausschluss der Stiftungsgründung erfolgt, wenn durch diese

[42] So in Thüringen § 4 Abs. 4 (Innenministerium), weitere Informationen unter www.abbe-institut.de/informationen.

die allgemeine Vereinstätigkeit und Zweckerfüllung beeinträchtigt wird, muss derjenige, der die Stiftungsgründung verhindern will, diese Hinderungsgründe beweisen.

b) Generelle Erlaubnis

Erlaubt die Vereinssatzung ohne Voraussetzungen generell eine Stiftungserrichtung, ist eine solche nur dann nicht erlaubt, wenn kein Bedürfnis, d.h. keine Notwendigkeit für eine solche Stiftungsgründung besteht und/oder das allgemeine Vereinsziel gefährdet ist. Beides hat derjenige zu beweisen, der dem Verein gegenüber die Stiftungsgründung verhindern will.

c) Fehlende Satzungsbestimmung

Fehlt – wie in der Regel – in der Satzung jeglicher Hinweis auf Verbot oder Zulässigkeit einer Stiftungserrichtung, wurde festgestellt, dass eine solche nur rechtmäßig ist, wenn der Vereinszweck über das zusätzliche Zusammenwirken mit einer Stiftung erreicht bzw. optimiert werden kann oder dass zeitnah keine vernünftige Mittelverwendung möglich ist und der Verlust der Gemeinnützigkeit droht. Das Vorliegen dieser zur Stiftungserrichtung berechtigenden „Notfälle" hat im Streitfall der Verein als Ausnahmesituation darzulegen und nachzuweisen.

X. Zusammenfassung

- Die dem Verein als juristischer Person grundsätzlich zustehende privatautonome Gestaltungsfreiheit wird im Hinblick auf eine Stiftungserrichtung durch die Satzung bzw. die Rechtsnatur des Vereins eingeschränkt, der auf zeitnaher unmittelbarer Mittelverwendung zur Zweckerreichung ausgerichtet ist.
- Enthält die Vereinssatzung keine Bestimmung über die Zulässigkeit einer Stiftungserrichtung, kann eine solche nur als Ausnahmefall (Notfall) erfolgen, wenn aufgrund des vorhandenen Vermögens eine sinnvolle Verausgabung der Vereinsmittel zum Stiftungszweck nicht möglich ist. Eine sinnlose Verausgabung liegt nicht im Interesse der Mitglieder. Als weiterer Ausnahmefall kann die Notwendigkeit einer Zweckerfüllung nur über eine langfristige finanzierungssichernde Stiftung erfolgen. In beiden Fällen kann der hypothetische Wille der zuwendenden Mitglieder und Spender dahingehend unterstellt werden, dass eine Stiftungserrichtung zulässig ist.
- Verbietet die Vereinssatzung generell die Errichtung einer Stiftung, kann eine solche nicht erfolgen.
- Erlaubt die Stiftungssatzung eine Stiftungserrichtung unter bestimmten Voraussetzungen, kann bei deren Vorliegen, die im Zweifel der Verein zu

beweisen hätte, die Stiftungserrichtung erfolgen, sofern hierdurch nicht die Vereinstätigkeit eingeschränkt oder gefährdet wird.

- Erlaubt die Stiftungssatzung eine generelle Stiftungserrichtung, kann der Verein eine solche durchführen, sofern hierdurch die Zweckerfüllung optimiert und die Vereinstätigkeit bei ihrer Zweckerfüllung nicht beeinträchtigt oder gefährdet wird.

B. Arbeitsrecht

Krankheit als Behinderung im deutschen und amerikanischen Diskriminierungsrecht

Frank Bayreuther

Das Spannungsverhältnis zwischen privatautonom verantworteter Freiheit und staatlich geschützter Gleichheit durchzieht einen großen Teil des Schrifttums von Dieter Reuter. Nicht zuletzt in seiner wegweisenden Schrift „formale Freiheitsethik oder materiale Verantwortungsethik" (AcP 189 [1989], S. 199 ff.) setzt sich der Jubilar umfassend mit Möglichkeiten und Grenzen des rechtlichen Schutzes des Schwächeren auseinander. Seine Überlegungen erweisen sich mit Erlass des AGG aktueller denn je. Der nachfolgende Beitrag setzt sich mit einer im AGG nach wie vor ungeklärten Frage auseinander, nämlich der nach dem diskriminierungsrechtlichen Schutz des kranken Arbeitnehmers. Nachdem Dieter Reuter vor allem in Diskussion und Redebeiträgen immer wieder auch rechtsvergleichende Aspekte in seine Überlegungen hat einfließen lassen, richtet sich der Blick dabei auch auf einen Rechtsvergleich mit dem Diskriminierungsrecht der USA.

I. Einleitung

Während viele Schlachten im Diskriminierungsrecht als geschlagen gelten können, wesentliche Probleme gelöst erscheinen und sich die anfängliche Aufregung um das AGG weitgehend gelegt hat, erlangt in letzter Zeit eine Frage mehr und mehr Bedeutung, die vor allem für das Kündigungsrecht von herausragender Bedeutung ist. Es geht darum, ob und unter welchen Voraussetzungen eine Krankheit diskriminierungsrechtlich als Behinderung zu qualifizieren ist.

In seinem Navas-Urteil[1] hatte der EuGH bekanntlich entschieden, dass die Begriffe „Krankheit" und „Behinderung" nicht gleichgesetzt werden können und ein Arbeitnehmer nicht schon dann in den Schutzbereich der RiL 2000/78[2] fällt, sobald sich bei ihm irgendeine Krankheit zeigt. Doch wäre es vorschnell, wenn man deshalb annehmen würde, dass Krankheiten niemals dem Behinderungsbegriff unterfallen könnten. Der EuGH führt nämlich

[1] EuGH 11.7.2006, C 13/05, NZA 2006, 839 Navas Tz. 44, 46 u. 47.
[2] RiL 2000/78 v. 27.11.2000, ABl. EG L 303, 16.

auch aus, dass der Begriff der Behinderung alle Einschränkungen erfasst, die auf physische, geistige oder psychische Beeinträchtigungen zurückzuführen sind und die auf längere Zeit ein Hindernis für die Teilhabe des Betreffenden am Berufsleben bilden.[3] Das BAG hat sich diese Überlegungen des EuGH mittlerweile in mehreren Urteilen[4] zu eigen gemacht. Krankheiten können fallabhängig also sehr wohl als Behinderung einzustufen sein, wenn sie zu länger andauernden und ernst zu nehmenden körperlichen Einschränkungen führen. Wo aber die Grenze zwischen der schlichten „Manifestation" einer Krankheit und behinderungsgleichen Auswirkungen verläuft, blieb bislang ungeklärt.

II. Benachteiligung wegen Krankheiten im amerikanischen Arbeitsrecht

Im Gegensatz zu den deutschen Gerichten verfügt die US-amerikanische Rechtsprechung über eine langjährige Erfahrung, was die diskriminierungsrechtliche Bewertung von Krankheiten betrifft. Sec. 12112 des Americans with Disabilities Act (ADA)[5] verbietet seit 1990 Diskriminierungen wegen einer Behinderung. Sec. 12102 ADA definiert den Begriff der Behinderung als ein(e) „*physical or mental impairment that substantially limits one or more of the major life activities of (an) individual*", wobei genügt, wenn nur angenommen wird, dass der Arbeitnehmer bzw. Stellenbewerber eine entsprechende Einschränkung aufweist.

Als Markstein, was die diskriminierungsrechtliche Bewertung von Krankheiten angeht, erweist sich das Bragdon v. Abbott-Urteil des Supreme Courts aus dem Jahr 1998.[6] Zwar ist der Ausgangssachverhalt nicht im Bereich des Arbeitsrechts, sondern im allgemeinen Zivilrecht angesiedelt. Dessen ungeachtet erlangt die Entscheidung auch für das Arbeitsrecht große Bedeutung, nachdem der Supreme Court in ihr eine HIV-Infektion ausdrücklich als Behinderung iSd. ADA anerkennt und zwar unabhängig davon, ob sich bei der betreffenden Person bereits nennenswerte Krankheitssymptome ausgebildet haben oder nicht. Zur Begründung führt der Gerichtshof aus, dass alleine die HIV-Infektion das Blutbild, das lymphatische System und die Zellstruktur der Klägerin negativ beeinflusst habe. Vor allem aber sei sie faktisch daran gehindert, ein normales Sexualleben zu führen und Kinder zu bekommen.

[3] EuGH (Fn. 1) Tz. 43 u. 45.

[4] BAG 22.10.2009, 8 AZR 642/08, NZA 2010, 280, Tz. 20; BAG 3.4.2007, 9 AZR 823/06, NZA 2007, 1098 Tz. 20 u. 29; BAG 17.12.2009, 8 AZR 670/08 Tz. 27.

[5] Public Law No. 101–336, 104 Stat. 327 = 42 U.S.C. § 1201. (Employment: §§ 1211–12117).

[6] 524 U.S. 624 (1998) = 118 S. Ct. 2196.

Nur wenige Monate nach dem Bragdon-Urteil schlug der Supreme Court mit drei Entscheidungen vom 22.6.1999 dann indes eine deutliche Kehrtwende ein und begann, den Behinderungsbegriff mehr und mehr restriktiv auszulegen.

In dem ersten der entschiedenen Fälle (Sutton v. United Air Lines[7]) bewarben sich zwei Zwillingsschwestern, die beide extrem kurzsichtig waren, bei United Air Lines als Pilotinnen. United lehnte sie ab. Die beiden Bewerberinnen führten dies auf ihre Sehschwäche zurück und rügten eine Diskriminierung wegen einer Behinderung. Der Supreme Court trat dem entgegen. Er entwickelte den Grundsatz, dass, wenn eine körperliche Einschränkung durch medizinische Hilfsmittel ausgeglichen werden kann, diese keine Behinderung im Rechtssinn darstellen könne. Folglich seien die Klägerinnen nicht behindert gewesen, da sich ihre Sehschwäche durch das Tragen einer Brille bzw. von Kontaktlinsen weitgehend ausgleichen ließ.

In der Sache Murphy v. United Parcel Service[8] bewarb sich ein an Bluthochdruck leidender Arbeitnehmer bei der Beklagten als Kurierfahrer. Die Beklagte lehnte ihn ab, da öffentlich-rechtliche Vorschriften Personen, deren Blutdruck bestimmte Grenzen überschreitet, das Fahren von LKW's verbieten und die „natürlichen" Blutdruckwerte des Klägers diese Grenzen deutlich überschritten. Der Kläger war jedoch seit Jahren medikamentös so erfolgreich eingestellt, dass sich seine tatsächlichen Blutdruckwerte im Bereich des Zulässigen bewegt hatten. Daraus wiederum schloss der Supreme Court, dass der Kläger nicht behindert sein könnte, eben weil er im Ergebnis nicht an erhöhten Blutdruckwerten leidet. Nicht ganz konsistent dazu führt der Gerichtshof in der weiteren Urteilsbegründung aus, dass im Übrigen die Besorgnis des Arbeitgebers, dass der Bewerber am Steuer einen Herzinfarkt oder Schlaganfall erleiden könne, wegen der Veranlagung des Klägers sehr wohl begründet gewesen sei.

Ebenfalls um einen LKW-Fahrer ging es schließlich im Fall Albertson's, Inc. v. Kirkingburg.[9] Der Kläger war auf einem Auge blind, was dem Arbeitgeber allerdings lange Zeit entgangen war. Als die halbseitige Erblindung anlässlich einer Wiedereingliederungsuntersuchung entdeckt wurde – der Kläger hatte zuvor einen Arbeitsunfall erlitten – kündigte der Arbeitgeber. Auch in diesem Fall meinte der Gerichtshof, dass der Kläger nicht behindert sei. Er habe sein körperliches Defizit ausgleichen können, wenn zwar nicht durch den Gebrauch medizinischer Hilfsmittel, so doch dadurch, dass er infolge jahrelanger Übung auch nur mit einem Auge räumlich sehen konnte.

Wenig später hatte sich das für den 8th Circuit zuständige Bundesberufungsgericht mit der Klage eines in einer Wal-Mart-Filiale beschäftigten Apothe-

[7] 527 U.S. 471 (1999) = 119 S. Ct. 2139.
[8] 527 U.S. 516 (1999) = 119 S. Ct. 2133.
[9] 527 U.S. 555 (1999) = 119 S. Ct. 2162.

kers auseinander zu setzen.[10] Der Kläger litt an Diabetes, bekam diese aber durch Insulininjektionen und durch die regelmäßige Einnahme kleinerer Mahlzeiten in den Griff. Lange Zeit hatte das Unternehmen es akzeptiert, dass der Kläger während seiner immerhin zehn Stunden dauernden Schicht den Apothekenbereich des Einkaufzentrums über Mittag für 30 Minuten zur Essenseinnahme schließt. Ein neuer Filialleiter wollte dies nicht mehr akzeptieren und ordnete an, dass der Kläger die Apotheke auch während seines Mittagessens geöffnet halten muss. Er solle das Mittagessen während verkaufsruhiger Zeiten hinter dem Verkaufstresen einnehmen und dies ggf. unterbrechen, sollten Kunden verschreibungspflichtige Arzneimittel wünschen. Der Kläger fürchtete, nicht mehr kontinuierlich und zu den jeweils erforderlichen Zeitpunkten Nahrung zu sich nehmen zu können und verweigerte sich dieser Anordnung. Er wurde nach einer zuvorigen Abmahnung gekündigt. Der Kläger hielt die Kündigung für diskriminierend. Das Bundesberufungsgericht ging indes davon aus, dass der Kläger nicht behindert sei. Er habe die Folgen seiner Diabetes ja beherrscht. Das freilich erweist sich als widersprüchlich, eben weil der Kläger sein Handicap nur dann hätte ausgleichen können, wenn er seine Arbeit kontinuierlich über Mittag unterbrochen hätte. Das Gericht dagegen ließ ihm nur die Wahl entweder seine Gesundheit oder aber seinen Arbeitsplatz zu gefährden.

Der Supreme Court schränkte in den genannten Entscheidungen den Behinderungsbegriff jedoch nicht nur im Hinblick auf mögliche Ausgleichsmaßnahmen ein, sondern auch dahingehend, dass eine Behinderung nur dann vorliegen könne, wenn eine Person derart siginifikant in ihrer körperlichen oder geistigen Leistungsfähigkeit beschränkt ist, dass sie nicht nur eine bestimmte Tätigkeit, sondern eine Vielzahl bzw. eine ganze Bandbreite von Berufen nicht auszuüben vermag. Dies dehnte er kurze Zeit später im Toyota v. Williams-Urteil[11] noch weiter aus: Die betreffende Person müsse auch ansonsten in der Verrichtung alltäglicher Tätigkeiten erheblich beschränkt sein, wie etwa bei gewöhnlichen Hausarbeiten oder beim Waschen oder Zähneputzen. Er wies daher die Klage einer Arbeitnehmerin ab, die auf Grund eines beiderseitigen Karpaltunnelsyndroms die bislang erbrachten Hebetätigkeiten nicht mehr ausführen konnte. Der Arbeitgeber hatte der Klägerin zwar für einige Zeit einen Arbeitsplatz in der Qualitätskontrolle zugewiesen, war dann aber der Ansicht, dass die Mitarbeiter in der Endfertigung rotieren sollten, so dass auch die Klägerin wieder Hebearbeiten hätte ausführen müssen. Nachdem die Klägerin dazu nicht in der Lage war, wurde ihr gekündigt.

Das wiederum hat in der Instanzrechtsprechung zu Urteilen geführt, die einem außen stehenden Betrachter fast schon als etwas skurril erscheinen

[10] Orr v. Wal-Mart Stores Inc., 297 F.3d 720 (2002).
[11] 534 U.S. 184 (2002) = 122 S. Ct. 681.

könnten. So hatte sich der 5th Circuit Court of Appeals mit der Klage eines Elektrikers auseinanderzusetzen, dem General Motors die Einstellung verweigert hatte, weil er seine Arme auf Grund einer Muskeldystrophie nur bis zur Schulterhöhe heben konnte. Der Arbeitnehmer verwies darauf, dass er die wenigen anfallenden Hebearbeiten auf einer Leiter stehend erbringen konnte. Das Gericht hielt den Kläger nicht für behindert, da er ja wesentliche Aktivitäten des täglichen Lebens, wie etwa Baden, Haare kämmen, Zähneputzen, Anziehen und Essen ohne weiteres auch ausführen könne, ohne seine Arme in die Höhe heben zu können.[12] Eine weitere Steigerung erfährt dies in einer Entscheidung des Bundesdistriktgerichts für Illinois. Dies hielt einer Rechtshänderin, die ihren rechten Arm verloren hatte, entgegen, dass sich diese wesentlichen Aktivitäten des täglichen Lebens auch mit einem Arm ausführen lassen, weshalb sie nicht behindert sein könne.[13] Der für den 4th Circuit zuständige Gerichtshof wollte schließlich eine schwere Epilepsie nicht als Behinderung anerkennen, obwohl die Klägerin vortrug, dass sie auf Grund ihrer Erkrankung nahezu täglich einmal für einige Minuten geistig „wegtrete." Das Berufungsgericht hielt dies für unbeachtlich, da auch gesunde Menschen immer einmal wieder für einige Momente an Vergesslichkeit litten.[14]

Die langsam voran schreitende Aufweichung des ADA veranlasste schließlich den Gesetzgeber aktiv zu werden. Er erließ mit Wirkung zum 1.1.2009 den ADA Amendments Act (ADAA), mit dem er vor allem den Behinderungsbegriff in Sec. 12102 ADA neu definierte.[15] Bemerkenswerter Weise zeichnet er dabei die Rechtsprechung des Supreme Courts eines gesamten Jahrzehnts minutiös nach, allerdings nur um anzuordnen, dass keine einzige Detailfrage so entschieden werden darf, wie der Supreme Court dies zuvor getan hat.

Die nun geltende Regelung beschreibt den Begriff der „major life activities" sehr weit, benennt beispielhaft eine Vielzahl von geistigen und körperlichen Tätigkeiten bzw. Sinneswahrnehmungen (Sec. 12102 Abs. 2 lit. a)[16] und stellt vor allem klar, dass die Beeinträchtigung einer dieser Aktivitäten genügt (Sec. 12102 Abs. 4 lit. c). Auch genügt die Beeinträchtigung in einer wichtigen Körperfunktion (Sec. 12102 Abs. 2 lit. b). Unter anderem werden Beeinträchtigungen des Immunsystems, des Hirns, der Atmung, der Blutzirkulation, der Muskulatur, sowie der Fortpflanzungsfähigkeit aufgeführt

[12] McClure v. General Motors Corp. 2003 U.S. App. LEXIS 15931.
[13] Zelma Williams v. Cars Collision Center 2007 U.S. Dist. LEXIS 49603.
[14] EEOC v Sara Lee Corp., 237 F.3d 349 (4th Cir. 2001).
[15] ADA Amendments Act of 2008. Public Law 110–325; 29 U.S.C.S. 705.
[16] Caring for oneself, performing manual tasks, seeing, hearing, eating, sleeping, walking, standing, sitting, reaching, lifting, bending, speaking, breathing, learning, reading, concentrating, thinking, communicating, interacting with others, and working.

und als behinderungsgleiche Krankheiten beispielhaft Krebs, Niereninsuffizienz, Epilepsie, Diabetes und AIDS benannt. In Sec. 12102 Abs. 4 lit. 3 wird schließlich klargestellt, dass bei der Prüfung, ob eine Behinderung vorliegt, außer Betracht zu bleiben hat, ob die jeweiligen Einschränkungen durch medizinische Hilfsmittel oder Hilfeleistungen ausgeglichen werden. Erst recht kann es nicht darauf ankommen, ob sich der Betroffene an sein Handicap gewöhnt und gelernt hat, es anderweitig auszugleichen.

Nachdem der ADAA erst Anfang des vergangenen Jahres in Kraft trat, hat dieser in der Rechtsprechung noch wenig Widerhall gefunden. Das liegt nicht zuletzt daran, dass außerordentlich umstritten ist, ob das Gesetz Rückwirkung entfaltet und daher auch auf vor dem 1.1.2009 abgeschlossene Sachverhalte anzuwenden ist.[17] Dessen ungeachtet finden sich in der Instanzrechtsprechung aber durchaus Entscheidungen, die bereits durch die neue Rechtslage beeinflusst erscheinen.

Einige Gerichte halten zwar an den vom Supreme Court herausgearbeiteten Tatbestandsmerkmalen fest, legen diese aber wesentlich großzügiger aus, als das bislang der Fall war. So wurde beispielsweise eine Krebserkrankung als Behinderung anerkannt, obgleich die Klägerin nach den Feststellungen des Gerichts durchaus noch *„Geschirr spülen und Müll entsorgen“* konnte. Sie sei auf Grund ihrer Erkrankung aber nicht mehr in der Lage gewesen, *„ihre Wäsche ohne fremde Hilfe zu waschen“*.[18]

Andere Gerichte gehen davon aus, dass jedenfalls schwere und dauerhafte Erkrankungen als Behinderung erfasst werden sollen.[19] So erkannte das Distriktgericht für den Northern District of Illionis Diabetes als Behinderung an, nachdem der Arbeitnehmer nachwies, dass er auf Grund seiner Erkrankung mehrfach pro Stunde seine Arbeit unterbrechen musste.[20] Noch weitaus allgemeiner scheint der Court of Appeals für den 9th Circuit in einem Urteil vom 13.2.2009 Diabetes ganz allgemein für eine Behinderung zu halten. Erkrankte Arbeitnehmer seien gezwungen, ihre Insulinwerte kontinuierlich zu überwachen und häufig Pausen zur Insulinzufuhr bzw. Essenseinnahme einzulegen. Der Arbeitgeber habe den betroffenen Arbeitnehmern durch eine angemessene Gestaltung des Arbeitsablaufs zu ermöglichen, derartige Pausen auch tatsächlich nehmen zu können.[21]

Noch bedeutender erscheint, dass Gerichte die Prüfung zunehmend auf die Rechtfertigungsebene verlagern. Das Bundesberufungsgericht für den

[17] Dies ablehnend: 587 F.3d 1162 (9th Circuit 2009) = 2009 U.S. App. LEXIS 25855.

[18] Pinegar v. Shinseki, 665 F. Supp. 2d 487 (M.D. Pa. 2009).

[19] Z.B. 2009 U.S. Dist. LEXIS 114940 (Eastern Dist. of New York): Ein gebrochener Arm reicht selbstredend nicht.

[20] 2009 U.S. Dist. LEXIS 1777 (Northern Dist. Of Illionis).

[21] Rohr v. Salt River Project Agric. Improvement & Power Dist., 21 Am. Disabilities Cas. (BNA) 964 (9th Cir. 2009).

3. Bezirk hält es in einer Entscheidung vom Februar 2010 etwa für denkbar, dass ein farbenblinder Bewerber nicht zur Einstellung in den Polizeivollzugsdienst in Frage käme, da ihm auf Grund seiner Sehbehinderung eine wesentliche Voraussetzung für die fragliche Tätigkeit fehle.[22] Es vermeidet dabei aber jede Diskussion, ob der Bewerber überhaupt behindert ist, was die Rechtsprechung bislang wahrscheinlich abgelehnt hätte, da er trotz Handicaps Tätigkeiten des täglichen Lebens ohne weiteres hätte ausführen und darüber hinaus wohl auch die überwiegende Mehrzahl aller möglichen Berufe hätte ausüben können. Ähnlich verfährt das Berufungsgericht für den 11th Circuit in zwei Fällen in denen Arbeitnehmer die von ihnen geforderten schweren Hebearbeiten nicht mehr ausführen konnten. Einmal ging es um einen bei der Post angestellten Gebäudetechniker, der einen Herzinfarkt erlitten hatte,[23] in einer anderen Entscheidung um eine an Sarkoidose (Morbus Boeck) erkrankte Verkäuferin im Einzelhandel.[24]

III. Rückschlüsse auf das deutsche Recht

Rechtsprechung und Literatur in Deutschland gehen fast überwiegend davon aus, dass im Anwendungsbereich des AGG auf den sozialrechtlichen Behinderungsbegriff des § 2 SGB IX zurückgegriffen werden kann,[25] der unverkennbare Ähnlichkeiten mit der Definition des Tatbestandsmerkmals „Behinderung" aufweist, die der EuGH in seiner Navas-Entscheidung[26] gegeben hat. Unstrittig ist, dass eine Behinderung nicht erst dann vorliegt, wenn ein Arbeitnehmer iSd. SGB IX schwer behindert ist. Einigkeit besteht überdies darin, dass Menschen nicht nur dann behindert sind, wenn man sie auch umgangssprachlich ohne weiteres als behindert einstufen würde, wie dies etwa bei blinden, tauben, stummen oder gelähmten Personen der Fall ist. Auch hat sich durchgesetzt, dass Krankheiten sich als Behinderung erweisen können, wenn sie zu länger andauernden und ernst zu nehmenden körperlichen Einschränkungen führen.[27] Das erscheint zwingend: Erschöpft sich die

[22] Eric Lekich v. Pawlowski u. Municipal Police Officers Educational Training Commission [MPOETC] Doylestown Borough 2010 U.S. App. LEXIS 1051 (2010 3rd Circuit) = 22 Am. Disabilities Cas. (BNA) 1472.

[23] Shannon v. Potter 335 Fed. Appx. 21; 2009 U.S. App. LEXIS 12472 (11th Circuit 2009).

[24] Tawana Michelle Dickes v. Dollar General Cop. Inc. 2009 U.S. App. Lexis 24335 (11th Ciruit 2009).

[25] S. statt vieler: BT-Drs. 16/1780, S. 31; BAG 22.10.2009, 8 AZR 642/09, NZA 2010, 280, Tz. 20; BAG 17.12.2009, 8 AZR 670/08 Tz. 25; *Däubler* in: *Däubler/Bertzbach* AGG, 2. Aufl. (2008) § 1 Rn. 75.

[26] Fn. 1.

[27] S. nur: *Thüsing* Diskriminierungsschutz (2007) Rn. 206; *Mohr* br 33, 38; *Thüsing/Wege* NZA 2006, 137, 138; *Domröse* NZA 2006, 1320, 1321.

Behinderung nicht alleine in einer abstrakten körperlichen Einschränkung und ist sie insoweit nicht angeboren oder geht sie nicht auf ein Unfallereignis zurück, beschreiben die Begriffe Krankheit und Behinderung nur ein- und denselben Zustand aus einem unterschiedlichen Blickwinkel.[28]

Was indes weniger Beachtung gefunden hat, ist, dass im Anwendungsbereich des § 2 SGB IX Krankheiten seit jeher als Behinderungen anerkannt wurden. Wirft man einen Blick in die zur Konkretisierung des Grads der Behinderung (Schädigung) als Anlage 2 zu § 2 der Versorgungsmedizinischen Verordnung erlassenen versorgungsmedizinischen Grundsätze 2009 (vormals: „AHP"),[29] stellt man fest, dass dort fast alle der in Abschnitt II diskutierten Erkrankungen[30] aufgeführt sind. So finden sich etwa: Sarkoidose (Ziffer 8.9.), Diabetes (Ziffer 15.1. – abhängig von der Beherrschbarkeit schon dann, wenn es noch zu keinen Folgeerscheinungen gekommen ist), Morbus Bechterew 10 bis 100 (Ziff. 18.2.1.), Epilepsie (Ziff. 3.1.2.), HIV (Ziff. 16.11. und zwar auch dann, wenn sich noch keine Symptome ausgebildet haben). Ebenso werden viele Tumorerkrankungen bis zum Ende der Therapie bzw. einer medizinisch veranlassten Bewährungszeit mit hohen Werten berücksichtigt. Dagegen wird Bluthochdruck ohne Organbeteiligung nicht als Behinderung anerkannt (Ziffer 9.3.) und – was erstaunt – ebenso wenig der Ausfall des Farbensinns (Ziffer 4.6.).

Das BAG hat eine an Neurodermitis erkrankte Bewerberin um eine Stelle in der „Parkraumbewirtschaftung" als behindert eingestuft, sich zur Begründung allerdings auf den Hinweis beschränkt, dass die Klägerin durch einen Bescheid des Versorgungsamts als mit einem Grad von 40 behindert anerkannt war.[31] Mit Blick auf einen Arbeitnehmer, der an einer degenerativen Erkrankung des Bewegungsapparats litt, wies es darauf hin, dass das Tatbestandsmerkmal „dauerhafte Funktionseinschränkung" nicht dadurch ausgeschlossen wird, dass die akuten funktionalen Einschränkungen für sich gesehen nur einige Zeit andauern.[32] Für die Bechterechwsche Erkrankung geht das BAG davon aus, dass diese *„ab einem bestimmten Stadium"* den Grad einer Behinderung erreichen kann.[33]

[28] Treffend: *Welti* ZESAR 2007, 47, 47.

[29] Abrufbar unter: http://www.bmas.de/portal/30626/property=pdf/2009_01_23_versorgungsmedizinische_grundsaetzen.pdf.

[30] Selbst der in Kommentaren zuweilen diskutierte Haarausfall wird anerkannt (Ziff. 17.11), allerdings nur wenn er „total" ist, d.h. auch Augenbrauen und Wimpern fehlen.

[31] BAG 3.4.2007, 9 AZR 823/06, NZA 2007, 1098, Tz. 23.

[32] BAG 22.10.2009, 8 AZR 642/09, NZA 2010, 280, Tz. 21.

[33] BAG 17.12.2009, 8 AZR 670/08 Tz. 27.

Unter diesen Maßgaben gilt im Einzelnen:

1. Einschränkung im Berufsleben

Der Rückgriff auf § 2 SGB IX erweist sich zwar als hilfreich, indes nicht als Patentlösung. Entgegen einer durchaus verbreiteten Ansicht, ist für das Arbeitsrecht nämlich entscheidend, dass die betroffene Person durch die Funktionsstörung explizit in ihrer Teilhabe am Arbeitsleben beeinträchtigt ist,[34] während das Sozialrecht genügen lässt, dass sich die jeweiligen Funktionsstörungen negativ auf die Teilhabe des Arbeitnehmers am allgemeinen Leben auswirken.[35] Der Begriff der Behinderung ist ein gemeinschaftsrechtlicher Begriff, der autonom, europaweit einheitlich auszulegen und nicht etwa an das deutsche Sozialrecht gekoppelt ist. Der mit der Richtlinie intendierte besondere Schutz behinderter Personen setzt – wie der EuGH in der Navas-Entscheidung nachdrücklich klarstellt[36] – voraus, dass die jeweilige Beeinträchtigung *„ein Hindernis für die Teilhabe des Betreffenden am Berufsleben bildet.“* Insoweit genügt nicht, wenn die betreffende Person Schwierigkeiten bei der Ausübung einer ganz bestimmten Tätigkeit, des erlernten Berufs oder auch der bisher ausgeübten Tätigkeit hat. Vielmehr ist im Einklang mit einem Urteil des BAG vom Oktober 2009[37] maßgeblich, dass der Betreffende in seiner Wettbewerbsfähigkeit und seinen Vermittlungschancen auf dem Arbeitsmarkt beschränkt ist.

In der ganz überwiegenden Mehrzahl werden der sozial- und der arbeitsrechtliche Behinderungsbegriff freilich Hand in Hand gehen. Divergenzen können sich aber im Bereich marginaler Einschränkungen ergeben, also dort, wo die versorgungsmedizinischen Grundsätze eine Krankheit zwar als Behinderung mit einem geringen Einschränkungsgrad anerkennen, der Betroffene ungeachtet seiner Erkrankung aber noch ohne weiteres für den Arbeitsmarkt „fit“ ist. Faustformelartig lässt sich vielleicht überlegen, dass, wer mit einem Grad von über 30 als behindert anerkannt ist, ohne weiteres auch nach dem AGG als behindert gilt, es für geringere Werte dagegen auf eine Einzelfallbetrachtung ankommen könnte.

[34] *Bauer/Göpfert/Krieger* AGG 2. Aufl. (2008) § 1 Rn. 41; *Schlachter* in: ErfK 10. Aufl. (2010) § 1 AGG Rn. 9; *Schleusener* in: *Schleusener/Suckow/Voigt* AGG 2. Aufl. (2008) § 1 Rn. 61.

[35] S. *Neumann* in: *Neumann/Pahlen/Majerski-Pahlen* SGB IX, 11. Aufl. (2005) § 2 Rn. 6 ff.

[36] Fn. 1, Tz. 43 u. 45.

[37] BAG 22.10.2009, 8 AZR 642/09, NZA 2010, 280, Tz. 21.

2. *„Einfache" Krankheiten*

Einfache Krankheiten und Abweichungen vom Normalzustand, die für das jeweilige Lebensalter nicht ungewöhnlich oder auch bei vielen anderen gleichaltrigen Menschen vorhanden sind, sind keine Behinderung. Das trifft etwa, um zu den Sutton-Schwestern[38] zurückzukehren, auf eine Sehschwäche zu, die sich „im Rahmen" hält.[39] Dass ein Arbeitgeber einen Bewerber wegen einer solchen ablehnt, ist unschön aber nicht rechtlich zu sanktionieren. Lässt man jegliche Abweichungen vom körperlichen Normalzustand zu (den es dann wohl gar nicht geben würde, weil jeder irgendeine körperliche Besonderheit aufweist), wäre das Diskriminierungsmerkmal „Behinderung" als solches uferlos (genügen Sommersprossen?), nicht mehr sinnvoll und der durch das AGG intendierte besondere Schutz für Menschen, die auf diesen wirklich angewiesen sind, gefährdet.[40]

3. *Überbewertung von Krankheitsfolgen (hypothetische Diskriminierungen)*

In einigen der durch die amerikanischen Gerichte entschiedenen Sachverhalten nimmt der Arbeitgeber auf Grund von Vorurteilen lediglich an, dass der Arbeitnehmer wegen einer Erkrankung in seiner körperlichen Leistungsfähigkeit beeinträchtigt wäre, was tatsächlich aber gar nicht der Fall ist. Das scheint auf eine hypothetische Diskriminierung hinzudeuten, die sowohl das amerikanische (Sec. 12102 Abs. 1 lit. c), als auch das deutsche Recht als rechtfertigungsbedürftige Ungleichbehandlungen einstufen.[41] Doch liegt eine solche nur dann vor, wenn der Arbeitgeber fehlerhaft annimmt, dass einer Person ein Merkmal anhaftet, an das er nicht anknüpfen dürfte, wäre es bei dieser tatsächlich vorhanden. Das aber wäre auf die vorliegende Fragestellung angewendet nur der Fall, wenn der Arbeitgeber glaubt, dass der Arbeitnehmer an einer Krankheit leidet, die eine Behinderung darstellt. Dagegen liegt keine Benachteiligung vor, wenn der Arbeitgeber lediglich die Auswirkungen einer Erkrankung überbewertet, die objektiv betrachtet keine Behinderung darstellt.

4. *Ausgleichbarkeit von Beeinträchtigungen*

Lässt sich eine Erkrankung durch Medikamente oder medizinische Hilfen abmildern, kann dies die Annahme einer Behinderung ausschließen. Das bedingt aber, dass die Hilfe leicht greifbar ist, den Betroffenen nicht ihrerseits

[38] S. Fn. 7.
[39] *Bauer/Göpfert/Krieger* (Fn. 34) § 1 Rn. 44.
[40] Treffend: *Stein* in: in: *Wendeling-Schröder/Stein* AGG (2008) § 1 Rn. 50.
[41] *Schrader/Schubert* in: *Däubler/Bertzbach* (Fn. 11) § 3 Rn. 33.

belastet und natürlich, dass sie die Einschränkung wirksam und dauerhaft ausgleicht. Hebt etwa eine künstliche Linse im Augapfel einen Sehverlust vollständig auf, ist der Betroffene nicht mehr sehbehindert.

Im Regelfall erweisen sich Ausgleichsmaßnahmen indes als unbeachtlich. Die Möglichkeit eines Querschnittsgelähmten, sich wenigstens im Rollstuhl fortbewegen zu können, kann schlechterdings nichts an seiner Behinderung ändern. Und keinesfalls hebt es eine Behinderung, auf, wenn – wie im McClure-Fall[42] – der Betroffene lediglich gelernt hat, mit seiner Behinderung umzugehen. Erweisen sich Ausgleichsmaßnahmen als aufwändig oder belastend, wird gerade der Umstand, dass der Betroffene auf sie angewiesen ist, die Annahme einer Behinderung rechtfertigen. Es ist also genau umgekehrt als das Gericht dies im Fall Orr v. Wal-Mart[43] annimmt: Der Arbeitnehmer ist nicht etwa nicht behindert, weil er seine Diabetes mit dem Spritzen von Insulin in den Griff bekommen kann, vielmehr ergibt sich seine Behinderung spätestens daraus, dass er auf Insulinspritzen angewiesen ist (s. auch Ziffer 15.1. der versorgungsmedizinischen Grundsätze).

Stets zu berücksichtigen sind Ausgleichsmaßnahmen im Rahmen der Rechtfertigungsprüfung nach § 8 AGG. Kann der Arbeitnehmer körperliche Defizite durch Hilfsmaßnahmen in den Griff bekommen, kann der Arbeitgeber Personalentscheidungen nicht mehr mit Verweis auf die fragliche Beeinträchtigung rechtfertigen. Das wird am Fall Murphy v. United Parcel[44] deutlich. Unterstellt man, Bluthochdruck wäre eine Behinderung (was nach der hier vertretenen Auffassung aber nicht der Fall ist), hätte der Arbeitgeber die Nichteinstellung des Klägers nicht mit Verweis auf dessen gesteigertes Unfallrisiko rechtfertigen können, vorausgesetzt natürlich, dass es dem Kläger wirklich möglich war, seinen Bluthochdruck zuverlässig in den Griff zu bekommen.

5. *Rechtfertigung*

In vielen der aus dem amerikanischen Recht berichteten Fälle geht es aus der Sicht des deutschen Arbeitsrechtlers weniger um die Frage, ob die fragliche Krankheit als Behinderung anzuerkennen ist – das ist vielmehr der Fall –, sondern darum, ob es gerechtfertigt war, den Arbeitnehmer auf Grund dieser Erkrankung zurückzusetzen.

Für das deutsche Recht erweist sich in diesem Zusammenhang die Frage von herausragender Bedeutung, ob und inwieweit krankheitsbedingte Ausfallzeiten als Rechtfertigungsgrund berücksichtigt werden können. Im Kündigungsrecht ließ die Rechtsprechung es bislang ausreichen, wenn der Arbeitnehmer auf Grund einer Erkrankung häufige Fehlzeiten aufwies und

[42] Fn. 12.
[43] Fn. 10.
[44] Fn. 8.

dies zu erheblichen betrieblichen Belastungen führte. Ob sich das noch aufrecht erhalten lässt, erscheint fraglich. Denn § 8 AGG lässt eine Benachteiligung wegen einer Behinderung nur zu, wenn die betreffende Person wegen der Behinderung nur den wesentlichen und entscheidenden Anforderungen der jeweiligen Tätigkeit nicht gerecht wird. *Thüsing*[45] hat dies in Anlehnung an die Dothard v. Rawlison-Entscheidung[46] des US Supreme Courts dahingehend formuliert, dass es darauf ankomme, ob die Stelle dauerhaft unbesetzt geblieben wäre, wenn sich nur der fragliche Arbeitnehmer auf die Stelle beworben hätte.

Daraus schloss der 9. Senat des BAG,[47] dass das Interesse des Arbeitgebers, die Anzahl von krankheitsbedingten Arbeitsunfähigkeitszeiten möglichst gering zu halten, keine berufliche Anforderung i.S.d. § 8 AGG darstellt (*Thüsing/Wege*: *„Paradigmenwechsel"*[48]). Dagegen verfährt der 8. Senat wesentlich großzügiger: Eine personenbedingte Kündigung auf Grund erheblicher zu erwartender Fehlzeiten sei nicht diskriminierend, weil nicht angenommen werden könne, dass der Arbeitgeber gegenüber einem anderen, nicht behinderten Arbeitnehmer mit Arbeitsunfähigkeitszeiten in gleichem oder auch nur ähnlichem Umfang keine Kündigung aussprechen würde.[49] Das erweist sich als Trugschluss. Der Senat übersieht, dass der behinderte Arbeitnehmer ja gerade auf Grund seiner Behinderung häufiger fehlt als sein gesunder Kollege.

Und dennoch darf man den Bogen nicht überspannen. Es kann nicht sein, dass ein Arbeitnehmer, selbst dann, wenn er fast das gesamte Jahr hindurch krank ist, nicht gekündigt werden könnte, nur weil der Arbeitgeber lieber ihn als gar niemanden beschäftigen würde. Erforderlich, aber auch ausreichend ist daher, dass sich die Beeinträchtigungen, die die Ausfallzeiten des Arbeitnehmers verursachen, als so erheblich erweisen, dass es einem durchschnittlichen Arbeitgeber auch unter Berücksichtigung etwaiger Ausgleichspflichten (dazu: sogleich) nicht zugemutet werden kann, das Arbeitsverhältnis länger aufrecht zu erhalten.

Nichts anderes gilt, wenn der Arbeitnehmer die Arbeitsleistung zwar noch erbringen kann, indes im Vergleich zu einem gesunden Arbeitnehmer langsamer oder schlechter arbeitet. So wäre im oben geschilderten GM-Fall[50] zu fragen, ob es einem Arbeitgeber noch zugemutet werden kann, dass ein Arbeitnehmer, um bestimmte Fließbandarbeiten zu erledigen, jeweils erst auf eine Leiter steigen muss. Müsste dazu der Produktionsablauf unterbrochen

[45] *Thüsing* (Fn. 27) Rn. 327.
[46] 433 U.S. 321 (1977).
[47] BAG 3.4.2007, 9 AZR 823/06, NZA 2007, 1098 Tz. 38.
[48] *Thüsing/Wege* NZA 2006, 136, 139.
[49] BAG 22.10.2009, 8 AZR 642/08, NZA 2010, 280 Tz. 24.
[50] Fn. 18.

werden, wird man das verneinen müssen. Nichts anderes gilt für die beiden Arbeitnehmer, über deren Klagen der Court of Appeal für den elften Bezirk 2009[51] zu entscheiden hatte, die also bestimmte Lasten nicht mehr heben konnten.

Nicht außer Acht gelassen werden darf, dass der Arbeitgeber nach überwiegender Auffassung verpflichtet ist, zu Gunsten behinderter Arbeitnehmer zumutbare Ausgleichsmaßnahmen zu treffen und zwar auch dann, wenn sie nicht schwer behindert sind, wenn § 81 Abs. 2 Nr. 4 SGB IX also nicht greift.[52] Ob ein Arbeitgeber einem muslimischen Arbeitnehmer Gebetspausen einräumen muss, mag man kontrovers beurteilen.[53] Angesichts der eindeutigen Regelung in Art. 5 RiL 2000/78/EG erscheint es indes schlichtweg indiskutabel, dass im Wal-Mart-Fall[54] der Filialleiter nicht bereit war, dem an Diabetis leidenden Apotheker eine feststehende Mittagspause einzuräumen.

6. *Veranlagung zur Herausbildung einer bestimmten Krankheit*

Abschließend bleibt noch die Frage, ob es auch sanktioniert ist, wenn der Arbeitgeber daran anknüpft, dass der Arbeitnehmer eine Veranlagung zu einer bestimmten Krankheit in sich trägt, die Krankheit aber noch nicht ausgebrochen ist und ggf. noch nicht einmal feststeht, ob bzw. wann er erkranken wird.

Man mag daran denken, dass eine derartige Benachteiligung durch §§ 3 Nr. 4, 4 und 21 Abs. 1 des am 24.4.2009 in Kraft getretenen Gendiagnostikgesetzes (GenDG) sanktioniert ist. Genetische Eigenschaften sind die ererbten, während der Befruchtung oder bis zur Geburt erworbenen menschlichen Erbinformationen (§ 3 Nr. 4 GenDG). § 21 Abs. 1 GenDG verbietet dem Arbeitgeber, Beschäftigte wegen ihrer genetischen Eigenschaften oder denen einer verwandten Person zu benachteiligen. Indes bestimmt § 2 GenDG, dass das Gesetz sich nur genetische Untersuchungen[55] erstreckt und daher nur solche Daten erfasst, die durch derartige Untersuchungen gewonnen wurden. Das Benachteiligungsverbot greift also nicht, wenn der Arbeitgeber von der genetischen Veranlagung des Arbeitnehmers auf anderem Wege erfahren hat, also etwa durch eine „konventionelle" medizinische Untersuchung (etwa: Sehtest, Blutzuckeruntersuchung).

[51] Fn 29 u. 30.

[52] *Dette*, in: *Däubler/Bertzbach* (Fn. 11) § 7 Rn. 190.

[53] Mit Einschränkungen bejahend: LAG Hamm 18.1.2002, 5 Sa 1782/01, NZA 2002, 675; LAG Hamm 26.2.2002, 5 Sa 1582/01, NZA 2002, 1090; ablehend: *Meinel/Heyn/Herms* AGG (2007) § 8 Rn. 46.

[54] S. Fn. 15.

[55] Sehr lehrreich die Fallgestaltung v. VG Darmstadt, 24.6.2004, 1 E 470/04 (3), NVwZ-RR 2006, 566: Nichtübernahme einer Lehramtsassessorin in das Beamtenverhältnis, die anlässlich einer Einstellungsuntersuchung angab, dass ihr Vater an einer schweren Erbkrankheit verstarb.

Das amerikanische Arbeitsrecht hat sich damit lange Zeit eher nur am Rande befasst. Großes Aufsehen hat immerhin die Entscheidung der Equal Employment Opportunity (EEOC), der staatlichen amerikanischen Antidiskriminierungsstelle hervorgerufen, gegen die Burlington Northern Santa Fe Railway (BNSF) ein Diskriminierungsverfahren nach dem ADA einzuleiten. Der Arbeitgeber hatte Arbeitnehmer, die behaupteten, arbeitsbedingt am Karpal-Tunnel-Syndrom erkrankt zu sein, ohne deren Wissen darauf hin getestet, ob diese nicht genetisch zur Ausbildung eines derartigen Syndroms veranlagt waren. Der Rechtsstreit endete allerdings durch einen außergerichtlichen Vergleich, mit dem sich das Bahnunternehmen verpflichtete, die einschlägige Praxis umgehend einzustellen, gewonnene Daten nicht auszuwerten und den ca. 30 betroffenen Arbeitnehmern jeweils 300.000 $ Entschädigung zu zahlen.[56]

Wie in Deutschland ist auch in den USA in diesem Bereich in den vergangenen Jahren der Gesetzgeber aktiv geworden und hat 2008 den Genetic Information and Non-Discrimination Act („GINA")[57] erlassen. Dessen Sec. 202 verbietet Benachteiligungen wegen genetischer Informationen. Doch bezieht sich auch dieses Benachteiligungsverbot nur auf Informationen, die der Arbeitgeber aus genetischen Untersuchungen gewonnen hat (Sec. 201).

Diese Fokussierung auf durch gentechnische Untersuchung erlangtes Wissen wurde sowohl im amerikanischen, als auch im deutschen Schrifttum kritisiert.[58] Sie erscheint indes gerechtfertigt. Der Gesetzgeber will den mit Genomanalysen verbundenen besonderen Missbrauchsrisiken und den damit einhergehenden schwerwiegenden Eingriff in das Persönlichkeitsrecht des Arbeitnehmers begegnen.[59] Es geht darum, dass eine Genomanalyse lediglich eine bestimmte Veranlagung zu Tage fördert, ohne dass der Arbeitnehmer zum Untersuchungszeitpunkt erkrankt oder in seiner Leistungsfähigkeit eingeschränkt wäre und ohne eine verbindliche Prognose, ob, wann und unter welchen Umständen sich die festgestellte Disposition jemals auswirken wird. Dessen ungeachtet reduziert aber bereits die schlichte Kenntnis von der Möglichkeit einer späteren Erkrankung die Beschäftigungschancen des Arbeitnehmers drastisch, ja könnte ihn regelrecht stigmatisieren.

Darüber hinaus erweist sich diese vermeintliche Schutzlücke des Gesetzes als gar nicht so groß, wie dies auf den ersten Blick den Anschein hat. Hat der Arbeitgeber durch konventionelle medizinische Untersuchungen oder durch

[56] Hierzu: Pressmitteilung der EEOC v. 18.4.2001, abrufbar unter: http://www.eeoc.gov/eeoc/newsroom/release/4-18-01.cfm

[57] Public Law No. 110–233; 2 U.S.C. 1301, 1311 u. 1381.

[58] *Lemke* Soziale Welt 2005, 53, 61 ff., 63 ff.; *Katz/Schweitzer* 10 Yle J. Health pl'y L & Ethics, 90, 107; *Schlein* 19 Geo. Mason U. Civ. Rts. L.J. 311, 366.

[59] Begr. BT-Drs. 16/10532, S. 19 f.; *Wiese* BB 2009, 2198, 2198 ff.; Sec. 2 Abs. 1 GINA 2008.

schlichte Beobachtung von der genetischen Disposition erfahren, setzt dies voraus, dass sich die jeweilige Krankheit bereits manifestiert hat. Erweist sie sich als hinreichend schwer und ist sie daher als Behinderung zu bewerten, schützt das AGG den Arbeitnehmer vor Benachteiligungen wegen seiner Krankheit. Eine Schutzlücke mag sich allenfalls für den Zeitraum ergeben zwischen dem Auftreten der ersten Anzeichen der Krankheit und dem schwerwiegender Symptome, die es rechtfertigen, sie als Behinderung zu qualifizieren. Darüber hinaus besteht im deutschen Recht allerdings noch eine Schutzlücke für den Fall, dass der Arbeitgeber aus der Erkrankung eines Angehörigen des Arbeitnehmers schließen kann, dass dieser eine bestimmte genetische Disposition aufweist. Das amerikanische Recht ist hier strenger, indem es auch diese Erkenntnisquelle dem genetischen Diskriminierungsschutz unterstellt (Sec. 202 abs. 4 lit. a Nr. 3 GINA 2008).

Der schweigende Arbeitnehmer

Rolf Birk

I. Einleitung

Das Schweigen im Rechtsverkehr spielt seit jeher eine wichtige Rolle in Rechtsprechung und Theorie.[1] Es wurde bislang im Bereich des Zivilrechts vor allem als Problem der Rechtsgeschäftslehre gesehen und behandelt.[2] Hauptgegenstand bildete dabei vor allem die Auseinandersetzung um seine Bedeutung beim kaufmännischen Bestätigungsschreiben. Andere Sektoren des Zivilrechts waren weit weniger in der Auseinandersetzung involviert, dazu zählt insbesondere das Arbeitsrecht als ein Zweig rechtlichen Geschehens, welches eine Fülle verschiedenster Beziehungen zur rechtlichen Problematik des Schweigens aufweist, die jedoch bislang eher kollateral und dann verengt auf rechtsgeschäftlicher Ebene zur Sprache kamen. Jedenfalls fehlte bislang eine intensivere, umfassendere Diskussion im Arbeitsrecht.[3] Diese kann jedoch in einem räumlich und thematisch sehr begrenzten Beitrag nicht geleistet werden. Es geht mithin lediglich darum, den schweigenden Arbeitnehmer „aufzuwerten", also einige Aspekte der rechtlichen Problematik einer arbeitsrechtlichen Verhaltenslehre herauszuarbeiten, ohne sich zu sehr von der allgemeinen Rechtsgeschäftslehre vereinnahmen zu lassen, deren Krise bereits vor über 50 Jahren konstatiert und beschworen wurde.[4]

[1] Aus jüngerer Zeit etwa *Canaris*, Schweigen im Rechtsverkehr als Verpflichtungsgrund, in: Festschrift f. W. Wilburg, 1975, S. 77 ff.; aus der älteren Literatur *Krause*, Schweigen im Rechtsverkehr, 1933.

[2] Vgl. *Götz*, Zum Schweigen im rechtsgeschäftlichen Verkehr, 1968.

[3] Aus dem Schriftum sei verwiesen auf: *Steiner*, Das Schweigen des Arbeitnehmers, in: Beiträge zum Wirtschaftsrecht – Festgabe f. d. Schweizerischen Juristentag 1944 in St. Gallen, 1944, S. 273 ff.; *Smuraglia*, Il comportamento concludente nel rapporto di lavoro, 1963; *Horion*, Rapport général – Droit du travail, in: Travaux de l'Association Henri Capitant, (1968/1972), S. 125 ff.; *Camerlynck*, Rapport sur les modes non formels de l'expression de la volonté en droit français, in: Travaux de l'Association Henri Capitant, S. 457 ff.; *Despax*, L'acceptation tacite par le salarié de modifications aux conditions de travail initialement convenu avec l'employeur, in: Mélanges dédiés à G. Marty, 1978, S. 449 ff.; *Patti*, Profili della tolleranza nel diritto privato, 1978, S. 173 ff.; *Henot*, La renoncation du salarié, 1996, S. 295 ff.; *Bertini*, Il consenso del lavoratore, 2001, S. 145 ff. 157 ff.

[4] Vgl. *Hanau*, Objektive Elemente im Tatbestand der Willenserklärung, AcP 165 (1968), S. 220 (S. 222 m. Fn. 4).

Das Schweigen spielt im Arbeitsleben überall eine Rolle, freilich nehmen davon die Stichwortverzeichnisse vieler derzeitiger arbeitsrechtlicher Kompendien kaum Notiz. Mit seiner rechtlichen Bedeutung und verwandten Erklärungen beschäftigen sich die Gerichte auf dem ganzen Globus. Ohne Blick auf eine Reihe nicht systematisch ausgewählter Rechtsordnungen sollte und darf eine solche Skizze nicht zur Tagesordnung übergehen. Die Lebenssachverhalte sind heute – international gesehen – weitgehend gleich oder zumindest einander sehr angenähert.

Im gewöhnlichen Zyklus des Arbeitslebens kommt das Schweigen des Arbeitsnehmers in allen Phasen mehr oder weniger auch rechtliche Bedeutung für den Arbeitnehmer allein oder als Gruppen- oder Belegschaftsmitglied Bedeutung zu.

Es geht freilich nur in ganz wenigen Fällen um reines, nicht weiter qualifizierbares Schweigen des Arbeitnehmers, um dessen bloße Passivität, Inaktivität, solange diese ohne irgendwelchen Bezug zum Arbeitsverhältnis oder sonstigen arbeitsrechtlich relevanten Beziehungen zum Arbeitgeber oder anderen Arbeitnehmern bleibt. In den meisten Fällen hingegen wird das Schweigen des Arbeitnehmers im Rahmen von rechtlichen Initiativen und Erwartungen – in der Regel – des Arbeitgebers relevant. Er will die Arbeitsleistung des Arbeitnehmers abrufen oder über rechtliche Grundlage verordnen, vermag dies aber nicht ohne Mitwirkung des Arbeitnehmers, dieser aber reagiert nicht, sagt nichts oder übergeht die Aufforderungen, Befehle, Wünsche aus welchen Gründen auch immer. Es besteht also keine oder diese gestörte Kommunikation zwischen den Beteiligten. Kommt dem Schweigen des Arbeitnehmers in diesen Fällen irgendeine rechtliche Bedeutung zu und gegebenenfalls welche?

Nur in sehr wenigen Fällen hat hier der Gesetzgeber eingegriffen, in der Regel bleibt es aber Rechtsprechung und Lehre überlassen, das Dilemma durch Rückgriff auf allgemeine Überlegungen und Rechtsgrundsätze zu lösen.

Da es eine allgemeine rechtliche Verhaltenslehre bisher nicht gibt, liegt es nahe, hier an den Besonderheiten des Arbeitsrechts orientierte Überlegungen anzustellen.

Einen sachlichen Schwerpunkt einschlägiger Fragestellungen – dies lehrt auch die Analyse ausländischen Rechts – bildet die Veränderung vertraglicher Arbeitsbedingungen zum Nachteil des Arbeitnehmers durch den Arbeitgeber. Sie ist heute in so gut wie allen Rechtsordnungen der *„nervus rerum“* im Arbeitsvertragsrecht.[5]

[5] Dazu etwa *Birk*, Die individualrechtliche Regelung von Arbeitsbedingungen zwischen Arbeitsvertrag und Direktionsrecht – einige Bemerkungen zum französischen und deutschen Recht, in: Studia z zakresu prawa pracy i polityki spolecznej – Liber Amicorum A. M. Swiatkowski, 2009, S. 91 ff.; *ders.*, Die Änderungskündigung – Eine rechtsvergleichende Skizze, in: Festschrift f. J. H. Bauer, 2010, S. 181 ff.; *ders.*, Unilateral Modifications

II. Schweigen des Arbeitnehmers als arbeitsrechtlich relevantes Verhalten

Passives, absichtsloses Enthalten von sprachlichen Äußerungen und Willensbekundungen ist zunächst rechtlich und damit auch arbeitsrechtlich irrelevant. Es fehlt jede Beziehung zu einem bestimmten Gegenstand bzw. einer Beziehung. Nur dort, wo Schweigen ein verbales Unterlassen darstellt, wird es rechtlich von Interesse, wo also aufgrund anderer Aspekte und Überlegungen ein Bezug zum Arbeitsverhältnis hergestellt wird, z.B. durch „stillschweigende Erklärungen“ oder konkludentes Verhalten.[6]

1. *Formen relevanten Verhaltens*

Als Reaktion des Arbeitnehmers auf die Aktion des Arbeitgebers zur Erreichung eines bestimmten verbalen Verhaltens (z.B. ausdrückliche Annahme durch Arbeitnehmer, schriftliche bzw. mündliche Zustimmung des Arbeitnehmers) erklärt sich dieser nicht *expressis verbis*, sondern bringt dies durch anderweitiges Verhalten (Nichtgeltendmachung von Rechten, Weiterarbeit bei vom Arbeitgeber einseitig geänderten Arbeitsbedingungen) zum Ausdruck. Der Grund des Schweigens für den Arbeitnehmer kann darin liegen, dass er eine bestimmte Haltung bzw. Meinung wegen der Angst um den Verlust seines Arbeitsplatzes verbergen will, etwa die Ablehnung der vom Arbeitgeber vorgeschlagenen schlechteren Arbeitsbedingungen, Lohnsenkung, Versetzung, berufliche Abstufung) oder einen diesbezüglichen Vorbehalt, oder weil er das Vorgehen für rechtswidrig hält.

a) Die **Inaktivität** des Arbeitnehmers liegt u.U. darin, dass er eine bestehende Frist nicht einhält und damit einen Rechtsverlust in Kauf nimmt. Aus Gründen der Rechtssicherheit wird der Arbeitnehmer so behandelt, wie wenn er dem Begehren des Arbeitgebers zugestimmt hätte. Bekanntestes Beispiel im deutschen Recht sind die §§ 2 S. 2, 4 S. 1, 7 KSchG.[7]

Für das französische Recht ist auf Art. L. 321-1-2 Abs. 3 Code du travail zu verweisen. Danach hat ein Arbeitnehmer innerhalb eines Monats nach der Mitteilung des Arbeitgebers, er wolle den Arbeitsvertrag aus wirtschaftlichen Gründen wesentlich ändern (*une modification substantielle du contrat de travail pour motif économique*), seine Ablehnung mitzuteilen, widrigenfalls sein Schweigen als Zustimmung anzusehen ist.[8]

of Employment Terms. Some Comparative Remarks regarding German, Swedish and English Employment Law, in: Vänbok till Ronnie Eklund, 2010, S. 31 ff.

[6] Umfassend hierzu *Smuraglia*, Il comportamento concludente nel rapporto di lavoro, insbes. S. 65 ff., 87 ff., 97 ff., 135 ff.

[7] Näher die einschlägigen Kommentierungen.

[8] Ausführlicher zu dieser Vorschrift *Henot*, La renoncation du salarié, 1996, S. 298 ff.

b) Als **aktive Form** relevanten Verhaltens kommt im Falle einer vom Arbeitgeber angestrebten Veränderung der Arbeitsbedingungen zum Nachteil des Arbeitnehmers dessen widerspruchslose Weiterarbeit zu den neuen Bedingungen in Betracht. Erhebt der Arbeitnehmer aber trotz der Fortsetzung der Arbeit Vorbehalte gegen die neuen Arbeitsbedingungen oder protestiert er – etwa mit anderen Arbeitskollegen – gegen diese,[9] so stellt sich die weitere Frage, ob darin eine *protestatio facto contraria* zu sehen ist[10] und, ob ihr und gegebenenfalls welche rechtliche Wirkung zukommt. Die Frage wurde vor allem in einigen anderen Ländern problematisiert (dazu unter III.).

2. *Rechtsfolgen relevanten Verhaltens*

So gut wie außer Streit ist, dass der Arbeitnehmer für ihn günstige Veränderungen der Arbeitsbedingungen durch konkludentes Verhalten etwa durch Weiterarbeit annehmen kann. Beförderungen, freiwillige Leistungen an den Arbeitnehmer erhalten damit eine vertragliche Grundlage.

Völlig unterschiedlich hat sich die Rechtslage bei vom Arbeitgeber vorgeschlagenen Änderungen von Arbeitsbedingungen zum Nachteil des Arbeitnehmers entwickelt. Ein genauer Vergleich einiger nationaler Rechtsordnungen erscheint mir dabei sehr lehrreich. Hierbei ist auch darauf zu achten, inwieweit die Weiterarbeit der Arbeitnehmer – häufig sind mehrere, ja ganze Belegschaften betroffen – ohne oder nach deren Widerspruch[11] oder Geltendmachung von Vorbehalten als Annahme oder Nichtannahme gilt (s. unten III.).

Nicht immer eindeutig stellt sich auch die Rechtslage dar, wenn der Arbeitnehmer eine rechtswidrige, nicht vertragsgemäße Weisung erhalten hat, diese aber trotzdem befolgt schon weil er vermeiden will, dass ihm dies als Insubordination ausgelegt wird und er ein Verfahren wegen verhaltensbedingter Kündigung durch den Arbeitgeber gegen ihn angestrengt wird.[12]

So hängt für die Herausarbeitung der möglichen Rechtsfolgen mithin wesentlich davon ab, wie im vorliegenden Sachzusammenhang das Schweigen des Arbeitnehmers zu interpretieren ist, ob als Ablehnung, Zustimmung bzw. Annahme, „Verzicht" auf bisherige Rechtspositionen. Die Interpretation bezieht sich zunächst auf das Schweigen als Verhalten und erst in zweiter Linie auf seine Eigenschaft als Willenserklärung bzw. Rechtsgeschäft.

[9] So fast durchweg in den von den Gerichten im Vereinigten Königreich entschiedenen Fällen.

[10] So freilich – m.E. zu Unrecht – *Nipperdey*, Rechtsgutachten erstattet dem Verband von Arbeitgebern der Sächsischen Textilindustrie, Chemnitz 1931, S. 35.

[11] Teilweise auch in einen Streik gekleidet (so im Fall J. Daley and others v. Strathclyde Regional Council, Industrial Relations Law Reports 1977, 414).

[12] Näheres bei *Birk*, Die arbeitsrechtliche Leitungsmacht, 1973, 424 ff.

III. Die Beurteilung des Schweigens des Arbeitnehmers durch die Rechtsprechung

In der Rechtsprechung der einzelnen Staaten hat sich länderübergreifend eine Reihe von Fallgruppen herausgebildet, ebenso lassen sich auch inhaltlich bestimmte Trends ablesen.

Zentrale Bedeutung kommt hier – wie bereits schon oben betont wurde – als erster Gruppe jenem Sachkomplex zu, in dem es um die arbeitgeberseitig initiierte oder einfach faktisch durchgeführte Veränderung von Arbeitsbedingungen zu Lasten oder zum Nachteil des/der Arbeitnehmer handelt, insbesondere um die Senkung des bisher vertraglich geschuldeten Lohnes. Eine zweite Gruppe von Fällen befasst sich mit der Beurteilung von Akten, in denen es darum geht, ob der Arbeitnehmer durch bestimmte Akte, wie die Unterzeichnung inhaltlich unrichtiger oder zum Teil fehlerhafter Schriftstücke, die ihm der Arbeitgeber vorlegte, die darin aufgeführten Feststellungen und Rechtsakte (z.B. „Verzicht") sich zu eigen macht.

1. Die Unterzeichnung inhaltlich fehlerhafter Papiere

Es liegt auf der Hand, dass absichtlich fehlerhafte Bestätigungen oder sonstige Papiere des Arbeitgebers auch durch Unterschrift nicht nachträglich gleichsam als „geheilter Betrug" rechtliche Wirksamkeit erlangen oder zumindest durchgesetzt werden können. Keine Rechtsordnung sanktioniert indes den Betrug, darum bedarf es keiner näheren Ausführungen.

Als solche Papiere, die zu einer Rechtsverkürzung oder Rechtsänderung zu Lasten des Arbeitnehmers führen können kommen vor allem in Betracht: Lohnquittungen, Lohnabrechnungen, Ausgleichsquittungen, Arbeitszeitaufstellungen und -abrechnungen, Urlaubspapiere usw. Die Liste könnte beliebig verlängert werden. Wendet der zur Unterzeichnung aufgeforderte Arbeitnehmer nichts gegen die fehlerhafte Urkunde ein, so stellt sich die Frage, ob er mit seiner Unterzeichnung seine Zustimmung zum Inhalt der Urkunde erklärt hat.

Es liegt nahe, solche Erklärungen des Arbeitnehmers im Rahmen eines Arbeitsverhältnisses wegen der regelmäßig bestehenden persönlichen und wirtschaftlichen Abhängigkeit vom Arbeitgeber und des damit mindestens latent vorhandenen ökonomischen, sozialen und psychischen Drucks die Unterschrift nicht von vornherein als nicht weiter angreifbare Billigung anzusehen, also der formalen Betrachtung stets den Vorzug zu geben.

a) In **Deutschland** war ursprünglich die Ausgleichsquittung ein besonders wichtiger Fall solcher das Arbeitsverhältnis bereinigender, schriftlicher Abschlusserklärungen. Durch die Vertragskontrolle der Ausgleichsquittungen[13] im Rahmen der AGB-Gesetzgebung hat sich die Problematik zweifel-

[13] Vgl. *Schütt*, Die Vertragskontrolle von Ausgleichsquittungen, 2008.

hafter Ausgleichsquittungen jedenfalls theoretisch stark vermindert. Es bedarf deshalb keiner Durchleuchtung der rechtlichen Wirksamkeit sachlich unrichtiger Ausgleichsquittungen nach deutschem Recht.

b) Demgegenüber spielt in **Frankreich** das *bulletin de paie* nach wie vor als eine Art Lohnquittung eine wichtige Rolle, wie auch die Rechtsprechung zeigt.[14] Die daneben ebenfalls vorkommende Ausgleichsquittung (*reçu pour solde de tout compte*) soll hier ausgeklammert bleiben.

Die Chambre sociale der Cour de cassation hat in zwei jüngeren Entscheidungen[15] sich mit der Wirkung der Unterzeichnung inhaltlich fehlerhafter einschlägiger Dokumente durch den Arbeitnehmer auseinandergesetzt und ist dabei in beiden Fällen zu dem Ergebnis gelangt, in der Unterzeichnung keine Zustimmung zu deren fehlerhaftem Inhalt zu entnehmen. Die Unterzeichnung eines vom Arbeitgeber erstellten „relevé d'horaires" reicht jedenfalls nicht,[16] daraus ein Einverständnis zur Veränderung der Arbeitsreit abzuleiten.

Die schweizerische Rechtsprechung geht in die gleiche Richtung. So hat das schweizerische Bundesgericht in einem Urteil vom 5.7.1983[17] in der Unterschrift des Arbeitnehmers unter eine Lohnquittung über einen Betrag, der unter dem vertraglichen Entgelt lag, nicht als Einverständnis des Arbeitnehmers gewertet, eine Berufung auf das Vertrauensprinzip könne dies nicht rechtfertigen.[18]

2. *Weiterarbeit des Arbeitnehmers bei Veränderungen von Arbeitsbedingungen zu dessen Nachteil durch den Arbeitgeber*

Der einseitigen Flexibilisierung von vertraglich relevanten Arbeitsbedingungen setzt zwar das Vertragsrecht überall rechtliche Grenzen, indem es jenseits der arbeitsrechtlichen Leitungsmacht (des Direktionsrechts, ius variandi) verlangt, dass die Veränderung – meist Verschlechterungen der vertraglichen Arbeitsbedingungen wirksam nicht allein vom Arbeitgeber vorgenommen werden kann, sondern der Zustimmung des Arbeitnehmers bedarf. In einer Reihe von Rechtsordnungen wird aber die rechtliche Asymmetrie des Arbeitsverhältnisses dadurch befördert, dass Gesetzgeber und Rechtsprechung die Veränderungen von Arbeitsbedingungen für den Arbeitgeber erleichtern.[19] Selbst derartige Mechanismen verhindern aber nicht, dass der Arbeitgeber den bzw. die Arbeitnehmer „vor vollendete Tatsachen stellt" und faktisch ohne vorhergehenden Versuch von Verhandlungen die Arbeits-

14 Cass. Chambre sociale, 16.2.1999 – Droit social 1999, 415 (416).
15 15.10.1987 – Bulletin civil 1987 V No. 574; 16.2.1999 – Droit social 1999, 415.
16 Cass. Chambre sociale, 16.2.1999 – Droit social 1999, 415 (416).
17 Schweizerisches Jahrbuch für Arbeitsrecht 1985, 126.
18 Im Ergebnis ebenso Kantongericht St. Gallen, 26.2.1987 – Jahrbuch 1988, 304 (306).
19 Vgl. *Birk*, in: Festschr. f. J. H. Bauer, S. 184 ff.

bedingungen (Arbeitszeit, Lohn, Arbeitsaufgaben) verändert und seinen Vorstellungen anpasst. Auch wenn die Veränderung der Arbeitsbedingungen vom Arbeitgeber nicht unmittelbar durchgeführt wird, sieht sich der Arbeitnehmer mit der Frage konfrontiert, wie er auf die neue Lage reagieren soll. Soll er ausdrücklich das neue Angebot ablehnen, mindestens dagegen protestieren oder seinen Widerspruch artikulieren, oder soll er sich mit der neuen Situation abfinden. Um seinen „Arbeitsplatz" nicht zu verlieren oder zu riskieren, äußert er sich häufig nicht und geht wie bisher seiner Arbeit nach, wozu er ja mindestens zu den bisherigen Bedingungen verpflichtet ist. Wurden die veränderten Arbeitsbedingungen vom Arbeitgeber bereits eingeführt, muss der Arbeitnehmer seine Arbeit zu diesen *nolens volens* fortsetzen.

Mit dieser Lage sehen sich die Gerichte in vielen Fällen und in allen Ländern konfrontiert. Welche rechtliche Bedeutung sollen sie unter diesen Umständen der Weiterarbeit des Arbeitnehmers (*continuance of work*, *poursuite du travail*) beimessen? Welche Wirkung hat ein begleitender Widerspruch bzw. Protest durch den Arbeitnehmer? Liegt in der Weiterarbeit des Arbeitnehmers eine konkludente Zustimmung zur Vertragsänderung? Ist der Widerspruch ohne Bedeutung oder ist er als *protestatio facto contraria* gar unbeachtlich?

a) In **Deutschland** hat sich bereits das Reichsarbeitsgericht mit der Problematik in mehreren Entscheidungen auseinandergesetzt.[20] Der Einfluss der Weiterarbeit im Falle einer Änderungskündigung erhöht die Komplexität der Fragestellung und würde zusätzliche Ausführungen notwendig machen, um den eigenen Standpunkt ausreichend darlegen zu können.

Es muss deshalb an dieser Stelle bei einem Hinweis auf die Rechtsprechung und das einschlägige Schrifttum verbleiben.[21]

Das RAG sah in der Weiterarbeit des Arbeitnehmers eine konkludente Annahme des Änderungsangebots und maß einer „wörtlichen Verwahrung" als widersprüchlichem Verhalten keine Bedeutung bei.[22] Soweit allerdings das Änderungsangebot ohne Kündigung erfolgte, stelle die Weiterarbeit keine stillschweigende Zustimmung zur Vertragsänderung dar, insbesondere wenn der Arbeitnehmer ausdrücklich Widerspruch erhoben habe.[23]

Klare Aussagen des BAG fehlen bisher. Es lässt sich über seinen Standpunkt jedenfalls keine definitive Aussage treffen, wenn man seine bisherige – quantitativ eher dürftige – Rechtsprechung[24] an seinem Auge vorüberziehen lässt.[25]

[20] ARS 5, 102 m. Anm. v. *Nipperdey*; 11, 353 m. Anm. v. *A. Hueck*; 16, 119 m. Anm. v. *A. Hueck*.

[21] *KR/Rost*, 9. Aufl., 2009, § 2 KSchG Rdnr. 61–66.

[22] ARS 5, 102 m. Anm. v *Nipperdey*.

[23] RAG ARS 11, 353; 16, 119; jeweils m. Anm. v. *A. Hueck*.

[24] BAG, 8.7.1960 – EzA § 305 BGB Nr. 1; 17.7.1965 – AP Nr. 101 zu § 242 BGB Ruhegehalt; 30.7.1985 – AP Nr. 13 zu § 65 HGB.

[25] S. etwa *KR/Rost*, 9. Aufl., 2009, § 2 KSchG Rdnr. 63.

b) In **Frankreich** lassen sich demgegenüber in der Rechtsprechung zwei Phasen festmachen, in denen gleichzeitig ihre radikale Änderung deutlich wird. Die Chambre sociale des Cour de cassation hat früher in der poursuite de travail des Arbeitnehmers dessen Zustimmung (*acceptation*) zur Veränderung des Arbeitsvertrages gesehen.[26] Der Arrêt Fachon vom 7.1.1987[27] läutete eine totale Wende ein. Nunmehr gilt, dass in der Weiterarbeit gerade nicht die Annahme der veränderten Arbeitsbedingungen gesehen werden kann. Im Arrêt Raquin vom 8.10.1987[28] wurde dies insbesondere für eine *modification substantielle* festgelegt, wobei allerdings der Gesetzgeber durch Art L. 321-1-2 Abs. 3 Code du Travail die Entscheidung durch die Einführung einer Annahmevermutung im Fall des Verstreichenlassens einer Äußerungsfrist von vier Wochen bei der Änderung von wesentlichen wirtschaftlichen Bedingungen korrigiert hat.[29]

c) Die **italienische** Rechtsprechung nahm früher eine vergleichbare Position wie die französische vor dem Arrêt Fachon[30] ein, lässt sich aber heute nicht auf einen einfachen Nenner bringen und kann aus Raumgründen nicht weiter verfolgt werden.

d) Im **Vereinigten Königreich** ist die Rechtsprechung im Arbeitsrecht noch recht jung, wenn auch älter als die Institution der Arbeitsgerichte (Industrial Tribunals). Wir finden bereits eine größere Zahl von Entscheidungen, in denen sich verschiedene Gerichte mit der *continuance to work* durch den von einer Vertragsänderung betroffenen Arbeitnehmer auseinandergesetzt haben. Auch für das englische Vertragsrecht gilt, dass eine wirksame Vertragsänderung den Konsens der beiden Vertragsparteien erfordert. Hat der Arbeitgeber die angestrebte Änderung der Arbeitsbedingungen dem Arbeitnehmer mitgeteilt oder gar gleich vollzogen steht der Arbeitnehmer vor der Entscheidung, wie er sich verhalten soll. Äußert er sich nicht oder protestiert er und arbeitet weiter, sehen die Gerichte regelmäßig in der Weiterarbeit keine Annahme der neuen Bedingungen durch den Arbeitnehmer; freilich ist dies nicht durchgängig der Fall.

In Marriott v. Oxford and District Co-Operative Society Ltd.[31] sah *Lord Denning* in dem Verhalten des Arbeitnehmers keine Annahme der schlechteren Bezahlung. Marriott hatte unter Protest hiergegen seine Arbeit allerdings fortgesetzt. Ebenso entschieden im Ergebnis das House of Lords durch Lord Oliver of Aylmenton in Rigby v. Ferodo Ltd. (1987)[32], die Queen's Bench

[26] Vgl. Cass., 1.12.1971 – Bulletin civil 1971 V No. 70.
[27] Cass., chambre sociale, 7.1.1987 – Bulletin civil 1987 V No. 3.
[28] Dalloz/Sirey 1988, Jur. 57.
[29] Dazu *Henot*, La renonciation du salarié, S. 298 ff.
[30] Vgl. *Smuraglia*, Il comportamento concludente nel rapporto di lavoro, S. 112 Fn. 21.
[31] Weekly Law Reports 1969 Vol. 3, S. 984.
[32] Industrial Cases Reports 1987, 29.

Division des High Court (1984) in Burdett-Coutts and others v. Hertfordshire County Council[33], der National Industrial Relations Court in Shields v. Golf[34] und das Employment Appeal Tribunal in Jones v. Assoc. Tunnelling Co. Ltd.[35], in Solectron Scotland Ltd. v. Roper & Others (2002) sowie Royal and Sun Alliance Insurance Group PLC v. Payne (2005).[36]

Demgegenüber hat ein schottisches Industrial Tribunal trotz Protestes der betroffenen Arbeitnehmer in deren Weiterarbeit eine Annahme der neuen Arbeitsbedingungen erblickt[37].

e) Auch die Gerichte in den **USA** haben sich mit der Problematik der Weiterarbeit des Arbeitnehmers als Reaktion auf eine angebotene Veränderung der Arbeitsbedingungen auseinandergesetzt.[38] Die Besonderheiten des „amerikanischen" Arbeitsvertragsrechts können insoweit auf sich beruhen. Jedenfalls sind die Meinungen zwischen der Befürwortung bzw. der Ablehnung einer konkludenten Annahme – auch soweit Proteste geäußert werden – geteilt. Insgesamt lässt sich in der Rechtsprechung ein Trend festmachen: Während ursprünglich die Neigung bestand, mehr im Sinne der Rechtsgeschäftslehre relativ unabhängig von sozialen Überlegungen im Schweigen des Arbeitnehmers eher die konkludente Annahme eines Vertragsangebotes des Arbeitgebers anzunehmen, hat sich in jüngerer Zeit das Blatt zugunsten einer Betrachtung gewendet, bei der das Risiko des Arbeitsplatzverlustes beim Arbeitnehmer stärker hervorgehoben wird und die soziale Bedeutung verschlechternder Vertragsänderungen seitens des Arbeitsgebers zu berücksichtigt wird, also die Weiterarbeit nicht als konkludente Akzeptanz der veränderten Bedingungen einzuordnen.

IV. Rück- und Ausblick

Das in- und ausländische Fallmaterial zeigt, welche praktische Bedeutung gerade im Arbeitsrecht das gezielte Schweigen des Arbeitnehmers annehmen kann.

[33] Industrial Relations Law Reports 1984, 91.

[34] Industrial Cases Reports 1973, 187.

[35] [1981] UKEAT 523 80 1610.

[36] [2003] UKEA 030503 3107; [2005] UKEA 0122 05 0108.

[37] J. Daley and others v. Strathclyde Regional Council, Industrial Relations Law Reports 1977, 414.

[38] Beispielsweise seien erwähnt: Chemical Fireproofing Co. v. Bronska (1976), South Western Reporter, 2d series, vol. 542, S. 74 (Miss. App.); Pittman v. Larson Distributing Company (1986), Pacific Reporter, 2d series, vol. 734, S. 1379 (Color. App.); Forms Manufacturing Inc. v. Edwards (1985), South Western Reporter, 2d series, vol. 705, S. 67 (Mo. App.); Davison v. Board of Trustees Carl Sandburg College (1985), North Eastern Reporter, 2d series, vol. 478, S. 3 (Ill. App.); Bench v. Bechtel Civil & Minerals, Inc. (1988), Pacific Reporter, 2d series, vol. 758, S. 460 (Utah App.).

Dies mag auch für unseren Jubilar Dieter Reuter – sonst sicherlich wichtigeren Fragen zugewandt – ein Anreiz sein, einen Blick auf eher am Rande stehende arbeitsrechtliche Aspekte des rechtlichen Verhaltens zu werfen. Eine tiefere theoretische Auseinandersetzung wäre sicherlich für die Herausbildung einer arbeitsrechtlichen Verhaltenslehre wünschenswert und gewinnbringend.

Über den Sozialplanstreik

Martin Franzen

I. Einleitung

Das Urteil des Bundesarbeitsgerichts vom 24. April 2007[1] zum Sozialplanstreik fügt sich in eine Reihe von Urteilen aus jüngerer Zeit, mit denen das BAG die Arbeitskampfbefugnisse der Gewerkschaften in der Tendenz erweitert hat. Zu nennen sind das Urteil zum Unterstützungsstreik aus demselben Jahr[2] sowie das Urteil zur grundsätzlichen Zulässigkeit streikbegleitender „Flashmob"-Aktionen aus dem Jahr 2009[3]. Das Urteil des 1. Senats vom 24. April 2007 zum Sozialplanstreik erweitert die Sachgebiete, auf denen Gewerkschaften streiken können[4]. Allerdings war die vorherige Rechtslage in dieser Hinsicht nicht eindeutig, weil es keine höchstrichterlichen Judikate gegeben hatte, welche einen Sozialplanstreik untersagt hätten; insoweit hat der 1. Senat Neuland betreten. Der Senat lässt es nun in einem recht weiten Umfang zu, dass Gewerkschaften mit Hilfe eines Streiks Investitions- und Standortentscheidungen des Arbeitgebers/Unternehmers gezielt beeinflussen können. Auf diesem Gebiet wird die Mitwirkung der Arbeitnehmer in Deutschland allerdings grundsätzlich durch die §§ 111 ff. BetrVG sichergestellt. Der Betriebsrat hat hier gesetzlich eingeräumte Zuständigkeiten, welche mit den gewerkschaftlichen Handlungen gleichlaufen, aber auch konfligieren können. Bei einem Gleichlauf der Interessenbewertung von Gewerkschaft und Betriebsrat flankiert der Sozialplanstreik die Sozialplanverhandlungen zwischen Betriebsrat und Arbeitgeber bzw. in der Einigungsstelle. Dies steht aber an sich im Widerstreit zu der im BetrVG angelegten

[1] BAG 24.4.2007 – AP Nr. 2 zu § 1 TVG Sozialplan mit Anm. *Fischinger* = NZA 2007, 987.

[2] BAG 19.6.2007 – AP Nr. 173 zu Art. 9 GG Arbeitskampf = SAE 2008, 1 mit Anm. *Konzen* = NZA 2007, 1055 = JZ 2008, 102 mit Anm. *Junker*; angedeutet bereits durch BAG 18.3.2003 AP Nr. 163 zu Art. 9 GG Arbeitskampf mit krit. Anm. *Thüsing* = EzA Nr. 135 zu Art. 9 GG Arbeitskampf mit krit. Anm. *Rieble*. Verfassungsbeschwerde gegen dieses Urteil nicht zur Entscheidung angenommen von BVerfG 10.9.2004 – AP Nr. 167 zu Art. 9 GG Arbeitskampf.

[3] BAG 22.9.2009 – NZA 2009, 1347.

[4] BAG 24.4.2007 – AP Nr. 2 zu § 1 TVG Sozialplan mit Anm. *Fischinger* = NZA 2007, 987.

wirtschaftsfriedlichen Konfliktlösung durch eine Zwangsschlichtung (dazu unten V). Konfligieren die Interessenbewertungen durch Gewerkschaft und Betriebsrat, wird die Frage aufgeworfen, welche Bewertung den Vorrang genießt, diejenige der Gewerkschaft oder diejenige des Betriebsrats (dazu unten IV). Damit stellt die Problematik des Sozialplanstreiks einen kleinen und für die Praxis nicht unbedeutenden Ausschnitt des arbeitsrechtlichen Grundlagenthemas „Verhältnis der Tarifautonomie zu den Regelungsbefugnissen der Betriebspartner" dar, welches den Jubilar in vielen Arbeiten beschäftigt hat[5]. Daher hofft Verfasser, dass die nachfolgenden Überlegungen auf das Interesse des Jubilars stoßen werden.

II. Problemaufriss

Im Ausgangspunkt sind Tarifverträge mit sozialplanähnlichem Inhalt nach Rechtsprechung[6] und ganz herrschender Auffassung in der Literatur[7] zulässig. Dem ist grundsätzlich zuzustimmen: Es gibt keinen Vorrang der §§ 111 ff. BetrVG vor der tariflichen Regelungsbefugnis. Dies zeigt schon die Existenz von § 112 Abs. 1 S. 4 BetrVG. Danach gilt § 77 Abs. 3 BetrVG für Sozialpläne gerade nicht. Damit hat der Gesetzgeber die Betriebsautonomie gestärkt, ohne zugleich die auf anderer Grundlage begründete Normsetzungsmöglichkeit der Tarifvertragsparteien zu beschränken[8]. Im Übrigen wird das allgemeine Verhältnis von Tarifvertrag und betrieblicher Mitbestimmung gerade durch den Vorrang des Tarifvertrags als der auf der höheren Rangstufe stehende Gestaltungsfaktor für die Regelung der Arbeitsbedingungen charakterisiert, mit der Möglichkeit der Abweichung durch rangniedrigere Regelungen zugunsten der Arbeitnehmer wie etwa Betriebsvereinbarungen – vorbehaltlich selbstverständlich § 77 Abs. 3 und § 87 Abs. 1 BetrVG. Für das besondere Verhältnis von Sozialplan und Tarifvertrag gelten somit die allgemeinen Grundsätze: Rang- und Günstigkeitsprinzip[9]. Eine Kumulation der auf denselben Inhalt gerichteten Ansprüche aus dem Tarifvertrag und dem Sozialplan ist somit ausgeschlossen[10]. Dass also die Tarifver-

[5] *Reuter*, RdA 1994, 152; *ders.*, Festschrift Schaub, 1998, 605.

[6] BAG 24.4.2007 – AP Nr. 2 zu § 1 TVG Sozialplan mit Anm. *Fischinger* = NZA 2007, 987; BAG 6.12.2006 – AP Nr. 1 zu § 1 TVG Sozialplan mit Anm. *Rieble*; BAG 24.11.1993 – AP Nr. 116 zu § 1 TVG Tarifverträge: Metallindustrie.

[7] Siehe monographisch *Fischinger*, Arbeitskämpfe bei Standortverlagerung und -schließung, 2006, S. 109 ff., 143; aus der Kommentarliteratur siehe nur *Oetker*, in Gemeinschaftskommentar zum BetrVG, 9. Aufl. 2010, § 112 Rn. 165.

[8] *Oetker*, in Gemeinschaftskommentar zum BetrVG, 9. Aufl. 2010, § 112 Rn. 165.

[9] BAG 27.8.1975 – AP Nr. 2 zu § 112 BetrVG 1972 (Bl. 3); BAG 6.12.2006 – AP Nr. 1 zu § 1 TVG Sozialplan Rn. 30; *Oetker*, in Gemeinschaftskommentar zum BetrVG, 9. Aufl. 2010, § 112 Rn. 171 m.w.N.

[10] *Oetker*, in Gemeinschaftskommentar zum BetrVG, 9. Aufl. 2010, § 112 Rn. 171.

tragsparteien Tarifverträge abschließen können, die funktional einem Sozialplan gleichkommen, ist somit de lege lata richtig und auch kaum mit guten Gründen bestreitbar.

Problematisch ist allerdings die Erstreikbarkeit eines solchen Tarifvertrags. Dabei kann nicht schon von der tariflichen Regelungsbefugnis auf die Zulässigkeit eines Streiks geschlossen werden. Einen Rechtssatz des Inhalts „alles was tariflich normativ regelbar ist, kann auch erkämpft werden[11]", gibt es nicht[12]. Der 1. Senat des BAG hat die Zulässigkeit eines Streiks um einen Tarifvertrag mit sozialplanähnlichem Inhalt bekanntlich in seinem Urteil vom 24. April 2007 im Wesentlichen bejaht. Drei Fragenkreise sind besonders bemerkenswert: die Zulässigkeit des Streikziels (unten III), die zeitliche Verknüpfung von Streikdrohung und Sozialplanverhandlungen (unten IV) sowie die Auswirkungen des Urteils des EuGH vom 11. Dezember 2007 in der Rechtssache „Viking Line"[13] (unten VI), welche der 1. Senat aus zeitlichen Gründen naturgemäß noch nicht berücksichtigen konnte.

III. Die Zulässigkeit des Streikziels

In der vorliegenden Konstellation des Sozialplanstreiks kann das Streikziel insbesondere rechtswidrig sein, wenn der Streik unzulässigerweise in die unternehmerische Entscheidung eingreift, den Standort zu schließen oder den Betrieb zu verlagern. Ein Streik, der auf die Verhinderung einer geplanten Betriebsschließung gerichtet ist, ist nach überwiegender Auffassung unzulässig, weil der Streik in den Kernbereich der durch Art. 12 GG geschützten unternehmerischen Freiheit eingreifen würde[14]. Im Übrigen wäre ein

[11] BAG 12.9.1984 – AP Nr. 81 zu Art. 9 GG Arbeitskampf (unter A I 2b).

[12] Näher dazu *Franzen*, in *Rieble* (Hrsg.), Zukunft des Arbeitskampfes, 2005, S. 141 ff. mit weiteren Nachweisen; ebenso *Gamillscheg*, Kollektives Arbeitsrecht, Bd. 1, 1997, S. 1069 f.; *Otto*, Arbeitskampf- und Schlichtungsrecht, 2006, § 5 Rn. 13 ff.; *Wank*, RdA 2009, 1, 7.

[13] EuGH 11.12.2007 – Rs. C-438/05 – NZA 2008, 124 (Viking Line) = EuZA 1 (2008), 395 mit Anm. *Bayreuther* = SAE 2008, 218 mit Anm. *Junker* (S. 209 ff.).

[14] Vgl. *Gamillscheg*, Kollektives Arbeitsrecht, Bd. 1, 1997, S. 345; *Hanau/Thüsing*, ZTR 2001, 49, 52 f.; *Henssler*, Festschrift Richardi, 2007, S. 553, 564; *Höfling*, ZfA 2008, 1, 28 ff.; *Löwisch*, DB 2005, 554, 558; *Otto*, Arbeitskampf- und Schlichtungsrecht, 2006, § 5 Rn. 15; *Sutschet*, ZfA 2005, 581, 610 f., 613 ff.; *Walker*, ZfA 2004, 501, 532; *Wank*, RdA 2009, 1, 6 f.; wohl auch *Brecht-Heitzmann*, NJW 2007, 3617, 3619; zwischen Einzelunternehmer und Kapitalgesellschaften differenzierend *Dieterich*, in Erfurter Kommentar zum Arbeitsrecht, 10. Aufl. 2010, Art. 9 Rn. 116; *Fischinger*, Arbeitskämpfe bei Standortverlagerung und -schließung, 2006, S. 83 ff.; *Krause*, Standortsicherung und Arbeitsrecht, 2007, S. 97 ff.; *Kühling/Bertelsmann*, NZA 2005, 1017 ff.; mit dieser Differenzierung wird aber verkannt, dass der Schutzbereich des Art. 12 GG nicht von der Rechtsform oder der Größe des Unternehmens abhängen kann.

Streik mit einem solchen Ziel nicht mehr vom Schutzbereich des Art. 9 Abs. 3 GG erfasst: Es geht nicht mehr um die Regelung der Arbeits- und Wirtschaftsbedingungen, sondern um die vorgelagerte Frage, ob ein Marktteilnehmer – der Arbeitgeber als Unternehmer – überhaupt Arbeitskräfte nachfragt und damit Arbeitsbedingungen schafft[15]. Wer dem nicht folgen möchte, muss gleichwohl anerkennen, dass die gewerkschaftliche Forderung, eine Betriebsstilllegung zu unterlassen, tarifrechtlich nur durch eine schuldrechtliche Abrede zwischen Gewerkschaft und Unternehmer umgesetzt werden könnte, in welcher das Unternehmen sich entsprechend verpflichtete[16]. Schuldrechtliche Vereinbarungen können aber nach herrschender Auffassung nur erkämpft werden, wenn diese Vereinbarung auch als Tarifnorm zulässig wäre[17].

Nun haben die Gewerkschaften in den bekanntgewordenen Fällen wie auch im Fall des BAG-Sozialplanstreik-Urteils als Ziel des Streiks nicht die Verhinderung der Standortverlagerung ausgegeben, sondern lediglich die soziale Abfederung der Standortschließung durch Verlängerung der Kündigungsfristen, Durchführung von Qualifikationsmaßnahmen sowie Abfindungen verlangt[18]. Diese Forderungen waren in ihrer Summe möglicherweise geeignet, die geplante Standortverlagerung faktisch zu verhindern oder wirtschaftlich unsinnig zu machen[19]. Es stellt sich dann die Frage, ob für die Beurteilung des Streikziels auf die jeweils erhobene Einzelforderung oder auf die Gesamtwirkungen des Streikbeschlusses abzustellen ist. Der 1. Senat hat es im Sozialplanstreik-Urteil abgelehnt, die Höhe der Tarifforderungen in die Bewertung der Zulässigkeit des Streikziels einzubeziehen, und begründet dies zwar nicht ausdrücklich, aber der Sache nach mit dem Verbot der Tarifzensur[20]. Eine Kontrolle des Umfangs der Tarifforderungen scheide aus, weil diese für den Kampfgegner nicht verbindlich seien; typischerweise gebe es keine Aussicht auf eine uneingeschränkte Umsetzung eines Streikziels[21].

Diese Argumentation geht an der Sache vorbei. Mit dieser Argumentation könnte man die Rechtskontrolle einer jeglichen Streikforderungen ablehnen, weil niemals sicher ist, ob sich gerade eine bestimmte Streikforderung durch-

[15] Ebenso *Lobinger*, in *Rieble* (Hrsg.), Zukunft des Arbeitskampfes, ZAAR-Schriftenreihe Bd. 2, 2005, S. 55, 68 f. Rn. 24.

[16] So *Kaiser*, Festschrift Buchner, 2009, S. 385, 387 m.w.N.

[17] Siehe nur *Hergenröder*, in *Henssler/Willemsen/Kalb* (Hrsg.), Arbeitsrecht-Kommentar, 3. Aufl. 2009, Art. 9 GG Rn. 280; *Otto*, Arbeitskampf- und Schlichtungsrecht, 2006, § 5 Rn. 19 ff.; s.a. *Kaiser*, Festschrift Buchner, 2009, S. 385, 387.

[18] Vgl. nur die Forderungen der Gewerkschaft im Fall BAG 24.4.2007 – NZA 2007, 987 Rn. 4 und 8; Übersicht bei *Fischinger*, Arbeitskämpfe bei Standortverlagerung und -schließung, 2006, S. 25 ff.

[19] Vgl. BAG 24.4.2007 – NZA 2007, 987 Rn. 112.

[20] BAG 24.4.2007 – NZA 2007, 987 Rn. 95 ff.

[21] BAG 24.4.2007 – NZA 2007, 987 Rn. 100.

setzen lässt. Damit könnte man der sogenannten „Rührei"-Theorie der wohl herrschenden Auffassung den Boden entziehen, wonach ein unzulässiges Streikziel den gesamten Streik rechtswidrig macht[22]. Auch hier ist nicht sicher, ob das unzulässige Streikziel sich im Abschluss des Tarifvertrags wiederfindet. Es geht mithin nicht um die Frage, ob die Gewerkschaften die geforderten Streikziele durchsetzen können. Vielmehr stellt sich die Frage, ob die von den Gerichten zu überprüfende Rechtmäßigkeit des Streikziels allein an den erhobenen Einzelforderungen gemessen wird oder ob man die Gesamtwirkung der Forderungen mit in die Beurteilung einbeziehen muss. Nimmt man wie das BAG eine isolierte Betrachtung vor, besteht die Gefahr, dass Missbrauchs- und Umgehungsmöglichkeiten des Erfordernisses eines rechtmäßigen Streikziels nicht hinreichend in den Blick genommen werden können. Ob die Gewerkschaften aber mit ihrem Streik ein rechtmäßiges Ziel verfolgen, ist eine Rechtsfrage, welche die Gerichte nachprüfen müssen[23].

Die Argumentation mit dem Verbot der Tarifzensur hat also nichts mit der Aufgabe der Rechtsprechung zu tun, zulässige von unzulässigen Streikzielen zu unterscheiden. Hinter dem Verbot der Tarifzensur steht der richtige Gedanke, dass die Gerichte weder die Angemessenheit von Tarifforderungen noch von Tarifabschlüssen kontrollieren können. Das Verbot der Tarifzensur korreliert also mit der Abwesenheit der Inhaltskontrolle von Tarifverträgen, die der Gesetzgeber in § 310 Abs. 4 S. 1 BGB festgeschrieben hat, und ist Ausdruck der Richtigkeitsgewähr des Tarifvertrags. Andererseits kennt die Rechtsordnung zulässige und unzulässige Inhalte eines Tarifvertrags. Werden Streikforderungen erhoben, welche auf eine unzulässige Tarifregelung gerichtet sind, ist der Streik nach herrschender Auffassung rechtswidrig. Daher muss die Rechtsprechung zulässige von unzulässigen Streikzielen unterscheiden und insoweit selbstverständlich die Tarifforderungen kontrollieren – nicht auf ihre Angemessenheit hin, sondern auf ihre Rechtmäßigkeit hin. Schließlich ist darauf hinzuweisen, dass der Große Senat im Jahr 1971 einen Arbeitskampf für unzulässig hält, der auf die Existenzvernichtung des Kampfgegners zielt[24]. Das BAG hat diese Rechtsgrenze auch im Sozialplanstreik-Urteil betont[25]. Soll diese Grenze nicht jegliche Bedeutung verlieren, muss diese Grenze anhand der Summe der Einzelforderungen und deren Wirkungen überprüft werden, um Umgehungs- und Missbrauchsfälle auszuschließen.

[22] Siehe nur *Otto*, Arbeitskampf- und Schlichtungsrecht, 2006, § 5 Rn. 25.
[23] Ebenso *Wank*, RdA 2009, 1, 7.
[24] BAG 21.4.1971 – AP Nr. 43 zu Art. 9 GG Arbeitskampf (unter III A 2b, Bl. 7).
[25] Siehe BAG 24.4.2007 – NZA 2007, 987 Rn. 100.

IV. Die zeitliche Verknüpfung von Streikdrohungen und Sozialplanverhandlungen

1. Das Problem der Kumulation von Streikdrohung und Sozialplanmitbestimmung

Nach dem Sozialplanstreik-Urteil des BAG vom April 2007 hat sich die Diskussion auf die Problemematik der zeitlichen Verknüpfung von Streikdrohungen und Sozialplanverhandlungen konzentriert[26]. In der Situation eines Sozialplanstreiks wird der Arbeitgeber gewissermaßen von zwei Seiten „in die Zange genommen"[27]: Vor den Werkstoren streiken die Arbeitnehmer, und im Betrieb verhandelt der Arbeitgeber mit dem Betriebsrat und/oder in der Einigungsstelle. Zu dieser „Zangenwirkung" hat der 1. Senat im Sozialplanstreik-Urteil nicht ausdrücklich Stellung genommen, möglicherweise weil es an entsprechendem Parteivortrag gefehlt hatte. Weitgehend Einigkeit dürfte bestehen, dass beide Formen der Interessenvertretung der Arbeitnehmer – Streik um einen Tarifvertrag mit sozialplanähnlichem Inhalt und Sozialplanverhandlungen durch Betriebsrat und Einigungsstelle – nicht isoliert voneinander gesehen werden dürfen, sondern in ihrem Zusammenspiel wahrgenommen werden müssen[28]. Dies hat das BVerfG bereits im Mitbestimmungsurteil aus dem Jahr 1979 für die Vertretung der Arbeitnehmerinteressen durch Tarifvertrag und durch Mitbestimmung verlangt[29]. Zwei Lösungswege bieten sich an: Man erlaubt dem Arbeitgeber, die Sozialplanverhandlungen ruhen zu lassen, solange gestreikt wird[30]. Oder man hält den Streik für unzulässig, solange über den Sozialplan verhandelt wird – mit folgender Argumentation: Ein Streik ist nicht erforderlich, der auf ein Ziel gerichtet ist, das mit für den Arbeitgeber weniger belastenden Mitteln über Einigungsstelle und Sozialplanverhandlungen erreicht werden kann[31].

Der 1. Senat hat dieser Argumentation mit der Überlegung eine Absage erteilt, dass die Erforderlichkeit eines Streiks von der Gewerkschaft beurteilt

[26] Vgl. etwa *Henssler*, Festschrift Richardi, 2007, S. 553 ff.; *Kaiser*, Festschrift Buchner, 2009, S. 385 ff.; *Krause*, Festschrift Otto, 2008, S. 267 ff.; *Ricken*, ZfA 2008, 283, 289 ff.; *Willemsen/Stamer*, NZA 2007, 413 ff.

[27] So zugespitzt *Nicolai*, RdA 2006, 33, 38; ähnlich *Willemsen/Stamer*, NZA 2007, 413, 414, die den Arbeitgebere an „zwei Fronten" kämpfen sehen.

[28] *Wank*, RdA 2009, 1, 6.

[29] BVerfG 1.3.1979 – AP Nr. 1 zu § 1 MitbestG (Bl. 11, 25 R ff.).

[30] Dafür etwa *Bayreuther*, NZA 2007, 1017, 1023; *Kaiser*, Festschrift Buchner, 2009, S. 385, 396 ff.; *Krause*, Festschrift Otto, 2008, S. 267, 286 f.; *Löwisch*, DB 2005, 554, 558; *Wank*, RdA 2009, 1, 6; *Willemsen/Stamer*, NZA 2007, 413, 416 f.

[31] In dieser Richtung *Thüsing/Ricken*, Jahrbuch des Arbeitsrechts 42 (2005), S. 113, 127 ff.; *Ricken*, ZfA 2008, 283, 297 f.; *Henssler*, Festschrift Richardi, 2007, S. 553, 566 f.; ebenso wohl *Gamillscheg*, Kollektives Arbeitsrecht, Bd. 2, S. 704, anders aber S. 1133 f.

werde, welcher insoweit eine Einschätzungsprärogative zukomme[32]. Die Kampfparität sei durch den Sozialplanstreik und den Umstand, dass der Arbeitgeber gleichzeitig noch Sozialplanforderungen seitens des Betriebsrats ausgesetzt sei, nicht zu Lasten des Arbeitgebers verschoben. Der Arbeitgeber könne sich der tariflichen (Mehr)Forderungen durch die Gewerkschaft zwar nicht entziehen, seine Verteidigungsmöglichkeiten gegen die tariflichen (Mehr)Forderungen würden aber auch nicht eingeschränkt. Die kampflose Erzwingbarkeit eines betrieblichen Sozialplans könne sich nämlich negativ auf die Streikbereitschaft auswirken[33]. Der 1. Senat verweist dann weiter zur Lösung dieses Problems auf das angeblich übliche Verfahren: Die Kampfparität werde nach der ständigen Rechtsprechung dadurch gewahrt, dass die betriebsverfassungsrechtlichen Beteiligungsrechte des Betriebsrats arbeitskampfbedingt eingeschränkt würden, nicht aber die verfassungsrechtlich gewährleistete Koalitionsfreiheit zugunsten des Betriebsrats[34].

2. *Ruhen der Sozialplanverhandlungen während des Streiks um einen Tarifvertrag mit sozialplanähnlichem Inhalt?*

Damit deutet der 1. Senat eine Lösung des beschriebenen Problems der „Zangenwirkung“ zu Lasten des Arbeitgebers, welche von einem Vorrang der Tarifautonomie und des Arbeitskampfs vor den Zuständigkeiten des Betriebsrats ausgeht. Dies entspricht wohl der überwiegenden Auffassung in der Literatur: Die Sozialplanverhandlungen sollen während des Streiks um einen Tarifvertrag mit sozialplanähnlichem Inhalt ruhen[35]. Zur Begründung dienen zumeist zwei Argumente, welche der 1. Senat im Sozialplanstreik-Urteil angedeutet hat: Eine Einschränkung der betriebsverfassungsrechtlichen Beteiligungsrechte des Betriebsrats aus Gründen der Kampfparität sei dem Arbeitskampfrecht nicht fremd. Außerdem entspreche dies dem grundsätzlichen Vorrang der Tarifautonomie vor der Betriebsverfassung[36].

Beide Argumente halten in Bezug auf den Sozialplanstreik näherer Betrachtung nicht stand: Die aus Gründen der Kampfparität für notwendig gehaltene und in Rechtsprechung und Literatur anerkannte Einschränkung betriebsverfassungsrechtlicher Beteiligungsrechte des Betriebsrats im Arbeits-

[32] BAG 24.4.2007 – NZA 2007, 987 Rn. 88.

[33] BAG 24.4.2007 – NZA 2007, 987 Rn. 87.

[34] BAG 24.4.2007 – NZA 2007, 987 Rn. 89.

[35] Siehe etwa *Bayreuther*, NZA 2007, 1017, 1023; *Kaiser*, Festschrift Buchner, 2009, S. 385, 396 ff.; *Krause*, Standortsicherung und Arbeitsrecht, 2007, S. 92; *Löwisch*, DB 2005, 554, 559; *Schneider/Sittard*, ZTR 2007, 590, 595; *Wank*, RdA 2009, 1, 6; *Willemsen/Stamer*, NZA 2007, 413, 416 f.

[36] Vgl. BAG 24.4.2007 – NZA 2007, 987 Rn. 83, 89; *Kaiser*, Festschrift Buchner, 2009, S. 385, 392 f., 396 ff.; *Krause*, Festschrift Otto, 2008, S. 267, 269 ff.

kampf[37] betrifft die üblichen Fallkonstellationen, in denen Streik und betriebsverfassungsrechtliches Beteiligungsrecht gerade nicht wie in den Fällen des Sozialplanstreiks auf den selben Regelungsgegenstand gerichtet sind[38]. Die Gewerkschaft will einen üblichen (Lohn)tarifvertrag erstreiken; der Arbeitgeber leitet Streikabwehrmaßnahmen ein, welche Beteiligungsrechte des Betriebsrats auslösen – etwa die Anordnung von Überstunden, um den Betrieb mit Hilfe arbeitswilliger Arbeitnehmer aufrechtzuerhalten. In dieser Situation würde ein Mitbestimmungsrecht des Betriebsrats nach § 87 Abs. 1 Nr. 3 BetrVG die Kampfparität zu Lasten des Arbeitgebers verschieben, weil sich dieser seine Streikabwehrtaktik von einem Arbeitnehmervertretungsorgan genehmigen lassen müsste; der Gang in die Einigungsstelle würde die Abwehrmaßnahmen zeitlich erheblich verzögern. Das BAG bezieht die arbeitskampfbedingte Einschränkung von Beteiligungsrechten des Betriebsrats ausdrücklich auf diese Fälle der Vorbereitungshandlungen für eigene Arbeitskämpfe des Arbeitgebers und Maßnahmen zur Abwehr von Folgen eines Arbeitskampfs[39]. Demgegenüber richten sich in der Konstellation des Streiks um einen Tarifvertrag sozialplanähnlichen Inhalts Streikforderung und Beteiligungsrecht auf denselben Regelungsgegenstand. Die Beteiligungsrechte des Betriebsrats aus §§ 111 ff. BetrVG werden nicht erst durch eine Streikabwehrmaßnahme des Arbeitgebers ausgelöst, sondern durch andere wirtschaftliche Maßnahmen des Arbeitgebers, welche umgekehrt auch die Gewerkschaften auf den Plan rufen. Die Argumentation zur arbeitskampfbedingten Einschränkung von betriebsverfassungsrechtlichen Beteiligungsrechten kann auf die vorliegende Fallkonstellation demnach nicht ohne weiteres übertragen werden. Dies verkennen die Anhänger der These des Ruhens der betriebsverfassungsrechtlichen Beteiligungsrechte während des Sozialplanstreiks auch nicht[40]. Vielmehr wird eine Art „erst-recht-Schluss" gezogen: Wenn schon Beteiligungsrechte des Betriebsrats bei Streikabwehrmaßnahmen des Arbeitgebers die Kampfparität beeinträchtigen können, dann müsse dies auch gelten, wenn das betriebsverfassungsrechtliche Mitbestimmungsrecht und die Streikforderung auf denselben Regelungsgegenstand gerichtet seien[41]. Allerdings ist ein solcher „erst-recht-Schluss" in keiner

[37] Siehe etwa *Gamillscheg*, Kollektives Arbeitsrecht, Bd. 1, 1997, S. 1278; *Hergenröder*, in *Henssler/Willemsen/Kalb* (Hrsg.), Arbeitsrecht-Kommentar, 3. Aufl. 2009, Art. 9 GG Rn. 325 ff.; *Kissel*, Arbeitskampfrecht, 2002, § 36 Rn. 56; *Richardi*, BetrVG, 12. Aufl. 2010, § 74 Rn. 33 ff.; früh bereits *Reuter*, AuR 1973, 1, 5 ff.

[38] Vgl. etwa BAG 24.4.1979 – AP Nr. 63 zu Art. 9 GG Arbeitskampf (unter II 2); BAG 30.8.1994 – AP Nr. 132 zu Art. 9 GG Arbeitskampf (unter B II 1a).

[39] Siehe etwa BAG 30.8.1994 – AP Nr. 132 zu Art. 9 GG Arbeitskampf (unter B II 1a).

[40] Siehe beispielsweise *Kaiser*, Festschrift Buchner, 2009, S. 385, 397; *Krause*, Festschrift Otto, 2008, S. 267, 276 ff.; *Willemsen/Stamer*, NZA 2007, 413, 416.

[41] So etwa *Kaiser*, Festschrift Buchner, 2009, S. 385, 397 f.; *Krause*, Festschrift Otto, 2008, S. 267, 276; *Willemsen/Stamer*, NZA 2007, 413, 416.

Weise zwingend, da der möglichen Beeinträchtigung der Kampfparität des Arbeitgebers auch durch Einschränkungen der Streikbefugnis der Gewerkschaft abgeholfen werden kann – eine Rechtsfolge, welche bei Streikabwehrmaßnahmen des Arbeitgebers, die Mitbestimmungsrechte des Betriebsrats auslösen, nicht zum Tragen kommen kann.

Ferner muss diese These vom Vorrang des Sozialplanstreiks vor der Sozialplanmitbestimmung folgende Fallgruppe bewältigen können: Betriebsrat und Gewerkschaft sind sich nicht einig in der Strategie des Vorgehens; der Betriebsrat lehnt die Einmischung der Gewerkschaft ab. Dies mag ein theoretisches Problem sein, weil entweder ein von einer Gewerkschaft geführter Streik nicht auf hinreichenden Rückhalt in der Belegschaft stößt und daher in sich zusammenfällt oder die Position des Betriebsrats in der Belegschaft nicht mehrheitsfähig und damit nicht aufrechtzuerhalten ist. Gleichwohl müssen auch solche vielleicht unwahrscheinliche Konstellationen von einer guten Theorie bruchlos bewältigt werden können. Daran fehlt es: Legt man die Auffassung zugrunde, welche die betriebsverfassungsrechtliche Sozialplanmitbestimmung in solchen Fällen ruhen lassen möchte, könnte die Gewerkschaft einen Tarifvertrag sozialplanähnlichen Inhalts für ihre Mitglieder erstreiken und durchsetzen und damit gegen den Willen des Betriebsrats in dessen Zuständigkeitsbereich bei der Wahrnehmung betriebsverfassungsrechtlicher Aufgaben eingreifen. Dem Betriebsrat wäre die Herrschaft über das Verfahren nach § 112 BetrVG entzogen. Er könnte seine eigenen Vorstellungen über den Ausgleich der wirtschaftlichen Nachteile im Einigungsstellenverfahren nicht mehr verwirklichen und wäre bis zum Abschluss eines Tarifvertrags mit sozialplanähnlichem Inhalt auf die Rolle eines Zuschauers beschränkt. Dem objektiven Tatbestand nach begeht die Gewerkschaft in solchen Fällen eine Betriebsratsbehinderung nach § 119 Abs. 1 Nr. 2 BetrVG. Nun könnte man sagen, die Tätigkeitsmöglichkeiten des Betriebsrats werden stets eingeschränkt, wenn Tarifverträge geschlossen werden, welche den Tarifvorbehalt des § 77 Abs. 3 BetrVG oder den Tarifvorrang des § 87 Abs. 1 BetrVG auslösen. Allerdings gilt § 77 Abs. 3 BetrVG gerade nach § 112 Abs. 1 S. 4 BetrVG nicht für den Sozialplan; diese Vorschrift erweitert also die Betriebsautonomie gegenüber der allgemeinen Regelung. Der Tarifvorrang des § 87 Abs. 1 BetrVG ist auf soziale Angelegenheiten beschränkt; der Vorschlag, diese Vorschrift analog auf den Sozialplan anzuwenden[42], hat sich nicht durchsetzen können[43]. In diesem Bereich gibt es also keine ausdrückliche gesetzliche Regelung des Rangverhältnisse betriebsverfassungsrechtlicher Beteiligung und Tarifvertrag. Die Zuständigkeit des Betriebsrats wird

[42] Vgl. *Hanau*, RdA 1973, 281, 285; *dens.*, ZfA 1974, 89, 106 f.

[43] Siehe nur *Annuß*, in *Richardi*, BetrVG, 12. Aufl. 2010, § 112 Rn. 178; *Oetker*, in Gemeinschaftskommentar zum BetrVG, 9. Aufl. 2010, § 112 Rn. 167 m.w.N.

durch Bemühungen der Gewerkschaft um eine tarifvertragliche Regelung nicht ausgeschlossen; beide – Betriebsrat und Gewerkschaft – sind regelungsbefugt[44]. Gibt es einen Konflikt über die Strategie, muss dem Betriebsrat die Einschätzungsprärogative zukommen. Der Betriebsrat ist gewählter Repräsentant der Belegschaft und demokratisch hinsichtlich der Wahrnehmung gesetzlicher Beteiligungsrechte stärker legitimiert als eine Gewerkschaft, welche nur die Partikularinteressen ihrer Mitglieder verfolgt und auch verfolgen kann. Dem entspricht das Rangverhältnis, welches gilt, wenn es zu Regelungen gekommen ist: es gelten Rang- und Günstigkeitsprinzip. Der betriebsverfassungsrechtliche Sozialplan verwirklicht demnach den Gedanken der Gleichbehandlung aller Belegschaftsmitglieder und dient somit der grundlegenden Verteilungsgerechtigkeit in der Situation der Betriebsänderung[45]. Demgegenüber kann der tarifvertragliche Sozialplan das Verteilungsvolumen speziell für die Mitglieder der Gewerkschaft erhöhen, falls diese eine besondere Verhandlungsmacht haben sollten. Dies aber setzt voraus, dass beide Regelungen zum Zuge kommen können, was nicht gewährleistet wäre, wenn die Sozialplanverhandlungen während des Streiks ruhen müssten und der Sozialplan als nachrangig zu betrachten wäre. Die Gewerkschaft kann also nicht durch Beschluss und Durchführung eines Streiks mittelbar über den Gesichtspunkt des Ruhens der Sozialplanverhandlungen die gesetzlich eingeräumten betriebsverfassungsrechtlichen Befugnisse des Betriebsrats aushebeln.

Ein weiteres kommt hinzu: Legt man die zeitliche Abfolge, zuerst Sozialplanstreik und Abschluss eines Tarifvertrags und danach Sozialplanverhandlungen und Sozialplan, zugrunde, wie es offenbar den Anhängern der These des Ruhens der Sozialplanverhandlungen beim Sozialplanstreik vorschwebt, könnte das Volumen des später abzuschließenden Sozialplans bereits durch den Tarifvertrag sozialplanähnlichen Inhalts aufgezehrt worden sein[46]. Das Sozialplanverfahren kann dann seinen Zweck, innerbetriebliche Verteilungsgerechtigkeit herzustellen, überhaupt nicht mehr erreichen und wäre bedeutungslos. Das BAG sieht dieses Problem durchaus, wenn es im Sozialplanstreik-Urteil darauf hinweist, dass die betriebliche Einigungsstelle gehalten sein könnte, das Vorliegen eines tariflichen Sozialplans bei ihren eigenen Festsetzungen der ausgleichspflichtigen Nachteile zu berücksichtigten und dementsprechend vorzusehen, dass tarifliche Abfindungsansprüche auf von

[44] Ebenso insoweit BAG 24.4.2007 – NZA 2007, 987 Rn. 83.

[45] Allgemein zur Funktion des Sozialplans *Oetker*, in Gemeinschaftskommentar zum BetrVG, 10. Aufl. 2010, § 112 Rn. 129 ff.; speziell zum hier vorliegenden Kontext *Lobinger*, in *Rieble* (Hrsg.), Zukunft des Arbeitskampfes, ZAAR-Schriftenreihe, Bd. 2, 2005, S. 55, 82 Rn. 51 f.

[46] Vgl. *Bayreuther*, NZA 2007, 1017, 1021.

ihr begründete Abfindungsforderungen angerechnet werden[47]. Eine solche Anrechnungspflicht für bereits anderweitig durch Tarifvertrag begründete Abfindungsansprüche würde dem Tarifvertrag jedoch die Funktion nehmen, die Anhänger der These des Ruhens der Sozialplanverhandlungen für diesen vorsehen: über einen Tarifvertrag sozialplanähnlichen Inhalts soll die Arbeitnehmerseite Zusatzleistungen erstreiten können, welche das Volumen des Sozialplans übersteigen können[48]. In einer solchen Konstellation liefe der Tarifvertrag mit sozialplanähnlichem Inhalt im wesentlichen leer.

Insgesamt führt die These vom Ruhen der Sozialplanverhandlungen während eines Sozialplanstreiks zu einem erheblichen Eingriff in die gesetzlichen Zuständigkeiten des Betriebsrats, ohne dass dies durch hinreichende Gründe legitimiert werden kann.

3. Fehlende Verhältnismäßigkeit eines Streiks um einen Tarifvertrag mit sozialplanähnlichem Inhalt während laufender betriebsverfassungsrechtlicher Sozialplanverhandlungen

Damit spricht alles für eine umgekehrte Lösung des Problems: Ein Streik um einen Tarifvertrag mit sozialplanähnlichem Inhalt ist unzulässig, solange Arbeitgeber und Betriebsrat innerhalb oder außerhalb der Einigungsstelle noch über einen Sozialplan verhandeln. Die betriebsverfassungsrechtlichen Beteiligungsrechte im Hinblick auf den Sozialplan dienen gerade der Gleichbehandlung der Belegschaft und der insoweit notwendigen Verteilungsgerechtigkeit. Dem wird ein nur auf die Partikularinteressen der Gewerkschaftsmitglieder bezogenes Vorgehen über einen Streik nicht gerecht. Ist ein Sozialplan geschlossen, bleibt es der Gewerkschaft unbenommen, Verbesserungen für ihre Mitglieder durchzusetzen[49]. Die in Art. 9 Abs. 3 GG geschützte gewerkschaftliche Betätigungsfreiheit ist hierdurch nicht übermäßig verkürzt. Es sind nur Fälle betroffen, in denen eine betriebsverfassungsrechtliche Beteiligung des Betriebsrats gesetzlich vorgesehen und der Gesetzgeber keinen irgendwie gearteten Tarifvorrang nach dem Vorbild des § 77 Abs. 3 BetrVG oder § 87 Abs. 1 Eingangssatz BetrVG angeordnet hat. In diesen Fällen würde der Tarifvertrag nach seinem Abschluss und in seinem Anwendungsbereich die Mitbestimmung des Betriebsrats ohnehin verdrängen. Der Betriebsrat würde unzuständig, die gewerkschaftliche Regelungsbefugnis genießt den Vorrang. Anders ist dies bei der Sozialplanmitbestimmung. Die grundsätzliche Möglichkeit, einen Tarifvertrag abzuschließen, bleibt der Ge-

[47] BAG 24.4.2007 – NZA 2007, 987 Rn. 85; für eine Anrechnungspflicht auch *Bauer/Krieger*, NZA 2004, 1029, 1023; *Wank*, RdA 2009, 1, 6.

[48] In dieser Richtung *Krause*, Festschrift Otto, 2008, S. 267, 285; *Bayreuther*, NZA 2007, 1017, 1021.

[49] Ebenso insoweit *Krause*, Standortsicherung und Arbeitsrecht, 2005, S. 89.

werkschaft auch insoweit erhalten; es fehlt nur die Streikbefugnis, solange noch zwischen Betriebsrat und Arbeitgeber oder in der Einigungsstelle verhandelt wird.

Schließlich erscheint eine derartige Einschränkung der Streikbefugnis der Gewerkschaft rechtlich mit geringerem Argumentationsaufwand begründbar. Ein derartiger Streik ist unverhältnismäßig, weil noch nicht alle Verständigungsmöglichkeiten ausgeschöpft sind[50]. Im Normalfall wird das mit dem Ausschöpfen aller Verständigungsmöglichkeiten verbundene „ultima-ratio"-Prinzip auf die Verhandlungssituation der Tarifvertragsparteien selbst bezogen; der Verweis auf Dritte kann dabei keine Rolle spielen. Allerdings besteht hier die Besonderheit, dass der fragliche Regelungsgegenstand – die soziale Absicherung der Arbeitnehmer bei Betriebsänderungen – von zwei grundsätzlich gleichwertigen Formen der Interessenwahrnehmung – Streik um einen Tarifvertrag mit sozialplanähnlichem Inhalt und Sozialplan aufgrund gesetzlicher Zwangsschlichtung – erfasst wird. Beide Konfliktlösungsmechanismen sind auf dasselbe Ziel gerichtet. Eine solche Doppelung der Schutzinstrumente der Arbeitnehmer gibt es in den normalen Konstellationen eines Streiks etwa um Lohntarifverträge nicht. Diese Besonderheit rechtfertigt es, die Konfliktlösungsmöglichkeit anderer handelnder Akteure, nämlich der Betriebspartner, in die Verhältnismäßigkeitsprüfung einzubeziehen[51]. Das BAG hat sich einer solchen Argumentation von vornherein verschlossen, indem es auf die für die Normalfälle eröffnete Einschätzungsprärogative der Gewerkschaft für das Ausschöpfen der Verhandlungsmöglichkeiten verweist[52]. Diese mag man in den Normalfällen eines Streiks akzeptieren, weil die Gerichte möglicherweise nicht zutreffend beurteilen können, ob noch Verständigungsmöglichkeiten zwischen den Tarifvertragsparteien bestehen[53]. Für die Konstellation der Sozialplanverhandlungen trifft dieser Gesichtspunkt freilich in keiner Weise zu.

V. Die Bedeutung des § 71 Abs. 2 BetrVG

Soeben wurde die Fallgruppe beleuchtet, dass Betriebsrat und Gewerkschaften unterschiedliche Strategien hinsichtlich der Betriebsänderung entwickelt haben und der Betriebsrat die Streikunterstützung der Gewerkschaft

[50] Allgemein BAG GS 21. 4. 1971 – AP Nr. 43 zu Art. 9 GG Arbeitskampf (unter III A 2).

[51] Ebenso *Thüsing/Ricken*, Jahrbuch des Arbeitsrechts, 2005, S. 113, 127 ff.; *Henssler*, Festschrift Richardi, 2007, S. 553, 566 f.; *Ricken*, ZfA 2008, 283, 297.

[52] BAG 24.4.2007 – NZA 2007, 987 Rn. 87.

[53] Vgl. zu dieser Begründung beispielsweise *Dieterich*, in Erfurter Kommentar zum Arbeitsrecht, 10. Aufl. 2010, Art. 9 GG Rn. 132.

ablehnt. Häufiger wird der Fall sein, dass der Betriebsrat die Unterstützung durch die Gewerkschaft billigt oder diese gar hierzu auffordert. In diesen Fällen bedient sich der Betriebsrat zur Verstärkung seiner Verhandlungsmacht gegenüber dem Arbeitgeber der gewerkschaftlichen Möglichkeit, Streikdruck zu erzeugen, mehr oder weniger offen. Hier kann das Kampfverbot des § 74 Abs. 2 BetrVG einschlägig sein. Es wendet sich natürlich nur an Arbeitgeber und Betriebsrat als solchen. Der Betriebsrat selbst darf also nicht zu Streiks um einen Sozialplan aufrufen, was allerdings auch gerade wegen dieses Verbots des § 74 Abs. 2 BetrVG selten vorkommen wird.

Die Frage ist also, welches Maß an Mitwirkung des Betriebsrats an gewerkschaftlich geführten Streiks um Sozialpläne noch den Anwendungsbereich des betriebsverfassungsrechtlichen Kampfverbots des § 74 Abs. 2 S. 1 BetrVG auslöst. Dies hängt in rechtlicher Hinsicht vom Begriff der „Maßnahme des Arbeitskampfs" im Sinne des § 74 Abs. 2 S. 1 BetrVG ab. Hierunter werden alle Entscheidungen und Ausführungsakte verstanden, die auf Druckausübung mittels kollektiver Störung der Arbeitsbeziehungen gerichtet sind, um ein bestimmtes Ziel zu erreichen[54]. Dazu gehören alle unmittelbaren Teilnahmeakte, aber auch alle Leitungs- und Organisationsmaßnahmen, Einleitungs- und Vorbereitungsmaßnahmen sowie Unterstützungsmaßnahmen[55]. Nach herrschender Meinung können die einzelnen Betriebsratsmitglieder in ihrer Eigenschaft als Arbeitnehmer und Gewerkschaftsmitglieder wie jeder Arbeitnehmer des Betriebs auch zu gewerkschaftlichen Kampfmaßnahmen Stellung nehmen und sich an ihnen beteiligen. Dies gilt auch für den Fall, dass der Arbeitskampf den Abschluss eines Firmentarifvertrags bezweckt oder er zur Regelung einer betrieblichen oder betriebsverfassungsrechtlichen Frage geführt wird[56]. Damit setzt ein Verstoß gegen § 74 Abs. 2 BetrVG zweierlei voraus: Es muss sich um eine Handlung des Betriebsrats als Organ oder Einzelmitglied handeln; und diese Handlung muss auf Druckausübung gegenüber dem Arbeitgeber im Hinblick auf die Herbeiführung eines betriebsverfassungsrechtlichen Ziels gerichtet sein.

Bei diesen Vorgaben wird ein Betriebsrat im Zusammenhang mit der Unterstützung eines Streiks um einen Tarifvertrag mit sozialplanähnlichem Inhalt kaum jemals gegen § 74 Abs. 2 BetrVG verstoßen. Der Betriebsrat oder einzelne seiner Mitglieder müssten sich in ihrer Eigenschaft als Betriebsrat nach außen an Vorbereitungs- oder Durchführungshandlungen im Hinblick auf den Sozialplanstreik beteiligen. Dies werden die jeweils handelnden Akteure im Hinblick auf ihre Kenntnis des § 74 Abs. 2 BetrVG zu vermeiden wissen. Unter § 74 Abs. 2 BetrVG könnte aber beispielsweise ein Betriebs-

[54] Siehe *Kreutz*, in Gemeinschaftskommentar zum BetrVG, 9. Aufl. 2010, § 74 Rn. 50.
[55] Siehe *Kreutz*, in Gemeinschaftskommentar zum BetrVG, 9. Aufl. 2010, § 74 Rn. 50.
[56] *Fitting*, BetrVG, 25. Aufl. 2010, § 74 Rn. 16.

ratsbeschluss des Inhalts fallen, die Gewerkschaft zur Flankierung der Sozialplanverhandlungen zur Durchführung eines Streiks aufzufordern[57]. Alle anderen mehr informellen und nicht nach außen tretenden Vorbereitungs- oder Durchführungshandlungen des Betriebsrats hinsichtlich eines Sozialplanstreiks durch die Gewerkschaft sind für § 74 Abs. 2 S. 1 BetrVG irrelevant. Insoweit könnte man zwar an eine Umgehung des Arbeitskampfverbots nach § 74 Abs. 2 S. 1 BetrVG denken, wenn Betriebsrat und Gewerkschaft kollusiv zusammenwirken. Indes bleibt für einen solchen Umgehungstatbestand wenig Raum, da der Gesetzgeber in § 74 Abs. 2 S. 1 ausdrücklich klargestellt hat, dass Arbeitskämpfe tariffähiger Parteien unberührt bleiben und die herrschende Auffassung diese Klarstellung auch auf die Verfolgung betriebsverfassungsrechtlicher Angelegenheiten durch Tarifvertrag bezieht[58]. Die Verdoppelung der Verhandlungsposition durch Betriebsrat und Gewerkschaft ist dann im dualen System der deutschen Arbeitsverfassung angelegt und jedenfalls nicht über ein erweiterndes Verständnis des § 74 Abs. 2 S. 1 BetrVG zu bewältigen.

VI. Die Bedeutung des EuGH-Urteils in Sachen „Viking Line" vom 11. Dezember 2007

Weitere Fragen werden durch das Urteil des EuGH in Sachen „Viking Line" vom 11. Dezember 2007 aufgeworfen[59]. In diesem Fall ging es um eine Standortverlagerung von Finnland nach Estland. Die finnische Reederei „Viking Line" wollte ein Fährschiff, die MS Rosella, nicht mehr von ihrer Hauptniederlassung Helsinki, sondern von ihrer Zweigniederlassung Tallinn aus betreiben. Die finnische Seeleutegewerkschaft und die Internationale Transportarbeiter-Gewerkschaft verlangten den Abschluss von Tarifverträgen, welche die bislang geltenden finnischen Arbeitsbedingungen sicherten, und drohten entsprechende Arbeitsniederlegungen und Boykotte an. Der EuGH hat entschieden: Der Streikaufruf der Gewerkschaften beschränkt die Niederlassungsfreiheit der finnischen Reederei „Viking Line". Diese Beschränkung der Niederlassungsfreiheit kann gerechtfertigt werden, wenn sie zwingenden Gründen des Allgemeininteresses dient und verhältnismäßig ist. Als zwingenden Grund des Allgemeininteresses gilt nach der Rechtsprechung des EuGH der Schutz der Arbeitnehmer. Für die Prüfung der Verhält-

[57] Vgl. das Beispiel von *Kreutz*, in Gemeinschaftskommentar zum BetrVG, 9. Aufl. 2010, § 74 Rn. 49: „Streikbeschluss des Betriebsrats".

[58] Vgl. *Richardi*, BetrVG, 12. Aufl. 2010, § 74 Rn. 20, 22 m.w.N.

[59] EuGH 11.12.2007 – Rs. C-438/05 – NZA 2008, 124 (Viking Line) = EuZA 1 (2008), 395 mit Anm. *Bayreuther* = SAE 2008, 218 mit Anm. *Junker* (S. 209 ff.).

nismäßigkeit verweist der EuGH wie auch sonst regelmäßig auf das innerstaatliche Recht, welches die entsprechende Bewertung vorzunehmen habe[60].

Aus dieser Rechtsprechung folgt für die Zulässigkeit von Streiks um Tarifverträge mit sozialplanähnlichem Inhalt zunächst: Der Anwendungsbereich der Niederlassungsfreiheit ist nur eröffnet, wenn es sich um einen in konkreto grenzüberschreitenden Sachverhalt handelt, wenn der Arbeitgeber also eine Produktionsverlagerung in einen anderen EU-Mitgliedstaat einschließlich des EWR plant. Ist dies der Fall, muss man zwei Konstellationen unterscheiden: Zielt die gewerkschaftliche Aktion auf Verhinderung der Standortverlagerung, ist der Schutzbereich der Niederlassungsfreiheit eröffnet, aber auch eine Rechtfertigung regelmäßig gegeben, weil der Streik zumeist dem Erhalt der Arbeitsplätze im Staat der bisherigen Niederlassung dienen soll.

Zielt die Aktion der Gewerkschaft – wie in Deutschland regelmäßig – demgegenüber auf die Milderung der sozialen Folgen der Standortverlagerung, ist schon zweifelhaft, ob der Anwendungsbereich der Niederlassungsfreiheit überhaupt eröffnet ist; die Gewerkschaft verlangt ja gerade nicht, die Standortverlagerung zu unterlassen. Allerdings scheint der EuGH in solchen Konstellationen – anders als das BAG im Sozialplanstreik-Urteil[61] – auf die objektive Wirkung der Streikforderung abzustellen. Der EuGH fragt, ob die Streikforderung die Standortverlagerung unattraktiv machen würde[62]. Folgt man dem, muss man auf der Ebene der Rechtfertigung wiederum mildere Mittel berücksichtigen. Der EuGH verweist in diesem Zusammenhang ausdrücklich auf sonstige nationale Rechtsvorschriften[63]. Die entsprechende Passage des Urteils lautet: „In Bezug auf die Frage, ob die im Ausgangsverfahren in Rede stehenden kollektiven Maßnahme nicht über das zur Erreichung des verfolgten Ziels Erforderliche hinausgeht, obliegt es dem vorlegenden Gericht, insbesondere zu prüfen, ob zum einen die Gewerkschaft nach den nationalen Rechtsvorschriften und dem für diese Maßnahme geltenden Tarifrecht nicht über andere, die Niederlassungsfreiheit weniger beschränkende Mittel verfügt, um zu einem Abschluss der Tarifverhandlungen mit dem Arbeitgeber zu gelangen, und ob zum anderen die Gewerkschaft diese Mittel vor Einleitung einer derartigen Maßnahme ausgeschöpft hatte“[64].

[60] EuGH 11.12.2007 – Rs. C-438/05 – NZA 2008, 124 (Viking Line) = EuZA 1 (2008), 395 mit Anm. *Bayreuther* = SAE 2008, 218 mit Anm. *Junker* (S. 209 ff.) – Rn. 85 ff.

[61] BAG 24.4.2007 – NZA 2007, 987; siehe oben III.

[62] EuGH 11.12.2007 – Rs. C-438/05 – NZA 2008, 124 (Viking Line) = EuZA 1 (2008), 395 mit Anm. *Bayreuther* = SAE 2008, 218 mit Anm. *Junker* (S. 209 ff.) – Rn. 72 f.

[63] EuGH 11.12.2007 – Rs. C-438/05 – NZA 2008, 124 (Viking Line) = EuZA 1 (2008), 395 mit Anm. *Bayreuther* = SAE 2008, 218 mit Anm. *Junker* (S. 209 ff.) – Rn. 87.

[64] EuGH 11.12.2007 – Rs. C-438/05 – NZA 2008, 124 (Viking Line) = EuZA 1 (2008), 395 mit Anm. *Bayreuther* = SAE 2008, 218 mit Anm. *Junker* (S. 209 ff.) – Rn. 87.

Der EuGH spricht zwar ausdrücklich nur die Rechte der Gewerkschaft an, die auszuschöpfen als mildere Mittel Vorrang hätten vor der Einleitung von Streiks. Diese Ausführungen kann man aber auch auf den Fall bezogen verstehen, weil hier auf Arbeitnehmerseite nur Gewerkschaften agierten. Außerdem würde eine Beschränkung auf Gewerkschaften die Vielgestaltigkeit der mitgliedstaatlichen kollektiven Arbeitsrechtsordnungen außer Acht lassen. Man kann diese Passage des Urteils auch verallgemeinern und generell schließen, dass der EuGH die Ausschöpfung innerstaatlicher Rechtsvorschriften verlangt, welche dieselben Ziele verwirklichen sollen wie ein Streik um einen sozialplanähnlichen Tarifvertrag. In diesem Fall hätten Verhandlungen mit dem Betriebsrat und in der Einigungsstelle ebenfalls Vorrang vor Arbeitsniederlegungen – und zwar aus unionsrechtlichen Gründen. Dies würde der vorstehend begründeten Auffassung zur Anwendung des Verhältnismäßigkeitsgrundsatzes im innerstaatlichen Recht entsprechen[65]. Unionsrechtlich ist somit noch nicht abschließend geklärt, inwieweit die Niederlassungsfreiheit des AEUV in Fällen der Standortverlagerung in andere EU-Mitgliedstaaten dazu zwingt, entgegen der bisherigen Rechtsprechung des BAG auch Sozialplanverhandlungen zwischen Arbeitgeber und Betriebsrat oder in der Einigungsstelle als milderes Mittel gegenüber Arbeitsniederlegungen im Rahmen der Verhältnismäßigkeit zu berücksichtigen.

VII. Zusammenfassung

Tarifverträge mit sozialplanähnlichem Inhalt sind grundsätzlich zulässig. Solche Tarifverträge können auch grundsätzlich erstreikt werden. Ein Streik ist allerdings unzulässig, wenn er intendiert oder faktisch von seiner Wirkung her die Betriebsänderung verhindern soll. Unzulässig, weil unverhältnismäßig ist eine zeitliche Verknüpfung des Sozialplanstreiks mit Verhandlungen um Interessenausgleich oder Sozialplan. Dabei genießen die Verhandlungen um den Sozialplan mit Betriebsrat und Einigungsstelle Vorrang vor einem Streik um einen tarifvertraglichen Sozialplan. Auf unionsrechtlicher Ebene ist noch nicht abschließend geklärt, ob die vom EuGH im „Viking Line"-Urteil geforderte Ausschöpfung innerstaatlicher Rechtsvorschriften als milderem Mittel gegenüber einer Arbeitsniederlegung auch die Rechte anderer Arbeitnehmervertretungen, wie etwa Betriebsrat und Einigungsstelle, erfasst. In diesem Fall wäre ein Streik um einen sozialplanähnlichen Tarifvertrag bei einer Standortverlagerung ins EU-Ausland solange unverhältnismäßig, wie noch Verhandlungen über Interessenausgleich und/oder Sozialplan geführt werden.

[65] Siehe oben IV 3.

Typisierte Differenzierungsgründe in der Arbeitsrechtsprechung

Peter Hanau

I. Von unzulässigem Stereotyp zur zulässigen Typisierung

Gleichbehandlungsgebote, insbesondere spezielle Diskriminierungsverbote, wenden sich gegen Stereotype, vorgefasste Meinungen, mit denen bestimmte Personengruppen ungerechtfertigt abgewertet werden. § 1 AGG nennt im Anschluss an die europäische Richtlinie 2000/78 die wichtigsten Fälle: Rasse, ethnische Herkunft, Geschlecht, Religion, Weltanschauung, Behinderung, Alter und sexuelle Identität. Die mit dem Lissabon-Vertrag in Kraft getretene Grundrechtecharta fügt Sprache, soziale Herkunft, genetische Merkmale, politische und sonstige Anschauungen, Zugehörigkeit zu einer nationalen Minderheit, Geburt und Vermögen hinzu. Zuvor war die Unterscheidung zwischen Arbeitern und Angestellten in Deutschland ein verbreitetes Stereotyp, aus dem für die Arbeiter nachteilige Konsequenzen gezogen wurden. Dem hat erst die Entscheidung des BVerfG vom 16.11. 1982[1] ein Ende bereitet.

Eine unterschiedliche Behandlung wegen eines grundsätzlich verpönten Grundes ist allerdings zulässig, wenn dieser wegen der Art der auszuübenden Tätigkeit oder der Bedingung ihrer Ausübung eine wesentliche und entscheidende berufliche Anforderung darstellt (Art. 4 RL 2000/78, § 8 AGG). Weitergehend ist eine mittelbare Benachteiligung zulässig, wenn sie durch ein rechtmäßiges Ziel und zur Erreichung dieses Ziels angemessene und erforderliche Mittel gerechtfertigt ist. Ebenso sind sachlich gerechtfertigte Differenzierungen mit dem allgemeinen Gleichheitssatz vereinbar. Aber was folgt daraus? Muss nun in jedem Einzelfall geprüft werden, ob es Differenzierungsgründe gibt? Oder sind gruppenbezogene Typisierungen zulässig und wie typisch muss die Gruppe sein? Wo ist die Grenze zwischen unzulässigem Stereotyp und zulässiger Typisierung? Dies hat die Rechtsprechung zunächst bei der Unterscheidung von Arbeitern und Angestellten beschäftigt, neuerdings vor allem bei dem Alter und dem Geschlecht. Dabei hat ein Urteil des

[1] AP Nr. 16 zu § 622 BGB.

BAG vom 21.8.2007[2] klargestellt, dass es nicht darauf ankommt, ob die Gründe für eine Differenzierung in der Regelung genannt sind, sondern ob die Ungleichbehandlung in der Sache gerechtfertigt ist. Auch der EuGH verlangt keine ausdrückliche Angabe des Differenzierungsgrundes, sondern lässt es ausreichen, dass andere aus dem allgemeinen Kontext der betreffenden Maßnahme abgeleitete Anhaltspunkte die Feststellung ihres Zieles ermöglichen?[3]

Die Typisierung von Differenzierungsgründen ist kein spezifisch arbeitsrechtliches Problem, sondern durchzieht die ganze Rechtsordnung. Auf diesen Zusammenhang hat Frederick *Schauer*, ein amerikanischer Autor, aufmerksam gemacht und die Unvermeidbarkeit von Typisierungen betont.[4] Im Arbeitsrecht spitzt sich die Frage wegen der vielen Gleichbehandlungsgebote und Diskriminierungsverbote zu. *Schauer* zeigt dies am Beispiel der in den USA geltenden Altersgrenze 60 für Verkehrspiloten, die er verteidigt, weil weder sie noch eine andere Altersgrenze für jeden Einzelfall passe.

Andererseits kann eine Typisierung nichts anderes sein als die Wiederkehr eines Stereotyps. Wie lässt sich das vermeiden? Das beschäftigt die Arbeitsrechtsprechung seit langem. Zunächst suchte sie Hilfe beim BVerfG, jetzt zunehmend beim EuGH, wie das Folgende zeigt.

II. Arbeiter und Angestellte

Nach der Entscheidung des BVerfG vom 16.11.1982 (oben Fn. 1) war eine nur auf den unterschiedlichen Status von Arbeitern und Angestellten gestützte Ungleichbehandlung nicht mehr möglich. Dies hat die Arbeitsgerichte aber nicht gehindert, die Ungleichbehandlung aufrechtzuerhalten, soweit sie aus typisierten Gründen weiterhin sachlich gerechtfertigt erscheint. Aussagen zum Ausmaß zulässiger Typisierung finden sich zunächst in der Rechtsprechung zu verschiedenen tariflichen Kündigungsfristen für Arbeiter und Angestellte. Sie stützen sich nicht auf Besonderheiten von Tarifverträgen, sondern auf die allgemeine Rechtsprechung des BVerfG.[5] So

[2] AP Nr. 60 zu § 1 BetrAVG Gleichbehandlung.

[3] Entscheidung vom 16.10.2007, C 411/05 (Palacios), EAS RL 2000/78 EG, Art. 6 Nr. 2.

[4] Frederick *Schauer* Profiles, Probabilities and Stereotypes, 2003.

[5] Insbesondere auf BVerfG 30.5.1990, BVerfGE 82, 126 = AP Nr. 28 aaO zur Unzulässigkeit kürzerer Kündigungsfristen für Arbeiter. Danach darf der Gesetzgeber vor allem bei der Ordnung von Massenerscheinungen generalisierende, typisierende und pauschalierende Regelungen verwenden und dabei von dem Gesamtbild ausgehen, das sich aus den vorliegenden Erfahrungen ergibt. Unbedenklich ist eine Typisierung aber nur, solange eine verhältnismäßig kleine Gruppe benachteiligt wird und der Gleichheitsverstoß nicht sehr intensiv ist. Es gehe nicht an, eine größere Zahl von Betroffenen ohne rechtfertigenden Grund stärker zu belasten. Längere Kündigungsfristen seien nur bei höher- und hochqualifizierten Arbeitnehmern gerechtfertigt. Der Anteil der höher qualifizierten an der Gesamtgruppe

heißt es in einem Urteil des BAG vom 21.03.1991[6], sachlich gerechtfertigt seien hinreichend gruppenspezifische Regelungen, die z.B. entweder nur eine verhältnismäßig kleine Gruppe nicht intensiv benachteiligen oder funktions-, branchen- oder betriebsspezifischen Interessen entsprechen (z.B. überwiegende Beschäftigung von Arbeitern in der Produktion) oder gruppenspezifische Schwierigkeiten bestimmter Arbeitnehmer bei der Stellensuche mildern (Beispiel: die höher und hochqualifizierten Arbeitnehmer gehören überwiegend zur Gruppe der Angestellten). Hier wird also nur verlangt, dass der Differenzierungsgrund bei dem überwiegenden Teil einer Gruppe vorliegt. In die gleiche Richtung geht ein weiteres Urteil des BAG zu den Kündigungsfristen vom 23.01.1992.[7] Hier heißt es, wenn keine völlige Gleichstellung mit den Angestellten erreicht werde, sei das unerheblich. Art. 3 Abs. 1 verlange keine Gleichmacherei.[8] Ungleichbehandlung und rechtfertigender Grund müssten (nur) in einem angemessenen Verhältnis zueinander stehen.[9] Außerdem habe das BVerfG in der Entscheidung vom 30.05.1990[10] geprüft, ob eine „beträchtliche" Ungleichbehandlung vorliege.

Ein weiteres Urteil des BAG zu den Kündigungsfristen[11] hat bestätigt, dass der Differenzierungsgrund (nur) auf den überwiegenden Teil der Arbeiter zutreffen muss, ebenso ein Urteil des BAG vom 02.04.1992.[12] Eine weitere Entscheidung des BAG zu den Kündigungsfristen vom 16.09.1993 geht wieder davon aus, dass der Differenzierungsgrund auf den überwiegenden Teil der benachteiligten Gruppe zutreffen müsse, verlangt dann aber genauere Angaben.[13] Weitere Präzision wird in einem Urteil des BAG vom 10.3.1994 zu den Kündigungsfristen erreicht.[14] Hier ging es um die Frage, in welchem Teil der vom Tarifvertrag erfassten Branche ein unterschiedliche Kündigungsfristen rechtfertigendes Flexibilitätsbedürfnis bestand. Nach Auffassung dieses Urteils kann dies nur nach dem Überwiegensprinzip entschieden werden: überwiege das Flexibilitätsbedürfnis für die meisten Betriebe der Unterbranchen oder jedenfalls für mehr als die Hälfte der von einem Tarifvertrag erfassten Arbeitnehmer, so gelte dies für die ganze Branche. Dies ist damit begründet, dass die Tarifpartner frei darin seien, ihren Betätigungsbe-

der Angestellten sei nicht so groß, dass die bestehende Ungleichheit im Rahmen zulässiger Typisierung gerechtfertigt war. Wie genau dieser Anteil war, lässt sich der Entscheidung leider nicht entnehmen.

6 AP Nr. 31 zu § 622 BGB.
7 AP Nr. 37 zu § 622 BGB.
8 Hinweis auf BVerfGE 39, 169, 186.
9 Hinweis auf BVerfGE 62, 256, 274; 82, 126, 146.
10 Fn. 5.
11 BAG 23.1.1992, AP Nr. 42 zu § 622 BGB.
12 AP Nr. 38 aaO.
13 AP Nr. 42 aaO.
14 AP Nr. 117 zu § 1 TVG Tarifvertrag Metallindustrie.

reich eigenständig abzustecken, doch trifft der Grundgedanke, auf das Überwiegensprinzip abzustellen, auch bei der betrieblichen Ebene zu, auf der es ebenfalls vielfältige Gestaltungen des Arbeitnehmereinsatzes gibt. Die anderen zitierten Entscheidungen haben das Überwiegensprinzip denn auch nicht aus der Koalitionsfreiheit, sondern aus dem Gleichheitsgrundsatz abgeleitet.

Die Rechtsprechung des BAG zur zulässigen Differenzierung zwischen Arbeitern und Angestellten bei Gratifikationen beruht auf ähnlichen Gedanken. So rechtfertigt ein Urteil vom 30.03.1994[15] höhere Weihnachtsgratifikationen für die Angestellten damit, dass der Arbeitgeber an die Angestellten *im Durchschnitt* weniger Zulagen gezahlt hatte. Dies wurde in dem Urteil konkretisiert und vertieft: Der Gleichbehandlungsgrundsatz gebiete nicht, dass ein Ausgleich rein rechnerisch der Differenz der übertariflichen Zulagen entspricht. Er verbiete nur eine sachwidrige Ungleichbehandlung. Sei hingegen gemessen am Zweck der Leistung eine Gruppenbildung gerechtfertigt, müsse der Arbeitgeber die Leistung für jede Gruppe nicht so bemessen, dass sich derselbe Gesamtbetrag aus übertariflichen Zulagen und Weihnachtsgratifikationen ergebe. Ebenso wie eine sachgerechte Gruppenbildung nicht dadurch unzulässig werde, dass innerhalb der Gruppe nicht mehr differenziert wird[16], seien unterschiedliche Leistungen an die gewerblichen Arbeitnehmer und die Angestellten nur dann sachwidrig, wenn sie in keinem sachgerechten Verhältnis mehr zueinander stünden.

Ähnliche Überlegungen finden sich schon in einem Urteil des BAG vom 23.01.1984 zur Rechtfertigung höherer Leistungen an Angestellte, um diese an den Betrieb zu binden.[17] Es liege nahe, dass das von der Beklagten angeführte Interesse, durch eine höhere Gratifikation eine Betriebsbindung zu erreichen, nicht in gleicher Weise bei allen ihren Angestellten bestehen könne. Umgekehrt liege es nicht fern, dass im Bereich der gewerblichen Arbeitnehmer Fachkräfte tätig sind, deren Ersatz den Arbeitgeber kostenmäßig nicht weniger belaste. Daraus folge aber nicht, dass die getroffene Abgrenzung sachwidrig und daher unbeachtlich sei. Eine an sich sachgerechte Gruppenbildung werde nicht dadurch unzulässig, dass innerhalb der Gruppen nicht mehr differenziert werde. Das gelte jedenfalls, wenn die Merkmale bei einer Gruppe typisch gegeben sind, während sie bei der anderen Gruppe typisch fehlen.

Ähnlich die Rechtsprechung zur Rechtfertigung unterschiedlicher Gratifikationen für Arbeiter und Angestellte durch unterschiedliche krankheitsbedingte Fehlzeiten: Maßgeblich ist die Sachgerechtigkeit der Unterscheidung für die Gruppen im Ganzen, auch wenn der Sachgrund bei einzelnen fehlt.[18]

[15] AP Nr. 113 zu § 242 BGB Gleichbehandlung.
[16] Hinweis auf BAGE 45, 76, 84 = AP Nr. 67 zu § 242 BGB Gleichbehandlung.
[17] AP Nr. 67 zu § 242 BGB Gleichbehandlung.
[18] BAG 19.4.1995, AP Nr. 172 zu § 611 BGB Gratifikation.

Ein Urteil des BAG vom 06.12.1995[19] hat die Unterscheidung sogar in einem Fall gerechtfertigt, in dem 25 % der Arbeiter überhaupt keine krankheitsbedingten Fehltage hatten. Noch weiter geht ein Urteil des BAG vom 19.4.1995[20], nach dem eine sachgerechte Differenzierung zwischen Arbeitnehmergruppen selbst dann zulässig ist, wenn sich gar nicht feststellen lässt, auf wie viele Gruppenmitglieder der Differenzierungsgrund zutrifft. Hier erhielten Zeitungszusteller im Gegensatz zu Innendienstlern keine Weihnachtsgratifikation, weil sie die Möglichkeit hatten, zur Weihnachtszeit erhebliche Trinkgelder zu bekommen. Dies hielt das BAG für grundsätzlich sachgerecht und zulässig, obwohl gar nicht feststellbar war, wie viele Zusteller wie viel Trinkgeld erhalten hatten.

In die gleiche Richtung ging bereits ein Urteil des BAG vom 30.11.1982[21]. zur Rechtfertigung von Erschwerniszulagen, die nur einem Teil der Arbeitnehmer zugebilligt wurden, die unter den Erschwernissen zu arbeiten hatten. Eine Zulagenregelung könne kaum je alle Besonderheiten berücksichtigen.[22] In Bezug auf die gleiche Problemlage bei Eingruppierungen habe das BVerfG ausgeführt, jede Besoldungsordnung sei unvollkommen, enthalte unvermeidbare Härten und sei unter irgendeinem Gesichtspunkt in der Abgrenzung der Besoldungsgruppen für die unmittelbar Betroffenen fragwürdig; solche Unebenheiten, Friktionen und Mängel müssten in Kauf genommen werden, solange sich für die Regelung ein plausibler und sachlich vertretbarer Grund anführen lasse.[23]

Einschränkender ist eine BAG Entscheidung vom 10.12.2002[24], mit der die Gleichbehandlung von Arbeitern und Angestellten ab 30.6.1993 auf die betriebliche Altersversorgung erstreckt wurde. Der Arbeitgeber dürfe freilich bei einem typischerweise unterschiedlichen Versorgungsbedarf einzelne Arbeitnehmergruppen ungleich behandeln. Die Typisierung dürfe aber nur im Einzelfall und ausnahmsweise zu einer Benachteiligung der Betroffenen führen. Die Regelung dürfe nur in besonders gelagerten Fällen Ungleichheiten entstehen lassen.

Die Spannweite der Typisierung reicht also von ausreichenden 51 % („überwiegend") bis zum Regelfall, der nur in besonders gelagerten Fällen von Ausnahmen durchbrochen werden darf.

[19] AP Nr. 186 aaO.
[20] AP Nr. 124 zu § 242 BGB Gleichbehandlung.
[21] AP Nr. 54 zu § 242 BGB Gleichbehandlung.
[22] Hinweis auf BAG 13.12.1972, AP Nr. 37 zu § 241 BGB Gleichbehandlung.
[23] Hinweis auf BVerfGE 26, 141, 149.
[24] AP Nr. 56 zu § 1 BetrAVG Gleichbehandlung. Bestätigt durch Urteil vom 16.2.2010, BB 2010, 499.

III. Alter

Wie schon Art. 6 der EG-Richtlinie 2000/78 und dem folgend § 10 AGG erkennen lassen, sind unterschiedliche Behandlungen wegen des Alters besonders häufig und besonders häufig gerechtfertigt; der berechtigte Kern dieses Stereotyps ist verhältnismäßig groß.

1. Benachteiligung jüngerer Arbeitnehmer

Von den Beispielen zulässiger Ungleichbehandlung in Art. 6 RL 2000/78 und § 10 AGG betreffen zwei die Benachteiligung jüngerer Arbeitnehmer zur Förderung ihrer Beschäftigung und umgekehrt zu ihrem Ausschluss von Beschäftigung durch Mindestalter. Auch sonst ist die Rechtsordnung voll von Mindestaltersgrenzen, vom Mindestalter für den Bundespräsidenten über den Jugendarbeitsschutz bis zum Erwerb der Fahrerlaubnis und von Alkoholika. Das gilt als selbstverständlich. Problematisiert werden dagegen Sonderregelungen zu Lasten Jugendlicher, die sich nicht auf mangelnde Lebenserfahrung und größere Schutzbedürftigkeit gründen, sondern ihre ersten Arbeitsjahre abwerten, ohne ihre Beschäftigung zu fördern.

Zwei solcher Fälle hat der EuGH bereits geprüft und verworfen. Einmal[25] ging es um eine österreichische Regelung, die bei der Festlegung vor Dienstaltersstufen vor der Vollendung des 18. Lebensjahres liegende Arbeitszeiten ausschließt. Der EuGH geht davon aus, die Honorierung der Berufserfahrung, die es dem Arbeitnehmer ermöglicht, seine Arbeit besser zu verrichten, sei legitim.[26] Die Regelung beschränke sich jedoch nicht darauf, die Berufserfahrung zu honorieren, sondern nehme eine Ungleichbehandlung danach vor, in welchem Alter diese Erfahrung erworben wurde. Auch das legitime Ziel, die Eingliederung von Jugendlichen in den Arbeitsmarkt zu fördern, greife nicht, da die Nichtberücksichtigung der vor Vollendung des 18. Lebensjahrs erworbenen Berufserfahrung unterschiedslos für alle Arbeitnehmer gelte, unabhängig davon in welchem Alter sie eingestellt werden. Dies unterscheide sich von Maßnahmen, die die berufliche Eingliederung von Jugendlichen unter 18 Jahren fördern sollen, indem sie niedrigere Arbeitsentgelte vorsehen.

Der EuGH erkennt also zwei Typisierungen an: Mit zunehmender Berufserfahrung können Arbeitnehmer ihre Arbeit besser verrichten; niedrige Entgelte können die berufliche Eingliederung von Jugendlichen fördern. Nur schien dem EuGH dies im Anlassfall nicht konsequent genug durchgeführt.

[25] Urteil vom 18.6.2009, C 88/08 (David Hütter), EAS RL 2000/78 EG Art. 6 Nr. 4 = NZA 2009, 891.

[26] Dazu schon das Urteil Cadman, unten Fn. 44.

Ähnlich liegt es in dem neuen Urteil des EuGH zu § 622 Abs. 2 BGB, der Beschäftigungszeiten vor dem 25. Lebensjahr bei der Berechnung der Kündigungsfristen ausschließt.[27] Dies beruht auf der Einschätzung des Gesetzgebers, dass es jüngeren Arbeitnehmern regelmäßig leichter falle und schneller gelingt, auf den Verlust ihres Arbeitsplatzes zu reagieren. Auch dies wurde vom EuGH verworfen, weil die Nichtberücksichtigung von Beschäftigungszeiten vor dem 25. Lebensjahr nicht nur jüngere, sondern auch Arbeitnehmer mit langer Betriebszugehörigkeit benachteiligt.

Eine vergleichbare Benachteiligung jüngerer Arbeitnehmer findet sich in § 1b (früher § 1) BetrAVG, nach dem eine Versorgungsanwartschaft entfällt, wenn das Arbeitsverhältnis bei oder vor der Vollendung des 25. (früher 35.) Lebensjahres endet. Das BAG hat dies nicht unter dem Aspekt der Alters-, sondern der mittelbaren Geschlechtsdiskriminierung geprüft und gebilligt.[28] Die Altersgrenze sei ein geeignetes und angemessenes Mittel, die betriebliche Altersversorgung zu fördern und die Arbeitgeber nicht durch eine unbeschränkte Unverfallbarkeit von der Gewährung solcher Leistungen abzuschrecken. Das Interesse des Arbeitgebers an langer Betriebstreue, wirtschaftlicher Gestaltungsfreiheit und begrenzter wirtschaftlicher Belastung sei zu berücksichtigen. Auch darin steckt eine Typisierung, weil ein allgemeines für die Gewährung betrieblicher Altersversorgung relevantes Arbeitgeberinteresse angenommen wird.

Es ist fraglich, ob dies der EuGH-Rechtsprechung standhalten kann, denn die beiden vom EuGH negativ beurteilten Faktoren liegen auch hier vor: Es wird nicht auf das Einstellungsalter abgestellt und die Regelung benachteiligt auch und gerade ältere Arbeitnehmer, die im Ruhestand nicht auf eine unverfallbare Anwartschaft aus früherer Berufstätigkeit vor dem Stichtag zurückgreifen können.

2. *Benachteiligung und Bevorzugung älterer Arbeitnehmer*

a) Sozialpläne

Die Versorgung älterer Arbeitnehmer durch Arbeitslosengeld oder Altersrente führt mit Billigung des BAG[29] häufig zu Minderung oder sogar Wegfall von Ansprüchen aus Sozialplänen. So heißt es in der Entscheidung vom 11.11.2008, einigermaßen zuverlässig ließen sich die Vorteile einschätzen, die mit Leistungen aus der Arbeitslosen- und Rentenversicherung verbunden sind. Allerdings hänge die Höhe einer gesetzliche Altersrente und damit das Maß der mit ihr verbundenen wirtschaftlichen Absicherung von den indivi-

[27] EuGH vom 19.1.2010, C 555/07 (Seda Kücükdeveci), NZA 2010, 85.
[28] 18.10.2005, AP Nr. 13 zu § 1 BetrAVG Unverfallbarkeit.
[29] BAG 11.11.2008 und 21.7.2009, NZA 2009, 210, 495, 110, dazu *Mohr* RdA 2010, 44.

duell unterschiedlichen Versicherungsverläufen der einzelnen Arbeitnehmer ab. Gleichwohl seien insoweit Typisierungen und Pauschalierungen zulässig und häufig unvermeidlich. Jedenfalls typisierend handele es sich bei der Annahme, rentenberechtigte oder rentennahe Arbeitnehmer seien im Regelfall wirtschaftlich stärker abgesichert, nicht um eine realitätsferne Betrachtung, sondern um eine den Betriebsparteien im Rahmen ihres Beurteilungsspielraumes zustehende Einschätzung. Es soll also weder auf die Höhe der Rentenansprüche noch auf ihre sofortige Fälligkeit ankommen.

Dass insoweit beim Alter alles beim Alten bleiben soll, ist im Schrifttum kritisiert worden.[30] Auch ein Urteil des BAG vom 26.5.2009[31] nimmt die Gleichbehandlungsgebote ernster, seitdem sie in das AGG und § 75 Abs. 1 BetrVG aufgenommen wurden. Dazu wird auf eine EuGH-Entscheidung vom 5.3.2009[32] verwiesen, nach der allgemeine Behauptungen, eine bestimmte Maßnahme sei geeignet, der Beschäftigungspolitik, dem Arbeitsmarkt und der beruflichen Bildung zu dienen, eine Ungleichbehandlung wegen des Alters nicht rechtfertigen könne. Trotzdem, so das BAG, sei einerseits die Staffelung von Abfindungen nach Lebensalter und Betriebszugehörigkeit zulässig, weil ältere Arbeitnehmer auf dem Arbeitsmarkt typischerweise größere Schwierigkeiten haben als jüngere. Andererseits sei eine Kappung oder sogar der Ausschluss von Sozialplanabfindungen bei rentennahen Jahrgängen zulässig, weil sich die wirtschaftlichen Nachteile bei ihnen typischerweise konkreter einschätzen ließen als bei rentenfernen. Daraus folgert allerdings auch diese Entscheidung nicht, dass die Höhe der Renten berücksichtigt werden müsse. Immerhin lässt sie ausdrücklich offen, ob die Kappung von Sozialplanabfindungen zulässig ist, wenn zwischen dem Ende des Bezuges von Arbeitslosengeld und dem frühestmöglichen Rentenbeginn eine zeitliche Lücke besteht.

b) Altersgrenzen

Zunehmende Unsicherheit über Typisierungen zu Lasten älterer Arbeitnehmer zeigt sich auch bei den Altersgrenzen. Ausgangspunkt ist eine ständige Rechtsprechung des BAG, die Altersgrenzen zum Zeitpunkt des ungekürzten Rentenbezuges ohne Rücksicht auf die Höhe der Rente zugelassen hat.[33] Der EuGH hat dies in einer Entscheidung vom 16.10.2007[34] nicht ganz bestätigt. Er hat keine Blankovollmacht ausgestellt, sondern als Rechtferti-

30 *Temming* Für einen Paradigmenwechsel in der Sozialplanrechtsprechung, RdA 2008, 205; zustimmend dagegen *Mohr* aaO.

31 AP Nr. 200 zu § 112 BetrVG 1972.

32 C 388/07 (Age Concern England), EAS RL 2000/78, Art. 6, Nr. 5 = NZA 2009, 305.

33 BAG 14.8.2002 und 27.7.2005, AP Nr. 20, 27 zu § 620 BGB Altersgrenze; kritisch *Preis* Gutachten B zum 67. DJT 2008, S. 46 ff.

34 S. Fn. 3.

gungsgründe für die Altersgrenze (nur) politische, wirtschaftliche, soziale, demografische und haushaltsbezogene Erwägungen genannt. Außerdem hat die Entscheidung angedeutet, dass es auf die Höhe der Altersgrenze ankommen könne, denn es heißt in Rn. 73, die Altersgrenze könne nicht als übermäßige Beeinträchtigung der berechtigten Erwartungen der Arbeitnehmer angesehen werden, wenn ihnen am Ende ihrer beruflichen Laufbahn eine Altersrente zugutekommt, deren Höhe nicht als unangemessen betracht werden könne.

Die in Fn. 32 bereits erwähnte Entscheidung Age Concern vom 05.03.2009 hat wiederholt, eine Ausnahme vom dem Verbot einer Diskriminierung wegen des Alters könne durch sozialpolitische Ziele aus den Bereichen Beschäftigungspolitik, Arbeitsmarkt oder berufliche Bildung gerechtfertigt sein. Diese Ziele unterschieden sich insoweit, als sie im Allgemeininteresse stünden, von rein individuellen Beweggründen, die der Situation des Arbeitgebers eigen sind wie Kostenreduzierung oder Verbesserung der Wettbewerbsfähigkeit, ohne dass allerdings ausgeschlossen werden könne, dass eine nationale Rechtsvorschrift bei der Verfolgung der genannten rechtmäßigen Ziele den Arbeitgebern einen gewissen Grad an Flexibilität einräume.

Der EuGH verwirft also Altersgrenzen nicht generell, stützt sie aber nicht auf die Vermutung schwindender geistiger und körperlicher Kräfte. Eine weitere Aussage lässt sich der Mangold-Entscheidung des EuGH entnehmen.[35] Hier ging es zwar nicht um eine Altersgrenze für die Beendigung des Arbeitsverhältnisses, aber auch um eine Befristung von Arbeitsverhältnissen älterer Arbeitnehmer. Der EuGH ging davon aus, dass eine solche Befristung grundsätzlich zulässig sei, wenn sie die berufliche Eingliederung arbeitsloser älterer Arbeitnehmer fördert, weil diese erheblichen Schwierigkeiten haben, wieder einen Arbeitsplatz zu finden. Allerdings gehe es zu weit, dass allen Arbeitnehmern über 52 unterschiedslos – gleichgültig ob und wie lange sie vor Abschluss des Arbeitsvertrages arbeitslos waren – bis zum Rentenalter unbegrenzt häufig befristete Arbeitsverträge angeboten werden können. Die Wahrung des Grundsatzes der Verhältnismäßigkeit bedeute nämlich, dass die Erfordernisse des Gleichbehandlungsgrundsatzes so weit wie möglich mit denen des angestrebten Zieles in Einklang gebracht werden müssten. Das ist eine Absage an die sehr weitgehende Typisierung des deutschen Gesetzgebers.

Deutsche Arbeitsgerichte wollen von dem EuGH mehr wissen. So hat das BAG mit Vorlagebeschluss vom 17.7.2009[36] beim EuGH angefragt, ob eine auf Gründen der Flugsicherheit beruhende tarifliche Altersgrenze von 60 Jahren für Piloten zulässig ist. Das BAG ist so verunsichert, dass es sogar

[35] 22.11.2005, C 144/04, EAS RL 2000/78/EG Art. 6 Nr. 1.
[36] NJW 2009, 3808 (Leitsatz).

fragt, ob die Gewährleistung der Flugsicherheit die Benachteiligung wegen des Alters überhaupt rechtfertigen könne. Während dies selbstverständlich sein dürfte, trifft die daran anschließende Frage das Typisierungsproblem im Kern. Das BAG möchte nämlich wissen, ob die Altersgrenze zulässig ist, obwohl keine wissenschaftlich gesicherten medizinischen Erkenntnisse über ein konkretes Gefährdungspotential bei dem Einsatz von Piloten nach Vollendung des 60. Lebensjahres vorliegen und obwohl die öffentlich-rechtlichen Vorschriften einen eingeschränkten Einsatz von Piloten zwischen 60 und 65 zusammen mit jüngeren Piloten gestatten. Das BAG würde sich über diese Bedenken hinwegsetzen, also auf Verdacht typisieren, möchte sich aber bei dem EuGH absichern. Bisher sei die einschlägige Rechtsprechung des EuGH in diesem entscheidenden Punkt unklar. Auch das Arbeitsgericht Hamburg möchte vom EuGH mehr über die zulässige Typisierung zur Rechtfertigung von Altersgrenzen wissen.[37]

In einem speziellen Fall gibt es schon eine Antwort des EuGH. Das Sozialgericht Dortmund hatte ihm folgende Frage vorgelegt:

Kann die gesetzliche Regelung einer Höchstaltersgrenze für die Zulassung zur Berufsausübung (hier für die Tätigkeit als Vertragszahnärztin) im Sinne des Art. 6 der Richtlinie 2000/78 eine objektive und angemessene Maßnahme um Schutz eines legitimen Ziels (hier: die Gesundheit der gesetzliche krankenversicherten Patienten) und ein zur Erreichung dieses Ziels angemessenes und erforderliches Mittel sein, wenn sie ausschließlich aus einer auf „allgemeine Lebenserfahrung" gestützten Annahme eines ab einem bestimmten Lebensalter eintretenden generellen Leistungsabfalls hergeleitet wird, ohne dass dabei dem individuellen Leistungsvermögen des konkret Betroffenen in irgendeiner Weise Rechnung getragen werden kann?

Mit Urteil vom 12.1.2010[38] hat der EuGH die Höchstaltersgrenze 68 für Zahnärzte grundsätzlich für zulässig erklärt. Ein Mitgliedstaat könne es im Rahmen von Art. 2 Abs. 5 der Richtlinie 2000/78 EG für erforderlich halten, für die Ausübung eines ärztlichen Berufs wie desjenigen eines Zahnarztes eine Altersgrenze festzulegen, um die Gesundheit der Patienten zu schützen, dies auch unter dem Gesichtspunkt der Befähigung der Zahnärzte. Insoweit wurde also eine Typisierung zugelassen. Trotzdem wurde die deutsche Regelung verworfen, da sie mehrere Ausnahmen enthält, sich also selbst dementiert.

Ein Urteil des EuGH vom gleichen Tage[39] geht in die gleiche Richtung. Es betraf das Höchstalter von 30 Jahren für die Einstellung als Feuerwehrmann. Der EuGH stützt sich auf wissenschaftliche Daten, nach denen die Leis-

[37] Vorlagebeschluss vom 20.1.2009, LAGE EG-Vertrag 1999, RL 2000/78 Nr. 2. Die Schlußanträge der Generalanwältin *Trstenjak* wollen (mit Mühe) die deutsche Regelung halten (24.4.2010 – C 45/09, Rosenbladt).

[38] C 341/08 (Domnica Petersen); anders noch die Kammerentscheidung BVerfG 31.3.1998, NZA 1998, 989.

[39] C 229/08 (Colin Wolf).

tungsfähigkeit der Lungen und der Muskulatur sowie die körperliche Widerstandsfähigkeit mit dem Alter nachlassen. So verfügten nur sehr wenige Beamte über 45 über hinreichende körperliche Eignung für die Brandbekämpfung. Im Bereich der Personenrettung verfügten die Beamten mit 50 Jahren nicht mehr über diese Eignung. Das rechtfertige schon die Altersgrenze 30, da sonst eine zu große Zahl der Beamten nicht für die körperlich anspruchsvollsten Aufgaben verwendet werden könne.

c) Kündigungsschutz

Das KSchG bevorzugt ältere Arbeitnehmer, da es in § 1 Abs. 3 S. 1 die Sozialauswahl vornehmlich auf Dienst- bzw. Lebensalter ausrichtet, daneben auf Unterhaltspflichten und Schwerbehinderung, die weniger altersspezifisch sind. Zum Ausgleich lässt § 1 Abs. 3 S. 2 KSchG eine Auswahl zu, die alle Altersgruppen im Betrieb proportional trifft.

Das BAG hat mit Urteilen vom 6.11.2008 und 12.3.2009 entschieden, dass auch insofern alles beim Alten bleibt.[40] Zur Berücksichtigung des Lebensalters als Sozialdatum ist nach der Entscheidung vom 6.11.2008 die Einbeziehung der Arbeitsmarktchancen geeignet und erforderlich. Dass die Arbeitsmarktchancen auf diese Weise typisierend und nicht rein individuell berücksichtigt werden, sei letztlich unvermeidbar. Jede Aussage über Chancen müsse sich an Wahrscheinlichkeiten orientieren, die nicht ohne Berücksichtigung von Erfahrungswerten beurteilt werden könnten. Wenn also, was unstrittig sei, ein Erfahrungswert bestehe, dass mit steigendem Lebensalter die Vermittlungschance generell sinke, so könne dieser Umstand auch bei strikt individueller Bewertung von Arbeitsmarktchancen nicht außer Betracht bleiben.[41]

Auch in die Gegenrichtung zu den proportionalen Altersgruppen bei Massenentlassungen führt eine Typisierung, wie die Entscheidung vom 6.11.2008 ebenfalls zeigt. Die Erhaltung einer altersgemischten Belegschaft liege im Interesse der Gesamtheit der Belegschaft und im Wettbewerbsinteresse des Arbeitgebers, das unter dem Schutz der Artt. 2 Abs. 1, 12 GG stehe. Die unterschiedlichen Vorzüge der unterschiedlichen Lebensalter könnten nur dann im Sinne langfristig erfolgreichen Zusammenwirkens zur Geltung kommen, wenn möglichst alle Lebensalter im Betrieb vertreten sind. Weder seien ausschließlich positive Aussagen über die Leistungsfähigkeit junger Arbeitnehmer gerechtfertigt, noch rein negativ verallgemeinernde Aussagen über das Nachlassen der Leistungsfähigkeit von älteren Arbeitnehmer. Dass allerdings die körperliche Leistungsfähigkeit mit zunehmendem Alter nach-

[40] SAE 2009, 269, 293 mit Anmerkungen von C. *Hergenröder* und *von Hoff*.

[41] Kritisch: *Köpke* ZRP 2009, 41; *Preis* aaO S. 96 ff.; *Temming* Altersdiskriminierung im Arbeitsleben, 2008, 145 ff., 537 ff.

lasse und die Krankheitsanfälligkeit in einer messbaren statistischen Korrelation zum erreichten Lebensalter stehe, dürfte nicht ernsthaft bestritten werden können. Jedenfalls würden alle bekannten privaten und öffentlichen Systeme der Kranken-, Renten- und Lebensversicherung auf dieser Erwartung beruhen, und eine Umstellung dieser Systeme auf der Basis der gegenteiligen Annahme sei, soweit ersichtlich, noch nicht verlangt worden. Dieser Vergleich hinkt freilich, da die Versicherung das Alter privilegiert und deshalb kein Argument für seine Benachteiligung sein kann.

IV. Geschlecht

Im Verhältnis von Männern und Frauen geht es weniger um die körperliche Leistungsfähigkeit als um kürzere Beschäftigungs- und längere Lebensdauer, letzteres insbesondere im Versicherungsbereich. Art. 5 der Richtlinie 2004/113 EG erlaubt Unterscheidungen wegen des Geschlechts, wenn diese bei auf relevanten und genauen versicherungsmathematischen und statistischen Daten beruhender Risikobewertung ein bestimmender Faktor ist. Den belgischen Verfassungsgerichtshof hat das aber nicht überzeugt und er hat dem EuGH die Frage vorgelegt, ob dies mit dem durch Art. 6 Abs. 2 EGV gewährleisteten Gleichheitsgrundsatz vereinbar ist.[42]

Ein nicht auf die Lebensdauer, sondern die andersartige Stellung in der Sozialversicherung gestützter versicherungsmathematische Abschlag für Männer ist dagegen vom BAG als Diskriminierung wegen des Geschlechts verworfen worden.[43]

Mit der Benachteiligung von Frauen durch ein niedrigeres Entgelt wegen kürzeren Dienstalters befasst sich ein Urteil des EuGH vom 3.10.2006.[44] In der Begründung des Urteils kommt die Alternative Typisierung oder Einzelfall klar zum Ausdruck. Dies beginnt mit der Typisierung (Rn. 35). Das Dienstalter gehe mit der Berufserfahrung einher und diese befähige den Arbeitnehmer im Allgemeinen, seine Arbeit besser zu verrichten. Daher stehe es dem Arbeitgeber frei, das Dienstalter bei der Vergütung zu berücksichtigen, ohne dass er dessen Bedeutung für die Ausführung der dem Arbeitnehmer übertragenen spezifischen Aufgaben darlegen müsse. Dann wird eine Grenze der Typisierung aufgezeigt: Es sei nicht ausgeschlossen, dass es Situationen geben könne, in denen der Rückgriff auf das Kriterium des Dienstalters vom Arbeitgeber im Einzelnen gerechtfertigt werden müsse. Dies sei insbesondere der Fall, wenn der Arbeitnehmer Anhaltspunkte liefere, die geeignet seien, ernstliche Zweifel daran aufkommen zu lassen,

[42] S. Bericht und Kommentar von *Thüsing* ZESAR 2010, 27.
[43] Urteil vom 19.8.2008, SAE 2009, 274 mit Anmerkung *Hergenröder*, 269.
[44] C 17/05 (Cadman), NZA 2006, 1205.

dass im konkreten Fall der Rückgriff auf das Kriterium des Dienstalters zur Erreichung des geeigneten Zieles geeignet sei. Dann sei es Sache des Arbeitgebers zu beweisen auch in Bezug auf den fraglichen Arbeitsplatz treffe zu, dass ein höheres Dienstalter den Arbeitnehmer befähigt seine Arbeit besser zu verrichten.

Dann geht es zurück zur Typisierung: Wenn zur Festlegung des Entgelts ein System beruflicher Einstufung verwendet wird, dem eine Bewertung der zu verrichtenden Arbeit zugrunde liegt, brauche die Rechtfertigung des Rückgriffs auf ein bestimmtes Kriterium nicht individuell auf die Situation der betreffenden Arbeitnehmer einzugehen. Daher müsse, wenn das mit dem Kriterium des Dienstalters verfolgte Ziel in der Anerkennung der Berufserfahrung liege, im Rahmen eines solchen Systems nicht bewiesen werden, dass ein individuell betrachteter Arbeitnehmer während des einschlägigen Zeitraums eine Erfahrung erworben hätte, die es ihm ermöglicht habe, seine Arbeit besser zu verrichten. Demgegenüber sei die Art der zu verrichtenden Arbeit objektiv zu berücksichtigen.

V. Kriterien zulässiger Typisierung

Diese Rechtsprechungsübersicht dürfte gezeigt haben, dass über Kriterien und Ausmaß zulässiger Typisierung von Differenzierungsgründen immer noch Unsicherheit besteht. Ganz wird sich diese Unsicherheit angesichts der stets generalklauselartigen Differenzierungsgründe auch nicht beseitigen lassen. Immerhin treten in der Rechtsprechung einige Leitgedanken hervor, deren konsequente Beachtung zu größerer Rechtssicherheit führen könnte. Ein vom EuGH mehrfach zugrunde gelegtes und in der Tat einfaches und überzeugendes Kriterium ist die Wiederspruchsfreiheit in der Durchführung eines Differenzierungsgrundes. Ein schlagendes Beispiel ist die Verwerfung der Altersgrenze für Kassenzahnärzte durch das Urteil des EuGH vom 12.1.2010 (oben Fn. 38), weil die Grenze nicht für die Behandlung von Privatpatienten galt. Auch die beim EuGH anhängige Altersgrenze 60 für Verkehrspiloten dürfte sich nur halten lassen, wenn sie konsequent durchgeführt wird. Möglicherweise können in einem so internationalen Bereich auch nationale Alleingänge als inkonsequent angesehen und durch internationale oder ausländische Regelungen widerlegt werden.

Als häufig angewendetes Kriterium für die Berechtigung eines Sachgrundes hat sich sein Überwiegen in der benachteiligten oder bevorzugten Gruppe herausgestellt. Der Sachgrund muss dann nicht in jedem Einzelfall vorliegen. Das ist allerdings anders, wenn sich die Einzelfälle ohne übermäßigen Aufwand präzise beurteilen lassen.

Das Kriterium des Überwiegens kann zu schwach sein, wenn es zu Differenzierungen führt, die dem Stereotyp ähneln. Wenn z.B. ältere Arbeitnehmer grundsätzlich als weniger leistungsfähig angesehen werden wie in der Rechtsprechung des BAG zum Kündigungsschutz (oben Fn. 40), ist das nichts anderes als die Wiederholung des Stereotyps, dem das Verbot der Diskriminierung wegen des Alters entgegentreten soll. Das BAG hätte deshalb besser daran getan, die Ausrichtung betriebsbedingter Kündigungen an Altersgruppen damit zu begründen, dass sie alle Altersgruppen gleich trifft, also gerade nicht zu einer Benachteiligung wegen des Alters führt.[45]

Schließlich ist bedeutsam, wie gesichert die Annahmen sind, auf denen eine Typisierung beruht. Je näher die Typisierung am Stereotyp ist, desto besser fundiert muss die typisierende Vermutung sein. Zudem ist die Gefährlichkeit eines Verhaltens wichtig. So dürfte sich die Altersgrenze 60 für Verkehrspiloten eher rechtfertigen als für weniger gefährliche Personengruppen.

Dies ist ein bewegliches System, das vielleicht mehr Rechtssicherheit schaffen kann.

VI. Abgrenzung zur typisierten Benachteiligungsvermutung

Typisierungen und Statistiken sind nicht nur für die Beurteilung von Differenzierungsgründen, also der Rechtfertigung gruppenbezogener Benachteiligungen wichtig, sondern schon für die Feststellung einer solchen Benachteiligung. In den hier behandelten Fällen stand jeweils fest, dass eine gesetzliche oder vertragliche Regelung eine bestimmte Gruppe bevorzugte oder benachteiligte, und es ging nur um ihre Rechtfertigung. Eine andere, hier nur zur Abgrenzung behandelte Frage ist, ob überhaupt eine Benachteiligung vorliegt, wenn eine Regelung oder Maßnahme gerade nicht an ein bestimmtes Gruppenmerkmal anknüpft. Zu entscheiden ist, ob man aus einer trotzdem eintretenden Benachteiligung der Angehörigen bestimmter Gruppen schließen kann, dass eine gegen sie gerichtete und der Rechtfertigung bedürftige Praxis vorliegt.

Art. 2 der RL 97/80 EG betr. die Beweislast bei Diskriminierung aufgrund des Geschlechts stützt sich auf ein quantitatives Merkmal. Danach liegt eine mittelbare Diskriminierung vor, wenn dem Anschein nach neutrale Vorschriften, Kriterien oder Verfahren einen *wesentlich höheren Anteil* der Angehörigen eines Geschlechts benachteiligen, es sei denn, dass sie angemessen und notwendig und durch nicht auf das Geschlecht bezogene sachliche Gründe gerechtfertigt sind. Art. 2 RL 2000/18 und § 3 Abs. 2 AGG verzichten auf ein quantitatives Kriterium und verlangen nur eine Benachteiligung in besonderer Weise.

Die Rechtsprechung hatte damit im Wesentlichen bei der mittelbaren Benachteiligung von Teilzeitarbeitnehmern zu tun und dabei keine Schwie-

[45] S. *Hanau* Altersquoten, FS Otto, 2008, 127.

rigkeiten, weil die zahlenmäßig stärkere Betroffenheit von Frauen hier besonders ausgeprägt war.[46] Trotzdem gibt es immer wieder Einzelfälle, in denen sich die Rechtsprechung mit dem erforderlichen Ausmaß der mittelbaren Betroffenheit einer Gruppe auseinandersetzen muss. Ein Beispiel ist ein Urteil des LAG Niedersachsen vom 21.9.2001.[47] Danach kann eine signifikante Abweichung erst angenommen werden, wenn die Wahrscheinlichkeit, zu der benachteiligten Gruppe zu gehören, jedenfalls nicht weniger als doppelt so hoch ist wie bei dem jeweils anderen Geschlecht. Erst dann könne mit Sicherheit von einer Abweichung gesprochen werden, die nicht lediglich auf zufälliger Zusammensetzung innerhalb einer Gruppe beruhe und den Schluss zulasse, dass die Ausgestaltung der Regelung mit hoher Wahrscheinlichkeit zu einer überproportionalen Benachteiligung eines Geschlechts führe. Dem stehe auch die Entscheidung des Bundesarbeitsgerichtes vom 20.11.1990[48] nicht entgegen, die eine für die Feststellung einer mittelbaren Frauendiskriminierung erforderliche stärkere Betroffenheit weiblicher Arbeitnehmer in einen Fall bejaht hat, bei dem der Frauenanteil in der begünstigten Gruppe 82,36 % und in der benachteiligten Gruppe 97, 9 % betrug. In der dieser Entscheidung zugrundeliegenden Fallkonstellation gehörten 33,8 % der Frauen zu der (benachteiligten) Gruppe der Teilzeitbeschäftigten, während nur 5 % der insgesamt beschäftigten Männer in diese Gruppe fallen würden. Das hieße, die statistische Wahrscheinlichkeit für Frauen, der benachteiligten Gruppe anzugehören, war 6,76 mal so hoch wie bei Männern.

In einem Urteil zur mittelbaren Altersdiskriminierung[49] hat das BAG für die Annahme einer mittelbaren Benachteiligung ganz auf einen statistischen Nachweis verzichtet. Es sei ausreichend, wenn das Kriterium hierzu typischerweise geeignet ist. Dies folge aus dem Gesetzeswortlaut und entspreche dem gemeinschaftsrechtlichen Gebot des effet utile, wonach die Regelungen einer Richtlinie innerhalb ihres Geltungsbereiches tatsächliche Wirksamkeit entfalten sollten. Als Argument für eine großzügige Typisierung auch bei den Differenzierungsgründen ist dies freilich nicht geeignet, da es die gegenteilige Wirkung hat.

Bei der unmittelbaren, wenn auch verdeckten Benachteiligung wegen eines verpönten Merkmals steht die Diskussion über statistische Kriterien erst am Anfang, wie ein Urteil des LAG Berlin-Brandenburg vom 26.11.2008[50] feststellt. Im Anlassfall lag es nahe, eine nach § 22 AGG zur Beweislastumkehr führende Benachteiligung der Geschlechter anzunehmen, da in einem Unter-

[46] Ausführliche Nachweise bei Nina *Engler* Strukturelle Diskriminierung und substantielle Chancengleichheit, 2005, S. 146 ff.
[47] LAGE Nr. 1 Art. 141 EG-Vertrag 1999.
[48] 3 AZR 613/89, AP zu § 8 BetrAVG Gleichberechtigung.
[49] 18.8.2009, DB 2010, 284.
[50] LAGE Nr. 1 § 22 AGG.

nehmen alle 27 Führungspositionen nur mit Männern besetzt waren, obwohl Frauen 2/3 der Belegschaft stellten. Allerdings berücksichtigt die Entscheidung nicht, dass die quantitative Vermutung einer Benachteiligung nur begründet sein kann, wenn sich auch nach Geltung eines Diskriminierungsverbots im Umgang mit Bewerbungen eine deutlich überwiegende Bevorzugung einer Gruppe zeigt.

Insgesamt sind die Fragen einer Benachteiligung und ihrer typisierten Rechtfertigung so verschieden, dass sie nicht auf den gleichen quantitativen Nenner gebracht werden können.

Das Wort „Arbeitsrecht“

HANS HATTENHAUER

I.

Dem Rechtshistoriker Heinrich Brunner wird das Wort zugeschrieben, die Wörter seien die „Geburtsscheine der Begriffe“. Damit ist wohl gemeint, dass ein Begriff erst dann vollkommen erfasst und gesichert ist, wenn er durch ein bestimmtes, aber nur ein einziges Wort zur Sprache gebracht werden kann und gebracht wird. Umgekehrt bedeutet das aber auch, dass ein Begriff dann nicht wirklich erfasst wird und „geboren“ ist, solange man sich einerseits für seine Bezeichnung mehrerer oder zusammengesetzter Worte oder Negationen bedient, andererseits sich nicht der Geschichte und Entstehung seiner sprachlichen Geburtsurkunde vergewissert. Seine neue Frankfurter Habilitationsschrift leitet deren Verfasser, Martin Becker, zutreffend mit dem Satz ein[1]: „Der Begriff des Arbeitsrechts wird heute zunehmend als eine Teilrechtsordnung beschrieben, die mehr sein sollte als bloß eine Mutation des alten Themas der Arbeitsbeziehungen, des Verhältnisses zwischen Arbeit und Kapital.“ Der Verfasser ist sich bewusst, dass es hier eigentlich geboten wäre, auch den, die Begriffe Arbeitsvertrag und Arbeitsverhältnis überwölbenden Begriff des Arbeitsrechts anhand seiner verbalen Herkunft, seiner Geburtsurkunde, in die Untersuchung einzubeziehen, hat dann aber darauf verzichtet, dem Wort „Arbeitsrecht“ nachzugehen. Diese Unterlassung darf man ihm nicht vorwerfen. Denn die Geschichte des Wortes „Arbeitsrecht“ ist rätselhaft.

Wortentstehung und Wortgeschichte einerseits und Begriffsentstehung und Begriffsgeschichte andererseits sind im Ergebnis zwar nicht voneinander zu trennen, bis es aber zu dieser Einheit kommt, kann der Weg dorthin schwierig gewesen sein. Wort und Begriff können zeitgleich und gemeinsam entstehen, wobei man sich oft nach Erfindung des Begriffs auf die Suche nach einem eingängigen Wort begibt. Oft sind die Wörter älter als die ihnen zugeordneten, später entstandenen Begriffe. Bisweilen hatten sie früher andere Bedeutungen, bevor sie zur Bezeichnung eines neuen Begriffs in Anspruch genommen wurden, hielten manchmal an diesen neben dem neuen Wort-

[1] Martin Becker, Arbeitsvertrag und Arbeitsverhältnis während der Weimarer Republik und in der Zeit des Nationalsozialismus, 2005, S. XV.

gebrauch fest. Bisweilen soll die Bezeichnung mit einem neuen Wort auch einem überlieferten Begriff eine neue Deutung verliehen und damit in Wahrheit ein neuer Begriff geschaffen werden. Ein festes Schema für die Geschichte des Zusammenspiels von Wort und Begriff gibt es nicht. Daher ist die Frage nicht überflüssig warum und wie das moderne Arbeitsrecht seine Bezeichnung durch das Wort „Arbeitsrecht" erfahren hat.

II.

Das Wort „Arbeitsrecht" gehört zu jenen Geburtsurkunden von Rechtsbegriffen, durch welche einem alten Sachverhalt und Begriff mit Hilfe der Sprache eine neue Deutung verschafft, ein neuer Begriff geschaffen wurde. Dass es auch vor dem Aufkommen des Wortes „Arbeitsrecht" in dessen heutiger Bedeutung und vor der Entstehung des modernen Arbeitsrechtsbegriffs ein Arbeitsrecht im materiellen Sinne gegeben hat, braucht man den Lehrern des Arbeitsrechts, schon gar dem hochgelehrten Kollegen und Jubilar, nicht zu erklären. Sie zögern nicht, die entsprechenden Gebiete vergangener Rechtsordnungen auch dort mit dem Wort „Arbeitsrecht" zu bezeichnen, wo jene selbst dieses Wort nicht verwendeten und andere Bezeichnungen gebrauchten. Immer ging es dabei zwar um das Recht der Leistung abhängiger Dienste, aber dessen Bezeichnung kam ohne den modernen Wortgebrauch aus. Das galt bereits für das antike Sklavenrecht, erst recht aber für alle entsprechenden, bereits in der Antike ansatzweise christianisierten[2], Dienstrechte.

Um nicht allzu weit in die Wortgeschichte des Rechtes der abhängigen Dienstleistungen zurück zu gehen, mag hier ein Blick auf dieses Recht in der Zeit vor dem modernen Arbeitsrecht genügen.[3] Es war im absolutistischen Staat der „guten Polizey" in einer Fülle von Gesindeordnungen verfasst und blieb dies zum Teil bis in das frühe 20. Jahrhundert. Dabei zeigte dieses Gesinderecht hinsichtlich der zwischen dem Gesinde und der Herrschaft zu regelnden Rechtsverhältnisse manche Ähnlichkeit mit den Problemen und Konflikten des heutigen Arbeitsrechts. Es ging um Lohnstreitigkeiten, Kündigungen, Arbeitskämpfe und die soziale Gestaltung der Dienstverhältnisse. Der Ständestaat des Absolutismus wusste sehr wohl, dass diese Konflikte nicht vor die ordentlichen Gerichte gehörten, sondern in einem summarischen, mündlichen Verfahren schnell und schlichtend beigelegt werden

[2] Henneke Gülzow, Christentum und Sklaverei in den ersten drei Jahrhunderten, 2. Aufl. 1999.

[3] Jürgen Brand, Untersuchungen zur Entstehung der Arbeitsgerichtsbarkeit in Deutschland, 3. Bde., 1990–2008; Hans Hattenhauer, Grundbegriffe des Bürgerlichen Rechts, 2. Aufl., 2000, § 12: Arbeit, S. 256 ff.

mussten. Dafür waren in Preußen die örtlichen Polizeibehörden zuständig. Gesinderecht war „Polizeirecht“, modern gesprochen: Verwaltungsrecht. Das Dienstverhältnis kam zwar durch privatrechtlichen Vertrag zustande, blieb aber in das Recht der „guten Polizey“ eingebunden und offenbarte vor allem im Konfliktfall einen stark öffentlichrechtlichen Charakter.

Das zeigt anschaulich die Kodifikation des preußischen Gesinderechts im Allgemeinen Landrecht vom Jahre 1794. Dort wird es behandelt unter der Überschrift:[4] „Von den Rechten und Pflichten der Herrschaften und des Gesindes“. Dabei ist zu beachten, dass sie nicht etwa „Vom Gesinderecht“ lautete. Der Ständestaat war ein Inbegriff personaler Rechtsbeziehungen. So standen auch Herrschaft und Gesinde in einem personalen Rechtsverhältnis, dem als ordnende Instanz die Obrigkeit unmittelbar vorgegeben war.

Das hatte sich zu Beginn des 19. Jahrhunderts beim Übergang zur bürgerlichen Gesellschaft in liberaler Freiheitsbegeisterung grundlegend ändern sollen.[5] Aus Untertanen sollten Bürger werden, aus Domestiken, Gesellen und grundherrlich gebundenen Landarbeitern Vertragspartner bürgerlichen Rechts. Sie sollten aus ihren überlieferten Rechtsverhältnissen auswandern und ihren ehemaligen Herren als gleichberechtigte Bürger vor den ordentlichen Gerichten gegenübertreten. Für ein besonderes materielles Arbeitsrecht neben dem allgemeinen Zivilrecht und dessen Dienstvertrag sollte auf die Dauer kein Bedarf und Raum mehr sein. Bis zur Mitte des 19. Jahrhundert hatte sich die schöne Theorie vom rein zivilrechtlichen Charakter des Dienstrechts in der Praxis als unzureichend und für die Arbeitnehmer als geradezu ruinös erwiesen. Handwerksgesellen wie Gesinde sehnten sich zurück in die alte rechtliche Geborgenheit und das theoretisch so angefochtene Gesinderecht überlebte munter das Zeitalter des bürgerlichen Liberalismus bis zum Ende der Monarchie. Das Einführungsgesetz zum Bürgerlichen Gesetzbuch sah in Artikel 95 EGBGB für das Gesinderecht die Zuständigkeit der Landesgesetzgeber vor. Im Jahr 1914 gab es in Deutschland noch 41 Gesindeordnungen. Ein „Arbeitsrecht“ kam dagegen in der Rechtsordnung des 19. Jahrhunderts weder als Wort noch als Begriff vor. Zwar wurde bei Beratung des BGB zum Dienstvertragsrecht im Reichstag am 11.12.1896 unter geradezu bewundernswürdiger Vermeidung des Wortes „Arbeitsrecht“ beschlossen[6], „dass die Verträge, durch welche jemand sich verpflichtet, einen Teil seiner geistigen oder körperlichen Arbeitskraft für die häusliche Gemeinschaft, ein wirtschaftliches oder gewerbliches Unternehmen eines

[4] II, 5.

[5] Martin Becker, Arbeitsvertrag und Arbeitsverhältnis in Deutschland. Vom Beginn der Industrialisierung bis zum Ende der Kaiserzeit, 1995; Günter Bernert, Arbeitsverhältnisse im 19. Jahrhundert, 1972.

[6] Session 1895/97, Verhandlungen Bd. 1, S. 3846.

anderen gegen einen vereinbarten Lohn zu verwenden, für das deutsche Reich baldtunlichst geregelt werden", sollten, doch kam es in der Kaiserzeit dazu nicht mehr.

Wer sich auf die Suche nach dem Wort „Arbeitsrecht" im Allgemeinen, insbesondere dem amtlichen Sprachgebrauch der späten Monarchie begibt, stellt überrascht fest, dass es dort nicht vorkommt. Meyers Konversations-Lexikon vom Jahre 1890 kennt es nicht. Grimms Deutsches Wörterbuch schweigt. Selbst das Deutsche Rechtswörterbuch, dessen erste Lieferung noch vor dem Ersten Weltkrieg erschien, weiß nichts darüber mitzuteilen. Der sonst so reiche Wortvorrat des Instituts für Deutsche Sprache in Mannheim lässt auch noch in heutiger Zeit den Suchenden im Stich. Die Suche nach den Anfängen des Wortes „Arbeitsrecht" als der Geburtsurkunde des modernen Arbeitsrechts beginnt also mit einer Fehlanzeige. Man gewinnt den Eindruck, dass die allgemeine wie auch die amtliche Sprache der späten Monarchie das Wort „Arbeitsrecht" bewusst vermieden. Es regt sich der Verdacht, das Wort könne zu dieser Zeit ein Unwort, sein Gebrauch ein Verstoß gegen die politische Korrektheit gewesen sein.

III.

Über diese und andere allgemeinen Vermutungen käme man nicht hinaus, käme dem Suchenden nicht das Internet zu Hilfe. Das besorgt Google mit seiner „erweiterten Buchsuche".[7] Nach Eingabe des Wortes „Arbeitsrecht" lässt sich für die Zeit bis zum Jahre 1920 die folgende Tabelle dort genannter Belege aufstellen:

Belege für das Wort „Arbeitsrecht" in Google „erweiterte Buchsuche".

1787–1790	2	1851–1860	12
1791–1800	–	1861–1870	18
1801–1810	–	1871–1880	64
1811–1820	5	1881–1890	93
1821–1830	1	1891–1900	100
1831–1840	3	1901–1910	190
1841–1850	12	1911–1920	519

Nun darf man die von Google zusammengetragenen Belege nicht unkritisch verwenden. Es handelt sich um einen zufällig entstandenen Materialhaufen voller Lücken, Irrläufern und Wiederholungen. Die mitgeteilten Zitate sind

[7] Für Beratung und Hilfe beim Erschließen des im Internet vorhandenen Materials danke ich meinem Freund Uwe Bake.

aus urheberrechtlichen Gründen zumeist verstümmelte Sätze und als solche für eine wissenschaftliche Auswertung nicht geeignet. Ihre umfassende Untersuchung sowie das Aufspüren weiterer Wortbelege kann und braucht hier aber nicht geleistet zu werden. Für die Beantwortung der hier gestellten Frage genügt die Prüfung der jeweils ältesten Belege der unterschiedlichen Bedeutungen von „Arbeitsrecht“. Die Hauptarbeit mag einem wissbegierigen Doktoranden überlassen bleiben. Immerhin lässt die Tabelle bereits die Vermutung zu, dass das Wort und der Begriff „Arbeitsrecht“ in deren moderner Bedeutung eine politische Frucht des späten 19. Jahrhunderts waren.

Eins macht die von Google gebotene Liste aber bereits deutlich: Das Wort „Arbeitsrecht“ kommt zwar bereits im 18. Jahrhunderts vor, hatte damals aber eine andere, im Laufe des 19. Jahrhunderts sogar weitere Bedeutungen. Es handelt sich bei ihm also um einen jener Fälle, in denen ein altes Wort zur Bezeichnung eines neuen Begriffs auf eine neue Bedeutung festgelegt wurde, seines alten Gehalts also entkleidet werden musste, um als Geburtsurkunde des modernen Begriffs Arbeitsrecht dienen zu können.

Von den beiden ältesten Belegen der Tabelle kann man bereits einen als unbrauchbar verwerfen. Es handelt sich um einen zwar das Jahr 1790 betreffenden Hinweis, der aber aus dem Jahre 1939 stammt. So bleibt für das späte 18. Jahrhundert nur ein Beleg der Verwendung des Wortes „Arbeitsrecht“ übrig. Der aber lässt es noch interessanter erscheinen. Er findet sich im Jahre 1787 im Kapitel XVIII der „Briefe an Frau von B. Über die Aufhebung der Leibeigenschaft und Frohndienste“[8] und hat mit dem heutigen Gebrauch des Wortes „Arbeitsrecht“ nichts zu tun. Es wird dort mitgeteilt,

> „daß aus der Untersuchung der Revisions-Commission 1688 die Wakkenbücher oder das Arbeitsrecht der Bauern entstunden, wodurch ihre vorher ganz ungemessenen Prastazionen bestimmt wurden.“

Mit dem Wort „Arbeitsrecht“ wurden hier die im Gegensatz zu den ungemessenen bäuerlichen Diensten stehenden, durch Gesetz bestimmten und eingegrenzten, bemessenen Dienste bezeichnet. An dic Stelle der grenzenlosen Dienstpflichtigkeit der Bauern war durch Gesetz das „Recht“ der Bauern getreten, keine über die bemessenen Dienste hinaus geforderten Leistungen für den Grundherrn erbringen zu müssen.

Während das Wort „Arbeitsrecht“ im Vorfeld der Bauernbefreiung für den Schutz der Bauern vor grundherrlicher Ausbeutung Verwendung fand, erhielt es zu Beginn des 19. Jahrhunderts im Zeichen begeisterter Gewerbefreiheit einen anderen Sinn. Das bisher fast unbekannte Wort gewann im liberalen Bürgertum an Verbreitung zur Bezeichnung des Rechts auf ungehinderte Gewerbeausübung, des Rechts, frei vom Zunftzwang arbeiten zu

[8] Deutsches gemeinnütziges Magazin, hg. v. Christian Ulrich von Eggers, 1787, S. 89.

dürfen. Allerdings bleiben auch insoweit die einschlägigen Wortbelege während des ganzen 19. Jahrhunderts spärlich. Ein solcher findet sich etwa im Jahre 1819 in der Allgemeinen Literatur-Zeitung[9] in einer Rezension des Buches „Ueber die Besteuerung im Großherzogthum Hessen" (1814):

> „Die französische Gewerbesteuer ... nimmt unter dem Anschein unbedingter Arbeitsfreiheit das Arbeitsrecht den Einzelnen und giebt dem Staat die Verfügung darüber."

Hier meint das Wort also noch nicht das erst in der Mitte des 19. Jahrhunderts aufkommende „Recht auf Arbeit", sondern ein „Recht zur Arbeit", ist also nicht das Wort „Arbeitsrecht" in dessen moderner Bedeutung. In der Bedeutung von „Arbeitserlaubnis, Konzession" begegnet „Arbeitsrecht" auch in der Folgezeit. So etwa 1824 in einer „Darstellung des fabriks- und gewerbswesens in seinem gegenwärtigen zustande" in der Feststellung[10], es müsse jeder, der Branntwein, Rosolio, Essig etc. verfertigen und dafür „ein Arbeitsrecht" erlangen wolle, sich zuvor einer amtlichen Prüfung unterziehen.

Die Erwartung, das moderne Wort „Arbeitsrecht" könne im Umfeld des Frühsozialismus und der Revolution von 1848 aufgekommen sein, wird enttäuscht. Zwar war diese Revolution, anders als jene von 1830, in Deutschland deutlich von der sozialen Not der Zeit und vom Aufkommen sozialistischer Bestrebungen geprägt, der Geburtsort unseres Begriffs „Arbeitsrecht" war sie aber nicht. Der Verfassungsgebenden Nationalversammlung hätte sich in der Paulskrche dazu am 8. und 9. Februar 1849 eine günstige Gelegenheit geboten anlässlich der Diskussion der geplanten Garantie von Grundrechten.[11] In seinem Entwurf eines Katalogs der Grundrechte hatte der Redaktionsausschuss einen § 30 vorgeschlagen. Danach sollte die Besteuerung der Bürger so geordnet werden, „dass die Bevorzugung einzelner Stände und Güter aufhört." Dazu hatte es einen – schließlich von der Mehrheit des Hauses verworfenen – Antrag einer Minderheit von Abgeordneten sowie einen Bericht des volkswirtschaftlichen Ausschusses gegeben, die verlangten, dass in diesem Paragraphen auch der „Schutz der Arbeit" in den Rang eines Grundrechts erhoben werden solle.

Darüber brach ein heftiger Meinungsstreit in der Versammlung aus und wurden lange Reden gehalten. Das gesuchte Wort „Arbeitsrecht" aber findet sich nirgends auf den 47 Seiten des Verhandlungsprotokolls. Wiederholt wurde der „Schutz der Arbeit" beschworen. Bei diesem gehe es nicht nur um

[9] 1816, Sp. 356.

[10] S. 329.

[11] Stenographischer Bericht über die Verhandlungen der deutschen constituirenden Nationalversammlung zu Frankfurt am Main, hg. v. Franz Wigard, Bd. 7, S. 5100 ff.

das beschränkte Feld der Besteuerung, sondern um den „Boden des Materiellen des ganzen Staatslebens“[12]. Dagegen wurde eingewandt, das Ziel des Antrags sei nicht der „Schutz der Arbeit“, sondern der „Schutz der Arbeiter“. Diese aber würden vom Recht nicht mehr und nicht minder geschützt als alle anderen Stände.“[13] Anscheinend waren sich die Antragsteller selbst noch nicht ganz darüber im Klaren, dass es ihnen nicht allein um die grundrechtliche Sicherung einzelner sozialpolitischer Forderungen, vor allem um das von den Sozialisten nun verlangte „Recht auf (staatlich garantierte) Arbeit“ ging. Darüber aber waren sich alle Parteien einig, dass die Arbeiter im Staat ein „Stand“, eine „Classe“ neben anderen Klassen waren. Diese aber sollte nach Ansicht der Mehrheit des Hauses vor dem Recht keine Sonderstellung und Privilegierung erfahren, bedurfte daher keines speziellen Grundrechtsschutzes.

Nun begegnet in den Verhandlungen der Paulskirche an anderer Stelle einmal zwar auch das Wort „Arbeitsrecht“, hat dort aber noch die traditionelle Bedeutung. Zu dem „Bericht des volkswirtschaftlichen Ausschusses über Petitionen von Cattundruckern und Formenstechern“ hatte der Abgeordnete Moritz Mohl ein Sondervotum abgegeben und ganz im Sinne der auf Abschaffung des Zunftzwangs gerichteten liberalen Gewerbefreiheit erklärt, dass ein Austritt aus einer Zunft jedermann frei stehen müsse, „ohne daß an diesen Austritt der Verzicht auf irgend ein Gewerbe- oder Arbeitsrecht geknüpft werden dürfe“[14]. Nur nachzutragen ist, dass sich das gesuchte Wort auch bei Karl Marx und Friedrich Engels nicht findet. Bis zum letzten Drittel des 19. Jahrhunderts sucht man vergeblich nach dem Wort „Arbeitsrecht“ in dessen moderner Bedeutung.

IV.

Neues zeigte sich dagegen zu Beginn der Siebzigerjahre, als das neue Deutsche Reich gegründet worden war. Die Erste industrielle Revolution stand in voller Blüte und hatte auch der Lage der arbeitenden Bevölkerung genutzt. Bismarck hatte für die Wahlen zum Reichstag das gleiche Wahlrecht eingeführt. Die sozialistischen Lehren von Marx und Lasalle hatten die Arbeiterschaft erreicht und zu Parteigründungen geführt. Die „soziale Frage“ war in aller Munde und wurde überall als die große politische Herausforderung, als Krise wie als Chance wahrgenommen und diskutiert. Viele waren sich der durch diese Formel bezeichneten und in ihr enthaltenen Zeitenwende be-

[12] AaO S. 5100 ff.
[13] AaO S. 5100.
[14] Verhandlungen aaO, Zweiter Band, enthaltend das zweite Beilagenheft oder die Ausschuß- und Commissionsberichte zu Nr. 1 bis 180, S. 161.

wusst. Die seit je im sozialen Bereich tätigen und erfahrenen Kirchen wollten den Anhängern von Marx und Lasalle das politische Feld nicht allein überlassen und entwarfen ihre antirevolutionären Programme zur Lösung der „sozialen Frage". Bei den Katholiken wurden die Vertreter der Sozialreform angeführt von dem „Arbeiterbischof" Wilhelm Emmanuel Freiherr von Ketteler[15], bei den Protestanten von Pfarrer Rudolf Todt (1838–1887)[16] und Oberhofprediger Adolf Stöcker (1836–1909)[17].

Im Jahre 1874 erschien in Berlin ein umfangreiches, 1875 durch einen zweiten Band ergänztes Werk: „Der Emancipationskampf des Vierten Standes". Sein Verfasser war Rudolf (Hermann) Meyer (1839–1899)[18], ein Vertreter der katholischen Soziallehre. Schon der Titel des Buches ließ erkennen, dass es ihm um eine Grundsatzfrage der politischen Einordnung der „sozialen Frage" ging. Meyer wollte nicht einen weiteren Katalog der bereits allgemein diskutierten Forderungen der Sozialisten bieten, sondern das Problem als ein verfassungsrechtliches darstellen. Der Oberhofprediger Stöcker fasste es im gleichen Sinne ein rundes Jahrzehnt später in die Worte[19]:

> „Wie vor hundert Jahren der Bürgerstand in der französischen Revolution gegenüber den alten, bevorrechtigten Ständen eine Verbesserung seiner Lage versuchte und durchsetzte, so wollen in unseren Tagen die arbeitenden Klassen eine andere Stellung einnehmen."

Auch Meyer stellte diesen historischen Vergleich an den Anfang seiner Darstellung. Darin findet sich der womöglich erste, jedenfalls bisher erste bekannte Beleg für das moderne Wort „Arbeitsrecht"[20]. Meyer berichtete über einen Vortrag, den Christoph Monfang, Regens des Priesterseminars zu Mainz, am 27. Februar 1871 in einer Wahlveranstaltung gehalten und dabei die Grundsätze des katholisch-sozialen Programms entwickelt hatte. Auf seine Frage „Wie kann und muss der Staat helfen?" habe der Redner eine vierfache Antwort gegeben:

> Durch Gesetzgebung,
> durch Geld-Unterstützung,
> durch Minderung der Steuer- und Militärlast,
> durch Beschränkung der Herrschaft des Kapitals.

Was auf den ersten Blick eine bloße Wiederholung der bekannten sozialreformerischen Forderung nach fürsorglicher Staatsunterstützung der ver-

[15] BBKL III (1992), 1429 ff.
[16] BBKL XII (1999), 255 ff.
[17] BBKL X (1995), 1507 ff.
[18] NDB 17 (1994), 371 f.
[19] Adolf Stöcker, Soziale Kämpfe der Gegenwart, in: Christlich-Sozial. Reden und Aufsätze, 1890, S. 161.
[20] S. 72 ff.

armten Arbeiter zu sein schien, erwies sich in der Darstellung des Redners als ein umfassendes Konzept, eine politische Antwort auf die „soziale Frage". Zum „Schutz durch die Gesetzgebung" führte der Redner aus, hier gehe es nicht darum, „den Handwerkern und Arbeitern Statuten, Regeln, Ordnungen zu octroiren". Vielmehr sollten die Arbeiter

> „sich solche selbst entwerfen und der Staat diese von den Arbeitern aufgestellten Vereinsstatuten, Associationsregeln und Arbeits-Ordnungen mit seinem gesetzlichen Schutz sanctioniren. Darin liegt ein großer Unterschied. Der Staat schützt ja Alle; der Staat setzt die Grenzsteine, damit die Grundbesitzer in ihren Rechten gesichert seien; er schützt die ausgeliehenen Capitalien durch seine Hypothekenbeamten; so muss er auch den Arbeiter in seinem Vermögen, welches in seiner Arbeitszeit und Arbeitskraft besteht, gesetzlich schützen, damit nicht, wenn dieses sein Vermögen durch die sogenannte freie Concurrenz aufgerieben und zerstört ist, der alte und verbrauchte Arbeiter, der nun als „Arbeitskraft" nichts mehr gilt, auf den Aussterbe-Etat und in's Invalidenhaus gebracht werde."

Dem schloss der Redner die Forderung nach gesetzlicher Begrenzung der Arbeitszeit, gesetzlicher Einführung der allgemeinen Sonntagsruhe sowie „Feststellung des Arbeitslohns in befriedigender Weise" an. Ferner sollten die Arbeitsräume staatlich kontrolliert werden. Danach folgten die zusammenfassenden Sätze[21]:

> „Das Alles zusammen, würde dann das „Arbeitsrecht" sein und heißen. Es gibt doch ein Handelsrecht! – Wenn nun der Kaufmannsstand ein eigenes Recht hat, welches bestimmt, wie die Handelsgeschäfte geführt und geschützt werden, so kann und muss auch der Arbeiterstand sein eigenes Recht haben. Und es gibt ein Seerecht, worin für die Schiffer Alles gesetzlich festgestellt ist, und so muss es ein Handwerkerrecht geben, worin steht, wie Alles zwischen Meister, Gesellen und Jungen, und ein Fabrikrecht, worin steht, wie Alles zwischen dem Fabrikherrn und seinen Arbeitern gehalten werden soll. Das wäre der wahre Rechtsstaat, der jedem Bürger und jedem Stand sein Recht bestimmt und schützt und sichert. In früheren Jahrhunderten war es so. Natürlich änderten sich mit den Zeiten auch die Bedürfnisse; aber anstatt die alten Ordnungen zeitgemäß zu verbessern und umzugestalten, hat man Alles zerstört. Die Arbeiter suchen darum für ihre Interessen eine neue Ordnung, und ist es nicht zu wundern, dass ihre Ansichten oft nicht die richtigen und ihre Forderungen oft zu stürmisch sind?"

Es ist nicht klar, ob dieses neue Wort bereits 1871 vom Domkapitular Monfang oder erst 1874 vom Autor Meyer erstmals gebraucht und in die öffent-

21 S. 72 f.

liche Diskussion eingeführt oder gar schon zuvor von einem Dritten verwendet wurde. Sicher ist aber, dass Rudolf Meyer sich dessen Charakters als einer sprachlichen Neuschöpfung bewusst war. Anders ist es nicht zu erklären, dass er dieses Wort in zweifacher Weise, durch Anführungszeichen und durch gesperrten Satz, hervorhob. Jedenfalls führt dieser Text dem Leser die Jugendgeschichte des modernen Wortes „Arbeitsrecht“ vor Augen. Noch wichtiger als die Frage nach seinem Erfinder ist jedoch die andere nach seiner Bedeutung. Im Wort „Arbeitsrecht“ war das Programm einer „neuen Ordnung“, neuen Sozialverfassung enthalten. Der Arbeiter sollte nicht länger vereinzelt das Objekt unternehmerischer Verfügung und staatlicher Fürsorge sein. Er sollte sich als Angehörigen eines Standes – nicht also einer sozialistischen Classe – selbst deuten und autonom rechtlich zu Wort melden. Unter staatlichem Schutz sollte er seinen Stand selbst organisieren und öffentlich zu Gehör bringen, um als Stand der Arbeitnehmer jenem der Arbeitgeber selbstbewusst und selbständig gegenüber zu treten. Die „soziale Frage“ wurde als eine solche des Verfassungsrechts erkannt, der Staat fürsorglicher Armenpflege sollte durch den sozialen Rechtsstaat ersetzt werden. Das geforderte Arbeitsrecht sollte, wenn dieses Wort auch noch nicht vorhanden gewesen zu sein scheint, ein Recht der Sozialpartnerschaft werden.[22]

Noch war man in diesem letzten Viertel des 19. Jahrhunderts allerdings nicht so weit, dieses Programm in politische Reformen umsetzen zu können. Noch war dieses neue Arbeitsrecht eine im Entstehen begriffene Vision. Als dessen Geburtsurkunde war das Wort „Arbeitsrecht“, um im sprachlichen Bilde zu bleiben, noch nicht geeignet. Es hatte noch einen prophetischen Charakter, weil die Geburt noch nicht stattgefunden hatte, ließ aber erkennen, dass die katholische Sozialpolitik den Weg zu der geschauten „neuen Ordnung“ bereits erkannt hatte.

V.

Es dauerte nun nicht lange, bis das neue beziehungsweise neu gedeutete Wort „Arbeitsrecht“ in den Kreisen der Sozialpolitiker Allgemeingut wurde, wenn auch der amtliche Sprachgebrauch weiterhin einen Bogen darum machte. Es war bezeichnend für diese Zwischenzeit, dass der Antrag des sozialdemokratischen Reichstagsabgeordneten Stadthagen zum Dienstvertragsrecht des BGB zwar das Wort „Arbeitsvertrag“, nicht aber das Wort „Arbeitsrecht“ verwendete und auch der bereits erwähnte, daraus hervorgegangene Beschluss des Reichstags vom 11.12.1896 es, peinlich vermied. Aber

[22] Es reicht zur Charakterisierung dieses neuen Arbeitsrechts daher nicht aus, wenn man es wie Martin Becker aaO (Fn. 1) mit dem Satz zu erfassen sucht: „Die Betonung liegt auf der Flexibilität, die gegen veraltete entwicklungshemmende Regeln gekehrt wird.“ Sozialpartnerschaft ist mehr und anderes als Flexibilität.

das Wort „Arbeitsrecht“ war nun einmal in der Welt und nicht mehr lange totzuschweigen. Im allgemeinen Sprachgebrauch war es allerdings noch nicht angekommen. Die Universitäten nahmen von ihm und dem damit bezeichneten Begriff noch keine Kenntnis und boten vor dem Ersten Weltkrieg noch keine Vorlesungen über Arbeitsrecht an. Wesentlich trug zu seiner Verbreitung der sich nun bildende, noch überschaubare Kreis von Arbeitsrechtlern bei, von denen die Namen Philipp Lotmars (1850–1922)[23] und Hugo Sinzheimers (1875–1945)[24] bis heute unvergessen sind.

Am meisten scheint zur Verbreitung von Wort und Begriff des neuen Arbeitsrechts die im ersten Jahrzehnt des 20. Jahrhunderts geführte Debatte um die Schaffung eines „einheitlichen Arbeitsrechts“[25] beigetragen zu haben, in der es allerdings wesentlich um die Forderung eines einheitlichen Arbeitsrechts für Arbeiter, Angestellte und Beamte ging. Ausgelöst hatte sie im Jahre 1908 Heinz Potthoff (1875–1945)[26] mit seinem „Programm eines Reichsarbeitsgesetzes“[27]. Die Debatte wurde auch innerhalb des Kreises der führenden Arbeitsrechtler kontrovers geführt[28] und schlug 1910 und 1912 ihre Wellen bis in den 30. und den 31. Deutschen Juristentag. Dem ist hier nicht nachzugehen. Hier genügt die Feststellung, dass Wort und Begriff „Arbeitsrecht“ bis zum Endes des Kaiserreichs zueinander gefunden hatten. So konnten die Wortführer des neuen Rechtsgebiets, wenngleich noch verschmäht von der universitären Rechtswissenschaft, im Februar 1914 ein neues Publikationsorgan mit dem vielsagenden Titel „Arbeitsrecht. Jahrbuch für das gesamte Dienstrecht der Arbeiter, Angestellten und Beamten“[29] herausbringen. In der programmatischen Einleitung des ersten Bandes ihres Jahrbuchs teilten sie dem Leser mit[30],

[23] Pio Caroni (Hg.), Forschungsband Philipp Lotmar (1850–1922). Colloquium zum 150. Geburtstag, Bern 15./16. Juni 2000, 2003; Catherine Antoinette Gasser, Philipp Lotmar 1850–1922, Professor an der Universität Bern, 1997.

[24] Susanne Knorre, Soziale Selbstbestimmung und individuelle Verantwortung. Hugo Sinzheimer (1875–1945). Eine politische Biographie, 1991; Keiji Kubo, Hugo Sinzheimer – Vater des deutschen Arbeitsrechts, 1985.

[25] Martin Becker, Arbeitsvertrag und Arbeitsverhältnis in Deutschland. Vom Beginn der Industrialisierung bis zum Ende des Kaiserreichs, 1995, S. 299 ff.

[26] Marie L. Seelig, Heinz Potthoff (1875–1945) – Arbeitsrecht als volkswirtschaftliches und sozialpolitisches Gestaltungsinstrument. Diss. Humboldt-Univ 2008.

[27] DJZ 1908, Sp. 1302 ff.; dazu Martin Becker aaO I, S. 303 f.

[28] Kritisch Philipp Lotmar, Die Idee eines einheitlichen Arbeitsrechts, in: Gewerbe- und Kaufmannsgericht, 18. Jahrgg. 1912, Sp. 277 ff./ND in: Joachim Rückert (Hg.), Philipp Lotmar. Schriften zu Arbeitsrecht, Zivilrecht und Rechtsphilosophie, 1992, S. 603 ff.; abschließend: Hugo Sinzheimer, Über den Grundgedanken und die Möglichkeit eines einheitlichen Arbeitsrechts für Deutschland, 1914/ND in: Otto Kahn-Freund u. Thilo Ramm (Hg.), Hugo Sinzheimer. Arbeitsrecht und Rechtssoziologie, Bd. I, 1976, S. 35 ff.

[29] Arbeitsrecht. Jahrbuch für das gesamte Dienstrecht der Arbeiter, Angestellten und Beamten, Bd. 1, Februar 1914.

[30] S. 2.

„dass das Arbeitsrecht ein wichtiges Sondergebiet des Rechtes ist, das in unserer Zeit einer besonderen Pflege bedarf. Wir verstehen unter Arbeitsrecht dasjenige Recht, dem das Arbeitsverhältnis zugrunde liegt und zwar das Arbeitsverhältnis zwischen dem Unternehmer und denjenigen, die in seinem Dienste stehen, wie auch das Arbeitsverhältnis zwischen dem Staat oder sonstigen öffentlichen Korporationen und ihren Beamten."

VI.

Es bedurfte schließlich des durch den Ersten Weltkrieg bewirkten politischen Verfassungswandels, dass das Wort „Arbeitsrecht" seinen Charakter als bloßes politisches Programm abstreifen und Zugang zur Umgangssprache und zur amtlichen Sprache des Rechts finden konnte. Die Katastrophe hatte den Deutschen den endgültigen Abschied vom alten Ständestaat, die klassenlose Gesellschaft eingebracht. Der Tod hatte keine Standesunterschiede gekannt, Hunger und Armut waren allgemein. Monarchie und Adel hatten ihre Vorrechte verloren und das Bürgertum war ideologisch wie ökonomisch bis ins Mark getroffen. Nur die radikale Linke träumte noch vom Klassenkampf. Auf dieser Grundlage kam es am 23. Dezember 1918 unter dem Rat der Volksbeauftragten durch einen Kompromiss der Sozialpartner zur dauerhaften rechtlichen Begründung der Sozialpartnerschaft. Mit Recht qualifiziert Ernst Rudolf Huber[31] die „Verordnung über Tarifverträge, Arbeiter- und Angestelltenausschüsse und Schlichtung von Arbeitsstreitigkeiten"[32] und die damit friedlich vollzogene Fortentwicklung des Arbeitsrechts als „ein vorweggenommenes Verfassungsgesetz". Worum sich der kleine Kreis der Arbeitsrechtler bisher vergeblich bemüht hatte, war nun plötzlich erreicht worden. Der Grundsatz der Sozialpartnerschaft war das Fundament des neuen und künftigen Arbeitsrechts geworden.

Auffällig an der Tarifordnung von 1918 war allerdings, dass das Wort „Arbeitsrecht", wohl wegen deren Kompromisscharakters, darin noch nicht vorkam. Es sollte aber nur noch Monate dauern, bis man es in der allgemeinen wie in der Rechtssprache nicht mehr durch verbale Kunstgriffe umging, sondern ohne Scham allgemein als das verwendete, was zu sein es nach dem Willen seiner Erfinder bisher vergeblich hatte sein sollen. In den Verhandlungen der Verfassungsgebenden Nationalversammlung in Weimar wird es in den Registern unter „Schaffung eines einheitlichen Arbeitsrechts" vierzehnmal nachgewiesen. Alsbald erschienen auch die ersten Lehrbücher des Arbeitsrechts. Zwar gab Erwin Jacobi seinem Lehrbuch in dessen zweiten

[31] Deutsche Verfassungsgeschichte seit 1789, Band V, S. 867 ff.
[32] RGBl. S. 1456 ff.

Auflage 1919 noch den Titel „Einführung in das Gewerbe- und Arbeiterrecht“, gebrauchte im Text selbst dann aber das neue Wort mit aller Selbstverständlichkeit. Walter Kaskel dagegen titulierte ein Jahr später auf der Höhe der neuen Zeit „Das neue Arbeitsrecht“ und Hugo Sinzheimer gab 1921 selbstverständlich „Grundzüge des Arbeitsrechts“ heraus. Das Wort „Arbeitsrecht“ war die Geburtsurkunde des neuen Arbeitsrechts der Sozialpartnerschaft geworden.

Von einem verschwiegenen Landstrich, einem Schlüsselbegriff und Typenproblemen

Elke Herrmann

I.

Zunächst ein kleiner Vorspann: Wer sich von Norden aus Richtung Bad Berleburg dem Rothaargebirge auf der Bundesstraße (62) nähert und bei dem kleinen Ort Lützel links abbiegt, gelangt über die Eisenstraße, eine alte Handelsstraße, in das Quellgebiet, wo Sieg, Eder und Lahn entspringen. Die schmale Straße führt über Berg und Tal mehrere Kilometer schnurgerade durch den Tann. Im Quellgebiet angekommen, nahe der Siegquelle, geht es Richtung Süden in Windungen hinunter nach Siegen. Die Kreisstadt ist das Zentrum des Siegerlandes, einer in vieler Hinsicht bemerkenswerten Region. Hier ist *Dieter Reuter* geboren und aufgewachsen. Anders als das im Norden angrenzende Sauerland ist das Siegerland weithin unbekannt, touristisch nicht erschlossen, wie man heute sagt. Die Abgeschiedenheit des Landstriches kommt dem Charakter des Siegerländers entgegen. Er ist gern für sich. Die Schönheiten des Landes liegen meist einsam da: die Wälder, die Bergwelt (700 m) mit immer wieder sich öffnenden weiten Blicken, die wie hingegossene Hügellandschaft unten, wiesenbewachsen, die hübschen und reinlichen Ortschaften mit den in Schwarz-Weiß gehaltenen, schiefergedeckten Fachwerkhäusern und ihrer auffallenden Ordnung. Man zieht vor ein Dasein auch an Sonn- und Feiertagen in Haus mit Garten, das ein jeder hier sein eigen nennt, ob ererbt oder erarbeitet. Der Wanderer begegnet oft stundenlang keiner Menschenseele.

Die erwähnte Eisenstraße, hoch oben in den Bergen als Verbindung zu belebteren Regionen, ist ein Relikt des Erzbergbaus, der 2000 Jahre lang im Siegerland betrieben wurde, berühmt vor allem durch die Qualität des Eisenerzes. Im Jahre 1962 wurde die letzte Grube stillgelegt, aber Land und Leute sind von ihrer Bergbauvergangenheit immer noch geprägt. Der Menschenschlag ist bodenständig, tatkräftig, verläßlich und: auffallend arbeitsam. Das Gebiet ist – ein weiteres Relikt des Bergbaus – reich an metallverarbeitenden Unternehmen. Wenn nicht das Ursprungsland, so sind aber wenigstens die hier erwirtschafteten Produkte der Eisen-, Stahl- und Blechverarbeitung (Werkzeugmaschinen, Apparate, Anlagen, Walzwerke, Röhren) weltweit über das Siegerland hinaus bekannt. Die mit dem Fleiß und dem Pflichtbewußtsein der Leute gepaarte Verschlossenheit geht einher mit einer stark calvinistisch-pietistischen Prägung. Das alles wirkt wie ein Musterbeispiel der These *Max Webers* von der protestantischen Ethik und dem Geist des Kapitalismus.[1] Der – die Strenge etwas abmildernde – Katholizismus hat sich, historisch erklärbar, erhalten, jedoch abgegrenzt in über die Region verteilten Enklaven.

Die Arbeitswelt ist aber nicht alles. Es gibt, hart daneben, ganz gegensätzliche Elemente. Das Siegerland stand über Jahrhunderte unter der Regierung der Fürsten von *Nassau-Oranien*. Davon zeugen heute noch die beiden Schlösser in Siegen: das Obere Schloß der katholischen Linie, das Untere Schloß der protestantischen Linie.[2] *Wilhelm von Oranien*, genannt „der Schweiger" (1533–1584), auch Statthalter der Niederlande, fügte sich durch die ihm zugeschriebene Eigenart der Schweigsamkeit und seine Entschlossenheit gut in sein Land: Etwa 1560 brach er mit seinen Mannen auf, um den Niederländern in ihrem Freiheitskampf gegen die Spanier (Herzog Alba) zu Hilfe zu eilen. Bis heute besteht eine Verbundenheit mit dem niederländischen Königshaus.

Eine niederländische Verbindung anderer Art führt zu *Peter Paul Rubens* (1577–1640). Zufall war es schon, daß er in Siegen geboren wurde, aber einer, der eng mit der Historie des Siegener Fürstenhauses zusammenhängt, da sein Vater *Jan Rubens*, Advokat und aus Glaubensgründen von Antwerpen nach Köln geflohen, die Gemahlin jenes *Wilhelm des Schweigers*, Prinzessin *Anna von Sachsen*, in Rechtsangelegenheiten beraten sollte. Die Begebenheit ist recht verwickelt – bei der Rechtsberatung blieb es nicht –, so daß von weiteren Schilderungen hier abgesehen werden muß.

Die Juristen kamen aber nicht nur von außen: Der große Rechtsgelehrte *Johannes Althusius* (1557–1638), der (unter anderem) Professor an der Hohen Schule im etwas entfernteren Herborn/Nassau (ab 1588) war, wurde in der zur Region gehörenden damaligen Grafschaft Wittgenstein geboren.[3] Spuren hinterließ aufgrund seiner Geburt im Siegerland (in Grund bei Hilchenbach) im Museum des Oberen Schlosses der Mediziner und Schriftsteller

[1] *Max Weber* Die protestantische Ethik und der Geist des Kapitalismus, in: *Johannes Winckelmann* (Hrsg.): *Max Weber* Die protestantische Ethik, Eine Aufsatzsammlung, 1920, Nachdruck 1965, S. 27 ff.

[2] Zur Geschichte: *Jürgen H. Schawacht* Aus der Geschichte des Unteren Schlosses, in: *Alfred Schmidt*, *Klier* (Hrsg.), Recht im südlichen Westfalen, FS zum 50jährigen Bestehen des Landgerichts Siegen, 1983 (Recht im südlichen Westfalen), S. 87 ff.

[3] Calvinistisch-humanistische Prägung durch Herkunft und Studium in Genf und Basel; vgl. *Stolleis* (Hrsg.), Juristen, Ein biographisches Lexikon, Von der Antike bis zum 20. Jahrhundert, 2001, s.v. Althusius; *Erik Wolf* Große Rechtsdenker der deutschen Geistesgeschichte, 4. Aufl. 1963, S. 177 ff., 179 ff.

Johann Heinrich Jung, genannt *Jung Stilling* (1740–1817),[4] ein Freund *Goethes* aus dessen Straßburger Zeit.[5]

Zu nennen ist weiter der Pädagoge und Pestalozzi-Anhänger *Friedrich Adolf Wilhelm Diesterweg* (1790–1866). Er hat zwar in Berlin gewirkt, aber erst ab 1832. Das Pädagogische mag hier als Erbe des Protestantismus gewertet werden; die Schulen in Siegen ganz unterschiedlicher Art sind jedenfalls auffallend zahlreich. – Der berühmten Künstler-Familie *Busch* entstammen die Brüder *Fritz Busch* (1890–1951) und *Adolf Busch* (1891–1952), der eine Dirigent, der andere Geiger, beide bekanntlich Musiker von Weltrang. Die Erinnerungsbewegung, weltweit mit Mitgliedern vor allem in Japan und Südamerika, ist mit dem Gebrüder-Busch-Kreis e.V. und der Gebrüder-Busch-Gesellschaft e.V. von dem Siegerländer Ort ausgegangen, wo *Reuter* geboren wurde (Dahlbruch).

Die Reihe der Siegener Persönlichkeiten ließe sich fortsetzen. Was nun aber das dem Jubilar nahestehende Rechtswesen anlangt, so verfügt das Siegerland über eine reiche Geschichte.[6] Früh ausgebildet war eine vielfältige Gerichtsbarkeit. So ist schon seit der ersten Hälfte des 15. Jahrhunderts ein Siegener Berggericht nachgewiesen.[7] Es gab ein Amtsgericht in Hilchenbach nahe Dahlbruch mit jahrhundertealten Vorläufern.[8] Das heutige Arbeitsgericht Siegen (seit 1927),[9] untergebracht im Kurländer Flügel des Unteren Schlosses, wenige Schritte entfernt von der Gruft der Fürsten *Nassau-Oranien* im benachbarten Schloßflügel, hatte auch hier seine Vorläufer in einem Kaufmanns- und Gewerbegericht, wie sie im 19. Jahrhundert entstanden.[10] Über mehr als 2000 Jahre (seit etwa 600 v. Chr.) wurde die sog. Haubergswirtschaft betrieben, eine dem Siegerland eigene Fruchtwechselwirtschaft

[4] Bekannt vor allem durch seine Augen-(Star-)operationen; ein Operationsbesteck ist vom Siegener Oberen Schloß in ein Museum in Wien gegeben worden.

[5] Vgl. *Johann Wolfgang Goethe* Sämtliche Werke, Gesamtausgabe nach den Texten der Gedenkausgabe des Artemis-Verlages (Hrsg. *Peter Boerner*), 1963, Bd. 45, Chronik von Goethes Leben, S. 13, 17, 18 f., 20, 78.

[6] Dazu instruktiv das in Fn. 2 genannte Werk m.w.N.

[7] Dazu *Werner Schmidt* Die Berggerichtsbarkeit im Siegerland, Recht im südlichen Westfalen (Fn. 2), S. 163 ff., 164.

[8] Dazu *Mahrenholz* Zur Geschichte des Amtsgerichts Hilchenbach, Recht im südlichen Westfalen (Fn. 2), S. 138 ff.; das Hilchenbacher Amtsgericht wurde 1976 vom Siegener Amtsgericht aufgenommen, vgl. *Mahrenholz* a.a.O. S. 149.

[9] Dazu *Winfried Schwarz* Die Arbeitsgerichtsbarkeit im Südzipfel Westfalens, Recht im südlichen Westfalen (Fn. 2), S. 235 ff.; errichtet im Zuge der zunehmenden Entwicklung des Arbeitsrechts und der Schaffung einer Arbeitsgerichtsbarkeit durch das ArbGG von 1926, vgl. *Herrmann* ZfA 2002, 1 ff., 2, 24.

[10] Nach dem französischen Vorbild der Conseils de Prud' hommes, vgl. *Schwarz* a.a.O. S. 235 ff.; im einzelnen *Jürgen Brand* Untersuchungen zur Entstehung der Arbeitsgerichtsbarkeit in Deutschland, Bd. 2, 2002, S. 335 ff., 340 ff., 371; *ders.* Bd. 3, 2008, zur Rechtsprechung der rheinischen Gewerbegerichte (Bespr. *Herrmann* ZNR 2009, S. 321 ff.).

(Wald-, Weide- und Getreidekultur).[11] Von der Haubergsverfassung übrig geblieben ist, da die Anteilseigner immer noch in Form der Genossenschaft organisiert sind (heute: „Waldgenossenschaften"), ein eigenes Genossenschaftsrecht.[12] Sich damit zu befassen, wäre reizvoll, zumal *Reuter* sich intensiv mit gesellschaftsrechtlichen Zusammenschlüssen und juristischen Personen (vor allem Vereins- und Stiftungsrecht) auseinandergesetzt hat, ist aber in diesem Beitrag nicht leistbar. Die Verf. dieses Beitrags möchte sich im folgenden zwei anderen Themen des Jubilars zuwenden, nicht aber, ohne zuvor diesen Abschnitt mit einem herzlichen „Glückauf!" abzuschließen.

II.

In einer im Jahre 1989 erschienenen Schrift hat *Reuter* sich mit der Stellung des Arbeitsrechts in der Privatrechtsordnung befaßt und im Zusammenhang damit die Frage gestellt, was das Arbeitsrecht sei.[13] Derartige der Grundlagenforschung zuzurechnende Untersuchungen sind im Privatrecht selten geworden, obwohl angesichts der anschwellenden Masse an Rechtsdetails zunehmend von Bedeutung. Soweit es sie gibt, besteht die Neigung, sie als Feiertagsliteratur zur Kenntnis zu nehmen, ohne daraus Konsequenzen für die Rechtsgestaltung (Gesetzgebung) und Rechtsanwendung zu ziehen. *Reuter* stellt selbst fest, daß „solche Reflektionen über den ‚Geist' des Arbeitsrechts zwar für interessant, jedoch für praktisch ganz und gar unergiebig" gehalten werden.[14] Er führt demgegenüber den überzeugenden Nachweis, daß diese Einschätzung verfehlt ist. *Reuter* schlägt in beeindruckender Weise schlüssig den direkten Bogen von sehr prinzipiellen Fragen zu konkreten Detailfragen des Arbeitsrechts.

Worum geht es? *Reuter* muß, wie erwähnt, für seinen Untersuchungsgegenstand, die Stellung des Arbeitsrechts in der Privatrechtsordnung, zunächst die weitere Frage nach der Eigenart des Arbeitsrechts klären. Dazu greift er die gängige und im wesentlichen anerkannte Beschreibung vom Arbeitsrecht als Sonderrecht der abhängigen Arbeit auf[15] und wendet sich dem darin enthaltenen „Schlüsselbegriff"[16] der Abhängigkeit näher zu. Dies

[11] Dazu *Schawacht* Die Siegerländer Haubergswirtschaft (Reihe „Westfälische Wirtschafts- und Sozialgeschichte Heft 7), 1991, m.w.N.

[12] *Schawacht* a.a.O. S. 6; Einzelheiten bei *Lorsbach* Hauberge und Haubergsgenossenschaften des Siegerlandes, Diss. Münster, 1956.

[13] *Dieter Reuter* Die Stellung des Arbeitsrechts in der Privatrechtsordnung, Berichte aus den Sitzungen der Joachim Jungius-Gesellschaft der Wissenschaften e.V., Hamburg, 1989 (*Reuter*), S. 3 ff.

[14] *Reuter* (Fn. 13), S. 10.

[15] *Ders.* (Fn. 13), S. 3 vor 1.

[16] *Ders.* (Fn. 13), S. 3 vor 1.

geschieht, indem *Reuter* die Entwicklung des Arbeitsrechts und die gerade auch mit der Entstehung des BGB aufkommenden rechtspolitischen Diskussionen um das Arbeitsrecht betrachtet.[17] Er erkennt drei unterschiedliche „Sichtweisen" von Arbeitsrecht, die er wie folgt kategorisiert: Die klassenkämpferische Sicht des Arbeitsrechts (*Sinzheimer*) ist der „klassenrechtliche Ansatz" (Abhängigkeit kraft Klassenzugehörigkeit, „Rechtsbildung aus sozialer Einsicht").[18] Die Betrachtung des Arbeitsrechts als „personenrechtliches Gemeinschaftsverhältnis" *(Otto v. Gierke)* ist der „personenrechtliche Ansatz" (statt schuldrechtlicher Inhaltsfreiheit „personenrechtlicher Typenzwang").[19] Die Betonung des durch den Arbeitnehmer geschuldeten Leistungsgegenstandes ist der „schuldrechtliche Ansatz", der sich in das Konzept des BGB einfügt (Abhängigkeit durch die Notwendigkeit von Dispositionen des Dienstherrn, s. sogleich).[20] *Reuter* weist im einzelnen nach, daß diese drei Sichtweisen des Arbeitsrechts nichts anderes sind als „Bedeutungsvarianten" des einen zentralen Begriffs der Abhängigkeit.[21] Nun sind zwei davon der Historie zuzurechnen (*Sinzheimer, v. Gierke*). Das scheint aber nur so. Denn wenn auch der von *Reuter* so genannte schuldrechtliche Ansatz heute herrschend geworden ist, so leben, wie *Reuter* anhand mehrerer prominenter Beispiele zeigt, der klassenrechtliche und der personenrechtliche Ansatz bei der Lösung vieler arbeitsrechtlicher Fragen fort.[22] „Je nach subjektivem Bedarf" bediene sich die arbeitsrechtliche Praxis „mal des schuldrechtlichen, mal des personenrechtlichen und mal des klassenrechtlichen Vorverständnisses des Arbeitsrechts und seiner Institute, ohne sich darum zu sorgen, ob die so gefundenen Ergebnisse noch zueinander und in die zugehörigen gesetzlichen Regelungsprogramme passen".[23]

Reuter selbst entscheidet sich für den schuldrechtlichen Ansatz[24] und damit für die Bedeutungsvariante, nach der sich nach *Reuter* die Abhängigkeit auf den Inhalt der Arbeit[25] bezieht, nämlich dadurch, daß eine „zeitbestimmte Dienstleistung mit im voraus nicht abgegrenzten Einzelleistungen zugesagt" wird.[26] Dieses – mit anderen Worten – Element der Unbestimmtheit der versprochenen Leistung zwingt den Arbeitgeber zu Direktiven, um die im einzelnen unbestimmte Leistung zu konkretisieren. Die Abhängigkeit entsteht

[17] *Ders.* (Fn. 13), S. 3 ff.
[18] *Ders.* (Fn. 13), S. 7 ff.
[19] *Ders.* (Fn. 13), S. 5 ff.
[20] *Ders.* (Fn. 13), S. 3 ff.
[21] Vgl. *ders.* (Fn. 13), S. 3 vor 1, S. 3 ff., passim.
[22] *Ders.* (Fn. 13), S. 10 ff.
[23] *Ders.* (Fn. 13), S. 11 f.
[24] *Ders.* (Fn. 13), S. 24 f.
[25] *Ders.* (Fn. 13), S. 3, ferner S. 10: „schuldrechtliche, d.h. auf den Leistungsgegenstand bezogene Abhängigkeit".
[26] *Ders.* (Fn. 13), S. 3, 25 (je mit Bezug auf *Jacobi* und *Richardi*).

also, so der überzeugende Gedankengang, durch den Bedarf an Konkretisierung (Weisungsbefugnis).[27] – Mit dieser schuldrechtlichen Einordnung der Abhängigkeit ist für *Reuter* die Stellung des Arbeitsrechts in der Privatrechtsordnung (Privatautonomie, Vertragsfreiheit) jedenfalls im Prinzip geklärt. Allerdings bleibt die Frage, wie sich dieses im BGB wurzelnde schuldrechtliche „Vorverständnis" mit dem kollektiven Bereich des Arbeitsrechts (Betriebsverfassungs-, Tarif-, Arbeitskampfrecht) zu einer „Gesamtsituation"[28] verbinden läßt, ohne, wie dies heute geschieht, auf die beiden anderen Modelle fall- und bedarfsweise auszuweichen. Damit setzt *Reuter* sich auseinander; er sieht die Lösung darin, daß Arbeit nicht isoliert, sondern im Verbund mit anderen Arbeitnehmern geschuldet ist.[29]

III.

1. Von dieser hohen Ebene der hier nur skizzenhaft wiedergegebenen komplexen und scharfsinnigen Ausführungen *Reuters* möchte sich der vorliegende Beitrag lösen, sie aber zum Anlaß nehmen, den Arbeitsvertrag typologisch ein wenig zu beleuchten.

Reuters schuldrechtlicher Ansatz des „Schlüsselbegriffs" der Abhängigkeit liegt im Begriff der *Dienste* im Sinne des § 611 BGB. Die Dienste nach § 611 BGB haben *Tätigkeiten als solche* zum Gegenstand im Unterschied zu Werkleistungen, bei denen ein Erfolg („Werk") geschuldet ist (§ 631 BGB).[30] Der Dienstvertrag (über „freie" Dienste) wird zum Arbeitsvertrag durch die *Abhängigkeit*, in der der Dienstnehmer bei Durchführung seiner Tätigkeiten steht, ein Element, das *Reuter* aus der Eigenart der Leistungsverpflichtung ableitet (o. II) und das – so ließe sich hinzufügen – von § 611 Abs. 2 BGB seiner Entstehungsgeschichte nach erfaßt ist.[31] Die Tätigkeitspflicht ist also – neben der Abhängigkeit[32] – das Merkmal, durch den der Arbeitsvertrag seine Typizität erlangt.

[27] So sinngemäß *ders.* (Fn. 13), S. 3.

[28] *Ders.* (Fn. 13), S. 25.

[29] *Ders.* (Fn. 13), S. 25 ff.

[30] So schon die Verfasser des BGB: „Gegenstand des Dienstvertrages sind die Dienste für sich betrachtet oder die Arbeit als solche, Gegenstand des Werkvertrages ist das Werk … oder das Erzeugniß der Dienste oder der Arbeit", vgl. Motive *Mugdan* Die gesammten Materialien zum Bürgerlichen Gesetzbuch, II. Bd., Recht der Schuldverhältnisse, 1899, S. 262; vgl. ferner *Larenz* Lehrbuch des Schuldrechts, zweiter Bd., Besonderer Teil, Halbbd. 1, 13. Aufl. 1986 (*Larenz* II 1), § 52 I; unter arbeitsrechtlichen Aspekten dazu *Zöllner/Loritz/Hergenröder* Arbeitsrecht, 6. Aufl. 2008, § 4 III 2a.

[31] Ausgenommen sein sollte von den Dienstverpflichteten in abhängiger Stellung nur das Gesinderecht, vgl. *Herrmann* ZfA 2002, 1 ff., 17 f.; zur Regelung des Gesinderechts unter dem Gesichtspunkt des „personenrechtlichen Ansatzes" *Reuter* (Fn. 13), S. 5.

[32] Das Merkmal der Abhängigkeit als Charakterisierung von Arbeitsrecht, Merkmal des Begriffs des Arbeitnehmers und des Arbeitsvertrages (was in der Sache auf dasselbe hinaus-

Nicht selten aber sind mit der Dienstverpflichtung im Sinne des § 611 BGB *anderstypische Leistungsverpflichtungen* verbunden. Das können Werkleistungen[33] sein oder aber Verwahrungsleistungen. Der Kommentator des Verwahrungsvertrages *Reuter* greift in seinen Erläuterungen zu den §§ 688 ff. BGB die Frage auf, wie Verwahrungspflichten des Arbeitnehmers im Zusammenhang mit einem Arbeitsverhältnis rechtsdogmatisch einzuordnen sind.[34] Konkrete Fälle führt er nicht auf, denn seine Aufgabe besteht darin, sich generell mit dem Befund auseinanderzusetzen, daß Typenmischungen bei der Verwahrung besonders häufig auftreten.[35] Viele Verträge, deren Hauptleistungsgegenstand an sich auf etwas anderes gerichtet sind, enthalten ein Verwahrungselement. Das zeigen schon die gesetzlichen Vertragstypen wie Miet-, Pacht-, Leih- und Werkvertrag, denen Verwahrungselemente immanent sind. Bekannt für derartige Verbindungen sind die Fälle der Garderobenablage in der Arztpraxis oder in Theatern und Museen; die auf eine andere Hauptleistung (Dienst-, Werkleistung) gerichteten Verträge sind wegen der „Aufbewahrung" der Garderobe (§ 688 BGB) mit einem Verwahrungselement kombiniert.[36] Im Arbeitsrecht, um das es hier gehen soll, kommt einmal der Fall in Betracht, daß dem Arbeitnehmer *Arbeitsgeräte* (auch Arbeitsbekleidung) zur Verfügung gestellt werden (vgl. auch § 618 Abs. 1 BGB). Er schuldet daher Obhut, also eben die Pflicht, die zur „Aufbewahrung" im Sinne des § 688 BGB gehört. Damit tritt das schuldrechtliche Grundlagenproblem des *gemischten Vertrages* auf, mit dem das Arbeitsrecht, wie sich später noch zeigen wird (vgl. u. 2), seine Schwierigkeiten hat. Ein solcher Fall

läuft), variiert in Literatur und Judikatur; es wird auch von „persönlicher", „wirtschaftlicher" Abhängigkeit oder von „Selbständigkeit" (u.a.) gesprochen; darauf wird hier nicht eingegangen; vgl. dazu *Reuter* (Fn. 13), S. 11; ferner etwa *Zöllner/Loritz/Hergenröder* (Fn. 30), § 4 III 5; *Otto* Arbeitsrecht, 4. Aufl. 2008, Rn. 68 ff. je m.w.N.

[33] Zu Abgrenzungsproblemen *Zöllner/Loritz/Hergenröder* (Fn. 30), § 4 III 2a m.w.N.; die Frage ist eng mit der Entwicklung des Arbeitsrechts verbunden (Verlagssystem vor allem im 19. Jahrhundert durch ausgelagerte Produktherstellung durch Handwerker, Heimarbeiter; Stück-, anstelle von Zeitlohn), vgl. *Brand* Bd. 3 (Fn. 10), S. 132 ff., 379, passim; daß sich Abgrenzungsschwierigkeiten tatsächlich vor allem auf „höhere" und „selbständig" erbrachte Dienstleistungen beziehen, wie *Wendehorst* AcP 206 (2006), 205 ff., 246 f. meint, scheint fragwürdig; der Vorschlag, Dienst- und Werkvertrag zu einem Vertragstyp zu vereinigen (vgl. *Wendehorst* a.a.O. S. 239 ff., 247, 298 m.w.N. vor allem auch mit Blick auf ein europäisches Privatrecht), überzeugt u.a. deshalb nicht, weil die unterschiedlichen Rechtsfolgen sachbedingt sind.

[34] *Reuter* in: Staudingers Kommentar zum Bürgerlichen Gesetzbuch, Buch 2, Recht der Schuldverhältnisse, Neubearb. 2006 (Staud/*Reuter*), Vorbem. zu §§ 688 ff. Rn. 39; zu Verwahrungspflichten des Arbeitgebers *Reuter* a.a.O. Rn. 46; *Herrmann* in: *Erman* Bürgerliches Gesetzbuch, Handkommentar, Bd. 1, 12. Aufl. 2008, § 688 Rn. 11.

[35] Vgl. nur Staud/*Reuter* Vorbem. zu §§ 688 ff. (Fn. 34) Rn. 26 ff., 38 ff.; *Erman/Herrmann* (Fn. 34) Rn. 7 ff.

[36] Vgl. *Erman/Herrmann* (Fn. 34) Rn. 10; Staud/*Reuter* (Fn. 34) Vorbem. zu §§ 688 Rn. 42 ff.

wirft bekanntlich deshalb Probleme auf, weil mit der Typenverbindung verschiedene, dem jeweiligen Typus angehörende Rechtsfolgen ausgelöst werden, so daß zu entscheiden ist, welche der mehreren Rechtsfolgen gelten. Die schuldrechtliche Doktrin hat dafür Prinzipien entwickelt,[37] die sich mit den rechtstatsächlichen Möglichkeiten der Kombination von Vertragselementen (Typenkombinationsverträge, Typenverschmelzungsverträge etc.) und mit der Lösung der genannten Rechtsfolgenfrage (Trennungstheorie etc.) befassen.

Reuter ordnet die Verwahrungspflicht des Arbeitnehmers als Teil seiner „Leistungspflicht" ein, offenbar gemeint als Teil seiner Hauptleistungspflicht.[38] Die in solchen Zusammenhängen stets auftretende Frage der Haftung führt ihn zur Verwahrungsvorschrift des § 690 BGB (Haftung für eigenübliche Sorgfalt, § 277 BGB); „zumindest" diese Bestimmung sei von einer analogen Anwendung ausgenommen, es seien bei einem Arbeitsverhältnis die Grundsätze über die gemilderte Haftung des Arbeitnehmers zu beachten.[39]

Will man nun diese Bewertung arbeitsrechtlich etwas vertiefen, sind die soeben erwähnten Prinzipien heranzuziehen, die die Schuldrechtsdogmatik zur Verfügung stellt. Ein Blick in die einschlägige Literatur ergibt, daß das Problem mit Hilfe einer Gemengelage bewältigt wird, bestehend aus *Rechtstatsachen, Auslegungsarbeit* und *Rechtsdogmatik*.[40] Es werden Kategorien der der Rechtswirklichkeit zu entnehmenden Vertragskombinationen gebildet (Rechtstatsachen), aber schon aufgrund einer Auslegungsarbeit (§§ 133, 157 BGB): Zunächst müssen die mehreren Leistungen Teil eines einheitlichen Vertrages sein, nicht dürfen sie mehreren Verträgen angehören, denn nur bei einem einheitlichen Vertrag entsteht das Konkurrenzproblem der Rechtsfolgen. Weiter ist festzustellen, ob die Typenkombination auf nur einer Vertragsseite besteht (Beispiele: Reise-, Hotelvertrag) oder auf beiden Seiten (Rechtstatsachenfeststellung; Beispiel: Hausmeistervertrag: Dienstleistung gegen Wohnungsüberlassung als Austauschvertrag mit anderstypischer Gegenleistung). Sodann tritt die Rechtsdogmatik auf den Plan: Es gilt zu ermitteln, ob es sich bei den typenverschiedenen Leistungen auf einer Vertragsseite um eine Hauptleistungs- oder eine Nebenleistungspflicht handelt. Diese Feststellung wiederum entsteht durch Vertragsinterpretation anhand der Interessenlage (§§ 133, 157 BGB): Den verschiedenen Elementen kommt

[37] Etwa *Larenz* Lehrbuch des Schuldrechts, zweiter Bd., Besonderer Teil, 12. Aufl. 1981 (*Larenz* II), § 62 I, II; *Medicus* Schuldrecht II, Besonderer Teil, 14. Aufl. 2007, § 121; umfassend *Leenen*, Typus und Rechtsfindung, 1971.

[38] Da *Reuter* alternativ neben der „Leistungspflicht" eine Nebenpflicht erwägt, vgl. Staud/*Reuter* (Fn. 34) Vorbem. zu §§ 688 ff. Rn. 38, 39.

[39] *Ders.* a.a.O. Rn. 39.

[40] Aus der einschlägigen Literatur vgl. nur die in Fn. 37 Genannten m.w.N.

danach unterschiedliches Gewicht zu; beispielsweise haben bei einer Schiffsreise[41] Transport, Kabinennutzung und Beköstigung gleiches Gewicht, so daß es sich um einen aus Hauptleistungspflichten gemischten Vertrag handelt, bestehend aus Werk-, Miet- und Kaufelementen; die Dienstleistungen treten demgegenüber zurück, sie sind also Nebenleistungspflichten.

Hat man diese Grundfragen der rechtsdogmatischen Einordnung geklärt, stehen aber damit die Rechtsfolgen, um die es eigentlich geht, nicht unbedingt fest. Nun muß erneut anhand der Interessenlage und unter dem Geichtspunkt der Praktikabilität der Rechtsfolgen geprüft werden, welche Vertragselemente anwendbar sein sollen.[42] Dies läßt sich nur im Einzelfall beurteilen. Etwa ein Rücktritt nur vom kaufvertraglichen Bestandteil des Schiffsreisevertrages wegen mangelhafter Speisen kann den Gesamtvertrag berühren, was nicht interessegerecht wäre.

Diese theoretischen Überlegungen mögen als Grundlage genügen: Übernimmt der Arbeitnehmer zur Ausführung seiner Arbeitsleistung Arbeitsgeräte (Werkzeuge, Fahrzeuge, Computeranlagen, Papier und Bleistift), so schuldet er Obhut (§§ 133, 157 BGB), aber keinen Raum, diesen stellt der Arbeitgeber zur Verfügung. Zur Aufbewahrung nach § 688 BGB gehört jedoch beides.[43] Damit entspricht seine Pflicht nur teilweise dem Typus des Verwahrungsvertrages. Aber immerhin: ein Verwahrungselement ist gegeben.

Damit zurück zu *Reuters* Bewertung des Verwahrungselementes als Teil der (Haupt-)Leistungspflicht des Arbeitnehmers: Ob man seine Auffassung teilt, hängt von der Bedeutung ab, die man der Obhutspflicht beimißt. Da der Hauptgegenstand des Vertrages auf eine andere Leistung gerichtet ist und die Arbeitsgeräte nur ihrer Durchführung dienen, spricht eine interessengerechte Deutung für eine Nebenpflicht des Arbeitsvertrages. Nebenpflichten aber prägen den Vertragstypus nicht. Das Verwahrungselement wird damit – unter dem typologischen Aspekt – absorbiert. Es liegt daher im vorliegenden Fall ausschließlich ein Arbeitsvertrag vor; die Rechtsfolgen der §§ 688 ff. BGB gelten nicht.[44] Bei Schäden an den Arbeitsgeräten ist allein der Arbeitsvertrag in Verbindung mit einer positiven Forderungsverletzung (§§ 280, 619a BGB) Haftungsgrundlage. Verschuldensmaßstab sind die arbeitsrechtlichen Grundsätze der Arbeitnehmerhaftung.[45]

2. a) Werden diese Fragen gewöhnlich nicht vertieft, sieht die Lage ganz anders bei der sog. *Mankohaftung* aus, die eigens unter relativ breit angeleg-

[41] Beispiel nach *Larenz* II (Fn. 37), § 62 II.

[42] Dazu anschaulich *Larenz* II (Fn. 37), § 62 I, II.

[43] Staud/*Reuter* (Fn. 34) § 688 Rn. 6; Erman/*Herrmann* (Fn. 34) § 688 Rn. 4.

[44] Vorsichtiger Staud/*Reuter* (Fn. 34) Vorbem. zu §§ 688 ff. Rn. 39 (allg. zu Fall der Verwahrung durch Arbeitnehmer).

[45] So auch *Reuter* a.a.O.; zu den genannten Grundsätzen näher *Zöllner/Loritz/Hergenröder* (Fn. 30), § 20 II 2.

ten typologischen Bemühungen behandelt wird. Hier liegt der Fall zugrunde, daß dem Arbeitnehmer Waren oder Gelder anvertraut sind, er also als Kassierer, im Warenlager oder bei Geld- oder Warentransporten tätig wird und ein Fehlbestand, ein Manko entsteht.[46] Bisweilen wird in diese Fallgruppe der hier soeben (o. 1) untersuchte Fall überlassener Arbeitsmittel einbezogen,[47] so daß die für die eigentliche Mankohaftung erörterte Problematik auch diesen Fall erfassen. Das ist aber nicht gerechtfertigt, weil die Bedeutung der Obhutspflicht, wie auf den ersten Blick erkennbar, jeweils ganz verschieden liegt.

Im Mittelpunkt der Mankofälle steht die Frage der Haftung des Arbeitnehmers. Wurde eine Mankoabrede getroffen, nach der der Arbeitnehmer sich verpflichtet, für Fehlbeträge Schadensersatz zu leisten, ist die Haftungsfrage im Grundsatz geregelt. Was den Vertragstyp betrifft, handelt es sich nach richtiger Auffassung um einen Garantievertrag;[48] dieser ist mit dem Arbeitsvertrag verbunden. Wenn keine Mankovereinbarung vorliegt oder diese unwirksam ist,[49] kommt nur eine gesetzliche Haftung infrage, und diese wiederum hängt davon ab, wie die Verpflichtung des Arbeitnehmers zur Obhutsleistung typologisch einzuordnen ist. Diesem Fall möchten sich die folgenden Überlegungen zuwenden.

Seit langem schon wird in Wissenschaft und Judikatur die Auffassung vertreten, daß die Stellung des Arbeitnehmers entscheidend sei: Führt er seine Aufgaben *unselbständig* durch, wird nur ein Arbeitsvertrag angenommen, aus dem er wegen einer positiven Forderungsverletzung (§ 280 BGB) hafte. Bei *selbständiger* Durchführung hingegen soll ein gemischter Vertrag vorliegen, bestehend aus arbeits-, verwahrungs- und auftragsrechtlichen Elementen. Im Falle von Fehlbeständen haftet der Arbeitnehmer danach aus Unmöglichkeit (§§ 283, 280), da er zur Herausgabe nicht in der Lage ist.[50] Als

[46] Beispiele: Geldtransportfahrer, verschwundene Kassette, BAG Urt. v. 22.5.1997, NZA 1997, 1279 = AP Nr. 1 zu § 611 BGB Mankohaftung m. Anm. *Krause*; Kassierer im Spielcasino, Kassenfehlbestand, Urt. v. 17.9.1998, NZA 1999, 141 = SAE 2001, 1 m. Anm. *Boemke* a.a.O. S. 6 ff.; Ladenverwalterin, Kassen- und Warenfehlbestand, BAG Urt. v. 2.12.1999, NZA 2000, 715 = AP Nr. 3 zu § 611 BGB Mankohaftung m. Anm. *Krause*; zum Begriff „Manko" *Herrmann* in: *Birk/Konzen/Prütting* Lexikon des Rechts (Loseblatt), s.v. Mankohaftung, 1994 (*Herrmann* Mankohaftung), S. 1.

[47] *Hromadka/Maschmann* Arbeitsrecht, Bd. 1, Individualarbeitsrecht, 4. Aufl. 2008, § 9 Rn. 56; *Blomeyer* in: Münchener Handbuch zum Arbeitsrecht, Bd. 1, Individualarbeitsrecht I, 2. Aufl. 2000 (MünchArbR/*Blomeyer*), § 57 Rn. 72; *Otto/Schwarze* Die Haftung des Arbeitnehmers, 3. Aufl. 1998, Rn. 275.

[48] *Herrmann* Mankohaftung (Fn. 45), S. 1 ff.; *dies*. Unternehmens- und Mitarbeiterhaftung in: *Schünemann/Stober* (Hrsg.), Haftungsgrundsätze und Haftungsgrenzen des Sicherheitsgewerbes, 2002, S. 29; Zum Garantievertrag im einzelnen *Herrmann* in: Erman, Bürgerliches Gesetzbuch, Handkommentar, Bd. 2, 12. Aufl. 2008 (Erman/*Herrmann*), vor § 765 Rn. 19 f.

[49] Beispiel: BAG NZA 2000, 715 (Ladenverwalterin).

[50] MünchArbR/*Blomeyer* (Fn. 47), § 59 Rn. 83; *Bulla* DB 1952, 58; BAG AP Nr. 32, 60,

Anspruchsgrundlage für den Herausgabeanspruch führt das Bundesarbeitsgericht nebeneinander die entsprechenden Vorschriften des Auftrags- und Verwahrungsrechtes an (§§ 667, 695 BGB).[51] Das Schrifttum verfährt ähnlich undeutlich und bemüht die direkte oder analoge Anwendung von Verwahrungs-, Geschäftsbesorgungs- und Auftragsvorschriften alternativ oder kumulativ (§§ 695, 675 Abs. 1, 667 BGB).[52]

Die jüngere Rechtsprechung des Bundesarbeitsgerichtes hat etwas Neues ersonnen: Das Gericht siedelt das angeblich entscheidende Kriterium der Selbständigkeit oder Unselbständigkeit *im Besitzrecht* an. Es meint, der Arbeitnehmer hafte „nach den Grundsätzen der Verwahrung oder des Auftrags" auf Herausgabe, wenn der Arbeitgeber „nicht mehr Besitzer der Sache", sondern der Arbeitnehmer „unmittelbarer Alleinbesitzer der Sache" sei.[53] Selbständigkeit ist hier also gleichbedeutend mit (Allein-)Besitz. Das Bundesarbeitsgericht hat mehrere Kriterien für die Selbständigkeit („eigenständiger Spielraum") des Arbeitnehmers entwickelt (alleiniger Zugang zur Sache, deren selbständige Verwaltung, nötige wirtschaftliche Überlegungen und Entscheidungen über die Verwendung der Sache etc.),[54] die dazu führen sollen, daß der Arbeitnehmer nicht, wie gewöhnlich, Besitzdiener ist (§ 855 BGB), sondern eben alleiniger Besitzer.

b) Die Rolle des Besitzrechtes ist unerfindlich. Fast entsteht der Eindruck, als habe die in solchen Fällen stets gestellte Frage der Selbständigkeit oder Unselbständigkeit rechtsdogmatisch einmal irgendwie verankert werden sollen. Sie ist ja auch nach § 855 BGB tatsächlich von Bedeutung, da Voraussetzung der Besitzdienerschaft die Weisungsgebundenheit des Gewalthabers ist,[55]

87 jeweils zu § 611 BGB Haftung des Arbeitnehmers; für „Auftrag oder Verwahrung" in Ausnahmefällen, bei Fehlbeständen „eventuell" § 283 BGB *Söllner/Waltermann* Arbeitsrecht, 15. Aufl. 2009, Rn. 251, 252; teilw. wird auch die Einräumung einer Vertrauensstellung (zusätzlich oder allein) für maßgebend gehalten, vgl. MünchArbR/*Blomeyer* (Fn. 47), § 59 Rn. 72; *Schaub/Linck* Arbeitsrechts-Handbuch, 13. Aufl. 2009, § 53 Rn. 79; weitere umfangreiche Nachw. bei *Otto/Schwarze* (Fn. 47), Rn. 273.

[51] BAG NZA 1997, 1279, 1280; NZA 1999, 141, 142; NZA 2000, 715, 716.

[52] *Dütz* Arbeitsrecht, 14. Aufl. 2009 (*Dütz*), Rn. 202; *Hromadka/Maschmann* (Fn. 46), § 9 Rn. 62 f.; MünchArbR/*Blomeyer* (Fn. 47), § 59 Rn. 83; *Schaub/Linck* (Fn. 50), § 53 Rn. 79 (anders Rn. 84).

[53] BAG NZA 1997, 1297, 1280; NZA 1999, 141, 142 f.; NZA 2000, 715, 716 f.; dem folgend z.B. *Dütz* (Fn. 52), Rn. 202; MünchArbR/*Blomeyer* (Fn. 47), § 59 Rn. 83; offenbar nur hinsichtlich des Alleinbesitzes, im übrigen krit. *Henssler* in: Münchener Kommentar zum Bürgerlichen Gesetzbuch, Bd. 4, 5. Aufl. 2009 (MünchKommBGB/*Henssler*), § 619a Rn. 41 a.E.; dem Besitzgedanken offenbar im Grundsatz zustimmend *Krause* Anm. zu BAG AP Nr. 1 zu § 611 BGB Mankohaftung, Bl. 1040; *ders.* Anm. zu BAG Nr. 3 zu § 611 BGB Mankohaftung, Bl. 1087 Rücks.

[54] BAG NZA 1999, 141, 142 f.; NZA 2000, 715, 716.

[55] Dazu *Joost* in: Münchener Kommentar zum Bürgerlichen Gesetzbuch, Bd. 6, 5. Aufl. 2009 (MünchKommBGB/*Joost*), § 855 Rn. 4 ff.; *Herrmann* in: Eckpfeiler des Zivilrechts, Neubearb. 2008, S. 1017 ff., 1018.

also dessen „Unselbständigkeit". Das ändert aber nichts daran, daß die besitzrechtliche Position des Arbeitnehmers hier gar nicht in Frage steht. Es geht um die schuldrechtliche Frage von Herausgabe- und Schadensersatzansprüchen. Deren Voraussetzungen müssen vorliegen. Wo der Zusammenhang mit besitzrechtlichen Fragen liegen soll, ist nicht erkennbar.

Selbst aber, wenn man bei der Besitzfrage einmal verbliebe:[56] Die Konstruktion geht an der Lebenswirklichkeit vorbei. In den den Entscheidungen des Bundesarbeitsgerichtes zugrundeliegenden Fällen ging es um einen Geldtransportfahrer, einen Kassierer im Automatenspielsaal eines Spielcasinos und eine Ladenverwalterin im Lebensmittelhandel.[57] Es ist hier wie sonst kaum vorstellbar, daß der Arbeitgeber seinen Besitz aufgibt und auf den Arbeitnehmer überträgt. Der Arbeitgeber soll ja nach dem geschilderten Rechtsstandpunkt noch nicht einmal mittelbarer Besitzer sein (§ 868 BGB). Das würde bedeuten, daß dem Arbeitgeber keinerlei Besitzschutzansprüche zustehen (§§ 861, 862, 1007 BGB), wohl aber dem Arbeitnehmer, und zwar auch gegen seinen Arbeitgeber. Selbst wenn der Arbeitgeber keinerlei Zugang zum Warenlager oder zur Kasse hat: Er muß und darf ihn sich, notfalls gewaltsam, verschaffen können. Der Arbeitnehmer ist stets Besitzdiener, weil weisungsgebunden, sonst wäre er kein Arbeitnehmer.[58]

Die Gleichung: Selbständigkeit gleich Besitz gleich Verwahrungs- und Auftragselemente mit Herausgabeanspruch nach §§ 695, 667 BGB (gemischter Vertrag) arbeitet also mit einer Voraussetzung (Besitz), die in zweifacher Hinsicht verfehlt ist: sie gehört nicht in den Sachzusammenhang und ihr Vorliegen wird zu Unrecht bejaht.

Ob bei den Vertretern dieser besitzrechtlichen Konstruktion die Überlegung im Hintergrund steht, daß der angenommene Anspruch aus § 667 BGB auf Herausgabe von Besitz geht, läßt sich nicht sagen. Jedenfalls wäre dies nicht richtig. Der Anspruch geht auf Herausgabe *der* Position, die der Schuldner an der Sache einnimmt,[59] und das ist aufgrund der Besitzdiener-

[56] Die Wissenschaft ist seit der Urteile des BAG dabei, sich in dieser Frage zu verstricken, ohne zu beachten, daß sie – mangels Sachzusammenhang – bedeutungslos ist, vgl. den Streitstand Fn. 55, 58. Man fuhlt sich erneut an das Wort *Zöllners* AcP 188 (1988), S. 85 ff., 86 erinnert, daß die Wissenschaft freudig ins dogmatische Gebäude integriert, was die Gerichte erfunden haben.

[57] BAG NZA 1997, 1279; NZA 1999, 141; NZA 2000, 715.

[58] Besitz ablehnend auch *Preis* in: Erfurter Kommentar zum Arbeitsrecht, 9. Aufl. 2009 (ErfK/*Preis*) BGB 230, Rn. 30; *Otto/Schwarze* (Fn. 47), Rn. 274; *dies.* a.a.O. Rn. 275 und *Krause* Anm. zu BAG Nr. 1 zu § 611 BGB Mankohaftung, Bl. 1040 Rücks. und *ders.* Anm. zu BAG Nr. 3 zu § 611 BGB Mankohaftung, Bl. 1787 Rücks. (je m. Nachw. aus der Rspr.) nehmen Besitz an einem zu privaten Zwecken überlassenen Dienstwagen an, *Otto/Schwarze* a.a.O. Rn. 275 auch an überlassenem Werkzeug; warum diese Fälle besitzrechtlich anders liegen sollen, ist nicht erkennbar (beim Dienstwagen ist im Einzelfall natürlich der Arbeitsvertrag zu beachten).

[59] *Seiler* in: Münchener Kommentar zum Bürgerlichen Gesetzbuch, Bd. 4, 5. Aufl. 2009 (MünchKommBGB/*Seiler*), § 667 Rn. 9, 10.

schaft hier der Gewahrsam an der Sache; Besitz ist nach § 667 BGB nicht erforderlich. Was den Herausgabeanspruch aus § 695 BGB angeht, so ist der Verwahrer allerdings (unmittelbarer) Besitzer.[60] Aber im vorliegenden Fall ist ja gerade die Frage, ob die Regeln der §§ 688 ff. BGB gelten. Das zu klären, hat aber mit Besitzrechtsfragen nichts zu tun.

Woher das Kriterium der *Selbständigkeit*, das den angeblich gemischten Vertrag begründen soll, eigentlich kommt, liegt im Dunkeln. Zutreffend ist, daß der Verwahrer selbständig ist und an Weisungen nicht gebunden.[61] Die Frage ist aber eben, ob der die Gelder oder Waren verwaltende Arbeitnehmer insoweit einen Verwahrungsvertrag geschlossen hat, und das hängt davon ab, ob er „Aufbewahrung" im Sinne des § 688 BGB schuldet (Raum und Obhut), und nicht, ob er „selbständig" handelt.

Schließlich zum Auftragselement: Der Beauftragte ist fast der Prototyp des unselbständig Handelnden (vgl. § 665 BGB).[62] Die Behauptung, es liege ein Auftragselement vor, gerät also geradezu in Widerspruch zu dem ebenfalls angenommenen Verwahrungselement, ferner auch zu der Voraussetzung der Selbständigkeit, die erst das Auftragselement auslösen soll. Aber abgesehen davon ist auch hier die Frage, ob ein Auftragselement vorliegt, nicht anhand von „Unselbständigkeit" zu klären; diese ist die Folge des Vorliegens eine Auftragsvertrages, nicht deren Voraussetzung.

Möglicherweise soll nur die Anspruchsgrundlage des § 667 BGB (teilweise über § 675 Abs. 1 BGB) nutzbar gemacht werden, um Unmöglichkeit der Herausgabe annehmen zu können und auf diese Weise einen auf Schadensersatz gerichteten Anspruch zu gewinnen (§§ 283, 280 BGB). Nach Bedarf Vorschriften herauszugreifen, ist aber keine seriöse Jurisprudenz. Auch die Ausdrucksweise des Bundesarbeitsgerichtes, der Arbeitnehmer schulde (bei Selbständigkeit) Herausgabe „nach den Grundsätzen der Verwahrung oder des Auftrags", ist unklar. Gemeint sein könnte, daß die Voraussetzungen der §§ 667, 695 BGB im einzelnen keine Anwendung finden, sondern nur die in den Bestimmungen zum Ausdruck kommenden Prinzipien. Welche Prinzipien sollen das sein? Und wie verträgt sich diese Anschauung mit der Annahme eines gemischttypischen Vertrages, für den Einzelvoraussetzungen eines Vertragstyps gegeben sein müssen? Weiter ist die Alternativität nicht verständlich. Wonach richtet es sich, ob Auftrags- oder Verwahrungsregeln gelten? Die Analyse könnte fortgesetzt, soll aber hier beendet werden.

Allerdings muß das für diese Konstruktionen verantwortliche Kriterium der *Selbständigkeit* noch einmal aufgegriffen werden. Es rührt an arbeits-

[60] Erman/*Herrmann* (Fn. 34), § 688 Rn. 3.

[61] Erman/*Herrmann* (Fn. 34), 692 Rn. 1; zu beachten allerdings § 242 BGB, vgl. Staud/*Reuter* (Fn. 34), § 692 Rn. 2.

[62] Zur Weisungsgebundenheit des Beauftragten MünchKommBGB/*Seiler* (Fn. 59), § 665 Rn. 1.

rechtliche Grundvorstellungen. Der Begriff wird nicht definiert, das Bundesarbeitsgericht erläutert ihn nur anhand von Kasuistik.[63] Gleichviel: Der Arbeitnehmer ist immer „unselbständig", selbst als leitender Angestellter und in höchsten Positionen. Das gilt auch dann, wenn er Obhut für Waren oder Gelder in selbständiger Tätigkeit schuldet in dem Sinne, daß er selbst Entscheidungen treffen kann. Wir sind damit bei *Reuters* Generalthema der „Abhängigkeit" als „Schlüsselbegriff" des Arbeitsrechts (o. II).[64] Die – nach *Reuters* Ansatz – schuldrechtlich, durch den Leistungsgegenstand erklärbare Abhängigkeit liegt auch in den Mankofällen in der von *Reuter* beschriebenen Eigenart der Leistungszusage, „eine zeitbestimmte Dienstleistung" „mit im voraus nicht abgegrenzten Einzelleistungen" zu erbringen (o. II). Das bedingt in der Konsequenz Direktiven des Arbeitgebers im konkreten Arbeitsablauf: „Was konkret zu tun ist, richtet sich – im Rahmen des Vertrages – nach vorgegebenen Dispositionen des Dienstberechtigten"[65].

Nimmt man die vertretene Auffassung vom gemischten Vertrag mit den rechtsdogmatischen Versuchen also ernst und geht ihr einmal nach, gelangt man in jeder Hinsicht ins Ungereimte. Das aus dem rechtsdogmatischen Nichts stammende Kriterium der Selbständigkeit oder Unselbständigkeit mit den verschiedenen Einordnungsversuchen in die Rechtsdogmatik (gemischter Vertrag, Auftrags-, Geschäftsbesorgungs-, Verwahrungselemente, §§ 667, 675 Abs. 1, 688 ff., 695 BGB, Besitzrecht) ist nicht haltbar.

c) Die damit hier noch offene Frage, wie die Obhutspflicht in den Mankofällen typologisch zu behandeln ist, kann nur nach den oben skizzierten (III 1) Regeln der für Typenmischungen entwickelten Schuldrechtsdoktrin, also durch rechtsdogmatische Bewertung der Vertragspflichten und durch Auslegung des Vertrages anhand der Interessenlage gelöst werden (§§ 133, 157 BGB): Die Obhutspflicht ist ihrer Gewichtung nach Hauptleistungspflicht, gewöhnlich kombiniert mit weiteren Hauptleistungspflichten wie *Verwaltung oder Transport*. Diese letzteren beiden Pflichten sind zweifelsfrei Gegenstand eines *Arbeitsvertrages*. Die *Obhutspflicht*, um die es geht, ist entgegen der herrschenden Meinung *nicht Gegenstand eines Verwahrungsvertrages*: Zur „Aufbewahrung" im Sinne des § 688 BGB gehört außer der Pflicht zur Gewährung von Obhut die Pflicht zur Gewährung von Raum, woran es fehlt (vgl. o. III 1). Es liegt also die den Verwahrungsvertrag typisierende Voraussetzung nicht vor und damit auch kein Verwahrungsvertrag. Außerdem gehen die §§ 688 ff. BGB, was teilweise auch mit der Raumgewährung zusammenhängt, ersichtlich von einer ganz anderen Rechtsposition der Vertragspartner aus; sie passen auf den vorliegenden Fall nicht (vgl. nur

[63] Vgl. o. im Text bei Fn. 54.
[64] Ferner o. III 1 mit Fn. 32.
[65] *Reuter* (Fn. 13), S. 3.

§§ 691, 693, 694 BGB).[66] Allein das dem Verwahrungsvertrag eigene Teilelement der Obhut rechtfertigt es nicht, die §§ 688 ff. BGB auf das vorliegende Rechtsverhältnis anzuwenden.

In negativer Hinsicht ist die rechtsdogmatische Einordnung der Obhutspflicht damit geklärt. Nun zu ihrer positiven Einordnung: Die Leistung von Obhut ist eine *Tätigkeit*, so daß *Dienste* im Sinne von § 611 BGB vorliegen (vgl. o. 1). Da der Vertragspartner weisungsgebunden ist, liegt auch insoweit ein *Arbeitsvertrag* vor. Sein Gegenstand sind außer der Pflicht der Obhutsleistung gewöhnlich die schon genannten weiteren Pflichten der Verwaltung oder des Transportes. *Ein gemischter Vertrag ist damit nicht gegeben.*[67] Gegeben ist vielmehr hinsichtlich *aller* Tätigkeiten (Verwaltung/Transport, Obhut) ein *einheitlicher Arbeitsvertrag*. Diese Lösung überzeugt auch nach ihrem Ergebnis, weil die nach dem Lebenssachverhalt eine Einheit bildenden Tätigkeiten – Transport oder Verwaltung sind unlösbar mit Obhut verbunden – auch rechtlich eine Einheit darstellen. Sofern einmal nur Obhutspflichten geschuldet sind (Bewachung), liegt ebenfalls ausschließlich ein Arbeitsvertrag vor.

Für die *Rechtsfolgen* ergibt sich: Soweit die einen gemischten Vertrag annehmende Auffassung, namentlich das Bundesarbeitsgericht, das Verwahrungsrecht heranzieht, um über § 695 Satz 1 BGB und die Unmöglichkeit zu einem Schadensersatzanspruch zu gelangen (§§ 283, 280 BGB), ist – von methodischen Fragen abgesehen (vgl. schon o.) – festzustellen, daß für eine solche Konstruktion kein Bedürfnis besteht: Die Herausgabepflicht folgt ohne weiteres aus dem Arbeitsvertrag, weil der Arbeitnehmer aufgrund seiner „Abhängigkeit" und Weisungsgebundenheit auf Verlangen des Arbeitgebers die Sachen auszuhändigen hat.[68] Im übrigen ist die starke Betonung des Herausgabeanspruches nicht recht verständlich, denn selten einmal wird er praktisch werden. Die Sachen befinden sich schon im Herrschaftsbereich (Besitz!) des Arbeitgebers. Es sieht nach der fraglichen Rechtsansicht fast so aus, als wenn der Arbeitgeber immer gerade dann Herausgabe verlangt, wenn ein Manko vorliegt (Konstruktion der Unmöglichkeit). Der Arbeitgeber verlangt in aller Regel nichts heraus; was sollte er auch mit den Sachen. Er verlangt Schadensersatz wegen des Fehlbestandes.

[66] Näher *Herrmann* Mankohaftung (Fn. 46), S. 5.

[67] In der Literatur finden sich (u.a.) folgende Positionen: ErfK/*Preis* (Fn. 58), BGB 230, Rn. 31: „gemischtes Rechtsverhältnis" sei „idR" nicht gegeben; krit., aber in Begründung und Ergebnis nicht deutlich *Otto/Schwarze* (Fn. 49), Rn. 274; Haftung aus Auftrag und Verwahrung ablehnend *Zöllner/Loritz/Hergenröder* (Fn. 30), § 20 II 4; gegen einen „eigenständigen Herausgabeanspruch" *Krause* Anm. zu BAG AP Nr. 1 zu § 611 BGB Mankohaftung (= NZA 1997, 1279), Bl. 1039 Rücks.

[68] So auch *Krause* Anm. zu BAG AP Nr. 1 zu § 611 BGB Mankohaftung (= NZA 1997, 1279), Bl. 1039 Rücks.; *ders.* Anm. zu BAG AP Nr. 3 zu § 611 BGB Mankohaftung (= NZA 2000, 715), Bl. 1787.

Beruht das Manko von Waren oder Geldern auf mangelnder Obhut des Arbeitnehmers, hat er seine arbeitsvertragliche Pflicht verletzt. Ein Schadensersatzanspruch folgt aus einer positiven Forderungsverletzung des Arbeitsvertrages (§§ 280, 619a BGB)[69] in Verbindung mit den arbeitsrechtlichen Haftungsgrundsätzen.[70]

3. Lösungen über erfundene Voraussetzungen (Selbständigkeit/Unselbständigkeit), über deren Einordnung in sachfremde Zusammenhänge (Besitz) und herausgegriffene Anspruchsgrundlagen (§§ 695, 667, 675 Abs. 1 BGB) sind nicht nur rechtsdogmatisch, sondern auch praktisch von zweifelhaftem Wert. Das Arbeitsrecht sollte nicht eigene Wege gehen und sich nicht des privatrechtlichen Instrumentariums, wie auch *Reuter* das – in anderem Zusammenhang – beobachtet hat (o. II), „je nach subjektivem Bedarf" „bedienen". Das lehren selbst so bescheidene arbeitsrechtliche Typenprobleme, zu deren Behandlung in diesem Beitrag die ungleich gewichtigere Frage *Reuters* nach der „Stellung des Arbeitsrechts in der Privatrechtsordnung" (o. II) angeregt hatte.

[69] So auch ErfK/*Preis* (Fn. 58), BGB 230, Rn. 31 („Schlechtleistung").

[70] So auch Staud/*Reuter* Vorbem. zu §§ 688 ff. (Fn. 34) Rn. 39 allg. zur Verwahrung durch Arbeitnehmer; ferner für Anwendung der Grundsätze im Mankofall ErfK/*Preis* (Fn. 58) BGB 230, Rn. 30; in den Fällen BAG NZA 1999, 141 und NZA 2000, 715 wurde eine Haftung aus Unmöglichkeit mangels Selbständigkeit des Arbeitnehmers verneint und die Anwendung der genannten Grundsätze im Rahmen der Haftung aus pFV bejaht, die bei Unselbständigkeit eingreifen sollen, vgl. BAG NZA 1999, 141, 143; NZA 2000, 715, 717.

Strafbares Vorenthalten von Arbeitnehmerbeiträgen in der Unternehmenskrise

Andreas Hoyer

I. Einführung

Als Strafrechtler an einer Festschrift für einen so bedeutenden Gesellschafts- und Arbeitsrechtler wie *Dieter Reuter* mitzuwirken, bringt die Gefahr mit sich, auf weitgehendes Desinteresse sowohl beim zu Ehrenden als auch bei den meisten sonstigen Interessenten an der Festschrift zu stoßen. Vor dieser Gefahr glaube ich mich allenfalls dadurch bewahren zu können, dass ich für meinen Festschriftbeitrag eines der Themen aus dem Schnittmengenbereich zwischen Unternehmens- und Strafrecht wähle, noch dazu eines, zu dem Zivil- und Strafsenate des BGH jahrelang einander diametral entgegengesetzte Positionen vertreten haben,[1] bis schließlich der 2. Zivilsenat am 14.5.2007 seine bisherige Rechtsprechung „mit Rücksicht auf die Einheit der Rechtsordnung“ aufgegeben[2] und sich – unter hörbarem Zähneknirschen – im Interesse der an Rechtssicherheit interessierten Unternehmensleiter der von ihm zuvor ausdrücklich abgelehnten[3] Linie des 5. Strafsenats[4] gefügt hat. Im folgenden Beitrag soll es also um die Frage gehen, ob der 5. Strafsenat, nachdem er sich mit seiner Rechtsprechung im Ergebnis (zumindest einstweilen) durchgesetzt hat, nun auch argumentativ tatsächlich „der Klügere“ war oder ob stattdessen nur wieder einer der Fälle vorlag, in denen der Klügere um des lieben (Rechts-)Friedens willen zu guter Letzt nachgegeben hat.

II. Der Normenkonflikt

Der 2005 aufgebrochene Konflikt zwischen zustandigem Zivil- und Straf senat beruhte dabei auf einem entsprechenden Konflikt zwischen einschlägiger Zivil- und Strafrechtsnorm, nämlich zwischen § 64 II 1 GmbHG a.F. (seit dem am 1.11.2008 in Kraft getretenen MoMiG: § 64, 1 GmbHG) einerseits

[1] Vgl. BGH wistra 2005, 339 ff. (2. Zivilsenat) einerseits und BGH wistra 2006, 17 ff. (5. Strafsenat) andererseits.
[2] BGH JZ 2008, 44 (46).
[3] BGH wistra 2005, 339 (341).
[4] BGHSt 47, 318 ff.; 48, 307 ff.; wistra 2006, 17 ff.

und § 266a I StGB andererseits. Während § 64, 1 GmbHG den Geschäftsführer einer GmbH zum Ersatz aller Zahlungen verpflichtet, die nach Eintritt der Insolvenzreife aus dem Gesellschaftsvermögen geleistet worden sind, bedroht § 266a I StGB jeden Arbeitgeber mit Strafe, der fällige Beitragszahlungen seiner Arbeitnehmer zur Sozialversicherung nicht erbracht hat. Da als Arbeitgeber i.S.d. § 266a I StGB nicht nur die GmbH, sondern gem. § 14 I Nr. 1 StGB auch deren Geschäftsführer zu gelten hat, droht dieser nach Eintritt der Insolvenzreife in eine „Haftungszwickmühle"[5] zwischen zivilrechtlicher Ersatzpflicht (im Falle einer Leistung der Beiträge) und strafrechtlicher Sanktion (im Falle einer Nichtleistung der Beiträge) zu geraten.

Die bloße Stellung eines Insolvenzantrags gem. § 13 I InsO könnte den Geschäftsführer nur und erst dann aus der Haftungsklemme befreien, wenn das Gericht einen sog. „starken" vorläufigen Insolvenzverwalter bestellt, d.h. dem Schuldner nach § 21 II Nr. 2 Alt. 1 InsO ein allgemeines Verfügungsverbot auferlegt, das ihm die Zahlung der Arbeitnehmerbeiträge rechtlich verunmöglicht und damit auch die strafrechtliche Tatbestandsmäßigkeit nach § 266a I StGB entfallen lässt.[6] Kommt es nur zur Bestellung eines sog. „schwachen" vorläufigen Insolvenzverwalters gem. § 21 II Nr. 2 Alt. 2 InsO, so bleibt der Geschäftsführer beschränkt verfügungsbefugt und damit in der „Haftungsfalle"[7] stecken, aus der ihn allenfalls der Insolvenzverwalter erlösen könnte, indem er seine Zustimmung zur Beitragszahlung verweigert und sich damit selbst nach §§ 266a I i.V.m. 14 I Nr. 3 StGB strafbar zu machen droht. Um einer solchen Wahl zwischen „Skylla und Charybdis"[8] auszuweichen, verbliebe dem Geschäftsführer in der Unternehmenskrise nur die Möglichkeit, sein Amt aus wichtigem Grund sofort niederzulegen,[9] was dann unweigerlich zum endgültigen Untergang der ohnehin krisengeschüttelten Gesellschaft führen müsste.

Erscheint es also schon wegen der rechtspraktischen Konsequenzen untragbar, dem Geschäftsführer eine solche Wahl zwischen zwei Übeln zuzumuten, treten unerträgliche rechtstheoretische Konsequenzen hinzu, sobald die Ebene der (sekundären) Sanktionsnormen überschritten und stattdessen diejenige der (primären) Verhaltensnormen betreten wird. § 266a I StGB als strafrechtliche Sanktionsnorm pönalisiert nämlich lediglich die Verletzung der in § 28e I SGB IV niedergelegten Verhaltensnorm an den Arbeitgeber, den Gesamtsozialversicherungsbeitrag inklusive dessen vom Beschäftigten zu tragenden Teils an die Einzugsstelle zu zahlen. Zu dem in § 64, 1 GmbHG geregelten Ersatzanspruch existiert zwar keine geschriebene Primärnorm,

[5] So *Rönnau* wistra 2007, 81; vgl. auch MK-*Radtke*, 2006, § 266a Rn. 46.
[6] *Kutzner* NJW 2006, 413 (415).
[7] *Radtke* GmbHR 2009, 673 (676).
[8] *Berger/Herbst* BB 2006, 437; *Radtke* Otto-FS 2007, 695 (697).
[9] *Kraft/Kreutz* Gesellschaftsrecht[11], 2000, 380.

wohl aber liegt ihm ein ungeschriebenes Zahlungsverbot zugrunde, dessen Verletzung durch § 64, 1 GmbHG lediglich kompensiert werden soll.[10] Ausbuchstabiert müsste dieses Verbot etwa lauten, als Geschäftsführer ab Eintritt der Insolvenzreife keine Zahlungen mehr aus dem GmbH-Vermögen zu leisten – während umgekehrt § 28e I SGB IV die Zahlung des Gesamtsozialversicherungsbeitrags gebietet, ohne dabei seinem Wortlaut nach auf eine etwaige Insolvenzreife des Arbeitgebers Rücksicht zu nehmen. Verbot und Gebot stehen einander also konträr gegenüber,[11] was tatsächlich die Einheit der Rechtsordnung zerrisse, gäbe es insoweit nicht eine Kollisionsnorm, die den Konflikt zwischen den beiden Verhaltensnormen auflöste.

III. Auflösung des Normenkonflikts auf Konkurrenzebene

Als eine solche Kollisionsnorm käme der ungeschriebene Rechtssatz „lex specialis derogat legi generali" in Betracht,[12] sofern entweder § 64, 1 GmbHG oder § 28e I SGB IV eindeutig als Spezialvorschrift gegenüber der Konträrnorm aufzufassen wäre.[13] Insofern § 64, 1 GmbHG ausschließlich Zahlungen für eine insolvenzreife GmbH betrifft, ist das dortige Verbot tatsächlich spezieller als § 28e I SGB IV, der auch für andere Arbeitgeber als gerade eine GmbH und zudem unabhängig von deren Insolvenzreife gilt. Andererseits stellt sich aber wiederum § 28e I SGB IV insofern als spezieller dar, als er ausschließlich die Zahlungen von Arbeitgebern bezogen auf den Gesamtsozialversicherungsbeitrag für ihre Arbeitnehmer betrifft. Zahlungsverbot und -gebot überschneiden einander somit in ihrem Anwendungsbereich, so dass weder das eine noch das andere unbedingt als spezieller identifiziert werden kann.

IV. Auflösung des Normenkonflikts auf Tatbestandsebene

Ebenso willkürlich, wie es wäre, wenn eine der beiden Normen gegenüber der anderen als die speziellere bezeichnet würde, müsste es aber auch erscheinen, wenn in eine der beiden Normen die Voraussetzungen der anderen als ungeschriebenes negatives Tatbestandsmerkmal hineingelesen werden: § 64, 1 GmbHG wäre dann gedanklich um die Klausel zu ergänzen, „es sei denn, die Zahlung bezieht sich auf von der GmbH als Arbeitgeberin zu leistende

[10] BGHSt 48, 310.

[11] *Alexy* Theorie der Grundrechte[5], 2006, 184 (Fn. 90); *Adomeit/Hähnchen* Rechtstheorie für Studenten[5], 2008, Rn. 42.

[12] Vgl. *Hoyer* ARSP Beiheft 104, 2005, 99 (103).

[13] So *Rönnau* NJW 2004, 976 (979).

Gesamtsozialversicherungsbeiträge" – bzw. § 28e I SGB IV wäre durch die Einschränkung zu vervollständigen, „falls es sich bei dem Arbeitgeber nicht um eine insolvenzreife juristische Person handelt". Jeder dieser beiden Zusätze liefe darauf hinaus, der einen gegenüber der anderen Verhaltensnorm interpretatorisch einen absoluten Vorrang einzuräumen. Obwohl die Möglichkeit dazu durchaus bestand, hat der Gesetzgeber aber immerhin darauf verzichtet, einen derartigen Zusatz entweder in die eine oder in die andere Norm aufzunehmen. Ebenso wenig hat er eine der beiden konfligierenden Normen durch die Anordnung ausgezeichnet, sie gelte „unbeschadet" des in der anderen Norm festgelegten Sollens.

Erstens liegt es schon angesichts dieser Regelungstechnik näher anzunehmen, dass seitens des Gesetzgebers kein absoluter Vorrang entweder des Zahlungsgebots oder des -verbots gewollt war. Neben diesem eher formalen Argument sprechen aber vor allem auch materielle Gründe dagegen, dem Zahlungsverbot einen generellen Vorrang gegenüber dem Zahlungsgebot zuzugestehen. Denn wenn das § 64, 1 GmbHG zugrunde liegende Zahlungsverbot dazu führte, dass die Nichtleistung der von einer insolvenzreifen GmbH geschuldeten Sozialversicherungsbeiträge stets tatbestandslos bliebe, dann entfiele eine Strafbarkeit nach § 266a StGB selbst für den Fall, dass Zahlungen zwar nicht an die Sozialversicherung, stattdessen aber an Dritte erbracht werden. Handelte es sich bei dem Zahlungsempfänger um einen kongruent befriedigten Gläubiger der GmbH, so käme insoweit nicht einmal ein Insolvenzdelikt nach § 283 I Nr. 1 oder § 283c StGB in Betracht.[14] Das von § 64, 1 GmbHG geschützte Zahlungsverbot stünde also einer Strafbarkeit entgegen, obwohl dadurch dessen Zweck, die Insolvenzmasse im Interesse einer ihrem Rang entsprechenden Befriedigung aller Gläubiger zu sichern, nicht im Mindesten gedient wäre.

Damit sich das Zahlungsverbot nicht in derartig dysfunktional-destruktiver Weise auswirken kann, muss daran festgehalten werden, dass trotz Erfülltseins seiner Voraussetzungen (= im Falle einer insolvenzreifen GmbH) ein tatbestandsmäßiger Verstoß gegen das Zahlungsgebot des § 28e I SGB IV möglich bleibt. Das bedeutet dann aber, dass ein Hineinlesen der Voraussetzungen des Zahlungsverbots in den Tatbestand des Zahlungsgebots (als dessen negative Merkmale) ausscheidet. Der Geschäftsführer einer GmbH, der die Sozialversicherungsbeiträge für deren Arbeitnehmer abzuführen versäumt, kann also trotz deren Insolvenzreife in tatbestandsmäßiger Weise das in § 28e I SGB IV ausgesprochene Zahlungsgebot missachten. Damit verwirklicht er dann aber auch zugleich den Tatbestand der Sanktionsnorm, d.h.

[14] BGHSt 8, 57; 34, 310; NJW 1953, 1153; vgl. SK-*Hoyer*[7], 2002, § 283 Rn. 32 ff. und § 283c Rn. 14; LK-*Tiedemann*[12], 2009, § 283 Rn. 29 f. und § 283c Rn. 19; NK-*Kindhäuser*[3], 2010, § 283 Rn. 15 und § 283c Rn. 11; Schönke/Schröder-*Heine*[27], 2006, § 283 Rn. 4 und § 283c Rn. 8.

des § 266a I StGB, es sei denn, es wäre ihm aus tatsächlichen oder rechtlichen Gründen unmöglich, die gebotene Zahlung zu erbringen.

Als tatsächlicher Unmöglichkeitsgrund wird dabei im Strafrecht – anders als im Zivilrecht[15] – auch die bloße Zahlungsunfähigkeit des Schuldners anerkannt:[16] Während es im Zivilrecht sinnwidrig erscheinen müsste, den von der Zahlungsunfähigkeit betroffenen primären Zahlungsanspruch durch einen ebenfalls auf Geld gerichteten Sekundäranspruch zu ersetzen, bewirkte es umgekehrt im Strafrecht keinen zusätzlichen Rechtsgüterschutz, wenn die infolge Zahlungsunfähigkeit ohnehin unerfüllbare Primärnorm auch noch mit einer Sanktionsnorm abgesichert würde.

Selbst eine wegen Zahlungsunfähigkeit i.S.d. § 17 II InsO insolvenzreife GmbH muss aber nicht zwangsläufig auch zahlungsunfähig im engeren strafrechtlichen Sinne sein. Zahlungsunfähigkeit im insolvenzrechtlichen Sinne liegt nämlich bereits vor, wenn der Schuldner nicht mehr alle seine fälligen Zahlungspflichten zu erfüllen in der Lage ist,[17] während Zahlungsunfähigkeit im § 266a I StGB ausschließenden Sinne erst gegeben ist, wenn der Schuldner gerade seine fällige Pflicht zur Leistung des Arbeitnehmeranteils am Gesamtsozialversicherungsbeitrag nicht zu erfüllen in der Lage ist.[18] So ist es beispielsweise vorstellbar, dass der Arbeitgeber, indem er alle ihm verfügbaren Zahlungsmittel auf den fälligen Arbeitnehmeranteil konzentriert, zwar dessen pflichtmäßige Erbringung noch ermöglichen kann, dadurch aber nicht mehr genügende Zahlungsmittel übrig blieben, um auch noch alle seine sonstigen Verbindlichkeiten vollständig und rechtzeitig bedienen zu können.

Trotz eingetretener Insolvenzreife wäre der Arbeitgeber dann i.S.d. § 266a I StGB weiterhin tatsächlich zahlungsfähig und auch rechtlich weiterhin zahlungsfähig, solange nicht durch Eröffnung des Insolvenzverfahrens, §§ 80 f. InsO, oder wenigstens durch Ernennung eines „starken" vorläufigen Insolvenzverwalters, §§ 21 II Nr. 2 Alt. 1; 22 I InsO, die (dingliche) Verfügungsbefugnis über die Insolvenzmasse auf den -verwalter übergegangen ist.[19] Wäre die für § 266a I StGB erforderliche rechtliche Zahlungsfähigkeit bereits dadurch aufgehoben, dass der Geschäftsführer schuldrechtlich gegenüber der GmbH einem Zahlungsverbot unterliegt, so bliebe das Vorenthalten der Beiträge wiederum selbst dann tatbestandslos, wenn stattdessen verbotswidrige (aber rechtswirksame) Zahlungen an Dritte erfolgen und somit dem

[15] BGHZ 63, 139; 83, 300; NJW 1989, 1278; *Medicus* AcP 188 (1988), 501; Palandt-*Heinrichs* BGB[69], 2009, § 275 Rn. 3.

[16] BGHSt 47, 318; *Radtke* NStZ 2004, 562 (563); *Rönnau* wistra 1997, 13 (16); MK-*Radtke*, 2006, § 266a Rn. 38; Schönke/Schröder-*Lenckner/Perron*[27], 2006, § 266a Rn. 10.

[17] BGH wistra 2007, 312; *Natale/Bader* wistra 2008, 413.

[18] OLG Köln wistra 1997, 231; OLG Düsseldorf NJW-RR 1998, 243; *Plagemann* NZS 2000, 8 (10 f.).

[19] MK-*Radtke*, 2006, § 266a Rn. 45.

Schutzzweck von Strafnorm und Zahlungsverbot gleichermaßen zuwidergehandelt worden wäre.

V. Auflösung des Normenkonflikts auf Rechtswidrigkeitsebene

Unterlässt es der GmbH-Geschäftsführer, das in § 28e I SGB IV ausgesprochene Zahlungsgebot zu befolgen und verwirklicht er dadurch den Tatbestand des § 266a I StGB, so ist sein Verhalten grundsätzlich auch rechtswidrig, es sei denn, die folgenden beiden Voraussetzungen sind – kumulativ – erfüllt: Erstens es gibt eine (Erlaubnis-)Norm, die das Nichtzahlen der fälligen Beiträge gestattet, und zweitens diese Erlaubnisnorm ist gemäß einer zweiten (Kollisions-)Norm bezogen auf den konkreten Einzelfall als vorrangig gegenüber dem Zahlungsgebot einzustufen.[20] Die Kollisionsregel gewährt also keiner der beiden konfligierenden Normen (Zahlungsgebot und Nichtzahlungserlaubnis) eine absolute Priorität, die für alle von beiden Normen tatbestandlich erfassten Fälle gälte. Sie differenziert vielmehr nach der konkreten Art und Weise, auf die das Zahlungsgebot verletzt bzw. der Nichtzahlungserlaubnis entsprochen wurde, und spricht für die eine Fallkonstellation dem Zahlungsgebot, für eine andere dagegen der Nichtzahlungserlaubnis den Vorrang zu.[21] Auf der Ebene der Kollisionsnorm kommt es somit darauf an, bestimmte Falltypen zu umreißen, in denen entweder der einen oder der anderen der beiden konfligierenden Verhaltensnormen ein Vorrang gebührt – wobei der Tatbestand jedes dieser Falltypen enger gefasst sein muss als der Gesamtbereich, in dem sich die Tatbestände der beiden Verhaltensnormen überschneiden.

Dass eine ungeschriebene Rechtsnorm existiert, welche das Nichtzahlen (auch) der Sozialversicherungsbeiträge erlaubt, wurde bereits oben dargelegt: Es handelt sich dabei um das Zahlungsverbot ab Eintritt der Insolvenzreife, das § 64, 1 GmbHG zugrunde liegt.[22] In jedem gültigen Zahlungsverbot ist nämlich als Minus normlogisch auch die Erlaubnis zur Nichtzahlung enthalten,[23] so dass danach zu fragen ist, unter welchen Umständen diese Erlaubnis zur Nichtzahlung eine Verletzung des in § 28e I SGB IV niedergelegten Gebots zur Zahlung zu rechtfertigen vermag. Aus der generellen Erlaubnis erwüchse genau insoweit auch eine konkrete Rechtfertigung, wie die Erlaubnis durch die Kollisionsnorm als vorrangig gegenüber dem Gebot ausgezeichnet wird.[24]

[20] *Hoyer* ARSP Beiheft 104, 2005, 99 f.
[21] Vgl. *Hoyer* ARSP Beiheft 104, 2005, 99 (104).
[22] BGHSt 48, 310.
[23] *Alexy* Theorie der Grundrechte[5], 2006, 184 (Fn. 90).
[24] *Hoyer* ARSP Beiheft 104, 2005, 99 f.

1. *Fallgruppenbildung danach, wie die ersparten Zahlungsmittel verwendet werden*

Innerhalb der Fallkonstellationen, in denen die Erlaubnis zur Nichtzahlung der Sozialversicherungsbeiträge und das Gebot zu ihrer Entrichtung miteinander konfligieren, könnte etwa danach unterschieden werden, wie derjenige, der von seiner Erlaubnis Gebrauch macht, mit den dadurch ersparten Zahlungsmitteln stattdessen verfährt: Erstens ist es vorstellbar, dass er diese Mittel in einer Weise verwendet, die ebenfalls (als wenn er die Beiträge entrichtet hätte) dem § 64, 1 GmbHG zugrunde liegenden Zahlungsverbot widerspricht – dies kann durch (kongruente oder inkongruente) Zahlungen an andere Gläubiger als die Sozialversicherungsträger geschehen, aber auch durch Zahlungen, die auf keinerlei rechtlichen Verpflichtung beruhen. Andererseits ist es aber auch denkbar, dass die durch das Beitragsvorenthalten ersparten Zahlungsmittel im Einklang mit dem Zahlungsverbot verwendet werden, das § 64, 1 GmbHG zugrunde liegt – sei es, dass sie für Zahlungen eingesetzt werden, die i.S.d. § 64, 2 GmbHG „mit der Sorgfalt eines ordentlichen Geschäftsmanns vereinbar sind", sei es, dass auf ihre Verauslagung gänzlich verzichtet wird. In der erstgenannten Fallgruppe verstößt der GmbH-Geschäftsführer also nicht nur gegen seine Pflicht zur Zahlung der Sozialversicherungsbeiträge, sondern zusätzlich auch noch gegen den von § 64, 1 GmbHG geschützten Grundsatz der Massesicherung. In der zweitgenannten Fallgruppe dient das Vorenthalten der Sozialversicherungsbeiträge hingegen dazu, die Insolvenzmasse im Interesse der Gläubigergesamtheit und deren ranggemäßer Befriedigung zu bewahren oder sogar zu vermehren.

a) Unterschiedliche Abwägungspositionen in den beiden Fallgruppen

Die tatsächlichen Unterschiede zwischen diesen beiden Fallkonstellationen wirken sich normativ gleich in zweierlei Hinsicht auf die Abwägung zwischen Zahlungsgebot und Nichtzahlungserlaubnis aus: Würde der GmbH Geschäftsführer eine Erlaubnis, keine Sozialversicherungsbeiträge leisten zu müssen, dazu nutzen, stattdessen andere massevermindernde Zahlungen durchzuführen, so bliebe der Grundsatz der Massesicherung auf jeden Fall unbeachtet, d.h. unabhängig davon, ob nun die Zahlung der Beiträge geboten oder ihre Nichtzahlung erlaubt wäre. Soweit es um diese Fallgruppe geht, kann demzufolge der Wert, der sich mit einer Sicherung der Insolvenzmasse verbindet, innerhalb der Abwägung zugunsten keiner der beiden gegeneinander abzuwägenden Normen verbucht werden. Stattdessen kann es innerhalb dieser Fallgruppe nur um eine Abwägung der verschiedenen Zahlungsvorgänge gegeneinander gehen, die sich mit den beschränkten Zahlungsmitteln der GmbH alternativ verwirklichen ließen. Wenn der GmbH-Geschäftsführer eine ihm gewährte Erlaubnis, keine Sozialversicherungsbeiträge leisten zu müssen, dagegen zu einer Bewahrung oder gar Mehrung der Insolvenzmasse nutzen würde, müsste innerhalb der Abwägung zugunsten einer entsprechenden Erlaubnis auch der Wert mit veranschlagt werden, der dem Grundsatz der Massesicherung zukommt. Je nach Fallgruppe werden also unterschiedliche Abwägungspositionen entweder relevant oder irrelevant.

b) Unterschiedliche Abwägungsmaßstäbe in den beiden Fallgruppen

Darüber hinaus gilt aber für beide Fallgruppen auch ein unterschiedlicher Abwägungsmaßstab, d.h. eine andere Zielmarke muss erreicht sein, damit ein Vorenthalten der Sozialversicherungsbeiträge gerechtfertigt erscheint. Innerhalb der ersten Fallgruppe sind nämlich zwei Zahlungsvorgänge, d.h. zwei Handlungen, gegeneinander abzuwägen, die sich angesichts der begrenzten finanziellen Ressourcen nur alternativ vornehmen lassen. Vom Typ her ist die Konstellation derjenigen vergleichbar, die sich für einen Rettungsschwimmer ergibt, der nur alternativ entweder den einen oder den anderen Ertrinkenden vor dem Tode bewahren kann (sog. Pflichtenkollision).[25] Muss der Täter zwischen verschiedenen Handlungsoptionen wählen, so verhält er sich genau dann rechtswidrig, wenn er die rechtlich wertvollere zugunsten einer weniger wertvollen vernachlässigt, während er sich bei gleichwertigen Optionen wahlweise für jede von ihnen entscheiden darf.[26]

In der zweiten Fallgruppe verzichtete der GmbH-Geschäftsführer hingegen darauf, die Insolvenzmasse zu beeinträchtigen, wenn ihm die Nichtleistung der Sozialversicherungsbeiträge erlaubt würde. Hier geht es also um die Abwägung zwischen einer unterlassenen Minderung der Insolvenzmasse und einer aktiven Mehrung der Sozialversicherungsmasse, d.h. um Umverteilung zu Lasten des Vermögens der Gläubigergesamtheit und zugunsten des Vermögens eines bestimmten Gläubigers. Ob ein derartiger Eingriff in das Vermögen des einen (der Gläubigergesamtheit) zugunsten eines anderen (des Sozialversicherungsträgers) zulässig ist, bemisst sich im Spezialfall fremden Eigentums als betroffenem Rechtsgut an § 904, 1 BGB, für sonstige Rechtsgüter an § 34 StGB.[27] Vom Typ her entspricht diese Fallkonstellation also dem sog. Aggressivnotstand, bei dem die Gefahrenabwehr auf Kosten eines an der Entstehung der Gefahr unbeteiligten Dritten geschieht. In der Formulierung zwar unterschiedlich, in der Sache aber gleichbedeutend,[28] ordnen § 904, 1 BGB und § 34 StGB für eine derartige Abwägung an, dass das ge-

[25] Vgl. dazu Schönke/Schröder-*Lenckner*[27], 2006, Vor §§ 32 ff. Rn. 71 f.; SK-*Rudolphi/Stein*, 119. Lfg., 2009, Vor § 13 Rn. 44 f.

[26] Schönke/Schröder-*Lenckner*[27], 2006, Vor §§ 32 ff. Rn. 73; SK-*Rudolphi/Stein*, 119. Lfg., 2009, Vor § 13 Rn. 45.

[27] *Rönnau* NJW 2004, 976 (978); SK-*Rudolphi/Stein*, 119. Lfg., 2009, Vor § 13 Rn. 42.

[28] Vgl. *Hoyer* Küper-FS 2007, 173 (176).

schützte Interesse relativ zum beeinträchtigten „unverhältnismäßig“ bzw. „wesentlich“ überwiegen muss, damit eine Rechtfertigung für den Eingriff entsteht. Wird Vermögen aus der Insolvenzmasse an einen Sozialversicherungsträger transferiert, so genügt für die Rechtfertigung dieses Vorgangs also weder Gleichwertigkeit zwischen geschütztem und beeinträchtigtem Interesse noch auch nur ein knappes Überwiegen zugunsten des ersteren, sondern es bedarf dafür eines deutlichen Wertgefälles zwischen beiden.[29]

Der zwecks Gefahrenabwehr vollzogene aktive Eingriff in die Güter eines an der Gefahrentstehung unbeteiligten Dritten ist demnach erst unter recht hochgesteckten Bedingungen zulässig – umgekehrt muss dann aber der Verzicht auf einen solchen aktiven Eingriff schon unter entsprechend niedriggehängten Bedingungen rechtmäßig sein.[30] Steht der Normadressat vor der Wahl, eine bestimmte Handlung entweder vorzunehmen oder zu unterlassen, so muss ihm die Rechtsordnung mindestens eine der beiden Verhaltensweisen als rechtmäßige Option offerieren, anderenfalls ihre Verhaltensnormen keine -steuerung mehr bewirken könnten und also die allgemeine Handlungsfreiheit (Art. 2 I GG) in verfassungswidrigem Maße beschnitten.[31] Wenn also das Erbringen der Sozialversicherungsbeiträge erst ab einem wesentlichen Überwiegen der dadurch wahrgenommenen Vermögensinteressen gerechtfertigt wäre, dann muss es ein Vorenthalten der Sozialversicherungsbeiträge noch sein, bis die Grenze des wesentlichen Unterwiegens der dadurch wahrgenommenen Vermögensinteressen erreicht ist. Ein unterlassenes Abführen der Sozialversicherungsbeiträge, das alle Tatbestandsmerkmale des § 266a I erfüllt, ist somit, wenn es dem Interesse an Massesicherung dient, erst ab dessen wesentlichem Unterwiegen gegenüber den Sozialversicherungsinteressen rechtswidrig, wenn dagegen durch Leistungen an Dritte dem Interesse an Massesicherung nicht weniger zuwidergehandelt wird als durch das versäumte Beitragsabführen selbst, schon bei einem nur knappen Unterwiegen der mit jenen Leistungen befriedigten Drittinteressen.

c) Staatstheoretische Begründung der unterschiedlichen Abwägungsmaßstäbe

Aus verfassungsrechtlicher Sicht fragt sich allerdings, worin die Legitimation für die unterschiedlichen Verhältnismäßigkeitsmaßstäbe beim Aggressivnotstand einerseits und bei der Pflichtenkollision andererseits besteht. Müsste eine Rechtfertigung beispielsweise für ein Vorenthalten von Sozialversicherungsbeiträgen nicht schon dann ausscheiden, wenn das dadurch be-

[29] SK-*Günther*[7], 2000, § 34 Rn. 40.
[30] *Neumann* Roxin-FS 2001, 421 (424 f.); *Küper* JuS 1971, 474 (475); *Gropp* Hirsch-FS 1999, 207 (212 ff.); *Hruschka* JuS 1979, 385 (390 ff.).
[31] SK-*Rudolphi/Stein*, 119. Lfg., 2009, Vor § 13 Rn. 42 a.E.

einträchtigte Interesse zumindest knapp gegenüber dem stattdessen gewahrten Interesse an Massesicherung überwiegt[32] – in Parallele also zu den Fällen der Pflichtenkollision? Folgt aus der Aufgabe des Staates, Rechtsgüter aktiv und ggf. als ultima ratio auch mit strafrechtlichen Mitteln zu schützen, nicht, dass er in diesem Rahmen bereits dem knapp überwiegenden Interesse Geltung verschaffen muss, statt erst dem „unverhältnismäßig“ oder „wesentlich“ überwiegenden, wie § 904, 1 BGB und § 34 StGB es vorsehen? Meines Erachtens widerspräche ein solcher an der Pflichtenkollision angelehnter Verhältnismäßigkeitsmaßstab auch für den Aggressivnotstand aber dem grundgesetzlichen Staatsverständnis:

Dem Staat obliegt zwar grundgesetzlich die Aufgabe, sowohl die Vermögensinteressen der Sozialversicherungsträger als auch die Vermögensinteressen der übrigen Gläubigergemeinschaft zu schützen. Beide Aufgaben sind für den Staat aber von seiner Funktion her nicht von gleicher Wichtigkeit.[33] Indem der Staat nämlich die Gläubigergemeinschaft gegen Übergriffe zugunsten Einzelner schützt, entspricht er seiner traditionellen Rolle als Nachtwächterstaat, der die Freiheitssphären der Bürger gegeneinander abschirmt. Indem der Staat dagegen die Vermögensinteressen speziell der Sozialversicherung zu seiner Angelegenheit macht, überschreitet er seine klassische Abwehrfunktion, wird er nicht mehr als liberaler, sondern als Sozialstaat tätig.[34] Mit einer Verbotsnorm wie § 64, 1 GmbHG dient der Staat dem Interesse am Fortbestehen des status quo an vermögenswerten Positionen, konserviert also eine vorhandene Vermögensordnung. Mit Gebotsnormen wie § 28e I SGB IV trägt der Staat dagegen zu einer veränderten Vermögensdistribution bei, indem er zugunsten der Sozialversicherungsträger anderen Gläubigern ein Sonderopfer zumutet.

Ein Staat, der seine primäre Funktion darin erkennt, die Rechtssphäre jedes Einzelnen vor Übergriffen Dritter abzuschirmen, wird also seine eigenen Verbotsnormen für besonders wichtig und im Konfliktsfall vorrangig erachten.[35] Ein Staat, dem es dagegen eher um soziale Umgestaltung geht, wird in stärkerem Maße auch auf seinen Gebotsnormen insistieren, wenn diese etwa in Konflikt mit Verbotsnormen geraten.[36] Das Erfordernis des „unverhältnismäßigen“ bzw. „wesentlichen“ Überwiegens in §§ 904, 1 BGB; 34 StGB erklärt sich daraus, dass Deutschland zur erstgenannten Kategorie

[32] Dass für § 34 StGB auch ein knappes, aber eindeutiges Überwiegen des geschützten Interesses ausreicht, vertreten etwa *Küper* GA 1983, 289 (296 f.); Schönke/Schröder-*Lenckner*[27], 2006, § 34 Rn. 45; *Roxin* AT I[4], 2006, § 16 Rn. 90.

[33] Vgl. *Alexy* Theorie der Grundrechte[5], 2006, 408.

[34] BVerfGE 22, 204; *v. Münch/Kunig* GG Band 1[5], 2000, Vor Art. 1–19 Rn. 21.

[35] Vgl. *Weber* Der Staat 4 (1965), 411; *Breuer* BVerwG-FG 1978, 89 (93); *Hesse* EuGRZ 1978, 434.

[36] BVerfGE 39, 1; *Robbers* Sicherheit als Menschenrecht, 1987; *v. Münch/Kunig* GG Band 1[5], 2000, Vor Art. 1–19 Rn. 22.

von Staaten rechnet: Im Zweifelsfall ist das Verbot, einen anderen in dessen Vermögensinteressen zu verletzen, vorrangig gegenüber dem Gebot, Dritten aktiv zu einer Verbesserung von deren Vermögensverhältnissen zu verhelfen. Erst ein deutliches Überwiegen der durch die Gebotsnorm geschützten Interessen kann dazu führen, dass ausnahmsweise die Verbotsnorm zurücktritt.[37]

2. *Keine Rechtfertigung bei anderweitigem Verauslagen der ersparten Zahlungsmittel*

Verletzt der GmbH-Geschäftsführer dagegen ohnehin die Verbotsnorm, indem er Zahlungsmittel aus der Insolvenzmasse beiseiteschafft, so genügt ein „einfaches" Überwiegen der durch die Gebotsnorm geschützten Interessen, um deren Nichterfüllung als rechtswidrig erscheinen zu lassen. Dieses einfache Überwiegen kann dann nur im Vergleich mit den Interessen festgestellt werden, die der Geschäftsführer, statt die Gebotsnorm zu erfüllen, bevorzugt befriedigt hat, seien dies nun seine eigenen oder die Interessen Dritter. Insoweit kann zunächst festgestellt werden, dass den Interessen von Gläubigern gegenüber denen von Nichtgläubigern rechtlich offenbar ein Vorrang gebühren soll, wie sich gerade daraus ergibt, dass die Rechtsordnung jene im Gegensatz zu diesen mit einem Zahlungsanspruch ausgestattet hat. Aus demselben Grund müssen die Interessen des Inhabers eines fälligen und einredefreien Anspruchs, der kongruent befriedigt würde, gegenüber den Interessen sonstiger Anspruchsinhaber vorgehen.

Innerhalb der fälligen und einredefreien Zahlungsansprüche könnte es einen Vorrang für die sozialversicherungsrechtlichen begründen, dass sie im Unterschied zu den übrigen straftatbestandlich und nicht nur zivil- oder öffentlichrechtlich geschützt sind.[38] Einen Zirkelschluss[39] würde dieses vom 5. Strafsenat verwendete Argument nur bedeuten, wenn nicht von der Straftatbestandsmäßigkeit, sondern von der Strafrechtswidrigkeit oder gar Strafbarkeit der Verletzung einer Beitragspflicht auf deren Vorrangigkeit gegenüber sonstigen Zahlungspflichten geschlossen würde – so ist der 5. Strafsenat aber wohl nicht zu verstehen.[40] Es trifft auch nicht zu, dass sich ein Rangverhältnis zwischen zwei Zahlungspflichten niemals aus dem „strafrechtlichen Normbefehl, sondern nur aus dem Zivilrecht oder dem Öffentlichen Recht ergeben" kann.[41] Vielmehr ist es für die Interessenabwägung auf Rechtferti-

[37] *Hoyer* ARSP Beiheft 104, 2005, 99 (109).

[38] So BGHSt 47, 322.

[39] So NK-*Tag*³, 2010, § 266a Rn. 71 a.E.; *Wessels/Hillenkamp* BT 2³², 2009, Rn. 787.

[40] Vgl. BGHSt 48, 310.

[41] So aber NK-*Tag*³, 2010, § 266a Rn. 71; ähnlich *Radtke* NStZ 2003, 154 (156); *Renzikowski* Weber-FS 2004, 333 (341).

gungsebene generell anerkannt, dass dem Ausmaß, in dem zwei miteinander konkurrierende Interessen straftatbestandsmäßigen Schutz genießen, zumindest indizielle Bedeutung dafür zukommt, welches Rangverhältnis zwischen ihnen besteht.[42]

Zwar ist durch das Vorenthalten von Arbeitnehmerbeiträgen dasselbe Rechtsgut „Vermögen" in derselben Intensität von einem Unterlassen betroffen, wie es sonst bei Nichterfüllung gegenüber einem Dritten als Gläubiger geschehen wäre. Der Grund dafür, gerade das Vorenthalten von Arbeitnehmerbeiträgen straftatbestandsmäßig zu stellen, besteht also nicht in dem höheren Erfolgs- oder Handlungsunwert, sondern darin, dass der Arbeitgeber „regelmäßig kein Eigeninteresse" an der Erfüllung seiner einseitigen Leistungspflicht gegenüber den Sozialversicherungsträgern besitzt.[43] Genau dieser kriminalpolitische Grund muss dann aber auch zum Vorrang dieser Leistungspflicht gegenüber konkurrierenden auf Rechtfertigungsebene führen. Stellt der Arbeitgeber seine Zahlungsunfähigkeit in Bezug auf die Arbeitnehmerbeiträge bewusst selbst her, indem er statt ihrer kongruente oder gar inkongruente Zahlungen an Dritte erbringt (omissio libera in causa), so gelangt er dadurch mangels Gleichwertigkeit der erfüllten Pflicht also nicht in den Genuss einer Rechtfertigung infolge Pflichtenkollision. Entgegen dem 5. Strafsenat[44] muss dies auch für Zahlungen gelten, die während der durch § 15a I InsO eingeräumten 3-Wochen-Frist nach Eintritt der Insolvenzreife erfolgen und die potentielle Insolvenzmasse zugunsten des Zahlungsempfängers schmälern.[45]

3. *Rechtfertigung bei gänzlicher Einstellung aller massemindernden Zahlungen*

Anders ist dagegen ein Verhalten des Arbeitgebers zu bewerten, das dem Grundsatz der Massesicherung entspricht – sei es, dass der Arbeitgeber nach Eintritt der Insolvenzreife überhaupt alle Zahlungen einstellt, sei es, dass er nur noch Zahlungen tätigt, die im Interesse der Gläubigergesamtheit liegen. Der letztgenannte Fall liegt beispielsweise bei Zahlungen vor, die drohende Schäden vom Betriebsvermögen abwenden oder als Zug-um-Zug-Geschäfte per saldo sogar vermögensmehrend wirken.[46] Derartige Zahlungen sind „mit der Sorgfalt eines ordentlichen Geschäftsmanns vereinbar" und werden daher durch § 64, 2 GmbHG erlaubt – und zwar auch über den Ablauf der

[42] SK-*Günther*[7], 2000, § 34 Rn. 42; *Roxin* AT I[4], 2006, § 16 Rn. 27.
[43] BGHSt 48, 312; ebenso BGH wistra 2006, 18.
[44] BGHSt 48, 310.
[45] *Bittmann* wistra 2007, 406 (407).
[46] *Rönnau* NJW 2004, 976 (979); vgl. SK-*Rudolphi/Stein*, 119. Lfg., 2009, Vor § 13 Rn. 42.

3-Wochen-Frist des § 15a I InsO hinaus.[47] Selbst wenn auch die Erfüllung der strafbewehrten Pflicht, Arbeitnehmerbeiträge abzuführen, der jüngsten Rechtsprechung des 2. Zivilsenats folgend,[48] als mit der Pflicht eines ordentlichen und gewissenhaften Geschäftsführers vereinbar angesehen wird, so ergäbe sich daraus jedenfalls noch kein Vorrang für die Erfüllung dieser Pflicht gegenüber anderem ebenfalls mit § 64, 2 GmbHG zu vereinbarenden Verhalten. Sofern der Arbeitgeber sich also, statt die Arbeitnehmerbeiträge abzuführen, für eine andere, ebenfalls nicht nach § 64, 1 GmbHG ersatzpflichtig machende Zahlung entscheidet, kommt für ihn ebenso eine Rechtfertigung in Betracht, wie wenn er eine Ersatzpflicht durch Einstellung aller Zahlungen vermeidet.

Genügt der Arbeitgeber durch gänzliche Zahlungseinstellung dem Grundsatz der Massesicherung, so müsste die Beitragsabführungspflicht demgegenüber i.S.d. § 34 schon „wesentlich" überwiegen, damit die Zahlungseinstellung rechtswidrig bleibt.[49] Anders als etwa masseschmälernde Zahlungen an Dritte wahrt eine massesichernde Zahlungseinstellung aber auch die Interessen der Sozialversicherungsträger immerhin insoweit, als deren Beitragsforderung dadurch im höheren Maße aus der Insolvenzmasse befriedigt werden kann. Das Interesse des Sozialversicherungsträgers an einer noch darüber hinausgehenden (fälligkeitsgerechten und vollständigen) Befriedigung seiner Beitragsforderung zu Lasten der Insolvenzmasse verdient demgegenüber nur eingeschränkt Anerkennung, wie die Möglichkeit einer Insolvenzanfechtung gem. § 130 I 1 InsO beweist.[50] Ob es später überhaupt zur Durchführung eines Insolvenzverfahrens mitsamt etwaiger -anfechtung kommt, mag zum Zeitpunkt der Tatbegehung zwar noch ungewiss sein.[51] Werden Arbeitnehmerbeiträge trotz Insolvenzreife abgeführt, begründet dies aber zumindest die Gefahr, eine zunächst erhaltene Befriedigung später doch wieder einzubüßen – so dass diese vorläufige Befriedigung überhaupt erst einmal zu erhalten, auch nur entsprechend eingeschränkt schutzwürdig erscheint. Ein wesentliches Überwiegen dieses Interesses gegenüber dem durch das Zahlungsverbot des § 64, 1 GmbHG geschützten Interesse der Gläubigergesamtheit ist jedenfalls nicht erkennbar.[52]

Wäre aber eine völlige Zahlungseinstellung nach § 64, 1 GmbHG gerechtfertigt, dann muss erst recht auch jedes Verhalten gerechtfertigt sein, das der Arbeitgeber gem. § 64, 2 GmbHG statt einer völligen Zahlungseinstellung vornehmen darf, z.B. weil es dem Interesse der Gläubigergesamtheit noch

[47] Insoweit ebenso MK-*Radtke*, 2006, § 266a Rn. 48; *Rönnau* NJW 2004, 976 (981).
[48] BGH JZ 2008, 46.
[49] SK-*Rudolphi/Stein*, 119. Lfg., 2009, Vor § 13 Rn. 42.
[50] *Radtke* NStZ 2004, 562 (563 f.); diff. *Rönnau* wistra 2007, 81 (83).
[51] Darauf beruft sich BGH wistra 2006, 18.
[52] So auch *Rönnau* NJW 2004, 976 (979).

besser entspricht als eine völlige Zahlungseinstellung. Entgegen dem 5. Strafsenat verliert dieses schutzwürdige Interesse der Gläubigergesamtheit auch nicht dadurch an Wert, dass der GmbH-Geschäftsführer pflichtwidrig die 3-Wochen-Frist des § 15 I InsO zur Stellung eines Insolvenzantrags verstreichen lässt. Der aus § 64 GmbHG erwachsende Rechtfertigungsgrund bleibt vielmehr im Interesse der Gläubigergesamtheit bis zum Wegfall der Insolvenzreife erhalten.[53]

VI. Fazit

Insgesamt hat sich damit eine Lösung des Konflikts zwischen Zahlungsgebot und Nichtzahlungserlaubnis ergeben, die weder der Rechtsprechung des 5. Strafsenats noch der früheren des 2. Zivilsenats gänzlich entspricht. Immerhin zeigt die hier vorgeschlagene Differenzierung danach, wie der GmbH-Geschäftsführer mit den durch das Vorenthalten der Beiträge ersparten Zahlungsmitteln stattdessen verfährt, dass der 2. Zivilsenat mit seiner Entscheidung vom 14.5.2007 vorschnell vor seinem kampfeslustigen strafrechtlichen Widerpart kapituliert hat. Ob sich nun der 2. Zivilsenat oder der 5. Strafsenat im Rahmen ihres seither auf zweifelhafte Weise bereinigten Meinungsstreits als der „Klügere" erwiesen hat, sei dahingestellt. Am klügsten wäre es jedenfalls gewesen, zivil- und strafrechtlichen Sachverstand dadurch in einen unmittelbaren Dialog miteinander treten zu lassen, dass der 2. Zivilsenat von seiner Befugnis zu einer Anrufung der Vereinigten Großen Senate gem. § 132 II GVG Gebrauch gemacht hätte.

Darin, den nicht nur an dieser Stelle notwendigen Dialog zwischen Wirtschaftszivil- und -strafrecht zu fördern, lag auch die Funktion des vorstehenden (entgegen der Themenstellung nicht „vorenthaltenen") Beitrags zu Ehren von Dieter Reuter, der sich für einen solchen intradisziplinären Dialog stets offen gezeigt hat und dem ich es deshalb verdanke, innerhalb des langjährig von ihm als Geschäftsführendem Direktor geleiteten Instituts für Wirtschafts- und Steuerrecht die strafrechtliche Stimme in den zu führenden Dialog einbringen zu dürfen.

[53] *Rönnau* NJW 2004, 976 (979 Fn. 32); *ders.* wistra 2007, 81 (83 Fn. 30).

Das Zusammenspiel von Tarif- und Satzungsautonomie bei Blitzaustritt und Blitzwechsel

Matthias Jacobs / Christopher Krois

A. Einführung

„Zwei Wahrheiten können einander nicht widersprechen“[1] – diese berühmten Worte richtete einst *Galileo Galilei* an seinen Schüler *Benedetto Castelli*. Für das Verhältnis von Vereins- und Koalitionsrecht scheint der Vierte Senat des BAG nunmehr eine andere Sichtweise vorzuziehen. Zwar steht mit Blitzaustritt und Blitzwechsel von Arbeitgebern eine deutlich profanere Materie als die Vereinbarkeit von Kopernikanischem Weltbild und Offenbarung in Rede, doch lässt sich die seit 2008 in mehreren Urteilen[2] entwickelte Linie des Vierten Senats mit Blick auf eben jene Worte *Galileis* wie folgt zusammenfassen: Was vereinsrechtlich „wahr“ ist, muss koalitionsrechtlich nicht unbedingt verbindlich sein. Worum geht es? Der Senat hatte in mehreren Entscheidungen über Konstellationen zu befinden, in denen ein Arbeitgeber(verband) „blitzartig“ aus seinem (Spitzen-)Verband ausgetreten oder kurzfristig in eine Mitgliedschaft OT oder eine Gastmitgliedschaft übergewechselt war, um der Bindung an einen sich abzeichnenden Tarifabschluss zu entgehen. *Vereinsrechtlich* ist ein solcher Statuswechsel nach Auffassung des Vierten Senats ohne Einhaltung einer bestimmten Frist grundsätzlich möglich. Gleichwohl soll der vereinsrechtlich wirksame Austritt oder Statuswechsel in *koalitionsrechtlicher* Hinsicht unwirksam sein, wenn er während laufender Tarifverhandlungen erfolgt und der beteiligten Gewerkschaft gegenüber nicht offengelegt wird.

Der Vierte Senat möchte die gesellschaftsrechtlichen Ergebnisse mithin dort arbeitsrechtlich „nachbessern“[3], wo er es zum Schutze der Tarifautono-

[1] Brief vom 21.12.1613, abgedruckt z.B. in *Favaro* Edizione nazionale delle Opere di Galileo Galilei, Neuausgabe 1968, Band V, S. 281, 282 („*due verità non posson mai contrariarsi*“).

[2] BAG v. 20.2.2008 – 4 AZR 64/07, AP Nr. 134 zu Art. 9 GG (Blitzaustritt); 4.6.2008 – 4 AZR 419/07, AP Nr. 38 zu § 3 TVG (Blitzwechsel); 26.8.2009 – 4 AZR 285/08, NZA 2010, 230 ff. (Bestätigung der Rspr. zum Blitzwechsel für die Gastmitgliedschaft).

[3] Vgl. zu dieser und ähnlichen Konstellationen *Buchner* FS Kreutz, 2009, S. 537 ff.

mie für erforderlich hält. Blitzaustritt und Blitzwechsel sind somit eng mit Fragestellungen des Vereinsrechts, insbesondere zur Reichweite der Satzungsautonomie, verbunden, die einen Schwerpunkt des beeindruckenden rechtswissenschaftlichen Werks von *Dieter Reuter* bilden. Bereits im Jahr 1996 thematisierte er – wie gewohnt scharfsinnig und präzise durchdacht – in einem Beitrag die Mitgliedschaft OT aus vereins- und tarifrechtlicher Sicht und bewies dabei bemerkenswerte Weitsicht zum Verhältnis von Satzungs- und Tarifautonomie: „Negative Einflüsse auf die Funktionsfähigkeit der Tarifautonomie können zwar im Prinzip begrenzend auf die Satzungsautonomie der Tarifvertragsparteien zurückwirken. Doch hat [...] bisher nicht einmal die ausdrücklich eingestandene Gefahr von Wettbewerbsverzerrungen und Störungen der Kampfparität ausgereicht, um in die Satzungsautonomie [...] zu intervenieren."[4] Der nachfolgende Beitrag möchte an diese Überlegungen des Jubilars anknüpfen und die Fälle des kurzfristigen Statuswechsels sowie des kurzfristigen Austritts aus vereins- und koalitionsrechtlicher Sicht kritisch beleuchten. Insbesondere ist zu hinterfragen, ob die geschilderten „Transparenzerwägungen" des Vierten Senats überzeugen oder doch „juristisch rundweg abzulehnen"[5] sind.

B. Blitzwechsel und Blitzaustritt aus vereinsrechtlicher Sicht

Die Mitgliedschaft OT wirft zunächst eine Reihe vereinsrechtlicher Fragen auf. Sie betreffen nicht nur ihre Zulässigkeit aus Sicht des Gleichbehandlungsgrundsatzes, die von einigen Autoren in Abrede gestellt wird. Zusätzlich ist zu hinterfragen, ob der kurzfristige Statuswechsel in die Gastmitgliedschaft oder die Mitgliedschaft OT – hält man sie mit der überwiegenden Meinung für grundsätzlich zulässig – und der kurzfristige Austritt aus vereinsrechtlicher Sicht ohne Weiteres möglich sind.

1. *Stufenmodell und gesellschaftsrechtlicher Gleichbehandlungsgrundsatz*

Da die Einführung sogenannter Parallelverbände für Voll- und OT-Mitglieder erheblichen Verwaltungsaufwand mit sich bringt, überwiegt in der Praxis das sogenannte Stufenmodell, über das auch der Vierte Senat in seiner Entscheidung zum Blitzwechsel vom 4. Juni 2008[6] zu befinden hatte: Von ein- und demselben Verband werden zwei verschiedene Arten der Mitgliedschaft angeboten – eine mit und eine ohne Tarifbindung. Nach Ansicht des

[4] *Reuter* RdA 1996, 201, 209.
[5] *Rieble* RdA 2009, 280, 282.
[6] BAG v. 4.6.2008 – 4 AZR 419/07, AP Nr. 38 zu § 3 TVG.

Vierten Senats verstößt dieses Modell nicht gegen den gesellschaftsrechtlichen Gleichbehandlungsgrundsatz. Er wiederholt hierzu im Wesentlichen die – recht knappen – Ausführungen des Ersten Senats aus dessen Beschluss vom 18. Juli 2006:[7] Die Wahl zwischen Voll- und OT-Mitgliedschaft erfolge freiwillig. Außerdem seien OT- und Vollmitgliedschaft mit unterschiedlichen Rechten und Pflichten verbunden. Insbesondere die gleiche Beitragspflicht sei gerechtfertigt, wenn OT-Mitglieder im Rahmen von Haustarifverhandlungen beraten und unterstützt würden. Diesen – recht apodiktischen – Ausführungen ist im Ergebnis beizupflichten.

a) Grundlagen

Im Ausgangspunkt ist zunächst festzuhalten, dass der gesellschaftsrechtliche Gleichbehandlungsgrundsatz, der zum Beispiel in § 53a AktG oder § 19 I GmbHG positivrechtlichen Ausdruck gefunden hat, nicht etwa die Gleichheit der Gesellschafter garantiert. Er statuiert – das sagt schon der Name – lediglich ein Gebot gleicher *Behandlung*; er ist damit nur dann Grenze der im Verband ausgeübten Mehrheitsherrschaft, wenn und soweit diese auf die Zustimmung des von der Entscheidung Betroffenen nicht angewiesen und folglich durch dessen Privatautonomie nicht legitimiert ist.[8] Umgekehrt verstößt eine *vom Konsens des Betroffenen getragene* Zuteilung ungleicher Rechte und Pflichten in der Satzung schon begrifflich nicht gegen das Gleich*behandlungs*gebot.

Für Arbeitgeberverbände darf man – anders als es für den BGB-Verein der Regelfall ist[9] – einen solchen Konsens nicht bereits darin sehen, dass jedes Vereinsmitglied frei über seinen Ein- und Austritt befinden kann. Zwar sind Mitglieder von Arbeitgeberverbänden mit Blick auf ihr Austrittsrecht durch § 39 BGB im Zusammenspiel mit Art. 9 III GG sogar in besonderem Maße geschützt.[10] Da ein Arbeitgeberverband für die von ihm räumlich und fachlich vertretenen Unternehmen aber regelmäßig ohne Alternative ist, kann von einer freien Entscheidung über Ein- und Austritt nicht die Rede sein.[11] Die Satzungsgestaltung von *Arbeitgeberverbänden* muss sich daher grundsätzlich am Gleichbehandlungsgrundsatz messen lassen. Allerdings ist zu differenzieren.

[7] BAG v. 18.7.2006 – 1 ABR 36/05, AP Nr. 19 zu § 2 TVG Tarifzuständigkeit.

[8] MüKoBGB-*Reuter*, 5. Aufl. 2006, § 34 BGB Rn. 19 f.; *K. Schmidt* Gesellschaftsrecht, 4. Aufl. 2002, § 16 II 4b aa (S. 463), jeweils m.w.N.

[9] Dazu MüKoBGB-*Reuter* (Fn. 8), § 34 BGB Rn. 20.

[10] Vgl. BGH v. 22.9.1980 – II ZR 34/80, AP Nr. 33 zu Art. 9 GG (keine Frist von mehr als 6 Monaten); für die Übertragbarkeit auf Arbeitgeberverbände vgl. etwa *Reuter* RdA 2006, 117, 119 f.; Staudinger-*Weick*, Neubearb. 2005, § 39 BGB Rn. 2 m.w.N.

[11] *Reuter* RdA 1996, 201, 206.

b) Beschränkung auf Rechtsberatung

Gewährt die Mitgliedschaft OT lediglich *arbeitsrechtliche Beratung*, scheidet eine Beschränkung durch den Gleichbehandlungsgrundsatz aus. Die Rechtsberatung ist auch anderweitig zu erhalten, die Verbände haben insoweit keine Monopolstellung. Entscheidet sich ein Arbeitgeber in einer solchen Konstellation für eine Mitgliedschaft OT, für die er den gleichen Mitgliedsbeitrag zahlt wie für eine Vollmitgliedschaft, aber weniger Rechte erhält, kann man von einer Ungleichbehandlung deshalb nicht sprechen – *volenti non fit iniuria*. In diesem Fall ist es folglich irrelevant, ob die Beiträge für OT-Mitglieder denen für Vollmitglieder entsprechen, obschon sie etwa am Streikfonds nicht beteiligt werden und insoweit auch über keine Mitspracherechte verfügen.

c) Unterstützung in Haustarifauseinandersetzungen

Der gesellschaftsrechtliche Gleichbehandlungsgrundsatz kommt aber zum Tragen, wenn die Mitgliedschaft OT ein Recht auf Unterstützungsleistungen in Haustarifauseinandersetzungen gewährt, insbesondere wenn Mittel aus dem Arbeitskampffonds – satzungsgemäß und damit keineswegs verbandsfremd[12] – auch für OT-Mitglieder gedacht sind. Gleichwertige „Alternativangebote" außerhalb des Verbands sind nicht vorhanden, und *Dieter Reuter* hat zu Recht darauf hingewiesen, dass die Mitgliedschaft OT ohne solche Unterstützungsleistungen für viele Unternehmen „keinen vernünftigen Sinn"[13] ergibt.

Daher ist insbesondere zu fragen, ob OT-Mitglieder mit Blick auf den Streikfonds ein Mitspracherecht haben müssen, wenn sie zu diesem in gleicher Höhe beitragen wie Vollmitglieder.[14] Bejahte man diese Frage wegen des Gleichbehandlungsgrundsatzes, entstünde ein Konflikt zu den Anforderungen, denen die Satzung mit Blick auf die Funktionsfähigkeit der Tarifautonomie genügen muss. Wie noch genauer darzulegen ist, erfordert diese nämlich, dass tarif- und damit auch arbeitskampfrechtlich relevante Entscheidungen nur von denjenigen Mitgliedern eines Verbands getroffen werden dürfen, die potenziell auch der Bindung des in Rede stehenden Tarifvertrags unterliegen. Umgekehrt ist damit aber die Einflussnahme von OT-Mitgliedern in solchen Angelegenheiten des Verbands verboten, selbst wenn sie in gleicher Höhe in den Streikfonds einzahlen.[15]

12 AA *Röckl* DB 1993, 2382, 2384; dagegen überzeugend *Reuter* RdA 1996, 201, 206.

13 *Reuter* RdA 1996, 201, 206.

14 Dafür *Reuter* RdA 1996, 201, 206 f., der bei mangelndem Mitspracherecht lediglich einen „Solidaritätsbeitrag" für gerechtfertigt erachtet; ähnlich insofern *Röckl* DB 1993, 2382, 2384.

15 Dazu unten C. I.

Die Rechtsprechung versteht das Gleichbehandlungsgebot allerdings als *Willkürverbot* und handhabt es zu Recht zurückhaltend.[16] Es ist deshalb bei Ausschluss sowohl eines Mitspracherechts in Arbeitskampfangelegenheiten als auch eines Anspruchs auf Zahlungen aus dem Streikfonds regelmäßig nicht verletzt. Das folgt freilich nicht bereits aus dem Umstand, dass auch OT-Mitglieder mittelbar von guter Verbandsarbeit profitieren und zudem jederzeit ihren Status zum Vollmitglied ändern können.[17] Insofern stehen OT-Mitglieder nämlich nicht besser als Außenseiter.[18] Entscheidend ist vielmehr, dass sie (anders als Außenseiter) Aussicht auf Unterstützung im Kampf um Haustarifverträge haben[19] und (anders als Vollmitglieder) nicht – jedenfalls nicht in gleicher Weise[20] – am Verbandstarifkonflikt teilnehmen. Mit anderen Worten: OT-Mitglieder erhalten nicht ein „Weniger" oder „Mehr" an Leistungen, sondern eine *andere* Form der Unterstützung. Dafür haben sie entsprechend nicht mehr oder weniger Beiträge zu entrichten, sondern einen dieser Unterstützung entsprechenden Beitrag, dessen Festsetzung wegen des Gleichbehandlungsgrundsatzes allerdings nicht willkürlich erfolgen darf. Es genügt bereits, dass OT-Mitglieder in Haustarifauseinandersetzungen beraten werden, um einen (beitrags-)relevanten Unterschied zu Vollmitgliedern zu begründen.[21] Nicht erforderlich ist dagegen, dass ihnen auch ein Anspruch auf Mittel aus dem Streikfonds zusteht. Zwar wird der Etat eines Verbands in der Regel überwiegend für diesen benötigt.[22] Es gibt aber keinen Grundsatz, dass die Mitgliedsbeiträge stets den verursachten Kosten entsprechen müssen.[23]

Bedingt allein die gleiche Beitragshöhe für OT-Mitglieder somit schon keinen Anspruch auf Unterstützung aus dem Streikfonds, kann sie erst recht kein entsprechendes Mitspracherecht begründen. Und auch wenn OT-Mitglieder satzungsgemäß Unterstützung aus dem Streikfonds erhalten, folgt daraus nicht etwa ein zwingendes Recht zur Mitentscheidung, weil – so ließe sich argumentieren – ihre Beiträge dann ebenso wie diejenigen der Vollmitglieder „Gegenleistung" für Zahlungen aus dem Streikfonds und nicht „nur" für sonstige Unterstützung in Haustarifkonflikten wären. Der Verband kann nämlich selbst Mitglieder ohne jede Beitragsverpflichtung und sogar außenstehende Dritte entsprechend unterstützen, wenn diese Möglichkeit in der

[16] Vgl. BGH v. 16.12.1991 – II ZR 58/91, BGHZ 116, 359, 373; zur Mitgliedschaft OT auch *Däubler* ZTR 1994, 448, 453 (verboten sind nur „willkürliche" Differenzierungen).
[17] So *Buchner* NZA 1994, 2, 8 (dort Fn. 33); *ders.* NZA 1995, 761, 766; ähnlich *Otto* NZA 1996, 624, 630; *Thüsing* ZTR 1996, 481, 484.
[18] So zu Recht *Reuter* RdA 1996, 201, 207.
[19] So auch *Otto* NZA 1996, 624, 630; *Deinert* RdA 2007, 83, 89.
[20] Vgl. dazu *Reuter* RdA 1996, 201, 206 f. (Erwägungen zum Sympathiearbeitskampf).
[21] So auch BAG v. 20.5.2009 – 4 AZR 179/08, NZA 2010, 102, 104 (Rn. 26).
[22] *Röckl* DB 1993, 2382, 2384.
[23] Ausführlich *Otto* NZA 1996, 624, 630.

Satzung vorgesehen ist. Ein Rückschluss vom Erhalt einer Leistung aus dem Streikfonds auf ein Recht zur Entscheidung über ihre Gewährung kann deshalb nicht gezogen werden.

d) Fazit

Die Mitgliedschaft OT *per se* verstößt damit nicht gegen den gesellschaftsrechtlichen Gleichbehandlungsgrundsatz. Gewährt sie alleine arbeitsrechtliche Beratung, greift der Grundsatz bereits im Ansatz nicht ein. Beinhaltet die Mitgliedschaft OT – wie es der Regelfall ist – auch Unterstützungsleistungen für Haustarifkonflikte, ist er zwar prinzipiell anzuwenden. Doch rechtfertigt gerade diese die unterschiedliche Ausgestaltung von OT- und Vollmitgliedschaft, wobei dem Verband ein weiter Ermessensspielraum zusteht. Weder schreibt der Gleichbehandlungsgrundsatz für OT-Mitglieder einen Anspruch auf Unterstützung und ein Mitspracherecht über ihre Gewährung vor, noch steht er entsprechenden Satzungsgestaltungen entgegen.

2. *Satzungsanforderungen an kurzfristigen Austritt oder Statuswechsel*

Eine andere Frage ist, ob der kurzfristige Austritt oder Statuswechsel satzungsmäßigen Einschränkungen unterliegt, insbesondere ob in der Satzung statuierte längere Austrittsfristen den genannten Maßnahmen grundsätzlich entgegenstehen.

a) Sofortige Beendigung der Mitgliedschaft trotz Austrittsfrist

Zunächst ist zu untersuchen, ob der Blitzaustritt möglich ist, wenn die Satzung den Austritt nur mit einer (längeren) Kündigungsfrist vorsieht. Insoweit ist zu beachten, dass der Austritt eine *einseitige* Maßnahme des Mitglieds ist. Im allgemeinen Vertragsrecht ist neben der einseitigen Vertragsbeendigung aber auch die Möglichkeit zur *einverständlichen* Aufhebung anerkannt, die spezifischer Ausdruck der Privatautonomie ist.[24] Dass für das Vereinsrecht im Grundsatz nichts anderes gilt, die Mitgliedschaft im Verein mithin auch durch eine Vereinbarung als *actus contrarius* zum Beitrittsvertrag mit sofortiger Wirkung beendet werden kann, steht außer Zweifel.[25] Zuständig für den Abschluss einer solchen Vereinbarung ist – ebenso wie im Fall des Beitritts[26] – beim Fehlen abweichender Satzungsregelungen nach § 26 I 2 BGB der Vorstand.[27]

[24] Statt vieler *Larenz* Schuldrecht AT Bd. I, 14. Aufl 1987, § 19 IIb (S. 272 f.); MüKoBGB-*Emmerich* (Fn. 8), § 311 BGB Rn. 33 f.

[25] Statt vieler *Oetker* ZfA 1998, 41, 46 f. m.w.N.

[26] Vgl. hierzu MüKoBGB-*Reuter* (Fn. 8), § 38 BGB Rn. 60; *dens.* ZHR 145 (1981), 273, 280.

[27] *Oetker* ZfA 1998, 41, 52 f. m.w.N.

Umstritten ist, unter welchen *Voraussetzungen* eine Aufhebungsvereinbarung abgeschlossen werden kann. Nicht haltbar ist die vereinzelt geäußerte Forderung, die Satzung müsse eine ausdrückliche Grundlage für den Abschluss enthalten.[28] Privatautonome Gestaltung bedarf grundsätzlich keiner „Ermächtigungsgrundlage". Eine Vereinssatzung muss ebenso wenig wie etwa ein Arbeitsvertrag die einvernehmliche Beendigung ausdrücklich zulassen. Auch § 58 BGB lässt sich nichts Gegenteiliges entnehmen: Zum einen wird dort nur der Fall des einseitigen, typischerweise konfliktträchtigen und daher regelungsbedürftigen „Austritts" angesprochen, zum anderen handelt es sich bei § 58 BGB um eine bloße Ordnungsvorschrift.[29]

Umgekehrt ist es denkbar, dass der Abschluss von Aufhebungsvereinbarungen in der Satzung ausdrücklich oder – praktisch relevanter – konkludent ausgeschlossen ist. Ein solcher Ausschluss verstößt nicht gegen § 137 BGB.[30] Die Norm soll verhindern, dass verkehrsfähige Wirtschaftsgüter durch schuldrechtliche Vereinbarung *extra commercium* gestellt werden. Zwar kann die Vereinsmitgliedschaft Gegenstand von Verfügungen sein, sie ist insoweit subjektives Recht.[31] Allerdings schließt § 38 S. 1 BGB die Übertragbarkeit der Mitgliedschaft grundsätzlich aus,[32] so dass sie gerade nicht veräußerlich und folglich dem Anwendungsbereich des § 137 S. 1 BGB entzogen ist.[33] Dass der Abschluss von Aufhebungsvereinbarungen somit grundsätzlich statutarisch ausgeschlossen werden kann, darf freilich nicht darüber hinwegtäuschen, dass ein solches abstraktes[34] Verbot ohne ausdrückliche Regelung regelmäßig nicht gewollt ist; der bloße Umkehrschluss zur satzungsmäßigen Ausgestaltung anderer Beendigungstatbestände genügt für dessen Annahme schon allein deshalb nicht, weil die einvernehmliche Aufhebung in der Regel kaum Konfliktpotential birgt und somit im Allgemeinen kein Bedürfnis für eine ausdrückliche Regelung in der Satzung gesehen wird.[35] Zusammenfassend ist der Abschluss einer einvernehmlichen Aufhebungsvereinbarung mit sofortiger

[28] So *Peters* FS Däubler, 1999, S. 479, 485 f.; *Plander* NZA 2005, 897, 899 f.; *Brecht-Heitzmann/Gröls*, EzA Nr. 94 zu Art. 9 GG, S. 22.

[29] MüKoBGB-*Reuter* (Fn. 8), § 58 BGB Rn. 1.

[30] So aber *Rieble* RdA 2009, 280, 281.

[31] AA Soergel-*Hadding*, 13. Aufl. 2000, § 38 BGB Rn. 3b; dagegen überzeugend MüKoBGB-*Reuter* (Fn. 8), § 38 BGB Rn. 10 f.

[32] Nach § 40 S. 1 BGB kann die Satzung ein anderes bestimmen.

[33] So die h.M., vgl. nur Soergel-*Hefermehl*, 13. Aufl. 1999, § 137 BGB Rn. 3 f.; MüKoBGB-*Armbrüster*, 5. Aufl. 2006, § 137 BGB Rn. 9 f.; aA *Weitnauer* FS Weber, 1975, S. 429, 434.

[34] Dass im konkreten Fall ein Sachgrund für eine Aufhebungsvereinbarung bestehen muss, wird damit nicht in Abrede gestellt; krit. jedoch *Konzen* FS Bauer, 2010, S. 559, 569.

[35] Vgl. *Oetker* ZfA 1998, 41, 48 ff.; BAG v. 20.2.2008 – 4 AZR 64/07, AP Nr. 134 zu Art. 9 GG (Rn. 37); zu weitgehend dagegen ArbG Berlin v. 8.5.2003 – 96 Ca 5296/03, DB 2003, 1518.

Beendigungswirkung im Regelfall also ohne Weiteres möglich, wenn die Satzung ein solches Vorgehen nicht ausdrücklich untersagt.[36]

b) Kurzfristige Beendigung trotz Austrittsfrist

Dass daneben auch eine Verkürzung statutarischer Austrittsfristen durch Vereinbarung mit dem Vorstand möglich ist, wird teilweise in Abrede gestellt.[37] Das ist richtig, wenn man ein solches Verhalten als bewusste Nichtbeachtung von Satzungsvorschriften zum *einseitigen* Austritt einordnet. Ein solches Vorgehen ist in der Tat nur möglich, wenn die Satzung wirksam geändert wird oder ein Fall der punktuellen Satzungsdurchbrechung[38] vorliegt, die der Mitwirkung der Mitgliederversammlung als zuständiges Organ bedarf und außerdem lediglich den *konkreten* Austrittsfall erfassen, nicht aber eine abstrakte und somit nicht mehr punktuelle Sonderregelung für den kurzfristigen Austritt an sich etablieren darf.[39]

Allerdings kommt auch hier eine *einvernehmliche* Beendigung unter Mitwirkung des Vorstands in Betracht. Deren Zulässigkeit folgt *de maiore ad minus* aus der eben dargelegten Zulässigkeit der sofortigen Beendigung durch entsprechende Vereinbarung. Lässt sich das Erklärungsverhalten des Mitglieds nur als einseitige und damit unwirksame Austrittserklärung, nicht aber als Antrag auf Abschluss einer Aufhebungsvereinbarung auslegen, kann sie regelmäßig nach § 140 BGB in einen Antrag auf Abschluss einer solchen Vereinbarung umgedeutet werden, der dann freilich noch der Annahme des Vorstands bedarf.[40]

c) Kurzfristiger Statuswechsel und Austrittsfrist

Der Statuswechsel in die Gastmitgliedschaft oder die Mitgliedschaft OT ist satzungsmäßig typischerweise von der Zustimmung des Vorstands abhängig. Da der Wechsel in diesem Fall nicht einseitig, sondern einvernehmlich erfolgt, erübrigt sich die statutarische Festsetzung einer Frist regelmäßig. In diesem Fall können die satzungsmäßigen Austrittsfristen nicht analog auf den Statuswechsel angewendet werden, und auch eine allgemeine Mindestfrist für den Statuswechsel darf nicht etabliert werden.[41] Dafür spricht auch

[36] In diesem Fall kommt nur eine Satzungsänderung oder – unter Mitwirkung der Mitgliederversammlung – eine punktuelle Satzungsdurchbrechung in Betracht.

[37] So etwa *Sauter/Schweyer/Waldner* Der eingetragene Verein, 18. Aufl. 2006, Rn. 81.

[38] Für deren (wenn auch umstrittene) Zulässigkeit MüKoBGB-*Reuter* (Fn. 8), § 33 BGB Rn. 10 m.w.N.

[39] So war es aber im Urteil BAG v. 20.2.2008 – 4 AZR 64/07, AP Nr. 134 zu Art. 9 GG (Rn. 19).

[40] BAG v. 20.2.2008 – 4 AZR 64/07, AP Nr. 134 zu Art. 9 GG (Rn. 24 ff.).

[41] In diese Richtung aber *Berg/Platow/Schoof/Unterhinninghofen* TVG und Arbeitskampfrecht, 2. Aufl. 2008, § 3 Rn. 26.

der Erst-recht-Schluss zur Zulässigkeit der sofortigen Beendigung der Mitgliedschaft durch Vereinbarung.

d) Folge von Satzungsverstößen

Dass statutarische Erfordernisse für den *einseitigen* Austritt, insbesondere Fristen, nicht einfach auf die *einvernehmliche* Beendigung der Mitgliedschaft übertragen werden können, ist schon dargelegt worden. Für den Statuswechsel ist es dagegen nicht untypisch, dass ausdrückliche satzungsmäßige Einschränkungen bestehen. In dem Fall, welcher der Entscheidung vom 4. Juni 2008[42] zugrunde lag, sollte der Wechsel zum Beispiel nur zulässig sein, „wenn die Tarifbindung auch unter Berücksichtigung des gemeinsamen Verbandsinteresses an gleichen Arbeits- und Wirtschaftsbedingungen in der Branche für das Mitglied unzumutbar" ist. Der Vorstand hat bei solchen und vergleichbaren Formulierungen einen Ermessensspielraum, in dessen Rahmen er *auch* die Nachteile des Verbands[43] für den Fall berücksichtigen muss, dass das Mitglied vollständig austritt. Die Entscheidung vom 4. Juni 2008 ist insofern paradigmatisch, als die Beklagte bereits eine ordentliche Kündigung ausgesprochen hatte und erst durch die Eröffnung eines sofortigen Wechsels in die Mitgliedschaft OT zum Verbleib im Verband bewegt werden konnte.

Selbst wenn der Vorstand sein Ermessen bei Anwendung einer Satzungsvorschrift zum Statuswechsel nicht pflichtgemäß ausübt und damit gegen eine Satzungsvorschrift verstößt,[44] ist die von ihm geschlossene Vereinbarung mit dem Mitglied aber nicht automatisch unwirksam. Auch gegenüber Mitgliedern[45] vertritt der Vorstand den Verein nach § 26 I 2 BGB selbst dann wirksam, wenn er gegen eine Pflicht im Innenverhältnis zum Verein verstößt, solange nur seine Vertretungsmacht nicht wirksam durch eine hinreichend klare Satzungsbestimmung nach § 26 I 3 BGB beschränkt ist oder ein Fall des Missbrauchs der Vertretungsmacht[46] vorliegt. Mit anderen Worten führt die Pflichtwidrigkeit im Innenverhältnis regelmäßig nicht zur Unwirksamkeit im Außenverhältnis.

Im Übrigen besteht die Pflicht zu satzungsgemäßem Verhalten im Ausgangspunkt auch nur gegenüber dem Verband.[47] Das einzelne Mitglied ist nur dann zur Einzelklage auf Unterlassung befugt, wenn der Vorstand durch sein Handeln in einzelne ausdifferenzierte Mitgliedschaftsrechte eingreift.

[42] BAG v. 4.6.2008 – 4 AZR 419/07, AP Nr. 38 zu § 3 TVG.
[43] Vgl. für die Schutzrichtung statutarischer Kündigungsfristen *Reuter* RdA 2006, 117.
[44] Gleiches gilt, wenn beim Abschluss von Aufhebungsvereinbarungen im Einzelfall gegen den Gleichbehandlungsgrundsatz verstoßen wird (vgl. bereits Fn. 34).
[45] Statt aller Soergel-*Hadding* (Fn. 31), § 26 BGB Rn. 15.
[46] Abgesehen vom Verstoß gegen statutarisch ausdrücklich festgelegte Fristen für den Statuswechsel dürften dessen Voraussetzungen kaum je erfüllt sein.
[47] MüKoBGB-*Reuter* (Fn. 8), § 38 BGB Rn. 34.

Das ist nur der Fall, wenn Entscheidungskompetenzen der Mitgliederversammlung missachtet werden.[48] Im Übrigen obliegt es im Verein der Mitgliederversammlung, den Vorstand zur satzungstreuen Amtsführung anzuhalten: Sie kann ihm jederzeit Weisungen erteilen, ihn gegebenenfalls sogar abberufen. Außenstehende Dritte können aus einer Verletzung verbandsinterner Vorschriften ohne Auswirkung auf die Vertretungsmacht des handelnden Organs jedenfalls keine Rechte ableiten.

C. Blitzaustritt und Blitzwechsel aus koalitionsrechtlicher Sicht

Damit stehen im Regelfall weder der Mitgliedschaft OT noch dem kurzfristigen Austritt oder Statuswechsel vereinsrechtliche Hürden entgegen. Eine andere Frage ist allerdings die Vereinbarkeit von Blitzaustritt und Blitzwechsel mit der Koalitionsfreiheit. Insbesondere die von Art. 9 III 1 GG umfasste Gewährleistung eines *funktionsfähigen Tarifsystems* kann durch die Eröffnung der Mitgliedschaft OT sowie durch Blitzaustritt und Blitzwechsel beeinträchtigt sein.[49] Andererseits umfasst die kollektive Koalitionsfreiheit auch das Recht des Arbeitgeberverbands, seine Satzung autonom zu gestalten, sowie das Recht des Arbeitgebers, aus einer Koalition auszutreten. Zwischen der Funktionsfähigkeit der Tarifautonomie auf der einen und der Organisationsautonomie des Verbands sowie der negativen Koalitionsfreiheit des Arbeitgebers auf der anderen Seite ist folglich abzuwägen und praktische Konkordanz herzustellen.[50] Der Ansatz des Vierten Senats ist insoweit zu Recht zurückhaltend, als er eine generelle Unzulässigkeit von Mitgliedschaft OT, Blitzaustritt und Blitzwechsel verwirft, um so die Organisationsautonomie des Verbands sowie die negative Koalitionsfreiheit des einzelnen Mitglieds nur dort einzuschränken, wo es im Einzelfall notwendig ist.

I. Zulässigkeit der Mitgliedschaft OT an sich

Zunächst ist festzuhalten, dass die Mitgliedschaft OT in Form des Stufenmodells von der Organisationsautonomie der Verbände gedeckt ist, frei darüber zu entscheiden, ob sie eine Mitgliedschaft vorsehen wollen, die nicht die Rechtsfolgen des § 3 I TVG auslöst. Die Mitgliedschaft OT ist dabei keine Frage der personellen Tarifzuständigkeit, es geht vielmehr um die durch Satzung festgelegte Tarifgebundenheit sowie die Reichweite der mit-

[48] Vgl. ausführlich *Segna* Vorstandskontrolle in Großvereinen, 2002, S. 252 ff.
[49] Vgl. etwa *Krause* GS Zachert, 2010, S. 605, 614 ff.; zur Einordnung als Institutsgarantie oder funktionstypisches Koalitionsmittel etwa *Höpfner* ZfA 2009, 541, 563 m.w.N.
[50] Vgl. *Höpfner* ZfA 2009, 541, 563.

gliedschaftlichen Legitimation der Tarifparteien zur Normsetzung.[51] OT-Mitglieder sind wie Gastmitglieder keine Mitglieder i.S.d. § 3 I TVG, so dass auch ein Verstoß gegen diese Vorschrift ausscheidet. Ebenso wenig ist die gewerkschaftliche Verhandlungsparität beeinträchtigt: Zum einen fließen Verbänden beider Seiten regelmäßig Unterstützungsgelder und Fördermittel *Dritter* zu. Zum anderen ist die Mitgliedschaft OT ebenso ein gewerkschaftliches Phänomen – man denke etwa an Beamte, Rentner oder Freiberufler.[52] Dass schließlich ein Arbeitgeber im Einzelfall durch geschicktes Hin- und Herwechseln zwischen Voll- und OT-Mitgliedschaft der Bindung an einen kurz bevorstehenden und möglicherweise schon ausgehandelten Tarifabschluss „entgehen" kann, wird vom Vierten Senat zu Recht als Sonderproblem verstanden, das nicht generell gegen die Mitgliedschaft OT spricht.[53]

Die Funktionsfähigkeit der Tarifautonomie verlangt für die nähere Ausgestaltung der Mitgliedschaft OT allerdings, dass OT-Mitglieder keine unmittelbare Einflussnahme auf tarifpolitische Entscheidungen haben, da sie von deren Konsequenzen nicht betroffen sind.[54] Ohne Gleichlauf von Verantwortlichkeit und Betroffenheit ist nicht gewährleistet, dass die Tarifparteien im Verhandlungswege ausgewogene und den beiderseitigen Interessen möglichst angemessene Arbeits- und Wirtschaftsbedingungen vereinbaren; OT-Mitglieder dürfen daher nicht an tarifpolitisch relevanten Abstimmungen teilhaben, in die Tarifkommission entsandt werden oder den Verband tarifpolitisch vertreten.[55] Mit Urteil vom 22. April 2009 hat der Vierte Senat zudem klargestellt, dass sich dieser Ausschluss auch auf alle Fragen des Arbeitskampfes und seiner Gestaltung bezieht.[56] Dem ist insoweit zuzustimmen, als der Arbeitskampf notwendigerweise Auswirkungen auf das Verhandlungsergebnis hat, mithin Bestandteil und Erscheinungsform von Tarifverhandlungen ist.[57] OT-Mitglieder können deshalb nicht über den Einsatz von Arbeitskampfmitteln entscheiden. Auf Grundlage dieser Argumentation ist die Mitbestimmung jedoch nur im Verbandstarifkonflikt ausgeschlossen. Dient der Streikfonds hingegen auch der Unterstützung in Haustarifkonflikten, spricht nichts dagegen, OT-Mitgliedern *insoweit* Mitspracherechte ein-

[51] So bereits BAG v. 18.7.2006 – 1 ABR 36/05, AP Nr. 19 zu § 2 TVG Tarifzuständigkeit.
[52] Vgl. zum Ganzen BAG v. 4.6.2008 – 4 AZR 419/07, AP Nr. 38 zu § 3 TVG (Rn. 35).
[53] BAG v. 4.6.2008 – 4 AZR 419/07, AP Nr. 38 zu § 3 TVG (Rn. 32).
[54] BAG v. 4.6.2008 – 4 AZR 419/07, AP Nr. 38 zu § 3 TVG (Rn. 38 f.); ebenso bereits *Bayreuther* BB 2007, 325, 327; *Besgen* Mitgliedschaft im Arbeitgeberverband ohne Tarifbindung, 1998, S. 116 f.; *ders./Weber* SAE 2010, 1, 3 f.; *Buchner* NZA 1994, 2, 6; *Deinert* RdA 2007, 83, 86 f.; *Löwisch/Rieble* TVG, 2. Aufl. 2004, § 2 Rn. 34; *Schlochauer* FS Hromadka, 2008, S. 379, 383, 388.
[55] So BAG v. 4.6.2008 – 4 AZR 419/07, AP Nr. 38 zu § 3 TVG (Rn. 39).
[56] BAG v. 22.4.2009 – 4 AZR 111/08, AP Nr. 26 zu § 3 TVG Verbandszugehörigkeit (Rn. 38).
[57] BVerfG v. 26.6.1991 – 1 BvR 779/85, BVerfGE 84, 212, 225 (Rn. 35).

zuräumen. Vielmehr ist umgekehrt zu fragen, ob die Mitspracherechte *anderer* Voll- und OT-Mitglieder für den Fall der Unterstützung eines Haustarifkonflikts nicht unter den gleichen Gesichtspunkten die Funktionsfähigkeit der Tarifautonomie beeinträchtigen können. Dagegen lässt sich anführen, dass der einzelne Arbeitgeber – anders als der Verband – in seiner Entscheidung über den Einsatz *eigener* finanzieller Mittel weiterhin frei ist, auch wenn andere über die Gewährung von Unterstützungsleistungen (des Verbands) mitentscheiden.

II. Zulässigkeit von Blitzaustritt und -wechsel an sich

Zur Vereinbarkeit mit der Koalitionsfreiheit gilt für den kurzfristigen Austritt oder Statuswechsel das Gleiche wie für die Mitgliedschaft OT: Im Allgemeinen – außerhalb konkreter Tarifverhandlungen – beeinträchtigen diese nur den Verband und seine Mitglieder, nicht jedoch den sozialen Gegenspieler. Eine generelle Einschränkung unter dem Gesichtspunkt der Funktionsfähigkeit der Tarifautonomie ist daher nicht gerechtfertigt und wird vom Vierten Senat auch zu Recht verworfen.[58]

III. Unwirksamkeit von (Blitz-)Austritt und (Blitz-)Wechsel im Einzelfall

Allerdings kann die koalitionsrechtliche Beurteilung im Zusammenhang mit Tarifverhandlungen – wie schon angedeutet – auch anders ausfallen. Durch „blitzartigen" Wechsel zwischen Voll- und OT- oder Gastmitgliedschaft kann ein Arbeitgeber die Bindung an einen kurz vor seinem Abschluss stehenden Tarifvertrag verhindern, auf der anderen Seite kann er nach erfolgtem Tarifabschluss unter den Schutzmantel der Friedenspflicht des Verbandstarifs schlüpfen.[59] Einem solchen „Hase und Igel"-Spiel möchte der Vierte Senat nunmehr einen Riegel vorschieben.

1. *Argumentation des Vierten Senats: Transparenz*

Der dogmatische Standort der von ihm vorgenommenen Einzelfallprüfung ist Art. 9 III 2 GG i.V.m. § 134 BGB: Zwar sei der kurzfristige – unter Umständen auch sofortige – Wechsel in die Mitgliedschaft OT per se nicht verbotswidrig, so dass eine Nichtigkeit aufgrund verbotswidrigen *Inhalts*

[58] BAG v. 4.6.2008 – 4 AZR 419/07, AP Nr. 38 zu § 3 TVG (Rn. 32).
[59] *Blanke* AiB 2000, 260, 268; *Berg* AuR 2001, 393, 395; *Deinert* RdA 2007, 83, 87.

ausscheide. Allerdings könnten auch die *besonderen Umstände* einen Gesetzesverstoß i.S.d. § 134 BGB begründen. Das sei beim Statuswechsel dann der Fall, wenn er während laufender Tarifverhandlungen erfolge und die Gewerkschaft mangels rechtzeitiger Information nicht „auf den Statuswechsel des Verbandsmitglieds mit Wirkung für den vor dem Abschluss stehenden Tarifvertrag [...] reagieren" könne.[60]

Die Gewerkschaft dürfe nämlich darauf vertrauen, dass diejenigen Arbeitgeber, die bei Verhandlungsbeginn Mitglieder des tarifschließenden Verbands seien, später auch an den auszuhandelnden Tarifvertrag gebunden würden. Diese Erwartung sei aus Gewerkschaftssicht Geschäftsgrundlage des Tarifvertrags. Außerdem könne dessen Angemessenheitsvermutung beeinträchtigt sein, wenn ein Arbeitgeber bei Beginn der Verhandlungen voll verantwortlich über den Tarifabschluss mitentscheide, sich dann aber infolge seines Wechsels in die OT-Mitgliedschaft dem Tarifvertrag entziehe. Ob der Austritt des Arbeitgebers tatsächlich das Tarifergebnis verfälscht *habe*, sei mit Rücksicht auf die Tarifautonomie indessen gerichtlich nicht überprüfbar, sondern unterliege der abschließenden Beurteilung der Gewerkschaft.[61] Liege im Einzelfall ein Verstoß gegen Art. 9 III 2 GG vor, sei der Austritt oder Statuswechsel nicht insgesamt unwirksam, sondern nur hinsichtlich derjenigen Tarifverträge, die während des Statuswechsels verhandelt wurden.[62] Obschon die Entscheidung des Vierten Senats auf teils heftige Kritik gestoßen ist, hat er seine Aussagen jüngst bestätigt und sie auf die parallele Konstellation des Blitzwechsels in die Gastmitgliedschaft übertragen.[63]

2. *Wechselnder Mitgliederbestand als wesensimmanentes Element des Verbändewesens*

Dass allein aus einer etwaigen Fehlvorstellung der Gewerkschaft über den Mitgliederbestand des Arbeitgeberverbands eine Einschränkung von Blitzaustritt und Blitzwechsel resultieren soll, überzeugt nicht.[64] Es ist bereits zweifelhaft, ob Aus- oder Übertritt einzelner Unternehmen sich stets auf die gewerkschaftlichen Tarifforderungen auswirken.[65] Dem Senat ist zwar zuzustimmen, dass *diese* Frage nicht der richterlichen Kontrolle unterworfen werden darf. Ein solches Vorgehen bedeutete nämlich nichts anderes, als die Forderungen der Gewerkschaft inhaltlich zu überprüfen – und zwar dahin

[60] BAG v. 4.6.2008 – 4 AZR 419/07, AP Nr. 38 zu § 3 TVG (Rn. 69).
[61] Zum Ganzen BAG v. 4.6.2008 – 4 AZR 419/07, AP Nr. 38 zu § 3 TVG (Rn. 65 f.).
[62] BAG v. 4.6.2008 – 4 AZR 419/07, AP Nr. 38 zu § 3 TVG (Rn. 72).
[63] BAG v. 26.8.2009 – 4 AZR 285/08, NZA 2010, 230, 233 f. (Rn. 25 ff.).
[64] So auch *Bauer/Haußmann* RdA 2009, 99, 104 ff.; *Höpfner* ZfA 2009, 541, 563 ff., 570; *Konzen* FS Bauer, 2010, S. 559, 574 ff.; *Rieble* RdA 2009, 99 ff.; *Willemsen/Mehrens* NJW 2009, 1916 ff.
[65] *Konzen* FS Bauer, 2010, S. 559, 574; *Rieble* RdA 2009, 280, 283.

gehend, ob und gegebenenfalls in welchem Ausmaß sie tatsächlich auf der Wirtschaftskraft der im Verband organisierten Unternehmen fußen oder aber an andere Umstände wie zum Beispiel die Reallohnentwicklung anknüpfen. Diese Entscheidung liegt aber alleine bei der Gewerkschaft und ist von den Gerichten zu respektieren.[66] Andererseits verbietet sich damit aber auch jede Hypothese, ob eine Koalition einen bestimmten Umstand in ihre Entscheidungsfindung einbezogen hätte oder nicht.

Entscheidend ist jedoch, dass die Unsicherheit über den Mitgliederbestand des Arbeitgeberverbands unabhängig von Blitzaustritt oder -wechsel besteht. Veränderungen im Mitgliederbestand sind dem tariflichen Verbändewesen *immanent*.[67] Tritt ein Verbandsmitglied noch vor Beginn der Verhandlungen aus oder läuft zum Beispiel eine sechsmonatige Kündigungsfrist kurz vor Verhandlungsbeginn aus, weiß die Gewerkschaft über den Mitgliederbestand des Arbeitgeberverbands ebenfalls nichts.[68] Wenn diese aber generell keine sichere Kenntnis über den Mitgliederbestand hat, besteht insoweit auch kein Vertrauen, das zu schützen ist. Von einem schützenswerten Vertrauen könnte man nur dann sprechen, wenn die Gewerkschaft zu Verhandlungsbeginn nicht nur einen Anspruch auf Mitteilung des aktuellen Mitgliederbestands hätte, sondern auch verlangen könnte, über bereits ausgesprochene Kündigungen informiert zu werden.[69] Ein solcher Anspruch oder eine dahin gehende Obliegenheit von Verband oder Arbeitgeber scheidet aus Paritätsgründen aber solange aus, wie das BAG das Informationsbedürfnis auf Arbeitgeberseite nicht in vergleichbarer Weise schützt – man denke etwa an die Beurteilung der sozialen Mächtigkeit einer Gewerkschaft oder die Frage, ob einem betrieblichen Bündnis für Arbeit ein Unterlassungsanspruch der Gewerkschaft entgegensteht.[70] Ein Irrtum der Gewerkschaft über den Mitgliederbestand des Arbeitgeberverbands mag daher unter bestimmten Voraussetzungen zur Anfechtung des Tarifvertrags berechtigen;[71] die Unwirksamkeit von Blitzaustritt oder -wechsel begründet er indessen nicht.

3. Auch hier entscheidend: Gleichlauf von Verantwortlichkeit und Betroffenheit

Anders ist der – vom Vierten Senat lediglich unterstützend erwähnte – Aspekt zu beurteilen, dass ein Arbeitgeber bei Beginn der Verhandlungen nicht voll verantwortlich über den Tarifabschluss mitentscheiden, sich dann

[66] Vgl. ErfK-*Dieterich*, 10. Aufl. 2010, Art. 9 GG Rn. 91.
[67] *Willemsen/Mehrens* NJW 2009, 1916, 1918; vgl. auch *Filges* FS Bauer, 2010, S. 308 f.
[68] *Konzen* FS Bauer, 2010, S. 559, 575; *Bauer/Haußmann* RdA 2009, 99, 104.
[69] Das verkennt BAG v. 4.6.2008 – 4 AZR 419/07, AP Nr. 38 zu § 3 TVG (Rn. 66).
[70] Dazu *Bauer/Haußmann* RdA 2009, 99, 102; *Konzen* FS Bauer, 2010, S. 559, 575 f.
[71] Vgl. *Bauer/Haußmann* RdA 2009, 99, 105.

aber infolge Austritts oder Statuswechsels dem Tarifvertrag entziehen darf.[72] Auch in dieser Konstellation fallen Verantwortlichkeit in der Entscheidung und Betroffenheit in den Folgen auseinander und sind Ausgewogenheit und Angemessenheit der vereinbarten Arbeits- und Wirtschaftsbedingungen gefährdet. Wer mit der herrschenden Meinung mit dieser Begründung OT-Mitglieder von tarifpolitischen Entscheidungen ausschließen möchte, muss *auch* Bedenken gegen Blitzaustritt und -wechsel hegen. Weiter noch: Auch ein Arbeitgeber, der seinen *ordentlichen* Austritt oder Wechsel bereits wirksam erklärt hat, darf folgerichtig nicht mehr mitentscheiden, wenn es um einen Tarifvertrag geht, der ihn nicht mehr betreffen wird.

Allerdings ist dabei genau zu differenzieren: Der verbandsangehörige Arbeitgeber ist nämlich berechtigt, gegen einen Tarifabschluss zu votieren, solange er (noch) Vollmitglied ist – selbst dann, wenn dahinter alleine die Absicht steht, den Tarifabschluss hinauszuzögern. Ebenso muss ihm das Recht zugebilligt werden, solange den Inhalt eines möglichen Tarifvertrags zu beeinflussen, wie eine Bindung an diesen nicht mit Sicherheit ausscheidet. Kommt es zu einem Abschluss „in letzter Minute" vor dem Wirksamwerden seines Aus- oder Übertritts, ist die Bindung an einen Tarifvertrag, den er inhaltlich nicht (mehr) mitprägen durfte, schließlich nicht gerechtfertigt. Kommt es dagegen erst nach dem Aus- oder Übertritt zum Tarifabschluss, muss diesem auf Seite des Arbeitgeberverbands – was praktisch der Regelfall ist – ein neuer Beschluss vorausgehen, um sicherzustellen, dass die bislang vertretene Position auch weiterhin mehrheitsfähig ist.

Problematisch ist damit nur die Konstellation, dass vor dem Wirksamwerden von Aus- oder Übertritt über den Abschluss eines erst danach wirksam werdenden Tarifvertrags abschließend zu entscheiden ist. In diesem Fall muss dem Arbeitgeber, dessen Austritt oder Statuswechsel bereits feststeht, ein Stimmrecht verwehrt sein. Für Blitzaustritt und Blitzwechsel folgt daraus, dass einem Vollmitglied diese Maßnahmen zwar auch nach Beginn der Verhandlungen noch offen stehen. Sobald es jedoch abschließend – das heißt mit Außenwirkung des Beschlusses gegenüber der Gewerkschaft – über den Tarifabschluss entschieden hat, darf sich ein Vollmitglied dem von ihm mitgestalteten Tarifvertrag nicht mehr im Wege des Blitzaustritts oder Blitzwechsels entziehen.[73] *Diese* Maßnahmen sind folgerichtig nach Art. 9 III 2 GG zum Schutze der Funktionsfähigkeit der Tarifautonomie *tarifrechtlich* unwirksam. Daran ändert – nebenbei bemerkt – auch eine rechtzeitige Information der Gewerkschaft zu einem Zeitpunkt, in dem ihre Annahmeerklärung noch aussteht, nichts: Es geht nicht um die Angemessenheit *ihrer* Entschei-

[72] BAG v. 4.6.2008 – 4 AZR 419/07, AP Nr. 38 zu § 3 TVG (Rn. 65); 26.8.2009 – 4 AZR 285/08, NZA 2010, 230, 234 (Rn. 32).

[73] In diese Richtung auch *Bauer/Haußmann* RdA 2009, 99, 105.

dung für den Tarifvertrag, sondern um diejenige des *Arbeitgeberverbands*. Das Argument des Gleichlaufs von Verantwortlichkeit und Betroffenheit setzt insoweit also an einem ganz anderen Punkt an als die Transparenzerwägungen des Vierten Senats und führt damit verständlicherweise auch zu anderen Anforderungen und Ergebnissen bezüglich der tarifrechtlichen Wirksamkeit von Blitzaustritt oder -wechsel.

D. Fazit

Die Mitgliedschaft OT und der Blitzaustritt oder -wechsel sind (jedenfalls ohne ausdrückliche statutarische Beschränkung) vereinsrechtlich zulässig. Die Mitgliedschaft OT ist auch mit Art. 9 III GG vereinbar. Allerdings dürfen OT-Mitglieder an tarif- und arbeitskampfrechtlichen Entscheidungen des Verbands nicht mitwirken, weil die Funktionsfähigkeit der Tarifautonomie den Gleichlauf von Verantwortlichkeit und Betroffenheit erfordert und insoweit die Satzungsautonomie des Verbands beschränkt. Allein vor diesem Hintergrund können im Einzelfall auch (Blitz-)Austritt und (Blitz-)Wechsel *tarifrechtlich* unwirksam sein. Die negative Koalitionsfreiheit des einzelnen Mitglieds tritt dann hinter die Funktionsfähigkeit der Tarifautonomie zurück, während die vereinsrechtliche Wirksamkeit die Satzungsautonomie des Verbands wahrt. Transparenzerwägungen spielen demgegenüber keine Rolle.

Die Beendigung eines Arbeitsverhältnisses nach dem Recht der Republik Südafrika

Abbo Junker

I. Einleitung

Dieter Reuter ist Wissenschaftler mit weitem Horizont und vielfältigen Interessen. Es darf daher erwartet werden, dass auch ein Beitrag sein Interesse findet, der sich nicht mit dem deutschen, sondern mit einem ausländischen Arbeitsrecht beschäftigt. Unter den Rechtsordnungen des afrikanischen Kontinents ist diejenige der Republik Südafrika für deutsche Unternehmen die wichtigste. Sie ist zugleich aus der Sicht der vergleichenden Rechtswissenschaft eine der bemerkenswertesten Rechtsordnungen dieses Kontinents, weil sich hier – auf der Grundlage des hergebrachten Common Law – im neueren Gesetzesrecht vielfältige Einflüsse kreuzen.[1] Der vorliegende Beitrag befasst sich mit der Beendigung von Arbeitsverhältnissen, verstanden in einem weiten, die Beendigung durch Zeitablauf (Befristung) einschließenden Sinn.

II. Befristung von Arbeitsverhältnissen

Das Recht der Republik Südafrika beruht hinsichtlich der Zulässigkeit befristeter Arbeitsverträge auf einer anderen Konzeption als das deutsche Recht. Zwar müssen beide Rechtsordnungen Sorge tragen, dass der gesetzliche Kündigungsschutz der Arbeitnehmer nicht durch Aneinanderreihung von (kurzen) zeitlichen Befristungen („Kettenbefristungen") umgangen wird. Aber dieses Ziel wird auf unterschiedlichen Wegen verfolgt. Das deut-

[1] Wichtige Sekundärliteratur aus neuerer Zeit umfasst insbesondere die Werke von *Basson/Christianson/Garbers/LeRoux/Mischke/Strydom* Essential Labour Law, 4th Edition, Cape Town 2006; *du Plessis/Fouché* A Practical Guide to Labour Law, 6th Edition, Durban 2006; *Dupper/Garbers/Landman/Christianson/Basson* Essential Employment Discrimination Law, 1st Edition, Lansdowne 2004; *du Toit/Bosch/Woolfrey/Godfrey/Cooper/Giles/Bosch/Rossouw* Labour Relations Law – A Comprehensive Guide, 5th Edition, Durban 2006; *Grogan* Workplace Law, 8th Edition, Cape Town 2005; *Landis/Grossett* Employment and the Law – A Practical Guide for the Workplace, 2nd Edition, Cape Town 2008; *van Jaarsveld/van Eck* Principles of Labour Law, 3rd Edition, Durban 2005.

sche Recht nennt in einigen Spezialgesetzen[2] und in § 14 Abs. 2, 2a und 3 TzBfG Fallgruppen gesetzlich zulässiger Befristungen, die nicht durch einen sachlichen Grund gerechtfertigt sein müssen. Im Übrigen sind Befristungen von Arbeitsverhältnissen nur aus sachlichem Grund erlaubt (§ 14 Abs. 1 Satz 1 TzBfG), wobei der Katalog anerkannter Sachgründe in § 14 Abs. 1 Satz 2 TzBfG nicht abschließend ist, sondern durch die Rechtsprechung erweitert werden kann.[3]

In Südafrika gilt hingegen auch heute noch das Prinzip des Common Law, wonach ein Arbeitsvertrag alternativ für einen festen Zeitraum (fixed-term contract) oder auf unbestimmte Zeit geschlossen werden kann (indefinite contract).[4] Ein sachlicher Grund für die Befristung ist nicht erforderlich. Es kommt daher auch nicht darauf an, ob der Arbeitnehmer eine Daueraufgabe erfüllt oder an einem bestimmten Projekt arbeitet. Letzteres ist nur bei der auch in Südafrika zulässigen Zweckbefristung von Bedeutung, und zwar für die Bestimmung des Endzeitpunkts. Das südafrikanische Recht verwirklicht insoweit den Rechtsgedanken, dass auch bei Arbeitsverträgen die Laufzeit ein Faktor sein kann, der in die Verhandlungen über die Vertragsbedingungen des Arbeitsverhältnisses einfließt.

1. Schutz berechtigter Erwartungen des Arbeitnehmers

Allerdings verfolgt auch das südafrikanische Recht das Anliegen, dass der in Südafrika bestehende Kündigungsschutz (dazu unten IV) durch Befristungen von Arbeitsverträgen nicht rechtswidrig unterlaufen wird. Zu diesem Zweck arbeitet das südafrikanische Recht mit einer Fiktion: Die Nichtverlängerung eines befristeten Arbeitsvertrags gilt als Kündigung, wenn der Arbeitnehmer vernünftigerweise erwarten durfte, dass der Arbeitgeber den befristeten Arbeitsvertrag verlängern würde. Im Wortlaut bestimmt die einschlägige Vorschrift, Section 186 (1) (b) Labour Relations Act (LRA):

> "'Dismissal' means that … an employee reasonably expected the employer to renew a fixed-term contract of employment on the same or similar terms but the employer offered to renew it on less favourable terms, or did not renew it."

Die Rechtsprechung verwendet bei der Prüfung, ob die Nichtverlängerung eines befristeten Vertrags eine Kündigung darstellt, einen zweistufigen Test: In einem ersten Schritt wird gefragt, „ob der Arbeitnehmer tatsächlich die Erwartung hatte, dass sein Vertrag verlängert oder in einen unbefristeten

[2] Aufzählung bei *Löwisch* Arbeitsrecht, 8. Aufl. 2007, Rn. 1454 ff.

[3] BAG vom 13.10.2004 – 7 AZR 218/04 – BAGE 112, 187, 194 = AP Nr. 14 zu § 14 TzBfG = NZA 2005, 401.

[4] *Grogan* (Fn. 1), S. 44; *du Plessis/Fouché* (Fn. 1), S. 23; *Landis/Grossett* (Fn. 1), S. 95.

Arbeitsvertrag umgewandelt werde. Wenn der Arbeitnehmer eine solche Erwartung tatsächlich hatte, lautet die nächste Frage, ob, unter Berücksichtigung aller Tatsachen, diese Erwartung vernünftig war."[5]

Viele der einschlägigen Fälle haben eine bestimmte Konstellation in Universitäten oder anderen Einrichtungen des tertiären Bildungswesens zum Gegenstand. In diesen Einrichtungen waren in der Vergangenheit befristete Arbeitsverträge von Lehrern ohne weiteres im Wege von Kettenbefristungen verlängert worden; das änderte sich bezüglich bestimmter Lehrkräfte im Zuge der sog. Affirmative Action: "It is quite clear that the applicant would have continued to be employed if she was black rather than white and her dismissal was result of that purported application by the respondent of its affirmative action policy."[6] Aufgrund der Vorgeschichte bejahte die Rechtsprechung überwiegend Vertrauensschutz nach Section 186 (1) (b) LRA.

2. *Nichtverlängerung als ungerechtfertigte Kündigung*

Sind die Voraussetzungen von Section 186 (1) (b) LRA erfüllt – gilt also die Nichtverlängerung eines befristeten Arbeitsvertrags als Kündigung –, so kommt es im Rahmen der Kündigungsvorschriften (unten IV) darauf an, ob die fingierte Kündigung ungerechtfertigt ist: Kann der Arbeitnehmer darlegen (und im Bestreitensfall beweisen), dass er eine Verlängerung des befristeten Arbeitsvertrags vernünftigerweise erwarten durfte (so dass die Nichtverlängerung als Kündigung gilt), trägt der Arbeitgeber die Darlegungs- und Beweislast dafür, dass der Nichtverlängerung (der fingierten Kündigung) ein rechtfertigender Grund (fair reason) fehlt.[7] Die berechtigte Erwartung, sein befristetes Arbeitsverhältnis werde verlängert werden, nützt dem Arbeitnehmer also nur etwas, wenn der Arbeitgeber keinen rechtfertigenden Grund für die Nichtverlängerung angeben kann. Ein solcher Grund liegt z.B. vor, wenn jemand an der Universität auf einer Drittmittelstelle beschäftigt ist und diese Drittmittel auslaufen.[8] Auch die Affirmative Action Policy zugunsten einer bestimmten Personengruppe kann ein rechtfertigender Grund sein.

[5] *University of Cape Town v. Auf der Heide* 22 Industrial Law Journal (ILJ) 2647, 2654–2655 (2001), von mir frei übersetzt.

[6] *McInnes v. Technikon Natal* 6 Butterworths Labour Law Reports (BLLR) 701, 710 (2000).

[7] *Malandoh v. South African Broadcasting Corporation* 5 BLLR 555 (1997); ebenso der Sache nach bereits vor Erlass des LRA 1995 unter der Geltung des LRA 1956 *Smith & Others v. American International School of Johannesburg*, 15 ILJ 817 (1994).

[8] *Bronn v. University of Cape Town* 20 ILJ 951 (1999).

3. *Kündigung des befristeten Arbeitsverhältnisses*

Nach § 15 Abs. 3 TzBfG ist ein befristetes Arbeitsverhältnis grundsätzlich (Ausnahme: § 16 Satz 2 TzBfG) nur dann ordentlich kündbar, wenn dies einzelvertraglich oder im anwendbaren Tarifvertrag vereinbart ist („Höchstbefristung"). Für die Vereinbarung der Kündbarkeit gelten keine besonderen Formvorschriften, so dass sie auch stillschweigend (konkludent) erfolgen kann.[9] In Südafrika war die korrespondierende Rechtslage lange Zeit umstritten. Der Basic Conditions of Employment Act (BCEA) bestimmte ursprünglich, dass jeder Arbeitsvertrag unter Wahrung der gesetzlichen Kündigungsfristen ordentlich gekündigt werden könne.[10] Da diese Vorschrift keinen Unterschied zwischen unbefristeten und befristeten Arbeitsverträgen machte, zogen Untergerichte aus ihr den Schluss, dass der befristete Arbeitsvertrag auch ohne dahin gehende vertragliche Bestimmung innerhalb der gesetzlichen Fristen ordentlich kündbar sei.[11]

Demgegenüber bestimmt Section 37 (1) BCEA in der Fassung von 1997, dass die gesetzlichen Kündigungsfristen in allen Arbeitsverträgen eingehalten werden müssen, „die auf Veranlassung einer Vertragspartei beendet werden können" (terminable at the instance of a party to the contract). Auf dieser Rechtsgrundlage wird heute die Ansicht vertreten, dass ein befristeter Arbeitsvertrag ordentlich nur gekündigt werden könne, wenn die Parteien sich (ausdrücklich oder stillschweigend) auf ein Recht zur ordentlichen Kündigung geeinigt haben.[12] Ansonsten ist – wie im deutschen Recht – während des Laufs der Befristung nur die außerordentliche Kündigung aus wichtigem Grund (good cause) zulässig.[13]

4. *Weiterbeschäftigung nach Ablauf der Befristung*

Nach § 15 Abs. 5 TzBfG gilt das befristete Arbeitsverhältnis als auf unbestimmte Zeit verlängert, wenn es trotz Zeitablaufs mit Wissen des Arbeitgebers fortgesetzt wird, sofern der Arbeitgeber nicht unverzüglich widerspricht. Diese Vorschrift ist zwingendes Recht (§ 22 Abs. 1 TzBfG); ihre Wirkungen können nicht im Voraus arbeitsvertraglich ausgeschlossen werden.[14] Die entsprechende Rechtslage in Südafrika ist kurz gesagt die, dass der Arbeitsvertrag ebenfalls als verlängert gilt, aber nicht ohne weiteres als auf

[9] S. zum früheren Recht BAG vom 25.2.1998 – 2 AZR 279/97 – BAGE 88, 131, 139 = AP Nr. 195 zu § 620 BGB Befristeter Arbeitsvertrag = NZA 1998, 747 = SAE 1999, 86 m. Anm. *Benecke*.

[10] Wiedergegeben bei *Grogan* (Fn. 1), S. 44.

[11] *Penrose Holding (Pty) Ltd. v. Clark* 14 ILJ 1558, 1562 (1993).

[12] *van Jaarsveld/van Eck* (Fn. 1), S. 44; in diesem Sinne wohl auch *Coetzee v. Moreesburgse Koringboere Kooperatief Bpk* 9 BLLR 1167 (1997).

[13] *Grogan* (Fn. 1), S. 44.

[14] *Hromadka* BB 2001, 674, 676; *Kliemt* NZA 2001, 296, 302.

unbestimmte Zeit verlängert: „Wenn der Arbeitnehmer nach dem Ablauf der vereinbarten Zeit seine Tätigkeit fortsetzt und der Arbeitgeber weiterhin die vereinbarte Vergütung zahlt, gilt der Vertrag als stillschweigend erneuert, sofern das Verhalten der Parteien auf einen Willen zur Erneuerung schließen lässt. Der verlängerte Vertrag wird zu exakt denselben Bedingungen fortgesetzt wie der bisherige befristete Vertrag, mit Ausnahme der Laufzeit, die nicht notwendigerweise dieselbe sein muss; vielmehr ist die Dauer des verlängerten Vertrags im Licht aller Umstände des Falls zu bestimmen. Allerdings wird, wenn die Tatsachen keinen gegenteiligen Schluss erlauben, im Allgemeinen angenommen, dass die Parteien den neuen Arbeitsvertrag auf unbestimmte Dauer schließen wollten, mit der Möglichkeit einer ordentlichen Kündigung durch jede der Parteien.“[15]

III. Beendigung durch eine Altersgrenze

Das Zusammenspiel der Regeln des Common Law und der neueren gesetzlichen („statutarischen“) Vorschriften zeigt sich besonders deutlich bei der rechtlichen Kontrolle von Altersgrenzen. Das heutige Altersgrenzenrecht der Republik Südafrika erschließt sich durch einen „Dreisprung“ von den überkommenen Common Law-Prinzipien über die diskriminierungsrechtliche Generalklausel[16] zu einer Spezialvorschrift. Der Common Law-Ausgangspunkt wird kurz und bündig wie folgt beschrieben:

> "The parties are free to agree on a mandatory retirement age; when that age is reached the employer is entitled to demand that the employee actually retire. In such a case, the employee will neither have an action for breech of contract at civil law, nor be able to seek a remedy for unfair dismissal."[17]

1. Gesetzliche Regelungen

Seit 1995 werden diese Grundregeln durch das kündigungsrechtliche Benachteiligungsverbot in Section 187 (1) (f) LRA überlagert:

> "A dismissal is automatically unfair if the employer, in dismissing the employee, acts contrary to Section 5[18] or, if the reason for the dismissal is ...

[15] *Grogan* (Fn. 1), S. 45, von mir frei übesetzt.

[16] Zu dieser s. *Dupper/Garbers/Landman/Christianson/Basson* (Fn. 1), S. 121 ff.

[17] *Grogan* (Fn. 1), S. 46 unter Hinweis auf die Urteile *Harris v. Bakker & Steyger (Pty) Ltd.* 14 ILJ 1553 (1993); *Thembane v. Revertex Chemicals (Pty) Ltd.* 18 ILJ 174 (1997).

[18] Section 5 betrifft den Arbeitnehmerschutz im Zusammenhang mit der Koalitionsfreiheit (freedom of association) und der Arbeitnehmerbeteiligung im Betrieb (protection of members of workplace forums).

that the employer unfairly discriminated against an employee, directly or indirectly, on any arbitrary ground, including, but not limited to race, gender, sex, ethnic or social origin, colour, sexual orientation, age, disability, religion, conscience, belief, political opinion, culture, language, marital status or family responsibility."

Es ist unstreitig, dass die Nennung des Diskriminierungsmerkmals „Alter" (age) im Prinzip auch die Kontrolle einer Altersgrenze (retirement age) impliziert.[19] Für sie gilt jedoch eine Ausnahmevorschrift, die der Gesetzgeber in Section 187 (2) (b) LRA eingestellt hat:

> "Despite Subsection (1) (f) a dismissal based on age is fair if the employee has reached the normal or agreed retirement age for persons employed in that capacity."

2. *Rechtsnatur der Altersgrenze*

Wie oben gezeigt (unter II 1), „gilt" der Zeitablauf im Arbeitsverhältnis nur als Arbeitgeberkündigung (dismissal), wenn es sich um einen „fixed-term contract" handelt und der Arbeitnehmer vernünftigerweise die Verlängerung erwarten durfte (Section 186 [1] [b] LRA). Ob ein Arbeitsvertrag, der eine Altersgrenze vorsieht, einen „fixed-term contract" im Sinne dieser Vorschrift darstellt, hat, soweit ersichtlich, noch kein Gericht in Erwägung gezogen. Nach der engen, am Wortlaut orientierten Auslegungsmethode der statutory interpretation wäre eine solche Gleichstellung wohl auch zu verneinen. Im Übrigen wird es in der Regel an der zweiten Voraussetzung der Section 186 (1) (b) LRA (schutzwürdiges Vertrauen) fehlen, weil der Arbeitnehmer bei Vereinbarung einer Altersgrenze regelmäßig nicht erwarten kann, über das genannte Alter hinaus weiter beschäftigt zu werden. Vielmehr haben sich die Gerichte auf den Standpunkt gestellt, dass ein Ausscheiden wegen des Erreichens einer vereinbarten Altersgrenze keine Arbeitgeberkündigung (dismissal) im Sinne von Section 187 (1) (f), (2) (b) LRA darstelle, so dass schon die Grundvoraussetzung einer Diskriminierungskontrolle nicht erfüllt sei.[20]

[19] *Dupper/Garbers/Landman/Christianson/Basson* (Fn. 1), S. 132 ff.; *Grogan* (Fn. 1), S. 150 ff.

[20] Im Fall *Schmahmann v. Concept Communications Natal (Pty) Ltd.* 18 ILJ 1333 (1997) hatte der Arbeitgeber einem angestellten Buchhalter unter Hinweis auf eine entsprechende Altersgrenze die Beschäftigung nach der Vollendung des 65. Lebensjahrs verweigert. Das Gericht stellte lapidar fest, dass keine Arbeitgeberkündigung (dismissal), die auf eine Diskriminierung aus Altersgründen geprüft werden könne, vorliege.

3. Weiterbeschäftigung nach Erreichen der Altersgrenze

Die Urteile, die sich mit dem Diskriminierungsrecht auseinandersetzen, handeln daher von Fällen, in denen es dem Arbeitnehmer erlaubt wurde, über die – in südafrikanischen Arbeitsverträgen typischerweise vereinbarte[21] – Altersgrenze hinaus tätig zu werden: Vereinbarte Altersgrenze 65 Jahre, einseitige Beendigung durch den Arbeitgeber bei Vollendung des 68. Lebensjahrs des Arbeitnehmers;[22] unternehmenseinheitliche Altersgrenze von 63 Jahren, Übernahme eines anderen Unternehmens, Beendigung des Arbeitsverhältnisses einer dort beschäftigten 72-Jährigen;[23] individuell vereinbarte Altersgrenze 67 Jahre, aber die 68-jährige Lehrerin weigert sich, die Arbeit einzustellen und wird von Sicherheitskräften aus der Schule getragen.[24] Die Bejahung einer Arbeitgeberkündigung in diesen Fällen ist freilich – wie es in der Literatur heißt – „cold comfort to employees".[25] Denn in den meisten dieser Fälle hatte der Arbeitnehmer das übliche Pensionsalter im Sinne der Section 187 (2) (b) LRA erreicht, so dass ein Rechtfertigungsgrund vorlag. Nur bei der aus der Schule getragenen Lehrerin war das noch nicht der Fall, sondern die alte Dame durfte bis zur Vollendung des 70. Lebensjahrs weiterarbeiten.

4. Begriff des „üblichen Pensionsalters"

Insgesamt stellt sich also nur in wenigen Fällen die Frage: Was ist eigentlich „the normal or agreed retirement age for persons employed in that capacity" (Section 187 [2] [b] LRA)? Die Rechtsprechung übersetzt „normal retirement age" mit „unternehmensübliche Altersgrenze"; sie kann für unterschiedliche Arbeitnehmergruppen (ungelernte Arbeiter, Facharbeiter, Führungskräfte) verschieden sein.[26] Der Arbeitgeber kann sie den (Einheits-)Arbeitsverträgen zugrunde legen, in einem „Employee Handbook" niederlegen oder – vergleichbar der betrieblichen Übung in Deutschland – schlicht und einfach praktizieren.[27] Das „agreed retirement age" ist demgegenüber ein solches, das in dem konkreten Arbeitsvertrag festgelegt ist; es gilt jedoch nur als „fair" im Sinne von Section 187 (2) (b) LRA, wenn der Gleichbehandlungsgrundsatz gewahrt ist („... agreed retirement age for persons employed in that

[21] *Dupper/Garbers/Landman/Christianson/Basson* (Fn. 1), S. 133.
[22] *Schweitzer v. Waco Distributors (A Division of Voltex [Pty] Ltd.)* 19 ILJ 1573 (1998).
[23] *Rubenstein v. Price's Daelite (Pty) Ltd.* 23 ILJ 528 (2002).
[24] *Gqibitole v. Pace Communication College* 20 ILJ 1270 (1999).
[25] *Dupper/Garbers/Landman/Christianson/Basson* (Fn. 1), S. 133.
[26] *South African Clothing and Textile Workers Union & Others v. Rubin Sportswear* 24 ILJ 429 (2003).
[27] *Dupper/Garbers/Landman/Christianson/Basson* (Fn. 1), S. 136: "In the absence of any obligation to consult or negociate on the side of the employer, it seems possible that an employer may unilaterally create a 'normal retirement age' through the unilateral imposition of a policy laying down the retirement age."

capacity").[28] Im Beispiel der Lehrerin, die aus der Schule getragen wurde (oben III 3), war der Gleichbehandlungsgrundsatz verletzt, weil in anderen Fällen eine Altersgrenze von 70 Jahren praktiziert wurde.

IV. Kündigung von Arbeitsverhältnissen

Ähnlich wie in Deutschland steht auch in der Republik Südafrika die Beendigung des Arbeitsverhältnisses durch einseitige Willenserklärung (des Arbeitgebers: *dismissal*, des Arbeitnehmers: *resignation*)[29] im Vordergrund des individuellen Arbeitsrechts; das südafrikanische Kündigungsschutzrecht ist nicht weniger komplex als dasjenige der europäischen Staaten. Es können daher nur einige Grundprinzipien erörtert werden. Die vom Arbeitgeber ausgesprochene Kündigung des Arbeitsverhältnisses (Entlassung, *dismissal*) ist Gegenstand von zwei Gesetzen.

Das erste Gesetz, der Basic Conditions of Employment Act (BCEA) von 1997 (dazu bereits oben II 3), normiert die formalen Anforderungen an eine Kündigung und die Kündigungsfristen: Eine Kündigung muss in Schriftform unter Nennung des Kündigungsgrundes erklärt werden. Die gesetzliche Kündigungsfrist beträgt eine Woche, wenn das Arbeitsverhältnis nicht länger als sechs Monate bestand, zwei Wochen, wenn das Arbeitsverhältnis zwischen sechs Monaten und einem Jahr bestand, und vier Wochen, wenn das Arbeitsverhältnis länger als ein Jahr Bestand hatte (Sections 36, 37 BCEA). Das Gesetz enthält Mindestvorschriften.

Das zweite Gesetz, der Labour Relations Act (LRA) von 1995 in der Fassung von 2002, regelt in Kapitel VIII die materiellen Anforderungen an eine arbeitgeberseitige Kündigung. Section 188 (2) LRA ermächtigt das südafrikanische Arbeitsministerium, einen „Code of Good Practice: Dismissal" zu erlassen, der als „Schedule 8" im Gesetzesanhang abgedruckt ist. Obwohl solche Codes of Good Practice formell nur ministerielle Richtlinien sind, haben sie in der Praxis quasi-gesetzliche Bedeutung, weil die Schlichtungsstelle (dazu unten IV 3) und die Arbeitsgerichte diese Richtlinien beachten müssen.

1. Keine Sondervorschriften für leitende Angestellte

Beide Gesetze – der BCEA und der LRA – gelten für alle Arbeitnehmer, auch für solche des öffentlichen Dienstes, „mit Ausnahme von Soldaten und Spionen".[30] Der umfangreiche Definitionsteil des Labour Relations Act

[28] *Christie v. Stingray Accessory Manufacturers CC* 24 ILJ 863 (2003).
[29] *Grogan* (Fn. 1), S. 82.
[30] So die griffige Zusammenfassung der Ausnahmen durch *Grogan* (Fn. 1), S. 6. Gemeint sind die *National Defence Force,* die *National Intelligence Agency* und der *South African Secret Service* (Section 3 BCEA, Section 2 LRA).

(Section 213 LRA) enthält eine einheitliche Definition des Arbeitnehmers (employee) ohne weitere Differenzierung.[31] Eine abweichende Definition enthält lediglich das Kapitel V des Labour Relations Act (Sections 78–94 LRA) über die Arbeitnehmervertretungen im Betrieb (workplace forums): Zu den „Arbeitnehmern" im Sinne dieses Kapitels zählen nicht solche „senior managerial employees", die aus Sicht der Belegschaft zu den Repräsentanten des Arbeitgebers gehören.[32]

Die Vorschriften des Labour Relations Act über die ungerechtfertigte Entlassung (unfair dismissal) gehen von einem einheitlichen Arbeitnehmerbegriff aus. Sie enthalten keine Sonderbestimmung für Führungskräfte (senior managerial employees). Eine Sondervorschrift wie § 14 Abs. 2 KSchG, die einen verminderten Bestandsschutz für bestimmte leitende Angestellte vorsieht, kennt das südafrikanische Recht nicht. Allerdings stellt die südafrikanische Rechtsprechung – wie auch diejenige anderer Staaten[33] – bei Führungskräften geringere Anforderungen an eine leistungsbedingte arbeitgeberseitige Kündigung: Je höher die Stellung des Arbeitnehmers in der Unternehmenshierarchie, desto größer sind die Anforderungen an seine „work performance", und desto geringer sind die Anforderungen an eine Kündigung wegen „unsatisfactory performance". Da es sich bei dieser Aussage nicht um eine strikte Vorschrift, sondern um eine ergänzende Rechtsanwendungsregel handelt, ist der betroffene Arbeitnehmerkreis nicht streng abgegrenzt.[34]

2. *Grundprinzipien des Kündigungsschutzrechts*

Das südafrikanische Kündigungsschutzrecht (Sections 185–197B LRA, ergänzt durch Schedule 8 – Code of Good Practice: Dismissal), ist – ähnlich wie das deutsche Recht – streng systematisch aufgebaut. Der Labour Relations Act, Chapter VIII unterscheidet in Section 185[35] zwischen ungerecht-

[31] Section 213 LRA: "Employee means (a) any person, excluding an independent contractor, who works for another person or for the State and who receives, or is entitled to receive, any remuneration, and (b) any other person who in any manner assists in carrying on or conducting the business of an employer."

[32] Section 78 LRA: "In this Chapter 'employee' means any person who is employed in a workplace, except a senior managerial employee whose contract of employment or status confers the authority to do any of the following in the workplace: (i) represent the employer in dealings with the workplace forum, or (ii) determine policy and take decisions on behalf of the employer that may be in conflict with the representation of employees in the workplace."

[33] S. dazu *Junker* FS Birk, 2008, S. 265, 274.

[34] So verwendet zum Beispiel *Grogan* (Fn. 1), S. 211 passim die Begriffe *managerial employees, senior employees* und *senior managerial employees* als austauschbare Bezeichnungen und Gegensatz zu *ordinary workers.*

[35] Section 185 LRA: "Every employee has the right not to be (a) unfairly dismissed; and (b) subjected to unfair labour practice."

fertigter Entlassung (unfair dismissal) und einem sonstigen ungerechtfertigten Arbeitgeberverhalten (unfair labour practice), definiert in Section 186 (2) LRA.[36]

Die Vorschriften über ungerechtfertigte Entlassung unterscheiden gemäß Section 186 (1) LRA nicht danach, ob die Entlassung mit einer Kündigungsfrist (with notice) oder fristlos (without notice) erfolgt.[37] Die dem deutschen Juristen geläufige Unterscheidung von ordentlicher und außerordentlicher (fristloser) Kündigung hat im Rechtskreis des Common Law, dem auch die Republik Südafrika angehört, keine grundlegende Bedeutung. Stattdessen unterscheidet der Labour Relations Act zwischen „automatisch ungerechtfertigten Entlassungen" (automatically unfair dismissals) und „sonstigen ungerechtfertigen Entlassungen" (other unfair dismissals).

a) „Automatisch" ungerechtfertigte Entlassung

Section 187 (1) LRA nennt eine Reihe von Gründen für „automatically unfair dismissals", die an einen bestimmten Zustand (z.B. Schwangerschaft, Buchstabe e) oder an ein bestimmtes Verhalten anknüpfen (Beteiligung an rechtmäßigen Arbeitskämpfen, Verstoß des Arbeitgebers gegen das Maßregelungsverbot oder Kündigung wegen eines Betriebsübergangs, Buchstaben a bis d, g und h). Besonders bedeutsam ist Section 187 (1) (f) LRA,[38] wonach die Entlassung eines Arbeitnehmers bei einem Verstoß gegen ein Diskriminierungsverbot automatisch ungerechtfertigt ist. Die verbotenen Merkmale sind – anders als im deutschen Antidiskriminierungsrecht (§ 1 AGG) – nicht abschließend, sondern nur beispielhaft aufgezählt. Der Beispielskatalog umfasst – über die nach deutschem Recht verbotenen Merkmale hinausgehend – auch die ungerechtfertigte Benachteiligung wegen politischer Meinung, Kultur, Sprache, Familienstand und familiären Verpflichtungen.[39]

b) Sonstige ungerechtfertigte Entlassung

Nach Section 188 LRA liegt eine „sonstige ungerechtfertigte Entlassung" (other unfair dismissal) vor, wenn kein verhaltens-, personen- oder betriebs-

[36] Section 186 LRA: "… (2) ‚Unfair labour practice' means any unfair act or omission that arises between an employer and an employee involving (a) unfair conduct by the employer relating to the promotion, demotion, probation (excluding disputes about dismissals for a reason relating to probation) and training of an employee or relating to the provision of benefits to an employee; …"

[37] Section 186 LRA: "(1) ‚Dismissal' means that (a) an employer has terminated a contract of employment with or without notice; …"

[38] Abgedruckt oben bei Fn. 18.

[39] Ausführlich zu „discriminatory dismissals" (einschließlich solcher auf der Basis von „family responsibility") *Grogan* (Fn. 1), S. 146–152 (mit zahlreichen Rechtsprechungsnachweisen).

bedingter Kündigungsgrund gegeben ist (dazu sogleich aa unter besonderer Berücksichtigung der Kündigung wegen Leistungsmängeln) oder der Arbeitgeber kein faires Kündigungsverfahren eingehalten hat (dazu unten bb).

aa) Kündigungsgrund

Gemäß Section 188 (1) (a) LRA ist eine Entlassung ungerechtfertigt, wenn der Arbeitgeber nicht den Beweis erbringt, dass die Entlassung durch Gründe im Verhalten (conduct) oder in der Person (capacity) des Arbeitnehmers oder durch betriebliche Erfordernisse (operational requirements) gerechtfertigt ist.[40] Diese Regelung ähnelt auf den ersten Blick derjenigen in § 1 Abs. 2 Satz 1 KSchG. Sie wird jedoch durch den Code of Good Practice: Dismissal (Schedule 8) in einem wichtigen Punkt konkretisiert: Aus Schedule 8, Items 8–11 ergibt sich, dass Entlassungen aus personenbedingten Gründen (incapacity) in die beiden Fallgruppen „Leistungsmängel" (poor work performance, Items 8, 9) und „Gesundheitsprobleme" (ill health or injury, Items 10, 11) zu untergliedern sind.

Während sich verhaltensbedingte Kündigungen nur auf Pflichtverletzungen (misconduct) beziehen, ist die Kündigung wegen Leistungsmängeln (dismissal for poor work performance) als Unterfall der personenbedingten Kündigung nach südafrikanischem Recht eine eigene Fallgruppe.[41] Die Anforderungen an eine solche Kündigung sind geringer als nach deutschem Recht, das für die personenbedingte Kündigung wegen Leistungsmängeln eine „nachhaltige Störung des Gleichgewichts von Leistung und Gegenleistung" verlangt.[42]

Da die Kündigung wegen Minderleistung (= Leistungsmängeln) nach südafrikanischer Dogmatik kein Fall der verhaltens-, sondern ein Fall der personenbedingten Kündigung ist, knüpft sie nicht an ein konkretes vertragswidriges Verhalten des Arbeitnehmers an, sondern an die Unfähigkeit des Arbeitnehmers (incapacity), in bestimmten Hinsichten seine Leistung zufriedenstellend zu erbringen. Es kommt daher auch nicht auf ein Verschulden des Arbeitnehmers an: Die Kündigung wegen Leistungsmängeln ist ein Fall von „no-fault"-dismissals.[43]

[40] Section 188 LRA: "(1) A dismissal that is not automatically unfair, is unfair if the employer fails to prove (a) that the reason for dismissal is a fair reason (i) related to the employee's conduct or capacity; or (ii) based on the employer's operational requirements; ..."

[41] Ausführlich *Grogan* (Fn. 1), S. 208–215.

[42] BAG vom 11.12.2003 – 2 AZR 667/02 – BAGE 109, 87 = AP Nr. 48 zu § 1 KSchG Verhaltensbedingte Kündigung = NZA 2004, 784, 788; BAG vom 3.6. 2004 – 2 AZR 386/03 – AP Nr. 33 zu § 23 KSchG 1969 = NZA 2004, 1380, 1383.

[43] *Grogan* (Fn. 1), S. 207.

Schedule 8, Item 8 (2) verwendet als Synonym für „poor work performance" die Bezeichnung „unsatisfactory performance" und macht damit deutlich, dass es auf die Zufriedenheit des Arbeitgebers ankommt. Die berechtigten Erwartungen des Arbeitgebers steigen mit der Position des Arbeitnehmers in der Unternehmenshierarchie und der von ihm wahrgenommenen Verantwortung.[44] Nach der Rechtsprechung ist allerdings auch die Beschäftigungsdauer heranzuziehen: Langjährige beanstandungsfreie Tätigkeit widerlegt die Behauptung des Arbeitgebers, der Arbeitnehmer erfülle nicht die berechtigten Erwartungen an seine Leistung.[45]

bb) Kündigungsverfahren

Gemäß Section 188 (1) (b) LRA ist eine Entlassung ferner ungerechtfertigt, wenn der Arbeitgeber nicht den Beweis erbringt, dass er ein faires Kündigungsverfahren eingehalten hat.[46] Das südafrikanische Recht beruht somit auf einer Zweiteilung in substantive fairness („fair reason") und procedural fairness („fair procedure"):[47] Die wirksame Entlassung eines Arbeitnehmers setzt einen rechtmäßigen Kündigungsgrund und ein faires Kündigungsverfahren voraus. Diese für den Common Law-Rechtskreis typische Gegenüberstellung von materieller und prozeduraler Fairness ist dem deutschen Kündigungsschutzrecht auf den ersten Blick fremd.

Bei näherem Hinsehen ergeben sich jedoch Parallelen. Die Anforderungen an ein faires Kündigungsverfahren nach Section 188 (1) (b) LRA sind im Code of Good Practice: Dismissal (Schedule 8) konkretisiert. Daraus ergibt sich zum Beispiel für die Kündigung wegen Leistungsmängeln, dass dem Arbeitnehmer die erwarteten Leistungen mitgeteilt oder anderweitig bekannt sein müssen, dass er Gelegenheit zur Verbesserung seiner Leistung bekommen und dass die Entlassung eine verhältnismäßige Sanktion auf die Leistungsmängel sein muss.[48] Vergleichbare Anforderungen finden sich im deut-

[44] *Grogan* (Fn. 1), S. 212: "Much will depend on the position occupied by the employee … Higher standards of competence and performance are expected of senior or managerial employees."

[45] *General Workers Union v. Dorbyl Marine* 6 ILJ 52 (1985): "… the length of the employee's service can disprove allegations of incompetence".

[46] Section 188 LRA: "(1) A dismissal that is not automatically unfair, is unfair if the employer fails to prove … (b) that the dismissal was effected in accordance with a fair procedure."

[47] *Grogan* (Fn. 1), S. 105–106, 156, 188.

[48] Code of Good Practice: Dismissal (Schedule 8): "9. Any person determining whether a dismissal for poor work performance is unfair should consider (a) whether or not the employee failed to meet a performance standard; and (b) if the employee did not meet a required performance standard whether or not (i) the employee was aware, or could reasonably be expected to have been aware, of the required performance standard; (ii) the employee was given a fair opportunity to meet the required performance standard; and (iii) dismissal was an appropriate sanction for not meeting the required performance standard. …"

schen Kündigungsschutzrecht in Gestalt des Abmahnungserfordernisses und des Verhältnismäßigkeitsgrundsatzes (ultima ratio-Prinzip).

Bei Führungskräften (senior managerial employees) kann unter Umständen sowohl auf eine Anhörung als auch auf die Gewährung einer „zweiten Chance" verzichtet werden: "Where the degree of professional skill required is high, and the consequences of the smallest departure from that high standard are serious, one failure to perform in accordance with those standards is enough to justify dismissal."[49] Allerdings weist die Literatur darauf hin, dass es entscheidend auf die Umstände des Einzelfalls ankommt: "Employers should not see these exceptions as a license for dismissing senior employees for insignificant lapses, or without affording them hearings. After all, senior employees may also have a reasonable explanation for deficient performance. ... While procedural requirements may be somewhat relaxed in cases involving managerial employees, their employers may not dispense entirely with the rules of procedural fairness before terminating their services for poor work performance."[50]

cc) Konsequenzen der Unterscheidung

Die Unterscheidung zwischen dem rechtmäßigen Kündigungsgrund (fair reason, Section 188 [1] [a] LRA) und dem fairen Kündigungsverfahren (fair procedure, Section 188 [1] [b] LRA) hat Auswirkungen auf die Rechtsfolgen einer ungerechtfertigten Entlassung:[51] Die Rechtsfolgen einer ungerechtfertigten Entlassung sind nach Section 193 (1) LRA – alternativ – Weiterbeschäftigung, Wiedereinstellung oder Ausgleichszahlung (dazu unten IV 4). Fehlt es an einem rechtmäßigen Kündigungsgrund, kommt eine Ausgleichszahlung anstelle von Weiterbeschäftigung oder Wiedereinstellung nur unter bestimmten, enumerativ aufgezählten Umständen in Betracht (Section 193 [2] [a], [b] und [c] LRA). Fehlt es dagegen (nur) an einem fairen Kündigungsverfahren, kommt – umgekehrt – grundsätzlich nur eine Ausgleichszahlung und nicht die Weiterbeschäftigung oder Wiedereinstellung in Betracht (Section 193 [2] [d] LRA).[52]

c) Rechtsfolgen der gerechtfertigten Entlassung

Wenn die Entlassung eines Arbeitnehmers weder nach Section 187 LRA „automatisch ungerechtfertigt" (dazu oben a) noch nach Section 188 LRA

[49] *Somyo v. Ross Poultry Breeders (Pty) Ltd.* 7 BLLR 862 (1997).

[50] *Grogan* (Fn. 1), S. 212, 213.

[51] Eingehend *du Toit/Bosch/Woolfrey/Godfrey/Cooper/Giles/Bosch/Rossouw* (Fn. 1), S. 468 ff.

[52] *Mzeku v. Volkswagen SA (Pty) Ltd.* 8 BLLR 857 = 22 ILJ 1575 (2001): "The Labour Court is precluded from ordering reinstatement in the event of dismissal where a fair reason existed and only the procedure was unfair."

„sonst ungerechtfertigt" ist (dazu oben b), tritt grundsätzlich die gleiche Rechtsfolge ein wie nach deutschem Recht: Die Kündigung ist wirksam und bestandskräftig; gesetzliche Ansprüche auf Abfindung oder Ausgleichszahlung bestehen nicht. Dieser Grundsatz gilt uneingeschränkt bei der verhaltens- und der personenbedingten Kündigung. Ist z.B. eine personenbedingte Kündigung wegen Minderleistung gerechtfertigt, besteht nach südafrikanischem Recht kein Anspruch auf Abfindung (severance pay) oder Ausgleichszahlung (compensation). Eine Ausnahme gilt – wie nach deutschem Recht jedenfalls bei Sozialplanpflicht (§§ 111, 112 Betriebsverfassungsgesetz) – bei der betriebsbedingten Kündigung (dismissal for operational requirements): Hier ist eine Abfindung (severance pay) geschuldet, allerdings in vergleichsweise geringer Höhe (dazu unten IV 4).

3. *Besonderheiten des Kündigungsschutzverfahrens*

Der Vollständigkeit halber ist auf die Besonderheiten des südafrikanischen Kündigungsschutzverfahrens hinzuweisen: Zwar gibt es auch in der Republik Südafrika Gerichte in Arbeitssachen (Labour Courts) in den Provinzen und – als zweite und letzte Instanz – das Berufungsgericht in Arbeitssachen (Labour Appeal Court).[53] Der arbeitsgerichtlichen Auseinandersetzung geht aber stets ein Verfahren voraus, das nach Sections 133–150 LRA vor der Commission for Consiliation, Mediation and Arbitration (CCMA) stattfindet. Alternativ kann im Einzelfall auch ein beim Arbeitsministerium akkreditiertes bargaining council („council") zuständig sein.

Nach Section 191 (1) LRA muss der Arbeitnehmer, der eine Entlassung für unrechtmäßig hält, binnen 30 Tagen das zuständige council oder – wenn ein solches Gremium nicht besteht – die CCMA („Commission") anrufen.[54] Die Commission führt zunächst ein Schlichtungsverfahren (conciliation) durch. Wird der Kündigungsstreit nicht durch Schlichtung beendet, muss die CCMA einen Schiedsrichter (arbitrator) ernennen, der in erster Instanz den Rechtsstreit entscheidet. Gegen die Entscheidung kann das Arbeitsgericht (Labour Court) angerufen werden (Section 157 LRA).

4. *Rechtsfolgen der ungerechtfertigten Entlassung*

Wendet sich der Arbeitnehmer gegen eine seines Erachtens ungerechtfertigte Arbeitgeberkündigung (unfair dismissal) und ruft er binnen 30 Tagen die Commission for Conciliation, Mediation and Arbitration (CCMA) an und bleibt die vorgeschaltete Schlichtung erfolglos, so hat ein von der Com-

[53] Sections 151–166 (Labour Courts) und Sections 167–183 (Labour Appeal Court) des Labour Relations Act von 1995.
[54] *du Toit/Bosch/Woolfrey/Godfrey/Cooper/Giles/Bosch/Rossouw* (Fn. 1), S. 503.

mission ernannter Schiedsrichter (arbitrator) grundsätzlich drei Entscheidungsmöglichkeiten, wenn er die Entlassung für ungerechtfertigt hält: Er kann den Arbeitgeber verurteilen zur (a) Weiterbeschäftigung des Arbeitnehmers, (b) Wiedereinstellung des Arbeitnehmers oder (c) Leistung einer Ausgleichszahlung (Section 193 [1] LRA).

a) Wiedereinstellung (re-employment)

Wiedereinstellung (re-employment) bedeutet, dass das Arbeitsverhältnis als zwischen dem Ablauf der Kündigungsfrist und der angeordneten Wiederaufnahme der Arbeit als unterbrochen angesehen wird, so dass der Arbeitgeber für diesen Zeitraum keine Vergütung zu zahlen hat. In der großen Mehrzahl der Fälle wird jedoch die Weiterbeschäftigung (re-instatement) angeordnet,[55] die von einem ununterbrochenen Arbeitsverhältnis ausgeht, so dass der Arbeitgeber die Vergütung für den Zeitraum zwischen dem Ablauf der Kündigungsfrist und der Entscheidung des Schiedsrichters nachzahlen muss.[56]

b) Weiterbeschäftigung (re-instatement)

Nach Section 193 (1) (a) LRA kann die Weiterbeschäftigung „from any date not earlier than the date of dismissal" angeordnet werden. Diese Formulierung lässt die Möglichkeit offen, dass auch die Weiterbeschäftigung nicht mit voller Rückwirkung angeordnet wird. Theoretisch kann daher der Schiedsrichter – oder später im Gerichtsverfahren das Arbeitsgericht – die Weiterbeschäftigung sogar erst ab dem Zeitpunkt der Entscheidung anordnen,[57] so dass für die Zwischenzeit die Gehaltszahlung entfällt. In der Praxis ist das jedoch, wenn man der Literatur glauben darf, nur ausnahmsweise der Fall, zum Beispiel wenn der Arbeitnehmer das Kündigungsschutzverfahren bewusst verzögert hat.[58] Der Arbeitgeber trägt daher auch in Südafrika – ebenso wie in Deutschland – grundsätzlich das Risiko, nach einem verlorenen Kündigungsrechtsstreit das Gehalt des Arbeitnehmers nachzahlen zu müssen.

c) Ausgleichszahlung (compensation)

Eine Ausgleichszahlung (compensation) anstelle von Weiterbeschäftigung oder Wiedereinstellung[59] kann angeordnet werden, wenn (a) der Arbeitnehmer nicht weiterbeschäftigt oder wiedereingestellt werden will, (b) die

[55] *SEAWU v. Trident Steel (Pty) Ltd.* 7 ILJ 418, 437 (1986): "Re-instatement means to restore the original contract, not to make a new one."

[56] Einzelheiten bei *Grogan* (Fn. 1), S. 126.

[57] *NUMSA & Others v. Fibre Clair CC t/a Kango Canopies* 6 BLLR 631 (2000).

[58] *Grogan* (Fn. 1), S. 127.

[59] Der Gesetzeswortlaut eröffnet wohl auch die Möglichkeit, eine Ausgleichszahlung (compensation) zusätzlich zur Weiterbeschäftigung oder Wiedereinstellung anzuordnen; das scheint aber in der Praxis nur selten vorzukommen.

Umstände der Kündigung eine Fortsetzung des Arbeitsverhältnisses nicht zulassen, (c) dem Arbeitnehmer die Weiterbeschäftigung oder Wiedereinstellung nicht möglich ist oder (d) die Kündigung nur wegen Verfahrensmängeln ungerechtfertigt ist (Section 193 [2] LRA).

Ist die Kündigung nur wegen Verfahrensmängeln ungerechtfertigt (dazu oben IV 2 b, bb), kommt nach der Praxis der Arbeitsgerichte[60] in der Regel nur eine Ausgleichszahlung – und keine Weiterbeschäftigung – in Betracht.[61] Fehlt es dagegen an einem Kündigungsgrund (dazu oben IV 2 b, aa), besteht – anders als im deutschen Recht – auch bei leitenden Angestellten ein Beurteilungsspielraum: Für die Antwort auf die Frage, ob „die Umstände der Kündigung eine Fortsetzung des Arbeitsverhältnisses zulassen" [Section 193 (2) (b) LRA], gibt es keine festen Leitlinien: Weder der Umstand, dass der Arbeitsplatz anderweitig besetzt wurde,[62] noch ein „ungebührliches Verhalten" des Arbeitnehmers[63] schließen per se die Weiterbeschäftigung aus. Deshalb lässt sich nicht sicher voraussehen, ob im konkreten Fall die Weiterbeschäftigung oder eine Ausgleichszahlung angeordnet werden wird.

d) Höhe der Ausgleichszahlung

Auch hinsichtlich der Höhe einer Ausgleichszahlung macht das Gesetz nur eine allgemeine Vorgabe: "The compensation awarded … must be just and equitable in all the circumstances" (Section 194 [1] LRA). Allerdings ist die maximale Höhe der Ausgleichszahlung auf zwölf Monatsgehälter begrenzt (Section 194 [1] LRA), es sei denn, die Entlassung ist nach Section 187 LRA – insbesondere wegen Diskriminierung – „automatisch ungerechtfertigt" (dazu oben IV 1): Dann liegt die Obergrenze bei 24 Monatsgehältern (Section 194 [3] LRA).

Ein Monatsgehalt (remuneration) umfasst nach der Legaldefinition in Section 213 LRA „any payment in money or in kind, made or owing to any person in return for that person working for any other person". Einbezogen werden nach der Rechtsprechung[64] auch variable Vergütungsbestandteile – hier gilt der Durchschnitt der letzten 13 Wochen vor der Entlassung – und der Wert von Naturalvergütungen (z.B. Privatnutzung eines PKW), nicht jedoch Spesen, Kostenerstattungen (z.B. Umzugskostenübernahme) und „any discretionary payments not related to the empoyee's hours of work or work performance".[65]

[60] *Mzeku v. Volkswagen SA (Pty) Ltd.* 8 BLLR 857 = 22 ILJ 1575 (2001).

[61] *Grogan* (Fn. 1), S. 127.

[62] *Manyaka v. Van de Wetering Engineering (Pty) Ltd.* 11 BLLR 1458 (1997).

[63] *Adams & Others v. Coin Security Group (Pty) Ltd.* 12 BLLR 1238 (1998).

[64] Ausführlich mit zahlreichen Nachweisen *du Toit/Bosch/Woolfrey/Godfrey/Cooper/Giles/Bosch/Rossouw* (Fn. 1), S. 493 ff.

[65] *Maartens v. Van Ler SA (Pty) Ltd.* 19 ILJ 182 (1998).

Über die – innerhalb der Obergrenze von zwölf bzw. 24 Monatsgehältern – vom arbitrator festgelegte Höhe der compensation scheint vor den Arbeitsgerichten häufig gestritten zu werden.[66] Die Fülle der herangezogenen Kriterien ist verwirrend. Anders als in Deutschland ist offenbar die Beschäftigungsdauer nicht das dominante Kriterium, so dass die Formel „X Monatsgehälter (oder X Bruchteile eines Monatsgehalts) pro Beschäftigungsjahr“ in Südafrika wohl nicht aufgeht. Das macht auch die Verhandlungsbasis für die in einem Aufhebungsvertrag vorzusehende Abfindung (severance pay) unsicherer als in Deutschland.

V. Beendigung durch Aufhebungsvertrag

Auch nach südafrikanischem Recht kann ein Arbeitsverhältnis durch Aufhebungsvertrag (mutual agreement) beendet werden. Der Aufhebungsvertrag bedarf, soweit ersichtlich, nach Common Law nicht der Schriftform.[67] Verlangt wird lediglich eine „wirkliche Vereinbarung“ (genuine agreement) der Parteien. Der Aufhebungsvertrag beendet das Arbeitsverhältnis unwiderruflich. Spezielle Anfechtungs- oder Rücktrittsrechte, die über die allgemeinen Regeln des Common Law über die Wirksamkeit und die Aufhebbarkeit von Verträgen hinausgehen, bestehen nicht. Schließen die Parteien einen Aufhebungsvertrag, spielen die Vorschriften über die arbeitgeberseitige Kündigung (dismissal) keine Rolle.[68] Der Aufhebungsvertrag wird – wie in Deutschland – in der Regel gegen eine Abfindung (severance pay)[69] geschlossen. Deren Höhe ist grundsätzlich Gegenstand freier Verhandlung zwischen den Arbeitsvertragsparteien. Ebenso wie in Deutschland ist die Verhandlungsgrundlage häufig der Betrag, den der Arbeitgeber nach dem Gesetz als Ausgleichszahlung (compensation) bei Ausspruch einer Kündigung zahlen müsste (dazu soeben IV 4 d).

VI. Fazit

Hinsichtlich der Befristung von Arbeitsverhältnissen folgt das südafrikanische Recht einem deutlich liberaleren Konzept als die deutsche Rechtsordnung (oben II). Auch hinsichtlich einer Altersgrenze haben die Arbeitsvertragsparteien relativ große Gestaltungsfreiheit; das Gesetz verlangt vor allem

[66] Umfangreiche Nachweise bei *Grogan* (Fn. 1), S. 130 ff.

[67] In *United Tobacco Co. Ltd. v. Bandach* 18 ILJ 506 (1997) hat das Gericht aus der Entgegennahme einer Abfindung auf den Willen der Arbeitsvertragsparteien geschlossen, den Arbeitsvertrag zu beenden.

[68] *Jones v. Retail Apparel* 6 BLLR 676 (2000).

[69] Wörtlich: „Trennungsentschädigung“.

die Gleichbehandlung vergleichbarer Arbeitnehmer(gruppen) im Unternehmen (oben III). Das Kündigungsschutzrecht basiert auf der grundlegenden Unterscheidung zwischen „automatisch ungerechtfertigter Entlassung“ (umfassend vor allem Fälle, in denen in Deutschland „besonderer“ Kündigungsschutz i.w.S. bestünde) und „sonstiger ungerechtfertigter Entlassung“, bei der – wie im deutschen Recht – eine Bewertung des Kündigungsgrundes stattzufinden hat (oben IV). Aufhebungsverträge sind formfrei möglich; das Ob und die Höhe der „Trennungsentschädigung“ sind Gegenstand der Verhandlung (oben V).

Die unzulässige Austauschkündigung als Umgehungstatbestand

HEINRICH KIEL

In seinem Besprechungsaufsatz zur *Rheumaklinik-Entscheidung* des *BAG* vom 26.9.2002 kritisiert *Reuter*, der Kündigungssenat nehme auf die Kriterien der Missbrauchskontrolle nur noch verbal Bezug. Stattdessen werde geprüft, ob die Beschäftigungsmöglichkeit in Wirklichkeit oder nur der rechtstechnischen Konstruktion nach entfallen sei.[1] Die Entscheidung enthalte zudem irreführende Begründungselemente. Es sei „noch nicht optimal gelungen, den Grenzverlauf zwischen vorgegebener unternehmerischer Entscheidung und überprüfbarer Festlegung der betrieblichen Erfordernisse zu bestimmen, die eine betriebsbedingte Kündigung nach § 1 Abs. 2 KSchG rechtfertigen können".[2] Strenger noch fällt die Wahrnehmung des LAG *Hamburg* aus, Rechtsprechung und Literatur hätten für die Frage, wann eine unzulässige Austauschkündigung vorliege, bislang keinen subsumtionsfähigen Rechtssatz herausgebildet.[3] Vor dem Hintergrund dieser Kritik reflektiert dieser Beitrag die Rechtsprechung zur sogenannten unzulässigen Austauschkündigung.

1. Die Austauschkündigung im Prüfungssystem des § 1 Abs. 2 KSchG

Das Gesetz sanktioniert die Austauschkündigung in verschiedenen Stationen der Prüfung. Ein dringendes betriebliches Erfordernis zur Kündigung setzt nach § 1 Abs. 2 KSchG voraus, dass sich der Arbeitgeber zu einer organisatorischen Maßnahme entschließt, bei deren innerbetrieblicher Umsetzung das Bedürfnis für die Weiterbeschäftigung eines oder mehrerer Arbeitnehmer entfällt. Organisatorische Konzepte zum Zweck einer Neubesetzung des Arbeitsplatzes begründen kein betriebliches Erfordernis, wenn sie auf einem von der Rechtsordnung nicht akzeptierten unternehmerischen Konzept beruhen. Dies ist der Fall, wenn dadurch die Verpflichtun-

[1] *Reuter* RdA 2004, 161.
[2] *Reuter* RdA 2004, 161, 166.
[3] *LAG Hamburg* 17.8.2006 – 1 Sa 10/06 – NZA-RR 2007, 630.

gen des Kündigungsschutzes umgangen werden sollen. Betriebliche Erfordernisse sind nicht als dringende zu betrachten, wenn der Arbeitgeber Leiharbeitnehmer durch Stammkräfte ersetzen will, um eine Kündigung abzuwenden.[4] Erforderlich ist eine Kündigung auch dann nicht, wenn vorhandene Arbeitsplätze nicht nach § 1 Abs. 2 KSchG mit kündigungsbedrohten Arbeitnehmern, sondern gegen den Rechtsgedanken aus § 162 BGB besetzt werden.[5]

2. Unzulässige Organisationsentscheidung

Verfolgt der Arbeitgeber mit der unternehmerischen Organisationsentscheidung den Zweck, den Arbeitnehmer gegen einen aus seiner Sicht billigeren, besser geeigneten, jüngeren oder aus anderen Gründen zu bevorzugenden Arbeitnehmer auszutauschen, fehlt es an einem betrieblichen Erfordernis zur Kündigung. Eine unzulässiges, wenngleich nicht im engeren Sinne auf einen Personalaustausch ausgerichtetes Konzept liegt auch dann vor, wenn die unternehmerische Maßnahme darauf abzielt, dieselben Arbeitnehmer zu verschlechterten Bedingungen zu beschäftigen, ohne eine Änderungskündigung aussprechen zu müssen.

Diese Rechtssätze finden sich freilich so nicht im Gesetz. Sie ergeben sich erst durch dessen Auslegung, die unter Berücksichtigung der verfassungsrechtlichen Wertentscheidungen vorzunehmen ist. Art. 2 Abs. 1, Art. 12 und Art. 14 GG garantieren die unternehmerische Freiheit. Diese Freiheit umfasst das Recht des Arbeitgebers festzulegen, ob bestimmte Arbeiten weiter im eigenen Betrieb ausgeführt oder an Selbständige vergeben werden sollen. Sie gilt verfassungsrechtlich jedoch nicht schrankenlos. Die Berufsfreiheit des Art. 12 Abs. 1 GG gewährt nicht nur die unternehmerische Freiheit, sondern verlangt auf der anderen Seite einen Mindestbestandsschutz für den Arbeitnehmer. Wenngleich die Berufswahlfreiheit gegen den Verlust des Arbeitsplatzes auf Grund privater Disposition nicht unmittelbar schützt, obliegt dem Staat eine aus dem Grundrecht folgende Schutzpflicht, der sowohl der Gesetzgeber als auch die Gerichte Rechnung tragen müssen. Der verfassungsrechtlich gebotene Mindestbestandsschutz für ein Arbeitsverhältnis strahlt auf die Auslegung und Anwendung der Vorschriften des Kündigungsschutzgesetzes aus. Das *BAG* hat deshalb stets eine Missbrauchskontrolle „freier" Unternehmerentscheidungen für erforderlich erachtet, da der Kündigungsschutz bei einer schrankenlosen Hinnahme jeglicher unternehmerischen Entscheidung leerlaufen würde.[6]

[4] Dazu unten 4 b) aa) (3).
[5] Dazu unten 6.
[6] *BAG* 26.9.2002 – 2 AZR 636/01 – BAGE 103, 31.

Dieser Rückgriff auf die grundrechtlichen Wertentscheidungen bei der Auslegung des Kündigungsrechts entspricht gefestigter Rechtssprechung, zu der auch ich mich in dieser Festschrift bekenne,[7] obwohl der Jubilar mit der Ableitung des Kündigungsschutzes aus Art. 12 Abs. 1 GG harsch ins Gericht geht. *Reuter* sieht darin nämlich „eine auf Denkfehlern beruhende Fehlentwicklung, die das BVerfG so bald wie möglich durch Rückkehr zu früheren besseren Einsichten beenden sollte."[8] Die Schutzpflicht des Staates nach Art. 12 Abs. 1 GG beziehe sich auf die Freiheit der Wahl des Arbeitsplatzes. Das Grundrecht könne folglich nicht zur Auslegung des KSchG herangezogen werden, das nicht die Freiheit dieser Disposition des Arbeitnehmers, sondern seinen Besitzstand schütze.[9] Um an dieser Stelle Fehlinterpretationen vorzubeugen: Wer aus der grundsätzlichen Kritik schließt, *Reuter* rede einer Deregulierung des Kündigungsschutzes das Wort, verkennt sein verfassungsrechtliches Grundverständnis. Er sieht den Bestandsschutz traditionell im Lichte des Sozialstaatsprinzips verankert.[10] Der Kündigungsschutz des Arbeitnehmers rechtfertige sich dadurch, dass er seine Rechte und Freiheiten im Betrieb nicht ausüben könne, wenn über ihm das Damoklesschwert einer beliebigen Kündigung schwebe. Deshalb müsse bei der betriebsbedingten Kündigung einer „Manipulation von oben" vorgebeugt werden.[11]

Der Diskurs über die verfassungsrechtliche Verortung des Kündigungsschutzes und den grundrechtlichen Einfluss bei der Auslegung mündet damit in dem Konsens mit der ständigen Rechtsprechung der BAG. Danach ist es zwar nicht die Sache der Arbeitsgerichte, dem Arbeitgeber eine bessere Unternehmenspolitik vorzuschreiben. *Reuter* wendet sich zu Recht gegen die Auffassung, die Anwendung der Schutzpflichtlehre legitimiere eine allgemeine Interessenabwägung, die den Vätern des KSchG von 1951 erklärtermaßen fern gelegen habe.[12] Sozial ungerechtfertigt sein sollten bekanntlich „lediglich solche Kündigungen, die hinreichender Begründung entbehren und deshalb als willkürliche Durchschneidung des Bandes des Betriebszugehörigkeit erscheinen."[13] Die unternehmerische Entscheidung ist darauf zu

[7] APS/*Kiel* § 1 KSchG Rn. 449 ff.
[8] *Reuter* RdA 2004, 161, 165.
[9] *Reuter* RdA 2004, 161, 165.
[10] *Reuter* RdA 2004, 161, 165 unter Berufung auf *BVerfG* 13.1.1982 – 1 BvR 848/77 u.a. – BVerfGE 59, 231.
[11] *Reuter* RdA 1994, 161, 165.
[12] *Reuter* RdA 2004, 161, 166 unter Berufung auf *Herschel* DB 1973, 80 und u.a. gegen die Auffassung von *Kühling* ArbuR 2003, 92 ff.; *Stein* ArbuR 2003, 99, 101 f., dem Arbeitnehmergrundrecht aus Art. 12 GG trage die Rechtsprechung nicht ausreichend Rechnung, ebenso KDZ/*Kittner/Deinert* § 1 KSchG Rn. 51; wie *Reuter* APS/*Kiel* § 1 KSchG Rn. 652 f.; ErfK/*Oetker* § 1 KSchG Rn. 83; mit Einschränkungen für Härtefälle HaKo/*Gallner* § 1 KSchG Rn. 670; KR/*Griebeling* § 1 KSchG Rn. 547 ff.
[13] RdA 1951, 58, 62.

überprüfen ist, ob sie offenbar unsachlich, unvernünftig oder willkürlich ist.[14] Offenbar unsachlich sind Konzepte, die auf einen Personalaustausch durch Umgehung gesetzlicher Verpflichtungen hinauslaufen.

3. Fremdvergabe, freie Mitarbeit, Selbständigkeit

Überträgt der Arbeitgeber bisher im Betrieb durchgeführte Arbeiten auf andere Unternehmen zur eigenverantwortlichen Erledigung, indem er z.B. Abbrucharbeiten an einen Subunternehmer,[15] Arbeiten an ein externes Labor[16] oder den Außendienst an Dritte[17] vergibt, trifft er übliche Outsourcing-Entscheidungen, durch die Arbeitsplätze auf Dauer entfallen. Sie können allerdings nicht zur Grundlage einer betriebsbedingten Kündigung genommen werden, wenn sich der Unterschied zu einer vormaligen Arbeitnehmerstellung in Wirklichkeit auf den Vertragsstatus selbst beschränkt, also nur ein rechtskonstruktiver Schein erzeugt wird,[18] weil die für eine Selbständigkeit typischen Freiheiten (z.B. der Arbeitszeitgestaltung) tatsächlich nicht bestehen.[19] Eine solche Grenzziehung kommt nicht ohne typisierende Betrachtungsweise[20] und nicht ohne Vertragskontrolle aus, die indes nicht verfassungsrechtlichen Bedenken begegnet[21], sondern ihnen Rechnung trägt.

Diese Grenze hat das *BAG* in der *Weight-Watchers-Entscheidung* vom 9.5.1996[22] markiert, mit der es die Vergabe von bisher im Betrieb durchgeführten Arbeiten an einen Unternehmer zur selbständigen Durchführung anerkannt und die Kündigungsschutzklage einer Gruppenleiterin abgewiesen hat. Der Sachverhalt weist Ähnlichkeiten mit der Umstellung auf ein Franchise-Konzept auf. Das Unternehmen hatte beschlossen, das Ernährungs- und Verhaltensprogramm statt durch angestellte Gruppenleiter in Zukunft durch selbständige Mitarbeiter anzubieten. Hierbei handelte es sich um keine unzulässige Austauschkündigung, auch wenn ein Arbeitgeber die bisher von seinen Arbeitnehmern verrichteten Aufgaben zu den Bedingungen einer selbständigen Tätigkeit freien Mitarbeitern übertragen hat. Es müsse dem Arbeitgeber überlassen bleiben, wie er sein Unternehmensziel

[14] Std. Rspr., vgl. bereits *BAG* 7.12.1978 – 2 AZR 155/72 – BAGE 155/77 = AP KSchG 1969 § 1 Betriebsbedingte Kündigung Nr. 6 mit Anm. *Reuter*.

[15] *BAG* 17.6.1999 – 2 AZR 522/98 – BAGE 92, 61.

[16] *BAG* 27.6.2002 – 2 AZR 489/01 – EzA KSchG § 1 Betriebsbedingte Kündigung Nr. 119.

[17] *BAG* 21.2.2002 – 2 AZR 556/00 – EzA KSchG § 2 Nr. 45.

[18] *Reuter* RdA 2004, 161, 162, 167.

[19] APS/*Kiel* § 1 KSchG Rn. 527.

[20] Vgl. dazu *BAG* 20.1.2010 – 5 AZR 106/09.

[21] AA *Schrader/Schubert* NZA-RR, 393, 398.

[22] *BAG* 9.5.1996 – 2 AZR 438/95 – BAGE 55, 262.

möglichst zweckmäßig am Markt verfolge. Dazu gehöre die Umstellung von Arbeits- auf freie Mitarbeiterverhältnisse.

Nach diesen Grundsätzen hat das *BAG* in dem *Moskitoanschläger-Urteil* vom 13.3.2008[23] die Entscheidung eines Plakatwerbeunternehmens akzeptiert, Plakatierungsarbeiten zukünftig durch Subunternehmer durchführen zu lassen. Ein verschleiertes Arbeitsverhältnis liege nicht schon deshalb vor, weil der Auftragnehmer zur pünktlichen Anbringung von Plakaten an bestimmten Tagen und an fest installierten Objekten nach Vorgabe des Auftraggebers verpflichtet sei. Die Selbständigkeit komme darin zum Ausdruck, dass der Arbeitgeber seine Arbeiten innerhalb eines 24 Stunden umfassenden Zeitkorridors erledigen könne und ausdrücklich berechtigt sei, sich der Hilfe Dritter zu bedienen. Außerdem sei ihm eine Konkurrenztätigkeit zugestanden. Dieser Sachverhalt führt dicht an die Grenze eines Umgehungstatbestandes. Von realen unternehmerischen Gestaltungsmöglichkeiten kann jedenfalls dann keine Rede mehr sein, wenn die Vergütung die Beschäftigung von Hilfskräften nicht zulässt und bei der Dauer der Auftragserfüllung praktisch keine Zeit für andere Aufträge bleibt.

4. Umstellung auf Leiharbeit als Umgehungskonzept

Von diesen Fallgestaltungen unterscheiden sich Konzepte, mit denen der Arbeitgeber die bislang von dem Arbeitnehmer verrichteten Tätigkeit nicht einem Dritten zur eigenverantwortlichen Erledigung übertragen hat, sondern die wesentlichen Arbeitgeberfunktion weiterhin selbst wahrnimmt und sich der unternehmerische Zweck darin erschöpft, die formale Arbeitgeberposition aufzugeben. Beschreibt die Organisationsfreiheit den Rahmen, in dem der Arbeitgeber frei ist, die Beschäftigung und das Zusammenwirken seiner Arbeitnehmer zu ordnen und aus dieser Ordnung den Bedarf an Arbeitskräften abzuleiten, dann muss er sich an der von ihm selbst geschaffenen Arbeitsorganisation messen lassen. Besteht nach der Organisationsentscheidung der Beschäftigungsbedarf als Arbeitnehmer fort, ist die Kündigung nicht durch dringende betriebliche Erfordernisse bedingt.[24]

a) In der Rechtsprechung des *BAG* gilt in dieser Fallgruppe die *Crewing-Entscheidung* vom 26.9.1996[25] als richtungweisend. Der Entschluss des Arbeitgebers, die Kapitäne für die von ihr bereederten Schiffe nicht mehr selbst zu deutschen Heuerbedingungen zu beschäftigen, sondern von einer ausländischen *Crewing-Firma* stellen zu lassen, war als Austauschkündigung

[23] *BAG* 13.3.2008 – 2 AZR 1037/06 – NZA 2008, 878.

[24] *BAG* 1.3.2007 – 2 AZR 650/05 – AP KSchG 1969 § 1 Betriebsbedingte Kündigung Nr. 164.

[25] *BAG* 26.9.1996 – 2 AZR 200/96 – BAGE 84, 209.

unwirksam. Die damit bezweckte „Flucht" aus dem deutschen Arbeits- und Sozialrecht konnte das *BAG* nicht akzeptieren. Auch wenn ein Arbeitgeber grundsätzlich frei darüber entscheidet, ob er sein Betriebsziel mit eigenen oder mit überlassenen Arbeitnehmern verfolgt, handelt es sich um ein rechtsmissbräuchliches Konzept, wenn der gekündigte oder ein anderer Arbeitnehmer in gleicher Funktion in den Betrieb eingegliedert bleibt und der Arbeitgeber das Direktionsrecht, das die für ein Arbeitsverhältnis typische persönliche Abhängigkeit des Beschäftigten kennzeichnet, weiter unverändert ausübt.

In seinem eingangs erwähnten *Rheumaklinik-Urteil* vom 26.9.2002[26] erachtete das *BAG* auf einer ähnlichen Begründungslinie das Konzept eines Krankenhausbetreibers zur Kostenreduzierung als rechtsmissbräuchlich. Der Arbeitgeber beabsichtigte auch hier keine relevanten Änderungen in den betrieblichen Abläufen. Er gründete eine wirtschaftlich und organisatorisch in das Unternehmen der Arbeitgeberin eingegliederte GmbH und übertrug ihr die Arbeiten der betroffenen Abteilungen. Das unternehmerische Ziel beschränkte sich im Wesentlichen auf die Aufgabe von Arbeitsplätzen, obwohl nach wie vor ein – allenfalls reduzierter – Beschäftigungsbedarf bestand. Auch dieser Fall ist durch die Absicht, den Kündigungsschutz zu umgehen, gekennzeichnet. Der Kündigungsschutz liefe leer, wenn es dem Arbeitgeber gestattet wäre, Teilbereiche seines Betriebes (oder gar den ganzen Betrieb) auf diese Weise formal „stillzulegen", den betroffenen Arbeitnehmern ohne Kündigungsschutz zu kündigen, um dann dieselben Arbeiten an derselben Betriebsstätte durch eine eingegliederte Organgesellschaft mit möglicherweise jüngeren und preiswerteren Arbeitskräften, die in den ersten sechs Monaten nicht einmal über Kündigungsschutz verfügen, weiter verrichten zu lassen.

Beiden Arbeitgebern kam es gar nicht unbedingt darauf an, ihr Stammpersonal gegen neu einzustellende Arbeitnehmer auszutauschen. Sie wollten in erster Linie gesetzliche Verpflichtungen umgehen, indem das Arbeits- und Sozialrecht im *Crewing-Fall* „über Bord geworfen" und die Arbeitsbedingungen durch die rechtliche Gestaltung im *Rheumaklinik-Konzern* verschlechtert wurde, ohne den Arbeitnehmern die Möglichkeit einer Vorbehaltsannahme nach § 2 KSchG zu eröffnen. Diese Vorgehensweisen sind rechtsmissbräuchlich.

b) Scheidet damit die betriebsbedingte Kündigung eines Stammarbeitnehmers immer aus, wenn der Arbeitsgeber den Beschäftigungsbedarf zukünftig durch Leiharbeitnehmer decken will? Kann also ausnahmslos unterstellt werden, dass es dem Arbeitgeber bei derartigen Konzepten um „schlichtes Abstreifen des Bestandsschutzes unter Beibehaltung des Weisungsrechts

[26] *BAG* 26.9.2002 – 2 AZR 636/01 – BAGE 103, 31.

geht"?[27] Meines Erachtens ist diese Frage noch nicht abschließend geklärt und differenziert zu beantworten.

aa) Entscheidungen zu anderen Vorschriften mit vergleichbarer Grundproblematik lässt sich der Gedanke entnehmen, dass die Interessen der Leiharbeitnehmer in der Regel hinter dem Bestandsschutz des Stammpersonals zurücktreten müssen.

(1) Für das Befristungsrecht hat der Siebte Senat in seinem *Flugabfertigungs-Urteil* vom 17.1.2007[28] die für einen späteren Zeitpunkt geplante Besetzung eines Arbeitsplatzes mit einem Leiharbeitnehmer nicht als Sachgrund nach § 14 Abs. 1 Satz 2 TzBfG für die Befristung eines Arbeitsvertrags anerkannt. Das Konzept des Flughafenbetreibers war darauf ausgerichtet, die Flughafenabfertigung statt von eigenen Arbeitnehmern durch die Mitarbeiter einer neu gegründeten Tochtergesellschaft ausführen zu lassen, die voll in den Betrieb eingegliedert waren und allein nach seinen Weisungen arbeiteten. Bestehe die Beschäftigungsmöglichkeit im Betrieb dauerhaft fort, sei es durch eigene Arbeitnehmer oder durch Leiharbeitskräfte, erweise sich eine Befristung nach § 14 Abs. 1 Satz 2 TzBfG generell als unzulässig. Auf die Gründe der Organisationsentscheidung kommt es danach nicht an. Die Rechtssätze beziehen sich aber nur auf die Befristungskontrolle, deren Maßstäbe seit dem Inkrafttreten des TzBfG nicht mehr aus einer Umgehung des Kündigungsschutzes abgeleitet werden.[29] Sie gelten deshalb nicht automatisch entsprechend für das Kündigungsrecht.[30]

(2) Im Zusammenhang mit § 78a Abs. 4 BetrVG muss der Arbeitgeber grundsätzlich, aber nicht in jedem Fall den mit einem Leiharbeitnehmer besetzten Arbeitsplatz zur Verfügung stellen. Das Übernahmeverlangen von Jugend- und Auszubildendenvertretern regelt einen Anspruch, der, wenn auch auf rechtstechnisch andere Weise und unter selbständigen Voraussetzungen, einen ähnlichen Zweck verfolgt wie der Kündigungsschutz von Mandatsträgern. Die Unzumutbarkeit einer Weiterbeschäftigung nach § 78a Abs. 4 BetrVG besteht nach der Rechtsprechung des Siebten Senats nicht allein aufgrund der Entschließung des Arbeitgebers, die in seinem Betrieb anfallenden Arbeitsaufgaben künftig nicht mehr Arbeitnehmern zu übertragen, sondern durch Leiharbeitnehmer erledigen zu lassen.[31] Es ist ihm sogar zuzumuten, einen dauerhaft eingerichteten, ausbildungsadäquaten Arbeitsplatz für den zu übernehmenden Jugend- und Auszubildendenvertreter frei-

[27] *BAG* 13.3.2008 – 2 AZR 1037/06 – AP KSchG § 1 Betriebsbedingte Kündigung Nr. 176.

[28] *BAG* 1.7.2009 – 7 ABR 61/07 – BAGE 121, 18.

[29] Instruktiv *Dörner*, Der befristete Arbeitsvertrag (2004), Rn. 2.7.

[30] AA *Hamann* Anm. zu *BAG* 1.7.2009, jurisRR-ArbR 26/2009, Anm. 2.

[31] *BAG* 25.2.2009 – 7 ABR 61/07 – DB 2009, 1473; 16.7.2008 – 7 ABR 13/07 – AP BetrVG 1972 § 78a Nr. 50 mit abl. Anm. *Werhan* SAE 2009, 189.

zumachen, wenn dort ein Leiharbeitnehmer beschäftigt wird. Die Zumutbarkeit richtet sich allerdings nach den Umständen des Einzelfalls. Dabei können das berechtigte betriebliche Interesse an der Weiterbeschäftigung des Leiharbeitnehmers oder vertragliche Verpflichtungen des Arbeitgebers gegenüber dem Verleiher beachtlich sein.[32]

(3) Jüngere Entscheidungen der Landesarbeitsgerichte zur anderweitigen Beschäftigung nach § 1 Abs. 2 KSchG knüpfen an diese Rechtsprechungsgrundsätze zu § 14 Abs. 1 Satz 2 TzBfG und zu § 78a Abs. 4 BetrVG an. Von Leiharbeitnehmern besetzte Arbeitsplätze gelten als „frei" im Sinne des ultima ratio-Grundsatzes.[33] Regelmäßig besteht hier ein Zusammenhang mit der vorrangigen Frage, ob in der Umstellung auf Leiharbeit überhaupt ein betriebliches Erfordernis liegen kann. Darf der Arbeitgeber die Stammbelegschaft gegen Leiharbeitnehmer austauschen, kann der Stammarbeitnehmer nicht umgekehrt verlangen, dass der Leiharbeitnehmer seinen Arbeitsplatz freimacht.[34]

(a) Zur Vermeidung einer betriebsbedingten Kündigung eines Stammarbeitnehmers hat der Arbeitgeber nach der angeführten LAG-Rechtsprechung zunächst den Einsatz des Leiharbeitnehmers zu beenden, der auf einem für die Stammarbeitskraft geeigneten Arbeitsplatz beschäftigt wird. Damit sei kein Eingriff in die unternehmerische Entscheidungsfreiheit verbunden. Der Arbeitgeber habe „frei" den Entschluss gefasst, den Arbeitsbedarf nicht mit Selbständigen abzudecken, sondern mit Arbeitnehmern, die in seine betriebliche Organisation eingegliedert seien und seinem Weisungsrecht unterlägen. Die Entscheidung, zu wem diese Arbeitnehmer in einem Vertragsverhältnis stünden, sei jedoch keine freie unternehmerische Organisationsentscheidung mehr, die den Beschäftigungsbedarf entfallen lasse und nur auf Willkür oder Missbrauch zu überprüfen sei. Damit nehme er eine unzulässige Austauchkündigung vor.[35]

(b) Im Schrifttum ist die Frage umstritten, ob Leiharbeitnehmer „als milderes Mittel" gegen Stammarbeitnehmer auszutauschen sind. Während teilweise vertreten wird, allein die momentane, vorübergehende Beschäftigung von Leiharbeitnehmern im Zeitpunkt der Vertragsbeendigung versperre kündigungsbedrohten Stammarbeitnehmern eine Weiterbeschäftigung,[36] gehen

[32] *BAG* 17.2.2010 – 7 ABR 89/08 – Pressemitteilung Nr. 13/10.

[33] *LAG Berlin-Brandenburg* 3.3.2009 – 12 Sa 2468/08 – LAGE KSchG § 1 Betriebsbedingte Kündigung Nr. 85; *LAG Hamm* 7.4.2008 – 8 (19) Sa 1151/06 – EzAÜG KSchG Nr. 26; 21.12.2007 – 4 Sa 1892/06 – LAGE KSchG § 1 Betriebsbedingte Kündigung Nr. 81; *LAG Bremen* 2.12.1997 – 1 Sa 88/97; aA *LAG Niedersachsen* vom 9.8.2006 – 15 TaBV 53/05 – EzAÜG BetrVG Nr. 94.

[34] Zutr. *Bieder* aaO, S. 21 „Zirkelschluss".

[35] *LAG Berlin-Brandenburg* 3.3.2009 aaO.

[36] Ausführlich *Bieder*, Anm. zu LAGE KSchG § 1 Betriebsbedingte Kündigung Nr. 78, S. 13, 21 f.; ferner *Löwisch/Spinner* § 1 KSchG Rn. 276; *Simon/Greßlin* BB 2007, 2452, 2455; *Moll/Ittmann* RdA 2008, 321, 325.

andere Autoren von bestehenden Möglichkeiten zur Weiterbeschäftigung aus, weil Leiharbeitnehmer in keiner arbeitsvertraglichen Bindung zum Entleiher stünden und die Verdrängung des Leiharbeitnehmers durch den Stammarbeitnehmer daher keiner Rechtsschranke begegne.[37]

(c) Eine Rechtsschranke kann sich allerdings im Einzelfall aus einer langfristigen vertraglichen Bindung zu einem gewerblichen Arbeitnehmerüberlassungsunternehmen ergeben.[38] Überzeugend scheint mir daher die Unterscheidung zu sein, ob die Beschäftigung von Leiharbeitnehmern auf einer nachvollziehbaren und vom Arbeitgeber im Kündigungsschutzprozess darzulegenden Organisationsentscheidung des Arbeitgebers beruht.[39] Ein solches Konzept muss erkennen lassen, warum die Tätigkeit durch einen dauerhaft beschäftigten Arbeitnehmer nicht erfüllt werden kann. *Griebeling* bildet das Beispiel, dass auf der Stelle des Stammarbeitnehmers zukünftig ein häufiger Wechsel der Person des Arbeitnehmers vorgenommen werden soll.[40] Allein die Beschäftigung von Leiharbeitnehmern genügt dagegen nicht für ein zulässiges Konzept, sie lässt im Gegenteil die Vermutung zu, dass der Arbeitgeber über Beschäftigungskapazitäten verfügt, die er zur Vermeidung von Kündigungen des Stammpersonals nutzen kann. Denn die Arbeitnehmerüberlassung ist typischerweise durch den kurzfristigen Einsatz von Leiharbeitnehmer gekennzeichnet, die auch nicht in gleicher Weise in das Unternehmen integriert sind wie die Stammbelegschaft. Dies wird u.a. durch die betrieblichen Mitbestimmungsrechte deutlich. Leiharbeitnehmer können im Entleiherbetrieb nach § 7 Satz 2 BetrVG wählen, aber nach § 14 Abs. 2 Satz 1 AÜG nicht gewählt werden.[41]

bb) Die differenzierende Ansicht, wonach ein unternehmerisches Konzept einer anderweitigen Beschäftigung von Stammarbeitnehmern entgegenstehen kann, weist auf die zutreffende Lösung der vorrangig zu beantwortenden Rechtsfrage hin, ob in der Umstellung auf Leiharbeit ein betriebliches Erfordernis liegen kann. Eine deshalb ausgesprochene betriebsbedingte Kündigung muss meines Erachtens als zulässig angesehen werden, wenn eine langfristige Bindung an ein gewerbliches Zeitarbeitsunternehmen erfolgt. Strengere Voraussetzungen müssen für die nichtgewerbsmäßige Arbeitnehmerüberlassung im Konzern gelten. Da ein Gestaltungsmissbrauch in beiden

[37] DFL/*Kaiser* § 1 KSchG Rn. 157; *Düwell/Dahl* DB 2007, 1699; HWK/*Quecke* § 1 KSchG Rn. 272; KDZ/*Kittner/Deinert* § 1 KSchG Rn. 373; SPV/*Preis* Rn. 1006.

[38] APS/*Kiel* § 1 KSchG Rn. 568.

[39] APS/*Kiel* § 1 KSchG Rn. 661; DW/*Dornbusch-Volk* § 1 KSchG Rn. 410; *Horcher* NZA-RR 2006, 393, 401; Hako/*Gallner* § 1 KSchG Rn. 661; *Hueck/von Hoyningen-Huene* § 1 KSchG Rn. 729; KR/*Griebeling* § 1 KSchG Rn. 219a.

[40] *Griebeling* ebenda.

[41] Dies gilt auch für die nicht gewerbsmäßige Arbeitnehmerüberlassung, *BAG* 17.2. 2010 – 7 ABR 51/08 –; 10. 3. 2004 – 7 ABR 49/03 – BAGE 110, 27.

Fällen ausgeschlossen werden muss, ergeben sich Folgerungen für die Darlegungs- und Beweislast.[42]

(1) Fehlt dem gewerblichen Arbeitnehmerüberlassungsunternehmen die Erlaubnis nach § 1 Abs. 1 AÜG, kann die Umstellung der Arbeitsverhältnisse eine betriebsbedingte Kündigung nicht rechtfertigen. Eine Erlaubnis ist ua. nach § 3 Abs. 1 Nr. 3 AÜG zu versagen, wenn dem Arbeitnehmer nicht – vorbehaltlich einer abweichenden tarifvertraglichen Regelung – die gleichen Arbeitsbedingungen wie bei einem Stammarbeitnehmer garantiert sind. Liegt eine Genehmigung vor, scheitern betriebsbedingte Kündigungen, die das Ziel verfolgen, an der gleichen Stelle in einer unveränderten Arbeitsorganisation dieselben oder andere Arbeitskräfte als Leiharbeitnehmer zu beschäftigen, nicht schon an dem Gesetz. Die Besetzung der Stelle mit einem gewerblich überlassenen Leiharbeitnehmer ist ähnlich zu bewerten wie die Entscheidung, eine Arbeit dauerhaft in einem Fremdunternehmen statt im eigenen Unternehmen verrichten zu lassen. Die Arbeitsgerichte müssen die Nachhaltigkeit des Konzeptes anhand greifbarer Anhaltspunkte feststellen. Aus einem stark schwankenden Beschäftigungsbedarf ließe sich etwa schließen, dass der Arbeitgeber keine Austauschkündigung vornehmen will. Nachvollziehbare unternehmerische Motive für den Einsatz von Leiharbeitnehmern anstelle eigener Arbeitskräfte könnten in der Beschäftigung qualifizierten Personals liegen, das von spezialisierten Zeitarbeitsunternehmen überlassen wird, oder durch einen Beschäftigungsbedarf auf Stellen begründet sein, die mit einer häufiger Personalfluktuation verbunden sind. Schließlich kommt eine dauerhafte, erhebliche Einsparung von Kosten durch die Vergabe von Aufträgen an Zeitarbeitsunternehmen als unternehmerisches Motiv in Betracht.[43] In jedem Fall muss ausgeschlossen sein, dass die Umstellung auf Leiharbeit nur vorübergehender Natur ist.

(2) Die Zulässigkeit einer nicht gewerbsmäßigen Arbeitnehmerüberlassung im Konzern ergibt sich aus § 1 Abs. 3 Nr. 2 AÜG. Zur Vermeidung einer rechtsmissbräuchlichen Gestaltung müssen hier meines Erachtens erheblich strengere Anforderungen gelten, weil die Equal Pay-Vorschrift des § 3 Abs. 1 Nr. 3 AÜG keine Anwendung findet und die konzernangehörigen Unternehmen wirtschaftlich verbunden sind. Sollen Arbeitnehmer durch Beschäftigte eines Zeitarbeitsunternehmens ersetzt werden, das demselben Konzern angehört, darf sich die unternehmerische Entscheidung nach den Grundsätzen den *Rheumaklinik-Entscheidung* nicht darin erschöpfen, die Arbeitsbedingungen abzusenken, ohne den Kündigungsschutz, insbesondere dem Inhaltsschutz nach § 2 KSchG zu beachten. Betriebsbedingte Kündi-

[42] Grds. ablehnend *LAG Hamm* 24.7.2007 – 12 Sa 320/07 – EzAÜG KSchG Nr. 20; ErfK/*Oetker* § 1 KSchG Rn. 275.

[43] *Bieder* Anm. zu LAGE KSchG § 1 Betriebsbedingte Kündigung Nr. 78, S. 22.

gungen, die das Ziel verfolgen, durch konzerneigene Verleihunternehmen Tarifverträge zu unterlaufen,[44] beruhen auf einer missbräuchlichen unternehmerischen Entscheidung und sind deshalb nach § 1 Abs. 2 KSchG unwirksam. Gründe, die einen Rechtsmissbrauch durch die Umstellung von eigenem Personal auf Leiharbeitnehmer ausschließen, könnten dagegen z.B. bei unverändertem Entgelt in einer breiteren Verwendungsmöglichkeit des Personals in mehreren Konzerngesellschaften bestehen.

(3) Schließlich ist für beide Fallgruppen dem Umstand Rechnung zu tragen, dass die Besorgnis eines unzulässigen Austauschkonzeptes gestiegen ist, seit das AÜG die früher in § 1 Abs. 2 AÜG a.F. auf zwei Jahre befristete Überlassungshöchstdauer nicht mehr vorsieht. Daraus ergeben sich Folgerungen für die Darlegungs- und Beweislast: Zwar muss der Arbeitnehmer im Prozess letztlich beweisen, dass die vom Arbeitgeber dargelegte unternehmerische Entscheidung willkürlich oder missbräuchlich ist. Sind die Organisationsentscheidung des Arbeitgebers und sein Kündigungsentschluss aber ohne nähere Konkretisierung praktisch deckungsgleich, kann nicht mehr ohne weiteres vermutet werden, die Unternehmerentscheidung sei aus sachlichen Gründen erfolgt.[45] Will der Arbeitgeber bei einer unveränderten Ausübung seines Direktionsrechts dauerhaft Leiharbeitnehmer an der Stelle eigenen Personals einsetzen, muss eine unzulässige Austauschkündigung nach seinem Vortrag auszuschließen sein. Dabei gelten für die Umstellung auf nicht gewerbsmäßige Arbeitnehmerüberlassung höhere Anforderungen als dies bei einem Austausch von Stammpersonal auf gewerbsmäßig überlassene Arbeitnehmer der Fall ist.

5. Umwandlung in Beamtenstelle

Ein interessanter Sonderfall der Austauschkündigung wird durch die Organisationsentscheidung des öffentlichen Arbeitgebers gebildet, die bisher von einem Angestellten besetzte Stelle, auf der hoheitliche Aufgaben erledigt wurden, für die Zukunft als Beamtenstelle auszuweisen und die Tätigkeit einem Beamten zu übertragen, der diese aus Sicht des Arbeitgebers besser erfüllen kann. Hierbei handelt es sich zweifellos um eine echte und nicht nur um eine scheinbare Umstellung der Rechtsverhältnisse. Im Gegensatz zu der Übertragung von Tätigkeiten auf Selbständige oder dem Einsatz von Leiharbeitnehmern werden die unmittelbaren Verpflichtungen des Dienstherrn durch die Begründung eines Beamtenverhältnisses im Verhältnis zu einer

[44] Zur Strategie kritisch AiB 2010, 149 ff.

[45] *BAG* 17.6.1999 – 2 AZR 141/99 – BAGE 92, 71; dazu APS/*Kiel* § 1 KSchG Rn. 465, 483 m.w.N.; HaKo/*Gallner* § 1 KSchG Rn. 642 f.

arbeitsvertraglichen Bindung sogar intensiviert. Die Umwidmung einer Angestellten- in eine Beamtenstelle kann deshalb rechtlich an sich nicht zu beanstanden sein. Sie läuft dennoch auf eine unzulässige Austauschkündigung hinaus, wenn sich die Maßnahme darauf beschränkt, Arbeitnehmer gegen Beamte auszuwechseln. Davon geht das *BAG* unter der Voraussetzung aus, dass der bisherige Stelleninhaber das Anforderungsprofil der neu geschaffenen Stelle erfüllt. Aus diesen Gründen scheiterte die Kündigung eines angestellten Tierarztes, dessen Stelle nach fünf vorangegangenen unwirksamen Kündigungen (u.a. wegen einer Tätigkeit für das Ministerium für Staatssicherheit der ehemaligen DDR) zu einer Beamtenstelle umgewidmet und anderweitig besetzt worden war.[46]

Die Umwandlung von Stellen könnte nur dann in einem anderen Licht erscheinen, wenn sie Ausdruck eines die Maßnahme sachlich rechtfertigenden Gesamtkonzeptes ist, das der Arbeitgeber nachvollziehbar darzulegen hat. Sie ließe sich z.B. durch die Übertragung zusätzlicher hoheitlicher Aufgaben plausibel erklären. Die Grundentscheidung, dass alle Angestelltenverhältnisse in einem bestimmten Bereich gekündigt werden sollen, um auf diesen Stellen zukünftig nur noch Beamtete einzusetzen, dürfte hingegen nicht ausreichen, selbst wenn dadurch nicht bestimmte Arbeitnehmer aus dem Beschäftigungsverhältnis gedrängt werden sollen. Denn dieses Konzept liefe auf einen Personalaustausch hinaus, bei dem der Arbeitgeber frei von arbeitsrechtlichen Bindungen darüber befinden könnte, mit welchen Bediensteten er die Aufgaben in Zukunft wahrnehmen will. Es würde sich auch als Altersdiskriminierung darstellen, soweit die Übernahme in das Beamtenverhältnis ab einem bestimmten Lebensalter normativ ausgeschlossen ist.

6. Austauschkündigung bei missbräuchlicher Besetzung freier Stellen

Der Arbeitgeber darf sein Personal schließlich auch nicht dadurch austauschen, dass er nach einem unternehmerischen Umgestaltungsprozess über fortbestehende Beschäftigungsmöglichkeiten frei von den Bindungen des § 1 Abs. 2 Sätze 1 bis 3 KSchG verfügt. Kann der Arbeitnehmer auf einem freien Arbeitsplatz in einem der Betriebe des Arbeitgebers zu gleichen Bedingungen, ggf. nach einer zumutbaren Umschulung oder Fortbildung oder zu geänderten Bedingungen weiterbeschäftigt werden, dann bedingen die betrieblichen Erfordernisse keine Kündigung. Diese Verpflichtung darf der Arbeitgeber nicht dadurch leer laufen lassen, dass er eine im Kündigungszeitpunkt vor Ablauf der Kündigungsfrist verfügbare Stelle extern besetzt und

[46] *BAG* 21.9.2000 – 2 AZR 440/99 – BAGE 95, 350.

später argumentiert, eine geeignete anderweitige Beschäftigung sei nicht (mehr) vorhanden. Dies widerspräche dem Grundsatz des § 162 BGB, wonach sich niemand auf die von ihm selbst wider Treu und Glauben geschaffene Bedingung berufen darf.[47] § 1 Abs. 3 KSchG verlangt zudem, dass soziale Gesichtspunkte bei einer Vergabe zwischen geeigneten internen Bewerbern Beachtung finden müssen.[48]

Auch in dieser Systematik können sich schwierige Grenzfälle der unzulässigen Austauschkündigung ergeben. Der Arbeitgeber bestimmt das Anforderungsprofil eines Arbeitsplatzes im Rahmen seines unternehmerischen Gestaltungsermessens. Er kann über die Einstellung der Arbeitnehmer auf einem insgesamt höherwertigen Arbeitsplatz ohne Bindungen durch das KSchG entscheiden. Die freie Besetzung der Stelle ist ihm aber verwehrt, wenn sich das Anforderungsprofil (möglicherweise im Zuge der technologischen Entwicklung) nur als geringfügig höherwertig darstellt und der Arbeitgeber dem Stelleninhaber mit der Begründung kündigt, es handele sich nunmehr um eine Beförderungsposition. Wird der Arbeitnehmer aufgrund seiner Fähigkeiten und seiner Vorbildung dem Anforderungsprofil dieses höher qualifizierten Arbeitsplatzes gerecht, ist eine Kündigung sozial ungerechtfertigt. Nach der Rechtsprechung des *BAG* kann der Arbeitgeber nur über eine echte „Beförderung" frei verfügen, etwa wenn insgesamt qualifizierte Anforderungen übertragen werden sollen, oder wenn die Aufgabe auf einer anderen Ebene der Betriebshierarchie angesiedelt ist.[49]

7. Ergebnis

Jede gesetzlich zulässige unternehmerische Entscheidung kann ein betriebliches Erfordernis zur ordentlichen Kündigung nach § 1 Abs. 2 KSchG begründen. Auf eine Umgehung arbeits- und sozialrechtlicher Verpflichtungen abzielende Gestaltungen sind hingegen nicht kündigungsrelevant. Daraus folgt:

a) Unternehmerische Entscheidungen sind im Sinne des Kündigungsrechts rechtsmissbräuchlich, wenn sie nur formal, nicht auch tatsächlich mit einer Aufgabe der Arbeitgeberstellung einhergehen (Umstellung auf freie Mitarbeit/Selbständigkeit).

[47] *BAG* 1.2.2007 – 2 AZR 710/05 – AP BGB § 162 Nr. 6; 15.8.2002 – 2 AZR 195/01 – BAGE 102, 197; dazu *Kiel*, FS *Kreutz* (2010), S. 211, 215.

[48] *BAG* 22.9.2005 – 2 AZR 544/04 – AP KSchG 1969 § 15 Nr. 59; 15.12.1994 – 320/94 – AP KSchG 1969 § 1 Betriebsbedingte Kündigung Nr. 66; *Kiel*, FS *Kreutz*, S. 221, 224.

[49] *BAG* 5.10.1994 – 2 AZR 269/95 – und 10.11.1994 – 242/94 – AP KSchG 1969 § 1 Betriebsbedingte Kündigung Nr. 71 und Nr. 65; vgl. zuletzt 23.2.2010 – 2 AZR 656/08; zur Abgrenzung einer „echten Beförderungsstelle" *Kiel*, FS *Kreutz* (2010), S. 211, 219 f.

b) Ein Konzept, bei dem der Arbeitgeber weiterhin den Betriebsablauf organisiert und das Weisungsrecht gegenüber Arbeitnehmern bei fortbestehendem Beschäftigungsbedarf unverändert ausübt, indiziert das Vorliegen einer unzulässigen Austauschkündigung. Nach einer abgestuften Darlegungs- und Beweislast muss der Arbeitgeber durch Sachvortrag verdeutlichen, dass sich seine unternehmerische Entscheidung nicht darin erschöpft, die Verpflichtungen des Sozial- und Arbeitsrechts zu umgehen, insbesondere die Arbeitsbedingungen abzusenken (Ersetzung des Stammpersonals durch Leiharbeitnehmer).

c) Der Zweck der Umwidmung einer Angestellten- in eine Beamtenstelle darf sich nicht darauf beschränken, Arbeitnehmer gegen Beamte auszuwechseln, wenn der bisherige Stelleninhaber, der keinen Anspruch auf Ernennung als Beamter hat, das Anforderungsprofil der Stelle erfüllt (Umwandlung einer Angestellten- in eine Beamtenstelle).

d) Die Besetzung eines – auch mit geringfügig erhöhtem Anforderungsprofil – freien Arbeitsplatzes, der sich für einen von der Kündigung bedrohter Arbeitnehmer eignet und von diesem nach § 1 Abs. 2 i.V.m. Abs. 3 KSchG beansprucht werden kann, verstößt gegen den Rechtsgedanken des § 162 BGB (anderweitige Beschäftigungsmöglichkeit).

Kampfmittelfreiheit und Flash mob-Aktionen

Horst Konzen

I. Erweiterung der gewerkschaftlichen Kampfmittel

Das BAG hat in 50 Jahren richterlichem Arbeitskampfrecht mit dem gewerkschaftlichen Streik und der Abwehraussperrung im Dialog mit der Wissenschaft ein Instrumentarium etabliert und stimmig ausgestaltet, mit dem die Sozialpartner ersichtlich leben konnten, und dadurch die Tarifpraxis in großem Umfang befriedet. Ausreißer, in denen es mit rechtspolitischem Impetus seinen Gestaltungswillen ohne selbstkritische Rechtskontrolle durchgesetzt hat, waren jedenfalls in der Vergangenheit selten.[1] Der Nutznießer war dann stets die Gewerkschaft, deren Rechtsstellung im Arbeitskampf gestärkt worden ist. Beispiele sind die Aussperrungsquoten,[2] die das Gericht selbst nicht mehr aufgegriffen hat, die unglückliche Warnstreikjudikatur, die es in der Begründung selbst korrigiert hat,[3] wenn auch mit der praktischen Konsequenz der als „Warnstreiks" bezeichneten verhandlungsbegleitenden Erzwingungsstreiks, sowie die suspendierende Betriebsstilllegung,[4] die dem Arbeitgeber als „Abwehrreaktion" ermöglicht hätte, im Rahmen des gewerkschaftlichen Streikbeschlusses die Lohnzahlungs- und Beschäftigungspflicht gegenüber Streikbrechern und vor allem Außenseitern zu suspendieren und der Gewerkschaft zur kompletten Durchsetzung ihres Beschlusses zu verhelfen.[5] An diese Betriebsstilllegung, die die Arbeitgeber erwartungsgemäß nicht praktiziert haben, knüpft nun das neue Urteil vom 22.9.2009[6] über *streikbegleitende Flash mob-Aktionen* an und sieht sie neben dem Hausrecht als geeignete Gegenwehr des Arbeitgebers an.

In diesem Urteil entwickelt der 1. Senat im Übrigen Ansätze weiter, die er bereits in den Urteilen vom 18.2.2003 und vom 19.6.2007 über die Einbe-

[1] Vgl. *Konzen*, FS 50 Jahre BAG, 2004 S. 515, 555.

[2] BAG AP Nr. 64 zu Art. 9 GG Arbeitskampf, Bl. 11 ff.

[3] BAG AP Nr. 108 zu Art. 9 GG Arbeitskampf.

[4] BAG AP Nr. 130 zu Art. 9 GG Arbeitskampf.

[5] Näher *Konzen*, Anm. AP Nr. 139 zu Art. 9 GG Arbeitskampf, Bl. 5, 7, 9, 9 R, 14.

[6] BAG NZA 2009, 1347 Rn. 60; zu Flash mob-Aktionen bereits vorher *Rieble*, NZA 2008, 796; erste Ansätze auch bei *Baeck/Winzer*, NZG 2008, 939; *Grau*, BB 2009, 2309; *Lingemann* ArbR-Aktuell 2009, 93; *Maaß*, ArbR-Aktuell 2009, 151; neuerdings *Krieger/Günther* NZA 2010, 20 ff., *Rüthers*, NZA 2010, 6, 12 sowie *Greiner*, EzA Art. 9 GG Arbeitskampf, Nr. 143; *Löwisch*, NZA 2010, 209; *Rüthers/Höpfner*, JZ 2010, 261; *Säcker*, NJW 2010, 1115; *Säcker/Mohr*, JZ 2010, 440.

ziehung eines Arbeitgeber-Außenseiters in einen Verbandsstreik[7] und über die erweiterte Zulassung von gewerkschaftlichen Unterstützungsstreiks[8] formuliert hat. In allen drei Urteilen bricht der Senat erneut aus dem überkommenen Arbeitskampfsystem aus, begünstigt wiederum die Gewerkschaft durch Erweiterung ihrer Kampfmittel und schreibt das Arbeitskampfrecht nachhaltig um. Während seit dem Beschluss des Großen Senats des BAG vom 21.4.1971 der Arbeitskampf dem Grundsatz der Verhältnismäßigkeit unterstand,[9] der gewerkschaftliche Streik daher nur zur Durchsetzung eines Tarifvertrags als *erforderlich* angesehen wurde und das BVerfG auch nach der Distanzierung von der Kernbereichsdoktrin[10] noch im Beschluss vom 10.9.2004 Kampfmaßnahmen nur von der Koalitionsfreiheit für gedeckt hält, wenn sie zur Sicherung der Tarifautonomie erforderlich sind,[11] löst sich das BAG neuerdings von dieser Begrenzung und betont umgekehrt die Freiheit zum Arbeitskampf, deren Einschränkung der Legitimation bedürfe. Die Erwähnung der Erforderlichkeit in den Urteilen über den Unterstützungsstreik[12] und die Flash mob-Aktionen[13] bleiben demgegenüber nur Lippenbekenntnisse.

Rechtspolitisch scheint dieser Sinneswandel einer eher gefühlten, aber nirgends begründeten Einschätzung einer „Schwäche" der Gewerkschaft entnommen zu werden, die ersichtlich nach dem Maßstab eigenständiger, aber nicht näher definierter Paritätsvorstellungen kompensiert werden soll.[14] Konstruktiv bildet der Beschluss des BVerfG vom 14.11.1995, der aus Art. 9 Abs. 3 GG einen *Schutzbereich* für alle koalitionsspezifischen Verhaltensweisen ableitet und im konkreten Fall die gewerkschaftliche Werbung erweiternd *auch während der Arbeitszeit* schützen möchte,[15] den Startpunkt. Das BVerfG bestimmt freilich das Ausmaß der geschützten Koalitionsbetätigung bei der gewerkschaftlichen Werbung nicht genau, sondern verweist einschränkend auf die grundrechtlich geschützten Positionen beider Seiten. Auch das BAG begnügt sich neuerdings mit dem Postulat, dass jede Reglementierung des Koalitionsverhaltens der Rechtfertigung bedürfe. Es stützt sich dabei für das Arbeitskampfrecht auf die Freiheit der Kampfmittelwahl,[16] die sein Großer Senat im Beschluss vom 28.1.1955 nur in den Grenzen des

[7] BAG AP Nr. 163 zu Art. 9 GG Arbeitskampf; näher *Konzen*, GS Heinze, 2005, S. 515 ff.
[8] BAG AP Nr. 173 zu Art. 9 GG Arbeitskampf; näher *Konzen*, SAE 2008, 1 ff.
[9] BAG (GS) AP Nr. 43 zu Art. 9 GG Arbeitskampf, Bl. 6 R.
[10] BVerfG AP Nr. 80 zu Art. 9 GG, Bl. 2 R, 3.
[11] BVerfG AP Nr. 167 zu Art. 9 GG Arbeitskampf, Bl. 2.
[12] BAG AP Nr. 173 zu Art. 9 GG Arbeitskampf, Rn. 11.
[13] BAG NZA 2009, 1347 Rn. 33.
[14] Vgl. nur *Ingrid Schmidt* SZ v. 29.12.2009, S. 6.
[15] BVerfG AP Nr. 80 zu Art. 9 GG, Bl. 3 R.
[16] BAG AP Nr. 173 zu Art. 9 GG Arbeitskampf, Rn. 11, 19, 26, 27; BAG NZA 2009, 1347 Rn. 38.

legitimen Arbeitskampfs akzeptiert hatte,[17] und folgert, den Koalitionen stehe auch bei der *Erforderlichkeit* der Kampfmittel eine „Einschätzungsprärogative“ zu[18], und eine Rechtswidrigkeit trete erst bei einer *offensichtlich* ungeeigneten und *offensichtlich* nicht erforderlichen Kampfmaßnahme ein.[19] Als Kontrollmaßstab bleibt bei Eingriffen in die gegnerischen Rechte allein das gänzlich unbestimmte Merkmal der Proportionalität. Darin liegt im Vergleich mit der Erweiterung der *erforderlichen* Werbung, die das BVerfG auch noch unter dem Schutzbereich im Rahmen einer Abwägung betont, eine drastische Vernachlässigung der gegnerischen Rechte. Die Erforderlichkeit, die doch immerhin ein Element des verfassungsrechtlichen Übermaßverbots beim Eingriff in fremde Rechte ist, spielt bei gewerkschaftlichen Kampfmaßnahmen praktisch keine Rolle mehr. Das BAG, das die erwähnten Kriterien zur Ausgestaltung[20] der Koalitionsfreiheit heranzieht, begründet die „Einschätzungsprärogative“ und die umfassende Verdrängung der Erforderlichkeitsprüfung mit keinem Wort. Die praktische Konsequenz zeigt sich, nachdem das Urteil über den Unterstützungsstreik, dessen Ergebnis auch ohne diesen Sinneswandel haltbar gewesen wäre,[21] lediglich die konstruktiven Weichen gestellt hat, erstmals in der Zulassung der Flash mob-Aktionen. Ob die zusätzlichen Schädigungen des Arbeitgebers erforderlich sind, interessiert den Senat nicht.

Auch wenn der 1. Senat nur über *streikbegleitende* Flash mob-Aktionen befindet,[22] schließt das Urteil vom 22.9.2009 die unter den Parteien des Rechtsstreits streitige Betätigung von Personen ein, die weder Mitglieder der streikenden Gewerkschaft sind, noch von den Wirkungen des Streiks betroffen werden. Diese Teilnehmer trifft anders als bei Streiks und Aussperrungen einschließlich des Unterstützungsstreiks keine Lohneinbuße, sie erleiden durch die Beteiligung an der Aktion als solcher keine Nachteile. Das weckt Zweifel an der Zulässigkeit ihrer Teilnahme und veranlasst zudem zu einem skeptischen Blick auf die Parität, die der 1. Senat mit knappen Hinweisen auf das praktisch kaum brauchbare Hausrecht und die oben erwähnte[23] suspendierende Betriebsstilllegung abtut.

Das Flash mob-Urteil, gegen das Verfassungsbeschwerde eingelegt worden ist, hat nicht ohne Grund ein großes öffentliches Interesse gefunden. Der 1. Senat verzichtet in seinem Urteil nicht nur an dieser Stelle neuerdings auf den Dialog mit dem wissenschaftlichen Schrifttum. Eine umfassende Würdi-

[17] BAG (GS) AP Nr. 1 zu Art. 9 GG Arbeitskampf, Bl. 8 R.
[18] BAG AP Nr. 173 zu Art. 9 GG Arbeitskampf, Rn. 27; BAG NZA 2009, 1347 Rn. 41.
[19] BAG AP Nr. 173 zu Art. 9 GG Arbeitskampf, Rn. 19, 26 f.; BAG NZA 2009, 1347 Rn. 49, 50.
[20] BAG AP Nr. 173 zu Art. 9 GG Arbeitskampf, Rn. 15 ff.; BAG NZA 2009, 1347 Rn. 36.
[21] *Konzen*, SAE 2008, 1.
[22] BAG NZA 2009, 1347 Rn. 8.
[23] Vgl. oben zu Fn. 4; 5.

gung der Argumente wird zumindest nicht deutlich. Das Urteil enthält eigenständige Elemente, die nachdenklich stimmen, und belegt zudem, dass auch die bereits früher konzipierte, im Urteil vom 22.9.2009 aufgegriffene Grundlegung des BAG erneut eine kritische Überprüfung erfordert. Die Analyse der einzelnen Komponenten mag sich daher als geeignete Festgabe für *Dieter Reuter* erweisen, zu dessen weitgespannten wissenschaftlichen Interessen auch das Arbeitskampfrecht gehört.[24] Sie soll zugleich die enge kollegiale und persönliche Verbundenheit mit dem Jubilar unterstreichen, die seit der gemeinsamen Tätigkeit als Berliner Hochschullehrer in den 70er Jahren fortbesteht.

II. Flash mob-Aktionen und Arbeitskampf

Flash mob-Aktionen sind im Unterschied zu Streiks nicht auf die Zurückhaltung einer vertraglich geschuldeten Arbeitsleistung gerichtet. Die Teilnehmer an der Aktion erleiden, soweit sie nicht als Gewerkschaftsmitglieder oder als Außenseiter in bekämpften Mitgliedsunternehmen ohnehin streiken, keinen Lohnverlust. Die Flash mob-Aktion als solche bringt ihnen keinen wirtschaftlichen Nachteil, schädigt aber die betroffenen Arbeitgeber. Der Akzent liegt, selbst wenn es sich um eine streikbegleitende Maßnahme handelt, auf einer reinen Betriebsstörung. Das rückt die Aktion in die Nähe anderer Störungen wie Boykotte, Betriebsbesetzungen und Blockaden, die überwiegend als rechtswidrig beurteilt werden.[25] Dass Flash mob-Aktionen keine völligen Blockaden sind,[26] und die Präsidentin des BAG Betriebsbesetzungen energisch ablehnt,[27] besagt nicht, dass die Flash mob-Aktionen nicht aus dem selben Grund widerrechtlich sind wie andere „aktiv produktionsbehindernde Maßnahmen". Die aktuellen Flash mob-Aktionen von ver.di waren nach streitigem Parteivortrag im vorliegenden Rechtsstreit dadurch gekennzeichnet, dass möglicherweise Gewerkschaftsfremde – weder Mitglieder der streikenden Gewerkschaft noch Arbeitnehmer eines der Mitgliedsunternehmen des bekämpften Arbeitgeberverbandes – unter der Organisation von ver.di beteiligt waren.

Mit der Flash mob-Aktion wird eine Aktionsform, in der sich Aktivisten öffentlich zugänglicher Räume oder Plätze bemächtigen, um spontan „künstlerische" Absichten zu verfolgen („Happening") oder ihren politischen Wil-

[24] *Reuter*, AuR 1973, 1; weiterhin *ders.* JuS 1973, 284; FS Böhm, 1975, S. 521; RdA 1975, 275; JuS 1986, 19; FS Wiese, 1998, S. 427; Anm. BAG EzA zu Art. 9 GG Arbeitskampf, Nr. 94.

[25] Vgl. unten III. 3 b).

[26] BAG NZA 2009, 1347 Rn. 62.

[27] *Ingrid Schmidt*, SZ v. 29.12.2009, S. 6.

len, beispielsweise durch Lärmen auf Bahnsteigen gegen die Privatisierung der Bahn zu bekunden,[28] auf den Arbeitskampf übertragen. Im Ausgangsfall des Rechtsstreits vor dem BAG[29] hatte der Landesbezirk Berlin-Brandenburg von ver.di – unterstützt durch Presseerklärungen und Kundgebungen – auf seiner Homepage zur Teilnahme an Flash mob-Aktionen aufgerufen, die Interessierten um Angaben ihrer Handynummer gebeten und sie konkret aufgefordert, während eines Tarifstreits im Einzelhandel zu einem per SMS festgelegten Zeitpunkt in Filialen von Handelsketten gezielt gemeinsam „einzukaufen". Das sollte den durch „Streikbrecher" gewährleisteten Betriebsablauf dadurch stören, dass zeitgleich „Pfennig-Artikel" erworben und durch die Abrechnung die Kassen künstlich blockiert werden sowie Einkaufswagen mit Waren vollgepackt und stehen gelassen werden sollten. Der Kontext dieses Aufrufs verdeutlichte, dass sich die Aktion gegen den Einsatz von „Streikbrechern" – Leiharbeitnehmern und Arbeitnehmern von Fremdfirmen – wenden sollte. Fraglos richtete sich der Aufruf auch an Gewerkschaftsfremde. Inwieweit solche im Ausgangsfall an der Aktion beteiligt waren, beispielsweise Mitglieder globalisierungskritischer Gruppen, ist unter den Parteien des Rechtsstreits streitig geblieben. Die Aktion wurde für eine Zeitdauer von ungefähr einer Dreiviertelstunde mit etwa 40 Teilnehmern planmäßig ausgeführt. Nur wenige Beteiligte trugen Jacken mit der Aufschrift ver.di oder gewerkschaftliche Sticker. Die Kassen wurden durch den Kauf von Cent-Artikeln blockiert, 40 Einkaufswagen mit Waren gefüllt und vor den Regalen oder im Kassenbereich stehen gelassen. Eine Teilnehmerin, die einen Wagen mit Cent-Artikeln gefüllt hatte, ließ ihn mit dem Hinweis, sie habe ihr Geld vergessen, nach Eingabe der Waren an der Kasse stehen. Varianten solcher Aktionen sind das Verräumen von Waren in den Auslagen oder die Platzierung auf der Erde vor den Regalen oder auch die sinnlose Beschäftigung des Personals durch eine massenhaft begehrte Anprobe ohne Kaufabsicht.[30] Auch ohne solche Schikanen führen allein das Aufräumen und die Korrektur von Kasseneingaben zu Schäden. Das Personal („Streikbrecher") und die Kunden werden zudem gezielt belästigt. Die Kunden verlassen möglicherweise aus Ärger die Filialen ohne zu kaufen.

Im Ausgangsfall haben die Parteien des Rechtsstreits darüber gestritten, ob die Flash mob-Aktionen erforderlich gewesen seien, also der Streik ohne sie nicht erfolgreich gewesen sei. Ein Fall, in dem wie dem Vernehmen nach in Sachsen-Anhalt der Tarifvertrag unterschriftsreif ausgehandelt war und eine Flash mob-Aktion gleichwohl noch durchgeführt wurde, ist dafür möglicherweise nicht repräsentativ. Auch die Teilnahme von nicht Streikberechtigten war streitig. Die Gewerkschaft ist dem Unterlassungsantrag des Arbeitgeber-

[28] *Rieble*, NZA 2008, 796.
[29] Näher BAG NZA 2009, 1347 Rn. 2–6.
[30] *Rieble*, NZA 2008, 796.

verbandes jedenfalls mit der Behauptung entgegengetreten, die Flash mob-Aktion sei erforderlich gewesen, da die Arbeitgeber den Streik durch den massenhaften Einsatz von Leiharbeitnehmern und Fremdfirmen unterlaufen hätten. Auch das war unter den Parteien streitig.

Der 1. Senat entzieht sich diesem Parteienstreit, indem er nach dem Vorbild seines Urteils über den Unterstützungsstreik auf der Grundlage des Schutzbereichs für koalitionsspezifische Verhaltensweisen auf die Kampfmittelfreiheit und die Einschätzungsprärogative für die Erforderlichkeit eines Kampfmittels retiriert und zum Maßstab nimmt, ob ein Kampfmittel *offensichtlich nicht erforderlich* ist. Das war schon beim Unterstützungsstreik neu und jedenfalls vom Beschluss des BVerfG über den Schutzbereich nicht gedeckt, der bei der gewerkschaftlichen Werbung den grundrechtlichen Schutz des Arbeitgebers nicht in vergleichbarer Weise negiert und zu einer Abwägung gelangt. Gleichwohl wiederholt der 1. Senat seine Grundlegung und findet Einwände des Schrifttums nicht der Rede wert. Indessen muss diese Grundlegung, die vorliegend den Ausgang des Rechtsstreits von der Streikarbeit von Leiharbeitnehmern unabhängig macht, bereits wegen der Verfassungsbeschwerde des Arbeitgeberverbandes noch einmal auf dem Prüfstand. Erweist sich die Grundlegung als nicht haltbar, so ist nicht nur die Relation von Streik und Flash mob-Aktion zu diskutieren, sondern noch vor der Bedeutung eines massenhaften Streikeinsatzes von Leiharbeitnehmern zu erwägen, ob nach dem Sinn des Art. 9 Abs. 3 GG der ungenügende Organisationsgrad oder die unzureichende Mobilisierungsfähigkeit einer Gewerkschaft durch ein Gericht kompensiert werden darf. Bei den Arbeitgeberverbänden wird jedenfalls nach einer Kompensation nicht gefragt. Weiterhin wird bei Streiks bislang die Befugnis zur Einstellung von Ersatzarbeitskräften überwiegend nicht bezweifelt, und es entsteht die Anschlussfrage, ob die Streikarbeit von Leiharbeitnehmern eine abweichende Beurteilung rechtfertigen kann.

Von besonderem Interesse ist sodann die Einbeziehung von nicht Streikberechtigten in eine Flash mob-Aktion. Die Gleichstellung mit den Gewerkschaftsmitgliedern zerstört jedenfalls die geläufige Kongruenz der geschützten Koalitionsbetätigung durch die Gewerkschaftsmitglieder und die Gewerkschaft selbst, die die These vom Doppelgrundrecht zumindest in erster Linie meint. Das Flash mob-Urteil begnügt sich demgegenüber mit dem Erfordernis einer eindeutig erkennbaren Organisation der Flash mob-Aktion durch die Gewerkschaft[31]. Der 1. Senat lässt dabei ungeprüft, ob die von Art. 9 Abs. 3 GG gewährleistete Koalitionsbetätigung der Gewerkschaft auch zu Gunsten von Gewerkschaftsfremden wirkt, die zum Streik nicht berechtigt sind. Auf diese Weise erweitert er das Kampfpotential der Gewerkschaften. Das ist keineswegs gesichert. Vielmehr ist umgekehrt erwägenswert, dass

[31] BAG NZA 2009, 1347 Rn. 54.

Streikunbeteiligte nicht beliebig an Kampfaktionen beteiligt werden dürfen und die Arbeitgeber dies nach Art. 9 Abs. 3 GG nicht als legitim hinzunehmen haben. Soweit im Gegenteil die Teilnahme dieses Personenkreises rechtswidrig ist, reicht sie möglicherweise über einen Exzess hinaus und führt in Folge der gewerkschaftlichen Organisation bereits für sich zur Rechtswidrigkeit der gesamten Aktion. Nicht erst die Teilnahme streikunbeteiligter Gewerkschaftsfremder kann bei einer gewerkschaftlichen Flash mob-Aktion zu einer Verschiebung eines typischen Verhandlungsgleichgewichts und damit zu einer Störung der abstrakt-generellen materiellen Parität führen, die, wenn überhaupt, allenfalls bei einer wirksamen Gegenwehr der Arbeitgeber gegen die Aktion hinnehmbar wäre. Darauf deuten indessen die vom BAG bezeichneten dürftigen Möglichkeiten nicht hin. Insgesamt ergibt sich bei der Flash mob-Aktion eine Fülle von Streitpunkten, die bei der näheren Analyse abzuarbeiten sind.

III. Koalitionsrecht und Koalitionsmittelfreiheit

1. Koalitionsrechtlicher Betätigungsschutz und richterliche Ausgestaltung

Gewerkschaftliche Flash mob-Aktionen gehören bislang nicht zum rechtlich gesicherten Bestand der Koalitionsfreiheit. Art. 9 Abs. 3 S. 1 GG erwähnt nicht einmal den gewerkschaftlichen Streik. Der Wortlaut garantiert nur die individuelle Koalitionsfreiheit und hebt gegenüber der Vereinsfreiheit des Art. 9 Abs. 1 GG als Koalitionszweck lediglich die Wahrung und Förderung der Arbeits- und Wirtschaftsbedingungen hervor. Dieser mitgeschützte Koalitionszweck ist ohne die Garantie weitergehender Befugnisse der Koalitionsmitglieder und der Koalition selbst nicht erreichbar. Das hat unter dem maßgeblichen Einfluss des BVerfG zur Anerkennung einer *Bestandsgarantie*[32] *gegenüber staatlichen Eingriffen* sowie zu einer *Betätigungsgarantie*[33] für die koalitionsspezifische Tätigkeit des einzelnen Koalitionsmitglieds und der Koalition selbst geführt, beispielsweise bei der gewerkschaftlichen Werbung im Betrieb. Inhaltlich knüpft Art. 9 Abs. 3 GG an die Koalitionstradition der Weimarer Republik an, die historische Interpretation ist daher ein wichtiges Erkenntnismittel. Der wohl wichtigste Schutzgegenstand ist die Sicherung der Tarifautonomie,[34] das BVerfG betont den Schutz *eines* Tarifsystems.[35] Tarif-

[32] BVerfG 4, 96, 101 f.; 13, 174, 175; 28, 295, 304; 84, 212, 215; 92, 365, 393; näher *Säcker*, Grundprobleme der kollektiven Koalitionsfreiheit, 1969, S. 33 ff.

[33] BVerfGE 17, 319, 333; 18, 26; 19, 303, 312; 28, 295, 304; 50, 290, 367; 84, 212, 225; 92, 365, 393; vgl. auch *Säcker* (Fn. 32), S. 39 ff.

[34] Grundlegend BVerfGE 4, 96, 106; BAG AP Nr. 64 zu Art. 9 GG Arbeitskampf, Bl. 4.

[35] BVerfGE 4, 96, 106.

verträge müssen abgeschlossen werden können und durchsetzbar sein. Das ist nur möglich, wenn den Koalitionen als Mittel zum Zweck auch die Betätigung durch Maßnahmen des Arbeitskampfs garantiert wird.[36] Das BAG geht daher seit langem von der Gewährleistung des Streikrechts aus, das als Institution für die Tarifautonomie vorausgesetzt werde,[37] das BVerfG zusätzlich von der Garantie der Abwehraussperrung gegen Teil- oder Schwerpunktstreiks.[38] Das bedeutet weder, dass die Tarifparteien durch die Verfassung auf diese Kampfmittel festgelegt sind, noch umgekehrt, dass jedes Kampfmittel zur Durchsetzung eines Tarifziels zulässig ist. Streik und Aussperrung bilden keinen numerus clausus. Die beiderseitigen Kampfmittel sind nicht verbindlich auf die Vorenthaltung der Arbeitsleistung oder des Lohns festgelegt. Zwar sind der gewerkschaftliche Streik im Tarifgebiet und prinzipiell auch die Abwehraussperrung in Art. 9 Abs. 3 GG heute als Ergebnis einer systematischen Interpretation etabliert, aber ihre Merkmale legen die Grenzen des zulässigen Arbeitskampfs *nicht begrifflich* fest. Der Arbeitskampfbegriff ist offen. Die Grenzen des rechtmäßigen Arbeitskampfs müssen mit Hilfe der allgemeinen Kriterien des Art. 9 Abs. 3 GG – Koalitionszweckverfolgung, Betätigungsschutz, Parität, Übermaßverbot – bestimmt werden. Deshalb scheiden andere Kampfmittel, etwa der Boykott, die Blockade oder die Betriebsbesetzung nicht von vornherein ohne nähere Analyse als unzulässig aus.[39] Umgekehrt steht allerdings noch weniger fest, dass die Kampfmittelfreiheit und die Einschätzungsprärogative, die die Urteile des 1. Senats über den Unterstützungsstreik und die Flash mob-Aktionen neuerdings betonen, stets weit gefasste Kampfaktionen zulassen.

Vorrangig ist die Sicherung der Tarifautonomie. Ihr dient die Gewährleistung der Kampfmittel, die freilich aus dem Text Art. 9 Abs. 3 GG nicht eindeutig ablesbar sind. Die von der Verfassung geschützte Koalitionszweckverfolgung, konkret die Tarifautonomie, ist erst durch eine Konkretisierung der koalitionsspezifischen Mittel bestimmbar. Das Koalitionsrecht bedarf der *Ausgestaltung*.[40] Diese macht die Koalitionsfreiheit erst handhabbar und obliegt als Verfassungsauftrag,[41] solange der Verfassungsgeber schweigt, notwendigerweise dem einfachen Gesetzgeber[42] und ersatzweise den Gerichten. Der Gesetzgeber schafft dadurch einfaches Gesetzesrecht und hat dabei angesichts der mangelnden Bestimmtheit des Verfassungsinhalts einen weiten

[36] *Gamillscheg*, Kollektives Arbeitsrecht, Bd. I, 1997, S. 226; *Löwisch/Rieble*, in Löwisch, Arbeitskampf und Schlichtungsrecht, 170.1 Rn. 37 ff.

[37] BAG AP Nr. 64 zu Art. 9 GG Arbeitskampf, Bl. 4, 4 R.

[38] BVerfGE 84, 212, 225.

[39] Dazu näher III. 3 b).

[40] BVerfGE 20, 312, 317; 50, 290, 369; 58, 233, 248; 92, 26, 41; 92, 365, 394.

[41] BVerfGE 57, 220, 248; *Otto*, Arbeitskampf und Schlichtungsrecht, 2006, § 4 Rn. 23.

[42] BVerfGE 28, 295, 306; 50, 290, 368; 57, 220, 246 ff.; 58, 233, 247.

Gestaltungsspielraum,[43] dessen Einhaltung allerdings bei einem eindeutigen Verfassungsverstoß verfassungsrechtlich kontrollierbar ist. Ein traditionelles Kontrollinstrument dafür bildete lange Zeit die Begrenzung der geschützten Koalitionsbetätigung auf einen *Kernbereich*,[44] den das BVerfG im Beschluss vom 14.11.1995 abgestreift hat.[45] Aber auch unter dem Schutzbereich ist, worauf zurückzukommen ist, die Ausgestaltungsbefugnis nicht unbegrenzt. Unterlässt der Gesetzgeber die Ausgestaltung, so kann unter der Herrschaft des Rechtsverweigerungsverbots allein der Richter dem Verfassungsauftrag durch eine individuell-konkrete Rechtsfortbildung im Einzelfall entsprechen.

Bereits der gewerkschaftliche Streik, aber auch andere Kampfmittel führen ebenso wie sonstige Koalitionsbetätigungen, etwa Werbemaßnahmen im Betrieb, zur Beeinträchtigung fremder Rechte. Die Zulassung von Beeinträchtigungen durch den *Gesetzgeber* muss das verfassungsrechtliche Übermaßverbot wahren, also für den gesetzlich verfolgten Zweck geeignet, erforderlich und proportional sein. Das gilt grundsätzlich auch, wenn der Gesetzgeber oder Richter eine Koalitionsbetätigung zulässt. Zwar enthält Art. 9 Abs. 3 GG bei der individuellen Koalitionsfreiheit keinen Gesetzesvorbehalt, jedoch wird dadurch anders als bei der Ausübung der grundrechtlich geschützten Betätigungsfreiheit nicht in fremde Rechte eingegriffen. Die Ausweitung des Grundrechtsschutzes ist daher folgerichtig zumindest in gewissem Umfang mit einem Schutz gegnerischer Grundrechte oder verfassungsrechtlich geschützter Positionen zu kompensieren. Dabei sind die grundrechtlich geschützten Positionen beider Seiten zu beachten.[46] Bei der *Ausgestaltung* der Koalitionsbetätigung ergibt sich allerdings die Anschlussfrage, inwieweit der Gestaltungsspielraum des Gesetzgebers oder Richters den Schutzumfang der gegnerischen Rechte beeinflusst.

2. *Ausgestaltung und gegnerischer Koalitionsschutz*

Diese Anschlussfrage stellt sich seit der Ablehnung der Kernbereichslehre, die die Ausgestaltung mindestens im dogmatischen Ansatz auf die unerlässliche Koalitionsbetätigung begrenzt hatte, und der Anerkennung des Schutzbereichs neu und hat seit dieser Zeit noch keine gesicherte Antwort gefunden. Rechtsprechung und Schrifttum unterscheiden zwar mit entsprechen-

[43] BVerfGE 20, 312, 317; 50, 290, 369; 58, 233, 248; 92, 365, 394; ErfK/*Dieterich* 9. Aufl. 2009, Art. 9 GG Rn. 9; *Hergenröder* in Henssler/Willemsen/Kalb, Arbeitsrecht, Kommentar, 2. Aufl. 2006, Art. 9 GG Rn. 83; *Jarass* in Jarass/Pieroth, GG, 10 Aufl. 2009, Art. 9 GG Rn. 45.

[44] BVerfGE 4, 96, 106; 17, 319, 333 f.; 19, 303, 321 ff.; 28, 295, 304; 38, 281, 305; 38, 386, 393; 50, 290, 368; 57, 220, 245.

[45] BVerfG AP Nr. 80 zu Art. 9 GG Bl. 2 R, 3.

[46] BVerfG AP Nr. 80 zu Art. 9 GG Bl. 3 R.

den Auswirkungen auf die richterliche Ausgestaltung zwischen gesetzlichen Vorschriften, die die Koalitionsfreiheit ausgestalten, und anderen, die die Zulässigkeit und die Grenzen des Eingriffs in fremde Rechte betreffen. Sie beschreiben aber das Verhältnis dieser Normen nicht einheitlich. Zwischen Ausgestaltung und Eingriff wird nicht selten strikt getrennt.[47] Andererseits wird aber auch betont, eine trennscharfe Grenze existiere nicht, und der Unterschied sei nur graduell.[48] Soweit die Befugnisse zur Ausübung der Koalitionsfreiheit von der Verfassung nicht genau bestimmt sind und die verbindliche Festlegung der erlaubten Koalitionsbetätigung erst durch die gesetzliche oder richterliche Ausgestaltung erfolgen kann, ist eine Garantie der Grundrechtsausübung notwendig mit einem *Gestaltungsspielraum* bei der Ausgestaltung verbunden. Ohne diesen ließe eine extensive verfassungsrechtliche ex post-Kontrolle dem Freiheitsrecht keinen Raum. Darauf beruht der vom BVerfG betonte weite Wertungsspielraum.[49] Indessen können, wie sich bei der gewerkschaftlichen Werbung im Betrieb und bei Kampfmaßnahmen erweist, mit der Ausgestaltung Regelungen verbunden sein, die die verfassungsrechtlichen Rechte eines anderen, auch den gegnerischen Koalitionsschutz, einschränken.

An dieser Stelle beginnt die Unsicherheit über den notwendigen Schutzumfang der Gegenrechte. Eine einseitige Sicht auf die Ausgestaltungsfunktion droht den verfassungsrechtlich gebotenen Schutz der Gegenrechte mit Hilfe des Gesetzgebers oder gar der Gerichte zu relativieren. So fragt die Präsidentin des BAG in einem Festschriftbeitrag, ob die Veränderung ausgestaltender Regelungen, statt sie an die Kontrollmaßstäbe des Eingriffs zu binden, als *Umgestaltung* daraufhin zu überprüfen sei, ob der Gesetzgeber – über die Gerichte schweigt sie – ein systemförderndes Ziel verfolge und dazu Veranlassung habe.[50] Man muss dazu namentlich bei der richterlichen Ausgestaltung nach den Maßstäben für ein systemförderndes Ziel und den Änderungsbedarf fragen und zudem anzweifeln, ob ein solches Ziel eine stärkere Belastung von betroffenen Dritten rechtfertigt.[51]

Es fällt auf, dass auch der 1. Senat beim Unterstützungsstreik und bei den Flash mob-Aktionen mit Hilfe der Kampfmittelfreiheit, der Einschätzungsprärogative und der Begrenzung der Rechtskontrolle auf offensichtlich nicht erforderliche Kampfmaßnahmen die Beeinträchtigung verfassungsrechtlich geschützter Gegenpositionen weithin ausblendet. Demgegenüber wird be-

[47] *Butzer*, RdA 1994, 375, 378; *Dieterich*, RdA 2002, 1, 11; *Jarass* (Fn 43) Vor Art. 1 Rn. 34.

[48] *Bauer* in Dreier, GG, Bd. 1, 2 Aufl. 2004, Art. 9 Rn. 91; *Henssler*, ZfA 1998, 1, 11; *Maschmann*, Tarifautonomie im Zugriff des Gesetzgebers, 2007, S. 19.

[49] Vgl. dazu Fn. 43.

[50] *Ingrid Schmidt*, FS Richardi, 2007, S. 765, 768.

[51] *Konzen*, SAE 2008, 1, 7.

tont, dass die Ausgestaltung beim Blick auf die Beeinträchtigung fremder Rechte keinen beliebigen Inhalt habe.[52]

Die Lösung hängt ersichtlich vom normativ abgesicherten Umfang der Ausgestaltungsbefugnis ab. Bis zur deutlichen Distanzierung im Beschluss vom 14.11.1995 hat das BVerfG die Ausgestaltung und ihre Grenze meist durch den geschützten *Kernbereich*[53] der Koalitionsbetätigung mit seinem Unerlässlichkeitskriterium bestimmt und notwendigerweise auf eine präzise Abgrenzung verzichtet. Der Gestaltungsspielraum des Gesetzgebers oder des Gerichts blieb auf diesen Kernbereich begrenzt. Das Unerlässlichkeitskriterium hat dadurch bei Beeinträchtigung von Gegenrechten den Erforderlichkeitsmaßstab gewahrt, die Beeinträchtigung war innerhalb des Kernbereichs erforderlich und insoweit legitim.

Fraglos hat die Akzentverlagerung auf den *Schutzbereich* der Koalitionsbetätigung im Beschluss des BVerfG vom 14.11.1995 diesen Ausgangspunkt verändert. Der Schutzbereich weitet, auch wenn ihn das BVerfG nur als Klarstellung ausgibt,[54] die Garantie des Art. 9 Abs. 3 GG auf sämtliche koalitionsspezifischen Mittel aus. Der Gestaltungsspielraum wird im Ansatz erweitert. Das bedeutet im Ergebnis keine Vernachlässigung der beeinträchtigten Gegenrechte. Der Beschluss unterscheidet nur konstruktiv zwischen der Ausgestaltung und dem Schutz der Gegenrechte, der anschließend innerhalb einer Gesamtabwägung einschränkend berücksichtigt wird und die Erforderlichkeit der Beeinträchtigung fremder Rechte keineswegs ausklammert. Zwar färbt das Verständnis des Schutzbereichs, der das Unerlässlichkeitskriterium abstreifen soll, im Ergebnis auf den zulässigen Umfang der Ausgestaltung ab. Das BVerfG erweitert die Zulässigkeit der gewerkschaftlichen Koalitionsbetätigung auf die Werbung *während der Arbeitszeit*, hält aber mittels Abwägung an der Erforderlichkeit des Eingriffs in die beeinträchtigten Rechte des Arbeitgebers fest.[55] Die Ausgestaltung erfolgt daher unter Berücksichtigung dieser beeinträchtigten Rechte. Das ist folgerichtig bei der Relation von Ausgestaltung und Eingriff im Arbeitskampfrecht zu beachten.

3. *Kampfmittel und gegnerischer Koalitionsschutz*

a) Kampfmittelfreiheit und Einschatzungsprärogative

Traditionell ist die Erforderlichkeit des Eingriffs in die gegnerischen Rechte die Voraussetzung einer rechtmäßigen Kampfmaßnahme. Daran hat das BVerfG im Beschluss vom 10.9.2004, auf den sich das Urteil des 1. Senats des

[52] *Scholz* in: Maunz/Dürig, GG, Bd. II, Stand 2008, Art. 9 Rn. 31.
[53] BAG AP Nr. 80 zu Art. 9 GG, Bl. 3.
[54] BAG AP Nr. 80 zu Art. 9 GG, Bl. 3.
[55] BAG AP Nr. 80 zu Art. 9 GG, Bl. 3, 3 R.

BAG über den Unterstützungsstreik beruft, auch noch nach der Ablösung des Kernbereichs durch den Schutzbereich des Art. 9 Abs. 3 GG angeknüpft. Es sieht darin Arbeitskampfmaßnahmen von der Koalitionsfreiheit nur als erfasst an, wenn sie zur Sicherung der Tarifautonomie *erforderlich* sind.[56] Das deutet auf eine unveränderte Fortgeltung des Erforderlichkeitskriteriums hin.

Allerdings hatte bereits unter der Herrschaft des Kernbereichs das Merkmal der unerlässlichen Koalitionsbetätigung jedenfalls beim gewerkschaftlichen Streik im Tarifgebiet praktisch nicht die Folge, dass dessen konkreter Umfang und seine Dauer auf ihre Erforderlichkeit kontrolliert worden wären. Geprüft wurde nur das Arbeitskampfmittel in seinem typischen Kern. Das BVerfG betont, der Streik müsse *allgemein erforderlich sein.*[57] Ob ein befristeter Streik genügt hätte oder bereits dessen regionale Begrenzung, wird nicht geprüft. Das liegt an dem Sinn des grundrechtlichen Freiheitsrechts. Die Ausübung des Grundrechts muss handhabbar sein. Ihre Zulässigkeit muss prognostizierbar, das Risiko einer nachträglichen judiziellen ex post-Kontrolle eingeschränkt sein. Die ausgestaltende Koalitionsbetätigung muss die Ausübung des Grundrechts durch eine *Verfahrensgarantie*[58] sichern. Daher genügte für die Zulässigkeit des Streiks im Tarifgebiet dessen *typische Erforderlichkeit*. Für andere Kampfmittel gilt das nicht. Der Unterstützungsstreik war jedenfalls bis zum Judikaturwandel durch das BAG nur ausnahmsweise zulässig,[59] Boykotte, Betriebsbesetzungen und Blockaden waren grundsätzlich unzulässig.[60] Möglicherweise hat aber die Akzentverlagerung vom Kernbereich zum Schutzbereich, auf dem die Begründungskette in den aktuellen Urteilen über den Unterstützungsstreik und die Flash mob-Aktionen beruht, die überkommene Erforderlichkeitsprüfung abgemildert und die Zulässigkeit der gewerkschaftlichen Kampfmittel erweitert.

Der Schutzbereich gebietet in der Tat insoweit eine Veränderung, als er das Unerlässlichkeitskriterium abstreift. Der Beschluss des BVerfG vom 14.11.1995 zeigt, dass der Schutzbereich des Art. 9 Abs. 3 GG bei der Abwägung zwischen der Koalitionsausübung und den geschützten Gegenrechten eine weniger strikte Kontrolle ermöglicht. Deshalb ist die Werbung während der Arbeitszeit nicht länger untersagt. Der Maßstab des Beschlusses erlaubt allerdings nicht, die Ausgestaltung der Koalitionsbetätigung so weit zu fassen, dass der gegnerische Koalitionsschutz praktisch unbeachtet bleibt. Genau das ist indessen das Resultat des Flash mob-Urteils. Bereits die

[56] BVerfG AP Nr. 167 zu Art. 9 GG Arbeitskampf, Bl. 2.

[57] BVerfGE 84, 212, 225.

[58] *Konzen*, SAE 2008, 1, 3; *Otto* (Fn. 41), § 4 Rn. 20; der Sache nach besonders deutlich BVerfGE 88, 103, 115.

[59] *Konzen*, SAE 2008, 1, 3 f.

[60] Vgl. unter III. 3. b).

Kampfmittelfreiheit, die der 1. Senat des BAG dem Schutzbereich entnimmt, vermag dieses Resultat nicht überzeugend zu stützen. Sie ist zwar ein Relikt des ganz anders gearteten Arbeitskampfrechts der Weimarer Republik[61] und ist vom BAG bisweilen ohne exakten Inhalt fortgeschleppt worden. Der Große Senat des BAG hat aber die freie Wahl der Kampfmittel schon vor der Integration des Arbeitskampfrechts in Art. 9 Abs. 3 GG von Beginn an nur in den Grenzen des legitimen Arbeitskampfs akzeptiert.[62] Die Zulässigkeit begrenzt die Kampfmittelfreiheit. Diese bestimmt traditionell nicht umgekehrt die Zulässigkeit. Diese Tradition hat auch die Erstreckung des Schutzbereichs auf sämtliche koalitionsspezifischen Mittel nicht geändert. Der Arbeitskampf ist nämlich nur ein Mittel zum Zweck. Seine grundsätzliche Gewährleistung durch Art. 9 Abs. 3 GG ergibt sich lediglich aus der Notwendigkeit für eine funktionierende Tarifautonomie. Deren Sicherung bedarf, um ein Tarifziel zu erreichen, von vornherein nicht der Zulässigkeit beliebiger Kampfmittel. Schon daraus folgt, dass nur die für die Durchsetzung des Tarifvertrags *erforderlichen* Kampfmittel zulässig sind. Weiterhin ist auch die in den Urteilen nirgends begründete Einschätzungsprärogative der Gewerkschaft nicht tragbar, die die gerichtliche Kontrolle auf *offensichtlich nicht erforderliche* Kampfmittel reduziert. Darin liegt im Vergleich mit dem Beschluss des BVerfG vom 14.11.1995 weit mehr als eine großzügigere Beurteilung der Erforderlichkeit. Das BAG vollzieht damit eine Erweiterung der gewerkschaftlichen Kampfmittel, die der Beeinträchtigung von Gegenrechten praktisch keine Grenze zieht und auf eine Abwägung nahezu verzichtet. Auf diese Weise wird bei einer Koalitionsbetätigung ausgerechnet der schärfste Eingriff in fremde Rechtspositionen minderen Maßstäben unterworfen. Das BAG errichtet auch mit der immerhin noch akzeptierten Angemessenheitsprüfung keine nennenswerte Grenze. Es macht im Flash mob Urteil – über den Hinweis auf ein ungefähres Gleichgewicht hinaus – vielmehr klar, dass es die Grenze des Kampfmittels grundsätzlich erst im Rechtsmissbrauch erblickt.[63] Eine derartige Verdrängung der grundrechtlich geschützten Gegenrechte ist weder dem ausgestaltenden Gesetzgeber erlaubt noch dem Richter.

Das Grundgesetz schreibt dem Gesetzgeber zwar nicht mit Verfassungsrang vor, wie die gegensätzlichen Grundrechtspositionen im Einzelnen abzugrenzen sind,[64] aber es erlaubt auch nicht, die grundrechtlich geschützten Gegenpositionen gänzlich zu negieren. Der Gesetzgeber darf die Rahmenbedingungen des Arbeitskampfs allenfalls aus Gründen des Gemeinwohls

[61] Vgl. näher *Konzen*, FS 50 Jahre BAG, 2004, S. 515 f.
[62] BAG (GS) AP Nr. 1 zu Art. 9 GG Arbeitskampf, Bl. 8 R.
[63] BAG NZA 2009, 1347 Rn. 41.
[64] BVerfGE 92, 365, 394.

oder wegen einer Paritätsstörung ändern.[65] Erst recht ist die Gewerkschaft nicht mittels einer Einschätzungsprärogative Richter in eigener Sache. Das BVerfG bezeichnet es zwar als den Tarifparteien selbst überlassen, ihre Kampfmittel veränderten Umständen anzupassen.[66] Den Kontext dafür bildet aber der Hinweis, dass das Grundgesetz keine Optimierung der Kampfbedingungen verlangt. Die Anpassung bedeutet daher nicht, dass eine Tarifpartei ihre Kampfbedingungen auf Kosten des Kontrahenten selbst optimieren darf. Die Einschätzungsprärogative der Gewerkschaft ist daher nicht akzeptabel. Kampfmittel sind nach wie vor nur rechtmäßig, wenn sie zur Sicherung der Tarifautonomie erforderlich sind.

Das ist für die verfassungsrechtliche Beurteilung der Flash mob-Aktion und für das Schicksal der Verfassungsbeschwerde gegen das Urteil vom 22.9.2009 bedeutsam. Die Voraussetzung für die Zulässigkeit dieses Kampfmittels ist, auch wenn es streikbegleitend angewendet wird, bereits unabhängig von der Beteiligung Gewerkschaftsfremder die Erforderlichkeit der Aktion. Damit befasst sich der 1. Senat nicht. Er prüft nicht, ob die Gewerkschaft ihre Ziele allein durch den Streik erreicht hätte und ob der Streik durch einen massenhaften Streikeinsatz von Leiharbeitnehmern unterlaufen worden ist. Das Urteil beruht darauf, dass im Anschluss an die Einschätzungsprärogative der Parteienstreit darüber für irrelevant gehalten wird. Darin liegt nicht nur eine fehlerhafte Ausgestaltung der Kampfmittel auf der Ebene des einfachen Rechts, sondern eine verfassungsrechtlich verwehrte Verkürzung der grundrechtlich geschützten Rechte der Arbeitgeber und zugleich ihres Verbandes. Das Urteil des 1. Senats ist schon wegen seiner Grundlegung und des Verzichts auf die gebotene Erforderlichkeitsprüfung *verfassungswidrig.* Unabhängig davon ist die Erforderlichkeit der Flash mob-Aktion noch näher zu untersuchen.

b) Erforderlichkeit der einzelnen Kampfmittel

Bei der Erforderlichkeit der einzelnen Kampfmittel ist wie bei der Koalitionsfreiheit insgesamt und speziell bei der geschützten Koalitionsbetätigung vor allem an der historischen Entwicklung anzuknüpfen. Aus dieser folgt als wichtigster Koalitionszweck die Sicherung der Tarifautonomie. Das dominante Koalitionsmittel der Arbeitnehmer zu deren Sicherung ist historisch und aktuell der gewerkschaftliche Streik. Er ist, wie dargelegt, typischerweise erforderlich. Das BAG hat unter der Prämisse von Streik und Abwehraussperrung die Vermutung einer Parität *im Tarifgebiet* aufgestellt.[67] Die Vermutung spricht bereits gegen die prinzipielle Zulässigkeit des Unterstützungsstreiks.[68]

[65] BVerfGE 92, 365, 394.
[66] BVerfGE 92, 365, 394.
[67] BAG AP Nr. 64 zu Art. 9 GG Arbeitskampf, Bl. 15; dazu *Konzen*, SAE 2008, 1, 2, 6.
[68] Näher *Konzen*, SAE 2008, 1, 6–8.

Dass der 1. Senat des BAG dies seit dem Urteil vom 19.6.2007 anders sieht, liegt allein an der oben kritisierten Grundlegung mit Hilfe der Kampfmittelfreiheit und der Einschätzungsprärogative.

Der paritätsgerechte Interessenaustrag im Tarifgebiet, den bereits der gewerkschaftliche Streik und die Abwehraussperrung gegenüber Teil- und Schwerpunktstreiks ermöglichen, führt zur Anschlussfrage, ob auf Grund des Art. 9 Abs. 3 GG auch andere gewerkschaftliche Kampfmittel anzuerkennen sind. Zu denken ist neben der Flash mob-Aktion wegen der Ähnlichkeit der Wirkungen an Betriebsbesetzungen und Blockaden, die den Betriebsablauf weitergehend nicht nur erschweren, sondern im realisierten Umfang ganz verhindern, sowie an den Boykott, mit dem Dritte vor allem zu einer Liefer- oder Kundensperre aufgerufen werden. Die Anerkennung dieser Kampfmittel scheitert weder daran, dass die Kampfmittel von vornherein *begrifflich* auf die Vorenthaltung von Lohn und Arbeit reduziert sind, noch daran, dass die traditionelle Praxis des Streiks andere Kampfmittel ganz ausschlösse. Entscheidend ist vielmehr der Vergleich der Kampfwirkungen. Bei Betriebsstörungen, Blockaden und auch bei Flash mob-Aktionen erleiden die Teilnehmer durch Kampfmaßnahmen als solche keine Vermögensnachteile. Die Vermögenseinbuße geht auch für die bereits im Streik befindlichen Arbeitnehmer nicht über den Lohnverlust hinaus, der durch die suspendierende Wirkung des Streiks eintritt. Auch der Verrufer hat beim Boykott keinen unmittelbaren Vermögensnachteil. Demgegenüber erleidet der bekämpfte Arbeitgeber durch die zusätzlichen Kampfaktionen regelmäßig einen weiteren Schaden, beim Flash mob beispielsweise dadurch, dass die belästigten Kunden der Handelskette ihre Kaufabsicht aufgeben und die Filiale verlassen. Betriebsbesetzungen und Blockaden, bei erfolgreichem Verruf auch der Boykott, verschärfen weiterhin die Wirkung, indem sie über die suspendierende Wirkung des Streiks hinaus den Betriebsablauf ganz verhindern, den auch die Flash mob-Aktion erheblich behindert. Diese Einwirkungen erfolgen jeweils ohne eine realisierbare Gegenwehr des Arbeitgebers. Das BAG, das beim Boykott auf die Tradition verweist, aber abschließende Ausführungen zur Rechtmäßigkeit vermeidet,[69] verweist den Boykottierten lediglich auf die Möglichkeit, den Boykott durchzustehen.[70] Im Flash mob-Urteil wird neben der bereits eingangs erwähnten, ganz dubiosen suspendierenden Betriebsstilllegung[71] nicht weniger anzweifelbar auf das Hausrecht des Arbeitgebers[72] verwiesen, obwohl der 1. Senat doch die Flash mob-Aktion für rechtmäßig hält. Die Gegenwehr des Arbeitgebers bildet ohnehin nur eine Facette der Beurteilung. Wichtiger ist vorab ganz generell die Einhaltung des Paritätsgrundsatzes. Wenn der Streik und die Abwehraussperrung

[69] BAG AP Nr. 6 zu § 1 TVG Form, Bl. 3 R.
[70] BAG AP Nr. 6 zu § 1 TVG Form, Bl. 3 R.
[71] Näher unter V. 2. b).
[72] Näher unter V. 2. a).

grundsätzlich die Parität im Tarifgebiet wahren, so sind weitere Kampfmaßnahmen, bei denen die kampfführende Gewerkschaft und ihre Mitglieder und erst recht beteiligte Dritte keinen Nachteil erleiden, aber den Arbeitgeber zusätzlich schädigen, eine Paritätsstörung; dies auch dann, wenn die Erweiterung des Arbeitskampfs durch Gegenmittel bekämpft werden kann.

Aus diesem Grund werden Betriebsstörungen[73] und Blockaden[74] weithin als *grundsätzlich* rechtswidrig angesehen. Beim Boykott, bei dem die „Zuzugssperre", mit der Arbeitswillige in zulässigem Umfang durch Streikposten zur Streikbeteiligung überredet und kampfbedingte Neueinstellungen erschwert werden, zum Streik gerechnet wird,[75] sind Liefer- und Kundensperren, besonders wenn der Verruf auf die Verleitung zum Vertragsbruch gerichtet ist,[76] gleichfalls rechtswidrig. Auch er ist grundsätzlich nicht erforderlich.[77] Ob und unter welchen Umständen diese Kampfmittel ausnahmsweise erforderlich sein können, kann an dieser Stelle dahinstehen. Ein Indiz kann jedenfalls einem Urteil des BAG aus dem Jahr 1988 entnommen werden, nach dem eine Betriebsblockade ein zulässiges Kampfmittel sein *kann*, wenn der Streik „aufgrund technologischer Entwicklungen leerläuft".[78] Darin liegt zugleich ein Modell für die Beurteilung einer Flash mob-Aktion. Allenfalls wenn der Streik aus solchen Gründen leer läuft, ist die Rechtmäßigkeit der Aktion überhaupt erwägenswert. Auch dann bleibt das Recht des Arbeitgebers zur Gegenwehr bedeutsam.

c) Erforderlichkeit und Flash mob-Aktion

Ver.di hat im Verlauf des Rechtsstreits die Behauptung des klagenden Handelsverbandes Berlin-Brandenburg bestritten, der Streik habe bereits ohne die Flash mob-Aktionen Wirkung gezeigt, und eingewendet, die Arbeitgeber hätten den Streik massiv durch Aushilfskräfte – Leiharbeitnehmer und Fremdfirmen – unterlaufen.[79] Für den Erfolg des Streiks kommt es nicht allein auf einzelne Filialen der Handelsketten an, sondern beispielsweise auf einen Streik in Zentrallagern. Im Übrigen ist der Streikerfolg nicht von der Rechtsordnung zu garantieren. Das BAG hat bislang nicht ohne Grund einschränkend darauf verwiesen, dass ein anderes Kampfmittel nur

[73] BAG AP Nr. 59 zu Art 9 GG Arbeitskampf, Bl. 3; *Kissel*, Arbeitskampfrecht, 2002, § 61 Rn. 62 ff.; *Otto* (Fn. 41), § 4 Rn. 9 f.

[74] BAG AP Nr. 109 (Bl. 4), Nr. 111 (Bl. 6 R) jeweils zu Art. 9 GG Arbeitskampf, *Kissel* (Fn. 73), § 61 Rn. 102; *Otto* (Fn. 41), § 4 Rn. 5.

[75] Vgl. bereits BAG AP Nr. 34 zu Art. 9 GG Arbeitskampf, Bl. 1 R, 2; *Konzen,* FS Molitor, 1988, S. 181, 191, 204, *Otto* (Fn. 41), § 11 Rn. 29.

[76] Vgl. näher *Otto* (Fn. 41), § 11 Rn. 27 f.

[77] Näher *Konzen* FS Molitor, 1988, S. 181, 203.

[78] BAG AP Nr. 111 zu Art. 9 GG Arbeitskampf, Bl. 6 R; vgl. auch *Konzen,* FS Molitor, 1988, S. 181, 203.

[79] BAG NZA 2009, 1347 Rn. 5, 6.

zulässig sein kann, wenn der Streik „aufgrund technologischer Entwicklungen" leerläuft.[80] Das Beispiel steht für Fälle, in denen ein Streik aus rechtlichen oder strukturellen faktischen Gründen überhaupt keinen Tarifvertrag durchsetzen kann. Ein weiteres Beispiel bildet das Streikverbot auf hoher See.[81] Der Staat garantiert den Koalitionen den Bestand und die Betätigung nur *gegenüber staatlichen Eingriffen* in die Koalitionsfreiheit, aber nicht für den Erfolg des Arbeitskampfs. Das BVerfG betont dazu ausdrücklich, der Gesetzgeber sei nicht verpflichtet, Disparitäten auszugleichen, die nicht strukturell bedingt seien, sondern auf der inneren Schwäche einer Koalition beruhen. Deren Organisationsgrad und ihre Fähigkeit zur Anwerbung und Mobilisierung von Mitgliedern lägen außerhalb der Verantwortung des Gesetzgebers. Er sei nicht gehalten, schwachen Verbänden Durchsetzungsfähigkeit bei Tarifverträgen zu verschaffen.[82] Dieselbe Grenze trifft auch die Fachgerichte, denen mit Rücksicht auf die verfassungsrechtlich geschützten Gegenrechte eine dahingehende Ausgestaltung der Koalitionsbetätigung verwehrt ist. Diese Grenze war auch bei der Flash mob-Aktion einschlägig. Ver.di hat nicht vorgetragen, im Einzelhandel gäbe es praktisch nur Leiharbeitnehmer, sondern deren Einsatz beim Streik gerügt. Es kommt auf die Stammarbeitnehmer des Einzelhandels an, deren Organisation ver.di obliegt. Wenn der Streik wirklich allein nicht erfolgreich war, so hätte dies an der Schwäche von ver.di gelegen, die in deren Verantwortungsbereich läge und vom Staat nicht zu kompensieren ist. Noch einmal: Eine Schwäche von Arbeitgeberverbänden, die eine Aussperrung nicht durchsetzen können, hat den Staat auch nicht zu interessieren. Die Flash mob-Aktion durfte daher keinen Ersatz für eine möglicherweise unzureichende Streikorganisation bilden. Sie war schon deshalb *nicht erforderlich*.

Demgegenüber ist ein Einsatz von Aushilfskräften einschließlich der Fremdvergabe von Arbeiten auch bei rechtmäßigen Kampfaktionen der Gewerkschaft rechtlich unbedenklich. Das hat auch das BAG unterstrichen.[83] Bei der Unbedenklichkeit mag mitschwingen, dass die Aushilfe einen zusätzlichen organisatorischen Aufwand und weitere Kosten verursacht[84] und daher praktisch nicht allzu gewichtig sein dürfte. Deshalb ist ergänzend zu fragen, ob der Einsatz von Leiharbeitnehmern, bei denen der bestreikte Arbeitgeber möglicherweise von dem deutlich günstigeren Lohnniveau der Zeitarbeitsbranche profitieren kann, in gleicher Weise unbedenklich ist. Das niedrigere Lohnniveau resultiert aus der Reform des AÜG seit dem Jahre 2003. § 3 Abs. 1 Nr. 3 S. 1 HS 2 AÜG regelt zwar im Grundsatz, dass Leih-

80 Vgl. Fn. 78.
81 *Konzen*, FS Molitor, 1988, S. 181, 201–205.
82 BVerfGE 92, 365, 396.
83 BAG AP Nr. 147 zu Art. 9 GG Arbeitskampf, Bl. 4.
84 *Otto*/Stiegel, Anm. AP Nr. 155 zu Art. 9 GG Arbeitskampf, Bl. 5 R.

arbeitnehmern im Wesentlichen dieselben Arbeitsbedingungen zu gewähren sind wie vergleichbaren Arbeitnehmern des Entleiherbetriebs („equal pay, equal treatment"), aber die abweichende Regelung durch Tarifverträge und – für nicht tarifgebundene Arbeitnehmer und Arbeitgeber (Verleiher) – sogar die Bezugnahme des Arbeitsvertrags auf solche Tarifverträge (§ 3 Abs. 1, Nr. 3, S. 3, 4, § 9 Nr. 2 a.E. AÜG) durchbricht diesen Grundsatz in der Praxis total. Dadurch sind nämlich in der Zeitarbeitsbranche, die bislang noch nicht zu den durch allgemeinverbindliche Tarifverträge nach § 4 AEntG geschützten Branchen gehört, in der Realität angesichts der geringen Mitgliederbasis der Gewerkschaften trotz einer eigens gegründeten Tarifgemeinschaft im DGB sowie zudem unter der Konkurrenz christlicher Gewerkschaften Tariflöhne entstanden, die drastisch unter den Vergleichslöhnen beim Entleiher liegen.[85] Dennoch ist ein kompensierbares Ungleichgewicht beim Arbeitskampf durch die Einstellung solcher Aushilfskräfte nicht zu konstatieren. Die „massenhafte" Einstellung, die ver.di behauptet hat, scheitert in der Praxis schon daran, dass die Leiharbeitnehmer insgesamt keinen allzu hohen Anteil der Beschäftigten ausmachen[86] und die Zeitarbeitsunternehmen sie schon aus ökonomischen Gründen nicht für Arbeitskämpfe vorhalten können. Nicht zufällig denkt man für diesen Fall über die konzerninterne Arbeitnehmerüberlassung nach. Außerdem ist die tarifliche Lohngestaltung, die dem Leiharbeitnehmer trotz eines Leistungsverweigerungsrechts nach § 11 Abs. 5 S. 1 AÜG verbleibt,[87] und dem bestreikten Entleiher immerhin mittelbar zusätzliche Kosten verursacht, die Folge des geringeren Organisationsgrads in der Zeitarbeitsbranche, auf den sich gerade ver.di als zuständige Dienstleistungsgewerkschaft nicht berufen darf. Es ist im Übrigen nicht auszuschließen, dass die Flash mob-Aktionen – gerade wegen der Zielrichtung des Aufrufs auf die Leiharbeitnehmer – auch ein politisches Instrument zur Durchsetzung von Mindestlöhnen in der Zeitarbeitsbranche waren, vor allem durch Aufnahme in den Katalog des § 4 AEntG. Die Flash mob-Aktion war jedenfalls nicht erforderlich. Auf die Beteiligung Dritter an dieser Aktion kommt es dabei nicht an.

IV. Flash mob-Aktion und Beteiligung Dritter

Allerdings ist umgekehrt denkbar, dass schon allein die Beteiligung Dritter an der die Aktion rechtswidrig ist. Dann muss zumindest die Gewerkschaft für das von ihr verursachte Verhalten einstehen. Der 1. Senat des BAG sieht das anders. Er meint, der Schutzbereich des Art. 9 Abs. 3 GG werde nicht dadurch versperrt, dass nicht ausgeschlossen werden könne, dass sich auch

[85] *Brors/Schüren*, BB 2004, 2745; *Schüren*, RdA 2007, 231, 232; neuerdings besteht für die Zeitarbeitsbranche ein Mindestlohntarif, § 4 AEntG ist aber noch nicht erweitert.
[86] Vgl. dazu *Schüren*, RdA 2007, 231, 232.
[87] *Schüren* in: Schüren/Hamann, AÜG, 4. Aufl. 2010, § 11 Rn. 125.

Dritte beteiligen.[88] Das ist eine gewisse Verharmlosung, da Dritte ausdrücklich zum „Einkaufen“ eingeladen worden sind. Für das BAG ist jedenfalls die Erkennbarkeit als gewerkschaftlich organisierte Maßnahme ausreichend.[89] Dahinter steckt eine keineswegs selbstverständliche Vorstellung vom Doppelgrundrecht des Art. 9 Abs. 3 GG, die der 1. Senat auf Nichtmitglieder der Gewerkschaft erweitert. Das Doppelgrundrecht, bei dem regelmäßig nicht sorgsam zwischen der Koalitionsbetätigung der Koalition selbst und ihrer Mitglieder unterschieden wird, kann für die Handlungen von Nichtmitgliedern allenfalls als Basis dienen, wenn man bei einer Koalitionsbetätigung den primären Gegenstand des Art. 9 Abs. 3 GG in der *kollektiven Koalitionsgarantie* sieht, aus der z.B. das Recht zur Teilnahme des Koalitionsmitglieds am Arbeitskampf abgeleitet wird.[90] Das BVerfG hat sich dieses Verständnis, das im Schrifttum prominent vertreten wird,[91] bisher nicht zu eigen gemacht, sondern nur formuliert, die Koalitionsfreiheit stehe nicht nur den Koalitionsmitgliedern, sondern auch der Koalition selbst zu.[92] Die Gegenposition zur kollektiven Koalitionsgarantie, die *Scholz* entwickelt hat, geht auch bei Art. 9 Abs. 3 GG unter Betonung des Freiheitsrechts von einem individuellen Grundrechtsverständnis aus und erblickt in der Betätigung der Koalition selbst eine Geltendmachung durch die Mitglieder in ihrer gruppenmäßigen Verbundenheit.[93] Auch wenn man die Vorstellung einer verfassungsrechtlichen Absicherung durch Art. 19 Abs. 3 GG nicht teilt,[94] ist dieses schon früher unterstützte[95] individuelle Grundrechtsverständnis im Ansatz vorzuziehen.

In jedem Fall ist die Koalitionsbetätigung des Art. 9 Abs. 3 GG von der Koalition *und ihren Mitgliedern* geprägt. Die kollektive Koalitionsfreiheit ist daher keine geeignete Basis für eine „gewillkürte Kampfgruppe“ der Gewerkschaft unter Beteiligung von Nichtmitgliedern. Die gängige Außenseiterbeteiligung an Streiks und Aussperrungen im Tarifgebiet ist demgegenüber kein geeignetes Gegenargument. Sie beruht jedenfalls nicht auf dem Vorrang der kollektiven Koalitionsbetätigung, sondern auf der weithin anerkannten Kampfgemeinschaft der Betroffenen bei Streiks und Aussperrungen. Die Teilnahme Dritter an einer Flash mob-Aktion ist daher von der zulässigen Koalitionsbetätigung nach Art. 9 Abs. 3 GG nicht gedeckt. Die Handlungen Dritter sind daher rechtswidrig. Soweit sie von der Gewerkschaft organisiert sind, muss diese für das widerrechtliche Verhalten einstehen.

88 BAG NZA 2009, 1347 Rn. 35.
89 BAG NZA 2009, 1347 Rn. 54
90 Vgl. dazu *Otto* (Fn. 41), § 4 Rn. 36
91 *Gamillscheg* (Fn. 36), S. 183; *Säcker* (Fn. 32), S. 34.
92 BVerfGE 4, 96, 101; 17, 319, 333; 19, 303, 312; 28, 295, 304.
93 *Scholz*, Die Koalitionsfreiheit als Verfassungsproblem, 1971, S. 121 ff., 150 ff., 193, 283 ff.
94 Vgl. *Otto* (Fn. 41), § 4 Rn. 41 ff.
95 *Konzen* AcP 177 (1977), 473, 495; weit. Nachw. bei *Gamillscheg* (Fn. 36), S. 183.

V. Parität und Flash mob-Aktion

1. Parität und Verhältnismäßigkeitsgrundsatz

Das Flash mob-Urteil unterstellt die Ausgestaltung der Kampfmittel immerhin noch dem Verhältnismäßigkeitsgrundsatz und betont, dass der Arbeitgeber, der auf sein Hausrecht gegen die Teilnehmer der Aktion und auf die suspendierende Betriebsstilllegung verwiesen wird, nicht wehrlos sei. Die Gegenwehr betrifft freilich systematisch die *Parität* der beiderseitigen Kampfmaßnahmen. In der Tat hebt das Urteil mit Rücksicht auf die Funktionsfähigkeit der Tarifautonomie als Ausgestaltungsziel ein ungefähres Gleichgewicht hervor, möchte allerdings wegen dessen Abstraktionshöhe auf den Verhältnismäßigkeitsgrundsatz zurückgreifen.[96] Daran ist bemerkenswert, dass der 1. Senat die gewerkschaftliche Flash mob-Aktion in einem begrenzten Umfang einer Paritätskontrolle unterstellt, nachdem er früher beim Streik im Tarifgebiet lediglich die Kampfmittel der Arbeitgeber, für die es ersichtlich auch künftig keine Kampfmittelfreiheit und keine Einschätzungsprärogative geben wird, am Paritätsgrundsatz gemessen hatte.[97]

Trotz des Hinweises auf die Gegenwehr sind freilich die Paritätsüberlegungen auch bei der Flash mob-Aktion nur begrenzt, da der 1. Senat der Gewerkschaft auf der Grundlage der Kampfmittelfreiheit eine Einschätzungsprärogative zubilligt. Daher fragt das Urteil vom 22.9.2009 nicht systemgerecht nach der Erforderlichkeit des zusätzlichen Kampfmittels. Dann nämlich hätte sich ergeben, dass dieses Kampfmittel nicht erforderlich ist und die Suche nach einem kompensierenden Gegenmittel entbehrlich gewesen wäre. Im Übrigen sind, wie abschließend zu zeigen ist, sowohl das Hausrecht als auch die suspendierende Betriebsstelllegung rechtlich problematisch und im vorliegenden Fall auch praktisch nicht tauglich.

2. Flash mob, Hausrecht und Betriebsstilllegung

a) Hausrecht

Das Hausrecht, das auf dem Grundstückseigentum oder -besitz beruht, gestattet seinem Inhaber grundsätzlich frei zu entscheiden, wem er den Zutritt gestattet. Er kann prinzipiell nach seinem Belieben Hausverbote aussprechen, auch wenn er ein Geschäft mit Publikumsverkehr betreibt und den Käufern generell die Anwesenheit erlaubt. Das ist im Flash mob-Urteil[98] ebenso erkannt wie die Anschlussfrage, *ob* dies auch für die Teilnehmer der Flash mob-Aktionen gilt, die jedenfalls nach Ansicht des 1. Senats eine von

[96] BAG NZA 2009, 1347 Rn. 39, 41.
[97] Näher *Konzen*, SAE 2008, 1, 8.
[98] BAG NZA 2009, 1347 Rn. 57.

Art. 9 Abs. 3 GG geschützte Koalitionsbetätigung ausüben. Der 1. Senat hält das Hausrecht auch in diesem Fall für vorrangig und meint, der Arbeitgeber müsse Betriebsablaufstörungen im Arbeitskampf nicht dulden.[99] Das erstaunt, da der klagende Verband mit seiner Unterlassungsklage abgewiesen worden ist, die Aktion also rechtmäßig war. Es ist zwar richtig, dass das Hausrecht nicht nur bei rechtswidrigen Handlungen ausgeübt werden darf. Aber es wäre neu, dass es eine durch das Koalitionsrecht geschützte Rechtsausübung im Betrieb, beispielsweise die gewerkschaftliche Werbung während der Arbeitszeit verhindern dürfte, die auch eine – graduell schwächere – Störung des Betriebsablaufs darstellt. Der Senat müsste an dieser Stelle zumindest in der Begründung nachlegen. Die Tauglichkeit des Hausrechts scheitert jedoch bereits an der ungesicherten Durchsetzbarkeit. Es wäre lebensfremd, in der aufgeheizten Situation auf ein gütliches Zureden zu vertrauen, und auch nicht realistisch, nach einer gerichtlichen Billigung dieses Kampfmittels während des kurzzeitigen Einsatzes künftig auf eine staatliche Hilfe zur Beendigung der Aktion zu hoffen. Es ist überdies auch faktisch nicht erkennbar, wie der Arbeitgeber in der zeitlich begrenzten Aktion deutlich zwischen Kampfbeteiligten und Kunden unterscheiden soll.

b) Suspendierende Betriebsstilllegung

Noch überraschender ist der Rückgriff auf die rechtlich zweifelhafte und praktisch bislang belanglose suspendierende Betriebsstilllegung, die der 1. Senat des BAG mit Urteil vom 22.3.1994 „entdeckt",[100] bald darauf verschiedentlich erläutert[101] und danach nur noch sporadisch erwähnt hat.[102] Das Urteil vom 22.9.2009 hält diese Betriebsstilllegung nunmehr für eine geeignete Gegenwehr des Arbeitgebers gegen Flash mob-Aktionen. Sie sei gegenüber einer Aussperrung erleichtert und ist, so ist hinzuzufügen, nicht von den Voraussetzungen des Lohnfortfalls nach der Arbeitskampfrisikolehre abhängig. Der Kern liegt als Reaktion auf einen Streik in der Suspendierung der Lohnzahlungspflicht an die arbeitswilligen Arbeitnehmer. Allerdings soll sich die Suspendierungswirkung, wie auch das Flash mob-Urteil hervorhebt,[103] an den zeitlichen, räumlichen und gegenständlichen[104] Rahmen des gewerkschaftlichen Streikbeschlusses halten. Außerhalb dieses Rahmens kann zwar faktisch eine Betriebsschließung erfolgen. Aber dann liegt ein Annahmeverzug vor, sofern nicht die Arbeitskampfrisikolehre eingreift. Die suspendierende Betriebsstilllegung kann daher allenfalls den Streikbrechern,

[99] BAG NZA 2009, 1347 Rn. 58.
[100] BAG AP Nr. 130 zu Art. 9 GG Arbeitskampf.
[101] BAG AP Nr. 137–139 zu Art. 9 GG Arbeitskampf.
[102] BAG AP Nr. 147 (Bl. 2), Nr. 154 (Bl. 2) jeweils zu Art. 9 GG Arbeitskampf.
[103] BAG NZA 2009, 1347 Rn. 60.
[104] Näher BAG AP Nr. 147 zu Art. 9 GG Arbeitskampf, Bl. 2 R.

namentlich den Außenseitern den Arbeitslohn nehmen und dadurch der Gewerkschaft zu einer perfekten „Befolgung" des Streikbeschlusses verhelfen. Der 1. Senat verkennt das nicht, meint aber, der Arbeitgeber könne damit die Flash mob-Aktion als solche beenden.[105] Er übergeht damit erneut die entscheidende Frage nach dem Rechtsgrund für den Eingriff in die Vertragsrechte der arbeitswilligen Arbeitnehmer. Insofern ist schon früher dargelegt worden, dass Art. 9 Abs. 3 GG als einzige mögliche Grundlage für ein derartiges *Gegenrecht des Arbeitgebers* nicht eingreift, da diese Stilllegung keinen Druck auf die Gewerkschaft ausübt, sondern im Gegenteil deren Interesse entspricht.[106] Die suspendierende Betriebsstilllegung ist bereits aus rechtlichen Gründen abzulehnen.

Sie ist zudem auch praktisch zur Abwehr von Flash mob-Aktionen nicht geeignet. Der Arbeitgeber kann kein Interesse daran haben, dass er seine arbeitswilligen Arbeitnehmer ohne Lohnzahlung[107] vertreibt und den kaufwilligen Kunden den Einkauf verweigert. Er würde sich dadurch über die gewerkschaftliche Aktion hinaus schädigen und die Gewerkschaft zur Wiederholung der Aktion einladen. Die Betriebsschließung nutzt ihm auch nach Abschluss der gewerkschaftlichen Aktion nichts. Zwar hat das BAG einem Arbeitgeber einmal den Ausfall einer Schicht zugestanden, wenn in dieser Zeit ein Streik geplant war. Aber selbst dann sollte auch die Suspendierungswirkung auf die beschlossene Streikzeit begrenzt sein.[108] Außerdem ist die Kampfmaßnahme mit dem Ende der Flash mob-Aktion abgeschlossen, und das Interesse des Arbeitgebers ist allein darauf gerichtet, das Personal mit der Beseitigung der Unordnung zu beschäftigen, natürlich nicht ohne Bezahlung.

Dem Arbeitgeber steht folglich gegen Flash mob-Aktionen kein geeignetes Gegenmittel zu. Bei diesen Aktionen ist das ungefähre Gleichgewicht, das jedenfalls im Ansatz noch dem aktuellen Urteil vorschwebt, nicht gewahrt. Die Flash mob-Aktion ist auch aus diesem Grund rechtswidrig.

VI. Ergebnisse

1. Flash mob-Aktionen im Arbeitskampf sind rechtswidrig.
   a) Die Gewerkschaft hat im Arbeitskampf weder eine freie Kampfmittelwahl, noch steht ihr eine Einschätzungsprärogative zu, die ihr nur offensichtlich nicht erforderliche Kampfmittel nicht erlaubt.

105 BAG NZA 2009, 1347 Rn. 61.

106 *Konzen* Anm. AP Nr. 139 zu Art. 9 GG Arbeitskampf, Bl. 7, 9.

107 Leiharbeitnehmer behalten ohnehin ihren Lohnanspruch gegen den Verleiher, eventuell unter Zuweisung einer anderen Arbeit.

108 BAG AP Nr. 137 zu Art. 9 GG Arbeitskampf, Bl. 3 R, 4.

b) Der gegenteilige Standpunkt des Flash mob-Urteils verkennt den Zusammenhang des von Art. 9 Abs. 3 GG gewährleisteten Schutzbereichs des koalitionsspezifischen Verhaltens mit den beeinträchtigten Gegenrechten. Das führt zur Verfassungswidrigkeit des Urteils.

c) Flash mob-Aktionen sind auch nicht im konkreten Fall erforderlich. Die Rechtsordnung garantiert den Koalitionen keinen Kampferfolg. Sie gleicht aktuelle Nachteile nicht schlechthin durch die Erweiterung von Kampfmitteln aus. Die Abwehr eines Streiks durch die Beschäftigung von Aushilfskräften, auch von Leiharbeitnehmern, ist zulässig.

2. Die Beteiligung Dritter an einer Flash mob-Aktion ist durch Art. 9 Abs. 3 GG nicht gedeckt.
3. Flash mob-Aktionen verstoßen gegen den Paritätsgrundsatz.
4. Das Hausrecht des Arbeitgebers und die suspendierende Betriebsstilllegung sind keine geeigneten Gegenmittel gegen Flash mob-Aktionen.

Vertragsstrafen in der arbeitsrechtlichen Klauselkontrolle

Rüdiger Krause

I. Einführung

Keine gesetzgeberische Maßnahme hat die Gestalt des Arbeitsvertragsrechts in den letzten Jahren so sehr verändert wie die Streichung der Bereichsausnahme für Arbeitsverträge aus der AGB-Kontrolle durch das Schuldrechtsmodernisierungsgesetz von 2001. Wie nicht anders zu erwarten war, hat die Rechtsprechung in den ersten Jahren nach der Reform in einer Reihe von Grundsatzentscheidungen die generelle Zulässigkeit oder Unzulässigkeit typischer formulararbeitsvertraglicher Klauseln geklärt bzw. deren prinzipielle Grenzen abgesteckt und befindet sich seitdem in einer Phase einer zunehmenden Konkretisierung der von ihr aufgestellten Grundregeln.[1] Eine solche Entwicklung hin zu einer immer feiner ausziselierten Kasuistik entspricht den Erfahrungen, die mit dem allgemeinen AGB-Recht auf der Grundlage des AGBG von 1976 gemacht wurden. Sie ist in einem Rechtsgebiet auch kaum vermeidbar, das zum einen durch einen schier unaufhörlichen Strom neuartiger Klauseln als Gegenstand richterlicher Erkenntnis geprägt wird und in dem zum anderen die Rechtsfindung nur in einem eingeschränkten Maße durch gesetzliche Vorgaben präzise gesteuert wird, sondern das an zentralen Punkten unbestimmte Rechtsbegriffe enthält („ungewöhnlich", „unangemessen", „nicht klar und verständlich"), die den Gerichten einen vergleichsweise großen Freiraum bei der Beurteilung der einzelnen Fälle verschaffen. Der Umfang des Entscheidungsmaterials gepaart mit der hohen praktischen Relevanz der von der Rechtsprechung aufgestellten Grundsätze bringt es mit sich, dass sich die Diskussion vielfach auf Einzelfragen und konkrete Klauselformulierungen verlagert. Demgemäß beschränkt sich der Beitrag des Schrifttums vor diesem Hintergrund nicht selten auf eine Systematisierung sowie eine ergebnisorientierte Zustimmung oder Ablehnung der sich stets weiter auffächernden Judikatur.

Dieter Reuter hat sich mit seinen Ausführungen zur AGB-Kontrolle im Arbeitsrecht diesen scheinbaren Zwängen von vornherein entzogen und ist

[1] Umfassende Bestandsaufnahmen bei *Preis/Roloff*, ZfA 2007, 43 ff.; *Stoffels*, ZfA 2009, 861 ff.

stattdessen der eigentlichen Aufgabe von Rechtswissenschaft nachgegangen, nämlich konzeptionelle Grundlagen zu erarbeiten, die es ihm erlauben, auf die mannigfachen rechtlichen Einzelerscheinungen ein kohärentes Licht zu werfen und sie in ein sinnhaftes Ganzes einzubetten. Ein solches Vorgehen ist umso wichtiger, als die Rechtsprechung gerade im AGB-Recht aufgrund der Masse des Entscheidungsstoffs Gefahr läuft, sich in ein „autopoietisches System" zu verwandeln, das die Rückanbindung an rechtsdogmatische Fundamente aus den Augen verliert.[2] In inhaltlicher Hinsicht nimmt es kein Wunder, dass der Jubilar für die auf die Kontrolle von Allgemeinen Arbeitsbedingungen (AAB) anzulegenden Maßstäbe auf seine schon seit langem vertretene[3] und vor kurzem noch einmal eindringlich begründete[4] Grundvorstellung zurückgreift, nach der das betriebliche Arbeitsverhältnis nicht lediglich ein bilaterales Austauschverhältnis, sondern ein multilaterales Kooperationsverhältnis ist, das in einen Betriebsverband eingebettet ist und einen mitgliedschaftlichen Charakter aufweist.[5] Dabei geht der Jubilar auch auf das Phänomen der Vertragsstrafe ein, das sich sowohl wegen seiner erheblichen praktischen Bedeutung als auch aufgrund der mittlerweile recht umfangreichen Judikatur des BAG zu dieser Thematik als Gegenstand einer Untersuchung mit dem Ziel anbietet, die Reichweite dieser Konzeption auszuloten.

II. Grundsätzliche Zulässigkeit von Vertragsstrafen

Die wichtigste Einzelaussage des BAG findet sich gleich in der ersten einschlägigen höchstrichterlichen Entscheidung zum neuen Recht und besteht in der Feststellung, dass vorformulierte Vertragsstrafen in AAB selbst dann nicht am Klauselverbot des § 309 Nr. 6 BGB scheitern, wenn sie sich auf den Fall der vorzeitigen Lösung vom Vertrag beziehen, also vom Wortlaut der Norm an sich erfasst werden.[6] Das BAG hat damit von Anfang an allen Ansätzen eine Absage erteilt, die unter Berufung auf diese Vorschrift klauselartigen Strafabreden im Arbeitsrecht als Sanktion für Vertragsbruch[7] oder sogar generell[8] den Garaus machen wollten. Diese Grundaussage ist vom BAG

[2] Zum grds. Verhältnis von Arbeitsrechtsprechung und Arbeitsrechtswissenschaft erhellend *Dieterich*, RdA 1995, 321 ff.; *Zöllner*, ZfA 1990, 337 ff.; zum „Hang zur Kasuistik" prägnant auch *Zöllner*, AcP 188 (1988), 85, 87 f.

[3] So bereits in: RdA 1991, 193, 196 f., und ZfA 1993, 221, 226 ff.

[4] In: FS Kreutz (2010), S. 359, 362 ff.

[5] In: FS 50 Jahre BAG (2004), S. 177, 183 ff.

[6] BAG v. 4.3.2004 – 8 AZR 196/03 – AP BGB § 309 Nr. 3.

[7] *Birnbaum*, NZA 2003, 944, 946 ff.; *Däubler*, NZA 2001, 1329, 1336; *Reinecke*, DB 2002, 583, 585 f.

[8] *von Koppenfels*, NZA 2002, 598, 599 ff.

mittlerweile so häufig wiederholt worden,[9] dass dem hiergegen immer noch vereinzelt anzutreffenden literarischen Widerstand[10] keine praktische Bedeutung mehr zukommt. Zur Begründung der Überwindung des Wortlauts von § 309 Nr. 6 BGB stützt sich das BAG bekanntlich auf den Ausschluss der Zwangsvollstreckung des Anspruchs auf die Arbeitsleistung gemäß § 888 Abs. 3 ZPO.[11] Diese Vorschrift, die in der Zeit vor der Schuldrechtsreform nur insoweit eine Rolle spielte, als sie teilweise als Argument für die *generelle Unzulässigkeit* von Vertragsstrafen im Arbeitsrecht in Stellung gebracht wurde,[12] ist nunmehr zum Kronzeugen für die *generelle Zulässigkeit* von Vertragsstrafen avanciert, den das BAG über „die im Arbeitsrecht geltenden Besonderheiten" im Sinne von § 310 Abs. 4 S. 2 BGB ins Spiel bringt.[13] Der ausschlaggebende Akzent liegt für die Rechtsprechung damit auf dem „enforcement": Weil die Rechtsordnung dem Arbeitgeber den unmittelbaren Zugriff auf die Arbeitsleistung des Arbeitnehmers durch Einsatz staatlicher Zwangsmittel *heteronom* versagt und zudem die präventive Wirkung einer Schadensersatzdrohung[14] aus faktischen Gründen vielfach leerläuft, gestattet sie dem Arbeitgeber, *autonom* eine Vorkehrung in Form einer Konventionalstrafe zu etablieren, um sein Interesse an der Arbeitsleistung mittelbar zu stabilisieren. In der Tat ist nicht zu erkennen, warum der hinter dem Vollstreckungsverbot des § 888 Abs. 3 ZPO stehende Gedanke des Persönlichkeitsschutzes[15] es gebieten soll, dass ein Arbeitnehmer faktisch in die Lage versetzt wird, seinen Arbeitsvertrag vorsätzlich zu brechen, ohne weitere Sanktionen als den schlichten Entgeltverlust ernsthaft befürchten zu müssen.[16]

[9] Vgl. BAG v. 18.8.2005 – 8 AZR 65/05 – AP BGB § 336 Nr. 1; BAG v. 14.8.2007 – 8 AZR 973/06 – AP BGB § 307 Nr. 28; BAG v. 18.12.2008 – 8 AZR 81/08 – AP BGB § 309 Nr. 4; BAG v. 28.5.2009 – 8 AZR 896/07 – NZA 2009, 1337.

[10] DDBD/*Däubler*, AGB-Kontrolle im Arbeitsrecht, 2. Aufl. (2008), § 309 Nr. 6 BGB Rn. 6 ff.; *Lakies*, AGB im Arbeitsrecht (2006), Rn. 828.

[11] Soweit es um Vertragsstrafen zur Sanktionierung anderer Pflichtverletzungen als den Vertragsbruch geht, hat das BAG die Anwendung von § 309 Nr. 6 BGB bereits am Normtext scheitern lassen; vgl. BAG v. 21.4.2005 – 8 AZR 425/04 – AP BGB § 307 Nr. 3; BAG v. 18.8.2005 – 8 AZR 65/05 – AP BGB § 336 Nr. 1. Für Konventionalstrafen zur Sicherung nachvertraglicher Wettbewerbsverbote folgt die grundsätzliche Zulässigkeit bereits aus § 75c HGB.

[12] Vgl. *Krauß*, AuR 1975, 152; *Langheid*, DB 1980, 1219 f.; *Lindacher*, Phänomenologie der ‚Vertragsstrafe' (1972), S. 73 ff.; dagegen aber BAG v. 23.5.1984 – 4 AZR 129/82 – AP BGB § 339 Nr. 9.

[13] Zu dieser Argumentation krit. Staudinger/*Rieble*, BGB (2009), § 339 Rn. 85; ebenso bereits *Thüsing*, NZA 1992, 591, 592.

[14] Dazu umfassend *Wagner*, AcP 206 (2006), 352 ff. (zum Haftungsrecht insbesondere 451 ff.).

[15] Siehe nur Stein/Jonas/*Brehm*, ZPO, 22. Aufl. (2004), § 888 Rn. 41; MünchKomm-ZPO/*Gruber*, 3. Aufl. (2007), § 888 Rn. 22.

[16] So bereits *Schwerdtner*, FS Hilger/Stumpf (1981), S. 631, 650 ff.

Auch der Jubilar hat sich für die generelle Zulässigkeit von Vertragsstrafen ausgesprochen, dies aber nicht auf vollstreckungsrechtliche Überlegungen, sondern auf die Eingliederung der Arbeitsleistung des Arbeitnehmers in einen betriebsorganisatorischen Zusammenhang gestützt, die es dem Arbeitgeber schwer mache, den Nachweis zu erbringen, ob und wie sich der Ausfall des vertragsbrüchigen Arbeitnehmers auf das Gesamtergebnis auswirke.[17] Darüber hinaus hat er unter Berufung auf die Judikatur des BGH zur Unanwendbarkeit des AGB-Rechts auf verbandliche Regelwerke (Normenwerke sozial-organisatorischer Natur)[18] dessen Geeignetheit als Maßstab für die Kontrolle von AAB ganz grundsätzlich in Zweifel gezogen. Denn AAB würden solchen Ordnungen, die mitgliedschaftliche Beziehungen regeln, erheblich näher stehen als den Leistungsaustauschbeziehungen, die das AGB-Recht erfassen will.[19]

Würde man mit dem Jubilar eine verbandsrechtliche Qualität des betriebsbezogenen Arbeitsverhältnisses annehmen, handelte es sich hierbei fraglos um eine im Arbeits*recht* geltende und nicht nur um eine faktische Besonderheit,[20] die einerseits im Dienstvertragsrecht mangels einer vergleichbaren Einbettung der Tätigkeit eines freien Dienstnehmers in eine betriebliche Organisation des Dienstgebers keine Entsprechung findet und die andererseits im allgemeinen Verbandsrecht[21] offenbar keine Rolle spielt. Die verbandsrechtliche Konzeption ließe sich noch weiterentwickeln und um den Gedanken der Notwendigkeit der Einhaltung einer gewissen Disziplin der Verbandsmitglieder ergänzen. Da zumindest bestimmte Verhaltensweisen des Arbeitnehmers nicht nur die Interessen des Arbeitgebers, sondern auch und in manchen Fällen sogar vornehmlich die Interessen der Arbeitskollegen berühren, besteht insoweit ein Bedürfnis, die Achtung bestimmter Grundregeln im Interesse aller zu gewährleisten. So wird der Vertragsbruch eines Arbeitnehmers vor allem in größeren Unternehmen nicht selten am stärksten die im selben Team tätigen Mitarbeiter und weniger den Abteilungsleiter oder gar die Geschäftsführung belasten. Dies gilt vor allem dann, wenn Teile der Entlohnung von der Erreichung bestimmter Gruppenziele abhängen und

[17] In: FS 50 Jahre BAG (2004), S. 177, 191.

[18] BGH v. 28.11.1994 – II ZR 11/94 – BGHZ 128, 93, 102.

[19] In: FS 50 Jahre BAG (2004), S. 177, 185.

[20] Hierauf stellt DDBD/*Däubler*, AGB-Kontrolle im Arbeitsrecht, 2. Aufl. (2008), § 309 Nr. 6 BGB Rn. 10, in seiner Kritik am BAG ab. Das BAG hat mittlerweile allerdings auch tatsächliche Besonderheiten des Arbeitsverhältnisses als berücksichtigungsfähig anerkannt; vgl. BAG v. 25.5.2004 – 5 AZR 572/04 – AP BGB § 310 Nr. 1; BAG v. 1.3.2006 – 5 AZR 363/05 – AP BGB § 308 Nr. 3; BAG v. 11.4.2006 – 9 AZR 557/05 – AP BGB § 307 Nr. 17.

[21] Parallelfall wäre der auf der Grundlage eines Gesellschaftsvertrages mitarbeitende Gesellschafter, der seine Mitarbeitspflicht von heute auf morgen beendet, ohne hierzu berechtigt zu sein. Zu den insoweit vorhandenen rechtlichen Grundformen vgl. *Krause*, Mitarbeit in Unternehmen (2002), S. 48 ff.

der abrupte Ausstieg eines Arbeitnehmers dazu führt, dass die gesetzten Ziele unter Umständen nur noch unter zusätzlichen Anstrengungen der verbleibenden Mitarbeiter oder gar nicht mehr erreicht werden können. Bei einem zielvereinbarungsgestützten Vergütungssystem könnte das vertragswidrige Ausscheiden eines Teammitglieds für die Arbeitskollegen somit gegebenenfalls unerwartete Mehrarbeit oder aber Entgelteinbußen mit sich bringen.[22] Die Verwobenheit der betrieblichen Arbeitsleistungen kann daher auch unter diesem Aspekt den grundsätzlichen Einsatz eines Instruments wie die Vertragsstrafe rechtfertigen, die durch ihre präventive Wirkung zur Stabilisierung von arbeitsvertraglichen Pflichten auch im Interesse der anderen Arbeitnehmer führen soll.[23]

III. Grenzen von Vertragsstrafen

1. Formale Anforderungen: Bestimmtheitsgrundsatz

Das BAG hat sein Eintreten für eine generelle Zulässigkeit von vorformulierten Vertragsstrafen allerdings mit erheblichen Einschränkungen versehen, die es in die Angemessenheitskontrolle nach § 307 BGB integriert, durch deren Filter sich jede klauselartige Regelung hindurchzwängen muss, um rechtliche Wirkung zu entfalten. Diese Einschränkungen betreffen zunächst die Pflichtverletzung des Arbeitnehmers als Anknüpfungspunkt für die Verwirkung der Konventionalstrafe. Insoweit beruft sich das BAG auf das aus dem Transparenzgebot (§ 307 Abs. 1 S. 2 BGB) abgeleitete Bestimmtheitsgebot und verlangt, dass die auslösende Pflichtverletzung in einer hinreichend präzisen Weise umschrieben wird. Die Regelung, so heißt es, müsse erkennen lassen, welche konkreten Pflichten durch sie tatsächlich gesichert werden sollen.[24] Dabei zieht das BAG die Zügel vergleichsweise scharf an. So soll die Formulierung „schuldhaft vertragswidriges Verhalten des Arbeitnehmers, das den Arbeitgeber zur fristlosen Kündigung des Arbeitsverhältnisses

[22] An eine die drohende Einbuße kompensierende Fiktion der Zielerreichung (§ 162 BGB) oder an einen Anspruch aus Annahmeverzug (§ 615 BGB) ist regelmäßig nur zu denken, wenn der Arbeitgeber beispielsweise davon absieht, möglichst rasch eine Ersatzkraft einzustellen; vgl. MünchArbR/*Krause*, 3. Aufl. (2009), § 57 Rn. 44.

[23] Für eine Trennung von ausschließlich spezialpräventiv wirkenden Vertragsstrafen und auch generalpräventiv wirkenden korporativen Strafen aber Staudinger/*Rieble*, BGB (2009), Vorbem zu §§ 339 ff Rn. 19. Für eine strikte Abgrenzung unter Betonung der Unterscheidung von Vertrag und Satzung auch BGH v. 4.10.1956 – II ZR 121/55 – BGHZ 21, 370, 373. Führt man Vertragsstrafen und Verbandsstrafen gleichermaßen auf eine privatautonome Legitimation zurück (grdl. *Bötticher*, ZfA 1970, 1, 44 ff.; zust. Staudinger/*Rieble*, BGB (2009), § 339 Rn. 187), schwinden indes die Unterschiede.

[24] BAG v. 21.4.2005 – 8 AZR 425/04 – AP BGB § 307 Nr. 3; BAG v. 18.8.2005 – 8 AZR 65/05 – AP BGB § 336 Nr. 1.

veranlasst" nicht ausreichen.[25] Entsprechendes gilt für die Formulierung „gravierende Vertragsverstöße".[26] Anders soll dies nur dann sein, wenn durch Beispiele klargestellt wird, welche konkreten Fälle gemeint sind. Das BAG stützt sich hierbei vor allem auf die Überlegung, dass die Vertragsstrafenregelung eine Warnfunktion hat, die sie nur dann entfalten kann, wenn der Arbeitnehmer weiß, was gegebenenfalls „auf ihn zukommt" und er sein Verhalten somit darauf einrichten kann. Darüber hinaus soll der Sanktionscharakter der Konventionalstrafe aus rechtsstaatlichen Grundsätzen eine hinreichende Bestimmtheit der strafbewehrten Pflichtverletzung gebieten. Ferner hat das BAG das Bestimmtheitsgebot auch auf die Höhe der Vertragsstrafe ausgedehnt.[27] Dies führt dem Arbeitnehmer vor Augen, welche Lasten auf ihn im Falle einer Vertragsverletzung zukommen. Zugleich erleichtert die konkrete Angabe der Strafhöhe dem Arbeitnehmer freilich auch die nüchterne Kalkulation, ob sich ein Vertragsbruch, dessen Hintergrund nicht selten in einer anderen höher dotierten Stelle besteht, die er sofort antreten will, insgesamt „lohnt".

Mit dieser Sichtweise, die eine schon seit langem bestehende Rechtsprechungslinie fortschreibt,[28] weicht das BAG zwar vom generellen Vertragsstrafenrecht ab, in dem man mehrheitlich kein besonderes Bestimmtheitsgebot anerkennt,[29] stößt aber im allgemeinen AGB-Recht auf verbreitete Zustimmung[30]. Auf eine verbandsrechtliche Perspektive kann man sich hierfür allerdings kaum stützen. Insoweit geht die überwiegende Meinung nämlich davon aus, dass sowohl der Tatbestand als auch die Rechtsfolgen von Sanktionen zur Ahndung eines schädigenden Verhaltens einzelner Mitglieder etwa in einer Vereinssatzung vergleichsweise pauschal abgefasst werden können.[31]

[25] BAG v. 21.4.2005 – 8 AZR 425/04 – AP BGB § 307 Nr. 3. Keine Wiederholung der Bedenken aber in BAG v. 28.5.2009 – 8 AZR 896/07 – NZA 2009, 1337.

[26] BAG v. 18.8.2005 – 8 AZR 65/05 – AP BGB § 336 Nr. 1.

[27] BAG v. 14.8.2007 – 8 AZR 973/06 – AP BGB § 307 Nr. 28.

[28] BAG v. 18.9.1991 – 5 AZR 650/90 – AP BGB § 339 Nr. 14; BAG v. 27.4.2000 – 8 AZR 301/99 – juris.

[29] BGH v. 13.3.1975 – VII ZR 205/73 – LM BGB § 339 Nr. 19; *D. Fischer*, FS Piper (1996), S. 205, 209; Staudinger/*Rieble*, BGB (2009), Vorbem zu §§ 339 ff. Rn. 97, § 339 Rn. 32; Erman/*S. Schaub*, BGB, 12. Aufl. (2008), § 339 Rn. 2.

[30] Staudinger/*Coester-Waltjen*, BGB (2006), § 309 Nr. 6 Rn. 25; *Dammann*, in: Wolf/Lindacher/Pfeiffer, AGB-Recht, 5. Aufl. (2009), § 309 Nr. 6 Rn. 63, 97; ebenso OLG Braunschweig v. 30.11.1995 – 2 U 48/95 – NJW-RR 1996, 1316, 1317; Staudinger/*Rieble*, BGB (2009), Vorbem zu §§ 339 ff. Rn. 98, § 339 Rn. 22, 96 ff.; wohl auch MünchKommBGB/*Kieninger*, 5. Aufl. (2007), § 309 Nr. 6 Rn. 7; krit. aber *Coester*, FS Löwisch (2007), S. 57, 68: „Fehlgebrauch des § 307 Abs. 1 S. 2 BGB".

[31] Vgl. BGH v. 26.10.1961 – KZR 3/61 – BGHZ 36, 105, 113; BGH v. 20.4.1967 – II ZR 142/65 – BGHZ 47, 381, 384; *Schlosser*, Vereins- und Verbandsgerichtsbarkeit (1972), S. 58 f.; ebenso Soergel/*Hadding*, BGB, 13. Aufl. (2000), § 25 Rn. 49; *Reichert*, Vereins- und Verbandsrecht, 11. Aufl. (2007), Rn. 2709; MünchKommBGB/*Reuter*, 5. Aufl. (2006), § 25 Rn. 45; Staudinger/*Weick*, BGB (2005), § 35 Rn. 36.

Eine strengere Lesart, nach der im Interesse der Verbandsmitglieder höhere Ansprüche an die Bestimmtheit der Regeln über Sanktionen von Ordnungsverstößen zu stellen sind,[32] hat sich bislang noch nicht durchsetzen können. Für eine engere Auffassung bei Strafabreden in Formulararbeitsverträgen lässt sich aber der Gedanke von AAB als Instrumente zur gleichmäßigen Regulierung sozial-organisatorischer Rechtsbeziehungen nutzbar machen. Denn die mittels Konventionalstrafen angestrebte einheitliche Verlässlichkeit und Disziplin bei der Leistungserbringung kann nur dann herbeigeführt werden, wenn die Regelungen so klar formuliert sind, dass sie von den betroffenen Arbeitnehmern auch einheitlich verstanden und befolgt werden können.

Man hat dem BAG vorgehalten, dass es mit seiner Auffassung an die Formulierung von Vertragsstrafenabreden höhere Anforderungen stellt, als sie für den Gesetzgeber selbst gelten, der es mit dem „wichtigen Grund" für eine außerordentliche Kündigung gemäß § 626 BGB bei einem denkbar unbestimmten Rechtsbegriff hat bewenden lassen.[33] Dennoch ist es nur auf den ersten Blick ein Widerspruch, wenn der Arbeitnehmer Gefahr läuft, seinen Arbeitsplatz bei einem nicht näher spezifizierten „wichtigen Grund" zu verlieren, während eine regelmäßig sehr viel weniger gewichtigere finanzielle Einbuße in Form einer Vertragsstrafe eine vorherige konkrete Umschreibung des sanktionierten Verhaltens erfordern soll. Das Instrument der fristlosen Kündigung dient nämlich dazu, sich von einem Arbeitsverhältnis lösen zu können, dessen Fortsetzung für den Vertragspartner unzumutbar geworden ist. Angesichts der Vielgestaltigkeit der möglichen Fälle kommt eine auf umfassende Breitenwirkung angelegte gesetzliche Regelung nicht umhin, mit einem vergleichsweise unbestimmten Rechtsbegriff zu arbeiten und darauf zu vertrauen, dass die Rechtsprechung im Laufe der Zeit fallgruppenartige Konkretisierungen vornimmt. Entsprechendes gilt für die daran anknüpfende Schadensersatzpflicht gemäß § 628 Abs. 2 BGB. Bei Konventionalstrafen geht es dagegen um Lasten, die einem Vertragspartner über die gesetzlichen Folgen einer Pflichtverletzung hinaus auferlegt werden sollen. Wenn der Arbeitgeber hierfür AAB einsetzt, die Bestimmungen also nicht ausgehandelt, sondern einseitig vorgegeben werden, kann man erwarten, dass die Formulierung der Pflichtverletzungen, die zu einer zusätzlichen Sanktion führen sollen, mit besonderer Sorgfalt vorgenommen wird. Dass es durchaus möglich ist, den Anforderungen der Judikatur gerecht zu werden, lässt sich exemplarisch an einer neueren Entscheidung ablesen.[34]

[32] *H. P. Westermann*, in: Verbandsrechtsprechung und staatliche Gerichtsbarkeit (1988), S. 41, 49 ff.

[33] So *Bauer/Krieger*, SAE 2006, 11, 13.

[34] BAG v. 28.5.2009 – 8 AZR 896/07 – NZA 2009, 1337.

2. Materielle Anforderungen: Beschränkung auf besonders geartete Pflichtverletzungen?

Erheblich wichtiger als das formale Bestimmtheitsgebot, das zumindest bei aufmerksamer Beobachtung der Rechtsprechung und einer daran angepassten Rechtsberatung erfüllt werden kann, ist die Frage, ob und welche materiellen Grenzen von Vertragsstrafen bestehen. Insoweit geht es zunächst darum, ob sämtliche arbeitsvertraglichen Pflichten oder nur bestimmte Verhaltensgebote mit einer Strafbewehrung versehen werden dürfen. In seiner älteren Judikatur hatte das BAG die Vereinbarung einer Konventionalstrafe auch für die Einhaltung von Nebenpflichten ohne weiteres zugelassen, sofern dies nur hinreichend deutlich geregelt war.[35] In einem späteren Urteil sind immerhin Zweifel daran geäußert worden, ob an dieser Sichtweise festgehalten werden soll.[36] In einer Entscheidung zum neuen Recht heißt es nunmehr, dass der Ausgleich der Interessen zwischen Arbeitgeber und Arbeitnehmer bei einem schuldhaften vertragswidrigen Verhalten, das den Arbeitgeber zur fristlosen Kündigung veranlasse, in erster Linie gerade durch die Befugnis zur außerordentlichen Kündigung herbeigeführt werde.[37] Eine darüber hinausgehende Bestrafung des Arbeitnehmers sei nur durch die Verletzung weiterer schutzwürdiger Interessen des Arbeitgebers gerechtfertigt. Für eine Vertragsstrafe, die jedes schuldhafte vertragswidrige Verhalten des Arbeitnehmers genügen lässt, das den Arbeitgeber zur fristlosen Kündigung veranlasse, fehle es an einem berechtigten Interesse des Arbeitgebers. Eine solche Abrede ziele nämlich auf die Absicherung aller vertraglichen Pflichten und entfalte damit eine unangemessene „Übersicherung". Dies liegt tendenziell auf der Linie einer Strömung im Schrifttum, nach der arbeitsvertragliche vorformulierte Konventionalstrafen nur dann zulässig sein sollen, wenn es um die Absicherung von Pflichten geht, bei deren Verletzung es regelmäßig zu nicht unerheblichen Schäden kommen kann, die vom Arbeitgeber typischerweise nur schwer nachgewiesen werden können.[38] Teilweise wird dies sogar ausdrücklich auf die Fälle des Arbeitsvertragsbruchs (Nichtantritt bzw. vorzeitige unberechtigte Beendigung der Arbeit), des Verstoßes gegen ein Wettbewerbsverbot sowie der Verrats von Betriebs- und Geschäftsgeheimnissen begrenzt.[39] In diesem Sinne hatten sich auch die Vorschläge der letzten Jahrzehnte für eine gesetzliche Regelung des Arbeitsverhältnisses geäußert, seien

[35] BAG v. 4.9.1964 – 5 AZR 511/63 – AP BGB § 339 Nr. 3.

[36] BAG v. 5.2.1986 – 5 AZR 564/84 – AP BGB § 339 Nr. 12; ebenso LAG Berlin v. 22.5.1997 – 1 Sa 4/97 – NZA-RR 1998, 53, 56; tendenziell einschränkend auch *Söllner*, AuR 1981, 97, 104.

[37] BAG v. 21.4.2005 – 8 AZR 425/04 – AP BGB § 307 Nr. 3.

[38] *Stoffels*, in: Wolf/Lindacher/Pfeiffer, AGB-Recht, 5. Aufl. (2009), Anhang zu § 310 BGB Rn. 178; *ders.*, AGB-Recht, 2. Aufl. (2009), Rn. 915.

[39] *Schwerdtner*, FS Hilger/Stumpf (1983), S. 631, 656.

es der Diskussionsentwurf für ein Arbeitsvertragsgesetz des Arbeitskreises Deutsche Rechtseinheit im Arbeitsrecht von 1992 (§ 101),[40] die Entwürfe des Freistaates Sachsen von 1995 (§101)[41] und des Landes Brandenburg von 1996 (§ 101)[42] sowie – für AAB – zuletzt der Diskussionsentwurf eines Arbeitsvertragsgesetzes der Kölner Professoren *Henssler* und *Preis* von 2007 (§ 90)[43].

Das französische Arbeitsrecht urteilt ähnlich streng. So werden Vertragsstrafen im Wesentlichen nur zum Schutz gegen Vertragsbruch[44] sowie gegen die Missachtung von Vertraulichkeitsklauseln[45] und Wettbewerbsverboten[46] anerkannt. Beim Bruch eines befristeten Arbeitsvertrages ist gemäß Art. L. 1243-3 Code du travail sogar lediglich der vom Arbeitgeber tatsächlich erlittene Schaden ersatzfähig. Bei disziplinarischen Verfehlungen schließt Art. L. 1331-2 Code du travail Geldstrafen grundsätzlich aus, wobei der Bereich des Disziplinarrechts[47] mit seinen speziellen Sicherungen zulasten des Vertragsrechts offenbar vergleichsweise weit verstanden wird[48].

Gegen die vom BAG entwickelte Vorstellung, eine Strafklausel könne eine unangemessene „Übersicherung" sein, zieht *Rieble* zu Felde.[49] Nach seiner Meinung darf die Frage, welche Pflicht für den Arbeitgeber so wichtig ist, dass er sie mit einer Strafbewehrung versieht, grundsätzlich keiner gerichtlichen Kontrolle unterzogen werden. Hintergrund dieser Ansicht ist die Befürchtung, auf diesem Wege einer allgemeinen Anwendung des Verhältnismäßigkeitsgrundsatzes bei der AGB-Kontrolle von Vertragsstrafen systemwidrig den Weg zu bahnen, was insbesondere im Arbeitsrecht nicht akzeptabel sei. Tatsächlich ist die Heranziehung des Verhältnismäßigkeitsgrundsatzes, auf den der Topos der „Übersicherung" zurückgeht, keine arbeitsrechtliche Sonderentwicklung, sondern gehört zu den tradierten Argumenta-

[40] Gutachten D zum 59. Deutschen Juristentag 1992.

[41] BR-Drucksache 293/95 v. 23.5.1995.

[42] BR-Drucksache 671/96 v. 12.9.1996.

[43] NZA Beilage 1/2007 (zu Heft 21/2007).

[44] *Corrignan-Carsin*, Répertoire de droit du travail, Contrat de travail à durée déterminée (2008), Rn. 406 f.

[45] *Aubrée*, Répertoire de droit du travail, Contrat de travail (Clauses particulières) (2006), Rn. 97.

[46] Cour de cassation (Chambre sociale) v. 25.11.1970, Bull. civ. V, N° 651; CA Paris v. 26.9.1986, D. 1987, somm. 269; *Pélissier/Supiot/Jeammaud*, Droit du travail, 24. Aufl. (2008), Rn. 282; *Picot/Robinne*, Répertoire de droit du travail, Concurrence (Obligation de non-concurrence) (2009), Rn. 104.

[47] Dazu umfassend *Engler*, Disziplinierung und Kündigung im deutschen und französischen Arbeitsrecht (2008).

[48] Cour de cassation (Chambre sociale) v. 20.2.1991 und v. 17.4.1991, Droit social 1991, 474 f. Großzügiger zugunsten von clauses pénales auf der Grundlage einer strikten Unterscheidung zwischen droit disciplinaire und droit contractuel aber *Mazeaud*, Droit social 1994, 343, 350 f.

[49] In: Staudinger, BGB (2009), § 339 Rn. 92.

tionsmustern im Rahmen der allgemeinen AGB-rechtlichen Inhaltskontrolle.[50] Es kann daher nicht um die grundsätzliche Geltung dieses Prinzips, sondern nur um dessen sachgerechte Handhabung gehen. In diesem Rahmen ist nun in der Tat der von *Rieble* herausgestellte Gedanke in Rechnung zu stellen, dass die Konventionalstrafe nicht ausschließlich der besseren Schadloshaltung bei schwer nachweisbaren Schäden dient, sondern auch die Vertragstreue gewährleisten will. Daher wäre es problematisch, wenn man dem Arbeitgeber von vornherein versagen würde, bestimmte Pflichten abzusichern, auf deren Einhaltung er beispielsweise zur Wahrung des unternehmerischen Goodwill dringend angewiesen ist, auch wenn ihn eine Berechnung des materiellen Schadens im Falle einer Pflichtverletzung möglicherweise nicht vor unüberwindliche Schwierigkeiten stellen würde. Allerdings muss man das BAG nicht zwingend in dem Sinne verstehen, dass es sich einer solchen Auffassung verschließt. Vielmehr erlaubt die Formel, dass es auf ein berechtigtes Interesse des Arbeitgebers an einer Vertragsstrafe ankommen soll, eine hinreichend flexible Anwendung der AGB-rechtlichen Inhaltskontrolle. Unterbunden werden soll im Ausgangspunkt nämlich nur, dass der Arbeitgeber den Arbeitnehmer in ein lückenloses Netz von Strafen einhüllt, indem er in seinen AAB sämtliche vertraglichen Pflichten mit einer Strafandrohung versieht bzw. – um dem Bestimmtheitsgebot Genüge zu tun – wahllos alle erdenklichen Pflichten einzeln auflistet, an deren Verletzung eine Sanktion geknüpft werden soll. Da es sich bei AAB nicht um eine von beiden Seiten umfassend konsentierte autonome Vertragsgestaltung handelt,[51] sondern um die einseitige Ausnutzung von Vertragsgestaltungsmacht,[52] ist es nicht nur zulässig, sondern vielmehr geboten, bei der vom Gesetz ausdrücklich vorgeschriebenen Kontrolle auf das Vorliegen einer unangemessenen Benachteilung auch darauf zu achten, welche Reaktionsmöglichkeiten auf eine Pflichtverletzung des Arbeitnehmers dem Arbeitgeber bereits von Gesetzes wegen zustehen, weil dieser Faktor für das Vorhandensein eines anerkennenswerten Interesses eine Rolle spielt, das wiederum nach der Grundwertung des AGB-Rechts für die Zulässigkeit einer formularmäßigen Vertragsstrafe maßgebend sein soll[53]. Zudem wird es dem Sinn der Konventionalstrafe, das Verhalten des Schuldners zu beeinflussen, nicht gerecht, wenn

[50] Siehe nur Staudinger/*Coester*, BGB (2006), § 307 Rn. 98; *Fastrich*, Richterliche Inhaltskontrolle im Privatrecht (1992), S. 317; *Fuchs*, in: Ulmer/Brandner/Hensen, AGB-Recht, 10. Aufl. (2006), § 307 Rn. 97, 105 f.; *Wolf*, in: Wolf/Lindacher/Pfeiffer, AGB-Recht, 5. Aufl. (2009), § 307 Rn. 158. Ebenso Art. 3 Abs. 1 der Klauselrichtlinie 93/13/EWG: „Missverhältnis".

[51] In diese Richtung aber Staudinger/*Rieble*, BGB (2009), § 339 Rn. 92.

[52] Statt aller *Ulmer*, in: Ulmer/Brandner/Hensen, AGB-Recht, 10. Aufl. (2006), Einl. Rn. 48.

[53] Vgl. BT-Drucksache 7/3919 v. 6.8.1975, S. 30.

das gesamte vertragliche Pflichtenprogramm ungezielt unter eine Strafandrohung gestellt wird.[54] Im Übrigen sollte die Einseitigkeit von Vertragsstrafen im Arbeitsverhältnis nicht gänzlich aus dem Blickfeld geraten. Soweit ersichtlich kommt es in der Praxis nicht zu einzelvertraglichen Strafabreden zu Lasten des Arbeitgebers, für die man vor allem dann streiten müsste, wenn man das Prinzip der Vertragstreue hochhält.

Vor diesem Hintergrund bereiten Strafabreden von vornherein keine Probleme, mit denen solche Pflichten abgesichert werden sollen, deren Verletzung typischerweise zu Vermögensschäden für den Arbeitgeber führen, deren Bezifferung ihm aber regelmäßig erhebliche Probleme bereitet. Dies betrifft im Wesentlichen die bereits erwähnten Fallgruppen des Vertragsbruchs einschließlich der vorübergehenden Arbeitsverweigerung[55] sowie der Verletzung von Verschwiegenheitspflichten oder Wettbewerbsbeschränkungen. Diese Gestaltungen zeichnen sich zudem regelmäßig dadurch aus, dass der Arbeitnehmer bewusst aus Eigennutz handelt. Darüber hinaus spricht nichts dagegen, dass der Arbeitgeber gezielt weitere Vertragspflichten herausgreifen darf, wenn er dartun kann, dass er an ihrer Einhaltung ein gesteigertes Interesse hat (z.B. pünktliches Erscheinen bei für den Fortbestand des Unternehmens wichtigen Kunden). Vor allem aber sollte die Rechtsprechung die präventive Absicherung solcher Pflichten durch eine Vertragsstrafe gestatten, deren Verletzung primär gegen die Interessen der Arbeitskollegen gerichtet ist. Beispielhaft seien Verstöße gegen Diskriminierungsverbote genannt, die gemäß § 7 Abs. 3 AGG als arbeitsvertragliche Pflichtverletzungen qualifiziert werden, faktisch aber ausschließlich das Diskriminierungsopfer (zumeist Arbeitskollegen oder Untergebene) schädigen. Es liegt nahe, diesen Gedanken zu verallgemeinern und auf – klar definierte – Verstöße gegen die betriebliche Ordnung auszudehnen, durch die in massiver Weise die Interessen der anderen Mitarbeiter beeinträchtigt werden (z.B. vorsätzliche Verstöße gegen Arbeitsschutzvorschriften, die zu erheblichen Gefährdungen für Leib und Leben von Arbeitnehmern führen). Funktional würden solche Vertragsstrafen damit an die Stelle einer Betriebsbußenordnung treten, in der nach allgemeiner Ansicht bei Verstößen gegen die betriebliche Ordnung ebenfalls Geldbußen vorgesehen werden können, die sich freilich in vergleichweise niedrigen Größenordnungen zu bewegen haben.[56] Ungeachtet der Frage, ob § 87 Abs. 1 Nr. 1 BetrVG überhaupt eine hinreichende Grundlage für eine eigenständige Betriebsstrafgewalt enthält,[57] ist nicht ein-

[54] So auch Staudinger/*Rieble*, BGB (2009), § 339 Rn. 96.

[55] Insoweit offenbar auch BAG v. 28.5.2009 – 8 AZR 896/07 – NZA 2009, 1337, 1340.

[56] Vgl. *Fitting*, BetrVG, 25. Aufl. (2010), § 87 Rn. 88; DKKW/*Klebe*, BetrVG, 12. Aufl. (2010), § 87 Rn. 57; *Richardi*, BetrVG, 12. Aufl. (2010), § 87 Rn. 239: Tagesverdienst; grds. gegen jegliche Geldbußen aber nunmehr *Wiese*, FS Richardi (2007), S. 817, 834 ff.

[57] Zur Diskussion umfassend GK-BetrVG/*Wiese*, 9. Aufl. (2010), § 87 Rn. 235 ff.

zusehen, warum Arbeitnehmer in betriebsratslosen Betrieben in einem geringeren Maße als in Betrieben mit einem Betriebsrat vor schwerwiegenden Gefährdungen ihrer physischen und psychischen Integrität durch ihre Kollegen geschützt werden sollten. Konventionalstrafen können mithin auch als Instrument zur Einhaltung der betrieblichen Ordnung eingesetzt werden.[58] Demnach lässt sich insoweit ebenfalls der Gedanke der betrieblichen Verbundenheit der Arbeitnehmer nutzbar machen, um für die Frage nach dem Vorliegen eines berechtigten Interesses für eine Vertragsstrafe festen Grund unter den Füßen zu gewinnen. Bei alledem ist selbstverständlich darauf zu achten, dass die Grundsätze über die beschränkte Arbeitnehmerhaftung[59] nicht ausgehöhlt werden.[60] Dies bedeutet im Ergebnis, dass Vertragsstrafen nur an solche schuldhaften Pflichtverletzungen geknüpft werden dürfen, die zu einer unbeschränkten Haftung führen.

3. *Materielle Anforderungen: Höhe der Vertragsstrafe*

Der zweite maßgebliche Aspekt im Rahmen der Angemessenheitskontrolle ist die Höhe der vereinbarten Vertragsstrafe. Das BAG hat von der zuweilen geforderten Festlegung einer generellen Höchstgrenze, etwa von einem Monatsgehalt,[61] ausdrücklich abgesehen.[62] Eine solche Obergrenze würde zwar der Rechtssicherheit dienen. Wie das BAG zu Recht ausführt, lässt die Struktur des rechtlichen Prüfungsmaßstabes der Angemessenheit, die auf eine – wenn auch typisierende – Abwägung der konkret berührten Interessen hinausläuft, eine pauschale Lösung aber nicht zu. Als wesentliche Parameter für die Ermittlung der Angemessenheit nennt das BAG neben dem Gegenstand, der dem Vertragsstrafeversprechen zu Grunde liegt, auch den Umstand, ob es sich um einen Arbeitnehmer handelt, der aufgrund seines Einkommens Rücklagen bilden kann. Bemerkenswerterweise wird darüber hinaus § 310 Abs. 3 Nr. 3 BGB herangezogen, der die Berücksichtigung der den Vertragsschluss begleitenden Umstände vorschreibt. Da die Anwendbarkeit dieser Norm die Verbrauchereigenschaft des Arbeitnehmers voraussetzt, zeigt sich hieran, dass die Qualifikation des Arbeitnehmers als Verbraucher ihm keineswegs immer nur zum Vorteil gereichen muss, sondern es durchaus dazu kommen kann, dass eine prima facie unwirksame

[58] Ebenso *Richardi*, BetrVG, 12. Aufl. (2010), § 87 Rn. 222.

[59] Dazu nur HWK/*Krause*, 4. Aufl. (2010), § 619a BGB Rn. 20 ff.

[60] Staudinger/*Rieble*, BGB (2009), § 339 Rn. 132; *Schwerdtner*, FS Hilger/Stumpf (1981), S. 631, 644; *Söllner*, AuR 1981, 97, 104.

[61] So LAG Brandenburg v. 14.6.2007 – 18 Sa 506/07 – Juris. Ebenso § 90 Abs. 2 des Diskussionsentwurfs eines Arbeitsvertragsgesetzes der Kölner Professoren *Henssler* und *Preis* von 2007, NZA Beilage 1/2007 (zu Heft 21/2007).

[62] BAG v. 25.9.2008 – 8 AZR 717/07 – AP BGB § 307 Nr. 39.

Regelung aufgrund der Umstände des Vertragsschlusses letztlich doch noch wirksam ist.

Auch wenn die Rechtsprechung einer starren Höchstgrenze für Konventionalstrafen somit eine Absage erteilt hat, sind gleichwohl doch recht wirksame Schranken aufgestellt worden. Dabei greift das BAG wiederum auf den Topos der „Übersicherung" zurück, der somit nicht nur für die Frage, welche Pflicht überhaupt sicherungsfähig ist, sondern auch und gerade für die Höhe der Vertragsstrafe eine entscheidende Rolle spielt.[63] Die Rechtsprechung gewinnt diese aus einer teleologischen Betrachtung der Strafabrede, die „bifunktional" den Schuldner zur Einhaltung seiner Pflichten anhalten und dem Gläubiger im Verletzungsfall eine erleichterte Schadloshaltung ermöglichen soll, die aber sinnwidrig eingesetzt wird, wenn sie in erster Linie der Schöpfung neuer, vom Sachinteresse des Verwenders losgelöster Geldforderungen dient. Das BAG stellt sich damit in die Tradition der zivilgerichtlichen Rechtsprechung des BGH, der schon seit langem eine solche Grenze für klauselartige Vertragsstrafen verficht[64] und damit auf breite Zustimmung im AGB-rechtlichen Schrifttum stößt[65]. Im Übrigen zeigt auch die Klauselrichtlinie 93/13/EWG, dass unverhältnismäßig hohe Konventionalstrafen europaweit jedenfalls im Verhältnis zwischen Unternehmer und Verbraucher als eine missbilligenswerte Ausnutzung der Vertragsgestaltungsfreiheit angesehen werden.[66] Arbeitsrechtliche Besonderheiten, die eine generell abweichende Betrachtungsweise nahelegen würden, sind nicht ersichtlich. Freilich wird man wieder zu überlegen haben, ob im Einzelfall auch verbandsrechtliche Überlegungen in die Interessenabwägung einzubeziehen sind. So spricht einiges dafür, dass der Arbeitgeber bei einem besonders intensiven Angewiesensein der Arbeitskollegen auf ein Teammitglied berechtigt ist, gleichsam die kollektiven Interessen an einer Einhaltung der arbeitsvertraglichen Pflichten mit in die Waagschale werfen, um die Höhe einer Vertragsstrafe zu rechtfertigen. Das BAG hat zwar ausgesprochen, dass es keine Rolle spielen soll, wenn die verwirkte Strafe einem Förderverein zugute kommt.[67] Allerdings sollten die eingehenden Gelder im konkreten Fall zugunsten der Schüler einer Schule und nicht zugunsten der anderen Arbeitnehmer verwendet werden.

[63] BAG v. 18.8.2005 – 8 AZR 65/05 – AP BGB § 336 Nr. 1, BAG v. 25.9.2008 – 8 AZR 717/07 – AP BGB § 307 Nr. 39; BAG v. 18.12.2008 – 8 AZR 81/08 – AP BGB § 309 Nr. 4.

[64] Grdl. BGH v. 18.11.1982 – VII ZR 305/81 – BGHZ 85, 305, 313 f.; ferner etwa BGH v. 23.1.2003 – VII ZR 210/01 – BGHZ 153, 311, 324.

[65] Staudinger/*Coester-Waltjen*, BGB (2006), § 309 Nr. 6 Rn. 24; *Dammann*, in: Wolf/Lindacher/Pfeiffer, AGB-Recht, 5. Aufl. (2009), § 309 Nr. 6 Rn. 71 f.; *Hensen*, in: Ulmer/Brandner/Hensen, AGB-Recht, 10. Aufl. (2006), § 309 Nr. 6 Rn. 13 f.

[66] Anhang Nr. 1 lit. e RL 93/13/EWG. Dazu *Pfeiffer*, in: Grabitz/Hilf, Das Recht der Europäischen Union, Band IV, A 5 (1999), Anhang Rn. 45 ff.; *Wolf*, in: Wolf/Lindacher/Pfeiffer, AGB-Recht, 5. Aufl. (2009), RL Anhang Rn. 71 ff.

[67] BAG v. 25.9.2008 – 8 AZR 717/07 – AP BGB § 307 Nr. 39.

Eine Einbeziehung kollektiver Interessen kommt allerdings nur unter zwei Voraussetzungen in Betracht: Erstens muss die strafbewehrte Pflicht so geartet sein, dass ihre Verletzung typischerweise auch die Interessen der Arbeitskollegen tangiert, indem sie ihnen zusätzliche Lasten aufbürdet oder sonstige Nachteile bereitet. Dies wird bei einem Arbeitsvertragsbruch etwa dann der Fall sein, wenn die ausfallende Arbeit faktisch automatisch mit übernommen wird, nicht aber, wenn es um eine Einzeltätigkeit geht, die schlicht und einfach liegenbleibt. Zweitens bedarf es einer Regelung, durch die gewährleistet ist, dass die Vertragsstrafe zumindest zu einem erheblichen Teil den Arbeitskollegen zugute kommt, also etwa automatisch in eine Erschwerniszulage mündet. Der Sinn der verbandlichen Sichtweise besteht in diesem Zusammenhang darin, einen Gleichlauf von Lasten und Vorteilen hinsichtlich der Arbeitskollegen als Verbandsmitglieder zu bewerkstelligen, nicht aber dem Arbeitgeber finanzielle Sondervorteile zu verschaffen. Sofern diese Voraussetzungen nicht vorliegen, kann der Arbeitgeber mit der Konventionalstrafe selbstverständlich noch seine eigenen Interessen verfolgen, bleibt insoweit aber auf seine Stellung als bipolarer Austauschpartner beschränkt.

Soweit es um die konkrete Höhe der Vertragsstrafe geht, hat das BAG für den Fall des Vertragsbruchs das in der Kündigungsfrist anfallende Arbeitsentgelt als grundsätzlich maßgeblichen Faktor eingestuft.[68] Dies führt dazu, dass für die Probezeit regelmäßig nur ein halbes Monatsgehalt,[69] für die Zeit danach ein volles Monatsgehalt[70] vereinbart werden kann.[71] Bei wirksam vereinbarten längeren Kündigungsfristen sowie bei befristeten Arbeitsverhältnissen ohne die Möglichkeit vorzeitiger Kündigung sind auch höhere Beträge denkbar. Sechs Monatsgehälter sind aber auch bei einem gesuchten Spezialisten als absolute Höchstgrenze anzusehen.[72] Im Regelfall dürften bei entsprechend bestandsgeschützten Arbeitsverhältnissen drei Monatsgehälter ausreichen, um die Interessen des Arbeitgebers an Prävention und erleichterter Schadloshaltung zu wahren, zumal die Geltendmachung eines nachweislich höheren Schadens stets offenbleibt. Für andere Fälle, insbesondere Ver-

[68] BAG v. 4.3.2004 – 8 AZR 196/03 – AP BGB § 309 Nr. 3; BAG v. 25.9.2008 – 8 AZR 717/07 – AP BGB § 307 Nr. 39; BAG v. 18.12.2008 – 8 AZR 81/08 – AP BGB § 309 Nr. 4.

[69] Vgl. § 622 Abs. 3 BGB.

[70] Vgl. § 622 Abs. 1 BGB.

[71] Staudinger/*Rieble*, BGB (2009), § 339 Rn. 130, will die hypothetische Kündigungsmöglichkeit nicht genügen lassen. Die damit statuierte Obliegenheit zu einer Kündigung durch den Arbeitnehmer stellt indes einen unnötigen Formalismus dar und führt nicht zuletzt zu Friktionen mit § 628 Abs. 2 BGB, wonach der Schadensersatzanspruch bei einer – etwa durch einen Vertragsbruch des Arbeitnehmers ausgelösten – fristlosen Eigenkündigung des Arbeitgebers unter Schutzzweckgesichtspunkten auf die Zeit bis zur ordnungsgemäßen Beendigung des Dienstverhältnisses beschränkt ist; vgl. nur ErfK/*Müller-Glöge*, 10. Aufl. (2010), § 628 BGB Rn. 23 ff. m.w.N.

[72] AA Staudinger/*Rieble*, BGB (2009), § 339 Rn. 131: zehn Monatsgehälter.

stöße gegen Verschwiegenheitspflichten und Wettbewerbsverbote, haben sich noch keine festen „Taxen" herauskristallisiert.[73] Tatsächlich sind diese Fälle auch zu disparat, um von vornherein einen einheitlichen Betrag statuieren zu können. Als Lösung bietet sich eine Rahmenregelung an, die es dem Arbeitgeber erlaubt, innerhalb einer klar definierten Höchstgrenze (z.B. bis zu drei Monatsgehältern) die konkrete Höhe der Vertragsstrafe entsprechend dem jeweiligen Gewicht des Verstoßes festzusetzen. Dem Arbeitnehmer wird auf diese Weise verdeutlicht, was höchstens „auf ihn zukommt". Das BAG hatte eine solche Vertragsgestaltung nach altem Recht gebilligt[74] und akzeptiert sie zutreffend grundsätzlich auch nach neuem Recht[75]. Ein Sonderproblem ist in diesen Fällen der Mehrfachverstoß, zu dem es gerade bei Wettbewerbsverletzungen (z.B. Abwerbung von Kunden) kommen kann. Sofern die Strafabrede hinreichend deutlich auf jede einzelne Zuwiderhandlung abstellt, sollte man dies nicht von vornherein als unangemessen qualifizieren,[76] weil jeder einzelne Verstoß zu einem erheblichen Schaden für den Arbeitgeber führen kann, dem nicht selten ein entsprechender finanzieller Vorteil für den Arbeitnehmer korrespondiert. Demgemäß hat der BGH bei der vierfachen Verletzung eines Abwerbeverbots die vierfache Verwirkung einer Konventionalstrafe gebilligt.[77] Um eine existenzbedrohende Aufsummierung zu vermeiden, ist bei einem Strafrahmen die Billigkeitskontrolle nach § 315 BGB das richtige Instrument zur Strafherabsetzung.[78] Bei einer von vornherein fest fixierten Strafe kann die konkrete Forderung gegebenenfalls gemäß § 343 BGB kontrolliert werden.[79] Bei Verstößen, die sich ausschließlich gegen die betriebliche Ordnung richten, sind dagegen von vornherein nur deutlich niedrigere Strafen zulässig.[80]

IV. Schlussbemerkungen

Mit der grundsätzlichen Anerkennung klauselartiger Vertragsstrafen auf der einen Seite und den beiden Leitgedanken „Bestimmtheitsgebot" und „Übersicherungsverbot" auf der anderen Seite hat das BAG wichtige Schnei-

[73] Aus BAG v. 14.8.2007 – 8 AZR 973/06 – AP BGB § 307 Nr. 28, kann man herauslesen, dass eine Strafe von zwei Monatsgehältern bei einer Wettbewerbsverletzung offenbar nicht generell unangemessen hoch ist.

[74] BAG v. 5.2.1986 – 5 AZR 564/84 – AP BGB § 339 Nr. 12.

[75] Vgl. BAG v. 18.8.2005 – 8 AZR 65/05 – AP BGB § 336 Nr. 1.

[76] So aber BAG v. 18.8.2005 – 8 AZR 65/05 – AP BGB § 336 Nr. 1.

[77] BGH v. 1.6.1983 – I ZR 78/81 – NJW 1984, 919, 921.

[78] Zur Anwendbarkeit von § 315 BGB vgl. BGH v. 12.7.1984 – I ZR 123/82 – NJW 1985, 191, 192.

[79] Zum Verhältnis von Wirksamkeits- und Ausübungskontrolle siehe *Wensing/Niemann*, NJW 2007, 401, 402 ff.

[80] Zumindest regelmäßig nicht mehr als ein „Tagessatz".

sen in das Recht der arbeitsrechtlichen Konventionalstrafen geschlagen und allen Unkenrufen zum Trotz ein gutes Stück Rechtssicherheit geschaffen. Bei der Konkretisierung des „Übersicherungsverbots" hat die Rechtsprechung bislang soweit ersichtlich nur die bipolare Austauschbeziehung in den Blick genommen. Unabhängig von der hier nicht zu entscheidenden Frage eines echten verbandsrechtlichen Charakters des betriebsbezogenen Arbeitsverhältnisses lassen sich zumindest im Einzelfall tatsächlich bestehende Interessen der Arbeitskollegen an der Einhaltung bestimmter arbeitsrechtlicher Pflichten nicht leugnen. Diesen Interessen durch eine geeignete Gestaltung von Vertragsstrafen Rechnung zu tragen, sollte dem Arbeitgeber nicht abgesprochen werden. Damit leistet die vom Jubilar vertretene Sichtweise einen weiterführenden Beitrag zum angemessenen Umgang mit dem Phänomen der Vertragsstrafe im Arbeitsrecht.

Betriebsautonomie als Verbandsautonomie?

PETER KREUTZ

In der mir gewidmeten Festschrift hat *Dieter Reuter* mit zunächst verblüffender Fragestellung das Thema „Gibt es Betriebsautonomie?" aufgegriffen.[1] Natürlich gibt es auch für *Dieter Reuter* Betriebsautonomie. Ihm geht es jedoch bei seiner Themenwahl um den eigentlichen Sinn der Wortzusammensetzung, die Autonomie des Betriebs. Eine solche Betriebs-Autonomie gibt es nach h.M. nicht. Danach ist die Betriebsvereinbarung Gestaltungsmittel (Gestaltungsfaktor) von Arbeitsverhältnissen. Sie kommt als privatrechtlicher Vertrag zustande, dessen Parteien Arbeitgeber und Betriebsrat sind (Vertragstheorie)[2]. Sie regelt Arbeitsbedingungen, die für die einzelnen Arbeitsverhältnisse im Betrieb unmittelbar und zwingend gelten (§ 77 Abs. 4 S. 1 BetrVG). Die gesetzliche Anordnung unmittelbarer Geltung begründet den Normencharakter der Betriebsvereinbarung; da diese Geltung nicht privatautonom erklärt werden kann, handelt es sich nicht um ein Mittel (kollektiver) Selbstbestimmung, sondern um eine Fremdbestimmungs- und Zwangsordnung.[3] Nach richtiger (aber bestrittener) Ansicht ist die Betriebsvereinbarung als privatheteronomes Rechtsgeschäft in das Privatrechtssystem einzuordnen.[4]

Demgegenüber hat *Dieter Reuter*[5] unterstützt von Schülern[6] in neuerer Zeit die Lehre vom Arbeitsverband im Betrieb (Betriebsverband) entwickelt.

[1] *Dieter Reuter* FS für *Peter Kreutz* zum 70. Geburtstag, 2010 (überreicht am 28. November 2009), S. 359 ff.

[2] Vgl. m.w.N. *Kreutz* GK-BetrVG, 9. Aufl. 2010, § 77 Rz. 35 f., 38 ff.

[3] Näher dazu m.w.N. *Kreutz* GK-BetrVG (wie Fn. 2), § 77 Rz. 214 ff., 217 f.

[4] *Kreutz* Grenzen der Betriebsautonomie, 1979, S. 99 ff.; *Kreutz* GK-BetrVG (wie Fn. 2), § 77 Rz. 226 ff.

[5] Vgl. *Dieter Reuter* Ordo Bd. 36 (1985), S. 51 (57); *ders.* in: *Besters* Auflösung des Normalarbeitsverhältnisses?, 1988, S. 29 (37); *ders.* Die Stellung des Arbeitsrechts in der Privatrechtsordnung, 1989, S. 25 ff.; *ders.* RdA 1991, 193 (197 ff.); *ders.* ZfA 1993, 221 (226 ff.); *ders.* RdA 1994, 152 (157); *ders.* ZfA 1995, 1 (67); *ders.* FS für *Schaub*, 1998, S. 605 (626 ff.).

[6] *Nebel* Die Normen des Betriebsverbandes am Beispiel der ablösenden Betriebsvereinbarung, 1989; *Kessel-Wulff* Die Innenverbände am Beispiel Publikumsgesellschaft, Franchising, Mitarbeiterbeteiligung und Betriebsverband, 1995; *Wadepfuhl* Die Vereinbarungen der Betriebspartner, Diss. Kiel 1996; beachtenswert auch *Boysen* Betriebsverband und Arbeitsverhältnis am Beispiel der Gruppenarbeit, 1997, der zwar das Betriebsverfassungsrecht außer Betracht lässt, aber die Lehre vom Betriebsverband für das Individualarbeitsrecht fruchtbar zu machen sucht.

Danach wird Betriebsautonomie als privatautonom legitimierte Regelungsmacht des Betriebs als teilrechtsfähiger (Verbands-)Organisation verstanden.[7] Nach dieser Lehre ist der Betrieb ein Verband; sie deutet dementsprechend das Betriebsverfassungsrecht und speziell das für die Betriebsautonomie zentrale Rechtsinstitut „Betriebsvereinbarung" verbandsrechts „akzessorisch" (Begrifflichkeit nach *Nebel*) und sucht unter Anwendung von Verbandsrecht betriebsverfassungsgesetzliche Regelungslücken sachgerecht zu schließen. Nach dieser Lehre ist Betriebsautonomie Verbandsautonomie; durch die Betriebsvereinbarung wird Verbandsinnenrecht geschaffen.

In Rechtsprechung und Literatur hat diese neuere Verbandslehre keine Zustimmung gefunden. In dem mir gewidmeten Festschriftbeitrag verteidigt *Dieter Reuter* seine Lehre vom Betriebsverband gegen Einwände und sucht sie zugleich zu untermauern. Das geschieht weithin in wohlwollender Auseinandersetzung mit den von mir in Übereinstimmung mit der h.M. vertretenen Rechtspositionen. Sein Beitrag soll, so hat er es formuliert, mir und anderen zeigen, dass er die Hoffnung noch nicht aufgegeben hat, die h.M. noch im Sinne seiner Lehre ändern zu können.[8] Mit gebührendem Respekt vor seinem großen wissenschaftlichen Gesamtwerk fühle ich mich herausgefordert, im Diskurs zu diesem Beitrag mit einer Prognose zu antworten.

I. Gibt es den Betriebsverband?

Im Festschriftbeitrag verzichtet *Dieter Reuter* darauf, durch schulmäßige Subsumtion unter die Voraussetzungen eines zugrunde gelegten Verbandsbegriffs darzutun, dass der Betrieb in rechtlicher Hinsicht ein Personenverband ist, auf den Verbandsrecht zur Anwendung kommt, nicht bloß ein soziales Faktum (Tatbestand). Stattdessen beschränkt er sich darauf, „Einwände" gegen diese Einordnung auszuräumen, namentlich Zweifel am Vorliegen eines Verbandszwecks und am Vorhandensein notwendiger Verbandsorgane.[9] Das zeugt von souveränem Umgang mit einem die positivrechtlichen Rechtsformen übergreifenden Verbandsrecht als Teil des Gesellschaftsrechts, zu dessen dogmatischen Wegbereitern *Dieter Reuter* insbesondere als Kommentator des Vereinsrechts im Münchner Kommentar zum BGB zweifellos gehört. Andererseits suggeriert diese Vorgehensweise nur, dass alle übrigen Verbandsvoraussetzungen erfüllt sind, ohne insoweit beim Leser Verständnisdefizite hinsichtlich des zugrunde gelegten Begriffs und Zweifel am Vorliegen seiner Voraussetzungen ausräumen zu können. Ein näheres Eingehen auf das Vorliegen der erforderlichen Strukturmerkmale eines Verbandes ist deshalb nötig.

[7] So zusammenfassend *Dieter Reuter* (wie Fn. 1), S. 362, 376.
[8] So *Dieter Reuter* (wie Fn. 1), S. 377.
[9] Wie Fn. 1, S. 366 f.

1. Ohne ausdrücklich auf solche Strukturmerkmale eines privatrechtlichen Verbandes abzustellen, leitet *Dieter Reuter* aus der heute in Rechtsprechung und Literatur „allgemein üblichen Definition"[10] des Betriebsbegriffs her, dass der Betrieb als Personenverband organisiert ist. Im Ansatz erscheint das im Hinblick auf die fundamentale Bedeutung des Betriebsbegriffs für das Betriebsverfassungsrecht stimmig. Die Begriffsdefinition geht mit gewissen Nuancierungen am Rande heute dahin, dass „Betrieb die organisatorische Einheit ist, innerhalb derer ein Arbeitgeber (allein oder) mit seinen Arbeitnehmern mit Hilfe technischer und immaterieller Mittel bestimmte arbeitstechnische Zwecke fortgesetzt verfolgt"[11]. Der Betrieb ist danach definitionsgemäß „organisatorische Einheit", auch wenn insoweit noch nichts über verlässliche Kriterien zur Abgrenzung dieser Organisationseinheit gesagt ist (und im vorliegenden Zusammenhang auch nichts gesagt werden muss). Da definitionsgemäß weiter „der Arbeitgeber mit seinen Arbeitnehmern"[12] die arbeitstechnischen Zwecke des Betriebs verfolgt, werden diese, so folgert *Dieter Reuter*, neben dem Arbeitgeber „zu Mitträgern der Zweckverfolgung"[13]. Diese bündige Annahme eines mitgliedschaftlichen Zusammenwirkens von Arbeitgeber und betriebsangehörigen Arbeitnehmern erscheint insoweit stimmig; der Betrieb wird schlüssig als eine Organisation, die Mitglieder hat, dargetan. Unter Verbandsrechtlern sind dies unverzichtbare Strukturmerkmale eines Verbandes. Da insoweit schon die Subsumtion unter die heute übliche Begriffsdefinition gelingt und es deshalb keiner weiteren Ergebnisabsicherung bedarf, ist es nur von dramaturgischem Wert, dass *Dieter Reuter* in diesem Zusammenhang die Wandlung des Betriebsbegriffs seit der ursprünglichen, auf *Ernst Jacobi*[14] zurückgehenden Abgrenzungsformel herausstellt[15] (die zudem nur an der Unterscheidung von Betrieb und Unternehmen als verschiedenen Entscheidungsebenen orientiert war). Da die heute übliche Begriffsdefinition des Betriebs darüber hinaus bereits der in der neueren Betriebswirtschaftslehre und auch von *Dieter Reuter* propagierten anthropozentrischen Ausrichtung moderner Betriebsorganisationen (nach der Lean-Philosophie) gerecht wird, die gem. § 75 Abs. 2 S. 2 BetrVG auch Eingang in das Betriebsverfassungsrecht gefunden hat, kann auch *Dieter Reuters* Berufung auf eine dementsprechende „rechtstatsächlich-typologi-

[10] So etwa BAG 3.6.2004 EzA § 23 KschG Nr. 27 S. 5.

[11] Diese Definition wird vom BAG einheitlich im Betriebsverfassungsrecht und im Kündigungsschutzrecht verwendet; sie versteht den Betrieb als Allgemeinbegriff; vgl. dazu mit umfangreichen Nachweisen *Kreutz* FS für *Richardi*, 2007, S. 641 mit Fn. 30.

[12] *Dieter Reuter* zitiert insoweit nur *A. Hueck* in *Hueck-Nipperdey* Lehrbuch des Arbeitsrechts, Bd. I, 7. Aufl. 1963, S. 93, wohl gerade wegen dessen besonders passenden Formulierung: ... ein Unternehmer „in Gemeinschaft mit seinen Mitarbeitern" ... .

[13] Wie Fn. 1, S. 363.

[14] *Jacobi* Betrieb und Unternehmen als Rechtsbegriffe, FS für *Ehrenberg*, 1927, S. 9, 23.

[15] *Dieter Reuter* (wie Fn. 1), S. 363.

sche Betrachtung"[16] der Praxis höchstens dazu dienen, die Notwendigkeit eines Umdenkens zu unterstreichen.

2. Zweifel am Verbandscharakter des Betriebs ergeben sich dann aber zunächst daraus, dass nach der Definition des Betriebsbegriffs das Entstehen eines Pesonenverbandes offen bleibt, insbesondere der Betrieb nicht durch Gesellschaftervertrag oder Satzung (rechtsgeschäftlich) mitgliedschaftlich verfasst ist. Nach bisher h.M.[17] gibt es jedoch keinen privatrechtlichen Verband ohne rechtsgeschäftliche Grundlage; das bloße (soziale) Faktum seines Vorhandenseins lässt ihn nicht entstehen. Überwunden ist insoweit heute die lange Zeit einflussreiche Lehre *Otto v. Gierke*s, nach der der verbandsbegründende Rechtsakt („Vereinigungsakt") einen konstitutiven „Gesamtakt" darstellen sollte, „der nicht unter den Begriff irgendeinen Rechtsgeschäfts gebracht werden darf"[18].

a) *Dieter Reuter* übergeht das Problem des rechtsgeschäftlichen Entstehens des Betriebsverbandes, indem er auf einen Vergleich eines Betriebsbeitritts mit einem Vereinsbeitritt ausweicht. Die These *Waltermanns*[19], dass ein solcher Beitrittsvergleich nicht tragfähig sei, weil der Betrieb im Gegensatz zum Verein keinen freiwilligen Zusammenschluss auf vertraglicher Grundlage bildet, hält er im Hinblick auf die Anforderungen privatautonomer Legitimation verbandlicher Regelungswerke für unrichtig: Die Legitimation der Regelungsmacht der Verbandsorgane gegenüber dem einzelnen Mitglied knüpfe „nicht an die Entstehung des Verbandes durch freiwilligen Zusammenschluss auf vertraglicher Grundlage (an der das aktuelle Mitglied womöglich gar nicht beteiligt ist), sondern an der Freiwilligkeit der individuellen Mitgliedschaft"[20]. Selbst wenn man dieser verbandsrechtlichen Legitimationsherleitung folgt und zudem im Arbeitsvertrag (bzw. der Eingliederung in den Betrieb) mit *Dieter Reuter* und Schülern dementsprechend den Beitritt des Arbeitnehmers zum Betriebsverband sehen wollte,[21] bleibt doch das Entstehen des Betriebsverbandes (auf rechtsgeschäftlicher Grundlage) offen. Denn ein freiwilliger rechtsgeschäftlicher Beitritt setzt logisch das Bestehen des mitgliedschaftlich organisierten Verbandes voraus, für dessen Entstehen aber keine vertragliche Grundlage genannt wird. Das übergeht oder übersieht die Lehre vom Betriebsverband.[22]

[16] *Dieter Reuter* (wie Fn. 1), S. 364.

[17] Vgl. nur *Karsten Schmidt* Gesellschaftsrecht, 4. Aufl. 2002, S. 75, 407.

[18] Deutsches Privatrecht I, S. 486.

[19] Rechtsetzung durch Betriebsvereinbarung zwischen Privatautonomie und Tarifautonomie, 1996, S. 90.

[20] *Dieter Reuter* (wie Fn. 1), S. 374.

[21] Vgl. dazu näher unten unter I 5 b).

[22] Wie *Dieter Reuter* insoweit gleichermaßen unbefriedigend *Nebel* (wie Fn. 6), S. 88, der schlicht behauptet, für einen Verband sei nicht erforderlich, dass der Zusammenschluss freiwillig erfolge; *Kessal-Wulff* (wie Fn. 6), S. 328 ff., die schlichtweg von einem „bereits bestehenden Betriebsverband" spricht, der dann durch das BetrVG eine „bestimmte Aus-

b) Möglicherweise ließe sich allerdings dieses Defizit durch die Überlegung ausräumen, dass ein Betriebsverband – vermittelt durch den Arbeitsvertrag – bereits mit dem Eintritt des ersten Arbeitnehmers in den bis dahin vom Unternehmer allein betriebenen oder neu errichteten Betrieb entsteht, so dass danach in der Tat nur noch Beitritte in den bereits bestehenden Betriebsverband erfolgen würden. Dann müsste freilich jenem ersten Arbeitsvertrag auch schon verbandsrechtliche (gesellschaftsrechtliche) Qualität in dem Sinne zugemessen werden, dass er die erforderlichen Verbandsmerkmale enthält. Das könnte indes im Hinblick auf eine satzungsmäßige Verfassung des Betriebs und mangels Gemeinschaftsbezugs dieses Arbeitsverhältnisses kaum überzeugend hergeleitet werden. Jedenfalls finden sich bei *Dieter Reuter* und Schülern für einen solchen Lösungsansatz auch keinerlei weiterführende Anhaltspunkte.[23] Stattdessen greift *Dieter Reuter* im Zusammenhang mit der Widerlegung von Einwänden gegen das Fehlen (nach allgemeiner Ansicht) notwendiger weiterer Verbandsmerkmale beim Betrieb (nämlich: Verbandszweck, Verbandsorgane) auf Vorgaben des Betriebsverfassungsgesetzes zurück, um den Verbandscharakter des Betriebs darzutun.[24]

c) Das wirft, bevor auf Einzelgesichtspunkte noch näher einzugehen ist, die Frage auf, ob – wie bisherige gesellschaftsrechtliche Verbandslehren im Ausgangspunkt annehmen – ein privatrechtlicher Personenverband wirklich nur auf rechtsgeschäftlicher Grundlage (durch Gesellschaftsvertrag oder Satzung) entstehen kann[25] oder ob, wie auch sonst im Zivilrecht, auch eine gesetzliche Entstehung eines privatrechtlichen Verbandsrechtsverhältnisses in Betracht zu ziehen ist. Warum sollte ein privatrechtlicher Personenverband nicht auch auf gesetzlicher Grundlage mitgliedschaftlich verfasst sein können? Hier ist der Name „Betriebsverfassungs"gesetz Omen.

Dieter Reuter hat sich zu dieser Frage nicht grundsätzlich geäußert. Bemerkenswert ist in diesem Zusammenhang aber zunächst seine zutreffende Berufung auf die Wohnungseigentümergemeinschaft zum Beweis dafür, „dass eine Organisation trotz gesetzlich vorgegebenen Zwecks ein teilrechtsfähiger Verband sein kann"[26]. Indes hat der Bundesgerichtshof in der dafür in

formung und Erweiterung" erhält; auch *Boysen* (wie Fn. 6), S. 238, der das Vorliegen eines Betriebsverbandes ausdrücklich ohne Rückgriff auf das BetrVG dartun will, übergeht die Entstehungsproblematik, obwohl er im Ausgangspunkt hervorhebt, dass es auf die Feststellung eines freiwilligen Zusammenschlusses von Arbeitgeber und Arbeitnehmern zu einem Betriebsverband ankomme, indem er dann allein auf den Beitritt des Arbeitnehmers zum Betriebsverband als rechtsgeschäftlichen Tatbestand rekurriert.

[23] Vgl. aber *Boysen* (wie Fn. 6), S. 258 f.

[24] Wie Fn. 1, S. 366 f.; ebenso im Ergebnis *Kessal-Wulff* (wie Fn. 6), S. 332 f., die schlichtweg davon ausgeht, dass der bereits bestehende Betriebsverband durch das BetrVG eine bestimmte Ausformung erhält.

[25] So allerdings nur mit Blick auf private Verbände des Gesellschaftsrechts *Karsten Schmidt* (wie Fn. 17).

[26] Wie Fn. 1, S. 366.

Bezug genommenen Entscheidung vom 2.6.2005[27] die Teilrechtsfähigkeit der Wohnungseigentümergemeinschaft nicht nur im Hinblick auf ihren vom Gesetz vorgegebenen Zweck (Verwaltung des gemeinschaftlichen Eigentums) und weitere typische Verbandsmerkmale (wie insbesondere eigene Organe, Mehrheitsentscheidungen, Unabhängigkeit vom Mitgliederbestand) richterrechtlich anerkannt, sondern er hat sie zusammenfassend als „einen rechtsfähigen Verband sui generis" eingestuft und – unter Berufung auf *Bärmann*[28] – als „eine Personenmehrheit, die durch Gesetz zu einer Organisation zusammengefasst ist" bezeichnet. Mittlerweile hat der Gesetzgeber diese BGH-Rechtsprechung aufgegriffen und gesetzlich festgeschrieben.[29] Neben dem Ausbau der gesetzlichen Verbandstrukturen der Gemeinschaft der Wohnungseigentümer (insbesondere durch § 10 Abs. 6 S. 4, Abs. 7; § 27 Abs. 3 WEG n.F.) begründet jetzt § 10 Abs. 6 S. 1 WEG deren Teilrechtsfähigkeit und Satz 2 deren Parteifähigkeit „im Rahmen der gesamten Verwaltung des gemeinschaftlichen Eigentums"[30]. Wir haben es insoweit jetzt mit einem Musterbeispiel eines privatrechtlichen rechtsfähigen Verbandes zu tun, der allein gesetzlich, nicht rechtsgeschäftlich, mitgliedschaftlich (Wohnungseigentümer als Mitglieder) verfasst ist.[31]

Demnach erscheint es nicht ausgeschlossen, dass das Betriebsverfassungsgesetz den (betriebsratsfähigen) Betrieb als Personenverband mitgliedschaftlich verfasst.[32] Schon die stimmige Herleitung notwendiger Verbandsmerkmale aus dem Betriebsbegriff als dem Zentralbegriff des BetrVG geht ja in diese Richtung (Betrieb als arbeitstechnische Organisation, die Arbeitgeber und betriebsangehörige Arbeitnehmer als Mitglieder hat). Dementsprechend erscheint es auch nicht unstimmig, dass *Dieter Reuter* auch zur Herleitung

[27] NJW 2005, 2061 unter III 8 c der Gründe.

[28] PIG 22, S. 209.

[29] Gesetz zur Änderung des Wohnungseigentumsgesetzes und anderer Gesetze vom 26.3.2007, BGBl I S. 370.

[30] Nicht darüber hinaus, deshalb nur „partielle" Rechtsfähigkeit der Wohnungseigentümergemeinschaft.

[31] Eine Gemeinschaftsordnung i.S.v. § 10 Abs. 2 S. 2 WEG n.F. kommt nicht als Satzungsgrundlage dieses Verbandes in Betracht. Zum einen deshalb nicht, weil die Wohnungseigentümer zwar – soweit das WEG nicht ausdrücklich etwas anderes bestimmt – vom Gesetz abweichende Vereinbarungen treffen können, aber nicht müssen, so dass immer das Gesetz gilt, soweit eine Vereinbarung fehlt. Zum anderen könnte eine vereinbarte Satzungsregelung im Hinblick auf die gesamate Verwaltung des gemeinschaftlichen Eigentums (als Zweck des gesetzlich ausgestalteten Verbandsrechtsverhältnisses) schwerlich eine vom Gesetz abweichende Vereinbarung sein.

[32] In diesem Sinne ganz unbefangen etwa auch schon *Herschel* RdA 1956, 161 (168); *Galperin* RdA 1959, 322 (325); ähnlich auch *Nipperdey/Säcker* in *Hueck-Nipperdey* Lehrbuch des Arbeitsrechts, Bd. II/2, 7. Aufl. 1970, S. 1090, wo ganz selbstverständlich das BetrVG als Grundlage der körperschaftlichen Organisation für den (insoweit beschränkten) Belegschaftsverband im Betrieb genannt wird.

von Zweck und Organen eines Betriebsverbandes auf die Regelungen aus dem BetrVG zugreift.

3. Überraschend ist allerdings, dass nicht der jeweilige arbeitstechnische Zweck, den Arbeitgeber und Arbeitnehmer nach der Definition des Betriebsbegriffs im konkreten Betrieb gemeinsam verfolgen und durch den auch nach Ansicht von *Dieter Reuter*[33] die Arbeitnehmer zu „Mitträgern dieser Zweckverfolgung" und damit auch erst zu Mitgliedern des Betriebs werden, Verbandszweck sein soll, sondern ein von Gesetzes wegen in § 2 Abs. 1 BetrVG vorgegebener Zweck. Das erscheint insoweit wertungswidersprüchlich und steht auch im Widerspruch zu früher geäußerten Ansichten von *Dieter Reuter*. 1993 schrieb er[34]: Aus den Veränderungen der Arbeitswelt ergibt sich, dass Arbeitnehmer nicht mehr eine isolierte Arbeitsleistung, sondern eine Integrationsleistung schulden, „dass sie eine gemeinsame Pflicht zur Förderung des Betriebszwecks haben" und diese Pflicht Mitglieder von bloß schuldrechtlich Beteiligten unterscheidet. Nach neuer Ansicht soll jetzt der konkrete arbeitstechnische Betriebszweck als Verbandszweck ausscheiden, weil er vom Arbeitgeber einseitig vorgegeben wird[35] (und auch einseitig geändert werden kann). Insoweit folgt jetzt *Dieter Reuter* seinem Schüler *Boysen*[36]. Indes ist dieser Argumentationsgesichtspunkt nicht überzeugend, wenn andererseits betont wird, namentlich im Hinblick auf das betriebliche Weisungsrecht des Arbeitgebers, dass der Sonderstellung eines Verbandsmitglieds keine rechtsdogmatischen Bedenken entgegenstehen.[37]

Allerdings folgt *Dieter Reuter* der eigenen Verbandzweckbestimmung durch *Boysen* nicht, greift aber die von diesem eingeführte Unterscheidung von Endzweck und Vorzweck auf. *Boysen* behauptet, der arbeitstechnische Betriebszweck sei der betriebliche Endzweck (des Arbeitgebers), dem „die kooperative Koordination des betrieblichen Arbeitsprozesses" als gemeinsamer Verbandszweck gleichsam vorgeschaltet sei[38]. Diese Vorzweck-Bestimmung ist indes sachlich nicht weiterführend. Denn diese „Koordination" ist nichts anderes als eine Umschreibung der gemeinsamen Verfolgung des arbeitstechnischen Betriebszwecks durch Arbeitgeber und Arbeitnehmer. Es kann aber auch nicht überzeugen, dass *Dieter Reuter* jetzt „den von Gesetzes wegen von § 2 Abs. 1 BetrVG vorgegebenen Zweck" als den (der arbeitstech-

[33] Wie Fn. 1, S. 363.

[34] *Dieter Reuter* ZfA 1993, 221 (230); ähnlich dann wieder *ders.* FS für *Schaub*, 1998, S. 605 (627).

[35] Vgl. *Dieter Reuter* (wie Fn. 1), S. 366 mit Blick auf die Kritik von *Reichold* Betriebsverfassung als Sozialprivatrecht, 1995, S. 540; noch 1998 (FS für *Schaub*, S. 605, 627 mit Fn. 91) hat *Dieter Reuter* dies unter Berufung auf BVerfG NJW 1991, 2623, 2626 ausdrücklich anders gesehen.

[36] *Boysen* (wie Fn. 6), S. 236 f; ebenso früher schon *Nebel* (wie Fn. 6), S. 89.

[37] Vgl. *Boysen* (wie Fn. 6), S. 234, 249 ff., 261 f.

[38] *Boysen* (wie Fn. 6), S. 236, 238.

nischen Zweckverfolgung vorgelagerten) Betriebszweck herausstellt.[39] Das Wohl der Arbeitnehmer und des Betriebes lässt sich mit ihm[40] zwar als „Ziel der Zusammenarbeit von Arbeitgeber und Betriebsrat" bezeichnen. Das Gebot „vertrauensvolle Zusammenarbeit" ist jedoch kein Primärzweck der Betriebsverfassung.[41] Nach allgemeiner Meinung enthält § 2 Abs. 1 BetrVG keine generalklauselartige Kompetenznorm;[42] Rechte und Pflichten der Betriebspartner sind im BetrVG vielmehr in differenzierter Weise positivrechtlich ausgestaltet. Mit dem Kooperationsgebot als Verhaltensanordnung legt § 2 Abs. 1 BetrVG nur fest, in welcher Art und Weise („wie") Arbeitgeber und Betriebsrat betriebsverfassungsrechtliche Rechte wahrzunehmen und Pflichten zu erfüllen haben. Wollte man mit *Dieter Reuter* demgegenüber im „Wohl der Arbeitnehmer und des Betriebs" den Verbandszweck sehen, müsste man mit ihm[43] zu der Annahme kommen, dass das BetrVG dem Betriebsrat Beteiligungsrechte nur gewährt, damit dieser „seine Pflicht zur Förderung des Wohls der Arbeitnehmer und des Betriebs (§ 2 Abs. 1 BetrVG) erfüllen" kann. Das jedoch verdreht die betriebsverfassungsrechtlichen Strukturen, verwechselt den Weg mit dem Ziel (einer Arbeitnehmerteilhabe an betrieblichen Entscheidungen).

In Übereinstimmung mit der früheren Ansicht *Dieter Reuters*[44] muss es also dabei bleiben, dass alleine die gemeinsame Verfolgung des jeweiligen arbeitstechnischen Zwecks der betrieblichen Organisationseinheit durch Arbeitgeber und Arbeitnehmer als Betriebsverbandszweck in Betracht kommt.

4. Entscheidendes Strukturmerkmal eines Verbands ist nach h.M., dass die Organisation gegenüber ihren Mitgliedern „mehr oder minder stark"[45] verselbständigt ist, also nicht nur die einzelnen Mitglieder untereinander in Rechtsbeziehungen stehen. Wenn man im Betrieb die arbeitstechnische Organisation sieht, die den Arbeitgeber und die betriebszugehörigen Arbeitnehmer zu Mitgliedern hat, die gemeinsam den jeweiligen arbeitstechnischen Zweck verfolgen, dann kann die Erfüllung der an eine solche organisatorische Verselbständigung zu stellenden Anforderungen nicht zweifelhaft sein. Einmal ist nämlich der betriebliche Personenverband vom Mitgliederwechsel unabhängig. Die Begründung und Beendigung einzelner Arbeitsverhältnisse, durch die Betriebseintritte und Betriebsaustritte erfolgen, lassen die Identität des Betriebs als Organisationseinheit ebenso unberührt wie – heute unstreitig –

[39] Wie Fn. 1, S. 366.
[40] Wie Fn. 1, S. 366; ähnlich etwa *Franzen* GK-BetrVG, 9. Aufl. 2010, § 2 Rz. 42.
[41] So zutreffend *Wiese* GK-BetrVG, 9. Aufl. 2010, Einl. Rz. 83.
[42] Vgl. m.w.N. *Franzen* GK-BetrVG (wie Fn. 40), § 2 Rz. 5, 11, 13.
[43] Wie Fn. 1, S. 367.
[44] ZfA 1993, 221 (230).
[45] *Karsten Schmidt* (wie Fn. 17), S. 169.

ein Betriebsinhaberwechsel auf Arbeitgeberseite.[46] Zum anderen verfügt der durch das Betriebsverfassungsgesetz verfasste Betriebsverband über Organe, nämlich Arbeitgeber und Betriebsrat, durch die der Personenzusammenschluss im Betrieb rechtlich handlungsfähig ist, insbesondere auch Betriebsvereinbarungen schließen kann. Das entwickelt *Dieter Reuter* konsequent.[47] Gerade weil der Betriebsverband nur als durch das Gesetz verfasster Personenverband eingeordnet werden kann, kann die bipolare Ausgestaltung der Organstruktur nicht gegen den Verbandscharakter eingewandt werden.[48] Der Gesetzgeber hat insoweit von seinem Ausgestaltungsspielraum Gebrauch gemacht und geregelt, was ihm wertungsmäßig freisteht. Genau sowenig steht es der Organstellung des Betriebsrats im Betriebsverband entgegen, dass ihm (als Träger) nach richtiger Ansicht[49] die betriebsverfassungsrechtlichen Beteiligungsrechte und betriebsverfassungsrechtlichen Pflichten zugeordnet sind, denen jeweils der Arbeitgeber als Verpflichteter und Berechtigter gegenüber steht. Solche Rechte und Pflichten zwischen Leitungsorganen bestehen auch im Gesellschaftsrecht, z.B. wenn dem Aufsichtsrat nach § 111 Abs. 2 AktG ein Einsichts- und Prüfungsrecht eingeräumt wird oder der Vorstand zu umfassender Unterrichtung des Aufsichtsrats nach § 90 AktG verpflichtet wird. Zudem sind, wie *Dieter Reuter* zu Recht feststellt[50], Organstreitigkeiten im Gesellschaftsrecht, insbesondere im Aktienrecht „längst heimisch". Die überindividuelle Verselbständigung wird schließlich noch dadurch unterstrichen, dass die Arbeitnehmer des Betriebs nur über ihre Wahlberechtigung bei der Wahl des Betriebsrats als Repräsentativorgan beteiligt sind, nicht aber unmittelbar auf betrieblicher Entscheidungsebene. Andererseits steht dem Verbandscharakter nicht entgegen, dass der überindividuelle Personenzusammenschluss nicht unter eigenem Namen in Rechtsbeziehungen zu Dritten tritt. Es handelt sich insofern, wie vor allem *Kessal-Wulff* herausgearbeitet hat, um einen Innenverband in Bezug auf die gemeinsame Verfolgung des jeweiligen arbeitstechnischen Betriebszwecks. Die Anerkennung bloßer Innenverbände steht heute nicht mehr in Frage.[51]

[46] Vgl. auch *Boysen* (wie Fn. 6), S. 245.

[47] Wie Fn. 1, S. 366 f.; allerdings ist dort der Hinweis, dass ich das Fehlen notwendiger Verbandsorgane behauptet hätte (Grenzen der Betriebsautonomie S. 25 f.) unstimmig; ich habe dort nur gesagt, dass sich dem Betriebsverfassungsgesetz keinerlei Anhaltspunkte für die Annahme des rechtlichen Bestehens einer „demokratisch verfassten Betriebsgemeinschaft" entnehmen lässt.

[48] Anders noch *Kreutz* Grenzen der Betriebsautonomie, 1979, S. 15.

[49] Vgl. ausführlich *Kreutz* (wie Fn. 48), S. 18 ff.

[50] Wie Fn. 1, S. 368.

[51] Vgl. *Karsten Schmidt* (wie Fn. 17), S. 48, 170; *Kessal-Wulff* (wie Fn. 6), S. 17 ff.; *Boysen* (wie Fn. 6), S. 244; *Nebel* (wie Fn. 6), S. 109.

5. Können damit und insoweit zunächst die wesentlichen verbandsrechtlichen Strukturmerkmale des Betriebs plausibel dargetan werden, so kann der Betrieb als Verband eingeordnet werden. Soweit die Verbandslehre *Dieter Reuters* darüber hinaus geht, indem sie in wesentlichen Punkten die Verbandqualität noch auszubauen sucht, kann das indes nicht überzeugen.

a) Das gilt zunächst für die im Festschriftbeitrag vielerorts herausgestellte Teilrechtsfähigkeit des Betriebs(-Verbandes).[52] Eine Begründung für eine Rechts- und Pflichtenträgerschaft des Betriebs gibt *Dieter Reuter* nicht. Jedenfalls folgt nicht bereits aus der mitgliedschaftlichen Verfassung des Betriebs dessen Rechtssubjektivität, wie er unvermittelt formuliert.[53] Ein Verband setzt weder Rechtsfähigkeit voraus,[54] noch muss er (zwangsläufig) Träger von Rechten und Pflichten sein.[55] Dagegen steht die Anerkennung des Innenverbands als Rechtsfigur, der definitionsgemäß darauf angelegt ist, nicht zu Dritten in Rechtsbeziehungen zu treten. Durch das Betriebsverfassungsgesetz wird der Betrieb aber höchstens zu einem solchen Innenverband verfasst.[56] Dementsprechend deutet *Dieter Reuter* selbst die Regelungen der Betriebsvereinbarung als „Verbandsinnenrecht"[57]. Es ist andererseits aber auch nicht einsichtig, dass es für die Lehre vom Betriebsverband auf dessen Teilrechtsfähigkeit ankommen könnte. Einmal braucht *Dieter Reuter* die Teilrechtsfähigkeit praktisch nur, weil er den Betrieb als Träger der Berechtigungen gegenüber den betriebsverfassungsrechtlichen Pflichten des Betriebsrats ansieht. Diese isolierte Herausstellung einer Rechtsträgerschaft kann jedoch, wie schon dargetan,[58] nicht überzeugen. Auch bedarf es der Rechtsfähigkeit des Betriebs (als Innenverband) nicht, um die Aufnahme neuer Mitglieder sicherzustellen; das hat *Dieter Reuter* unter Verweis auf die heute allgemein anerkannte mehrgliedrige stille Gesellschaft selbst hervorgehoben.[59] Möglicherweise sieht er darüber hinaus die Teilrechtsfähigkeit aber deshalb als notwendig an, weil er die Betriebsautonomie als Verbandsautonomie einordnet, die „dem Betrieb zustehen soll"[60]. Indes handelt es sich bei der Regelungsbefugnis (bzw. Regelungsmacht) durch Betriebsvereinbarung in den juristischen Kategorien des Privatrechtssystems nicht um ein subjektives

[52] *Dieter Reuter* (wie in Fn. 1), insbes. S. 373 in der Überschrift zu D.

[53] Wie Fn. 1, S. 363.

[54] *Karsten Schmidt* (wie Fn. 17), S. 169.

[55] *Karsten Schmidt* (wie Fn. 17), S. 48.

[56] Grundlegend dazu *Kessal-Wulff* (wie Fn. 6), S. 321 ff. (331).

[57] So (wie Fn. 1), S. 368.

[58] Vgl. dazu oben unter I 4, wo dargetan ist, dass es der verbandsrechtlichen Struktur des Betriebs nicht entgegensteht, dass sich Betriebsrat und Arbeitgeber in ihrer Organstellung als Träger von Rechten und Pflichten gegenüber stehen.

[59] RdA 1994, 152 (157).

[60] So wie Fn. 1, S. 360.

Recht, sondern um die Einräumung von Handlungsfähigkeit, die von der Rechtsfähigkeit (in der Rechtsgeschäftslehre) zu unterscheiden ist.[61]

b) Ein Hauptanliegen der Verbandslehre *Dieter Reuters* ist es, dogmatisch zu belegen, dass der Betriebsverband ein privatautonom legitimierter Verband ist, kein Zwangsverband, und dementsprechend die Betriebsvereinbarung kollektive Selbstbestimmung verwirklicht, nicht aber – wie die h.M. annimmt[62] – Fremdbestimmungsordnung ist.[63] Die privatautonome Legitimation des Betriebsverbands und seiner Regelungsmacht durch Betriebsvereinbarung von Seiten der Arbeitnehmer[64] sieht *Dieter Reuter* im Eintritt in den Betrieb durch Abschluss des Arbeitsvertrages.[65] Originell ist dabei sein verbandsrechtlicher Ansatz zur Frage, welchen Anforderungen die privatautonome Legitimation des Verbandes und der Regelungsmacht der Verbandsorgane gegenüber dem einzelnen Mitglied genügen muss. *Dieter Reuter:* „Anders als die privatautonome Legitimation der Regelungsmacht Dritter im Vertragsrecht wird die privatautonome Regelungsmacht von Verbandsorganen nicht durch die Unterwerfung der Betroffenen im Sinne von Einverständnis mit der Geltung gegenwärtiger und zukünftiger Regelungswerke, sondern durch die Freiwilligkeit der Mitgliedschaft vermittelt". Auch wenn sich *Dieter Reuter* damit scharfsinnig der Kritik aller entzieht, die im Ergebnis darin überein stimmen, dass beim Abschluss des Arbeitsvertrages nicht (notwendig) eine stillschweigende individuelle rechtsgeschäftliche Unterwerfung der Arbeitnehmer unter die Gestaltungsmacht der Betriebspartner erfolgt,[66] so kann doch auch seine verbandsrechtliche Variante einer privatautonomen Legitimation nicht überzeugen: Mit dem Abschluss des Arbeitsvertrages ist kein freiwilliger Erwerb der Mitgliedschaft im Betriebsverband verbunden. Zwar erfolgt der Abschluss des Arbeitsvertrages freiwillig[67]; insofern begründet der Arbeitnehmer freiwillig ein Arbeitsverhältnis. Aber

[61] Näher dazu *Kreutz* Grenzen der Betriebsautonomie, 1979, S. 22.

[62] Vgl. *Kreutz* GK-BetrVG (wie Fn. 2), § 77 Rz. 218 m.w.N.

[63] Vgl. *Dieter Reuter* (wie Fn. 1), S. 360, 362, 373 ff.

[64] Auf die Seite des Arbeitgebers geht *Dieter Reuter* nicht ein. Nach h.M. (Vertragstheorie) ist der Arbeitgeber selbst Partei der Betriebsvereinbarung, so dass diese für ihn privatautonome Gestaltung ist; vgl. *Kreutz* Grenzen der Betriebsautonomie, 1979, S. 61; so für den Sozialplan auch BVerfG NJW 1987, 827, 828.

[65] Wie Fn. 1, S. 374, 376; (dass auf S. 374 allerdings auch auf die Eingliederung in den Betrieb abgestellt wird, ist demgegenüber wohl zu vernachlässigen); ebenso auch schon *ders.* RdA 1994, 152 (157); *ders.* FS für *Schaub,* 1998, S. 605 (627 f.) 9; *Nebel* (wie Fn. 6), S. 124 ff.; *Kessal-Wulff* (wie Fn. 6), S. 129 f.; *Boysen* (wie Fn. 6), S. 239 ff.

[66] Ausführlich dazu *Kreutz* Grenzen der Betriebsautonomie, 1979, S. 64 ff; *Kreutz* GK-BetrVG (wie Fn. 2), § 77 Rz. 217; *Waltermann* (wie Fn. 19) S. 88; a.M. allerdings *Reichold* (wie Fn. 35), S. 542 ff.

[67] *Dieter Reuter* (wie Fn. 1), S. 374, 376 spricht einschränkend von „fragwürdiger" und „sehr prekärer" Freiwilligkeit (der Mitgliedschaft) wegen der beschränkten Möglichkeit kurzfristigen Ausscheidens.

der Arbeitsvertrag vermag keinen freiwilligen Eintritt in den Betrieb zu vermitteln. Zum einen und entscheidend schon deshalb nicht, weil der gesetzlich verfasste Arbeitsverband schon kraft Gesetzes jeden Arbeitnehmer des Betriebs erfasst und es insoweit keine Freiwilligkeit der individuellen Mitgliedschaft geben kann. Einem privatrechtlichen Zwangsverband kann man nicht freiwillig beitreten, genauso wenig wie man eine öffentlich-rechtliche Gebietskörperschaft (z.B. einen Gemeindeverband) nicht dadurch privatautonom legitimieren kann, dass man sich in ihrem Gebiet niederlässt. Zum anderen kann nach den anerkannten Regeln der Rechtsgeschäftslehre im Arbeitsvertrag nicht auch zugleich ein stillschweigender rechtsgeschäftlicher Beitritt zum Betriebsverband („Aufnahmevertrag") gesehen werden. *Dieter Reuter*[68] und Schüler[69] werten das in Auseinandersetzung mit *Reichhold*[70] anders, insbesondere unter Berufung auf eine „neue Selbständigkeit" der Arbeitnehmer „an der Gestaltung der betrieblichen Vollzüge"[71]. Aber das ist kein rechtsgeschäftlicher Nachweis, ebenso wenig wie die unter Berufung auf den „in modernen auf Mitverantwortung der Arbeitnehmer für die Erfüllung des Betriebszwecks angelegten Arbeitsverhältnissen" vorgetragene Behauptung, „dass der Sinn des Arbeitsvertrages auch und gerade in der privatautonomen Legitimation des Betriebsgeschehens besteht"[72]. Die Annahme eines rechtsgeschäftlichen Willens des Arbeitnehmers, im Wege des Arbeitsvertragsschlusses auch einem Verband beitreten zu wollen, dass also im Arbeitsvertrag zugleich ein Beitrittsvertrag zum Betriebsverband liege, ist genauso bloße Fiktion, wie wenn man im Abschluss des Arbeitsvertrages eine individuelle Unterwerfung unter die Gestaltungsmacht der Betriebspartner sehen wollte.[73]

Es muss also dabei bleiben: Der Betrieb kann mangels rechtsgeschäftlich – privatautonomer Legitimation durch die Arbeitnehmer nur als Zwangsverband angesehen werden. Dementsprechend ist auch die Betriebsautonomie, auch sofern man sie als Verbandsautonomie einordnet, nicht verbandsrechtlich – privatautonom legitimiert.

II. Folgerungen aus der Einordnung des Betriebs als Verband

Die Möglichkeit, den (betriebsratsfähigen) Betrieb als durch das Betriebsverfassungsgesetz verfassten (Zwangs-)Verband zu qualifizieren, dessen Mitglieder der Arbeitgeber und die betriebsangehörigen Arbeitnehmer und

[68] Wie Fn. 1, S. 376.
[69] Vgl. insbes. *Boysen* (wie Fn. 6), S. 238 ff.; weitere Nachweise Fn. 64.
[70] Wie Fn. 35, S. 540 f.
[71] *Boysen* (wie Fn. 6), S. 240.
[72] *Dieter Reuter* (wie Fn. 1), S. 376.
[73] Dagegen ausführlich *Kreutz* Grenzen der Betriebsautonomie, 1979, S. 64 ff.

dessen Organe Arbeitgeber und Betriebsrat sind, lässt noch offen, welche dogmatischen Konsequenzen daraus zu ziehen sind. *Dieter Reuter* hat dazu – allerdings unter Annahme privatautonomer Legitimation des Verbandes durch die Arbeitnehmer – mittlerweile[74] eine Extremposition bezogen: Indem er dem Zusammenwirken im betrieblichen Arbeitsverband unter dem Gesichtspunkt – typologisch betrachtet – gewandelter moderner leistungsintegrierender Betriebsorganisation höchste Priorität beilegt, nimmt er ein „Umkippen des Arbeitsverhältnisses von einem Vertragsverhältnis in eine Verbandsbeziehung" an[75]. Danach soll das Verbandsverhältnis das bilaterale Arbeitsverhältnis zwischen Arbeitgeber und einzelnem Arbeitnehmer nicht nur ergänzen, sondern integrieren, weil das Vertragsrecht überfordert sei, den Gemeinschaftsbezug betrieblicher Arbeitsverhältnisse zu erfassen.[76] Der Geltungsanspruch des Verbandsrechts soll sich allerdings auf die Gestaltung kollektiver Arbeitsbedingungen beschränken, soll individuell verhandelte Regelungen nicht ausschließen.[77] Wie das abzugrenzen sein soll und zusammenpasst, wenn er kollektive Angelegenheiten als solche definiert, „die nicht im einzelnen Arbeitsverhältnis geregelt werden können, ohne dass die Auswirkungen auf die anderen Arbeitsverhältnisse berücksichtigt werden"[78], bleibt allerdings nebulös.[79] Auch erscheint mir in diesem Zusammenhang die Fundamentalkritik gegenüber der h.M.[80] nicht stimmig; diese gehe von der unrichtigen Prämisse aus, der Gemeinschaftsbezug der betrieblichen Arbeitsverhältnisse lasse sich auch einzelvertraglich erfassen, wenn sie annimmt, dass dieser Gemeinschaftsbezug in der Betriebsverfassung seine rechtliche Anerkennung finde.[81] Denn gerade weil das so ist, wird doch bei gemeinsamer Regelung kollektiver Angelegenheiten durch Arbeitgeber und Betriebsrat in Form der Betriebsvereinbarung dem Gemeinschaftsbezug betrieblicher Arbeitsverhältnisse Rechnung getragen, ganz entsprechend dem Geltungsanspruch des Verbandsrechts. Das vertragliche Verständnis der Betriebsvereinbarung nach h.M. ändert daran nichts; auch *Dieter Reuter* behauptet ja nicht, dass das Vertragsrecht auch insoweit überfordert ist. Das muss indes hier nicht vertieft werden, auch wenn *Dieter Reuter* seine „Umkipp"-Lehre

[74] Vgl. zu seiner abweichenden früheren Ansicht zusammenfassend *Boysen* (wie Fn. 6), S. 192 f.

[75] Wie Fn. 1, S. 365, 368 ff.; früher schon ZfA 1993, 221 (229).

[76] Wie Fn. 1, S. 365.

[77] Wie Fn. 1, S. 372.

[78] Wie Fn. 1, S. 370.

[79] Offenbar geht *Dieter Reuter* davon aus, dass insoweit die kollektive und die individuelle Regelung nebeneinander bestehen; auf das Günstigkeitsprinzip wird jedenfalls nicht abgestellt; vgl. wie Fn. 1, S. 372 mit Fn. 90.

[80] Als repräsentativ wird *Richardi* (Staudinger/*Richardi,* Bearbeitung 2005, Vorbem. zu §§ 611 ff. Rn. 459) zitiert; es hätte z.B. aber auch die Mitbestimmungskommision (BT-Drucks. VI / 334, S. 59) genannt werden können.

[81] *Dieter Reuter* (wie Fn. 1), S. 365.

jetzt wieder umfangreich gegen aus seiner Sicht mögliche Einwände verteidigt hat.[82] Die Rigorosität dieser Lehre, für die *Dieter Reuter* selbst bei seinen Schülern keine Zustimmung gefunden hat,[83] steht hier jedoch nicht auf dem Prüfstand. Hier kann es lediglich darum gehen zu überprüfen, ob die Verbandslehre dem selbst gesetzten Anspruch genügt[84]: Dass nämlich die Qualifikation des Betriebs als Verband und das daraus abgeleitete Verständnis der Betriebsautonomie als Verbandsautonomie mit dem geltenden Recht (insbesondere dem Recht der Betriebsvereinbarung) vereinbar ist und „sich gegenüber konkurrierenden Dogmatiken durch Überlegenheit bei der sachgerechten Lösung gesetzlich nicht geregelter Probleme legitimieren kann".

III. Ist die Betriebsautonomie Verbandsautonomie?

Die Möglichkeit, den Betrieb rechtlich als Verband zu qualifizieren, führt noch nicht per se zur Einordnung der Betriebsautonomie als Verbandsautonomie. Diese Einordnung ist nur gerechtfertigt, wenn sie mit geltendem Betriebsverfassungsrecht, insbesondere dem Recht der Betriebsvereinbarung, vereinbar ist. Die Betriebsvereinbarung ist als eigenständiges betriebsverfassungsrechtliches Rechtsinstitut vor allem in § 77 Abs. 2 bis 6 BetrVG geregelt. Diese gesetzliche Regelung ist allerdings nicht umfassend; noch Vieles ist der Klärung durch Rechtsprechung und Literatur überlassen. Die nachfolgende Betrachtung wird sich allerdings im Wesentlichen auf die Argumentationsgesichtspunkte beschränken, die *Dieter Reuter* selbst anführt, um die Vereinbarkeit, wenn nicht sogar die Überlegenheit seiner Verbandslehre gegenüber der Vertragstheorie bei der Deutung von Betriebsvereinbarungsrecht zu untermauern.

1. Bei verbandsrechtlicher Betrachtung schaffen Arbeitgeber und Betriebsrat (als Organe des Betriebsverbandes) durch die Betriebsvereinbarung „Verbandsinnenrecht"[85] bzw. „Betriebsrecht"[86]. Offenbar bewusst und konsequent vermeidet es *Dieter Reuter* deshalb, insoweit von Satzungsrecht zu sprechen. Denn die Regelung von Arbeitsbedingungen durch Betriebsvereinbarung schafft keine satzungsförmige Grundordnung[87] des Betriebsverban-

[82] Wie Fn. 1, S. 368 bis 373.

[83] Vgl. *Boysen* (wie Fn. 6), S. 198 ff. (m.w.N. ablehnender Stimmen in Fn. 165); *Kessal-Wulff* (wie Fn. 6), S. 329.

[84] Vgl. *Dieter Reuter* (wie Fn. 1), S. 366.

[85] So *Dieter Reuter* (wie Fn. 1), S. 368; demgegenüber sprechen *Nebel* (wie Fn. 6), S. 124 ff., 162 ff. und *Kessal-Wulff* (wie Fn. 6), S. 333 von der Betriebsvereinbarung als Satzung.

[86] *Dieter Reuter* (wie Fn. 1), S. 371.

[87] Vgl. zu deren Unterscheidung von Vereins- und Nebenordnungen im Vereinsrecht MünchkommBGB/ *Reuter*, 5. Aufl. 2006, § 25 Rn. 4 ff., 10 ff.

des; diese muss vielmehr aus den Regelungen des Betriebsverfassungsgesetzes hergeleitet werden. Gleichwohl gilt auch dieses „Verbandsinnenrecht“, das auf satzungsgemäßer Ermächtigungsgrundlage beruht, für Verbandsmitglieder grundsätzlich unmittelbar und zwingend. Die Verbandslehre vermag deshalb stimmig zu erklären, dass Betriebsvereinbarungen nach § 77 Abs. 4 S. 1 BetrVG unmittelbar und zwingend gelten. Ob darin ein Erklärungsvorteil gegenüber der Vertragstheorie liegt,[88] die zwischen Form (Vertrag) und Inhalt (Norm) unterscheidet, ist freilich zweifelhaft. Denn auch nach der Verbandslehre erfordert das Zustandekommen einer Betriebsvereinbarung eine (schriftliche) Einigung von Arbeitgeber und Betriebsrat (§ 77 Abs. 2 BetrVG), so dass auch insoweit Form und Inhalt („Betriebsrecht“) divergieren.

2. Auch hinsichtlich des Gegenstands der Betriebsvereinbarung bietet die Verbandslehre *Dieter Reuters* jetzt eine stimmige Deutung, aber keinen Erklärungsvorteil. Denn mittlerweile hat er seine frühere Differenzierung[89] zwischen der wirtschaftlichen Seite (Arbeitsverhältnis) und „der ideellen“ Seite (Betriebsverhältnis) des Arbeitsverhältnisses aufgegeben. Unter Berufung auf die in der Praxis zu beobachtende „Verschmelzung von Arbeits- und Betriebsverhältnis“[90] – formelle und materielle Arbeitsbedingungen seien untereinander verrechnungsfähig geworden – hält er seine (frühere) Unterscheidung sachlich jetzt nicht mehr für gerechtfertigt. Das hat zur Folge, dass jetzt (nach der Verbandslehre) im betrieblichen Verbandsverhältnis neben formellen auch materielle Arbeitsbedingungen durch Betriebsvereinbarung geregelt werden können. Indes ist es seit langem auf dem Boden der Vertragstheorie herrschende Meinung, dass durch Betriebsvereinbarung grundsätzlich alle Arbeitsbedingungen (im weiten Sinne) geregelt werden können und es keine Rolle spielt, ob es sich um sog. materielle oder formelle Arbeitsbedingungen handelt und wie diese Abgrenzung überhaupt vorzunehmen wäre;[91] das ergibt sich in Übereinstimmung mit der Rechtsprechung des BAG mittels Umkehrschlusses aus § 77 Abs. 3 BetrVG.[92]

3. Im Interesse einer dogmatisch schlüssigen Begründung sachgerechter Lösungen hält *Dieter Reuter* die verbandsrechtliche Einordnung der Betriebsvereinbarung im Hinblick auf die Rechtsprechung des BAG zur Kündigung betrieblicher Ruhegeldordnungen in Betriebsvereinbarungsform geradezu für notwendig.[93] Nach dieser Rechtsprechung sind freiwillige Be-

[88] So offenbar *Dieter Reuter* (wie Fn. 1), S. 368 mit Fn. 63.

[89] Vgl. *Dieter Reuter* Die Stellung des Arbeitsrechts in der Privatrechtsordnung, 1989, S. 26.

[90] Wie Fn. 1, S. 363.

[91] Vgl. mit umfangreichen Nachweisen *Kreutz* GK-BetrVG (wie Fn. 2), § 77 Rz. 83.

[92] Vgl. m.w.N. *Kreutz* GK-BetrVG (wie Fn. 2), § 77 Rz. 85; vgl. auch *Dieter Reuter* (wie Fn. 1) S. 360: „bessere positivrechtliche Begründung als zuvor“.

[93] Wie Fn. 1, S. 371.

triebsvereinbarungen über eine betriebliche Altersversorgung frei kündbar (§ 77 Abs. 5 BetrVG) und ohne Nachwirkung nach § 77 Abs. 6 BetrVG. Anders als bei anderen freiwilligen Leistungen (z.B. Weihnachtsgratifikationen) unterscheidet das BAG dabei aber zwischen der Wirksamkeit der Kündigung und den Kündigungsfolgen und sucht über deren Begrenzung Versorgungsbesitzstände der Arbeitnehmer zu sichern.[94] *Dieter Reuter* meint nun, für diese Rechtsprechung fehle bis heute eine dogmatische Begründung, die sich aus dem vertraglichen Verständnis der Betriebsvereinbarung auch gar nicht herleiten lasse, während aus verbandsrechts-dogmatischer Sicht die Unterscheidung zwischen der Aufhebung von Betriebsrecht ex nunc und den Folgen für die Rechtsstellung der schon vorhandenen Arbeitnehmer eine bare Selbstverständlichkeit sei. Diese forsche Attacke verwundert: Zum einen ist schon die (einseitige) Kündbarkeit der Betriebsvereinbarung als Verbandsrecht aus verbandsrechtlicher Sicht keine „bare Selbstverständlichkeit"; sie ist mit Verbandsrecht nur schwer vereinbar.[95] Zum anderen liegt die dogmatische Begründung auf dem Boden der Vertragstheorie für diese Rechtsprechung längst vor.[96] Denn auch wenn für „freiwillige" Betriebsvereinbarungen keine Weitergeltung nach Ablauf (gem. § 77 Abs. 6 BetrVG) in Betracht kommt, bleiben doch Ansprüche und Anwartschaften („Besitzstände"), die ihre Rechtsgrundlage in der freiwilligen Betriebsvereinbarung haben und in deren Laufzeit erworben wurden, nach deren Ablauf bestehen. Sie bestehen fort, weil die Regelungen der Betriebsvereinbarung insofern von vornherein Bestandteil der individuellen Arbeitsverhältnisse werden, als sie in ihrem Geltungsbereich (nicht anders als Gesetze) das Rechtsverhältnis zwischen Arbeitgeber und Arbeitnehmer gestalten, z.B. indem schuldrechtliche Ansprüche, die die Betriebsvereinbarung gewährt, ohne weiteres entstehen, und erdiente Anwartschaften (bei betrieblicher Altersversorgung) erworben werden. Ist eine solche Gestaltung aber erfolgt, so ist es für den Fortbestand aller entstandenen Ansprüche und begründeten Anwartschaften unerheblich, wenn die Betriebsvereinbarung später abläuft. Keineswegs wird mit Ablauf die Betriebsvereinbarung als Grundlage bereits entstandener Rechte rückwirkend (ex tunc) beseitigt; die Kündigung wirkt nur für die Zukunft. Auch bei dieser Einzelproblematik kann mithin die Verbandslehre keinen Erklärungsvorteil reklamieren; das Gegenteil ist der Fall. Hinzu kommt, dass die Verbandslehre auch die Weitergeltung abgelaufener Betriebsvereinbarungen nach § 77 Abs. 6 BetrVG (noch) nicht erklären konnte.

[94] Näher dazu m.w.N. *Kreutz* GK-BetrVG (wie Fn. 2), § 77 Rz. 361.

[95] Vgl. schon *Kreutz* Grenzen der Betriebsautonomie, 1979, S. 15; *Dieter Reuter* (wie Fn. 1), S. 371 weicht dementsprechend auch auf den (andersartigen) Gesichtspunkt einer „Aufhebung" einer Satzung mit satzungsändernder Mehrheit der Mitgliederversammlung aus.

[96] Vgl. m.w.N. *Kreutz* GK-BetrVG (wie Fn. 2), § 77 Rz. 404; neuerdings *Konzen* und *Walterman*, beide FS für *Kreutz* (wie Fn. 1), S. 229 (243 ff.) und S. 471 (482 ff.).

4. Im Erklärungsnotstand befindet sich die Verbandslehre nach eigener Einschätzung[97] wegen des Tarifvorbehalts in § 77 Abs. 3 BetrVG: Wenn danach Arbeitsentgelte und (sämtliche) sonstige Arbeitsbedingungen, die durch Tarifvertrag geregelt sind oder üblicherweise geregelt werden, nicht durch Betriebsvereinbarung geregelt werden können, scheine das deren Qualifikation als Verbandsrecht weithin auszuschließen, weil ein Tarifvertrag solches Betriebsrecht allenfalls in begrenztem Umfang durch Betriebsnormen und Betriebsverfassungsnormen schaffen kann. Ob bei dieser Sicht das durch § 77 Abs. 3 BetrVG ausgeschlossene Nebeneinander von tariflicher (bzw. tarifüblicher) Regelung und Betriebsvereinbarung im Hinblick auf Betriebsrecht („Betriebsnormen") nicht doch auch weniger formal bestimmt werden kann bzw. muss, mag hier dahinstehen. Allerdings erscheint es nicht überzeugend, dass *Dieter Reuter* das Problemfeld dadurch auszuschalten sucht, dass er § 77 Abs. 3 BetrVG in der Art einer Rosinentheorie als „eine Norm ohne praktische Bedeutung" abqualifiziert.[98]

IV. Problemlösungen durch Verbandsrecht?

Ist danach bei Einordnung der Betriebsautonomie als Verbandsautonomie deren Vereinbarkeit mit dem gesetzlichen und richterrechtlichen Betriebsvereinbarungsrecht nicht vollumfänglich zweifelsfrei dargetan, stellt sich nun die Frage, ob sich die Verbandslehre doch wenigstens dadurch legitimieren kann, dass sie sich bei der Lösung gesetzlich nicht geregelter Probleme gegenüber der Vertragstheorie überlegen erweist. Das hängt davon ab, ob einschlägiges Verbandsrecht zur Lösung solcher Probleme bereit steht. Zentraler Problembereich und quasi Paukboden dieser Auseinandersetzungen ist dabei nach wie vor die Bestimmung der Innenschranken der Betriebsautonomie (als der Regelungsmacht durch Betriebsvereinbarung). Das sieht auch *Dieter Reuter* so. Allerdings benennt er die Grenzen, die das „moderne Verbandsrecht" der Verbandsautonomie (der kollektiven Regelungsmacht) zieht, eher nur schlagwortartig knapp: „Danach ist nicht nur die Kollektivmacht durch den Gleichbehandlungsgrundsatz und das Verbot übermäßiger Beeinträchtigung der Individualinteressen der Mitglieder begrenzt. Vielmehr ist der Kernbereich der Mitgliedschaft der Kollektivmacht überhaupt entzogen: Entsprechende Kollektivregelungen sind gegenüber dem einzelnen Mitglied nur wirksam, wenn er ihnen zustimmt"[99].

In der Tat bedarf die Bindung der Betriebsautonomie an den Gleichbehandlungsgrundsatz und an das Verhältnismäßigkeitsprinzip bei verschlech-

[97] Vgl. *Dieter Reuter* (wie Fn. 1), S. 372 f.
[98] Wie Fn. 1, S. 373.
[99] *Dieter Reuter* (wie Fn. 1), S. 369 und ähnlich wieder S. 377.

ternden Eingriffen in grundrechtliche geschützte Wertpositionen der Arbeitnehmer durch Betriebsvereinbarung heute keiner (neuen) Begründung mehr.[100] Insoweit erübrigt sich jegliche Anleihe bei verbandsrechtlichen Prinzipien. Denn diese Schrankenziehungen sind auf dem Boden der Vertragstheorie längst anerkannt; sie ergeben sich (neben weiteren Schranken) aus § 75 Abs. 1 BetrVG.[101]

Beim Verständnis der Betriebsautonomie als Verbandsautonomie könnte demnach allein die Lehre vom (relativ unentziehbaren) Kernbereich der Mitgliedschaft(srechte) eigenständige Bedeutung gewinnen, da die Unentziehbarkeit eines Kernbereichs des Arbeitsverhältnisses als Innenschranke der Betriebsautonomie bisher „unentdeckt" war. Im gesellschaftsrechtlichen Verbandsrecht ist die Kernbereichslehre unter den Inhaltsgrenzen der Mehrheitsherrschaft durch Mehrheitsbeschlüsse zu verorten, namentlich auch unter dem Gesichtspunkt eines Minderheitenschutzes.[102] Sie geht dahin, dass der Kernbereich der Mitgliedschaftsrechte im Verband (etwa Gewinnrecht, Recht auf Beteiligung am Liquidationserlös, Stimmrecht, Informationsrechte und andere) grundsätzlich (Ausnahmen!) nicht durch Mehrheitsentscheidung entzogen werden kann, sondern der (ggf. antizipierten[103]) Zustimmung des einzelnen betroffenen Gesellschafters bedarf.[104] Weiteres muss hier dazu nicht ausgebreitet werden. Denn auch wenn man außer Betracht lässt, dass die Kernbereichslehre mit ganz unterschiedlichen Akzentsetzungen vertreten wird und insbesondere ihr Verhältnis zum Bestimmtheitsgrundsatz als Voraussetzung wirksamer Festlegung des Mehrheitsprinzips im (Personen-) Gesellschaftsrecht nach wie vor von erheblichen Unsicherheiten geprägt ist,[105] lässt sich rasch dartun, dass sie zur Schrankenziehung im Recht der Betriebsvereinbarung nicht taugt. Das gilt auch, wenn man sich mit *Dieter*

[100] Vgl. *Kreutz* GK-BetrVG (wie Fn. 2), § 77 Rz. 305, 306 sowie § 75 Rz. 38 ff. und Rz. 29 ff.

[101] Das sieht *Dieter Reuter* im Ergebnis nicht anders; vgl. diesen wie Fn. 1, S. 369 mit Fn. 71.

[102] Vgl. insoweit, zugleich meinungsbildend, *Karsten Schmidt* (wie Fn. 17), S. 460 ff., 466 ff.; *Wiedemann* Gesellschaftsrecht, Bd. II, 2004, S. 219, 302; aus der jüngeren Rechtsprechung: BGH 15.1.2007 NJW 2007, 1685, 1686 f. („Otto").

[103] So BGH 15.1.2007 NJW 2007, 1685 (1687).

[104] Entsprechendes gilt unter dem Gesichtspunkt eines Belastungsverbots bei (beitragspflichtenerhöhenden Beschlüssen; *Karsten Schmidt* ZGR 2008, 1 (19) spricht hier von der Kehrseite des Kernbereichsgedankens; vgl. auch *Wiedemann* (wie Fn. 102), S. 302.

[105] Vgl. dazu BGH 15.1.2007(wie Fn. 101); *Karsten Schmidt* ZGR 2008, 1 (16 ff.); *Dieter Reuter* FS für *Karsten Schmidt*, 2009, S. 1357 (1362 ff.), der dort (S. 1368) mit kritischer Distanz zur Kernbereichslehre („die keineswegs die Bewunderung verdient, die ihr gelegentlich zuteil wird") für eine Stärkung des materiellen Bestimmtheitsgrundsatzes (jedenfalls bei Personengesellschaften) eintritt; vgl. auch *Kraft/Kreutz* Gesellschaftsrecht, 11. Aufl. 2000, S. 112 f.; *Karsten Schmidt* (wie Fn. 17), S. 455 ff., 472, 474.

Reuter[106] darauf verständigt, dass im Arbeitsverhältnis der Grundlohn und die Dauer der Arbeitszeit den Kernbereich ausmachen. Nach der Kernbereichslehre sind nämlich Eingriffe in Rechtspositionen, die zum Kernbereich der Mitgliedschaft zu rechnen sind, nicht pauschal der Kollektivmacht entzogen, sondern in ihrer Wirksamkeit (grundsätzlich) von der Zustimmung des Betroffenen abhängig. Die Kernbereichslehre fordert dieses spezifische Legitimationserfordernis für Eingriffe in den Kernbereich.[107] Eine solche Zustimmungsbedürftigkeit ist jedoch mit der unmittelbaren und vor allem auch der zwingenden Geltung von Betriebsvereinbarungen nach § 77 Abs. 4 S. 1 BetrVG schlichtweg unvereinbar. Anders als im Gesellschaftsrecht, wo die Zustimmung in antizipierter Form im Gesellschaftsvertrag (Satzung) oder in der positiven Mitwirkung an der Beschlussfassung erfolgen kann, ist darüber hinaus nicht ersichtlich, wie der Zustimmungsbedürftigkeit sinnvoll Rechnung getragen werden könnte, wenn im Kernbereich durch Betriebsvereinbarung Arbeitsbedingungen verschlechtert werden sollen. Außerdem würden sich nach der Kernbereichslehre erhebliche Unsicherheiten daraus ergeben, dass die Zustimmungsbedürftigkeit nur „grundsätzlich" gilt, also ausnahmsweise auch ohne Zustimmung bzw. Zustimmungsverweigerung in den Kernbereich der Mitgliedschaft des Betroffenen eingegriffen werden könnte, etwa aus wichtigem Grund[108] oder wenn der Betroffene aus dem Gesichtspunkt seiner Treuepflicht die in Frage stehende Maßnahme hinzunehmen oder ihr zuzustimmen hat.[109] Auch mit Blick auf die Kernbereichslehre kann mithin das Verbandsrecht keinen, erst recht keinen „überlegenen" Beitrag zur Lösung der Innenschrankenproblematik bei Regelungen von Arbeitsbedingungen durch Betriebsvereinbarung leisten.

V. Fazit und Ausblick

Die Lehre vom Betriebsverband belegt, was die wissenschaftlichen Arbeiten *Dieter Reuters* durchgängig besonders auszeichnet: Die konzeptionelle Stimmigkeit, mit der er gesetzliche Wertungen und Einsichten in die Praxis fachgebietsübergreifend zu einem tragfähigen Gedankengebäude zusammenzufügen versteht. Konzeptionelles Rechtsdenken ist sein Metier. Dabei scheut er sich auch nicht, eigene Ansichten zu ändern, wenn ihn Erkenntnisse oder Argumentationsgesichtspunkte anderer überzeugen, die in sein Konzept passen. Aber an seinen schöpferischen dogmatischen Grundkonzeptionen hält er auch dann fest, wenn sie auf breite Ablehnung stoßen oder nur

[106] Wie Fn. 1, S. 369.
[107] So treffend *Karsten Schmidt* ZGR 2008, 1 (17).
[108] So zuletzt wieder BGH 15.1.2007 NJW 2007, 1685 (1687).
[109] BGH NJW 1995, 194; vgl. auch *Karsten Schmidt* (wie Fn. 17), S. 472.

wenig Zustimmung bei anderen finden. Ein Bespiel dafür bietet seine Lehre vom Betriebsverband, die im Betriebsverfassungsrecht über eine Außenseiterposition nicht hinausgekommen ist. Dabei ist diese Lehre, wie oben aufgezeigt wurde, im verbandsrechtsdogmatischen Ansatz vertretbar und nicht falsifizierbar. Der Betrieb kann als durch das BetrVG gesetzlich verfasster privatrechtlicher Arbeitsverband eingeordnet werden. Allerdings ist dieser Verband nicht rechtsgeschäftlich – privatautonom durch die Arbeitnehmer legitimiert; entgegen eigenem Anspruch erfährt die Verbandslehre dadurch eine erhebliche Attraktivitätseinbuße. Jegliche Vorzugswürdigkeit büßt sie aber erst dadurch ein, dass ihr bei der Bewältigung von Sachproblemen der Betriebsautonomie keine ernst zu nehmende praktische Relevanz zugebilligt werden kann. Problematisch ist schon, ob das im BetrVG geregelte Recht der Betriebsvereinbarung überhaupt durchgängig verbandsrechtsakzessorisch gedeutet werden kann; jedenfalls ist nichts dafür dargetan, dass auf diesem Weg gesetzlich nicht geregelte Probleme sachgerechter gelöst werden könnten als durch die verbandsrechtsunabhängige, eigenständig betriebsverfassungsrechtliche Betrachtung nach h.M. Vor allem aber kann die Verbandslehre keinen Beweis dafür erbringen, dass das Verbandsrecht in Form anerkannter Prinzipien oder Lehrsätze das Betriebsverfassungsrecht ergänzend bereichern und dadurch dort zur Lösung praktischer Probleme beitragen könnte. Ich erwarte deshalb, lieber *Dieter Reuter*, nicht, dass sich die Lehre vom Betriebsverband noch zur h.M. aufschwingen wird. Unsere kollegiale Freundschaft kann das verkraften – ad multos annos!

Betriebliche Bündnisse für Arbeit vor der AGB-Kontrolle?

Zugleich zur Anwendbarkeit von § 310 Abs. 4 S. 1 u. 3 BGB auf die sog. Regelungsabrede

Thomas Lobinger

A. Einführung in die Problematik

I. AGB-Kontrolle im Arbeitsrecht

1. Der Wegfall der umfassenden Bereichsausnahme für das Arbeitsrecht im Zuge der Schuldrechtsreform 2002

Das am 1. Januar 2002 in Kraft getretene Schuldrechtsmodernisierungsgesetz hat sich nicht nur für das Zivilrecht als Beschäftigungsprogramm erwiesen. Gleiches gilt das Arbeitsrecht. Maßgeblicher Grund hierfür ist der Wegfall von § 23 Abs. 1 des früheren Gesetzes über Allgemeine Geschäftsbedingungen (AGBG), nach dem das Arbeitsrecht von der Anwendung der Vorschriften über die AGB-Kontrolle vollständig ausgenommen war. Diese umfassende Bereichsausnahme gilt heute nicht mehr. Vielmehr unterliegt seit dem 1.1.2002 grundsätzlich jeder Arbeitsvertrag den Regelungen über die AGB-Kontrolle (§§ 305 ff. BGB), was nicht nur zu einer Literaturflut[1], sondern in kürzester Zeit auch zu einer Vielzahl grundlegender höchstrichterlicher Entscheidungen geführt hat[2].

2. Die Kontrollfreiheit von Kollektivvereinbarungen

Ganz ist die frühere Bereichsausnahme für das Arbeitsrecht allerdings nicht gefallen. Unabhängig davon, dass gem. § 310 Abs. 4 S. 2 HS 1 BGB bei der AGB-Kontrolle von Arbeitsverträgen generell die im Arbeitsrecht gel-

[1] S. nur etwa *Däubler/Dorndorf/Bonin/Deinert* AGB-Kontrolle im Arbeitsrecht, 2. Aufl., 2008; *Giesing* Inhaltskontrolle und Abschlusskontrolle arbeitsrechtlicher Aufhebungsverträge, 2008; *Günther* AGB-Kontrolle von Arbeitsverträgen, 2007; *Lakies* AGB im Arbeitsrecht, 2006; *Thüsing* AGB-Kontrolle im Arbeitsrecht, 2007.

[2] S. nur BAGE 110, 8; 115, 19; 116, 267; BAG AP Nr. 5 zu § 310 BGB; BAG AP Nr. 45 zu § 611 BGB Kirchendienst.

tenden Besonderheiten angemessen zu berücksichtigen sind, sollen die gesetzlichen Regelungen über die AGB-Kontrolle gem. § 310 Abs. 4 S. 1 BGB keine Anwendung auf Tarifverträge, Betriebsvereinbarungen und Dienstvereinbarungen finden. Ausgenommen von der AGB-Kontrolle sind damit die wichtigsten Regelungsformen des kollektiven Arbeitsrechts. Diese Kontrollfreiheit ist umfassend gewollt. Sie soll auch dort greifen, wo die Kollektivvereinbarungen nicht normativ gelten, sondern deren Inhalte lediglich einzelarbeitsvertraglich in Bezug genommen werden und damit ihre Geltung dem Individualvertrag verdanken. Dies ist der Grund, warum das Gesetz in § 310 Abs. 4 S. 3 BGB Tarifverträge, Betriebs- und Dienstvereinbarungen den Rechtsvorschriften im Sinne von § 307 Abs. 3 BGB gleichstellt. Für den bezugnehmenden Arbeitsvertrag greift damit das dort statuierte (eingeschränkte) Kontrollverbot.[3]

3. *Das offene Problem der AGB-rechtlichen Behandlung von Regelungsabreden (Betriebsabsprachen)*

Nicht erwähnt ist in den genannten Vorschriften über die Kontrollfreiheit allerdings ein kollektivarbeitsrechtliches Instrument, das in der betrieblichen Praxis und hier vor allem im Zusammenhang mit den unser Thema betreffenden betrieblichen Bündnissen für Arbeit eine erhebliche Rolle spielt: die sog. Regelungsabrede oder auch Betriebsabsprache. Sie steht insoweit in unmittelbarer Nachbarschaft zur Betriebsvereinbarung, als es sich auch bei ihr um eine Vereinbarung der Betriebsparteien handelt. Allerdings wirkt diese Vereinbarung nicht normativ. § 77 Abs. 4 BetrVG gilt nur für Betriebsvereinbarungen im technischen Sinn, also im Sinn von § 77 Abs. 2 BetrVG. Die Regelungsabrede zielt demgegenüber auf eine erst noch folgende individualrechtliche Umsetzung der vereinbarten Inhalte. Der Arbeitgeber ist gehalten, den entsprechenden Inhalten mittels Änderungsverträgen oder -kündigungen im Einzelarbeitsverhältnis Geltung zu verschaffen.[4] Von den Wirkungen her ist die Lage nach einer Umsetzung der Regelungsabrede folglich mit der Lage bei einem einzelarbeitsvertraglich in Bezug genommenen Tarifvertrag vergleichbar. Gleichwohl ist die Regelungsabrede auch in § 310 Abs. 4 S. 3 BGB nicht erwähnt.

[3] Dazu, dass dies unstr. nur für eine Totalverweisung, nicht aber auch für Einzel- oder Teilverweisungen gilt, s. nur *Preis* in: Erfurter Kommentar zum Arbeitsrecht, 10. Aufl., 2010, § 310 BGB, Rn. 16; Staudinger/*Schlosser*, BGB, 2006, § 310 Rn. 113, § 307 Rn. 300; vgl. auch GÄBReg, BT-Drucks. 14/6857, S. 54.

[4] S. nur *Fitting* BetrVG, 24. Aufl., 2008, § 77 Rn. 217; GK-BetrVG/*Kreutz* 9. Aufl., 2010, § 77 Rn. 20; Richardi/*Richardi* BetrVG, 12. Aufl., 2010, § 77 Rn. 228.

II. Betriebliche Bündnisse für Arbeit

1. *Wirtschaftliche Ziele und tatsächliche Erscheinungsformen*

Mit der Regelungsabrede sind wir zugleich bei den betrieblichen Bündnissen für Arbeit. Das wirtschaftliche Ziel solcher Bündnisse besteht regelmäßig in einer Senkung der Arbeitskosten durch Abweichung von den Vorgaben geltender Tarifverträge. Verhindert werden sollen damit zumeist Betriebsverlagerungen oder auch -schließungen – und damit für die Arbeitnehmer letztlich betriebsbedingte Kündigungen. Das Attribut „betrieblich" rührt dabei nicht nur vom Bezugspunkt des Bündnisses, sondern vor allem auch von seinen Akteuren her. Denn verhandelt und beschlossen wird bei betrieblichen Bündnissen für Arbeit zumeist durch die Betriebsparteien, also durch Arbeitgeber und Betriebsrat.[5]

Die konkreten Inhalte betrieblicher Bündnisse für Arbeit variieren naturgemäß von Fall zu Fall. Sehr häufig geht es aber um eine – immer auf die Laufzeit beschränkte – Erhöhung der Wochenarbeitszeit ohne oder jedenfalls ohne vollständigen Lohnausgleich. Daneben werden vielfach Zuschläge, sei es für Überstunden-, Feiertags- oder Nachtarbeit reduziert.[6]

2. *Die rechtlichen Probleme*

Die rechtlichen Probleme betrieblicher Bündnisse für Arbeit sind vielschichtig. In ihrem wesentlichen Kern betreffen sie das Verhältnis der im Arbeitsrecht miteinander konkurrierenden „Autonomien": der Privatautonomie, der Tarifautonomie und der Betriebsautonomie. Dabei herrscht noch weitgehend Einigkeit darüber, dass eine Abweichung von tariflichen Regelungen mittels normativ wirkender Betriebsvereinbarung nicht in die Regelungsmacht der Betriebsparteien fällt. Dem stehen nach geltendem Recht § 77 Abs. 3 BetrVG sowie auch allgemeine Grundsätze entgegen.[7]

Erheblicher Streit besteht dagegen in der Frage, welche Möglichkeiten den Arbeitsvertragsparteien noch zukommen, wenn sie im Rahmen betrieblicher Bündnisse für Arbeit von den geltenden tarifvertraglichen Vorgaben abweichen wollen und diese Vorgaben nicht nur kraft einzelvertraglicher Verweisung, sondern, wegen beiderseitiger Tarifgebundenheit, normativ, gem. § 4

[5] Verbreitet sind heute allerdings auch unternehmensbezogene Sanierungstarifverträge (vgl. nur etwa BAGE 105, 275; 106, 374) sowie dreiseitige Konsolidierungsverträge (vgl. nur etwa BAG AP Nr. 14 zu § 77 BetrVG 1972 Tarifvorbehalt).

[6] Beispielhaft für solche Inhalte etwa BAGE 91, 210 („Burda"); 103, 265; 105, 275; ArbG Marburg NZA 1996, 1337 („Viessmann").

[7] S. dazu BAGE 91, 210, 222 („Burda"); LAG Düsseldorf NZA-RR 2000, 137; *Fitting* (Fn. 4), § 77 Rn. 97; GK-BetrVG/*Kreutz* (Fn. 4), § 77 Rn. 130; aA *Reuter* RdA 1991, 193, 201 f.; *ders.* ZfA 1995, 1, 66 ff.

Abs. 1 TVG also unmittelbar und zwingend, gelten. Gem. § 4 Abs. 3 TVG hängt dabei alles von der Günstigkeit der abweichenden Regelung ab. Wie allerdings diese Günstigkeit zu verstehen ist, wenn es nicht ausschließlich um Verbesserungen für den Arbeitnehmer geht, sondern Verbesserungen auf der einen Seite – Beschäftigungsgarantie – durch Verschlechterungen auf der anderen Seite – Arbeitszeitverlängerung ohne Lohnausgleich – erkauft werden müssen, ist bekanntlich Gegenstand lebhafter Auseinandersetzungen. Das BAG und die h.M. sind der Ansicht, dass in solchen Fällen ein Günstigkeitsvergleich von vornherein nicht möglich ist, weil, so die gängige Formel, Äpfel mit Birnen verglichen werden müssten, wollte man einer Beschäftigungsgarantie etwa eine Arbeitszeitverlängerung gegenüberstellen (Lehre vom sog. Sachgruppenvergleich).[8] Die Frage ist hier nicht zu vertiefen. Richtigerweise sollte man jedoch solchen Stimmen in der Literatur folgen, die darauf abstellen, ob das durch den Tarifvertrag definierte einzelvertragliche Synallagma durch das betriebliche Bündnis für Arbeit insgesamt noch gewahrt bleibt oder nicht[9]. Dem Zweck der Tarifautonomie als Hilfsmittel der Privatautonomie entspricht ein subjektives Verständnis des Günstigkeitsprinzips innerhalb des objektiven Rahmens, den die Koalitionen für ihre allein nicht hinreichend verhandlungsstarken Mitglieder gesetzt haben.[10] Verschiebungen innerhalb dieses Rahmens können und müssen hiernach der privatautonomen Gestaltung weiterhin offenstehen, weil bei Wahrung des Gesamtniveaus weder ein Paritätsdefizit auf Seiten des Arbeitnehmers indiziert noch die Funktionsfähigkeit der Tarifautonomie gefährdet ist: Der Arbeitgeber kann auch nach dieser Lehre in dem für ihn allein interessanten Gesamtvolumen nicht hinter dem zurückbleiben, was mit der Gewerkschaft vereinbart war.

3. Die besondere Bedeutung der Regelungsabrede

Schon diese kurze Problemskizze macht deutlich, warum der Regelungsabrede im Rahmen betrieblicher Bündnisse für Arbeit eine so wesentliche Bedeutung zukommt und warum es deshalb auch im Hinblick auf eine mögliche AGB-Kontrolle betrieblicher Bündnisse entscheidend darauf ankommt, ob man Regelungsabreden bzw. hierauf beruhende vertragliche Einheitsregelungen überhaupt einer solchen Kontrolle unterziehen kann: Weil es den Betriebsparteien nach geltendem Recht (§ 77 Abs. 3 BetrVG) verwehrt ist, ihr Bündnis für Arbeit in die Form einer normativ geltenden Betriebsvereinba-

[8] S. nur BAGE 46, 50, 59; 91, 210, 233 („Burda"); 103, 265, 273; *Gamillscheg* Kollektives Arbeitsrecht, Bd. I, 1997, S. 853; *Löwisch/Rieble* TVG, 2. Aufl., 2004, § 4 Rn. 302 f.

[9] S. etwa *Picker* NZA 2002, 761, 767 f.; *dens.* ZfA 2005, 353, 382 f.; *Schliemann* NZA 2003, 122, 125 ff.; in der Tendenz auch ErfK/*Franzen* (Fn. 3), § 4 TVG, Rn. 38.

[10] Weitergehend im subjektiven Verständnis wohl *Adomeit* NJW 1984, 26 f.; *Buchner* NZA 1996, 1304, 1305 f.; *Heinze* NZA 1991, 329, 333 ff.

rung zu gießen, ist die Regelungsabrede für sie das Mittel der Wahl, die erstrebten Abweichungen von den tarifvertraglichen Vorgaben schließlich auch in verbindliche Regelungen umzusetzen. Die wohl meisten Bündnisse werden deshalb in der Tat in dieser Form geschlossen[11]. Zwar erschwert die Rechtsprechung des BAG zum Günstigkeitsprinzip heute auch diesen Weg ganz erheblich. Allerdings verbleiben noch immer lohnende Spielräume. Das gilt vor allem bei geringem Organisationsgrad der Belegschaft, weil sich der enge Günstigkeitsbegriff nur im Bereich der normativen Geltung von Tarifverträgen auszuwirken vermag. Für solche Bereiche verbliebener Freiheit ist es damit aber von entscheidender Bedeutung, ob nicht möglicherweise von anderer Seite her Restriktionen drohen, ob also konkret die Gestaltungsmacht, die auch ein zu eng gehandhabtes Kollektivarbeitsrecht noch belassen hat, nunmehr von anderer Seite, der AGB-Kontrolle her, gefährdet ist. Dabei ist im weitreichendsten Szenario, wonach die Gewerkschaften selbst oder hierfür gegründete Tochterorganisationen mittels Verbandsklage gar eine flächendeckende Kontrolle betrieblicher Bündnisse für Arbeit betreiben könnten, durch das Unterlassungsklagengesetz (UKlaG) allerdings von vornherein ein Riegel vorgeschoben. § 15 UKlaG statuiert für den Verbandsprozess wie früher § 23 Abs. 1 AGBG eine umfassende Bereichsausnahme für das Arbeitsrecht. Von praktischer Bedeutung sind die folgenden Überlegungen deshalb nur für den Individualprozess. Das hiervon ausgehende „Gefahrenpotenzial" reicht allerdings vollständig aus, um die Frage der AGB-Kontrolle betrieblicher Bündnisse für Arbeit einer näheren Betrachtung zu unterziehen.

III. Abschichtung der AGB-rechtlichen Probleme bei betrieblichen Bündnissen für Arbeit

1. Allgemeine AGB-rechtliche Probleme

Für das weitere Vorgehen sollen zwei Problemschichten voneinander getrennt werden, wie sie bei betrieblichen Bündnissen für Arbeit im Hinblick auf eine AGB-Kontrolle heute typischerweise begegnen. In einem ersten Schritt gilt es, die allgemeinen AGB-rechtlichen Probleme zu untersuchen, solche Probleme also, die ggf. auch dort auftreten können, wo das betriebliche Bündnis für Arbeit vom Arbeitgeber allein, d.h. ohne Betriebsratsbeteiligung initiiert und mittels Einheitsverträgen umgesetzt wird. Hier geht es insbesondere um die Frage, wann bei betrieblichen Bündnissen für Arbeit überhaupt von allgemeinen Geschäftsbedingungen gesprochen werden kann, welche Einbeziehungshindernisse denkbar sind und ob von ihrem Inhalt her nicht schon nach allgemeinen Regeln weitreichende Kontrollsperren bestehen.

[11] S. aus der Rspr. nur BAGE 91, 210 („Burda"); ArbG Marburg NZA 1996, 1337 („Viessmann"); wohl auch BAGE 103, 265.

2. *Besondere Probleme im Hinblick auf Regelungsabreden*

Eine eigene und deshalb erst im Anschluss zu behandelnde Problemschicht ergibt sich sodann aus der verbreiteten Praxis, betriebliche Bündnisse für Arbeit unter maßgeblicher Beteiligung des Betriebsrats in der Form der Regelungsabrede abzuschließen. Denn für diese praktisch wichtigsten Fälle stellt sich zusätzlich zu den allgemeinen AGB-rechtlichen Fragen die bereits eingangs angesprochene besondere Frage nach einer Erstreckung der partiellen Bereichsausnahme für Tarifverträge und Betriebsvereinbarungen auch auf die Regelungsabrede. In der Sache wird also im zweiten Schritt zu untersuchen sein, ob eine AGB-Kontrolle betrieblicher Bündnisse für Arbeit unabhängig von allgemeinen AGB-rechtlichen Fragen jedenfalls dann ausscheiden muss, wenn diesem Bündnis eine Regelungsabrede mit dem Betriebsrat zugrundeliegt.

3. *Die Notwendigkeit einer differenzierten Betrachtung der verschiedenen Regelungsebenen*

Wurde der Betriebsrat wie üblicherweise an dem betrieblichen Bündnis für Arbeit mittels Regelungsabrede beteiligt, ist bei der Untersuchung beider Problemschichten eine Differenzierung von entscheidender Bedeutung: die Differenzierung nach den verschiedenen einschlägigen Regelungsebenen. Es sind also stets das durch die Regelungsabrede zwischen den Betriebsparteien begründete Rechtsverhältnis einerseits und das durch die Umsetzung der Regelungsabrede zwischen den Arbeitsvertragsparteien begründete Rechtsverhältnis andererseits zu betrachten. Nur so wird man dem Fehlen der normativen Wirkung und der daraus resultierenden Notwendigkeit einer zweiaktigen Ingeltungsetzung der einschlägigen Inhalte bei der Regelungsabrede gerecht. Und nur so lassen sich deshalb auch die dogmatischen Probleme im Hinblick auf eine AGB-Kontrolle der in diese Form gegossenen betrieblichen Bündnisse für Arbeit exakt lozieren.

B. Die allgemeinen ABG-rechtlichen Probleme

I. Das Vorliegen allgemeiner Geschäftsbedingungen

1. *Im Verhältnis der Betriebsparteien*

Grundvoraussetzung für eine AGB-Kontrolle betrieblicher Bündnisse für Arbeit ist, dass es sich bei den in diesem Bündnis enthaltenen Regelungen begrifflich überhaupt um allgemeine Geschäftsbedingungen handelt. Es muss folglich um Vertragsbedingungen gehen, die für eine Vielzahl von Verträgen vorformuliert sind (§ 305 Abs. 1 BGB).[12] Und es müssen diese Bedingungen

[12] Die Anwendung von § 310 Abs. 3 Nr. 2 BGB kommt mangels Verbrauchereigenschaft des Betriebsrats von vornherein nicht in Betracht.

dem Vertragspartner vom Verwender weiterhin „gestellt" worden sein; es darf also kein Aushandeln im Einzelnen gegeben haben.

Im Verhältnis der Betriebsparteien wird es sich damit bei einem Bündnis für Arbeit regelmäßig nicht um allgemeine Geschäftsbedingungen i.S.v. § 305 Abs. 1 BGB handeln. So ist kaum vorstellbar, dass ein Arbeitgeber für seine Betriebe gleichsam einen Standard-Bündnistext vorhält oder gar ein vorgefertigtes Bündnisformular von seinem Arbeitgeberverband erwirbt. Ebenso wenig entspricht es den Realitäten, dass der Arbeitgeber dem Betriebsrat den vorgefertigten Bündnistext kurzerhand „stellt". Das Gegenteil entspricht der Erfahrung: Um jeden einzelnen Punkt wird in den Verhandlungen zwischen Arbeitgeber und Betriebsrat hart gerungen.

Entscheidend kommt aber auch noch hinzu: Im Verhältnis der Betriebsparteien beschränkt sich der Regelungsgehalt einer Bündnisabrede ohnehin auf die Pflicht des Arbeitgebers zur individualvertraglichen Umsetzung der vereinbarten Inhalte einerseits und die Pflicht des Betriebsrats zur Förderung dieser Umsetzung andererseits. Soweit es um die Betriebsparteien selbst geht, enthält die Regelungsabrede folglich überhaupt keine materiellen Vertragsbedingungen, die zu den unmittelbar aus den Bündnisverhandlungen hervorgegangenen Verpflichtungen zur Umsetzung bzw. Förderung der Umsetzung hinzutreten würden und folglich auch von einer der Parteien gestellt sein könnten. Dies wäre erst dann der Fall, wenn die Bündnisvereinbarung etwa Rücktrittsvorbehalte oder Sanktionen bei mangelnder Umsetzungsförderung vorsehen würde.

2. *Im Verhältnis der Arbeitsvertragsparteien*

Anders stellt sich die Lage demgegenüber zwischen den Parteien des Arbeitsvertrags dar. Hier ist der Regelungsgehalt nicht wie bei den Betriebsparteien auf die Kardinalpflichten reduziert. Vielmehr liegen klassische materielle Vertragsbedingungen vor, wie sie typisch sind für die umfassende Ausgestaltung von Arbeitsverhältnissen. Zudem erfolgt die Umsetzung des betrieblichen Bündnisses in der Regel mittels Einheitsänderungs- bzw. -ergänzungs verträgen. Es handelt sich deshalb stets um Vertragsbedingungen, die für eine Vielzahl von Verträgen vorformuliert wurden und die der Arbeitgeber den betroffenen Arbeitnehmern nunmehr auch stellt. So stehen die oftmals sehr mühsam mit dem Betriebsrat ausgehandelten Regelungen bei der Umsetzung gegenüber den einzelnen Arbeitnehmern nicht nochmals zur Disposition. Dieser Befund lässt sich auch nicht dadurch überspringen, dass man die Verhandlungen des Betriebsrats den einzelnen Arbeitnehmern kurzerhand zurechnet: Im technischen Sinn ist der Betriebsrat bekanntlich nicht Vertreter der Arbeitnehmer.[13] Schon unabhängig von § 310 Abs. 3 Nr. 1 BGB und der

[13] S. nur BAGE 22, 448, 457; BAG AP Nr. 1 zu § 77 BetrVG 1972; *v. Hoyningen-Huene* Betriebsverfassungsrecht, 6. Aufl., 2007, § 4 Rn. 35, 38; *Lobinger* FS Richardi, 2007, S. 657,

hierfür erforderlichen Verbrauchereigenschaft des Arbeitnehmers[14] liegen damit im eigentlichen Arbeitsverhältnis regelmäßig allgemeine Geschäftsbedingungen vor.

3. *Zwischenergebnis*

Im Ergebnis ergibt sich somit an dieser Stelle ein zweigeteiltes Bild: Im Verhältnis der Arbeitsvertragsparteien liegen bei einem mittels Einheitsänderungs- oder -ergänzungsvertrag umgesetzten Bündnis für Arbeit regelmäßig allgemeine Geschäftsbedingungen i.S.v. § 305 Abs. 1 BGB vor. Die erste Grundvoraussetzung für eine AGB-Kontrolle ist damit in diesem Verhältnis auch unabhängig davon erfüllt, ob die Änderungs- bzw. Ergänzungsverträge auf einer Regelungsabrede mit dem Betriebsrat basieren oder vom Arbeitgeber allein initiiert wurden. Gründen diese Verträge – wie zumeist – auf einer solchen Regelungsabrede, kann allerdings nicht auch im Verhältnis der Betriebsparteien von allgemeinen Geschäftsbedingungen gesprochen werden. In diesem Verhältnis sind die Voraussetzungen des § 305 Abs. 1 BGB regelmäßig nicht erfüllt.

II. Einbeziehungsfragen

Besondere Einbeziehungsprobleme lassen sich im Hinblick auf betriebliche Bündnisse für Arbeit nicht erkennen. Dabei spielt auch die Unanwendbarkeit von § 305 Abs. 2, 3 BGB gem. § 310 Abs. 4 S. 2 HS 2 BGB keine Rolle. Denn in dem insoweit allein relevanten Verhältnis der Arbeitsvertragsparteien ist kaum vorstellbar, dass die entsprechenden Änderungs- bzw. Ergänzungsverträge nicht schriftlich unter Anführung der relevanten Inhalte abgeschlossen werden. Einbeziehungshindernisse dürften sich deshalb nur in speziellen Einzelfällen ergeben können und sind hier nicht weiter zu verfolgen.

672; Richardi/*Richardi* (Fn. 4), Einleitung Rn. 118; aA *Gamillscheg* Kollektives Arbeitsrecht, Bd. II, 2008, S. 107, 109 f.

[14] S. hierzu nur BVerfG AP Nr. 22 zu § 307 BGB; BAGE 115, 19, 28 ff.; 121, 257, 261; 123, 327, 329; ErfK/*Preis* (Fn. 3), § 611 BGB, Rn. 182; Henssler/Willemsen/Kalb/*Gotthardt* Arbeitsrecht Kommentar, 3. Aufl., 2008, § 310 BGB, Rn. 2; aA *Annuß* NJW 2002, 2844 ff.; *Henssler* RdA 2002, 129, 133 f.; *Tschöpe/Pirscher* RdA 2004, 358 ff.

III. Die Kontrollfähigkeit der Regelungsinhalte betrieblicher Bündnisse für Arbeit

1. *Im Verhältnis der Betriebsparteien*

Liegen begrifflich allgemeine Geschäftsbedingungen vor und werden diese Bedingungen auch wirksam in den Vertrag einbezogen, soll es zu einer Inhaltskontrolle gem. § 307 Abs. 3 Satz 1 BGB immer nur dort kommen, wo durch die Bestimmungen in den allgemeinen Geschäftsbedingungen von Rechtsvorschriften abgewichen wird oder diese ergänzt werden; auch hier bleibt dann allerdings noch eine Transparenzkontrolle möglich (§ 307 Abs. 3 Satz 2 BGB). Sinn dieser Vorschrift ist es zunächst, die *essentialia* eines Vertrags kontrollfrei zu halten und hierdurch den Kern der Vertragsfreiheit zu wahren.[15] Daneben soll aber auch keine unnötige und möglicherweise sogar die Autorität des Gesetzes in Frage stellende Inhaltskontrolle betrieben werden. Das ist immer dann der Fall, wenn Bestimmungen in allgemeinen Geschäftsbedingungen lediglich die ohnehin einschlägigen gesetzlichen Bestimmungen wiederholen. Denn hier würde der Sache nach letztlich der Gesetzgeber kontrolliert.

Auch unabhängig von der Frage, ob begrifflich überhaupt von allgemeinen Geschäftsbedingungen gesprochen werden kann, kommt damit aber im Verhältnis der Betriebsparteien eine Inhaltskontrolle nicht in Betracht. Denn wie bereits festgestellt,[16] erschöpft sich der die Betriebsparteien betreffende Regelungsgehalt einer Betriebsabsprache regelmäßig in der Verpflichtung des Arbeitgebers zur individualrechtlichen Umsetzung der verabredeten Vertragsinhalte im Verhältnis zu den Arbeitnehmern sowie der Pflicht des Betriebsrats, diese Umsetzung zu fördern. Zwischen den Betriebsparteien reduziert sich der Inhalt der Regelungsabrede folglich aber auf pure *essentialia*. Eine Abweichung von gesetzlichen Regelungen findet nicht statt, zumal der Arbeitgeber gem. § 77 Abs. 1 BetrVG im Zweifel ohnehin zur Durchführung der mit dem Betriebsrat getroffenen Vereinbarungen verpflichtet ist.

2. *Im Verhältnis der Arbeitsvertragsparteien*

a) Ganz anders stellt sich die Lage dagegen auch in diesem Punkt wiederum zwischen den Arbeitsvertragsparteien dar. Das Bild ist hier ein sehr differenziertes. So geht es jedenfalls dort nicht mehr um kontrollfreie *essentialia negotii*, wo Bestimmungen über die Berechnungsgrundlagen für Lohnfortzahlungen, über die Abänderung von Urlaubsansprüchen oder auch von

[15] S. nur Staudinger/*Coester* BGB, 2006, § 307 Rn. 284; *Kieninger* in: Münchener Kommentar zum BGB, 5. Aufl., 2006, § 307 Rn. 1, 12; ErfK/*Preis* (Fn. 3), § 307 Rn. 36 f.

[16] S. bereits oben A. I. 3.

Kündigungsfristen getroffen werden. Gleiches ist nach der – insoweit allerdings durchaus zweifelhaften – Rechtsprechung des BAG[17] ferner dort der Fall, wo das betriebliche Bündnis eine Flexibilisierung der Arbeitszeit durch Umstellung auf Abrufarbeit (§ 12 TzBfG) erreichen will und damit die *essentialia* des Arbeitsvertrags an sich bereits unmittelbar betroffen sind.

b) Besonders schwierig stellt sich die Lage bei den in der Praxis häufig anzutreffenden Bestimmungen über eine Arbeitszeitverlängerung mit oder ohne (vollen) Lohnausgleich dar. Denn hierbei handelt es sich ganz unzweifelhaft um die *essentialia* des Arbeitsvertrags, die nach § 307 Abs. 3 S. 1 BGB einer Inhaltskontrolle nicht unterliegen sollen. Ob diese Kontrollfreiheit auch im Arbeitsrecht so uneingeschränkt Geltung beanspruchen kann, ist nach dem Wortlaut des § 307 Abs. 3 S. 1 BGB allerdings keineswegs mehr sicher, sobald man hierzu den auf diese Regelung bezogenen § 310 Abs. 4 S. 3 BGB hinzunimmt, die Regelung also, die insbesondere Tarifverträge den Rechtsvorschriften i.S.v. § 307 Abs. 3 BGB gleichstellt. Denn danach würde die Inhaltskontrolle nunmehr auch Platz greifen können, wo durch Einheitsarbeitsvertrag von den Regelungen eines Tarifvertrags abgewichen wird. Tarifverträge aber enthalten immer gerade auch Bestimmungen über die *essentialia negotii*, namentlich Bestimmungen über die Arbeitszeit.

c) Dass dieses nach dem Wortlaut der Vorschriften mögliche Verständnis einer weitergehenden, auch die *essentialia* des Arbeitsvertrags erfassenden Inhaltskontrolle vom Gesetz nicht gewollt sein kann, liegt allerdings auf der Hand.[18] Denn damit müsste sich ja praktisch jeder Einheitsarbeitsvertrag unabhängig von Tarifbindung und einzelvertraglicher Bezugnahme heute an den Vorgaben der in der Branche geltenden Tarifverträge messen lassen. Die Notwendigkeit einer Allgemeinverbindlichkeitserklärung gem. § 5 TVG wäre praktisch obsolet und die gegenwärtige Mindestlohndebatte bräuchte in weiten Teilen gar nicht mehr geführt werden.

Gesetzgeberische Motivation und Sinn und Zweck der Regelung in § 310 Abs. 4 Satz 3 BGB weisen denn auch ein viel bescheideneres, gerade umgekehrtes Ziel der Regelung aus. Denn hiernach soll die richterliche Inhaltskontrolle von Arbeitsverträgen nicht ausgeweitet, sondern vielmehr eingeschränkt werden. Konkret soll sie auch dort unterbleiben, wo der Tarifvertrag nicht schon normativ gilt und damit bereits gem. § 310 Abs. 4 S. 1 BGB eine Kontrollsperre besteht, sondern wo der Tarifvertrag lediglich

[17] S. BAGE 116, 267, 277 f.; s. dazu *Feuerborn* SAE 2007, 59, 64; *Stamm* RdA 2006, 288, 295 f.; vgl. zu der Entscheidung außerdem etwa *Pleßner* RdA 2007, 249 ff.; *Preis/Lindemann* NZA 2006, 632 ff.

[18] AA aber etwa *Däubler* NZA 2001, 1329, 1334 f.; *Lakies* NZA-RR 2002, 337, 344; *Oehme* Ergebnisorientierte Vergütung als Instrument zur Flexibilisierung von Arbeitsentgelten, 2007, S. 153 f.

einzelarbeitsvertraglich in Bezug genommen ist und damit dogmatisch auch nur eine einzelarbeitsvertragliche Regelung vorliegt, die § 310 Abs. 4 Satz 1 BGB nicht unterfällt.[19] Der potenziell weiterreichende Wortlaut des Verbundes von § 307 Abs. 3 Satz 1 und § 310 Abs. 4 Satz 3 BGB ist deshalb teleologisch auf eben diese Fälle einer einzelarbeitsvertraglichen Verweisung auf Tarifverträge zu reduzieren.[20] Für eine generelle Erweiterung der AGB-Inhaltskontrolle im Arbeitsrecht in den Bereich der *essentialia negotii* hinein können die Vorschriften nicht taugen. Sind Arbeitszeit und Arbeitsentgelt in ihrem Kern betroffen, bleibt es folglich auch im Rahmen betrieblicher Bündnisse für Arbeit bei der Kontrollfreiheit entsprechender Regelungen gem. § 307 Abs. 3 BGB.

III. Zwischenergebnis

Betriebliche Bündnisse für Arbeit sind bereits nach der allgemeinen Regelung des § 307 Abs. 3 Satz 1 BGB über die Kontrollfreiheit bestimmter Regelungsinhalte in weitem Umfang von einer Inhaltskontrolle ausgenommen. Umfassend kontrollfrei ist der das Verhältnis der Betriebsparteien betreffende Regelungsgehalt. Im Hinblick auf die das eigentliche Arbeitsverhältnis betreffenden Regelungen ist demgegenüber eine differenzierte Sicht je nach konkreter Bestimmung gefordert. Kontrollfrei sind insbesondere die zumeist in betrieblichen Bündnissen für Arbeit anzutreffenden Regelungen über die Arbeitszeit.

C. Die besonderen AGB-rechtlichen Probleme im Hinblick auf Regelungsabreden

I. Erstreckung der begrenzten Bereichsausnahme des § 310 Abs. 4 S. 1 BGB auf Regelungsabreden?

1. Die Bedeutung der Frage

Führt man sich nochmals vor Augen, dass bei der Regelungsabrede im Verhältnis der Betriebsparteien durchgehend schon gar keine allgemeinen Geschäftsbedingungen vorliegen und darüber hinaus immer auch schon das allgemeine Kontrollverbot des § 307 Abs. 3 S. 1 BGB greifen würde, erscheint die Frage nach einer Erstreckung der partiellen Bereichsausnahme des

[19] S. GÄBReg, BT-Drucks. 14/6857, S. 54.
[20] So auch MünchKomm-BGB/*Basedow* (Fn. 15), § 310 Rn. 20; *Lingemann* NZA 2002, 181, 187; *Richardi* NZA 2002, 1057, 1061; s. auch schon *Lobinger* ZfA 2009, 319, 354.

§ 310 Abs. 4 S. 1 BGB weitgehend theoretischer Natur. Ihr gleichwohl nachzugehen, ist durchaus berechtigt. Das gilt schon deshalb, weil ja auch in den von § 310 Abs. 4 S. 1 BGB explizit erfassten Fällen des Tarifvertrags und der Betriebsvereinbarung bei Lichte betrachtet kaum je allgemeine Geschäftsbedingungen i.S.v. § 305 Abs. 1 BGB vorliegen würden und der Gesetzgeber gleichwohl eine Vorschrift zur Sicherung der Kontrollfreiheit geschaffen hat. Vor allem aber präjudiziert die Frage der Kontrollfreiheit der kollektivrechtlichen Regelung als solcher zwangsläufig auch die Frage nach der Kontrollfreiheit einer auf diese kollektivrechtliche Vereinbarung verweisenden einzelarbeitsvertraglichen Regelung. Das belegt im positiven Recht der Verbund von § 310 Abs. 4 S. 3 mit 307 Abs. 3 S. 1 BGB, der auch die mittelbare Kontrolle von Tarifverträgen und Betriebsvereinbarungen verhindern will. Es ist dies letztlich aber auch schon ein Gebot innerer Folgerichtigkeit. Denn wenn eine auf Drittwirkung zielende Regelung vom Gesetz aufgrund ihres Zustandekommens für per se gerecht und damit nicht kontrollbedürftig gehalten wird, kann es keine Rolle spielen, ob sie diese Drittwirkung rechtlich gleichsam automatisch oder erst infolge einer privatautonomen Bezugnahme entfaltet.

2. *Der Meinungsstand*

In Rechtsprechung und Literatur handelt es sich bei der Frage nach einer Erstreckung der partiellen Bereichsausnahme für Tarifverträge und Betriebsvereinbarungen in § 310 Abs. 4 S. 1 BGB auf Regelungsabreden um ein weitgehend vergessenes Thema. Soweit ersichtlich findet sich lediglich eine literarische Stellungnahme zum Problem.[21] Inhaltlich plädiert diese für eine Inhaltskontrolle auch von Regelungsabreden und damit gegen die (analoge) Erstreckung von § 310 Abs. 4 S. 1 BGB auf dieses Instrument. Maßgebliches Argument ist dabei neben dem fehlenden Schriftformerfordernis für Regelungsabreden der „niedrigere Rang“ der Regelungsabrede gegenüber der Betriebsvereinbarung sowie ihr Mangel an normativer Wirkung.[22]

3. *Eigene Stellungnahme*

a) Die Überzeugungskraft dieser Begründung erscheint bei näherem Hinsehen allerdings nicht groß. Denn angesichts der fehlenden Erwähnung der Regelungsabrede in § 310 Abs. 4 S. 1 BGB kann ja ohnehin nur über eine *analoge* Anwendung dieser Norm auf die Betriebsabsprache nachgedacht werden. Erachtet man dabei die Schriftform unter Transparenzgesichtspunkten aber für so wesentlich, dass man hierfür als Substitut nicht einmal die

[21] Däubler/Dorndorf/Bonin/Deinert/*Däubler* (Fn. 1), § 310 Rn. 34.
[22] *Däubler*, aaO.

Pflicht zur Protokollierung von Betriebsratsbeschlüssen (§ 34 BetrVG) genügen lassen will, spricht nichts dagegen, die Analogie nur in den Fällen zuzulassen, in denen auch die betreffende Regelungsabrede in Schriftform vorliegt. Die Analogie dagegen *gänzlich* und damit auch dort auszuschließen, wo die Schriftform gewahrt ist, erscheint überschießend und durch den angeführten Sachgesichtspunkt nicht gefordert.

b) Von vornherein dunkel mutet auch der Hinweis auf den angeblich höheren Rang der Betriebsvereinbarung gegenüber der Regelungsabrede an. Ein echtes Rangverhältnis lässt sich zwischen beiden Regelungsinstrumenten schon deshalb nicht ausmachen, weil die Regelungsabrede ja gerade nicht normativ wirkt; sie erscheint deshalb gegenüber der Betriebsvereinbarung eher als ein *aliud* und weniger als ein *minus*. Darüber hinaus sind in § 310 Abs. 4 S. 1 BGB mit dem Tarifvertrag und der Betriebsvereinbarung aber ohnehin bereits Regelungsformen gleichbehandelt, bei denen man – jedenfalls in gewissem Umfang – von unterschiedlichen Rangverhältnissen sprechen könnte. Diesem Gesichtspunkt scheint die Norm im Grundsatz keine Bedeutung zuzumessen. Und er kann deshalb als solcher auch nicht taugen, deren Erstreckung auf die Regelungsabrede zu verneinen.

c) Bleibt als markanter Unterschied zwischen den von § 310 Abs. 4 S. 1 BGB erfassten Regelungsinstrumenten und der hier in Frage stehenden Betriebsabsprache nur die normative Wirkung. Sie fehlt bei der Regelungsabrede. Und man muss deshalb in der Tat darüber nachdenken, ob nicht gerade dieser Unterschied eine unterschiedliche Behandlung von Tarifvertrag und Betriebsvereinbarung gegenüber der Regelungsabrede im Hinblick auf die AGB-Kontrolle rechtfertigt. Auch bei den Gesetzesverfassern klingt dies an, wird dann aber nicht näher ausgeführt.[23] Insbesondere hilft der dort zu findende Hinweis auf den Schutz des Systems der Tarifautonomie nicht weiter, weil ja die fragliche Vorschrift nicht nur Tarifverträge, sondern gleichermaßen Betriebsvereinbarungen ausnimmt.

Für die Frage, ob die fehlende normative Wirkung der Regelungsabrede auch ihre unterschiedliche Behandlung im Hinblick auf eine AGB-Kontrolle zu rechtfertigen vermag, muss damit aber eine Einsicht in den Vordergrund rücken, die sich aus der systematischen Zusammenschau von § 310 Abs. 4 S. 1 und §§ 310 Abs. 4 S. 3, 307 Abs. 3 S. 1 BGB ergibt. Wie schon mehrfach erwähnt, sperrt das Gesetz die Inhaltskontrolle von Regelungen, die Tarifverträgen oder Betriebsvereinbarungen entspringen, nicht nur im Fall ihrer normativen Geltung. Vielmehr greift die Sperre auch bei bloßer individualvertraglicher Bezugnahme und folglich auch in Fällen, die hinsichtlich des Geltungsgrundes der Regelung den Fällen der hier verhandelten Regelungsabrede strukturell entsprechen. Die Gesamtschau der einschlägigen Vorschrif-

[23] S. GÄBReg., BT-Drucks. 14/6857, S. 54.

ten macht so deutlich, dass es dem Gesetz für die Frage der Kontrollfähigkeit arbeitsvertraglicher Bestimmungen in Wahrheit nicht auf den Geltungsgrund der Bestimmung, sondern auf die Art und Weise ihres Zustandekommens ankommt. Entscheidend ist nicht, *wie* eine Regelung für die Arbeitsvertragsparteien schließlich Verbindlichkeit erlangt, sondern *wer* den Inhalt dieser Regelung hervorgebracht hat. Auch das klingt in den Ausführungen der Gesetzesverfasser immerhin an, wenn dort explizit darauf hingewiesen wird, dass es sich bei Tarifverträgen und Betriebsvereinbarungen um ausgehandelte Verträge zwischen den beteiligten Kollektivvertragsparteien handle[24]. Vor allem aber erschöpft sich dieser Aspekt anders als der Hinweis auf die normative Wirkung nun auch nicht mehr im Formalen, sondern steht in unmittelbarem sachlichem Zusammenhang mit dem Problemkreis Inhaltskontrolle. Denn den durch die Tarif- und die Betriebspartner getroffenen Vereinbarungen wird gegenüber einzelvertraglichen Vereinbarungen gemeinhin ein höheres Maß an Richtigkeitsgewähr zugebilligt. Hierin ist dann aber eben auch ein plausibler materialer Grund für den Verzicht auf die Inhaltskontrolle bei Tarifverträgen und Betriebsvereinbarungen zu finden. Mit der normativen Wirkung hat dies jedoch nichts zu tun. Die Vermutung höherer Richtigkeitsgewähr gründet allein in der faktisch stärkeren Verhandlungsmacht von Gewerkschaften bzw. Betriebsräten im Vergleich mit dem einzelnen Arbeitnehmer, nicht aber in deren gesetzlich begründeter Rechtsmacht, gemeinsam mit dem Arbeitgeber unmittelbar und zwingend wirkende Regelungen hervorbringen zu können. Prima facie spricht damit alles für eine analoge Erstreckung von § 310 Abs. 4 S. 1 BGB auf die Regelungsabrede. Denn wenn hinter dieser Norm im Kern nicht die normative Wirkung, sondern die Art und Weise des Zustandekommens der genannten Regelwerke steht, muss die insoweit bestehende Verwandtschaft von Regelungsabrede und Betriebsvereinbarung entscheidende Bedeutung gewinnen.

d) Bei betrieblichen Bündnissen für Arbeit lässt sich im Hinblick auf die durch die Betriebsratsbeteiligung erhoffte höhere Richtigkeitsgewähr allerdings durchaus noch ein Fragezeichen anbringen. Denn die zu dieser Vermutung führende stärkere Verhandlungsmacht der Parteien gründet sowohl bei Tarifverträgen als auch bei Betriebsvereinbarungen zum Gutteil auf dem höheren Drohpotential der Arbeitnehmerseite. Bei Tarifverträgen ist dies der Streik, bei Betriebsvereinbarungen im Rahmen des § 87 BetrVG der drohende Einigungsstellenentscheid. Beide Druckmittel fehlen dem Betriebsrat im Zusammenhang mit betrieblichen Bündnissen für Arbeit. Streiken darf er ohnehin nicht (§ 74 Abs. 2 S. 1 BetrVG). Wegen §§ 77 Abs. 3, 87 Abs. 1 Eingangssatz BetrVG fehlt ihm darüber hinaus aber auch die Möglichkeit, den Arbeitgeber über die Einigungsstelle in eine aus Arbeitnehmersicht günstigere Regelung zu zwingen.

[24] S. GÄBReg. aaO.

Einen durchschlagenden Einwand vermögen diese Überlegungen schließlich aber nicht zu begründen. Denn § 310 Abs. 4 S. 1 BGB nimmt Betriebsvereinbarungen umfassend aus. Damit sind auch freiwillige Betriebsvereinbarungen kontrollfrei, bei denen es ebenfalls am Drohpotential des Einigungsstellenentscheids fehlt. Solange man § 310 Abs. 4 S. 1 BGB in diesem Punkt nicht teleologisch reduziert, lässt sich aus der mangelnden Erzwingbarkeit folgerichtig aber auch kein Argument gegen die Kontrollfreiheit von Regelungsabreden ableiten.[25] Im Ergebnis ist damit entgegen der bisher einzigen literarischen Stellungnahme zum Thema die Kontrollfreiheit für Tarifverträge und Betriebsvereinbarungen gem. § 310 Abs. 4 S. 1 BGB im Wege der Analogie auch auf die Regelungsabrede zu erstrecken.

II. Erstreckung des Kontrollverbots gem. §§ 310 Abs. 4 S. 3, 307 Abs. 3 S. 1 BGB auf die einzelvertraglich umgesetzten Inhalte von Regelungsabreden?

Die Frage, ob im Hinblick auf die Regelungsabrede auch das Verbot mittelbarer Kontrolle Platz zu greifen hat, wie es für Tarifverträge und Betriebsvereinbarungen durch die §§ 310 Abs. 4 S. 3, 307 Abs. 3 S. 1 BGB statuiert ist, begründet das für die Praxis eigentlich relevante Problem. Denn hier geht es um die Kontrollfähigkeit der in Vollzug der Betriebsabsprache umgesetzten einheitsvertraglichen Regelungen. Nur diese aber stellen regelmäßig überhaupt allgemeine Geschäftsbedingungen dar.[26]

Mit den Ausführungen zur analogen Anwendbarkeit von § 310 Abs. 4 S. 1 BGB auf Regelungsabreden ist diese Frage allerdings auch schon mitentschieden. Denn nicht nur gewinnt die partielle Bereichsausnahme des § 310 Abs. 4 S. 1 BGB ihren eigentlichen Sinn ohnehin erst durch das komplementäre Verbot der mittelbaren Kontrolle.[27] Es hat darüber hinaus auch nur der zusätzliche Blick auf die §§ 310 Abs. 4 S. 3, 307 Abs. 3 S. 1 BGB den

[25] Gegen eine solche Reduktion spräche auf Anhieb, dass der Betriebsrat bei freiwilligen Betriebsvereinbarungen schon deshalb eine hinreichend starke Verhandlungsmacht hat, weil er sich auf eine Initiative des Arbeitgebers zur Verschlechterung von Arbeitsbedingungen niemals einlassen muss. Die Druckmittel Streik und Einigungsstellenentscheid sind allein für Regelungsinitiativen der Arbeitnehmerseite erforderlich, um die es bei betrieblichen Bündnissen für Arbeit aber regelmäßig nicht geht. Bei solchen Bündnissen drohen dem Arbeitgeber im Scheiternsfall darüber hinaus regelmäßig Verhandlungen über einen Interessenausgleich und Sozialplan, die er ohne eine konstruktive Haltung des Betriebsrats kaum erfolgreich führen kann. Das aber stärkt die Verhandlungsposition des Betriebsrats auch schon im Vorfeld.

[26] S. bereits oben B. I.

[27] S. bereits oben I. 1.

eigentlichen sachlichen Grund der Kontrollfreiheit von Tarifverträgen und Betriebsvereinbarungen aufzudecken vermocht. Dieser Grund: die Vermutung höherer Richtigkeitsgewähr aufgrund kollektivparteilicher Inhaltsfindung, trifft aber bei einzelvertraglichem Rekurs auf Regelungsabreden ebenso zu wie bei einzelvertraglicher Bezugnahme von Betriebsvereinbarungen oder auch Tarifverträgen. Folgerichtig kommt analog §§ 310 Abs. 4 S. 3, 307 Abs. 3 S. 1 BGB auch eine Kontrolle der einheitsvertraglich umgesetzten Regelungen eines betrieblichen Bündnisses für Arbeit in Form der Regelungsabrede nicht in Betracht.

III. Ergebnisse

Zusammenfassend lässt sich festhalten, dass eine AGB-Kontrolle betrieblicher Bündnisse für Arbeit immer dann nicht Platz greifen kann, wenn dieses Bündnis auf einer Regelungsabrede mit dem Betriebsrat basiert. Unabhängig von allen weiteren AGB-rechtlichen Problemen gelten hier bereits die Kontrollverbote der §§ 310 Abs. 4 S. 1, 310 Abs. 4 S. 3, 307 Abs. 3 S. 1 BGB in entsprechender Anwendung. Kontrollmöglichkeiten eröffnen sich folglich nur dort, wo der Arbeitgeber das betriebliche Bündnis für Arbeit aus eigener Initiative ohne Betriebsratsbeteiligung auf einheitsvertraglicher Grundlage umsetzt.

In der Sache erscheint diese Unterscheidung unmittelbar plausibel. Denn die Betriebsratsbeteiligung ist gerade im Bereich der arbeitsvertraglichen Begleitregelungen von jeher das arbeitsrechtliche Mittel der Wahl, um Gerechtigkeitsdefizite infolge einseitiger Übermacht auszugleichen. Das Arbeitsrecht hatte hier schon sehr früh einen prozeduralen Weg gefunden, um u.a. auch gerade die Probleme zu lösen, die das allgemeine Zivilrecht mittels AGB-Kontrolle in den Griff zu bekommen versucht. Wo der Betriebsrat bei der Regelungsfindung maßgeblich beteiligt ist, erweist sich deshalb jede AGB-Kontrolle von vornherein als überflüssig.

D. Ausblick

Abschließend sei noch ein Blick auf den Entwurf eines Arbeitsvertragsgesetzes von *Henssler* und *Preis* geworfen. Die einschlägige Norm wäre hier § 18 Abs. 7 des Entwurfs[28]. Auch dort findet die Regelungsabrede keine

[28] Der insgesamt wenig glücklich formulierte und in seinem Satz 3 mindestens Verwirrung stiftende Regelungsvorschlag lautet: „Abreden, die unmittelbar die Höhe des Arbeitsentgelts, die vereinbarte Arbeitsleistung oder die Dauer der Arbeitszeit regeln, unterliegen einer Inhaltskontrolle ausschließlich nach Absatz 6 Satz 2 in Verbindung mit Absatz 6

Erwähnung. Ferner tritt der rein formale Aspekt der normativen Wirkung von Tarifverträgen und Betriebsvereinbarungen in diesem Entwurf noch stärker in den Vordergrund als heute schon. Die Zukunft verheißt damit aber in diesem Punkt nichts Gutes. Denn die dogmatische wie die praktische Arbeit werden kaum erleichtert, wenn die materialen Grundlagen der einschlägigen Regelungen eher verdunkelt als herausgestellt werden. Vor allem aber drohen damit auch an dieser Stelle wieder Freiheitsverluste, die einem modernen und zukunftsfähigen Arbeitsrecht kaum zuträglich sind.

Satz 1. Keiner Inhaltskontrolle unterliegen Vertragsbedingungen, die Rechtsvorschriften entsprechen. Unmittelbar und zwingend geltende Tarifverträge und Betriebsvereinbarungen stehen Rechtsvorschriften gleich; dies gilt auch für Tarifverträge, auf die im Arbeitsvertrag vollständig Bezug genommen wird und die im Fall beidseitiger Tarifbindung für das Arbeitsverhältnis unmittelbar und zwingend gelten würden."

Tarifrecht und Landesarbeitsrecht

Manfred Löwisch

I. Landesarbeitsrecht als vorrangiges staatliches Recht

Staatliches Recht geht dem durch Tarifvertrag geschaffenen Recht vor. Dass § 1 Abs. 1 TVG die Tarifvertragsparteien zur Schaffung von Rechtsnormen ermächtigt, befreit diese nicht von der Unterworfenheit unter die demokratisch legitimierte staatliche Rechtsetzung. Das gilt für die Landesgesetzgebung in gleicher Weise wie für die Bundesgesetzgebung.

Über die Reichweite des Vorrangs entscheidet grundsätzlich das staatliche Recht. Regelmäßig setzt es lediglich **Mindestbedingungen**. Das gilt etwa, um ein unproblematisches Beispiel zu nehmen, für die Bildungsurlaubsgesetze der Länder. Der dort vorgesehene Bildungsurlaub darf durch Tarifverträge nicht unterschritten, wohl aber überschritten werden. Dabei ist zu beachten, dass im Verhältnis von Tarifvertrag und staatlichem Recht hinsichtlich der Frage, ob das Tarifrecht bessere Bedingungen bietet als das staatliche Recht, nicht das auf einen Gruppenvergleich abstellende, für das das Verhältnis von Tarifvertrag und Arbeitsvertrag geltende Günstigkeitsprinzip maßgebend ist, sondern ein Einzelvergleich jeder Rechtsnorm.[1] Aber auch im Landesrecht festgelegten **Höchstarbeitsbedingungen** kommt in der Normenhierarchie Vorrang zu. Die Frage nach der Zulässigkeit im Einzelfall, ist eine solche der Vereinbarkeit mit der durch Art. 9 Abs. 3 GG geschützten Tarifautonomie (dazu unten unter 2).

An dem Vorrang staatlichen Rechts und damit auch des Landesrechts ändert sich nichts, wenn ein Tarifvertrag für **allgemeinverbindlich** erklärt wird. Denn die Allgemeinverbindlicherklärung erstreckt nur den Geltungsbereich der Tarifvertragsnormen und verantwortet deren Inhalt gegenüber den Nichtorganisierten. Sie gestaltet aber die Norm nicht selbst und ändert deshalb nichts an deren Charakter als autonomes Recht.[2] Das gilt auch für Verordnungen nach dem Arbeitnehmerentsendegesetz. Denn auch diese erstrecken lediglich den Geltungsbereich der betreffenden Tarifverträge und können diesen deshalb nicht den Vorrang vor abweichendem staatlichem Recht und damit auch vor Landesrecht verschaffen.

[1] Siehe für das Entgeltfortzahlungsgesetz BAG vom 22.8.2001, 5 AZR 699/99, NZA 2002, 610, 611 f.

[2] Hierzu Löwisch/Rieble, TVG, 2. Auflage 2004, § 1 Rn 203.

Anders liegt es aber, wenn der Staat Mindestarbeitsbedingungen **selbst gestaltet**, wie das auch auf die Rechtsverordnungen nach dem Mindestarbeitsbedingungengesetz zutrifft. Diese Mindestarbeitsbedingungen sind selbst staatliches Recht, für das die hierarchische Zuordnung zwischen Bundesrecht und Landesrecht gilt. Will etwa ein Landesgesetzgeber für eine bestimmte Branche aus beschäftigungspolitischen Gründen höhere oder niedrigere Mindestentgelte festsetzen, als sie in einer Verordnung nach dem Mindestarbeitsbedingungengesetz enthalten sind, wären die entsprechenden Bestimmungen nach Art. 31 GG unwirksam – ganz unabhängig von der Frage, ob die entsprechende Landesgesetzgebung nicht schon daran scheitert, dass der Bundesgesetzgeber mit dem Mindestarbeitsbedingungengesetz von seinem sich aus Art. 74 Abs. 1 Nr. 12 ergebenden Recht zur konkurrierenden Gesetzgebung im Bereich der Entgelte abschließenden Gebrauch gemacht hat.

II. Tarifautonomie und Landesrecht

Maßgebend für das Verhältnis von staatlichem Recht und Tarifautonomie sind in erster Linie die Grundsätze, welche das Bundesverfassungsgericht in seinem Beschluss vom 24. April 1996[3] aufgestellt hat. Danach ist dem Gesetzgeber die Regelung von Fragen, die Gegenstand von Tarifverträgen sein können, nicht von vornherein entzogen, weil Art. 9 Abs. 3 GG den Tarifvertragsparteien in diesem Bereich zwar ein Normsetzungsrecht, aber kein Normsetzungsmonopol verleiht. Entsprechend kommt eine staatliche Regelung in dem Bereich, der auch Tarifverträgen offen steht, jedenfalls dann in Betracht, wenn der Gesetzgeber sich, erstens, auf Grundrechte Dritter oder andere mit Verfassungsrang ausgestattete Rechte stützen kann und, zweitens, den **Grundsatz der Verhältnismäßigkeit** wahrt. Bei der anzustellenden Verhältnismäßigkeitsprüfung kommt es wesentlich auf den Gegenstand der gesetzlichen Regelung an, weil die Wirkkraft des Grundrechts in dem Maße zunimmt, in dem eine Materie aus Sachgründen am besten von den Tarifvertragsparteien geregelt werden kann. Das trifft nach der Entscheidung des Bundesverfassungsgerichts „vor allem für die Festsetzung der Löhne und der anderen materiellen Arbeitsbedingungen" zu, weil die Tarifvertragsparteien „nach der dem Art. 9 Abs. 3 GG zugrunde liegenden Vorstellung des Verfassungsgebers die gegenseitigen Interessen angemessener zum Ausgleich bringen können als der Staat".

Diese Grundsätze beanspruchen Geltung auch für das Verhältnis der Tarifautonomie zu landesrechtlichen Normen. Dabei gilt ebenso wie im Verhältnis zum Bundesrecht, dass zugunsten der Arbeitnehmer wirkende Mindest-

[3] BverfGE 94, 268 = EzA Art. 9 GG Nr. 61.

normen regelmäßig durch den Arbeitnehmerschutzgedanken gerechtfertigt sind, während Höchstarbeitsbedingungen der besonderen Rechtfertigung bedürfen. Um nochmals das Beispiel des Bildungsurlaubs aufzugreifen: Dass die Länder die Entscheidung, ob Bildungsurlaub gewährt werden soll, nicht den Tarifvertragsparteien überlassen, sondern selbst den Arbeitnehmern ein bestimmtes Maß an Bildungsurlaub zuerkennen, lässt sich mit dem Ziel, die Weiterbildung der Arbeitnehmer zu fördern, rechtfertigen. Für Bestimmungen, nach denen der vom Gesetzgeber zuerkannte Bildungsurlaub tarifvertraglich nicht überschritten werden darf, wird die Rechtfertigung regelmäßig fehlen.

III. Der Vorrang des Landesrechts im Einzelnen

1. Einseitig zwingendes Landesarbeitsrecht

Das Verhältnis von Tarifrecht zu einseitig zwingendem Landesarbeitsrecht bereitet regelmäßig keine Probleme: Tarifverträge können die Regelungen des Landesarbeitsrechts dann zwar nicht unterschreiten, wohl aber überschreiten.

Zu beachten ist allerdings, dass auch im Verhältnis von Tarifrecht zu Landesarbeitsrecht das strikte Günstigkeitsprinzip gilt, nach dem jede einzelne Vorschrift des Tarifvertrages mit der entsprechenden Vorschrift des staatlichen Rechts zu vergleichen ist, ein Gruppenvergleich zusammenhängender Vorschriften also nicht stattfindet. Etwa ist es nicht möglich, einen kürzeren tariflichen Bildungsurlaub mit großzügigeren Anwendungsvoraussetzungen zu rechtfertigen oder auch nur unterschiedliche Anwendungsvoraussetzungen in eine Gesamtschau als günstiger anzusehen.

Diese Grundsätze gelten auch für das Verhältnis von tariflichem Arbeitszeitrecht zu dem durch Art. 74 Abs. 1 Nr. 11 i.V.m. Nr. 12 GG in die Kompetenz der Länder gelegte Ladenschlussrecht. Die in den Ladenschlussgesetzen der Länder festgelegten Ladenschlusszeiten stellen arbeitsschutzrechtlich gesehen Begrenzungen der Beschäftigungsmöglichkeiten von Ladenangestellten dar, welche durch Tarifvertrag nicht ausgeweitet werden können. Auf der anderen Seite sind sie als Mindestbedingungen aufzufassen, die der tariflichen Verbesserung zugunsten der Arbeitnehmer offen stehen. Beschränkungen der täglichen oder wöchentlichen Dauer der Arbeitszeit, der Beschäftigung zur Nachtzeit, an Samstagen und Sonn- und Feiertagen engen die vom Landesgesetzgeber vorgesehenen Ladenschlusszeiten praktisch weiter ein. Freilich gilt das nur, soweit der persönliche Geltungsbereich der betreffenden tarifvertraglichen Bestimmungen reicht und soweit Tarifgebundenheit besteht.[4]

[4] Siehe hierzu *Löwisch*, Föderalismusreform: Neue Gestaltungsspielräume der Länder mit Auswirkungen auf das Arbeitsrecht, FS Hansjörg Otto, 2008, S. 318, 319 f.

2. *Zweiseitig zwingendes Landesrecht*

a) Hochschulbefristungsrecht

Das Wissenschaftszeitvertragsgesetz bestimmt in seinem § 1 Abs. 1 Satz 2, dass von seinen Vorschriften durch Vereinbarung nicht abgewichen werden kann und legt sich damit zweiseitige zwingende Wirkung auch gegenüber Tarifverträgen zu. Gleichzeitig erstreckt es in § 1 Abs. 1 Satz 1 seinen persönlichen Anwendungsbereich auf das gesamte „wissenschaftliche und künstlerische Personal" mit Ausnahme der Hochschullehrer an Einrichtungen des Bildungswesens, die nach Landesrecht staatliche Hochschulen sind. Damit überantwortet es, der Länderkompetenz für Personalstruktur der Hochschulen Rechnung tragend, den Ländern die Zuordnung der an der Hochschule tätigen Wissenschaftler, soweit sie nicht Hochschullehrer sind, zum Anwendungsbereich der Befristungsregelungen.[5] Etwa liegt es bei diesen, Lektoren durch die Zuordnung zum wissenschaftlichen Personal den Befristungsregelungen des Wissenschaftszeitvertragsgesetzes zu unterstellen.[6]

§ 1 Abs. 1 Sätze 3 und 4 WissZeitVG bestimmen, dass die Tarifvertragsparteien für bestimmte Fachrichtungen und Forschungsbereiche von den Befristungsfristen des WissZeitVG abweichen und die Anzahl der zulässigen Verlängerungen befristeter Arbeitsverträge festlegen können. Das begegnet Bedenken. Fachrichtungen und Forschungsbereiche zu bestimmen, in denen ein anderes Bedürfnis für Befristungsregelungen besteht als im Wissenschaftszeitvertragsgesetz vorgesehen sind, ist eine genuin hochschulrechtliche Frage. Die Kompetenz, über den Gebrauch der grundsätzlich gegebenen Befristungsmöglichkeiten differenziert nach Fachrichtungen und Forschungsbereichen zu entscheiden, liegt bei dem für das Hochschulrecht nunmehr allein zuständigen Ländern.[7]

b) Regelung der Lehrverpflichtung

Die Gewerkschaften des Wissenschaftsbereichs fordern seit einiger Zeit tarifliche Regelungen für die Lehrverpflichtung des wissenschaftlichen Personals. Sie berufen sich dabei darauf, dass der Umfang der Lehrverpflichtung zum Inhalt der Arbeitsverhältnisse des wissenschaftlichen Personals gehört und damit grundsätzlich unter die Tarifmacht nach § 1 Abs. 1 TVG fällt.[8] Die

[5] *Löwisch* aaO, FS Otto, 2008, S. 317, 321 ff.

[6] Landesarbeitsgericht Baden-Württemberg 16.7.2009, 10 Sa 2/09, ZTR 2010, 94; *Rambach/Feldmann*, Die Befristung von Arbeitsverträgen mit Fremdsprachenlektoren nach dem WissZeitVG, ZTR 2010, 67, 68; *Löwisch*, DFL-Kommentar, 2. Aufl. 2008, § 2 WissZeitVG Rn 2.

[7] Vgl. zu § 57a HRG schon *Löwisch*, Die gesetzliche Reparatur des Hochschulbefristungsrechts, NZA 2005, 321, 322 f.

[8] BAG vom 17.10.2007, 4 AZR 778/06, AP Nr. 4 zu § 15 BAT-O Rn 45 f.

Frage ist aber, ob derartige tarifliche Regelungen mit den Lehrverpflichtungsverordnungen der Länder vereinbar sind. Dies ist zu verneinen:

Sinn der in den Lehrverpflichtungsverordnungen festgelegten Lehrdeputate ist nicht allein die Regelung des Mindestumfangs der Lehrverpflichtung, welcher dann zugunsten des wissenschaftlichen Personals tarifvertraglich auch unterschritten werden könnte. Vielmehr müssen die Lehrverpflichtungsverordnungen im Zusammenhang mit den Kapazitätsverordnungen gesehen werden, mit denen die Länder der Numerus-clausus-Rechtsprechung des BVerfG Rechnung getragen haben. Die dadurch erfolgte Abwägung zwischen verfassungsrechtlichem Zulassungsanspruch der Studienbewerber und Wissenschaftsfreiheit des wissenschaftlichen Personals geriet aus den Fugen, könnten durch Tarifvertrag geringere Lehrverpflichtungen als in den Lehrverpflichtungsverordnungen bestimmt, festgelegt werden. Die Hochschulen müssten in den Numerus-clausus-Fächern gegebenenfalls Studierende aufnehmen, ohne diesen ein zureichendes Lehrangebot machen zu können. Das kann nicht als von den Verordnungsgebern gewollt angesehen werden.[9]

Der damit anzunehmende zweiseitig zwingende Charakter der Lehrverpflichtungsverordnungen ist mit der Tarifautonomie vereinbar. Die Regelung der Lehrverpflichtung betrifft von vornherein nur die Ausübung des Direktionsrechts hinsichtlich der Ausgestaltung der Arbeitszeit, nicht aber deren Dauer selbst. Ihr Zweck ist die Sicherung eines ausgewogenen Verhältnisses zwischen Wissenschaftsfreiheit des wissenschaftlichen Personals einerseits und des verfassungsrechtlichen Zulassungsanspruchs der Studienbewerber andererseits. Das sind beiderseits grundrechtlich geschützte Werte. Die zwingende Wirkung ist auch verhältnismäßig. Insbesondere lässt sich der zwingenden Wirkung nicht entgegenhalten, dass es ja an der Entscheidung der Länder liege, ob sie sich auf tarifliche Regelungen der Lehrverpflichtung einlassen oder nicht. Angesichts der Dynamik, welche Tarifverhandlungen entfalten können, besteht keine Gewähr dafür, dass die Länder als Arbeitgeber unangemessene, den Zusammenhang zwischen Lehrverpflichtung und Kapazität vernachlässigende Tarifverträge ablehnen. Insbesondere kann nicht ausgeschlossen werden, dass unter dem Druck von Arbeitskampfmaßnahmen auch der Umfang der Lehrverpflichtung zur Disposition gestellt wird. Es gelten insoweit die gleichen Erwägungen wie sie das Bundesverfassungsgericht hinsichtlich der Tarifsperre der Befristungsregelungen im Hochschulbereich angestellt hat.[10]

[9] Siehe im Einzelnen *Löwisch/Baeck*, Tarifliche Regelung der Lehrverpflichtung des wissenschaftlichen Personals an staatlichen Hochschulen, WissR 2009, 222, 226 ff.

[10] BVerfG vom 24.4.1996, aaO unter C II 2 h der Gründe.

c) Regelung der Ausbildungsverhältnisse an der Dualen Hochschule Baden-Württemberg

In Baden-Württemberg besteht seit 1. März 2009 die aus den bisherigen Berufsakademien hervorgegangene Duale Hochschule. Die Ausbildung dort ist durch das Zusammenspiel von Studienabschnitten an dafür eingerichteten Studienakademien und Ausbildungsabschnitten an Ausbildungsstätten der Wirtschaft und öffentlicher Einrichtungen gekennzeichnet. § 20 Absatz 1 Satz 3 Nr. 18 des Landeshochschulgesetzes[11] sieht vor, dass der Aufsichtsrat der Dualen Hochschule Grundsätze für die Ausgestaltung der Ausbildungsverträge, die für die Zulassung zum Studium erfüllt sein müssen, erlässt. Diese Grundsätze wird man für die Ausgestaltung der Ausbildungsverhältnisse an den Ausbildungsstätten angesichts ihrer Relevanz für das Studium an der Dualen Hochschule als landesrechtliche Regelung ansehen müssen, der in der Abwägung mit der Tarifautonomie auch verfassungsrechtlich der Vorrang gebührt.

Allerdings wird die Frage des Verhältnisses von Tarifrecht und Landesarbeitsrecht in diesem Punkt durch eine andere Frage überlagert. Mitglieder der Dualen Hochschule, die nach § 8 Abs. 1 Satz 1 LHG eine rechtsfähige Körperschaft des öffentlichen Rechts ist, sind nicht nur die Studierenden, sondern, wie sich aus § 65b Abs, 2 LHG ergibt, auch die Ausbildungsstätten. Die Rechtsbeziehung zwischen den Mitgliedern einer öffentlich-rechtlichen Körperschaft dem Privatrecht zuzuordnen und sie damit der tariflichen Regelbarkeit zu öffnen, begegnet von vornherein Bedenken. Die Rechtsbeziehung ist öffentlich-rechtlicher Natur und muss den Regeln des öffentlichen Rechts folgen. Dies wird besonders deutlich am Rechtsschutz: Wie sich aus § 60 Abs. 2 Nr. 7 LHG ergibt, wird die Zulassung zum Studium an der Dualen Hochschule durch den Abschluss des Ausbildungsvertrags mit der Ausbildungsstätte vermittelt. Die Ablehnung des Abschlusses einfach als privatrechtlichen Vorgang zu werten, der allenfalls der Kontrolle nach dem AGG unterliegt, würde der gegebenen Situation nicht gerecht. Vielmehr stellt die Ablehnung einen öffentlich rechtlichen Vorgang dar, welcher der Kontrolle der Verwaltungsgerichte unterliegt. Gleiches gilt für die Beendigung des Ausbildungsvertrags, die nach § 62 Abs. 2 Nr. 4 LHG zur Exmatrikulation führt.[12]

[11] In der Fassung des Gesetzes zur Umsetzung der Föderalismusreform im Hochschulbereich vom 3.12.2008, GBl Baden-Württemberg 2008, 435.

[12] Eine andere Auffassung vertritt der Schiedsspruch der Schiedsstelle gemäß § 19 Manteltarifvertrag für die Metallindustrie Nordwürttemberg/Nordbaden vom 27.7.2009.

d) Öffnung des Landespersonalvertretungsrechts

Mit der Föderalismusreform ist die Rahmenkompetenz des Bundes für das Personalvertretungsrecht der Länder entfallen. Damit stehen die bislang in den §§ 94 ff. Bundespersonalvertretungsgesetz enthaltenen Rahmenvorschriften für die Landespersonalvertretungsgesetze zur Disposition der Landesgesetzgeber.[13] Diese können sich dafür entscheiden, die bislang in der Rahmenvorschrift des § 97 BPersVG vorgeschriebene und von ihnen durchweg umgesetzte Tarifsperre aufrechtzuerhalten. Sie können diese aber auch beseitigen. Geschieht das, können die Tarifvertragsparteien auf der Grundlage ihrer in § 1 Absatz 1 TVG festgelegten Kompetenz für betriebsverfassungsrechtliche Fragen, die sich auch auf die Verfassung der Arbeitnehmervertretung in den Dienststellen und Betrieben des öffentlichen Dienstes erstreckt, Regelungen treffen.

Eine solche Regelung würde mit der Zulassung abweichender Regelungen in der Betriebsverfassung durch § 3 BetrVG korrespondieren. Etwa könnte so ein rechtssicherer Weg für die tarifliche Regelung der Zusammenarbeit der Betriebsräte von Eigengesellschaften und der Personalräte von Eigenbetrieben einer Stadt geschaffen werden.[14] Auch eine Abstimmung der Befugnisse von Personräten und Betriebsräten im Falle der Überlassung von Arbeitnehmern des öffentlichen Dienstes an Betriebe privatrechtlicher Unternehmen wäre möglich.

[13] *Löwisch* aaO, FS Otto, S. 323 ff.

[14] Siehe dazu *Löwisch/Schuster*, Arbeitnehmerbeteiligung im Konzern Stadt – Tarifliche Regelung der koordinierten Beteiligung von Betriebsräten und Personalräten bei der Stadt Hanau, ZTR 2009, 58 ff.

Vertrauensschutz in der Rechtsprechung des Bundesarbeitsgerichts

STEFAN LUNK

Die Rückwirkung von Änderungen der Rechtsprechung des *BAG* hat zuletzt Aufmerksamkeit erfahren.[1] Im Kern geht es darum, unter welchen Voraussetzungen das Vertrauen der Bürger in die Konstanz höchstrichterlicher Rechtsprechung geschützt ist. Die Thematik ist von hoher Relevanz nicht nur für die Beratungspraxis. Denn Versäumnisse bei der Anpassung von Verträgen an die höchstrichterliche Rechtsprechung können zu erheblichen wirtschaftlichen Folgen für die Vertragsparteien sowie einer Haftung des beteiligten Kautelarjuristen führen. Zudem ist die Thematik aus dogmatischer Sicht eine Betrachtung wert. Dieser Beitrag soll illustrieren, warum die Rechtsprechung des *BAG* zur Rückwirkung zu so unterschiedlichen Ergebnissen gelangt, die zudem vom Ansatz des *BGH* zum Vertrauensschutz abweichen. Dem Jubilar, der nicht allein der Rechtswissenschaft, sondern als ehemaligem Richter am Oberlandesgericht Schleswig auch der Rechtspraxis verpflichtet ist, war die Einbettung des Arbeitsrechts in die zivilrechtliche Dogmatik seit jeher ein besonderes Anliegen.[2]

A. Zulässigkeit rückwirkender Rechtsprechungsänderungen

Rückwirkende Rechtsprechungsänderungen sind grundsätzlich zulässig. Denn höchstrichterliche Rechtsprechung ist kein Gesetzesrecht und erzeugt somit keine vergleichbare Rechtsbindung. Jedes Urteil ist Ergebnis eines prinzipiell irrtumsanfälligen Erkenntnisprozesses für den jeweiligen Fall.[3] Eine in der Rechtsprechung bislang vertretene Gesetzesauslegung aufzugeben, verstößt somit nicht gegen den Vertrauensschutz, der aus dem in Art. 20

[1] Siehe etwa *Wißmann* in: FS Bauer, 2010, S. 1161; *Linsenmaier* in: FS Kreutz, 2010, S. 287 ff.; *Tillmanns* in: FS Buchner, 2009, S. 885; *Gaul/Mückl* NZA 2009, 1233; *Höpfner* RdA 2006, 156; zu Rückwirkung generell im Zivilrecht *Herdegen* WM 2009, 2202.

[2] Vgl. nur *Reuter* in: FS Hilger/Stumpf, 1983, S. 573 („Gibt es eine arbeitsrechtliche Methode?"); *ders.*, Berichte aus den Sitzungen der Joachim Jungius-Gesellschaft der Wissenschaften e.V., Hamburg, Jahrgang 1989, Heft 2 („Die Stellung des Arbeitsrechts in der Privatrechtsordnung").

[3] *BVerfG* Beschl. v. 28. September 1992 – 1 BvR 496/87 – in: NZA 1993, 213, 214.

Abs. 3 GG verankerten Rechtsstaatsprinzip folgt. Denn die über den Einzelfall hinausgehende Geltung fachgerichtlicher Gesetzesauslegung beruht ausschließlich auf der Überzeugungskraft ihrer Gründe sowie der Autorität und den Kompetenzen des entscheidenden Gerichts. Dem *BVerfG* zufolge ist die Änderung höchstrichterlicher Rechtsprechung unter dem Gesichtspunkt des Vertrauensschutzes unbedenklich, sofern sie hinreichend begründet ist und sich im Rahmen einer vorhersehbaren Entwicklung hält. Einem durch gefestigte Rechtsprechung begründeten Vertrauenstatbestand kann durch Aussagen zur zeitlichen Anwendbarkeit oder Billigkeitserwägungen im Einzelfall Rechnung getragen werden.[4]

B. Kategorisierung der Rückwirkungskonstellationen

Die ältere Rechtsprechung des *BAG* prüfte, ob im Rahmen einer Abwägung im Einzelfall die rückwirkende Änderung höchstrichterlicher Rechtsprechung den Parteien zumutbar war.[5] Der *BGH* gewährt ebenfalls einen die Abwägung der widerstreitenden Interessen im Einzelfall betonenden Vertrauensschutz, wobei zivilrechtliche Generalklauseln als Einfallstore dienen.[6] Während der Jubilar seit jeher für eine Vereinheitlichung auch der Rechtsanwendungsmethoden im Zivil- und Arbeitsrecht plädiert hat,[7] versucht die neuere Rechtsprechung des *BAG* abweichend vom *BGH*, objektive und einzelfallunabhängige Anknüpfungspunkte für die Gewährung von Vertrauensschutz zu schaffen. Diese wirken auf den ersten Blick wenig systematisch bis widersprüchlich.

I. Beispiele aus der Rechtsprechung des *BAG*

Zunächst soll die unterschiedliche Zielrichtung der vom *BAG* geprägten Anknüpfungspunkte für Vertrauensschutz anhand fünf bekannter Entscheidungen herausgearbeitet werden. Die Darstellung beschränkt sich auf die Kernaussagen zur jeweiligen Rückwirkungsproblematik.

[4] *BVerfG* Beschl. v. 15. Januar 2009 – 2 BvR 2044/07 – in: NJW 2009, 1469, 1475.

[5] Siehe etwa *BAG* Urt. v. 14. Oktober 1986 – 3 AZR 66/83 – in: NZA 1987, 445.

[6] Etwa *BGH* Urt. v. 29. Februar 1996 – IX ZR 153/945 – in: NJW 1996, 1467 (Bürgschaftshaftung); Urt. v. 7. April 2003 – II ZR 56/02 – in: NJW 2003, 1803 (Haftung für Altverbindlichkeiten in der GbR); Urt. v. 12. Dezember 2005 – II ZR 283/03 – in: NJW 2006, 765 (Haftung Neugesellschafter GbR); zur zivilrechtlichen Lösung siehe weiterhin *Höpfner* RdA 2006, 156, 161 ff.; *Fischer* in: FS Kreutz, 2010, S. 599 ff.; Horst NZM 2007, 185 zum Mietrecht.

[7] Vgl. *Reuter* RdA 1985, 321 („Rechtsfortbildung im Arbeitsrecht – Ein Beitrag zum Problem der Einheit oder Vielheit der Rechtsanwendungsmethoden"); *ders.* in: FS Hilger/Stumpf, 1983, S. 573 („Gibt es eine arbeitsrechtliche Methode?").

1. *Entscheidung zur Massenentlassungsanzeige vom 23.3.2006*

In der Entscheidung vom 23. März 2006 hat der 2. Senat des *BAG* in Reaktion auf das „Junk-Urteil“[8] des *EuGH* bei der Bestimmung für den maßgeblichen Zeitpunkt der Massenentlassungsanzeige nach § 17 Abs. 1 KSchG erstmals auf die tatsächliche Beendigung des Arbeitsverhältnisses, nicht wie zuvor die Abgabe der Kündigungserklärung, abgestellt.[9] Da das *BAG* über viele Jahre die zuvor vertretene Rechtsprechung bekräftigt habe und ein Abweichen nicht absehbar gewesen sei, hätte der Arbeitgeber bis zur Bekanntgabe der Entscheidung des *EuGH* insbesondere der bisherigen Praxis der Arbeitsverwaltung vertrauen dürfen. Weder der Vorlagebeschluss des Arbeitsgerichts Berlin, noch die Schlussanträge des Generalanwalts in Sachen „Junk“ oder eine kritische Dissertation aus 2001[10] hätten dieses Vertrauen erschüttern können. Der 6. und der 8. Senat schlossen sich dieser Argumentation an[11] mit der Folge, dass der Schutz des Vertrauens auf die bisherigen Rechtsprechung des *BAG* erst mit dem Urteil vom 23. März 2006 entfallen ist.

2. *Entscheidung zur Befristung als Altersdiskriminierung vom 26.4.2006*

Ende 2005 hatte der *EuGH* in der „Mangold-Entscheidung“ ausgeführt, § 14 Abs. 3 TzBfG dürfe wegen Verstoßes gegen primäres Gemeinschaftsrecht nicht angewandt werden.[12] Im Judikat vom 26. April 2006 zur Unzulässigkeit der Befristung nach Maßgabe des damaligen § 14 Abs. 3 TzBfG verneinte der 7. Senat die Schutzbedürftigkeit der Beklagten, die auf die Gültigkeit der Norm vertraut hatte.[13] Denn auch im arbeitsrechtlichen Schrifttum sei seit Erlass des § 14 Abs. 3 TzBfG umstritten gewesen, ob dieser den gemeinschaftsrechtlichen Anforderungen genüge. Zudem sei den privaten Arbeitgebern vom arbeitsrechtlichen Schrifttum geraten worden, von der sachgrundlosen Befristungsmöglichkeit nach § 14 Abs. 3 TzBfG wegen der „alles andere als klaren Rechtslage“ abzusehen. Vertrauensschutz habe schließlich auch im Hinblick auf ein vorher nicht existierendes Verwaltungshandeln gefehlt.

[8] *EuGH* Urt. v. 27. Januar 2005 – C-188/03 – in: NZA 2005, 213.

[9] *BAG* 23. März 2006 – 2 AZR 343/05 – in: NZA 2006, 971.

[10] *Hinrichs*, Kündigungsschutz und Arbeitnehmerbeteiligung bei Massenentlassungen, Dissertation, 2001.

[11] Vgl. *BAG* Urt. v. 22. März 2007 – 6 AZR 499/05 – in: NZA 2007, 1101; Urt. v. 26. Juli 2007 – 8 AZR 769/06 – in: NZA 2008, 112.

[12] *EuGH* Urt. v. 22. November 200 – C-144/04 – in: NZA 2005, 1345.

[13] *BAG* Urt. v. 26. April 2006 – 7 AZR 500/04 – in: NZA 2006, 1162.

3. *Entscheidung zu zeitdynamischen Bezugnahmeklauseln vom 18.4.2007*

Im Urteil vom 18. April 2007 wich der 4. Senat von der bisherigen Auslegung von Bezugnahmeklauseln im Sinne von Gleichstellungsabreden ab.[14] Bezugnahmeklauseln in nach Inkrafttreten der Schuldrechtsreform zum 1. Januar 2002 geschlossenen Arbeitsverträgen („Neuverträge") versteht der Senat in Anwendung der §§ 133, 157 BGB seit 2007 nunmehr als unbedingten zeitdynamischen Verweis auf nachfolgende Änderungstarifverträge, der unabhängig von einer beiderseitigen Tarifbindung Geltung entfaltet. Auf die vor dem 1. Januar 2002 geschlossenen Arbeitsverträge („Altverträge") wendet der Senat hingegen weiterhin die vormalige Auslegung an. Ausweislich der Urteilsbegründung seien u.a. die in der Literatur geäußerte Kritik an der bisherigen Rechtsprechung sowie abweichende landesarbeitsgerichtliche Rechtsprechung prinzipiell geeignet, das Ausmaß des Vertrauens in die Aufrechterhaltung der Rechtsprechung für Neuverträge zu verringern. In einer Folgeentscheidung zur Auslegung von Bezugnahmeklauseln betont der 4. Senat nicht nur den für den Vertrauensschutz maßgeblichen Stichtag des 1. Januar 2002, sondern stellt fest, mit der Schuldrechtsreform sei ein wertungsrelevanter Paradigmenwechsel vorgenommen worden. Dieser führe für den darauf folgenden Zeitraum zu einer abweichenden Gewichtung der beiderseitigen Interessen und damit zum Wegfall der Annahme einer für den Arbeitgeber unzumutbaren Härte bei Änderung der Rechtsprechung.[15]

4. *Entscheidung zum Freiwilligkeitsvorbehalt vom 30.7.2008*

Die arbeitsvertragliche Zahlungszusage mit dem Nachsatz, die Zahlung stelle eine freiwillige, stets widerrufliche Leistung dar, qualifizierte der 10. Senat im Urteil vom 30. Juli 2008 als inhaltlich widersprüchliche, gegen das Transparenzgebot des § 307 BGB verstoßende Vereinbarung.[16] Er erkannte zwar einen Vertrauensschutz bei Altverträgen im Rahmen einer ergänzenden Vertragsauslegung an. In Übereinstimmung mit dem 9. Senat[17] deutete der 10. Senat jedoch an, eine ergänzende Vertragsauslegung bei Altfällen setze den vorherigen Versuch des Klauselverwenders voraus, die AGB-widrigen Klauseln anzupassen. In der Entscheidung vom 10. Dezember 2008 zum Freiwilligkeitsvorbehalt ließ der 10. Senat hingegen erkennen, der Gesetzgeber habe dem Erfordernis des Vertrauensschutzes durch die einjährige Übergangsfrist

[14] *BAG* Urt. v. 18. April 2007 – 4 AZR 652/05 – in: NZA 2007, 965.

[15] *BAG* Urt. v. 22. Oktober 2008 – 4 AZR 793/07 – in: NZA 2009, 323; vgl. nunmehr zur Abgrenzung von Alt- und Neuverträgen bei Vertragsänderungen nach dem 1.1.2002 BAG Urt. v. 18.11.2009 – 4 AZR 514/08 – in: NZA 2010, 170.

[16] *BAG* Urt. v. 30. Juli 2008 – 10 AZR 606/07 – in: NZA 2008, 1173.

[17] Vgl. *BAG* Urt. v. 19. Dezember 2006 – 9 AZR 294/06 – in: NZA 2007, 809, 812.

in Art. 229 § 5 EGBGB bereits Genüge getan.[18] Vertrauensschutz scheint für Altfälle damit seit dem 1. Januar 2003 generell nicht mehr in Betracht zu kommen.

5. *Entscheidung zur Urlaubsabgeltung vom 24.3.2009*

Während der 9. Senat den § 7 BUrlG zuvor in ständiger Rechtsprechung dahin ausgelegt hatte, krankheitsbedingt nicht genommener Erholungsurlaub verfalle am 31. März des Folgejahres, änderte er mit Urteil vom 24. März 2009 seine Rechtsprechung und bejahte rückwirkend einen Anspruch auf Urlaubsabgeltung.[19] Er begründete seine Rechtsprechungsänderung mit der vom *EuGH* in seinem „Schultz-Hoff-Urteil"[20] vom 20. Januar 2009 geforderten richtlinienkonformen Auslegung der Abgeltungsregelungen des BUrlG. Hinsichtlich des Vertrauensschutzes stellte der 9. Senat maßgeblich auf den Vorlagebeschluss des *LAG Düsseldorf* ab, dieser sei eine „Zäsur in der Rechtsentwicklung". Ferner meinte er, „Arbeitgeber mussten damit rechnen, dass der *EuGH* ... abweichend von der Rechtsprechung des Senats und der herrschenden Meinung ..." urteilen könnte. Immerhin hätte „ein Teil des Schrifttums bereits völker- und gemeinschaftsrechtliche Bedenken an der Rechtsprechung des Senats geäußert".

6. *Zwischenstand: Vertrauensschutz senatsabhängig?*

Ein Vergleich der objektiven Anknüpfungspunkte des 2., 4., 6., 7., 8., 9. und 10. Senats für die Gewährung von Vertrauensschutz macht den Betrachter zunächst ratlos: Teils sollen bloße Bedenken des Schrifttums oder ein Vorabentscheidungsersuchen zum *EuGH* ausreichen, um den Vertrauensschutz zu negieren, teils soll es auf die Bekanntgabe des *EuGH*-Urteils ankommen. Teils sollen Anpassungsversuche der Vertragspartner über den Vertrauensschutz hinsichtlich vorformulierter Arbeitsvertragsbedingungen entscheiden, teils werden absolute Zeitgrenzen gesetzt. Selbst wenn man konzediert, dass den hier referierten Judikaten unterschiedliche rechtliche Ausgangssituationen zugrunde lagen, ging es im Ergebnis doch immer um die Beantwortung der Frage, welche Punkte vorliegen müssen, damit eine Partei (regelmäßig der Arbeitgeber) nicht mehr auf einen Fortbestand der Rechtsprechung vertrauen durfte. Zunächst ergibt sich ein inhomogenes Bild in Bezug auf die Anknüpfungspunkte für Vertrauensschutz.

[18] *BAG* Urt. v. 10. Dezember 2008 – 10 AZR 1/08 – in: NZA-RR 2009, 576.

[19] *BAG* Urt. v. 24. März 2009 – 9 AZR 983/07 – in: NZA 2009, 538; dazu bspw. *Rummel*, DB 2010, 225.

[20] *EuGH* Urt. v. 20. Januar 2009 – C-350/06 – in: NZA 2009, 135.

II. Versuch einer Kategorisierung

Es erscheint sinnvoll, die zitierten Judikate zu kategorisieren und dadurch gleichsam ein System der „Vertrauensschutzrechtsprechung" des *BAG* freizulegen. Dazu gilt es, den Ausgangspunkt von Vertrauensschutz in der Rechtsprechung zu betrachten, um sich dann den verschiedenen Auslösern von Rechtsprechungsänderungen zuzuwenden.

1. *Änderung der höchstrichterlichen Rechtsprechung*

Vertrauensschutz kann und muss nur gewährt werden, wenn sich die höchstrichterliche Rechtsprechung ändert. Dies ist anzunehmen, wenn das Gericht die gleiche Rechtsfrage (zumindest) ein zweites Mal entscheidet und bei der neuerlichen Bewertung von der vorherigen abweicht, nicht jedoch, wenn die vorherige höchstrichterliche Entscheidung zu einer lediglich ähnlichen Rechtsfrage bzw. zu einem nur in Grundzügen vergleichbaren Sachverhalt ergangen ist. Vertrauensschutz besteht nämlich nicht hinsichtlich der bloßen Fortschreibung höchstrichterlicher Rechtsprechung, die nur im Kontext zu früheren Entscheidungen steht oder lediglich vermeintlich dieselbe Konstellation erfasst. Gleiches gilt, wenn die ursprüngliche Entscheidung lange zurückliegt, die rechtlichen Rahmenbedingungen sich geändert haben und die einstmalige Entscheidung in der Folge nicht zumindest obergerichtlich bestätigt wurde.

Nur wenn die vorgenannten Voraussetzungen vorliegen und der Rechtsanwender das so beschaffene Vertrauen in die höchstrichterliche Rechtsprechung betätigt, können Vertrauensschutzgesichtspunkte der Anwendung der geänderten Rechtsprechung entgegenstehen. Verfassungsrechtlich zulässig ist die Rechtsprechungsänderung aus Gesichtspunkten des Vertrauensschutzes nämlich wie erwähnt nur, wenn sie hinreichend begründet ist und sich im Rahmen einer vorhersehbaren Entwicklung hält. Die hinreichende Begründung unterstellt, entscheidet sich die Zulässigkeit der Rückwirkung bzw. das Erfordernis von Vertrauensschutz in den nachfolgend dargestellten Konstellationen am Kriterium der „Vorhersehbarkeit" der Rechtsprechungsänderung.

2. *Rechtsprechungsänderung aus überwiegend autonomen Motiven*

Der Entschluss, einen konkreten Sachverhalt nunmehr rechtlich anders beurteilten zu wollen, wird nicht selten durch personelle Wechsel im Senat bzw. in dessen Vorsitz ausgelöst.[21] Auch die Auseinandersetzung mit instanz-

[21] Dazu etwa *Höpfner* NZA 2009, 420, 421 (Änderung der Rechtsprechung zur Bezugnahmeklausel).

gerichtlicher Rechtsprechung bzw. der Rechtswissenschaft sowie langfristige Änderungen in der Rechtsanschauung können den Anstoß zur Änderung der Rechtsprechung liefern. Ohnehin führen die variierenden Bedingungen des Arbeitslebens in Kombination mit teilweise sparsamer Kodifizierung dazu, dass das *BAG* seine Rechtsprechung in regelmäßigen Abständen auf ihre Praxistauglichkeit überprüfen muss.[22] Obgleich auch die genannten Impulse für Rechtsprechungsänderungen letztlich „von außen" kommen, liegt die Entscheidung der Rechtsprechungsänderung allein bei dem entscheidenden Senat.

Grundsätzlich können die Gerichte der Bindung an die bisherige Rechtsprechung u.a. dadurch gerecht werden, dass sie die alte Rechtsprechung auf- und die neue bekanntgeben, aber noch nicht auf den anhängigen Fall anwenden. Dies vermeidet abrupte Änderungen der Rechtsprechung, die nach Auffassung des *BVerfG* nicht nur gegen den Grundsatz des Vertrauensschutzes, sondern auch gegen denjenigen des fairen Verfahrens verstoßen können.[23] Das *BAG* macht von dieser „Annunziationsjudikatur" im Zuge von Rechtsprechungsänderungen aus autonomen Motiven seit jeher Gebrauch.[24] Verschiedene Grade der Ankündigung im Wege eines obiter dictum lassen sich insoweit unterscheiden: Entweder verlautbart das Gericht rechtlich spezifizierte Zweifel oder es kündigt die beabsichtigte Änderung der Rechtsprechung unmittelbar an. Eine indirekte Ankündigung einer Rechtsprechungsänderung muss zudem angenommen werden, wenn sich ein Senat des *BAG* gemäß § 45 Abs. 3 Satz 1 ArbGG mit einer Divergenzanfrage dahingehend an einen anderen Senat wendet, ob dieser an seiner Rechtsauffassung festhalte.[25] Hat ein Gericht dergestalt verdeutlicht, seine Rechtsprechung in einer bestimmten Angelegenheit habe in Zukunft voraussichtlich keinen Bestand, ist das Vertrauen des Rechtsanwenders auf die bisherige ständige Rechtsprechung ab Veröffentlichung nicht mehr schutzwürdig.[26]

[22] Ähnlich *Knödler/Daubner* BB 1992, 1861.

[23] Dazu *Grzeszick* in: Maunz-Dürig, GG-Kommentar, Stand November 2006, Art. 20 Rn. 106.

[24] Zum Ganzen *Knödler/Daubner* BB 1992, 1861 ff.

[25] So wandte sich etwa der 4. Senat des *BAG* in der Absicht, seine Rechtsprechung zum Grundsatz der Tarifeinheit zu ändern, an den 10. Senat (Beschl. v. 27. Januar 2010 – 4 AZR 549/08 – in: BB 2010, 1157 m. Anm. Böhm).

[26] Bedenken begegnet der Umstand, dass das Gericht durch die Ankündigungen eine geänderte Rechtsauffassung zum Ausdruck bringt, jedoch nach der überkommenen Rechtsauffassung entscheidet (zur Kritik an der „Annunziationsjudikatur" siehe *Knödler/Daubner* BB 1992, 1861, 1865). Noch bedenklicher ist freilich der ohne Ankündigung vorgenommene Rechtsprechungswandel, siehe BGH Urt. v. 18.1.1996 – IX ZR 69/95 – in: NJW 1996, 924.

3. *Rechtsprechungsänderung unter Einfluss auch heteronomer Motive*

Eine Rechtsprechungsänderung wird zwar zumeist auf den dargestellten autonomen Motiven gründen. Allerdings kann eine Modifizierung der Rechtsprechung auch von äußeren Faktoren wesentlich gesteuert sein. Dies hat Einfluss darauf, ob und in welchem Umfang enttäuschtes Vertrauen betroffener Rechtsanwender zu schützen ist.

a) Vorgaben des *EuGH*

In den letzten Jahren haben vor allem Entscheidungen des *EuGH* einen Wandel der nationalen höchstrichterlichen Rechtsprechung ausgelöst, was wiederum die Frage des Vertrauensschutzes aufwirft. Zu unterscheiden ist zwischen Entscheidungen des *EuGH* zum primären und zum sekundären Gemeinschaftsrecht.

aa) Primäres Europarecht

Vertrauensschutz kann prinzipiell sowohl auf europäischer als auch auf nationaler Ebene gewährt werden. Die Entscheidung über die Reichweite des gemeinschaftsrechtlichen Vertrauensschutzes ist wegen des Grundsatzes der einheitlichen Anwendung von Gemeinschaftsrecht dem *EuGH* vorbehalten. Die Einschränkung der zeitlichen Wirkung einer im Vorabentscheidungsverfahren getroffenen Entscheidung muss überdies in dem Urteil selbst ausdrücklich enthalten sein, durch das über das Auslegungsersuchen entschieden wird.[27] Dieses Postulat stellt jedenfalls der *EuGH* auf. Seine juristische Herleitung oder Begründung bleibt, wie so oft beim *EuGH*, allerdings unklar.

Der *EuGH* hat sich bisher nur in Ausnahmefällen wegen des gemeinschaftsrechtlichen Grundsatzes der Rechtssicherheit veranlasst gesehen, Vertrauensschutz zu gewähren.[28] So beschränkt er die in einem Vorabentscheidungsverfahren getroffene Entscheidung nur dann in zeitlicher Hinsicht, wenn die gemeinschaftliche Rechtslage zuvor unklar gewesen und die ex-tunc-Wirkung für die Betroffenen mit erheblichen wirtschaftlichen Risiken verbunden ist.[29] Erklärt der *EuGH* eine nationale Norm für mit primärem Gemeinschaftsrechts unanwendbar, ohne gleichzeitig ausdrücklich europarechtlichen Vertrauensschutz zu gewähren, sollen die nationalen Gerichte grund-

[27] Vgl. *EuGH* Urt. v. 27. März 1980 – C-61/79 („Denkavit Intaliana") – in: NJW 1980, 2008, 2009; Urt. v. 2. Februar 1988 – C-24/86 („Blaizot") – in: NJW 1988, 3088, 3089.

[28] Siehe etwa EuGH Urt. v. 15.3.2005 – C-209/03 – in: NJW 2005, 2055, 2058; weitere Nachweise bei Frenz EuR 2008, 468, 486 f.

[29] Siehe *EuGH* Urt. v. 12. April 2005 – C-209/03 („Bidar") – in: NJW 2005, 2055, 2058; ausführlich zu den Voraussetzungen gemeinschaftsrechtlichen Vertrauensschutzes *Wißmann* in: FS Bauer, 2010, S. 1161, 1163; *Frenz* EuR 2008, 468, 484.

sätzlich an diese Entscheidung gebunden sein.[30] Das – regelmäßige – Schweigen des *EuGH* schließt nach dessen Verständnis gemeinschaftsrechtlichen Vertrauensschutz aus. Aufgrund des Anwendungsvorrangs des Gemeinschaftsrechts ist dieses anstelle des widersprechenden nationalen Rechts anzuwenden, das seinerseits fortbesteht.[31]

In diesem Kontext steht die Folgeentscheidung des *BAG* vom 26. April 2006 zum „Mangold"-Urteil des *EuGH*.[32] Die Anwendung des § 14 Abs. 3 Satz 4 TzBfG in seiner damaligen gemeinschaftsrechtswidrigen Fassung zu Gunsten der auf die Gültigkeit der Vorschrift vertrauenden Arbeitgeberin kam für das *BAG* bereits aus formellen Gründen nicht in Betracht, da die nationalen Gerichte nicht über die zeitliche Begrenzung der Wirkungen einer Entscheidung des *EuGH* befinden dürfen.[33] Der *EuGH* hatte im „Mangold"-Urteil weder im Tenor noch in den Gründen die Wirkungen seiner Entscheidung zeitlich eingeschränkt. Die Wahrung gemeinschaftsrechtlicher Kompetenzen im „Mangold"-Urteil unterstellt,[34] fand sich für das *BAG* für die Gewährung nationalen Vertrauensschutzes bereits kein dogmatischer Ansatzpunkt, da das vom *EuGH* zur Begründung angeführte primärrechtliche Verbot der Diskriminierung (auch wegen Alters) unmittelbar das deutsche Recht gestaltete.

Hilfsweise argumentierte der Senat, dass auch dann, wenn er nach einem Unanwendbarkeitsausspruch des *EuGH* befugt wäre, Vertrauensschutz nach nationalem Verfassungsrecht zu gewähren und damit die zeitliche Wirkung des Unanwendbarkeitsausspruchs einzuschränken, nationaler Vertrauensschutz jedenfalls daran scheitere, dass die dafür erforderlichen Voraussetzungen nicht vorlägen. Denn es hätte bislang gar nicht zur Rechtmäßigkeit der Norm Stellung genommen, was das Entstehen von Vertrauensschutz bereits ausschließen müsse. Auch sei bereits vor dem „Mangold"-Urteil in der arbeitsrechtlichen Literatur umstritten gewesen, ob § 14 Abs. 3 Satz 1 TzBfG der Richtlinie 1999/70/EG genüge. Das arbeitsrechtliche Schrifttum habe private Arbeitgeber wegen der vermeintlich unklaren Rechtslage gewarnt, von der benannten sachgrundlosen Befristungsmöglichkeit Gebrauch zu

[30] BAG Urt. v. 26.4.2006 – 7 AZR 500/04 – in: NZA 2006, 1162, 1168 (Rn. 40), wenn auch ohne Begründung; BAG Vorlagebeschl. v. 27.6.2006 – 3 AZR 352/05 (A) – in: NZA 2006, 1276, 1281.

[31] Siehe *Wißmann* in: Erfurter Kommentar, 10. Aufl. 2010, Vorbemerkung zum EG Rn. 32 f.

[32] Vgl. die Entscheidung des *EuGH* zur Unanwendbarkeit des § 622 Abs. 2 Satz 2 BGB wegen Verstoßes gegen das Verbot der Altersdiskriminierung, Urt. v. 19. Januar 2010 – C-555/07 („Kücükdeveci") – in: NZA 2010, 85.

[33] Entsprechend *BAG* Urt. v. 26. April 2006 – 7 AZR 500/04 – in: NZA 2006, 1162, 1169.

[34] Die Einhaltung gemeinschaftsrechtlicher Kompetenzen nimmt neben dem *BAG* (Urt. v. 26. April 2006 – 7 AZR 500/04 – in: NZA 2006, 1162 ff.) etwa *Leitmeier* (FA 2010, 4 ff.) an, während vielfach eine unzulässige Kompetenzausweitung vermutet wird (so *Bauer/Arnold* NJW 2006, 6, 12; *Jahn* NJW 2008, 1788).

machen.[35] Diese Aneinanderreihung potentiell das Vertrauen beeinträchtigender Faktoren verwirrte mehr als zu helfen und stützte das Bild vermeintlicher Beliebigkeit der Vertrauensschutzrechtsprechung.

Mit den hilfsweise vorgetragenen Erwägungen versucht das *BAG*, argumentativ der Konstellation vorzubeugen, in der das gemeinschaftsrechtliche Primärrecht trotz Unanwendbarkeit nationalen Rechts durch national gewährten Vertrauensschutz begrenzt werden kann. Denn ungeklärt ist bislang, ob die Gewährung von Vertrauensschutz zu dem unantastbaren Kerngehalt der Verfassungsidentität des Grundgesetzes nach Art. 23 Abs. 1 Satz 3 in Verbindung mit Art. 79 Abs. 3 GG gehört. Das *BVerfG* hat in seinem Urteil zum Vertrag von Lissabon hervorgehoben, dass es in Alleinzuständigkeit neben der Kontrolle der Kompetenzgrenzen auch prüfen wird, ob infolge des Handelns europäischer Organe die in Art. 79 Abs. 3 GG für unantastbar erklärten Grundsätze der Art. 1 und Art. 20 GG verletzt werden. Dadurch will das Gericht sicherstellen, dass der Anwendungsvorrang des Unionsrechts nur kraft und im Rahmen der fortbestehenden verfassungsrechtlichen Ermächtigung gilt.[36] Demnächst wird das *BVerfG* voraussichtlich Stellung nehmen, ob die Gewährung nationalen Vertrauensschutzes zum unantastbaren Kerngehalt der Verfassungsidentität des Grundgesetzes zu zählen ist. Denn gegen die Entscheidung des *BAG* vom 26. April 2006, die sich mit dem „Mangold"-Urteil des EuGH auseinandersetzt, wurde Verfassungsbeschwerde eingelegt.[37]

Bis das *BVerfG* Anderes entscheidet, ist für national gewährten Vertrauensschutz kein Raum, solange gemeinschaftsrechtliches Primärrecht das Rechtsverhältnis zwischen den vor einem nationalen Gericht streitenden Parteien unmittelbar bestimmt. Entscheidet über die Anwendbarkeit von nationalem Recht also das Verständnis und die Auslegung gemeinschaftsrechtlichen Primärrechts, kommt dem *EuGH* bis auf weiteres die Alleinzuständigkeit für den Ausspruch der zeitlichen Beschränkung von Rückwirkungstatbeständen zu. An diesen Rechtssatz hat sich das *BAG* im Urteil zur Befristung als Altersdiskriminierung vom 26. April 2006 – freilich ohne jegliche Begründung – gehalten und nationalen Vertrauensschutz verneint. Daher dürften die nationalen Gerichte auch wegen der soeben vom *EuGH* festgestellten Unwirksamkeit des § 622 Abs. 2 Satz 2 BGB keinen Vertrauensschutz gewähren.[38] Denn der *EuGH* geht wie im Fall Mangold von einem Verstoß gegen das sich aus dem Primärrecht ergebende Verbot der Altersdiskriminierung aus und gewährt keinerlei Vertrauensschutz.

[35] *BAG* Urt. v. 26. April 2006 – 7 AZR 500/04 – in: NZA 2006, 1162, 1169.

[36] Vgl. *BVerfG* Urt. v. 30. Juni 2009 – 2 BvE 2/08 u.a. – in: NJW 2009, 2267, 2272.

[37] Trotz des angekündigten Bestrebens, noch im Verlaufe des Jahres 2008 zu entscheiden, ist das Verfahren nach wie vor unter 2 BvR 2661/06 bei dem *BVerfG* anhängig.

[38] *EuGH* Urt. v. 19. Januar 2010 – C-555/07 – in: NZA 2010, 85; ebenso *Preis/Temming*, NZA 2010, 185, 188; *Wellhöner/Höveler*, BB 2010, 510, 511; LAG Düsseldorf Beschl. v. 17.2.2010 – 12 Sa 1311/07 – in: NZA-RR 2010, 240; Vertrauensgesichtspunkte erörtern hingegen *Gaul/Koehler*, ArbRB 2010, 53, 55.

bb) Sekundäres Europarecht

Beschäftigt sich ein Vorabentscheidungsverfahren hingegen mit der Auslegung von europäischen Richtlinien – also mit sekundärem Gemeinschaftsrecht – und verneint der *EuGH* gemeinschaftsrechtlichen Vertrauensschutz auf Grundlage der o.g. Kriterien, schließt dies die Gewährung nationalen Vertrauensschutzes nicht aus.[39] Denn die Auslegung einer Vorschrift des Gemeinschaftsrechts durch den *EuGH* ist auf die Erläuterung und Verdeutlichung beschränkt, wie das Gemeinschaftsrecht zu verstehen und anzuwenden ist. Das *BAG* spricht seine Urteile hingegen auf der Grundlage des deutschen Rechts, was nicht nur das Verhältnis zwischen den jeweiligen Prozessparteien regelt, sondern auch Anknüpfungspunkt für die Gewährung nationalen Vertrauensschutzes ist. Dem *BAG* steht offen, die richtlinienkonforme Auslegung deutschen Rechts – nicht die Auslegung der Richtlinie selbst – zeitlich in seiner Rückwirkung zu beschränken.

Sofern das Rechtsstaatsprinzip des Art. 20 Abs. 3 GG dies gebietet, ist das *BAG* sogar verpflichtet, in verfassungskonformer Auslegung deutschen Rechts Vertrauensschutz zu gewähren. Die verfassungskonforme Auslegung setzt sich, wie jüngst *Wißmann* überzeugend dargelegt hat,[40] in einem solchen Fall gegen eine richtlinienkonforme Auslegung durch. Ohnehin verlangt das Gemeinschaftsrecht eine richtlinienkonforme Auslegung des nationalen Rechts nur insoweit, wie sie nach den für das jeweilige innerstaatliche Recht maßgeblichen Auslegungsregeln möglich ist.[41] So muss nationales Recht, das ausschließlich contra legem richtlinienkonform auszulegen wäre, trotz seiner Richtlinienwidrigkeit weiterhin angewendet werden.[42] Dem steht auch der Anwendungsvorrang von Gemeinschaftsrecht regelmäßig nicht entgegen, da Richtlinien grundsätzlich kein unmittelbar auf die Parteien eines Rechtsstreits anwendbares Recht darstellen. Allein deutsche Gesetze und Rechtsgrundsätze sind unmittelbar anwendbar und daher von den deutschen Arbeitsgerichten zu beachten. Die richtlinienwidrige Gewährung von Vertrauensschutz in „Altfällen“ rechtfertigt sich somit durch die verfassungsrechtlichen Implikationen des Rechtsstaatsprinzips bei der Auslegung nationalen Gesetzesrechts.

Betrachtet man die Judikate des *BAG* in Sachen „Junk“ und „Schultz-Hoff“ in diesem Lichte, erschließt sich zunächst die grundsätzliche Zulässig-

[39] Anders *Abele* RdA 2009, 312, 317, der allein dem *EuGH* die Gewährung von Vertrauensschutz überlässt.

[40] *Wißmann* in: FS Bauer, 2010, S. 1161, 1165.

[41] Siehe *EuGH* Urt. v. 5. Oktober 2004 – C-397/01 („Pfeiffer“) – in: AP Nr. 12 zu EWG-Richtlinie 93/104.

[42] Dazu *BAG* Beschl. v. 18. Februar 2003 – 1 ABR 2/02 – in: NZA 2003, 742, 747; *EuGH* Urt. v. 4. Juli 2007 – C-212/04 („Adeneler“) – in: NZA 2006, 909; *Thüsing* Europäisches Arbeitsrecht, 2008, § 1 Rn. 42 m.w.N.

keit der Gewährung nationalen Vertrauensschutzes. Die Anknüpfungspunkte für Vertrauensschutz weichen jedoch erheblich voneinander ab. So verweisen der 2., 6. und 8. Senat in den Entscheidungen zur Massenentlassungsanzeige auf die Praxis der Arbeitsverwaltung und halten Vorlagebeschlüsse, eine kritische Dissertation zum maßgeblichen Themenkomplex oder die Schlussanträge des Generalanwalts für unbeachtlich. Hingegen beurteilt der 9. Senat in seiner Folgeentscheidung zur Urlaubsabgeltung den Vorlagebeschluss des *LAG Düsseldorf* als eine „Zäsur der Rechtsentwicklung", in Folge dessen Arbeitgeber mit einer abweichenden Entscheidung des *EuGH* hätten rechnen müssen, zumal ein Teil des Schrifttums bereits völker- und gemeinschaftsrechtliche Bedenken an der Rechtsprechung des Senats geäußert habe.

Das für die Gewährung von Vertrauensschutz entscheidende Kriterium geht in den Argumentationsbemühungen der Senate unter. Ausgerechnet die 12. Kammer des *LAG Düsseldorf*, die sich der Rechtsprechung des 9. Senat zum Verfall der Urlaubsabgeltung mit Vehemenz und ausführlicher Begründung (sowie humoresker Inbezugnahme rheinischen Partikularrechts[43]) entgegenstellt, macht auf den maßgeblichen Gesichtspunkt aufmerksam: Die Änderung der höchstrichterlichen Rechtsprechung auf Grundlage der richtlinienkonformen Auslegung deutschen Rechts sei dann nicht für Arbeitgeber vorhersehbar, wenn das *BAG* in der Begründung seiner bisherigen Rechtsprechung differenziert zur der europarechtlichen Thematik Stellung genommen habe.[44] Zutreffend merkt das *LAG Düsseldorf* an, im Urlaubsrecht fehle eine Stellungnahme des Urlaubssenats zu Art. 7 der Richtlinie 2003/88/EG oder der wortgleichen Vorgängerregelung in Richtlinie 93/104/EG.

Anderes galt hinsichtlich des Urteils des 2. Senats zur Massenentlassungsanzeige, das im Nachgang der „Junk"-Entscheidung des *EuGH* vom 27. Januar 2005 gesprochen wurde. Nicht lange vor diesem Urteil – nämlich am 18. September 2003 – hatte der 2. Senat des *BAG* in dezidierter Auseinandersetzung mit der Massenentlassungsrichtlinie 98/59/EG bestätigt, an seiner Rechtsauffassung festhalten zu wollen, wonach es für die Erstattung der Massenentlassungsanzeige nicht auf den Zugang der Kündigung, sondern auf die Entlassung als Beendigungszeitpunkt ankomme.[45] Da es somit eine Auseinandersetzung des *BAG* mit dem Gemeinschaftsrecht gab, durften die Arbeitgeber bis zur Bekanntgabe der Gemeinschaftsrechtswidrigkeit des natio-

[43] Zum Verfall von Urlaubsansprüchen nach BAG-Rechtsprechung bemerkt die Kammer, grundsätzlich sei sie „als Spruchkörper eines rheinischen LAG persönlich schicksalhaften Ereignissen ebenso aufgeschlossen (§ 2 rheinGG [‚Et kütt wie et kütt.'']) wie einer in endgültigem Rechtsverlust sich äußernden Risikozurechnung (§ 4 rheinGG [‚Wat fott es, es fott.'])" (Urt. v. 2. Februar 2009 – 12 Sa 486/06 – in: NZA-RR 2009, 242, 246).

[44] Vgl. *LAG Düsseldorf* Urt. v. 2. Februar 2009 – 12 Sa 486/06 – in: NZA-RR 2009, 242, 249.

[45] *BAG* Urt. v. 18. September 2003 – 2 AZR 79/02 – in: BB 2004, 1223.

nalen Rechtsverständnisses in der *EuGH*-Entscheidung darauf vertrauen. Da sich der 9. Senat hingegen bis zum Folgeurteil zur „Schultz-Hoff"-Entscheidung nicht mit den gemeinschaftsrechtlichen Implikationen auf § 7 BUrlG auseinandergesetzt hatte, konnte kein entsprechendes Vertrauen begründet werden.[46]

Offen bleiben die Fälle, in denen zwar keine Stellungnahme des *BAG* existiert, aber gleichwohl eine gefestigte verwaltungs- oder instanzgerichtliche Rechtspraxis. Eine Verwaltungspraxis schafft Vertrauen. Dies ergibt sich zumindest rechtsgedanklich aus § 176 Abs. 1 Nr. 3 AO. Danach darf ein Wandel in der Rechtsprechung der Obersten Gerichtshöfe des Bundes nicht zu Ungunsten des Steuerpflichtigen berücksichtigt werden, wenn die bisherige Rechtsprechung von der Behörde zugrunde gelegt wurde. Eine gefestigte Instanzrechtsprechung wird man entsprechend behandeln dürfen. Daraus folgt wiederum, dass ein bloßer Vorlagebeschluss noch nicht ausreicht, um das Vertrauen in eine gefestigte Rechtsprechung zu erschüttern. Denn weil jedes Arbeitsgericht eine Rechtsfrage dem *EuGH* vorlegen darf, was nicht nur vom *BAG* kritisch gesehen werden dürfte, könnte anderenfalls jede noch so abseitige Vorlage vertrauenserschütternd wirken. Dies verstieße nicht nur gegen den Rechtsgedanken aus § 176 Abs. 1 Nr. 3 AO, sondern würde zudem mit den haftungsrechtlichen Anforderungen an juristische Berater nicht in Einklang zu bringen sein. Denn der Rechtsanwalt ist nur verpflichtet, die veröffentlichte höchstrichterliche Rechtsprechung zu kennen,[47] nicht jedoch jeden Vorlagebeschluss eines Arbeitsgerichts.

cc) Zwischenergebnis

Für Vertrauensschutz bei Rechtsprechungsänderungen auf Grundlage europäischen Sekundärrechts gilt daher: Könnte eine ständige höchstrichterliche Rechtsprechung des *BAG* (nach Hinweisen in der arbeitsrechtlichen Literatur) gegen gemeinschaftsrechtliche Richtlinien verstoßen und legt ein Instanzgericht diese Rechtsfrage deshalb dem *EuGH* in einem Vorabentscheidungsverfahren zur Beantwortung vor, ist das Vertrauen auf Weiterführung des bisherigen höchstrichterlichen Rechtsprechung mit Bekanntwerden des Vorabentscheidungsersuchens noch nicht erschüttert.[48] Dies ist erst bei Vorliegen eines entsprechenden Verwaltungshandelns oder einer vorherrschenden

[46] Für Vertrauensschutz bis zum Zeitpunkt des „Schultz-Hoff"-Entscheidung des *EuGH* plädieren *Bauer/Arnold*, NJW 2009, 631, 634.

[47] *BGH* Urt. v. 29. März 1983 – VI ZR 172/81 – in: NJW 1983, 1665; *OLG München* Urt. v. 5. Mai 1989 – 14 U 646/88 – in: NJW-RR 1989, 803; *Moll/Altenburg*, in: Münchener Anwaltshandbuch Arbeitsrecht, 2. Aufl. 2009, § 2 Rn. 84.

[48] Kritisch zur Bestimmung des Zeitpunktes des „Bekanntwerdens" instanzgerichtlicher Vorlageentscheidungen und der damit verbundenen Erkundigungs- und Aufklärungspflichten auch *Krieger/Arnold* NZA 2009, 530, 532.

Instanzrechtsprechung der Fall. Hat sich das *BAG* in der Begründung seiner bisherigen Rechtsprechung bereits differenziert mit der europarechtlichen Thematik auseinandergesetzt, bleibt das Vertrauen auf diese Rechtsprechung bestehen, bis der *EuGH* die Gemeinschaftsrechtswidrigkeit des bislang favorisierten Richtlinienverständnisses feststellt.[49] Anderweitige Gesichtspunkte wie der Zeitpunkt von Vorlagebeschlüssen oder die Veröffentlichung abweichender Literaturstimmen müssen unberücksichtigt bleiben. Das ist auch deshalb sachgerecht, weil eine „Überwachung" anderer Kriterien durch den beratenden Juristen nicht ernsthaft gefordert werden kann[50] und die Nichtüberwachung wie gezeigt haftungsrechtlich für den beratenden Anwalt wohl unbeachtlich bliebe.

b) Vorgaben durch das Gesetz zur Modernisierung des Schuldrechts

Auch nationale Gesetzesänderungen haben erhebliche Auswirkungen auf den Vertrauensschutz des Rechtsanwenders. Wird ein Rechtsstreit auf Grundlage einer kürzlich erst ergangenen Norm erstmals höchstrichterlich entschieden, scheidet ein Vertrauensschutz der Parteien auf eine gefestigte höchstrichterliche Rechtsprechung nach oben Genanntem prinzipiell aus. Denn das Gericht nimmt erstmals zu der neu erlassenen Norm Stellung. Das Vertrauen auf die Fortführung der Rechtsprechung zur alten Rechtslage ist mit Außerkrafttreten der Normen, auf die sich das Gericht bei vorherigen Urteilsfindungen gestützt hat, entfallen. Hält der Gesetzgeber die Anwendung der neuen Vorschrift auf das Arbeitsverhältnis der Beteiligten für gerechtfertigt, kann das Gericht die unmittelbare Anwendung grundsätzlich nicht durch Hinweis auf eine zur alten Rechtslage ergangene Rechtsprechung verhindern.

Da das *BAG* in der oben zitierten Entscheidung zum Freiwilligkeitsvorbehalt die Unzulässigkeit der vertraglichen Vereinbarung erstmals auf das Transparenzgebot des § 307 Abs. 1 Satz 2 BGB stützte, das vor der Schuldrechtsmodernisierung nicht zur gesetzlichen Grundlage der Entscheidungsfindung gemacht werden konnte, fehlt es nach der oben entwickelten Definition bereits an einer schutzwürdigen „Änderung" der Rechtsprechung. Denn mit der legislativen Veränderung der rechtlichen Rahmenbedingungen ist das Vertrauen der Rechtsanwender auf die Fortführung von Rechtsprechung nach alter Rechtslage entfallen. Dennoch hat das *BAG* im Zuge der Veränderungen durch das Schuldrechtsmodernisierungsgesetz auf Umwegen einen einzelfallbezogenen gerichtlichen Vertrauensschutz eingeführt. Ist eine arbeitsvertragliche Bestimmung infolge der §§ 305 ff. BGB unwirksam, richtet sich

[49] Da die Entscheidungen des *EuGH* amtlich veröffentlich werden, ist das Zeitkriterium insoweit eindeutig.

[50] Zurecht stellt *Kock* in der Anmerkung zur „Schultz-Hoff"-Folgeentscheidung die ketzerische Frage: „Das Amtsblatt zum Frühstück?", BB 2009, 1181.

der Inhalt des Vertrags gemäß § 306 Abs. 2 BGB nach den gesetzlichen Vorschriften. Bietet die Anwendung der gesetzlichen Vorschriften keine oder zumindest keine angemessene, den Interessen der Parteien Rechnung tragende Lösung, nahm das *BAG* zunächst stets die Möglichkeit einer ergänzenden Vertragsauslegung nach §§ 133, 157, 242 BGB als Anwendung dispositiven Rechts gemäß § 306 Abs. 2 BGB an.[51] Damit wurde versucht, dem ersatzlosen Wegfall von Klauseln des Dauerschuldverhältnisses in Altfällen zu begegnen.

Je weiter der Zeitpunkt der Einführung der §§ 305 ff. BGB zurücklag, desto weniger wohl fühlte sich das *BAG* augenscheinlich mit der zumindest teilweisen Aufrechterhaltung von nach Intention des Gesetzgebers unwirksamen vertraglichen Regelungen. Daher erhöhte es die Voraussetzungen für die Vornahme einer ergänzenden Vertragsauslegung in Altfällen. Dabei verquickte das *BAG* die im Rahmen einer ergänzenden Vertragsauslegung ausschlaggebenden Faktoren[52] mit Versatzstücken des Vertrauensschutzes. So urteilte der 10. Senat in Übereinstimmung mit dem 9. Senat, eine ergänzende Vertragsauslegung bei Altfällen setze den vorherigen Versuch des Verwenders der AGB voraus, die rechtswidrige Klausel der geänderten Gesetzeslage anzupassen.[53] In der Entscheidung vom 10. Dezember 2008 zum Freiwilligkeitsvorbehalt lässt der 10. Senat hingegen erkennen, der Gesetzgeber habe dem Erfordernis des Vertrauensschutzes durch die einjährige Übergangsfrist in Art. 229 § 5 EGBGB bereits Genüge getan.[54] Der 4. Senat folgt dem in seinem jüngsten Judikat zur Auslegung von Bezugnahmeklauseln nicht, sondern geht selbst bei Änderungen des Arbeitsvertrages nach dem 1. Januar 2002 bei bestimmten Konstellationen noch von Altverträgen und damit Vertrauensschutz aus.[55]

Die vom *BAG* angedeutete Tendenz, mit Stichtag 1. Januar 2003 keinen Vertrauensschutz hinsichtlich der durch das Gesetz zur Modernisierung des Schuldrechts eingetretenen Änderungen mehr zu gewähren, könnte die wechselhafte Geschichte der auf Vertrauensschutz ausgelegten ergänzenden Vertragsauslegung beenden. Die Erkenntnis, hinsichtlich des Vertrauensschutzes sei die legislative Übergangsregelung des Art. 229 § 5 Satz 2 EGBGB entscheidend, wonach die §§ 305 ff. BGB ab dem 1. Januar 2003 auch für die zuvor geschlossenen Dauerschuldverhältnisse Wirkung entfalten, hätte allerdings bereits mit Ablauf der Übergangsfrist den Ausschluss einer ergänzenden Vertragsauslegung aus Vertrauensschutzgesichtspunkten

[51] *BAG* Urt. v. 30. Juli 2008 – 10 AZR 606/07 – in: NZA 2008, 1173.

[52] Entscheidend sind im Rahmen der ergänzenden Auslegung der hypothetische Parteiwille, Sinn und Zweck des Vertrags, die Verkehrssitte sowie Treu und Glauben (*Busche* in: MüKo BGB, 5. Aufl. 2006, § 157 Rn. 46 ff.).

[53] Dagegen zu Recht Gaul/Mückl NZA 2009, 1233.

[54] *BAG* Urt. v. 10. Dezember 2008 – 10 AZR 1/08 – in: NZA-RR 2009, 576.

[55] *BAG* Urt. v. 18. November 2009 – 4 AZR 514/08 – in: NZA 2010, 170.

gerechtfertigt. Warum das *BAG* zunächst Alt- und Neuverträge ergänzend auslegte, dann nur noch Altverträge, schließlich lediglich solche Altverträge, welche die Parteien nach dem 1. Januar 2002 versucht haben anzupassen, lässt sich dogmatisch kaum erklären. Man darf jedoch nicht ausblenden, dass § 306 Abs. 2 BGB Klauseln eliminieren möchte, die bereits zum Zeitpunkt ihres Abschlusses AGB-widrig waren. Handelt es sich um Klauseln, die zum Zeitpunkt ihrer Verwendung noch von einer höchstrichterlichen Rechtsprechung gedeckt waren, erscheint eine teleologische Reduktion des § 306 Abs. 2 BGB sachgerecht.[56] Die Unterscheidung in Alt- und Neuverträge ist daher nach wie vor geboten.

Der Gesetzgeber, dem die Besonderheiten des Arbeitsrechts ausweislich des § 310 Abs. 4 Satz 2 BGB bekannt waren, hätte diese im Rahmen der erstmaligen Anwendung der §§ 305 ff. BGB auf (bekanntermaßen langlebige) Arbeitsverträge zur Rechtfertigung einer gesonderten Übergangsvorschrift machen können. Er ließ jedoch die Praxis und somit das *BAG* einmal mehr alleine.[57] Für die Vorgängerregelung, das AGB-Gesetz, hatte der *BGH* für Mietverträge aus der Entstehungsgeschichte der damaligen §§ 28 Abs. 2 und 9 AGBG noch abgeleitet, dass in bestehende Verträge nur eingegriffen werden dürfe, wenn der unveränderte Fortbestand der Klausel in unerträglichem Widerspruch zu grundlegenden Wertungsmaßstäben des AGBG stünde.[58] Der *BGH* hat mit seinen Judikaten zum fehlenden Vertrauensschutz gegen mietrechtliche AGB-Rechtsprechungsänderungen nunmehr jedoch eine gänzlich andere Position eingenommen und schließt Vertrauensschutz selbst bei eindeutigen Rechtsprechungsänderungen bezüglich AGB aus.[59] Denn ein Vertragspartner, der sich nicht mit der gesetzlichen Regelung begnügt, sondern seine Rechte über die Gestellung von AGB erweitert, solle grundsätzlich nicht in seinem schutzwürdigen Vertrauen beeinträchtigt sein, wenn eine Klausel von der höchstrichterlichen Rechtsprechung zunächst unbeanstandet blieb, dann jedoch nach Jahren für unwirksam erklärt wurde. Solch verwenderfeindliche Aussagen finden sich in den Urteilen des *BAG* nicht. Man merkt dem Gericht vielmehr an, dass es keine derart einfachen Lösungen sucht, sondern die widerstreitenden Interessen von Arbeitgeber und Arbeitnehmer angemessen berücksichtigen will. Das verdient bei aller methodischen Unschärfe Respekt.

[56] So bezüglich der Parallelproblematik im Mietrecht *Horst* NZM 2007, 185, 187 f.

[57] Zum fehlenden Regelungsbewusstsein des Gesetzgebers auch *Gaul/Mückl* NZA 2009, 1233, 1237.

[58] *BGH* Urt. v. 20. Juni 1984 – VIII ZR 337/82 – in: NJW 1984, 2404, 2406.

[59] *BGH* Urt. v. 18. Januar 1996 – IX ZR 69/95 – in: NJW 1996, 924; *BGH* Urt. v. 5. März 2008 – VIII ZR 95/07 – in: NJW 2008, 1438.

4. Zusammenfassung der Erkenntnisse

Die Rückwirkungsbegrenzung in AGB-Angelegenheiten ausgeklammert, lässt sich eine grundsätzliche Systematik in der Vertrauensschutzrechtsprechung des *BAG* erkennen. Vertrauen entsteht nur, wenn das *BAG* in derselben Rechtsfrage auf derselben Rechtsgrundlage in einem vertretbaren zeitlichen Zusammenhang entschieden hat und nunmehr von dieser Entscheidung abweicht. Änderungen nationalen Rechts schließen daher bereits das Vertrauen in die Aufrechterhaltung von auf bisheriger Gesetzeslage ergangener Rechtsprechung aus. Liegen einer Rechtsprechungsänderung vornehmlich autonome Motive zugrunde, bedarf es einer Ankündigung der Rechtsprechungsänderung bzw. der zeitlichen Beschränkung der Rückwirkung in einem Urteil des *BAG*. Nur dieses kann Anknüpfungspunkt für den Vertrauensschutz sein.

Wird die Änderung der Rechtsprechung durch heteronome, also nicht gerichtsbestimmte Faktoren bewirkt, geraten andere Anknüpfungspunkte in das Blickfeld. Könnte das höchstrichterliche Verständnis einer nationalen Norm gemeinschaftsrechtswidrig sein, reicht das Bekanntwerden einer Vorlageentscheidung zum *EuGH* nicht aus, um das Vertrauen in der Fortführung der vermeintlich gemeinschaftsrechtswidrigen Rechtsprechung zu zerstören. Es bedarf vielmehr einer entsprechend gefestigten Instanzrechtsprechung oder eines Verwaltungshandelns. Bereits eine neue rechtliche Fragestellung kann also – selbst wenn sie prominent in Erscheinung tritt – nicht alleine genügen, Vertrauen in eine langjährige Rechtsprechung zu zerstören.[60] Sofern sich das *BAG* mit der betreffenden europarechtlichen Frage bereits dezidiert befasst hat, geht das Vertrauen in eine gemeinschaftsrechtswidrige Rechtsprechung erst mit Bekanntwerden der Entscheidung des *EuGH* unter. Über Vertrauensschutz bei Verstoß gegen Primärrecht entscheidet allein der *EuGH*, sofern das *BVerfG* dieses Vorrecht nicht beschneiden sollte.

Aus dem Rahmen fällt der Versuch des *BAG*, in der Interimszeit nach Einführung der §§ 305 ff. BGB deren Geltung für solche Arbeitsverträge zu beschränken, die im Vertrauen auf die bisherige Rechtslage geschlossen wurden. Zur Unübersichtlichkeit trägt bei, dass es in dieser Interimsphase zu einer Verquickung von Gesetzes- und Rechtsprechungsänderungen gekommen ist. Dadurch wird die Feststellung erschwert, ob die veränderte Rechtsprechung Folge des konsequenten Vollzugs eines geänderten Gesetzes oder lediglich Folge einer Beurteilungsänderung durch den jeweiligen Spruchkörper ist.[61] Auf die Unterschiede der Entscheidung des 4. Senats zu den Bezugnahmeklauseln (Auslegung gemäß §§ 133, 157 BGB) gegenüber der Entscheidung des 10. Senats zum Freiwilligkeitsvorbehalt (Verstoß gegen § 307 BGB)

[60] AA *Schlachter*, RdA 2009, Sonderbeilage Heft 5, S. 31, 36.
[61] Ebenso *Stoffels* NZA 2005, 726, 728; *Tillmanns* in: FS für Buchner, 2009, S. 885, 887.

sowie zum Ansatz des *BGH* (kein Vertrauensschutz gegen AGB-Rechtsprechungsänderungen) sei verwiesen. Mögen die Judikate aus Perspektive des Einzelfalls angemessen gewesen sein, setzt sich das *BAG* in Widerspruch zur Argumentation in den Vorjahren und zur Rechtsprechung des *BGH*, wenn es nunmehr andeutet, die ergänzende Vertragsauslegung aus Vertrauensschutzgesichtspunkten beenden zu wollen, da der Gesetzgeber eine abschließende Regelung zur Anwendbarkeit der Normen und damit zum Vertrauensschutz getroffen habe und zudem ausreichend Zeit gewesen sei, sich mit den gesetzlichen Neuregelungen zu arrangieren. Die bislang um einen Konsens zwischen Vertrauensschutz und Umsetzung der Wertungen der §§ 305 ff. BGB ringende Rechtsprechung des *BAG* erscheint jedenfalls gegenüber der zum Mietrecht entwickelten, den Vertrauensschutz völlig negierenden Spruchpraxis des *BGH* vorzugswürdig.

Ein Fazit: Insbesondere auf den im Arbeitsrecht tätigen Kautelarjuristen kommen zukünftig gesteigerte Prüfungspflichten im Hinblick auf die Beachtung vertrauenszerstörender Rechtsentwicklungen zu. Die sich insoweit abzeichnende Entwicklung divergierender methodologischer Ansätze vom *BAG* und *BGH* dürften nicht nur den Jubilar, der stets die Einheit der Rechtsordnung favorisierte, wenig erfreuen.

Die Mitbestimmung des Betriebsrats bei freiwilligen Leistungen

Hans-Christoph Matthes

Die Mitbestimmung bei der betrieblichen Lohngestaltung ist für Betriebsräte naturgemäß von großem Interesse. Gerade auf dem Gebiet der betrieblichen Lohngestaltung gehen die Vorstellungen und Erwartungen der Betriebspartner weit auseinander. Voraussetzungen und Reichweite dieses Mitbestimmungsrechts waren daher in der Vergangenheit in großer Zahl Gegenstand von Entscheidungen des Bundesarbeitsgerichts. Der Jubilar hat diese Rechtsprechung in einer Vielzahl von Besprechungen und Darstellungen begleitet. Sie soll hier noch einmal im Zusammenhang dargestellt werden. Dabei wird deutlich werden, dass auch seine Anregungen und Gedanken in dieser Rechtsprechung Berücksichtigung gefunden haben.[1]

Freiwillige Leistungen

„Lohn", der Teil der betrieblichen Lohngestaltung im Sinne von § 87 Abs. 1 Nr. 10 BetrVG sein kann, sind alle geldwerten Leistungen des Arbeitgebers, die dieser aus Anlass des Arbeitsverhältnisses im Hinblick auf die in diesem durch den Arbeitnehmer geleistete Arbeit gewährt. Dazu gehören neben dem eigentlichen Arbeitsentgelt in Form von Gehalt oder Monats- oder Stundenlohn auch Zulagen, Gratifikationen, Leistungen der betrieblichen Altersversorgung, zinsgünstige Arbeitgeberdarlehn, Wettbewerbsprämien, Boni, Prämien, Provisionen und vieles mehr nicht aber ein Aufwendungsersatz etwa für Dienstreisen[2]. Bei den meisten dieser in einem Betrieb vorkommenden Lohnformen i.S.v. § 87 I Nr. 10 BetrVG handelt es sich dabei um sogenannte „freiwillige Leistungen" des Arbeitgebers. Darunter sind Leistungen zu verstehen, zu deren Erbringung der Arbeitgeber nicht schon aufgrund bestehender Rechtsvorschriften – Gesetz oder Tarifvertrag – verpflichtet ist, die er vielmehr aus eigener Entschließung gewährt oder gewähren will, mag diese

[1] Vergl. etwa BAG GS 3.12.1991 AP BetrVG 1972 § 87 Lohngestaltung Nr. 51.
[2] BAG 27.10.1198 AP BetrVG 1972 § 87 Lohngestaltung Nr. 99.

Entscheidung auch durch wirtschaftliche Zwänge bedingt sein.[3] Dabei wird die Freiwilligkeit der Leistung nicht dadurch ausgeschlossen, dass der Arbeitgeber anlässlich der Gewährung dieser Leistung eine individualrechtliche Bindung eingegangen ist, die Arbeitnehmer auf die Leistung etwa aufgrund einer Gesamtzusage oder auch nur einer betrieblichen Übung einen individualrechtlichen Anspruch erlangt haben.

Nach einer neueren Entscheidung des Bundesarbeitsgerichts ist auch das eigentliche Arbeitsentgelt – Gehalt oder Lohn – eine freiwillige Leistung, wenn der Arbeitgeber nicht tarifgebunden ist.[4] An sich ist auch das Arbeitsentgelt, das der tarifgebundene Arbeitgeber dem nicht tarifgebundenen Arbeitnehmer zahlt, eine freiwillige Leistung. Gleichwohl ist die Beschränkung auf den tarifgebundenen Arbeitgeber im Hinblick auf die Mitbestimmungspflichtigkeit dieser Leistung sinnvoll, weil bei einer Tarifbindung des Arbeitgebers an einen Tarifvertrag, der das Arbeitsentgelt regelt, ein Mitbestimmungsrecht des Betriebsrats nicht in Frage kommt, weil dieses nach § 87 BetrVG Eingangssatz ausgeschlossen ist.

Mitbestimmung und Freiwilligkeit

Beruht die Gewährung solcher freiwilligen Leistungen auf einer eigenen lohnpolitischen Entscheidung des Arbeitgebers und ist die Lohnpolitik, die Entscheidung über die Höhe des Arbeitsentgelts, der Mitbestimmung des Betriebsrats entzogen[5], so folgt daraus, dass der Arbeitgeber durch das Mitbestimmungsrecht des Betriebsrats und das heißt letztlich auch durch einen Spruch der Einigungsstelle nicht zu Leistungen gezwungen werden darf, die zu erbringen er nicht aus eigener Entscheidung bereit ist. Das BAG hat daher in ständiger Rechtsprechung entschieden, dass die Freiwilligkeit einer Lohnleistung Mitbestimmungsrechte des Betriebsrats zwar nicht ausschließt, diese aber insoweit einschränkt, als es erforderlich ist, um die Entscheidungsfreiheit des Arbeitgebers darüber zu erhalten, ob er überhaupt eine bestimmte freiwillige Leistung erbringen will, in welchem Umfang er dafür finanzielle Mittel zur Verfügung stellen will, zu welchem Zweck die Leistung erbracht werden soll und – damit verbunden – welcher Personenkreis durch diese Leistung begünstigt werden soll.[6]

Im Rahmen dieser Vorgaben bleibt das Mitbestimmungsrecht des Betriebsrats zur näheren Ausgestaltung dieser freiwilligen Leistung – zur Lohngestal-

[3] *Fitting* § 87 Rn. 443 ff.; GK-BetrVG/*Wiese* § 87 Rn. 860 ff.; Richardi/*Richardi* § 87 Nr. 771 ff.; DKK/*Klebe* § 87 Rn. 257; ErfK/*Kania* § 87 BetrVG Rn. 107.

[4] BAG 26.8.2008 DB 2008, 2709, NZA 2008, 1426, BB 2009, 501.

[5] BAG 22.1.1980 AP BetrVG 1972 § 87 Lohngestaltung Nr. 3; st. Rspr.

[6] Grundsätzlich BAG 12.6.1975 AP BetrVG 1972 § 87 Altersversorgung Nr. 1.

tung – erhalten. Die der Mitbestimmung entzogenen Vorgaben bestimmt der Arbeitgeber allein. Sie müssen sich nicht aus einer vom Arbeitgeber schon den Arbeitnehmern oder dem Betriebsrat gegenüber eingegangenen rechtlichen Verpflichtung ergeben. Wollte man eine solche rechtsgeschäftliche Bindung des Arbeitgebers voraussetzen, würde das Mitbestimmungsrecht des Betriebsrats zu spät einsetzen und möglicherweise kein Regelungsspielraum mehr bestehen.

Der Grundsatz, dass der Arbeitgeber frei ist in der Entscheidung, ob er eine freiwillige Leistung erbringen will, besagt nur, dass der Betriebsrat eine Leistung, die zu erbringen der Arbeitgeber nicht gewillt ist, nicht über einen Spruch der Einigungsstelle erzwingen kann. Eine vom Arbeitgeber beabsichtigte freiwillige Leistung kann jedoch nur mit Zustimmung des Betriebsrats eingeführt werden. Es geht um die Einführung einer neuen Entlohnungsmethode i.S.v. § 87 Abs. 1 Nr. 10 BetrVG.[7] Die Einführung einer freiwilligen Leistung kann daher am Widerstand des Betriebsrats scheitern, wenn dieser nicht durch einen Spruch der Einigungsstelle überwunden werden kann. In diesem Sinne ist auch das „Ob“ der freiwilligen Leistung mitbestimmungspflichtig.

Wenn dagegen geltend gemacht wird, die Einigungsstelle könne über das „Ob“ der Leistung nicht entscheiden, weil darin eine der Mitbestimmung des Betriebsrats entzogene Entscheidung der Lohnpolitik liege,[8] so beruht dies auf einem Fehlverständnis der mitbestimmungsfreien Lohnpolitik. Lohnpolitik ist von der Mitbestimmung des Betriebsrats nur insoweit ausgenommen, als sie die Höhe des Aufwandes für den damit verfolgten Zweck betrifft. Ob eine bestimmte freiwillige Leitung im Betrieb zu einem bestimmten Zweck eingeführt werden soll, betrifft aber die Frage der gesamten betrieblichen Lohngestaltung und der innerbetrieblichen Lohngerechtigkeit. Diese kann einer bestimmten Leistung entgegenstehen. Das BAG hat daher auch wiederholt entschieden, dass Mitbestimmungsrechte des Betriebsrats bei der betrieblichen Lohngestaltung nicht deswegen entfallen oder eingeschränkt sind, weil der Arbeitgeber mit Mitteln der Lohngestaltung bestimmte Zwecke – eine bestimmte Absatzpolitik oder eine Steuerung des Verkaufs – erreichen will.[9] Es ist Sache der Betriebspartner oder der Einigungsstelle bei der Entscheidung über das Ob einer Leistung sowohl die Belange des Betriebes und damit auch den Zweck der Leistung als auch die Interessen der Arbeitnehmer an deren Unterbleiben angemessen zu berücksichtigen.

Ist der Arbeitgeber frei in der Entscheidung, ob er eine freiwillige Leistung gewähren will, so folgt daraus auch seine Freiheit, diese wieder abzuschaffen. Die Abschaffung einer freiwilligen Leistung bedarf daher als solche nicht der

[7] GK-BetrVG/*Wiese* § 87 Rn. 838.
[8] *Lieb* ZfA 1988, 445; *Eich* DB 1980, 1342.
[9] BAG 13.3.1984 AP BetrVG 1972 § 87 Provision Nr. 4.

Zustimmung des Betriebsrats. Soweit der Arbeitgeber jedoch eine betriebsverfassungsrechtliche Bindung etwa durch den Abschluss einer Betriebsvereinbarung eingegangen ist, ist diese zu beachten. Die Betriebsvereinbarung muss daher gekündigt werden. Sie wirkt aber, da der Betriebsrat die Einführung der Leistung nicht über einen Spruch der Einigungsstelle erzwingen kann, nicht gemäß § 77 Abs. 6 BetrVG nach.

Allerdings sieht das Bundesarbeitsgericht in der schon genannten Entscheidung vom 26.8.2008[10] alle betrieblichen Lohnformen als eine Einheit, als die betriebliche Lohngestaltung an, sodass der Wegfall einer Lohnform zu einer mitbestimmungspflichtigen Änderung der Lohngestaltung führt. Dem kann nicht gefolgt werden.[11] Jede Lohnform ist vielmehr für sich zu werten, sie beruht auf einer eigens für sie getroffenen lohnpolitischen Entscheidung des Arbeitgebers. Das gilt grundsätzlich auch dann, wenn die Betriebspartner mehrere Lohnformen zusammen in einer Betriebsvereinbarung geregelt haben.[12] Die Betriebsvereinbarung – notfalls deren Auslegung – muss dann ergeben, ob zwischen den geregelten Lohnformen ein solcher innerer Zusammenhang bestehen soll, dass sie als eine Einheit anzusehen sind, die nur in ihrer Gesamtheit geändert werden kann. Fehlt es an diesem Zusammenhang, kann die Betriebsvereinbarung hinsichtlich der Lohnform, die der Arbeitgeber einstellen will, gekündigt werden, ohne dass dadurch Mitbestimmungsrechte des Betriebsrats ausgelöst werden.

Der Dotierungsrahmen

Der Arbeitgeber ist frei in der Entscheidung, in welchem Umfang er finanzielle Mittel für eine freiwillige Leistung im dargelegten Sinne zur Verfügung stellen will. Maßgebend ist wiederum jeweils der Dotierungsrahmen für die einzelne Lohnform, nicht die Gesamtheit der Mittel für alle freiwilligen Leistungen.[13] Diese freie Entscheidung betrifft den sogenannten Dotierungsrahmen der freiwilligen Leistung. Dieser Grundsatz gilt für alle freiwilligen Leitungen nicht nur für die eigentlichen Sozialleistungen. Eine Ausnahme besteht nur für freiwilligen Leistungen, die Leistungsentgelte i.S.v. § 87 Abs. 1 Nr. 11 BetrVG sind, da sich das Mitbestimmungsrecht des Betriebsrats bei Leistungsentgelten auch auf den Geldfaktor erstreckt.

Die Bestimmung des Dotierungsrahmens einer freiwilligen Leistung kann im Einzelfall schwierig sein. Möglich, wenn auch praktisch nicht häufig ist es,

[10] S. Fn. 3.

[11] Krit. auch *Reichold* BB 2009, 1470.

[12] Anders *Boemke* jurisPR-AbR 2/2009.

[13] BAG 19.9.1995 AP BetrVG 1972 § 87 Lohngestaltung Nr. 81; *Schwab* BB 1993, 495; *Hoß* NZA 1997, 1129.

dass der Arbeitgeber einen festen Betrag für eine bestimmte Leistung, etwa eine Weihnachtsgratifikation, zur Verfügung stellt, der auf die Arbeitnehmer nach einem mitzubestimmenden Leistungsplan nur zu verteilen ist. In vielen Fällen wird jedoch der Dotierungsrahmen nicht als feste Größe auszumachen sein. Insbesondere bei freiwilligen Leistungen wie Prämien, Leistungs- oder Erschwerniszulagen hängt der Umfang des Gesamtaufwandes von der jeweils erbrachten Arbeit oder Leistung ab und ist daher nicht im Voraus feststellbar. Gleichwohl kann auch hier von einem Dotierungsrahmen gesprochen werden. Es ist derjenige Betrag, auf den sich der Aufwand für die freiwillige Leistung bei deren Einführung entsprechend der vom Arbeitgeber beabsichtigten Ausgestaltung und unter Berücksichtigung der voraussichtlichen künftigen Entwicklung nach Schätzungen oder Berechnungen belaufen wird.

Der Dotierungsrahmen muss daher keine feste Größe sein. Daraus folgt jedoch nicht, dass der Dotierungsrahmen selbst mitbestimmungspflichtig ist. Der geplante Gesamtaufwand bleibt vielmehr die Vorgabe, innerhalb der sich der mitbestimmte Leistungsplan halten muss. Er kann nur, weil er von variablen Faktoren wie der Leistung oder von anderen Umständen abhängt, schwanken.[14]

Die Einhaltung des vorgegebenen Dotierungsrahmens bei dessen mitbestimmter Verteilung durch den Leistungsplan wird nicht immer einfach sein. Gegenstand des Leistungsplanes ist die Festlegung des Verhältnisses der den einzelnen Arbeitnehmern zukommenden Leistungen zueinander unter Gesichtspunkten der innerbetrieblichen Lohngerechtigkeit und unter Berücksichtigung des vom Arbeitgeber mit der Leistung bezweckten Erfolges. Unschädlich ist eine Überschreitung des Dotierungsrahmens, die darauf beruht, dass der Arbeitgeber Arbeitnehmern schon vor der Einigung mit dem Betriebsrat Leistungen gewährt oder zugesagt hat, die über das hinausgehen, was ihnen nach der Einigung zukommen soll, auch wenn diese Leistungen nicht zurückgefordert werden können.[15]

Wird dieses Verhältnis nicht in absoluten Geldbeträgen, sondern beispielsweise in Punkten festgelegt, ergeben sich keine Schwierigkeiten. Der Dotierungsrahmen ist durch die Gesamtzahl der sich für die einzelnen Arbeitnehmer nach dem Leistungsplan ergebenden Punkte zu teilen, wodurch sich der Geldwert für den einzelnen Punkt ergibt. Die Höhe der Leistung für den einzelnen Arbeitnehmer ergibt sich dann aus diesem Wert je Punkt und der Zahl seiner Punkte.[16]

Aus der Mitbestimmungsfreiheit der Entscheidung über den Umfang des Dotierungsrahmens folgt weiter, dass ebenso wie die Abschaffung einer freiwilligen Leistung auch die Kürzung des Dotierungsrahmens nicht der Mitbe-

[14] Ähnlich GK-BetrVG/*Wiese* § 87 Rn. 837.
[15] BAG 14.6.1994 AP BetrVG 1972 § 87 Lohngestaltung Nr. 69.
[16] Vgl. den Sachverhalt in BAG 22.10.1985 AP BetrVG 1972 § 87 Leistungslohn Nr. 3.

stimmung des Betriebsrats unterliegt, das heißt, nicht seiner Zustimmung bedarf.[17] Eine andere Frage ist es, ob ein gekürzter Dotierungsrahmen stets auch einer neuen – mitbestimmten – Verteilungsentscheidung, eines neuen Leistungsplanes bedarf.[18] Das ist zu verneinen. Wird die Kürzung des Dotierungsrahmen in der Weise durchgeführt, dass alle Leistungen an die Arbeitnehmer im gleichen Verhältnis gekürzt werden, z.B. auf die Hälfte, ändert sich der Verteilungsplan nicht, eine Änderung in der betrieblichen Lohngestaltung liegt nicht vor, so dass dieses Vorgehen nicht der Mitbestimmung unterliegt.[19] Nur wenn die Kürzung des Dotierungsrahmens zu einer Änderung im Verhältnis der Leistungen zueinander führt oder gar führen soll, ist diese Neu- oder Umverteilung mitbestimmungspflichtig.

Hinsichtlich eines mitbestimmungsfrei gekürzten Dotierungsrahmens kann der Betriebsrat jedoch aufgrund seines Initiativrechts verlangen, dass dieser unter seiner Beteiligung neu verteilt wird, wenn er von seinem Mitbestimmungsrecht noch keinen Gebrauch gemacht oder eine mitbestimmte Verteilungsregelung gekündigt hat.

Der Zweck der freiwilligen Leistung

Der Arbeitgeber ist bei freiwilligen Leistungen frei in der Entscheidung, zu welchem Zweck er eine freiwillige Leistung gewähren will.[20] Zwar bedarf die Leistung zu einem bestimmten Zweck der Zustimmung des Betriebsrats, der Betriebsrat kann jedoch nicht verlangen, dass der für einen bestimmten Zweck zur Verfügung gestellte Dotierungsrahmen zu einem anderen Zweck verwendet wird, etwa dass anstelle einer Leistungszulage eine Weihnachtsgratifikation gezahlt wird.

Mitbestimmungsfrei ist dabei jedoch nur die generelle Zweckbestimmung der Leistung, nicht jedoch deren nähere Ausgestaltung, auch soweit diese der Verwirklichung des Zweckes dient. Ein solches Verständnis würde zum Ausschluss aller Mitbestimmungsrechte des Betriebsrats bei der näheren Ausgestaltung der Leistung führen.[21]

Mit der Zweckbestimmung einer Leistung eng verbunden ist die Entscheidung des Arbeitgebers, welchen Personenkreis er durch die freiwillige Leistung begünstigen will. Auch diese Entscheidung des Arbeitgebers ist daher mitbestimmungsfrei. Auch dabei kann es sich jedoch nur um die generelle

[17] BAG 10.2.1988 AP BetrVG 1972 § 87 Lohngestaltung Nr. 33.

[18] So BAG 13.1.1987 AP BetrVG 1972 § 87 Lohngestaltung Nr. 26; 26.4.1988 AP BetrVG 1972 § 87 Altersversorgung Nr. 16.

[19] BAG GS 3.12.1991 AP BetrVG 1972 § 87 Lohngestaltung Nr. 51.

[20] GK-BetrVG/Wiese § 87 Rn. 839; ErfK/*Kania* § 87 BetrVG Rn. 109.

[21] *Dieterich* NZA 1984, 275.

Festlegung des begünstigten Personenkreises handeln. Die Grenze für die mitbestimmungsfreie Vorgabeentscheidung des Arbeitgebers ergibt sich jeweils daraus, dass alles was zur Lohngestaltung, d.h. zur Ausgestaltung der jeweiligen freiwilligen Leistung gehört, der Mitbestimmung des Betriebsrats unterliegt, nicht aber bleibt auch die Ausgestaltung der Leistung deswegen mitbestimmungsfrei, weil diese auf die Zweckbestimmung der Leistung zurückwirkt.

Der Leistungsplan

Hat daher der Betriebsrat bei jeder freiwilligen Leistung über deren nähere Ausgestaltung, den Leistungsplan, mitzubestimmen, so kann er im Falle einer Nichteinigung mit dem Arbeitgeber zur Durchsetzung seiner Vorstellungen über die nähere Ausgestaltung der Leistung auch die Einigungsstelle anrufen, die dann über den Leistungsplan verbindlich entscheidet. Aber auch diese Entscheidung der Einigungsstelle über die nähere Ausgestaltung der freiwilligen Leistung bindet den Arbeitgeber nicht hinsichtlich seiner Entscheidung, ob er die Leistung überhaupt gewähren will. Er kann, wenn die auf diese Weise mitbestimmte Ausgestaltung der Leistung seinen Vorstellungen nicht entspricht, trotz des Spruches der Einigungsstelle noch immer von der Gewährung der Leistung absehen. Lediglich wenn und solange er die Leistung – gleich aus welchen Gründen – tatsächlich gewährt oder gewähren will, ist er hinsichtlich der näheren Ausgestaltung an die Entscheidung der Einigungsstelle gebunden.[22]

Nur so wird verhindert, dass der Arbeitgeber auf der einen Seite durch das Mitbestimmungsrecht des Betriebsrats über einen verbindlichen Spruch der Einigungsstelle zu einer Leistung gezwungen wird, die er letztlich so nicht gewähren will, und auf der anderen Seite ermöglicht, dass der Betriebsrat von seinem Mitbestimmungsrecht über die Ausgestaltung der Leistung Gebrauch machen kann und nicht darauf beschränkt ist, einer vom Arbeitgeber beabsichtigten Leistung in der geplanten Ausgestaltung entweder zuzustimmen oder Gefahr zu laufen, dass die Leistung überhaupt nicht erbracht wird. Dabei darf auch nicht übersehen werden, dass der Arbeitgeber seinerseits die Einigungsstelle anrufen und so versuchen kann, eine Ausgestaltung der freiwilligen Leistung zu erreichen, die seinen Vorstellungen über den Leistungsplan entspricht oder doch noch soweit Rechnung trägt, dass die Einführung dieser Leistung von seinem Standpunkt aus noch sinnvoll ist.

[22] BAG 13.9.1983 AP BetrVG 1972 § 87 Prämie Nr. 3.

Inhalt des Mitbestimmungsrechtes

Der Inhalt des Mitbestimmungsrechtes bei der betrieblichen Lohngestaltung ergibt sich aus seinem dargelegten Zweck. Es geht darum, eine auch an den Interessen der Arbeitnehmer ausgerichtete Gestaltung der gesamten Entlohnung im Betrieb zu erreichen. Der Betriebsrat hat daher, soweit insoweit keine tarifliche Regelung besteht, mitzubestimmen darüber, welche Lohnformen überhaupt im Betrieb zur Anwendung kommen sollen. Zu entscheiden ist daher von den Betriebspartnern gemeinsam, ob Zeitlohn – auch als Stunden-, Wochen- oder Monatslohn (Gehalt) – Leistungslohn oder Provisionen jeweils allein oder nebeneinander gezahlt werden sollen.[23] Damit unterliegt der Mitbestimmung die Einführung jeder für den Betrieb neuen Lohnform, gleichgültig ob es sich dabei um Zulagen, Gratifikationen oder sonstige Lohnleistungen i.S.v. § 87 Abs. 1 Nr. 10 BetrVG handelt. Gleichgültig ist dabei, ob die jeweilige Lohnform für alle Arbeitnehmer des Betriebes oder nur für bestimmte Gruppen zur Anwendung kommen soll. Ebensowenig kommt es darauf an, ob deren Einführung auf Dauer oder nur für eine vorübergehende Zeit beabsichtigt ist.[24]

Ausgestaltung von Zeitlohnformen

Bei Zeitlohnformen haben die Betriebspartner gemeinsam zu entscheiden, ob der Zeitlohn sich nach Lohngruppen, nach einer analytischen Arbeitsplatzbewertung oder nach anderen Kriterien bemessen soll. Mitbestimmungspflichtig ist daher die Einführung einer bestimmten Lohngruppenordnung[25] sowie deren Ausgestaltung durch Festlegung der Zahl der Lohngruppen und des Verhältnisses der Vergütungen der einzelnen Lohngruppen zueinander.

Lediglich die Entscheidung über die absolute Höhe des Gehalts der ersten Gehaltsgruppe oder über dessen Abstand zum höchsten Tarifgehalt ist als Entscheidung über die Lohnhöhe mitbestimmungsfrei.[26]

Ausgestaltung sonstiger Lohnformen

Von erheblicher praktischer Bedeutung ist die Mitbestimmung des Betriebsrats bei der Ausgestaltung zusätzlicher und insbesondere freiwilliger Leistungen des Arbeitgebers, weil insoweit tarifliche Regelungen nicht be-

[23] GK-BetrVG/*Wiese* § 87 Rn. 914 f.; Richardi/*Richardi* § 87 Rn. 755; *Fitting* § 87 Rn. 423 ff.

[24] BAG 10.7.1979 AP BetrVG 1972 § 87 Lohngestaltung Nr. 2.

[25] BAG 27.1.1987 AP BetrVG 1972 § 99 Nr. 42; 18.10.1994 AP BetrVG 1972 § 87 Lohngestaltung Nr. 70.

[26] BAG 22.10.1980 AP BetrVG 1972 § 87 Lohngestaltung Nr. 3.

stehen oder selten sind. Das Mitbestimmungsrecht des Betriebsrats bezieht sich hier auf die Ausgestaltung der jeweiligen Lohnform, d.h. auf die Festlegung der einzelnen Voraussetzungen, unter denen die Leistung zu gewähren ist und der Arbeitnehmer auf sie einen Anspruch erhält.[27] Nur wenn feststeht, nach welchen Kriterien Gratifikationen, Zulagen, Prämien oder sonstige Leistungen in unterschiedlicher Höhe gewährt werden, ist die Lohnform einsehbar und durchschaubar und bringt sie innerbetriebliche Lohngerechtigkeit zum Ausdruck, so wie sie die Betriebspartner gemeinsam definiert haben.

Ausgehend von diesen Grundsätzen erstreckt sich das Mitbestimmungsrecht des Betriebsrats beispielsweise auf die Erstellung eines Katalogs erschwerniszuschlagspflichtiger Arbeiten, die Zuordnung der einzelnen zuschlagspflichtigen Arbeiten zu bestimmten Lästigkeitsgruppen und die Festlegung des Verhältnisses der für die einzelnen Lästigkeitsgruppen zu zahlenden Erschwerniszuschläge zueinander.[28]

Besteht das Entgelt auch aus Trinkgeldern, so ist mitbestimmungspflichtig, ob diese in einen gemeinsamen Topf – Tronc – fließen sollen und nach welchen Grundsätzen dieser verteilt werden soll.[29]

Gleiches gilt für die Festlegung der einzelnen Voraussetzungen, unter denen eine ausgesetzte Wettbewerbsprämie verdient werden kann.[30]

Inhalt des Mitbestimmungsrechtes ist die nähere Ausgestaltung einer Provisionsordnung durch die Regelung der Fragen, ob Provisionen neben einem Fixum gezahlt werden und inwieweit dieses anrechenbar ist, welche Arten von Provisionen gewährt werden sollen sowie ob und wie die Provisionssätze oder verschiedene Provisionen zueinander in einem bestimmten Verhältnis stehen sollen.[31] Werden für ein bestimmtes Geschäft Provisionspunkte vergeben, so ist die Festlegung der Punktezahl für jedes Geschäft mitbestimmungspflichtig. Die Festlegung des €-Wertes je Provisionspunkt durch den Arbeitgeber ist als Entscheidung über die Lohnhöhe hingegen mitbestimmungsfrei.[32]

Beim Akkord ist beispielsweise mitbestimmungspflichtig, ob im Einzel- oder Gruppenakkord gearbeitet werden soll. In einem Prämienlohnsystem ist mitbestimmungspflichtig schon nach § 87 Abs. 1 Nr. 10 BetrVG der Ver-

[27] BAG 8.3.1983 AP BetrVG 1972 § 87 Lohngestaltung Nr. 14.

[28] BAG 22.12.1981 AP BetrVG 1972 § 87 Lohngestaltung Nr. 7.

[29] *Salje* DB 1989, 327.

[30] BAG 10.7.1979 AP BetrVG 1972 § 87 Lohngestaltung Nr. 2; 30.3.1982 AP BetrVG 1972 § 87 Lohngestaltung Nr. 10.

[31] BAG 29.3.1977 AP BetrVG 1972 § 87 Provision Nr. 1; 6.12.1988 AP BetrVG 1972 § 87 Lohngestaltung Nr. 37; 17.10.1989 AP BetrVG 1972 § 76 Nr. 39.

[32] BAG 13.3.1984 AP BetrVG 1972 § 87 Provision Nr. 4; 26.7.1988 AP BetrVG 1972 § 87 Provision Nr. 6.

lauf der Prämienkurve.[33] Durch die Prämienkurve wird das Verhältnis der Prämien für die einzelnen Leistungsgrade zueinander bestimmt. Die Prämienkurve kann dabei proportional degressiv oder progressiv verlaufen, eine Entscheidung, die von der Art der Prämie und dem von ihr angestrebten Zweck abhängt. Die Prämienkurve bestimmt damit für einen Prämienlohn den sog. Geldfaktor in engerem Sinne.[34] Dieser Geldfaktor im engeren Sinne ist Teil der Ausgestaltung des Prämienlohnsystems und unterliegt damit der Mitbestimmung des Betriebsrats nach § 87 Abs. 1 Nr. 10 BetrVG.

Die jeweilige Ausgestaltung einer Lohnform bleibt naturgemäß nicht ohne Einfluss auf die vom Arbeitgeber aufzuwendende Lohnsumme, den Dotierungsrahmen. Gleichwohl liegt darin noch keine von § 87 Abs. 1 Nr. 10 BetrVG nicht gedeckte Mitbestimmung über die Lohnhöhe selbst. Solange in solchen Fällen der Ausgangslohn mitbestimmungsfrei bleibt, wird der Arbeitgeber durch Mitbestimmungsrechte des Betriebsrats nicht zu Aufwendungen gezwungen, die zu erbringen er nicht gewillt ist. Eine bloße mittelbare Beeinflussung der Lohnsumme steht der Mitbestimmung des Betriebsrats bei der Ausgestaltung einer Entlohnungsform nicht entgegen.[35] Eine völlige Kostenneutralität der Mitbestimmung lässt sich § 87 Abs. 1 Nr. 10 BetrVG nicht entnehmen.

Änderung der Lohngestaltung

Ebenso wie die erstmalige Einführung und Ausgestaltung einer Entlohnungsmethode ist auch deren spätere Änderung mitbestimmungspflichtig. Gemeint ist nicht nur die Ablösung einer Lohnform durch eine andere wie bei einem Übergang vom Zeitlohn zum Leistungslohn oder umgekehrt, sondern auch jede Änderung innerhalb der gleichen Lohnform. Der Betriebsrat hat daher mitzubestimmen, wenn eine Lohngruppenordnung durch eine andere Ordnung abgelöst[36] oder wenn eine Leistung künftig nach anderen Kriterien gewährt werden soll.[37]

Eine Änderung der bestehenden Lohnform liegt auch darin, dass der Arbeitgeber diese auf neu eingestellte Arbeitnehmer nicht mehr anwenden will. Die alte Ordnung bleibt auch für diese maßgebend, bis über die Änderung mitbestimmt worden ist.[38] Der Arbeitgeber kann daher auch eine betriebliche Übung für neu eingestellte Arbeitnehmer nicht mitbestimmungsfrei schließen.

[33] BAG 13.9.1983 AP BetrVG 1972 § 87 Prämie Nr. 3; 16.12.1986 AP BetrVG 1972 § 87 Prämie Nr. 8.

[34] BAG 25.5.1982 AP BetrVG 1972 § 87 Prämie Nr. 2.

[35] *Richardi* ZfA 1976, 23.

[36] BAG 27.1.1987 AP BetrVG 1972 § 99 Nr. 42.

[37] BAG 3.8.1982 AP BetrVG 1972 § 87 Lohngestaltung Nr. 12.

[38] BAG 11.6.2002 AP BetrVG 1972 § 87 Lohngestaltung Nr. 113 28.2.2006 AP BetrVG 1972 § 87 Lohngestaltung Nr. 127 = NZA 2006, 1426.

Die teilmitbestimmte Betriebsvereinbarung

Schließen Arbeitgeber und Betriebsrat über die Gewährung einer freiwilligen Leistung eine Betriebsvereinbarung, so handelt es sich dabei um eine sogenannte teilmitbestimmte Betriebsvereinbarung. Die Gewährung der Leistung überhaupt und deren Dotierung ist mitbestimmungsfrei, Die Verteilung des „Topfes" unterliegt der Mitbestimmung des Betriebsrats. Eine solche Betriebsvereinbarung könnte vereinfacht etwa wie folgt lauten: „§ 1 der Arbeitgeber stellt jährlich für ein Weihnachtsgeld X.000 € zur Verfügung. § 2 Der Betrag nach § 1 wird unter die Arbeitnehmer wie folgt verteilt ...".

Will der Arbeitgeber die Zahlung des Weihnachtsgeldes einstellen oder nur einen geringeren Betrag zahlen, muss er die Vereinbarung kündigen. Seine Verpflichtung, X.000 € zu zahlen entfällt damit ohne Nachwirkung. Zahlt er einen geringeren Betrag, wirkt § 2 der Betriebsvereinbarung nach und der geringere Betrag ist danach zu verteilen, es sei denn, Arbeitgeber und Betriebsrat einigen sich auf ein anderes Verteilungsschema.

Ohne Betriebsratsbeteiligung eingeführte Lohnformen

Viele freiwillige Leistungen, besonders Gratifikationen und Zulagen, sind in den Betrieben in der Vergangenheit vielfach ohne Beteiligung des Betriebsrats eingeführt worden, sei es, weil es im Betrieb noch keine Betriebsrat gab, sei es, das dessen Beteiligung aus welchen Gründen auch immer unterblieben ist. Die Ansprüche der Arbeitnehmer auf diese Leistungen beruhen in diesen Fällen entweder auf einer Gesamtzusage oder es ist insoweit eine betriebliche Übung entstanden. Die Arbeitnehmer haben daher einen vertraglichen Anspruch auf diese Leistungen.

Die daraus entstandene Frage, ob diese vertraglichen Ansprüche durch eine spätere Betriebsvereinbarung abgelöst und verschlechtert werden können, hat der Große Senat des Bundesarbeitsgerichts in seiner Entscheidung vom 16.9.1986[39] verneint. Mit Rücksicht auf den regelmäßig für den Arbeitnehmer erkennbaren kollektiven Bezug dieser Leistungen hat er jedoch eine umstrukturierende Betriebsvereinbarung zugelassen, wenn diese insgesamt für die Arbeitnehmer nicht ungünstiger ist als die bisherige vertragliche Regelung. Allerdings führt der Große Senat weiter aus: „Die Ansprüche der Arbeitnehmer, die zuvor auf vertraglicher Grundlage beruhten, ergeben sich nun aus der Betriebsvereinbarung. ... Arbeitgeber und Betriebsrat ... können gemeinsam das Leistungssystem an veränderte Rahmenbedingungen anpassen und die abgeschlossene Betriebsvereinbarung durch neue Betriebsverein-

[39] BAG GS 16.9.1986 AP BetrVG 1972 § 77 Nr. 17.

barungen – innerhalb der allgemeinen Grenzen des Bestandsschutzes abändern.“ Damit hat der große Senat letztlich doch die ablösende Wirkung einer solchen Betriebsvereinbarung anerkannt. Die Anspruchsgrundlage „Arbeitsvertrag“ wird ersetzt durch die Anspruchsgrundlage „Betriebsvereinbarung“. Eine solche Betriebsvereinbarung kann aber auch gekündigt werden, womit alle Ansprüche der Arbeitnehmer entfallen.

Man wird den Großen Senat so nicht verstehen dürfen. Das Leistungsvolumen muss immer erhalten bleiben. Dessen Kürzung kommt nur bei einem Wegfall der Geschäftsgrundlage in Betracht, was der Große Senat näher ausführt. Außerhalb dieser Fallgestaltung kann der Arbeitgeber die fortbestehenden Ansprüche der Arbeitnehmer nur durch eine Vertragsänderung oder eine Änderungskündigung beseitigen. Nach der Entscheidung des Großen Senats gibt es aber keine vertraglichen Ansprüche mehr.

Die Entscheidung des Großen Senats gibt damit keine befriedigende Antwort auf die Frage, wie der Arbeitgeber vertragliche Ansprüche auf freiwillige Leistungen kürzen oder ganz beseitigen kann.

Verneint man die ablösende Wirkung einer Betriebsvereinbarung gegenüber auf einer Gesamtzusage oder einer betrieblichen Übung beruhenden vertraglichen Ansprüchen der Arbeitnehmer – ich hätte mir eine andere Entscheidung gewünscht – bleiben diese bestehen und können nur durch eine Vertragsänderung oder eine Änderungskündigung gekürzt oder beseitig werden, es sei denn, die vertragliche Regelung wäre „betriebsvereinbarungsoffen“, eine Annahme, zu der man leicht und schnell gelangen kann.[40]

Die Anrechnung übertariflicher Zulagen auf eine Tariflohnerhöhung

Von besonderer Bedeutung für die betriebliche Praxis ist die Frage, inwieweit der Betriebsrat bei der Anrechnung einer Tariflohnerhöhung auf übertarifliche Zulagen mitzubestimmen hat. Mit einer solchen Anrechnung will der Arbeitgeber regelmäßig die Kosten einer Tariflohnerhöhung mindern, indem er die Zulagen durch die Anrechnung kürzt und damit den Dotierungsrahmen der Zulagen ändert. Voraussetzung einer solchen Anrechnung ist zunächst, dass diese individualrechtlich zulässig ist. Das ist immer dann der Fall, wenn sich der Arbeitgeber die Anrechnung im Arbeitsvertrag vorbehalten hat oder die Zulagen unter einem jederzeitigen Widerrufsvorbehalt stehen. Auch ohne einen solchen vertraglichen Vorbehalt sind Tariflohnerhöhungen auf solche übertariflichen Zulagen anrechenbar, mit denen lediglich das tarifliche Entgelt erhöht werden soll. Dienen die Zulagen einem be-

[40] Vergl. BAG 10.12.2002 AP BGB § 611 Gratifikation Nr. 249.

sonderen Zweck, wie etwa Erschwerniszulagen, Nachtschicht- oder Wechselschichtzulagen, muss eine Anrechnung ausdrücklich vereinbart sein, um eine Tariflohnerhöhung anrechnen zu können.[41] Die mögliche Anrechnung einer Tariflohnerhöhung bezieht sich aber im Zweifel nicht auf eine Tariflohnerhöhung, die zum Ausgleich einer Arbeitszeitverkürzung erfolgt.[42] Dass eine Anrechnung oder ein Widerruf gegenüber einem Teil der Arbeitnehmer individualrechtlich unzulässig ist, schließt das Mitbestimmungsrecht nicht aus.[43]

Ist eine Anrechnung individualrechtlich nicht zulässig, ist sie dem Arbeitnehmer gegenüber grundsätzlich unwirksam. Ein Mitbestimmungsrecht des Betriebsrats ergibt sich allein daraus nicht.[44] Wie bei anderen freiwilligen Leistungen des Arbeitgebers stellt sich dann aber die oben erörterte Frage, ob und in wieweit deren Höhe durch einen später mit dem Betriebsrat vereinbarten neuen Verteilungsplan geändert werden kann.

Ist eine Anrechnung übertariflicher Zulagen auf eine Tariflohnerhöhung zulässig, so fragt sich, inwieweit der Betriebsrat dabei mitzubestimmen hat. Die Rechtsprechung des BAG zu dieser Frage war lange Zeit widersprüchlich. Der Große Senat des BAG hat diesen Fragenkomplex nunmehr für die Praxis entschieden.[45] Danach kann der Arbeitgeber das Zulagenvolumen anlässlich einer Tariflohnerhöhung mitbestimmungsfrei in der Weise kürzen, dass er alle Zulagen um den gleichen %-Satz kürzt. Die Verteilungsgrundsätze, d.h. das Verhältnis der einzelnen Zulagen zueinander, werden dadurch nicht geändert. Mitbestimmungsfrei ist auch die völlige Streichung aller Zulagen. Führt jedoch die völlige oder teilweise Anrechnung der Tariflohnerhöhung zu einer Änderung des Verhältnisses der einzelnen Zulagen zueinander – der Verteilungsgrundsätze –, was von der Höhe der bisherigen Zulagen und der Tariflohnerhöhung in den einzelnen Lohngruppen abhängt, so ist eine solche Anrechnung erst zulässig, wenn ihr der Betriebsrat hinsichtlich der Neuverteilung des gekürzten Dotierungsrahmens zugestimmt hat.

Die Anrechnung einer Tariflohnerhöhung auf übertarifliche Zulagen ist allerdings nur dann mitbestimmungspflichtig, wenn es sich bei der Anrechnung um einen kollektiven Tatbestand handelt. Davon ist immer dann auszugehen, wenn die Entscheidung zur Anrechnung ohnehin alle Zulagenempfänger betrifft oder die Bestimmung derjenigen Arbeitnehmer, deren Zulagen angerechnet werden sollen, auf vergleichenden Überlegungen zu anderen Arbeitnehmern beruht, etwa auf unterschiedliche Tätigkeiten oder

[41] BAG 23.3.1993 AP BetrVG 1972 § 87 Tarifvorrang Nr. 26.
[42] BAG 7.2.1996 AP BetrVG 1972 § 87 Lohngestaltung Nr. 85; BAG 3.6.1998 AP TVG § 4 Übertarifl. Lohn und Tariflohnerhöhung Nr. 34.
[43] BAG 22.4.1997 AP BetrVG 1972 § 87 Lohngestaltung Nr. 88.
[44] BAG 7.2.1996 AP BetrVG 1972 § 87 Lohngestaltung Nr. 85.
[45] BAG GS 3.12.1991 AP BetrVG 1972 § 87 Lohngestaltung Nr. 51.

Leistungen, unterschiedlicher Einsatzbereitschaft, oder Fehlzeitenhäufigkeit oder ähnlichen Kriterien.[46] Kein mitbestimmungspflichtiger kollektiver Tatbestand liegt vor, wenn die Anrechnung mit Rücksicht auf besondere Umstände einzelner Arbeitnehmer erfolgt, etwa wenn dieser trotz Umsetzung auf einen niedriger zu bewertenden Arbeitsplatz seine bisherige Vergütung weiter erhält[47] oder weil seine Vergütung um eine Altersstufe steigt.[48] Entscheidend ist jeweils, ob ein innerer Zusammenhang zwischen den einzelnen Zahlungen besteht.[49]

Damit bleibt der Arbeitgeber grundsätzlich frei, den Dotierungsrahmen ohne Mitbestimmung zu kürzen. Auf der anderen Seite wird das Mitbestimmungsrecht des Betriebsrats für alle Fälle gewahrt, in denen es zu einer Änderung des Leistungsplanes und damit der Lohngestaltung kommt.

Von diesem Grundsatz hat der Große Senats jedoch eine Ausnahme zunächst für den Fall gemacht, dass der Arbeitgeber individualrechtlich lediglich zur Anrechnung der Tariflohnerhöhung berechtigt ist. Rechnet er in einem solchen Fall die Tariflohnerhöhung bei allen Arbeitnehmern voll an, so ist diese Anrechnung auch dann nicht mitbestimmungspflichtig, wenn sie zu einer Änderung des Verhältnisses der verbleibenden Zulagen zueinander führt, etwa weil einzelne Arbeitnehmer überhaupt keine Zulage mehr erhalten, anderen nur ein geringer Teil der Zulage verbleibt und wieder andere kaum von der Anrechnung betroffen werden, was von der Höhe der jeweiligen Zulagen und der Tariflohnerhöhung für die einzelnen Arbeitnehmer abhängt. Hier bestehe ein rechtliches Hindernis für den Arbeitgeber, das verbleibende Zulagenvolumen anders zu verteilen, weil er die Zulagen nicht weiter als bis zur Höhe der Tariflohnerhöhung kürzen könne.[50]

Ein Mitbestimmungsrecht scheidet nach Ansicht des Großen Senats auch dann aus, wenn der Arbeitgeber zwar aufgrund eines Widerrufsvorbehalt alle Zulagen in unterschiedlicher Höhe kürzen oder ganz streichen könne, er aber nur die Tariflohnerhöhung auf die Zulagen anrechnen will. Der Widerruf könne dann nur in Höhe der Anrechnung vorgenommen werden.[51]

Die Entscheidung des Großen Senats hat im Schrifttum Zustimmung[52] aber auch Kritik[53] erfahren. Nicht begründet ist insbesondere, dass das Mitbestimmungsrecht im Falle der vollständigen Anrechnung einer Tariflohn-

[46] BAG 23.3.1993 AP BetrVG 1972 § 87 Lohngestaltung Nr. 64 = NZA 1993, 904.
[47] BAG 22.9.1992 AP BetrVG 1972 § 87 Lohngestaltung Nr. 57 = NZA 1993, 569.
[48] BAG 22.9.1992 AP BetrVG 1972 § 87 Lohngestaltung Nr. 54 = NZA 1993, 322.
[49] BAG 29.2.2000 AP BetrVG 1972 § 87 Lohngestaltung Nr. 104.
[50] BAG 27.1.2004 AP ArbGG 1979 § 64 Nr. 35.
[51] So auch BAG 22.9.1992 AP BetrVG 1972 § 87 Lohngestaltung Nr. 54
[52] *Fitting* § 87 Rn. 470 ff.; *Weyand* AuR 1993, 1; *Hoß* NZA 1997, 1129.
[53] Richardi/*Richardi* § 87 Rn. 801 ff.; GK-BetrVG/*Wiese* § 87 Rn. 889 ff.; DKK/*Klebe* § 87 Rn. 258 ff.; *Hromadka* DB 1992, 1573; *Lieb* SAE 1993, 112; *Reichold* RdA 1995, 147; *Schukai* NZA 1992, 967; *Wiese* ZfA 2000, 117.

erhöhung auf Zulagen entfalle, die lediglich anrechenbar nicht aber widerruflich sind, weil hier ein rechtliches Hindernis für eine andere Verteilung bestehe. Sie steht im Widerspruch dazu, dass Mitbestimmungsrechte des Betriebsrats nicht dadurch ausgeschlossen werden können, dass der Arbeitgeber sich einzelvertraglich bindet oder schon gebunden hat. Das Verhältnis der einzelnen Zulagen zueinander wird durch die Anrechnung geändert. Es liegt eine Änderung der Lohngestaltung vor, die nach § 87 Abs. 1 Nr. 10 BetrVG nun einmal mitbestimmungspflichtig ist. Der Betriebsrat kann für das verringerte Zulagenvolumen einen neuen Verteilungsplan verlangen. Dass einzelne Arbeitnehmer gegenüber ihrer Zulage nach diesem Verteilungsplan u.U. noch einen individualrechtlichen Anspruch auf eine höhere Zulage haben, steht dem nicht entgegen. Hier kommen die oben dargestellten Rechtsgrundsätze zur ablösenden Betriebsvereinbarung zur Anwendung.

Erst recht ist eine Ausnahme nicht für den Fall begründet, in dem die Zulagen zwar widerruflich sind, der Arbeitgeber aber nur anrechnen will, weil hier auf jeden Fall ein Regelungsspielraum verbleibt. Darauf, dass der Arbeitgeber diesen nicht ausschöpfen will, kann es nicht ankommen. Eine systemkomforme und in sich geschlossene Lösung stellt die Entscheidung des Großen Senats damit nicht dar.

Kein Mitbestimmungsrecht besteht, wenn und soweit die Anrechnung einer Tariflohnerhöhung bereits in einer Betriebsvereinbarung über die Zulagen geregelt ist, weil es sich dann nur um einen Vollzug dieser Regelung nach § 77 Abs. 1 BetrVG handelt.[54]

Von der Mitbestimmungspflichtigkeit der Anrechnung einer Tariflohnerhöhung auf übertarifliche Zulagen ist die Frage zu unterscheiden, welche Folgen die Verletzung des Mitbestimmungsrechts für den Anspruch des Arbeitnehmers auf die Weitergewährung der Zulage in bisheriger Höhe hat. Nach der Rechtsprechung des Bundesarbeitsgerichts ist die unter Missachtung des Mitbestimmungsrechts erklärte Anrechnung dem Arbeitnehmer gegenüber unwirksam, so dass er die Zulage in der bisherigen Höhe weiter verlangen kann. Das gelte unabhängig davon, dass der Arbeitgeber an sich die Zulagen – ganz oder gleichmäßig – kürzen könne.[55] Das führt dazu, dass der Arbeitgeber bis zur Einigung mit dem Betriebsrat die Zulagen in bisheriger Höhe weitergewähren muss, obwohl er über die Höhe des Zulagenvolumens frei entscheiden kann. Seine Rechtsstellung wird noch dadurch benachteiligt, dass seine Entscheidung, die Zulagen gleichmäßig und damit mitbestimmungsfrei zu kürzen, im Zusammenhang damit aber eine Neuverteilung des verbleibenden Zulagenvolumens vorzunehmen oder eine neue Zulage einzuführen, als eine einheitliche Maßnahme angesehen wird, so dass der Arbeit-

[54] BAG 22.9.1992 AP BetrVG 1972 § 87 Lohngestaltung Nr. 55.

[55] BAG 9.7.1996 AP BetrVG 1972 § 87 Lohngestaltung Nr. 86; BAG 20.1.1998 AP BetrVG 1972 § 77 Nr. 73.

geber solange an die Zulagen in bisheriger Höhe gebunden bleibt, bis eine Einigung mit dem Betriebsrat über die Neuverteilung erreicht ist.[56]

Nimmt man den Grundsatz, dass die Höhe des Zulagenvolumens mitbestimmungsfrei ist, ernst, kann nur richtig sein, dass der Widerruf oder die Anrechnung der Zulagen den Arbeitnehmern gegenüber wirksam ist, auch wenn der Betriebsrat – noch – nicht beteiligt wurde. Die Arbeitnehmer haben daher keinen Anspruch auf Weitergewährung der Zulage in der bisherigen Höhe. Gewährt der Arbeitgeber gleichwohl noch Zulagen, ist für diese ein neuer Verteilungsplan zu vereinbaren. Diesen kann der Betriebsrat auch auf Grund seines Initiativrechts verlangen und notfalls über die Einigungsstelle durchsetzen. Der Arbeitgeber tut daher gut daran, weitere Zulagen nur ausdrücklich unter den Vorbehalt einer späteren Regelung mit dem Betriebsrat zu zahlen, so dass er eventuelle Zuvielzahlungen nach der neuen Regelung zurückfordern kann.[57]

Ergebnis

Die Rechtsprechung des Bundesarbeitsgerichts hat den wenig aussagekräftigen Begriffen „Lohngestaltung“, „Entlohnungsgrundsätze“ und „Entlohnungsmethoden“ einen handhabbaren Inhalt gegeben. Es geht um die innere Ausgestaltung der in einem Betrieb zur Anwendung kommenden unterschiedlichen Lohnformen unter Beteiligung des Betriebsrats. Die Betriebspartner sollen gemeinsam entscheiden, in welchem Verhältnis die den einzelnen Arbeitnehmern zukommenden Entgeltleistungen des Arbeitgebers zueinander stehen sollen, um so die innerbetriebliche Lohngerechtigkeit zu normieren und die jeweilige Lohnform einsehbar und durchschaubar zu gestalten. Die Rechtsprechung hat sich in den vielen Entscheidungen zu § 87 Abs. 1 Nr. 10 BetrVG von dieser Sichtweise leiten lassen und so der Bestimmung ein in sich geschlossenes systematisches Gerüst verliehen. Es bleibt zu hoffen, dass die noch verbliebenen Systembrüche mit Hilfe der kritischen Wissenschaft, zu der auch der Jubilar immer gehörte und noch lange gehören möge, bald behoben werden.

[56] BAG 11.8.1992 AP BetrVG 1972 § 87 Lohngestaltung Nr. 53; 17.1.1995 AP BetrVG 1972 § 87 Lohngestaltung Nr. 71; 14.2.1995 AP BetrVG 1972 § 87 Lohngestaltung Nr. 72; 8.6.2004 AP BetrVG 1972 § 87 Lohngestaltung Nr. 124.

[57] Ausführlich *Wiese* FS Kraft S. 683 ff.

Arbeitskampffreiheit und privatautonomes Verhandeln

Zu einem unausgetragenen Streit

Eduard Picker

A. Die Bezogenheit des Arbeitskampfs auf den Schutz der privatautonomen Regelung der Arbeits- und Wirtschaftsbedingungen

I. Die autonomieschutzbezogene Deutung des Kampfs

1. Festschriftbeiträge verfolgen den Zweck, den Jubilar als Wissenschaftler zu ehren. Wie aber sollte man – entschiedenen anderen Stimmen entgegen[1] – einen so profilierten Gelehrten wie den heutigen Jubilar wissenschaftlich angemessener ehren als durch die Auseinandersetzung mit seinen Thesen. Und wie sollte man dort, wo diese Thesen in scharfer Kritik an Lehren des Gratulanten bestehen, die Ehrung anders gestalten als durch eine – anlaßbedingt dezente – *Gegen*kritik! Der Jubilar selbst hat diese Methode der Ehrung soeben in nobler Form praktiziert.[2] Der Gratulant hofft deshalb auf das Interesse auch für eine Replik, die gegenüber dem Arbeitskampfverständnis des Jubilars und damit auch gegenüber seinem Verständnis der Grenzen der Kampffreiheit unbelehrt an der eigenen Auffassung festhält. Er hofft darauf umso mehr, als es im Kern um das Verständnis der Privatautonomie und damit um das eines Grundwertes geht, auf den die Schriften des Jubilars zu Recht fast durchgängig fokussiert sind.

2. In etlichen Abhandlungen habe ich den Versuch unternommen, den Arbeitskampf als Instrument privatautonomer Rechtsgestaltung zu begründen und zugleich zu begrenzen:[3]

[1] S. – jetzt abmildernd – *H. H. Jakobs* FS Knütel, 2010, S. 451, der freilich der Gefahr falschen *Lobes* entgegenwirken wollte.

[2] S. *Reuter* FS Kreutz, 2010, S. 359 ff.

[3] S. dazu insbes. *meine* Arbeiten in RdA 1982, 331 ff.; Der Warnstreik und die Funktion des Arbeitskampfes in der Privatrechtsordnung, 1983, S. 147 ff.; ZfA 1986, 246 ff.; Die Regelung der „Arbeits- und Wirtschaftsbedingungen" – Vertragsprinzip oder Kampfprinzip?, 1988, S. 30 ff.; DB 1989, Beilage Nr. 16, 3 ff.; FS Ekonomi, Ankara, 1993, S. 309 ff. Das Thema ist Gegenstand einer größeren weiteren Arbeit des Verf.

Obwohl auf den Einsatz von Zwang gerichtet – so in aller Kürze die These –, rechtfertige sich der Arbeitskampf aus seiner Funktion, den Umschlag auch der „Ware Arbeit" in marktmäßig-rechtsgeschäftlicher Form zu vollziehen. Denn er sei dazu bestimmt, das Machtgleichgewicht der Sozialparteien und mit ihm deren allseits als Endzweck postulierte Verhandlungsparität sicherzustellen.[4] Eben wegen dieser Funktion sei der Arbeitskampf aber – so die entscheidenden Folgerungen – keineswegs Selbstzweck. Er stelle weder das primäre noch auch nur ein dem kampffreien Verhandeln gleichwertiges Mittel zur Regelung der Arbeits- und Wirtschaftsbedingungen dar. Er sei im Gegenteil überhaupt nicht dazu bestimmt, selbst und unmittelbar diese Bedingungen zu gestalten. Vielmehr erfülle er im geltenden Recht, das grundsätzlich nur die friedliche Interaktion gestattet, seine Hauptwirkung durch die Vorwirkung, die er durch seine Drohwirkung ausübt. Er folge also der Logik aller Kampfinstrumente, die zur Sicherung des Friedens bestimmt sind: Er verwirkliche seinen Sinn gerade dadurch, daß er vorhanden sei, um nicht zum Einsatz zu kommen.

3. Nach diesem Konzept ist der Arbeitskampf nicht (mehr) als Mittel eines Klassenkampfs einzusetzen. Nach ihm ist die Regelung der Arbeitsbedingungen überhaupt nicht (mehr) dem Machtprinzip unterstellt, sondern dem Marktprinzip zugeordnet. Entsprechend bestimmt sich das Schutzgut: Weil die Befugnis zum Kampf ihren primären rechtlichen Zweck dadurch erfüllt und erschöpft, daß sie durch die *Möglichkeit* ihres Gebrauchs die Parität der Parteien herstellt, liegt in deren Befähigung zu freiem Verhandeln das eigentliche rechtliche Ziel dieser extraordinären Erlaubnis. Die Sicherung der privatautonomen Gestaltung auch des Austauschs von Arbeit gegen Entgelt, die hier wie sonst allein durch ein freies, friedliches Verhandeln gewährleistet wird, ist nach dem skizzierten Konzept folglich als das Schutzgut des Arbeitskampfs zu begreifen: Aus der Sicherung dieser Regelungsform, die als diskursive Ausgleichung der konträren Interessen die größtmögliche Chance einer Lösung eröffnet, die beide Parteien nicht kraft Oktrois nur *hin*zunehmen, sondern kraft Überzeugung *an*zunehmen bereit sind, legitimiert und limitiert sich im geltenden Recht die Anerkennung der Arbeitskampffreiheit. Aus dieser Funktion erklärt sich seine Zu- und Unterordnung unter das freie Verhandeln. Und aus ihr folgt als zwingende Konsequenz dieses Kampfrechtskonzepts jene Rang- und Reihenfolge beider Regelungsmittel, die den Arbeitskampf als ultima ratio erst gestattet, wenn das kampffreie Verhandeln gescheitert ist. Aus ihr ergibt sich mit einem Wort die autonomieschutzbezogene Deutung des Kampfs.

[4] So die stereotypen, freilich nicht konsequent umgesetzten ubiquitären Forderungen, s. nur etwa BAG GS AP Nr. 43 zu Art. 9 GG Arbeitskampf Bl. 7 R; AP Nr. 65, aaO, Bl. 4 R; *Scholz/Konzen* Die Aussperrung im System von Arbeitsverfassung und kollektivem Arbeitsrecht, 1980, S. 172 f.

II. Die Kritik der Verrechtlichung des Kampfs

Diese Deutung, die mit der scharfen rechtlichen Trennung von Kampf und kampffreier Verhandlung versucht, die Grundbedingung marktmäßig-rechtsgeschäftlicher Regelung auch der Arbeitsbedingungen sicherzustellen, findet verbreitet schon deshalb Kritik, weil man die privatautonome Gestaltung in diesem Bereich – zumeist freilich eher verdeckt als offen erklärt – aus allgemein- und sozialpolitischen Gründen ablehnt:

So befindet man bereits generell gegenüber den kaum verhüllt als unpolitisch-bieder diskreditierten Versuchen, den Arbeitskampf in den Werte- und Methodenkanon des Privatrechts zu integrieren, es liege doch „auf der Hand", daß sich die hier ausgetragene „Auseinandersetzung organisierter gesellschaftlicher Kräfte nicht mit Kriterien vermessen läßt, die für klassisch privatrechtliche Konflikte entwickelt wurden".[5] Und so hält man speziell der „These von zwei von einander getrennten Verhandlungsphasen" – gemeint ist das Verhandeln vor und das nach eröffnetem Kampf – als entscheidenden Einwand entgegen, sie werde „einem nicht-verrechtlichten Prozeß der Tarifauseinandersetzungen übergestülpt".[6] Man weist solche Versuche also als ein „Verständnis" zurück, „das ahistorisch und funktionsblind Tarifvertragsfreiheit mit bürgerlichrechtlicher Vertragsfreiheit gleichsetzt".[7] Man frönt freilich mit einer solchen Deutung des Kampfs als „nicht-verrechtlichter", im Klartext also rechtsfreier Aktsform unverändert einer frühindustriellen sozialbellizistischen Arbeitsrechtsweltsicht, die in der geltenden Rechts- und Wirtschaftsordnung keine Basis mehr findet. Denn diese Ordnung kennt keine vom Recht dispensierten Formen der Interessenverfolgung. Sie hat im Gegenteil in langer Geschichte mit der Koalitions- auch die Arbeitskampffreiheit ihren Wert- und Gestaltungsmaximen ein- und untergeordnet:[8] Ihrer Grundentscheidung für die Privatautonomie und damit für die marktmäßig-rechtsgeschäftliche Regelung der auf Austausch zielenden Interessenkonflikte ist deshalb auch der Arbeitskampf als systemhomogener Akt integriert.

[5] So *Weiss* in: Dorndorf/Weiss, Warnstreiks und vorbeugender Rechtsschutz gegen Streiks, 1983, S. 85.

[6] So *Däubler* Neue Beweglichkeit im öffentlichen Dienst? Der gewerkschaftliche Warnstreik als Rechtsproblem, 1984, S. 38.

[7] So *Weiss* KritV 1986, S. 373.

[8] Näher dazu in den o. Fn. 3 genannten Arbeiten.

III. Die Kritik der Mißdeutung des privatautonomen Handelns

Auch auf dem Boden der geltenden Rechtsordnung triftig ist dagegen der anfangs besonders scharf, später etwas milder vom Jubilar formulierte Einwand, das skizzierte Konzept stehe nicht mit den Realitäten in Einklang und verzeichne deshalb die Bedingungen des privatautonomen Handelns:

1. Schon das BAG hatte diesem Konzept in seiner zweiten Warnstreik-Entscheidung den rechtlich kühnen Satz entgegengestellt, Tarifverhandlungen würden „nicht nach dem Muster des individuell ausgehandelten Vertrags im Rahmen freier Konkurrenz geführt, sondern nach dem Muster der ‚machtmäßigen Konfliktregulierung und der Drohung'". Zudem hatte es ihn durch die auch faktisch verwegene Aussage komplettiert, es gebe „kein freies, friedliches oder gar arbeitskampfloses (!) Verhandeln".[9] Zwar läßt sich die letztere These schnell durch den Hinweis auf die Wirklichkeit widerlegen – die große Mehrzahl der Tarifverhandlungen kommt bekanntlich ohne Streik und Aussperrung aus. Auch die erstere These aber hat derselbe Senat in seiner 4. Warnstreik-Entscheidung teils ausdrücklich, teils der Sache nach in radikaler Kehrtwendung wieder zurückgenommen – sein nunmehr gültiges Urteil, das jede Sonderbehandlung „verhandlungsbegleitender" Arbeitskämpfe verwirft, bringt mit der strengen funktionalen Trennung von Verhandlung und Kampf, die das beliebige Nebeneinander beider Aktsformen für die Zukunft beendet, die entschiedene Rückkehr zum Modell einer marktmäßig-rechtsgeschäftlichen Regelung des Interessenkonflikts unübersehbar zum Ausdruck.[10]

2. Der Jubilar hält jedoch im Verein mit anderen kritischen Stimmen[11], an der Ablehnung einer strikten qualitativen Trennung von Verhandlungs- und Kampfphase fest. Er erstreckt die Kritik sogar über das Verhandlungsgeschehen bei Tarifverträgen hinaus generell auf *jedes* privatrechtliche Verhandeln.

[9] So BAG AP Nr. 81 zu Art. 9 GG Arbeitskampf, Bl. 12 R im Anschluß an *Bieback* AuR 1983, 368.

[10] Eingehend dazu sowie zu Fehldeutungen der Entscheidung, *Picker* DB 1989, Beilage 16, bes. S. 8 ff., Staudinger/*Richardi*, BGB, 2005, Vorbem. 929 vor §§ 611 ff. Die Bedeutung der Wiedereinsetzung der ultima-ratio-Regel für die Wiederherstellung der Trennung von Verhandlung und Kampf wird insbesondere verkannt, weil man mißachtet, daß auch die vom BAG jetzt anerkannte konkludente Erklärung des Scheiterns der Verhandlungen nichts daran ändert, daß nunmehr für alle Kampfakte ein und dieselbe Zäsur aufgestellt wird.

[11] Diese kritisieren durchweg die Trennung von Verhandlung und Kampf und/oder die Ausrichtung der ultima-ratio-Regel auf den Zweck der Sicherung des freien Handelns, s. etwa *Herschel* RdA 1983, 366; *Birk* Der gewerkschaftliche Warnstreik im öffentlichen Dienst, 1985, S. 30 ff.; *Seiter* Die Warnstreikentscheidungen des Bundesarbeitsgerichts, 1986, S. 94 ff. (freilich mit zahlreichen Konzessionen an die hier vertretene Sicht); *Hohenstatt/Schaude* DB 1989, 1569 ff.

Der heute nicht selten geteilten These, die ultima-ratio-Regel sei nicht primär darauf gerichtet, Arbeitskampfschäden zu minimieren, sie verfolge vielmehr zunächst den Zweck, das freie Verhandeln zu sichern[12], hält er entgegen: „Noch krasser kann man die Privatautonomie und ihre Funktionsbedingungen schwerlich mißverstehen".[13] Die „Forderung nach der Möglichkeit druckfreien Verhandelns" sei „ein Widerspruch in sich". Denn die Privatautonomie setze im Gegenteil die Fähigkeit zur Druckausübung voraus. Jeder Interessent auf dem Markt müsse nämlich dem Anbieter „drohen" können, im Fall der Verweigerung akzeptabler Vertragskonditionen zur Konkurrenz abzuwandern. Gerade zur Wahrung seiner Autonomie müsse er deshalb berechtigt sein, schon im Lauf der Verhandlung etwa Kontakt zu einem Konkurrenzanbieter zu suchen oder eine „sonstige sichtbare Vorbereitung" der Abkehr vom gegenwärtigen Verhandlungspartner zu treffen.[14]

3. Alles das soll geradezu a maiore ad minus auch für die Arbeitsvertragspartner gelten: Der „Drohung" mit dem Wechsel zur Konkurrenz im Fall von Kaufverhandlungen stehe die „Drohung" mit der Arbeitsniederlegung im Fall von Tarifverhandlungen gleich. Wie aber dort etwa durch die Aufnahme von Kontakten zu Konkurrenten, so dürfe man hier zumindest durch kurze Arbeitskampfakte der Drohung Nachdruck verleihen.[15] Restriktionen der Befugnis zum Kampf seien folglich nicht zum Schutz der Autonomie der Parteien erforderlich. Wohl aber seien sie – so die überraschende Wendung dieser zunächst so arbeitskampfoffenen Lehre – wegen dessen „Gefährlichkeit für das Interesse der Allgemeinheit und unbeteiligter Dritter" geboten.[16] Diese Bedrohung überindividueller Belange – und ausschließlich sie – rechtfertige es, von den Tarifpartnern zu verlangen, „sich nicht überflüssigerweise des Einsatzes von Arbeitskampfmitteln zu bedienen, sondern ihr Ziel primär – mit der Drohung eines möglichen Einsatzes von Arbeitskampfmitteln im Hintergrund – auf dem Verhandlungswege anzusteuern ...".[17] Ziel der ultima-ratio-Regel sei also allein die Vermeidung größerer Arbeitskampfschäden.

[12] S. neben der erwähnten 4. Warnstreik-Entscheidung namentlich *Heinze* NJW 1983, 2413; Staudinger/*Richardi* (Fn. 10), Vorbem. 926 ff. zu § 611 BGB; *Richardi* FS Molitor, 1988, S. 283 ff.; *Loritz* ZfA 1985, 205 ff.; Zöllner/Loritz/Hergenröder, Arbeitsrecht, 6. Aufl., 2008, § 42 VI 4 a aa, S. 435.

[13] So *Reuter* JuS 1986, 22, 24; ebenso, freilich verbal zunehmend milder, *ders.* SAE 1989, 101 f.; *ders.* FS Wiese, 1998, S. 435; Kritik bei *Seiter* Warnstreikentscheidungen (Fn. 11), S. 99 f.

[14] S. *Reuter* JuS 1986, 22.

[15] So *Reuter* JuS 1986, 22.

[16] So *Reuter* SAE 1989, 101.

[17] So *Reuter* JuS 1986, 23; s. auch *dens.* 2. FS Böhm, 1975, S. 547 ff.

B. Die Unstimmigkeit der Argumente gegen die autonomieschutzbezogene Deutung des Kampfs

I. Die Fragwürdigkeit der Prämissen

Man muß den Ausgangspunkt dieser Schlüsse zu Ende denken, um die Fragwürdigkeit schon der Prämissen des Konzepts zu erkennen: Gedanklich schlüssig ist die Ablehnung eines im beschriebenen Sinne privatrechtlich determinierten und deshalb auf die marktmäßig-rechtsgeschäftliche Konfliktlösung ausgerichteten Kampfrechts nur dann, wenn man dem Prinzip freier vertraglicher Einigung seinen Eigenwert abspricht. Denn andernfalls wäre die friedliche Regelung immer erst zu versuchen. Sie hätte im Arbeitsrecht also immer vor dem Kampfakt den Vorrang. Eine solche Verneinung jeglichen Sinns des freien Verhandelns widerspräche aber nicht nur der herkömmlichen Vorstellung von den Voraussetzungen privatautonomer Gestaltung. Sie stände zudem, wie noch zu zeigen, nicht nur mit der Realität gewöhnlicher Vertragsanbahnung wenig in Einklang. Vielmehr wäre sie selbst in der Beschränkung auf das Kollektivarbeitsrecht nur dann ohne logische und axiologische Brüche möglich, wenn man die vorgenannten Doktrinen zumindest im Grundsätzlichen übernähme. Man hätte dann also die angebliche Besonderheit des Tarifkonflikts als eines „nicht-verrechtlichten Prozesses“ nicht nur als Tatsache hinzunehmen. Man müßte sie auch als die richtige Lösung für die weitere Zukunft erstreben. Man müßte es also für richtig halten und zur ordnungspolitischen Forderung machen, daß sich die Auseinandersetzung der Koalitionen in mehr oder minder rechtsfreien Räumen vollzieht, daß sie mithin anders als jede sonstige Form privater Interessenverfolgung von den Regeln der Rechts- als Friedensordnung befreit ist. Und man müßte sich so in letzter Konsequenz zu einer Lösung bekennen, wie sie in den genannten rein machtorientierten, immer noch klassenkämpferisch beschwingten Modellen angelegt ist, wie sie das geltende Recht aber nach Geschichte und positiver Gestaltung nicht zuläßt.

II. Die Verfehlung der Realitäten

1. Zeigt damit schon die Extrapolation der Prämissen deren Fragwürdigkeit, so wecken diese namentlich auch hinsichtlich ihres rechtstatsächlichen Ausgangspunkts Zweifel. Denn träfe die umstandslose Vergleichbarkeit der Verhandlungsprozesse zu, so wäre der Arbeitskampf schon wegen seiner Harmlosigkeit der Rede nicht wert: Der Kunde, der den ihm zu teuren Kohlkopf nicht kauft, beschäftigt nicht das Hirn der Juristen! Tatsächlich verzeichnet diese Sicht jedoch die besondere Lage, die die Kampfsituation von dem kampffreien Verhandeln prinzipiell unterscheidet. Sie überspielt damit

die Besonderheiten, die den Arbeitskampf zum ungelösten Rechtsproblem machen.

2. Die bald mehr, bald minder explizite Behauptung, auch beim normalen Marktgeschehen würden die Beteiligten unter Druck verhandeln, ein druckfreies Verhandeln sei deshalb von vornherein schon nicht möglich, und es bestehe deshalb unter dem Gesichtspunkt der Privatautonomie in der Kampf- wie in der kampffreien Phase die im Prinzip gleiche Lage, ist im letzteren Schluß offenkundig nicht von den Fakten gedeckt:

Zwar wird niemand leugnen, daß in dieser Welt jedes menschliche Handeln unter bald mehr, bald minder starken Zwängen geschieht. Niemand wird deshalb auch in Abrede stellen, daß selbst der harmlose Kauf eines Brötchens unter fremdbestimmenden Gegebenheiten erfolgt. Ebenso wenig aber läßt sich lebensnaherweise bestreiten, daß sich die Zwangslagen vor und nach eröffnetem Kampf *kategorial unterscheiden*. Und gerade eine Doktrin, die die Vermeidung von Schäden zum Leitziel ihrer Kampfrechtsrestriktionen erhebt, sollte diesen Unterschied nicht verkennen. Denn im ersteren Fall *drohen* nur erst der Zwang und die aus ihm resultierenden Schäden. Im letzteren Fall sind dagegen Zwang und Schäden *bereits verwirklicht*. Wie aber auch hochgerüstete Staaten in Friedenszeiten im Rahmen des „Sozialadäquaten" frei miteinander verhandeln, nach Einsatz der Waffen dagegen unter den Konditionen des Kriegs, so gilt auch für die Sozialparteien: Mit der Eröffnung des Kampfs schlagen die normalen Zwänge des Lebens um zur höchst anormalen Situation eines Zwangs durch Zufügung immer neuer Schäden. Nicht mehr virtuelle, sondern reale Nachteile bestimmen jetzt also das Agieren und Reagieren beider Parteien. Und nicht mehr vorrangig diskursives Beraten und Wägen, sondern primär das Bemühen, Diktat und Oktroi einzusetzen oder zu hindern, werden nunmehr zum dominanten Verhalten der Gegner – mit allen Folgen für das Ergebnis.

3. Die Ursachen machen diesen Unterschied der Zwangslagen weiter deutlich: Im Prinzip gerade anders als der den Markt erkundende Käufer ist hier der leistungsverweigernde Teil wegen des Fortbestands seines Arbeitsvertrags „an sich" noch zur Erbringung seiner Leistung verpflichtet. Deren Verweigerung ist also objektiv-tatbestandsmäßig Vertragsbruch.[18] Sie bedarf folglich schon deshalb eines besonderen Rechtfertigungsgrundes, soll die Nichtleistung rechtmäßig sein. Dasselbe gilt auch im Hinblick auf den forderungsberechtigten Teil: Wiederum anders als der Nachfrager auf dem gewöhnlichen Markt ist auch dieser wegen des Fortbestands des Vertrags nicht in der Lage, seine „Ware", hier also Arbeitsplatz und Entgelt, dem nächstbesten leistungswilligen Interessenten zu offerieren. Auch insoweit bedarf es

[18] S. auch *Reuter* JuS 1996, 21.

folglich eines besonderen Rechtfertigungsgrundes, der legitimiert, daß er die Nichtleistung seines Partners hinnehmen muß. Ein kurzer Rückblick macht diese Elementarproblematik und zugleich ihre moderne Verkennung deutlich: Die Geschichte der Rezeption des Arbeitskampfs in das geltende Recht ist die Geschichte der Suche nach einer solchen Legitimation des „Vertragsbruchs". Um sie kreisten die Diskussionen, als man begann, den zunächst wider-, dann außerrechtlichen Selbsthilfeakt als zulässige Form der Interessenverfolgung zu sanktionieren.[19] Diese Besonderheit hindert zwar nicht, den Arbeitskampf als ein Eingriffsrecht in Form eines Gestaltungsrechts zu erfassen und ihn so auch dogmatisch in das Privatrecht und das Arsenal seiner Figuren zu integrieren. Im Gegenteil sind solche Ansätze nachdrücklich zu begrüßen.[20] Wohl aber schließt das Moment des „Vertragsbruchs" von vornherein aus, die gewöhnliche Vertragsverweigerung mit der kampfweisen Leistungsunterbrechung faktisch oder gar rechtlich gleichzusetzen.

III. Die Fehlbestimmung der durch die ultima-ratio-Regel gezogenen Arbeitskampfgrenzen

1. Der Zwang zur Sonderbehandlung des Kampfs

Zu diesem kardinalen Unterschied kommen weitere Besonderheiten hinzu, die ihrerseits für den Arbeitskampf besonderen Regelungen erzwingen:

a) So hebt auch *Reuter* immer wieder als ein Spezifikum des Kampfgeschehens hervor, daß dieses sich als Konfliktaustragung auf einem bilateral kartellierten Markt vollzieht, daß also beiderseits ein Kartellhandeln vorliegt.[21] Dann aber gilt, wie auch überall sonst außer Streit steht: Die kollektive und zentral organisierte Leistungsverweigerung hat real und rechtlich eine prinzipiell andere Qualität als die schlichte Nichterfüllung eines einzelnen Schuldners. Selbst die grundsätzlich irrelevante Weigerung eines Kunden, in einem bestimmten Geschäft zu kaufen, wird zum rechtserheblichen Faktum, sobald sie sich zur Dimension eines organisierten vielköpfigen Käuferboykotts intensiviert. Erst recht kann dann aber der gewerkschaftlich

[19] S. *meine* o. Fn. 3 erwähnten Arbeiten, Warnstreik, S. 160 ff.; ZfA 1986, 246 ff.

[20] Zur Deutung der Kampfbefugnis als Gestaltungsrecht s. namentlich *Seiter* Streikrecht und Aussperrungsrecht, 1975, bes. S. 270 ff., 356 f.; Staudinger/*Richardi* (Fn. 10), Vorbem. 856 vor § 611 BGB); näher und m.w.N. zu dieser dogmatischen Erfassung *Picker* Warnstreik (Fn. 3), S. 277 ff. Entgegen *Reuter* SAE 1989, 101, erfährt der Kampf in diesem Konzept also keineswegs als „Faustrecht" eine „Abqualifikation" – ein für die Bewertung der Kritik beachtliches Mißverständnis!

[21] S. *Reuter* JuS 1986, 21.

geleitete Streik nicht ohne weiteres gleichgesetzt werden mit sonstigen verhandlungstaktisch motivierten Geschäftsverweigerungsakten. Eine andere Bewertung würde vielmehr auch hier die Grundaufgabe jeder rechtlichen Ordnung verkennen, unterschiedliche Zwangssituationen auch unterschiedlich zu regeln.

b) Wie sehr die Nicht- oder nicht hinreichende Beachtung dieser Besonderheit dazu verleitet, faktisch wie rechtlich grundverschiedene Phänomene über einen Leisten zu schlagen, erweist sich vollends bei einer an Deliktsrechtskategorien orientierten Betrachtung: Sobald man den Streik zu einer gewöhnlichen markttaktischen Vertragsablehnung verharmlost, läßt man außer Betracht, daß er nach überwiegender Sicht den Tatbestand einer unerlaubten Handlung erfüllt.[22] Und mehr noch: Die apodiktische Gleichmacherei der Fakten schließt bereits die Möglichkeit aus, diese schwierige Rechtsfrage überhaupt zu erwägen. Erst recht verhindert sie damit die weitere Frage nach dem objektiv-tatbestandsmäßig verletzten Rechtsgut: Eine Lehre, die nicht erkennt oder anerkennt, daß der Kampfakt über den Rahmen gewöhnlicher marktmäßiger Druckausübung durch Abwanderungsdrohung hinausgeht, kann etwa einen Eingriff in den Gewerbebetrieb gar nicht erst prüfen. Vollends kann sie damit nicht mehr zu der subtileren Untersuchung gelangen, ob nicht das eigentliche Angriffsobjekt bei Arbeitskämpfen die Willens- und Entschließungsfreiheit des Kampfgegners ist[23], so daß gerade für diese Befugnis zur Willensbeugung eine spezifische Rechtfertigung gesucht werden müßte. Die undifferenzierte Behauptung, die Privatautonomie verbiete nicht nur nicht, sondern verlange die Ausübung von Druck auf den Gegner, würde mithin, konsequent befolgt, alle Bemühungen um die Legitimierung des Kampfs a priori gegenstandslos und entbehrlich machen.

c) Auch die erörterte Lehre will freilich den Blick nicht vor den Realitäten verschließen und jeden Unterschied der Zwangssituationen bestreiten. Unübersehbar ist auch für sie das Faktum, daß der realisierte Kampf im Prinzip anders als das Verhandeln unmittelbar Schäden bewirkt und deshalb wiederum anders als die Vertragsschlußverweigerung am gewöhnlichen Markt Restriktionen erfordert. Damit sind ihre Anhänger aber zu Konzessionen gezwungen, die ihren Ausgangspunkt von der marktmäßigen Normalität des Kampfs widerlegen. Wenn man diese Erkenntnis jedoch nicht konsequent weiterverfolgt, weil man insbesondere nicht genügend beachtet, daß die Klärung von Restriktionen des Kampfs die Benennung seines Rechtferti-

[22] S. nur etwa BAGE 1, 291, 300; dann ständige Judikatur; MünchKomm/*Wagner* BGB, 5. Aufl., 2009, § 823 Rn. 219, 220; s. zu weiteren Nachw. sowie zum Streitstand noch Staudinger/*Richardi* (Fn. 10) , Vorbem. 869 ff. vor § 611 BGB; Staudinger/*Hager* BGB, 1999, § 823 Rn. D 46 ff.

[23] So das hier vertretene Konzept, s. die Nachw. o. Fn. 3 und 12.

gungsgrundes voraussetzt, bleibt es bei bloßen Teilkorrekturen. Sie beheben nicht, sondern verstärken noch die Widersprüchlichkeit der Doktrin. Beides wird deutlich, wenn in der zitierten Begründung auf die Beschwörung der Normalität der Arbeitsverweigerung plötzlich die Feststellung folgt, der Kampf sei wegen seiner „Gefährlichkeit" für das Interesse der Allgemeinheit und unbeteiligter Dritter" bis zur „Ausschöpfung aller Verständnismöglichkeiten" zu untersagen.[24]

2. *Die verfehlte Ausrichtung am Interesse der Allgemeinheit*

a) Die gedankliche und sachliche Ungereimtheit dieser auf die Schadensvermeidung fixierten Begründung der Kampfrechtsbeschränkung springt schon wegen ihrer Willkürlichkeit in die Augen: Warum man die Schadensfolgen als rechtlich erheblich bewertet, soweit sie Dritte oder die Allgemeinheit betreffen, warum sie dagegen irrelevant bleiben sollen, soweit es um den Vertragspartner geht, ist schlechterdings nicht zu sehen. Solche Thesen gehen an den Realitäten vorbei und übergehen naheliegende Postulate der Logik. Denn Dritte oder die Allgemeinheit müssen durch Arbeitskämpfe keineswegs immer betroffen sein. Sie können zudem von ihnen immer nur mittelbar beeinträchtigt werden. Immer und immer unmittelbar von den Schäden betroffen ist dagegen der Arbeitskampfgegner und Tarifvertragspartner. Wenn also die Schadensfolgen von Kämpfen überhaupt deren Begrenzung erfordern, so muß diese Begrenzung zwar *auch* die sekundären Effekte für die Allgemeinheit beachten. Allem voran aber sind die Restriktionen aus der Position des primär und final beeinträchtigten Kampfgegners zu bestimmen: In erster Linie ist in Abwägung der bei *ihm* bedrohten Interessen über die Befugnis zum Kampf zu entscheiden. Primär im Hinblick auf seine Rechtsgüter und Schutzpositionen ist also – dogmatisch gesprochen – der Rechtfertigungsgrund des erlaubten Kampfs zu ermitteln.

b) Mit der Klärung dieser Rechtfertigung ist dann aber zugleich auch dem überindividuellen Interesse der Allgemeinheit in systemgerechter Weise Rechnung getragen. Denn ist aufgedeckt, warum und folglich wann der Gegner der Schädigung durch Arbeitskämpfe ausgesetzt werden darf, so ist die Ordnungsfunktion des Arbeitskampfs im geltenden Recht definiert: Von ihr aus, und *nur* von ihr aus, ist dann wertungshomogen zu bestimmen, was die Allgemeinheit zur Sicherung dieser Ordnungsfunktion an Beeinträchtigungen in Kauf nehmen muß. Jede andere Vorgehensweise dagegen führt notwendig zu inkommensurablen Abwägungsgrößen und damit ebenso zwingend zur Willkür. Denn isoliert in Anschlag gebracht, kann das Interesse der

[24] So *Reuter* SAE 1989, 101; s. auch *dens.* JuS 1986, 22 f.

Allgemeinheit nicht determinieren, warum und folglich wann, wie lange und mit welchen Mitteln Arbeitskämpfe berechtigt sein sollen. Reduziert auf das aktuelle Interesse an der Vermeidung volkswirtschaftlicher Schäden, würde es vielmehr die völlige Versagung von Kämpfen verlangen.

c) Insgesamt ist also eine nachvollziehbare Qualifizierung und Quantifizierung der Schutzbelange der Allgemeinheit erst möglich, wenn feststeht, warum das geltende Recht, das seinerseits auf den Schutz des Gemeinwohls verpflichtet ist, den Parteien trotz aller Schadenseffekte Arbeitskämpfe gestattet. Das aber heißt: Diese Bewertung setzt die Orientierung eben an den abzuwägenden Interessen der beiden Parteien voraus. Sie verlangt also die Beachtung gerade der *individuellen Belange*, die die erörterte Lehre außer Betracht lassen will.

3. *Die Verfehlung der Ordnungsfunktion des Kampfs*

a) Die Verabsolutierung der Schadensabwehr als verfehlter Ausgangspunkt

Die letzteren Überlegungen führen zum entscheidenden Einwand: Über das Defizit lebenswidriger Ausklammerung der Parteibelange hinaus leidet das kritisierte Konzept der Kampfrechtsbeschränkung schon an einem grundsätzlichen Anlagemangel. Es ist mit seinem Ausgangspunkt schon logisch nicht schlüssig und sachlich nicht stimmig. Denn gerade auch dann, wenn man auf das überindividuelle Gemeinwohlinteresse als Schutzobjekt abstellt, wird der wirkliche Schutzzweck der rechtlichen Reglementierung von Arbeitskämpfen verfehlt, sobald man ihn einseitig auf das Ziel der Schadensabwehr verkürzt: Eine solche Begründung der Vorrangigkeit des Verhandelns führt bei konsequenter Durchführung zu untragbaren praktischen Folgen. Sie führt vor allem aber auch zu einer im Prinzipiellen verfehlten Bestimmung der Ordnungsfunktion des Arbeitskampfs im geltenden Recht. Mit beidem aber wird dessen systemhomogene Integration vollends vereitelt. Die Verabsolutierung der Schadensabwehr zum leitenden Ziel der Kampfrechtsbeschränkung erweist sich dann also als ein grundsätzlich verfehlter Ausgangspunkt.

b) Die Folge eines autonomiewidrigen Zwangs zum Verhandeln

aa) (1) Was zunächst die sachlichen Konsequenzen dieser Schutzzweckbestimmung angeht, so liegt ein erstes anlage- weil bezugspunktbedingtes Dilemma zutage: Wäre das Stadium des kampffreien Verhandelns ausschließlich zur Vermeidung von Arbeitskampfschäden zu schützen, läge also in diesem Ziel auch nur die primäre Funktion speziell der ultima-ratio-Regel, so wäre den Tarifvertragspartnern die Entscheidung zum Kampf faktisch entzogen. Denn je engagierter man das vermeintliche Schutzziel verfolgte, desto unnachsichtiger müßte man vor der Eröffnung von Kampfmaßnahmen auf immer neuen und intensiveren Verhandlungsversuchen beharren. Je nach Schadensträchtigkeit des drohenden Kampfs hätte man den Parteien selbst die Ausnutzung der geringsten Gesprächschancen abzuverlangen.

(2) Eine plausible Grenze für die Verpflichtung auf friedliche Einigungssuche gäbe es nicht. Im Gegenteil schlüge die Verfolgung des Schutzziels der Schadensvermeidung in letzter Konsequenz um in einen Zwang zum Verhandeln. Spätestens damit aber würde die freie, von externen Vorgaben ungebundene Regelung der Parteien unmöglich gemacht. Sie würden ersetzt durch eine von außen erzwungene Einigung, drastischer formuliert: durch den gemeinwohlverbrämten Oktroi, auf Gedeih und Verderb zu einer friedlichen Lösung zu kommen. Die Tarifautonomie wäre folglich zumindest faktisch beseitigt.

(3) Man mag gegenüber solchen Gefahren gelassen bleiben, indem man auf den praktischen Sinn der Entscheidenden baut. An dem beschriebenen Mißstand ändert das nichts: Mögen die extremsten Fehlkonsequenzen vermieden werden, niemals wäre eine rational nachvollziehbare weil objektivierbare Lösung zu treffen. Niemals wäre nämlich klar zu bestimmen, wann das Integritätsinteresse der Allgemeinheit hinter dem Kampfinteresse der beiden Parteien zurücktreten müßte, wann also der konkrete Kampfakt rechtmäßig wäre. Da das von den Gegnern verfolgte Kampfziel und der vom Kampf zu befürchtende Schaden inkommensurable Größen sind, da etwa die erstrebte Erhöhung des Lohns nicht abwägbar ist gegen die überdies nur erst drohenden volkswirtschaftlichen Schäden, würde jedes objektive Beurteilungskriterium fehlen. Den Ausschlag gäbe allein die rein subjektiv-dezisionistische Wertung des Entscheidungsbefugten, i.d.R also des Richters: Dessen höchstpersönliches „Judiz", Gerechtigkeitsempfinden oder soziales Verständnis, mithin seine durch keinerlei Maßstäbe determinierte Entscheidung, ob und wie weit er den von ihm anerkannten Schutzinteressen der Allgemeinheit gegenüber den Kampfzielen der Parteien den Vorrang einräumen will, würde das Urteil über die Rechtmäßigkeit der konkreten Kampfhandlung treffen. Die Parteien liefen folglich unverändert Gefahr, eine später und von Dritten doch noch als realistisch eingestufte Verhandlungschance nicht wahr- oder nicht hinreichend ernstgenommen zu haben und deshalb einer vorschnellen Kampferöffnung geziehen zu werden. Der Willkür ständen m.a.W. auch jetzt Tür und Tor offen.

bb) Kaum weniger bedenklich ist die weitere, gleichsam komplementäre praktische Folge, daß das Ziel der Vermeidung von Schäden als Zweck den Schutz des Verhandlungsstadiums zwangsläufig denaturieren würde zum bloßen Mittel zum Zweck:

Weil dieser Schutz dem dann entscheidenden Ziel der Schadensminimierung logisch wie sachlich hintangestellt würde, wäre das Gebot, vor Eröffnung des Kampfs alle Verhandlungschancen zu nutzen, nicht mehr ausnahmslos gültig. Denn wenn im Einzelfall der Einsatz von Kampfmitteln bereits in der Verhandlungsphase einmal die Aussicht eröffnet, daß dadurch die Verhandlungen vorangetrieben, baldige Resultate erreicht und damit schwere Erzwingungskämpfe vermieden werden, so wäre nach der Logik dieser Lehre die Befugnis zum Kampf zu bejahen. Die ultima-ratio-Regel, die man gerade auch in dieser Doktrin als unantastbaren Grundsatz betont, wäre also schon theoretisch wieder durchbrochen: Es wäre, justizgeschichtlich beschrieben, insoweit der Erkenntnisstand der vierten Warnstreikentscheidung wieder zurückgedreht auf den der zweiten Entscheidung. Vor allem aber wäre dieses soeben reanimierte Prinzip in der Praxis alsbald wieder bis zur völligen Derogation durchbrochen. Denn die Eröffnung von Kämpfen schon im Stadium der Verhandlung könnte die zum Leitziel erhobene Schadensminimierung immer nur als eine Chance erstreben. Der Erfolg der Verhinderung größerer Kämpfe wäre niemals gewiß. Infolgedessen müßte zur Rechtfertigung solcher vorgezogener Kämpfe bereits die *Prognose* der Kombattanten genügen, daß ihr Einsatz die reale Aussicht auf ein Einlenken des Gegners begründet. Immer also schon dann, wenn eine Partei nicht völlig grundlos ein entsprechendes Wahrscheinlichkeitsurteil trifft, wäre damit ihre Befugnis zu verhandlungsbegleitenden Kämpfen begründet. Praktisch wäre das ultima-ratio-Prinzip folglich frei disponibel.

cc) Man muß sich schließlich zur vollen Erfassung dieser Folgen vor Augen führen, aufgrund welcher sachlichen Basis die erörterte Lehre die Tarifvertragspartner einerseits bis zum Einigungszwang am Verhandlungstisch festhält, andererseits aber zugleich ermächtigen müßte, schon bei bloßen Hoffnungen auf eine Verkürzung des Streits den Kampf bereits im Verhandlungsstadium zu eröffnen:

Prognosen und damit Vergleiche über die Schäden, die einerseits vom Warn-, andererseits vom Erzwingungsstreik drohen, sind mit Realitätsgehalt kaum jemals möglich. Schon die Antwort auf die vorgelagerte Frage, ob es im konkreten Konflikt überhaupt zu einem Arbeitskampf kommt, ist in aller Regel nur als mehr oder minder gewagte Vermutung möglich. Gerade diese situationsspezifische Ungewißheit ist einer der tragenden Gründe, wenn man von den prinzipiell verhandlungsoffenen Partnern zunächst ein kampffreies Verhandeln verlangt. Denn neben der Wahrung friedlicher Einigungschancen ist es ein wesentliches weiteres Ziel dieses diskursiven Prozesses, überhaupt erst zu ermitteln, was jede Partei definitiv als unabdingbares Verhandlungsziel ansieht, von welcher Grenze an also der andere Teil keinerlei Kompromisse und Konzessionen mehr einplanen kann. In aller Regel läßt sich somit selbst für die Tarifvertragspartner erst nach einem freien Verhandeln realistisch entscheiden, ob sich *für sie* angesichts unüberbrückbarer Gegensätze das Risiko eines Arbeitskampfs lohnt. Das Risiko und vor allem die Höhe möglicher Drittschäden aber bleiben auch dann völlig offen. Jeder Versuch, sich an solchen Schäden als der maßgeblichen Vergleichsgröße zu orientieren, bleibt folglich notwendig Spekulation. Reine Spekulation ist mithin die Basis, auf der eine ausschließlich auf Schadensvermeidung fixierte Lehre über die Zulässigkeit von Arbeitskämpfen entscheidet.

c) Der Vorrang der Regelungsfreiheit vor der Schadensvermeidung

aa) Die untragbaren praktischen Konsequenzen sind nur Symptome. Ihre Wurzel liegt in der skizzierten Fehlkonzeption. Denn eine Lehre, die den durch Arbeitskämpfe geübten Zwang auf den Gegner als rechtlich irrelevant, weil autonomieverträglich oder gar -sichernd betrachtet, kann in der Tat Restriktionen der Kampfbefugnis allein noch aus den Schutzinteressen der Allgemeinheit begründen. Für sie ist – mit den genannten praktischen Folgen – der Autonomieschutz als Thema erledigt. Die auch konstitutionelle Unstimmigkeit eines solchen Konzepts tritt dagegen zutage, sobald man den Arbeitskampf wieder als eine Aktsform begreift, die das geltende Recht trotz seiner unbestreitbaren negativen Effekte legitimiert hat, die es erkennbar also zur Sicherung *höherrangiger* Ziele zuläßt.

bb) Alle dargelegten Widersprüche und Ungereimtheiten ergaben sich daraus, daß man die rechtliche Reglementierung der Befugnis zum Kampf, dogmatisch also die ultima-ratio-Regel, am Ziel der Schadensvermeidung als dem primären oder sogar ausschließlichen Ordnungszweck orientiert. Derart zum Endziel verabsolutiert, führt diese Zielbestimmung jedoch unvermeidlich in einen fundamentalen Wertungsantagonismus:

Der für sich durchaus plausible Gesichtspunkt, Arbeitskämpfe wegen ihrer Schadensfolgen möglichst weitgehend zu verhindern, gerät von diesem Ausgangspunkt aus denknotwendig in Konflikt mit der gleichfalls plausiblen Wertentscheidung des geltenden Rechts, die Regelung der Arbeits- und Wirtschaftsbedingungen der Tarifautonomie der Sozialparteien zu überlassen. Er kollidiert unausweichlich mit einer staatsfreien Selbstgestaltungsbefugnis, die zumindest zur Zeit noch zu ihrer Funktionsfähigkeit die Möglichkeit von Arbeitskämpfen voraussetzt. Damit aber gilt es entgegen der erörterten Lehre zunächst zu erkennen, daß dem Ziel der Schadensvermeidung ein antagonistisches anderes Ziel gegenübersteht. Und wiederum ihren Thesen entgegen gilt es dann weiter zu sehen, daß im Konfliktfall grundsätzlich diesem anderen Ziel der *Vorrang* zukommen muß. Denn erweisen sich die durch die Kampfbefugnis gesicherte Tarifautonomie und das Gebot der Schadensvermeidung als derart inkompatible Regelungsziele, betrachtet das geltende Recht aber dennoch Tarifautonomie und Arbeitskampffreiheit als unverzichtbare Institutionen, so trifft es in diesem Zielkonflikt eine klare Entscheidung: Insoweit, als es um das eigentliche, von der erörterten Lehre unaufgedeckte oder nicht beachtete Ordnungsziel geht, das mit der Zulassung von Arbeitskämpfen verfolgt wird, hat das Ziel der Schadensvermeidung *zurücktreten*.

cc) Der Beleg der Unstimmigkeit der erörterten Lehre ist damit erbracht: Entgegen dieser Doktrin kann in einer rechtlichen Ordnung, die den Arbeitskampf unter bewußter Inkaufnahme seiner schadenstiftenden Folgen zuläßt, die Schadensvermeidung nicht die leitende Determinante der Kampfgrenzen sein. Deutlicher noch: In einer Ordnung, die gerade die Schadenszufügung als Mittel der Regelung einsetzt, kann die rechtliche Regelung des Kampfs nicht primär oder gar ausschließlich den Zweck verfolgen, eben diese Schäden zu begrenzen oder ganz zu verhindern. Ziel einer solchen Reglementierung kann hier konsequenterweise nur sein, Schäden *insoweit* auszuschließen, als der Zweck, den die Rechtsordnung mit der Zulassung von Arbeitskämpfen verfolgt, ihre Herbeiführung nicht zwingend erfordert. Schäden dagegen, die die Erfüllung der rechtlichen Ordnungsfunktion des Kampfs bezweckt oder unvermeidlich macht, sind als rechtlich gewollte oder doch akzeptierte Effekte hinzunehmen. Nicht als solche die Schadensvermeidung, sondern eben diese Ordnungsfunktion, und d.h. genauer: der spezifische Regelungszweck, den die Rechtsordnung mit der Rezeption des Arbeitskampfs in den Kreis der erlaubten Aktsformen anstrebt, ist damit der wahre Bezugspunkt aller arbeitskampfrechtlichen Regeln. Auf diesen Zweck und nicht auf eine mangels Parameter unspezifizierbare Schadensvermeidung ist also insbesondere auch das ultima-ratio-Prinzip zu beziehen. Zusammengefaßt ist damit den Thesen des Jubilars, ihren auf den ersten Blick triftigen Argumenten zum Trotz, entgegenzuhalten: Nicht ein vages Integritätsinteresse der Allgemeinheit, die nach geltendem Recht Arbeitskämpfe prinzipiell hinnehmen muß, kann die Grenzen der Arbeitskampffreiheit bestimmen. Maßgeblich kann allein der vom Recht anerkannte legitimierende Grund von Kampfakten sein, die Möglichkeit freier marktmäßig-rechtsgeschäftlicher Regelungen zu sichern.

C. Die autonomieschutzbezogene Deutung des Kampfs als Wahrung von Individual- und Gemeinwohlinteresse

Die Unterscheidung zwischen der kampffreien von der unter Kampfdruck geführten Verhandlung sichert nach allem den legislatorischen Grund der Befugnis zum Kampf. Sie sichert deshalb auch die systemgemäße Bestimmung der Kampffreiheitsgrenzen. Das vom Jubilar verfolgte Ziel des Schutzes der Allgemeinheit wird damit aber nicht etwa vernachlässigt oder gar vereitelt. Im Gegenteil wird ihm in wirksamster Weise entsprochen. Und namentlich werden auch seine berechtigten Postulate, jedem Kampf eine Urabstimmung und einen Schlichtungsversuch vorzuschalten[25], als Maßnah-

[25] S. *Reuter* FS Wiese (Fn. 13), S. 29 ff.

men eben zur Sicherung einer Verhandlungslösung in ihrem Zweck voll entfaltet. Denn die Kampfbefugnis als Bedingung der Tarifautonomie sichert dann wie jede andere Zuweisung von privatautonomer Regelungsmacht, daß auch die Arbeitsvertragsparteien ihre beiderseitige „Ware“ grundsätzlich marktmäßig-rechtsgeschäftlich umsetzen können. Sie gewährleistet also gerade durch den größtmöglichen Einsatz privatautonomer Regelungsformen, daß die partei- und gemeinwohlschädliche Interessenverfolgung durch Arbeitskampfakte in größtmöglicher Weise beschränkt bleibt. Die möglichste Wahrung der Selbstbestimmung und also die Begrenzung der Freiheit zum Kampf durch eine autonomiebezogene ultima-ratio-Regel trägt somit in wohl wirksamster Weise auch dem berechtigten Anliegen Rechnung, die Schädigung Dritter in Grenzen zu halten. Sie schützt dieses überindividuelle Interesse aber nicht auf Kosten der Autonomie der Parteien, sondern im Gegenteil durch deren strikte Beachtung.

Der sachliche Kündigungsschutz im Licht des Rechts auf freie Wahl des Arbeitsplatzes

Ein Beitrag aus schweizerischer Sicht

Wolfgang Portmann

Inhaltsübersicht

Der Verfasser des vorliegenden Beitrags fühlt sich mit *Dieter Reuter* durch zwei gemeinsame Leidenschaften verbunden: einerseits durch das Arbeitsrecht, andererseits durch das Vereinsrecht. Die folgenden Zeilen, die ein arbeitsrechtliches Thema zum Gegenstand haben, knüpfen an einen vor drei Jahren publizierten Aufsatz von *Dieter Reuter* an, in dem das Verhältnis des Kündigungsschutzes zum Recht auf freie Wahl des Arbeitsplatzes eine wichtige Rolle spielt[1]. Die Anfänge seiner scharfsinnigen Überlegungen zu dieser

[1] *D. Reuter,* Das Verhältnis von ordentlicher und außerordentlicher Kündigung des Arbeitgebers – ein Stufenverhältnis?, FS Richardi, München 2007.

Thematik reichen fast vierzig Jahre zurück[2]. Der Verfasser hofft daher, mit den folgenden Ausführungen aus schweizerischer Perspektive das Interesse des Jubilars zu finden.

I. Die Lehre von Dieter Reuter

Nach herrschender deutscher Lehre gibt es zwischen der Kündigung des Arbeitgebers im Geltungsbereich des KSchG und der außerordentlichen Kündigung keinen Wesensunterschied, sondern bloß eine graduelle Abstufung. Demnach wird etwa angenommen, eine außerordentliche Kündigung sei unwirksam, wenn schon die Voraussetzungen für eine ordentliche Kündigung nicht erfüllt wären, und eine ordentliche Kündigung sei wirksam, wenn die Voraussetzungen der außerordentlichen Kündigung erfüllt wären. Eine Folge davon ist, dass die vom Gesetz nur bei der außerordentlichen Kündigung angeordnete „Abwägung der Interessen beider Vertragsteile" und das damit zusammenhängende Ultima-Ratio-Prinzip auch bei der Anwendung von § 1 KSchG Einzug halten[3].

Abgesehen davon, dass dies weder dem Wortlaut von § 1 KSchG noch dessen Entstehungsgeschichte entspricht[4], hält *Reuter* dieser Ansicht entgegen, dass die Beschränkungen von ordentlicher und außerordentlicher Kündigung einen *unterschiedlichen Geltungsgrund* haben. Die Beschränkung der außerordentlichen Kündigung ergibt sich aus der *vertraglichen Selbstbindung*, die ihrerseits eine Grenze am Übermaß der Bindung findet[5]. Demnach können die Voraussetzungen der außerordentlichen Kündigung allein aus einer Abwägung der Interessen der Vertragsparteien an der Beendigung des Schuldverhältnisses einerseits und an seiner Fortsetzung andererseits abgeleitet werden[6]. Demgegenüber ist die Beschränkung der ordentlichen Kündigung *gesetzlich auferlegt.* Der Gesetzgeber muss auch auf bestehende Interessen Dritter Rücksicht nehmen. Solche Drittinteressen sind hier im Spiel,

[2] *D. Reuter*, Die freie Wahl des Arbeitsplatzes – ein nicht realisierbares Grundrecht?, RdA 1973, 345 ff.; vgl. ferner *ders.*, Grundlagen des Kündigungsschutzes – Bestandsaufnahme und Kritik, in: Gamillscheg/Hueck/Wiedemann (Hrsg.), 25 Jahre Bundesarbeitsgericht, München 1979, 405 ff.

[3] *Reuter* (o. Fn. 1), S. 361, 372.

[4] *W. Herschel*, Zu einigen Fragen des Kündigungsschutzes, DB 1984, 1523, insb. 1524; ähnlich schon *ders.*, Schutz der Betriebszugehörigkeit im Wandel der Zeiten, DB 1973, 80, 82; *U. Preis*, Prinzipien des Kündigungsrechts bei Arbeitsverhältnissen, München 1987, S. 201 f.

[5] Vgl. den Randtitel zu Art. 27 ZGB (Zivilgesetzbuch): „Schutz der Persönlichkeit vor übermäßiger Bindung". Nach Abs. 2 dieser Bestimmung kann sich niemand seiner Freiheit entäußern oder sich in ihrem Gebrauch in einem das Recht oder die Sittlichkeit verletzenden Grade beschränken.

[6] *Reuter* (o. Fn. 1), S. 362.

da sich der Kündigungsschutz als „Schutz der Belegschaft vor der Konkurrenz von Arbeitsplatzbewerbern“ erweist[7]. Der Kündigungsschutz muss daher so ausgestaltet und angewendet werden, dass er nicht nur gegenüber den Arbeitgebern, sondern auch gegenüber den *Arbeitsuchenden* zu rechtfertigen ist[8].

Unterstützung findet diese Auffassung in einer Feststellung im Apotheken-Urteil des Bundesverfassungsgerichts, wo unter anderem ausgeführt wird, der Konkurrenzschutz der bereits im Beruf Tätigen sei ein Motiv, das „niemals einen Eingriff in das Recht der freien Berufswahl rechtfertigen könnte“[9]. Ferner wird im WDR-Urteil festgehalten, dass der arbeitsrechtliche Bestandsschutz eine Sperrwirkung entfaltet und die Chancen derjenigen verschlechtert, die Arbeit und Verdienst suchen. Das Sozialstaatsprinzip gebiete die Verwirklichung einer sozial gerechten Ordnung für alle, verpflichte also gerade auch zur Sorge für diejenigen, die keinen Arbeitsplatz haben und einen solchen suchen[10].

Reuter folgert daraus, zur Rechtfertigung des Kündigungsschutzes, der einen gesetzlichen Vorrang der Arbeitnehmer vor den Arbeitsuchenden statuiere, bedürfe es eines Interesses der Arbeitnehmer, das die Arbeitsuchenden nicht teilten und dem nach Art und Gewicht der Vorzug gebühre. Das Interesse der Arbeitnehmer, den Arbeitsplatz als Existenzgrundlage zu *be*halten, könne dieses Interesse nicht sein, weil ihm das gleichwertige Interesse der Arbeitsuchenden gegenüberstehe, den Arbeitsplatz als Existenzgrundlage zu *er*halten[11]. Das rechtfertigende Interesse sieht er vielmehr im Umstand, „dass die dem Arbeitnehmer wegen seiner persönlichen Abhängigkeit zwingend gesicherten Rechte und Freiheiten im Betrieb leer laufen, wenn sie unter dem Damoklesschwert der beliebigen Kündbarkeit ausgeübt werden müssen“[12]. Kurz: der Kündigungsschutz soll sich an dem ausrichten, was für eine *angstfreie Ausübung der betrieblichen Rechte und Freiheiten* erforderlich ist[13]. Somit unterscheidet sich die Beschränkung der ordentlichen von der Beschränkung der außerordentlichen Kündigung, die der Wahrung des Grundsatzes pacta sunt servanda dient, nicht nur im Geltungsgrund, sondern auch in der Zielsetzung[14].

Vor diesem Hintergrund ist es nicht sachgemäß, die der außerordentlichen Kündigung eigenen Prinzipien der Interessenabwägung und der Ultima

[7] Ebd., S. 363.
[8] Vgl. dazu *V. Stelljes,* Zu Grundlage und Reichweite des allgemeinen Kündigungsschutzes, Berlin 2002, S. 71, 117.
[9] BVerfGE 7, 377, 408.
[10] BVerfG, NJW 1982, 1447, 1449.
[11] *Reuter* (o. Fn. 1), S. 365, mit Hinweis auf *Stelljes* (o. Fn. 8), S. 71 ff.
[12] *Reuter* (o. Fn. 1), S. 366.
[13] Ebd., S. 368.
[14] Ebd., S. 370.

Ratio in den Bereich der ordentlichen Kündigung zu übertragen[15]. Die Ansicht geht fehl, nur aufgrund einer *Interessenabwägung* könne beurteilt werden, ob das Gewicht einer Vertragsbeeinträchtigung die ordentliche Kündigung rechtfertige[16]. Ob die Kündigung durch die Schwere einer Vertragsverletzung, das Ausmaß an Untauglichkeit für die Arbeitsaufgabe oder dringende betriebliche Erfordernisse gerechtfertigt ist, lässt sich bestimmen, „ohne dass man Bestandsschutz- und Lösungsinteresse zueinander in Beziehung setzt"[17]. Das *Ultima-Ratio-Prinzip* sodann dient der h.M. als Einfallstor für die Subsidiarität der Kündigung gegenüber der Versetzung und der Beendigungskündigung gegenüber der Änderungskündigung einerseits sowie für das Erfordernis vorheriger Abmahnung andererseits. Diese zusätzlichen Schranken der ordentlichen Kündigung können zu unerwünschten Ergebnissen führen, gehen über die Zielsetzung des Kündigungsschutzes hinaus und stellen einen ungerechtfertigten Eingriff in die Rechte der Arbeitsuchenden dar[18].

II. Die Relevanz für das schweizerische Recht

1. Allgemeines

Die oben dargestellte Lehre von *Reuter* beruht auf den wechselseitigen Beziehungen von drei Grundpfeilern: der Beschränkung der ordentlichen Kündigung, der Beschränkung der außerordentlichen Kündigung und der Bedeutung des Rechts auf freie Arbeitsplatzwahl. Um die Relevanz dieser Lehre für das schweizerische Recht auszuloten, bedarf es zunächst einer kurzen Darstellung der drei Pfeiler, damit Gemeinsamkeiten und Unterschiede zum deutschen Recht sichtbar werden.

2. Das Recht auf freie Wahl des Arbeitsplatzes

Das im deutschen Grundgesetz verankerte Recht, Beruf, Arbeitsplatz und Ausbildungsstätte frei zu wählen (Art. 12 Abs. 1 GG), hat eine Entsprechung in *Art. 27 der schweizerischen Bundesverfassung* (BV). Abs. 1 gewährleistet die Wirtschaftsfreiheit. Diese umfasst gemäß Abs. 2 „insbesondere die freie

[15] Entschieden gegen ein allgemeines Ultima-Ratio-Prinzip auch *B. Rüthers,* Arbeitsrecht und ideologische Kontinuitäten? Am Beispiel des Kündigungsschutzrechts, NJW 1998, 1433, insb. 1434; *ders.,* Vom Sinn und Unsinn des geltenden Kündigungsschutzrechts, NJW 2002, 1601, 1606 f.

[16] So aber KR/*J. Griebeling*, 9. Aufl., Köln 2009, § 1 KSchG Rn. 549, jedenfalls für die personen- und verhaltensbedingte Kündigung.

[17] *Reuter* (o. Fn. 1), S. 371.

[18] Ebd., S. 372, insb. 373 f., mit einprägsamen Beispielen.

Wahl des Berufes sowie den freien Zugang zu einer privatwirtschaftlichen Erwerbstätigkeit und deren freie Ausübung". Die Freiheit der Berufswahl umfasst nach unbestrittener Auffassung auch das Recht auf freie Wahl des Arbeitsplatzes[19]. Diese Freiheit ist somit in beiden Rechtsordnungen in gleicher Weise gewährleistet.

Eine Besonderheit des schweizerischen Rechts besteht darin, dass es auf Bundesebene grundsätzlich *keine Verfassungsgerichtsbarkeit* gibt. Nach Art. 190 BV sind Bundesgesetze und Völkerrecht „für das Bundesgericht und die anderen rechtsanwendenden Behörden maßgebend", müssen also trotz einer allfälligen Verfassungswidrigkeit angewendet werden[20]. Das ändert aber nichts daran, dass der Bundesgesetzgeber an die übergeordneten Normen der Verfassung gebunden ist, die von ihm erlassenen Gesetze also verfassungskonform ausgestaltet werden müssen.

Der Kündigungsschutz greift in die Arbeitsplatzwahlfreiheit, also in ein Grundrecht der Arbeitsuchenden ein[21]. Einschränkungen von Grundrechten bedürfen einer gesetzlichen Grundlage und eines öffentlichen Interesses, müssen verhältnismäßig sein und dürfen den Kerngehalt der Grundrechte nicht aushöhlen[22]. Insbesondere mit Blick auf die Erfordernisse des öffentlichen Interesses und der Verhältnismäßigkeit lässt sich der Kündigungsschutz nur mit einem höherwertigen Interesse der Arbeitnehmer rechtfertigen, das die Arbeitsuchenden nicht haben. Auch nach schweizerischem Recht kann daher der Kündigungsschutz nicht mit dem Interesse der Arbeitnehmer begründet werden, den Arbeitsplatz als Existenzgrundlage zu behalten, weil ihm das gleichwertige Interesse der Arbeitsuchenden gegenübersteht, den Arbeitsplatz als Existenzgrundlage zu erhalten[23]. Somit wird zu untersuchen sein, ob und inwiefern die schweizerische *Gesetzgebung* dieser Ausgangslage bei der Ausgestaltung des Kündigungsschutzes Rechnung getragen hat[24].

Das verfassungsmäßige Recht auf freie Wahl des Arbeitsplatzes ist nicht nur vom Gesetzgeber, sondern auch von den rechtsanwendenden Behörden zu beachten. Wer staatliche Aufgaben wahrnimmt, ist an die Grundrechte gebunden und verpflichtet, zu ihrer Verwirklichung beizutragen[25]. Die Be-

[19] *U. Häfelin/W. Haller/H. Keller,* Schweizerisches Bundesstaatsrecht, 7. Aufl., Zürich/Basel/Genf 2008, Rn. 629; *K. A. Vallender,* in: B. Ehrenzeller et al. (Hrsg.), Die schweizerische Bundesverfassung, Bd. I, 2. Aufl., Zürich/St. Gallen 2008, Art. 27 Rn. 19; *W. Portmann/J.-F. Stöckli,* Kollektives Arbeitsrecht, Zürich/Basel/Genf 2004, Rn. 18; Urteil des EVG (Eidgenössisches Versicherungsgericht) vom 21.12.1989.

[20] *Häfelin/Haller/Keller* (o. Fn. 19), Rn. 2089 f.; Beispiel einer Normanwendung trotz festgestellter Verfassungswidrigkeit in BGE (Entscheidungen des Schweizerischen Bundesgerichts) 131 II 697.

[21] *Reuter* (o. Fn. 1), S. 368.

[22] Art. 36 BV (Bundesverfassung).

[23] Vgl. o. Ziff. I.

[24] Vgl. u. Ziff. III.1.

[25] Art. 35 Abs. 2 BV.

hörden haben dafür zu sorgen, dass die Grundrechte, soweit sie sich dazu eignen, auch unter Privaten wirksam werden[26]. Die Gerichte haben demnach die gesetzlichen Bestimmungen zum Kündigungsschutz im Zweifel so auszulegen, dass das Recht der Arbeitsuchenden auf freie Wahl des Arbeitsplatzes so weit als möglich gewahrt wird. Dies entspricht dem Grundsatz der verfassungskonformen Auslegung[27]. Somit wird auch zu prüfen sein, wie die schweizerische *Rechtsprechung* zum Kündigungsschutz im Licht der Arbeitsplatzwahlfreiheit erscheint[28].

3. *Die außerordentliche Kündigung und ihre Schranken*

Nach § 626 Abs. 1 BGB kann das Dienstverhältnis von jedem Vertragsteil aus wichtigem Grund ohne Einhaltung einer Kündigungsfrist gekündigt werden, wenn Tatsachen vorliegen, auf Grund derer dem Kündigenden unter Berücksichtigung aller Umstände des Einzelfalles und unter Abwägung der Interessen beider Vertragsteile die Fortsetzung des Dienstverhältnisses bis zum Ablauf der Kündigungsfrist oder bis zu der vereinbarten Beendigung des Dienstverhältnisses nicht zugemutet werden kann. Eine ähnliche Regelung findet sich in Art. 337 OR: Aus wichtigen Gründen kann der Arbeitgeber wie der Arbeitnehmer jederzeit das Arbeitsverhältnis fristlos auflösen; als wichtiger Grund gilt namentlich jeder Umstand, bei dessen Vorhandensein dem Kündigenden nach Treu und Glauben die Fortsetzung des Arbeitsverhältnisses nicht mehr zugemutet werden darf.

Zwar ist eine Abwägung der Interessen beider Vertragsparteien nach dem schweizerischen Gesetzestext nicht ausdrücklich vorgeschrieben, doch wird eine solche in der Praxis regelmäßig vorgenommen[29]. Ebenso ist die Geltung des Ultima-Ratio-Prinzips in Lehre und Rechtsprechung unbestritten[30]. In Bezug auf die vorliegende Thematik bestehen daher keine relevanten Unterschiede zwischen dem deutschen und dem schweizerischen Recht.

[26] Mittelbare Drittwirkung der Grundrechte, Art. 35 Abs. 3 BV.

[27] *R. Rhinow/M. Schefer,* Schweizerisches Verfassungsrecht, 2. Aufl., Basel 2009, Rn. 548, insb. 552. Der Grundsatz der verfassungskonformen Auslegung kommt dann nicht zur Anwendung, wenn Wortlaut und Sinn einer Norm mit den allgemeinen Auslegungsmethoden eindeutig festgestellt werden können, *Häfelin/Haller/Keller* (o. Fn. 19), Rn. 155; BGE 131 II 697.

[28] Vgl. u. Ziff. III.2.

[29] *M. Rehbinder,* Berner Kommentar, Bd. VI/2/2/2, Bern 1992, Art. 337 Rn. 2 m.w.N.

[30] *W. Portmann/J.-F. Stöckli,* Schweizerisches Arbeitsrecht, 2. Aufl., Zürich/St. Gallen 2007, Rn. 754; *A. Staehelin,* Zürcher Kommentar, Bd. V/2/c, Zürich 1996, Art. 337 Rn. 4; *F. Vischer,* Der Arbeitsvertrag, 3. Aufl., Basel 2005, S. 254; BGE 117 II 562.

4. Die ordentliche Kündigung und ihre Schranken

Das schweizerische Obligationenrecht gewährt gegenüber ordentlichen Kündigungen einen sachlichen und einen zeitlichen Kündigungsschutz. Auf den *zeitlichen Kündigungsschutz*, der nur eine vorübergehende Sperrwirkung bei besonderen Umständen wie Krankheit und Unfall des Arbeitnehmers entfaltet[31], kann hier aus Platzgründen nicht eingegangen werden. Wenn im Folgenden vom Kündigungsschutz des schweizerischen Rechts die Rede ist, ist daher stets der *sachliche Kündigungsschutz* im Sinne der Art. 336 ff. OR gemeint. Zu den Eigenarten dieses Schutzes gehört es, dass er zum überwiegenden Teil *paritätisch ausgestaltet* ist, dass also der Arbeitgeber unter denselben Voraussetzungen wie der Arbeitnehmer Kündigungsschutz gegenüber dem Vertragspartner genießt[32]. In der Praxis spielt indessen der Kündigungsschutz zugunsten des Arbeitgebers so gut wie keine Rolle, so dass hier stets nur der Kündigungsschutz zugunsten des Arbeitnehmers behandelt wird.

Das schweizerische Arbeitsprivatrecht geht vom *Prinzip der Kündigungsfreiheit* aus[33]. Daher setzt die Rechtmäßigkeit einer Kündigung grundsätzlich *keine besonderen Kündigungsgründe* voraus[34]. In dieser Beziehung besteht ein grundlegender Unterschied zum deutschen Recht, nach dem eine Kündigung ungerechtfertigt ist, wenn sie nicht durch Gründe bedingt ist, die in der Person oder in dem Verhalten des Arbeitnehmers liegen, oder durch dringende betriebliche Erfordernisse, die einer Weiterbeschäftigung des Arbeitnehmers in diesem Betrieb entgegenstehen[35]. Nach der Konzeption des schweizerischen Gesetzgebers ist die ordentliche Kündigung bloß dann unzulässig, wenn sie als „missbräuchlich“ erscheint[36]. Dies ist der Fall, wenn die Kündigung aus bestimmten unzulässigen Gründen ausgesprochen wird, die in Art. 336 OR aufgezählt werden[37].

Nach der Rechtsprechung des Bundesgerichts konkretisiert die Aufzählung in Art. 336 OR das *allgemeine Rechtsmissbrauchsverbot*[38]. Theoretisch wird durch diesen Ansatzpunkt die Gefahr gebannt, dass der Kündigungsschutz das Recht der Arbeitsuchenden auf freie Wahl des Arbeitsplatzes ver-

[31] Art. 336c OR (Obligationenrecht).

[32] Paritätisch ausgestaltet sind die Schutztatbestände von Art. 336 Abs. 1 lit. a–e OR, wogegen diejenigen von Art. 336 Abs. 2 lit. a–c OR nur vom Arbeitnehmer angerufen werden können.

[33] *W. Portmann*, Basler Kommentar, Obligationenrecht I, 4. Aufl., Basel 2007, Art. 335 Rn. 6; *U. Streiff/A. von Kaenel*, Arbeitsvertrag, Praxiskommentar, 6. Aufl., Zürich/Basel/Genf 2006, Art. 335 Rn. 2; *Staehelin* (o. Fn. 30), Art. 336 Rn. 3; *Vischer* (o. Fn. 30), S. 236. Anders verhält es sich im Recht des öffentlichen Dienstes.

[34] BGE 132 III 116; 131 III 538; 127 III 88; 125 III 72.

[35] § 1 Abs. 2 KSchG.

[36] Vgl. den Randtitel zu Art. 336 OR.

[37] Die Aufzählung gilt als nicht abschließend, vgl. u. Ziff. III.2.a.

[38] BGE 132 III 117, 125 III 72.

letzen kann, da das Verbot des Rechtsmissbrauchs eine immanente Schranke jeglicher Rechtsausübung darstellt. Besteht die Beschränkung der ordentlichen Kündigung mit anderen Worten bloß darin, den Rechtsmissbrauch auszuschließen, werden die Arbeitnehmer nicht auf Kosten der Arbeitsuchenden ungerechtfertigt privilegiert, da ihnen nur das zugestanden wird, was allen Rechtsunterworfenen zukommt. Praktisch lebt die Gefahr einer Verletzung der Arbeitsplatzwahlfreiheit indessen auf, wenn Gesetzgebung oder Rechtsprechung unter dem Etikett des Rechtsmissbrauchs den Kündigungsschutz so ausweiten, dass er in der Sache über eine bloße Missbrauchsbekämpfung hinausgeht. Ansätze dazu sind jedenfalls teilweise vorhanden. Das auf dem Rechtsmissbrauchsverbot aufbauende Kündigungsschutzkonzept macht es daher nicht von vornherein überflüssig, die nach Gesetz und Rechtsprechung anerkannten Missbrauchsgründe auf ihre Kompatibilität mit der Arbeitsplatzwahlfreiheit zu prüfen[39].

Am Sinn einer solchen Prüfung weckt jedoch eine weitere Besonderheit des schweizerischen Kündigungsschutzes Zweifel, nämlich die Tatsache, dass *kein Bestandsschutz* gewährt wird[40]. Die Missbräuchlichkeit einer ordentlichen Kündigung ändert nichts an deren Wirkung, das Arbeitsverhältnis aufzulösen[41]. Der Arbeitgeber hat insofern eine überschießende Rechtsmacht, als er rechtlich mehr kann als er darf. Eine missbräuchliche Kündigung ist mit anderen Worten zwar unzulässig, aber wirksam. Der missbräuchlich entlassene Arbeitnehmer muss sich mit einem rein finanziellen Anspruch auf eine sogenannte *Entschädigung* begnügen[42]. Diese wird vom Richter unter Würdigung aller Umstände festgesetzt, darf aber den Betrag nicht übersteigen, der dem Lohn des Arbeitnehmers für sechs Monate entspricht[43]. Die Entschädigung, die unabhängig von einem eingetretenen Schaden geschuldet wird, hat einerseits Straffunktion und wird daher auch als Rechtsverletzungs- oder Privatbusse bezeichnet; andererseits kommt ihr auch die Funktion einer Wiedergutmachung zu, mit der ein allfälliger Vermögensschaden oder eine immaterielle Unbill abgegolten werden soll[44].

[39] Vgl. u. Ziff. III.

[40] *J. Brühwiler,* Kommentar zum Einzelarbeitsvertrag, 2. Aufl., Bern 1996, Art. 336a Rn. 1; *Staehelin* (o. Fn. 30), Art. 336a Rn. 2; *Portmann/Stöckli* (o. Fn. 30), Rn. 700.

[41] *Streiff/von Kaenel* (o. Fn. 33), Art. 336a Rn. 2; *Vischer* (o. Fn. 30), S. 245; *Portmann* (o. Fn. 33), Art. 336a Rn. 1.

[42] Art. 336a Abs. 1 OR.

[43] Art. 336a Abs. 2 Satz 1 OR. Nach Satz 2 sind „Schadenersatzansprüche aus einem anderen Rechtstitel" vorbehalten. Dabei geht es um Ansprüche, die nicht auf der Missbräuchlichkeit der Kündigung, sondern auf einem anderen Grund im Umfeld der Kündigung beruhen, BGE 123 III 394. Eingehend dazu *W. Portmann,* Zur Schadenersatzbemessung im Arbeitsvertragsrecht, FS H. Rey, Zürich/Basel/Genf 2003, S. 489, 491 ff.

[44] *Ch. Brunner* et al., Kommentar zum Arbeitsvertragsrecht, 3. Aufl., Basel 2005, Art. 336a Rn. 2; *Brühwiler* (o. Fn. 40), Art. 336a Rn. 1; *Portmann/Stöckli* (o. Fn. 30), Rn. 701; BGE 123 III 394.

Auf den ersten Blick könnte man nun meinen, ein solches System könne das Recht der Arbeitsuchenden auf freie Wahl des Arbeitsplatzes gar nicht verletzen, da der Arbeitgeber stets die Rechtsmacht hat, einen Arbeitnehmer zu entlassen und ihn durch einen Stellenbewerber zu ersetzen. Faktisch wird diese Möglichkeit jedoch erheblich eingeschränkt durch die Aussicht, eine Rechtsverletzungsbusse bezahlen und dadurch allenfalls einen Reputationsschaden erleiden zu müssen. So ist denn auch ausdrücklich anerkannt, dass die Entschädigung eine *abschreckende Wirkung* entfalten und den Arbeitgeber von missbräuchlichen Kündigungen abhalten soll[45]. Geht man vom Funktionieren dieses Mechanismus aus, was zumindest bei kleineren und mittleren Unternehmen angebracht ist, so kann auch diese Art von Kündigungsschutz die Arbeitsplatzwahlfreiheit der Arbeitsuchenden beeinträchtigen. Es bleibt daher auch unter diesem Aspekt sinnvoll, die nach Gesetz und Rechtsprechung anerkannten Missbrauchsgründe auf die Anforderungen der Arbeitsplatzwahlfreiheit hin zu prüfen.

III. Die einzelnen Kündigungsschutzgründe im Spannungsfeld der Arbeitsplatzwahlfreiheit

1. Gesetzliche Kündigungsschutzgründe

a) Gemeinsame Basis der gesetzlichen Kündigungsschutzgründe

Analysiert man die im Obligationenrecht niedergelegten Kündigungsschutzgründe, so entdeckt man einen bemerkenswerten roten Faden: in allen Fällen geht es darum, eine Rechtsposition des Arbeitnehmers[46] vor einer Beeinträchtigung durch eine Kündigung zu sichern. Die klar dominierende Ausprägung dieses Prinzips betrifft die Sicherung der *Rechtsausübung*. Im Vordergrund steht mithin genau das Motiv, das *Reuter* als maßgebliches Moment für den Kündigungsschutz des deutschen Rechts herausgearbeitet hat[47]. Bloß zwei von insgesamt acht Fällen lassen sich nur teilweise oder gar nicht mit der Sicherung der Rechtsausübung erklären, doch liegt ihnen jedenfalls ein eng verwandtes Motiv zugrunde, nämlich die Sicherung des *Besitzes oder des Erwerbs eines Rechts*. Dies soll im Folgenden gezeigt werden.

[45] *D. M. Troxler*, Der sachliche Kündigungsschutz nach Schweizer Arbeitsvertragsrecht, Zürich 1993, S. 118, 121; *Rehbinder* (o. Fn. 29), Art. 336a Rn. 1; *Brühwiler* (o. Fn. 40), Art. 336a Rn. 1; *Brunner* et al. (o. Fn. 44), Art. 336a Rn. 2; Botschaft, BBl. (Bundesblatt) 1984 II 601; Obergericht Zürich, ZR (Blätter für Zürcherische Rechtsprechung) 100 (2001), 178 f.; Arbeitsgericht Zürich, ZR 101 (2002), 236.

[46] Zur praktischen Bedeutungslosigkeit des Kündigungsschutzes zugunsten des Arbeitgebers vgl. o. Ziff. II.4.

[47] Vgl. o. Ziff. I.

b) Sicherung der Rechtsausübung

Die zentrale Bedeutung der ungestörten Rechtsausübung für den Kündigungsschutz wird in paradigmatischer Weise an der Norm sichtbar, die sich gegen sogenannte Rachekündigungen wendet. Ihr Zweck besteht offensichtlich darin, dem Arbeitnehmer die *Ausübung der Rechte aus dem Arbeitsverhältnis* zu sichern. Gemäß Art. 336 Abs. 1 lit. d OR gewährt das Gesetz Schutz gegen die Kündigung, die der Arbeitgeber ausspricht, weil der Arbeitnehmer „nach Treu und Glauben Ansprüche aus dem Arbeitsverhältnis geltend macht". Mit der Erwähnung von Treu und Glauben will der Gesetzgeber zum Ausdruck bringen, dass der geltend gemachte Anspruch nicht notwendigerweise materiellen Bestand haben muss; es genügt, wenn der Arbeitnehmer in guten Treuen vom Bestehen eines Anspruchs ausgehen durfte. Der Begriff des Anspruchs wird von der Rechtsprechung in einem weiten Sinne verstanden[48]. Vorausgesetzt ist nicht, dass der Arbeitnehmer ein Recht auf ein fremdes Verhalten – wie namentlich eine Forderung gegen den Arbeitgeber – geltend macht. Bereits ein bloß erlaubtes Verhalten wie etwa das Verlangen eines höheren Lohns wird schon als Anspruch betrachtet, der den Kündigungsschutz auszulösen vermag[49].

Eine weitere Norm bezweckt die Sicherung der *Ausübung von Verfassungsrechten*. Nach Art. 336 Abs. 1 lit. b OR ist die Kündigung unzulässig, die der Arbeitgeber ausspricht, weil der Arbeitnehmer „ein verfassungsmäßiges Recht ausübt". Hier geht es also nicht um schuldrechtliche Rechte aus dem Arbeitsverhältnis, sondern um durch die Verfassung gewährleistete Individualrechte wie etwa die Glaubens- und Gewissensfreiheit[50] oder die Meinungs- und Informationsfreiheit[51]. Der Kündigungsschutz versagt, wenn der Arbeitgeber nachweisen kann, dass die Rechtsausübung „eine Pflicht aus dem Arbeitsverhältnis" verletzt oder „wesentlich die Zusammenarbeit im Betrieb" beeinträchtigt[52]. In Art. 336 Abs. 2 lit. a OR regelt das Gesetz einen Spezialfall der Ausübung eines verfassungsmäßigen Rechts. Nach dieser Vorschrift ist die Kündigung des Arbeitsverhältnisses durch den Arbeitgeber missbräuchlich, wenn sie ausgesprochen wird, „weil der Arbeitnehmer einem Arbeitnehmerverband angehört oder nicht angehört oder weil er eine gewerkschaftliche Tätigkeit rechtmäßig ausübt". Gegenstand dieser Norm ist

[48] *Streiff/von Kaenel* (o. Fn. 33), Art. 336 Rn. 8.

[49] BGer (Bundesgericht), JAR (Jahrbuch des Schweizerischen Arbeitsrechts) 1994, 204 (Erw. 2); Obergericht Zürich, JAR 1998, 196 (Erw. 4f).

[50] Art. 15 BV.

[51] Art. 16 BV.

[52] Dieser Nachweis ist beispielsweise in einem Fall gelungen, in dem ein hochrangiger Mitarbeiter einer Gewerkschaft enge Beziehungen zu politisch rechts stehenden Parteien unterhielt. Wegen Unvereinbarkeit dieses Verhaltens mit der Geisteshaltung der Gewerkschaft erschien die Kündigung nicht als missbräuchlich, BGE 130 III 703 f.

die (positive und negative) *Koalitionsfreiheit*, wie sie in Art. 28 BV verankert worden ist[53].

Die anschließende Bestimmung des Art. 336 Abs. 2 lit. b OR befasst sich mit einer besonderen Gruppe von Arbeitnehmern, nämlich mit denjenigen, die zugleich Arbeitnehmervertreter sind. Zweck der Bestimmung ist es, die *Ausübung von Vertretungsrechten* auf der Ebene der betrieblichen Mitwirkung zu sichern. Der Kündigungsschutz greift gegenüber Kündigungen, die der Arbeitgeber ausspricht, während der Arbeitnehmer gewählter Arbeitnehmervertreter in einer betrieblichen oder in einer dem Unternehmen angeschlossenen Einrichtung ist, und der Arbeitgeber nicht beweisen kann, dass er einen begründeten Anlass zur Kündigung hatte. Dieser Schutztatbestand unterscheidet sich also von den anderen dadurch, dass der Arbeitgeber tatsächlich einen legitimen Kündigungsgrund haben und diesen auch beweisen muss[54]. Die ungestörte Ausübung der Vertretungsrechte ist Voraussetzung für eine unabhängige und wirksame Vertretung der Belegschaft eines Betriebs.

Art. 336 Abs. 2 lit. c OR will die *Ausübung der Konsultationsrechte* sichern, die bei einer Massenentlassung aufgrund von Art. 335f OR bestehen. Das Gesetz gewährt Schutz gegen Kündigungen des Arbeitgebers, die im Rahmen einer Massenentlassung ausgesprochen werden, „ohne dass die Arbeitnehmervertretung oder, falls es keine solche gibt, die Arbeitnehmer konsultiert worden sind“[55]. Diese Gesetzgebung geht auf die Richtlinie 75/129/EWG zurück[56], an welche die Schweiz formell zwar nicht gebunden ist, die sie aber unter dem Titel des sogenannten „autonomen Nachvollzugs“ bei der Ausgestaltung ihres nationalen Rechts berücksichtigt hat[57].

[53] Zu den Teilinhalten der Koalitionsfreiheit gehört u.a. die Arbeitskampffreiheit, Art. 28 Abs. 2–4 BV. Der Schutz gegen eine Kündigung wegen der Teilnahme an einem rechtmäßigen Streik fällt daher ebenfalls unter Art. 336 Abs. 2 lit. a OR; aA BGE 125 III 284 f., wo ein Missbrauchstatbestand sui generis angenommen wurde.

[54] *Rehbinder* (o. Fn. 29), Art. 336 Rn. 9. Missbräuchlich war die Entlassung eines Arbeitnehmers, der als Mitglied einer Betriebskommission berechtigte Arbeitnehmerinteressen vertreten hatte, obwohl er ein wenig kooperatives und letztlich renitentes Verhalten an den Tag gelegt hatte; diesem Umstand wurde mit einer reduzierten Entschädigung Rechnung getragen, BGE 119 II 161 f. Hingegen bildete die Einsparung der Arbeitsstelle eines Arbeitnehmervertreters im Rahmen eines Restrukturierungsprogramms einen begründeten Anlass zur Kündigung, BGE 133 III 515 f.

[55] Eine Verletzung der Konsultationsrechte wurde beispielsweise in BGE 130 III 109 ff. angenommen, da die zur Verfügung stehende Frist nicht ausreichend war; das Verfahren der Konsultation der Arbeitnehmervertretung muss stattfinden, bevor endgültig über eine Massenentlassung entschieden ist, und muss auf jeden Fall beendet sein, bevor die Kündigungen ausgesprochen werden; vgl. auch BGE 123 III 179 ff.

[56] Richtlinie 75/129/EWG des Rates vom 17.2.1975 zur Angleichung der Rechtsvorschriften der Mitgliedstaaten über Massenentlassungen, ABl. L 48 vom 22.2.1975, S. 29 f.

[57] Zu erwähnen bleibt, dass Art. 336 Abs. 1 lit. e OR gegen Kündigungen schützt, die der Arbeitgeber ausspricht, weil der Arbeitnehmer schweizerischen obligatorischen

c) Sicherung des Rechtsbesitzes

Nach Art. 336 Abs. 1 lit. a OR ist eine Kündigung missbräuchlich, die der Arbeitgeber ausspricht wegen einer Eigenschaft, die dem Arbeitnehmer kraft seiner Persönlichkeit zusteht. Eine solche Kündigung wird als Diskriminierungskündigung bezeichnet. Es liegt auf der Hand, dass das Gesetz mit dieser Bestimmung die *Persönlichkeitsrechte* des Arbeitnehmers schützen will. Ein Teil dieses Schutzbereichs könnte – wie bei den bisher behandelten Fällen – mit der Sicherung der Rechtsausübung erklärt werden, so etwa wenn der Arbeitnehmer vor einer Kündigung wegen der Ausübung seiner Religion zu schützen ist. Bei einem anderen Teil des Schutzbereichs versagt dieser Ansatz jedoch, beispielsweise wenn es um die Ethnie oder das Lebensalter geht, wo sich die Frage einer Ausübung gar nicht stellt, sondern es nur auf eine Zugehörigkeit ankommt. Dementsprechend stellt der Gesetzestext zu Recht nicht auf eine Aktivität, sondern auf eine „Eigenschaft" der Person ab. Der Kündigungsschutz setzt hier mit anderen Worten keine Ausübung von Rechten voraus, sondern knüpft an deren bloßen Besitz, an ihr *Innehaben* an, weshalb sich für diesen Schutztatbestand die Bildung einer eigenen Gruppe aufdrängt.

Das Gesetz kennt zwei Rechtfertigungsgründe, die den Kündigungsschutz dahinfallen lassen, wenn sie vom Arbeitgeber nachgewiesen werden. Der eine Rechtfertigungsgrund ist gegeben, falls die fragliche Eigenschaft „in einem Zusammenhang mit dem Arbeitsverhältnis" steht[58]. Der andere Rechtfertigungsgrund liegt vor, wenn die Eigenschaft „wesentlich die Zusammenarbeit im Betrieb" beeinträchtigt. Nach der Rechtsprechung kann indessen die Störung des Betriebsklimas eine Kündigung wegen persönlicher Eigenschaften nur rechtfertigen, wenn der Arbeitgeber vorher alle zumutbaren Maßnahmen ergriffen hat, um die Lage zu entspannen[59]. Diese Verpflichtung wird aus der Fürsorgepflicht hergeleitet, was in gewissen Fällen gerechtfertigt sein mag. Dass das Bundesgericht an diesem Erfordernis jedoch auch dann festhält, „wenn wegen des schwierigen Charakters eines Arbeitnehmers

Militär- oder Schutzdienst oder schweizerischen Zivildienst leistet oder eine nicht freiwillig übernommene gesetzliche Pflicht erfüllt. In diesem Zusammenhang könnte man von der Sicherung der Ausübung einer Pflicht sprechen, ebenso jedoch auch eines Rechts, da jede rechtskonforme Pflicht zugleich ein entsprechendes Recht auf das zugrundeliegende Verhalten begründet. Die Frage braucht nicht weiter vertieft zu werden, da dieser Schutzgrund keine praktische Bedeutung erlangt hat.

[58] Ein solcher Zusammenhang wurde beispielsweise bei der Entlassung einer Arbeitnehmerin bejaht, die ein Verhältnis mit einem Mitarbeiter eines Konkurrenzunternehmens unterhielt, woraus sich ein Risiko für die Vertraulichkeit sensibler Forschungsdaten ergab. Die rein vorsorglich ausgesprochene Kündigung erwies sich daher als nicht missbräuchlich, BGer, ARV (Zeitschrift für Arbeitsrecht und Arbeitslosenversicherung) 2002, 148 f. (Erw. 1).

[59] BGE 132 III 117; 125 III 74.

eine konfliktgeladene Situation am Arbeitsplatz entstanden ist, die sich schädlich auf die gemeinsame Arbeit auswirkt"[60], geht zu weit. Gleiches gilt, wenn das gestörte Arbeitsklima wesentlich auf das Verhalten eines Arbeitnehmers gegenüber den Arbeitskollegen zurückzuführen ist[61]. Diese Überdehnung der Fürsorgepflicht führt dazu, dass der Kündigung auch in solchen Fällen mildere Maßnahmen wie z.B. Versetzungen voranzugehen haben, obschon sie im Gesetz nicht vorgesehen sind. Das darin zum Ausdruck kommende, der ordentlichen Kündigung grundsätzlich fremde Ultima-Ratio-Prinzip bewirkt hier einen ungerechtfertigten Eingriff in die Rechte der Arbeitsuchenden[62].

d) Sicherung des Rechtserwerbs

Die Kündigung ist nach Art. 336 Abs. 1 lit. c OR unzulässig, wenn der Arbeitgeber sie ausspricht, ausschließlich um die Entstehung von Ansprüchen des Arbeitnehmers aus dem Arbeitsverhältnis zu vereiteln. Eine solche Kündigung wird als Vereitelungskündigung bezeichnet. Weil das zu vereitelnde Recht im Zeitpunkt der Kündigung noch gar nicht besteht, sondern vielmehr seine Entstehung verhindert werden soll, geht es hier nicht um die Sicherung seiner Ausübung, sondern um die Sicherung seines Erwerbs. Ein anschauliches Beispiel bildet das *Recht auf eine Abgangsentschädigung*. Endigt das Arbeitsverhältnis eines mindestens 50 Jahre alten Arbeitnehmers nach 20 oder mehr Dienstjahren, so hat ihm der Arbeitgeber eine Abgangsentschädigung auszurichten[63], die mindestens zwei und mangels abweichender vertraglicher Regelung höchstens acht Monatslöhnen entspricht[64]. Von einer Vereitelung des Anspruchs auf Abgangsentschädigung ist auszugehen, wenn der Arbeitgeber das Arbeitsverhältnis relativ kurz vor dem Erreichen der 20 Dienstjahre ohne sachlichen Grund kündigt. Der Arbeitnehmer kann in einem solchen Fall nicht nur die Entschädigung nach Art. 336a OR wegen missbräuchlicher Kündigung, sondern zusätzlich auch die Abgangsentschädigung verlangen[65].

[60] BGE 132 III 117.
[61] So aber BGer, Urteil vom 23.9.2003, 4C.189/2003 (Erw. 5.2), zu finden unter www.bger.ch/index/juridiction/jurisdiction-inherit-template/jurisdiction-recht/jurisdiction-recht-urteile2000.htm.
[62] Vgl. o. Ziff. I.
[63] Art. 339b Abs. 1 OR.
[64] Art. 339c Abs. 1 und 2 OR.
[65] Dieser Anspruch lässt sich auf Art. 156 OR stützen, wonach eine Bedingung als erfüllt gilt, wenn ihr Eintritt von einer Partei gegen Treu und Glauben verhindert worden ist; Gewerbliches Schiedsgericht Basel-Stadt, BJM (Basler Juristische Mitteilungen) 1985, 288 f.; Botschaft, BBl. 1984 II 601.

2. *Kündigungsschutzgründe aufgrund der Rechtsprechung*

a) Gemeinsame Basis der gerichtlich anerkannten Kündigungsschutzgründe

Der Text von Art. 336 OR äußert sich nicht ausdrücklich zur Frage, ob die Aufzählung der Kündigungsschutztatbestände abschließend oder exemplifikativ ist. Das Bundesgericht hat entschieden, dass die Aufzählung als nicht abschließend zu verstehen ist[66], und hat demgemäß weitere Schutztatbestände anerkannt[67]. Diese lassen sich im Wesentlichen *anerkannten Fallgruppen des Rechtsmissbrauchs* zuordnen. Nicht recht darin einfügen lässt sich der Schutz im Zusammenhang mit Änderungskündigungen, der gegen eine „unbillige Verschlechterung" der Arbeitsbedingungen gewährt wird. An dieser Stelle ist daran zu erinnern, dass der schweizerische Gesetzgeber die Hürde für eine erfolgreiche Berufung auf Rechtsmissbrauch hoch gelegt hat, indem nur der *offenbare* Missbrauch eines Rechts keinen Rechtsschutz findet[68].

b) Krasses Missverhältnis der Interessen

Nach einem Urteil des Bundesgerichts handelt missbräuchlich, wer einem Arbeitnehmer nach 44 klaglosen Dienstjahren kündigt, dies wenige Monate vor der Pensionierung, ohne betriebliche Notwendigkeit und ohne nach einer sozialverträglicheren Lösung gesucht zu haben[69]. Das Gericht führte aus, die Missbräuchlichkeit der Kündigung aufgrund des krassen Missverhältnisses der auf dem Spiele stehenden Interessen sei offenkundig. Dem eminenten Interesse an der Aufrechterhaltung des Arbeitsvertrags des Arbeitnehmers, dem es angesichts seines Alters kaum gelingen dürfte, eine andere Anstellung zu finden, und der mit Einbussen bei den Einkommensersatzleistungen zu rechnen haben werde, stehe kein schützenswertes Interesse der Arbeitgeberin gegenüber[70]. Den Ausschlag in diesem Fall hat also eine Interessenabwägung gegeben, die der ordentlichen Kündigung an sich fremd ist[71]. In der vorliegenden Konstellation ist sie indessen nicht zu beanstanden, da sie nicht mittels einer (unzutreffenden) Analogie zur außerordentlichen Kündigung gerechtfertigt werden muss, sondern sich auf eine traditionelle, über das Arbeitsrecht hinausgehende Fallgruppe des Rechtsmissbrauchs

[66] BGE 125 III 72; 123 III 251; 121 III 61.

[67] BGE 132 III 117. Der Vorwurf der Missbräuchlichkeit setzt indessen voraus, dass die geltend gemachten Gründe eine Schwere aufweisen, die mit jener der in Art. 336 OR ausdrücklich aufgeführten vergleichbar ist, BGE 131 III 538.

[68] Art. 2 Abs. 2 ZGB.

[69] BGE 132 III 115.

[70] BGE 132 III 122.

[71] Vgl. o. Ziff. I.

stützen kann[72]. Die Feststellung eines krassen Missverhältnisses der Interessen kommt ohne eine Interessenabwägung nicht aus[73].

c) Verletzung des Gebots schonender Rechtsausübung

Im gleichen Fall hat das Bundesgericht außerdem angenommen, auch das Gebot der schonenden Rechtsausübung sei verletzt, indem der Arbeitnehmer ohne jegliches Vorgespräch und ohne auch nur den Versuch einer sozial verträglicheren Lösung entlassen worden sei[74]. Im Gegensatz zur Berufung auf ein krasses Missverhältnis der Interessen erscheint diese Begründung nicht tragfähig. Der Grundsatz der schonenden Rechtsausübung betrifft das Verhältnis verschiedener Ausübungsarten eines Rechts. Den Grundsatz verletzt, wer von mehreren gleichwertigen Möglichkeiten, die ihm zur Ausübung *eines* Rechts offenstehen, ohne sachlichen Grund gerade diejenige wählt, welche für die andere Partei besondere Nachteile mit sich bringt[75]. Der Grundsatz besagt jedoch nicht, dass der Berechtigte auf die Ausübung des Rechts (sei es vorübergehend oder endgültig) verzichten und stattdessen mildere Maßnahmen treffen muss[76]. Gerade im Obligationenrecht besteht in Bezug auf den Inhalt der subjektiven Rechte kein Raum für den Gedanken der schonenden Rechtsausübung[77]. Das OR enthält keine Vorschrift, wonach vor einer ordentlichen Kündigung mildere Maßnahmen zu ergreifen sind, ja

[72] *P. Tuor* et al., Das Schweizerische Zivilgesetzbuch, 13. Aufl., Zürich/Basel/Genf 2009, § 6 Rn. 27; *H. Merz,* Berner Kommentar, Einleitungsband, Bern 1962, Art. 2 Rn. 371 ff.; *H. Honsell,* Basler Kommentar, Zivilgesetzbuch I, 3. Aufl., Basel 2006, Art. 2 Rn. 41; *J. Schmid,* Einleitungsartikel des ZGB und Personenrecht, Zürich 2001, Rn. 298; *M. Baumann,* Zürcher Kommentar, Bd. I/1, Zürich 1998, Art. 2 Rn. 302 ff. Im Gegensatz zu klar festgelegten Geld- oder Sachleistungen, die selbst bei Vorliegen eines krassen Missverhältnisses der Interessen nicht abgeändert werden dürfen, fallen sowohl andere Leistungen wie auch Belastungen durch Gestaltungsrechte in den Anwendungsbereich dieses Grundsatzes.

[73] In einem anderen Entscheid hat das Bundesgericht zu Recht festgehalten, dass keine isolierte Betrachtung nur des Alters des Arbeitnehmers stattfinden darf, sondern auf die Umstände des Einzelfalls abzustellen ist, BGer, ARV 2008, 123 (Erw. 2.5). Nach BGer, ARV 2008, 121 (Erw. 4), ist die Entlassung eines 57-jährigen Arbeitnehmers nach 33 Jahren Anstellung und 8 Jahre vor der Pensionierung nicht missbräuchlich, wenn der Arbeitnehmer nicht nachweisen kann, dass er auf einer anderen Stelle im Betrieb des Arbeitgebers hätte weiterbeschäftigt werden können.

[74] BGE 132 III 121.

[75] *H. Hausheer/M Jaun,* Die Einleitungsartikel des ZGB, Bern 2003, Art. 2 Rn. 101; *Baumann* (o. Fn. 72), Art. 2 Rn. 295, 297; *Merz* (o. Fn. 72), Art. 2 Rn. 395.

[76] Typisch dafür ist die gesetzliche Konkretisierung in Art. 737 ZGB, wonach der Dienstbarkeitsberechtigte zwar verpflichtet ist, sein Recht in möglichst schonender Weise auszuüben, im Übrigen aber befugt ist, „alles zu tun, was zur Erhaltung und Ausübung der Dienstbarkeit nötig ist". Im Gegensatz zum Prinzip der schonenden Rechtsausübung kann hingegen ein krasses Missverhältnis der Interessen dazu führen, dass ein Recht unter Umständen überhaupt nicht ausgeübt werden kann; so zutreffend *Baumann* (o. Fn. 72), Art. 2 Rn. 302.

[77] *Merz* (o. Fn. 72), Art. 2 Rn. 398; *Baumann* (o. Fn. 72), Art. 2 Rn. 299.

nicht einmal eine Pflicht des Arbeitgebers, den Arbeitnehmer vor der Entlassung anzuhören[78]. Das Prinzip der schonenden Rechtsausübung ist nach dem Gesagten kein taugliches Mittel, um diese Rechtslage zu korrigieren und das Ultima-Ratio-Prinzip auch bei der ordentlichen Kündigung zu etablieren.

Eine Verletzung des Gebots der schonenden Rechtsausübung nimmt die Praxis ferner an, wenn der Arbeitgeber ein „falsches und verstecktes Spiel" treibe, das Treu und Glauben krass widerspreche[79]. Anlass für diese Formulierung gab eine Auseinandersetzung über einen Franchisevertrag, auf den arbeitsrechtliche Schutzvorschriften analog zur Anwendung gebracht wurden. Im Wesentlichen ging es darum, dass der Franchisegeber die Franchisenehmerin über eine von dieser abgelehnten Erhöhung der Nutzungsgebühr und die beabsichtigte Kündigung im Dunkeln ließ, in Wirklichkeit aber bereits einen neuen Vertrag mit einer anderen Franchisenehmerin abgeschlossen hatte[80]. Nach dem Bundesgericht kann sich der Missbrauch einer Kündigung nicht nur aus den Kündigungsmotiven, sondern auch aus der Art und Weise ergeben, wie die kündigende Partei ihr Recht ausübt. Ein krass vertragswidriges Verhalten, namentlich eine schwere Persönlichkeitsverletzung im Umfeld einer Kündigung, könne diese als missbräuchlich erscheinen lassen, auch wenn das Verhalten für die Kündigung nicht kausal gewesen sei[81]. Auch diese Ausführungen vermögen nicht zu überzeugen. Das Kündigungsrecht ist ein Gestaltungsrecht, dessen Ausübung sich in der einseitigen Erklärung des Willens erschöpft, ein Vertragsverhältnis zu beenden. Eine Persönlichkeitsverletzung, die sich bloß im Umfeld dieser Willenserklärung ereignet, vermag somit keine missbräuchliche Ausübung des Kündigungsrechts zu begründen. Ein solcher Eingriff ist vielmehr mit den allgemein gegen Persönlichkeitsverletzungen zur Verfügung stehenden Rechtsbehelfen zu bekämpfen[82], insbesondere also durch die Geltendmachung von Schadenersatz- und Genugtuungsansprüchen[83]. Das zu weit angewendete Gebot der schonenden Rechtsausübung ist geeignet, das Recht der Arbeitsuchenden auf freie Wahl des Arbeitsplatzes zu beeinträchtigen.

d) Zweckwidrige Verwendung eines Rechtsinstituts

Als missbräuchlich beurteilt hat das Bundesgericht die Entlassung einer Kaderperson, um das Ansehen des Arbeitgebers (einer Bank) zu wahren, das durch widerrechtliche Handlungen eines Mitarbeiters beeinträchtigt wurde,

[78] BGer, ARV 2004, 244 (Erw. 2.4).
[79] BGE 118 II 167; 131 III 538; 132 III 117.
[80] BGE 118 II 166 f.
[81] BGE 125 III 73; ähnlich 132 III 117 und 118 II 166.
[82] Vgl. die Aufzählung in Art. 28a ZGB.
[83] Im vertraglichen Bereich gestützt auf Art. 97 und Art. 99 Abs. 3 in Verbindung mit Art. 49 OR.

welcher in der von der entlassenen Kaderperson geleiteten Abteilung tätig war. Der Kaderperson, die selbst kein Vorwurf traf und die während 26 Jahren nur beste Qualifikationen erhalten hatte, wurde damit die Rolle eines „Sündenbocks" zugeschoben[84]. Der Entscheid verdient Zustimmung. Dem Arbeitgeber ging es in der Substanz gar nicht darum, fortan keine Arbeitsleistungen der Kaderperson mehr entgegenzunehmen, sondern um die Erzielung einer reinen Außenwirkung, bewerkstelligt auf eine persönlichkeitsverletzende Weise; die Kündigung wurde „aus bloßer persönlicher Annehmlichkeit" ausgesprochen[85]. Dieses Verhalten lässt sich als zweckwidrige Verwendung eines Rechtsinstituts qualifizieren[86], die eine klassische Fallgruppe des Rechtsmissbrauchs darstellt[87].

Versorgt hingegen ein Arbeitnehmer seinen Vater mit falschen Informationen und hetzt er ihn gegen den Geschäftsführer der Arbeitgeberin auf, so dass sich der Vater in der Folge grob ungebührlich aufführt, ohne dass sich der Arbeitnehmer von diesem Verhalten distanziert, ist seine anschließende Entlassung nicht zweckwidrig[88]. Denn die Kündigung ist in diesem Fall nicht als Sanktion für das Fehlverhalten des Familienmitglieds, sondern für dasjenige des Arbeitnehmers selbst aufzufassen.

e) Ausnutzung eigenen rechtswidrigen Verhaltens

Das Bundesgericht weist in einem Urteil darauf hin, dass eine Kündigung missbräuchlich sein kann, wenn sie wegen einer Leistungseinbusse des Arbeitnehmers ausgesprochen wird, die sich ihrerseits als Folge von Mobbing erweist[89]. Diese Einschätzung verdient Zustimmung, da die Ausnutzung eines eigenen rechts- oder vertragswidrigen Verhaltens einen typischen Anwendungsfall des Rechtsmissbrauchs darstellt[90]. Der Arbeitgeber, der Mobbing nicht verhindert, verletzt seine Fürsorgepflicht nach Art. 328 OR und kann daher die Kündigung nicht mit den Folgen seiner eigenen Vertragsverletzung rechtfertigen[91].

Eine Verletzung der Fürsorgepflicht nimmt das Bundesgericht auch an, wenn der Arbeitgeber nicht alle zumutbaren Maßnahmen gegen eine kon-

[84] BGE 131 III 535.

[85] „Pour simple motif de convenance personnelle" im französischsprachigen Original, BGE 131 III 540.

[86] Zutreffende Einordnung in BGE 132 III 118.

[87] *Honsell* (o. Fn. 72), Art. 2 Rn. 51; *Hausheer/Jaun* (o. Fn. 75), Art. 2 Rn. 125 ff.; z.T. ist auch einfach von „zweckwidriger Rechtsausübung" die Rede, *Merz* (o. Fn. 72), Art. 2 Rn. 285 ff.; *Baumann* (o. Fn. 72), Art. 2 Rn. 323 ff.

[88] BGer, ARV 2009, 42 (Erw. 4.4).

[89] BGE 125 III 72 f.

[90] *Schmid* (o. Fn. 72), Rn. 305; *Baumann* (o. Fn. 72), Art. 2 Rn. 249; *Merz* (o. Fn. 72), Art. 2 Rn. 540 ff.; *Hausheer/Jaun* (o. Fn. 75), Art. 2 Rn. 123.

[91] BGE 125 III 73.

fliktgeladene, sich schädlich auf die gemeinsame Arbeit auswirkende Situation am Arbeitsplatz ergriffen hat, die wegen des schwierigen Charakters eines Arbeitnehmers oder dessen Verhalten gegenüber den Arbeitskollegen entstanden ist[92]. Entlassungen solcher Arbeitnehmer behandelt es einerseits unter dem Blickwinkel der Diskriminierungskündigung[93], andererseits unter dem Aspekt der Ausnutzung eigenen rechtswidrigen Verhaltens[94]. Die Annahme eines solchen beruht hier jedoch auf einer Überdehnung der Fürsorgepflicht, weshalb der Schluss auf die Missbräuchlichkeit der Kündigung unzutreffend ist[95].

f) Widersprüchliches Verhalten

Traditionell als rechtsmissbräuchlich gilt das sogenannte „venire contra factum proprium", also ein widersprüchliches Verhalten, sofern es einem schutzwürdigen Interesse der anderen Partei zuwiderläuft, insbesondere wenn eine begründete Erwartung von ihr enttäuscht wird[96]. Diese Voraussetzung betrachtete das Bundesgericht zu Recht als erfüllt in einem Fall, in dem die Arbeitgeberin von einem teilzeitlich angestellten Arbeitnehmer während des laufenden Arbeitsverhältnisses verlangte, umgehend ein volles Pensum zu übernehmen. Die Arbeitgeberin wusste bei Vertragsabschluss, dass der Arbeitnehmer noch eine andere Teilzeitstelle inne hatte, womit ihr klar sein musste, dass ihm eine sofortige Aufgabe dieser anderen Tätigkeit kaum möglich oder zumutbar sein würde. Indem die Arbeitgeberin in den Vertragsverhandlungen lediglich eine Pensumsaufstockung in unbestimmter Zukunft thematisierte, gab sie dem Arbeitnehmer nach Treu und Glauben zu verstehen, dass seine anderweitige Tätigkeit keinen Hinderungsgrund für eine Anstellung bildete. Nach dem Urteil stellt die Kündigung daher ein Verhalten dar, „das im Widerspruch zu erwecktem Vertrauen steht und keinen Rechtsschutz verdient"[97].

g) Unbillige Verschlechterung der Arbeitsbedingungen

Das Bundesgericht hat entschieden, dass eine Änderungskündigung missbräuchlich sei, wenn sie auf eine unbillige Verschlechterung der Lohn- und Arbeitsbedingungen hinauslaufe. Die Verknüpfung des Antrags auf Ver-

[92] BGer, JAR 2004, 314 (Erw. 5.2).

[93] Vgl. o. Ziff. III.1.c.

[94] „L'abus réside dans le fait que l'employeur exploite la propre violation de ses devoirs contractuels", BGer, JAR 2004, 314 (Erw. 5.1); „le licenciement intervenu doit être considéré comme abusif parce que l'employeur a enfreint l'obligation découlant de l'art. 328 al. 1 CO", BGer, ARV 2002, 17 (E. 3b), mit kritischen Anmerkungen von *A. Blesi*.

[95] Vgl. o. Ziff. III.1.c.

[96] *Hausheer/Jaun* (o. Fn. 75), Art. 2 Rn. 130 ff.; *P. Tuor* et al. (o. Fn. 72), § 6 Rn. 28.

[97] BGE 134 III 111 f. Dass die Kündigung noch innerhalb der Probezeit ausgesprochen wurde, spielte keine Rolle.

tragsänderung mit der (möglichen) Kündigung sei unzulässig, wenn die Kündigung als Druckmittel diene, um eine für die Gegenseite belastende, sachlich nicht gerechtfertigte Vertragsänderung herbeizuführen. Der Missbrauch der Kündigung liege darin, dass für die Änderung der Lohn- und Arbeitsbedingungen *keine betrieblichen oder marktbedingten Gründe* beständen[98]. Diese Rechtsprechung, die in der Lehre zum Rechtsmissbrauch keine Stütze findet, ist abzulehnen. Sie führt dazu, dass die Gerichte zu prüfen haben, ob insbesondere Lohnsenkungen *aus wirtschaftlichen Gründen* gerechtfertigt sind. Damit wird den Gerichten eine Aufgabe zugewiesen, die nicht ihrer Rolle entspricht[99]. Trefflich passt hierzu die von *Reuter* für das deutsche Recht beschriebene Feststellung, es gebe „in neuerer Zeit Anzeichen für eine Renaissance unter dem Etikett einer Verschärfung der theoretisch immer schon geltenden Kontrolle der unternehmerischen Entscheidungsfreiheit des Arbeitgebers auf Missbrauch"[100].

IV. Fazit

Infolge des verfassungsmäßigen Rechts auf freie Wahl des Arbeitsplatzes sind auch in der Schweiz die berechtigten Interessen der Arbeitsuchenden bei der Ausgestaltung und Auslegung des gesetzlichen Kündigungsschutzes zu berücksichtigen. Die Gefahr einer Verletzung dieser Interessen ist indessen erheblich geringer als in anderen Ländern, da das schweizerische Arbeitsrecht vom Prinzip der Kündigungsfreiheit ausgeht, der sachliche Kündigungsschutz nur als Schutz gegen Missbräuche konzipiert ist und ein Bestandsschutz nicht gewährt wird. Weil die gesetzlichen Schutzgründe nicht am Interesse anknüpfen, den Arbeitsplatz als Existenzgrundlage zu behalten, sondern der Sicherung der Ausübung, des Besitzes und des Erwerbs von Rechten der Arbeitnehmer dienen, verletzen sie nicht das Recht der Arbeitsuchenden auf freie Wahl des Arbeitsplatzes. Gleiches gilt grundsätzlich von den durch die Rechtsprechung anerkannten Schutzgründen, die sich im Wesentlichen klassischen Fallgruppen des Rechtsmissbrauchs zuordnen lassen. Vereinzelt verlassen die Gerichte jedoch diesen Rahmen, insbesondere wenn das Ultima-Ratio-Prinzip bei der ordentlichen Kündigung ins Spiel gebracht, das Gebot der schonenden Rechtsausübung überdehnt und die Änderungskündigung auf das Bestehen von betrieblichen oder marktbedingten Gründen kontrolliert wird.

[98] BGE 123 III 250 f.; ähnlich auch 125 III 72 und 118 II 165 f.
[99] Zutreffend Tribunal cantonal de l'Etat de Fribourg, JAR 1998, 194 (Erw. 3b).
[100] *Reuter* (o. Fn. 1), S. 362.

Entmachtung des Tarifkartells durch neues Kartellrecht?

Hermann Reichold

Dieter Reuter, dem diese Festschrift gewidmet ist, hat sich früher als andere die wissenschaftliche Freiheit genommen, das Arbeitsrecht und das den Arbeitsmarkt dominierende „Tarifkartell" aufgrund seiner breiten ökonomischen Bildung fundierter Kritik zu unterziehen. So wie er neben seinen Grundlagenwerken zum Bereicherungs- und Verbandsrecht z.B. den starken deutschen Kündigungsschutz[1] und die Rechtsprechung zur Tarifeinheit[2] mit arbeitsmarktökonomisch und wirtschaftsrechtlich gespeisten Reflexionen kritisiert und neu durchdacht hat, schloss er als kritischer Querdenker auch nicht die Augen vor den schädlichen Wirkungen des so genannten Tarifkartells und bemühte sich um legislative Vorschläge zu dessen Auflockerung[3]. *Dieter Reuters* weit gespannte Reflexionen nahmen Anfang der 90er Jahre nicht direkt Bezug auf das geschriebene Kartellrecht im GWB, weil dessen (ungeschriebene) Nichtanwendbarkeit auf den Arbeitsmarkt damals ganz herrschender Meinung entsprach. War die kartellrechtliche Sicht auf arbeitsrechtliche Institutionen wie den Tarifvertrag für den „gewöhnlichen" Arbeitsrechtler damals fast so etwas wie die Eroberung einer *terra incognita*, kann man sich heute nach der 7. GWB-Novelle 2005 und der Angleichung des deutschen an das europäische Wettbewerbsrecht durchaus berechtigt auch direkt auf den Wortlaut sowie Sinn und Zweck des GWB beziehen, um missbräuchlichen Beschränkungen des Wettbewerbs am Arbeitsmarkt durch Tarifverträge Einhalt zu bieten. Deswegen soll im Folgenden versucht werden, die damalige ökonomische (und nicht juristisch-technisch gemeinte) Behauptung *Dieter Reuters*, der Tarifvertrag sei „ganz selbstverständlich ein Kartell, nämlich ein Mindestpreiskartell"[4], anhand des nunmehr aktuell geltenden europäischen Wettbewerbsrechts zu verifizieren.

[1] Vgl. nur seine Beiträge in FS 25 Jahre BAG, 1979, S. 405; RdA 2004, 161; FS Richardi, 2007, S. 361.

[2] Vgl. nur seinen Beitrag in JuS 1992, 105.

[3] Vgl. seinen Beitrag „Möglichkeiten und Grenzen einer Auflockerung des Tarifkartells", ZfA 1995, 1 (36 ff.).

[4] *Reuter* ZfA 1995, 1 (2).

I. Keine kartellrechtliche Bereichsausnahme für den Arbeitsmarkt mehr

Die 7. GWB-Novelle 2005[5] musste bekanntlich die EG-Kartell-VO 1/2003 vom 16.12.2002 insoweit nachvollziehen, als dort der Vorrang des europäischen Rechts hinsichtlich der Zulässigkeit wettbewerbsbeschränkender Vereinbarungen im Sinne des Art. 101 Abs. 1 AEUV (ex-Art. 81 Abs. 1 EG) erheblich verstärkt wurde. Im Bereich „oberhalb" der Zwischenstaatlichkeit *durfte* das deutsche Recht jetzt nicht mehr zu anderen Ergebnissen als Art. 101 Abs. 1 AEUV (ex-Art. 81 Abs. 1 EG) führen, und im Bereich darunter hielt es der deutsche Gesetzgeber wegen der Unschärfe der sog. Zwischenstaatlichkeitsklausel *erst recht* nicht mehr für sinnvoll, eine andere Lösung vorzuschreiben. Die Gesetzesbegründung betonte, dass eine „unterschiedliche Behandlung kleiner und mittlerer Unternehmen gegenüber Großunternehmen – oft zu Lasten der kleinen und mittleren Unternehmen – zu vermeiden" sei, so dass nunmehr „lokale und regionale Sachverhalte nicht anders zu behandeln (sein sollten) als solche mit grenzüberschreitenden Auswirkungen".[6] Kurz: Im Bereich des klassischen Kartellverbots sollte auch nach Ansicht des deutschen Gesetzgebers im Hinblick auf die Anforderungen an einen integrierten Binnenmarkt „ein nahezu identisches Recht" entstehen.[7] Auch die Wirtschaft, so wurde ausgeführt, unterstütze diesen Systemwechsel, selbst da, wo das deutsche Recht dadurch wie z.B. bei den vertikalen Vereinbarungen ausnahmsweise weiter verschärft würde.[8] Die Norm des § 1 GWB weist daher seit 2005 den gleichen Regelungsgehalt auf wie Art. 101 Abs. 1 AEUV (ex-Art. 81 Abs. 1 EG), so dass sie nicht nur parallel zu dieser Primärnorm für zwischenstaatliche Sachverhalte gilt, sondern auch für rein nationale oder regionale Sachverhalte.[9]

Der Gleichklang von europäischem und deutschem Recht im Bereich der Kartellvereinbarungen nach § 1 GWB führt nun auch dazu, dass das Arbeitsrecht entgegen früheren Aussagen zum alten GWB[10] nicht etwa von vorneherein als sozusagen „immanente" Bereichsausnahme im Sinne des früheren Fünften Teils des GWB aus dem Kartellrecht ausgegrenzt werden kann.

[5] Vom 7.7.2005, BGBl. I S. 1954; vgl. auch GWB-Neufassung v. 20.7.2005, BGBl. I S. 2114.

[6] BT-Drucksache 15/3640, S. 23 (l. Sp.).

[7] BT-Drucksache 15/3640, S. 23 (l. Sp.).

[8] Kritisch aber z.B. *Möschel* in: *Heß* (Hrsg.), Wandel der Rechtsordnung, Tübingen 2003, S. 85 (93): Wettbewerb der verschiedenen Rechtssysteme, d.h. der Kampf um eine bessere Lösung, ist dann nicht mehr möglich.

[9] BT-Drucksache 15/3640, S. 23 (r. Sp.); ferner *Bechtold*, GWB, 5. Aufl. 2008, Einf. Rz. 76; § 1 Rz. 4.

[10] So z.B. *Immenga*, Grenzen des kartellrechtlichen Ausnahmebereichs Arbeitsmarkt, 1989; *Windbichler* ZfA 1991, 35 (39).

Zwar ergibt sich eine Begrenzung, zu der sogleich Stellung zu nehmen sein wird, aus dem Unternehmensbegriff, der bekanntlich Arbeitnehmer und ihre Vereinigungen grundsätzlich nicht erfasst. Doch bedeutet das nicht, dass deshalb im EU-Recht bzw. im aktuellen GWB-Recht eine umfassende Ausnahme für das Arbeits- und Sozialrecht statuiert werden könnte.[11] Der EuGH hat ausdrücklich anerkannt, dass die EU-Wettbewerbsregeln auch im Bereich der Arbeitsvermittlung[12] oder der Rentenversorgung[13] unter dem Aspekt des öffentlichen Unternehmens im Sinne von Art. 106 Abs. 2 AEUV (ex-Art. 86 Abs. 2 EG) Anwendung finden können. Er hat die Unternehmenseigenschaft der Bundesagentur für Arbeit oder einer französischen Rentenversicherungsanstalt bejaht, bei einer gesetzlichen Krankenkasse[14] oder den deutschen Berufsgenossenschaften bzw. dem italienischen Unfallversicherungsträger INAIL hingegen verneint[15]. Wesentlicher noch für unser Thema ist die bekannte „*Albany*"-Entscheidung des EuGH, in der es um die Pflichtmitgliedschaft von Arbeitgebern in einem Betriebsrentenfonds ging, der auf einem für allgemeinverbindlich erklärten Tarifvertrag niederländischer Sozialpartner beruhte.[16] Der EuGH akzeptierte zwar im Ergebnis, dass „*Verträge, die im Rahmen von Tarifverhandlungen zwischen den Sozialpartnern geschlossen worden sind, um sozialpolitische Ziele wie die Verbesserung der Beschäftigungs- und Arbeitsbedingungen zu erreichen, aufgrund ihrer Art und ihres Gegenstands nicht unter Art. 85 Absatz 1 EG-Vertrag* [jetzt Art. 105 AEUV]" zu fassen seien (Leitsatz 2). Doch wurde nicht bezweifelt, dass es sich beim Rentenfonds um ein „Unternehmen" im Sinne der Wettbewerbsregeln des EG-Vertrags handelte, weil dieser „*nach dem Kapitalisierungsprinzip funktioniert und eine wirtschaftliche Tätigkeit im Wettbewerb mit den Versicherungsgesellschaften ausübt*" (Leitsatz 3). Weder das Fehlen eines Gewinnerzielungszwecks noch die Verfolgung einer sozialen Zielsetzung genügten, um einem solchen Fonds die Eigenschaft eines Unternehmens im Sinne der Wettbewerbsregeln des Vertrages zu nehmen. Auch auf diese wesentliche Entscheidung wird zurück zu kommen sein.

[11] H.M., vgl. nur *Bechtold* FS Bauer, 2010, S. 109 (115); *Immenga/Mestmäcker-Zimmer* GWB, 4. Aufl. 2007, § 1 Rz. 192; *Immenga/Mestmäcker-Emmerich* ebd. Art. 81 Abs. 2 EGV Rz. 25 f.; MüKoEuWettbR-*Säcker* Bd. I (2007), Einl. Rz. 231 ff.

[12] EuGH 23.4.1991 – Rs. C-41/90 (Höfner und Elser), Slg. 1991, I-2010 (Tz. 21); EuGH 11.12.1997 – Rs. C-55/96 (Job Centre), Slg. 1997, I-7140.

[13] EuGH 17.2.1993 – Rs. C 159 u. 160/91 (Poucet und Pistre), Slg. 1993, I-664; EuGH 16.11.1995 – Rs. C-244/94 (Fédération francaise des sociétés d'assurance), Slg. 1995, I-4022.

[14] EuGH 16.3.2004 – Rs. C-264/01 u.a. (AOK Bundesverband), Slg. 2004, I-2524 (Tz. 56).

[15] EuGH 5.3.2009 – Rs. C-350/07 (Kattner), NJW 2009, 1325; EuGH 22.1.2002 – Rs. C-218/00 (Cisal), Slg. 2002, I-717.

[16] EuGH 21.9.1999 – Rs. C-67/96 (Albany), Slg. 1999, I-5863, bestätigt in EuGH 21.9.2000 – Rs. C-222/98 (van der Woude), Slg. 2000, I-7129.

II. Abschluss von Tarifverträgen als im Grundsatz „marktkonforme Vermachtung“

Die harsche Kritik am Tarifkartell, wie sie von wesentlichen Ökonomen vorgetragen wurde, für Juristen vernehmlich seit *Wernhard Möschels* ZRP-Beitrag zum Thema „Arbeitsmarkt und Arbeitsrecht“ vor gut 20 Jahren,[17] und wie sie danach unzählige Male über Gremien wie Monopolkommission und Sachverständigenrat variiert wurde,[18] verstellte den Blick darauf, dass diese ökonomisch begründeten Zweifel am zu hoch ausfallenden Tariflohn wohl auf der klassischen Marktpreislehre beruhten, sich aber nicht ansatzweise auch auf eine schlichte Subsumtion unter § 1 GWB stützen konnten. Es darf darauf aufmerksam gemacht werden, dass ökonomische Lehrmeinungen mit zweifelhaften Prämissen zum Funktionieren des Arbeitsmarkts die rechtspolitische Diskussion der letzten Jahre in einer Weise zu steuern suchten, die von Beginn an keinen rechten Rückhalt im ordnungspolitisch verbindlichen Kartellrecht hatten. Mag das Kartellrecht für Ökonomen eine unbeachtliche Meta-Ebene sein – für Juristen ist es unbezweifelbare Geschäftsgrundlage. Deshalb soll mit dieser juristischen „Gegenwelt“ zum Arbeitsrecht im Folgenden versucht werden, die Vorwürfe der ökonomischen Theorie normativ zu stützen. Sollte das nicht gelingen, darf man die Einheit der positiven Rechtsordnung gegen die Werkzeuge der Ökonomen mit einiger Aussicht auf Erfolg ins Feld führen – zumindest in einer juristischen Festschrift.

1. Nur Arbeitgeberverbände sind „Unternehmensvereinigungen“, nicht dagegen Gewerkschaften

Wettbewerbsrechtlich lässt sich zunächst der Tatbestand des Tarifvertrags dahingehend fassen, dass Gewerkschaften und Arbeitgeberverbände bzw. einzelne Arbeitgeber Tarifverträge mit bindender, d.h. normativer Wirkung für ihre Mitglieder abschließen, die sich genau zu diesem Zweck auch zusammengeschlossen haben. Es stellt sich daher die Frage, ob Arbeitnehmer, Gewerkschaften, Arbeitgeber bzw. Arbeitgeberverbände den Begriff des Unternehmens bzw. der Unternehmensvereinigung im Sinne von § 1 GWB bzw. Art. 101 Abs. 1 AEUV (ex-Art. 81 Abs. 1 EG) erfüllen.

[17] ZRP 1988, 48.

[18] Zum Ruf nach „Mehr Markt im Arbeitsrecht“ vgl. nur *Bayreuther*, Tarifautonomie als kollektiv ausgeübte Privatautonomie, München 2005, S. 83 ff.; *Kleinhenz*, Gutachten B zum 63. DJT, München 2000, B 52 ff.; *Möschel* in: FIW (Hrsg.), Perspektiven des Wettbewerbs in Deutschland (Referate des XXXVIII. Symposions), Köln etc. 2007, S. 11 ff.; *Reichold* RdA 2002, 321 (324); *Rieble*, Arbeitsmarkt und Wettbewerb, Berlin etc. 1996, Rz. 1 ff.; *Rüthers/Franz* RdA 1999, 32 ff. jew. m.w.N.

a) Arbeitnehmer

Auch bei einem weiten Begriff der „wirtschaftlichen Tätigkeit" eines Unternehmens lässt sich aber der Arbeitnehmer als solcher nicht überzeugend zum Adressaten des Kartellverbots machen.[19] Zwar wird vereinzelt vertreten, dass nicht im Hinblick auf seine dem Unternehmen dienende Funktion,[20] wohl aber im Hinblick auf seine Angebotsfunktion am Arbeitsmarkt – der Arbeitnehmer ist ja Anbieter von Arbeitsleistungen und als solcher Teilnehmer am „Angebotswettbewerb" – jeder Arbeitnehmer auch Adressat des Kartellrechts sein könne.[21] Dem wird aber zutreffend entgegen gehalten, dass es nicht angehe, den europarechtlichen Arbeitnehmerbegriff je nach Regelungszweck unterschiedlich auszulegen: das gefährde die Konsistenz des Primärrechts und könne auch systematisch nicht überzeugen. Was für die Grundfreiheiten gelte, müsse auch für das Wettbewerbsrecht insoweit gelten, als die „wirtschaftliche Tätigkeit" des Arbeitnehmers nicht gleichzeitig durch die Arbeitnehmerfreizügigkeit einerseits und die Niederlassungs- und Dienstleistungsfreiheit andererseits geschützt werden könne. In der Tat durchzieht die Dichotomie zwischen Arbeitnehmer und Unternehmen nicht nur das Arbeitsrecht, sondern auch das Wirtschaftsverfassungsrecht. In seinen Schlussanträgen zum *Albany*-Urteil hat denn auch Generalanwalt *Jacobs* darauf hingewiesen, dass die Beispiele wettbewerbswidriger Praktiken in Art. 101 Abs. 1 AEUV (ex-Art. 81 Abs. 1 EG) und 102 Abs. 1 AEUV (ex-Art. 82 Abs. 1 EG) auf Wirtschaftsteilnehmer zugeschnitten sind, die selbstständig Waren liefern und Dienstleistungen erbringen.[22] Weitergehende Fragen werfen freilich Tarifverträge auf, die die Arbeitsbedingungen arbeitnehmerähnlicher Personen, wie in § 12a TVG angelegt, regeln: Denn hier sind persönlich selbständige Marktteilnehmer betroffen, denen jedenfalls keine Regeln für ihr eigenständiges Marktverhalten (z.B. bei Franchisenehmern) vorgeschrieben werden können.[23]

b) Gewerkschaften

Geht man davon aus, dass Arbeitnehmer nicht in den persönlichen Anwendungsbereich des § 1 GWB fallen, weil sie keine „unternehmerische" Tätigkeit entfalten, so können auch Gewerkschaften keine Unternehmens-

[19] Vgl. nur *Bechtold* (Fn. 9) § 1 Rz. 6, 7; *Mestmäcker/Schweitzer*, Europäisches Wettbewerbsrecht, 2. Aufl. München 2004, § 8 Rz. 31; *Rieble* (Fn. 18) Rz. 429; *v. Wallwitz*, Tarifverträge und die Wettbewerbsordnung des EG-Vertrages, Frankfurt/M. etc. 1997, S. 146; ausführlich *Mühlbach*, Tarifverträge in der europäischen Kartellkontrolle, Baden-Baden 2007, S. 126 ff. m.w.N.

[20] EuGH 16.9.1999 – Rs. C 22/98 (Becu), Slg. 1999, I-5665 (Tz. 26).

[21] *Kordel*, Arbeitsmarkt und Europäisches Kartellrecht, Köln etc. 2004, S. 32 ff.

[22] Schlussanträge in EuGH 21.9.1999, Rs. C-67/96 (Albany), Slg. 1999, I-5751 (Tz. 216).

[23] Näher *Rieble* (Fn. 18) Rz. 537, 539.

vereinigungen sein.[24] Das gilt aber nur in den Grenzen ihrer eigentlichen Kernkompetenz: der Vertretung von Arbeitnehmerinteressen. Selbstverständlich können auch Gewerkschaften bzw. ihre Töchter über ihren Koalitionszweck hinaus z.B. Verbraucherinteressen ihrer Mitglieder durch Buchclubs oder Konsumgenossenschaften befriedigen bzw. Rechtsschutz oder Gruppenversicherungen anbieten.[25] Dabei wird man unterscheiden müssen zwischen Dienstleistungen mit und solchen ohne Arbeitsmarktbezug. Leisten die Gewerkschaften z.B. durch ihre Tochter DGB-Rechtsschutz-GmbH den Mitgliedern Rechtsschutz vor den Arbeits- und Sozialgerichten aufgrund deren Arbeitnehmerrolle, so darf – anders als bei nicht-arbeitsrechtlichen Gruppenversicherungen – von der Ausübung der Kernkompetenz Arbeitnehmervertretung gesprochen werden, die sich nicht als kartellrechtlich relevante Wirtschaftstätigkeit darstellt.[26] Auch hier überzeugt es nicht, wenn Gewerkschaften schon aufgrund ihrer unmittelbaren Einflussnahme auf das unternehmerische Marktverhalten der Gegenseite zum Adressaten des Kartellrechts gemacht werden sollen.[27] Denn sie tun das ja nicht in Ausübung einer unternehmerischen Funktion, sondern als Interessenverband, dessen Tätigkeit *nicht* auf den Austausch von Waren oder Dienstleistungen gerichtet ist. Jedenfalls bei Tarifverhandlungen und beim Abschluss von Tarifverträgen verwirklicht sich die sozialpolitische Kernkompetenz der Gewerkschaften, die man in Kenntnis ihrer voraussetzungsvollen, durch Industrie- und Sozialgeschichte geprägten Existenz nicht als gewissermaßen „unternehmerische" wirtschaftliche Funktion „*ver*"zeichnen sollte. Der anno 1914 verabschiedete *Clayton Act* hat das für die Vereinigten Staaten in Art. 6 bündig formuliert: „*The labor of a human being is not a commodity or article of commerce*".[28]

c) Arbeitgeber und ihre Verbände

Umgekehrt kann man de lege lata nicht die Arbeitgeber und ihre Vereinigungen als „Unternehmen" bzw. „Unternehmensvereinigungen" vom Kartellrecht pauschal ausnehmen, soweit sie als Akteure des Arbeitsmarkts auftreten.[29] Denn selbstverständlich sind sie dabei als Nachfrager tätig, und zwar darauf kommt es an als Nachfrager in Ausübung ihrer unternehmerischen Tätigkeit. Die Nachfrage nach Arbeit durch Unternehmen knüpft *unmittel-*

[24] H.M., vgl. *Bechtold* (Fn. 9) § 1 Rz. 7; *Gleiss/Hirsch* EG-Kartellrecht, 4. Aufl. Heidelberg 1993, Art. 85 Rz. 25; *Immenga/Mestmäcker-Zimmer* (Fn. 11) § 1 Rz. 39, 63, 74; *Lange* WuW 2002, 955; *Mestmäcker/Schweitzer* (Fn. 19) § 8 Rz. 31; *Mühlbach* (Fn. 19) S. 134 f.

[25] Vgl. *Mühlbach* (Fn. 19) S. 133 ff.; *Rieble* (Fn.18) Rz. 439, 447 ff.

[26] So auch *Rieble* (Fn. 18) Rz. 556.

[27] So FK Kartellrecht-*Roth/Ackermann* Art. 81 EG Grundfragen Rz. 26; *Kulka* WuW 1987, 18; *v. Wallwitz* (Fn. 19) S. 149 f.

[28] Vgl. *Fleischer* DB 2000, 821 (824). Diese gesetzlich verankerte Bereichsausnahme erstreckt sich allerdings nur auf einseitiges Gewerkschaftshandeln.

[29] Dazu *Mühlbach* (Fn. 19), S. 137 m.w.N.

bar an ihre wirtschaftliche Tätigkeit an, mehr noch: diese kann sich nur durch jene verwirklichen. Historisch gewendet lässt sich nicht bestreiten, dass Gewerkschaften im 19. Jahrhundert erst auf den Plan traten, als sich Unternehmen längst auf Kosten der „Proletarier aller Länder" bereicherten. Diese historische Lektion, der ungebremste Zugriff der Fabrikherren auf die Arbeiter und seine Bändigung durch die „Association der Arbeiter" als Gegenmacht,[30] prägt nicht allein das kollektive Arbeitsrecht bis heute,[31] sondern wurde von *Franz Böhm* bereits 1933 auch für die Wettbewerbsordnung nachvollzogen. Er betonte in einer kleinen Schrift, dass die von der Kartell-VO 1923 zugelassenen Kartelle[32] zwar das Recht hätten, „rein private Erwerbsinteressen unter Einsatz *einseitiger* sozialer Kollektiv- und Marktmacht zu verfolgen",[33] sich dabei aber nicht auf die Koalitionsfreiheit des Art. 159 WRV berufen dürften. Denn diese solle den Besonderheiten des Arbeitsmarkts Rechnung tragen, wo der Arbeitsanbieter bloß rechtlich, nicht aber faktisch frei über sein Angebot mit dem Arbeitgeber verhandeln könne. Bei der Ordnung des Arbeitsmarkts gelte also nicht das Recht der individuellen Leistungskonkurrenz, sondern die „kollektive Koalitionsfreiheit als Grundlage der machtgleichen Aussprache über den Preis und die Bedingungen der Arbeit",[34] die sich in einem „*Zwei-Fronten-Prinzip*" verwirklichte.[35]

Unternehmen und ihre Vereinigungen bleiben nach heutigem Verständnis also Adressaten des Kartellrechts, auch soweit sie sich auf dem Arbeitsmarkt als Nachfrager betätigen. Zu prüfen ist daher im Folgenden, an welcher Stelle genau das behauptete Tarifkartell tatbestandlich gegen geltendes Wettbewerbsrecht verstoßen könnte. Denn § 1 GWB verbietet ja nur wettbewerbsbeschränkende „*Vereinbarungen zwischen Unternehmen, Beschlüsse von Unternehmensvereinigungen und aufeinander abgestimmte Verhaltensweisen*".

2. *Firmentarife unterliegen nicht § 1 GWB, wohl aber Verbandstarife*

a) Flächen- bzw. Verbandstarifverträge

Betrachtet man zunächst den die tarifkritischen Ökonomen besonders interessierenden Flächen- oder Verbandstarif, stellt sich bei Subsumtion unter § 1 GWB die Frage, worin hier die „Vereinbarung zwischen Unterneh-

[30] So bereits *Johann Caspar Bluntschli*, Allgemeines Staatsrecht, 1851, hier zitiert nach der 5. Aufl. Stuttgart 1876, S. 561, der auch darin – neben der „guten Policey" des Obrigkeitsstaats – eine mögliche Problemlösung der sozialen Frage für möglich hielt.

[31] Nachw. bei *Picker*, Die Tarifautonomie in der deutschen Arbeitsverfassung, Köln 2000, S. 23 ff.

[32] Dazu näher *Nörr* FS Gernhuber, Tübingen 1993, S. 919 (928 ff.).

[33] *Böhm*, Kartelle und Koalitionsfreiheit, Berlin 1933, S. 32.

[34] *Böhm* aaO (Fn. 33) S. 29; vgl. dazu auch *Bayreuther* (Fn. 18) S. 76; *Rieble* (Fn. 18) Rz. 1139.

[35] *Böhm* aaO (Fn. 33) S. 1.

men" zu sehen ist. Denn gemeint kann ja *nicht der Tarifvertrag selbst* sein: dieser stellt keine Vereinbarung zwischen Unternehmen dar, sondern nur die Vereinbarung zwischen einer Unternehmensvereinigung und einem *nicht unternehmerisch tätigen* Interessenverband namens Gewerkschaft. Vielmehr geht es um eine ggf. stillschweigende Vereinbarung zwischen den im Arbeitgeberverband versammelten Unternehmen auf sozusagen *horizontaler Ebene*, den schlussendlich abgeschlossenen Flächentarif als gemeinsames Ergebnis kraft ihrer Verbandsmitgliedschaft auch gemeinsam zu wollen.[36] Das klingt reichlich konstruiert, zumal hierzulande anders als z.B. in Italien die Verbände beim Abschluss von Tarifverträgen rechtsdogmatisch nicht als „Stellvertreter" ihrer Mitglieder angesehen werden.[37] Immerhin legt uns das Kartellrecht hier eine Lösung „von unten", d.h. eine von den Mitgliedern legitimierte Lösung nahe, wie sie nur einige wenige zivilistische Kollegen zu konstruieren wagen: *Eduard Picker* etwa mit einer „unwiderruflichen verdrängenden Ermächtigung der Verbandsmitglieder",[38] *Volker Rieble* mit der „Außenwirkung der Verbandsmitgliedschaft im Sinne einer Regelungsermächtigung".[39] Kartellrechtlich reicht freilich schon ein *„implied agreement"*, wie es Generalanwalt *Jacobs* in der Sache *Albany* in seinen Schlussanträgen vertreten hat, wo er auch betonte, dass mindestens *„a concerted practice"* zu bejahen sei, also ein abgestimmtes Verhalten, das den Tatbestand des § 1 GWB bereits erfüllt.[40] Selbst wenn man aber weder der gemeinsamen Ermächtigung durch die Mitglieder noch deren stillschweigender Vereinbarung als kartellrechtlich relevantem Tatbestand näher treten möchte, lässt sich doch in einem Tarifabschluss – nicht erst durch dessen Billigung durch die Mitglieder des Arbeitgeberverbands – ein für § 1 GWB ausreichender „Beschluss einer Unternehmensvereinigung" sehen: Denn schon der Abschluss des Kollektivvertrags bringt den Willen der Verbandsvertreter zum Ausdruck, die Verbandsmitglieder zu einem bestimmten Verhalten zu veranlassen, der ihre mitgliedschaftliche Selbstbindung aktualisiert.[41]

b) Haus- oder Firmentarifverträge

Für den Haus- oder Firmentarifvertrag folgt dann allerdings, dass hier selbst dem Unternehmer, der sich möglicherweise beim Abschluss des Fir-

[36] So *Mühlbach* (Fn. 19) S. 140 ff.

[37] *Treu* in: *Blanpain* (Hrsg.), International Encyclopaedia for Labour Law and Industrial Relations, "Italy", Vol. 8, Suppl. 207, June 1998, Rz. 429.

[38] *Picker* in *Picker/Rüthers* (Hrsg.), Recht und Freiheit – Symposion zu Ehren von Reinhard Richardi –, München 2003, S. 25, 59: damit könne auch ohne Gesetzesbefehl eine privatautonome Bindungswirkung der Tarifvertragsnormen begründet werden.

[39] *Rieble* (Fn. 19) Rz. 1206; vgl. auch *Rieble* ZfA 2000, 8 ff.

[40] Schlussanträge in EuGH 21.9.1999, Rs. C-67/96 (Albany), Slg. 1999, I-5751 (Tz. 241 ff.).

[41] So FK Kartellrecht-*Roth/Ackermann* Art. 81 EG Grundfragen Rz. 103; *Mühlbach* (Fn. 19) S. 144; *v. Wallwitz* (Fn. 19) S. 152 ff.

mentarifs an den Konditionen des Flächentarifs orientiert, allenfalls gleichförmiges Verhalten vorgehalten werden könnte, das für sich genommen nicht gegen § 1 GWB bzw. Art. 101 Abs. 1 AEUV (ex-Art. 81 Abs. 1 EG) verstößt.[42] Ein abgestimmtes Verhalten wird schon deshalb kaum je nachzuweisen sein, weil der Unternehmer plausibel darauf wird verweisen können, dass er sich nicht durch seine tarifgebundenen Wettbewerber, sondern die mit ihm verhandelnde Gewerkschaft zu dieser Anpassung an den Flächentarif veranlasst haben wird. Kartellrechtlich dürfte dies als einzelwirtschaftliche Maßnahme also kaum jemals relevant werden, soweit nicht eine genaue 1 : 1-Übernahme des Flächentarifs erfolgt.

3. Der dem Flächentarif immanente Beschluss einer Vereinigung von Unternehmen beschränkt „plangemäß" den Nachfragewettbewerb der Arbeitgeber

a) „Wettbewerbsbeschränkung"?

Die bisherigen „naiven", im Kontext des europäischen Wettbewerbsrechts aber gängigen Subsumtionsversuche müssten im Ergebnis versagen, wenn sie nicht beim wesentlichen Tatbestandsmerkmal, der bezweckten oder bewirkten Beschränkung des Wettbewerbs, zum Ziele führen könnten. Damit stellt sich die Kernfrage nach der „tatbestandsmäßigen" Kartellrechtswidrigkeit des Tarifvertrags. Es müsste ein Kausalzusammenhang zwischen dem tarifvertragsimmanenten Beschluss der Arbeitgebervereinigung und daraus folgenden wettbewerbsbeschränkenden Auswirkungen (1) auf den Nachfragewettbewerb der Unternehmen nach Arbeitskräften oder (2) auf den Angebotswettbewerb der Unternehmen auf den Güter- und Dienstleistungsmärkten herzustellen sein. Der EuGH hat dies in seiner *Albany*-Entscheidung völlig offen gelassen, obwohl er von „zwangsläufigen" den Wettbewerb beschränkenden Wirkungen von Tarifverträgen sprach,[43] diese danach sogleich aber aus dem Bereich des Art. 101 Abs. 1 AEUV (ex-Art. 81 Abs. 1 EG) komplett ausklammerte.

Spüren wir der möglichen Wettbewerbsbeschränkung auf dem primär relevanten Arbeitsmarkt nach, so stoßen wir zunächst auf den gängigen Vorwurf, formuliert etwa von *Wernhard Möschel*[44], wonach die Kartellvereinbarung namens Tarifvertrag in der Regel Löhne *oberhalb* des markträumenden Preises festsetze und damit Arbeit so teuer mache, dass Ausweichstrategien

[42] Vgl. *Bechtold* (Fn. 9) § 1 Rz. 18; *Mühlbach* (Fn. 19) S. 145.

[43] EuGH 21.9.1999, Rs. C-67/96 (Albany), Slg. 1999, I-5751 (Tz. 59).

[44] *Möschel*, Tarifvertragsreform zwischen Ökonomie und Verfassung, in: FIW (Hrsg.), Perspektiven des Wettbewerbs (Fn. 18), S. 11 f.; vgl. ferner *Bayreuther* (Fn. 18) S. 73 ff.; *Engel*, Arbeitsmarkt und staatliche Lenkung, VVDStRL 59 (2000), 55, 65 ff.; *Möschel* WuW 1995, 704.

für Unternehmen insbesondere durch Neuinvestitionen im Ausland sehr viel lohnender erschienen als hierzulande weitere Arbeitsplätze vorzuhalten.[45] Selbst unterstellt, dass dieser Vorwurf ökonomisch zutreffend und auch als einer der wesentlichen Gründe für die hohen Arbeitslosenzahlen in Deutschland auszumachen wäre, heißt das aber noch nicht, dass daraus auch eine „Wettbewerbsverfälschung" folgen müsste. Denn dann müsste belegt werden können, dass ohne zentrale Tarifverhandlungen das Gut „Arbeit" günstiger und damit letzten Endes auch zu verbraucherfreundlicheren Preisen mit entsprechenden Auswirkungen auf Güter- und Dienstleistungsmärkte gehandelt werden könnte als das mit Hilfe der „Kartellverträge" der Fall ist, und deshalb der Wettbewerb insgesamt in einem erheblichen Ausmaß beeinträchtigt sein könnte.[46] Das aber ist gerade schwer, plausibel darzulegen. Lohnrigiditäten lassen sich in allen Industrieländern nachweisen, auch in jenen, wo die Rechtsordnung dem Tarifvertrag keine zwingende Wirkung zubilligt, auch in jenen, wo der Flächentarif kaum eine relevante Rolle spielt.[47] Daran wird deutlich, dass „Arbeit" kein ähnlich homogenes Gut wie z.B. Erdöl als Rohstoff ist. Obwohl die OPEC als Monopolist auftritt, schwankt der Preis von Erdöl stärker als der Preis für „Arbeit". Es war eine der wesentlichen Erkenntnisse von *John Maynard Keynes*, dass auf dem Arbeitsmarkt die Preise nach unten kaum beweglich seien,[48] ganz abgesehen davon, dass Arbeitnehmer wegen ihrer personengebundenen Leistung nicht so mobil sein können wie andere Anbieter am Güter- und Dienstleistungsmarkt.[49]

Jenseits allen Theorienstreits der Ökonomen kann als unstreitig gelten, dass es beim Arbeitsmarkt um einen ganz speziellen Markt mit gewissen Besonderheiten geht, der – nicht allein in Deutschland, sondern in allen industrialisierten Staaten – zu historischen kollektiven Strukturen der Marktverhandlung geführt haben, die den Individualwettbewerb als „normale" Marktbedingung großenteils verdrängt haben. Die „normalen Bedingungen des Marktes" sind tatsächlich seit langem solche, die durch Kollektivvereinbarungen und staatliche Regulierungen wesentlich geprägt sind. Der direkte *Nachfragewettbewerb der Unternehmen* nach Arbeit ist also wegen dieser institutionellen Rahmenbedingungen gesetzlich in einer Weise konditioniert, dass das Kartellrecht nicht greifen kann und auch nicht greifen will. Es handelt sich nämlich um eine *„marktkonforme Vermachtung"*.[50]

45 Dem folgt auch *Reuter* ZfA 1995, 1 (4 f.).

46 Dazu ausführl. *Mühlbach* (Fn. 19) S. 156 ff. m.w.N.

47 Vgl. z.B. die ZEW-Studie von *Franz/Pfeiffer* et.al., Flexibilisierung der Arbeitsentgelte und Beschäftigungseffekte, Mannheim 2009 (Nr. 00-09), S. 27 ff., die dafür Kontrakt- und Effizienzlohn- sowie Insider-Outsider-Theorien empirisch untersucht; ferner rechtsvergleichend *Junker* RdA 2009, Sonderbeilage Heft 5, S. 4 (6 – für Großbritannien).

48 Vgl. nur *Homann/Suchanek*, Ökonomik: eine Einführung, Tübingen 2000, S. 312.

49 Ausführl. Diskussion bei *Rieble* (Fn. 18) Rz. 90 ff.

50 So bereits *Böhm* (Fn. 33) S. 24: Daher kann „auch in einem Wirtschaftssystem, das im übrigen (…) an dem Konkurrenzprinzip festhält, eine Organisation des Arbeitsmarktes, die

b) Kartellfreie Kooperation am Arbeitsmarkt

Die historisch-sozialen Konstitutionsbedingungen haben in ihrer heutigen verfassungsrechtlichen und einfachgesetzlichen Ausprägung bei der Arbeitsnachfrage zu einer „kartellfreien Kooperation"[51] zwischen Arbeitgeberverbänden und Gewerkschaften geführt, die schon wegen ihrer strukturellen Besonderheit nicht in das Leitbild des GWB passt: das „vertikale Gegenmachtelement"[52] sorgt dafür, dass die Marktmacht der Arbeitgeber begrenzt und nicht – wie sonst – durch eine horizontale Absprache verstärkt wird.[53] Die gegenüber liegende Marktseite wird durch das Kartell nicht ausgeplündert, sondern sie wird *nolens volens* zur Preisfindung in einen „öffentlichen", d.h. auch deutlich transparenteren Bargaining-Prozess eingebunden, der in Grenzen auch gegenseitige Rücksichtnahme erfordert. Bei *Rieble* heißt das prägnant „Gegenmachtprinzip statt Wettbewerbsprinzip".[54] Das macht letzten Endes auch die Irritation des Kartellrechts über die Institutionen des Arbeitsmarkts aus, obwohl ja auch hier „Abwehrkartelle" etwa in Gestalt von Einkaufskooperationen oder Mittelstandskartellen (§ 3 GWB) durchaus üblich sind bzw. waren. Dass freilich mit den Gewerkschaften ein nicht-unternehmerisch handelnder Interessenverband solche Kartellverträge abschließt, bestärkt den Ausnahmecharakter dieser Kooperation. Zudem werden auch nur Mindestkonditionen ausgehandelt, die den Wettbewerb um die besseren Arbeitsbedingungen gem. § 4 Abs. 3 TVG nicht ausschließen. *Löwisch* hat das Günstigkeitsprinzip deshalb zutreffend als sozusagen TVG-immanentes „Kartellverbot" bezeichnet.[55] Anders ist das allerdings, wenn, wie im *Albany*-Fall geschehen, die Zusatzrenten der Arbeitnehmer tatsächlich einheitlich und überbetrieblich im Wege der Allgemeinverbindlicherklärung für eine Branche verordnet werden. Abgesehen davon, dass dann die „öffentliche Hand" den Wettbewerb beschränkt, sah es Generalanwalt *Jacobs* als nicht weiter bedenklich an, wenn nur im Bereich der Rentenverwaltung

eine *koalitionsmäßige doppelseitige (d.h. sich gegenseitig möglichst aufhebende) Monopolisierung* des Angebots (Gewerkschaften) und der Nachfrage (Arbeitgeberverbände) vorsieht, zu einem auch ökonomisch befriedigenderen Einspielen der beiderseitigen Gruppeninteressen führen (…), als es bei dem Aufeinandertreffen isolierter Arbeitsangebote und isolierter Arbeitsnachfrage der Fall sein würde".

[51] So z.B. *Bechtold* (Fn. 9) § 1 Rz. 87.

[52] *Möschel* (Fn. 44) S. 11; ferner *Rieble* (Fn. 18) Rz. 122; *Reuter* ZfA 1995, 1 (4) spricht vom ‚concept of countervailing power' (*Galbraith*).

[53] So bereits *Böhm* (Fn. 33) S. 32; ferner MüArbR-*Löwisch/Rieble*, 3. Aufl. 2009, § 158 Rz. 7; *Rieble* (Fn. 18) Rz. 635 ff., 1116 f.; *Koop*, Das Tarifvertragssystem zwischen Koalitionsmonopolismus und Koalitionspluralismus, Berlin 2009, S. 77 ff., insb. 83 f.

[54] *Rieble* (Fn. 18), Überschrift zu Rz. 114; vgl. ferner *Wiedemann/Wonneberger*, Anm. AP GG Art. 9 Arbeitskampf Nr. 113 (zu I.2).

[55] *Löwisch* FS Rittner, München 1991, S. 381; ferner MüArbR-*Löwisch/Rieble* § 158 Rz. 19 ff.

eine Zusammenarbeit erfolge, weil damit einerseits wettbewerbsfördernde Wirkungen (Synergieeffekte) erzielt würden und andererseits keine nennenswerten Auswirkungen auf den Güter- und Dienstleistungswettbewerb der betroffenen Unternehmen erkennbar seien.[56]

4. *Keine Freistellung von Kollektivvereinbarungen nach § 2 GWB*

Auch die Gegenprobe, der Versuch nämlich, Tarifverträge in den Genuss einer so genannten Freistellung nach § 2 Abs. 1 GWB zu bringen, weil diese etwa „unter angemessener Beteiligung der Verbraucher an dem entstehenden Gewinn zur Verbesserung der Warenerzeugung oder -verteilung oder zur Förderung des technischen oder wirtschaftlichen Fortschritts beitragen" könnten, zeigt recht deutlich, dass diese von der EU-Kommission als „wirtschaftliche Vorteile" zusammen gefassten Effizienzgewinne für Tarifverträge kaum je plausibel gemacht werden können. Auch hier könnte ein weiterer Spielplatz für den Streit der Ökonomen um positive bzw. negative Effekte der Tarifverträge für alle Marktbeteiligten aufgemacht werden,[57] was uns deshalb nicht weiter bringt, weil Arbeitnehmer hier *keine* Verbraucher i.S.d. § 2 GWB sein können, weil sie ja selber durch ihre Verbände an den sog. Kartellverträgen mitwirken. Sie sind Akteure, nicht „Opfer". Bezugspunkt der Gewährung von Freistellungsregelungen ist jeweils der Vorteil für die Marktgegenseite, die etwa bei vertikalen Wettbewerbsbeschränkungen im selektiven Vertrieb von Markenfahrzeugen vom besseren Kundendienst profitieren könnte. Das passt aber nicht auf eine Kartellvereinbarung nach dem Gegenmacht- oder Zweifronten-Prinzip.

III. Warum Kartellrecht und Koalitionsgarantie nur bei Arbeitsmarktregelungen miteinander vereinbar sind

1. *Gleichlauf von deutschem und europäischem Recht*

Nach allem wird man der „Freiburger Schule", d.h. *Löwisch* und *Rieble* darin zustimmen können, dass die deutsche Rechtsordnung schon durch Art. 9 Abs. 3 GG eine verfassungsrechtliche Kartellerlaubnis enthält, die vom einfach-rechtlichen Kartellrecht nicht eingeschränkt werden kann.[58] Das wird man im Lichte der Europäisierung des deutschen Kartellrechts nicht nur für Deutschland, sondern für ganz Europa sagen können: der EuGH geht im

[56] Schlussanträge in EuGH 21.9.1999, Rs. C-67/96 (Albany), Slg. 1999, I-5751 (Tz. 269 f.).

[57] Beispielhaft *Mühlbach* (Fn. 19) S. 185 ff., die nach Transaktionskosten, Informationsasymmetrien, dem public-good-Faktor, nach Wohlfahrtsverlusten durch Insider-Outsider-Differenzierung etc. fragt.

[58] MüArbR-*Löwisch/Rieble* § 158 Rz. 8.

Albany- genauso wie im *van der Woude*-Urteil davon aus,[59] dass tarifliche Regelungen sowohl einen Zusatzrentenfonds (*Albany*) als auch eine freiwillige Zusatzkrankenversicherung (*van der Woude*) betreffend sozialpolitische Zwecke verfolgten und daher dem Kartellrecht nicht unterfielen.[60] Auch ohne Heranziehung der nicht recht starken Grundrechte-Charta im Lissabon-Vertrag[61] wird ein europäisches Koalitionsgrundrecht zwar in ständiger Rechtsprechung vom EuGH anerkannt, doch muss es sich eine Abwägung mit den Grundfreiheiten gefallen lassen.[62] Damit hat der EuGH eine „zweite Argumentations-Linie" eröffnet, zu der abschließend noch Stellung zu nehmen ist (unten IV). Doch lässt sich daraus auch für unsere „erste Linie" folgern, dass der EuGH zwar einen Kernbereich kollektivvertraglicher Regelungen kartellfrei stellen möchte, ohne deshalb aber – und darauf kommt es an – alle Tarifverträge pauschal einer wettbewerblichen Prüfung komplett entziehen zu wollen.[63] Diese eigentlich typisch europäische Herangehensweise, diese neue Perspektive muss m.E. jetzt auch für das GWB gelten. Dabei sollte es in der Sache darum gehen, nicht etwa dem Kartellrecht einen größeren Einfluss im Arbeitsrecht zu verschaffen, sondern genau genommen die Grenzen der Tarifautonomie auszuloten.[64]

2. *Grenzen der Kartellrechtserlaubnis durch Art. 9 Abs. 3 GG*

Im deutschen Recht streitig war bislang genau dies: Laut der Entscheidung des BAG vom 27.6.1989[65], die einen vorgeschlagenen und dann umkämpften „TV zur Sicherung humaner Arbeitszeiten im Berliner Einzelhandel" betraf, der die Ladenschlusszeiten regeln sollte, war § 1 GWB in seiner damaligen Fassung auf Tarifverträge – gleich welchen Inhalts – *grundsätzlich nicht* anwendbar. Leitsatz 1 lautete: „Tarifverträge zur Regelung des Arbeitszeitendes im Einzelhandel sind nach § 1 Abs. 1 TVG zulässig. Das GWB gilt nicht für Tarifverträge mit einem nach § 1 Abs. 1 TVG zulässigen Inhalt". Damit war ein grundsätzlicher Vorrang des Tarifvertrags und seiner Regel-

[59] EuGH 21.9.1999, Rs. C-67/96 (Albany), Slg. 1999, I-5751; EuGH 21.9.2000, Rs. C-222/98 (van der Woude), Slg. 2001, I-7111.

[60] So auch *Fleischer* DB 2000, 821 (822); *Kingreen/Pieroth/Haghgu* NZA 2009, 870 (872 ff.).

[61] Vgl. nur *P. Hanau* NZA 2010, 1.

[62] EuGH 11.12.2007, Rs. C-438/05 (Viking Line), Slg. 2007, I-10779 (Tz. 44: Streikrecht als Grundrecht); EuGH 18.12.2007, Rs. C-341/05 (Laval), Slg. 2007, I-11767 (Tz. 91: Recht auf Durchführung einer kollektiven Maßnahme ein Grundrecht); dazu ferner *Skouris* und *Zwanziger* RdA 2009, Sonderbeilage Heft 5, S. 25 (28) bzw. S. 10 (15 f.).

[63] Zur ähnlichen Rechtslage in Großbritannien und den USA vgl. *Fleischer* DB 1990, 821 (822, 823 f.).

[64] Zutr. *Wiedemann/Wonneberger* Anm. zu AP GG Art. 9 Arbeitskampf Nr. 113 (zu I 2).

[65] BAG 27.6.1989 – 1 AZR 404/88, BAGE 62, 171 = AP GG Art. 9 Arbeitskampf Nr. 113.

inhalte gemeint. Demgegenüber kam das Kammergericht wenig später zu dem Schluss, Tarifvereinbarungen mit überschießendem Inhalt seien nicht generell dem Anwendungsbereich des § 1 GWB entzogen.[66] Auch das kartellrechtliche Schrifttum befürwortet bei Marktregelungen im Gewand des Tarifvertrags überwiegend eine Interessenabwägung zwischen sozialpolitischen und wettbewerblichen Belangen. So ist der tarifliche Kernbereich der durch Art. 9 Abs. 3 GG den Koalitionen überlassenen Arbeitsbedingungen zweifellos für Arbeitszeiten eröffnet, nicht aber ohne weiteres für Ladenöffnungszeiten.[67] Deren Rechtfertigung durch arbeits- oder sozialpolitische Argumente erscheint fraglich (unten 3). Anhand dieses bereits in den 80er Jahren breit diskutierten Themas lassen sich zwei Fallgruppen diskutieren, die kartellrechtliche Außenschranken der Tarifautonomie abstecken: tarifvertragsfremde Regelungen und Regelungen mit Durchgriffswirkung auf Güter- oder Dienstleistungsmärkte.[68]

a) Tarifregelungen ohne arbeitsrechtlichen Bezug

Hier besteht schnell Einigkeit darüber, dass die Unternehmer nur in ihrer Rolle als Arbeitgeber, nicht aber in ihrer Rolle als Nachfrager von Waren und Dienstleistungen vom GWB freigestellt sind. Schon Generalanwalt *Lenz* konnte im *Bosman*-Urteil keine Gründe dafür erkennen, warum die streitgegenständlichen Verbandsregeln des Fußballverbands als einfache horizontale Sperrabreden dem Kartellrecht nicht unterstellt werden dürften.[69] Dabei handelte es sich zwar nicht um Tarifverträge, doch ließen sich solche Inhalte durchaus auch in Tarifverträge „einschmuggeln“ und müssten dann genau genommen kartellrechtlich durch sog. (feststellende) Abstellungsverfügungen (§ 32 GWB) beanstandet werden. Generalanwalt *Jacobs* argumentierte mit einer *bona-fides*-Regel, um in seinen Schlussanträgen zum *Albany*-Urteil zu verdeutlichen, dass tarifvertragsfremde Inhalte kartellrechtlich nicht hingenommen werden könnten, „*which merely function as cover for a serious restriction of competition between employers on their product markets*“.[70] Der EuGH dürfte dem im Ergebnis zustimmen, wenn er eine Freistellung nur für solche Vereinbarungen akzeptiert, die im Hinblick auf sozialpolitische Ziele gemäß Art. 151–161 AEUV (ex-Art. 136–143 EG) geschlossen wurden.[71] *Rieble* hat das in seiner Schrift summarisch wie folgt beschrieben: „Betriebszeiten, Ladenöffnungszeiten, Produktangebot und -nachfrage, Preise, Mengen,

66 KG 21.2.1990 – Kart U 4357/89, NZA 1991, 24 = AP GG Art. 9 Nr. 60 (Revision nicht zugelassen).
67 So *Immenga/Mestmäcker-Zimmer* (Fn. 11) § 1 Rz. 193.
68 Ähnlich *Fleischer* DB 2000, 821 (824 f.); vgl. ferner *Rieble* (Fn. 18) Rz. 466 ff.
69 Schlussanträge EuGH 15.12.1995, Rs. C-415/93 (Bosman), Slg. 1995, I-4921 (Tz. 275).
70 Schlussanträge EuGH 21.9.1999, Rs. C-67/96 (Albany), Slg. 1999, I-5751 (Tz. 192).
71 EuGH 21.9.1999, Rs. C-67/96 (Albany), Slg. 1999, I-5751 (Tz. 60).

Gebietsaufteilungen können nicht unter Berufung auf das Etikett ‚Arbeitgeber' abgesprochen werden."[72] Dem kann prinzipiell zugestimmt werden, doch verhält es sich mit den erstgenannten Betriebs- und Ladenöffnungszeiten ein wenig anders: hier kann nicht auf den ersten Blick den Tarifparteien jede Kompetenz abgesprochen werden.

b) Tarifregelungen mit Durchgriffswirkung auf Güter- und Dienstleistungsmärkte

Genau genommen geht es hier um Normen mit Doppelwirkung, die eine Grauzone beschreiben, weil sie eine nicht nur mittelbare, sondern eine „*spürbare*", d.h. durchgreifende Wirkung auf die Produktmärkte äußern, dennoch auch arbeitnehmerschützenden Charakter haben. Hier kann nicht ohne weiteres gesagt werden, dass Art. 9 Abs. 3 GG bzw. das TVG nicht mehr greifen und das GWB einschlägig wäre. Es wird die EuGH-Rechtsprechung weiter aufmerksam zu verfolgen sein, die jedenfalls auf Tarif beruhende Pflichtmitgliedschaften in Rentenfonds (*Albany*) und tarifliche Zusatzkrankenversicherungen durch festgelegte Versicherer (*van der Woude*) für unbedenklich hielt, solange diese Maßnahmen zur Erreichung des sozialen Zieles geeignet und erforderlich seien, und nicht etwa – als überschießende Maßnahmen – die Versicherer auch noch zu anderen Versicherungsdienstleistungen allein zugunsten der Arbeitgeber verpflichteten.[73] Dadurch wird deutlicher, dass nicht jede Drittwirkung von tariflichen Regelungen, hier z.B. die Ausschaltung der Wahlfreiheit der Arbeitnehmer bei der Wahl ihres Versicherers, schon kartellrechtlich relevant sein soll, solange insgesamt der Bereich sozialer Versorgung ähnlich der Rechtsprechung zu den Sozialversicherungsmonopolen nicht offenkundig überschritten ist.[74] Man wird hier im Kern eine relativ großzügige Missbrauchskontrolle durch den EuGH erkennen können, die kartellrechtliche Folterwerkzeuge erst bei evident spürbaren Auswirkungen auf die betroffenen Märkte auspacken dürfte. Rechtsdogmatisch handelt es sich um die feine Unterscheidung zwischen der beachtlichen *unmittelbaren* Wettbewerbsbeschränkung auf benachbarten Märkten und der unbeachtlichen *reflexartigen* Auswirkung, die von der Wettbewerbsordnung hingenommen werden muss.

[72] *Rieble* (Fn. 18) Rz. 467; ferner MüArbR-*Löwisch/Rieble* § 158 Rz. 9.

[73] Schlussanträge GA *Fennelly* EuGH 21.9.2000 – Rs. C-222/98 (van der Woude), Slg. 2000, I-7129 (Tz. 35).

[74] Vgl. auch *Kingreen/Pieroth/Haghgu* NZA 2009, 870 zum Vertragsverletzungsverfahren der Kommission wegen der Praxis der kommunalen Arbeitgeber, Versicherungsdienstleistungen über die betriebliche Altersvorsorge in Form der Entgeltumwandlung ohne europaweite Ausschreibung an einen bestimmten tarifvertraglich festgelegten Kreis von Versicherern zu vergeben (anhängig beim EuGH unter Az. C-271/08).

3. *Beispiel: Tarifliche Regelung von Ladenschlusszeiten*

Zur Verdeutlichung noch einmal das bereits in den 80er Jahren diskutierte Beispiel der Ladenöffnungszeiten,[75] das sich heute in neuem Licht darstellt. War es vor 20 Jahren die geradezu unerhörte gesetzliche Einführung des sog. Dienstleistungsabends, der den Ladenschluss am Donnerstagabend schüchtern verlängerte, tarifvertraglich aber verhindert werden sollte, ist es heute die umgekehrte Situation von nahezu grenzenlosen Öffnungszeiten, deren Regelung nach der Föderalismusreform den Bundesländern obliegt, die aber eine Absprache über einheitliche Öffnungs- bzw. Schließungszeiten nahe legt.[76] Die frühere Zulässigkeit solcher Empfehlungen in Gestalt von Mittelstandsempfehlungen (§ 22 Abs. 6 GWB a.F.) ist heute gesetzlich nicht mehr vorgesehen, den Ländern ist dies kompetenziell ebenfalls nicht möglich. Somit ist eine kartellrechtliche Unzulässigkeit solcher vereinbarter Empfehlungen bei einem entsprechenden Wettbewerbsverhältnis von Ladenbetreibern nach heutiger Gesetzeslage zumindest nahe liegend.[77] Fraglich ist nun aktuell wieder, ob solche Vorgaben durch tarifliche Regelungen umgangen werden könnten: die kritische Kartellrechtslage könnte einen Anreiz dafür geben, Ladenschlussregelungen in Tarifverträge des Einzelhandels aufzunehmen. So wäre wieder zu fragen, ob die Regelung der Ladenschlusszeiten nicht in ihrer die Arbeitszeit der Beschäftigten zumindest *mit*-bestimmenden Funktion Teil einer tariflichen Betriebsnorm sein könnte, wie das vom BAG auch bereits in seiner Silvester-Entscheidung vertreten wurde.[78]

Nach meiner hier entwickelten Lösung sollte zuerst nach dem deutlich „sozialen" Anliegen der Norm gefragt werden, um dann ggf. ihren spürbaren Auswirkungen auf den Dienstleistungswettbewerb der betroffenen Unternehmen nachzugehen. Dass eine Ladenöffnungszeit in der Postmoderne nichts mit den individuellen Arbeitszeiten des häufig gering beschäftigten, jedenfalls teilzeitbeschäftigten Ladenpersonals zu tun haben muss, liegt dabei auf der Hand. Der früher postulierte Arbeitnehmerschutz als Zweck einer Ladenschlussregelung war nur in Zeiten der Vollzeitbeschäftigung noch einigermaßen nachvollziehbar, außerdem greift heute ja auch das Arbeitszeitgesetz als Schutzgesetz.[79] Selbst wenn man das soziale Anliegen aufgrund z.B. der drohenden nächtlichen Arbeitszeiten aber auch heute noch bejahen wollte, stellte sich die weitere Frage nach der spürbaren Wirkung solcher

[75] Zur damaligen Diskussion vgl. nur *Immenga* (Fn. 10); *Kulka* RdA 1988, 336; *Poth* NZA 1989, 626 (629); *Nacken* WuW 1988, 475.

[76] Dazu *Bechtold*, Ladenschluss, Arbeitnehmerschutz und Kartellrecht, in FS Bauer, München 2010, S. 109 ff.

[77] Dazu ausführlich *Bechtold* (Fn. 76) S. 111 ff.

[78] BAG 7.11.1995 – 3 AZR 676/94, AP TVG § 3 Betriebsnormen Nr. 1 = NZA 1996, 1214.

[79] Dazu *Rieble* (Fn. 13) Rz. 351 ff.; aA MüArbR-*Löwisch/Rieble*, § 158 Rz. 16.

Ladenschlussregelungen auf den Wettbewerb, deren Bejahung jedenfalls in Großstädten und deren Einkaufspassagen gegenüber dem kauffreudigen Publikum heute auf der Hand liegt. Die Öffnungszeiten gehören diesbezüglich zu den ganz wesentlichen Wettbewerbsparametern im Einzelhandel. So ließe sich jedenfalls eine Tarifregelung nicht halten, die – so wie im Fall des BAG 1989 – ganz isoliert und undifferenziert nur die Ladenschlusszeiten regelte: sie wäre m.E. nach neuem Recht zivilrechtlich unwirksam aus §§ 1 GWB, 134 BGB, und zwar auch ohne eine kartellbehördliche Verfolgung. In die Wettbewerbsfreiheit des Unternehmers dürfte durch eine tarifliche Regelung der Ladenschlusszeiten wohl nur insoweit eingegriffen werden, als dies für den Arbeitnehmerschutz geradezu unerlässlich wäre, also z.B. durch eine tarifliche Beschränkung der Nachtöffnungszeiten. Doch auch da erschiene es mir angemessener, die Nachtarbeit durch eine besondere Prämierung angemessen zu honorieren, anstatt diese schlankweg zu untersagen. Die Verhältnismäßigkeitsprüfung des EuGH würde hier wohl in der Regel den Arbeitnehmerschutz als schwache Ausrede für eine im Kern wettbewerbsregelnde Tarifierung enttarnen und diese damit für unwirksam erachten.

IV. Argumente der „zweiten Linie“: Grundfreiheiten als Maßstab für eine Missbrauchskontrolle

Abschließend soll noch ein Blick auf Argumente der „zweiten Linie“ geworfen werden, die durch die EuGH-Rechtsprechung zu den Fällen *Viking Line* und *Laval* sich auch für unser Thema aufdrängen.[80] Das Kartellrecht ist wegen seines beschränkten Adressatenkreises ja nur für die Arbeitgebervereinigungen und ihre Tarifabschlüsse relevant, nicht aber für das Handeln der Gewerkschaften. Ihnen steht je nach nationalem Arbeitskampfrecht ein unterschiedlich großer Spielraum zur Druckausübung auf die Gegenseite zu. Zwar wird dieser nationale Spielraum durch Art. 153 Abs. 5 AEUV (ex-Art. 137 Abs. 5 EG) vor dem Zugriff des Sekundärrechts der EU abgesichert – danach besteht ausdrücklich keine Gesetzgebungskompetenz der EU in Bezug auf das Koalitionsrecht, das Streikrecht sowie das Aussperrungsrecht –, doch hält das nicht auch dem Primärrecht der Grundfreiheiten stand. Der EuGH hat mit seinen zwei Urteilen aus dem Dezember 2007 verdeutlicht, dass die Freiheit vom Kartellrecht die Gewerkschaft nicht davor bewahrt, sich marktkonform insofern zu verhalten, als sie nicht überzogene Anforderungen an die Aufnahme von Tarifverhandlungen an die Arbeitgeberseite stellen kann, oder schlichter: als sie nicht in den Wirtschaftsverkehr durch Boykott-Maßnahmen analog § 21 GWB übergreifen kann.

[80] EuGH 11.12.2007, Rs. C-438/05 (Viking Line), Slg. 2007, I-10779; EuGH 18.12.2007, Rs. C-341/05 (Laval), Slg. 2007, I-11767.

Die vom EuGH bestätigte *horizontale Drittwirkung der Grundfreiheiten* trifft die Gewerkschaften letzten Endes dann, wenn sie – wie im Bereich der oben geprüften Durchgriffswirkung mit Kartellrechtsrelevanz – die Grenzen ihrer grundrechtlich geschützten Koalitionsbetätigungsfreiheit überschreiten. Gerade weil diese Grenzen von Land zu Land höchst unterschiedlich definiert sind, kann das Abwägungsmodell des EuGH durchaus als vermittelnde Lösung überzeugen. Es schützt ggf. die Grundrechte der von Dienstleistungs- und Niederlassungsfreiheit geschützten Unternehmen weit effektiver als das nationale Recht und auch dann, wenn das primär für den Wettbewerb zuständige Kartellrecht nicht greift. Zwar wird diese supranationale Ebene des Markt- und Wirtschaftsrechts nur bei zwischenstaatlichen Auswirkungen relevant. Doch sind bekanntlich die Ausstrahlungswirkungen der EuGH-Rechtsprechung durch europäische Kommunikation um ein Vielfaches höher als die Rechtsprechung nationaler Gerichte. Wer also etwa wie die schwedische Bauarbeitergewerkschaft eine unverhältnismäßig belastende Betriebsblockade einer Baustelle zur Vertreibung lettischer Konkurrenz unternimmt (*Laval*)[81] oder wie die Internationale Transportarbeiter-Gewerkschaft eine unverhältnismäßig belastende Verhandlungsblockade eines nach Estland ausweichenden finnischen Fährunternehmens ausruft (Viking Line), muss gewärtigen, dass seine *collective actions* durch das Koalitionsgrundrecht nicht mehr gedeckt sind und möglicherweise zu Schadensersatzansprüchen wegen nicht mehr marktkonformen Verhaltens führen. Der Inhalt des vertraulichen „settlements“ im englischen Endverfahren zwischen der International Transport Workers' Federation und der Viking Line wurde zwar nicht mitgeteilt, doch wollte unser Ansprechpartner auf Anfrage nicht verhehlen, *„that the ability of companies to claim damages for potentially unlawful industrial action is now a very real consideration for trade unions embarking on industrial activities.“*

V. Fazit

Als Ergebnis lässt sich festhalten, dass deutlich überschießende, nicht auf die Regelung von Arbeitsbedingungen sich beschränkende tarifliche Regelungen zukünftig einer kartellrechtlichen Missbrauchskontrolle unterliegen können. Dazu müsste die „spürbare“ Durchgriffswirkung der jeweiligen Tarifregelung auf den Dienstleistungs- oder Gütermarkt der betroffenen Branche kritisch hinterfragt werden. In der Praxis wird es freilich eher ungewöhnlich sein, dass sich auch *Arbeitsgerichte* an ihre Vorlagepflicht an das zuständige Landgericht erinnern lassen (vgl. dazu §§ 87, 88 GWB). Unabhängig von

[81] Zu den Folgen für das schwedische Arbeitsmarktmodell vgl. *Koch* RdA 2009, Sonderbeilage Heft 5, S. 22 ff.

der schwer prognostizierbaren neuen Relevanz des Kartellrechts für überschießende Wirkungen von Tarifverträgen lässt sich feststellen, dass die Rechtsprechung des BAG zur Tariffähigkeit[82] einerseits den Gewerkschaftswettbewerb und damit zunehmenden Koalitionspluralismus fördert, andererseits durch Ausweitung der Mitbestimmung im tariffreien Betrieb die Vertragsfreiheit deutlich behindert.[83] Für das Koalitions- und Arbeitskampfrecht werden von der Wissenschaft immer deutlicher die Folgefragen der Gewerkschaftspluralität in den Blick genommen.[84] *Dieter Reuter* konnte diese Entwicklungen in der Gewerkschaftslandschaft anno 1994/95 noch nicht antizipieren. Er kritisierte damals noch andere Phänomene. Vielleicht könnte er heute dennoch den Befund mit tragen, dass die Erosion der Tarifautonomie im 21. Jahrhundert zunehmend auch den Außenseiter-Wettbewerb kartellfreier Unternehmen auf dem Arbeitsmarkt fördert und schon damit – ganz unabhängig von der Anwendung des Kartellrechts – das vorhandene sog. „Tarifkartell" tendenziell entmachtet wird.[85]

[82] Vgl. nur BAG 28.3.2006 (CGM) – 1 ABR 58/04, NZA 2006, 1112.

[83] Vgl. nur BAG 2.3.2004 – 1 AZR 65/07, AP TVG § 3 Nr. 31 (abl. Anm. *Reichold*) = NZA 2004, 852.

[84] Vgl. nur *Jacobs*, Tariffrieden bei Gewerkschaftspluralität, in FS Buchner, München 2009, S. 342 ff.

[85] Vgl. dazu noch *Möschel* (Fn. 44) S. 15, 18 f., der zudem den individuellen Arbeitsvertrag gestärkt sehen will.

Zum Grundsatz, dass verdienter Lohn nicht entzogen werden darf

Gerhard Reinecke

1. Vertragskontrolle im Arbeitsrecht

Der Ausgleich gestörter Vertragsparität gehörte und gehört zu den Hauptaufgaben des Zivil- und Arbeitsrechts. Reuter hat sich zu diesem Themenkreis mehrfach geäußert. In seiner Anmerkung zum Urteil des BAG vom 15.3.1973[1] hat er die Rechtsprechung des BAG zu Rückzahlungsklauseln mit grundsätzlichen Erwägungen kritisiert. Andererseits hat er sich in der Festschrift zum 50-jährigen Bestehen des Bundesarbeitsgerichts[2] kritisch zur Ausdehnung der AGB-Kontrolle auf Arbeitsverträge geäußert. Der Verfasser dieser Zeilen hat dagegen als Richter am Arbeitsgericht das Fehlen der AGB-Kontrolle im Arbeitsrecht viele Jahre schmerzlich vermisst und sich mehrfach als Befürworter der AGB-Kontrolle von Arbeitsverträgen „geoutet".[3]

Zahlreiche Entscheidungen zur Vertragskontrolle betrafen Rückzahlungsklauseln, ein „Dauerbrenner" der arbeitsgerichtlichen Praxis. Die Frage, ob und inwieweit der Arbeitgeber mit Sonderleistungen den Arbeitnehmer an den Betrieb binden kann, hat auch das Bundesarbeitsgericht von Beginn an beschäftigt. So heißt es in dem ersten Urteil zu diesem Themenkreis vom 29.6.1954[4]: Der Arbeitgeber könne „im Rahmen der allgemeinen Rechtsgrundsätze und unter Beachtung des Grundsatzes der gleichmäßigen Behandlung seiner Arbeitnehmer bei einer freiwilligen Leistung deren jeweiligen Zweck im einzelnen näher und in der Weise bestimmen, dass er Inhalt des Rechtsgeschäftes wird". Sei der „Zweck dahin bestimmt, dass die Gratifikation bei ihrer Verteilung noch geeignet sein müsse, einen Anreiz zum Verbleiben im Betrieb für den einzeln bedachten Arbeitnehmer zu geben, so könn(t)en doch nur eindeutig und objektiv ins Rechtsleben eingetretene Umstände den Maßstab dafür bilden, ob die Gratifikation noch einen solchen Anreiz geben" könne. Mit einer Gratifikation könne „nicht das Ziel rechtlich

[1] 5 AZR 525/72 – AP Nr. 78 zu § 611 BGB Gratifikation = EzA § 611 BGB Gratifikation, Prämie Nr. 36.

[2] FS 2004, S. 177.

[3] Vgl. etwa NZA 2005, 953; BB 2008, BB-Spezial zu Heft 4 2008, S. 21.

[4] 2 AZR 13/53 – BAGE 1, 36 = AP Nr. 1 zu § 611 BGB Gratifikation.

verbunden werden, dass der Arbeitnehmer im Endergebnis bei dem Arbeitgeber verbleibt". Im Mittelpunkt des Interesses standen lange Zeit Rückzahlungsklauseln. In einer langen Reihe von Entscheidungen hat die Rechtsprechung ein Schema erarbeitet. Danach hängt die Wirksamkeit in erster Linie von der Bindungsdauer und der Höhe der Sonderleistung ab[5].

In seiner Anmerkung zum Urteil des BAG vom 15.3.1973[6] hat Reuter Bedenken schon gegen die Ausgangsthese des Gerichts angemeldet, die Wirksamkeit sei ein Problem der Vertragsfreiheit. Die Rechtsprechung zur Zulässigkeit von Gratifikations- und Rückzahlungsklauseln stehe nachhaltig unter dem Einfluss der Lehre vom Arbeitsverhältnis als personenrechtlichem Gemeinschaftsverhältnis. Das Ausmaß der erzwingbaren Betriebstreue dürfe nicht an die Höhe der Gratifikation gebunden werden. Denkbare Legitimationsbasis der Rechtsprechung sei das Anliegen, kostspielige Fluktuation innerhalb der Arbeitnehmerschaft zu verhindern. Diese Klauseln böten keinen volkswirtschaftlichen, sondern lediglich privatwirtschaftlichen – allein dem Arbeitgeber zukommende – Vorteile. Sie hemmten den Arbeitnehmer bei der Ausnutzung günstiger Arbeitsmarktverhältnisse und enthöben den Arbeitgeber dadurch der Notwendigkeit, dem abkehrwilligen Arbeitnehmer finanzielle Zugeständnisse zu machen. Dem rechtspolitischen Vorbehalt entsprächen maßgebliche arbeitsrechtliche Wertungen, allen voran Art. 12 GG.

Das Bundesarbeitsgericht ist – leider – auf diese grundsätzliche Kritik nicht eingegangen. Die Rechtsprechung zu den Rückzahlungsklauseln ist fast zum Gewohnheitsrecht erstarkt (und erstarrt?).

Es gilt jedoch den Blick zu weiten. Allgemeiner gesprochen geht es um die Bedeutung des Grundsatzes, dass verdienter Lohn nicht entzogen werden darf, und damit um die Frage, was verdienter Lohn ist. Arbeitgeber haben – verständlicherweise – oft das Bestreben, mit der Zusage und der Erbringung von Leistungen mehrere verschiedene Zwecke zu verfolgen. Hier soll die Frage behandelt werden, ob und inwieweit der Arbeitnehmer gegen die Kombination verschiedener Zwecke geschützt ist. In erster Linie werden Sonderleistungen des Arbeitgebers als Entgelt für geleistete Arbeit angesehen, sei es für geleistete Stunden oder für das Erreichen besonderer Ziele in quantitativer oder qualitativer Hinsicht. Hierher gehören auch Prämien für unfallfreies Fahren. Mit Anwesenheitsprämien will der Arbeitgeber die Arbeitnehmer belohnen, die sich nicht oder nur in geringem Umfang arbeitsunfähig krankschreiben lassen. Weiter kann der Arbeitgeber den Zweck ver-

[5] Aus neuerer Zeit z.B: BAG 21.5.2003 – 10 AZR 390/02 – BAGE 106, 159 = AP Nr. 250 zu § 611 BGB Gratifikation = EzA § 611 BGB 2002 Gratifikation, Prämie Nr. 9; 28.4.2004 – 10 AZR 356/03 – BAGE 110, 244 = AP Nr. 255 zu § 611 BGB = EzA § 611 BGB 2002 Gratifikation, Prämie Nr. 12.

[6] 5 AZR 525/72 – in AP Nr. 78 zu § 611 BGB Gratifikation = EzA § 611 BGB Gratifikation, Prämie Nr. 36.

folgen, erwiesene Betriebstreue zu belohnen oder einen Anreiz für Betriebstreue in der Zukunft zu geben.

Dabei geht es vor allem um die Auslegung und Kontrolle von Zusagen des Arbeitgebers und Stichtagsregelungen – somit also auch um Rückzahlungsklauseln – sowie um die Frage, ob der Arbeitgeber bei nicht vorher angekündigten Leistungen differenzieren darf, also um den Gleichbehandlungsgrundsatz.

2. Der Grundsatz, dass verdienter Lohn nicht entzogen werden darf

Noch sehr vorsichtig ist der zweite Leitsatz des Urteils vom 7.12.1962[7] formuliert: „Die Zusage der Zahlung eines übertariflichen Lohnes für den Fall, dass der Arbeitnehmer nicht vor einem bestimmten Datum aus dem Betrieb ausscheidet, ist nur unter besonderen Voraussetzungen zulässig". Mittlerweile ist dieser Grundsatz allgemein anerkannt. Um eine extrem lange Bindungsdauer ging es in den Urteilen vom 27.2.1972[8] und vom 12.10.1972[9]. Die Zahlung der „Treueprämie" (von 0,20 DM pro Stunde) hing unter anderem von der Ernennung zum „Stammarbeiter" ab, die bei Eigenkündigung des Arbeitnehmers widerrufen werden konnte, weiter von den tatsächlich geleisteten Arbeitsstunden. Urlaubs- und Krankheitszeiten blieben außer Betracht. Teile dieser Prämie sollten erst nach 15 Jahren ausgezahlt werden. Das Bundesarbeitsgericht hat die „Treueprämie" (zugleich) als Anwesenheitsprämie qualifiziert und den Widerruf der Eigenschaft als Stammarbeiter, der zum rückwirkenden Entzug der Prämie führen sollte, als billigem Ermessen widersprechend angesehen.

Spätere Entscheidungen betrafen umsatzabhängige Provisionen von Außendienstmitarbeitern. In den Urteilen vom 12.1.1973[10] und vom 8.9.1998[11] wurden diese Erfolgsbeteiligungen als „verdienter Lohn" bzw. „Entgelt für die geschuldete Leistung" angesehen, die nicht vom Weiterbestehen des Arbeitsverhältnisses im kommenden Jahr abhängig gemacht werden dürfen.[12] Der zweite Leitsatz des letztgenannten BAG-Urteils lautet:

[7] 1 AZR 245/61 – AP Nr. 28 zu Art. 12 GG = BB 1963, 347 = DB 1963, 418.

[8] 5 AZR 141/72 – BAGE 24, 377 = AP Nr. 75 zu § 611 BGB Gratifikation = EzA § 611 BGB Gratifikation, Prämie Nr. 32 = DB 1972, 2114 = BB 1973, 142.

[9] 5 AZR 227/72 – AP Nr. 77 zu § 611 BGB Gratifikation = EzA § 611 BGB Gratifikation, Prämie Nr. 34 = DB 1973, 285 = BB 1973, 144.

[10] 3 AZR 211/72 – AP Nr. 4 zu § 87a HGB = EzA § 611 BGB Gratifikation, Prämie Nr. 37 = DB 1973, 1177 = BB 1973, 1072.

[11] 9 AZR 223/97 – AP Nr. 6 zu § 87a HGB = EzA § 611 BGB Nr. 29 = DB 1999, 804 = BB 1999, 425.

[12] Ebenso LAG Düsseldorf 23.1.2003 – 11 Sa 1217/02 – LAG-Report 2003, 286.

„Die Vereinbarung, dass diese Umsatzbeteiligung im Folgejahr in monatlich gleichen Raten ausgezahlt werden soll, regelt nur den Leistungszeitpunkt. Sie bewirkt nicht, dass der Anspruch untergeht, wenn das Arbeitsverhältnis im folgenden Jahr nicht mehr besteht."

In den Urteilen vom 24.4.1989[13] und 20.8.1996[14] ging es um Vertragsgestaltungen, wonach (zusätzliche) Provisionen vom Erreichen bestimmter Jahressollvorgaben abhingen, Regeln für den Fall des unterjährigen Ausscheidens aber fehlten. Sie wurden ergänzend dahin ausgelegt, dass bei unterjähriger Beschäftigung die Jahressollvorgabe auf die Beschäftigungsdauer umzurechnen ist. Eine Auslegung, wonach in diesen Fällen die Zusatzprovision nicht zu zahlen sei, würde zu rechtwidrigen Arbeitsbedingungen, nämlich zu einer unzulässigen Kündigungserschwerung führen.[15]

Der Grundsatz, dass verdientes Arbeitsentgelts nicht entzogen werden darf, gilt auch bei nachträglichen Erhöhungen von Löhnen und Gratifikationen. Derartige Zahlungen dürfen nicht von zukünftiger Betriebstreue abhängig gemacht werden. In seinem Urteil vom 7.12.1962 sah das BAG darin einen Verstoß gegen Art. 3 GG[16], in den Urteilen vom 9.6.1982[17] und vom 14.2.1974[18] einen Verstoß gegen den allgemeinen Gleichbehandlungsgrundsatz[19]: Von einer allgemeinen Erhöhung der Effektivlöhne dürfen Arbeitnehmer, die zuvor arbeitsunfähig krank waren, nicht ausgeschlossen werden.

Da Gratifikationen und ähnliche Sondervergütungen immer zumindest auch Arbeitsentgelt, Lohn im weiteren Sinne sind, stellt sich die Frage der Reichweite des Grundsatzes, dass verdienter Lohn nicht entzogen werden darf. In

[13] 3 AZR 414/87 – nur juris.

[14] 9 AZR 473/95 – BAGE 84, 17 = AP Nr. 9 zu § 87 HGB = DB 1996, 2292.

[15] Vgl. auch BAG 6.9.1989 – 5 AZR 586/88 – AP Nr. 27 zu § 622 BGB = EzA § 622 n.F. BGB Nr. 26 = DB 1990, 434.

[16] 1 AZR 545/61 – AP Nr. 28 zu Art. 12 GG = DB 1963, 418 = BB 1963, 347; In diesem Urteil bezog sich das BAG auch auf die Rechtsprechung zur Rückzahlung von Gratifikationen.

[17] 5 AZR 501/80 – BAGE 39, 134 = AP Nr. 51 zu § 242 BGB Gleichbehandlung = EzA Nr. 30 = DB 1982, 2192 = BB 1982, 1791.

[18] 5 AZR 235/73 – AP Nr. 79 zu § 611 BGB Gratifikation = EzA § 611 BGB Gratifikation, Prämie Nr. 38 = DB 1974, 973 = BB 1974, 604. Der Arbeitgeber hatte danach differenziert, ob der Arbeitnehmer zum Auszahlungszeitpunkt eine vorzeitige Versetzung in den Ruhestand beantragt hatte oder nicht.

[19] Vgl. auch BAG 24.11.1993 – 5 AZR 153/93 – BAGE 75, 133 = AP Nr. 11 zu § 611 BGB Mehrarbeitsvergütung = EzA § 611 BGB Mehrarbeit Nr. 1. Der Leitsatz lautet: „Folgt aus einer an sich zulässigen Bezugnahme auf beamtenrechtliche Bestimmungen, dass ein Arbeitnehmer des öffentlichen Dienstes bei Beendigung des Arbeitsverhältnisses einen Anspruch auf Mehrarbeitsvergütung verliert, so ist die entsprechende vom Arbeitgeber des öffentlichen Dienstes einseitig vorformulierte und daher der richterlichen Inhaltskontrolle unterliegende Vertragsklausel unbillig und damit unwirksam, weil sie zu einer unangemessenen und sachlich nicht gerechtfertigten Benachteiligung des Arbeitnehmers führt."

seinem Urteil vom 13.9.1974[20] hat ihn das Bundesarbeitsgericht auf Lohn im engeren Sinne begrenzt. Lohn im engeren Sinne dürfe nicht mit Bindungsklauseln belastet werden, weil das nach der Arbeitsleistung des Einzelnen bemessende Entgelt verdient sei, sobald der Arbeitnehmer die Leistung (ordnungsgemäß) erbracht habe. Es verstoße gegen Art. 12 GG und den Gleichbehandlungsgrundsatz, wenn der Arbeitnehmer durch Entzug seines bereits verdienten Lohnbestandteils bestraft werde.

3. Stichtagsregeln, Vertragsauslegung und Unklarheitenregel

In zahlreichen Entscheidungen hat das Bundesarbeitsgericht bei Sonderzahlungen Stichtagsregeln für zulässig gehalten. So können vor dem Auszahlungstag ausgeschiedene Arbeitnehmer von der Zahlung ausgeschlossen werden[21], ebenso Arbeitnehmer, die sich am Auszahlungstag in einem gekündigten Arbeitsverhältnis befinden[22]. Das gilt auch, wenn das Arbeitsverhältnis aufgrund betriebsbedingter Kündigung geendet hat[23]. Ebenso ist bei nachträglicher Gewährung eine entsprechende Differenzierung zulässig[24].

In mehreren Entscheidungen ging es um die Auslegung von Zusagen des Arbeitgebers, Weihnachtsgratifikationen oder Jahressonderzahlungen zu leisten.[25] In seinem Urteil vom 8.11.1978[26] hatte der Fünfte Senat des Bun-

[20] 5 AZR 48/74 – AP Nr. 84 zu § 611 BGB Gratifikation = EzA § 611 BGB Gratifikation, Prämie Nr. 43 = DB 1974, 24, 83 = BB 1974, 1639.

[21] BAG 24.10.1958 – 2 AZR 254/55 – AP Nr. 8 zu § 611 BGB Gratifikation; 21.2.1974 – 5 AZR 302/73 – AP Nr. 81 zu § 611 BGB Gratifikation = EzA § 611 BGB Gratifikation, Prämie Nr. 39 = BB 1974, 695; 26.6.1975 – 5 AZR 412/74 – AP Nr. 86 zu § 611 BGB Gratifikation = EzA § 611 BGB Gratifikation, Prämie Nr. 47 = DB 1975, 2089 = BB 1975, 1531.

[22] BAG 13.3.1964 – 5 AZR 293/63 – BAGE 15, 300 = AP Nr. 34 zu § 611 BGB Gratifikation = EzA § 611 BGB Gratifikation, Prämie Nr. 8 = DB 1964, 886 = BB 1964, 721; 21.2.1974 – 5 AZR 302/73 – AP Nr. 81 zu § 611 BGB Gratifikation = EzA § 611 BGB Gratifikation, Prämie Nr. 39 = BB 1974, 695; 26.6.1975 – 5 AZR 412/74 – AP Nr. 86 zu § 611 BGB Gratifikation = EzA § 611 BGB Gratifikation, Prämie Nr. 47 = DB 1975, 2089 = BB 1975, 1531.

[23] BAG 29.3.1965 – 5 AZR 6/65 – BAGE 17, 142 = AP Nr. 52 zu § 611 BGB Gratifikation = DB 1965, 711 = BB 1965, 587; 27.10.1978 – 5 AZR 287/77 – BAGE 31, 113 = AP Nr. 98 zu § 611 BGB Gratifikation = EzA § 611 BGB Gratifikation, Prämie Nr. 59 = DB 1979, 503; 25.4.1991 – 6 AZR 183/90 – BAGE 68, 41 = AP Nr. 138 zu § 611 BGB Gratifikation = EzA § 611 BGB Gratifikation, Prämie Nr. 85 = DB 1991, 1574; 19.11.1992 – 10 AZR 264/91 – BAGE 72, 1 = AP Nr. 147 zu § 611 BGB Gratifikation = EzA § 611 BGB Gratifikation, Prämie Nr. 93 = DB 1993, 688.

[24] BAG 18.6.1960 – 5 AZR 31/59 – AP Nr. 16 zu § 611 BGB Gratifikation = DB 1960, 921 = BB 1960, 864; 26.10.1994 – 10 AZR 109/93 – AP Nr. 167 zu § 611 BGB Gratifikation = EzA § 611 BGB Gratifikation, Prämie Nr. 115 = DB 1995, 581 = BB 1995, 1411.

[25] BAG 29.6.1954 – 2 AZR 13/53 – BAGE 1, 36 = AP Nr. 1 zu § 611 BGB Gratifikation; 10.4.1974 – AP Nr. 83 zu § 611 Gratifikation = EzA BGB § 611 Gratifikation, Prämie Nr. 42.

[26] 5 AZR 358/77 – AP Nr. 100 zu § 611 BGB Gratifikation = DB 1979, 505 = BB 1979, 423.

desarbeitsgerichts folgende Grundsätze aufgestellt: Mit einer Jahresleistung könnten verschiedene Zwecke verfolgt werden, Vergütung für im Bezugsjahr geleistete Arbeit; sie könne aber auch Entgelt für die in der Vergangenheit bewiesene oder Anreiz für künftige Betriebstreue sein. Der Zweck ergebe sich nicht (in erster Linie) aus der Bezeichnung, sondern aus den Voraussetzungen, von denen die Erfüllung abhängig gemacht werden.[27] Wird die Zahlung zugesagt, ohne weitere Voraussetzungen wie bestehendes Arbeitsverhältnis zu einem bestimmten Zeitpunkt zu benennen, ist im Zweifel davon auszugehen, dass lediglich eine zusätzliche Vergütung für geleistete Arbeit bezweckt ist. Soll eine Rückzahlungspflicht begründet werden, muss die Zusage eine Rückzahlungsklausel enthalten. Die Verpflichtung zur Rückzahlung muss „eindeutig" sein.[28] Auch die Voraussetzung, dass zum Auszahlungszeitpunkt ein ungekündigtes Arbeitsverhältnis besteht, muss eindeutig erkennbar sein. Die Auslegung kann auch ergeben, dass bei Ausscheiden vor dem Ende des Bezugszeitraums ein anteiliger Anspruch gegeben ist.

In diesem Zusammenhang hat das Bundesarbeitsgericht auch schon vor Inkrafttreten des Schuldrechtsmodernisierungsgesetzes die Unklarheitenregel angewandt. Die Leitsätze des Urteils vom 14.6.1995[29] lauten:

> „1. Eine arbeitsvertragliche Rückzahlungsklausel hinsichtlich des Weihnachtsgeldes ist unwirksam, wenn sie weder Voraussetzungen für die Rückzahlungspflicht noch einen eindeutig bestimmten Zeitraum für die Bindung des Arbeitnehmers festlegt.
> 2. Sind keine entsprechenden Anhaltspunkte gegeben, kommt die ergänzende Auslegung einer solchen allgemeinen Rückzahlungsklausel dahin, dass die Rückforderung im Rahmen der von der Rechtsprechung entwickelten Grenzen erfolgen könne, nicht in Betracht."

Nennt die Zusage als Anspruchsvoraussetzung das Bestehen eines Arbeitsverhältnisses an einem bestimmten Stichtag, so ergibt schon die Auslegung nach dem Wortlaut, dass eine Kündigung zum Ablauf dieses Tages den Anspruch nicht ausschließt.[30] Derartige Stichtagsregeln dürfen auch nicht später nachgeschoben werden, können also die durch die ursprüngliche Zusage für die ausgeschiedenen Arbeitnehmer begründeten Ansprüche nicht mehr begrenzen.[31] Derartige Klauseln können zumindest nicht erweiternd ausgelegt

[27] Vgl. auch BAG 13.6.1991 – 6 AZR 421/89 – EzA § 611 BGB Gratifikation, Prämie Nr. 86.

[28] BAG 26.6.1975 – 5 AZR 412/74 – AP Nr. 86 zu § 611 BGB Gratifikation = EzA § 611 BGB Gratifikation, Prämie Nr. 47 = DB 1975, 2089 = BB 1975, 1531.

[29] 10 AZR 25/94 – AP Nr. 176 zu § 611 BGB Gratifikation = EzA § 611 BGB Gratifikation, Prämie Nr. 127 = DB 1995, 2273.

[30] BAG 26.10.1983 – 5 AZR 331/81 – AP Nr. 118 zu § 611 BGB Gratifikation = DB 1984, 464.

[31] BAG 22.1.2003 – 10 AZR 395/02 – AP Nr. 247 zu § 611 BGB Gratifikation = EzA § 611 BGB 2002 Gratifikation, Prämie Nr. 1.

werden. Löst nach der Zusage die Eigenkündigung des Arbeitnehmers die Rückzahlungspflicht aus, gilt dies nicht ohne weiteres auch für die Mitteilung des Auszubildenden, dass er die Eingehung eines Arbeitsverhältnisses nach Abschluss der Lehre ablehne.[32] Wie bereits erwähnt, ist die Vereinbarung, dass die Umsatzbeteiligung im Folgejahr in monatlichen gleichen Raten ausgezahlt werden soll, dahin auszulegen, dass sie nur die Leistungszeit regelt.[33]

Die Rechtsprechung hat ausdrückliche Rückzahlungsklauseln auch dann für wirksam gehalten, wenn der Arbeitgeber als Zweck der Leistung (nur) die Anerkennung für die Leistung angegeben hat[34].

Bei einem leitenden Angestellten ist die Beteiligung am Jahresgewinn eine Erfolgsvergütung, die entfällt, wenn der Angestellte während des gesamten Geschäftsjahres arbeitsunfähig erkrankt war.[35] In den Urteilen vom 24.10. 1990[36], 19.4.1995[37] und 21.3.2001[38] ging es um die Frage, ob ein 13. Monatsgehalt auch dann anteilig für Zeiten des Erziehungsurlaubs bzw. der Arbeitsunfähigkeit ohne Entgeltfortzahlung gekürzt werden kann, wenn eine Kürzungsvereinbarung nicht getroffen wurde. Das hat das Bundesarbeitsgericht bejaht. Ausschlaggebend war die Auslegung, dass es sich um eine „arbeitsleistungsbezogene Sonderzahlung" handelte.

In dem Urteil vom 24.10.1990[39] heißt es weiter, dass eine Reduzierung jedoch ausscheidet, „wenn es sich nicht um eine Entlohnung für geleistete Dienste handelt, sondern um eine von der eigentlichen Vergütung unabhängige Zahlung (sog. Entgelt im weiteren Sinne), insbesondere um Gratifikationen oder Sonderzahlungen mit Gratifikations- bzw. Mischcharakter". Dementsprechend hat das Bundesarbeitsgericht in mehreren Entscheidungen bei Fehlen einer ausdrücklichen Kürzungsregelung einen Anspruch auf die volle tarifliche Sonderzahlung zuerkannt.[40]

[32] BAG 12.11.1966 – 5 AZR 202/66 – AP Nr. 56 zu § 611 BGB Gratifikation = EzA § 611 BGB Gratifikation, Prämie Nr. 12 = DB 1967, 125 = BB 1967, 81.

[33] BAG 8.9.1998 – 9 AZR 223/97 – AP Nr. 6 zu § 87a HGB = EzA § 611 BGB Nr. 29 = BB 1999, 425.

[34] BAG 26.10.1994 – 10 AZR 109/93 – AP Nr. 167 zu § 611 BGB = EzA § 611 BGB Gratifikation, Prämie Nr. 115 = DB 1995, 581 = BB 1995, 1411; ähnlich BAG 28.1.1981 – 5 AZR 846/78 – AP Nr. 106 zu § 611 Gratifikation = EzA § 611 BGB Gratifikation, Prämie Nr. 69 = DB 1981, 1419 = BB 1981, 1217; vgl. auch BAG 24.7.1958 – 2 AZR 244/55 – AP Nr. 8 zu § 611 BGB Gratifikation.

[35] BAG 8.9.1998 – 9 AZR 223/97 – AP Nr. 6 zu § 87a HGB = EzA § 611 BGB Gratifikation, Prämie Nr. 29 = DB 1999, 804 = BB 1999, 425.

[36] 6 AZR 156/89 – BAGE 66, 169 = AP Nr. 135 zu § 611 BGB Gratifikation = EzA § 611 BGB Gratifikation, Prämie Nr. 181 = DB 1991, 446 = BB 1991, 695.

[37] 10 AZR 49/94 – AP Nr. 173 zu § 611 BGB Gratifikation = EzA § 611 BGB Gratifikation, Prämie Nr. 126 = DB 1995, 2272.

[38] 10 AZR 28/00 – BAGE 97, 211 = AP Nr. 1 zu § 4b EntgeltFG = EzA § 611 BGB Gratifikation, Prämie Nr. 163 = DB 2001, 1675 = BB 2001, 1363.

[39] aaO.

[40] BAG 10.5.1989 – 6 AZR 660/87 – BAGE 62, 35 = AP Nr. 2 zu § 15 BErzGG = EzA § 16 BErzGG Nr. 2 = DB 1989, 2127 = BB 1984, 2478; 1.2.1990 – 6 AZR 336/90 – EEK

4. Grenzen für die Zulässigkeit von „Mehrzweckprämien" in der bisherigen Rechtsprechung

Betrachtet man die Rechtsprechung im Zusammenhang, so scheint die Freiheit des Arbeitgebers, mit einer Leistung verschiedene Zwecke zu verfolgen, fast unbegrenzt: Nur Lohn im engeren Sinne darf nicht mit einer Bleibebedingung verknüpft werden; Rückzahlungsklauseln sind nur innerhalb des in vielen Urteilen erarbeiteten Schemas zulässig. Im Übrigen scheint der Arbeitgeber in der Zwecksetzung frei zu sein. Schon im „Normalfall" – angekündigte Zahlung einer Weihnachtsgratifikation mit Rückzahlungsvorbehalt – verfolgt der Arbeitgeber nicht nur zwei, sondern drei Zwecke, nämlich Belohnung für geleistete Arbeit, Anreiz dazu, bis zum Stichtag (Auszahlungstag) zu bleiben und – das ist der dritte Zweck – Anreiz zu künftiger Betriebstreue. Scheidet der Arbeitnehmer nach Erhalt der Sonderleistung vorzeitig aus, muss er die Gratifikation zurückzahlen. Der Arbeitgeber hat dann zwei Zwecke erreicht, ohne zu einer Gegenleistung verpflichtet zu sein. Dass schon Stichtagsklauseln eine Bindungswirkung entfalten können, liegt auf der Hand. Diese Wirkung wird aber zum Teil unterschätzt[41]. Natürlich hängt diese Wirkung in erster Linie von der absoluten und relativen Höhe der am Stichtag zu erbringenden Leistung ab. Nicht selten werden – nicht nur bei Großverdienern – Sonderzahlungen geleistet, die 50 % des sonstigen Verdienstes überschreiten.[42] Bei der Ähnlichkeit der Bindungswirkung liegt die Frage nahe, ob Stichtagsregelungen unabhängig von der Höhe der Sonderzahlung zulässig sind oder ob ab einer bestimmten Größenordnung – etwa 20 % der Gesamtvergütung – der Zweck der zusätzlichen Vergütung in den Vordergrund tritt mit der Folge, dass bei Ausscheiden vor dem Stichtag die anteilige Sondervergütung zu zahlen ist.[43]

Wesentlich problematischer sind Zusagen, die zwar nicht an Arbeitsentgelt im engeren Sinne anknüpfen, aber an ein gewünschtes Verhalten wie unfallfreies Fahren oder das Fehlen krankheitsbedingter Arbeitsunfähigkeitszeiten. Im Urteil vom 10.1.1991[44] hat das Bundesarbeitsgericht es für zulässig

III/096; 16.3.1994 – 10 AZR 669/92 – BAGE 76, 134 = AP Nr. 162 zu § 611 BGB Gratifikation = EzA § 611 BGB Gratifikation, Prämie Nr. 111 = DB 1994, 235 = BB 1994, 1636.

[41] Etwa von Buchner, Anm. zu BAG 12.10.1972 – 5 AZR 227/72 – AP Nr. 77 zu § 611 BGB Gratifikation Bl. 5, der von einer „gewissen – im Regelfall allerdings gelinden – Bindungswirkung" spricht.

[42] Vgl. dazu BAG 18.3.2009 – 10 AZR 289/08 –. Nach dem dort zur Entscheidung stehenden Sachverhalt belief sich die Sonderzahlung in einem Jahr auf 30.000 EUR, während sich der sonstige Verdienst auf 55.000 EUR jährlich belief. Zudem stand die Leistung noch unter einem – teilweise unklaren – Freiwilligkeitsvorbehalt.

[43] Vgl. auch den 8. OS des Urteils vom 24.10.2007 – 10 AZR 825/06 – BB 2008, 166, dort jedoch zu Rückzahlungsklauseln.

[44] 6 AZR 205/89 – BAGE 67, 1 = AP Nr. 136 zu § 611 BGB Gratifikation = EzA § 611 BGB Gratifikation, Prämie Nr. 82 = DB 1991, 1332 = BB 1991, 1045.

erklärt, dass eine Sonderzahlung für unfallfreies Fahren mit der Bedingung verknüpft wird, dass der Arbeitnehmer am Stichtag (30.11.) noch beschäftigt ist. Neu eingetretenen Arbeitnehmern stand nach der Regelung eine anteilige Prämie zu. Die Klage des vorzeitig ausgeschiedenen Arbeitnehmers wurde abgewiesen. Damit flossen dem Arbeitgeber die Vorteile unfallfreien Fahrens ohne Gegenleistung zu.

Ebenso problematisch sind die – ohnehin nur in den Grenzen des § 4a EFzG zulässigen – Anwesenheitsprämien und vergleichbare Leistungen[45], wenn sie mit Bleibebedingungen verknüpft sind. Anwesenheitsprämien zielen zumindest darauf ab, den Arbeitnehmer in Grenzfällen zu veranlassen, sich nicht krankschreiben zu lassen und zur Arbeit zu erscheinen. Im Urteil vom 26.10.1994[46] heißt es unmissverständlich, Anwesenheitsprämien sollten den Arbeitnehmer motivieren, „nicht nur trotz bestehender Krankheit, sondern auch trotz objektiv bestehender Arbeitsunfähigkeit zu arbeiten". Auch hier würden Rückzahlungsklauseln dazu führen, dass der Arbeitnehmer keine Gegenleistung dafür erhält, dass er sich in Grenzfällen oder trotz bestehender Krankheit und Arbeitsunfähigkeit nicht hat krankschreiben lassen. Schon in seinen Urteilen vom 27.7.1972[47] und vom 12.10.1972[48] hatte das Bundesarbeitsgericht eine – dort wohl fälschlicherweise (auch) – als Anwesenheitsprämie qualifizierte Leistung zum verdienten Lohn gezählt, der nicht nachträglich entzogen werden dürfe.

Handelt es sich um nachträglich gewährte Leistungen, stellen sich dieselben Fragen unter dem rechtlichen Gesichtspunkt des Gleichbehandlungsgrundsatzes. Auch insoweit war das Bundesarbeitsgericht bisher relativ großzügig. In einem Urteil vom 14.2.2007[49] heißt es: Es sei „nicht zu beanstanden, wenn eine Bonuszahlung, die im Vorfeld einer Betriebsabspaltung in erster Linie die Arbeitsleistungen von leitenden Angestellten in einem bestimmten Zeitraum belohnen soll, vom Fortbestand des Arbeitsverhältnisses bei der die Leistung versprechende Arbeitgeberin abhängt. Die Herausnahme u.a. der im Wege des Betriebsübergangs das Unternehmen verlassenden Mitarbeiter (lasse) auf den weiteren Zweck der Leistung schließen, nur die verbleibenden Arbeitnehmer zur besseren Arbeitsleistung in der Zukunft motivieren zu wollen. Dieser Zweck (sei) nicht sachwidrig".

[45] Vgl. BAG 7.8.2002 – 10 AZR 709/01 – BAGE 102, 151 = AP Nr. 2 zu § 4a EntgeltFG = EzA § 4a EntgeltFortzG Nr. 3 = DB 2002, 2384 = BB 2002, 2552.

[46] 10 AZR 482/93 – BAGE 78, 174 = AP Nr. 18 zu § 611 BGB Anwesenheitsprämie = EzA Nr. 10 = DB 1995, 830 = BB 1995, 312.

[47] 5 AZR 141/72 – BAGE 24, 377 = AP Nr. 75 zu § 611 BGB Gratifikation = EzA § 611 BGB Gratifikation, Prämie Nr. 32 = DB 1972, 2114 = BB 1973, 142.

[48] 5 AZR 227/72 – AP Nr. 77 zu § 611 BGB Gratifikation = EzA § 611 BGB Gratifikation, Prämie Nr. 34 = DB 1973, 285 = BB 1973, 144.

[49] 10 AZR 181/06 – AP N. 264 zu § 611 BGB Gratifikation = EzA § 611 BGB 2002 Gratifikation, Prämie Nr. 20.

5. Strengere Maßstäbe nach Inkrafttreten der §§ 305 ff. BGB?

Bekanntlich sieht die Rechtsprechung als unangemessen im Sinne des § 307 Abs. 1 Satz 1 BGB jede Beeinträchtigung eines rechtlich anerkannten Interesses des Arbeitnehmers an, die nicht durch begründete und billigenswerte Interessen des Arbeitgebers gerechtfertigt ist oder durch gleichwertige Vorteile ausgeglichen wird. Bei der erforderlichen wechselseitigen Berücksichtigung und Bewertung rechtlich anzuerkennender Interessen der Vertragspartner sind auch grundrechtlich geschützte Rechtspositionen zu beachten, insbesondere des Grundrechts des Art. 12 Abs. 1 GG.

Nach diesen Maßstäben dürfte eine in allgemeinen Arbeitsbedingungen enthaltene Zusage des Arbeitgebers für unfallfreies Fahren, die mit einer Rückzahlungsklausel verbunden ist oder die Zahlung an die Bedingung knüpft, dass das Arbeitsverhältnis an einem Stichtag noch besteht[50], der Vertragskontrolle nicht Stand halten. Das durch Art. 12 Abs. 1 Satz 1 GG geschützte Recht, den Arbeitsplatz zu wechseln, würde durch eine solche Vertragsgestaltung beeinträchtigt, ohne dass dieser Nachteil ausgeglichen wird. Dieser Ausgleich kann nicht darin gesehen werden, dass der Arbeitgeber nicht verpflichtet ist, überhaupt eine Prämie für unfallfreies Fahren zu gewähren, dann müsse es ihm auch gestattet werden, zusätzliche Voraussetzungen aufzustellen. Entscheidend ist, dass dem Arbeitgeber bei dieser Vertragsgestaltung die Vorteile unfallfreien Fahrens ohne Gegenleistung zufließen, wenn der Arbeitnehmer am Stichtag nicht mehr beschäftigt ist oder zu einem späteren Zeitpunkt ausscheidet.

In der Rechtsprechung wird weiterhin betont: „Der Arbeitgeber kann grundsätzlich frei entscheiden, ob und unter welchen Voraussetzungen er freiwillige Leistungen erbringt. Bei der Auswahl der begünstigten Arbeitnehmer ist er aber an den arbeitsrechtlichen Gleichbehandlungsgrundsatz gebunden.“[51] In seinem Urteil vom 6.5.2009 hat der 10. Senat des BAG eine unangemessene Benachteiligung eines an einem Bonussystem teilnehmenden Arbeitnehmers durch eine Klausel verneint, die die Zahlung vom Bestehen des Arbeitsverhältnisses im (ganzen) Geschäftsjahr vorsah.

Dennoch scheint die Rechtsprechung bei der Anwendung des Gleichbehandlungsgrundsatzes und bei der Frage der Kontrolle von Vereinbarungen, die „Mehrzweckprämien“ vorsehen, mittlerweile einen etwas strengeren Maßstab anzulegen. In dem dem Urteil vom 26.9.2007[52] zugrunde liegenden Sachverhalt war die Anwesenheitsprämie nicht nur mit einer Rückzahlungs-

[50] Vgl. BAG 10.1.1991 – 6 AZR 205/89 – BAGE 67, 1 = AP Nr. 136 zu § 611 BGB Gratifikation = EzA § 611 BGB Gratifikation, Prämie Nr. 82 = DB 1991, 1332 = BB 1991, 1045.

[51] Leitsatz des Urteils vom 1.4.2009 – 10 AZR 353/08 – DB 2009, 2494, NZA 2009, 1409.

[52] 10 AZR 569/06 – AP Nr. 205 zu § 242 BGB Gleichbehandlung = EzA Nr. 13 = DB 2007, 2778 = BB 2008, 337.

klausel verbunden worden. Nicht anspruchsberechtigt sollten die Arbeitnehmer sein, die sich mit einer Verschlechterung ihrer Arbeitsbedingungen nicht einverstanden erklärt hatten. Diese „Kombination" hielt das BAG für unzulässig. Der erste Orientierungssatz dieser Entscheidung lautet:

> „Bietet der Arbeitgeber nur solchen Arbeitnehmern ein vertragliches Weihnachtsgeld an, die zuvor einer Entgeltreduzierung und Arbeitszeitverlängerung zugestimmt hatten, verletzt er den arbeitsrechtlichen Gleichbehandlungsgrundsatz dann, wenn er mit der Zahlung solche Zwecke verfolgt, die nicht im Ausgleich von Vergütungsunterschiede bestehen, sondern ein Verhalten honorieren, dass von allen Arbeitnehmern erwünscht wird."

Der Orientierungssatz des Urteils vom 5.8.2009[53] lautet:

> „Erschöpft sich der Zweck einer Sonderzahlung nicht in einer Kompensation geringerer laufender Arbeitsvergütung, sondern verfolgt der Arbeitgeber mit dieser Leistung nach den von ihm festgesetzten Anspruchsvoraussetzungen noch andere Ziele, wie z.B. die Honorierung vergangener und künftiger Betriebstreue, ist es sachlich nicht gerechtfertigt, die Gruppe von Arbeitnehmern von der Sonderzahlung auszunehmen, die Änderungsangebote des Arbeitgebers mit für sie ungünstigeren Arbeitsbedingungen abgelehnt hatte."

6. Ergebnis

Nach der bisherigen Rechtsprechung ist der Arbeitnehmer insbesondere nicht in ausreichendem Maße dagegen geschützt, dass der Arbeitgeber die Gewährung von Sonderleistungen von Betriebstreue in der Zukunft abhängig macht. Zwar gehen Unklarheiten hinsichtlich der Zweckbestimmung von Leistungen zu Lasten des Arbeitgebers und darf verdientes Entgelt nicht nachträglich entzogen werden. Der letztgenannte Grundsatz wird jedoch bislang zu Unrecht auf Arbeitsentgelt im engeren Sinne begrenzt. Er ist zumindest auszuweiten auf alle die Arbeitgeberleistungen, die den Arbeitnehmer zu einem bestimmten Verhalten veranlassen soll. So dürfen Anwesenheitsprämien und Prämien für unfallfreies Fahren nicht mit Rückzahlungsklauseln, also mit Bleibebedingungen verknüpft werden.

[53] 10 AZR 666/08 – EZA § 612a BGB 2002 Nr. 6 = NZA 2009, 1135; ähnlich BAG 1.4.2009 – 10 AZR 353/08 – DB 2009, 2494 = NZA 2009, 1409.

Leitprinzipien des Kirchlichen Arbeitsgerichtshofs der katholischen Kirche

Reinhard Richardi

Der Jubilar hat unter der Überschrift „Der neuralgische Dritte Weg“ sich nach Inkrafttreten der von der Deutschen Bischofskonferenz am 22.9.1993 verabschiedeten „Grundordnung des kirchlichen Dienstes im Rahmen kirchlicher Arbeitsverhältnisse“ sehr ausführlich mit den in ihr festgelegten Grundlagen kirchlicher Arbeitsverhältnisse befasst.[1] Er hatte damals Bedenken gegen das Regelungssystem des „Dritten Weges“ als Alternative zum Tarifvertragssystem, weil die Beschlüsse der paritätisch besetzten Kommissionen im Rahmen des „Dritten Weges“ unter dem Vorbehalt der bischöflichen Inkraftsetzung stehen. In der Sache werde dadurch der Einfluss der Arbeitnehmerseite auf die Arbeitsbedingungen reduziert und deshalb die Aufgabe, einen Ausgleich dafür zu schaffen, dass der Arbeitsvertrag typischerweise nicht das Ergebnis gleichgewichtiger Verhandlungen sei, verfehlt. Den Jubilar wird überraschen, wie häufig der Kirchliche Arbeitsgerichtshof der katholischen Kirche sich mit der Zielsetzung der Arbeitnehmerseite auseinandersetzen musste, dass bei der Festlegung der Vergütung das Regelungssystem des „Dritten Weges“ eingehalten wird, weil Finanzierungsschwierigkeiten die Dienstgeberseite veranlassten, diesen Weg zu verlassen. Der folgende Beitrag ist deshalb dem Jubilar gewidmet.

I. Eigenständiger kirchlicher Gerichtsschutz bei Streitigkeiten aus dem kollektiven Arbeitsrecht der Kirche

1. Gewährleistung eines eigenen Weges

Der Kirche ist durch die das Grundrecht der Glaubensfreiheit ergänzende, sie absichernde Verfassungsgarantie des Selbstbestimmungsrechts für die kollektivrechtliche Ordnung der Arbeitgeber-Arbeitnehmer-Beziehungen ein eigener Weg eröffnet, weil durch sie auch die Verfassung der Kirche betroffen wird. Zur Wahrung einer Konkordanz mit der staatlichen Arbeitsrechtsordnung hat die Kirche die Mitarbeiterbeteiligung durch das Arbeitsrechts-

[1] Herder-Korrespondenz 1994, 194–200.

Regelungsverfahren nach dem Modell des „Dritten Weges" und das Mitarbeitervertretungsrecht geregelt. Die einschlägigen Ordnungen erließen die Bischöfe durch Gesetz; sie sind Kirchenrecht, das im weltlichen Rechtskreis wegen der in ihm enthaltenen Verfassungsgarantie des Selbstbestimmungsrechts Anwendung findet. Bezieht ein Streitgegenstand sich auf sie, so handelt es sich nicht um eine Streitigkeit aus dem Arbeitsverhältnis, über die das staatliche Arbeitsgericht entscheidet, sondern um die Streitigkeit aus einer kirchenrechtlichen Ordnung, für die der Rechtsweg zu den staatlichen Arbeitsgerichten verschlossen ist.[2] Die Kirche ist auch nicht befugt, für innerkirchliche Streitigkeiten die Kompetenz staatlicher Gerichte vorzusehen.[3]

Damit war die Frage nach der Rechtsweggarantie aufgeworfen. Das Bundesarbeitsgericht ließ sie für die ihm vorliegenden Fälle aus dem Mitarbeitervertretungsrecht offen, weil „die in den Mitarbeitervertretungsordnungen vorgesehenen Schlichtungsstellen *aus der Sicht des Staatskirchenrechts* auch als besondere kirchliche Gerichte tätig werden".[4] Dennoch war es für die Sicherung des Selbstbestimmungsrechts völlig unzureichend, dass staatskirchenrechtlich Anerkennung fand, was nach Kirchenrecht formell nicht vorgesehen war. Die grundlegende Unterscheidung von Richten und Schlichten fand keine Beachtung. Für die Rechtskontrolle fehlte eine zweite Instanz, um die Richtigkeit der Rechtserkenntnis zu gewährleisten.

2. *Schließung einer Rechtsschutzlücke durch die Kirchliche Arbeitsgerichtsordnung*

Zur Behebung dieser Mängel erging die Kirchliche Arbeitsgerichtsordnung (KAGO), wobei für deren Erlass zu berücksichtigen war, dass die katholische Kirche in ihrer rechtlichen Verfassung Teil der Weltkirche ist.[5] Deren Ordnung bestimmt daher kirchenrechtlich die Befugnis zur Gesetzgebung. Die zuständige Apostolische Signatur gab am 18.2.2003 in einem Votum des Obersten Gerichtshofs die Empfehlung, ein Mandat nach can. 455 § 1 CIC zum Erlass einer Kirchlichen Arbeitsgerichtsordnung durch die Vollversammlung der Deutschen Bischofskonferenz zu beantragen, so dass auf dieser Rechtsgrundlage interdiözesane Gerichte erster Instanz und als kirchliches Arbeitsgericht zweiter Instanz für Deutschland der Kirchliche Arbeitsgerichtshof errichtet werden konnten. Nach Beantragung, die dem Staatssekretariat des Heiligen Stuhls am 23.1.2004 zuging, hat der Papst am 17.3.2004 die Erteilung eines besonderen Mandats genehmigt, damit die

[2] BAG 11.3.1986, 25.4.1989 und 9.9.1992 AP GG Art. 140 Nr. 25, 34 und 40.

[3] So jedenfalls OVG Schleswig 12.4.1996 AP MitarbeitervertretungsG-EK Schleswig-Holstein Nr. 22.

[4] BAG 25.4.1989 AP GG Art. 140 Nr. 34.

[5] Vgl. auch *Richardi* FS Birk, 2008, S. 741 (744 f.).

Bischofskonferenz die Kirchliche Arbeitsgerichtsordnung als Gesetz erlassen konnte. Das geschah durch Beschluss vom 21.9.2004. Die Kirchliche Arbeitsgerichtsordnung (KAGO) trat am 1.7.2005 in Kraft.

Auf diözesaner oder mehrdiözesaner Ebene wurden kirchliche Gerichte für Arbeitssachen errichtet, die nach § 2 Abs. 1 KAGO für Rechtsstreitigkeiten aus dem Recht der nach Art. 7 GrO des kirchlichen Dienstes im Rahmen kirchlicher Arbeitsverhältnisse gebildeten Kommissionen zur Ordnung des Arbeitsvertragsrechts und nach Art. 2 Abs. 2 KAGO für Rechtsstreitigkeiten aus der Mitarbeitervertretungsordnung zuständig sind. Als Revisionsinstanz wurde für die Bistümer im Bereich der Deutschen Bischofskonferenz der Kirchliche Arbeitsgerichtshof mit Sitz in Bonn errichtet. Er nahm seine Spruchtätigkeit am 30.11.2006 auf. Neben Beschlüssen erging seitdem eine Vielzahl von Urteilen.

II. Rechtsweg zur kirchlichen Arbeitsgerichtsbarkeit

1. Relevanz der staatskirchenrechtlichen Ordnung

Das Bundesverfassungsgericht hat bereits im Fall Goch zur Verfassungsgarantie des Selbstbestimmungsrechts entschieden, dass zur katholischen Kirche „nicht nur die organisierte Kirche und die rechtlich selbständigen Teile dieser Organisation" gehören, sondern alle der Kirche in bestimmter Weise zugeordneten Einrichtungen ohne Rücksicht auf deren Rechtsform, „wenn sie nach kirchlichem Selbstverständnis ihrem Zweck oder ihrer Aufgabe entsprechend berufen sind, ein Stück Auftrag der Kirche in dieser Welt wahrzunehmen und zu erfüllen".[6] Daraus folgt, dass, wie es an anderer Stelle entschieden hat, sich nach den „von der verfassten Kirche anerkannten Maßstäben" richtet, ob eine Einrichtung der katholischen Kirche zugeordnet ist, so dass in ihr im Verhältnis zum Staat die kirchenrechtliche Ordnung Anwendung findet.[7] Die einer kirchlichen Grundfunktion dienende Einrichtung braucht, wie das Bundesverfassungsgericht es sagt, „zwar der Kirche nicht inkorporiert, also nicht Teil der amtskirchlichen Organisation" zu sein; aber sie muss ihr so zugeordnet sein, dass sie „teilhat an der Verwirklichung eines Stückes Auftrag der Kirche im Geist katholischer Religiosität, im Einklang mit dem Bekenntnis der katholischen Kirche und in Verbindung mit den Amtsträgern der katholischen Kirche".[8]

Der Kirchliche Arbeitsgerichtshof hat daher in vier Urteilen zu Tochtergesellschaften der Stiftung Liebenau anerkannt, dass für die Bildung kirchlicher Mitarbeitervertretungen der Rechtsweg zur kirchlichen Arbeitsge-

[6] BVerfG 11.10.1977 BVerfGE 46, 73 ff.
[7] Vgl. BVerfG 4.6.1985 BVerfGE 70, 138 (166).
[8] BVerfGE 46, 73 (87).

richtsbarkeit eröffnet ist.[9] Entscheidend war der Rechtsstatus der Stiftung Liebenau, für die auch das Verwaltungsgericht Baden-Württemberg in zwei Urteilen vom 8.6.2009 entschieden hat, dass sie der katholischen Kirche sowohl nach den inhaltlichen als auch nach den formellen Kriterien zugeordnet ist. Was dort für das staatliche Recht ausgeführt ist, gilt nach Auffassung des Kirchlichen Arbeitsgerichtshofs gleichermaßen für die kirchliche Rechtsordnung. Die Stiftung ist zwar weder unter dem CIC/1983 noch unter dem CIC/1917 förmlich als juristische Person des kanonischen Rechts errichtet worden; sie erfüllt jedoch die Voraussetzungen der Errichtung einer kirchlichen Stiftung kanonischen Rechts nach Maßgabe des Mitte des 19. Jahrhunderts gültigen Corpus Iuris Canonici. Die Verleihung einer kirchlichen Rechtspersönlichkeit ist demnach zwar eine hinreichende, aber keine notwendige Voraussetzung für die Zuordnung zur katholischen Kirche.

2. *Keine Abspaltung durch Ausgründung in eine GmbH*

Der Kirchliche Arbeitsgerichtshof hat bereits in den Urteilen zu Tochtergesellschaften der Stiftung Liebenau anerkannt, dass bei einer nach staatlichem Recht gegründeten GmbH, deren Alleingesellschafterin die Stiftung ist, keine Abspaltung von der kirchlichen Arbeitsrechtsordnung eingetreten ist. Bei Wahrung des Stiftungszwecks kann eine Stiftung eine GmbH gründen, um durch die Wahl der Rechtsform unter Festlegung einer Zuständigkeit für bestimmte Bereiche die Haftung zu beschränken. Allerdings ist bei einer privatrechtlich verselbständigten Einrichtung Voraussetzung, dass neben der Verbindung mit den Amtsträgern der Kirche auch satzungsrechtlich gesichert bleibt, dass die Einrichtung teilhat „an der Verwirklichung eines Stückes Auftrag der Kirche im Geist katholischer Religiosität, im Einklang mit dem Bekenntnis der katholischen Kirche und in Verbindung mit den Amtsträgern der katholischen Kirche".[10] Die Einrichtung muss jedoch, wie der Kirchliche Arbeitsgerichtshof bereits zu den Tochtergesellschaften der Stiftung Liebenau entschieden hat, auch berechtigt sein, die Zuordnung zur Kirche preiszugeben. Das hängt von der Rechtsgrundlage der Zuordnung ab. Hier muss man, worauf der Kirchliche Arbeitsgerichtshof hinweist, insbesondere zwischen korporativ verfassten Einrichtungen und Stiftungen unterscheiden. Während im ersteren Fall für eine Satzungsänderung der Mitgliederwille ausschlaggebend ist, entscheidet im letzteren Fall der Stifterwille, der zur Sicherung des Stiftungszwecks konstant bleibt. Wenn sich aus ihm eine Zuordnung zur Kirche ergibt, kann sie nicht durch eine Änderung der Stiftungsverfassung beseitigt werden.

[9] KAGH 12.12.2008 – M 04/08 bis M 07/08.
[10] BVerfGE 46, 73 (87).

Für eine Eingruppierungsstreitigkeit mit einer nach kirchlichem Recht gebildeten Mitarbeitervertretung hat der Kirchliche Arbeitsgerichtshof in seinem Urteil vom 27.2.2009 – M 13/08 – ebenfalls anerkannt, dass der Rechtsweg zur kirchlichen Arbeitsgerichtsbarkeit nach § 2 Abs. 2 KAGO eröffnet ist.[11] Dienstgeber war die Kolping-Bildungszentren GmbH Paderborn. Deren beide Gesellschafter, ihrerseits zwei juristische Personen, deren Zuordnung zur Kirche unstreitig war, hatten am 10.7.2007 unter Verzicht auf Einhaltung jeglicher Formen und Fristen mit sofortiger Wirkung den Beschluss gefasst, die Grundordnung, die KODA-Ordnung und die Mitarbeitervertretungsordnung nicht mehr anzuerkennen.

Hintergrund dieser Maßnahme ist, dass die Grundordnung der katholischen Kirche kirchenrechtliche Begrenzungen der bischöflichen Gesetzgebungsbefugnis berücksichtigt und daher sich in ihrem Art. 2 Abs. 2 auf die Bestimmung beschränkt, dass die Rechtsträger, für die die Grundordnung nicht unmittelbar nach Art. 2 Abs. 1 gilt, gehalten sind, die Grundordnung für ihren Bereich rechtsverbindlich zu übernehmen. Die Bischöfe haben damit beim Erlass der Grundordnung für deren Geltung die kirchenrechtlich schwierige Einordnung der Rechtsträger in der Gestaltung des Art. 2 GrO berücksichtigt. Darin liegt zugleich für den Bereich der Arbeitsverhältnisse, um im Verhältnis zum Staat den Bereich der Selbstbestimmung innerhalb der staatlich geordneten Arbeitsverfassung festzulegen, eine kirchenrechtliche Zuordnung; denn auch wenn Gläubige von der Vereinigungsfreiheit i.S. des can. 215 CIC Gebrauch machen, hat dies bei Schaffung einer Arbeitsorganisation nicht zur Folge, dass ihrem Belieben unterliegt, ob das staatliche Arbeitsrecht uneingeschränkt oder mit den für eine Religionsgesellschaft geltenden Modifikationen Anwendung findet.

Der Kirchliche Arbeitsgerichtshof hat deshalb den Gesellschafterbeschluss vor allem aus zwei Gründen nicht als ausreichend angesehen, um nachträglich aus dem Kreis der sonstigen kirchlichen Rechtsträger und ihrer Einrichtungen i.S. des Art. 2 Abs. 2 GrO auszuscheiden:

[11] Abgedruckt in ZMV 2009, 153 ff. Gegen die Entscheidung des Kirchlichen Arbeitsgerichtshofs hat die Revisionsbeklagte am 27.4.2009 beim Obersten Gerichtshof der Apostolischen Signatur Berufung eingelegt. Mit Schreiben vom 6.4.2009 hat der Erzbischof von Paderborn beim Obersten Gerichtshof der Apostolischen Signatur beantragt, die Entscheidung des Kirchlichen Arbeitsgerichtshofs gemäß Art. 121–124 der Apostolischen Konstitution *Pastor Bonus* zu überprüfen. Der Oberste Gerichtshof der Apostolischen Signatur hat daraufhin am 30.6.2009 verfügt, dass ein Delegationsgerichtshof einzurichten sei, der nach Ausschöpfung aller Rechtsmittel die betreffende Rechtssache in einem einzigen Urteil entscheiden solle (vgl. Protokoll Nr. 42676/09 VT). Das Tribunal Delegatum et a Supremo Signaturae Apostolicae Tribunali constitutum kam im Urteil vom 31.3.2010 zu dem Ergebnis, dass die Klage „nunmehr" unzulässig sei, weil die Revisionsbeklagte nicht mehr dem kirchlichen Arbeitsrecht unterliege.

- Eine als GmbH verfasste Organisation ist „nur um der Haftungsbeschränkung willen vermögensrechtlich als juristische Person gegenüber den Gesellschaftern verselbständigt".[12] Im Gegensatz zum Recht der Aktiengesellschaft sichert die Weisungsbefugnis der Gesellschafter, die für die GmbH eine Rechtsfigur von kardinaler Bedeutung darstellt, dass der Status der Gesellschafter prägend bleibt. Die Zuordnung zur Kirche richtet sich deshalb nach dem Status der Gesellschafter. Bei den beiden Gesellschaftern handelte es sich um juristische Personen, die unstreitig zu den kirchlichen Rechtsträgern zählten. Ihre gesetzlichen Vertreter, die mit den gesetzlichen Vertretern der GmbH weitestgehend personenidentisch waren, konnten daher bereits aus gesellschaftsrechtlichen Gründen keine von den Gesellschaftern wesensverschiedene Organisation begründen, da die GmbH nur um der Haftungsbeschränkung willen vermögensrechtlich als juristische Person gegenüber den Gesellschaftern verselbständigt ist.
- Doch weniger diese gesellschaftsrechtliche Besonderheit im vorliegenden Fall als vielmehr generell die Frage nach dem Geltungsgrund bestimmt die Bedeutung des Urteils vom 27.2.2009. Wie auch das Bundesarbeitsgericht im Urteil vom 10.12.1992[13] für das kirchliche Mitarbeitervertretungsrecht angenommen hat, beruht die Geltung der Grundordnung nicht auf der Satzungsautonomie, sondern im Verhältnis zum Staat auf dem verfassungsrechtlich verbürgten Selbstbestimmungsrecht der Kirche. Die Satzungsautonomie bezieht sich nämlich nur auf die verbandsinterne Ordnung. Das gilt für sie nicht nur nach dem staatlichen Privatrecht, sondern auch für eine kirchenrechtliche Satzungsmacht nach dem Codex Iuris Canonici. Die Satzungsmacht gibt keinem Verband die Befugnis zur Regelung seiner rechtlichen Außenbeziehungen, zu denen auch die Rechtsverhältnisse seiner Arbeitnehmer gehören. So unterliegt zwar der Satzungsautonomie, ob das nach der Satzung zuständige Verbandsorgan einen Arbeitsvertrag abschließen kann. Dessen Inhalt richtet sich aber nicht nach der Satzung, sondern nach dem weltlichen Arbeitsvertragsrecht, wie es auch can. 1286 CIC vorsieht, der einen kirchlichen Arbeitgeber verpflichtet, das „weltliche Arbeits- und Sozialrecht genauestens gemäß den von der Kirche überlieferten Grundsätzen zu beachten". Damit wird auch das Staatskirchenrecht einbezogen, das der Kirche für die Gestaltung der Arbeitgeber-Arbeitnehmer-Beziehungen einen eigenen Weg nach den von der verfassten Kirche anerkannten Maßstäben gewährleistet. Auf diese Weise werden kirchliches und weltliches Recht entsprechend den verfassungsrechtlichen Anforderungen bruchlos miteinander verknüpft.[14]

[12] *Flume*, Allgemeiner Teil des Bürgerlichen Rechts, Bd. I/2, 1983, S. 62.
[13] AP GG Art. 140 Nr. 41.
[14] So auch *Dütz* NZA 2008, 1383 (1385).

Ein der Kirche staatskirchenrechtlich zugeordneter Rechtsträger kann deshalb nicht die ihm kirchengesetzlich vorgeschriebene rechtsverbindlich erklärte „Übernahme" der Grundordnung (Art. 2 Abs. 2 Satz 2 GrO) durch einen actus contrarios zurücknehmen.

3. *Verbindung mit den zuständigen Amtsträgern der Kirche*

Der Kirchliche Arbeitsgerichtshof hat im Urteil vom 27.2.2009 – M 13/08 – darauf hingewiesen, dass für die Geltung des kirchlichen Arbeitsrechts die Verbindung mit dem zuständigen Amtsträger der Kirche, im vorliegenden Fall also mit dem Erzbischof von Paderborn, gewährleistet bleiben muss. Er verlangt keine rechtliche Absicherung, obwohl sie wünschenswert ist, sondern lässt eine tatsächliche Verbindung genügen. Dabei folgt er der ständigen Rechtsprechung des Bundesarbeitsgerichts, die vielfach genügen ließ, dass eine Mitgliedschaft in der Caritas bzw. für den evangelischen Bereich in der Diakonie bestand.[15] Dieser Begründungslinie folgt das Bundesarbeitsgericht auch noch im Beschluss seines Siebenten Senats vom 5.12.2007.[16] Es hat in dem Beschluss als wesentlich angenommen, dass das erforderliche Mindestmaß an Einflussmöglichkeiten der Evangelischen Kirche auf die religiöse Tätigkeiten in einer Einrichtung zwar nicht allein durch die Mitgliedschaft der Einrichtung oder ihres Rechtsträgers im Diakonischen Werk der Evangelischen Kirche begründet werde; für das Mindestmaß sei aber ausreichend, dass das Diakonische Werk seinerseits über entsprechende Einflussmöglichkeiten gegenüber der Einrichtung oder ihrem Rechtsträger verfüge. Darin kommt zugleich zum Ausdruck, dass bei einer derartigen Einflussnahme auch die Verbindung mit den zuständigen Amtsträgern der Kirche gewährleistet ist.

Zuständiger Amtsträger der Kirche ist für die Geltung diözesanen Rechts der Diözesanbischof. In seine Kompetenz fällt daher auch, zu entscheiden, ob eine Verbindung mit ihm besteht. Aus einer Anerkennung der Zuordnung zur Kirche ergibt sich kein Verpflichtungsgrund nach staatlichem Recht, mit dem Kirchenvermögen zu haften. Verfassungsrechtlich ist vielmehr garantiert, dass bei privatrechtlich organisierten Einrichtungen insbesondere auch durch die Wahl der Rechtsform einer GmbH unter Festlegung einer Zuständigkeit für bestimmte Bereiche die Haftung beschränkt sein kann. Der Kirchliche Arbeitsgerichtshof hat klargestellt, dass in die Entscheidungskompetenz des Bischofs fällt, ob eine bisher bestehende Verbindung mit ihm aufgegeben ist.

Der Beschluss der Gesellschafter einer GmbH, kirchliches Arbeitsrecht nicht mehr anzuwenden, kann deshalb Grund sein, dass der Bischof durch einen entsprechenden Rechtsakt eine Klarstellung herbeiführt, weil er das

[15] Vgl. den Nachweis von *Richardi*, Arbeitsrecht in der Kirche, 5. Aufl. 2009, S. 278 ff.
[16] AP BetrVG 1972 § 118 Nr. 82; dazu auch *Reichold* NZA 2009, 1377 (1378 f.).

Vertrauen verloren hat, in der Einrichtung die Erfüllung eines Beitrags zum Sendungsauftrag der Kirche zu erblicken.

4. Assoziierung zu einem Caritasverband

Wegen Fehlens einer Verbindung zu dem zuständigen Amtsträger der Kirche kam der kirchliche Arbeitsgerichtshof im Urteil vom 27.11.2009 – M 04/09 – zu dem Ergebnis, dass der Rechtsweg zu den kirchlichen Gerichten für Arbeitssachen nicht eröffnet ist. Der Verein, um dessen Mitarbeitervertretung es ging, nannte die von ihm betriebene Einrichtung „St. Elisabeth Alten- und Pflegeheim – Deutschordenshaus", obwohl es sich um keine Einrichtung des Deutschen Ordens handelte. Lediglich seine ordentlichen Mitglieder mussten nach der Satzung zugleich Familiare des Deutschen Ordens oder Deutschherren sein. Der Verein war zum Caritasverband für die Diözese Eichstätt assoziiert und hatte sich durch einen Kooperationsvertrag vom 31.1.1989 mit ihm verpflichtet, in seiner Einrichtung die Arbeitsvertragsrichtlinien und die Ordnung für Mitarbeitervertretungen des Deutschen Caritasverbandes anzuwenden. Nach dem Kirchlichen Arbeitsgerichtshof waren damit aber nicht die Voraussetzungen erfüllt, um zu dem Ergebnis zu gelangen, dass der Verein als Dienstgeber unter die Mitarbeitervertretungsordnung für das Bistum Eichstätt fällt.

Keine Bedeutung für die Beurteilung hatte in diesem Zusammenhang, dass zum 1.3.2007 Ausgründungen in zwei Gesellschaften mit beschränkter Haftung erfolgt waren. Der Kirchliche Arbeitsgerichtshof hat vielmehr in diesem Zusammenhang seine Rechtsprechung bestätigt, dass die Ausgründung in eine GmbH nicht notwendigerweise eine Abspaltung von der Zuordnung zur Kirche begründet. Entscheidend für die Beurteilung war vielmehr, dass eine ausreichende Verbindung mit dem zuständigen Amtsträger der Kirche nicht bestand. Eine derartige Verbindung könne, wie der Kirchliche Arbeitsgerichtshof feststellt, zwar auch über die Mitgliedschaft in einem Diözesan-Caritasverband bestehen. Der Kooperationsvertrag mit dem Caritasverband erfülle jedoch nicht diese Voraussetzung. Im Gegensatz zu einer Verpflichtung, die Arbeitsvertragsrichtlinien des Deutschen Caritasverbandes anzuwenden, sei er als Rechtsgrundlage für die Geltung der Mitarbeitervertretungsordnung nicht ausreichend; es müssen vielmehr deren Geltungsvoraussetzungen vorliegen.

In diesem Zusammenhang verdient die Verbandsordnung des Deutschen Caritasverbandes e.V. vom 18.10.2006 und 17.10.2007 Beachtung. Gemäß ihrem § 23 Abs. 5 wird mit einer Assoziierung vereinsrechtlich keine Mitgliedschaft begründet. Gemäß § 24 Abs. 1 lit. b sind Zielgruppen der Assoziierung Träger von Diensten und Einrichtungen, bei denen im Rechtssinne keine Zuordnung zur katholischen Kirche besteht. Kennzeichen einer assoziierten Organisation ist gemäß § 24 Abs. 3 lit. c, dass es sich um einen kleinen

Träger von Diensten und Einrichtungen handelt, der in der Regel weniger als fünf berufliche Mitarbeiter hat und damit weder die Voraussetzungen zur Wahl einer Mitarbeitervertretung noch eines Betriebsrats erfüllt. Die Assoziierung ist ausgeschlossen, wenn der den Antrag stellende Träger die Voraussetzungen einer korporativen Mitgliedschaft erfüllen könnte, jedoch aus Gründen der Umgehung des kirchlichen Arbeitsrechts oder sonstigen Kirchenrechts die Form der Assoziierung anstrebt.[17]

5. *Ordensautonomie und kollektives Arbeitsrecht der Kirche*

Der Kirchliche Arbeitsgerichtshof konnte bisher offen lassen, wie die Ordensautonomie sich auf das kollektive Arbeitsrecht der Kirche auswirkt. Bestritten ist, ob der Bischof kirchenrechtlich die Befugnis hat, für die Orden verbindlich festlegen zu können, dass sie die von ihm erlassenen Ordnungen für das Arbeitsrechts-Regelungsverfahren und die Mitarbeitervertretungen anzuwenden haben.[18] Das gilt vor allem für die Orden päpstlichen Rechts; denn sie unterstehen „in Bezug auf die interne Leitung und Rechtsordnung unmittelbar und ausschließlich der Gewalt des Apostolischen Stuhles" (can. 593 CIC). Deshalb soll, wie vertreten wird, die Geltung einer Mitarbeitervertretungsordnung kirchenrechtlich nur vom Heiligen Stuhl vorgeschrieben werden können.[19]

Bei der Beurteilung dieser Problemlagen muss zum einen beachtet werden, dass es vornehmlich nicht um die Aufsicht des Bischofs über selbständige katholische Einrichtungen geht, sondern um die Gestaltung des eigenen Weges, den das Staatskirchenrecht den Kirchen eröffnet. Die Ordensautonomie in vermögensrechtlichen Angelegenheiten wird davon nicht berührt. Richtig ist, dass vom Bischof gesetztes Recht nicht für den Ordensbereich gilt. Soweit es jedoch um das Recht des „Dritten Weges" und das Mitarbeitervertretungsrecht geht, betreffen sie zwar auch den Orden und seine Organisation; es ist aber kirchenrechtlich zweifelhaft, ob es sich insoweit noch um den Innenbereich des Ordensinstituts handelt, der unter die dem Orden gewährleistete Autonomie fällt (can. 586 CIC), wenn der Orden rechtlich verselbständigte Einrichtungen betreibt und Arbeitsverhältnisse eingeht, auf die das staatliche Arbeitsrecht Anwendung findet. Soweit es um die Ordensautonomie in vermögensrechtlichen Angelegenheiten geht, kann man die nach staatlichem Recht eingeräumte Befugnis, rechtlich verselbständigte Organisations- und Wirkungseinheiten zu schaffen und zu diesem Zweck Arbeitsverhältnisse zu begründen und deren Vertragsinhalt festzu-

[17] Vgl. § 25 Abs. 1 lit. b Verbandsordnung.

[18] Verneinend vor allem *Pree*, Kirchenrechtliches Gutachten zu ausgewählten Fragen der Aufsicht über selbständige katholische Einrichtungen und zum Dritten Weg, erstellt im Auftrag des Deutschen Caritasverbandes e.V., 2003.

[19] *v. Nell-Breuning SJ* AuR 1979, 1 (5).

legen, nicht ohne weiteres so behandeln wie Verträge zur Erbringung von Dienst- und Werkleistungen durch ein bereits am Markt bestehendes Unternehmen und die Anlage von dem Orden gehörenden Vermögensgegenstände bei einer Bank.

Für die Orden gilt kirchenrechtlich verbindlich, dass sie als Vermögensverwalter „bei der Beschäftigung von Arbeitskräften auch das weltliche Arbeits- und Sozialrecht genauestens gemäß den von der Kirche überlieferten Grundsätzen zu beachten" haben (can. 1286 CIC). Zum „weltlichen Arbeitsrecht" gehört aber die Betriebsverfassung, für die der staatliche Gesetzgeber wegen der Verfassungsgarantie des Selbstbestimmungsrechts festgelegt hat, dass die von ihm getroffene Regelung auf „Religionsgemeinschaften und ihre karitativen und erzieherischen Einrichtungen unbeschadet deren Rechtsform" keine Anwendung findet (so in § 118 Abs. 2 BetrVG und entsprechend für den Bereich des staatlichen Personalvertretungsrechts § 112 Satz 1 BPersVG). Ihnen bleibt vielmehr, wie es in § 112 Satz 2 BPersVG heißt, „die selbständige Ordnung eines Personalvertretungsrechtes überlassen". Darin liegt trotz der gegenteiligen Meinung von *Hollerbach*[20] keine die Kirchen bindende Pflicht. Aber der Staat bringt durch diese Vorschrift eine Erwartung zum Ausdruck; denn die Verfassungsgarantie des kirchlichen Selbstbestimmungsrechts bezweckt nicht die Schaffung eines rechtsfreien Raums, sondern die Bildung von Recht entsprechend dem Bekenntnis der Kirche.[21] Da der CIC kein eigenes Betriebsverfassungsrecht kennt, sondern im Gegenteil für die Arbeitgeber-Arbeitnehmer-Beziehungen die Anwendung des „weltlichen Arbeitsrechts" gebietet, ist auch für die Orden kirchenrechtlich verbindlich, das vom staatlichen Gesetzgeber geschaffene Recht anzuwenden. Soweit es eine Ausnahme für Religionsgesellschaften vorsieht, gilt sie auch für die Orden als Teil der katholischen Kirche. Ihre Einbeziehung bedeutet jedoch nicht, dass der Staat ihnen eigene Wege offen gehalten hat, wie sie die Zuordnung zur Kirche und zu deren arbeitsrechtlicher Ordnung gestalten. Nach dem Bundesverfassungsgericht sind vielmehr die „von der verfassten Kirche anerkannten Maßstäbe" verbindlich.[22] Daraus wird, soweit es um die kirchenspezifischen Besonderheiten geht, abgeleitet, dass die maßgebliche Kompetenz beim Diözesanbischof liegt.[23]

Der Kirchliche Arbeitsgerichtshof hat im Urteil vom 19.3.2010 offen lassen können, ob dies auch für die Orden gilt. Selbst wenn man zu dem Ergebnis gelangen sollte, dass der Bischof kirchenrechtlich nicht befugt ist, die

[20] AöR 106 (1981), 218 (244 Fn. 60).

[21] So bereits *Mayer-Maly*, Erwerbsabsicht und Arbeitnehmerbegriff, 1965, S. 19.

[22] Vgl. BVerfGE 70, 138 (166, 168).

[23] Vgl. *Dütz*, Rechtsgutachten: Kirchenarbeitsrechtliche Gestaltung von Arbeitsverhältnissen für und durch die Orden, in: Ordens-Korrespondenz 49 (2008), 47 (53); weiterhin BAG 10.12.1992 AP GG Art. 140 Nr. 41; *Fuhrmann* Kirche und Recht 2005, 175 (180).

Orden in die Mitarbeitervertretungsordnung einzubeziehen, stellt sich die Frage, ob die kirchenrechtlich begründete Ordensautonomie auch die Befugnis zum Erlass einer betriebsverfassungsrechtlichen Mitbestimmungsordnung umfasst; denn die in der Bundesrepublik Deutschland geltende gesetzliche Ordnung der Betriebsverfassung beruht nicht auf dem Grundsatz der Vertragsfreiheit, sondern im Gegenteil beschränkt diese, um die auf privatrechtlicher oder öffentlich-rechtlicher Grundlage tätigen Beschäftigten an der Planung, Organisation und Leitung der Arbeitsorganisation zu beteiligen, in die sie eingegliedert sind. Das universale Kirchenrecht enthält insoweit keine Festlegung, weil die Gesellschaftsstruktur in den Staaten der Welt verschieden ist. Auch insoweit muss wie bereits in einem anderen Zusammenhang beachtet werden, dass die den Kirchen und anderen Religionsgemeinschaften eingeräumte Befugnis, eine Mitbestimmungsordnung zu schaffen, nicht auf der Satzungsautonomie der ihnen zugeordneten Verbände und Stiftungen beruht, sondern sich als Schlussfolgerung aus der Verfassungsgarantie des Art. 140 GG i.V. mit Art. 137 Abs. 3 WRV ergibt, die den Kirchen und Religionsgemeinschaften eigene Wege zur Gestaltung des kollektiven Arbeitsrechts eröffnet, um die Glaubwürdigkeit ihrer Ordnung bei der Erfüllung ihrer religiös geprägten Aufgaben zu sichern.

In seinem Urteil vom 19.3.2009 ließ der Kirchliche Arbeitsgerichtshof offen, ob insbesondere bei Orden päpstlichen Rechts an die Stelle der von den Bischöfen anerkannten Ordnung eine von den Ordensoberen geschaffene Ordnung treten kann. Im entschiedenen Fall war diese Voraussetzung nicht erfüllt; denn die Ordnung, nach der die Mitarbeitervertretung gebildet worden war, hatte die Katholische Wohltätigkeitsanstalt zur heiligen Elisabeth, eine Stiftung öffentlichen Rechts, durch Beschluss ihres Vorstands erlassen, ohne dass die Publikation in einem kirchlichen Amtsblatt erfolgt war. Der Kirchliche Arbeitsgerichtshof kam daher zu dem Ergebnis, dass für den Rechtsstreit der Rechtsweg zu den kirchlichen Gerichten für Arbeitssachen nicht eröffnet war; denn bei der Ordnung, die der Vorstand der Stiftung für deren Einrichtungen erlassen hat, handelt es sich nicht um kirchliches Recht, sondern um eine letztlich vom Arbeitgeber selbst geschaffene schuldrechtliche Ordnung, für die bei Meinungsverschiedenheiten ausschließlich die staatlichen Gerichte zuständig sind.

Wenn dagegen ein Orden bischöflichen oder päpstlichen Rechts mit Zustimmung des zuständigen Diözesanbischofs für seinen Betrieb das bischöfliche Mitarbeitervertretungsrecht anwendet, ist bei Meinungsverschiedenheiten der Rechtsweg zur kirchlichen Arbeitsgerichtsbarkeit eröffnet. Für die Anwendung des § 2 Abs. 2 KAGO spielt in diesem Fall keine Rolle, wie Inhalt und Reichweite der Ordensautonomie kirchenrechtlich zu beurteilen sind. Das gilt insbesondere für privatrechtlich verselbständigte Organisations- und Wirkungseinheiten wie eine GmbH, deren Träger ein Orden ist. Dies hat der Kirchliche Arbeitsgerichtshof im Urteil vom 26.6.2009 –

M 16/08 – zu § 2 Abs. 1 KAGO für eine Rechtsstreitigkeit aus dem KODA-Bereich ausdrücklich bestätigt.[24] Ist Rechträger einer Einrichtung eine GmbH, deren Alleingesellschafter eine Ordensgemeinschaft päpstlichen Rechts ist, so findet auf sie die vom Diözesanbischof als Kirchengesetz erlassene „Grundordnung des kirchlichen Dienstes im Rahmen kirchlicher Arbeitsverhältnisse" jedenfalls dann Anwendung, wenn der Alleingesellschafter der Übernahme im Sinne des Art. 2 Abs. 2 Satz 2 GrO zustimmt.

III. Mitbestimmung bei Einstellungen und Eingruppierungen

1. Beteiligung der Mitarbeitervertretung beim Einsatz besonderer Beschäftigungsformen

Nach dem Modell, das der gesetzlich gestalteten Betriebsverfassung zugrunde liegt, besteht bei Beschäftigung eines Arbeitnehmers ein auf dem Vertrag mit dem Betriebsinhaber beruhendes Arbeitsverhältnis. Gleiches gilt im Regelfall auch für das kirchliche Mitarbeitervertretungsrecht; denn Grundprinzip der kirchlichen Arbeitsverfassung ist die Dienstgemeinschaft, nach der alle in einer Einrichtung der katholischen Kirche Tätigen, wie es in der Legaldefinition des Art. 1 GrO heißt, durch ihre Arbeit ohne Rücksicht auf die arbeitsrechtliche Stellung gemeinsam dazu beitragen, dass die Einrichtung ihren Teil am Sendungsauftrag der Kirche erfüllen kann. Diese Grundsatzregelung hat Auswirkungen auf Beschäftigungsformen, in denen keine Vertragsbeziehung zum Betriebsinhaber besteht.

Nach § 34 Abs. 1 (Rahmen-)MAVO, der kirchengesetzlich in die bischöflichen Mitarbeitervertretungsordnungen übernommen ist, bedarf die Einstellung und Anstellung von Mitarbeiterinnen und Mitarbeitern für den Regelfall der Zustimmung der Mitarbeitervertretung, wobei diese ihre Zustimmung nur aus den in § 34 Abs. 2 genannten Gründen verweigern kann. Bereits der erste Fall, den der Kirchliche Arbeitsgerichtshof zu entscheiden hatte, betraf die Mitbestimmung über den Einsatz von sog. Ein-Euro-Jobbern.[25] Bei diesem Personenkreis handelt es sich um erwerbsfähige Hilfsbedürftige, die keine Arbeit finden können und die, wenn ihnen Gelegenheit für „im öffentlichen Interesse liegende, zusätzliche Arbeiten" gewährt wird, zuzüglich zum Arbeitslosengeld II eine angemessene Entschädigung für Mehraufwendungen erhalten. Es handelt sich bei ihrem Einsatz im Betrieb um eine rein sozialrechtliche Maßnahme, durch die kein Arbeitsverhältnis

[24] Abgedruckt in ZMV 2009, 212 f.

[25] KAGH 30.11.2006 – M 01/06, abgedruckt in ZMV 2007, 79 ff.; dazu auch *Richardi* FS Birk, 2008, S. 741 (749 f.).

begründet wird (§ 16d Satz 2 SGB II). Der Kirchliche Arbeitsgerichtshof verneinte eine Mitbestimmung unter dem Gesichtspunkt der Einstellung. Er traf daher eine andere Entscheidung als später das Bundesarbeitsgericht in seinem Beschluss vom 2.10.2007;[26] denn § 99 Abs. 1 BetrVG bezieht das Mitbestimmungsrecht auf „jede Einstellung", während das Zustimmungsrecht der Mitarbeitervertretung ausdrücklich auf die „Einstellung von Mitarbeiterinnen und Mitarbeitern" bezogen wird. Für den Mitbestimmungstatbestand der Einstellung nach § 99 BetrVG genügt daher die Zuweisung einer weisungsgebundenen Tätigkeit ohne Rücksicht auf das Rechtsverhältnis zum Betriebsinhaber. Das Bundesarbeitsgericht lässt jedoch keinen Zweifel daran, dass der Personenkreis der „Ein-Euro-Jobber" nicht zu den Arbeitnehmern des Betriebs zählt. Für das kirchliche Mitarbeitervertretungsrecht kommt es aber gerade darauf an, ob er zu den Mitarbeiterinnen und Mitarbeitern der kirchlichen Einrichtung gehört. Der Kirchliche Arbeitsgerichtshof hat diese Frage verneint, aber darauf hingewiesen, dass der Einsatz von Ein-Euro-Jobbern unter den Beteiligungstatbestand der Anhörung und Mitberatung nach § 29 Abs. 1 Nr. 1 MAVO fällt.

Die Problematik der Mitbestimmung bei Einstellungen hat den Kirchlichen Arbeitsgerichtshof auch in seinem Urteil vom 27.11.2009 – M 06/09 – beschäftigt. Da nach der eindeutigen Bestimmung des § 3 Abs. 1 Satz 2 MAVO, die keine dem Gesetzestext widersprechende Interpretation zulässt, nicht zu den Mitarbeitern zählt, wer als Leiharbeitnehmer in einer kirchlichen Einrichtung tätig wird, ist sein Einsatz keine mitarbeitervertretungsrechtlich bedeutsame Einstellung.[27]

Deshalb konnte und musste offen bleiben, wie der Einsatz von Leiharbeit kirchenrechtlich zu beurteilen ist. Der Kirchengerichtshof der EKD hat in dem Beschluss vom 9.10.2006[28] angenommen, dass eine auf Dauer angelegte Beschäftigung von Leiharbeitnehmern, insbesondere eine Substitution von Mitarbeitern durch Leiharbeitnehmer, mit dem Kirchenarbeitsrecht nicht vereinbar sei; sie widerspreche dem kirchlichen Grundsatz des Leitbildes von der Dienstgemeinschaft. Wegen der anderen Gesetzeslage hat der Kirchliche Arbeitsgerichtshof von einer Stellungnahme abgesehen; denn eine zur Sicherung der Glaubwürdigkeit des kirchlichen Dienstes notwendige Regelung kann verschieden gestaltet sein.[29]

[26] AP BetrVG 1972 § 99 Einstellung Nr. 54.
[27] Ebenso *Bleistein/Thiel*, MAVO, 5. Aufl. 2006, § 34 Rn. 11; *Sroka*, in: Freiburger Kommentar zur MAVO, 2008, § 34 Rn. 7.
[28] Abgedruckt in NZA 2007, 761 ff.
[29] Vgl. *Thüsing* FS Richardi, 2007, S. 989 ff.; *Joussen* Kirche und Recht 2009, 1 ff.

2. *Notwendigkeit einer kircheneigenen Ordnung bei Eingruppierungen*

Im Vergleich zur Einstellung ist die Eingruppierung als Beteiligungstatbestand wesensverschieden; denn bei ihr geht es lediglich um die richtige Einstufung in die kollektive Ordnung, die ein Arbeitgeber seiner Vergütungsregelung zugrunde legt. Für den Bereich, der unter die Grundordnung des kirchlichen Dienstes im Rahmen kirchlicher Arbeitsverhältnisse fällt, ist gemäß ihrem Art. 7 Abs. 1 verbindlich, dass eine Regelung i.S. des „Dritten Weges“ der Vergütungsordnung zugrunde zu legen ist, auch wenn keine normative Wirkung besteht. Der Kirchliche Arbeitsgerichtshof hat deshalb in seiner Rechtsprechung anerkannt, dass eine Mitarbeitervertretung berechtigt ist, die Zustimmung zu einer Eingruppierung zu verweigern, wenn der Dienstgeber kein Vergütungssystem zugrunde legt, das kirchengesetzlich legitimiert ist.[30]

Für den Mitbestimmungstatbestand ist nicht entscheidend, ob die arbeitsvertragliche Abrede wirksam ist, sondern es geht ausschließlich um die kirchenrechtliche Klärung, ob der Dienstgeber der Eingruppierung eine Vergütungsordnung zugrunde legen darf, die mit Art. 7 Abs. 1 GrO nicht vereinbar ist. Der Kirchliche Arbeitsgerichtshof hat dies verneint. Die Mitarbeitervertretung kann deshalb gemäß § 35 Abs. 1 Nr. 1 i.V. mit Abs. 2 Nr. 1 (Rahmen-)MAVO die Zustimmung verweigern, wenn die Eingruppierung gegen eine kircheneigene Ordnung verstößt. Das muss aber auch dann gelten, wenn der Eingruppierung keine kircheneigene Ordnung zugrunde gelegt wird.

IV. Resümee

Dem Kirchlichen Arbeitsgerichtshof ist die Arbeit zugewiesen, für Rechtsstreitigkeiten aus der kollektivrechtlichen Ordnung der katholischen Kirche die Rechtseinheit zu sichern und einheitliche Rechtsgrundsätze herauszubilden. Er hat bei gleicher Problemlage die Rechtsprechung der staatlichen Gerichte unter Beachtung des rechtswissenschaftlichen Schrifttums in seine Erkenntnis einbezogen, aber ebenso deutlich die Besonderheit des kirchlichen Dienstes in Erscheinung treten lassen, der im religiös geprägten Leitbild einer Dienstgemeinschaft seine Grundlage hat.

[30] KAGH 30.11.2006 und 12.10.2007 – M 02/06 und M 03/07, abgedruckt in ZMV 2007, 81 ff. und 2008, 29 ff.; weiterhin KAGH 7.11.2008 – M 09/08 und M 10/08, abgedruckt in ZMV 2009, 105 f.

Der gewerkschaftshörige Arbeitgeberverband

Volker Rieble

I. Tatsachen

1. Bildungsverband als Arbeitgeberverband

Zu den neuen Mindestlohnbranchen des AEntG zählt nach dessen § 4 Nr. 8 „Aus- und Weiterbildungsdienstleistungen nach dem Zweiten oder Dritten Buch Sozialgesetzbuch" – in Kraft seit dem 24.4.2009. Im Bundesanzeiger vom 18.6.2009, Seite 21 macht das Bundesministerium für Arbeit und Soziales einen Antrag auf Allgemeinverbindlicherklärung eines Weiterbildungsdienstleistungstarifvertrags bekannt. Tarifparteien sind auf Arbeitnehmerseite Verdi und GEW; auf Arbeitgeberseite agiert eine „Zweckgemeinschaft von Mitgliedsunternehmen des Bundesverbands der Träger beruflicher Bildung (Bildungsverband) e.V." Der Tarifvertrag ist auf Arbeitgeberseite unterschrieben von Edgar Schramm. Dieser nun ist Geschäftsführer des Berufsfortbildungswerks Gemeinnützige Bildungseinrichtung des DGB GmbH (bfw)[1], einem Mitglied des Bildungsverbandes und zugleich dessen stellvertretender Vorsitzender. Ein „Konzern"-Mitarbeiter des DGB schließt also mit DGB-Gewerkschaften einen Tarifvertrag. Das ist zwar kein In-sich-Geschäft[2], wie sich bei Lektüre von § 181 BGB erschließt, aber Anlaß, sich dieses Tarifgebaren näher anzuschauen.

Der „Bundesverband der Träger beruflicher Bildung" (Bildungsverband) e.V. ist nach seiner im Netz[3] veröffentlichten Satzung die gemeinsame Interessenvertretung der Träger der beruflichen Bildung im Bereich der außerbetrieblichen Qualifizierung sowie der sozialen und beruflichen Integration, aber nur „soweit diese Dienstleistung überwiegend durch öffentliche Mittel finanziert wird". Der Verband konzentriert sich auf Information und Beratung in Unternehmens-, Bildungs- und sozialpolitischen Angelegenheiten. Wie § 2 Abs. 2 der Satzung zu entnehmen ist, ist der Bildungsverband selbst nicht tariffähig.

[1] www.bfw.de [3.2.2010].

[2] So aber *bda*, Missbrauch des Entsendegesetzes verhindern (2009) S. 3 = Stellungnahme zum Antrag auf Allgemeinverbindlicherklärung eines Tarifvertrages der Aus- und Weiterbildung nach dem Zweiten oder Dritten Buch Sozialgesetzbuch.

[3] www.bildungsverband.info/bbb-satzung-290609.pdf [27.1.2010].

Dort ist geregelt, daß „innerhalb des Bildungsverbands" Mitglieder eine **„gesonderte Zweckgemeinschaft bilden"** können, die arbeits- und tarifrechtliche Regelungen entwickelt, um diese mit den zuständigen Gewerkschaften zu verhandeln. Dabei ist an einen selbständigen Verband gedacht, denn nach § 2 Abs. 2 Satz 2 ist der Beitritt zu dieser Gemeinschaft gesondert zu erklären. Ziel der Zweckgemeinschaft ist „ein Regelwerk, das vom zuständigen Bundesministerium für allgemeinverbindlich innerhalb der Bundesrepublik Deutschland erklärt wird", § 2 Abs. 2 Satz 3 der Satzung. Die Mitgliedsfähigkeit im Bildungsverband kommt nach § 3 der Satzung juristischen Personen zu, „die Kurse und Maßnahmen in der Bildungs- und Integrationsarbeit gemäß § 2 (1) Satz 1 durchführen".

Für die Zweckgemeinschaft als Tarifträger ist keine förmliche Satzung vorgesehen, sondern eine „Geschäftsordnung", die nach § 2 Abs. 2 Halbsatz 2 der Satzung des Bildungsverbands als „besondere Regelung" vorgesehen ist. Auch diese Geschäftsordnung ist im Internet einzusehen[4]. Dort heißt es in der Präambel: „Die Mitglieder in der Zweckgemeinschaft streben zur Erreichung von vereinheitlichten Standards einen Branchentarifvertrag an. Zielsetzung ist es, diesen als **Förder- und Auftragskriterium für öffentliche Auftraggeber** einzubringen". Die eigentlichen Regelungen enthalten manch Merkwürdiges: Vernünftig setzt die Zweckgemeinschaft eine Mindestmitgliederzahl von fünf voraus; wiederholt wird die Satzungsregelung des Bildungsverbands, wonach der Beitritt besonders zu erklären ist. Der Austritt ist als Blitzaustritt[5] „jederzeit ohne Frist möglich". Nach Nr. 2 der Geschäftsordnung wählen die Mitglieder der Zweckgemeinschaft einen eigenen Sprecher, der allerdings vom Vereinsvorstand – des Bildungsverbands! – vorgeschlagen wird. Dieser Sprecher ist nicht nur verbandsintern für die Sitzungsladung und Leitung verantwortlich. Nach Nr. 6 Satz 2 der Geschäftsordnung hängt von der Unterzeichnung durch den Sprecher auch die Wirksamkeit der Tarifverträge der Zweckgemeinschaft ab. Damit ist also der Sprecher als Vertretungsorgan vorgesehen.

Im übrigen ist die Willensbildung in Tarifangelegenheiten merkwürdig geregelt: Nr. 3 der Geschäftsordnung enthält eine allgemeine Beschlußfähigkeitsregelung; Nr. 4 regelt die Mehrheitsverhältnisse und ordnet an, daß Beschlüsse der Zweckgemeinschaft, die den Bildungsverband (!) nach außen gegenüber Dritten binden, der Zustimmung des Vorstands des Bildungsver-

[4] www.bildungsverband.info/GO_ZwG_30-06-06.pdf [27.1.2010].

[5] Dazu BAG vom 20.2.2008 – 4 AZR 64/07 – NZA 2008, 946 (obiter dictum), vom 4.6.2008 – 4 AZR 419/07 – NZA 2008, 1366 nebst Parallelentscheidung 4 AZR 316/07. Kritisch zu dieser skurrilen Rechtsprechungswende *Willemsen/Mehrensen*, Die Rechtsprechung des BAG zum „Blitzaustritt" und ihre Auswirkungen, NJW 2009, 1916 ff.; *Bauer/Haußmann*, Blitzaustritt und Blitzwechsel: Wirksam, aber ohne Wirkung? RdA 2009, 99; *Hoepfner*, Blitzaustritt und Blitzwechsel in die OT-Mitgliedschaft, ZfA 2009, 541, 561 ff.; *Rieble*, „Blitzaustritt" und tarifliche Vorbindung, RdA 2009, 280.

bands bedürfen. Hier ist offenkundig daran gedacht, daß die Zweckgemeinschaft für den Bildungsverband handeln kann.

Für Tarifverhandlungen sieht Nr. 5 eine „Verhandlungskommission" vor, die aus fünf Mitgliedern bestehen soll. Nr. 6 schließlich normiert ein Ratifikationserfordernis: „Tarifvertragsabschlüsse mit Wirkung ausschließlich für die Mitglieder der Zweckgemeinschaft bedürfen in jedem Fall der vorherigen Zustimmung einer Mehrheit der Zweckgemeinschaftsmitglieder entsprechend ihrer Stimmrechte gemäß § 5 Abs. 5 der Satzung des Bildungsverbandes".

Jene Vorschrift sieht eine Staffelung der Stimmrechte vor, wie sie bei Arbeitgeberverbänden mitunter anzutreffen ist. Freilich erfolgt diese weder nach Arbeitnehmerzahl noch nach der Lohnsumme, sondern nach dem „nachgewiesenen Umsatz des vorangegangenen Geschäftsjahres, den das Mitglied im Bereich der Bildungs- und Integrationsarbeit des Mitgliedsunternehmens erzielt hat" und zwar bis zu vier Stimmen, je eine für angefangene 25 Millionen Euro Umsatz.

Diese Willensbildungsakte sind nicht etwa in der Geschäftsordnung der Zweckgemeinschaft geregelt, sondern in § 6 Nr. 7 der Satzung des Bildungsverbandes (!) als (scheinbare) Angelegenheit von deren Mitgliederversammlung: „Wahl der Mitglieder von Verhandlungskommissionen sowie der Annahme oder Ablehnung von Verhandlungsergebnissen, jeweils durch diejenigen Mitglieder, die in der Zweckgemeinschaft gemäß § 2 (2) dieser Satzung vertreten sind".

2. *Mitglieder der Zweckgemeinschaft*

Während der Bildungsverband seine Mitglieder offen im Netz benennt[6] ist das beim Zweckverband anders. Eine mir vorliegende Mitgliederliste mit Stand März 2009 weist 18 Mitglieder mit insgesamt 27 Stimmen aus. Die Bildungswerke der Arbeitgeberverbände sind nicht dabei, ebensowenig die anderen „großen" Bildungsanbieter, wie etwa die TÜV-Akademien (die Akademie des TÜV Rheinland ist Mitglied des Bildungsverbandes aber nicht der Zweckgemeinschaft, der TÜV Süd ist insgesamt abstinent). Gewerkschaftliche Bildungswerke dominieren die Zweckgemeinschaft. Der „DGB-Block" besteht aus dem schon genannten DGB Bildungswerk nebst einer nicht gemeinnützigen „Schwestergesellschaft" und einer Tochter (inab); hinzu kommen die Bildungsvereinigungen Arbeit und Leben aus Niedersachsen und Sachsen-Anhalt – das sind Organisationen der Jugend- und Erwachsenenbildung in gemeinsamer Trägerschaft von DGB und seinen Einzelgewerkschaften. Dieser Block kommt zusammen auf 11 Stimmen.

An zweiter Stelle steht die DAA Deutsche Angestellten-Akademie GmbH – früher DAG, heute ver.di – mit ihrer Tochtergesellschaft Bildungswerk

[6] www.bildungsverband.info/mitglieder.htm [27.1.2010].

Niedersächsischer Volkshochschulen GmbH. Das bringt fünf Stimmen. Der DAA kann man weiter zurechnen die „INT-Gesellschaft zur Förderung der beruflichen und sozialen Integration mbH", die von der DAA als „Partnerunternehmen" oder Schwesterunternehmen[7] geführt wird. Ob die DAA hier gesellschaftsrechtlich oder sonstwie bestimmenden Einfluß ausübt, läßt sich nicht sagen. Auch bei strenger Lesart (ohne INT) erreichen die gewerkschaftlich orientierten Bildungsträger mit 16 von 27 Stimmen die absolute Mehrheit der Stimmen in der Zweckgemeinschaft als arbeitgeberseitigem Tarifträger. Das kann an folgender Tabelle nachvollzogen werden; in der letzten Spalte ist die Stimmenzahl vermerkt:

Berufsfortbildungswerk Gemeinnützige Bildungseinrichtung des DGB (bfw)	DGB	4
Berufsfortbildungswerk GmbH (bfw)	DGB	2
Berufsförderungszentrum Essen eV (Bfz)		1
Bildungsvereinigung Arbeit und Leben Niedersachsen	DGB	2
Bildungsvereinigung Arbeit und Leben Sachsen-Anhalt	DGB	1
Bildungswerk Niedersächsischer Volkshochschulen GmbH	DAA/ver.di	1
DAA Deutsche Angestellten-Akademie GmbH	ver.di	4
FARE Fortbildungsakademie Reckenberg-Ems gGmbH		1
GPB Gesellschaft für Personalentwicklung und Bildung GmbH		1
ifas GmbH		1
IKL Training GmbH Erfurt		1
inab – Ausbildungs und Beschäftigungsgesellschaft des bfw mbH	DGB	2
INT – Gesellschaft zur Förderung der beruflichen und sozialen Integration mbH	??	1
SBB Stiftung Berufliche Bildung		1
SWA – Steuer & Wirtschaftsakademie GmbH		1
TWBI, Aus- und Weiterbildungs GmbH		1
USS GmbH		1
Verein BAJ eV		1

3. *Ökonomische und kollektive Rationalität*

Der über Gewerkschaftsunternehmen gewerkschaftskontrollierte Arbeitgeberverband ist ein neues Phänomen. Bislang machte man sich Sorgen vor allem um die Gegnerfreiheit von Gewerkschaften. Die Arbeitgeberseite spielte eine Rolle nur im Zuge der Mitbestimmungsdiskussion, weil paritätisch mitbestimmte Unternehmen über den Einfluß im Aufsichtsrat womöglich Arbeitnehmerinteressen in die Arbeitgeberverbände hineintrügen[8]. An-

[7] www.daa-kiel.de/n.php?n_id=6951 [3.2.2010].

[8] Dazu *Badura/Rittner/Rüthers*, Mitbestimmungsgesetz 1976 und Grundgesetz (1977) S. 137 ff.; das BVerfG hat diese Bedenken bekanntlich abgetan, BVerfG vom 1.3.1979 – 1 BvR 532/77 u.a. – BVerfGE 50, 290, 373 ff.: die Unabhängigkeit der Tarifpartner bleibe „hinreichend" gewahrt! Die dort (S. 377) nicht ernstlich geforderte Prognoseüberprüfung hat nie stattgefunden.

sonsten spielte „die Arbeitgeberseite“ insoweit eine Rolle, soweit es um die Gewerkschaften als Arbeitgeber geht, die die eigenen Beschäftigten nicht als Interessenvertretung gegen sich selbst organisieren können – ihnen aber auch das Recht zur anderweitigen Organisation nicht absprechen darf[9].

Bislang kaum untersucht ist die Gegnerunabhängigkeit von ver.di, die Tarifverträge mit den rechtlich selbständigen Unternehmen und Einrichtungen der DGB-Gewerkschaften schließen – von der DGB-Rechtsschutz GmbH über den Bund-Verlag bis hin zu den gewerkschaftlichen Bildungswerken schließt. Das Wegschauen hat einen guten Grund: Tarifverträge solcher Gewerkschaftsunternehmen mit DGB-Gewerkschaften sind nach richtiger Auffassung[10] unwirksam! Der institutionelle Einfluß der Arbeitgeberinteressen auf die Arbeitnehmerinteressenvertretung genügt nämlich nicht den Anforderungen an die Gegnerunabhängigkeit.

Pikant ist die Stoßrichtung dieses, von gewerkschaftlichen Bildungsunternehmen beherrschten Arbeitgeberverbands: Hier wird nicht nur der soziale Gegenspieler „dekonstruiert“. Ein schwacher, gewerkschaftshöriger Arbeitgeberverband ist für das Tarifsystem keine große Belastung, weil sein Entgegenkommen gegenüber der Gewerkschaft die eigenen Mitglieder mit teureren Arbeitsbedingungen beschwert. Diese Mitglieder haben also einen Anreiz zum Austritt, der durch den Wettbewerbsdruck verstärkt wird: Andere Arbeitgeber mit wettbewerbskompatiblen Arbeitsbedingungen haben einen Kostenvorsprung. Der gewerkschaftshörige Arbeitgeberverband ist – anders als die gegnerabhängige Gewerkschaft – zunächst also kein echtes Problem, sondern ein Akt der Selbstschädigung von Gewerkschaftsunternehmen und derjenigen, die sich mit ihnen in ein Boot begeben. Belegt wird das durch die Geschichte gerade der Gewerkschaftsunternehmen – insbesondere der Gemeinwirtschaft –, die einst (insofern anders als die Gewerkschaften selbst) vor allem durch Haustarifverträge großzügigere Arbeitsbedingungen gewährten als der Markt, insbesondere als der Flächentarif[11]. Die Volksfürsorge etwa aber auch der DGB-eigene Bund-Verlag haben so eine tarifrechtliche Figur geschaffen: die Flucht aus dem (zu) teuren Gefälligkeits-Haustarif in den wirtschaftlich vernünftigeren Flächentarif[12].

Die vom Arbeitgeber abhängige „gelbe“ Gewerkschaft dagegen verrät ihre Mitglieder, liefert sie einem schädigenden Arbeitgebereinfluß aus und verhindert womöglich effektive Gegenmachtbildung, indem sie die Gründung und

[9] BAG vom 17.2.1998 – 1 AZR 364/97 – NZA 1998, 754 mit Anm. *Rieble* SAE 1998; 243; eingehend *Lessner-Sturm*, Gewerkschaften als Arbeitgeber (2009) Rn. 77 ff.

[10] *Lessner-Sturm* (Fn. 9) Rn. 761 ff.

[11] Etwa *Niedenhoff*, Die unbekannte Macht: Unternehmer DGB, 4. Aufl. (1984) S. 294: Haustarif der Volksfürsorge mit der HBV 6 % über Flächenniveau.

[12] Dazu *Löwisch/Rieble*, Tarifvertragsrechtliche und arbeitskampfrechtliche Fragen des Übergangs vom Haustarif zum Verbandstarif, FS Schaub (1998) S. 457 und LAG Köln vom 14.6.1996 – 4 Sa 177/96 – NZA 1997, 327.

Entwicklung durchsetzungsstarker Gewerkschaften verhindert, also als „unlautere“ Verdrängungskonkurrenz agiert und organisationswillige Arbeitnehmer durch „Etikettenschwindel“ in die Irre führt. Eben deswegen hielten sich die Arbeitgeber in der Frühzeit der Tarifautonomie eigene „wirtschaftsfriedliche“ Arbeitnehmervereinigungen, sog. gelbe Gewerkschaften. Das Stinnes-Legien-Abkommen brachte 1918 eine Lauterkeitsvorstellung in das bipolare Geschehen; die Arbeitgeberseite versprach als Nr. 3: „Die Arbeitgeber und Arbeitgeberverbände werden die Werkvereine (die sogenannten wirtschaftsfriedlichen Vereine) fortab vollkommen sich selbst überlassen und sie weder mittelbar noch unmittelbar unterstützen.“

Das heißt freilich nicht, daß Arbeitgeber die Nützlichkeit abhängiger Arbeitnehmervereinigungen vergessen hätten. Die „Geschäftsidee“ des ehemaligen Siemens-Betriebsrats Wilhelm Schelsky lag gerade darin, „seinen“ Arbeitnehmerverband „AUB“ als Dienstleistung anzubieten – vor allem der Siemens AG, die mehr als 30 Mio € bezahlt hat, um auf diese Weise der Betonfraktion der IG Metall innerhalb des Unternehmens Konkurrenz zu machen[13]. So richtig und wichtig es ist, daß die Meinungsbildung unter den Arbeitnehmern über die richtige Interessenverfolgung plural möglich bleibt, daß ein Richtungskampf zwischen konfrontativ-kämpferischem und kooperativ-sozialpartnerschaftlichem Interessenausgleich erlaubt sein muß und daß enttäuschte Gruppen das Recht haben müssen, einer monopolartigen Großgewerkschaft den Rücken zu kehren – so „unlauter“ ist es, den Arbeitnehmern eine scheinautonome Interessenvertretung anzubieten, innerhalb derer nicht die Arbeitnehmer selbst bestimmen, wie sie ihre Interessen wahrnehmen wollen, sondern der Gegner mit einem intransparenten Einfluß.

Die Gründung der zweifelhaften Gewerkschaft der neuen Brief- und Zustelldienste (GNBZ) mit „Anschubfinanzierung“ durch die Arbeitgeber ist ein Sonderfall: Hier sollte durch eine tarifpolitische Alternative der Postmindestlohn unterlaufen werden. Diesen hatte die Bundespost in einem eigens für die Allgemeinverbindlicherklärung errichteten und von ihr beherrschten Arbeitgeberverband Postdienste mit ver.di „gedealt“. Er hatte allein die Funktion, Konkurrenten zu regulieren, weil die Postlöhne oberhalb des Mindestlohnes liegen. Die rechtlich ansprechenden Folgefragen – ob nämlich ein Tarifvertrag darauf zielen darf, überhaupt nur durch Allgemein-

[13] Eindrücklich geschildert im Schelsky-Urteil des LG Nürnberg-Fürth vom 24.11.2008 – 3 KLs 501 Js 1777/2008; zu dieser Entscheidung *Rieble*, Strafbarkeit der Arbeitgeberfinanzierung gelber Arbeitnehmervereinigungen, ZIP 2009, 1593 sowie *Schünemann*, Die strafrechtliche Beurteilung der Beeinflussung von Betriebsratswahlen durch verdecktes Sponsoring, FS Gauweiler (2009) S. 515 ff.; zur „Gewerkschaftsbestechung“ *Rieble* CCZ 2008, 121. Eher skurril in Richtung „feindstrafrechtlicher“ Gesinnungsjustiz, die nach empfundener Moralität und Sozialität unterscheiden will: Jürgen *Fischer*, Strafrechtliche Aspekte der verdeckten Finanzierung der „Kooperation“ der Arbeitnehmervertretung durch den Arbeitgeber, AuR 2010, 4, 8 f.

verbindlicherklärung für originär nicht Tarifgebundene zu gelten und ob die Gründung einer gelben Gewerkschaft als Notwehrakt begriffen werden kann – durften zuerst offenbleiben, weil das OVG Berlin-Brandenburg jene Allgemeinverbindlicherklärung aufgehalten hat[14]. Auch das BVerwG stellt auf Anhörungsmängel im Verfahren ab, so daß die materielle Frage unbeantwortet bleibt[15].

Der Zweck – und damit auch die Gefahr – des gewerkschaftshörigen Arbeitgeberverbands erschließt sich gerade vor diesem Hintergrund: Er ist anders als die arbeitgeberhörige Gewerkschaft keine Gefahr für die eigenen Mitglieder sondern ein Instrument, eine Waffe, die sich gegen Nichtmitglieder richtet: Ihnen sollen mit Hilfe des Staates, der die Tarifverträge entweder für allgemeinverbindlich erklärt oder im Rahmen staatlicher Auftragsvergabe für Tariftreue sorgt, diejenigen Arbeitsbedingungen aufgezwungen werden, die Gewerkschaft und gewerkschaftshöriger Arbeitgeberverband von vornherein nur zu diesem Zweck vereinbart haben. Das belegt die Satzung des Bildungsverbandes (!): § 2 Abs. 2 Satz 3 erhebt zum Zweck des Verbandes „ein Regelwerk, das vom zuständigen Bundesministerium für allgemeinverbindlich innerhalb der Bundesrepublik Deutschland erklärt wird". In der Präambel der Zweckgemeinschaft heißt es, daß der Branchentarifvertrag als Förder- und Auftragskriterium für öffentliche Auftraggeber geschaffen werden solle.

II. Rechtliche Fragen

1. Unzulässige Ausrichtung auf Nichtmitglieder?

Tarifautonomie ist kollektive Privatautonomie: Sie zielt auf die rechtsgeschäftliche Selbstregelung eigener Angelegenheiten durch Vertrag. Eben der vertragliche Regelungsmechanismus unter paritätsfördernden Gegenmachtbedingungen begründet die besondere Richtigkeitsgewähr des Tarifvertrags. Ein Tarifvertrag hingegen, der in erster Linie für Außenseiter gelten soll, dem fehlt die tarifspezifische Richtigkeitsgewähr: Hier verhandeln die Vertragsparteien nicht über ihre eigenen Interessen wechselseitig zum Richtigen hin – hier werden Arbeitsbedingungen im gemeinsamen Interesse gezielt „zu Lasten Dritter" formuliert. Das heißt indes nicht notwendig, daß der übliche „Tarif-Basar" unterbliebe, denn gerade die am Mindestlohn besonders interessierte Seite fordert Gegenleistungen in anderen (autonomen) Tarifverhandlungen. Das ist etwa deutlich geworden bei den Bau-Mindestlöhnen oder in der Gebäudereinigung. Hier konnte die Arbeitgeberseite die Mindestlohn-

[14] OVG Berlin-Brandenburg vom 18.12.2008 – 1 B 13.08 – SAE 2009, 167 mit Besprechungsaufsatz *Klebeck/Weniger* S. 159 ff.

[15] BVerwG vom 28.1.2010 – 8 C 19.09 – juris.

bindung der Außenseiter zu eigenen Gunsten „verschachern“, also die Belastung der eigenen Mitglieder mit den tariflichen Regellöhnen dadurch begrenzen, daß dem Tarifpartner im Austausch eine Mindestlohnerhöhung angeboten worden ist, die für die eigenen Mitglieder nicht greift. Das ist ein hübsches Koppelungsgeschäft.

Indes: Jeder Mindestlohntarif nach dem AEntG gründet auf einem Einvernehmen zwischen Gewerkschaft und Arbeitgeberverband – tariffreie Unternehmen durch Mindestentgelte um ihren Wettbewerbsvorteil zu bringen, folglich auf einem Vertragshandeln zu Lasten Dritter. Tarifverträge, die nur für Außenseiter gelten, sind dem deutschen Tarifrecht fremd. Mag sein, daß manche allgemeinverbindliche Mindestentgelte für tarifautonom Tarifgebundene nicht greifen, weil dort teurere „Normalentgelttarife“ gelten. Das heißt aber nicht, daß die Mindestentgelte für die Mitglieder ohne jede Wirkung wären, schließlich sperrt das AEntG auch Sanierungstarifverträge und beschränkt so den Dispositionsspielraum der Tarifparteien. Auch greifen die Mindestentgelte hilfsweise, wenn die normale Tarifbindung endet. Insofern wirkt der Mindestlohntarifvertrag jedenfalls als „Reservetarif“ auch gegenüber den tarifgebundenen Mitgliedern.

Mithin sticht dieser Einwand nicht: Jeder Mindestentgelttarif kann Außenseiter nur um den Preis eigener Tarifbindung erfassen. Ob die Mindestentgelte „in erster Linie“ zu Lasten der Außenseiter gedacht sind, kann für deren Tarifierbarkeit keine Rolle spielen. Damit nämlich würde letztlich ein tarifliches Zweckmäßigkeitsurteil rechtlich überprüft – das wäre unzulässige Tarifzensur. Der Staat ist nicht berufen, Tarifpolitik auf ihre „Zweckverfehlung“ zu kontrollieren. Wer anders entscheiden will, muß das Mindestlohnkonzept des AEntG, nach dem die Tarifparteien Tarifverträge schließen, die von vornherein Mindestarbeitsbedingungen werden sollen, ändern.

2. *Staatsabhängigkeit?*

Allerdings ist die Tarifautonomie aus einem anderen Grund in Gefahr: Will ein Verband überhaupt nur oder doch überwiegend Tarifverträge mit Außenseiterwirkung abschließen, die mithin einer Legitimation durch Allgemeinverbindlicherklärung harren, liefert sich der Verband dem Staat aus: Die Geltungserstreckung auf Nichtmitglieder hängt am legitimierenden Staatsbefehl, der Allgemeinverbindlicherklärung, sei es nach § 5 TVG, sei es nach dem AEntG. Und auch die mittelbare Durchsetzung über ein Tariftreueverlangen[16] in der Auftragsvergabe zielt auf den Staat, der sein Nachfrageverhalten an Tarifverträgen ausrichtet.

[16] Dazu EuGH vom 3.4.2008 – C-346/06 [Rüffert] – NZA 2008, 537; *Klumpp*, Dienstleistungsfreiheit versus Tariftreue, NJW 2008, 3473.

Diese Abhängigkeit vom Staat schließt autonome Tarifbedingungen aus: Der Staat überprüft gerade, ob die konkreten Tarifinhalte den tariffreien Arbeitgebern und Arbeitnehmern und der Allgemeinheit zumutbar sind – kurz: ob es im öffentlichen Interesse liegt, die Tarifgeltung zu erstrecken, das betroffene Arbeitsmarktsegment also lohnpolitisch gleichzuschalten. Ein irgendgeartetes Recht der Tarifparteien auf Allgemeinverbindlicherklärung kann aus der Tarifautonomie gerade nicht abgeleitet werden, weil die Tarifparteien nur gegenüber ihren Mitgliedern zur Tarifregelung befugt sind. Die Tarifautonomie verschafft den Mindestlohntarifparteien keinen Anspruch auf Staatshilfe bei der Tarifdurchsetzung gegenüber Außenseitern. Art. 9 Abs. 3 GG schützt stets nur die Regelung der Arbeitsbedingungen der Mitglieder. Auch können die Tarifparteien im Verhältnis zum Staat keine Kampfmittel einsetzen. Insbesondere die Gewerkschaft hat keinen Anspruch auf die Allgemeinverbindlicherklärung, weil der Staat nach seiner Vorstellung vom Gemeinwohl agiert – nicht im gruppenegoistischen Interesse der Tarifparteien. Nur wenn man der Allgemeinverbindlicherklärung auch den Zweck beimißt, die Tarifparteien vor Wettbewerb zu schützen[17] – und nicht nur die tariffreien Arbeitnehmer vor unzureichenden Arbeitsbedingungen –, kommt ein Anspruch auf ermessensfehlerfreie Entscheidung in Betracht. Dieser kann aber niemals zu einem Anspruch auf Allgemeinverbindlicherklärung gerinnen, weil schon der Beurteilungsspielraum, wieviel Entgeltwettbewerb das Arbeitsmarktsegment braucht oder verträgt, welche Wechselwirkungen zu anderen Arbeitsmarktsegmenten ausgelöst würden und ob etwaige Preiserhöhungen für Produkte oder Dienstleistungen der Wirtschaft und den Verbrauchern zuträglich sind, nicht justitiabel ist.

Das kann im Einzelfall zu einer Verhandlungsbeteiligung des Staates führen: Hält die staatliche Stelle den Mindestlohn für zu hoch, kann sie den Tarifparteien dies signalisieren, ja womöglich sogar eine Obergrenze mitteilen, und damit das aus Sicht der das Gemeinwohl repräsentierenden Entscheider[18] – gleich ob Ministerium oder Tarifausschuß – noch verträgliche Maß der Preissteigerung auf dem betroffenen Arbeitsmarktsegment beeinflussen. Damit wird der Staat zum mittelbaren Tarifpartner in einem zumindest informellen Mindestlohn-Trialog, ganz ähnlich wie das beim Euro-

[17] Für § 5 TVG: BVerwG vom 3.11.1988 – 7 C 115/86 – NZA 1989, 364, 367; Däubler/*Lakies*, TVG, 2. Auflage (2006) § 5 Rn. 7; Wiedemann/*Wank*, TVG, 7. Auflage (2007) § 5 Rn. 5; *Zachert*, „Neue Kleider für die Allgemeinverbindlichkeitserklärung?" NZA 2003, 132 f.; für das alte AEntG: Däubler/*Lakies* Anhang 2 zu § 5 Rn. 5 und Wiedemann/*Wank* Anhang 1 zu § 5 Rn. 2 f.; kritisch zum neuen AEntG sowie MiArbG: *Willemsen/Sagan*, Mindestlohn und Grundgesetz – Staatliche Lohnfestsetzung versus Tarifautonomie, NZA 2008, 1216; *Löwisch*, Die neue Mindestlohngesetzgebung, RdA 2009, 215, 220 wendet sich explizit gegen staatliches Einmischen in den Wettbewerb zweier Gewerkschaften.

[18] Eindringlich: *Engel*, Offene Gemeinwohldefinitionen, Rechtstheorie 32 (2001) S. 23 ff.

päischen Sozialpartner-Trialog nach Art. 155 AEUV (ex-Art. 139 EGV) der Fall ist. Die Tarifparteien sind hier nicht mehr autonom handlungsfähig, sondern von einer staatlichen Billigung ihrer Vereinbarung abhängig. Von „Tarifautonomie" kann keine Rede mehr sein. Vielmehr agieren die Tarifparteien in einem staatlich verantworteten Rechtsetzungsprozeß nur als „Mitverwalter" – ihnen bleibt nur eine „virtuelle Repräsentation", die keine Normativkraft trägt[19].

Will ein Verband entweder überhaupt nur Mindestlohntarifverträge abschließen oder doch seinen Betätigungsschwerpunkt in solch staatsabhängiger Normsetzung sehen, ist ihm die Tariffähigkeit abzusprechen: Ohne staatliche Normsetzungshilfe ist er „aufgeschmissen". Damit aber fehlt es an der für die Tariffähigkeit nach einhelliger Meinung erforderlichen Unabhängigkeit vom Staat[20]. Auch wenn man der Koalition mit einem Anspruch auf ermessensfehlerfreie Entscheidung hülfe, änderte das nichts daran, daß die Regelung der Arbeitsbedingungen durch den Staat verantwortet wird, die Verbände – wie in sozialistischen Arbeitsrechtssystemen – auf eine bloße Beteiligung im Regelungsverwaltungsverfahren beschränkt sind.

Mindestlohnverbände sind wegen dieser begrenzten Zwecksetzung nicht tariffähig! Für eine Gewerkschaft kann man sich eine derartige Ausrichtung ohnehin nicht vorstellen, weil die Mitglieder nicht für einen allgemeinen Mindestlohn zu begeistern sind. Für einen Arbeitgeberverband mag eine Mindestlohnstrategie zwar ökonomisch sinnvoll sein, weil Wettbewerber so um ihren Vorteil niedrigerer Löhne gebracht werden können, aber tarifautonom ist eine solche gleichschaltende Marktregulierung nicht möglich. Irgendein Anhaltspunkt dafür, daß jene Zweckgemeinschaft des Bildungsverbandes anderes als solche allgemeinverbindliche Marktregulierung anstrebt, existiert nicht.

[19] Richtig *Schwarze*, Legitimation kraft virtueller Repräsentation – ein gemeinschaftsrechtliches Prinzip? RdA 2001, 208 ff.; *S. Arnold*, Der Soziale Dialog nach Art. 139 EG (2008) 211 ff.; *Gilles*, Das Zustandekommen und die Durchführung von Sozialpartnervereinbarungen im Rahmen des europäischen Sozialen Dialogs (1999) 145 f.; Callies/Ruffert/*Krebber*, EUV/EGV, 3. Auflage (2007) Art. 139 EGV Rn. 16; *Rieble/Kolbe*, Vom Sozialen Dialog zum europäischen Kollektivvertrag? EuZA 2008, 453, 459 f.; falsch *Deinert*, Partizipation europäischer Sozialpartner an der Gemeinschaftsrechtsetzung, RdA 2004, 211, 216 ff., der die Inkompatibilität staatlich-demokratischer und tariflich-autonomer Regelsetzung ignoriert.

[20] *Hueck/Nipperdey*, Lehrbuch des Arbeitsrechts, 7. Auflage (1970) Bd. II/1 S. 97 f.; *Löwisch/Rieble*, TVG, 2. Auflage (2004) § 2 Rn. 24 ff.; Däubler/*Peter*, TVG, 2. Auflage (2006) § 2 Rn. 35; *Zöllner/Loritz/Hergenröder*, Arbeitsrecht (2008) § 9 III 6 S. 97.

3. *Gegnerunabhängigkeit*

a) Funktionsvoraussetzung von Koalitionsfreiheit und Tarifautonomie

Koalitionsfreiheit und Tarifautonomie fußen auf dem (liberal-kapitalistischen) Gegenmachtprinzip[21]: Gewerkschaften „neutralisieren“ die wirtschaftliche Übermacht des Arbeitgebers, indem sie die schwächliche Marktmacht der Arbeitnehmer kollektivieren und gebündelt entfalten. Die Koalitionsfreiheit des Art. 9 Abs. 3 GG ist mit „Arbeits- und Wirtschaftsbedingungen“ nebst „wahren und fördern“ bipolar angelegt. Die Arbeitnehmerseite muß ihre Willensbildung über die angestrebten Arbeitsbedingungen so unabhängig von der Arbeitgeberseite vornehmen wie diese umgekehrt. Als Interessenverbände müssen sie funktional auf die Interessensammlung, -bündelung und kollektive Wertung ausgerichtet sein. Nur die „gegnerreine“ Kollektivierung eigener Interessen trägt den späteren antagonistischen Interessenausgleich und verschafft diesem ein gewisses Richtigkeitsvertrauen. Daß Tarifparteien gegnerfrei und gegnerunabhängig sein müssen[22], ist mithin ein Gebot schon der Koalitionsfreiheit und nicht erst der Tariffähigkeit. Das BAG war freilich bislang nicht sehr streng und hat etwa den Verband der oberen Angestellten der Eisen- und Stahlindustrie, von dessen Mitgliedern (nur) zwei ehrenamtlich in Arbeitgeberverbänden Mitglied waren, als Gewerkschaft für hinreichend gegnerfrei gehalten[23].

Diese Gegnerfreiheit und -unabhängigkeit ist „relativ“, das heißt nur auf den jeweiligen sozialen Gegenspieler bezogen. Das ist logische Konsequenz des notwendig relativen Gegnerbezugs. Die AUB etwa war in der Phase der „üppigen“ Finanzierung durch die Siemens AG, die mittelbar über Schelsky erfolgte, von der Siemens AG finanziell abhängig. Gegenüber anderen Unternehmen (außerhalb der Siemens-Gruppe) konnte sie als Koalition auftreten, da diese Abhängigkeit sich auf andere Unternehmen nicht auswirken mußte.

Die praktische Frage lautet nun aber: Wie stellt man diese Abhängigkeit fest? Eine konkrete Einflußnahme ist kaum festzustellen, geschweige denn nachzuweisen. Schon für die Abhängigkeit des § 17 Abs. 1 AktG genügt die bloße Möglichkeit, einen beherrschenden Einfluß auszuüben[24]. Und so hat das BAG für die Anwendung seines koalitionsrechtlichen Gewinnverbotes für Betriebsratsschulungen zum Schutz des Arbeitgebers zuerst zwar darauf abgestellt, daß die Gewerkschaft das gewerkschaftseigene Schulungsunter-

[21] Statt aller: *Böhm*, Kartelle und Koalitionsfreiheit (1933).

[22] Unbestritten; statt aller: *Löwisch*, Die Voraussetzungen der Tariffähigkeit, ZfA 1970, 295 f.; *Hueck/Nipperdey*, Lehrbuch des Arbeitsrechts, Bd. II/1 S. 91.

[23] BAG vom 16.11.1982 – 1 ABR 22/78 – DB 1983, 1151; weiter *Park*, Verfassungs-, zivil- und arbeitsrechtliche Stellung der Arbeitgeberverbände (1997), S. 64 ff.

[24] Dazu MünchKommAktG/*Bayer*, 3. Auflage (2008) § 17 Rn. 11.

nehmen über die Gesellschafterstellung und einen Kooperationsvertrag in seiner koalitionsspezifischen Tätigkeit steuern kann[25]. Später hat das Gericht für die Schulung durch einen gewerkschaftsnahen (gemeinnützigen) Verein auf die Einflußmöglichkeiten durch satzungsmäßige Rechte und personelle Verflechtungen abgestellt[26]. Schließlich hat es genügen lassen, daß „der Verein über die Durchführung betriebsverfassungsrechtlicher Schulungen hinaus umfassend zur Durchführung gewerkschaftlicher Bildungsarbeit oder einer sonstigen gewerkschaftlichen Betätigung genutzt werden kann" und das „Fehlen rechtlich gesicherter Beherrschungsmöglichkeiten" für unbeachtlich erklärt, solange nur ein faktischer Einfluß möglich ist[27]. Dementsprechend kann auch die Wahl einer Stiftung als Bildungsträger den Gewerkschaftseinfluß nicht ausschalten, wenn und soweit die Gewerkschaft über Besetzungsrechte die Mehrheit der Mitglieder in den maßgeblichen Stiftungsorganen besetzt[28].

Ebenso ist es um die Gegnerunabhängigkeit schon dann geschehen, wenn die Gewerkschaft auf den Arbeitgeberverband Einfluß nehmen kann. Die als Arbeitgeberverband agierende Zweckgemeinschaft des Bildungsverbandes ist in ihrer Willensbildung von gewerkschaftlichen Bindungsunternehmen abhängig, wodurch ein Gewerkschaftseinfluß auf die tarifliche Willensbildung möglich ist. Damit aber ist der Mindestlohntarif ersichtlich unwirksam. Es liegt nicht anders als bei der AUB (Arbeitsgemeinschaft Unabhängiger [!] Betriebsangehöriger): Sie hat die Unabhängigkeit vom sozialpolitischen Gegenspieler Siemens AG schon durch die bloße Möglichkeit verloren, daß die Finanzierung – genauer: die Möglichkeit der Siemens AG, diese jederzeit kraft Mißvergnügens einzustellen – die eigene Willensbildung beeinflußt.

Das BAG freilich hat in der UFO-Entscheidung aus 2004 die Gegnerunabhängigkeit restriktiv verstanden (um der Koalitionsfreiheit mehr Freiraum zu geben): Solch schädliche Abhängigkeit müsse „strukturell" sein, mithin schadeten personelle oder organisatorische Verflechtungen oder wesentliche finanzielle Zuwendungen erst dann, wenn die eigenständige Interessenwahrnehmung der Tarifvertragspartei „ernsthaft" gefährdet wird[29].

[25] BAG vom 30.3.1994 – 7 ABR 45/93 – NZA 1995, 382.

[26] BAG vom 28.6.1995 – 7 ABR 55/94 – NZA 1995, 1216.

[27] BAG vom 17.6.1998 – 7 ABR 20/97 – NZA 1999, 220 unter B 3 c (im konkreten Fall allerdings verneint, weil die Vereinssteuerung paritätisch durch Gewerkschaft und einen Volkshochschulverband erfolgte. Dazu auch *Lessner-Sturm* (Fn. 9) Rn. 786.

[28] *Lessner-Sturm* (Fn. 9) Rn. 788 ff.

[29] BAG vom 14.12.2004 – 1 ABR 51/03 – NZA 2005, 697, LS 3 und III. 2. der Gründe.

b) Gegnerunabhängigkeit als Lauterkeitsrecht im Gewerkschaftswettbewerb

Diese Gegnerfreiheit ist geschichtlich der Erfahrung mit den gelben, von Arbeitgebern veranstalteten und finanzierten „Gewerkschaften" entsprungen[30]. Sie dient also in erster Linie der Funktionsfähigkeit der Gewerkschaften, indem sie davor geschützt werden, daß Arbeitnehmer einer Scheingewerkschaft folgen und damit von den „echten" Gewerkschaften abgelenkt und abgezogen werden. Systematisch gesehen ist das Lauterkeitsrecht: Das Gewerkschaftssystem wird vor irreführenden Kollektivwettbewerbern geschützt. Das ist deswegen bemerkenswert, weil das UWG auch nach der jüngsten Novelle 2008 und unter Berücksichtigung der Richtlinie 2005/29/EG über unlautere Geschäftspraktiken[31] für Koalitionen und ihren Arbeitsmarktwettbewerb nicht gilt: Gewerkschaften und Arbeitgeberverbände sind in dieser Funktion keine Unternehmer (§ 2 Abs. 1 Nr. 6 UWG) und nehmen keine „geschäftlichen Handlungen" auf dem Markt für Waren oder Dienstleistungen (§ 2 Abs. 1 Nr. 1 UWG) vor. „Marktteilnehmer" sind nur jene, die als „Anbieter oder Nachfrager von Waren oder Dienstleistungen" (§ 2 Abs. 1 Nr. 2 UWG) auftreten[32]. Insofern kann man zwar die Arbeitsleistung als Dienstleistung begreifen, weswegen jedenfalls die unternehmerische Arbeitskräftenachfrage dem UWG zugeordnet bleibt[33] – doch die spezifische Koalitionstätigkeit für das Mitglied (Regelung von Arbeitsbedingungen, verbandliche Rechtsschutzgewährung) und die Werbung um Mitglieder eben nicht. So betont das BAG noch 2005 für eine gewerkschaftliche Werbung mit ermäßigtem Beitrag:

> „Die reine Mitgliederwerbung [ist] kein geschäftlicher Verkehr iSd. § 1 UWG a.F. Sie ist nicht auf gewerbliche Konkurrenz angelegt, sondern dient der Verwirklichung der sozialen und gesellschaftlichen Aufgaben der Gewerkschaften. ... Dementsprechend können auch Idealvereine wettbewerbsrechtlich als Unternehmen anzusehen sein, soweit sie gegenüber ihren Mitgliedern für sich gesehen entgeltliche, aber durch den Mitgliedsbeitrag abgedeckte Leistungen erbringen, die auch auf dem Markt gegen

[30] *Jung*, Die Unabhängigkeit als konstitutives Element im Koalitionsverfassungs- und Tarifvertragsrecht (1999) S. 11 ff., 92 ff.; *Küppers*, Gerechtigkeit in der modernen Arbeitsgesellschaft und Tarifautonomie (2008) S. 281.

[31] Zum erweiterten Geltungsbereich *Glöckner*, Der gegenständliche Anwendungsbereich des Lauterkeitsrechts nach der UWG-Novelle 2008 – ein Paradigmenwechsel mit Folgen, WRP 2009, 1175.

[32] Für Verbandstätigkeit allgemein Hefermehl/*Köhler*/Bornkamm, UWG, 27. Auflage (2008) § 2 Rn. 40 f.

[33] Hefermehl/*Köhler*/Bornkamm, UWG, 27. Auflage (2008) § 2 Rn. 39; *Schloßer*, Unlautere Werbung durch Stellenanzeigen, WRP 2004, 145; schon *Rieble*, Arbeitsmarkt und Wettbewerb (1996) Rn. 488 ff.

Entgelt angeboten werden. … Dazu können auch Beratungsleistungen oder die Gewährung von Rechtsschutz gehören. Die Unternehmenseigenschaft einer Gewerkschaft bedarf aber im Streitfall schon deshalb keiner Klärung, weil deren reine Mitgliederwerbung keine Wettbewerbshandlung iSd. UWG ist. Sie bezweckt nicht den Absatz oder den Bezug von Waren oder Dienstleistungen (…). Der Umstand, dass eine Vereinsmitgliedschaft mit Ansprüchen auf bestimmte Leistungen des Vereins verbunden ist, hat allein noch nicht zur Folge, dass die Mitgliederwerbung eine auf den Absatz dieser Leistung gerichtete (Wettbewerbs-)Handlung wäre. Dies gilt zumindest in den Fällen, in denen die Erbringung der Leistung nicht den Hauptzweck oder gar den alleinigen Zweck der Vereinstätigkeit darstellt. Auch kommt es nicht darauf an, ob andere Vereine mit gleicher oder ähnlicher Zielsetzung vorhanden sind, die ebenfalls Mitgliederwerbung betreiben (…). Die Mitgliederwerbung einer Gewerkschaft zielt nicht in erster Linie oder gar ausschließlich auf den Absatz der Dienstleistung ‚Rechtsschutz'. Dessen Gewährung ist zwar regelmäßig vom Satzungszweck gedeckt. Er ist aber weder Haupt- noch gar alleiniger Zweck einer Gewerkschaft. Deren Hauptaufgabe ist es, die Arbeits- und Wirtschaftsbedingungen ihrer Mitglieder, insbesondere durch den Abschluss von Tarifverträgen, zu wahren und zu fördern."[34]

Ebenso der BGH in seiner älteren Rechtsprechung[35]:

„Der Begriff des ‚geschäftlichen Verkehrs' wird zwar durchweg weit ausgelegt. Trotzdem wäre es verfehlt, die zum hergebrachten Aufgabenbereich der Gewerkschaft gehörende soziale Betreuung der Mitglieder dem geschäftlichen Verkehr zuzurechnen und damit die auf diese Betreuung bezugnehmende Mitgliederwerbung Wettbewerbsregeln zu unterstellen, die auf die Konkurrenz von Gewerbetreibenden zugeschnitten sind."

Auch der koalitionspolitische Meinungskampf ist frei vom UWG – ganz gleich, ob er sich gegen Konkurrenzgewerkschaften oder gegen Unternehmen richtet[36].

[34] BAG vom 31.5.2005 – 1 AZR 141/04 – NZA 2005, 1182; BAG vom 11.11.1968 – 1 AZR 16/68 – NJW 1969, 861; dazu *Rieble*, Arbeitsmarkt und Wettbewerb (1996) Rn. 512 ff.

[35] BGH vom 6.10.1964 – VI ZR 176/63 – BGHZ 42, 210, 218 = AP Nr. 6 zu § 54 BGB = NJW 1965, 29: Propaganda der GdP gegen die ÖTV; BGH vom 7.1.1964 – VI ZR 58/63 – AP Nr. 1 zu § 1004 BGB: „Sabotage"-Vorwurf einer Beamtenkoalition gegen die Postgewerkschaft; allgemein zur Mitgliederwerbung BGH vom 14.1.1972 – I ZR 95/70 – GRUR 1972, 427 [„Mitgliederwerbung"]; BGH vom 20.2.1997 – I ZR 12/95 – WRP 1997, 843 [„Emil-Grünbär-Klub"]; weiter *Rieble/Gutzeit*, Gewerkschaftliche Selbstdarstellung in Internet und Intranet, ZfA 2001, 341, 343 ff.: keine markenrechtlichen Abwehransprüche des Unternehmens gegen die die Firma (im Internet) nutzende Gewerkschaft.

[36] BGH vom 5.2.1980 – VI ZR 174/78 – GRUR 1980, 309 = NJW 1980, 1685 [„Straßen-

Selbst in den Marktsegmenten, in denen eine Gewerkschaft in Konkurrenz zu Unternehmen Dienstleistungen anbietet (Unfallversicherungsschutz), spricht der BGH der Gewerkschaft (fälschlich) keine eigene, für das UWG relevante Unternehmenstätigkeit zu, sondern sieht ihre Vermittlungstätigkeit (nur) als Teilnahme am fremden Wettbewerb des Versicherers[37]. Doch scheint der BGH umzusteuern: 2005 hat er Lohnsteuerhilfevereine, die nicht nur um Mitglieder, sondern mit ihren Beratungsdienstleistungen werben, insofern dem UWG zugeordnet[38]. Ob solche Koalitionstätigkeiten, die das Mitglied auch auf dem Markt buchen kann – insbesondere Rechtsberatung und Prozeßvertretung –, deshalb mittelfristig doch dem UWG zugeordnet werden, bleibt abzuwarten. Für unsere Frage ist das ohne Belang: Mit Blick auf die Gegnerunabhängigkeit geht es um den Kern der Koalitionswillensbildung und damit ein spezifisch verbandliches Geschehen, das dem UWG in seiner jetzigen Fassung nicht unterliegt.

Immerhin kann die Irreführungskomponente womöglich arbeitsstrafrechtlich „abgearbeitet" werden: Wirbt eine Koalition um Mitglieder und verschweigt sie hierbei, daß sie gegnergesteuert ist und also von vornherein keine ehrliche Interessenvertretung verspricht, kann das einen Eingehungsbetrug in die Mitgliedschaft bedeuten. Strafrechtlich problematisch ist freilich die Schadensfeststellung – weil sich der Wert der Mitgliedschaft kaum beziffern läßt und das Strafrecht – anders als das Zivilrecht – beim subjektiven Schadenseinschlag doch sehr zurückhaltend ist[39].

Gegnerfreiheit auf der Arbeitgeberseite hat keine vergleichbare Lauterkeitsfunktion. Hier geht es, wie I.3 gesehen, um den Staatszugriff auf den Arbeitsmarkt, um „Scheintarifverträge"[40] zwischen Gewerkschaft und dem von ihr gesteuerten Arbeitgeberverband, die von vornherein den Interessenausgleich bestenfalls simulieren und auf den staatlichen Geltungsbefehl warten. Hätte der Plan freilich Erfolg, so kann die Täuschung über die zur Unwirksamkeit des Tarifvertrags und damit der Wirkungslosigkeit jeder All-

und Autolobby"]; BGH vom 1.2.1977 – VI ZR 204/74 – BGHZ 1, 58 [„Halsabschneider"] für Schmähkritik in einer Gewerkschaftszeitung am Unternehmen; dazu *Köhler*, Arbeitskampf und Wettbewerbsrecht, RdA 1987, 234, 236.

[37] BGH vom 25.1.1990 – I ZR 19/87 – BGHZ 110, 156; anders und richtig dagegen für den „konsumgenossenschaftlichen" Hamburger Volksbühnenverein BGH vom 29.10.1970 – KZR 3/70 [Volksbühne II] – WuW/E BGH 1142 = LM § 22 GWB Nr. 4; dazu *Piper*, Zur wettbewerbsrechtlichen Zulässigkeit der Bereitstellung von Versicherungsschutz für Vereinsmitglieder, FS von Gamm (1990) S. 147, 149 ff.; *Göller*, Gewerkschaftliche Gruppenrechtsschutzversicherungen (1993); *Vorderwülbecke*, Rechtsform der Gewerkschaften und Kontrollbefugnisse des Gewerkschaftsmitglieds (1988) S. 48 ff.

[38] BGH vom 7.7.2005 – I ZR 253/02 „Werbung mit Testergebnis" – NJW 2005, 3287 = GRUR 2005, 877.

[39] Vgl. für den Eingehungsbetrug ins Arbeitsverhältnis nur Schönke/Schröder/*Cramer*/*Perron*, StGB, 27. Auflage (2006) § 263 Rn. 154.

[40] Nicht i.S.v. § 117 BGB.

gemeinverbindlicherklärung führenden Umstände in einen Massenbetrug gegenüber den tariffreien Arbeitgebern münden.

c) „Innere Koalitionsfreiheit" als autonomiesichernde „Collective Governance"?

Die „Entdeckung" der Steuerungsfähigkeit von Organisationen und ihrer Entscheidungsmechanismen hat als Corporate Governance zunächst die Unternehmen erfaßt (auch wenn die Mitbestimmungseinflüsse auf die Unternehmen in der Diskussion weithin [und auf unwissenschaftliche Weise] ausgeklammert sind[41]). Eine solche Governance – also eine vertrauenswürdige und effektive Entscheidungsfindung, die insbesondere mit Interessenkonflikten sachlich angemessen umgeht – ist nicht bloß für Unternehmen, sondern gerade für Verbände zu fordern. Jedenfalls für jene Verbände, die auf ihre Mitglieder erhebliche Macht ausüben können, also gerade für Gewerkschaften und Arbeitgeberverbände (und andere, von *Reuter* hinreichend beleuchtete Monopolverbände, etwa im Sport), ist eine rechtliche Kontrolle ihrer institutionellen Verfaßtheit durchweg angebracht.

Gerade *Reuter* hat die Grundlagenarbeit solcher „Governance", also der institutionellen Verfaßtheit von Verbänden im BGB-Vereinsrecht, geleistet, etwa für die Mitgliederversammlung als zentralem Organ[42], für die innerverbandlichen Oppositionsrechte[43], hinsichtlich der Vorstandsbesetzungsrechte Dritter[44], und ganz allgemein die Konsequenzen aus der unzureichenden Marktdisziplinierung jener Verbände diskutiert, denen potentielle Mitglieder nicht einfach ausweichen können[45].

Mit der Gegnerfreiheit und der Gegnerunabhängigkeit will das Koalitionsrecht eine genau bestimmte Störung der autonomen Willensbildung unterbinden. Insofern geht es der Rechtsordnung um die negative Abwehr eines unzulässigen Einflusses, um die governance-typische Verhinderung eines Interessenkonfliktes. Auf der Ebene der Tariffähigkeit wird durch die geforderte Unabhängigkeit von Staat, Kirche und Parteien[46] dieser „Negativ-Schirm" erweitert. Daß der Staat und andere gesellschaftliche Großorganisationen keinen inhaltlich bestimmenden Einfluß auf die tarifliche (!) Willensbildung nehmen dürfen, spricht nicht nur gegen jede Gemeinwohl-

[41] Dazu instruktiv *Brocker*, Unternehmensmitbestimmung und Corporate Governance (2006).

[42] MünchKommBGB/*Reuter*, 5. Auflage (2006) § 32 Rn. 5 f.

[43] *Reuter*, Grundfragen des Koalitionsverbandsrechts, FS Söllner (2000) S. 937, 946 f.

[44] MünchKommBGB/*Reuter* § 27 Rn. 18 ff.

[45] MünchKommBGB/*Reuter* Vor § 21 Rn. 99 ff sowie zum Ganzen *ders.* (Fn. 44) FS Söllner (2000) S. 937.

[46] Däubler/*Peter*, TVG, 2. Auflage (2006) § 2 Rn. 35 f; *Löwisch/Rieble*, TVG, 2. Auflage (2004) § 2 Rn. 24 ff.

bindung und für einen privatautonom konstituierten Gruppenegoismus. Vor allem sollen Arbeitnehmer (aber auch Arbeitgeber) ihre tariflichen Ziele, aber auch die Entscheidung über die Auseinandersetzung mit dem Gegner nicht an den Wünschen solcher Großorganisationen ausrichten, die mit den Mitgliederinteressen nicht identisch sind oder sein müssen.

Einen positiven Aspekt bringt das Tarifvertragsrecht mit dem Merkmal „demokratische Organisation" als Voraussetzung der Tariffähigkeit ins Spiel. Dabei geht es gerade nicht um eine Analogie zur staatsverfassungsrechtlichen Demokratie, sondern um angemessene Teilhabe der Mitglieder an der tarifpolitischen Willenbildung – um die „Mitgliederhoheit".

Das zielt in erster Linie auf individuelle Wahl- und Stimmrechte, kann aber auch nur ein innerverbandliches Minimum an Mitwirkungsrechten garantieren[47]. Jedenfalls ist der historische Versuch, den Gewerkschaften als Kampfverbänden ein Recht zu (stalinistischer) Kritikunterdrückung zuzusprechen, gottlob gescheitert.[48]

Umgekehrt wird auch dieses Merkmal inzwischen primär negativ gelesen und soll die tarifliche Willensbildung vor illegitimem Fremdeinfluß bewahren. Dabei geht es in erster Linie um die sogenannten OT-Verbände auf Arbeitgeberseite, die ihren Mitgliedern zwei Arten von Mitgliedschaft anbieten: eine Vollmitgliedschaft, die nach § 3 Abs. 1 TVG die Tarifbindung auslöst, und die tariflose (eben „ohne Tarif") Mitgliedschaft, die das Mitglied vor allem für andere (Beratungs-)Leistungen des Vereins legitimiert.

In der Tat könnte ein Stimmrecht jener OT-Mitglieder in tariflichen Angelegenheiten oder gar eine Organschaft – etwa eines OT-Mitgliedes in der Tarifkommission – die Tarifautonomie als Selbstbestimmung der Tarifgebundenen gefährden. Dementsprechend fordert die tarifrechtliche Literatur nahezu einhellig, daß OT-Mitgliedern in tarifpolitischen Fragen kein Mitspracherecht eingeräumt werden darf, um die **Funktionsfähigkeit der Tarifautonomie** zu sichern.[49] Während der Erste Senat des BAG noch 2006 offen

[47] Dazu *Löwisch/Rieble*, TVG, 2. Auflage (2004) § 2 Rn. 32.

[48] Hierzu *Reuter* (Fn. 44) FS Söllner (2000) S. 950 f., der richtig auch dem Bundesverfassungsgericht vorhält, mit einem „Recht auf Solidarität" letztlich Gleichschaltung zu betreiben.

[49] *Bayreuther*, OT-Mitgliedschaft, Tarifzuständigkeit und Tarifbindung, BB 2007, 325, 327; *Buchner*, Verbandsmitgliedschaft ohne Tarifbindung, NZA 1995, 761, 766; *Deinert*, Schranken der Satzungsgestaltung beim Abstreifen der Verbandstarifbindung durch OT-Mitgliedschaften, RdA 2007, 83; *Hensche*, Verfassungsrechtlich bedenkliche Neujustierung des Verhältnisses zwischen Individualwille und kollektiver Ordnung, NZA 2009, 815, 818 f.; *Junker*, Anm. zu BAG 23.10.1996 – 4 AZR 409/95 – SAE 1997, 172; *Konzen*, Die Tarifzuständigkeit im Tarif- und Arbeitskampfrecht, FS Kraft (1998) S. 291, 318; *Löwisch/Rieble*, TVG, 2. Aufl. (2004) § 2 Rn. 34, allgemein § 1 Rn. 169 ff.; *Ostrop*, Mitgliedschaft ohne Tarifbindung (1997) S. 109 f.; *S. J. Otto*, Zulässigkeit einer tarifbindungsfreien Mitgliedschaft in Arbeitgeberverbänden, NZA 1996, 624, 628; *Röckl*, Zulässigkeit einer Mitgliedschaft in

ließ, „ob und ggf. in welchem Umfang die OT-Mitglieder von der tarifpolitischen Willensbildung des Verbands ausgeschlossen sein müssen“[50], hat der Vierte Senat 2008 in seiner Blitzwechsel-Entscheidung (obiter) die von der Literatur aufgestellten Grundsätze erhärtet und OT-Mitgliedern die Mitwirkung an tarifpolitischen Entscheidungen des Verbandes untersagt[51]. Dabei beruft sich der Senat auf ein Gebot zur Erhaltung der „Funktionsfähigkeit der Tarifautonomie“, ohne jedoch dessen normative Herkunft näher zu beschreiben. Vielmehr flüchtet der Senat in eine methodisch abseitige „Generalabwägung“ von individueller und kollektiver Koalitionsfreiheit[52]. Der Senat stellt dann den allgemeinen Rechtssatz auf, daß Geschäftsgrundlagenstörungen des Tarifvertrags zu verhindern seien und folgert daraus, daß es nicht sein dürfe, „dass diejenigen Arbeitgeber, die vertreten durch den Verband an den Tarifverhandlungen teilnehmen, nicht mit denjenigen übereinstimmen, die nach Tarifabschluss an diesen gebunden sind“. Daß hier schräg und spiegelbildlich argumentiert wird, liegt allein an der politischen Zielsetzung des Senats: Er will nicht (negativ) Fremdeinfluß auf die Tarifverhandlungen verhindern (weil das nur zur sozialpolitisch unerwünschten Unwirksamkeit des Tarifvertrages führen könnte) – er will umgekehrt (positiv) eine greifbar gesetzwidrige Tarifbindung derjenigen „erlassen“, die nach den Tarifverhandlungen „blitzartig“ den Verband verlassen. Der Senat postuliert also einen allgemeinen Grundsatz, daß nur diejenigen an Tarifverhandlungen teilnehmen dürfen, die auch vom Tarifvertrag betroffen sind und spiegelt diesen dann (unter verschwiegener Heranziehung des rechtsmethodischen Großmeisters *Morgenstern*: „weil … nicht sein kann, was nicht sein darf“[53]) dahin, daß nicht etwa die Mitwirkung eines unzureichend Legitimierten am Tarifabschluß zu kritisieren ist, sondern vielmehr umgekehrt dessen Tarifbindung contra legem herzustellen ist. Dieser *Palmström*-Gedanke findet sich vertieft

Arbeitgeberverbänden ohne Tarifbindung? DB 1993, 2382; *Schlochauer*, OT-Mitgliedschaft, FS Hromadka (2008) S. 379, 391 f.; *Wilhelm/Dannhorn*, Die „OT-Mitgliedschaft“ – neue Tore für die Tarifflucht? NZA 2006, 466, 471; großzügiger nur *Thüsing/Stelljes*, Verbandsmitgliedschaft und Tarifgebundenheit, ZfA 2005, 527, 552: die Mitglieder könnten auf solchen Einmischungsschutz verzichten.

[50] BAG vom 18.7.2006 – 1 ABR 36/05 – NZA 2006, 1225.

[51] BAG vom 4.6.2008 – 4 AZR 419/07 – NZA 2008, 1366, Rn. 39. Zentral vorbereitet im obiter dictum vom 20.2.2008 – 4 AZR 64/07 – NZA 2008, 946.

[52] BAG vom 4.6.2008 – 4 AZR 419/07 – Rn. 59 f. Zur Methodenkritik bereits *Reuter* Anmerkung EzA Art. 9 GG Arbeitskampf Nr. 94 S. 28. Zum Blitzwechsel näher *Höpfner*, Blitzaustritt und Blitzwechsel in die OT-Mitgliedschaft, ZfA 2009, 541 ff., der zum selben Ergebnis des Senates kommen will – indem er den OT-Mitgliedern, die an tarifpolitischen Entscheidungen mitwirken, widersprüchliches Verhalten (wem gegenüber?) vorwirft und sie nach § 242 BGB (Treue wem gegenüber?) auf den Tarifvertrag verpflichten will. Methodisch ist das nicht besser. Weiter *Rieble*, „Blitzaustritt“ und tarifliche Vorbindung, RdA 2009, 280.

[53] Aus „Die unmögliche Tatsache“, Palmström-Zyklus.

in der jüngsten OT-Entscheidung, mit der der Tarifsenat die „Verfügungsgewalt über den Streikfonds“ allein den T-Mitgliedern zuordnen will und aus der widerstreitenden Satzungsgestaltung des Arbeitgeberverbandes Remscheid folgert, daß die Tarifgebundenheit des § 3 TVG individualrechtlich auch denjenigen erfaßt, der aus der Tarifträger-Fachgruppe ausgetreten ist[54]. Damit wird ersichtlich § 3 Abs. 3 TVG überdehnt.

Bezeichnenderweise gehen der Erste und der Vierte Senat anderen Störungen der tariflichen Selbstregelung eigener Angelegenheiten durch Dritte nicht nur nicht nach. So weist der Erste Senat die Kritik an (den gar nicht so seltenen) dreiseitigen Vereinbarungen zwischen Arbeitgeber(verband), Gewerkschaft und Betriebsrat zurück: Eine unzulässige Einflußnahme des gar nicht tariffähigen Betriebsrats auf die Tarifinhalte[55] sei auch durch seine Parteistellung nicht induziert[56]. Immerhin hat der Erste Senat zwischenzeitlich entschieden, daß solch dreiseitige Vereinbarungen daran scheitern, daß entgegen dem Gebot der Normenklarheit nicht erkennbar ist, ob es sich um einen Tarifvertrag oder eine Betriebsvereinbarung handelt und wer die Verantwortung für die Normen trägt[57].

Schlimmer noch ist die Sympathiekampf-Rechtsprechung des Ersten Senats: Sie erlaubt den Kampf gegen Dritte zentral mit der Erwägung, daß der bekämpfte Dritte doch irgendwie Einfluß auf die Tarifpartei auf seiner Seite nehmen könne und leitet also aus der systemwidrigen Einflußnahme Dritter auf Tarifverhandlungen sogar eine Kampfberechtigung ab[58]. Damit wird der Fremdeinfluß gefördert. „Was denn nun?“, muß man sich fragen.

Geht es darum, über die tradierte Unabhängigkeit von Gegner, Kirche, Staat und Partei positiv eine Selbstbestimmung der Verbände (und vielleicht auch des einzelnen Arbeitgebers) in Tarifverhandlungen zu gewährleisten, so müßten die tarifrechtlichen Ansätze dann nur modernisiert werden: zu einer Collective Governance, die Interessenkonflikte vermeidet. „Gute Koalitionsführung“ bedeutet nicht nur gegnerreine sondern autonome Interessenfindung und -verfolgung. Fremde und Dritte, denen die Tariffähigkeit fehlt, ja selbst eigene Spitzenverbände[59] müssen die Autonomie als Selbstregelungsrecht achten. Die Einflußnahme auf Verbände und ihre Organe – sei es durch

[54] BAG vom 22.4.2009 – 4 AZR 111/08 – NZA 2010, 105.

[55] So *Löwisch/Rieble*, TVG, 2. Aufl. (2004), § 1 Rn. 478.

[56] BAG vom 7.11.2000 – 1 AZR 175/00 – NZA 2001, 727; so auch *Thüsing*, Dreigliedrige Standortvereinbarungen, NZA 2008, 201.

[57] BAG vom 15.4.2008 – 1 AZR 86/07 – NZA 2008, 1074.

[58] BAG vom 19.6.2007 – 1 AZR 396/06 – NZA 2007, 1055; dazu kritisch *Wank*, Aktuelle Probleme des Arbeitskampfrechts, RdA 2009, 1, 2 ff.; *Rieble*, Das neue Arbeitskampfrecht des BAG, BB 2008, 1506; 1511; *Rüthers/Höpfner*, Über die Zulässigkeit von Flashmobs als Arbeitskampfmaßnahme, JZ 2010, 261.

[59] Eingehend *Rieble*, Tarifkoordinierung in Spitzenverbänden, FS Otto (2008), S. 471.

Drohung und Druck, sei es durch gezielte Begünstigung, gar Bestechung[60] – muß abgewehrt werden, durch ein effektives Tarifrecht. Ihm ginge es um innere Koalitionsfreiheit[61].

Findet sich das BAG zu solcher Richterrechtsentwicklung nicht bereit (vor allem weil das Tarifverträge hindert und nicht befördert), bleibt zunächst eine Widersprüchlichkeit aufzulösen: Wie kann es sein, daß das BAG Blitzaustritten und Blitzwechseln offensiv begegnet, um eine Tarifgestaltung durch „nicht-mehr-betroffene" Ex-Mitglieder und von innen zu vereiteln – zugleich aber beliebige externe Fremdeinflüsse auf die Tarifverhandlungen zuläßt? Das ist nicht bloß widersprüchlich.

III. Ergebnisse

1. Gewerkschaftsabhängige Arbeitgeberverbände gefährden das System des kollektiven Arbeitsrechts grundsätzlich anders als gelbe Gewerkschaften. Während jene (wie die seinerzeit von Siemens finanzierte AUB) die Arbeitnehmer als potentielle „Kunden" der Gewerkschaften in die Irre führen und autonome Interessenvertretung vorgaukeln, wo Fremdsteuerung wirkt, kann der gewerkschaftshörige Arbeitgeberverband Wirkung nur entfalten, indem er im Trialog mit Gewerkschaft und Staat allgemeinverbindliche Tarife zu Lasten der tariffreien Arbeitgeber schafft. Solchen Mindestlohn-Fakes ist indes die staatliche und rechtliche Anerkennung zu versagen.

2. Der seltene Fall des gewerkschaftshörigen Arbeitgeberverbands veranlaßt ein Weiterdenken: Gegnerunabhängigkeit und allgemeines Autonomiegebot – als Verbot der Einmischung durch tariffremde und tariffreie Dritte – lassen sich zu einer koalitionsinternen Sicherung der freien Entscheidungsfindung ausbauen. Zum Schutz der inneren Koalitionsfreiheit ist dann ein Ausbau der Autonomieregeln im Dienst einer „Collective Governance" erforderlich. Die derzeitige BAG-Rechtsprechung benutzt hingegen den Autonomiegedanken nur operativ, um erwünschte Tarifbindungen gegen den Willen der Betroffenen herzustellen und damit gegenüber einem internen Fehleinfluß. Externer Dritteinfluß wird hingegen befördert oder ignoriert. Insofern lautet der Systemwunsch: Mehr Konsistenz!

[60] Vgl. *Rieble*, Gewerkschaftsbestechung, CCZ 2008, 121.

[61] Dazu *Lessner-Sturm* (Fn. 9) Rn. 95 ff.

Die Inhaltskontrolle arbeitsrechtlicher Beendigungsvereinbarungen

Christian Rolfs

I. Einleitung

Wenige Gesetzesänderungen der vergangenen 10 Jahre haben das Arbeitsrecht so maßgeblich beeinflusst wie die Erstreckung der AGB-Kontrolle auf arbeitgeberseitig vorformulierte Vertragsklauseln im Zuge der sog. Modernisierung des Schuldrechts[1]. Zahlreiche Grundsatz- wie Einzelfragen sind noch immer offen. An der aus dem Jahre 2004 stammenden Feststellung *Dieter Reuters*, es sei völlig unklar, welche Bedeutung die an der Gesetzgebung Beteiligten den „Besonderheiten des Arbeitsrechts" (§ 310 Abs. 4 Satz 2 BGB) beigelegt wissen wollen[2], hat sich bis heute nichts geändert. Es gibt – trotz erster Annäherungsversuche der Rechtsprechung[3] – nach wie vor keine klare Bestimmung dieser „Besonderheiten", geschweige denn einen Konsens über die aus ihnen resultierenden Konsequenzen[4].

Rechtsprechung und Literatur haben sich bislang ganz überwiegend mit der Gestaltung und Kontrolle *arbeitsvertraglicher* Klauseln auseinandergesetzt. Vereinbarungen anlässlich der Beendigung des Arbeitsverhältnisses sind demgegenüber eher weniger in den Blick geraten. Dabei bergen sie angesichts der gegenüber dem Abschluss des Arbeitsvertrages völlig anderen Verhandlungssituation Eigenheiten, die näherer Betrachtung würdig sind. Der AGB-Kontrolle vorgelagert sind eine Reihe anderer Hindernisse, die der Wirksamkeit von Vereinbarungen über die Beendigung des Arbeitsverhältnisses entgegen stehen können. Auch sie sind Gegenstand dieses Beitrages.

[1] Gesetz zur Modernisierung des Schuldrechts vom 26.11.2001, BGBl. I S. 3138.

[2] *Reuter* in: FS 50 Jahre Bundesarbeitsgericht (2004), S. 177 (177).

[3] BAG, Urt. vom 4.3.2004 – 8 AZR 196/03, AP Nr. 3 zu § 309 BGB; Urt. vom 25.5.2005 – 5 AZR 572/04, AP Nr. 1 zu § 310 BGB; Urt. vom 14.8.2007 – 9 AZR 18/07, AP Nr. 2 zu § 6 ATG.

[4] Siehe zu den unterschiedlichen Standpunkten etwa *Birnbaum*, NZA 2003, 944 (944); *Joost*, FS Ulmer (2003), S. 1199 (1203); *Hromadka*, NJW 2002, 2523 (2528); *Hümmerich*, NZA 2003, 753 (762); *Lingemann*, NZA 2002, 181 (192); *Preis*, NZA Beil. 16/2003, S. 19 (33); *Reichold*, ZTR 2002, 202 (207); *Singer*, RdA 2003, 194 (202); *Thüsing*, BB 2002, 2666 (2673).

II. Reichweite des Schriftformerfordernisses (§ 623 BGB)

Der Einbeziehungs- und Inhaltskontrolle nach Maßgabe der §§ 305 ff. BGB vorgelagert ist die Wahrung der korrekten Form. Schon seit Mai 2000[5] bedarf[6] die Beendigung des Arbeitsverhältnisses durch Kündigung oder Auflösungsvertrag der Schriftform. Während der Begriff der „Kündigung" klar konturiert ist und nach einhelliger und zutreffender Überzeugung neben der Beendigungs- auch die Änderungskündigung umfasst[7], verwendet der Gesetzgeber den Begriff des „Auflösungsvertrages" andernorts nicht. Das führt zu der Frage, ob und ggf. welche Vertragsgestaltungen neben dem klassischen, von § 623 BGB unbestritten erfassten Aufhebungsvertrag dem Schriftformzwang unterliegen. Da nach § 127a BGB der gerichtliche Vergleich sogar die notarielle Beurkundung ersetzt, kann er – auch wenn der Vergleich im Wege des § 278 Abs. 6 ZPO zustande gekommen ist und das Gericht seinen Inhalt durch Beschluss festgestellt hat – auch an die Stelle der gesetzlichen Schriftform treten[8] und daher die Form des § 623 BGB wahren.

Problematisch sind demgegenüber Klageverzichtsvereinbarungen und die einen Klageverzicht stets beinhaltenden, aber weiter reichenden Abwicklungsverträge. Sie werden von der Rechtsprechung des BAG uneinheitlich beurteilt. Der Sechste Senat hat ein Formerfordernis verneint, da das Arbeitsverhältnis durch die Kündigung, nicht aber den Abwicklungsvertrag aufgelöst werde[9]. Demgegenüber hat der Zweite Senat, ohne diese Entscheidung auch nur zu erwähnen, für den Verzicht auf die Kündigungsschutzklage im gegenteiligen Sinne entschieden: Da erst mit dem Verzicht auf die gerichtliche Kontrolle der Kündigung die Beendigung des Arbeitsverhältnisses rechtssicher feststehe, stelle der Verzicht einen Auflösungsvertrag i.S. von § 623 BGB dar. Er bedürfe daher nicht nur der Unterzeichnung seitens des Arbeitnehmers, sondern auch des Arbeitgebers[10]. Letzteres ist unrichtig. Die Been-

[5] Gesetz zur Vereinfachung und Beschleunigung des arbeitsgerichtlichen Verfahrens (Arbeitsgerichtsbeschleunigungsgesetz) vom 30.3.2000, BGBl. I S. 333.

[6] Im Gesetz steht immer noch „bedurfen".

[7] BAG, Urt. vom 16.9.2004 – 2 AZR 628/03, AP Nr. 78 zu § 2 KSchG 1969; *Caspers*, RdA 2001, 28 (30); ErfK/*Müller-Glöge* (10. Aufl. 2010), § 623 BGB Rn. 3; *Rolfs*, NJW 2000, 1227 (1228); *Schaub*, NZA 2000, 344 (347); KR/*Spilger* (9. Aufl. 2009), § 623 BGB Rn. 64; MünchArbR/*Wank* (3. Aufl. 2009), § 96 Rn. 7.

[8] BAG, Urt. vom 23.11.2006 – 6 AZR 394/06, AP Nr. 8 zu § 623 BGB; *Dahlem/Wiesner*, NZA 2004, 530 (531 f.); ErfK/*Müller-Glöge* (10. Aufl. 2010), § 623 BGB Rn. 11; Zöller/*Greger*, ZPO (28. Aufl. 2010), § 278 Rn. 31; zweifelnd *Nungeßer*, NZA 2005, 1027 (1030 Fußn. 20).

[9] BAG, Urt. vom 23.11.2006 – 6 AZR 394/06, AP Nr. 8 zu § 623 BGB; ebenso APS/*Preis* (3. Aufl. 2007), § 623 BGB Rn. 9; *Bauer/Günther*, NJW 2008, 1617 (1618); HWK/*Bittner* (3. Aufl. 2008), § 623 BGB Rn. 22; *Müller-Glöge/von Senden*, AuA 2000, 199 (200); *Rolfs*, NJW 2000, 1227 (1228).

[10] BAG, Urt. vom 19.4.2007 – 2 AZR 208/06, AP Nr. 9 zu § 623 BGB; ebenso für den Abwicklungsvertrag *Richardi*, NZA 2001, 57 (61); *Schaub*, NZA 2000, 344 (347).

digung des Arbeitsverhältnisses erfolgt auch beim Klageverzicht des Arbeitnehmers nicht durch diesen Verzicht, sondern durch die arbeitgeberseitige Kündigung. Nur diese bedarf der Form des § 623 BGB. Für ein pactum de non petendo bestehen demgegenüber auch im arbeitsgerichtlichen Verfahren keine Formerfordernisse[11].

III. Zustimmungsbedürftigkeit des Verzichts auf Rechte aus Tarifverträgen und Betriebsvereinbarungen

Der Arbeitnehmer kann auf entstandene tarifliche Rechte nur in einem von den Tarifvertragsparteien gebilligten Vergleich verzichten (§ 4 Abs. 4 Satz 1 TVG); nur mit Zustimmung des Betriebsrats verzichtbar sind Rechte aus einer Betriebsvereinbarung (§ 77 Abs. 4 Satz 2 BetrVG). Voraussetzung ist im Falle tariflicher Rechte die normative Geltung des Tarifvertrages durch beiderseitige Tarifbindung (§ 3 Abs. 1 TVG), Allgemeinverbindlicherklärung (§ 5 Abs. 1 TVG), deren Erstreckung nach § 7 AEntG, die Festsetzung als Mindestarbeitsbedingung nach § 19 Abs. 3 HAG oder § 1 Abs. 2 MiArbG. Bei einer bloß einzelvertraglichen Inbezugnahme des Tarifvertrages bedarf es für einen Verzicht keiner Zustimmung der Tarifvertragsparteien[12]. Bei Betriebsvereinbarungen muss der Arbeitnehmer zu dem vom BetrVG erfassten Personenkreis (§ 5 BetrVG) gehören.

Vielfach gewähren die Tarif- oder Betriebsparteien den Arbeitnehmern in Bezug auf den Bestand des Arbeitsverhältnisses über das Gesetz hinausgehende Rechte. Das reicht vom völligen Ausschluss der ordentlichen Kündigung (z.B. § 34 Abs. 2 TVöD)[13] über die Beschränkung auf personen- und verhaltensbedingte Kündigungen in Rationalisierungsschutzabkommen und die Verlängerung der gesetzlichen Kündigungsfristen bis hin zu vertraglichen Widerrufsrechten bei Aufhebungsverträgen. Die Reichweite dieser kollektivrechtlich begründeten Zustimmungserfordernisse ist nicht abschließend geklärt. Fest stehen dürfte, dass sie einer einvernehmlichen Beendigung des Arbeitsverhältnisses durch Aufhebungsvertrag oder Vergleich nicht im Wege

[11] Schaub/*Linck*, Arbeitsrechts-Handbuch (13. Aufl. 2009), § 122 Rn. 48; aA Zöller/*Vollkommer*, ZPO (28. Aufl. 2010), Vor §§ 306, 307 Rn. 2.

[12] BAG, Urt. v. 31.5.1990 – 8 AZR 132/89, AP Nr. 13 zu § 13 BUrlG Unabdingbarkeit; Däubler/*Zwanziger*, TVG (2. Aufl. 2006), § 4 Rn. 1061; ErfK/*Franzen* (10. Aufl. 2010), § 4 TVG Rn. 43; MünchArbR/*Rieble*/*Klumpp* (3. Aufl. 2009), § 184 Rn. 5; Wiedemann/*Wank*, TVG (7. Aufl. 2007), § 4 Rn. 671.

[13] Dazu etwa BAG, Urt. vom 24.6.2004 – 2 AZR 215/03, AP Nr. 278 zu § 613a BGB; *Bröhl*, ZTR 2006, 174 (178); *Eylert* in: Bepler/Böhle/Meerkamp/Stöhr, TVöD (Stand: Dezember 2009), § 34 Rn. 22 ff.; *Hock*, ZTR 2005, 558 (558).

stehen, soweit sie lediglich die Kündigung beschränken[14]. Ständiger Rechtsprechung entspricht es zudem, dass beide Vorschriften die Arbeitsvertragsparteien nicht am Abschluss eines Tatsachenvergleichs hindern, wenn Ungewissheit über die tatsächlichen Voraussetzungen der kollektiv-rechtlich gewährten Rechtsposition besteht[15]. Entschieden hat das BAG umgekehrt bereits, dass der ausdrückliche und im Übrigen auch wirksame Verzicht des Arbeitnehmers auf die Erhebung der Kündigungsschutzklage ihn mangels Zustimmung der Tarifpartner nicht daran hindert, die Einhaltung der (hier: kraft Allgemeinverbindlichkeit geltenden) tariflichen Kündigungsfrist zu verlangen[16].

Als problematisch erweisen sich damit namentlich Bestimmungen in Tarifverträgen und Betriebsvereinbarungen, die das (ordentliche) Kündigungsrecht des Arbeitgebers auf Dauer oder auf Zeit vollständig ausschließen oder auf bestimmte Gründe beschränken. Die Literatur weist zutreffend darauf hin, dass § 4 Abs. 4 Satz 1 TVG und § 77 Abs. 4 Satz 2 BetrVG nicht nur den Rechtsverzicht des Arbeitnehmers im engeren Sinne an das Zustimmungserfordernis binden, sondern auch Vereinbarungen, die – wie ein pactum de non petendo – der Rechtsposition ihre Durchsetzbarkeit nehmen[17]. Mit dem Verzicht auf die Erhebung der Kündigungsschutzklage in einem Abwicklungsvertrag, einer Ausgleichsquittung oder einem isolierten Klageverzicht begibt der Arbeitnehmer sich aber nicht nur seines ihm kraft Gesetzes gewährten Kündigungsschutzes, sondern auch des darüber hinausgehenden kollektiv-rechtlichen. Dabei wird sich der Verzicht kaum jemals auf die tatsächlichen Grundlagen (die, wie namentlich Lebensalter und Dauer der Betriebszugehörigkeit, regelmäßig unstreitig sind) der Rechtsposition, sondern auf diese selbst beziehen. Soweit die Kollektivvertragsparteien daher nicht ausnahmsweise den Verzicht auf die durch den Tarifvertrag bzw. die Betriebsvereinbarung gewährten Rechte gestatten (was sie gelegentlich schon

[14] *Bauer*, Arbeitsrechtliche Aufhebungsverträge (8. Aufl. 2007), Rn. I 10; Küttner/*Eisemann*, Personalbuch 2009, Aufhebungsvertrag Rn. 2; Richardi/*Richardi*, BetrVG (12. Aufl. 2009), § 77 Rn. 179.

[15] BAG, Urt. vom 20.8.1980 – 5 AZR 955/78, AP Nr. 12 zu § 6 LohnFG; Urt. v. 31.7. 1996 – 10 AZR 138/96, AP Nr. 63 zu § 77 BetrVG 1972; Urt. vom 5.11.1997 – 4 AZR 682/95, AP Nr. 17 zu § 4 TVG; ebenso die h.L., etwa *Fitting*, BetrVG (25. Aufl. 2010), § 77 Rn. 134; *Löwisch/Rieble*, TVG (2. Aufl. 2004), § 4 Rn. 355; Wiedemann/*Wank*, TVG (7. Aufl. 2007), § 4 Rn. 680.

[16] BAG, Urt. vom 18.11.1999 – 2 AZR 147/99, AP Nr. 18 zu § 4 TVG; zustimmend ErfK/*Franzen* (10. Aufl. 2010), § 4 TVG Rn. 43; Wiedemann/*Wank*, TVG (7. Aufl. 2007), § 4 Rn. 670.

[17] *Löwisch/Rieble*, TVG (2. Aufl. 2004), § 4 Rn. 347; Wiedemann/*Wank*, TVG (7. Aufl. 2007), § 4 Rn. 655.

in der Kollektivvereinbarung selbst tun)[18], wird der Arbeitnehmer durch eine individualvertragliche Vereinbarung mit dem Arbeitgeber in der Geltendmachung dieser Rechte nicht beschränkt.

IV. AGB-Kontrolle

1. *Beendigungsvereinbarung als Allgemeine Geschäftsbedingung*

Die AGB-Kontrolle nach Maßgabe der §§ 305 ff. BGB ist nur eröffnet, wenn es sich bei der Beendigungsvereinbarung um eine Allgemeine Geschäftsbedingung i.S. von § 305 Abs. 1 BGB handelt. Allgemeine Geschäftsbedingungen liegen nicht vor, soweit die Vertragsbedingungen zwischen den Vertragsparteien im Einzelnen ausgehandelt sind (§ 305 Abs. 1 Satz 3 BGB). Auf welche Weise eine Beendigungsvereinbarung zustande gekommen ist, lässt sich nicht allgemein, sondern nur im Einzelfall beurteilen[19]. Der von den Parteien detailliert ausgehandelte, möglicherweise sogar auf Wunsch des Arbeitnehmers zustande gekommene Aufhebungsvertrag ist in der Praxis ebenso nachweisbar wie der arbeitgeberseits vorformulierte, vom Arbeitnehmer unter dem Druck einer angedrohten fristlosen Entlassung hastig unterschriebene[20]. Ähnlich offen ist die Beurteilung von Abwicklungsverträgen, zumal diese in der Praxis nicht nur als „echte" (erst nach Zugang der Kündigungserklärung vereinbarte), sondern häufig als „unechte" anzutreffen sind, wenn die Arbeitsvertragsparteien Konsens darüber erzielen, dass der Arbeitgeber die Kündigung erklärt und man anschließend die bereits mündlich vereinbarte Abwicklungsvereinbarung unterzeichnet[21]. Ausgleichsquittungen und isolierte Klageverzichtsverträge dürften demgegenüber regelmäßig Allgemeine Geschäftsbedingungen darstellen.

Bestehen Zweifel hinsichtlich der AGB-Qualität einer Vereinbarung, ist zu beachten, dass in Verbraucherverträgen Allgemeine Geschäftsbedingungen als vom Unternehmer gestellt gelten, es sei denn, dass sie durch den anderen Teil in den Vertrag eingeführt wurden, und dass eine Inhaltskontrolle

[18] Vgl. BAG, Urt. vom 30.9.1993 – 2 AZR 268/93, AP Nr. 37 zu § 123 BGB; HWK/*Kliemt* (3. Aufl. 2008), Anh. § 9 KSchG Rn. 28; Küttner/*Eisemann*, Personalbuch 2009, Ausgleichsquittung Rn. 4; Schaub/*Linck*, Arbeitsrechts-Handbuch (13. Aufl. 2009), § 122 Rn. 36; *Rolfs* in: Preis (Hrsg.), Der Arbeitsvertrag (3. Aufl. 2009), II A 100 Rn. 52.

[19] *Stoffels* (in: Wolf/Lindacher/Pfeiffer, AGB-Recht [5. Aufl. 2009], Anh. zu § 310 BGB Rn. 84) nimmt an, dass Aufhebungsverträge im Regelfall individuell ausgehandelt sind.

[20] Vgl. BAG, Urt. vom 12.8.1999 – 2 AZR 832/98, AP Nr. 51 zu § 123 BGB; Urt. vom 5.12.2002 – 2 AZR 478/01, AP Nr. 63 zu § 123 BGB; Urt. vom 27.11.2003 – 2 AZR 135/03, AP Nr. 1 zu § 312 BGB; Urt. vom 15.12.2005 – 6 AZR 197/05, AP Nr. 66 zu § 123 BGB.

[21] Vgl. BSG, Urt. vom 9.11.1995 – 11 RAr 27/95, AP Nr. 4 zu § 119 AFG; APS/*Rolfs* (3. Aufl. 2007), AufhebVtr Rn. 26; *Bauer*, Arbeitsrechtliche Aufhebungsverträge (8. Aufl. 2007), Rn. I 20; *Bauer/Krieger*, NZA 2004, 640 (640 f.); *Bauer/Hümmerich* NZA 2003, 1076 (1078 f.); *Gaul*, BB 2003, 2457 (2459 f.); *Maties*, NZS 2006, 73 (76 f.).

vorformulierter Vertragsbedingungen auch dann stattfindet, wenn diese nur zur einmaligen Verwendung bestimmt sind und soweit der andere Teil auf Grund der Vorformulierung auf ihren Inhalt keinen Einfluss nehmen konnte (§ 310 Abs. 3 Nr. 1 und 2 BGB). Da das BAG den Arbeitnehmer (wenn auch zu Unrecht) als Verbraucher behandelt[22], ist ihm die Darlegung der Voraussetzungen für eine Eröffnung der AGB-Kontrolle entsprechend erleichtert[23]. Allerdings bleibt es bei einer vom Arbeitgeber nur einmal verwendeten Vertragsklausel Sache des Arbeitnehmers, darzutun, dass die Klausel seitens des Arbeitgebers vorformuliert worden war und er infolge der Vorformulierung auf ihren Inhalt keinen Einfluss nehmen konnte[24].

2. *Einbeziehungskontrolle*

Nur selten wird die Wirksamkeit der eigentlichen Auflösungsvereinbarung an der Einbeziehungskontrolle scheitern. Allerdings erweist sich hier, dass der Gesetzgeber bei der Abfassung von § 310 Abs. 4 BGB zu kurz gedacht hat: Denn nach seiner Überzeugung rechtfertigt sich die Unanwendbarkeit von § 305 Abs. 2 und 3 BGB im Arbeitsrecht (§ 310 Abs. 4 Satz 2 Halbs. 2 BGB) durch die Geltung des Nachweisgesetzes[25], das aber für Vereinbarungen anlässlich der Beendigung gerade keine Anwendung findet. Unbeschadet dessen können AGB nur kraft rechtsgeschäftlicher Vereinbarung Vertragsbestandteil werden. Notwendig ist dementsprechend eine ausdrückliche oder stillschweigende Willensübereinstimmung der Vertragspartner. Dazu ist erforderlich, dass der eine Teil zum Ausdruck bringt, neben dem individualvertraglich Vereinbarten sollten auch bestimmte Allgemeine Geschäftsbedingungen Vertragsinhalt werden, und der andere Teil damit einverstanden ist[26].

[22] BAG, Urt. vom 25.5.2005 – 5 AZR 572/04, AP Nr. 1 zu § 310 BGB; Urt. vom 31.8. 2005 – 5 AZR 545/04, AP Nr. 8 zu § 6 ArbZG; Urt. vom 18.3.2008 – 9 AZR 186/07, AP Nr. 12 zu § 310 BGB; bestätigend BVerfG, Beschluss vom 23.11.2006 – 1 BvR 1909/06, NZA 2007, 85 (86).

[23] Vgl. BAG, Urt. vom 1.3.2006 – 5 AZR 563/05, AP Nr. 3 zu § 308 BGB; ErfK/*Preis* (10. Aufl. 2010), §§ 305–310 BGB Rn. 22 f.; HWK/*Gotthardt* (3. Aufl. 2008), § 310 BGB Rn. 4; *Ulmer* in: Ulmer/Brandner/Hensen, AGB-Recht (10. Aufl. 2006), § 310 BGB Rn. 77, 89.

[24] BGH, Urt. vom 15.4.2008 – X ZR 126/06, BGHZ 176, 140 (144 ff.); *Dorndorf/Deinert* in: Däubler u.a., AGB-Kontrolle im Arbeitsrecht (2. Aufl. 2008), § 310 BGB Rn. 14; Palandt/*Grüneberg*, BGB (69. Aufl. 2010), § 310 Rn. 17.

[25] BT-Drucks. 14/6857, S. 54; ebenso Palandt/*Grüneberg*, BGB (69. Aufl. 2010), § 310 Rn. 51.

[26] Vgl. BGH, Urt. vom 12.2.1992 – VIII ZR 84/91, BGHZ 117, 190 (194 f.); Urt. vom 24.10.2002 – I ZR 104/00, NJW-RR 2003, 754 (755); *Dorndorf/Deinert* in: Däubler u.a., AGB-Kontrolle im Arbeitsrecht (2. Aufl. 2008), § 305 BGB Rn. 42 ff.; MünchArbR/*Richardi/Buchner* (3. Aufl. 2010), § 33 Rn. 17; *Thüsing*, AGB-Kontrolle im Arbeitsrecht (2007), Rn. 84.

Der gleichzeitige Abschluss einer gegenüber der formularmäßig vorformulierten Auflösungsvereinbarung vorrangigen gegenteiligen Individualabrede (§ 305b BGB) dürfte ohne praktische Relevanz sein, wohingegen das Verbot überraschender Klauseln (§ 305c Abs. 1 BGB) durchaus Konfliktstoff bergen kann[27]. Überraschend ist eine Vertragsklausel, die nach den Umständen, insbesondere nach dem äußeren Erscheinungsbild des Vertrags, so ungewöhnlich sind, dass der Vertragspartner des Verwenders mit ihr nicht zu rechnen braucht. Das Überraschungsmoment kann sich auch aus dem ungewöhnlichen äußeren Zuschnitt einer Klausel oder ihrer Unterbringung an unerwarteter Stelle ergeben[28]. Bei einem reinen Klageverzichtsvertrag, der keine weiteren Regelungen beinhaltet, ist ein solches Überraschungsmoment nicht denkbar, und auch bei einem als „Abwicklungsvertrag“ überschriebenen Vertrag kann der Klageverzicht – wenn er nicht an ganz ungewöhnlicher, versteckter Stelle vorformuliert wird – nicht überraschend sein, da er zum typischen Inhalt eines solchen Vertrages gehört. Für die rechtsgeschäftliche Beendigung des Arbeitsverhältnisses durch Aufhebungsvertrag gilt Entsprechendes.

Als problematisch erweisen sich damit im Wesentlichen nur sog. Ausgleichsquittungen, in denen die schriftliche Bestätigung des Arbeitnehmers über den Erhalt der Arbeitspapiere mit Verzichtserklärungen kombiniert wird[29]. Hier hat die Rechtsprechung gelegentlich selbst bei relativ kurzen, nur wenige Zeilen umfassenden Vereinbarungen eine Überrumpelung des Arbeitnehmers angenommen, so beispielsweise, wenn sich unter dem Betreff „Rückgabe Ihrer Unterlagen“ auch die Formulierung „Mit Ihrer Unterschrift bestätigen Sie, dass sämtliche Ansprüche aus dem Arbeitsverhältnis mit der Firma … und aus dessen Beendigung, gleich nach welchem Rechtsgrund sie entstanden sein mögen, abgegolten und erledigt sind“ fand. In einem derartigen Fall vermittele die Betreffzeile den Eindruck, der Inhalt des Schreibens beschränke sich auf die Bestätigung dieser Rückgabe durch den Arbeitnehmer. Dieser werde daher überrumpelt, wenn das in dem Schreiben enthaltene negative Schuldanerkenntnis nicht drucktechnisch, etwa durch Schriftart, Schriftgröße, Fettdruck oder Unterstreichungen hervorgehoben sei und sich nicht einmal durch einen erkennbaren Absatz von der Bestäti-

[27] Ungewöhnlich BAG, Urt. vom 15.2.2007 – 6 AZR 286/06, AP Nr. 35 zu § 620 BGB Aufhebungsvertrag, wo die Aufhebungsvereinbarung in einer „Ergänzung zum Arbeitsvertrag“ versteckt worden war.

[28] BGH, Urt. vom 18.5.1995 – IX ZR 108/04, BGHZ 130, 19 (25); BAG, Urt. vom 23.2. 2005 – 4 AZR 139/04, AP Nr. 42 zu § 1 TVG Tarifverträge: Druckindustrie; Urt. vom 6.9.2007 – 2 AZR 722/06, AP Nr. 62 zu § 4 KSchG 1969; HWK/*Gotthardt* (3. Aufl. 2008), § 305c Rn. 3.

[29] *Reuter*, FS 50 Jahre Bundesarbeitsgericht (2004), S. 177 (189); allgemein zu Ausgleichsquittungen etwa *Plander*, DB 1986, 1873 ff.; *Rolfs* in: Preis (Hrsg.), Der Arbeitsvertrag (3. Aufl. 2009), II V 50; *Schulte*, DB 1981, 937 ff.

gung des Erhalts der Arbeitspapiere absetze[30]. Dies gilt nicht nur für den Verzicht auf Ansprüche aus dem Arbeitsverhältnis und dessen Beendigung, sondern auch und erst recht für den Verzicht auf die gerichtliche Überprüfung der Wirksamkeit der Kündigung[31].

3. *Transparenzkontrolle*

Das in § 307 Abs. 1 Satz 2 BGB normierte Transparenzgebot gebietet es, tatbestandliche Voraussetzungen und Rechtsfolgen in Formularbedingungen so genau zu beschreiben, dass einerseits für den Verwender keine ungerechtfertigten Beurteilungsspielräume entstehen und andererseits der Vertragspartner seine Rechte und Pflichten ohne fremde Hilfe möglichst klar und einfach feststellen kann[32]. Diesem Gebot wird entsprochen, wenn die Vertragsformulierung klar erkennen lässt, dass der Arbeitnehmer in die ihm angetragene Beendigung des Arbeitsverhältnisses einwilligt (Aufhebungsvertrag, gerichtlicher und außergerichtlicher Vergleich) bzw. auf die Erhebung einer Kündigungsschutzklage verzichtet (Abwicklungsvertrag, Klageverzichtsvertrag, Ausgleichsquittung).

4. *Inhaltskontrolle*

a) Schranken der Inhaltskontrolle

Eine über die Transparenzkontrolle hinausgehende Inhaltskontrolle ist wegen § 307 Abs. 3 Satz 1 BGB nur in Bezug auf solche vertraglichen Vereinbarungen eröffnet, durch die von Rechtsvorschriften abweichende oder diese ergänzende Regelungen vereinbart werden. Da die einvernehmliche Beendigung des Arbeitsverhältnisses in einem Aufhebungsvertrag oder Vergleich weder von Rechtsvorschriften abweicht noch diese ergänzt, ist eine Inhaltskontrolle insoweit nicht eröffnet[33].

Anders sollen die Dinge nach Auffassung des BAG hinsichtlich eines Klageverzichts (und damit wohl auch eines Abwicklungsvertrages) liegen:

[30] BAG, Urt. vom 23.2.2005 – 4 AZR 139/04, AP Nr. 42 zu § 1 TVG Tarifverträge: Druckindustrie.

[31] LAG Berlin, Urt. vom 18.1.1993 – 12 Sa 120/92, DB 1993, 942 (942); vgl. aus der Literatur etwa *B. Preis*, ArbuR 1979, 97 (101); *U. Preis/Bleser/Rauf*, DB 2006, 2812 (2812 f.).

[32] BGH, Urt. vom 26.9.2007 – VIII ZR 143/06, NJW 2007, 3632 (3635); Urt. vom 5.3.2008 – VIII ZR 95/07, NJW 2008, 1438 (1438); BAG, Urt. vom 31.8.2005 – 5 AZR 545/04, AP Nr. 8 zu § 6 ArbZG; Urt. vom 14.8.2007 – 7 AZR 605/06, AP Nr. 4 zu § 21 TzBfG; *Stoffels*, AGB-Recht (2. Aufl. 2009), Rn. 568 ff.

[33] BAG, Urt. vom 27.11.2003 – 2 AZR 135/03, AP Nr. 1 zu § 312 BGB; Urt. vom 22.4.2004 – 2 AZR 281/03, AP Nr. 27 zu § 620 BGB Aufhebungsvertrag; *Kroeschell*, NZA 2008, 560 (561); *Reinecke*, FS Küttner (2006), S. 327 (333); *Stoffels* in: Wolf/Lindacher/Pfeiffer, AGB-Recht (5. Aufl. 2009), Anh. zu § 310 BGB Rn. 84.

Zum einen stelle ein Klageverzicht „eine Nebenabrede zu dem ursprünglichen Arbeitsvertrag dar, nicht aber die Hauptleistung aus einem gesondert abgeschlossenen Vertrag“[34]. Diese – nicht belegte – Behauptung ist in Bezug auf die Kündigungsschutzklage schlicht falsch. Die in der Literatur gezogene Parallele zu einzelvertraglichen Ausschlussfristen[35] greift schon deshalb nicht, weil die von diesen Verfallklauseln erfassten Ansprüche tatsächlich aus dem Arbeitsvertrag resultieren, während die Kündigung das Arbeitsverhältnis gerade beenden soll. Widersprüchlich ist ferner, wenn *Preis* zwar die formularmäßige Verzichtsvereinbarung ohne kompensatorische Gegenleistung in der Regel als unangemessen benachteiligend ansieht, zugleich aber meint, dass „diese Vereinbarung – gleichgültig welche Höhe die Gegenleistung hat – eine Hauptabrede sein“ könne, wenn „der Anspruchsverzicht[36] durch eine kompensatorische Gegenleistung ‚abgekauft'“ werde[37]. Denn der Klageverzicht kann nicht zugleich (mit Gegenleistung) kontrollfreie Hauptleistung eines eigenständigen Klageverzichtsvertrag und (ohne Gegenleistung) unangemessen benachteiligend, also der Inhaltskontrolle voll unterworfen sein. Richtig ist vielmehr: Der Klageverzicht ist eine Reaktion des Arbeitnehmers auf die arbeitgeberseits erklärte Kündigung. Diese ist ebenso wenig wie jener eine „Nebenabrede“ zum Arbeitsvertrag. Vielmehr stellt der Verzicht des Arbeitnehmers auf die Erhebung der Kündigungsschutzklage dessen Hauptleistung dar, die unabhängig davon nach § 307 Abs. 3 Satz 1 BGB zu beurteilen ist, ob und ggf. in welcher Höhe sich der Arbeitgeber zu einer Gegenleistung (Abfindung) verpflichtet.

Zum zweiten argumentiert das BAG, das Gesetz sehe in § 4 Satz 1 KSchG (für außerordentliche Kündigungen i.V. mit § 13 Abs. 1 Satz 2 KSchG) vor, dass der Arbeitnehmer innerhalb von drei Wochen nach Zugang der schriftlichen Kündigung Klage beim Arbeitsgericht auf Feststellung erheben könne, dass das Arbeitsverhältnis durch die Kündigung nicht aufgelöst worden ist. Ein Klageverzicht weiche von dieser Regelung ab, indem dem Arbeitnehmer die Frist genommen werde[38]. Daran ist zutreffend, dass die vertragliche Hauptleistung von § 307 Abs. 3 Satz 1 BGB nicht generell kontrollfrei gestellt wird, sondern insoweit der Inhaltskontrolle unterliegt, als in Bezug auf sie gesetzliche Regelungen existieren. So ist beispielsweise anerkannt, dass Honorarvereinbarungen von Freiberuflern, für die gesetzliche Vergütungsordnungen einschlägig sind (Rechtsanwälte [RVG], Ärzte [GOÄ], Zahnärzte

[34] BAG, Urt. vom 6.9.2007 – 2 AZR 722/06, AP Nr. 62 zu § 4 KSchG 1969; aA zu Recht *Preis/Bleser/Rauf*, DB 2006, 2812 (2814); Schaub/*Linck*, Arbeitsrechts-Handbuch (13. Aufl. 2009), § 122 Rn. 47.

[35] ErfK/*Preis* (10. Aufl. 2010), §§ 305–310 BGB Rn. 77.

[36] Was dogmatisch falsch ist, weil der Verzicht auf die Erhebung der Kündigungsschutzklage kein Verzicht auf einen Anspruch ist.

[37] ErfK/*Preis* (10. Aufl. 2010), §§ 305–310 BGB Rn. 77.

[38] BAG, Urt. vom 6.9.2007 – 2 AZR 722/06, AP Nr. 62 zu § 4 KSchG 1969.

[GOZ], Architekten und Ingenieure [HOAI]), inhaltlich kontrolliert werden können[39]. Allerdings weichen die Parteien mit einem Klageverzichtsvertrag gar nicht von § 4 KSchG ab. Dies ergibt sich schon daraus, dass erstens die gesetzliche Drei-Wochen-Frist als prozessuale Klageerhebungsfrist mit materiell-rechtlicher Ausschlusswirkung[40] generell nicht der Parteidisposition unterliegt. Sie kann also weder in echten Individualabreden noch in den Arbeitnehmer angemessen behandelnden – ihm beispielsweise eine großzügige Abfindung gewährenden – vorformulierten Vertragsbedingungen abbedungen werden[41]. Ein Klageverzicht wäre daher unter keinen Umständen statthaft[42]. Zweitens haben Klageverzicht und Fristversäumung völlig unterschiedliche Wirkungen: Während eine trotz wirksamen Verzichts erhobene (oder eine trotz wirksamen Klagerücknahmeversprechens aufrecht erhaltene) Kündigungsschutzklage als unzulässig abzuweisen ist[43], bleibt eine verspätet erhobene Klage ohne weiteres zulässig, erweist sich wegen der gesetzlichen Vermutung des § 7 KSchG aber in aller Regel als unbegründet[44]. Entgegen der Auffassung des Zweiten Senats weicht ein Klageverzicht (oder ein Klagerücknahmeversprechen) daher nicht von gesetzlichen Regelungen ab, sodass eine über die Transparenzkontrolle hinausgehende Inhaltskontrolle nicht eröffnet ist[45].

Schließlich widerspricht die Auffassung des Zweiten Senats auch derjenigen des Vierten: Der hatte nämlich 2005 über die Wirksamkeit einer Verzichtserklärung zu befinden, die ein seit 1989 beschäftigter Arbeitnehmer in einer am 14.5.2002 unterzeichneten Ausgleichsquittung abgegeben hatte. Völlig zu Recht hat der Vierte Senat trotz der Übergangsregelung des

[39] BGH, Urt. vom 9.7.1981 – VII ZR 139/80, BGHZ 81, 229 (232 f.); Urt. vom 30.10. 1991 – VIII ZR 51/91, BGHZ 115, 391 (395 f.); Urt. vom 19.2.1998 – III ZR 106/97, NJW 1998, 1786 (1789); *Fuchs* in: Ulmer/Brandner/Hensen, AGB-Recht (10. Aufl. 2006), § 307 BGB Rn. 72.

[40] BAG, Urt. vom 13.4.1989 – 2 AZR 441/88, AP Nr. 21 zu § 4 KSchG 1969; Urt. vom 24.6.2004 – 2 AZR 461/03, AP Nr. 22 zu § 620 BGB Kündigungserklärung; KR/*Friedrich* (9. Aufl. 2009), § 4 KSchG Rn. 136.

[41] APS/*Ascheid/Hesse* (3. Aufl. 2007), § 4 KSchG Rn. 90; KR/*Friedrich* (9. Aufl. 2009), § 4 KSchG Rn. 138; *von Hoyningen-Huene/Linck*, KSchG (14. Aufl. 2007), § 4 Rn. 92.

[42] Die grundsätzliche Zulässigkeit betont aber gerade BAG, Urt. vom 6.9.2007 – 2 AZR 722/06, AP Nr. 62 zu § 4 KSchG 1969 Rn. 36.

[43] Vgl. RG, Urt. vom 6.2.1939 – IV 220/38, RGZ 159, 186 (190); Urt. vom 4.4.1939 – I 195/38, RGZ 160, 241 (242 ff.); BGH, Urt. vom 20.5.1953 – I ZR 52/52, BGHZ 10, 22 (23); aA LAG Hamm, Urt. vom 9.10.2003 – 11 Sa 515/03, NZA-RR 2004, 242 (244); KR/*Friedrich* (9. Aufl. 2009), § 4 KSchG Rn. 312.

[44] BAG, Urt. vom 26.6.1986 – 2 AZR 358/85, AP Nr. 14 zu § 4 KSchG 1969; Urt. vom 13.4.1989 – 2 AZR 441/88, AP Nr. 21 zu § 4 KSchG 1969; APS/*Ascheid/Hesse* (3. Aufl. 2007), § 4 KSchG Rn. 91; KR/*Friedrich* (9. Aufl. 2009), § 4 KSchG Rn. 217.

[45] *Bauer/Günther*, NJW 2008, 1617 (1621); HWK/*Gotthardt* (3. Aufl. 2008), Anh. §§ 305–310 BGB Rn. 54; *Thüsing/Leder*, BB 2005, 1563 (1563); zwischen „reinen" Verzichtserklärungen und Ausgleichsquittungen differenzierend *Preis/Bleser/Rauf*, DB 2006, 2812 (2813 f.).

Art. 229 § 5 Satz 2 EGBGB auf diesen Vertrag bereits § 305c BGB in der Fassung des Schuldrechtsmodernisierungsgesetzes angewandt, weil die Parteien „mit dem negativen Schuldanerkenntnis ein neues Rechtsgeschäft abgeschlossen [haben], das nicht vor dem 1.1.2002 entstanden ist"[46].

b) Unangemessene Benachteiligung

Nur wer mit dem Zweiten Senat hier zu einem anderen Ergebnis gelangt, kann die Frage stellen, unter welchen Voraussetzungen der Verzicht auf die Erhebung der Kündigungsschutzklage den Arbeitnehmer i.S. von § 307 Abs. 1 Satz 1 BGB unangemessen benachteiligt. Die Positionierung des BAG ist bislang nicht abschließend: Unangemessen benachteiligt werde der Arbeitnehmer, wenn er ohne kompensatorische Gegenleistung auf die Erhebung der Kündigungsschutzklage verzichte. Denn in einer derartigen vorformulierten Verzichtsklausel liege der Versuch des Arbeitgebers, seine Rechtsposition ohne Rücksicht auf die Interessen des Arbeitnehmers zu verbessern, indem er dem Arbeitnehmer die Möglichkeit einer gerichtlichen Überprüfung der Kündigung entziehe[47]. Hinsichtlich der *Art* der möglichen Kompensation zeigt sich das Gericht allerdings offen; es nennt selbst den Beendigungszeitpunkt, die Beendigungsart, die Zahlung einer Entlassungsentschädigung, den Verzicht auf eigene Ersatzansprüche und meint dies nur exemplarisch („etc."). Völlig ungeklärt ist dagegen der *Umfang* der vom Gericht verlangten Kompensation. Wenn schon der Wechsel der Beendigungsart, also von außerordentlicher zu ordentlicher Kündigung, genügen kann, dann handelt es sich u.U. wirtschaftlich um ein Nullsummenspiel, wenn der Arbeitnehmer während der Kündigungsfrist unter Anrechnung seiner Urlaubsansprüche von der Arbeitsleistung freigestellt wird[48], während er bei fristloser Beendigung Urlaubsabgeltung (§ 7 Abs. 4 BUrlG) beanspruchen könnte. Auch *Preis* betont, für die Kontrollfreiheit des Verzichts sei es gleichgültig, welche Höhe die Kompensation habe[49]. Hier zeigt sich nochmals die Fehlerhaftigkeit der Grundannahme, die Hauptleistung des Arbeitnehmers unterliege der Inhaltskontrolle. Denn in Wahrheit wird nicht die Angemessenheit der Hauptleistung, sondern diejenige der Gegenleistung kontrolliert, also gefragt, ob der Arbeitnehmer für seinen Verzicht auf die gerichtliche Überprüfung der Kündigung einen angemessenen „Preis" erzielt hat. Gerade dies wird bei

[46] BAG, Urt. vom 23.2.2005 – 4 AZR 139/04, AP Nr. 42 zu § 1 TVG Tarifverträge: Druckindustrie; zustimmend *Däubler* in: Däubler u.a., AGB-Kontrolle im Arbeitsrecht (2. Aufl. 2008), Einl. Rn. 176.

[47] BAG, Urt. vom 6.9.2007 – 2 AZR 722/06, AP Nr. 62 zu § 4 KSchG 1969.

[48] Vgl. BAG, Urt. vom 18.12.1986 – 8 AZR 481/84, AP Nr. 19 zu § 11 BUrlG; Urt. vom 14.3.2006 – 9 AZR 11/05, AP Nr. 32 zu § 7 BUrlG; Urt. vom 19.5.2009 – 9 AZR 433/08, AP Nr. 41 zu § 7 BUrlG; ErfK/*Dörner* (10. Aufl. 2010), § 7 BUrlG Rn. 7.

[49] ErfK/*Preis* (10. Aufl. 2010), §§ 305–310 BGB Rn. 77.

Aufhebungsverträgen aber abgelehnt[50]. Nahe liegend ist, dass die Rechtsprechung bei nächster Gelegenheit als Maßstab § 1a Abs. 2 i.V. mit § 10 Abs. 3 KSchG heranziehen, als angemessen also ein halbes Brutto-Monatsgehalt pro Beschäftigungsjahr ansehen wird. § 1a Abs. 2 KSchG ist aber anders als das RVG, die HOAI oder die GOÄ/GOZ keine gesetzliche Vergütungsregelung[51], sondern stellt dem Arbeitgeber frei, außerhalb des in Abs. 1 der Vorschrift geregelten Verfahrens eine beliebige andere – höhere, niedrigere oder andersartige – Gegenleistung zu offerieren[52].

V. Zusammenfassung

1. Aufhebungsverträge bedürfen der Schriftform (§ 623 BGB). Diese ist gewahrt, wenn die einvernehmliche Beendigung in einem gerichtlichen Vergleich, auch einem solchen nach § 278 Abs. 6 ZPO, vereinbart wird (§ 127a BGB). Demgegenüber können Abwicklungsverträge, Ausgleichsquittungen und isolierte Klageverzichtsvereinbarungen im Gegensatz zur Rechtsprechung des BAG formfrei erfolgen, da sie das Arbeitsverhältnis nicht beenden.

2. Beendigungsvereinbarungen können von der Zustimmung der Tarifvertragsparteien (§ 4 Abs. 4 Satz 1 TVG) oder des Betriebsrats (§ 77 Abs. 4 Satz 2 BetrVG) abhängig sein. Ist der Kündigungsschutz des Arbeitnehmers kollektivvertraglich erweitert, werden ihm i.S. der genannten Vorschriften Rechte eingeräumt, auf die er nicht allein verzichten kann. Das betrifft neben verlängerten Kündigungsfristen namentlich auch den Ausschluss oder die Beschränkung des ordentlichen Kündigungsrechts. Aufhebungsverträgen stehen kollektivvertragliche Kündigungsbeschränken nicht im Wege.

3. Beendigungsvereinbarungen können der AGB-Kontrolle unterliegen. Ob der Anwendungsbereich der §§ 305 ff. BGB eröffnet ist, weil sie arbeitgeberseitig vorformuliert, oder ob sie demgegenüber im Einzelnen ausgehandelt (§ 305 Abs. 1 Satz 3 BGB) sind, ist eine Frage des Einzelfalls. Ist die Vereinbarung überraschend (§ 305c Abs. 1 BGB), wird sie nicht Vertragsbestandteil. Dies kann beispielsweise auf Aufhebungs- oder Klageverzichtserklärungen zutreffen, die unter Überschriften wie „Änderung des Arbeitsvertrages" oder „Rückgabe Ihrer Unterlagen" verortet sind.

[50] BAG, Urt. vom 27.11.2003 – 2 AZR 135/03, AP Nr. 1 zu § 312 BGB; Urt. vom 22.4. 2004 – 2 AZR 281/03, AP Nr. 27 zu § 620 BGB Aufhebungsvertrag; *Gotthardt*, Arbeitsrecht nach der Schuldrechtsreform (2. Aufl. 2003), Rn. 308; *Stoffels* in: Wolf/Lindacher/Pfeiffer, AGB-Recht (5. Aufl. 2009), Anh. zu § 310 BGB Rn. 84; *Thüsing*, AGB-Kontrolle im Arbeitsrecht (2007), Rn. 63.

[51] HWK/*Gotthardt* (3. Aufl. 2008), Anh. §§ 305–310 BGB Rn. 4.

[52] BAG, Urt. vom 19.6.2007 – 1 AZR 340/06, AP Nr. 4 zu § 1a KSchG 1969; Urt. vom 10.7.2008 – 2 AZR 209/07, AP Nr. 8 zu § 1a KSchG 1969; ErfK/*Oetker* (10. Aufl. 2010), § 1a KSchG Rn. 11; *Hergenröder/von Wickede*, RdA 2008, 364 (366); *Löwisch*, BB 2004, 154 (158); *Raab*, RdA 2005, 1 (4); *Thüsing/Stelljes*, BB 2003, 1673 (1677).

4. Arbeitgeberseitig vorformulierte Vereinbarungen benachteiligen den Arbeitnehmer entgegen den Geboten von Treu und Glauben unangemessen, wenn sie intransparent sind (§ 307 Abs. 1 Satz 2 BGB). Eine weitergehende Inhaltskontrolle findet dagegen wegen § 307 Abs. 3 Satz 1 BGB nicht statt. Während dies bezüglich einvernehmlicher Aufhebungsvereinbarungen nicht streitig ist, will das BAG Klageverzichts- und damit wohl auch Abwicklungsverträge der Inhaltskontrolle unterwerfen. Dabei übersieht es, dass der Klageverzicht des Arbeitnehmers dessen Hauptleistung darstellt, die nicht von Rechtsvorschriften abweicht. Die Drei-Wochen-Frist des § 4 Satz 1 KSchG ist schon deshalb kein geeigneter Kontrollmaßstab, weil diese Frist durch privatautonome Vereinbarung unter keinen Umständen – auch nicht in echten Individualvereinbarungen oder bei Gewährung einer großzügigen Abfindung – abbedungen werden kann. Dementsprechend kann auch der Auffassung, der Arbeitnehmer werde durch die Vereinbarung eines kompensationslosen Verzichts unangemessen benachteiligt, nicht beigetreten werden. Wer, wie das BAG, hier anders entscheidet, muss letztlich Maßstäbe für eine „angemessene" Gegenleistung finden und damit entgegen der gesetzlichen Regelung einen Preis für die Zustimmung zur Beendigung des Arbeitsverhältnisses bzw. den Verzicht auf die gerichtliche Überprüfung der arbeitgeberseitigen Kündigung festsetzen.

Der Wunsch nach Verteilung der Arbeitszeit gem. § 8 TzBfG

Interessenkonflikte innerhalb der Belegschaft

Siegmar Streckel

I. Einführung

Das Gesetz über Teilzeitarbeit und befristete Arbeitsverträge (TzBfG)[1] dient der notwendigen Umsetzung zweier EG – Richtlinien[2]. Daneben versprach sich die damalige Bundesregierung von der Neugestaltung der Teilzeitarbeit eine Million zusätzlicher Arbeitsplätze. Um dieses Ziel zu erreichen, ging man über die Vorgaben der Teilzeitrichtlinie hinaus und gab dem Arbeitnehmer in § 8 TzBfG unter bestimmten Voraussetzungen einen Anspruch auf Verringerung der vertraglich vereinbarten Arbeitszeit, der vom Arbeitgeber nur aus betrieblichen Gründen abgelehnt werden kann. Ergänzt wird dieser Anspruch dadurch, dass der Arbeitgeber zusätzlich die Verteilung der Arbeitszeit entsprechend den Wünschen des Arbeitnehmers festzulegen hat – auch hier vorbehaltlich entgegenstehender betrieblicher Gründe.

Im Gesetzgebungsverfahren haben die Arbeitgeber[3] u.a. mangelnde Praktikabilität der Vorschrift beklagt und zahlreiche Rechtsstreitigkeiten prognostiziert. In der Tat sind bislang schon eine Fülle auch höchstrichterlicher Entscheidungen zu § 8 TzBfG ergangen. Soweit es dabei um das Vorliegen eines betrieblichen Grundes geht, sind sowohl Fragen der Ablehnung der Teilzeitarbeit als auch solche der Verteilung der Arbeitszeit Gegenstand der Erörterungen. Grund für das Letzte ist die Tatsache, dass der Arbeitnehmer seinen Verringerungsanspruch erfahrungsgemäß fast immer von der Erfüllung des Verteilungswunsches abhängig macht,[4] da z.B. die wirtschaftlich nachteilige

[1] Vom 21. 12. 2000 (BGBl. I S. 1966), zuletzt geändert durch Art. 1 Gesetz zur Verbesserung der Beschäftigungschancen älterer Menschen v. 19.4.2007 (BGBl. I S. 538).

[2] Richtlinie 97/81 EG des Rates v. 15.12.1997 zu der von der UNICE, CEEP und EGB geschlossenen Rahmenvereinbarung über Teilzeitarbeit (ABl. EG 1998 Nr. L 14 S. 9) und Richtlinie 1999/70/EG des Rates v. 28.6.1999 zu der EGB – UNICE – CEEP- Rahmenvereinbarung über befristete Arbeitsverträge (ABl. EG Nr. L 175 S. 43).

[3] Vgl. Stellungnahme der Bundesvereinigung der Deutschen Arbeitgeberverbände (BDA) vom 2.11.2000.

[4] BAG v. 18.2.2003 – 9 AZR 164/02 – NJW 2004, S. 386, 388 = NZA 2003, S. 1392.

Arbeitszeitverkürzung für ihn nur sinnvoll ist, wenn ihm hinsichtlich der Arbeitszeitverteilung (notwendige) Freiräume eröffnet werden.[5]

Besonders häufig führt der Verteilungswunsch in Branchen mit Schicht- und Wochenendarbeit und einem hohen Frauenanteil zu Konflikten innerhalb der Belegschaft. Bekannt ist das vom Einzelhandel und noch mehr vom Krankenhaussektor. Zum einen fühlen sich die Vollzeitbeschäftigten benachteiligt, etwa die Ärztin oder die Krankenschwester, die zunehmend in die ungünstigen Zeiten Spätschicht, Nachtschicht und Wochenenddienst abgedrängt zu werden droht. Zum anderen müssen Konflikte zwischen den Teilzeitbeschäftigten selbst gelöst werden. So werden z.B. häufig aus Gründen der Kinderbetreuung Arbeitszeiten zwischen 8.00 Uhr und 12.00 Uhr gefordert, aus betrieblichen Gründen ist das aber nicht für alle möglich. Da aber alle Teilzeitbeschäftigung Fordernden grundsätzlich einen Anspruch auf „ihre" Verteilung der Arbeitszeit haben, stellt sich zwangsläufig die Frage, ob und wie der Arbeitgeber im Rahmen des betrieblichen Grundes die Interessen der anderen betroffenen Arbeitnehmer berücksichtigen kann oder sogar muss. In diesem Zusammenhang sind bislang einige Fragen – auch in der Rechtsprechung – noch nicht endgültig beantwortet.

II. Der Verteilungswunsch und die Interessen der übrigen Belegschaft

1. *„Verteilung der Arbeitszeit"*

Ein Teil der geschilderten Probleme tritt dann nicht auf, wenn die Formulierung „Verteilung der Arbeitszeit" in § 8 TzBfG restriktiv ausgelegt wird. So wird vertreten, dass der Anspruch auf Verteilung der verringerten Arbeitszeit nur die Verteilung auf die einzelnen Arbeitstage, nicht aber die Festlegung der Arbeitszeitlage am jeweiligen Arbeitstag beinhalten soll.[6] Dem liegt eine Unterscheidung zugrunde, wie sie in § 87 I 2 BetrVG getroffen ist. Das BAG nimmt in seinen Entscheidungen zu dieser Meinung keine Stellung, es geht ohne weitere Begründung davon aus, dass der die Teilzeitbeschäftigung fordernde Arbeitnehmer auch einen Anspruch auf die Festlegung der Arbeitszeitlage am jeweiligen Arbeitstag hat.[7] Dem ist zuzustimmen[8]. Diese Interpretation ist zwanglos mit dem Wortlaut von § 8 TzBfG vereinbar. Eine Parallele zu § 87 I 2 BetrVG verbietet sich insofern, als dort ausdrücklich die Rede von „Verteilung der Arbeitszeit auf die einzelnen

[5] BAG v. 16.12.2008 – 9 AZR 893/07 – NZA 2009, S. 565, 567.

[6] *Annuß/Thüsing-Mengel*, TzBfG 2. Aufl. 2006, § 8 Rn. 62 f.

[7] So prüft z.B. das BAG in seiner Entscheidung v. 16.12.2008 (Fn. 5) einen betrieblichen Ablehnungsgrund für das Begehren der Kl., nur zwischen 8.30 Uhr und 14.30 Uhr zu arbeiten, geht also von einem entsprechenden Anspruch aus.

[8] Ebenso *Meinel/Heyn/Herms*, TzBfG 3. Aufl. 2009, § 8 Rn. 41; ausführlich *Boewer*, TzBfG 1. Aufl. 2002, Rn. 81 ff.

Wochentage" ist. Auch widerspricht die restriktive Auslegung dem Zweck des Gesetzes, Förderung der Teilzeitarbeit.

2. *Mitbestimmung nach § 87 I 2 BetrVG*

Die bislang für den angesprochenen Interessenkonflikt angebotenen Lösungen basieren auf dem Mitbestimmungsrecht des Betriebsrates. Das BAG unterscheidet bei den betrieblichen Ablehnungsgründen des § 8 IV 1 Tz BfG, die nach fast einhelliger Meinung auch für die gewünschte Verteilung der Arbeitzeit gelten,[9] auf den Betriebsablauf bezogene und solche aus dem Mitbestimmungsrecht des Betriebsrats erwachsene.[10] Dabei schützt die erste Gruppe Arbeitgeberinteressen, während das Mitbestimmungsrecht möglicherweise auch einen Ausgleich zwischen Individualanspruch auf Verteilung und kollektiven Arbeitnehmerinteressen, die insbesondere beim Wunsch auf Zuteilung einer bestimmten Arbeitszeit berührt sein können, herbeiführen soll.[11]

Ein Mitbestimmungsrecht bei der Verteilung der Arbeitszeit kommt nach § 87 I 2 BetrVG in Betracht. § 99 BetrVG ist dagegen nicht heranzuziehen, da die Arbeitszeitverteilung weder eine Einstellung noch eine Versetzung darstellt.[12]

a) Vorrang von § 8 TzBfG?

Gem. § 87 I S. 1 BetrVG schließt eine gesetzliche oder tarifliche Regelung das Mitbestimmungsrecht aus. Als Erstes war daher die Frage zu beantworten, ob § 8 TzBefG eine solche gesetzliche Regelung ist. Das wird inzwischen fast einhellig abgelehnt.[13] Eine gesetzliche Regelung schließt das Mitbestimmungsrecht des Betriebsrates nur aus, wenn sie den Mitbestimmungsgegenstand inhaltlich abschließend und zwingend regelt,[14] der Arbeitgeber selbst darf also keine Gestaltungsmöglichkeiten mehr haben. Diese sieht das

[9] BAG (Fn. 4), BAG v. 16.3.2004 – 9 AZR 329/03 – NZA 2004, S. 1047, 1050 = AP Nr. 10 zu § 8 TzBfG m. Anm. *Waas*; *Annuß/Thüsing-Mengel* § 8 Rn. 133; *Beckschulze* DB 2001, S. 2598; *Däubler* ZIP 2001, S. 217, 221; ErfK/*Preis*, 9. Aufl. 2009, § 8 TzBfG Rn. 40; *Leßmann* DB 2001, S. 94, 97; *Lindemann/Simon* BB 2001, S. 146, 148; aA *Buschmann/Dieball/Stevens-Bartol*, TZA 2. Aufl. 2001, § 8 TzBfG Rn. 35, 36.

[10] Vgl. dazu *Hanau* RdA 2005, S. 301.

[11] Neben *Hanau* aaO, S. 305 weisen darauf insbesondere *Rieble/Gutzeit* NZA 2002, S. 7, 10 hin.

[12] *Meinel/Heyn/Herms* § 8 Rn. 13 f. mwN; aA *Schüren* AuR 2001, S. 324.

[13] BAG v. 16.3.2004 (Fn. 9); zuletzt BAG v. 16.12.2008 (Fn. 5); *Meinel/Heyn/Herms* § 8 Rn. 11; *Preis/Gotthardt* DB 2001, S. 145, 149; *Rieble/Gutzeit* aaO, S. 9; aA *Boewer* § 8 Rn. 349; differenzierend *Annuß/Thüsing-Mengel* § 8 Rn. 274; unklar ErfK/*Preis* § 8 TzBfG Rn. 41, wenn er die Möglichkeit der Abweichung zum Nachteil des Arbeitnehmers verneint.

[14] Allgemeine Meinung, vgl. statt vieler v. *Hoyningen-Huene*, Betriebsverfassungsrecht 6. Aufl. 2007, § 12 Rn. 7; weiter *Fitting*, BetrVG 24. Aufl. 2008, § 87 Rn. 28 ff.; WPK – *Bender*, BetrVG 4. Aufl. 2009, § 87 Rn. 14 ff.

BAG[15] z. B. vorliegend darin, dass es dem Arbeitgeber obliegt, seine betrieblichen Aufgabenstellungen festzulegen und daraus Konsequenzen für die Verteilung der Arbeitszeit zu ziehen. In der Literatur wird zusätzlich darauf verwiesen, dass § 8 TzBfG eine Verhandlungslösung präferiere, die Festlegung auch der Verteilung der Arbeitszeit, also der Selbstregelung durch Vertrag, und damit die typische Situation der gestörten Vertragsparität beinhalte, die durch die Mitbestimmung ausgeglichen werden solle. Auch fehle es am zwingenden Charakter der Norm, da Arbeitnehmer und Arbeitgeber eine zuvor festgelegte Verteilung der Arbeitszeit später einvernehmlich wieder ändern könnten.[16]

b) Kollektive Maßnahme

Das Mitbestimmungsrecht des § 87 I 2 BetrVG setzt einen kollektiven Tatbestand voraus.[17] Wann das der Fall ist, darüber lässt sich allerdings häufig streiten.[18] Zwar wird man schnell Einigkeit über das entscheidende Abgrenzungsmerkmal erzielen können. Kollektive Maßnahmen liegen danach vor, wenn es sich um generelle Regelungen handelt, die nicht nur einen Arbeitnehmer betreffen, also Regelungen, die sich abstrakt auf den ganzen Betrieb, eine Gruppe von Arbeitnehmern oder einen Arbeitsplatz beziehen.[19] Bei der Anwendung dieses Kriteriums auf die Verteilung der Arbeitszeit in einem Betrieb stößt man dann allerdings sofort auf Meinungsverschiedenheiten. So wird in der Literatur geäußert, der Teilzeitanspruch trage den individuellen Wünschen eines einzelnen Arbeitnehmers Rechnung und sei daher im Regelfall keine kollektive Maßnahme.[20] Demgegenüber wird vertreten, dass ein bestimmter Verteilungswunsch stets Einfluss auf die Arbeitzeit anderer Arbeitnehmer habe und daher als Kollektivmaßnahme einzuordnen sei.[21] Das BAG behandelt die Frage als solche des Einzelfalles.[22] Das ist sicherlich richtig, bedeutet allerdings nicht, dass die Literaturmeinungen insgesamt abzulehnen sind, zumindest was den Verteilungswunsch angeht. Müssen die Arbeitsplätze zu bestimmten Zeiten besetzt sein und schafft der Verteilungswunsch hier Leerzeiten, müssen die anderen Arbeitnehmer einspringen, sie sind betroffen. Typisch für eine solche Fallgestaltung sind die Eingangsbeispiele aus dem Krankenhaussektor und dem Einzelhandel.

Das sieht das BAG ähnlich in seiner neuesten Entscheidung.[23] Danach berühre die Festlegung der Arbeitszeit typischerweise kollektive Interessen,

15 BAG (Fn. 4).

16 Darauf weisen insbesondere *Rieble/Gutzeit* (Fn. 11) und *Waas* (Fn. 9) hin.

17 *Fitting* § 87 Rn. 100.

18 Vgl. dazu *Waas* (Fn. 9).

19 Ständige Rechtsprechung, BAG v. 16.3.2004 (Fn. 9); *Fitting* § 87 Rn. 16.

20 *Preis/Gotthard* (Fn. 13); ähnlich *Rolfs* RdA 2001, S. 129, 137.

21 Insbesondere *Rieble/Gutzeit* (Fn. 13); vgl. auch *Buschmann* AuR 2002, S. 191.

22 V. 16.3.2004 – (Fn. 9).

23 V. 16.12.2008 – (Fn. 5).

wenn die Einsätze der Arbeitnehmer aufeinander abgestimmt seien und die Arbeitsabläufe ineinander griffen. Im zu entscheidenden Fall hatte die Kl. starre Arbeitszeiten von 8.30 Uhr bis 14.30 Uhr und weniger Samstagarbeit verlangt. Dafür hätten die Arbeitszeiten anderer Arbeitnehmer neu geregelt werden müssen, ihr Verteilungswunsch wirkte sich daher kollektiv aus.

c) Wahrnehmung der Mitbestimmung

(1) Betriebsvereinbarung oder Regelungsabrede

Schon sehr frühzeitig hat das BAG entschieden, dass eine nach § 87 I 2 geschlossene Betriebsvereinbarung den Arbeitgeber dazu verpflichten kann, den Verteilungswunsch eines Arbeitnehmers abzulehnen.[24] Das entspricht auch der weitaus h.M. im Schrifttum,[25] bedarf allerdings noch näherer Begründung. Das Mitbestimmungsrecht des Betriebsrates soll in erster Linie die Herrschaftsmacht des Arbeitgebers einschränken, seine Leitungsmacht begrenzen, und so – auch – den einzelnen Arbeitnehmer schützen und fördern.[26] Von diesem Ansatz her kann das Mitbestimmungsrecht nur so weit gehen, wie die Herrschaftsmacht des Arbeitgebers reicht. Grundsätzlich steht die Verteilung der Arbeitszeit dem Arbeitgeber zu, er kann sie nach § 106 S. 1 GewO nach billigem Ermessen festlegen.[27]

Anders ist dagegen die Rechtslage beim Verteilungswunsch des Teilzeit beantragenden Arbeitnehmers. Hier ist die Herrschaftsmacht des Arbeitgebers von vornherein durch § 8 II 1 TzBfG beschränkt, die Festlegung der Arbeitzeit unterliegt nicht mehr allein seinem Weisungsrecht, der Arbeitgeber kann von der gewünschten Verteilung nur abweichen, wenn er dafür betriebliche Gründe hat. Sichtet man nach § 87 I 2 abgeschlossene Betriebsvereinbarungen, findet man keine oder kaum Hinweise auf eine Berücksichtigung von § 8 TzBfG. Das hält die Rechtsprechung offensichtlich auch nicht für erforderlich. So prüft sie lediglich, ob der Betriebsrat seiner allgemeinen Pflicht nach § 80 I 2 b BetrVG, die Vereinbarkeit von Familie und Erwerbstätigkeit zu fördern, nachgekommen ist. Diese Förderungspflicht habe der Betriebsrat in seiner Abwägung bei der Ausübung des Mitbestimmungsrechts zu berücksichtigen, wobei die Betriebsparteien hinsichtlich der tatsächlichen Voraussetzungen und der Folgen der von ihnen gesetzten Regeln einen Beurteilungsspielraum und eine Einschätzungsprärogative hätten. Nur bei Überschreitung dieser Grenzen werde die Regelungsmacht der Betriebsparteien überschritten.[28]

[24] BAG v. 18.2.2003 (Fn. 4); zuletzt BAG v. 16.12.2008.

[25] *Annuß/Thüsing-Mengel* § 8 Rn. 66; *Boewer* § 8 Rn. 204; *Buschmann/Dieball/Stevens-Bartol* § 8 TzBfG Rn. 36; ErfK/*Preis* § 8 TzBfG Rn. 41; *Meinel/Heyn/Herms* § 8 Rn. 66.

[26] So schon *Reuter/Streckel*, Grundfragen der betriebsverfassungsrechtlichen Mitbestimmung (1973), S. 3; vgl. weiter statt vieler v. *Hoyningen – Huene* (Fn. 14) § 1 Rn. 13.

[27] Vgl. BAG v. 15.9.2009 – 9 AZR 757/08 – NZA 2009, S. 1333 m.w.N.

[28] Vgl. BAG v. 16.12.2008 (Fn. 5).

In der Tat lässt sich die h.M. nur begründen, wenn man einen zweiten Zweck des Mitbestimmungsrechts nach § 87 I 2 BetrVG heranzieht. Diese Vorschrift soll ebenso gewährleisten, dass die betriebliche Ordnung und Organisation der Arbeitszeit auch im Interesse der Belegschaft festgelegt wird.[29] Ansonsten wäre im übrigen die Beschränkung des Mitbestimmungsrechts auf kollektive Maßnahmen (s.o.) überflüssig. Die Wahrnehmung der Belegschaftsinteressen über den ursprünglichen Spielraum des Arbeitgebers hinaus in Ausübung des Mitbestimmungsrechts nach § 87 I 2 BetrVG ist daher grundsätzlich gerechtfertigt.[30]

Trotzdem überzeugen weder Ergebnis noch Begründung dafür, dass eine entgegenstehende Betriebsvereinbarung ohne Berücksichtigung von § 8 TzBfG einen betrieblichen Grund für die Ablehnung des Verteilungswunsches darstellt. Im Endeffekt wird so der Anspruch auf Verteilung der Arbeitszeit völlig vom Mitbestimmungsrecht des Betriebsrates verdrängt, und für die Praxis bedeutete das seine Bedeutungslosigkeit in einer Vielzahl von Fällen. Das gilt dann auch für den Verringerungsanspruch, wenn die obige Feststellung stimmt, dass dieser sehr häufig von der Erfüllung der gewünschten Verteilung abhängig ist. Zwar sollten die Mitbestimmungsrechte des Betriebsrates nach dem Willen des Gesetzgebers durch § 8 TzBfG nicht verdrängt werden,[31] für den vollständigen Wegfall und Ersatz des Verteilungsanspruchs und damit möglicherweise auch des Verringerungsanspruchs durch das Mitbestimmungsrecht des Betriebsrates spricht aber auch diese Intention des Gesetzgebers nicht. Hinzu kommt, dass nicht sicher ist, ob der Betriebsrat die Interessen der Teilzeitbeschäftigten, im Regelfall eine Minderheit, gegen die übrige Belegschaft wahrt. Schließlich will er wiedergewählt werden, und das geschieht durch die Mehrheit. Sachgerechter ist es daher den Betriebsrat zu verpflichten, in seine Abwägungen, falls die Regelungen auch für Teilzeitbeschäftigte gelten sollen, § 8 TzBfG einzubeziehen. Ob das willkürlich nicht eingehalten ist, müssen gegebenenfalls die Gerichte, ebenso wie die obige Förderungspflicht, überprüfen, wenn der Teilzeit fordernde Arbeitnehmer seinen Teilzeitwunsch gerichtlich geltend macht. Bei Nichtberücksichtigung dürfte ein Verstoß gegen § 75 II BetrVG vorliegen.[32]

Damit soll nicht durch die Hintertür ein Vorrang des Anspruchs aus § 8 TzBfG gegenüber dem Mitbestimmungsrecht des Betriebsrates eingeführt

[29] *Reuter/Streckel* aaO; v. *Hoyningen – Huene* aaO; vgl. auch *Maschmann* NZA 2002, S. 13.

[30] Darauf haben zuerst hingewiesen *Rieble/Gutzeit* (Fn. 11).

[31] Ausschussbericht des Ausschusses für Arbeit und Sozialordnung (BT-Dr. 14/4625, S. 20).

[32] So auch KDZ – *Zwanziger*, Kündigungsschutzrecht 7. Aufl. 2008, § 8 TzBfG Rn. 54, wenn er Unbilligkeit im Sinne von § 75 BetrVG und damit Unbeachtlichkeit für den Fall annimmt, dass die innerbetrieblichen Regeln Teilzeitarbeit ohne betrieblichen Grund gezielt unmöglich machen.

werden. Es geht nur um einen gerechten Ausgleich der Interessen der Teilzeitbeschäftigten und der Gesamtbelegschaft, also bei entgegenstehender Betriebsvereinbarung darum zu gewährleisten, dass vernünftige, rational nachvollziehbare Gründe dafür sprechen, den Verteilungswunsch des potentiellen Teilzeitarbeitnehmers gegenüber den Interessen der Gesamtbelegschaft hintanzustellen.

Dagegen kann auch nicht eingewandt werden, dass der Arbeitgeber nach § 77 I BetrVG die Betriebsvereinbarungen durchzuführen und der Betriebsrat einen Anspruch gegen den Arbeitgeber hat, entgegenstehende Maßnahmen zu unterlassen. Liegen nicht so gravierende Verstöße gegen die Interessen der Teilzeitbeschäftigten vor wie oben beschrieben, so muss der Arbeitgeber bei entgegenstehender Betriebsvereinbarung den Verteilungswunsch ablehnen, auch wenn er im konkreten Einzelfall betriebliche Gründe dafür nicht sieht und die Interessen des potentiellen Teilzeitarbeitnehmers nicht für ausreichend berücksichtigt hält. Solche Gesichtspunkte kann er bei Abschluss der Betriebsvereinbarung einbringen bzw. später bleibt ihm die Möglichkeit der Kündigung.

Insgesamt dürfte allerdings die hier vertretene Meinung zur Betriebsvereinbarung als betrieblicher Grund zur Ablehnung des Verteilungswunsches nach § 8 TzBfG nur in einer Minderzahl von Fällen zu anderen Ergebnissen als die h. M. führen. In der Praxis basiert der Verteilungswunsch sehr häufig auf familiären Erwägungen, und diese hat der Betriebsrat bei seiner Entscheidung auch unabhängig von § 8 TzBfG zu berücksichtigen (s. o.).

Die auf Betriebsvereinbarungen angewandte Meinung, Vorliegen eines betrieblichen Grundes zur Ablehnung des Verteilungswunsches bei entgegenstehender Betriebsvereinbarung, hat das BAG auf die formlose Regelungsabrede übertragen.[33] Dem ist mit der obigen Einschränkung zuzustimmen. Nach ständiger Rechtsprechung und h. M. können die Mitbestimmungsrechte in sozialen Angelegenheiten aus § 87 I BetrVG auch durch formlose Regelungsabrede ausgeübt werden, der Arbeitgeber hat sie gem. § 77 I 1 BetrVG auszuführen.[34]

Die Frage, ob auch eine freiwillige Betriebsvereinbarung als betrieblicher Ablehnungsgrund im Rahmen des § 8 TzBfG einzuordnen ist, hat das BAG bislang offen gelassen. Sie stellt sich auch im Rahmen des hier behandelten Verteilungswunsches im Regelfall nicht. Er wird fast vollständig vom Mitbestimmungsrecht des § 87 I 2 BetrVG erfasst. Im übrigen spricht beim Anspruch auf Teilzeit dagegen, dass das Gesetz in § 8 IV 3 TzBfG lediglich einen Tarifvorbehalt vorsieht.[35]

[33] Vgl. BAG v. 16.12.2008 (Fn. 5).
[34] BAG v. 16.12.2008 m.w.N.
[35] So auch z.B. *Meinel/Heyn/Herms* § 8 Rn. 66; *Boecken* in: *Boecken/Jacobs*, TzBfG 1. Aufl. 2007, § 8 Rn. 64; vgl. auch BAG NZA 2008, S. 1312.

(2) Zustimmungsverweigerung durch den Betriebsrat

Weiter ist noch nicht geklärt, ob und unter welchen Voraussetzungen der Arbeitgeber auf eine Zustimmungsverweigerung des Betriebsrates zur gewünschten Arbeitszeitverteilung als betrieblichen Ablehnungsgrund verweisen kann. Das Gleiche gilt für die Frage, ob der Arbeitgeber die Einigungsstelle anrufen muss, falls er einem Antrag auf Neuverteilung der Arbeitszeit zustimmen will, der Betriebsrat die Beschäftigung mit der geänderten Arbeitszeit aber abgelehnt hat. Beides sind wichtige Fragen für die Praxis, da etliche Betriebe keine Betriebsvereinbarungen oder Regelungsabreden für die Gegenstände des § 87 I 2 BetrVG vereinbart bzw. die getroffenen Vereinbarungen den konkreten Fall des Verteilungswunsches nach § 8 TzBfG nicht geregelt haben.

Zur ersten Frage hat das LAG Schleswig Holstein für maßgeblich gehalten, aus welchem Grund der Betriebsrat der Lage der Arbeitszeit widersprochen habe. Würde nur als betrieblicher Ablehnungsgrund berücksichtigt, dass der Betriebsrat die Zustimmung verweigert habe, stünde der Teilzeitanspruch zur Disposition des Betriebsrates[36], er könnte also de facto die entgegenstehenden betrieblichen Gründe definieren, eine Befugnis, die ihm nicht zustehe[37]. Diese Einwände gehen in die gleiche Richtung wie die obigen Bedenken gegen die Berücksichtigung von Betriebsvereinbarungen und Regelungsabreden, die einen Verteilungsanspruch nach § 8 TzBfG nicht in ihre Überlegungen einbezogen haben. Gegen die Meinung des LAG Schleswig Holstein könnte sprechen, dass das BAG in anderem Zusammenhang die Ansicht vertreten hat, der Arbeitgeber müsse vor einer Kündigung wegen Krankheit das an sich mildere zur Verfügung stehende Mittel der Umorganisation dann nicht durchführen, wenn er dazu ein Zustimmungsersetzungsverfahren nach § 99 IV BetrVG durchführen müsse. Dies sei dem Arbeitgeber regelmäßig wegen des damit verbundenen Prozesskostenrisikos nicht zumutbar[38]. Die entscheidende Frage lautet also, ist es dem Arbeitgeber unzumutbar, im Falle der Zustimmungsverweigerung ein kostenträchtiges Einigungsstellenverfahren einzuleiten, um die Zustimmung des Betriebsrates zum Verteilungswunsch des Teilzeitarbeitnehmers zu erhalten? Falls das bejaht wird, stellt auch allein die Zustimmungsverweigerung, es sei denn sie ist missbräuchlich, einen betrieblichen Grund für die Ablehnung dar.

[36] Urt. v. 4.10.2007 – 4 Sa 242/07 – LAGE (Hrsg. *Lipke*) § 8 TzBfG Nr. 19 = NZA RR 2008, S. 301.

[37] Vgl. ErfK/*Preis* § 8 TzBfG Rn. 41.

[38] BAG v. 29.1.1997 – 2 AZR 9/6 – NJW 1997, S. 2700 = AP Nr. 32 zu § 1 KSchG 1969 Krankheit.

Die Antwort hat das BAG selbst in zwei früheren Entscheidungen gegeben.[39] Dort ging es um die Frage, ob ein Schwerbehinderter, der einen Beschäftigungsanspruch nach § 81 IV S. 1 Nr. 1 SGB IX hat, zu dessen Erfüllung eine Versetzung erforderlich ist, der Betriebsrat aber die Zustimmung dazu verweigert, einen Anspruch darauf hat, dass der Arbeitgeber das gerichtliche Zustimmungsersetzungsverfahren nach § 99 BetrVG einleitet. Das BAG lehnte eine Parallele zum Krankheitsfall ab. Beim Schwerbehinderten gehe es um einen gesetzlich ausdrücklich geregelten Anspruch im bestehenden Arbeitsverhältnis und nicht um richterrechtlich aufgestellte Anforderungen, welche Obliegenheiten ein Arbeitgeber erfüllen müsse, um wirksam von dem ihm zustehenden Kündigungsrecht Gebrauch machen zu können, maW das BAG hält in dieser Entscheidung die Zustimmungsverweigerung des Betriebsrates allein nicht für einen Ablehnungsgrund.[40] In der zweiten Entscheidung präzisiert es die Pflicht des Arbeitgebers. Lediglich beim Vorliegen besonderer Umstände könne danach seine Verpflichtung angenommen werden, gegen den Betriebsrat nach § 99 IV BetrVG vorzugehen und gegebenenfalls die Zusammenarbeit zu belasten. Das Gericht denkt dabei an einen offensichtlich unbegründeten Widerspruch des Betriebsrates oder an ein kollusives Zusammenwirken zwischen Arbeitgeber und Betriebsrat.[41]

Diese Gedanken sind vorliegend zu nutzen. Wie im Falle des Schwerbehinderten hat danach der Arbeitnehmer nach § 8 TzBfG einen gesetzlich normierten Anspruch auf Teilzeitarbeit und die gewünschte Verteilung. Bei der Entscheidung über die Verteilung hat der Betriebsrat ein Mitbestimmungsrecht. Verweigert er die Zustimmung, hat der Arbeitgeber sich daran zu halten, die bloße Verweigerung stellt also einen betrieblichen Grund für die Ablehnung des Verteilungswunsches dar. Um aber den Anspruch darauf auch bei dieser Konstellation nicht vollständig zur Disposition des Betriebsrates zu stellen, kann der Arbeitgeber sich bei Vorliegen besonderer Umstände, dazu gehört auch die offensichtliche völlige Missachtung des Anspruchs durch den Betriebsrat, nicht darauf berufen.[42] Hat der Arbeitgeber den Verteilungswunsch abgelehnt und macht der Arbeitnehmer ihn gerichtlich geltend, so ist in dem Verfahren zu prüfen, ob die Zustimmungsverweigerung den obigen Maßstäben entspricht.

[39] Urt. v. 3.12.2002 – 9 AZR 481/01 – AP Nr. 2 zu § 81 SGB IX; v. 22.9.2005 – 2 AZR 519/04 – NZA 2006, S. 486 = AP Nr. 10 zu § 81 SGB IX; zustimmend *Fitting* § 99 Rn. 172; *Richardi – Thüsing*, BetrVG 11. Aufl. 2008, § 99 Rn. 279, der eine generelle Antragsbefugnis des Arbeitnehmers bei Zustimmungsverweigerung des Betriebsrates fordert; zweifelnd WPK – *Preis* § 99 Rn. 78.

[40] Urt. v. 3.12.2002.

[41] Urt. v. 22.9.2005.

[42] So auch KDZ – *Zwanziger* § 8 TzBfG Rn. 53; anders das erwähnte LAG Schleswig-Holstein, dass generell im Rahmen der Zustimmungsverweigerung das Vorliegen betrieblicher Ablehnungsgründe prüfen will.

Damit ist auch die zweite eingangs gestellte Frage beantwortet. Will der Arbeitgeber einem Verteilungswunsch trotz Zustimmungsverweigerung durch den Betriebsrat nachkommen, so darf er das im Regelfall nicht, auch wenn er keinen betrieblichen Grund für die Ablehnung sieht. Sonst verhielte er sich mitbestimmungswidrig. Der Arbeitgeber muss das Einigungsstellenverfahren einleiten und so die fehlende Zustimmung des Betriebsrates zu ersetzen versuchen. Etwas anderes gilt aber, wenn besondere Umstände im obigen Sinne vorliegen, die die Verweigerung als unbillig im Sinne des § 75 BetrVG und damit unbeachtlich erscheinen lassen. Hier kann der Arbeitgeber den Verteilungswunsch auch ohne Zustimmung des Betriebsrates erfüllen, ohne ein Gerichtsverfahren fürchten zu müssen.[43]

3. *Betriebsratsloser Betrieb*

Hat nach *Rieble/Gutzeit* die Mitbestimmung des Betriebsrates dem Arbeitgeber die Last abgenommen, die Lage der Arbeitszeit „gerecht" zu verteilen und die gegenläufigen Interessen innerhalb der Belegschaft auszugleichen,[44] so verlaufen im betriebsratslosen Betrieb die Fronten umgekehrt. Ging es im Rahmen der Mitbestimmung darum, den Anspruch auf eine bestimmte Verteilung der Teilzeit nicht völlig zur Disposition des Betriebsrates zu stellen und u. U. gegenstandslos zu machen, so stellt sich im betriebsratslosen Betrieb die Frage, wie die Interessen der übrigen Belegschaft wahrgenommen werden können.

Nach § 106 S. 1 GewO kann der Arbeitgeber nach billigem Ermessen die Lage der Arbeitszeit im Rahmen seines Direktionsrechtes bestimmen, soweit dieses nicht gesetzlich, kollektivrechtlich oder einzelvertraglich beschränkt ist. Das Direktionsrecht des Arbeitgebers ist bei der Teilzeitarbeit nach § 8 TzBfG eingeschränkt. Hat der Arbeitgeber keine entgegenstehenden betrieblichen Gründe, muss er dem Verteilungswunsch des potentiellen Teilzeitarbeitnehmers nachkommen, was im Einzelfall zu einer „ungerechten" Verteilung führen kann. Da eine Korrektur über die Mitbestimmung mangels Betriebsrat nicht möglich ist, kann die Lösung nur in einer Bestimmung des betrieblichen Grundes gefunden werden. § 8 IV 2 TzBfG sieht als betrieblichen Grund zur Ablehnung des Verteilungswunsches – beispielhaft – wesentliche Beeinträchtigungen der Organisation, des Arbeitsablaufs oder der Sicherheit im Betrieb oder unverhältnismäßige Kosten. So ist es durchaus denkbar, dass eine andere Verteilung der Arbeitszeit auch nur eines Arbeitnehmers eine Umorganisation oder Änderung des Arbeitsablaufs erfordert und so eine wesentliche Beeinträchtigung vorliegt. Ob das der Fall ist und damit ein be-

[43] Vgl. KDZ – *Zwanziger* § 8 TzBfG Rn. 54.
[44] AaO (Fn. 11) S. 13.

trieblicher Ablehnungsgrund gegeben ist, muss im Einzelfall nach der Dreistufentheorie des BAG[45] geprüft werden.

Diese Möglichkeit reicht aber kaum aus, um den Interessen der übrigen Belegschaft insgesamt gerecht zu werden. Was ist, wenn die Umsetzung des Teilezeitwunsches zu einer übermäßigen Belastung des übrigen Personals führt oder sogar den Betriebsfrieden stört? Zu denken ist an das Eingangsbeispiel im Krankenhaus. Die Vollzeitbeschäftigten werden u.U. durch die Verteilungswünsche ohne Umorganisation in die ungünstigen Zeiten Spätschicht oder Wochenenddienst abgedrängt. Hier muss dem Arbeitgeber schon aus Fürsorgegesichtspunkten gestattet sein, den Verteilungswunsch aus betrieblichen Gründen abzulehnen. *Rieble-Gutzeit* weisen weiter darauf hin, dass auch eine Verletzung des Gleichbehandlungsgrundsatzes vorliegt, wenn Teilzeitarbeitnehmer sachwidrig bevorzugt werden. Auch das stelle einen betrieblichen Grund für die Ablehnung der gewünschten Arbeitszeitlage dar.[46] Verweigert der Arbeitgeber eine solche Vorgehensweise, könnten die Arbeitnehmer aus der Verletzung ihrer Rechte gerichtlich vorgehen. Wird ihnen stattgegeben, kann eine Korrektur allerdings erst nachträglich erfolgen und zwar über § 8 V 4 TzBfG.

Offen bleibt noch die Frage, wie im Konflikt zwischen den Teilzeitbeschäftigten selbst zu verfahren ist. Dazu ein Beispiel aus der Praxis: Ein Krankenhaus hat einen Schreibpool mit fünf Schreibkräften. Gleichzeitig beantragen alle fünf Reduzierung um einen Tag in der Woche. Alle wollen den Freitag frei haben. Eine einzustellende Ersatzkraft ist bereit, am Freitag zu arbeiten, es sind aber mindestens zwei Schreibkräfte für die am Freitag zu erledigenden Arbeiten notwendig. Wie ist mit den Verteilungswünschen der Mitarbeiterinnen zu verfahren? Die vielfach angebotene Lösung, die Verteilungswünsche nach zeitlicher Priorität zu behandeln, hilft hier nicht. Gedacht werden kann z.B. an ein Rotationsprinzip, alle Schreibkräfte bekommen in bestimmten Abständen freitags frei. Zu berücksichtigen sind aber genauso oder sogar vorrangig soziale Gesichtspunkte, etwa familiäre. Auch wenn das BAG es grundsätzlich ablehnt, die für den Neuverteilungsanspruch geltend gemachten Gründe, insbesondere persönliche Belange aus der Lebenssituation des Arbeitnehmer, bei der Entscheidung heranzuziehen,[47] wird es in der geschilderten Konfliktlage nicht umhinkönnen, es trotzdem zu tun. Auch in der Fürsorgepflicht des Arbeitgebers ist die verfassungsrechtliche Werteordnung und die Schutzpflicht aus Art. 6 GG zu beachten. Das

[45] Ständige Rechtsprechung, vgl. BAG v. 18.2.2003 (Fn. 4); v. 16.3.2004 (Fn. 9); v. 21.6. 2005, NZA 2006, S. 316; v. 15.8.2006, NZA 2007, S. 258; v. 8.5.2007, NJW 2007, S. 3661; v. 16.10.2007, NZA 2008, S. 289; zustimmend z.B. *Boecken* (Fn. 35) § 8 Rn. 42; kritisch *Meinel/Heyn/Herms* § 8 Rn. 50a ff.

[46] AaO (Fn. 44).

[47] Zuletzt BAG (Fn. 5) S. 569.

kann im Einzelfall sogar dazu führen, dass eine einmal vorgenommene Arbeitszeitverteilung nach § 8 V 4 TzBfG revidiert werden muss.

III. Ergebnis

Bei der Festlegung der Arbeitszeitverteilung kann es zu Interessenkonflikten zwischen Teilzeitarbeitnehmern und der übrigen Belegschaft kommen. Dem Ausgleich solcher Interessengegensätze dient die Mitbestimmung des Betriebsrates nach § 87 I 2 BetrVG. Existieren Betriebsvereinbarungen oder Regelungsabreden, die den Verteilungswunsch des Teilzeitarbeitnehmers regeln, hat sich der Arbeitgeber daran zu halten. Stehen die Vereinbarungen dem Verteilungswunsch entgegen, stellen sie einen betrieblichen Grund zur Ablehnung des Teilzeitwunsches dar. Das gilt nicht, wenn die Vereinbarungen Verteilungswünsche willkürlich ausschließen, insbesondere bei kollusivem Zusammenwirken von Arbeitgeber und Betriebsrat.

Fehlen Vereinbarungen bzw. sind sie nicht einschlägig und wirkt sich der Verteilungswunsch des Teilzeitarbeitnehmers kollektiv aus, kommt es auf die Zustimmung des Betriebsrates an. Verweigert er sie, ist das ein betrieblicher Ablehnungsgrund, es sei denn, die Zustimmungsverweigerung ist missbräuchlich. Will der Arbeitgeber dem Verteilungswunsch trotz Zustimmungsverweigerung des Betriebsrates nachkommen, so muss er die fehlende Zustimmung über das Einigungsstellenverfahren zu erreichen suchen.

In einem betriebsratslosen Betrieb können die Interessen der Belegschaft über die in § 8 IV 2 TzBfG beispielhaft aufgezählten betrieblichen Gründe hinaus einen Ablehnungsgrund für den Verteilungswunsch darstellen. Das gilt z.B. bei Überforderung der übrigen Belegschaft oder Störung des Betriebsfriedens. Kollidieren Verteilungswünsche mehrerer Teilzeitarbeitnehmer, so sind im Rahmen der betrieblichen Ablehnungsgründe soziale Gesichtspunkte zu berücksichtigen.

Kündigung und Kündigungsschutz von Arbeitnehmervertretern in der SE

Gregor Thüsing / Gerrit Forst

I. Eine Frage im Herzen des Arbeitsrechts

Der Jubilar hat sich in seinem *œuvre* mit Fragen des Kündigungsschutzes,[1] der Mitbestimmung[2] und des Rechtes der Europäischen Union[3] gleichermaßen befasst. Was liegt also näher, als ihm einen Beitrag in den Präsentkorb zu legen, der diese drei Rechtsgebiete miteinander verbindet? Die Beteiligung der Arbeitnehmer in der Europäischen Gesellschaft (*Societas Europaea*, SE) ist im SEBG geregelt, das in Umsetzung der RL 2001/86/EG[4] erlassen wurde. Zum einen besteht danach in jeder SE ein SE-Betriebsrat zwecks Anhörung und Unterrichtung der Arbeitnehmer. Dieser ist am ehesten vergleichbar mit dem, was nach deutscher Terminologie als betriebliche Mitbestimmung bezeichnet wird. Daneben kann auch eine Arbeitnehmervertretung in den Organen der SE gegeben sein, nach deutscher Terminologie wäre diese Unternehmensmitbestimmung zu nennen. Die SE zeichnet sich ferner dadurch aus, dass sie keinem starren gesetzlichen Beteiligungsregime unterworfen ist, sondern dass Arbeitnehmerseite und Arbeitgeberseite die Beteiligung der Arbeitnehmer vorrangig durch eine Beteiligungsvereinbarung (§ 21 SEBG)[5] regeln. Im Folgenden wird das europäische Beteiligungsmodell kurz skizziert (II.), sodann wird die für Kündigung und Kündigungsschutz maßgebliche Rechtsordnung identifiziert (III.), um anschließend die Kündigung und den Kündigungsschutz von Mitgliedern des SE-Betriebsrates (IV.), der Arbeitnehmervertreter in den Organen der SE (V.) sowie sonstiger

[1] S. nur *Reuter*, in: Festschrift für Richardi, 2007, S. 361 ff.: „Das Verhältnis von ordentlicher und außerordentlicher Kündigung des Arbeitgebers – ein Stufenverhältnis?".

[2] S. nur *Reuter*, AcP 179 (1979), S. 509 ff.: „Der Einfluß der Mitbestimmung auf das Gesellschaftsrecht und Arbeitsrecht".

[3] S. nur *Reuter*, DWiR 1992, 335: „Zur Vereinbarkeit von BetrVG § 37 Abs 6 mit EWGVtr Art 119 und EWGRL 117/75".

[4] Richtlinie 2001/86/EG des Rates vom 8. Oktober 2001 zur Ergänzung des Statuts der Europäischen Gesellschaft hinsichtlich der Beteiligung der Arbeitnehmer, ABl. Nr. L-294 v. 10.11.2001, S. 22.

[5] Dazu monographisch *Forst*, Die Beteiligungsvereinbarung nach § 21 SEBG, 2010, passim.

Arbeitnehmervertreter in der SE (VI.) zu erörtern. Eine Summa (VII.) rundet den Beitrag ab.

II. Vereinbarungsmodell und Auffanglösung

Grundlegend für die Frage des für Arbeitnehmervertreter in der SE bestehenden Kündigungsschutzes ist die Differenzierung zwischen Vereinbarungsmodell und Auffanglösung. In der SE kommt nicht bei Überschreiten bestimmter Arbeitnehmerschwellenwerte ein starres Mitbestimmungsregime zur Anwendung, sondern Arbeitnehmerseite und Arbeitgeberseite sind aufgefordert, die Beteiligung der Arbeitnehmer in einer Beteiligungsvereinbarung (§ 21 SEBG) selber festzulegen. Gelingt den Parteien dies nicht, gilt eine gesetzliche Auffanglösung, §§ 22 ff. SEBG. Die Arbeitnehmerbeteiligung in der SE fügt sich damit in das erstmals in den §§ 17 f. EBRG, Art. 6 RL 95/45/EG[6] vorgesehene europäische Vereinbarungsmodell, welches mit der Arbeitnehmerbeteiligung in der SCE nach § 21 SCEBG, Art. 4 RL 2003/72/EG[7] sowie bei der grenzüberschreitenden Verschmelzung nach § 22 MgVG, Art. 16 Abs. 3 lit. b) RL 2005/56/EG[8] stetig ausgebaut wurde. Das europäische Vereinbarungsmodell sollte ursprünglich auch für die einstweilen vertagte Europäische Privatgesellschaft (*Societas Privata Europaea*, SPE) gelten[9].

Im Rahmen der Auffanglösung ergeben sich das für Kündigung und Kündigungsschutz maßgebliche Recht allein aus dem Gesetz. Hingegen könnte den Parteien der Beteiligungsvereinbarung möglicherweise gestattet sein, den Kündigungsschutz in der Beteiligungsvereinbarung von der gesetzlichen Regelung abweichend zu gestalten oder gar das Arbeitsvertragsstatut und

[6] Richtlinie 94/45/EG des Rates vom 22. September 1994 über die Einsetzung eines Europäischen Betriebsrats oder die Schaffung eines Verfahrens zur Unterrichtung und Anhörung der Arbeitnehmer in gemeinschaftsweit operierenden Unternehmen und Unternehmensgruppen, ABl. Nr. L-254 v. 30.9.1994, S. 64. Die Richtlinie wurde abgelöst durch die RL 2009/38/EG, dazu *Thüsing/Forst*, NZA 2009, 408 ff.

[7] Richtlinie 2003/72/EG des Rates vom 22. Juli 2003 zur Ergänzung des Statuts der Europäischen Genossenschaft hinsichtlich der Beteiligung der Arbeitnehmer, ABl. Nr. L-207 v. 18.8.2003, S. 25. Dazu *Kisker*, RdA 2006, 206, 208 f.

[8] Richtlinie 2005/56/EG des Europäischen Parlaments und des Rates vom 26. Oktober 2005 über die Verschmelzung von Kapitalgesellschaften aus verschiedenen Mitgliedstaaten (Text von Bedeutung für den EWR), ABl. Nr. L-310 v. 25.11.2005, S. 1 ff. Dazu *Lunk/Hinrichs*, NZA 2007, 773 ff.

[9] Art. 38 Abs. 4 Vorschlag für eine Verordnung des Rates über das Statut der Europäischen Privatgesellschaft, KOM(2008)396. Dazu *Forst*, ZESAR 2009, 261 ff.; *Hommelhoff/Krause/Teichmann*, GmbHR 2008, 1193 ff. Auf seiner Sitzung vom 3.12.2009 konnte der Rat der Europäischen Union die nach Art. 352 AEU erforderliche Einstimmigkeit nicht erzielen. Man hält weitere Vorarbeiten insbesondere bezüglich der Arbeitnehmerbeteiligung für erforderlich.

damit das Kündigungsrecht neu zu bestimmen. Außerdem kann die Beteiligungsvereinbarung von der Auffanglösung abweichende Formen der Arbeitnehmerbeteiligung kreieren, wodurch die Frage nach Kündigung und Kündigungsschutz von Arbeitnehmervertretern sich deutlich von der gesetzlichen Ausgangslage unterscheiden kann. Auf all dies ist im Folgenden einzugehen. Zu beachten ist aber, dass die Parteien der Beteiligungsvereinbarung keine Privatautonomie für sich in Anspruch nehmen, sondern dass die Parteiautonomie nur in den Grenzen von SEBG und RL 2001/86/EG einerseits sowie SEAG und VO (EG) Nr. 2157/2001[10] andererseits besteht[11].

III. Das anzuwendende Recht

1. *Kündigung*

Die Rechtsakte zur *Societas Europaea* enthalten keine eigenen Regelungen zur Kündigung von Arbeitnehmervertretern in der SE. Maßgeblich ist damit für das Kündigungsrecht das nach den allgemeinen Regeln zu ermittelnde Arbeitsvertragsstatut. Dieses unterliegt gemäß Artt. 3, 8 Abs. 1 S. 1 VO (EG) Nr. 593/2008[12] (Rom I) freier Rechtswahl. Nicht abbedungen werden können nach Art. 8 Abs. 1 S. 2 VO (EG) Nr. 593/2008 aber die zwingenden Bestimmungen derjenigen Rechtsordnung, welche bei einer objektiven Anknüpfung nach Art. 8 Abs. 2 bis 4 VO (EG) Nr. 593/2008 anzuwenden wäre[13]. Ferner enthalten Art. 9, 21 VO (EG) Nr. 593/2008 einen Vorbehalt, wie er ähnlich schon aus Artt. 6, 34 EGBGB bekannt ist.[14] Das BAG hat entschieden, dass der allgemeine Kündigungsschutz nicht zu den zwingend anzuwendenden Vorschriften zählt[15]. Offen gelassen hat es dies für den Sonderkündigungsschutz des § 15 KSchG. Hierzu enthält § 42 SEBG eine Sondervorschrift, auf die zurückzukommen ist. Wählen der Arbeitnehmervertreter und der Arbeitgeber also eine andere Rechtsordnung als die deutsche zum Arbeitsvertragsstatut, finden die §§ 1–14 KSchG auf das Arbeits-

[10] Verordnung (EG) Nr. 2157/2001 des Rates vom 8. Oktober 2001 über das Statut der Europäischen Gesellschaft (SE), ABl. Nr. L-294 v. 10.11.2001, S. 1 ff.

[11] Ausführlich *Thüsing*, Europäisches Arbeitsrecht, 2008, § 10 Rn. 38; *ders.*, ZIP 2006, 1469, 1470; *Forst*, Die Beteiligungsvereinbarung nach § 21 SEBG, 2010, S. 51 ff.; *Oetker*, in: Festschrift für Konzen, 2006, S. 634, 650; aA *Blanke*, AG 2006, 493, 495 ff.

[12] Verordnung (EG) Nr. 593/2008 des Europäischen Parlaments und des Rates vom 17. Juni 2008 über das auf vertragliche Schuldverhältnisse anzuwendende Recht (Rom I), Abl. Nr. L-177 v. 4.7.2008, S. 6. Dazu instruktiv *Deinert*, RdA 2009, 144 ff.; *Wurmnest*, EuZA 2009, 481 ff. Gemäß Art. 2 VO (EG) Nr. 593/2008 greift diese auch dann, wenn das Recht eines Drittstaates zur Anwendung berufen wird.

[13] Dazu *Deinert*, RdA 2009, 144, 149.

[14] Dazu *Deinert*, RdA 2009, 144, 150.

[15] BAG, Urt. v. 24.8.1989 – 2 AZR 3/89, BAGE 63, 17 = NZA 1990, 841; zustimmend *Junker*, SAE 1990, 323 ff.; *Kraushaar*, AiB 1990, 480 f.

verhältnis auch dann keine Anwendung, wenn sie einen Rechtsstreit vor deutschen Gerichten austragen. Treffen Arbeitnehmervertreter und Arbeitgeber keine Rechtswahl, ist das Arbeitsvertragsstatut nach Art. 8 Abs. 2 bis 4 VO (EG) Nr. 593/2008 anhand objektiver Kriterien zu ermitteln, namentlich des gewöhnlichen Beschäftigungsortes (Abs. 2) oder der Niederlassung, die den Arbeitnehmervertreter eingestellt hat, wenn dieser keinen gewöhnlichen Beschäftigungsort hat (Abs. 3). Für die Kündigung eines gewöhnlich in Deutschland beschäftigten Arbeitnehmervertreters in der SE gelten also regelmäßig die §§ 622, 626 BGB.

2. *Kündigungsschutz*

Nach § 3 Abs. 1 S. 1 SEBG, der auf Art. 6 RL 2001/86/EG beruht, gilt das SEBG für eine SE mit Sitz im Inland. Gemeint ist der Satzungssitz[16]. Auch die nachfolgenden Ausführungen beziehen sich auf eine SE mit Satzungssitz im Inland. Gemäß § 3 Abs. 1 S. 2 SEBG gilt das SEBG unabhängig vom Sitz der SE auch für Arbeitnehmer der SE, die im Inland beschäftigt sind. Sondervorschriften für den den Arbeitnehmervertretern in der SE zu gewährenden Kündigungsschutz enthalten § 42 SEBG, Art. 10 RL 2001/86/EG. Soweit hier von Kündigungsschutz die Rede ist, ist nicht der allgemeine Kündigungsschutz etwa nach § 1 KSchG gemeint, sondern ausschließlich ein Sonderkündigungsschutz, der dem Arbeitnehmer gerade wegen seiner Stellung als Arbeitnehmervertreter gewährt wird. Unerheblich ist bei objektiver Anknüpfung grundsätzlich, ob es sich um einen Deutschen, Franzosen oder Italiener handelt, solange er nur in Deutschland beschäftigt ist.

IV. Mitglieder des SE-Betriebsrats

1. *Auffanglösung*

a) Kündigung

Für die Kündigung von Mitgliedern der kraft Gesetzes errichteten SE-Betriebsrates gilt das Arbeitsvertragsstatut. Dieses wurde entweder durch Rechtswahl der Arbeitsvertragsparteien bestimmt oder ergibt sich aufgrund objektiver Anknüpfung aus Art. 8 Abs. 2 bis 4 VO (EG) Nr. 593/2008. Für einen in Deutschland beschäftigten Arbeitnehmervertreter gilt daher, dass dieser in der Regel deutschem Kündigungsrecht unterliegt und daher nach §§ 622, 626 BGB gekündigt werden kann.

[16] *Oetker*, in: Lutter/Hommelhoff, SE-Kommentar, 2008, § 3 SEBG Rn. 3; *Jacobs*, in: MünchKommAktG, 2. Aufl. 2006, § 3 SEBG Rn. 2.

b) Kündigungsschutz

Sedes materiae für den Kündigungsschutz der Mitglieder des SE-Betriebsrates bei Eingreifen der Auffanglösung ist § 42 S. 1 Nr. 2 i.V.m. S. 2 Nr. 1 SEBG, der auf Art. 10 RL 2001/86/EG beruht. Danach genießen Mitglieder des kraft Gesetzes errichteten SE-Betriebsrates denselben Kündigungsschutz wie die Arbeitnehmervertreter nach den Gesetzen und Gepflogenheiten des Mitgliedstaates, in dem sie beschäftigt sind. Daraus folgt für einen Arbeitnehmervertreter in der Regel ein Gleichlauf mit dem Arbeitsvertragsstatut (Art. 8 Abs. 2 VO (EG) Nr. 593/2008) und damit auch mit dem anzuwendenden Kündigungsrecht. Das gilt aber nur für solche Mitglieder des SE-Betriebsrates, die Beschäftigte der SE, ihrer Tochtergesellschaften oder Betriebe sind. § 42 SEBG erfasst also nicht externe Mitglieder des SE-Betriebsrates wie etwa Gewerkschaftsvertreter[17]. Hierbei ist zu beachten, dass § 23 Abs. 1 S. 2 SEBG über die Zusammensetzung des SE-Betriebsrates nicht auf § 6 Abs. 2 S. 1, Abs. 3 SEBG verweist, so dass Gewerkschaftsvertreter nicht zwingend Mitglieder des SE-Betriebsrates kraft Gesetzes sind.

Es stellt sich nach dem Gesagten die Frage, welchen Arbeitnehmervertretern nationalen Rechts die Mitglieder des SE-Betriebsrates am ehesten vergleichbar sind. Bedenkt man, dass der SE-Betriebsrat für Angelegenheiten der meist transnational tätigen SE zuständig ist, wird man seine Mitglieder am ehesten den Mitgliedern eines kraft Gesetzes errichteten Europäischen Betriebsrates vergleichen können (§§ 21 ff. EBRG). Für diese bestimmt § 40 Abs. 1 EBRG, dass §§ 37 Abs. 1 bis 5, 78 und 103 BetrVG sowie § 15 Abs. 1 bis 3 und Abs. 5 KSchG entsprechend anzuwenden sind. Damit sind auch in Deutschland beschäftigte Mitglieder des kraft Gesetzes errichteten SE-Betriebsrates über § 42 S. 1 Nr. 2 i.V.m. S. 2 Nr. 1 SEBG, § 40 Abs. 1 EBRG nach §§ 37 Abs. 1 bis 5, 78 und 103 BetrVG sowie § 15 Abs. 1 bis 3 und Abs. 5 KSchG geschützt[18]. Dabei ist unerheblich, ob der Arbeitnehmervertreter Deutscher, Franzose oder Italiener ist. Ist das Mitglied des kraft Gesetzes errichteten SE-Betriebsrates der SE mit Sitz in Deutschland jedoch etwa in Frankreich beschäftigt, gilt französisches Kündigungsschutzrecht – auch dann, wenn es sich um einen Deutschen oder einen Italiener handelt. Das folgt aus § 42 S. 1 letzter Halbs. SEBG.

2. Vereinbarungsmodell

a) Kündigung

Für die Kündigung eines Mitgliedes des kraft Vereinbarung errichteten SE-Betriebsrates gilt zunächst dasselbe wie für das Mitglied eines kraft Gesetzes errichteten SE-Betriebsrates, denn auch hier ist für die Kündigung

[17] SE-Kommentar/*Oetker* (o. Fußn. 16), § 42 SEBG Rn. 1 m.w.N.
[18] I.E. ebenso MünchKommAktG/*Jacobs* (o. Fußn. 16), § 42 SEBG Rn. 6.

das Arbeitsvertragsstatut maßgeblich. Fraglich ist allein, ob die Parteien der Beteiligungsvereinbarung nach § 21 SEBG das Mandat besitzen, eine abweichende Regelung zu treffen. Das ist richtigerweise zu verneinen[19]. Die Parteiautonomie nach § 21 SEBG besteht nicht unbeschränkt, sie ist nicht identisch mit der Privatautonomie (oben II). Vielmehr existiert sie nur in den Grenzen von SEBG und RL 2001/86/EG einerseits sowie SEAG und VO (EG) Nr. 2157/2001 andererseits. Indem § 42 SEBG nur den Kündigungsschutz der Arbeitnehmervertreter näher regelt und dazu sogar auf das nationale Recht verweist, wird deutlich, dass der europäische Gesetzgeber nicht das Arbeitsvertragsstatut antasten wollte. Außerdem regelt die RL 2001/86/EG die Arbeitnehmerbeteiligung in der SE, also eine kollektivarbeitsrechtliche Materie. Das Arbeitsvertragsstatut betrifft dagegen einen individualarbeitsrechtlichen Gegenstand. Ferner enthält der Katalog des § 21 SEBG keine einzige Vorschrift, die auch nur annähernd als Ermächtigung der Parteien der Beteiligungsvereinbarung verstanden werden könnte, das Arbeitsvertragsstatut der Arbeitnehmervertreter zu regeln. Schließlich würde der europäische Gesetzgeber mit der RL 2001/86/EG mittelbar eine Regelung zum IPR erlassen, wenn die Parteien der Beteiligungsvereinbarung das Mandat hätten, das Arbeitsvertragsstatut der Arbeitnehmervertreter zu regeln. Ermächtigungsgrundlage zum Erlass von IPR-Regelungen ist Art. 87 Abs. 2 lit. c) AEU (Ex-Artt. 61 lit. c), 67 Abs. 5 EG)[20]. Die RL 2001/86/EG ist jedoch auf Art. 325 AEU (Ex-Art. 308 EG) gestützt.

b) Kündigungsschutz

Gilt dies auch für den Kündigungsschutz? In der Literatur und der Regierungsbegründung zum SEBG wird vertreten, die Parteiautonomie ermögliche es, den Kündigungsschutz für Mitglieder des kraft Vereinbarung errichteten SE-Betriebsrates zu vereinheitlichen, etwa auf das höchste in einem Mitgliedstaat bestehende Niveau[21]. Diese Aussage ist ebenso falsch wie gefährlich. Nach § 42 S. 1 Nr. 2 i.V.m. S. 2 Nr. 1 SEBG genießen die Mitglieder des SE-Betriebsrates – unabhängig davon, ob er kraft Gesetzes oder kraft Vereinbarung errichtet wurde – denselben Kündigungsschutz wie die Arbeitnehmervertreter nach den Gesetzen und Gepflogenheiten des Mitgliedstaates, in dem sie beschäftigt sind. § 42 SEBG fungiert hier also als spezieller Gleichheitssatz. § 44 Nr. 3 SEBG verbietet es, ein Mitglied des SE-Betriebsrates zu benachteiligen oder zu begünstigen, auch diese Norm gilt für Auffanglösung wie Verhandlungslösung gleichermaßen. § 44 Nr. 3 SEBG besagt

[19] *Thüsing*, ZIP 2006, 1469, 1476.

[20] Vgl. Verordnung (EG) Nr. 593/2008 des Europäischen Parlaments und des Rates vom 17. Juni 2008 über das auf vertragliche Schuldverhältnisse anzuwendende Recht (Rom I), ABl. Nr. L-177 v. 4.7.2008, S. 6 ff.

[21] BR-Drucks. 438/04, S. 142; SE-Kommentar/*Oetker* (o. Fußn. 16), § 42 SEBG Rn. 8; *Jacobs*, in: Festschrift für K. Schmidt, 2009, S. 795, 808.

aber nicht, wer *tertium comparationis* zur Beantwortung der Frage sein soll, ob eine Benachteiligung oder Begünstigung vorliegt. Diese Aufgabe übernimmt für den Kündigungsschutz der spezielle Gleichheitssatz nach § 42 S. 1 Nr. 2 i.V.m. S. 2 Nr. 1 SEBG. *Tertium comparationis* sind die dort genannten nationalen Arbeitnehmervertreter. Da § 44 Nr. 3 SEBG zwingend ist, besitzen die Parteien nicht das Mandat, einen weitergehenden Kündigungsschutz zu vereinbaren, als er den nationalen Arbeitnehmervertretern in dem Mitgliedstaat gewährt wird, in dem das jeweilige Mitglied des SE-Betriebsrates beschäftigt ist. §§ 42 S. 1 Nr. 2 i.V.m. S. 2 Nr. 1, 44 Nr. 3 SEBG wirken als Schranke der Parteiautonomie und stehen sowohl einer Vereinheitlichung als auch einer Anhebung oder Absenkung des Schutzniveaus entgegen. Dass anderslautende Vorschläge sogar gefährlich sind, folgt aus § 45 Abs. 2 Nr. 3 SEBG, der einen Verstoß gegen § 44 Nr. 3 SEBG unter Strafe stellt. Der Praxis ist daher Beifall zu stiften, wenn sie sich in den Beteiligungsvereinbarungen darauf beschränkt, für den Kündigungsschutz auf die Gepflogenheiten des jeweiligen Beschäftigungslandes des jeweiligen Mitglieds des SE-Betriebsrates zu verweisen[22].

c) Praktische Bedeutung

Die praktische Bedeutung des Gesagten ist nicht zu unterschätzen. Der Schutz von Arbeitnehmervertretern variiert von Mitgliedstaat zu Mitgliedstaat erheblich. Art. 7 RL 2002/14/EG verpflichtet die Mitgliedstaaten nicht dazu, Arbeitnehmervertretern einen Sonderkündigungsschutz zu gewähren.[23] Entsprechendes gilt in der SE, da nach Art. 10 RL 2001/86/EG für den Kündigungsschutz das mitgliedstaatliche Recht die entscheidende Referenz ist. Wenn die RL 2002/14/EG den nationalen Gesetzgeber nicht zwingt, einen Sonderkündigungsschutz zu regeln, wirkt sich diese unterbliebene Harmonisierung über Art. 10 RL 2001/86/EG auch auf die SE aus. Während nun der deutsche Gesetzgeber in § 15 KSchG einen sehr weitreichenden, absoluten Kündigungsschutz statuiert, kennt etwa das spanische Recht diesen nicht. Art. 28 des spanischen Umsetzungsgesetzes zur RL 94/45/EG[24]

[22] S. nur Punkt A.11 Beteiligungsvereinbarung der Allianz SE; Punkt I.15.9 Beteiligungsvereinbarung der BASF SE; Punkt I.12 Beteiligungsvereinbarung der Fresenius SE; Punkt 19.1 Beteiligungsvereinbarung der Klöckner&Co. SE.

[23] EuGH, Urt. v. 11.2.2010, Rs. C-405/08, NZA 2010, 286 – *Holst*.

[24] Ley 10/1997, de 24 de abril, sobre derechos de información y consulta de los trabajadores en las empresas y grupos de empresas de dimensión comunitaria: „*Los representantes de los trabajadores que sean miembros de las comisiones negociadoras y de los comités de empresa europeos o que participen en los procedimientos alternativos de información y consulta gozan en el ejercicio de sus funciones de la protección y de las garantías establecidas en el Estatuto de los trabajadores, salvo en el relativo al horario previsto en la letra e) del artículo 68 del mismo, en que se estará a lo dispuesto en los apartados siguientes.*“ Der genannte Art. 68 *Estatuto de los Trabajadores* wiederum lautet: „*Los miembros del comité*

bestimmt für in Spanien beschäftigte Mitglieder eines Europäischen Betriebsrates nur einen funktionsbezogenen, relativen Sonderkündigungsschutz, der sie vor Diskriminierungen wegen Ausübung ihres Amtes bewahrt. Dasselbe gilt dann auch für in Spanien beschäftigte Mitglieder des SE-Betriebsrates – unabhängig davon, ob sie Spanier, Deutsche oder Franzosen sind (vgl. oben IV.1.b)).

V. Arbeitnehmervertreter in den Organen der SE

Schreiten wir weiter zu den Arbeitnehmervertretern in den Organen der SE. Zum Verständnis sei noch einmal kurz daran erinnert, dass in der SE zwei verschiedene Leitungssysteme existieren können. Entweder ist die SE vergleichbar einer deutschen Aktiengesellschaft dualistisch verfasst und besitzt ein Leitungsorgan sowie ein Aufsichtsorgan (Art. 39 ff., 46 ff. VO (EG) Nr. 2157/2001), oder der Satzungsgeber (Art. 38 lit. b) VO (EG) Nr. 2157/2001) entscheidet sich für das aus anderen Jurisdikitionen bekannte monistische System mit einem einheitlichen Verwaltungsorgan, in dem Leitungsfunktion und Überwachungsfunktion gebündelt sind (Art. 43 ff., 46 ff. VO (EG) Nr. 2157/2001)[25]. Beide Systeme können mitbestimmt sein.

1. *Arbeitnehmereigenschaft und Organstellung*

Für den Kündigungsschutz von Arbeitnehmervertretern in den Organen der SE ist vorab zu unterscheiden zwischen der Arbeitsnehmereigenschaft und der Organstellung. Diese Unterscheidung kennt man auch aus der Aktiengesellschaft deutschen Rechts[26]. Die Kündigung beendet nur die Arbeitnehmereigenschaft (Anstellung), lässt die Organstellung aber grundsätzlich unberührt. Letztere endet erst durch die Abberufung. Dieses Modell hat der deutsche Gesetzgeber für die SE in der Auffanglösung übernommen, § 36 Abs. 4 SEBG. Für die Verhandlungslösung ist umstritten, ob die Bestellung und Abberufung der Arbeitnehmervertreter zwingend durch die Hauptver-

de empresa y los delegados de personal, como representantes legales de los trabajadores, tendrán, a salvo de lo que disponga en los convenios colectivos, las siguientes garantías: […] No ser dispedido ni sancionado durante el ejercicio de sus funciones ni dentro del ano siguiente a la expiración de su mandato, salvo en caso de que ésta se produzca por revocación o dimisión, siempre que el despido o sanción se base en la acción del trabajador en el ejercicio de su representación, sin perjuicio, por tanto, de lo establecido en el artículo 54".

[25] Dazu statt aller SE-Kommentar/*Teichmann* (o. Fußn. 16), Art. 38 SE-VO Rn. 1 ff. m.w.N.

[26] Aus der Rechtsprechung etwa BAG, Urt. v. 26.8.2009 – 5 AZR 522/08, AG 2009, 827 = NZA 2009, 1205; monographisch *Heyll*, Die Anwendung von Arbeitsrecht auf Organmitglieder, 1994, S. 80 f.; ferner *Reuter*, in: Festschrift für Zöllner, 1998, S. 487 ff.

sammlung zu erfolgen hat, so dass die Parteien hiervon nicht abweichen können[27]. Richtigerweise können die Parteien in der Beteiligungsvereinbarung eine Bestellung unmittelbar durch den Wahlakt oder durch Dritte vorsehen, etwa durch den SE-Betriebsrat.[28] Auch scheint es aufgrund der Parteiautonomie *prima facie* möglich, die Organstellung an das Bestehen eines Arbeitsverhältnisses zu knüpfen und dadurch eine Geschäftseinheit von Arbeitnehmereigenschaft und Organstellung zu erzielen. Unter Gesichtspunkten der *corporate governance* ist hieran problematisch, dass ja der Vorstand die Kündigung (sei es durch Vertreter) ausspricht, so dass er letztlich über die Zusammensetzung seines eigenen Aufsichtsorgans entscheiden kann. Ob dies mit den zwingenden §§ 101 Abs. 1, 103 Abs. 1 AktG, Art. 9 Abs. 1 lit. c) ii) SE-VO (dualistisches System) vereinbar ist, die nur der Hauptversammlung das Recht zur Bestellung und Abberufung von Aufsichtsratsmitgliedern einräumen und nur für die Satzung gewisse Spielräume eröffnen, ist fraglich. Entsprechendes gilt im monistischen System gemäß §§ 28, 29 SEAG, Artt. 43 Abs. 3 und 4 SE-VO. Andererseits enthalten Artt. 40 Abs. 2, 43 Abs. 3 SE-VO ausdrücklich Öffnungsklauseln zugunsten einer nach der RL 2001/86/EG geschlossenen Beteiligungsvereinbarung, so dass man entsprechende Abreden auch für wirksam erachten kann. Die Frage kann hier keiner abschließenden Klärung zugeführt werden.

2. *Auffanglösung*

a) Kündigung

Für die Kündigung von Arbeitnehmervertretern in den Organen der SE kraft Auffanglösung gilt das Arbeitsvertragsstatut. Dieses wurde entweder durch Rechtswahl der Arbeitsvertragsparteien bestimmt oder ergibt sich aufgrund objektiver Anknüpfung aus Art. 8 Abs. 2 bis 4 VO (EG) Nr. 593/2008. Für einen in Deutschland beschäftigten Arbeitnehmervertreter gilt daher, dass dieser in der Regel deutschem Kündigungsrecht unterliegt und daher nach §§ 622, 626 BGB gekündigt werden kann, unabhängig von seiner Nationalität.

b) Kündigungsschutz

Der Kündigungsschutz für Arbeitnehmervertreter in den Organen der SE kraft Auffanglösung bestimmt sich sowohl im monistischen als auch im dualistischen System nach § 42 S. 1 Nr. 4 i.V.m. S. 2 Nr. 1 SEBG. Danach

[27] Für Vereinbarungsfreiheit MünchKommAktG/*Reichert/Brandes* (o. Fußn. 16), Art. 40 SE-VO Rn. 26, 29; Art. 43 SE-VO Rn. 26, 29; *Heinze/Seifert/Teichmann*, BB 2005, 2524, 2526; dagegen *Scheibe*, Die Mitbestimmung der Arbeitnehmer in der SE unter besonderer Berücksichtigung des monistischen Systems, 2007, S. 129; *Oetker*, in: Festschrift für Konzen, 2006, S. 635, 652 f.; *Jacobs*, in: Festschrift für K. Schmidt, 2009, S. 795, 807.

[28] Ausführlich *Forst*, Die Beteiligungsvereinbarung nach § 21 SEBG, 2010, S. 273 f.

genießen Arbeitnehmervertreter in den Organen der SE denselben Kündigungsschutz wie die Arbeitnehmervertreter nach den Gesetzen und Gepflogenheiten des Mitgliedstaates, in dem sie beschäftigt sind. § 42 SEBG gilt auch hier nur für solche Arbeitnehmervertreter, die zugleich Beschäftigte der SE, ihrer Tochtergesellschaften oder Betriebe sind. Hierbei ist zu beachten, dass nach §§ 36 Abs. 3 S. 2, 6 Abs. 2 S. 1, Abs. 3 SEBG sich unter den Arbeitnehmervertretern in den Organen der SE kraft Auffanglösung zwingend Vertreter von Gewerkschaften befinden. Sind diese nicht zugleich Beschäftigte der SE, gilt für sie § 42 SEBG nicht (oben IV.1.b))[29]. Ob § 6 Abs. 2 S. 1, Abs. 3 SEBG unionsrechtskonform sind, ist allerdings umstritten und richtigerweise zu verneinen[30].

Was folgt daraus für den Kündigungsschutz? Ist die SE monistisch verfasst, sind Arbeitnehmervertreter im Aufsichtsorgan der SE entsprechend den nationalen Gepflogenheiten ihres Beschäftigungslandes geschützt. Für in Deutschland beschäftigte Arbeitnehmervertreter ist also der Kündigungsschutz eines Arbeitnehmervertreters im Aufsichtsrat einer deutschen Aktiengesellschaft maßgeblich. Hier ist umstritten, ob § 15 KSchG analoge Anwendung findet[31]. Das BAG hat dies bereits 1974 verneint[32], wohl zu Recht: Es fehlt an der für eine Analogie erforderlichen Regelungslücke. Für das monistische System stellt sich hingegen das Problem, dass es an einem nationalen Vergleichsmodell fehlt. Das monistische System stellt ein *novum* des deutschen Gesellschaftsrechts dar. Aus § 42 S. 1 Nr. 4 SEBG folgt aber, dass der Gesetzgeber Arbeitnehmervertreter im dualistischen und im monistischen System gleich behandelt sehen wollte, so dass sich auch hier die Frage einer analogen Anwendung des § 15 KSchG stellt, die mit den vom BAG zum dualistischen System angestellten Erwägungen zu verneinen ist[33]. Auch hier gilt im Übrigen: Ist der Arbeitnehmervertreter nicht in Deutschland beschäftigt, sondern in Frankreich, greift französisches Kündigungsschutzrecht.

[29] Da nach hier vertretener Auffassung für Arbeitnehmervertreter in den Organen der SE kein Sonderkündigungsschutz analog § 15 KSchG besteht (dazu sogleich), ist dies für die Praxis allerdings unerheblich.

[30] *Thüsing/Forst*, NZA 2009, 408, 412; *Henssler*, RdA 2005, 330, 333; *Thüsing*, ZIP 2006, 1469, 1473; *Wisskirchen/Prinz*, DB 2004, 2638, 2639; *Kallmeyer*, ZIP 2004, 1442, 1443; aA *Niklas*, NZA 2004, 1200, 1201; *Nagel*, AuR 2004, 251, 253.

[31] Dafür *Köstler/Kittner/Zachert/Müller*, Aufsichtsratspraxis, 7. Aufl. 2003, Rn. 727, dagegen *Henssler*, in: Ulmer/Habersack/Henssler, 2. Aufl. 2006, § 26 MitbestG Rn. 13, jeweils m.w.N.

[32] BAG, Urt. v. 4.4.1974 – 2 AZR 452/73, BAGE 26, 116.

[33] I.E. ebenso MünchKommAktG/*Jacobs* (o. Fußn. 16), § 42 SEBG Rn. 6.

3. Vereinbarungsmodell

a) Kündigung

Für die Kündigung gilt das zu den Mitgliedern des kraft Vereinbarung errichteten SE-Betriebsrates Gesagte entsprechend (oben IV.2.a)). Da die Parteien nicht das Mandat besitzen, das Arbeitsvertragsstatut zu regeln, kann die Beteiligungsvereinbarung von der Anknüpfung nach Art. 8 VO (EG) Nr. 593/2008 nicht abweichen. Entweder gilt also das vereinbarte Arbeitsvertragsstatut oder das nach der objektiven Anknüpfung des Art. 8 Abs. 2 bis 4 VO (EG) Nr. 593/2008 berufene Recht. Für einen in Deutschland beschäftigten Arbeitnehmervertreter in den Organen einer durch Beteiligungsvereinbarung mitbestimmten SE gelten also die §§ 622, 626 BGB, unabhängig von seiner Nationalität.

b) Kündigungsschutz

Für den Kündigungsschutz stellt sich erneut die Frage, ob die Parteien von den Vorgaben der § 42 S. 1 Nr. 4 i.V.m. S. 2 Nr. 1 SEBG abweichen können. Dies ist mit den zum SE-Betriebsrat angestellten Erwägungen zu verneinen (oben IV.2.b)). Auch hier entfalten die §§ 44 Nr. 3, 45 Abs. 2 Nr. 1 SEBG Sperrwirkung gegenüber einer Regelung durch Beteiligungsvereinbarung. Den Parteien ist daher anzuraten, auf den Regelungspunkt ganz zu verzichten oder auf das im jeweiligen Beschäftigungsland geltende Recht zu verweisen[34]. Zulässig ist es allerdings, vor der Kündigung eine Anzeige an den SE-Betriebsrat, dessen engeren Ausschuss oder sonstige Parteien vorzusehen, solange die Wirksamkeit der Kündigung hierdurch nicht in Frage gestellt wird.

VI. Sonstige Arbeitnehmervertreter

Soweit hier von sonstigen Arbeitnehmervertretern die Rede ist, sind damit die Mitglieder des Besonderen Verhandlungsgremiums (BVG) gemeint, welches die Beteiligungsvereinbarung aushandelt (1.). Ferner ist auf die Kündigung und den Kündigungsschutz von Mitgliedern des Wahlgremiums einzugehen, welches die Mitglieder des BVG wählt (2.). Drittens können die Parteien statt der Errichtung eines SE-Betriebsrates auch ein Ersatzverfahren zur Unterrichtung und Anhörung festlegen, § 21 Abs. 2 SEBG. Es stellt sich die Frage, wie Kündigung und Kündigungsschutz der Arbeitnehmervertreter eines solchen Ersatzverfahrens ausgestaltet sind (3.). Schließlich bedarf der

[34] So Punkt B.5.3 Beteiligungsvereinbarung Allianz SE; Punkt II.5.2 Beteiligungsvereinbarung Fresenius SE.

Erörterung, wie die Mitglieder nationaler Arbeitnehmervertretungen in der SE kündigungs(schutz)rechtlich gestellt sind (4.).

1. Mitglieder des BVG

a) Verhandlungen kraft Gesetzes

Das BVG ist der gesetzlich regelmäßig vorgesehene Verhandlungspartner zum Abschluss einer Beteiligungsvereinbarung. Das gilt zunächst bei der Gründung einer SE (§§ 4 ff. SEBG)[35], aber auch bei Neuverhandlungen infolge späterer struktureller Änderungen (§ 18 Abs. 3 SEBG)[36]. Anstelle eines BVG kann hier allerdings auch der bestehende SE-Betriebsrat verhandeln. Für die Mitglieder des BVG gilt hinsichtlich der Kündigung das oben Gesagte. Auch hier ist das Arbeitsvertragsstatut entscheidend. Für ein in Deutschland beschäftigtes Mitglied des BVG wird dies nach der objektiven Anknüpfung gemäß Art. 8 Abs. 2 VO (EG) Nr. 593/2008 regelmäßig deutsches Recht sein, also die §§ 622, 626 BGB. Für den Kündigungsschutz enthält § 42 S. 1 Nr. 1 i.V.m. S. 2 Nr. 1 SEBG eine Sondervorschrift. Wie bei den Mitgliedern des SE-Betriebsrates und den Arbeitnehmervertretern in den Organen der SE gilt auch hier, dass die Mitglieder des BVG denselben Kündigungsschutz genießen wie die Arbeitnehmervertreter nach den Gesetzen und Gepflogenheiten des Mitgliedstaates, in dem sie beschäftigt sind. Für in Deutschland beschäftigte Mitglieder des BVG lässt sich dazu auf § 40 Abs. 2 EBRG abstellen, der für den Kündigungsschutz der Mitglieder des BVG im Rahmen der Verhandlungen zum Abschluss einer Vereinbarung über die Errichtung eines Europäischen Betriebsrates (§§ 17 f. EBRG) auf die §§ 37 Abs. 1 bis 5, 78 und 103 BetrVG sowie § 15 Abs. 1 bis 3 und Abs. 5 KSchG verweist. Entsprechendes gilt daher auch für die Mitglieder des BVG in der SE bei Verhandlungen kraft Gesetzes[37].

b) Verhandlungen kraft Vereinbarung

Gemäß § 21 Abs. 1 Nr. 6 SEBG sollen die Parteien der Beteiligungsvereinbarung die Fälle regeln, in denen die Beteiligungsvereinbarung neu auszuhandeln ist sowie das dabei anzuwendende Verfahren. Denkbar ist es, hier den bestehenden SE-Betriebsrat zu Verhandlungen zu ermächtigen[38]. Stattdessen können die Parteien aber auch die Errichtung eines BVG vorschrei-

[35] Dazu SE-Kommentar/*Oetker* (o. Fußn. 16), § 4 SEBG Rn. 1 ff.

[36] Zum Begriff der strukturellen Änderung *Thüsing/Forst*, NZA 2009, 408, 410, 411; s. ferner SE-Kommentar/*Oetker* (o. Fußn. 16), § 18 SEBG Rn. 15 ff.

[37] I.E. ebenso SE-Kommentar/*Oetker* (o. Fußn. 16), § 42 SEBG Rn. 9 ff.; MünchKommAktG/*Jacobs* (o. Fußn. 16), § 42 SEBG Rn. 6.

[38] *Forst*, Die Beteiligungsvereinbarung nach § 21 SEBG, 2010, S. 126 f.; *Oetker*, in: Festschrift für Konzen, 2006, S. 634, 647; *Seibt*, AG 2005, 413, 427.

ben, mag dies auch mehr Zeit erfordern und kostenintensiver sein. Unklar ist, ob die Beteiligungsvereinbarung für ein solches BVG Sonderregeln zu Kündigung und Kündigungsschutz treffen kann. Viel spricht dagegen: Hinsichtlich der Kündigung gilt das Arbeitsvertragsstatut, welches der Parteiautonomie entzogen ist (oben IV.2.a)). Für den Kündigungsschutz gilt auch hier § 42 S. 1 Nr. 1 i.V.m. S. 2 Nr. 1 SEBG. Dessen spezieller Gleichheitssatz wird über § 44 Nr. 3, 45 Abs. 2 Nr. 3 SEBG zwingend ausgestaltet. Ein Abweichen der Parteien von dem gesetzlichen Regelfall wird damit unterbunden. Auch für ein kraft Vereinbarung zu errichtendes BVG gelten daher über § 42 S. 1 Nr. 1 i.V.m. S. 2 Nr. 1 SEBG, § 40 Abs. 2 EBRG die §§ 37 Abs. 1 bis 5, 78 und 103 BetrVG sowie § 15 Abs. 1 bis 3 und Abs. 5 KSchG.

2. *Mitglieder des Wahlgremiums*

Das nach den §§ 8 ff. SEBG einzusetzende Wahlgremium hat die Aufgabe, die Mitglieder des BVG zu wählen. Gemäß § 8 SEBG setzt sich das Wahlgremium aus den Mitgliedern eines in den an der Gründung der SE beteiligten Gesellschaften, betroffenen Tochtergesellschaften und betroffenen Betrieben bestehenden Konzernbetriebsrates, Gesamtbetriebsrates oder Betriebsrates zusammen. Nur ausnahmsweise findet eine Urwahl der Mitglieder des Wahlgremiums statt, nämlich dann, wenn keine der genannten Arbeitnehmervertretungen existiert. § 42 SEBG enthält keine Sondervorschriften über den Kündigungsschutz der Mitglieder des Wahlgremiums. Insbesondere sind diese nicht § 42 S. 1 Nr. 3 SEBG zu subsumieren, da sie nicht an einem Verfahren zur Unterrichtung und Anhörung der Arbeitnehmer mitwirken, sondern dieses erst ermöglichen und diesem daher vorgelagert sind. Auch die RL 2001/86/EG schweigt insoweit, sie sieht noch nicht einmal die Bildung eines Wahlgremiums vor. Kündigungsschutzrechtlich sind die Mitglieder des Wahlgremiums am ehesten den Delegierten nach §§ 10 f. MitbestG vergleichbar[39]. Daraus folgt, dass die Mitglieder des Wahlgremiums keinen besonderen Kündigungsschutz aufgrund ihrer Stellung als Mitglieder des Wahlgremiums genießen[40]. Zu beachten ist aber, dass die Mitglieder des Wahlgremiums als Mitglied eines bestehenden Konzernbetriebsrates, Gesamtbetriebsrates oder Betriebsrates besonderen Kündigungsschutz genießen können. Des Weiteren besteht ein relativer Kündigungsschutz insofern, als nach § 44 Nr. 1 SEBG die Bildung eines BVG nicht behindert werden darf. Dient eine Kündigung eines Mitglieds des Wahlgremiums dazu, die Bildung eines BVG zu behindern, ist sie nach § 134 BGB i.V.m. §§ 44 Nr. 1, 45 Abs. 2 Nr. 2 SEBG unwirksam.

[39] Zu diesen *Henssler*, in: Ulmer/Habersack/Henssler (o. Fußn. 31), § 14 MitbestG Rn. 14.

[40] AA MünchKommAktG/*Jacobs* (o. Fußn. 16), § 42 SEBG Rn. 6 (§ 42 SEBG analog). Wieso hier eine Regelungslücke vorliegen soll, belegt *Jacobs* nicht.

3. *Mitglieder eines Ersatzverfahrens nach § 21 Abs. 2 SEBG*

Als Substitut des SE-Betriebsrates können die Parteien der Beteiligungsvereinbarung gemäß § 21 Abs. 2 SEBG auch ein Ersatzverfahren zur Unterrichtung und Anhörung der Arbeitnehmer schaffen. Dieses kann auch dezentral ausgestaltet sein, muss aber in seiner Wirksamkeit dem SE-Betriebsrat gleichwertig sein[41]. Praktikabel erscheint vor allem eine Einbindung bestehender oberster nationaler Arbeitnehmervertretungen in das Verfahren zur Unterrichtung und Anhörung der Arbeitnehmer in der SE. Gemäß § 42 S. Nr. 3 i.V.m. S. 2 Nr. 1 SEBG genießen die Arbeitnehmervertreter, die in anderer Weise als über den SE-Betriebsrat an einem Verfahren zur Unterrichtung und Anhörung der Arbeitnehmer mitwirken, denselben Kündigungsschutz wie die Arbeitnehmervertreter nach den Gesetzen und Gepflogenheiten des Mitgliedstaates, in dem sie beschäftigt sind. Da bei einem dezentralen Verfahren, welches über die obersten nationalen Arbeitnehmervertretungen abläuft, die Mitglieder dieser Arbeitnehmervertretungen ohnehin den Kündigungsschutz nach nationalem Recht in ihrer Funktion als Mitglied der obersten nationalen Arbeitnehmervertretung genießen, erschöpft sich § 42 S. Nr. 3 i.V.m. S. 2 Nr. 1 SEBG darin, klarzustellen, dass dieser Kündigungsschutz auch dann gilt, wenn die Mitglieder der obersten nationalen Arbeitnehmervertretung in Bezug auf die SE tätig werden. Die Parteien der Beteiligungsvereinbarung können hiervon gemäß § 44 Nr. 3, 45 Abs. 2 Nr. 3 SEBG nicht abweichen.

4. *Mitglieder nationaler Arbeitnehmervertretungen*

Keinen Einfluss hat die Einführung der SE auf die Kündigung und den Kündigungsschutz von Mitgliedern nationaler Arbeitnehmervertretungen. Nach § 47 S. 1 SEBG, Art. 13 Abs. 3 lit. a) RL 2001/86/EG bleiben nationale Arbeitnehmervertretungen von der SE-Gesetzgebung unberührt. Für die Mitglieder von Betriebsrat, Gesamtbetriebsrat, Konzernbetriebsrat oder Sprecherausschuss gelten also die bestehenden Regelungen zu Kündigung und Kündigungsschutz auch in der SE unverändert fort.

VII. Summa

1. Das Kündigungsrecht richtet sich für alle Arbeitnehmervertreter in der SE nach dem nach Art. 8 VO (EG) Nr. 593/2008 zu bestimmenden Arbeitsvertragsstatut. Das gilt für Auffanglösung wie Vereinbarungslösung gleichermaßen. Die Beteiligungsvereinbarung kann keine abweichende Regelung treffen (oben IV.2.a)).

[41] *Forst*, Die Beteiligungsvereinbarung nach § 21 SEBG, 2010, S. 245; zu § 19 EBRG ebenso *Müller*, EBRG, § 19 Rn. 2; *Engels/Müller*, DB 1996, 981, 985.

2. In Deutschland beschäftigte Mitglieder des kraft Gesetzes errichteten SE-Betriebsrates genießen besonderen Kündigungsschutz nach § 42 S. 1 Nr. 2 i.V.m. S. 2 Nr. 1 SEBG, § 40 Abs. 1 EBRG, §§ 37 Abs. 1 bis 5, 78 und 103 BetrVG sowie § 15 Abs. 1 bis 3 und Abs. 5 KSchG (oben IV.1.b)). Dasselbe gilt für Mitglieder eines kraft Beteiligungsvereinbarung errichteten SE-Betriebsrates, da die Parteiautonomie nicht so weit reicht, den Kündigungsschutz auszubauen oder einzuschränken (oben IV.2.b)).

3. Arbeitnehmervertreter in den Organen der SE genießen weder im monistischen noch im dualistischen System besonderen Kündigungsschutz. Das gilt für Auffanglösung und Vereinbarungslösung gleichermaßen. § 15 KSchG ist nicht analog anzuwenden (oben V.).

4. Mitglieder des BVG genießen besonderen Kündigungsschutz nach § 42 S. 1 Nr. 1 i.V.m. S. 2 Nr. 1 SEBG, § 40 Abs. 2 EBRG die §§ 37 Abs. 1 bis 5, 78 und 103 BetrVG sowie § 15 Abs. 1 bis 3 und Abs. 5 KSchG. Die Beteiligungsvereinbarung kann hiervon nicht abweichen.

Zu Risiken und Nebenwirkungen im Kündigungsschutzprozess*

Stephan Weth

I. Einleitung

1. „In der Tat helfen die bestgemeinten Rechtspositionen und Freiheitsgarantien den Arbeitnehmern nichts, wenn ihre Ausübung unter dem Damoklesschwert einer unkontrollierbaren Arbeitgeberkündigung steht. Dem abzuhelfen, ist ein Kündigungsschutz unzweifelhaft grundsätzlich sowohl geeignet als auch erforderlich."[1] „Fast ebenso wichtig ist, dass der Kündigungsschutzprozess die unsachliche Kündigung auch tatsächlich verhindert und nicht nur durch das Trostpflaster einer Abfindung etwas sozialer macht. Man kann nicht davon ausgehen, dass die Arbeitnehmer die Abfindung als Äquivalent des Arbeitsplatzschutzes empfinden."[2]

Diese beiden Zitate zur Funktion von Kündigungsschutz und Kündigungsschutzprozess stammen aus dem Aufsatz des Jubilars „Grundlagen des Kündigungsschutzes – Bestandsaufnahme und Kritik" aus dem Jahre 1979. Dieser Aufsatz ist auch heute noch höchst lesenswert und es findet sich dort ein wahrer Schatz zitierenswerter Formulierungen. Dass hier gerade diese beiden Zitate ausgewählt wurden, hat zum einen damit zu tun, dass sie dem Verfasser dieser Zeilen gut gefallen haben. Das gilt besonders für den Hinweis, dass Aufgabe des Kündigungsschutzprozesses eben nicht ist, dem Arbeitnehmer zu einer Abfindung zu verhelfen, sondern die unsachliche Kündigung zu verhindern. Zum anderen wurden diese Zitate ausgewählt, weil sie auf den Kündigungsschutzprozess zielen, dessen Risiken und Nebenwirkungen im Folgenden behandelt werden.

2. Den Satz, den mancher nur noch schwer hören kann, verdanken wir § 4 Abs. 3 S. 1 des Gesetzes auf dem Gebiet des Heilwesens. Er lautet: „Bei einer Werbung außerhalb der Fachkreise ist der Text „Zu Risiken und Nebenwirkungen lesen Sie die Packungsbeilage und fragen Sie Ihren Arzt oder

* Es handelt sich bei den folgenden Ausführungen um die überarbeitete und mit Fußnoten versehene Fassung eines Vortrages, den der Verfasser am 23. Oktober 2008 auf der 10. Landestagung Saarland des Deutschen Arbeitsgerichtsverbandes e.V. gehalten hat.

[1] *Reuter*, 25 Jahre Bundesarbeitsgericht, München 1979, S. 405, 424.

[2] *Reuter*, 25 Jahre Bundesarbeitsgericht, München 1979, S. 405, 424.

Apotheker“ gut lesbar und von den übrigen Werbeaussagen deutlich abgesetzt und abgrenzt anzugeben.“

Nun haben nicht nur Medikamente, sondern auch Prozesse Risiken und Nebenwirkungen. Die Parteien riskieren im Kündigungsschutzprozess beispielsweise den Prozessverlust, was für den Arbeitnehmer den Verlust des Arbeitsplatzes bedeutet. Der Arbeitgeber riskiert etwa bei einem sich lange hinziehenden Kündigungsschutzprozess, Lohn in erheblicher Höhe nachzahlen zu müssen und gegebenenfalls einen Arbeitnehmer beschäftigen zu müssen, der den Betrieb und den Betriebsfrieden erheblich stört. Die folgenden Ausführungen zielen aber nicht auf diese Risiken, sondern die Risiken, die dadurch entstehen, dass die Parteien oder ihre Vertreter den Prozess fehlerhaft führen und auf die Risiken, die sich aufgrund der Eigenheiten der Rechtsprechung ergeben.

II. Die Sache mit dem Streitgegenstand

Am Anfang der Überlegungen steht der Streitgegenstand des Kündigungsschutzprozesses, weil sich beim Prozessieren leicht Fehler einschleichen, die mit erheblichen Risiken verbunden sind und ihren Grund letztlich darin haben, dass der Streitgegenstand und die sich aus ihm ergebenden Folgen verkannt werden.

Diese Frage, was Streitgegenstand der Kündigungsschutzklage ist, ist, wie *Prütting* zutreffend ausführt, „nach wie vor von großer praktischer Bedeutung für das gesamte Kündigungsrecht“[3] und sie war und ist außerordentlich umstritten. Mit den Worten von Nikisch: „Es gibt unter den lebenden Autoren nicht zwei, deren Ansichten zum Streitgegenstandsbegriff völlig übereinstimmten.“[4] Auch die höchstrichterliche Rechtsprechung ist unübersichtlich und nicht widerspruchsfrei.

Bei der Frage um den Streitgegenstand der Kündigungsschutzklage geht es bekanntlich darum, ob der Bestand des Arbeitsverhältnisses im Zeitpunkt der letzten mündlichen Verhandlung Gegenstand der Klage ist oder ob dies lediglich die Wirksamkeit einer bestimmten, mit der Klage angefochtenen Kündigung ist.

1. *Die bestandsrechtliche Theorie*

Die erstgenannte Auffassung, die sogenannte bestandsrechtliche Theorie[5], bezieht sich auf den Wortlaut des § 4 Satz 1 KSchG, wonach Klage auf Feststellung zu erheben ist, dass das Arbeitsverhältnis durch die Kündigung nicht

[3] GMP/*Prütting*, ArbGG, 7. Auflage 2009, Rn. 196.
[4] *Nikisch,* AcP 154, 271, 272.
[5] Vgl. nur *Gerhard Lüke*, JZ 1960, 203 ff.

aufgelöst ist. Die bestandsrechtliche Theorie meint, der Gesetzgeber zwinge durch diese Formulierung das Gericht, alle Unwirksamkeitsgründe in seine Entscheidung einzubeziehen, die sich aus dem von den Parteien vorgetragenen Prozessstoff ergäben. Der Kläger wende sich also primär gegen eine bestimmte Kündigung, seine Klage führe aber zu einer umfassenden Prüfung und damit zur Feststellung des Bestehens des Arbeitsverhältnisses im Zeitpunkt der letzten mündlichen Verhandlung beziehungsweise im Zeitpunkt, zu dem gekündigt worden ist, wenn dieser Termin später liege.[6]

Praktische Folge der bestandsrechtlichen Theorie ist, dass es keine Rolle spielt, ob vor der angefochtenen Kündigung oder nach ihr im Lauf des Prozesses noch weitere Kündigungen ausgesprochen wurden. Mit Rechtskraft des der Kündigungsschutzklage stattgebenden Urteils steht fest, dass das Arbeitsverhältnis im Zeitpunkt der letzten mündlichen Verhandlung bestanden hat.

2. *Die punktuelle Streitgegenstandstheorie*

Anders ist das, wenn man der punktuellen Streitgegenstandslehre folgt. Danach ist Streitgegenstand der Kündigungsschutzklage, ob ein Arbeitsverhältnis durch eine bestimmte Kündigung zu dem von dieser Kündigung ausgesprochenen Termin aufgelöst ist.[7] Was genau gilt, ist allerdings unter den Vertretern dieser Lehre streitig.

a) In Teilen der Literatur wird die Auffassung vertreten, der Bestand des Arbeitsverhältnisses spiele im Rahmen des Kündigungsschutzprozesses keine Rolle. Er sei ungeprüft zu unterstellen. Zu prüfen sei allein, ob eine ganz konkrete Kündigung wirksam sei oder nicht.[8]

Diese Auffassung, die – wenn man so will – den punktuellen Streitgegenstandsbegriff in der Reinform anwendet[9], ist abzulehnen. Sie ist nicht mit dem Wortlaut des § 4 S. 1 KSchG vereinbar und missachtet im Übrigen zwingende Vorgaben des materiellen Rechts. Nach diesem kann nämlich ein nicht mehr bestehendes Arbeitsverhältnis von vorneherein nicht durch eine Kündigung aufgelöst werden[10].

b) Andere Stimmen in der Literatur wollen die Frage des Bestandes des Arbeitsverhältnisses als bloße Vorfrage des Kündigungsschutzbegehrens prüfen. Sie sind der Auffassung, dass diese Frage nicht an der materiellen Rechtskraft einer Entscheidung teilnimmt[11]. Zu Recht hat der 2. Senat des

[6] *Gerhard Lüke*, JZ 1960, 203, 205.
[7] GMP/*Prütting*, ArbGG, 7. Auflage 2009, Rn. 197 m.w.N.
[8] *M. Wolf*, AP Nr. 8 zu § 4 KSchG 1969.
[9] Vgl. dazu Weth/Kerwer, SAE 1997, 295, 298.
[10] Vgl. dazu Weth/Kerwer, SAE 1997, 295, 298.
[11] *A. Hueck*, Festschrift für Nipperdey, 1995, S. 99, 109; *Künzl*, Erlanger Festschrift für Schwab, 1990, S. 123, 139 f.; *Bandy*, Die Kündigungsschutzklage nach dem KSchG, 1992, S. 140; *Boemke*, RdA 1995, 211, 222 f.

Bundesarbeitsgerichts in seiner Entscheidung vom 5.10.1995[12] dem entgegengehalten, die Einengung des Streitgegenstandes und damit der Rechtskraft auf die bloße Frage der Wirksamkeit einer bestimmten Kündigung werde dem weitergehenden Wortlaut von § 4 S. 1 KSchG nicht gerecht und könne insbesondere das Ziel der Rechtskraft, Rechtsfrieden und Rechtssicherheit zu schaffen, nicht erreichen. Nach jeder erfolgreichen Kündigungsschutzklage könnten immer wieder neue, vor der jeweiligen für unwirksam erklärten Kündigung liegende Auflösungstatbestände behauptet werden.[13] Das hat der 6. Senat jüngst in seiner Entscheidung vom 26.06.2008 bekräftigt und darauf hingewiesen, „dass nach § 4 S. 1 KSchG Gegenstand der Kündigungsschutzklage die Feststellung ist, dass das „Arbeitsverhältnis“ durch die Kündigung nicht beendet wurde. Die vom Kläger begehrte Feststellung erfordert daher bereits nach dem Wortlaut des § 4 S. 1 KSchG eine Entscheidung über das Bestehen des Arbeitsverhältnisses zum Zeitpunkt des Wirksamwerdens der Kündigung.“[14]

c) Das BAG ist also der Auffassung, dass die stattgebende rechtskräftige Entscheidung über die Unwirksamkeit der Kündigung zugleich die Feststellung beinhaltet, dass zum Zeitpunkt der Kündigung zwischen den Parteien ein Arbeitsverhältnis bestanden hat. Man kann daher davon sprechen, dass das BAG eben nicht den punktuellen Streitgegenstandsbegriff vertritt, sondern in Wahrheit eine eingeschränkte bestandsrechtliche Theorie[15]. Mit Rechtskraft des der Kündigungsschutzklage stattgebenden Urteils steht nämlich nicht nur fest, dass die angefochtene Kündigung unwirksam ist, sondern auch, dass das Arbeitsverhältnis zum Zeitpunkt der Kündigung bestanden hat. Ob dieser Zeitpunkt der Zugang der Kündigung oder der vorgesehene Auflösungszeitpunkt (also der Ablauf der Kündigungsfrist) ist, ist streitig.[16]

Die geschilderte Auffassung des BAG zum Streitgegenstand unterscheidet sich insoweit von der (uneingeschränkten) bestandsrechtlichen Theorie, dass der Bestand des Arbeitsverhältnisses im Zeitpunkt der Kündigung und nicht im Zeitpunkt der letzten mündlichen Verhandlung feststeht.

Diese Auffassung des BAG ist in der Literatur als gefestigt bezeichnet worden. Das BAG selbst hat insoweit im Beschluss vom 26.06.2008 betont: „Soweit die Beklagte meint, die Rechtsprechung des Bundesarbeitsgerichts zur Rechtskraftwirkung eines einer Kündigungsschutzklage stattgebenden Urteils sei eine „Regressfalle für Anwälte“, weil sie „vernünftigerweise“ nicht vorhersehbar sei, übersieht die Beklagte bzw. ihr Prozessbevollmäch-

12 BAG, Urt. v. 05.10.1995 – 2 AZR 909/94, SAE 1997, 292, 294.
13 BAG, Beschl. v. 26.06.2008 – 6 AZN 648/07, NZA 2008, 1145, 1147, Rn. 14.
14 BAG, Beschl. v. 26.06.2008 – 6 AZN 648/07, NZA 2008, 1145, 1147, Rn. 14.
15 Vgl. Weth/Kerwer, SAE 1997, S. 295, 299 m.w.N.
16 Vgl. dazu unten d.

tigter, dass diese Rechtsprechung auf dem Wortlaut des § 4 S. 1 KSchG beruht, über 30 Jahre besteht und immer wieder von verschiedenen Senaten des Bundesarbeitsgerichts bestätigt worden ist ... Sie wird auch im handelsüblichen Schrifttum dargestellt ... und ist damit bei Anwendung der gebotenen Sorgfalt ohne Weiteres zu erschließen“ [17].

Die Auffassung des BAG zum Streitgegenstand, mit der Feststellung, das Arbeitsverhältnis sei durch die angegriffene Kündigung nicht aufgelöst, sei gleichzeitig entschieden, dass das Arbeitsverhältnis im Zeitpunkt der Kündigung bestanden hat, ist richtig. Für sie streitet der soweit klare Wortlaut des § 4 S. 1 KSchG, die Gesichtspunkte von Rechtsfrieden und Rechtssicherheit, der Gesichtspunkt des effektiven Rechtsschutzes und die Gesichtspunkte der Prozessökonomie und Praktikabilität. All dies bliebe außen vor, wenn es dem Arbeitgeber, nach dem rechtskräftigen Abschluss eines Kündigungsschutzprozesses gestattet wäre, sich darauf zu berufen, es seien aber noch Kündigungen in der Welt, die vor der im Prozess behandelten Kündigung ausgesprochen worden seien.

d) Der Auffassung des BAG, dass mit der rechtskräftigen Entscheidung über die Kündigung zugleich etwas über den Bestand des Arbeitsverhältnisses gesagt ist, ist daher zuzustimmen. Fraglich ist allerdings, die zeitliche Grenze. Das Gericht bietet insoweit in unterschiedlichen Entscheidungen unterschiedliche Zeitpunkte an. So wird etwa in der Entscheidung vom 05.10.1995 [18] davon gesprochen, es beinhalte die stattgebende rechtskräftige Entscheidung über einen Antrag gemäß § 4 S. 1 KSchG zugleich die Feststellung, dass zum vorgesehenen Auflösungszeitpunkt zwischen den Parteien ein Arbeitsverhältnis bestanden habe. In anderen Entscheidungen wird nicht auf den vorgesehenen Auflösungszeitpunkt, sondern auf den Zugang der Kündigung abgestellt.[19] In seiner Entscheidung vom 26.06.2008 [20] stellt der 6. Senat sowohl auf den Zugang als auch auf das Wirksamwerden der Kündigung ab. Das ist in der konkreten Entscheidung deshalb nicht widersprüchlich, weil die außerordentliche Kündigung am gleichen Tage zugegangen und wirksam geworden war. Da dies aber bei außerordentlichen Kündigungen anders sein kann und bei ordentlichen Kündigungen anders ist, weil Zugang und Wirksamwerden der Kündigung auseinander fallen, müsste dieser bis heute nicht aufgelöste Widerspruch vom BAG dringend beseitigt werden.[21]

Richtigerweise ist auf den Zugang der Kündigung abzustellen. Für das gerichtliche Prüfungsprogramm im Kündigungsschutzprozess ist nämlich der entscheidende Zeitpunkt der Zugang der Kündigung, da es für die Wirksam-

[17] BAG Beschl. vom 26.06.2008, 6 AZN 648/07, NZA 2008, 1145, 1147, Rn. 17.
[18] BAG, Urt. v. 05.10.1995 – 2 AZR 909/94, SAE 1997, 292, 294.
[19] Vgl. BAG, Urt. v. 10.11.2005 – 2 AZR 623/04, NZA 2006, 491.
[20] Vgl. BAG, Beschl. v. 26.06.2008 – 6 AZR 648/07, juris, Rn. 12.
[21] Vgl. dazu *Berkowsky*, NZA 2008, 1112.

keit der streitgegenständlichen Kündigung auf diesen Zeitpunkt ankommt. Es ist daher auch für den Bestand des Arbeitsverhältnisses dieser Zeitpunkt ausschlaggebend.

Auch nach Beseitigung des geschilderten Widerspruchs bleibt aber die Frage, was mit dem Zeitraum zwischen Zeitpunkt Zugang der Kündigung und Schluss der mündlichen Verhandlung ist.

3. Der allgemeine Feststellungsantrag („Schleppnetzantrag")

Wenn diese Welt eine ideale wäre, dann würde jeder Arbeitnehmer mit jeder Kündigung sofort seinen Anwalt oder einen sonstigen Rechtsvertreter aufsuchen und dieser würde rechtzeitig Kündigungsschutzklage erheben. Da aber diese Welt eben nicht ideal ist, wird die Frist des § 4 KSchG zur Anfechtung der Kündigung häufig versäumt, weil etwa der Arbeitnehmer nachlässig ist, weil er die Bedeutung eines Schriftstücks nicht erkennt, weil er sich über die Frist nicht im Klaren ist usw. usw.

Mit seiner soeben geschilderten Rechtsprechung breitet das BAG insoweit einen Schutzschirm über den Arbeitnehmer aus, als mit Rechtskraft der Entscheidung im Kündigungsschutzprozess der Arbeitgeber sich nicht mehr darauf berufen kann, dass neben der für unwirksam erklärten Kündigung noch weitere Kündigungen im Raum sind, die vor der streitgegenständlichen Kündigung ausgesprochen wurden und die das Arbeitsverhältnis beendet haben. Das BAG rechtfertigt – wie gezeigt – seine Rechtsprechung u.a. mit Hinweis auf die Rechtssicherheit und den Rechtsfrieden. Und in der Tat wären den Parteien Steine statt Brot gegeben, wenn mit dem Urteil lediglich etwas über die Wirksamkeit der Kündigung, nichts aber über den Bestand des Arbeitsverhältnisses gesagt wäre, weil dann der Streit über den Bestand des Arbeitsverhältnisses kein Ende gefunden hätte.

Dieser Schutz reicht aber zeitlich nur bis zum Zugang der Kündigung bzw. bis zum vorgesehenen Auflösungszeitpunkt. Dadurch entsteht eine Schutzlücke. Was ist, wenn der Prozess weit über diese Zeitpunkte hinaus reicht und etwa die Kündigungsfrist am 31.12.2007 abgelaufen ist, die letzte mündliche Verhandlung aber erst im Juni 2008 ist. Was ist mit Kündigungen, die im Jahr 2008, also zwischen Ablauf der Kündigungsfrist und letzter mündlicher Verhandlung ausgesprochen werden? Zu Recht wird in der Literatur darauf hingewiesen, dass der Arbeitnehmer hier Gefahr läuft, eine Kündigung zu übersehen bzw. nicht als solche aufzufassen und dadurch in die Falle des § 7 KSchG zu tappen.[22]

Auch hier verdient der Arbeitnehmer aus den schon genannten Gründen Schutz. Diesen Schutz gewährt das BAG, in dem es davon ausgeht, dass der

[22] *Kerwer* in Beck'scher Online-Kommentar Arbeitsrecht, Stand 01.12.2009, § 4 KSchG, Rn. 79.

Arbeitnehmer, neben dem Kündigungsschutzantrag[23], eine allgemeine Feststellungsklage zulässt.[24]

a) Wirkung

Dass der Arbeitnehmer neben dem Kündigungsschutzantrag einen allgemeinen Feststellungsantrag stellen kann, ist allgemein anerkannt.[25] Streitgegenstand dieses Feststellungsantrags ist die Frage, ob das Arbeitsverhältnis im Zeitpunkt der letzten mündlichen Verhandlung in der Tatsacheninstanz fortbesteht.[26] Der Feststellungsantrag erfasst sämtliche Folgekündigungen, die der Arbeitgeber während des Laufs des Prozesses ausspricht. Diese Kündigungen müssen nicht innerhalb von drei Wochen in den Prozess eingeführt werden.[27] Vielmehr kann sich der Kläger bis zum Schluss der mündlichen Verhandlung auf die Unwirksamkeit der Kündigung berufen.[28] Wird die Folgekündigung in den Prozess eingeführt, entscheidet das Gericht über sie. Wird sie nicht in den Prozess eingeführt, so kann sich der Arbeitgeber nach Rechtskraft des dem allgemeinen Feststellungsklage stattgebenden Urteils nicht mehr auf diese Kündigung berufen.[29]

Der allgemeine Feststellungsantrag schützt also den Arbeitnehmer in zweifacher Richtung. Er kann zum ersten Kündigungen, die während des Laufs des Prozesses ausgesprochen werden, bis zum Schluss der mündlichen Verhandlung in den Prozess einführen, ohne an Fristen gebunden zu sein.

Er schützt den Arbeitnehmer zum zweiten dahin, dass mit der stattgebenden Entscheidung feststeht, dass im Zeitpunkt der letzten mündlichen Verhandlung das Arbeitsverhältnis bestanden hat. Die Rechtskraft eines positiven Feststellungsurteils erfasst alle Beendigungsgründe.[30]

Der allgemeine Feststellungsantrag wird, wohl im Hinblick darauf, dass es mit ihm dem Arbeitnehmer gelingt neben der konkret angegriffenen Kündigung weitere Kündigungen und sonstige Beendigungsgründe prozessual ein-

[23] Der etwa lauten könnte: „festzustellen, dass das Arbeitsverhältnis der Parteien durch die Kündigung des Beklagten vom 23.10.2008 nicht zum 31.10.2008 aufgelöst ist."

[24] BAG, Urt. v. 10.10.2002 – 2 AZR 622/01, NZA 2003, 684, 685; BAG, Urt. v. 12.05.2005 – 2 AZR 426/04, NZA 2005, 1259, 1260. Der Antrag könnte etwa lauten: „Es wird festgestellt, dass das Arbeitsverhältnis über den 31.12.2008 hinaus ungekündigt fortbesteht."

[25] Vgl. GMP/*Prütting*, ArbGG, 7. Aufl. 2009, Einl. Rn. 204 m.w.N.

[26] BAG, Urt. v. 10.10.2002 – 2 AZR 622/01, juris, Rn. 29.

[27] *Kerwer* in Beck'scher Online-Kommentar Arbeitsrecht, Stand 01.12.2009, § 4 KSchG, Rn. 86 m.w.N.

[28] BAG, Urt. v. 07.12.1995 – 2 AZR 772/94, NZA 1996, 334, 336; BAG, Urt. v. 16.03.1994 – 8 AZR 97/93, NZA 1994, 860, 861.

[29] BAG, Urt. v. 13.03.1997 – 2 AZR 512/96, NJW 1998, 698, 699; *Kerwer* in Beck'scher Online-Kommentar Arbeitsrecht, Stand 01.12.2009, § 4 KSchG, Rn. 86.

[30] BAG, Urt. v. 10.10.2002 – 2 AZR 622/01, NZA 2003, 684, 685.

zufangen, als Schleppnetzantrag bezeichnet.[31] Mit dem allgemeinen Feststellungsantrag wird also, wie bei der bestandsrechtlichen Theorie, das Bestehen des Arbeitsverhältnisses im Zeitpunkt der letzten mündlichen Verhandlung zum Gegenstand der Klage gemacht. Allerdings bedarf es anders als bei der bestandsrechtlichen Theorie dazu eines gesonderten Antrags, es reicht nicht der bloße Kündigungsschutzantrag. Das lässt sich m.E. – gestützt auf den Wortlaut des § 4 KSchG – gut vertreten.

b) Voraussetzungen

Der Schutz des Arbeitnehmers durch den allgemeinen Feststellungsantrag setzt nach der Rechtsprechung des BAG voraus, dass der Wille des Arbeitnehmers zur Erhebung einer allgemeinen Feststellungsklage eindeutig feststellbar ist.[32] Um dies klarzumachen, wird in der Literatur zu Recht empfohlen, den allgemeinen Feststellungsantrag nicht mit dem Antrag auf Feststellung der Unwirksamkeit der Kündigung zu verbinden, sondern vielmehr zwei getrennte Anträge zu stellen.[33]

Hätte das BAG keine weiteren Anforderungen an die Zulässigkeit des Feststellungsantrages geknüpft, könnte mit Fug und Recht davon gesprochen werden, dass der Arbeitnehmer ausreichend geschützt ist, weil – um mit den Worten aus der Entscheidung vom 5.10.1995[34] zu sprechen – das Ziel der Rechtskraft, Rechtsfrieden und Rechtsgewissheit zu schaffen, erreicht wäre. Der allgemeine Feststellungsantrag wäre ein praktikables und gut handhabbares Instrument.

Das BAG hat aber ohne Not weitere Anforderungen an die Zulässigkeit des allgemeinen Feststellungsantrages gestellt und damit zahlreiche Probleme geschaffen, die mit nicht unbeachtlichen Risiken verbunden sind. Das BAG stellt nämlich für den allgemeinen Feststellungsantrag besondere Anforderungen an das besondere Feststellungsinteresse. Dieses bestehe nicht schon deshalb, weil eine bestimmt bezeichnete Kündigung ausgesprochen worden und wegen dieser ein Kündigungsrechtsstreit anhängig sei. Es sei vielmehr erforderlich, dass der klagende Arbeitnehmer durch Tatsachenvortrag weitere streitige Beendigungstatbestände in den Prozess einführe oder wenigstens deren Möglichkeit darstelle und damit belege, warum der die Klage nach § 4

[31] Vgl. *Kerwer* in Beck'scher Online-Kommentar Arbeitsrecht, Stand 01.12.2009, § 4 KSchG, Rn. 80.

[32] BAG, Urt. v. 16.03.1994 – 8 AZR 97/93, NZA 1994, 860, 861, *Kerwer* in Beck'scher Online-Kommentar Arbeitsrecht, Stand 01.12.2009, § 4 KSchG, Rn. 82.

[33] Vgl. *Kerwer* in Beck'scher Online-Kommentar Arbeitsrecht, Stand 01.12.2009, § 4 KSchG, Rn. 83. Der getrennte Feststellungsantrag könnte lauten: „Es wird festgestellt, dass zwischen den Parteien auch nach dem 31.12.2008 ein Arbeitsverhältnis besteht" oder „es wird festgestellt, dass das Arbeitsverhältnis über den 31.12.2008 hinaus ungekündigt fortbesteht."

[34] BAG, Urt. v. 5.10.1995 – 2 AZR 909/94, SAE 1997, 292, 294.

KSchG erweiternde Antrag zulässig sei, das heiße, warum an der noch dazu alsbaldigen Feststellung ein rechtliches Interesse bestehe.[35]

Die Zulässigkeit der allgemeinen Feststellungsklage nach § 256 ZPO habe der Arbeitnehmer zu begründen. Sei sein Vortrag – auch nach Hinweis gemäß § 139 ZPO – nicht schlüssig, sei die Klage insoweit als unzulässig abzuweisen. Sei der Sachantrag schlüssig, bleibe er aber streitig, müsse aufgeklärt werden. Bestreite der Arbeitgeber den schlüssigen Sachvortrag des Arbeitnehmers nicht, sei die Klage zulässig. Ihre Begründetheit hänge von den in den Prozess eingeführten Beendigungsgründen ab.[36]

Die Auffassung des BAG ist in der Literatur zu Recht als praxisfern bezeichnet worden.[37] Es ist zudem unerfindlich, warum das Feststellungsinteresse für den sog. allgemeinen Feststellungsantrag weitere streitige Beendigungstatbestände oder wenigstens deren Möglichkeit voraussetzen soll.

Der allgemeine Feststellungsantrag geht dahin, den Bestand des Arbeitverhältnisses im Zeitpunkt der letzten mündlichen Verhandlung festzustellen. Wie aber kann man nachhaltiger den Bestand eines Arbeitsverhältnisses in Frage stellen, als dass man es kündigt? Schon von daher besteht ein Rechtsschutzbedürfnis für die Feststellung, dass das Arbeitsverhältnis Bestand hat. Im Übrigen ist Sinn der allgemeinen Feststellungsklage, die Schutzlücke zu schließen, die dadurch besteht, dass mit der Feststellung über die Wirksamkeit der Kündigung der Bestand des Arbeitsverhältnisses nur bis zum Zugang der Kündigung und nicht bis zum Schluss der mündlichen Verhandlung festgestellt ist. Die klagende Partei erhält nämlich – um mit den Worten des LAG Hamm zu sprechen – mit einem stattgebenden Urteil über den Kündigungsschutzantrag im Vergleich zu einem Urteil über den allgemeinen Feststellungsantrag eine Entscheidung mit geringerer Reichweite der Rechtskraft.[38]

Aus denselben Gründen, aus denen heraus das BAG davon ausgeht, dass mit der Entscheidung über den Kündigungsschutzantrag, also die Unwirksamkeit der Kündigung rechtskräftig über den Bestand des Arbeitsverhältnisses bis zur Kündigung entschieden ist, ist auch ein Rechtsschutzinteresse für den allgemeinen Feststellungsantrag zu bejahen. Der Arbeitnehmer hat nämlich ein besonderes Interesse daran, dass er Kündigungen, die während des Prozesses ausgesprochen werden, ohne Fristen beachten zu müssen, in den Prozess einführen kann, und dass mit Rechtskraft des Urteils feststeht, dass im letzten Termin zur mündlichen Verhandlung das Arbeitsverhältnis bestand. Nur so kann nämlich vermieden werden, dass der Arbeitnehmer mit neuen Prozessen überzogen wird, in denen der Arbeitgeber behauptet, es seien während des Laufs des Prozesses Kündigungen ausgesprochen worden,

35 BAG, Urt. v. 13.03.1997 – 2 AZR 512/96, NJW 1998, 698, 699.
36 BAG, Urt. v. 13.03.1997 – 2 AZR 512/96, NJW 1998, 698, 700.
37 Schwab/Weth/Zimmerling, ArbGG, 2. Aufl. 2008, § 46 Rn. 87.
38 LAG Hamm, Beschl. v. 03.02.2003 – 9 Ta 520/02 juris, Rn. 14.

die wirksam geworden seien. Die vom BAG genannten Gründe, das Ziel der Rechtskraft zu erreichen, nämlich Rechtsfrieden und Rechtsgewissheit zu schaffen, können nur verwirklicht werden, wenn festgestellt ist, dass im Zeitpunkt der letzten mündlichen Verhandlung das Arbeitsverhältnis bestand.

Eine zeitlich darüber hinausgehende Feststellung ist selbstverständlich nicht möglich, da maßgeblicher Zeitpunkt für die Feststellung im Urteil der letzte Termin zur mündlichen Verhandlung ist.[39]

Nach alldem besteht für den allgemeinen Feststellungsantrag ein besonderes Feststellungsinteresse. Er ist immer zulässig. Besonderer Darlegungen bedarf es insoweit nicht. Da der Arbeitnehmer mit dem allgemeinen Feststellungsantrag erreichen kann, dass rechtskräftig über den Bestand des Arbeitsverhältnisses bis zum Schluss der mündlichen Verhandlung entschieden wird, ist es allemal sinnvoll, diesen Antrag zu stellen; der Anwalt wird nach dem Grundsatz des sichersten Weges – dem Mandanten empfehlen müssen diesen Weg zu gehen.

c) Praxisfolgen

Anders als nach hier vertretener Auffassung ergeben sich auf dem Boden der Auffassung des BAG zahlreiche Probleme. Die Anforderungen an das besondere Feststellungsinteresse scheinen ein Arbeitsbeschaffungsprogramm für die Prozessparteien und das Gericht.

Zunächst muss der Kläger schlüssig das besondere Feststellungsinteresse begründen. Dies ist einfach, wenn neben der schon angefochtenen Kündigung weitere streitige Beendigungstatbestände bestehen, die Parteien also etwa darüber streiten, ob dem Arbeitnehmer eine weitere Kündigung zugegangen ist, ob ein Aufhebungsvertrag geschlossen worden ist, oder ob der Arbeitnehmer sich in einer Ausgleichsquittung mit der Beendigung des Arbeitsverhältnisses einverstanden erklärt hat.[40] Das wird aber in vielen Fällen nicht vorliegen. Dann kommt es darauf an, dass die Möglichkeit weiterer streitiger Beendigungstatbestände dargestellt wird.[41] Reicht hier der Vortrag, es habe in den letzten Jahren immer wieder Fälle gegeben, in denen der Arbeitgeber während laufender Kündigungsschutzprozesse nochmals gekündigt habe? Reicht der Hinweis, der Arbeitgeber habe geäußert, diesen Arbeitnehmer wolle er unter allen Umständen loswerden? Was ist, wenn der Arbeitnehmer, weil er keine Anhaltspunkte hat, dies ehrlich vorträgt? Muss nicht immer mit der Möglichkeit gerechnet werden, dass der Arbeitgeber

[39] BAG, Urt. v. 10.10.2002 – 2 AZR 622/01, NZA 2003, 684, 685.

[40] *Kerwer* in Beck'scher Online-Kommentar Arbeitsrecht, Stand 01.12.2009, § 4 KSchG, Rn. 85.

[41] BAG, Urt. v. 13.03.1997 – 2 AZR 512/96, NJW 1998, 698, 699.

seiner ersten Kündigung weitere hinterherschickt?[42] Darf das Gericht, wenn der Arbeitnehmer ehrlich einräumt, er habe keine Anhaltspunkte für eine weitere Kündigung, wie es in der Praxis häufig geschieht, in der letzten mündlichen Verhandlung den Arbeitgeber fragen, ob eine Kündigung im Raum ist? Muss der Arbeitgeber diese Frage beantworten? Darf er nicht vielmehr darauf hinweisen, die Ausführungen zur Zulässigkeit der Klage seien nicht einmal schlüssig? Ist es wirklich sinnvoll, Beweis darüber zu erheben, ob der Arbeitgeber im Kreise des Betriebsrates gesagt hat, er werde Wiederholungskündigungen aussprechen? Fragen über Fragen, die Indiz dafür sind, dass die Konstruktion des BAG verfehlt ist.

Um Risiken zu vermeiden, wird aber – solange die Rechtsprechung ist, wie sie ist – folgendes gelten: Der Klägeranwalt wird fristgerecht (also gleichzeitig mit dem Kündigungsschutzantrag) den allgemeinen Feststellungsantrag stellen. Das ist nach dem Grundsatz des sichersten Weges erforderlich.

Der beklagte Arbeitgeber bzw. sein Anwalt ist nach Auffassung des 2. Senats in der Entscheidung vom 13.03.1997 gehalten, „den ihm günstigen Beendigungstatbestand in den Prozess einzubringen, weil er sich auf diesen nach rechtskräftiger antragsgemäßer Feststellung nicht mehr berufen könnte.“[43]

Das ist ein außerordentlich zweifelhafter Ratschlag, wie folgender Fall zeigt: Der Arbeitgeber hat während des Prozesses eine weitere Kündigung ausgesprochen, an der „nichts dran ist“. Die Kündigung wäre also materiell rechtlich gesehen unwirksam. Ficht nun der Arbeitnehmer diese Kündigung nicht binnen drei Wochen an, wird sie (an sich) nach § 7 KSchG wirksam. Führt nun der Beklagtenanwalt diese Kündigung in den Prozess ein, wird, wenn der Kläger einen allgemeinen Feststellungsantrag gestellt hat, über die Wirksamkeit dieser Kündigung verhandelt. Die Verfristung hindert die Behandlung nicht, weil aufgrund des allgemeinen Feststellungsantrages die Verfristung nicht zur Unwirksamkeit der Kündigung führt. Führt der Beklagtenanwalt hingegen die Kündigung nicht in den Prozess ein und unterlässt dies auch der Kläger (etwa weil er die Kündigung gar nicht als solche erkannt hat) und nimmt der Kläger im letzten Termin zur mündlichen Verhandlung den allgemeinen Feststellungsantrag (weil ja unzulässig) zurück oder weist das Gericht ihn als unzulässig ab, ist der beklagte Arbeitgeber nunmehr nicht gehindert, sich auf die Kündigung zu berufen. Eine Kündigungsschutzklage des Arbeitnehmers wird keinen Erfolg haben, weil diese Kündigung nach

[42] Nach der Rechtsprechung des BAG reicht die abstrakte Möglichkeit, dass der Arbeitgeber im Laufe des Kündigungsschutzprozesses weitere Kündigungen aussprechen wird, für sich genommen nicht aus. Erforderlich ist vielmehr, dass der Arbeitnehmer durch substantiierten Tatsachenvortrag glaubhaft macht, dass weitere Kündigungen vorliegen oder wenigstens konkret zu befürchten sind. BAG, Urt. v. 13.03.1997 – 2 AZR 512/96, NZA 1997, 844, 846; BAG, Urt. v. 07.12.1995 – 2 AZR 772/94, NZA 1996, 334, 336. *Kerwer* in Beck'scher Online-Kommentar Arbeitsrecht, Stand 01.12.2009, § 4 KSchG Rn. 84 f.

[43] BAG, Urt. v. 13.03.1997 – 2 AZR 512/96, NJW 1998, 698, 699.

§ 7 KSchG wirksam ist. Auch dieses Beispiel ist beredtes Zeugnis dafür, dass für den allgemeinen Feststellungsantrag immer ein Rechtsschutzbedürfnis besteht.

4. *Fazit*

Was ist nun Fazit der vorstehenden Überlegungen? Der Anwalt hat – so hat der BGH jüngst im Urteil vom 13.03.2008 nochmals betont – „dem Auftraggeber den sichersten und gefahrlosesten Weg vorzuschlagen und ihn über mögliche Risiken aufzuklären, damit der Mandant zu einer sachgerechten Entscheidung in der Lage ist."[44] In Befolgung dieses Gebots des sichersten Weges wird der Anwalt seinem Mandanten raten, im Kündigungsschutzverfahren nicht nur die Unwirksamkeit der Kündigung geltend zu machen, sondern gleichzeitig mit dem Kündigungsschutzantrag auch einen allgemeinen Feststellungsantrag (sog. Schleppnetzantrag) zu stellen.

Drei berichtigende Worte des BAG dahin, dass es für diesen Antrag keiner Ausführungen zum besonderen Rechtsschutzinteresse bedarf, dass dieses vielmehr besteht, weil der Bestand des Arbeitsverhältnisses durch die Kündigung nachhaltig in Frage gestellt ist, würde der Praxis viel Arbeit ersparen und dazu führen, dass dem Feststellungsantrag in aller Regel stattzugeben wäre. Dadurch wäre rechtskräftig festgestellt, dass das Arbeitsverhältnis bis zur letzten mündlichen Verhandlung Bestand hat. Die Schutzlücke für die Zeit vom Zugang der Kündigung bzw. Ablauf der Kündigungsfrist bis zum Schluss der mündlichen Verhandlung wäre geschlossen; eine gut praxistaugliche Konstruktion gefunden. Der jahrzehntelange Streit um den Streitgegenstand des Kündigungsschutzprozesses hätte ein versöhnliches Ende gefunden.

III. Ausschlussfristen und ihre Wirkung

Im Folgenden soll der Frage nachgegangen werden, welche Wirkung die Kündigungsschutzklage auf Ausschlussfristen[45] hat. Bevor diese Frage behandelt wird (vgl. unten 4), kurz einige Bemerkungen zu Ausschlussfristen.

1. *Allgemeines*

Ausschlussfristen können bekanntlich einstufig oder zweistufig ausgestaltet sein. Bei einer einstufigen Ausschlussfrist verfallen die Ansprüche, wenn sie nicht innerhalb einer bestimmten Frist nach Fälligkeit schriftlich geltend gemacht werden.[46] Bei einer zweistufigen Ausschlussfrist gilt zunächst das-

44 BGH, Urt. v. 13.03.2008 – IX ZR 136/07, WM 2008, 1560.
45 Wird auch als Verfallfrist, Verwirkungsfrist oder Präklusivfrist bezeichnet.
46 Vgl. nur HWK/*Thüsing*, 3. Aufl. 2008, § 611 BGB Rn. 426.

selbe, wie bei einer einstufigen. Die Ansprüche verfallen also, wenn sie nicht rechtzeitig schriftlich geltend gemacht werden. Allerdings hat die Vertragspartei bei der zweistufigen Frist noch nicht alles erforderliche getan, wenn sie ihre Ansprüche schriftlich geltend gemacht hat. Vielmehr greift dann die zweite Stufe. Lehnt die Gegenpartei den Anspruch ab, so verfällt dieser, wenn er nicht innerhalb einer weiteren Frist etwa von drei Monaten gerichtlich geltend gemacht wird.[47]

2. *Sinn und Zweck von Ausschlussfristen*

Ausschlussfristen dienen dem Rechtsfrieden und der Rechtssicherheit[48]. Ihr Ziel ist es, alsbald Klarheit über das Bestehen von Ansprüchen aus Arbeitsverhältnissen zu schaffen[49]. Der Schuldner soll bei noch ausstehenden Lohn- oder Gehaltsansprüchen demnächst wissen, ob er vom Gläubiger noch auf Zahlung in Anspruch genommen wird oder nicht[50] und welche Ansprüche gegen ihn noch erhoben werden[51]. Der Schuldner soll sich darauf verlassen können, nach Ablauf der Ausschlussfrist nicht mehr in Anspruch genommen zu werden[52]. Der Gläubiger soll angehalten werden, innerhalb kurzer Fristen Begründetheit und Erfolgsaussichten seiner Ansprüche zu prüfen[53].

3. *Maßstäbe für die Fristlänge von Ausschlussfristen*

Ausschlussfristen können in Tarifverträgen[54], Betriebsvereinbarungen[55] und in Arbeitsverträgen[56] vereinbart werden. Allerdings ergeben sich Unterschiede hinsichtlich der zulässigen Fristlänge.

a) In Tarifverträgen

In Tarifverträgen sind die Parteien, was die Länge der Fristen betrifft, kaum eingeschränkt. Lediglich extrem kurze Fristen stellen nach Auffassung des BAG einen Verstoß gegen das Gebot von Treu und Glauben dar.[57] Das BAG gibt aber keine Anhaltspunkte dafür, was als „extrem kurz" zu gelten

[47] Vgl. nur HWK/*Thüsing*, 3. Aufl. 2008, § 611 BGB Rn. 426.
[48] ErfK/*Preis*, 10. Aufl. 2010, §§ 194–218 BGB Rn. 32.
[49] BAG v. 03.12.1970 – 5 AZR 208/70, SAE 1972, 26.
[50] BAG v. 03.12.1970 – 5 AZR 208/70, SAE 1972, 26.
[51] BAG v. 20.10.1982 – 5 AZR 110/82, BAGE 40, 258, 260.
[52] BAG v. 08.08.1979 – 5 AZR 660/77, NJW 1980, 359, 360.
[53] BAG v. 08.08.1979 – 5 AZR 660/77, NJW 1980, 359, 360.
[54] BAG v. 30.03.1962 – 2 AZR 101/61, NJW 1962, 1460.
[55] BAG v. 12.12.2006 – 1 AZR 96/06, NZA 2007, 453.
[56] BAG v. 02.03.2004 – 1 AZR 271/03, NZA 2004, 852, 857.
[57] BAG v. 16.11.1965 – 1 AZR 160/65, DB 1966, 272.

hat. Eine Frist von zwei Monaten ab Fälligkeit hat das Gericht ausdrücklich als zulässig erachtet.[58] In der Literatur wird schon eine Frist von einem Monat noch als ausreichend angesehen.[59]

b) In Betriebsvereinbarungen

Was Betriebsvereinbarungen betrifft, so hat der 1. Senat im Urteil vom 12.12.2006 ausgesprochen, dass eine Regelung in einer Betriebsvereinbarung, die von den Arbeitnehmern bereits während eines laufenden Kündigungsschutzprozesses die gerichtliche Geltendmachung von Annahmeverzugsansprüchen verlangt, den Arbeitnehmer unverhältnismäßig belastet und daher unwirksam ist.[60]

c) In Formulararbeitsverträgen

In Formulararbeitsverträgen können Ausschlussklauseln vereinbart werden. Allerdings unterliegen sie einer AGB-Kontrolle.[61] Nach der Rspr. des BAG verstößt eine Ausschlussfrist von weniger als drei Monaten gegen § 307 BGB. Dies hat das BAG sowohl für die erste Stufe[62] einer Ausschlussfrist als auch für die zweite Stufe[63] der Ausschlussfrist entschieden. In der Literatur wird daher davon gesprochen, für die zweistufige Ausschlussfrist gelte eine 3 + 3-Regel.[64]

d) In Individualarbeitsverträgen

Bei Ausschlussklauseln in Individualverträgen ist Maßstab für eine Überprüfung, ob die Vereinbarung offensichtlich unangemessen ist.[65] Eine zweistufige Ausschlussfrist mit jeweils nur einmonatigen Fristen auf beiden Stufen wurde vom BAG gebilligt.[66]

4. Wahrung zweistufiger Ausschlussfristen durch die Kündigungsschutzklage

Nach diesen kurzen Bemerkungen zu Ausschlussfristen, soll nun der Frage nachgegangen werden, ob durch die Kündigungsschutzklage eine zweistufige Ausschlussfrist gewahrt werden kann.

58 BAG v. 22.09.1999 – 10 AZR 839/98, NZA 2000, 551.
59 Krause, RdA 2004, 106, 111.
60 BAG v. 12.12.2006 – 1 AZR 96/06, NZA 2007, 453.
61 BAG v. 25.05.2005 – 5 AZR 572/04, NZA 2005, 1111, 1112.
62 BAG v. 28.09.2005 – 5 AZR 52/05, NZA 2006, 149.
63 BAG v. 25.05.2005 – 5 AZR 572/04, NZA 2005, 1111, 1113.
64 ErftK/*Preis*, 10. Aufl. 2010, § 194 – 218 BGB, Rn. 46.
65 BAG v. 18.03.2003 – 9 AZR 44/02, juris, Rn. 32.
66 BAG v. 13.12.2000 – 10 AZR 168/00, NZA 2001, 723.

a) Wahrung der ersten Stufe

Das BAG bejaht das und geht – was die 1. Stufe betrifft – in ständiger Rspr. davon aus, dass eine Kündigungsschutzklage regelmäßig geeignet ist, den Verfall der Entgeltansprüche zu verhindern, die von dem Ausgang des Kündigungsrechtsstreits abhängen. Das BAG begründet wie folgt: „Der Rechtsprechung liegt die Erwägung zugrunde, dass über den prozessualen Inhalt des Kündigungsschutzbegehrens hinaus das vom Arbeitnehmer verfolgte Gesamtziel der Klage zu beachten ist. Dieses beschränkt sich in der Regel nicht auf die bloße Erhaltung des Arbeitsplatzes, sondern ist zugleich auch auf die Sicherung der Ansprüche gerichtet, die vom Fortbestehen des Arbeitsverhältnisses abhängen und die dann nicht bestehen, wenn die angegriffene Kündigung das Arbeitsverhältnis aufgelöst hat. Dieses Ziel ist dem Arbeitgeber auch regelmäßig erkennbar. Die Klageerhebung hat in diesen Fällen eine doppelte Funktion. Sie ist zum einen Prozesshandlung mit der Wirkung des § 4 S. 1 KSchG; zum anderen ist sie eine – zulässige – Modalität der schriftlichen Geltendmachung der vom Erfolg der Kündigungsschutzklage abhängigen Lohnansprüche.“[67]

b) Ingangsetzen der zweiten Stufe

Um die zweite Stufe einer zweistufigen Ausschlussfrist auszulösen, muss der Arbeitgeber den Anspruch ablehnen oder – je nach inhaltlicher Ausgestaltung der Ausschlussklausel – sich nicht innerhalb einer bestimmten Frist zu dem begehrten Anspruch äußern.

Ablehnen kann der Arbeitgeber natürlich dadurch, dass er gegenüber dem Arbeitnehmer ausdrücklich erklärt, er lehne jedwede Zahlungsansprüche ab. Eine Ablehnung des Arbeitgebers liegt aber auch darin, dass er im Rahmen einer vom Arbeitnehmer anhängig gemachten Kündigungsschutzklage Klageabweisung beantragt. Das hat der 5. Senat unter Aufgabe der Rechtsprechung im Urteil vom 11.12.2001[68] im Urteil vom 26.04.2006[69] klargestellt[70].

Als Ergebnis der genannten Rechtsprechung ist festzuhalten: Die im Rahmen der ersten Stufe der Ausschlussfristen notwendige Geltendmachung der Entgeltansprüche kann – ohne dass diese Ansprüche benannt und beziffert werden – durch die bloße Erhebung der Kündigungsschutzklage erfolgen. Die im Rahmen der zweiten Stufe notwendige Ablehnung der Ansprüche

[67] BAG v. 11.12.2001 – 9 AZR 510/00, juris Rn. 19.

[68] BAG, Urt. v. 11.12.2001 – 9 AZR 510/00, juris.

[69] BAG, Urt. v. 26.04.2006 – 5 AZR 403/05, NZA 2006, 845.

[70] Die Rechtsprechung des 5. Senats im Urt. v. 26.04.2006 ist wohl durch die Rechtsprechung desselben Senats im Urt. v. 19.03.2008 überholt; vgl. dazu unten.

durch den Arbeitgeber kann dadurch erfolgen, dass der Arbeitgeber die Abweisung der Kündigungsschutzklage beantragt.

Diese Ansicht begründet das BAG – wie folgt: „Ebenso wie der Arbeitgeber einer Kündigungsschutzklage entnehmen muss, dass der Arbeitnehmer Zahlungsansprüche, die sich aus dem fortbestehenden Arbeitsverhältnis ergeben, geltend machen will, hat der Arbeitnehmer den Klageabweisungsantrag dahin zu verstehen, dass der Arbeitgeber diese Ansprüche zurückweist und ihre Erfüllung ablehnt. Mit dem Klageabweisungsantrag in der Kündigungsschutzklage macht der Arbeitgeber hinreichend deutlich, dass er entgegen der Auffassung des Klägers die Kündigung für wirksam hält und von einer Beendigung des Arbeitsverhältnisses durch die Kündigung ausgeht. Damit lehnt er zugleich die mit der Kündigungsschutzklage vom Arbeitnehmer geltend gemachten Entgeltansprüche ab, die vom Fortbestehen des Arbeitsverhältnisses abhängen. Der Zweck von Ausschlussfristen, über das Bestehen von Ansprüchen nach Fristablauf nicht mehr streiten zu müssen, besteht für beide Vertragsparteien in gleicher Weise. Der jeweilige Schuldner soll sich darauf verlassen können, dass nach Ablauf der Ausschlussfrist gegen ihn keine Ansprüche mehr erhoben werden.“[71]

Die Erklärung, mit der der beklagte Arbeitgeber die geltend gemachten Ansprüche ablehnt, ist nach Auffassung des BAG ebenso wie die Geltendmachung der Ansprüche durch den Arbeitnehmer keine Willenserklärung, sondern eine geschäftsähnliche Handlung. Hierauf fänden die Vorschriften über Willenserklärungen nur entsprechend ihrer Eigenart analoge Anwendung.[72]

Die Annahme des 5. Senats des BAG, mit dem Klageabweisungsantrag lehne der Arbeitgeber auch die geltend gemachten Entgeltansprüche ab, wirft zahlreiche Fragen auf. Handelt es sich hier um eine Fiktion oder um eine Vermutung? Ist diese widerlegbar oder nicht? Hat es also Auswirkungen, wenn der Beklagte mit dem Klageabweisungsantrag erklärt, er wolle gerade nicht irgendwelche Entgeltansprüche des Arbeitnehmers ablehnen? Oder handelt es sich bei der Annahme des BAG um eine Auslegung des Klageabweisungsantrages?

Völlig zu Recht hatte der 9. Senat in seinem Urteil vom 10.12.2001[73] folgendes ausgeführt: „Der Senat hat bereits Zweifel, ob ein Arbeitnehmer den Klageabweisungsantrag des Arbeitgebers überhaupt als „Ablehnung“ der künftigen Ansprüche auf Annahmeverzugslohn verstehen muss. Denn das unterstellt dem Antrag die Aussage des Arbeitgebers, er werde die Ansprüche auch dann nicht erfüllen, wenn er mit seinem prozessualen Begehren nicht durchdringt, er im Kündigungsschutzrechtsstreit unterliegt, und das

[71] BAG, Urt. v. 26.04.2006 – 5 AZR 403/05, NZA 2006, 845, 847.
[72] BAG, Urt. v. 26.04.2006 – 5 AZR 403/05, NZA 2006, 845, 847.
[73] BAG, Urt. v. 11.12.2001 – 9 AZR 510/00, juris, Rn. 23 ff.

Arbeitsverhältnis und seine Entgeltpflicht deshalb fortbestehen." Der Senat hat weiter ausgeführt, es habe nach der Konzeption der zweistufigen Ausschlussfristen der Arbeitgeber und nicht der Arbeitnehmer in der Hand, ob der Rechtsstreit über den Annahmeverzugslohn von dem Arbeitnehmer bereits zu einem Zeitpunkt einzuleiten sei, zu dem das Bestehen der Zahlungsansprüche wegen des noch laufenden Rechtsstreits über die Wirksamkeit der Kündigung ungewiss sei. Eine solche zeit- und wegen des sich nach der Höhe der Zahlungsansprüche bemessenden Streitwerts kostenaufwändige gerichtliche Verfolgung liege regelmäßig weder im Interesse des Arbeitnehmers noch des Arbeitgebers. Der Arbeitgeber, der den Arbeitnehmer gleichwohl durch Ablehnung des Annahmeverzugslohns in Zugzwang versetzen wolle, müsse das unmissverständlich erklären.

Damit hat der 9. Senat aus meiner Sicht völlig zutreffend begründet, warum man eben nicht davon ausgehen darf, dass der Klageabweisungsantrag im Kündigungsschutzprozess eine Erklärung darüber enthält, ob der Arbeitgeber Entgeltansprüche anerkennen will oder nicht.

Schließlich ist wohl die in der Entscheidung des 5. Senats vom 26.04.2006 zugrunde liegende Konzeption durch die Entscheidung des Senats vom 19.03.2008[74] hinfällig geworden. In der Entscheidung von 2006 war der Senat nämlich noch davon ausgegangen, dass die Erhebung der Kündigungsschutzklage nicht geeignet ist, die zweite Stufe einer zweistufigen Ausschlussfrist zu wahren, weil in der Erhebung der Kündigungsschutzklage nicht die gerichtliche Geltendmachung von Lohnansprüchen zu sehen sei. Der Senat konnte daher in seiner Entscheidung von 2006 zum Ergebnis kommen, dass die Klage auf Zahlung von Annahmeverzugslohn abzuweisen war, weil die Ansprüche des Arbeitnehmers aufgrund der Ausschlussfristen verfallen waren. Ein solcher Verfall wäre nach der neueren Rechtsprechung des Senats nicht mehr möglich, weil die Kündigungsschutzklage die zweite Stufe einer zweistufigen Ausschlussfrist wahrt, worauf sogleich einzugehen sein wird.

c) Wahrung der zweiten Stufe

Jahrzehnte hatte das BAG die Ansicht vertreten, dass eine Kündigungsschutzklage nicht für die gerichtliche Geltendmachung von Zahlungsansprüchen genügt, die vom Ausgang des Kündigungsschutzprozesses abhängen.[75] Hierbei berief sich das BAG auf den unterschiedlichen Streitgegenstand von Kündigungsschutzklage und Zahlungsklage.[76] Richte sich ein

[74] BAG, Urt. v. 19.03.2008 – 5 AZR 429/07, NZA 2008, 757.

[75] BAG v. 08.08.2000 – 9 AZR 418/99, NZA 2000, 1236, 1237; v. 08.01.1970 – 5 AZR 124/69, AP Nr. 43 zu § 4 TVG Ausschlussfristen; v. 09.03.1966 – 4 AZR 87/65, AP Nr. 31 zu § 4 TVG Ausschlussfristen.

[76] BAG v. 08.08.2000 – 9 AZR 418/99, NZA 2000, 1236, 1237; v. 08.01.1970 – 5 AZR 124/69, AP Nr. 43 zu § 4 TVG Ausschlussfristen; v. 09.03.1966 4 AZR 87/65, AP Nr. 31 zu § 4 TVG Ausschlussfristen.

Anspruch auf Geld und sei er gerichtlich zu verfolgen, so setze dies die Einreichung einer bezifferten Leistungsklage voraus.[77] Denn nur mit der Erhebung der Zahlungsklage werde der Zahlungsanspruch rechtshängig und zur Entscheidung des Gerichts gestellt.[78] Diese Wirkung habe die Erhebung der Kündigungsschutzklage nicht.[79] Gegenstand einer Kündigungsschutzklage oder einer allgemein auf den Fortbestand des Arbeitsverhältnisses gerichteten Feststellungsklage sei demgegenüber das Bestehen oder Nichtbestehen des Arbeitsverhältnisses.[80] Noch in der Entscheidung vom 26.04. 2006[81] hat der 5. Senat formuliert: „Die gerichtliche Verfolgung von Vergütungsansprüchen setzt die Einreichung einer Klage voraus, deren Streitsgegenstand diese Ansprüche sind. Gegenstand einer Kündigungsschutzklage ist demgegenüber die Wirksamkeit einer Kündigung. Sie enthält auch dann keine gerichtliche Geltendmachung von Zahlungsansprüchen, wenn diese vom Bestehen des Arbeitsverhältnisses abhängen."

Anders sieht das der 5. Senat sodann zwei Jahre später im Urteil vom 19.03.2008[82] Dort hat er für zweistufige Ausschlussfristen in Formulararbeitsverträgen entschieden, dass die Erhebung der Kündigungsschutzklage für die gerichtliche Geltendmachung von Annahmeverzugsansprüchen genügt, um das Erlöschen der vom Ausgang des Kündigungsrechtsstreits abhängigen Annahmeverzugsansprüche des Arbeitnehmers zu verhindern.[83] Das BAG begründet das damit, dass die Formulierung im Arbeitsvertrag, wonach Ansprüche einzuklagen sind, von einem nicht rechtskundigen Durchschnittsarbeitnehmer nicht so verstanden werden könne, dass nur die Erhebung einer bezifferten Leistungsklage diesem Erfordernis genüge. Er dürfe sie vielmehr so verstehen, dass jede prozessuale Auseinandersetzung über den Anspruch – und damit auch eine Kündigungsschutzklage – seine Obliegenheit erfülle. Die zweite Stufe verdeutliche dem Arbeitnehmer nach allgemeinem Sprachgebrauch nur, dass ein Anspruch vor einem Gericht vorgebracht werden müsse und eine außergerichtliche Geltendmachung nicht genüge.[84]

Der 5. Senat weist am Ende seiner Entscheidung darauf hin, dass es dahinstehen könne, ob zweistufige Ausschlussklauseln, die dem Arbeitnehmer die Pflicht auferlegen, vor rechtskräftigem Abschluss eines Kündigungsschutzprozesses die davon abhängigen Annahmeverzugsansprüche jeweils binnen einer mit Fälligkeit beginnenden Frist mittels einer bezifferten Leistungs-

[77] BAG, Urt. v. 08.08.2000 – 9 AZR 418/99, NZA 2000, 1236, 1237.
[78] BAG, Urt. v. 09.03.1966 – 4 AZR 87/65, AP Nr. 31 zu § 4 TVG Ausschlussfristen.
[79] BAG, Urt. v. 09.03.1966 – 4 AZR 87/65, AP Nr. 31 zu § 4 TVG Ausschlussfristen.
[80] BAG, Urt. v. 08.08.2000 – 9 AZR 418/99, NZA 2000, 1236, 1237.
[81] BAG, Urt. v. 26.04.2006 – 5 AZR 403/05, NZA 2006, 845, 846.
[82] BAG, Urt. v. 19.03.2008 – 5 AZR 429/07, NZA 2008, 757.
[83] BAG, Urt. v. 19.03.2008 – 5 AZR 429/07, NZA 2008, 757.
[84] BAG, Urt. v. 19.03.2008 – 5 AZR 429/07, NZA 2008, 757, 759.

klage geltend zu machen, zu einer unangemessenen Benachteiligung des Arbeitnehmers führen (§ 307 Abs. 1 S. 1 BGB).

Die Entscheidung des 5. Senats vom 19.03.2008 ist aufgrund des dort eingeschlagenen Weges höchst problematisch.

Der 5. Senat hat nämlich nicht die im letzten Absatz seiner Entscheidung angesprochene Frage beantwortet, ob zweistufige Ausschlussfristen in allgemeinen Geschäftsbedingungen der AGB-Kontrolle, hier insbesondere § 307 Abs. 1 S. 1 BGB, standhalten. Der Senat hat also nicht eine Lösung im materiellen Recht gesucht, wie dies der 1. Senat in seiner Entscheidung vom 12.12.2006[85] getan hat. Der 1. Senat hat dort ausgesprochen, die Regelung einer Betriebsvereinbarung, die von den Arbeitnehmern bereits während eines laufenden Kündigungsschutzprozesses die gerichtliche Geltendmachung von Annahmeverzugsansprüchen verlangt, die vom Ausgang des Kündigungsschutzprozesses abhängen, belasteten die Arbeitnehmer unverhältnismäßig und seien unwirksam.

Stattdessen hat der 5. Senat einen Lösungsweg im Umfeld des Prozessrechts gewählt und der Erwirkungshandlung Klage bestimmte Nebenwirkungen zugesprochen. Es mag ein Indiz für ein gewisses Unbehagen des Senates sein, dass er davon spricht, mit der Erhebung der Kündigungsschutzklage habe der Kläger die Ansprüche zugleich auch i.S.d. § 15 des Arbeitsvertrages eingeklagt und dieses „eingeklagt" in Anführungszeichen setzt. Es ist nämlich in der Tat die Frage, was denn aus prozessualer Sicht mit diesem „eingeklagt" gemeint ist. Wird neben der Ausschlussfrist etwa auch die Verjährungsfrist für die Annahmeverzugsansprüche gewahrt? Hat dieses Einklagen Auswirkungen auf den Streitgegenstand und Streitwert der Kündigungsschutzklage? Oder haben wir es mit einer Klagewirkung zu tun, die keinerlei prozessuale Auswirkungen hat? Welche Wirkung hat die Beendigung des Kündigungsprozesses (in dem die Ansprüche nicht beziffert worden sind) auf die Wahrung von Ausschlussfristen? Welche Bedeutung hat der Wille der Partei? Tritt die Wirkung völlig unabhängig vom Willen der Partei ein? Wenn der entgegenstehende Wille eine Rolle spielt, wie ist er geltend zu machen? Diese wenigen Fragen mögen Beleg für die Befürchtung sein, dass durch den vom 5. Senat eingeschlagenen Weg nicht Probleme gelöst, sondern unnötigerweise neue prozessuale Probleme aufgeworfen werden.

d) Fazit

Als Ergebnis der neuesten Rechtsprechung des BAG zu den Ausschlussfristen lässt sich festhalten: Die Kündigungsschutzklage hat – ohne dass im Prozess je das Wort Annahmeverzugslohn gefallen sein muss, also ohne dass

[85] BAG, Urt. v. 12.12.2006 – 1 AZR 96/06, NZA 2007, 453.

der Kläger klargestellt haben muss, welche Ansprüche er in welcher Höhe geltend macht – bezüglich des Lohnes folgende Wirkung:

(1) Mit Erhebung der Kündigungsschutzklage macht der Arbeitnehmer alle durch die Kündigung bedrohten, regelmäßig fällig werdenden Einzelansprüche aus dem Arbeitsverhältnis schriftlich geltend. Er wahrt also die erste Stufe einer zweistufigen Ausschlussfrist.[86]
(2) Mit dem Klageabweisungsantrag lehnt der Arbeitgeber die vom Arbeitnehmer mit der Kündigungsschutzklage geltend gemachten Entgeltansprüche ab.[87]
(3) Mit Erhebung der Kündigungsschutzklage sind die Annahmeverzugsansprüche gerichtlich geltend gemacht. Die zweite Stufe einer zweistufigen Ausschlussfrist ist gewahrt.[88]

Allerdings hat das BAG bisher die genannten Grundsätze nur auf Formulararbeitsverträge angewandt. Für Betriebsvereinbarungen hat das Gericht – wie gezeigt – entschieden, dass Regelungen, die von den Arbeitnehmern bereits während eines laufenden Kündigungsschutzprozesses die gerichtliche Geltendmachung von Annahmeverzugsansprüchen verlangt, die vom Ausgang des Kündigungsschutzprozesses abhängen, den Arbeitnehmer unverhältnismäßig belasten und daher unwirksam sind. Insoweit können also in Betriebsvereinbarungen zweistufige Ausschlussfristen nicht wirksam vereinbart werden.

Was für den Individualvertrag gilt, scheint derzeit offen, ist wohl aber auch für die Praxis nicht von Bedeutung. Ebenfalls offen, für die Praxis aber von immenser Bedeutung, ist die Frage, ob die genannten Grundsätze auch bei tarifvertraglichen Ausschlussfristen gelten. Dazu hat der 5. Senat in seiner Entscheidung vom 09.07.2008[89] ausgeführt: „Ob die Kündigungsschutzklage darüber hinaus im Tarifsinne eine gerichtliche Geltendmachung der von ihr abhängigen, regelmäßig fällig werdenden Vergütungsansprüche darstellt, kann dahinstehen."

Bis diese Frage entschieden ist, wird die anwaltliche Praxis sich darauf einrichten müssen – nach dem schon mehrfach zitierten Grundsatz des sichersten Weges – durch Leistungsklage die zweite Stufe der zweistufigen Ausschlussfristen zu wahren.

Es gibt Tarifverträge wie etwa § 15 Bundesrahmentarifvertrag-Bau (BRTV-Bau), der folgende Regelungen enthält: „Lehnt die Gegenpartei den Anspruch ab oder erklärt sie sich nicht innerhalb von zwei Wochen nach der Geltendmachung des Anspruchs, so verfällt dieser, wenn er nicht innerhalb

[86] BAG, Urt. v. 19.03.2008 – 5 AZR 429/07, NZA 2008, 757.
[87] BAG, Urt. v. 26.04.2006 – 5 AZR 403/05, NZA 2006, 845, 846.
[88] BAG, Urt. v. 19.03.2008 – 5 AZR 429/07, NZA 2008, 757.
[89] BAG, Urt. v. 09.07.2008 – 5 AZR 518/07, juris, Rn. 16.

von zwei Monaten nach der Ablehnung oder dem Fristablauf gerichtlich geltend gemacht wird. Dies gilt nicht für Zahlungsansprüche, die während eines Kündigungsschutzprozesses fällig werden und von seinem Ausgang abhängen. Für diese Ansprüche beginnt die Verfallsfrist von zwei Monaten nach rechtskräftiger Beendigung des Kündigungsschutzverfahrens.“ Es wäre ein gut vertretbarer und praktikabler Weg, der die hier angesprochenen Probleme vermeiden würde, wenn – für den Fall, dass Kündigungsschutzklage erhoben wird – nur solche Ausschlussfristen von der Rechtsprechung als wirksam angesehen würden, die nach Abschluss des rechtskräftigen Kündigungsschutzrechtsstreits zu laufen beginnen.

IV. Schluss

Der Arbeitsplatz – so das BVerfG in seiner Kleinbetriebsklauselentscheidung – „ist die wirtschaftliche Existenzgrundlage für den Arbeitnehmer und seine Familie. Lebenszuschnitt und Wohnumfeld werden davon bestimmt, ebenso gesellschaftliche Stellung und Selbstwertgefühl. Mit der Beendigung des Arbeitsverhältnisses wird dieses ökonomische und soziale Beziehungsgeflecht in Frage gestellt.“[90]

Zwischen Arbeitsplatz und Arbeitslosigkeit steht der Kündigungsschutzprozess. Er ist von daher sicher ein besonders bedeutsamer Prozess. Und was folgt daraus? Auf diese Frage wird jeder eine eigene und ggf. eine andere Antwort haben. Eine Antwort, die der Jubilar schon vor über 30 Jahren gegeben hat, gilt nach wie vor: „Fast ebenso wichtig ist, dass der Kündigungsschutzprozess die unsachliche Kündigung auch tatsächlich verhindert und nicht nur das Trostpflaster einer Abfindung etwas sozialer macht.“[91]

[90] BVerfG, Urt. v. 27.01.1998, NJW 1998, 1475, 1476.
[91] *Reuter*, 25 Jahre Bundesarbeitsgericht, München 1979, S. 405, 425.

Blitzaustritt und Tarifflucht*

Herbert Wiedemann

I. Thema

Der für das Tarifvertragsrecht zuständige 4. Senat des Bundesarbeitsgerichts entschied in zwei jüngeren Urteilen, daß sich ein organisierter Arbeitgeber den Wirkungen eines Tarifvertrages schon vor dem Inkrafttreten der Kollektivvereinbarung nicht mehr ohne weiteres durch Austritt aus dem Arbeitgeberverband oder durch Wechsel in den OT-Status entziehen könne. In beiden Fällen war vorweg zu beurteilen, ob Verbandsaustritt oder Statuswechsel vereinsrechtlich wirksam durchgeführt wurden. Dies wurde in allen Instanzen bejaht und dann anschließend die tarifvertragsrechtliche Wirksamkeit des Austritts bzw. Statuswechsels in Frage gestellt. Die beiden Urteile beruhen zwar auf denselben Prämissen, führen aber bei unterschiedlichen Sachverhalten zu anderen Ergebnissen. Der Senat begründete seine Bedenken gegen eine kurzfristige Änderung der Mitgliedschaft erstmals im Urteil vom 20. Februar 2008[1] damit, daß die Verbindlichkeit eines Tarifvertrages in einem späten Verhandlungsstadium nicht mehr durch einen Verbandsaustritt bzw. Mitgliedschaftswechsel verhindert werden könne, wenn dadurch die Funktionsfähigkeit der Tarifautonomie gefährdet sei. In den weiterführenden Entscheidungen vom 4. Juni 2008[2] hielt der Senat diese Voraussetzungen für gegeben und unterwarf den beklagten Arbeitgeber – trotz vereinbarter OT-Mitgliedschaft – der Tarifbindung nach § 3 Abs. 1 TVG. Diese auf Art. 9 Abs. 3 GG gestützte Rechtsfortbildung kam überraschend und gibt Anlaß zum Nachdenken schon deshalb, weil es für das zum Tarifvertrag führende Verfahren zwischen Arbeitgeber(verband) und Gewerkschaft bisher nur wenige Ordnungsregeln gibt.[3]

* Für ihre Unterstützung bei der Vorbereitung des Beitrages dankt der Verfasser Frau Dipl.-Jur. *Eva Maria Kaiser*, Wissenschaftliche Mitarbeiterin an der Universität zu Köln. Ablieferung des Manuskripts im Januar 2010.

[1] Vgl. BAG v. 20.2.2008, AP Nr. 134 zu Art. 9 GG; eine Parallelentscheidung vom gleichen Tag blieb unveröffentlicht.

[2] Vgl. BAG v. 4.6.2008, AP Nr. 37 zu § 3 TVG; Parallelsache 4 AZR 316/07 nicht veröffentlicht.

[3] Vgl. zum Koalitionsrecht *Reuter*, in: MünchKomm, vor § 21 BGB, Rn. 67 ff.; *ders.*, RdA 2006, 117.

Die Problematik gehört zu den zahlreichen Schnittstellen von Arbeitsrecht und Gesellschafts- und Verbandsrecht, deren Streitigkeiten je nach dem Schwerpunkt entweder von der Arbeitsgerichtsbarkeit oder von den Zivilgerichten entschieden werden. In der deutschen Universitätstradition lagen beide Rechtsgebiete vielfach in einer Hand – ein Glücksfall für die jungen Forschungsfächer, weil damit die Sensibilität für das jeweilige Nachbargebiet und auf der Grundlage bewährter zivilrechtlicher Dogmatik entwickelt wurde. Der Jubilar gehört zum Kreis der die Konkordanz fördernden Hochschullehrer; er hat es mit vielen wegweisenden Beiträgen im Mitbestimmungs- und Betriebsverfassungsrecht wie im Verbands- und Wettbewerbsrecht mitgeprägt.

II. Frühzeitige Tarifbindung trotz Austritt aus dem Arbeitgeberverband

1. Vereinsrechtliche Wirksamkeit eines Blitzaustritts

Der Sachverhalt des ersten BAG-Urteils vom 20. Februar 2008[4] spielte sich in Hamburg ab. Der Kläger machte gegenüber dem beklagten Universitätsklinikum Ansprüche aus einem Lohn- und Gehaltstarifvertrag mit Pflicht zur Einmalzahlung geltend, der nach längeren Verhandlungen zwischen der Arbeitsrechtlichen Vereinigung Hamburg (AVH) und der Gewerkschaft Verdi zum 1. Oktober 2005 in Kraft trat. Schon im Frühjahr 2005 hatte die Mitgliederversammlung des Arbeitgeberverbandes beschlossen, eine vorübergehende Satzungsänderung vorzunehmen, wonach den Mitgliedern zusätzlich zum normalen Austrittsrecht ein kurzfristiges Ausscheiden binnen dreier Tage zugestanden wurde. Veranlaßt war diese Sonderregelung von einzelnen Mitgliedern, die aus personalpolitischen Gründen einen solchen Tarifvertrag nicht billigten. Der Beschluß wurde in das Vereinsregister nicht eingetragen, wohl aber die Gewerkschaft davon unterrichtet. Ohne Rücksicht auf die allseits bekannten Widerstände kam der Tarifvertrag am 19. September ohne eine Einschränkung des Geltungsbereichs zustande. Der Beklagte erklärte daraufhin dem Verbandsvorstand am 23. September – also lange nachdem die Würfel gefallen waren – den vorgesehenen „Blitzaustritt"; der Vorstand bestätigte am 28. September den Erhalt der Austrittserklärung und die Annahme durch den Verband. In der Revision deutete der 4. Senat die beiderseitigen Erklärungen als wirksame Austrittsvereinbarung und wies die Klage aus dem Tarifvertrag ab.

Die Urteilsgründe beschäftigen sich so sorgfältig wie überzeugend mit der Problematik der Wirksamkeit des Protestaustritts – einmal im Hinblick auf

[4] AP Nr. 134 zu Art. 9 GG.

die mißglückte Satzungsänderung (Rn. 17–21) und anschließend hinsichtlich der auslegungsbedürftigen Parteierklärungen (Rn. 22 ff.). Erst in einer abschließenden Passage wird erörtert, ob eine Tarifbindung trotz Wirksamkeit des Verbandsaustritts von der Rechtsordnung erzwungen werden muß, um einer Tarifflucht jedenfalls in unmittelbarer Nähe des Wirksamwerdens eines Tarifvertrages vorzubeugen. Da die Gewerkschaft ver.di die innerverbandlichen Spannungen kannte, sah der Senat im Vollzug vorangehender Proteste keine Gefährdung der Tarifautonomie. Darauf ist zurückzukommen.

Die Ausführungen des Senats zur sog. Satzungsdurchbrechung stimmen mit der ganz herrschenden Meinung in Rechtsprechung und Rechtslehre überein.[5] Die Doktrin geht auf Vorschläge aus der Wirtschaftspraxis zurück und sollte dazu dienen, bestimmte Arten von Satzungsänderungen in der GmbH ohne Beachtung gewisser Formvorschriften zu ermöglichen.[6] Der Bundesgerichtshof griff diese Anregung auf, konnte aber eine bis heute anhaltende Diskussion über den Umfang solcher privilegierter und vom Gesetz nicht vorgesehener Satzungsdurchbrechungen nicht verhindern.[7] Die Rechtsentwicklung ist insgesamt bedenklich, weil eine teleologische Reduktion gesetzlicher Formvorschriften mindestens voraussetzt, dass das Gesetzesziel in *eindeutig* bestimmbaren Sonderfällen nicht erreichbar oder überflüssig geworden ist. Die Vielzahl der im Schrifttum vorgeschlagenen Abgrenzungsmerkmale einer ganz oder teilweise formfreien Durchbrechung der Satzung bewirkt nicht unbeträchtliche Rechtsunsicherheit. Der vom Bundesarbeitsgericht zu entscheidende Fall zeigt dies anschaulich, wenn der Vorstand des Arbeitgeberverbandes die Eintragung des Abänderungsbeschlusses unterlassen hat, weil es sich ja nur um eine punktuelle Durchbrechung der Satzung handle. Gut beraten hätte der Vorstand erfahren, daß eine vorübergehende – aber zeitlich, personell und sachlich nicht näher bestimmte – Abkürzung der Austrittsfrist von drei Monaten auf drei Tage eine zustandsbegründende Satzungsdurchbrechung darstellt, die im Interesse der Rechtssicherheit von der Formvorschrift des § 71 Abs. 1 BGB nicht befreit ist.[8] Auch wäre zu prüfen gewesen, ob die für eine typische GmbH mit geschlossenem Mitgliederkreis entworfene Ausnahmeregel auf einen offenen Idealverein übertragen werden kann.[9] Laut Sachverhalt stand ge-

[5] Vgl. BGHZ 123, 15; *Ulmer*, in: Ulmer/Habersack/Winter (2008), § 53 GmbHG, Rn. 38 ff. m.w.N.

[6] Dazu *Priester*, ZHR 151 (1987), 40.

[7] Zurückhaltend dazu *Bayer*, in: Lutter/Hommelhoff (17. Aufl. 2009), § 53 GmbHG, Rn. 27 ff.; *Ulmer*, in: Ulmer/Habersack/Winter (2008), § 53 GmbHG, Rn. 38; GroßK/*Wiedemann* (4. Aufl. 1994), § 179 AktG, Rn. 93 ff.; weitergehend *Zöllner*, in: Festschrift für Hans-Joachim Priester (2007), S. 228 ff.

[8] Überzeugend dazu bereits das LAG Hamburg v. 8.12.2006 – 6 Sa 51/06.

[9] Bejahend allerdings MünchKomm/*Reuter* (5. Aufl. 2006), § 33 BGB, Rn. 10.

raume Zeit zur Verfügung, den Rechtsfragen nachzugehen und vorsorglich eine Eintragung des satzungsändernden Beschlusses zu veranlassen. Die gesellschaftsrechtlichen Ausführungen des Senats überzeugen durchweg und haben, soweit ersichtlich, keinen Widerspruch erfahren.

Gleiches gilt für die Urteilsgründe, in denen der Senat eine vereinsrechtliche wirksame Austrittsvereinbarung im Wege der Umdeutung der beiderseitigen Parteierklärungen vom 23. und 28. September 2005 vornimmt. Man kann einen Augenblick zweifeln, ob sich die Vertretungsbefugnis des Vorstands allgemein auf Austrittsverträge erstreckt und ob dies auch dann gilt, wenn die Abrede von den satzungsmäßigen Voraussetzungen einer Austrittskündigung abweicht. Grundsätzlich ist der gesetzliche Vertreter einer juristischen Körperschaft nach § 26 BGB berechtigt, über Aufnahme und Ausscheiden von Mitgliedern zu entscheiden; die für das Personengesellschaftsrecht abweichende Rechtslage, nämlich die grundsätzliche Zuständigkeit der Gesellschafterversammlung, gilt hier nicht. Die Vereinssatzung kann davon nach § 26 Abs. 2 Satz 2 BGB auch mit Wirkung gegenüber Dritten abweichen, ein in der Satzung vorgesehenes Austrittsrecht der einzelnen Mitglieder kann aber noch nicht als Einschränkung der Vertretungsbefugnis des Vorstandes interpretiert werden.

Dem Urteil des Bundesarbeitsgerichts vom 4. Juni 2008[10] lagen Tarifverhandlungen über ein Lohnabkommen zwischen dem Verband der Druck- und Medienindustrie Bayern und der Gewerkschaft ver.di zugrunde. Ein dem Arbeitgeberverband angehöriger Druckbetrieb mit 570 Arbeitnehmern wechselte satzungsgemäß am 8. Juni 2002 von der Voll- in eine OT-Mitgliedschaft über – das geschah nach Abschluß der Tarifverhandlungen am 19. Februar 2002, aber vor Inkrafttreten des Tarifvertrages mit Leistung der letzten Unterschrift unter den Vertrag am 20. Juni 2002. Der Wechsel der beklagten Arbeitgeberin in die OT-Mitgliedschaft war mithin im Zeitpunkt des Wirksamwerdens des Lohnabkommens vollzogen. Der Kläger fand mit seinen vereinsrechtlichen Einwendungen gegen den Blitzwechsel in allen Instanzen zu Recht kein Gehör. Die Satzung des VDMB ermöglichte den Wechsel in die OT-Mitgliedschaft, wenn der Vorstand die Einhaltung der Tarifbindung auch unter Berücksichtigung des gemeinsamen Verbandsinteresses an gleichen Arbeits- und Wirtschaftsbedingungen in der Branche für das Mitglied für unzumutbar erklärte. Die Wirksamkeit eines Vorstandsbeschlusses kann auf die Vereinbarkeit mit Gesetz und Satzung überprüft werden, soweit sie für die tatbestandlichen Voraussetzungen des § 3 Abs. 1 TVG erforderlich ist.

[10] AP Nr. 38 zu § 3 TVG.

2. *Tarifrechtliche Wirksamkeit eines Blitzwechsels*

Die Aufmerksamkeit, die die Senatsrechtsprechung im Schrifttum gefunden hat,[11] verdankt sie ihren koalitionsrechtlichen Aussagen. Dabei bietet das frühere Urteil das Programm, das in der zweiten Entscheidung dann ausgeführt wird. Die erste Ankündigung lautet im Leitsatz:

BAG 20.2.2008 „Gegenüber einer nach Vereins- und Satzungsrecht wirksamen Vereinbarung über die Beendigung der Mitgliedschaft in einem Arbeitgeberverband ohne Einhaltung der in der Satzung vorgesehenen Austrittsfrist können aus koalitionsrechtlichen Gründen Wirksamkeitsbedenken bestehen, wenn durch eine solche Vereinbarung die Funktionsfähigkeit der Tarifautonomie beeinträchtigt wird (Rn. 38). Dies kommt insbesondere dann in Betracht, wenn durch sie die Grundlagen der Tarifverhandlungen und ihrer Ergebnisse nicht unerheblich verändert werden (Rn. 41); solche Bedenken bestehen dann nicht, wenn eine Tarifvertragspartei auf eine kurzfristige, verbandsrechtlich zulässige Beendigung der Mitgliedschaft im gegnerischen Verband auch nach dem Beginn der Tarifverhandlungen reagieren kann (Rn. 46)".

Als Rechtsgrundlage für die Informationspflicht eines Arbeitgeberverbandes über verhandlungsrelevante Mitgliederaustritte stützte sich der Senat dabei auf Art. 9 Abs. 3 GG, insbesondere auf eine im Vorgriff vorgenommene Aushöhlung eines Tarifvertrages. An diese Begründung knüpfte der Senat in dem Judikat vom 4. Juni 2008 an und verlangte für die tarifvertragliche Wirksamkeit eines Blitzwechsels in die OT-Mitgliedschaft Transparenz gegenüber der an den Verhandlungen beteiligten Gewerkschaft (Rn. 32). Unterbleibe eine solche Offenlegung, sei der Arbeitgeber nach § 3 Abs. 1 TVG an den Tarifvertrag gebunden. Ein Mitgliederwechsel im Verhandlungsstadium habe solchenfalls nur eingeschränkte Wirkung. Die Entscheidungsgründe enthalten eine sorgsame Abwägung der Interessen der beiden Koalitionspartner und der beiden Vertragsparteien, die sich alle auf den Schutz des Art. 9 Abs. 3 GG berufen konnten und berufen haben. Der Arbeitgeberverband kann seine Satzungsautonomie nach Art. 9 Abs. 1 und Abs. 3 GG ins Feld führen, ebenso das einzelne Unternehmen seine in beiden Absätzen geschützte Austrittsfreiheit. Für den klagenden Arbeitnehmer streitet die Ausformung der Koalitionsfreiheit in § 3 Abs. 1 TVG. Die Beeinträchtigung der Tarifautonomie und damit der Gewerkschaftsinteressen wird in der Begründung allerdings nicht näher erläutert und bedarf deshalb der Diskussion.

[11] Vgl. die Stellungnahmen von *Bauer/Haußmann*, RdA 2009, 99; *Besgen/Weber*, SAE 2010, 1; *Brecht-Heitzmann/Gröls*, EzA Nr. 94 zu Art. 9 GG; *Hensche*, NZA 2009, 815; *Höpfner*, ZfA 2009, 541; *Krause*, in: Gedächtnisschrift Zachert (2010), S. 605; *Rieble*, RdA 2009, 280; *Willemsen/Mehrens*, NJW 2009, 1916.

a) Systematischer Ansatz

Tarifvertragsrecht ist Vertragsrecht für andere – mit der Folge, daß Streitigkeiten zwischen den Tarifvertragsparteien nicht selten auf der Vollzugsebene des Einzelarbeitsverhältnisses ausgetragen werden, was Schwierigkeiten im Sach- wie im Prozeßrecht nach sich zieht. Materiellrechtlich bestehen in dem „Planquadrat" Rechtsverhältnisse nur zwischen den jeweiligen Vertragsparteien und der Koalition mit ihrem Mitglied. Dagegen fehlt es scheinbar an unmittelbaren Rechtsverhältnissen zwischen der Gewerkschaft und den organisierten Arbeitgebern und erst recht zwischen dem Arbeitgeberverband und den Arbeitnehmern seiner Mitgliedsfirmen. Die Lücke wurde erstmals in der der hier vorliegenden Problematik vergleichbaren Burda-Entscheidung[12] ins Bewußtsein gerufen und seinerzeit ebenfalls mit Art. 9 Abs. 3 GG ausgefüllt. Ein Arbeitgeber hatte im Einvernehmen mit dem Betriebsrat eine betriebliche Einheitsregelung eingeführt, mit der vom geltenden Tarifvertrag ungünstig abweichende Entgeltbestimmungen verabredet werden sollten. Die betroffene Gewerkschaft sah darin eine Verletzung ihrer kollektiven Koalitionsfreiheit und eine Gefährdung der Tarifautonomie; der zuständige 1. Senat des Bundesarbeitsgerichts bestätigte die Grundrechtsverletzung und gewährte der Gewerkschaft einen Unterlassungsanspruch nach § 1004 BGB. Der Anspruch wurde als unmittelbares Recht der Gewerkschaft, nicht etwa als Geltendmachung von Rechten ihrer Mitglieder eingestuft. Auch in den Fällen des Blitzaustritts bzw. des Blitzwechsels liegt der Schwerpunkt der koalitionsrechtlichen Beurteilung auf der kollektiven Ebene: es sind die Koalitionsinteressen der Gewerkschaft und hier nur der Gewerkschaft, die durch strategische Maßnahmen des anderen Sozialpartners und seiner Mitglieder verletzt werden; der klagende einzelne Arbeitnehmer nimmt insofern Verbandsinteressen wahr. Die Rechtsprechung hat diesen Gedanken, soweit ersichtlich, in keiner Instanz aufgegriffen, sondern den Entgeltanspruch des Klägers auf die Wirksamkeit des Tarifvertrages und diese wiederum auf die Gültigkeit des Verbandsaustritts geprüft, was einen (Um)weg über drei Rechtsverhältnisse notwendig macht.

Der 4. Senat streift mit einem kurzen Blick auf das zwischen den Sozialpartnern bestehende Fairneßgebot auch das Vertragsrecht, schöpft aber diese Rechtsquelle nicht näher aus. Die Pflicht zur rechtzeitigen Information über grundlegende Veränderungen im Mitgliederstand kann aber ohne weiteres als Verletzung von vorvertraglichen Pflichten angesprochen werden. Es kann keine Rede davon sein, daß eine solche Aufklärungs- oder Mitteilungspflicht ein Dauerrechtsverhältnis zwischen den Sozialpartnern voraussetzt; das Stadium der Vorverhandlungen ist jetzt in § 311 Abs. 2 BGB als ein gesetzliches Rechtsverhältnis mit eigenständigen Sanktionen anerkannt. Die damit

[12] BAG v. 20.4.1999, AP Nr. 89 zu Art. 9 Abs. 3 GG = RdA 2000, S. 165 Anm. *Wiedemann.*

begründeten Pflichten zu korrektem Verhalten im vorvertraglichen Stadium treffen alle Verhandlungspartner, die einen auf Interessengegensätzen beruhenden Vertrag eingehen wollen. Hierzu rechnen nicht nur die zivilrechtlichen Austauschverträge, sondern auch arbeitsrechtliche Kollektivvereinbarungen[13] und öffentlich-rechtliche Verträge, vgl. § 62 Satz 2 VwVfG. Mit der Feststellung eines vorvertraglichen Rechtsverhältnisses zwischen Arbeitgeber(verband) und Gewerkschaft ist allerdings sachlich noch nicht viel gewonnen, weil es trotz des stattlichen Fallmaterials nur wenige allgemein gültige Verhaltensregeln für das vorvertragliche Stadium gibt;[14] vom Fall der Arglist abgesehen hängt alles vom Rechtscharakter und vom Inhalt des zukünftigen Vertrages ab.

Problematischer ist es, während der Verhandlungsphase ein Rechtsverhältnis zwischen einem verbandsmüden Arbeitgeber und der Gewerkschaft aufzuspüren. Nach den Anforderungen der *culpa in contrahendo* können sich auch Organvertreter oder Repräsentanten eines Verhandlungspartners ausnahmsweise haftbar machen, wenn sie entweder im überwiegenden Eigeninteresse tätig werden oder als Person besonderes Vertrauen der Gegenseite begründen, vgl. auch § 311 Abs. 3 Satz 2 BGB.[15] Für den ersten Fall genügt es nicht, wenn der Verhandlungsleiter mit den Verbands- zugleich seine Mitgliedsinteressen wahrnimmt. Die Voraussetzungen können auch bei Tarifvertragsverhandlungen von dem Leiter der Tarifkommission des Arbeitgeberverbandes oder einem das Gremium beherrschenden Mitglied erfüllt, müssen aber im Streitfall auch nachgewiesen werden. Darauf ist zurückzukommen.

b) Inhalt vorvertraglicher Pflichten

Vorvertragliche Aufklärungspflichten sind im Laufe des zu Ende gegangenen Jahrhunderts zunehmend anerkannt worden, ihre Existenz ist heute unbestritten; die Anforderungen richten sich nach dem angestrebten Vertrag.[16] Die Informationsverantwortlichkeit der Sozialpartner läßt sich auf zwei gedankliche Ansätze stützen:

- auf die verfassungsrechtlich gewährleistete Verantwortung zur gemeinsamen Gestaltung der Arbeitsbedingungen und
- auf die dem sozialen Gegenspieler geschuldete Pflicht zu einem fairen Vertragsverhalten.

[13] Vgl. dazu Däubler/*Reim* (2. Aufl. 2006), § 1 TVG, Rn. 106a; *Löwisch/Rieble* (2. Aufl. 2004), TVG, Rn. 371.

[14] Dazu eingehend *Fleischer*, Informationsasymmetrie im Vertragsrecht (2000), S. 266 ff.

[15] *Grüneberg/Sutschet*, in: Bamberger/Roth (2. Aufl. 2007), § 311 BGB, Rn. 120; MünchKomm/*Emmerich* (5. Aufl. 2007), § 311 BGB, Rn. 236 ff.; Palandt/*Grüneberg* (69. Aufl. 2010), § 311 BGB, Rn. 31.

[16] Vgl. zur verfassungsrechtlichen Gewährleistung des tarifvertraglichen Verfahrens *Scholz*, in: Maunz/Dürig (Lfg. 35 Februar 1999), Art. 9, Rn. 281.

Wenn ich die Rechtsprechung richtig verstehe, stellt sie mit dem Hinweis auf die Funktionsfähigkeit der Tarifautonomie die These auf, daß die Verhandlungskommissionen auf der Grundlage ausreichender und zutreffender Informationen beraten müssen. Ersichtlich spielt dabei das Interesse der betroffenen einzelnen Arbeitgeber und Arbeitnehmer aber deutlich darüber hinaus auch das Interesse der Allgemeinheit, also des sogenannten Gemeinwohls, eine bedeutende Rolle. Die Stellung der Tarifvertragsparteien wird heute vielfach als „kollektiv ausgeübte Privatautonomie" beschrieben. Das ist zutreffend, aber bei weitem nicht ausreichend. Wie anderweit ausführlich begründet[17] erfüllen die Sozialpartner im deutschen und mittlerweile auch im Gemeinschaftsrecht den Auftrag, durch ihre Vereinbarungen die Arbeits- und Sozialordnung mitzugestalten – anders sind Rechtsfiguren wie das tarifdispositive Recht oder der Grundsatz der Tarifeinheit oder die Mitwirkung bei der Allgemeinverbindlicherklärung und schließlich die Vorbereitung von europäischen Richtlinien, die von der Brüsseler Kommission nach Art. 139 EG nur insgesamt übernommen werden können, nicht zu erklären.[18] Wieweit aus dieser Aufgabenstellung eine Pflicht eines Arbeitgeberverbandes folgt, die Gewerkschaft während der Tarifvertragsverhandlungen über eine Veränderung in ihrem Mitgliederstand zu unterrichten, hängt vom Gewicht der Veränderung ab; die Arbeitsgerichtsbarkeit prüft nicht nach, ob der ausgehandelte Tarifvertrag die gerechteste und zweckmäßigste Lösung gefunden hat; sie kann und muss aber Bedacht darauf nehmen, dass ein der großen Aufgabe angemessenes Verfahren eingehalten wird, und dies nicht nur bei Arbeitskämpfen.[19]

Der zweite Ansatz spricht das individuelle Rechtsverhältnis zwischen den Sozialpartnern an und sucht eine Grenze zwischen zulässiger Strategie und unzulässiger Rechtsausübung zu ziehen – letzteres eine Variante der amerikanischen *unfair labor practice*. Die Grenze ist bei arglistigem Verhalten überschritten, aber nicht nur dann. Ein Verhandlungspartner schuldet seinem Gegner ungefragt Aufklärung, wenn überraschende Sachverhalte vorliegen oder während der Tarifverhandlungen eingetreten sind, die zur Verhandlungsbasis gehören und deren Aufdeckung mit der Verwirklichung eigener Interessen verträglich ist. In dieser Fallgruppe braucht nicht gleich die Funktionsfähigkeit der Tarifautonomie in Frage gestellt zu sein; es genügt ein dem Gegner gegenüber unfaires Verhalten. In dem vom Bundesarbeitsgericht entschiedenen Fall der Münchener Druckerei kann dies etwa vorgelegen haben, wenn der später in die OT-Mitgliedschaft geflüchtete Arbeitgeber in der

[17] Vgl. *Wiedemann*, TVG (7. Aufl. 2007), Einleitung, Rn. 190 ff.

[18] Weitreichend sind die aufgrund von Rahmenvereinbarungen in Kraft gesetzten Rahmenrichtlinien 97/81/EG zur Teilzeitarbeit und 1999/70/EG zu befristeten Arbeitsverträgen.

[19] BVerfG v. 26.6.1991, AP Nr. 117 zu Art. 9 GG Arbeitskampf; BAG v. 12.2.1992, AP Nr. 5 zu § 620 BGB Altersgrenze, ständige Rechtsprechung.

Tarifkommission mitgewirkt oder in anderer Weise als Repräsentant des Verbandes bei dem Tarifkonflikt hervorgetreten ist, womit sich – womöglich allseitig – das Vertrauen einer weitergeführten Vollmitgliedschaft verband. Gegenläufige Interessen der Arbeitgebervereinigung können zu anderen Ergebnissen führen, wenn etwa die Erfüllung der Aufklärungspflicht nur um den Preis des Abbruchs der Tarifverhandlungen zu erreichen ist.

c) Rechtsfolgen von Pflichtverletzungen

Die Sanktionen einer vorvertraglichen Pflichtverletzung sind verschieden je nachdem, ob der Arbeitgeberverband für den Austritt eines Mitglieds während der laufenden Verhandlungen (mit)verantwortlich ist oder nicht. Einem *ad hoc* mit dem tarifunwilligen Arbeitgeber geschlossenen Austrittsvertrag steht es gleich, wenn der Vorstand seine satzungsmäßig erforderliche Zustimmung zum Ausscheiden des Arbeitgebers erklärt oder das Verlassen in anderer Weise gefördert hat.

Unterbleibt die daraus entspringende Information des Sozialpartners, haftet der Arbeitgeberverband aus eigenem Verschulden bei Vertragsschluss zunächst für Schadensersatz gem. §§ 311 Abs. 2, 280 Abs. 1 BGB. Das ist aber nicht alles. Bei schuldhafter Verletzung von Aufklärungspflichten kann der Vertragsgegner zwischen Vertragsaufhebung und Vertragsanpassung wählen, jedenfalls wenn er nachweist, dass er den Vertrag bei gehöriger Information mit dem gegenwärtigen Inhalt nicht abgeschlossen hätte.[20] Auf eine Drittwirkung des Art. 9 Abs. 3 Satz 2 GG kommt es unter dem Aspekt verletzter Aufklärungspflichten nicht an.

Für den *einzelnen* Arbeitgeber stellt sich die Rechtslage wie folgt dar. Kann er satzungsgemäß durch einseitige Kündigungserklärung seine Mitgliedschaft aufgeben oder in die OT-Stellung überwechseln, erwachsen ihm aus der Beteiligung an Vertragsverhandlungen allein keine eigenen Pflichten; etwas anderes gilt, wie ausgeführt, lediglich dann, wenn ein maßgebendes Mitglied etwa erklärt, er stehe für die korrekte Durchführung des Tarifvertrages ein. Anders als der Senat im Urteil vom 4.6.2008 ausführt (Rn. 37), ergibt sich eine persönliche Einstandspflicht, im Normalfall auch nicht aus Art. 9 Abs. 3 Satz 2 GG und zwar unter zwei Gesichtspunkten. Einmal soll die Unwirksamkeit des Austritts- oder Statuswechsels eine Sanktion für die Nichterfüllung der Aufklärungspflicht abgeben. Grundsätzlich ist ein Arbeitgeber der Gewerkschaft gegenüber nicht zur Mitteilung und seinem Verband nicht zur Rücknahme einer satzungsgemäßen Kündigungserklärung verpflichtet. Etwas anderes folgt auch nicht aus der Heranziehung des Art. 9

[20] Dazu *Emmerich*, in: MünchKommBGB (5. Aufl. 2007), § 311, Rn. 271 f.; *Grüneberg/Sutschet*, in: Bamberger/Roth, BGB (2. Aufl. 2007), § 311, Rn. 77. Vgl. zur Verletzung von Aufklärungspflichten im französischen Recht und in der geplanten europäischen Gesetzgebung *Looschelders*, ZEuP 2009, 800.

Abs. 3 Satz 2 GG, denn das Recht zum Ausscheiden aus einem Verband gilt im Verfassungs- wie im Gesellschaftsrecht als Grundrecht. Schließlich muss man bedenken, dass der Arbeitgeber die Effizienz des Tarifsystems mit seinem Stellungswechsel nicht schwächt, weil er damit notwendig seine eigene Tariffähigkeit nach § 2 Abs. 1 TVG aktualisiert – es ist eine Flucht in die Eigenverantwortung.

d) Gesamtwürdigung

Die beiden hier besprochenen Urteile des 4. Senats des Bundesarbeitsgerichts betrafen Sondersituationen. Das zeigt sich auch daran, daß die aus dem Arbeitgeberverband ausgeschiedenen Unternehmen auf Druck der jeweiligen Gewerkschaft nach kürzerer Zeit wieder in die (Voll)mitgliedschaft ihrer Koalition zurückkehrten. Auch stand das Verhandlungsergebnis in beiden Fällen im Zeitpunkt des Austritts bereits fest und man wartete nur noch auf das Inkrafttreten der Kollektivvereinbarung. Das Bundesarbeitsgericht macht in verschiedenen Abschnitten seiner Urteilsgründe darauf aufmerksam (Rn. 32 und 63), nur die Besonderheiten des konkreten Einzelfalles rechtfertigten eine Ausübungskontrolle, um den Vertragspartner in durch die Verhandlungen begründetes Vertrauen zu schützen. Die sich an die Rechtsprechung anschließende Diskussion droht den Schwerpunkt der Rechtsentwicklung zu Unrecht auf die Rechtsfolge der unwirksamen Aus- oder Übertrittserklärungen zu verschieben. Im Mittelpunkt steht indes die Begründung einer Informationspflicht der Sozialpartner, gewichtige Änderungen der bestehenden Machtverhältnisse offenzulegen. Das verdient auch dann Zustimmung, wenn die Sanktionen einer Pflichtverletzung nicht in allen Punkten überzeugen.

III. Fortbestehen der Tarifwirkung trotz Austritts aus dem Arbeitgeberverband

Die Rechtsordnung schützt einen wirksam in Kraft getretenen Tarifvertrag davor, daß ein Arbeitgeber ihm einseitig durch Verbandsaustritt oder OT-Mitgliedschaft den Erfolg beschränkt. Nach dem Gesetz können Tarifverbände deshalb nur stufenweise abgebaut werden. Einzelne Verbandsmitglieder können von ihrem mitgliedschaftlichen Grundrecht auf Kündigung der Mitgliedschaft nach den Vorgaben der Satzung Gebrauch machen, die Bindung an den Tarifvertrag bleibt aber bis zu seiner Beendigung zwingend aufrechterhalten; § 3 Abs. 3 TVG. Anschließend wirkt der Tarifvertrag im Interesse der Kontinuität weiter, kann aber von neuen Kollektiv- oder Individualabreden abgelöst werden; § 4 Abs. 5 TVG. Weitergeltung und Nachwirkung werfen eine Reihe noch ungeklärter Rechtsfragen auf, denen hier nur insoweit nachgegangen werden soll, als sie mit Aufgabe oder Wechsel der Mitgliedschaft zusammenhängen. Der zuständige Senat des Bundesarbeitsgerichts hat im Jahr 2009 in zwei richtungweisenden Urteilen auch insofern die weitere Entwicklung vorgezeichnet.[21]

1. Weitergeltung nach § 3 Abs. 3 TVG

Die für das Verhandlungsstadium der Sozialpartner vom Senat entwickelten Regeln entsprechen der Konzeption des Gesetzgebers für § 3 Abs. 3 TVG. Umgekehrt vermag die Rechtsfortbildung zur Auslegung des Gesetzes in Grenzfällen beizutragen. Zweck des Gesetzes ist es, das Ergebnis mühsamer Verhandlungen oder aufwändiger Arbeitskämpfe nicht nachträglich in Frage stellen zu lassen, vielmehr die Stabilität des Tarifvertragssystems und damit der Arbeitsordnung insgesamt zu sichern. Im vergleichbaren ausländischen Arbeitsrecht finden sich entsprechende Vorschriften.[22] Der einzelne Arbeitgeber oder Arbeitnehmer verliert damit nicht sein mitgliedschaftliches Grundrecht auf Kündigung der Vereinszugehörigkeit, wohl aber muß er auf Zeit im Interesse der Funktionsfähigkeit der Tarifordnung seine individuelle negative Koalitionsfreiheit zurückstellen. Die Austrittskündigung ist wirksam, aber die Tarifbindung bleibt vorerst bestehen, und zwar nicht auf der Grundlage einer fiktiven Mitgliedschaft, sondern wie bei einer Allgemeinverbindlicherklärung durch zwingendes Gesetzesrecht. Systemgerecht wäre es, beim Blitzaustritt im Verhandlungsstadium als milderes Mittel lediglich eine Informationspflicht des Arbeitgeberverbandes zu begründen.

Das von der Rechtsprechung verstärkte Bewußtsein für die Ordnungsaufgabe und die Leistungsfähigkeit des Tarifvertragssystems ist allseitige Richtlinie für die Anwendung des § 3 Abs. 3 TVG. Nach zutreffender Ansicht endet die Tarifbindung nicht nur mit dem Auslaufen des Kollektivvertrages, sondern auch mit dem Fortfall der Tarifzuständigkeit des Arbeitgeberverbandes oder mit dem Hinauswachsen des betroffenen Unternehmens aus dem Geltungsbereich.[23] Bei Strukturänderungen des Unternehmens des Arbeitgebers setzt die Norm anhaltende Identität des Rechtsträgers voraus.[24]

[21] BAG v. 20.5.2009 – 4 AZR 230/08, BB 2009, 1237 und 1.7.2009 – 1 AZR 262/08.

[22] Vgl *Gamillscheg*, Kollektives Arbeitsrecht I (1997), § 17, S. 726, mit Hinweisen auf entsprechende Vorschriften im französischen und österreichischen Recht. Der französische Text in Code du travail Art. L.135-1 al.3: „L'employeur qui démissionne de l'organisation ou du groupement signataire postérieurement à la signature de la convention ou de l'accord collectif demeure lié par ces textes." spricht für eine auf den Zeitpunkt der signature vorgezogene Bindung.

[23] Vgl. *Gamillscheg*, Kollektives Arbeitsrecht I (1997), § 17, S. 723; Däubler/*Lorenz*, TVG (2. Aufl. 2006), § 3 Abs. 3, Rn. 83.

[24] Im Ansatz übereinstimmende, in den Ergebnissen aber divergierende Ansichten im Schrifttum vgl. Däubler/*Lorenz*, TVG (2. Aufl. 2006), § 3, Rn. 87 ff., *Gamillscheg*, Kollek-

Das ist für den Rechtsformwechsel gemäß den §§ 190 ff. UmwG, bei Aufnahme in einen Konzernverbund nach §§ 291 ff. AktG, beim Auflösungsbeschluss[25] und bei Eröffnung des Insolvenzverfahrens zu bejahen; der Rechtsträger bleibt an den Tarifvertrag gebunden, kann die Weitergeltung aber aus wichtigem Grund und mit Billigung der Gewerkschaft ggf. beenden. Erlischt der Rechtsträger ohne Abwicklungsverfahren, wie im Fall der Verschmelzung gemäß § 20 Abs. 1 Nr. 2 UmwG, teilen die Kollektivvereinbarungen sein Schicksal.[26] Eine Rechtsfortbildung entsprechend der früheren Rechtsprechung des Bundesgerichtshofs[27] zu dem § 159 a.F. HGB lehnt der 4. Senat des Bundesarbeitsgerichts[28] überzeugend ab. Der gesellschaftsrechtliche Senat befreite den ausgeschiedenen Personengesellschafter von einer „Endloshaftung", in dem er die Abwicklung des Vertragsverhältnisses entweder an den ersten möglichen Kündigungstermin oder den Ablauf eines bestimmten Zeitraumes anknüpfte. Die dafür tragenden Gründe lassen sich für das Tarifvertragsrecht nicht übernehmen, weil der Gesetzgeber des § 3 Abs. 3 TVG die Stabilität des Verbandstarifvertrages vom Einfluss der einzelnen Verbandsmitglieder unabhängig gestalten wollte.

De lege ferenda wird vorgeschlagen, den Arbeitgeber von der ungeliebten Tarifbindung durch andere und vor allem frühere Beendigungsgründe zu befreien.[29] Die Arbeitsgruppe Tarifvertragsreform hat im Jahre 2004 angeregt[30], das Gesetz zu ändern und die Bindungswirkung nach einem bestimmten Zeitraum – etwa von einem Jahr – und dann für alle einschlägigen Tarifverträge zu beenden. Die Arbeitsgruppe begründet ihre Empfehlung für eine zeitliche Obergrenze damit, daß die Langzeitbindung zwar den Austritt aus einem Arbeitgeberverband, zugleich aber auch den Eintritt in eine solche Vereinigung wenig attraktiv macht – was die Funktionsfähigkeit der Tarifautonomie ebenfalls abschwächt. Stellt das Gesetz für den Fristbeginn nicht auf die Austrittserklärung, sondern auf ihr Wirksamwerden ab, so genügt es in Übereinstimmung mit § 613 a Abs. 1 Satz 4 BGB, eine Obergrenze von einem Jahr anzusetzen.

tives Arbeitsrecht I (1997), § 17, S. 724; *Kempen/Zachert*, TVG (4. Aufl. 2005), § 3, Rn. 88 f.; *Löwisch/Rieble*, TVG (2. Aufl. 2004), § 3, Rn. 86 f.; Wiedemann/*Oetker*, TVG (7. Aufl. 2007), § 3, Rn. 207 ff.

[25] BAG v. 23.1.2008, AP Nr. 36 zu § 3 TVG.

[26] BAG v. 20.4.2005, AP Nr. 33 zu § 4 TVG Tarifkonkurrenz.

[27] Vgl. BGHZ 70, S. 132, 136; BGHZ 87, S. 392, 393; dazu Staub/*Habersack* (4. Aufl. 2005), § 160 HGB, Rn. 3 und 39 ff.

[28] BAG 1.7.2009 – 4 AZR 262/08, Rn. 46 ff.

[29] Dazu *Gamillscheg*, Kollektives Arbeitsrecht I (1997), § 17, S. 726 m.w.N.

[30] *Dieterich/Hanau/Henssler/Oetker/Wank/Wiedemann*, Empfehlungen zur Entwicklung des Tarifvertragsrechtes, RdA 2004, S. 65, 75 f.

2. *Nachwirkung nach § 4 Abs. 5 TVG*

Mit § 4 Abs. 5 TVG will der Gesetzgeber verhindern, daß das Einzelarbeitsverhältnis bei Beendigung eines Tarifvertrages inhaltsleer wird. Die Normen des erloschenen Tarifvertrages gelten dabei nicht als Bestandteil des Arbeitsvertrages weiter, denn damit wären sie für lange Zeit nur durch Änderungskündigung einzuschränken; die Geltung der Tarifvertragsnormen bleibt vielmehr als dispositives Recht erhalten, das durch eine neue kollektive oder einzelvertragliche Abmachung abgelöst werden kann. In der Auslegungsdiskussion beschäftigt uns derzeit vor allem die Frage, welche Abmachungen den nachwirkenden Tarifvertrag ablösen können. Dabei gilt es zwischen Kollektivvereinbarungen und einzelvertraglichen Abreden zu unterscheiden. Die Sozialpartner sind kraft ihrer Regelungskompetenz befugt, die Nachwirkung gemäß § 4 Abs. 5 TVG von vornherein einzuschränken oder ganz auszuschließen – eine für zeitliche Überbrückungen oder sachliche Erprobungen angemessene Regelung. In diesem Fall treten neue, aber auch durch den bislang geltenden Tarifvertrag verdrängte kollektive Abmachungen an seine Stelle und zwar unabhängig vom Zeitpunkt ihrer Entstehung und vom Günstigkeitsvergleich. Voraussetzung bleibt freilich, daß die Ersatzregelung das streitgegenständliche Arbeitsverhältnis erfaßt.[31] Unsicher wird man, wenn einzelvertragliche Abreden zwischen Arbeitgeber und Arbeitnehmer den Nachwirkungszeitraum ausfüllen sollen.[32] Die Individualabrede muß eine *Sachgestaltung* vornehmen und nicht lediglich die nachwirkende Tarifordnung beseitigen. Zweifelhaft ist die Beurteilung von Abmachungen geworden, die schon vor oder während der vollen Wirkung des Tarifvertrages eine alternative „Schattenordnung" für seine Beendigung enthalten. Die Rechtsprechung hat in früheren Urteilen ein solches Vorgehen gebilligt[33], jetzt aber einen engen zeitlichen Zusammenhang mit dem Auslaufen des Tarifvertrages gefordert.[34] Zur Stellungnahme bietet sich eine Differenzierung an. Abreden, die darauf abzielen, die tarifliche Ordnung zu ersetzen, sollten nicht auf Vorrat angefertigt werden, sondern in Kenntnis der für ihr Wirksamwerden maßgebenden Umstände. Anders lassen sich Arbeitsverträge beurteilen, die von dem beendeten Tarifvertrag verdrängt, aber damit nicht unwirksam wurden.[35] Sie kommen jetzt mit ihrem früher bereits durchgeführten Inhalt zum Zug und dies ohne Rücksicht auf einen Günstigkeitsvergleich nach § 4 Abs. 3 TVG, denn die Nachwirkung soll gerade beendet sein.

[31] BAG v. 20.4.2005, AP Nr. 33 zu § 4 TVG Nachwirkung.

[32] Ausführlich dazu Däubler/*Bepler* (2. Aufl. 2006), § 4 TVG, Rn. 907.

[33] Vgl. BAG v. 22.3.2005, AP Nr. 43 zu § 4 TVG Nachwirkung.

[34] Vgl. BAG v. 20.5.2009 – 4 AZR 230/08, BB 2009, 1237.

[35] Vgl. dazu früher BAG v. 21.9.1989, AP Nr. 43 zu § 77 BetrVG 1972; heute Wiedemann/*Wank*, TVG, § 4 Rn. 359.

De lege ferenda hat die Arbeitsgruppe Tarifrechtsentwicklung in RdA 2004, S. 65, 75 eine zeitliche Höchstgrenze nur für Betriebsnormen und betriebsverfassungsrechtliche Normen vorgeschlagen; im übrigen soll es beim gegenwärtigen Gesetzesstand bleiben. Die Arbeitsgruppe war sich der Schwierigkeit bewußt, auch nur nachwirkende Tarifvertragsnormen durch einseitige Änderungskündigung anzupassen; eine einjährige gesetzliche Höchstdauer würde aber mit ihrem Ablauf abermals die Frage nach dem Inhalt des Arbeitsverhältnisses aufwerfen, soweit die Parteien nicht durch Bezugnahmevereinbarung Abhilfe getroffen haben.

Zur Kommunikation des Arbeitgebers mit Arbeitnehmern

Günther Wiese

I. Das Problem

In seiner Entscheidung vom 23.6.2009 (2 AZR 606/08)[1] hat das BAG zu der Frage Stellung genommen, ob der Arbeitnehmer verpflichtet ist, an einem vom Arbeitgeber angeordneten Personalgespräch teilzunehmen. Das betrifft die Kommunikation des Arbeitgebers mit den Arbeitnehmern seines Betriebes/Unternehmens. Insoweit interessiert nur das bestehende Arbeitsverhältnis, so dass die Kommunikation mit Stellenbewerbern außer Betracht bleibt.

Soweit ersichtlich, ist hierzu als allgemeines Problem noch nicht grundsätzlich Stellung genommen worden. Bisher wurden vor allem die Möglichkeiten der Kommunikation des einzelnen Arbeitnehmers innerhalb und außerhalb des Betriebes/Unternehmens erörtert.[2] Gegenüber dem Arbeitgeber ist der Arbeitnehmer aufgrund zahlreicher gesetzlicher Vorschriften ausdrücklich zur Kommunikation berechtigt (vgl. § 81 Abs. 3, § 82, § 84 BetrVG, § 112 SeemannsG, § 17 Abs. 1 und 2 ArbSchG, § 13 Abs. 1 AGG). Diese Vorschriften dienen allerdings nur der Klarstellung, weil der Arbeitgeber schon nach Vertragsrecht verpflichtet ist, nicht nur den Arbeitnehmer vor einer Gefährdung von Leben und Gesundheit zu schützen und Rücksicht auf dessen Vermögensinteressen zu nehmen, sondern auch, die mit dem Arbeitsverhältnis zusammenhängenden berechtigten ideellen Interessen des Arbeitnehmers zu achten, zu fördern und ihn vor vermeidbaren Nachteilen im Rahmen des Zumutbaren zu schützen.[3] Der Arbeitnehmer ist daher berechtigt, in allen mit dem Arbeitsverhältnis zusammenhängenden, ihn persönlich betreffenden Angelegenheiten mit dem Arbeitgeber zu kommunizieren, d.h. ihn anzusprechen, von ihm angehört zu werden und mit ihm die jeweiligen Angelegenheit zu erörtern.[4]

[1] AP Nr. 3 zu § 106 GewO = EZA § 106 GewO Nr. 3 = NJW 2009, 3115 (zust. *Dzida*); kritisch *Reinhard* NJW-Editorial Heft 33/2009. Krit. neuerdings auch *Reichold*, Kommunikation ist alles?, Festschrift für J.-H. Bauer, 2010, S. 843 (856 f.)

[2] Vgl. *Wiese* Zur innerbetrieblichen und außerbetrieblichen Kommunikation von Arbeitnehmern, Festschrift für Hansjörg Otto, 2008, S. 621 ff.

[3] Vgl. *Wiese/Franzen* in *Wiese/Kreutz/Oetker/Raab/Weber/Franzen* Gemeinschaftskommentar zum Betriebsverfassungsgesetz (GK-BetrVG), 9. Auflage 2010, vor § 81 Rn. 12.

[4] Vgl. *Wiese* (Fn. 2), S. 621, 627.

Dem korrespondiert das Recht des Arbeitgebers, sich gegenüber dem Arbeitnehmer in der betreffenden Angelegenheit zu äußern. Weitergehend ist der Arbeitgeber aufgrund seiner Treue-(Fürsorge-)Pflicht gehalten, im Rahmen des Zumutbaren auf das Vorbringen des Arbeitnehmers einzugehen.[5] In allen diesen Fällen geht jedoch die Initiative vom Arbeitnehmer aus, so dass die Befugnis des Arbeitgebers zur Kommunikation mit dem Arbeitnehmer unproblematisch ist. Kraft Gesetzes ist der Arbeitgeber allerdings verpflichtet und berechtigt, nach Maßgabe des § 81 Abs. 1, 2 und 4 BetrVG den Arbeitnehmer zu unterrichten und zu belehren. In diesen Fällen hat der Arbeitgeber seinen Pflichten von sich aus zu entsprechen, ohne dass der Arbeitnehmer darum nachsuchen müsste.[6]

Zweifelhaft ist – nicht zuletzt aufgrund der Entscheidung des *BAG* vom 23.6.2009 –, ob und inwieweit der Arbeitgeber darüber hinaus eine Kommunikation mit Arbeitnehmern seines Betriebes verlangen kann. Insoweit ist zwischen der kollektiven und der individuellen Kommunikation zu unterscheiden.

II. Kollektive Kommunikation

1. Betriebs- und Abteilungsversammlungen

Nach § 43 Abs. 3 BetrVG ist der Betriebsrat u. a. auf Wunsch des Arbeitgebers verpflichtet, eine Betriebsversammlung einzuberufen und den beantragten Beratungsgegenstand auf die Tagesordnung zu setzen. Vom Zeitpunkt der Versammlungen, die auf Wunsch des Arbeitgebers stattfinden, ist dieser rechtzeitig zu verständigen. Außerdem ist der Arbeitgeber nach § 43 Abs. 2 BetrVG stets zu den Betriebs- und Abteilungsversammlungen unter Mitteilung der Tagesordnung einzuladen. Er ist berechtigt, in den Versammlungen zu sprechen. Der Arbeitgeber oder sein Vertreter hat mindestens einmal in jedem Kalenderjahr in einer Betriebsversammlung über das Personal- und Sozialwesen des Betriebs und über die wirtschaftliche Lage und Entwicklung des Betriebes sowie über den betrieblichen Umweltschutz zu berichten, soweit dadurch nicht Betriebs- oder Geschäftsgeheimnisse gefährdet werden.

Der Arbeitgeber kann mithin zwar eine Betriebsversammlung im Sinne des Betriebsverfassungsgesetzes nicht selbst einberufen,[7] hat aber nach Maßgabe des § 43 Abs. 2 und 3 BetrVG die Möglichkeit, mit der Belegschaft zu

[5] Vgl. etwa zu § 82 BetrVG *Wiese/Franzen* GK-BetrVG (Fn. 3), § 82 Rn. 8 mit weiteren Nachweisen.

[6] Vgl. *Wiese/Franzen* GK-BetrVG (Fn. 3), § 81 Rn. 1.

[7] Vgl. *Weber* GK-BetrVG (Fn. 3), § 43 Rn. 41.

kommunizieren. Richtiger Ansicht nach kann er in der Betriebsversammlung auch Anträge stellen, hat aber kein Stimmrecht.[8]

Beschränkt wird die dem Arbeitgeber in einer Betriebs- oder Abteilungsversammlung mögliche Kommunikation mit den Arbeitnehmern durch die nach § 45 BetrVG allein zulässigen Themen der Betriebs- und Abteilungsversammlungen.[9] In diesem Rahmen kann der Arbeitgeber sich aber im Übrigen auf seine Meinungsfreiheit im Sinne des Art. 5 Abs. 1 GG berufen. Seit der Entscheidung des *BVerfG* im Lüth-Urteil vom 15.1.1958[10] ist anerkannt, dass das Grundrecht der Meinungsfreiheit auch im Privatrecht zu beachten ist. Das *BVerfG* beruft sich dafür auf die den Grundrechten zu entnehmende objektive Wertordnung, die als verfassungsrechtliche Grundentscheidung für alle Bereiche des Rechts gelte und selbstverständlich auch das bürgerliche Recht beeinflusse; keine bürgerlichrechtliche Vorschrift dürfe in Widerspruch zu diesem Wertsystem stehen, jede müsse in seinem Geiste ausgelegt werden. Das gelte vor allem für die zwingenden Vorschriften des Privatrechts und dessen Generalklauseln als „Einbruchstellen" der Grundrechte in das bürgerliche Recht. Damit anerkennt das *BVerfG* lediglich eine mittelbare Grundrechtswirkung im Rahmen des Privatrechts, mithin auch für die Rechtsbeziehungen der beteiligten Arbeitgeber und Arbeitnehmer,[11] hier also insbesondere für die Meinungsfreiheit des Arbeitgebers auch auf Betriebsversammlungen. Die Meinungsfreiheit ist privatrechtlich deshalb nicht unmittelbar als Grundrecht anzuwenden, sondern als eine Konkretisierung der aktiven Komponente des allgemeinen Persönlichkeitsrechts des Arbeitgebers (Betätigungsfreiheit) zu verstehen.[12]

Von der Meinungsfreiheit werden ohne Rücksicht auf deren Form, die Motive, den Wert und die inhaltliche Richtigkeit der Äußerung Meinungen, Werturteile bis zur Grenze der Formalbeleidigung oder Schmähkritik und selbst Tatsachenbehauptungen erfasst, soweit sie Voraussetzung der Bildung von Meinungen sind.[13] Der Arbeitgeber kann daher in einer Betriebsversammlung grundsätzlich umfassend seiner Meinung Ausdruck geben. Adressat ist das Kollektiv der versammelten Arbeitnehmer.

[8] Vgl. mit Nachweisen pro und contra *Weber* GK-BetrVG (Fn. 3), § 43 Rn. 50.

[9] Vgl. im Einzelnen *Weber* GK-BetrVG (Fn. 3), § 45 Rn. 11 ff.

[10] Vgl. *BVerfGE 7*, 199, 203 ff.; ferner *BVerfG* 16.6.1981 E 57, 295, 319 f.

[11] Vgl. auch *BAG* 13.10.1977 AP Nr. 1 zu § 1 KSchG 1969 Verhaltensbedingte Kündigung Bl. 4.; 23.4.2009 EzA § 611 BGB 2002 Persönlichkeitsrecht Nr. 9 S. 8; zum Ganzen *Heerdegen*, in *Maunz-Dürig* Grundgesetz (Stand: Februar 2005), Art. 1 Abs. 3 Rn. 16 ff.

[12] Vgl. *Wiese* Festschrift für Otto (Fn. 2), S. 621, 625. Zur aktiven Seite des allgemeinen Persönlichkeitsrechts vgl. *Wiese* Persönlichkeitsrechtliche Grenzen sozialpsychologischer Experimente, Festschrift für Duden, S. 719, 732 ff.

[13] Vgl. die Nachweise bei *Wiese* Zur Freiheit der Meinungsäußerung des Betriebsrats und seiner Mitglieder im Außenverhältnis, 50 Jahre Bundesarbeitsgericht, 2004, S. 1125, 1129.

Als Konkretisierung des allgemeinen Persönlichkeitsrechts bedarf es in jedem Einzelfall hinsichtlich der zu beachtenden Grenzen der Meinungsfreiheit einer Interessenabwägung.[14] Dabei sind die thematischen Schranken der Betriebs- und Abteilungsversammlungen zu beachten. Diese sind als allgemeine Gesetze im Sinne des Art. 5 Abs. 2 GG zu verstehen und verfassungsrechtlich unbedenklich, weil sie sich nicht gegen eine bestimmte Meinung richten.[15] Gleiches gilt für die Grundsätze des § 74 Abs. 2 BetrVG.[16] Der Arbeitgeber dürfte daher in einer Betriebsversammlung zwar kritisch zur Arbeit des Betriebsrats Stellung nehmen, aber nicht gegen diesen hetzen.

2. *Mitarbeiterversammlungen*

Außerhalb des Betriebsverfassungsgesetzes stehen sog. Mitarbeiterversammlungen, die gesetzlich nicht geregelt sind. Ihre Einberufung durch den Arbeitgeber wird jedoch allgemein für zulässig gehalten. Zum Teil wird dies mit dem Direktionsrecht des Arbeitgebers begründet,[17] oder es wird auf eine normative Zuordnung verzichtet.[18]

[14] Zum einzelfallbezogenen Abwägungskonzept im Gegensatz zum vorzuziehenden normativen Konzept vgl. *Wiese* Videoüberwachung von Arbeitnehmern durch den Arbeitgeber und Persönlichkeitsschutz, Festschrift für Egon Lorenz, 2004, S. 915, 918 f.

[15] Vgl. *Richardi/Annuß*, in *Richardi* Betriebsverfassungsgesetz, 11. Auflage 2008, § 45 Rn. 23; *Schmittner* Meinungsfreiheit und Arbeitsverhältnis, AuR 1968, 353, 360 f.; *Weber* GK-BetrVG (Fn. 3), § 45 Rn. 9. Das *BAG* hat zu dieser Frage nicht ausdrücklich Stellung genommen, jedoch die Verfassungsmäßigkeit des § 74 Abs. 2 BetrVG bejaht, der in § 45 BetrVG in Bezug genommen wird; vgl. *BAG* 13.9.1977 EzA § 45 BetrVG 1972 Nr. 1 S. 12 (*Hanau*) = AP Nr. 1 zu § 42 BetrVG 1972 Bl. 5.

[16] Vgl. den Nachweis Fn. 15.

[17] Vgl. *LAG Düsseldorf* 15.2.1985, NZA 1985, 294; *Brötzmann* Probleme der Betriebsversammlung, BB 1990, 1055, 1056; *Diller*, in *Henssler/Willemsen/Kalb* Arbeitsrecht. Kommentar, 3. Auflage 2008, § 42 BetrVG Rn. 11; *Fitting/Engels/Schmidt/Trebinger/Linsenmaier* Betriebsverfassungsgesetz, 24. Auflage 2008, § 42 Rn. 11; *Rieble* Zur Teilbarkeit der Betriebsversammlungen, AuR 1995, 245, 249; *Weber* GK-BetrVG (Fn. 3), § 42 Rn. 12. Vgl. auch *BAG* 13.3.2001 EzA § 87 BetrVG 1972 Arbeitszeit Nr. 62 S. 3 = AP Nr. 87 zu § 87 BetrVG 1972 Arbeitszeit Bl. 2, das die Teilnahme von Arbeitnehmern an Mitarbeitergesprächen des Arbeitgebers als Arbeitszeit bewertet, wenn jene vom Arbeitgeber kraft seines Direktionsrechts verpflichtet werden können, oder wenn sie sich dem Arbeitgeber im Einzelfall zur Teilnahme verpflichtet haben.

[18] Das *BAG* 27.6.1989 AP Nr. 5 zu § 42 BetrVG 1972 Bl. 2 R f. = EzA § 42 BetrVG 1972 Nr. 4 S. 3 f., 6 = SAE 1990, 162 (*Belling/Liedmeier*) weist in Abgrenzung zu den Betriebsversammlungen nach §§ 42 bis 46 BetrVG mit Recht darauf hin, dass diese keine abschließende Regelung für alle Arten von Versammlungen enthielten, die in einem Betrieb stattfinden könnten. Es bleibe somit Raum für zusätzliche betriebliche Informationsveranstaltungen, mit denen sich der Arbeitgeber an die Belegschaftsangehörigen wendet, wenn Zweck dieser Veranstaltungen die Unterrichtung der Mitarbeiter über Angelegenheiten sei, die ihr Arbeitsverhältnis und/oder den Betrieb beträfen. Vgl. ferner *Joost* Münchener Handbuch zum Arbeitsrecht, 3. Auflage 2009, § 223 Rn. 18; *Richardi/Annuß* (Fn. 15), § 42 Rn. 73; *Worzalla*, in *Hess/Schlochauer/Worzalla/Glock/Nicolai* Kommentar zum Betriebsverfassungsgesetz, 7. Auflage 2008, § 42 Rn. 7.

Das nunmehr in § 106 GewO geregelte Direktionsrecht des Arbeitgebers gilt nach § 6 Abs. 2 GewO für alle Arbeitnehmer. Danach kann der Arbeitgeber Inhalt, Ort und Zeit der Arbeitsleistung nach billigem Ermessen näher bestimmen, soweit diese Arbeitsbedingungen nicht durch den Arbeitsvertrag, Bestimmungen einer Betriebsvereinbarung, eines anwendbaren Tarifvertrages oder gesetzliche Vorschriften festgelegt sind. Dies gilt auch hinsichtlich der Ordnung und des Verhaltens der Arbeitnehmer im Betrieb.

Es fragt sich, ob die Einberufung zu einer Mitarbeiterversammlung hiernach vom Direktionsrecht des Arbeitgebers erfasst wird. Mit dem *BAG*[19] ist davon auszugehen, dass es nach § 106 Satz 1 GewO allein um die Konkretisierung der „Arbeitsleistung“, dagegen nicht um die Vertragsgestaltung einschließlich etwaiger Änderungen des Arbeitsvertrages geht. Unmittelbar auf die Arbeitsleistung bezogene Mitarbeiterversammlungen wird es für den ganzen Betrieb kaum geben. Zu weit ginge es jedenfalls, die Anweisung, unter Fortzahlung des Arbeitsentgelts vorübergehend nicht zu arbeiten und statt dessen an einer Mitarbeiterversammlung teilzunehmen, als Konkretisierung der Arbeitsleistung zu verstehen,[20] denn damit ist über die Berechtigung zur Einberufung einer Mitarbeiterversammlung und eine Teilnahmeverpflichtung noch nichts gesagt. Denkbar sind selbstverständlich Arbeitsanweisungen an Gruppen von Arbeitnehmern, die zudem nicht nach § 87 Abs. 1 Nr. 1 BetrVG mitbestimmungspflichtig sind.[21] Dabei handelt es sich jedoch nicht um Mitarbeiterversammlungen im hier verstandenen Sinne.

Nicht überzeugend wäre es auch, die Verpflichtung zur Teilnahme an einer Mitarbeiterversammlung als eine Frage der Ordnung des Betriebes und des Verhaltens der Arbeitnehmer im Betrieb zu verstehen. Diese Formulierung des § 106 GewO ist mit § 87 Abs. 1 Nr. 1 BetrVG identisch, so dass auf die dort gebräuchlichen Definitionen zurückgegriffen werden kann. Zum Teil wird – auch in Entscheidungen des *BAG* – darauf abgestellt, ob es um das Verhalten der Arbeitnehmer geht, soweit die Ordnung des Betriebes davon berührt wird, d.h. in bezug auf die Ordnung des Betriebes, während das *BAG* in der Regel die Definition vorzieht, es handle sich um Verhaltensregeln zur Sicherung des ungestörten Arbeitsablaufs und zur Gestaltung des Zusammenlebens und Zusammenwirkens der Arbeitnehmer im Betrieb.[22] Selbst bei weitester Auslegung lässt sich daraus eine Berechtigung des Arbeitgebers

[19] Vgl. *BAG* 23.6.2009, AP Nr. 3 zu § 106 GewO = EZA § 106 GewO Nr. 3 = NJW 2009, 3115, 3116.

[20] Vgl. auch *BAG* 23.6.2009, NZA 2009, 1011, 1012: Deklariert der Arbeitgeber die Zeit eines (Personal-)Gesprächs als Arbeitszeit, wird seine Weisung nicht zu einer auf die Arbeitsleistung bezogenen Anordnung.

[21] Vgl. *Wiese* GK-BetrVG (Fn. 3), § 87 Rn. 195 ff. Zur mitbestimmungsfreien Einführung von Führungsrichtlinien vgl. *BAG* 23.10.1984 AP Nr. 8 zu § 87 BetrVG Ordnung des Betriebes Bl. 3 R ff. = EzA § 94 BetrVG 1972 Nr. 1 S. 4 ff., zu Mitarbeitergesprächen mit Zielvereinbarung *Wiese* GK-BetrVG (Fn. 3), § 87 Rn. 201, 227.

[22] Vgl. mit umfassenden Nachweisen *Wiese*, GK-BetrVG (Fn. 3), § 87 Rn. 175 f.

zur Einberufung einer Mitarbeiterversammlung und eine Verpflichtung der Arbeitnehmer zur Teilnahme nicht ableiten.

Auch wenn man wie bei anderen Grundrechten von einer mittelbaren Wirkung des Art. 8 GG ausgeht, ist die Vorschrift auf Mitarbeitversammlungen zumindest in der Regel nicht anwendbar, folgt man der Auffassung des *BVerfG*, dass der Schutzbereich die Teilhabe an der öffentlichen Meinungsbildung voraussetzt.[23] Bei den Mitarbeiterversammlungen handelt es sich jedoch grundsätzlich um betriebliche Angelegenheiten, die nicht von Art. 8 GG erfasst werden.[24] Selbst wenn man vom Recht der Belegschaft zum freiwilligen Zusammentritt ausgeht, ist damit weder etwas über die Befugnis des Arbeitgebers zur Einberufung einer Mitarbeiterversammlung gesagt noch über die Verpflichtung des Arbeitnehmers zur Teilnahme.[25] Zudem schützt Art. 8 GG zugleich die negative Versammlungsfreiheit, d.h. das Recht, einer Versammlung fernzubleiben.[26]

Die Befugnis zur Einberufung einer Mitarbeitersammlung ist jedoch als Gegenstand der allgemeinen Handlungsfreiheit des Arbeitgebers, mithin als Bestandteil der aktiven Erscheinungsform des allgemeinen Persönlichkeitsrechts (Betätigungsfreiheit) anzusehen.[27] Dem Arbeitgeber ist es unbenommen, im Rahmen der allgemeinen Rechtsordnung und anderweitiger Beschränkungen, vor allem durch das Betriebsverfassungsgesetz, die von ihm für zweckmäßig gehaltenen Maßnahmen zu ergreifen Dazu gehört auch die Einberufung einer Mitarbeitersammlung, selbst wenn dies regelmäßig geschieht.[28]

Die Einberufung einer Mitarbeiterversammlung durch den Arbeitgeber wird allerdings dann als unzulässig angesehen, wenn der Arbeitgeber diese Befugnis missbraucht. Das wird – z.T. reichlich pauschal – bei einer sog. „Gegenveranstaltung“ angenommen.[29] Auszugehen, ist davon, dass der

[23] Vgl. *BVerfGE* 104, 92, 104; 111, 147, 154 f.; *BVerfG* 12.7.2001 NJW 2001, 2459, 2460; *Leibholz/Rinck* Grundgesetz (Stand: Mai 2007), Art. 8 Rn. 4; krit. *Depenheuer*, in *Maunz/Dürig* Grundgesetz (Stand: November 2006), Art. 8 Rn. 49 ff.

[24] Für Anwendbarkeit des Art. 8 GG dagegen *LAG Düsseldorf* 15.2.1985, NZA 1985, 294; *Belling/Liedmeier* SAE 1990, 166; *Brötzmann* BB 1990, 1055, 1056; *Rieble* AuR 1995, 245, 249.

[25] A.M. *LAG Hamm* 4.5.1955, NJW 1955, 1415 f.; *Belling/Liedmeier* SAE 1990, 166.

[26] Vgl. *Depenheuer* (Fn 23), Art. 8 Rn. 76.

[27] Vgl. auch oben zu und mit Fn. 12.

[28] Vgl. den Sachverhalt der Entscheidung des *BAG* vom 27.6.1989 AP Nr. 5 zu § 42 BetrVG 1972 Bl. 1 = EzA § 42 BetrVG 1972 Nr. 4 S. 1 = SAE 1990, 162 (*Belling/Liedmeier*).

[29] Vgl. *BAG* 27.6.1989 AP Nr. 5 zu § 42 BetrVG 1972 Bl. 4 R = EzA § 42 BetrVG 1972 Nr. 4 S. 8 = SAE 1990, 162 (165 *Belling/Liedmeier*); *ArbG Darmstadt* 6.5.1996, AiB 1996, 609; *ArbG Offenbach/Main* 16.6.2000, AiB 2000, 689; *ArbG Osnabrück* 25.6.1997, AiB 1998, 109, 110; *Berg*, in *Däubler/Kittner/Klebe* Betriebsverfassungsgesetz, 11. Auflage 2008, § 42 Rn. 32; *Brötzmann*, BB 1990, 1055, 1056; *Fitting* (Rn. 17), § 42 Rn. 11; *Joost* MünchArbR (Fn. 18), § 223 Rn. 18; *Löwisch/Kaiser* Betriebsverfassungsgesetz, 5. Auflage 2002, § 42 Rn. 2; *Richardi/Annuß* (Fn. 15), § 42 Rn. 73; *Rieble* AuR 1995, 245, 250; *Weber* GK-BetrVG (Fn. 3), § 42 Rn. 12.

Arbeitgeber nach § 2 Abs. 1 BetrVG zur vertrauensvollen Zusammenarbeit verpflichtet ist. Dieser Grundsatz schließt das Verbot des Rechtsmissbrauchs ein.[30] Ein solcher ist indessen nicht schon dann anzunehmen, wenn der Arbeitgeber auf einer Mitarbeiterversammlung gleichfalls Angelegenheiten i.S. des § 45 BetrVG behandelt, „die den Betrieb oder seine Arbeitnehmer unmittelbar betreffen", für die mithin der Betriebsrat zuständig ist und die Gegenstand einer Betriebsversammlung sein können.[31] Auch die zeitliche Nähe zu einer Betriebsversammlung ist allenfalls ein Indiz für einen Rechtsmissbrauch,[32] kann aber auch sachlich begründet sein, wenn z.B. die für eine Betriebsversammlung vorgesehene Zeit für eine angemessene Darstellung aus Sicht des Arbeitgebers nicht ausreichen wird oder nicht ausgereicht hat. Auch kann dem Arbeitgeber in einer Betriebsversammlung das Wort ungerechtfertigt entzogen worden sein und ihn veranlassen, die Angelegenheit nochmals in einer Mitarbeiterversammlung zu erörtern. Es müssen daher stets besondere Umstände hinzukommen, um einen Rechtsmissbrauch anzunehmen. Das wäre etwa denkbar, wenn eine Mitarbeiterversammlung zeitlich und inhaltlich derart angesetzt und durchgeführt wird, um gezielt eine Betriebsversammlung überflüssig zu machen und damit die Tätigkeit des Betriebsrats zu untergraben.[33] Auch ist es denkbar, dass der Arbeitgeber eine Betriebsversammlung boykottiert und die dort vorgesehene angemessene Behandlung einer Angelegenheit verhindert, um diese der von ihm einberufenen Mitarbeiterversammlung vorzubehalten.[34] Das ist z.B. der Fall, wenn der Arbeitgeber sich weigert, an einer Betriebsversammlung teilzunehmen, um seiner Berichtspflicht nach § 43 Abs. 2 Satz 3 BetrVG nachzukommen und die Arbeitnehmer auffordert, an der von ihm angesetzten Mitarbeiterversammlung teilzunehmen, aber auch dann, wenn der Arbeitgeber die Teilnahme an einer Betriebsversammlung ablehnt, falls an dieser ein Gewerkschaftsvertreter teilnimmt, obwohl das nach § 46 BetrVG rechtens ist.[35]

Selbst wenn die Einberufung einer Mitarbeiterversammlung durch den Arbeitgeber als zulässig anzusehen ist, besagt das allerdings noch nichts über

[30] Vgl. *Witt* Die betriebsverfassungsrechtliche Kooperationsmaxime und der Grundsatz von Treu und Glauben (Diss. Mannheim), 1987, S. 130 ff.

[31] Vgl. *BAG* 27.6.1989 AP Nr. 5 zu § 42 BetrVG 1972 Bl. 4 = EzA § 42 BetrVG 1972 Nr. 4 S. 6 f. = SAE 1990, 162 (165 *Belling/Liedmeier*), a.M. *Richardi/Annuß* (Fn. 15), § 42 Rn. 73; vgl. auch *Berg/DKK* (Fn. 29), § 42 Rn. 32.

[32] Weitergehend *ArbG Offenbach/Main* 16.6.2000, AiB 2000, 689; *ArbG Osnabrück* 25.6.1997, AuR 1998, 298; *Weber* GK-BetrVG (Fn. 3), § 42 Rn. 12.

[33] In dem vom *ArbG Offenbach/Main* 16.6.2000, AiB 2000, 689, entschiedenen Rechtsstreit hatte sich der Arbeitgeber mit seinem Begehren, die angesetzte Betriebsversammlung zu verschieben, nicht durchsetzen können und deshalb eine Mitarbeiterversammlung einberufen.

[34] Vgl. auch *ArbG Darmstadt* 6.5.1996, AiB 1996, 609.

[35] Vgl. *BAG* AP Nr. 5 zu § 42 BetrVG 1972 Bl. 4 R = EzA § 42 BetrVG 1972 Nr. 4 S. 8 = SAE 1990, 162 (165 f. *Belling/Liedmeier*).

die Verpflichtung der Arbeitnehmer zur Teilnahme. Das Direktionsrecht ist nach dem Gesagten zumindest in der Regel nicht einschlägig. In Betracht kommt daher allein eine aus allgemeinen Erwägungen abzuleitende vertragliche Verpflichtung des Arbeitnehmers.

Aufgrund seiner Treue-(Rücksichts-)Pflicht ist der Arbeitnehmer zu einem Gesamtverhalten verpflichtet, das darauf gerichtet ist, nach Maßgabe der übernommenen Funktion die berechtigten Interessen des Arbeitgebers nicht zu schädigen und im Rahmen des Zumutbaren wahrzunehmen.[36] Insoweit trifft ihn auch eine Förderungspflicht betrieblicher Interessen. Das erfordert im Einzelfall eine Abwägung zwischen dem vom Arbeitgeber mit der Mitarbeiterversammlung verfolgten Zweck wie deren Gegenstand mit den Interessen der Arbeitnehmer an der Teilnahme oder Nichtteilnahme. Nun wird etwa in der gegenwärtigen Wirtschaftskrise in der Regel ein Interesse der Arbeitnehmer an einer Mitarbeiterversammlung bestehen, in der vom Arbeitgeber über die Lage des Unternehmens und zu erwartenden unternehmerischen Entscheidungen berichtet wird, jedoch ist damit über die Verpflichtung des Arbeitnehmers zur Teilnahme noch nichts gesagt. Sind daher besondere Gründe für die unabdingbare Anwesenheit der Arbeitnehmer an einer derartigen Veranstaltung nicht gegeben, ist auch eine Verpflichtung zur Teilnahme zu verneinen und sind bei Nichtteilnahme Sanktionen unzulässig. Unbedenklich kann sich der Arbeitnehmer aber gegenüber dem Arbeitgeber im Einzelfall zur Teilnahme verpflichten.[37]

3. Anschläge am Schwarzen Brett, Betriebszeitungen, Rundschreiben, Fragebogen

a) Alleiniger Informationszweck

Eine einseitige Kommunikation ist gegeben, wenn der Arbeitgeber sich schriftlich oder elektronisch[38] an die Belegschaft wendet. Das kann am Schwarzen Brett, in Betriebszeitungen oder durch Rundschreiben einschließlich E-Mails geschehen. Dabei ist zu unterscheiden zwischen vertragsrelevanten Äußerungen und bloßen Informationen über die Lage des Unternehmens, generelle interessierende betriebliche Angelegenheiten oder allgemeine Personalnachrichten wie Dienstjubiläen und dgl. Soweit es allein um die Information der Belegschaft geht, ist es dem Arbeitgeber auf Grund seiner

[36] Vgl. *Wiese/Franzen* GK-BetrVG (Fn. 3), vor § 81 Rn. 12; ebenso *BAG* 13.2.2003 EzA § 618 BGB 2002 Nr. 1 S. 5 = AP Nr. 1 zu § 21 AVR Caritas-Verband Bl. 2 R ohne Nachweis. Vgl. auch unten zu und mit Fn. 48.

[37] Vgl. *BAG* 13.3.2001 EzA § 87 BetrVG 1972 Arbeitszeit Nr. 62 S. 3 = AP Nr. 87 zu § 87 BetrVG 1972 Arbeitszeit Bl. 2, oben Fn. 17.

[38] Zu einem elektronischen Kommunikationssystem mit Mailbox unter Benutzung eines Schlüssels „an alle" vgl. *BAG* 17.2.1993 AP Nr. 37 zu § 40 BetrVG 1972 = EzA § 40 BetrVG 1972 Nr. 69.

Meinungsfreiheit unbenommen, seine Sicht der Dinge darzustellen, ohne dass es zu einer wechselseitigen Kommunikation mit den Arbeitnehmern zu kommen braucht. Diese wird in der Regel auch nicht erwartet. Das schließt die Aufforderung zu einer Stellungnahme nicht aus, die den Arbeitnehmer jedoch nicht zur Antwort verpflichtet, allerdings auch ohne eine solche Aufforderung den einzelnen Arbeitnehmern auf Grund ihrer Meinungsfreiheit möglich ist. Eine in dieser Weise erfolgende Kommunikation ist grundsätzlich nicht auf die Begründung von Rechtspflichten gerichtet, hat also nur informativen Charakter.

b) Rechtsgeschäftliche Verlautbarungen

Anders verhält es sich hinsichtlich Äußerungen des Arbeitgebers im rechtsgeschäftlichen Bereich. Das gilt vor allem für Gesamtzusagen. Diese sind zwar Gegenstand einzelvertraglicher Vereinbarungen, jedoch Mittel der kollektiven Kommunikation. Die Äußerung des Arbeitgebers durch Bekanntgabe am Schwarzen Brett, Rundschreiben, auch über das Intranet [39], ist ebenso wie eine entsprechende Verlautbarung in einer Betriebsversammlung als Angebot zur Annahme z.B. einer Ruhegeldzusage oder einer Sonderzuwendung zu verstehen. Eine empfangsbedürftige Annahmeerklärung ist nach § 151 BGB nicht erforderlich, weil sie nach der Verkehrssitte nicht zu erwarten ist.[40] Etwas anderes gilt nur für Angebote, durch die eine Verschlechterung der bestehenden Vertragslage angestrebt wird. Diese bedürfen der ausdrücklichen Annahme durch die Adressaten, weil § 151 insoweit nicht anwendbar ist.[41] Grundsätzlich sind aber Gesamtzusagen ausschließlich einseitige Äußerungen des Arbeitgebers.

c) Betriebliche Fragebogenaktionen

Neben bloßer Information und rechtsgeschäftlicher Verlautbarung des Arbeitgebers sind dessen Fragebogenaktionen[42] (Meinungsumfragen) ein weiteres Mittel der kollektiven Kommunikation mit der Belegschaft. Mit ihnen erwartet der Arbeitgeber eine Stellungnahme der Adressaten. Die grundsätzliche Zulässigkeit der Befragung folgt aus der allgemeinen Handlungsfreiheit des Arbeitgebers. Problematisch sind allein die Grenzen dieses Rechts. Fragebogenaktionen des Arbeitgebers sind jedenfalls nicht nach § 87 Abs. 1 Nr. 1 BetrVG mitbestimmungspflichtig, soweit es allein um das

[39] Vgl. *BAG* 22.1.2003 AP Nr. 247 zu § 611 BGB Gratifikation Bl. 1 = EzA § 611 BGB 2002 Gratifikation, Prämie S. 1.

[40] Vgl. z.B. *BAG* 22.1.2003, AP aaO Bl. 3, EzA aaO S. 7.

[41] Vgl. *Zöllner/Loritz Hergenröder*, Arbeitsrecht, 6. Auflage 2008, S. 60 mit weiteren Nachweisen.

[42] Zu einer Fragebogenaktion der Jugendvertretung vgl. *BAG* 8.2.1977 AP Nr. 10 zu § 80 BetrVG 1972 = EzA § 70 BetrVG 1972 Nr. 1.

Arbeitsverhalten der Arbeitnehmer geht.[43] Im Übrigen soll jedoch eine Verhaltenspflicht der betroffenen Arbeitnehmer in Bezug auf die Ordnung des Betriebes begründet werden, nämlich den Fragebogen zu beantworten. Das ist nach § 87 Abs. 1 Nr. 1 BetrVG mitbestimmungspflichtig. Die Arbeitnehmer haben daher nicht nur wegen der normativen Wirkung der Betriebsvereinbarung (§ 77 Abs. 4 BetrVG), sondern auch auf Grund ihrer vertraglichen Treue-(Rücksichts-)Pflicht den Fragebogen zu beantworten. Diese grundsätzliche Verpflichtung wird allein nach allgemeinen Grundsätzen begrenzt, die sich für die Betriebsparteien aus § 75 Abs. 2 BetrVG ergeben. Das gilt vor allem für die Begrenzung durch das allgemeine Persönlichkeitsrecht der Befragten.[44] Insoweit ist erneut darauf hinzuweisen, dass § 75 Abs. 2 BetrVG als privatrechtliche Vorschrift nach privatrechtlichen Grundsätzen zu interpretieren ist und dessen Grenzen sich aus dem privatrechtlichen und nicht etwa aus dem verfassungsrechtlichen allgemeinen Persönlichkeit ergeben, so dass nicht Art. 1 Abs. 1 und Art. 2 Abs. 1 GG einschlägig sind, sondern es einer privatrechtlichen Interessenabwägung bedarf.[45]

III. Individuelle Kommunikation

1. Grundsatz

Die Entscheidung des BAG vom 23.6.2009[46] wirft die grundsätzliche Frage auf, ob und inwieweit der Arbeitgeber berechtigt ist, mit dem einzelnen Arbeitnehmer zu kommunizieren oder anders gewendet: inwieweit der Arbeitnehmer verpflichtet ist, einer Gesprächsaufforderung des Arbeitgebers nachzukommen.

Das *BAG* hat im entschiedenen Rechtsstreit die Frage unter dem Aspekt des Weisungsrechts des Arbeitgebers nach § 106 GewO geprüft. Wie bereits hervorgehoben, kann der Arbeitgeber Inhalt, Ort und Zeit der Arbeitsleistung nach billigem Ermessen näher bestimmen, soweit diese Arbeitsbedingungen nicht durch den Arbeitsvertrag, Bestimmungen einer Betriebsvereinbarung, eines anwendbaren Tarifvertrages oder gesetzliche Vorschriften festgelegt sind. Dies gilt auch hinsichtlich der Ordnung und des Verhaltens der Arbeitnehmer im Betrieb.

Zu klären war daher zunächst, ob eine Gesprächsaufforderung von dem Begriff der „Arbeitsleistung" erfasst wird. Diese betrifft jedenfalls die Haupt-

[43] Vgl. *Wiese* GK-BetrVG (Fn. 3), § 87 Rn. 195 ff.

[44] Vgl. hierzu *Kreutz* GK-BetrVG (Fn. 3), § 75 Rn. 116 ff. mit umfassenden Nachweisen.

[45] Vgl. eingehend *Wiese*, Adressaten und Rechtsgrundlagen des innerbetrieblichen Persönlichkeitsschutzes von Arbeitnehmern, ZfA 2006, 631, 633 ff. Zutreffend nunmehr der 6. Senat des BAG 23.4.2009 EzA § 611 BGB 2001 Persönlichkeitsrecht Nr. 9 S. 8.

[46] Fn. 1.

leistungspflicht des Arbeitnehmers, nämlich die Arbeitspflicht. Sie gilt es, nach Inhalt, Zeit und Ort näher zu bestimmen, soweit sie nicht schon anderweitig fixiert ist. Insoweit ist auch der Arbeitnehmer eindeutig verpflichtet, einer Gesprächsaufforderung nachzukommen. Zweifelhaft ist dagegen, inwieweit das auch für Nebenpflichten (Verhaltenspflichten) gilt. Dass auch diese Gegentand des Weisungsrechts sein können, folgt aus § 106 Satz 2 GewO, da die Ordnung und das Verhalten der Arbeitnehmer im Betrieb zumindest in aller Regel Gegenstand von Nebenpflichten sind. Diese haben eine vertragsergänzende Funktion, indem sie je nach dem Inhalt der übernommenen Verpflichtung die ordnungsgemäße Durchführung des Schuldverhältnisses gewährleisten sollen. Das *BAG* spricht im Anschluss an *Löwisch* von leistungssichernden Verhaltenspflichten, deren Erfüllung unumgänglich sei, um den Austausch der Hauptleistungen sinnvoll zu ermöglichen. Die Terminologie mag hier dahinstehen. Entscheidend ist, dass die vertragsergänzenden Pflichten nicht durch § 106 GewO begründet werden, sondern das Weisungsrecht ihre Existenz voraussetzt, so dass sie der eigenständigen Ableitung bedürfen. Darauf ist das *BAG* nicht eingegangen.

Insoweit ist zunächst zwischen gesetzlichen Pflichten des Arbeitgebers und weiteren ungeregelten Verhaltenspflichten des Arbeitnehmers zu unterscheiden. Wie bereits hervorgehoben, ist der Arbeitgeber nach Maßgabe des § 81 BetrVG u.a. zur Unterrichtung und Belehrung des Arbeitnehmers verpflichtet. Diese Pflichten beziehen sich auf die eigentliche Arbeitsleistung und dienen deren ordnungsgemäßen Durchführung. Deshalb ist auch der Arbeitgeber nach § 106 GewO berechtigt, dem Arbeitnehmer entsprechende Weisungen zu erteilen, ihn auch zu einem einschlägigen Personalgespräch aufzufordern. Dem hat der Arbeitnehmer Folge zu leisten.

Rechtsgrund der vertragsergänzenden Pflichten kann im Übrigen allein das Arbeitsverhältnis sein. Der durch das Schuldrechtsmodernisierungsgesetz dem § 241 BGB angefügte Abs. 2 stellt nunmehr ausdrücklich klar, dass ein Schuldverhältnis nach seinem Inhalt jeden Teil zur Rücksicht auf die Rechte, Rechtsgüter und Interessen des anderes Teils verpflichten kann. Inwieweit das der Fall ist, folgt nicht unmittelbar aus § 241 Abs. 2 BGB, sondern bedarf der Auslegung des Arbeitsvertrages unter Berücksichtigung des § 242 BGB. Allgemein verpflichten Treu und Glauben zur Rücksichtnahme auf die berechtigten Interessen des anderen Teils.[47] Nach der von mir vertretenen Ansicht verpflichtet sich der Arbeitnehmer zur Übernahme einer durch den Arbeitsvertrag lediglich allgemein festgelegten Funktion (Aufgabe) innerhalb eines fremden, d.h. nicht seiner Selbstbestimmung, sondern der organisatorischen und arbeitsbezogenen Disposition anderer – nämlich

[47] Vgl. die Formulierung von *Soergel/Siebert/Knopp*. Bürgerliches Gesetzbuch, 10. Auflage 1967, § 242 Rn. 1. Vgl. auch *BAG* AP Nr. 10 zu § 670 BGB Bl. 2; AP Nr. 5 zu § 1 BetrAVG Zusatzversorgungskasse Bl. 2 R.

des Arbeitgebers und nach Maßgabe des Betriebsverfassungsgesetzes des Betriebsrats – unterliegenden Arbeits- oder Lebensbereiches. Der Arbeitnehmer schuldet daher nicht isolierte einzelne Arbeitsleistungen, sondern ein Zusammenwirken mit dem Arbeitgeber selbst und in der Regel anderen Arbeitnehmern zur Erreichung eines ihm vorgegebenen Betriebszweckes. In diesem Sinne ist er zu einem Gesamtverhalten verpflichtet, das darauf gerichtet ist, nach Maßgabe der übernommenen Funktion die berechtigten Interessen des Arbeitgebers nicht zu schädigen und im Rahmen des Zumutbaren wahrzunehmen.[48] In der Sache geht es daher um die Pflicht zum Schutz und zur Förderung der berechtigten Interessen des Arbeitgebers. Das mag man Treuepflicht oder Rücksichtspflicht nennen.[49] Inhalt und Reichweite dieser Pflichten sind für die konkrete Rechtsbeziehung in jedem Einzelfall durch eine Güter- und Interessenabwägung zu ermitteln.

Hiernach kann es nicht zweifelhaft sein, dass der Arbeitgeber im Rahmen der vom Arbeitnehmer eingegangenen Bindung grundsätzlich mit dem Arbeitnehmer kommunizieren darf und der Arbeitnehmer einer Gesprächsaufforderung nachzukommen hat. Das gilt daher nicht nur für die eigentliche Arbeitspflicht, sondern für die gesamte Rechtsbeziehung der Vertragspartner. Wie sollte auch sonst eine Zusammenarbeit der Beteiligten funktionieren? Der Arbeitsvertrag ist schließlich ein gegenseitiger Vertrag, und wenn der Arbeitnehmer zur Kommunikation mit dem Arbeitgeber berechtigt ist,[50] muss grundsätzlich ebenso der Arbeitgeber mit dem Arbeitnehmer kommunizieren dürfen. Auch das *BAG* weist in einem Beschluss vom 8.11.1994[51] hinsichtlich einer betrieblichen Aufklärungsaktion wegen erhöhter Fehlzeiten in einem Betriebsteil darauf hin, mit der Heranziehung zu Krankengesprächen würden die Arbeitnehmer aufgefordert, an der Aufklärung mitzuwirken; damit erfüllten diese eine arbeitsvertragliche Nebenpflicht. Das erschien dem *BAG* mit Recht als so selbstverständlich, dass es auf eine Begründung verzichtet hat. Das muss aber grundsätzlich für jede Kommunikation zwischen Arbeitgeber und Arbeitnehmer gelten, soweit sie das konkrete Arbeitsverhältnis betrifft und der Arbeitgeber berechtigte Interessen wahrnimmt. Grenzen ergeben sich aus der vom Arbeitnehmer übernommenen Funktion, so dass der außerbetriebliche Bereich außer Betracht bleibt, es sei denn, dass ein außerdienstliches Verhalten rechtlich relevante Rückwirkungen auf die übernommene Verpflichtung hat.[52] Weitere Grenzen ergeben sich

[48] Vgl. *Wiese/Franzen*, GK-BetrVG (Fn. 3), vor § 81 Rn. 12.

[49] Zur Terminologie vgl. *Wiese*, Der personale Gehalt des Arbeitsverhältnisses, ZfA 1996, 439, 459 ff.; *Zöllner/Loritz/Hergenröder* (Fn. 41), S. 158 f.

[50] Vgl. oben zu und mit Fn. 2.

[51] AP Nr. 24 zu § 87 BetrVG 1972 Ordnung des Betriebes Bl. 2 R (*Raab*) = EzA § 87 BetrVG 1972 Betriebliche Ordnung S. 4.

[52] Vgl. *Wiese*, ZfA 1996, 439, 460 mit weiteren Nachweisen.

aus dem allgemeinen Persönlichkeitsrecht des Arbeitnehmers einschließlich des Fragerechts des Arbeitgebers.

Darauf ist das *BAG* in einer Entscheidung vom 8.11.1994 nicht weiter eingegangen. Entsprechend dem Antrag des Betriebsrats hat es nur geprüft, ob der Betriebsrat bei formalisierten Krankengesprächen zur Aufklärung eines überdurchschnittlichen Krankenstandes mit einer nach abstrakten Kriterien ermittelten Mehrzahl von Arbeitnehmern nach § 87 Abs. 1 Nr. 1 BetrVG mitzubestimmen habe und dies bejaht.[53] Dem *BAG* ist zuzustimmen, dass es sich dabei um eine kollektive Maßnahme handelte, die nicht das Arbeitsverhalten betraf. Zutreffend ist auch, dass Regelungsgegenstand nicht das „Krankheitsverhalten" war. Jedoch ist nicht ersichtlich, inwiefern es dabei um „Verhaltensregelungen zur Sicherung des ungestörten Arbeitsablaufs" bzw. um die „Gestaltung des Zusammenlebens und Zusammenwirkens der Arbeitnehmer im Betrieb" oder um das Verhalten der Arbeitnehmer „in bezug auf die Ordnung des Betriebs" ging.[54] Es wurden weder verbindliche Verhaltensregelungen aufgestellt noch handelte es sch um sonstige auf das Ordnungsverhalten bezogene Maßnahmen ohne verpflichtenden Charakter.[55] Nicht überzeugend ist deshalb die Auffassung des *BAG*, Regelungsgegenstand sei das „Verhalten der Arbeitnehmer bei der Führung der Gespräche" gewesen.[56] Die Arbeitnehmer konnten sich bei der vom Arbeitgeber gewünschten Aufklärung eines überdurchschnittlichen Krankenstandes kooperativ oder wenig hilfsbereit verhalten. Aus der Tatsache allein, dass ein Arbeitgeber bei der Befragung nach gleichen Kriterien verfährt und von den Arbeitnehmern Hilfe bei der Aufklärung eines gehäuften Krankenstandes und die Entbindung des behandelnden Arztes von der Schweigepflicht begehrt, begründet noch keinen Mitbestimmungstatbestand. Das gilt auch dann, wenn man davon ausgeht, die Arbeitnehmer hätten aufgrund ihrer Treue-(Rücksichts-)Pflicht zur Hilfe bei der Aufklärung beizutragen. Andernfalls würde bei kollektiven Tatbeständen das Bestehen einer in derselben Sache bestehenden Rücksichtspflicht mehrerer Arbeitnehmer schon als solche die Mitbestimmungspflicht begründen.

Im Kern ging es ohnehin allein um die Frage, inwieweit der Arbeitgeber berechtig ist, im Interesse der von ihm gewünschten Aufklärung die Arbeitnehmer zu befragen. Das deutet das *BAG* an, wenn es darauf hinweist, dass die Frage nach Krankheiten und ihren Ursachen die Privatsphäre berühre. Insoweit ergeben sich die Grenzen des Fragerechts des Arbeitgebers indessen

[53] Zum Streitstand vgl. mit Nachweisen *Wiese*, GK-BetrVG (Fn. 3), § 87 Rn. 225 und zum Ganzen *Raab*, Mitbestimmung des Betriebsrats bei der Einführung und Ausgestaltung von Krankengesprächen, NZA 1993, 193 ff.

[54] Vgl. zu diesen Definitionen mit weiteren Nachweisen, *Wiese* GK-BetrVG (Fn. 3), § 87 Rn. 175 f.

[55] Vgl. hierzu *Wiese* GK-BetrVG (Fn. 3), § 87 Rn. 178.

[56] AaO Bl. 2 R.

aus § 75 Abs. 2 BetrVG in Verbindung mit dem allgemeinen Persönlichkeitsrecht des Arbeitnehmers, jedoch folgt aus einem generellen Vorgehen des Arbeitgebers noch nicht die Mitbestimmungspflicht der Befragung. Auch das Begehren nach Entbindung des behandelnden Arztes von der Schweigepflicht ist nach Vertragsgrundsätzen zu prüfen und ist als solches nicht mitbestimmungspflichtig. Entscheidend ist im vorliegenden Zusammenhang, dass der Arbeitgeber auch bei Krankengesprächen mit dem Arbeitnehmer kommunizieren darf, nur ergeben sich Grenzen zulässiger Fragen aus dem allgemeinen Persönlichkeitsrecht des Arbeitnehmers.

Folgt man der hier vertretenen Auffassung, ist es an sich unerheblich, inwieweit die weiteren Verhaltenspflichten Gegenstand des Weisungsrechts des Arbeitgebers nach § 106 GewO sind, da ihre Verbindlichkeit ohnehin aus der Treue-(Rücksichts-)Pflicht des Arbeitnehmers folgt. Im Interesse einer klaren begrifflichen Abgrenzung ist jedoch nach dem Wortlaut und dem Sinnzusammenhang des § 106 GewO davon auszugehen, dass die auf die Arbeitsleistung bezogenen weiteren Verhaltenspflichten dem Weisungsrecht des Arbeitgebers unterworfen sind. Das gilt etwa für einschlägige Auskunftspflichten, deren Beantwortung der Arbeitgeber daher anordnen kann; der Arbeitnehmer müßte einer entsprechenden Gesprächsaufforderung Folge leisten. Mit Recht hat auch das *BAG* in seiner Entscheidung vom 19.4.2007[57] die Erstellung qualifizierter Tätigkeitsberichte dem Weisungsrecht des Arbeitgebers unterworfen. Insoweit geht es jeweils um die Konkretisierung der eigentlichen Leistungspflicht. Für diese ist es zutreffend, von „leistungssichernden Verhaltenspflichten" zu sprechen. Davon zu unterscheiden sind weitere Verhaltenspflichten, die sich auf die Vertragsgestaltung, insbesondere eine Vertragsänderung beziehen und von § 106 GewO nicht erfasst werden. Das *BAG* hat daher in seiner Entscheidung vom 23.6.2009 mit Recht die Anwendung des § 106 GewO auf das vom Arbeitgeber angeordnete Personalgespräch verneint, weil die Weisung der Beklagten ausschließlich auf eine Verhandlung zur Vertragsänderung gerichtet gewesen sei. Diese unterliegt zweifellos nicht dem Weisungsrecht des Arbeitgebers, das ausschließlich der Konkretisierung der Leistungspflicht des Arbeitnehmers dient. Vertragsänderungen dienen dagegen der Abweichung vom Istzustand. Darüber hinaus erstreckt sich das Weisungsrecht des Arbeitgebers nicht auf das Arbeitsentgelt und die vom Arbeitnehmer geschuldete Arbeitszeit als wesentliche Bestandteile des Austauschverhältnisses.[58]

Ist somit dem *BAG* zu folgen, dass eine Gesprächsaufforderung zur Vertragsänderung nicht von § 106 GewO erfasst wird, so ist damit noch nicht gesagt, dass jene unzulässig sei. Nach der vorstehend dargelegten Auffassung sind Verhaltenspflichten, die nicht auf die Erbringung der Leistungspflicht

[57] AP Nr. 77 zu § 611 BGB Direktionsrecht Rn. 22 ff.
[58] Vgl. ErfK/*Preis*, 10. Auflage 2010, § 106 GewO Rn. 2.

bezogen sind, nicht § 106 GewO zuzuordnen, sondern aus der Treue-(Rücksichts-)Pflicht des Arbeitnehmers zu begründen. Insoweit ist nicht ersichtlich, weshalb es einem Arbeitgeber verwehrt sein sollte, jedenfalls grundsätzlich mit einem Arbeitnehmer Vertragsänderungen zu besprechen und den Arbeitnehmer hierzu aufzufordern, dem dieser Folge leisten muss.[59,60] Das gilt unabhängig davon, ob die Vertragsänderung für den Arbeitnehmer günstig oder ungünstig ist. Gegen ein begünstigendes Gespräch wird sich der Arbeitnehmer kaum wehren. Aber auch bei einer Abänderung der Vertragsbedingungen zum Nachteil des Arbeitnehmers muss der Arbeitgeber jedenfalls die Möglichkeit haben, dem Arbeitnehmer die Gründe darzulegen, die ihn hierzu veranlassen. Gerade in Krisenzeiten kann das sachlich berechtigt sein. Ein nicht überzeugender Umweg wäre es, den Gesprächsstoff so weit zu fassen, dass jedenfalls auch Themen angesprochen sind, die dem Weisungsrecht des Arbeitgebers nach § 106 GewO unterliegen.[61]

Muss ein Arbeitnehmer grundsätzlich einer Gesprächsaufforderung Folge leisten, kann er sich auch nicht generell auf seine Vertragsfreiheit (Art. 2 Abs. 1, Art. 12 GG) berufen, die es ihm gestattet, ein Angebot zur Vertragsänderung abzulehnen. Zu weitgehend ist daher die allgemeine Aussage des *LAG Niedersachsen*[62], zur Vertragsfreiheit gehöre auch die freie Entscheidung darüber, ob man überhaupt Verhandlungen über den Abschluss oder die Änderung eines Vertrages aufnehmen wolle. Das ist richtig für Rechtsgeschäfte des täglichen Lebens, aber nicht für Dauerschuldverhältnisse mit personalem Einschlag. Es dürfte auch eher im Interesse beider Vertragspartner sein, dies in einem persönlichen Gespräch zu erörtern als den Arbeitnehmer schriftlich damit zu konfrontieren. Auch das *BAG* will diese Auslegung immerhin nicht ausschließen, wenn es im Ergebnis[63] auf die besonderen Umstände des entschiedenen Rechtsstreits abstellt.

[59] A.M. *BAG* 23.6.2009, AP Nr. 3 zu § 106 GewO Rn. 16 ff. = EZA § 106 GewO Nr. 3; *LAG Niedersachsen* 3.6.2008, AuR 2009, 53, 54 (*Buschmann*); wie hier *Stück* AuA 2009, 122; offengelassen vom *LAG Köln* 3.3.2009 – 2 Sa 1322/08 Rn. 4. Das *LAG Hamm* 23.5.2001, MDR 2001, 1361, zählt die Teilnahme an Personalgesprächen zum „selbstverständlichen Pflichtenkreis des Arbeitnehmers." Zur Erforderlichkeit der Zustimmung des Arbeitnehmers im Rahmen des betrieblichen Eingliederungsmanagements zu einem Gespräch vgl. § 84 Abs. 2 Satz 1 SGB IX und dazu KR/*Griebeling*, 9. Auflage 2009, § 1 Rn. 324 d.

[60] Auch wenn man der neueren Rechtsprechung des *BAG* (21.4.2005 AP Nr. 79 zu § 2 KSchG 1969 Bl. 5 R ff. = EzA § 2 KSchG Nr. 53 S. 12 ff.) folgt, dass der Arbeitgeber vor Ausspruch einer Kündigung nicht verpflichtet ist, eine einvernehmliche Lösung mit dem Arbeitnehmer zu versuchen, ist er jedoch nicht gehindert, diese vor Ausspruch einer Kündigung anzustreben. Dann würde es aber der Treuepflicht des Arbeitnehmers widersprechen, würde er unbegründet eine Gesprächsaufforderung ablehnen.

[61] So aber *Dzida* NJW 2009, 3117, 3118.

[62] AuR 2009, 53, 54.

[63] AaO Rn. 25, ebenso die Vorinstanz *LAG Niedersachsen* AuR 2009, 53 f. (*Buschmann*).

Ungeachtet der grundsätzlichen Verpflichtung des Arbeitnehmers, einer Gesprächsaufforderung zu folgen, ist allerdings zu verlangen, dass der Arbeitgeber dem Arbeitnehmer den in Aussicht genommenen Gesprächsgegenstand mitteilt.[64] Auch kann unter Umständen das Verlangen nach einem sofortigen Gespräch rechtmissbräuchlich sein, wenn sich der Arbeitnehmer bei einer komplexen Materie darauf erst vorbereiten muss.

2. *Einschränkung des Grundsatzes*

Ist damit bei einer generellen Interessenabwägung grundsätzlich die Gesprächsaufforderung des Arbeitgebers als zulässig und der Arbeitnehmer als verpflichtet anzusehen, dieser Aufforderung zu folgen, so können doch die besonderen Umstände des Einzelfalles ein anderes Ergebnis gebieten. Das hat das *BAG* im Urteil vom 23.6.2009 angenommen. Dem ist zuzustimmen. Auf die Klägerin sollte offensichtlich Druck ausgeübt werden. Nachdem ein gemeinsames Gespräch mit den betroffenen Arbeitnehmern über die Herabsetzung des 13. Monatsgehalts keinen Erfolg hatte, wurde die Klägerin persönlich zu einem Personalgespräch eingeladen. Dem leistete sie auch Folge, erklärte aber, sie sei nur bereit, ein gemeinsames Gespräch unter Einbeziehung der Betroffenen zu führen. Offenbar fühlte sie sich allein dem auf sie in dem Gespräch zu erwartenden Druck nicht gewachsen. Der Arbeitgeberin ging es eindeutig darum, die Klägerin zu isolieren und aus der Ablehnungsfront herauszubrechen. Deshalb lehnte sie auch das berechtigte Begehren der Klägerin nach einem gemeinsamen Gespräch aller Betroffenen ab. Es kam hinzu, dass es in dem Personalgespräch ausschließlich um das Angebot der Beklagten auf Abschluss der Vertragsänderung ging, das bereits in dem vorhergehenden gemeinsamen Gespräch abgelehnt worden war. Mit neuen Argumenten war daher nicht zu rechnen. Deshalb genügte es, dass die Klägerin zwar erschien, aber durch die Ablehnung des Gesprächs zugleich die Ablehnung des Vertragsangebots zum Ausdruck brachte. Unerheblich ist, dass an dem Individualgespräch die Mitarbeitervertretung teilnahmen sollte, weil die Klägerin offenbar ihre Interessen dadurch zumindest nicht hinreichend gewährleistet sah. Ebenso kam es nicht darauf an, dass die Beklagte die Zeit des Gesprächs als Arbeitszeit deklarierte; dadurch wurden weder der Gegenstand des Gesprächs noch die Interessenlage verändert. Für die Beklagte war auch ein gemeinsames Gespräch zumutbar. Wenn sie es ablehnte, wird daran deutlich, dass sie nicht in lauterer Absicht handelte.

[64] Zur Hinzuziehung anderer Personen zur Unterstützung des Arbeitnehmers vgl. *LAG Hamm* 23.5.2001, MDR 2001, 1361; *Kandaouroff/Rose* Personalgespräch: Darf der Arbeitnehmer dritte Personen mitbringen?, DB 2008, 1210 ff.; *Stück* Rechtliche Aspekte kritischer Personalgespräche, DB 2007, 1137, 1139.

Unter diesen Umständen war die Ablehnung des Gesprächs durch die Klägerin berechtigt,[65] so dass ihre Abmahnung zu Unrecht erteilt worden und deshalb aus der Personalakten zu entfernen war.

3. *Gespräche am Arbeitsplatz*

Auf Grund seines Hausrechts[66] ist der Arbeitgeber berechtigt, jeden Ort seines Betriebes zu betreten und damit auch die Arbeitnehmer an deren Arbeitsplätzen aufzusuchen. Arbeitsanweisungen sind schon auf Grund seines Direktionsrechts nach Maßgabe des § 106 Satz 1 GewO zulässig. Für diese gibt es keine formalen Grenzen, so dass der Arbeitgeber sie schriftlich oder mündlich, also auch am Arbeitsplatz des Arbeitnehmers erteilen kann. Der Arbeitnehmer ist auf Grund des § 106 GewO und seiner Treue-(Rücksichts-)Pflicht gehalten, die hierauf bezogenen Fragen des Arbeitgebers zu beantworten.[67] Das gilt aber in gleicher Weise auch für Fragen, die das Arbeitsverhältnis im Übrigen betreffen. Grenzen ergeben sich aus den bereits dargelegten Grundsätzen.

4. *Personalfragebogen*

Ein Mittel der individuellen Kommunikation sind schließlich Personalfragebogen, die allerdings hauptsächlich für die hier nicht interessierenden Neueinstellungen von Bedeutung sind. Sie können indessen auch für das bestehende Arbeitsverhältnis z.B. bei der Übertragung einer anderen Tätigkeit relevant werden, um einschlägige Informationen von den jeweils Befragten zu erlangen. Wegen ihrer persönlichkeitsrechtlichen Relevanz bedürfen Personalfragebogen mit Recht der Zustimmung des Betriebsrats (§ 94 Abs. 1 Satz 1 BetrVG).[68] Damit sollen unzulässige Fragen möglichst von vornherein verhindert werden.[69] Die Betriebsparteien sind allerdings ihrerseits nach § 75 Abs. 2 BetrVG an die Beachtung des allgemeinen Persönlichkeitsrechts des Arbeitnehmers gebunden, so dass unzulässige Fragen nicht dadurch zulässig werden, dass sie Gegenstand einer Betriebsvereinbarung nach § 94 Abs. 1 Satz 1 BetrVG sind. Unzulässige Fragen braucht der Arbeitnehmer nicht zu beantworten.[70]

[65] Vgl. auch *Reinhard* NJW-Editorial 33/2009.

[66] Zum Begriff vgl. *Wiese* Zur Freiheit des Arbeitnehmers bei der Gestaltung von Arbeitsplatz und Arbeitsumgebung sowie zu deren persönlichen Nutzung, Festschrift für Konzen, 2006, S. 977, 981.

[67] Zur „aktiven Beteiligung" des Arbeitnehmers am Gespräch vgl. *Stück*, DB 2007, 1137, 1138.

[68] In dieser Hinsicht sind sie dem kollektiven Arbeitsrecht zuzuordnen.

[69] Zur Zulässigkeit von Fragen vgl. mit weiteren Nachweisen *Weber* GK-BetrVG (Fn. 3), § 94 Rn. 22. ff.

[70] Vgl. *Weber* GK-BetrVG (Fn. 3), § 94 Rn. 40 mit Nachweisen.

IV. Schluss

Nicht nur der Arbeitnehmer ist berechtigt, mit dem Arbeitgeber zu kommunizieren. Ebenso kann der Arbeitgeber verlangen, von der Belegschaft und einzelnen Arbeitnehmern gehört zu werden und mit letzteren ein Gespräch zu führen. Der Arbeitnehmer ist grundsätzlich verpflichtet, einer Gesprächsaufforderung nachzukommen. Nur überwiegende berechtigte Interessen gestatten es ihm, ein Gespräch abzulehnen. Die Zulässigkeit des Gesprächsinhalts und Fragen des Arbeitgebers werden begrenzt durch das allgemeine Persönlichkeitsrecht des Arbeitnehmers.

Diesen Beitrag widme ich dem vielseitig forschenden, tiefschürfenden und verdienten Jubilar in Verbundenheit.

Der EuGH und das Urlaubsrecht

Rolf Wank

Inhaltsübersicht

Nach einer groben Faustformel kann man sagen, dass in arbeitsrechtlichen Fällen Arbeitsrechtler eher zugunsten des Arbeitnehmers entscheiden und Wirtschaftsrechtler eher zugunsten des Unternehmens. Der Jubilar gehört zu denjenigen, die gegenüber rein arbeitsrechtlichen Schutzüberlegungen über das Einzelarbeitsverhältnis hinausgehende sowie wirtschaftliche Gegenargumente ins Spiel bringen. So bedeutet für ihn ein zu weit gehender Kündigungsschutz für die glücklichen Arbeitsplatzbesitzer ein ungerechtes Zugangshindernis gegenüber Arbeitsplatzbewerbern.[1]

Im Hinblick auf die Rechtsprechung des EuGH zum Arbeitsrecht lässt sich anhand einer ganzen Reihe von Urteilen für eine Prognose die Faust-

[1] *Reuter*, FS BAG, 1979, S. 405, 410 ff.; *ders.*, FS Wiedemann, 2002, S. 448, 456 ff.; *ders.*, FS Richardi, 2007, S. 361, 366 ff.

formel aufstellen: Der klagende Arbeitnehmer hat immer recht. Im Folgenden soll anhand eines Urteils zum Urlaubsrecht geprüft werden, wie sich derartige Ergebnisse mit methodischen Anforderungen vertragen.

Nach der Entscheidung des EuGH in der Rechtssache Schultz-Hoff[2], die auf Vorlage des LAG Düsseldorf[3] ergangen ist, gilt Folgendes:

- Ein Arbeitnehmer, der jahrelang ununterbrochen arbeitsunfähig krank war, kann, wenn er anschließend im Betrieb weiterarbeitet, den Jahresurlaub für diese Jahre nachverlangen.[4]
- Scheidet der Arbeitnehmer, der weiterhin krank ist, aus dem Betrieb aus, steht ihm für diese Jahre ein Urlaubsabgeltungsanspruch zu.

Das Ergebnis befremdet.

A. Teleologische Vorüberlegungen

Bevor auf die Entscheidung des EuGH eingegangen wird, sollen einige teleologische Vorüberlegungen angestellt werden. Sie sind zunächst losgelöst von konkreten Bestimmungen des deutschen, des gemeinschaftsrechtlichen und des internationalen Urlaubsrechts und gehen allein vom Zweck eines Erholungsurlaubs aus.

I. Erholungsurlaub als Erholung von der Arbeit

Typischerweise ist der Urlaub auf ein Kalenderjahr bezogen und wird irgendwann im Verlaufe des Jahres genommen. Wird Urlaub zu einem späteren Zeitpunkt als im Urlaubsjahr, also als im Kalenderjahr, geltend gemacht, bedarf es der Begründung für die Zulässigkeit dieser Erholung aus dem Zweck des Urlaubs.

Nicht umsonst ist das Urlaubsrecht im Gemeinschaftsrecht zusammen mit dem Arbeitszeitrecht i.e.S. in der Arbeitszeitrichtlinie geregelt. Es handelt sich um eine Materie des Arbeitsschutzes, genauer des Gesundheitsschutzes. Ebenso wie der Arbeitgeber dazu verpflichtet ist, den Arbeitnehmer nicht

[2] EuGH 20.1.2009, Rs. C-350/06 und 520/06, AP RL 2003/88/EG Nr. 1 = NJW 2009, 495 = EuZW 2009, 147 = EAS RL 2003/88/EG Art. 7 Nr. 1 – Schultz-Hoff.

[3] LAG Düsseldorf 2.8.2006 BB 2006, 2535 (Ls.); dazu *Glaser/Lüders*, BB 2006, 2690.

[4] Gleiches gilt entgegen anders lautenden nationalen Rechtsvorschriften oder Tarifverträgen für einen Arbeitnehmer, der während des im Urlaubsplan seines Unternehmens vorgesehenen Jahresurlaubs arbeitsunfähig krank ist (EuGH 10.9.2009, Rs. C-277/08, NZA 2009, 1133 – Vicente Pereda): Nach Wiedererlangung der Arbeitsfähigkeit ist dieser nach der EuGH-Rechtsprechung berechtigt, seinen Jahresurlaub in einem anderen als dem ursprünglich festgelegten Zeitraum in Anspruch zu nehmen, der auch außerhalb des Bezugszeitraums liegen kann.

länger als 8 bis 10 Stunden am Tag arbeiten zu lassen, ihm eine Ruhepause zwischen zwei Schichten einräumen muss und ihn für Sonn- und Feiertage freistellen muss, muss er ihm Erholungszeit von der Arbeit gewähren. Es besteht ein klarer Zusammenhang zwischen geleisteter Arbeit und Erholungsurlaub. Gewiss darf nicht auf einen konkreten Erholungsbedarf abgestellt werden. Auch wer nicht „urlaubsreif" ist, hat einen Urlaubsanspruch.[5] Aber wenn man akzeptiert, dass jede entgeltliche Freistellung von der Arbeit für einen bestimmten Zweck gewährt wird, dann kann der Zweck des Erholungsurlaubs nur darin liegen, dass sich der Arbeitnehmer – zumindest abstrakt – *von der Arbeit erholt*.[6] Insofern ist die Umschreibung des Zwecks des Erholungsurlaubs (EuGH, Rs. Schultz-Hoff Rn. 25) als Zweck, „sich zu erholen und über einen Zeitraum für Entspannung und Freizeit zu verfügen" zu kurz gegriffen, wenn der Zusatz „sich von der Arbeit zu erholen" fehlt.

Da der Urlaub typischerweise nicht in den letzten Tagen des Jahres, sondern zu einem anderen Zeitpunkt genommen wird, ist die Urlaubsgewährung immer mit einer zeitlichen Verschiebung verbunden. Sie lässt sich aber so rechtfertigen, dass der Urlaub in der Mitte des Jahres zur Erholung von der ersten Jahreshälfte und zur Gewinnung neuer Kräfte für die zweite Jahreshälfte dient. Wird der Urlaub jahrelang immer zur Jahresmitte genommen, so kann man es auch so sehen, dass er immer im Anschluss an ein Arbeitsjahr in Anspruch genommen wird.

II. Die Übertragbarkeit des Urlaubs

1. *Grundsätzliche Übertragbarkeit*

Der Zusammenhang zwischen der geleisteten Arbeit und dem Erholungsurlaub wird allerdings lockerer, wenn der Urlaub in das nächste Jahr übertragen wird (so auch EuGH Rs. Schultz-Hoff, Rn. 30). Dass eine solche Übertragung zulässig ist, lässt sich damit begründen, dass der Arbeitnehmer nach mehr als einem Jahr fortlaufender Arbeit erst recht erholungsbedürftig ist. Da aber eine Erklärung für den übertragenen Urlaub schwerer zu finden ist als für den Urlaub während des Urlaubsjahres, ist es gerechtfertigt, eine Übertragung an bestimmte Voraussetzungen zu knüpfen. Hat der Arbeitgeber die Ursache dafür gesetzt, dass der Arbeitnehmer den Urlaub im Urlaubsjahr nicht nehmen konnte, so darf dies nicht zu Lasten des Arbeitneh-

[5] BAG 24.8.1972 AP BUrlG § 3 Rechtsmißbrauch Nr. 7; Schütz/Hauck/*Schütz*, Gesetzliches und tarifliches Urlaubsrecht, 1996, Rn. 112 ff.; Hk-BUrlG/*Hohmeister*, 2. Aufl. 2008, § 1 Rn. 10.

[6] ErfK/*Dörner*, 10. Aufl. 2010, § 1 BUrlG Rn. 4 ff.; *Heilmann*, Urlaubsrecht, 1999, Einführung Rn. 12.

mers gehen. Das Gleiche gilt, wenn der Arbeitnehmer krankheitshalber den Urlaub nicht nehmen kann (Beispiel: der Jahresurlaub soll im Dezember genommen werden, im Dezember erkrankt der Arbeitnehmer).

In anderen Fällen fehlt es an einer Rechtfertigung dafür, den Urlaub ins nächste Jahr zu übertragen. Insbesondere darf kein Anreiz geschaffen werden, auf den Urlaub zu verzichten. Das wird vermieden, wenn der Arbeitnehmer grundsätzlich gezwungen ist, den Urlaub im Kalenderjahr zu nehmen.

2. *Übertragungsfrist*

Da die Rechtfertigung für die Übertragung des Urlaubs um so schwerer zu begründen ist, je weiter sich die Nachholung vom Urlaubsjahr entfernt, ist es berechtigt, die Nachholung an eine Frist zu binden. Wegen des Erholungszwecks ist es richtig, dass die Parteien des Arbeitsvertrages oder die Tarifvertragsparteien nicht über die Übertragungsgründe verfügen dürfen, sondern allenfalls die Übertragungsfrist verlängern dürfen. Allerdings meint das LAG Düsseldorf in seinem Vorlagebeschluss, auch der nachgeholte Urlaub könne dem Erholungsurlaub dienen, daher dürfe er nicht an eine Frist gebunden werden. Auch der EuGH hat in seinem Urteil vom 6.4.2006[7] die Erholungswirkung des übertragenen Urlaubs betont, und das geschieht auch in den Schlussanträgen der Generalanwältin Trstenjak[8] zur vorliegenden Rechtssache.

III. Die Kollision des Erholungsurlaubs mit der Arbeitsfreistellung aus anderen Gründen

1. *Erholungsurlaub und Arbeitsfreistellung*

Die eigentlichen Probleme ergeben sich, wenn der Anspruch auf Erholungsurlaub mit anderen Ansprüchen auf Freistellung von der Arbeit kollidiert. Die Lösung wird dadurch erschwert, dass eine terminologische Verwirrung herrscht und dass zwei ganz unterschiedliche Fallgestaltungen nicht auseinander gehalten werden:[9] der Erholungsurlaub und die Arbeitsfreistellung aus anderen Gründen und mit anderer Bezeichnung.

Im Rahmen einer autonomen, von den Terminologien der 27 Mitgliedstaaten losgelösten, Begriffsbildung, sollte man daher nur beim Erholungsurlaub von Urlaub sprechen. Schon der im deutschen Recht bestehende Aus-

[7] EuGH 6.4.2006, Rs. C-124/05, Slg. 2006, I-3423 – Federatie Nederlandse Vakbeweging.
[8] Schlussanträge 24.1.2008 zu Rs. C-350/06 (Juris).
[9] Zum distinguishing *Wank*, FS Richardi, 2007, S. 441 ff.

druck „Mutterschaftsurlaub“ ist insofern irreführend (vorzuziehen ist der Ausdruck „Elternzeit“ im BEEG). Besonders heikel ist es zudem, wie die Generalanwältin Trstenjak und der EuGH, im Falle der Arbeitsfreistellung wegen Krankheit von Urlaub („Krankheitsurlaub“, EuGH, Rs. Schultz-Hoff Rn. 25) zu sprechen.[10]

Nur bei gedanklicher Unterscheidung lassen sich auch die Kollisionsfälle systematisch lösen. Wenn dem Arbeitnehmer für denselben Zeitraum ein Anspruch auf Erholungsurlaub und ein Anspruch auf Arbeitsfreistellung aus anderen Gründen zusteht, dann darf der eine Anspruch den anderen nicht aufheben. Jedenfalls nach dem Zweck der Regelung und aus der Sicht des Arbeitnehmers handelt es sich um unterschiedliche Ansprüche, zwischen denen keine Anrechnung stattfinden darf (zutr. EuGH, Rs. Schultz-Hoff Rn. 26).

Ein anderes Ergebnis wäre nur im Hinblick auf die finanzielle Überforderung des Arbeitgebers möglich. So könnte man regeln, dass die Gesamtsumme aus bezahlten Freistellungen pro Jahr eine bestimmte Höhe nicht überschreiten darf (vgl. § 3 EFZG).

Daraus folgt: Wenn ein Arbeitnehmer während eines Jahres zumindest teilweise gearbeitet hat und ihm daraus Erholungsurlaub zusteht, dann darf im Falle einer zeitlichen Kollision der Freistellungsanspruch oder der Urlaub nachgeholt werden.

2. *Der während des gesamten Jahres arbeitsunfähig kranke Arbeitnehmer*

In der bisherigen Untersuchung ging es um Arbeitnehmer, die während des ganzen Jahres gearbeitet haben oder nur für kurze Zeit erkrankt waren. Nunmehr soll der Fall betrachtet werden, dass der Arbeitnehmer während des gesamten Jahres arbeitsunfähig krank ist und im Folgejahr seinen Urlaubsanspruch geltend macht. Zunächst hatte das BAG entschieden, dass die Geltendmachung dieses Anspruchs in solchen Fällen dem Arbeitnehmer nach § 242 BGB wegen Rechtsmissbrauchs verwehrt sei.[11] Allerdings hat das BAG diese Rechtsprechung später aufgegeben.[12]

Vom Sinn und Zweck des Urlaubs aus gesehen, war die frühere Rechtsprechung im Ergebnis zutreffend und ist es bis heute. Wie sich aus der Entstehungsgeschichte des Urlaubsanspruchs ergibt, handelt es sich um einen Anspruch auf Erholungszeit für geleistete Arbeit. Wer ein ganzes Jahr lang nicht

[10] So auch die Terminologie in EuGH 10.9.2009, Rs. C-277/08, NZA 2009, 1133 – Vicente Pereda.

[11] Z.B. BAG 13.11.1969 AP BUrlG § 7 Übertragung Nr. 2; BAG 16.8.1977 AP BUrlG § 3 Rechtsmißbrauch Nr. 9; BAG 16.8.1977 AP BUrlG § 3 Rechtsmißbrauch Nr. 10.

[12] Seit BAG 28.1.1982 AP BUrlG § 3 Rechtsmißbrauch Nr. 11; zuletzt BAG 24.3.2009 AP BUrlG § 7 Nr. 39.

gearbeitet hat, kann sich auch nicht auf eine Erholungsbedürftigkeit von der Arbeit berufen. So argumentiert auch zutreffend die Britische Regierung in ihrer Stellungnahme zur Rechtssache Schultz-Hoff.[13]

Die auf Rechtsmissbrauch gestützte Argumentation trifft allerdings nicht den Kern des Problems:[14] Der Arbeitnehmer, der in diesem Fall seinen Urlaub geltend macht, handelt nicht missbräuchlich, sondern der Zweck des Urlaubs – eine Erholung von der Arbeit – kann nicht erreicht werden. Die Zweckerreichung ist schlicht unmöglich.

Die Argumentation der Kommission wiederum ist zirkelschlüssig:[15] *Wenn* ein Anspruch entsteht und nicht untergeht, muss er auch erfüllt werden. Hier geht es aber darum, dass der Anspruch möglicherweise wegen Zweckfortfalls untergegangen ist. Im deutschen Recht wäre insoweit § 275 Abs. 1 BGB einschlägig.[16]

Die Verneinung eines Anspruchs erscheint nun aber gerade auf den ersten Blick gegenüber einem kranken Arbeitnehmer ungerecht. Nicht nur dass er ein ganzes Jahr lang krank war, ihm wird auch noch der Urlaubsanspruch genommen, den andere Arbeitnehmer haben. Hiervon darf man sich aber nicht blenden lassen. Während der Zeit seiner Krankheit war der Arbeitnehmer von der Arbeit frei gestellt. Er erhielt (je nach der nationalen Rechtsordnung) Fortzahlung des Entgelts entweder vom Arbeitgeber oder von der Krankenversicherung oder von beiden.[17] Jedenfalls von der *Arbeit* braucht er sich nicht zu erholen; vor allem kann er es auch nicht. Es ist ihm denknotwendig unmöglich.

Möglicherweise muss sich der Arbeitnehmer aber von seiner *Krankheit erholen*. Dann ist eine Freistellung zur Rehabilitation zu gewähren. Wer Erholungsurlaub und Freistellung zur Rehabilitation in gleicher Weise als „Urlaub" bezeichnet und ohne Problematisierung denselben Grundsätzen unterwirft, bedient sich einer Falschbezeichnung. Wenn man diese Zeit als das bezeichnet, was sie ist, nämlich als Freistellung zur Rehabilitation, dann wird auch klar, dass sie nicht zum Urlaubsrecht, sondern zum Krankheitsrecht gehört. Dementsprechend werden Rehabilitationsleistungen auch im Sozialversicherungsrecht im Rahmen der Krankenversicherung geregelt. Man mag es sozialpolitisch für richtig halten, wenn der Arbeitgeber einem Arbeitnehmer nicht nur Erholungsurlaub, sondern auch Freistellung zur Rehabili-

[13] S. Schlussanträge Trstenjak Rn. 24; ähnlich die Stellungnahme der Niederländischen Regierung, Trstenjak Rn. 30.

[14] Gegen eine Heranziehung des Rechtsmissbrauchsprinzips s. auch *Wank*, NZA 2004, Sonderbeilage zu Heft 22, S. 16, 25 f.

[15] Dazu Trstenjak Rn. 28.

[16] Vgl. beispielsweise MüKo BGB/*Ernst*, 5. Aufl. 2007, § 275 Rn. 152; Palandt/*Heinrichs*, 68. Aufl. 2009, § 275 Rn. 19.

[17] S. zur funktionalen Äquivalenz der Systeme *Wank*, Arbeitnehmer und Selbständige, 1988, S. 89 ff.

tation gewähren muss. Dann muss aber auch klar sein, dass diese mit dem Erholungsurlaub nichts zu tun hat und eigenen Regeln folgen kann.

IV. Der bezahlte Urlaub (Urlaubsentgelt)

Wenn es um die Nachholung von Urlaub geht, muss auch berücksichtigt werden, dass der Arbeitnehmer einen Anspruch auf *bezahlten* Erholungsurlaub hat. Möglicherweise lassen sich beide Aspekte des Urlaubs im Falle der ganzjährigen Erkrankung trennen: Der Arbeitnehmer könnte dann zwar keine Freistellung von der Arbeit geltend machen, aber eine Zahlung des Urlaubsentgelts. Bei teleologischer Betrachtung ist entscheidend, ob der Anspruch auf Urlaubsentgelt ein eigenständiger finanzieller Anspruch ist, etwa wie der Anspruch auf Weihnachtsgeld, oder ob es sich um einen bloßen Annex zum Erholungsurlaub handelt. Im einen Fall steht der finanzielle Anspruch dem Arbeitnehmer in jedem Falle pro Urlaubsjahr zu, gleichgültig ob er Urlaub bekommt oder nicht, im anderen Fall gibt es keinen Entgeltanspruch, wenn es keinen Anspruch auf Freistellung von der Arbeit gibt.

In der deutschen Literatur zum Urlaubsrecht wird darüber gestritten, ob der Urlaubsanspruch ein zusätzlicher – neben der Pflicht zur Zahlung des Arbeitsentgelts nach § 611 BGB bestehender – Freistellungsanspruch ist,[18] oder ob es sich um einen zusammengesetzten Anspruch handelt.[19] In dieser Form trägt die Diskussion teilweise begriffsjuristische Züge.

Wenn man den Anspruch auf Urlaubsentgelt als Lohnanspruch, losgelöst von einem Urlaubsanspruch, versteht, kann dahinter etwa die Überlegung stehen, jeder Arbeitnehmer habe Anspruch auf 12 Monatsgehälter, 11 Gehälter für geleistete Arbeit und 1 Monatsgehalt für nicht geleistete Arbeit. Für den Arbeitgeber wäre das Urlaubsentgelt somit ein Kostenfaktor, der sich für jeden Arbeitnehmer in gleicher Weise stellt, unabhängig davon, wann der Urlaub genommen wird (im Urlaubsjahr oder bei Übertragung im Folgejahr) und ob der Urlaub überhaupt genommen werden kann (auch wenn ein Urlaubsanspruch wegen Krankheit in einem Urlaubsjahr ganz entfällt). So sind aber weder die deutschen Regelung noch die Regelung im EG-Recht formuliert. Vielmehr ist vom bezahlten Urlaub die Rede, wonach der Entgeltanspruch akzessorisch zum Urlaubsanspruch ist. Gibt es keinen Urlaub, gibt es auch kein Urlaubsentgelt.

[18] So u.a. ErfK/*Dörner*, § 1 BUrlG Rn. 7; *Leinemann/Linck*, 2. Aufl. 2001, § 1 BUrlG Rn. 25.

[19] *Neumann/Fenski*, 9. Aufl. 2003, § 1 BUrlG, Rn. 65, 68 ff.; Hk-BUrlG/*Hohmeister* § 1 Rn. 2 f.

V. Der Wertersatz (Urlaubsabgeltung)

Kann der Urlaub im Urlaubsjahr nicht genommen werden, so ist die Konsequenz nach deutschem Recht die Übertragung des Jahresurlaubs, und wenn auch dies nicht möglich ist, Wertersatz. Ebenso wie beim Urlaubsentgelt kann man wiederum die Frage stellen, ob der Anspruch auf Wertersatz akzessorisch ist oder losgelöst von der Inanspruchnahme des Urlaubs als eigener Anspruch besteht. Nach der deutschen Rechtsprechung vor dem Urteil des EuGH in der Rechtssache Schultz-Hoff war auch der Wertersatzanspruch akzessorisch zum Urlaubsanspruch. Verfiel der Urlaubsanspruch, gab es auch keinen Wertersatz.[20]

Legt man die oben dargestellten Erwägungen zur Unmöglichkeit zugrunde, ist dies konsequent: Die Unmöglichkeit – keinen Urlaub im Kalenderjahr nehmen zu können – wäre nicht durch den Arbeitgeber verschuldet, ein Anspruch aus §§ 280 I, III, 283 BGB würde am fehlenden Verschulden scheitern.

Aus rechtspolitischen Erwägungen könnte man hier durchaus eine andere Regelung treffen. Man könnte den Anspruch auf Urlaubsentgelt einerseits an den Urlaubsanspruch koppeln, andererseits aber den Wertersatzanspruch losgelöst davon gewähren. Dann hätte der Arbeitnehmer die Gewähr, dass er entweder (bezahlten) Urlaub oder zumindest Wertersatz in Anspruch nehmen kann.

B. Die Entscheidungen des EuGH

I. Erholungsurlaub während der Arbeitsfreistellung wegen Krankheit?

In der einschlägigen EuGH-Entscheidung waren zwei Verfahren miteinander verbunden worden, ein englischer Fall (Stinger u.a. vs. Her Majesty's Revenue and Customs) und ein deutscher Fall (Schultz-Hoff vs. Deutsche Rentenversicherung Bund). In dem englischen Fall ging es nach Meinung des EuGH um die Frage, ob ein Arbeitnehmer während seines „Krankheitsurlaubs" (so die missliche Begriffswahl des EuGH) Erholungsurlaub nehmen darf.

Schon die Sachverhaltsdarstellung ist schief und geht am Problem vorbei. Natürlich verzichtet kein Arbeitnehmer freiwillig auf seinen Erholungsurlaub, indem er ihn in die Zeit seiner Krankheit legt. Den englischen Arbeit-

[20] Grundlegend BAG 13.5.1982 AP BUrlG § 7 Nr. 4; ebenso beispielsweise BAG 21.6.2005 AP InsO § 55 Nr. 11; BAG 10.5.2005 EzA BUrlG § 7 Abgeltung Nr. 13.

nehmern ging es denn auch gar nicht um ihren Erholungsurlaub als solchen. Sie wollten vielmehr erreichen, dass sie – da sie den beantragten Urlaub krankheitshalber nicht nehmen konnten – für den Erholungsurlaub eine Abgeltung erhielten.

So wie die Fragestellung am Thema vorbei geht, so auch die Antwort des EuGH. Das EG-Recht lasse sowohl eine Regelung zu, nach der während des „Krankheitsurlaubs" Erholungsurlaub genommen werden kann (Rn. 31) als auch eine Regelung, nach der dies nicht möglich ist (Rn. 29). Da die klagenden englischen Arbeitnehmer somit ihren Erholungsurlaub nicht mehr nehmen konnten – was nach englischem Recht Voraussetzung für eine Urlaubsabgeltung ist – und sie kurz vor ihrer Entlassung standen, erhielten sie, nach diesem scheinbaren Ergebnis, beides nicht; keinen Erholungsurlaub und keine Urlaubsabgeltung. Dass sie dennoch einen Anspruch auf Urlaubsabgeltung hatten, ergibt sich erst aus der Argumentation aus der mitentschiedenen Rechtssache Schultz-Hoff.

Auch im Falle Schultz-Hoff ging sowohl die Frage des vorlegenden Gerichts als auch die Antwort des EuGH (Rn. 31) am Thema vorbei. Es ging nicht darum, ob der Kläger während seiner Krankheit Erholungsurlaub nehmen konnte – wer das ganze Jahr über krank ist, kann in dieser Zeit keinen Erholungsurlaub nehmen. Zu beantworten waren demgegenüber die Fragen, ob ein Anspruch auf Erholungsurlaub entsteht und nicht untergeht, wenn der Arbeitnehmer ganzjährig krank ist und wenn ja, ob dieser Urlaub in das nächste Jahr übertragbar ist.

II. Konkurrierende Freistellungsansprüche

Im Hinblick auf die Kollision von Urlaub und Krankheit betreffen die beiden Entscheidungen ein allgemeines Problem: Bleibt der Urlaubsanspruch bestehen, wenn der Arbeitnehmer der Arbeit aus anderen Gründen fernbleibt? Hier sind unterschiedliche Konkurrenzen denkbar.

1. *Mutterschaftsurlaub und Erholungsurlaub*

Die Konkurrenz zwischen Mutterschaftsurlaub und Erholungsurlaub löst der EuGH dahin, „dass ein durch das Gemeinschaftsrecht gewährleisteter Urlaub nicht den Anspruch auf einen anderen gemeinschaftsrechtlich gewährleisteten Urlaub beeinträchtigen kann" (Rn. 26, unter Hinweis auf frühere Urteile). Nur weil der „Krankheitsurlaub" und insbesondere die Modalitäten seiner Ausgestaltung EG-rechtlich nicht geregelt sind, berief sich der EuGH im vorliegenden Fall nicht auf diese Rechtsprechung (Rn. 27). Weder im vorliegenden Urteil noch in den früheren Urteilen stellt der EuGH allerdings die Frage nach dem Zweck des Erholungsurlaubs: Wie kann es überhaupt Erholungsurlaub als Erholung von der Arbeit geben, wenn der Arbeitnehmer gar nicht arbeitet?

2. *Sonstige Konkurrenzfälle*

Ähnliche Konkurrenzfragen ergeben sich im Verhältnis des Erholungsurlaubs zu
- dem Lohnfortzahlungsanspruch nach § 616 BGB[21]
- der Beurlaubung zur Ausübung staatsbürgerlicher Rechte und Pflichten[22]
- Feiertagsurlaub[23]
- sonstigen gesetzlichen Freistellungen, wie § 629 BGB u.a.[24]

Im Ergebnis sollen nach Rechtsprechung und Literatur in Deutschland die jeweiligen Ansprüche auf Arbeitsbefreiung nebeneinander stehen.[25]

3. *Erholungsurlaub und Krankheit*

Untersucht man die spezielle Konkurrenz von Erholungsurlaub und Krankheit, so müssen grundsätzlich zwei Fragen auseinander gehalten werden. Stehen in den genannten Fällen beide Freistellungsansprüche selbständig nebeneinander, gibt es auch keine Anrechnung. Wenn daher einer der beiden Befreiungstatbestände mit dem anderen zusammenfällt, führt das im Ergebnis dazu, dass sich der Anspruch auf Erholungsurlaub entsprechend verlängert.

Für den Fall der Arbeitsunfähigkeit während des ganzen Jahres wird jedoch eine weitere Erwägung maßgeblich: Nach der oben erläuterten Teleologie des Erholungsurlaubs – die Erholung von der Arbeit – kann es keinen Urlaubsanspruch geben, wenn der Arbeitnehmer ohnehin nicht gearbeitet hat. Hier sind also die Freistellungsansprüche – anders als bei den sonstigen oben genannten – nicht kumulativ, sondern alternativ.

Von diesem Zusammenhang zwischen Arbeit und Erholungsurlaub sieht der EuGH völlig ab (Rn. 36 ff.). Er begründet das damit, dass in der Richtlinie eine Differenzierung zwischen Arbeitnehmern, die während des Urlaubsjahres gearbeitet haben, und Arbeitnehmern, die während des Urlaubsjahres nicht gearbeitet haben, nicht vorgenommen werde (Rn. 40).

Es ist auffällig, dass sich der EuGH immer dann, wenn er ein bestimmtes Ergebnis erreichen möchte, darauf beruft, dem Wortlaut sei eine dahingehende Aussage nicht zu entnehmen, während er in anderen Fällen keine Bedenken hat, ungeschriebene Tatbestandsmerkmale im Text zu finden oder eine teleologische Reduktion vorzunehmen.

[21] Hk-BUrlG/*Hohmeister* § 1 Rn. 69 ff.; *Neumann/Fenski* § 1 BUrlG Rn. 37.
[22] Hk-BUrlG/*Hohmeister* § 1 Rn. 76; *Neumann/Fenski* § 1 BUrlG Rn. 39.
[23] Hk-BUrlG/*Hohmeister* § 1 Rn. 77; *Neumann/Fenski* § 3 BUrlG Rn. 37.
[24] Hk-BUrlG/*Hohmeister* § 1 Rn. 73; *Neumann/Fenski* § 1 BUrlG Rn. 41 ff.
[25] *Neumann/Fenski* § 3 BUrlG Rn. 37 ff.

Weil er den teleologischen Zusammenhang gar nicht erst thematisiert, kann der EuGH auch nicht den Besonderheiten des Falles gerecht werden: Ein Arbeitnehmer, der zunächst wegen ganzjähriger Krankheit seinen Urlaub nicht nehmen kann, kann auch im Folgejahr keinen übertragenen Urlaub wegen Krankheit nehmen (Rn. 43 bis 45, 48).

Ein nicht (mehr) existenter Anspruch ist keiner Übertragung zugänglich.

III. Der Regelungsspielraum des nationalen Gesetzgebers

Die Arbeitszeit-Richtlinie 93/104/EG[26] oder 2003/88/EG äußert sich nur in Art. 7 zum Jahresurlaub. Es ist selbstverständlich, dass in diesem knappen Kontext nur ein Minimum festgelegt sein kann. Dementsprechend verweisen die Art. 7 Abs. 1 der beiden RL dann auch auf die „Bedingungen für die Inanspruchnahme und die Gewährung" nach nationalem Recht. Bei genauer Betrachtung muss man unterscheiden: Ob es „einen bezahlten Mindestjahresurlaub von vier Wochen" gibt, ist der Kompetenz der Mitgliedstaaten entzogen.[27] Regeln dürfen sie nur die Bedingungen für die Inanspruchnahme.

Im Ansatz ist es richtig, wenn die Generalanwältin zwischen dem Entstehen und dem Erlöschen des Anspruchs auf Erholungsurlaub einerseits und den Bedingungen für die Inanspruchnahme andererseits unterscheidet. Im Übrigen ist ihre Betrachtung aber rein formal und angreifbar. Sie ist der Meinung, weil die Richtlinie zu den Einzelheiten der Entstehung und des Erlöschens des Anspruchs nichts besage, dürfe es insoweit auch keinerlei Voraussetzungen oder Einschränkungen geben. Dem folgt der EuGH; innerstaatliche Rechtsvorschriften dürften nicht „bereits die Entstehung dieses sich unmittelbar aus der Richtlinie 93/104/EG ergebenden Anspruchs von irgendeiner Voraussetzung abhängig … machen" (Rn. 28). Das ist unzutreffend. Auch die scheinbar schrankenlosen Grundrechte des Grundgesetzes unterliegen selbstverständlich Schranken, wobei man dann eben von verfassungsimmanenten Schranken spricht, die von der Rechtsprechung entwickelt werden.[28] So muss es selbstverständlich auch in einem Falle, in dem die Richtlinie so gut wie gar nichts über die Einzelheiten der Entstehung und des Erlöschens von Ansprüchen aussagt, Bedingungen dafür geben. Die Frage

[26] Die Richtlinie 93/104/EG wurde von der Richtlinie 2003/88/EG mit Wirkung zum 1.8.2004 aufgehoben.

[27] So auch der EuGH 18.3.2004, Rs. C-342/01, Slg. 2004, I-2605 = AP EWG Richtlinie Nr. 93/104 Nr. 10 – Merino Gomez; Urteil Schultz-Hoff Rn. 46 f.

[28] Sachs/*Sachs*, GG, 5. Aufl. 2009, vor Art. 1 Rn. 120 ff. mit Rechtsprechungsnachweisen; Schmidt-Bleibtreu/Klein/*Kannengießer*, GG, 10. Aufl. 2004, Vorb. vor Art. 1 Rn. 3.

kann nur sein, ob angesichts des außerordentlich knappen und nichts sagenden Textes der Richtlinie die Bestimmung dieser Voraussetzungen Sache der EG oder Sache der Mitgliedstaaten ist. Nach dem Subsidiaritätsprinzip kann es nicht richtig sein, dass in diesen Fällen der EuGH meint, eine Richtlinie ausgerechnet dann nach EG-Recht fortentwickeln zu dürfen, wenn sie sich einer Regelung gerade enthält. Vielmehr bleibt es dann den Mitgliedstaaten überlassen, Einzelheiten bezüglich des Entstehens und des Erlöschens des Anspruchs gemäß den übrigen nationalen Regelungen zu bestimmen. Richtig ist allein, dass diese Voraussetzungen und Beschränkungen im Ergebnis nicht dazu führen dürfen, dass der von der Richtlinie gewährte Anspruch entwertet wird.

Wie man bei einer derartigen Generalklausel das Verhältnis zwischen EG-Recht und nationalem Recht zutreffend bestimmen kann, hat der EuGH in einem Urteil zu datenschutzrechtlichen Aufbewahrungsfristen vorgemacht.[29] Die Datenschutzrichtlinie 95/46/EG gewährt jedem Bürger einen Auskunftsanspruch bezüglich über ihn gespeicherter Daten. Die Richtlinie sieht keine Speicherfrist vor; anders das niederländische Recht. Um festzustellen, ob Art. 12a der Richtlinie eine Speicherfrist im nationalen Recht zulässt, legt der EuGH die Vorschrift aus. Er stellt fest, „dass die Bestimmungen der Richtlinie verhältnismäßig allgemein gehalten sind, da die Richtlinie auf viele ganz unterschiedliche Situationen Anwendung finden soll und da sie Vorschriften enthält, die durch eine gewisse Flexibilität gekennzeichnet sind, und es in vielen Fällen den Mitgliedstaaten überlässt, die Einzelheiten zu regeln oder zwischen Optionen zu wählen“ (Rn. 56). Es sei „Sache der Mitgliedstaaten, eine Frist für die Aufbewahrung dieser Information sowie einen darauf abgestimmten Zugang zu ihr festzulegen, die einen gerechten Ausgleich bilden zwischen dem Interesse der betroffenen Person am Schutz ihres Privatlebens … auf der einen Seite und der Belastung, die die Pflicht zur Aufbewahrung der betreffenden Information für den für die Verarbeitung Verantwortlichen darstellt, auf der anderen Seite“ (Tenor Ziff. 1, Satz 2).

Nach diesen völlig überzeugenden Maßstäben kann das nationale Recht bestimmen, dass ein Anspruch auf Urlaub nicht mit dem ersten Arbeitstag entsteht, sondern erst nach einer bestimmten Wartezeit. Ebenso kann das nationale Recht bestimmen, dass ein Urlaub nicht unbegrenzt übertragen werden darf, sondern einer Ausschlussfrist oder einer Verjährung unterliegt. Schließlich könnte das nationale Recht auch vorsehen, dass ein Erholungsurlaub nur dann gewährt wird, wenn der Arbeitnehmer in dem betreffenden Jahr überhaupt gearbeitet hat.

[29] EuGH 7.5.2009, Rs. C-553/07, EuZW 2009, 546 – College van burgemeester en wethouders van Rotterdam/M. E. E. Rijkeboer. Zur Regelungsfreiheit der Mitgliedstaaten außerhalb einer europäischen Harmonisierung vgl. auch EuGH 8.9.2009, Rs. C-42/07, NJW 2009, 3221 Rn. 69 – Bwin.

Zusammenfassend: Die Aussage des EuGH, weil die Richtlinie keine Einzelheiten regele, dürfe auch der nationale Gesetzgeber keine Regelung treffen, ist inkorrekt. Die Unterscheidung zwischen Entstehung und Untergang des Anspruchs einerseits und Inanspruchnahme andererseits ist abstrakt gesehen zwar insofern richtig, als nationale Regelungen zu Entstehung und Untergang des Anspruchs diesen nicht in seinem Kern entwerten dürfen. Die darüber hinausgehende Aussage des EuGH, der nationale Gesetzgeber dürfe insoweit überhaupt nichts regeln, ist demgegenüber verfehlt. Der EuGH hat den Charakter allgemeiner Formulierungen in Richtlinien verkannt: Sie bedürfen der Konkretisierung, und zwar in diesem Fall durch das nationale Recht.

IV. Die Bezugnahme auf das IAO-Übereinkommen Nr. 132

Etwas anderes könnte sich allerdings daraus ergeben, dass nach Erwägungsgrund 6 der Richtlinie „hinsichtlich der Arbeitszeitgestaltung" den Grundsätzen der IAO über den bezahlten Jahresurlaub Rechnung zu tragen ist. Der EuGH meint, Folgerungen in seinem Sinne mit einem Rückgriff auf das Übereinkommen Nr. 132 der Internationalen Arbeitsorganisation ableiten zu können.

Insofern ist vorab zu klären, welche Bindungswirkung den Erwägungsgründen von Richtlinien zukommt. Sicherlich haben sie eine stärkere Bedeutung als die „amtliche Begründung" deutscher Gesetze, da die Erwägungsgründe zugleich mit der Richtlinie vom Richtliniengeber verabschiedet werden. Bei einem Widerspruch zwischen dem Richtlinientext und den Erwägungsgründen hat allerdings der Richtlinientext den Vorrang. Wenn überhaupt, dann kann den Erwägungsgründen nur insoweit Bedeutung zukommen, als sie den Richtlinientext ergänzen oder konkretisieren.

Richtig ist zwar, worauf der EuGH hinweist, dass nach Art. 3 des Übereinkommens jeder Arbeitnehmer einen Anspruch auf einen bezahlten Jahresurlaub von mindestens drei Arbeitswochen hat. Bemerkenswert sind aber die Einschränkungen bezüglich der Entstehung des Urlaubs: Es kann eine Mindestdienstzeit verlangt werden, Art. 5 Abs. 1. Zum Verhältnis von Krankheitsurlaub gilt: Krankheitszeiten sind als Dienstzeiten zu werten, Art. 5 Abs. 4, und dürfen nicht in den Mindestjahresurlaub eingerechnet werden.

Die Regelung bezieht sich allerdings nur auf Fälle, in denen der Arbeitnehmer in einem Jahr überhaupt gearbeitet hat und in dem somit Dienstzeiten angefallen sind. Zu dem Fall, dass der Arbeitnehmer das ganze Jahr aus Krankheitsgründen nicht arbeitet, trifft die Regelung keine Aussage. Der Fall kann daher nach nationalem Recht anders geregelt werden.

V. Die Frist für die Übertragung des Urlaubsanspruchs

Die Aussage des EuGH zur Übertragung des Urlaubs ist aus mehreren Gründen angreifbar.

Auch wenn man der Ansicht des EuGH folgt,

- dass ein Arbeitnehmer, der das ganze Jahr krank war und nicht gearbeitet hat, einen Anspruch auf den Erholungsurlaub hat,
- und dass der Erholungsurlaub in diesem Fall, weil er nicht genommen werden kann, übertragbar ist,

stellt sich die weitere Frage, bis wann dieser Erholungsurlaub übertragbar ist. Diesbezüglich sind die Aussagen des EuGH widersprüchlich:

Einerseits ist es nach Ansicht des EuGH möglich, den Erholungsurlaub beliebig auf ein Jahr oder auf mehrere Jahre zu übertragen.

Andererseits soll sich nach Meinung des EuGH das Urlaubsrecht nach dem IAO-Übereinkommen Nr. 132 richten. Nach dessen Art. 9 Abs. 1 muss der zusammenhängende Teil des Jahresurlaubs jedoch spätestens ein Jahr nach Ablauf des Urlaubsjahres genommen werden.

Im vom EuGH entschiedenen Fall hätte Herr Schultz-Hoff den Urlaub dementsprechend spätestens ein Jahr nach Ablauf seines Urlaubsjahres nehmen müssen. Da das nicht geschehen ist, war sein Urlaubsanspruch im Zeitpunkt der EuGH-Entscheidung – entgegen der Ansicht des EuGH – offensichtlich erloschen.

Selbst wenn man dem nicht folgen wollte, könnte der Anspruch nach nationalem Recht erlöschen oder nicht geltend gemacht werden. In Betracht kommen:

- tarifliche oder einzelvertragliche Ausschlussfristen,
- Unmöglichkeit,
- Verjährung oder
- Verwirkung.

Dem kann – für den übertragenen Urlaub – nicht entgegen gehalten werden, der Urlaubsanspruch sei schon nicht fallig, weil der Arbeitgeber die Urlaubszeit nicht festgelegt habe. Der Anspruch des Arbeitnehmers, der keine Übertragung geltend macht, entsteht gar nicht erst als Anspruch im Folgejahr.

VI. Die Urlaubsabgeltung

Die Fragen zur Urlaubsabgeltung müssen zum Verständnis des Gesamtkomplexes mit einbezogen werden.

Entgegen der Ansicht des EuGH bedeutet die fehlende Übertragbarkeit des Urlaubs nämlich nicht, dass der Arbeitnehmer mit leeren Händen da steht. Jedenfalls wenn das Arbeitsverhältnis endet, ohne dass der Arbeitnehmer den ihm zustehenden Erholungsurlaub erhalten hat, kann der Arbeitnehmer nach Art. 11 des Übereinkommens Nr. 132 der IAO sowie nach Art. 7 Abs. 2 RL 2003/88/EG eine Urlaubsabgeltung erhalten.

Die Richtlinie sowie das IAO-Übereinkommen kennen also zwei Fälle: entweder der Arbeitnehmer arbeitet noch und nimmt während der Dauer seines Beschäftigungsverhältnisses Urlaub; oder das Arbeitsverhältnis ist beendet und der Arbeitnehmer erhält eine Urlaubsabgeltung.

Weder die Richtlinie noch das IAO-Übereinkommen regeln aber die Besonderheiten der vorliegenden Fallgestaltung, und auch der EuGH geht mit keinem Wort auf die Besonderheit der Fallgestaltung ein. Sie besteht im Folgenden:

Normalerweise steht der Arbeitnehmer in einem Beschäftigungsverhältnis und nimmt den Urlaub entweder im Urlaubsjahr selbst oder als übertragenen Urlaub im Folgejahr; oder das Arbeitsverhältnis ist beendet, und der Arbeitnehmer erhält eine Urlaubsabgeltung.

Im vorliegenden Fall steht der Arbeitnehmer jedoch zwar weiterhin formal in einem Beschäftigungsverhältnis, de facto arbeitet er aber überhaupt nicht mehr in dem Betrieb. Zu diesen „Karteileichen" kommt es deshalb, weil der Arbeitnehmer nach dem Zeitraum der Entgeltfortzahlung wegen Krankheit keine Leistungen an den Arbeitnehmer mehr erbringt. Er tut dem Arbeitnehmer daher eigentlich etwas Gutes, wenn er den formalen Mantel des bestehenden Arbeitsverhältnisses aufrechterhält, obwohl de facto auf beiden Seiten keine Rechte und Pflichten mehr bestehen. Es bedeutet eine Verkennung der Rechtstatsachen, in einem solchen nur noch dem Namen nach bestehenden Arbeitsverhältnis weiterhin Ansprüche geisterhaft entstehen zu lassen und sie dem Arbeitgeber Jahre später zu präsentieren. Wie in der Literatur richtig festgestellt wird, führt der Ansatz des EuGH dazu, dass Arbeitgeber seit dem Urteil Schultz-Hoff auf die Wohltat einer Fortführung des Arbeitsverhältnisses verzichten und dem dauernd kranken Arbeitnehmer kündigen werden.[30] Nun hat der EuGH zwar im Urteil Paletta I[31] erklärt, dass ihn die sozialen Folgen seiner Entscheidungen nicht interessieren. Immerhin könnte ein Blick auf die durch dieses Urteil erreichten Folgen in der Praxis vielleicht eine Neubesinnung bewirken.

[30] *Bauer/Arnold*, NJW 2009, 631, 635 f.; *Gaul/Josten/Strauf*, BB 2009, 497, 501; *Born*, NJW 2009, 2177, 2179; *Kamanabrou*, SAE 2009, 121, 127. Die Tatsache, dass mit dieser Rechtsprechung eine stärkere Belastung des Arbeitgebers einhergeht, müsste zudem die Kündigungsmöglichkeit seitens des Arbeitgebers erleichtern. Im Rahmen einer personenbedingten Kündigung verstärkt die zusätzliche Belastung mit dem Urlaubsanspruch und dessen Abgeltung die erheblichen betrieblichen Interessen des Arbeitgebers (vgl. *Bauer/Arnold*, NJW 2009, 631, 635 f.; *Abele*, EuZW 2009, 152, 153).

[31] EuGH 3.6.1992, Rs. C-45/90, Slg. 1992, I-3423 = AR-Blattei ES 1000 3.1 Nr. 164 m. Anm. *Wank*.

C. Fazit

Die Entscheidung des EuGH in der Rs. Schultz-Hoff überzeugt nicht.

Der EuGH verkennt, dem Vorgehen der Generalanwältin folgend, die Funktion der Richtlinien, die hinsichtlich der ausfüllungsbedürftigen Vorgaben lediglich einen Rahmen aufzeigen, der – entgegen der Ansicht des EuGH – der Ausgestaltung des nationalen Rechts zugänglich ist. Dies gilt im konkreten Fall auch für die Einzelheiten der Entstehung und der Übertragung des Anspruchs auf Erholungsurlaub.

Der EuGH verkennt auch den Zweck des Erholungsurlaubs. Es geht um Erholung von der Arbeit. Das setzt voraus, dass der Arbeitnehmer im Kalenderjahr überhaupt gearbeitet hat.

Wenn der EuGH schon auf das einschlägige IAO-Übereinkommen Bezug nimmt, dann muss er auch konsequenter Weise annehmen, dass das nationale Recht durchaus bestimmte Voraussetzungen des Urlaubsanspruchs festlegen kann und dass hierbei eine Übertragung nur innerhalb eines Jahres möglich ist.

Bei folgerichtiger Rechtsanwendung hätte der EuGH daher entscheiden müssen, dass es in einem Fall wie dem vorliegenden keine Urlaubsabgeltungsansprüche mehr gibt.

C. Wirtschaftsrecht

Die Information der Aktionäre über Angelegenheiten der Gesellschaft

Jan Busche

I. Der Aktionär und das Informationsinteresse

Seitdem vermehrt kritische Aktionäre auf den Hauptversammlungen großer Aktiengesellschaften erscheinen, um dort Informationen über Vorstandsvergütungen, risikoreiche Geschäfte der Gesellschaft oder auch Beteiligungen an anderen Unternehmen und deren Geschäftspolitik einzufordern, wird vielfach beklagt, dass Aktionäre die Hauptversammlungen für verbandsfremde Zwecke nutzen.[1] Unbehagen lösen auch Aktionäre aus, die das Fragerecht auf Hauptversammlungen zuweilen allein mit dem Ziel ausüben, dadurch Formfehler bei der Beantwortung dieser Fragen zu provozieren, um sich anschließend die daraufhin erhobene Beschlussmängelklage „abkaufen" zu lassen.[2] Solche Auswüchse, die den Gesetzgeber in den vergangenen Jahren wiederholt zu Gegenmaßnahmen veranlasst haben,[3] führen dazu, dass auch das in § 131 AktG verankerte Fragerecht der Aktionäre zuweilen kritisch betrachtet wird. Insgesamt scheinen viele Aktionäre weniger am langfristigen Wohlergehen des Unternehmens interessiert zu sein, als vielmehr auf die kurzfristige Rendite ihres Investments zu schauen. Freilich differenziert § 131 AktG nicht nach dem Motiv der Beteiligung, sondern spricht den Aktionär als Gesellschafter und damit als Verbandsmitglied an. Die verbandsrechtliche Legitimation des Fragerechts kann daher nicht davon abhängen, ob der Aktionär der Aktiengesellschaft als unternehmerisch interessierter Gesellschafter oder „flüchtiger" Anleger gegenübertritt. Auf der anderen Seite ist die Legitimität der daraus erwachsenden unterschiedlichen Informationsinteressen sehr wohl zu hinterfragen. Es geht also darum, Inhalt und Grenzen des Auskunftsrechts näher zu betrachten.

[1] Vgl. nur *Kallmeyer* Die AG 1998, 123 ff.; *Lehmann* in: *Timm* (Hrsg.), Missbräuchliches Aktionärsverhalten, 1990, S. 51 ff.; *Mertens* Die AG 1997, 481 ff.

[2] Dazu *Baums* in: Verhandlungen des 63. DJT, Bd. I, 2000, S. F 152 ff.; *Claussen* FS K. Schmidt, 2009, S. 217, 227 f.

[3] Vgl. RegBegr. zum Entwurf eines Gesetzes zur Unternehmensintegrität und zur Modernisierung des Anfechtungsrechts (UMAG), BT-Drucks. 15/5092, S. 10; RegBegr. zum Entwurf eines Gesetzes zur Umsetzung der Aktionärsrechterichtlinie (ARUG), BT-Drucks. 16/11642, S. 20 f.

Die Konkretisierung individueller Informationsansprüche ist insoweit nicht nur ein aktienrechtliches, sondern ein allgemeines verbandsrechtliches Problem. Denn ungeachtet der Organisationsvielfalt der Verbände, die auf der einen Seite vom Idealverein des § 21 BGB bis zur Aktiengesellschaft reicht, auf der anderen Seite von der BGB-Gesellschaft bis zur Publikums-KG, stellt sich die übergreifende Frage, welche Informationen der einzelne Verbandsangehörige von der jeweiligen Gesellschaft verlangen kann, um seine Interessen innerhalb des Verbandszwecks zu verfolgen.[4] *Dieter Reuter* weist auf diesen Aspekt in seiner Kommentierung zum Vereinsrecht[5] hin und hat damit den Anstoß zu den folgenden Überlegungen gegeben.

II. Das Informationsinteresse und seine gesetzliche Ausformung

Wer sich einen ersten Überblick über die Voraussetzungen und Grenzen der Informationsvermittlung in Verbänden verschafft, erkennt schnell, dass individuelle Informationsansprüche in den einschlägigen verbandsrechtlichen Kodifikationen nur unvollkommen geregelt sind. Soweit Normierungen überhaupt bestehen, wie in § 131 AktG und § 51a GmbHG oder für die offene Handelsgesellschaft in § 118 HGB und für die Kommanditgesellschaft in § 166 HGB, sind die Informationsansprüche nach Inhalt, Umfang und Zeitpunkt der Geltendmachung von unterschiedlicher Qualität. In den erwähnten Bestimmungen ist von bestimmten Formen der Informationsvermittlung die Rede, etwa von der Auskunfterteilung gegenüber Mitgliedern und Gesellschaftern (§§ 131 AktG, 51a GmbHG) oder deren Rechten auf Einsichtnahme in Verbandsunterlagen (§§ 118 Abs. 1, 166 Abs. 1 HGB, 51a GmbHG). Im Vereinsrecht fehlen Vorschriften über Informationsrechte der Vereinsmitglieder dagegen vollständig. Gleichwohl steht außer Frage, dass auch Vereinsmitglieder ein schützenswertes Informationsinteresse haben.[6]

Die fehlende Kodifizierung des Auskunftsanspruchs im Vereinsrecht weist darauf hin, dass individuelle Informationsansprüche von Verbandsmitgliedern jenseits der spezialgesetzlichen Ausprägung auf einem tiefer liegenden Fundament ruhen. Im Schrifttum werden die Grundlagen der verbandsrechtlichen Informationsvermittlung zumeist unter dem Blickwinkel der teleologischen Begrenzung gesetzlicher Informationsansprüche behandelt. Dabei geht es im Ausgangspunkt regelmäßig um eine tatbestandliche Eingrenzung des sehr weit formulierten Auskunftsanspruchs aus § 51a GmbHG. Dafür steht einerseits die von *Karsten Schmidt* entwickelte, vom Informationsinte-

[4] Allgemein zur Mitgliedschaft als individueller Teilhabe in einer Gruppe von Personen *Lutter* AcP 180 (1980), 84, 88 ff.

[5] MünchKommBGB/*Reuter*, 5. Aufl. 2006, § 38 Rn. 36.

[6] MünchKommBGB/*Reuter*, 5. Aufl. 2006, § 38 Rn. 36 f.

ressenten ausgehende Konzeption des „Informationsbedürfnisses“,[7] andererseits der auf die Gesellschaftsorganisation bezogene „funktionelle Ansatz“ von *Hans-Joachim Mertens*.[8] Der BGH wiederum hat beide – scheinbar gegensätzliche – Positionen in einer Entscheidung zum Informationsrecht des Kommanditisten aus dem Jahre 1992 kombiniert und zumindest verbal harmonisiert, indem er den Informationsanspruch des Gesellschafters gegenüber der Gesellschaft sowohl als „funktionsgebunden“ als auch durch das „Informationsbedürfnis“ des Gesellschafters begrenzt angesehen hat.[9] In der Tat handelt es sich bei Lichte betrachtet um zwei Seiten ein und derselben Medaille: Die Informationsvermittlung kann nur vom Informationsinteressenten her gedacht werden, da sie auf sein Informationsbedürfnis reagiert. Das subjektiv gefärbte Informationsbedürfnis, in dem ein Informationsdefizit des Gesellschafters zum Ausdruck kommt, begründet jedoch allein noch keinen verbandsrechtlichen Informationsanspruch. Dieser ist vielmehr funktionsgebunden, da er aus dem Kontakt mit dem Verband resultiert.[10] Diese Erkenntnis markiert freilich nur eine erste Etappe auf dem Weg, der individuellen Informationsvermittlung in Verbänden belastbare Konturen zu verleihen.

[7] *K. Schmidt* in: Das neue GmbH-Recht in der Diskussion, 1981, S. 87, 99 ff.; *ders.* Informationsrechte in Gesellschaften und Verbänden, 1984, S. 35 ff., 58 f., 63, 85 f.; *ders.* FS Kellermann, 1991, S. 389; *ders.* Gesellschaftsrecht, 4. Aufl. 2002, § 35 I 4 b aa); Scholz/*K. Schmidt* GmbHG, 10. Aufl. 2007, § 51a Rn. 8; zustimmend Baumbach/Hueck/*Zöllner* GmbHG, 19. Aufl. 2010, § 51a Rn. 27; Michalski/*Römermann* GmbHG, 2002, § 51a Rn. 129 ff.; *Veltins/Hickel* DB 1989, 465, 467; vgl. auch BayObLG BB 1993, 1547; OLG Stuttgart BB 1983, 677; ablehnend KG ZIP 1988, 714, 715; *Becker* Verwaltungskontrolle durch Gesellschafterrechte, 1997, S. 677 f.; *v. Bitter* ZIP 1981, 825, 829; *Grunewald* ZHR 146 (1982), 211, 222 f.; Hachenburg/*Hüffer* GmbHG, 8. Aufl. 1997, § 51a Rn. 6, 57; *Kort* ZGR 1987, 46, 49; *Lutter* ZGR 1982, 1, 4; *Lutter/Hommelhoff* GmbHG, 14. Aufl. 1995, § 51a Rn. 3; *Martens* GmbHR 1984, 265, 270; *K. Müller* GmbHR 1987, 87, 89; *Schäfers* Informationsrechte von Aktionären, 2007, S. 179 ff.; *Raiser/Veil* Recht der Kapitalgesellschaften, 4. Aufl. 2006, § 27 Rn. 11 f.; *Roth*, in: Roth/Altmeppen, GmbHG, 6. Aufl. 2009, § 51a Rn. 7; Rowedder/Schmidt-Leithoff/*Koppensteiner* GmbHG, 4. Aufl. 2002, § 51a Rn. 15; *Wohlleben* Informationsrechte des Gesellschafters, 1989, S. 75 ff.; *Zetzsche* Aktionärsinformation in der börsennotierten Aktiengesellschaft, 2007, S. 104 f.

[8] *Mertens* FS Werner, 1984, S. 557, 566 ff., zustimmend Baumbach/Hueck/*Zöllner* GmbHG, 19. Aufl. 2010, § 51a Rn. 29 f.; Hachenburg/*Hüffer*, GmbHG, 8. Aufl. 1997, § 51a Rn. 59; im Ansatz ähnlich auch *Lutter* ZGR 1982, 1, 3, 7 f.; ablehnend *Wohlleben* Informationsrechte des Gesellschafters, 1989, S. 80 f.

[9] BGH NJW 1992, 1890, 1891; in diesem Sinne auch Baumbach/Hueck/*Zöllner* GmbHG, 19. Aufl. 2010, § 51a Rn. 28 ff.

[10] Vgl. auch *K. Schmidt* FS Kellermann, 1991, S. 389, 395: „(Das Merkmal des Informationsbedürfnisses) steht nicht notwendig in Konkurrenz zu einer „funktionellen“ Betrachtung, denn das Schlagwort vom Informationsbedürfnis bedarf seinerseits einer auf Organisation und Funktion in der Gesellschaft bezogenen Konkretisierung.“; ähnlich *ders.* FS 100 Jahre GmbH-Gesetz, 1992, S. 559, 583.

Bevor der eingeschlagene Weg weiter beschritten wird, bedarf es zunächst einiger terminologischer Vorklärungen, die zugleich der Abgrenzung des Untersuchungsgegenstandes dienen: Soweit sich die Darstellung im Folgenden auf individuelle Informationsansprüche konzentriert, geht es um solche Informationsansprüche, die einzelnen Mitgliedern des Verbandes gegenüber dem Verband zustehen. Diesen treten sog. kollektive Informationsrechte zur Seite.[11] Im Gegensatz zu den individuellen Informationsansprüchen, bei denen die Informationsinitiative vom einzelnen Verbandsangehörigen ausgeht, liegt sie hier bei dem zur Information verpflichteten Verbandsorgan, das kraft Gesetzes oder Satzung zumeist durch Berichterstattung[12] oder Gewährung von Einsicht in Geschäftsunterlagen,[13] tätig wird. Die Wirkung dieser positiven Informationspflichten, die individuelle Informationsbegehren im Vorfeld kanalisieren (vgl. nur § 124a AktG),[14] ist vergleichbar mit der Etablierung von Aufsichtsräten oder anderen Kontrollorganen, die gleichfalls zu einer Bündelung des Informationsflusses führen, andererseits aber das einzelne Verbandsmitglied im Interesse der Funktionsfähigkeit des Verbandes partiell vom Informationsfluss abschneiden. Diese Art der Substitution individueller Informationsvermittlung weist Parallelen zur externen Publizität[15] wie der handelsrechtlichen Rechnungslegung (§§ 238 ff. HGB),[16] kapitalmarktrechtlichen Mitteilungspflichten[17] oder anderen Formen der Registerpublizität[18] auf. Sie sollen hier nicht weiter vertieft werden. Im Gegensatz zur verbandsinternen Informationsvermittlung stehen externe

[11] Dazu *K. Schmidt* in: BMJ (Hrsg.), Gutachten und Vorschläge zur Überarbeitung des Schuldrechts, Bd. III, 1983, S. 413, 531; *ders.* Informationsrechte in Gesellschaften und Verbänden, 1984, S. 15 ff., 20 ff.; *Hüffer* ZIP 1996, 401, 404 f.

[12] Vgl. exemplarisch zum *AktG*: §§ 92, 125 Abs. 1, 176 Abs. 1; zum *Vereinsrecht*: § 27 Abs. 3 iVm. § 666 BGB (allg. Auskunfts- und Rechenschaftspflicht); zur *OHG/KG* und *GbR* (§ 105 Abs. 3 iVm./§§ 161 Abs. 2, 105 Abs. 3 iVm.] §§ 713, 666 BGB (dazu *Huber* ZGR 1982, 541 ff.).

[13] Vgl. exemplarisch zum *AktG*: §§ 124a, 175 Abs. 2 S. 1; zum *GmbHG*: § 42a Abs. 1; zum *GenG*: §§ 33 Abs. 1 S. 2, 48 Abs. 3 S. 1.

[14] *Lutter* ZGR 1982, 1, 5 ff., schlägt zur Verbesserung der praktischen Handhabung von § 51a GmbHG den Aufbau eines präventiven (kollektiven) Informationssystems vor; vgl. auch *Grunewald* ZHR 146 (1982), 211, 225 f.; *Hommelhoff* BB 1981, 944, 951; Rowedder/Schmidt-Leithoff/*Koppensteiner* GmbHG, 4. Aufl. 2002, § 51a Rn. 14.

[15] Zur Unterscheidung zwischen interner und externer Publizität vgl. auch *Immenga* in: *Roth* (Hrsg.), Die Zukunft der GmbH, 1983, S. 107; Roth/Altmeppen/*Roth* GmbHG, 6. Aufl. 2009, Einl. Rn. 33, § 51a Rn. 3.

[16] Dazu *Merkt* Unternehmenspublizität, 2001, S. 135 ff.; *Zetzsche* Aktionärsinformation in der börsennotierten Aktiengesellschaft, 2006, S. 47 ff.; Übersicht über die einzelnen Bilanzzwecke bei Kübler/Assmann, Gesellschaftsrecht, 6. Aufl. 2006, § 19 II (S. 305 ff.).

[17] Näher dazu *Merkt* Unternehmenspublizität, 2001, S. 140 ff.; *Zetzsche* Aktionärsinformation in der börsennotierten Aktiengesellschaft, 2006, S. 29 ff.

[18] Vgl. *Merkt* Unternehmenspublizität, 2001, S. 133 ff.

Informationsquellen zwar auch den Verbandsmitgliedern offen[19] und haben deshalb für diese komplementäre Bedeutung; sie dienen aber vornehmlich der Unterrichtung außen stehender Informationsinteressenten, die mit dem Verband in Beziehung treten wollen oder bereits in Beziehung getreten sind. Neben den Gläubigern (Lieferanten und Kunden) gehören zu diesen Informationsinteressenten auch Wettbewerber, potenzielle Verbandsmitglieder (Anleger)[20] und Arbeitnehmer des Unternehmens[21]. Es geht dabei im weiteren Sinne um die Herstellung von Unternehmenstransparenz.

III. Die verbandsrechtliche Legitimation der Informationsvermittlung gegenüber einzelnen Verbandsmitgliedern

Nach dieser Ab- und Eingrenzung des Untersuchungsgegenstandes ist die eingangs gestellte Frage nach der verbandsrechtlichen Legitimation der Informationsvermittlung gegenüber dem einzelnen Verbandsmitglied wieder aufzugreifen. Die eigentliche Legitimationsgrundlage erschließt sich dabei, wie bereits deutlich wurde, nur von innen heraus, nämlich aus der Stellung des Verbandsmitglieds im Verband. Betrachtet man vor diesem Hintergrund die Stellung des Verbandsmitglieds, so lassen sich die Bausteine des verbandsrechtlichen Informationssystems wie folgt beschreiben:

- Auslöser des Informationsinteresses und damit erste Voraussetzung für das Erfordernis der Informationsvermittlung ist ein Informationsgefälle zwischen dem verbandsrechtlich bestimmten Handlungsträger (Organ) und dem „einfachen“ Verbandsangehörigen.[22] Dieses allein legitimiert allerdings noch keinen verbandsrechtlichen Informationsanspruch, da ein Informationsungleichgewicht verbandsrechtlich gewollt sein kann.
- Zu dem Informationsgefälle muss vielmehr zweitens ein verbandsrechtlich abgesicherter Informationszweck hinzutreten. Dieser steuert im eigentlichen Sinne Inhalt und Umfang der Informationsvermittlung. Der Informationszweck ergibt sich für den verbandsangehörigen Informationsinte-

[19] Dazu *Immenga* in: *Roth* (Hrsg.), Die Zukunft der GmbH, 1983, S. 107; *Kort* ZGR 1987, 46, 65 f.

[20] Dazu *Ekkenga* Anlegerschutz, Rechnungslegung und Kapitalmarkt, 1998, S. 396 ff.; *Hopt* Der Kapitalanlegerschutz im Recht der Banken, 1975, S. 290 ff., 305 ff.; *ders.* Gutachten 51. DJT, 1976, S. G 17; *ders.* ZHR 141 (1977), 389, 392, 403; *Wiedemann* BB 1975, 1591, 1593.

[21] Allgemein dazu *Baetge/Schulze* DB 1998, 937, 938; *Selchert* BB 1993, 753.

[22] *K. Schmidt* (in: Scholz, GmbHG, 10. Aufl. 2007; § 51a Rn. 8 aE; *ders.* FS Kellermann, 1991, S. 389, 394; *ders.* Gesellschaftsrecht, 4. Aufl. 2002, § 21 III 1a (S. 624)) sieht insoweit eine Parallele zum Rechtsschutzbedürfnis.

ressenten – in diesem Sinne funktionsgebunden – aus seiner jeweiligen (Rechts-)Stellung im Verband.[23]

Wenn es also darum geht, Inhalt und Grenzen individueller Informationsansprüche der Verbandsmitglieder näher zu bestimmen, muss der Inhalt der Mitgliedschaft auf dem Fundament der jeweiligen Verbandsverfassung analysiert werden.[24] Der Begriff der Mitgliedschaft kennzeichnet insoweit nicht allein das Rechtsverhältnis zwischen Verbandsangehörigem und Verband.[25] Er umfasst daneben die einzelnen Teilhaberechte des Verbandsangehörigen am Verband[26] wie auch die Rechte und Pflichten des Verbandes gegenüber den Verbandsangehörigen. Die Mitgliedschaft ist insoweit Stammrecht, aus dem für die Mitglieder eine Vielzahl einzelner Teilhaberechte im weiteren Sinne folgt.[27] Zu diesen Rechten des Verbandsangehörigen gehören Teilhaberechte im engeren Sinne wie das Teilhaberecht an Versammlungen und das Stimmrecht, Vermögensrechte wie der Gewinnanspruch (§ 58 Abs. 4 AktG) und Schutz- bzw. Hilfsrechte[28]. Letzteren ist neben dem Klagerecht des Mitgliedes das Informationsrecht zuzuordnen.[29] Als Schutz- bzw. Hilfsrecht weist es die Besonderheit auf, dass es immer akzessorisch zu anderen Mitgliedschaftsrechten auftritt, um diese zu effektuieren.[30] In diesem Sinne ist es zutreffend, wenn von dem Informationsrecht als einem Hilfsrecht gespro-

[23] Zu eng *Mertens* FS Werner, 1984, S. 567, 568 f., der sich vornehmlich an den aus der Organisationsverfassung folgenden Bedürfnissen orientiert.

[24] BGH ZIP 1997, 978, 980; GK-HGB/*Feddersen* 4. Aufl. 1989, § 166 Rn. 2; *Grunewald* ZGR 1989, 545, 552 f.; *dies.* ZHR 146 (1982), 211, 216 f.; *K. Schmidt* Das neue GmbH-Recht in der Diskussion, 1981, S. 87, 93; *ders.* Informationsrechte in Gesellschaften und Verbänden, 1984, S. 38 f., 85; *Wiedemann* Gesellschaftsrecht I, 1980, § 7 II 2 a bb (S. 375 ff.); *Witte* ZGR 1998, 151, 154; *Wohlleben* Informationsrechte des Gesellschafters, 1989, S. 46 ff.

[25] So auch *Reuter* FS Lange, 1992, S. 707, 722.

[26] Vgl. dazu BGH ZIP 1990, 1067, 1068; *Flume* Allgemeiner Teil des Bürgerlichen Rechts I/2, 1983, § 8 I (S. 258); *Lutter* AcP 180 (1980), 84, 101 f.; siehe auch BVerfGE 50, 290, 339 ff.; BGHZ 82, 188, 192.

[27] Vgl. auch *Becker* Verwaltungskontrolle durch Gesellschafterrechte, 1997, S. 17 f.; *Lutter* ZGR 1982, 1, 12; *v. Tuhr* Allgemeiner Teil I, 1910, § 38 (S. 542, 550 ff.) [zum Verein], anders *K. Schmidt* Informationsrechte in Gesellschaften und Verbänden, 1984, S. 38 f.

[28] Nach anderer Terminologie „Mitverwaltungsrechte"; vgl. *Hueck* Gesellschaftsrecht, 21. Aufl. 2008, § 7 II 1 (S. 63).

[29] *Weipert* in: Riegger/Weipert (Hrsg.), Münchener Handbuch des Gesellschaftsrechts, Bd. 2, 3. Aufl. 2009, § 15 Rn. 1; anders *K. Schmidt* Gesellschaftsrecht, 4. Aufl. 2002, § 19 III 3 c aa (S. 557), der das Informationsrecht als Teilhaberecht ieS ansieht, aber einräumt, dass es zwischen Teilhaberechten ieS und Schutzrechten Abgrenzungsschwierigkeiten gibt.

[30] *Grunewald* ZIP 1989, 962, 963; *dies.* ZHR 146 (1982), 211, 217; *Hachenburg/Hüffer* GmbHG, 8. Aufl. 1997, § 51a Rn. 7; Rowedder/Schmidt-Leithoff/*Koppensteiner* GmbHG, 4. Aufl. 2002, § 51a Rn. 2; Schlegelberger/*Martens* HGB, Bd. III/1, 5. Aufl. 1992, § 118 Rn. 2; *Weipert* in: Riegger/Weipert (Hrsg.), Münchener Handbuch des Gesellschaftsrechts, Bd. 2, 3. Aufl. 2009, § 15 Rn. 1; aA offenbar *Wohlleben* Informationsrechte des Gesellschafters, 1989, S. 49 f.

chen wird.[31] Da es auf der anderen Seite von der Mitgliedschaft nicht zu trennen ist, besteht es als Individualrecht unabhängig von einer ausdrücklichen gesetzlichen „Verbriefung“ und kann dem Verbandsmitglied deshalb auch nicht ohne weiteres entzogen werden.[32] Soweit im Verbandsrecht individuelle Informationsansprüche, sei es als Auskunfts- und Einsichtsrechte, kodifiziert sind, handelt es sich mit anderen Worten nur um deskriptive Bekräftigungen und Konkretisierungen des mitgliedschaftlichen Informationsrechts,[33] das damit auch ein effektives Instrument des verbandsrechtlichen Minderheitenschutzes ist.[34]

Stellt man eine Beziehung zwischen dem individuellen Informationsrecht und den unterschiedlichen mitgliedschaftlichen Teilhaberechten her, so lassen sich *fünf Fallgruppen* bilden.[35] Das Informationsinteresse des Verbandsmitglieds kann sich danach beziehen auf:

1. die Beteiligung an Grundlagenentscheidungen;
2. die Einflussnahme auf Leitung und Lenkung des Verbandes;
3. die Überwachung von Verbandsorganen;
4. die Teilhabe am wirtschaftlichen Erfolg des Verbandes und
5. die Teilhabe an sonstigen Leistungen des Verbandes.

Nicht jede dieser Teilhabeformen kommt allerdings bei allen Verbänden zum Tragen. So ist die Teilhabe am wirtschaftlichen Erfolg typischerweise auf Handelsgesellschaften beschränkt, während die Teilhabe an sonstigen Leistungen insbesondere für Idealvereine charakteristisch ist. Ferner treten häufig Überschneidungen zwischen den Fallgruppen auf. Aufgabe des Rechtsanwenders ist es, im Hinblick auf das geltend gemachte Informationsbegehren die zugehörige Teilhabeform und auf der Grundlage der jeweiligen Verbandsverfassung sodann den Umfang des Informationsanspruchs zu bestimmen. Mit anderen Worten: Der Verbandsangehörige darf solange Informationen

[31] *Becker* Verwaltungskontrolle durch Gesellschafterrechte, 1997, S. 671; *Groß* Die AG 1997, 97, 100; *Grunewald* Gesellschaftsrecht, 7. Aufl. 1996, 2.A. Rn. 58 (S. 214); *Hüffer* ZIP 1996, 401, 406; *K. Schmidt* Informationsrechte in Gesellschaften und Verbänden, 1984, S. 23; Scholz/*K. Schmidt* GmbHG, § 51a Rn. 9; gleichwohl für eine Zuordnung zum Kernbereich der Mitgliedschaft K. Schmidt JZ 1995, 313, 314; vgl. auch BVerfG NJW 2000, 349, 350; BGH JZ 1995, 311, 313.

[32] In diesem Sinne BGH JZ 1995, 311, 313.

[33] Mit unterschiedlichen Akzentuierungen auch BVerfG NJW 2000, 129; NJW 2000, 349; BGHZ 160, 385, 388; *K. Schmidt* FS Kellermann, 1991, S. 389, 394; *Witte* ZGR 1998, 151, 154; Rowedder/Schmidt-Leithoff/*Koppensteiner* GmbHG, 4. Aufl. 2002, § 51a Rn. 10; Oetker/*Oetker*, HGB, 2009, § 166 Rn. 3; Roth/Altmeppen/*Roth* GmbHG, 6. Aufl. 2009, § 51a Rn. 9; vgl. auch BGHZ 101, 1, 15 f.; ablehnend *Wohlleben* Informationsrechte des Gesellschafters, 1989, S. 47 f.

[34] Dazu etwa *Immenga* die personalistische Kapitalgesellschaft, 1970, S. 296; vgl. auch BGH ZIP 1988, 1175, 1176.

[35] Anders *Lutter/Hommelhoff* GmbHG, 17. Aufl. 2009, § 51a Rn. 7 ff., die bezogen auf Kontroll-, Gewinn- und Vermögensinteressen drei Fallgruppen unterscheiden.

fordern, bis er jenen verbandsrechtlich legitimierten Status erreicht, der zur Wahrnehmung seines mitgliedschaftlichen Teilhaberechts erforderlich ist. Dieser unterscheidet sich von Verband zu Verband. Das wiederum zwingt zu unterschiedlich ausgeformten Informationsrechten. Die Wertungsgrundlage ist aber jeweils dieselbe: Es geht um die Gewährleistung individueller Teilhabe am Verband durch Information.[36]

Damit lässt sich zunächst festhalten: Die Informationsvermittlung in Verbänden beruht auf zwei Voraussetzungen. Erforderlich ist erstens ein Informationsgefälle zwischen Verbandsorgan und „einfachem" Mitglied und zweitens ein verbandsrechtlich begründeter Informationszweck. Maßgebend für den Informationszweck, der Inhalt und Umfang der Informationsvermittlung steuert, ist – rechtsformübergreifend – der Inhalt der Mitgliedschaft, der sich in der verbandsrechtlich legitimierten Teilhabe am Verband widerspiegelt. Damit wiederum wird eine Rückbindung zum allgemeinen zivilrechtlichen Auskunftsanspruch erkennbar: Auch dieser beruht auf dem Informationsgefälle zwischen Auskunftsverpflichtetem und Informationsinteressenten, aber auch auf dem Grundsatz, dass Informationszugang nur da gewährt wird, wo schutzwürdige Interessen des Informationsinteressenten – innerhalb einer rechtlichen Sonderverbindung[37] – auf dem Spiel stehen.[38]

IV. Das individuelle Informationsrecht des Aktionärs

Die Bedeutung der bisherigen Überlegungen soll nachfolgend durch einen Blick auf das individuelle Informationsrecht des Aktionärs über Angelegenheiten der Gesellschaft exemplarisch aufgezeigt werden.

1. Die mitgliedschaftliche Stellung des Aktionärs und der individuelle Auskunftsanspruch

Zur Eingrenzung des Auskunftsanspruchs ist zunächst die mitgliedschaftliche Stellung des Aktionärs in der Aktiengesellschaft zu betrachten: Das Aktienrecht schließt den Aktionär bekanntlich aus dem täglichen Leben der

[36] Vgl. BGH NJW 1992, 1890, 1892; *Grunewald* ZHR 146 (1982), 211, 216 ff.; Hachenburg/*Hüffer* GmbHG, 8. Aufl. 1997, § 51a Rn. 1; *K. Schmidt* Gesellschaftsrecht, 4. Aufl. 2002, § 21 III 1 (S. 624 ff.); *ders.* FS Kellermann, 1991, S. 389, 395; *Wiedemann* Gesellschaftsrecht I, 1980, § 7 II 2 (S. 372 f.); *Witte* ZGR 1998, 151, 154; ferner RegBegr GmbH-Novelle BR-Drucks. 4045/77, S. 44.

[37] Dazu BGH NJW 1978, 1002 m.w.N.; NJW 1980, 2463, 2464; OLG Düsseldorf NJW 1988, 2389, 2390.

[38] In diesem Sinne eher beiläufig Baumbach/Hueck/*Zöllner*, GmbHG, 19. Aufl. 2010, § 51a Rn. 29; *K. Müller* GmbHR 1987, 87, 91; vgl. allgemein zum zivilrechtlichen Auskunftsanspruch RGZ 108, 1, 7; *Gernhuber* Das Schuldverhältnis, 1989, § 24 III 2 (S. 577 ff.); MünchKommBGB/*Krüger* 5. Aufl. 2006, § 260 Rn. 10 ff.

Aktiengesellschaft aus und beschränkt ihn auf eine Rolle als kapitalmäßiger, nur noch an Grundlagenentscheidungen beteiligten Teilhaber, während sich Vorstand und Aufsichtsrat – in einer normativ austarierten Funktionsbeziehung – die „Verwaltung" der Gesellschaft teilen. Leitbild für die gesetzliche Regelung ist damit der Publikumsaktionär, der als „wirtschaftlicher Eigentümer"[39] typischerweise keine persönliche Verbindung zum Unternehmen hat und deshalb auch nicht als „Einzelwesen", sondern als Teil der Gruppe der Aktionäre (in der Hauptversammlung) wahrgenommen wird (vgl. § 118 Abs. 1 S. 1 AktG).[40] Aus diesem Grunde besteht auch der individuelle Auskunftsanspruch des Aktionärs nach § 131 AktG nur im Kontext zur Hauptversammlung. Nach dem Wortlaut der Vorschrift kann Information überdies nur begehrt werden, soweit die Auskunft zur sachgemäßen Beurteilung des Gegenstands der Tagesordnung „erforderlich" ist (§ 131 Abs. 1 S. 1 AktG) und soweit nicht ein absolutes Auskunftsverweigerungsrecht iSv. § 131 Abs. 3 S. 1 AktG eingreift. Daneben ist für einen ergänzenden individuellen Informationsanspruch außerhalb der Hauptversammlung durch (schriftliche) Auskunfterteilung oder Einsicht in Unterlagen kein Raum,[41] weil nur auf diese Weise eine gleichmäßige Unterrichtung aller Aktionäre gewährleistet ist.[42]

Unionsrechtlich überlagert wird § 131 AktG durch Art. 9 der Aktionärsrechterichtlinie 2007/36/EG,[43] deren originärer sachlicher Anwendungsbereich allerdings auf börsennotierte Aktiengesellschaften beschränkt ist. Die Richtlinie wurde im Jahre 2009 durch das Gesetz zur Umsetzung der Aktionärsrechterichtlinie (ARUG)[44] in deutsches Recht transformiert. Nach Art. 9 Abs. 1 S. 1 RL 2007/36/EG hat jeder Aktionär das Recht, Fragen zu Punkten auf der Tagesordnung der Hauptversammlung zu stellen. Der Wortlaut der Vorschrift ist damit allgemeiner gehalten als § 131 Abs. 1 S. 1 AktG, wonach die Fragen „erforderlich" sein müssen. Gleichwohl hat der deutsche Gesetzgeber keinen Grund gesehen, das deutsche Recht entsprechend anzupassen. Ob deshalb ein Umsetzungsdefizit vorliegt, weil das deutsche Recht strengere Anforderungen an das Auskunftsrecht stellt,[45] erscheint allerdings zweifelhaft. Das mit der Aktienrechtsreform 1965 geschaffene Erforderlichkeitserfordernis war nämlich von vornherein nur darauf angelegt, einen

[39] Dazu *Kropff* AktG, 1965, S. 14; *Schubert/Hommelhoff* 100 Jahre modernes Aktienrecht, 1984, S. 407 ff.

[40] Ebenso *Wiedemann* FS K. Schmidt, 2009, S. 1731, 1735, 1737 f.

[41] BVerfG NJW 2000, 349, 350; LG Ingolstadt Die AG 1991, 24, 26; *Emmerich/Habersack* Konzernrecht, 9. Aufl. 2008, § 17 IV 3a.

[42] RegBegr. bei *Kropff* AktG, 1965, S. 187.

[43] Richtlinie 2007/36/EG des Europäischen Parlaments und des Rates v. 11.7.2007 über die Ausübung bestimmter Rechte von Aktionären in börsennotierten Gesellschaften, ABl. EU Nr. L 184/17.

[44] Gesetz zur Umsetzung der Aktionärsrechterichtlinie (ARUG) v. 30.7.2009, BGBl. I S. 2479.

[45] Mit diesem Ergebnis *Kersting* ZIP 2009, 2317, 2320.

Missbrauch des Fragerechts durch ausufernde Auskunftsbegehren zu verhindern.[46] Es besteht daher an sich keine Veranlassung zu einer besonders strengen Auslegung des Merkmals, wie sie zuweilen in Rechtsprechung und Schrifttum propagiert wird.[47] Soweit darüber hinaus in § 131 Abs. 1 S. 1 AktG die Erforderlichkeit der Auskunft mit der „sachgemäßen Beurteilung des Gegenstands der Tagesordnung" verknüpft wird, versteht sich dies im Grunde von selbst. Sachgemäß ist nämlich alles, was „erforderlich" ist, um dem Aktionär die Wahrnehmung seiner Mitgliedschaftsrechte in der Hauptversammlung zu ermöglichen. Auch wenn Art. 9 RL 2007/36/EG das Erforderlichkeitserfordernis nicht enthält, meint die Vorschrift der Sache nach nichts anderes. Das Fragerecht in der Ausformung durch Art. 9 Abs. 1 RL 2007/36/EG soll nämlich im Verbund mit den anderen in der Aktionärsrechterichtlinie vorgesehenen Maßnahmen die Kontrolle der Unternehmensführung durch die Aktionäre erleichtern.[48] Damit ist der Aktionär – wie in § 131 AktG – in seiner Rolle als Mitglied der Gesellschaft angesprochen. Die Richtlinie enthält sich überdies einer eigenen Begriffsbestimmung und verweist im Hinblick auf die Rechtsstellung des Aktionärs auf das jeweils anwendbare (nationale) Recht der Mitgliedstaaten (Art. 2 lit. b RL 2007/36/EG). In diesem Sinne ist eine Divergenz zwischen § 131 Abs. 1 S. 1 AktG und Art. 9 RL 2007/36/EG nicht erkennbar. Es geht jeweils darum, dem Aktionär die sachgemäße Ausübung seiner Mitgliedschaftsrechte durch ein entsprechendes Fragerecht zu ermöglichen. Dagegen erscheint es durchaus fraglich, ob die in § 131 Abs. 3 S. 1 AktG aufgeführten Auskunftsverweigerungsgründe den Anforderungen von Art. 9 Abs. 2 RL 2007/36/EG in jeder Hinsicht standhalten.[49] Das soll an dieser Stelle jedoch nicht vertieft werden.

2. *Der Inhalt und Umfang des Auskunftsanspruchs*

a) Weiterer Klärung bedarf, welchen Inhalt und Umfang das soeben skizzierte Auskunftsrecht des Aktionärs im Einzelfall hat. Geht man davon aus, dass insoweit die durch die Mitgliedschaft vermittelte Stellung des Aktionärs in der Gesellschaft maßgebend ist, kommt es für die Bestimmung des verbandsrechtlich legitimierten Informationszwecks, wie bereits ausgeführt, auf eine objektive Betrachtung und nicht auf ein subjektiv geprägtes Informationsbedürfnis einzelner Aktionäre an. In diesem Sinne wird in Rechtsprechung und Schrifttum sinngemäß ausgeführt, das Auskunftsbegehren sei aus

[46] RegBegr bei *Kropff* AktG, 1965, S. 185; ebenso BGHZ 160, 385, 388 f.; GroßkommAktG/*Decher* 4. Aufl. 2008, § 131 Rn. 132.

[47] Im Ansatz ebenso MünchKommAktG/*Kubis* 2. Aufl. 2004, § 131 Rn. 36; nicht eindeutig GroßkommAktG/*Decher* 4. Aufl. 2008, § 131 Rn. 132.

[48] Erwägungsgrund 3 der RL 2007/36/EG.

[49] Dazu *Kersting* ZIP 2009, 2317, 2321 f. m.w.N.

der Sicht eines objektiv urteilenden Aktionärs zu beurteilen,[50] der die Gesellschaftsverhältnisse nur aufgrund allgemein bekannter Tatsachen kenne und daher die begehrte Auskunft für die sachgemäße Beurteilung des Beschluss- oder sonstigen Gegenstandes der Tagesordnung benötige.[51] Diese Formel soll deutlich machen, dass die Ausübung des mitgliedschaftlichen Teilhaberechts einerseits notwendige Voraussetzung des Auskunftsrechts ist, andererseits aber die Begründetheit des Auskunftsanspruchs von einem verbandsrechtlich nicht tolerierbaren Informationsdefizit des Aktionärs abhängig ist.

b) Das Auskunftsbegehren des Aktionärs kann jedenfalls dann nicht von vornherein zurückgewiesen werden, wenn ihm unzweifelhaft Teilhaberechte zustehen. Das gilt vor allen Dingen für Informationsbegehren, die sich auf die Mitwirkung an Grundlagenentscheidung der Hauptversammlung iS von § 119 Abs. 1 AktG beziehen (*Fallgruppe 1*).[52] Soweit die Hauptversammlung zur Beschlussfassung berufen ist, soll es dem Aktionär nämlich durch die Gewährung des Auskunftsrechts ermöglicht werden, von seinem Stimmrecht sinnvoll Gebrauch zu machen.[53]

c) Anders liegen die Dinge in Bezug auf die Leitung und Lenkung der Aktiengesellschaft (*Fallgruppe 2*). Eine Teilhabe des Aktionärs kommt insoweit überhaupt nur in Betracht, wenn die Hauptversammlung auf Verlangen des Vorstands über einzelne Geschäftsführungsangelegenheiten zu beschließen hat (§ 119 Abs. 2 AktG). In diesem Punkt unterscheidet sich die Situation bei der AG grundlegend von derjenigen bei der GmbH: Die GmbH-Gesellschafter sind gegenüber den Geschäftsführern weisungsbefugt (§ 37 Abs. 1 GmbHG). Sie sind nach der hierarchisch gegliederten GmbH-Verfassung das oberste Entscheidungsorgan[54] und daher auf umfassende Informationen zur Leitung und Lenkung der Gesellschaft angewiesen.[55] Das – einem möglichen Informationsungleichgewicht entgegenwirkende – Auskunfts- und Einsichtsrecht nach § 51a GmbHG ist daher weder zeitlich noch örtlich an die Gesellschafterversammlung gebunden noch auf bestimmte Beschluss- und Beratungsgegenstände beschränkt. Es wird darüber hinaus durch den kollektiven Informationsanspruch der Gesellschafter nach § 46

[50] BGHZ 149, 158, 164; 160, 385, 389.

[51] BGHZ 160, 385, 389; vgl. auch GroßKommAktG/*Decher* 4. Aufl. 2001, § 131 Rn. 132, 141.

[52] Dazu *Mülbert* Aktiengesellschaft, Unternehmensgruppe und Kapitalmarkt, 1995, S. 518.

[53] BGHZ 160, 385, 388; vgl. auch OLG Frankfurt/M. WM 2006, 1206, 1207.

[54] Dazu BGH ZIP 1997, 978, 980; RGZ 169, 65, 80 f.; *Hommelhoff* ZGR 1978, 1219, 130; *Hüffer* FS 100 Jahre GmbHG, 1992, S. 521, 536; *Lutter/Hommelhoff* GmbHG, 17. Aufl. 2009, § 45 Rn. 2; Scholz/*K. Schmidt* GmbHG, 10. Aufl. 2007, § 45 Rn. 5; *Witte* ZGR 1998, 151, 157.

[55] Vgl. auch *Grunewald*, ZHR 146 (1982), 211, 218; *Lutter* ZGR 1982, 1, 7.

Nr. 6 GmbHG flankiert.[56] Die Kompensationswirkung der Informationsvermittlung ist also eine andere als im Aktienrecht.

d) Das gilt in vergleichbarer Weise für die individuelle Teilhabe an der Überwachung von Verbandsorganen iS der *Fallgruppe 3*. Aktienrechtlich ist damit die Aufgabe der Hauptversammlung angesprochen, über die Entlastung von Vorstand und Aufsichtsrat zu befinden (§ 120 AktG). Die Kontrolle der Vorstandstätigkeit ist in der AG dagegen Aufgabe des Aufsichtsrats (§ 111 AktG), der gegenüber der Hauptversammlung lediglich Rechenschaft darüber zu legen hat, in welcher Art und in welchem Umfang er die Geschäftsführung der Gesellschaft geprüft hat (§ 171 Abs. 2 S. 1, 2 AktG). Daneben hat der einzelne Aktionär keine weiteren – laufenden – Informationsansprüche gegenüber der Gesellschaft. Einem ergänzenden Informationsanspruch über den Verlauf von Aufsichtsratssitzungen oder den Inhalt von Aufsichtsratsprotokollen steht bereits § 109 AktG entgegen. In der Hauptversammlung wiederum können ergänzende Informationen nur verlangt werden, wenn konkrete Anhaltspunkte eine Entlastung der Mitglieder von Vorstand oder Aufsichtsrat in Frage stellen.[57] Unzulässig sind jedenfalls Ausforschungsfragen, die der Aufklärung dienen, ob ein Informationsinteresse bestehen könnte.[58] Diese Sichtweise wird einerseits durch das Fehlen eines allgemeinen „investigativen" Einsichtsrechts in Geschäftsunterlagen und andererseits durch die Tatsache bestätigt, dass der Entlastungsbeschluss – anders als im GmbH-Recht[59] – nur beschränkte Bedeutung hat.[60] Mit ihm ist kein Verzicht auf Ersatzansprüche gegen die Verwaltung verbunden (§ 120 Abs. 2 S. 2 AktG).

Demzufolge ist etwa die Frage nach der Zugehörigkeit einzelner Organmitglieder zu einer bestimmten Studentenverbindung unzulässig, wenn tatsächliche Anhaltspunkte für eine „Vetternwirtschaft" oder Interessenkonflikte fehlen.[61] Dasselbe gilt für die Frage nach dem Marktwert des Grundbesitzes, wenn diese nur allgemein dazu dient, sich über die Qualität der Grundstücksbewirtschaftung zu informieren.[62] Anzuerkennender Informationsbedarf besteht dagegen, wenn konkrete Geschäftsvorfälle im Lagebe-

[56] *K. Schmidt* Informationsrechte in Gesellschaften und Verbänden, 1984, S. 15 ff., 20; *Witte* ZGR 1998, 151, 158 (Fn. 28).

[57] Wie hier OLG Düsseldorf Die AG 1987, 22, 23 f.; LG Frankfurt/M. WM 1994, 1929, 1930, 1931; WM 1994, 1931, 1932; *Wohlleben* Informationsrechte des Gesellschafters, 1989, S. 74; aA KG Die AG 1996, 135; OLG Düsseldorf ZIP 1987, 1555, 1556.

[58] Bedenklich weit daher BayObLG Die AG 1996, 180, 182.

[59] Dazu Baumbach/Hueck/*Zöllner* GmbHG, 19. Aufl. 2010, § 46 Rn. 41.

[60] BGHZ 94, 324, 326; OLG Frankfurt/M. WM 2006, 1206, 1207; KölnKommAktG/*Zöllner* 1. Aufl. 1985, § 120 Rn. 21.

[61] So auch KG ZIP 1994, 1267, 1274; *Ebenroth/Wilken* BB 1983, 1818, 1820.

[62] Vgl. LG Berlin, ZIP 1993, 1632, 1634.

richt ausdrücklich hervorgehoben werden,[63] oder wenn einzelne Geschäftsvorfälle die wirtschaftlichen Interessen eines Aktionärs[64] oder eines Mitglieds der Verwaltung[65] berühren. Vom Informationszweck gedeckt ist zum Beispiel auch das Verlangen, die Gründe für den Erwerb eigener Aktien konkret darzulegen; das zeigt schon der aktienrechtliche Ausnahmecharakter der Maßnahme (vgl. § 71 AktG).[66] Insoweit ist freilich auch die vermögensrechtliche Teilhabe betroffen. Entsprechendes gilt für Fragen zur Ordnungsmäßigkeit einer Kapitalerhöhung.[67] Zulässig sind auch Fragen zur Gesamtvergütung der Mitglieder eines Gremiums, das im Zuge der Umstrukturierung des Unternehmens auf Führungsebene neu geschaffen wurde.[68] Insgesamt beschränken sich die Kontrollbefugnisse der Aktionäre im Gegensatz zu denen der GmbH-Gesellschafter, die auch im Falle der Aufsichtsratsverfassung oberstes Gesellschaftsorgan bleiben und denen damit jedenfalls das Bucheinsichtsrecht nach § 51a Abs. 1 2. Fall GmbHG verbleibt,[69] jedoch auf eine reine „Plausibilitätsprüfung".[70]

e) Für die *4. Fallgruppe* (Teilhabe am wirtschaftlichen Erfolg des Verbandes) lässt demgegenüber die Stellung des Aktionärs als vorrangig kapitalmäßiger, am wirtschaftlichen Erfolg der Gesellschaft interessierter Teilhaber ein umfassender ausgebautes System der Informationsvermittlung erwarten. In Teilen der Judikatur wird dementsprechend darauf hingewiesen, dass bei objektiver Betrachtung aus Sicht eines vernünftigen Durchschnittsaktionärs solche Informationen erforderlich seien, die zur Beurteilung der Vermögens-, Finanz- und Ertragslage eines Unternehmens iS von § 264 Abs. 2 S. 1 HGB von Bedeutung sind.[71] Da im Grunde jeder geschäftliche Vorgang in der Gesellschaft in irgendeiner Weise deren Vermögens-, Finanz- und Ertragslage beeinflusst, müsste dem an sich ein umfassender Informationsanspruch des einzelnen Aktionärs korrespondieren. Mit dem Wortlaut von § 131 AktG scheint diese Sichtweise durchaus vereinbar. Der danach notwendige Bezug zum Gegenstand der Tagesordnung stellt keine unüberwindbare Hürde dar.

[63] OLG München Die AG 1998, 238 f.

[64] Dazu LG Frankfurt/M. NZG 2005, 937, 939 (Verwertung einer Kreditsicherheit).

[65] Dazu OLG Hamburg NZG 2005, 218, 219 (Grundstücksgeschäft mit Aufsichtsratsmitglied).

[66] Vgl. BGH Die AG 1987, 344.

[67] LG Frankfurt/M. Die AG 2007, 375, 376.

[68] OLG Frankfurt/M. WM 2006, 1206, 1208.

[69] Wie hier *K. Schmidt* FS Kellermann, 1991, S. 389, 391; zurückhaltend Rowedder/Schmidt-Leithoff/*Koppensteiner* GmbHG, 4. Aufl. 2002, § 51a Rn. 14; Lutter, ZGR 1992, 1, 7 (m. Fn. 15); aA *Ebenroth* ZGR 1972, 427, 430; *Grunewald* ZHR 146 (1982), 211, 219, 225; wohl auch *Witte* ZGR 1998, 151, 161 f. 163.

[70] Dazu LG Heidelberg Die AG 1996, 523, 525.

[71] KG ZIP 1994, 1267, 1269; ZIP 1995, 1585, 1586 f.; Die AG 1996, 131; der Sache nach auch BayObLG Die AG 1996, 180, 181.

Er lässt sich im Hinblick auf die Beschlussfassung der Hauptversammlung über die Verwendung des Bilanzgewinns, über die Entlastung des Vorstands und Aufsichtsrats oder Maßnahmen der Kapitalbeschaffung und Kapitalherabsetzung (§ 119 Abs. 1 Nr. 2, 3, 6 AktG) regelmäßig herstellen,[72] so dass die Geltendmachung aller nur irgendwie mit der Kapitalbeteiligung in Verbindung stehender Informationsansprüche für die Beurteilung der Tagesordnungspunkte „erforderlich" sein kann, wie es § 131 Abs. 1 S. 1 AktG verlangt.

Damit ist auf der anderen Seite aber auch die Gefahrenlage markiert: Das aufgrund der kapitalmäßigen Beteiligung anzuerkennende Informationsinteresse darf nicht zu einer Aushebelung der aktienrechtlichen Kompetenzordnung führen, indem sich der einzelne Aktionär zu einem „Oberaufseher" der AG aufschwingt, obwohl bezüglich der anderen Teilhabeformen gerade keine umfassenden Informationsansprüche bestehen.[73] Abgrenzungsschwierigkeiten sind insoweit unverkennbar.

Erforderlich erscheint eine Information nach Inhalt und Umfang zumindest dann, wenn sie für die kapitalmäßige Beteiligung, also den Wert der Beteiligung, von Bedeutung ist. Dem gegenüber steht dem einzelnen Aktionär regelmäßig kein Informationsanspruch bezüglich einzelner Geschäftsvorfälle oder Unternehmensdaten zu. Etwas anderes mag allenfalls dann gelten, wenn diese im Verhältnis zum Grundkapital und zum ausgewiesenen Gewinn von bedeutendem Umfang und damit insgesamt *Bilanz prägend* sind.[74] Nicht erforderlich, da ohne prägende Bilanzwirksamkeit und damit ohne Einfluss auf die vermögensrechtliche Beteiligung sind in diesem Zusammenhang daher regelmäßig Informationen über einzelne Gesellschaftsgrundstücke, insbesondere über deren Größe, Bebaubarkeit und Betriebsnotwendigkeit.[75]

Wenn demgemäß ein Informationsanspruch über einzelne Geschäftsvorfälle und Unternehmensdaten der Gesellschaft nur in Bilanz prägenden Fällen besteht, kann im Ergebnis nichts anderes für Auskunftsersuchen über die rechtlichen und geschäftlichen Beziehungen der Gesellschaft zu verbundenen Unternehmen angenommen werden,[76] die nach der Klarstellung in § 131 Abs. 1 S. 2 AktG ebenfalls Gegenstand des individuellen Auskunftsan-

[72] Vgl. BGH ZIP 1994, 1267, 1269.

[73] Zu diesem Gesichtspunkt *Druey* FS K. Schmidt, 2009, S. 249, 267.

[74] Vgl. auch BayObLG Die AG 1996, 322, 323 – (Grundstücksgeschäft in Höhe des 10fachen Jahresgewinns); OLG Frankfurt/M. Die AG 1994, 39, 39 f. (Spenden); OLG Hamburg Die AG 1970, 372, 372 f. (Konzernverrechnungspreise); *Groß* Die AG 1997, 97, 100; *Schneider* Die AG 1983, 205, 216; *Trouet* NJW 1986, 1302, 1304; *Hüffer* AktG, 8. Aufl. 2008, § 131 Rn. 18.

[75] Vgl. KG ZIP 1994, 1267, 1273.

[76] Vgl. dazu KG ZIP 1993, 1618, 1620; ZIP 1994, 1267, 1270 f.; OLG Düsseldorf ZIP 1987, 1555, 1556; *Ebenroth/Wilken* BB 1993, 1818, 1819; KölnKommAktG/*Zöllner* § 131 Rn. 27 ff.

spruchs sind.[77] Ein darüber hinaus verdichteter Informationsanspruch besteht erst bei qualifizierten konzernrechtlichen Tatbeständen (vgl. §§ 293g Abs. 2, 326 AktG)[78] sowie in den Fällen der Verschmelzung, Spaltung und Vermögensübertragung (vgl. § 64 Abs. 2 UmwG), die für den Aktionär per se risikoreich sind.

Etwas anderes könnte gelten, wenn es zutrifft, dass das in der Mitgliedschaft wurzelnde Vermögensrecht dem Aktionär nicht nur einen Informationsanspruch in seiner Rolle als Anteilseigner, sondern auch in seiner Rolle als Kapitalanleger verschafft. Diese vom Kammergericht[79] mehrfach geäußerte Auffassung korrespondiert mit einer im Schrifttum vertretenen Grundströmung, wonach der fragende Aktionär auch das allgemeine Anlagepublikum und dessen Informationsinteresse repräsentiert.[80] Das kann dahingehend verstanden werden, dass der verbandsrechtliche Informationsanspruch nicht nur im Hinblick auf einzelne Mitgliedschaftsrechte besteht, sondern darüber hinaus auch zur Wahrung anderer Individualinteressen, also insbesondere der privaten Vermögensinteressen des Aktionärs,[81] die seiner Rolle als Kapitalanleger zuzuschreiben sind. Das Kammergericht hat dem Aktionär insoweit ausdrücklich einen Informationsanspruch zum Zwecke der Aktienanalyse und Unternehmensbewertung zugebilligt.[82] Der Informationsanspruch soll den Gesellschafter mit anderen Worten in die Lage versetzen, seine Anlageentscheidung zu überprüfen.[83] Das entspricht der Sichtweise im angloamerikanischen Recht. Dort wird der Aktionär primär als Anleger und nicht als Verbandsmitglied gesehen, so dass es nahe liegt, die Informationsrechte des Aktionärs am Anlagemarkt und nicht an seiner Stellung im Verband auszurichten.[84]

Die entscheidende Frage ist aber, ob das – nicht zu leugnende – Informationsinteresse des Aktionärs in seiner Rolle als Kapitalanleger im deutschen Recht tatsächlich durch einen verbandsrechtlichen Informationsanspruch

[77] Zum deklaratorischen Charakter von § 131 Abs. 1 S. 2 AktG vgl. nur OLG Bremen Die AG 1981, 229, 230; KölnKommAktG/*Zöllner*, § 131 Rn. 29.

[78] Dazu *Emmerich/Habersack* Konzernrecht, 9. Aufl. 2008, § 17 IV 3a; *Kort* ZGR 1987, 46, 54 ff.

[79] KG ZIP 1995, 1585, 1587; Die AG 1996, 131, 132.

[80] *Ekkenga* ZGR 1999, 165, 180; *Hopt* ZHR 141 (1977) 389, 404, 432, 436; *Merkt* Unternehmenspublizität, 2001, S. 260 f.; *Mülbert* Aktiengesellschaft, Unternehmensgruppe und Kapitalmarkt, 2. Aufl. 1996, S. 84 ff.; 134 ff., 154 ff.; vgl. auch *Kalss* Der Anleger im Handlungsdreieck zwischen Vertrag, Verband und Markt, 2001, S. 274.

[81] In diesem Sinne ausdrücklich KG Die AG 1996, 131, 132; vgl. zum GmbH-Recht auch *K. Müller* GmbHR 1987, 87, 88.

[82] KG ZIP 1995, 1585, 1586 f.; Die AG 1996, 131.

[83] In diesem Sinne auch *Budde/Steuber* Die AG 1996, 542, 543; *Burgard* Die AG 1992, 41, 45.

[84] Dazu näher *Witt* Die AG 2000, 257, 261 f., 264 f.

unterlegt ist. Das ist im Ergebnis zu verneinen.[85] Der individuelle Auskunftsanspruch des § 131 AktG erschließt nur mitgliedschaftsbezogene Informationen. Soweit es um Fragen der Aktienanalyse und Unternehmensbewertung geht, betrifft das Informationsinteresse des Aktionärs jedoch nicht das durch die Mitgliedschaft vermittelte Teilhaberecht als Anteilseigner. Es berührt vielmehr nur die, zwar auf die Gesellschaft bezogene, aber außerhalb des Verbandes liegende Vermögenssphäre des Aktionärs in seiner Rolle als Kapitalanleger. Dieser individuellen Vermögenssphäre korrespondiert nur dann ein schutzwürdiges Informationsbedürfnis, wenn zugleich die verbandsrechtliche Vermögenssphäre und damit die Teilhabe am Verband berührt ist („gesellschaftsinterner Anlegerschutz"),[86] wie etwa bei der Frage der Gewinnverwendung (§ 119 Abs. 1 Nr. 2 AktG) oder der Auskehr des Liquidationserlöses (§ 271 Abs. 1 AktG).

Selbst wenn man konzediert, dass dem deutschen Aktienrecht das Leitbild der großen Publikumsgesellschaft zugrunde liegt,[87] für die der Gläubiger- und Anlegerschutz parallele Regelungsziele sind,[88] folgt daraus kein umfassender verbandsrechtlicher Informationsanspruch des Anlegers im Sinne eines aktienrechtlichen Verbraucherschutzes.[89] Der Verband ist nicht Vermögenstreuhänder des einzelnen Mitglieds.[90] Der Schutz vor den wirtschaftlichen „Verheerungen" des Aktienwesens, die *Rudolf von Jhering* Ende des 19. Jahrhunderts angeprangert hat,[91] findet in einem anderen rechtlichen Bezugssystem statt, das im wesentlichen durch die einschlägigen kapitalmarktrechtlichen Regelungen markiert wird,[92] aber auch die allgemein-zivil-

[85] *Hüffer* ZIP 1996, 401, 406 ff.; wohl auch *Ebenroth/Wilken* BB 1993, 1818, 1820; aA *Budde/Steuber* Die AG 1996, 542, 543.

[86] Hachenburg/*Hüffer* GmbHG, 8. Aufl. 1997, § 51a Rn. 1; vgl. auch *Mülbert* Aktiengesellschaft, Unternehmensgruppe und Kapitalmarkt, 1995, S. 116 ff., 123 f., 151; *Hommelhoff* ZGR 2000, 748, 769; *Wiedemann* Gesellschaftsrecht I, § 7 II 2 (S. 373 f.); *K. Schmidt* Gesellschaftsrecht, 4. Aufl. 2002, § 21 III 1a (S. 624 f.); Baumbach/Hueck/*Zöllner*, GmbHG, 19. Aufl. 2010, § 51a Rn. 29; aA *K. Müller* GmbHR 1987, 87, 88.

[87] Dazu *Hommelhoff* in *Semler* ua. (Hrsg.), Reformbedarf im Aktienrecht, 1994, S. 65, 65 f.

[88] Dazu *Hommelhoff* in: *Schubert/Hommelhoff*, Hundert Jahre modernes Aktienrecht, 1985, S. 68; *Schubert* in: *Schubert/Hommelhoff*, Die Aktienreform am Ende der Weimarer Republik, 1987, S. 33; *Assmann* in: GroßkommAktG, 4. Aufl. 1992, Einl. Rn. 93 ff.

[89] In diesem Sinne einen gesellschaftsrechtlichen Schutz des intellektuell und wirtschaftlich unterlegenen Anlegers zu Recht ablehnend *Möllers* ZGR 1997, 334, 363 (m. Fn. 218).

[90] Vgl. auch *Mertens* Die AG 1990, 49, 53 f.

[91] *Jhering* Zweck im Recht, 4. Aufl. 1904, Bd. 1, S. 173: „Die Verheerungen, die sie [die Aktiengesellschaften; d. Verf.] im Privatbesitz angerichtet haben, sind ärger, als wenn Feuers- oder Wassernot, Misswuchs, Erdbeben, Krieg und feindliche Okkupation sich verschworen hätten, den Nationalwohlstand zu ruinieren."

[92] Die Aufgabe des Kapitalmarktrechts als „Medium zur Information des Publikums und als präventives Instrument zur Produktsicherung" betont *Assmann* Freundesgabe Kübler, 1997, S. 317, 328; vgl. auch *Wiedemann* FS Rob. Fischer, 1979, S. 883, 890 ff. (insbes.

rechtlichen Regeln der Haftung für fehlerhafte Anlageberatung umfasst.[93] Hier tritt der Aktionär in seiner Rolle als Anleger, nämlich als Nachfrager von Finanzanlagen auf, nicht aber als Verbandsmitglied. Wer also die Auskunftserteilung über Unternehmensbeteiligungen im Wesentlichen auf Wertungsparallelen zum Kapitalmarktrecht stützt,[94] bewegt sich in einem nicht einschlägigen Bezugssystem.[95] Die kapitalmarktrechtlichen Vorschriften bezwecken nämlich nicht die gezielte Information der Aktionäre im Sinne einer Effektuierung der Teilhabe am wirtschaftlichen Erfolg der Gesellschaft; es geht vielmehr um die Sicherung des Vertrauens der Anleger in die Integrität des Marktes und der Marktteilnehmer.[96] Beide Systeme, das gesellschaftsrechtliche und das kapitalmarktrechtliche, stehen damit zwar nicht beziehungslos nebeneinander; sie bedürfen im Gegenteil einer inhaltlichen Abstimmung. Das rechtfertigt aber keinen Übergriff des einen Systems in das andere.[97]

V. Zusammenfassung

Die Überlegungen sind damit wie folgt zusammenzufassen: Individuelle Informationsansprüche von Verbandsmitgliedern gegen ihren Verband bestehen nur im Zusammenhang mit konkreten mitgliedschaftlichen Teilhaberechten, die im Einzelfall zu ermitteln sind. Der Verbandsangehörige darf solange Informationen fordern, bis er jenen verbandsrechtlich legitimierten Status erreicht, der zur Wahrnehmung seines mitgliedschaftlichen Teilhaberechts erforderlich ist.

Gesteigerte vermögensrechtliche Informationspflichten gegenüber Anleger-Aktionären sind verbandsrechtlich nicht zu begründen. Sie widersprächen im Übrigen auch dem Grundsatz der Gleichbehandlung der Aktionäre (§ 53a AktG).[98] Andererseits werden individuelle, die Teilhabe am wirtschaft-

S. 893), der zu Recht auf die Komplementärfunktion von Gesellschafts- und Kapitalmarktrecht hinweist; ferner *Hommelhoff* ZGR 2000, 748, 756.

[93] Vgl. dazu exemplarisch BGH NJW 1996, 2511; ZIP 1996, 2064; ZIP 1998, 1183, 1183 f.; OLG Nürnberg ZIP 1988, 380; LG Frankfurt/M. ZIP 1998, 641; ferner *Heinsius* ZHR 145 (1981) 177 ff.; *Kübler* ZHR 145 (1981) 204 ff.; *Möllers* ZGR 1997, 334, 363 ff.

[94] Vgl. nur BayObLG Die AG 1996, 516; KG ZIP 1993, 1618, 1619; ZIP 1995, 1585, 1587; Die AG 1996, 131, 132.

[95] *Ebenroth/Wilken* BB 1993, 1818, 1821; *Hüffer* ZIP 1996, 401, 409.

[96] Vgl. Erwägungsgrund 1 d. Transparenz-RL v. 12.12.1988, ABl. Nr. L 348/62; *Hopt* Gutachten 51. DJT 1976, Bd. 1, S. G 47 ff.; ferner *Lutter* AcP 180 (1980) 84, 156 f.; *Möllers* ZGR 1997, 334, 357 f.; *Saenger* DB 1997, 145, 149; *Zimmer* Internationales Gesellschaftsrecht, 1996, S. 35 ff.; *ders.* DB 1998, 969, 969 f.

[97] In diesem Sinne auch *Hommelhoff* ZGR 2000, 748, 769; für eine übergreifende, auf Finanzkommunikation iw Sinne ausgerichtete Funktion der Hauptversammlung dagegen *Merkt* Unternehmenspublizität, 2001, S. 266 f.

[98] In diesem Sinne auch *Mertens* Die AG 1990, 49, 52.

lichen Erfolg des Verbandes betreffende Informationsansprüche der Aktionäre nicht von vornherein durch kollektive Informationsverpflichtungen der Gesellschaft gegenüber den Aktionären verdrängt. Diese können zwar einzelne individuelle Informationsbegehren entbehrlich machen, womit aber nicht ausgeschlossen ist, dass die kollektive Informationsvermittlung an anderer Stelle zu einem weiteren Informationsinteresse führt.

Die Informationsvermittlung in Verbänden beruht somit auf zwei Voraussetzungen: Erforderlich ist erstens ein Informationsgefälle zwischen Verbandsorgan und „einfachem" Mitglied und zweitens ein verbandsrechtlich begründeter Informationszweck. Maßgebend für den Informationszweck, der Inhalt und Umfang der Informationsvermittlung steuert, ist – rechtsformübergreifend – der Inhalt der Mitgliedschaft, der sich in der verbandsrechtlich legitimierten Teilhabe am Verband widerspiegelt.

Das schließt auf der anderen Seite nicht aus, informationelle Regelungsprobleme nach Maßgabe ihrer sachlichen Vergleichbarkeit rechtsformübergreifend gleich zu behandeln.[99] Dieser Regelungsansatz ist auch an anderen Stellen des Gesellschaftsrechts, wie etwa bei der Rechnungslegung[100] und der Unternehmensmitbestimmung[101], nicht unbekannt. *Dieter Reuter* hat dies in anderem Zusammenhang in folgender Weise umschrieben: „Die einzelnen Rechtsformen des Gesellschafts- und Vereinsrechts stehen nicht beziehungslos nebeneinander, sondern sind Bestandteile eines Systems, das sich seinerseits in die Gesamtrechtsordnung einzufügen hat."[102] Das gilt nicht zuletzt für die durch die Mitgliedschaft vermittelten Teilhaberechte.

[99] Vgl. auch *Becker* Verwaltungskontrolle durch Gesellschafterrechte, 1997, S. 672 ff.; *K. Schmidt* Informationsrechte in Gesellschaften und Verbänden, 1984, S. 13 ff.; *ders.* Gesellschaftsrecht, 4. Aufl. 2002, § 21 III 1a (S. 624 ff.); *Mertens* FS Werner, 1984, S. 557, 560; ansatzweise auch BGH ZIP 1988, 1175, 1176 (Ausstrahlung von § 51a GmbHG auf § 166 HGB).

[100] Vgl. dazu *Hommelhoff* in: *Semler* ua. (Hrsg.), Reformbedarf im Aktienrecht, 1994, S. 65, 69.

[101] Vgl. dazu GroßKommAktG/*Oetker*, 4. Aufl. 1999, § 1 MitbestG Rn. 2 ff.

[102] *Reuter* AcP 181 (1981), 1, 14.

Die Auswirkungen der UWG-Reform auf die Banken

Volker Emmerich

Inhaltsübersicht

I. Einleitung

Banken sind Unternehmen wie alle anderen auch und unterliegen deshalb ebenso wie dem Kartellrecht dem allgemeinen Wettbewerbsrecht, d.h. dem UWG und seinen wenigen noch verbliebenen Nebengesetzen, unter denen die PreisangabenVO herausragt.[1] Verstöße der Banken gegen das UWG oder gegen die genannte Verordnung haben deshalb auch schon gelegentlich die Gerichte beschäftigt,[2] standen aber gewiss nicht im Mittelpunkt der bisherigen wettbewerbsrechtlichen Diskussion. Es gibt indessen Anzeichen, dass sich dies in Zukunft durchaus ändern könnte.

Das erste Anzeichen für einen derartigen Wandel sind mehrere Urteile des BGH aus den Jahren 2002 und 2008, die sich, soweit ersichtlich, erstmals näher mit den wettbewerbsrechtlichen Grenzen der Gestaltung von Kontoauszügen und mit der Werbung für variable Zinsen seitens der Banken befassten und für einiges Aufsehen in der wettbewerbsrechtlichen Gemeinde sorgten.[3] Denn sie machten wohl zum ersten Male deutlich, welche Bedeutung das UWG fortan selbst im Tagesgeschäft der Banken gewinnen kann. Darauf wird zurückzukommen sein (unten IV).

[1] Zuletzt geändert durch das Gesetz vom 29.7.2009, BGBl. I S. 2355, 2384.

[2] S. z.B. Hefermehl/Köhler/*Bornkamm* UWG, 28. Aufl. 2010, § 5 Rn. 4.88 ff.; *Piper/Ohly/Sosnitza* UWG, 5. Aufl. 2010, § 5 Rn. 480 ff.

[3] BGH, NJW 2002, 3408 = GRUR 2002, 1023; NJW 2007, 3002 = GRUR 2007, 805; NJW 2008, 231 = GRUR 2007, 981; *Kirchhoff* WM 2009, 97.

Noch größere Bedeutung insbesondere für die Werbung der Banken dürften jedoch mehrere Gesetzesänderung aus jüngster Zeit erlangen, die zwar auf den ersten Blick nur wenig miteinander zu tun zu haben scheinen, tatsächlich jedoch in ihrem Zusammenwirken erhebliche Relevanz für die Banken erhalten dürften. Gemeint sind in erster Linie die Anpassung des UWG von 2004 an die Richtlinie über unlautere Geschäftspraktiken von 2005[4] durch das Änderungsgesetz vom 22. Dezember 2008,[5] in Kraft getreten am 30. Dezember vorigen Jahres, sowie die Anpassung des § 31 Wertpapierhandelsgesetz (WpHG) durch das so genannte FRUG[6] von 2007 an die Richtlinie von 2004 über Märkte für Finanzinstrumente, die so genannte MiFID[7] i.V.m. dem Erlass der Wertpapierdienstleistungen-Verhaltens- und Organisationsverordnung (WpDVerhOV)[8] vom 20. Juli 2007,[9] im folgenden immer kurz Verordnung genannt, durch die unter anderem die Durchführungsrichtlinie von 2006[10] in deutsches Recht umgesetzt wurde. Weitere in dieselbe Richtung weisende Gesetzesänderungen sind im Jahre 2009 hinzugekommen. Es wird sich zeigen, dass zwischen den genannten neueren Gesetzen ein enger und zumal für die Banken bedeutsamer Zusammenhang besteht. Zu beginnen ist mit einem kurzen Blick auf das UWG-Änderungsgesetz vom Dezember 2008.

II. Die UWG-Novelle von 2008

Die UWG-Novelle von 2008 diente der überfälligen Anpassung des deutschen Rechts an die Richtlinie über unlauterer Geschäftspraktiken von 2005, die, wie der EuGH[11] erst unlängst mehrfach bestätigt hat, eine Vollharmonisierung des Lauterkeitsrechts in der Europäischen Union bezweckt, freilich an sich nur für das Verhältnis von Unternehmen zu Verbrauchern, um die Hindernisse zu beseitigen, die sich aus der unterschiedlichen Regelung des Lauterkeitsrechts in den Mitgliedstaaten der EU ergeben hatten.[12]

Die Richtlinie definiert zu diesem Zweck zunächst vorweg die wichtigsten Begriffe (Art. 2), umschreibt danach im einzelnen ihren Anwendungsbereich (Art. 3) und stellt dann ein generelles Verbot unlauterer Geschäftspraktiken auf (Art. 5 Abs. 1), worunter nach Art. 5 Abs. 2 der Richtlinie Geschäfts-

[4] ABl. Nr. L 149/22.
[5] BGBl. I S. 2949.
[6] BGBl. I S. 1330.
[7] ABl. Nr. L 145/1.
[8] Ein Wortungeheuer, das für den Geist seiner Verfasser spricht.
[9] BGBl. I S. 1432.
[10] ABl. Nr. L 241/26.
[11] GRUR 2009, 599, 603 Tz. 52 = EuZW 2009, 370 „VTB/Total Belgium"; GRUR 2010, 214 Tz. 41 = EuZW 2010, 183 „Plus".
[12] Erwägungsgründe Nrn. 3 f. und Art. 4 der Richtlinie.

praktiken zu verstehen sind, die den Erfordernissen der beruflichen Sorgfaltspflicht widersprechen und die in Bezug auf das jeweilige Produkt das wirtschaftliche Verhalten des Durchschnittsverbrauchers, den sie erreicht oder an den sie sich richtet, wesentlich beeinflusst oder zu solcher Beeinflussung geeignet ist. Im Anschluss hieran wendet sich die Richtlinie sodann ausführlich gegen irreführende und gegen aggressive Geschäftspraktiken (Art. 6 f., 8 f.).

Mit einjähriger Verspätung ist das UWG von 2004 durch das Änderungsgesetz vom Dezember 2008 der genannten Richtlinie von 2005 angepasst worden, wobei der deutsche Gesetzgeber auf eine Beschränkung des Anwendungsbereichs der Änderungen auf die Beziehungen von Unternehmen zu Verbrauchern verzichtet hat, so dass es bei der generellen Geltung des UWG für das gesamte Wettbewerbsverhalten von Unternehmen (einschließlich der Banken) geblieben ist. Hervorzuheben sind die Ersetzung des herkömmlichen Begriffs der Wettbewerbshandlung durch den neuen Begriff der „geschäftlichen Handlung“ (§ 2 Abs. 1 Nr. 1 UWG), die Anpassung der Generalklausel des § 3 an die Richtlinie, die Neufassung des zentralen Irreführungsverbots in den §§ 5 und 5a sowie die Aufnahme der Schwarzen Liste in den Anhang zum UWG.

III. Verhältnis zum WpHG

1. § 31 WpHG

Die zweite bereits erwähnte Gesetzesänderung mit weitreichenden Auswirkungen auf den Wettbewerb der Banken ist die Umsetzung der Finanzmarktrichtlinie von 2004, der so genannten MiFID durch das FRUG von 2007 in § 31 WpHG i.V.m. der Durchführungsverordnung von 2007, insbesondere § 4. Die Regelung ist im Einzelnen überaus umfangreich und komplex; im Folgenden genügt jedoch ein kurzer Überblick.[13]

Nach der Generalklausel des § 31 Abs. 2 S. 1 WpHG (durch den Art. 19 der Richtlinie umgesetzt wurde) müssen alle Informationen einschließlich der Werbemitteilungen, die Banken und sonstige Wertpapierdienstleistungsunternehmen (i.S.d. § 2 Abs. 4 WpHG) Kunden und insbesondere Verbrauchern zuganglich machen, redlich, eindeutig und nicht irreführend sein. Werbemitteilungen müssen außerdem eindeutig als solche erkennbar sein (S. 2 aaO). Zusätzliche umfangreiche Anforderungen gelten, wenn die Informationen eine allgemeine Empfehlung für eine bestimmte Anlageentscheidung

[13] S. im Einzelnen z.B. *D. Einsele* JZ 2008, 477; *Koller*, in: FS U. Huber, 2006, S. 821; *ders.*, in: Assmann/U. Schneider, WpHG, 5. Aufl. 2009, § 31 Rn. 11 ff.; *Köhler* WM 2009, 385; *Köndgen*, in: FS Druey, Zürich 2002, S. 791; *Klöhn* ZHR 172 (2008), 388; *Lettl* ZGR 2003, 853; *Spindler/Kasten* WM 2006, 1797; *Zeidler* WM 2008, 238.

enthalten (§ 31 Abs. 2 S. 4 WpHG). § 31 Abs. 3 WpHG regelt weitere Informationspflichten, die sicherstellen sollen, dass die Kunden die Art und die Risiken der ihnen angebotenen und von ihnen nachgefragten Finanzinstrumente, insbesondere also Wertpapiere sowie Aktien (§ 2 Abs. 1 und 2b WpHG), verstehen können.

Die Einzelheiten ergeben sich aus der genannten Durchführungsverordnung von 2007. Hervorzuheben ist, dass Informationen einschließlich Werbemitteilungen, die Banken Privatkunden zugänglich machen, ausreichend und in einer Art und Weise dargestellt sein müssen, dass sie für die angesprochenen Kundenkreise verständlich sind.

Im Jahre 2009 sind diese Pflichten der Banken zum Schutze der Anleger, wie hier noch ergänzend anzumerken ist, erneut in verschiedener Hinsicht verschärft worden. Hervorzuheben sind das Gesetz zur Umsetzung der Verbraucherkredit- und der Zahlungsdiensterichtlinie vom 29. Juli 2009[14] sowie das Gesetz zur verbesserten Durchsetzbarkeit von Ansprüchen von Anlegern aus Falschberatung, das sogenannte Anlegerschutzgesetz vom 31. Juli 2009.[15] Das zuerst genannte Gesetz hat zahlreiche Änderungen des BGB gebracht (s. insbesondere die neuen §§ 488 ff.), unter denen sich erstmals auch eine Vorschrift findet, die Informationspflichten der Banken unter anderem vor Abschluss von Verbraucherkreditverträgen begründet. Nach § 491a Abs. 1 und 3 BGB i.V.m. Art. 247 § 3 EGBGB müssen Banken dem Darlehensnehmer seitdem vor Abschluss eines Verbraucherkreditvertrages umfangreiche Informationen über den ins Auge gefassten Vertrag zur Verfügung stellen sowie angemessene Erläuterungen über den Vertrag geben. Hinzu gekommenen ist außerdem noch die weitere Pflicht der Banken, vor Abschluss des Vertrages die Kreditwürdigkeit des Verbrauchers zu prüfen (§ 509 BGB n.F.; § 18 Abs. 2 KWG n.F.).[16]

Um den Verbrauchern die Durchsetzung ihrer Ansprüche gegen die Banken wegen fehlerhafter Beratung zu erleichtern, wurde zugleich eine Dokumentationspflicht der Banken durch das Anlegerschutzgesetz eingeführt. Die Regelung findet sich jetzt in § 34 Abs. 2a WpHG i.V.m. § 14 Abs. 6 der bereits mehrfach erwähnten Verordnung von 2007. Die Banken müssen danach seit dem 1. Januar 2010 über jede Anlageberatung bei Privatkunden ein schriftliches Protokoll anfertigen, das dem Kunden vor Abschluss des Vertrages auszuhändigen ist und in dem Anlass, Dauer und Inhalt der Beratung sowie die Empfehlungen der Bank festzuhalten sind.

Auch bei den genannten neuen Pflichten der Banken zum Schutze ihrer privaten Kunden auf Grund des BGB, des WpHG und des KWG wird sich

[14] BGBl. I S. 2355.
[15] BGBl. I S. 2512, 2518.
[16] S. dazu die Begr. BT-Drucks. 16 (2009)/11643, S. 78, 95, 144; *Herresthal* WM 2009, 1174; *Siems* EuZW 2009, 454.

in Zukunft die Frage nach ihrer wettbewerbsrechtlichen Relevanz stellen. Auszugehen ist davon, dass es sich bei den genannten Pflichten der Banken in erster Linie um öffentlich-rechtliche Pflichten handelt, deren Einhaltung von der Bundesanstalt für Finanzdienstleistungsaufsicht, der so genannten BaFin überwacht wird (§ 4 WpHG; § 6 KWG). Die BaFin besitzt insbesondere auch die Befugnis, Missstände in der Werbung zu untersagen (§ 31b WpHG; § 23 KWG). Die meisten Verstöße gegen die genannten Verbote stellen außerdem Ordnungswidrigkeiten dar (§ 39 WpHG; § 56 KWG). Das ist hier nicht weiter zu verfolgen. Die entscheidende Frage ist vielmehr die nach der wettbewerbsrechtlichen Relevanz der genannten Vorschriften, wobei § 31 WpHG im Mittelpunkt des Interesses stehen soll.

2. *Anwendbarkeit des UWG?*

Die Bedeutung des § 31 WpHG erschöpft sich nicht in seiner Funktion als Aufsichtsrecht, da anerkannt ist, dass die Vorschrift zugleich die Pflichten konkretisiert, die sich für die Banken nach allgemeinem Zivilrecht aus dem Bankvertrag ergeben (§§ 675 Abs. 1, 611, 662 BGB). Soweit es um vorvertragliche Pflichten geht, kommt bei Verstößen gegen § 31 WpHG außerdem eine Anwendung der Regeln über die cic in Betracht (§ 311 Abs. 2 BGB). Durch die ausdrückliche Regelung einzelner vorvertraglicher Informations- und Erläuterungspflichten der Banken im BGB (§ 491a n.F.) ist dies nachdrücklich bestätigt worden; auch die Gesetzesverfasser haben das so gesehen.[17] Daher stellt sich hier die weitere Frage, ob Verstöße von Banken insbesondere gegen § 31 WpHG und gegen die Durchführungsverordnung auch über das UWG sanktioniert werden können, – womit konkurrierenden Banken und sonstigen Dienstleistungsunternehmen sowie den Verbänden der Verbraucher die Möglichkeit eröffnet würde, unabhängig von den oft unwilligen, überforderten oder schlicht unfähigen Aufsichtsbehörden über Unterlassungs- und Schadensersatzklagen selbst für die Einhaltung der genannten kapitalmarktrechtlichen Regelungen zu sorgen (§§ 8 und 9 UWG).[18]

Die Frage ist, wie man sich denken kann, wegen ihrer weitreichenden praktischen Bedeutung umstritten. Soweit ein Rückgriff auf das UWG bei Verstößen gegen das WpHG verneint wird, steht dahinter letztlich die Überlegung, das WpHG enthalte eine abschließende Regelung mit einem eigenen Sanktionensystem, neben dem für einen Rückgriff auf das UWG kein Raum sei; außerdem handele es sich bei der Verbreitung von Informationen durch die Banken nicht um Wettbewerbshandlungen im Sinne des

[17] Begr. BT-Drucks. 16 (2009)/11643, S. 78 f.

[18] Das totale Versagen der BaFin in der aktuellen Finanzmarktkrise ist inzwischen schon sprichwörtlich, s. *Großfeld* NZG 2009, 1204 mit Nachw.

UWG.[19] Die überwiegende Meinung geht dagegen ohne weiteres von der parallelen Anwendbarkeit des UWG und des Kapitalmarktrechts aus – mit den genannten Konsequenzen für die Rechtsdurchsetzung.[20] Gerichtliche Entscheidungen zu dem Fragenkreis sind selten. Soweit ersichtlich, hat bislang erst einmal das OLG Hamburg im Jahre 2006 ohne weiteres das Irreführungsverbot des UWG auf eine unrichtige ad hoc-Mitteilung angewandt.[21]

Weder das UWG noch das WpHG nehmen zu der Konkurrenzfrage Stellung, wohl jedoch möglicherweise die Lauterkeitsrichtlinie von 2005. Im Schrifttum wird in diesem Zusammenhang insbesondere auf Art. 3 Abs. 4 der Richtlinie i.V.m. dem Erwägungsgrund Nr. 10 hingewiesen.[22] Nach der genannten Vorschrift der Richtlinie gehen nämlich andere Vorschriften des Gemeinschaftsrechts der Richtlinie vor, wenn sie mit Bestimmungen der Richtlinie kollidieren. S. 3 des Erwägungsgrundes Nr. 10 erläutert dies dahin, dass die Richtlinie nur insoweit Anwendung findet, als keine spezifischen Vorschriften des Gemeinschaftsrechts vorliegen, die spezielle Aspekte unlauterer Geschäftspraktiken wie etwa die Informationsanforderungen regeln.

Aus diesen Formulierungen könnte man auf einen Vorrang der kapitalmarktrechtlichen Regelungen vor dem Lauterkeitsrecht schließen, der dann wohl auch im nationalen Recht zu beachten wäre. Jedoch hat die Lauterkeitsrichtlinie hier offenbar, wie S. 2 des Erwägungsgrundes Nr. 10 deutlich macht, nur andere *verbraucherschutzrechtliche* Richtlinien wie z.B. die Fernabsatzrichtlinie im Auge. Darum geht es hier jedoch nicht. Deshalb wird man aus den genannten Vorschriften nur den ohnehin naheliegenden Schluss ziehen dürfen, dass bei der Konkretisierung der Informationspflichten der Banken aufgrund des UWG, insbesondere im Rahmen des Irreführungsverbotes, vorrangige Wertungen des Kapitalmarktrechts zu berücksichtigen sind – ebenso wie es schon seit langem im Rahmen des Bankvertragsrechts und der cic geschieht.[23]

Damit ist freilich noch nicht über die Anwendbarkeit des UWG entschieden; vielmehr muss noch hinzukommen, dass auch die Voraussetzungen erfüllt sind, von denen das UWG seinerseits seine Anwendbarkeit abhängig macht. Erste und wichtigste dieser Voraussetzungen (die hier allein interessiert) ist das Vorliegen einer geschäftlichen Handlung im geschäftlichen Verkehr. Dass es bei der Werbung von Banken um einen geschäftlichen Verkehr

[19] *Klöhn* ZHR 172 (2008), 388, 398 ff. (mit der Begründung, es fehle i.d.R. an einer Wettbewerbshandlung); *Sethe*, in: Assmann/U. Schneider, WpHG, §§ 37 b/c Rn. 114 (wegen der Spezialität des WpHG).

[20] *Köhler* WM 2009, 385, 391 f.; *Köndgen*, in: FS Druey, Zürich 2002, S. 791, 811 f.; *Lettl* ZGR 2003, 853, 859, 869 ff.; beiläufig auch *Rössner/Bolkart* ZIP 2002, 1471.

[21] ZIP 2006, 1921 „telegate".

[22] *Köhler* WM 2009, 385.

[23] Ebenso im Ergebnis *Köhler* WM 2009, 385.

geht, versteht sich von selbst.[24] Es kommt deshalb nur darauf an, ob es sich dabei zugleich um eine geschäftliche Handlung i.S.d. § 2 Abs. 1 Nr. 1 UWG handelt.

Eine geschäftliche Handlung ist nach dieser Vorschrift u.a. jedes Verhalten einer Person zu Gunsten des eigenen oder eines fremden Unternehmens bei oder nach einem Geschäftsabschluss, das mit der Förderung des Absatzes oder des Bezuges von Dienstleistungen verbunden ist, wobei zu den Dienstleistungen auch Rechte wie z.B. Aktien zählen.[25] Durch diese Definition sollte der Begriff der geschäftlichen Handlung durch den Verzicht auf das herkömmliche Erfordernis einer Wettbewerbsabsicht objektiviert werden; statt der stets als problematisch angesehenen Wettbewerbsabsicht soll es jetzt nur noch auf den objektiven Zusammenhang des fraglichen Verhaltens mit dem Absatz oder dem Bezug von Waren oder Dienstleistungen ankommen.[26] Informationen der Banken für ihre Kunden einschließlich insbesondere der Werbemitteilungen stehen aber nahezu ausnahmslos in einem unmittelbaren Zusammenhang mit dem von der Bank betriebenen Absatz von Dienstleistungen, so dass dieser ganze weite Tätigkeitsbereich heute ohne weiteres in den Anwendungsbereich des UWG fällt.[27]

Dasselbe dürfte, ohne dass die Frage hier weiter vertieft werden soll, auch für die neuen Informationspflichten vor Abschluss von Verbraucherkreditverträgen (§ 491a BGB n.F.) sowie sogar für die Prüfungspflichten vor Gewährung eines Kredits gelten (§ 18 Abs. 2 KWG n.F.; § 509 BGB n.F.). Denn in jedem Fall handelt es sich um geschäftliche Handlungen im Sinne der weiten Definition des § 2 Abs. 1 Nr. 1 UWG. Selbst für die durch das Anlegerschutzgesetz eingeführte Dokumentationspflicht (§ 34 Abs. 2a WpHG) wird man das anzunehmen haben.

3. *Folgerungen*

Wendet man entsprechend dem Gesagten das UWG neben § 31 WpHG sowie den genannten anderen Vorschriften des WpHG und des KWG an, so ist damit noch nicht entschieden, auf welchem Wege konkret die Wertungen des Kapitalmarktrechts im Rahmen des UWG zu berücksichtigen sind. Zwei Wege bieten sich an, einmal die Aufnahme der Wertungen des Kapitalmarktrechts in die Generalklauseln des UWG, wobei im vorliegenden Zusammenhang insbesondere an das Irreführungsverbot der §§ 5 und 5a UWG zu

[24] *Emmerich* Unlauterer Wettbewerb, 8. Aufl. 2009, § 4 Rn. 3 ff.

[25] So ausdrücklich BGH NJW 2008, 231 = GRUR 2007, 981 Tz. 27 „150 % Zinsbonus"; *Köhler*/Bornkamm UWG, § 2 Rn. 39.

[26] Begr. z. RegE, BT-Drucks. 16(2008)/10145, S. 20 ff.; *Emmerich* Unlauterer Wettbewerb, 8. Aufl. 2009, § 4 Rn. 18 ff.; *Köhler*/Bornkamm UWG, § 2 Rn. 34 ff.

[27] OLG Hamburg ZIP 2006, 1921; *Lettl* ZGR 2003, 853, 859 ff.; im Ergebnis auch *Köhler* WM 2009, 385.

denken sein dürfte, zum anderen die Behandlung der Verbote des WpHG, der Durchführungsverordnung und des KWG als Marktverhaltensregeln im Sinne des § 4 Nr. 11 UWG – mit der Folge, dass sämtliche Verstöße gegen das Kapitalmarktrecht zugleich als unlauterer Wettbewerb behandelt werden könnten.[28]

Nach § 4 Nr. 11 UWG handelt unlauter, wer einer gesetzlichen Vorschrift zuwiderhandelt, die auch dazu bestimmt ist, im Interesse der Marktteilnehmer das Marktverhalten zu regeln. § 4 Nr. 11 UWG beruht auf der künstlichen (und durchaus problematischen) Unterscheidung zwischen Marktverhaltens- und Marktzugangsregeln,[29] wobei die Rechtsprechung offenbar zu einer ganz weiten Auslegung des Begriffs der Marktverhaltensregeln tendiert. Deshalb sind auch schon wiederholt in der Tat Verstöße gegen die vielfältigen Pflichten zur Information der Verbraucher im Vorfeld eines Vertragsabschlusses aus Gründen des Verbraucherschutzes als Marktverhaltensregeln anerkannt worden.[30] Das mag in der Tat dafür sprechen, auch im vorliegenden Zusammenhang § 4 Nr. 11 UWG anzuwenden. Gleichwohl bleiben Zweifel. Hilfreich ist hier ein Blick auf die eingangs erwähnten jüngsten Urteile des BGH zu Verstößen von Banken gegen ihre Informationspflichten.

IV. Ein Blick auf die Rechtsprechung zum UWG

Wie schon erwähnt, hat sich der BGH in mehreren Urteilen aus den Jahren 2002 und 2007 zu Informationspflichtverletzungen der Banken geäußert. Die beiden ersten Urteile betrafen die täuschende Gestaltung von Kontoauszügen, die zur Folge hatten, dass den Kunden der wichtige Unterschied zwischen einer Gutschrift und der Wertstellung des fraglichen Betrages verborgen blieb, – natürlich zu dem Zweck, die Kunden infolge der Täuschung über ihre wirklichen Guthaben zu Abhebungen zu veranlassen, die dann als Kredite behandelt werden konnten. Wichtig ist, dass der BGH in beiden Urteilen die irreführende Gestaltung der Kontoauszüge, obwohl bloße Vertragsverletzungen, wegen ihrer Zielsetzung zugleich als Wettbewerbshandlungen qualifiziert hat, und zwar konkret als Werbung im Sinne des § 5 Abs. 2 UWG a.F.[31] Nach neuem Recht gilt dasselbe „erst recht", weil Kontoauszüge ein Verhalten von Banken darstellen, das objektiv mit der Förderung des Absatzes von Dienstleistungen, d.h. von Krediten zusammenhängt (§ 2

[28] *Köhler* WM 2009, 385, 391 f.; *Lettl* ZGR 2003, 853, 869.

[29] S. im Einzelnen *Emmerich* Unlauterer Wettbewerb, § 20 Rn. 9, 15 ff.

[30] BGH NJW 2006, 3633, 3634 f. Tz. 15, 30 = GRUR 2007, 159; OLG Hamm NJW 2005, 231.

[31] BGH NJW 2002, 3405 „Kontostandsauskunft"; NJW 2007, 3002 Tz. 12 ff. „Irreführender Kontoauszug".

Abs. 1 Nr. 1 UWG). Zugleich sind Kontoauszüge auch Informationen, und zwar Werbemitteilungen im Sinne des § 31 Abs. 2 WpHG, so dass ihre täuschende Gestaltung aus heutiger Sicht außerdem gegen § 31 Abs. 2 S. 1 WpHG und gegen § 4 Abs. 1 der Durchführungsverordnung verstieß – mit der Folge einer Eingriffsbefugnis der BaFin aufgrund der §§ 4 und 36b WpHG. Gleichwohl wird kaum jemand daran zweifeln, dass die ordentlichen Gerichte in Fällen der fraglichen Art – ungeachtet der gleichzeitigen Zuständigkeit der BaFin – weiterhin unmittelbar das Irreführungsverbot des UWG anwenden werden, verstanden freilich im Lichte des Kapitalmarktrechts, aber auch nicht mehr.

Man benötigt dafür keinen Rückgriff auf § 4 Nr. 11 UWG. Der Vorteil ist, dass die Gerichte – entgegen einer verbreiteten Meinung – bei der Anwendung der wettbewerbsrechtlichen Generalklauseln eben *nicht* an das WpHG gebunden sind, sondern, wenn ihnen dies sinnvoll und nötig erscheint, auch darüber hinausgehen dürfen und können.

Dass dies allein die angemessene Lösung ist, zeigen einige Beispiele aus der jüngsten Rechtsprechung. Danach greift das Irreführungsverbot z.B. auch ein, wenn eine Finanzgruppe für riskante, atypische stille Beteiligungen mit einer „Mindestverzinsung" von 6 % wirbt, die keineswegs gewährleistet war,[32] oder wenn sonst bei der Werbung für hochriskante Anlagen die Risiken verharmlost und unrealistische Angaben über die Gewinnmöglichkeiten gemacht werden.[33] Als unbedenklich haben die Gerichte dagegen die Werbung für eine an den Erfolg der deutschen Fußballnationalmannschaft gekoppelte Verzinsung einer Festgeldanlage mit dem Slogan „150 % Zinsbonus" angesehen, weil es sich dabei nur um eine besondere Art der Zinsberechnung handelte, nicht mehr.[34]

Heute dürfte in den genannten Fällen durchweg zugleich § 31 Abs. 2 WpHG i.V.m. § 4 der Durchführungsverordnung erfüllt sein. Trotzdem darf man wohl davon ausgehen, dass die Gerichte in Fällen der fraglichen Art auch weiterhin in erster Linie den ihnen vertrauten § 5 UWG anwenden werden, freilich gelesen im Lichte des Kapitalmarktrechts. Bei Verstößen der Banken im Wettbewerb gegen die im Jahre 2009 zum Schutze der Verbraucher zusätzlich eingeführten vorvertraglichen Informations-, Prüfungs- und Dokumentationspflichten dürfte dasselbe zu gelten haben (§§ 491a, 509 BGB n.F.; § 34 Abs. 2a WpHG n.F.; § 18 Abs. 2 KWG n.F.). UWG und WpHG ergänzen sich auf diese Weise in sinnvoller Weise zum Schutze der Verbraucher. Zugleich erlangte dadurch das ausufernde Aufsichtsrecht aufgrund des WpHG und des KWG – und zwar auch jenseits der §§ 311 Abs. 2 und 280 Abs. 1 BGB – eine durchaus erwünschte zivilrechtliche Relevanz.

32 BGH NJW 2004, 431 = GRUR 2004, 162 „Mindestverzinsung".
33 OLG Saarbrücken NJWE-WettbR 1996, 204.
34 BGH NJW 2008, 231 Tz. 24 = GRUR 2007, 981.

Wahrung der Frist des § 246 Abs. 1 AktG durch Anrufung eines unzuständigen Schiedsgerichts?

Markus Gehrlein

I. Einführung

Durch seine Entscheidung vom 6. April 2009[1] hat der Bundesgerichtshof abweichend von seinem früheren Verständnis[2] die grundsätzliche Möglichkeit anerkannt, im Recht der GmbH Beschlussmängelstreitigkeiten der Entscheidung eines Schiedsgerichts zu unterstellen. Diese Rechtsfortbildung hatte sich angedeutet, nachdem der Gesetzgeber im Rahmen der Neuordnung des Schiedsverfahrensrechts der Rechtsprechung ausdrücklich überlassen hatte, Lösungen zur Einbeziehung von Beschlussmängelstreitigkeiten in Schiedsgerichtsverfahren zu entwickeln.[3] Beschlussmängelstreitigkeiten können danach der Entscheidung eines Schiedsgerichts unterbreitet werden, wenn eine entsprechende Schiedsklausel in der Satzung (§ 1066 ZPO) enthalten ist oder Gesellschafter und GmbH außerhalb der Satzung einen dahingehenden Schiedsvertrag vereinbaren. Jeder Gesellschafter muß durch Information über Einleitung und Gang des Schiedsverfahrens in die Lage versetzt werden, dem Verfahren als Nebenintervenient beizutreten. Ferner müssen alle Gesellschafter an der Auswahl und Bestellung der Schiedsrichter mitwirken können; schließlich ist zu gewährleisten, dass alle denselben Streitgegenstand betreffenden Beschlussmängelstreitigkeiten bei einem Schiedsgericht konzentriert werden.[4]

Die Kautelarpraxis wird diesen Anforderungen bei der Schaffung neuer wie auch bei der Überprüfung alter, diesem Standard nicht genügender Schiedsklauseln Rechnung tragen. Gleichwohl ist anzunehmen, zumindest aber nicht auszuschließen, dass verschiedentlich Schiedsgerichtsverfahren auf der Grundlage – möglicherweise – den Vorgaben des BGH nicht entsprechender Schiedsklauseln eingeleitet werden. Gelangt das Schiedsgericht zu

[1] II ZR 255/08, NJW 2009, 1962.
[2] BGHZ 132, 278, 285 ff.
[3] BT-Drucks. 13/5274 S. 35.
[4] BGH, Urt. v. 6. April 2009 – II ZR 55/08, NJW 2009, 1962, 1964 f. Rn. 20.

einer solchen rechtlichen Einschätzung, hat es sich auf die Rüge der beklagten GmbH durch Prozessurteil für unzuständig erklären.[5] Freilich besteht daneben die Möglichkeit, dass das Schiedsgericht die Satzungsregel in Verkennung der Rechtslage als wirksam ansieht, der Schiedsspruch aber auf Rüge einer Partei durch das staatliche Gericht aufgehoben wird (§ 1059 Abs. 2 Nr. 2 a). In beiden Fällen steht der Kläger vor der Frage, ob einer Klage vor den staatlichen Gerichten die Versäumung der Frist des § 246 Abs. 1 AktG entgegensteht. Bedacht zu nehmen ist schließlich auch noch auf die dritte Alternative, in der die von einem Gesellschafter in der Annahme einer unzureichenden Schiedsklausel vor dem staatlichen Gericht erhobene Klage auf die von der GmbH erhobene Einrede des Schiedsvertrages mangels Bedenken gegen die Gültigkeit der Schiedsklausel als unzulässig abgewiesen wird.[6] Ist auch hier die Klage vor dem Schiedsgericht verfristet?

II. Gesellschafterbeschluss als materielle Klagevoraussetzung

Es entspricht ständiger höchstrichterlicher Rechtsprechung, dass der die Geltendmachung von Schadensersatzansprüchen gegen Gesellschafter und Organe ermöglichende Beschluss (§ 46 Nr. 8 GmbHG) eine materielle Klagevoraussetzung darstellt. Das Fehlen des entsprechenden Gesellschafterbeschlusses bedeutet, dass eine Voraussetzung für die Zulässigkeit klageweiser Durchsetzung der Ersatzansprüche nicht gegeben ist. Da sich diese Zulässigkeitsvoraussetzung aus dem Privatrecht ergibt, stellt sie keine Prozessvoraussetzung dar, von deren Vorliegen es abhängt, ob das auf sachliche Entscheidung gerichtete Prozessverfahren als solches und im ganzen zulässig ist. Das Fehlen diese Zulässigkeitsvoraussetzung führt daher nicht zur Klageabweisung durch Prozessurteil, sondern zur Abweisung der Klage als unbegründet.[7] Dies bedeutet, dass eine der Grundlage eines Gesellschafterbeschlusses entbehrende Mahnung gegenüber dem Verpflichteten keinen Verzug auslöst.[8]

Weitere in § 46 geregelte Gesellschafterbeschlusse sind ebenfalls als materielle Gultigkeitsvoraussetzung eines auf ihnen aufbauenden Geschäfts einzustufen. Die Einforderung der Resteinlagen obliegt den Geschäftführern, ist aber an eine dahingehende Beschlussfassung der Gesellschafter (§ 46 Nr. 2 GmbHG) gekoppelt.[9] Gleichfalls ist die Erklärung der Einziehung eines Geschäftsanteils durch den Geschäftsführer gegenüber dem betroffenen

[5] BGH, Beschl. v. 6. Juni 2002 – III ZB 44/01, NJW 2002, 3031 f.

[6] Vgl. *Ulmer/Raiser*, GmbHG 2006, Anh. § 47 Rn. 236.

[7] BGHZ 28, 355, 359; 97, 382, 390; BGH, Urt. v. 13.2.1975 – II ZR 92/73, NJW 1975, 977.

[8] *Ulmer/Raiser*, GmbHG 2006, § 46 Rn. 101.

[9] BGH, Urt. v. 29. Juni 1961 – II ZR 39/60, BB 1961, 953; *Ulmer*, GmbHG 2005 § 19 Rn. 9; *Gehrlein/Witt*, GmbH-Recht in der Praxis, 2. Aufl. 4. Kap. Rn. 6.

Gesellschafter wirkungslos, wenn ihr nicht ein Gesellschafterbeschluss nach § 46 Nr. 4 GmbHG zugrundeliegt.[10] Auch die Wahrung der Anfechtungsfrist als solche ist nach höchstrichterlicher Rechtsprechung unabhängig vom Beschlussgegenstand eine materielle Klagevoraussetzung, die von der klagenden Partei darzutun und in jeder Lage des Verfahrens von Amts wegen zu prüfen ist.[11] Im Falle einer Fristversäumung wird also die Klage als unbegründet, nicht als unzulässig abgewiesen.[12]

III. Geltendmachung von Beschlussmängeln in der GmbH

1. Anfechtungsklage

Die Frage, welche Rechtsfolgen die Mangelhaftigkeit eines Gesellschafterbeschlusses äußert, ist im GmbH-Gesetz nicht geregelt. Die Lücke wird dadurch ausgefüllt, dass die im Aktiengesetz enthaltenen Bestimmungen (§ 241 ff AktG) über die Nichtigkeit und Anfechtbarkeit von Beschlüssen der Hauptversammlung und hierbei insbesondere auch die Vorschriften über die Abgrenzung zwischen Nichtigkeit und Anfechtbarkeit auf die GmbH angesichts der weitgehenden Ähnlichkeit der Sach- und Rechtslage sinngemäß angewandt werden.[13] Nach Auffassung der Rechtsprechung kann eine Anfechtungsklage nur gegen einen von dem Versammlungsleiter festgestellten Beschluss erhoben werden. Die Anfechtungsklage setzt die Feststellung eines bestimmten Beschlussergebnisses voraus, das im Klagewege „kassiert" werden soll, bis dahin aber vorläufig wirksam und für alle Beteiligten verbindlich ist. Fehlt es an einem festgestellten Gesellschafterbeschluss, bleibt den Betroffenen allein die Erhebung der nicht fristgebundenen, nur der Verwirkung unterliegenden Feststellungsklage.[14]

Die Analogie betrifft sowohl die Anfechtungstatbestände, die Anfechtungsberechtigung als auch die Anfechtungsfrist. Die Nichtigkeitsgründe sind in § 241 AktG erschöpfend geregelt. Sämtliche Verstöße gegen Gesetz und Satzung, die keinen Nichtigkeitsgrund ausfüllen, bilden einen Anfechtungsgrund.[15] Der Begriff der Anfechtbarkeit bedeutet, dass der betroffene Beschluss vernichtbar ist, im Umkehrschluss aber bis zu einer erfolgreichen Anfechtung zunächst gültig bleibt. Scheidet ein Nichtigkeitsgrund aus, bleiben weitere Rechtsverletzungen folgenlos, wenn die allein anfechtungsbe-

[10] *Ulmer/Raiser*, GmbHG 2006, § 46 Rn. 41.
[11] BGH, Urt. v. 15. Juni 1998 – II ZR 40/97, NJW 1998, 3344, 3345.
[12] *Michalski/Römermann*, GmbHG 2002 Anh. § 47 Rn. 471.
[13] BGHZ 11, 231, 235; 36, 207, 210 f.
[14] BGH, Urt. v. 11. Februar 2008 – II ZR 187/06, NJW-RR 2008, 706, 708 Rn. 22.
[15] *Gehrlein/Witt*, GmbH-Recht in der Praxis, 2. Aufl. 4. Kap. Rn. 81.

rechtigten Gesellschafter von ihrer Anfechtungsbefugnis keinen fristgerechten Gebrauch machen.[16] Richtet sich eine Anfechtungsklage gegen einen auf der Grundlage des § 46 Nr. 8 GmbHG gefassten Beschluss über die Geltendmachung von Ersatzansprüchen, so sind nur die formellen Anforderungen zu prüfen. Der Beschluss kann jedoch nicht mangels Erfolgsaussicht des Schadensersatzanspruchs abgewiesen werden.[17]

Im Blick auf die Anfechtungsberechtigung wurden für das GmbH-Recht gewisse Abmilderungen entwickelt. Anfechtungsbefugt ist grundsätzlich jeder Gesellschafter. Abweichend von § 245 Nr. 1 AktG setzt die Anfechtung nicht voraus, dass der Gesellschafter in der Versammlung erschienen und einen Widerspruch erklärt hat. Vielmehr ist jeder Gesellschafter unabhängig von einer Teilnahme und eines Widerspruchs zur Erhebung der Anfechtungsklage berechtigt.[18] Die Regelung des § 245 Nr. 1 AktG, die zum Schutze der regelmäßig aus einer Vielzahl von kleinbeteiligten Gesellschaftern bestehenden Aktiengesellschaft die Anfechtung an formale Hürden koppelt, ist wegen der regelmäßig anderen Gesellschafterstruktur in einer GmbH unanwendbar.[19]

2. *Nichtigkeitsklage*

Es liegt im Wesen der Nichtigkeit eines Rechtsgeschäfts, dass sie das Rechtsgeschäft ohne weiteres und ohne Rücksicht darauf zerstört, ob die Beteiligten seinen Inhalt und seine Wirkung billigen oder nicht. Die Wirkung der Nichtigkeit äussert sich ferner dahin, dass sie ohne weiteres von jedermann geltend gemacht werden kann und dass ein nichtiger Beschluss auch nicht durch nachträgliche Zustimmung Gültigkeit zu erlangen vermag. Deshalb kann sich auf die Nichtigkeit eines Beschlusses ein Gesellschafter auch dann berufen, wenn er ihm selbst zugestimmt hat und wenn der Beschluss von der Mehrheit der anwesenden Gesellschafter gebilligt worden ist.[20] Die Nichtigkeitsklage ist – wie § 246 Abs. 1 AktG im Gegenschluss zu entnehmen ist – nicht an eine Frist geknüpft, soweit nicht eine Heilung nach § 242 AktG eingetreten ist oder der Gesellschafter sein Klagerecht verwirkt hat.[21] Im Unterschied zu einer bloßen Feststellungsklage (§ 256 ZPO) kann mit

[16] *Rowedder/Schmidt-Leithoff/Koppensteiner*, GmbHG 4. Aufl. § 47 Rn. 117.

[17] LG Karlsruhe NZG 2001, 169, 172; *Rowedder/Schmidt-Leithoff/Koppensteiner*, GmbHG 4. Aufl. § 46 Rn. 43.

[18] *Baumbach/Zöllner*, GmbHG 18. Aufl. Anh. § 47 Rn. 135; *Ulmer/Raiser*, AktG 2006 Anh. § 47 Rn. 106; *Gehrlein/Witt*, GmbH-Recht in der Praxis, 2. Aufl. 4. Kap. Rn. 83.

[19] *Baumbach/Zöllner*, GmbHG 18. Aufl. Anh. § 47 Rn. 135; *Michalski/Römermann*, GmbHG 2002 Anh. § 47 Rn. 385 f.

[20] BGHZ 11, 231, 239.

[21] *Ulmer/Raiser*, GmbHG 2006 Anh. § 47 Rn. 93.

Hilfe einer Nichtigkeitsklage die allgemeinverbindliche (§§ 248, 249 AktG) Nichtigerklärung eines Beschlusses erwirkt werden.

3. *Allgemeine Feststellungsklage*

Die Nichtigkeit eines Beschlusses kann – ein Feststellungsinteresse vorausgesetzt – auch auf die Feststellungsklage (§ 356 ZPO) eines Dritten festgestellt werden.[22] Das in einem solchen Feststellungsstreit ergehende Urteil wirkt jedoch abweichend von §§ 248, 249 AktG nur zwischen den Prozessparteien.[23] Gesellschafter sind mangels eines entsprechenden Feststellungsinteresses nicht zur Erhebung einer allgemeinen Feststellungsklage, sondern nur zur Erhebung einer die Drittwirkung des § 248 AktG auslösenden Nichtigkeitsklage nach § 249 AktG befugt.[24]

IV. Dauer der Anfechtungsfrist

Die Anfechtungsklage muss gemäß § 246 Abs. 1 AktG innerhalb eines Monats nach der Beschlussfassung erhoben werden. Die bei Annahme einer Analogie naheliegende Konsequenz, die Monatsfrist unangeschränkt auch auf die GmbH anzuwenden, hat der Bundesgerichtshof zunächst nur mit deutlichen Vorbehalten und bis heute nicht in letzter Stringenz gezogen.

1. *Angemessene Frist*

Wegen der Verschiedenheiten zwischen Aktiengesellschaft und GmbH sprechen nach früherer höchstrichterlicher Auffassung gewichtige Gründe dafür, die strikte Frist von einem Monat, innerhalb deren nach § 246 Abs. 1 AktG die Anfechtungsklage gegen einen Beschluss der Hauptversammlung erhoben werden muss, nicht auf das GmbH-Recht zu übertragen. Das Bedürfnis an Rechtssicherheit, dem die einmonatige Anfechtungsfrist im Aktienrecht dient, ist dort wesentlich größer als bei der GmbH. Diese Gesellschaftsform ist im Gegensatz zur Aktiengesellschaft wegen der typischerweise zwischen den Gesellschaftern bestehenden persönlichen Beziehungen auf eine tragfähige Vertrauensgrundlage angewiesen. Etwaige Meinungsverschiedenheiten über einen von der Gesellschafterversammlung gefassten Beschluss müssen nach Möglichkeit einvernehmlich bereinigt wer-

22 *Scholz/K. Schmidt*, GmbHG 10. Aufl. § 45 Rn. 81.
23 *Scholz/K. Schmidt*, GmbHG 10. Aufl. § 45 Rn. 82.
24 BGHZ 70, 384, 388; MünchKomm-AktG/Hüffer, 2. Aufl. § 249 Rn. 7; *Gehrlein/Witt*, GmbH-Recht in der Praxis, 2. Aufl. 4. Kap. Rn. 79; großzügiger *Scholz/K. Schmidt*, GmbHG 10. Aufl. § 45 Rn. 81.

den können, bevor eine Anfechtungsklage erhoben wird. Das führt dazu, § 246 Abs. 1 AktG auf Anfechtungsklagen gegen Beschlüsse der Gesellschafterversammlung einer GmbH nicht entsprechend anzuwenden.

Die Klage muss gleichwohl mit aller dem anfechtungsberechtigten Gesellschafter zumutbaren Beschleunigung erhoben werden. Dabei kann die Monatsfrist des § 246 Abs. 1 AktG, die dem Gesellschafter in jedem Fall zur Verfügung stehen muss, als Leitbild herangezogen werden. Liegen keine besonderen Umstände vor und ist eine einverständliche Regelung nicht zu erwarten, muss der Gesellschafter Mängel, die ihm bereits bei der Beschlussfassung erkennbar sind, innerhalb eines Monats durch Klageerhebung geltend machen. Für die Anfechtung von Gesellschafterbeschlüssen gilt danach im GmbH-Recht nicht die Monatsfrist des AktG § 246 Abs. 1, sondern eine nach den Umständen des Einzelfalles zu bemessende angemessene Frist. Dabei kann jedoch die Monatsfrist, die dem Gesellschafter in jedem Fall zur Verfügung stehen muss, als Leitbild herangezogen werden.[25]

2. Leitbild der Monatsfrist des § 246 Abs. 1 AktG

Von der großzügigen Bemessung der Anfechtungsfrist ist die höchstrichterliche Rechtsprechung nach und nach abgerückt. In einer späteren Entscheidung wird darauf hingewiesen, dass die Klage auf Anfechtung eines Gesellschafterbeschlusses mit aller dem klagenden Gesellschafter zumutbaren Beschleunigung erhoben werden muss, wobei die Monatsfrist des § 246 Abs. 1 AktG grundsätzlich als Maßstab anzusehen ist. Innerhalb dieser Frist müssen auch die Anfechtungsgründe in ihrem wesentlichen tatsächlichen Kern in den Rechtsstreit eingeführt werden. Wird diese Frist überschritten, kommt es darauf an, ob zwingende Umstände den Gesellschafter an einer früheren klageweisen Geltendmachung des Anfechtungsgrundes gehindert haben.[26] Die Tatsache, dass die Gesellschafterversammlung einige Zeit vor Weihnachten stattgefunden hat, rechtfertigt die Regelfristüberschreitung ebensowenig wie die Notwendigkeit einer Besprechung des Gesellschafters mit seinem Anwalt über das Protokoll der Gesellschafterversammlung, wenn der Anwalt den Gesellschafter in der Gesellschafterversammlung vertreten und dort nach Genehmigung der Verhandlungsniederschrift Anfechtungsklage angekündigt hat.[27] Bis heute billigt der Bundesgerichtshof freilich ein Überschreiten der Monatsfrist, wenn den Gesellschafter zwingende Gründe an einer früheren Geltendmachung gehindert haben.[28] Wenngleich einem Ge-

[25] BGHZ 111, 224, 225 f.

[26] BGHZ 137, 378, 386.

[27] BGH, Urt. v. 18. April 2005 – II ZR 151/03, WM 2005, 1126, 1128 f.; vgl. auch BGH, Urt. v. 14. März 2005 – II ZR 153/03, WM 2005, 802, 804.

[28] BGH, Beschl. v. 13. Juli 2009 – II ZR 272/08; WM 2009, 1896.

sellschafter stets die Beachtung der Monatsfrist anzuraten ist, kann von einer strikten Analogie zu § 246 Abs. 1 keine Rede sein.[29]

V. Fristbeginn

Der Gesellschaftsvertrag einer GmbH kann ausdrücklich vorsehen, wann die einmonatige Anfechtungsfrist des § 246 Abs. 1 AktG zu laufen beginnt. Ist als Fristbeginn der Zugang des Versammlungsprotokolls bestimmt und unterzeichnet der Gesellschafter das Beschlussprotokoll nach Durchsicht am Ende der Versammlung, so läuft die Klagefrist ab dem Tage der Gesellschafterversammlung.[30] Fehlt es an einer Satzungsregelung, so wird teils angenommen, dass die Frist mit der Beschlussfassung beginnt,[31] während überwiegend auf den Zeitpunkt der Kenntnisnahme durch den Gesellschafter abgestellt wird.[32] Hängt die Anfechtungsbefugnis nicht von der Teilnahme an der Gesellschafterversammlung ab, spricht manches dafür, dass die Frist erst mit dem Zeitpunkt der zumutbaren Kenntnisnahme in Lauf gesetzt wird. In diese Richtung dürfte auch die Rechtsprechung tendieren.[33]

VI. Fristwahrung

1. Klageinhalt

Innerhalb der Anfechtungsfrist muss nicht nur die Anfechtungsklage erhoben werden, sondern es müssen auch die Anfechtungsgründe in den Prozess eingeführt sein; die Geltendmachung von Anfechtungsgründen nach Ablauf der Anfechtungsfrist kommt einer verspäteten Klage gleich und ist unbeachtlich. Die Gründe, auf welche die Anfechtung gestützt wird, müssen in ihrem wesentlichen tatsächlichen Kern innerhalb der Ausschlussfrist des § 246 Abs. 1 AktG in den Rechtsstreit eingeführt werden. Geschieht das erst nach Ablauf der Anfechtungsfrist, kommt das einer verspäteten Klage gleich. Die verspätet vorgebrachten Gründe sind dann unbeachtlich.[34] Damit kommt ein Nachschieben von neuen Anfechtungsgründen innerhalb eines laufenden Prozesse grundsätzlich nicht in Betracht.

[29] *Michalski/Römermann*, GmbHG 2002 Anh. § 47 Rn. 460.
[30] BGH, Urt. v. 15. Juni 1998 – II ZR 40/97, NJW 1998, 3344 f.
[31] *Scholz/K. Schmidt*, GmbHG 10. Aufl. § 45 Rn. 145.
[32] *Ulmer/Raiser*, GmbHG 2006 Anh. § 47 Rn. 204.
[33] BGH, Urt. v. 15. Juni 1987 – II ZR 261/86, NJW 1988, 411, 413; Urt. v. 15. Juni 1998 – II ZR 40/97, NJW 1998, 3344 f.
[34] BGHZ 32, 318, 322; 120, 141, 156 f.

Eine Ausnahme gilt hingegen, wenn eine Anfechtungsklage auf Stimmrechtsmissbrauch gestützt ist und das Motiv für den Stimmrechtsmissbrauch erst nach Ablauf der Anfechtungsfrist deutlich wird. Sonst würde ein Machtmissbrauch, der bis zum Ende der Anfechtungsfrist bloß vage, unklar oder unrichtig erkannt, aber zum Gegenstand einer Anfechtungsklage gemacht worden ist, als Anfechtungsgrund ausscheiden. Das ist ausgeschlossen, weil eigensüchtige, gesellschaftsfremde Zwecke nicht um so besser durchsetzbar sein können, je mehr sie im Dunkel gehalten oder getarnt werden oder je weniger sie hervortreten oder das wahre Ziel der Beschlussfassung erkannt werden kann.[35]

2. *Rechtzeitigkeit der Klage bei staatlichem Gericht*

a) Klageeinreichung

Die Frist wird durch rechtzeitige Klageerhebung gewahrt.[36] Die erfordert die Zustellung der Klageschrift spätestens am letzten Tag der Frist oder einer ausnahmsweise längeren Frist.[37] Würde man allein auf de Zustellungszeitpunkt rekurrieren, wäre der Kläger wegen der mitunter unabsehbaren Zustellungsdauer gezwungen, deutlich vor Ablauf der Frist seine Klage einzureichen. Er darf die Frist des § 246 Abs. 1 AktG aber bis zum letzten Tag ausschöpfen. Deshalb genügt es, wenn die Klage vor Ablauf der Frist bei Gericht eingereicht und demnächst (§ 167 ZPO) zugestellt wird. Diese Regelung ist nicht rein zeitlich zu verstehen; sie soll vielmehr den Kläger vor einer von ihm nicht verschuldeten verzögerlichen Sachbehandlung schützen. Falls keine schutzwürdigen Belange des Beklagten entgegenstehen, ist dem Kläger der Zeitablauf, den er nicht zu vertreten hat, nicht anzulasten. Insoweit sind Zeiträume von 9 und 10 Monaten nicht außergewöhnlich, wenn eine Klage ausnahmsweise auf diplomatischem Wege im Ausland zugestellt werden muss.[38]

b) Prozesskostenhilfegesuch

Ein rechtzeitig eingereichter Antrag auf Prozesskostenhilfe soll nach einer verbreiteten Auffassung mit Rücksicht auf den Wortlaut des § 246 Abs. 1 AktG nicht genügen.[39] Im GmbH-Recht wird teils dafür plädiert, dass ein solcher Antrag einen „zwingenden Grund" für eine Verlängerung der Frist

[35] BGH, Urt. v. 11. Juli 1966 – II ZR 134/65, NJW 1966, 2055.
[36] *Scholz/K. Schmidt*, GmbHG 10. Aufl. § 45 Rn. 145.
[37] MünchKomm-AktG/*Hüffer*, 2. Aufl. § 246 Rn. 37.
[38] BGH, Urt. v. 15. Juni 1987 – II ZR 261/86, NJW 1988, 411, 413.
[39] Vgl. die Nachweise bei GroßkommAktG/*K. Schmidt*, 4. Aufl. § 246 Rn. 20; MünchKomm-AktG/*Hüffer*, 2. Aufl. § 246 Rn. 39.

des § 246 Abs. 1 AktG darstellt.[40] Vorzugswürdig erscheint es freilich unter dem Blickpunkt einer Gleichbehandlung bemittelter und unbemittelter Kläger, sowohl im Aktien- als auch im GmbH-Recht einen Prozesskostenhilfeantrag als fristwahrend anzusehen, wenn auf den rechtzeitig eingereichten Antrag nach der Bewilligung alsbald die Klagezustellung veranlasst wird (§ 167 ZPO).[41]

c) Unverschuldete Fristversäumung

aa) Herkömmliche Betrachtung

Ist der Gesellschafter ohne Verschulden an einer rechtzeitigen Klageerhebung verhindert, kommt nach h.M. eine Wiedereinsetzung in den vorigen Stand (§ 233 ff. ZPO) nicht in Betracht. Diese Würdigung beruht auf der Erwägung, dass § 246 Abs. 1 AktG keine Klagefrist oder sonstige Notfrist, sondern eine materiellrechtliche Ausschlussfrist schafft.[42] Da es sich auch um keine Verjährungsfrist handelt, scheidet aus dogmatischer Sicht eine Hemmung der Verjährung schon im Ansatz aus.[43] Die Fristversäumnis begründet nicht erst eine Einrede, auf deren Geltendmachung hin die Klage abzuweisen ist. Vielmehr ist die Beachtung der Anfechtungsfrist von Amts wegen zu prüfen und die Klage im Falle einer Überschreitung als unbegründet abzuweisen.[44]

Diese Würdigung ist jedoch nicht unbestritten. Das OLG Frankfurt nahm an, dass die Anfechtungsfrist in entsprechender Anwendung des § 203 Abs. 2, § 205 BGB a.F. bis zur Entscheidung über ein – entsprechend der damaligen Terminologie – Armenrechtsgesuch gehemmt ist.[45] Dieses Problem lässt sich – wie vorstehend ausgeführt – nach heutigem Verständnis ohne Rückgriff auf die Verjährungsvorschriften in Anwendung von § 167 ZPO sachgerecht lösen. Immerhin belegt die Entscheidung, dass es Konstellationen geben kann, in denen ein Rückgriff auf die Wiedereinsetzungsregeln aus Gerechtigkeitserwägungen unabweisbar erscheint. Folgerichtig hat *Lüke* in einer Anmerkung zu dieser Entscheidung deutlich gemacht, dass das Gesetz für materielle Fristen eine Unterbrechung – heute Hemmung – der Verjährung und für prozessuale Fristen eine Wiedereinsetzung in den Stand vorsieht, aber entsprechende Regelungen zur Vorsorge gegen den Ablauf von

[40] *Scholz/K. Schmidt*, GmbHG 10. Aufl. § 45 Rn. 145.
[41] *Ulmer/Raiser*, GmbHG 2006 Anh. § 47 Rn. 205.
[42] BGH, Urt. v. 27. Oktober 1951 – II ZR 44/50, NJW 1952, 98, 99; GroßkommAktG/*K. Schmidt*, 4. Aufl. § 246 Rn. 13; MünchKomm-AktG/*Hüffer*, 2. Aufl. § 246 Rn. 33.
[43] GroßkommAktG/*K. Schmidt*, 4. Aufl. § 246 Rn. 14; MünchKomm-AktG/*Hüffer*, 2. Aufl. § 246 Rn. 34.
[44] RGZ 125, 143, 155 f.
[45] NJW 1966, 838, 840.

Ausschlussfristen fehlen. Sein Lösungsvorschlag lautete dahin, wegen der Einstufung der Frist als Klagefrist eine entsprechende Anwendung der §§ 233 ff. ZPO zu gestatten.[46]

bb) Neuere Tendenzen

Man kann mit Fug und Recht zweifeln, ob die dogmatische Ausgestaltung einer Frist tatsächlich für die Möglichkeit einer unverschuldeten Fristversäumung mit der Folge ausschlaggebend sein kann, dass bei einer Ausschlussfrist die Nichteinhaltung zwingend zum Rechtsverlust führt. Dieser Sicht steht bereits die Rechtsprechung des Bundesgerichtshofs entgegen, wonach eine unverschuldete Versäumung der Frist des § 12 Abs. 3 VVG a.F. unschädlich ist.[47] Außerdem gestattet die höchstrichterliche Rechtsprechung die nachträgliche Einführung eines Anfechtungsgrundes, der dem Gesellschafter unverschuldet nach Fristablauf bekannt wurde.[48] In der Konsequenz dieser Entscheidung liegt es, wegen eines planmäßig verborgenen Anfechtungsgrundes auch erst nach Ablauf der Frist des § 246 Abs. 1 AktG Anfechtungsklage erheben zu können.

Im Blick auf die Ausschlussfrist des § 12 Abs. 3 VVG a.F. hat das Bundesverfassungsgericht in einem Fall, in dem der Anwalt die vor Ablauf der Ausschlussfrist eingereichte Klage versehentlich – was der Partei zuzurechnen war (§ 85 Abs. 2 ZPO) – nicht unterschrieben und das Unterschriftserfordernis erst nach Fristablauf nachgeholt hatte, eine dem Versicherten großzügige Auslegung befürwortet. Den Prozessparteien darf der Zugang zu den Gerichten nicht in unzumutbarer, durch Sachgründe nicht mehr zu rechtfertigender Weise erschwert werden. Der Gesetzgeber darf zwar Regelungen treffen, die für ein Rechtsschutzbegehren besondere formelle Voraussetzungen aufstellen und sich dadurch für den Rechtsuchenden einschränkend auswirken. Solche Einschränkungen müssen aber mit den Belangen einer rechtsstaatlichen Verfahrensordnung vereinbar sein und dürfen den Rechtsuchenden nicht unverhältnismäßig belasten. Da es bei der Einhaltung der Frist des § 12 Abs. 3 VVG a.F. nicht um die Wahrung des dem Allgemeinwohl dienenden Anwaltszwangs geht, kann es danach für die Rechtzeitigkeit einer Klageerhebung nicht darauf ankommen, ob die Klage von einem zugelassenen Anwalt unterschrieben wurde. Entscheidend ist vielmehr allein, dass unmissverständlich Klage erhoben worden ist. Schließlich weist das Bundesverfassungsgericht darauf hin, dass im sozialgerichtlichen Verfahren sogar bei der Versäumung materiellrechtlicher Fristen von der Möglichkeit der Wiedereinsetzung Gebrauch gemacht wird.[49] In Anknüpfung an diese Würdigung war

[46] NJW 1966, 838.
[47] BGHZ 43, 235, 237.
[48] BGH, Urt. v. 11. Juli 1966 – II ZR 134/65, NJW 1966, 2055.
[49] BVerfG, Beschl. v. 22. Oktober 2004 – 1 BvR 894/04, NJW 2005, 814, 816.

vor Ablauf der Sechsmonatsfrist jedenfalls hinreichend sicher zu erkennen, dass mit der eingereichten Klageschrift gegen die beklagte Versicherung Klage erhoben werden sollte und nicht nur versehentlich ein Entwurf zu Gericht gelangt war. Dafür sprach vor allem auch die – durch den Streitwert veranlasste – Höhe des über das Konto des Anwalts erbrachten Gerichtskostenvorschusses. Bei der gebotenen Gesamtbetrachtung genügte jedenfalls diese wenn auch unvollkommene Klageerhebung dem Zweck des § 12 Abs. 3 Satz 1 VVG, möglichst schnell eine zuverlässige Feststellung der für den Versicherungsfall maßgeblichen Tatsachen zu sichern und auf diese Weise die Klärung zu ermöglichen, ob die Deckungsablehnung des Versicherers rechtens ist.[50] In Übereinstimmung mit dieser Entscheidung hat der Bundesgerichtshof ausgesprochen, dass eine Berufung auf die Klagefrist des § 12 Abs. 3 VVG a.F. dem Versicherer im Einzelfall nach § 242 BGB versagt sein kann, wenn er Kenntnis von einer durch ihn selbst infolge der Gestaltung des Versicherungsscheins veranlassten irrtümlichen Klageerhebung gegen einen falschen Versicherer hat. Danach bildet das in § 242 BGB verankerte Prinzip von Treu und Glauben eine allen Rechten immanente Inhaltsbegrenzung.[51] Vor dem Hintergrund dieser Entscheidung wird man eine verfriste Anfechtungsklage nicht generell ohne Beachtung der Verspätungsgründe als unbegründet abweisen können.

d) Anrufung eines unzuständigen Gerichts

Ausschließlich zuständig für die Entscheidung einer Beschlussmängelklage ist gemäß § 246 Abs. 3 AktG das Landgericht, in dessen Bezirk die Gesellschaft ihren Sitz hat. Die rechtzeitige Klage an ein örtlich oder sachlich unzuständiges Gericht wird als fristwahrend erachtet, sofern das angerufene die Sache an das zuständige Gericht verweist (§ 281 ZPO). Auch bei Klageerhebung an ein unzuständiges Gericht wird durch die Zustellung der Klage ein Prozessrechtsverhältnis zu der beklagten Gesellschaft begründet. Unschädlich ist es, wenn das unzuständige Gericht die Sache erst nach Ablauf der Frist des § 246 Abs. 1 AktG an das zuständige Gericht verweist.[52]

Dieses Verständnis kann sich auf gesicherte Rechtsprechung stützen: Auch bei ausschließlicher sachlicher Zuständigkeit eines Landgerichts stellt die zu einem anderen Gericht erhobene Klage keinen schlechthin wirkungslosen Versuch dar, Recht zu nehmen. Mit dieser Klage kann vielmehr mit Rücksicht darauf, dass sie die Rechtshängigkeit mit den daran geknüpften Folgen herbeiführt und von vornherein die Eigenschaft hat, auf dem Wege des § 281

[50] BGH, Urt. v. 14. März 2006 – VI ZR 335/04, NJW 2006, 2482, 2484.

[51] BGH Urt. v. 16. Februar 2005 – IV ZR 18/04, NJW-RR 2005, 619, 621.

[52] MünchKomm-AktG/*Hüffer*, 2. Aufl. § 246 Rn. 38; *Ulmer/Raiser*, GmbHG 2006 Anh. § 47 Rn. 227; GroßkommAktG/*K. Schmidt*, 4. Aufl. § 246 Rn. 18.

ZPO „den Zuständigkeitsmangel abstreifen zu können", auch eine Ausschlussfrist zur Klagerhebung gewahrt werden. Die Richtigkeit dieser Auffassung wird bestätigt durch die Regelung, die in §§ 17a, 17b GVG für den Fall der Verweisung einer Sache an einen anderen Zweig der Gerichtsbarkeit getroffen ist. Ein Gericht, das den zu ihm beschrittenen Rechtsweg nicht für gegeben hält, kann auf Antrag des Klägers den Rechtsstreit durch Beschluss an das Gericht des ersten Rechtszugs verweisen, zu dem es den Rechtsweg für gegeben hält (§ 17a Abs. 2 Satz 1 GVG). Soll durch die Erhebung der Klage eine Frist gewahrt werden, so tritt diese Wirkung bereits in dem Zeitpunkt ein, in dem die Klage erhoben ist. Denn § 17b Abs. 1 Satz 2 GVG sieht ausdrücklich vor, dass die Wirkungen der Rechtshängigkeit bestehen bleiben.[53] Grundgedanke der Regelung des § 17b Abs. 1 Satz 2 ist es, dass die Anrufung eines falschen Gerichts nicht zu Lasten des Klägers gehen soll.[54]

Die gesetzliche Festschreibung eines ausschließlichen Gerichtsstandes reicht also für sich allein nicht aus, die Klage beim unzuständigen Gericht als schlechthin wirkungslosen Versuch der Rechtsverfolgung zu bewerten. Dabei ist es ohne Bedeutung, ob die ausschließliche Gerichtsstandsbestimmung im allgemeinen Verfahrensrecht wurzelt oder in dem den materiellen Anspruch selbst regelnden Gesetz ihre Grundlage findet. Eine Ausschlussfrist wird daher gewahrt, falls die Klage vor Fristablauf bei einem örtlich oder sachlich unzuständigen Gericht erhoben und auf Antrag des Klägers an das zuständige Gericht – mag dieses auch ausschließlich zuständig sein – verwiesen wird.[55] Diese Rechtsprechung findet ihre Rechtfertigung in der Erwägung, dass bei der Unzuständigkeit des angerufenen Gerichts eine Verweisung in Betracht kommt und das Verfahren danach in der Lage fortgesetzt wird, in der es sich vor der Verweisung befunden hat. Die bisherigen Prozesshandlungen wirken fort. Eine Ausschlussfrist wird daher gewahrt, falls die Klage vor Fristablauf bei einem örtlich oder sachlich unzuständigen Gericht erhoben und auf Antrag des Klägers an das zuständige Gericht – mag dieses auch ausschließlich zuständig sein – verwiesen wird.[56] In dem Charakter einer Frist als materiellrechtlicher Ausschlussfrist ist gerade kein Hinderungsgrund zu sehen, den Eingang bei einem unzuständigen Gericht als fristwahrend zu betrachten, weil die Frist durch eine Prozesshandlung gewahrt werden soll und deshalb prozessuale Grundsätze gelten müssen.[57] Aus-

[53] BGHZ 35, 374, 377 f. auf der Grundlage früher geltender Verweisungsnormen; BGH, Urt. v. 24. September 1962 – III ZR 61/61, NJW 1962, 2154, 2155; anders möglicherweise noch BGHZ 34, 230, 234 für Fälle einer ausschließlichen Zuständigkeit

[54] MünchKomm-ZPO/*Zimmermann*, 3. Aufl. § 17b GVG Rn. 7.

[55] BGHZ 97, 155, 161.

[56] OLG Dresden NJW-RR 1999, 683, 684.

[57] OLG Dresden NJW-RR 1999, 683, 684; MünchKomm-AktG/*Hüffer*, 2. Aufl. § 246 Rn. 38; GroßkommAktG/*K. Schmidt*, 4. Aufl. § 246 Rn. 18.

nahmsweise ist wegen eines Rechtsmissbrauchs die vorsätzliche Klageerhebung vor einem unzuständigen Gericht nicht fristwahrend; ein Kleinaktionär kann also nicht am letzten Tag der Frist durch Einreichung einer von ihm selbst verfassten Klage am Amtsgericht seines Wohnsitzes die Frist des § 246 Abs. 1 AktG einhalten.[58]

VII. Fristwahrung durch Klage vor Schiedsgericht

1. Schiedsrechtshängigkeit

Das schiedsrichterliche Verfahren beginnt gemäß § 1044 Satz 1 ZPO mit dem Tag, an dem der Beklagte den Antrag, die Streitigkeit einem Schiedsgericht vorzulegen, empfangen hat. Dieser Regelung beruht auf dem Umstand, dass die Verfahrenseinleitung bei einem Schiedsgericht wegen der notwendigerweise der Klageerhebung vorangehenden Bildung eines Schiedsgerichts mehrstufig erfolgt, nämlich durch den Vorlageantrag (§ 1044 ZPO), die Konstituierung des Schiedsgerichts (§§ 1034 ff. ZPO) und die Klageschrift (§ 1046 Abs. 1 ZPO).[59] Inhaltlich muss der Vorlageantrag nach § 1044 Satz 2 ZPO die Bezeichnung der Parteien, die Angabe des Streitgegenstandes und einen Hinwies auf die Schiedsvereinbarung enthalten. Aus dem Vorlageantrag soll der Gegner entnehmen können, ob die Streitigkeit unter die Schiedsvereinbarung fällt, so dass ein insoweit – wohlverstanden nicht zur materiellen Begründetheit des Anspruchs – „schlüssiger" Vortrag zu verlangen ist.[60] Der Streitgegenstand ist ähnlich wie im Mahnverfahren schlagwortartig zu individualisieren, ohne dass der Klageantrag im einzelnen mitgeteilt werden muss.[61] Danach sind die Anforderungen an einen Vorlegungsantrag selbstverständlich viel geringer als an eine Schiedsklageschrift (§ 1046 Abs. 1 ZPO).[62] Die Klage vor einem Schiedsgericht begründet unbeschadet sachlich-rechtlicher Wirkungen wie der des § 204 Abs. 1 Nr. 11 BGB keine Rechtshängigkeit im Sinne des § 261 ZPO. Die Klage vor dem Schiedsgericht ist darum nicht von Amts wegen, sondern nur auf Einrede des Beklagten zu berücksichtigen.[63]

Fraglich ist dagegen, ob mit dem Zugang des Vorlageantrags Schiedsrechtshängigkeit als Gegenstück zur Rechtshängigkeit begründet wird. Wegen der auf den Vorlageantrag folgenden Notwendigkeit der Konstituierung

[58] MünchKomm-AktG/*Hüffer*, 2. Aufl. § 246 Rn. 38.
[59] *Prütting* in *Prütting/Gehrlein*, ZPO 2009 § 1044 Rn. 2.
[60] BT-Drucks. 13/5274 S. 48.
[61] *Zöller/Geimer*, ZPO 27. Aufl. § 1044 Rn. 2; *Thomas/Putzo/Reichold*, ZPO 30. Aufl. § 1044 Rn. 1.
[62] *Lachmann*, Handbuch der Schiedsgerichtspraxis 3. Aufl. Rn. 760.
[63] BGH, Urt. v. 11. April 1958 – VIII ZR 190/57, NJW 1958, 950; BGHZ 41, 101, 107.

des Schiedsgerichts wird vielfach angenommen, dass Schiedsrechtshängigkeit erst mit Zustellung der Schiedsklage (§ 1046 ZPO) eintritt.[64] Der Gesetzgeber geht indes davon aus, dass bereits der Zugang des Vorlageantrags Schiedsrechtshängigkeit schafft.[65] Diese Auffassung kann sich darauf stützen, dass auch die Zustellung eines Mahnbescheids Rechtshängigkeit begründet, bevor die Sache an das zuständige Streitgericht abgegeben wird (§ 696 Abs. 3 ZPO). Zugleich wird mit dieser Sichtweise verhindert, dass der Gegner mit Hilfe einer Blockadehaltung bei der Konstituierung des Schiedsgerichts aus einem verzögerten Eintritt der Schiedsrechtshängigkeit Rechtsvorteile ziehen kann.[66]

2. Rechtsfolgen des Vorlageantrags

Der Zugang des Vorlageantrags bei dem Beklagten löst die im staatlichen gerichtlichen Verfahren mit der Klageerhebung verbundenen Rechtsfolgen aus. Durch den Empfang des Antrags, die Streitigkeit einem Schiedsgericht vorzulegen, wird nach § 204 Abs. 1 Nr. 11 BGB die Verjährung gehemmt. Folglich wird an den Tatbestand angeknüpft, der für den Beginn des schiedsgerichtlichen Verfahrens und damit die Schiedsrechtshängigkeit steht.[67] Die Unzuständigkeit des Schiedsgerichts berührt ebenso wenig wie die Klageerhebung vor einem unzuständigen staatlichen Gericht den Eintritt der Verjährung.[68] Die sechsmonatige Nachfrist des § 204 Abs. 2 Satz 1 BGB will insbesondere Konstellationen Rechnung tragen, in denen keine Sachentscheidung ergeht.[69] Hier muss dem Gläubiger eine Frist bleiben, in der er weitere Rechtsverfolgungsmaßnahmen einleiten kann.[70] Auch der unzulässige, unstatthafte oder unbegründete Schiedsantrag hemmt also die Verjährung.[71] Mit dem Zugang des Antrags treten daneben die weiteren Rechtsfolgen ein, welche das materielle Recht außer der Verjährung mit der Rechtshängigkeit verbindet (vgl. §§ 291, 292, § 818 Abs. 4, §§ 987, 941 BGB).[72]

[64] MünchKomm-ZPO/Münch, 3. Aufl. § 1044 Rn. 30; *Thomas/Putzo/Reichold*, ZPO 30. Aufl. § 1044 Rn. 2.

[65] BT-Drucks. 13/5274 S. 48; BT-Drucks. 14/6040 S. 115; ebenso *Zöller/Geimer*, ZPO 27. Aufl. § 1044 Rn. 4; *Musielak/Voit*, ZPO 6. Aufl. § 1044 Rn. 6, 8.

[66] *Musielak/Voit*, ZPO 6. Aufl. § 1044 Rn. 6.

[67] BT-Drucks. 14/6040 S. 115.

[68] MünchKomm-BGB/*Grothe*, 5. Aufl. § 204 Rn. 54 i.V.m. Rn. 25.

[69] MünchKomm-BGB/*Grothe*, 5. Aufl. § 204 Rn. 25.

[70] BT-Drucks. 14/6040 S. 117.

[71] *Bamberger/Roth/Henrich*, BGB 2. Aufl. § 204 Rn. 39.

[72] *Prütting* in *Prütting/Gehrlein*, ZPO 2009 § 1044 Rn. 4; *Musielak/Voit*, ZPO 6. Aufl. § 1044 Rn. 6; *Zöller/Geimer*, ZPO 27. Aufl. § 1044 Rn. 4; Hk-ZPO/*Saenger*, 3. Aufl. § 1044 Rn. 5.

3. *Frist des § 246 Abs. 1 AktG*

Verwirklichen sich die mit einer Klageerhebung verbundene Rechtsfolgen desgleichen bei Zugang eines Vorlageantrags, folgt daraus zwanglos, dass eine Schiedsklage auch die materielle Frist des § 246 Abs. 1 AktG wahrt. Zwecks Fristwahrung muss der Vorlageantrag der Gesellschaft also binnen eines Monats nach der Beschlussfassung zugehen.[73] Ist dies geschehen, wurde die Klagefrist des § 246 Abs. 1 AktG beachtet.

4. *Unzuständiges Schiedsgericht*

Wurde die Klage fristgerecht, aber mangels einer ordnungsgemäßen Schiedsabrede bei einem zuständigen Schiedsgericht erhoben, dürfte die Ausschlussfrist des § 246 Abs. 1 AktG gleichwohl gewahrt sein. Dies bedeutet, dass die Beschlussmängelklage nach Abweisung der Schiedsklage als unzulässig ohne Fristverlust vor dem staatlichen Gericht erhoben werden kann.

a) Analogie zu § 204 Abs. 2 Satz 1 BGB

Die bereits kurz gestreifte Bestimmung des § 204 Abs. 2 Satz 1 BGB sieht vor, dass eine durch Klageerhebung bewirkte Verjährungshemmung sechs Monate nach der rechtskräftigen Entscheidung endet. Die Vorschrift will dem Kläger, der keine Sachentscheidung erwirkt hat, die Gelegenheit geben, sein Recht ohne die Gefahr eines Verjährungsverlusts auf anderem Weg zu realisieren.[74] Dem entspricht der Grundgedanke des § 17b GVG, im Wege der Fortdauer der Rechtshängigkeit die Anrufung des falschen Gerichts nicht zu Lasten des Klägers ausschlagen zu lassen. Es erscheint durchaus angemessen, § 204 Abs. 2 Satz 1 BGB auch vor dem Hintergrind des § 17b GVG auf den Fall der Wahrung einer Ausschlussfrist durch eine Klage vor einem unzuständigen Gericht analog anzuwenden.[75] Richtig verstanden ist § 204 Abs. 1 Satz 2 BGB mithin generell auf Ausschlussfristen anzuwenden.[76] Wird vor einem unzuständigen staatlichen Gericht geklagt, ist dies im Blick auf den Ablauf einer Ausschlussfrist unschädlich, wenn das angerufene die Sache an das zuständige Gericht verweist.[77] Eine Verweisung nach § 281 ZPO durch

[73] *Zilles*, BB 1999, Beilage 4 S. 2, 3; abweichend *Scholz/K. Schmidt*, GmbHG 10. Aufl. § 45 Rn. 145, der – dem Erfordernis der Rechtssicherheit kaum zuträglich – für eine angemessene Verlängerung der Frist des § 246 Abs. 1 AktG eintritt.

[74] BT-Drucks. 14/6040 S. 117.

[75] In diesem Sinn bereits GroßKomm-AktG/*K. Schmidt*, 4. Aufl. § 246 Rn. 19 auf der Grundlage von § 212 Abs. 2 BGB a.F.

[76] *Staudinger/Peters*, BGB 2003 Rn. 136; RGRK-BGB/*Johannsen*, 12. Aufl. Rn. 7 vor § 194.

[77] Vgl. oben VI 2 d).

oder an ein Schiedsgericht scheidet aus, weil § 281 ZPO (ebenso § 17a GVG) nur die Verweisung im Verhältnis staatlicher Gerichte gestattet.[78] Mithin greift der Schutzzweck des § 204 Abs. 2 Satz 1 BGB wie auch des § 17b GVG, aus der Anrufung des falschen Gerichts dem Kläger keine prozessualen Nachteile erwachsen zu lassen, gerade bei Anrufung eines unzuständigen Schiedsgerichts ein, weil keine Verweisungsmöglichkeit an das zuständige Gericht besteht. Was bei Anrufung eines unzuständigen staatlichen Gerichts zugunsten des Klägers im Blick auf die Wahrung einer Ausschlussfrist an gesetzlicher Vorsorge getroffen wurde, sollte bei Anrufung eines unzuständigen Schiedsgerichts auch ohne ausdrückliche Regelung im Interesse eines effektiven Rechtsschutzes ebenfalls gelten.[79] Mithin sollte die Frist bei Anrufung des zuständigen Gerichts innerhalb der Frist des § 204 Abs. 2 Satz 1 BGB als beachtet gelten.

b) Funktionierendes Nebeneinander von Schiedsgericht und staatlichem Gericht

Jedes andere Verständnis würde das Nebeneinander von schiedsgerichtlichem Verfahren und staatlichem Gerichtsverfahren in Beschlussmängelstreitigkeiten über ein hinnehmbares Maß hinaus erschweren. Insoweit ist zu beachten, dass jede Schiedsvereinbarung über den Streitgegenstand einer Beschlussmängelstreitigkeit hinaus Unwirksamkeitsgründe bergen kann. Deswegen kann der Kläger nie voll darauf vertrauen, bei Anrufung eines Schiedsgerichts eine Sachentscheidung zu erstreiten. Andererseits kann der Kläger möglichen Unwägbarkeiten der Schiedsabrede nicht durch Klage vor dem staatlichen Gericht abhelfen, weil dem Gegner die Befugnis, die Einrede des Schiedsvertrages (§ 1032 Abs. 1 ZPO) zu erheben, nicht abgeschnitten werden kann. Erachtet das staatliche Gericht die Einrede für begründet, konnte die folglich vor einem unzuständigen Gericht erhobene Klage die vor dem Schiedsgericht zu beachtende Frist des § 246 Abs. 1 AktG nicht wahren, zumal das staatliche Gericht die Sache nicht in Anwendung von § 281 ZPO an das Schiedsgericht verweisen kann.[80] Dann wäre eine anschließende Klage vor dem Schiedsgericht wegen Ablaufs der Frist des § 246 Abs. 1 AktG von vornherein zum Scheitern verurteilt. Dies liefe auf das Ergebnis hinaus, dass sowohl die vor dem Schiedsgericht als auch die vor dem staatlichen Gericht erhobene Beschlussmängelklage im Falle der Unzulässigkeit ungeeignet wäre, die Frist des § 246 Abs. 1 AktG einzuhalten. Wegen dieser nie vermeidbaren Unwägbarkeiten einer Gültigkeit des Schiedsvertrages müsste man

[78] MünchKomm-ZPO/*Prütting*, 3. Aufl. § 281 Rn. 11; BT-Drucks. 13/5274 S. 38.

[79] Vgl. *Jauernig* NJW 1986, 34, 35 bezogen auf die durch Klageeinreichung bei einem unzuständigen Gericht vor Zustellung begründete Rechtshängigkeit.

[80] BT-Drucks. 13/5274 S. 38.

Parteien empfehlen, in Sachen, die eine Ausschlussfrist betreffen, gänzlich auf eine Schiedsabrede zu verzichten. Der „sichere Weg", vorsorglich ein Verfahren sowohl vor dem Schiedsgericht als auch dem staatlichen Gericht anzustrengen, ist aus schon prozessökonomischen Gründen unzumutbar.

Die Auffassung, dass die Klage vor dem Schiedsgericht die Frist des § 246 Abs. 1 AktG nicht wahrt, war nur so lange folgerichtig, als die Rechtsprechung in Beschlussmängelstreitigkeiten generell eine schiedsgerichtliche Entscheidung ablehnte. Fehlt es von vornherein an jeder schiedsgerichtlichen Kompetenz, ist es – trotz der gegenteiligen Wertung des Gesetzgebers bei einer Klage in einem falschen Rechtszug (§ 17b GVG) – nachvollziehbar, eine dort erhobene Klage als nicht fristwahrend anzuerkennen.[81] Können Beschlussmängelstreitigkeiten entsprechend der neuen Rechtsprechung auch vor einem Schiedsgericht ausgetragen werden, muss Vorsorge dagegen getroffen werden, dass Kompetenzkonflikte zu einer Versäumung der Klagefrist führen. Hier muss es der Partei überlassen bleiben, entsprechend ihrer Einschätzung von der Gültigkeit oder Ungültigkeit der Schiedsklausel Klage vor dem Schiedsgericht oder dem staatlichen Gericht ohne die Befürchtung erheben zu können, im Falle einer ihr nachteiligen Entscheidung einen Fristablauf befürchten zu müssen. Eine infolge der unklaren Rechtslage unverschuldete Fristversäumung ist unschädlich.[82] Dieser Befund entspricht den für eine Wiedereinsetzung in den vorigen Stand maßgeblichen Bewertungen.[83]

In der Praxis anzutreffende Konstellationen, in denen nacheinander das staatliche Gericht und das Schiedsgericht seine Zuständigkeit verneint, belegen, dass gerichtliche Kompetenzkonflikte nicht auf dem Rücken des Klägers ausgetragen werden dürfen. In einer von dem OLG Saarbrücken[84] entschiedenen Sache hatte das staatliche Gericht die gegen den Schuldner aus einem Wechsel hergeleitete Forderung im Blick auf eine in dem Liefervertrag enthaltene Schiedsabrede als unzulässig erachtet. Das nunmehr angerufene (Pariser) Schiedsgericht hielt sich ebenfalls für unzuständig, weil Wechselverbindlichkeiten als abstrakte Forderungen nicht von der Schiedsklausel erfasst würden. Gegen einen Ablauf der Verjährung konnte § 212 Abs. 2 BGB a.F. (jetzt § 204 Abs. 2 Satz 1 BGB) helfen, falls binnen sechs Monaten nach Abweisung der Klage durch das Schiedsgericht abermals Klage vor dem staatlichen Gericht erhoben wird. Bei dieser Sachlage wird in Anwendung von § 204 Abs. 2 Satz 1 BGB die Ausschlussfrist des § 246 Abs. 1 AktG auch dann eingehalten, wenn die Klage vor einem unzuständigen Schiedsgericht

[81] In diesem Sinn *Geßler/Hüffer*, AktG § 246 Rn. 37.
[82] Vgl. BGHZ 43, 235, 237.
[83] Vgl. BVerfG, Beschl. v. 22. Oktober 2004 – 1 BvR 894/04, NJW 2005, 814, 816.
[84] WM 1998, 2465.

oder staatlichen Gericht erhoben, aber binnen sechs Monaten nach Abweisung bei dem zuständigen Gericht erneuert wird.

c) Aspekt der Rechtssicherheit

Die Anfechtungsfrist wurde im Interesse der Rechtssicherheit durch § 246 Abs. 1 AktG auf einen Monat begrenzt.[85] Auch die einmonatige Klagefrist des § 12 Abs. 3 VVG a.F. diente Belangen der Rechtssicherheit.[86] Da beide Fristen nicht aus Gründen des Allgemeinwohls geschaffen wurden, kann es für ihre Einhaltung genügen, dass unmissverständlich Klage erhoben wurde.[87] Ein solches unmissverständliches Rechtsschutzgesuch ist auch gegeben, wenn Klage vor einem unzuständigen Gericht erhoben wird. In Gestaltungen der vorliegenden Art kommt hinzu, dass die Gesellschaft durch die Beteiligung am Abschluss des Schiedsvertrages die Erhebung der Klage vor dem unzuständigen Gericht mitverursacht hat. Dann kann es aber mit Rücksicht auf § 242 BGB als die Ausübung jeglichen Rechts begrenzender Vorschrift nicht gebilligt werden, wenn sich die Gesellschaft auf die Verfristung der vor dem unzuständigen Gericht erhobenen Klage beruft.[88]

VIII. Ergebnis

Beschlussmängelstreitigkeiten können nach neuerer Rechtsprechung unter bestimmten Voraussetzungen der Entscheidung eines Schiedsgerichts unterstellt werden. Darum kann es auch in derartigen Streitigkeiten zu einem Zuständigkeitskonflikt zwischen der schiedsgerichtlichen und staatsgerichtlichen Entscheidungskompetenz kommen. In einem solchen Fall steht der Kläger vor der Frage, ob er die Klage vor dem Schiedsgericht oder dem staatlichen Gericht erhebt. Derartige Zuständigkeitsstreitigkeiten sollen nach der in verschiedenen Normen zum Ausdruck kommenden Wertentscheidung des Gesetzgebers (§ 201 Abs. 2 Satz 1 BGB, § 17b GVG) nicht zu Lasten des Klägers gehen. Deshalb wird die Frist des § 246 Abs. 1 AktG durch rechtzeitige Klageerhebung – sei es vor dem Schiedsgericht oder dem staatlichen Gericht – gewahrt. Danach kann das Klagebegehren ohne Fristverlust vor dem zuständigen Gericht verfolgt werden.

[85] MünchKomm-AktG/*Hüffer*, 2. Aufl. § 246 Rn. 3; GroßKomm-AktG/*K. Schmidt*, 4. Aufl. § 246 Rn. 12.

[86] BVerfG, Beschl. v. 22. Oktober 2004 – 1 BvR 894/04, NJW 2005, 814, 815.

[87] BVerfG, Beschl. v. 22. Oktober 2004 – 1 BvR 894/04, NJW 2005, 814, 816.

[88] Vgl. BGH Urt. v. 16. Februar 2005 – IV ZR 18/04, NJW-RR 2005, 619, 621.

Überwindung von Übertragungshindernissen bei auf Krankenhäuser bezogenen M&A

JOACHIM W. HABETHA

Wenn ein Share Deal ausscheidet oder nicht bevorzugt wird, hängt die Machbarkeit einer Unternehmensveräußerung insbesondere davon ab, ob einem Asset Deal entgegenstehende Übertragungshindernisse durch Erfüllungsübernahmen, Subcontracting und Reverse-Outsourcing überwunden werden können. Dies soll nachfolgend am Beispiel von Krankenhäusern[1] selektiv vertieft werden. Damit wird ein Marktsegment betrachtet, dem Gesetzgeber und Rechtsprechung von jeher erhöhte Aufmerksamkeit entgegengebracht haben und dem mit Rücksicht auf die aktuelle Lage der öffentlichen Haushalte ein zunehmender Privatisierungstrend vorausgesagt wird, soweit es sich um kommunale oder landeseigene Träger dieser Einrichtungen handelt.[2] Schon seit Inkrafttreten des UmwG am 01.01.1995 hat sich die öffentliche Hand vielfach des umwandlungsrechtlichen Instrumentariums der Ausgliederung bedient, um Krankenhäuser in die Rechtsform einer Handelsgesellschaft, regelmäßig einer GmbH, auszugliedern (§§ 168, 123 Abs. 3 UmwG).[3] Mit erheblichen Unterschieden zwischen den einzelnen Bundesländern steht in der Trägerschaft öffentlich-rechtlicher Körperschaften oder von der öffentlichen Hand gehaltener Träger (sog. öffentliche Trägerschaft) insgesamt noch knapp ein Drittel der deutschen Krankenhäuser, das jedoch bundesweit fast die Hälfte aller Krankenhausbetten repräsentiert.[4]

[1] Der Begriff wird im technischen Sinne des SGB V verwandt. Nicht eingeschlossen sind Medizinische Versorgungszentren, Vorsorge- und Rehabilitationseinrichtungen, reine Privatkliniken und Praxiskliniken.

[2] Bundesärztekammer, Zunehmende Privatisierung von Krankenhäusern in Deutschland (2007), abrufbar unter: http://bundesärztekammer.de/downloads/Ergebnisbericht_final.pdf.

[3] In der veröffentlichten Judikatur standen arbeitsrechtliche Aspekte solcher Krankenhaus-Ausgliederungen im Vordergrund, siehe BAG v. 25.05.2000, NZA 2000, 115; BAG v. 22.02.2005, NZA 2005, 639. Derartige Rechtsformprivatisierungen von Krankenhäusern können dort, wo es sich um im StGB/StPO-Maßregelvollzug tätige Fachkliniken handelt, grundsätzlich mit einer Funktionalprivatisierung kombiniert werden, wonach der privatrechtliche Fachklinikträger nach Vollzug der Umwandlung als öffentlich-rechtlich Beliehener im Maßregelvollzug tätig wird: OLG Schleswig v. 19.10.2005, NJOZ 2006, 907, 915.

[4] Deutsche Krankenhausgesellschaft, Bestandsaufnahme zur Krankenhausplanung und Investitionsfinanzierung in den Bundesländern (Stand Juli 2009), S. 17 ff.; abrufbar unter: http://www.dkgev.de/media/file/6174.RS229-09_Anlage_Bestandsaufnahme_2009.pdf.

Ob eine Kombination von Rechtsformprivatisierung (Ausgliederung) mit einer nachfolgenden Anteilsprivatisierung (Share Deal) praktikabel ist, hängt in der Praxis vor allem von drei Faktoren ab: Soweit die in dem Krankenhaus zusammengefassten Rechte und Pflichten noch in eine Kapital- oder Personengesellschaft (Zielgesellschaft) ausgegliedert werden sollen oder erst innerhalb der letzten Jahre ausgegliedert worden sind, stellt sich erstens für den potenziellen Erwerber notwendigerweise die Frage, ob die gesetzliche gesamtschuldnerische Nachhaftung der Zielgesellschaft für sämtliche Verbindlichkeiten des übertragenden Rechtsträgers (§ 133 UmwG i.V.m. §§ 152, 161, 168 UmwG[5]) mit einem Freistellungsanspruch gegenüber dem Veräußerer akzeptabel ist oder ob die Zielgesellschaft auf ihre umwandlungsrechtliche Nachhaftung bezogene Erlassverträge von Banken und anderen wesentlichen Gläubigern erhält. Zweitens wird sich der potenzielle Erwerber auch über die umwandlungsrechtliche Nachhaftung hinaus regelmäßig vergewissern wollen, welche Steuerrisiken, Umweltrisiken oder sonstige Haftungsrisiken der Zielgesellschaft aus historischen oder aktuellen Sachverhalten bestehen und ob insoweit ausreichende vertragliche Vorkehrungen mit dem Veräußerer vereinbart werden können. Drittens können steuerliche Konsequenzen einen Asset Deal vorzugswürdig erscheinen lassen. Außer beim Erwerb von Anteilen an Personengesellschaften gibt es grundsätzlich nur bei einem Asset Deal die Möglichkeit für den Erwerber, den Kaufpreis als Anschaffungskosten auf die einzelnen Wirtschaftsgüter zu allokieren und auf diese Weise erhöhtes steuerbilanzielles Abschreibungspotenzial zu schaffen.

Wenn danach ein Asset Deal gegenüber einem Share Deal vorzugswürdig erscheint, so bestehen gerade bei Krankenhäusern eine Reihe von rechtlichen Übertragungshindernissen, deren Überwindung ordnungspolitisch erforderlich ist, um die Bildung einer *res extra commercium* im Markt für Mergers & Acquisitions zu vermeiden. Damit berührt dieser Beitrag eines der zentralen Themen des verehrten Jubilars.

1. Strukturelle Merkmale von Krankenhäusern

Die für den Betrieb eines Krankenhauses typischerweise wesentlichen Rechtsbeziehungen lassen sich fünf Ebenen (unten 1.1 bis 1.5) zuordnen:

1.1 Die sozialrechtliche Zulassung zur voll- oder teilstationären Versorgung i.S.d. SGB V ist auch dann für jedes Krankenhaus gesondert zu beurtei-

[5] Die gesamtschuldnerische Nachhaftung des übernehmenden Rechtsträgers aus § 133 UmwG besteht auch bei einer Ausgliederung aus einer Gebietskörperschaft oder aus einem Zusammenschluss von Gebietskörperschaften nach §§ 168 ff. UmwG: BAG v. 22.02.2005, NZA 2005, 639, 641 f. sowie die Vorinstanz LAG Düsseldorf v. 05.06.2003, NZA-RR 2004, 255, 257; *Perlitt* in *Semler/Stengel*, UmwG, 2. Aufl. 2007, § 172 Rn. 3, 16.

len, wenn ein Krankenhausträger mehrere Krankenhäuser betreibt. Dabei entscheidet die sozialrechtliche Zulassung darüber, ob der Krankenhausträger einen Vergütungsanspruch gegen die gesetzliche Krankenkasse für die Behandlung eines bei ihr versicherten Patienten (oder gegen die Sozialkasse für die Behandlung eines sozialhilfeberechtigten Patienten) haben wird. Denn im Geltungsbereich des SGB V tritt an die Stelle eines dienstvertraglichen Honoraranspruchs aus dem zivilrechtlichen Krankenhausaufnahmevertrag (Behandlungsvertrag) mit dem Patienten von Gesetzes wegen der direkt gegen die gesetzliche Krankenkasse gerichtete sozialrechtliche Vergütungsanspruch des Krankenhausträgers; dabei erbringt die gesetzliche Krankenkasse die Krankenhausbehandlung als Sachleistung gegenüber dem versicherten Patienten.[6] Auch gegenüber dem Privatpatienten hat die sozialrechtliche Versorgungszulassung eine wirtschaftlich ähnliche Wirkung, weil dieser sich zu einem Krankenhausaufenthalt regelmäßig in ein zur sozialrechtlichen Versorgung zugelassenes Krankenhaus begeben wird.[7]

Zur (voll- oder teil-)stationären Versorgung zugelassen ist ein Krankenhaus entweder von Gesetzes wegen, und zwar als Hochschulklinik (§ 108 Nr. 1 SGB V) oder als in den Krankenhausplan eines Landes aufgenommenes Krankenhaus (sog. Plankrankenhaus, § 108 Nr. 2 SGB V, § 8 Abs. 1 Satz 2 KHG), oder als sog. Vertragskrankenhaus für die Dauer eines Versorgungsvertrages (öffentlich-rechtlichen Gesamtvertrages) mit den Landesverbänden der Krankenkassen und den Ersatzkassenverbänden. Für das Vertragskrankenhaus hat der Abschluss des Versorgungsvertrages allgemein statusbegründenden Charakter im Geltungsbereich des SGB V (§§ 108 Nr. 3, 109 Abs. 4 SGB V).[8] Wenn ein Krankenhaus bedarfsgerecht ist und Gewähr bietet für leistungsgerechte und wirtschaftliche Krankenhausbehandlung, hat der Krankenhausträger einen Anspruch auf Abschluss eines Versorgungsvertrages[9], dies vorbehaltlich eines Auswahlermessens der Landesverbände der Krankenkassen unter mehreren Bewerbern[10]. Die Zulassung zur Versorgung beinhaltet dabei das sozialgesetzliche Recht des Krankenhausträgers, Patienten zu Lasten der gesetzlichen Krankenkassen im zugelassenen Krankenhaus zu behandeln; der Vergütungsanspruch des Krankenhausträgers gegen die gesetzlichen Krankenkassen folgt dabei aus dem Kontrahierungszwang (§ 109 Abs. 4 Satz 2 SGB V) der Krankenkassen zum Abschluss von Pflegesatzvereinbarungen.[11] Soweit der gesetzlich krankenversicherte Patient gegen

[6] Zum Ganzen *Quaas/Zuck*, Medizinrecht, 2. Aufl. 2008, § 13 Rn. 8 f.

[7] Alternativ könnte sich der Privatpatient auch in eine nach § 30 GewO zugelassene reine Privatklinik begeben.

[8] BSG v. 29.05.1996, BSGE 78, 233 ff.; *Quaas/Zuck*, aaO (oben Fn. 6), § 13 Rn. 8, § 26 Rn. 6, 40, 43, 67.

[9] BSG v. 29.05.1996, BSGE 78, 233, 243.

[10] *Quaas/Zuck*, aaO (oben Fn. 6), § 26 Rn. 65.

[11] *Quaas/Zuck*, aaO (oben Fn. 6), § 26 Rn. 69.

seine Krankenkasse einen Anspruch auf Krankenhausbehandlung hat (§ 27 Abs. 1 Satz 2 Nr. 5, § 39 SGB V), wird mit der Aufnahmeentscheidung des vom Krankenhausarztes vertretenen Krankenhausträgers konkretisiert, für welche Behandlungsmaßnahmen die gesetzliche Krankenkasse einzustehen hat.[12] Auch wenn eine Leistungspflicht der Krankenkasse insoweit fehlen sollte, kann sich die Krankenkasse einen vom Krankenhausarzt anlässlich seiner Aufnahmeentscheidung gesetzten Rechtsschein zurechnen lassen müssen, dass die veranlasste Behandlung als von der Krankenkasse gewährte Sachleistung kostenfrei für den Patienten erbracht werde; in diesem Fall kann sich die Krankenkasse allenfalls wegen Pflichtverletzung an den Krankenhausträger wenden.[13]

1.2 Im Verhältnis zu den Patienten regeln die Krankenhausaufnahmeverträge die (voll- oder teil-)stationäre Behandlung. Zur ambulanten Versorgung sind Krankenhäuser in Notfällen, bei vor- oder nachstationären Behandlungen oder sog. Institutsambulanzen ermächtigt, darüber hinaus jedoch nur bei Unterversorgung (§ 116a SGB V) oder bei gesonderter Zulassung zur ambulanten Versorgung.[14]

Bei dem sog. totalen Krankenhausaufnahmevertrag vereinbart der Patient die ärztliche Leistung als eine (Haupt-)Leistungspflicht des Krankenhausträgers selbst.[15] Ärzte sind insoweit Erfüllungsgehilfen des Krankenhausträgers, der jedoch selbst das Behandlungshonorar gegenüber dem Patienten beansprucht. Der Krankenhausaufnahmevertrag bleibt dabei ein privatrechtlicher Vertrag mit dienstvertraglichem Schwerpunkt auch dann, wenn die Aufnahme des Patienten auf einer ersten Stufe in einem öffentlich-rechtlichen Zulassungs- und Benutzungsverhältnis und erst auf einer zweiten Stufe sodann privatrechtlich geregelt sein sollte. Der totale Krankenhausaufnahmevertrag bildet für im Rahmen der stationären Betreuung gesetzlich versicherte Patienten (sog. Kassenpatienten) die Regel.[16] Erst für zusätzliche stationäre Leistungen (sog. Wahlleistungen)[17] kommt zwischen dem Kassenpatienten als Selbstzahler und dem Krankenhausträger ein gesonderter Behandlungsvertrag für die betroffenen Wahlleistungen zustande. Schließt der Patient für die Wahlleistung einen Arzt-Zusatzvertrag mit einem Chefarzt oder sonst liquidationsberechtigen „Wahlarzt“ ab, wird der Wahlarzt aus dem Arzt-Zusatzvertrag selbst Schuldner der Wahlleistung, und zwar regel-

[12] In diesem Sinne *Quaas/Zuck*, aaO (oben Fn. 6), § 26 Rn. 14 dort zu Fußnote 23.

[13] BSG v. 09.06.1998, BSGE 82, 158, 161.

[14] *Quaas/Zuck*, aaO (oben Fn. 6), § 13 Rn. 14 f.

[15] *Quaas/Zuck*, aaO (oben Fn. 6), § 13 Rn. 10; *Stoffels* in *Wolf/Lindacher/Pfeifer*, AGB-Recht, 5. Aufl. 2009, K 51.

[16] *Quaas/Zuck*, aaO (oben Fn. 6), § 13 Rn. 10.

[17] Nach § 6 BPflV dürfen nur solche ärztlichen Leistungen gesondert berechnet werden, die über die allgemeinen Krankenhausleistungen hinausgehen. Dies kann auch die persönliche Behandlung durch den Chefarzt oder seinen Stellvertreter sein, s. *Stoffels* in *Wolf/Lindacher/Pfeifer*, aaO (oben Fn. 15), K 57.

mäßig neben dem gleichwohl auch insoweit haftungsrechtlich verpflichteten Krankenhausträger.[18]

Bei sog. gespaltenen Krankenhausaufnahmeverträgen schuldet der Krankenhausträger zwar Verpflegung, Unterbringung und allgemeine Fürsorge bis hin zu einer pflegerischen Beratung, jedoch nicht die ärztliche Leistung.[19] Letztere wird zwischen dem Patienten und einem freiberuflich tätigen Arzt, dem Belegarzt, in einem selbständigen privatrechtlichen Vertrag vereinbart. Die ärztlichen Vertragspflichten einschließlich der strafrechtlichen Geheimhaltungsverpflichtungen (§ 203 Abs. 1 Nr. 1 StGB) treffen den Arzt selbst; die für den Krankenhausträger handelnden Personen kommen als ärztliche und nichtärztliche Erfüllungsgehilfen[20] des Belegarztes in Betracht. Daneben kann es weitere selbständige privatrechtliche Verträge des Patienten mit medizinischem Personal geben, insbesondere mit einer Hebamme.

Soweit das Krankenhaus die ambulante Versorgung nicht selbst zu erbringen ermächtigt ist oder nicht übernimmt, können die nach §§ 95, 116 SGB V zur vertragsärztlichen Versorgung ermächtigten Krankenhausärzte oder kann ein Medizinisches Versorgungszentrum (MVZ) die ambulante ärztliche Leistung jeweils auf Grund eigenständiger vertraglicher Beziehungen zum Patienten erbringen. Wird ein Patient nur zur ambulanten (und nicht zur stationären) Behandlung in ein Krankenhaus überwiesen, schließt der Patient regelmäßig keinen Vertrag mit dem Krankenhausträger ab, sondern einen Arztvertrag mit dem liquidationsberechtigten Chefarzt[21] oder, je nach Struktur der Ambulanz, mit dem MVZ.

1.3 Eine von der Zulassung zur sozialrechtlichen Versorgung verschiedene gewerberechtliche Betriebserlaubnis wird für das Krankenhaus als solches nicht benötigt, ausgenommen die Konzession für ein gewerblich betriebenes Privatkrankenhaus i.S.d. § 30 GewO[22]. In jedem Fall erforderlich ist

[18] BGH v. 22.12.1992, NJW 1993, 779, 780; BGH v. 31.01.2006, NJW-RR 2006, 811, 812; *Quaas/Zuck*, aaO (oben Fn. 6), § 13 Rn. 11, 12; *Stoffels* in *Wolf/Lindacher/Pfeifer*, aaO (oben Fn. 15), K 51.

[19] *Quaas/Zuck*, aaO (oben Fn. 6), § 13 Rn. 13; *Stoffels* in *Wolf/Lindacher/Pfeifer*, aaO (oben Fn. 15), K 51.

[20] *Franzki/Hansen*, NJW 1990, 737, 739 ff.; *Quaas/Zuck*, aaO (oben Fn. 6), § 13 Rn. 13.

[21] BGH v. 31.01.2006, NJW-RR 2006, 811, 812; *Stoffels* in *Wolf/Lindacher/Pfeifer*, aaO (oben Fn. 15), K 51. Der Vertragsabschluss des Patienten mit einem MVZ wird im Wesentlichen analog dem Abschluss eines Arztvertrages mit einer Gemeinschaftspraxis beurteilt, *Quaas/Zuck*, aaO (oben Fn. 6), § 13 Rn. 19.

[22] Nach h.M. setzt die Erlaubnispflicht nach § 30 GewO neben einer privatrechtlichen Rechtsform des Krankenhausträgers auch eine Gewinnerzielungsabsicht voraus. Eine im Anteilseigentum der öffentlichen Hand stehende Krankenhausträger-GmbH soll deshalb keiner Erlaubnis nach § 30 GewO bedürfen, so mit unterschiedlicher Begründung *Marcks* in *Landmann/Rohmer*, GewO, 2009, § 30 Rn. 6; *Tettinger* in *Tettinger/Wank*, GewO, 7. Aufl 2004, § 30 Rn. 20, 23. Die sozialrechtliche Zulassung zur Versorgung soll die gewerberechtliche Erlaubnis nicht entbehrlich machen: *Ambs* in *Erbs/Kohlhaas*, Strafrechtliche Nebengesetze, 2009, GewO § 30 Rn. 2.

jedoch eine Betriebserlaubnis für die Krankenhausapotheke (§ 4 ApoG). Auf Erteilung beider Erlaubnisse hat ein Krankenhausträger Anspruch, soweit keine Versagungsgründe vorliegen.

1.4 Die Förderung von Investitionskosten des Krankenhausträgers durch das Land oder Gebietskörperschaften des Landes richtet sich nach dem Krankenhausfinanzierungsgesetz (KHG), den landesrechtlichen Ausführungsvorschriften und etwaigen Fördermittelbescheiden. Der bei Vertragskrankenhäusern statusbegründende Versorgungsvertrag führt allerdings nicht bereits zu einem Anspruch auf Aufnahme dieses Vertragskrankenhauses in den Landeskrankenhausplan[23] und infolgedessen nicht zu einem – von der Aufnahme einzelner Investitionsmaßnahmen in das Investitionsprogramm abhängigen – Investitionsförderanspruch für Plankrankenhäuser (§ 8 Abs. 1 KHG). Vorbehaltlich der Reduzierung dieses Anspruchs auf ermessensfehlerfreie Auswahlentscheidung unter mehreren geeigneten Krankenhäusern (§ 8 Abs. 2 KHG) besteht jedoch ein aus Art. 12 GG abgeleiteter Anspruch des Krankenhausträgers auf Feststellung der Aufnahme in den Krankenhausplan, wenn dies der bedarfsgerechten Versorgung der Bevölkerung dient, das Krankenhaus leistungsfähig ist, kostengünstig ist (d.h. mit der Aufnahme zu sozial tragbaren Pflegesätzen beitragen wird) und zur Deckung des zu versorgenden Bedarfs kein anderes zumindest gleichermaßen geeignetes Krankenhaus zur Verfügung steht.[24]

1.5 Die fünfte Ebene betrifft alle Rechtsbeziehungen, die je nach Einzelfall auch außerhalb des Krankenhauswesens für den Betrieb eines Unternehmens zu beachten wären (Eigentumsverhältnisse und Überlassungsverträge, Kunden- und Lieferantenbeziehungen, arbeitsrechtliche Verhältnisse, steuerliche und abgabenrechtliche Verhältnisse usw.).

2. Übertragungshindernisse beim Asset Deal

Die mit einem Asset Deal verbundenen Übertragungshindernisse resultieren aus dem einschlägigen Recht der Singularsukzessionen.

2.1 Privatrechtliche Krankenhausaufnahmeverträge mit Patienten kann der Erwerber vom veräußernden Krankenhausträger im Wege der Vertragsübernahme nur mit Zustimmung des jeweiligen Patienten übernehmen. Entsprechend können die öffentlich-rechtlichen Versorgungsverträge[25] des veräußernden Krankenhausträgers nur mit Zustimmung der jeweiligen Kassenverbände vom Erwerber übernommen werden (§ 61 Satz 2 SGB X i.V.m. mit

[23] *Kingreen* in Beck OK, SGB V (Stand 01.12.2009), § 109 Rn. 9.

[24] BVerwG v. 25.07.1985, NJW 1996, 796, 797; VGH Mannheim v. 16.04.2002, NVwZ-RR 2002, 847; OVG Greifswald v. 16.06.2008, NordOeR 2008, 349, 350.

[25] Oben 1.1.

BGB-Vertragsgrundsätzen[26]). Wegen des für Vertragskrankenhäuser statusbegründenden Charakters des Versorgungsvertrages entspricht die notwendige Zustimmung der Kassenverbände zu der Vertragsübernahme dem allg. Grundsatz, dass die sozialrechtliche Zulassung zur ärztlichen Versorgung ein als solches im Wege der Einzelrechtsnachfolge nicht übertragbares[27] sozialgesetzliches Recht beinhaltet, Patienten zu Lasten der gesetzlichen Krankenkassen zu behandeln[28].

Verträge bilden jedoch die rechtliche Grundlage von Umsätzen und damit für den Geschäftsplan (Business Plan) des Krankenhauses. Dieser würde bereits an der Startlinie zu hoch ansetzen, wenn gegenwärtig bestehende wichtige Verträge transaktionsbedingt verloren gingen.

Die Vereinbarung einer Erfüllungsübernahme im Innenverhältnis zwischen Erwerber und Veräußerer kommt bei einem öffentlich-rechtlichen Versorgungsvertrag jedenfalls bei Vertragskrankenhäusern (§ 108 Nr. 3 SGB V) von vornherein nicht in Betracht, denn dem Erwerber würde der statusbegründende Charakter des Versorgungsvertrages verloren gehen, das vom Erwerber übernommene Krankenhaus nicht mehr zur Versorgung i.S.d. SGB V zugelassen sein. Ob Erfüllungsübernahmen in Bezug auf Krankenhausaufnahmeverträge mit Patienten nachhaltig Abhilfe bieten, wird zu zeigen sein (unten 4). Im Übrigen wird der Erwerber jedenfalls für wesentliche sonstige Verträge mit auch in der Zukunft wichtigen Kunden, Lieferanten und sonstigen Vertragspartnern häufig darauf bestehen, den Asset Deal nicht vollziehen zu müssen, ohne dass bestimmte wichtige Kunden, Lieferanten und Vertragspartner den Übernahmen ihrer Verträge durch den Erwerber zugestimmt haben. In der Vertragsgestaltung des Asset Deals schützt sich der Erwerber in allen diesen Fällen durch eine dahingehende aufschiebende Bedingung (oder zumindest Fälligkeitsbedingung) für seine Verpflichtung zum Vollzug des Asset Deals, alternativ (zu einer echten aufschiebenden Bedingung) oder kumulativ (zu einer Fälligkeitsbedingung) durch ein vertragliches Rücktrittsrecht für den Fall, dass die für die Vertragsübernahmen erforderlichen Zustimmungen der Kunden nicht vor einem vereinbarten Spätestdatum (Long-stop Date) vorliegen.

2.2 Auch außerhalb von Vertragsübernahmen kann der Erwerber Verpflichtungen des Krankenhausträgers nicht ohne die Zustimmung des jeweiligen Gläubigers schuldbefreiend übernehmen (§ 415 BGB). Soweit es sich um Zahlungsverpflichtungen aus in Anspruch genommenen Geldkrediten, Warenkrediten oder bilanziell ähnlich zu behandelnde andere Finanzverbindlichkeiten handelt und die Zustimmung der Gläubiger zur schuldbefrei-

[26] *Quaas/Zuck*, aaO (oben Fn. 6), § 26 Rn. 42 Fn. 142; jedoch ist der Rückgriff auf §§ 53 ff. SGB X bei Versorgungsverträgen streitig.

[27] Für die Zulassung als Vertragsarzt allg. M.: *Meschke*, MedR 2009, 263, 266.

[28] Oben 1.1.

enden Übernahme durch den Erwerber nicht zu erlangen ist, wird es der Veräußerer in der Regel vorziehen, diese Finanzverbindlichkeiten unter Erhöhung eines sonst um deren Betrag reduzierten Kaufpreises zu behalten und sodann unter Verwendung des Kaufpreiserlöses selbst zu tilgen, es sei denn, der Ausgleich der Finanzverbindlichkeiten durch den Erwerber wäre vertraglich gesichert.

2.3 Verwaltungsrechtliche Genehmigungen und Erlaubnisse sind weder isoliert noch zusammen mit den im Rahmen des Asset Deals zu übertragenden Vermögensgegenständen übertragbar, wenn diese Erlaubnisse und Genehmigungen sich nicht „dinglich" auf eine einzelne Sache beziehen wie eine Baugenehmigung auf ein bestimmtes Grundstück, sondern auf den Betrieb eines Unternehmens, dessen Geschäftsleitung oder den Gesellschafter des Betriebsinhabers. Dies trifft auf Gewerbe- und Betriebsgenehmigungen aller Arten regelmäßig zu und gilt auch für die Konzessionen zum Betrieb eines Privatkrankenhauses (§ 30 GewO) und einer Krankenhausapotheke (§ 4 ApoG).

Nach diesen Grundsätzen ist die mit der Aufnahme in den Krankenhausplan verbundene öffentlich-rechtliche Rechtsstellung nicht als solche übertragbar, sondern ein Trägerwechsel (nicht aber der Gesellschafterwechsel in der Trägergesellschaft) bei dem Plankrankenhaus führt zur Notwendigkeit eines Antrags auf Neuaufnahme des Krankenhauses in den Krankenhausplan; der Antrag ist nach dem dann gegebenen Sachverhalt neu zu bescheiden.[29] Generell kommt im Wege der Einzelrechtsnachfolge eine Übertragung des sozialgesetzlichen Rechtes, Patienten zu Lasten der gesetzlichen Krankenkassen behandeln zu können, nicht in Betracht.[30]

Aus Erwerbersicht sind den betrieblichen Erlaubnissen und Genehmigungen unter dem Aspekt der Transaktionssicherheit diejenigen Fälle gleichgelagert, in denen der Wechsel des Betriebsinhabers zwar keine verwaltungsrechtliche Erlaubnis oder Genehmigung erfordert, wohl aber eine vorherige Anzeige an die Aufsichtsbehörde mit nachträglicher behördlicher Untersagungs- oder Auflagenbefugnis.[31] Je nach der einschlägigen Verwaltungspraxis wird es der Erwerber nicht darauf ankommen lassen wollen, einerseits den Kaufpreis an den Veräußerer gezahlt zu haben und andererseits sich als neuer Betriebsinhaber mit den Behörden über die Befugnis zur Fortführung des Unternehmens nachträglich ins Benehmen setzen zu müssen.

2.4 Als Übertragungshindernisse bei Asset Deals können sich auch strafrechtliche und sozialrechtliche Geheimhaltungsverpflichtungen auswirken,

[29] VGH Mannheim v. 28.11.2000, MedR 2001, 466; *Quaas/Zuck*, aaO (oben Fn. 6), § 25 Rn. 341; *Lambrecht/Vollmöller* in *Huster*, Krankenhausrecht, 2010, § 14 Rn. 20.

[30] Zutreffend *Meschke*, aaO (oben Fn. 27), zur vertragsärztlichen Zulassung.

[31] Z.B. landesrechtliche Nachfolgeregelungen zu § 12 Abs. 1 Bundesheimgesetz.

wenn und soweit diese sich als vertragliches Abtretungsverbot (§ 399 Fall 2 BGB) darstellen oder als Verbotsgesetz (§ 134 BGB) anzusehen sind.

a) Dies gilt in besonderer Weise für die Berufsgeheimnisse eines Arztes oder Berufspsychologen (§ 203 Abs. 1 Nr. 1 und Nr. 2 StGB). Dabei stellt bereits der objektive Tatbestand des § 203 StGB das Verbotsgesetz im Sinne des § 134 BGB dar, ohne dass die gegen das Verbotsgesetz verstoßende Person selbst strafrechtlicher Normadressat des Sonderdeliktes zu sein braucht oder es auf die Feststellung des subjektiven Tatbestandes ankommt.[32] Auf der Rechtsfolgenseite erfasst die Nichtigkeit sowohl das schuldrechtliche als auch das dingliche Geschäft.[33]

aa) Aufschlussreich ist die parallele Rechtsprechung zur Veräußerung von Steuerberater- oder Rechtsanwaltspraxen. Nach überkommener Rechtsprechung setzt eine (schuldrechtlich und dinglich) wirksame Veräußerung einer Steuerberater- oder Rechtsanwaltspraxis voraus, dass die Verpflichtung zur Aktenübergabe auf zustimmende Mandanten beschränkt wird[34], es sei denn, die Akten sind dem Erwerber bereits zuvor in zulässiger Weise vollumfänglich offenbart worden, beispielsweise als vormaligem langfristigen Mitarbeiter[35] oder als vormaligem Sozius des Veräußerers. Für diese Ausnahme hat es die Rechtsprechung jedoch nicht genügen lassen, wenn der Erwerber vorher nur von den Mandantengeheimnissen zulässigerweise Kenntnis nehmen konnte während einer „von vornherein zeitlich begrenzten Vertretertätigkeit“ für den Veräußerer.[36] Einen in der Rechtsprechung gebilligten Ausweg bot hier die Bildung einer zeitlich befristeten Rechtsanwaltsaußensozietät (Scheinsozietät) zwischen dem Veräußerer und dem „eintretenden“ Erwerber mit anschließendem „Austritt“ des Veräußerers, und zwar mit der vom BGH gegebenen Begründung, dass die einer Rechtsanwaltssozietät erteilten Mandate sich in der Regel auf alle gegenwärtigen und künftigen „Sozietätsmitglieder“ (einschließlich sog. bloßer Briefkopfpartner) erstrecken und in diesem Fall dem „eintretenden“ Erwerber allein schon wegen seiner Stellung als „Sozietätsmitglied“ kein Mandantengeheimnis „unbefugt“ offenbart wird.[37] Erst recht zulässig muss deshalb ein personengesellschaftsrechtlich vermittelter Kanzleiübergang auf eintretende Neugesellschafter von später

32 BGH v. 11.12.1991, NJW 1992, 737, 739, 740 – Übergabe der Patientendatei und Abtretung ärztlicher Honorarforderungen. Ebenso BGH v. 25.03.1993, BB 1993, 1040, 1041 zur Abtretung von Anwaltshonorarforderungen.

33 Wie oben Fn. 32.

34 BGH v. 22.05.1996, DStR 1996, 1576, 1577 – Steuerberaterpraxis.

35 BGH v. 10.08.1995, DStR 1996, 1559, 1560 – Abtretung von Anwaltshonorarforderungen.

36 BGH v. 17.05.1995, NJW 1995, 2026, 2027 – Veräußerung einer Rechtsanwaltspraxis.

37 BGH v. 13.06.2001, NJW 2001, 2462, 2463 – Einzelrechtsanwaltskanzleiveräußerung mit auf drei Monate ab Stichtag begrenzter Scheinsozietät des Veräußerers und des Erwerbers; ebenso OLG München v. 05.05.2000, NJW 2000, 2592, 2593 f.

austretenden Altgesellschaftern sein. Wer bei Kanzleifusionen dagegen auf das Erfordernis einer mindestens vorübergehenden Scheinsozietät des „eintretenden“ Erwerbers mit dem „austretenden“ Veräußerer verzichtet[38], kann sich dafür nur auf die am 09.09.1994 in Kraft getretene Vorschrift des § 49b Abs. 4 Satz 1 BRAO berufen, wonach die Abtretung anwaltlicher Honorarforderungen an andere Rechtsanwälte zulässig ist, ohne dass es auf eine Zustimmung des Mandanten ankommt.[39] Eine am 01.07.1994 in Kraft getretene Parallelvorschrift beinhaltet § 64 Abs. 2 StBerG. Ob diese für die Abtretung von Honorarforderungen geltende Vorschrift damit zugleich auch einen Rechtsgrundsatz enthält, der für die zustimmungslose Übertragung eines Mandatsverhältnisses im Ganzen auf andere Rechtsanwälte gilt, ist zwar in dieser Allgemeinheit nach derzeitigem Stand zu verneinen, jedoch im Sinne einer für Kanzleiveräußerungen vorzunehmenden Wertung *a minore ad maius* (nämlich von der Abtretung der Honorarforderung zur Kanzleifusion oder -übertragung) zu befürworten. In diesem Sinne lässt sich mit dem BGH feststellen, dass § 49b Abs. 4 Satz 1 BRAO den „Verkauf von Anwaltskanzleien wesentlich erleichtert, was einem anzuerkennenden Bedürfnis des Berufsstands entspricht“[40].

bb) Im Unterschied zur Rechtslage bei Rechtsanwaltspraxen und Steuerberatungspraxen hat der Gesetzgeber jedoch darauf verzichtet, eine § 49b Abs. 4 Satz 1 BRAO oder § 64 Abs. 2 StBerG entsprechende Parallelnorm für Arztpraxen zu schaffen. Die vor Inkrafttreten dieser Vorschriften für Rechtsanwalts- und Steuerberaterpraxen geltenden Grundsätze finden daher im Ausgangspunkt weiter Anwendung auf die Veräußerung von Arztpraxen[41] und die Abtretung ärztlicher Vergütungsansprüche. Letzteres gilt für die Abtretung privatärztlicher Honoraransprüche sowohl gegen privat Krankenversicherte[42] als auch gegen gesetzlich Krankenversicherte[43].

b) Im Kontext von Krankenhäusern gelten die Grundsätze zur Abtretbarkeit privatärztlicher Vergütungsansprüche, soweit durch Chefärzte oder Belegärzte privatärztlich abgerechnet wird. Im Übrigen gilt für die durch den Krankenhausarzt erbrachten und durch seinen Krankenhausträger abzurechnenden Leistungen das SGB V.

aa) Vor diesem Hintergrund sind das Urteil des BSG vom 10.12.2008 zur Übermittlung von Patientendaten durch Krankenhäuser an externe Abrech-

[38] So *Huffer*, NJW 2002, 1382 f., 1385 unter Berufung auf Verkehrssitte und einen aus § 49b Abs. 4 Satz 1 BRAO seiner Auffassung nach ableitbaren allgemeinen Rechtsgedanken.

[39] BGH v. 01.03.2007, NJW 2007, 1196.

[40] BGH v. 01.03.2007, NJW 2007, 1196, 1197 Rz 21.

[41] BGH v. 11.12.1991, NJW 1992, 737, 739 f.

[42] BGH v. 17.02.2005, NJW 2005, 1505, 1506.

[43] OLG Hamm v. 17.11.2006, NJW 2007, 849, 850.

nungsstellen[44] und die darauf erfolgte Reaktion des Gesetzgebers[45] einzuordnen. Das BSG betrachtet die bereichsspezifischen datenschutzrechtlichen Regelungen im SGB V und SGB X als Verbotsnormen mit Erlaubnisvorbehalt.[46] Auf dieser Basis fehlte für „eine Übermittlung von Patientendaten durch Leistungserbringer wie Krankenhäuser an externe Abrechnungsstellen [...] – von wenigen Ausnahmefällen abgesehen – [...] eine gesetzliche Grundlage" nach Ansicht des BSG.[47] Darüber hinaus versagte das BSG der Einwilligung des in der Notfallambulanz behandelten Patienten in die abrechnungsgebundene Weitergabe seiner Sozialdaten (Patientendaten) an eine externe Abrechnungsstelle die Anerkennung. Der dem Patienten damit oktroyierte Selbstschutz wird durch eine Nichtanwendung des BDSG untermauert und gipfelt in folgender Argumentation des BSG: „Dass Personen, die medizinischer Notfallbehandlung bedürfen, sich häufig in einer Situation befinden werden, in der sie in ihrer freien Willenbildung deutlich eingeschränkt sind, spricht ebenfalls dafür, eine Datennutzung kraft Einwilligung jedenfalls im Bereich der gesetzlichen Krankenversicherung nicht pauschal, sondern nur in ausdrücklich normierten Fällen zuzulassen.[48]" Wenn dieser Ansatz des BSG verfassungsrechtlich richtig wäre, würde aus dem Gesetzesvorbehalt für Einschränkungen des Grundrechtes des Patienten auf informationelle Selbstbestimmung ein bislang unbekannt gewesener Gesetzesvorbehalt für die Ausübung der informationellen Selbstbestimmung werden. Tatsächlich ist mit der Nichtbeachtung einer Einwilligung jedoch eine rechtlich nicht hinnehmbare Entmündigung verbunden, die das Recht des Patienten auf informationelle Selbstbestimmung verletzt.[49] Dies klarzustellen, hat der Gesetzgeber in seiner Reaktion auf das BSG-Urteil versäumt. Stattdessen hat er sich darauf beschränkt, in einer bis zum 10.07.2010 befristeten Neuregelung von § 120 Abs. 6 BSG und § 295 Abs. 1b Satz 5–8 SGB V die vom BSG gefor-

[44] NJOZ 2009, 2959.

[45] Art. 15 Nr. 6a lit. c) und Nr. 13a, Art. 15a, Art. 19 Abs. (4), (7) (Inkrafttreten) des Gesetzes zur Änderung arzneimittelrechtlicher und anderer Vorschriften vom 17.07.2009, BGBl. I 2009, 1990. Hierzu BT-Drucks. 16/13428 v. 17.06.2009, S. 96 unter Bezugnahme auf die BSG-Entscheidung vom 10.12.2008 (oben Fn. 44).

[46] BSG v. 10.12.2008, NJOZ 2009, 2959, 2962 Rz. 18 und 2965 Rz. 24.

[47] Ebenda, 2964 Rz. 23.

[10] Ebenda, 2679 Rz. 37.

[49] Seit BVerfG v. 15.12.1983, BVerfGE 65, 1, 41 f., geht es beim Recht auf informationelle Selbstbestimmung im Ausgangspunkt „um die Befugnis des Einzelnen, grundsätzlich selbst zu entscheiden, wann und innerhalb welcher Grenzen persönliche Lebenssachverhalte offenbart werden".Vgl. OLG Frankfurt a.M. vom 13.12.2000 – 13 U 204/98 zu einer wettbewerbsrechtlich angegriffenen Verwertung von personenbezogenen Angaben aus einer Haushaltsumfrage: „Mit dem Recht auf informationelle Selbstbestimmung ist unvereinbar, den Betroffenen in der Weise zu entmündigen, daß er nicht mehr berechtigt wäre, eine Verarbeitung seiner Daten zu billigen und für deren Zulässigkeit objektive Kriterien nicht das subjektive Empfinden des Betroffenen maßgeblich sein zu lassen."

derte gesetzliche Grundlage für die Abrechnung durch externe Abrechnungsstellen im Sinne einer kurzfristigen gesetzgeberischen Maßnahme zu schaffen, die in der genannten Frist durch umfassendere Regelungen im Sinne der BSG-Anforderungen abzulösen sein wird.[50]

bb) Zur Abtretung von Kreditforderungen durch öffentlich-rechtlich organisierte Kreditinstitute (Sparkassen, Landesbanken) hat der BGH[51] jüngst einen Verstoß gegen § 203 Abs. 2 Satz 1 Nr. 1 StGB mit der Begründung verneint, dass § 203 StGB generell das Bankgeheimnis nicht schütze. Die BGH-Entscheidung setzt damit die zuvor vom OLG Schleswig[52] eingeschlagene Linie fort, beim strafrechtlichen Schutz des Bankgeheimnisses nicht zwischen öffentlich-rechtlichen Sparkassen (und Landesbanken) einerseits und privatrechtlichen Banken andererseits ohne Verstoß gegen das Willkürverbot (Art. 3 Abs. 1 GG) unterscheiden zu können. Bei privatrechtlichen Banken scheitert eine wirksame Abtretung von Kreditforderungen und anderen Kundenforderungen jedoch anerkanntermaßen nicht am Schutz des Bankgeheimnisses oder dem Schutz personenbezogener Daten nach dem BDSG.[53]

Von ordnungspolitischem Interesse ist die Begründung des BGH, warum Sparkassen ihre Kundenforderungen zulässigerweise abtreten können. Der BGH entnimmt §§ 398, 402 BGB das Ergebnis einer gesetzlichen Abwägung zwischen der „Verkehrsfähigkeit von Forderungen und damit einem für die Privatrechtsordnung wesentlichen Allgemeinbelang“ einerseits und „einer persönlichkeitsrechtlichen Relevanz der nach § 402 BGB zu erteilenden Auskünfte“ andererseits.[54] Damit zitiert der BGH aus dem Nichtannahmebeschluss des BVerfG vom 11.07.2007[55] über eine Verfassungsbeschwerde gegen das BGH-Urteil vom 27.02.2007[56], wonach eine privatrechtliche Bank ihre Kreditforderungen grundsätzlich ohne Zustimmung des jeweiligen Schuldners wirksam abtreten kann. Allerdings lässt das BVerfG in dem zitierten Nichtannahmebeschluss erkennen, dass die typisierende verfassungsrechtliche Abwägung zwischen Verkehrsfähigkeit der Forderung und dem Recht des Schuldners auf informationelle Selbstbestimmung in anderen (nicht das Bankgeheimnis betreffenden) Fallgruppen auch zu einem überwiegenden Geheimhaltungsinteresse führen könne.[57] Damit kommt der „Ver-

[50] Oben Fn. 45.

[51] BGH v. 27.10.2009, ZIP 2009, 2329, 2330 f.

[52] OLG Schleswig v. 18.10.2007, ZIP 2007, 2308, 2312 f. – gemeinschaftskonforme Auslegung deutschen Rechts bei Zession von einer Sparkasse an ein ausl. Kreditinstitut und verfassungskonforme Auslegung von § 203 StGB.

[53] BVerfG v. 11.07.2007, ZIP 2007, 2348, 2349 f. – Nichtannahmebeschluss; BGH v. 27.02.2007, NJW 2007, 2106, 2107 ff.; aA noch OLG Frankfurt a.M. v. 25.05.2004, NJW 2004, 3266.

[54] BGH v. 27.10.2009, ZIP 2009, 2329, 2331.

[55] BVerfG v. 11.07.2007, aaO (oben Fn. 53), 2349 Rz. 17 – Nichtannahmebeschluss.

[56] BGH v. 27.02.2007, aaO (oben Fn. 53).

[57] BVerfG v. 11.07.2007, aaO (oben Fn. 53), Rz. 19, 20.

kehrsfähigkeit von Forderungen und damit einem für die Privatrechtsordnung wesentlichen Allgemeinbelang" nicht *per se* ein höherer verfassungsrechtlicher Stellenwert zu als dem informationellen Selbstschutz des Schuldners. Eine Abkehr von der bekannten BGH-Rechtsprechung zur Abtretung von Honorarforderungen und zur Veräußerung von Praxen der Ärzte, Rechtsanwälte und Steuerberater ist deshalb mit der BGH-Entscheidung zur Abtretbarkeit von Kundenforderungen der Sparkassen nicht verbunden. Jedoch wird die Relativität der verfassungsrechtlichen Güterabwägung in der Rechtsprechung des BGH rückblickend deutlich, wenn einerseits die Nichtigkeitsfolge nach §§ 134 BGB, 203 StGB sich gegen Abtretungen von solchen Honorarforderungen ohne vorherige Zustimmung des Patienten/Mandanten gerichtet hat, die von privaten Ärzten, von Rechtsanwälten vor dem 09.09.1994 (Inkrafttreten des § 49b Abs. 4 BRAO) oder von Steuerberatern vor dem 01.07.1994 (Inkrafttreten des § 64 Abs. 2 StBerG) zediert wurden, andererseits aber die Pfändung derselben Honorarforderungen durch einen Vollstreckungsgläubiger des Arztes, Rechtsanwalts oder Steuerberaters ebenso für generell wirksam erachtet worden ist, wie diese Honorarforderungen auch dem Insolvenzbeschlag unterliegen.[58]

cc) Vor diesem Hintergrund wird die Praxis daher davon auszugehen haben, dass die sozialgesetzlichen Vergütungsforderungen der Krankenhausträger gegen die Krankenkassen im Ergebnis ähnlichen Abtretungsverboten unterliegen, wie dies auf Honorarforderungen gegen privatversicherte Patienten zutrifft. Ein Asset Deal wird damit zwar nicht unmöglich, jedoch aufwendig in der Überleitung von Bestandspatienten auf den neuen Krankenhausträger. Insbesondere wäre insoweit sicherzustellen, dass die geschützten personenbezogenen Daten auf der Seite des neuen Krankenhausträgers als Organisation gar nicht und einzelnen natürlichen Personen allenfalls insoweit zugänglich sind, als es sich um Personen handelt, denen diese Daten nicht mehr offenbart werden können, weil sie bereits auf der Seite des veräußernden Krankenhausträgers Kenntnis erlangt haben oder als Kenntnisträger von Gesetzes wegen gelten.

[58] BGH v. 17.02.2005, NJW 2005, 1505, 1506 – privatärztliche Honorarforderungen. Der BGH gab dem durch Art. 14 Abs. 1 GG geschützten Befriedigungsinteresse des Gläubigers des Arztes den Vorrang vor dem Geheimhaltungsinteresse des Privatpatienten. Zu den Gebührenforderungen eines Rechtsanwalts und Honorarforderungen eines Steuerberaters bereits ebenso BGH v. 04.03.2004, NJW 2004, 2015, 2017.

3. Vermeidung von Übertragungshindernissen durch Kombination von umwandlungsrechtlicher Spaltung und anschließendem Share Deal

Ein Vergleich mit dem Spaltungsrecht des UmwG zeigt, dass die mit § 132 UmwG a.F. und § 131 Abs. 1 Nr. 1 Satz 2 UmwG a.F. zunächst aus dem Recht der Singularzukzessionen in das Umwandlungsrecht importierten Übertragungshindernisse bereits zunehmend durch teleologische Reduktion überwunden waren in Literatur und Rechtsprechung, als der Gesetzgeber die als „Spaltungsbremse"[59] empfundene Vorschrift des § 132 UmwG a.F. zusammen mit § 131 Abs. 1 Nr. 1 Satz 2 UmwG a.F. ersatzlos mit Wirkung zum 25.04.2007 aufhob durch das Zweite Gesetz zur Änderung des Umwandlungsgesetzes vom 19.04.2007[60]. Insoweit bietet das seither geltende umwandlungsrechtliche Instrumentarium zusammen mit einem Share Deal über die Anteile an der mit spaltungsrechtlichen Mitteln hergestellten Zielgesellschaft[61] einen unbestreitbaren Vorteil gegenüber einem Asset Deal. Diesem Vorteil stehen jedoch die umwandlungsrechtliche Nachhaftung der Zielgesellschaft und andere strukturelle Nachteile gegenüber.

3.1 Während seiner Geltung vom 01.01.1995 bis einschl. 24.04.2007 importierte § 132 UmwG a.F. allgemeine Bestimmungen, welche die Übertragbarkeit eines bestimmten Gegenstandes ausschließen oder an bestimmte Voraussetzungen knüpfen oder nach denen die Übertragung eines bestimmten Gegenstandes einer staatlichen Genehmigung bedarf, aus dem Recht der Singularsukzession in das Recht der Ausgliederung, Abspaltung und auch der Aufspaltung (hier jedoch mit Ausnahme vertraglicher Abtretungsverbote nach § 399 Fall 2 BGB). Die beteiligten Rechtsträger hatten damit nicht nur Übertragungshindernisse wie bei einer Einzelrechtsnachfolge in „Gegenstände" zu überwinden, sondern mussten außerdem die bei Singularsukzessionen unbekannte wechselseitige gesamtschuldnerische Nachhaftung der beteiligten Rechtsträger (§ 133 UmwG) im Innenverhältnis des Erwerbers zum Veräußerer einer akzeptablen Vertragsgestaltung zuführen.

a) Verbindlichkeiten (außerhalb von Verträgen im Ganzen) konnten im Wege der Spaltung von dem übernehmenden Rechtsträger übernommen werden, ohne dass nach § 132 UmwG a.F. i.V.m. § 415 BGB die Zustimmung des jeweiligen Gläubigers erforderlich war.[62] Das Korrektiv lag insoweit

[59] Vorschläge des Handelsrechtsausschuss des Deutschen Anwaltsvereins e.V. zur Änderung des UmwG, NZG 2000, 802, 806.

[60] BGBl. I 2007, 542.

[61] Bei Ausgliederung oder Aufspaltung an der (oder den) übernehmenden Gesellschaft(en), im Fall einer Abspaltung jedoch entweder der übernehmenden oder der übertragenden Gesellschaft.

[62] H.M.: BAG v. 22.02.2005, NJW 2005, 3371, 3373 unter II.3.b) aa) der Gründe, wonach §§ 414, 415 BGB spaltungsrechtlich für den Übergang von Versorgungsverbindlich-

in der wechselseitigen gesamtschuldnerischen Nachhaftung der beteiligten Rechtsträger (§ 133 UmwG).

b) Ob für die spaltungsrechtliche Übertragung von Verträgen im Ganzen die Zustimmung des jeweiligen Vertragspartners erforderlich war, hing davon ab, ob sich das für Vertragsübernahmen allgemein geltende Zustimmungserfordernis oder jedenfalls ein vereinbartes Übertragungsverbot oder diesbezüglich vereinbarter Zustimmungsvorbehalt nach § 132 UmwG a.F. durchsetzten. Diese in der Praxis bedeutsame Frage blieb in der Judikatur unbeantwortet[63]. Nach verbreiteter Auffassung waren nicht der Vertrag selbst, sondern nur die in ihm enthaltenen Ansprüche und Rechte als Gegenstände i.S.d. § 132 UmwG a.F. anzusehen mit der Folge, dass sich wegen § 399 Fall 2 BGB ein vereinbartes Übertragungsverbot oder ein vereinbarter Zustimmungsvorbehalt grundsätzlich auch spaltungsrechtlich durchsetzten (ausgenommen bei Aufspaltungen, § 132 Satz 2 UmwG a.F.).[64] Dies sollte jedoch auf Grund einer restriktiven, praxisorientierten Auslegung von § 132 UmwG a.F. nicht gelten, wenn Gegenstand der spaltungsrechtlichen partiellen Gesamtrechtnachfolge nicht nur einzelne Rechte und Pflichten, sondern die Rechte- und Pflichtengesamtheit eines ganzen Betriebes oder Teilbetriebes waren.[65]

c) Die für privatrechtliche Verträge geltenden Grundsätze fanden (und finden) grundsätzlich auch auf öffentlich-rechtliche Verträge Anwendung (§ 62 VwVfG, § 61 Satz 2 SGB X).[66]

keiten außer Betracht blieben; BAG v. 11.03.2008, NZA 2009, 790, 792 unter Rz. 19, 22 der Gründe: „Ebenso wenig wie §§ 414 ff. BGB zählt § 4 BetrAVG a.F. und n.F. [zu] den allgemeinen Vorschriften i.S. des § 132 Satz 1 UmwG [a.F.], die auch bei der partiellen Gesamtrechtsnachfolge zu beachten sind und damit die Wirkungen der partiellen Gesamtrechtsnachfolge begrenzen." Im Ergebnis ebenso *Mayer*, GmbHR 1996, 403, 406; *K. J. Müller*, NZG 2006, 491, 492 m.w.N.

[63] Vgl. BGH v. 06.12.2000, ZIP 2001, 305, 306: „besondere Übertragungsart, die es gestattet, statt der Einzelübertragung verschiedener Vermögensgegenstände eine allein durch den Parteiwillen zusammengefasste Summe von Vermögensgegenständen (einschließlich der Verbindlichkeiten: § 131 Abs. 1 Nr. UmwG) in einem Akt zu übertragen"; Schleswig-Holsteinisches OVG v. 23.08.2000, DVBl. 2000, 1877, 1879.

[64] *K. J. Müller*, NZG 2006, 491, 492; weitergehend *Marsch-Barner/Mackenthun*, ZHR 165 (2001), 426, 432, die sich trotz § 132 Satz 2 UmwG a.F. über Abtretungsverbote nach § 399 Fall 2 BGB generell hinwegsetzen wollten.

[65] LG Mönchengladbach v. 27.05.2005, NJOZ 2006, 2762: Überwindung einer Vinkulierung nach § 15 Abs. 5 GmbHG durch teleologische Reduktion des § 132 UmwG a.F.; *Lutter/Teichmann*, UmwG, 2. Aufl. 2000, § 132 Rn. 17 ff.; *Mueller*, BB 2000, 365, 368 f.; vgl. *Meister*, DStR 1999, 1741, 1743; *K. Mertens*, Umwandlung und Universalsukzession, 1993, 149, 153 ff. Sogar unabhängig von der Übertragung zumindest eines Teilbetriebs *Dehmer*, UmwG/UmwStG, 2. Aufl. 1996, § 132 Rn. 20–22, 37, 38. Damals gegen eine teleologische Reduktion bei Übertragung von Verträgen: *Mayer* in *Widmann/Mayer*, Umwandlungsrecht, Stand Juli 1999, UmwG § 132 Rn. 29, 56; *Böhringer*, Rpfleger 1996, 154, 155.

[66] *Grunewald* in *Lutter*, UmwG, 4. Aufl. 2009, § 20 Rn. 13; vgl. *Kübler* in *Semler/Stengel*, aaO (oben Fn. 5), § 20 Rn. 67. Nach § 62 VwVfG sind grundsätzlich auch die Vor-

d) Ob § 132 UmwG a.F. dem spaltungsbedingten Übergang verwaltungsrechtlicher Genehmigungen und Erlaubnisse entgegenstand, war in der Rechtsprechung ebenfalls ungeklärt und wurde in der Literatur uneinheitlich beantwortet. Wer den Übergang davon abhängig machte, dass die Genehmigung oder Erlaubnis sich auf einen mit der Spaltung übertragenen Gegenstand und nicht auf das betroffene Unternehmen bezog[67], wandte im Ergebnis singularsukzessionsrechtliche Grundsätze an. Wer dagegen darauf abstellte, ob der übernehmende Rechtsträger die persönlichen und sachlichen Voraussetzungen für die betriebsbezogenen Genehmigungen und Erlaubnisse erfüllte[68], hielt eine Neuerteilung dieser Genehmigungen und Erlaubnisse nicht ausnahmslos für erforderlich, sondern befürwortete von Fall zu Fall eine teleologischen Reduktion von § 132 UmwG a.F. zugunsten eines spaltungsrechtlichen Übergangs betriebsbezogener Genehmigungen und Erlaubnisse. Welche Vorsicht einer einzelfallbezogenen teleologischen Reduktion von § 132 UmwG a.F. in der Praxis entgegenzubringen war, zeigt die Rechtslage bei im Allgemeinen als insoweit unproblematisch geltenden Formwechseln: Im Fall eines im Handelsregister vollzogenen Formwechsels einer Rechtsanwalts-GmbH in eine Rechtsanwalts-AG bestätigte der BGH, dass erstens die der Rechtsanwalts-GmbH erteilte alte Zulassung wegen ihrer personenbezogenen Voraussetzungen (§§ 59e, 59f BRAO) einem Widerruf unterlag und mithin in diesem Sinne „bei einer Umwandlung nicht automatisch mit über[geht]“ und zweitens die Rechtsanwalts-AG eine eigene Zulassung neu zu beantragen hatte.[69]

e) Nur vereinzelt wurde erörtert, ob sich singularsukzessionsrechtliche Übertragungshindernisse gemäß § 132 UmwG a.F. in der Spaltung durchsetzten, wenn eine Übertragung im Wege der Singularsukzession gegen das Bundesdatenschutzgesetz[70] oder gegen ein gesetzliches Verbot (§ 134 BGB) verstoßen würde, insbesondere gegen den objektiven Tatbestand des § 203 StGB oder andere strafrechtliche Normen.

aa) Der seinerzeitige Meinungsstand ließ eine Blockade der Spaltung durch bundesdatenschutzrechtliche Normen nicht zu, sei es, weil das UmwG bereits als Erlaubnisnorm i.S.d. § 4 Abs. 1 BDSG angesehen wurde[71], sei es,

schriften über Vertragsübernahmen (Abtretungen und Schuldübernahmen) auf öffentlichrechtliche Verträge anwendbar: *Bonk* in *Stelkens/Bonk/Sachs*, VwVfG, 7. Aufl. 2008, § 62 Rn. 40a, 40b.

[67] *Lutter/Teichmann*, UmwG, 2. Aufl. 2000, § 132 Rn. 55.

[68] *Bremer*, GmbHR 2000, 865, 866.

[69] BGH v. 10.01.2005, NJW 1568, 1569. Dies übersieht *Meschke*, aaO (oben Fn. 27), 271, wenn er meint, bei einem Formwechsel blieben „[a]nerkanntermaßen […] öffentlich-rechtliche Erlaubnisse generell erhalten“.

[70] § 28 BDSG stellt kein Verbotsgesetz i.S.d. § 134 BGB dar: BGH v. 27.02.2007, NJW 2007, 2106, 2107 f.

[71] *Teichmann/Kießling*, ZGR 2001, 33, 57 f., 62 – für alle Formen der umwandlungs-

weil die Datenweitergabe i.S.d. § 28 Abs. 1 Nr. 2 BDSG für erforderlich gehalten wurde, um die berechtigten Interessen des übertragenden Rechtsträgers zu wahren, ohne dass ein überwiegendes Interesse der datenschutzrechtlich betroffenen Person entgegenstand[72].

bb) Ob das Spaltungsrecht dagegen auch strafrechtliche Verbotsnormen i.S.d. § 134 BGB überwandt, wurde unterschiedlich beurteilt.

Nach *Marsch-Barner* und *Meckenthun*[73] liegt in der umwandlungsrechtlichen partiellen Gesamtrechtsnachfolge schon keine Datenübermittlung an einen Dritten i.S.d. § 3 Abs. 4 Satz 2 Nr. 3, Abs. 8 Satz 2 BDSG, wenn und weil die verantwortliche Stelle selbst übertragen wird, es also nicht zu einer Vermehrung der Informationsträger kommt. Dieses Argument trifft auf Verschmelzungen sowohl zur Neugründung als auch zur Aufnahme unzweifelhaft zu, weil der übertragende Rechtsträger erlischt (§ 20 Abs. 1 Nr. 2 UmwG). Für Ausgliederung und Abspaltung impliziert das Argument jedoch ein Vorverständnis, nämlich dass der Übergang der (speichernden) verantwortlichen Stelle zusammen mit den dort gespeicherten personenbezogenen Daten im Rahmen einer spaltungsrechtlichen partiellen Gesamtrechtsnachfolge datenschutzrechtlich anders zu behandeln sei als eine an §§ 4 Abs. 1, 16 Abs. 1, 28 BDSG zu messende Übertragung im Wege der Singular sukzession. Auf dieser Basis reduziert sich das Problem dann für *Marsch-Barner* auf den Informationsaustausch im Rahmen der Due Diligence vor der umwandlungsrechtlichen Transaktion und kann mit den traditionellen Instrumenten (Darstellung von personenbezogenen Daten nur in anonymisierter und gegebenenfalls aggregierter Form) gelöst werden.[74] In der Konsequenz seiner datenschutzrechtlichen Auffassung ist es für *Marsch-Barner*[75] dann folgerichtig, in den Verschmelzungs- und Spaltungsfällen eine Verletzung des Berufsgeheimnisses nach § 203 StGB bereits dem objektivem Tatbestand nach auszuschließen. Hierfür bedarf es lediglich des Schrittes von der fehlenden datenschutzrechtlichen Übermittlung zum Fehlen einer Offenbarung i.S.d. § 203 StGB. „Offenbart" ist ein Berufsgeheimnis jedoch nur, wenn es einer anderen Person mitgeteilt oder, soweit das Geheimnis in einem Schriftstück oder anders verkörpert ist, ihr zumindest zugänglich gemacht wird.[76]

rechtlichen Gesamtrechtsnachfolge einschließlich partieller Gesamtrechtsnachfolgen; *Marsch-Barner/Mackenthun*, aaO (oben Fn. 64), 431 f.

[72] *Grunewald* in *Lutter*, aaO (oben Fn. 66), § 20 Rn. 39. Ähnlich *Schröer* in *Semler/Stengel*, aaO (oben Fn. 5), § 131 Rn. 39, wonach jedenfalls die Zustimmung durch die Gesamtrechtsnachfolge ersetzt wird.

[73] ZHR 165 (2001), 426, 435, 438, 439.

[74] *Marsch-Barner/Meckenthun*, aaO (oben Fn. 73), 428, 433 f., 438 f.

[75] *Marsch-Barner/Meckenthun*, aaO (oben Fn. 73), 438, 439.

[76] Allg. M.: *Lenckner* in *Schönke/Schröder*, StGB, 27. Aufl. 2006, § 203 Rn. 19.

Auch *Grunewald*[77] hält § 203 StGB für nicht einschlägig zumindest in allen Verschmelzungsfällen.

Demgegenüber will *Teichmann*[78] die Verbotsnorm der §§ 134, BGB, 203 BGB ausnahmslos auch auf Verschmelzungs- und Spaltungsfälle anwenden. Trage der Registerrichter die Verschmelzung oder Spaltung trotz eines derartigen Verstoßes ein, sei die Umwandlung aber gleichwohl wirksam (§§ 20 Abs. 2, 131 Abs. 2 UmwG) und der Betroffene auf datenschutzrechtliche Behelfe (Löschung der personenbezogenen Daten beim übernehmenden Rechtsträger) und zivilrechtliche Schadensersatzansprüche zu verweisen.[79] Einen Ausweg zeigt *Teichmann*[80] insoweit auf, als er den objektiven Tatbestand des § 203 StGB als nicht verwirklicht ansieht, solange beim übernehmenden Rechtsträger nur solchen natürlichen Personen das Berufsgeheimnis offenbart wird, denen bereits beim übertragenden Rechtsträger das Berufsgeheimnis „anvertraut" oder bereits zulässigerweise „offenbart" gewesen ist. Dieser Ansatz läuft auf ein Modell von zwei Aktenschränken beim übernehmenden Rechtsträger hinaus: Im ersten, grundsätzlich verschlossenen Schrank befinden sich die Akten derjenigen Mandanten oder Patienten, die in die verschmelzungs- oder spaltungsbedingte Offenbarung gegenüber dem übernehmenden Rechtsträger bislang nicht eingewilligt haben; zu diesem ersten Schrank haben nur Personen Zugang, denen das jeweilige Berufsgeheimnis bereits beim übertragenden Rechtsträger „anvertraut" oder bereits zulässigerweise „offenbart" gewesen ist. Im zweiten, zulässigerweise offenen Schrank verwahrt der übernehmende Rechtsträger die Akten derjenigen Mandanten oder Patienten, die in die verschmelzungs- oder spaltungsbedingte Offenbarung gegenüber dem übernehmenden Rechtsträger eingewilligt haben. Nach Vollzug der Umwandlung tritt dann je nach dem Stand der eingeholten Einwilligungserklärungen eine Migration der Akten aus dem ersten in den zweiten Schrank ein. In der Regel wird jedoch mindestens ein Altbestand an Akten dauerhaft im ersten Schrank verbleiben.

3.2 Mit der ersatzlosen[81] Streichung von § 132 UmwG a.F. und § 131 Abs. 1 Nr. 1 Satz 2 UmwG a.F. durch das Zweite Gesetz zur Änderung des

[77] In *Lutter*, aaO (oben Fn. 66), § 20 Rn. 39 zu Fn. 3 im Anschluss an *Marsch-Barner/Meckenthun*. Ob das *obiter dictum* des OLG München v. 05.05.2000, NJW 2000, 2592, 2593 (unter I.2. der Gründe), eine Kanzleifusion sei kein Geheimnisverrat, für diese Auffassung ebenfalls in Anspruch genommen werden kann, dürfte wegen der Unschärfe des vom OLG nicht weiter erläuterten Fusionsbegriffs allerdings unsicher sein.

[78] *Teichmann/Kiessling*, aaO (oben Fn. 71), 69.

[79] *Teichmann/Kiessling*, aaO (oben Fn. 71), 70, 72.

[80] *Teichmann/Kiessling*, aaO (oben Fn. 71), 64, 74. Dabei erstrecken die Autoren eine Zustimmung zur Kenntnisnahme der Daten sowohl auf die wechselnden Partner als auch das wechselnde Hilfspersonal der jeweiligen Praxis (aaO, 65).

[81] Zugleich wurde die gesamtschuldnerische Nachhaftung für Versorgungsverpflichtungen auf Grund des Betriebsrentengesetzes von fünf auf zehn Jahre verlängert (§ 133 Abs. 3 Satz 2 UmwG in der seit 25.04.2007 geltenden Fassung). Dies kann man jedoch nicht einmal

Umwandlungsgesetzes vom 19.04.2007 wurde die spaltungsrechtliche partielle Gesamtrechtsnachfolge in ihren Voraussetzungen der Verschmelzung gleichgestellt.[82]

a) Insbesondere gehen spaltungsrechtlich seither im Wege einer Ausgliederung, Abspaltung oder Aufspaltung grundsätzlich auf den übernehmenden Rechtsträger über: Forderungen, die singularsukzessionsrechtlich einem Abtretungsverbot unterliegen; schuldrechtliche Verträge, gleichviel ob sie ein vertragliches Übertragungsverbot enthalten oder nicht; vinkulierte GmbH-Anteile, vinkulierte Namensaktien und „vinkulierte" Kommanditanteile.[83] Dass Verbindlichkeiten spaltungsrechtlich auch ohne eine sonst im Falle einer Schuldübernahme nach § 415 BGB erforderliche Zustimmung des Gläubigers übergehen, traf schon vor der Streichung des § 132 UmwG a.F. zu[84] und gilt unverändert[85].

b) Von besonderem Interesse dürfte bei der Spaltung von Krankenhausträgern sein, ob die partielle Gesamtrechtsnachfolge auch Versorgungsverträge mit den Kassenverbänden erfasst. Ebenso wie eine kassenübergreifende Vereinigung von Krankenkassen spezialgesetzlich zulässig ist (§ 171a SGB V) und der Krankenhausträger deshalb Veränderungen bei seiner Vertragsgegenseite im Wege der Gesamtrechtsnachfolge[86] hinnehmen muss, sollten auch die Kassenverbände eine Übertragung des von ihnen abgeschlossenen Versorgungsvertrages im Wege der partiellen Gesamtrechtsnachfolge auf einen neuen Krankenhausträger hinnehmen müssen, wenn auch nur vorbehaltlich eines außerordentlichen umwandlungsrechtlichen Kündigungsrechtes für den Fall, dass die Voraussetzungen für den Versorgungsvertrag verloren gehen.

für Betriebsrentenverpflichtungen als funktionalen Ersatz für die Streichung des § 132 UmwG a.F. ansehen, nachdem schon § 132 UmwG a.F. nach der Rspr. des BAG einer spaltungsrechtlichen Übertragung von Betriebsrentenverpflichtungen ohne Zustimmung der Pensionskasse, des Pensions-Sicherungs-Verein AG oder des ausgeschiedenen Arbeitnehmers nicht entgegenstand (oben Fn. 62).

[82] *Simon* in Köln-Komm. UmwG, 2009, § 131 Rn. 16; *Schröer* in *Semler/Stengel*, aaO (oben Fn. 5), § 131 Rn. 13 f., 18 f.; *Hörtnagl* in *Schmitt/Hörtnagl/Stratz*, UmwG/UmwStG, 5. Aufl. 2009, UmwG § 131 Rn. 4, 6.

[83] *Schröer* in *Semler/Stengel*, aaO (oben Fn. 5), § 131 Rn. 25 (nur mit Restriktionen auch für phG-Anteile, ebenda Fn. 67); *Hörtnagl* in *Schmitt/Hörtnagl/Stratz*, aaO (oben Fn. 82), UmwG § 131 Rn. 38 f. Dagegen sollen gemäß §§ 38, 40 BGB satzungsmäßig nicht übertragbar gestellte Vereinsmitgliedschaften auch spaltungsrechtlich nicht übergehen und für Genossenschaftsanteile bleibt offen, ob sie nach spaltungsrechtlichem Übergang mit dem Ende des bei Vollzug der Spaltung laufenden Geschäftsjahres von Gesetzes wegen erlöschen analog § 77a Satz 1, 2 GenG (*Schröer* in *Semler/Stengel*, aaO (oben Fn. 5), § 131 Rn. 23 f.; *Hörtnagl* in *Schmitt/Hörtnagl/Stratz*, aaO (oben Fn. 82), UmwG § 131 Rn. 38 f.) oder schon nicht übergehen (*so Müntefering*, NZG 2005, 64, 66).

[84] Oben 3.1 (a).

[85] *Teichmann* in *Lutter*, aaO (oben Fn. 66), § 131 Rn. 39.

[86] *Krasney*, NZS 2007, 574, 575.

c) Ob die aus der Aufnahme seines Krankenhauses in einen Krankenhausplan resultierende öffentlich-rechtliche Stellung eines Krankenhausträgers im Wege der Spaltung übertragen werden kann, ist bislang ebenfalls nicht geklärt. In der Literatur wird argumentiert, die Feststellung der Aufnahme in den Krankenhausplan beziehe sich sowohl auf das Krankenhaus als auch auf dessen Träger, entbehre wegen der gleichzeitigen Trägerbezogenheit der „dinglichen Wirkung" und gehe deshalb nicht mit dem Krankhaus auf einen neuen Krankenhausträger über.[87] Dieses Argument basiert jedoch auf singularzessionsrechtlichen Grundsätzen, wonach dem Eigentümer erteilte „Sach-Genehmigungen" schon im Wege der Einzelrechtsnachfolge zusammen mit dem Eigentum an der betroffenen Sache übergehen, wenn nichts anderes vereinbart wird[88]. Dass sich bei öffentlich-rechtlichen Rechtspositionen die singularzessionsrechtlichen Restriktionen gegen die spaltungsrechtliche partielle Gesamtrechtsnachfolge auch nach der Streichung von § 132 UmwG a.F. weiterhin durchsetzen, entspricht zwar der überwiegenden Meinung[89], wird in dieser Allgemeinheit jedoch zu Recht bestritten[90]. In der Konsequenz der überwiegenden Meinung würde es für den Übergang öffentlich-rechtlicher Rechtspositionen keinen Unterschied machen, ob im Wege der Einzelrechtsnachfolge oder der partiellen Gesamtrechtsnachfolge übertragen wird. Dieses Ergebnis widerspricht der Zielsetzung des Zweiten Gesetzes zur Änderung des Umwandlungsrechtes vom 19.04.2007. Vor allem wird bei der einseitigen Fokussierung auf mit den öffentlich-rechtlichen Erlaubnis- und Genehmigungsvorbehalten verfolgte Zwecke vollständig aus dem Blickwinkel verloren, dass die Verkehrsfähigkeit eines Wirtschaftsgutes ihrerseits einen für „die Privatrechtsordnung wesentlichen Allgemeinbelang" von verfassungsrechtlichem Rang darstellt[91]. Jedoch wird man in der Praxis, nicht zuletzt mit Rücksicht auf die BGH-Entscheidung zum Verlust der Zulassung als Rechtsanwaltsgesellschaft bei einem bloßen Formwechsel[92], eine – ggfs. nur

[87] *Quaas/Zuck*, aaO (oben Fn. 6), § 25 Rn. 341; ähnlich *Lambrecht/Vollmöller* in *Huster*, aaO (oben Fn. 29).

[88] Für die Baugenehmigung: VGH Mannheim v. 30.03.1995, NVwZ-RR 1995, 562, 563; VG Freiburg v. 23.11.1989, NJW 1991, 59, 60.

[89] Gegen den spaltungsrechtlichen Übergang „personenbezogener" öffentlich-rechtlicher Positionen *Teichmann* in *Lutter*, aaO (oben Fn. 66), § 131 Rn. 65; *Kübler* in *Semler/Stengel*, aaO (oben Fn. 5), § 20 Rn. 71; *Hörtnagl* in *Schmitt/Hörtnagl/Stratz*, aaO (oben Fn. 82), UmwG § 131 Rn. 85; *Vossius* in *Widmann/Mayer*, Umwandlungsrecht (Stand Januar 2010), UmwG § 20 Rn. 249, 251.

[90] *Grunewald* in *Lutter*, aaO (oben Fn. 66), § 20 Rn. 13: partielle Gesamtrechtsnachfolge in die öffentlich-rechtliche Genehmigung für den Fall, dass der übernehmende Rechtsträger ebenfalls die personenbezogenen (insbesondere geschäftsleiterbezogenen) Voraussetzungen erfüllt, insbesondere die Geschäftsleiter personenidentisch bleiben. Ebenso in diesem Fall *Seibt* in FS Röhricht, 2005, 603, 613, wenn auch nur im Sinne einer Ausnahme zu einer umgekehrten Regel bei seines Erachtens „höchstpersönlichen" Genehmigungen.

[91] BGH oben zu Fn. 54; BVerfG oben zu Fn. 55.

[92] Oben Fn. 69.

deklaratorische – Bestätigung der öffentlich-rechtlichen Rechtsposition des übernehmenden Rechtsträgers einholen.

Nach den gleichen Grundsätzen wird der übernehmende Rechtsträger sicherstellen, dass er eine nach § 30 GewO erforderliche Konzession zum Betrieb eines Privatkrankenhauses und die Erlaubnis zum Betrieb der Krankenhausapotheke (§ 4 ApoG) haben wird.

d) Bei den privatrechtlichen Krankenhausaufnahmeverträgen scheitert die partielle Gesamtrechtsnachfolge nach der hier vertretenen Auffassung jedoch nicht an einer fehlenden Zustimmung des Patienten. Zwar ist bislang nicht abschließend geklärt, in welchen Fällen der spaltungsrechtliche Übergang einer Forderung daran scheitert, dass die Leistung an einen anderen als den übertragenden Rechtsträger nicht ohne Inhaltsänderung erfolgen kann (§ 399 Fall 1 BGB). Dies ist bei einem Anspruch auf Erbringung einer Dienstleistung wie einer Krankenhausbehandlung jedoch nicht schon deshalb der Fall, weil dieser Anspruch im Wege der Einzelrechtsnachfolge im Zweifel nicht übertragbar ist (§ 613 Satz 2 BGB).[93]

Allein höchstpersönlich zu erfüllende Verpflichtungen und dementsprechend auch höchstpersönlich zu erfüllende Verträge sollen im Wege der partiellen Gesamtrechtsnachfolge durch Ausgliederung oder Abspaltung nicht übertragbar sein; im Falle der Aufspaltung soll zwar der Übergang auf die übernehmenden Rechtsträger erfolgen, der Vertragspartner den höchstpersönlich zu erfüllenden Vertrag jedoch außerordentlich kündigen können.[94] Zum einen wird man den mit einem Krankenhausträger abgeschlossenen (totalen oder gespaltenen) Krankenhausaufnahmevertrag nicht als höchstpersönlichen Vertrag ansehen können, da die Person des behandelnden Arztes nicht Gegenstand des Krankenhausaufnahmevertrages ist. Sogar im Falle einer Wahlleistung „Chefarzt“ steht es dem Chefarzt, der den Arzt-Zusatzvertrag mit dem Patienten abschließt, grundsätzlich frei, sich im Rahmen der betrieblichen Abläufe vertreten zu lassen. Nichts anderes gilt für den Vertrag des Patienten mit dem Belegarzt bei gespaltenen Krankenhausaufnahmeverträgen. Wenn man mit der seit dem Zweiten Gesetz zur Änderung des Umwandlungsrechtes vom 19.04.2007 gewollten konzeptionellen Gleichstellung von Spaltung und Verschmelzung jedoch ernst macht, dann wird man die spaltungsrechtliche partielle Gesamtrechtsnachfolge ebenso wenig als

[93] *Hörtnagl* in *Schmitt/Hörtnagl/Stratz*, aaO (oben Fn. 82), UmwG § 131 Rn. 32, und *Schröer* in *Semler/Stengel*, aaO (oben Fn. 5), § 131 Rn. 31, die beide die partielle Gesamtrechtsnachfolge schon nicht als gesetzlichen Forderungsübergang im Sinne des § 412 BGB ansehen; differenzierend *Teichmann* in *Lutter*, aaO (oben Fn. 66), § 131 Rn. 44–46.

[94] Anders *Hörtnagl* in *Schmitt/Hörtnagl/Stratz*, aaO (oben Fn. 82), UmwG § 131 Rn. 33, 92, dem zufolge Höchstpersönlichkeit sogar dem verschmelzungsbedingten Übergang entgegensteht; dagegen *Schröer* in *Semler/Stengel*, aaO (oben Fn. 5), § 131 Rn. 34 f.). Jedoch schließt *Hörtnagl* Höchstpersönlichkeit bei Auftragsverhältnissen mit juristischen Personen generell aus (ebenda, § 131 Rn. 92).

einen gesetzlichen Forderungsübergang im Sinne des § 412 BGB ansehen können wie die universelle Rechtsnachfolge im Falle einer Verschmelzung[95] und infolgedessen die Übertragungshindernisse gemäß oder analog § 399 BGB – auch bei Höchstpersönlichkeit – in der traditionellen Form für generell unanwendbar halten.

e) Im Ergebnis kommt eine Kombination von Spaltung und anschließendem Share Deal durchaus für die Veräußerung eines Krankenhauses in Betracht. Der Vereinfachungsgewinn gegenüber einem Asset Deal wird dabei in erster Linie im Umgang mit den Krankenhausaufnahmeverträgen im Verhältnis zu den Patienten liegen. Dass der Status als zugelassenes Krankenhaus und die Versorgungsverträge auf den neuen Krankenhausträger generell umwandlungsrechtlich übergehen würden[96], dürfte zwar in der Konsequenz einer partiellen Gesamtrechtsnachfolge liegen und wegen der Kündigungsmöglichkeit nach § 110 SGB V (ggfs. auch als außerordentliche fristlose Kündigung nach umwandlungsrechtlichen Grundsätzen) vertretbar sein, kann aber bislang noch nicht als gesichert betrachtet werden.

4. Überwindung von Übertragungshindernissen bei Asset Deals über Krankenhäuser

4.1 Erfüllungsübernahmen, Subcontracting

In der Praxis dienen Erfüllungsübernahmen zwischen Veräußerer und Erwerber in Bezug auf Vertragsverhältnisse des Veräußerers mit Dritten dazu, dass der Erwerber als Erfüllungsgehilfe des Veräußerers dessen Vertragspflichten gegenüber dem Dritten erfüllt und sich Veräußerer und Erwerber im Übrigen im Innenverhältnis so stellen, als sei der Vertrag auf den Erwerber übergegangen.

a) Diese Lösung scheidet für die Übertragung von Versorgungsverträgen bei Vertragskrankenhäusern aus, weil das Krankenhaus im Eigentum des Erwerbers die statusbegründende Wirkung des Versorgungsvertrages verliert.

b) Dagegen kommt eine Erfüllungsübernahme von Krankenhausaufnahmeverträgen durch den Erwerber in Betracht, soweit eine Verletzung des dem Veräußerer anvertrauten Arztgeheimnisses (§ 203 Abs. 1 Nr. 1 StGB) dabei vermieden wird und etwaige höchstpersönliche Komponenten, etwa bei Wahlleistungen oder Arzt-Zusatzverträgen, auch auf der Seite des Erwerbers gewahrt werden.

c) Im Übrigen bleibt der M&A-rechtliche Befund gültig, dass Erfüllungsübernahmen kein Allheilmittel für tatsächlich mangels fehlender Drittzu-

[95] Oben in Fn. 93.
[96] So aber für die spaltungsrechtliche Übertragung der sozialrechtlichen Rechtsstellung eines MVZ nunmehr *Meschke*, aaO (oben Fn. 27), 270, 272.

stimmungen nicht durchführbare Vertragsübernahmen sind. Insbesondere scheiden Erfüllungsübernahmen durch den Erwerber aus, wenn dem Veräußerer ein Subcontracting an Unterauftragnehmer vertraglich verboten ist oder die zur Durchführung eines Subcontracting erforderliche Offenlegung von Informationen gegen Vertraulichkeitsbestimmungen verstoßen würde. Dies wird man bei einem sog. totalen Krankenhausaufnahmevertrag jedoch nicht annehmen können, da der Patient bei Aufnahme in das Krankenhaus regelmäßig keine konkrete Kenntnis davon haben wird, welche Krankenhausärzte ihn während des Aufenthaltes behandeln werden.

4.2 Fortführung durch den Veräußerer für Rechnung des Erwerbers

Anstelle einer nicht durchführbaren Vertragsübernahme kann grundsätzlich vereinbart werden, dass der Veräußerer den nicht übertragenen Vertrag für Rechnung des Erwerbers fortführt. Gerade bei Asset Deals über organisatorische Einheiten im Ganzen fehlt es dem Veräußerer nach Vollzug des Asset Deals jedoch regelmäßig an den personellen und sachlichen Ressourcen, um den Vertrag selbst weiterhin erfüllen zu können. Sogar ein mehrere Krankenhäuser führender Krankenhausträger könnte einen bisher im ersten Krankenhaus betreuten Patienten selbst nur in einem zweiten Krankenhaus behandeln, nachdem der Träger das erste an einen Erwerber übertragen hätte. In diesem Fall kommt jedoch nach dem Krankenhausaufnahmevertrag nur die Behandlung in dem ersten Krankenhaus in Betracht. Ebenso wie bei der Erfüllungsübernahme kommt es damit darauf an, in welchem Umfang ein Subcontracting durch den Veräußerer zulässig ist.

4.3 Reverse Outsourcing

Soweit zur Unternehmensorganisation gehörende Einheiten beim Veräußerer verbleiben oder bestimmte Arbeitnehmergruppen dem Übergang ihrer Arbeitsverhältnisse gemäß § 613a Abs. 6 BGB widersprechen, werden Erwerber und Veräußerer typischerweise befristete Dienstleistungsverträge (Service Verträge) über in diesen Einheiten oder von diesen Arbeitnehmern zu erbringende Leistungen an den Erwerber abschließen. Dabei setzt die Leistungserbringung vom Veräußerer an den Erwerber voraus, dass die relevanten Vertragsverhältnisse (Patienten-, Kunden- und Lieferantenverträge), innerhalb derer die Dienstleistungen des Veräußerers für den Erwerber erbracht werden sollen, vorher vom Veräußerer auf den Erwerber übergegangen sind.

5. Fazit

Seit § 132 UmwG a.F. zusammen mit § 131 Abs. 1 Nr. 1 Satz 2 UmwG a.F. mit Wirkung zum 25.04.2007 durch das Zweite Gesetz zur Änderung des Umwandlungsgesetzes aufgehoben ist, bietet eine spaltungsrechtliche Übertragung eines Krankenhauses auf eine Handelsgesellschaft mit anschließender Veräußerung der Anteile an dieser Handelsgesellschaft einen nicht zu unterschätzenden transaktionstechnischen Vorteil gegenüber einem Asset Deal. Dies gilt gerade auch im Umgang mit den Krankenhausaufnahmeverträgen und dem strafrechtlich sensiblen Arztgeheimnis, wenn man eine unbefugte Offenbarung i.S.d. § 203 Abs. 1 StGB in den Spaltungsfällen von Gesetzes wegen ausschließt. Der Vorteil wird jedoch durch den gegenwärtigen Meinungsstand zur spaltungsrechtlichen Übertragbarkeit sozialrechtlicher und anderer öffentlich-rechtlicher Rechtspositionen relativiert.

Bereiche, Funktionen und Berechtigung gesetzlicher Höchstaltersgrenzen

Gerhard Igl

1. Zum Diskussionsstand

Die Diskussion um Sinnhaftigkeit und Legitimation von Altersgrenzen im höheren Lebensalter im Sinne von Höchstaltersgrenzen ist in der Bundesrepublik Deutschland verhältnismäßig jung. Die Rechtswissenschaft beschäftigt sich erst seit den neunziger Jahren mit diesem Gegenstand. Eine erste, nicht publizierte Erhebung zu gesetzlich festgelegten Altersgrenzen stammt aus dem Bundesministerium für Jugend, Familie, Frauen und Gesundheit vom August 1990.[1] Die USA werden hingegen immer wieder als Vorbild für eine frühe Befassung mit der Altersdiskriminierungsproblematik im Zusammenhang mit Altersgrenzen zitiert.[2] In Deutschland hat eine breitere Befassung im Rahmen eines Deutschen Juristentages (Bremen 1998) stattgefunden, allerdings nur zu einem Teilaspekt der Thematik, den Altersgrenzen beim Übergang vom Erwerbsleben in den Ruhestand.[3] Schon vorher sind verfassungsrechtliche[4], rechtspolitische[5] und rechtsdogmatische[6] Beiträge zur

[1] *Büsges, Eva-Maria* Gutachten zur Überprüfung von Altersfragen in bundesgesetzlichen Regelungen, in Auftrag gegeben vom Bundesministerium für Jugend, Familie, Frauen und Gesundheit. [Typoskript]. August 1990.

[2] S. etwa bei *Flessner, Melanie J.* Ältere Menschen, demographische Alterung und Recht. Das Recht der Vereinigten Staaten als Beispiel. Baden-Baden: Nomos, 1996; *Igl, Gerhard* Zur Problematik der Altersgrenzen aus juristischer Perspektive. In: Kruse, Andreas/Pfendtner, Pirjo/Wahl, Hans-Werner (Hrsg.), Zeitschrift für Gerontologie und Geriatrie, Supplement 1. 2000, Bd. 33, S. 57–70 (58 ff., 67 f.).

[3] S. vor allem das Gutachten von *Boecken, Winfried* Wie sollte der Übergang vom Erwerbsleben in den Ruhestand rechtlich ausgestaltet werden? Gutachten B zum 62. Deutschen Juristentag, Bremen 1998. München: C.H. Beck, 1998.

[4] *Häberle, Peter* Altern und Alter des Menschen als Verfassungsproblem. In: Badura, Peter/Scholz, Rupert (Hrsg.), Wege und Verfahren des Verfassungslebens. Festschrift für Peter Lerche zum 65. Geburtstag. München: Beck, 1993, S. 189–211; *Nussberger, Angelika* Altersgrenzen als Problem des Verfassungsrechts, JZ 2002, S. 524–532.

[5] *Igl, Gerhard* Das „Recht der älteren Menschen" – Ist es wünschenswert, für die älteren Menschen besondere rechtliche Vorkehrungen zu treffen? Zeitschrift für Gerontologie. März/April 1990, Bd. 23, 2, S. 62–67.

[6] *Zacher, Hans-F.* Sozialrecht. In: Baltes, Paul B./Mittelstraß, Jürgen [Hrsg.], Zukunft des Alterns und gesellschaftliche Entwicklung. Berlin – New York: de Gruyter, 1992, S. 305–329.

Altersthematik im Recht zu verzeichnen. Die Linie der verfassungsrechtlichen Aufarbeitung hat sich jüngst fortgesetzt in einem Rechtsgutachten[7] und einem Festschriftbeitrag[8]. In mehreren allgemein gehaltenen Beiträgen zum Thema Recht und Alter wird auf die Altersgrenzenproblematik zum Teil allgemein[9], zum Teil speziell[10] eingegangen. Im Vierten Altenbericht der Bundesregierung[11] ist das Thema der Altersdiskriminierung im Recht explizit angesprochen worden. Einzelne Studien befassen sich, auch rechtsvergleichend, mit speziellen, insbesondere arbeitsrechtlichen Fragen[12] sowie mit der Behandlung der Altersdiskriminierung im Europarecht[13]. Nach wie vor konzentriert sich die Diskussion um Altersgrenzen im höheren Lebensalter in der Hauptsache auf den Austritt aus dem Arbeitsleben. Ein weiterer Deutscher Juristentag (Erfurt 2008), diesmal allerdings mit breiterer Themenstellung (Erhöhung der Beschäftigungschancen älterer Arbeitnehmer), hat das Thema wieder aufgenommen.[14] Das EU-Recht und die jüngere Rechtsprechung des EuGH haben diesen Bereich mit einer besonderen Dynamik versehen.[15] Diese Entwicklung ist noch nicht abgeschlossen. Mit dem AGG von

[7] *Mann, Thomas* Altersdiskriminierung durch gesetzliche Höchstaltersgrenzen. Rechtsgutachten, erstattet der Senioren Union der CDU. [Typoskript]. Göttingen: 2006.

[8] *Mann, Thomas* Gesetzliche Höchstaltersgrenzen und Verfassungsrecht. In: Grote, et al. (Hrsg.), Die Ordnung der Freiheit, Festschrift für Christian Starck. Tübingen: Mohr Siebeck, 2007, S. 319–334.

[9] *Becker, Ulrich* Die alternde Gesellschaft – Recht im Wandel, JZ 2004, S. 929–938 (935 ff.); *Igl, Gerhard,* Recht und Alter – ein diffuses Verhältnis. In: Becker, Bernd/Bull, Hans Peter/Seewald, Otfried (Hrsg.), Festschrift für Werner Thieme zum 70. Geburtstag. Köln – Berlin – Bonn – München: Heymann, 1993, S. 747–767, *ders.* Rechtswissenschaften. In: Jansen, Birgit et al. (Hrsg.), Soziale Gerontologie. Weinheim und Basel: Belz Verlag, 1999, S. 211–229; *ders.* Alternsprozesse in multidisziplinärer Sicht: Rechtliche Fragen. In: Kruse, Andreas/Martin, Mike (Hrsg.), Enzyklopädie der Gerontologie. Alternsprozesse in multidisziplinärer Sicht. Bern – Göttingen – Toronto – Seattle: Verlag Hans Huber, 2004, S. 593–612; *Igl, Gerhard/Klie, Thomas* Das Recht der älteren Menschen. In: Igl, Gerhard/Klie, Thomas (Hrsg.) Das Recht der älteren Menschen. Baden-Baden: Nomos, 2007, S. 17–47.

[10] *Becker, Ulrich* Zur verfassungsrechtlichen Stellung der Vertragsärzte am Beispiel der zulassungsbezogenen Altersgrenzen, NZS 1999, S. 521–530.

[11] *Deutscher Bundestag* Drucksache 14/8822, Vierter Bericht zur Lage der älteren Generation in der Bundesrepublik Deutschland: Risiken, Lebensqualität und Versorgung Hochaltriger – unter besonderer Berücksichtigung demenzieller Erkrankungen, S. 315 ff.

[12] *Fenske, Antje* Das Verbot der Altersdiskriminierung im US-amerikanischen Arbeitsrecht. Berlin: Duncker und Humblot, 1998; *Temming, Felipe* Altersdiskriminierung im Arbeitsleben. Eine rechtsmethodische Analyse. München: C.H. Beck, 2008.

[13] *Polloczek, Tobias* Altersdiskriminierung im Lichte des Europarechts. Baden-Baden: Nomos, 2008; ebenso *Temming* (wie Anm. 13).

[14] Gutachten von *Preis, Ulrich* Alternde Arbeitswelt – Welche arbeits- und sozialrechtlichen Regelungen empfehlen sich zur Anpassung der Rechtsstellung und zur Verbesserung der Beschäftigungschancen älterer Arbeitnehmer? Gutachten B zum 67 Deutschen Juristentag, Erfurt 2008. München: C.H. Beck, 2008.

[15] Vgl. nur *Steiner, Udo* Das Deutsche Arbeitsrecht im Kraftfeld von Grundgesetz und Europäischem Gemeinschaftsrecht, NZA 2008, S. 73–77.

2006[16] hat sich zudem eine Ausweitung der Diskussion hin zum Privatrechtsverkehr ergeben (vgl. § 19 Abs. 1 AGG).

In dem folgenden Beitrag soll auf Funktionen, Bereiche und Berechtigung von gesetzlichen eingerichteten Höchstaltersgrenzen eingegangen werden. Altersgrenzen, die sich in der Rechtspraxis des Marktgeschehens ergeben, z.B. bei bestimmten Privatversicherungsverträgen, bei der Darlehensvergabe oder bei Mietwagenverträgen, sind nicht Gegenstand dieses Beitrags.

2. Altersgrenzen in den verschiedenen gesellschaftlichen Bereichen

Altersgrenzen betreffen verschiedene Lebensbereiche und wirken in unterschiedlichen gesellschaftlichen Dimensionen. Dies betrifft vor allem:

- die Rechtspersönlichkeit,
- die aktive Teilhabe in Politik und Gesellschaft,
- die Erwerbstätigkeit allgemein,
- die Berufe und Tätigkeiten mit Gemeinwohlbezug oder mit Bezug zu individuellen Güterschutz,
- die Berufe und Tätigkeiten mit hohem Belastungspotenzial,
- den Bezug von Sozialleistungen und möglicherweise den Zugang zur medizinischen Versorgung.

2.1. *Rechtspersönlichkeit*

Altersgrenzen, die die Rechtspersönlichkeit betreffen, gelten vor allem für das Kindheits- und Jugendalter, nicht jedoch für das höhere Alter.[17] Solche Altersgrenzen scheiden deshalb aus der weiteren Betrachtung aus.

2.2. *Aktive Teilhabe in Politik und Gesellschaft*

Die aktive Teilhabe im politischen und gesellschaftlichen Leben ist vielfach von Altersgrenzen geprägt. Die aktive Teilhabe im politischen und gesellschaftlichen Leben betrifft vor allem die herausragenden Ämter (z.B. Bundespräsident, Bundeskanzler) und die Ehrenämter im öffentlichen Bereich.

Bei den herausragenden Ämtern existieren keine oberen Altersgrenzen, sondern teilweise nur untere Altersgrenzen. Erstaunlich ist immerhin, dass das mehr der Repräsentation verpflichtete Amt des Bundespräsidenten mit

[16] Allgemeines Gleichbehandlungsgesetz (AGG) vom 14. August 2006 (BGBl. I S. 1897), zuletzt geändert durch Artikel 15 Absatz 66 des Gesetzes vom 5. Februar 2009 (BGBl. I S. 160).

[17] S. hierzu im Einzelnen die Darstellung bei *Igl* (wie Anm. 2, S. 158 f.).

einer unteren Altersgrenze von 40 Jahren versehen worden ist (Art. 54 Abs. 1 Satz 2 GG), während das mit beträchtlichen Kompetenzen ausgestattete Amt des Bundeskanzlers eine solche untere Altersgrenze nicht kennt.

Die Ehrenämter im öffentlichen sind häufig mit oberen Altersgrenzen versehen. Teilweise werden hier gewisse Parallelen zum öffentlichen Dienstrecht, so z.B. bei den ehrenamtlichen Richtern, gezogen.

2.3 *Erwerbstätigkeit allgemein*

Auf dem Gebiet der Erwerbstätigkeit sind die unselbstständige und die selbstständige Erwerbstätigkeit zu unterscheiden. Als besonders problematisch erweist sich hinsichtlich der Höchstaltersgrenzen die unselbstständige Erwerbstätigkeit. Hier geht es um den (weiteren) Zugang zum Arbeitsmarkt, also um eine Betätigung, die individuell wie gesellschaftlich eine zentrale Rolle spielt. Aus diesem Grund nimmt der Zugang zum Arbeitsmarkt, d.h. hier das Ausscheiden aus dem Arbeitsmarkt, in der Diskussion um Altersgrenzen den breitesten Raum ein. Die eigentliche Steuerung des Ausscheidens aus dem Arbeitsmarkt wird dabei nicht genuin durch Altersgrenzen im Arbeitsrecht bewirkt, sondern durch die arbeits- und tarifvertragliche Bezugnahme auf Altersgrenzen, ab denen typischerweise der Bezug von Altersrente möglich ist.

Altersgrenzen, die den Austritt aus dem Arbeitsmarkt und den Eintritt in den Ruhestand markieren, sind gesellschaftlich, politisch und rechtlich mittlerweile höchst umstritten. Diese Debatte, die vor allem die abhängig Beschäftigten[18] und die öfffentlich Bediensteten[19] betrifft, soll hier nicht vertieft werden.

Bei den selbstständig Erwerbstätigen werden Höchstaltersgrenzen – soweit ersichtlich – nur im Zusammenhang mit der Leistungsfähigkeit und dem Schutz Dritter angebracht.

2.4 *Berufe und Tätigkeiten mit Gemeinwohlbezug oder mit Bezug zu individuellem Güterschutz*

Zahlreiche Berufe und Tätigkeiten haben einen Gemeinwohlbezug und/oder dienen dem Schutz Dritter, oder die Ausübung der jeweiligen Tätigkeit kann eine Gefahr für Dritte darstellen, wenn die nötige Fachlichkeit nicht oder nicht mehr gegeben ist.

[18] S. wiederum das Gutachten von *Preis* (wie Anm. 14).

[19] S. etwa *Baßlsperger, Maximilian* Altersdiskriminierung durch Beamtenrecht. Rechtsprobleme und Lösungsansätze nach Inkrafttreten des Beamtenstatusgesetzes, ZBR 2008, S. 339–350; *Ruland, Franz* Zur Verfassungsmäßigkeit der Anhebung der Altersgrenzen im Rentenversicherungs- und Beamtenversorgungsrecht. In: Manssen, Gerrit/Jachmann, Monika/Gröpl, Christoph (Hrsg.), Nach geltendem Verfassungsrecht. Stuttgart: Boorberg, 2009. Festschrift für Udo Steiner zum 70. Geburtstag, S. 662–680.

An erster Stelle sind hier der öffentliche Dienst und dort insbesondere die Beamten- und Richterschaft zu nennen. Hierher rechnen auch die ehrenamtlichen Beamten und Richter. Die Diskussion um die Altersgrenzen für Beamte wird aber in der Regel nicht unter dem Aspekt der besonderen Schutzbelange für das Gemeinwohl und für Dritte geführt. Sie folgt vielmehr in den Grundlinien der Diskussion um die Altersgrenzen für unselbstständig Beschäftigte. Anderes gilt für die Sicherheitskräfte, insbesondere die im Vollzug tätigen Angehörigen der Sicherheitskräfte, bestimmte Beamtengruppen bei der Polizei, die Soldaten und die Angehörigen der Feuerwehr. Diese haben einen besonderen Schutzauftrag und damit einen besonderen Gemeinwohlbezug, der besondere Anforderungen an die körperliche und geistige Leistungsfähigkeit bedingt.

Neben dem öffentlichen Dienst gibt es bestimmte Berufe mit einer besonderen Nähe zu staatlichen Aufgaben, so etwa die Notare, aber auch die Rechtsanwälte als Organe der Rechtspflege. Während für letztere keine Altersgrenzen gelten, sind für erstere Altersgrenzen[20] gegeben. Nicht als staatlich gebundener Beruf, aber als Beruf, der von der Art seiner Tätigkeit her sehr direkt mit der Gefährdung von Personen zu tun hat, gilt der ärztliche Beruf. Immerhin erfüllt der ärztliche Eingriff in die körperliche Unversehrtheit den Straftatbestand der Körperverletzung, der erst durch die Einwilligung des Patienten gerechtfertigt wird. Gerade bei diesem Beruf haben sich die Altersgrenzen schon bislang als problematisch erwiesen, da es darauf angekommen ist, ob der Arzt als Vertragsarzt im Rahmen der gesetzlichen Krankenversicherung oder als approbierter Arzt ohne Vertragsarztstatus tätig wird. Seit 1. Oktober 2008 ist die Altersgrenze für Vertragsärzte weggefallen.[21] Für approbierte Ärzte hat eine solche Altersgrenze nie existiert.

Bei der Vielzahl der Sachverständigentätigkeiten werden sehr häufig Altersgrenzen angebracht.[22] Dabei wird in der Regel nicht unterschieden, ob sich ein besonderer Gemeinwohlbezug bei der sachverständigen Tätigkeit darstellt, oder ob nur die besondere Fachlichkeit des Sachverständigen im Wirtschaftsleben gefragt ist.

[20] §§ 47 Nr. 1, 48a BNotO (Alter von 70 Jahren).

[21] § 95 Abs. 7 Satz 3 SGB V, aufgehoben mit Wirkung zum 1. Oktober 2008 durch Gesetz zur Weiterentwicklung der Organisationsstrukturen in der gesetzlichen Krankenversicherung (GKV-OrgWG) vom 11.12.1008 (BGBl. I S. 2426). Der EuGH (Urt. vom 12. Januar 2010, Rechtssache C-341/08) hat jüngst diese Altersgrenze für gerechtfertigt gehalten, wenn damit die Verteilung der Berufschancen innerhalb der Berufsgruppe der Vertragsärzte bezweckt wird. Eine Altersgrenze zum Schutz der Patienten vor einem Nachlassen der Arbeitskraft der Vertragsärzte sei jedoch nicht möglich.

[22] S. die diesbezügliche Verordnungsermächtigung bei den öffentlich bestellten und vereidigten Sachverständigen in § 36 Abs. 3 Nr. 1 GewO. Altersgrenzen finden sich aber auch in einigen Fachgesetzen und in den Sachverständigenordnungen der Industrie- und Handelskammern.

2.5 Berufe und Tätigkeiten mit hohem Belastungspotenzial

Bestimmte Berufe und Tätigkeiten weisen ein besonders hohes Belastungspotenzial für die Ausübenden auf, das es rechtfertigt, im Vergleich zu anderen Berufsgruppen und Tätigkeiten Altersgrenzen einzuführen, die niedriger sind als die üblichen Altersgrenzen. Dies gilt insbesondere für herabgesetzte Altersgrenzen beim Ausscheiden aus dem Beruf bzw. der Tätigkeit und für den früheren Bezug von Altersersatzeinkommen.

2.6 Bezug von Sozialleistungen und Zugang zur medizinischen Versorgung

Neben der indirekten Wirkung der Renteneintrittsgrenzen auf den Austritt vom Arbeitsmarkt enthalten sozialrechtliche Regelungen direkte und indirekte Bezugnahmen auf Altersgrenzen.

Direkte Bezugnahmen auf das höhere Alter sind in der Arbeitslosenversicherung zu finden. Dabei sind für ältere Versicherte günstigere Regelungen vorgesehen.[23]

In der Kranken- und Pflegeversicherung (SGB V; SGB XI) finden sich keine leistungsprivilegierenden oder leistungsausschließenden Regelungen für ältere Menschen. Beide Versicherungszweige sind altersneutral angelegt, auch wenn bestimmte Leistungen, so vor allem die Pflegeleistungen, überwiegend von älteren Versicherten bezogen werden.

Das Sozialleistungsrecht ist allgemein – bis auf die spezifischen gerade auf das Alter abstellenden Leistungstatbestände der Rentenversicherung (§ 35 SGB VI) und der Grundsicherung im Alter (§ 41 ff. SGB XII) sowie der Altenhilfe (§ 71 SGB XI) – sehr altersneutral. Das hängt mit dem Leistungsauftrag zusammen, der den verschiedenen Sozialleistungen zugrunde liegt. Sozialleistungen sollen in spezifischen Bedarfssituationen Defiziten abhelfen, sollen Belastungen ausgleichen und chancenfördernd wirken. Das Alter einer Person tritt dann in den Hintergrund.[24] Eine Lebensaltersspezifik ist für das höhere Alter – bis auf die genannten Leistungstatbestände – nicht gegeben.

Für einen speziellen Sozialleistungsbereich, die Eingliederungshilfe für behinderte Menschen im Sozialhilferecht (§§ 53 ff. SGB XII), wird aus der Praxis berichtet, dass diese teilweise ab einem höheren Lebensalter, etwa ab 60 Jahren, nicht mehr oder teilweise nicht mehr gewährt werden soll. Belastbare Untersuchungen hierzu exisiteren jedoch nicht.[25]

[23] Bezugsdauer des Arbeitslosengeldes (§ 127 Abs. 2 SGB III); Eingliederungszuschuss (§ 219 SGB III); Eingliederungszuschuss für ältere Arbeitnehmer (§ 267 SGB III) und Förderungsdauer für ältere Arbeitnehmer (§ 267 Abs. 3 SGB III).

[24] Allerdings nimmt eine umstrittene Vorschrift des Teilhaberechts auf das Lebensalter Bezug, vgl. § 2 Abs. 1 Satz 1 SGB IX.

[25] Hierzu demnächst *Igl, Gerhard* Ältere Menschen mit Behinderungen: Realisierung des Teilhabegedankens und Eingliederungshilfe. In: Schütte, Wolfgang (Hrsg.), Abschied

In der Debatte um die Rationierung bzw. Priorisierung von Gesundheitsleistungen werden Höchstaltersgrenzen für den Bezug solcher Leistungen diskutiert. Bisher ist eine Rationierung von bestimmten Gesundheitsleistungen aus Gründen des höheren Alters nicht gegeben.[26] In faktischer Hinsicht wird eine teilweise geübte Rationierung berichtet. Allerdings liegen hierfür keine belastbaren statistischen Angaben oder beweiskräftige Einzelaussagen vor.

3. Funktionen von Höchstaltersgrenzen

3.1 Überblick

Die Einrichtung von Höchstaltersgrenzen kann verschiedene Funktionen haben.[27] Zwar wird in der Regel das verallgemeinernde Argument der altersabbaubedingten mangelnden Leistungsfähigkeit für die Ausübung bestimmter Berufe und Tätigkeiten angeführt, dies teilweise kombiniert mit dem Argument, das Gemeinwohl zu schützen und/oder Dritte vor Güterbeeinträchtigungen zu bewahren.

Aus der Diskussion um die Beteiligung älterer Arbeitnehmer am Arbeitsmarkt, festgemacht an der Rentenaltersgrenze, sind aber auch andere Argumente bekannt: Die soziale Errungenschaft, nicht ein Leben lang arbeiten zu müssen, in der Regel kombiniert mit einer vorgeblichen gesellschaftlichen Verpflichtung, Platz für jüngere Arbeitnehmerinnen und Arbeitnehmer zu schaffen. Diese Funktion der sozialen Errungenschaft verstärkt sich hin zu einer ausgeprägten sozialen Schutzfunktion bei Berufen mit hohem Belastungspotenzial, was etwa besonders bei den Sicherheitskräften im aktiven Einsatz der Fall ist oder – fast schon nur noch historisch – bei den unter Tage Arbeitenden.

von der Fürsorge? Die Eingliederungshilfe für behinderte Menschen in der Reform. Münster – Hamburg – London: LIT Verlag, 2010.

[26] *Welti, Felix* Rechtliche Rahmenbedingungen von Priorisierung in der Gesetzlichen Krankenversicherung. Zeitschrift für Evidenz, Fortbildung und Qualität im Gesundheitswesen (ZEFQ), 2009, S. 104–110.

[27] In den meisten juristischen Untersuchungen zu Altersgrenzen im Recht wird der Versuch unternommen, Funktionen zu bilden, so z.B. schon bei *Büsges* (wie Anm. 1) die Unterscheidung von Schutz-, Begünstigungs- und Versorgungsfunktionen sowie der Funktion des Erhalts der Staatstüchtigkeit. S. auch bei *Temming* (wie Anm. 12, S. 16), die Unterscheidung in begünstigende, ambivalente und belastende Seniorität.

3.2 Leistungsfähigkeit (altersbedingter Fähigkeitsverlust)/ Gemeinwohlbezug – Schutz Dritter/Belastungsschutz

Höchstaltersgrenzen, die aus Gründen der Leistungsfähigkeit angebracht werden, können mehrere Facetten haben. So kann mit Leistungsfähigkeit eine Befähigung fachlicher Art gemeint sein, also eine bestimmte formelle und materielle Qualifikation. Die fachliche Befähigung kann eine körperliche, geistige und/oder psychische Leistungsfähigkeit zur Voraussetzung haben. Auf dem Gebiet der Sicherheitskräfte, der Polizei, der Soldaten oder der Feuerwehr müssen diese Fähigkeitskomponenten beim direkten Aufgabenvollzug (z.B. Verfolgung des Straftäters, Kriegseinsatz, Feuerwehreinsatz) insgesamt vorhanden sein. Außerhalb des direkten Vollzuges können die körperlichen Fähigkeiten zurücktreten.

Im Folgenden sollen Aspekte herausgestellt werden, die im Zusammenhang von geminderten oder wegfallenden Fähigkeiten einer Person eine Rolle spielen können. Dabei ist darauf hinzuweisen, dass es sich nicht um scharf voneinander abgrenzbare Kategorien handelt, sondern dass die Übergänge auch fließend sein können. Vor diesem Hintergrund können folgende Aspekte unterschieden werden:

- Die Fähigkeiten werden vorrangig dafür benötigt, um das Gemeinwohl, auch die Rechtsgüter Dritter zu schützen bzw. nicht in Gefahr zu bringen (früher bei den Vertragsärzten, jetzt noch immer bei den Notaren und bei bestimmten Sachverständigen).
- Die Fähigkeiten werden dafür benötigt, um bestimmte Aufgaben zu erfüllen oder Tätigkeiten auszuüben, der Güter- und Rechtsgüterschutz Dritter ist im Verhältnis dazu eher nachrangig, obwohl ein Gemeinwohlinteresse besteht (z.B. bei Hochschullehrern in Wissenschaft und Lehre).
- Die spezifische Tätigkeit, die eine Person ausübt, ist von Hause aus gefährlich (z.B. bestimmte Tätigkeiten von Polizisten, Piloten, Soldaten, Ärzten).
- Altersgrenzen können auch die Funktion haben, die ausübende Person selbst zu schutzen. Die Tätigkeit im Bergbau und die früheren Rentenbezugsgrenzen bei den Knappschaftsrenten sind Ausdruck hierfür: die Tätigkeit ist gefährlich, körperlich stark belastend, die Fähigkeit, sie jenseits einer bestimmten Altersgrenze auszuüben, ist eingeschränkt. Daher wird die ausübende Person selbst durch vorgezogene Altersgrenzen beim Berufsaustritt, kombiniert mit früheren Rentenbezugsgrenzen, geschützt. Ähnliches gilt etwa bei bestimmten Berufen auf dem Gebiet der öffentlichen Sicherheit, z.B. bei bestimmten Polizeibeamtengruppen[28].

[28] Altersgrenze von 60 Jahren für Polizeivollzugsbeamte, vgl. etwa § 108 Landesbeamtengesetz Schleswig-Holstein; Altersgrenze von 62 Jahren für Polizeivollzugsbeamte des Bundes, § 5 Abs. 1 Bundespolizeibeamtengesetz.

Es bereitet einige Schwierigkeiten, das Gewicht der auf Fähigkeiten bezogenen Argumente genau zu bestimmen. Sicherlich kommt dem Gemeinwohlbezug ein besonderer Wert zu, da potenziell die Allgemeinheit der Staatsbürger und wichtige öffentliche Interessen geschützt werden sollen. Ein funktionierendes Gesundheitswesen auf hohem qualitativem Niveau stellt etwa einen solchen herausragenden Gemeinwohlbelang dar. Der individuelle Schutz von Rechtsgütern oder wirtschaftlichen Interessen Dritter, gewährleistet z.B. durch ein Gutachten eines von der Handwerkskammer bestellten Sachverständigen, mag hiergegen im Rang zurücktreten, obschon die Tatsache, dass eine öffentliche Institution für Streitigkeiten mit Handwerkern eine solche Möglichkeit vorhält, gemeinwohlrelevant sein mag. Ähnliches gilt für den Ausbildungsbereich. Unbestritten ist für ein Gemeinwesen eine qualitativ hochstehende Ausbildung von vitalem Interesse. Nur macht es einen Unterschied, ob die unterrichtende Person aus Altersgründen mögliche Einschränkungen hat und das Unterrichtsniveau deswegen etwas absinkt, was im Übrigen noch keinen direkten Einfluss auf das Ausbildungsniveau der Studierenden haben muss, oder ob der Chirurg im Operationssaal aufgrund altersbedingter demenzieller Einschränkungen Instrumente im Körper des Patienten vergisst. Die aufgeführten Beispiele zeigen aber, dass solchen Problemen mit funktionierenden Routinen der Qualitätssicherung besser beizukommen ist als mit der starren Festlegung von Altersgrenzen.

Ist eine Tätigkeit gerade wegen der Art und Weise ihrer Ausübung geeignet, dass Dritte bei unsachgemäßer Ausübung gefährdet werden, ist der Schutz der ausübenden Person wie der Schutz der möglicherweise gefährdeten Personen an eine besondere fachliche Befähigung und an die individuelle körperliche und oder geistige Leistungsfähigkeit geknüpft.

Die Schutzrichtung von Altersgrenzen und die Erfordernisse an die jeweilige Befähigung und an die damit zusammenhängenden körperlichen und geistigen Fähigkeiten bestimmen sich daher nach dem jeweiligen Schutzgut. Das spricht aber gegen die Einrichtung einer verallgemeinernden und den angenommenen Fähigkeitsverlust pauschalierend festsetzenden Altersgrenze.[29] Verschiedene Ruhestandsregelungen im Bereich des öffentlichen Dienstes, vor allem bei den sicherheitsrelevanten Tätigkeiten, tragen einer auf das Schutzgut bezogenen Betrachtungsweise insofern Rechnung, als hier in der Regel unterschiedliche Altersgrenzen angesetzt werden. Damit wird auch die gesteigerte körperliche und geistige Belastung berücksichtigt.

[29] Es erscheint fraglich, ob die Pflegebedürftigkeit einer Person als Ausdruck fehlender Leistungsfähigkeit bzw. nicht vorhandene Pflegebedürftigkeit als „wohl einziger übergreifender Indikator für unverändert vorhandene Leistungsfähigkeit" gelten kann, so aber *Beske, Fritz* Die drei Lebensabschnitte. Verlängerung der Lebensarbeitszeit unvermeidlich, Arzt und Krankenhaus 2008, Heft 9, S. 270–275 (271).

3.3 Generationengerechte Verteilung des Zutritts zum Arbeitsmarkt oder soziale Errungenschaft des Eintritts in den Ruhestand?

Altersgrenzen, die eine berufliche Tätigkeit beenden, kommen neben dem Fähigkeits- und Schutzaspekt in unterschiedlicher Ausprägung noch andere Funktionen zu: Mit der Altersgrenze und dem dadurch erzwungenen Berufsaustritt soll anderen – jüngeren – Personen der Zutritt zum Arbeitsmarkt ermöglicht werden. Es geht als um die Ressource „Teilhabe am Arbeitsmarkt" und die Verteilung der Zutrittsmöglichkeiten zu dieser Ressource durch Einrichtung von Höchstaltersgrenzen. Eine mechanistische Sicht im Sinne eines direkten Ersatzes der aus dem Arbeitsmarkt durch Verrentung ausscheidenden Arbeitnehmer durch jüngere Arbeitskräfte verbietet sich jedoch und widerspricht auch allen internationalen Erfahrungen. Aus diesem Grund ist das Argument der generationengerechten Verteilung des Zutritts zum Arbeitsmarkt mit Zurückhaltung zu verwenden.

Der Eintritt in den Ruhestand, auch die Vorverlegung der Altersgrenzen für den Eintritt in den Ruhestand durch Frühverrentungsprogramme mögen von vielen der davon Betroffenen als positiv empfunden werden. Andere mögen aus unterschiedlichen Gründen, auch aus finanziellen Erwägungen heraus, lieber länger arbeiten, sogar länger als es die Regelaltersgrenze vorgibt. Der Eintritt in den Ruhestand wird daher individuell durchaus unterschiedlich bewertet werden müssen. Eine nur positive Sicht darauf ist jedenfalls nicht gang und gäbe. Dabei ist das Altersbild der sich körperlich aufzehrenden Industriearbeiterschaft heute weitgehend obsolet. In der Zeit nach dem Zweiten Weltkrieg ist die Lebenserwartung deutlich angestiegen und mit diesem Anstieg hat sich der Gesundheitszustand der älteren Menschen verbessert.[30] Trotzdem bleiben Unterschiede zwischen den verschiedenen sozioprofessionellen Gruppen.

[30] S. nur *Krämer, Walter* Altern und Gesundheitswesen: Probleme und Lösungen aus der Sicht der Gesundheitsökonomie. In: Baltes, Paul B./Mittelstraß, Jürgen (Hrsg.), Zukunft des Alters und gesellschaftliche Entwicklung. Berlin – New York: Walter de Gruyter, 1992, S. 563–580; s. auch das Resümee bei *Kruse, Andreas* Alter zwischen Verletzlichkeit und Wachstum, Archiv für Wissenschaft und Praxis der sozialen Arbeit. 2006, Bd. 2, S. 4–18 (5 ff.). Bei der Diskussion um den Gesundheitszustand älterer Menschen ist zu unterscheiden zwischen der allgemeinen Veränderung des Gesundheitszustandes älterer Menschen, die im vorstehenden Zusammenhang relevant ist, und der Diskussion um den Gesundheitszustand bei einer höheren ferneren Lebenserwartung insbesondere im Zusammenhang der Hochaltrigkeit. Zur letzteren Diskussion vgl. etwa *Christensen, Daare, et al.* Exceptional longevity does not result in excessive levels of disability. *PNAS Early Edition.* [Online] 18. August 2008. [Zitat vom: 19. August 2008.] http://pnas.org. doi:10.1073/pnas.0804931105; *Naegele, Gerhard* Alter und Gesundheit – zu einigen Anknüpfungspunkten für Prävention, Gesundheitsförderung und darauf bezogene Gesundheitswirtschaft. In: Goldschmidt, A.J.W./Hilbert, J. (Hrsg.), Gesundheitswirtschaft in Deutschland – Die Zukunftsbranche. Wegscheid: WIKOM, 2009, S. 148–163. Die Verbesserung des Gesundheitszustandes der jeweils nachfolgenden Kohorten älterer Menschen im Vergleich zu ihren Vorgängern ist dokumentiert bei *Klein, Thomas/Unger, Rainer* Aktive Lebenserwartung in

In der Diskussion um die Altersgrenzen beim Austritt aus dem Arbeitsmarkt kann deshalb nicht klar ausgemacht werden, ob das Argument der Erleichterung des Zugangs zum Arbeitsmarkt für die jüngere Generation oder das Argument der sozialen Errungenschaft eines früheren Rentenalters oder beides im Vordergrund steht.[31]

Zu beachten ist schließlich, dass durch die Erhöhung der Altersgrenzen für den Rentenbezug[32] und – dem folgend – der Altersgrenzen für den Eintritt in den Ruhestand im öffentlichen Dienstrecht[33] insgesamt eine (geringe) Verschiebung der Altersgrenzenthematik „nach oben" einhergeht.

4. Zur Berechtigung starrer Höchstaltersgrenzen

4.1 Allgemeine Befunde

Die gesellschaftliche Diskussion um Grenzen der Betätigung im höheren Alter ist in manchen Bereichen inkonsistent. Höchstaltersgrenzen entsprechen in vielen Bereichen nicht mehr der Realität der Gründe, auf die sie gestützt werden. Dieser Befund gilt in unterschiedlichem Maß, je nachdem ob es sich um Altersgrenzen mit Wirkung für die Teilhabe in Politik und Gesellschaft, im Ehrenamt oder für eine Betätigung am Arbeitsmarkt handelt.

4.2 Rechtfertigungsgründe für Höchstaltersgrenzen

4.2.1 Leistungsfähigkeit

4.2.1.1 Unwiderlegbare Vermutung der altersbedingten nachlassenden Leistungsfähigkeit

Wenn für bestimmte Betätigungen im höheren Alter Altersgrenzen angesetzt werden, wird die gesellschaftliche Teilhabe älterer Menschen nach einer Art gesellschaftlicher Vermutungsregel gestaltet, die nicht widerlegt werden kann. Solche Altersgrenzen wirken in hohem Maße generalisierend und pauschalierend. Sie legen unwiderlegbar fest, dass Personen ab einem bestimm-

Deutschland und in den USA. *Z Gerontol Geriat.* 2002, Bd. 35, S. 528–539 (537 f.) (für Deutschland); *Manton, G. Kenneth, Gu, XiLiang and Lowrimore, Geni R.* Cohort changes in active life expectancy in the U.S. elderly population: Experience from the 1982–2004 National Long-Term Care Survey. *Journals of Gerontology: Psychological Sciences and Social Sciences.* 2008, Vol. 63B, pp. 269–281 (für die USA); *Doblhammer, Gabriele/Kytir, Josef* Compression or expansion of morbidity? Trends in healthy-life expectancy in the elderly Austrian population between 1978 and 1998. *Social Science and Medicine.* 2001, Bd. 52, S. 385–391 (388 f.) (für Österreich).

[31] S. dazu jüngst aus soziologischer Sicht *Reindl, Josef* Die Abschaffung des Alters. Eine Kritik des optimistischen Alternsparadigmas. Leviathan 2009, Jahrgang 37, Heft 1, S. 160–172.

[32] § 35 Satz 2 SGB VI.

[33] Vgl. etwa § 51 Abs. 2 Bundesbeamtengesetz.

ten Alter ohne Rücksicht auf ihre individuelle Leistungsfähigkeit Anforderungen nicht mehr genügen, die ihnen in der jeweiligen Tätigkeit abstrakt abverlangt werden. Die unwiderlegbare Annahme ist, dass der ältere Mensch bestimmte Tätigkeiten, Ämter etc. nicht mehr vollwertig wahrnehmen kann. Deshalb muss der ältere Mensch durch allgemeine Altersgrenzen von solchen Tätigkeiten, Ämtern etc. ferngehalten werden. Der Beweis des Gegenteils bleibt dem älteren Menschen auf diese Weise versagt.

Eine solche nicht widerlegbare Vermutungsregel ist die härteste Form der Ausgrenzung einer bestimmten Bevölkerungsgruppe. Eine solche Vermutungsregel kann nur hingenommen werden, wenn die Annahme, die ihr zugrunde liegt, für die ganz überwiegende Zahl der Fälle, auf die sie angewendet werden soll, zutrifft. Diese Annahme lautet: Der ältere Mensch kann ab einem bestimmten Alter bestimmte Tätigkeiten, Ämter etc. aus Gründen körperlicher und/oder geistiger Einschränkungen nicht mehr ausüben. Diese Annahme ist aber unter den gegebenen heutigen Verhältnissen, d.h. insbesondere angesichts des Gesundheitszustandes der älteren Menschen, nicht mehr als generelle Annahme haltbar. Allerdings sind keine Untersuchungen bekannt, die die Art und Weise der körperlichen und geistigen Fitness im Alter in ein Verhältnis zum (verbesserten) Gesundheitszustand setzen. Hier wäre noch Forschungsbedarf anzumelden.

Ein gutes Beispiel für die Inkonsistenz der Gründe für die Einrichtung von Altersgrenzen im Sinne von Fähigkeitsgrenzen liefert die Diskussion um die mittlerweile mit Wirkung zum 1. Oktober 2008 aufgehobene Altersgrenze von 68 Jahren bei Vertragsärzten. Diese Altersgrenze existierte nur für die im Rahmen der gesetzlichen Krankenversicherung als Leistungserbringer tätigen zugelassenen Vertragsärzte, nicht für diejenigen Ärzte, die in dieses System nicht eingebunden waren.

Die Aufhebung der Altersgrenze für die Zulassung als Vertragsarzt hat – bisher noch nicht artikulierte – Fernwirkungen auch in die Betätigungsbereiche hinein, in denen ebenfalls Altersgrenzen im Sinne von Fähigkeitsgrenzen gelten. Der Gesundheitsschutz der Bevölkerung stellt ohne Zweifel eines der wichtigsten Gemeinwohlgüter in einem Staatswesen dar. Wenn zum Schutz dieses Gutes bei dem wichtigsten Beruf, der zum Schutz dieses Gutes existiert, dem Vertragsarzt, jetzt auf Altersgrenzen verzichtet wird, bleibt bei den anderen Tätigkeiten, die mit dem Gesundheitsschutz in Verbindung stehen, kein Rechtfertigungsgrund für die Beibehaltung von Altersgrenzen. Auch dort, wo – etwa bei Altersgrenzen für Sachverständige – auf die jetzt aufgehobene Altersgrenze für die Vertragsärzte Bezug genommen wird, besteht deshalb entsprechender Bereinigungsbedarf. Bei den meisten Altersgrenzen für andere Tätigkeiten, die auf die körperliche und geistige Leistungsfähigkeit abstellen, ist ein Schutzbelang für vergleichbar hochwertige Güter und Belange des Gemeinwohls wie beim Gesundheitsschutz kaum zu erkennen. Schon aus diesem Grund sind sie nicht gerechtfertigt.

4.2.1.2 Aufhebung oder Modifizierung der Vermutungsregel?

Die Lösung dieser Problematik kann grundsätzlich auf zweierlei Arten angegangen werden: Die gesellschaftliche Vermutungsregel wird ganz abgeschafft mit der Folge, dass individuelle Defizite bei älteren Menschen in Hinblick auf die Ausübung bestimmter Tätigkeiten, Ämter etc. nur dann ins Spiel gebracht werden können, wenn diese Defizite nachweisbar gegeben sind (Abschaffung der Vermutungsregel). Eine andere Lösung wäre, die gesellschaftliche Vermutungsregel insofern aufzulockern, als dem älteren Menschen die Gelegenheit eingeräumt würde, den für die Ausübung von bestimmten Tätigkeiten, Ämtern etc. notwendigen Umfang seiner körperlichen und/oder geistigen Kräfte ab einem bestimmten Alter unter Beweis zu stellen (Schaffung einer widerlegbaren Vermutungsregel).

Bei der Entscheidung für die eine oder andere Lösung müssen auch Praktikabilitätserwägungen eine Rolle spielen. Bei einer widerlegbaren Vermutungsregel müsste der ältere Mensch den Gegenbeweis gegen die Vermutung antreten – wie aber soll dies geschehen? Durch Beibringung eines öffentlichen Gesundheitszeugnisses? Durch Absolvierung eines Intelligenz- oder Gedächtnistestes? Durch Vorlage eines Sportabzeichens? Führt man sich eine solche dann bei dieser Lösung notwendige Praxis vor Augen, wird schnell deutlich, dass diese Lösung nicht akzeptabel ist, wenn sie nur für ältere Menschen eingeführt wird. Die nach wie vor von den betroffenen älteren Menschen empfundene Ungleichbehandlung wäre auch bei dieser Lösung darin zu sehen, dass sie einem Generalverdacht der körperlichen und/oder geistigen Unzulänglichkeit ausgesetzt sind.

Bei der völligen Abschaffung der Vermutungsregel liegt die Beweislast für die Nichterfüllung der Voraussetzungen für die Ausübung bestimmter Tätigkeiten, Ämter etc. nicht mehr beim älteren Menschen, der sich um eine solche Position bewirbt, sondern bei der Person oder Institution, für die er tätig wird oder ein Amt ausübt. Die Beweisführung, dass ein bestimmter älterer Mensch nicht mehr über die notwendigen körperlichen und/oder geistigen Kräfte verfügt, kann durchaus unangenehm sein. Der Verweis auf eine bestehende Altersgrenze anstelle der Wahrnehmung einer solchen Beweisführung ist allemal bequemer, und mag im Einzelfall auch durchaus vorteilhafter für den älteren Menschen sein, der sich nicht sagen lassen muss, er sei für eine bestimmte Tätigkeit oder Position wegen nachlassender Leistungsfähigkeit ungeeignet. Das bedeutet aber, dass auch die völlige Abschaffung der Vermutungsregel Folgen für die Beteiligten, d.h. auch für den älteren Menschen, zeitigen kann, die im Einzelfall unangenehm sein können.

Trotzdem spricht viel für die Aufhebung der Vermutungsregel. Im Lebenslauf eines Menschen werden von der Schule an Leistungsstände überprüft und es werden für bestimmte berufliche Tätigkeiten Gesundheitsüberprüfungen verlangt. Die Ausübung von beruflichen Tätigkeiten ist in der

Regel an eine vorherige Bewerbung für diese Tätigkeit gebunden. Im Bewerbungsgespräch werden dann mehr oder weniger eingehend die fachliche Geeignetheit und die Fähigkeiten des Bewerbers oder der Bewerberin getestet. Daraus wird ersichtlich, dass es im Lebenslauf einer Person keine Besonderheit darstellt, körperliche und/oder geistige Leistungsfähigkeit, ggf. auch die fachliche Qualifikation, unter Beweis zu stellen. Von daher gesehen sollten auch bei Tätigkeiten, die ältere Menschen etwa im Ehrenamt ausüben wollen, solche Fragen nicht als ungewöhnlich erscheinen. Allerdings ist das Verständnis von ehrenamtlicher Tätigkeit noch häufig davon geprägt, dass etwas kostenlos gegeben wird und dass als gedachte Gegenleistung die Dankbarkeit oder Anerkennung der das Ehrenamt vermittelnden Institution stehen sollte. Dieser Dankbarkeit oder Anerkennung würde dann die Frage nach der körperlichen und/oder geistigen Leistungsfähigkeit im Wege stehen.

4.2.1.3 Rechtliche Problematik von Einzelfallprüfungen

Führt man die Erwägungen fort, die an das bisher im Lebenslauf als Erfahrung im Hinblick auf die körperlichen und/oder geistigen Fähigkeiten Erlebte anknüpfen, so gelangt man zu Parallelen aus dem Arbeitsrecht. Bei einer Bewerbung auf einen Arbeitsplatz darf nach dem Gesundheitszustand nur dann gefragt werden, wenn dieser für die in Aussicht genommene Tätigkeit ausschlaggebend ist. Die Frage nach einer Schwerbehinderung ist grundsätzlich nicht zulässig. Diese arbeitsrechtlichen Anforderungen müsste man folgerichtig auch auf die Bewerbung um bestimmte Tätigkeiten, Ämter etc. übertragen. Bei den öffentlichen Ehrenämtern, die rechtlich konfiguriert sind, bestehen teilweise bereits entsprechende rechtliche Möglichkeiten.

4.2.1.4 Entschärfung der Problematik durch generelle Anhebung von Altersgrenzen

Angesichts der geschilderten Vor- und Nachteile bei einer Abschaffung der Vermutungsregel könnte man darauf verfallen, die unwiderlegbare Vermutungsregel dadurch zu entschärfen, indem man generell die gesetzlichen Höchstaltersgrenzen nach oben verschiebt. Damit wäre für die Praxis sicher viel gewonnen. Die gesellschaftliche Wahrnehmung vom Alter als einem von Defiziten geprägten Lebensabschnitt würde damit aber tradiert werden.

4.2.1.5 Sonderfall bei Tätigkeiten mit hohem Belastungspotenzial?

Bei Tätigkeiten mit hohem Belastungspotenzial – genannt werden beispielsweise der aktive Dienst bei der Feuerwehr, bei den Sicherheitskräften oder bei den Bergleuten – sind bereits jetzt die Altersgrenzen im Vergleich zu den sonst üblichen Altersgrenzen niedriger angesetzt. Die Frage ist, ob man auch hier die Vermutungsregel abschafft oder zumindest lockert. Grundsätzlich gilt zwar für diese Tätigkeiten und Berufe in Hinblick auf die Vermutungsregel nichts anderes als für die sonstigen Tätigkeiten und Berufe. Betrachtet man das frühere Ausscheiden aus der Tätigkeit auch als Kompensation für eine körperlich, geistig und/oder psychisch anstrengendes Berufsleben, wird man von einer Einzelprüfung der individuellen Leistungsfähigkeit schon aus diesem Grund absehen. Es spricht aber umgekehrt nichts dagegen, Personen, die in solchen anstrengenden Berufen tätig sind, die Möglichkeit der Weiterbeschäftigung bei individueller Leistungsüberprüfung zu geben.

4.2.2 Schutz des Gemeinwohls/Rechtsgüterschutz/ sonstiger Schutz Dritter

Bei den Berufen und Tätigkeiten, die mit dem Schutz des Gemeinwohls, dem Rechtsgüterschutz oder dem Schutz von Interessen Dritter zu tun haben, gilt hinsichtlich der Leistungsfähigkeit das vorstehend Gesagte. Weiter wäre hier differenziert nach der Wertigkeit des jeweiligen geschützten Rechtsgutes zu unterscheiden. So mag die Tätigkeit eines Prüfsachverständigen im Luftfahrtwesen anders hinsichtlich der Anforderungen an die Leistungsfähigkeit zu bewerten sein als die Tätigkeit eines Sachverständigen der Handwerkskammer.

Für gesetzliche Regelungen steht dem Gesetzgeber hier generell ein weiter Einschätzungsspielraum zur Verfügung. Dies gilt sowohl für die Beurteilung der jeweiligen Wertigkeit eines bestimmten zu schützenden Gutes als auch für die Gestaltung des Schutzes. Trotzdem sollte im Sinne einer mehr als bisher differenzierenden Betrachtung der Altersgrenzen nicht darauf verzichtet werden, solche Erwägungen anzustellen. Keineswegs geht es darum, eine bis ins Letzte bestimmte Messskala der Wertigkeiten von bestimmten Gütern und ihres jeweils erforderlichen Schutzes herzustellen.

4.2.3 Verteilung des Zutritts zum Arbeitsmarkt – Austritt aus dem Arbeitsmarkt als soziale Errungenschaft

In der Diskussion um den in der Privatwirtschaft bestehenden indirekten Zusammenhang von Rentenzugangsalter und Alter des Ausscheidens aus dem Arbeitsleben und in der damit zusammenhängenden Frage einer Flexibilisierung der letzteren Altersgrenze nach oben sind in den letzten Jahren keine Fortschritte erzielt worden. In der sozialpolitischen Diskussion um die schrittweise und im Ergebnis sehr moderate Heraufsetzung der Altersgrenze für die Regelaltersgrenze sind alle Argumente ausgetauscht und die Positionen der jeweiligen Akteure bekannt. Nach allgemeiner Einschätzung, bestätigt beim Deutschen Juristentag 2008 in Erfurt, ist eine Veränderung dieser Positionen in nächster Zeit nicht zu erwarten.

Damit bleibt der kritischste Bereich, in dem Altersgrenzen wirken, nämlich das Ausscheiden aus einer Beschäftigung, nach wie vor indirekt definiert durch die Situation der gesetzlichen Rentenversicherung in ihrer Reaktion auf die demografischen Bedingungen und die damit einhergehenden finanziellen Erfordernisse eines Alterssicherungssystems. Diese indirekte Bestimmung ist aber keine rechtliche Bestimmung. Das Rentenrecht verpflichtet den Arbeitnehmer und/oder den Arbeitgeber nicht, bei Erreichen der Regelaltersgrenze die Beschäftigung zu beenden.

Die in der Diskussion angeführten anderen Gründe, wie der der sozialen Errungenschaft, ab einem bestimmen Alter nicht mehr arbeiten zu müssen, oder der der Verschaffung breiterer Zugangsmöglichkeiten zum Arbeitsmarkt für die jüngere Generation, bleiben hingegen nachrangig. Die Wirkungen von Altersgrenzen für den Austritt aus dem Arbeitsmarkt in Richtung auf den Zutritt jüngerer Personen zum Arbeitsmarkt sind allerdings nicht mechanistisch zu sehen. Eine direkte Entsprechung von Ab- und Zugängen zum Arbeitsmarkt aufgrund des altersbedingten Ausscheidens ist nicht nachweisbar.

Auch der öffentliche Dienst folgt jetzt der Verlängerung der (Lebens-) Beschäftigungszeit durch eine an die gesetzliche Rentenversicherung angelehnte Anhebung der Altersgrenze für das Ausscheiden aus dem Dienst. Im öffentlichen Dienst, genauer gesagt bei den beamteten öffentlich Bediensteten, ist das Ausscheiden aus dem Dienst direkt verbunden mit dem Bezug des Ruhegehaltes. Nach den Beamtengesetzen war es grundsätzlich schon bisher möglich, bei Vorliegen eines dienstlichen Grundes die Tätigkeit um bis zu drei Jahre zu verlängern. Damit besteht im öffentlichen Dienstrecht eine Flexibilität bei der Verlängerung der Aktivzeit, die im privatwirtschaftlichen Bereich so nicht regelhaft vorgesehen ist.

4.3 Grundsätze für einen anderen Umgang mit Höchstaltersgrenzen

Es können zwei alternative Grundsätze für den politischen wie den rechtspolitischen Umgang mit der Problematik der Altersgrenzen in Hinblick auf die Verwendung des Kriteriums der altersbedingten Leistungsfähigkeit als Ausschlusskriterium formuliert werden:

– Weil die Leistungsfähigkeit von Personen im höheren Alter allgemein nachlässt, ist eine allgemeine Ausschlussregel für bestimmte Tätigkeiten, die von älteren Personen ausgeübt werden, festzulegen (Generalisierungsgrundsatz).

Oder:

– Weil die Leistungsfähigkeit einer Person auch im höheren Alter von individuell-personalen Elementen abhängt, verbietet es sich, eine allgemeine Ausschlussregel für bestimmte Tätigkeiten, die von älteren Personen ausgeübt werden, festzulegen (Individualisierungsgrundsatz).

Zurzeit herrscht der Grundsatz vor, allgemeine Ausschlussregeln für bestimmte Tätigkeiten, die von älteren Personen ausgeübt werden, zu errichten.

Dieser Grundsatz bildet die Basis für Einrichtung von Betätigungsgrenzen für Personen höheren Alters.

Eine Umstellung vom Generalisierungsgrundsatz auf den Individualisierungsgrundsatz würde angesichts der aktuellen Dominanz des Generalisierungsgrundsatzes eine doch beachtliche politische und gesellschaftliche Umgewöhnung erfordern. Dabei ist nicht klar, weil sozialwissenschaftlich nicht erhoben, ob in der älteren Generation eine solche Umstellung tendenziell als positiv angesehen würde. Allerdings würde eine Umstellung auf den Individualisierungsgrundsatz auch eine Individualisierung der Überprüfung der jeweiligen Leistungsfähigkeit in Hinblick auf bestimmte Tätigkeiten bedingen. Der allgemeine Genuss der schönen Früchte der Individualisierung der Leistungsfähigkeit könnte dann im konkret veranlassten Fall für den einzelnen älteren Menschen durch den Biss in den sauren Apfel einer individuellen Leistungsfähigkeitsüberprüfung getrübt werden.

In der Bundesrepublik, in der bisher der Generalisierungsgrundsatz verfolgt worden ist, ist dem Druck der Anerkennung einer erhöhten Leistungsfähigkeit der älteren Generation durch eine sukzessive Anhebung der Altersgrenzen auf dem Gebiet des Rentenalters und entsprechend des Ruhestandsalters im öffentlichen Dienst nachgegeben worden. Freilich ist diese Anhebung angesichts der demografischen Veränderungen vor allem finanziellen Erwägungen geschuldet. Ein qualitativer Umschwung, d.h. eine allgemeine Umstellung auf den Individualisierungsgrundsatz, war und ist gesellschaftlich und politisch bisher nicht bezweckt. Dies ist angesichts der insbesondere durch europäische Politik in vielen Bereichen angeregten Antidiskriminierungspolitiken erstaunlich. Allerdings ist auch die europäische Politik in Altersdiskriminierungsfragen bisher nicht von klaren Grundsätzen geprägt.

Angesichts der demografischen Entwicklung und insbesondere angesichts der Verbesserung des Gesundheitszustandes der älteren Bevölkerung erscheint jedoch eine sukzessive Umstellung auf den Individualisierungsgrundsatz angebracht. Auch unter rechtlichen Gesichtspunkten wird man dies fordern können.[34] Einen rechtlichen Grundsatz, dass ältere Menschen aufgrund einer verallgemeinernd angenommenen Reduzierung ihrer Leistungsfähigkeit von bestimmten Tätigkeiten ausgeschlossen werden *müssen*, gibt es nicht. Bisher stand es allerdings dem Gesetzgeber frei, ältere Menschen aus diesen Gründen von bestimmten Tätigkeiten ausschließen zu *können*. Solange zwingende und damit für den Gesetzgeber handlungsleitende verfassungsrechtliche Maßstäbe für ein umfassendes allgemeines Verbot der Altersdiskriminierung fehlen, bleibt es Aufgabe der gesetzgebenden Körperschaften, entsprechend tätig zu werden.

[34] S. die Anregungen bei *Nussberger* (wie Anm. 4), S. 532, und *Mann* (wie Anm. 8), S. 334.

Kartellrechtliche Grenzen des Einplatzprinzips im Verbandsrecht

Joachim Jickeli

I. Einleitung

1. *Das Einplatzprinzip in der Verbandswirklichkeit*

Viele Verbände, vor allem die Organisationen des Sports, aber auch der Hundezucht usw. sind durch das Einplatzprinzip charakterisiert. Es stellt eine Aufnahmeregelung dar und beschränkt die Möglichkeit, Verbandsmitglied zu werden. Es soll zum einen sicherstellen, dass z.B. für eine Sportart nur ein Verband zuständig ist und damit die Sport- und Wettkampfausführung einheitlichen Regeln unterliegt. Zum anderen wird regelmäßig bestimmt, dass in geographischer Hinsicht auf jeder Ebene (Gemeinde, Land bzw. Staat, Kontinent) nur ein Verband Mitglied im übergeordneten Verband sein kann. Dies dient u.a. der einheitlichen Willensbildung. Insgesamt ergibt sich daraus eine Verbandspyramide. Der Spitzenverband hat ein uneingeschränktes Monopol für eine Sportart inne. Auf den nachgeordneten Ebenen bestehen räumlich beschränkte Monopolstrukturen. Sie sind u.a. dadurch gekennzeichnet, dass die Mitglieder der Regelsetzung des Spitzenverbands unterstellt sind.

Das Einplatzprinzip beruht nur selten auf gesetzlichen Regelungen. Vor allem in Ländern, die das Sportwesen öffentlich-rechtlich regeln, finden sich entsprechende Vorschriften, z.B. in Spanien (Art. 14 Abs. 3 Sportgesetz 13/1980) und in Frankreich (Art. 17 Sportgesetz Nr. 610 v. 16.7.1984). Regelmäßig wird das Einplatzprinzip jedoch von den Verbänden in ihren Satzungen als autonom gesetztes Recht implementiert. Das gilt uneingeschränkt für die Verbandsebenen jenseits der staatlichen Grenzen. Als Beispiel sei der Fußball genannt. Der einzige internationale Verband, die FIFA, erkennt nach Art. 20 Abs. 1 ihres Statuts nur einen kontinentalen Verband an, in Europa die UEFA. Auch in jedem Land wird nur ein Mitgliedsverband akzeptiert (Art. 10 FIFA-Statut). Diese nationalen Verbände müssen wieder alle Regeln der FIFA einhalten, u.a. auch das Einplatzprinzip (Art. 13 Abs. 1 lit. d) FIFA-Statut). Man kann die nationalen Sportgesetze, die das Einplatzprinzip rezipieren, daher auch als Konsequenz der internationalen Verbandsvorgaben begreifen. Das inhaltliche Monopol wird durch ein Wettbewerbsverbot abgesichert. Kein Verein und kein Verband darf sich ohne Genehmigung einem konkurrierenden Verband anschließen (Art. 77 FIFA-Statut). Ein Fußballspieler kann seinen Sport also immer nur in einem Verband ausüben.

Das Einplatzprinzip ist ein uraltes Organisationsprinzip. Erinnert sei nur an das Zunftwesen. Durch den Zunftzwang hatte jede Zunft in jeder Stadt ein Monopol. Der einer Zunft angehörende Handwerker konnte nicht in eine andere Zunft wechseln. Die Zunft gab sich eigenständig inhaltliche Regeln und garantierte ein räumliches Monopol. Damit entspricht sie strukturell dem heute noch anzutreffenden Einplatzprinzip. Die Wandlung der Wirtschaftsorganisation hin zu einer Wettbewerbsgesellschaft hat das Einplatzprinzip zunächst nur im Bereich der Idealvereine überlebt. Im Wirtschaftsleben hat es sich dagegen überlebt. Zunftregeln u. dgl. werden heute als privatautonome Freiheits- und Wettbewerbsbeschränkungen begriffen, die sich vor den verfassungsmäßig verbürgten Freiheitsrechten und den Wettbewerbsgesetzen rechtfertigen müssen. So werden z.B. Wettbewerbsverbote an Art. 12 GG und § 1 GWB sowie Art. 101 AEUV gemessen.

2. *Die kartellrechtliche Fragestellung*

Dieser Beitrag will der Frage nachgehen, ob und inwieweit das Einplatzprinzip vor dem europäischen Kartellrecht Bestand haben kann. Dabei muss differenziert werden. Als privatautonome Maßnahme kann das Einplatzprinzip nur Bestand haben, wenn es geltendem Recht nicht widerspricht. Insoweit kann auch das nationale Kartellrecht eine Rolle spielen – es wird im Folgenden allerdings außer Betracht gelassen. Sofern das Prinzip gesetzlich verankert ist, stellt es dagegen gegenüber dem nationalen Kartellrecht eine speziellere Regel dar. Auch die Kontrolle anhand europarechtlicher Maßstäbe bereitet dann besondere Schwierigkeiten. Sie resultieren daraus, dass sich Art. 101 und 102 AEUV nur an Unternehmen richten und nur unter besonderen Voraussetzungen auf staatliches Handeln in Form der Gesetzgebung angewandt werden können. Eine weitere Differenzierung ergibt sich aus der Frage, ob für den Sport und seine Organisationen kartellrechtlich etwas anderes gelten soll als für sonstige Vereine und Verbände.

Das Einplatzprinzip als privatautonome Regelung muss nicht nur den Kartellgesetzen, sondern auch allen anderen Normen genügen. Sofern es gesetzlich verfasst ist, muss es sich an höherrangigem Recht messen lassen. In Deutschland wurden deshalb regelmäßig die zivilrechtlichen Generalklauseln, vor allem § 826 BGB herangezogen, wenn es um die Frage ging, ob entgegen dem Einplatzprinzip ein Aufnahmeanspruch bestand.[1] Daneben

[1] Zuletzt OLG München NJOZ 2009, 4035: Aufnahmeanspruch nach § 826 in Verbindung mit den Grundsätzen des § 20 Abs. 6 GWB. Für den BGH s. BGH NJW-RR 1986, 583 und BGH NJW 1999, 1326.

wurde teilweise unmittelbar auf Art. 9 Abs. 1 GG rekurriert.[2] Diese Prüfungsansätze unterscheiden sich von der kartellrechtlichen Fragestellung, wie ich sie im Folgenden entfalte, in mehrfacher Hinsicht. Zum einen werden nur Missbrauchsfälle erfasst. Die Frage, ob das Einplatzprinzip nicht ein per se eine unzulässige Organisationsregel ist, kommt nicht in das Blickfeld. Zum zweiten setzt der Missbrauchsvorwurf immer einen sozial oder wirtschaftlich mächtigen Verband („Monopolverband") voraus. Beim Kartellverbot entfällt dieses Erfordernis. Drittens schließlich besteht ein Unterschied beim Adressatenkreis – die wettbewerbsrechtlichen Vorschriften des AEUV richten sich nur an Unternehmen.

Die primärrechtlichen Vorschriften des europäischen Kartellrechts sind heute uneingeschränkt dezentral anzuwenden (Art. 3 VO 1/2003). Die deutschen Behörden und Gerichte sollten daher künftig neben § 826 BGB und § 20 Abs. 6 GWB immer auch Art. 101, 102 AEUV in Betracht ziehen, wenn über einen Aufnahmeanspruch zu entscheiden ist.

II. Zur Anwendbarkeit der Art. 101 und 102 AEUV auf Verbandsregelungen

Seit der Bosman-Entscheidung ist geklärt, dass auf die Tätigkeit von Sportverbänden die europarechtlichen Regeln anwendbar sind, soweit der Verband sich wirtschaftlich betätigt bzw. seine Tätigkeit zum Wirtschaftsleben gehört.[3] In den Blick geraten waren dabei zunächst vor allem die Grundfreiheiten. Den Bedürfnissen der Sportverbände hat der EuGH Rechnung getragen, indem er deren Regeln und Praktiken nicht kontrolliert, soweit sie auf nichtwirtschaftlichen Gründen beruhen. Diese Grundsätze gelten gleichermaßen für Vereinigungen, die andere als sportliche Zwecke verfolgen.

Im Einzelnen fällt es oft schwer, zwischen wirtschaftlichen und anderen Zwecken zu unterscheiden, da nahezu alle Zwecke mehr oder minder starke wirtschaftliche Auswirkungen haben.[4] Die Bosman-Entscheidung hat zu diesem Thema eine nachlaufende Judikatur provoziert. Dabei wurden verschiedene Transferklauseln und Regeln zur Zusammensetzung von Vereinsmannschaften als wirtschaftsrelevant angesehen,[5] wogegen Regeln, die allein den

[2] So OLG Stuttgart NZG 2001, 997, 998, allerdings mit widersprüchlicher Begründung, da Art. 9 Abs. 1 GG gerade für die Organisationsautonomie der Vereinigung angeführt wird und nicht für deren Einschränkung. Hierzu *Nolte/Polzin,* NZG 2001, 981 f.

[3] EuGH v. 15.12.1995, Rs. C-415/93, Slg. 1995, I-4921 (Tz. 79 f.) *„Bosman"*.

[4] Eingehend zur Problematik *Heermann*, Verbandsautonomie versus Kartellrecht, in: causa sport, 2006, 345 ff.

[5] EuGH v. 15.12.1995, Rs. C-415/93, Slg. 1995, I-4921 (Tz. 114, 137) *„Bosman"*; EuGH v. 8.5.2003, Rs. C-438/00, Slg. 2003, I-4135 (Tz. 56 ff.) *„Kolpak"*; EuGH v. 13.4.2000, Rs. C-176/96, Slg. 2000, I-2681 (Tz. 60) *„Lehtonen"*.

Ablauf und die Organisation des sportlichen Wettbewerbs betreffen, nicht als Beschränkung der Grundfreiheiten angesehen wurden[6].

Diese Judikatur ließ eine weitere Grundsatzfrage offen. Unklar war, ob Institutionen, die rein sportliche Regeln erlassen, überhaupt nicht dem europäischen Recht unterliegen oder ob ihre Regeln nur im Einzelfall die Tatbestände der europäischen Normen nicht erfüllen. Diese Frage betraf vor allem die Wettbewerbsvorschriften. In der Grundsatzentscheidung *„Meca-Medina und Majcen"* hat der EuGH dann unter Aufhebung des Urteils des EuG entschieden, dass auch Institutionen, die selbst nicht dem EU-Recht unterliegen, ihre Tätigkeit an den Wettbewerbsregeln prüfen lassen müssen, wenn die Tatbestände dieser Normen erfüllt sind.[7] Antidopingregeln wurden in dieser Entscheidung z.B. als nicht wettbewerbsbeschränkend i.S. des 101 AEUV angesehen. Sie dienten ausschließlich dazu, den ordnungsgemäßen Ablauf des sportlichen Wettkampfs sicherzustellen. Damit wird der sportliche vom wirtschaftlichen Wettbewerb differenziert. Anders als in der Bosman-Entscheidung kommt es in erster Linie nicht darauf an, wie die Tätigkeit des Verbands zu qualifizieren ist, sondern ob die konkrete Maßnahme von einem Unternehmen oder einer Unternehmensvereinigung ausgeht und den wirtschaftlichen Wettbewerb beeinträchtigt. Damit ist endgültig geklärt, dass die Art. 101 und 102 AEUV keine kartellrechtlichen Ausnahmebereiche kennen, die die Verträge nicht selbst schon ausdrücklich benennen. Eine qualitative Prüfung aller sportlichen Regeln am Maßstab des Kartell- und Missbrauchsverbots ist damit unumgänglich. Das Einplatzprinzip muss sich daher am Kartellrecht messen lassen, ohne dass Besonderheiten zu berücksichtigen wären.

III. Das Einplatzprinzip als Verstoß gegen das Kartellverbot

1. *Vereine und Verbände als Adressaten des Kartellrechts*

Zunächst ist zu fragen, ob und inwieweit Vereine und Verbände als Unternehmen zu qualifizieren sind. Unbestritten gilt ein funktionaler Unternehmensbegriff.[8] Als Unternehmen ist jede Einrichtung zu verstehen, die im konkreten Fall unternehmerisch handelt, d.h. eine wirtschaftliche Tätigkeit ausübt. Sie tut das, wenn sie dauerhaft am Markt auftritt, sich also am

[6] EuGH v. 12.12.1974, Rs. 36/74, Slg. 1974, 1405 (Tz. 8) *„Walrave"*; EuGH v. 14.07.1976, Rs. 13/76, Slg. 1976, 1333. (Tz. 14) *„Donà"* und EuGH v. 11.04.2000, Rs. C-51/96 u. C-191/97, Slg. 2000, I-2549 (Tz. 64) *„Deliège"* zur Aufstellung von Nationalmannschaften und zur Auswahl von Teilnehmern an internationalen Wettkämpfen.

[7] EuGH Urt. v. 18.07.2006, Rs. C-519/04 P, Slg. 2006, I-6991 (Tz. 30 f.).

[8] Statt aller *Bechtold/Bosch/Brinker/Hirsbrunner* EG-Kartellrecht, 2. Auflage München 2009, Art. 81 Rn. 8 ff.

geschäftlichen Leistungsaustausch beteiligt. Auf die Art der Finanzierung und die Rechtsform kommt es nicht an. Diesen sehr weiten Unternehmensbegriff hat der EuGH zuletzt in einer Grundsatzentscheidung eingeschränkt.[9] Die Unternehmenseigenschaft sei nur gegeben, wenn die betreffende Einrichtung am Markt ein Angebot mache; allein die Nachfrage von Marktleistungen – vor allem der Einkauf – reiche dagegen nicht aus, wenn anschließend die Waren zu rein sozialen Zwecken verwendet würden. Eine wirtschaftliche Tätigkeit liegt ferner nicht vor, wenn rein künstlerisch, sportlich, wissenschaftlich oder kulturell gehandelt wird. Erst die Vermarktung von sportlichen oder kulturellen Veranstaltungen u. dgl. stellt eine unternehmerische Tätigkeit dar.[10]

Nach diesen Grundsätzen sind Vereine als Unternehmen zu qualifizieren, wenn und soweit sie ihre ursprünglich ideelle Zwecksetzung kommerzialisieren. Dafür reicht es, den Besuch von Veranstaltungen nicht nur vereinzelt gegen Entgelt anzubieten, Veranstaltungen als Werbeträger für Sponsoren zu öffnen[11], Merchandisingartikel zu verkaufen, sei es in einem eigenen Fanclub oder über unabhängige Dritte, das Hausrecht z.B. in einem Stadium für Zwecke der Kommerzialisierung der Rundfunkübertragungen auszuüben oder diese Rechte für Gegenleistungen an Dritte zu vergeben. Nach der FENIN-Rechtsprechung ist dagegen keine unternehmerische Tätigkeit begründet, solange Vereine ausschließlich Ausrüstungsgegenstände u. dgl. erwerben, um damit ihrer ideellen Zwecksetzung nachgehen zu können. Die Bündelung von Nachfrage, z.B. nach Vereinstrikots, ist dann nicht an Art. 101 AEUV zu messen. Ein Verein wird auch dadurch nicht zu einem Unternehmen, dass sich eines seiner Mitglieder vermarktet. Ein Werbevertrag eines Sportlers allein macht daher dessen Verein nicht zu einem Unternehmen im Sinne des Kartellrechts.

Das Einplatzprinzip wird im Sportsektor typischerweise von Vereinen verwendet oder akzeptiert, die ihre Tätigkeit in der einen oder anderen Form vermarkten und daher Unternehmen sind. Auch Hundezuchtvereine u. dgl. sind Unternehmen, wenn sie z.B. durch Nachweis der Reinrassigkeit die wirtschaftlichen Interessen ihrer Mitglieder vertreten.[12]

Sollten Vereine nach diesen Kriterien nicht schon selbst eine wirtschaftliche Tätigkeit ausüben, können sie immer noch als Unternehmensvereinigungen einzustufen sein. Das kann z.B. der Fall sein, wenn sich alle oder die Mehrzahl der in einem Verein tätigen Sportler vermarkten. Dann sind die

[9] EuGH v. 11.06.2006, Rs. C-205/03, Slg. 2006, I-6295 (Tz. 25) *„FENIN"*.

[10] S. nur *Bechtold/Bosch/Brinker/Hirsbrunner* EG-Kartellrecht, 2. Auflage München 2009, Art. 81 Rn. 20 f.

[11] Zu diesen Alternativen Schlussanträge Generalanwalt *Lenz* Tz. 254 zu EuGH Slg. 1995, I-4921 *„Bosman"*.

[12] BGH KZR 26/84 v. 11.03.1986 – hier zitiert nach juris – Tz. 16, 25 zu § 27 GWB a.F.

Individuen als Unternehmen anzusehen.[13] Wenn der Verein ihnen nicht nur eine sportliche Bühne bietet sondern auch ihre wirtschaftlichen Interessen fördert, wird er damit zur Unternehmensvereinigung.[14]

Die den Vereinen übergeordneten Verbände sind ihrerseits Unternehmen – wenn sie z.B. zentral die Vermarktung in die Hand nehmen – oder aber zumindest Unternehmensvereinigungen, wenn die in ihnen organisierten Vereine Unternehmen sind.[15] Für die Beurteilung des Einplatzprinzips ist diese Erkenntnis wichtig, da das Prinzip in der Verbandshierarchie von oben nach unten durchgesetzt wird. Das Einplatzprinzip wird damit regelmäßig auf jeder Ebene von einem Unternehmen oder einer Unternehmensvereinigung implementiert.

Fraglich bleibt allein, ob auch ein gesetzlich verfügtes Einplatzprinzip der kartellrechtlichen Kontrolle unterliegt. Gesetzgebung ist hoheitliche Tätigkeit. Sie lässt sich selbst daher nicht an Art. 101 und 102 AEUV messen. Für Drittstaaten bleibt es uneingeschränkt dabei. Für Mitgliedstaaten hingegen formuliert eine ständige Rechtsprechung aus dem Grundgedanken des effet utile heraus, dass die Staaten alles zu unterlassen haben, was die praktische Wirksamkeit der Wettbewerbsregeln gefährdet.[16] Sie dürfen daher den Unternehmen kein kartellrechtswidriges Verhalten vorschreiben, dieses fördern, verstärken oder perpetuieren. Tun sie es dennoch, ist gegen sie zwar nicht direkt das Kartellverbot, wohl aber der Grundsatz der Bündnistreue anzuwenden. Das Kartellverbot wirkt mithin mittelbar gegen Staaten. Wenn die Mitgliedstaaten dagegen die Letztverantwortung übernehmen, also das Verhalten der Unternehmen unmittelbar und zwingend konzertieren, handelt es sich um eine wirtschaftspolitische Maßnahme, die nur an anderen Normen des EU-Rechts geprüft werden kann.[17] Ein Bezug zu den Wettbewerbsregeln fehlt dann. So liegt es, wenn das Einplatzprinzip gesetzlich in

[13] Die Sportler sind und bleiben Unternehmen für ihre Werbeauftritte etc. auch wenn sie gegenüber dem Verein für die sportliche Tätigkeit aufgrund bestehender Arbeitsverträge als abhängig Beschäftigte anzusehen sein sollten, dazu Münchener Kommentar/*Säcker/Herrmann* Europäisches und Deutsches Wettbewerbsrecht, München 2007, Band 1, Einl., Rn. 1612b.

[14] So hat der BGH den Verband des deutschen Hundewesens als Wirtschaftsvereinigung nach § 27 GWB a.F. eingeordnet, s. BGH KZR 26/84 v. 11.03.1986 – hier zitiert nach juris – Tz. 16, 25.

[15] EuGH Urt. v. 18.07.2006, Rs. C-519/04 P, Slg. 2006, I-6991 (Tz. 38) „*Meca-Medina und Majcen*" unter Verweis auf die von der Kommission im Verfahren vertretene Rechtsauffassung, s. auch EuG Urt. v. 26.1.2005, Rs. T-193/02, Slg. 2005, II-209 (Tz. 68) „*Piau ./. Kommission*" für die Einordnung der FIFA als Unternehmensvereinigung soweit es um Fußball als wirtschaftliche Tätigkeit geht.

[16] Seit EuGH v. 16.11.1977, Rs. 13/77, Slg. 1977, 2115 (Tz. 30, 35) „*INNO/ATAB*", zuletzt EuGH, v. 19.02.2002, Rs. C-35/99, Slg. 2002, I-1529 (Tz. 34) „*Arduino*".

[17] EuGH v. 17.11.1993, Rs. C-2/91, Slg. 1993, I-5751 (Tz. 20) „*Meng*"; EuGH v. 17.11. 1993, Rs. C-185/91, Slg. 1993, I-5801 (Tz. 20 ff.) „*Reiff*".

einer Art und Weise verfügt wurde, die den Verbänden oder Vereinen keinen eigenständigen Entscheidungsspielraum bei der Umsetzung lässt.

2. *Beeinträchtigung des Handels zwischen den Mitgliedstaaten*

Nach der Rechtsprechungsformel liegt eine Beeinträchtigung des Handels zwischen Mitgliedstaaten vor, wenn eine wettbewerbsbeschränkende Maßnahme unter der Berücksichtigung der Gesamtheit objektiver rechtlicher oder tatsächlicher Umstände mit hinreichender Wahrscheinlichkeit erwarten lässt, dass sie unmittelbar oder mittelbar, tatsächlich oder der Möglichkeit nach den Warenverkehr zwischen Mitgliedstaaten in einer Weise beeinflusst, die der Verwirklichung der Ziele eines einheitlichen zwischenstaatlichen Marktes nachteilig sein könnte.[18]

Das Einplatzprinzip wird dieses Erfordernis regelmäßig erfüllen. Im sportlichen Bereich liegt die wirtschaftliche Tätigkeit der Vereine und ihrer Verbände vor allem in der Vermarktung der Sportereignisse. Da die Warenwelt heute globalisiert ist, sind auch internationale Konzerne gezwungen, Werbemöglichkeiten vor Ort zu suchen. Die von der genannten Formel geforderte hinreichende Wahrscheinlichkeit einer zwischenstaatlichen Auswirkung wird damit gegeben sein. Auch die Fernseh- und Rundfunkvermarktung hat heute nach der Zulassung privater Sendeunternehmen fast zwingend länderübergreifenden Charakter, da diese Sendeunternehmen internationalen Kapitalgebern offen stehen.[19] Bei international betriebenen Sportarten kann überdies die grenzüberschreitende Beschäftigungsmöglichkeit der Sportler schon ausreichen.[20] Kaum anders fällt die Beurteilung bei Vereinen in anderen Sektoren aus, die das Einplatzprinzip kennen. Auch das Hunde- und Pferdewesen ist längst internationalisiert. Es gibt internationale Wettkämpfe, die Zuchtbücher bestimmen über den Marktwert der Tiere auch im Ausland usw.

Die Beeinträchtigung des zwischenstaatlichen Handels wird meist auch spürbar sein. Die Spürbarkeit fehlt, wenn das Verhalten der betreffenden Unternehmen aufgrund ihrer schwachen Marktstellung den fraglichen Produktmarkt nur geringfügig beeinträchtigt.[21] Das Einplatzprinzip führt indes

[18] Grundlegend EuGH v. 30.6.1966, Rs. 56/65 Slg. 1966, 282, 303 „*LTM/Maschinenbau Ulm*".

[19] Zur Erfüllung der Zwischenstaatlichkeitsklausel durch die Tätigkeit über Niederlassungen und Tochtergesellschaften s. EuGH v. 27.1.1987, Rs. 45/85, Slg. 1987, 405 (Tz. 44 ff.) „*Verband der Sachversicherer*".

[20] So Generalanwalt *Lenz* in seinem Schlussantrag (Tz. 260) zu EuGH Slg. 1995, I-4921 „*Bosman*".

[21] S. Leitlinien der *Kommission* zum zwischenstaatlichen Handel, ABl. EG 2004 C 101/82, Tz. 44.

zu einer Monopolstellung in Bezug auf den Vereinszweck, sei sie gegenständlicher oder räumlicher Art. Daher kann nicht davon ausgegangen werden, dass die Beeinträchtigungen nicht dem *de minimis*-Erfordernis genügen.[22]

3. *Das Einplatzprinzip als verbotene Maßnahme*

Die Statuierung des Einplatzprinzips müsste eine Vereinbarung oder abgestimmte Verhaltensweise zwischen Unternehmen oder einen Beschluss einer Unternehmensvereinigung darstellen. Sofern man in der Hierarchie den Verband auf jeder Stufe als Unternehmen einordnet[23], liegt in der Verpflichtung der jeweils nachfolgenden Stufe auf das Einplatzprinzip eine Vereinbarung. Sollte die Verbandsspitze hingegen lediglich als Unternehmensvereinigung zu qualifizieren sein, so stellt sich die Frage, ob eine Satzungsbestimmung als Beschluss angesehen werden kann. Im Ergebnis ist die Frage zu bejahen.[24] Andernfalls könnten Unternehmensvereinigungen das Kartellverbot nahezu beliebig umgehen. Zudem ist eine Differenzierung zwischen satzungsändernden Beschlüssen und von Anfang an bestehenden Satzungen weder sachgerecht noch durchzuhalten. Das in den Vereinsstatuten verankerte Einplatzprinzip stellt damit durchgängig eine an Art. 101 AEUV zu prüfende Maßnahme dar.

Auf der letzten Ebene wird das Einplatzprinzip durch das Wettbewerbsverbot durchgesetzt, das dem Vereinsmitglied bzw. Angestellten untersagt, gleichzeitig bei einem anderen Verein oder einem anderen Verband tätig zu werden. Hierbei handelt es sich um eine Vereinbarung. Sie ist allerdings nur tatbestandsmäßig, wenn das Mitglied als Unternehmer zu qualifizieren ist.

4. *Wettbewerbsbeschränkung*

In den allermeisten Konstellationen muss die Frage, ob das Einplatzprinzip gegen das Kartellverbot verstößt, also entschieden werden, indem geprüft wird, ob es eine spürbare Wettbewerbsbeschränkung bezweckt oder bewirkt.

Die deutsche Kartellrechtslehre definiert die Wettbewerbsbeschränkung oft ausschließlich über die Beschränkung der wirtschaftlichen Handlungsfreiheit.[25] Danach wäre das Einplatzprinzip stets eine Wettbewerbsbeschrän-

[22] Näher zur wirtschaftlichen Monopolstellung unten bei IV. 1.

[23] EuGH Urt. v. 18.07.2006, Rs. C-519/04 P, Slg. 2006, I-6991 (Tz. 38) „*Meca-Medina und Majcen*" akzeptiert die Ansicht, das IOC und damit die hierarchische Spitze der olympischen Bewegung und Organisation sei ein Unternehmen.

[24] Ebenso Immenga/Mestmäcker/*Emmerich* Wettbewerbsrecht EG Teil 1, 4. Aufl., München 2007, Art. 81 Abs. 1 EGV Rn. 32 und 87 unter Rückbezug EuGH v. 19.2.2002, Rs. C-309/99, Slg. 2002, I-1577 (Tz. 65 ff.) „*Wouters*" – in der Entscheidung ging es allerdings um eine von der Kammer erlassene Verordnung.

[25] S. vor allem Immenga/Mestmäcker/*Emmerich* Wettbewerbsrecht EG Teil 1, 4. Aufl., München 2007, Art. 81 Abs. 1 EGV Rn. 146 ff.

kung. Dieser Ansatz überzeugt jedoch nicht. Sämtliche Ausnahmen und damit die für das Kartellverbot charakteristische Abwägung zwischen zulässiger Koordination und verbotener Konzertierung müssten in das Korsett des Art. 101 Abs. 3 AEUV gepresst werden. Vor Erlass der VO 1/2003 war dies schon wegen des Freistellungsmonopols der Kommission misslich. Aber auch heute noch sprechen die besseren Gründe gegen eine solche Grenzziehung zwischen den Absätzen 1 und 3 des Art. 101 AEUV. Zum einen bestehen Unterschiede bei der Beweislast (Art. 2 VO 1/2003). Zum anderen – und dies ist ausschlaggebend – fehlt seit der dezentralen Anwendung des Kartellverbots jegliche Entscheidungspraxis zu Art. 101 Abs. 3 AEUV. Daher ist nicht geklärt, ob die dort genannten vier Tatbestandsmerkmale ausreichend justitiabel sind und alle Sachverhalte erfassen, in denen wettbewerbskonformes von wettbewerbsbeschränkendem Verhalten gesondert werden muss. Dies dürften die Gründe sein, weshalb die Entscheidungspraxis auch anders verfährt und den Begriff der Wettbewerbsbeschränkung durchaus materiell versteht.[26] Das Einplatzprinzip ist daher in dem Zusammenhang, in dem es entstanden ist, anhand seiner Wirkungen und vor dem Hintergrund seiner Zielsetzung zu überprüfen. Sofern sich danach wettbewerbsbeschränkende Wirkungen bejahen lassen, ist der Frage nachzugehen, ob diese Wirkungen notwendig aus der Verfolgung legitimer Ziele resultieren und ob sie in Hinblick auf diese Ziele verhältnismäßig sind.[27]

Der Gesamtzusammenhang, in dem das Einplatzprinzip steht, unterscheidet sich je nach der Zwecksetzung des Vereins. Im Sportsektor soll das Einplatzprinzip die einheitliche Geltung von Regelwerken für Wettkämpfe sicherstellen und zugleich garantieren, dass es in einer Disziplin nur einen Olympiasieger, Weltmeister usf. gibt. Damit dient es dem Ziel des sportlichen Wettbewerbs, den Besten in einer bestimmten Disziplin ausfindig zu machen. An dieser Zielsetzung wird deutlich, dass sich sportlicher und ökonomischer Wettbewerb unterscheiden. Wirtschaftlicher Wettbewerb dient der freiheitlichen Gestaltung von Wirtschaft und Gesellschaft, der bestmöglichen Ausnutzung knapper Ressourcen und der optimalen Befriedigung von Bedürfnissen. Hierfür ist es nicht notwendig, ja sogar regelmäßig schädlich, einen „Gewinner" zu ermitteln. Es bleibt den Akteuren überlassen, wie sie die genannten Ziele interpretieren und zu erfüllen gedenken. Daher kennt der wirtschaftliche Wettbewerb auch kein Korsett an Regelungen, wie es den sportlichen Wettkampf charakterisiert. In der Wirtschaft zählt nicht nur ein eindimensionales Ziel – wie z.B. die schnellste Zeit, in der eine bestimmte Laufstrecke zurückgelegt wird. Der Nachfrager entscheidet vielmehr, indem

[26] Gerade auch für Sportregeln, s. EuGH Urt. v. 18.07.2006, Rs. C-519/04 P, Slg. 2006, I-6991 (Tz. 42) *„Meca-Medina und Majcen"*.

[27] Für diesen Prüfungsansatz EuGH Urt. v. 18.07.2006, Rs. C-519/04 P, Slg. 2006, I-6991 (Tz. 42) *„Meca-Medina und Majcen"*.

er Preis, Qualität, Verfügbarkeit, nachlaufende Wartungsmöglichkeit usw. bei einem Produkt simultan vergleicht und bewertet. Die Ziele des Einplatzprinzips im Sport stammen aus einer Zeit, in der die wirtschaftliche Vermarktung noch sekundär war. Daran wird deutlich, dass das Prinzip tatsächlich ganz primär den sportlichen Zwecken dient und damit ein legitimes Ziel verfolgt.[28]

Auf der anderen Seite kann nicht bestritten werden, dass das Prinzip heute erhebliche Auswirkungen auf den wirtschaftlichen Wettbewerb hat. Das wird schon daran deutlich, dass Großereignisse wie Fußballweltmeisterschaften und Olympische Spiele regelmäßig mit hohen monetären Gewinnen veranstaltet werden und die Verantwortlichen ihre Monopolstellung bei der Vermarktung mit allen rechtlichen Möglichkeiten – z.B. des Markenrechts – nutzen. Die Wirkung der Monopolisierung zeigt sich beispielhaft an den Preisen für Senderechte. Die Preissteigerungen in diesem Bereich bringen selbst öffentlich-rechtlich strukturierte Fernsehanstalten an die Grenze ihrer Leistungsfähigkeit. Das Einplatzprinzip wirkt sich auch positiv für die siegreichen Athleten aus. Üben sie eine relevante Disziplin aus, gehören sie zu den Topverdienern.

Angesichts dieser Doppelgesichtigkeit des Einplatzprinzips kann es nur dann nicht als eine relevante Wettbewerbsbeschränkung angesehen werden, wenn es auf das zum ordnungsgemäßen Funktionieren des sportlichen Wettkampfs Notwendige begrenzt bleibt.[29] An dieser Stelle muss eine Detailbetrachtung einzelner Sportarten und der Funktionsweise des Wettbewerbs in den einzelnen Disziplinen erfolgen. Das ergibt sich aus der Rechtsprechung, die z.B. auch einzelne Dopinggrenzwerte auf ihre Sinnfälligkeit untersucht hat.[30] Diese Einzelprüfung kann hier nicht für jede Sportart abschließend geleistet werden. Hinzuweisen ist aber darauf, dass das Einplatzprinzip nicht durchgängig notwendig zu sein scheint. So ist es im Boxsport unbekannt. Auch der Volkssport des American Football war vor 1970 in zwei konkurrierenden Ligen organisiert, sonst gäbe es gar keinen „Super Bowl". Die Formel 1 kennt keinen Grundsatz, dass aus einem Land nur ein Team teilnehmen könne oder aus jedem Land ein Team teilnehmen müsse. An den Beispielen wird deutlich, dass sich ein Welt- oder nationaler Meister auch über einen anderen Ausscheidungsmechanismus finden lässt als den der Monopolisierung durch das Einplatzprinzip. Auch die Einheitlichkeit des Regelwerks ist nicht immer ein zwingendes Gegenargument. Neben den genannten Beispielen sei hier noch auf den Golfsport verwiesen. Hier gelten die Regeln des

[28] Zum Autonomiespielraum des Sports s. auch Art. 165 AEUV.

[29] So die Fragestellung in EuGH v. 15.12.1994, Rs. C-250/92, Slg. 1994, I-5641 (Tz. 35) *„DLG"*.

[30] EuGH Urt. v. 18.07.2006, Rs. C-519/04 P, Slg. 2006, I-6991 (Tz. 49 ff.) *„Meca-Medina und Majcen"*.

schottischen Clubs Royal & Ancient Golf Club of St Andrews und der United States Golf Association. Sie werden als Standard akzeptiert, ohne dass diesen Vereinen ein Monopol zukäme. Aufgrund dieser Beispiele lassen sich folgende Leitlinien bestimmen: Für Sportveranstaltungen, bei denen – direkt oder indirekt – Nationen oder Gebietskörperschaften gegeneinander antreten, wie bei Olympia, den Welt- oder Europameisterschaften in Mannschaftssportarten, ist das Einplatzprinzip zwingend. Sonst wären die Chancen eines Landes oder einer Gebietskörperschaft auf den Titel ungleich verteilt. Der reine Wunsch nach einem einheitlichen Regelwerk rechtfertigt das Einplatzprinzip hingegen nicht. So kann ein Dachverband ohne Nachteil konkurrierende Unterverbände oder Vereine zulassen, wenn sie erklären, sich an die Regeln zu halten und sich bei der Willensbildung abzustimmen. Ohnehin besteht stets die Möglichkeit neue Spitzenverbände zu gründen, die abweichende Regelwerke erlassen.

Außerhalb des Sportsektors lässt sich das Einplatzprinzip nach diesen Kriterien noch schwerer rechtfertigen. Es mag zwar sein, dass Hundeprüfungen u. dgl. sportlichen Wettkämpfen ähneln. Es besteht aber kein vergleichbarer nationaler Bezug wie bei vielen Sportarten. Die Nation identifiziert sich mit dem besten Zuchthund nicht wie mit einem Olympiasieger. Auch die Notwendigkeit einheitlicher Zuchtregeln für Hunde rechtfertigt keine sachlichen und räumlichen Monopole. Qualitätszertifizierungen u. dgl. können sinnvoll sein, müssen dann aber auch allen geeigneten Teilnehmern offen stehen.

Sofern das Einplatzprinzip eine relevante Wettbewerbsbeschränkung bewirkt, bestehen regelmäßig keine Zweifel an der Spürbarkeit. Sie ergibt sich aus der Tatsache, dass die Monopolisierung eines Zwecks regelmäßig in einem relevanten Umfang auf den Markt durchschlägt.[31]

5. *Das Einplatzprinzip und die Legalausnahme des Art. 101 Abs. 3 AEUV*

Der EuGH hat die Sportregeln bislang wettbewerbsrechtlich ausschließlich an Art. 101 Abs. 1 AEUV gemessen.[32] Das mag auch daran gelegen haben, dass es sich in der Sache *„Meca-Medina und Majcen"* um ein Verfahren nach der VO 17/62 gehandelt hat und eine Freistellung bei der Kommission nicht beantragt worden war. Oben wurde jedoch schon begründet, weshalb der Wettbewerbsbegriff materiell ausgefüllt und Differenzierungen zugänglich gemacht werden muss. Daher sollte die Rechtsprechung bei ihrer Linie bleiben. Es stellt sich allein die Frage, ob die Legalausnahme in den Fällen eingreifen kann, in denen das Einplatzprinzip nicht als notwendig anzusehen ist.

[31] Näher unter IV.1.

[32] EuGH Urt. v. 18.07.2006, Rs. C-519/04 P, Slg. 2006, I-6991 (Tz. 40 ff.) *„Meca-Medina und Majcen"*.

Das Prinzip müsste dafür in erster Linie zu echten nachvollziehbaren objektiven Vorteilen führen.[33] Es steht nicht zu erwarten, dass den Vereinen und Verbänden (Art. 2 VO 1/2003) dieser Nachweis gelingt. Einheitliche Regelwerke und generell eine schnelle und zuverlässige Willensbildung mögen durch das Einplatzprinzip erleichtert werden. Sie lassen sich wie gesagt aber auch ohne monopolartige Strukturen erreichen. Ob Kostenvorteile mit genügender Wahrscheinlichkeit und in relevantem Ausmaß bewirkt werden, muss hier offen bleiben. Geographische Rechtfertigungen des Einplatzprinzips führen dagegen schon dazu, eine Wettbewerbsbeschränkung zu verneinen. Im Übrigen bleibt festzuhalten, dass Vorteile nicht wirtschaftlicher Art nach dem Wortlaut der Norm und auch den hierzu ergangenen Leitlinien der Kommission nicht ausreichen können.[34] Daher ist es nicht möglich, im Rahmen des Art. 101 Abs. 3 AEUV einen gesteigerten sportlichen Wettbewerb mit nachlassendem ökonomischem Wettbewerb zu verrechnen. Zweifelhaft ist ferner, ob die Verbraucher an etwaigen Vorteilen partizipieren würden. Dies erscheint vor allem wegen der durch das Einplatzprinzip hervorgerufenen Monopolisierung unwahrscheinlich. Selbst wenn man das Einplatzprinzip als unerlässliche Beschränkung nach lit. a) der Norm ansehen wollte, wird eine Legalisierung oft daran scheitern, dass es den Vereinen und Verbänden ermöglicht, den Wettbewerb insoweit auszuschließen, als der Zugang zur Tätigkeit kontrolliert wird. Daraus wird sich nicht selten eine relevante wirtschaftliche Monopolisierung nach lit. b) der Vorschrift ergeben.

Im Ergebnis kann das Einplatzprinzip daher grundsätzlich nicht aufgrund der Legalausnahme dem Kartellverbot entzogen werden.

IV. Das Einplatzprinzip und Art. 102 AEUV

1. *Die marktbeherrschende Stellung von Vereinen und Verbänden*

Das Einplatzprinzip führt für die entsprechenden Satzungszwecke zu einem inhaltlichen Monopol und daneben noch – nach Hierarchiestufen gestaffelt – zu räumlichen Monopolstellungen. Dies gilt jedoch zunächst (nur) für die sportlichen oder sonstigen Zwecksetzungen und nur gegenüber Vereinen und Verbänden, die um Aufnahme ersuchen. Ökonomischer Wettbewerb ist damit noch nicht ausgeschlossen. So kann es sein, dass eine Sportveranstaltung im Werbemarkt für einen Sponsor mit einem Fernsehfilm, einem Stadtfest oder einer Werbemaßnahme im Internet konkurriert. Für die Frage, ob Marktbeherrschung vorliegt, kommt es daher auf die Marktabgren-

[33] S. nur Kommission v. 11.03.1998, ABl. EG 1998 L 246/1 „*Van den Bergh Foods*".

[34] Leitlinien der Kommission zur Anwendung von Art. 81 Abs. 3 EGV, ABl. EG 2004 C 101/97 (Tz. 48 ff.).

zung an. Nur wenn sich die Grenzen des Marktes mit denen des Vereins- oder Verbandszwecks decken, bestehen tatsächlich Monopole im wirtschaftlichen Sinn.

Für die sachliche und räumliche Marktabgrenzung hat sich das Bedarfsmarktkonzept etabliert.[35] Dies bedingt eine Differenzierung zwischen Märkten, auf denen ganz verschiedene Anbieter und Nachfrager handeln. Bei Vereinen, die das Einplatzprinzip verwenden, sind zumindest drei wirtschaftliche Tätigkeitsfelder zu unterscheiden. Einmal bieten sich die Sportler, Hundezüchter usw. als Arbeitnehmer oder Leistungserbringer an. Der Verein ist hier wie auch beim Bezug von Trikots u. dgl. Nachfrager. Zum zweiten vermarkten die Vereine und Verbände als Anbieter die von ihnen organisierten Ereignisse, Merchandisingartikel, Prüfungs- und Abstammungszeugnisse, Qualitätszertifikate u. dgl. Schließlich können sich die Leistungserbringer auch außerhalb ihrer Vereinstätigkeit vermarkten. In diesen drei Feldern sind dann die einzelnen Märkte zu identifizieren. So kann es für einen Sportler durchaus sinnvoll sein, nur für seine Vereinsmannschaft, nicht aber für die Nationalmannschaft zur Verfügung zu stehen. Bei der Vermarktung ist sicher zwischen dem Verkauf von Tickets für Veranstaltungen, der Verwertung von Senderechten, dem Verkauf der einzelnen Waren des Merchandising und der Werbung auf Trikots, Banden usw. zu unterscheiden. Im dritten Tätigkeitsfeld schließlich können die Leistungserbringer sich über Werbeverträge aber auch durch den Transfer ihrer Bekanntheit auf weitere eigene Produkte usf. vermarkten. Die zuletzt genannten Märkte können im Folgenden ausgeklammert bleiben. Sie stehen auch Sportlern aus Vereinen offen, die das Einplatzprinzip nicht kennen.

Durch das Einplatzprinzip entsteht bei Nationalmannschaften u. dgl. ein absolutes Nachfragemonopol. Der Sportler kann nicht auf eine andere Nationalmannschaft ausweichen. Schon gegenüber dem Trainer besteht dieses Monopol aber nicht mehr. In Bezug auf Vereinsmannschaften kommt es auf die räumliche Marktabgrenzung an. Fußballspieler z.B. können heute auf dem Weltmarkt ihre Kunst anbieten. Bei anderen Sportarten wie z.B. Baseball bestehen dagegen nationale Märkte. Auch wenn das Einplatzprinzip auf diesen geographischen Ebenen dazu führt, dass weniger Vereine für die Sportler attraktiv sind, wird doch der einzelne Verein kaum jemals über eine marktbeherrschende Stellung verfügen. Ähnliches gilt, wenn man die Nachfrage gegenüber Lieferanten betrachtet. Das IOC oder die Nationalmannschaften können hier im Einzelfall ein Nachfragemonopol haben, alle nachgeordneten Verbände und Vereine nicht.

Bei der Vermarktung der Sportereignisse und der Fanartikel senkt das Einplatzprinzip zwar grundsätzlich die Zahl der relevanten Anbieter. Markt-

[35] EuGH v. 13.2.1979, Rs. 85/76, Slg. 1979, 461 (Tz. 28) „*Hoffmann-La Roche*".

beherrschende Stellungen einzelner Vereine werden aber die Ausnahme bleiben. Dagegen führt das sportliche Monopol eines Verbandes für eine Liga o. dgl. regelmäßig auch wirtschaftlich zu einer monopolähnlichen Stellung. Wenn die Vermarktung nicht bei den einzelnen Vereinen, sondern bei dem Verband liegt, ist er daher als marktbeherrschend einzustufen.[36]

Im Ergebnis bleibt festzuhalten, dass das Einplatzprinzip keineswegs durchgehend, wohl aber in Einzelfällen zu einer marktbeherrschenden Stellung im wirtschaftlichen Wettbewerb führt. Unbestreitbar besteht eine für Art. 102 AEUV relevante Monopolstellung, wenn neue Vereine und Verbände Aufnahme in die durch das Einplatzprinzip geschlossene Verbandspyramide begehren und die Mitgliedschaft ökonomische Vorteile bietet.

2. *Das Einplatzprinzip als Missbrauch*

Wenn das Einplatzprinzip mittelbar zu einer marktbeherrschenden Stellung führt, wie im Fall von Nationalmannschaften und den NOKs, so ist nicht die Durchsetzung des Einplatzprinzips, sondern sind die anderen Handlungen an Art. 102 AEUV zu messen. Zu prüfen ist beispielsweise, ob eine Nationalmannschaft bei Abschluss eines Ausrüstervertrags nicht diskriminierend handelt (Art. 102 S. 2 lit. c) AEUV).

Dagegen gerät das Einplatzprinzip selbst in den Blick, wenn es gegenüber eintrittswilligen Vereinen oder Verbänden geltend gemacht und durchgesetzt wird. Im Unterschied zum deutschen Recht, das in § 20 Abs. 6 GWB einen normierten Aufnahmeanspruch kennt, ist ein solcher dem EU-Recht bislang fremd. Eine Entscheidungspraxis zu dieser Frage fehlt. Grundsätzlich wird man nicht auf die durch die Rechtsprechung[37] neu gebildete Fallgruppe der „essential facilities" rekurrieren können. Die Verbände behalten sich durch das Einplatzprinzip keinen Sekundärmarkt vor. Anders kann es nur liegen, wenn in einem nachgelagerten Markt, z.B. der Fernsehvermarktung, ein Monopol entsteht, weil die von einem Verband monopolisierte Sportart nicht durch andere austauschbar ist. Auch das Diskriminierungsverbot des Art. 102 S. 2 lit. c) AEUV greift nicht unmittelbar ein, da die Aufnahmesuchenden regelmäßig keine Handelspartner des Verbands sein werden. Auch die Rechtsprechung[38] zum selektiven Vertrieb und zum Exklusivvertrieb, die eine

[36] Dies ist der Hintergrund, weshalb das Bundeskartellamt die zentrale Vermarktung der Fußballrechte nur unter Modifikationen genehmigte, s. Pressemitteilung des BKartA v. 18.12.2008, abrufbar unter http://www.bundeskartellamt.de/wDeutsch/archiv/PressemeldArchiv/2008/2008_12_18.php. Das OLG Düsseldorf hat diese Entscheidung bestätigt (Az. VI-Kart 1/09 (V), Kart 1/09 (V) – hier zitiert nach juris).

[37] EuGH v. 6.4.1995, Rs. C-241/91 und 242/91, Slg. 1995, I-743 (Tz. 54) *„Magill"*.

[38] EuGH v. 14.2.1978, Rs. 27/76, Slg. 1978, 207 (Tz. 157) *„United Brands"*; EuGH v. 16.6.1981, Rs. 126/80, Slg. 1981, 1563 (Tz. 27) *„Salonia"*; EuGH v. 3.7.1985, Rs. 243/83, Slg. 1985, 2015 (Tz. 25) *„Binon"*.

Gleichbehandlung aller zugelassenen Händler und eine nach sachgerechten, transparenten und diskriminierungsfreien Kriterien stattfindende Auswahl neuer und zusätzlicher Vertragspartner erzwingt, greift nicht direkt. Aus der Summe dieser Fallgruppen kann jedoch geschlossen werden, dass der Grundtatbestand des Verbots missbräuchlichen Verhaltens dahingehend präzisiert werden muss, dass Ungleichbehandlungen bei der Aufnahme in einen Verband ohne sachlich rechtfertigenden Grund unzulässig sind. Es kommt daher darauf an, ob und inwieweit die sportlichen oder sonstigen Verbandszwecke das Einplatzprinzip zwingend notwendig machen. Wie die Ausführungen zu Art. 101 AEUV deutlich gemacht haben, ist das selten der Fall.[39] Das spricht dafür, gegen marktbeherrschende Verbände, die das Einplatzprinzip statuieren, einen Aufnahmeanspruch anzuerkennen, wenn nicht im Einzelfall sachlich gerechtfertigte Gründe für das Einplatzprinzip angeführt werden können.

V. Ergebnisse

1. Das Einplatzprinzip des Verbandsrechts ist an Art. 101 und 102 AEUV zu messen. Das gilt nicht, wenn es durch Gesetz vorgeschrieben wird.
2. Vereine und Verbände, die das Einplatzprinzip verwenden, sind in der Regel Unternehmen bzw. Unternehmensvereinigungen.
3. Regelmäßig wird das Einplatzprinzip den zwischenstaatlichen Handel spürbar beeinträchtigen.
4. Das Einplatzprinzip stellt keine Wettbewerbsbeschränkung im Sinne des Art. 101 Abs. 1 AEUV dar, wenn es für das Erreichen des Verbandszwecks zwingend erforderlich ist.
5. Die Legalausnahme des Art. 101 Abs. 3 AEUV kann ein nicht zwingend erforderliches Einplatzprinzip nicht dem Kartellverbot entziehen.
6. Das Einplatzprinzip führt in Bezug auf den Verbandszweck zu einer Monopolstruktur. Daraus folgt nicht zwingend ein wirtschaftliches Monopol im Sinne des Art. 102 AEUV.
7. Ein missbräuchliches Verhalten kann darin liegen, aufgrund des Einplatzprinzips die Aufnahme eines neuen Mitglieds in einen Verband abzulehnen.

[39] Oben bei III.4.

Die analoge Anwendung des § 307 AktG im GmbH-Vertragskonzern – Steuerfalle oder Scheinproblem*

Ralf Katschinski

I. Einleitung

Gewinnabführungsverträge werden in der Praxis zwischen Mutter- und Tochtergesellschaften häufig aus steuerlichen Motiven abgeschlossen. Ziel ist es, eine Organschaft im Sinne der §§ 14 ff. KStG zu begründen. Voraussetzungen hierfür sind, dass der Organträger von Beginn des Wirtschaftsjahres an die Mehrheit der Stimmrechte aus den Anteilen der Organgesellschaft hält (§ 14 Abs. 1 Nr. 1 KStG), der Organträger eine unbeschränkt steuerpflichtige natürliche Person oder nicht steuerbefreite Körperschaft ist (§ 14 Abs. 1 Nr. 2 KStG), ein Gewinnabführungsvertrag auf eine Dauer von mindestens 5 Jahren abgeschlossen wird und während seiner Geltungsdauer durchgeführt wird (§ 14 Abs. 1 Nr. 3 KStG). Auf eine GmbH sind dabei die §§ 14–16 KStG nach § 17 KStG anwendbar, wenn diese sich verpflichtet, ihren gesamten Gewinn an den Organträger abzuführen, die Gewinnabführung den nach § 301 AktG genannten Betrag nicht überschreitet und eine Verlustübernahme entsprechend den Vorschriften des § 302 AktG vereinbart wird. Die steuerlich wirksam begründete und durchgeführte Organschaft ermöglicht es den beteiligten Rechtsträgern, ihre steuerlichen Gewinne und Verluste im Organkreis miteinander zu verrechnen. Im Gesamtkonzern kann hierdurch die Steuerbelastung für alle Gesellschaften des Organkreises reduziert werden.

Soweit eine Organgesellschaft aufgrund eines Gewinnabführungsvertrages ihren gesamten Gewinn an einen Organträger abzuführen hat, ist kein Raum mehr für Gewinnausschüttungen an ihre Gesellschafter. Daher erscheint es aus zivilrechtlicher Sicht auf den ersten Blick uninteressant zu sein, sich als Minderheitsgesellschafter an einer solchen GmbH zu beteiligen. Dennoch

* Neben seiner wissenschaftlichen Tätigkeit an der Universität in Kiel war Dieter Reuter von 1985 bis 2006 Richter am Oberlandesgericht in Schleswig in einem Senat, der sich mit gesellschaftsrechtlichen Fällen befasst. Ob er sich in dieser Funktion mit dem Rechtsproblem dieses Beitrags auseinandergesetzt hat, ist nicht bekannt. Wäre aber ein solcher Fall seinem Senat vorgelegt worden, hätte er ihn sicherlich mit überzeugenden juristischen Argumenten und einem praktikablen Ergebnis entschieden.

kommt dies in der Praxis vor. Die Motive[1] hierfür können höchst unterschiedlich sein. So ist es denkbar, dass Fremdgeschäftsführern oder leitenden Angestellten zwecks Bindung an das Unternehmen Gesellschaftsanteile an einer Organgesellschaft übertragen werden[2]. Auch kann die Beteiligung von Kindern an der Organgesellschaft sinnvoll sein, um so zu Zeiten einer steuerlich günstigen Bewertung Teile des Konzerns im Wege der vorweggenommenen Erbfolge vorzeitig auf diese zu übertragen. Letzteres ist insbesondere dann sinnvoll, wenn die Verschonungsregelungen der §§ 13a ff. ErbStG nicht eingreifen. Überdies kommt es vor, dass sich ein anderes Unternehmen aus strategischen Gründen an der Organgesellschaft beteiligt. In der Praxis gibt es solche strategischen Beteiligungen z.B. im Rahmen der Teilprivatisierung von Eigengesellschaften von Ländern und Kommunen[3].

Zuletzt ist es möglich, dass bei Abschluss des Gewinnabführungsvertrages der Minderheitsgesellschafter noch kein außenstehender Gesellschafter war, weil er zu 100 % an dem Organträger beteiligt war oder der Organträger umgekehrt 100 % der Anteile an diesem Mitgesellschafter hielt[4] oder zwischen ihnen ein Beherrschungs- oder Gewinnabführungsvertrag bestand[5]. Ändern sich die Beteiligungsverhältnisse in vorgenannten Konstellationen oder wird der bestehende Unternehmensvertrag beendet, kann der Mitgesellschafter nachträglich zum außenstehenden Gesellschafter werden, weil er diesem nicht mehr zugerechnet werden kann[6].

Ist die Organgesellschaft eine Aktiengesellschaft, so bestimmt § 307 AktG, dass spätestens zum Ende des Geschäftsjahres, in dem sich ein außenstehender Aktionär beteiligt, der Gewinnabführungsvertrag endet. Letzteres hat auch Auswirkungen auf die steuerliche Organschaft. In den Fällen, in denen die vertragliche Laufzeit des Gewinnabführungsvertrages, die nach § 14 Abs. 1 Nr. 3 KStG mindestens fünf Jahre betragen muss, bereits abgelaufen ist, endet die Organschaft parallel zum Ende des laufenden Geschäftsjahres. Sind hingegen die fünf Jahre noch nicht durchgeführt, hat dies grundsätzlich die

[1] Vgl. zu möglichen Motiven bereits Priester, FS für Martin Pelzer, 2001, S. 327.

[2] Vgl. auch zu den sog. Manager- und Mitarbeiterbeteiligungsmodellen BGHZ 164, 98 und BGHZ 164, 108 ff.; Lutter/Hommelhoff-Lutter, GmbHG, 17. Aufl., § 34 Rn. 30 f.; Michalski-Sosnitza, GmbHG, 2. Aufl., § 34 Rn. 42 jeweils m.w.N.

[3] Vgl. dazu Bredow/Liebscher BB 2003, 393.

[4] Hüffer, AktG, 8. Aufl., § 304 Rn. 3; Koppensteiner in Kölner Komm. z. AktG, 3. Aufl., § 295 Rn. 42.

[5] Str. ist, ob und inwieweit verbundene Gesellschaften dem anderen Vertragsteil des Unternehmensvertrages zugerechnet werden. Teils soll ein bloßes Abhängigkeitsverhältnis i.S.v. § 17 AktG genügen (so Raiser/Veil, KapGesR, 4. Aufl. § 54 Rn. 66), teils wird hierfür der Abschluss eines Gewinnabführungs- oder Beherrschungsvertrages verlangt (so Hüffer, AktG, 9. Aufl. § 304 Rn. 3; Koppensteiner in Kölner Komm. z. AktG, 3. Aufl., § 295 Rn. 43; Krieger, MünchHdb AG, § 70 Rn. 79).

[6] Vgl. auch Koppensteiner in Kölner Komm. z. AktG, 3. Aufl., § 307 Rn. 2; Paulsen in Müko z. AktG, 3. Aufl., § 307 Rn. 7.

Unwirksamkeit der Organschaft von Anfang an zur Folge[7]. Etwas anderes gilt nach § 14 Abs. 1 S. 1 Nr. 3 S. 2 KStG nur, wenn die Beendigung des Gewinnabführungsvertrages (durch Kündigung oder einvernehmliche Aufhebung) aufgrund eines wichtigen Grundes erfolgt[8]. Ob ein solcher beim erstmaligen Eintritt eines außenstehenden Gesellschafters in den Konstellationen des § 307 AktG vorliegt, ist streitig[9].

Nicht abschließend geklärt ist, ob § 307 AktG analog auf einen Gewinnabführungs- oder Beherrschungsvertrag mit einer abhängigen GmbH anwendbar ist. Diese Frage ist für die Praxis von großer Bedeutung. Die GmbH ist die am häufigsten verbreitete Kapitalgesellschaftsrechtsform in der Bundesrepublik Deutschland[10]. Insbesondere Tochtergesellschaften sind häufig in dieser Rechtsform organisiert. Nicht selten sind sie über einen Gewinnabführungsvertrag zur Begründung einer steuerlichen Organschaft an die Muttergesellschaft angebunden. Bei einer analogen Anwendung des § 307 AktG würde den beteiligten Gesellschaften im Falle des Beitritts eines außenstehenden Gesellschafters die Zwangsbeendigung der Organschaft und, soweit der Unternehmensvertrag noch nicht fünf Jahre durchgeführt worden ist, darüber hinaus unter Umständen deren rückwirkende Nichtigkeit von Anfang an drohen.

II. Meinungsstand

Die Rechtsprechung hat sich – soweit ersichtlich – mit der Frage der analogen Anwendung des § 307 AktG auf eine abhängige GmbH noch nicht beschäftigen müssen. Das Meinungsbild im Schrifttum zu dieser Frage ist uneinheitlich. Die h.M.[11] hält § 307 AktG für analog anwendbar. Begründet wird dies häufig damit, dass die Beendigungsgründe der §§ 293 ff. AktG entsprechend auf Unternehmensverträge mit einer GmbH anwendbar seien, ohne jedoch auf die Besonderheiten der Norm des § 307 AktG einzugehen.

[7] Vgl. Blümlich-Danelsing, KStG, Loseblattsammlung Stand April 2009, § 14 Rn. 161.

[8] Vgl. KStR 60 Abs. 6.

[9] Für Vorliegen eines wichtigen Grundes: Dötsch/Witt in Dötsch, EStG, Stand: Okt. 2009, § 14 Rn. 224, Frotscher/Maas, KStG, § 14 Rz. 360; aA Bredow/Liebscher, BB 2003, 395; Walter in Arthur Andersen, KStG, Stand Dez. 1998, § 14 Rn. 728 f.

[10] Kornblum GmbHR 2009, 25, 30 f.

[11] Emmerich in Scholz, GmbHG, 10. Aufl., Anhang zu § 13 Rn. 189; Emmerich/Habersack, Konzernrecht, 9. Aufl., § 19 Rn. 1; § 32 Rn. 41; Michalski-Servatius, GmbHG, 2. Aufl. Syst. Darst. 4 Rn. 237; Liebscher in Müko z. GmbHG, § 13 Anh. Rn. 936; Hirte in Großkomm. z. AktG, § 307 Rz. 24; Liebscher, GmbH-Konzernrecht, Rn. 844; Pluskat Konzern 2005, 525; Walter in Arthur Andersen, KStG, Stand Dez. 1998, § 14 Rz. 728; Philippi/Neveling BB 2003, 1685, 1686; Ulrich GmbHR 2004, 1000, 1004; Bredow/Liebscher, BB 2003, 303, 394.

Die Vertreter der Gegenauffassung[12] lehnen eine solche Analogie ab. Nach einer vermittelnden Auffassung soll § 307 AktG nur analog auf einen Unternehmensvertrag mit einer abhängigen GmbH anwendbar sein, wenn der hinzutretende Gesellschafter die Existenz des Beherrschungs- oder Gewinnabführungsvertrages nicht kannte[13]. Eine Lösung der vorstehenden Rechtsfrage hat sich am Gesetzeszweck des § 307 AktG, der Schutzbedürftigkeit des neuen außenstehenden Gesellschafters und den Interessen der Gesellschaft zu orientieren.

III. Gesetzeszweck des § 307 AktG

§ 307 AktG dient dem Schutz außenstehender Aktionäre. Beim Abschluss eines Beherrschungs- oder Gewinnabführungsvertrages bedarf es nach §§ 304, 305 AktG grundsätzlich der Vereinbarung eines angemessenen Ausgleichs zu ihren Gunsten und der Aufnahme eines Abfindungsangebotes. Derartige Vertragsregelungen sind aber nur erforderlich, wenn außenstehende Aktionäre in der Gesellschaft bei Fassung des Zustimmungsbeschlusses vorhanden sind, anderenfalls können sie entfallen; so ausdrücklich § 304 Abs. 1 S. 3 AktG. Beteiligt sich nachträglich ein außenstehender Aktionär an der Gesellschaft, so steht ihm weder ein Ausgleichsanspruch noch das Recht zu, gegen Abfindung aus der Gesellschaft auszuscheiden. Dadurch, dass § 307 AktG anordnet, dass der Beherrschungs- oder Gewinnabführungsvertrag spätestens zum Ende des Geschäftsjahres endet, in dem der außenstehende Aktionär sich beteiligt, werden die Vertragsparteien gezwungen, den Unternehmensvertrag erneut abzuschließen, und zwar diesmal unter Beachtung der Schutznormen der §§ 304, 305 AktG[14]. Die Regelung des § 307 AktG ist dabei zwingender Natur[15]. Sie gilt selbst dann, wenn trotz Fehlens außenstehender Aktionäre bei Abschluss des Gewinnabführungs- oder Beherrschungsvertrages auf Vorrat derartige Regelungen getroffen worden sind. Denn in einer solchen Konstellation kann deren Angemessenheit im Spruchverfahren mangels Vorhandenseins eines Antragsberechtigten nicht überprüft werden[16].

[12] Priester, FS für Peltzer, 2001, 327, 332; Heckschen in Heckschen/Heidinger, Die GmbH in der Gestaltungs- und Beratungspraxis, 2. Aufl., § 15 Rn. 20; Roth/Altmeppen, GmbHG, Anh. § 13 Rn. 95; Schwarz MittRhNotK, 1994, 49, 68; Frotscher/Maas, KStG, § 14 Rz. 360.

[13] Krieger/Jannott DStR 1995, 1473, 1476; Decher in Münchener Handbuch des Gesellschaftsrechts, GmbH, 2. Aufl., 2003, § 70 Rn. 37.

[14] Hüffer, AktG, 9. Aufl., § 307 Rn. 1; Spindler-Veil, AktG, § 307 Rn. 2; Paulsen in Müko z. AktG, 3. Aufl., § 307 Rn. 1; Geßler/Hefermehl-Geßler, AktG, § 307 Rn. 1 f.

[15] Hüffer, AktG, 9. Aufl., § 307 Rn. 1; Paulsen in Müko z. AktG, 3. Aufl., § 307 Rn. 2; Geßler/Hefermehl-Geßler, AktG, § 307 Rn. 14.

[16] Hüffer, AktG, 9. Aufl., § 307 Rn. 1.

Rechtspolitisch wird die Regelung des § 307 AktG allgemein kritisiert[17]. Denn die Norm ermöglicht es dem herrschenden Unternehmen, durch Veräußerung nur einer Aktie aus ihrem Bestand an einen außenstehenden Aktionär einen unlieb geworden Beherrschungs- oder Gewinnabführungsvertrag zu beenden und sich so der Verlustausgleichsverpflichtung zu entziehen.

Wegen dieser zutreffenden rechtspolitischen Kritik des Schrifttums an der Norm des § 307 AktG spricht auf den ersten Blick einiges dafür, eine dem Gesetzgeber missglückte Norm nicht über ihren Wortlaut hinaus auf weitere Sachverhalte anzuwenden.

IV. Voraussetzungen für eine Analogie zu § 307 AktG

Methodisch hat die analoge Anwendung einer Norm zwei Voraussetzungen[18]. Es muss eine Gesetzeslücke vorliegen und die entsprechend anzuwendende Norm muss eine vergleichbare Interessenlage regeln.

Zweck des § 307 AktG ist die Erzwingung der Beachtung der Schutznormen der §§ 304, 305 AktG im Interesse der außenstehenden Gesellschafter. Eine Übertragung des Rechtsgedankens dieser Norm ist daher nur dann möglich, wenn die §§ 304, 305 AktG beim Abschluss eines Gewinnabführungs- oder Beherrschungsvertrages mit einer GmbH anwendbar sind.

Die im Schrifttum hierzu vertretenen Auffassungen hängen überwiegend von der Beantwortung der nach wie vor durch den BGH nicht entschiedenen Frage ab, welches Mehrheitserfordernis bei einer abhängigen GmbH für den Zustimmungsbeschluss zu solchen Unternehmensverträgen besteht[19].

Die h.M.[20] im Schrifttum verlangt einen einstimmigen Beschluss aller vorhandenen Gesellschafter. Dem steht es nach überwiegender Ansicht gleich, wenn die nicht erschienenen Gesellschafter analog § 33 Abs. 1 S. 2 BGB, § 53

[17] Vgl. z.B. Paulsen in Müko z. AktG, 3. Aufl., § 307 Rn. 3; Stephan in Schmidt/Lutter, AktG, § 307 Rn. 2; Hirte in Großkomm. z. AktG, § 307 Rn. 6; Priester in FS für Peltzer, S. 330 f.

[18] Siehe hierzu Larenz/Canaris, Methodenlehre, 3. Aufl., S. 202 ff.; Zippelius, Juristische Methodenlehre, 10 Aufl., S. 67 ff

[19] In seiner Supermarkt-Entscheidung BGHZ 105, 324 hat bekanntermaßen der BGH diese Frage offen gelassen.

[20] Roth/Altmeppen-Altmeppen, GmbHG, 6. Aufl., Anh. § 13 Rn. 40; Scholz-Emmerich, GmbHG, 10. Aufl., Anh. § 13 Rn. 146; Ulmer-Casper, GmbHG, Anh. § 77 Rn. 191; Baumbach/Hueck-Zöllner, GmbHG, 19. Aufl., SchlAnhKonzernR Rn. 54; Wicke, GmbHG, Anh. § 13 Rn. 6; Emmerich/Habersack, KonzernR, 9. Aufl., § 32 Rn. 14 ff.; Emmerich/Habersack, Aktien- und GmbH-Konzernrecht, 6. Aufl., § 293 Rn. 43a; Zöllner ZGR 1992, 174; ebenso Liebscher in Münchener Komm. z. GmbHG, § 13 Anh. Rn. 715 ff. allerdings nur für die personalistische GmbH, für die kapitalistisch strukturierte GmbH folgt er der MA.

Abs. 2 GmbHG nachträglich einem von der Gesellschafterversammlung einstimmig gefassten Beschluss zustimmen[21]. Begründet wird das Einstimmigkeitserfordernis damit, dass mit dem Abschluss eines solchen Unternehmensvertrages eine Änderung des Zwecks der Gesellschaft nach § 33 Abs. 1 S. 2 BGB verbunden sei. Auch werde in einem solchen Fall in den Kernbereich der Mitgliedschaft eingegriffen. Nach dieser Auffassung sind die §§ 304, 305 AktG beim Abschluss von Gewinnabführungs- und Beherrschungsverträgen mit einer GmbH nicht analog anzuwenden, da jeder Gesellschafter durch Verweigerung seiner Zustimmung zu dem Vertrag dessen Zustandekommen verhindern könne[22]. Etwas anderes soll nur gelten, wenn kraft Regelung im Gesellschaftsvertrag ein Unternehmensvertrag durch qualifizierten Mehrheitsbeschluss[23] abgeschlossen werden könne oder der außenstehende Gesellschafter aufgrund seiner Treuepflicht zur Zustimmung verpflichtet sei[24].

Die Gegenauffassung betrachtet den Abschluss eines Unternehmensvertrages als Organisationsvertrag, der die Satzung überlagere und auf den die §§ 53 ff. GmbHG analog anzuwenden seien[25]. Für den Zustimmungsbeschluss sei eine qualifizierte Mehrheit ausreichend. Dies setze aber den Schutz der überstimmten Minderheit voraus. Daher seien nach dieser Auffassung die §§ 304, 305 AktG, aber auch die §§ 293a ff. AktG analog auf den Abschluss eines Gewinnabführungs- und Beherrschungsvertrages mit einer abhängigen GmbH anwendbar[26]. Die Vertreter dieser Auffassung berufen sich darauf, dass auch bei grundlegenden Strukturmaßnahmen nach dem Umwandlungsgesetz, also bei Verschmelzungen, Spaltungen und dem Formwechsel, eine qualifizierte Mehrheit im GmbH-Recht genüge.

Die besseren Argumente sprechen für die h.M. Denn auch für einfache Satzungsänderungen, die den Zweck der Gesellschaft betreffen, wird im unmittelbaren Anwendungsbereich des § 53 GmbHG unter Hinweis auf den Rechtsgedanken des § 33 BGB ein einstimmiger Beschluss der Gesellschafter

[21] Siehe dazu Scholz-Emmerich, GmbHG, 10. Aufl., Anh. § 13 Rn. 144 m.w.N.

[22] Vgl. z.B. Zöllner ZGR 1992, 191.

[23] Ob und unter welchen Vorraussetzungen solche Ermächtigungsklauseln zulässig sind, ist noch nicht endgültig geklärt, vgl. dazu Scholz-Emmerich, GmbHG, 10. Aufl., Anh. § 13 Rn. 144; Emmerich/Habersack, KonzernR, 9. Aufl., § 32 Rn. 19 jeweils m.w.N.

[24] Scholz-Emmerich, GmbHG, 10. Aufl., Anh. § 13 Rn. 159 ff.; Emmerich/Habersack, Aktien- und GmbH-Konzernrecht, 6. Aufl., § 304 Rn. 11; Baumbach/Hueck-Zoellner, GmbHG, 19. Aufl., SchlAnhKonzernR Rn. 62 f.; Ulmer-Casper, GmbHG, Anh. § 77 Rn. 213 ff.; Liebscher in Müko z. GmbHG, § 13 Anh. Rn. 854 ff.; nicht eindeutig insoweit Roth/Altmeppen-Altmeppen, GmbHG, 6. Aufl., Anh. § 13 Rn. 87.

[25] Lutter/Hommelhoff-Lutter, GmbHG, 17. Aufl., Anh. zu § 13 Rn. 63; Rowedder/Schmidt-Leithoff-Koppensteiner, GmbHG, 4. Aufl., Anh. § 52 Rn. 55; Michalski-Servatius, GmbHG, 2. Aufl., Syst. Darst. 4 Rn. 73; Richter/Stengel DB 1993, 1861.

[26] Lutter/Hommelhoff-Lutter, GmbHG, 17. Aufl., Anh. zu § 13 Rn. 66 ff.; Michalski-Servatius, GmbHG, 2. Aufl., Syst. Darst. 4 Rn. 94 ff. u. 101 ff.

verlangt[27]. Gleiches muss für die Zustimmung zu einem Unternehmensvertrag gelten, der faktisch zu einer solchen Zweckänderung führt. Auch der Hinweis der Gegenauffassung auf die Mehrheitserfordernisse im Umwandlungsgesetz verfängt bei genauerer Betrachtung nicht. Er übersieht nämlich, dass den Gesellschaftern der GmbH bei der Verschmelzung oder Spaltung im aufnehmenden Rechtsträger bzw. beim Formwechsel beim Rechtsträger neuer Rechtsform als Gegenleistung grundsätzlich Anteile und Mitgliedschaften zu gewähren sind, die gleichwertig ausgestaltet sein sollen. Dagegen führt der Gewinnabführungs- oder Beherrschungsvertrag zu tief greifenden Eingriffen in die Gewinnbezugs- und Mitverwaltungsrechte der Gesellschafter der abhängigen GmbH. Letzteres bedarf zur Rechtfertigung der ausdrücklichen Zustimmung aller Gesellschafter[28]. Zuletzt gibt es auch keine Notwendigkeit, die GmbH und AG rechtlich gleich zu behandeln. Gerade umgekehrt sprechen die strukturellen Unterschiede zwischen der AG und der GmbH dafür, bei der GmbH die Einstimmigkeit für die Zustimmung zum Abschluss eines Unternehmensvertrages zu verlangen. Während die AG nach dem gesetzlichen Leitmodell ein Kapitalsammelbecken mit großem Gesellschafterkreis ist, ging der Gesetzgeber bei der GmbH davon aus, dass sie im Regelfall einen überschaubaren Gesellschafterkreis hat. Anders als bei einer anonymen Gesellschafterstruktur ist es bei der abhängigen GmbH zumutbar, die Zustimmung aller Gesellschafter zu einem Gewinnabführungs- oder Beherrschungsvertrag einzuholen. Dass nicht alle vom Gesetzgeber für die AG geschaffenen Normen auf die GmbH übertragbar sind und daher stets ein Gleichlauf bei beiden Rechtsformen bestehen muss, zeigen schließlich die §§ 327a ff. AktG. Einen Squeeze Out gibt es bei der GmbH nicht. Auch begründet der BGH[29] bei der GmbH die Notwendigkeit und Formbedürftigkeit des Zustimmungsbeschlusses zu einem Unternehmensvertrag sowie das Erfordernis seiner Eintragung im Handelsregister bekanntlich nicht mit einer entsprechenden Anwendung der §§ 293, 294 AktG, sondern mit der entsprechenden Anwendung der §§ 53, 54 GmbHG.

Sind nach den vorstehenden Ausführungen die §§ 304, 305 AktG auf die abhängige GmbH im Regelfall nicht analog anwendbar, fehlt damit auch die Basis für eine entsprechende Anwendung des § 307 AktG im GmbH-Recht. Letzteres gilt im Interesse der Rechtsklarheit auch dann, wenn nach Auffas-

[27] Vgl. Scholz-Priester/Veil, GmbHG, 10. Aufl., § 53 Rn. 182; Hachenburg-Ulmer, GmbHG, 8. Aufl., § 53 Rn. 103 sowie Baumbach/Hueck-Zöllner, GmbHG, 19. Aufl., § 53 Rn. 29; Roth/Altmeppen-Roth, GmbHG, 6. Aufl., § 53 Rn. 42 jeweils m.w.N.

[28] Ebenso Scholz-Emmerich, GmbHG, Anh. § 13 Rn. 146; Emmerich/Habersack, Aktien- und GmbH-Konzernrecht, § 293 Rn. 43a.

[29] Supermarkt-Entscheidung BGHZ 105, 324 sowie BGHZ 116, 37, 39; BGH NJW 1992, 1452.

sung der h.M.[30] eine Ausgleichszahlung und ein Abfindungsangebot ausnahmsweise in den Beherrschungs- oder Gewinnabführungsvertrag aufzunehmen sind, sofern der Zustimmungsbeschluss aufgrund Satzungsregelung durch Mehrheitsbeschluss gefasst werden kann oder kraft Treuepflicht eine Zustimmungspflicht des außenstehenden Gesellschafters besteht. Die Rechtsfolge der zwingenden Beendigung des Unternehmensvertrages zum Ende des laufenden Geschäftsjahres des § 307 AktG passt für die GmbH nicht. Sie lässt keinen Raum für die Berücksichtigung von Besonderheiten des Einzelfalls, wie insbesondere die Interessen der Gesellschaft am Fortbestand des Vertrages oder die Kenntnis und/oder sogar Zustimmung des außenstehenden Gesellschafters zum Unternehmensvertrag.

V. Bestehenbleiben des Vertrages

Die Beteiligung eines neuen außenstehenden Gesellschafters führt bei einer abhängigen GmbH daher nicht zur Beendigung eines bestehenden Gewinnabführungs- oder Beherrschungsvertrages. Die Rechtslage ist insoweit nicht anders, als wenn die Satzung der Gesellschaft abweichend von den gesetzlichen Bestimmungen Einschränkungen der Teilhaberechte oder des Gewinnbezugsrechts regelt[31]. Diese kann stimmrechtslose Geschäftsanteile schaffen, und zwar anders als nach § 139 AktG bei der AG ohne Ausgleich dieses Nachteiles durch andere Vergünstigungen und ohne Begrenzung der Anzahl der stimmrechtslosen Anteile[32]. Ein solcher Stimmrechtsausschluss schränkt die Teilhabe der betroffenen Gesellschafter an den Entscheidungen in der Gesellschaft weit aus stärker ein als ein Beherrschungsvertrag. Auch kann die Satzung das Gewinnbezugsrecht aller oder einzelner Gesellschafter, im letzteren Fall jedoch nur mit deren Zustimmung, vollständig ausschließen[33]. Eine solche Gestaltung schränkt die Rechtsposition der betroffenen Gesellschafter stärker ein als ein Gewinnabführungsvertrag, der in der Regel zeitlich beschränkt ist.

[30] Scholz-Emmerich, GmbHG, 10. Aufl., Anh. § 13 Rn. 159 ff.; Emmerich/Habersack, Aktien- und GmbH-Konzernrecht, 6. Aufl., § 304 Rn. 11; Baumbach/Hueck-Zoellner, GmbHG, 19. Aufl., SchlAnhKonzernR Rn. 62 f.; Ulmer-Casper, GmbHG, Anh. § 77 Rn. 213 ff.

[31] So bereits auch Priester in FS für Peltzer, S. 332 f.

[32] Allgemeine Ansicht: BGHZ 14, 269; Roth/Altmeppen-Roth, GmbHG, 6. Aufl., § 47 Rn. 17; Lutter/Hommelhoff-Bayer, GmbHG, 17. Aufl., § 47 Rn. 5; Baumbach/Hueck-Zöllner, GmbHG, 19. Aufl., § 47 Rn. 33 jeweils m.w.N.

[33] Vgl. dazu BGHZ 14, 264, 271; BayObLG DB 1987, 2349; Scholz-Emmerich, GmbHG, 10. Aufl., § 29 Rn. 30 f.; Michalski-Salje, GmbHG, 2. Aufl., § 29 Rn. 34; Lutter/Hommelhoff-Hommelhoff, GmbHG, 17. Aufl., § 29 Rn. 3 jeweils m.w.N.

Für den Erwerber gilt in diesen Fällen, dass er den Geschäftsanteil nur so erwerben kann, wie er sich in der Hand des Veräußerers befunden hat[34] und wie er durch die konkrete Satzung der Gesellschaft und andere Organisationsverträge, zu denen auch ein Beherrschungs- oder Gewinnabführungsvertrag gehört, ausgestaltet ist. Dadurch, dass konstitutive Voraussetzung für das Zustandekommen eines Unternehmensvertrages nach der Supermarktentscheidung des BGH[35] dessen Eintragung im Register der abhängigen Gesellschaft ist, kann sich der beitretende Gesellschafter wie bei stark vom Gesetz abweichenden Ausgestaltungen der Mitgliedschaftsrechte durch die Satzung beim Handelsregister über das Bestehen und den Inhalt des abgeschlossenen Unternehmensvertrages informieren. Letzteres sollte ein Erwerber eines Geschäftsanteils auch tun. Bei der Aktiengesellschaft sind durch die Regelung des § 23 Abs. 5 AktG der Vertragsgestaltung enge Grenzen gesetzt. Dies ist bei der GmbH anders. Bei ihr besteht ein erheblicher Gestaltungsspielraum für die Ausgestaltung des Gesellschaftsstatuts. Daher tut jeder Erwerber gut daran vor Beitritt/Erwerb eines Geschäftsanteils sich über die konkrete Ausgestaltung seiner zukünftigen Rechtsposition zu informieren. Hierzu gehört es, dass er sich den Handelsregisterauszug und die beim Register hinterlegten wesentlichen Urkunden ansieht.

VI. Schutz der außenstehenden Gesellschafter

Auch wenn § 307 AktG nicht auf die GmbH entsprechend angewandt werden kann, heißt dies keineswegs, dass die Interessen eines neu hinzukommenden außenstehenden Gesellschafters vollständig zu vernachlässigen sind. Daher soll nachfolgend untersucht werden, in welchen Fällen dieser schutzbedürftig ist und welche Rechte ihm im Einzelnen zustehen.

1. *Rechte nach allgemeinem Zivilrecht*

a) Ansprüche wegen eines Mangels

Soweit der außenstehende Gesellschafter seinen Anteil durch einen Kaufvertrag erworben hat, stehen ihm vorrangig gegen den Veräußerer, also i.d.R. den Hauptgesellschafter, die in §§ 437, 453 Abs. 1 BGB geregelten Ansprüche zu. Denn der Verkäufer haftet gem. §§ 434 Abs. 1 S. 2, 453 BGB für die gewöhnlichen rechtlichen Eigenschaften eines Anteils, wie die Höhe des

[34] Für satzungsändernde Beschlüsse gilt dieser Grundsatz sogar schon vor deren Eintragung im Handelsregister. Vgl. dazu Hachenburg-Ulmer, GmbHG, 8. Aufl. § 54 Rn. 28; Scholz-Priester/Veil, GmbHG, 10. Aufl., § 54 Rn. 61; Noack GmbHR 1994, 351 f.

[35] BGHZ 105, 324.

Stimmrechts und der Gewinnbeteiligung[36], wenn eine Beschaffenheit nicht speziell vertraglich abweichend vereinbart worden ist. Der Erwerber eines Geschäftsanteils darf vorbehaltlich anderer vertraglicher Vereinbarungen erwarten, einen entsprechend den Regelungen des GmbHG mit Gewinnbezugsrecht und Stimmrecht ausgestatteten Geschäftsanteil zu erwerben. Durch einen Gewinnabführungsvertrag kommt es für dessen Laufzeit zu einem Ausschluss des Gewinnbezugsrechts. Ein Beherrschungsvertrag führt zur Einschränkung des Stimmrechts der Gesellschafter, da die Beschlusskompetenz der Gesellschafterversammlung in Geschäftsführungsfragen entfällt und die Weisungskompetenz in diesen Fragen auf das herrschende Unternehmen übergeht[37].

Soweit der Käufer allerdings den Mangel bei Vertragsschluss kannte, sind diese Rechte nach § 442 S. 1 BGB ausgeschlossen. Gleiches gilt gem. § 442 S. 2 BGB, wenn der Mangel dem Käufer grob fahrlässig unbekannt geblieben ist und der Verkäufer diesen weder arglistig verschwiegen hatte noch eine Garantie diesbezüglich übernommen hatte.

Dabei gilt, dass der Veräußerer den Erwerber unaufgefordert bei Vertragsschluss auf den bestehenden Unternehmensvertrag als ihm bekannten Mangel hinzuweisen hat[38]. Nach der Rechtsprechung hat bei einem Unternehmenskauf der Verkäufer ungefragt über solche Umstände aufzuklären, die den Vertragszweck des Erwerbers vereiteln können und damit für seinen Kaufentschluss von wesentlicher Bedeutung sind[39]. Gleiches hat auch hier zu gelten.

Anders als bei der Übertragung von Aktien, die formlos erfolgen kann und häufig auch anonym über die Börse geschieht, ist bei der Veräußerung von Geschäftsanteilen gewährleistet, dass der Veräußerer dieser Obliegenheit nachkommt. Denn auch nach der Reform des GmbH-Rechts durch das MoMiG[40] bedürfen der Verkauf und die Übertragung von GmbH-Anteilen der notariellen Beurkundung nach § 15 Abs. 3 und 4 GmbHG[41]. Der Notar

[36] RGZ 99, 217, 220 für Kruxen; RG DR 1943, 811, 812; Müko-H. P. Westermann, BGB, 5. Aufl., § 453 Rn. 11; Bamberger/Roth-Faust, BGB, 2. Aufl., § 453 Rn. 10; Palandt-Weidenkaff, BGB, 69. Aufl., § 453 Rn. 23.

[37] Baumbach/Hueck-Zöllner, GmbHG, 19. Aufl., SchAnhKonzernR Rn. 63 m.w.N.

[38] Priester, FS für Peltzer, S. 335.

[39] Vgl. dazu BGH NJW 2002, 1042, 1043; BGH NJW 2001, 2163, 2164; Müko-H. P. Westermann, BGB, 5. Aufl., § 453 Rn. 41; Holzapfel/Pöllath, Unternehmenskauf in Recht und Praxis, 13. Aufl., Rn. 777; Stengel/Scholder NJW 1994, 159, 160 ff.

[40] Gesetz zur Modernisierung des GmbH-Rechts und zur Bekämpfung von Missbräuchen BGBl. I 2008, 2026.

[41] Siehe zur rechtspolitischen Diskussion der Abschaffung der Beurkundungspflicht Scholz–H. Winter/Seibt, GmbHG, 10. Aufl., § 15 Rn. 5 ff. Aufgrund der Einführung des gutgläubigen Erwerbs von Geschäftsanteilen durch das MoMiG sind die Forderungen nach der Abschaffung der Beurkundungspflicht gem. § 15 Abs. 3 u. 4 GmbHG überholt. Die Einschaltung des Notars dient nunmehr auch der Richtigkeitsgewähr der Gesellschafterliste, an die der Gutglaubenschutz anknüpft.

wird im Regelfall vor Beurkundung das Handelsregister einsehen. Dabei werden in der Praxis die Gesellschafterliste[42], der Handelsregisterauszug[43] und die Satzung[44] der Gesellschaft kontrolliert. Ein im Register eingetragener Gewinnabführungs- oder Beherrschungsvertrag wird dem Notar auffallen. Er wird dann im Rahmen seiner Hinweis- und Belehrungspflicht nach § 17 BeurkG die Vertragsparteien bei der Beurkundung auf den Unternehmensvertrag hinweisen und über dessen Auswirkungen für die Rechtsstellung des Käufers belehren[45].

b) Anfechtung des Erwerbs

Möglich ist ferner u.U. eine Anfechtung des Kaufvertrages wegen eines Irrtums nach § 123 BGB, sofern der außenstehende Gesellschafter beim Erwerb seiner Beteiligung getäuscht wurde[46]. Obgleich das Gewinnbezugsrecht des Geschäftsanteils eine verkehrswesentliche Eigenschaft desselben ist, scheidet eine Anfechtung nach § 119 Abs. 2 BGB dagegen regelmäßig aus, und zwar nach h.M.[47] auch vor Gefahrübergang. Soweit nämlich ein Mangel vorliegt, wird das Anfechtungsrecht nach § 119 Abs. 2 BGB durch die spezielleren Vorschriften über die Mängelhaftung verdrängt.

Anders sieht es aus, wenn der außenstehende Gesellschafter seinen Anteil im Rahmen einer Kapitalerhöhung erwirbt. Hier stellt sich die Frage, ob er die Übernahmeerklärung nach den §§ 119 Abs. 2, 123 BGB anfechten kann, wenn er keine Kenntnis vom Unternehmensvertrag hatte oder sogar diesbezüglich getäuscht worden ist. Dies wird nur bis zu Eintragung der Kapitalerhöhung im Handelsregister zugelassen. Danach können nach allgemeiner Auffassung Mängel der Übernahmeerklärung im Interesse des Gläubigerschutzes nicht mehr geltend gemacht werden[48]. Vielmehr steht dem außen-

[42] Im Hinblick auf den durch das MoMiG neu geschaffenen gutgläubigen Erwerb von Geschäftsanteilen ist die Einsicht der Gesellschafterliste nunmehr zwingende Amtspflicht, vgl. dazu Katschinski/Rawert ZIP 2008, 1993, 2002.

[43] Aus dem Handelsregister ergeben sich die allgemeinen Informationen über die Gesellschaft.

[44] Aus der Satzung ergeben sich u.U. Einschränkungen für die Übertragbarkeit des GmbH-Anteils. Meistens bestehen Vinkulierungen nach § 15 Abs. 5 GmbHG.

[45] Auch hier belegen die Strukturunterschiede zwischen der AG und der GmbH nochmals, dass die aktienrechtlichen Regelungen der §§ 293 ff. AktG – damit insbesondere auch § 307 AktG – nicht ungeprüft auf die GmbH übertragen werden können.

[46] Vgl. z.B. Palandt-Ellenberger, BGB, 69. Aufl., § 119 Rn. 28; Bamberger/Roth-Wendtland, BGB, 2. Aufl., § 119 Rn. 8.

[47] BGH NJW-RR 2008, 22 Tz. 9; Palandt-Ellenberger, BGB, 69. Aufl., § 119 Rn. 28; Müko-Kramer, BGB, 5. Aufl., § 119 Rn. 33; Bamberger/Roth-Wendtland, BGB, 2. Aufl., § 119 Rn. 8 f. jeweils m.w.N.

[48] Scholz-Priester, GmbHG, 10. Aufl., § 57 Rn. 53 ff.; Lutter/Hommelhoff-Lutter, GmbHG, 17. Aufl., § 55 Rn. 41, § 57 Rn. 26 jeweils m.w.N.

stehenden Gesellschafter wegen des vorhandenen Gewinnabführungs- oder Beherrschungsvertrages nunmehr ein außerordentliches Austrittsrecht aus wichtigem Grund zu.

3. *Treuepflicht*

Zuletzt ist zu überlegen, den Schutz des außenstehenden Gesellschafters durch das Rechtsinstitut der Treuepflicht zu gewährleisten. Hierfür spricht, dass §§ 304, 305 AktG spezialgesetzliche Ausprägungen dieses Rechtsinstituts für die Aktiengesellschaft[49] darstellen. Regelmäßig ist der Vertragspartner eines Beherrschungs- oder Gewinnabführungsvertrages unmittelbar oder mittelbar Hauptaktionär der abhängigen Aktiengesellschaft. Durch die Verpflichtung zur Unterbreitung eines Abfindungsangebotes und Leistung einer Ausgleichszahlung verpflichtet ihn der Gesetzgeber Rücksicht auf die Interessen der anderen Aktionäre zu nehmen. Es liegt daher Nahe auch hinsichtlich des Schutzes der außenstehenden Gesellschafter in einer GmbH auf dieses Rechtsinstitut zurückzugreifen.

In der Rechtsprechung ist anerkannt, dass eine Treuepflicht des Gesellschafters sowohl gegenüber der GmbH als auch gegenüber den Mitgesellschaftern besteht. Die Treuepflicht kann dazu führen, dass dem Mehrheitsgesellschafter zum Schutz der Minderheit Schranken bei der Ausübung seiner mitgliedschaftlichen Befugnisse gesetzt werden bzw. er bei der Wahrnehmung seiner Rechte auf deren Interessen Rücksicht zu nehmen hat. Im Einzelfall ist dabei eine umfassende Abwägung der eigenen Interessen des Mehrheitsgesellschafters, der Gesellschaft und des Minderheitsgesellschafters vorzunehmen[50]. Damit ermöglicht der Rückgriff auf das Rechtsinstitut der Treuepflicht eine umfassende Berücksichtigung der Besonderheiten eines jeden Einzelfalles.

Aus dem Institut der Treuepflicht kann dabei allerdings keine Verpflichtung zur sofortigen Aufhebung oder Änderung des Unternehmensvertrages seitens des Hauptgesellschafters hergeleitet werden. Eine solche kann er nicht erfüllen. Nach allgemeiner Ansicht ist der Rechtsgedanke des § 299 AktG auch im GmbH Recht anwendbar[51]. Nach dieser Norm kann der abhängigen GmbH vom Vertragspartner nicht die Weisung erteilt werden, den Unternehmensvertrag zu ändern, aufrecht zu erhalten oder zu beendigen. Soweit daher eine umfassende Abwägung der Interessen des außenstehenden Gesellschafters, des Hauptgesellschafters und der abhängigen

[49] Vgl. zur Treuepflicht in der AG BGHZ 103, 184 (Linotype); BGH NJW 1992, 3167, 3171; BGZ 127, 107, 111; 129, 136, 142 f. sowie Hüffer, AktG, 9. Aufl., § 53a Rn. 13 ff.

[50] Baumbach/Hueck-Hueck/Fastrich, GmbHG, 19. Aufl., § 13 Rn. 24; Roth/Altmeppen-Altmeppen, GmbHG, 6. Aufl., § 13 Rn. 28 ff.; Lutter/Hommelhoff-Bayer, GmbHG, 17. Aufl., § 14 Rn. 20 ff.; Michalski-Michalski/Funke, GmbHG, 2. Aufl., § 13 Rn. 136 ff.

[51] Emmerich/Habersack, Aktien- und GmbH-Konzernrecht, 6. Aufl., § 299 Rn. 2; Priester, FS für Peltzer, S. 335.

Gesellschaft ergibt, dass eine dauerhafte Fortführung des geschlossenen Vertrages dem außenstehenden Gesellschafter nicht zumutbar ist, kann dieser vom Hauptgesellschafter kraft Treuepflicht allenfalls verlangen, dass der bestehende Gewinnabführungs- oder Beherrschungsvertrag zur nächsten ordentlichen Kündigungstermin beendet wird. Bedeutung hat dies für solche Verträge, die sich automatisch verlängern, sofern sie nicht zuvor von einem Vertragspartner ordentlich gekündigt werden. Sie dürfen nach Auslaufen deren Mindestvertragslaufzeit nicht ohne einen neuen legitimierenden Beschluss der Gesellschafterversammlung der GmbH fortgesetzt werden.

Im Übrigen sind folgende Fallgruppen zu unterscheiden:

Nicht schutzbedürftig ist derjenige neue Gesellschafter, der bei seinem Beitritt dem bestehenden Gewinnabführungs- oder Beherrschungsvertrag ausdrücklich zustimmt oder aber diesen kennt und dennoch seinen Anteil sei es durch einen Kaufvertrag oder durch Zeichnung im Rahmen einer Kapitalerhöhung erwirbt. Im letzteren Fall ist im Erwerb der Geschäftsanteile eine konkludente Zustimmung zu dem Unternehmensvertrag zu sehen. In beiden Fällen wird der neue Gesellschafter nicht anders behandelt als ein Minderheitsgesellschafter, der bei der Fassung des Zustimmungsbeschlusses nicht zugegen war und danach freiwillig unter Verzicht auf ein Abfindungsangebot oder eine Ausgleichszahlung dem Unternehmensvertrag zugestimmt hat.

Ebenfalls nicht schutzbedürftig erscheint derjenige Gesellschafter, der das Bestehen des Unternehmensvertrages durch Einsichtnahme in das Handelsregister hätte erkennen können. Es ist insoweit schon ausgeführt worden, dass der Geschäftsanteil anders als die Aktie kein Standardprodukt ist. Vielmehr besteht ein weiter Gestaltungsspielraum hinsichtlich der Rechtspositionen, die mit der Gesellschafterstellung in der GmbH verbunden sind. Soweit daher ein Erwerber sich nicht durch Einsichtnahme in das Handelsregister und die dort hinterlegte aktuelle Fassung der Satzung über seine künftigen Rechte in der Gesellschaft erkundigt, geht dieses Versäumnis allein zu seinen Lasten. Er kann nicht erwarten, dass ein anderer Gesellschafter die wirtschaftlichen Folgen seines mangels Einholung der zugänglichen Informationen getätigten Fehlinvestments ausgleicht. Vielmehr hat er wie beim Erwerb von Geschäftsanteilen, die nach dem Gesellschaftsvertrag vom Gewinnbezugsrecht ausgeschlossen sind oder die kein Stimmrecht vermitteln, die Konsequenzen seiner Nachlässigkeit allein zu tragen. Man wird jedoch einem solchen Gesellschafter zugestehen, dass er aus wichtigem Grund aus der Gesellschaft austreten kann. Letzteres räumen die Vertreter der h.M.[52] auch dem überstimmten oder kraft Treuepflicht zur Zustimmung verpflichteten

[52] Scholz-Emmerich, GmbHG, 10. Aufl., Anh. § 13 Rn. 160; Roth/Altmeppen, GmbHG, 6. Aufl., Anh. § 13 Rn. 87; Lutter/Hommelhoff-Lutter, GmbHG, 17. Aufl., Anh. zu § 13 Rn. 67 und § 57 Rn. 26; Henze, Konzernrecht – Höchst- und obergerichtliche Rechtsprechung, Rn. 224; Scholz-Priester, GmbHG, 10. Aufl., § 57 Rn. 54.

außenstehenden Gesellschafter beim Abschluss eines Beherrschungs- oder Gewinnabführungsvertrages ein.

Anders sieht es aus, wenn der abgeschlossene Beherrschungs- oder Gewinnabführungsvertrag für den außenstehenden Gesellschafter nicht aus dem Handelsregister erkennbar war, weil er zwar bereits abgeschlossen war und die erforderlich Zustimmungsbeschlüsse gefasst waren, er aber noch nicht im Zeitpunkt seines Beitritts im Handelsregister der GmbH eingetragen war. In solchen Fällen kann zwar der außenstehende Gesellschafter aus wichtigem Grund nach allgemeinen Gründsätzen aus der Gesellschaft austreten[53]. Bei Wahrnehmung dieses Rechts steht ihm auch ein Abfindungsanspruch zu. Dieser richtet sich aber nur gegen die abhängige GmbH, die nicht solvent sein kann. Auch kann der Abfindungsanspruch durch die Satzung der Gesellschaft der Höhe nach beschränkt sein[54]. Aus diesen Gründen räumt die h.M.[55] beim Abschluss eines Beherrschungs- oder Gewinnabführungsvertrages außenstehenden Gesellschaftern, die beim Abschluss des Beherrschungs- oder Gewinnabführungsvertrag überstimmt worden sind oder kraft Treuepflicht zur Zustimmung verpflichtet waren[56], eine Ausgleichzahlung und ein Abfindungsangebot analog § 305 AktG ein. Umstritten ist dabei, ob stets nur eine Barabfindung oder unter Umständen auch eine Abfindung in Anteilen entsprechen § 305 Abs. 2 Ziff. 1 und 2 AktG anzubieten ist[57]. Gleiches hat auch zu gelten, wenn ein schutzwürdiger außenstehender Gesellschafter hinzukommt, für den der bestehende Beherrschungs- oder Gewinnabführungsvertrag nicht erkennbar war. Denn wie der überstimmte oder kraft Treuepflicht zur Zustimmung verpflichtete Gesellschafter ist auch er für ihn unvermeidbar an den Vertrag gebunden, der nicht seinen Interessen entspricht. Ihm hat der Vertragspartner kraft Treuepflicht daher ein Abfindungsangebot zum Verkehrswert seines Anteils zu unterbreiten und eine Ausgleichzahlung zu leisten. Letztere kann allerdings dann entfallen, soweit

[53] Siehe zum Austrittsrecht des außenstehenden Gesellschafters beim Abschluss eines Beherrschungs- oder Gewinnabführungsvertrages auch: Roth/Altmeppen-Altmeppen, GmbHG, 6. Aufl., Anh. § 13 Rn. 87; Scholz-Emmerich, GmbHG, 10. Aufl., Anh. § 13 Rn. 160; Zollner ZGR 1992, 201.

[54] Vgl. dazu Liebscher in Müko z. GmbHG, § 13 Anh. Rn. 855; Roth/Altmeppen-Altmeppen, GmbHG, 6. Aufl., Anh. § 13 Rn. 87; Scholz-Emmerich, GmbHG, 10. Aufl., Anh. § 13 Rn. 160; Ulmer-Casper, GmbHG, § 77 Anh. Rn. 215.

[55] Liebscher in Müko z. GmbHG, § 13 Anh. Rn. 856; Scholz-Emmerich, GmbHG, 10. Aufl., Anh. § 13 Rn. 159 ff.; Emmerich/Habersack, Aktien- und GmbH-Konzernrecht, 6. Aufl., § 304 Rn. 11; Baumbach/Hueck-Zoellner, GmbHG, 19. Aufl., SchlAnhKonzernR Rn. 62 f.; Roth/Altmeppen-Altmeppen, GmbHG, 6. Aufl., Anh. § 13 Rn. 87.

[56] Scholz-Emmerich, GmbHG, 10. Aufl., Anhang § 13 Rn. 146; Emmerich/Habersack, Konzernrecht, 9. Aufl., § 32 Rn. 17; Emmerich JuS 1992, 102, 104; Timm WM 1991, 481, 483 ff.

[57] Vgl. dazu Scholz-Emmerich, GmbHG, 10. Aufl., Anh. § 13 Rn. 160; Liebscher in Müko z. GmbHG, § 13 Anh. Rn. 875; Roth/Altmeppen-Altmeppen, GmbHG, 6. Aufl., Anh. § 13 Rn. 88 jeweils m.w.N.

bei der GmbH Verluste durch die Obergesellschaft dauerhaft auszugleichen sind und nur ein sog. Nullausgleich[58] angeboten werden müsste. Soweit nämlich wegen dauerhafter wirtschaftlicher Erfolglosigkeit der GmbH keine Gewinnausschüttung möglich ist, bedarf es keiner Kompensation des fehlenden Gewinnbezugsrechts durch eine Ausgleichszahlung.

VII. Praktischer Umgang mit dem Problem

Für den Wissenschaftler ist mit vorstehenden Ausführungen die Fragestellung gelöst. Das Hinzutreten eines außenstehenden Gesellschafters führt nach zutreffender Auffassung nicht zur vorzeitigen Beendigung eines Beherrschungs- oder Gewinnabführungsvertrages mit einer abhängigen GmbH. Etwaige Ansprüche des neuen Gesellschafters können dadurch ausgeschlossen werden, dass dessen Kenntnis des Unternehmensvertrages bzw. dessen Zustimmung zu ihm zweifelsfrei dokumentiert wird.

Der Berater einer Gesellschaft kann sich mit diesen Überlegungen in der Praxis hingegen nicht zufrieden gegeben, solange der BGH einen solchen Fall noch nicht im hier vertretenen Sinne entschieden hat. Er muss daher seinem Mandanten den sichersten Weg vorschreiben, um diesen nicht wirtschaftlichen Risiken und sich selbst Haftungsrisiken auszusetzen[59]. Denkbar sind hier zwei Vorgehensweisen[60]:

Soweit der alte Unternehmensvertrag bereits länger als 5 Jahre bestand, kann er beendet und durch einen neuen ersetzt werden[61]. In diesem sind Ausgleichszahlung und Abfindungsangebote zu Gunsten der außenstehenden Gesellschafter zu regeln, soweit der außenstehende Gesellschafter hierauf nicht ausdrücklich verzichtet. Um steuerlich anerkannt zu werden, muss der neue Gewinnabführungsvertrag nach § 14 Abs. 1 Nr. 3 KStG eine vertraglich vorgesehene Mindestlaufzeit von wenigstens 5 Jahren haben.

[58] Vgl. zum sog. Nullausgleich BGHZ 166, 195 mit Anm. Hirte/Wittgens EWiR 2006, 291 und Hüffer JZ 2007, 151.

[59] Vgl. hierzu z.B. zu den Belehrungs- und Beratungspflichten des Notars nach § 17 BeurkG: Zimmermann in Kerstin/Bühling, Formularbuch und Praxis der freiwilligen Gerichtsbarkeit, 22. Aufl., § 6 Rn. 47 ff., 103; Eylmann/Vaasen-Frenz, BNotO BeurkG, 2. Aufl., § 17 Rn. 11; allerdings trifft den Notar hinsichtlich der steuerlichen Folgen seiner Beurkundung keine Belehrungspflicht, vgl. dazu BGH DNotZ 1979, 228; 1981, 775; 1985, 635 u. Bernhard in Beck'sches Notarhandbuch, 5. Aufl. G Rn. 118 ff.; Eylmann/Vaasen-Frenz, BNotO BeurkG, 2. Aufl., § 17 Rn. 19; Winkler, BeurkG, 16. Aufl., § 17 Rn. 264.

[60] Nicht möglich ist der Beitritt des neuen Gesellschafters zum Unternehmensvertrag auf Seiten des herschenden Unternehmens zur Begründung einer Mehrmütterorganschaft, wie es noch von Priester, FS Peltzer, S. 336 vorgeschlagen worden ist. Eine solche wird steuerlich nicht mehr anerkannt, da diese Rechtsfigur durch das Steuervergünstigungsabbaugesetz vom 16. Mai. 2003 (BGB I 2003, 660) abgeschafft worden ist.

[61] Pysha/Hahn DB 2009, 147 f.; Spindler-Veil, AktG, § 307 Rn. 2.

Möglich ist es auch, dass das herrschende Unternehmen und die abhängige GmbH den Unternehmensvertrag abändern, insbesondere ihn um Regelungen über Ausgleichsansprüche und ein Abfindungsangebot ergänzen[62]. Für eine solche Abänderung gelten die gleichen Voraussetzungen wie für einen Neuabschluss[63]. Erforderlich sind ein schriftlicher Änderungsvertrag, ein notariell zu beurkundender einstimmiger Zustimmungsbeschluss der Gesellschafterversammlung der abhängigen GmbH und ein Zustimmungsbeschluss der Gesellschafter des herrschenden Unternehmens. Zuletzt ist die Änderung zum Handelsregister anzumelden und dort einzutragen. Steuerlich ist eine derartige Vertragsänderung unschädlich, und zwar unabhängig davon, welche Modifikationen vereinbart werden, soweit der bisherige Vertrag ohne Unterbrechung fortgesetzt wird[64].

Fraglich ist in diesem Zusammenhang, ob auch eine bloße Bestätigung des Unternehmensvertrages durch die Parteien als Vertragsänderung in das Handelsregister eingetragen werden kann. Soweit der neue außenstehende Gesellschafter auf Ausgleichszahlungen und ein Abfindungsangebot verzichtet, besteht seitens der Vertragsparteien des Unternehmensvertrages kein Bedürfnis, diesen inhaltlich zu ändern. In einem solchen Fall werden sie daher in einer Zusatzvereinbarung vorsorglich nur klarstellen, dass der neue außenstehende Gesellschafter unter Verzicht auf eine Ausgleichszahlung und ein Abfindungsangebot dem bestehenden Unternehmensvertrag zugestimmt hat und sie sich darüber einig sind, dass der Unternehmensvertrag nicht zum Ende des laufenden Geschäftsjahres aufgelöst wird, sondern er bis zum Ablauf des vertraglich vereinbarten Zeitraums durchgeführt wird. Muss das Handelsregister eine solche Zusatzvereinbarung, die zwar sprachlich eine Abänderung des geschlossenen Unternehmensvertrages enthält, diesen aber inhaltlich nicht abändert, sondern lediglich bestätigt, eintragen oder kann es dies ablehnen? Registerrechtlich sind nur die vom Gesetz zur Eintragung bestimmten und zugelassenen Tatsachen eintragungsfähig[65]. In der Praxis werden von Registerrichtern und Rechtspflegern unter Hinweis auf diesen Grundsatz aus ihrer Sicht ungewöhnliche Eintragungen häufig abgelehnt. Der BGH wendet auf den Abschluss eines Unternehmensvertrages mit einer abhängigen GmbH die §§ 53 ff. GmbHG entsprechend an. Für Satzungsänderungen ist im GmbH-Recht anerkannt, dass die §§ 53 ff. GmbHG auch auf die bloße sprachliche Änderung des Wortlautes der Satzung anwendbar sind bzw. eine solche Änderung im Handelsregister jedenfalls einzutragen

[62] Paulsen, in Müko z. AktG, 3. Aufl., § 307 Rn. 2; Bredow/Liebscher BB 2003, 393, 394; Priester, FS Peltzer, S. 336.

[63] Vgl. dazu Roth/Altmeppen, GmbHG, 6. Aufl., Anh. § 13 Rn. 101; Scholz-Emmerich, GmbHG, 10. Aufl., Anh. § 13 Rn. 185 ff.

[64] Gosch-Neumann, KStG, 2. Aufl., § 14 Rn. 306.

[65] Vgl. dazu ausführlich Krafka/Willer/Kühn, Registerrecht, 8. Aufl., Teil 1 Rn. 85 ff.

ist[66]. Gleiches hat auch für eine Abänderung eines Unternehmensvertrages zu gelten. Daher ist auch die klarstellende Bestätigung des Unternehmensvertrages ohne inhaltliche Änderung vom Gericht in das Handelsregister einzutragen.

VIII. Zusammenfassung

1. § 307 AktG ist nicht analog auf Gewinnabführungs- und Beherrschungsverträge mit einer abhängigen GmbH anwendbar. Die Beteiligung außenstehender Gesellschafter führt daher nicht eo ipso zur Beendigung des Unternehmesvertrages zum nächsten Geschäftsjahresende. Es kann nach richtiger Auffassung aus steuerrechtlicher Sicht daher Entwarnung gegeben werden.
2. Der Schutz des neu beitretenden Gesellschafters hat vorrangig unter Anwendung allgemeiner zivilrechtlicher Grundsätze zu erfolgen. So hat er gegen seinen Verkäufer u.U. Ansprüche wegen eines Mangels nach §§ 437, 453 BGB. Auch kann er die Übernahme seiner Geschäftsanteile im Zuge einer Kapitalerhöhung bis zu deren Eintragung ggf. anfechten. Zuletzt steht ihm nach allgemeinen gesellschaftsrechtlichen Grundsätzen ein außerordentliches Austrittsrecht gegen Abfindung zu.
3. Aufgrund der Treuepflicht gegenüber außenstehenden Gesellschaftern kann vom Vertragspartner verlangt werden, den Beherrschungs- oder Gewinnabführungsvertrag zum nächsten ordentlichen Termin zu beenden. Ferner ist er verpflichtet, einem außenstehenden Gesellschafter ein Abfindungsangebot zu unterbreiten und eine Ausgleichszahlung zu leisten, soweit bei dessen Beitritt aus dem Handelsregister die Existenz des Vertrages für diesen nicht erkennbar war.
4. Bis zur Klärung der Rechtsfrage der Anwendbarkeit des § 307 AktG auf die abhängige GmbH durch den BGH ist es aus Gründen der Rechtssicherheit zu empfehlen, den Unternehmensvertrag bis zum Ende des laufenden Geschäftsjahres zu bestätigen und ggf. hinsichtlich der Fragen, ob eine Ausgleichszahlung oder ein Abfindungsangebot dem außenstehendem Gesellschafter eingeräumt werden soll, zu ändern. Die Bestätigung nebst der klarstellenden Änderung ist bis zum Ende des laufenden Geschäftsjahres in das Handelsregister eintragen zu lassen.

[66] Str. für die Anwendung der §§ 53 ff. GmbHG auf redaktionelle Änderungen und unechte Satzungsbestandteile im Interesse der Rechtsklarheit: OLG Brandenburg GmbHR 2001, 625; Scholz-Priester/Veil, GmbHG, 10. Aufl., § 53 Rn. 19; Roth/Altmeppen-Roth, GmbHG, 6. Aufl., § 53 Rn. 5; nach der Gegenauffassung soll ein Beschluss mit einfacher Mehrheit ausreichend sein: Baumbach/Hueck-Zöllner, GmbHG, 19. Aufl., § 53 Rn. 24; Lutter/Hommelhoff-Bayer, GmbHG, § 53 Rn. 5 und 35. Einigkeit besteht weitgehend allerdings insoweit, dass die Registereintragung geboten ist (vgl. dazu Baumbach/Hueck-Zöllner, GmbHG, 19. Aufl., § 53 Rn. 24).

Das EuGH-Urteil *Persche* aus der Sicht von Drittstaaten, insbesondere der Schweiz

Thomas Koller / Norbert Sennhauser[*]

1. Einleitung

Rechtsfragen der *grenzüberschreitenden Gemeinnützigkeit* haben in den letzten Jahren zunehmend Bedeutung erlangt.[1] Zwar sind grenzüberschreitende Sachverhalte im Bereich der Gemeinnützigkeit nicht neu. So betätigen sich z.B. inländische gemeinnützige Institutionen schon seit langem im Ausland, etwa in der Entwicklungshilfe. Andere grenzüberschreitende Sachverhalte dagegen sind erst vor kurzem ins Zentrum des Interesses gerückt,[2] so z.B. *ausländische gemeinnützige Institutionen, welche über eine Liegenschaft im Inland verfügen*, oder *Direktspenden von Inländern an ausländische gemeinnützig tätige Einrichtungen*. Das Gemeinnützigkeitsrecht, das ja in allererster Linie Steuerrecht ist, sah sich dabei (und sieht sich weiterhin) mit neuen Fragestellungen konfrontiert. In der Europäischen Union (EU) hat sich in diesem Bereich mit den EuGH-Urteilen im Fall *Stauffer*[3] und ganz besonders im Fall *Persche*[4] eine bedeutsame Entwicklung angebahnt, deren

[*] Das Manuskript wurde am 26. Januar 2010 abgeschlossen.

[1] Davon zeugt etwa die am 9. Dezember 2009 in Brüssel durchgeführte Tagung über „Cross-border Philanthropy in Europe", organisiert durch die ERA (Europäische Rechtsakademie/Academy of European Law).

[2] Siehe dazu als Beispiel nur etwa das Buch Spenden- und Gemeinnützigkeitsrecht in Europa, hrsg. von W. Rainer Walz, Ludwig von Auer und Thomas von Hippel, Tübingen 2007, insgesamt und *W. Rainer Walz*, Non-Profit-Organisationen im Europäischen Zugwind, aaO, S. 653 ff., sowie *Thomas von Hippel*, Steuerrechtliche Diskriminierung ausländischer gemeinnütziger Nonprofit-Organisationen: ein Verstoß gegen die EG-Grundfreiheiten?, aaO, S. 677 ff., im Besondern.

[3] EuGH-Urteil vom 14. September 2006, Rs. C-386/04, „Centro di Musicologia Walter Stauffer", abrufbar unter http://curia.europa.eu.

In diesem Fall ging es um die Frage, ob eine in Italien ansässige und dort als gemeinnützig anerkannte Stiftung, die in München ein Grundstück besitzt, die Einkünfte aus der Vermietung und Verpachtung in Deutschland versteuern muss. Gemäß damals geltendem deutschem Steuerrecht waren nur in Deutschland ansässige gemeinnützige Institutionen steuerbefreit. Der EuGH qualifizierte diese Begrenzung der Steuerbefreiung auf inländische gemeinnützige Institutionen als europarechtswidrig.

[4] Dazu ausführlich weiter unten in diesem Beitrag.

Ende noch nicht abzusehen ist. Die Schweiz als Nicht-EU-Mitglied hat sich dieser Entwicklung bisher nicht angeschlossen. Es könnte allerdings sein, dass unser Land künftig einseitig (ohne also den EU-Mitgliedstaaten Gegenrecht gewähren zu müssen) vom neuen „Europäischen Zugwind“[5] im Gemeinnützigkeitsrecht profitiert. Dieser Frage soll hier näher nachgegangen werden.

2. Ausgangslage

2.1. Nationale Steuergrenzen

In Staaten außerhalb der EU wie beispielsweise der Schweiz ist das Steuerrecht *primär (noch) national geprägtes Recht*. Allenfalls vorhandene Staatsverträge in Steuersachen zielen meist bloß darauf ab, Doppelbesteuerungen zu vermeiden und den dafür erforderlichen Informationsaustausch zu regeln.[6] Innerhalb der EU findet hingegen eine zunehmende Steuerharmonisierung zwischen den nationalen Rechtsordnungen statt.[7] Im Bereich der indirekten Steuern, namentlich der Mehrwertsteuer[8], konnte eine solche bereits weitgehend realisiert werden. Auch bei den direkten Steuern führen verschiedene unmittelbare Harmonisierungsbestrebungen zu einer spürbaren Vereinheitlichung des Steuerrechts[9], wenngleich die eigentliche Regelungszuständigkeit weiterhin bei den Mitgliedstaaten liegt[10]. Nach wie vor kann es aber

[5] Ausdruck nach *Walz* (Fn. 2), S. 653 ff.

[6] Vgl. aus Sicht der Schweiz etwa *Ernst Höhn,* Internationale Steuerplanung – Eine Einführung in die Steuerplanung für internationale Unternehmen mit Bezug zur Schweiz, Bern/Stuttgart/Wien 1996, S. 87 ff. (zu den nationalen Rechtsordnungen) und S. 143 ff. (zum internationalen Steuerrecht), sowie allgemein *Peter Locher,* Einführung in das internationale Steuerrecht der Schweiz, 3. Auflage, Bern 2005.

Die Schweiz verfügt über ein breit ausgebautes Abkommensnetz zur Vermeidung von Doppelbesteuerungen. Eine aktuelle Übersicht ist abrufbar unter http://www.estv.admin.ch/intsteuerrecht/themen/00170/00701/index.html?lang=de

[7] Vgl. hierzu anschaulich *Georg Kofler*, Wer hat das Sagen im Steuerrecht – EuGH (Teil 1), ÖStZ 2006, S. 106 ff., S. 107.

Ein Kurzüberblick über das Steuerwesen der EU ist abrufbar unter http://europa.eu/legislation_summaries/taxation/index_de.htm.

[8] Die diesbezügliche Harmonisierung erfolgt durch die Richtlinie 2006/112/EG des Rates vom 28. November 2006 über das gemeinsame Mehrwertsteuersystem (ABl. 2006, L 347/1 ff.) mit seitherigen Änderungen.

[9] So die Fusionsrichtlinie 2009/133/EG des Rates vom 19. Oktober 2009 (ABl. 2009, L 310/34 ff.), die Mutter-Tochter-Richtlinie 2003/123/EG des Rates vom 23. Juli 1990 (ABl. 1990, L 225/6 ff.) und die Zinsen-Lizenzgebühren-Richtlinie 2003/49/EG des Rates vom 3. Juni 2003 (ABl. 2003, L 157/49 ff.), je mit seitherigen Änderungen.

[10] *Kofler* (Fn. 7), S. 107; EuGH, Rs. C-386/04, „Centro di Musicologia Walter Stauffer“ (Fn. 3), Rn. 15.

durchaus sein, dass beabsichtigte transnationale Vorhaben auf Schwierigkeiten stoßen, die ihre Ursache in national unterschiedlichen steuerlichen Regelungen haben. Innerhalb der EU können immerhin, soweit nicht ein bilaterales Steuerabkommen Abhilfe schafft, die *vier EU-Grundfreiheiten*[11], in Steuersachen oftmals die *Kapitalverkehrsfreiheit*[12], bei der Beurteilung grenzüberschreitender Sachverhalte steuerentlastend wirken. Diese sind für die Verwirklichung des Binnenmarktes geschaffen worden und vermögen auch im Bereich der Steuern[13] widerstrebende nationale Regelungen zurückzudrängen. Die Bedeutung der Grundfreiheiten für die Harmonisierung im Bereich der direkten Steuern ist überragend und wurde anfänglich gemeinhin unterschätzt.[14] Außerhalb der EU aber bleibt man zur Überwindung steuerlicher Grenzen grundsätzlich auf allenfalls vorhandene und anwendbare Steuerabkommen verwiesen.

2.2. *Grenzüberschreitende Spenden*

In einem vernetzten, offenen und modernen Europa ist es nicht weiter verwunderlich, dass auch altruistisches Handeln grenzüberschreitend vorkommt. Aus verständlichen Gründen, namentlich wegen der Vermeidung von Steuerausfällen, stehen allerdings die Staaten der steuerlichen Förderung solcher Vorhaben in aller Regel skeptisch gegenüber. *Die meisten EU-Mitgliedstaaten knüpfen bzw. knüpften daher die steuerliche Abzugsfähigkeit einer Spende an die Bedingung, dass diese an eine im Inland ansässige gemeinnützige Institution fließt*.[15] In der Schweiz verhält es sich nicht anders: Steuerpflichtige können Spenden an gemeinnützig tätige juristische Per-

[11] Dies sind die Freiheiten über den Waren-, Personen-, Dienstleistungs- und Kapitalverkehr. Ihre Rechtsgrundlage hatten diese bis vor kurzem noch im Vertrag zur Gründung der Europäischen Gemeinschaft (EGV). Mit Inkrafttreten des neuen Vertrages über die Arbeitsweise der Europäischen Union (AEUV; Vertrag von Lissabon) per 1. Dezember 2009 sind diese nunmehr dort rechtlich verankert.

[12] Vgl. Art. 63 ff. AEUV, welche sich inhaltlich mit den bisherigen Vorschriften der Art. 56 ff. EGV weitgehend decken. Es wird daher vorliegend insbesondere auch auf die bisherige Literatur und Rechtsprechung zu Art 56 ff. EGV abgestellt, soweit dies mit den neuen Bestimmungen vereinbar ist.

[13] Bereits relativ frühzeitig hat der EuGH den Überlegungen der Mitgliedstaaten, dass das Recht der direkten Steuern vom Anwendungsbereich der Grundfreiheiten ausgenommen sei, eine klare Absage erteilt (*Kofler* [Fn. 7], S. 107).

[14] Kofler bezeichnet die Rechtsprechung des EuGH zu den Grundfreiheiten als den bislang effizientesten Motor zur Überwindung von steuerlichen Hindernissen grenzüberschreitender wirtschaftlicher Aktivitäten in der Gemeinschaft (*Kofler* [Fn. 7], S. 108).

[15] Sog. „landlock", vgl. *Birgit Weitemeyer*, Probleme grenzüberschreitend tätiger Stiftungen und deren Lösung – Statement zur Konsultation der EU Kommission zum European Foundation Statute, npoR 2/2009, S. 29 ff., S. 30.

sonen nur vom Einkommen bzw. Ertrag abziehen, wenn diese ihren Sitz in der Schweiz haben; Direktspenden ins Ausland wird die Abzugsfähigkeit versagt.[16]

2.3. *Die Rechtssache Persche*

In der EU war bis im Januar 2009 offen, ob eine solche nationale Beschränkung auf inländische gemeinnützige Institutionen mit übergeordnetem EU-Recht, insbesondere mit der Kapitalverkehrsfreiheit, vereinbar ist. Anfangs letzten Jahres hatte der EuGH dann aber Gelegenheit, diese Frage zu klären. Im konkret betroffenen Fall[17] verweigerte das Finanzamt Lüdenscheid Hein Persche, einem in Deutschland wohnhaften Steuerberater, den Sonderausgabenabzug einer Sachspende (Bett- und Badwäsche, Rollatoren und Spielzeugautos) über rund € 18000 an das Centro Popular de Lagoa, ein portugiesisches Senioren- mit angegliedertem Kinderheim, weil die begünstigte Institution nicht in Deutschland ansässig sei. In Portugal ist das Centro Popular de Lagoa als gemeinnützige Institution anerkannt.

Nach erfolglosem Einspruch beim Finanzamt und ebenso erfolgloser Klage beim Finanzgericht Münster legte Hein Persche Revision beim Bundesfinanzhof ein. Dieser setzte das Verfahren aus und gelangte im Rahmen eines Vorabentscheidungsverfahrens an den EuGH.

Mit Urteil vom 27. Januar 2009[18] hat der EuGH entschieden, dass Spenden (und zwar sowohl Sach- als auch Geldspenden) von einem EU-Staat in einen anderen von der *Kapitalverkehrsfreiheit* erfasst werden und deswegen *steuerliche Diskriminierungen im Vergleich zu Inlandspenden* unzulässig seien. Die steuerliche Abzugsfähigkeit von Spenden dürfe nicht von der Voraussetzung abhängig gemacht werden, dass die begünstigte gemeinnützige Institution ihren Sitz im Inland habe. Praktische Schwierigkeiten bei der Durchführung einer wirksamen Steueraufsicht würden angesichts der europäischen Amtshilferichtlinie in Steuersachen[19] nicht als Rechtfertigungsgrund für eine derartige Einschränkung genügen.

[16] Art. 33a und Art. 59 Abs. 1 Bst. c des Bundesgesetzes vom 14. Dezember 1990 über die direkte Bundesteuer (DBG) (abrufbar unter http://www.admin.ch/ch/d/sr/6/642.11.de.pdf) sowie Art. 9 Abs. 2 Bst. i und Art. 25 Abs. 1 Bst. c des Bundesgesetzes vom 14. Dezember 1990 über die Harmonisierung der direkten Steuern der Kantone und Gemeinden (StHG) (abrufbar unter http://www.admin.ch/ch/d/sr/6/642.14.de.pdf).

Siehe zum Gemeinnützigkeitsrecht in der Schweiz insgesamt etwa *Thomas Koller*, Gemeinnützigkeits- und Spendenrecht in der Schweiz, in: Spenden- und Gemeinnützigkeitsrecht in Europa (Fn. 2), S. 441 ff.

[17] EuGH-Urteil vom 27. Januar 2009, Rs. C-318/07, „Persche", abrufbar unter http://curia.europa.eu.

[18] EuGH, Rs. C-318/07, „Persche" (Fn. 17).

[19] Amtshilferichtlinie 77/799/EWG des Rates vom 19. Dezember 1977 (ABl. 1977, L 336/15 ff.), mit seitherigen Änderungen.

2.4. *Folgen des Urteils Persche*

Mit dem Urteil *Stauffer*[20] und in noch stärkerem Masse mit dem Urteil *Persche* hat der EuGH die *Auslandsoffenheit des* (in den Mitgliedstaaten zumeist noch national geprägten) *Gemeinnützigkeitsrechts* erzwungen.[21] Bereits im Anschluss an das Urteil *Stauffer* waren die Mitgliedstaaten aufgerufen worden, ihre Steuergesetzgebung entsprechend anzupassen – nicht zuletzt auch unter dem Druck teilweise bereits angekündigter Vertragsverletzungsverfahren.[22] Nach dem Urteil *Persche* haben die Mitgliedstaaten ihr Gemeinnützigkeitsrecht erneut auf seine Europarechtskonformität hin zu prüfen. Das Urteil ist daher in der ganzen EU, vorab aber naturgemäß in Deutschland, auf reges Interesse gestoßen.[23] Im Fall *Persche* selbst hat der deutsche Bundesfinanzhof das EuGH-Urteil bereits nachvollzogen (und die Angelegenheit zur Vornahme von Sachabklärungen an das Finanzgericht zurückgewiesen).[24]

Auswirkungen dürfte das Urteil *Persche* aber nicht bloß für die unmittelbar betroffenen EU-Mitgliedstaaten haben, sondern auch für Drittländer. Dies deshalb, weil der Kapitalverkehrsfreiheit nach dem Willen der EU sogenannte *Drittstaatenwirkung* zukommt. Nachfolgend wird daher das Urteil *Persche* aus der Sicht von Drittstaaten, im Speziellen der Schweiz, näher be-

[20] EuGH, Rs. C-386/04, „Centro di Musicologia Walter Stauffer" (Fn. 3).

[21] Ausdruck nach *Weitemeyer* (Fn. 15), S. 30.

[22] Vgl. *Weitemeyer* (Fn. 15), S. 30 (insbesondere auch die dortige Fn. 7); *Rainer Hüttemann/Marcus Helios*, Abzugsfähigkeit von Direktspenden an gemeinnützige Einrichtungen im EU-Ausland – Zugleich Anmerkung zum Beschluss des BFH vom 9.5.2007, IStR 2007, Seite 599, IStR 2008, S. 39 ff., S. 40

[23] Auf die Auswirkungen des Urteils „Persche" innerhalb der EU wird hier nicht eingegangen. Dazu sei auf die zahlreichen bereits erschienenen Urteilsbesprechungen verwiesen. Vgl. dazu beispielhaft nur etwa *Robert Schütz/Julia Runte*, Spenden ins EU-Ausland abzugsfähig – EuGH entscheidet in der Rechtssache „Persche", ESC compact Spezial Februar 2009, S. 9 ff.; *Andreas Richter/Anna Katharina Gollan*, Entscheidung des EuGH in der Rechtssache Persche – Spenden an EU-ausländische gemeinnützige Organisationen, npoR 1/2009, S. 19 ff.; *Alexander Putz*, Steuerliche Abzugsfähigkeit von Spenden an ausländische Empfänger, NJW 2009, S. 823 ff.; Europäisches Wirtschafts- und Steuerrecht, Vol. 20, Nr. 3, 2009, S. 89 ff.; *Veronika Daurer*, Die Rs. Persche: Spenden auf dem Prüfstand des Gemeinschaftsrechts, SWI 2009, S. 385 ff.; *Marcus Helios*, Abzugsfähigkeit von Direktspenden an gemeinnützige Einrichtungen im EU-Ausland und struktureller Inlandsbezug?, in: Rainer Hüttemann/Peter Rawert/Karsten Schmidt/Birgit Weitemeyer (Hrsg.), Bucerius Law School, Non Profit Law Yearbook 2008 – Das Jahrbuch des Instituts für Stiftungsrecht und das Recht der Non-Profit-Organisationen, Köln 2009, S. 89 ff.; *Stephan Geserich*, Die Abzugsfähigkeit von Spenden in andere EU-Staaten – Zugleich eine Anmerkung zum EuGH-Urteil vom 27.1.2009, C-318/07, Persche, DStR, 2009, 207, DStR 2009 S. 1173 ff.; *Maximilian Freiherr von Proff*, Grenzüberschreitende Gemeinnützigkeit nach dem Persche-Urteil des EuGH, IStR 2009, S. 371 ff.

[24] BFH, Urteil vom 27.5.2009, X R 46/05 (abrufbar unter http://www.bundesfinanzhof.de/www/index3.html); vgl. dazu etwa den Hinweis in npoR 4/2009, S. 98.

trachtet. Mit anderen Worten sind Überlegungen darüber anzustellen, wie der EuGH hätte urteilen können, falls die begünstigte gemeinnützige Institution nicht in Portugal, sondern in einem Drittstaat wie z.B. der Schweiz ansässig gewesen wäre.

3. Bedeutung des Urteils *Persche* für Drittstaaten im Allgemeinen

3.1. Kapitalverkehrsfreiheit gegenüber Drittstaaten

3.1.1. Unmittelbare und erga-omnes-Wirkung

Die Kapitalverkehrsfreiheit ist in den Art. 63 ff. AEUV[25] geregelt und wie die übrigen EU-Grundfreiheiten unmittelbar anwendbar[26]. Sie gilt seit ihrer primärrechtlichen Regelung[27] *erga omnes* und kennt *keinen Gegenseitigkeitsvorbehalt*.[28] Grund für die Erweiterung der Kapitalverkehrsfreiheit auf Drittstaaten soll die Schaffung der europäischen Wirtschafts- und Währungsunion sein; mit dieser unilateralen Liberalisierung werde – wie etwa geltend gemacht wird – die Mobilität und internationale Akzeptanz des Euros gestärkt.[29]

Die Kapitalverkehrsfreiheit ist die einzige der vier EU-Grundfreiheiten, welche auch gegenüber Drittstaaten Anwendung findet.[30] Daher kommt der

[25] Vorher in Art. 56 ff EGV, siehe hierzu Fn. 11.

[26] Anders als die anderen Grundfreiheiten war die Kapitalverkehrsfreiheit lange Zeit nicht unmittelbar anwendbar. Erstmals gestützt auf die damals neue Kapitalverkehrsrichtlinie 88/361/EWG des Rates vom 24. Juni 1988 (ABl. 1988, L 178/5 ff.) wurde der Kapitalverkehrsfreiheit durch den EuGH diese unmittelbare Anwendbarkeit zuerkannt (vgl. *Daniela Hohenwarter/Patrick Plansky,* Die Kapitalverkehrsfreiheit mit Drittstaaten im Lichte der Rechtssache *Holböck*, SWI 2007, S. 346 ff., S. 346).

[27] Zwar strebten bereits Art. 70 EWGV und Art. 7 Abs. 1 der Kapitalverkehrsrichtlinie 88/361/EWG auch im Verhältnis zu Drittstaaten eine Liberalisierung an, wobei darin lediglich politische Absichtserklärungen zu sehen sind (*Daniel Scharf*, Die Kapitalverkehrsfreiheit gegenüber Drittstaaten, in: Christian Tietje/Gerhard Kraft/Rolf Sethe [Hrsg.], Beiträge zum Transnationalen Wirtschaftsrecht, Heft 76, Halle 2008, S. 5 ff., S. 7.).

[28] Vgl. dazu Art. 63 Abs. 1 AEUV: „Im Rahmen der Bestimmungen dieses Kapitels sind alle Beschränkungen des Kapitalverkehrs zwischen den Mitgliedstaaten *sowie zwischen den Mitgliedstaaten und dritten Ländern* verboten." (Hervorhebung hinzugefügt).

[29] Vgl. *Hohenwarter/Plansky* (Fn. 26), S. 347, wonach diese Begründung mit Blick auf den Anwendungsbereich der übrigen Grundfreiheiten nicht wirklich zu überzeugen vermag; kritisch ebenfalls *Arne Schnitger*, Die Kapitalverkehrsfreiheit im Verhältnis zu Drittstaaten – Vorabentscheidungsersuchen in den Rs. van Hilten, Fidium Finanz AG und Lasertec, IStR 2005, S. 493 ff., S. 493.

[30] Vgl. *Nina Wunderlich/Christoph Blaschke*, Die Gewährleistung der Kapitalverkehrsfreiheit in Bezug auf Drittstaaten – Neuere Entwicklungen in der Rechtsprechung des EuGH, IStR 2008, S. 754 ff., S. 755; *Hohenwarter/Plansky* (Fn. 26), S. 347; *Scharf* (Fn. 27), S. 5 und 9 f.

Abgrenzung zu den anderen Grundfreiheiten bei Drittstaatensachverhalten entscheidende Bedeutung zu.[31] Innerhalb der EU ist diese Abgrenzung aus praktischer Sicht dagegen weit weniger relevant, zumal im EU-Binnenmarkt für alle Grundfreiheiten derselbe Prüfmaßstab gilt.[32]

3.1.2. Persönlicher Anwendungsbereich

Verstoßen nationale Vorschriften der EU-Mitgliedstaaten gegen den freien Verkehr von Kapital nach Drittstaaten, können sich Ansässige in der EU gegen solche Einschränkungen zur Wehr setzen. Die Drittstaatenwirkung bedeutet darüber hinaus aber auch, *dass sich selbst nicht gebietsansässige Drittstaatenangehörige auf die Kapitalverkehrsfreiheit als subjektives Recht vor mitgliedstaatlichen Gerichten berufen können.*[33] Denn vom persönlichen Schutzbereich dieser Freiheit werden ebenso in einem Nichtmitgliedstaat ansässige Drittstaatenangehörige erfasst. Somit kann auch ein in einem Drittstaat Ansässiger vor einem Gericht eines EU-Mitgliedstaates geltend machen, dass eine nationale Regelung eines EU-Mitgliedstaates gegen die Kapitalverkehrsfreiheit verstoße und deswegen nicht angewendet werden dürfe.[34]

Keine Unterscheidung wird zudem zwischen Aktiv- und Passivbeteiligten gemacht: Sowohl Kapitalnehmer als auch Kapitalgeber können sich auf den persönlichen Schutz der Kapitalverkehrsfreiheit berufen.[35] Die Kapitalverkehrsfreiheit kann somit sowohl für einen in der EU ansässigen Spender als auch für eine in einem Drittstaat ansässige begünstigte gemeinnützige Institution von unmittelbarer praktischer Bedeutung sein.[36]

[31] *Scharf* (Fn. 27), S. 13; *Werner Christof Haslehner*, Das Konkurrenzverhältnis der Europäischen Grundfreiheiten in der Rechtsprechung des EuGH zu den direkten Steuern, IStR 2008, S. 565 ff., S. 570.

[32] *Hohenwarter/Plansky* (Fn. 26), S. 351, mit Bezug auf *Cordewener*, Europäische Grundfreiheiten und nationales Steuerrecht (2002), S. 103 ff.

[33] *Scharf* (Fn. 27), S. 9 f., sowie ausführlich zum persönlichen Anwendungsbereich *Steffen Hindelang*, The Free Movement of Capital and Foreign Direct Investment – The Scope of Protection in EU Law, New York 2009, S. 201 ff.

[34] Vgl. *Stefan Oesterhelt*, Bedeutung der Kapitalverkehrsfreiheit für die Schweiz – Erkenntnisse aus kürzlich ergangenen Urteilen des EuGH zu Art. 56 EG-Vertrag, Der Schweizer Treuhänder 4/2008, S. 256 ff., S. 257.

[35] Vgl. *Hindelang* (Fn. 33), S. 205, sowie *Scharf* (Fn. 27), S. 9 f.

[36] Das bedeutet indessen nicht, dass sich die begünstigte Institution gegen die Verweigerung des Spendenabzugs zur Wehr setzen könnte. Dies kann selbstredend nur der durch die Verweigerung des Abzugs belastete Spender. Dagegen könnte z.B. eine in einem Drittstaat ansässige gemeinnützige Institution, die in einem EU-Staat ein Grundstück besitzt, in Anwendung der EuGH-Rechtsprechung im Fall Stauffer (Fn. 3) unter den gleichen Voraussetzungen wie eine inländische Institution Steuerfreiheit verlangen.

3.1.3. Sachlicher Anwendungsbereich

Der sachliche Anwendungsbereich der Kapitalverkehrsfreiheit ist in Art. 63 Abs. 1 AEUV[37] nicht definiert. Der EuGH orientiert sich bei der Auslegung des Begriffs des Kapitalverkehrs an der Kapitalverkehrsrichtlinie vom 24. Juni 1988[38]; die Nomenklatur für den Kapitalverkehr im Anhang I zu dieser Richtlinie behält nach ständiger Rechtsprechung des EuGH weiterhin Hinweischarakter für die Definition des Begriffs des Kapitalverkehrs. Als Kapitalverkehr nennt die Richtlinie sämtliche Formen entgeltlicher und unentgeltlicher Wertübertragungen, welche von Direktinvestitionen, Immobilieninvestitionen, Geschäften mit Wertpapieren und anderen Geldmarktinstrumenten, Darlehen, Krediten, Bürgschaften, Garantien, Schenkungen, Erbschaften bis hin zur Ein- und Ausfuhr von Vermögenswerten reichen.[39]

Auch in der Rechtssache *Persche* stützt sich der EuGH bei der Beurteilung der Frage, ob grenzüberschreitende Geld- oder Sachspenden unter die Kapitalverkehrsfreiheit fallen, auf die Nomenklatur im Anhang I der Kapitalverkehrsrichtlinie. Er weist auf die dort aufgenommenen *Schenkungen* und *Stiftungen* sowie *Erbschaften* und *Vermächtnisse* hin. Daraus leitet er einerseits ab, dass nicht nur solche Kapitalbewegungen erfasst würden, welche in Ausübung einer wirtschaftlichen Tätigkeit vorgenommen würden, sondern auch Spenden aus altruistischen Motiven, andererseits, dass keine Unterscheidung zwischen Geld- und Sachtransaktionen zu machen sei, soweit es um die steuerliche Behandlung gehe.[40]

3.1.4. Problematik des weitgefassten Anwendungsbereiches

Der grundsätzlich sehr weit gefasste persönliche und sachliche Anwendungsbereich der Kapitalverkehrsfreiheit ist aus Sicht der EU für die Verwirklichung des eigentlichen EU-Binnenmarktes sicher gewünscht. Er führt jedoch zwangsläufig zu *Überschneidungen mit dem Anwendungsbereich anderer EU-Grundfreiheiten*.[41] Innerhalb der EU kommt dem, wie bereits erwähnt, keine entscheidende Bedeutung zu, im Verhältnis zu Nichtmitgliedstaaten infolge der auf die Kapitalverkehrsfreiheit beschränkten Drittstaatenwirkung hingegen durchaus.[42] Der EuGH hat dies erkannt und daher der

[37] Vorher in Art. 56 Abs. 1 EGV.

[38] Richtlinie 88/361/EWG des Rates vom 24. Juni 1988 (Fn. 26).

[39] Vgl. *Hohenwarter/Plansky* (Fn. 26), S. 348 f.; *Scharf* (Fn. 27), S. 8 f., sowie in Bezug auf die Rechtssache Persche insbesondere *Hüttemann/Helios* (Fn. 22), S. 41 f., und *Freiherr von Proff* (Fn. 23), S. 372 f.

[40] EuGH, Rs. C-318/07, „Persche" (Fn. 17), Rn. 20 ff.

[41] Vgl. etwa *Michael Schwenke*, Die Kapitalverkehrsfreiheit im Wandel? – Eine erste Analyse neuer Entwicklungen in der Rechtsprechung des EuGH, IStR 2006, S. 748 ff., S. 752.

[42] Vgl. dazu *Wunderlich/Blaschke* (Fn. 30), S. 756; *Hohenwarter/Plansky* (Fn. 26), S. 349 ff., insbesondere S. 351 f.; *Scharf* (Fn. 27), S. 18; *Ernst Marschner/Markus Stefaner*,

Abgrenzung der Grundfreiheiten in neuerer Zeit vermehrt Beachtung geschenkt.[43] Damit soll verhindert werden, dass eine Liberalisierung gleichsam über die „Hintertür" der Kapitalverkehrsfreiheit auch gegenüber Nicht-EU-Mitgliedstaaten unilateral erfolgen muss, obwohl primär eine der anderen drei, auf den europäischen Binnenmarkt beschränkten Grundfreiheiten betroffen ist.

3.2. Einschränkungen der Kapitalverkehrsfreiheit gegenüber Drittstaaten

3.2.1. Verdeckte Einschränkung über die Auslegung des Anwendungsbereiches

3.2.1.1. Grundsatz für die gegenseitige Abgrenzung der Grundfreiheiten

Eine Einschränkung der Kapitalverkehrsfreiheit ergibt sich zunächst gegenüber Drittstaaten, aber zumindest formal nicht nur gegenüber diesen, auf der Ebene der *Auslegung des Anwendungsbereiches.* Nach der neueren Rechtsprechung des EuGH[44] sind die Grundfreiheiten gegeneinander wie folgt abzugrenzen: Bei einer möglichen Konkurrenz von Grundfreiheiten wird darauf abgestellt, *ob im konkreten Fall eine der beiden Freiheiten gegenüber der anderen völlig zweitrangig ist.* Entscheidend ist mithin, in welchen Anwendungsbereich die betroffene nationale Regelung hauptsächlich fällt. Der zweitrangigen Freiheit wird die Anwendung gänzlich versagt. Die subsidiäre Anrufung der Kapitalverkehrsfreiheit wird somit verwehrt, wenn diese lediglich als zwangsläufige Folge der Beeinträchtigung der hauptsächlich betroffenen Grundfreiheit (z.B. der Niederlassungsfreiheit) ebenfalls berührt wird.[45] Im Verhältnis zu Nichtmitgliedstaaten bedeutet dies, dass in einer solchen Situation die Kapitalverkehrsfreiheit mit ihrer Drittstaatenwirkung nicht zum Tragen kommt.

Die Zulässigkeit von Einschränkungen der Kapitalverkehrsfreiheit gegenüber Drittstaaten aufgrund fehlender Amts- und Vollstreckungshilfe, SWI 2009, S. 372 ff., Ziff. III.

[43] In seiner älteren Rechtsprechung ließ sich der EuGH in rein innergemeinschaftlichen Fällen auf eine Vorrangfrage nicht ein und ging von einer parallelen Anwendung aus (*Scharf* [Fn. 27], S. 14). Die ältere Rechtsprechung des EuGH wird teils jedoch auch anders interpretiert; so nimmt *Schwenke* etwa an, dass der EuGH auch schon in seiner älteren Rechtsprechung von einem Exklusivitätsverhältnis, jedenfalls in Bezug auf die Kapitalverkehrsfreiheit, ausgegangen sei (*Schwenke* [Fn. 41], S. 752 f.), Nach *Haslehner* wiederum hat der EuGH seine Rechtsprechung zur Abgrenzung der Grundfreiheiten konsistent weiterentwickelt, wobei der Gerichtshof der Theorie der parallelen Anwendbarkeit letztlich eine klare Absage erteilt habe (*Haslehner* [Fn. 31], S. 574).

[44] So hat der EuGH seit 2006 mehrere Rechtssachen entschieden, in denen er zum Verhältnis der Kapitalverkehrsfreiheit zur Niederlassungsfreiheit und zur Dienstleistungsfreiheit in diesem Sinne Stellung bezog (vgl. Übersicht bei *Scharf* [Fn. 27], S. 15 ff., sowie *Hohenwarter/Plansky* [Fn. 26], S. 350 ff.).

[45] Vgl. als Beispiel etwa EuGH-Urteil vom 3. Oktober 2006, Rs. C-452/04, „Fidium Finanz AG", abrufbar unter http://curia.europa.eu, Rn. 34 und 48.

Ist hingegen die Beeinträchtigung der Kapitalverkehrsfreiheit aus innergemeinschaftlicher Sicht nicht nur unvermeidliche Konsequenz einer eventuellen Beeinträchtigung der konkurrierenden Grundfreiheit, dann bleibt der Anwendungsbereich der Kapitalverkehrsfreiheit im EU-Raum parallel eröffnet. Mit anderen Worten wird eine parallele Anwendung immer dann in Betracht kommen, *wenn die Kapitalverkehrsfreiheit für den entsprechenden Sachverhalt einen eigenständigen Schutzgehalt hat.*[46] Diesfalls kann die Kapitalverkehrsfreiheit auch im Verhältnis zu Drittstaaten angerufen werden. Selbstredend kommt die Kapitalverkehrsfreiheit darüber hinaus sowohl im innergemeinschaftlichen als auch im Drittstaatenverhältnis stets dann zum Tragen, wenn sie die einzig anwendbare bzw. hauptsächlich betroffene Grundfreiheit ist.

3.2.1.2. Praktische Bedeutung der Abgrenzung

Die Rechtsprechung des EuGH zur Abgrenzung der Grundfreiheiten kann als Ausfluss des Grundsatzes „lex specialis derogat legi generali" interpretiert werden.[47] Interessanterweise ist dieser Abgrenzungsgrundsatz vom EuGH mit Bezug auf die Kapitalverkehrsfreiheit soweit ersichtlich erstmals anhand eines rein innergemeinschaftlichen Sachverhaltes herangezogen worden[48], obwohl die Abgrenzung diesfalls keine große praktische Bedeutung hat. Daran ist erkennbar, dass der EuGH zumindest formal einer unterschiedlichen Auslegung des Anwendungsbereiches der Kapitalverkehrsfreiheit im innergemeinschaftlichen Verhältnis einerseits und in Drittstaatenverhältnissen andererseits eine Absage erteilt hat.[49] An sich wäre denkbar gewesen, dass der EuGH einer als zu weitgehend empfundenen Öffnung des Binnenmarktes im Verhältnis zu Drittstaaten mit einer unterschiedlichen Auslegung des Anwendungsbereiches der Kapitalverkehrsfreiheit hätte begegnen wollen.[50] *Eine offenkundige Schlechterstellung von Drittstaaten auf diesem Weg hat der EuGH aber vermieden.*

[46] *Scharf* (Fn. 27), S. 19; in allgemeiner Weise *Haslehner* (Fn. 31), S. 574.

[47] So *Scharf* (Fn. 27), S. 16; andere sprechen gar von Nachrangigkeit der Kapitalverkehrsfreiheit gegenüber den anderen Grundfreiheiten (so etwa *Hohenwarter/Plansky* [Fn. 26], S. 356), was nicht haltbar sein dürfte (vgl. *Haslehner* [Fn. 31], S. 574 ff.).

[48] Vgl. EuGH-Urteil vom 12. September 2006, Rs. C-196/04, „Cadbury Schweppes", abrufbar unter http://curia.europa.eu, Rn. 33.

[49] Vgl. *Wunderlich/Blaschke* (Fn. 30), S. 760, Ziff. 3.3.1, zur Einengung des Gewährleistungsumfangs der Kapitalverkehrsfreiheit; *Marschner/Stefaner* (Fn. 42), Ziff. III und IV.

[50] Wofür verschiedentlich auch plädiert worden ist bzw. wird (vgl. etwa *Michael Lang*, Wohin geht das Internationale Steuerrecht?, IStR 2005, S. 289 ff., S. 295); vgl. auch spezifisch für den Steuerbereich *Schwenke* (Fn. 41), S. 752.

3.2.1.3. Abgrenzung in der Rechtssache Persche mit Blick auf Drittstaaten

Das Urteil *Persche* betraf einen rein innergemeinschaftlichen Sachverhalt, weshalb der Abgrenzung der Kapitalverkehrsfreiheit gegenüber den anderen Grundfreiheiten keine besondere Beachtung geschenkt werden musste. Der EuGH kommt, veranlasst durch die Vorbringen der griechischen Regierung, dennoch zum klaren Ergebnis, *dass eine Spende von Gebrauchsgegenständen nicht unter die Vertragsbestimmungen über den freien Warenverkehr falle*, da nach nunmehr gefestigter Rechtsprechung für die Feststellung, ob eine nationale Regelung von der einen oder anderen Freiheit umfasst werde, auf den Gegenstand der betreffenden nationalen Regelung abzustellen sei.[51] Dadurch ist das Verhältnis zur Warenverkehrsfreiheit klargestellt: Diese ist, wenn überhaupt, nur zweitrangig betroffen und damit nicht anwendbar. Die Abgrenzung zu den anderen verbleibenden Grundfreiheiten, der Dienstleistungs- und der Personenverkehrsfreiheit, ist vom EuGH nicht diskutiert worden. Offensichtlich kann eine steuerliche Regelung über Spendenabzüge nicht unter letztere Freiheit fallen; daneben wird aber eine solche Regelung auch nicht vom sachlichen Anwendungsbereich der Dienstleistungsfreiheit erfasst.[52]

Aus dem Vorstehenden ergibt sich, dass die *Kapitalverkehrsfreiheit* die vorrangig, wenn nicht gar ausschließlich, betroffene Grundfreiheit ist, wenn eine nationale Vorschrift eines EU-Mitgliedstaates über die steuerliche Abzugsfähigkeit von Spenden an gemeinnützige Institutionen im Ausland zur Diskussion steht. Mit anderen Worten ist der Anwendungsbereich genau derjenigen Grundfreiheit gegeben, welche Drittstaatenwirkung hat.

3.2.2. Offene Einschränkung nach den Art. 64 ff. AEUV

Die Tragweite der Kapitalverkehrsfreiheit könnte nicht nur verdeckt im Rahmen der Auslegung ihres Anwendungsbereiches eingeschränkt werden. Offene Möglichkeiten der Einschränkung der in Art. 63 AEUV[53] statuierten Kapitalverkehrsfreiheit sind ausdrücklich in Art. 64 ff. AEUV[54] vorgesehen. Soweit diese Einschränkungsmöglichkeiten gegenüber Drittstaaten greifen, sollen sie nachfolgend näher untersucht werden.

[51] EuGH, Rs. C-318/07, „Persche" (Fn. 17), Rn. 28.
[52] Gemäß Art. 57 AEUV haben Dienstleistungen grundsätzlich entgeltlichen Charakter; als Dienstleistungen gelten insbesondere gewerbliche, kaufmännische, handwerkliche und freiberufliche Tätigkeiten (Abs. 2).
[53] Vorher Art. 56 EGV.
[54] Vorher Art. 57 ff. EGV.

3.2.2.1. Stillstandsklausel

In Bezug auf Drittstaaten enthält Art. 64 Abs. 1 AEUV[55] eine einschneidende Norm, die sogenannte *Stillstandsklausel*[56] bzw. *Grandfathering-Klausel*[57], welche einen Bestandesschutz für älteres Recht vorsieht. Danach verstoßen nationale beschränkende Regelungen, die am 31. Dezember 1993 (bzw. für Bulgarien, Estland und Ungarn am 31. Dezember 1999) galten und seither in grundsätzlich unveränderter Form Bestand haben, nicht gegen die Kapitalverkehrsfreiheit. Wird eine beschränkende nationale Regelung nach dem maßgebenden Stichtag angepasst bzw. durch eine neue ersetzt, muss diese im Wesentlichen mit der früheren übereinstimmen, ansonsten wird eine Anrufung der Stillstandsklausel versagt. Die beschränkende Regelung muss zudem seit dem maßgebenden Stichtag ununterbrochen Teil der nationalen Rechtsordnung gewesen sein.[58]

Die Stillstandsklausel musste vom EuGH in der Rechtssache *Persche* nicht geprüft werden, da diese, damals nach Art. 57 Abs. 1 EGV, heute nach Art. 64 Abs. 1 AEUV, ausschließlich im Verhältnis zu Drittstaaten Anwendung findet. Aber auch bei einem Drittstaatensachverhalt käme die Stillstandsklausel im Falle einer Auslandspende nicht zum Tragen: Deren sachlicher Anwendungsbereich beschränkt sich auf bestimmte, genau formulierte Arten von Kapitalbewegungen[59], nämlich auf solche im Zusammenhang mit Direktinvestitionen einschließlich Anlagen in Immobilien, mit der Niederlassung, der Erbringung von Finanzdienstleistungen oder der Zulassung von Wertpapieren zu den Kapitalmärkten. *Grenzüberschreitende Spenden fallen nicht in diesen Bereich*, weshalb eine nationale Regelung, welche die steuerliche Abzugsfähigkeit auf reine Inlandspenden beschränkt, von Anfang an nicht vom Schutzbereich der Stillstandsklausel erfasst sein kann.[60]

3.2.2.2. Die Vergleichbarkeitsprüfung nach Art. 65 Abs. 1 Bst. a AEUV

Gemäß Art. 65 Abs. 1 Bst. a AEUV berührt die in Art. 63 AEUV geregelte Kapitalverkehrsfreiheit nicht das Recht der Mitgliedstaaten, die einschlägigen Vorschriften ihres Steuerrechts anzuwenden, die Steuerpflichtige mit unterschiedlichem Wohnort oder Kapitalanlageort unterschiedlich behandeln.

[55] Vorher in Art. 57 Abs. 1 EGV, wobei die Präzisierung betreffend Bulgarien, Estland und Ungarn noch nicht enthalten war.

[56] Vgl. *Daniela Hohenwarter*, Vorlagebeschluss des VwGH zur Kapitalverkehrsfreiheit im Verhältnis zu Drittstaaten, SWI 2005, S. 225 ff., S. 227.

[57] Vgl. *Oesterhelt* (Fn. 34), S. 258 und S. 260.

[58] Vgl. etwa EuGH-Urteil vom 18. Dezember 2007, Rs. C-101/05, „A", Rn. 48 f.; abrufbar unter http://curia.europa.eu.

[59] *Christian Calliess/Matthias Ruffert*, Das Verfassungsrecht der Europäischen Union, 3. Auflage, München 2007, Art. 57 EGV, Rn. 5 und 6.

[60] So auch *Freiherr von Proff* (Fn. 23), S. 376.

Art. 65 Abs. 1 Bst. a AEUV wird als sogenannte *Vergleichbarkeitsprüfung* verstanden.[61] Eine steuerrechtliche Bestimmung eines Mitgliedstaates, die zwischen in- und ausländischen Einrichtungen unterscheidet, kann gestützt auf diese Norm dann unter dem Gesichtspunkt der Kapitalverkehrsfreiheit zulässig sein, *wenn die unterschiedliche Behandlung Situationen betrifft, welche nicht objektiv miteinander vergleichbar sind.*[62] Im Urteil *Persche* führt der EuGH im Rahmen dieser Vergleichbarkeitsprüfung aus, ein Mitgliedstaat dürfe bei der Regelung der steuerlichen Abzugsfähigkeit von Spenden inländische und in andern Mitgliedstaaten ansässige als gemeinnützig anerkannte Einrichtungen unterschiedlich behandeln, wenn Letztere andere Ziele als die in seiner eigenen Regelung vorgegebenen verfolge. *Das Gemeinschaftsrecht schreibe den Mitgliedstaaten nicht vor, dafür zu sorgen, dass in ihrem Herkunftsland als gemeinnützig anerkannte Einrichtungen im Inland automatisch die gleiche Anerkennung erhalten.*[63] Erfülle aber die in einem Mitgliedstaat ansässige Institution die von einem andern Mitgliedstaat aufgestellten Voraussetzungen für die Gewährung von Steuerbegünstigungen, so befinde sie sich mit den in diesem andern Mitgliedstaat ansässigen Institutionen in einer vergleichbaren Situation.[64] Im konkreten Fall hat der EuGH die Vergleichbarkeit bejaht, immerhin aber hat er den Mitgliedstaaten aufgezeigt, *dass im grenzüberschreitenden Gemeinnützigkeitsrecht eine gewisse Differenzierung über die Definition des Gemeinnützigkeitsbegriffes erfolgen kann.*

Selbstverständlich kann und darf eine solche Differenzierung auch im Verhältnis zu Drittstaaten zum Tragen kommen. Darüber hinaus stünde es dem EuGH aber auch frei, die Vergleichbarkeitsprüfung in Bezug auf Drittstaaten anders (extensiver) auszulegen. *Insbesondere könnte er in der Tatsache der Nicht-EU-Zugehörigkeit des Staates, in dem die begünstigte gemeinnützige Institution ansässig ist, a priori einen wesentlichen Unterschied im Sinne von Art. 65 Abs. 1 Bst. a AEUV erblicken.*[65] Grenzen fände eine solche differenzierende Auslegung nur am Verbot willkürlicher Diskriminierungen oder Beschränkungen gemäß Art. 65 Abs. 3 AEUV. Grundsätzlich würde der EuGH damit gegenüber Drittstaaten über ein im Bedarfsfall durchaus schlagkräftiges „Abwehrinstrument“ gegen eine als zu weitgehend empfundene Dritt-

[61] Vgl. *Oesterhelt* (Fn. 34), S. 262; *Werner Haslehner*, Die Anwendung von EG-Grundfreiheiten im Verhältnis zur Schweiz, SWI 2007, S. 221 ff., S. 222; *Michael Lang*, Beteiligungen im Privatvermögen: Die Besteuerung des Wegzugs aus Österreich und Deutschland in die Schweiz, zsis 2008, Aufsätze N. 4, Ziff. 4.2.3.

[62] EuGH, Rs. C-318/07, „Persche“ (Fn. 17), Rn. 41 (Hervorhebung hinzugefügt); vgl. allgemein zur Vergleichbarkeitsprüfung *Schwenke* (Fn. 41), S. 751.

[63] EuGH, Rs. C-318/07, „Persche“ (Fn. 17), Rn. 47 f., unter Verweis auf die Rs. C-386/04, „Stauffer“ (Fn. 3), Rn. 39.

[64] EuGH, Rs. C-318/07, „Persche“ (Fn. 17), Rn. 50.

[65] Vgl. etwa *Schnitger* (Fn. 29), S. 494.

staatenwirkung der Kapitalverkehrsfreiheit im Allgemeinen und im Bereich des Spendenrechts im Besondern verfügen. Ob die Entwicklung der EuGH-Rechtsprechung in diese Richtung gehen wird, ist, soweit ersichtlich, nach wie vor offen.[66] Bei Drittstaatenkonstellationen steht bislang vielmehr die Einschränkung der Kapitalverkehrsfreiheit gestützt auf den Rechtfertigungsgrund von Art. 65 Abs. 1 Bst. b AEUV im Zentrum des Interesses.[67]

3.2.2.3. Rechtfertigung durch Rechtsbruchverhinderung gestützt auf Art. 65 Abs. 1 Bst. b AEUV

Gemäß Art. 65 Abs. 1 Bst. b AEUV berührt die in Art. 63 AEUV geregelte Kapitalverkehrsfreiheit nicht das Recht der Mitgliedstaaten, die unerlässlichen Maßnahmen zu treffen, um Zuwiderhandlungen gegen innerstaatliche Rechts- und Verwaltungsvorschriften, insbesondere auf dem Gebiet des Steuerrechts und der Aufsicht über Finanzinstitute, zu verhindern, sowie Meldeverfahren für den Kapitalverkehr zwecks administrativer oder statistischer Information vorzusehen oder Maßnahmen zu ergreifen, die aus Gründen der öffentlichen Ordnung oder Sicherheit gerechtfertigt sind.

Diese Bestimmung enthält einen eigentlichen *Rechtsfertigungsgrund* für eine Einschränkung der Kapitalverkehrsfreiheit. Er wird teilweise mit dem Begriff *Rechtsbruchverhinderung* bezeichnet[68] und greift im inner- sowie außergemeinschaftlichen Verhältnis[69]. Gestützt darauf getroffene Maßnahmen müssen jedoch immer dem Grundsatz der Verhältnismäßigkeit genügen. Sie müssen demnach geeignet sein, das Erreichen des mit ihnen verfolgten Zieles zu gewährleisten und dürfen nicht über das Erforderliche hinausgehen.[70] Etwas enger interpretiert bedeutet dies, es darf keine anderen Möglichkeiten geben, das angestrebte und für legitim befundene Ziel mit einer weniger einschneidenden Maßnahme zu erreichen.[71]

Aus der Formulierung der Rechtsbruchverhinderungsklausel geht unschwer hervor, dass diese *insbesondere auf dem Gebiet des Steuerrechts*

[66] Zwar hat der EuGH darauf hingewiesen, dass es aufgrund des unterschiedlichen Grades der rechtlichen Integration an einer Vergleichbarkeit innergemeinschaftlicher Sachverhalte mit Drittstaatskonstellationen fehlen könne. In den bisher entschiedenen Drittstaatenfällen hat er dies jedoch nicht weiter konkretisiert, sondern lediglich als Vorüberlegung für die Prüfung der Rechtfertigungsgründe erwähnt (*Wunderlich/Blaschke* [Fn. 30], S. 761, insbesondere mit Bezug auf EuGH, Rs. C-101/05, „A" [Fn. 58]).

[67] So im Ergebnis auch *Haslehner* (Fn. 61), S. 222.

[68] *Rolf H. Weber*, Der Kapital- und Zahlungsverkehr in der Europäischen Gemeinschaft, recht 1994, S. 156 ff., S. 164.

[69] Vgl. hierzu ausführlich *Hindelang* (Fn. 33), S. 214 ff., insbesondere S. 242 f.

[70] EuGH, Rs. C-386/04, „Stauffer" (Fn. 3), Rn. 32 mit weiteren Verweisen; *Oesterhelt* (Fn. 34), S. 262.

[71] *Felix Schöbi*, Die Kapitalverkehrsfreiheit als Beschränkungsverbot, recht 2003, S. 192 ff., S. 197.

Anwendung finden kann. Die Kapitalverkehrsfreiheit beschränkende Vorschriften von Mitgliedstaaten zur Vermeidung von Verstößen gegen das nationale Steuerrecht sind danach möglich. Diese dürfen aber grundsätzlich *nicht lediglich Steuerausfällen entgegenwirken*[72], sondern müssen sich *gegen eigentliche Steuerhinterziehungsmöglichkeiten richten.*[73] Im Ergebnis geht es letztlich um die *Wirksamkeit der Steueraufsicht*, d.h. die Möglichkeit, effektiv zu kontrollieren, ob bei grenzüberschreitenden Sachverhalten die nationalen Steuervorschriften eingehalten werden. Eine wirksame Steueraufsicht wird als zwingender Grund des Allgemeininteresses anerkannt, wobei auch diesbezüglich der Grundsatz der Verhältnismäßigkeit zu wahren ist.[74]

In der Rechtssache *Persche* prüfte der EuGH, inwieweit das Erfordernis des inländischen Sitzes einer gemeinnützigen Institution durch den Grund der wirksamen Steueraufsicht gerechtfertigt sei. Aus folgenden Gründen kam er für *das Gebiet der EU* zum Schluss, dass das Erfordernis eines inländischen Sitzes nicht haltbar sei: Erstens kann die Steuerbehörde vom eigenen Steuerpflichtigen die Vorlage geeigneter Nachweise bezüglich einer ins EU-Ausland getätigten Spende verlangen und bei Nichtvorlage den steuerlichen Abzug verweigern. *Zweitens kann sie gestützt auf die Richtlinie 77/799 betreffend Amtshilfe in Steuersachen*[75] *bei Bedarf zur Nachprüfung weitere Auskünfte des betroffenen anderen Mitgliedstaates anfordern.*[76] Damit können nationale Vorschriften, welche Spenden an gemeinnützige Institutionen ins EU-Ausland ausschließen, nicht gestützt auf Art. 65 Abs. 1 Bst. b AEUV (vorher Art. 58 Abs. 1 Bst. b EGV) gerechtfertigt werden.

Interessanterweise hat es der EuGH nicht unterlassen, am Rande auch eine Anmerkung für mögliche Drittstaatenfälle einfließen zu lassen:

[72] Nach ständiger Rechtsprechung des EuGH zu Art. 58 EGV, der Vorgängernorm von Art. 65 AEUV, fällt die Vermeidung eines Rückganges von Steuereinnahmen nicht unter die Ziele der Bestimmung und gehört auch nicht zu den zwingenden Gründen des Allgemeininteresses, welche eine Einschränkung der Kapitalverkehrsfreiheit rechtfertigen würden (EuGH, Rs. C-318/07, „Persche" [Fn. 17], Rn. 46, mit diversen Verweisen).

[73] Vgl. *Oesterhelt* (Fn. 34), S. 263; offen ist jedoch, ob der EuGH diese anhand innergemeinschaftlicher Fälle entwickelte Rechtsprechung unbesehen auf Drittstaatenfälle übertragen wird (vgl. etwa *Schnitger* [Fn. 29], S. 494 f., sowie *Wunderlich/Blaschke* [Fn. 30], S. 762). Aus dem kürzlich ergangenen EuGH-Urteil vom 19. November 2009, Rs. C-540/07, EG-Kommission gegen Italien, abrufbar unter http://curia.europa.eu, dürfte geschlossen werden, dass gegenüber EWR-Staaten und insbesondere auch Drittstaaten bereits eine allgemeine Vermutung der Steuerflucht oder Steuerhinterziehung als Rechtfertigungsgrund für eine Einschränkung der Kapitalverkehrsfreiheit genügen könnte, dies jedenfalls bei Fehlen eines vertraglich gesicherten Steuerinformationsaustausches (vgl. Rn. 68 ff. im Gegensatz zu Rn. 57 ff.).

[74] Vgl. EuGH, Rs. C-318/07, „Persche" (Fn. 17), Rn. 52.

[75] Siehe Fn. 19.

[76] Vgl. EuGH, Rs. C-318/07, „Persche" (Fn. 17), Rn. 53 ff., insbesondere Rn. 57 und 69, sowie Rn. 61 ff., insbesondere Rn. 61.

„Für gemeinnützige Einrichtungen, die ihren Sitz in einem Drittland haben, ist hinzuzufügen, dass es grundsätzlich gerechtfertigt ist, dass der Besteuerungsmitgliedstaat die Gewährung einer solchen Steuervergünstigung ablehnt, wenn es sich, insbesondere wegen des Fehlens einer vertraglichen Verpflichtung des Drittlands zur Erteilung von Auskünften, als unmöglich erweist, die erforderlichen Auskünfte von diesem Land zu erhalten (…).“[77]

Der EuGH führt somit im Verhältnis zu Drittstaaten *nicht die steuerliche Vergleichbarkeitsprüfung gemäß Art. 65 Abs. 1 Bst. a AEUV ins Feld, sondern die Wirksamkeit der Steueraufsicht gemäß Art. 65 Abs. 1 Bst. b AEUV.* Maßgebend soll demnach sein, ob vom betroffenen Drittstaat die für die steuerliche Nachprüfung erforderlichen Angaben erhältlich gemacht werden können.[78] Mithin gilt es in einem Drittstaatenfall zu prüfen, ob *gestützt auf einen Staatsvertrag ein entsprechender Informationsaustausch gesichert ist.*

Ob dem Spender beim Fehlen eines staatsvertraglich gesicherten Informationsaustausches die Möglichkeit eröffnet werden muss, selber den Nachweis dafür zu erbringen, dass die begünstigte Institution gemeinnützig tätig im Sinne der maßgebenden (inländischen) Steuerbestimmungen ist, ist zurzeit offen. *Im Verhältnis zwischen EU-Mitgliedstaaten* kommt dem Recht des Steuerpflichtigen, einen entsprechenden Nachweis zu erbringen, eine verhältnismäßig große Bedeutung zu.[79] *Bei Drittstaatensachverhalten ist der EuGH in dieser Hinsicht jedoch wesentlich zurückhaltender.*[80] Im Fall *Persche* jedenfalls hat der EuGH, wie der oben zitierte Hinweis auf gemeinnützige Institutionen in einem Drittland zeigt, die dem Steuerpflichtigen sonst an sich offen stehende Nachweismöglichkeit gar nicht aufgeführt.[81] Die Zukunft wird weisen müssen, ob der EuGH Spendern bei Drittstaatensachverhalten grundsätzlich ein Recht zum entsprechenden Nachweis zugestehen wird.[82] Es ist nicht auszuschließen, dass der EuGH diese Frage verneinen wird.[83] Damit kommt dem staatsvertraglich gesicherten Informationsaus-

[77] EuGH, Rs. C-318/07, „Persche“ (Fn. 17), Rn. 70.

[78] Vgl. dazu bereits EuGH, Rs. C-101/05, „Fall A“ (Fn. 58), spez. Rn. 63.

[79] Vgl. dazu EuGH, Rs. C-318/07, „Persche“ (Fn. 17), Rn. 53 ff.; EuGH, Rs. C-386/04, „Stauffer“ (Fn. 3), Rn. 49 ff.; EuGH, Rs. C 101/05, „Fall A“ (Fn. 58), Rn. 59.

[80] EuGH, Rs. C-318/07, „Persche“ (Fn. 17), Rn. 70; EuGH, Rs. C-101/05, „Fall A“ (Fn. 58), Rn. 63 sowie insbesondere Rn. 60, welche den Unterschied zu rein innergemeinschaftlichen Fällen hervorhebt (unter anderem zum EuGH-Urteil vom 11. Oktober 2007, Rs. C-451/05, „ELISA“, abrufbar unter http://curia.europa.eu).

[81] EuGH, Rs. C-318/07, „Persche“ (Fn. 17), Rn. 70.

[82] Vgl. etwa *Marschner/Stefaner* (Fn. 42), Ziff. IV.3, allgemein für die Zulässigkeit auch in Drittstaatenfällen.

[83] So wohl bereits mit Bezug auf EuGH, Rs. C-101/05, „Fall A“ (Fn. 58), *Wunderlich/Blaschke* (Fn. 30), S. 761 f., *Jan Ole Luuk/Stefan Oesterhelt/Maurus Winzap*, EuGH Report 1/08, Steuer Revue 2008, S. 200 ff., S. 204 f., und *Oesterhelt* (Fn. 34), S. 263.

tausch bei der steuerlichen Behandlung von Spenden in ein Nichtmitgliedland eine herausragende Bedeutung zu.

4. Bedeutung des Urteils *Persche* für die Schweiz im Speziellen

4.1. Das Fehlen einer staatsvertraglichen Regelung für den Abzug grenzüberschreitender Spenden

Die Berufung auf die von der EU unilateral auf Drittstaaten ausgedehnte Kapitalverkehrsfreiheit wäre für in einem EU-Staat ansässige Spender, welche eine gemeinnützige Institution mit Sitz in der Schweiz begünstigt haben, dann überflüssig, *wenn sich bereits aus einem Staatsvertrag das Recht auf den Abzug einer grenzüberschreitenden Spende ableiten ließe*.

Eine solche Regelung findet sich indessen im maßgebenden Staatsvertragsrecht nicht. Das *Freizügigkeitsabkommen* zwischen der Schweiz und der EU vom 21. Juni 1999[84] enthält *keine Garantien hinsichtlich der Kapitalverkehrsfreiheit*[85] und umfasst daher die steuerliche Abzugsfähigkeit von Direktspenden in die Schweiz nicht. Im *Zinsbesteuerungsabkommen* vom 26. Oktober 2004[86] und im *Betrugsbekämpfungsabkommen* vom gleichen Datum[87] wird diese Problematik ebenfalls nicht geregelt.

Dasselbe gilt für die *Abkommen zur Vermeidung von Doppelbesteuerungen (DBA) auf dem Gebiet der Einkommens- und Vermögenssteuern*, welche die Schweiz mit praktisch sämtlichen EU-Mitgliedstaaten abgeschlossen hat.[88] Diese DBA sind gestützt auf das im jeweiligen Verhandlungszeitpunkt aktuelle OECD-Musterabkommen[89] ausgearbeitet worden. *Nach dem System des Musterabkommens werden steuerliche Abzüge grundsätzlich nicht in den DBA geregelt*; die Möglichkeit, Abzüge vorzunehmen, wird deshalb ausschließlich durch das jeweilige interne nationale Recht festgelegt.[90] Bei der Anwendung der Abzüge muss immerhin *das allgemeine DBA-rechtliche Dis-*

[84] Abrufbar unter http://www.admin.ch/ch/d/sr/i1/0.142.112.681.de.pdf.

[85] Vgl. *Schöbi* (Fn. 71), S. 198; *Oesterhelt* (Fn. 34), S. 256; sowie insgesamt zur Anwendung der Grundfreiheiten im Verhältnis zur Schweiz etwa *Haslehner* (Fn. 61), S. 221 ff.

[86] Abrufbar unter http://www.admin.ch/ch/d/sr/i6/0.641.926.81.de.pdf sowie http://www.admin.ch/ch/d/sr/i6/0.641.926.811.de.pdf; vgl. dazu etwa *Wolfgang Kessler/Klaus Eicker/Ralph Obser*, Die Schweiz und das Europäische Steuerrecht – Der Einfluss des Europäischen Gemeinschaftsrechts auf das Recht der direkten Steuern im Verhältnis zu Drittstaaten am Beispiel der Schweiz, IStR 2005, S. 658 ff.

[87] Abrufbar unter http://www.admin.ch/ch/d/sr/i3/0.351.926.81.de.pdf.

[88] Einzig mit Zypern und Gibraltar bestehen keine DBA; dasjenige mit Malta ist noch nicht in Kraft getreten.

[89] Die aktuelle Version ist abrufbar unter http://www.oecd.org/dataoecd/43/57/42219418.pdf.

[90] Vgl. *Locher* (Fn. 6), S. 101.

kriminierungsverbot beachtet werden, welches ebenfalls Bestandteil des OECD-Musterabkommens[91] bildet und in die von der Schweiz geschlossenen DBA mit wenigen Ausnahmen übernommen worden ist[92]. Dieses Diskriminierungsverbot verlangt aber nur, dass Staatsangehörige eines Vertragsstaates unter gleichen Verhältnissen („in the same circumstances") nicht anders oder belastender besteuert werden als Staatsangehörige des andern Vertragsstaates.[93] Gleiche Verhältnisse im Sinne dieser Bestimmung liegen vor allem dann vor, wenn die betreffenden Personen im selben Vertragsstaat ansässig sind.[94] Aus dem allgemeinen DBA-rechtlichen Diskriminierungsverbot lässt sich somit ebenfalls nichts zur hier interessierenden Frage ableiten. Dem Diskriminierungsverbot ist Genüge getan, wenn in einem Vertragsstaat ansässige Staatsangehörige des andern Vertragsstaates im Spendenrecht keiner restriktiveren Abzugsregelung unterworfen sind als Inländer.

4.2. Die Problematik des genügenden Informationsaustausches zwischen der Schweiz und den EU-Staaten

Da sich der in einem EU-Staat ansässige Steuerpflichtige, welcher eine schweizerische gemeinnützige Institution begünstigt, für den steuerlichen Spendenabzug nicht auf einen Staatsvertrag stützen kann, *steht ihm nur die Möglichkeit offen, sich auf die Drittstaatenwirkung der Kapitalverkehrsfreiheit zu berufen*. Das Urteil *Persche* ist deshalb für gemeinnützige Institutionen mit Sitz in der Schweiz und ihre Spender in der EU von erheblicher Bedeutung.

Damit stellt sich allerdings eine weitere wichtige Frage: *Erfüllt die Schweiz gegenüber den EU-Mitgliedstaaten das Erfordernis des genügenden (staatsvertraglich gesicherten) Informationsaustausches*? Sollte dies nicht der Fall sein, so könnten die EU-Mitgliedstaaten trotz des Urteils *Persche* Spenden in die Schweiz mit großer Wahrscheinlichkeit die Abzugsfähigkeit versagen. Denn dem abzugswilligen Spender steht möglicherweise kein (individuelles) Recht auf den Nachweis zu, dass die begünstigte Institution in der Schweiz die Voraussetzungen für den Spendenabzug nach den Regeln seines Ansässigkeitsstaates erfüllt, solange ein vertraglich gesicherter Informationsaustausch unter den betroffenen Staaten fehlt.[95]

[91] Vgl. Art. 24 des OECD-Musterabkommens (Fn. 89).

[92] Vgl. *Locher* (Fn. 6), S. 511.
Im DBA zwischen Deutschland und der Schweiz (DBA D-CH) ist dieses Verbot in Art. 25 verankert (vgl. http://www.admin.ch/ch/d/sr/i6/0.672.913.62.de.pdf).

[93] Art. 24 Ziff. 1 des OECD-Musterabkommen (Fn. 89).

[94] Vgl. *Locher* (Fn. 6), S. 512.

[95] Vgl. dazu vorn Ziff. 3.2.2.3.

4.2.1. Das bisher geltende Recht

Bis anhin hat die Schweiz eine restriktive Politik in Bezug auf den Informationsaustausch in Steuersachen verfolgt und insoweit den Standard des OECD-Musterabkommens nicht übernommen. Daher enthalten die meisten DBA der Schweiz keine Amtshilfeklausel oder lediglich eine Klausel, welche die Amtshilfe auf Informationen beschränkt, die zur Durchführung des jeweiligen DBA notwendig sind (sogenannte *kleine Amtshilfe*). Gegenüber einigen wenigen Staaten hat sich die Schweiz in den letzten Jahren verpflichtet, über die kleine Amtshilfe hinaus auch Amtshilfe zur Durchführung des innerstaatlichen Rechts zu gewähren, dies jedoch nur in Fällen des *Steuerbetruges* bzw. von „*Steuerbetrug und dergleichen*".[96] Von den EU-Mitgliedstaaten gehören dazu Deutschland, Österreich und Finnland (Steuerbetrug)[97] bzw. Großbritannien und Spanien („Steuerbetrug und dergleichen")[98].

Der EuGH verlangt im Urteil *Persche* wie dargelegt im Wesentlichen einen *vertraglich gesicherten Informationsaustausch* zwischen dem EU-Ansässigkeitsstaat des Spenders sowie dem Ansässigkeitsdrittstaat der begünstigten gemeinnützigen Institution.[99] Dieser Austausch muss es den Steuerbehörden im Staat des Spenders ermöglichen, die für die Überprüfung der steuerlichen Abzugsfähigkeit erforderlichen Auskünfte zu erhalten. Der bisher in den DBA der Schweiz mit den EU-Mitgliedstaaten vorgesehene steuerliche Informationsaustausch dürfte hierfür kaum genügen[100]. Die sogenannte *kleine Amtshilfeklausel*, soweit sie denn überhaupt in das entsprechende DBA Eingang gefunden hat, sieht nur einen Informationsaustausch für die zur Durchführung des DBA erheblichen Angaben vor. Da die steuerlichen Folgen von getätigten Spenden nicht Regelungsgegenstand der DBA sind[101], dürfte eine Anrufung der kleinen Amtshilfeklausel von vornherein untauglich sein. Soweit eine *erweiterte kleine Amtshilfeklausel* im konkret anwendbaren DBA besteht, wie beispielsweise in Art. 27 Abs. 1 Bst. b DBA D-CH[102], scheitert der Informationsaustausch in aller Regel daran, dass nur bei Betrugsfällen die

[96] Vgl. *Stefan Oesterhelt,* Amtshilfe im internationalen Steuerrecht der Schweiz, in: Jusletter vom 12. Oktober 2009, S. 4 f., mit Nachweisen zu den entsprechenden DBA.

[97] Im Verhältnis zu Deutschland findet sich die entsprechende Regelung in Art. 27 DBA D-CH (siehe Fn. 92).

[98] Zur Auslegung des Ausdrucks „Betrugsdelikte und dergleichen" – allerdings im DBA mit den USA – siehe neuerdings das Urteil des schweizerischen Bundesverwaltungsgerichts A-7789/2009 vom 21. Januar 2010 (abrufbar unter http://www.bundesverwaltungsgericht.ch).

[99] Siehe Ziff. 3.2.2.3, Fn. 77.

[100] Dass die kleine Amtshilfe wenig geeignet ist, Beschränkungen der Kapitalverkehrsfreiheit zwischen einem EU-Staat und der Schweiz als gemeinschaftsrechtswidrig zu betrachten, zeigt ansatzweise EuGH Rs. C-101/05, „Fall A" (Fn. 58), spez. Rn. 66.

[101] Siehe Ziff. 4.1.

[102] Siehe Fn. 92.

erforderlichen Angaben erhältlich sind. Dieser erheblich eingeschränkte Informationsaustausch dürfte den Anforderungen des EuGH ebenfalls nicht genügen, würde doch die Wirksamkeit der Steueraufsicht dadurch faktisch weitgehend verunmöglicht. Von vergleichbaren Rahmenbedingungen wie im innergemeinschaftlichen Verhältnis[103] könnte kaum gesprochen werden.

4.2.2. Künftiges Recht

Unter dem konstant wachsenden ausländischen Druck hat sich die Schweiz am 13. März 2009 bereit erklärt, in DBA künftig *Amtshilfe nach dem Standard von Art. 26 des OECD-Musterabkommens* zu vereinbaren.[104] In der Folge sind (bis Januar 2010) die DBA mit Dänemark, Luxemburg, Frankreich, Norwegen, Österreich, Großbritannien, Mexiko, Finnland, den USA, den Färöer-Inseln, Katar, Japan, den Niederlanden, Polen, Singapur, der Türkei und Kasachstan entsprechend angepasst und paraphiert bzw. teilweise bereits unterzeichnet worden; zahlreiche weitere DBA-Revisionen dürften folgen.[105] In Kraft getreten ist bisher indessen noch keines dieser revidierten Abkommen.

Art. 26 des OECD-Musterabkommens sieht die sogenannte *große Amtshilfe* vor. Es sollen nicht bloß Informationen ausgetauscht werden, die für die Durchführung des jeweiligen DBA voraussichtlich erheblich sind, sondern auch diejenigen Informationen, *die für den Vollzug des innerstaatlichen Rechts des ersuchenden Staates notwendig sind.* Eine Beschränkung auf Fälle von Steuerbetrug und dergleichen besteht nicht.[106]

Mit Inkrafttreten der revidierten DBA dürfte der Informationsaustausch im Sinne des Persche-Urteils des EuGH staatsvertraglich hinreichend gesichert sein. Benötigt ein EU-Mitgliedstaat zur Überprüfung eines Auslandspendenabzugs von der Schweiz Angaben über die in der Schweiz ansässige begünstigte gemeinnützige Institution, so müsste die Schweiz diese Angaben gestützt auf die große Amtshilfeklausel liefern. Denn die verlangte Information dient dem ersuchenden Staat für den Vollzug seines innerstaatlichen Steuerrechts. Allen EU-Mitgliedstaaten, denen die Schweiz gestützt auf revidierte DBA zur umfassenden Auskunftertellung verpflichtet sein wird, dürfte es somit künftig versagt sein, den bei ihnen Ansässigen den Abzug von Spenden an gemeinnützige Institutionen in der Schweiz grundsätzlich zu verweigern.[107]

[103] Den Standard definiert diesbezüglich die Amtshilferichtlinie 77/799/EWG (siehe Fn. 19).

[104] Siehe zum OECD-Musterabkommen Fn. 89.

[105] Eine Übersicht über den Stand der DBA-Revisionen findet sich unter http://www.estv.admin.ch/intsteuerrecht/themen/00170/00784/index.html?lang=de.

[106] Vgl. *Oesterhelt* (Fn. 96), S. 3.

[107] So auch *Jan Ole Luuk/Stefan Oesterhelt/Maurus Winzap*, EuGH Report 2/09, Steuer Revue 2009, S. 497 ff., S. 499, sowie *Freiherr von Proff* (Fn. 23), S. 376.

5. Zusammenfassung

Mit dem Urteil *Persche*[108] hat der EuGH der steuerlichen Privilegierung von Inland- gegenüber EU-Auslandspenden eine klare Absage erteilt. Gestützt hat er dieses Urteil auf die *Kapitalverkehrsfreiheit* als eine der vier Grundfreiheiten der EU. Damit konnten die Grundfreiheiten einmal mehr ihre Funktion als Motor der Vereinheitlichung des Steuerrechts[109] wahrnehmen. Gemeinnützigkeit bleibt zwar nach wie vor ein national definierter Begriff; Institutionen im EU-Ausland, welche diese Definition erfüllen, müssen aber künftig in Bezug auf die steuerliche Abziehbarkeit von Spenden gleich wie inländische behandelt werden.

Die Kapitalverkehrsfreiheit hat als einzige Grundfreiheit *Drittstaatenwirkung*. Daher sind an sich auch Spenden von in der EU ansässigen Personen an in Drittstaaten ansässige gemeinnützige Institutionen steuerlich gleich wie Inlandspenden zu behandeln. Die gemeinnützige Tätigkeit der begünstigten Auslandinstitution muss wiederum dem national definierten Gemeinnützigkeitsbegriff des Spenderlandes entsprechen. Im Weiteren muss mit dem Drittstaat eine vertragliche Abmachung bestehen, welche einen genügenden steuerlichen Informationsaustausch sichert, da nicht feststeht, ob der Spender bei Drittstaatensachverhalten selber den Nachweis erbringen kann, die begünstigte Institution erfülle alle Voraussetzungen des Gemeinnützigkeitsrechts in seinem Ansässigkeitsstaat. Erhältlich müssen von den Steuerbehörden des Ansässigkeitsstaates der begünstigten Einrichtung diejenigen Angaben sein, welche eine Überprüfung der Begründetheit des steuerlichen Abzuges für die getätigte Auslandspende ermöglichen.

Das zurzeit (Ende Januar 2010) geltende internationale Steuerrecht der Schweiz gewährt die Möglichkeit eines solchen Informationsaustausches noch nicht. Hingegen erachten wir diese Anforderung in Bezug auf die Schweiz als erfüllt, soweit künftig mit dem betroffenen EU-Mitgliedstaat ein DBA-rechtlicher Informationsaustausch nach dem Standard von Art. 26 des aktuell geltenden OECD-Musterabkommens vorgesehen ist. Dass damit die Schweiz im Gemeinnützigkeitsrecht unilateral begünstigt wird, ist eine positive Nebenwirkung des Ausbaus der internationalen Amtshilfe. Es entbehrt allerdings nicht einer gewissen Ironie, dass sich die von unseren Behörden nur unter internationalem Druck akzeptierte (und vom Parlament momentan – Ende Januar 2010 – noch nicht genehmigte) Ausweitung des Informationsaustausches in einem steuerrechtlich interessanten Bereich einseitig zu Gunsten der Schweiz auswirken dürfte.[110] Unserem Land stünde es selbstredend

[108] EuGH, Rs. C-318/07, „Persche" (Fn. 17).

[109] Siehe Fn. 14.

[110] Genauso wie es nicht einer gewissen Ironie entbehrt, dass die Schweiz bereits im Fall Stauffer indirekt von der Rechtsprechung des EuGH profitiert hat, bezweckt doch die Stif-

gut an, auch ohne entsprechende staatsvertragliche Verpflichtung *Gegenrecht* zu halten und Direktspenden von Steuerpflichtigen in der Schweiz an gemeinnützige Institutionen in EU-Staaten ebenfalls zum Abzug zuzulassen. Ob es in den nächsten Jahren dazu kommen wird, wird sich weisen müssen.

tung „Centro di Musicologia Walter Stauffer" unter anderem die Ausrichtung von Studienbeihilfen an junge Schweizer, vorzugsweise aus Bern, die in Cremona Unterricht im Bau von Saiten- und Streichinstrumenten sowie in Musikgeschichte und Musikwissenschaft nehmen wollen (EuGH, Rs. C-386/04, „Centro di Musicologia Walter Stauffer" [Fn. 3], Rn. 9).

Alleinige Zuständigkeit der Bundesbank zur Bankenaufsicht?

Wernhard Möschel

Es gibt im internationalen Vergleich eine Fülle von Optionen, welchen Institutionen die Wahrnehmung der Bankenaufsicht überantwortet wird.[1] Diese reichen von unmittelbarer staatlicher Wahrnehmung, meist durch das Finanzministerium, über spezielle Aufsichtsbehörden oder die Notenbank bis hin zu Formen der Selbstregulierung. Zahlreiche Mischformen treten hinzu. Die Frage ist nicht nur von technischem Interesse. Sie entscheidet mit über die Politiknähe einer Bankenaufsicht, gegebenenfalls auch der Währungssteuerung.

Im Koalitionsvertrag zwischen CDU, CSU und FDP für die gegenwärtige 17. Legislaturperiode[2] ist eine Neuordnung der Aufsichtszuständigkeiten angekündigt. Es heißt dort: „Wir werden die Bankenaufsicht in Deutschland bei der Deutschen Bundesbank zusammenführen. Die Standorte der bisherigen Bundesanstalt für Finanzdienstleistungsaufsicht stellen wir nicht in Frage. Der Umfang der bisherigen rechtlichen Unabhängigkeit der Deutschen Bundesbank wird durch die hinzukommenden hoheitlichen Zuständigkeiten nicht berührt. Wir sorgen für eine schnelle Umsetzung der bereits begonnenen Reform der EU-Finanzmarktaufsicht."[3] Das Vorhaben kommt überraschend und birgt, wie im Folgenden zu zeigen ist, regulatorische Risiken.

I. Der bisherige Regelungszustand

Die Bundesrepublik folgte bisher in der Bankenaufsicht einem Misch- oder Kooperationsmodell: Die hoheitlichen Zuständigkeiten wie Erteilung einer Banklizenz, Widerruf derselben, Anordnung eines Moratoriums und Ähnliches liegen bei einer speziellen Behörde, der Bundesanstalt für Finanzdienstleistungsaufsicht (BaFin) mit Sitz in Bonn, früher in Berlin (§§ 6 ff. KWG). Die Bundesbank betreibt demgegenüber das operative Geschäft (§ 7

[1] Vgl. im Einzelnen *Möschel* Public Law of Banking, in International Encyclopedia of Comparative Law, Vol. IX, 1991, S. 25–41.

[2] Koalitionsvertrag, Wachstum, Bildung, Zusammenhalt, 2009.

[3] AaO (Fn. 2), Abschnitt I. 5. (Zeilen 2294–2299).

KWG). Auf diesem liegt das quantitative Schwergewicht. Die BaFin, die weitere Zuständigkeiten hat (Versicherungsaufsicht, Kapitalmarktaufsicht), hält für diesen Sektor ca. 300 Mitarbeiter vor, die Bundesbank knapp 1.000. Selbst wenn ein Anlass besteht, direkt Prüfpersonal in eine Bank zu schicken, wird dies von der Bundesbank durchgeführt, nicht von der BaFin. Diese hätte gar keine Leute dafür. Die Beteiligung der Bundesbank führt zu wesentlichen Synergieeffekten. Bankenaufsicht ist im Konkreten immer lokal. Die Bundesbank ist mit ihren Hauptverwaltungen und Filialen in der Fläche präsent, hält schon aus geschäftlichen Gründen engen und ständigen Kontakt mit den Kreditinstituten. Die BaFin, auf Bonn beschränkt, wäre dazu gar nicht in der Lage. Die Zuordnung des Hoheitlichen allein zur BaFin hat demgegenüber den Vorteil, dass bei juristischen Streitigkeiten die BaFin der Ansprechpartner für betroffene Kreditinstitute ist. Die Bundesbank hält sich heraus. Von verbissen geführten Auseinandersetzungen nach Art des Verhältnisses von Leo Kirch zur Deutschen Bank AG bleibt sie verschont. Das kommt ihrem Standing zugute. Sie wird von allen Beteiligten als Bank wahrgenommen, nicht als Gewerbepolizei. Zugleich bleibt die Unabhängigkeit der Bundesbank, die sich auf ihre traditionell wichtigste Aufgabe, nämlich die währungspolitische, bezieht, schon im Ansatz unberührt. Gewiss ist die Zusammenarbeit zwischen BaFin und Bundesbank eng (vgl. neben § 7 KWG noch § 3 Finanzdienstleistungsaufsichtsgesetz). Erstere ergreift keine außenwirksame Maßnahme, ohne sich vorher mit der Bundesbank abgestimmt zu haben. Bei „Großereignissen", wie im Zusammenhang der Finanzkrise der Jahre 2008/2009 häufig, nimmt die BaFin zudem mit dem Bundesfinanzministerium als der übergeordneten Behörde Rücksprache. Man bringt vorhandenen Sachverstand möglichst umfassend zusammen. Diese Struktur hat sich bestens bewährt.

Welche Motive hinter dem Änderungsvorschlag des Koalitionsvertrages stecken, ist unklar. Mit der Finanzkrise hat er nichts zu tun.[4] Zu ihren Ursachen gehört nicht etwa eine defiziente Zusammenarbeit der beiden Organe. Von einem Mitglied des Bundeskabinetts war in einer Talk-Show zu hören, es sollen „Reibungsverluste" ausgeschlossen werden. Doch das bleibt Dampfplauderei am grünen Tisch. Sammlung von Sachverstand ist das Gegenteil von Reibungsverlusten. Immerhin deuten die Verfasser des Koalitionsvertrages das Problem einer fortbestehenden Unabhängigkeit der Deutschen Bundesbank an. Die zitierte Aussage, der Umfang der bisherigen rechtlichen Unabhängigkeit der Bundesbank werde durch die hinzukommenden hoheitlichen Zuständigkeiten nicht berührt, wirkt etwas kryptisch. Er scheint auszusagen: Was die überkommene Zuständigkeit der Bundesbank, also die Siche-

[4] Vgl. für viele *Möschel* Die Finanzkrise – Wie soll es weitergehen? ZRP 2009, 129 ff.; *Weber* Regulatorische und institutionelle Konsequenzen aus der Finanzkrise, Deutsche Bundesbank, Auszüge aus Presseartikeln, Nr. 48, 18. Nov. 2009, S. 3 ff.

rung der Geldwertstabilität angeht, kann alles beim Alten bleiben. Für die geplanten neuen Zuständigkeiten der Bundesbank, die hoheitlich ausgestaltete Bankenaufsicht, dagegen, soll das nicht gelten. Das bedeutet: So, wie die BaFin als gegenwärtige Bankaufsichtsbehörde weisungsunterworfen ist (Rechts- und Fachaufsicht des Bundesministeriums der Finanzen, § 2 FinDAG), so wäre es in Zukunft die Bundesbank, soweit sie bankaufsichtlich tätig ist.

II. Gefährdung der Unabhängigkeit

Für effiziente Notenbankpolitik – d.h. für stabiles Geld zu sorgen – ausschlaggebend sind weniger materiellrechtliche Vorschriften. Sie stoßen wegen unvermeidlich bestehender Beurteilungsspielräume auf Grenzen. Das erfolgreichste Instrument ist ein institutionelles. Das meint hier die Unabhängigkeit einer Zentralnotenbank gegenüber politischen Einflussnahmen. Sie war bzw. ist in Deutschland, der Schweiz und in den USA realisiert. Dies sind zugleich die stabilsten Währungsordnungen in der Zeit nach dem Zweiten Weltkrieg. Für den Euro, in dem die Deutsche Mark aufgegangen ist unter weitgehender Mitnahme der deutschen Währungsverfassung, steht heute die Europäische Zentralbank in ihrer verfassungsrechtlich verankerten Unabhängigkeit (Art. 130 AEUV, ex-Artikel 108 EGV). Die Unabhängigkeit einer Notenbank wird gefährdet, wenn sie gleichzeitig – weisungsunterworfen – die Bankenaufsicht durchführt. Währungspolitische Überlegungen – gutes Geld ist immer knappes Geld – können zurücktreten, falls bankaufsichtliche Ziele, z.B. die Stabilisierung oder gar die Rettung von Kreditinstituten, eine abundante Liquiditätsversorgung nahelegen. Es käme unausweichlich zu einer Verschiebung der gedanklichen Ressourcen in einer Zentralbank.

Eine kritische Überlegung dieser Art setzt sich in den deutschen Verhältnissen einem zweifachen Gegeneinwand aus:

a) Ausschließliche Zuständigkeit zur Währungssicherung bei der EZB

So hat die Deutsche Bundesbank ihre vornehmste Zuständigkeit, für die Stabilität des Geldwerts zu sorgen, mit der Ablösung der D-Mark durch den Euro an die EZB verloren. Entscheidungen trifft der Europäische Zentralbankrat, nicht mehr die Deutsche Bundesbank. Letztere ist als Institution nicht Mitglied der Europäischen Gremien. Ihr Präsident, der Bundesbankpräsident, nimmt vielmehr als Einzelperson an den Beratungen und Entscheidungen des Europäischen Zentralbankrats teil (vgl. Art. 283 AEUV, ex-Artikel 112 EGV). Man könnte meinen: Wenn es schon an der Zuständigkeit fehle, gibt es nichts, was gefährdet werden könne. Das wäre naiv gedacht. Die Bundesbank ist innerhalb des Euroraums unverändert die gewichtigste mitgliedstaatliche Notenbank. Sie verkörpert eine in Jahrzehnten gewachsene und bewährte Kultur der Währungsstabilität und der Unabhängigkeit zugleich. Ein Wechsel des Paradigmas in Richtung Regierungsabhängigkeit hat von daher unausweichlich Risiken eines „spill over“ auf die Politik der EZB. Auch ist der Präsident der Bundesbank auf vielfältige Weise in sein Haus eingebunden. Faktisch könnte er sich davon gar nicht lösen. Den Schöpfern der Europäischen Währungsverfassung ist solche Sicht nachgerade selbstverständlich gewesen. Sie erklärt die Regelung in Art. 130 S. 2/131 AEUV (ex-Artikel 108 S. 2/109 EGV), wonach nationale Zentralbanken trotz fehlender eigener währungspolitischer Zuständigkeiten unabhängig sein müssen nach dem Muster der EZB. Folgerichtig sind bankaufsichtliche Kompetenzen der EZB nach expliziter Regelung nur peripher möglich (Art. 127 Abs. 5 und 6 AEUV, ex-Artikel 105 Abs. 5 und 6 EGV). Wer hier mehr haben will, muss die gemeinsame Verfassung, den EG-Vertrag, ändern. Von daher ergeben sich gemeinschaftsrechtliche Zweifel, ob die Parteien des Koalitionsvertrages ihr Vorhaben so schlankweg verwirklichen können, wie dies angedeutet ist (vgl. auch Art. 3 Abs. 3. 3. und Art. 14 Abs. 14. 4. Satzung der Europäischen Zentralbank).

b) Alternative Optionen zur Sicherung der Unabhängigkeit

Der zweite Gegeneinwand rekurriert auf den Verhältnismäßigkeitsgrundsatz. Lässt sich die Unabhängigkeit der Bundesbank außerhalb der Bankenaufsicht durch andere Mittel gewährleisten?

– Am einfachsten wäre es, wenn nicht nur die „alten Zuständigkeiten“, sondern auch die neuen Zuständigkeiten zu hoheitlicher Bankenaufsicht einem Regime der Unabhängigkeit unterlägen. Das oben mitgeteilte Zitat aus dem Koalitionsvertrag mit seiner Trennung von bisheriger rechtlicher Unabhängigkeit und hinzukommenden hoheitlichen Zuständigkeiten belegt, dass genau dieses politisch nicht gewollt ist. Ein sachlicher Grund kommt hinzu: Nach deutschem Verfassungsrecht gilt für belastende hoheitliche Eingriffe ein Grundsatz, wonach es keine sogenannten ministerialfreien Räume geben dürfe.[5] Die Legitimationskette eines Entscheiders muss über Administration, Gesetz, Parlament bis zur Summe der Wähler zurückführen. Die Unabhängigkeit eines Entscheiders, was regelmäßig diskretionäre Spielräume einschließt, unterbricht diese Kette. Dies war nach h.M. aus historischen Gründen innerhalb der Währungspolitik zulässig; mittlerweile gelten dort Art. 130/131 des ohnehin höherrangigen AEUV (ex-Artikel 108/109 EGV). Die Bankenaufsicht als typische Form der Eingriffsverwaltung genießt dieses Privileg nicht. Der genannte Weg ist

[5] Vgl. hierzu *Herzog* in Maunz/Dürig, Grundgesetz, Art. 65 GG, Rn. 91–106 (55. EL 2009).

für Deutschland aus Rechtsgründen nicht begehbar. Er wäre jedenfalls hochriskant.

- Die Bundesregierung scheint an Auswege zu denken, wie sie im Gesetz zur Errichtung eines Finanzmarktstabilisierungsfonds eingeschlagen wurden. Man schuf eine unselbstständige Anstalt des Öffentlichen Rechts bei der Deutschen Bundesbank, die organisatorisch von dieser getrennt blieb („Anstalt in der Anstalt"). Sie untersteht der Rechts- und Fachaufsicht des Bundesfinanzministers (§ 3a Abs. 2 S. 2 FMStFG). Es ist die Rede davon, die jetzige BaFin an die Bundesbank „anzudocken". Ähnliche Überlegungen waren früher im Zusammenhang der hoheitlich zu gewährleistenden Flugpolizei angestellt worden. Die Aufgabe sollte von einer beliehenen privaten GmbH durchgeführt werden, damit die zu rechtswidrigen Bummelstreiks neigenden Fluglotsen einem privilegierten Gehaltsregime unterstellt werden konnten. Der Einwand dagegen ist: Dann kann man es gleich bei der gegenwärtigen Struktur belassen. Es ist kein Mehrwert erkennbar, der solche Pseudo-Reform rechtfertigen könnte.
- Schließlich mag man an unterschiedliche Formen eines „chinese wall" denken, der Währungszuständigkeit und Bankenaufsicht möglichst undurchdringbar voneinander getrennt hält. Bei einem institutionellen Arrangement, in welchem der Präsident der Deutschen Bundesbank mit seiner zweifachen Zuständigkeit einen „Doppelhut" tragen muss, widerlegt sich dieses Konzept von selbst. Der Hinweis trifft auch die Idee einer „Anstalt in der Anstalt", wenn man die Bundesbank in zwei Institutionen unterhalb des Präsidenten aufspalten möchte. Dies ist im Übrigen das genaue Gegenteil eines gleichzeitig verfolgten Konzepts einer „Allfinanzaufsicht bei der Bundesbank".

Insgesamt wird durch diese beiden Gegenargumente das Gravamen von der gefährdeten Unabhängigkeit der Bundesbank nicht entkräftet.

III. Alleinige Zuständigkeit der BaFin

Vereinzelt findet sich der Vorschlag, umgekehrt die klassische Bankenaufsicht allein der BaFin zu überantworten.[6] Dies ist keine überzeugende Auskunft. Die BaFin als eine zentrale Behörde in Bonn ist viel zu weit weg von den einzelnen Kreditinstituten. Eine solche Aufsicht müsste notwendig ineffizient sein. Der Vorschlag erliegt dem Charme einer neuen Begrifflichkeit: Man unterscheidet seit der Finanzkrise zwischen einer makroprudentiellen Aufsicht, die auf die frühzeitige Warnung vor Stabilitätsrisiken des Gesamtsystems ausgerichtet ist, und einer mikroprudentiellen, die der überkomme-

[6] In diese Richtung *Kronberger Kreis* Mehr Mut zum Neuanfang, 2010, S. 12 ff.

nen Aufsicht entspricht. Erstere könne nur die Notenbank wahrnehmen, letztere die spezielle Aufsichtsbehörde. Dahinstehen mag, ob es sich bei makro- und mikroprudentiell um aufgeblasene Formeln handelt. Im Kern geht es unverändert um das, was etwas altmodisch Domino-Effekt genannt wird. Geändert gegenüber früher hat sich lediglich, dass die sachliche und zum Teil auch geographische Vernetzung im Bankgewerbe zugenommen hat. Übersehen wird dabei, dass die regulativen Lösungen nicht manichäisch sein müssen, hier die Bundesbank, dort die BaFin. Es gibt Zwischenformen. Kooperationslösungen haben sich gerade in Deutschland bewährt. Das schließt jetzt konzeptionell nicht aus, die BaFin als eine weitgehend neue Institution zu entwickeln, z.B. mit flächendeckender Präsenz. Am kostengünstigsten wäre es, wenn sie freiwerdende Büroräume in den Filialen der Bundesbank anmietete und von dort das vorhandene Aufsichtspersonal übernähme. Rätselhaft bleibt nur, worin die Verbesserung gegenüber dem gegenwärtigen Zustand liegen soll.

IV. Die internationale Ebene

Ein Nachdenken über die angemessene Zuständigkeitsordnung in der Bankenaufsicht wäre unvollständig, falls die internationale Ebene nicht einbezogen würde. So war die Debatte um die gegenwärtig auslaufende Finanz- und Wirtschaftskrise von Anfang an begleitet von einem Bemühen, die internationale Dimension zu stärken. Die Vorschläge des Washingtoner und des Londoner Gipfel stehen dafür. Die Augen richteten sich auf den Internationalen Währungsfonds, die EU, vorhandene Kooperationsforen wie das Forum für Finanzmarktstabilität (FSF). Dies ist ein bei der Bank für Internationalen Zahlungsausgleich in Basel angesiedelter Arbeitskreis von Finanzministern, Notenbanken und Bankaufsichtsbehörden aus den G 7 Ländern.[7] Seine Gründung war im Jahre 1999 auf Initiative des damaligen deutschen Bundesbankpräsidenten Hans Tietmeyer erfolgt. Der Gipfel von London hat sich dem mit der Idee, ein „Financial Stability Board" (FSB) zu schaffen, weitgehend angeschlossen. Ihm sollen Vertreter der G 20 und anderer Organisationen angehören.

a) Regelsetzung und konkrete Aufsicht

Doch bleibt Nüchternheit geboten. So ist von vornherein zwischen Regelsetzung und Vollzug im konkreten Fall zu unterscheiden. Eine Regelsetzung kann Gegenstand einer allgemeinen Harmonisierung sein, dies in durchaus

[7] Hierzu *Weber* aaO (Fn. 4) S. 5.

unterschiedlicher Stringenz. Hier gelten Aspekte jeglicher Harmonisierung, die mit den Eckpunkten „Wettbewerb der Regulierungssysteme" einerseits und „level playing field" andererseits angedeutet sein mögen. Abwegig wäre es demgegenüber, eine internationale Bankenaufsicht bis zu einer Rechtsanwendung im konkreten Sachverhalt zu treiben. Sie müsste ineffizient bleiben. Die Vorstellung, eine zentrale Aufsichtsbehörde z.B. in Washington D.C. müsste eine Bank in Budapest ebenso wie in Manila konkret beaufsichtigen, widerlegt sich von selbst. Was schon für eine zentralistische Behörde nach Art der BaFin innerhalb der Bundesrepublik gilt, träfe auf globaler Ebene umso mehr zu.

b) Bedenken gegen harmonisierte Regelsetzung

Selbst gegen eine harmonisierte, internationale Regelsetzung sind zahlreiche Bedenken in Rechnung zu stellen. So bleibt es erfahrungsgemäß nicht bei den anfänglichen Regulierungen. Sie breiten sich vielfach ölfleckartig aus. So sind z.B. 18.000 hochqualifizierte Beamte allein bei der Kommission in Brüssel tätig, 6.200 davon im höheren Dienst. Sie sind ständig auf der Suche nach anspruchsvoller Tätigkeit. Als edelste gilt die Rolle des Gesetzgebers. Dies löst einen strukturellen Trend zu einem ständigen Zuviel aus. Ähnliches gilt für die Mitwirkung des Europaparlaments an der europäischen Rechtsetzung. Sie ist durch den Lissabon-Vertrag noch ausgedehnt worden. Dort geht es primär darum, über eine Ausweitung der Kompetenzen auf dem Weg zu einem vollgültigen Parlament voranzukommen. Vorschläge von Kommission und Rat der EU-Finanzminister zur Bankenaufsicht lösten sofort den Kommentar aus, das Parlament werde sich gegen eine „Verwässerung" der Aufsicht zu wehren wissen.

Ein strukturelles Defizit einer Arbeitsteilung zwischen europäischer und nationaler Ebene liegt darin, dass auf ersterer wohlfeile Regulierungen gesetzt werden können. Die Kosten sind auf nationaler Ebene aufzubringen. Dann fallen nicht nur Herrschaft und Verantwortung auseinander. Das Budgetrecht der nationalen Parlamente ist berührt. Da europäische Legislativorgane von den nationalen Wählern nicht abgewählt werden können, öffnet sich einmal mehr ein unerwünschtes Defizit an demokratischer Legitimation.

Am 2. Dezember 2009 haben die EU-Finanzminister beschlossen, drei bislang bedeutungslose beratende Fachausschüsse zu neuen EG-Aufsichtsbehörden für Banken, Versicherungen und Wertpapiere auszubauen.[8] Diese können – bei einer Ausnahme – nicht direkt in die nationale Aufsicht derge-

[8] Vgl. hierzu *Bundesministerium der Finanzen* Wirtschaft und Verwaltung in Europa, Einigkeit über neue EU-Finanzaufsicht, vom 4.12.2009; Council of the European Union, 16838/09 (Presse 352), Press Release, 2981st Council meeting, Economic and Financial Affairs, Brussels, 2. December 2009.

stalt eingreifen, dass sie Verwaltungsakte gegenüber den einzelnen Kreditinstituten in den Mitgliedstaaten erlassen können. Sie sollen den nationalen Aufsichtsbehörden Standards zur Umsetzung in das nationale Aufsichtsrecht vorschreiben. Im Falle übermäßigen Eingriffs in das nationale Budgetrecht soll ein Mitgliedstaat Einspruch beim Rat der Finanzminister einlegen können. Dieser entscheidet dann mit Mehrheit. Eine Sachfrage wird damit zu einer politischen mit dem üblichen „do ut des". Man kann zweifeln, ob dies ein institutioneller Fortschritt ist.

Es gibt in diesen Bereichen eine vorzugswürdige Option: Die internationale Kooperation sollte über die BIZ in Basel gestaltet werden.

Im Koalitionsvertrag wird zwischen der Neuordnung der deutschen Bankenaufsicht und der internationalen Ebene anscheinend ein Zusammenhang insoweit hergestellt, als in diesem Kontext auf „eine schnelle Umsetzung der bereits begonnenen Reform der EU-Finanzmarktaufsicht" verwiesen wird. Dies dürfte Ausfluss eines wenig reflektierten, verkürzten Denkens sein.

Aktienrechtliche Verschwiegenheitspflicht der Aufsichtsratsmitglieder öffentlicher Unternehmen und freier Zugang zu Informationen

Hartmut Oetker

A. Einleitung

Wer kurz vor der Vollendung des 70. Lebensjahres des Jubilars einen Blick auf das weit gefächerte wissenschaftliche Œuvre von *Dieter Reuter* wirft, kann nur beeindruckt sein, mit welcher Originalität und Schaffenskraft er seit über 45 Jahren der rechtswissenschaftlichen Diskussion kontinuierlich Impulse verleiht und nachhaltige Spuren hinterlässt. Bereits mit seiner Dissertation zu den Kindesgrundrechten[1] leistete er Pionierarbeit, die den Boden für spätere gesetzgeberische Entwicklungen (z.B. § 1629a BGB) bereitete.

Ungeachtet des gemeinsam mit seinem Schüler, *Michael Martinek*, verfassten Fundamentalwerkes zum Bereicherungsrecht[2], das ihn als einen virtuosen Meister auf der Klaviatur der Zivilrechtsdogmatik ausweist, zählt der Jubilar zu der immer noch beachtlichen Schar, die sowohl im Arbeitsrecht als auch im Gesellschaftsrecht gleichermaßen den wissenschaftlichen Diskurs prägen, sich in diesem mit gewichtiger Stimme zu Wort melden und Gehör finden, mögen seine Thesen auch nicht stets den ungeteilten Beifall finden. Das gilt nicht nur für das Arbeitsrecht, sondern auch im Gesellschaftsrecht hat sich *Dieter Reuter* zu keiner Zeit gescheut, der herrschenden Meinung fundiert zu widersprechen und – ausgehend von einem festen ordnungspolitischen Fundament – konzeptionelle Alternativen aufzuzeigen und in ihren Auswirkungen auf das geltende Normengefüge zu durchdenken. Seine Bielefelder Habilitationsschrift[3] sowie die tiefschürfenden und in fünf Auflagen stets fortentwickelten Erläuterungen zum Vereins- und Stiftungsrechts im Münchener Kommentar zum BGB sind hierfür hervorstechende und zugleich charakteristische Beispiele.

[1] Kindesgrundrechte und elterliche Gewalt, 1968; prägend war hierfür der gemeinsam mit seinem Münsteraner Studienfreund *Franz Jürgen Säcker* verfasste Aufsatz zu dem Thema „Herausgabe von Kindern in die DDR – Zum Problem des Verhältnisses von Grundrechtsmündigkeit und Elternrecht", NJW 1965, 2037 ff.

[2] Ungerechtfertigte Bereicherung, Handbuch des Schuldrechts Bd. 4, 1983.

[3] Privatrechtliche Schranken der Perpetuierung von Unternehmen – Ein Beitrag zum Problem der Gestaltungsfreiheit im Recht der Unternehmensformen, 1973.

Vergleichsweise selten hat sich der Jubilar indes in der Corporate Governance Diskussion zu Wort gemeldet, obwohl ihm auch die Aufsichtsratsverfassung als Forschungsgegenstand vertraut ist, wie seine grundlegende Abhandlung zum Verhältnis von Gesellschaftsrecht und Unternehmensmitbestimmung[4] zeigt. In ähnlicher Weise gilt dies für die Verschwiegenheitspflicht der Aufsichtsratsmitglieder, die der Jubilar im Rahmen einer Rezensionsabhandlung aufgegriffen hat.[5] Mit dem hiesigen Beitrag soll diese Facette aus dem wissenschaftlichen Œuvre des Jubilars thematisiert und durch die Fokussierung auf das bei öffentlichen Unternehmen charakteristische Spannungsverhältnis zwischen Gesellschaftsrecht und Öffentlichem Recht eine Gemengelage vertieft werden, die für den Jubilar – wie bereits seine Dissertation zeigt – stets eine willkommene Herausforderung ist.

B. Aktienrechtliche Verschwiegenheitspflicht und Public Corporate Governance

Die in § 93 Abs. 1 S. 3 AktG normierte Pflicht, über Betriebs- und Geschäftsgeheimnisse der Gesellschaft sowie über vertrauliche Angaben Verschwiegenheit zu wahren, zählt zu den Grundvoraussetzungen einer guten Unternehmensführung. Das gilt nicht nur wegen des legitimen Schutzes des Unternehmens gegenüber Außenstehenden, insbesondere konkurrierenden Mitbewerbern, sondern vor allem auch für die Kommunikation zwischen den Organen der Gesellschaft bzw. deren Mitgliedern. Unbefangene Erörterungen zwischen Vorstand und Aufsichtsrat sind Grundvoraussetzung und Lebenselexier dafür, dass der Aufsichtsrat auf ausreichender Tatsachengrundlage seine im Unternehmensinteresse liegende Beratungs- und Überwachungsaufgaben gegenüber dem Vorstand funktionsgerecht wahrnehmen kann.[6] Deshalb gilt die in § 93 Abs. 1 S. 3 AktG für den Vorstand normierte Verschwiegenheitspflicht nach § 116 S. 1 AktG entsprechend für die Mitglieder des Aufsichtsrates und § 116 S. 2 AktG hebt diese Pflicht zur Verschwiegenheit zusätzlich hervor und konkretisiert diese zugleich für die erhaltenen vertraulichen Berichte sowie die vertraulichen Beratungen. Für einen bei der GmbH gebildeten Aufsichtsrat gilt dies im Hinblick auf die Verschwiegenheitspflicht seiner Mitglieder entsprechend, unabhängig davon, ob dieser fakultativ oder aus Gründen der Unternehmensmitbestimmung obligato-

[4] Der Einfluss der Mitbestimmung auf das Gesellschafts- und Arbeitsrecht, AcP Bd. 179 (1979), S. 509 ff.

[5] ZHR Bd. 144 (1980), 493 ff.

[6] Statt aller *Hopt/Roth*, Großkomm. AktG, 4. Aufl. 2005, § 116 Rdnr. 215 ff.

risch zu bilden ist. Für beide Varianten wird § 116 AktG und damit indirekt zugleich auch § 93 Abs. 1 S. 3 AktG für entsprechend anwendbar erklärt.[7]

Dieser vom Aktiengesetz vorgesehene Normalfall erfährt indes in den §§ 394, 395 AktG eine Durchbrechung, wenn dem Aufsichtsrat Personen angehören, die in diesen auf Veranlassung einer Gebietskörperschaft gewählt oder entsandt wurden. Hinsichtlich der Berichte, die sie der Gebietskörperschaft zu erstatten haben,[8] unterliegen sie nach § 394 S. 1 AktG keiner Verschwiegenheitspflicht. Dabei erstreckt sich deren Lockerung nicht nur auf die Betriebs- und Geschäftsgeheimnisse der Gesellschaft, sondern – wie sich aus § 394 S. 2 AktG erschließt – gleichermaßen auf die ebenfalls in den Schutz des § 93 Abs. 1 S. 3 AktG einbezogenen „vertraulichen Angaben“.[9] Ob die in § 394 AktG normierte Lockerung der Verschwiegenheitspflicht auch für die Mitglieder eines bei der GmbH gebildeten Aufsichtsrates gilt, ist bislang nicht abschließend geklärt, soll hier jedoch ungeachtet der praktischen Relevanz dieser Fragestellung für öffentliche Unternehmen dahingestellt bleiben.[10]

Die bei öffentlichen Unternehmen seit jeher lebhaft geführten Diskussionen zum Verhältnis öffentlich-rechtlicher Bindungen zu den rechtsformspezifischen gesellschaftsrechtlichen Rahmenbedingungen hat bekanntlich vielfältige Fragestellungen aufgeworfen.[11] Im Hinblick auf die Pflicht der Aufsichtsratsmitglieder zur Verschwiegenheit soll hier eine bislang nur selten vertieft diskutierte Facette aufgegriffen werden, die durch den öffentlich-rechtlichen Anspruch auf Zugang zu den bei Behörden geführten Informationen ausgelöst wird. Auszuloten ist, ob den durch § 93 Abs. 1 S. 3 AktG geschützten Betriebs- und Geschäftsgeheimnissen sowie den vertraulichen Angaben eine Offenbarung droht, weil die in § 394 AktG genannten „Berichte“ Gegenstand eines öffentlich-rechtlichen Informationszugangsanspruches sind, der sowohl für den Bund durch das Informationsfreiheitsgesetz als auch durch vergleichbare Landesgesetze in zahlreichen Bundesländern begründet wird.[12] Neben den bereits häufiger im Schrifttum aufgegriffenen

[7] Siehe einerseits § 52 Abs. 1 GmbHG für den fakultativen Aufsichtsrat und andererseits § 1 Abs. 1 Nr. 3 DrittelbG sowie § 25 Abs. 1 S. 1 Nr. 2 MitbestG für den obligatorisch zu bildenden Aufsichtsrat.

[8] Näher zur Rechtsgrundlage der Berichtspflicht *Oetker*, in: K. Schmidt/Lutter, AktG, 2008, § 394 Rn. 10 ff.

[9] So *Hüffer*, AktG, 9. Aufl. 2010, § 394 Rdnr. 45; *Kropff*, Festschrift für Hefermehl, 1976, S. 327 (335); *Lohl*, AG 1970, 159 (163 Fn. 39); *Oetker*, in: K. Schmidt/Lutter, AktG, 2008, § 394 Rdnr. 19; *Zavelberg*, Festschrift für Forster, 1992, S. 723 (732); aA jedoch *Martens*, AG 1984, 29 (36 f.).

[10] Dazu näher *Kropff*, MünchKomm. AktG, 2. Aufl. 2006, §§ 394, 395 Rdnr. 9 ff.; *Oetker*, in: K. Schmidt/Lutter, AktG, 2008, § 394 Rdnr. 5.

[11] Stellvertretend hierzu *Kropff*, MünchKomm. AktG, 2. Aufl. 2006, vor §§ 394, 395 Rdnr. 32 ff., m.w.N.

[12] Näher zu den Rechtsgrundlagen unten C I.

Auswirkungen der Informationsfreiheitsgesetze auf das Kartellrecht[13] sowie das Bank- und Kapitalmarktrecht[14], tritt somit als bislang zumeist vernachlässigter Aspekt die aktienrechtliche Verschwiegenheitspflicht hinzu.[15] Dies gilt in gleicher Weise für die Mitglieder eines bei einer GmbH gebildeten Aufsichtsrates. Selbst wenn für sie eine analoge Anwendung des § 394 AktG abgelehnt wird, sind sie durch ihre Verschwiegenheitspflicht nach der Rechtsprechung des Bundesgerichtshofes nicht gehindert, Betriebs- und Geschäftsgeheimnisse sowie vertrauliche Angaben der Gesellschafterversammlung und damit letztlich auch den Gesellschaftern zu offenbaren.[16] Zählt zu diesen eine Gebietskörperschaft, so stellt sich in vergleichbarer Weise die Frage, ob den hierdurch bei der Gebietskörperschaft vorhandenen Informationen durch die Informationsfreiheitsgesetze eine Offenbarung droht.

Für die Corporate Governance Struktur öffentlicher Unternehmen ist das vorstehend skizzierte Spannungsverhältnis von erheblicher Bedeutung, da auch bei ihnen das vertrauensvolle Zusammenwirken von Vorstand und Aufsichtsrat unerlässlich ist, damit beide Organe ihre Aufgaben funktionsgerecht wahrnehmen können. Der am 1.7.2009 von der Bundesregierung als Teil A der „Grundsätze guter Unternehmens- und Beteiligungsführung im Bereich des Bundes" beschlossene „Public Corporate Governance Kodex des Bundes"[17] hat die fundamentale Bedeutung der Verschwiegenheitspflicht – nicht anders als der Corporate Governance Kodex für börsennotierte Aktiengesellschaften[18] - ausdrücklich zur Grundlage einer engen Zusammenarbeit von Geschäftsleitung und Überwachungsorgan zum Wohle des Unternehmens erhoben[19] und der Wahrung der Vertraulichkeit einen eigenen Abschnitt gewidmet.[20] Ungeachtet dessen weist auch der Public Corporate Governance Kodex in seinen Anmerkungen unter Referierung des Gesetzeswortlauts auf den Sonderfall des § 394 AktG hin,[21] ohne indes das Spannungsverhältnis zu dem Informationsfreiheitsgesetz (des Bundes) zu thematisieren bzw. die Rückwirkungen auf die Kommunikation innerhalb des Aufsichtsrates sowie zwischen diesem und dem Vorstand zu problematisieren.

[13] *Burholt*, BB 2006, 2201 ff.; *Kleine*, ZWeR 2007, 303 ff.; *Soltész/Marquier/Wendenburg*, EWS 2006, 102 ff. sowie zum Vergaberecht *Polenz*, NVwZ 2009, 883 ff.

[14] *Gurlit*, WM 2009, 773 ff.; *Möllers/Wenninger*, ZHR Bd. 170 (2006), 455 ff.; *Tolkmitt/Schomerus*, NVwZ 2009, 568 ff.; *Wilsing/Paul*, BB 2009, 114 ff.

[15] Dazu auch jüngst *v. Mutius*, Festschrift für Kreutz, 2010, S. 773 ff., der den Zugang zu Betriebsdaten kommunaler Unternehmen thematisiert, ohne dabei jedoch vertieft auf die Problematik der gesellschaftsrechtlichen Verschwiegenheitspflicht einzugehen.

[16] Siehe BGHZ 135, 48 (53 ff.).

[17] Im Internet abrufbar über die Homepage des Bundesjustizministeriums; im Überblick zum Public Corporate Governance Kodex z.B. *Caruso*, NZG 2009, 1419 ff.

[18] Siehe Nr. 3.5 des Corporate Governance Kodex in der Fassung vom 18. Juni 2009.

[19] Siehe Nr. 3.1.1 Abs. 1 Public Corporate Governance Kodex.

[20] Siehe Nr. 3.2 Public Corporate Governance Kodex.

[21] Anmerkungen zu Nr. 3.2.1 Public Corporate Governance Kodex.

Nähere Ausformungen zu der Lockerung der Verschwiegenheitspflicht durch § 394 AktG sind den „Hinweisen für gute Beteiligungsführung bei Bundesunternehmen“ zu entnehmen, die als Teil B Bestandteil der „Grundsätze guter Unternehmens- und Beteiligungsführung im Bereich des Bundes“ sind. Diese zeigen vor allem die angestrebte enge Verknüpfung und den damit bezweckten Informationsfluss zwischen den auf Veranlassung des Bundes in den Aufsichtsrat gewählten oder entsandten Mitgliedern im Aufsichtsrat und dem zuständigen Bundesministerium. Hierzu zählt nicht nur die rechtzeitige Abstimmung mit dem zuständigen Beteiligungsreferenten, sondern auch die schriftliche Berichterstattung über die Sitzungen. Diese soll nach Textziffer 49 der genannten Hinweise nicht nur über die wesentlichen Ergebnisse der Sitzung unterrichten, sondern auch die zu erwartende Sitzungsniederschrift durch Hintergrundinformationen ergänzen. Zudem soll die Berichterstattung auf personelle Angelegenheiten eingehen und die Gründe für das eigene Abstimmungsverhalten darstellen.

Bereits diese knappe Skizze zeigt die Konfliktlage zwischen dem gesellschaftsrechtlichen Schutz der Betriebs- und Geschäftsgeheimnisse und dem öffentlich-rechtlichen Anspruch auf Informationszugang auf. Müssten die Mitglieder des Aufsichtsrates stets befürchten, dass Interna der vertraulichen Beratungen im Aufsichtsrat über das auf Veranlassung der Gebietskörperschaft gewählte oder entsandte Aufsichtsratsmitglied nicht nur Vertretern der jeweiligen Gebietskörperschaft, sondern zudem potentiell jedem Außenstehenden zur Verfügung stehen, so könnte dies eine vertrauensvolle Beratung sensibler Personal- und Sachfragen bereits im Keim ersticken. Nicht zuletzt aus diesem Grunde hat § 394 AktG die Verschwiegenheitspflicht für die von dieser Norm erfassten Mitglieder des Aufsichtsrates zwar gelockert, andererseits aber die aktienrechtliche Verschwiegenheitspflicht auf die Empfänger der Berichte ausgedehnt (§ 395 AktG).[22]

C. Überblick zur Reichweite des öffentlich-rechtlichen Anspruchs auf Zugang zu Informationen

I. Rechtsgrundlagen des Anspruchs auf Informationszugang

Rechtsgrundlage für den öffentlich-rechtlichen Anspruch auf Zugang zu Informationen ist für den Bund das „Gesetz zur Regelung des Zugangs zu Informationen des Bundes (Informationsfreiheitsgesetz)“ vom 5.9.2005[23], das entsprechende Gesetze einzelner Bundesländer aufgegriffen hat und eine

[22] Siehe *Kropff*, MünchKomm. AktG, 2. Aufl. 2006, §§ 394, 395 Rdnr. 47; *Oetker*, in: K. Schmidt/Lutter, AktG, 2008, § 395 Rdnr. 1.
[23] BGBl. I 2005, S. 2722.

Parallele in sektorspezifischen Gesetzen zum Informationszugang findet.[24] Informationsfreiheitsgesetze hatten zuvor schon die Bundesländer Brandenburg[25], Berlin[26], Schleswig-Holstein[27] und Nordrhein-Westfalen[28] verabschiedet. Zugleich lieferte die bundesgesetzliche Regelung den Anstoß für weitere Landesgesetze, so in den Bundesländern Bremen[29], Saarland[30], Mecklenburg-Vorpommern[31], Thüringen[32], Sachsen-Anhalt[33], Rheinland-Pfalz[34] sowie Hamburg[35]. Ungeachtet zahlreicher Gemeinsamkeiten weisen die vorgenannten gesetzlichen Grundlagen in ihren Details jedoch z.T. gravierende Unterschiede auf. Diese betreffen nicht nur den Umfang der dem Zugriff preisgegebenen Informationen, sondern neben dem Kreis der Zugangsberechtigten bzw. -verpflichteten auch den Schutz derjenigen Informationen, die in die aktienrechtliche Verschwiegenheitspflicht einbezogen sind.

II. Gegenstand des Informationszugangs

Bereits die Reichweite der Informationsfreiheitsgesetze im Hinblick auf die von der aktienrechtlichen Pflicht der Aufsichtsratsmitglieder zur Verschwiegenheit erfassten Informationen hängt in erheblichem Maße von den verschiedenen Rechtsgrundlagen für den Anspruch auf Informationszugang ab. Das betrifft auch den Gegenstand der Informationen, zu denen der Zugang eröffnet wird. Vergleichsweise eng ist insoweit das Informationsfreiheitsgesetz des Bundes gefasst, da dieses den Zugang auf „amtliche Informatio-

[24] Siehe z.B. das Umweltinformationsgesetz v. 22.12.2004 (BGBl. I S. 3704) sowie das Verbraucherinformationsgesetz v. 5.11.2007 (BGBl. I S. 2558).

[25] Akteneinsichts- und Informationszugangsgesetz des Landes Brandenburg v. 10.3.1998, GVBl. 1998 I, S. 46.

[26] Gesetz zur Förderung der Informationsfreiheit im Land Berlin v. 15.10.1999, GVBl. 1999, S. 561.

[27] Gesetz über die Freiheit des Zugangs zu Informationen für das Land Schleswig-Holstein v. 9.2.2000, GVOBl. 2000, S. 166.

[28] Gesetz über die Freiheit des Zugangs zu Informationen für das Land Nordrhein-Westfalen v. 27.11.2001, GV NRW 2001, S. 806.

[29] Gesetz über die Freiheit des Zugangs zu Informationen für das Land Bremen v. 16.5.2006, GBl. 2006, S. 263.

[30] Gesetz Nr. 1596 Saarländisches Informationsfreiheitsgesetz v. 12.7.2006, Amtsblatt 2006, 1624.

[31] Gesetz zur Regelung des Zugangs zu Informationen für das Land Mecklenburg-Vorpommern v. 10.7.2006, GVOBl. M-V 2006, S. 556.

[32] Thüringer Informationsfreiheitsgesetz v. 20.12.2007, GVBl. 2007, 256.

[33] Informationszugangsgesetz Sachsen-Anhalt v. 19.6.2008, GVBl. 2008, S. 242.

[34] Landesgesetz über die Freiheit des Zugangs zu Informationen v. 26.11.2008, GVBl. 2008, S. 296.

[35] Hamburgisches Informationsfreiheitsgesetz v. 17.2.2009, GVBl. 2009, S. 29. Dieses trat an die Stelle des Hamburgischen Informationsfreiheitsgesetzes vom 11.4.2006, GVBl. 2006, S. 167.

nen" beschränkt und damit nur solche Aufzeichnungen erfasst, die amtlichen Zwecken dienen (s. § 2 Nr. 1 IFG Bund). Ungeachtet terminologischer Unterschiede knüpft die bundesgesetzliche Regelung damit an verschiedene Informationsfreiheitsgesetze an, die das Zugangsrecht nicht nur auf Aufzeichnungen beschränken, sondern diese zudem in vergleichbarer Weise funktional eingrenzen. So eröffnen die Informationsfreiheitsgesetze in Berlin und Brandenburg den Zugang zu Informationen ausdrücklich nur für solche Aufzeichnungen, die amtlichen bzw. dienstlichen Zwecken dienen (§ 3 Abs. 2 IFG Berlin, § 3 S. 1 IFG Bbg.). Auch in zeitlich nachfolgenden Landesgesetzen ist die funktionale Ausrichtung der Aufzeichnung auf „amtliche Zwecke" bzw. „dienstliche Zwecke" ein wiederkehrendes konstitutives Element zur Eingrenzung des Anspruchs auf Informationszugang (s. § 2 Nr. 1 IFG Bre., § 2 S. 1 Nr. 1 IFG M-V; § 3 Nr. 1 IFG Rh-Pf., § 2 Nr. 1 IFG LSA).

Ungeachtet der Frage, ob der funktionale Charakter im Hinblick auf die von § 93 Abs. 1 S. 3 AktG geschützten Informationen tatsächlich eine substanzielle Eingrenzung bewirkt, gehen einzelne Informationsfreiheitsgesetze sogar so weit, dass sie ausdrücklich auf die funktionale Beziehung der Aufzeichnung zu öffentlich-rechtlichen Aufgaben verzichten. So dehnt z.B. § 4 IFG SH den Anspruch auf Zugang sehr weitgehend auf sämtliche Informationen aus, die bei einer Behörde vorhanden sind. Das Informationsfreiheitsgesetz in Nordrhein-Westfalen hat diese Weite des Informationszugangs später aufgegriffen und grenzt die Informationen nur dahin ein, dass diese im dienstlichen Zusammenhang erlangt wurden (§ 3 IFG NRW). Das Hamburger Informationsfreiheitsgesetz hat den Anspruch zwar vergleichbar formuliert (s. § 4 IFG HH), im Hinblick auf die hiesige Themenstellung schließt § 3 Abs. 2 IFG HH den Anspruch auf Informationszugang aber aus, soweit der Anspruchsverpflichtete als Unternehmen am Wettbewerb teilnimmt (§ 3 Abs. 2 Nr. 8 IFG HH) oder Aufgaben der Beteiligungsverwaltung wahrgenommen werden und die Unternehmen im Wettbewerb stehen (§ 3 Abs. 2 Nr. 9 IFG HH). Vereinzelt wurde der Ausschlusstatbestand in § 3 Abs. 2 Nr. 8 IFG HH auch in anderen Bundesländern adaptiert, so in dem Informationsfreiheitsgesetz in Thüringen (§ 1 Abs. 3 Nr. 2 IFG TH).

III. Kreis der Verpflichteten

Keineswegs einheitlich ist auch der Kreis der durch die Informationsfreiheitsgesetze Verpflichteten. Gemeinsam ist den verschiedenen Gesetzen jedoch, dass sich diese nicht auf die Verpflichtung von Behörden beschränken,[36] sondern diesen insbesondere natürliche oder juristische Personen des

[36] Durch den in die Informationsfreiheitsgesetze aufgenommenen funktionalen Behördenbegriff werden Unternehmen in der Rechtsform der AG oder der GmbH bereits dann erfasst, wenn diese als beliehene Unternehmen agieren. Näher dazu *Rossi*, IFG, 2006, § 1

Privatrechts gleichstellen. Obwohl die Inanspruchnahme der privatrechtlichen Person zur Erfüllung öffentlich-rechtlicher Aufgaben im Vordergrund steht (so § 1 Abs. 2 S. 3 IFG Bund[37], § 2 Abs. 3 IFG Bbg., § 1 Abs. 1 S. 3 IFG Bre., § 2 Nr. 3 IFG HH, § 3 Abs. 3 IFG M-V, § 2 Abs. 3 IFG Rh-Pf., § 1 Abs. 1 S. 2 IFG LSA, § 3 Abs. 4 IFG SH, § 1 Abs. 1 S. 3 IFG TH),[38] ist die Reichweite dieser Gleichstellung nicht einheitlich. So erfassen § 2 Nr. 3 IFG HH, § 3 Abs. 3 IFG M-V, § 2 Abs. 3 IFG Rh-Pf. sowie § 3 Abs. 4 IFG SH auch solche Personen, denen die Erfüllung öffentlich-rechtlicher Aufgaben übertragen worden ist. Demgegenüber stellt § 2 Abs. 4 IFG NRW für die Gleichstellung ausschließlich darauf ab, ob die natürliche oder juristische Person des Privatrechts öffentlich-rechtliche Aufgaben wahrnimmt. Eine vor allem in dem hiesigen Kontext bemerkenswerte Besonderheit ist in Mecklenburg-Vorpommern anzutreffen, da § 3 IFG M-V auch solche juristischen Personen den Behörden gleichstellt, an denen die in § 3 Abs. 1 IFG M-V genannten juristischen Personen des öffentlichen Rechts mit einer Mehrheit der Anteile oder Stimmen beteiligt sind. Deutlich enger ist demgegenüber die Gleichstellung in Berlin, da § 2 Abs. 1 S. 1 IFG Berlin nicht auf die Erfüllung öffentlich-rechtlicher Aufgaben abstellt, sondern nur „Private" einbezieht, die mit der Ausübung hoheitlicher Befugnisse betraut sind.

IV. Anspruchsberechtigte

Ebenso wie die Informationsfreiheitsgesetze den Kreis der durch den Anspruch auf Informationszugang Verpflichteten insbesondere im Hinblick auf öffentliche Unternehmen zum Teil abweichend festlegen, sind auch bei dem Kreis der Anspruchsberechtigten Unterschiede unübersehbar. So billigt § 1 Abs. 1 S. 1 IFG Bund den Anspruch auf Informationszugang „Jedem" zu und grenzt damit den Kreis der Anspruchsberechtigten weder auf natürliche und juristische Personen des Privatrechts ein, noch sind hierdurch nichtrechtsfähige Personenvereinigungen per se ausgeklammert. Nur zum Teil sind die in den Ländern geltenden Informationsfreiheitsgesetze indes dieser weiten Umschreibung des Kreises der Anspruchsberechtigten gefolgt.[39] Teil-

Rdnr. 53; *Scheel*, in: Berger/Roth/Scheel, IFG, 2006, § 1 Rdnr. 31 ff.; *Schoch*, IFG, 2009, § 1 Rdnr. 82; *Sitsen*, Das Informationsfreiheitsgesetz des Bundes, 2009, S. 130.

37 Entsprechend anzuwenden ist diese Vorschrift im Saarland, s. § 1 S. 1 IFG Saarl.

38 Dazu z.B. *Scheel*, in: Berger/Roth/Scheel, IFG, 2006, § 1 Rdnr. 67 ff.; *Schoch*, IFG, 2009, § 1 Rdnr. 114 ff. sowie ausführlich *Sitsen*, Das Informationsfreiheitsgesetz des Bundes, 2009, S. 91 ff.

39 Ebenso aber § 1 IFG Bbg., § 1 Abs. 1 S. 1 IFG Bre., § 1 Abs. 1 S. 1 IFG Saarl. sowie § 1 Abs. 1 S. 1 IFG LSA. Dem folgt grundsätzlich auch das Informationsfreiheitsgesetz in Thüringen, das in § 1 Abs. 2 jedoch zusätzlich verlangt, dass der Antragssteller Unionsbürger ist oder einen Wohnsitz/Sitz in einem Mitgliedstaat der Europäischen Union hat (ebenso zuvor schon § 1 Abs. 2 des inzwischen aufgehobenen Hamburgischen Informationsgesetzes v. 11.4.2006 [s. Fn. 35]).

weise wird der Anspruch auf Informationszugang bewusst nur „natürlichen und juristischen Personen des Privatrechts“ zugebilligt,[40] was zwangsläufig die Frage aufwirft, ob auch andere Personenvereinigungen in den Kreis der Anspruchsberechtigten einbezogen sind. Eine ausdrückliche Antwort hierauf gibt nur das Informationsfreiheitsgesetz in Mecklenburg-Vorpommern, da § 1 Abs. 2 S. 2 IFG M-V eine entsprechende Anwendung für „Personenvereinigungen“ vorsieht. Scheinbar etwas weiter ist demgegenüber die Rechtslage in Berlin, da § 3 Abs. 1 S. 1 IFG Berlin zunächst jeden Menschen als Anspruchsberechtigten nennt, in § 3 Abs. 1 S. 2 IFG Berlin hingegen festlegt, dass die Rechte „auch von juristischen Personen geltend gemacht werden“ können. Ungeachtet des dogmatisch missverständlichen Rückgriffs auf die „Geltendmachung“ begrenzt das IFG Berlin den Kreis der juristischen Personen jedoch nicht auf solche des Privatrechts. Andererseits definieren vereinzelte Landesgesetze den Kreis der Anspruchsberechtigten äußerst eng. So beschränkt das Informationsfreiheitsgesetz in Nordrhein-Westfalen den Anspruch auf Informationszugang – augenscheinlich in bewusster Abweichung von den anderen Informationsfreiheitsgesetzen – auf „natürliche Personen“ (§ 4 Abs. 1 IFG NRW).

V. Schutz sensibler Unternehmensinformationen

Im Hinblick auf die aktienrechtliche Verschwiegenheitspflicht der Aufsichtsratsmitglieder bzw. die Empfänger etwaiger Berichte nach § 395 AktG ist jedoch der in den Informationsfreiheitsgesetzen etablierte Schutz für Betriebs- und Geschäftsgeheimnisse sowie vertrauliche Angaben im Sinne des § 93 Abs. 1 S. 3 AktG von besonderem Interesse. Insoweit kennen zwar alle Informationsfreiheitsgesetze besondere Schutzbestimmungen, die einem Begehren auf Informationszugang entgegengehalten werden können, auch diesbezüglich sind Unterschiede aber unübersehbar. Diese beschränken sich nicht nur auf die in den Informationsfreiheitsgesetzen durchweg anzutreffenden Sonderbestimmungen zum Schutz der Betriebs- und Geschäftsgeheimnisse, sondern z.T. wird der Anspruch auf Informationszugang bereits wegen vorrangiger öffentlicher Belange oder aufgrund anderweitiger gesetzlicher Geheimhaltungspflichten ausgeschlossen.

So schließt z.B. § 3 Nr. 6 IFG Bund den Anspruch auf Informationszugang aus, wenn das Bekanntwerden der Information geeignet wäre, fiskalische Interessen des Bundes im Wirtschaftsverkehr zu beeinträchtigen. Vergleichbare oder ähnliche Vorbehalte, die einem Anspruch auf Informationszugang entgegenstehen, enthalten die Informationsfreiheitsgesetze in Bremen (§ 3 N. 6 IFG Bre.), Hamburg (§ 3 Abs. 2 Nr. 8 und 9 IFG HH), Mecklenburg-

[40] So § 4 IFG HH, § 4 Abs. 1 S. 1 IFG Rh-Pf. sowie § 4 IFG SH.

Vorpommern (§ 5 Nr. 5 IFG M-V) und Sachsen-Anhalt (§ 3 Nr. 6 IFG LSA); durchgängig ist ein derartiger Vorbehalt in den Informationsfreiheitsgesetzen der Länder jedoch nicht anzutreffen.

Ebenfalls nur vereinzelt haben diese zudem auf den Umstand reagiert, dass bezüglich der begehrten Information besondere gesetzliche Geheimhaltungspflichten bestehen. Einen hieraus folgenden ausdrücklichen Ausschluss des Anspruchs auf Informationszugang normierten – der bundesgesetzlichen Regelung (§ 3 Nr. 4 IFG Bund) folgend – lediglich das Informationsfreiheitsgesetz in Berlin (§ 3 Nr. 4 IFG Berlin) und in Sachsen-Anhalt (§ 3 Nr. 4 LSA). In eine vergleichbare Richtung zielt auch noch § 4 Abs. 3 IFG Bbg., der ausdrücklich festlegt, dass gesetzliche Geheimhaltungspflichten unberührt bleiben. Im Übrigen verzichten die Informationsfreiheitsgesetze aber darauf, das Verhältnis des Anspruchs auf Informationszugang zu spezialgesetzlichen Geheimhaltungs- und Verschwiegenheitspflichten ausdrücklich zu regeln.

Alle Informationsfreiheitsgesetze sehen demgegenüber jedoch Sonderregelungen zum Schutz von Betriebs- und Geschäftsgeheimnissen vor,[41] ohne hierbei aber eine übereinstimmende Struktur aufzuweisen.[42] Das betrifft bereits die tatbestandliche Reichweite der geschützten Informationen. So zeichnen sich alle Informationsfreiheitsgesetze zwar dadurch aus, dass sie in ihre Schutznormen Betriebs- und Geschäftsgeheimnisse einbeziehen. Für die darüber hinausgehenden „vertraulichen Angaben“ fehlen aber vergleichbare Bestimmungen weitgehend. Lediglich in Mecklenburg-Vorpommern ist der Schutz weiter gezogen, da § 8 IFG M-V auch „sonstige wettbewerbsrelevante Informationen, die einem Betriebsgeheimnis gleichkommen“ einbezieht.[43] Im Gegensatz dazu bezieht § 8 IFG NRW zwar Betriebs- und Geschäftsgeheimnisse ein, berechtigt den Verpflichteten aber nur dann zur Ablehnung des Antrags auf Informationszugang, wenn durch die Offenbarung ein wirtschaftlicher Schaden entstehen würde.

Hinsichtlich der konkreten Ausprägung des Schutzes von Betriebs- und Geschäftsgeheimnissen können die Informationsfreiheitsgesetze in zwei Gruppen unterteilt werden. Bei der ersten Gruppe handelt es sich um solche Gesetze, die einen absoluten Schutz der Betriebs- und Geschäftsgeheimnisse begründen. So nimmt z.B. § 6 S. 2 IFG Bund Betriebs- und Geschäftsgeheimnisse von dem Anspruch auf Informationszugang zwar nicht generell aus, stellt den Zugang aber ausdrücklich unter den Vorbehalt, dass der Betroffene in diesen eingewilligt und damit letztendlich für die entsprechenden

[41] So auch § 9 Abs. 1 S. 1 Nr. 3 des Umweltinformationsgesetzes; § 2 S. 1 Nr. 2 lit.c des Verbraucherinformationsgesetzes.

[42] Zum Schutz der Betriebs- und Geschäftsgeheimnisse im Rahmen der Informationsfreiheitsgesetze siehe neben den Kommentierungen zu § 6 IFG *Ekardt/Exner/Beckmann*, VerwRdsch. 2007, 404 ff.; *Kiethe/Groeschke*, WRP 2006, 303 ff.; *Sieberg/Ploeckl*, DB 2005, 2062 ff.; *Sitsen*, Das Informationsfreiheitsgesetz des Bundes, 2009, S. 249 ff.

[43] Ebenso aber auch § 2 S. 1 Nr. 2 lit.c des Verbraucherinformationsgesetzes.

Tatsachen den Geheimnischarakter aufgehoben hat. Einen hiermit übereinstimmenden Schutz sehen die Informationsfreiheitsgesetze in Bremen (§ 6 IFG Bremen), Sachsen-Anhalt (§ 6 IFG LSA) und Rheinland-Pfalz (s. § 11 IFG Rh-Pf.) vor. Absolut ist der Schutz des Betriebs- und Geschäftsgeheimnisses jedenfalls dadurch, dass der Träger des Betriebs- und Geschäftsgeheimnisses durch Verweigerung seiner Einwilligung einen Zugriff Dritter auf die Informationen abwehren kann.[44]

Darin unterscheiden sich die vorgenannten Informationsfreiheitsgesetze deutlich von einer zweiten Gruppe, die den Schutz der Betriebs- und Geschäftsgeheimnisse ausdrücklich unter einen Abwägungsvorbehalt stellen und hierdurch signifikant abschwächen.[45] So schließt § 7 S. 1 IFG Berlin den Anspruch auf Informationszugang zwar aus, soweit dadurch ein Betriebs- und Geschäftsgeheimnis offenbart wird, stellt diesen Schutz aber unter den Vorbehalt, dass das Informationsinteresse des Antragstellers das Geheimhaltungsinteresse überwiegt. Das gilt selbst dann, wenn der Träger des Betriebs- und Geschäftsgeheimnisses seine Einwilligung hinsichtlich der Informationspreisgabe verweigert hat. In ähnlicher Weise kehrt dieser Abwägungsvorbehalt auch in den Informationsfreiheitsgesetzen in Hamburg (§ 10 Abs. 1 IFG HH), Nordrhein-Westfalen (§ 8 IFG NRW) sowie Schleswig-Holstein (§ 11 IFG SH) wieder.[46] Im Unterschied zu der Rechtslage in Berlin stellen die vorgenannten Landesgesetze für die Abwägung jedoch nicht auf das Informationsinteresse des Antragsstellers ab, sondern sehen ein überwiegendes Interesse der Allgemeinheit an der Offenbarung bzw. der Gewährung des Informationszugangs als erforderlich an, um den Schutz der Betriebs- und Geschäftsgeheimnisse gegebenenfalls auch gegen den Willen des betroffenen Trägers des Betriebs- und Geschäftsgeheimnisses aufzuheben.

Versuche im Schrifttum, die Unterschiede beider Gruppen durch die Kreation eines ungeschriebenen Abwägungsvorbehalts einzuebnen,[47] haben sich bislang nicht durchgesetzt.[48] Dies schließt es indes nicht aus, dass über den Begriff des Betriebs- und Geschäftsgeheimnisses indirekt eine Öffnung eintritt, da nur solche Geheimnisse in den Schutz einbezogen sind, an denen ein objektiv zu beurteilendes berechtigtes Geheimhaltungsinteresse besteht.[49]

[44] Treffend *Schoch*, NJW 2009, 2987 (2992); *Sieberg/Ploeckl*, DB 2005, 2062 (2063 f.).

[45] Siehe auch *Kiethe/Groeschke*, WRP 2006, 303 (306); *Sieberg/Ploeckl*, DB 2005, 2062 (2064).

[46] Exemplarisch zu § 11 IFG SH *Jahn*, Das Informationsumgangsrecht nach dem Informationsfreiheitsgesetz Schleswig-Holstein, 2007, S. 153 ff.

[47] So *Berger*, in: Berger/Roth/Scheel, IFG, 2006, § 6 Rdnr. 15 f.

[48] Ebenso *Möllers/Wenninger*, ZHR Bd. 170 (2006), 455 (469); *Rossi*, IFG, 2006, § 6 Rdnr. 78 sowie ferner *Eckardt/Exner/Beckmann*, VerwRdsch. 2007, 404 (407 f.); *Sitsen*, Das Informationsfreiheitsgesetz des Bundes, 2009, S. 292 f.

[49] Siehe statt aller BGHZ 64, 325 (329); treffend auch *Möllers/Wenninger*, ZHR Bd. 170 (2006), 455 (469).

D. Bewertung der Informationsfreiheitsgesetze im Lichte der aktienrechtlichen Pflicht zur Verschwiegenheit

Wird die Reichweite der Informationsfreiheitsgesetze für die aktienrechtliche Verschwiegenheitspflicht bewertet, so sind bereits durch die divergierenden Rechtsgrundlagen heterogene Ergebnisse vorgezeichnet.

Im Anwendungsbereich derjenigen Informationsfreiheitsgesetze, die den Zugang auf Informationen beschränken, die amtlichen bzw. dienstlichen Zwecken dienen, sind die Betriebs- und Geschäftsgeheimnisse sowie vertrauliche Angaben im Sinne des § 93 Abs. 1 S. 3 AktG scheinbar nur selten erfasst. Allerdings täuscht dies: Da die von dem Aufsichtsratsmitglied an die Beteiligungskörperschaft erstatteten Berichte den Zweck verfolgen, die Berücksichtigung öffentlicher Interessen bei der Entscheidungsfindung in dem Aufsichtsrat zu gewährleisten, dienen entsprechende Berichte, die das Aufsichtsratsmitglied der Gebietskörperschaft übermittelt, ohne weiteres amtlichen bzw. dienstlichen Interessen. Insbesondere gilt dies für solche Unternehmen, deren Zweck in der Wahrnehmung öffentlicher Aufgaben besteht.

Der Informationszugangsanspruch richtet sich primär gegen Behörden, was insbesondere dann von Bedeutung ist, wenn Mitglieder eines Aufsichtsrates von einer Gebietskörperschaft in diesen gewählt oder entsandt worden sind. Wegen der Aufhebung der Verschwiegenheitspflicht durch § 394 S. 1 AktG ist der uneingeschränkte und lediglich unter dem Vorbehalt des § 394 S. 2 AktG[50] stehende Abfluss von vertraulichen Informationen und Geheimnissen an die Gebietskörperschaft eröffnet, so dass das hiermit verbundene Gefährdungspotential für den mit der Verschwiegenheitspflicht verfolgten Zweck entscheidend von dem Schutz abhängt, den die Informationsfreiheitsgesetze für Betriebs- und Geschäftsgeheimnisse sowie vertrauliche Angaben gewährleisten.

Die Tragweite dieses Risikopotentials für die Corporate Governance Strukturen öffentlicher Unternehmen hängt zudem von der den hiesigen Rahmen sprengenden Frage ab, ob die Gesellschaft selbst Adressat eines Anspruchs auf Informationszugang ist.[51] Gemeinsam ist den Informationsfreiheitsgesetzen jedoch, dass die gesellschaftsrechtliche Beteiligung einer Gebietskörperschaft an dem Unternehmen für sich alleine nicht ausreicht. Die Regelung in § 3 Abs. 3 IFG M-V ist insoweit eine Ausnahme geblieben, die jedoch immerhin einen Mehrheitsbesitz der Gebietskörperschaft voraussetzt. Hinzu kommen muss vielmehr neben der in der Regel vorhandenen

[50] Dazu z.B. *Kropff*, MünchKomm. AktG, 2. Aufl. 2006, §§ 394, 395 Rdnr. 43 ff.

[51] Dies wird verbreitet unter Hinweis auf den an die Behörde zu richtenden Antrag verneint. So z.B. *Jastrow/Schlatmann*, IFG, 2006, § 1 Rdnr. 46; *Rossi*, IFG, 2006, § 1 Rdnr. 71; *Scheel*, in: Berger/Roth/Scheel, IFG, 2006, § 1 Rdnr. 70 f.; *Schoch*, IFG, 2009, § 1 Rdnr. 121.

gesellschaftsrechtlichen Beteiligung, dass das Unternehmen öffentliche Aufgaben wahrnimmt.

E. Informationsfreiheitsgesetze und Geheimhaltungspflicht des Berichtsempfängers

Die in § 394 AktG normierte Lockerung der aktienrechtlichen Verschwiegenheitspflicht korrespondiert allerdings mit deren Ausdehnung in § 395 Abs. 1 AktG, die dort ausdrücklich für die Empfänger der in § 394 S. 1 AktG genannten Berichte angeordnet wird. Hierdurch will das Aktiengesetz sicherstellen, dass sich die Lockerung der Verschwiegenheitspflicht durch § 394 S. 1 AktG nicht zum Nachteil des Unternehmens auswirkt.[52] Somit eröffnet § 394 S. 1 AktG zwar den Abfluss vertraulicher Informationen, § 395 Abs. 1 AktG verhindert aber eine weitere Offenbarung, die über den Zweck der Berichte an die Gebietskörperschaft hinausgeht. Angesichts dessen ist letztlich das Verhältnis dieser Verschwiegenheitspflicht zu den Informationsfreiheitsgesetzen entscheidend, da der vorstehende Überblick zu diesen gezeigt hat, dass der durch § 93 Abs. 1 S. 3 AktG etablierte Schutz für Betriebs- und Geschäftsgeheimnisse sowie vertrauliche Angaben die Informationen nicht stets vor einer Offenbarung gegenüber denjenigen Personen bewahrt, denen die Informationsfreiheitsgesetze einen Anspruch auf Informationszugang gewähren. Insbesondere errichten die speziellen Bestimmungen zum Schutz der Betriebs- und Geschäftsgeheimnisse nicht stets eine unüberwindbare und absolut wirkende Hürde. Das gilt abgesehen von dem regelmäßig unterbliebenen Schutz für „vertrauliche Angaben“ insbesondere dann, wenn die jeweiligen Informationsfreiheitsgesetze den Schutz der Betriebs- und Geschäftsgeheimnisse unter einen Abwägungsvorbehalt stellen.

Dies ist jedoch anders zu beurteilen, wenn die durch § 395 Abs. 1 AktG begründete Geheimhaltungs- bzw. Verschwiegenheitspflicht generell einem Anspruch auf Informationszugang entgegensteht. Ein Blick auf die verschiedenen Informationsfreiheitsgesetze zeigt allerdings, dass das Verhältnis des Anspruchs auf Informationszugang zu anderweitigen Geheimhaltungs- und Verschwiegenheitspflichten nur selten eine ausdrückliche Regelung erfährt. Eine generelle Vorschrift, die – wie in Brandenburg – gesetzliche Geheimhaltungspflichten unberührt und damit uneingeschränkt bestehen lässt,[53] ist in den anderen Informationsfreiheitsgesetzen nicht anzutreffen. Abweichendes gilt lediglich für den in der bundesgesetzlichen Regelung sowie in den Bundesländern Berlin und Sachsen-Anhalt anzutreffenden Vorbehalt, nach dem

[52] *Kropff*, MünchKomm. AktG, 2. Aufl. 2006, §§ 394, 395 Rdnr. 47; *Oetker*, in: K. Schmidt/Lutter, AktG, 2008, § 395 Rdnr. 1.

[53] Siehe § 4 Abs. 3 IFG Bbg.

der Anspruch auf Informationszugang nicht besteht, wenn die Information einer durch Rechtsvorschrift geregelten Geheimhaltungs- oder Verschwiegenheitspflicht unterliegt.[54] Entsprechendes gilt, wenn die Vorschrift einem Berufs- oder besonderen Amtsgeheimnis unterliegt.

Der durch § 3 Nr. 4 IFG Bund bzw. vergleichbare Bestimmungen in einzelnen Gesetzen der Bundesländer vermittelte Vorrang des Geheimnisschutzrechts wird zwar zum Teil kritisch bewertet, im Interesse einer widerspruchsfreien Gesetzessystematik ist dieser aber zu begrüßen. Andernfalls bestünde die Gefahr, dass der anderenorts normierte Geheimnisschutz durch einen nahezu ungehinderten Zugang zu den Informationen ausgehöhlt würde. Dabei kann in dem hiesigen Kontext dahingestellt bleiben, ob es sich bei den §§ 93 Abs. 1 S. 3, 116 S. 1 und 2 AktG um ein Berufsgeheimnis handelt,[55] jedenfalls begründet § 395 Abs. 1 AktG für die Empfänger von Berichten im Sinne des § 394 S. 1 AktG eine Geheimhaltungs- und Vertraulichkeitspflicht, die wegen ihrer Integration in das Aktiengesetz eine Rechtsvorschrift im Sinne von § 3 Nr. 4 IFG Bund ist. Soweit der Anspruch auf Informationszugang somit auf § 1 Abs. 1 S. 1 IFG Bund gestützt wird, schließt deshalb § 395 Abs. 1 AktG wegen § 3 Nr. 4 IFG Bund aus, dass Dritte über das Informationsfreiheitsgesetz den Zugriff auf die in Berichten im Sinne des § 394 S. 1 AktG enthaltenen Betriebs- und Geschäftsgeheimnisse sowie die dort unterbreiteten vertraulichen Angaben erlangen. Auch ein überwiegendes Interesse an dem Informationszugang ist nicht in der Lage, diesen Ausschlusstatbestand zu überwinden.[56] Entsprechendes gilt in den Bundesländern Berlin sowie Sachsen-Anhalt, da die dortigen Informationsfreiheitsgesetze einen mit § 3 Nr. 4 IFG Bund übereinstimmenden Ausschlusstatbestand aufgenommen haben.

Klärungsbedürftig bleibt deshalb die Rechtslage in denjenigen Bundesländern, deren Informationsfreiheitsgesetze keinen mit § 3 Nr. 4 IFG Bund vergleichbaren Ausschlusstatbestand kennen und sich in der Regel lediglich auf eine Schutzbestimmung zugunsten der Betriebs- und Geschäftsgeheimnisse und sich dabei zudem durch die Aufnahme eines Abwägungsvorbehalts auf einen relativen Schutz beschränken. Bei dieser Ausgangslage tritt jedoch weniger die Auslegung der Informationsfreiheitsgesetze, sondern vor allem die Gesetzgebungskompetenz in den Vordergrund, da der Anspruch auf Informationszugang aus dem Landesrecht folgt, während die Verschwiegenheitspflicht durch § 395 Abs. 1 AktG auf einem Bundesgesetz beruht. Bezüglich dieser Kollisionslage folgt aus Art. 31 GG, dass der landesgesetzlich vermittelte Anspruch auf Informationszugang nicht in der Lage ist, eine durch Bundesgesetz angeordnete Verschwiegenheitspflicht außer Kraft zu setzen

54 Siehe § 3 Nr. 4 IFG Bund, § 3 Nr. 4 IFG Berlin, § 3 Nr. 4 IFG LSA.
55 So *Schoch*, IFG, 2009, § 3 Rdnr. 146; wohl auch *Rossi*, IFG, 2006, § 3 Rdnr. 51.
56 Treffend VGH München, DVBl. 2009, 323; *Schoch*, NJW 2009, 2987 (2991).

bzw. einzuschränken. Deshalb setzt sich die in § 395 Abs. 1 AktG angeordnete Verschwiegenheitspflicht gegen einen landesgesetzlich vermittelten Anspruch auf Informationszugang auch dann durch, wenn das entsprechende Landesgesetz keinen mit § 3 Nr. 4 IFG Bund bzw. § 3 Nr. 4 IFG Berlin oder § 3 Nr. 4 IFG LSA vergleichbaren Ausschlusstatbestand kennt. Eines Rückgriffs auf den landesgesetzlich etablierten Schutz für Betriebs- und Geschäftsgeheimnisse bedarf es in dieser Konstellation nicht, insbesondere ist ein landesgesetzlich begründeter Abwägungsvorbehalt nicht in der Lage, die in § 395 Abs. 1 AktG normierte Verschwiegenheitspflicht zu überwinden.

F. Zusammenfassung

Den durch die §§ 93 Abs. 1 S. 3, 116 S. 1 und 2 AktG geschützten Informationen droht durch die Informationsfreiheitsgesetze auch dann keine Offenbarung, wenn diese in Berichten an eine Gebietskörperschaft im Sinne von § 394 S. 1 AktG enthalten sind. Die Empfänger derartiger Berichte unterliegen nach § 395 Abs. 1 AktG einer eigenständigen Geheimhaltungs- und Verschwiegenheitspflicht, die sich stets gegenüber einem Anspruch auf Informationszugang durchsetzt. Das folgt entweder aus entsprechenden Ausschlusstatbeständen in den Informationsfreiheitsgesetzen (z.B. § 3 Nr. 4 IFG Bund) oder aber aus dem durch Art. 31 GG vermittelten Vorrang der bundesgesetzlichen Verschwiegenheitspflicht gegenüber dem landesgesetzlich begründeten Anspruch auf Informationszugang. Ist das öffentliche Unternehmen hingegen in der Rechtsform einer GmbH verfasst, so ist der Schutz sensibler Unternehmensdaten selbst bei einer analogen Anwendung der §§ 394, 395 AktG durch den freien Informationsfluss zum Gesellschafter eingeschränkt. In diesem Fall greift regelmäßig lediglich der unterschiedlich ausgeformte Schutz der Informationsfreiheitsgesetze zugunsten der Betriebs- und Geschäftsgeheimnisse ein.

Herabsetzung der Vergütung von Geschäftsleitern und Führungskräften in der Krise

Marian Paschke

I. Einleitung

Die Vergütung des Managements von Unternehmen auf Geschäftsleiterebene und den nachgelagerten Führungsebenen geraten in Wirtschafts- und Unternehmenskrisen unter rechtspolitischen Beschuss. Das hoch bezahlte Führungspersonal müsse – so wird angesichts der aktuellen Wirtschaftskrise gefordert – zur Überwindung der Krise beitragen und müsse sich solidarisch mit den übrigen Mitarbeitern des Unternehmens zeigen; so wie Arbeitnehmer im Rahmen von Tarifverträgen und betrieblichen Lohnvereinbarungen krisenbedingte Anpassungen ihres Lohn hinzunehmen hätten, müssten auch Geschäftsleiter und Führungskräfte einen Beitrag zur Überwindung von Krisen und zur Stabilisierung des Unternehmens leisten.

Der rechtliche Rahmen, der mit diesen politischen Äußerungen angesprochen ist, stellt sich komplexer dar, als die politische Debatte vorgibt. Die Mitglieder des Vorstands und die übrigen Führungskräfte beziehen ihre Vergütung auf der Grundlage rechtswirksamer Verträge. Sie haben einen nach dem Grundsatz pacta sunt servanda rechtlich bewehrten Anspruch darauf vertrauen zu dürfen, dass ihnen die vereinbarten Bezüge während der Vertragslaufzeit gewährt werden. Die Rechtsbeziehungen zur jeweiligen Führungskraft begründen Treue- und Fürsorgepflichten der Gesellschaft, mit denen es grundsätzlich unvereinbar ist, dass die Gesellschaft die rechtswirksam vereinbarten Pflichten nicht erfüllt.

Im Anstellungsvertrag haben die Vertragsparteien die Möglichkeit, Krisensituationen prospektiv im Interesse der unternehmensgerechten Anpassung der Vergütung in besonderer Weise zu berücksichtigen. Die Vereinbarung von variablen Vergütungselementen (Bonus- und nachhaltige Anreizsysteme) bietet dafür überwiegend anerkannte vertragliche Gestaltungsvarianten.[1] Damit

[1] Vgl. die Beschlussempfehlung des BT zum VorstAG, BT-Drucks. 16/13433, 16; zu der im Hinblick auf § 87 Abs. 1 Satz 2 AktG gebotenen Mischung von kurz- und langfristigen Vergütungsbestandteilen vgl. *Deilmann/Otte* GWR 2009, 261 ff.; *Hohenstatt* ZIP 2009, 1349, 1351; zur Kritik an den pay-for-performance-Konzepten vgl. *Rost/Osterloh* Schmalenbach Business Review 61 (2009), 119 ff.

oder durch Klauseln, die ein Herabsetzung der Vergütung automatisch oder im Wege erzwungener Nachverhandlungen herbeiführen, stehen den Vertragsparteien Instrumente zur krisenbedingten Anpassung von Vergütungsabreden zur Verfügung.[2]

Andererseits obliegt dem Führungspersonal eine Treuepflicht gegenüber der Gesellschaft.[3] Diese soll es dem Treuepflichtigen verwehren, bei Eintritt besonderer Umstände wie einer wirtschaftlichen Krisenlage starr auf die buchstaben- und zahlentreue Erfüllung des Vertrages zu pochen.[4] Mit dieser Treuepflicht soll es unvereinbar sein, das wirtschaftliche Risiko der Unternehmung allein die Gesellschaft und die Arbeitnehmer tragen zu lassen.

Der Gesetzgeber des AktG hat eine spezifische Regelung geschaffen, die dem Aufsichtsrat der Aktiengesellschaft das einseitige Pflichtrecht gibt, die Vergütung des Vorstands unter den näher geregelten Maßgaben herabzusetzen. Durch das VorstAG[5] sind diese Regeln in § 87 Abs. 2 AktG unter dem Eindruck der aktuellen Finanz- und Wirtschaftskrise in viel beachteter und diskutierter Weise[6] geändert worden. Für die Geschäftsführer der GmbH und anderer Handelsgesellschaftsformen gelten diese Regelungen nicht unmittelbar[7] und vergleichbare Regelung hat der Gesetzgeber in den rechtsformspezifischen Gesetzen nicht vorgesehen; in der Rechtsprechung ist allerdings anerkannt, dass unter bestimmten Voraussetzungen ein Anspruch auch dieser Handelsgesellschaften gegenüber Geschäftsführern auf Zustimmung zur Verringerung der Bezüge besteht.[8] Für das Führungspersonal unterhalb der Vorstands- bzw. Geschäftsführungsebene bestehen keine spezialgesetzlichen Regeln, welche eine Befugnis zur Herabsetzung der Vergütung in der Krise vorsehen.

Die sich im Zusammenhang mit krisenbedingten Vergütungsanpassungen stellenden Rechtsfragen berühren Grundfragen der Bestandskraft rechtsgeschäftlich-privatautonomer Rechtsgestaltung und damit ein Grundlagenthema, dem der mit diesem Beitrag zu ehrende Jubilar *Dieter Reuter* sein wissenschaftliches Schaffen dauerhaft gewidmet hat. Die Reichweite rechtsgeschäftlicher Privatautonomie soll nachfolgend unter dem Aspekt der Krisenbeständigkeit von Vergütungsabreden untersucht werden; dabei sollen insbesondere die nach dem Inkrafttreten des VorstAG noch weniger behan-

[2] Vgl. nur *Mauer* NZA 2002, 540 ff.; ferner *Thüsing* ZGR 2005, 457 ff. und *Fleischer* NZG 2009, 801 ff. jeweils mit Hinweis auf die zunehmend kritische Bewertung von variablen Vergütungsmodellen.

[3] *Schwerdtfeger/Paschke* Fachanwaltskommentar Gesellschaftsrecht, 2. Aufl. 2010, § 76 AktG Rn. 40 ff.

[4] OLG Düsseldorf NZG 2004, 141 Tz. 35.

[5] Gesetz zur Angemessenheit der Vorstandsvergütung vom 31.7.2009, BGBl. I, 2509.

[6] Zuletzt *Koch* WM 2010, 49 ff.; *Wittuhn/Hamann* ZGR 2009, 847 ff.

[7] Zur Frage der mittelbaren Geltung vgl. unter II 2.

[8] BGH GmbHR 1995, 654, 655; BGH NJW 1992, 2894, 2896.

delten Rechtsfragen jenseits des Anwendungsbereichs von § 87 Abs. 2 AktG hinsichtlich der Herabsetzung der Vergütung von Führungskräften im Vordergrund stehen.

II. Herabsetzung der Vergütung von Geschäftsleitervergütung

Die rechtliche Problematik der Rechtsbeständigkeit von Vergütungsvereinbarungen mit Geschäftsleitern wurde in Deutschland erstmals im Zuge der Weltwirtschaftskrise 1929/1930 virulent. Die sog. Dritte Notverordnung des Reichspräsidenten zur Sicherung von Wirtschaft und Finanzen[9] gestattete seinerzeit eine einseitige Herabsetzung Vergütungsansprüchen und schuf damit ein rechtliches Eingriffsinstrumentarium, das zunächst im öffentlichen Recht für die Besoldung von Beamten und die Dienstbezüge von Angestellten des öffentlichen Dienstes eingeführt wurde. Es wurde auf das Privatrecht übertragen und für die Vergütung von Geschäftsleitern und privaten Angestellten anwendbar gemacht. Dabei handelte es sich um Regelungen, mit denen der historischen Ausnahmesituation der Weltwirtschaftskrise Rechnung getragen werden sollte.[10]

Der Charakter der Regelungen als „äußerster Notbehelf"[11] wurde weder durch deren Übernahme in das AktG 1937[12] noch deren Neufassung in § 87 Abs. 2 AktG 1965 geändert. Erst die nähere Analyse dieser Vorschrift konnte sie mit den dogmatischen Grundlagen des Privatrechts versöhnen: Die Befugnis zur Herabsetzung der Vorstandsvergütung nach dem AktG wurde als bereichsspezifischer Anwendungsfall des privatrechtlichen Instituts des Wegfalls der Geschäftsgrundlage qualifiziert.[13] Seither war die Vorschrift als integrales Element des Privatrechtssystems akzeptiert.[14] Ihre Bedeutung wurde dennoch insbesondere wegen der durch die Gesetzesfassung von 1965 eingeführten hohen Herabsetzungsvoraussetzungen („wesentliche Verschlechterung" und „schwere Unbilligkeit") als lediglich „papiernes Recht"[15] miniaturisiert.

Vor diesem Hintergrund beabsichtigte der Gesetzgeber des VorstAG in Ansehung der aktuellen Finanz- und Wirtschaftskrise mit der Neuregelung des § 87 Abs. 2 AktG, die Herabsetzung von Vorstandsbezügen und Ruhe-

[9] Dritte Verordnung des Reichspräsidenten zur Sicherung von Wirtschaft und Finanzen v. 6.10.1931, Teil 5, Kap. III §§ 1 ff., RGBl. I, 537, 557.

[10] Vgl. *Vogels* JW 1931, 3644 ff.

[11] *Schlegelberger/Quassowski* AktG, 3. Aufl. 1939, § 78 Rn. 1; *Hefermehl/Spindler* MüKo-AktG, § 87 Rn. 42.

[12] Vgl. § 78 Abs. 2 AktG 1937.

[13] So *Teichmann/Köhler* AktG, 2. Aufl. 1939, § 78 Rn. 2a; *Ritter* AktG, 1939, § 78 Anm. 2; ebenso *Baumbach/Hueck* AktG 13. Aufl. 1968, § 87 Rn. 10.

[14] *Peltzer* FS Lutter, 2000, 571 ff.

[15] *Martens* ZHR 169 (2005), 124, 130.

gehältern in Krisenzeiten zu „erleichtern" und „klarer und schärfer" zu fassen;[16] insbesondere die Attribute der „wesentlichen" Verschlechterung und der „schweren" Unbilligkeit wurden als Herabsetzungsvoraussetzungen aus dem Gesetzestext gestrichen. Diese textliche Neufassung der Regelung erfolgte freilich um den Preis der Erschütterung der tradierten Wertungsfundamente und der Konzeption der Regelung als bereichsspezifische Regelung des Wegfalls der Geschäftsgrundlage im Recht der Aktiengesellschaft. Der Gesetzgeber musste sich prompt die Frage gefallen lassen, ob die Vorschrift in der neuen Fassung nicht einen „systematischen Fremdkörper" im Privatrecht darstellt, weil die Möglichkeit, vertraglich vereinbarte Vergütungsansprüche einseitig unter Berufung auf das im Wesentlichen konturlose Merkmal der Unbilligkeit der Vereinbarung zu kürzen, einen systemfremden Eingriff in grundrechtliche geschützte Rechtspositionen darstelle.[17]

1. Rechtslage nach dem AktG

In der Konsequenz der Diskussion um die sachgerechte Interpretation und Anwendung der an die durch das VorstAG gesetzten neuen Voraussetzungen gebundenen Herabsetzungsregeln ist deutlich geworden, dass die Wirksamkeit der einseitig vom Aufsichtsrat ausgesprochenen Herabsetzung der Vorstandsvergütung in der Krise auch künftig an hohe Voraussetzungen gebunden bleibt. Die rechtsgeschäftlich-privatautonome Vereinbarungen durchbrechende exzeptionelle Befugnis ist nur unter streng zu handhabenden Voraussetzungen anzuerkennen, mit denen vorausgesetzt und überprüft wird, dass die von den Vergütungsvertragsparteien im Zeitpunkt des Vertragsschlusses willentlich vorgestellten Grundlagen der Vereinbarung nachträglich entfallen sind. Mit dieser Maßgabe erweist sich § 87 Abs. 2 AktG auch nach der Neufassung durch das VorstAG als verfassungskonforme Einschränkung rechtsgeschäftlicher Privatautonomie und als wertungskonkordante Ausformung der in § 313 Abs. 1 BGB kodifizierten Grundregeln des Wegfalls der Geschaftsgrundlage.[18]

Bei der Anwendung der Tatbestandsmerkmale der Verschlechterung der Lage der Gesellschaft und der Unbilligkeit macht § 87 Abs. 2 AktG eine Interessenabwägung erforderlich, bei der für die Herabsetzung der Vorstandsvergütung wertungsmäßig keine anderen Maßstäbe gelten als bei der Prüfung des Wegfalls der Geschäftsgrundlage nach § 313 Abs. 1 BGB.[19]

[16] Vgl. Begründung zum Entwurf eines VorstAG vom 17. März 2009, BT-Drucks. 16/12278, S. 1, 7.

[17] So *Koch* WM 2010, 46, 51 f.; vgl. a. *Wittuhn/Hamann* ZGR 2009, 847, 851 ff.

[18] *Koch* WM 2010, 49, 51 ff.

[19] *Fleischer* NZG 2009, 801, 803 f., *Diller* NZG 2009, 1006; *Thüsing* AG 2009, 523; ausführlich *Wittuhn/Hamann* ZGR 2009, 847, 852 ff., die aber zugleich die organschaftliche Treuepflicht als Grundlage der Herabsetzungsbefugnis anführen; dazu sogleich.

Eine Verschlechterung der Lage der Gesellschaft liegt – wie bisher – stets im Falle der Insolvenz oder im Falle der unmittelbar Krise vor.[20] Nach den Gesetzesmaterialien soll darüber hinaus eine Herabsetzung schon dann in Betracht kommen, wenn die Gesellschaft Entlassungen oder Lohnkürzungen vornehmen muss und keine Gewinne mehr ausschütten kann.[21] Einer solchen Gesetzesauslegung steht allerdings entgegen, dass Entlassungen, Lohnkürzungen oder unterlassene Gewinnausschüttungen keine belastbaren Indizien für eine Verschlechterung der Lage der Gesellschaft bedeuten, sondern durch rationale betriebswirtschaftliche Gründe verschiedenster Art motiviert und begründet sein können.[22] Das Merkmal „Verschlechterung der Lage der Gesellschaft" wird durch den Regelungszusammenhang mit dem weiteren Merkmal der „Unbilligkeit" der Weitergewährung der Vorstandsvergütung geprägt. Damit setzt der Herabsetzungstatbestand des AktG unbeschadet des Wegfalls des Attributs der Wesentlichkeit voraus, dass die Verschlechterung der Lage der Gesellschaft auch nach der Neufassung des § 87 Abs. 2 AktG eine hinreichende Schwere aufweisen muss.[23]

Das Merkmal der Unbilligkeit der Weitergewährung der vereinbarten Bezüge verlangt in Übereinstimmung mit den Wertungsgrundlagen des § 313 Abs. 1 BGB eine umfassende Analyse und Abwägung der Interessen beider Vertragsparteien unter Berücksichtigung aller tatsächlichen Umstände.[24] Jene Unbilligkeit wird regelmäßig dann vorliegen, wenn der Vorstand pflichtwidrig gehandelt hat. Nicht zweifelsfrei lässt sich nach den Gesetzesmaterialien beurteilen, ob auch in den Fällen allein extern induzierter Krisenumstände ein Unbilligkeitsurteil gefällt werden kann. Nach den Gesetzesmaterialien setzt dieses voraus, dass die Krisenlage der Gesellschaft in die Zeit der Vorstandstätigkeit fällt und dem Vorstandsmitglied „zurechenbar" ist.[25] Sollte damit gemeint sein, dass rein extern veranlasste Krisenentwicklungen, die dem einzelnen Vorstandsmitglied subjektiv weder vorwerfbar noch sonst zugerechnet werden können, keine dem Vorstand zurechenbare Unbilligkeit hervorrufen,[26] wäre ein signifikanter Unterschied zum Tatbestand des Wegfalls der Geschäftsgrundlage gegeben.[27]

In Stellungnahmen, welche die organschaftliche Treuepflicht des Vorstands bemühen, um die Herabsetzung der Vergütung im Interesse des

[20] BT Drucks. 16/12278, S. 7.

[21] BT-Drucks. 16/12278, S. 7.

[22] *Thüsing* AG 2009, 517, 522 f.

[23] *Koch* WM 2010, 50, 51.

[24] Vgl. einerseits *Wittuhn/Hamann* ZGR 2009, 847, 855 ff.; Spindler/Stilz/*Fleischer*, AktG 2008, § 87 AktG Rdn. 32 und andererseits *Gottwald*, MüKo-BGB, 5. Aufl., 2007, § 315 Rdn. 31.

[25] So BT-Drucks. 16/12278, S. 7.

[26] In diesem Sinne *Seibert* FS Hüffer, 2009, 953, 962.

[27] Vgl. *Koch* WM 2010, 55.

Unternehmens in der Krise zu rechtfertigen,[28] wird die Regelungskonzeption des § 87 Abs. 2 AktG nicht präzise erfasst. Soweit damit das Herabsetzungsrecht von der persönlichen Zurechenbarkeit der krisenhaften Entwicklung bzw. der Treuepflicht des Vorstandsmitglieds in der Krise in Verbindung gebracht wird, werden Kriterien postuliert, die in den gesetzlichen Anpassungsvoraussetzungen des § 87 Abs. 2 AktG keinen Anhaltspunkt finden. Diese sind auf die Lage der Gesellschaft und nicht auf das Verhalten bzw. die Treuepflicht des Vorstandsmitglieds bezogen. Privatrechtsdogmatisch rechtfertigt und gebietet der Wegfall der Geschäftsgrundlage der getroffenen Vergütungsvereinbarung und nicht ein bestimmter Zurechnungszusammenhang zwischen der Lage der Gesellschaft und dem Vorstandshandeln die Herabsetzung der Vergütung in der Krise. Sie kann nach § 87 Abs. 2 AktG deshalb auch dann vorgenommen werden, wenn externe, nicht dem Vorstandshandeln zurechenbare Faktoren ursächlich für die Krise des Unternehmens und damit die Lage der Gesellschaft sind.[29]

2. *Rechtslage für andere Handelsgesellschaften*

Für andere Handelsgesellschaften als die Aktiengesellschaft besteht keine spezialgesetzliche Regelung für eine Herabsetzung der Geschäftsleitervergütung. Dennoch wird bei diesen Gesellschaften eine Vergütungsanpassung in der Krise ebenfalls für zulässig erachtet. Insofern wird geltend gemacht, dass die Geschäftsleiter einer GmbH oder oHG wegen ihrer organschaftlichen Treuepflicht zur Gesellschaft in der Krise des Unternehmens einer Anpassung ihrer Vergütung zustimmen müssten.[30] Die Rechtsprechung des BGH hat zunächst ebenfalls die organschaftliche Treuepflicht als Grundlage für eine Vergütungsanpassung angeführt.[31] In einer späteren Entscheidung wurde dann § 242 BGB iVm § 87 Abs. 2 AktG analog als Rechtsgrundlage für die Pflicht, einer Vergütungsanpassung zuzustimmen, herangezogen.[32] Eine unvermittelt analoge Anwendung von § 87 Abs. 2 AktG (in der seinerzeit geltenden Fassung) auf die Geschäftsführer der GmbH wird bisher nur vereinzelt befürwortet.[33]

Die Bezugnahme auf die organschaftliche Treuepflichtbindung des Geschäftleiters gegenüber der Gesellschaft trifft den privatrechtsdogmatischen

[28] So *Wittuhn/Hamann* ZGR 2009, 847, 858.

[29] *Koch* WM 2010, 54 f.; vgl. a. *Gaul/Janz* NZA 2009, 809, 812; *DIHK* NZG 2009, 538, 539.

[30] Vgl. *Lindemann* GmbHR 2009, 737, 739; *Fleck* FS Hilger/Stumpf, 1983, 197, 219.

[31] BGH NJW 1992, 2894, 2896.

[32] BGH GmbHR 1995, 654, 655.

[33] OLG Köln NZG 2008, 637; OLG Naumburg GmbHR 2004, 423, 424; *Marsch-Barner/Diekmann*, MünchHdbGesR, GmbH, 3. Aufl. 2009, § 43 Rn. 24 ff.; aA OLG Frankfurt, GmbHR 2005, 550, 554.

Kern der Pflicht zur krisenbedingten Herabsetzung der Geschäftsleitervergütung bei der GmbH und bei anderen Handelsgesellschaften nicht. Die privatrechtsdogmatische Rechtfertigung für die Aufweichung der Beständigkeit der privatautonom getroffenen Vergütungsvereinbarung liegt nicht in einer an die Vertrauensstellung des Geschäftsleiters anknüpfenden fiduziarischen Bindung gegenüber der Gesellschaft, sondern in dem krisenbedingten Wegfall der clausula rebus sic stantibus der Vergütungsvereinbarung. Der Geschäftsleiter einer Handelsgesellschaft verhält sich nicht deswegen treuwidrig, wenn er in der Krise des Unternehmens die Einhaltung der geschlossenen Vergütungsvereinbarung einfordert. In den Fällen einer krisenbedingten Verschlechterung der Lage des Unternehmens geht es nicht darum, mit der Vergütungsanpassung einen andernfalls (vorwerfbaren) Treuepflichtenverstoß des Geschäftleiters zu sanktionieren. Nicht die Vertrauensstellung des Geschäftsleiters oder dessen Einwirkungsmöglichkeiten auf die Gesellschaft und damit die besonderen Umstände, die als Geltungsgrund der Treuepflichten genannt werden,[34] sind Ursache und rechtlich erheblicher Grund für das Herabsetzungsinteresse der Gesellschaft, sondern wesentlich die wie auch immer entstandene krisenhafte Lage der Gesellschaft. In einer solchen Lage ist die Herabsetzung der vereinbarten Vergütung gerechtfertigt, wenn und weil die getroffene Vereinbarung sich mit den die Geschäftsgrundlage bildenden Vorstellungen der Vertragsparteien als nachträglich unvereinbar erweist und deshalb der privatautonome Wille seine Bestandskraft fordernde Rationalität eingebüßt hat.

Das Begehren nach einer krisenbedingten Anpassung der Geschäftsleitervergütung kann mit einem Treue- oder Pflichtenverstoß des Geschäftsleiters einhergehen, wenn die Krisenlage durch eben den Geschäftsleiter mitverursacht wurde. Im Falle einer solchen Verantwortlichkeit oder Mitverantwortlichkeit des Geschäftsleiters für die Lage der Gesellschaft können gegebenenfalls Schadensersatzpflichten des Geschäftsleiters ausgelöst werden. Die Befugnis zur Anpassung der Vergütung ist von fiduziarischen Erwägungen indes weder abhängig noch mit ihnen zu rechtfertigen. Die krisenbedingte Anpassung der Vergütungsvereinbarung beruht bei der GmbH und den anderen Handelsgesellschaften nicht anders als bei der Aktiengesellschaft auf dem Rechtsgedanken des Wegfalls der Geschäftsgrundlage. Diese Wertungsübereinstimmung anerkennt auch die Rechtsprechung des BGH, wenn sie eine krisenbedingte Vergütungsanpassung für den GmbH-Geschäftsführer unter Hinweis auf § 87 Abs. 2 AktG befürwortet und dabei betont, dass für diesen „im Grundsatz nichts anderes" als für den Vorstand in der Aktiengesellschaft gelte.[35]

[34] Vgl. BGHZ 20, 239, 246; 13, 188, 192 f.; *Wiesner* MünchHdbAG, § 25 Rn. 8; Baumbach/Hueck/*Zöllner* GmbHG § 35 Rn. 20.

[35] BGH NJW 1992, 2894, 2896.

Die grundsätzliche Verschiedenheit der Begründung für die Einschränkung der Bestandskraft privatautonom getroffener Vergütungsregeln in den organschaftlichen Treuepflichten einerseits bzw. nach Maßgabe der Geschäftsgrundlagendogmatik andererseits wird missachtet, wenn die Herabsetzungsbefugnis nach § 87 Abs. 2 AktG als Kodifizierung der organschaftlichen Treuepflicht charakterisiert und damit für die Anwendung auf die Handelsgesellschaften, die nicht als Aktiengesellschaft organisiert sind, uminterpretiert wird.[36] Für die Herabsetzung der Vergütung von Geschäftsleitern der GmbH und anderer Handelsgesellschaften bestehen keine grundsätzlich verschiedenen Maßstäbe im Vergleich zu denen für die Vorstandsmitglieder der Aktiengesellschaft.

Die entsprechende Anwendung der Regelung des § 87 Abs. 2 AktG auf andere Handelsgesellschaften ist angesichts der übereinstimmenden Wertungsgrundlagen nach Maßgabe der Regelung über den Wegfall der Geschäftsgrundlage (§ 313 Abs. 1 BGB) gerechtfertigt und geboten. Auf der Grundlage einer die Geschäftsgrundlage der Vergütungsvereinbarung in Betracht ziehenden Abwägungsentscheidung über die Zumutbarkeit der Weitergewährung der vereinbarten Bezüge gelingt es dogmatisch konsistent und widerspruchsfrei, eine Vergütungsanpassung auch in Fällen rein extern induzierter Unternehmenskrisen, die dem Geschäftsleiter des Unternehmens weder vorwerfbar noch sonst zurechenbar sind, zu begründen. Demgegenüber lässt sich auf der Grundlage der organschaftlichen Treuepflicht nicht plausibel erklären, weshalb in der vom Geschäftsleiter nicht zu verantwortenden Unternehmenskrise dessen Treuebindung die gegenläufige Verpflichtung der Gesellschaft zur Vertragstreue überwiegen soll.

III. Herabsetzung der Vergütung von Führungskräften unterhalb der Geschäftsleiterebene

Für Führungskräfte unterhalb der Geschäftsleiterebene gilt die Regelung des § 87 Abs. 2 AktG nicht. Wegen der Einbindung in das Organrecht der Handelsgesellschaften kommt auch eine rechtsanaloge Anwendung dieser Herabsetzungsregel für Führungskräfte nachgeordneter Leitungsebenen im Unternehmen nicht in Betracht. Deshalb ergeben sich für die Frage der Auswirkungen einer Krise auf den Bestand der mit diesen Mitarbeitern getroffenen Vergütungsvereinbarungen aus dieser Regelung keine erkenntnisleitenden Anhaltspunkte. Insofern gilt, dass sich unter Berufung auf § 87 Abs. 2 AktG eine Verpflichtung zur Anpassung der Vergütung von Führungskräften unterhalb der Vorstandsebene rechtlich nicht begründen lässt. Anderer-

[36] Vgl. a. *Baeck/Götze* NZG 2009, 1121, 1124 unter Hinweis auf *Goette* DStR 1998, 1137, 1138.

seits ist durch denn tatbestandlich begrenzten Anwendungsbereich der Regelung des § 87 Abs. 2 AktG auf Geschäftsleiter eine auf andere Rechtsgrundlagen gestützte Anpassung der vereinbarten Vergütung von Führungskräften unterhalb der Geschäftsleitungsebene in Krisenzeiten nicht ausgeschlossen.

Die Herabsetzung der Vergütung von Führungskräften unterhalb der Geschäftsleitervergütungen ist in der rechtspolitischen Diskussion um die sachgerechte Bewältigung von Wirtschafts- und Unternehmenskrisen bisher weniger diskutiert geworden. Letztlich geht es ordnungspolitisch auch in diesem Bereich um eine Frage von Grad und Maß, wenn erwogen wird, auch die nachgeordneten Führungsetagen mit einem angemessenen Beitrag an der Krisenüberwindung im Unternehmen zu beteiligen. Denn es ist vorderhand kein plausibler Grund dafür ersichtlich, den Führungskräften auf nachgeordneten Unternehmensebenen bei wenn nicht gleichem, so doch vergleichbarem Solidaritätsduktus Vergütungsanpassungen ersparen zu sollen, sie gegenüber den Wirkungen unerwarteter Krisensituationen also zu immunisieren.

Die rechtliche Bewertung hat sich angesichts des Fehlens einer spezialgesetzlichen Regelung zunächst mit den Rechts- und Entscheidungsgrundlagen für solche Anpassungsverpflichtungen zu befassen. Mit den Hinweisen auf den Gleichbehandlungsgrundsatz, die Treuepflichtbindungen und die Geschäftsgrundlagendogmatik sind diejenigen Rechtsinstrumente aufgerufen, die den rechtlichen Rahmen vor allem abgeben.

1. *Gleichbehandlungsgrundsatz*

Das Privatrecht kennt im Unterschied zum öffentlichen Recht den Gleichbehandlungsgrundsatz nicht als generellen Ordnungsrechtssatz. Die verfassungsrechtlich verbürgte privatautonome Gestaltung der privatrechtlichen Rechtsverhältnisse wäre mit einer allgemeinen Rechtspflicht zur Gleichbehandlung unvereinbar. Während im öffentlichen Recht der Gleichbehandlungsgrundsatz wegen seiner grundrechtlichen Sicherung über Art. 3 GG zum festen Grundbestand des Schutzes des Bürgers gegenüber gleichbehandlungswidrigen Eingriffen des Staates im Sinne eines Willkürverbots und eines objektiven Gerechtigkeitsprinzips gehört, gilt im Privatrecht eine solche Bindung nicht bzw. nur eingeschränkt über die sog. Drittwirkungslehre,[37] weil die Achtung der Privatautonomie die Möglichkeit zur prinzipiell gleichbehandlungsoffenen und nur damit freien Gestaltung der rechtsgeschäftlich begründeten gegenseitigen Rechtsbeziehungen gebietet. Der mit europarechtlicher Kraft wirkende „Grundsatz gleichen Entgelts für Männer und

[37] BVerfGE 7, 206 ff.; BGH NJW 2000, 1028 ff.; *Canaris* Grundrechte und Privatrecht, 1999, 33 ff.

Frauen bei gleicher Arbeit" (Art. 157 VAEU) und das Allgemeine Gleichbehandlungsgesetz (AGG) schaffen einen nach heutigem Verständnis auch im Privatrecht gebotenen Schutz vor Diskriminierungen für besonders gelagerte, spezifische Situationen.[38] Diese Situationen betreffen die vorliegend aufgeworfenen Rechtsfragen nach einer krisenbedingten Vergütungsanpassung im Verhältnis der Unternehmensleitung zu nachgeordneten Führungskräften durchweg nicht.

Der im Gesellschaftsrecht geltende, speziell in § 53a AktG geregelte Gleichbehandlungsgrundsatz[39] leistet ebenfalls keinen Beitrag zu den hier zu behandelnden Rechtsfragen. Dieser Grundsatz dient in erster Linie dem Schutz von Gesellschafterminderheiten gegenüber Eingriffen in ihre Rechtsstellung durch die Gesellschaftermehrheit; anerkannt ist er ferner bei der Beurteilung von Maßnahmen der Gesellschaftsorgane gegenüber Gesellschaftern und wirkt als horizontales Diskriminierungsverbot, nämlich als Verbot der sachlich ungerechtfertigten unterschiedlichen Behandlung von Mitgliedern eines Gesellschaftsorgans.[40]

Der gesellschaftsrechtliche Gleichbehandlungsgrundsatz entfaltet keine Wirkung im Binnenverhältnis der verschiedenen Mitarbeiterebenen im Unternehmen. Die Rechtsprechung hat es zwar unter Hinweis auf den Gleichbehandlungsgrundsatz als unangemessen angesehen, dass die Bezüge von Vorstandsmitgliedern infolge einer Herabsetzung nach § 87 Abs. 2 AktG geringer bemessen würden als die Bezüge von Mitarbeitern unterhalb der Vorstandsebene;[41] das Maß der zulässigen Absenkung der Vorstandsvergütung werde durch das Gebot begrenzt, einen „Abstand zu den gezahlten Vergütungen der leitenden Angestellten unterhalb der Vorstandsebene" zu wahren.[42] In dieser Entscheidung ging es indes um das Maß der Herabsetzung der Vorstandsvergütung nach § 87 Abs. 2 AktG a.F. Mit dem „Abstandsgebot" zu nachgeordneten Leitungsebenen für die Bemessung der Herabsetzung der Vorstandsvergütung war keineswegs ein auf den gesellschaftsrechtlichen Gleichbehandlungsgrundsatz gestütztes „Gebot der Vergütungsanpassung" in der vertikalen Vergütungsstruktur des Unternehmens postuliert worden.

[38] Vgl. §§ 1, 2, 6, 7, 8, 9, 10 AGG; zur Rechtslage nach Art. 157 VAEU vgl. Schwarze/*Rebhahn* EU-Kommentar, 2. Aufl. 2009, Art. 141 Rn. 6 ff., 51.

[39] Schwerdtfeger/*Mildner* Fachanwaltskommentar Gesellschaftsrecht, 2. Aufl. 2010, § 53a AktG Rn. 1 ff.

[40] Vgl. BGHZ 11, 359; *Lutter/Zöllner* Kölner Komm AktG, § 53a Rn. 6 f.; Spindler/Stilz/*Cahn/-Senger* AktG § 53a Rn. 1.

[41] OLG Düsseldorf NZG 2004, 141 Tz 36.

[42] OLG Düsseldorf NZG 2004, 141 Tz 37.

2. *Treuepflichtbindungen*

Nachdem sich schon die Herabsetzung der Vergütung von Geschäftsleitern einer Handelsgesellschaft aus Gründen der besonderen Treuepflicht der Gesellschaftsorgane gegenüber der Gesellschaft als nicht gerechtfertigt erwiesen hat, kommt erst recht nicht in Betracht, Führungskräfte unterhalb der Unternehmensleitungsebene für verpflichtet anzusehen, aus Treuepflichtgründen einer Gehaltsanpassung in der Krise zustimmen zu müssen. Wie die Vorstände und Geschäftsleiter[43] verhalten sich auch diese Mitarbeiter nicht deswegen treuwidrig, weil sie in der Krise des Unternehmens die Einhaltung der geschlossenen Vergütungsvereinbarung einfordern. In der Situation einer krisenbedingt verschlechterten Lage des Unternehmens verlangt weder die organschaftliche noch die allgemeine Treuepflicht, dass die Mitarbeiter ihre Bindung zum Unternehmen durch Verzicht auf erworbene Rechtsansprüche unter Beweis zu stellen haben. So wenig wie sie gehalten sind, dem Unternehmen durch Verzicht auf eine Kündigung die Treue zu halten, so wenig sind sie verpflichtet, ihre Treue durch Vergütungszugeständnisse zu dokumentieren. Die nach § 242 BGB geforderte allgemeine anstellungsvertragliche Treuebindung hindert die Mitarbeiter auch in der Krise nicht, für die krisenbedingt besonderes geforderte Leistung die vereinbarte Vergütung zu verlangen.

3. *Wegfall der Geschäftsgrundlage*

Die Frage, ob Führungskräfte unterhalb der Geschäftsleiterebene in Krisenzeiten verpflichtet sind, eine Vergütungsherabsetzung hinnehmen zu müssen, ist nicht anders als bei den Mitgliedern der Geschäftsleitungsebene eine nach den Grundsätzen des Wegfalls der Geschäftsgrundlage zu entscheidende Frage. Angesichts der dargelegten Wertungsübereinstimmung zwischen der Sonderregelung des § 87 AktG mit der Regelung des Wegfalls der Geschäftsgrundlage in § 313 BGB stellt sich zunächst die Frage, welche rechtliche Bedeutung dem Umstand zukommt, ob eine Vergütungsanpassung auf der Geschäftsleitungsebene nach § 87 Abs. 2 AktG in direkter oder analoger Anwendung bereits erfolgt oder aber unterblieben ist.

a) Subjektive Geschäftsgrundlage

Im Ausgangspunkt ist zu berücksichtigen, dass es sich in Gestalt von § 87 Abs. 2 AktG und § 313 BGB um zwei selbständig nebeneinander stehende Rechtsgrundlagen handelt. Trotz der Übereinstimmung beider Regelungen in den rechtsgrundsätzlichen Wertungen kommt einer befürworteten oder aber abgelehnten Herabsetzungsmaßnahme gegenüber den Mitgliedern der

[43] Vgl. oben unter II.

Unternehmensleitung nach Maßgabe des § 87 Abs. 2 AktG allenfalls eine Indizwirkung für die Vergütungsanpassungsmaßnahmen gegenüber Mitarbeitern auf nachgelagerten Führungsebenen zu; diese macht eine Einzelfallprüfung der Verpflichtung zur Vergütungsanpassung in der Krise nach § 313 BGB nicht etwa entbehrlich. Hat die Gesellschaft eine Herabsetzung der Vergütung der Geschäftsleiter nach § 87 Abs. 2 AktG abgelehnt, wird sie allerdings gegenüber den nachgeordneten Führungskräften kaum mit Erfolg geltend machen können, dass der Gesellschaft wegen der Verschlechterung der Lage ein Festhalten an der vereinbarten Vergütung auf der nachgelagerten Führungskräfteebene unzumutbar ist. Umgekehrt folgt aus dem Umstand, dass die Geschäftsleiter eine Herabsetzung ihrer Vergütung in der Krise hinnehmen mussten, nicht notwendig, dass dies auch für die nachgeordneten Führungskräfteebenen gilt; so ist etwa vorstellbar, wenn auch wohl allenfalls ausnahmsweise realistisch, dass die Vergütungsherabsetzung nach § 87 Abs 2 AktG die Lage der Gesellschaft bereits so stabilisiert, dass es dem Unternehmen nicht mehr unzumutbar ist, die Bezüge nachgeordneter Führungskräfte wie vereinbart weiter zu gewähren.

Bei der Prüfung des Wegfalls der Geschäftsgrundlage kommt der Prüfung solcher Umstände, die als wesentliche Vorstellungen der Vertragsparteien zur Grundlage der Vergütungsvereinbarung geworden sind, sich aber nachträglich als falsch herausstellen, in der Anwendungspraxis der Geschäftsgrundlagenregel eine besondere Bedeutung zu. Dieses subjektive Verständnis der Geschäftsgrundlage hat in § 313 Abs. 2 BGB eine gesetzliche Grundlage gefunden.

Ein Wegfall der von den Vergütungsvertragsparteien subjektiv als wesentlich vorgestellten Grundlage lässt sich zunächst damit begründen, dass das den Parteien bekannte vertikale Vergütungsgefüge im Unternehmen in der Folge der Herabsetzung einer Vergütung der Leitungsebene fundamental gestört wird. In Umsetzung durchgehend anerkannter Grundsätze betriebswirtschaftlich optimierten Personalmanagements[44] finden in Unternehmen ab einer mittelständischen Größe typischerweise hierarchisch gegliederte Vergütungsstruktursysteme Anwendung. Angesichts der nahezu allgemeinen Verbreitung solcher nach den Ebenen des Topmanagements, der Bereichsleiter und der Abteilungsleiter und dort wiederum nach jeweils funktions- und marktwertorientierten Vergütungsvorgaben differenzierenden Vergütungssystemen,[45] werden in den Verhandlungen über Vergütungsvereinbarungen die fixierten Strukturvorgaben des jeweiligen Vergütungssystems

[44] Vgl. nur *Evers*, in: von Rosenstiel/Regnet/Domsch, Führung von Mitarbeitern Handbuch des Personalmanagements, 6. Aufl. 2009, 519, 520 ff.; *Scholz* Personalmanagement, 5. Aufl. 2000, 689 ff.

[45] *Evers*, in: von Rosenstiel/Regnet/Domsch, Führung von Mitarbeitern Handbuch des Personalmanagements, 6. Aufl. 2009, 519, 521.

von beiden Parteien als Grundlage des jeweiligen Vertragsabschlusses anerkannt. Auch der einzustellende Mitarbeiter hat die zumindest latente Vorstellung, dass in der pyramidal-hierarchischen Vergütungsstruktur jeder Führungsposition ein bestimmtes Grundgehalt zugewiesen ist, das grundsätzlich nur innerhalb bestimmter Bandbreiten variabel verhandelbar ist. Er wird sich regelmäßig eine durch die Stellenausschreibung und die bekannten einschlägigen Marktstudien[46] konkretisierte Vorstellung von dem Rahmen des Vergütungssystems verschafft haben, in dem die von ihm angestrebte ausgeschriebene Stelle positioniert ist. Auf diese Weise ist auch der einzustellende Mitarbeiter in der Lage, bei den Vergütungsverhandlungen durchaus konkrete Vorstellungen über die Positionierung der individuellen Vergütungsvereinbarung in der jeweils unternehmenseigenen Vergütungspyramide zugrunde zu legen.

Wird diese vorgestellte Vergütungsstruktur dadurch nachträglich verändert, dass zu Lasten des Geschäftsleitungspersonals (Topmanagementebene) eine Herabsetzung vorgenommen wird, so erfolgt dadurch nicht nur eine erhebliche Veränderung des Gesamtvergütungssystems des Unternehmens; zugleich stellen sich die von den Vergütungsvertragsparteien der nachgeordneten Führungsebenen maßgeblichen Vorstellungen über die Positionierung der Vergütung der Personen auf nachgeordneten Funktionsstellen als unzutreffend heraus. Deshalb wird in solchen Fällen ein Wegfall der Geschäftsgrundlage nach § 313 Abs. 2 BGB vorbehaltlich der im Einzelfall nach § 313 Abs. 1 BGB zu entscheidenden Zumutbarkeitsprüfung regelmäßig vorliegen.

b) Objektive Geschäftsgrundlage

Umstände, über die sich die Vergütungsvertragsparteien bei Vertragsschluss keine Vorstellungen gemacht haben, können Gegenstand der sog. objektiven Geschäftsgrundlage sein. Die Verhältnisse oder Lage einer Vertragspartei sind zwar grundsätzlich keine beachtlichen Vertragsumstände i.S.d. § 313 BGB, weil jede Vertragspartei ihr eigenes Liquiditätsrisiko trägt und selbst unvorhersehbare und größere Entwicklungen der Vertragsumstände mit der Gegenleistung abgegolten sind.[47] § 313 Abs. 1 BGB gestattet aber nach einer erforderlichen Interessenabwägung eine Herabsetzung der Vorstandsbezüge, wenn die Umstandsänderungen so erheblich sind, dass den Vertragsparteien ein Festhalten am unveränderten Vertrag nicht zuzumuten ist. Mit dieser Maßgabe ist § 313 Abs. 1 BGB für prinzipiell sämtliche nach Vertragsschluss eintretende Krisenentwicklungen die fundamentale zivilrechtliche Schrankennorm hinsichtlich der Beständigkeit von rechtsgeschäft-

46 Vgl. exemplarisch die jährlich erstellten Studien von *Kienbaum* Vergütungsstudie Leitende Angestellte, 2008; *Kienbaum* Vergütungsstudie „Geschäftsführer 2008".

47 *Roth* MüKo-BGB, 5. Aufl., 2007, § 313 Rn. 189; BGH WM 1964, 1253 für unvorhersehbare, große Lohnkostenerhöhungen eines Werkunternehmers.

lich-privatautonomen Vereinbarungen grundsätzlich jeder Art und damit auch von Vergütungsvereinbarungen mit Führungskräften unterhalb der Geschäftsleiterebene.

Eine allgemeine Wirtschaftskrise allein rechtfertigt die Anpassung geschlossener Vereinbarungen allerdings nicht, wenn diese keine konkreten Auswirkungen auf die vertragsschlussbetroffene Gesellschaft zeitigt.[48] Insofern unterscheidet sich der Geschäftsgrundlagentatbestand nicht vom dem des § 87 Abs. 2 AktG, der mit dem Bezug zur Lage der Gesellschaft die Auswirkungen von Umstandsveränderungen auf den konkreten Vertrag exakt bezeichnet. In § 313 Abs. 1 BGB wird dieses Tatbestandsmerkmal wegen des allgemeiner gefassten Tatbestands zwar nicht ausdrücklich angeführt. Das Erfordernis konkreter Auswirkungen von krisenhaften Veränderungen auf das Äquivalenzgefüge des einzelnen mit der Gesellschaft geschlossenen Vertrages ergibt sich allerdings als Konsequenz der nach dieser Vorschrift gebotenen Interessenabwägung; ohne Auswirkungen krisenhafter Umstandsveränderungen auf die Gesellschaft könnte nicht festgestellt werden, dass der Gesellschaft ein unverändertes Festhalten an den geschlossenen Vergütungsvereinbarungen unzumutbar ist.

Die Anforderungen an die Feststellung der Unzumutbarkeit verlangen eine Interessenabwägung, die eine Berücksichtigung – wie es in § 313 Abs. 1 BGB ausdrücklich heißt – „aller Umstände des Einzelfalls" erfordert. Dies setzt nicht notwendig voraus, dass sich die Gesellschaft krisenbedingt in einer existentiellen Notlage befindet; § 313 Abs. 1 BGB ist – nicht anders als § 87 Abs. 2 AktG – kein insolvenzrechtlicher Tatbestand.[49] Ausreichend und zugleich erforderlich ist ein gänzlich unangemessenes Verhältnis zwischen der wirtschaftlichen Lage der Gesellschaft und den Bezügen der Führungskräfte. § 313 Abs. 1 BGB kennt dabei keinen prinzipiellen Vorrang bezüglich einzelner Hierarchieebenen im Unternehmen. Dennoch ist – von spezifisch individuellen Umständen abgesehen – kaum ein Sachverhalt denkbar, bei dem die Herabsetzung der Vergütung von Führungskräften unterhalb der Geschäftsleiterebene durchgesetzt wird, ohne dass zugleich von den Möglichkeiten des § 87 Abs. 2 AktG Gebrauch gemacht wird. Umgekehrt gibt es keinen Vorrang der Herabsetzung der Geschäftsleitervergütung gem. § 87 Abs. 2 AktG, so dass die Gesellschaft nicht gehalten ist, in der Krise zunächst alle Möglichkeit der Vergütungsanpassung bei den Geschäftsleitern auszuschöpfen, bevor die nachgelagerten Führungsebenen herangezogen werden.

Gegenstand der Herabsetzung können sowohl die festen wie die variablen Vergütungsbestandteile sein; dies entspricht der Rechtslage zu § 87 Abs. 2

[48] Missverständlich *Pelzer* FS Lutter 2000, 571, 580; dagegen *Wittuhn/Hamann* ZGR 2009, 847; 857.

[49] AA für § 87 Abs. 1 AktG *Martens* ZHR 169 (2005), 124, 130; dagegen *Wittuhn/Hamann* ZGR 2009, 847, 857.

AktG. Soweit die variablen Vergütungsbestandteile mit der wirtschaftlichen Entwicklung schwanken, in der Unternehmenskrise etwa geringer ausfallen als außerhalb von Krisenzeiten, ist damit bereits vertraglich ein krisenbezogene Flexibilisierungsinstrument vorhanden, das nach den Vorstellungen der Vertragsparteien vorausschauend bedacht wurde, um krisenbedingte Vergütungsanpassungen zu gewährleisten; zusätzliche geschäftsgrundlagenrechtliche Anpassungen sind deshalb grundsätzlich nicht gerechtfertigt. Dementsprechend ist zur Rechtslage gemäß § 87 Abs. 2 AktG anerkannt, dass die Vergütung der Geschäftsleiter im Bereich der variablen Vergütungsbestandteile krisensicher sind.[50] Für die nachgeordneten Führungsebenen gilt dies gleichermaßen. Ausnahmen können allenfalls dann in Betracht kommen, wenn das Maß der vertraglichen Flexibilität der variablen Vergütungsbestandteile angesichts der krisenbedingt verschlechterten Lage der Gesellschaft unter Zumutbarkeitsgesichtpunkten ausnahmsweise nicht aufrecht erhalten werden kann.

IV. Schlussbemerkungen

Privatautonom getroffenen Vergütungsvereinbarungen sind in der Krise Schranken ihrer Bestandskraft nach den Regeln des Wegfalls der Geschäftsgrundlage gesetzt. Dies gilt prinzipiell und wertungsgleich sowohl für Vorstände und Geschäftsleiter als auch für Führungskräfte unterhalb der Geschäftsleiterebene. Die einschlägigen Rechtsgrundlagen des § 87 Abs. 2 AktG und des § 313 Abs. 1 und 2 BGB stimmen insofern unbeschadet ihres unterschiedlichen persönlichen Anwendungsbereichs inhaltlich überein. An die Einschränkungen des pacta sunt servanda-Grundsatzes werden dabei übereinstimmend hohe Anforderungen gestellt. Eine Herabsetzung der vereinbarten Vergütung kommt deshalb nicht wegen des Vorliegens einer allgemeinen Finanz- und Wirtschaftskrise in Betracht, gerechtfertigt ist die Einschränkung der Bestandskraft der Vergütungsvereinbarung auf allen Führungskräfteebenen nur in dem Ausnahmefall, dass dem Unternehmen die Weitergewährung der vereinbarten Bezüge in Abwägung der berührten Interessen von Gesellschaft und Mitarbeiter nicht zugemutet werden kann.

[50] *Thüsing* Handbuch VorstandsR, 2006, § 6 Rn. 31; *Weisner/Kölling* NZG 2003, 465, 466.

Zwangslizenzen in Kartell- und Patentrecht

Henning Plöger

Es kann nur der zu etwas gezwungen werden,
der sich *zwingen* lassen *will.*

G. W. F. Hegel,
Grundlinien der Philosophie des Rechts, § 91

Zwangslizenzen sind ein ständiger Begleiter der aktuellen patentrechtlichen Diskussion geworden. Es gibt kaum einen Bereich der sogenannten *global issues* des geistigen Eigentums – von der Gesundheits- bis zur Ernährungspolitik –, in dem nicht die Forderung erhoben wird, die Wirkung von Patenten als zeitlich befristeten Verwertungsmonopolen zu durchbrechen. Lange Zeit standen dabei Zwangslizenzen als Instrumente zur Versorgung von Entwicklungsländern mit bezahlbaren Arzneimitteln im Vordergrund. Längst hat aber die Diskussion auf andere Technikbereiche übergegriffen. Jüngstes Beispiel ist die Debatte vor der UN-Weltklimakonferenz in Kopenhagen. Zahlreiche Entwicklungs- und Schwellenländer hatten gefordert, ein Zwangslizenzregime für Umwelttechnologien zu schaffen.

Solche Petita zeugen von einem Grundmisstrauen gegenüber gewerblichen Schutzrechten, welches das konventionelle Paradigma der Anreizfunktion für Innovationen bezweifelt, ebenso wie von übertriebenen Heilserwartungen an seine Beschränkungen. Auch wenn patentrechtliche Zwangslizenzen in der Praxis relativ selten erteilt werden[1], schreiben mache allein der Möglichkeit, eine solche Lizenz zu beantragen, preisdämpfende Wirkung für patentierte Produkte zu[2]. Im deutschen Patentrecht ist mit der Orange Book-Standard-Entscheidung des Bundesgerichtshofs vom 6.5.2009[3] die kartellrechtliche Zwangslizenz als Einwendung im Patentverletzungsprozess in den Fokus von der Diskussion gerückt, ohne dass recht erkennbar wäre, in welchem Verhältnis die verschiedenen Erscheinungsformen der Zwangslizenz zueinander stehen. Grund genug also, sie zu systematisieren (I.) und ihre gemeinsamen Grundstrukturen herauszuarbeiten (II.).

[1] Zur praktischen Relevanz vgl. Benkard-*Rogge* PatG 10. Aufl. 2006 § 24 Rdnr. 4.

[2] Vgl. WIPO-Dokument SCP/13/3 v. 4.2.09 „Exclusions from patentable subject matter and exceptions and limitations to the rights" abrufbar unter http://www.wipo.int/edocs/mdocs/scp/en/scp_13/scp_13_3.pdf (abgerufen am 1.2.2010) Rdnr. 140; Timmann, Das Patentrecht im Lichte von Art. 14 GG, S. 292 jeweils m.w.N.

[3] GRUR 2009 S. 694 ff.

I. Rechtsquellen für Zwangslizenzen

Regelungen über Zwangslizenzen mit unterschiedlicher Reichweite finden sich auf internationaler, europäischer und nationaler Ebene.

1. Zwangslizenzen im internationalen Recht

Art. 5 A. (2) der Pariser Verbandsübereinkunft (PVÜ) räumt ihren Mitgliedsstaaten das Recht ein, Zwangslizenzen zur Verhütung von Missbräuchen vorzusehen, die sich aus der Ausübung des patentrechtlichen Ausschließlichkeitsrechts ergeben. Darüber hinaus enthält Art. 5A. PVÜ Spezialvorschriften für Zwangslizenzen bei unterlassener oder ungenügender Ausübung des Patents, welche aber die Möglichkeiten der Mitgliedsstaaten nicht beschränken, Zwangslizenzen aus anderen Gründen zu erteilen[4].

Art. 31 des Übereinkommens über handelsbezogene Aspekte der Rechte am geistigen Eigentum (TRIPS) stellt Mindeststandards für die nationale Gesetzgebung der Mitgliedsstaaten auf, die erfüllt sein müssen, bevor eine Erfindung ohne Genehmigung des Rechtsinhabers erlaubt werden darf und enthält zusätzliche Verfahrensgarantien[5]. Die Mitgliedstaaten sind danach bei der Festlegung der Voraussetzungen für die Erteilung von Zwangslizenzen grundsätzlich frei; „nationaler Notstand" oder „sonstige Umstände von äußerster Dringlichkeit" nennt Art. 31 lit. b S. 2 TRIPS nur als Fälle, in denen der Antragsteller nicht (wie im Normalfall nach Art. 31 lit. b S. 1 TRIPS) zuvor erfolglos versucht haben muss, beim Patentinhaber eine freiwillige Lizenz zu angemessenen Bedingungen einzuholen. Auch für Zwangslizenzen wegen wettbewerbswidrigen Verhaltens ist nach lit. k ein gescheiterter privatautonomer Einigungsversuch nicht erforderlich; in diesen Fällen kann auch die Geltungsbegrenzung der Zwangslizenz für den heimischen Markt nach lit. f. entfallen. Ein generelles öffentliches Interesse an der Zwangslizenz zählt nicht zu den Mindesterteilungsvoraussetzungen nach Art. 31 TRIPS. Gleichwohl hat Art. 31 TRIPS die Möglichkeiten der Vertragsstaaten Zwangslizenzen zu erteilen im Ergebnis eingeschränkt. Zum Beispiel darf die Zwangslizenz nur zeitlich begrenzt (lit. c) und nicht-ausschließlich sein (lit. d), und dem Patentinhaber ist eine angemessene Entschädigung zu gewähren (lit. h). Aus dem Vertragsziel des weltweiten Schutzes des Geistigen Eigentums lässt sich ableiten, dass Zwangslizenzen Ausnahmecharakter haben sollen. Durch das TRIPS-Abkommen geboten ist daher eine Einzelfallentscheidung (lit. a), welche die Interessen des Patentinhabers in die Abwägung einstellt (lit. g).

[4] WIPO-Studie „Exclusions from patentable subject matter and exceptions and limitations to the rights" Rdnr. 80; zur nationalen Gesetzgebung in ausgewählten Staaten vgl. ibid. Rdnr. 143 ff.

[5] Busse-*Schwendy* PatG 6. Aufl. 2004 § 24 Rdnr. 18.

2. *Zwangslizenzen im europäischen Recht*

Aufbauend auf diesen internationalen Vorgaben sind Zwangslizenzen auch Bestandteil der europäischen Patentrechtswirklichkeit. So ist gemäß Art. 2 Abs. 2, Art. 74 des Europäischen Patentübereinkommens auf europäische Patente § 24 PatG unmittelbar anzuwenden, soweit sie mit Wirkung für die Bundesrepublik Deutschland erteilt sind und insoweit dem deutschen Recht unterliegen.

Im Hinblick auf das künftige EU-Patent sieht der entsprechende Verordnungsvorschlag[6] Zwangslizenzen für EU-Patente bei unterlassener oder ungenügender Ausübung des Patents (Art. 21 Abs. 1), bei abhängigen Patenten (Art. 21 Abs. 2), zur Sicherstellung der Arzneimittelversorgung von Drittstaaten (Art. 21 Abs. 3) und in Notstandsfällen (Art. 21 Abs. 4) vor. Im Falle des Art. 21 Abs. 1 kann das (EU-) Patentgericht jedem eine Zwangslizenz erteilen, der nach Ablauf gewisser Jahresfristen einen entsprechenden Antrag stellt, wenn der Patentinhaber das Patent in der EU ohne sachlichen Grund nicht in Benutzung genommen hat oder hierzu keine ernsthaften Anstalten gemacht hat. Allerdings muss in diesem Fall die Erteilung der Zwangslizenz im öffentlichen Interesse liegen. Die Vorschrift für abhängige Patente entspricht im Wesentlichen der Regelung in § 24 Abs. 2 PatG. In beiden Fällen darf die Zwangslizenz nur erteilt werden, wenn der Lizenzsuchende zuvor erfolglos versucht hat, beim Patentinhaber eine freiwillige Lizenz einzuholen (Art. 21 Abs. 6 S. 1).

3. *Sonderfall: Exportzwangslizenzen für Medikamente*

Einen Sonderfall stellt der eingangs erwähnte Beitrag des Patentrechts zur weltweiten Versorgung mit bezahlbaren Arzneimitteln dar. Nach Art. 31 lit. f TRIPS sollen Zwangslizenzen vorrangig der Versorgung des Inlandsmarktes dienen. Das führt im Falle der Herstellung von Arzneimitteln in vielen Entwicklungsländern zu Problemen, die mangels eigener Herstellungskapazitäten auf Importe angewiesenen sind. Deshalb hat der sog. Doha-Beschluss des Generalrats der WTO vom 30. August 2003[7] den Export patentgeschützter pharmazeutischer Produkte für zulässig erklärt, soweit dies zur Versorgung eines bedürftigen Staates erforderlich ist (sog. TRIPS-waiver). Bislang wurde erst einmal von dieser Möglichkeit Gebrauch gemacht[8]. Die WTO-Mit-

[6] Ratsdokument 16113/09 ADD 1 v. 27.11.09 abrufbar unter http://register.consilium.europa.eu/pdf/en/09/st16/st16113-ad01.en09.pdf (abgerufen am 1.2.2010).

[7] WTO-Dokument WT/L/540 and Corr.1 „Implementation of paragraph 6 of the Doha Declaration on the TRIPS Agreement and public health" abrufbar unter http://www.wto.org/english/tratop_e/trips_e/implem_para6_e.htm (abgerufen am 1.2.2010).

[8] Export eines HIV/AIDS-Medikaments von Kanada nach Ruanda, vgl. die erforderlichen Notifikationen gegenüber der WTO unter http://www.wto.org/english/tratop_e/trips_e/public_health_e.ht (abgerufen am 1.2.2010).

gliedsstaaten haben am 5.12.2005 beschlossen, den TRIPS-waiver in das TRIPS-Abkommen zu inkorporieren (Art. 31bis neu). Damit sie in Kraft treten kann, ist eine Ratifikation der Änderung durch 2/3 der Mitglieder der WTO erforderlich. Die WTO hat die Frist unlängst erneut verlängert, da bisher (nur) von den Staaten der EU und 25 weiteren Staaten entsprechende Erklärungen vorliegen. Die Europäische Gemeinschaft hat mit der VO (EG) Nr. 816/2006 zur Umsetzung des Doha-Beschlusses eine einheitliche Grundlage für Exportzwangslizenzen geschaffen. Das Verfahren ist in Deutschland nach § 85a Abs. 1 PatG als Klageverfahren vor dem Bundespatentgericht ausgestaltet.

4. *Zwangslizenzen im deutschen Patentrecht*

Zwangslizenzen können in Deutschland nach § 24 PatG (abgesehen von Geheimpatenten im Sinne der §§ 50 ff. PatG) auf alle Arten von Patenten erteilt werden, einschließlich ergänzender Schutzzertifikate (§ 16a Abs. 2 PatG i.V.m. Art. 5 VO (EG) Nr. 1768/92 und Art. 5 VO (EG) Nr. 1610/96). Durch die Erteilung der Zwangslizenz erlangt der Lizenznehmer dem Patentinhaber gegenüber die gleiche Stellung wie ein vertraglicher Lizenznehmer; er ist ihm insbesondere zur Zahlung einer Vergütung für die Benutzung der Erfindung verpflichtet[9].

a) Überblick über die Erteilungstatbestände in § 24 PatG

§ 24 Abs. 1 PatG gibt einem Dritten die Möglichkeit, vom Patentinhaber zu verlangen, dass dieser die Benutzung der Erfindung gestattet, sofern dies im öffentlichen Interesse geboten ist. Im Gegenzug hat der Patentinhaber nach § 24 Abs. 6 S. 4 PatG einen Anspruch gegen den Inhaber der Zwangslizenz auf eine angemessene Vergütung. Neben der Feststellung eines öffentlichen Interesses setzt die Erteilung einer Zwangslizenz nach § 24 Abs. 1 PatG die Weigerung des Patentinhabers voraus, einem Dritten eine Lizenz zu erteilen, obwohl ihm dieser den Abschluss eines Lizenzvertrages zu angemessenen geschäftsüblichen Bedingungen angeboten hat. In jedem Fall ist bei der Entscheidung über die Erteilung einer Zwangslizenz das öffentliche Interesse zu definieren und vor dem Hintergrund der berechtigten Interessen des Patentinhabers zu bewerten[10]. Seit der Polyferon-Entscheidung des Bundesgerichtshofs[11] ist klargestellt, dass das öffentliche Interesse an der Erteilung einer Zwangslizenz nicht notwendig einen Missbrauch der Rechtsstellung des Patentinhabers voraussetzt, sondern auch durch andere besondere

[9] Benkard-*Rogge* PatG § 24 Rdnr. 3.
[10] *Osterrieth* Patentrecht 3. Aufl. 2006 Rdnr. 282.
[11] BGHZ 131, 247 ff.

Umstände begründet werden kann. Die bloße Weigerung, das eigene Patent auszubeuten, ist dagegen vom Patentrecht gedeckt und stellt für sich genommen keinen Missbrauch der durch das Patent vermittelten Rechtsposition dar.

§ 24 Abs. 2 PatG räumt dem Lizenzsuchenden, der seine durch ein jüngeres Patent geschützte Erfindung nicht benutzen kann, ohne das ältere Patent zu verletzen, einen Anspruch auf Erteilung einer Zwangslizenz ein. Im Gegenzug hat der Patentinhaber einen Anspruch auf Einräumung einer Gegenlizenz gegen den Lizenzsuchenden (§ 24 Abs. 2 S. 2 PatG). Voraussetzung ist auch hier, dass sich der Lizenzsuchende zuvor erfolglos bemüht hat, vom Patentinhaber rechtsgeschäftlich eine Lizenz zu angemessenen Bedingungen zu erlangen. Im Zuge der Umsetzung der EG-Biopatentrichtlinie hat der Gesetzgeber im Jahr 2005 für abhängige Erfindungen nach § 24 Abs. 2, 3 PatG das Erfordernis des öffentlichen Interesses unter Hinweis auf den hohen Schutzstandard für den Patentinhaber nach Art. 31 TRIPS gestrichen. Zwar ist seitdem eine gesonderte Prüfung des öffentlichen Interesses bei abhängigen Erfindungen nicht mehr geboten. Die Streichung bedeutet jedoch nicht, dass der Gesetzgeber mit der Zwangslizenz für abhängige Erfindungen ein Instrument zur Durchsetzung von Einzelinteressen des Lizenzsuchenden geschaffen hätte[12]. Vielmehr enthalten die Tatbestände der Zwangslizenz in § 24 Abs. 2, 3 PatG jetzt eine besondere Vertypung des öffentlichen Interesses: Die Erfindung des Lizenzsuchenden muss im Vergleich mit derjenigen des Patentinhabers einen wichtigen Fortschritt von erheblicher wirtschaftlicher Bedeutung aufweisen (§ 24 Abs. 2 S. 1 Nr. 2 PatG).

§ 24 PatG reagiert in allen seinen Erteilungstatbeständen auf die Weigerung des Patentinhabers, einem anderen die Benutzung seiner Erfindung zu gestatten, obwohl ihm der Lizenzsuchende eine angemessene Vergütung angeboten hat. Es geht also um Fälle, in denen die privatautonome Einräumung von Nutzungsrechten fehlgeschlagen ist, es aber gleichwohl ein öffentliches Interesse daran gibt, dem Lizenzsuchenden eine Nutzungsmöglichkeit gegen den Willen des Patentinhabers einzuräumen. Ebenso wie die Beschränkung des Patents nach § 13 PatG zu Gunsten öffentlichen Wohlfahrt oder der Sicherheit des Bundes stellt die Zwangslizenz einen rechtfertigungsbedürftigen staatlichen Eingriff in die eigentumsgleiche Rechtsposition (Art. 14 Abs. 1 GG) des Patentinhabers[13] dar, nur erfolgt sie nicht wie die Maßnahme nach § 13 PatG durch „Anordnung" der Exekutive. § 24 PatG überlässt die Wahrnehmung des öffentlichen Interesses stattdessen der privaten Initiative des Lizenzsuchenden, indem er ihm einen Anspruch auf Erteilung einer Zwangs-

[12] *Timmann* aaO, S. 280 ff.

[13] Zum Schutz des Patentrechts als Eigentum i.S.v. Art. 14 GG vgl. BVerfG NJW 2001 S. 1783 ff.

lizenz durch das Patentgericht gewährt[14]. Die Entscheidung des Patentgerichtes (und des Bundesgerichtshofs im Berufungsverfahren) wirkt unmittelbar privatrechtsgestaltend, sie betrifft sowohl das „Ob“ der Erteilung der Zwangslizenz als auch ihren Inhalt einschließlich der zu zahlenden Vergütung[15].

b) Der Anspruch auf die Zwangslizenz

Dogmatisch betrachtet gewährt § 24 PatG trotz der unterschiedlichen Formulierungen in den verschiedenen Erteilungstatbeständen dem Lizenzsuchenden jeweils einen doppelten Anspruch: Zum einen kann er vom Patentinhaber verlangen, ihm eine (nicht-ausschließliche) Nutzungsbefugnis einzuräumen, wenn die jeweiligen Voraussetzungen von § 24 PatG vorliegen. Einer Geltendmachung dieses bürgerlich-rechtlichen[16] Anspruchs vor den ordentlichen Gerichten wird man allerdings ein fehlendes Rechtsschutzbedürfnis entgegenhalten müssen, weil dem Lizenzsuchenden ein spezialgesetzliches Verfahren vor dem Patentgericht offen steht. Zum anderen hat der Lizenzsuchende einen öffentlich-rechtlichen Anspruch gegen das Patentgericht auf Erteilung der Zwangslizenz. Diesem doppelten Charakter des Anspruchs entspricht die Rechtsnatur der Entscheidung des Bundespatentgerichts. Es handelt sich nicht um eine justizförmige Feststellung von materiell-rechtlichen Ansprüchen, sondern um eine privatrechtsgestaltende Entscheidung, mit der die Zwangslizenz unmittelbar zuerkannt wird, so dass sie auch keiner Zwangsvollstreckung nach § 894 ZPO bedarf[17].

c) Verfassungsrechtliche Einordnung

Ob es sich bei Zwangslizenzen aus verfassungsrechtlicher Sicht (lediglich) um Inhalts- und Schrankenbestimmung im Sinne von Art. 14 Abs. 1 S. 2 GG handelt oder ob sie als Enteignungen anzusehen sind, wird in der Literatur nicht einheitlich beurteilt[18]. Die Befürworter des Enteignungscharakters betonen die Finalität, mit welcher der Gesetzgeber – und in Vollzug der gesetzlichen Grundlage das Patentgericht – auf die individuelle Rechtsposition zugreift. Da dem Patentinhaber lediglich ein Benutzungsrecht für den Lizenzsuchenden entzogen werde, während die übrigen in dem Patent enthaltenen subjektiven Rechte dem Rechtsinhaber verblieben, handele es sich um den Teilentzug eines selbständigen Teilrechts. Dass die Einordnung von

[14] Benkard-*Rogge* PatG § 24 Rdnr. 3.

[15] Benkard-*Rogge* PatG § 24 Rdnr. 28.

[16] Benkard-*Rogge* PatG § 24 Rdnr. 3 m.w.N.

[17] Benkard-*Rogge* PatG § 24 Rdnr. 28; für einen „Mischcharakter“ der patentgerichtlichen Entscheidung auch *Meinberg* Zwangslizenzen im Patent- und Urheberrecht, S. 80 ff.

[18] Vgl. *Timmann* aaO, S. 230 ff. m.w.N. zum Streitstand.

patentrechtlichen Zwangslizenzen als Enteignungen nicht zutreffend ist, zeigt sich noch stärker als beim Blick auf die dem Rechtsinhaber verbleibende Rechtsposition[19], wenn man die Intention für den staatlichen Zugriff betrachtet. Kennzeichnend für die Enteignung ist nämlich nach der Rechtsprechung des Bundesverfassungsgerichts die Finalität des Zugriffs des Staates *zur Mittelbeschaffung*[20]. Die Enteignung ist dadurch gekennzeichnet, dass die öffentliche Gewalt aus eigenem Interesse aktiv und offensiv gegen den Privateigentümer vorgeht, weil sie sein Eigentum für einen öffentlichen Zweck verwenden will[21]. Es handelt sich deshalb nicht um eine Enteignung, wenn der betreffende Gegenstand wegen seiner Beschaffenheit oder wegen seines Zustandes dem Eigentümer entzogen wird und der Staat nicht am Eigentum interessiert ist, weil er es nicht wirtschaftlich oder anders nutzen will, sondern nur zum Zwecke der Gefahrenabwehr in das Eigentumsrecht eingreift[22]. Genauso verhält es sich bei der patentrechtrechtlichen Zwangslizenz: Der (Teil-)Entzug der Verfügungsbefugnis des Patentinhabers und die Zuweisung der Nutzungsmöglichkeit an den Lizenzsuchenden dienen nicht der staatlichen Mittelbeschaffung, sondern erfolgen allein deshalb, weil es die staatlichen Ordnungswartungen erfordern, dass auch dieser Dritte die patentierte Erfindung nutzen kann. Deshalb sind bei der Zwangslizenz Entzogenes (Ausschließungsbefugnis des Pateninhabers) und Zugewiesenes (Nutzungsbefugnis) nicht identisch, wie es den Entzug von Rechtspositionen zur Mittelbeschaffung kennzeichnet. Zwangslizensierungen geistigen Eigentums sind damit Inhalts- und Schrankenbestimmungen im Sinne von Art. 14 GG[23].

d) Konsequenzen

Letztlich könnte die verfassungsrechtliche Einordnung der Zwangslizenz sogar dahinstehen; entscheidend ist, dass sie auch bei einer Qualifizierung als (bloße) Inhalts- und Schrankenbestimmung dem verfassungsrechtlichen Verhältnismäßigkeitsgebot entsprechen muss. Insbesondere ist stets die Erforderlichkeit des Grundrechtseingriffs zu prüfen[24], d.h. es dürfen keine milderen, gleich geeigneten Mittel zur Erreichung des staatlichen Handlungsziels zu Gebote stehen. Für die Gewährung einer Zwangslizenz kommt es damit entscheidend darauf an, ob dasselbe Ziel (die Benutzungsmöglichkeit einer patentgeschützten Erfindung durch einen anderen als den Patentinhaber)

[19] Dazu *Timmann* aaO, S. 232 ff.
[20] Vgl. BVerfGE 104, 1 (10).
[21] BVerfGE 20, 351 (359); 70, 191 (200); 102, 1 (15); 114, 1 (59).
[22] BVerfGE 20, 351 (359).
[23] *Timmann* aaO, S. 234.
[24] Zur Inhalts- und Schrankenbestimmung vgl. nur BVerfGE 52, 1 (29); zur Enteignung vgl. BVerfGE 74, 264 (286).

durch privatautonome Einigung mit dem Lizenzsuchenden zu erzielen wäre. Dies kann nur dann verneint werden, wenn ein privatautonomer Einigungsversuch nachweislich gescheitert ist. Das hat Folgen für die Anforderungen an das Vorverhalten des Lizenzsuchenden, die an die Erteilung von Zwangslizenzen zu stellen sind und denen weiter unten nachgegangen werden soll. Zunächst sollen jedoch die kartellrechtlichen Zwangslizenzen näher betrachtet werden.

5. *Kartellrechtliche Zwangslizenzen*

Das Instrument der Zwangslizenz hat sich seit den grundlegenden Entscheidungen des Europäischen Gerichsthofs in den Fällen „Volvo“[25], Magill“[26] und „IMS/Health“[27] in der europäischen Kartellrechtspraxis etabliert.

a) „Echte“ kartellrechtliche Zwangslizenzen

Diese Rechtsprechung geht von einem grundsätzlichen Vorrang der Immaterialgüterrechte vor dem Kartellrecht aus, da es zum Kerngehalt der Anreizfunktion von Immaterialgüterrechten gehöre, dem Rechtsinhaber zu ermöglichen, Wettbewerber an dem Verkauf oder der Produktion der entsprechenden Erzeugnisse zu hindern[28].

Ein Missbrauch einer marktbeherrschenden Stellung im Sinne von Art. 102 AEUV (ex Art. 82 EGV) durch Lizenzverweigerung wird folgerichtig nur dann angenommen, wenn besondere Umstände hinzutreten, die über das Innehaben einer marktbeherrschenden Stellung qua Immaterialgüterrecht hinausgehen[29]. In diesem Fall hat der Lizenzsuchende gegenüber den Kartellbehörden den Anspruch auf Erteilung einer Zwangslizenz, für die hier der Begriff „echte kartellrechtliche Zwangslizenz“ verwendet werden soll. Außergewöhnliche Umstände in dem genannten Sinne sollen vorliegen, wenn 1. der Lizenzsuchende für die begehrte Patentbenutzung keine tatsächliche oder realistische potenzielle Alternative hat, um seine Tätigkeit auszuüben 2. der Lizenzsuchende beabsichtigt, auf dem Markt *neue* Produkte oder Dienstleistungen anzubieten, die der Patentinhaber nicht anbietet und für die eine potenzielle Nachfrage der Verbraucher besteht, die auch nicht durch ein anderes Angebot des Patentinhabers substituiert werden kann 3. die Lizenzverweigerung nicht durch sachliche Gründe gerechtfertigt ist und 4. durch die Weigerung jeglicher Wettbewerb auf dem abgeleiteten (benachbarten)

[25] EuGH Slg. 1988, I-6211.
[26] EuGH Slg. 1995, I-743.
[27] EuGH Slg. 2004, I-5039.
[28] EuGH Slg. 1988, I-6211.
[29] Vgl. Schulte-*Kühnen* PatG 8. Aufl. 2008 § 24 Rdnr. 47 m.w.N.

Markt ausgeschlossen wird[30]. Diese Voraussetzungen müssen kumulativ vorliegen, d.h. durch die Zugangsverweigerung muss verhindert werden, dass der Lizenzsuchende auf einem nachgelagerten Markt ein neues Produkt anbieten kann, und es muss jeglicher Wettbewerb auf diesem Markt ausgeschlossen werden[31]. Die zusätzlichen Erfordernisse zu 2. und 4. unterscheiden den Missbrauch einer marktbeherrschenden Stellung bei Immaterialgüterrechten von der klassischen Lizenzverweigerung bei einer im Sacheigentum stehenden „essential facility“[32]. Zu unterscheiden sind Fälle genereller Lizenzverweigerung und Sachverhalte, bei denen der Patentinhaber zwar zur Lizenzierung bereit ist, aber seine Lizenzierungspraxis kartellrechtswidrig ist[33]. Hat der Patentinhaber seine grundsätzliche Lizenzierungsbereitschaft dadurch erwiesen, dass er schon Lizenzen vergeben hat, kommt es darauf an, ob diese Lizensierungspraxis diskriminierend ist oder ob er im Wege eines Ausbeutungsmissbrauchs generell unangemessene Lizenzgebühren verlangt[34].

Die überwiegende Auffassung nimmt für das deutsche Kartellrecht an, dass § 19 Abs. 4 Nr. 4 GWB keine Grundlage für einen Anspruch auf Erteilung von Zwangslizenzen sei, da Immaterialgüterrechte keine „wesentliche Einrichtung“ im Sinne dieser Vorschrift sei. Zum Teil wird ein kartellrechtlicher Kontrahierungszwang für den Lizenzverweigerer jedoch aus den Generalklauseln in § 19 Abs. 1 und § 19 Abs. 4 Nr. 1 GWB hergeleitet[35].

Verletzungen von Art. 102 AEUV verfolgt die Europäische Kommission nach Art. 7 VO (EG) Nr. 1/2003 von Amts wegen oder auf eine Beschwerde des Lizenzsuchenden. Die Befugnis der Kommission, die beteiligten Unternehmen zur Abstellung ihres kartellrechtswidrigen Verhaltens zu verpflichten, schließt die Befugnis zur Erteilung von Zwangslizenzen ein. Gleiches gilt für das Bundeskartellamt gemäß § 32 Abs. 2 GWB, wenn es nach Art. 5 VO (EG) Nr. 1/2003 zuständig ist[36]. Neben diesem Weg über die europäischen oder nationalen Kartellbehörden steht dem Lizenzsuchenden ein bürgerlichrechtlicher Anspruch auf Erteilung der Lizenz aus § 33 GWB zu, der erstinstanzlich vor den Landgerichten als Kartellgerichten (§§ 87, 95 GWB) geltend zu machen ist[37].

[30] EuGH Slg. 2004, I-5039; dazu *Höppner* GRUR Int 2005, S. 457 ff.; Schulte-*Kühnen* PatG § 24 Rdnr. 51.

[31] *Ensthaler/Bock* GRUR 2009 S. 1, 3 m.w.N.

[32] Vgl. *Ensthaler/Bock* GRUR 2009 S. 1, 2 m.w.N.

[33] Vgl. Schulte-*Kühnen* PatG § 24 Rdnr. 45.

[34] Schulte-*Kühnen* PatG § 24 Rdnr. 53.

[35] Vgl. die Nachw. bei Schulte-*Kühnen* PatG § 24 Rdnr. 52.

[36] *Meinberg* aaO, S. 193.

[37] *Meinberg* aaO, S. 195 ff.

b) „Unechte" Kartellrechtliche Zwangslizenzen

Von der echten kartellrechtlichen Zwangslizenz ist die Einrede des Beklagten im Patentverletzungsprozess zu unterscheiden, der Kläger sei aufgrund kartellrechtlicher Vorschriften oder aufgrund einer Lizenzbereitschaftserklärung verpflichtet, ihm für das Klagepatent eine Lizenz zu erteilen, so dass er insoweit keine Rechte aus dem Patent herleiten könne. Dafür soll der Begriff „unechte" kartellrechtliche Zwangslizenz verwendet werden[38]. Diesen Fällen liegt typischerweise die Situation zugrunde, dass ein oder mehrere Patente für einen alternativlosen Industriestandard relevant sind, die der spätere Beklagte des Patentverletzungsprozesses unberechtigt nutzt. Der Bundesgerichtshof hat jüngst in seiner Orange-Book-Standard-Entscheidung die Rechtsprechung der Instanzgerichte bestätigt und den Lizenzerteilungsanspruch des auf Unterlassung in Anspruch Genommenen für zulässig gehalten. Auch die Durchsetzung des patentrechtlichen Unterlassungsanspruches stelle einen Missbrauch der marktbeherrschenden Stellung dar, wenn ein marktbeherrschendes Unternehmen ein um eine Lizenz nachsuchendes Unternehmen diskriminiere oder unbillig behindere, indem es ihm die Lizenz verweigert. Ein kartellrechtlich verbotenes Verhalten dürfe nicht von den mit der Patentverletzung befassten Gerichten angeordnet werden[39]. Für eine unechte kartellrechtliche Zwangslizenz verlangt der Bundesgerichtshof, dass der Beklagte dem Patentinhaber ein vollständiges und unbedingtes Angebot zum Abschluss eines Lizenzvertrages gemacht hat, welches dieser nicht ablehnen darf, ohne gegen kartellrechtliche Vorschriften zu verstoßen. Der Lizenzsuchende muss in Form einer vorformulierten Vertragserklärung nicht nur die Lizenzgebühr (Bezugsgröße, Lizenzsatz) ausweisen, sondern sich darüber hinaus zu allen denjenigen Vertragsbedingungen verhalten, die üblicherweise in einem Lizenzvertrag geregelt werden und zu denen der Rechtsinhaber deshalb berechtigterweise eine Vereinbarung erwarten kann[40].

Der Bundesgerichtshof geht insofern über die instanzgerichtliche Rechtsprechung hinaus, als er die Einrede kartellrechtwidrigen Verhaltens zudem nur zulassen will, wenn der Beklagte bereits seine Pflichten aus dem abzuschließenden Lizenzvertrag erfüllt hat. Das stellt den Beklagten vor allem in Hinblick auf die Höhe der Lizenzgebühr vor Schwierigkeiten. Schließlich trägt er das Risiko, dass die Lizenzgebühr, die er für angemessen gehalten hat, vom Gericht als zu gering angesehen wird und er den Patentverletzungsprozess deshalb verliert. Um den Beklagten zu helfen, gibt ihm der Bundesgerichtshof die Möglichkeit, die Festsetzung der Lizenzgebühr nach § 315

[38] Kritisch zur Terminologie „Zwangslizenz" für diese Fallgruppe *Jestaedt* GRUR 2009 S. 801, 802.

[39] BGH GRUR 2009 S. 694, 696.

[40] Vgl. Schulte-*Kühnen* PatG § 24 Rdnr. 69.

Abs. 1 BGB dem Patentinhaber zu überlassen und die Billigkeit der Festsetzung gemäß § 315 Abs. 3 S. 2 BGB gerichtlich überprüfen zu lassen. Das enthebt den Beklagten freilich nicht von der Obliegenheit, einen Betrag an den Patentinhaber vorauszuzahlen, den er für angemessen hält. Das ist auch durch Hinterlegung der Lizenzgebühr nach § 372 BGB unter Verzicht auf die Rückgabe (§ 376 BGB) möglich, etwa wenn der Patentinhaber die Zahlung nicht annehmen will, weil er meint, nicht zur Lizenzerteilung verpflichtet zu sein.

II. Strukturvergleich von patent- und kartellrechtlichen Zwangslizenzen

Im Folgenden soll gezeigt werden, dass die vom Bundesgerichtshof in der Orange-Book-Standard-Entscheidung entwickelten Anforderungen auch für die übrigen patent- und kartellrechtlichen Zwangslizenzen zu gelten haben.

Mit der Frage nach dem Verhältnis zwischen patent- und kartellrechtlichen Zwangslizenzen ist das grundsätzlichere Problem der Abgrenzung von Patent – und Kartellrecht angesprochen, das teilweise als komplementär und von anderen als exklusiv angesehen wird[41]. Das speziellere Problem des Verhältnisses der Zwangslizenzen untereinander[42] ist in Deutschland seit dem Standard-Spundfass-Urteil des Bundesgerichtshofs zu Gunsten der Dualismustheorie entschieden. Danach wird ein kartellrechtlicher Anspruch auf Einräumung einer Patentlizenz nicht durch die nach § 24 PatG dem Patentgericht eingeräumte Befugnis zur Erteilung einer Zwangslizenz ausgeschlossen, weil patent- und kartellrechtliche Zwangslizenz unterschiedlichen Zielsetzungen dienten und unterschiedliche Voraussetzungen hätten[43].

Der Dualismustheorie ist im Ausgangspunkt darin zuzustimmen, dass beide Zwangslizenzregime nebeneinander bestehen. Bei genauerer, insbesondere verfassungsrechtlicher Betrachtung zeigt sich jedoch, dass das Gemeinsame der Voraussetzungen viel schwerer wiegt als das Trennende: Alle Eingriffe in Art. 14 GG müssen der Verwirklichung der Sozialbindung des Eigentums dienen. Deshalb setzen alle Erscheinungsformen von Zwangslizenzen ein öffentliches Interesse an der Erteilung der Lizenz voraus, während das bloße Individualinteresse eines Dritten nicht ausreicht. Das öffentliche Interesse kann wie in § 24 Abs. 1 Nr. 2 PatG als Generalklausel oder wie bei der Zwangslizenz für abhängige Erfindungen nach § 24 Abs. 2, 3 PatG, der Exportzwangslizenz nach der VO (EG) Nr. 816/2006 oder der kartell-

[41] Zur Diskussion vgl. *Böttger* GRUR Int. 2008, S. 881, 882 m.w.N. in Fn. 19; *Meinberg* aaO S. 80 ff.

[42] Zur Diskussion vgl. Timmann aaO S. 285 f. m.w.N.

[43] BGHZ 160, 67 ff.

rechtlichen Zwangslizenz in Gestalt besonderer öffentlicher Interessen vertypt sein.

Die kartellrechtlichen Zwangslizenzen wiederum zeichnen sich gegenüber den patentrechtlichen Zwangslizenzen allein dadurch aus, dass der Patentinhaber infolge der Verleihung des Ausschließlichkeitsrechts eine marktbeherrschende Stellung erlangen konnte, auf deren Missbrauch der Staat im öffentlichen Interesse mit der Verleihung einer Zwangslizenz reagiert. Die Bekämpfung des Missbrauchs der marktbeherrschenden Stellung vertypt in ihrem Falle das öffentliche Interesse an der Erteilung der Zwangslizenz, womit sie sich lediglich als Sonder- und Spezialfall der klassischen patentrechtlichen Zwangslizenzen erweisen, bei denen es unerheblich ist, ob der Patentinhaber eine marktbeherrschende Stellung innehat und eine Erteilung bei unterlassener Ausübung des Patents (vgl. § 24 Abs. 5 PatG) sogar möglich ist, wenn der Patentinhaber gar nicht am Markt auftritt. Das deutsche Recht wählt damit – ähnlich wie etwa das US-amerikanische Recht – den Weg einer kartellrechtlichen Lösung dieser Fallgruppe; in anderen Rechtsordnungen (z.B. Argentinien, Chile) wird auch die Zwangslizenz wegen wettbewerbswidrigen Verhaltens innerhalb des Patentrechts geregelt[44].

Auf der Rechtsfolgenseite lassen zur Durchsetzung dieser staatlichen Ordnungsvorstellungen alle Erscheinungsformen von Zwangslizenzen einen staatlichen Eingriff in das gewerbliche Schutzrecht zu. Die Unterschiede bestehen allein in der Intensität des Eingriffs. Die patentrechtliche Zwangslizenz wird durch einen unmittelbar privatrechtsgestaltenden staatlichen Akt erteilt, während bei der echten kartellrechtlichen Zwangslizenz wie dargestellt zwei Varianten möglich sind: Entweder ebenfalls durch staatlichen Erteilungsakt (der Kartellbehörden) oder durch justizförmige Zuerkennung eines zivilrechtlichen Anspruchs auf Einräumung der Lizenz. Bei der unechten kartellrechtlichen Zwangslizenz schließlich erkennt das Gericht im Patentverletzungsprozess nur den Versuch des Beklagten an, eine Lizenz vom Patentinhaber auf rechtsgeschäftlichen Weg zu erhalten. Dieser Versuch wird mit der Einrede kartellrechtswidrigen Verhaltens gegen den Klaganspruch wegen Patentverletzung honoriert.

Auch zwischen der echten und der unechten kartellrechtlichen Zwangslizenz gibt es keinen materiellen, sondern nur einen formellen Unterschied. Die Durchbrechung des Prinzips der Trennung zwischen dem Patentverletzungsprozess vor dem Zivilgericht und dem Verfahren zur Erteilung einer kartellrechtlichen Zwangslizenz durch die Kartellbehörde/das Kartellgericht wird nämlich bei zutreffender Betrachtung durch den Einwand des „dolo agit, qui petit quod statim redditurus est“ (§ 242 BGB) gerechtfertigt[45]: Weil

[44] Vgl. WIPO-Studie „Exclusions from patentable subject matter and exceptions and limitations to the rights“, Rdnr. 160 ff.

[45] So *Jestaedt* GRUR 2009 S. 801, 802.

der Beklagte einen Anspruch auf Erteilung einer Lizenz aufgrund kartellrechtlicher Normen hat, darf der Klage wegen Patentverletzung nicht stattgegeben werden. Mit dem dolo-petit-Einwand wird also der Anspruch des Beklagten auf eine echte kartellrechtliche Zwangslizenz, die er vor den Kartellbehörden oder den Kartellstreikammern verfolgen müsste, mit dem Patentverletzungsprozess verklammert. Weniger überzeugend ist dagegen die Begründung des Bundesgerichtshofs für die Statthaftigkeit des Einwands kartellrechtswidriger Lizenzverweigerung. Zwar mag es richtig sein, dass die Durchsetzung des Anspruchs im Verletzungsprozess ebenso wettbewerbswidrig ist wie die Lizenzverweigerung. Der Schluss, dann dürfe ein Gericht die Durchsetzung des Anspruchs auch nicht anordnen, erklärt aber nicht genau, warum die Einrede im Patentverletzungsprozess erheblich sein muss. Nachdem das Gericht im Patentverletzungsprozess (inzident) geprüft hat, ob und inwieweit dem Benutzer der Erfindung ein Anspruch auf Einräumung einer Lizenz zusteht, räumt es ebenso wie bei der echten kartellrechtlichen Zwangslizenz ein kartellrechtlich begründete Nutzungsrecht durch einen hoheitlichen Akt (vgl. Art. 31 lit. a und i TRIPS) ein, wenn es die Klage des Rechtsinhabers wegen Patentverletzung aufgrund der Einrede abweist. Der geringeren Legitimationswirkung dieser Inzidenzprüfung gegenüber der staatlichen Vollkontrolle bei den echten Zwangslizenzen entspricht die geringere Reichweite des Eingriffs in das gewerbliche Schutzrecht bei der unechten kartellrechtlichen Zwangslizenz: In ihrem Falle bleibt es bei der justiziellen Feststellung des Anspruchs auf Erteilung der Zwangslizenz, während bei der echten kartellrechtlichen Zwangslizenz die Lizenz unmittelbar zuerkannt wird (s.o.).

III. Folgerungen

Im Ergebnis bestehen zwischen den patent- und kartellrechtlichen Erscheinungsformen von Zwangslizenzen nur graduelle Unterschiede. Qualitativ eint alle Zwangslizenzen, dass sie in das grundrechtlich geschützte Recht des geistigen Eigentums eingreifen und sie deshalb als ultima ratio nur gerechtfertigt sind, wenn zuvor der Versuch privatautonomer Einräumung von Nutzungsrechten gescheitert ist. Dabei kommt es nicht darauf an, ob deutsche oder europäische staatliche Organe gehandelt haben: Ohne an dieser Stelle auf Details der Grundrechtsbindung eingehen zu können, ergibt sich die Bindung an den Verhältnismäßigkeitsgrundsatz im erstgenannten Fall jedenfalls aus dem Eingriff in Art. 14 GG, im zweiten aus Art. 5 Abs. 4 EUV und aus dem Schutz des geistigen Eigentums nach Art. 17 Abs. 2 der Charta der Grundrechte der Europäischen Union.

Bislang verlangt die Rechtsprechung jedoch nur für die unechte kartellrechtliche Zwangslizenz einen gescheiterten privatautonomer Einigungsversuch, für den der Lizenzsuchende ein Angebot gemacht haben muss, bei dem der Patentinhaber „nur noch zugreifen muss" (s.o.). Bei der patentrechtlichen Zwangslizenz geht die wohl herrschende Meinung in Übereinstimmung mit Art. 31 lit. b S. 1 TRIPS zwar auch davon aus, dass der Lizenzsuchende auf gütlichem Weg versucht haben muss, eine Benutzungserlaubnis zu erlangen. Sie lässt es jedoch genügen, wenn der Lizenzsuchende seine Bereitschaft zur Zahlung einer Lizenzgebühr erklärt habe; der Angabe einer bestimmten oder bestimmbaren Summe bedürfe es nicht. Detaillierte Regelungsvorschläge wie bei der unechten kartellrechtlichen Zwangslizenz seien für die patentrechtliche Zwangslizenz nicht erforderlich[46]. Gleichwohl wird einräumt, dass bei jeder kartellrechtlichen Zwangslizenz eine gewisse Regelungsdichte notwendig sei, da die Parteien bei Kontrahierungszwang erst Recht ein Konkretisierungsinteresse hätten, wenn schon bei freiwilligen Lizenzvereinbarungen detaillierte Regelungen getroffen würden[47].

Diese unterschiedliche Behandlung der Zwangslizenzen ist vor ihrem oben skizzierten identischen verfassungsrechtlichen Hintergrund nicht gerechtfertigt. Vergleicht man die unechte und die echte kartellrechtliche Zwangslizenz, folgt das schon aus dem Gebot der Gleichbehandlung des Gleichartigen (Art. 3 GG), schließlich geht es in beiden Fällen um denselben Anspruch des Lizenzsuchenden auf Erteilung der Lizenz, der bei der unechten kartellrechtlichen Zwangslizenz lediglich über den dolo-petit-Einwand vermittelt wird. Weil zudem der staatliche Eingriff in Grundrechtspositionen bei der unechten kartellrechtlichen Zwangslizenz gegenüber den beiden anderen Erscheinungsformen am schwächsten ausgeprägt ist (das Gericht erkennt den Anspruch schließlich nicht zu oder wird gar privatrechtsgestaltend tätig, s.o.), müssen diese von Verfassung wegen a minori ad maius zumindest gleich hohe Erteilungsvoraussetzungen haben. Die jüngere Rechtsprechung des Bundesgerichtshofs zur unechten kartellrechtlichen Zwangslizenz ist deshalb auf die anderen Fallgruppen zu übertragen. Alle Zwangslizenzen setzen demnach ein annahmefähiges Angebot durch den Lizenzsuchenden voraus, das die essentialia negotii einer Vereinbarung über die Einräumung einer Lizenz enthält. Das Angebot hat nicht nur die Lizenzgebühr (Bezugsgröße, Lizenzsatz) auszuweisen, sondern sich darüber hinaus zu allen denjenigen Vertragsbedingungen zu verhalten, die üblicherweise in einem Lizenzvertrag geregelt werden und zu denen der Rechtsinhaber deshalb berechtigterweise eine Vereinbarung erwarten kann (s.o.). Zudem muss der Lizenzsuchende stets seinen Willen zu einer rechtsgeschäftlichen Einigung über die Lizenz manifestiert haben, indem er seine Erfüllungshandlung vorgenommen hat.

[46] Schulte-*Kühnen* PatG § 24 Rdnr. 10 m.w.N.
[47] Schulte-*Kühnen*, aaO.

IV. Schlussbemerkung

Eine Zwanglizenz kann zwar gegen den Willen des Patentinhabers erteilt werden, sie zwingt aber niemanden *zu* etwas, sondern tritt an die Stelle einer privatautonomen Einräumung eines Nutzungsrechts an den Lizenzsuchenden. Die Zwangslizenz ist also nicht der „schwarze Schwan", der Hegels einleitend zitierte These falsifizieren könnte; sie bedarf für diese Beschränkung des geistigen Eigentums nur einer gewissen Umformulierung: „Es kann nur gegenüber demjenigen eine Lizenz erzwungen werden, der gefragt wurde, ob er sie freiwillig einräumen will." Das gilt dann freilich im Patent- wie im Kartellrecht.

Der Stimmrechtspool

Schnittstelle von Kapital- und Personengesellschaftsrecht

Hans-Joachim Priester

I. Thema

Grenzbereiche und Schnittstellen zwischen zwei Rechtsmaterien, und seien sie untereinander auch vergleichsweise enger verwandt, erscheinen besonders reizvoll. Das dürfte auf den Stimmrechtspool zutreffen, der keineswegs nur, aber gerade auch in Familiengesellschaften, vor allem in der Rechtsform einer Familien-Aktiengesellschaft, erhebliche praktische Bedeutung besitzt.

Stimmrechtskonsortien sind in den letzten Jahren Gegenstand intensiverer Diskussion im Schrifttum geworden und haben auch die Rechtsprechung, nicht zuletzt den BGH mit seinem großen Grundsatzurteil „Schutzgemeinschaftsvertrag II"[1] beschäftigt. Das Urteil hat erwartungsgemäß eine lebhafte Reaktion im Schrifttum ausgelöst, behandelt es doch spannende Probleme auf der Grenzlinie von Kapital- und Personengesellschaftsrecht.

Wenn eine weitere Auseinandersetzung mit dieser Entscheidung und den darin angeschnittenen Fragen *Dieter Reuter* gewidmet wird, so geschieht das, weil er nicht allein die juristischen Personen, sondern durchaus auch das Recht der Personengesellschaften zum Gegenstand seiner Untersuchungen gemacht hat.

II. Stimmrechtspool – Grundlagen

1. *Funktion und praktische Relevanz*

Mit einem Stimmbindungsvertrag verpflichten sich die Vertragsteile, die ihnen zustehenden Stimmrechte in der vertraglich festgelegten Weise auszuüben. Solche Verträge dienen der Einflussnahme auf das Stimmverhalten,

[1] BGHZ 179, 13 = DStR 2009, 280 = GmbHR 2009, 306 m. Anm. *Gottschalk* = ZIP 2009, 216; dazu *Goette,* DStR 2009, 2602 f.; *Göz*, EWiR 2009, 173 f.; *Podewils*, BB 2009, 733 ff.; *Schäfer,* ZGR 2009, 768 ff.; *Karsten Schmidt*, ZIP 2009, 737 ff.; *Wertenbruch*, NZG 2009, 645 ff.

etwa eines Treuhänders. Beim Stimmrechtspool, man spricht auch von Stimmrechtskonsortium, geht es um eine Bündelung der Stimmkraft.[2]

Es kommt vor, dass die Stimmrechtsabsprache zwischen sämtlichen Gesellschaftern getroffen wird, sog. omnilaterale Vereinbarungen.[3] Den Regelfall bilden aber Stimmrechtsbindungen, die nur einen Teil der Gesellschafter umfassen. Es geht hier darum, das Gewicht dieser Gruppe in der Gesellschaft zum Tragen zu bringen.

Besondere Bedeutung haben derartige Stimmrechtskonsortien bei Familiengesellschaften, sei es, dass an ihnen Außenstehende beteiligt sind, sei es, dass es sich um eine Familiengesellschaft in der zweiten, dritten oder gar folgenden Generation handelt. Solchenfalls pflegen sich vor allem Familienstämme in einem Stimmenpool zusammenzuschließen.

2. *Rechtsnatur*

Bei den Stimmrechtspools handelt es sich um schuldrechtliche Vereinbarungen, regelmäßig in der Form der Innen-GbR, also ohne Bildung von Gesamthandsvermögen.[4] Sie unterliegen den Regeln der §§ 705 ff. BGB. Der Abschluss des Vertrages bedarf keiner Form.[5] Er wird aber in der Praxis schon aus Nachweisgründen schriftlich abgefasst. Seine Rechtswirksamkeit hängt nicht von einer entsprechenden Zulassung in der Satzung der Hauptgesellschaft ab.[6]

Andererseits kommt einem derartigen Vertrag auch keine Außenwirkung zu. Ein Verstoß gegen ihn führt nicht zur Unwirksamkeit der bindungswidrig abgegebenen Stimmen in der Hauptgesellschaft.[7]

3. *Inhalte*

Poolverträge können sich auf Regelungen zur Stimmrechtsausübung beschränken und tun das vielfach auch. Die Mitglieder verpflichten sich darin, ihr Stimmrecht bei der Hauptgesellschaft in einer zwischen ihnen festgelegten Weise auszuüben. Die Festlegung geschieht üblicherweise durch Beschlussfassung in einer zuvor abgehaltenen Poolversammlung.

[2] Dazu etwa *Schröer*, in: Münchkomm AktG, 2. Aufl., 2004, § 136 Rn. 56.

[3] So im Falle BGH, NJW 1983, 1910 – Kerbnägel.

[4] BGHZ 126, 226, 234 – Schutzgemeinschaftsvertrag I; dazu *Wiedemann*, EWiR 1994, 973. Die Anteile können aber auch zur gesamten Hand eingebracht werden. Solchenfalls besitzt die Gesellschaft zugleich Holdingfunktion; *Schrötter*, NJW 1979, 2592, 2594.

[5] BGH, NJW 1987, 890, 891; OLG Köln, EWiR 2003, 121 f. (*Frey*).

[6] *Enzinger*, Münchkomm HGB, 2. Aufl., 2006, § 119 Rn. 36, aber str.

[7] Allg. Ans., RGZ 119, 386, 388 f.; *Zöllner*, FS Ulmer, 2003, S. 725, 742; *König*, ZGR 2005, 417, 423. Zu Abweichungen bei omnilateralen Absprachen unten VI, 2.

Die Absprache kann sich auf einzelne Beschlussgegenstände bei der Hauptgesellschaft beschränken, etwa auf Wahlen zum Aufsichtsrat. Im Regelfall bezieht sie sich aber auf alle Beschlüsse, die dort zu fassen sind.

Nicht selten enthalten die Poolabsprachen darüber hinaus Bestimmungen in Bezug auf die Anteile der Mitglieder an der Hauptgesellschaft. So kann geregelt werden, dass ein ausscheidendes Mitglied seine Anteile den übrigen Mitgliedern zum Erwerb anbieten muss. Dabei lässt sich auch festlegen, dass der Betreffende nicht den vollen wirtschaftlichen Wert des Anteils bekommt.[8] Möglich ist ferner, ein Ausscheiden aus dem Pool als Reaktion auf Verletzungen der Stimmbindung vorzusehen.

4. *Zulässigkeit, Durchsetzung, Rechtsnachfolge*

Stimmbindungsverträge sind nach allgemeiner Ansicht grundsätzlich zulässig.[9] Das folgt aus dem Grundsatz der Vertragsfreiheit.[10] Für das Aktienrecht lässt sich die Statthaftigkeit auch aus einem Umkehrschluss zu § 136 Abs. 2 AktG herleiten, wonach nur solche Verträge nichtig sind, durch die sich ein Aktionär verpflichtet, sein Stimmrecht nach Verweisung der Gesellschaft bzw. ihrer Organe auszuüben.[11]

Einschränkungen sind allerdings zu machen, wenn solche Verträge mit Dritten, also Nichtgesellschaftern, geschlossen sind. Sie stehen in Konflikt mit dem Abspaltungsverbot (kein Stimmrecht ohne Anteil). Ferner fehlt bei ihnen die Verknüpfung von Stimmrechtsausübung und Treupflicht.[12] Unzulässig erscheint jedenfalls eine Bindung des Stimmrechts mit Bezug auf Satzungsänderungen, da sie gegen das Prinzip der Satzungsautonomie verstößt.[13] Bei den hier interessierenden Stimmrechtspools von Gesellschaftern stellt sich dieses Thema aber nicht.

Hinsichtlich der Durchsetzung von Stimmrechtsvereinbarungen gilt: Sie begründen einen klagbaren Erfüllungsanspruch. Die Zwangsvollstreckung erfolgt gemäß § 894 ZPO. Da ein rechtskräftiges Urteil regelmäßig zu spät kommen wird, ist die einstweilige Verfügung als Rechtsbehelf zu gewähren.[14]

[8] BGHZ 126, 226 = ZIP 1994, 1173 – Schutzgemeinschaftsvertrag I (es handelte sich um denselben Vertrag wie in BGHZ 179, 13). Der BGH sah darin weder eine Knebelung der Konsortialmitglieder i.S.v. § 138 BGB, noch eine unzulässige Kündigungsbeschränkung i.S.v. § 723 Abs. 3 BGB.

[9] Vgl. nur BGHZ 48, 163, 166 ff.; BGH, NJW 1987, 1890, 1892; jetzt wieder ausdrücklich BGHZ 179, 13 Tz. 12 – Schutzgemeinschaftsvertrag II; aus dem Schrifttum etwa: *Röhricht*, in: GroßKomm. AktG, 4. Aufl., 1996, § 23 Rn. 256 ff.; *Spindler*, in: K. Schmidt/Lutter, AktG, 2008, § 136 Rn. 34; *Noack*, Gesellschaftervereinbarungen bei Kapitalgesellschaften, 1994, S. 66 ff.; *Lutter/Grunewald*, AG 1989, 109, 111.

[10] Vgl. nur *König*, ZGR 2005, 417, 422.

[11] BGHZ 179, 13 Tz. 12.

[12] Umfangr. Nachw. b. *Enzinger*, (Fn. 6), § 119 Rn. 37.

[13] Eingehend: *Priester*, FS W. Werner, 1984, S. 657, 659 ff.

[14] *Hüffer*, AktG, 9. Aufl., 2010, § 133 Rn. 29 ff. m. zahlr. Nachw.

Praktisch wichtigeres Durchsetzungsinstrument sind allerdings Vertragsstrafen als Sanktion von Zuwiderhandlungen gegen übernommene Konsortialpflichten.[15] Sie waren auch im Falle „Schutzgemeinschaftsvertrag II" vereinbart und bildeten den Auslöser des Prozesses, aus verfahrenstechnischen Gründen aber nicht den Gegenstand der BGH-Entscheidung, so dass dieser Aspekt hier nicht zu betrachten ist.

Nichtkorporative, schuldrechtliche Verpflichtungen gehen auf den Rechtsnachfolger in den Anteil nicht ohne weiteres über. Sie müssen von diesem vielmehr durch besonderen Vertrag übernommen werden.[16] Sind die an der Stimmrechtsvereinbarung Beteiligten aber in Innen-GbR untereinander verbunden, geschieht die Überleitung durch Erwerb der Gesellschafterstellung in dieser GbR.[17]

5. *Stimmrechtsregelungen*

Für die vorgeschaltete Beschlussfassung der Poolmitglieder vor Abstimmungen in der Hauptgesellschaft kann der Poolvertrag vom gesetzlichen Einstimmigkeitserfordernis bei der BGB-Gesellschaft abweichen und Mehrheiten vorsehen, was § 709 Abs. 2 BGB im Interesse der Flexibilität und Handlungsfähigkeit der Gesellschaft ausdrücklich gestattet. Dabei wird hinsichtlich der Stimmkraft regelmäßig auf die Beteiligungsquote in der Hauptgesellschaft abgestellt. Der Poolvertrag kann im Grundsatz auch einfache Mehrheiten zulassen. Zweifelhaft könnte allerdings sein, ob eine einfache Mehrheit auch dann rechtens ist, wenn der entsprechende Beschluss in der Hauptgesellschaft einer qualifizierten Mehrheit bedarf.

Diese Frage ist lange Zeit nicht näher erörtert worden. Das hat sich mit dem „Gelatine"-Komplex geändert. Zur Erinnerung: Im Jahre 2004 hat der BGH seine „Holzmüller"[18]-Konzeption mit den „Gelatine"-Urteilen[19] einerseits fortgeschrieben, andererseits aber auch modifiziert. Er hat darin die Anforderungen an das Gewicht einer die Hauptversammlungszuständigkeit auslösenden Umstrukturierungsmaßnahme deutlich erhöht und im Gegenzug eine Dreiviertelmehrheit für den Zustimmungsbeschluss als notwendig angesehen.

Ein weiterer Kriegsschauplatz der Auseinandersetzungen ergab sich daraus, dass diese Dreiviertelmehrheit deshalb nicht erreicht wurde, weil Poolmitglieder sich an den internen Beschluss nicht gebunden sahen. Sie meinten,

[15] Dazu *Noack*, (Fn. 9), S. 219 ff.

[16] Allg. Ans., etwa: *Emmerich,* in: Scholz, GmbHG, 10. Aufl., 2006, § 3 Rn. 119. Zum Schutz der Stimmbindungsgemeinschaft durch Rechtsnachfolgeregelungen eingehend *Weipert,* in: Münch. HdB GesR Bd. 1, 2. Aufl. 2004, § 34 Rn. 109 ff.

[17] *Röhricht*, (Fn. 9), § 23 Rn. 275.

[18] BGHZ 83, 122.

[19] BGHZ 159, 30; BGH, ZIP 2004, 1001.

weil dieser mit der einfachen Mehrheit gefasst worden sei, fehle ihm im Hinblick auf das Mehrheitserfordernis bei der Hauptgesellschaft die Wirksamkeit. Beide Seiten bestellten Gutachter, die – wenig überraschend – zu unterschiedlichen Ergebnissen kamen.

Habersack meinte, auf der Ebene der Beteiligungsgesellschaft bestehende qualifizierte Beschlusserfordernisse seien auf die Beschlussfassung innerhalb des Konsortiums zu erstrecken. Diese erhöhten Quoren dienten dem Minderheitenschutz. Ihr Zweck werde verfehlt, wenn sie durch das Prinzip der einfachen Mehrheit im Pool ersetzt würden.[20]

Den Gegenstandpunkt hat *Zöllner*[21] eingenommen. Seiner Ansicht nach tritt ein Hinüberwirken kapitalgesellschaftsrechtlicher Normen zu Gesellschafterbeschlüssen auf die Ebene der Stimmbindungsabsprache und des Konsortialbeschlusses schon deswegen nicht ein, weil die kapitalgesellschaftsrechtlichen Regelungen Beschlussfassungen auf der Konsortialebene tatbestandlich überhaupt nicht erfassten.

Die Auseinandersetzung mündete in die nachstehend kurz zu referierende Entscheidung des BGH.

III. Das BGH-Urteil „Schutzgemeinschaftsvertrag II“

1. Der Entscheidungsfall

Der vom Gericht zu beurteilende Sachverhalt: sah – vereinfacht – wie folgt aus:

Etwa 90 % des Grundkapitals der DGF (Deutsche Gelatine Fabriken)-AG wurden von drei Stämmen der Gründerfamilien gehalten. Zwischen den Mitgliedern der drei Stämme bestand seit Gründung der AG im Jahre 1972 aufgrund eines „Schutzgemeinschaftsvertrages“ (SGV) eine Innengesellschaft bürgerlichen Rechts zum Zweck der Sicherstellung einer einheitlichen Rechtsausübung aus gegenwärtigen und künftigen Beteiligungen der Mitglieder an den Familienunternehmen.

Gemäß § 5 Nr. 2 SGV war jedes Mitglied der Schutzgemeinschaft – bei Meidung einer Vertragsstrafe – verpflichtet, sein Stimmrecht in den Gesellschafterversammlungen der Vertragsunternehmen so auszuüben, wie dies in den jeweils zuvor abzuhaltenden Mitgliederversammlungen in der Schutzgemeinschaft mit einfacher Mehrheit (nach Gesellschaftsanteilen) beschlos-

[20] *Habersack*, ZHR 164 (2000) 1, 14 ff.; ihm folgend *Enzinger*, (Fn. 6), § 119 Rn. 37; *Pentz*, in: MünchKomm AktG, 3. Aufl., 2008, § 23 Rn. 195; *Zimmermann*, in: Rowedder/Schmidt-Leithoff, GmbHG, 4. Aufl. 2002, § 53 Rn. 45; Anh. nach § 77 Rn. 49; *D. Mayer*, MittBayNot 2006, 281, 287. Ebenso zuvor schon *Glattfelder*, ZSR 78 (1959), 141, 291 ff.

[21] *Zöllner*, (Fn. 7), S. 725, 740 ff. Seine Meinung teilten – vor BGHZ 179, 13 – *König*, ZGR 2005, 417, 421 ff.; *Noack*, (Fn. 9), S. 207 f.; *Odersky*, FS Lutter, 2000, S. 557, 559 f.

sen worden war. Das galt nach § 4 Nr. 3 SGV ausdrücklich auch dann, wenn für die Beschlussfassung bei einem Vertragsunternehmen eine größere Mehrheit vorgeschrieben war.

In einer Hauptversammlung der DGF-AG stimmten die zu insgesamt mit ca. 32 % an dieser beteiligten Beklagten unter Missachtung von vorher mit einfacher Mehrheit gefassten, ihrer Ansicht nach unwirksamen Beschlüssen der Schutzgemeinschaft gegen bestimmte Strukturmaßnahmen.

Die mit ca. 38 % an der AG beteiligte Klägerin begehrt die Feststellung der Verpflichtung der beklagten Minderheit zur Stimmrechtsausübung als Aktionäre im Einklang mit den Beschlüssen der Schutzgemeinschaft auch dann, wenn diese mit einfacher Mehrheit gefasst wurden und für die entsprechende Beschlussfassung der Aktionäre der DGF-AG eine größere Mehrheit vorgeschrieben ist.

Die Feststellungsklage hatte in allen Instanzen Erfolg.[22]

2. *Die Beurteilung durch den BGH*

Die Auffassung des BGH ergibt sich aus seinem Urteil vom 24.11.2008 – II ZR 116/08,[23] dem das Gericht folgende Leitsätze vorangestellt hat:

„1. Eine Regelung im Gesellschaftsvertrag einer als Innen-GbR ausgestalteten Schutzgemeinschaft, nach der die Konsortialmitglieder ihr Stimmrecht aus den von ihnen gehaltenen Aktien oder sonstigen Beteiligungen an bestimmten Kapitalgesellschaften auch bei dort einer qualifizierten Mehrheit bedürftigen Beschlüssen so auszuüben haben, wie das jeweils zuvor in dem Konsortium mit einfacher Mehrheit beschlossen wurde, ist nach personengesellschaftsrechtlichen Grundsätzen wirksam und verstößt nicht gegen zwingende Vorschriften des Kapitalgesellschaftsrechts.

2. Eine unter eine als solche wirksame Mehrheitsklausel fallende Mehrheitsentscheidung kann im Einzelfall wegen Verstoßes gegen die gesellschafterliche Treuepflicht unwirksam sein, was auf einer zweiten Stufe zu prüfen ist (vgl. Senat BGHZ 170, 283, Rz. 10 – Otto). Das gilt generell und nicht nur bei Beschlüssen, welche die gesellschaftsvertraglichen Grundlagen des Konsortiums berühren oder in den „Kernbereich" der Mitgliedschaftsrechte der Minderheit eingreifen (Klarstellung zu Senat BGHZ 170, 283 Rz. 9, 10 – Otto)."

Die Begründung des BGH lässt sich wie folgt skizzieren:

Den Ausgangspunkt bildet die Feststellung, die Mehrheitsklausel des Schutzgemeinschaftsvertrages sei nach personengesellschaftsrechtlichen Grund-

[22] Vorinstanz: OLG Karlsruhe, NZG 2005, 636.
[23] BGHZ 179, 13; vgl. Fn. 1.

sätzen zu beurteilen. Dazu wiederholt der Senat seine Neuinterpretation des „Bestimmtheitsgrundsatzes“ im Otto-Urteil,[24] wonach es einer minutiösen Auflistung der einzelnen in Betracht kommenden Beschlussgegenstände nicht bedarf. Auch besonders gravierende Strukturmaßnahmen seien davon nicht auszunehmen. Eine derartige Mehrheitsklausel sei eine wertneutrale Verfahrensregel, die nur eine formelle Legitimation begründe. Diese Anforderungen seien in casu erfüllt gewesen.

Die qualifizierten Mehrheitserfordernisse des Aktien- und des Umwandlungsrechts schlügen auf die Ebene des Konsortialvertrages nicht durch. Zur Begründung meinte der BGH, eine Bindung der jeweiligen Minderheit in Abweichung von kapitalgesellschaftsrechtlichen Mehrheitserfordernissen sei keineswegs per se treuwidrig. Grundsätzlich sei zwischen der schuldrechtlichen und der korporationsrechtlichen Ebene zu unterscheiden.

Die prinzipielle Zulässigkeit der Mehrheitsklausel schließe allerdings nicht aus, dass ein auf ihrer Grundlage gefasster Konsortialbeschluss im Einzelfall gleichwohl unwirksam sei, da er einen gesetzeswidrigen Inhalt habe oder die Mehrheit sich treupflichtwidrig über beachtenswerte Belange der Minderheit hinwegsetze. Insoweit bedürfe es – neben der formellen Legitimation der Mehrheitsmacht durch eine sie deckende Mehrheitsklausel – einer inhaltlichen Wirksamkeitsprüfung der Mehrheitsentscheidung, wenn hinreichende Anhaltspunkte für eine treuwidrige Ausübung der Mehrheitsmacht oder für eine zweckwidrige Instrumentalisierung der Mehrheitsklausel vorlägen.

Eine Auseinandersetzung mit dem Urteil des BGH und der darin behandelten Problematik hat sich – in Anlehnung an die beiden Leitsätze des Gerichts – mit zwei Aspekten zu befassen, nämlich einem kapitalgesellschaftsrechtlichen und einem personengesellschaftsrechtlichen.

IV. Kapitalgesellschaftsrechtliche Grenzen von Mehrheitsklauseln?

1. *„Durchschlagen“ des Minderheitenschutzes?*

Die grundsätzlich gegebene Möglichkeit, im Gesellschaftsvertrag des Pools eine einfache Mehrheit für die Vorabstimmung zu allen Beschlussgegenständen bei der Hauptgesellschaft vorzusehen, könnte dadurch eingeschränkt sein, dass sie mit den zwingenden Regeln über qualifizierte Mehrheitserfordernisse des Kapitalgesellschaftsrechts kollidiert. Dazu bedarf es nicht der Annahme einer „Prävalenz des Kapitalgesellschaftsrechts“[25], denn es geht nicht um die Höherrangigkeit kapitalgesellschaftsrechtlicher gegenüber personengesellschaftsrechtlichen Bestimmungen.

[24] BGHZ 170, 283 Tz. 9 f.

[25] Wie *Karsten Schmidt*, ZIP 2009, 737, 742 formuliert hat.

Es dreht sich vielmehr schlicht darum, ob die Mehrheitsvorschriften in der Kapitalgesellschaft, deren Beschlüsse im Pool vorbereitet werden, etwa durch hier mögliche einfache Mehrheiten ausgehebelt und damit beiseite geschoben werden dürfen. Geht man davon aus, dass die Festlegung zwingender qualifizierter Mehrheiten der Schaffung einer erhöhten Legitimationsgrundlage und damit dem Schutz der Minderheit dient,[26] fällt es auf den ersten Blick nicht schwer, die Frage zu verneinen. Das würde dann bedeuten, diese Quoren hätten auch bei der Vorabstimmung zu gelten.

Demgegenüber ist jedoch zunächst einmal festzuhalten, dass einfache Mehrheiten in Konsortialverträgen nicht dazu dienen, aktienrechtliche Mehrheitserfordernisse zu umgehen, sondern – geradezu umgekehrt – diese qualifizierten Mehrheiten zu erreichen.[27]

Vor allem aber würde eine Übertragung der aktienrechtlichen Mehrheitsanforderungen auf den Pool zu Problemen und Ungereimtheiten führen.[28] Der BGH führt dazu das Beispiel an, dass ein mit 26 % am Konsortium, aber nur mit 23,4 % an der AG beteiligter Konsorte de facto über eine Sperrminorität in der AG verfügen würde, da er bei Geltung eines qualifizierten Quorums im Pool den Beschluss dort wirksam verhindern könnte.[29]

2. *Trennung der Ebenen*

Mag auch das Verhältnis von gesellschafterlichen Nebenvereinbarungen, zu denen die Stimmrechtspools zählen, zur Hauptgesellschaft noch nicht abschließend geklärt sein,[30] hat man doch vom Grundsatz einer Trennung der korporativen von der konsortialen Ebene auszugehen. Darin ist dem BGH[31] und der herrschenden Schrifttumsmeinung[32] zu folgen.

Für eine Trennung beider Ebenen spricht auch, dass Aktionäre unstreitig schuldrechtlich Pflichten begründen können, die als Satzungsregelungen nicht zulässig wären. Das hat Bedeutung nicht zuletzt im Hinblick auf die Satzungsstrenge des § 23 Abs. 5 AktG. Hierunter rechnen etwa Nebenleistungspflichten jenseits des engen § 55 AktG oder die Vereinbarung von Vorkaufsrechten.[33]

[26] Was *Habersack* und seine Unterstützer denn auch tun; vgl. Fn. 20.

[27] *Zöllner*, (Fn. 7), S. 725, 741. Der BGH hat in diesen Ansatz aufgegriffen, BGHZ 179, 13 Tz. 20.

[28] Dazu *Noack*, (Fn. 9), S. 208; *Zöllner*, (Fn. 7), S. 725, 742 ff.; *König*, ZGR 2005, 417, 426 f.

[29] BGHZ 179, 13 Tz. 21.

[30] Darauf ist unten (VI, 2) noch kurz zurückzukommen.

[31] BGHZ 179, 13 Tz. 20.

[32] *Hüffer*, (Fn. 14), § 243 Rn. 9; *König*, ZGR 2005, 417, 425; *Karsten Schmidt*, ZIP 2009, 737, 742 f.

[33] Weitere Beispiele bei *Zöllner*, (Fn. 7), S. 725, 736.

Natürlich stehen beide Ebenen einander nicht beziehungslos gegenüber, haben die Nebenvereinbarungen doch einen „Funktionsbezug" zu den Beschlüssen in der Hauptgesellschaft[34]. Beide Bereiche sind also durchaus miteinander verzahnt. Diese Interferenzen werden sich bei den Grenzen von Mehrheitsbeschlüssen im Pool deutlich zeigen.[35]

3. *Beurteilung nach Personengesellschaftsrecht*

Nimmt man eine solche rechtskonstruktive Trennung der aktienrechtlichen von der personengesellschaftsrechtlichen Ebene vor, ergibt es sich zwanglos, die Regeln für den Stimmrechtspool allein an den für sie geltenden Maßstäben der GbR zu messen, wie der BGH dies denn auch tut.[36] Bei ihr sind aber zwingende Mehrheiten für bestimmte Beschlussgegenstände nicht vorgesehen.[37]

Die Maßgeblichkeit des GbR-Rechts führt desweiteren dazu, dass auch die Vorschrift des § 745 Abs. 3 BGB, wonach wesentliche Änderungen des gemeinschaftlichen Gegenstands Mehrheitsbeschlüssen der Miteigentümer unzugänglich sind, nicht zu anderen Ergebnissen führt. Diese Bestimmung betrifft eine gemeinschaftliche Verwaltung ohne vertragliche Organisationsregelung, während ein Stimmrechtspool über eine vertraglich geordnete Innenverfassung verfügt.[38]

Poolvertragliche Mehrheitsklauseln ohne Bindung an die Vorgaben des Aktienrechts erweisen sich nach alledem als zulässig.[39] Solche Wirksamkeit entsprechender Regelungen bedeutet allerdings nicht, dass damit auch die auf ihrer Basis gefassten Beschlüsse der Poolmitglieder ohne weiteres mangelfrei wären.

V. Personengesellschaftsrechtliche Grenzen von Mehrheitsbeschlüssen

1. *Mehrheitsklauseln als formelle Ermächtigung*

Mit seinem Otto-Urteil hatte der BGH den Bestimmtheitsgrundsatz in seiner alten Form verabschiedet.[40] Entgegen einer zuvor weit verbreiteten Auffassung hatte das Gericht entschieden, Mehrheitsbeschlüsse in Personen-

[34] *Noack*, (Fn. 9), S. 207.
[35] Dazu unten V, 4.
[36] BGHZ 179, 13 Tz. 13.
[37] Vgl. etwa *Ulmer/Schäfer*, in: MünchKomm. BGB, 5. Aufl., 2009, § 709 Rn. 82, 96.
[38] Wie *Karsten Schmidt*, ZIP 2009, 737, 742 zutreffend festgestellt hat.
[39] So auch *H. P. Westermann*, in: Handbuch der Personengesellschaften (Lfg. 46, Jan. 2010), Rn. I, 502.
[40] BGHZ 170, 283 = ZIP 2007, 475 Tz. 9 f.

gesellschaften setzten nicht eine exakte gesellschaftsvertragliche Aufzählung der erfassten Beschlussgegenstände voraus. Ausreichend sei vielmehr, dass im Zeitpunkt der Beschlussfassung eindeutig feststeht, ob ein Beschluss unter die Mehrheitsklausel fällt.

Diese Position hat der BGH in seinem Urteil „Schutzgemeinschaftsvertrag II" klar bestätigt und – wie geschildert – erneut formuliert, eine Mehrheitsklausel als solche begründe nur eine „formelle Legitimation" und sei eine „wertneutrale Verfahrensregel".

Ob die jeweilige Mehrheitsentscheidung wirksam ist, sei auf einer zweiten Stufe zu prüfen. Darin ist dem Gericht im Grundsatz zu folgen. Diese „zweite Stufe" bedarf aber einer Differenzierung. Zu unterscheiden ist nämlich zwischen Beschlüssen, die einer Zustimmung des Betroffenen bedürfen, und solchen, die aufgrund ihrer besonderen Umstände treuwidrig sind.

2. *Generelle Grenzen: Zustimmungserfordernisse*

Auf seiner zweiten Prüfungsstufe hatte der BGH bereits im Otto-Urteil das Belastungsverbot und die Kernbereichslehre in den Blick genommen.[41] Dabei ergeben sich hinsichtlich des Belastungsverbots keine Auslegungsprobleme. Nach der Regel des § 707 BGB ist ein Gesellschafter zu Beitragserhöhungen nicht verpflichtet. Das umfasst zusätzliche Leistungen aller Art.[42] Bei der Definition des Kernbereichs der Mitgliedschaft wird es schon schwieriger, immerhin dürfte man zumindest das Stimmrecht, die Gewinnteilhabe, das Abfindungsguthaben, die Beteiligung am Liquidationserlös und etwaige Sonderrechte darunter zu rechnen haben.[43]

Solche Einschränkung des Mehrheitsprinzips war gewiss zutreffend, denn sowohl zusätzliche Gesellschafterpflichten als auch Eingriffe in den Kernbereich der Mitgliedschaft können zwar durch Mehrheitsentscheidung, aber nur mit ausdrücklicher Zustimmung des Betroffenen angeordnet werden.[44] Das entspricht nicht nur allgemeiner Ansicht in Schrifttum, sondern ist auch vom BGH immer wieder so judiziert worden, sowohl fur Verstöße gegen das Belastungsverbot als auch für Eingriffe in den Kernbereich. Die somit erforderliche Zustimmung kann im Voraus erteilt werden, insbesondere im Gesellschaftsvertrag, bedarf dann aber einer detaillierten Festlegung von Ausmaß und Grenzen, die sich auch aus der Beitrittserklärung des Gesellschafters ergeben können.[45]

[41] BGHZ 170, 283 Tz. 10.
[42] *Wiedemann*, Gesellschaftsrecht, Bd. I, 1980, § 7 IV 1 S. 393 f.
[43] Vgl. die Nachweise bei *Enzinger*, (Fn. 6), § 119 Rn. 70 f.
[44] *Goette*, in: Ebenroth/Boujong/Joost/Strohn, HGB, 2. Aufl., 2008, § 119 Rn. 52; *Weitemeyer*, in: Oetker, HGB, 2009, § 119 Rn. 43.
[45] BGH, NZG 2008, 65, 66.

An diesem Grundsatz ändert es nichts, dass Kernbereichseingriffe aus wichtigem Grund auch gegen den Willen des Betroffenen zulässig sind[46] und der BGH einen Gesellschafter im Einzelfall bei Vorliegen ganz besonderer Umstände als zur Erteilung einer Zustimmung verpflichtet angesehen hat.[47]

Hinsichtlich solcher zusätzlichen gesellschaftsvertraglichen Anforderungen an Ausmaß und Grenzen für zusätzliche Belastungen, insbesondere Nachschüsse, und – praktisch wohl seltener – Kernbereichseingriffe könnte man von einem „qualifizierten Bestimmtheitserfordernis" sprechen.[48] Indessen: So etwas mag sich unter der Herrschaft des „alten" Bestimmtheitsgrundsatzes angeboten haben.[49] Nach dem jetzigen Stande der BGH-Rechtsprechung sollte man aber den Begriff „Bestimmtheitsgrundsatz" ganz verabschieden und ihn auch nicht mit modifizierenden Epitheta fröhliche Urständ feiern lassen.

Beschlüsse, die gegen das Belastungsverbot oder den Kernbereichsschutz verstoßen, sind ohne dessen Zustimmung dem Betroffenen gegenüber unwirksam.[50] Etwaige Fristen zur Geltendmachung von Beschlussmängeln gelten für ihn deshalb nicht.[51] Inwieweit die Zustimmenden gebunden sind, ist eine Frage der Auslegung.[52]

3. *Individuelle Treupflichtkontrolle*

Neben diesen generellen Schranken gesellschaftsvertraglicher Mehrheitsentscheidungen gibt es eine individuelle Beschlusskontrolle. Sie soll im Einzelfall Beschlüsse erfassen, die sich „treupflichtwidrig über beachtenswerte Belange der Minderheit hinweggesetzt" haben.[53] Hierfür liegt die Darlegungs-und Beweislast bei dem Gesellschafter, der sich auf die Unwirksamkeit des Beschlusses beruft.[54]

Diesen Standpunkt hat der BGH nunmehr im Urteil Schutzgemeinschaftsvertrag II ausdrücklich wiederholt, auch wenn er dabei von „Klarstellung" gegenüber seinem Otto-Urteil spricht,[55] Ob das wirklich eine Klarstellung

[46] Vgl. nur *Karsten Schmidt*, Gesellschaftsrecht, 4. Aufl. 2002, § 16 III, 3b bb, S. 472. Für den Verein teilt unser *Jubilar* diese Ansicht allerdings nicht: *Dieter Reuter*, in: MünchKomm BGB 5. Aufl. 2006, § 35 Rn. 10.

[47] BGH, ZIP 2009, 2289 Tz. 23 – „Sanieren oder Ausscheiden."

[48] Wie dies *Karsten Schmidt*, ZIP 2009, 737, 739 tut; ähnlich *Holler*, DB 2008, 2067, 2070 „materielles" Bestimmtheitserfordernis.

[49] Vgl. *Priester*, in: Scholz, GmbHG, 7. Aufl., 1988, § 53 Rn. 189.

[50] BGH DB 2009, 895 Tz. 16; BGH, DB 2007, 853 Tz. 13, 16 f.

[51] BGH, ZIP 2009, 2289 Tz. 16; BGH, ZIP 2007, 1368 Tz. 10.

[52] Für das GmbH-Recht *Priester/Veil*, in: Scholz, GmbHG, 10. Aufl., 2010, § 53 Rn. 96.

[53] BGHZ 170, 283 Tz. 10. Eingehend zur gesellschaftsrechtlichen Treupflicht etwa *Karsten Schmidt*, Gesellschaftsrecht. 4. Aufl., 2002, § 20 IV S. 587 ff.

[54] BGHZ 170, 283 Tz. 10.

[55] BGHZ 179, 13 Tz. 17.

ist, kann man bezweifeln.[56] Hier kommt es aber nicht auf das Verhältnis von „Otto" zu „Schutzgemeinschaftsvertrag II" an, sondern auf die jetzige Aussage des BGH.

Jedenfalls sind beide Beschlussmängelgruppen durchaus voneinander zu trennen. Das wird besonders deutlich, wenn man auch im Personengesellschaftsrecht zwischen unwirksamen und lediglich anfechtbaren Beschlüssen unterscheiden will.[57] Treuwidrige Beschlüsse sind solchenfalls auch dem Betroffenen gegenüber nicht unwirksam, sondern müssen von ihm angefochten werden. Insoweit sind dann gesellschaftsvertraglich bestimmte Fristen für die Geltendmachung von Beschlussmängel einzuhalten.[58]

4. Einflüsse der Hauptgesellschaft

Konsortialbeschlüsse haben die Beschlussfassung in der Hauptgesellschaft und die mit ihnen dort zu regelnden Rechtsverhältnisse zum Gegenstand. Der Schutz des Poolmitglieds muss deshalb dessen Interessen in der Hauptgesellschaft einbeziehen. Das gilt sowohl für das Belastungsverbot als auch für den Kernbereichsschutz. Eine Mehrheit im Konsortium kann das einzelne Mitglied also nicht dazu zwingen, in der Gesellschaft für Nachschusspflichten oder Verkürzungen seiner dem Kernbereich zuzuordnenden Rechte zu stimmen.[59] Zum gleichen Ergebnis kommt man mit der Begründung, der Stimmbindungsvertrag verpflichte nur zu Stimmabgaben, nicht aber auch zu individuellen Zustimmungserklärungen.[60]

Eine Treuwidrigkeit bei Vorschaltbeschlüssen im Stimmrechtspool kann zwar auch auf konsortialinternen Momenten beruhen,[61] vor allem wird sie sich aber aus ihren Konsequenzen für die Rechtsstellung eines Konsortiumsmitglieds in der Hauptgesellschaft ergeben. So hat der BGH mit Recht festgestellt, Konsortialbeschlüsse könnten treuwidrig sein, wenn sie sich auf treuwidrige Umstrukturierungsmaßnahmen in der AG beziehen[62]. Ähnlich würde es etwa liegen, wenn die Konsortialmehrheit beschließt, für eine nicht unbedingt gebotene Kapitalerhöhung bei der AG zu votieren, obwohl sie

[56] Wie *Karsten Schmidt*, ZIP 2009, 737, 741 dies tut; ähnlich *Schäfer*, ZGR 2009, 768, 775 f.

[57] Was vor allem *Karsten Schmidt* mit Verve tut; zuletzt wieder ZIP 2009, 737, 739 – ein Standpunkt, der unserem *Jubilar* allerdings nicht gefällt: *Dieter Reuter*, in: FS Karsten Schmidt, 2009, S. 1357, 1370 ff.

[58] *Ulmer/Schäfer*, in: MünchKomm. BGB, 5. Aufl., 2009, § 709 Rn. 93.

[59] So mit Recht *Karsten Schmidt*, ZIP 2009, 737, 740; ihm zustimmend *Schäfer*, ZGR 2009, 768, 780.

[60] Wie *Zöllner*, (Fn. 7), S. 725, 751 feststellt.

[61] Auf Treuepflichten im Konsortium hat *Wertenbruch*, NZG 2009, 645, 649 aufmerksam gemacht.

[62] BGHZ 179, 13 Tz. 25.

weiß, dass einige Konsorten nicht die Mittel haben, sich daran zu beteiligen, so dass sich ihre Quote in der AG zu ihren Lasten verschiebt.

Zu fragen bleibt noch, wie mit Beschlüssen der Hauptgesellschaft umzugehen ist, die zwar keine Kernbereichseingriffe, aber wesentliche Strukturänderungen bewirken, wie etwa der Abschluss eines Unternehmensvertrages. Hier könnte man daran denken, dass die Mehrheit im Pool Gründe vortragen muss, die diese Strukturmaßnahme als sachlich gerechtfertigt erscheinen lassen.[63]

VI. Weitere Aspekte

1. Sonderfragen beim Unterpool

Schließt sich ein Teil der im Pool verbundenen Gesellschafter wiederum unter sich zu einer Aktionseinheit zusammen, haben wir es mit einem Unterpool zu tun.[64] Sein Ziel ist die einheitliche Abgabe der Stimmen in der Schutzgemeinschaft. Für einen solchen Vertrag gelten im Grundsatz die gleichen Regeln wie für den Poolvertrag: Er bildet wiederum eine Innen-GbR i.S.v. § 705 BGB.

Bei ihm fragt sich allerdings in verstärkter Weise, ob sein Abschluss einen Treupflichtverstoß gegenüber den Bindungen aus dem Hauptpool darstellt. Ansatzpunkt ist das Erfordernis einer Beratung der Gesellschafter vor der Beschlussfassung: Im Unterpool bereits Gebundene können ihre Entscheidung von den Argumenten im Hauptpool nicht mehr abhängig machen. Dieses Problem stellt sich bereits für den Hauptpool, gewinnt aber beim Unterpool noch schärferes Profil.

Gleichwohl wird man zu dem Ergebnis gelangen können, dass ein Verstoß nur dann vorliegt, wenn der Hauptpoolvertrag auf das Element der gemeinsamen Beratung vor Festlegung der Stimmen auf ein bestimmtes Ergebnis besonderen Wert legt.[65] Im Übrigen wird es auch hier wieder einmal auf die Umstände des Einzelfalles ankommen.[66]

Eine andere Frage ist, inwieweit die „Außenstehenden", am Unterpool nicht beteiligten Teilnehmer des Hauptpools die Folgen der Unterpoolbildung hinnehmen müssen. Nach dem vorstehend Gesagten werden sie diese im Grundsatz zu akzeptieren haben. Nicht ausgeschlossen ist damit freilich, dass Bildung und Praktizierung des Unterpools im konkreten Falle einen Treupflichtverstoß darstellen können.[67]

[63] So *Schäfer*, ZGR 2009, 768, 781.
[64] Dazu ausführlich *Odersky*, (Fn. 21), S. 557 ff.
[65] *Odersky*, (Fn. 21), S. 557, 566 f.
[66] Darin ist *Gottschalk*, GmbHR 2009, 310, 312 zuzustimmen.
[67] *Odersky*, (Fn. 21), S. 557, 569 f.

Ein weiterer Gesichtspunkt ergibt sich aus der Perspektive der Aktiengesellschaft.

Im Hinblick auf den Rechtsgedanken des § 12 Abs. 2 AktG könnte es problematisch sein, wenn eine kleine Aktionärsgruppe mittels einer Mehrheit im Pool beherrschenden Einfluss ausüben kann, was durch die Bildung von entsprechenden Mehrheitsregelungen in einem Unterpool oder gar noch einem weiteren Unter-Unterpool verstärkt werden würde.[68] Das mag rechnerisch so sein, dürfte aber in praxi wohl allenfalls in Sondersituationen relevant werden, denn immerhin braucht man dazu jeweils Poolpartner, die sich auf so etwas einlassen.

2. *Das ungeklärte Verhältnis zur Satzung*

Der Stimmrechtspool bildet einen – markanten – Fall der Nebenvereinbarungen bei Kapitalgesellschaften.[69] Deren Verhältnis zur Hauptgesellschaft ist nach wie vor nicht abschließend geklärt. Im Grundsatz stellen sie selbständige Rechtsgeschäfte dar und sind damit von der Satzung zu trennen. In diese Richtung weist auch die BGH-Entscheidung „Schutzgemeinschaftsvertrag II", wenn sie den schuldrechtlichen Charakter der Stimmbindungsvereinbarung herausstellt. Das entspricht der herrschenden Meinung. Gleichwohl sollte weiter darüber nachgedacht werden, inwieweit Nebenvereinbarungen in die Verbandsordnung einzubeziehen sind.[70]

Klassischer Anwendungsfall sind insoweit die omnilateralen Stimmrechtsabreden, also solche, an denen alle Gesellschafter beteiligt sind. So hat der berühmte „Kerbnägel"-Fall des BGH[71] gelegen. Hier kann einerseits – wie der BGH seinerzeit unter Auslösung heftigen Protestes in Teilen des Schrifttums entschieden hat[72] – ein Beschluss der Hauptgesellschaft unwirksam sein, wenn er gegen eine alle Gesellschafter umfassende satzunsbbegleitende Konsortialbindung verstößt.

Umgekehrt kann die omnilaterale Abrede eine Umgehung zwingender gesetzlicher Mehrheitserfordernisse darstellen, wenn sie vorsieht, dass dem einfachen Mehrheitsvotum im Konsortium auch dort zu folgen sein soll, wo in der Hauptgesellschaft mit qualifizierter Mehrheit abgestimmt werden muss.[73]

[68] *Schäfer*, ZGR 2009, 768, 783 ff. Auf diesen Aspekt hatte bereits *König*, ZGR 2005, 417 433 ff. hingewiesen. Als nachrangig hatte ihm dagegen *Habersack*, ZHR 164 (2000), 1, 16 angesehen.

[69] Zu ihnen für das GmbH-Recht eingehend *Priester,* in: Münch. HdB. GesR, Bd. 3, GmbH, 3. Aufl. 2009, § 21.

[70] Nachw. bei *Hüffer*, (Fn. 14), § 23 Rn. 47.

[71] BGH, NJW 1983, 1910.

[72] Zum Meinungsstand: *Hüffer*, (Fn. 14), § 243 Rn. 10.

[73] *Wiedemann*, Gesellschaftsrecht, Bd. II, 2004, § 4 I 4 d, S. 314; *Karsten Schmidt*, ZIP 2009, 737, 743.

VII. Zusammenfassung

1. Stimmrechtspools sind ein zulässiges Instrument zur Einflusssicherung insbesondere in Familiengesellschaften. Sie sind schuldrechtliche Vereinbarungen, regelmäßig in der Form einer Innen-GbR.

2. In der vorgeschalteten Poolversammlung können Beschlüsse auch dann mit einfacher Mehrheit gefasst werden, wenn der Beschlussgegenstand bei der Hauptgesellschaft zwingend eine qualifizierte Mehrheit erfordert.

3. Der BGH hält an „Otto" fest: Der alte Bestimmtheitsgrundsatz bleibt verabschiedet. Gesellschaftsvertragliche Mehrheitsklauseln sind wertneutrale Verfahrensregeln.

4. Auf der vom BGH weiterhin verlangten zweiten Prüfungsstufe sollte differenziert werden zwischen unwirksamen und anfechtbaren Beschlüssen.

5. Beschlussfassungen in Unterpools sind im Grundsatz den gleichen Regeln zu unterstellen wie im Hauptpool.

6. Über das Verhältnis zwischen schuldrechtlichen Nebenabreden und korporativen Satzungsregeln darf weiter debattiert werden.

Die Besteuerung der Kapitalerträge von Familienstiftungen

Andreas Richter / Anna Katharina Gollan

Nach Schätzungen gibt es in Deutschland ca. 500 bis 700 Familienstiftungen, denen Ende 2009 ca. 17.372 gemeinnützige rechtsfähige Stiftungen gegenüberstanden.[1] *Dieter Reuter* ist – wenngleich er zu den Erfindern des Grundrechts auf Stiftung gezählt wird[2] – bislang nicht als ausgesprochener Verfechter der Familienstiftungen in Erscheinung getreten. Die voraussetzungslos berechtigende[3] bzw. fideikommissartige[4] Familienstiftung hält er wegen Verstoßes gegen das Fideikommissverbot für unzulässig. Wird Vermögen durch Errichtung einer Familienstiftung dem Zugriff der Gläubiger entzogen, bedürfe es eines sachlichen Grundes, der etwa in dem Zweck der Hilfe in Not, der Ausbildungsförderung oder Altersversorgung von Familienangehörigen zu sehen sein könne.[5]

Sämtliche nicht steuerbefreiten Stiftungen – darunter „fideikommissartige" ebenso wie sonstige Familienstiftungen – sehen sich seit dem 1. Januar 2009 im Rahmen der laufenden Besteuerung ihrer Kapitaleinkünfte erheblicher Rechtsunsicherheit ausgesetzt. Nicht einmal mit „subtiler Sachkenntnis, außerordentlichen methodischen Fähigkeiten und einer gewissen Lust zum Lösen von Denksport-Aufgaben"[6] kann verstanden werden, welche Anordnungen der Gesetzgeber für die Besteuerung der Kapitalerträge von Familienstiftungen treffen möchte. Im zitierten „Denksport-Erkenntnis" des österreichischen Verfassungsgerichtshofs kommt das auch im deutschen Steuer und Verfassungsrecht geltende Prinzip der Normenklarheit[7] zum Ausdruck. Auf dieses Prinzip dürften sich selbst „fideikommissartige" Fami-

[1] Vgl. die vom Bundesverband deutscher Stiftungen veröffentlichten Zahlen unter www.stiftungen.org.

[2] Vgl. *Rawert* Stifterunruhe, in: FAZ Nr. 238 v. 13.10.2005.

[3] Vgl. *Reuter* in: Münchener Kommentar zum Bürgerlichen Gesetzbuch, 5. Aufl., München 2006, §§ 80, 81 Rn. 84 ff.

[4] Vgl. *Reuter* Wiederbelebung der Fideikommisse im Rechtskleid der privatnützigen Stiftung?, in: Hattenhauer/Hoyer/Meyer-Pritzl/Schubert (Hrsg.), Gedächtnisschrift für Jörn Eckert, Baden-Baden 2008, 677 ff.

[5] *Reuter* in: MüKo, §§ 80, 81 BGB Rn. 86; *ders.*, in: GS Eckert, S. 677 (692 f.).

[6] Österreichischer Verfassungsgerichtshof, „Denksport-Erkenntnis" v. 29.06.1990, VfSlg. 12.420/1990.

[7] Vgl. BFH v. 06.09.2006, XI R 26/04, DStR 2006, 2019 ff.

lienstiftungen – auch wenn sie, wie von *Dieter Reuter* vertreten, nichtig und folgerichtig aufzuheben sein sollten[8] – berufen können.

Der vorliegende Beitrag analysiert die derzeitige Rechtslage und unterbreitet einen Vorschlag, wie de lege ferenda für die steuerliche Behandlung der Kapitalerträge von Familienstiftungen eine klare Regelung getroffen werden könnte.

A. Ausgangslage

Die Besteuerung von Kapitaleinkünften wurde ab dem 1. Januar 2009 im Einkommensteuergesetz neu geregelt (sog. Abgeltungssteuer). Für die meisten Körperschaftsteuersubjekte (z.B. Kapitalgesellschaften) finden die Regelungen keine Anwendung, weil diese kraft Fiktion ausschließlich Einkünfte aus Gewerbebetrieb haben (vgl. § 8 Abs. 2 KStG).

Andere Körperschaftsteuersubjekte, wie Stiftungen, können hingegen alle Einkunftsarten verwirklichen.[9] Sie können also auch Kapitaleinkünfte im Sinne des § 20 EStG – z.B. Zinsen und Dividenden sowie Veräußerungsgewinne aus Kapitalanlagen – erzielen. Für diese Organisationen stellt sich die Frage, ob die Regelungen, die im Zusammenhang mit der Abgeltungssteuer eingeführt wurden, anwendbar sind.

Der Begriff „Abgeltungssteuer“ bezeichnet keine eigene Steuerart, sondern fasst besondere einkommensteuerliche Regelungen für Kapitaleinkünfte zusammen. Zu den Regelungen der Abgeltungssteuer gehören insbesondere der Steuersatz für Kapitaleinkünfte von 25 Prozent (§ 32d Abs. 1 EStG); die abgeltende Wirkung des Kapitalertragsteuerabzugs, wonach Kapitalerträge von der Veranlagung ausgenommen sind (§ 43 Abs. 5 EStG); das Verbot, die tatsächlich angefallenen Werbungskosten abzuziehen (stattdessen gilt der Sparer-Pauschbetrag i.H.v. 801 Euro bzw. bei zusammen veranlagten Ehegatten i.H.v. 1.602 Euro; § 20 Abs. 9 EStG) sowie die Beschränkung des Ausgleichs von Verlusten aus Kapitalanlagen mit Gewinnen oder Überschüssen aus anderen Einkunftsarten (§ 20 Abs. 6 EStG).[10]

Mit der Abgeltungssteuer wurde in Deutschland ein System der dualen Einkommensteuer eingeführt, in dem nicht alle Einkünfte einem für sämt-

[8] *Reuter* in: GS Eckert, S. 677 (689 f.).

[9] Vgl. *Bianchini-Hartmann/Richter* in: Birk (Hrsg.) Transaktionen, Vermögen, Pro bono, Festschrift zum zehnjährigen Bestehen von P+P Pöllath + Partners, München 2008, S. 337 (349), *Pöllath/Richter* in: Seifart/von Campenhausen (Hrsg.), Stiftungsrechts-Handbuch, 3. Aufl., München 2009, § 41 Rn. 22; *von Löwe* Die steuerliche Behandlung der Familienstiftung, in: FS Spiegelberger, 2009, S. 1370 (1379).

[10] Für einen Überblick vgl. *Richter/Eichler/Fischer* Unternehmensteuerreform, Erbschaftsteuerreform, Abgeltungssteuer, Auswirkungen der aktuellen Steuerreformen und Reformvorhaben auf Stifter und rechtsfähige Stiftungen, Stiftung & Sponsoring 2/2008, 10 f.

liche Einkunftsarten einheitlichen, progressiven Steuersatz unterliegen, sondern für Kapitaleinkünfte eine Schedule mit einem einheitlichen niedrigen Steuersatz geschaffen wurde.

Nach Verabschiedung der Abgeltungssteuer im Jahressteuergesetz 2008 hatte die herrschende Meinung im Schrifttum deren Geltung für Familienstiftungen aus systematischen Gründen abgelehnt.[11] Mit dem Jahressteuergesetz 2009, also rechtzeitig vor dem Inkrafttreten der Abgeltungssteuer zum 1.1.2009, hat der Gesetzgeber den Versuch unternommen, die Anwendbarkeit dieser Vorschriften auf Familienstiftungen und andere Körperschaftsteuersubjekte, die – wie natürliche Personen – auch Kapitaleinkünfte haben können, zu regeln. Dazu wurde an § 8 KStG ein neuer Absatz 10 angefügt:

> *„Bei Einkünften aus Kapitalvermögen ist § 2 Abs. 5b Satz 1 des Einkommensteuergesetzes nicht anzuwenden. § 32d Abs. 2 Satz 1 Nr. 1 Satz 1 und Nr. 3 Satz 1 und Satz 3 bis 6 des Einkommensteuergesetzes ist entsprechend anzuwenden; in diesen Fällen ist § 20 Abs. 6 und 9 des Einkommensteuergesetzes nicht anzuwenden."*

B. Die Neuregelung im Einzelnen

Die Vorschrift des § 8 Abs. 10 KStG trifft Regelungen zur Abgeltungswirkung des Kapitalertragsteuerabzugs sowie zur Anwendbarkeit des Werbungskostenabzugsverbots und der Verlustausgleichsbeschränkung. Sie zeigt mit dem Ausschluss der abgeltenden Wirkung des Kapitalertragsteuerabzugs zwar richtige Ansätze, ist insgesamt jedoch unnötig komplex, schwer zu handhaben und nicht dazu geeignet, die Rechtsunsicherheit für Familienstiftungen zu beseitigen.

I. Ausschluss der Abgeltungswirkung des Kapitalertragsteuerabzugs

Der Einbehalt von Kapitalertragsteuern auf die von der Familienstiftung bezogenen Kapitaleinkünfte hat nach der Neuregelung keine Abgeltungswirkung. Diese Folge lässt sich mit etwas Lust zum Lösen von Denksport-Aufgaben aus der Verweisung (§ 8 Abs. 10 Satz 1 KStG i.V.m. § 2 Abs. 5b EStG), deutlicher aus der Gesetzesbegründung[12] herauslesen.

[11] Vgl. *Orth* WPg 2007, 769 (974); *Richter/Eichler/Fischer* Stiftung & Sponsoring 2/2008, 12 f.; *von Löwe* Die steuerliche Behandlung der Familienstiftung, in: FS Spiegelberger, 2009, S. 1370 (1381).

[12] Bericht des Finanzausschusses zu dem Gesetzentwurf der Bundesregierung – Drucksachen 16/10189, 16/10494, 16/10665 Nr. 3 – Entwurf eines Jahressteuergesetzes 2009 (JStG 2009), BT-Drs. 16/11108, S. 27.

Es ist zu begrüßen, dass nach der neuen Regelung die Abgeltungswirkung des 25-prozentigen Kapitalertragsteuerabzugs ausgeschlossen und der Körperschaftsteuersatz von 15 Prozent anwendbar ist. Andernfalls wäre es ohne sachlichen Differenzierungsgrund zu einer Schlechterstellung von Familienstiftungen einerseits und anderen Körperschaftsteuersubjekten mit Kapitaleinkünften (insbesondere Kapitalgesellschaften) andererseits gekommen.

II. Werbungskostenabzugsverbot, Verlustausgleichsbeschränkung und § 8b KStG

Was die weiteren Regelungen der Abgeltungssteuer angeht, so lässt die Gesetzesänderung das Ziel des Gesetzgebers erkennen, die Nachteile, die sich bei der Ermittlung der Einkünfte aus Kapitalerträgen aufgrund des im Zuge der Abgeltungssteuer eingeführten Werbungskostenabzugsverbots[13] und der Verlustausgleichsbeschränkung (§ 20 Abs. 6 und 9 EStG) ergeben, zu beseitigen. Der Rückgriff auf Vorschriften des Einkommensteuergesetzes verdeutlicht, dass sich der Gesetzgeber bei der Verfolgung dieses Ziels von den Grundsätzen hat leiten lassen, die bei der Ermittlung von Einkünften aus Kapitalvermögen bei natürlichen Personen gelten (vgl. § 8 Abs. 10 KStG i.V.m. § 32d Abs. 2 EStG).

1. Wortlaut der Verweisung

Eine Auslegung, nach der mit dem in § 8 Abs. 10 KStG erfolgten Verweis auf § 32d Abs. 1 Nr. 1 und 3 EStG lediglich auf die jeweiligen Einkünfte, nicht aber auf die übrigen Voraussetzungen abgestellt wird, würde zu einem sinnvolleren Ergebnis führen als die vorliegende Regelung. Es wird nämlich auf Kriterien abgestellt, die für Familienstiftungen klärungsbedürftig („nahestehende Personen“) bzw. nicht zu erfüllen sind („berufliche Tätigkeit“).

Der Wortlaut der Norm trägt eine derartige Beschränkung auf die genannten Einkünfte aber wohl kaum, da ausdrücklich auch die weiteren Kriterien des § 32d Abs. 2 EStG in Bezug genommen sind. Gerade damit erweist sich die Norm zur Erreichung eines einfachen Ziels, dem Ausschluss von von Werbungskostenabzugsverbot und Verlustausgleichsbeschränkung (§ 20 Abs. 6 und 9 EStG) als zu kompliziert.

[13] Die früher, vor Einführung der Abgeltungssteuer geltenden Vorschriften des Werbungskostenpauschbetrags und des Sparerfreibetrags ließen bei Nachweis darüber hinausgehende Werbungskosten zum Abzug zu. Gerade dies ist bei dem mit der Abgeltungssteuer eingeführten Sparer-Pauschbetrag untersagt, denn nach § 20 Abs. 9 Satz 1 zweiter Satzteil EStG ist der Abzug der tatsächlicher Werbungskosten ausdrücklich ausgeschlossen.

2. *Systematik der Verweisung*

Folgt man der gesetzlichen Verweisung, so sollen für gewinnabhängige Vergütungen und Zinsen unter bestimmten Voraussetzungen (§ 8 Abs. 10 KStG i.V.m. § 32d Abs. 2 Nr. 1 EStG) sowie für gewisse Dividenden (§ 8 Abs. 10 KStG i.V.m. § 32d Abs. 2 Nr. 3 EStG) weder das Werbungskostenabzugsverbot noch die Verlustausgleichsbeschränkung (§ 20 Abs. 6 und 9 EStG) gelten. Die Regelung erscheint allerdings unverständlich, kompliziert und insgesamt nicht überzeugend: Wörtlich ordnet § 8 Abs. 10 Satz 2, Halbsatz 1 KStG die entsprechende Anwendbarkeit des § 32d Abs. 2 EStG an, welcher Ausnahmen vom Grundsatz des § 32 Abs. 1 EStG enthält. Da bereits der Grundsatz (Absatz 1) im Körperschaftsteuerrecht nicht gilt, bereitet der Verweis auf die „entsprechende Anwendung" der Ausnahmen von diesem Grundsatz (Absatz 2) allerdings Kopfzerbrechen. Die Rechtsfolge ist denn auch ausschließlich in § 8 Abs. 10 Satz 2, Halbsatz 2 KStG enthalten: Werbungskostenabzugsverbot und Verlustausgleichsbeschränkung sind nicht anwendbar.[14]

3. *Sinn und Zweck der Verweisvorschrift (§ 32d Abs. 2 EStG)*

Bei der Besteuerung von Körperschaftsteuersubjekten, die nicht kraft gesetzlicher Fiktion gewerbliche Einkünfte erzielen (namentlich Familienstiftungen), führt der erfolgte Rückgriff auf § 32d Abs. 2 EStG angesichts der Zielsetzungen, die mit der Norm im Einkommensteuergesetz verfolgt werden, zu erheblichen Verwerfungen.

a) Keine Übertragbarkeit auf das Körperschaftsteuerrecht

Mit Einführung der dualen Einkommensteuer sollte erreicht werden, dass es bei Einkünften aus Kapitalvermögen zu einer gegenüber der progressiven Einkommensteuer in etwa hälftigen Besteuerung kommt (§ 32d Abs. 1 EStG). Die ermäßigte Steuer sollte durch die als Regelfall vorgesehene Abgeltungswirkung sowohl zu einer erweiterten Kapitalertragsteuer auf diese Einkünfte (laufende Erträge und Veräußerungsgewinne) als auch zu einer Vereinfachung der Einkommensteuer führen. Der Vereinfachung und der Verbreiterung der Bemessungsgrundlage dienen auch das Verbot, die tatsächlich angefallenen Werbungskosten abzuziehen und Verluste aus Kapitaleinkünften in anderen Einkunftsarten zu nutzen (§ 20 Abs. 6 und 9 EStG). Diese Vorschriften sind also vom Konzept der dualen Einkommensteuer nicht zu

[14] Vgl. *Krämer/Pung* in: Dötsch/Jost/Pung/Witt, Die Körperschaftsteuer, 65. Erg.-Lfg. März 2009, Vor § 8 Abs. 7–10 Rn. 71; *Bracksiek* in: Hermann/Heuer/Raupach, Einkommensteuer- und Körperschaftsteuergesetz, Kommentar, Lfg. 236, Köln 2009, § 8 KStG Rn. J 08–23.

trennen und daher nicht ins Körperschaftsteuerrecht zu übertragen: Die in § 20 Abs. 6 und 9 EStG erfolgten Einschränkungen sind für natürliche Personen zumutbar, weil die Kapitaleinkünfte im Einkommensteuerrecht anders als im Körperschaftsteuerrecht ermäßigt besteuert werden. Hinzu kommt, dass namentlich der Sparer-Pauschbetrag für die Mehrzahl der Steuerpflichtigen von Vorteil ist, da er bei Kleinanlegern faktisch zur Nichtbesteuerung der Einkünfte führt. Damit ist die Ausgangslage bei der Einkommensteuer nicht mit der bei der Körperschaftsteuer vergleichbar.

b) Zuschnitt auf natürliche Personen

Ein Wertungswiderspruch ergibt sich daraus, dass die Vorschriften der Abgeltungssteuer, insbesondere die Regelungen des § 20 Abs. 6 und 9 EStG, auf natürliche Personen abstellen. Namentlich das Werbungskostenabzugsverbot (§ 20 Abs. 9 EStG), mit dem dort angeführten Sparer-Pauschbetrag ist auf natürliche Personen zugeschnitten, was bereits aus der Begriffswahl – „Sparer-Pauschbetrag" – deutlich wird. Bei einem Körperschaftsteuersubjekt wird kaum an einen Sparer gedacht. Unterstrichen wird dieser Ansatz auch durch die Differenzierung in der Höhe des Betrages nach Einzelveranlagten (801 Euro) und zusammenveranlagten Ehegatten (1.602 Euro).

Aber auch das Verlustausgleichsverbot dürfte vor dem Hintergrund des gespaltenen Steuersatzes – für der Abgeltungsteuer unterliegende Einkünfte einerseits und die übrigen Einkünfte andererseits – zu sehen sein: Es sollte offensichtlich vermieden werden, dass Überschüsse nur mit 25 Prozent besteuert werden, während ein Verlustausgleich zu einer Minderung der dem (in der Regel höheren) progressiven Steuersatz unterliegenden Einkünfte führen würde.

c) Gewinnabhängige Vergütungen und Zinsen

Zwischen der Verweisnorm des § 32d Abs. 1 EStG und der Einbindung dieser Norm in das Körperschaftsteuergesetz besteht im Übrigen ein Wertungswiderspruch: Während es sich bei § 32d Abs. 2 Nr. 1 EStG um eine verschärfende Norm handelt, mit der Steuergestaltungen ein Riegel vorgeschoben werden soll, soll bei der Körperschaftsteuer eine begünstigende Regelung erreicht werden.

Die Verweisvorschrift hat gewinnabhängige Vergütungen und Zinsen sowie entsprechende Veräußerungsgewinne zum Gegenstand (§ 32d Abs. 2 Nr. 1 EStG). Sie soll Steuergestaltungen entgegenwirken, durch welche die reguläre progressive Einkommensteuer umgangen werden kann. Dieses Bedürfnis besteht im Wesentlichen bei Vertragsbeziehungen zwischen nahestehenden Personen. Der Kreis dieser Personen bedurfte einer aufwendigen gesetzlichen Umschreibung, um hier Ausweichreaktionen entgegenzuwirken Die Vorschrift knüpft an steuerlich inkriminierende Kriterien an (Voraussetzungen: nahestehende Person, 10 Prozent Mindestbeteiligung, sogenannte Back-to-Back-Finanzierungen, generelle Missbrauchsregelung – Ausnahme: Marktüblichkeit unter Verankerung des Kriteriums des Belastungsvorteils).

Gerade diese Kriterien sollen nun für Familienstiftungen (und andere Körperschaften mit Kapitaleinkünften) mit dem Verweis auf diese Norm eine gegenüber § 20 Abs. 6 und 9 EStG günstigere Lage schaffen (vgl. § 8 Abs. 10 S. 2 KStG). Dies führt dazu, dass gerade die steuerlich unverfänglichen Vertragsbeziehungen zu fremden Dritten bei Familienstiftungen nicht zu einer Vergünstigung durch Ansatz der tatsächlichen Werbungskosten oder der Möglichkeit eines Verlustausgleichs führen. Bei der Einkommensbesteuerung haben Einkünfte aus Vertragsbeziehungen zwischen fremden Dritten, die keine Umgehung besorgen lassen, die bevorzugte Besteuerung zum Steuersatz von 25 Prozent zur Folge. Bei Familienstiftungen führen gerade diese unverfänglichen Geschäftsbeziehungen zur Anwendung des § 20 Abs. 6 und 9 EStG und damit zur Versagung der Berücksichtigung tatsächlicher Werbungskosten und des Verlustausgleichs. Dieses Ergebnis ist die Folge der Anwendung einer steuerverschärfenden Norm auf einen Sachverhalt, der eine steuerliche Vergünstigung bringen soll.

Das führt zu einem grundlegenden sachlichen Widerspruch: Bei der Einkommensteuer hat der Steuerpflichtige zur Erreichung des günstigeren Steuersatzes ein Interesse an dem Nachweis, nicht unter § 32d Abs. 2 Nr. 1 EStG zu fallen. Bei der Körperschaftsteuer wäre dieser Nachweis von Nachteil.

d) Dividenden

Die gleiche Diskrepanz wie bei gewinnabhängigen Vergütungen und Zinsen wird auch beim Rückgriff auf die Regelung zu Dividenden deutlich (§ 32d Abs. 2 Nr. 3 EStG). Hier sollte dem Einkommensteuerpflichtigen mit einer Rückausnahme zur Ursprungszielsetzung des § 32d Abs. 2 EStG geholfen werden, was auch an der Ausgestaltung der Norm als Antragsnorm deutlich wird. Eine derartige Bindung an einen Antrag ist bei dem mit § 8 Abs. 10 KStG verfolgten Ziel, die in der Regel nachteilige Anwendung des § 20 Abs. 6 und Abs. 9 EStG auszuschließen, nicht sachgerecht.

Das Einkommensteuergesetz enthält mit § 32d Abs. 2 Nr. 3 EStG eine begünstigende Norm, die bei Dividendenbezug Erleichterungen bringt. Grund ist, dass beispielsweise mit diesen Dividenden hohe Finanzierungskosten verbunden sein können, die nicht unter das Verlustausgleichs- und Werbungskostenabzugsverbot des § 20 Abs. 6 und 9 EStG fallen sollen. Gemäß den in der Norm verankerten Tatbestandsmerkmalen dürfen die Vorteile nur gewährt werden, wenn es sich um Dividenden aus wesentlichen Beteiligungen (25 Prozent oder bei weiteren Kriterien 1 Prozent) handelt. Gewissermaßen als Preis für die gewählten Vorteile unterliegen die Einkünfte der progressiven Einkommensteuer, wobei insoweit erleichternd das Teileinkünfteverfahren zur Anwendung kommt (vgl. § 32d Abs. 2 Nr. 3 Satz 2 i.V.m. § 3 Nr. 40 Satz 2 EStG). Die Dividenden werden damit solchen Kapitalerträgen gleichgestellt, die zu den gewerblichen Einkünften zählen (§ 20 Abs. 8 EStG). Bei dieser Zielsetzung ist die Vorschrift als Antragsnorm ausgestaltet und steht in Zusammenhang mit der alternativen Besteuerung nach § 32d Abs. 1 EStG und der regulären progressiven Einkommensteuer. Gerade die vorstehend angesprochenen Differenzierungen hinsichtlich einer Besteuerung nach dem allgemein geltenden Einkommensteuertarif und der 25-prozentigen Steuer auf Einkünfte aus Kapitalvermögen bestehen indessen bei Körperschaften nicht.

4. Verhältnis des § 8 Abs. 10 KStG zu § 8b KStG

Aufgrund der erfolgten Verweise auf speziell einkommensteuerliche Regelungen, die auf natürliche Personen zugeschnitten sind (§ 8 Abs. 10 Satz 2 i.V.m. § 32d Abs. 2 Nr. 3 EStG), entstehen durch die Neuregelung bei der Besteuerung von Dividenden zudem Fragen der Normenkonkurrenz zu § 8b KStG.

a) Dividendenbesteuerung bei Körperschaften

Bei Körperschaftsteuersubjekten stellt sich die Ausgangslage hinsichtlich der Besteuerung von Dividenden völlig anders als bei natürlichen Personen dar: Bei ihnen sind diese Einkünfte bei der Einkommensermittlung außer Ansatz zu lassen (§ 8b Abs. 1 KStG).[15] Damit kommt es zu einer entsprechend niedrigeren Körperschaftsteuer. Die Freistellung hat das Ziel, die mehrfache Belastung mit Körperschaftsteuer auszuschließen. Die Freistellung der Dividenden wird im Ergebnis insoweit eingeschränkt, als ein Verbot eines Abzugs als Betriebsausgaben in Höhe von 5 Prozent der Dividenden erfolgt (§ 8b Abs. 5 KStG).

b) Friktionen aufgrund der Verweisung

Systematisch ist die Neuregelung zur Besteuerung der Dividenden von Familienstiftungen nicht überzeugend: § 8b KStG stellt gegenüber der allge-

[15] Die Begünstigungsregelung des § 8b Abs. 1 KStG wird auf Gewinne aus Anteilsveräußerungen ausgedehnt (§ 8b Abs. 2 KStG). In Satz 2 der Vorschrift wird der Veräußerungsgewinn für Zwecke des Satzes 1 der Norm definiert. Dabei wird u.a. auf die Vorschriften über die steuerliche Gewinnermittlung abgestellt. In Klammern wird der Begriff „Buchwert" angefügt, womit nicht die Steuerbilanz als solche angesprochen ist (vgl. § 8b Abs. 2 Satz 2 KStG): Sowohl eine auf die Systematik, den Sinn und Zweck und die Historie (Gesetzesbegründung) gestützte Auslegung erfordern eine Anwendung der Norm auch auf Kapitaleinkünfte, vgl. *Gosch*, KStG, 2. Auflage, Rn. 281, aA *Frotscher*, Frotscher/Maas, Körperschaftsteuergesetz, Umwandlungsteuergesetz, 98. Lfg., Freiburg 2009, § 8b KStG Rn. 56e.

meinen Einkommensermittlungsvorschrift (§ 8 KStG) eine Spezialnorm dar. Danach bleiben Dividenden bei allen Steuerpflichtigen von der Körperschaftsteuer befreit, also bei unter § 1 Abs. 1 Nr. 4 bis 6 KStG fallenden Körperschaftsteuersubjekten (z.B. Familienstiftungen) in gleicher Weise wie bei Bezug durch eine Kapitalgesellschaft (§ 8b Abs. 1 KStG).[16] Wenngleich bei der Körperschaftbesteuerung von Familienstiftungen grundsätzlich die allgemeinen Einkünfteermittlungsgrundsätze gelten (§ 8 Abs. 1 KStG i.V.m. dem Einkommensteuergesetz), geht § 8b Abs. 5 KStG in seinem Regelungsbereich als Spezialnorm vor. Der Abzug der tatsächlichen Werbungskosten kann insoweit steuerwirksam erfolgen, als ihm die 5-Prozent-Grenze nicht entgegensteht.

Danach geht § 8 Abs. 10 Satz 2, Halbsatz 2 KStG bei Dividenden ins Leere, denn aufgrund des Vorrangs des § 8b KStG kommt dem zweiten Satzteil beim Werbungskostenabzugsverbot (§ 20 Abs. 9 EStG) keine Bedeutung zu. Bei Nichtvorliegen der Voraussetzungen des § 32d Abs. 2 Nr. 3 EStG stellt sich aber auch die Frage der Beziehung des Verlustausgleichsverbots (§ 20 Abs. 6 EStG) zu § 8b KStG. Bei der Systematik der Vorschrift – nicht abziehbare Betriebsausgaben in Höhe von 5 Prozent – kann bei einem einheitlichen Körperschaftsteuersatz von 15 Prozent das Ergebnis auch hier nur lauten, dass mit dem Abzugsverbot von 5 Prozent bei Körperschaftsteuersubjekten eine endgültige Regelung getroffen wird. Weitere Einschränkungen sind nach dem Konzept des § 8b Abs. 1 bis 5 KStG nicht vorgesehen. Dies ist auch folgerichtig, weil hinter der Regelung der Gedanke steht, dass Aufwendungen in Zusammenhang mit Dividenden steuerlich entweder auf der Ebene der Tochter- oder der Muttergesellschaft berücksichtigt werden.

b) Ungleichbehandlung von Familienstiftungen gegenüber Körperschaften mit Gewinneinkünften

Bei dem vom Gesetzgeber mit der Neuregelung angestrebten Ziel der Berücksichtigung der tatsächlich entstandenen Werbungskosten sowie des Verlustausgleichs ist nicht zu erkennen, weshalb bei Familienstiftungen abweichend von allgemeinen Grundsätzen auf eine mindestens 25-prozentige Beteiligung abgestellt werden sollte (§§ 8 Abs. 10 Satz 2 i.V.m. § 32d Abs. 2 Satz 1 lit. a EStG). Ein Bedürfnis für die Nichtanwendung des § 20 Abs. 6 und 9 EStG besteht unabhängig von der Höhe der Beteiligung. Auch hier wird die unterschiedliche Zielsetzung der Norm bei der Einkommen- und Körperschaftsteuer deutlich.

[16] Vgl. BMF-Schreiben vom 28.4.2003, BStBl. I, 292, Tz. 13; *Watermeyer* in: Hermann/Heuer/Raupach, Lfg. 215, Köln 2004, § 8b KStG Rn. 16; *Menck* in: Blümich, Einkommensteuer, Körperschaftsteuer, Gewerbesteuer, Kommentar, 102. Aufl., München 2009, § 8b KStG Rn. 11.

5. *Zuordnung allgemeiner Verwaltungskosten*

Für Kapitalerträge, für die nach der Neuregelung ein Werbungskostenabzug nicht möglich ist, stellt sich für Familienstiftungen nun die Frage, wie mit allgemeinen Verwaltungskosten (zum Beispiel Bürokosten) zu verfahren ist. Bei diesen Aufwendungen liegt kein unmittelbarer wirtschaftlicher Zusammenhang mit Kapitalerträgen oder mit einer anderen Einkunftsart vor. Im Fall einer Familienstiftung, die ausschließlich Kapitaleinkünfte hat, stellt sich die Frage, ob überhaupt ein Abzug erfolgen kann und – falls dies der Fall ist – nach welcher Vorschrift. Bei Familienstiftungen, die neben Kapitaleinkünften auch andere Einkünfte haben, ist nicht geklärt, wie allgemeine Verwaltungskosten aufgeteilt werden sollen. Letztlich wird hier der Grundsatz gelten, dass die allgemeinen Verwaltungskosten anhand objektiver Kriterienabgrenzung zuzuordnen sind.

6. *Zusammenfassung*

Der Verweis in § 8 Abs. 10 Satz 2 KStG auf § 32d Abs. 2 EStG ist kaum verständlich und führt zu erheblichen Verwerfungen. Grund ist die Anwendung einer auf natürliche Personen und auf das System der dualen Einkommensteuer zugeschnittenen Regelung im anders strukturierten Körperschaftsteuerrecht. Folglich stellt sich die Frage der Verfassungsmäßigkeit der Norm.

Das aus dem Rechtsstaatsprinzip (Artikel 20 Absatz 3, 19 Absatz 4 GG) folgende Bestimmtheitsgebot verlangt vom Gesetzgeber, Vorschriften so genau zu fassen, wie dies nach der Eigenart der zu ordnenden Lebenssachverhalte mit Rücksicht auf den Normzweck möglich ist. Soweit die praktische Bedeutung einer Regelung vom Zusammenspiel der Normen unterschiedlicher Regelungsbereiche abhängt, müssen die Klarheit des Normeninhalts und die Vorhersehbarkeit der Ergebnisse der Normanwendung auch im Hinblick auf dieses Zusammenwirken gesichert sein.[17] Ob die Vorschrift des § 8 Abs. 10 KStG diesen Grundsätzen genügt, ist fraglich.

Zudem könnte die Verfassungsmäßigkeit der Norm im Hinblick auf den Gleichheitssatz (Art. 3 Abs. 1 GG)[18] bezweifelt werden, ist doch ein sachlicher Grund für die unterschiedliche rechtliche und tatsächliche Belastung von Dividenden, die GmbHs einerseits und Familienstiftungen andererseits zufließen, nicht ersichtlich: In beiden Fällen werden die Ausschüttungen auf Ebene der Gesellschafter bzw. der Destinatäre der Abgeltungsteuer unter-

[17] Vgl. BFH v. 6.9.2006, DStR 2006, 2019 (2021).
[18] Vgl. nur BVerfG v. 9.3.2004, DStRE 2004, 396 ff.

worfen (§ 20 Abs. 1 Nr. 1, Nr. 9 EStG)[19], so dass auf der vorhergehenden Besteuerungsstufe ebenfalls eine gleiche Besteuerung erfolgen müsste.

C. Folgerungen

Der Gesetzgeber sollte die mit dem Jahressteuergesetz 2009 in § 8 Abs. 10 KStG eingeführte Neuregelung – schon aufgrund der erhablichen verfassungsrechtlichen Bedenken – durch eine einfache Vorschrift ersetzen, mit der die frühere, vor Einführung der Abgeltungssteuer geltende Rechtslage bei Familienstiftungen wieder hergestellt wird.

1. Reformbedarf

Die neue Regelung des § 8 Abs. 10 KStG ist aufgrund ihres Wortlauts einer erläuternden Auslegung – etwa durch Verwaltungsanweisungen – nicht zugänglich. Im Interesse der Rechtssicherheit ist daher eine Gesetzesänderung erforderlich, um dem Grundsatz der Bestimmtheit und der Normenklarheit Rechnung zu tragen.

Dabei ist, wie im Ansatz in der Neuregelung geschehen[20], generell sicherzustellen, dass bei Familienstiftungen die tatsächlich angefallenen Werbungskosten abziehbar sind und Verluste aus Kapitalvermögen mit Gewinnen aus anderen Einkunftsarten verrechnet werden können. Mit § 8 Abs. 10 KStG in der derzeitigen Fassung wurde dieses Ziel nicht erreicht. Die Nichtabziehbarkeit von Werbungskosten und das Verlustausgleichsverbot führen bei Familienstiftungen im Ergebnis zu einer Besteuerung von nicht erzielten Einkünften. Es geht somit bei einer Neuregelung nicht um eine steuerliche Vergünstigung für Familienstiftungen, sondern lediglich um eine Regelung, die den Gegebenheiten der Familienstiftungen gerecht wird. Hierzu erscheint die Loslösung von Vorschriften, die auf natürliche Personen zugeschnitten sind, als das geeignete Mittel.

2. Abgeltungssteuer auf Ebene des Destinatärs

Dieser Ansatz fügt sich reibungslos in das Konzept des mit dem Unternehmensteuerreformgesetz 2008 eingeführten dualen Einkommensteuersystems ein. Die Abgeltungssteuer soll, vereinfachend umschrieben, auf der Ebene des steuerlichen Endverbrauchers zum Tragen kommen und hier eine

[19] Vgl. dazu Schleswig-Holsteinisches FG v. 7.5.2009, EFG 1558 ff.; kritisch zur Vorschrift des § 20 Abs. 1 Nr. 9 EStG FG Baden-Württemberg v. 20.11.2008, EFG 2009, 816, (818).

[20] Vgl. den in § 8 Abs. 10 KStG erfolgten Verweis auf § 32d Abs. 2 EStG und die dort verankerte Nichtanwendung des § 20 Abs. 6 und 9 EStG.

Vereinfachung und vornehmlich eine Entlastung bringen. Die Übernahme einzelner Teilregelungen des Einkommensteuergesetzes in das Körperschaftsteuergesetz wäre auch angesichts der hier für Dividenden geltenden Regelungen (§ 8b Abs. 1, 2, 3 und 5 KStG) verfehlt. Gleiches gilt für Zinseinkünfte und sonstige gewinnabhängige Leistungen, denn auch sie sollen nicht einer mehrfachen Besteuerung unterliegen. Das Ziel einer systemgerechten Besteuerung wird bei der Einstufung der Auskehrungen der Familienstiftungen als Kapitalertrag auf der Ebene der Destinatäre (§ 20 Abs. 1 Nr. 9 EStG) verwirklicht. Damit besteht insoweit ein Gleichklang mit der Besteuerungssituation bei Kapitalgesellschaften.

3. *Einfache Regelung*

Eine Regelung der Besteuerung der Kapitaleinkünfte von Familienstiftungen sollte für diese handhabbar und nicht übermäßig komplex sein. Dafür bietet sich an, die Anwendung von § 20 Abs. 6 und Abs. 9 EStG generell auszuschließen.

Damit würde den Steuerpflichtigen auch ein erheblicher Verwaltungsaufwand erspart, der sich für diese wegen des Verbots, Aufwendungen für die Zweckverwirklichung abzuziehen (§ 10 Nr. 1 KStG) besonders negativ auswirkt.

4. *Formulierungvorschlag*

Als Ansatz für eine einfache Gesetzeslösung bietet sich folgende Formulierung des § 8 Abs. 10 KStG an: „Bei Einkünften aus Kapitalvermögen sind § 2 Abs. 5b, § 20 Abs. 6 und 9, § 32d und § 43 Abs. 5 des Einkommensteuergesetzes nicht anzuwenden."[21]

Durch die Formulierung wird sichergestellt, dass das für die Einkommensteuer geltende duale System der Besteuerung von Einkünften aus Kapitalvermögen für die Steuerpflichtigen im Sinne des § 1 Abs. 1 Nr. 4 und 6 KStG (z.B. Familienstiftungen) nicht gilt, obgleich diese auch andere als gewerbliche Einkünfte beziehen können. Damit kommt es auch nicht zu einer Abgeltungswirkung.

[21] Sollte der Vorschlag in Bezug auf andere Steuerpflichtige i.S.v. § 1 Abs. 1 Nrn. 4 bis 6 KStG wegen einer möglichen abweichenden Interessenlage auf Bedenken stoßen, könnte ohne gesetzgeberischen Aufwand der Kreis der Betroffenen eingeschränkt werden. Dabei könnte in Anlehnung an § 20 Abs. 1 Nr. 9 EStG eine Formulierung gewählt werden, die sich auf Stiftungen beschränkt (beispielsweise: „eine nicht von der Körperschaftsteuer befreite Stiftung").

Täter und Störer: Zur Erweiterung und Begrenzung der Verantwortlichkeit durch Verkehrspflichten im Wettbewerbs- und Immaterialgüterrecht

Haimo Schack

Das Verhältnis von Täter- und Störerhaftung im Wettbewerbs- und Immaterialgüterrecht ist seit jeher unklar. Den Nebel vermehren Begriffe wie die mittelbare Urheberrechtsverletzung[1] und die mittelbare Patentverletzung in § 10 PatG. Für die verschuldensunabhängigen negatorischen Ansprüche[2] spielt die begriffliche Einordnung des Rechtsverletzers keine Rolle; hier geht es allein darum, den Kreis der Passivlegitimierten einzugrenzen.

Auf Schadensersatz haften dagegen nur Täter und Teilnehmer, grundsätzlich jedoch nicht Personen, die nur als Störer mitkausal für eine fremde Rechtsverletzung geworden sind.

In seiner Leitentscheidung „Jugendgefährdende Medien bei eBay" vom 12.7.2007 hat der I. Zivilsenat des BGH[3] den Betreiber der Auktionsplattform als *Täter* einer unlauteren Wettbewerbshandlung[4] angesehen. Daraus wird verbreitet gefolgert, dass die Störerhaftung im Wettbewerbsrecht entbehrlich geworden sei.[5] Das soll auch für das Markenrecht[6] und sogar für das Urheberrecht[7] gelten. Der BGH indes hat seitdem für das Marken-

[1] *Ccpl* Die mittelbare Urheberrechtsverletzung, 2005 (besprochen von *Peifer* UFITA 2006–III, 898–903); *von Wolff* in Wandtke/Bullinger, Praxiskommentar zum Urheberrecht, 3. Aufl. 2009, § 97 Rn. 19; *Lütje* in Möhring/Nicolini, Urheberrechtsgesetz, Kommentar, 2. Aufl. 2000, § 97 Rn. 31.

[2] § 1004 BGB, § 97 I UrhG, § 139 I PatG, § 42 I GeschmMG, §§ 14 V, 15 IV MarkenG, § 8 I UWG.

[3] BGHZ 173, 188 = GRUR 2007, 890 – Jugendgefährdende Medien bei eBay, mit Anm. *Helmut Köhler* „Täter" und „Störer" im Wettbewerbs- und Markenrecht, GRUR 2008, 1–7.

[4] I.S.v. § 3 UWG 2004. Seit 30.12.2008 „geschäftliche Handlung".

[5] *Köhler* GRUR 2008, 7 (und früher schon *ders.* Die Beteiligung an fremden Wettbewerbsverstößen, WRP 1997, 897–902: die Haftung wegen Beihilfe ab Kenntnis reiche aus); etwas zurückhaltender *Leistner* Störerhaftung und mittelbare Schutzrechtsverletzung, GRUR 2010 (Beilage zu Heft 1), S. 1, 2–4, 30.

[6] *Köhler* GRUR 2008, 7. Vgl. auch *Döring* Die Haftung für eine Mitwirkung an fremden Wettbewerbsverstößen, Urheberrechts-, Marken-, Patent-, Gebrauchsmuster- und Geschmacksmusterverletzungen, 2008, S. 128 ff., 137.

[7] *Jan B. Nordemann* Verkehrspflichten und Urheberrecht, in FS Loewenheim 2009, S. 215, 219 ff., 225 (mit der Konsequenz einer erheblichen Ausweitung der Schadensersatzhaftung!, aaO 224). Vgl. auch *Döring* (vorige Fn.), S. 123, 151.

recht,[8] für das Urheberrecht[9] und auch für das allgemeine Persönlichkeitsrecht[10] wie selbstverständlich am Konzept der Störerhaftung festgehalten. Die Störerhaftung ist damit alles andere als tot, sondern, wie sich zeigen wird, eine höchst sinnvolle Rechtsfigur. Im Folgenden soll sie dogmatisch eingeordnet und die Rolle der Verkehrspflichten bei der Haftungsbegründung und -begrenzung näher beleuchtet werden.

Zunächst müssen der Verletzerbegriff (unten I) und die Rechtsfigur der mittelbaren Rechtsverletzung (unten II) geklärt werden. Von seltenen Fällen einer gesetzlichen Zurechnung abgesehen (unten III) erfolgt die Haftungsbegründung über richterrechtlich entwickelte Verkehrspflichten (unten IV). Diese können einmal dazu dienen, die Haftung als Verletzer, insbesondere als Störer, zu begründen (unten V); sie werden gelegentlich aber auch dazu eingesetzt, eine Täterhaftung zu reduzieren (unten VI). Das Ganze dient dem Ziel, die effektive Durchsetzung individueller Rechte und den Schutz der allgemeinen Handlungsfreiheit in einen gerechten Ausgleich zu bringen.

I. Täter, Teilnehmer, Störer

Verletzer (vgl. § 97 UrhG) ist der Oberbegriff für Täter, Teilnehmer und Störer.

1) Als *Täter* haftet, wer den gesamten Verletzungstatbestand selbst verwirklicht. Bei einer gemeinschaftlich begangenen Handlung, d.h. einem bewussten und gewollten Zusammenwirken, liegt Mittäterschaft vor (vgl. § 830 I 1 BGB).

2) Als *Teilnehmer* haftet, wer eine fremde Verletzungshandlung vorsätzlich gefördert oder zu ihr angestiftet hat. Erforderlich ist mindestens bedingter Vorsatz, d.h. der Teilnehmer muss die objektiven Umstände der Haupttat kennen und sich auch deren Rechtswidrigkeit bewusst sein.[11] Wird ein ohne Vorsatz handelnder Dritter als Werkzeug eingesetzt, kann der Hintermann mittelbarer Täter sein (vgl. § 25 I StGB). Soweit eine Rechtsverletzung durch das Werkzeug fahrlässig begangen werden kann, ist also auch Raum für einen vorsätzlich handelnden Täter hinter dem Täter. Für all diese Fälle ordnet § 840 I BGB die gesamtschuldnerische Haftung an.

[8] BGH 30.4.2008, GRUR 2008, 702, 706 – Internet-Versteigerung III.

[9] BGH 15.1.2009, GRUR 2009, 841, 843 – Cybersky, unter Hinweis auch auf die zum Markenrecht ergangenen älteren Entscheidungen BGHZ 158, 236, 251; BGHZ 172, 119, 131 f. – Internet-Versteigerung I und II.

[10] BGH 30.6.2009 (VI. ZS), MMR 2009, 752, 753 mit Anm. *Spieker* – Verpachtung einer Domain (focus.de).

[11] BGH 11.3.2009, BGHZ 180, 134, 137 – Halzband. An der Notwendigkeit dieses Einklangs mit dem Strafrecht (vgl. § 27 I StGB) zweifeln *Köhler* GRUR 2008, 2 Fn. 7; *Ahrens* Störerhaftung als Beteiligungsform im Deliktsrecht, in FS Canaris 2007, I S. 3–21 (3), und in WRP 2007, 1281–1290, 1282.

3) Als *Störer* nur auf Unterlassung und Beseitigung haftet, wer „ohne Täter oder Teilnehmer zu sein – in irgendeiner Weise willentlich und adäquat kausal" zur Rechtsverletzung beiträgt.[12] Jeder, der durch sein Verhalten oder durch den Zustand von seiner Kontrolle unterliegenden Gegenständen Rechtsgüter Dritter beeinträchtigt oder zu beeinträchtigen droht, ist zur Unterlassung und zur Beseitigung fortdauernder Störungen verpflichtet. Störer leisten einen kausalen Tatbeitrag, ohne die fremde Rechtsverletzung zu wollen. Auch wenn sie diese nicht kennen, agieren sie als *Intermediäre*, indem sie etwa eine Internetplattform oder einen Flohmarkt betreiben, auf dem urheber- oder markenrechtsverletzende Waren gehandelt werden, oder Räume vermieten, in denen Dritte das Urheberrecht durch rechtswidrige Aufführungen oder Vervielfältigungen verletzen.[13] Die zentrale Frage lautet deshalb: Wie nahe muss ein Störer dem Täter oder dem verletzten Rechtsgut stehen, damit eine Störerhaftung bejaht werden kann?

In der Praxis geht der Streit oft darum, wer die Kosten der ersten Abmahnung trägt: Nur wer zu diesem Zeitpunkt bereits Störer ist, muss dem Verletzten die Abmahnkosten aus GoA oder § 97a I 1 UrhG, § 12 I 2 UWG erstatten. Wenn nicht, bleiben diese Kosten beim Verletzten hängen.[14]

II. Mittelbare Rechtsverletzungen

Das Problem lässt sich nicht nur vom Verletzerbegriff, sondern auch von der Verletzungs*handlung* her angehen. Je weiter man den Kreis der immaterialgüterrechtlich verbotenen Handlungen zieht, desto eher wird aus dem Störer ein Täter, der die Rechtsverletzung selbst begeht.

1. Patentrecht

Diesen Weg ist § 10 I PatG mit der mittelbaren Patentverletzung gegangen.[15] Danach ist es jedem Dritten verboten, Mittel, die sich auf ein wesentliches Element der Erfindung beziehen, „anzubieten oder zu liefern, wenn

[12] St. Rspr., zum Markenrecht: BGH 11.3.2004, BGHZ 158, 236, 251 m.w.N.; BGH GRUR 2008, 702, 706 – Internet-Versteigerung I und III; zum Urheberrecht: BGH GRUR 2009, 841, 843 – Cybersky; OLG Hamburg 4.2.2009, ZUM-RD 2009, 317, 321 – Mettenden (Internetportal für Kochrezepte); und ähnlich schon BGH 17.7.2003, BGHZ 156, 1, 11 – Paperboy (Setzen von Deeplinks).

[13] Vgl. *Schack* Urheber- und Urhebervertragsrecht, 5. Aufl. 2010, Rn. 767; *Wild* in Schricker, Urheberrecht Kommentar, 3. Aufl. 2006, § 97 Rn. 36; Wandtke/Bullinger-*von Wolff* (oben Fn. 1), § 97 Rn. 18.

[14] Wie in OLG Hamburg ZUM-RD 2009, 317, 325 – Mettenden.

[15] Aktueller Rechtsprechungsüberblick bei *Scharen* GRUR 2008, 944–948. Vgl. *Leistner* (oben Fn. 5), S. 9–17; und zur Rechtslage vor 1981 vgl. *Teschemacher*, Die mittelbare Patentverletzung, 1974; *Busche* GRUR 2009, 236, 237 f.

der Dritte weiß oder es aufgrund der Umstände offensichtlich ist, dass diese Mittel dazu geeignet und bestimmt sind, für die Benutzung der Erfindung verwendet zu werden". Damit wird die Patentgefährdung zu einem selbstständigen Verletzungstatbestand erhoben, und zwar unabhängig davon, ob es später zu einer unmittelbaren Patentverletzung durch den Dritten kommt oder nicht.[16] Der Ausdruck „mittelbare Patentverletzung" ist deshalb missverständlich: Der Dritte selbst ist Täter eines Gefährdungsdelikts, gleich ob später jemand anderes das Patent daraufhin unmittelbar verletzt. Ob der Dritte dann Mittäter oder Teilnehmer einer eventuellen Patentverletzung ist, steht auf einem anderen Blatt.

2. *Markenrecht*

§ 10 I PatG vergleichbar, hat der Gesetzgeber mit § 14 IV MarkenG 1995 einen Verletzungstatbestand geschaffen, der üblicherweise als mittelbare Markenverletzung bezeichnet wird.[17] Als Täter einer Markenverletzung soll bereits haften, wer die geschützte Marke auf Aufmachungen oder Verpackungen anbringt, wenn die Gefahr besteht, dass diese später zur Kennzeichnung von Waren oder Dienstleistungen verwendet werden. Hier geht es also nicht um die mittelbare Verwechslungsgefahr durch Assoziation (§ 14 II Nr. 2 MarkenG), sondern wie in § 10 PatG um die rechtliche Verselbstständigung einer spezifischen Gefährdungshandlung. Auf diese Weise wird ein klassischer Störer zum Täter einer Markenverletzung gemacht.

3. *Urheberrecht*

Mit dem Kunstgriff der „mittelbaren" Rechtsverletzung sollen Schutzrechtsverletzungen in einem möglichst frühen Stadium unterbunden, die Quelle verstopft werden, bevor es zu flächendeckenden Rechtsverletzungen kommt, die kaum mehr effektiv kontrolliert werden können. So hat man vor dem UrhG von 1965 erwogen, den Gedanken der mittelbaren Patentverletzung auf das Urheberrecht zu übertragen, um gegen den Hersteller von Tonbandgeräten vorgehen zu können, die zu rechtswidrigen privaten Vervielfältigungen genutzt wurden.[18] Der BGH konnte sich damals auf die Unter-

[16] BGH 4.5.2004, BGHZ 159, 76, 84 m.w.N. – Flügelradzähler; vgl. *Mes*, Patentgesetz GebrMG, 2. Aufl. 2005, § 10 PatG Rn. 1 aE; *Kraßer*, Patentrecht, 6. Aufl. 2009, § 33 VI, S. 814; *Nieder* GRUR 2006, 977; *Haedicke* GRUR 2009, 273.

[17] *Starck* Zur mittelbaren Verletzung von Kennzeichenrechten, in FS Piper 1996, S. 627–637; vgl. BGH 17.5.2001, BGHZ 148, 13, 17 – ambiente.de.

[18] Offen gelassen von BGH 18.5.1955, BGHZ 17, 266, 292 – Grundig-Reporter; BGH 29.5.1964, BGHZ 42, 118, 122, 130 – Personalausweise.

lassungshaftung des Störers zurückziehen;[19] heute hat der Gesetzgeber dieses Problem durch die Geräte- und Speichermedienabgabe (§ 54 UrhG) gelöst.[20]

Doch kennt auch das geltende Urheberrecht mit § 10 PatG vergleichbare Fälle, in denen Vorbereitungshandlungen als selbstständige Rechtsverletzungen erfasst werden. So verletzt das Urheberrecht bereits, wer geschützte Werke öffentlich anbietet oder öffentlich zugänglich macht, auch wenn es danach zu keiner Veräußerung oder Online-Übermittlung des Werkes kommt.[21] Ein anderes, klassisches Beispiel ist der Schutz technischer Maßnahmen, der von § 95a I, III UrhG i.V.m. § 823 II BGB bewirkt wird und wegen seiner fehlenden Abstimmung mit den Schranken des Urheberrechts über das legitime Ziel einer effektiven Rechtsdurchsetzung weit hinaus schießt.[22] Dieses Beispiel zeigt überdeutlich die Gefahren für die allgemeine Handlungsfreiheit, wenn über den Inhalt des Immaterialgüterrechts hinausgehende Handlungspflichten begründet werden (technische Schutzmaßnahmen nicht zu umgehen), für deren Verletzung der Täter dann sogar auf Schadensersatz haftet.

Für diese gesetzlich geregelten Sonderfälle benötigt man den Begriff einer mittelbaren Urheberrechtsverletzung aber nicht; er wäre insoweit genauso missverständlich wie im Patentrecht (oben 1). Und wer die mittelbare Urheberrechtsverletzung als stets von einer unmittelbaren Rechtsverletzung durch einen Dritten abhängig begreift,[23] weckt verfehlte Assoziationen zu einer Begehung in mittelbarer Täterschaft, obwohl für den kausalen Tatbeitrag hier doch nur als Störer gehaftet wird. Treffender ist insoweit der englische Ausdruck „intermediate liability" oder in den USA „contributory infringement".[24] In der Sache geht es hier wie dort um die Haftung für die Bereitstellung von Produkten oder Infrastruktur, die von Dritten zu Urheberrechtsverletzungen genutzt werden. Diese Störerhaftung ist oft das einzig effektive Mittel zur Rechtsdurchsetzung, wenn die Täter zu zahlreich oder aus tatsächlichen oder rechtlichen Gründen nicht greifbar sind.

III. Passivlegitimation kraft gesetzlicher Zurechnung

Über die Grenzen der Zurechnung ist damit noch nichts gesagt. Bei der Bestimmung des Störers geht es um die Zurechnung eigenen Verhaltens (s. unten V). Davon zu unterscheiden sind seltene Fälle, in denen das Gesetz

[19] BGHZ 17, 266, 291; BGHZ 42, 118, 121, 124.

[20] Hierzu *Schack* UrhR Rn. 488.

[21] §§ 17 I, 1. Alt., 19a UrhG; *Schack* UrhR Rn. 426, 460; *ders.* GRUR 2007, 639, 640.

[22] Hierzu *Schack* UrhR Rn. 838; *Stieper* Rechtfertigung, Rechtsnatur und Disponibilität der Schranken des Urheberrechts, 2009, S. 466 ff., 537.

[23] So *Cepl* (oben Fn. 1), S. 29 f., 36.

[24] Hierzu *Cepl* aaO, S. 172 ff.

die Passivlegitimation durch die Zurechnung fremden Verhaltens begründet. Dies geschieht über die Organhaftung des § 31 BGB hinaus in einer Reihe von Vorschriften des Immaterialgüter- und Wettbewerbsrechts, die den Inhaber des Unternehmens für von seinen Arbeitnehmern oder Beauftragten begangene Rechtsverletzungen haftbar machen.[25] Dabei kann die täterschaftliche Haftung des weisungsberechtigten Arbeitgebers wie in § 99 UrhG, § 44 GeschmMG und § 8 II UWG auf negatorische Ansprüche beschränkt sein, oder sie kann wie §§ 14 VII, 128 III MarkenG auch Schadensersatzansprüche erfassen. Außerhalb des Markenrechts haftet der Inhaber des Unternehmens auf Schadensersatz deshalb nur wegen eigenen Auswahl- oder Überwachungsverschuldens, wenn es ihm nicht gelingt, sich gemäß § 831 I 2 BGB zu exkulpieren. In all diesen Fällen ist der Inhaber des Unternehmens Täter (direkt oder kraft Zurechnung) und nicht bloß Störer.

IV. Funktion von Verkehrspflichten

Der im deutschen Deliktsrecht beliebte Streit zwischen Handlungs- und Erfolgsunrecht[26] erschwert die Einsicht, dass es bei den Verkehrspflichten um nichts weiter geht als um die Bestimmung der „im Verkehr erforderlichen Sorgfalt" (§ 276 II BGB) für die Zwecke des Deliktsrechts.[27] Auf die Verletzung von Verkehrspflichten kommt es entscheidend an, wenn der Verletzer den Haftungstatbestand nicht unmittelbar durch aktives Tun, sondern durch Unterlassen verwirklicht oder wenn entferntere Verursachungsbeiträge zu einer Haftung führen sollen. Hierbei ist zwischen der Verletzung von Verhaltensnormen (unten 1) und der Verletzung objektiver Rechtsgüter (unten 2) zu unterscheiden. Danach ist zu klären, an welcher Stelle im Deliktsaufbau die Verkehrspflichten zu prüfen sind (unten 3).

1. Verletzung von Verhaltensnormen

Deliktsnormen können ein bestimmtes schädigendes Verhalten sanktionieren oder die Verletzung konkreter objektiver Rechtsgüter. Der Unterschied liegt allein in der Perspektive: Im zweiten Fall steht das Ausschließlichkeitsrecht im Vordergrund, dessen Inhalt sich beim Sacheigentum aus §§ 903 ff. BGB und bei den Immaterialgüterrechten aus den Sondergesetzen ergibt. Verhaltensnormen hingegen sind offener, nehmen auf Rahmenrechte, wie das

[25] Zum weiten Unternehmensbegriff, der hier auch Körperschaften des öffentlichen Rechts und politische Parteien umfasst, vgl. *Schack* UrhR Rn. 769.

[26] Zu diesem Streit aufschlussreich *Gerhard Wagner* im MünchKommBGB V, 5. Aufl. 2009, § 823 Rn. 4 ff.; *Haedicke* GRUR 1999, 397, 401.

[27] Vgl. *Wagner* (vorige Fn.), § 823 Rn. 232 f.; und BGHZ 173, 188, 201 Tz. 37 – Jugendgefährdende Medien bei eBay.

allgemeine Persönlichkeitsrecht und den Gewerbebetrieb (§ 823 I BGB), oder auf Schutzgesetze (§ 823 II BGB) Bezug. Diese generalklauselartige Weite verlangt nicht nur bei § 826 BGB nach einer tatbestandlichen Konkretisierung und Ergänzung, die über die richterrechtlich entwickelten Verkehrspflichten erfolgt. Letztlich bestimmen also die *Gerichte* über den Inhalt der Verhaltensnormen und auch über den Adressaten, der Täter einer Verletzungshandlung sein kann, soweit der Gesetzgeber hierfür keine speziellen Vorgaben gemacht hat, wie etwa in § 3 UWG 2008, der als unlauter nur „geschäftliche Handlungen" erfasst.

2. *Verletzung objektiver Rechtsgüter*

Bei der Verletzung objektiver Rechtsgüter ist die Lage anders. Hier hat der *Gesetzgeber* die Ausschließlichkeitsrechte und damit auch die Nutzungshandlungen, die der Rechteinhaber verbieten kann, selbst definiert. Über die täterschaftliche Begehung lässt sich hier deshalb nur selten streiten.[28] Die Aufgabe der Gerichte besteht hier vor allem darin, die Grenzen abzustecken, innerhalb deren auch „mittelbare Verletzer" als Störer zur Verantwortung gezogen werden können. Auch dies geschieht über die Verkehrspflichten.

3. *Verortung im Deliktsaufbau*

Die Funktion der Verkehrspflichten bestimmt ihre Stellung im Deliktsaufbau. Über die Begründung von Verkehrspflichten will man Verletzungserfolge einem Verletzer auch dann zurechnen, wenn dieser die Rechtsverletzung nicht vorsätzlich, unmittelbar aktiv handelnd (mit)verursacht hat. Unterscheiden muss man das Bestehen der Verkehrspflicht von der Frage, ob der Beklagte sie verletzt hat und gegebenenfalls, ob ihn daran ein Verschulden trifft.

a) Die ersten beiden Fragen betreffen den Haftungstatbestand, zu dem nicht nur der Inhalt, sondern auch der Adressat der Verkehrspflicht gehört. Gerade um diese Zurechnung geht es, so dass sich die zweite Frage nicht sinnvoll auf die Ebene der Rechtswidrigkeit verschieben lässt.[29] Vielmehr gehört die Zurechnung über Verkehrspflichten insgesamt zur haftungsbegründenden Kausalität und damit zum Tatbestand.[30] Auf der Tatbestands-

[28] Zur teleologischen Reduktion im Wege verfassungskonformer Auslegung s. unten VI.2.

[29] Gegen *Christoph Becker* Verletzung immaterieller Rechte in der Lieferkette?, in FS Buchner 2009, S. 53–66, 61.

[30] Allgemein *Medicus/Petersen* Bürgerliches Recht, 22. Aufl. 2009, Rn. 642 ff., 647; *Wagner* (oben Fn. 26), § 823 Rn. 61; speziell für die Störerhaftung im Urheberrecht *Leistner* GRUR 2006, 801, 813; aA (zur Rechtswidrigkeit) *Haedicke* GRUR 1999, 397, 401 f.; *Cepl* (oben Fn. 1), S. 149 f.

ebene wird abstrakt-generell entschieden, wie weit die Verkehrspflichten reichen, insbesondere ob Prüfungspflichten technisch möglich und wirtschaftlich zumutbar sind,[31] und geprüft, ob der Beklagte diese Pflichten verletzt hat.

b) Auf der Rechtswidrigkeitsebene bleiben dann nur noch die allgemeinen Rechtfertigungsgründe und Pflichtenkollisionen[32] zu prüfen. Bei einer Verletzung von Rahmenrechten gehört die verfassungsrechtlich gebotene Güterabwägung dagegen, anders als nach h.M.,[33] zum Haftungstatbestand, der über die Abgrenzung von erlaubtem und verbotenem Verhalten entscheidet.

c) Ob der Verletzer die Verkehrspflicht schuldhaft, also zumindest fahrlässig verletzt hat, ist gesondert zu prüfen, jedoch für die in der Praxis des Immaterialgüter- und Wettbewerbsrechts besonders wichtigen negatorischen Ansprüche auf Unterlassung und Beseitigung unerheblich.

V. Verkehrspflichten zur Bestimmung des Verletzers

Die zentrale Funktion von Verkehrspflichten besteht darin, aus der Vielzahl von Verursachungsbeiträgen diejenigen herauszupräparieren, die zu einer Störerhaftung führen sollen oder bei einer Verletzung von Verhaltensnormen (oben IV.1) zu einer Passivlegitimation als Täter. Dieses Kausalitätsproblem lässt sich nicht aufspalten in eine scheinbar „wertfreie" adäquate Kausalität und die Zumutbarkeit der dem Beklagten abverlangten Verhaltenspflichten.[34] Stets geht es um die unmittelbar wertende Bestimmung des Pflichtenkreises des Beklagten. Hierbei haben die Gerichte einen nahezu unbegrenzten Gestaltungsspielraum, der auch durch die Haftungsprivilegierung in §§ 7 ff. TMG (unten VI.1) nicht eingeschränkt wird, da diese für die verschuldensunabhängigen Unterlassungs- und Beseitigungsansprüche nicht gilt.[35]

Das Ausmaß der Verkehrspflichten kristallisiert sich wie im Common Law erst allmählich durch die Rechtsprechung heraus. Diese Art der Rechtsfindung bzw. Rechtsetzung ist äußerst flexibel und anpassungsfähig, tut sich

[31] Die Beweislast hierfür trägt grundsätzlich der Gläubiger, gemildert durch die sekundäre Darlegungslast des Beklagten (in casu eBay), BGH 10.4.2008, GRUR 2008, 1097, 1099 – Namensklau im Internet.

[32] *Münzberg* Verhalten und Erfolg als Grundlage der Rechtswidrigkeit und Haftung, 1966, S. 265 ff.; *Wessels/Beulke* Strafrecht Allg. Teil, 39. Aufl. 2009, Rn. 735 f.

[33] Vgl. nur Palandt/*Sprau* BGB, 69. Aufl. 2010, § 823 Rn. 95; *Looschelders* Schuldrecht Bes. Teil, 4. Aufl. 2010, Rn. 1238, 1250.

[34] Gegen LG Hamburg 12.11.2008, ZUM 2009, 587, 589 – Kino im Internet (deutscher Access Provider, indische Webseite) mit Anm. *Schnabel*.

[35] Vgl. § 7 II 2 TMG und unten Fn. 64.

aber schwer, die nötige Rechtssicherheit zu gewährleisten und das Vertrauen der Rechtsunterworfenen in die Legalität ihres Handelns zu schützen. Ihrer Verantwortung bewusst müssen die Gerichte die entscheidenden Bewertungskriterien so deutlich wie möglich offenlegen und dürfen den Bogen auch nicht überspannen, weil sonst mit einer stetigen Verschärfung der haftungsbegründenden Verkehrspflichten die allgemeine Handlungsfreiheit schleichend ausgehöhlt würde.

Ohne auf den jeweiligen Inhalt der Verkehrspflichten hier näher eingehen zu können,[36] soll das Problem im Folgenden in ausgewählten Bereichen des Wettbewerbs- und Immaterialgüterrechts demonstriert werden.

1. Wettbewerbsrecht

Das Lauterkeitsrecht stellt Verhaltensnormen für „geschäftliche Handlungen" (§ 3 UWG 2008) auf, und zwar nur für diese.[37] Wer solche wettbewerbsrechtlichen Verhaltenpflichten verletzt, ist Täter,[38] wie der BGH in seiner eBay-Entscheidung klargestellt hat. Diese Qualifikation als Täter macht den Weg frei auch für Schadensersatzansprüche[39] (§ 9 UWG).

In der Sache stützt der BGH die Haftung auf den „allgemeinen Rechtsgrundsatz", „dass jeder, der in seinem Verantwortungsbereich eine Gefahrenquelle schafft oder andauern lässt, die ihm zumutbaren Maßnahmen und Vorkehrungen treffen muss, die zur Abwendung der daraus Dritten drohenden Gefahren notwendig sind."[40] Darüber, was technisch möglich und rechtlich und wirtschaftlich zumutbar ist, lässt sich allerdings trefflich streiten. So hält der BGH eBay nicht nur für verpflichtet, jugendgefährdende Angebote nach Kenntniserlangung unverzüglich zu sperren, sondern „auch Vorsorge dafür [zu] treffen, dass es möglichst nicht zu weiteren gleichartigen Rechtsverletzungen kommt".[41] Dies kann insbesondere den Einsatz von Filtersoft ware oder auch manuelle Kontrollen nötig machen.

Gleich, wie weit man den Kreis der Verkehrspflichten hier ziehen will, bleibt jenseits der solcherart definierten Täterhaftung im Wettbewerbsrecht kein Raum mehr für eine darüber hinausgehende Störerhaftung, zumindest solange „geschäftliche Handlungen" (§ 2 I Nr. 1 UWG 2008) in Rede stehen.

Problematisch sind Fälle, in denen jemand Wettbewerbsverstöße eines Dritten schlicht duldet, etwa wenn der Verpächter eines Ladenlokals nicht

[36] Hierzu allgemein *Wagner* (oben Fn. 26), § 823 Rn. 258 ff.; *Hager* im Staudinger BGB § 823 E-I (2009), § 823 Rn. E 1 ff.

[37] Vgl. *Leistner* (oben Fn. 5), S. 3; *Köhler* GRUR 2008, 5 (auch zur Überlassung von Telefon- und Internetanschlüssen aus Gefälligkeit).

[38] BGHZ 173, 188, 201 Tz. 36 – Jugendgefährdende Medien bei eBay.

[39] Das begrüßt ausdrücklich *Köhler* GRUR 2008, 7.

[40] BGHZ 173, 188, 201 und 200 speziell für das Wettbewerbsrecht.

[41] BGHZ 173, 188, 203 Tz. 43 m.w.N.

gegen Verkäufe nach Ladenschluss einschreitet.[42] Kann man in der Aufrechterhaltung einer Gefahrenquelle (Pachtvertrag) trotz Kenntnis von Wettbewerbsverstößen mit einiger Mühe noch eine eigene Verkehrspflichtverletzung sehen, scheidet dies aus, wenn ein Ehegatte ohne Wissen des anderen dessen eBay-Mitgliedskonto zu wettbewerbswidrigen Versteigerungsangeboten nutzt. Hier mag man schon die häusliche Gemeinschaft nicht als Gefahrenquelle bezeichnen. Der BGH sieht die Pflichtverletzung aber darin, dass der Ehemann die Zugangsdaten für sein Mitgliedskonto nicht sicher genug verwahrt habe, stützt dessen Haftung jedoch ausdrücklich nicht auf die „eingeführten Grundsätze der Störerhaftung", sondern auf einen von ihm frei erfundenen „selbstständigen Zurechnungsgrund".[43] Damit vermengt der BGH unzulässig die Haftung wegen eigener Pflichtverletzungen mit der Zurechnung fremder Rechtsverletzungen. Die hierfür in Betracht kommenden Zurechnungsnormen (§ 8 II UWG, § 99 UrhG, § 14 VII MarkenG; s. oben III) waren, wie der BGH selbst erkannt hat, hier jedoch allesamt nicht erfüllt.[44] Schon deshalb konnte der Ehemann nicht Täter einer Urheber- oder Markenrechtsverletzung sein, und auch die Begründung für eine täterschaftliche Verletzung wettbewerbsrechtlicher Verhaltensnormen bleibt der BGH schuldig.

Wenn er in seinem Leitsatz meint, der Ehemann als Inhaber des Mitgliedskontos müsse sich „so behandeln lassen, als ob er selbst gehandelt hätte", zeigt dieses schlimme Beispiel nachdrücklich, dass ohne eine dogmatisch saubere Trennung von Täter, Störer und Zurechnung fremden Verhaltens weder eine normativ noch im praktischen Ergebnis überzeugende Lösung gelingen kann.[45] Die Berufung auf vage Rechtsscheinsgrundsätze[46] darf die (relativ) klaren Konturen des Wettbewerbs- und Immaterialgüterrechts und dessen Zurechnungsnormen nicht verwischen. Vielmehr gilt es in Erinnerung zu rufen, dass über die Notwendigkeit, konkrete Verkehrspflichten zu benennen, stets auch der Gefahr ihrer uferlosen Ausdehnung entgegengewirkt werden soll.[47] So dürfen die Gerichte keine Pflichten postulieren, die z.B. den Inhaber eines Internetanschlusses im praktischen Ergebnis einer Gefährdungshaftung aussetzen, etwa indem sie eine verdachtsunabhängige Über-

[42] BGH 23.3.1995, GRUR 1995, 601, 603 – Bahnhofs-Verkaufsstellen. Kritisch auch *Köhler* GRUR 2008, 5.

[43] BGHZ 180, 134, 139 – Halzband, vgl. auch Tz. 21 am Ende.

[44] BGHZ 180, 134, 138 Tz. 15.

[45] Die Begründung der täterschaftlichen „streng akzessorischen" Haftung des Account-Inhabers begrüßt dagegen *Leistner* (oben Fn. 5), S. 7.

[46] BGHZ 180, 134, 140 Tz. 19.

[47] Mustergültig OLG Frankfurt/M. 1.7.2008, GRUR-RR 2008, 279, 280 f. – ungesichertes WLAN (Störerhaftung aus § 97 I UrhG verneint); aA *Mühlberger* GRUR 2009, 1022, 1023 m.w.N.

wachungspflicht der Eltern bejahen, wenn diese den Anschluss ihren volljährigen (!) Kindern überlassen.[48]

2. *Markenrecht*

Wie die „geschäftliche Handlung“ im Wettbewerbsrecht grenzt im Kennzeichenrecht das Merkmal Handeln „im geschäftlichen Verkehr“ (§§ 14 II, 15 II MarkenG) den Kreis möglicher Täter von vornherein ein.[49] Die wichtigsten Fälle einer mittelbaren Markenverletzung werden bereits von § 14 IV MarkenG erfasst (oben II.2). Doch ist eine darüber hinausgehende Störerhaftung keineswegs ausgeschlossen, etwa wenn jemand einem Dritten eine Versteigerungsplattform zur Verfügung stellt oder seinen Internet-Anschluss überlässt und ihm so unwissentlich Markenverletzungen ermöglicht.

3. *Patentrecht*

Gleiches gilt für das Patentrecht. Auch hier bleibt neben der täterschaftlichen Begehung einer mittelbaren Patentverletzung (oben II.1) noch Raum für eine Störerhaftung entfernterer Verursacher.

4. *Urheberrecht*

Im Urheberrecht ist der Spielraum für eine Störerhaftung wesentlich größer, weil der Gesetzgeber keinen Tatbestand der mittelbaren Urheberrechtsverletzung geschaffen (oben II.3), sondern eine Vielzahl tatbestandsmäßig eng begrenzter Ausschließlichkeitsrechte begründet hat, deren Verletzung über § 97 UrhG sanktioniert wird. Die Fälle, dass jemand für eine Urheberrechtsverletzung kausal wird, ohne die tatbestandsmäßige Verwertungshandlung selbst vorzunehmen, sind deshalb durchaus häufig. So haftet als Störer, wer Räumlichkeiten zur Verfügung stellt, in denen Dritte urheberrechtswidrige Aufführungen oder Filmvorführungen veranstalten;[50] ebenso der Betreiber eines Kopierladens, der seine Kunden nicht durch deutlich sichtbare Hinweisschilder an die Grenzen des Rechts zur privaten Vervielfältigung (§ 53 UrhG) erinnert.[51]

[48] So lebensfremd (und hinsichtlich der Einordnung als Täter des § 97 UrhG klar verfehlt) LG Düsseldorf 27.5.2009, MMR 2009, 780, 781, mit abl. Anm. *Solmecke/Müller*; *Mühlberger* Die Haftung des Internetanschlussinhabers bei Filesharing-Konstellationen nach den Grundsätzen der Störerhaftung, GRUR 2009, 1022–1027, 1026.

[49] Auch dies überspielen verfehlt BGHZ 180, 134, 143 Tz. 22 – Halzband; und *Leistner* (oben Fn. 5), S. 19. Zutreffend dagegen behandelt BGH GRUR 2008, 702, 705 f. – Internet-Versteigerung III, den Plattformbetreiber als Störer, weil und soweit die Anbieter „im geschäftlichen Verkehr“ handeln.

[50] Wenn der Vermieter durch zusätzliche Leistungen nicht gar zum Mitveranstalter der Aufführung (§ 19 II UrhG) wird; vgl. *Schack* UrhR Rn. 766 m.w.N.

[51] BGH 9.6.1983, GRUR 1984, 54, 55 – Kopierläden (Vervielfältigung juristischer Skripten durch Studenten in Münster).

Störer ist auch, wer Nutzungsrechte einräumt, die er nicht besitzt. Die Gefahr, dass der Unterlizenznehmer das Werk entsprechend nutzt, begründet die für einen vorbeugenden Unterlassungsanspruch nötige Erstbegehungsgefahr (§ 97 I 2 UrhG); sobald die Nutzungshandlungen aufgenommen werden, kann der Lizenzgeber auch zum Teilnehmer einer fremden Urheberrechtsverletzung werden.[52]

In erster Linie von der Störerhaftung bedroht sind alle Anbieter von Waren oder Dienstleistungen, die auch zu Urheberrechtsverletzungen genutzt werden können. Eine solche Haftung erscheint angemessen für Softwareanbieter, die für ihre Produkte als „kostenloses Pay-TV" bewerben und damit die Rechtsverletzungen der Nutzer geradezu herausfordern.[53] Im Übrigen jedoch müssen die Gerichte darauf achten, dass sie nicht durch übersteigerte Verkehrspflichten legale Geschäftsmodelle unmöglich machen.[54] Nur wenn die angebotene Software oder die technischen Geräte nahezu ausschließlich für Urheberrechtsverletzungen verwendet werden, gilt der Satz des BGH in seiner ganzen Schärfe: „Die Rechtsordnung billigt keine Geschäftsmodelle, die auf einer Verletzung von Rechten Dritter gründen".[55] Wie strenge Verkehrspflichten (Prüfungspflichten) die Gerichte verfassungskonform (Art. 12 I GG) begründen können, hängt deshalb immer auch von der Wahrscheinlichkeit und der Schwere der drohenden Urheberrechtsverletzung ab. Richterliche Verbote oder Verkehrspflichten, welche die Handlungsfreiheit ersticken, werden danach nur selten verhältnismäßig sein.

An ihre Grenzen stößt die urheberrechtliche Störerhaftung, wenn man auch solche Unternehmen haften lässt, die auf einer Webseite, über die Raubkopien von Musik, Filmen oder eBooks vertrieben werden, Werbung schalten[56] oder ihre Dienste als Kreditkartenunternehmen anbieten. Damit schaffen sie zwar oft erst die wirtschaftlichen Grundlagen für die Tätigkeit des Plattformbetreibers, werden für die Urheberrechtsverletzung aber nur auf eine sehr entfernte Weise kausal. Hier scheint mir der Vorwurf eher ein lauterkeitsrechtlicher zu sein: Es ist anstößig, wenn jemand Umsätze mit Provisionen für erkennbar rechtswidrige Geschäfte erzielt.[57]

Schließlich ist problematisch, ob und wie man eine unberechtigte Schutzrechtsverwarnung als Urheberrechtsverletzung erfassen kann. Der BGH

[52] BGH 11.7.2002, BGHZ 151, 300, 305 – Elektronischer Pressespiegel.

[53] BGH GRUR 2009, 841, 844 – Cybersky; OLG Hamburg 28.1.2009, ZUM-RD 2009, 439, 445, 447 f. – Alphaload (Usenet II).

[54] Vgl. BGHZ 173, 188, 202 Tz. 39 – Jugendgefährdende Medien bei eBay.

[55] BGH GRUR 2009, 841, 844 Tz. 33 – Cybersky; Anm. *Schack* MMR 2008, 416 zu OLG Jena 27.2.2008, MMR 2008, 408 – Thumbnails.

[56] Vgl. LG Frankfurt/M. 2.1.2008, MMR 2008, 346 – Arcor-Werbung (Haftung gestützt auf §§ 8, 4 Nr. 11 UWG). Als zu weit gehend abgelehnt von LG München I, 31.3.2009, ZUM 2009, 592.

[57] Zu diesem Aspekt vgl. BGHZ 173, 188, 203 Tz. 42 – Jugendgefährdende Medien bei eBay.

lehnt dies ab, weil der Verwarnende selbst keine urheberrechtliche Nutzungshandlung vornimmt.[58] Das allein würde jedoch eine Störerhaftung noch nicht ausschließen. Das Problem besteht darin, dass der zu Unrecht Verwarnte ebenfalls kein Urheberrecht verletzt, sondern „nur" psychisch an der Nutzung *seines* Rechts gehindert wird. Eine Störerhaftung scheidet damit aus. Auch eine Täterhaftung lässt sich mangels einer Verletzung von Verwertungsrechten nicht begründen. Doch sollte, so wie ein Eigentümer jede Form der Besitzstörung über §§ 823 I, 1004 und 862 BGB abwehren kann, auch ein Urheber vor dieser Form der Verletzung seines positiven Verwertungsrechts geschützt werden.[59] In dieser Konstellation wird der unberechtigt Verwarnende deshalb unmittelbar zum Täter einer Urheberrechtsverletzung.

VI. Verkehrspflichten zur Entlastung des Täters

Lassen sich über Verkehrspflichten der Umfang und die Grenzen der *Störer*haftung relativ leicht bestimmen, so bereitet der umgekehrte Fall, dass eine *Täter*haftung eingeschränkt werden soll, erheblich größere Probleme. Anlass für solche Überlegungen geben die in der Praxis häufigen Fälle, dass jemand schutzrechtsverletzende Waren anbietet oder in Verkehr bringt[60] oder fremde Medieninhalte weitergibt, ohne sich der Rechtswidrigkeit seines Handelns bewusst zu sein. Wer solche Fälle schlicht als mittelbare Rechtsverletzungen begreift und die allgemeinen Verkehrspflichten (oben V) auf sie anwendet,[61] verkennt, dass es sich hier um eine unmittelbare Verletzung von Verwertungsrechten handelt. Es entspricht gerade dem Wesen des Immaterialgüterrechts, dass die näher definierten Nutzungshandlungen ohne Wenn und Aber ausschließlich dem Rechtsinhaber vorbehalten sind, ohne dass zusätzliche Verkehrspflichten verletzt werden müssten. Will man den effektiven negatorischen Schutz von Immaterialgüterrechten nicht in seinem Kern aushöhlen, dann darf man nicht durch die Hintertür der Verkehrspflichten zusätzliche Verschuldenselemente in die Haftung einführen. Vermeintlichen Schutzbedürfnissen der das Schutzrecht durch eigene Handlungen verletzenden Intermediäre muss man deshalb auf andere Weise Rechnung tragen.

[58] BGH 10.7.1997, GRUR 1997, 896, 897 – Mecki-Igel III, stattdessen auf eine Verletzung des Rechts am eingerichteten und ausgeübten Gewerbebetrieb (§ 823 I BGB) verweisend.

[59] So *Godendorff* Schadensersatz wegen unberechtigter Verwarnung im Immaterialgüter- und Wettbewerbsrecht, 2007, S. 115 ff.

[60] § 9 Nr. 1 PatG, § 14 III Nr. 2 MarkenG, § 38 I 2 GeschmMG, § 17 I UrhG.

[61] So etwa *Becker* FS Buchner (oben Fn. 29), S. 60, 62–65; *G. Wagner* Die Voraussetzungen negatorischen Rechtsschutzes, in FS Medicus 2009, S. 589–610, 596 f., 603.

1. *Privilegierung der Anbieter von Telemediendiensten*

Die sauberste Lösung sind gesetzliche Haftungsprivilegierungen wie in §§ 7–10 TMG für bestimmte Diensteanbieter.[62] Diese Zurechnungsregeln sind als Filter einer jeglichen Haftung der Diensteanbieter vorgeschaltet, gleich ob sie auf dem Zivil-, Straf- oder öffentlichen Recht beruht.[63] Priviligiert werden jedoch nicht der Content Provider, der für seine eigenen Inhalte voll verantwortlich bleibt (§ 7 I TMG), sondern immer nur die technischen Dienstleister, nämlich die Access Provider (§§ 8 f. TMG) und die Host Provider (§ 10 TMG). Beide werden zwar von Überwachungs- und Prüfungspflichten freigestellt (§ 7 II 1 TMG), bleiben jedoch gemäß § 7 II 2 TMG („nach den allgemeinen Gesetzen") weiterhin den verschuldensunabhängigen Unterlassungs- und Beseitigungsansprüchen unterworfen.[64] Damit wirkt sich die Privilegierung der Diensteanbieter praktisch nur auf Schadensersatz- und Auskunftsansprüche[65] aus. Ein allgemeines Prinzip, dass schuldlos handelnde Intermediäre von jeglichen Folgen der von ihnen begangenen Schutzrechtsverletzung – und insbesondere von den Kosten der ersten Abmahnung – freigestellt werden müssten, lässt sich deshalb aus §§ 7 ff. TMG nicht herleiten.

2. *Verfassungskonforme Auslegung*

Umfassend privilegiert werden mit Rücksicht auf die Pressefreiheit (Art. 5 I 2 GG) nur Presseunternehmen. Für den rechtswidrigen Inhalt der von ihnen gedruckten Zeitungsanzeigen haften Presseunternehmen nur im Rahmen ihrer Prüfungspflicht, die auf „grobe, unschwer zu erkennende Verstöße" gegen das Wettbewerbs- und Urheberrecht beschränkt wird.[66] Schadensersatz kann gemäß § 9 Satz 2 UWG 2004 gar „nur bei einer vorsätzlichen Zuwiderhandlung geltend gemacht werden". Auch die richterrechtliche Privilegierung der Presseunternehmen ist jedoch eng begrenzt auf den Anzeigenteil periodischer Druckschriften; für den redaktionellen Teil wie für den Inhalt von Büchern bleibt es bei der vollen Verantwortung des Verlegers.[67]

[62] Telemediengesetz vom 26.2.2007 (BGBl. I 179), beruhend auf dem Teledienstegesetz vom 22.7.1997 (BGBl. I 1870) und Art. 12–15 der Richtlinie 2000/31/EG vom 8.6.2000 über den elektronischen Geschäftsverkehr, EG-ABl. 2000 L 178, S. 1.

[63] Vgl. *Schack* UrhR Rn. 771 ff.

[64] Ganz h.M., BGHZ 158, 236, 245 ff. – Internet-Versteigerung I; BGHZ 172, 119, 126 – Internet-Versteigerung II (auch für den vorbeugenden Unterlassungsanspruch).

[65] Vgl. *Schack* UrhR Rn. 772 m.w.N.

[66] BGH 15.10.1998, GRUR 1999, 418, 420 mit Anm. *Haedicke* 397–402 – Möbelklassiker (Abbildung von Le Corbusier-Möbeln; §§ 16, 17 UrhG). – Ganz ähnlich für die Störerhaftung der DENIC (nur bei offenkundigen, eindeutigen Verstößen) BGHZ 148, 13, 18 ff. – ambiente.de.

[67] *Löffler/Ricker* Handbuch des Presserechts, 5. Aufl. 2005, S. 320 f. Rn. 23 ff., 30.

Diese teleologische Reduktion kraft verfassungskonformer Auslegung lässt sich vorsichtig ausdehnen auf Kioskbesitzer und Lesezirkel, deren Verbreitungstätigkeit an der grundrechtlich geschützten Pressefreiheit teilnimmt.[68] Darüber hinaus wird es schwierig.

Der Drucker, der ein Plagiat druckt, verletzt das Vervielfältigungsrecht[69] (§ 16 UrhG) genauso wie der Verleger, der das Buch drucken lässt, und der Buchhändler, der es unerlaubt weiterverbreitet[70] (vgl. § 17 II UrhG). Manche wollen hier den Drucker aus der Haftung nehmen, indem sie die Vervielfältigung allein dem Verleger zurechnen,[71] oder den Buchhändler, weil ihm die Erfüllung von Prüfungspflichten unmöglich sei,[72] oder gar den Importeur von Druckerzeugnissen.[73] Diese verkehrsfreundliche Sichtweise ist so verfehlt wie gefährlich. Die Zurechnung zu verneinen ist schon deshalb verfehlt, weil wir dies bei Eigentums- und anderen Rechtsverletzungen noch nicht einmal für Arbeitnehmer und Verrichtungsgehilfen tun, geschweige denn für rechtlich selbstständige Unternehmen, die im Auftrag eines Verlegers Vervielfältigungsstücke herstellen. Und auch Prüfungspflichten darf man nicht erfinden, wo das Immaterialgüterrecht bestimmte Nutzungshandlungen kategorisch verbietet.

Gefährlich ist eine solche Vorgehensweise auch, weil sie das Immaterialgüterrecht als von der Verfassung geschütztes Eigentum (Art. 14 I GG) missachtet, ohne ein höherrangiges Rechtsgut aufzuzeigen, das nach einer sorgfältigen Einzelabwägung der Durchsetzung des Immaterialgüterrechts entgegenstehen könnte.

Davon abgesehen ist der Spielraum für eine verfassungskonforme Reduktion der Verletzungstatbestände des Immaterialgüterrechts äußerst begrenzt. Zum einen hat der Gesetzgeber diese Abwägung grundsätzlich selbst vorgenommen, indem er bestimmte Schranken der Immaterialgüterrechte normiert hat, besonders detailliert im Urheberrecht.[74] So erlaubt z.B. § 56 UrhG Gerätehändlern, in ihrem Geschäftsbetrieb Werke zu vervielfältigen und

[68] Vgl. *Schulze-Fielitz* in Horst Dreier, Grundgesetz Kommentar I, 2. Aufl. 2004, Art. 5 Rn. 95 f.

[69] LG München I, 10.5.1994, ZUM 1995, 725, 726; *Schack* UrhR Rn. 766; *Ulmer* Urheber- und Verlagsrecht, 3. Aufl. 1980, S. 544.

[70] Möhring/Nicolini-*Lütje* (oben Fn. 1), § 97 Rn. 145; *Jan B. Nordemann* in Fromm/Nordemann, Urheberrecht, 10. Aufl. 2008, § 97 Rn. 146; *Schack* UrhR Rn. 766; vgl. auch BGH MMR 2009, 752 f. – focus.de (obiter für das Presserecht).

[71] LG München I, 13.1.2006, ZUM-RD 2007, 208, 212; vgl. auch *Jan B. Nordemann* (vorige Fn.), Rn. 148.

[72] LG Berlin 14.11.2008, GRUR-RR 2009, 216 f. – Buchhändlerhaftung; auch *Becker* FS Buchner (oben Fn. 29), S. 63 f.

[73] *Becker* FS Buchner, S. 65.

[74] Vgl. *Schack* Urheberrechtliche Schranken, übergesetzlicher Notstand und verfassungskonforme Auslegung, in FS Schricker 2005, S. 511–521; *ders.* UrhR Rn. 537; *Stieper* (oben Fn. 22), S. 64 ff.

öffentlich wiederzugeben, damit sie die Geräte vorführen und reparieren können. Eine vergleichbare Privilegierung für Drucker oder Buchhändler sehen weder das deutsche UrhG noch Art. 5 der Harmonisierungsrichtlinie[75] vor. Zum anderen geriete eine breitflächige teleologische Reduktion der Verletzungstatbestände sehr schnell in Widerspruch zum Gebot der effektiven Rechtsdurchsetzung, das in Art. 41 ff. TRIPs und in der Durchsetzungsrichtlinie verankert ist.[76]

VII. Ziel: Effektive Rechtsdurchsetzung *und* Freiheitsschutz

Was bleibt, ist die Erkenntnis, dass die optimale Abwägung von effektiver Rechtsdurchsetzung und allgemeinem Freiheitsschutz eine große und permanente Herausforderung für den Gesetzgeber und den Rechtsanwender bedeutet.[77] Patentlösungen hierfür gibt es nicht. Im Wettbewerbsrecht geht es darum, durch maßvolle Verkehrspflichten Verhaltensanforderungen zu begründen und das Risiko ihrer täterschaftlichen Verletzung gleichzeitig zu begrenzen. Im Immaterialgüterrecht hingegen werden die entscheidenden Weichen vom Gesetzgeber gestellt, der den Inhalt der Schutzrechte möglichst exakt definieren muss. Daraus folgt zwangsläufig, wer Täter einer Immaterialgüterrechtsverletzung ist; über Verkehrspflichten kann dann nur noch eine zusätzliche Störerhaftung solcher Personen begründet werden, die als „mittelbare Verletzer" entferntere Verursachungsbeiträge zu verantworten haben.

In jedem Fall bekommt man das Problem nur in den Griff, wenn man auch nach dem BGH-Urteil „Jugendgefährdende Medien bei eBay"[78] an der klaren Trennung von Täter und Störer festhält.[79] Im Immaterialgüterrecht hat der Störerbegriff unverändert seine Berechtigung; er ist auch dem missverständlichen Begriff der „mittelbaren Rechtsverletzung" vorzuziehen (oben II.3).

[75] Richtlinie 2001/29/EG vom 22.5.2001 zur Harmonisierung bestimmter Aspekte des Urheberrechts und der verwandten Schutzrechte in der Informationsgesellschaft, EG-ABl. 2001 L 167, S. 10.

[76] Richtlinie 2004/48/EG vom 29.04.2004 zur Durchsetzung der Rechte des geistigen Eigentums, EU-ABl. 2004 L 195, S. 16. So müssen die Mitgliedstaaten u.a. gemäß Art. 11 Satz 3 sicherstellen, „dass die Rechtsinhaber eine Anordnung gegen Mittelspersonen beantragen können, deren Dienste von einem Dritten zwecks Verletzung eines Rechts des geistigen Eigentums in Anspruch genommen werden."

[77] Hierzu grundlegend *Peukert* Güterzuordnung als Rechtsprinzip, 2008 (besprochen von *Schack* UFITA 2010).

[78] Siehe oben Einleitung und Fn. 3.

[79] Dies tun sehr deutlich: LG Hamburg ZUM 2009, 587, 588 – Kino im Internet (oben Fn. 33); öst. OGH 12.5.2009, ÖJZ 2009, 913, 914 (zur Verbreitung von Plagiaten durch „Feilhalten" in § 16 I öUrhG); und für den „user-generated content" in Wikipedia *Stang* ZGE 2009, 167, 191 ff. (zu § 19a UrhG allerdings im Ergebnis fragwürdig, aaO 192 f.).

Rechtsfolgen rechtswidriger Verwertungsmaßnahmen durch den Sicherungseigentümer

Stefan Smid

Mit den nachfolgenden Zeilen versucht der Verfasser den Jubilar und sein Lebenswerk zu ehren.

I. Rechtswidrigkeit der Verwertung der sicherungsübereigneten Sache durch den Sicherungseigentümer

1. *Vom Verwertungsrecht der Inhaber besitzloser Mobiliarpfandrechte zum Verwertungsrecht des Insolvenzverwalters*

a) Fragestellung

Der nachfolgende Beitrag setzt am – vorläufigen – Endpunkt einer rechtsdogmatischen Entwicklung an, die aus der Sicht der betroffenen Rechtskreise nicht weniger als „revolutionär" anmutet. Mit der Statuierung des Verwertungsrechts des Insolvenzverwalters greift aber § 91 InsO ein, der eine Verfügung auch der Sicherungseigentümer über die der Soll-Masse[1] zugehörigen Sicherungsgegenstände ausschließt. Der IX. Zivilsenat des BGH[2] hat daraus den Schluss gezogen, dass die Verwertung durch den Sicherungsnehmer in einem derartigen Fall als *rechtswidrig* zu qualifizieren sei.

Noch vor etwas mehr als zehn Jahren hätte sich die Frage einer Rechtswidrigkeit von Verwertungsmaßnahmen des Sicherungseigentümers nicht gestellt und wäre das Thema dieser Darstellung wegen der Geltung des § 4 Abs. 2 KO[3] und des § 127 Abs. 2 KO[4] nicht sinnvoll gewesen: Nach altem Konkursrecht konnten die dinglich berechtigten Gläubiger ihre Rechte

[1] *Smid*, NZI 2000, 505, 509 ff.

[2] BGH, Urt. v. 20.2.2003 – IX ZR 81/02 – BGHZ 154, 72.

[3] Vgl. zur alten Rechtslage *Uhlenbruck*, in: Kuhn/Uhlenbruck, KO, 11. Aufl., 1994, § 4 Rn. 2, Rn. 13 ff.

[4] *Uhlenbruck*, in: Kuhn/Uhlenbruck, KO, 11. Aufl., 1994, § 127 Rn. 13 ff.; zum Bruch mit § 127 Abs. 2 KO vgl. *Smid*, WM 1999, 1141, 1145 m.w.N.

außerhalb des Konkursverfahrens geltend machen; dies galt gleichermaßen für die aussonderungsberechtigten Gläubiger gem. § 43 KO, die masse- bzw. schuldnerfremde Rechte beanspruchen konnten, wie auch für die Inhaber solcher Ansprüche, die zur abgesonderten Befriedigung berechtigen, vgl. § 4 Abs. 2 KO.[5]

Freilich mussten auch unter Geltung des alten Rechts die Gläubiger, die mit besitzlosen Pfandrechten gesichert waren, mit Verlusten rechnen. Daher trafen die Inhaber besitzloser Mobiliarpfandrechte bereits unter Geltung der Konkursordnung aus wirtschaftlichen Gründen mit dem Konkursverwalter Verwertungsabreden, die an Stelle einer jeweils individuellen Verwertung des Sicherungsguts bzw. der Geltendmachung ihrer Herausgabeansprüche die Verwertung der Masse als Gesamtheit setzten.[6]

Die Insolvenzordnung hat bekanntlich diese Praxis mit der Normierung des Verwertungsrechts des Insolvenzverwalters in § 166 InsO zum System erhoben. Die Verwertung durch den Mobiliarsicherheitengläubiger wird durch § 166 Abs. 1 InsO schlechthin rechtlich ausgeschlossen.[7] Dem Sicherungseigentümer als Inhaber eines besitzlosen Pfandes steht im eröffneten Insolvenzverfahren ein Herausgabeanspruch gegen die Masse nicht zu.[8] Auch die Klage gem. § 168 Abs. 2 InsO ist wegen der Verwertungsbefugnis des Insolvenzverwalters als unschlüssig abzuweisen. Denn § 168 Abs. 2 InsO gibt keinen schuldrechtlichen Anspruch auf Herausgabe des Sicherungsgutes, sondern auf Sicherstellung der Befriedigung in dem vom Sicherungseigentümer geltend gemachten Umfang; es handelt sich dabei indes nicht um einen auf Herausgabe des Sicherungsgutes gerichteten Anspruch.

b) Judikatur des BGH

Der BGH[9] hatte in folgendem Fall zu entscheiden:

Die spätere Insolvenzschuldnerin hatte an ihre Kunden Heizkessel nebst Zubehör verkauft, die von der späteren Beklagten unter verlängertem und erweitertem Eigentumsvorbehalt geliefert worden waren. Am 13. Juni 2000 stellt die Schuldnerin Eigenantrag, woraufhin der spätere Kläger am selben Tag vom Insolvenzgericht zum vorläufigen Insolvenzverwalter bestimmt

[5] An anderer Stelle (WM 1999, 1141 ff.) habe ich darauf aufmerksam gemacht, welche Komplizierung die unterschiedliche Behandlung der verschiedenen Formen von dinglichen Rechten im neuen Insolvenzverfahren nach sich zieht. Hier kann dieser Gesichtspunkt allerdings vernachlässigt werden.

[6] *Lwowski/Tetzlaff*, in: Münch-Komm, 2. Aufl., 2008, Vor §§ 166 bis 173 Rn. 2.

[7] *Smid*, in: Leonhardt/Smid/Zeuner, InsO, 2. Aufl., 2010, § 166 Rn. 39; *Smid*, WM 1999, 1141, 1154.

[8] *Smid*, in: Leonhardt/Smid/Zeuner, InsO, 2. Aufl., 2010, § 166 Rn. 39; *Uhlenbruck*, in: Uhlenbruck, InsO, 12. Aufl. 2003, § 166 Rn. 1.

[9] BGH, Urt. v. 20.11.2003 – IX ZR 259/02 – DZWIR 2004, 205.

worden war. Nach einer Besprechung zwischen dem vorläufigen Insolvenzverwalter und der späteren Beklagten forderte die Lieferantin die Abnehmer der Insolvenzschuldnerin mit Schreiben vom 26. Juni 2000 auf, nicht mehr an diese, sondern an sie als Lieferantin zu zahlen. Die Lieferantin hat hieraus insgesamt ca. 280.000 DM erlangt, woraus sie als Feststellungspauschale ca. 11.000 DM an die Masse abgeführt hat. Der Insolvenzverwalter hat gegen die Beklagte auf Zahlung einer Verwertungskostenpauschale in Höhe von ca. 7.000 € geklagt. Zur Begründung hat er ausgeführt, die Beklagte habe durch ihr eigenmächtiges Vorgehen ihm die Einziehung der Forderung unmöglich gemacht und damit die Masse verkürzt.

Für den Senat stellte sich die Frage, wie es mit der Verwertungskostenpauschale wegen einer eigenmächtigen Einziehung nach Eröffnung des Insolvenzverfahrens über das Vermögen des Schuldners durch den Absonderungsberechtigten stehe. Ausgangspunkt der Erwägungen des Senats ist dabei § 166 Abs. 2 S. 1 InsO, nach dem das Einziehungs- und Verwertungsrecht an sicherungshalber abgetretenen Forderungen umfassend auf den Insolvenzverwalter übergeht[10]. Aufgrund dieser umfassenden Verwaltungs- und Verwertungsbefugnis des Insolvenzverwalters hat dieser die Möglichkeit, dem Absonderungsberechtigten die Forderung gem. § 170 InsO zur Verwertung im eigenen Namen zu überlassen. Sofern dies nicht erfolgt ist, handelt – wie der IX. Zivilsenat mit seinem Urteil vom 20.11.2003 erneut feststellt – der Absonderungsberechtigte objektiv rechtswidrig. Der Masse, der jedenfalls die Kosten der Feststellung des Absonderungsrechts erwachsen sind, haftet der Absonderungsberechtigte daher auf die Feststellungspauschale, die im Fall des Urteils vom 20.11.2003 allerdings jedenfalls an die Masse gezahlt worden ist, nicht jedoch auf die Verwertungskostenpauschale.

Der IX. Zivilsenat klärt in dieser Entscheidung, ob sich aus dem rechtswidrigen Verhalten des Absonderungsberechtigten rechtliche Folgen ergeben, aus denen die Forderung einer Verwertungskostenpauschale gerechtfertigt werden könnte. Dabei greift der Senat auf die Struktur zurück, die der Gesetzgeber dem Recht der Kostenbeteiligung im Insolvenzverfahren gegeben hat. Ausschlaggebend ist insofern, dass der Gesetzgeber den Vorstellungen der Kommission für Insolvenzrecht nicht gefolgt ist, in deren Berichten dem Gedanken einer Vorrangstellung der Absonderungsberechtigten im Insolvenzverfahren Rechnung tragend den gesicherten Gläubigern einen Anteil am Verwertungserlös als Verfahrensbeitrag zu Gunsten der freien Masse abgezogen werden sollte. Demgegenüber ist der Reformgesetzgeber dem Veranlassungsprinzip jedenfalls insoweit gefolgt, als die Verfahrenskostenbeiträge dazu dienen sollen, den Abfluss zu kompensieren, den die freie Masse dadurch erleidet, dass von ihr die Kosten getragen werden, die durch

[10] BGH, Urt. v. 20.2.2003 – IX ZR 81/02 – WM 2003, 694, 695.

die Feststellung und bei der Verwertung von Gegenständen mit Absonderungsrechten entstehen. Soweit der absonderungsberechtigte Gläubiger gegen die durch § 166 InsO statuierte Zuständigkeitsordnung verstößt und somit rechtswidrig handelt, greift der Absonderungsberechtigte in die Soll-Masse ein. Der IX. Zivilsenat hat in diesem Zusammenhang § 166 InsO ausdrücklich als Schutzgesetz zu Gunsten der Gläubigergesamtheit qualifiziert, so dass der Insolvenzverwalter für die Masse solche Vermögensschäden gegen den Absonderungsberechtigten geltend machen kann, die dieser durch die eigenmächtige Verwertungshandlung verwirklicht hat. Im Rahmen sowohl des § 166 Abs. 1 als auch des Abs. 2 InsO lässt sich dabei daran denken, dass der Absonderungsberechtigte durch seine Verwertungshandlung einen geringeren Erlös erzielt hat, als er durch den Insolvenzverwalter hätte erzielt werden können. Einen entsprechenden Differenzbetrag soll der Absonderungsberechtigte der Masse als Schadenersatz schulden. Diese Hilfserwägung des BGH überzeugt nicht vollständig. Denn die Masse wird bei einer eigenmächtigen Verwertungshandlung des Absonderungsberechtigten weder mit höheren Verwertungskosten belastet noch entgeht ihr ein Differenzbetrag zwischen einem möglicherweise zu erzielenden und dem tatsächlich vom gesicherten Gläubiger erzielten Erlös. Für einen nach § 823 Abs. 2 BGB zu ersetzenden Schaden lässt sich insofern wenig erkennen. Nachvollziehbarer ist dagegen die Erwägung des IX. Zivilsenats, der ausführt „der eigenmächtig vorgehende Gläubiger handele insoweit auf eigene Gefahr". Denn insofern kann es allein darauf ankommen, dass für den Falle einer ungünstigeren Form der Verwertung der Absonderungsberechtigte das Quoteninteresse der ungesicherten Gläubiger nicht dadurch beeinträchtigt, dass er ggf. gem. § 52 InsO einen höheren Ausfall als im Falle der Verwertung durch den Insolvenzverwalter zur Tabelle anmeldet. Interessant sind die Ausführungen des IX. Zivilsenats dagegen im Fall des § 166 Abs. 1 InsO. Verwertet nämlich der gesicherte Gläubiger Gegenstände, an denen er Sicherungseigentum hat, eigenmächtig – z.B. dadurch, dass er sie gegen den Willen des Insolvenzverwalters an sich bringt und weiter veräußert – hilft die vorliegende Entscheidung des BGH weiter. Es wird dadurch nämlich klar, dass der Absonderungsberechtigte gem. § 823 Abs. 2 BGB i.V.m. § 166 Abs. 1 InsO der Masse all diejenigen Schäden zu ersetzen hat, die daraus erwachsen, dass der Insolvenzverwalter mit dem Absonderungsgut nicht weiter verfahren kann. Hierzu aber zählt u.a. auch die „Verwertung" durch Gebrauch des Absonderungsgutes.

2. *Vorkonkursliche Verwertung des Sicherungsgutes*

Der Sicherungseigentümer, der sein Recht vom Sicherungsgeber unter Anwendung der Vorschriften des § 930 BGB erworben hat, kann doch auch vor Eröffnung des Insolvenzverfahrens keinen Herausgabeanspruch als

Eigentümer aus § 985 BGB gegen den besitzenden Schuldner richten.[11] Denn der Sicherungseigentümer ist Inhaber eines besitzlosen Mobiliarpfandrechts; die Pfandsache herauszuverlangen setzt die nach Maßgabe der Sicherungsabrede zu bestimmende Pfandreife voraus. Daher ist der Sicherungseigentümer nach den Sicherungsabreden, die der Sicherungsübereignung zugrunde liegen, regelmäßig zur Verwertung der Sicherheiten nach Fälligstellung des Kredits und unter Androhung der Sicherheitenverwertung nach erfolglos verstrichener Frist zur Rückzahlung der Darlehensvaluta[12] berechtigt, die Sache zu verwerten. *Insofern* kann er die Herausgabe der Sache vom Sicherungsgeber begehren.

Diese Fragen werden klarer, wenn man sich die Befugnisse des Sicherungseigentümers außerhalb des Insolvenzverfahrens vor Augen führt: Nach den Sicherungsabreden – die den Inhalt des Sicherungseigentums konstituieren – ist der Sicherungseigentümer anders als der „Volleigentümer" durchaus nicht berechtigt, die Sachen nach Belieben (§ 903 BGB) zu gebrauchen, zu derelinquieren oder dergleichen mehr. Das ist evident; der Sicherungseigentümer kann die Herausgabe nur zur Verwertung betreiben. Sieht die Sicherungsabrede die Befugnis des Sicherungsnehmers zur „Übernahme", d.h. der Aneignung des Sicherungsgutes vor, handelt es sich auch dabei um einen Akt der Verwertung des Sicherungsgutes. Anders ausgedrückt steht dem Sicherungseigentümer auch dann nicht das Recht zu, das Nutzungspotenzial der Sache auszubeuten.[13] Er hat allein und ausschließlich die Befugnis zu ihrer Verwertung. Darin liegt die Parallelität zwischen dem Sicherungseigentum und dem Inhaber eines rechtsgeschäftlich erworbenen Pfandes. Die Nichteinhaltung der Rückzahlungsfrist kann Schadensersatzansprüche des Kunden auslösen[14]. Die in diesem Rahmen vorgenommene Verwertung des Sicherungsgutes durch den Sicherungsgeber setzt im Allgemeinen die Herausgabe des Sicherungsgutes durch den Sicherungsnehmer voraus, die vom Sicherungsnehmer gegenüber dem Sicherungsgeber unter den genannten Voraussetzungen verlangt werden kann[15].

Mit der Verwertung durch den Sicherungseigentümer wird indes, anders als vor Inkrafttreten der Insolvenzordnung im Schrifttum behauptet[16], das Verwertungsrecht eines – später – eingesetzten Insolvenzverwalters durchaus nicht gegenstandslos. Denn selbst wenn der Sicherungsfall eingetreten ist, alle Voraussetzungen für den sich aus der Sicherungsabrede ergebenden An-

[11] Eingehend hierzu *Smid*, ZInsO 2009, 1721, 1724 ff.; *ders.*, in: Gedächtnisschrift für Jörn Eckert, 867, 879 ff.
[12] *Obermüller*, Insolvenzrecht in der Bankpraxis, 5. Aufl., 1997, Rn. 6.241.
[13] Statt aller *Reinicke/Tiedtke*, Kreditsicherung, 4. Aufl., 2000, Rn. 541.
[14] *Obermüller*, Insolvenzrecht in der Bankpraxis, 5. Aufl., 1997, Rn. 6.249.
[15] *Obermüller*, Insolvenzrecht in der Bankpraxis, 5. Aufl., 1997, Rn. 6.232.
[16] So auch *Hess/Pape*, InsO und EGInsO, 1995, Rn. 560.

spruchs des Sicherungseigentümers auf Herausgabe des Sicherungsgutes an ihn zu dessen Verwertung gegeben sind, ist der Sicherungseigentümer schon vor Eröffnung des über das Vermögen eröffneten Insolvenzverfahrens nicht zur Selbsthilfe berechtigt, um sich in den Besitz des Sicherungsgutes zu setzen. Umso weniger wäre dies im eröffneten Insolvenzverfahren der Fall.

3. Ansprüche des Sicherungseigentümers in dem über das Vermögen des Sicherungsgebers eröffneten Insolvenzverfahren

Die abgesonderte Befriedigung des Sicherungseigentümers ist daher nicht auf Herausgabe des Absonderungsgutes zum Zwecke der Verwertung durch den Sicherungsnehmer gerichtet, sondern auf Partizipation an dem durch die Verwertung durch den Insolvenzverwalter erzielten Erlös, § 170 Abs. 1 InsO.[17] Da von dem auszukehrenden Verwertungserlös Verfahrenskostenbeiträge gem. § 171 InsO in Abzug zu bringen sind.[18] Nun wurden auch nach altem Recht im Rahmen von Verwertungsvereinbarungen seitens der gesicherten Gläubiger Verfahrenskostenbeiträge an die Masse abgeführt. Dies zu vereinbaren lag aber im wirtschaftlichen Kalkül des Absonderungsberechtigten; nach nunmehr geltendem Recht hat der gesicherte Gläubiger keinen Einfluss auf Verfahrenskostenbeiträge. Das macht die Verwertung des Sicherungsgutes durch den Insolvenzverwalter für die gesicherten Gläubiger in einer Reihe von Verfahren zum Problem.

Verfahrenskostenbeiträge sind von den gesicherten Gläubigern indes unter der Voraussetzung zu leisten, dass der Verwalter Besitz an der sicherungsübereigneten Sache erlangt, § 166 Abs. 1 InsO.[19] Es kann nach alledem für den Inhaber eines besitzlosen Mobiliarpfandes attraktiv sein, sich in den Besitz des Absonderungsgutes zu setzen, um Verfahrenskostenbeiträge zu sparen; höchstrichterliche Entscheidungen, denen Fälle zugrunde liegen, in denen dies in der Tat versucht worden ist, belegen dies.

4. Rechtswidrige Verwertung von Gegenständen besitzloser Mobiliarsicherheiten in der höchstrichterlichen Judikatur – eine Übersicht

In der Judikatur des BGH ist in den vergangenen Jahren mehrfach das Verhältnis von Anfechtungsrecht und der Rechtsausübung durch den absonderungsberechtigten Gläubiger in der kritischen Zeit vor Antragstellung gegen oder durch den Insolvenzschuldner präziser gefasst worden. Dabei hat der

[17] Vgl. FK, *Wegener*, InsO, §§ 170, 171 Rn. 1; zum Erlösbegriff vgl. *Lwowski/Tetzlaff*, in: MünchKomm, 2. Aufl., 2008, § 170 Rn. 27.

[18] Grundgedanke des Kompensations- bzw. Kostenverursachungsprinzips; vgl. in: *Gottwald/Adolphsen*, in Kölner Schrift zur InsO, 2. Aufl. 2002, S. 1043, 1074, 1075.

[19] *Smid*, Kreditsicherheiten in der Insolvenz, 2. Aufl. 2008, § 20 Rn. 11.

IX. Zivilsenat des BGH insbesondere in einer Entscheidung aus dem Jahr 2004[20] darauf erkannt, dass die Ansichtnahme eine sicherungsübereigneten Fahrzeugs durch die finanzierende Bank als Sicherungseigentümerin in der kritischen Zeit vor Stellung des Eröffnungsantrages nicht dazu führt, dass eine Gläubigerbenachteiligung vorliegt. Denn insbesondere stelle der Umstand, dass der Masse Verfahrenskostenbeiträge des gesicherten Gläubigers entgingen keinen Nachteil der Gläubiger dar, da mit den Verfahrenskostenbeiträgen gem. § 171 InsO allein die tatsächlich durch wirklich anfallende Verfahrenskosten entstehende Nachteile kompensiert werden sollten; kommt es aber nicht zu Verwertungshandlungen des Verwalters, käme eine solche Kompensation der Sache noch nicht in Betracht. In einer weiteren Entscheidung aus dem Jahr 2007[21] hat der BGH diese Entscheidung für Sachverhalte relativiert, in denen das Sicherungsgut in der kritischen Zeit vom Sicherungseigentümer an sich gebracht, aber erst im eröffneten Verfahren verwertet worden ist, so dass aufgrund der Doppelumsatztheorie des BFH[22] die durch die Verwertung entstehende Umsatzsteuer der Masse zur Last falle. Der IX. Zivilsenat hat dazu darauf erkannt, dass die Masse in diesen Fällen in der Tat benachteiligt werde. Bereits die Entscheidung aus dem Jahr 2004 hat Bedenken hervorgerufen, da eine Gläubigerbenachteiligung sich daraus ergeben kann, dass der Masse Produktionsmittel entzogen werden, deren Nutzung durch den Insolvenzverwalter zur Erlangung von Neuerwerb für die Masse hätte einsetzen können.

In einem solchen Fall, in dem tatsächlich Produktionsmittel – nämlich zwei Schweißroboter – der späteren Insolvenzmasse dadurch entzogen worden sind, dass die Sicherungseigentümerin bei der späteren Insolvenzschuldnerin wenig Wochen vor Eröffnung des Insolvenzverfahrens die Sachen abgeholt hat, hatte das OLG Frankfurt/M. im Jahr 2009 zu entscheiden.[23]

Insolvenzanfechtungsansprüche sind in derartigen Fällen von erheblicher Bedeutung, da sie nach der allgemeinen gesetzlichen Frist – also in drei Jahren nach Eröffnung des Insolvenzverfahrens – vom Insolvenzverwalter geltend gemacht werden können.

[20] BGH, Urt. v. 23.9.2004 – IX ZR 25/03 – DZWIR 2005, 123 ff.

[21] BGH, Urt. v. 29.3.2007 – IX ZR 27/06 – ZInsO 2007, 605 ff.

[22] Vgl. zur Doppelumsatztheorie ausführlich *Smid*, DZWIR 2009, 89 ff.; ferner BFH, Beschl. v. 13.02.2004 – V B 110/03 – BFH/NV 2004, 832–833.

[23] OLG Frankfurt, Urt. v. 23.09.2009 – U 60/09 – ZVI 2009, 498–503.

II. Possessorische Befugnisse des Insolvenzverwalters

1. *Vinkulierung des Sicherungsgutes an das schuldnerische Unternehmen*

Bricht ein *Dritter* den Besitz des Insolvenzverwalters, ist unzweifelhaft, dass dieser wie jeder andere in seinem Besitze gestörte (unmittelbare) Besitzer einen possessorischen Anspruch auf Wiedereinräumung des Besitzes gegen den Störer geltend zu machen berechtigt ist[24]. Das hat nichts mit dem insolvenzrechtlichen Verwertungsrecht an Sicherungsgut zu tun, sondern beruht auf den allgemeinen bürgerlich rechtlichen Regelungen des Besitzrechts.

Im Schrifttum[25] wird daher zutreffend ausgeführt, dass sich die Verwertungsbefugnis des Verwalters gem. § 166 Abs. 1 InsO auch auf solche Gegenstände erstrecke, deren Besitz dem Schuldner gegen seinen Willen entzogen worden ist. Das folgt allerdings nicht aus § 166 Abs. 1 InsO, sondern bereits aus § 148 InsO.[26] Denn der Insolvenzverwalter hat sich in den Besitz der Masse zu setzen, um die Wahrnehmung seiner Verwertungsaufgabe (§ 159 InsO[27]) sicherstellen zu können. Dazu gehört auch, dass er gegen eine zu Lasten der Masse verübte verbotene Eigenmacht vorgeht und possessorische Befugnisse ausübt.[28]

Eines Rückgriffs auf Gedanken einer Vinkulierung des Sicherungsgutes an das schuldnerische Unternehmen bzw. auf Zwecke der Betriebsfortführung bedarf es in diesem Zusammenhang nicht. Im eröffneten Verfahren setzt sich aber der *Sicherheitennehmer* einer possessorischen Klage aus, wenn er unter Bruch des durch § 148 Abs. 1 InsO begründeten Besitzes des Insolvenzverwalters das Sicherungsgut eigenmächtig an sich bringt:

Lässt die der Sicherungseigentümer durch ein „Rollkommando" Sicherungsgut in Gestalt einer Maschine an sich bringen, greift daher § 861 BGB ein. Und werden deren Handlanger auf frischer Tat betroffen, können die Voraussetzungen von Besitzwehr und -kehr vorliegen. Typischerweise werden solche Maßnahmen vor Eröffnung des Insolvenzverfahrens, nicht selten mit Zustimmung des Schuldners, durchgeführt. Wird die sicherungsübereignete Sache vom Schuldner und Sicherungsgeber an den Sicherungseigentümer herausgegeben, kommen possessorischen Ansprüche selbstredend wegen der Aufgabe des Besitzes durch den Besitzer nicht in Betracht. Im

[24] *Häsemeyer*, Insolvenzrecht, 3. Aufl., 2003, Rn. 13.47.

[25] *Klasmeyer/Elsner/Ringstmeier*, in: Kölner Schrift zur InsO, 2. Aufl., 2000, 1083, 1087 Rn. 17.

[26] Vgl. *Füchsl/Weishäupl*, in: MünchKomm-InsO, 1. Aufl., 2002, § 148 Rn. 1.

[27] Zur Verwertungspflicht *Görg*, in: MünchKomm-InsO, 1. Aufl., 2002, § 159 Rn. 3 ff.; *Diethmar* in: Braun, InsO, 3. Aufl., 2007, § 159 Rn. 2.

[28] *Füchsl/Weishäupl*, in: MünchKomm-InsO, 1. Aufl., 2002, § 148 Rn. 35 f.

eröffneten Insolvenzverfahren ist der Insolvenzverwalter dann auf die Geltendmachung von Anfechtungsansprüchen angewiesen.

2. *Ausschluss einer petitorischen Widerklage des Sicherungseigentümers gegen das possessorium des Insolvenzverwalters*

Gegen das possessorische Herausgabeverlangen des Insolvenzverwalters kann sich der Sicherungsnehmer auch nicht mit einer petitorischen Widerklage[29] zur Wehr setzen.

Freilich die Rechtsprechung des BGH lässt gegen die possessorische Klage des Besitzers bekanntlich die petitorische Widerklage des Eigentümers zu. Dies mag man kritisieren[30], weil damit das possessorium als Instrument des Friedensschutzes[31] ausgehöhlt wird; mit der höchstrichterlichen Judikatur ist indes jedenfalls zu rechnen. In dem hier zu erörternden Zusammenhang kann sie aber dahingestellt bleiben, da sie im Verhältnis zwischen dem Sicherungseigentümer und dem Insolvenzverwalter ins Leere läuft: Eine Herausgabeklage des Sicherungseigentümers gegen den Insolvenzverwalter hat nicht allein der Sache nach keine Aussicht auf Erfolg mehr, sondern ist nach geltendem Recht unzulässig.[32] Dies ist ein Teil der dem Rechtsinstitut des Sicherungseigentums innewohnenden Schranken und keine bloße, einen dinglichen Herausgabeanspruch des Sicherungseigentümers hemmende Einwendung nach § 986 BGB.[33]

3. *Wahrnehmung der possessorischen Ansprüche des Schuldners durch den im über sein Vermögen eröffneten Insolvenzverfahren bestellten Insolvenzverwalter*

Denn der Sicherungseigentümer kann sich *wegen* der sowohl vorkonkurslich wie nach Erlass des Eröffnungsbeschlusses greifenden Vinkulierung des Sicherungsgutes an das schuldnerische Unternehmen nur unter der Voraussetzung auf sein Eigentum an der sicherungsübereigneten Sache berufen, dass er nach Maßgabe der Sicherungsabrede den Kredit fällig gestellt und die Sicherheitenverwertung angedroht hat. Wurde die verbotene Eigenmacht des Sicherungsnehmers gegenüber dem Schuldner zur Durchsetzung der fälligen

[29] Die petitorische Widerklage wird vom BGH (Urt. v. 21.02.1979 – VII ZR 88/78 – BGHZ 73, 355, 357) für zulässig gehalten; dagegen zu Recht krit. *Spiess*, JZ 1979, 717 ff.

[30] *Bund*, in: Staudinger, BGB, 2007, § 863 Rn. 8; in bestimmten Fällen auch *Joost*, in: MünchKomm-BGB, 4. Aufl., 2004, § 863 Rn. 10 a.E.; zusammenfassend *Amend*, JuS 2001, 124, 128.

[31] Eingehend *Bund*, in: Staudinger, BGB, 2007, Vorbem. zu §§ 854 ff. Rn. 17.

[32] H.L.: *Wittkowski*, in: Nerlich/Römermann, InsO, § 86 Rn. 7 a.E.; widersprüchlich *Eickmann*, in: Heidelberger Kommentar-InsO, 4. Aufl., 2006, § 86 Rn. 4 a.E. und Rn. 8.

[33] *Smid*, Kreditsicherheiten in der Insolvenz, 2. Aufl. 2008, § 16 Rn. 55.

Herausgabepflicht verübt, mag eine petitorische Widerklage überhaupt in Betracht kommen, würde aber regelmäßig daran scheitern, dass der Sicherungsnehmer dann nach § 130 Abs. 1 InsO den Besitz am Sicherungsgut in anfechtbarer Weise erlangt hat. Denn er konnte die Sicherheit nicht in dieser Weise beanspruchen, und die verbotene Eigenmacht lässt auch in den Fällen der Nrn. 2 und 3 des § 130 Abs. 1 InsO darauf schließen, dass dem Sicherungsnehmer die „Krise" bekannt war. Da der Insolvenzverwalter aber als Partei kraft Amtes die Rechte des Gemeinschuldners gegen Dritte ausübt, mithin auch possessorische Ansprüche gegen Dritte zu verfolgen hat, stellt sich insofern die Frage des Verwertungsrechts nach § 166 Abs. 1 InsO als Problem der Rückerlangung des Besitzes am Sicherungsgut.

4. Frist, § 864 BGB

Possessorische Ansprüche nach § 861 BGB sind demgegenüber in Jahresfrist nach der verbotenen Eigenmacht geltend zu machen. Nach § 864 BGB erlischt der prozessorische Anspruch nach Ablauf dieses Zeitraums. Der Verwalter müsste daher, um solche prozessorischen Ansprüche geltend zu machen, gegebenenfalls sehr kurzfristig nach der Eröffnung des Insolvenzverfahrens die possessorische Klage erheben.[34]

III. Geltendmachung vorrangiger besitzloser Pfandrechte durch den Insolvenzverwalter gegenüber dem Sicherungseigentümer

In dem vom OLG Frankfurt[35] entschiedenen Fall hatte der Sicherungsgeber die sicherungsübereigneten Maschinen zuvor in die von einem Dritten angemieteten Betriebsräume eingebracht. Der Insolvenzverwalter, wie das OLG Frankfurt überzeugend ausführt, kann grundsätzlich gestützt auf § 166 Abs. 1 InsO Ansprüche auf Herausgabe der sicherungsübereigneten Maschinen geltend machen, wenn diese durch Einbringung in Räume eines Vermieters des Insolvenzschuldners vom Vermieterpfandrecht nach § 562b Abs. 2 BGB erfasst werden.

Allerdings ist es zweifelhaft, ob, solange der Insolvenzverwalter keinen Besitz an den Gegenständen erlangt hat, an denen ein Vermieterpfandrecht besteht, ihm auf das Vermieterpfandrecht gestützte Herausgabeansprüche gegen einen Dritten zustehen.[36] Zudem ist das Vermieterpfandrecht nach

[34] *Smid*, Kreditsicherheiten in der Insolvenz, 2. Aufl. 2008, § 22 Rn. 2ff.
[35] OLG Frankfurt, Urt. v. 23.09.2009 – U 60/09 – ZVI 2009, 498–503.
[36] Zum Meinungsstreit: siehe *Smid*, Anmerkung zum Urteil des OLG Frankfurt 4. Zivilsenat vom 23.9.2009 – 4 U 60/09 in: jurisPR – InsR 3/2010 Anm. 5.

§ 562b Abs. 2 S. 2 BGB erloschen, wenn – bejaht man seine Legitimation – der Insolvenzverwalter nicht binnen eines Monats nach Erlangung der Kenntnis von der Entfernung der Gegenstände Klage erhoben hat.

IV. Deliktische Ansprüche der Masse wegen Verletzung des § 166 InsO als Schutzgesetz

1. Fragestellung

Ist die Frist des § 864 BGB abgelaufen oder hat – vor Eröffnung des Insolvenzverfahrens – der Schuldner als Sicherungsgeber dem Sicherungseigentümer Besitz am Sicherungsgut verschafft, steht nicht ein possessorischer Anspruch, sondern stehen allein Schadenersatzansprüche zur Prüfung, die aber auch für den Fall einer verbotenen Eigenmacht des Sicherungseigentümers im Zeitraum vor Eröffnung des Insolvenzverfahrens über das Vermögen des Schuldners und Sicherungsgebers in Betracht kommen können.

2. Schutzgesetzverletzung

Der BGH[37] hat – allerdings im Zusammenhang der Einziehung von sicherungszedierten Forderungen nach Eröffnung des Insolvenzverfahrens über das Vermögen des Sicherungszedenten – darüber zu entscheiden gehabt, ob eine nach Eröffnung des Insolvenzverfahrens über das Vermögen des Insolvenzschuldners an den Sicherungszessionar erfolgte Zahlung den Drittschuldner von seiner Schuld befreit. Hierüber ist im Schrifttum[38] bekanntlich gestritten und auch von einer Meinung[39] behauptet worden, der Drittschuldner leiste in diesen Lagen mit der Wirkung des § 362 Abs. 1 BGB, da der Sicherungszessionar „jedenfalls" die Rechtszuständigkeit für den Erhalt der Leistung letztendlich habe; dabei komme es nicht darauf an, dass von dem durch Einziehung erzielten Erlös der Forderung ein Verfahrenskostenbeitrag in Abzug zu bringen sei, der im Falle der Einziehung durch den Sicherungszessionar ja ohnedies auf den Feststellungsbeitrag zu beschränken sei. Insoweit hat der BGH seine frühere Judikatur aufrechterhalten, wonach sich die Einziehung durch den Sicherungszessionar jedenfalls im eröffneten Insolvenzverfahren mit der Folge als rechtswidrig darstellt, dass wegen einer Verletzung des § 166 Abs. 2 InsO als Schutzgesetz i.S.v. § 823 Abs. 2 BGB wegen der durch die rechtswidrige Einziehung ausgelösten Schäden ein deliktischer

[37] BGH, Urt. v. 23.4.2009 – IX ZR 65/08 – ZInsO 2009, 1058 ff.
[38] *Häcker* NZI 2002, 409 ff.
[39] Krit. dagegen *Smid*, Kreditsicherheiten in der Insolvenz, 2. Aufl. 2008 Rn. 2, 66 ff.

Schadenersatzanspruch des Insolvenzverwalters zugunsten der Masse gegen den Sicherungszessionar begründet werde.

Liegt bereits mit der Forderungseinziehung durch den Sicherungszessionar (regelmäßig) eine unerlaubte Handlung vor, gilt dies umso mehr, wenn der Sicherungseigentümer den Besitz der Sache im Wege verbotener Eigenmacht an sich bringt.

3. *Schaden*

a) Zuschlag zur Regelvergütung gem. § 3 Abs. 1 lit. a) InsVV

Der Schaden kann in einem solchen Fall zunächst schon deshalb entstehen, weil den Insolvenzverwalter jedenfalls Arbeit und demzufolge die Masse Belastungen wegen der Prüfung der Rechtslage treffen. Die Behandlung der Aus- und Absonderungsrechte kann eine erhebliche zusätzliche Belastung des Insolvenzverwalters darstellen. Daher kann es gerechtfertigt sein, dem Verwalter gemäß § 3 Abs. 1 lit. a) InsVV hierfür einen Zuschlag auf die Regelvergütung nach § 2 Abs. 1 InsVV zu gewähren.[40]

Allerdings betrifft die Zuschlagsregelung nur die Bearbeitung von Aus- oder Absonderungsrechten. Damit ist die Auseinandersetzung des Insolvenzverwalters mit den entsprechenden Rechten, den Rechtsinhaber, ihrer Berechtigung usw. gemeint, nicht jedoch die Behandlung der einzelnen, mit Aus- und Absonderungsrechten belasteten Gegenstände, sofern die lastenden Rechte keine Erschwernis darstellen. Die Behandlung der Aus- und Absonderungsrechte muss zudem einen erheblichen Teil der Gesamttätigkeit des Insolvenzverwalters ausgemacht haben. Die Erheblichkeit der Behandlung der Aus- und Absonderungsrechte ergibt sich dabei aus einem Vergleich zwischen der besonderen Tätigkeit aufgrund der Aus- und Absonderungsrechte und der übrigen Tätigkeit, nicht aber ohne weiteres aus dem Verhältnis von Fremdrechten zum unbelasteten Vermögen oder der Zahl der Berechtigten gegenüber den normalen Insolvenzgläubigern. Auch die Befassung mit einem einzigen Absonderungsrecht kann zu einer erheblichen Belastung des Insolvenzverwalters führen. Erst dann, wenn der Insolvenzverwalter durch die Bearbeitung stärker als einem durchschnittlichen Insolvenzverfahren üblicherweise belastet wird, ist ein Zuschlag nach § 3 Abs. 1 lit. a InsVV gerechtfertigt.

b) Störung der Betriebsfortführung durch den Insolvenzverwalter

In diesem Zusammenhang sollte im Übrigen nicht übersehen werden, dass sich die verbotene Eigenmacht des Sicherungsnehmers zugleich als Eingriff in den eingerichteten und ausgeübten Gewerbebetrieb darstellen kann. Das

[40] *Smid*, Kreditsicherheiten in der Insolvenz, 2. Aufl. 2008, § 20 Rn. 83; BGH, Urt. v. 11.7.2002 – IX ZR 262/01 – DZWIR 2002, 464 mit Anm. *Becker*.

wäre zunächst überraschend, würde man von einem Bild des im Wege der Vermögensliquidation durch zerschlagende Veräußerung geprägten Konkurses ausgehen. Dieses Bild war aber bereits unter Geltung der Konkursordnung nicht mehr richtig.

Hat der Sicherungseigentümer die verbotene Eigenmacht vor Erlass des Eröffnungsbeschlusses begangen, kann dies im Zusammenhang der Betriebsfortführungs*pflicht* des nach §§ 21 Abs. 2 Nr. 2, 1. Var., 22 Abs. 1 InsO bestellten vorläufigen Verwalters eine Rolle spielen. Dem nach § 22 Abs. 1 InsO oder auch nach § 22 Abs. 2 InsO zur Wahrnehmung der Rechte des schuldnerischen Unternehmensträgers ermächtigte vorläufige Verwalter kann dann quasinegatorische Ansprüche gem. § 1004 Abs. 1 i.V.m. § 823 Abs. 1 BGB geltend machen.

Fallen die Maschinen aus dem operativen Betrieb des insolvenzschuldnerischen Unternehmens heraus, können damit die zukünftigen Erwerbsmöglichkeiten aufgrund einer Fortführung des Betriebes oder einer Veräußerung als ganzes geschmälert werden. Wird der technisch organisatorische Verbund des Schuldnervermögens beeinträchtigt, kann damit die Masse geschmälert werden.

V. Verwertung des Sicherungsgutes durch den Sicherungsnehmer nach Verfahrenseröffnung

1. *„Grundfall" des BGH*

Von dem *Sicherheitenerwerb* (außerhalb und innerhalb bzw. mittels Sicherheitenpools) unterscheidet der BGH[41] aber die Verwertung des Sicherheitengutes vor Eröffnung des Insolvenzverfahrens über das Vermögen des Sicherungsgebers:

Nach Eigenantrag des Schuldners nahm mit dessen Zustimmung die Sicherungseigentümerin des Pkw diesen an sich und veräußerte ihn an einen Dritten. Im Wege der Anfechtungsklage nahm der im später eröffneten Verfahren bestellte Insolvenzverwalter die Sicherungseigentümerin auf den der Masse entgangenen Feststellungskostenbeitrag gem. § 171 Abs. 1 InsO in Anspruch.

Der BGH erachtete dies Begehren für rechtlich unbegründet, da der Herausgabeanspruch der Sicherungsnehmerin gegen den Schuldner fällig und die Besitzerlangung am Sicherungsgegenstand daher kongruent gewesen sei. Im Übrigen stützte sich der BGH auf seine vorangegangene Rechtsprechung, in der er zwei Eckpfeiler der Behandlung der Verfahrenskostenbeiträge errichtet hatte:

[41] BGH, Urt. v. 23.9.2004 – IX ZR 25/03 – DZWIR 2005, 123 ff.

Im Juli 2002[42] ging es um die Mitwirkung des Insolvenzverwalters an der Verwertung einer sicherungszedierten Lebensversicherung; der Verwalter kündigte die Lebensversicherung, um deren Auszahlung an die Sicherungszessionarin zu ermöglichen und verlangte hierfür einen Verwertungskostenbeitrag in Höhe einer Gebühr aus – damals – § 118 BRAGO.[43] Der BGH wies dies Ansinnen mit der Begründung zurück, es könne allein der wirkliche Verwertungsaufwand, also die Schreib- und Portikosten geltend gemacht werden. Denn § 171 InsO läge nicht ein Prinzip abstrakter Massemehrung zugrunde. Vielmehr beruhe diese Vorschrift auf dem Kompensationsgedanken, die Teilungsmasse von den Verwertungskosten zu entlasten, die wirtschaftlich betrachtet zugunsten gesicherter Gläubiger entstehen.[44] In einem weiteren Urteil aus dem Februar 2003[45] hatte der IX. Zivilsenat darauf erkannt, dass Verwertungsmaßnahmen durch den vorläufigen Verwalter nach geltendem Recht keine Verfahrenskostenbeiträge zur Masse rechtfertigen.[46] Vor dem Hintergrund dieser Entscheidungen erscheint auch das Urteil vom 23.9.2004 nachvollziehbar, zumal der BGH dort ausführt, eine Insolvenzanfechtung der Inbesitznahme des Sicherungsgutes komme schon deshalb nicht in Betracht, weil die §§ 130, 131 InsO nur auf Insolvenzgläubiger, nicht aber Absonderungsberechtigte zur Anwendung kämen.[47] Damit wird aber ausgeblendet, dass der Absonderungsberechtigte in mit dem möglichen Ausfall der gesicherten Forderung nach § 52 InsO auch als Insolvenzgläubiger am späteren Verfahren teilnimmt. Der Erlös, den er durch die Verwertung erzielt, tilgt seine Forderung. Gleichwohl scheint es auf den ersten Blick selbstverständlich, dass die damit verbundene „Benachteiligung“ der anderen Insolvenzgläubiger für sich genommen eine Insolvenzanfechtung nicht zu tragen vermag. Denn diese Ungleichbehandlung liegt gleichsam in der Natur der Sache – sie beruht auf dem im Übrigen unanfechtbaren Erwerb der Sicherheit, der überhaupt nur den Sinn hat, eine solche Ungleichbehandlung zu rechtfertigen.

Mit dem Kompensationszweck der Verfahrenskostenbeiträge gesicherter Gläubiger ist es aber nicht zu vereinbaren, dass die spätere Teilungsmasse[48] durch im Eröffnungsverfahren verwirklichte Verwertungshandlungen des Gläubigers Einbußen erleidet – weil der Insolvenzverwalter jedenfalls Feststellungen treffen muss, ob der mit der Inbesitznahme der Sache durch den Gläubiger verbundene Abfluss rechtlich in Ordnung ist oder nicht und damit

[42] BGH, Urt. v. 11.7.2002 – IX ZR 262/01 – ZIP 2002, 1630 ff.
[43] *Smid*, Kreditsicherheiten in der Insolvenz des Sicherungsgebers, 2004, § 2 Rn. 69.
[44] *Smid*, Kreditsicherheiten in der Insolvenz des Sicherungsgebers, 2004, § 2 Rn. 8.
[45] BGH, Urt. v. 20.2.2003 – IX ZR 81/02 – DZWIR 2003, 332 ff. = BGHZ 154, 72 ff.
[46] *Becker*, DZWIR 2003, 337; *Smid*, Kreditsicherheiten in der Insolvenz des Sicherungsgebers, 2004, § 2 Rn. 73a.
[47] BGH, Urt. v. 23.9.2004 – IX ZR 25/03 – DZWIR 2005, 123 f.
[48] Zum Begriff *Smid*, Praxishandbuch Insolvenzrecht, 4. Aufl., 2006, § 7 Rn. 11.

eine Mehrvergütung nach § 2 InsVV[49] zu Lasten der Masse festzusetzen ist. Mehr noch. Aufgabe der §§ 166 ff. InsO ist zwar die Überlagerung der Feststellungs- und Verwertungskosten von der Teilungsmasse auf die absonderungsberechtigten Gläubiger.[50] *Daneben* soll aber auch die Fortführung des schuldnerischen Unternehmens dadurch geschützt werden, dass die absonderungsberechtigten Gläubiger daran gehindert werden, ihnen sicherungsübereignete Gegenstände des schuldnerischen Anlagevermögens an sich zu bringen und damit einer Betriebsfortführung die sachlichen Voraussetzungen zu entziehen.[51] In dem vom BGH entschiedenen Fall[52] konnte dieser Gesichtspunkt freilich nicht hervortreten; wenn es sich nicht gerade um einen selbstständig tätigen Taxiunternehmer handelt wird die Verwertung eines Pkw, wie in dem Fall des BGH, oftmals allenfalls einen schwachen Bezug zu einer wie auch immer gearteten Betriebsfortführung aufweisen können. Für den IX. Zivilsenat jedenfalls lag er nicht nahe.

2. *Anfechtung der Verwertung des Sicherungsgutes durch den Sicherungsnehmer im eröffneten Insolvenzverfahren*

Einen Sonderfall stellt die vom BGH Ende 2007 entschiedene Fallgestaltung dar:

Der BGH[53] hat den Zusammenhang von Anfechtungsrecht und Rechtsausübung durch den absonderungsberechtigten Gläubiger in der kritischen Zeit vor Antragstellung gegen oder durch den Insolvenzschuldner präziser gefasst, als in der Vergangenheit deutlich geworden ist. Insbesondere standen sich die früheren Entscheidungen[54] in einer Weise gegenüber, die dem Verständnis der anfechtungsrechtlichen Dimensionen der Rechtsausübung durch den Sicherheitengläubiger im Vorfeld der Eröffnung des Insolvenzverfahrens über das Vermögen des Sicherungsgebers nicht hinreichend zuträglich war. In der Entscheidung vom 23.9.2004 ging es um die Verwertung des Sicherungsgutes durch den Sicherungsnehmer vor Eröffnung des Insolvenzverfahrens über das Vermögen des Sicherungsgebers. In der vorliegenden Entscheidung hat dagegen der Sicherungsnehmer das Sicherungsgut erst im

[49] *Smid*, in: Smid, InsO, 2. Aufl., 2001, § 2 InsVV Rn. 2.

[50] *Landfehrmann*, in: Heidelberger Kommentar-InsO, 4. Aufl., 2006, § 166 Rn. 6; *Lwowski*, in: MünchKomm-InsO, 2002, § 166 Rn. 6; *Uhlenbruck*, in: Uhlenbruck, InsO, 12. Aufl., 2003, § 166 Rn. 1.

[51] *Landfehrmann*, in: Heidelberger Kommentar-InsO, 4. Aufl., 2006, § 166 Rn. 4; *Lwowski*, in: MünchKomm-InsO, 2002, § 166 Rn. 2; *Uhlenbruck*, in: Uhlenbruck, InsO, 12. Aufl., 2003, § 166 Rn. 1.

[52] BGH, Urt. v. 23.9.2004 – IX ZR 25/03 – DZWIR 2005, 123 f.

[53] BGH, Urt. v. 29.3.2007 – IX ZR 27/06 – ZInsO 2007, 605 ff.

[54] BGH, Urt. v. 2.6.2005 – IX ZR 181/03 – DZWIR 2006, 29 ff. und BGH, Urt. v. 23.9. 2004 – IX ZR 25/03 – DZWIR 2005, 123 f.

eröffneten Verfahren verwertet. Der Entscheidung lag der im folgenden vereinfacht wiedergegebene Sachverhalt zugrunde:

Die Bank hatte der späteren Insolvenzschuldnerin den Erwerb von 10 Sattelaufliegern finanziert, die ihrer Kreditnehmerin zur Sicherheit übereignet wurden. Am 5.3.2003 teilte der Geschäftsführer der späteren Insolvenzschuldnerin der beklagten Bank mit, dass die Schuldnerin wohl „geschlossen" werden müsse, woraufhin sich die Bank die sicherungsübereigneten Fahrzeuge noch im gleichen Monat herausgeben ließ. Nach Eigenantragstellung der Schuldnerin am 1.4.2003 kündigte die Bank mit Schreiben vom 23.4.2003 die Darlehensverträge und drohte, für den Fall dass die spätere Insolvenzschuldnerin ihrer Pflicht zur Rückführung der Darlehen nicht nachkam, die Verwertung der Fahrzeuge an. Nach Eröffnung des Insolvenzverfahrens über das Vermögen der Insolvenzschuldnerin am 3.7.2003 verwertete die Bank die Fahrzeuge. Der erzielte Bruttoerlös betrug ca. 169.000 €. Diese verrechnete sie mit Forderungen gegen die Schuldnerin. Wegen der Veräußerung fiel Umsatzsteuer in Höhe von ca. 23.000 € an, die der klagende Insolvenzverwalter an das Finanzamt abführt, deren Erstattung er von der beklagten Bank begehrt.

Da nach der Doppelumsatztheorie des BFH erst mit der Veräußerung des Sicherungsgutes zwei umsatzsteuerpflichtige Vorgänge begründet werden, nämlich die Lieferung des Sicherungsgebers an den Sicherungsnehmer und – bei der Verwertung durch den Sicherungsnehmer wie im vorliegenden Fall – durch die Lieferung des Sicherungsnehmers an den Erwerber. Daraus wird aufgrund des als Lieferung des Sicherungsgebers an den Sicherungsnehmer gewerteten Vorgangs Umsatzsteuer als Masseverbindlichkeit i.S.v. § 55 Abs. 1 Nr. 1 Alt. 2 InsO (der IX. Zivilsenat spricht in diesem Zusammenhang [auf Punkt 8 der Entscheidung] missverständlich von Massekosten) fällig. Diese ist aus der freien Masse an das Finanzamt abzuführen. Hätte der Sicherungsnehmer dem Schuldner den Besitz an der Sache belassen, hätte der Verwalter mit Eröffnung des Insolvenzverfahrens Besitz am Sicherungsgut gem. § 148 Abs. 1 InsO in der Folge erlangt, dass er gem. § 166 Abs. 1 InsO zur Verwertung der Sache berechtigt gewesen wäre. Von dem an den Sicherungsnehmer gem. § 170 InsO abzuführenden Verwertungserlös wäre dann u.a. auch nach § 171 Abs. 3 S. 3 InsO die Umsatzsteuer in Abzug zu bringen gewesen. Gleiches gilt, wenn in der zur Verwertung in der Sache gem. § 166 Abs. 1 InsO berechtigte Insolvenzverwalter diese nach § 170 Abs. 2 InsO dem absonderungsberechtigten Gläubiger zur Verwertung überlässt. § 170 Abs. 2 InsO verweist insoweit auf § 171 Abs. 2 S. 3 InsO. Bislang streitig war, was zu geschehen hat, wenn der Sicherungsnehmer nach Eröffnung des Insolvenzverfahrens die Sache verwertet, er aber den Besitz am Sicherungsgut nicht vom „an sich" gem. § 176 Abs. 1 InsO verwertungsbefugten Insolvenzverwalter, sondern vor Eröffnung des Insolvenzverfahrens vom Schuldner erlangt hat. Für diesen Fall ist ein Streit darüber geführt worden, ob § 170 Abs. 2 InsO entsprechend angewendet werden kann und muss[55], oder ob dies aufgrund der Anforderungen des § 176 Abs. 1 InsO abzulehnen sei[56]. Der BGH meint, der hier vorliegende Fall, in dem der Absonderungsberechtigte den Besitz an sicherungsübereigneten Gegenständen vor Eröffnung des Verfahrens erlangt und erst nach Eröffnung Verwertungshandlungen durchführt, sei im Gesetzgebungsverfahren nicht bedacht worden. Zwar habe ein Antrag der SPD-Fraktion zu dem heutigen § 170 InsO vorgelegen, der für einen jeden Fall der Verwertung eines Gegenstandes an dem ein Absonderungsrecht besteht durch Insolvenzverwalter oder absonderungsberechtigten Gläubiger eine Erstattung der die Masse belastenden Umsatzsteuer vorgesehen war, im Gesetzgebungsverfahren abgelehnt worden. Gleichwohl ergeht es sich aus den „Wertungen" der InsO und des § 13b Abs. 1 Nr. 2 UStG, dass eine Regelungslücke vorliege, wenn es dem Sicherungsnehmer möglich sei, seiner umsatzsteuerrechtlichen Inanspruchnahme sich entziehen zu können. Werde dadurch die Insolvenzmasse belastet, sei dies mit den Zielen der Insolvenzordnung nicht vereinbar.

Beeindruckend ist, dass der erkennende Senat diesen Wertungswiderspruch, der durch ein Belassen der „Regelungslücke" hervorgerufen würde, mit anfechtungsrechtlichen Erwägungen untermauert. Der IX. Zivilsenat führt aus, dem Insolvenzverwalter stehe zu Gunsten der Masse ein Schadenersatzanspruch gegen die absonderungsberechtigte Bank zu, sofern § 170 Abs. 2 InsO nicht anwendbar wäre. Den Schadenersatzanspruch gründet der erkennende Senat auf §§ 129, 130 Abs. 1 S. 1 Nr. 1, § 143 Abs. 1 S. 2 InsO, § 819 Abs. 1, 814 Abs. 4, § 292 Abs. 1, § 989 BGB. Gegen eine Meinung, die sich gegen eine Deckungsanfechtung nach § 130, 131 InsO gegenüber absonderungsberechtigten Gläubigern ausspricht[57], hat der BGH eine „vermittelnde" Position bezogen. Er führt aus, dass in Fällen, in denen der absonderungsberechtigte Gläubiger auch persönliche Gläubiger des Schuldners ist, eine Anfechtung der Sicherstellung des absonderungsberechtigten Gläubigers greife, die aus der Besitzerlangung am beweglichen Sicherungsgutes des Schuldners folge. Der BGH begründet dies mit § 52 S. 1 InsO. Gläubiger, die abgesonderte Befriedigung beanspruchen können, sind auch Insolvenzgläubiger, soweit ihnen der Schuldner persönlich haftet.

Da nach der ständigen Judikatur des BGH sicherungsübereignete Gegenstände (und auch sicherungszedierte Forderungen[58]) Vermögenswerte des Schuldners und später der Masse sind, greifen die Vorschriften über die

[55] *Kling*, in: MünchKomm-InsO, Bd. 3, Insolvenzsteuerrecht, Rn. 173; *Landfermann*, in: Heidelberger Kommentar, 4. Aufl., 2006, § 171 Rn. 14, *Ganter/Brünink*, NZI 2006, 257, 269.

[56] LG Stuttgart, Beschl. v. 24.2.2004 – ZIP 2004, 1117, 1118; *Onusseit*, KZT 1994, 3, 20; *Flöther* in: Kübler/Prütting, Bork, InsO, § 173 Rn. 10; *Maus*, in: Uhlenbruck, InsO, 12. Aufl., 2003, § 171 Rn. 8.

[57] *Eckardt*, ZIP 1999, 1734, 1740; *Henckel*, in: Kölner Schrift zur InsO, 2. Aufl., Herne, 819.

[58] BGH, Urt. v. 2.6.2005 – IX ZR 181/03 – DZWIR 2006, 29 ff.

Deckungsanfechtung, wenn – so der BGH wörtlich – „auf das Absonderungsrecht bezogene Maßnahmen des Berechtigten auch das Schuldverhältnis zwischen den Parteien berühren". Die Begründung für die Massezugehörigkeit der Sicherungsgegenstände ist in der vorliegenden Entscheidung etwas schwach darauf gegründet, dass bis zur Verwertung der Sicherungsgeber zur Auslösung des Sicherungsgutes berechtigt sei. In der Sache ist dem BGH aber zuzustimmen. In Abgrenzung von dem Urteil vom 23.9.2004, IXZR25/03, DZWiR 2005, 123 ff. führt der BGH aus, es habe seinerzeit in der für die Bejahung einer Deckungsanfechtung erforderlichen objektiven Gläubigerbenachteiligung gefehlt. Diese sei nicht gegeben, wenn der Masse Feststellungs- und Verwertungskostenpauschalen entgingen. Anders sei es aber mit der Umsatzsteuer. Denn der Insolvenzverwalter müsse diese wegen der Verwertung des Sicherungsgutes aus der Masse abführen.

3. *Verwertung von sicherungsübereigneten Produktionsmitteln*

a) Fragestellung

Das OLG Frankfurt/M.[59] sieht die Möglichkeit, dass die Entfernung von sicherungsübereigneten Maschinen durch den Sicherungseigentümer eine Gläubigerbenachteiligung bewirken kann. Denn Befriedigung der Gläubiger gefährdet oder eingeschränkt sein. Die Insolvenzanfechtung ist aber in diesen Fällen nur unter der Voraussetzung gegeben, dass die weggenommenen Produktionsmittel tatsächlich für eine Fortführung des Betriebes hätten Verwendung finden können, oder dass sich ihr Vorhandensein bei einer Veräußerung des Betriebes kaufpreiserhöhend hätte auswirken können.

b) Darlegungslasten des Insolvenzverwalters

Im Fall des OLG Frankfurt hatte der Insolvenzverwalter hierzu nicht vorgetragen.[60] Um die Insolvenzanfechtung der Wegnahme des Sicherungsgutes durch den Sicherungseigentümer anfechten zu können, muss der Insolvenzverwalter daher konkret substanziiert vortragen, dass er entweder das Sicherungsgut für eine Betriebsfortführung hätte nutzen können und müssen und dass die Fortführung und der durch die Fortführung zu erzielende Erwerb durch die Wegnahme der Maschinen beeinträchtigt worden sei, oder dass aufgrund des Fehlens des Sicherungsgutes bei einer übertragenden Sanierung ein erheblicher Mindererlös zur Masse erzielt worden sei. Hierzu, da es sich um hypothetische Verläufe handelt, hat der Insolvenzverwalter wenigstens Anknüpfungstatsachen gem. § 287 ZPO vorzutragen.

[59] OLG Frankfurt/M., Urt. v. 23.9.2009 – 4 U 60/09.

[60] Eingehend *Smid*, System und Struktur des deutschen Insolvenzrechts (IX) – in Vorbereitung.

Spenden als verdeckte Gewinnausschüttungen?

Birgit Weitemeyer

I. Einführung

Kein Unternehmen kommt heute an der Frage vorbei, wie es seine Corporate Social Responsibility gestaltet. Die soziale Verantwortung von Unternehmen bezeichnet alle Maßnahmen, mit denen „Unternehmen auf freiwilliger Basis soziale Belange und Umweltbelange in ihrer Unternehmenstätigkeit und in ihren Wechselbeziehungen zu den Stakeholdern"[1] integrieren. Neben internen Programmen zugunsten der Arbeitnehmer und der Umwelt zählen hierzu öffentlichkeitswirksame externe Aktivitäten wie Unternehmensspenden an gemeinnützige Organisationen, die Gründung eigener Stiftungen, das Sponsern von kulturellen Veranstaltungen und wissenschaftlichen oder sozialen Einrichtungen und die Förderung des Engagements der Arbeitnehmer.[2]

Während die internen Maßnahmen in der Regel ohne Weiteres als steuermindernde Betriebsausgaben in der Gewinnermittlung für Zwecke der Einkommen-, Körperschaft- und Gewerbesteuer zu behandeln sind,[3] können Förderinstrumente des Unternehmens gegenüber Dritten entweder vorrangig dem Unternehmen zugute kommende Betriebsausgaben oder altruistisch motivierte Spenden sein. Die nicht ganz einfache Abgrenzung beider Arten von Abzugsbeträgen ist durch aktuelle Entwicklungen in der Rechtsprechung erschwert worden. Spenden einer Kapitalgesellschaft an gemeinnützige Organisationen oder die öffentliche Hand sollen verdeckte Gewinnausschüttungen der Gesellschaft an den Gesellschafter nach § 8 Abs. 3 S. 2 KStG darstellen, wenn die Spende letztlich dem Interesse des Gesellschafters dient.[4]

Der Beitrag versucht die sich diesem Zusammenhang stellenden Fragen zu klären. *Dieter Reuters* wissenschaftliches Werk zeichnet sich durch eine

[1] Vgl. das Grünbuch der EU-Kommission v. 18.7.2001 KOM (2001) 366 endg., Rz. 20; *Hüttemann* AG 2009, 774, 775 m.w.N.

[2] Vgl. *Hüttemann* AG 2009, 774, 775 m.w.N.; *ders.* in: FS Schaumburg, 2009, S. 405 ff.

[3] Hierzu *Hüttemann* AG 2009, 774, 777–778.

[4] BFH v. 19.12.2007 – I R 83/06, BGH/NV 2008, 988; Vorinstanz FG Köln v. 23.8.2006 – 13 K 288/05, EFG 2006, 1932 ff.; BFH v. 10.6.2008 – I B 19/08, BFH/NV 2008, 1704; Vorinstanz FG Hamburg v. 12.12.2007 – 6 K 131/06, 6 K, EFG 2008, 634; FG Münster v. 19.1. 2007 – 9 K 3856/04 K, F, EFG 2007, 1470.

heute zunehmend seltene Bandbreite der bearbeiteten Rechtsgebiete aus. Ein Beispiel für die analytische Schärfe, mit denen der Jubilar Fragestellungen auch unter Einbeziehung weiterer Themen nachgeht, ist der Beitrag „Das Verhältnis der Vereinsklassenabgrenzung zu den Grenzen wirtschaftlicher Betätigung nach Gemeinnützigkeitsrecht".[5] Ich hoffe daher, mit den Thesen zur steuerlichen Einordnung von Spenden auf das Interesse des Jubilars zu stoßen und möchte zugleich an Gedanken anknüpfen, die ich in meiner nach dem Tod von *Jürgen Sonnenschein* von *Dieter Reuter* vorbildlich und anregend begleiteten Habilitationsschrift über verdeckte Gewinnausschüttungen der Öffentlichen Unternehmen entwickelt habe.

II. Ertragsteuerliche Einordnung von Spenden und Sponsoring

Leistungen eines Unternehmens an Dritte ohne eine unmittelbare Gegenleistung im Rahmen der Corporate Social Responsibility können ertragsteuerlich Betriebsausgaben, Spenden oder nach Auffassung der Rechtsprechung auch verdeckte Gewinnausschüttungen sein. Die Einordnung wirkt sich unmittelbar auf die Gewinnermittlung für Zwecke der Einkommen-, Körperschaft- und Gewerbesteuer aus.[6]

1. Betriebsausgaben

Unbeschränkt abziehbar im Rahmen der steuerlichen Gewinnermittlung sind Betriebsausgaben nach § 4 Abs. 4 EStG. Die Einordnung ist nach § 8 Abs. 1 KStG auch für die Körperschaftsteuer und nach § 7 GewStG für die Gewerbesteuer maßgeblich.

Betriebsausgaben liegen vor, wenn die Aufwendungen durch den Betrieb veranlasst sind. Dies ist der Fall, wenn sie objektiv mit dem Betrieb zusammenhängen und subjektiv dem Betrieb zu dienen bestimmt sind.[7] Auch die subjektive Bestimmung ist anhand von äußerlich erkennbaren Merkmalen zu beurteilen.[8] Betrieblich veranlasste Ausgaben im Rahmen der Social Corporate Responsibility sind die typischen Sponsoringleistungen, mit denen das Unternehmen wirtschaftliche Vorteile infolge der Erhöhung seines Ansehens

[5] *Reuter* NZG 2008, 881; zugleich Vortrag auf dem 6. Doktorandenseminar zum Non-Profit-Recht am 19.6.2008 an der Bucerius Law School, Hamburg.

[6] Umsatz- und schenkungssteuerliche Fragen bleiben einem späteren Beitrag vorbehalten, vgl. zur Schenkungsteuer etwa BFH v. 7.11.2007 – II R 28/06, DStR 2008, 346; *Mückl* StuW 2007, 122; zur Umsatzsteuer BFH v. 1.8.2002 – V R 21/01, BStBl. II 2003, 438; *Winheller* DStZ 2007, 165.

[7] BFH v. 21.11.1983 – GrS 2/82, BStBl. II 1884, 160, 163; v. 4.7.1990 – GrS 2/88, GrS 3/88, BStBl. II 1990, 817, 823.

[8] BFH v. 27.11.1989 – GrS 1/88, BStBl. II 1990, 160, 162.

erstrebt oder für Produkte seines Unternehmens werben will,[9] z.B. durch die kostenlose Überlassung von Fahrzeugen eines Autoherstellers für ein Musikfestival mit entsprechendem Werbeaufdruck.

2. *Spenden*

a) Einzelunternehmer und Personengesellschaften

Ist eine betriebliche Veranlassung zu verneinen, handelt es sich bei den Aufwendungen eines Unternehmens grundsätzlich um privat veranlasste Ausgaben des Unternehmers oder der Gesellschafter, § 12 Nr. 1 EStG. Bei Einzelunternehmen und Personengesellschaften sind diese Beträge im Rahmen der betrieblichen Gewinnermittlung dann nicht als Abzugsbetrag anzusetzen.

Im Rahmen der Social Corporate Responsibility ist jedoch zu beachten, dass auch Unternehmen steuerbegünstigt spenden können. Dies ist für Einzelunternehmer und Personengesellschaften in § 10b EStG geregelt. Hiernach können Zuwendungen zur Förderung steuerbegünstigter Zwecke im Sinne der §§ 52 bis 54 AO u.a. an eine inländische juristische Person des öffentlichen Rechts oder an eine nach § 5 Abs. 1 Nr. 9 KStG wegen Gemeinnützigkeit steuerbefreite Körperschaft oder an die öffentliche Hand als Sonderausgaben abgezogen werden. Jährlich ist der Abzugsbetrag auf 20 % des Gesamtbetrags der Einkünfte oder auf 4 Promille der Summe der gesamten Umsätze und der im Kalenderjahr aufgewendeten Löhne und Gehälter begrenzt, § 10b Abs. 1 EStG. Hinzu kommt der erhöhte Abzugsbetrag für die Spenden in den Vermögensstock einer Stiftung nach § 10b Abs. 1a EStG. Insofern besteht eine Ausnahme von der Dichotomie der betrieblichen oder der privaten Ausgaben,[10] wenn der aufgewendete Betrag als Zuwendung an eine spendenbegünstigte Körperschaft fließt.

Einzelunternehmer können die Spendenbeträge als Sonderausgaben in ihrer Einkommensteuererklärung geltend machen. Spenden Personengesellschaften, wird über die Abziehbarkeit dieser Beträge ebenfalls im Rahmen der Einkommensteuerveranlagung der Gesellschafter entschieden, nicht im Verfahren zur Feststellung der gemeinsam erzielten Einkünfte der Gesellschaft nach § 180 Abs. 1 Nr. 2a AO.[11] Die Spendenbeträge wirken sich demnach jeweils in Höhe des individuellen Steuersatzes der Gesellschafter aus.

[9] Vgl. den so genannten Sponsoringerlass BMF-Schr. v. 18.12.1998, BStBl. I 1998, 212; ausführlich *Hüttemann* AG 2009, 774, 779 m.w.N.

[10] Eine besondere Ausprägung der Ausgaben der privaten Lebensführung sind die ausdrücklich angeordneten Abzugsverbote, z.B. in § 4 Abs. 5 S. 1 Nr. 1 bis 7 EStG, die nach der gesetzlichen Wertung eine Nähe zu privatem Aufwand suggerieren.

[11] BFH v. 8.8.1990 – X R 149/88, BStBl. II 1991, 70; v. 31.10.1991 – X R 126/90, BFH/NV 1992, 353.

Gleichwohl ist es nicht unerheblich, ob ein Unternehmer privat spendet oder das Unternehmen im Rahmen des Betriebs. Nach § 9 Nr. 5 GewStG werden die Spenden nämlich unmittelbar auf der Ebene des Einzelunternehmens oder der gewerbesteuerpflichtigen Personengesellschaft von der Bemessungsgrundlage der Gewerbesteuer abgezogen, wenn sie „aus den Mitteln des Gewerbebetriebs" geleistet werden. Den erhöhten Abzugsbetrag für die Dotierung einer Stiftung können Einzelunternehmen und Personengesellschaften nach § 9 Nr. 5 S. 3 GewStG ebenfalls in Anspruch nehmen. Da es sich bei den Spenden gerade nicht um – in den Grenzen des § 8 GewStG unbegrenzt abziehbare – Betriebsausgaben handelt, erfolgt die Abgrenzung der betrieblichen zu den privaten Spenden allein danach, aus welchen Mitteln die Zuwendungen bewirkt worden sind und nicht nach dem Veranlassungsprinzip.[12] Der Unternehmer hat also im Ergebnis ein Wahlrecht, ob er die Spenden privat oder aus der betrieblichen Kasse bezahlt.

Die Abgrenzung zwischen voll abzusetzenden Betriebsausgaben und den nur im Rahmen von Höchstbeträgen und darüber hinaus vorzutragenden (§ 10b Abs. 1 S. 4 und 5 EStG) Unternehmensspenden verläuft zwischen den Begriffen „Spenden" und „Sponsoring". Nach überwiegend vertretener Auffassung handelt es sich um Spenden, wenn die Ausgaben vom Steuerpflichtigen freiwillig und ohne Gegenleistung zur Förderung gemeinnütziger Zwecke geleistet werden. Entscheidend sei das Fehlen eines Zusammenhangs zwischen der Leistung der Zuwendung und einer irgendwie gearteten Gegenleistung nach der Motivation des Zuwendenden.[13] Deshalb seien typische als Betriebsausgaben abziehbare Sponsoringleistungen solche, die eine Verpflichtung des Empfängers begründen, auf den Sponsor hinzuweisen, dessen Logo zu verwenden oder andere Werbemaßnahmen durchzuführen. Werde mit der Zuwendung hingegen lediglich rein tatsächlich in der Öffentlichkeit auf die Person des Spenders aufmerksam gemacht, wie dies vor allem bei dem Wissenschafts- und Kultursponsoring häufig der Fall ist, begründe dies kein Sponsoring, sondern stelle allenfalls eine Spende dar.[14]

Nach anderer Auffassung soll es für das Vorliegen von Betriebsausgaben bereits ausreichen, wenn der Sponsor durch seine Spende eine positive Berichterstattung über sein Unternehmen oder die Erhöhung seines An-

[12] *Gosch* in: Blümich, EStG/KStG/GewStG, 104. Aufl., § 9 GewStG Rn. 243.

[13] BFH v. 9.8.1989 – I R 4/84, BStBl. II 1990, 237; v. 12.9.1990 – I R 65/86, BStBl. II 1991, 258.

[14] BFH v. 9.8.1989 – I R 4/84, BStBl. II 1990, 237; *Geserich* in: Kirchhof/Söhn/Mellinghoff, EStG, § 10b Rn. B 742; *Wied* in: Blümich, EStG/KStG/GewStG, § 4 EStG Rn. 940 „Spenden"; *Heinicke* in Schmidt, EStG, 25. Aufl., § 4 Rn. 520 „Spenden/Sponsoring", *Brandt* in Hermann/Heuer/Raupach, EStG/KStG, § 10b EStG Anm. 10; zweifelnd *Thiel* DB 1998, 842.

sehens anstrebt.[15] Damit werden die Grenzen zwischen Spenden und Sponsoring aber zu sehr verwischt.[16]

Rainer Hüttemann führt zu Recht aus, dass ein rein ideeller Vorteil, den der Spender aus der Zuwendung für sich erstrebt, wie etwa die innere Befriedigung, der „warm glow" in der Terminologie der Sozialwissenschaften,[17] oder die Steigerung des persönlichen Ansehens des Spenders oder Stifters, zumal wenn die Stiftung den Namen des Stifters trägt, den Spendenabzug auf der Ebene der Gesellschaft nicht ausschließt, denn derartige immaterielle Vorteile für die Gesellschaft lassen sich nicht objektiv bewerten. Dass jede Form des Altruismus auch dazu dienen kann, das Prestige des Spenders, Stifters oder ehrenamtlich Tätigen zu steigern, ist in den Sozialwissenschaften seit langem bekannt und wurde inzwischen sogar evolutionsbiologisch begründet.[18] Da diese Form des Eigennutzes potentiell jeder Spende innewohnt, handelt es sich auch dann noch um Spenden und nicht um Betriebsausgaben, wenn hierdurch lediglich das Image des Unternehmens gesteigert wird. Betriebsausgaben und nicht Spenden liegen hingegen vor, wenn das Unternehmen *in erster Linie* materielle oder immaterielle Vorteile für sich erstrebt[19] oder eine konkrete Gegenleistung damit verbunden wird.

b) Kapitalgesellschaften

Auch für Kapitalgesellschaften ist ein Spendenabzug vorgesehen. Nach § 9 Abs. 1 Nr. 2 KStG sind „abziehbare Aufwendungen" auch 20 % des Einkommens der Körperschaft oder 4 Promille der Summe der gesamten Umsätze und der im Kalenderjahr aufgewendeten Löhne und Gehälter für Zuwendungen, d.h. Spenden und Mitgliedsbeiträge zur Förderung steuerbegünstigter Zwecke an eine inländische juristische Person des öffentlichen Rechts oder an wegen Gemeinnützigkeit steuerbefreite Körperschaften. Im Rahmen der Gewerbesteuer werden die Unternehmensspenden zunächst nach § 8 Nr. 9 GewStG dem Gewerbeertrag hinzugerechnet und sodann in gleicher Höhe nach § 9 Nr. 5 GewStG gekürzt. Sie wirken sich somit auch mindernd auf die Gewerbesteuer aus.

Die Abgrenzung zwischen den Betriebsausgaben, also dem Sponsoring, und den Unternehmensspenden verläuft im Körperschaftsteuerrecht nicht anders als bei Personenunternehmen. Hingegen sind „private" Spenden im Körperschaftsteuerrecht nicht vorgesehen. Im Rahmen der Körperschaft-

[15] In diese Richtung BMF-Schr. v. 18.2.1998 Rz. 3, BStBl. I 1998, 212; *Kasper* DStZ 2005, 397 Fn. 35; *Breuninger/Rückert* DB 2003, 503.
[16] FG Münster v. 19.1.2007 – 9 K 3856/04 K, F, EFG 2007, 1470.
[17] *Andreoni*, Economic Journal 1990, 464 ff.
[18] Zur Diskussion vgl. *Weitemeyer* in: Non Profit Law Yearbook 2007, 2008, S. 45 ff.
[19] *Hüttemann* AG 2009, 774, 782.

steuer soll eine Kapitalgesellschaft nämlich nach ständiger Rechtsprechung des I. Senats des BGH keine private, außerbetriebliche Sphäre aufweisen.[20] Im Grundsatz sind daher alle Aufwendungen, die aus den Mitteln der Kapitalgesellschaft getätigt werden, der betrieblichen Sphäre zuzuordnen.[21] Begründet wird dies mit § 8 Abs. 2 KStG, wonach bei unbeschränkt Steuerpflichtigen im Sinne des § 1 Abs. 1 Nr. 1 bis 3 KStG alle Einkünfte als Einkünfte aus Gewerbebetrieb zu behandeln sind. Aus dem Fehlen einer Vorschrift wie § 12 EStG, die der Abgrenzung der privaten und der steuerlich relevanten Sphäre im Einkommensteuerrecht dient, könne geschlossen werden, dass der Gesetzgeber eine vergleichbare außerbetriebliche Sphäre bei den Steuersubjekten der Körperschaftsteuer nicht vorausgesetzt habe. Schließlich wird das Maßgeblichkeitsprinzip zur Begründung angeführt. Danach richtet sich die für die Ermittlung des steuerpflichtigen Einkommens erforderliche Vermögensaufstellung nach den Vorschriften des HGB, § 5 Abs. 1 S. 1 EStG. Gem. § 238 HGB ist aber die Bilanzierung des gesamten Vermögens der Kapitalgesellschaft angeordnet.[22] Auch § 2 Abs. 2 S. 1 GewStG wird als Grund für eine *„over-all-Gewerblichkeit“*[23] der Kapitalgesellschaft genannt.

Soweit demnach betrieblich aufgewandte Kosten der privaten Lebensführung der Gesellschafter zuzuordnen sind, sind diese Kosten nicht einfach gewinnerhöhend auszubuchen. Vielmehr werden diese Beträge als verdeckte Gewinnausschüttung gem. § 8 Abs. 3 S. 2 KStG der Gesellschaft an die Gesellschafter eingeordnet. Die von der Gesellschaft für die Gesellschafter getätigten Ausgaben werden danach außerhalb der Bilanz für die Zwecke der Körperschaft- und Gewerbesteuer dem Gewinn der Gesellschaft hinzugerechnet. In der Regel wird jedoch zusätzlich ein angemessener Gewinnaufschlag für die Leistung der Gesellschaft an die Gesellschafter angesetzt, weil der Gesellschafter seiner Gesellschaft wegen des im Körperschaftsteuerrecht herrschenden Trennungsprinzips wie ein fremder Dritter gegenübersteht.[24]

Ebenso wie bei einem Einzelunternehmer oder einer Personengesellschaft stellt sich also bei Kapitalgesellschaften und anderen Körperschaftsteuersubjekten die Frage, ob die Gesellschaft oder der Gesellschafter gespendet hat. Die Gesellschaft ist hierzu im Rahmen der Höchstbeträge nach § 9 Abs. 1

[20] Grundlegend BFH v. 4.12.1996 – I R 54/95, BFHE 182, 123 m. zust. Anm. *Bermel* WiB 1997, 927, 928; v. 22.1.1997 – I R 64/96, BStBl. II 1997, 584; v. 22.8.2007 – I R 32/06, BStBl. II 2007, 961; *Prinz* in: Steuerberater-Jahrbuch 1997/98, 97, 101; aA im Schrifttum, ausführlich hierzu *Hüttemann* in: FS Raupach, 2006, S. 495, 498 ff. m.w.N., vgl. auch *Seeger* in: FS Wassermeyer, 2005, 80 ff.

[21] *Wassermeyer*, GmbHR 2002, 1 ff.

[22] BFH v. 4.12.1996 – I R 54/95, BFHE 182, 123 „Segelyacht“.

[23] *Gosch*, Anmerkung zu BFH v. 7.11.2001 – I R 14/01, DStR 2002, 667, S. 671.

[24] BFH v. 25.6.1996 – VIII R 28/94, BStBl. II 1997, 202; v. 4.12.1996 – I R 54/95, BFHE 182, 123 „Segelyacht“; v. 8.7.1998 – I R 123/97, BFHE 186, 540; v. 8.8. 2001 – I R 106/99, FR 2002, 79, 80.

Nr. 2 KStG befugt. Handelt es sich hingegen um eine Spende eines Gesellschafters, die lediglich aus Gesellschaftsmitteln bezahlt worden ist, liegt nach der ständigen Rechtsprechung des BFH zunächst eine Betriebsausgabe vor, die aber, wenn sie durch das Gesellschaftsverhältnis und nicht durch den Betrieb veranlasst ist, eine verdeckte Gewinnausschüttung der Gesellschaft an den Gesellschafter darstellt.

III. Spenden als verdeckte Gewinnausschüttung

Verdeckte Gewinnausschüttungen sind nach der ständigen Rechtsprechung des BFH alle bei einer Kapitalgesellschaft eingetretenen und durch das Gesellschaftsverhältnis veranlasste oder mitveranlasste Vermögensminderungen oder verhinderte Vermögensmehrungen, die sich auf den Unterschiedsbetrag i.S. des § 4 Abs. 1 EStG im V.m. § 8 Abs. 1 KStG auswirken, nicht auf einer offenen Ausschüttung beruhen und zu einem sonstigen Bezug des Gesellschafters i.S. des § 20 Abs. 1 Nr. 1 S. 2 EStG führen können.[25] Eine Veranlassung durch das Gesellschaftsverhältnis soll dann anzunehmen sein, wenn die Kapitalgesellschaft ihrem Gesellschafter einen Vorteil zuwendet, den sie unter sonst vergleichbaren Umständen einem Gesellschaftsfremden nicht zugewendet hätte. Maßstab für diesen Fremdvergleich ist das Handeln eines ordentlichen und gewissenhaften Geschäftsleiters, der gem. § 43 Abs. 1 GmbHG die Sorgfalt eines ordentlichen Geschäftsmannes anwendet.[26]

Die entscheidende Frage besteht also darin, wann bei der Zuwendung von Spenden an eine gemeinnützige Organisation von einer Veranlassung durch das Gesellschaftsverhältnis statt von einer betrieblichen Veranlassung auszugehen ist.

1. Aktuelle Entwicklungen in der Rechtsprechung

In der Rechtsprechung ist die Problematik in einigen aktuellen Fällen behandelt worden. In einem vom BFH am 19.12.2007 entschiedenen Fall[27] tätigte eine Familiengesellschaft in Form einer GmbH über Jahre hinweg erhebliche Spenden an verschiedene freie evangelische Gemeinden und andere freikirchliche Körperschaften von insgesamt 246.763 €. Da die Gesellschafter selbst Mitglieder in einer freien evangelischen Kirche waren, billigte

[25] BFH v. 7.8.2002 – I R 2/02, BStBl. II 2004, 131.

[26] BFH v. 6.4.2005 – I R 15/04, BStBl. II 2006, 196; v. 6.11.2005 – I R 27/03, BStBl. II 2006, 564.

[27] BFH v. 19.12.2007 – I R 83/06, BFH/NV 2008, 988 ff. m. zust. Anm. *Brandis* Ubg 2008, 365, 368, Anm. *TK* DStZ 2008, 427, Anm. *Schetlik* GmbH-Stb 2008, 160.

der BFH die durch die Vorinstanz[28] vorgenommene Einordnung der Spenden in den Streitjahren als verdeckte Gewinnausschüttung.

Ob das Handeln einer Kapitalgesellschaft in der Weise durch das Gesellschaftsverhältnis veranlasst ist, dass von einer verdeckten Gewinnausschüttung gesprochen werden kann, müsse in erster Linie das Finanzgericht anhand der konkreten Tatumstände beurteilen. An diese Würdigung sei der BFH gebunden, solange das Finanzgericht nicht gegen Denkgesetze verstoßen habe. Dies sei hier nicht der Fall gewesen, da zu Recht verschiedene Aspekte herangezogen worden seien, so die regelmäßige Spendenpraxis der Gesellschaft, die Mitgliedschaft der Gesellschafter in der Organisation des Spendenempfängers sowie die Weiterzahlung der Spenden selbst in Verlustjahren.[29]

Darüber hinaus geht der BFH grundsätzlich auf das Verhältnis von Spenden und verdeckten Gewinnausschüttungen ein. Aus dem in § 9 Abs. 1 S. 2 KStG geregelten Vorrang der verdeckten Gewinnausschüttung ergebe sich, dass das Vorliegen einer Spendenmotivation *allein* die verdeckte Gewinnausschüttung nicht ausschließe. Der gesetzlich angeordnete Vorrang des § 8 Abs. 3 S. 2 KStG würde sonst weitgehend ausgehöhlt.[30] Da Spenden typischerweise aus einer ideellen Nähe des Spenders zum Empfänger heraus geleistet würden, sei *allein* aus der Identifikation des Gesellschafters mit den Zielen der begünstigten Organisation eine Veranlassung der Spende durch das Gesellschaftsverhältnis aber abzulehnen.[31]

Da auch das Kriterium der Ausgewogenheit von Leistung und Gegenleistung bei Spenden und Stiftungsdotationen scheitert, da diese gerade keine Gegenleistung bewirken, wirft die Abgrenzung zwischen Unternehmensspenden und Gesellschafterspenden jedoch erhebliche Probleme auf. Aus diesem Grund hatte der BFH in der Vergangenheit für Spenden von Sparkassen an ihre öffentlich-rechtlichen Gewährträger einen „Fremdspendenvergleich" entwickelt. Danach waren Spenden schon dann gesellschaftsrechtlich veranlasst, wenn die Sparkasse im Vergleichszeitraum keine oder nur geringe Spenden an andere Organisationen vorgenommen hatte.[32] Dieses als „Gießkannenprinzip" kritisierte Abgrenzungskriterium[33] sieht der BFH in der Entscheidung vom 19.12.2007 nicht mehr allein als entscheidend an. Maßgebend sei vielmehr ein „besonderes Näheverhältnis" zwischen dem Gesell-

[28] FG Köln v. 23.8.2006 – 13 K 288/05, EFG 2006, 1932 ff. m. Anm. *Neu*.

[29] BFH v. 19.12.2007 – I R 83/06, BFH/NV 2008, 988 ff.

[30] BFH v. 19.12.2007 – I R 83/06, BFH/NV 2008, 988 ff.

[31] BFH v. 19.12.2007 – I R 83/06, BFH/NV 2008, 988 ff.; ebenso *Gosch*, Die steuerliche Betriebsprüfung 2000, 125.

[32] BFH v. 21.1.1970 – I R 23/68, BStBl. II 1970, 468; BFH v. 9.8.1989 – I R 4/84, BStBl. II 1990, 237; BFH v. 8.4.1992 – I R 126/90, BStBl. II 1992, 849.

[33] *Hüttemann* AG 2009, 774, 782; *Pezzer* StuW 1990, 256, 262; vgl. auch *Gosch* in: Gosch, KStG, 2. Aufl. 2009, § 8 KStG Rn. 1220.

schafter und der die Spenden empfangende Organisation, welches durch einen Katalog von Kriterien bestimmt werden könne.[34]

Zwei weitere Entscheidungen folgen dieser Linie. Das FG Münster[35] hatte einen Fall zu entscheiden, in dem ein kommunales Wohnungsunternehmen der sie beherrschenden Stadtgemeinde anlässlich seines 50jährigen Firmenjubiläums ein auf einem öffentlichen Platz aufgestelltes Kunstwerk, eine Windplastik, geschenkt hatte. Ein Schild wies auf den Schenker hin. Das in der Rechtsform der GmbH geführte Unternehmen sah darin eine Werbemaßnahme für das Unternehmen, die es als Sponsoring, also als Betriebsausgabe, verbuchen wollte.

Das FG Münster ordnete in seiner Entscheidung vom 19.1.2007 die Zuwendung des Kunstwerkes im Wert von 139.714 € hingegen zu einem Teil als Spende nach § 9 Abs. 1 Nr. 2 S. 1 KStG ein. Maßgebend sei, dass sich die Stadt nicht zu einer Werbeleistung verpflichtet hat, sondern allein die positive Berichterstattung über die Zuwendung Motiv für die Zuwendung darstellte.[36] Indizwirkung habe auch gehabt, dass sich das Unternehmen zunächst eine Spendenquittung habe ausstellen lassen.

Darüber hinaus ordnete das Finanzgericht auf der Grundlage des Fremdspendenvergleichs den weitaus überwiegenden Teil der Zuwendung als verdeckte Gewinnausschüttung der kommunalen GmbH an die Stadt als ihre Hauptgesellschafterin ein. Zur angemessenen Berücksichtigung von Großspenden sei als Vergleichszeitraum nicht auf ein Kalenderjahr, sondern auf die vergangenen vier Jahre abzustellen.[37]

Die letzte Entscheidung in dieser Reihe des FG Hamburg vom 12.12. 2007[38] betraf die Gründung und Dotation einer rechtsfähigen Stiftung gemeinsam durch zwei GmbH und ihren jeweiligen beherrschenden Gesellschafter. Die gemeinnützige Stiftung trug den Namen des Gesellschafters und durfte ein Drittel ihres Einkommens entsprechend § 58 Nr. 5 AO dazu verwenden, um in angemessener Weise den Stifter und seine Angehörigen zu unterhalten und ihre Gräber zu pflegen. Stiftungszweck war die Förderung des Austausches der Kulturen zwischen Deutschland und dem Ausland. Die beiden GmbH zahlten Beträge von 157.000 € und 300.000 € an die Stiftung und begehrten hierfür den Spendenabzug nach § 9 Abs. 1 Nr. 2 KStG.

[34] BFH v. 19.12.2007 – I R 83/06, BFH/NV 2008, 988 ff.; ebenso bereits FG Baden-Württemberg v. 30.7.1988 – 6 V 38/97, EFG 1998, 1488; Schleswig-Holsteinisches FG v. 16.6.1999 – I 338/96, EFG 2000, 193 m. Anm. *Neu* EFG-Beilage 4/2000, 32; *Frotscher* in: Frotscher/Maas, KStG, Anhang zu § 8 KStG „Spenden“.

[35] FG Münster v. 19.1.2007 – 9 K 3856/04 K, F, EFG 2007, 1470; hierzu *Krämer* in: Dötsch/Jonst/Pung/Witt, KStG, 64. EL Oktober 2008, § 9 Rn. 107.

[36] FG Münster v. 19.1.2007 – 9 K 3856/04 K, F, EFG 2007, 1470.

[37] FG Münster v. 19.1.2007 – 9 K 3856/04 K, F, EFG 2007, 1470.

[38] FG Hamburg v. 12.12.2007 – 6 K 131/06, 6 K, EFG 2008, 634 m. Anm. *Neu*.

Das FG Hamburg qualifizierte hingegen den überwiegenden Teil der Zuwendungen als verdeckte Gewinnausschüttungen der Gesellschaften an den beherrschenden Gesellschafter. Grundlage war auch in dieser Entscheidung ein Vergleich mit den an andere, nicht nahestehende Spendenempfänger geleisteten Spenden.[39] Die Beschwerde gegen die Nichtzulassung der Revision hat der BFH am 10.6.2008 abgewiesen. Unter Hinweis auf seine Entscheidung vom 19.12.2007 stellt der Senat fest, dass die beanstandete Entscheidung mit seiner bisherigen Rechtsprechungspraxis in Übereinstimmung stehe.[40]

2. *Meinungsstand*

Im Schrifttum wird das Verhältnis zwischen verdeckter Gewinnausschüttung und Unternehmensspenden überwiegend anders eingeordnet. Ausgangspunkt ist die Überlegung, dass Spenden im Gegensatz zu Aufwendungen im Rahmen des Sponsoring nicht wie Betriebsausgaben durch den Betrieb veranlasst sind. Erlaube der Gesetzgeber gleichwohl den Abzug solcher häufig und typischerweise durch persönliche Neigungen des Gesellschafter motivierte und aus einer ideellen Nähe des Gesellschafters zum Empfängers geleistete Geldbeträge als Unternehmensspende, könnten sie generell keine verdeckten Gewinnausschüttungen begründen.[41]

Rainer Hüttemann gibt zu bedenken, dass die Abgrenzung der Unternehmensspenden von den einem Gesellschafter persönlich zurechenbaren Gesellschafterspenden äußerst schwierig sei. Zwar dürfe sich ein Gesellschafter „sein" bürgerschaftliches Engagement nicht steuerlich wirksam von seiner Gesellschaft bezahlen lassen.[42] Mangels einer Gegenleistung für die Spende sei die Abgrenzung zur verdeckten Gewinnausschüttung durch einen Vergleich von Leistung und Gegenleistung aber nicht zu erreichen. Auch der Fremdspendenvergleich sei nicht zielführend. Die Abgrenzung anhand eines besonderen Näheverhältnisses zwischen dem Gesellschafter und der Spendenorganisation hält er ebenfalls für problematisch. Sie benachteilige mittelständische Unternehmen, bei der nicht der Fremdmanager, sondern der Hauptgesellschafter die Spendenpolitik des Unternehmens bestimme. Zumindest sei zu überlegen, ob die Zurechnung der Spende an den Gesellschafter im Verfahren nach § 32a KStG konsequenterweise nicht auch zu einem persönlichen Steuerabzugsbetrag für den Gesellschafter führen müsse.[43]

[39] FG Hamburg v. 12.12.2007 – 6 K 131/06, 6 K, EFG 2008, 634.
[40] BFH v. 10.6.2008 – I B 19/08, BFH/NV 2008, 1704.
[41] *Woitschell* in: Ernst & Young, KStG, § 9 KStG Rn. 35; *Jansen* DStZ 2001, 161, 162.
[42] *Hüttemann* AG 2009, 774, 782.
[43] *Hüttemann* AG 2009, 774, 782.

3. *Stellungnahme*

a) Folge der verdeckten Gewinnausschüttung beim Gesellschafter

Die Rechtsfolge der Einordnung der Spenden als verdeckte Gewinnausschüttung besteht darin, dass die Beträge den Gewinn der Körperschaft nicht mindern, § 8 Abs. 3 S. 2 KStG, und ihr außerbilanziell hinzugerechnet werden. Auch die Gewerbesteuer wird nicht gemindert. Damit wird der Betrag auf der Ebene der Kapitalgesellschaft mit etwa 30 % Ertragsteuern belastet. Bei dem Gesellschafter wird der gespendete Betrag nach dem Korrespondenzprinzip als sonstiger Bezug von Einkünften aus Kapitalvermögen nach § 20 Abs. 1 Nr. 1 S. 2 EStG gewertet. Damit unterliegen diese Beträge seit dem 1.1.2009 dem abgeltenden niedrigen Steuersatz von 25 %, § 32d Abs. 1 EStG.

Hätte der Gesellschafter den Betrag im Rahmen einer offenen Gewinnausschüttung entnommen und anschließend privat gespendet, wäre er in den Genuss des Sonderausgabenabzugs nach § 10b EStG gekommen, der sich in Höhe seines persönlichen Durchschnittssteuersatzes in der Einkommensteuer, beim Solidaritätszuschlag und gegebenenfalls bei der Kirchensteuer ausgewirkt hätte.

Die Einordnung als eigene Spende des Gesellschafters anstelle einer Unternehmensspende sollte konsequenterweise dazu führen, dass der Gesellschafter den Betrag in seiner persönlichen Einkommensteuererklärung geltend machen kann. Auch nach der Rechtsprechung des BFH wird bei Vorliegen einer verdeckten Gewinnausschüttung an einen nahestehenden Dritten auf der Grundlage einer wirtschaftlichen Betrachtungsweise fingiert, dass der Gesellschafter selbst den Betrag erhalten hat. Bei der gedachten Weitergabe des Betrags durch den Gesellschafter an den Dritten handelt es sich dann um eine einkommensteuerrechtlich unbeachtliche Einkommensverwendung.[44] Soweit die Einkommensverwendung, wie es bei Spenden der Fall ist, als Teil der Einkommensverwendung jedoch zu einem Sonderausgabenabzug führt, muss dieser logischerweise auch im Rahmen der Rückgängigmachung einer verdeckten Gewinnausschüttung im Verfahren nach § 32a KStG nachvollzogen werden.[45]

b) Vergleich der Unternehmensspenden von Personenunternehmen und Kapitalgesellschaften

Auch mit dieser Folge bleibt allerdings als gravierender Nachteil gegenüber Unternehmensspenden durch Personengesellschaften die Belastung mit

[44] BFH v. 19.6.2007 – VIII R 54/05, BStBl. II 2007, 830; v. 7.11.2007 – II R 28/06, DStR 2008, 346, 347.

[45] Ebenso *Gollan* in: Non Profit Law Yearbook 2007, 2008, S. 103, 121 ff. sowie zum Problem der fehlenden Spendenbescheinigung.

der Gewerbesteuer, die seit der Senkung des Körperschaftsteuersatzes auf 15 % mit durchschnittlich rund 14 % einen bedeutenden Teil der Ertragsteuerbelastung der Unternehmen ausmacht. Während die gewerbesteuerlich wirksame Anrechnung der Spende bei den Personenunternehmen lediglich voraussetzt, dass der Betrag „aus den Mitteln des Unternehmens geleistet" worden ist, soll bei den Kapitalgesellschaften eine Veranlassungsprüfung vorzunehmen sein. Dies ist problematisch, liegen doch Spenden im Gegensatz zu Betriebsausgaben, wie oben gezeigt wurde, gerade dann vor, wenn keine betriebliche Veranlassung angenommen werden kann. Aus diesem Grund ist die Abgrenzung der unternehmerisch veranlassten zu den privat veranlassten Spenden strukturell kaum sauber vorzunehmen. Der hierfür herangezogene Fremdspendenvergleich zeigt die Hilflosigkeit bei der Abgrenzung deutlich, gibt er doch dem Unternehmen einen großen Spielraum, durch die gleichmäßige Verteilung von Spenden auf verschiedene Empfänger nach dem Gießkannenprinzip dem Verdikt der verdeckten Gewinnausschüttung zu entkommen.

Im Recht der Personenunternehmen wird statt einer Abgrenzung letztlich im Rahmen der Höchstbeträge ein Wahlrecht eingeräumt. Warum dies bei Kapitalgesellschaften als Spender anders sein soll, wird auch unter Berücksichtigung von Sinn und Zweck der Regelung der verdeckten Gewinnausschüttung nicht deutlich und stellt damit einen Verstoß gegen das aus Art. 3 Abs. 1 GG folgende Prinzip der folgerichtigen und systemgerechten Gleichbehandlung im Steuerrecht dar. Hätte der Gesetzgeber Kapitalgesellschaften die Wahl zwischen Unternehmensspenden und Unternehmerspenden nicht ermöglichen wollen, wäre eine Regelung in Betracht gekommen, wie sie für den erhöhten Spendenabzug bei der Dotation einer Stiftung nach § 10b Abs. 1a EStG besteht. Allein dieser zusätzliche Abzugsbetrag steht Kapitalgesellschaften nicht zur Verfügung, damit er nicht über den Umweg der Gründung mehrerer Kapitalgesellschaften mehrfach in Anspruch genommen werden kann.[46]

Allerdings ordnet der Wortlaut der Spendenregelung in § 9 Nr. 2 KStG das Nichtvorliegen verdeckter Gewinnausschüttungen bei Unternehmensspenden von Kapitalgesellschaften ausdrücklich als negatives Tatbestandsmerkmal an.[47] Soll die Vorschrift nicht ohne Anwendungsbereich sein, müssen Fallgruppen denkbar sein, bei denen eine Unternehmensspende letztlich doch durch das Gesellschaftsverhältnis veranlasst sein kann.

Klarheit über diese Fragen kann nur erzielt werden, wenn man sich verdeutlicht, wozu die Regelung über verdeckte Gewinnausschüttungen bei

[46] Begr. zum RegE, BT-Drucks. 16/5200, S. 10.

[47] Anders die Rechtslage in Österreich, worauf *Hüttemann* AG 2009, 774, 782 hinweist; vgl. hierzu öVwGH v. 28.4.2008 – 2001/14/0166, GeS 2008, 128 m. Anm. *Plansky*.

Kapitalgesellschaften dient. Das Pendant aus dem Recht der Personenunternehmen ist die verdeckte Entnahme, wenn eine an sich privat veranlasste Ausgabe aus den Mitteln des Betriebs vorgenommen worden ist. Auch solche aufgedeckten Entnahmen sind steuerlich zu neutralisieren. Hierzu wird allerdings nach § 4 Abs. 1 S. 1 EStG lediglich der Betrag der Entnahme dem Bilanzgewinn des Unternehmens hinzugerechnet. Die Bewertung erfolgt grundsätzlich mit dem Ansatz des Teilwerts und zu Selbstkostenpreisen ohne Gewinnaufschlag. Da nämlich bei der Personengesellschaft die wichtigsten Leistungsbeziehungen zwischen Gesellschaft und Gesellschafter nach § 15 I S. 1 Nr. 2 S. 1 EStG die steuerliche Bemessungsgrundlage nicht mindern können, muss die Entnahme lediglich kostenneutral neutralisiert werden.

Anders ist es bei der Kapitalgesellschaft. Weil Geschäfte zwischen der Gesellschaft und dem Gesellschafter grundsätzlich wie zwischen fremden Dritten steuerlich zulässig sind und die Bemessungsgrundlage der Körperschaft- und der Gewerbesteuern mindern, sind verdeckte Gewinnausschüttungen unter dem Deckmantel von Drittgeschäften steuerlich ebenfalls zu den gegenüber Dritten üblichen Konditionen mittels eines Fremdvergleichs zu neutralisieren. Hierzu gehört in der Regel auch ein angemessener Gewinnaufschlag, mit dem die Gesellschaft das Geschäft gegenüber einem fremden Dritten vorgenommen hätte.

Uneingeschränkt findet der Fremdvergleichsmaßstab nur dort Anwendung, wo es um *Leistungsbeziehungen* zwischen der Gesellschaft und ihre Gesellschafter geht. Wenn aber Rechtsbeziehungen zwischen einer Kapitalgesellschaft und ihren Gesellschaftern wie zwischen fremden Dritten gar nicht denkbar sind, wird nicht nach Fremdvergleichsgrundsätzen korrigiert, sondern die Rechtsbeziehungen zwischen Gesellschaft und Gesellschafter werden nur dahingehend überprüft, ob sie angemessen sind. Beispiele sind die Zahlung einer Vergütung durch die Gesellschaft an die Gesellschafter für den Gründungsaufwand[48] oder die Umlage der von dem Organträger für die Organgesellschaft zu zahlende Gewerbesteuer.[49] Das Gleiche gilt bei einer handelsrechtlich verbotenen Rückgewähr von Einlagen.[50] Hier kommt ein Vergleich mit einem Geschäft, das mit fremden Dritten abgeschlossen worden wäre, nicht in Betracht.[51] Ein Gewinnaufschlag wird bei dieser Form verdeckter Gewinnausschüttung nicht vorgenommen.

[48] BFH v. 7.12.1983 – I R 70/77, BStBl. II 1984, 384, 387; *Eppler* DStR 1987, 607, 610; *Habammer* Die verdeckte Gewinnausschüttung, 1995, S. 46; *Streck* GmbHR 1987, 104, 107; im Ergebnis auch *Bauschatz*, Verdeckte Gewinnausschüttung und Fremdvergleich im Steuerrecht der GmbH, 2001, S. 83.

[49] BFH v. 7.11.2001 – I R 57/00, BB 2002, 715 m.w.N.

[50] Weitere Fallgruppen bei *Lange*, Verdeckte Gewinnausschüttungen, 1998, Rn. 494 ff.

[51] BFH BStBl. II 1993, 455, 457; *Döllerer* Verdeckte Gewinnausschüttungen und verdeckte Einlage bei Kapitalgesellschaften, 1993, S. 66 f.; *Eppler* DStR 1987, 607, 610; *Fröhlich* Die verdeckte Gewinnausschüttung, 1968, S. 93; *Gassner* in: Raupach, DStJG Bd. 7, 1984, 245, 265; *Hambitzer* Verdeckte Gewinnausschüttungen, 1993, S. 30, 48 f.

Auch bei der Anwendung der Grundsätze der verdeckten Gewinnausschüttung auf Spenden hat die Rechtsprechung daher zu Recht auf einen Gewinnaufschlag verzichtet. So können Spenden eines Betriebs gewerblicher Art, etwa durch kommunale Sparkassen, an die Trägerkörperschaft verdeckte Gewinnausschüttungen darstellen, wenn allein die Trägerschaft an der öffentlichen Anstalt das Motiv der Zuwendung ist und vom „üblichen" Spendenverhalten abweicht.[52] Ein Gewinnaufschlag ist bei derartigen Geldleistungen ihrer Art nach nicht vorzunehmen, weil diese Beträge auch unter fremdüblichen Bedingungen keine entgeltliche Leistungen darstellen. Und in einer jüngeren Entscheidung vom 6.11.2007 hat der BFH festgestellt, dass Betriebe gewerblicher Art öffentlich-rechtliche Gebühren für die Sondernutzung öffentlicher Straßen durch die Trägerkörperschaft als Betriebsausgaben abziehen können, verdeckte Gewinnausschüttungen lägen nur vor, wenn die Gebühren im Vergleich zu den gegenüber privaten Unternehmen erhobenen höher wären. Auch hier wurde kein Gewinnaufschlag angesetzt.[53]

Zur Aufrechterhaltung des Trennungsprinzips bei der Körperschaftsbesteuerung ist es daher nicht erforderlich, Spenden mittels der Regelung der verdeckten Gewinnausschüttung mit einem Gewinnaufschlag zu neutralisieren. Vielmehr sind lediglich die bloßen Spendenbeträge zu neutralisieren, wie die Rechtsprechung dies bei den Gewährträgerspenden auch seit langem handhabt.[54]

Da folglich diese besondere Funktion der verdeckten Gewinnausschüttung bei Spenden nicht erforderlich ist und damit eine unterschiedliche Behandlung von Personenunternehmen und Kapitalgesellschaften nicht erfordert, sollte die Spendenpraxis von Personen- und Kapitalgesellschaften stärker als bisher gleich behandelt werden. Handelt es sich um Spenden an gemeinnützige Organisationen, sollte ebenso wie bei Personenunternehmen eine weitgehende Wahlfreiheit bestehen, ob die Kapitalgesellschaft die Spende erbringt oder der Gesellschafter persönlich. Jeder Steuerpflichtige kann die ihm zustehenden Höchstbeträge hierfür ausschöpfen.[55] Eine gesellschaftliche Veranlassung der Spende liegt nur dann vor, wenn der Spender

[52] BFH v. 19.6.1974 – I R 94/71, BStBl. II 1974, 586; v. 12.10.1978 – I R 149/75, BStBl. II 1979, 192; v. 5.6.1962 – I 31/61 S, BStBl. III 1962, 355; v. 1.12.1982 – I R 101/79, BStBl. II 1983, 150; v. 1.12.1982 – I R 276/81, Quelle Juris; v. 1.12. 1982 – I R 171/80; v. 9.8.1989 – I R 4/84, BStBl. II 1990, 237; v. 8.4.1992 – I R 126/90, BStBl. II 1992, 849.

[53] BFH v. 6.11.2007 – I R 72/06, DStR 2008, 714, unter Aufgabe von BFH v. 17.5.2000 – I R 50/98, BStBl. II 2001, 558; ebenso *Leippe* ZKF 2001, 122, 126.

[54] BFH v. 19.6.1974 – I R 94/71, BStBl. II 1974, 586; v. 12.10.1978 – I R 149/75, BStBl. II 1979, 192; v. 5.6.1962 – I 31/61 S, BStBl. III 1962, 355; v. 1.12.1982 – I R 101/79, BStBl. II 1983, 150; v. 1.12.1982 – I R 276/81, Quelle Juris; v. 1.12. 1982 – I R 171/80, Quelle Juris; v. 9.8.1989 – I R 4/84, BStBl. II 1990, 237; v. 8.4.1992 – I R 126/90, BStBl. II 1992, 849.

[55] Ebenso *Gollan* in: Non Profit Law Yearbook 2007, 2008, S. 103, 111 mit einzelnen Fallgruppen.

durch die Gestaltung eigene Aufwendungen spart, die nicht lediglich in der sonst privaten Spendenzahlung liegen.

In den Fällen, in denen der Gesellschafter wie in dem entschiedenen Fall der Kirchenspende lediglich ein besonderes persönliches Interesse an der Empfängerorganisation hat oder er sich eine Steigerung seines Ansehens bei dem Empfänger oder in der Öffentlichkeit verspricht, liegt damit noch keine verdeckte Gewinnausschüttung vor. Diese Folgen sind jeder Spende immanent und daher kein Grund, die steuerliche Förderung zu versagen.[56] Anders wäre es, wenn der Spender hierdurch Aufwendungen erspart, weil er anstelle einer Spende andere Zuwendungen an seine Gemeinde zu leisten hätte.

Das Gleiche gilt für den Fall der Dotation einer Stiftung, selbst wenn diese einen Teil der Erträge dem Stifter und seinen Angehörigen zukommen lässt. Diese Gestaltung lässt § 58 Nr. 5 AO ausdrücklich zu. Ebenso wenig wie die Dotation einer solchen Stiftung den Sonderausgabenabzug bei einer natürlichen Person oder einem Personenunternehmen ausschließt, sollte dies bei einer Kapitalgesellschaft der Fall sein.[57]

c) Verbleibende Fälle von „Scheinspenden"

Gleichwohl sind Fälle denkbar, in denen die Gesellschaft verdeckt durch eine Spende Gewinn an einen Gesellschafter oder eine nahestehende Person ausschüttet. Darum handelt es sich bei der oben genannten Fallgruppe des Ersparens eigener Aufwendungen. Das Gleiche gilt etwa, wenn die Spende durch die Kapitalgesellschaft nur deshalb erfolgt, weil eine direkte Spende durch den Gesellschafter deshalb nicht abzugsfähig wäre, weil er hierfür einen Vorteil von der gemeinnützigen Organisation erhielte. Ein Beispiel hierfür sind etwa „Eintrittsspenden" an exklusive Sportvereine.[58]

Eine zweite Fallgruppe der verdeckten Gesellschafterspenden liegt vor, wenn unter dem Deckmantel einer Zuwendung an eine gemeinnützige Organisation dem Gesellschafter oder einer ihm nahestehenden Person diese Beträge in Form erhöhter Gehälter oder unangemessenen Aufwendungsersatzes zugeführt werden.

Konsequenterweise sind beide Fallgruppen aber auch bei Einzelunternehmern und Personengesellschaften als steuerlich unbeachtliche Einkommensverwendung zu behandeln, so dass weder der Sonderausgabenabzug nach § 10b EStG noch die Minderung des Gewerbeertrags nach § 9 Nr. 5 GewStG eingreifen. Es liegt in diesen Fällen im Wege der einschränkenden Auslegung schon keine Spende im Sinne des § 10b EStG oder jedenfalls keine betriebliche Spende im Sinne des § 9 Nr. 5 GewStG vor.

[56] Ebenso *Gollan* in: Non Profit Law Yearbook 2007, 2008, S. 103, 111 ff.
[57] Ebenso *Gollan* in: Non Profit Law Yearbook 2007, 2008, S. 103, 112.
[58] Beispiel nach *Gollan* in: Non Profit Law Yearbook 2007, 2008, S. 103, 111 unter Hinweis auf BFH v. 2.8.2006, DStR 2006, 1975.

Ein dritter Fall verdeckter Gewinnausschüttungen betrifft Zuwendungen an eine gemeinnützige Organisation, die *selbst* Gesellschafterin einer nicht gemeinnützigen Kapitalgesellschaft ist wie in dem Fall der kommunalen Wohnungsbaugesellschaft. In diesem Fall kommt der Spendenbetrag der Gesellschafterin unmittelbar zugute. Allein in diesem Fall muss die gesellschaftsrechtliche Veranlassung anhand von Indizien geprüft werden.[59] Mangels anderer Maßstäbe wird man hier um den Fremdspendenvergleich kaum herum kommen. Auch das Bundesverfassungsgericht hatte diese Rechtsprechung gebilligt und in einem Beschluss vom 1.6.1978[60] eine Verfassungsbeschwerde einer bayerischen Sparkasse gegen die Annahme verdeckter Gewinnausschüttungen durch ihr Spendenverhalten nicht zur Entscheidung angenommen. Die Abgrenzung zwischen der verdeckten Gewinnausschüttung und den nach dem KStG abzugsfähigen Spenden sei verfassungsrechtlich nicht zu beanstanden. Das vom BFH entwickelte Indiz für die Annahme verdeckter Gewinnausschüttungen in der Form des Vergleichs der Höhe der Spenden an den Gewährträger mit den Spenden an Dritte sei ein brauchbares Kriterium auf der Ebene des einfachen Rechts.[61] Anders sieht es hingegen aus, wenn die Sparkasse Spenden an eine „hauseigene" Stiftung zuwendet. Da die Stiftung keine Anteilseigner kennt, werden derartige Zuwendungen nicht dem Fremdspendenvergleich unterzogen.[62]

IV. Ergebnisse

Verdeckte Gewinnausschüttungen im Sinne des § 8 Abs. 3 S. 2 KStG können auch vorliegen, wenn eine Gesellschaft im Rahmen der Höchstbeträge nach § 9 Nr. 2 KStG an spendenbegünstigte Organisationen spendet. Voraussetzung ist, dass die Zuwendung durch das Gesellschaftsverhältnis veranlasst ist. Hiervon ist jedoch noch nicht die jeder Spende potentiell immanente Steigerung des persönlichen Ansehens des Unternehmers als Urhebers der Spende erfasst. Diese Sichtweise würde die verfassungsrechtlich gebotene Gleichbehandlung von Personenunternehmen und Kapitalgesellschaften verletzen, ohne dass die Ungleichbehandlung durch das den Kapitalgesellschaften innewohnende Trennungsprinzip sachlich gerechtfertig wäre.

Um verdeckte Gewinnausschüttungen der Gesellschaft an den Gesellschafter kann es sich nur handeln, wenn der Gesellschafter selbst als gemeinnützige Organisation oder öffentlich-rechtliche Körperschaft Empfänger übermäßig hoher Spenden ist.

59 Ebenso *Gollan* in: Non Profit Law Yearbook 2007, 2008, S. 103, 113 f. und 120.
60 BVerfG v. 1.6.1978 – 1 BvR 338, 341/74, HFR 1978, 339.
61 BVerfG v. 1.6.1978 – 1 BvR 338, 341/74, HFR 1978, 339, 340.
62 Hierzu *Augsten/Jordan* Zerb 2009, 167, 170.

In allen anderen Fällen verdeckter Gewinnausschüttungen durch Spenden handelt es sich in der Sache nicht um Spenden, sondern um die verdeckte Weiterleitung von Zuwendungen an den Gesellschafter mittels einer gemeinnützigen Organisation oder des Ersparens eigener Aufwendungen des Gesellschafters, bei denen es bereits an einer Spende im Sinne des § 9 Nr. 2 KStG fehlt. In derartigen Gestaltungen ist aus Gründen der Gleichbehandlung auch bei Einzelunternehmen und Personengesellschaften der Spendenabzug zu versagen.

Der zum Ausscheiden aus einer Immobilienfonds-Gesellschaft gedrängte Gesellschafter

Harm Peter Westermann

I. Erläuterung der Fragestellung

In seiner wissenschaftlichen Arbeit hat Dieter Reuter immer ein waches Auge auf die mehr oder weniger gut beleumundeten Ziele gehabt, die mit atypischen Gesellschaftsformen verfolgt wurden. Das dürfte auch für das Aufkommen und die Verbreitung von Gesellschaften in der Rechtsform der KG oder der BGB-Gesellschaft mit großem, vielfach mehrere hundert Anleger umfassendem Gesellschafterkreis gegolten haben, bei denen bekanntlich zwar nicht der Gesellschaftszweck i.S.d. § 705 BGB[1], aber wohl das Motiv jedes Anlegers die erwarteten und zumeist auch vorher als steuerwirksam zugesicherten Verlustzuweisungen waren. Es geht die Rede, dass die früher für diese Gestaltungen bevorzugte KG mit kommanditistischer Beteiligung der Anleger später weitgehend durch die BGB-Gesellschaft abgelöst wurde, bei der nach der neuen Haftungskonzeption der h.M.[2] die zuzuweisenden Verluste höher sein konnten, während das Haftungsrisiko durch die nach h.M. zulässige quotale Beschränkung[3] überschaubar zu sein schien. Inzwischen sind viele dieser „geschlossenen" Fonds „notleidend" geworden, was die Rechtsfragen um ihre „Sanierung" zu einer wichtigen Sparte juristischer und wirtschaftlicher Beratungstätigkeit gemacht hat, die sich in zahlreichen Handbüchern[4] und Spezial-Untersuchungen[5] niedergeschlagen hat. Es würde den Rahmen dieses Beitrags sprengen, wenn versucht würde, diesen vielschichtigen Fragenkreis, der neben dem Gesellschafts- noch das Steuerrecht, möglicherweise auch noch das allgemeine Haftungsrecht be-

[1] Zum gemeinsamen Zweck in diesen Fällen BGH NJW 1982, 1881; Erman/*H. P. Westermann* vor § 705 BGB, Rn. 37.

[2] BGHZ 142, 315, 319; *Casper* JZ 2002, 1112; MünchKomm/BGB/*Ulmer/Schäfer* § 714 Rn. 33, 34; Erman/*H. P. Westermann* § 714 Rn. 11 ff.

[3] Hier nur BGHZ 150, 1, 6; MünchKomm/BGB/*Ulmer/Schäfer* § 714 Rn. 58 ff.; Erman/*H. P. Westermann* § 714 Rn. 18, 19; zu den bei der Publikums-Gesellschaft bürgerlichen Rechts immer noch bestehenden theoretischen Unsicherheiten *Schäfer*, FS für Nobbe, 2009, 909 ff.

[4] Eindrucksvolle Übersicht bei *Wagner* NZG 2009, 1378 Fn. 1.

[5] S. etwa *Wagner* ZfIR 2005, 605 ff.; *Loddenkemper* ZfIR 2006, 707 ff.; *Lehleiter/Hoppe* BKR 2008, 323; *H. P. Westermann* FS für Krämer, 2009, S. 373 ff.

trifft, aus der Sicht der sanierungsbedürftigen Gesellschaft aufzuarbeiten, was nur durch Einbeziehung (und Opferbereitschaft) der finanzierenden Banken geschehen kann und folglich gerade in der aktuellen Wirtschaftskrise noch zusätzlich die Frage nach deren Belastbarkeit aufwirft. Vielmehr soll es im folgenden um den einzelnen Anleger gehen, dem mancher Kritiker der „Steuer-Spar-Modelle" vielleicht mit Schadenfreude begegnen wird, ohne den aber fast immer eine Sanierung des Fonds unmöglich erscheint.

Die Gesellschafter stehen vor der folgenden Alternative. Da in aller Regel der Wert der von der Gesellschaft gehaltenen Immobilie nicht annähernd den Betrag der (wenn auch teilweise getilgten) Bankkredite erreicht und nicht selten Ausfälle bei den erwarteten Mieten bestehen[6], in einigen Fällen auch öffentliche Mittel gekürzt oder gestrichen worden sind[7], wird von den Anlegern Geld verlangt, und von ihrer Zahlungsbereitschaft machen die Banken einen eigenen teilweisen Zahlungsverzicht abhängig, wobei sie sich allerdings nicht gern für den gesamten prognostizierten Zeitraum festlegen werden, der für die vollständige Tilgung des oder der Darlehen benötigt wird. Oft folgt auf eine erste Sanierungsvereinbarung, in deren Rahmen auch noch ein Tilgungsdarlehen gewährt wird, eine neue Krise, die sich daraus ergibt, dass nur wenige Gesellschafter die der Bank zugesagten Nachschüsse leisten und die Gesellschaft selber nach wie vor illiquide ist. Gesellschafter, die die Zahlung ablehnen oder nicht leisten können, werden überlegen, ob sie ausscheiden, wozu in nicht wenigen Fonds aufgrund von Beitrittsmängeln wegen Verstoßes gegen Vorschriften des Verbraucherkreditrechts oder gegen das RechtsberatungsG die unbefristete Möglichkeit bestehen könnte[8]. Sie müssen dann allerdings damit rechnen, auf Ausgleichung eines negativen Abfindungsgutachtens in Anspruch genommen zu werden, so dass zu überlegen ist, ob sie diese Gefahr durch Freistellungs- oder Gegenansprüche verringern können. Natürlich wird in diesem Kalkül auch die in der BGB-Gesellschaft ja bestehende persönliche Haftung für die Gesellschaftsverbindlichkeiten eine maßgebende Rolle spielen.

Die Entscheidungssituation der Anleger – und das gilt dann auch für Kommanditisten mit voll eingezahlter Hafteinlage – ist kürzlich bedeutend verschärft worden durch das viel besprochene Urteil des BGH vom 19.10.2009[9],

[6] Es gibt allerdings auch Fonds, die trotz voll vermieteter Gebäude Zinsen und Tilgungsraten nicht erwirtschaften können.

[7] Dazu *Grundmann*, FS für H. P. Westermann, 2008, S. 227, 230 ff.; *H. P. Westermann*, FS für Krämer, S. 391 ff.

[8] Übersicht bei *Armbrüster*, Gesellschaftsrecht und Verbraucherschutz, 2005; zu den Verstößen gegen das Rechtsberatungsgesetz BGHZ 153, 214, 222; BGH NJW 2003, 3046, 3048; BGH NJW 2005, 683; *Rennen/Caliebe*, Rechtsberatungsgesetz, 3. Aufl., Art. I § 5 Rn. 62.

[9] ZIP 2009, 2289 = NJW 2010, 65 = NZG 2009, 1347; dazu *Armbrüster*, Kurzkommentar EWiR 2009, 739; *Goette* GWR 2010, 1; *Wagner* NZG 2009, 1378; *Reiff* LMK 2009, 295182; *Ulrich* GmbHR 2010, 36; *Wahl/Schult* BB 2010, 14.

das unter dem Schlagwort „Sanieren oder Ausscheiden“ geführt wird und unter bestimmten Voraussetzungen die Gesellschaftermehrheit, die bereit ist, Sanierungsbeiträge in Geld zu leisten, in den Stand versetzt, die nicht zahlungswilligen Anleger auszuschließen und sie auf das – meist negative – Abfindungsguthaben zu verweisen. Ob dies wirklich der einzige Weg ist, mit den nicht zahlungswilligen oder -fähigen Partnern fertig zu werden, ist umstritten[10] und auch sicher nicht allgemeingültig zu entscheiden[11]; im Folgenden geht es mehr um Modalitäten und Folgen des Ausscheidens aus der Perspektive des Anlegers, der ausgeschlossen zu werden droht oder zu einem freiwilligen Ausstieg bereit ist, wenn ihm dies gegenüber dem Verbleib in der Gesellschaft mit der Pflicht, eine – i.d.R. – namhafte Geldeinlage zur Sanierung beizusteuern, vorzugswürdig erscheint.

Hierbei stoßen zwei wertende Gesichtspunkte aufeinander, die – soweit ersichtlich – bisher in der Diskussion noch nicht regelmäßig gegeneinander abgewogen werden, nämlich auf der einen Seite das Odium des „Trittbrettfahrertums“[12] und auf der anderen Seite die Bedenklichkeit eines „Hinausdrängens“ finanziell schwächerer Minderheitsgesellschafter. Viele von ihnen werden sich aufgrund von Beratungsfehlern oder rechtlichen Mängeln der Beitrittsgeschäfte schutzbedürftig vorkommen, und tatsächlich gibt es in vielen Gesellschaften zwei „Klassen“ von Anlegern, die aus durchaus unterschiedlichen Blickwinkeln auf den EuGH schauen, der demnächst über die Frage zu entscheiden hat, ob die Lehre von der fehlerhaften Gesellschaft, die bei einem Teil der Anleger dazu führt, dass sie nicht ohne Einbußen an ihrer Einlage aus der Gesellschaft herauskommen können, mit den europarechtlichen Anforderungen des Verbraucherschutzes vereinbar ist[13]. Der Interessengegensatz liegt dort aber gerade umgekehrt in dem Vorwurf, die auf einen Ausstieg ohne Verlust bedachten Anleger wollten es allein den Verbleibenden überlassen, „den Karren aus dem Dreck zu ziehen“. Ein wenig ist somit doch davor zu warnen, zu sehr auf derartige – auch als Konkretisierung des übergeordneten Treupflichtgedankens eingesetzte – plakathafte Charakterisierungen von Personen und Verhaltensweisen zu setzen.

[10] Für eine andere Art von Sanierungsbeiträgen etwa *Schäfer*, in: VGR (Hrsg.), Gesellschaftsrecht in der Diskussion 2007, 2008, S. 132, 146 ff.

[11] So auch *Goette*, GWR 2010, 1, 3.

[12] Auch dazu *Goette* aaO S. 2; *Wagner* NZG 2009, 1378, 1380.

[13] Zu der Vorlageentscheidung BGH ZIP 2008, 1018 *Schäfer* ZIP 2008, 1022; *Oechsler* NJW 2008, 2471; *H. P. Westermann*, in: VGR (Hrsg.), Gesellschaftsrecht in der Diskussion 2008, 2009, S. 145 ff. Inzwischen hat der EuGH entschieden, DZWiR 2010, 279 mit Aufsatz H. P. Westermann S. 265 ff.

II. Die rechtliche Ausgangslage

1. *Zur Haftung der Anlagegesellschafter*

Im Mittelpunkt des Interesses stand zunächst die quotale Gesellschafterhaftung, die durch Individualverträge zwischen den Gesellschaftern und den Banken an die Stelle der sonst geltenden unbeschränkten Gesamtschuld gesetzt wurde[14]. Weniger allgemein bekannt ist der genaue Inhalt der betreffenden Vereinbarungen und die davon abhängige Berechnung des von jedem Gesellschafter einzukalkulierenden Haftungsrisikos[15]. Zu unterscheiden sind Vereinbarungen, die für jeden beteiligten Anleger auf seine Quote der Beteiligung am Gesellschaftsvermögen oder – was nicht identisch sein muss – auf einen Teilbetrag der Darlehenssumme abstellen, und andererseits Absprachen, die die Höhe, bis zu der der Gesellschafter für die Gesellschaftsschuld einzustehen hat, mit einem absoluten Geldbetrag bezeichnen. In die danach notwendige Auslegung der Vereinbarungen[16] wird oft auch die von den Anlegern ausgestellte notarielle Unterwerfungsurkunde einzubeziehen sein. Die Unterscheidung spielt eine Rolle für die Folgen von Veränderungen der Gesellschaftsschuld. Diese können sich ergeben aus dem Anfall von Verzugszinsen, Mahngebühren, aber natürlich vor allem durch die bisherigen Zahlungen der Gesellschaft auf ihre Verbindlichkeit, während bei Leistungen der Gesellschafter, die es in einigen Fällen, etwa aufgrund einer ersten Sanierungsvereinbarung, die nicht voll erfüllt wurde, auch ohne wirksam beschlossene Nachschusspflicht durchaus gegeben hat, fraglich ist, ob sie auf die Gesellschafts- oder die eigene Gesellschafterschuld erbracht wurden. Hier ist zur Zeit nicht sicher, wie in einigen beim II. und beim XI. Zivilsenat des BGH liegenden Rechtsstreitigkeiten, die es u.a. mit der Verrechnung solcher Zahlungen zu tun haben, entschieden werden wird[17].

In allen Fällen wird sich zeigen, wie der BGH seine auf § 366 BGB gestützte Lösung zu Zahlungen aus dem Gesellschaftsvermögen und zu ihrer Wirkung auf die Haftung eines der Gesellschaft in Höhe seiner Beteiligungsquote beigetretenen Gesellschafters[18] weiter entwickelt, was sich auch bei der

[14] Zur Notwendigkeit einer Individualvereinbarung BGH NJW 2002, 1642; zur grundsätzlichen Ausgestaltung der Haftungsbeschränkung *Schäfer*, FS für Nobbe, 2009, S. 909 ff.

[15] Zum Folgenden schon *H. P. Westermann*, FS für Krämer, 2009, S. 380 ff.

[16] Dazu BGH NJW 1997, 1580.

[17] Zur Überprüfung stehen etwa die Urteile des KG (NZG 2009, 299 und ZIP 2009, 1118); in einer etwas anderen Konstellation (Vorgehen eines Anlegers gegen die Inanspruchnahme aus einer notariellen Unterwerfungsurkunde) OLG Frankfurt ZIP 2009, 1614 mit Kurzkommentar *H. P. Westermann* EWiR 2009, 597 (über dieses letztere Urteil wird vor dem XI. Senat des BGH verhandelt).

[18] Urteil vom 16.12.1996, BGHZ 134, 224 = NJW 1997, 1580; dazu Anmerkung *H. P. Westermann* LM Nr. 26 zu § 366 BGB; eingehend *K. Schmidt* NJW 1997, 2201; zu den Möglichkeiten einer Analogie zu § 366 *H. P. Westermann* aaO Fn. 17.

Verrechnung von Einkünften bewähren muss, die ein Kreditgeber durch Zwangsverwaltung des dem Fonds gehörenden Grundstücks erzielt hat. Soeben hat wieder das OLG Köln in Übereinstimmung mit einem der KG-Urteile entschieden, die Bezugsgröße für die Haftung des Gesellschafters sei grundsätzlich der ursprüngliche Nominalbetrag des Darlehens und nicht die jeweils aktuell bestehende Restforderung[19]; auch gegen dieses Urteil ist Revision eingelegt. Meinungsverschiedenheiten bestehen in diesem Punkt auch zwischen Senaten des OLG München[20], die Zahl der schwebenden Prozesse ist offenbar hoch.

Bei der kommanditistischen Haftung dürften Probleme dieser Art nicht so oft auftreten. Der Anleger haftet hier mit seinem Privatvermögen für Gesellschaftsverbindlichkeiten in ihrer jeweiligen Höhe bis zum Betrag seiner Haftsumme, seine Haftung ist voll akzessorisch[21], was für die BGB-Gesellschaft gerade durch die Vereinbarung einer quotalen Haftung modifiziert ist. Bei Zahlungen eines Kommanditisten an einen Gläubiger aufgrund der persönlichen Haftung besteht der Erstattungsanspruch nach dem entsprechend anwendbaren § 110 HGB[22]; man wird unter diesem Umständen grundsätzlich davon ausgehen können, dass der Kommanditist nicht lediglich auf die Gesellschaftsschuld leistet.

Bei der BGB-Gesellschaft, aber auch bei der KG kann das weitere Problem auftreten, dass bei Maßgeblichkeit der Quote am Gesellschaftsvermögen das Ausscheiden anderer Anleger, das ja gerade bei möglichen „Hinauskündigungen“, aber auch bei einer Insolvenz von Gesellschaftern eintreten kann, gemäß den Regeln der gesamthänderischen Beteiligung der Anteil des oder der Ausgeschiedenen den Verbleibenden anwachsen kann, so dass man meinen könnte – und auch dieses Problem ist bereits rechtshängig[23] –, auch die Haftung steige entsprechend an. Insgesamt muss (leider) gesagt werden, dass es bei der gesellschaftsrechtlichen Ausgangslage schon in Bezug auf die vermeintlich doch klare Haftung der Anlagegesellschafter einige Fragezeichen gibt.

[19] DStR 2010, 126 (LS).

[20] Für Gesellschafterhaftung nach dem Prozentsatz vom ursprünglichen Darlehensbetrag KG vom 12.11.2008, AktZ 24 U 102/07; anders KG vom 11.11.2008, AktZ 4 U 12/07; anders OLG München vom 27.11.2008, AktZ 19 U 3885/08; wie das OLG Köln OLG München vom 05.08.2008, AktZ 5 U 5228/07.

[21] Zur Akzessorietät der Gesellschafterhaftung bei der KG *Sassenrath*, in: H. P. Westermann, Wertenbruch, Handbuch der Personengesellschaften, Rn. I 2802; MünchKomm (HGB)/*K. Schmidt* § 171, 172 Rn. 15.

[22] BGHZ 39, 319, 323; *Ebenroth/Boujong/Joost/Strohn* § 171 HGB Rn. 35.

[23] Dazu KG NZG 2009, 299; KG ZIP 2009, 1118; zum Problem besonders *Loddenkemper* ZfIR 2006, 707 ff.; *Lehleiter/Hoppe* BKR 2008, 323 ff.; *H. P. Westermann*, FS für Krämer, 2009, S. 389.

2. *Treupflichtbedingte Zustimmung zu Sanierungsmaßnahmen?*

Dass die Möglichkeit besteht, Gesellschafter, die sich an der Sanierung nicht mit frischem Kapital beteiligen wollen oder können, aus der Gesellschaft auszuschließen, setzt natürlich eine ausreichende gesellschaftsrechtliche Grundlage voraus. Diese kann nicht im Verstoß gegen eine den Gesellschaftern nicht gegen ihren Willen aufzuerlegende Nachschusspflicht liegen, sondern kann nur darin bestehen, dass eine Änderung des Gesellschaftsvertrages, die aus der Weigerung, Nachschüsse zu leisten, die automatische Ausschließung des Betroffenen ableitet, auch durch eine aus der Treupflicht folgende fiktive Zustimmung der überstimmten Gesellschafter als wirksam begründet angesehen wird, wodurch dann auch ein dem Beschluss zustimmender, aber später nicht mehr zahlungsbereiter Partner gebunden wird[24]. Bemerkenswert ist hierbei, dass nicht etwa die der Änderung des Gesellschaftsvertrages widersprechenden Gesellschafter auf Zustimmung verklagt werden mussten, was in der Rechtsprechung bisher schon einige Male, wenn auch unter kritischer Betrachtung des Schrifttums, angenommen worden war[25], sondern dass die Gesellschaft aufgrund fiktiver Zustimmung der dissentierenden Gesellschafter von einer einstimmig beschlossenen Änderung des Gesellschaftsvertrages ausgehen und die so entstandene Regelung sogleich praktisch umsetzen konnte[26], indem sie mit der Behauptung, die betreffenden Anleger seien ausgeschieden, von ihnen die Zahlung des negativen Auseinandersetzungsguthabens verlangte.

Eine derartige Verschärfung der Effektivität des Vorgehens gegen missbräuchliches Stimmverhalten im Gesellschaftsrecht mag in der jüngeren Rechtsprechung des BGH angelegt gewesen sein[27], ist aber auch für andere Versuche, Obstruktion von Minderheiten im Gesellschaftsrecht zu überwinden, vielleicht richtungsweisend[28]. Das kann, obwohl es sich insoweit wohl noch um einen kühnen Gedanken handelt, sogar dazu dienen, eine treuwidrig eine notwendige Maßnahme verhindernde Gesellschaftermehrheit zur Zustimmung zu zwingen oder eine in einem Gesellschaftsorgan aufgetretene Patt-Situation zu überwinden.

[24] Zur Gebundenheit der der Änderung des Gesellschaftsvertrages zustimmenden, aber den „zweiten Schritt" scheuenden Gesellschafter auch *Goette* GWR 2010, 1, 2; schon vorher BGH ZIP 2009, 1373; zum Erfordernis einstimmiger Entcheidung aber *Armbrüster* aaO Fn. 9.

[25] BGHZ 63, 253, 257 und dazu *H. P. Westermann*, in: *H. P. Westermann/Wertenbruch*, Handbuch der Personengesellschaften, Rn. I 529 ff.; BGH NJW 1987, 189; BGH NZG 2005, 129.

[26] Zur praktischen Bedeutung dieser Weiterentwicklung der Rechtsprechung *Wagner* NZG 2009, 1378, 1379. Die Fonds bräuchten sich hinfort nicht mehr in kostenträchtigen Prozessen mit den „Trittbrettfahrern" auseinanderzusetzen. Gegen die Notwendigkeit einer solchen Fiktion der Zustimmung aber *Weber* DStR 2010, 702 ff.

[27] Etwa BGH NZG 2005, 753 f.; zurückhaltend aber wieder OLG Celle WM 2006, 30 f.

[28] Siehe auch das „Girmes"-Urteil BGHZ 129, 136.

Für die Zwecke dieses Beitrages genügt die Feststellung, dass der Gesellschafter eines notleidenden (geschlossenen) Immobilienfonds unter bestimmten Voraussetzungen, hauptsächlich der Sanierungsfähigkeit der Gesellschaft und der Vorzugswürdigkeit der durch die Sanierung geforderten finanziellen Opfer gegenüber der Situation bei sofortiger Liquidation der Gesellschaft[29], vor die Alternative gestellt werden kann, sich an der Sanierung zu beteiligen oder auszuscheiden mit der – durchaus als Drohung empfundenen – Konsequenz, von der Gesellschaft noch auf das negative Abfindungsguthaben verklagt zu werden. Hinzu kommt die Gefahr einer weiteren Haftung gegenüber den Kreditgebern der Gesellschaft, die ja mit seinem Ausscheiden aus der Gesellschaft nicht beseitigt ist. Auch in diesem Punkt ist die gesellschaftsrechtliche Ausgangslage eine kurze Betrachtung wert.

3. Zur Abwägung der Opfer und Verluste

In dem zuletzt entschiedenen Fall „Sanieren oder Ausscheiden" ging der – durch die fiktive Zustimmung der überstimmten Anleger gültig zustande gekommene – Beschluss dahin, das „Nominalkapital" der Gesellschaft um 99 % herabzusetzen und es sogleich wieder durch die Verpflichtung der Gesellschafter zur Erbringung des angeblich benötigten, ungefähr 60 % des ursprünglichen nominellen Eigenkapitals ausmachenden Geldbetrages zu erhöhen. Die Gesellschafter, denen ihre quotale Beteiligung am Gesellschaftsvermögen bekannt war, wussten also, welche genauen Zahlungspflichten für sie entstanden, und sie konnten das mit der Situation bei sofortiger Liquidation der überschuldeten Gesellschaft und mit ihrer persönlichen Lage bei Geltendmachung der Ansprüche der Gesellschaft gegen sie und bei Realisierung ihrer Haftung für verbleibende Gesellschaftsschulden vergleichen. Dieser Vergleich muss nicht in jedem Fall so ausgehen, dass eine treupflichtgemäße Entscheidung im Wege einer „Ermessensreduzierung auf Null" nur zur Teilnahme an der Sanierung unter Übernahme entsprechender Zahlungspflichten führen muss. In dem vom BGH entschiedenen Fall ist aber hervor zuheben, dass eine Liquidation zu einem Fehlbetrag von 133 % des Nominalkapitals geführt haben würde, und dass der Vermietungsstand des Gebäudes gut war, auch waren Fördermittel diesmal nicht abgezogen worden, sondern standen bei Fortführung der Gesellschaft weiter zur Verfügung. Das ist nicht immer so, mag auch trotzdem die vorsichtige Formulierung des Senats, dass unter den gegebenen Umständen die Sanierung „nicht von vornherein sinnlos" erscheine, nicht auch schon die Frage erledigen, wie sicher eigentlich ein diesbezüglicher Erfolg muss vorhergesagt werden können, und was bei einem späteren Scheitern der Sanierung gelten soll. Dabei spielen dann natür-

[29] So das Fazit von *Goette* GWR 2010, 1, 3.

lich auch die steuerrechtlichen Konsequenzen, die bei einer erfolgreichen Sanierung wohl eher hinnehmbar sind[30], eine nicht zu übersehende Rolle.

Ein nicht überraschender Einwand gegen die aus der Treupflichtbindung der Gesellschafter folgende Fiktion ihres Zustimmungswillens folgt aus dem Umstand, dass in der Rechtsprechung eine Pflicht des Gesellschafters, ohne entsprechende gesellschaftsvertragliche Regelung und entgegen § 707 BGB im Notfall Nachschüsse zu erbringen, abgelehnt wird, und zwar auch dann, wenn der Gesellschaftsvertrag die Möglichkeit einer Erhöhung der Beiträge oder eine Nachschusspflicht in der Weise begründete, dass mit Mehrheit eine entsprechende Gesellschafterpflicht beschlossen werden konnte, wobei aber Art und Obergrenze der zusätzlichen Belastung aus der Bestimmung deutlich erkennbar sein mussten, also nicht erst durch die Mehrheit sollten konkretisiert werden dürfen[31]. Wenn es hierbei bleibt, könne, so heißt es, die Weigerung des Gesellschafters, Nachschüsse zu leisten, nicht gut einen Ausschließungsgrund abgeben[32]. Der BGH hat im neuesten Urteil diesen Einwand zurückgewiesen und betont, einen faktischen Zwang zur Nachschussleistung enthalte das Sanierungskonzept, dem sich die Gesellschafter mit Rücksicht auf die Treupflicht nicht widersetzen durften, nicht, da es eine komplexe Vertragsregelung mit unterschiedlichen Optionen für die einzelnen Gesellschafter darstelle[33]. Streng genommen, besteht also nach wie vor nicht die Pflicht, einen Sanierungsbeitrag zu leisten. Praktisch muss aber der Anleger die Einführung eines Zwangsmittels hinnehmen[34], nach seinem Gutdünken zwischen dem Beitrag zur Sanierung und den Nachteilen seines Ausscheidens zu wählen, wenn es nicht durch die Zahl der für das Ausscheiden optierenden Gesellschafter dazu kommt, die Liquidation der Gesellschaft herbeizuführen.

Aus der Sicht der Gesellschafter heißt dies, dass sie in die skizzierte Entscheidungssituation gedrängt werden dürfen, weil sie nicht die Möglichkeit haben sollen, als „Trittbrettfahrer" ungerechtfertigt von den später vielleicht erfolgreichen Sanierungsbeiträgen ihrer Mitgesellschafter zu profitieren[35]. Das führt allerdings zu der Frage, ob man nicht auch in der Weise auf das Trittbrett steigen kann, dass man ohne den geforderten Nachschuss in der

[30] Dazu näher *Wagner* WM 2006, 1273, 1275 f.

[31] BGHZ 132, 263, 268; BGH WM 2005, 1608; zahlreiche weitere Nachweise bei *Schäfer* in: VGR (Hrsg.), Gesellschaftsrecht in der Diskussion 2007, 2008, S. 136 ff.; siehe auch *Wagner* NZG 2009, 1378 f.

[32] *Müller* DB 2005, 95 f.; ähnlich *K. Schmidt*, Gesellschaftsrecht, 4. Aufl. 2002, § 5 IV S. 134; siehe auch MünchKomm/BGB/*Ulmer/Schäfer* § 709 Rn. 10.

[33] Auch dazu wieder *Goette*, GWR 2010, 1, 2 gegen Argumente von *Armbrüster*, Kurzkommentar EWiR 2009, 739 f.

[34] So sehen es die Praktiker, etwa *Wahl/Schult*, BB 2010, 14.

[35] Zu dieser Sichtweise *Weber* aaO Fn. 26; dagegen betonen *Wahl/Schult* aaO, die Erbringung des Sanierungsbeitrages müsse immer noch „freiwillig ausgestaltet" sein.

Gesellschaft bleibt, aber hinnimmt, dass die die sanierende Kapitalerhöhung betreibenden Gesellschafter hinfort einen deutlich höheren Kapitalanteil halten, während der eigene somit einer starken Verwässerung unterliegt. Mit diesem Vorschlag[36], dessen Realisierung ja eine Sanierung nicht verhindern würde, setzt sich der Senat nicht ausdrücklich auseinander. Ein Kapitalschnitt nach dem Vorbild des Kapitalgesellschaftsrechts würde dem dissentierenden Trittbrettfahrer keine besonderen Zukunftschancen in der Gesellschaft bieten, ihm aber immerhin die Notwendigkeit eines sofortigen Ausgleichs seines bis dahin negativen Auseinandersetzungsguthabens ersparen, an dessen Einforderung die die Kapitalerhöhung – auf ihr Risiko – betreibenden Mehrheitsgesellschafter kein berechtigtes Interesse haben, wenn nicht die Liquiditätssituation der Gesellschaft derartiges fordert, die aber durch das Verbleiben einer Minderheit dissentierender Partner in der Gesellschaft wahrscheinlich nicht entscheidend verändert werden wird. Man darf dabei aber nicht vergessen, dass bei einer längerdauernden Sanierung auch die Trittbrettfahrer nach einer ersten Phase erneut vor die Notwendigkeit gestellt werden könnten, Sanierungsbeiträge zu leisten oder – bei Ausscheiden – ein negatives Abfindungsguthaben aufzubringen, ohne ihre Haftung für das Bankdarlehen losgeworden zu sein. Auch ist eine völlige Wertlosigkeit des Anteils, die in einer Kapitalherabsetzung auf Null zum Ausdruck gebracht würde, gerade bei von einem Sachverständigen bejahter Sanierungsfähigkeit des Unternehmens der Gesellschaft nicht unbedingt zwingend gegeben[37], da Zahlungsunfähigkeit und Überschuldung nicht auf Dauer anhalten müssen, wenn die Sanierung fachgerecht in Angriff genommen wird. Es kann also – um im Bilde zu bleiben – der Gesellschaft und der Gesellschaftermehrheit schon zumutbar sein, die dissentierenden Anleger, wenn auch im Luftzug der wiederaufgenommenen Fahrt, „auf dem Trittbrett" weiter mitzunehmen.

III. Zur Entscheidungssituation von Mehrheit und Minderheit

1. *Die Inanspruchnahme der „Hinausgedrängten"*

Der BGH hatte es jetzt nur mit dem Anspruch auf Ausgleichung des negativen Auseinandersetzungsguthabens zu tun; die Rechtsprechung der Instanzgerichte zeigt, dass eine solche Klage nicht immer ein „Selbstgeher" ist.

Die forensischen Probleme beginnen mit dem Erfordernis, die Klage damit zu begründen, dass die ausscheidenden Gesellschafter durch die Folgen

[36] Dazu *Schäfer*, in: VGR, Gesellschaftsrecht in der Diskussion 2007, 2008, 149; *Müller* DB 2005, 95, 96; sympathisierend auch *Weber* aaO Fn. 26.

[37] Auch dazu *Weber* aaO Fn. 26.

finanziell nicht schlechter gestellt werden dürfen, als sie bei sofortiger Liquidation stünden[38]. Dies gilt abgesehen davon, dass die Geschäftsführung häufig zögern wird, die vollständige Wertlosigkeit der Anteile des oder der Beklagten darzutun und notfalls durch Sachverständige zu beweisen. Da die Sanierung wirtschaftlich nicht ohne teilweisen Verzicht der Banken auf ihre Darlehensforderungen möglich sein wird, muss der Fonds (oder müssen die klagenden Gesellschafter) darlegen und notfalls beweisen können, unter welchen Voraussetzungen sie die Sanierungsfähigkeit der Gesellschaft – auch im Vergleich zur Lage in der Liquidation – bejahen. Bei den mit diesem Geschäft befassten ziemlich zahlreichen Banken hat sich insoweit offenbar der Maßstab der „Kapitaldienstfähigkeit" der Gesellschaft herausgebildet, die vom Erreichen eines bestimmten (neuen) Eigenkapitals abhängt, also auch davon, in welchem Umfang und innerhalb welcher Zeit es der Gesellschaft gelingt, die Verlustbeteiligung freiwillig ausgeschiedener oder eben hinausgedrängter Anleger zu realisieren. Wie gesagt, werden die Gesellschafter sich auch ein Bild von ihren verbleibenden Haftungsrisiken machen wollen, was sie zur Zeit der Niederschrift dieses Beitrages nicht gut können, solange nicht feststeht, ob bei der Berechnung der von ihnen noch geschuldeten Zahlung vom Ursprungsbetrag des Darlehens oder von dem durch Leistungen der Gesellschaft oder einzelner Gesellschafter verringerten Stand auszugehen ist.

Die Dinge drohen sich erheblich zu komplizieren und zu verschärfen, wenn die Bank ankündigt, zur Zwangsversteigerung des Grundstücks überzugehen oder gleichzeitig die Gesellschafter, etwa aus ihr vorliegenden notariellen Unterwerfungsurkunden, in Anspruch zu nehmen; eine Pflicht der Bank, zunächst gegen das Gesellschaftsvermögen vorzugehen, ist keinesfalls gesichert[39]. Schließlich ist es denkbar, dass sich der vor dem Hinausdrängen stehende Gesellschafter fragt, wozu er denn die Haftungsbeschränkung auf eine Quote vereinbart bzw. den diesbezüglich beruhigenden Äußerungen seiner Berater geglaubt habe: Es mag sein, dass im Verhältnis zur darlehensgebenden Bank diese Haftungsbeschränkung „greift", das gilt aber nicht für den Anspruch auf Verlustausgleich nach § 739 BGB, der durch den Verlust bestimmt wird, den der Gesellschafter erlitten hat, und insoweit hat der BGH kürzlich[40] entschieden, die Gesellschaft habe die ausstehende Darlehensforderung in voller Höhe zu passivieren.

Die Entscheidungssituation des Gesellschafters kann nur als dramatisch und bedrückend bezeichnet werden. Aber auch die Gesellschaftermehrheit kann sich alles andere als sicher sein, ob das „Einsammeln" der Sanierungs-

[38] *Wahl/Schult*, BB 2010, 14.

[39] Dafür freilich *Barchewitz* MDR 2007, 1176; anders OLG Frankfurt aaO Fn. 17; zu den diesbezüglich getroffenen Vereinbarungen *H. P. Westermann*, FS für Krämer, 2009, S. 390.

[40] Urteil vom 09.03.2009, II ZR 131/08.

beiträge und die Einforderung der negativen Abfindungsguthaben in der zur Verfügung stehenden Zeit die nötigen Erfolge bringen wird, abgesehen von der Gefahr, dass der von der Gesellschaft und der Darlehensgeberin in Anspruch genommene Anleger seinerseits insolvent wird.

2. *Gegenrechte der Anleger?*

Es ist daher verständlich, dass sich die Gesellschafter, wenn sie schon nicht die rechtliche Gültigkeit ihrer Beteiligung an der Gesellschaft leugnen können, über Zurückbehaltungs- und Gegenrechte Gedanken zu machen beginnen, auch wenn sie damit vielleicht nicht mehr erreichen, als dass auf der Seite der Mehrheitsgesellschafter eine Abschwächung der Alternative „mitsanieren oder allein ausscheiden" etwa in Gestalt der erwähnten andersartigen Sanierungsbeiträge erwogen wird.

Auszugehen ist von einem für heutige Verhältnisse schon etwas älteren höchstrichterlichen Urteil[41]. Es besagt, dass der aus einer Personengesellschaft ausgeschiedene Gesellschafter gegen die Gesellschaft einen Anspruch auf Ablösung der Sicherheiten hat, die er aus seinem Privatvermögen einem Gläubiger von Gesellschaftsverbindlichkeiten eingeräumt hat; hieraus kann ein Zurückbehaltungsrecht des Ausgeschiedenen aber nur folgen, wenn feststeht, dass er nicht aus dem Gesichtspunkt der Verlustbeteiligung einen Ausgleich schuldet. Das setzt für den Normalfall die Erstellung einer lege artis gefertigten Auseinandersetzungsbilanz voraus, die der Gesellschafter auch angreifen kann. Ein Freistellungsanspruch entfällt also nur, wenn die „Vermögensstruktur" der Gesellschaft „einfach" ist, weil es keine bedeutenden Verbindlichkeiten gibt, für die der hinausgedrängte Gesellschafter einzustehen hätte[42]; aber das ist wohl nicht der Normalfall. Geht man also davon aus, dass die Gesellschaft den hinausgedrängten oder bereits ausgeschiedenen Gesellschafter von seinen Haftungsverpflichtungen freizustellen hat – was also nicht unabhängig vom Stand des Auseinandersetzungsguthabens festgestellt werden kann –, so hat sie darzutun, dass der Beklagte eine Inanspruchnahme durch die Bank nicht mehr zu befürchten hat, was aber nur realisiert werden kann, wenn er an die Gesellschaft auf den Verlustausgleichsanspruch geleistet hat. Die Bank muss dann eine entsprechende Verzichtserklärung abgeben, die nun aber auch noch die Möglichkeit umfassen muss, dass andere ebenfalls gegenüber der Bank haftende Anleger im Innenverhältnis gegen den Ausgeschiedenen Ausgleichsansprüche geltend machen könnten. In der Praxis läuft das darauf hinaus, dass die Bank damit einverstanden

[41] BGH NJW 1974, 899; dazu Erman/*H. P. Westermann* § 739 Rn. 1.

[42] So in einem vom LG Berlin am 09.03.2005 (AktZ 28 O 253/04) entschiedenen Fall (in dem allerdings nicht weniger als 278 Mehrheitsgesellschafter gegen einen dissentierenden klagten).

ist, ihre Ansprüche gegen die Mitgesellschafter des Beklagten um den Anteil zu ermäßigen, der im Innenverhältnis von ihm zu tragen wäre; am Ende kommt also durch Urteil, das alle diese Umstände im Tenor zu berücksichtigen hat, eine Art Vergleich mit beschränkter Gesamtwirkung heraus.

Das hört sich trotz der „einfachen Vermögensstruktur" der Gesellschaft schon bezeichnend an, zugleich taucht aber die einigermaßen erschreckende Perspektive auf, dass im Rechtsstreit zwischen dem Fonds und dem ausgeschiedenen oder ausscheidenden Gesellschafter auch die Verbindlichkeiten gegenüber anderen, möglicherweise zahlreichen Gläubigern in dieser Weise berücksichtigt werden müssen. Die Beträge können erheblich sein, man denke an offene Handwerkerrechnungen, Verbindlichkeiten gegenüber Energieversorgungsunternehmen, Beraterhonorare, Steuerforderungen; von solchen Gläubigern entsprechende Teilverzichtserklärungen einzuholen, dürfte vielfach schwer fallen. Dass die Zug-um-Zug-Verurteilungen, auf die es in solchen Konstellationen hinauslaufen kann, die Rechtslage nicht vereinfachen, liegt auf der Hand. Schwerer wiegt aber der hier auch schon erwähnte Umstand, dass die Banken sich bei einer derartigen Lösung auf eine feste Summe der Berechnung der Gesellschafterhaftung einlassen müssen, was sie, da dies auch Bindungswirkung gegenüber den anderen Anlegern erzeugen kann, angesichts der Unsicherheit, von welchem Betrag der Gesellschaftsschuld ausgegangen werden soll, nicht gern tun werden.

IV. Der Anleger zwischen Mitleid und Schadenfreude

Der Jubilar und der Verfasser haben sich im Zusammenhang mit dem damals dem Verfasser obliegenden Zweitgutachten zu der großen und wirkungsmächtigen Habilitationsschrift Reuters[43] kennengelernt. Wir wissen somit beide um die Macht, aber auch um die Beschränktheit der Einflüsse gesellschaftspolitisch motivierter Grundüberzeugungen auf die rechtstechnisch geprägte Handhabung auch prinzipieller Fragen des Privatrechts einschließlich der rechtsethischen Wertung (oder Abwertung) von Haftungsbeschränkungen. Zu solchen Gesichtspunkten dringt man in dem im vorigen skizzierten (mehr als abgehandelten) Problemkreis nicht ohne weiteres durch, ziemlich leicht kann es stattdessen zu resignierend-skeptischen Betrachtungen kommen (schlagwortartig: „sind wir denn alle verrückt?"). Die juristische Praxis kann und darf sich damit nicht begnügen, obwohl sie einen Teil der Verantwortung für die fast unentwirrbaren Komplikationen der soeben knapp skizzierten Rechtslage auf die – inzwischen durch gnädige Ver-

[43] Privatrechtliche Schranken der Perpetuierung von Unternehmen, 1973; zu einzelnen Aspekten der damaligen Diskussion *H. P. Westermann*, AcP 175, 375 ff.

jährungsfristen von Sorgen befreiten – früheren Konstrukteure und Berater der Immobilienfonds-Gesellschaften und ihre Anleger abladen könnte. Die Gerichte hatten es bisher immer nur mit Teil-Aspekten des Fragenkreises zu tun und haben auch zu erkennen gegeben[44], dass es viele einzelfallbedingte Differenzierungen wird geben müssen. Aber das sollte nicht von der Obliegenheit entbinden, einige Überlegungen zur Gesamtsituation der Anleger – seien sie Mehrheits- oder Minderheitsgesellschafter der hier behandelten Fonds – anzustellen.

1. *Ansprüche und Gegenrechte*

Es wäre falsch, die Anleger schlechthin dem in der gesellschaftspolitischen Diskussion verbreiteten und publikumswirksamen Prädikat der „Besserverdiener" zuzurechnen – die vor kurzem bekannt gewordenen Daten von Sparern, die ihre (nicht immer beträchtlichen) Geldbeträge vor dem deutschen Fiskus ins benachbarte Ausland verlegen wollten, belegen das Gegenteil. Steuersparen ist schon längst keine Angelegenheit der „Reichen" mehr. So ist auch damit zu rechnen, dass ein großer Teil der hier betroffenen Anleger, wenn auch mit ungewissem Erfolg, die Schutzvorkehrungen des Verbraucherkreditrechts in Anspruch nehmen wird, während ein anderer, sich mit dem ersteren überschneidender, Kreis die Banken – und die allgemeine Beraterhaftung – zu aktivieren suchen wird. Ganz von der Hand zu weisen dürften solche Ansätze nicht sein.

Die wirtschaftlich-menschliche Lage der Anleger wird häufig katastrophal sein, wie einige Belastungsrechnungen klar aufzuzeigen, wie sie zur Zeit den auf „sanieren oder ausscheiden" angesprochenen Gesellschaftern präsentiert werden. Dabei ist nicht davon auszugehen, dass der Stand der Darlehen, auch wenn man an den jeweiligen Ursprungsbetrag anknüpft, mit der Gesamteinlage der Gesellschafter übereinstimmt. Immerhin entspricht dann bei einer Darlehensschuld von (beispielsweise) 10 Millionen Euro und bei einer Quote eines Gesellschafters von 1 % (was offenbar eher hoch ist) der maximale Haftungsanteil der früher geleisteten Einlage, der Sanierungsbeitrag bei einer von der Gesellschaft und der Bank für notwendig gehaltenen Kapitalzuführung von 3 Millionen Euro betrüge noch einmal 30.000 Euro. Wenn die Gesellschaft liquidiert werden soll oder muss, wird die Bank von den Gesellschaftern ihren Anteil an dem Gesamtdarlehen fordern, was im ersten Zugriff durch Einsatz der häufig vorliegenden vollstreckbaren Urkunde erleichtert wird. Der Gesellschafter, der – wie auch seine Partner – diese Beiträge vollständig gezahlt hat, hat die Chance, dass dann die Immobilie veräußert und der Erlös unter den Anlegern verteilt werden kann. Diese Aussicht wird aber

[44] So mit Recht *Goette*, GWR 2010, 3.

stark getrübt durch die Möglichkeit, dass es bei der Geltendmachung der persönlichen Haftung Ausfälle gibt und die Immobilie nicht den erwarteten Erlös erbringt. Bei den Rechtsstreitigkeiten gegen die Anleger, soweit diese zwischen dem Fonds und einem Gesellschafter ausgetragen werden können[45], desgleichen bei Prozessen zwischen der Bank und den Anlegern, ist einstweilen noch mit nicht gut abschätzbaren Einwänden gegen die Gültigkeit der Beitritts- und der Finanzierungsgeschäfte zu rechnen, so dass es der Bank vorzugswürdig scheinen könnte, zuerst in die Immobilie zu vollstrecken. Ein dadurch aus der Sicht der Fonds etwa eintretender Verlust würde sich auf die Verlustausgleichshaftung gem. § 739 BGB auswirken. Das „Trittbrettfahren" würde wohl billiger, weil die Notwendigkeit zur Nachschusszahlung entfiele, aber wenn am Ende keine durchgreifende Sanierung steht, bleiben die Haftung für die Gesellschaftsschulden und die Verlustausgleichspflicht bestehen. Wie sich bei einem Ausscheiden zur Vermeidung einer Nachschusspflicht die erwähnten Zurückbehaltungsrechte auswirken, bleibt für beide Seiten ein Unsicherheitsfaktor; am Ende wird es häufig nicht ohne eine dreiseitige Vereinbarung von Fonds, Kreditgeber und Anleger abgehen.

2. *Regressansprüche*

Wer wird unter solchen Umständen die Verantwortung für die Beratung der beteiligten Personen übernehmen?

In den Rechtsfragen sind sich die Obergerichte nicht einig, und ob beim Bundesgerichtshof der II. und XI. Senat sofort eine einheitliche Linie finden werden, ist nach den Erfahrungen mit dem Fragenkomplex der „Schrott-Immobilien" nicht sicher[46]. Auch dürfte es dauern, bis ein Zustand erreicht ist, der nur noch wenige Differenzierungen in den Einzelheiten nötig macht[47]. Hinsichtlich der allgemeinen wirtschaftlichen Entwicklung scheint nur so viel sicher, dass die Not der Fonds sich auch durch einen Aufschwung der Konjunktur und eine Verbesserung des Klimas an den Finanzmärkten nicht

[45] Ein Rechtsstreit über die Gültigkeit des Beitritts und das Bestehen eines Anspruchs aus § 739 BGB wäre an sich unter den Gesellschaftern auszutragen, bei vielen Gesellschaftsverträgen der Fonds ist allerdings hierfür eine gerichtliche Klärung zwischen der Gesellschaft und den Gesellschaftern vorgesehen, was zulässig ist (BGHZ 85, 350, 353; näher *Wertenbruch* in: *H. P. Westermann/Wertenbruch*, Handbuch der Personengesellschaften, Rn. I 432 ff).

[46] Zu den Meinungsunterschieden zwischen den beiden Senaten und zu dem schließlich erzielten Einvernehmen BGHZ 167, 239 = NJW 2006, 501; BGH NJW 2007, 2407; BGHZ 174, 334 = NJW 2008, 2912; zu der erzielten Übereinkunft näher *Jungmann* WM 2006, 2193 ff.; *Habersack* BKR 2006, 305 ff.

[47] Selbst bei der grundsätzlichen Zulassung einer auf die Quote beschränkten Gesellschafterhaftung sind noch nicht alle Einzelfragen geklärt, näher *Schäfer*, FS für Nobbe, 2009, S. 909 ff.; s. auch *Ulmer* ZIP 2005, 1341 ff.

rasch verflüchtigen wird, und dass es eine erhebliche Zahl von Ausfällen bei den Anlegern geben wird, dies auch deshalb, weil viele von ihnen inzwischen aus dem aktiven Berufsleben ausgeschieden sind.

Wer sich jetzt unter dem Druck des „Ausscheiden oder Mit-Sanieren" zum letzteren entschlossen hat, wird bei einem schließlichen Scheitern nach Verantwortlichen fragen, und ob es wie bei den erwähnten Problemen um die Gültigkeit des Beitritts zu den Fonds wieder gelingen wird, die Stoßrichtung hauptsächlich auf die Banken zu konzentrieren, die von der Einrichtung eines „Strukturvertriebs" profitiert hätten[48], ist zweifelhaft, zumal es den Anschein hat, als seien nicht wenige hier einbezogene Banken zu Konzessionen bereit. Rechtsanwälte, Steuerberater und Wirtschaftsprüfer werden allzu große Haftungsrisiken abzudingen wissen, den Fonds-Geschäftsführern fällt dies in einer Zeit der ständig verschärften Geschäftsführer-Verantwortlichkeiten deutlich schwerer. Sollte bei der Information und Auseinandersetzung mit sich sträubenden Minderheitsgesellschaftern von einzelnen oder einer Gruppe der Mehrheitsgesellschafter Druck ausgeübt worden sein, ist Unzufriedenheit der hinausgedrängten (oder auch der treupflichtgemäß in der Gesellschaft verbliebenen) Anleger und ihre Reaktion auf die etwaige Einsicht, dass die nach einem Kapitalschnitt höher Beteiligten ein gutes Geschäft gemacht haben[49], nicht schwer vorstellbar. Wem mehr Mitleid und wem mehr Schadenfreude gebührt, ist also durchaus nicht immer gleich einzuschätzen.

3. *Zur Haftungsbeschränkung im Gesellschaftsrecht*

Man könnte meinen, die Not, manchmal sicher auch das Desaster um die geschlossenen Immobilienfonds, sei wieder einmal eine Folge des von den Anlageberatern empfohlenen Erwerbs von zunächst verlustbringenden, später zur Altersvorsorge beitragenden Anlagen, die durch Steuervorteile finanziert werden könnten, wobei auf die mit der Anlage verbundenen Verlust- und Haftungsrisiken nur wenig geachtet wurde. Ähnliches hatte sich auch bei den „Schrott-Immobilien" ereignet, bei denen es noch die Besonderheit gab, dass vielfach ein und dieselbe Bank, die der Gesellschaft für die Bauleistungen mit hohen Krediten zur Verfügung stand, auch Gruppen von

[48] Es gibt allerdings auch diesmal Postwurfsendungen von Initiatoren, die Interessenten und Mittel für Sammelklagen und Musterprozesse zusammenzubringen versuchen; zu den Bemühungen, das Scheitern oder die Krise kreditfinanzierter Immobilien-Anlagen den Kreditinstituten anzulasten, s. *Mayen*, FS für Nobbe, 2009, S. 399 ff.

[49] Bei einigen der sog. Schrott-Immobilienfonds, denen zahlreiche Anleger mit „Verbraucher-Qualität" den Rücken gekehrt hatten, war zu hören, dass sich mehrere hoch beteiligte Partner nunmehr mit dem Objekt, dass sie gemeinsam saniert haben, ohne hohe Auseinandersetzungsguthaben finanzieren zu müssen, hohe Wertsteigerungen erarbeitet hätten.

Anlegern ihre Einlage finanzierte, wenn auch nicht den sog. Selbst-Zahlern[50], so dass sich das Problem der Haftungsbeschränkung für die Gesellschafter etwas anders stellte. Damit ist die wirtschaftspolitische Dimension der beschränkten Haftung im Gesellschaftsrecht angesprochen, die bei den Handelsgesellschaften schon immer Gegenstand grundsätzlicher Diskussionen war[51] und nun auch auf die quotale Haftung bei der Gesellschaft bürgerlichen Rechts bezogen werden müsste. Das Gegengewicht zu den beschränkt haftenden Gesellschaftern bilden traditionell die Gläubiger und hier wieder vor allem die ungesicherten[52], wobei zu bemerken ist, dass in den hier besprochenen Gestaltungen auf Gläubigerseite hauptsächlich ein professionell seine Chancen und Risiken prüfendes und abwägendes Institut steht, während die typischen Anleger durch hohe „Distanz zur unmittelbaren Kontrolle"[53] gekennzeichnet sind. Die herkömmlichen Argumente zum Gläubigerschutz haben also nicht das ihnen sonst in Deutschland zuerkannte Gewicht.

Das bedeutet nicht, dass unbedingt nach Wegen gesucht werden müsste, den Anlegern die Risiken, die sie zwar freiwillig, aber aus einer durch den Blick auf die Steuervorteile verstellten Perspektive eingegangen sind, abzunehmen. Der Rechtsstab – Richter[54], Prozessbevollmächtigte, Steuerberater, bisweilen vielleicht auch: Rechtsgutachter – wird aber viel und vielfach differenzierende Bemühungen aufzuwenden haben, um einseitige Wert- und Unwertmaßstäbe nicht zu hoch kommen zu lassen.

[50] Dazu die Übersicht bei *H. P. Westermann*, ZIP 2002, 189 ff., 240 ff.

[51] Dazu umfassend unter Einbeziehung der rechtshistorischen und ökonomischen Aspekte *Meyer*, Haftungsbeschränkung im Recht der Handelsgesellschaften, 2000.

[52] Näher auch dazu *Meyer* aaO S. 969 ff.

[53] Auch dazu *Meyer* aaO S. 1033 ff.

[54] Zu dem, was die Rechtsprechung auf diesem Gebiet ist, kann und soll (bzw. nicht ist, kann und soll) eindrucksvoll *Mayen*, FS für Nobbe, 2009, S. 399, 409 ff.

D. Varia

Die Freiheitsethik und das allgemeinverbindliche absolute Alkohol-/Drogenverbot durch Weisung

Peter Bengelsdorf

A. Der ordoliberale Denker

Der Jubilar wird von seinen kundigen Weggefährten als ordoliberaler Denker[1] bzw. Ordnungspolitiker[2] beschrieben, der u.a. die systematische Durchdringung und Aufbereitung des Stoffes, die Sinngebung und Sinnentfaltung normativer Zusammenhänge souverän beherrscht,[3] zur Erfüllung dieser Aufgaben wie kein anderer mit unerbittlicher Argumentationskraft intuitive Sicherheiten akribisch schleift sowie unangefochtene Rechtsüberzeugungen zu Grabe trägt und nie versäumt, ein konsequent durchdachtes, widerspruchsfreies System des Arbeitsrechts zu entwickeln.[4]

Diese Kennzeichnung trifft zu. *Reuter*[5] verlangt jeweils einen Rekurs auf die Rechtsordnung *als ein Sinnganzes* und die Orientierung *an der vernünftigen Funktion* der einzelnen Norm *im Kontext der sozialen Verhältnisse und der gesellschaftlich-politischen Anschauungen.* Ausgangspunkt ist für ihn[6] die schuldrechtliche Betrachtungsweise des Arbeitsrechts mit dem Axiom der bilateralen vertraglichen Basisbeziehung zwischen Arbeitgeber und Arbeitnehmer. Die in Stein gemeißelte Maxime des Primats der privatautonomen Freiheitsverwirklichung ist ein zentrales Thema des wissenschaftlichen Wirkens des Jubilars.

[1] *Martinek* Formale Freiheitsethik oder materiale Verantwortungsethik, 2006, S. 1, 2.
[2] *K. Schmidt* Formale Freiheitsethik oder materiale Verantwortungsethik, 2006, S. 9, 18.
[3] *Martinek* (Fn. 1), S. 5.
[4] *Säcker* Formale Freiheitsethik oder materiale Verantwortungsethik, 2006, S. 39, 61, 62.
[5] *Reuter* FS für *Mestmäcker*, 1996, S. 271, 274.
[6] *Reuter* Berichte der Joachim Jungius – Gesellschaft der Wissenschaften, 1989, Heft 2, S. 15, 24 ff., 30.

B. Die Rechtsethiken der Freiheit und Verantwortung

I. Die Aktualität

Es geht mit den Worten des Bundesverfassungsgerichts[7] um die Grundsatzproblematik, ob das von den Schöpfern des Bürgerlichen Gesetzbuches vorgestellte *Modell formal gleicher Teilnehmer am Privatrechtsverkehr* im Sinne *Wieackers*[8] in eine *materiale Ethik sozialer Verantwortung* zurückzuverwandeln ist. *Reuter*[9] setzt die Ethiken in ausschließlicher Gegenüberstellung u.a. mit dem Ziel ein, die Beschränkungen der Privatautonomie durch ethische/moralische Interventionen zu verdeutlichen.[10] Es ist sicher, dass *Reuter* die Rückkehr des Privatrechts zur Wahrung grundrechtsgeschützter individueller Freiheitsrechte bevorzugt. Die Marktwirtschaft und die Vertragsfreiheit sind für ihn ebenso wie für *Zöllner*[11] aufeinander angewiesen wie siamesische Zwillinge. Der Inhalt und Umfang sowie die Funktion der beiden Ethiken werden indessen nicht näher erläutert.

II. Die Konkretisierung der Großbegriffe

Es ist juristisches Allgemeingut, dass die Erkenntnis des menschlichen Verstandes eine Erkenntnis durch Begriffe ist und eine Erkenntnisförderung auf der Grundlage rationaler Verständigung und Argumentation einen gemeinsamen Sprachgebrauch mit einer präzisen Bestimmung der Bedeutungsinhalte der verwendeten Begriffe voraussetzt.[12] Es wird deswegen eine Klärung der Begriffe und deren Auswirkungen im geltenden Arbeitsvertragsrecht versucht.

[7] BVerfG v. 19.10.1993 – 1 BvR 567/89, BB 1994, 16, 21.

[8] *Wieacker* Das Sozialmodell der klassischen Privatrechtsgesetzbücher und die Entwicklung der modernen Gesellschaft, 1953, S. 18 ff., 27; *ders.* Industriegesellschaft und Privatrechtsordnung, 1974, S. 24.

[9] *Reuter* AcP Bd. 189, 1989, S. 199 ff.; *ders.* Wirtschaftsethik, hrsg. von *Pappi*, 1989, S. 113 ff., 141.

[10] *Reuter* Formale Freiheitsethik oder materiale Verantwortungsethik, 2006, S. 139; *Joerges* Wirtschaftsethik, hrsg. von *Pappi*, 1989, S. 127, 128; *Bydlinski* Formale Freiheitsethik oder materiale Verantwortungsethik, 2006, S. 101, 102 ff.

[11] *Zöllner* NZA Beil. 3/2006, 99.

[12] *Alexy* Theorie der juristischen Argumentation, 2. Aufl. 1991, S. 235, 237.

1. *Die formale Freiheitsethik*

a) Das Element der Freiheit

Im vorliegenden Zusammenhang ist der Bereich gemeint, in dem sich Freiheit auf das äußere Verhältnis des Einzelnen zu seiner Umgebung bezieht und ihm im negativen wie positiven Sinn ermöglicht, *zu tun, was er will*. Dieser Freiheitsbegriff ist in das geltende Verfassungs- und Gesetzesrecht übernommen. Art. 2 Abs. 1 GG oder der speziellere Art. 12 Abs. 1 GG für das Gebiet des Wirtschaftsrechts gewährleisten die allgemeine Handlungsfreiheit im umfassenden Sinne gerade auch in der Privatrechtsordnung.[13] Dieser Schutz der Freiheit des Einzelnen ist, wie der Präsident des Bundesverfassungsgerichts Papier[14] hervorhebt und das Bundesverfassungsgericht seit der grundlegenden *Lüth*-Entscheidung[15] fortlaufend bestätigt,[16] nach der grundgesetzlichen Wertentscheidung der Zweck und die zentrale Aufgabe des Staates, der darüber hinaus die grundrechtsgesicherte Freiheit in ihrer Geltungskraft prinzipiell zu verstärken hat.

Die Freiheit zur Vertragsbindung durch Abschluss und inhaltliche Gestaltung sowie zur Vertragsbeendigung ist nach der ständigen Rechtsprechung des Bundesverfassungsgerichts[17] Teil der allgemeinen Handlungsfreiheit und wie diese ein konstitutives Element des Verfassungsstaates. Arbeitgeber und Arbeitnehmer dürfen ihre Vertragsbedingungen grundsätzlich frei aushandeln. Sie bestimmen ihre rechtlichen Beziehungen in herrschaftsfreier Ordnung[18] nach ihrem Willen selbst, d.h. sie entscheiden eigenverantwortlich und verbindlich, wie ihre gegenläufigen Interessen auszugleichen sind.[19] Es ist dann ein Gebot der Rechtssicherheit, dass sie sich darauf verlassen können, das Vereinbarte gelte auch. Daneben ist die Vertragsfreiheit einfachgesetzlich in § 305 Abs. 1 S. 3 BGB sowie § 105 GewO kodifiziert.

b) Das Element des Formalen

Der Zusatz des Formalen kann bedeuten, dass es ausreicht, allein die äußere Existenz der Handlungsfreiheit selbst zu gewährleisten, indem der Freiheitsraum des Einzelnen ohne Rücksicht auf konkrete soziale Bedürfnisse und Interessen vor Eingriffen externer Dritter geschützt wird. Eine

[13] MüArbR/*Buchner*, 3. Aufl. 2009, Bd. 1, § 30 Rdnr. 6 ff.; ErfK/*Schmidt*, 10. Aufl. 2010, Art. 2 GG Rdnr. 9 f.

[14] *Papier* FAZ v. 19.1.2010, S. 4.

[15] BVerfG v. 15.1.1958 – 1 BvR 400/57, NJW 1958, 257.

[16] Siehe nur BVerfG v. 1.3.1979 – 1 BvR 532/533/77, 419/78, 1 BvL 21/78, NJW 1979, 699, 702.

[17] Siehe stellvertretend BVerfG v. 7.2.1990 – 1 BvR 26/84, BB 1990, 440, 441.

[18] MüArbR/*Richardi*, 3. Aufl. 2009, Bd. 1, § 12 Rdnr. 18.

[19] BVerfG (Fn. 17), 441.

Garantie für die effektive Ausübbarkeit der Freiheit als Wahl zwischen zumutbaren Handlungsalternativen oder für die Bindung der Ausübung der Freiheit zugunsten eines politischen oder gesellschaftlichen Eudämonismus wird nicht anerkannt.

Reuter[20] folgt dieser Deutung nicht. Er insistiert, dass Freiheit mit der Verantwortung für die Folgen ihres Gebrauchs verbunden sein muss. Dieses schon im 19. Jahrhundert selbstverständliche privatrechtliche Postulat werde in der Norm des § 138 Abs. 2 BGB verwirklicht, in der die fehlende Fähigkeit zur Wahrnehmung der eigenen Interessen Regelungsgegenstand sei und Schutz in den Fällen gewährt werde, in denen die Unfähigkeit zur sachgerechten Selbstbestimmung auf wirtschaftlicher Unterlegenheit beruhe und zu unzumutbaren Opfern führe. Diese Einsichten müssten nur im Hinblick auf aktuelle Problemlagen fortentwickelt werden. *Reuter*[21] regt deshalb zum besseren Verständnis seiner Rechtsposition an, auf das Adjektiv *formal* zu verzichten.

c) Das Element der Ethik

Der Hauptgegenstand der Ethiken sind die menschlichen Handlungen und die sie leitenden Handlungsregeln, zu denen u.a. die Wertentscheidungen bzw. Wertungsgrundlagen geltender Rechtsordnungen zählen.[22] Die Freiheitsethik hat als Rechtsethik[23] vorliegend zum einen die Funktion, die allgemeine Handlungsfreiheit des Einzelnen aus der von den Rechtsnormen getragenen Ordnung zu begründen bzw. mit *Immanuel Kant*[24] und *Reuter*[25] als dem Menschen a priori zustehende Freiheit zu rechtfertigen. Diese Aufgabe scheint auf der verfassungsrechtlichen Ebene verwirklicht. Nach den zitierten Aussagen des Bundesverfassungsgerichts sowie seines Präsidenten ist es nicht mehr zweifelhaft, dass zu den tragenden Elementen der Privatrechtsgesellschaft die grundrechtsgeschützte Privatautonomie gehört, die *die rechtsgeschäftliche und namentlich die Vertragsfreiheit zur Bedingung* hat und *auf die umfassende Selbstentfaltung des Individuums zielt.*[26] Die Freiheitsethik hat zum anderen die Aufgabe, sowohl Eingriffe in die allgemeine Handlungsfreiheit abzuwehren als auch ihre Geltung prinzipiell zu erweitern.[27] Das heißt nicht, für diese Ethik die Alleinherrschaft zu beanspruchen.

[20] *Reuter* (Fn. 9), S. 219 f.; *ders.* (Fn. 9), S. 122 f.
[21] *Reuter* (Fn. 10), S. 141.
[22] *Bydlinski* (Fn. 10), S. 100 f., 125.
[23] *Bydlinski* (Fn. 10), S. 125 f., 128.
[24] *Immanuel Kant* Die Metaphysik der Sitten, Rechtslehre, 1797/1798, Werke in sechs Bänden, hrsg. von *Weischedel*, 6. Aufl. 2005, Bd. IV, S. 345.
[25] *Reuter* (Fn. 9), S. 199.
[26] *Picker* Privatrechtsgesellschaft, hrsg. von *Riesenhuber*, 2008, S. 207, 214.
[27] *Bydlinski* (Fn. 10), S. 105.

Sie müsste zum Urzustand normlosen Beliebens für jedermann mit allen Folgen zurückführen.[28] Das dem Grundprinzip der Freiheit immanente Optimierungskriterium schließt die Einbeziehung von und Abwägung mit anderen kollidierenden Prinzipien, z.B. mit dem Grundprinzip der Verantwortung nicht aus. Die Grundprinzipien entfalten vielmehr *ihren eigentlichen Sinngehalt erst in einem Zusammenspiel wechselseitiger Ergänzung und Beschränkung.*[29]

2. *Die materiale Verantwortungsethik*

a) Das Element der Verantwortung

Die folgenorientierte Verantwortungsethik hat als Rechtsethik die Funktion, das Privatrecht aus dem Reich der Privatautonomie in eine materiale Ethik der Verantwortung zurückzubinden.[30] An die Stelle des privatrechtsbezogenen Grundprinzips der Selbstgestaltung sowie Eigenverantwortung im Rahmen der Vereinbarung von Vertragsverhältnissen tritt die Idee eines protektiven Vertragsschuldrechts, das *ein Minimum an Wohlwollen und Menschlichkeit* zu garantieren hat.[31] Als Wertungsgrundlage wird die *Solidarität* eingesetzt, d.h. das Einstehen nicht nur der öffentlichen Gewalt, sondern auch der Gesellschaft und jedes Einzelnen ihrer Mitglieder für die soziale Existenz sowie mehr und mehr auch für den Wohlstand jedes anderen Gesellschaftsmitglieds.[32] Diese Wertentscheidung ist ebenfalls grundrechtsgeschützt. Der Staat ist nach dem in Art. 20 Abs. 1 GG, Art. 28 Abs. 1 GG normierten Sozialstaatsprinzip zur Schaffung einer gerechten Sozialordnung nach den Anforderungen der Zeit sowie zur Entwicklung eines Leitbildes sozial gerechter Verhältnisse verpflichtet.[33] Der Schutzauftrag wirkt sich auf die grundrechtsgesicherte Vertragsfreiheit von Arbeitgeber und Arbeitnehmer aus. Der Arbeitnehmer ist vor arbeitsvertraglichen Abreden zu bewahren, durch die er in seinen elementaren gesundheitlichen, persönlichkeitsrechtlichen oder auch wirtschaftlichen Interessen verletzt wird.[34] Das heißt nach dem Verständnis des Bundesverfassungsgerichts[35] und Gesetzgebers,[36]

[28] *Bydlinski* (Fn. 10), S. 106 ff., 114 Fn. 46, 118.

[29] *Canaris* Systemdenken und Systembegriff in der Jurisprudenz, 1969, S. 52 f., zitiert nach *Alexy* (Fn. 12), S. 21, 319; *Bydlinski* (Fn. 10), S. 113 ff.

[30] *Volkmann* FAZ v. 29.4.2008, S. 9.

[31] *Adomeit* FS für *Konzen*, 2006, S. 1, 9 f.

[32] *Wieacker* (Fn. 8), S. 18 ff.

[33] Allgemeine Ansicht, siehe statt aller Zöllner/Loritz/*Hergenröder* Arbeitsrecht, 6. Aufl. 2008, § 8 V. 1.; *Buchner* (Fn. 13), § 30 Rdnr. 10.

[34] *Richardi* (Fn. 18), § 12 Rdnr. 15, 18; *Buchner* (Fn. 13), § 30 Rdnr. 11.

[35] BVerfG (Fn. 17), 441; BVerfG v. 19.10.1993 – 1 BvR 567/89 und 1 BvR 1044/89, BB 1994, 16, 20 f.; BVerfG v. 5.8.1994 – 1 BvR 1402/89, BB 1994, 2296, 2298.

[36] Schuldrechtsmodernisierungsgesetz v. 29.11.2001 – BGBl. I 3138.

dass die Arbeitsvertragsparteien im Regelfall nur noch die Befugnis zur Vereinbarung angemessener, nicht frei vereinbarter Vertragsinhalte haben.[37] Die Leitidee eines protektiven Vertragsschuldrechts mit der Abkehr vom autonomen Handeln und Hinwendung zum heteronomen Handeln ist vollzogen.

b) Das Element des Materialen

Der Zusatz *material* kann als Gegenstück des Zusatzes *formal* bedeuten, dass außerhalb des positiv gesatzten Rechts stehende Wertungskriterien, u.a. moralische Kategorien wie die soziale Gerechtigkeit unter Einbeziehung der gesellschaftlichen/betrieblichen Wirklichkeit in die Rechtsgewinnung einzubeziehen sind.[38] Die damit begründete Antithese von formalen/äußeren und materialen/inhaltlichen Grundprinzipien kann mit *Reuter*[39] eine Überlegenheit der letzteren suggerieren. Tatsächlich kann hier auf die Gegenüberstellung und Bewertung der Prinzipien verzichtet werden. Sie sind unergiebig, weil die Vertragsfreiheit als Verkörperung universalistischer Wertungskriterien außerhalb des positiv gesatzten Rechts interpretiert werden kann.[40] *Reuter*[41] regt deswegen an, das Adjektiv *material* zu streichen.

c) Das Element der Ethik

Die Handlungsregeln aus dem grundrechtsgeschützten Sozialstaatsgebot richten sich in erster Linie gegen den Staat. Dieser ist nach allgemeiner Ansicht[42] zur Entwicklung eines Leitbildes sozialgerechter Verhältnisse verpflichtet und hat die sozialen Voraussetzungen eines menschenwürdigen Daseins für alle zu entwickeln. Aufgrund seines Konkretisierungsprimats[43] ist die gesetzliche Ausformung des Prinzips u.a. für die Rechtsprechung bindend und von ihr nachzuvollziehen. Das Sozialstaatsgebot enthält keine unmittelbaren Handlungsanweisungen, Grundrechte zu beschränken[44] und die grundrechtsgeschützte Vertragsinhaltsfreiheit im Sinne des beschriebenen protektiven Vertragsschuldrechts zu begrenzen. Insbesondere kann aus dem Sozialstaatsgebot kein soziales Schutzprinzip mit dem Ziel abgeleitet werden, unabhangig von den speziellen Norm- und Schutzzwecken arbeitsrechtlicher Gesetze jeweils zugunsten des (streitbefangenen) Arbeitnehmers

[37] *Reuter* Historisch-Politische Mitteilungen, 1997, S. 191, 199.

[38] *Joerges* (Fn. 10), S. 128 f., 130.

[39] *Reuter* (Fn. 10), S. 141.

[40] *Joerges* (Fn. 10), S. 135.

[41] *Reuter* (Fn. 10), S. 141.

[42] *Hergenröder* (Fn. 33), § 8 V. 1.; *Richardi* (Fn. 18), § 6 Rdnr. 9; *Buchner* (Fn. 13), § 30 Rdnr. 10.

[43] *Larenz/Canaris* Methodenlehre der Rechtswissenschaft, 3. Aufl. 1995, S. 161.

[44] *Richardi* (Fn. 18), § 6 Rdnr. 10 f.; *Buchner* (Fn. 13), § 30 Rdnr. 10; BVerfG v. 19.10. 1983 – 2 BvR 485/80 und 2 BvR 486/80, BB 1984, 141, 142.

zu entscheiden.[45] Die zusätzliche Heranziehung des Sozialstaatsgebots würde den unter Berücksichtigung des Gebots festgelegten Gesetzeszweck verfälschen.[46]

Die Verantwortungsethik hat wie die Freiheitsethik die Funktion, ihre Geltungskraft ständig zu erweitern. Das heißt wiederum nicht, dass für die Verantwortungsethik die Alleinherrschaft beansprucht werden kann. Wird diese Ethik als das maßgebliche Leitbild und die entscheidende Grundwertung des Privatrechts verstanden, wäre eine solche Position nicht nur mit der grundrechtsgeschützten, geradezu anthropologischen Konstante der Individualfreiheit in der Ausgestaltung der Privatautonomie unvereinbar. Es würde dann nicht mehr der freie Wille mit dem anzuerkennenden Vorrang der Verantwortung für sich selbst vor der für Andere gelten.[47] Die Position würde auch die Einführung des abwegigen Leitsatzes *jedermanns Hand in jedermanns Tasche* begünstigen, die mit der Neigung verbunden ist, die konkreten Nachteile aus einer rücksichtslosen Inanspruchnahme der Freiheit auf andere zu verlagern.[48]

3. *Die elementare Bedeutung für das Arbeitsrecht*

Es bedarf an sich keiner näheren Begründung, dass die skizzierten rechtsethischen Grundlagen für das Rechtsverhältnis der Arbeitsvertragsparteien eine herausragende Bedeutung haben.

a) Der Arbeitgeber

Der Arbeitgeber wird sich mit *Immanuel Kant*[49] auf sein *angebornes Recht der Freiheit* und seine *Autonomie*[50] berufen, seinem eigenen Willen gemäß zu handeln. Er müsse sein Wissen, wie etwas gemacht werden solle und auf welche Weise etwaige Hindernisse beseitigt werden können, nach seinen freien Vorstellungen einsetzen dürfen. Das einzig Konstante sei für ihn die ständige Veränderung. Dementsprechend sei das ausschlaggebende Ethos seines Handelns das Streben nach Unabhängigkeit, mithin die Möglichkeit, eigene Ideen in Freiheit zu verwirklichen und durch Höhen sowie Tiefen im Wettbewerb erfolgreich ein Werk zu errichten und zu sichern. Er sei weder Altruist noch Heilsbringer. Kurzum: Es sei die zentrale Aufgabe des Rechts, seine Gestaltungsfreiheit einschließlich Vertragsfreiheit nach außen gegen-

45 *Rüthers* Beschäftigungskrise und Arbeitsrecht, 1996, S. 38.
46 *Söllner/Waltermann* Arbeitsrecht, 13. Aufl. 2003, Rdnr. 108.
47 *Bydlinski* (Fn. 10), S. 120.
48 *Bydlinski* (Fn. 10), S. 120.
49 *Immanuel Kant* (Fn. 24), S. 345.
50 *Immanuel Kant* Kritik der praktischen Vernunft, Analytik, 1788, Werke in sechs Bänden, hrsg. von *Weischedel*, 6. Aufl. 2005, Bd. IV, S. 144.

über den Marktteilnehmern und nach innen gegenüber den für ihn tätigen Arbeitnehmern möglichst umfassend zu sichern.

b) Der Arbeitnehmer

Der Arbeitnehmer wird sich ebenfalls auf *Immanuel Kant* beziehen, insbesondere auf dessen Erkenntnis,[51] dass das Prinzip der Autonomie der kategorische Imperativ sei, *nicht anders zu wählen, als so, dass die Maximen seiner Wahl in demselben Wollen zugleich als allgemeines Gesetz mit begriffen seien*. Die Handlungsfreiheit des Arbeitgebers existiere also auch nach *Immanuel Kant*[52] nur, *sofern sie mit jedes anderen Freiheit nach einem allgemeinen Gesetz zusammen bestehen* könne. Werde seine (des Arbeitnehmers) Freiheit durch die Fremdbestimmung und Fremdnützigkeit seiner Tätigkeit geschmälert, sei ein Ausgleich durch den Arbeitgeber in Form einer partiellen Verantwortungsübertragung für die Daseinsvorsorge seines schutzbedürftigen Arbeitnehmers gerechtfertigt.[53]

c) Der fehlende gesetzliche Ausgleich

Es ist nicht geklärt, wie die (Handlungs) Freiheit des Arbeitgebers mit der des Arbeitnehmers *nach einem allgemeinen Gesetz* auszugleichen sowie ob und gegebenenfalls in welchem Umfang aus diesem Ausgleich zwingend eine soziale Verantwortung des Arbeitgebers für den Arbeitnehmer abzuleiten ist. Aus dem kategorischen Imperativ kann lediglich und immerhin die vernünftige Einsicht gewonnen werden, dass dieser Ausgleich der einen Seite nur zumuten darf, was die andere Seite in der Situation der Gegenseite für akzeptabel hält. Anders formuliert: Ein Ausgleich ist nicht sinnvoll, der – so *Reuter* –[54] eine *Gruppe auf Kosten einer anderen so sehr begünstigt, dass ihre Angehörigen die Rechtsposition der Mitglieder der anderen Gruppe für sich selbst ceteris paribus für unzumutbar halten*. Diese Aussage überzeugt nicht nur im akademischen Diskurs durch Evidenz. Sie stellt auch für die Begründung juristischer Entscheidungen in der Rechtspraxis ein plausibles Argument dar, z.B. im Rahmen der nach § 626 Abs. 1 BGB erforderlichen[55] umfassenden Interessenabwägung mit eigenem Beurteilungsspielraum des Tatsachenrichters.[56] So bestätigt der kategorische Imperativ die Rechtsprechung[57] zur außerordentlichen Kün-

[51] *Immanuel Kant* (Fn. 24), S. 74 f.

[52] *Immanuel Kant* (Fn. 24), S. 345.

[53] Ebenso im Ergebnis *Reuter* (Fn. 6), S. 31; *Lieb/Jacobs* Arbeitsrecht, 9. Aufl. 2006, § 1 Rdnr. 10 ff., 31; *Richardi* (Fn. 18), § 1 Rdnr. 11 ff.; § 3 Rdnr. 15 ff., 30 ff.

[54] *Reuter* (Fn. 5), S. 276.

[55] ErfK/*Müller-Glöge*, 10. Aufl. 2010, § 626 BGB Rdnr. 40.

[56] MüArbR/*Wank*, 3. Aufl. 2009, Bd. 1, § 98 Rdnr. 39, 45 ff.

[57] Siehe aus jüngerer Zeit nur LAG Berlin-Brandenburg v. 24.2.2009 – 7 Sa 2017/08, NZA-RR 2009, 188, 189 f.; BAG v. 28.7.2009 – 3 AZN 224/09, NZA 2009, 859 f.

digung des Arbeitsvertrags wegen Diebstahls oder Unterschlagung geringwertiger Sachen durch den Arbeitnehmer. Kein Arbeitnehmer wird das erwähnte Postulat *jedermanns Hand in jedermanns Tasche* billigen. Ein *einfacher Gedanke* im Sinne *Hanaus*, der in der gegenwärtigen Kontroverse[58] leider nicht zur Kenntnis genommen wird.

aa) Der Grundsatz des sozialrechtlichen Schutzprinzips

Bis heute ist es nicht gelungen, ein allgemeines arbeitsvertragliches Regelwerk zu schaffen. Stattdessen wird anhand von wechselnden sozialpolitischen Vorverständnissen[59] versucht, vor allem das privatautonome Handeln des Arbeitgebers, aber auch das des Arbeitnehmers *im Schutzauftrag des Arbeitsrechts* mit dem Ziel einzuschränken, die Privatautonomie im Ergebnis aufzulösen.[60] Der Arbeitnehmer soll nach dem herrschenden Sozialgedanken als *Lebenssaft, schon fast Herzblut des Arbeitsrechts*[61] vor *Ausbeutung*[62] und *Verelendung*[63] bewahrt werden. Diese zentralen Aufgaben des Arbeitsrechts sind angesichts der Existenzbedingungen großer Teile der Arbeiterschaft im 19. Jahrhundert historisch zutreffend diagnostiziert.[64] Es wird aber gegen das übliche Verständnis angesichts der bis heute erreichten Verbesserung der sozialen Verhältnisse mit Recht bestritten, dass der einzige und dominante Zweck des zwischenzeitlich in einen *vollkommenen Rechtszustand*[65] gebrachten Arbeitsrechts der Sozialschutz des weisungsabhängigen Arbeitnehmers ist. In der Tat begründen nicht mehr zu übergehende Fakten, die bei der Erörterung der unterschiedlichen Ansätze zur rechtlichen Erfassung des Arbeitsverhältnisses näher erläutert werden, berechtigte Bedenken gegen die weitverbreitete arbeitsrechtliche Denktradition.

Das Bundesverfassungsgericht folgt den begründeten Einwänden gegen eine fortlaufende Weiterentwicklung des von *Dersch*[66] konzipierten *sozialrechtlichen Schutzprinzips* nicht. Das Gericht betont seit 1990 im Handelsvertreterfall[67] sowie in den Bürgschaftsfällen[68] die Schutzfunktion der Grundrechte auch und gerade für das wirtschaftlich relevante Privatrecht.

[58] *Hanau* FS für *Dieterich*, 1999, S. 2001; zur derzeitigen Kontroverse *Rieble* NJW 2009, 2101; *Walker* NZA 2009, 921.

[59] *Reuter* (Fn. 6), S. 3 ff.; *Rüthers* RdA 1995, 326, 327 f.; *Adomeit* (Fn. 31), S. 5; *Richardi* (Fn. 18), § 3 Rdnr. 15 ff.

[60] *Gast* FS für *Kissel*, 1994, S. 249, 251.

[61] *Adomeit* Das Arbeitsrecht und unsere wirtschaftliche Zukunft, 1985, S. 1.

[62] *Reuter* (Fn. 37), S. 214.

[63] *Rüthers* (Fn. 45), S. 35 f.

[64] *Rüthers* (Fn. 45), S. 35 f.; *Hergenröder* (Fn. 33), § 1 I., § 3 I.

[65] *Adomeit* (Fn. 31), S. 8.

[66] *Dersch* RdA 1949, 325, 326 ff.

[67] BVerfG (Fn. 17), 441.

[68] BVerfG (Fn. 35), 20 f. und 2298.

Abweichend von seiner früheren Rechtsprechung,[69] in der es die Wahrung und Entfaltung der individuellen Freiheit des Einzelnen und dessen Fähigkeit zu eigenverantwortlicher Lebensgestaltung in den Mittelpunkt seiner Rechtsfindung stellt, verliert die Privatautonomie mit ihrem Willensdogma die Stellung als überragende Wertungsgrundlage. Der Arbeitnehmer soll nicht fähig sein, die ihm eingeräumten Freiheitsrechte real zu verwirklichen. Das Gericht meint ebenso wie *Dersch*, ein echtes Aushandeln der Arbeitsvertragsbedingungen sei angesichts der praktisch nur formalen Gleichheit, tatsächlich aber starken materiellen Ungleichheit zwischen Arbeitgeber und Arbeitnehmer nicht möglich. Die Idee der Schutzfunktion wird als zentraler Ansatz aller objektiv-rechtlichen Elemente der Grundrechte interpretiert.[70] Es kann daher nicht überraschen, dass das Gericht die Zurückverwandlung der formalen Freiheitsethik in eine *materiale Ethik sozialer Verantwortung* begrüßt. Der Appell *Otto von Gierkes* aus 1889:[71]

Unser Privatrecht wird sozialer sein, oder es wird nicht sein.

bleibt trotz der grundstürzenden sozialen Umwälzungen seit 1918 und des bis heute realisierten Arbeitnehmerschutzes offenbar ein nach wie vor aktueller, allerdings von den Fakten nicht mehr gedeckter Grundgedanke arbeitsrechtlichen Denkens und Handelns. Er setzt sich bis in die jüngste Rechtsprechung des Bundesverfassungsgerichts[72] durch, in der eine strukturelle Unterlegenheit des einzelnen Arbeitnehmers sowohl bei der Begründung eines Arbeitsverhältnisses als auch im bestehenden Arbeitsverhältnis behauptet wird.

Obwohl nicht erklärt wird, was das soziologisierende Kraftwort *strukturell* bedeutet,[73] erscheint das Ziel einer vermehrten Fürsorge und eines umfangreicheren Schutzes im Interesse des Arbeitnehmers unter der Bedingung der Einschränkung des privatautonomen Handelns auf den ersten Blick unangreifbar. Es wird von dem erwähnten Wohlwollen und von Menschlichkeit getragen. Erst bei weiterer Prüfung erweist sich das Gutgemeinte als weniger vorteilhaft für den Arbeitnehmer.

[69] BVerfG (Fn. 15), 257; BVerfG v. 11.6.1958 – 1 BvR 596/56, BB 1958, 641, 642, 643; BVerfG (Fn. 16), 702.

[70] ErfK/*Dieterich*, 10. Aufl. 2010, Einl. GG Rdnr. 37.

[71] *Otto von Gierke* Die soziale Aufgabe des Privatrechts, Vortrag 1898 in Wien, zitiert nach *Adomeit* (Fn. 31), S. 1.

[72] Siehe aus jüngerer Zeit BVerfG v. 23.11.2006 – 1 BvR 1909/06, NZA 2007, 85, 86.

[73] *Adomeit* (Fn. 31), S. 4.

bb) Die Grenzen des gutgemeinten Schutzprinzips

aaa) Das Einfallstor

Der *kategorische Imperativ des sozialrechtlichen Schutzprinzips*[74] richtet sich, sofern der Gesetzgeber nicht oder unzureichend tätig wird, an die Gerichte.[75] Diese sollen ihre Entscheidung aus einer Gesamtanschauung des Einzelfalls unter Beachtung aller wesentlichen Umstände treffen.[76] Sie müssen angesichts des inhaltsleeren Begriffs der *strukturellen* Unterlegenheit sowie mangels normativer Vorgaben für die Abwägung, ob die Freiheitsbeschränkung des einen Teils zum Freiheitsschutz des anderen Teils abgewogen bzw. angemessen ist, zwangsläufig auf individuelle vorjuristische Wertungen zurückgreifen. Es wird dann mit den Worten *Hegels*[77] eine *zufällige und willkürliche Entscheidung* getroffen. Sie schließt als billige Erwägung per se die Verlässlichkeit und Kalkulierbarkeit rechtlichen Handelns aus. Dieser Zustand ist offenkundig mit dem verfassungsrechtlichen Rechtsstaatsprinzip und seinen gleichrangigen Geboten der Gerechtigkeit und Rechtssicherheit[78] unvereinbar.

bbb) Die Konsequenzen

Neben dem Verlust der Rechtssicherheit, der die Wirtschaftspraxis in besonderer Weise belastet,[79] schafft die geforderte richterliche Schrankenbestimmung zugleich die Plattform für eine Entscheidungsfindung nach der persönlichen gesellschaftspolitischen Überzeugung und Wertung des Richters. Diese Grundlage wird nach wie vor mit dem Argument[80], es sei typischerweise von einer zu kompensierenden strukturellen Unterlegenheit des Arbeitnehmers auszugehen, *ungebremst (für Entscheidungen) zu Lasten von Arbeitgebern*[81] genutzt. Es wird mit diesem Interessenverständnis nicht nur übersehen, dass der Freiheitsethik und Verantwortungsethik das Gebot der Rücksichtnahme auf die Gegeninteressen immanent ist. Jeder muss dem Anderen das zubilligen, was er für sich selbst in Anspruch nimmt.[82] Vor allem wird nicht zur Kenntnis genommen, dass die Arbeitsbedingungen für die wirtschaftenden Unternehmen ein erstrangiger Kostenfaktor sind, der

[74] *Dersch* (Fn. 66), S. 331.
[75] So bereits BVerfG (Fn. 15), 257.
[76] BVerfG (Fn. 15), 259.
[77] *Hegel* Grundlinien der Philosophie des Rechts oder Naturrecht und Staatswissenschaft im Grundrisse, 1833, neu ediert 1981, S. 246.
[78] *Kissel* NJW 1982, 1777, 1779; *ders.* FS für *Hromadka*, 2008, S. 189, 202.
[79] *Rüthers* (Fn. 45), S. 91 f.; *Reuter* (Fn. 37), S. 216.
[80] Siehe stellvertretend *Dieterich* RdA 1995, 129, 135.
[81] *Reuter* (Fn. 37), S. 199.
[82] *Bydlinski* (Fn. 10), S. 131.

aus Sachzwang so niedrig wie möglich zu halten ist.[83] Können die Kosten des rechtlich umfassend geschützten Arbeitnehmers nicht mehr auf den Markt abgewälzt werden, ist der Fortbestand seines Arbeitsverhältnisses gefährdet.

d) Die Verwendung der Prinzipienargumente

Die Verwendung der Grundprinzipien der Freiheit und Verantwortung in der praktischen juristischen Arbeit zur Begründung rechtlicher Entscheidungen ist nur eingeschränkt möglich.[84]

Zum einen ist das Verhältnis der Prinzipien zueinander nicht geklärt. Sie stellen allgemeine Optimierungskriterien ohne Anspruch auf Ausschließlichkeit dar, die ihren Sinngehalt erst in einem Zusammenspiel wechselseitiger Ergänzung und Beschränkung entfalten. Für diesen Vorgang fehlen feste Abgrenzungsmerkmale.[85] Es kann dann allenfalls heißen: *Soviel Freiheit wie möglich, soviel soziale Verantwortung wie zum Schutz von Leben, Gesundheit und Menschenwürde jedermanns nötig.*[86] In diesem Kontext ist weiterhin zu berücksichtigen, dass das Verhältnis der Prinzipien untereinander jeweils danach unterschiedlich zu bewerten ist, ob der Staat oder private Personen Freiheit anzuerkennen und Verantwortung zu übernehmen haben. Im Verhältnis der Parteien untereinander ist bei der rechtsgeschäftlichen Selbsteinschränkung von Grundrechten stets das Primat der Privatautonomie zu beachten.[87] Es gilt das Postulat der Freiheitsverwirklichung oder der Selbstbestimmung, sofern die Bedingungen freier Selbstbestimmung tatsächlich vorliegen, der Schutzauftrag der Grundrechte also nicht verletzt ist.[88] Es ist nicht abschließend geklärt, ob und wie der Arbeitgeber außerhalb des umfassend kodifizierten Arbeitsrechts mit seinen detaillierten Schutznormen noch zur Verantwortung für den Arbeitnehmer verpflichtet werden soll. Wird ein solches außergesetzliches (moralisches) Verantwortungsgebot gleichwohl aus der Bindung des Arbeitgebers an den kategorischen Imperativ des sozialrechtlichen Schutzprinzips[89] begründet, ist daran zu erinnern, dass diese Verantwortungsübertragung zwingend zu einer Freiheitsbeschränkung auf Seiten des Arbeitgebers führt und dessen Freiheit als begrenzender Faktor bzw. Gegengewicht mitzudenken ist.[90] Es kann dann nur abwägungs- und

[83] *Hergenröder* (Fn. 33), § 1 I. 1. a).

[84] *Alexy* (Fn. 12), S. 21, 299, 319; *Bydlinski* (Fn. 10), S. 127 ff.

[85] *Alexy* (Fn. 12), S. 21; *Bydlinski* (Fn. 10), S. 121.

[86] *Bydlinski* (Fn. 10), S. 117, 121.

[87] *Stelljes* Zur Grundlage und Reichweite des allgemeinen Kündigungsschutzes, 2002, S. 90; *Richardi* (Fn. 18), § 12 Rdnr. 18.

[88] *Reuter* Anmerkung 2 zu BVerfG v. 19.5.1992 – 1 BvR 126/85, EzA Art. 5 GG Nr. 22; *Richardi* (Fn. 18), § 12 Rdnr. 18.

[89] *Dersch* (Fn. 66), 331.

[90] *Bydlinski* (Fn. 10), S. 118.

ergebnisoffen allgemein formuliert werden: *Vorrang vor der Verantwortung für andere muss allemal die Verantwortung jedermanns für sich selbst haben, soweit er im Rahmen seiner Freiheit dieser Verantwortung gerecht werden kann.*[91]

Zum anderen sind die Prinzipien wegen ihres hohen Generalitätsgrades nicht unmittelbar zur Begründung juristischer Entscheidungen einsetzbar. Es sind weitere normative Prämissen, insbesondere und zunächst die vom Gesetzgeber vorgegebenen erforderlich.[92] Das aus der Freiheitsethik und Verantwortungsethik abgeleitete Prinzipienargument ist für die Rechtsgewinnung methodisch überhaupt und erst verwertbar, wenn Inhalt und Umfang der gesetzlichen Konkretisierung des Prinzips ermittelt ist und anschließend ein gesetzlicher Beurteilungsspielraum verbleibt. Insoweit kann das Argument als Richtlinie für die Auslegung und Anwendung der einschlägigen Rechtsnormen dienen.[93] Das Prinzipienargument berechtigt indessen nicht dazu, die seitens des Gesetzgebers verfolgten Zwecke zu ignorieren und mit Hilfe des Prinzipienarguments anstelle des Gesetzgebers andere (bessere) Zwecke zu setzen.

C. Das Unbehagen

Es versteht sich von selbst, dass ein ordoliberaler Denker die durch Konfrontation der Freiheitsethik und Verantwortungsethik offengelegte Entwicklung mit ihrer Abkehr vom autonomen Handeln und Hinwendung zum heteronomen Handeln nur ablehnen kann. Die Marktwirtschaft als Grundordnung privaten, wirtschaftlichen Handelns bzw. wirtschaftlicher Initiative des Einzelnen und die Privatautonomie als Fixstern des Privatrechtssytems sind für ihn zwingend aufeinander angewiesen.[94] Ein *Wandel von der Privatautonomie zur Sozialautonomie*[95] bzw. ein Austausch des Grundprinzips der *Selbstbestimmung* gegen das der *Fremdbestimmung*[96] scheiden folgerichtig aus.

[91] *Bydlinski* (Fn. 10), S. 120.
[92] *Alexy* (Fn. 12), S. 21 Fn. 16, 299.
[93] *Bydlinski* (Fn. 10), S. 129.
[94] *Reuter* (Fn. 9), S. 206; *ders.* (Fn. 37), S. 192 f.; ebenso *Zöllner* (Fn. 11), 99; *Hergenröder* (Fn. 33), § 1 III. 1., 4.
[95] *E. Schmidt* JZ 1980, 153, 155 ff.
[96] *Picker* (Fn. 26), S. 224.

I. Das dichte Netz arbeitsrechtlicher Schutznormen

Die aus der Marktwirtschaft resultierenden sozialen Nachteile sind mittlerweile durch ein dichtes Netz unabdingbarer arbeitsrechtlicher Normenwerke in Gesetzen, Tarifverträgen, Betriebsvereinbarungen ausgeglichen. Es geht im Arbeitsrecht nur noch um die Absicherung ständig bedrohter privatautonomer Restbestände. Die Eingriffe erfolgen – wie gezeigt – aus *Wohlwollen und Menschlichkeit*[97] bzw. aus *Fürsorge und Schutz*[98] mit dem Ziel, das geltende Recht *gerechter* zu gestalten. Die Intervention wird trotz des vorhandenen arbeitsrechtlichen Schutzstandards u.a. mit einem Verweis auf das in Art. 20 Abs. 1 GG, Art. 28 Abs. 1 GG statuierte Sozialstaatsgebot untermauert.[99] An der Richtigkeit dieser Argumentation bestehen nicht nur aus den bisher erörterten Gründen erhebliche Zweifel. Es wird nicht zur Kenntnis genommen, dass das Sozialstaatsprinzip nach zutreffender Ansicht[100] die Gestaltung *einer sozialgerechten Ordnung für alle gebietet*,[101] also auch für die Personen, die keinen Arbeitsplatz haben und einen solchen suchen. Letztere werden ausgegrenzt, wenn der Bestandsschutz des Arbeitsplatzinhabers mit der Folge stetig erweitert wird, dass das Freiwerden eines Arbeitsplatzes zunehmend erschwert, die Arbeitsplatzverteilung zum Nachteil der arbeitsuchenden Außenseiter verfestigt und das Ergreifen einer Beschäftigungsmöglichkeit beeinträchtigt wird.[102] Das Bundesverfassungsgericht[103] hat diese Wirkungszusammenhänge ursprünglich klar erkannt und dem arbeitsrechtlichen Bestandsschutz zutreffend *Zweischneidigkeit* attestiert. Diese Ambivalenz ist ebenfalls im Verhältnis der Unternehmen zu den arbeitsuchenden Außenseitern festzustellen. Es ist eine *Binsenwahrheit*,[104] dass die Bereitschaft zur Schaffung neuer Arbeitsplätze in dem Maße schwindet, wie die Aussicht sinkt, einmal eingerichtete Arbeitsplätze nach Erledigung des Bedarfs oder im Falle der Enttäuschung der Erwartungen nicht oder nur kostenträchtig wieder abbauen zu können. Das trifft auch und vor allem für Bewerber mit besonderem Kündigungsschutz zu.[105] Außerdem gefährdet eine überzogene Stärkung der Position des Arbeitnehmers zu

[97] *Adomeit* (Fn. 31), S. 9 f.

[98] *Picker* (Fn. 26), S. 215.

[99] Siehe nur *Dieterich* (Fn. 80), 129; *ders.* (Fn. 70), Einl. GG Rdnr. 79.

[100] BVerfG v. 13.1.1982 – 1 BvR 848/77, NJW 1982, 1447, 1449 zum Bestandsschutz; *Rüthers* (Fn. 59), 330; *ders.* (Fn. 45), S. 37 f.; *Reuter* FS für *Wiedemann*, 2002, S. 449, 468 f.; *Stelljes* (Fn. 87), S. 104 f.; *Hergenröder* (Fn. 33), § 8 V. 1. c).

[101] BVerfG (Fn. 100).

[102] *Zöllner* 52. DJT (1978), Gutachten D, S. 114.

[103] BVerfG (Fn. 100).

[104] *Reuter* (Fn. 37), S. 215; *ders.* (Fn. 100), S. 463; *ders.* ORDO Bd. 48 (1997), S. 437, 457; ebenso *Rüthers* (Fn. 45), S. 49, 89, 95, jeweils mit Nachweisen.

[105] *Reuter* (Fn. 9), S. 113, 115, 124; ebenso *Junker* Arbeitsrecht, 9. Aufl. 2010, Rdnr. 15.

Lasten des Arbeitgebers den Fortbestand der Stellung des Arbeitsplatzinhabers. Es darf nicht beharrlich vernachlässigt werden, dass das Arbeitsrecht ein integraler Bestandteil der Marktwirtschaft ist.[106] Zu den dort herrschenden ehernen Regeln zählt die bestmögliche Verteilung des Produktionsfaktors Arbeit im Hinblick auf Kosten und Gewinn, sogenannte allokative Funktion der Marktwirtschaft.[107] Nach dieser Entscheidungsvorgabe ist ein ökonomisch sinnvoller Einsatz dann nicht mehr möglich, wenn der Arbeitnehmerschutz die von der Produktion gedeckten Kosten übersteigt.[108] Die Konsequenz ist die allseits bekannte Übertragung der Arbeit auf Unternehmen mit niedrigeren Arbeitskosten und der Verlust des Arbeitsplatzes für den angeblich umfassend geschützten Arbeitnehmer. Es kann mit anderen Worten eine erfreulich günstige Rechtsstellung für den Arbeitnehmer ausgebaut, indessen nicht sichergestellt werden, ob er eine solche Rechtsstellung auch erwerben bzw. bewahren kann. Letzteres ist *weniger wahrscheinlich*[109].

II. Die riskante Globalthese des stets unterlegenen Arbeitnehmers

Entstehen für den Arbeitnehmer in der Realität des Arbeitslebens und der Arbeitsrechtspraxis dennoch Ausbeutungsgefahren,[110] kann ihnen mit den vorhandenen Mitteln des Arbeitsrechts begegnet werden.

Diese Aufgabe ist im *derzeitigen* Kontext der sozialen Verhältnisse und gesellschaftlich-politischen Anschauungen zu erledigen, auf die das Recht wirken soll.[111] Das Arbeitsrecht darf mit anderen Worten nicht auf Prämissen beharren, die ihre Grundlage in der gesellschaftlichen/betrieblichen Lebenswirklichkeit verloren haben. Wird – so *Radbruch* –[112] das jeweilige Menschenbild *zum Ausgangspunkt des Rechts* bestimmt, ist das des Grundgesetzes und nicht das der Weimarer Zeit maßgebend.

Es ist allerdings nicht zu leugnen, dass das arbeitsrechtliche Menschenbild der Weimarer Zeit das Rechtsdenken bis heute beeinflusst. So stellt *Dieterich*[113] trotz der zwischenzeitlich eingetretenen realen Veränderungen der gesellschaftlichen/betrieblichen Lebenswirklichkeit noch in 1995 eine *umfassende Schutzbedürftigkeit* fest, *die die Lage des Arbeitnehmers kennzeichnet*

[106] *Rüthers* (Fn. 59), S. 329 f.; *ders.* (Fn. 45), S. 43 f.; *Hergenröder* (Fn. 33), § 1 II., III.
[107] *Hergenröder* (Fn. 33), § 1 III. 2., 3.
[108] *Rüthers* (Fn. 45), S. 49.
[109] *Adomeit* (Fn. 31), S. 8.
[110] *Reuter* (Fn. 104), S. 439 f.
[111] BVerfG v. 14.2.1973 – 1 BvR 112/65, NJW 1973, 1221, 1225; BVerfG (Fn. 17), 441.
[112] *Radbruch* Recht und Staat in Geschichte und Gegenwart, Eine Sammlung von Vorträgen und Schriften aus dem Gebiet der gesamten Staatswissenschaften, 1927, S. 5, 7.
[113] *Dieterich* (Fn. 80), 135.

(vom Beginn der Vertragsverhandlungen über die Abhängigkeit innerhalb der Betriebsorganisation bis zur Beendigung und Nachwirkung der Rechtsbeziehungen). Diese Sicht ist weder mit dem realistischen Menschenbild des Grundgesetzes in der ursprünglichen Auslegung des Bundesverfassungsgerichts[114] noch mit der Integration eines wesentlichen Teils der Arbeitnehmerschaft in das Besitzbürgertum[115] vereinbar, insoweit überholt und als Argument wertlos.

Es ist ein Verdienst *Reuters*, den Wandel der sozialen Verhältnisse sowie der Realität des Arbeitsverhältnisses offen zu legen, zu analysieren und damit die riskante Globalthese zu widerlegen, das Wesensmerkmal des Arbeitsverhältnisses sei die permanente soziale Schwäche bzw. Unterlegenheit des Arbeitnehmers gegenüber dem Arbeitgeber.

III. Der *Reuter*'sche Dreh- und Angelpunkt

Den hier bekannten Veröffentlichungen des Jubilars lässt sich die feste Grundeinstellung entnehmen, die schuldrechtliche Betrachtung des Arbeitsrechts sei vorzugswürdig[116] und der Wahrung der Freiheit des einzelnen Arbeitgebers sowie Arbeitnehmers sei im Rahmen des geltenden (arbeits) rechtlichen Normenbestandes absoluter Vorrang einzuräumen.[117]

Nach *Zöllners*[118] Entdeckung der methodisch zutreffenden Einsicht *Immanuel Kants*[119]

Was aus Vernunftgründen für die Theorie gilt, das gilt auch für die Praxis.

für das Arbeitsrecht ist festzustellen, dass zum einen der Praktiker seine täglichen arbeitsrechtlichen Handhabungsfragen ohne gute Theorie rechtmäßig nicht beantworten kann und zum anderen der systemverpflichtete Theoretiker praxisrelevante arbeitsrechtliche Vorgaben entwickeln sollte.[120] Diesen

[114] BVerfG v. 17.8.1956 – 1 BVB 2/51, BVerfGE 5, 85, 204: Der Arbeitnehmer ist *eine mit der Fähigkeit zu eigenverantwortlicher Lebensgestaltung begabte ‚Persönlichkeit'. Sein Verhalten und Denken können daher durch seine Klassenlage nicht eindeutig determiniert sein. Er wird vielmehr als fähig angesehen, und es wird ihm demgemäß abgefordert, seine Interessen und Ideen mit denen der anderen auszugleichen.*

[115] *Reuter* (Fn. 6), S. 17; *ders.* (Fn. 37), S. 213; *Hergenröder* (Fn. 33), § 2 III., IV.

[116] *Reuter* (Fn. 6), S. 25, S. 30 ff.

[117] *Reuter* (Fn. 37), S. 194.

[118] *Zöllner* ZfA 1990, S. 337, 353.

[119] *Immanuel Kant* ÜBER DEN GEMEINSPRUCH: DAS MAG IN DER THEORIE RICHTIG SEIN, TAUGT ABER NICHT FÜR DIE PRAXIS, 1793, Werke in sechs Bänden, hrsg. von *Weischedel*, 6. Aufl. 2005, Bd. VI, S. 125, 172.

[120] *Zöllner* (Fn. 118), S. 343 ff.

Anforderungen wird Rechnung getragen, indem das *Reuter*'sche Grundanliegen mittels eines betrieblich stets aktuellen Regelungsgegenstandes auf ihre theoretische und praktische Haltbarkeit untersucht wird.

D. Das allgemeinverbindliche absolute Alkohol-/Drogenverbot durch Weisung

Gegenstand der Prüfung ist die sicherheitsrelevante betriebliche Alkohol-/Drogenproblematik und speziell der Fragenbereich der Einführung eines allgemeinverbindlichen absoluten Alkohol-/Drogenverbots zur Einrichtung eines alkohol-/drogenfreien Unternehmens durch Weisungsrecht in Unternehmen, in denen die Belegschaft einen Betriebsrat nicht wählt.

Die Betriebe sind insgesamt ein Spiegelbild des gesamtgesellschaftlichen Konsumverhaltens. Das gilt gleichermaßen für das Trinken von Alkoholika und den Gebrauch illegaler Drogen wie Heroin, Kokain, Cannabis, LSD, Speed, Crack, Crystal usw. (im Folgenden: Drogen), der mittlerweile in Deutschland zur bedauerlichen Normalität gehört. Die negativen Auswirkungen des Konsums auf das geistige/körperliche Leistungsvermögen des alkohol-/drogenanfälligen Arbeitnehmers unter sicherheitsrelevanten Aspekten sind gravierend. Es ist ein Gebot der Wahrung der Arbeitssicherheit, die alkoholkonsum-/drogenkonsumbedingten Gefährdungen für den Betrieb, den Konsumenten selbst, die übrigen Belegschaftsangehörigen und die betroffenen Dritten möglichst auszuschließen,[121] u.a. durch die Einführung eines solchen Verbots. Es wird kontrovers erörtert, ob der Arbeitgeber per Weisungsrecht ein allgemeinverbindliches absolutes Alkohol-/Drogenverbot begründen kann.[122]

I. Das absolute Alkohol-/Drogenverbot

1. Das absolute Verbot

Es ist nachgewiesen,[123] dass bereits der Konsum geringer Alkohol-/Drogenmengen zu einer Einschränkung der (sicherheitsrelevanten) Leistungs-

[121] *Bengelsdorf* Alkohol und Drogen im Betrieb, 2. Aufl. 2003, S. 15 ff.; *Kauert* Der Mensch als Risiko und Sicherheitsreserve, hrsg. von *Breitstadt/Kauert*, 2005, S. 20 ff., 31 ff.

[122] Dafür: *Bengelsdorf* (Fn. 121), S. 44; *Besgen* BB 2008, 274, 275; Schaub/*Linck* ArbR-Hdb., 13. Aufl. 2009, § 55 Rdnr. 13; dagegen *Hromadka* DB 1995, 2601, 2605; *Künzl/Oberlander* Sucht und Prävention im Betrieb, AuA Sonderausgabe Juli/2005, S. 21; MüArbR/*Reichold*, 3. Aufl. 2009, Bd. 1, § 49 Rdnr. 21.

[123] Siehe stellvertretend *Bengelsdorf* Anmerkung I. 1. zu LAG Schleswig-Holstein v. 20.11.2007 – 5 Ta BV 23/07, LAGE § 87 BetrVG 2001 Betriebliche Ordnung Nr. 6: Alkohol; *ders.* Anmerkung I. 2. zu ArbG Hamburg v. 1.9.2006 – 27 Ca 136/06, LAGE § 75 BetrVG 2001 Nr. 4: Illegale Drogen; *Kauert* (Fn. 121), S. 20 ff., 31 ff.

fähigkeit und Leistungsbereitschaft des Einzelnen führt. Das trifft uneingeschränkt auch auf die derzeit zu beobachtende vermehrte Einnahme der angeblich leistungssteigernden Durchhalte-Droge Kokain zu. Ihr Konsum verursacht in kürzester Zeit eine Abhängigkeit und hat verheerende psychische Auswirkungen auf die Arbeit. Dementsprechend wird mit Recht betont,[124] nur der Ausschluss jeglicher Alkoholisierung und Drogenbeeinflussung trage zur Vermeidung jeglicher einschlägiger (Sicherheits-)Risiken bei.

Diesen Anforderungen wird allein die Einführung eines *absoluten* Suchtmittelverbots[125] gerecht. Es normiert die völlige Alkohol-/Drogenfreiheit bei Arbeitsantritt und während der Arbeit einschließlich der Pausen. Jeder Belegschaftsangehörige darf bei Antritt der Arbeit keinen Alkohol/keine Drogen im Blut haben und während der Arbeit einschließlich der Pausen keine Alkoholika/Drogen zu sich nehmen. Das absolute Verbot regelt das betriebliche und außerbetriebliche Verhalten des Belegschaftsangehörigen. Es greift in die außerbetriebliche Lebensgestaltung insoweit mittelbar ein, wie es unter Berücksichtigung der Abbauwerte lediglich einen mäßigen bzw. überhaupt keinen Alkohol-/Drogenkonsum während der arbeitsfreien Zeit erlaubt. Die Gestaltung der außerbetrieblichen privaten Lebensführung liegt grundsätzlich nicht in der Einflusssphäre des Arbeitgebers.[126] Dennoch sind ausnahmsweise Regelungen zum Alkohol-/Drogenkonsum während der Freizeit möglich, wenn das Konsumverhalten die betrieblichen Belange berührt und die Regelungen angemessen sind.[127]

2. *Das relative Verbot*

Die Einführung eines relativen Alkohol-/Drogenverbots ist nicht sinnvoll.

Das relative Alkoholverbot[128] gewährt Freiräume für einen mäßigen Alkoholkonsum, jeweils abgestuft nach den unterschiedlichen Konzentrations-, Qualitäts- und Sicherheitsanforderungen der verschiedenen Arbeitsplätze oder der Ausnahmesituation der Einschränkung des Konsums während der arbeitsfreien Zeit. Die Bandbreite der Abstufungen wird sowohl durch die auszuübende Tätigkeit als auch durch die individuelle Alkoholverträglichkeit bestimmt.[129] Das relative Alkoholverbot erweist sich damit als objektiv nicht überprüfbar und durchsetzbar. Es würde ein überflüssiges Verbot mit hoh-

[124] ArbG Lübeck v. 17.4.2007 – See 3 BV 90 c/06, S. 7 u.v.; LAG Schleswig-Holstein (Fn. 123), unter II. 2. b) der Gründe.

[125] *Bengelsdorf* FS für *Buchner*, 2009, S. 108, 118 f.

[126] *Reichold* (Fn. 122), § 49 Rdnr. 45.

[127] BVerwG v. 8.11.1990 – 1 WB 86/89, NJW 1991, 1317, 1318.

[128] *Bengelsdorf* (Fn. 125), S. 116 f.

[129] LAG Schleswig-Holstein (Fn. 123), unter II. 2. b), c) der Gründe.

lem Symbolcharakter geschaffen. Vor allem sind das relative Verbot und das zentrale Ziel der Einrichtung eines alkohol-/drogenfreien Unternehmens nicht kompatibel. Letzteres ist erfahrungsgemäß nur zu erreichen, wenn sich die Unternehmensleitung mit dem Vorhaben uneingeschränkt identifiziert, es strikt auch in eigener Person umsetzt und ausnahmslos alle Belegschaftsangehörigen einschließlich der Führungskräfte in das Verbot einbezieht.[130]

Für das relative Drogenverbot gilt schon deswegen nichts anderes, weil es derzeit faktisch nicht möglich ist, allgemeingültige Grenz- und Abstufungswerte eines sicherheitsunschädlichen Drogengebrauchs festzulegen. Der Arbeitgeber darf den für den Konsum unerlässlichen strafbaren Besitz von illegalen Drogen nach § 29 BtMG auch nicht dadurch unterstützen, dass er betriebliche Freiräume für den mäßigen Drogenkonsum duldet.[131]

II. Die unterschiedlichen Vorverständnisse

Die Kontroverse hinsichtlich des Umfangs des Weisungsrechts zur Einführung eines allgemeinverbindlichen absoluten Alkohol-/Drogenverbots kann abhängig von dem jeweiligen Vorverständnis der Stellung des Arbeitsrechts gegenüber und in der Privatrechtsordnung mit unterschiedlicher Begründung beantwortet werden.

1. *Das klassenrechtliche und personenrechtliche Vorverständnis*

Für das klassenrechtliche und personenrechtliche Verständnis ist die Zuordnung des betrieblichen Suchtmittelkonsums in den Regelungsbereich des Weisungsrechts ohne größeren Argumentationsaufwand möglich.

Nach klassenrechtlichem Ansatz bestimmt der sozialistische Staat die Gestaltung und den Inhalt der Arbeitsverhältnisse. Der eigene, gesellschaftlich nicht determinierte Wille des Einzelnen ist unerheblich. Im Anschluss an *Lenin* gilt die Notwendigkeit der Einzelleitung unter den Bedingungen der sozialistischen/kommunistischen Gesellschaftsordnung bei der Leitung des Betriebs, d.h. der Wille von Tausenden ist dem Willen des Betriebsleiters unterzuordnen. Aus dem Prinzip der Einzelleitung folgt das Weisungsrecht des Betriebsleiters, das sich auf Maßnahmen zur Aufrechterhaltung sowie Durchführung der sozialistischen Arbeitsdisziplin und damit auf das arbeitbegleitende Verhalten, u.a. die Erfüllung der Arbeitspflicht im alkohol-/drogenfreien Zustand erstreckt.[132]

[130] *Bengelsdorf* (Fn. 125), S. 117.
[131] *Bengelsdorf* (Fn. 125), S. 118.
[132] Autorenkollektiv unter Leitung von *Kunz/Thiel* Arbeitsrecht, 1983, S. 27, 36, 92 ff., 98 ff.,168 ff., 494.

Ebenso liegt es in der Logik des personenrechtlichen Ansatzes, das Weisungsrecht auf das arbeitbegleitende Verhalten zu beziehen, das wegen seiner notwendigen Einheitlichkeit nur durch generelle Weisung geregelt werden kann.[133] Das Arbeitsverhältnis ist aus dieser Sicht auf die Begründung eines Herrschaftsverhältnisses gerichtet, in dem eine umfassende Gehorsamspflicht des Arbeitnehmers als Gegenstück zum umfassenden Weisungsrecht des Arbeitgebers besteht, also auch hinsichtlich der Weisungen zu den Modalitäten der Arbeitsleistung in alkohol-/drogenfreiem Zustand.[134]

2. *Das schuldrechtlich-gesellschaftsrechtliche Vorverständnis*

Gleiches müsste für das schuldrechtlich-gesellschaftsrechtliche Verständnis zutreffen, das den Persönlichkeitsbezug des Arbeitsverhältnisses unter ausdrücklicher Bestätigung des Weisungsrechts[135] wirksamer zur Geltung bringen[136] und das durch alkohol-/drogenfreie und damit unfallfreie Arbeitsleistung im Zweifel bessere Unternehmensergebnis zum beiderseitigen Vorteil der Parteien in den Mittelpunkt des Mitarbeiterverhältnisses stellen will.[137]

3. *Das schuldrechtliche Vorverständnis*

Die Rechtslage ist komplizierter, wenn das schuldrechtliche Verständnis zugrunde gelegt wird. Der Arbeitgeber kann seine Weisung zur Einführung eines allgemeinen absoluten Alkohol-/Drogenverbots nicht auf ein allgemeingültiges Verbot kraft Gesetzes oder Unfallverhütungsvorschrift stützen. Es existiert nicht.[138] Die Problemlösung ist mit *Reuter*[139] aus dem in das allgemeine Schuldrecht des BGB integrierten bürgerlich-rechtlichen Dienstvertragsrechts zu begründen.

Es besteht Einvernehmen, dass das Weisungsrecht dem Arbeitgeber trotz der ausdrücklich geschaffenen Rechtsgrundlage in § 106 GewO ohne weiteres durch den Arbeitsvertrag eingeräumt ist. Nach den dort vereinbarten Leistungspflichten und den diese Pflichten nach § 241 Abs. 1 i.V.m. § 242 BGB absichernden Nebenleistungspflichten und nach § 241 Abs. 2 BGB ergänzenden Nebenpflichten ist zu differenzieren, ob und inwieweit der

[133] *Hergenröder* (Fn. 33), § 6 I. 8.

[134] *Reuter* (Fn. 6), S. 5 f.; *Richardi* (Fn. 18), § 7 Rdnr. 55; *Reichold* (Fn. 122), § 36 Rdnr. 21; LAG Hessen v. 6.7.1989 – 9 Sa 1295/88, LAGE § 611 BGB Direktionsrecht Nr. 5.

[135] *Adomeit* (Fn. 61), S. 41.

[136] *Reuter* (Fn. 6), S. 22.

[137] *Adomeit* (Fn. 61), S. 43.

[138] *Bengelsdorf* (Fn. 121), S. 39, 108.

[139] *Reuter* (Fn. 6), S. 12; ebenso *Reichold* (Fn. 122), § 47 Rdnr. 11 i.V.m. § 49 Rdnr. 21.

Arbeitgeber Weisungen zur Konkretisierung dieser Pflichten erteilen darf.[140] Ist die Existenz eines Weisungsrechts nachgewiesen, muss weiter geprüft werden, ob seine Ausübung den Grenzen billigen Ermessens gemäß § 106 S. 1, 2 GewO entspricht.

a) Die Weisung aus Gründen der Arbeitspflicht

Ansatzpunkt ist die Rechtstatsache, dass der Alkohol-/Drogenkonsum aus Gründen der Arbeitspflicht und ihrer Absicherung so lange nicht zu beanstanden ist, wie der Arbeitnehmer trotz Suchtmittelkonsums seinen vereinbarten Leistungspflichten mit der gleichen Sorgfalt wie ein alkohol-/drogenfreier Arbeitskollege nachkommen kann. Der betriebliche Alkohol-/Drogenkonsum allein stellt regelmäßig keine Störung der Vertragsbeziehungen dar. Eine Nebenleistungspflicht des Arbeitnehmers, vor Arbeitsantritt, während der Arbeitszeit und der Arbeitspausen keine Alkoholika zu trinken und/oder keine Drogen zu sich zu nehmen, ist grundsätzlich nicht anzuerkennen.[141] Etwas anderes gilt nur für Arbeitnehmer, deren Arbeitsleistung mit keinerlei Alkohol-/Drogenkonsum zu vereinbaren ist, z.B. Schiffsführer nach § 3 Abs. 5 Seeschifffahrts-Straßenordnung.[142]

Es wird daher mit Recht die Auffassung vertreten, dass sich unter Bezugnahme auf die arbeitsvertraglichen Leistungs- und Nebenleistungspflichten regelmäßig ein Weisungsrecht zur Anordnung eines allgemeinverbindlichen absoluten Alkoholverbots nicht begründen lässt.[143] Gleiches trifft auf ein entsprechendes Drogenverbot zu.

b) Die Weisung aus Gründen der Arbeitssicherheit und des Gesundheitsschutzes

Etwas anderes gilt, wenn der Alkohol-/Drogenkonsum aus Gründen der Arbeitssicherheit und des Gesundheitsschutzes zu unterbinden ist. Dieser Themenbereich wird nach der von *Zöllner*[144] beschriebenen Methode der Nichtwahrnehmung nur selten erörtert. Dennoch steht fest, dass der Konsum alkoholhaltiger Substanzen und illegaler Drogen bereits in niedriger Konzentration störend auf das zentrale Nervensystem einwirkt, d.h. auf das Informations- und Koordinationssystem des Körpers, in dem sich alle geistigen und psychischen Vorgänge ereignen. Die auf diese Weise verursachten

[140] Siehe statt aller *Hromadka* (Fn. 122), 2604 f.; *Hergenröder* (Fn. 33), § 6 I. 8.; *Richardi* (Fn. 18), § 7 Rdnr. 54, 61 f.; *Reichold* (Fn. 122), § 36 Rdnr. 4, 20 f.

[141] *Bengelsdorf* NZA 2001, 993, 995.

[142] LAG Schleswig-Holstein (Fn. 123).

[143] *Hromadka* (Fn. 122), 2605; *Reichold* (Fn. 122), § 49 Rdnr. 21; a.A. LAG Hessen (Fn. 134) mit dem Argument der ausreichenden Existenz eines arbeitbegleitenden Verhaltens: Rauchverbot.

[144] *Zöllner* (Fn. 118), S. 347.

Ausnahmezustände beeinträchtigen in erheblichem Umfang das geistige/körperliche Leistungsvermögen des Konsumenten und begründen das diesen konsumbedingten Leistungsdefiziten immanente Gefährdungspotential für deren sicherheitsgerechtes Verhalten. Mit der Anordnung eines allgemeinverbindlichen absoluten Alkohol-/Drogenverbots wird die Gefährdung im Sinne des § 4 Nr. 2 ArbSchG an ihrer Quelle bekämpft.

Die besseren Argumente streiten für die rechtsverbindliche Anordnung des Verbots durch Weisung.

Das allgemeine absolute Alkohol-/Drogenverbot berührt als generelle Weisung gemäß § 106 S. 2 GewO die Arbeitspflicht nicht direkt,[145] so dass ein anderer Bezugspunkt zu finden ist. Es sind die in § 241 Abs. 2 BGB geregelten Nebenpflichten,[146] die mit dem Alkohol-/Drogenverbot konkretisiert werden.[147] Sie sind als Grundlage des einseitigen Verbots geeignet. Das Arbeitsschutzrecht nebst seinen Primärpflichten der Gewährleistung der Sicherheit und des Gesundheitsschutzes der Arbeitnehmer formen das Arbeitsverhältnis nach ganz herrschender Auffassung[148] unmittelbar und verpflichten den Arbeitgeber gegenüber dem Arbeitnehmer und diesen gegenüber dem Arbeitgeber. Der Arbeitgeber hat u.a. nach den seine privatrechtlichen Pflichten aus § 618 BGB präzisierenden §§ 3, 4 ArbSchG[149] die Arbeit präventiv so zu gestalten, dass bereits die bei Ausübung der Arbeit entstehenden alkoholkonsum-/drogenkonsumbedingten Gefährdungen der Sicherheit und Gesundheit der Arbeitnehmer und Anderer, also die bloße Möglichkeit eines Schadens bzw. einer gesundheitlichen Beeinträchtigung ohne Anforderungen an deren Schwere oder Wahrscheinlichkeit[150] tunlichst vermieden und die verbleibende Gefährdung möglichst gering gehalten werden. Die Arbeitnehmer haben ihrerseits den Arbeitgeber bei seiner Arbeitsschutzaufgabe aktiv zu unterstützen und sind nach § 15 Abs. 1 ArbSchG zu einem sicherheits- und gesundheitsgerechten Verhalten verpflichtet, das die Vorsorge für Arbeitskollegen und Dritte einschließt.[151] Sie haben zur Erfüllung ihrer Rechtspflicht und nicht lediglich einer Obliegenheit im eigenen Interesse[152] auf jeglichen Alkohol-/Drogenkonsum zu verzichten, der ihre Sicherheit und Gesundheit sowie die dritter Personen gefährden kann.

[145] *Reichold* (Fn. 122), § 36 Rdnr. 21.

[146] ErfK/*Wank*, 10. Aufl. 2010, § 16 ArbSchG Rdnr. 1.

[147] *Reichold* (Fn. 122), § 36 Rdnr. 21.

[148] Siehe z.B. *Loritz* (Fn. 33), § 30 II. 2., V. 2.; *Richardi* (Fn. 18), § 4 Rdnr. 14; *Reichold* (Fn. 122), § 49 Rdnr. 8, § 85 Rdnr. 5; MüArbR/*Kothe*, 3. Aufl. 2009, Bd. 2, § 288 Rdnr. 2, § 291 Rdnr. 1 f., 10 ff.; *Wank* (Fn. 146), § 618 BGB Rdnr. 4; BAG v. 14.12.2006 – 8 AZR 628/05, NZA 2007, 262, 263.

[149] BAG (Fn. 148), 265 f.

[150] *Kothe* (Fn. 148), § 288 Rdnr. 14, § 292 Rdnr. 14; HzA/*Lorenz* Gruppe 13 Teil B Rdnr. 111.

[151] *Kothe* (Fn. 148), § 291 Rdnr. 44 f., § 292 Rdnr. 62 ff.; *Lorenz* (Fn. 150), Rdnr. 131.

[152] *Wank* (Fn. 146), § 16 ArbSchG Rdnr. 2.

c) Die Grenzen billigen Ermessens

Bei der Ausübung des Weisungsrechts zur Anordnung eines allgemeinverbindlichen absoluten Alkohol-/Drogenverbots hat der Arbeitgeber die wesentlichen Umstände des Falles abzuwägen und die mehrseitigen, gegebenenfalls durch Grundrechte gesicherten Interessen angemessen zu berücksichtigen. Das heißt:[153] Die Weisung muss einen vertraglich und gesetzlich zulässigen Zweck verfolgen, zur Zweckerreichung geeignet sowie erforderlich sein und darf die rechtlich geschützten Interessen des Arbeitnehmers nicht unverhältnismäßig beeinträchtigen.

Es ist evident, dass die Anordnung eines allgemeinverbindlichen absoluten Alkohol-/Drogenverbots dem zulässigen Zweck der Gewährleistung der Arbeitssicherheit einschließlich des Gesundheitsschutzes dient und zur Zweckerreichung dieser Aufgabe geeignet ist. Fragwürdig kann lediglich sein, ob das generelle Verbot erforderlich und verhältnismäßig ist.

Gegen die Erforderlichkeit kann eingewendet werden, es sei nur bei Tätigkeiten an gefahrträchtigen sicherheitsempfindlichen Arbeitsplätzen[154] notwendig; bei den anderen Arbeitsplätzen ohne besonderes Gefährdungspotential reiche als milderes Mittel die Anordnung eines relativen Verbots mit Freiräumen für einen mäßigen Suchtmittelkonsum aus. Dieser Argumentation ist schon deswegen nicht zu folgen, weil die Einrichtung eines relativen Verbots aus den erwähnten Gründen nicht sinnvoll ist.

Gegen die Verhältnismäßigkeit des absoluten Verbots wird geltend gemacht,[155] die Verbotsanordnung ohne Rücksicht auf den Arbeitsplatz sei mit dem Persönlichkeitsrecht des betroffenen Arbeitnehmers nicht in Einklang zu bringen. Das Argument überzeugt ebenfalls nicht. Zum einen geht es nicht allein um die grundrechtsgeschützten Interessen des Arbeitnehmers. Die Prüfung setzt eine umfassende Abwägung mit den ebenfalls durch Grundrechte gesicherten Interessen des Arbeitgebers, der anderen Belegschaftsangehörigen und der betroffenen Dritten voraus.[156] Zum anderen kann die situationsgebundene Abwägung[157] durchweg und nicht nur in Ausnahmekonstellationen zu dem Ergebnis führen, dass ein absolutes Verbot

[153] *Reichold* (Fn. 122), § 36 Rdnr. 26; LAG Hessen (Fn. 143).

[154] Dazu gehören Tätigkeitsbereiche, bei denen eine alkoholkonsum-/drogenkonsumbedingte Schlechtleistung zu Gefahren für Leib und Leben Dritter (z.B. Fahrgäste, Reisende) einschließlich der Arbeitskollegen und Vorgesetzten (z.B. bei Piloten, Kraft-, Gabelstapler-, Kran-, Lokomotiv- sowie U-Bahn- und Schiffsführern, Waffenträgern) und für den suchtmittellabilen Arbeitnehmer selbst führt (z.B. während eines Einsatzes an unfallträchtigen Orten wie Gerüst-, Hoch-, Tief- und Untertagebergbau, Hochöfen, an unfallträchtigen Maschinen wie Stanz-, Biege-, Brenn- und Schneideeinrichtungen, beim Umgang mit gefährlichen Stoffen, bei Elektroarbeiten).

[155] *Reichold* (Fn. 122), § 49 Rdnr. 21.

[156] Siehe nur *Schmidt* (Fn. 13), Art. 2 GG Rdnr. 70.

[157] *Gamillscheg* Arbeitsrecht, 8. Aufl. 2000, S. 142; *Hergenröder* (Fn. 33), § 8 IV. 4.

angesichts der Schwere des Eingriffs in die Handlungsfreiheit, nicht in das Persönlichkeitsrecht des Arbeitnehmers und des Gewichts der ihn rechtfertigenden Gründe angemessen und für den Arbeitnehmer zumutbar ist.

Auf Seiten des alkohol-/drogenanfälligen Arbeitnehmers besteht dessen durch Art. 2 Abs. 1 GG geschütztes (Genuss-/Rausch-)Interesse am Konsum von Alkoholika und/oder Drogen.[158] Der unantastbare Kernbereich privater Lebensgestaltung wird durch das Verbot nicht berührt, weil ein Recht auf Rausch nicht besteht.[159] Außerdem ist mit zu werten, dass der für den Konsum illegaler Drogen zwingend vorausgesetzte Besitz der Drogen nach § 29 BtMG strafbar ist.[160]

Gegen das Genuss-/Rauschinteresse aus der Privatsphäre des Arbeitnehmers stehen zunächst die durch Art. 2 Abs. 1 GG, Art. 12 GG und Art. 14 GG gewährleisteten Arbeitgeberinteressen der bestmöglichen Einrichtung des von ihm zu verantwortenden[161] Arbeits- und Gesundheitsschutzes in dem skizzierten umfassenden präventiven Sinne. Die Arbeitgeberinteressen sind nicht nur im arbeitsvertraglichen bilateralen Austauschverhältnis mit dem einzelnen Arbeitnehmer und dessen Interessen zu beachten. Sie wirken sich auch im arbeitsvertraglichen multilateralen Kooperationsverhältnis mit den anderen Belegschaftsangehörigen und deren Interessen aus. Das Genuss-/Rauschinteresse ist mit den durch Art. 2 Abs. 2 S. 1 GG geschützten Gesundheitsinteressen der anderen Belegschaftsangehörigen zu harmonisieren, die durch den Alkohol-/Drogenkonsum ihrer Arbeitskollegen und seine manifesten schädlichen Auswirkungen auf deren sicherheitskonformes Verhalten gefährdet werden.

Gleiches gilt für die entsprechenden grundrechtsgeschützten Interessen Dritter, deren Rechtsgüter wie das Leben und die Gesundheit im Rahmen der betrieblichen Sicherheitsorganisation zu schützen sind, z.B. Reisende auf Schiffen[162] oder in Zügen, Flugzeugen usw.[163]

Es streiten somit erhebliche, nach diesseitiger Ansicht ganz überwiegende Sachgründe dafür, dass die grundrechtsgeschützten Interessen des Arbeitnehmers unter Einbeziehung seiner Rechtspflichten zu einem sicherheits- und gesetzeskonformen Verhalten zugunsten der grundrechtsgeschützten Interessen des Arbeitgebers, der anderen Belegschaftsangehörigen und der betroffenen Dritten eingeschränkt werden dürfen. Es ist allerdings zu beachten, dass normative Vorgaben hinsichtlich der Gewichtung und Abwägung der genannten mehrseitigen grundrechtlich geschützten Güter fehlen. Die

[158] *Bengelsdorf* (Fn. 125), S. 119 f.
[159] BVerfG v. 9.3.1994 – 2 BvL 43/92 u.a., NJW 1994, 1577, 1578.
[160] *Bengelsdorf* (Fn. 121), S. 107.
[161] *Kothe* (Fn. 148), § 291 Rdnr. 44.
[162] LAG Schleswig-Holstein (Fn. 123).
[163] *Kothe* (Fn. 148), § 291 Rdnr. 37 ff.

entwickelten Orientierungssätze für die Bewertung des jeweiligen Eingriffsvorgangs räumen den vorjuristischen Wertungen je nach Sozialisation, eigenem Menschenbild und Verständnis vom richtigen Recht einen breiten Spielraum ein.[164]

III. Das normengestützte Vorverständnis

Damit ist der von *Reuter*[165] diagnostizierten ergebnisorientierten Selektion des für den Einzelfall relevanten Rechtsstoffes Tür und Tor geöffnet. So kann hier zur Unterstützung der Rechtsposition des Arbeitnehmers aus dem klassenrechtlichen, gerade nicht freiheitsorientierten Verständnis die *Marx*'sche Sentenz übernommen werden, die Arbeitskraft habe *keinen anderen Behälter als menschliches Fleisch und Blut*, so dass der Arbeitnehmer deswegen in besonderer Weise gegen Eingriffe in seine Handlungsfreiheit, eindrucksvoller in sein Persönlichkeitsrecht zu schützen sei. Dagegen kann das Argument aus dem personenrechtlichen Verständnis gesetzt werden, der Arbeitnehmer sei zur Treue und damit zum Gehorsam verpflichtet, außerdem erfolge der Eingriff aus der geschuldeten Fürsorge, mithin gerade zum Schutz des betroffenen Arbeitnehmers. Eine solche Rechtsfindung nach dem Belieben des Einzelnen ist offenkundig mit dem erwähnten verfassungsrechtlichen Gebot der Rechtssicherheit und dem rechtsmethodischen durch die Verfassung in Art. 3 Abs. 1 GG gesicherten Postulat der Gleichbehandlung des Gleichartigen nicht in Einklang zu bringen.[166] Dieser völlig unbefriedigende Zustand kann mit *Reuter* durch die Feststellung des allein zutreffenden Ansatzes zur rechtlichen Erfassung des Arbeitsverhältnisses überwunden werden.

1. Der klassenrechtliche Ansatz

Nach dem grob gekennzeichneten klassenrechtlichen Verständnis des Arbeitsverhältnisses ist der Mensch im Arbeitsrecht nicht mehr eine privatautonom handelnde sittliche Persönlichkeit, sondern ein uniformes Klassenwesen ohne rechtliche Fähigkeit zur Selbstbestimmung und Selbstverantwortung. Sein Existenzgrund ist nicht mehr *sein Wille, auch nicht sein Zustand, sondern seine Funktion* als ein *Gesamtwesen*, das in einem durch *Vergemeinschaftung* geschaffenen *Ganzen* seine fremd- und vorbestimmte *Rolle* erfüllt.[167]

164 *Bengelsdorf* (Fn. 125), S. 120.
165 *Reuter* (Fn. 6), S. 12.
166 *Reuter* (Fn. 6), S. 12.
167 *Sinzheimer* Arbeitsrecht und Rechtssoziologie, hrsg. von *Kahn-Freund*, *Ramm*, 1976, Bd. 2, S. 53, 59 f., 61 f.

Es ist zweifelhaft, ob eine solche Sicht jemals die soziale/betriebliche Lebenswirklichkeit richtig erfasst.[168] Jedenfalls wendet das Bundesverfassungsgericht[169] gegen das Verständnis des Arbeitnehmers als Klassenwesen bereits in 1956 zutreffend ein, der Arbeitnehmer sei *eine mit der Fähigkeit zu eigenverantwortlicher Lebensgestaltung begabte ‚Persönlichkeit'*. Die praktische Bedeutungslosigkeit des Einzelarbeitsvertrags als Regelungsinstrument nach klassenrechtlichem Verständnis wird beseitigt. Mittlerweile ist ganz überwiegend[170] mit Recht anerkannt, dass die Privatautonomie als Macht zur Selbstgestaltung der Rechtsverhältnisse durch den Einzelnen nach seinem Willen ein verfassungsrechtlich in Art. 2 Abs. 1 GG bzw. Art. 12 Abs. 1 GG und einfachgesetzlich in § 305 Abs. 1 S. 3 BGB, § 105 GewO statuiertes Grundprinzip darstellt. Fraglich ist nach heutigem Verständnis lediglich, in welchem Umfang die Bedingungen privatautonomen Handelns tatsächlich vorliegen, d.h. der Arbeitnehmer faktisch in der Lage ist, seine eigenen Interessen zu erkennen, zu artikulieren, sie zur Geltung zu bringen und durchzusetzen.[171]

2. *Der personenrechtliche Ansatz*

Der personenrechtliche Ansatz beruht auf der Vorstellung, der Arbeitnehmer werde durch den Arbeitsvertrag als Person fremder Herrschaft unterworfen. Der Vertrag sei auf die Begründung eines Herrschaftsverhältnisses gerichtet, das nach dem Vorbild des deutschrechtlichen Treudienstvertrages einerseits den Arbeitnehmer zu der erwähnten umfassenden Treuepflicht und andererseits den Arbeitgeber zu einer im Kern unantastbaren Fürsorge verpflichtet.[172]

Dieser Ansatz ist weder mit einer realistischen Erfassung der Rechtswirklichkeit *der Anonymität industrieller Arbeitsbeziehungen*[173] noch mit den Vorgaben des *offenkundig anderem Geist entstammenden Tarif- und Arbeitskampfrechts* und vor allem nicht mit den verfassungsrechtlichen Fundamentalwerten des Schutzes der Menschenwürde in Art. 1 S. 1 GG und der freien Entfaltung der Persönlichkeit in Art. 2 Abs. 1 GG zu vereinbaren. Das Wertesystem des Grundgesetzes findet seit der zutreffenden Leitentscheidung des Bundesverfassungsgerichts im *Lüth*-Urteil[174] sein Zentrum in der

168 *Rüthers* (Fn. 59), 328.

169 BVerfG (Fn. 114), 204.

170 Siehe nur *Boemke* NZA 1993, 532, 533; BAG v. 23.6.1994 – 2 AZR 617/93, AP Nr. 9 zu § 242 BGB Kündigung; BVerfG (Fn. 72), 87.

171 *Hergenröder* (Fn. 33), § 1 I. 1.

172 *Adomeit* Arbeitsrecht für die 90er Jahre, 1991, S. 1 f.; *Reuter* (Fn 6), S. 5 f., 21 f.; *Richardi* (Fn. 18), § 3 Rdnr. 15 ff.

173 *Reuter* (Fn. 6), S. 21.

174 BVerfG (Fn. 15), 257.

sich innerhalb der sozialen Gemeinschaft frei entfaltenden menschlichen Persönlichkeit und ihres Willens. Dem Arbeitsrecht ist also aufgegeben, die Herrschaft über die Person des Arbeitnehmers zu verhindern und gerade nicht rechtlich zu vertiefen. Zusammengefasst: Der personenrechtliche Ansatz ist systemsprengend[175] und kann als überwunden gelten,[176] allerdings nicht spurlos.

3. *Der schuldrechtlich-gesellschaftsrechtliche Ansatz*

Das personenrechtliche Denken setzt sich in der Theorie des Arbeitsverhältnisses als eines kooperativen Austauschverhältnisses fort. Dem Arbeitnehmer wird die Stellung eines Gesellschafters besonderer Art zugewiesen. Die Abweichung vom herkömmlichen Modell der Arbeit gegen Lohn sei vor allem durch die Betonung des Persönlichkeitsbezugs des Arbeitsverhältnisses infolge der Eingliederung in den Betrieb bzw. das Unternehmen, den kollektiven Charakter einer jeden typischen Arbeitsleistung aufgrund der zwangsläufigen Kooperation mit anderen Arbeitnehmern und dem Arbeitgeber, die gegenseitige Abhängigkeit von Arbeitgeber und Arbeitnehmer, die typischen Eigeninteressen des Arbeitnehmers an der Beschäftigung und dem Fortbestand seiner Betriebs-/Unternehmenszugehörigkeit und damit des Unternehmens selbst geboten.[177]

Diesem Befund kann angesichts der Veränderungen der sozialen/betrieblichen Lebenswelt seit dem 19. Jahrhundert nur zugestimmt werden. Es ist in der Tat ein Wandel vom ausgebeuteten und vor Verelendung zu bewahrenden Arbeitnehmer zum arbeitsrechtlich umfassend geschützten, partiell durch externe Instanzen bevormundeten Arbeitnehmer festzustellen. Die Theorie von der inversen Reaktion des Arbeitsangebots als fachwissenschaftliche Umsetzung der *Marx*'schen Verelendungstheorie ist von der herrschenden Ansicht der Arbeitsmarktökonomen widerlegt. Der Arbeitsmarkt unterliegt trotz seiner Eigenheiten den Marktgesetzen, wie nicht nur der Wettbewerb der Arbeitgeber um gute Fachkräfte zeigt.[178] Es ist auch zu registrieren, dass an die Stelle der einseitigen Abhängigkeit des Arbeitnehmers vom Arbeitgeber eine wechselseitige Abhängigkeit tritt. Der Arbeitgeber muss auf die Interessen seiner Mitarbeiter angemessen Rücksicht nehmen, um deren fachliche und kooperative Fähigkeiten zum Wohl des Betriebes einschließlich des zu erzielenden Kooperationsgewinns optimal zu nutzen.[179] Die notwendige

[175] *Hanau/Adomeit* Arbeitsrecht, 13. Aufl. 2005, Rdnr. 580.

[176] *Reuter* (Fn. 6), S. 22; *Richardi* (Fn. 18), § 3 Rdnr. 20.

[177] *Adomeit* (Fn. 61), S. 30 f., 40; *ders.* (Fn. 172), S. 3 ff.

[178] *Reichold* FS 50 Jahre BAG, 2004, S. 153, 165; *Reuter* (Fn. 6), S. 16 ff.; *ders.* FS 50 Jahre BAG, 2004, S. 177, 181.

[179] *Reuter* (Fn. 104), S. 439, 446 f.; *Reichold* (Fn. 178), S. 167.

kreative Kooperation erzwingt wiederum tendenziell faire Arbeitsbedingungen.[180] Folgerichtig ist die Integration eines wesentlichen Teils der Arbeitnehmerschaft in das Besitzbürgertum festzustellen. Die Arbeitnehmer sind keine besitzlose Klasse mehr, sondern zunehmend zur selbständigen Vorsorge für die Wechselfälle des Lebens in der Lage.[181] Die Sparfähigkeit der meisten Arbeitnehmerhaushalte spiegelt sich u.a. in der Tatsache wieder, dass zum Stichtag 30.6.2009 12,6 Mio. Arbeitnehmer die Vorteile der privat-öffentlichen Altersvorsorge erkennen und mittels *Riester*-Verträge in Anspruch nehmen. Dazu kommen die privaten Sparleistungen über die *Rürup*-Verträge. Die Vorstellung ist nicht mehr haltbar, der einzige bzw. dominante Normzweck des Arbeitsrechts sei der Sozialschutz des Arbeitnehmers vor Ausbeutung.[182]

Es wird daher mit Recht gefordert, dass methodologisch der Bezugspunkt des Arbeitsrechts richtigerweise nicht der oft allein eigensüchtig handelnde einzelne Arbeitnehmer, sondern das Unternehmen sein sollte, von dem Arbeitgeber und Arbeitnehmer gemeinsam profitieren. Nur auf diese Weise können absurde Entscheidungen vermieden werden, die die Alkohol-/Drogenabhängigkeit, die Leistungsunwilligkeit oder das Vergnügen des Arbeitnehmers an Extremsportarten wie Drachenfliegen zum alleinigen Arbeitgeberrisiko bei Langzeiterkrankungen im Kündigungsrecht deklarieren[183] oder den Anspruch auf Jahresurlaub auch dem zubilligen, der nicht einen einzigen Tag gearbeitet hat.[184] Eine Folge dieser Fehlentwicklung ist eine Rechtsprechung,[185] nach der dem mehrjährig fortwährend erkrankten Arbeitnehmer für jedes Urlaubsjahr ohne Arbeitsleistung jeweils ein Urlaubsanspruch ohne zeitliche Begrenzung zusteht, z.B. der in 2008 entstandene Anspruch noch in 2012 geltend gemacht werden darf.[186] Eine einleuchtende konzeptionelle Begründung für die mit dieser Rechtsprechung verursachten erheblichen wirtschaftlichen Belastungen des Arbeitgebers fehlt. Die Kumulation der Urlaubsansprüche mehrerer Jahre dient nach den gesetzlichen Maßstäben nicht der Erholung.[187] Die bisher ausgeübte Rücksichtnahme des Arbeitgebers auf den schwer erkrankten Arbeitnehmer in einer schwierigen

[180] *Reuter* (Fn. 37), S. 213; *ders.* (Fn. 104), S. 447.

[181] *Reuter* BB 1990, 713; *ders.* (Fn. 6), S. 17; *ders.* (Fn. 37), S. 213.

[182] *Reuter* (Fn. 37), S. 214; *Rüthers* (Fn. 59), 328 f.; *ders.* (Fn. 45), S. 37 ff.

[183] *Rüthers* (Fn. 59), 330.

[184] *Adomeit* (Fn. 61), S. 43 gegen die herrschende Meinung, siehe statt aller MüArbR/*Düwell*, 3. Aufl. 2009, Bd. 1, § 77 Rdnr. 7; ErfK/*Dörner*, 10. Aufl. 2010, § 1 BUrlG Rdnr. 6, jeweils mit Nachweisen.

[185] ArbG Berlin v. 22.4.2009 – 56 Ca 21280/08, NZA-RR 2009, 411, 413; LAG Düsseldorf v. 2.2.2009 – 12 Sa 486/06, NZA-RR 2009, 242 f.; BAG v. 24.3.2009 – 9 AZR 983/07, NZA 2009, 538; EuGH v. 20.1.2009 – C-350/06 und C-520/06, NZA 2009, 135.

[186] *Dörner* (Fn. 184), § 7 BUrlG Rdnr. 39g.

[187] *Gaul/Josten/Strauf* BB 2009, 497, 500 f.

Lebensphase wird hier angesichts der offenkundigen kostenträchtigen Emanzipation des Gedankens des sozialen Schutzes von der tatsächlichen Schutzbedürftigkeit[188] aufgegeben und das Arbeitsverhältnis beendet.[189]

Trotz der zutreffenden Wahrnehmung des zwischenzeitlich vollzogenen Wechsels vom ausgebeuteten Fabrikarbeiter zum arbeitsrechtlich perfekt[190] abgesicherten besitzenden Arbeitnehmer ist dem Gegenmodell des Mitarbeiterverhältnisses aus Elementen des Dienstvertrags und der BGB-Gesellschaft nicht zu folgen. Das Modell trägt dem rechtsstaatlichen Gebot einer in sich konsistenten Rechtsordnung[191] nicht ausreichend Rechnung, in der sich die Wertungen und Wirkungen der einzelnen gesetzlichen Normen zu einer möglichst widerspruchsfreien und wirksamen Ordnung der betroffenen Sachbereiche ergänzen. Der Mitarbeiter kann nach den Grundprinzipien des Arbeitsrechts und Gesellschaftsrechts nicht gleichzeitig Arbeitnehmer und Gesellschafter sein. Die Inkompatibilität zeigt sich vor allem im Bereich der unterschiedlichen Vergütung der Arbeit, die nicht zugleich nach dienstvertraglichen und gesellschaftsrechtlichen Grundsätzen erfolgen kann. Während dem Arbeitnehmer aus dem Arbeitsverhältnis zwingend ein gewinn*un*abhängiger Lohnanspruch zusteht, erwirbt der Gesellschafter einen ebenfalls zwingenden gewinnabhängigen Zahlungsanspruch aus gemeinsamer Zweckverfolgung, wie er für die Annahme einer (Innen) Gesellschaft erforderlich ist.[192]

4. Der schuldrechtliche Ansatz

Nach der schuldrechtlichen Betrachtungsweise besteht zwischen Arbeitsrecht und Bürgerlichem Recht eine systematische Einheit.[193] Das Arbeitsverhältnis wird als schuldrechtliches Austauschverhältnis bestimmt, dessen Leistungsgegenstand eine zeitbestimmte Dienstleistung mit im Voraus nicht abgegrenzten Einzelleistungen gegen Entgelt ist.[194]

Diese Integration des Arbeitsverhältnisses in das Recht des auf Privatautonomie gestützten Schuldvertrags ist durch den Gesetzgeber u.a. in den Normen der §§ 611 ff. BGB vorgegeben, durch die Einfügung der genuin arbeitsrechtlichen Regelungen der §§ 612 a, 613 a, 619 a, 622, 623 BGB bestätigt und mit der Kennzeichnung des Arbeitnehmers als Normadressat des Allgemeinen Schuldrechts im Schuldrechtsmodernisierungsgesetz nicht mehr zweifel-

[188] *Adomeit* (Fn. 61), S. 4.
[189] *Gaul/Josten/Strauf* (Fn. 187), 501; kritisch *Dörner* (Fn. 184), § 7 BUrlG Rdnr. 39 q.
[190] *Lieb/Jacobs* (Fn. 53), Rdnr. 37.
[191] *Reuter* RdA 1985, 321, 325; *ders.* (Fn. 5), S. 273 ff., 291; *Säcker* (Fn. 4), S. 39, 50 f.
[192] *Reuter* (Fn. 6), S. 24; *Richardi* (Fn. 18), § 3 Rdnr. 22.
[193] *Zöllner* (Fn. 33), § 12 II.; *Richardi* (Fn. 18), § 1 Rdnr. 16, § 4 Rdnr. 8 ff.
[194] *Reuter* (Fn. 6), S. 24 f.; *Lieb/Jacobs* (Fn. 53), Rdnr. 32; *Zöllner* (Fn. 33), § 12 II.; *Richardi* (Fn. 18), § 3 Rdnr. 28.

haft. Es besteht deswegen ganz überwiegend[195] und zu Recht Einvernehmen, dass dem schuldrechtlichen Ansatz unter Beachtung der zahlreichen arbeitsrechtlichen Gestaltungsfaktoren zu folgen ist.

IV. Das Ergebnis

Die Problematik der Rechtmäßigkeit eines durch generelle Weisung erklärten allgemeinverbindlichen absoluten Alkohol-/Drogenverbots ist mit *Reuter* auf der Grundlage des bürgerlich-rechtlichen Dienstvertragsrechts unter Einbeziehung des Allgemeinen Schuldrechts des BGB zu lösen. Allein dieser Ansatz ist aus den verfassungsrechtlichen und einfachgesetzlichen Normen der Rechtsordnung überzeugend zu begründen. Die überlegenen Argumente streiten für die Existenz eines solchen Weisungsrechts. Die von der Arbeitsrechtspraxis erwartete rechtssichere Auskunft kann wegen des Einfalltors für subjektivistische Einschätzungen bei der Ausübung des Weisungsrechts nach billigem Ermessen nicht erteilt werden. Zusätzliche tiefergreifende Unsicherheiten entstehen bei der Beantwortung der Folgefragen der Durchsetzung und Kontrolle des Verbots. Aus Raumgründen kann auf diesen Problembereich an dieser Stelle nicht eingegangen werden.

E. Das Fazit

Die Bezeichnung als ordoliberaler Denker ist angesichts der Entwicklung und Durchsetzung eines protektiven Vertragsschuldrechts mit der Abkehr vom autonomen Handeln ein Ehrentitel. Der Jubilar zählt zum Fähnlein der Aufrechten, die richtigerweise auf die Wahrung der Privatautonomie und des zugrunde liegenden Willensdogmas dringen. Es ist zu wünschen, dass Reuter mit seinen eingangs erwähnten Eigenschaften noch viele Jahre seine Erkenntnisse unbeeinflusst von parteilichem Interesse durch Einsicht in die Sache konstituiert und *einsam wie ein Mönch* (*Martinek*) gegen den flüchtigen Zeitgeist verkündet.

[195] *Lieb/Jacobs* (Fn. 53), Rdnr. 32 f.; *Zöllner* (Fn. 33), § 12 II.; *Richardi* (Fn. 18), § 3 Rdnr. 28, § 4 Rdnr. 10.

Recht in einer technisierten Welt

Per Christiansen

I. Einleitung

Rechtsnormen dienen der Steuerung sozialen Verhaltens. Gegen möglichen Missbrauch dieser Steuerungsmacht gibt es ein umfangreiches und ausgefeiltes rechtsstaatliches System, von Grundrechten über Gewaltenteilung bis hin zum effektiven Rechtsschutz.

Nun zeigt sich aber immer mehr: Auch Technik kann dazu genutzt werden, soziales Verhalten zu steuern. Und dieses ziemlich effizient. Was sind die Mechanismen, die vor Missbrauch *technisch*-begründeter Steuerungsmacht schützen? Ist es das Recht selbst, dient also das Steuerungssystem „Recht" dazu, das Steuerungssystem „Technik" in die notwendigen Schranken zu weisen? Das wäre nur dann ausreichend, wenn sich das Recht immer und überall gegenüber der Technik durchsetzen könnte. Dies ist aber oftmals nicht der Fall. Gibt es strukturelle Schutzlücken gegenüber technisch-begründeter Steuerungsmacht und wie ließen sich diese schließen?

II. Verhaltenssteuerung durch Technik

Technik hat viele Funktionen. Technik kann auch dazu eingesetzt werden, soziales Verhalten zu steuern. Das fast schon klassische Beispiel,[1] an dem sich dies zeigen lässt, ist der Kopierschutz auf einer Musik-CD. Die Funktionsweise eines Kopierschutzes ist typischerweise die folgende: Initiiert ein Nutzer einen Kopiervorgang einer geschützten CD, fragen der CD-Brenner oder die Kopiersoftware das Vorhandensein eines Kopierschutzes ab. Wird ein solcher vorgefunden, bricht die Software den Kopiervorgang automatisch ab und eine Kopie wird nicht hergestellt. Dieser Prozess wird durch eine Konvention zwischen Tonträgerherstellern und den Herstellern kopierfähiger Systeme realisiert. Brachialere Systeme manipulieren einen Kopiervorgang dergestalt, dass die Kopie praktisch nicht mehr verwendbar ist.

Ist es nun *rechtlich* verboten, einen Musik-Titel von der CD zu kopieren, setzt der technische Kopierschutz dieses Verbot durch, weil er *technisch* den

[1] *Bechtold, Stefan*, Vom Urheber- zum Informationsrecht – Implikationen des Digital Rights Management, 2001, S. 19 ff.

Kopiervorgang unterbindet. Ist es hingegen *rechtlich* erlaubt, einen Titel zu kopieren (etwa als Privatkopie nach § 53 UrhG), verhindert der Kopierschutz *technisch*, dass von dieser Erlaubnis gebraucht gemacht werden kann. Das gilt sogar dann, wenn das Recht die Nutzung des Titels ausnahmsweise sogar als sozial wünschenswert werten würde, etwa für eine Zitatnutzung im Rahmen einer wissenschaftlichen Auseinandersetzung (§ 51 UrhG). Für solche Nutzungen wäre der Musik-Titel durch den Kopierschutz *de facto* entzogen. In dieser Situation gerät die technische Machbarkeit in Wertungswiderspruch zu der gesetzlichen Regelung. Der gesetzgeberische fein ausziselierte Interessenausgleich im Urheberrecht ist hier die eine Sache, eine andere ist die Realität, und diese wird ganz vorrangig durch das bestimmt, was der technische Kopierschutz an Handlungsoptionen eröffnet oder sperrt.

Derartige Beispiele für technische Grenzziehungen und Verhaltenssteuerungen gegenüber dem eigenen Verhalten gibt es zahlreiche, man denke nur an Ampeln und technische Signale, Videoüberwachung zu Abschreckungszwecken, die durch die Programmierung vorgegebene Art und Weise, wie wir alltäglich Software verwenden, an technische Sicherheitssysteme in Autos und Flugzeugen, die Fehlverhalten des Fahrers oder Piloten unverzüglich neutralisieren, an die Veränderung der Erwartungshaltungen von Mandanten seit Einführung von eMail und mobiler Erreichbarkeit, oder aber auch nur an den eigenen Radiowecker.

Vor allem aber zeigen sich technische Verhaltenssteuerungen und deren Folgen im Internet, weil alle Handlungen im Netz vollständig in Technik eingebettet und durch deren Beschaffenheit determiniert sind. Verdeutlichen lässt sich dies an dem Beispiel von Registrierungsprozessen. Möchte man im Internet einen bestimmten Dienst nutzen, muss man sich typischerweise registrieren, also einen technisch automatisierten Vertragsschlussprozess durchlaufen. In der Regel muss man per Klick AGBs zustimmen (ohne die geringste Chance, diese jemals zu verhandeln, da die Registrierung der einzige praktikable Kontaktweg zum Anbieter ist), und oftmals muss man Daten über sich preisgeben. In der Praxis werden häufig für den Anbieter kommerziell nützliche, aber für den Dienst nicht notwendige personenbezogene Daten erhoben, etwa das Geburtsdatum oder Adressdaten. Selbst dann, wenn die Erhebung solcher Daten rechtlich unzulässig ist (vgl. das Gebot der Datensparsamkeit gemäß § 3a BDSG), hat man als Nutzer keine Wahl. Gibt man die Daten nicht ein, wird der Registrierungsprozess abgebrochen und man kann den Dienst nicht nutzen. Möchte man dies aber, muss man wohl oder übel seine Daten preisgeben. Auch hier setzt sich die Technik gegenüber der Rechtslage durch.

Je mehr Handlungen in technische Prozesse eingebunden sind oder von ihnen abhängen, desto größer ist die Möglichkeit, die Handlungen mit technischen Mitteln zu steuern, zu kanalisieren oder zu unterbinden. Man mag angesichts der aufgezeigten Beispiele meinen, das Problem eines möglichen

Missbrauchs von technischer Steuerungsmacht sei nur trivial. Das ist jedoch nicht der Fall. Selbst kleinste Abweichungen gegenüber dem rechtlich gewünschten Steuerungserfolg können sich wiederum schlicht durch die Masse an Fällen zu einem relevanten Problem potenzieren, wie ganz besonders das Internet zeigt: Die technischen Filter der Volksrepublik China, die sämtlichen in das Land eingehenden Datenverkehr nach beliebigen Inhalten filtern können (sog. „Great Firewall of China")[2] sind ein zur Zensur eingesetztes technisches Mittel, das mit im Prinzip kleinsten technischen Eingriffen die öffentliche mediale Wahrnehmung eines gesamten Staatsvolkes beeinflussen kann.

Die beschriebene Fähigkeit von Technologien, sie zur Steuerung menschlichen Verhaltens einzusetzen, wird unter dem Stichwort „Code is Law" diskutiert.[3] Das ist missverständlich, da Technik oder Code selbst kein Sollen ausdrücken. Richtigerweise müsste es eigentlich heißen „Code ist ein Zwangsmittel". Entscheidend ist jedoch, dass technische Lösungen und Code Ausdruck eines Regelwerkes sind, unter welchen Voraussetzungen bestimmte Handlungen zugelassen oder unterbunden werden. Dieses Regelwerk definiert nicht der Gesetzgeber, sondern der Programmierer des Codes. In der Steuerung des Verhaltens von Personen können rechtliche Verhaltensnormen und die in technischen Prozessen abgebildeten Regeln kongruent laufen – dann ist Technik ein Mittel der Rechtsdurchsetzung – oder konkurrieren. Im letzteren Falle setzt sich die Technik unmittelbar durch. Dabei ist es die Technik, die sich durchsetzt, weil das Recht nur auf den Willen von Menschen einwirken, nicht jedoch in Gang gesetzte technische Abläufe beeinflussen kann. Zugespitzt formuliert: Ein Radiowecker hört nicht auf zu klingeln, weil der Bundestag ihm dies verbietet.

III. Kontrolle technischer Steuerungsmacht

Wenn sich nun Technik effektiv gegenüber Rechtsnormen durchsetzen kann, stellt sich die Frage, welche Mechanismen und Sicherungssysteme zur Verfügung stehen, um Missbrauch technik-basierter Steuerungsmacht zu verhindern. Betrachten wir im Folgenden rechtliche, technische und sonstige Mittel.

[2] Vgl. hierzu *Fries, Manuel*, China and Cyberspace. The Development of the Chinese National Information Infrastructure, 2000.

[3] *Lawrence Lessig*, Code V.2, S. 1 ff. Abrufbar unter http://codev2.cc.

1. *Technikrecht und Regulierung von Technik*

Es scheint auf der Hand zu liegen, Formen des Missbrauchs technikbasierter Steuerungsmacht schlicht rechtlich zu verbieten (oder positiv die Verwendung ganz bestimmter technischer Lösungen vorzuschreiben).

Nun lässt sich Technik und deren Verwendung nicht so einfach zähmen, wie es den Anschein hat. *Boehme-Neßler* beklagt den Verlust der Wirk- und Steuerkraft des Rechts gegenüber Technik und Digitalisierung[4], *Roßnagel* die Unfähigkeit des Rechts, technologische Entwicklung zu steuern.[5] In der Tat gibt es eine Reihe von Problemen für den Gesetzgeber in den Fragen, was in Bezug auf technikrelevante Sachverhalte geregelt werden solle, wie es geregelt werden solle und vor allem wie eine in Kraft gesetzte Rechtsnorm effektiv durchgesetzt werden kann.

a) Im Grundmodell sieht die Regelung eines technischen Sachverhaltes die Rechtsfolge vor, ein technisches Verfahren oder eine technische Lösung solle eine bestimmte technische Eigenschaft aufweisen, beispielsweise einen Schwellenwert einhalten oder bestimmten Konstruktionsvorgaben folgen. Diesem Grundmodell folgen die meisten Bestimmungen des „Technikrechts" im engeren Sinne, nämlich eine Querschnittmaterie von Rechtssätzen, die der Vermeidung von Risiken aus technischen Anlagen oder Verfahren dienen („Sicherheitsrecht") oder die durch Normung technische Erfahrungswerte zugänglich machen und so technische Abläufe verbessern sollen („Standardisierung").

b) Die technische Zielvorstellung, die einer Regelung eines technischen Sachverhaltes zugrunde liegt, ist oftmals wenig verlässlich. Wissenschaftliche Erkenntnisse und technische Lösungen werden nicht nur laufend weiterentwickelt, falsifiziert, modifiziert oder gar neu entworfen. Sie sind kein feststehender Sachverhalt. Oftmals, und mit zunehmender Technisierung und Theoretisierung, bilden sich Kontroversen zwischen Wissenschaftlern über die Gültigkeit von Aussagen, so dass die Prämissen für technische Sachverhalte keine bewiesenen Erkenntnisse, sondern bloß herrschende Meinung sind. Man denke etwa nur an die Debatte über die Schädlichkeit von Mobilfunkstrahlung. Noch grundsätzlicher können aus wissenschaftstheoretischer Sicht naturwissenschaftliche oder technische Erkenntnisse niemals für sich in Anspruch nehmen, als zweifelsfrei bewiesen festzustehen, sie sind nur vorübergehend nicht falsifiziert.

c) Der Inhalt der Regelung von technischen Sachverhalten, also die Entscheidung, was zu regeln ist, folgt nicht technisch-naturwissenschaftlichen Geboten, sondern sozialen Prozessen, deren Ergebnisse nicht notwendig mit technischer/wissenschaftlicher Priorisierung deckungsgleich sind. Technische Sachverhalte stehen in komplexen ökonomischen, sozialen und kultu-

[4] *Boehme-Neßler*, Unscharfes Recht, 2008, S. 635 ff.; ders. MMR 2009, 439, 443.
[5] *Roßnagel*, Rechtswissenschaftliche Technikfolgenforschung, 1993, S. 27 f.

rellen Zusammenhängen, insbesondere wenn es um die Regelung von Produktionsverfahren oder technischen Anlagen geht, die wirtschaftlich betrieben werden. Technische Sicherheitsvorschriften sind Kostenfaktoren für die Betreiber und unter Umständen sogar Standortfaktor. Auch technische Normung, die eigentlich auf Kostenersparnis abzielt, kann ein wesentlicher Kostenfaktor sein. Technisch detaillierte und ausführliche Vorgaben können bei einem Betreiber leicht, bei anderen Betreibern nur unter erheblichem Aufwand zu implementieren sein. Mit ökonomischen Konsequenzen können dann auch soziale Folgen verbunden sein, etwa für Arbeitsplätze. Auf all solche Aspekte nimmt der Gesetzgeber Rücksicht. Er greift auf, was politisch ein Thema ist, und dies wiederum ist abhängig von einer Vielzahl komplexer Faktoren, im Sicherheitsrecht etwa der öffentlichen Risikowahrnehmung oder kulturellen Überzeugungen.

d) Im gesetzgeberischen Handwerk der Regelung eines technischen Sachverhaltes müssen die Tatbestandsmerkmale technische Sachverhalte beschreiben. Dies in Gesetzessprache, die oft nicht mit technischer Terminologie identisch sein kann, wenn sich diese entweder nicht in den normativen Zusammenhang der bestehenden Gesetze einfügt oder wenn technische Bezeichnungen, die auf Konvention und entwickeltem Sprachbrauch beruhen können, nicht ausreichend konturscharf für eine Gesetzesfassung sind. Die Übersetzung von Technik in Rechtssprache ist eine Fehlerquelle, die leicht in einer Fehlsteuerung resultiert. Als Beleg mögen zum einen die generellen Schwierigkeiten der regulatorischen Erfassung der Medienkonvergenz und zum anderen die mehrfach korrigierten Gesetzesbegriffe „Teledienst"[6], „Mediendienst"[7], „Telemediendienst"[8] und „Telekommunikationsdienst"[9] dienen, die nach wie vor sogar so alltägliche Technologie wie Internet-Zugang oder Internet-Telefonie begrifflich nicht trennscharf kategorisieren können.[10]

e) Regelt ein Rechtssatz einen technischen Sachverhalt, führt das möglicherweise zu dem Problem, dass ein Gesetz durch eine technische Entwicklung plötzlich überholt (oder nicht mehr gewollt) ist. Technische Innovationszyklen sind oftmals kürzer als Anpassungszyklen im Gesetzgebungsver-

[6] § 2 Abs. 1 TDG a.F.; G. v. 22.07.1997, BGBl. I S. 1870; zuletzt geändert durch Artikel 12 Abs. 15 G. v. 10.11.2006 BGBl. I S. 2553; aufgehoben durch Artikel 5 G. v. 26.02.2007 BGBl. I S. 179.

[7] § 2 Staatsvertrag über Mediendienste; G. v. 31. Januar 1997; Änderungs-Staatsverträge vom 20. Dezember 2001 (Ratifizierung z.B. in Niedersachsen durch Gesetz v. 19. Juni 2002, NdsGVBl. 2002, S. 175), 10. September 2002 (NdsGVBl. S. 705) und 8. Oktober 2004 (NdsGVBl. 2005, S. 61). Aufgehoben durch Art. 2 des 9. Rundfunkänderungs-Staatsvertrages vom 31. Juli 2006.

[8] § 1 Abs. 1 Telemediengesetz.

[9] § 3 Nr. 24 Telekommunikationsgesetz.

[10] *Hoeren*, NJW 2007, 801, 802.

fahren. Folge einer solchen Situation ist eine regulatorische Fehlsteuerung. Die Entdeckung einer technischen Neuerung führt nicht zu einem automatischen „Update" der Gesetze, wie es aus rein technischer Sicht eigentlich geboten wäre, sondern die Bestimmungen müssen von den zuständigen Stellen in den vorgesehenen Verfahren geändert werden. Insbesondere auf gesetzlicher Ebene ist dies ein langwieriger und nicht garantierter Prozess. Um auf die Dynamik technischer Entwicklungen und wissenschaftlicher Erkenntnisse besser reagieren zu können, hat der Gesetzgeber im Technikrecht in großem Stil unbestimmte Rechtsbegriffe und Ermessensspielräume verwendet und die konkrete Regelung von technischen Sachverhalten in das Verwaltungsverfahren und auf die Ebene von Verordnungen, Richtlinien und Ermessensentscheidungen verlagert, allerdings in den durch die Wesentlichkeitsrechtsprechung des BVerfG zu Art. 20 III GG aufgezeigten Grenzen.[11] Die damit verbundene Verlagerung der Entscheidung über relevante Sachverhalte vom Parlament in die Exekutive ist bereits prominent kritisiert worden.[12]

Das geltende Datenschutzrecht zeigt anschaulich, wie der Gesetzgeber notgedrungen bei der Reglementierung von Technik agieren muss. Das BDSG enthält nur wenige wirklich konkrete Normaussagen. Stattdessen konstatiert es allgemeine Prinzipien auf höchstem Abstraktionsgrad, gespickt mit unbestimmten Rechtsbegriffen. Herausgreifen lässt sich etwa das Gebot, ganz generell „so wenig personenbezogene Daten wie möglich zu erheben" (§ 3a BDSG) oder das Gebot an datenerhebende Stellen, „technische und organisatorische Maßnahmen" zu treffen, die zur Ausführung des BDSG „erforderlich" sind. „Erforderlich" sind Maßnahmen nur, wenn „ihr Aufwand in einem angemessenen Verhältnis zu dem angestrebten Schutzzweck steht" (§ 9 BDSG). So sinnvoll in der Sache diese Prinzipien auch sind, in der Praxis werden sie oft übersehen und nicht befolgt, weil sie viel zu weit vom konkreten Sachverhalt entfernt sind. Folgerichtig liegt der Schwerpunkt des BDSG darin, Institutionen zu implementieren, die diese Prinzipien auf beliebige Sachverhalte anwenden können, und diesen Konkretisierung und Durchsetzung der datenschutzrechtlichen Strukturprinzipien zu übertragen (vgl. §§ 4 f, 6, 9a, 22, 38 BDSG).

f) Neben dem eigentlichen Technikrecht im engen Sinne gibt es verschiedene Formen indirekter normativer Einwirkung. Hierzu gehören all diejenigen Vorschriften, die wirtschaftliche Rahmenbedingungen für Technik und Innovation schaffen, etwa Investitionsschutz durch gewerbliche Schutzrechte, spezielle Haftungsregime für risikogeneigte Technik, innovationsfördernde Subventionen, oder die Regulierung der Marktbedingungen bei Marktbeherrschung durch technischen Vorsprung oder in den Netzwirt-

[11] BVerfGE 33, 125; 49, 46; 49, 89; BVerfG NJW 1998, 2515, 2520.

[12] Dreier, DÖV 2002, 537, 542; Ossenbühl, Die Not des Gesetzgebers im naturwissenschaftlich-technischen Zeitalter, 2000, S. 25.

schaften.[13] Diese Formen der normativen Einwirkung machen sich letztlich die Kräfte der Marktwirtschaft zu Nutze, wenn sie Anreize für Forschung, Entwicklung und Vermarktung von Technik, sowie marktwirtschaftlich günstige Bedingungen schaffen. Wenn man aber gegen den Markt eine bestimmte Technologie nicht zulassen möchte, muss man entweder auf rechtlicher Ebene wiederum mit direkt oder indirekt wirkenden Rechtsnormen auf die Akteure einwirken, und zwar mit den aufgezeigten Problemen, oder aber mit informalem Verwaltungshandeln und breitem Regulierungsinstrumentarium dem Marktversagen entgegensteuern. Weil das Instrumentarium in den indirekteren, auf die Exekutive verlagerten Regulierungsstellen größer und flexibler ist, eignen sich diese Formen oft besser zur Steuerung von Technik als das aufgezeigte Grundmodell des Technikrechts.

Überdies entwickeln sich weitere Kategorien indirekter Technik-Steuerung, die auf ein Zusammenspiel von Recht und Technik setzen. Manche Bestimmungen dienen dazu, bestimmte Sachverhalte überhaupt erst regulierbar zu machen, also Grundvoraussetzungen für eine Steuerung zu schaffen.[14] Hierzu gehört etwa die Vorratsdatenspeicherung (§ 113a TKG), die mit der Durchbrechung der Anonymität im Internet eine Ermittlung von Tätern zu Zwecken der Strafverfolgung überhaupt erst ermöglicht. Umgekehrt gibt es Vorschriften, die Unzulänglichkeiten von technischen Lösungen auszugleichen suchen und ihnen damit größere Wirksamkeit verschaffen. Da Kopierschutzsysteme auf Musik-CDs im Grunde kinderleicht zu umgehen sind, wenn man weiß, welche Schritte man dafür befolgen muss, konstatiert das Urheberrecht eine ausdrückliche Verbotsnorm, technische Kopierschutzlösungen zu umgehen (§§ 95a, 108b UrhG).

Insgesamt scheint sich in der Entwicklung der rechtlichen Steuerung von technischen Sachverhalten ein Trend weg von konkreten Ge- und Verboten von technischen Lösungen hin zu einer indirekten Gesetzgebung mit abstrakten Leitvorgaben abzuzeichnen, die mit einer Akkumulation des relevanten technischen know hows in der Exekutive verbunden ist und die Durchsetzung und konkrete Gestaltung flexiblen Institutionen mit einem breiten Regulierungsinstrumentarium überlässt. Böse Zungen mögen formulieren, es sei ein Trend, bei dem der Gesetzgeber immer mehr vor der Technik kapituliere. Eine solche Aussage wäre nicht richtig, da ein um informales Verwaltungshandeln ergänztes Regulierungsinstrumentarium im Ergebnis effektiver als klassische Verbotsgesetzgebung sein kann. Richtig zu sein scheint aber, dass einfache Verbotsgesetzgebung im Bereich der Technik-Regulierung nicht das Mittel der Wahl ist, die Verwendung indirekter Steuerungsinstrumente dagegen mit einem Kontrollverlust, unvorhergesehenen side

[13] Vgl. schon *Niklisch*, NJW 1986, 2287 ff.
[14] Hierzu *Lessig*, Code V.2, S. 61 ff. Abrufbar unter http://codev2.cc.

effects und einer größeren Politisierung der Zielvorgaben erkauft werden muss.

g) Die größte Schwäche des Rechts in der Zähmung der Technik zeigt sich allerdings in der Rechtsdurchsetzung in einer globalen Wirtschaft. Unzählige Beispiele zeigen, wie eine nationale Technik-Regulierung ihren Zweck verfehlt, wenn andere Staaten nicht die gleichen Standards setzen. Auch wenn der Bundesrepublik der Ausstieg aus der Atomkraft gelänge, bleiben die Atomkraftwerke in den europäischen Nachbarländern bestehen. Hohe ethische Standards bewirken in der Sache wenig, wenn Embryonenforschung, Stammzellenforschung, Gentechnik und moderne Fortpflanzungsmedizin in anderen Staaten unter geringeren Restriktionen zulässig bleiben. Das Resultat ist Druck der Wirtschaft auf den Gesetzgeber zur Lockerung der Bestimmungen sowie in den regulatorischen Standards ein „race to the bottom", sofern in internationaler Politik nicht gegengesteuert wird.

Die Defizite der Rechtsdurchsetzung im internationalen Verkehr treten besonders im Internet zu Tage. Da sich wirtschaftliche Tätigkeiten in der Ubiquität des Internet mit geringen Kosten in jeden Staat der Welt verlegen lassen, ist das „forum shopping" im Internet in das Land mit den günstigsten Rahmenbedingungen eine Alltagserscheinung: Anbieter von elektronischen Dienstleistungen haben ihren Sitz aus steuerlichen Gründen in Luxemburg, Anbieter von Glücksspiel aus strafrechtlichen Gründen in UK oder Gibraltar, Anbieter lizenzrechtlich zweifelhafter Musik- und Videodienste aus haftungsrechtlichen Gründen mit Sitz in osteuropäischen Ländern, und überhaupt lohnt es sich im Internet, ein Endkundengeschäft aus dem Ausland heraus in den deutschen Markt zu betreiben, weil die praktischen Hürden für Kundenbeschwerden dann erheblich höher und die anwendbaren Datenschutzbestimmungen weniger restriktiv sind. Im Internet kann jeder Anbieter rechtlichen Restriktionen ausweichen, weil auf globaler Ebene kein Mittel existiert, einen Anbieter in ein bestimmtes regulatorisches Regime zu zwingen, dessen rechtliche Pflichten dann gegebenenfalls durchgesetzt werden könnten.

2. *Technik als Missbrauchsschutz gegen Technik*

Ist das Recht nicht immer geeignet, Missbrauch durch technische Steuerungsmacht zu verhindern, wie sieht es dann mit technischen Gegenmaßnahmen aus, sozusagen dem Kampf mit gleichen Waffen? Gegen fast jede technische Restriktion gibt es eine technische Lösung, einen „Hack", wenn man so will, und das Internet zeigt eine Fülle von Beispielen von technischer Aktion und Reaktion. Man denke nur an Anonymisierer[15] als Reaktion auf die einge-

[15] Vgl. das AN.ON Projekt unter http://anon.inf.tu-dresden.de.

führten Pflichten zur Speicherung von Verbindungsdaten auf Vorrat (§ 113a TKG), Proxy-Server als Reaktion auf Zugangssperren oder auch das Katz-und-Mausspiel zwischen den Entwicklern von Filesharing-Netzwerken einerseits und den Piraterie-Bekämpfern der Kulturverwertungsindustrie andererseits.[16]

Zwei Faktoren sind es, die Technik im Einsatz gegen möglichen Missbrauch von Technik limitieren. Zum einen sind es die Ressourcen, die zur Entwicklung von technischen Gegenmaßnahmen eingesetzt werden können. Schlicht gesagt gewinnt in der Regel, wer mehr Entwicklungsressourcen einsetzt. Und das ist nicht notwendig immer der, der gewinnen sollte. Zum anderen können Nutzer oder Anbieter einer Technik bei unliebsamen technischen Restriktionen in der Regel leicht auf alternative Techniken oder Infrastrukturen ausweichen und sich so von den Restriktionen befreien. Das gilt ganz besonders im Internet; die Verhältnisse sind hier dem „forum shopping" auf rechtlicher Ebene ähnlich. Nachdem die Musik- und Filmindustrien erfolgreich zentrale Filesharing-Systeme bekämpft hatten, wich eine kritische Masse von Nutzern auf dezentrale Systeme aus. Nachdem nunmehr durch Verfolgungsdruck und Flutung mit unbrauchbaren Dateien auch die dezentralen Filesharing-Systeme zumindest für Nutzer unattraktiv gemacht wurden, scheint die Raubkopierszene jetzt auf alternative Technologien auszuweichen, in denen die bislang verwendeten Bekämpfungsmethoden nicht mehr wirksam sind (z.B. Streaming und Tausch in VPN-Tunneln). Dieses Beispiel zeigt: Technische Restriktionen oder Gegenmaßnahmen wirken dauerhaft nur dann, wenn die Betroffenen sich in dem Rahmen befinden, in dem diese Maßnahmen wirken. Die Maßnahmen versagen, wenn die Betroffenen diesem Rahmen ausweichen können und wollen.

3. *Technik-Kompetenz*

Neben rechtlichen Normen und technischen Gegenmaßnahmen gibt es noch weitere Mittel, einem Missbrauch von in Technik begründeter Steuerungsmacht zu begegnen, nämlich alle Methoden, welche Nutzer einer verhaltenssteuernden Technik *überzeugen*, diese Technik nicht mehr weiter zu nutzen. Solche Maßnahmen können nur funktionieren, wenn die Nutzer einer Technik sich über möglichen Gefahren und Nachteile im Klaren sind und sie tatsächlich über die Möglichkeit verfügen, von der Nutzung bestimmter Technologien Abstand zu nehmen.

Der verantwortungsvolle Umgang mit Technik kann durch Verbraucheraufklärung, Öffentlichkeitsarbeit, Erziehung und Fortbildung verbessert werden. Im Umgang mit Online-Medien wird die Vermittlung von „Medien-

[16] Hierzu *Kreutzer*, GRUR 2001, 193 ff.; *Frey*, ZUM 2001, 466 ff.; *Mühlberger*, GRUR 2009, 1022 ff.; *Solmecke/Kost*, K&R 2009, 772 ff.; *Gaertner/Frank*, K&R 2009, 452 ff.

kompetenz“ mittlerweile als ein wichtiges Lernziel diskutiert. Ein aktuelles Beispiel für die Wirksamkeit von Aufklärungsmaßnahmen ist die Öffentlichkeitsarbeit der Datenschutzbehörden darüber, wie internationale Internet-Dienste und soziale Netzwerke mit personenbezogenen Daten umgehen, die Nutzer von sich in öffentlichen Profilen preisgeben. Solche Anbieter unterliegen nicht dem strengen deutschen Datenschutzrecht, handeln nach eigenem Recht also rechtmäßig, und die Datenschutzbehörden haben auch keinerlei Zuständigkeit für beispielsweise einen Anbieter in den USA, dessen Nutzungsbedingungen nach US-Recht ein deutscher Nutzer bei Anmeldung zugestimmt hat. Jedoch allein die in Öffentlichkeitsarbeit hergestellte Transparenz über die unterschiedlichen Datenschutz-Standards mögen Nutzer dazu bewegen, sich die Preisgabe von personenbezogenen Daten an Anbieter mit niedrigen Datenschutz-Standards reiflich zu überlegen.

Die Vermittlung von „Technik-Kompetenz“ verursacht allerdings Kosten, und diese werden ohne rechtlichen Zwang typischerweise nicht von den Anbietern der Technologien getragen, die naturgemäß nicht in die Aufklärung der Risiken ihrer eigenen Produkte investieren. Die Ressourcen der öffentlichen Hand und einschlägiger NGOs sind demgegenüber begrenzt. Auch erreicht man mit Aufklärungsmaßnahmen ohne weiteres nur die Nutzer, die ohnehin risikobewusst sind und sich für Aufklärungsmaßnahmen gegenüber technischen Risiken interessieren. Hingegen erreicht man die Masse der Nutzer, die sich überhaupt nicht interessieren, nur schwerlich.

IV. Kontrollmechanismen gegenüber technischer Steuerungsmacht

Wenn nun, wie gezeigt, gegenüber dem Missbrauch in Technik begründeter Steuerungsmacht weder das Recht, noch technische Gegenmaßnahmen, noch Vermittlung von Technik-Kompetenz für sich genommen ein zufriedenstellendes Schutzniveau versprechen, wie sollte man dann für die Zukunft sinnvoll verfahren? Schließlich ist mit fortschreitender technologischer Entwicklung zu erwarten, das Missbrauchsrisiko technischer Steuerungsmacht werde stetig wachsen.

1. „Technik-Vorbehalt“

In dem Steuerungssystem „Recht“ sorgt der Vorbehalt des Gesetzes dafür, dass alle wesentlichen Fragen von dem demokratisch legitimierten Parlament per Gesetz geregelt werden. Man könnte sagen, der Kern rechtlicher Steuerungsmacht liege beim Gesetzgeber.

Sollte in dem Steuerungssystem „Technik“ nicht ähnlich die Kontrolle über wesentliche Technik beim Parlament liegen? Wenn es möglich wäre, dafür zu sorgen, dass Schlüsseltechnologien *technisch* (das heißt unabhängig von gesetzgeberischen Maßnahmen) nur mit Mitwirkung des Parlaments gewissermaßen als technologische Schaltzentrale funktionierten, etwa durch zentralisierte IT-Infrastruktur, technische Freigabeprozesse oder dergleichen, wäre dies eine erstrebenswerte Lösung?

Ein erschreckender Gedanke. Ohnehin ließe sich ein solcher Zustand vermutlich nicht realisieren, weil, wie gezeigt, Nutzer normalerweise ohne weiteres auf alternative Technik ausweichen können. Aber vor allem erzeugte eine solche Lösung eine derartige Machtfülle bei einem staatlichen Organ, dass sich das Risiko des Missbrauchs technischer Steuerungsmacht überhaupt nur potenzierte. Denn die „checks and balances" im Steuerungssystem „Recht" wirken (abgesehen vielleicht von den Wahlen) nicht im Steuerungssystem „Technik". Es ist der Kerngedanke der Gewaltenteilungslehre, staatliche Gewalt durch Verteilung auf mehrere, voneinander unabhängige Organe zu mäßigen.[17] Vielleicht ist es diese Prägung, sowie ein Verständnis von Technik als Ausdruck individueller Grundfreiheiten, welche einen bei der Vorstellung staatlich zentralisierter technischer Machtfülle erschaudern lässt.

2. *Multilateraler Schutzansatz*

Gibt es keinen Königsweg zur Bekämpfung eines Missbrauchs technisch begründeter Steuerungsmacht, und scheidet eine Angleichung des Steuerungssystems „Technik" an das Steuerungssystem „Recht" aus, so lautet die Antwort auf die anfangs gestellte Frage, welche Mechanismen vor Missbrauch technischer Steuerungsmacht schützen können: Es ist die Kombination aller verfügbaren Mittel und der Beiträge aller beteiligten Akteure. Wie gezeigt, funktionieren weder das Recht, noch technische Gegenmaßnahmen, noch Verbraucherschutz und Kompetenzvermittlung optimal und unbegrenzt. Um so mehr ist es notwendig, alle verfügbaren Strategien gleichzeitig anzuwenden, niemanden, der einen Beitrag leisten kann, aus seiner Verantwortung zu entlassen, um so insgesamt auf ein ausreichendes Schutzniveau hoffen zu können.

Es gibt ein aktuelles Themenfeld, in welchem die Notwendigkeit eines solchen multilateralen Schutzansatzes erkannt wurde und bereits umgesetzt wird, nämlich in der Bekämpfung von strafbaren Inhalten im Internet. Lange Zeit konzentrierte sich die Debatte auf zwei unversöhnliche Gegenpositionen, ob es nämlich die Aufgabe der Strafverfolgung und des Staates, oder die Aufgabe der Internet-Provider sei, Maßnahmen gegen kinderpornographische und andere strafbare Inhalte im Netz zu ergreifen. Mittlerweile ist erkannt, dass weder Staat noch Provider für sich allein genommen hinreichenden Schutz gewährleisten können. Vielmehr bedarf es eines kombinierten

[17] *Maunz/Dürig*, Grundgesetz, Art. 20 GG Rn. 2 ff.

Schutzansatzes und einer vereinten Anstrengung aller Beteiligten aus technischen Maßnahmen der Provider, aus verbesserten regulatorischen Rahmenbedingungen und optimierter Strafverfolgung durch Ermittlungsbehörden sowie internationalisierter Rechtsharmonisierung, aus Verbesserung der Medienkompetenz und Aufklärungsmaßnahmen über sicheres Online-Verhalten unter Einbeziehung der Eltern und Schulen sowie aus therapeutischen Angeboten an potentielle Täter und sonstigen flankierenden Maßnahmen.[18]

In einem multilateralen Schutzansatz muss sich der Staat nicht darauf beschränken, die *rechtliche* Kontrolle von Technologieträgern zu betreiben und zu optimieren. Vielmehr kann der Staat auch unterstützend auf die anderen Strategien einzahlen, etwa durch die Subventionierung der Entwicklung technischer Gegenmaßnahmen oder durch Finanzierung oder Durchführung von Aufklärungskampagnen und Fortbildung.

V. Fazit

„Es hängt vom Menschen ab, ob er die Technologie beherrscht oder sie ihn …" ist ein gern zitierter Satz[19], der kennzeichnend für viele zentrale gesellschaftliche Fragen steht, zum Beispiel die möglichen Folgen der unterschiedlichen Entwicklungsstände von Ethik und Technologie, die Fragen nach der menschlichen Beherrschbarkeit technischer Zerstörungskraft oder noch grundsätzlicher die Fragen nach den globalen und kulturellen Auswirkungen fortschreitender Technisierung. Er beinhaltet aber auch die Frage, wie sich Technik in ihrem Potential zur Beherrschung menschlichen Verhaltens kontrollieren lässt. Dies wiederum hat auch eine juristische Komponente, die aufzuzeigen Anliegen dieses Beitrages ist. Je mehr unsere Handlungen in Technik eingebettet sind, desto stärker kann die Technik eingesetzt werden, unser Verhalten zu steuern. Je mehr Personen dieselbe Technologie nutzen, desto größer können die Folgen eines Missbrauchs dieser Steuerungsmacht sein. Das Steuerungssystem „Technik" tritt zunehmend neben das Steuerungssystem „Recht". Die Implikationen dieses Umstandes zu verarbeiten, ist eine bereits begonnene Aufgabe für Staat und Gesetzgeber.

[18] Vgl. etwa die Initiative „White IT" der Landesregierung Niedersachsen, www.whiteit.de.

[19] Vgl. *John Naisbitt*, High Tech/High Touch: Technology and Our Accelerated Search for Meaning, 2001.

Richterliche Entscheidungsfindung zwischen Dogmatik und Folgenberücksichtigung

Sebastian Klausch

Dieter Reuter war während seiner beruflichen Laufbahn nicht nur als Wissenschaftler und akademischer Lehrer tätig, sondern mit mindestens ebenso großer Leidenschaft und ebenso großem Engagement als Richter am Schleswig-Holsteinischen Oberlandesgericht in Schleswig. Er gehörte dort dem 5. Zivilsenat an, der über Sonderzuständigkeiten im Bereich des Bank- und Gesellschaftsrechts verfügte. Ihm bot sich so die Gelegenheit, wissenschaftliche Theorie mit der Praxis konkreter Rechtsstreitigkeiten zu verbinden, was einem Zivilrechtslehrer bekanntermaßen – anders als Kollegen anderer Fachrichtungen – nicht in Form rechtsanwaltlicher Tätigkeit erlaubt ist.

Wie viel *Dieter Reuter* die Tätigkeit als Richter am Oberlandesgericht bedeutete, weiß der Verfasser aus diversen persönlichen Gesprächen. Es ist nur Spekulation, aber möglicherweise hätte *Dieter Reuter* sich sogar für eine hauptberufliche richterliche Karriere entschieden, wenn er diese Entscheidung in Kenntnis der gemachten Erfahrungen noch einmal hätte treffen müssen. In bleibender Erinnerung werden auch die Stapel beidseitig handschriftlich beschriebener DIN-A-4-Zettel bleiben, aus denen wohl niemand anderes als seine langjährige Sekretärin *Edeltraud Strzelecki* computergeschriebene Voten und Urteile hätte fertigen können.

Stellvertretend für die Vielzahl von Urteilen, an denen *Dieter Reuter* im Laufe der Jahre mitgewirkt hat, soll hier auf eines eingegangen werden, bei dem er Berichterstatter war und das besonders gut zu seiner wissenschaftlichen Tätigkeit passt, da es Fragen des Gesellschafts- und des Bereicherungsrechts aufwirft. Dieses Urteil[1] hat zudem in der Literatur nicht unerhebliche Beachtung gefunden und führte in der Revisionsinstanz zu einer ebenfalls stark beachteten Entscheidung des Bundesgerichtshofs[2].

[1] 5 U 22/04 OLG Schleswig, Urteil vom 27. Januar 2005; SchlHA 2005, 270; GmbHR 2005, 357; OLGR Schleswig 2005, 200; ZIP 2005, 1827; NZG 2005, 853.

[2] II ZR 72/05 BGH, Urteil vom 9. Januar 2006; BGHZ 165, 352; ZIP 2006, 331; DB 2006, 443; WM 2006, 438; BB 2006, 624; GmbHR 2006, 306; NJW 2006, 906; NZG 2006, 227.

I.

Diesen Entscheidungen lag folgender Sacherhalt zugrunde. Der Beklagte hatte eine Vorratsgesellschaft in Form einer GmbH mit einem Stammkapital von 50.000,00 DM gegründet. Einen Tag nach Zahlung der Stammeinlage flossen 50.000,00 DM von der GmbH zurück an den Beklagten, nach seiner Behauptung zum Zwecke der verzinslichen Fremdanlage. Zwei Monate später veräußerte der Beklagte die GmbH an einen Erwerber. In dem notariellen Kaufvertrag war vereinbart, dass der Erwerber 50.000,00 DM zuzüglich einer Kostenpauschale zu zahlen habe. Vereinbarungsgemäß wies der Beklagte den beurkundenden Notar an, einen von dem Erwerber ausgestellten Verrechnungsscheck über 50.000,00 DM einzulösen und den Betrag auf ein Konto der GmbH einzuzahlen. Damit sollte – wie es in dem notariellen Vertrag ausdrücklich heißt – „das Gesellschaftskonto auf einen Betrag von 50.000,00 DM im Haben gestellt“ werden.

Einige Jahre später wurde das Insolvenzverfahren über das Vermögen der GmbH eröffnet. Der klagende Insolvenzverwalter nahm den Beklagten auf Erbringung der Stammeinlage in Höhe von 50.000,00 DM in Anspruch. Landgericht[3] und Oberlandesgericht gaben der Klage weitgehend statt, der Bundesgerichtshof wies sie ab.

1.

Unproblematisch ist die Feststellung, dass die Verpflichtung zur Erbringung der Stammeinlage (§ 19 GmbHG) nicht durch die erste Zahlung von 50.000,00 DM durch den Beklagten an die GmbH erloschen ist, weil nicht davon ausgegangen werden kann, dass die Leistung zur freien Verfügung der Gesellschaft gestanden hat[4]. Bei engem zeitlichem und sachlichem Zusammenhang zwischen Einzahlung der Stammeinlage und Rückzahlung des Geldes an den Gesellschafter ist zu vermuten, dass die objektive Umgehung der Vorschriften über die Kapitalaufbringung vorabgesprochen ist[5].

2.

Zu einer unterschiedlichen Beurteilung kam es aber bei der zweiten Zahlung von 50.000,00 DM durch den von dem Beklagten angewiesenen Notar an die GmbH.

[3] 4 O 248/03 LG Flensburg, Urteil vom 21. Januar 2004.

[4] Darüber sind sich der Bundesgerichtshof und das Oberlandesgericht Schleswig zumindest im Ergebnis einig. Allerdings geht das Oberlandesgericht Schleswig hier von einer verdeckten Sacheinlage aus, während der Bundesgerichtshof eine solche verneint.

[5] Statt vieler: BGH NJW 2006, 1736.

Das Oberlandesgericht Schleswig maß dieser Zahlung keine Erfüllungswirkung im Hinblick auf die Verpflichtung zur Erbringung der Stammeinlage bei. In Fortführung einer bereits zuvor[6] entwickelten Rechtsprechung nahm es an, dass die der Rückzahlung der Stammeinlage an den Beklagten zugrunde liegende schuldrechtliche Vereinbarung – im vorliegenden Fall wohl eine Treuhandvereinbarung, in vorangegangenen Fällen ein Darlehensvertrag – analog § 27 Abs. 3 AktG unwirksam sei. Die Zahlung der 50.000,00 DM durch den von dem Beklagten angewiesenen Notar an die GmbH sei ihrer Tilgungsbestimmung[7] nach auf die Rückzahlung der vermeintlichen Darlehens- bzw. Treuhandschuld gerichtet gewesen. Diese habe aber nicht bestanden. Es habe überhaupt nur der Anspruch der GmbH gegen den Beklagten auf Einzahlung der Stammeinlage bestanden. Die Beteiligten seien aber übereinstimmend davon ausgegangen, dass die Stammeinlage bereits zuvor wirksam erbracht worden sei. Folge der Zahlung auf die nicht existente Darlehensschuld sei, dass die Stammeinlageverpflichtung nicht erloschen sei und dem Beklagten ein bereicherungsrechtlicher Rückgewähranspruch auf die 50.000,00 DM zustehe.[8]

Der Bundesgerichtshof hingegen ging davon aus, dass durch die Zahlung des durch den Beklagten angewiesenen Notars die Verpflichtung zur Erbringung der Stammeinlage erfüllt worden sei, auch wenn der Zuwendung ausdrücklich eine andere Tilgungsbestimmung gegeben worden sei. Dass die Beteiligten die Zahlung rechtlich unzutreffend qualifiziert hätten, hindere nicht daran, sie auf die Stammeinlageverpflichtung zu beziehen[9].

3.

Mit seiner Entscheidung ist der Bundesgerichtshof in der Literatur ganz überwiegend auf Zustimmung gestoßen. Auffällig ist dabei, dass Lob für den Bundesgerichtshof bzw. Kritik am Oberlandesgericht Schleswig insbeson-

[6] OLG Schleswig GmbHR 2000, 1046; GmbHR 2003, 1058.

[7] Die konkrete Tilgungsbestimmung („das Gesellschaftskonto auf einen Betrag von 50.000,00 DM ins Haben zu stellen") war nicht ganz eindeutig auf eine Rückzahlung im Rahmen der Treuhandvereinbarung gerichtet. Der Senat schloss aber aus Indizien, insbesondere dem notariellen Kaufvertrag mit dem Erwerber über die Geschäftsanteile an der GmbH, sowie aus einer durchgeführten Beweisaufnahme, dass mit der Tilgungsbestimmung die Rückzahlung im Rahmen der Treuhandvereinbarung gemeint gewesen sei. In vorangegangenen Entscheidungen (GmbHR 2000, 1046 und GmbHR 2003, 1058) war die Tilgungsbestimmung zweifelsfrei auf Rückzahlung des Darlehens gerichtet.

[8] Dieser Anspruch kann wegen § 19 Abs. 2 S. 2 GmbHG nicht aufgerechnet werden. Wegen der Insolvenz der GmbH dürfte der Anspruch nur mit der Insolvenzquote befriedigt werden, sodass im Ergebnis der Beklagte zweimal 50.000,00 DM an die GmbH bezahlen muss.

[9] So zuvor auch schon OLG Hamburg GmbHR 2005, 164.

dere von Partnern großer Wirtschaftskanzleien geäußert wurde[10]. Betrachte man den Vorgang als Ganzes unter wirtschaftlichen Gesichtspunkten, sei durch die Zahlung der 50.000,00 DM durch den Erwerber an die GmbH letztlich genau das Ergebnis eingetreten, das das Gesetz vorsehe, nämlich dass die Gesellschaft frei über ihr Stammkapital verfügen könne. Dass dies zwischenzeitlich anders gewesen sei, sei unerheblich, denn dieser Zustand habe allein im Stadium als Vorratsgesellschaft bestanden, also vor der wirtschaftlichen Inkraftsetzung der Gesellschaft. Die etwas großzügige Handhabung der Kapitalaufbringungsvorschriften durch den Beklagten sei womöglich über § 82 GmbHG strafrechtlich sanktioniert, erfordere aber nicht zusätzlich eine zivilrechtliche Pönalisierung durch doppelte Einzahlung der 50.000,00 DM in die Gesellschaft. Im Gegenteil würde dadurch der redliche Gesellschafter, der vor Aktivierung der Vorratsgesellschaft dafür sorge, dass das Stammkapital doch noch eingezahlt werde, gegenüber dem unredlichen, der dies nicht tue und darauf warte, von dem Insolvenzverwalter auf Erbringung der Stammeinlage in Anspruch genommen zu werden, benachteiligt.

II.

Die Vorrats-GmbH spielt in der Praxis eine sehr wichtige Rolle. Der meist enorme Zeitdruck, unter dem beispielsweise Unternehmenskäufe oder -umstrukturierungen stehen, erlaubt es nicht, eine GmbH erst dann zu gründen und den gesetzlich vorgesehenen Prozess abzuarbeiten, wenn feststeht, wann man für welchen Zweck eine GmbH benötigt. Viel effektiver ist es, sich im Bedarfsfall schnell und einfach einer auf Vorrat gegründeten GmbH zu bedienen, auch wenn dies mit einem Aufpreis an den Anbieter der Vorratsgesellschaft verbunden ist.

Vordergründig geht es bei dem hier vorliegenden Sacherhalt um die juristisch korrekte Auslegung der Tilgungsbestimmung, die der Beklagte seiner zweiten Zahlung an die GmbH gegeben hat. Hintergrund der recht heftigen Kritik, die das Urteil des Oberlandesgerichts Schleswig insbesondere von Wirtschaftsanwälten erfahren hat, dürfte aber die Berücksichtigung der Folgen sein, die die Rechtsprechung des Oberlandesgerichts Schleswig auf die Verwendung von Vorratsgesellschaften im Rechtsverkehr hätte. Die offenbar weit verbreitete Praxis, dass sich der Gründer der Vorrats-GmbH in der Zeit zwischen Gründung der GmbH und Veräußerung das Stammkapital von der GmbH zurückzahlen lässt, wäre mit einem erheblichen Risiko verbunden.

[10] Z.B. Emde GmbHR 2005, 361 und GmbHR 2006, 308; Stephan BB 2006, 626; Weitnauer NZG 2006, 298.

Bei aller Kritik, die das Urteil des Oberlandesgerichts Schleswig erfahren hat, wird man eines feststellen müssen: Dogmatisch angreifbar ist es nicht[11].

Der vermutliche Hintergrund der Argumentation der Kritiker kommt in den Anmerkungen nur versteckt zum Ausdruck. So heißt es dort beispielsweise, dass die Entscheidung des Bundesgerichtshofs „wirtschaftliches Augenmaß in eine ansonsten höchst formale Thematik" bringe[12] und das Urteil des Oberlandesgerichts Schleswig „um der dogmatischen Liebhaberei willen [...] nur von einem Juristen entwickelt" worden sein könne und „die dogmatische Ordnung zu sehr in den Vordergrund" rücke und „das wirklich gewollte in die Ferne"[13].

1.

Die vorliegenden Entscheidungen bewegen sich in einem Spannungsfeld, dem sich jeder Jurist ausgesetzt sieht, der Richter, dessen Rechtsansichten unmittelbare Folgen für die am Rechtsstreit beteiligten Parteien und – insbesondere bei den höheren Gerichten – darüber hinaus haben, aber womöglich noch stärker als der Wissenschaftler: Dogmatische Stringenz und praktische Auswirkungen.

Die Entscheidungen des Oberlandesgerichts Schleswig und des Bundesgerichtshofs liegen bei der rechtlichen Bewertung der Zahlungen des Beklagten im Ansatz trotz entgegenstehender Ergebnisse gar nicht einmal so weit auseinander; zumindest liegen sie näher beieinander als es der Bundesgerichtshof annimmt.

Der Bundesgerichtshof meint, dass das Oberlandesgericht Schleswig davon ausgehe, dass durch die erste Zahlung der 50.000,00 DM und die sich anschließende Rückzahlung im Rahmen der Treuhandvereinbarung neben den Anspruch der GmbH auf Erbringung der Stammeinlage ein bereicherungsrechtlicher Anspruch des Beklagten gegen die GmbH auf Rückzahlung des Betrages wegen Nichterreichung des Zwecks (Tilgung der Stammeinlageverpflichtung) und ein bereicherungsrechtlicher Anspruch der GmbH gegen den Beklagten auf Rückzahlung der im Rahmen der unwirksamen Treuhandabrede an diesen geleisteten 50.000,00 DM getreten seien, sodass insgesamt drei Ansprüche in diesem Verhältnis bestünden.[14]

[11] Zuzustimmen ist Timme MDR 2006, 665 (666): „Dogmatisch ist diese Begründung unangreifbar, da sie die Zahlungsströme konsequent erfasst und rechtlich erschöpfend würdigt.".

[12] Weitnauer NZG 2006, 298.

[13] Emde GmbHR 2005, 361.

[14] Genau diese – nunmehr als fehlgehend bezeichnete – Ansicht scheint der Bundesgerichtshof allerdings selbst in BGH NJW 1998, 1951 noch vertreten zu haben. Dort schloss die GmbH mit ihrer Gründungsgesellschafterin mehrere Lizenzverträge und zahlte an die Gründungsgesellschafterin Geldbeträge, die höher waren als die zu erbringende Stammeinlage. Aus den von der GmbH gezahlten Beträgen erbrachte dann die Gründungs-

Das war allerdings die Begründung, die das Landgericht Flensburg seiner Entscheidung gegeben hatte. Das Oberlandesgericht Schleswig gibt diese Ansicht des erstinstanzlichen Gerichts lediglich wieder, erklärt aber im Folgenden ausdrücklich, dass in den Fällen des Hin- und Herzahlens – und der vorliegende Fall gehöre zu diesen – nach der ersten Zahlung des Inferenten nur ein Anspruch bestehe, nämlich der Anspruch der GmbH gegen den Inferenten auf Erbringung der Stammeinlage. In diesem Punkt sind sich der Bundesgerichtshof und das Oberlandesgericht Schleswig also einig.

Ein Unterschied entsteht erst bei der Auslegung der Tilgungsbestimmung der zweiten Zahlung des Beklagten an die GmbH. Durch diese zweite Zahlung soll nach dem Oberlandesgericht Schleswig nicht eine Erfüllung der Stammeinlageverpflichtung eintreten, sondern ein bereicherungsrechtlicher Anspruch des Beklagten entstehen, weil diese Zahlung auf Erfüllung einer Verpflichtung aus dem Treuhandvertrag gerichtet sei, dieser Vertrag aber unwirksam sei. Damit kommt das Oberlandesgericht Schleswig zu demselben Ergebnis wie das Landgericht Flensburg, aber mit anderer Begründung.

Die Argumentation des Bundesgerichtshofs ist recht knapp. Es sei unerheblich, dass sowohl Beklagter als auch GmbH davon ausgegangen seien, dass die zweite Zahlung der 50.000,00 DM durch den Beklagten eine Forderung aus der Treuhandabrede habe erfüllen sollen und nicht die Stammeinlageverpflichtung, weil die Treuhandabrede unwirksam sei. Es handele sich um die rechtlich unzutreffende Qualifizierung einer tatsächlich bestehenden Schuld. Schließlich macht sich der Bundesgerichtshof noch das aus den Anmerkungen zu dem Urteil des Oberlandesgerichts Schleswig bekannte Argument zu eigen, dass nicht einzusehen sei, dass derjenige, der ehrlicherweise letztlich die GmbH doch noch mit dem erforderlichen Stammeinlagebetrag ausstatte, schlechter stehe als der, der darauf warte, durch den Insolvenzverwalter in Anspruch genommen zu werden.

Dogmatisch ist diese Begründung des Bundesgerichtshofs zumindest angreifbar, worauf das Oberlandsgericht Schleswig in seiner Entscheidung ausführlich hingewiesen hat, worauf der Bundesgerichtshof aber mit keinem Wort eingeht.

gesellschafterin ihre Stammeinlage. Der Bundesgerichtshof sah hierin eine gemischte verdeckte Sacheinlage, aufgrund derer die Lizenzverträge unwirksam seien. Er verwies die Sache zurück an das Berufungsgericht mit der Maßgabe, dass zunächst im Sinne der Saldotheorie die wechselseitigen Bereicherungsansprüche aus den unwirksamen Lizenzverträgen zu saldieren seien. Wenn dann noch ein Bereicherungsanspruch der GmbH verbleibe, habe das Berufungsgericht eine Hilfsaufrechnung der Gründungsgesellschafterin zu bedenken, mit der sie gegen einen ihr zustehenden Bereicherungsanspruch aufgrund der fehlgeschlagenen Zahlung auf die Stammeinlage aufrechne. Wenn es so ist, dass durch das Hin- und Herzahlen keine wechselseitigen Ansprüche zwischen Gesellschaft und Inferent entstehen, dürfte aber gerade kein Bereicherungsanspruch der Gesellschaft wegen der fehlgeschlagenen Zahlung auf die Stammeinlage bestehen.

Aus den verschiedenen Theorien zur Erfüllung hat sich als absolut herrschend die sogenannte Theorie der realen Leistungsbewirkung herauskristallisiert.[15] Diese zeichnet sich insbesondere dadurch aus, dass für die Erfüllung nach § 362 BGB schon der objektive Tatbestand der Erbringung der geschuldeten Leistung ausreicht. Ein zusätzliches subjektives Tatbestandsmerkmal soll demgegenüber grundsätzlich nicht erforderlich sein. Wenn der Gläubiger gegen den Schuldner nur eine Forderung hat und der Schuldner eine Leistung erbringt, die genau dieser Forderung entspricht, sind Vereinbarungen zwischen den Parteien oder Erklärungen des Schuldners nicht erforderlich, um seine Leistung auf die Schuld zu beziehen.

Dass ein subjektiver Tatbestand nicht erforderlich ist, bedeutet aber nicht, dass er keine Rolle spielt, wenn er doch einmal gegeben ist. Bislang war es ebenfalls nahezu einhellige Meinung, dass es den Parteien möglich ist, durch entsprechende Vereinbarung einen Bezug einer Leistung des Schuldners auf eine bestehende Schuld auszuschließen. Besonders deutlich heißt es dazu bei *Larenz*[16]: „Ist eine ‚positive' Tilgungsbestimmung auch entbehrlich, wo an dem Tilgungszweck einer Zuwendung kein Zweifel sein kann, so ist eine ‚negative' Tilgungsbestimmung, der Ausschluss der Zuordnung der Zuwendung zu einem Schuldverhältnis durch den Schuldner, doch auf jeden Fall zu beachten. Das gebietet die Privatautonomie." Indem der Beklagte im vorliegenden Fall seine Leistung auf die vermeintliche Schuld aus dem Darlehens- bzw. Treuhandvertrag bezieht, schließt er eine Zuordnung zu der Stammeinlageverpflichtung aus.

Auch der Bundesgerichtshof folgte bislang der Theorie der realen Leistungsbewirkung und betonte, dass es ausreiche, dass die bewirkte Leistung die allein geschuldete sei und daneben keine andere, gleichartige Schuld bestehe, auf welche die Leistung daneben oder stattdessen erbracht worden sein könnte, und der Schuldner nicht selbst eine abweichende Bestimmung treffe.[17] Mit dieser Ansicht ist die Annahme, dass im vorliegenden Fall eine Tilgung der Stammeinlageverpflichtung trotz abweichender Bestimmung durch den Schuldner eintritt, schwer vereinbar.

In den veröffentlichen Anmerkungen zu den Urteilen ist zur dogmatischen Unterfütterung des Ergebnisses des Bundesgerichtshofs der Grundsatz der falsa demonstratio non nocet angeführt worden.[18] Der übereinstimmende Wille aller an den Zahlungen Beteiligter sei dahin gegangen, die GmbH verkaufsfertig zu machen, was nur dadurch zu erreichen gewesen sei, dass die

[15] Vgl. nur Olzen in: Staudinger, Kommentar zum BGB, Neubearbeitung 2006, Vorbem. zu §§ 362 ff. Rn. 7 ff.; Wenzel in: Münchener Kommentar zum BGB, 5. Aufl. 2006, § 362 Rn. 5 ff.

[16] Larenz, Lehrbuch des Schuldrechts Band I, 14. Aufl. 1987, § 18 I 5.

[17] BGH NJW 1991, 1294.

[18] Emde GmbHR 2005, 361 und GmbHR 2006, 308.

Stammeinlage zurückgewährt werde. Dieser übereinstimmende Wille der Parteien sei bei der Auslegung der Tilgungsbestimmung maßgeblich, auch wenn sich diese ausdrücklich auf das Darlehen bzw. die Treuhandvereinbarung bezogen habe.

Überzeugend ist aber auch diese Begründung nicht. Es bedarf einer sehr großzügigen Berücksichtigung des Willens der Parteien, um zu der Rechtsfigur der falsa demonstratio non nocet zu gelangen. Die Parteien haben nicht nur erklärt, dass sich die Zahlung des Erwerbers auf das Darlehen bzw. die Treuhandabrede beziehen soll, sie haben das auch gemeint. Insbesondere ergibt sich aus der Entscheidung des Oberlandesgerichts Schleswig, dass in dem notariellen Kaufvertrag mit dem Erwerber der Geschäftsanteile an der GmbH festgehalten ist, dass das Stammkapital zu 100 % eingezahlt sei. Die Parteien gingen also davon aus, dass eine Stammeinlageforderung der GmbH nicht bestehe. Sie meinten, was sie erklärten. Um hier zu einer Erfüllung der Stammeinlageverpflichtung durch die zweite Zahlung des Beklagten zu kommen, müsste man im Rahmen der falsa demonstratio non nocet nicht nur einen tatsächlichen übereinstimmenden Willen der Parteien als einer gemeinsamen Falschbezeichnung vorrangig ansehen, sondern auch einen tatsächlich nicht vorhandenen, aber für die Parteien rückblickend vorteilhafteren Willen.

Hinzu kommt, dass Beteiligte an der Tilgungsbestimmung der Beklagte als Leistender und die GmbH als Leistungsempfänger sind. Für die GmbH wäre die Annahme einer Leistung auf das Darlehen bzw. die Treuhandvereinbarung vorteilhaft, für den Beklagten die Annahme einer Leistung auf die Stammeinlageverpflichtung. Es stoßen hier also unterschiedliche Interessen aufeinander, die bezweifeln lassen, ob überhaupt ein äußerst weit verstandener gemeinsamer Wille der an der Zahlung Beteiligten bestand.

Man wird nicht sagen können, dass die Annahme, dass die zweite Zahlung des Beklagten an die GmbH die Stammeinlageverpflichtung erfülle, dem Gesetz widerspricht. Dieses enthält in den §§ 362 ff. BGB keine eindeutige Regelung, auf welche Schuld eine erbrachte Leistung in Zweifelsfällen wie diesem zu beziehen ist. Gerade deshalb hat es im Laufe der Zeit eine recht umfassende Erörterung dieser Frage in Wissenschaft und Rechtsprechung gegeben. Die Entscheidung des Oberlandesgerichts Schleswig dürfte dem Ergebnis dieser Erörterung eher entsprechen als die des Bundesgerichtshofs.

2.

Der vorliegende Fall wirft die Frage auf, welche Bedeutung juristische Dogmatik für die richterliche Entscheidungsfindung haben sollte. Einerseits kann Dogmatik für den Richter eine wichtige Unterstützung sein, eine richtige, also den gesetzlichen Vorgaben entsprechende Entscheidung des Rechtsstreits herbeizuführen. Insbesondere führt eine Orientierung an anerkannten Lehren zur Auslegung des Gesetzes zu einer Vereinheitlichung der Entscheidungen verschiedener Gerichte und damit zu einer besseren Vorhersehbarkeit richterlicher Entscheidungen, also letztlich zu Rechtssicherheit. Andererseits enthält eine Orientierung an Lehrsätzen keine Gewähr dafür, dass die so gefundene Entscheidung als richtig und gerecht empfunden wird, insbesondere wenn es um Erscheinungen der Rechtspraxis geht, die so bei Fassung des Gesetzes und Entwicklung der Lehren noch nicht vorhanden waren.

Theoretisch sind zwei Extrempositionen denkbar. Einerseits der Richter als Subsumtionsmaschine, der ohne Berücksichtigung etwaiger Folgen und ohne eigene Wertungen rein objektiv eine von dem Gesetzgeber aufgestellte Norm auf den ihm vorgelegten Sachverhalt anwendet und aus der Norm auf der Basis der zur Auslegung der Normen anerkannten Lehren die vom Gesetzgeber gewünschte Rechtsfolge ableitet. Andererseits der Richter, der frei von jeglicher Bindung in seinem Urteil seinen subjektiven Wertvorstellungen von Rechtmäßigkeit und Gerechtigkeit Ausdruck verleiht.

Klar ist, dass keine der Extrempositionen haltbar ist, und die Wahrheit wie so häufig in der Mitte liegt. Von dem Gesetzgeber formulierte Normen sind notwendigerweise abstrakt formuliert, da sie eine Vielzahl von Einzelfällen regeln sollen. Jeder, dem ein Sachverhalt aus der Wirklichkeit zur Beurteilung vorgelegt worden ist, wird bestätigen können, dass eine Lösung durch reine Subsumtion nicht möglich ist. Häufig wird der Richter durch das Gesetz sogar ausdrücklich aufgefordert, eigene Wertungen in die Entscheidung einzubringen, etwa bei unbestimmten Rechtsbegriffen wie „Treu und Glauben" oder „wichtiger Grund". Die zweite Extremposition wiederum ist schwerlich vereinbar mit dem Prinzip der Gewaltenteilung, nach dem es Aufgabe der Legislative ist, die grundlegenden Wertungen des Rechtssystems festzulegen und die rechtsprechende Gewalt an Gesetz und Recht gebunden ist.

Der Richter muss für sich festlegen, auf welchem Punkt einer gedachten Linie zwischen diesen beiden Extrempositionen er sich positionieren möchte. Eine unterschiedliche Positionierung in dieser Frage ist möglicherweise der Grund für die divergierende Beurteilung der hier gegenständlichen Rechtsfrage durch den Bundesgerichtshof und das Oberlandesgericht Schleswig. So ist denn auch dem Oberlandesgericht Schleswig in Anmerkungen zu dem Urteil Formalismus und dogmatische Liebhaberei vorgeworfen worden.

3.

Kritisch steht der Bedeutung der Dogmatik für die richterliche Entscheidungsfindung namentlich *Esser* gegenüber.[19] Der Richter entscheide in erster Linie anhand seines Vorverständnisses.[20] Dogmatische Erwägungen dienten demgegenüber hauptsächlich einer Stimmigkeitskontrolle des bereits zuvor

[19] Vorverständnis und Methodenwahl in der Rechtsfindung, 1972.
[20] Esser, Vorverständnis und Methodenwahl in der Rechtsfindung, Kap. V. 5.

gewonnenen Ergebnisses.[21] Dogmatik sei allenfalls für die Beantwortung juristischer Routinefragen sinnvoll, während bei neuartigen Fällen eine Verfremdung von Sachverhalt und Interessenlage drohe. Dogmatische Argumentation sei eine Abschirmung des Richters gegen eine Auseinandersetzung mit dem Gerechtigkeitsgehalt der Entscheidung und der Stellungnahme zu offenen Wertungsproblemen. Dogmatik entlaste letztlich von eigenen Beurteilungsschwierigkeiten, -verantwortungen und -kritiken.[22]

Eine derartige Geringschätzung juristischer Dogmatik erscheint zu weitgehend[23], und die hier gegenständliche Entscheidung dürfte ein Beleg dafür sein, dass der Senat des Oberlandesgerichts Schleswig, dessen Mitglied *Dieter Reuter* war, sich der Ansicht *Essers* ebenfalls nicht anschließen dürfte. Ein Richter darf selbstverständlich eigene Überzeugungen und Wertungen hinsichtlich zu entscheidender Rechtsfragen haben. Es wäre lebensfremd anzunehmen, dass ein Richter bei der Entscheidung eines ihm vorgelegten Rechtsstreits seine subjektiven Vorstellungen völlig ausblenden kann. Dies ist auch nicht erforderlich und im Gegenteil bei der Suche nach einer richtigen und gerechten Entscheidung eines Rechtsstreits häufig hilfreich, solange sichergestellt ist, dass der Richter zu jedem Zeitpunkt bereit und in der Lage ist, eine nicht mit seinen subjektiven Vorstellungen übereinstimmende Entscheidung zu treffen, wenn sich für ihn unter Anwendung der anerkannten Auslegungsmethoden ergibt, dass die Vorstellungen des Gesetzes von seinen eigenen Abweichen[24]. Ein Richter, der so handelt, ist kein schwacher Richter, der sich aus Angst vor eigener Verantwortung hinter den Buchstaben des Gesetzes versteckt, sondern im Gegenteil ein Richter, der die ihm von der Verfassung übertragene Aufgabe gewissenhaft wahrnimmt.

4.

Im vorliegenden Fall ist an dem Ergebnis, zu dem der Bundesgerichtshof kommt, in der Tat nichts auszusetzen. Wenn sichergestellt ist, dass bei wirtschaftlicher Inkraftsetzung der Vorrats-GmbH aus dem von dem Erwerber insgesamt für die GmbH zu zahlenden Kaufpreis ein Betrag in Höhe der Stammeinlage an die GmbH fließt und dieser zu freier Verfügung steht, ist zumindest in diesem Zeitpunkt das von §§ 19 Abs. 1, 8 Abs. 2 S. 1 GmbHG

[21] Esser, Vorverständnis und Methodenwahl in der Rechtsfindung, Kap. VI.

[22] Esser, Juristisches Argumentieren im Wandel des Rechtsfindungskonzepts unseres Jahrhunderts, in: Sitzungsberichte der Heidelberger Akademie der Wissenschaften, Jg. 1979, S. 1, 20 ff.

[23] Larenz/Canaris, Methodenlehre der Rechtswissenschaft, Studienausgabe, 3. Aufl., Kap. I 3. b), sehen hierin einen Ausdruck „richterlicher Überheblichkeit" und bezweifeln, dass diese Ansicht mit der Verfassung vereinbar sei.

[24] Pfeiffer, Innere Unabhängigkeit des Richters, in: Festschrift für Wolfgang Zeidler, 1987, S. 67, 73 f.

gewollte Resultat eingetreten. Dennoch wird man nicht annehmen können, dass die Vorgehensweise der Beteiligten hier mit den Vorstellungen des Gesetzes übereinstimmt. Dies umso mehr als hier eine Strafbarkeit des Beklagten bzw. des Geschäftsführers der Vorrats-GmbH gemäß § 82 Abs. 1 Nr. 1 GmbHG im Raume steht, an der auch die spätere ordnungsgemäße Kapitalausstattung der GmbH nichts mehr ändert.

Formal ist bereits das Institut der Kapitalaufbringung bei der GmbH als solches. Legt man schon hier eine wirtschaftliche Betrachtung vom Ergebnis her an, wird man feststellen müssen, dass die Stammeinlage häufig nicht die Funktion erfüllen wird, den Gläubigern der Gesellschaft zumindest hinsichtlich eines Teils ihrer Forderungen eine Zugriffsmöglichkeit zu gewähren. Zum einen erreichen die Kosten des Insolvenzverfahrens, die vorrangig zu bedienen sind, schnell die Höhe der Stammeinlage der GmbH. Zum anderen ist die Stammeinlage im Vergleich zu den angehäuften Verbindlichkeiten der GmbH im Insolvenzverfahren häufig allenfalls ein Tropfen auf den heißen Stein. Sieht man den Sinn der Stammeinlage bei der GmbH weniger in der Schaffung einer Haftungsmasse für die Gläubiger als in der Gewährleistung eines Mindestmaßes an Seriosität der Gesellschafter der GmbH, lässt es sich vertreten, bei diesem an sich schon formalen Rechtsinstitut auch formale Entscheidungen zu treffen und nicht allein die wirtschaftliche Praktikabilität in den Vordergrund zu stellen.

Zudem ist es keineswegs so, dass die Rechtsprechung des Oberlandesgerichts Schleswig den praktisch nützlichen Einsatz von Vorratsgesellschaften verhindern würde. Gründer und Erwerber einer Vorrats-GmbH müssten keine unangenehmen Konsequenzen fürchten, wenn die ursprünglich eingezahlte Stammeinlage während der Wartezeit der Vorrats-GmbH bis zu ihrer Aktivierung durch Verkauf einfach auf einem Gesellschaftskonto verbliebe, wenn sich der Geschäftsführer der Vorrats-GmbH also einfach daran orientiert, was er gemäß § 8 Abs. 2 S. 1 GmbHG gegenüber dem Handelsregister zu versichern hat, dass die eingezahlte Stammeinlage der GmbH nämlich endgültig und zur freien Verfügung zur Verfügung steht. Ebenfalls kein Nachteil drohte, wenn der Gründer der Vorrats-GmbH aufpasst und sicherstellt, dass die Zahlung an die Vorrats-GmbH im Rahmen der Veräußerung ausdrücklich auf die Stammeinlage erfolgt.

Der praktische Vorteil der Entscheidung des Bundesgerichtshofs besteht also nur darin, dass der Gründer der Vorrats-GmbH die Stammeinlage im Zeitraum bis zur Veräußerung aus der Gesellschaft relativ gefahrlos abziehen und anderweitig nutzen kann. Der Anbieter von Vorrats-GmbHs wird dadurch in die Lage versetzt, durch einmaligen Einsatz von 25.000,00 EUR eine Vielzahl von Vorrats-GmbHs zu gründen, während er bei Anwendung der Maßstäbe des Oberlandesgerichts womöglich 25.000,00 EUR für jede von ihm gegründete Vorrats-GmbH einsetzen müsste, wenn er sichergehen wollte, nicht später einmal von einem Insolvenzverwalter zur Einzahlung der

Stammeinlage aufgefordert zu werden. Die Mehrkosten, die dadurch verursacht würden, müssten die Anbieter von Vorrats-GmbHs durch Verringerung ihrer Marge oder Erhöhung des Verkaufspreises der Vorrats-GmbH ausgleichen. Die negativen Folgen der Rechtsprechung des Oberlandesgerichts Schleswig für die Praxis des Handels mit Vorrats-GmbHs erscheinen nicht so gravierend, dass sie die Vehemenz, mit der diese Rechtsprechung insbesondere von Rechtsanwälten bekämpft wurde, erklären[25].

5.

Schwierig ist für den Richter die Berücksichtigung der Folgen seiner Entscheidung dadurch, dass er zunächst überhaupt einmal erkennen muss, welche Konsequenzen die Entscheidung haben könnte. Unter den erkannten Folgen muss er dann diejenigen auswählen, die er berücksichtigen will. Kommen mehrere Folgen in Betracht, können diese teilweise gewünscht und teilweise unerwünscht sein, was eine Abwägung der verschiedenen Folgen notwendig macht. All dies sind Überlegungen, mit denen sich an sich eher die Legislative als die Judikative beschäftigt.

Im vorliegenden Fall könnte der unmittelbaren Folge, dass man es der Praxis in einem bestimmten Punkt erleichtert, mit Vorrats-GmbHs zu handeln, die mittelbare Folge gegenüberstehen, dass dadurch kreative Gestaltungen im Zusammenhang mit der Kapitalaufbringung oder -erhaltung bei der GmbH in anderen Bereichen erst herausgefordert werden. Eine konsequent formale oder eben dogmatische Behandlung derartiger Fälle würde die sicherlich nicht immer förderungswürdigen Aktivitäten der Praxis in diesem Bereich vielleicht reduzieren und so helfen, die Rechtssicherheit zu erhöhen.

Von *Essers* Ansatz aus betrachtet bestätigt sich anhand des vorliegenden Falles vermutlich seine kritische Haltung gegenüber einer dogmatischen Herangehensweise. Die Vorrats-GmbH ist in den hier maßgeblichen Gesetzen – dem GmbHG und dem BGB – nicht gesondert geregelt. Vermutlich war man sich bei der Schaffung dieser Gesetze einer solchen Rechtsfigur auch noch gar nichts bewusst. Gerade bei neuartigen Rechtserscheinungen soll nach *Esser* die Dogmatik ja an ihre Grenzen stoßen. In dem naheliegenden Einwand, dass der Gesetzgeber im Rahmen der Vielzahl der zum GmbHG ergangenen Novellierungen Regelungen zur Vorrats-GmbH hätte einfügen können, wenn er für diese Erleichterungen im Rahmen der Kapitalaufbringung hätte regeln wollen[26], sieht er vermutlich einen Rückzug auf

[25] Eine volkswirtschaftliche Relevanz, die Emde (GmbHR 2006, 308, 310) hier zu sehen scheint, dürfte sich daraus nicht ergeben.

[26] In diesem Sinn dürfte der Hinweis des Oberlandesgerichts Schleswig in der hier gegenständlichen Entscheidung zu verstehen sein: „Der Vorwurf des Formalismus (Begriffsjurisprudenz, Emde aaO) richtet sich in der Sache nicht gegen die Rechtsprechung des

schlichten Gesetzesgehorsam und eine Kapitulation vor dem Willen des Gesetzgebers[27].

Eines betont *Esser* aber, und dies in jedem Fall mit Recht[28]. Eine Entscheidung, die eher auf wertenden Gesichtspunkten bzw. einer Folgenberücksichtigung beruhe, verlange diskussionsfähige Argumente sowie eine Nachprüfbarkeit auch des rechtspolitischen Gedankengangs bis zu dem Punkt, an welchem die Motivation für die Entscheidung in ihren Konsequenzen einsichtig werde. Der Jurist dürfe genau wie der Gesetzgeber nicht für sich alleine denken, sondern habe sich zu bemühen, die von ihm gefundenen Resultate mitzuteilen und plausibel zu machen. Die adäquate Erfassung eines Sprachmediums seitens des Richters und die adäquate Begründung seiner Entscheidung gegenüber der Umwelt erforderten die Einbeziehung jener Werturteile, die den Auswahlprozess des Rechtserheblichen innerhalb des Rechtssystems leiten und kontrollieren[29].

An dieser Offenlegung der für die Entscheidung maßgeblichen Wertungsgesichtpunkte mangelt es sowohl der Begründung des Bundesgerichtshofs als auch den ihm zustimmenden Anmerkungen in der Literatur. Dies liegt womöglich daran, dass eine dogmatische Begründung einer Entscheidung immer noch als höherwertiger angesehen wird als eine ergebnisorientierte Entscheidung unter Berücksichtigung der durch die Entscheidung ausgelösten Folgen.

Die Gefahr einer an sich nicht dogmatischen Entscheidung, die aber dennoch mit einer dogmatischen Begründung versehen wird, besteht darin, dass der Rechtsverkehr diese Entscheidung nur schwer einschätzen kann. Im vorliegenden Fall stellt sich die Frage, ob der Bundesgerichtshof einmalig von dem herkömmlichen Verständnis der Theorie der realen Leistungsbewirkung abgewichen ist und – wenn ja – ob dies bewusst oder unbewusst geschehen ist. Es könnte auch sein, dass die Entscheidung Grundlage eines neuen Verständnisses der Theorie der realen Leistungsbewirkung ist oder sogar eine Abkehr von dieser Lehre einleiten soll.

Diese Unsicherheiten lassen sich vermeiden, wenn deutlicher hervorgehoben würde, dass die Entscheidung durch die Besonderheiten der Vorrats-

Senats, sondern gegen das Gesetz. Denn der Standpunkt ‚Ende gut, alles gut' ist nicht der Standpunkt des Gesetzes. Das Gesetz schreibt nicht nur vor, dass, sondern auch wie und wann das Stammkapital einzuzahlen ist."

[27] Esser, Vorverständnis und Methodenwahl in der Rechtsfindung, Kap. V. 4.

[28] Vgl. auch Timme MDR 2006, 665, 666: „Wünschenswert wäre es indes, wenn dieses Argument der ausschließlichen wirtschaftlichen Betrachtung auch in den Vordergrund gestellt würde, da sich dogmatische Bedenken gegen die Gegenansicht nicht überzeugend finden lassen."

[29] Esser, Vorverständnis und Methodenwahl in der Rechtsfindung, Kap. V. 4.; vgl. ferner Eckertz-Höfer, „Vom guten Richter" – Ethos, Unabhängigkeit, Professionalität, in: Speyerer Vorträge Heft 94, S. 17 ff.

GmbH beeinflusst ist und der praktische Umgang mit dieser Gesellschaftsform nicht erschwert werden soll.

Unter der Voraussetzung hinreichender Transparenz erscheint es dann auch weniger bedenklich, wenn ein Richter sich bei seiner Entscheidung weniger von dogmatischen Erwägungen und mehr von den praktischen Folgen beeinflussen lässt.

Der gestrandete Leviathan

Über Gedanken- und Religionsfreiheit in der bürgerlichen Gesellschaft

Ernst-Joachim Mestmäcker

1. Im Schatten des Leviathan

Als Mahnmal steht der Leviathan des *Thomas Hobbes* am Anfang einer bürgerlichen Gesellschaft, die sich ihren eigenen Staat schaffen will. Ein Naturrecht, das im vorstaatlichen Zustand jedem Bürger ein Recht auf Alles gibt, entlarvt die Rechtsgleichheit als faktische, allseitige Abhängigkeit von der Macht der Stärkeren. Ihre demokratische Rechtsgleichheit setzt die Bürger jedoch instand, sich einen gemeinsamen Schutzherrn zu schaffen. Das geschieht in einem Gesellschaftsvertrag, den jeder mit jedem schließt, um Sicherheit und Wohlstand zu gewährleisten. Der Gesellschaftsvertrag ist ein Friedensvertrag. Er beendet den aus dem Naturzustand hervorgehenden Krieg Aller gegen Alle und schafft einen Souverän. Die Konstruktion des Gesellschaftsvertrages lässt seinen politischen Zweck erkennen. Wörtlich heißt es: „Ich autorisiere diesen Menschen oder diese Versammlung von Menschen und übertrage ihnen mein Recht, mich zu regieren, unter der Bedingung, dass du ihnen ebenso dein Recht überträgst und ihre Handlungen autorisierst. Ist dies geschehen, so nennt man diese zu einer Person vereinte Menge Staat, auf lateinisch civitas. Dies ist die Erzeugung jenes großen Leviathan oder besser, um es ehrerbietiger auszudrücken, jenes sterblichen Gottes, den wir unter dem unsterblichen Gott unseren Frieden und Schutz verdanken".[1] Der souveräne Staat ist ein sterblicher Gott. Er ist sterblich, weil er Menschenwerk ist. Als Menschenwerk ist er der wissenschaftlichen Analyse zugänglich. Mit dem Leviathan beginnt die Ära der politischen und soziologischen Analyse der bürgerlichen Gesellschaft.

[1] *Thomas Hobbes*, Leviathan, or the Matter, Form and Power of a Commonwealth, Ecclesiastical and Civil, in: *Molesworth* (ed.), The English Works of *Thomas Hobbes* of Malmesbury, Vol. III London MDCCCXXXIX, p. 158. Deutscher Text bei *Iring Fetscher* (Hrsg.), Leviathan oder Stoff, Form und Gewalt eines bürgerlichen und kirchlichen Staates, 1976, S. 134. Zitate folgen der deutschen Ausgabe mit der englischen Ausgabe in (Ed. *Molesworth*).

Seither fällt der Schatten des Leviathan, Schwert und Krummstab in Händen, auf alle Gesellschaftstheorien, die für das Mangelwesen Mensch auf der Suche nach Freiheit, Sicherheit und Wohlstand sind. Das tun die Bürger nicht mehr im Namen Gottes, sondern im Namen einer weltlichen Gesellschaft, die sich ihren Staat geschaffen hat.

Dieser souveräne Staat ist der vollkommene Utilitarist für sich selbst und für seine Untertanen. Das begrenzende Prinzip folgt aus der Eigengesetzlichkeit der Macht. Der Gesellschaftsvertrag stellt das Machtstreben nicht still, sondern begrenzt es mit Hilfe der Gesetze. Die Freiheit der Bürger folgt aus dem Schweigen der Gesetze und endet mit dem Gesetz. Die Kraft der Mächtigen beruht allein auf der Meinung und dem Glauben der Menschen.[2] Deshalb ist es auch mit der Souveränität verbunden „darüber Richter zu sein, welche Meinungen und Lehren dem Frieden abträglich sind und welche dazu führen, und folglich, bei welchen Anlässen, wie weitgehend und bei was man dem Menschen überhaupt vertrauen darf, wenn sie Reden an Volksmengen halten und wer die Lehre aller Bücher vor Veröffentlichung überprüfen soll … Deshalb gehört es zu den Rechten des Inhabers der souveränen Gewalt, Richter über alle Meinungen und Lehren zu sein, oder für alle diese Dinge zuständige Richter zu bestellen, da dies für den Frieden notwendig ist und um dadurch Zwietracht und Bürgerkrieg zu verhindern.[3] Zu den öffentlichen Veranstaltungen gehören auch die Gottesdienste. Hier führt *Hobbes* jedoch einen zusätzlichen Grund für die Staatsautorität an. Ein Staat stelle eine Person dar und dürfe auch Gott nur auf eine Art verehren. Dies geschehe, indem er befehle wie Privatpersonen ihren Gottesdienst öffentlich auszuüben haben.[4]

Es ist das Zusammentreffen von Gedankenfreiheit, Religionsfreiheit und Meinungsfreiheit, das die fortdauernde Relevanz ihrer scheinbar selbstverständlich gewordenen Staatsfreiheit erklärt. Die Trennung von Staat und Kirche ist eine europäische, aber keine weltweite Errungenschaft. Im Schrifttum nimmt *Jürgen Habermas* an, *Hobbes* habe Gewissen und Meinung identifiziert und den geistesgeschichtlichen Kommentar zu einer Entwicklung gegeben, die mit der Privatisierung der Religion wie des Eigentums, mit der Emanzipation der bürgerlichen Privatleute aus den halböffentlichen Bindungen der Kirche und der ständestaatlichen Zwischengewalten nun deren Privatmeinung erst recht zur Geltung verholfen habe.[5] *Hobbes* Abwertung der religiösen Gesinnung führe in Wahrheit zur Aufwertung privater Über-

[2] Behemmoth: The History of the Causes of the civil Wars of England, in: Ed. *Molesworth* Vol. VI, p. 161, 184: "For the power of the mighty has no foundation but in the opinion and believe of the people. And the end which the pope had in multiplying sermons was no other but to prop and enlarge his own authority over all Christian kings and states."

[3] Leviathan S. 139 (Ed. *Molesworth* p. 163/164).

[4] Leviathan S. 279 (Ed. *Molesworth* p. 355).

[5] Strukturwandel der Öffentlichkeit, 17. Auflage 1987, S. 114.

zeugung überhaupt.[6] Eine Bestätigung dieser Interpretation findet er im „Leviathan" von *Carl Schmitt* und in dessen Unterscheidung von privater und öffentlicher Vernunft oder von Innen und Außen.[7] Die These von *Habermas*, dass *Hobbes* einen Staat schaffe, der auf die auctoritas der Fürsten allein gegründet und von den Überzeugungen und Gesinnungen der Untertanen unabhängig sei, widerspricht der Staats- und Souveränitätslehre von *Hobbes*. Was für den Staat gilt, ist von der Staatsform unabhängig.[8] Er kontrolliert alle Arten der öffentlichen Meinungsäußerung und Meinungsbildung zur Erhaltung des Friedens und zur Wahrung seiner Macht. Erkennbar wird in der Fehlinterpretation von *Hobbes* das Erkenntnisinteresse von *Habermas*, die bürgerliche Gesellschaft zu privatisieren, um sie durch herrschaftsfreie Kommunikation zu politisieren.

Den Gegensatz von privater und öffentlicher Vernunft hat *Thomas Hobbes* in Auseinandersetzung mit den Herrschaftsansprüchen der Kirche analysiert. Die weltanschaulich fundierten Diktaturen des 20. Jahrhunderts, die kommunistische Sowjetunion und das nationalsozialistische Deutschland, haben diesem Konflikt eine neue Qualität gegeben. Es gehört zum Programm dieser Systeme, die in den Jahrhunderten nach *Thomas Hobbes* und weitgehend gegen ihn entwickelten Errungenschaften der bürgerlichen Gesellschaft zu überwinden. *Isaiah Berlin* hat in seinem Essay „Two Concepts of Liberty" nach den Ideen oder Parolen gefragt, die es den weltanschaulichen Diktaturen des 20. Jahrhunderts ermöglicht haben, Herrschaft auch über das Denken und Fühlen der Menschen zu gewinnen.[9]

2. Kirche und Staat

Der Gesellschaftsvertrag schafft einen Souverän, der Gehorsam von der Furcht seiner Bürger, Loyalität von ihrem Wohlstand und Friedfertigkeit von ihrem Glauben erwartet. Die Fähigkeit, Frieden zu gewährleisten, bleibt jedoch auch im institutionalisierten Gemeinwesen eine Machtfrage. Und zu den gefährlichsten Rivalen des Souveräns gehören die Kirchen. Der Leviathan schafft Frieden nur im Innern. Im Verhältnis zu anderen Staaten bewendet es beim Naturzustand, der ein latenter oder aktueller Krieg ist.

[6] Ebd.

[7] *Carl Schmitt*, Der Leviathan in der Staatslehre von *Thomas Hobbes* (1938) 1982, S. 319, N. 8.

[8] Grundlegend schon im Titel des Buches *Quentin Skinner*, *Hobbes* and Republican Liberty, Cambridge 2008.

[9] "Two Concepts of Liberty" in: *Henry Hardy* (ed.), *Isaiah Berlin* Liberty, Oxford 2001, p. 166–217; Deutsche Fassung in: *Reinhard Kaiser* (Hrsg.), *Isaiah Berlin* Freiheit, Vier Versuche, 2006, S. 197–256. Die Zitate folgen, wenn nicht anders angegeben, der deutschen Übersetzung.

In seiner *Hobbes*-Monografie hat *Helmut Schelsky* gezeigt, dass *Hobbes* seine Staatslehre nicht an einem fiktiven Naturzustand, sondern an historischen Erfahrungen orientiert.[10] Zu diesen Erfahrungen, die den Gesellschaftsvertrag und die Idee des Souveräns erklären, gehörte einmal der Bürgerkrieg zu Lebzeiten von *Hobbes*; daneben die zu allen Zeiten feststellbare Einmischung der Kirchen – der katholischen wie der protestantischen – in die weltliche Herrschaft. Fast alle monotheistischen Religionen haben versucht, die weltlichen Mächte eigenen Zwecken dienstbar oder sich untertan zu machen.[11] Bei den Gründen, mit denen *Hobbes* den Vorrang des weltlichen Souveräns vor anderen Institutionen, insbesondere vor den Kirchen begründet, sind die Staatslehre („Of Commonwealth") von denen der Theologie, die für christliche Gemeinwesen gelten („Of a Christian Commonwealth") zu unterscheiden. Überschneidungen ergeben sich überall dort, wo der Herrschaftsanspruch der Kirchen mit dem des Staates zusammentrifft. Zu *Hobbes* Lebzeiten war die Vereinbarkeit seiner Staatslehre mit der christlichen Religion eine Voraussetzung für die Möglichkeit ihrer Drucklegung und eine Überlebensfrage für den Autor. Aber nicht nur deshalb ist es gerechtfertigt die verschiedenen Teile des Leviathan als eine Einheit zu lesen. Die maßgebliche theologische These, die den Vorrang des weltlichen Souveräns vor den Kirchen begründet, lautet: „Das Reich Christi ist nicht von dieser Welt".[12]

Hobbes wendet die aus der Geschichte gewonnenen Lehren auf den eigenen Staat an. Rivalen im Kampf um die Macht sind die Kirchen, unabhängig davon, aus welchen Gründen sie Herrschaft über die Menschen beanspruchen. Immer stellen sie damit den Gehorsam in Frage, der dem Souverän geschuldet ist. Die Kriterien, nach denen *Hobbes* mögliche Konflikte zwischen Seelenheil und Staatsgehorsam beurteilt, sind eindeutig und folgenreich. Er unterscheidet die fundamentalen Glaubenssätze von dem religiösen bzw. theologischen Überbau (Superstructure).[13] Fundamental in diesem Sinne ist nur ein Glaubenssatz: Jesus ist der Messias, das heißt der Christus.

Zu allen anderen Glaubenspunkten heißt es:

> „Wenn ein Mensch nicht selig werden könnte, ohne dass er in seinem Herzen die Wahrheit aller der strittigen Punkte anerkennt, die jetzt bezüglich der Religion im Schwange sind, dann vermag ich nicht zu erkennen, wie

[10] *Helmut Schelsky*, *Thomas Hobbes.* Eine politische Lehre, 1940 Neudruck 1981. Bes. S. 284 ff.

[11] Repräsentativ ist die Auseinandersetzung von *Hobbes* mit den Schriften des Kardinals Bellarmin, einem berühmten Verfechter der geistlichen und weltlichen Vorherrschaft des römischen Papstes. Leviathan, S. 419–445 (Edition *Molesworth* p. 547–584).

[12] Leviathan, S. 379 (Ed. *Molesworth* p. 490).

[13] De Corpore Politico, in: Edition *Molesworth* Vol. IV, p. 77–174; zur Terminologie „Überbau" siehe auch *Tönnies*, *Hobbes.* Naturrecht und allgemeine Staatslehre, 1926, S. 170.

ein Mensch überhaupt selig werden kann; so voll von Spitzfindigkeiten und seltsamen Kenntnissen muss ein großer Theologe sein!"[14]

Damit sind rechtlich und politisch grundlegende Folgerungen vorbereitet. Unter der souveränen Macht eines christlichen Staates läuft niemand Gefahr, wegen Gehorsams gegen weltliche Gesetze verdammt zu werden. Und was die anderen Punkte des Überbaus angeht „so tun wir, wenn wir den Gesetzen gehorchen, nicht allein, was uns erlaubt ist, sondern was uns geboten ist durch das Naturgesetz, welches zugleich das Sittengesetz ist, das unser Heiland selbst gelehrt hat".[15] Wer aber das Recht des Urteilens auf einen Anderen übertrage (den Souverän), der stimme mit dem, was ihm befohlen werde, notwendig überein; also sei die Meinung des Souveräns stets auch die des Untertanen. In der Staatslehre folgt daraus die Herrschaft über Organisation, Lehre und Kultus der Kirchen.

In einem Gemeinwesen, in dem der Souverän über die Interpretation und Verkündung der Glaubenstexte entscheidet, lassen sich Konflikte mit dem persönlichen Glauben nicht ausschließen. Die Berufung auf ein Recht der Glaubens- oder Religionsfreiheit scheidet im System von *Hobbes* aus, weil es subjektive Rechte gegen den Souverän nicht gibt.[16] Da jeder Untertan durch die Einsetzung des Souveräns Autor aller seiner Handlungen und Urteile sei, so folge daraus, dass dieser durch keine seiner Handlungen einem seiner Untertanen Unrecht zufügen könne und dass er von keinem von ihnen eines Unrechts angeklagt werden dürfe.[17]

Das Gesetz führt jedoch zum Konflikt, wenn ein nichtchristlicher Souverän verbietet, an Christus zu glauben. Hobbes sagt dazu: „Hierauf möchte ich antworten, dass ein solches Verbot wirkungslos ist, da menschliche Befehle auf Glauben oder Unglauben keinen Einfluss haben. Der Glauben ist die Gabe Gottes, die der Mensch durch Versprechen von Belohnungen und Androhung von Folter weder geben noch nehmen kann".[18] Ein ähnlicher Konflikt entsteht, wenn die staatlich autorisierte öffentliche Lehre den Glauben an Wunder, an Zauber und andere naturwissenschaftlich nicht beweisbare Erscheinungen gebietet. Erneut unterscheidet *Hobbes* die Gedankenfreiheit vom öffentlichen Glaubensbekenntnis:

„Da die Gedanken frei sind, hat ein Privatmann immer die Freiheit, die Taten, die für Wunder ausgegeben worden sind, in seinem Herzen zu glauben oder nicht zu glauben, je nachdem er erkennt, welcher Vorteil aus dem Glauben der Leute denen erwachsen kann, die das Wunder behaupten und

[14] *Tönnies* ebd. S. 174.
[15] *Tönnies* ebd. S. 179.
[16] Näher *Mestmäcker*, Zwischen Lämmerweide und Wolfsrudel – Gedanken zur Naturgeschichte des Wettbewerbs, ZWER 2010, S. 1, 3.
[17] Leviathan, S. 139 (Ed. *Molesworth* p. 163).
[18] Leviathan, S. 381 (Ed. *Molesworth* p. 493).

sich dafür einsetzen, und er mag sich daraufhin überlegen, ob sie Wunder oder Lügen sind."

Gelte es aber diesen Glauben zu bekennen, so müsse sich die private Vernunft der öffentlichen unterwerfen, das heißt dem Statthalter Gottes.[19]

Der Gegensatz von privater und öffentlicher Vernunft kann nur überwunden werden, wenn die Religionsfreiheit als Gedanken- und Meinungsfreiheit erkannt und anerkannt wird. Es war *John Milton*, der diese Position zu Lebzeiten von *Thomas Hobbes* und im bewussten Gegensatz zu ihm unter Missachtung der gesetzlichen Zensur mit klassischer Beredsamkeit begründet hat: „Give me the liberty to know, to utter and to argue freely according to conscience, over all liberties".[20] Hier ist es die private Vernunft, die die Freiheit der individuell wählenden Entscheidung umfasst, aus der die öffentliche Vernunft entsteht. *Milton* hat seinen Gegensatz zu *Thomas Hobbes* in seinem poetischen Meisterwerk „Paradise Lost" formuliert. Mit wahrhaft teuflischer Dialektik weist er „public reason" dem Reich Satans zu. Satan überzeugt sich, das Paradies vor Augen, im Selbstgespräch, dass er die unschuldigen und glücklichen Menschen gegen seine Neigung aus dem Paradies vertreiben muss, weil es seine „public reason" gebietet.[21]

Milton hat die Herrschaft des Leviathan über die öffentlich ausgeübte private Meinung in der bürgerlichen Gesellschaft mit seiner Theorie der Gedanken- und Meinungsfreiheit überwunden. Entgegen *Habermas* wurde die Meinungsfreiheit zu einem Element von Constitutional Liberty in der Civil Society. Gleichwohl hat der von *Hobbes* geprägte Begriff der Souveränität die Staatslehre auf dem Kontinent nachhaltig beeinflusst.[22] Das gilt bis in die Gegenwart auch für Demokratien in ihrem Verhältnis zueinander.

3. „Der beschnittene Leviathan"[23]

Das Verhältnis von Gedanken- und Religionsfreiheit bei *Hobbes* wurde von *Carl Schmitt* 1938 aufgegriffen. Er sieht in der Herrschaft des Staates über „public reason", wie sie von Hobbes begründet wurde, den Höhepunkt

[19] Leviathan, S. 340 (Ed. *Molesworth* p. 437).

[20] *John Milton*, Areopagitica (1644), in: *ders.* The Complete Poetry and Essential Prose of *John Milton*, New York 2007, p. 923, 960.

[21] Paradise Lost (1674), ebd. p. 397. Das Selbstgespräch von Satan lautet:
"And should I at your harmless innocence
Melt, as I do, yet public reason just,
Honour and empire with revenge enlarged,
By conquering this new world, compels me now
To do what else thou damned I should abhor".

[22] Näher *Georg Jellinek*, Allgemeine Staatslehre, 1919, S. 207–213.

[23] *Carl Schmitt*, Der Leviathan in der Staatslehre des *Thomas Hobbes.* Sinn und Fehlschlag eines politischen Symbols, 1938, Neudruck 1965, S. 110.

staatlicher Macht.[24] Erst die Verbindung von Politik und Religion habe diese Entwicklung möglich gemacht. In der von *Hobbes* begründeten Unterscheidung von privater und öffentlicher Vernunft und der Anerkennung der Gedankenfreiheit des privaten, der Herrschaft entzogenen Glaubens sieht *Carl Schmitt* jedoch den Beweis, dass *Hobbes* „unausrottbar" ein Individualist gewesen sei. Das sei der Keim zum Tode des sterblichen Gottes, der ihn von Innen zur Strecke gebracht habe.[25] Dieser Keim zum Tode sei erstens der juristisch (nicht theologisch) konstruierte Beginn der modernen, individualistischen Gedanken- und Gewissensfreiheit und damit der für die Struktur des liberalen Verfassungssystems kennzeichnenden Freiheitsrechte des Einzelnen; und zweitens der Ursprung des Staates als einer aus der Unerkennbarkeit substantieller Wahrheit gerechtfertigten äußerlichen Macht.[26] *Habermas* stützt sich für die endgültige Trennung der Privatmeinung von der öffentlichen Meinung auf dies Zitat von *Carl Schmitt*: „In dem Augenblick, in dem die Unterscheidung von Innen und Außen anerkannt wird, ist die Überlegenheit des Innerlichen über das Äußerliche und damit die des Privaten über das Öffentliche im Kern bereits entschiedene Sache."[27] Erst die Begründung dieser These lässt ihre Tragweite erkennen. Zitiert werden der „Liberaljude *Spinoza*" und im weiteren Verlauf *Moses Mendelsohn*. Sie haben nach *Carl Schmitt* sofort die große Einbruchstelle des modernen Liberalismus erkannt. Von hier aus habe das ganze von *Hobbes* aufgestellte und gemeinte Verhältnis von Äußerlich und Innerlich, Öffentlich und Privat in sein Gegenteil verkehrt werden können.[28] Unter dem Gegenteil versteht *Carl Schmitt* ein Verfassungssystem, das Freiheitsrechte der Einzelnen kennt und einen Staat, der seine Macht und seinen Geltungs- und Wahrheitsanspruch „substantiell" nicht mehr rechtfertigen kann. Den eigenen Beitrag, den *Spinoza* trotz weitgehender Übereinstimmung mit *Hobbes* dazu geleistet habe, findet *Carl Schmitt* im jüdischen Ursprung der Gedanken- und Meinungsfreiheit. Der jüdische Philosoph komme nämlich von Außen an eine Staatsreligion heran, dagegen habe es *Hobbes* nicht unternommen, sich aus dem Glauben seines Volkes herauszustellen. Nun war *Spinoza* ein angesehener und einflussreicher Bürger der Niederlande. Aus der jüdischen Gemeinde war er wegen seiner liberalen Ideen ausgeschlossen.[29] Mit der Behauptung, dass *Spinoza* nicht zu „seinem Volk" gehört habe wird die nationalsozialistische Propaganda wiederholt, dass Juden „volksfremd" seien. *Carl Schmitt*

[24] Ebd. S. 84.
[25] Ebd. S. 80.
[26] Ebd. S. 85/86.
[27] Ebd. S. 94.
[28] Ebd. S. 86.
[29] Zum Leben *Spinozas* siehe *Gebhardt* (Hrsg.), Einleitung zu *B. de Spinoza* Theologisch-philosophischer Traktat (1670), 5. Aufl. 1955.

hat diese Auffassung 1936 gemeinsam mit dem damaligen Reichsminister der Justiz *Frank* in einer Veranstaltung der Reichsgruppe Hochschullehrer des nationalsozialistischen Rechtswahrerbundes vertreten.[30] *Reinhard Mehring* sieht in seiner *Carl Schmitt*-Biographie dessen Versuch, in seinem „Leviathan" ein neues Niveau der Verwissenschaftlichung seines Antisemitismus zu begründen.[31] Über Antisemitismus lässt sich in der toleranten Tradition der bürgerlichen Gesellschaft wissenschaftlich nicht argumentieren. Das beweisen gerade die großen Denker, die *Carl Schmitt* zum Beweis seiner Thesen herangezogen hat.

Der innere Glaubensvorbehalt, den *Hobbes*, wie zu zeigen sein wird, dem rechtsfreien Raum und damit der Freiheit zuordnete, hat über die Jahrhunderte als Prüfstein für Gedanken- und Meinungsfreiheit gewirkt. In dieser Begrenzung soll seiner Wirkungsgeschichte im Folgenden nachgegangen werden.

4. Gedankenfreiheit (*Spinoza* und *Mendelsohn*)

Spinoza folgt *Hobbes* in der Beurteilung des Konflikts zwischen Glauben und den für seine öffentliche Ausübung geltenden staatlichen Regeln. Wörtlich heißt es:

> „Ob wir nun die Wahrheit der Sache selbst oder die Sicherheit des Staates oder ob wir das Interesse der Frömmigkeit ins Auge fassen, jedenfalls müssen wir festhalten, dass auch das göttliche Recht oder das Recht in geistlichen Dingen von dem Beschlusse der höchsten Gewalten ohne Einschränkung abhängig sein muss, und dass nur diese seine Ausleger und Schirmherren sind. Daraus ergibt sich, dass nur diejenigen Diener des göttlichen Wortes sind, die dem Volke vermöge der Autorität der höchsten Gewalten die Frömmigkeit lehren, wie sie nach deren Entscheide dem öffentlichen Wohle angemessen ist." [32]

Spinoza trennt sich jedoch von *Hobbes* in den Folgerungen, die daraus für die Gedanken- und Meinungsfreiheit zu ziehen sind. Die Überschrift des Kapitels über „Gedankenfreiheit" lautet: „Es wird gezeigt, dass es in einem freien Staate jedem erlaubt ist, zu denken, was er will und zu sagen, was er denkt." Die zuerst erwähnte Gedankenfreiheit stimmt mit *Hobbes* überein, nicht

[30] Wiedergabe in *Hugo Sinzheimer*, Jüdische Klassiker der deutschen Rechtswissenschaft (1937) Neudruck 1953, Vorwort des Autors, S. 1–8; Geleitwort von *Franz Böhm* S. XI–XXVII.

[31] *Reinhard Mehring*, *Carl Schmitt.* Aufstieg und Fall. Eine Biographie, 2009, S. 389.

[32] *Baruch de Spinoza*, Theologisch-politischer Traktat (1670), Übertragen und eingeleitet von *Karl Gebhardt*, 1955, S. 346. Neue Ausgabe von *Günter Gawlick*, 1994.

aber die Freiheit, auch zu sagen, was man denkt. Ähnlich wie *Milton* versteht *Spinoza* diese Freiheit nicht als Privatangelegenheit, sondern als eine Grundlage der Gesellschaft und des Staates: „Der Zweck des Staates ist in Wahrheit die Freiheit.“ [33] Sie dient der Förderung der Künste und Wissenschaften und ist von der Staatsform unabhängig. Auch die Demokratie garantiere sie nicht kraft Staatsform. Hier verpflichteten sich zwar alle nach einem gemeinsamen Beschluss zu handeln, nicht aber übereinstimmend zu urteilen und zu denken.[34] Mit der Parallele von Meinungsfreiheit und freiem Handeln in der Gesellschaft überhaupt hat *Spinoza* die Theorie der bürgerlichen Gesellschaft, die sich im 18. Jahrhundert ausbildete, in wichtigen Teilen vorweggenommen.[35]

Im Gegensatz zu *Spinoza* folgt *Moses Mendelsohn* nicht der von *Hobbes* vertretenen Hoheit der bürgerlichen Obrigkeit über den äußeren Gottesdienst.[36] Er führt den Gegensatz von Staat und Religion zurück auf den Gegensatz von Gesetz und Glauben. Die bürgerliche Gesellschaft kann, als moralische Person, Zwangsrechte haben, und hat diese auch durch Gesellschaftsvertrag tatsächlich erhalten. Die religiöse Gesellschaft macht keinen Anspruch auf Zwangsrechte und kann durch alle Verträge in der Welt kein Zwangsrecht erhalten.[37] Aus diesem Gegensatz folgt die institutionelle Trennung von Staat und Kirche, wobei Kirche der Oberbegriff für organisierte Glaubensgemeinschaften (Synagoge oder Moschee) ist.[38] Kirche und Staat ist jedoch gemeinsam, dass sie in Glaubensangelegenheiten kein Recht haben, irgendeinen Menschen Zwang zu unterwerfen.

5. Staatsreligion?

Helmut Schelsky hat es in seiner *Hobbes* Monographie[39] unternommen, dessen Erkenntnisse in ihren ideengeschichtlichen Traditionen darzustellen. Er orientiert seine eigene Interpretation am Menschenbild von *Hobbes*. Dessen Lehre vom Menschen sei Teil einer Rechts- und Sozialphilosophie, die das Handeln der Menschen und zugleich ihre Anlagen und Affekte in Bezug nehme.[40] Die Beziehung auf die Anthropologie habe jedoch keinen deduk-

[33] Ebd. S. 353.
[34] Ebd. S. 359.
[35] Grundlegend dazu *Wolfgang Bartuschat* in: *ders.* (Hrsg.), Politischer Traktat (1675) Ausgabe 1994, S. XIII und S. XXXII.
[36] *Moses Mendelsohn*, Jerusalem oder über religiöse Macht und Judentum (1784) in: *ders.* Ausgewählte Werke, Studienausgabe 2009, S. 133, 134.
[37] Ebd. S. 141.
[38] Ebd. S. 138.
[39] *Helmut Schelsky*, *Thomas Hobbes*. Eine politische Lehre (1940), Neudruck 1981.
[40] Ebd. S. 48.

tiven Charakter, sondern nehme sie in die eigene politische Lehre auf. Ein wichtiger Ertrag dieses Ansatzes ist die Überwindung des kategorialen Gegensatzes von Naturzustand und der durch den Gesellschaftsvertrag geschaffenen civil society im Rechtsbegriff der Souveränität. Die Menschen im Naturzustand, so *Schelsky*, unterscheiden sich ihrer Art nach nicht von den Bürgern, die sich ihren Souverän durch Gesellschaftsvertrag geschaffen haben. Selbst der Souverän bleibe durch den Naturzustand bestimmt: Er fasse in sich alle Eigenschaften des Menschen im Naturzustand zusammen. Dazu gehöre insbesondere seine Macht und das auf Herrschen und Haben gerichtete Handeln. Im Außenverhältnis zu anderen Staaten bleibe der Naturzustand auf Dauer erhalten. Aber auch im Innern bleibe das Wesen des Souveräns seine Macht. Als Statthalter Gottes sei er zwar an das Naturrecht gebunden, aber daraus folgen keine Pflichten, die der Einzelne oder gesellschaftliche Institutionen als Rechte geltend machen könne. Das gilt insbesondere, wie *Schelsky* zeigt, für die Kirchen. Ein begrenzendes Prinzip folgt allein aus der Eigengesetzlichkeit der Macht. Sie fordere Rücksichtnahme auf das Interesse der Bürger, um sie von Opposition und Aufruhr abzuhalten. Die Einheit stiftet das Recht, das für die Bürger gegenüber dem Souverän nur Pflichten und keine Rechte kennt.

Gegen *Carl Schmitt* wendet *Helmut Schelsky* ein, er stelle *Hobbes* „auf den Kopf", wenn er in dessen Handlungslehre den Einbruch von Individualismus in die sonst absolutistische Staatslehre von *Hobbes* sehe.[41] Damit werde der Vorbehalt der privaten Gedanken- und Glaubensfreiheit nicht in das politische System bei *Hobbes* aufgenommen. Bei ihm werde aber der äußere Glauben, das praktizierte religiöse Bekenntnis im Einklang mit dem Staat zur Geltung gebracht und sogar zur religiösen Geltung gegen die Innerlichkeit des Glaubens. *Schelsky* lässt offen, ob der Souverän die Trennung von Innen und Außen fürchte. Eine endgültige Entscheidung, ob die politisch staatliche Existenz der Menschen ihre private Vernunft aufheben könne, sei nicht möglich. Er fasst seine Interpretation wie folgt zusammen:

> „Der Staat, der seiner Natur nach Macht ist, muss im Bewusstsein der Untertanen als Recht gegenwärtig sein: Das Staatsbewusstsein der reinen Macht ist nur für den Herrscher, den Besitzer der Macht, tragbar; soll dieser Staat aber auch die Aufgabe der Vervollkommnung der in seiner Herrschaft befindlichen Menschen erfüllen, so muss in diesen das Bewusstsein vorhanden sein, sie seien selbst Träger der Macht und Gestalter ihres Schicksals, ohne dass damit an der tatsächlichen Vereinigung der Macht in der Person des Herrschers etwas geändert wird."[42]

[41] Ebd. S. 312.
[42] Ebd. S. 327.

Es sei die Funktion der öffentlichen Vernunft, den Vorrang vor der privaten Vernunft zu vermitteln. Die Grenzen, die aus dem inneren Glauben folgen, würden aus tatsächlichen Gründen hingenommen, aber stillschweigend bedauert.

Zu erinnern ist an den Ausgangspunkt der hier skizzierten Diskussion: Es ist die Anwendung von Verbotsnormen auf den Glauben und die private Vernunft der Bürger. *Carl Schmitt* und *Schelsky* ist trotz ihrer widersprüchlichen Interpretationen gemeinsam, dass sie sich nicht am Rechtsbegriff von *Thomas Hobbes* orientieren. Dessen positivistische Rechtstheorie kennt nur Befehle des Gesetzgebers, die äußere Handlungen oder Unterlassungen zum Gegenstand haben. Deshalb gibt es keine Rechtsnormen, welche die Gedanken binden, und keine Gedanken, die als solche rechtswidrig sind.[43] Der Glauben ist ein Gebot Gottes und liegt außerhalb der staatlichen Herrschaft. Wenn *Hobbes* hervorhebt, dass auch die Folter zu den untauglichen Mitteln gehört, Glaubensbefehlen Wirksamkeit zu verschaffen, dann kommt darin vor allem die Erinnerung an historisch höchst reale Missbräuche kirchlicher Herrschaft zum Ausdruck.

6. Mystik

Carl Schmitt lässt keinen Zweifel daran, dass er in der Gegenüberstellung von juristischer Heteronomie und sittlicher Autonomie den Todeskeim des Leviathan sieht. Unter dem Eindruck des Vorrangs der inneren Freiheit sei aus dem Leviathan eine äußerlich allmächtige, innerlich aber ohnmächtige Machtkonzentration geworden, die nur „Zwangspflichten aus der Verbindlichkeit der Furcht" begründen könne; und von der der Jude *Moses Mendelsohn* mit großer Aussicht auf Erfolg verlangt habe, dass sie sich, da bekanntlich jeder nach seiner Fasson selig werden kann, um die Gesinnung des Einzelnen so wenig zu kümmern habe wie umgekehrt Gott um die äußeren Handlungen des Menschen.[44]

Im Nachvollzug der politischen Theorie von *Hobbes* konfrontiert er die britische Tradition der civil society mit dem kontinentalen Staatsbegriff. Die Engländer hätten ihren großen Staatsphilosophen nicht verstanden und nicht verstehen konnen.[45] Seine eigene Interpretation knüpft an das mythische Bild des Leviathan an, in dem sich Gott, Mensch, Tier und Maschine vereinigten.[46]

[43] Ausführlich zu den Sünden der Gedanken, die nicht rechtswidrig sind, *Hobbes*, Philosophical Rudiments concerning Government and Society, Edition *Molesworth* Vol. II p. 198 FN.

[44] *Carl Schmitt*, a.a.O. S. 94 n. 23.

[45] *Carl Schmitt*, S. 126 u. öfter.

[46] S. 48.

Die juristische Vertragskonzeption diene *Hobbes* dazu, eine durch Repräsentation zustande kommende souveräne Person zu erklären. Diese Erklärung sei jedoch zu konventionell oder zu rational. Man müsse dem mythischen Charakter der Staatskonstruktion bei *Hobbes* Rechnung tragen. Die Vorstellung vom Menschen als einem Mechanismus mit einer Seele sei auf den „großen Menschen" zu übertragen. Der Staat werde zu einer beseelten Maschine. Die Seele führe zurück auf die Souveränität der repräsentativen Person.[47] Die Staatsgewalt habe göttlichen Charakter, weil sie allmächtig sei. Aber sie sei nicht das Werk Gottes, sondern Menschenwerk. Das Kunstprodukt Staat sei Maschine, deren Leistung sei der Schutz, den sie den Menschen gewähre und der seinerseits durch den Befehlsmechanismus sichergestellt werde.[48] Der Staat sei das erste Produkt des technischen Zeitalters. Er sei als Ganzes „homo artificiales" und als solcher Maschine.[49] Seien ein „großer Mensch" und seine Seele zur Maschine geworden, werde eine Rückübertragung auf den Menschen möglich: Der kleine Mensch werde als „homme machine" zu einem Maschinenteil.[50]

Die Wirksamkeit eines solchen Staates rechtfertigt sich im „positivistischen Gesetzesstaat" stets von selbst. Er funktioniert als das unwiderstehliche Instrument der Ruhe, Sicherheit und Ordnung. Er habe alles objektive und subjektive Recht auf seiner Seite, da er als alleiniger höchster Gesetzgeber alles Recht selber mache. Sei er aber nicht wirklich vorhanden, dann herrsche eben wieder der Naturzustand.[51]

Die tatsächlichen und rechtlichen Grenzen, die auch bei *Hobbes* für die Wirksamkeit des Staates gelten,[52] werden von *Carl Schmitt* nicht erwähnt, weil sie gegen die Staatsmaschine nichts ausrichten können.

7. Negative und positive Freiheit

Die kommunistische Sowjetunion und das nationalsozialistische Deutschland haben dem Konflikt von privater und öffentlicher Vernunft eine neue Qualitat gegeben. Es gehörte zum Programm dieser Systeme, die in den Jahrhunderten nach *Thomas Hobbes* und weitgehend gegen ihn entwickelten Errungenschaften der bürgerlichen Gesellschaft zu überwinden. Zu überwinden war insbesondere die Idee einer Gesellschaft, die freien und gleichberechtigten Bürgern Gelegenheit zur Betätigung ihrer besten Fähigkeiten und

[47] S. 49.
[48] S. 53.
[49] S. 54.
[50] S. 60.
[51] S. 72.
[52] Grundlegend dazu *Quentin Skinner*, *Hobbes* and Republican Liberty, 2008, p. 124–177; *ders.* Freiheit und Pflicht. *Thomas Hobbes'* politische Theorie, 2008, S. 81–120.

Neigungen gewährt.[53] Zu überwinden waren ferner die verfassungsrechtlichen Schranken der staatlichen Herrschaft, ihre demokratische Legitimation durch Wahlen, ihre Begrenzung durch Gewaltenteilung und Rechtsregeln, schließlich die Grundrechte der Bürger als Schranken der Mehrheitsherrschaft. Diese Ziele wurden teils durch Gesetzgebung, teils durch Terror erschreckend schnell erreicht. Erhalten blieb jedoch die Ungewissheit, wie zuverlässig die Gefolgschaft der Menschen trotz Massendemonstrationen, gleichgeschalteten Medien und Einschüchterungen jeder Art tatsächlich war. Daraus folgte die Frage nach den Ideen oder Parolen, die es den weltanschaulichen Diktaturen des 20. Jahrhundert ermöglicht haben, Herrschaft auch über eine „private Vernunft" der Menschen zu gewinnen. Diese Frage stellt *Isaiah Berlin* in seinem Essay „Two Concepts of Liberty".[54] Es mag sein, sagt *Berlin*, dass politische Ideen ohne den Druck sozialer Mächte wirkungslos bleiben würden, sicher aber sei, dass diese Mächte blind und zufällig wirkten, wenn sie sich nicht im Gewand von Ideen präsentierten. Um die geschichtsmächtig gewordenen Ideen zu erkennen, werden negative und positive Freiheit als gegensätzlich wirkende Ideen einander gegenüber gestellt.

Auf das anhand von *Thomas Hobbes* und *Carl Schmitt* erörterte Verhältnis von privater und öffentlicher Vernunft fällt ein neues Licht, wenn man es anhand des Gegensatzes von negativer und positiver Freiheit betrachtet. Die These von *Berlin* lautet, der Kern der Freiheit sei die negative Freiheit. Sie bewahre einen Bereich persönlicher Freiheit, ohne den wir uns selbst erniedrigen oder verleugnen würden.[55] Die positive Bedeutung des Begriffs der Freiheit leite sich dagegen aus dem Wunsch des Individuums ab, sein eigener Herr zu sein. Dieser Wunsch könne jedoch in den Dienst einer Politik gestellt werden, die das empirische Selbst in das wahre, bessere oder ideale Selbst transformiere und eigenen Zwecken dienstbar mache. Es geht bei diesem Gegensatz nicht um den traditionellen Gegensatz von Rechten gegen hoheitliche Willkür (negative Freiheit) oder Rechten auf die materiellen Voraussetzungen ihrer Wahrnehmung (positive Freiheit). Es geht um die erfahrene Bereitschaft von Menschen, ihre Selbstbestimmung in den Dienst von Herrschaftssystemen zu stellen.[56]

Negative Freiheit bedeute immer Freiheit von; – also Abwesenheit von Eingriffen jenseits dieser wechselnden aber immer erkennbaren Grenze.[57] *Berlin* kennzeichnet diesen Bereich der Freiheit näher in Auseinandersetzung

[53] *Adam Ferguson*, Versuch über die Geschichte der bürgerlichen Gesellschaft (1767), Deutsche Fassung 1986, S. 301.

[54] Two Concepts of Liberty, in: *Henry Hardy* (ed.), *Isaiah Berlin* Liberty, Oxford 2001, p. 166–217; deutsche Fassung in: *Reinhard Kaiser* (Hrsg.), *Isaiah Berlin* Freiheit, Vier Versuche, 2006, S. 197–256. Die Zitate folgen der deutschen Übersetzung.

[55] Ebd. S. 206.

[56] Verkürzend zu *Isaiah Berlin* *Dietmar Doering*, Traktat über Freiheit, 2009, S. 19.

[57] Ebd. S. 207.

mit dem Begriff der Souveränität, insbesondere der demokratisch legitimierten Souveränität. Wörtlich heißt es: „Wenn aber Demokratien, ohne deshalb undemokratisch zu werden, die Freiheit unterdrücken können – zumindestens die Freiheit im liberalen Verstande –, was würde eine Gesellschaft dann wirklich frei machen?" Keine Gesellschaft sei frei, sofern sie nicht von zwei miteinander verknüpften Prinzipien regiert werde; Erstens, dass keine Gewalt, sondern nur Rechte absolute Geltung haben dürfen, dergestalt, dass alle Menschen, gleichgültig, welche Macht über sie herrscht, ein unbedingtes Recht haben, unmenschliches Handeln zu verweigern; Zweitens, dass es Grenzen gibt, in denen Menschen unantastbar sind, Grenzen die nicht künstlich gezogen werden, sondern sich aus Regeln ergeben, die seit so langer Zeit und so allgemein akzeptiert werden, dass ihre Einhaltung in die Vorstellung von dem, was ein normales menschliches Wesen ist, und also auch was unmenschliches Handeln ausmacht, Eingang gefunden haben – Regeln, von denen es unsinnig wäre zu sagen, irgendein Gericht oder eine souveräne Körperschaft könne sie durch ein förmliches Verfahren außer Kraft setzen.[58]

Isaiah Berlin gewinnt den Begriff der positiven Freiheit, indem er nach den Veränderungen fragt, denen die persönlichen positiv bewerteten Freiheiten unterliegen, wenn sie vergesellschaftet, verstaatlicht oder sonst kollektiviert werden. Es geht um den Prozess, in dem es möglich wird, das natürliche Selbst im Bewusstsein zu überwinden und sich als Teil eines größeren Ganzen, eines Stammes, einer Rasse, einer Kirche oder eines Staates zu erfahren.[59] Jetzt können andere besser wissen als ich selbst, was für mich gut ist und ob ich „frei" bin. Zu den Erscheinungsformen der positiven Freiheit, die der Herrschaft zum Vorwand dienen können, gehören die Tugend der Askese und Autarkie, die Selbstverwirklichung durch Vernunft, die zum „metaphysischen Kern des Rationalismus" etwa bei *Hobbes* oder *Marx* führt; die Suche nach Status und Anerkennung; schließlich die Souveränität, die seit *Hobbes* und *Rousseau* beansprucht, stets den Willen der Untertanen zu verwirklichen.

Hier ist diesen von *Isaiah Berlin* im Einzelnen analysierten Metamorphosen des individuellen Bewusstseins im Dienst hehrer Ziele nicht nachzugehen. Vielmehr ist im Licht von negativer und positiver Freiheit erneut auf den inneren Glaubensvorbehalt Bezug zu nehmen, den *Hobbes* und *Spinoza* anerkennen. Er erweist sich als ein Rest negativer Freiheit in einem System, in dem der Souverän die religiöse Lehre als Teil der Staatsräson behandelt. Wenn *Carl Schmitt* darin den Keim zum Tode des Leviathan diagnostiziert, dann soll das Herrschafts- oder Herrenbewusstsein der Staatsbürger zur ersten Bürgerpflicht gemacht werden. Die individuellen Tugenden oder

[58] Ebd. S. 248.
[59] Englische Fassung p. 212.

Eigenschaften, die bei *Berlin* mit der positiven Freiheit in Verbindung gebracht werden, kommen bei *Carl Schmitt* nicht vor. Sie werden verdrängt von der notwendig unbeschränkten und unbeschränkbaren Gewalt des Souveräns.

In dem Verhältnis von negativer und positiver Freiheit ist die Macht- und Herrschaftsfrage zwar immer mitgedacht, weil es um den Beitrag von Ideen zur auch sozialen Geltung von Herrschaftssystemen geht. Aber erst im Zusammenhang mit der Souveränität kennzeichnet *Berlin* einen übergreifenden Gegensatz zwischen den Vertretern negativer und positiver Freiheit: Die Vertreter der negativen Freiheit wollen Herrschaft (authority) als solche eindämmen, die Vertreter der positiven Freiheit wollen Herrschaft für sich selbst.[60]

Die Lehre, die wir *Berlin* verdanken, ist die fundamentale Differenz zwischen positiven individuellen Freiheitsauffassungen und ihrer Qualifikation für die Institutionalisierung von Herrschaft. Nur in einer Rechtsordnung, in der die gleiche Freiheit mit der gleichen Freiheit aller Anderen nach einer allgemeinen Regel vereinbar ist, kann sich die ganze Vielfalt individueller oder gemeinsamer Präferenzen als Inbegriff subjektiver Freiheit verwirklichen.[61]

[60] Englische Fassung p. 212: "The former want to curb authority as such, the latter want it placed in their own hands."

[61] Nach *Berlin* ebd. S. 235 N. 21 kommt *Kant* dem Ideal der negativen Freiheit mit dem Entwurf einer allgemein das Recht verwaltenden bürgerlichen Gesellschaft sehr nahe. Bezug genommen wird damit auf *Kants* Abhandlung „Idee zu einer allgemeinen Geschichte in weltbürgerlicher Absicht“, Akademieausgabe, Bd. VIII, S. 15–31.

Mediation, Recht und Justiz – Gegeneinander, Nebeneinander, Miteinander?

Martin Probst

„Kaum ein anderes Thema kann so unterschiedliche Reaktionen hervorrufen wie das Thema der Mediation durch Richter“.[1]

Diese Feststellung *Götz von Olenhusens* beschreibt das derzeitige Dilemma vieler justiznaher Mediationsangebote.[2] Trotz unbestreitbarer Erfolge und zunehmender Akzeptanz bei Rechtssuchenden gibt es – auch durchaus harsche – Kritik, welche zum Teil die Frage nach dem Mediatior betrifft – Jurist oder nicht, Richter oder nicht –,[3] zum Teil aber auch grundsätzlicher Mediation als „Rückschritt hin zu materiell-irrationaler Rechtsschöpfung“[4] oder als „Irrweg“[5] kritisiert. Neben Verteilungskämpfen auf einem noch jungen Mediationsmarkt oder Charakteristika tradierter Juristensozialisation schwingen in dieser Debatte auch mit ernster zu nehmende Befürchtungen um die Zukunft unseres Rechts- und Justizsystems. Wie es stets ein Anliegen von *Reuter* war,[6] stellt sich daher die Frage nach der metatheoretisch und

[1] *Götz von Olenhusen* Hinterm Horizont geht's weiter – zur Entwicklung der gerichtsnahen Mediation, Schleswig-Holsteinische Anzeigen (SchlHA) 2007, 113 ff.

[2] Allgemeiner Überblick bei *von Bargen* Gerichtsinterne Mediation (2008), 70 ff.; *Hess*, Mediation und weitere Verfahren konsensualer Streitbeilegung – Regelungsbedarf im Verfahrens- und Berufsrecht?, Gutachten F für den 67. DJT (2008), F 44 ff.; zur Situation in Niedersachsen *Götz von Olenhusen* Mediation durch Richter – ein Projekt mit Zukunft DRiZ 2003, 396 ff., *ders.* Gerichtsmediation – Richterliche Konfliktvermittlung im Wandel, ZKM 2004, 104 ff.; *Matthies* Die Göttinger Mediationslandschaft, SchlHA 2007, 130 ff.; in Mecklenburg-Vorpommern *Hückstädt* Gerichtliche Mediation beim Landgericht Rostock – ein Erfahrungsbericht, NJ 2005, 289; in Schleswig-Holstein *Probst* Gerichtliche Mediation in Schleswig-Holstein – zum Start eines neuen Projekts, SchlHA 2005, 317 ff. und *Görres-Ohde* Ein Jahr Gerichtliche Mediation in Schleswig-Holstein – zu Stand und Perspektiven eines neuen Projekts, SchlHA 2007, 142 ff.; zur Situation in der Verwaltungsgerichtsbarkeit *Ortloff* Europäische Streitkultur und Mediation im deutschen Verwaltungsrecht, NVwZ 2007, 33 ff.

[3] *Monßen* Anwaltmediation und Richtermediation – ein ungleicher Wettbewerb, ZKM 2006, 83 ff.; *Spindler* Gerichtsnahe Mediation in Niedersachsen – Bilanz eines Forschungsprojekts, ZKM 2007, 79, 80.

[4] So prononciert *Spellbrink* Mediation im sozialgerichtlichen Verfahren – Baustein für ein irrationales Rechtssystem, DRiZ 2006, 88, 90.

[5] *Prütting* Schritt in die falsche Richtung!, DRiZ 2009, 361.

[6] Vgl. etwa *Reuter* Die Rolle des Arbeitsrechts im marktwirtschaftlichen System, ORDO 36 (1985), 51 ff.

ordnungspolitisch legitimen Verankerung dieser in Deutschland noch immer neuen Konfliktlösungsmethode und insbesondere der Mediationsangebote der Justiz.

Mediation, Recht und Justiz – nur Gegeneinander, vielleicht Nebeneinander oder gar legitimes Miteinander? – Hierzu drei Überlegungen.

I. Mediation und Recht – Gegensatz oder Ergänzung?

Nach heutigem Verständnis ist *Mediation* eine Konfliktlösungsmethode, welche – angewandt durch den Mediator als neutralen Dritten – mittels eines strukturierten Gesprächs es den Konfliktbeteiligten ermöglichen will, ihren Konflikt eigenbestimmt und in Orientierung an ihren tatsächlichen Interessen zu lösen. Ein doppelter Gegensatz zum herkömmlichen Verständnis von Recht und Justiz scheint zunächst vorgezeichnet: denn zum einen sind Antipode der „Interessen" die – rechtlich begründeten – „Positionen", welche mit jenen nicht übereinstimmen müssen. Zum anderen hat der *Mediator* im Gegensatz zum Richter keine Entscheidungsmacht, mag er auch nicht nur unparteiisch, sondern sogar „allparteilich" sein müssen. Und seine Verhaltenskriterien sind nicht vorgegeben durch ein externes Verfahrensrecht, sondern durch den Willen der Konfliktbeteiligten und die Dynamik des Konfliktgeschehens. Von daher konnte für die Mediation mit gewisser Berechtigung formuliert werden: „Eine juristische Aufarbeitung ist nicht nur unnötig, sondern fehlerhaft und kontraproduktiv, weil es der Mediation gerade nicht um eine normativ gesteuerte, sondern um eine interessenorientierte Lösung geht."[7]

1. In der Realität stellt sich freilich manches anders dar. Zunächst muss im verrechtlichten Staat sich eine in der Mediation erzielte Einigung gerade auch in einem *verrechtlichten Kontext* bewähren, soll Mediation nicht nur einem „Aussteigermilieu" vorbehalten bleiben. Jedenfalls die Umsetzung in Verträge, Anwaltsvergleiche, notarielle Urkunden oder gerichtliche Vergleiche ist daher die Stunde juristischer Gestaltung durch Beratungsanwälte, Notare oder Richter. Ungeachtet dessen kommen aber Konfliktbeteiligte heute auch vielfach schon rechtlich vorinformiert in Verhandlungen, in die Mediation oder zu ihrem Beratungsanwalt.

Die Auswirkungen dieses rechtlichen Wissens können – soweit es nicht um die Artikulierung des Wunsches nach individuell erfahrbarer Gerechtigkeit als interessenprägendem Wert geht – bei reinem Positionendenken in der Tat dazu führen, dass das Blickfeld der Beteiligten kontraproduktiv verengt

[7] So etwa *Ortloff* Mediation außerhalb und innerhalb des Verwaltungsprozesses, NVwZ 2004, 385, 388.

wird. Resultat können innerhalb des Mediationsverlaufs Blockadehaltungen sein, die es durch Mediation erst wieder aufzulockern gilt. Andererseits verkörpert dieses rechtliche Wissen auch das Wissen um intersubjektiv gültige, gesellschaftliche *Gerechtigkeitsvorstellungen* und damit zugleich um die Möglichkeit, aber auch die Notwendigkeit, den eigenen Wertungsrahmen einem Vergleich auszusetzen mit anderweitigen Vorstellungen von Verteilungs- oder Austauschgerechtigkeit. Aus diesem Blickwinkel ist das rechtliche Argument in der Mediation aber – auch – ein Verweis auf mediationsexterne Ordnungsfaktoren, deren Beherzigung ein Mediationsergebnis erst gesellschaftlich kompatibel macht und daher für einen nachhaltigen Mediationserfolg unabdingbar ist.[8]

Hinzu kommt, dass unter den Bedingungen eines funktionierenden Justizsystems eine Mediation aus Sicht der Beteiligten selbstverständlich nur eine der denkbaren Optionen darstellt. Nicht erst, aber besonders nach Anhängigkeit eines Konflikts als Rechtsstreit – und dies beschreibt die Ausgangssituation einer Mediation bei Gericht – ist das *Parallelszenario* von Durchführung oder Fortsetzung dieses Rechtsstreits für die Konfliktbeteiligten ein wichtiger Vergleichsmaßstab dafür, ob sich für sie eine Einigung wirklich „lohnt".[9] Diesen Umstand ausblenden zu wollen, wäre realitätsfremd. Vielmehr muss es wiederum darum gehen, den „Elefanten des Rechts" (so ein Bild des amerikanischen Mediators *Jack Himmelstein*) zu domestizieren und für die Mediation fruchtbar zu machen. Die notwendige Evaluierung der rechtlichen Rahmenbedingungen kann hierbei über Beratungsanwälte, mediationsbegleitende Anwälte, „Lotsenexperten", aber – soweit Neutralität und Allparteilichkeit unberührt bleiben – auch unter Rückgriff auf die juristisch-justitielle Professionalität des Mediators erfolgen.[10] Gerade für die Mediationsangebote der Justiz ist daher die Notwendigkeit, aber auch Möglichkeit der Inanspruchnahme der justitiellen Professionalität des richterlichen Mediators inzwischen zunehmend Teil ihres Leistungsprofils.[11]

Davon zu unterscheiden ist der Bereich der Gerechtigkeitserwartungen der Konfliktbeteiligten an das Mediationsverfahren selbst, Erwartungen, die herkömmlich als Erwartungen von Verfahrensgerechtigkeit und Ergebnisgerechtigkeit bekannt sind.[12] Beide Kategorien und ihr Wechselbezug – in der Mediation folgt die Ergebnisgerechtigkeit häufig aus der Verfahrensgerechtigkeit – sind allerdings systemischer Natur, sie markieren Funktionserwar-

[8] Vgl. auch *Ripke* Recht und Gerechtigkeit in der Mediation, in Haft/Schlieffen (Hrsg.) Handbuch Mediation, 2. Aufl. (2009), 161, 163.

[9] Ebenso auch *von Bargen* aaO, 30.

[10] *Ripke* aaO, 167.

[11] *Probst* Gerichtliche Mediation in der Ordentlichen Gerichtsbarkeit – Entwicklung und Perspektiven, JR 2008, 364, 367.

[12] *Ripke* aaO, 170 ff.; *Seehausen* Das Gerechtigkeitsversprechen der Mediation, ZKM 2009, 110 ff.

tungen an gute Mediation, stellen jedoch mangels einschlägiger Mediationsgesetzgebung bisher keine positivrechtliche Größe dar.[13] Die Enttäuschung dieser Gerechtigkeitserwartungen im Rahmen herkömmlicher Mediation wird vielmehr erst dann zum – auch – rechtlichen Problem, wenn etwa Fairnessdefizite im Verfahren zugleich Willensmängel im Sinne der §§ 119 ff. BGB begründen oder das Mediationsergebnis die von der Rechtsordnung gesetzten Grenzen der Dispositionsbefugnis der Beteiligten überschreitet.

2. Als Zwischenergebnis wird gleichwohl schon jetzt deutlich, dass Mediation und Recht selbst sich keinesfalls zwingend konträr verhalten, sondern viel öfter *parallel bis komplementär*.

Recht hat in der Mediation nämlich schon deshalb seinen Platz, weil es zur Umgebungsrealität des Ausgangskonflikts ebenso gehört wie zur Umgebungsrealität des Mediationsverfahrens und weil das Mediationsergebnis sich in einer verrechtlichten Umwelt bewähren können muss. Insoweit unterscheidet sich die Situation grundsätzlich nicht von anderweitigen Verhandlungssituationen, in denen privatautonom oder jedenfalls dispositionsbefugt Handelnde Willenseinigungen erzielen. Das Problem, hinreichend gleiche Verhandlungsstärke als tatsächliche Voraussetzung einer Richtigkeitsgewähr privatautonomer Vereinbarungen zu gewährleisten, stellt sich dort wie in einem Mediationsverfahren in grundsätzlich gleicher Weise. Ob bei Verletzung anerkannter Standards von Mediation Konfliktbeteiligte einmal als bereits deshalb situativ schutzbedürftig anzusehen sein könnten – etwa nach dem Vorbild des Schutzes durch ein Widerrufsrecht bei Haustürgeschäften, Fernabsatzgeschäften oder im elektronischen Geschäftsverkehr (heute §§ 312, 312 b–d, 312 e BGB) –, mag der weiteren Entwicklung überlassen bleiben. Die notwendige rechtliche und tatsächliche Dispositionsfähigkeit der Konfliktbeteiligten unterstellt, ist aber die Befürchtung einer auf diese Weise geförderten „irrationalen" Normenerzeugung[14] selbst wenig rational, scheint sie doch der Rechtswahrnehmungskompetenz von rechtsfähigen Personen oder Institutionen ein unbegründet vernichtendes Zeugnis ausstellen zu wollen.

Betrachtet man diese Kritik genauer, ist sie denn auch eher von der – ernst zu nehmenden – Sorge um Erscheinung und Funktionalität des Justizsystems geprägt. Damit aber verweist sie letztlich auf etwas anderes, nämlich auf die Frage, wie das rechtliche Argument in das Verfahren eingeführt wird. Hierin unterscheiden sich Mediation und gerichtliches Verfahren in der Tat grund-

[13] Auch Art. 3 der EU-Richtlinie vom 21. Mai 2008 über bestimmte Aspekte der Mediation in Zivil- und Handelssachen (Amtsblatt EU vom 24. Mai 2008, L 136/3 ff.) verzichtet auf nähere Fixierung inhaltlicher Standards für Mediation; vgl. *Probst* Mediation und Recht – zur Umsetzung der EU-Mediationsrichtlinie, JR 2009, 265, 268.

[14] *Spellbrink* aaO.

legend. Während nämlich für das gerichtliche Verfahren ein normiertes Verfahrensrecht existiert und der Richter dessen Einhaltung wie auch die Beachtung des materiellen Rechts sicherzustellen hat, obliegt die Verantwortung für Verfahren und Inhalte einer Mediation in erster Linie den an der Mediation beteiligten Konfliktparteien. Abgesehen davon, dass auch ein Mediator eine Mediation abbrechen kann und dies bei nachhaltiger Verletzung von Fairnesskriterien oder Gefährdung seiner Neutralität auch sollte, ist es allein Sache der Konfliktparteien, in welchem Umfang sie das rechtliche Argument nutzbar machen möchten.

II. Mediation und Recht – was ändert sich bei Einsatz eines richterlichen Mediators?

Umgekehrt muss damit danach gefragt werden, auf welche Weise richterliche Mediatoren in der Mediation deren rechtlichen Kontext thematisieren können, dürfen oder müssen.

1. Die Bedeutung dieser Fragestellung wird klarer, wenn das Gegenmodell des gerichtlichen Verfahrens einschließlich einer gerichtlichen Vergleichsverhandlung betrachtet wird.

Jedenfalls für das *gerichtliche Verfahren* stehen die Steuerungsfunktion der Rechtsordnung und die Rechtsbindung des Gerichts außer Frage. Eine kommunikative und diskursive Ausgestaltung des Verfahrens einschließlich der mündlichen Verhandlung ändert nichts daran, dass das Gericht in jeder Kommunikationslage an seine richterliche Aufgabe gebunden bleibt. Auch die diskursive Gestaltung des Verfahrens und der Einbau mediativer Elemente in die mündliche Verhandlung – ab einem bestimmten Niveau auch bisweilen als „integrierte" Mediation innerhalb des gerichtlichen Verfahrens[15] bezeichnet – ändert nichts an der Fortdauer der Richterrolle; ein Rollentausch hinein in eine Rolle des Moderators oder Mediators findet nicht statt und wäre auch aus Sicht der Parteien weitgehend illusionär.[16] Im Regelverfahren ist das Gericht aber an Verhandlungsmaximen gebunden wie die Gebote des rechtlichen Gehörs (Art. 103 GG), der Bestimmtheit und Berechenbarkeit staatlichen Handelns (Art. 20 Abs. 2 GG), der Mündlichkeit und Unmittelbarkeit (§§ 128, 355 ZPO), das Gebot prozessualer Aufklärung über die Sach- und

[15] Sogenannte „Koblenzer Praxis", Darstellung bei *Trossen* Integrierte Mediation in Haft/Schlieffen (Hrsg.) Handbuch Mediation, 2. Aufl. (2009), 987 ff.

[16] Siehe bereits *Probst* Verhandeln, Vergleichen, Mediation – zu Perspektiven und Kultur des Zivilprozesses, SchlHA 2007, 41, 42 f.; vgl. auch *Wolf* Normative Aspekte richterlicher Vergleichstätigkeit, ZZP 89 (1976), 260, 274: „Für eine Schlichtung ohne Rechtsbindung ist der Richter nicht das geeignete Organ."

Rechtslage (§§ 139, 278 Abs. 2 Satz 2 ZPO) oder natürlich das Verbot von Täuschung oder Nötigung. Daher versteht es sich von selbst, dass ein Gericht vor Abschluss eines Vergleichs auf eine von ihm erkannte Rechtslage hinzuweisen und diese nicht wider besserem Wissen unrichtig oder als unsicher darstellen darf. Und auch ein von den – vielleicht mediativ gestimmten und auf eine interessenzentrierte Lösung bedachten – Parteien insoweit geäußertes Desinteresse wird das Gericht jedenfalls nicht unreflektiert akzeptieren dürfen, sondern auf die notwendige Schutzbedürftigkeit der Parteien hin hinterfragen müssen.

Kommt es schließlich zum Vergleich, mag dieser zwar keinesfalls dem mutmaßlichen Obsiegen und Unterliegen entsprechen müssen. Allein Vergleiche, welche gegen gesetzliche Verbote verstoßen oder sittenwidrig sind, darf ein Gericht nicht protokollieren. Auch dürfte es jedenfalls heute bei der im Rahmen einer Güteverhandlung gebotenen Erörterung des Sach- und Streitstandes „unter freier Würdigung aller Umstände" (§ 278 Abs. 2 Satz 2 ZPO) zu weit gehen, dem Gericht nur den Vorschlag eines seiner Einschätzung der Rechtslage entsprechenden Vergleichs zu erlauben.[17] Dies gilt umso mehr, als § 278 Abs. 5 Satz 1 ZPO selbst die Verweisung der Güteverhandlung an den beauftragten oder ersuchten Richter zulässt, dieser – welcher den Rechtsstreit nicht entscheiden würde – aber das Prozessrisiko der Beteiligten ohnehin nur sehr vage einzuschätzen vermag. Entsprechend dem frühen Verfahrensstand und dem Ziel einer Güteverhandlung kann es folglich nur um eine grobe Abschätzung gehen, nicht aber um eine abschließende Bewertung.[18] Andererseits darf ein Vergleichsgespräch niemals Ort „trickreicher" Durchsetzung privater Gerechtigkeitsvorstellungen des Gerichts sein. Schlägt ein Gericht aus wirtschaftlichen Gründen eine Einigung vor, hat es diesen Vorschlag auch derart zu begründen, nicht aber mit dem Hinweis auf eine – bisweilen auch nur vermeintlich – ungeklärte Rechtslage.[19]

2. Demgegenüber gehört es in der Mediation wesentlich zur Herrschaft der Konfliktbeteiligten über das Verfahren und über die Einführung des Rechtsarguments, dass die *Rechtsmeinung des Mediators* sie grundsätzlich nicht interessieren muss.

Effektiv lässt sich dies – ganz im Einklang mit der Definition von Mediation in Art. 3a der EU-Mediationsrichtlinie[20] – nur dadurch realisieren, dass ein richterlicher Mediator keine Entscheidungsmacht hat; andersartige Konzepte – wie etwa die erwähnte „integrierte Mediation" – verlangen in letzter Konsequenz eine nicht mehr praktikable Rollenaufspaltung oder schöpfen

[17] So noch *Wolf* aaO, 275 ff.

[18] Ebenso *Prütting* in MünchKomm-ZPO, 3. Aufl., Rn. 25 zu § 278 ZPO.

[19] Vgl. *Probst* aaO.

[20] Siehe Fn. 13.

das Konfliktlösungspotential der mediativen Methode nur unvollkommen aus.[21] Innerhalb des bisherigen Rahmens justizförmiger Verfahren ist ein derartiger Verzicht auf Entscheidungsmacht allenfalls im Rahmen einer Güteverhandlung vor dem ersuchten oder beauftragten Richter (§ 278 Abs. 5 Satz 1 ZPO) möglich, ein Umstand, welchen sich das bayerische „Güterichtermodell" als Variante der derzeitigen Mediationsangebote der Justiz[22] dadurch zunutze macht, dass es auch einen anderen als den zuständigen Richter desselben Gerichts als ersuchten Richter[23] begreift. Andere Modelle bringen gemäß §§ 278 Abs. 5 Satz 2, 251 ZPO das anhängige Streitverfahren zum Ruhen, lassen einen Mediator (zumeist einen anderen als den streitentscheidenden Richter, selten auch einen Anwalt) auf der Basis des anhängigen Verfahrens ein Mediationsgespräch durchführen, um hiernach die Mediationseinigung als gerichtlichen Vergleich protokollieren zu lassen, im Falle der Mediation durch einen Richter nach Wideraufruf des Verfahrens im Rahmen einer Güteverhandlung vor dem ersuchten Richter.[24]

In beiden Fällen steht der *richterliche Mediator* vor einem Dilemma: Überlässt er im Sinne eines eher passiven Mediationsstils den Beteiligten die vollständige Herrschaft über die Mediationsinhalte, hängt die hinreichende Thematisierung des rechtlichen Kontextes weitgehend vom freien Spiel der Kräfte ab. Dies aber kann mit den von ihm als Richter gewöhnlich wahrzunehmenden Informations- und Fürsorgepflichten ebenso kollidieren wie mit dem Erwartungshorizont der Beteiligten. Denn nicht zu übersehen ist, dass der Erfolg der bisherigen Angebote justiznaher Mediation jedenfalls auch Ergebnis eines großen Vertrauens in Professionalität und Integrität von Justiz und Richtern ist.

Zum Teil kann dieses Dilemma aufgefangen werden durch die *Spezifität der Ausgangssituation gerichtlicher Mediation*, die legitimerweise auch die Anwendung eines spezifischen Instrumentariums rechtfertigt. Denn auch eine mediationstheoretische Perspektive sollte anerkennen, dass bei Gericht die Mediation erst nach bereits eingetretener Verrechtlichung des Konflikts und somit auf einer anderen Eskalationsstufe stattfindet als eine vorgerichtliche Mediation. Schon dies nötigt im Verhältnis zu idealtypischen Vorstellungen zu einem sehr viel stärkeren Blick auf das Parallelszenario des Rechtsstreits und legt ein eher aktives Hinwirken des Mediators auf die Erörterung und Bewertung auch des rechtlichen Kontextes nahe, jedenfalls solange, wie Beratungsanwälte oder begleitende Anwälte diese Aufgabe nicht überneh-

[21] Im Ergebnis ebenso von Bargen aaO, 68.

[22] Näher *Greger* Güterrichter- ein Erfolgsmodell, ZRP 2006, 229 f.; *ders.*, Abschlussbericht zur Evaluation des Modellversuchs Güterichter (2007).

[23] Zöller-Greger, 28. Aufl., Rn. 25 f. zu § 278 ZPO.

[24] Vgl. *Probst* Gerichtliche Mediation in der ordentlichen Gerichtsbarkeit – Entwicklung und Perspektiven, JR 2008, 364, 365.

men.[25] Anders gewendet: Mediation bei Gericht ist eine sehr spezifische Mediation und weist schon funktional notwendig zumindest *rechtlich-informierende Elemente* auf. Umso bedeutsamer für die mediativ wichtige Selbstverantwortung der Beteiligten ist, dass das Mediationsverfahren freiwillig bleibt und der richterliche Mediator keine Entscheidungsgewalt über den rechtlichen Konflikt besitzt.

3. Aber auch über diese Spezifika hinaus nutzt die richterliche Mediation neben der Reputation des Justizsystems dessen Professionalität und Infrastruktur in einem Maße, dass es für die Wirkung auf die Konfliktparteien weitgehend belanglos erscheint, ob der richterliche Mediator sich nun – wie in Bayern – Güterichter nennt oder – wie etwa in Schleswig-Holstein oder Niedersachsen – einer freien Mediationsverhandlung bei Identität aller Beteiligten eine Güteverhandlung mit Protokollierung eines etwaigen Vergleichs nachfolgt. Aus Sicht der Beteiligten wird zwar durchaus eine Mediation und keine klassische Gerichtsverhandlung stattfinden – diesen Unterschied verstehen sie allen bisherigen Erfahrungen nach sehr wohl –, aber eben eine solche vor einem Mediator, der auch Richter ist und von welchem sie entsprechende Kenntnisse und Fürsorge erwarten. Vor diesem Hintergrund müssen weitere Präzisierungen der Aufgabe des richterlichen Mediators für möglich und notwendig gehalten werden, und dies sowohl im Interesse der Konfliktbeteiligten als auch im Interesse der Außenwahrnehmung des Justizsystems und seiner Angehörigen.

Diesseits wurde an anderer Stelle für diese Aufgaben eines richterlichen Mediators einmal die Direktive der „nichtabweisbaren justitiellen Verantwortung" formuliert, um damit zu verhindern, dass die „Konfliktbeteiligten sich … aus bloßer Unkenntnis einer sie schützenden materiell-rechtlichen Situation auf eine Konfliktlösung einlassen, vor welcher sie die Rechtsordnung gerade schützen will."[26] Dies bedeutet – wie bereits erwähnt – ohne Zweifel Information über eine anderenfalls von den Beteiligten übersehene einschlägige Rechtslage und ist damit deutlich mehr als nur etwa das Verbot, verbotswidrige Vergleiche zu protokollieren. Eine andere Frage ist, inwieweit damit auch die Verpflichtung zur notfalls auch unaufgeforderten Bewertung von Prozessrisiken oder gar zu eigenen – und rechtlich verantwortbaren – Vorschlägen zur Konfliktlösung verbunden ist. Aus mediationstheoretischer Sicht wäre insoweit sicher Zurückhaltung angesagt.[27] Für die Güteverhandlung legt hingegen die in § 278 Abs. 2 Satz 2 ZPO normierte Pflicht, „unter

[25] Im Ergebnis wohl auch *von Bargen* aaO, 30.

[26] *Probst* Gerichtliche Mediation in der ordentlichen Gerichtsbarkeit – Entwicklung und Perspektiven, JR 2008, 364, 368.

[27] So auch von *Bargen* aaO, 31 f. zu eigenen Lösungsvorschlägen des richterlichen Mediators.

freier Würdigung aller Umstände“ den Sach- und Streitstand mit den Parteien zu erörtern, eine auch bewertend-aktive Rolle des Gerichts nahe.

Eine vergleichbare Lage besteht aber nicht nur innerhalb der – in Bayern praktizierten – mediativen Güteverhandlung vor einem anderen als dem streitentscheidenden Richter, sondern auch in anderen Fällen einer richterlichen Mediation. Dies muss umso mehr gelten, als richterliche Mediation – unabhängig von einzelnen Fragen ihrer justizfunktionalen und dienstrechtlichen Einordnung – heute jedenfalls als richterliche Aufgabe begriffen wird.[28] Wegen der Wirkungsgleichheit der Verfahren wird daher diesseits vorgeschlagen, die in § 278 Abs. 2 Satz 2 ZPO enthaltene Verfahrensdirektive auch auf richterliche Mediationen durch einen anderen als den streitentscheidenden Richter insgesamt anzuwenden.

Das Ergebnis ist eindeutig: der richterliche Mediator muss seine Rolle – was die Aufklärung über die Rechtslage anbelangt – notwendigerweise auch *bewertend-aktiv* verstehen („evaluative approach“). Das damit entstehende Spannungsverhältnis zur mediativen Selbstverantwortung der Beteiligten und zur Allparteilichkeit des Mediators[29] wird zum einen gemindert durch die Freiwilligkeit des Mediationsverfahrens sowie die fehlende Entscheidungsmacht des richterlichen Mediators und zum anderen dadurch, dass § 278 Abs. 2 Satz 2 ZPO – wie erwähnt – dem Verfahrensstand entsprechend nur eine grobe Einschätzung der Sach- und Rechtslage verlangt. Und natürlich wird ein besonnener richterlicher Mediator auch nach Aufklärungsbedarf und Aufklärungswünschen der Konfliktbeteiligten differenzieren dürfen und sollen und in erster Linie darauf setzen, diesen die Eigenerkenntnis der rechtlichen Chancen und Risiken zu ermöglichen („facilitative approach“).

III. Mediation und Justiz – warum?

Damit ist selbstverständlich noch nicht die Frage beantwortet, warum die Justiz überhaupt Mediation anbieten sollte.

Hierzu reichen bloße Opportunitätserwägungen allerdings nicht aus. Gewiss: Mediation bei Gericht hat mit einer Einigungsquote von durchschnittlich 80 % in den Mediationen beachtliche Erfolge und inzwischen gibt es ersichtlich auch eine Nachfrage nach diesem Angebot.[30] Aber: dies musste

[28] Hierzu *von Bargen* aaO, 145 ff. und passim; *Hess*, aaO, F 19 ff; *Probst* aaO, 368 f.

[29] Hierzu etwa *Walz* Der Notar als Mediator in Haft/Schlieffen Handbuch Mediation, 2. Aufl. (2009), 909, 921; kritisch gegenüber „Vermischungen“ *Wacker* Mediation, Autonomie und Weisheit, ZRP 2009, 239, 241 f.

[30] *Hess* aaO, F 44 ff.; Probst aaO, 366; näher *ders.* Mediation und allgemeines Zivilrecht – zur Leistungsfähigkeit justizintegrierter Mediation in Greger/Unberath (Hrsg.) Die Zukunft der Mediation in Deutschland (2008), 99, 103 f.

ebenso „Brotneid“ von vermeintlich auf diese Weise um Mediationsfälle gebrachten freien Mediatoren schüren, wie Mediation in der Tat ebenso qualifiziert auch von zu Mediatoren ausgebildeten Anwälten oder Angehörigen psychosozialer Berufe angeboten werden kann. Und die anfänglich zur Überzeugung skeptischer Justizpolitiker betonte Entlastung der Justiz von streitigen Verfahren[31] relativiert sich bei näherer Betrachtung. Denn Mediation erfordert Vorleistungen – nämlich vor allem Organisations- und Ausbildungsaufwand – und kann im Einzelfall auch zeitaufwändiger als ein streitiges Verfahren sein. Aber auch die Intention, auf diese Weise der Justiz ein moderneres und humaneres Erscheinungsbild zu verleihen, überzeugt – so wichtig dieses Anliegen ist – jedenfalls nicht allein. Denn Erscheinungsbild und Ansehen der Justiz können und sollten vorrangig durch eine Fortentwicklung der Verfahrenskonzepte für das reguläre Streitverfahren gefördert werden.

Gefordert ist vielmehr eine plausible Antwort auf die Frage, welche förderliche und legitime Dienstleistung ein Angebot gerichtlicher Medation für das Justizsystem erbringen kann. Erkenntnisleitend sein können insoweit die Fragen nach der Befriedungsfunktion der Justiz (1.), der Komplementarität von Justizsystem und Mediation (2.), der Subsidiariät im Verhältnis zwischen Mediation und Justiz (3.) und der Sinnhaftigkeit einer differenzierten Konfliktzuweisung (4.). Wird so gefragt, wird allerdings rasch deutlich, dass auf diese Weise einem Mediationsangebot der Justiz ebenso Einsatzmöglichkeiten eröffnet wie diese zugleich begrenzt werden.

1. *Befriedungsfunktion der Justiz*: Zu den Kernfunktionen jedes Rechts- und Justizsystems gehört die Durchsetzung des Rechts im Gegensatz zur Entfaltung bloßer Macht, die Stärkung des Vertrauens in dessen Verlässlichkeit und damit die Schaffung von Frieden. Die noch unser Zivilverfahrensrecht mit seiner seltsam militanten Rede von „Angriffs- und Verteidigungsmitteln“ (etwa in §§ 296, 530 ZPO) prägende Vorstellung eines „Kampfes ums Recht“ verkörpert – was *von Jhering* selbst wohl wusste[32] – allenfalls auf der Ebene der Mittel eine legitime und dem Liberalismus des 19. Jahrhunderts entsprechende Selbstbehauptung bürgerlich Gleicher. Gemessen an früherer Feudalstaatlichkeit schon damals gewiss ein Fortschritt, hat sich die Entwicklung seither in vielen Schritten bewegt. Bis dahin, dass – wie heute § 278 Abs. 1 ZPO bestimmt: „Das Gericht soll in jeder Lage des Verfahrens auf eine gütliche Beilegung des Rechtsstreits oder einzelner Streitpunkte bedacht sein“ – die Streitschlichtung des Richters als selbstverständliche und

[31] So seinerzeit *Götz von Olenhusen* Mediation durch Richter – ein Projekt mit Zukunft, DRiZ 2003, 396, 396 f.

[32] *Von Jhering* Der Kampf ums Recht (1872), 14: „Das Ziel des Rechts ist der Friede, das Mittel dazu der Kampf.“

mit der Streitentscheidung gleichrangige richterliche Aufgabe angesehen wird.[33] In diesen Kontext gehört grundsätzlich auch Mediation, weil und soweit die Aufgabe der richterlichen Streitschlichtung keine Präferenz für eine bestimmte Methode oder gar den Ausschluss von Methoden zu erkennen gibt. Andererseits entsteht damit kein Mandat der Justiz zur allgemein-sozialpflegerischen Befriedung sozialer Konflikte. Als Justiz bleibt diese nämlich ihren spezifischen Bindungen verhaftet, nämlich insbesondere der Bindung an die Rechtsordnung.

2. *Komplementarität von Justizsystem und Mediation*: Was Mediation für das Justizsystem und die Rechtsordnung leisten kann und was nicht, wird noch deutlicher, wenn beider Funktionsbedingungen betrachtet werden. Die Leistungsfähigkeit des Rechts- und Justizsystems beruht nämlich zu einem ganz erheblichen Teil auf einer Reduktionsleistung. Um komplexe Konflikte überhaupt entscheiden zu können, müssen diese nämlich „entscheidend" vereinfacht werden. Dies leisten sowohl das formalisierte – „justizförmige" – Verfahren als auch schon die zumeist abstrakt-generelle Maßstäblichkeit des positiven Rechts selbst. Die Schwäche dieses Systems besteht darin, dass derart erzeugte Konfliktentscheidungen von den Betroffenen ab einer bestimmten Diskrepanz zwischen Lebenssachverhalt und entscheidungserheblicher Vereinfachung als sachwidrig und daher ungerecht empfunden werden können. Ein Umstand, den sich gerade engagierte Juristen – seien es Richter oder Anwälte – vielleicht häufiger vor Augen führen sollten. Mediation kann diese Diskrepanz dadurch verringern, dass sie das zur Konfliktlösung bereitstehende Sachmaterial wieder komplettiert. Damit ist Mediation keineswegs das Einfallstor für Irrationales[34], sondern ausgesprochen zweckrational, – etwa in der Sprache der Systemtheorie *Luhmanns* ein Ergebnis der Selbstreferenz des Justiz- und Rechtssystems[35]. Dieser Funktionszusammenhang begrenzt andererseits ihren Einsatz als Angebot der Justiz, und zwar auch dann, wenn in Kombination mit der friedensstiftenden Funktion justitieller Streitschlichtung eben auch Lösungen für möglich gehalten werden, die die Rechtsordnung selbst nicht als denkbare Rechtsfolgen vorsieht.[36] Denn vermag Mediation nicht mehr wenigstens die grundlegenden Wertungsentscheidungen unserer Rechtsordnung umzusetzen oder würden die dort erzielten Ergebnisse diesen gar widerstreiten, so rechtfertigt sie sich nicht mehr als justitielles Angebot.

[33] *Greger* Justiz, Schlichtung, Mediation – Alternativen oder Teile eines Ganzen?, SchlHA 2007, 109, 110; *Hess* aaO, F 19 ff.

[34] So die Befürchtung von *Spellbrink* aaO.

[35] Allgemein etwa *Luhmann* Soziale Systeme (1984).

[36] Eine Möglichkeit, die dem Bundesverfassungsgericht in seinem Beschluss vom 14. Februar 2007 – 1 BvR 1351/01 – zur Verfassungsmäßigkeit eines obligatorischen Schlichtungsverfahrens gemäß § 15a EGZPO durchaus bewusst ist.

3. *Verhältnismäßigkeit und Subsidiarität:* Dem im freiheitlichen Rechtsstaat zu beachtenden Grundsatz möglichst minimaler Staatsintervention entspricht es, das „scharfe Schwert" der Rechtsordnung nicht ohne Not einzusetzen. Dies meint das Bundesverfassungsgericht mit seiner – in seinem bekannten Beschluss vom 14. Februar 2007 zur Verfassungsmäßigkeit obligatorischer außergerichtlicher Streitschlichtung enthaltenen – Aussage: „Eine zunächst streitige Problemlage durch eine einverständliche Lösung zu bewältigen, ist auch in einem Rechtsstaat grundsätzlich vorzugswürdig gegenüber einer richterlichen Streitentscheidung."[37] Und in der Tat: die Konfliktparteien selbst interessiert die korrekte juristische Bewertung ihres Streitfalles oder gar die Rechtsfortbildung meistens herzlich wenig.[38] Allerdings rechtfertigt der Gedanke der Subsidiarität nicht nur Mediation als im Verhältnis zum justitiellen Regelverfahren niederschwelligeres Verfahren. Vielmehr führt sie auch zur Frage, warum Mediation gerade bei Gericht angeboten werden soll. Denn erfolgreiche Mediatoren können auch Anwälte oder Angehöriger psychosozialer Berufe sein. Mediationsangebote der Justiz legitimieren sich daher nur als andernorts nicht vergleichbar verfügbare Angebote.

4. *Subsidiär differenzierte Konfliktzuweisung:* Damit überlagern und verdichten sich Rechtfertigungserfordernisse justitieller Mediationsgebote sowie der Grundsatz einer ökonomischen Ressourcennutzung zum Gebot einer subsidiär differenzierten Konfliktzuweisung:[39] Wenn und soweit Mediation als Angebot der Justiz und als niederschwellige Intervention grundsätzlich sinnvoll ist, sollte sie gleichwohl nur angeboten werden, soweit die gleichen Zwecke nicht auch durch Angebote außerhalb der Justiz erreicht werden können. Denn das in der Gesellschaft zweifelsfrei vorhandene Bedürfnis nach Konfliktlösung allein rechtfertigt noch nicht einen Zuwachs neuer Aufgaben gerade bei der Justiz. Läge es derart, müsste tatsächlich von einem problematischen Wettbewerb mit freien Mediationsanbietern gesprochen werden.

Allerdings ist die Praxis häufig kluger als die Theorie und manche von dort geleitete Befürchtung. Denn die Analyse der tatsächlichen Erfolge der Angebote justitieller Mediation[40] ergibt rasch, dass diese besonders dann nachgefragt werden und sich als praktisch sinnvoll erwiesen haben, wenn

[37] BVerfG NJW-RR 2007, 1073, 1074 = ZKM 2007, 128 ff.

[38] So auch die Beobachtung von *Greger* Mediation und Justiz in Greger/Unberath (Hrsg.) Die Zukunft der Mediation in Deutschland (2008), 90, 92.

[39] Hierzu auch *Greger* aaO, 94 f. und *ders.* Justiz, Schlichtung, Mediation – Alternativen oder Teile eines Ganzen, SchlHA 2007, 109, 111 f.

[40] Für das Zivilrecht *Probst* Mediation und allgemeines Zivilrecht – zur Leistungsfähigkeit justizintegrierter Mediation, in Greger/Unberath (Hrsg., Die Zukunft der Medation in Deutschland (2008), 99 ff., 107 f.

- trotz Anhängigkeit eines gerichtlichen Verfahrens
- auf dessen Basis eine interessenzentrierte Konfliktlösung gesucht wird und
- die Verzahnung mit dem Justizbetrieb eine rasche professionelle-effektive und in den Kosten überschaubare Konfliktlösung verspricht.

Anders formuliert: schon jetzt mediieren richterliche Mediatorinnen und Mediatoren unter anderen Voraussetzungen andere Konflikte als die freien Mediatorinnen und Mediatoren. Es mag sein, dass eine derartige Mediation nicht stets zur gleichen Tiefe der Konfliktbearbeitung führt wie eine weiter ausgreifende freie Mediation. Aber zwingend ist auch dies nicht. Und selbst wenn es so liegen sollte, ist dies ein Ergebnis des Verfahrenswunsches der Konfliktparteien. Von Konfliktparteien nämlich, die auch auf dem freien Mediationsmarkt zwischen einer Langzeitmediation und Konzepten einer Kurzmediation wählen können.[41]

IV. Wohin führt der Weg?

Der Blick zurück zeigt auf eine wichtige Gemeinsamkeit der drei Überlegungen. Nämlich darauf, dass Mediation und Recht einander wesentlich näher stehen, als der erste Anschein glauben macht.

Dies betrifft nicht nur die Umgebungsrealität des Ausgangskonflikts, des Mediationsverfahrens und der Medationseinigung, sondern auch die Herkunft vieler in einer Mediation wirksamer Gerechtigkeitsvorstellungen. Will Mediation den Konfliktbeteiligten wirklich bei der Lösung ihres Konflikts helfen, darf sie hieran nicht vorbeigehen. Dies umso weniger, wenn Mediation als richterliche Mediation angeboten wird. Dem Erwartungshorizont der Konfliktbeteiligten und der Rechtsbindung der Justiz entspricht es nämlich, dass der richterliche Mediator seine Rolle auch als bewertend-evaluierend versteht. Nur mit dieser Ausprägung und in funktionaler Trennung, aber inhaltlicher Verzahnung mit dem parallel anhängigen Rechtsstreit ist schließlich Mediation als Angebot der Justiz gegenüber anderen Anbietern von Mediation zu rechtfertigen.

Die in der Justiz tätigen Mediatorinnen und Mediatoren wären gut beraten, diese Orientierungspunkte nicht als missliebige Einschränkungen freien Mediierens wahrzunehmen, sondern als legitimierende und fruchtbare Charakteristika ihrer Mediationsangebote. Nur so bliebe Mediation in der Justiz nicht länger etwas Exotisches, sondern könnte sich zu einer sinnvollen Ergänzung des Regelverfahrens entwickeln.

[41] Daher sollte den justitiellen Mediationsangeboten der mediative Anspruch auch nicht vorschnell abgesprochen werden; zum Teil anders offenbar *Greger* Justiz und Mediation – Entwicklungslinien nach Abschluss der Modellprojekte, NJW 2007, 3258, 3259 und – sich prononciert gegen „Vermischungen“ wendend – *Wacker* aaO.

Dass der in der Mediation gelegentlich gefürchtete „Schatten des Rechts“[42] auf diese Weise bliebe, muss in einem Rechtsstaat und unter den Bedingungen eines – immer noch – funktionierenden Justizsystems keineswegs unangenehm sein.

[42] Nach dem Titel des Aufsatzes von *Kornhauser/Mnookin* Bargaining in the shadow of the law, Yale Law Journal 88 (1979), 950 ff.

Grundrecht auf Stiftung?

Peter Rawert

1. *Es herrscht Meinung*

Stiften ist ein Grundrecht! Wer Eigentum dauerhaft einem bestimmten Zweck widmen und dazu einen Rechtsträger errichten will, hinter dem kein volatiler Personenverband steht, sondern eine sich gleichsam selbst gehörende Vermögensmasse, genießt verfassungsrechtlichen Schutz. So zumindest will es die herrschende Meinung.[1]

Auch *Dieter Reuter* ist im Kern dieser Ansicht. Schon in der ersten Auflage seiner Bearbeitung der §§ 80 bis 88 BGB im Münchener Kommentar hat er entsprechend Position bezogen.[2] Seither hat er die These beständig fortentwickelt und verfeinert.[3] Zwar hat es einige Zeit gedauert, bis er und seine akademischen Gefährten sich mit ihr durchsetzen konnten. Immer wieder gab es Zweifel an ihrer Stichhaltigkeit.[4] Aber: 2002 hat sich der Gesetzgeber ihr angeschlossen.[5] Nach anfänglichen Widerständen – vor allem aus den Stiftungsbehörden der Bundesländer[6] – hat er durch das *Gesetz zur Modernisierung des Stiftungsrechts* vom 14. Juli 2002[7] unter Hinweis auf die von *Dieter Reuter & Co.* vertretene Meinung – gleichsam deklaratorisch – einen Anspruch auf Anerkennung einer rechtsfähigen Stiftung des bürgerlichen Rechts in den §§ 80 Abs. 2, 81 Abs. 1 BGB normiert – selbstverständlich unter der

[1] Statt Vieler *Werner* in: Werner/Saenger (Hrsg.) Die Stiftung, 2008, Rn. 29; *Meyn/Richter/Koss* Die Stiftung, 2. Aufl. 2009, Rn. 12; Seifart/vCampenhausen/*Hof* Stiftungsrechtshandbuch, 3. Aufl. 2009, § 4 Rn. 8 ff.; *Schmidt-Jortzig* in: Strachwitz/Mercker (Hrsg.) Stiftungen in Theorie, Recht und Praxis, 2005, S. 55 ff.

[2] MünchKomm BGB/*Reuter* 1. Aufl. 1977, Vorbem. 33 ff. zu § 21.

[3] Siehe vor allem *Reuter* in: Hauer/Pilgram/vPölnitz-Egloffstein (Hrsg.) Deutsches Stiftungswesen 1977–1988, 1989, S. 95, 100 ff., sowie MünchKomm BGB/*Reuter* 5. Aufl. 2006, Vorbem. 26 ff. zu § 80.

[4] So vor allem *Manssen* Privatrechtsgestaltung, 1993, S. 217 ff., und *Sachs* in: FS Leisner, 1999, S. 955 ff.

[5] Vgl. Bericht der Bund-Länder-Arbeitsgruppe Stiftungsrecht vom 19.10.2001, S. 26 f.; BT-Drucks. 14/8765 vom 11.04.2002 (RegE) B – zu § 80.

[6] In ihrer Beispielhaftigkeit noch immer lesenswert die Stellungnahme des Frankfurter Stiftungsbeamten *Peiker* (ZSt 2003, S. 47, 48), der auch noch nach Inkrafttreten des Reformgesetzes vom 14.07.2002 ein behördliches Konzessionsermessen reklamiert.

[7] BGBl. I. S. 2634.

Voraussetzung, dass die dort näher geregelten Tatbestandsmerkmale für eine Stiftungserrichtung erfüllt sind. Also Ende gut, alles gut?

Die Antwort lautet: Nein! Die Reform des Jahres 2002 war ein halbherziges Unterfangen. Trotz der einfachgesetzlichen Anerkennung eines Rechts auf Stiftung hat es der Gesetzgeber versäumt, das hierzulande historisch staatsnahe Stiftungswesen[8] konsequent aus seiner Nähe zur öffentlich-rechtlichen Verwaltung zu lösen und – nach anglo-amerikanischem Vorbild – auch äußerlich zu einem Instrument der Zivilgesellschaft zu machen. Noch immer sind Stiftungen – anders als alle übrigen juristischen Personen des Privatrechts – in ein engmaschiges System von exekutiver Anerkennungs- und Tätigkeitskontrolle einbezogen. Der Tatbestand der §§ 80 Abs. 2, 81 Abs. 1 BGB weist wegen der Verwendung zahlreicher unbestimmter Rechtsbegriffe nur schwammige Konturen auf. Nach wie vor klagen Stifter darüber, im Stadium der Errichtung ihres Vorhabens von übereifrigen Beamten gegängelt und auch später „fachlich" beaufsichtigt zu werden.[9] Selbst nach der „Modernisierung" der §§ 80 bis 88 BGB und der im Anschluss an sie durchgeführten Überarbeitung aller Landesstiftungsgesetze[10] ist es gang und gäbe, zwischen stiftungsfreundlichen und weniger stiftungsfreundlichen Bundesländern zu unterscheiden. Was sich vordergründig als gebundener Anspruch auf Anerkennung der Rechtsfähigkeit einer Stiftung präsentiert, ist in der Praxis in weiten Teilen „Verhandlungssache" geblieben. Und schlimmer noch: Während die Anerkennung eines Rechts auf Stiftung – oberflächlich betrachtet – als Fortschritt erscheinen mag, dient sie – bei näherem Hinsehen – in der Praxis heute primär der Legitimation privatnützig motivierter Stiftungsstrategien, deren Sinn weniger mäzenatische Gemeinwohlförderung als vielmehr die Sicherung dynastischer Vermögensstrukturen ist.[11] Das Grundrecht auf Stiftung soll es rechtfertigen, dass auf dem Umweg über Stiftungskonstruktionen das Verbot der infiniten Testamentsvollstreckung, der endlosen Vor- und Nacherbschaft, des dauerhaften Ausschlusses der Nachlassteilung sowie des seit der Weimarer Reichsverfassung inkriminierten Fideikommisses unterlaufen wird – vorzugsweise in Unternehmenszusammenhängen. Für *Dieter Reuter* ist sein Bekenntnis zum „Grundrecht auf Stiftung" dagegen stets Teil eines Gesamtkonzepts gewesen, mit welchem er bis heute versucht,

[8] Dazu grundlegend *Richter* Rechtsfähige Stiftung und Charitable Corporation, 2001, S. 40 ff., 122 ff.

[9] Beispiel in Frankfurter Allgemeine Sonntagszeitung vom 11.10.2009, S. 59: Ein Stifter will ein Museum einrichten, um historische Zinnfiguren auszustellen. Als Träger des Museums soll eine rechtsfähige Stiftung dienen. Die zuständige Stiftungsbehörde macht Bedenken geltend. Der Zweck der Stiftung sei womöglich unzulässig, weil kriegsverherrlichend. Näher dazu *Rawert* in: FS Hopt 2010, S. 177 ff.

[10] Nachweis auf der Homepage des Bundesverbandes Deutscher Stiftungen – www.stiftungen.org.

[11] Anschaulich *Schiffer* Die Stiftung in der Beraterpraxis, 2. Aufl. 2009, § 11; *v. Oerzen/Hosser* ZEV 2010, S. 168 ff.

die ehedem als Institut des öffentlichen Rechts geltende Stiftung nahtlos in das System des modernen Privatrechts zu integrieren.[12] Dazu gehört nach seiner Überzeugung auch eine nach den Maßstäben des Erb- und Unternehmensrechts gegebenenfalls eingeschränkte Zulässigkeit von reinen Unterhaltsstiftungen und solchen Vorhaben, bei denen scheinbar gemeinwohlorientierte Stiftungszwecke in Wahrheit systematisch privaten Unternehmensinteressen untergeordnet werden.[13] Typische Beispiele sind die sogenannten „Doppelstiftungen". Unter ihnen versteht man die Kombination einer steuerbegünstigten mit einer nicht steuerbegünstigten Stiftung. Bei diesem Modell überträgt der Stifter nur so viele Anteile seines Unternehmensträgers (z.B. einer GmbH) auf die nicht steuerbegünstigte Stiftung, wie es deren Zweck – meist die Unterhaltung der Stifterfamilie – erforderlich erscheinen lässt; den Löwenanteil der Beteiligung erhält dagegen eine gemeinnützige Stiftung. Allerdings wird das Stimmrecht dieser gemeinnützigen Stiftung ausgeschlossen und die unternehmerische Verantwortung allein in der steuerpflichtigen Stiftung konzentriert. Stimmrechte und Beteiligungsumfang gehen also nicht konform. Neben steuerlichen Effekten[14] wird dadurch erreicht, dass die gemeinnützige Stiftung in ihrer Vermögensausstattung de facto dauerhaft auf ihre Beteiligung an einem bestimmten Unternehmen bzw. Unternehmensträger festgelegt ist, weil die (überwiegend) stimmrechtslosen Anteile selbst bei Verzicht auf ein statutarisch verfügtes Dispositionsverbot in der Stiftungssatzung wirtschaftlich betrachtet nicht fungibel sind.[15] Dem rechtspolitisch sinnvollen Desiderat einer Beschränkung solch hybrider Modelle im Interesse des wirklich uneigennützigen Stiftungswesens wird heute jedoch – gleichsam triumphierend – das vom Gesetzgeber aufgenommene Schlagwort vom „Grundrecht auf Stiftung" entgegengehalten.[16] Grund genug also, sich mit dem Thema noch einmal auseinanderzusetzen – selbst

[12] Siehe MünchKomm BGB/*Reuter* (Fn. 3) Vorbem. 7 zu § 80: „Integration des Stiftungsrechts in das Privatrecht [als] zwingendes verfassungsrechtliches Gebot."

[13] MünchKomm BGB/*Reuter* (Fn. 3) §§ 80, 81 Rn. 83 ff. (Familienstiftungen), Rn. 88 ff. (unternehmensverbundene Stiftungen).

[14] Im Kern geht es um den Wunsch nach Reduzierung von Erbschaft- und Schenkungsteuer sowie die Vermeidung der ertragsteuerlich negativen Realisierung von stillen Reserven bei der Einbringung von Vermögen in die nicht steuerbegünstigte Stiftung, vgl. *Rawert* ZEV 1999, S. 294 f. m.w.N.

[15] Vgl. *Rawert* ZEV 1999, S. 294, 296.

[16] Siehe z.B. Seifart/vCampenhausen/*Hof* (Fn. 1) § 4 Rn. 54 ff., der die Diskussion um neue Schranken für die Zulässigkeit privatnütziger und unternehmensverbundener Stiftungen unter Berufung auf die Stifterfreiheit kurzerhand für „beendet" erklärt, oder auch *Schiffer* BB 2002, Heft 42, I., der im Anschluss an das Inkrafttreten des Gesetzes zur Modernisierung des Stiftungsrechts und im Hinblick auf Doppelstiftungen und vergleichbare Konstruktionen voller Genugtuung feststellt: „Das Stiftungsrecht bleibt liberal". Dabei ist es übrigens köstlich zu sehen, wie ausgerechnet ein zutiefst (ordo! –) liberaler Denker wie *Dieter Reuter* durch eine Liberalitätsdefinition à la Westerwelle gleichsam „in die linke

wenn zu befürchten ist, dass dem Jubilar nicht alle Ergebnisse des Beitrags gefallen werden.

2. *Die Ausgangslage*

Weder das Grundgesetz noch die Verfassungen der Länder enthalten ein ausdrücklich geregeltes Recht auf Errichtung einer Stiftung. Seit Mitte der 1970er Jahre hat sich allerdings vor allem die Wissenschaft für die Anerkennung eines solchen ausgesprochen. Hintergrund waren die für die Entwicklung eines modernen Stiftungswesens als hinderlich empfundenen Unzulänglichkeiten des stiftungsrechtlichen Konzessionssystems.[17] Nach der Konzeption des historischen Gesetzgebers[18] sollte es den Stiftungsbehörden ein freies Ermessen zur Genehmigung oder Ablehnung einer Stiftung und damit die Möglichkeit zu einer von verwaltungspolitischen Opportunitätsgesichtspunkten geleiteten „Handsteuerung" des Stiftungswesens einräumen. Beinahe legendär ist das überkommende Diktum, nach dem durch die Anerkennung eines rein privaten Stiftungsgeschäfts, welches Vermögen auf unabsehbare Zeit einem bestimmten Zweck unterwerfe, Eigentümerbefugnisse weit über ihren normalen Gehalt hinaus erweitert würden und der Staat einen solchermaßen bindenden Stiftungswillen nicht ohne Prüfung des Wertes oder Unwertes seines Inhalts anerkennen könne. Die keineswegs seltene Neigung, „Stiftungen zu thörichten, unnützen oder bizarren Zwecken" zu errichten, dürfe vom Gesetz nicht unterstützt werden.[19] Und obschon sich spätestens seit Inkrafttreten des Grundgesetzes auch in der Behördenpraxis die Erkenntnis durchgesetzt hatte, dass dieses Ermessen unter den Bedingungen eines Rechtsstaats lediglich „pflichtgebunden" ausgenutzt werden durfte, wurden immer wieder Klagen über behördliche Gängelung von Stiftern laut.[20] Diesem Missstand sollte durch eine grundrechtsgestützte Auslegung des Stiftungsrechts entgegengewirkt werden, mit deren Hilfe sich der Konzessionierungstatbestand des § 80 BGB a.F. verfassungskonform in einen gebundenen Rechtsanspruch auf Errichtung einer Stiftung uminterpretieren ließ.[21] Ein verständliches und hehres Ziel.

Ecke" gerückt wird, siehe *Schiffer* (Fn. 11) § 2 Rn. 23 ff., 26. Welches Anliegen könnte rechtspolitisch liberaler sein als die Forderung nach einer mit grundlegenden Prinzipien der sozialen Marktwirtschaft konsistenten Rechtsordnung?

[17] Eingehend *Volkholz* Geltung und Reichweite der Privatautonomie bei der Errichtung von Stiftungen, 2008, S. 125 ff.

[18] Dazu Staudinger/*Rawert* BGB, 13. Bearb. [1995], Vorbem. 33 ff. zu §§ 80 ff. m.w.N.

[19] Kommissionsbericht bei *Mugdan* Die gesammten Materialien zum Bürgerlichen Gesetzbuch für das Deutsche Reich, I. Band (1899), S. 961 f.

[20] *Härtl* Ist das Stiftungsrecht reformbedürftig?, 1990, S. 103 ff.; MünchKomm/*Reuter* (Fn. 3) Vorbem. 12 ff. zu § 80.

[21] Vgl. *Rawert* in: Hager (Hrsg.) Entwicklungstendenzen im Stiftungsrecht, 2008, S. 18, 19 ff. m.w.N.

3. Begründungsansätze

a) Dabei hatte sich anfangs vor allem *Salzwedel* noch gegen die Existenz eines Grundrechts auf Stiftung ausgesprochen. Im Rahmen der Verhandlungen des 44. Deutschen Juristentages (1962) hatte er geltend gemacht, dass niemand berechtigt sei, eine Rechtsform wie die Stiftung dazu zu benutzen, seine Individualität künftigen Generationen aufzuzwingen. Wer über sein Vermögen nicht unter Lebenden oder von Todes wegen zugunsten anderer Lebender verfüge, sondern es bestimmten Zwecken unter Ausschluss jeglicher Korrektur durch gegenwärtig oder künftig Lebende widmen wolle, entfalte nicht seinen persönlichen Willen, sondern verewige ihn. Eine solchermaßen erweiterte Privatautonomie – so *Salzwedel* – sei verfassungsrechtlich nicht verbürgt.[22]

b) Den gegenteiligen Standpunkt vertrat hingegen ein gutes Jahrzehnt später *Frowein* und begründete ihn erstmals dogmatisch, nämlich primär unter Rückgriff auf die Glaubens-, Presse-, Kunst- und Wissenschaftsfreiheit, den Schutz von Ehe und Familie sowie die Privatschulfreiheit: Der Stifter, der eine religiöse Stiftung errichte, genieße den Schutz des Art. 4 Abs. 1 und 2 GG. Art. 5 Abs. 1 GG garantiere die Möglichkeit, ein Presseunternehmen in der Rechtsform einer Stiftung zu betreiben. Die Errichtung einer Stiftung zur Durchführung von Forschungsaufgaben oder wissenschaftlicher Lehre bzw. der Finanzierung oder sonstigen Förderung der Wissenschaft oder der Kunst stehe unter dem Schutz des Art. 5 Abs. 3 GG. Die Gründung einer Familienstiftung könne im Einzelfall in den Schutzbereich des Art. 6 Abs. 1 GG fallen. Und Art. 7 Abs. 4 GG gewähre das Recht, eine Privatschule in der Rechtsform einer Stiftung zu errichten.[23]

Nach *Frowein* sollte allerdings auch die von Art. 2 Abs. 1 GG geschützte allgemeine Handlungsfreiheit sedes materiae der Stifterfreiheit sein können, nämlich dann, wenn das Anliegen des Stifters darauf gerichtet war, die Existenz einer von ihm errichteten und durch spezielle Stiftergrundrechte nicht legitimierten „sozialen Anstalt" sicherzustellen: Der Stifter, der seine Persönlichkeit in der Gründung einer solchen Einrichtung verwirkliche, habe Anspruch darauf, deren Existenz auch nach seinem Tode sicherzustellen – gegebenenfalls durch die Wahl der Rechtsform „Stiftung". Hingegen lasse sich die Eigentumsgarantie des Art. 14 Abs. 1 GG zur Begründung einer Stifterfreiheit allenfalls eingeschränkt heranziehen. Sie gewährleiste nämlich grundsätzlich keine bestimmte Art der Eigentumsverwendung, sondern nur

[22] *Salzwedel* Vhdlg. 44. DJT, S. 67 ff.

[23] *Frowein* Grundrecht auf Stiftung, 1976, S. 12 ff.; zum Versuch, ein Grundrecht auf Stiftung aus Art. 10 EMRK herzuleiten, siehe *Walz* ZSt 2004, S. 133 ff.; dagegen die zutreffende Kritik von *Volkholz* (Fn. 17) S. 162 f. sowie MünchKomm/*Reuter* (Fn. 3) Vorbem. 31 zu § 80. Zur offensichtlich in die Irre führenden Diskussion um Art. 9 GG als sedes materiae siehe *Volkholz* (Fn. 17) S. 163 sowie *Schmidt-Jortzig* (Fn. 1) S. 55, 59.

solche Verfügungsmöglichkeiten, die die Rechtsordnung positiv normiere. Folglich erstrecke sie sich lediglich darauf, unter Beachtung der gesetzlichen Voraussetzungen vom jeweils vorhandenen Stiftungsrecht Gebrauch zu machen.[24] Allenfalls die Erbrechtsgarantie schütze die Vermögenswidmung zu Stiftungszwecken generell, weil die Freiheit testamentarischer Verfügung zum Kernbereich des Erbrechts gehöre und damit als Gewährleistung der Stiftung von Todes wegen verstanden werden müsse.[25]

c) Tatsächlich fand *Froweins* Anliegen, auf dem Weg über die Anerkennung eines Grundrechts auf Stiftung auch im Rahmen eines formal weiter bestehenden Konzessionssystems zu einem tatbestandlich gebundenen Anspruch auf Zuerkennung der Rechtsfähigkeit für jedes gesetzeskonforme Stiftungsvorhaben zu gelangen[26], schnell Zuspruch.[27] Allerdings verlagerte sich der Schwerpunkt der Begründung für eine normative Verankerung der Stifterfreiheit im Grundgesetz bald von den Spezialgrundrechten hin zu Art. 2 Abs. 1 und Art. 14 Abs. 1 GG.[28] Dem lag die Einsicht zugrunde, dass die Wahl einer Rechtsform an sich ein neutraler Akt ist und nicht etwa selbst Ausdruck der von *Frowein* ins Feld geführten Spezialgrundrechte. Und richtig: Ein Stiftungsgeschäft, mit dem ein Stifter eine Pressestiftung ins Leben rufen will, ist für sich genommen weder Meinungsäußerung noch eine sonst mit Pressearbeit wesensmäßig zusammenhängende und deshalb von Art. 5 Abs. 1 GG geschützte Tätigkeit. Auch im Falle der Glaubens- und Bekenntnisfreiheit, wo ein weiter Gewährleistungsbereich des Grundrechts anerkannt ist[29], fallen religionsneutrale Vorgänge unstreitig nicht in den Schutzbereich des Art. 4 Abs. 1 und 2 GG, und zwar selbst dann nicht, wenn sie mittelbar der Religionsausübung dienen.[30] Die Schlüssigkeit der These, dass sich ein Stifter für die Wahl der *Rechtsform Stiftung* auf Spezialgrundrechte berufen kann, würde folglich den Nachweis voraussetzen, dass eine rechtsfähige Stiftung des Privatrechts *notwendige Bedingung* zur Verwirklichung der entsprechenden grundrechtlich gewährleisteten Freiheiten ist.[31] Dieser

[24] *Frowein* (Fn. 23) S. 16.

[25] *Frowein* ibid.

[26] Vgl. *Frowein* (Fn. 23) S. 17 f.

[27] Siehe z.B. Seifart/vCampenhausen/*Hof* (Fn. 1) § 4 Rn. 8 ff.; MünchKomm/*Reuter* (Fn. 3) Vorbem. 26 ff. zu § 80; *Schulte* Staat und Stiftung, 1989, S. 34 ff.; *Rawert* Die Genehmigungsfähigkeit der unternehmensverbundenen Stiftung, 1990, S. 53 ff.

[28] *Ipsen* in: Hauer/Pilgram/vPölnitz-Egloffstein (Hrsg.) Deutsches Stiftungswesen 1977–1988, S. 151, 152 f.; *Schulte* (Fn. 27) S. 41 ff.; *Schmidt-Jortzig* (Fn. 1) S. 55 ff.; *Rawert* (Fn. 27) S. 67 f.

[29] Vgl. Sachs/*Kokott* Grundgesetz, 5. Aufl. 2009, Art. 4 Rn. 19; *Jarass/Pieroth* Grundgesetz, 10. Aufl. 2009, Art. 4 Rn. 7.

[30] So das BVerwG zur wirtschaftlichen Betätigung von Sekten, JZ 1995, S. 949 = NVwZ 1995, S. 473, sowie das BAG parallel zu Scientology, NJW 1996, 143, 147.

[31] *Reuter* in: FS Kraft, 1998, S. 493, 498; ähnlich *Sachs* (Fn. 4) S. 955, 957 f.; *Walz* ZSt 2004, S. 133, 140.

Nachweis lässt sich jedoch nicht erbringen.[32] Vielmehr zeigt die Praxis, dass die Verwirklichung der durch Spezialgrundrechte geschützten Zwecke auch in den Rechtsformen des Vereins, der GmbH oder in Form einer unselbständigen Stiftung erfolgen kann.[33] Zutreffend hat erst unlängst *Schmidt-Jortzig* noch einmal darauf hingewiesen, dass diese „Ersatzformen" den Wünschen des Grundrechtsinhabers zwar nicht so passgenau wie eine rechtsfähige Stiftung entsprechen mögen. Aber die Festlegung auf die rechtsfähige Stiftung entspringe einer anderen Willensentscheidung als gerade derjenigen, zum Beispiel eine Privatschule zu betreiben.[34]

d) Indes: Auch die Verortung der Stifterfreiheit in Art. 14 Abs. 1 GG und Art. 2 Abs. 1 GG ist nicht ohne Widerspruch geblieben. Im Ausgangspunkt ist allerdings unstreitig, dass sich ein Stifter beim Gebrauch der ihm vom einfachen Gesetz in den §§ 80 bis 88 BGB eingeräumten Möglichkeiten auf die Eigentums- und Erbrechtsgarantie des Grundgesetzes stützen kann. Das Eigentum i.S.d. Art. 14 Abs. 1 GG umfasst als Individualrechtsgarantie alle Befugnisse, die die Rechtsordnung einem Eigentümer zu einem beliebigen Zeitpunkt zuweist.[35] Soweit sich der Stiftungsakt für den Stifter als lebzeitige vermögensrechtliche Verfügung darstellt, steht die ihm vom Stiftungsrecht eingeräumte Möglichkeit einer dauerhaften Vermögensperpetuierung als Akt der Eigentumsverwendung unter verfassungsrechtlichem Schutz.[36] Stiftet er von Todes wegen, gilt Gleiches für das Erbrecht.[37] Überdies gewährt auch die durch Art. 2 Abs. 1 GG geschützte allgemeine Handlungsfreiheit nach heute herrschender Ansicht die Befugnis, die von der Privatrechtsordnung bereitgestellten Rechtsformen zu nutzen[38], zumindest soweit ihr Gebrauch nicht in den Schutzbereich eines spezielleren Grundrechts fällt. Mit der gleichen Berechtigung, mit der beispielsweise bei der eigenverantwortlichen Wahrnehmung der Gestaltungsmöglichkeiten des Schuldrechts von einer verfassungsrechtlich geschützten Vertragsfreiheit ausgegangen wird, lässt sich daher auch von einer Stifterfreiheit sprechen.

e) Streitig ist aber, inwieweit die Gesetzesakzessorietät (Normprägung) der Grundrechte aus Art. 14 Abs. 1 und Art. 2 Abs. 1 GG der Stifterfreiheit

[32] So auch *Schmidt-Jortzig* (Fn. 1) S. 55, 59; *Krause/Thiele* NPLY 2007, S. 133, 136.

[33] So zutreffend *Ipsen* (Fn. 28) S. 151, 152 f.; vgl. auch *Ebersbach* AöR 104 (1979) S. 157, 159; *Schulte* (Fn. 27) S. 39 f.; *Schwintek* Vorstandskontrolle in rechtsfähigen Stiftungen bürgerlichen Rechts, 2001, S. 70; *Schöning* Privatnützige Stiftungen im deutschen und spanischen Zivilrecht, 2004, S. 112.

[34] *Schmidt-Jortzig* (Fn. 1) S. 55, 59; a.A. offenbar Seifart/vCampenhausen/*Hof* (Fn. 1) § 4 Rn. 83 ff.; *Werner* (Fn. 1) Rn. 29.

[35] Grundlegend BVerfGE 58, 300 ff.; siehe auch *Becker* in: Stern/Becker (Hrsg.), Grundrechte-Kommentar, 2010, Art. 14 GG Rn. 22 ff.

[36] *Jarass/Pieroth* (Fn. 29) Art. 14 Rn. 18; Sachs/*Wendt* (Fn. 29) Art. 14 Rn. 41 ff.

[37] Vgl. vMangold/Klein/Starck/*Depenheuer* Grundgesetz, 5. Aufl. 2005, Art. 14 Rn. 522; *Sachs/Wendt* (Fn. 29) Art. 14 Rn. 197.

[38] Vgl. Maunz/Düring/Herzog/*Di Fabio* Grundgesetz, Stand 5/2009, Art. 2 Abs. 1 Rn. 101; vMangold/Klein/Starck/*Starck* (Fn. 37) Art. 2 Rn. 145.

Grenzen setzt. Vor allem *Manssen*[39] und *Sachs*[40] haben insoweit die These vertreten, dass den „Abwehrrechten" aus den beiden Grundgesetzbestimmungen kein Anspruch auf Errichtung einer rechtsfähigen Stiftung zu entnehmen sei. Die Möglichkeit des Stiftens i.S.d. §§ 80 bis 88 BGB gehe über den Bereich natürlicher Freiheit hinaus. Da sie notwendig rechtlich konstituiert sei, könne mehr als das, was das einfache Recht an Stifterrechten biete, nicht Gegenstand einer verfassungsrechtlich geschützten Garantie sein. Gewähre das BGB[41] nur einen Anspruch auf eine Ermessensentscheidung über die Zuerkennung der Rechtsfähigkeit, lasse sich dieser nicht unter Rückgriff auf die Grundrechte in eine gebundene Entscheidung uminterpretieren. Wer dies gleichwohl versuche, erliege einem Zirkelschluss.[42]

f) *Dieter Reuter* ist diesem Einwand subtil begegnet, und zwar mit einem nach Stiftungszwecken differenzierenden Konzept von Stifterfreiheit. Zwar sei der *Sachs'sche* Hinweis auf die Eigenschaft der Stifterfreiheit als einer rechtlichen Freiheit richtig. Dass rechtliche Freiheit die Rechtsordnung als Korrelat voraussetze, sei freilich nicht Hindernis, sondern Prämisse des Grundrechts auf Stiftung.[43] Das Grundrecht auf Stiftung entspreche nämlich für einen Stiftungswilligen dem für die Vereinigungsfreiheit anerkannten verfassungsrechtlichen Anspruch auf Schaffung von dazu geeigneten Rechtsformen. Entscheidend ist damit für *Dieter Reuter* die Antwort auf die Frage, ob die mit Hilfe der Stiftung bezweckte dauerhafte Vermögensperpetuierung verfassungsrechtlichen Schutz genießt.[44] Und genau das bejaht er – anders als *Salzwedel*[45] – im Rahmen der allgemeinen Handlungsfreiheit und der Erbrechtsgarantie; allerdings nicht durch die Anerkennung eines umfassenden „Verewigungsanspruchs", sondern lediglich für Stiftungen, die der Förderung sozialer Anliegen im weitesten Sinne dienen: Auch heute umfasse die freie Entfaltung der Persönlichkeit nicht die Fremdbestimmung anderer in ihren Angelegenheiten. Insoweit sei *Salzwedel* nach wie vor beizupflichten. Der Inhaber eines Vermögens, dem es primär um eine privatnützig motivierte Bevormundung seiner Vermögensnachfolger gehe, könne sich nicht auf die Stifterfreiheit berufen. Verfolge der Stifter mit seinem Vorhaben hingegen die Intention, sich an der Verwirklichung des Gemeinwohls zu beteiligen, „ver-

[39] *Manssen* (Fn. 4) S. 219.

[40] *Sachs* (Fn. 4) S. 955, 961.

[41] Wie in § 80 BGB a.F.

[42] Siehe *Sachs* (Fn. 4) S. 955, 961 ff. unter Hinweis auf Staudinger/*Rawert* (Fn. 18) Vorbem. 45 zu §§ 80 ff.; *Ipsen* (Fn. 28) S. 151, 153; *Schulte* (Fn. 27) S. 39 f.; Seifart/vCampenhausen/*Hof*, 2. Aufl. 1999, § 4 Rn. 13; jetzt (Fn. 1) § 4 Rn. 14 ff.

[43] MünchKomm/*Reuter* (Fn. 3) Vorbem. 29 zu § 80 mit Verweis auf BVerfG NJW 1979, 699, 706.

[44] MünchKomm/*Reuter* (Fn. 3) Vorbem. 29 zu § 80; *ders* in: Hopt/Reuter (Hrsg.) Stiftungsrecht in Europa, 2001, S. 139, 144 ff.

[45] Vhdlg. 44. DJT, S. 67 ff.

ewige" er seine Persönlichkeit nicht durch Bevormundung anderer, sondern durch die Wahrnehmung von Gemeinschaftsaufgaben, für deren Definition und Verwirklichung das Grundgesetz keine Alleinkompetenz des Staates kenne. Das Grundrecht auf Stiftung sei mithin *Grundrecht auf individuelle Mitgestaltung des Gemeinwohls* in einer Rechtsform, die wie keine andere die dauerhafte Förderung eines sozialen Anliegens ermögliche.[46]

g) Und noch einen Schritt weiter als *Dieter Reuter* geht *Hof*. Gestützt auf Art. 2 Abs. 1 GG sieht er in dem vom Staat bereitgestellten „Bewirkungsrecht" auf Errichtung einer rechtsfähigen Stiftung lediglich die Konkretisierung eines grundrechtlich vorgegebenen Konzepts allgemeiner Handlungs- und Regelungsfreiheit, die dem Stifter den Raum gebe, mittels einer Stiftungserrichtung ideellen Gehalten vermögens- und organisationsrechtlichen Ausdruck zu verleihen.[47] Auch die Verewigung des Stifterwillens sei eine Erscheinungsform der grundrechtlich geschützten Privatautonomie.[48] Demzufolge stelle die Versagung der Anerkennung einer Stiftung einen *Eingriff* in die Stifterfreiheit dar, welcher nur nach Maßgabe der verfassungsmäßigen Ordnung, des Sittengesetzes und zum Schutze der Rechte anderer zulässig sei und überdies dem Grundsatz der Verhältnismäßigkeit unterliege.[49] In der Konsequenz dieser Lehre vertritt *Hof* die Ansicht, dass Regelungen, die die Möglichkeit zur Errichtung bestimmter Stiftungsformen[50] beschränken, verfassungsrechtlich nicht begründbar seien.[51] Gemeint sind damit jene hypertrophen Modelle, denen ausgerechnet *Dieter Reuter* so konsequent den Kampf angesagt hat.

4. *Was gilt?*

a) Wer die Diskussion um einen Grundrechtsschutz für Stifter näher betrachtet, stellt fest, dass sie traditionell um die rechtsfähige Stiftung der §§ 80 bis 88 BGB kreist. Das liegt daran, dass es nur zu ihrer Errichtung der

[46] MünchKomm/*Reuter* (Fn. 3) Vorbem. 30 ff. zu § 80; *ders* in: *Hopt/Reuter* (Fn. 44) S. 139, 144 ff.; *Reuter* folgend *Jakob* Schutz der Stiftung, 2006, S. 109 f.; ähnlich *Schmidt-Jortzig* (Fn. 1) S. 55, 61 ff., unter ausdrücklichem Hinweis auf das aus Art. 2 Abs. 1 i.V.m. Art. 1 Abs. 1 GG hergeleitete allgemeine Persönlichkeitsrecht; dem folgend *Krause/Thiele* NPLY 2007, S. 133, 137. Kritisch zum Ansatz *Reuters* dagegen vor allem *Hof* in: Hopt/Reuter (Fn. 44) S. 301, 329; Seifart/vCampenhausen/*Hof* (Fn. 1) § 4 Rn. 24. Zum Ganzen auch *Walz* ZSt 2004, S. 133, 139 f.

[47] Seifart/vCampenhausen/*Hof* (Fn. 1) § 4 Rn. 8 ff., 35 ff., 45 ff.; *ders* in: Hopt/Reuter (Hrsg.) (Fn. 44) S. 301, 327 ff.

[48] Seifart/vCampenhausen/*Hof* (Fn. 1) § 4 Rn. 29.

[49] Seifart/vCampenhausen/*Hof* (Fn. 1) § 4 Rn. 35.

[50] Zum Beispiel ausschließlich privatnützig tätige Stiftungen.

[51] Seifart/vCampenhausen/*Hof* (Fn. 1) § 4 Rn. 54 ff.; ähnlich offenbar *O. Werner* in: Mecking/Schulte (Hrsg.) Grenzen der Instrumentalisierung von Stiftungen, 2003, S. 15 ff.; vgl. auch *Saenger/Arndt* ZRP 2000, S. 13, 15 ff.; Seifart/vCampenhausen/*Hof* (Fn. 42) § 4 Rn. 48.

Mitwirkung staatlicher Exekutivorgane (Genehmigung/Anerkennung) bedarf und allein sie laufender ordnungsbehördlicher Kontrolle (Stiftungsaufsicht) unterliegt. Diese Betrachtungsweise verstellt indes den Blick dafür, dass sich der Begriff der Stiftung nicht auf den von den §§ 80 bis 88 BGB mit dem Namen „Stiftung" belegten Rechtsträger reduzieren lässt. In einem funktionalen Sinne verstanden erfasst er vielmehr jedes zweckgebundene Vermögen, das aufgrund eines freiwilligen Übertragungsaktes auf einen Rechtsträger beliebiger Art übergeht und von diesem nach Maßgabe bestimmter Zwecke dauerhaft zu verwalten ist.[52] Auch die sogenannten nichtrechtsfähigen oder Treuhandstiftungen sind nach h.M. Stiftungen im Rechtssinne.[53] Und selbst Körperschaften wie Vereine oder Gesellschaften mit beschränkter Haftung lassen sich als Stiftungsorganisationen einsetzen, wenn auch mit Einschränkungen, deren Wurzeln im Prinzip in der Verbandsautonomie zu suchen sind. So gesehen ist „Stiftung" primär die aus einem Stiftungsgeschäft hervorgehende Vermögensmasse und erst sekundär – im Sonderfall der §§ 80 bis 88 BGB – die Stiftung als juristische Person.[54]

Vor allem *Schlüter* hat darauf hingewiesen, dass das Stiftungsrecht streng genommen von einem doppelten Stiftungsbegriff ausgeht.[55] Es differenziert zwischen der von der Rechtsform ihres Trägers unabhängigen, dauerhaften Vermögenswidmung zu bestimmten Zwecken einerseits und dem Rechtsträger mit dem Namen „rechtsfähige Stiftung" andererseits. Mit dieser Feststellung hat er zwar nicht überall Beifall erfahren.[56] Für die Identifikation des tatsächlichen Vorganges, für den ein Stifter womöglich Grundrechtschutz in Anspruch nehmen kann, ist der doppelte Stiftungsbegriff aber nützlich. Er macht nämlich deutlich, dass das Stiften in erster Linie eine freigebige Vermögensverwendung ist und allenfalls sekundär ein Organisationsakt. Da Eigentum – unbeschadet seiner Gesetzesakzessorietät – im Kern „... durch Privatnützigkeit und die grundsätzliche Verfügungsbefugnis des Eigentümers über den Eigentumsgegenstand gekennzeichnet" ist[57], ist jedenfalls dieser Transfer die Wahrnehmung einer grundrechtlich verbürgten Position – zumindest soweit er die Verfügung über Sachen oder Rechte betrifft, denen die Rechtsordnung Eigentumsqualität zubilligt. Das gilt nicht nur für Verfügungen unter Lebenden, sondern ebenso für solche, die von Todes wegen erfolgen. Auch für die Erbrechtsgarantie ist anerkannt, dass sie als Ausdruck nachwirkenden Eigentumsschutzes das Recht umfasst, die Ver-

[52] Grundlegend *Schlüter* Stiftungsrecht zwischen Privatautonomie und Gemeinwohlbindung, 2004, S. 200 ff., 220 ff.; dem folgend *Rawert* DNotZ 2008, S. 5, 9 f.

[53] So bereits RZG 88, 335, 338 f. Vgl. auch *Rawert* in: FS Hopt (Fn. 9) S. 177, 181 ff.

[54] Doppelter Stiftungsbegriff; siehe *Schlüter* (Fn. 52) S. 210 f.

[55] *Schlüter* ibid.

[56] Kritik z.B. bei *Reuter* AcP 207 (2007) S. 1, 8 ff.; *ders.* npoR 2009, S. 55, 57 f.

[57] BVerfGE 104, 1, 8; vgl. auch BVerfGE 50, 290, 339 sowie *Becker* in: Stern/Becker (Fn. 35) Art. 14 GG Rn. 38.

mögenszuordnung nach dem Tode zumindest mitzugestalten.[58] Das setzt – unbeschadet der Ausgestaltung der Garantie durch das einfache Recht – Verfügungsfreiheit über anerkannte Eigentumspositionen voraus.[59] Stiften als freiwillige Vermögensverwendung zu privatautonom gesetzten Zwecken ist mithin primär durch Art. 14 Abs. 1 GG grundrechtlich geschütztes Verhalten.[60]

Lediglich soweit das Stiftungsgeschäft – wie im Falle der rechtsfähigen Stiftung – einen auf die Schaffung einer juristischen Person gerichteten Organisationsakt enthält, kommt für den Stifter im Einzelfall überdies die Berufung auf Art. 2 Abs. 1 GG in Betracht. Da zumindest bei der Stiftung unter Lebenden das Stiftungsgeschäft nicht notwendig auch die Zuwendung des Stiftungsvermögens enthalten muss[61], wird Art. 2 Abs. 1 GG dann nicht von Art. 14 Abs. 1 GG verdrängt, wenn der Stifter selbst lediglich die für das Stiftungsgeschäft charakteristische Vermögen-Zweck-Beziehung definiert, nicht aber eigenes Vermögen zur Ausstattung der Stiftung verspricht. Denn die durch Art. 2 Abs. 1 GG geschützte allgemeine Handlungsfreiheit umfasst nach heute unbestrittener Ansicht auch das Recht des Einzelnen, seine Rechtsverhältnisse gegenüber gleichgeordneten Rechtssubjekten eigenverantwortlich und nach eigenem Willen (privatautonom) zu gestalten.[62] Stellt die Zivilrechtsordnung bestimmte Rechtsformen bereit, die es dem Willen des Einzelnen ermöglichen, rechtsverbindliche Folgen zu setzen, fällt der Gebrauch dieser Formen in den Schutzbereich des Art. 2 Abs. 1 GG. Das bedeutet zwar nicht notwendig, dass die rechtsfähige Stiftung Bestandsgarantie genießt. Es heißt aber, dass der Gebrauch dieser Rechtsform entgegen der Vorstellung des historischen Gesetzgebers ein verfassungsrechtlich geschützter Akt privatautonomer Lebensgestaltung geworden ist.

b) Bei der Schaffung eines Regelungsrahmens für so verstandenes Stiften hat der Gesetzgeber allerdings kein freies Belieben. Zwar stellen die Grundrechte aus Art. 14 Abs. 1 und Art. 2 Abs. 1 GG in erster Linie subjektivöffentliche Abwehrrechte gegen staatliche Eingriffe dar. Vor allem Art. 14 Abs. 1 GG enthält aber auch eine Einrichtungs- bzw. Institutsgarantie, deren funktionsbezogener Gehalt den Gesetzgeber dazu verpflichtet, Rechtsvorschriften zu er- oder zu belassen, die den eigentumsspezifischen Freiraum des „Verfügenkönnens" in einer dem jeweiligen Betätigungsfeld angemessenen

58 Vgl. BVerfGE 19, 202, 206; 67, 329, 340; 91, 346, 358.

59 Vgl. *Edenfeld* DNotZ 2003, S. 4, 12.

60 Vgl. auch *Schulte* (Fn. 27) S. 41; *Schröder* DVBl. 2007, S. 207, 209 f.

61 So zu Recht *Hüttemann* in: FS Werner, 2009, S. 85 ff.; aA aber MünchKomm BGB/*Reuter* (Fn. 3) §§ 80, 81 Rn. 12 f.; *Jakob* (Fn. 46) S. 149 f.; *Burgard* Gestaltungsfreiheit im Stiftungsrecht, 2006, S. 79.

62 Statt Vieler Maunz/Düring/Herzog/*Di Fabio* Grundgesetz (Fn. 38) Art. 2 Abs. 1 Rn. 101 m.w.N.

Weise sichern.[63] Nach herrschender Ansicht lassen sich daraus zwar nicht einmal im Gesellschaftsrecht, wo der Schutz des Art. 14 Abs. 1 GG sogar noch durch eine aus Art. 9 Abs. 1 GG folgende prinzipielle Pflicht des Gesetzgebers zur Schaffung geeigneter Verbandstypen verstärkt wird[64], konkrete Ansprüche auf bestimmte Rechtsformen herleiten.[65] Macht die Legislative die Möglichkeit zur Wahl einer Rechtsform jedoch von staatlicher Mitwirkung abhängig, darf sie wegen der potentiellen Grundrechtsrelevanz einer solchen Regelung die Gewährung oder Versagung dieser Mitwirkung (Genehmigung/Anerkennung) ausschließlich von der Erfüllung oder Nichterfüllung gesetzlich normierter Tatbestandsvoraussetzungen bzw. verhältnismäßiger Kriterien[66] für die Ausübung eines pflichtgemäßen Ermessens abhängig machen.[67] Der Vorbehalt des Gesetzes ist heute nicht mehr auf Genehmigungs- oder Anerkennungsvorbehalte beschränkt, die sich als Eingriffe in den Schutzbereich eines Grundrechts darstellen. Nach der Rechtsprechung des BVerfG ist er vielmehr zu einem umfassenden „grundrechtlichen Gesetzesvorbehalt" geworden, der jede Maßnahme erfasst, welche „wesentlich für die Verwirklichung der Grundrechte" ist, also auch die Bestimmung des konkreten Anspruchs auf Nutzung einer Rechtsform.[68]

c) Nicht im Widerspruch zu einem so verstandenen Recht auf Stiftung steht dabei die These, dass es keine verfassungsrechtliche Bestandsgarantie für das Institut der rechtsfähigen Stiftung des Privatrechts gibt. Dass die Bereitstellung eines Rechtsträgers i.S.d. §§ 80 bis 88 BGB notwendige Voraussetzung für Stiften im funktionalen Sinne wäre, ist – vor allem entgegen *Hof* und *Dieter Reuter* – nicht belegbar. Die BGB-Stiftung als eine nicht auf einem Personenverband beruhende juristische Person mag unter dem Gesichtspunkt möglichst dauerhafter Verfolgung bestimmter Zwecke eine besonders geeignete Rechtsform für das Stiften darstellen. Praxis und Rechtsvergleichung belegen aber, dass auch andere Rechtsträger Stiftungsträger sein und Vermögen effektiv perpetuieren können – und sei es deshalb, weil die Immunisierung des Vermögens vor zweckwidriger Verwendung durch die Regeln des Steuerrechts gewährleistet wird.[69]

[63] Sachs/*Wendt* (Fn. 29) Art. 14 Rn. 9 ff.

[64] Dazu *Schön* in: FS Ulmer, 2003, S. 1359, 1364 ff.

[65] Vgl. BVerfGE 50, 290, 355; aA aber offenbar MünchKomm BGB/*Reuter* (Fn. 3) Vorbem. 32 ff. zu § 80; Seifart/vCampenhausen/*Hof* (Fn. 1) § 4 Rn. 14 ff.; *Schmidt-Jortzig* (Fn. 1) S. 55, 61 ff.

[66] Vgl. BVerfGE 8, 274, 325; Stelkens/Bonk/Sachs/*Sachs* VwVfG, 7. Aufl. 2008, § 40 Rn. 17.

[67] Siehe *Volkholz* (Fn. 17) S. 179 ff.; ähnlich für das Aktienrecht *Schön* (Fn. 64) S. 1359, 1367 f.

[68] Vgl. BVerfGE 40, 237, 248 f.; 47, 46, 78 f.; 49, 89, 129 f.; siehe auch *Andrick/Suerbaum* Stiftung und Aufsicht, 2001, § 5 Rn. 25.

[69] Dazu *Rawert* in: FS Hopt (Fn. 9) S. 177, 186 ff. m.w.N.

d) Ganz und gar nicht überzeugt es überdies, wenn als Anspruchsgrundlage für die Bereitstellung eines rechtsfähigen Stiftungsträgers auf das durch Art. 2 Abs. 1 i.V.m. Art. 1 Abs. 1 GG geschützte allgemeine Persönlichkeitsrecht zurückgegriffen wird.[70] Nach der Rechtsprechung des BVerfG ist der Schutzbereich des allgemeinen Persönlichkeitsrechts die „engere persönliche Lebenssphäre des Menschen und die Erhaltung ihrer Grundbedingungen".[71] Weil es aus der Menschenwürdegarantie des Art. 1 Abs. 1 GG abgeleitet wird, ist es anders als die allgemeine Handlungsfreiheit[72] primär subjekt- und allenfalls sekundär verhaltensbezogen. Dementsprechend sind typische Fälle, in denen die verfassungsgerichtliche Rechtsprechung das allgemeine Persönlichkeitsrecht als betroffen angesehen hat, der Schutz der Ehre[73], die Bestimmung der eigenen Geschlechterrolle[74], die Vertraulichkeit des Tagebuchs[75], das Recht am eigenen Bild[76] und Wort[77] oder der Anspruch, in einem Strafverfahren nicht zur Selbstbezichtigung gezwungen zu werden.[78] Dem Vergleich mit diesen typischen Anwendungsfällen des allgemeinen Persönlichkeitsrechts hält der behauptete Anspruch auf Bereitstellung der Stiftung als einer eigenständigen Rechtsform nicht stand. Zum einen ist die Errichtung einer rechtsfähigen Stiftung schon deshalb kaum eine „Grundbedingung der engeren persönlichen Lebenssphäre", weil sie für den überwiegenden Teil der Bevölkerung de facto nicht in Betracht kommt. Der großen Mehrheit fehlt es an den finanziellen Mitteln, entsprechende Projekte in die Tat umzusetzen. Zum anderen aber steht selbst der Stifter „seiner" Stiftung, nachdem sie Rechtsfähigkeit erlangt hat, grundsätzlich wie ein fremder Dritter gegenüber. Mag sein anfänglicher Wille auch in der Verfassung der Stiftung Ausdruck gefunden haben, so ist die bestehende Stiftung ein von ihm unabhängiges Rechtssubjekt. Inwieweit der Stifter in ihr nachwirkt, ist maßgeblich vom konkreten Auftritt der Stiftung abhängig. Trägt sie den Namen des Stifters? Ehrt sie sein Anliegen durch gelungene Arbeit? Oder wirkt sie im Verborgenen? Haben sich ihre Vorstände untreu verhalten? Ist die Stiftung womöglich mit dem Gemeinnützigkeitsrecht in Konflikt geraten? Wer aus den hypothetisch positiven Folgen der Errichtung einer Stiftung auf ein durch Art. 2 Abs. 1 i.V.m. Art. 1 Abs. 1 GG gestütztes Recht auf Bereitstellung einer eigenen Rechtsform schließt, begeht nicht nur einen Zir-

[70] So vor allem *Schmidt-Jortzig* (Fn. 1) S. 55, 61 ff.; MünchKomm BGB/*Reuter* (Fn. 3) Vorbem. 34 zu § 80; *Krause/Thiele* NPLY 2007, S. 133, 137; in diese Richtung auch *Schlüter/Stolte* Stiftungsrecht, 2001, Kap. 1 Rn. 48.

[71] BVerfGE 54, 148, 153; 72, 155, 170; 96, 56, 61.

[72] Art. 2 Abs. 1 GG.

[73] BVerfGE 54, 148, 154 ff.; 54, 208, 217.

[74] BVerfGE 47, 46, 73.

[75] BVerfGE 80, 367, 373 ff.

[76] BVerfGE 35, 202, 220.

[77] BVerfGE 34, 238, 246; 54, 148, 155.

[78] BVerfGE 38, 105, 114 f.; 56, 37, 41 ff.

kelschluss. Schlimmer noch: Konsequent müsste er es dem noch lebenden Stifter, den seine Tat reut oder der sich von „seiner" Stiftung bzw. ihren Organen zu Recht oder zu Unrecht enttäuscht fühlt, zur Wahrung seines Persönlichkeitsrechts die Möglichkeit einräumen, sein Werk notfalls wieder aus der Welt zu schaffen. Das hat bisher niemand gefordert.

5. *Konsequenzen*

Es gibt also kein Grundrecht auf Stiftung, zumindest nicht in dem Sinne, dass der Gesetzgeber die Rechtsform der rechtsfähigen Stiftung des Privatrechts schaffen müsste, wäre sie im BGB nicht ohnehin geregelt. Ist der Gesetzgeber freilich tätig geworden, hat er sich – verfassungsrechtlich betrachtet – gleichsam selbst gebunden.[79] Konsequenz des nach der Rechtsprechung des BVerfG bestehenden „grundrechtlichen Gesetzesvorbehaltes" ist es, dass er die Befugnis zur Errichtung einer Stiftung nicht von Kriterien abhängig machen darf, die dem Gesetz nicht zumindest im Wege der Auslegung zu entnehmen sind und deren konkrete Ausgestaltung nicht dem Grundsatz der Verhältnismäßigkeit genügt.[80] Dies hat zwischenzeitlich auch der Gesetzgeber anerkannt, der aus diesem Grunde im BGB jetzt ein Recht auf Stiftung normiert hat.[81] Damit hat er vor allem *Sachs* widersprochen, welcher wegen seiner einseitig auf die *Stiftung als Rechtsform* fixierten Betrachtungsweise die Grundrechtsrelevanz des *Stiftens als Vermögenstransfer* nicht erkannt hat.[82] Überdies folgt daraus aber auch, dass das in dem zwar neu gefassten aber noch immer mangelhaften Anerkennungstatbestand der §§ 80 Abs. 2, 81 Abs. 1 BGB enthaltene Merkmal der „Gemeinwohlgefährdung" lediglich dann verfassungsmäßig ist, wenn man es als „Gesetzesverletzung" versteht[83] oder ihm womöglich die Funktion einer bundespolizeilichen Generalklausel zur Gefahrenabwehr im Stiftungsrecht zumisst.[84] Wenn sich – worauf *Muscheler*[85] richtig hinweist – der Gesetzgeber nicht in der Lage sieht, einen bestimmten Stiftungszweck durch konkrete Normen zu verbieten, dann darf er seine Entscheidungskompetenz nicht über die Verwendung von Begriffen wie dem der „Gemeinwohlgefährdung" an die Verwaltung delegieren.

Die Definition der Stifterfreiheit als einer zwar im Sinne des Parlamentsvorbehalts grundrechtsrelevanten, aber gleichwohl rechtlich konstituierten Freiheit eröffnet schließlich den Weg zu der Erkenntnis, dass die gesetzliche

[79] *Bumke* Der Staat 2010, S. 77, 89.
[80] Vgl. *Volkholz* (Fn. 17) S. 126 ff.
[81] Vgl. § 80 Abs. 2, BT-Drucks. 14/8277, S. 5; 14/8765, S. 7.
[82] Ebenso auch *Walz* ZSt 2004, S. 133, 139 f.
[83] Vgl. MünchKomm BGB/*Reuter* (Fn. 3) §§ 80, 81 Rn. 53 ff.
[84] Dazu ausführlich aber im Ergebnis ablehnend *Volkholz* (Fn. 17) S. 193 ff., 197 ff.
[85] NJW 2003, S. 3161, 3164.

Festlegung von Normativbestimmungen für die Anerkennung einer Stiftung – und zwar auch in Gestalt der Eingrenzung zulässiger Stiftungszwecke – möglich ist.[86] Voraussetzung ist lediglich, dass die Eingrenzung keine unbestimmte Delegation von Entscheidungsbefugnissen an die Verwaltung beinhaltet, verhältnismäßig ist und nicht gegen andere Verfassungsgebote wie den Gleichheitssatz verstößt. Folglich irrt *Hof*, wenn er gegen die wiederholt diskutierte Beschränkung der Zulässigkeit von rein privatnützigen Stiftungen eine offenbar als „Menschenrecht" verstandene Stifterfreiheit ins Feld führt.[87] So wenig die Vertragsfreiheit Regelungen über den Verbraucherschutz ausschließt, so wenig ist der Gesetzgeber im Stiftungsrecht an der Setzung von Normen gehindert, mit denen er im Interesse der Herstellung praktischer Konkordanz mit den Rechten Dritter dafür Sorge trägt, dass durch den Einsatz von Stiftungen z.B. Rechtssätze des Unternehmens- oder Erbrechts nicht unterlaufen werden.[88]

6. *Fazit*

Dieter Reuter hat einmal bemerkt, dass der lange Zeit fehlende Widerspruch dazu geführt habe, der These von der Existenz eines Grundrechts auf Stiftung eine per-se-Überzeugungskraft zu unterstellen, die eine nähere Begründung entbehrlich erscheinen ließ.[89] Die Modernisierung des Stiftungsrechts im Jahre 2002 und die ungeprüfte Übernahme der These durch den Bundesgesetzgeber hat ihn eindrucksvoll bestärkt. Die Wahrheit ist: Es gibt kein Grundrecht auf Stiftung. Die Stiftungserrichtung ist für den Stifter nur ein Medium der Grundrechtsausübung im Rahmen des bestehenden Rechts. Nicht mehr, aber auch nicht weniger.

Allerdings hat der Gesetzgeber mit der einfachgesetzlichen Festlegung eines Anspruchs auf Anerkennung der Rechtsfähigkeit einer Stiftung unter näher geregelten tatbestandlichen Voraussetzungen einen Zustand geschaffen, den er nicht ohne weiteres zurückdrehen kann. Jede Einschränkung der von den §§ 80, 81 BGB vorgesehenen Kautelen für das Stiften hat sich am Grundsatz der Verhältnismäßigkeit zu orientieren.[90] Geeignet, erforderlich und angemessen sind dabei allenfalls Normativbestimmungen, die für eine widerspruchslose Einordnung von Stiftungsvorhaben in das System des geltenden Privatrechts sorgen. Die erneute Öffnung des Tatbestandes der §§ 80,

[86] So im Ergebnis auch *Burgard* (Fn. 61) S. 46; *Schwintek* ZRP 1999, S. 25 ff.
[87] Seifart/vCampenhausen/*Hof* (Fn. 1) § 4 Rn. 54; noch deutlicher *ders.* in der Vorauflage (Fn. 42) § 4 Rn. 44 ff.
[88] Dazu auch *Rawert* ZEV 1999, S. 294 ff.
[89] *Reuter* in: Hopt/Reuter (Hrsg.) (Fn. 44) S. 139.
[90] So zutreffend *Burgard* (Fn. 61) S. 46 f.; siehe auch *Bumke* Ausgestaltung von Grundrechten, 2009, S. 50 ff.

81 BGB für Zwecke verwaltungspolitisch motivierten Eingreifens in das private Stiftungswesen ist rechtspolitisch kaum und verfassungsrechtlich allenfalls in eng gezogenen Grenzen denkbar. Man kann den Erfolg der herrschenden Meinung auf einen knappen Nenner bringen: Mit dogmatisch falscher Begründung das politisch richtige Ziel erreicht. Einen um widerspruchslose Dogmatik bemühten Denker wie *Dieter Reuter* mag dieses Ergebnis zwar nicht restlos glücklich machen. Aber es sollte ihm zumindest ein Lächeln wert sein.

Verfassungsrechtlicher Bestandsschutz für Stiftungen?

Die niedersächsische Traditionsklausel: Konstitutionelle Strukturfestschreibung versus notwendige Veränderungsmöglichkeit

Edzard Schmidt-Jortzig

Dieter Reuter gilt in der Szene als „Papst des Stiftungsrechts". Seine Kommentierung von §§ 80–88 BGB (samt Vorbemerkung) im Münchener Kommentar zum Bürgerlichen Gesetzbuch[1] hat eine grundsätzliche Basis für allen normativen und wissenschaftlichen Überbau gelegt, und seine Kompendien über Stiftungen in Deutschland und Europa[2] haben die realen Erscheinungsformen umfassend systematisiert. Zahllose Studien und Aufsätze aus seiner Feder leuchten zudem Einzelaspekte des Stiftungsrechts aus.[3] Was liegt da für einen Öffentlichrechtler näher, als dem hochgeschätzten Kollegen zu seinem 70. Geburtstag einen stiftungsbezogenen Beitrag aus dem Nachbarbereich darzubringen. Und dies außerdem, weil der Jubilar ja mit seiner Dissertation einst selber im Öffentlichen Recht ansetzte[4] und seither öfters die Überschneidungen und Grenzzonen dorthin ausmaß.

Bietet also das Öffentliche Recht nicht nur für die Gründung von Stiftungen,[5] sondern auch für ihren Fortbestand Garantien bzw. Unterstützung oder Gefährdungsabwehr? Man mag da zunächst mit Unverständnis reagieren. Denn warum sollte sich das Recht dem natürlichen Kommen und Gehen von Wirtschafts- oder Kulturteilnehmern entgegenstellen, das doch die

[1] Bd. 1 (Allgemeiner Teil), seit 1. Aufl. 1978, S. 434 ff. – heute 5. Aufl. 2006, S. 933 ff.

[2] Schon vor fast 40 Jahren zus. m. seinem Lehrer *Ernst-Joachim Mestmäcker* Stiftungen in Deutschland, in: Stiftungen in Europa – eine vergleichende Übersicht (hrsg. v. Stifterverband für die deutsche Wissenschaft, 1971), S. 109 ff.; und dann in dem zusammen mit K. J. Hopt herausgegebenen Sammelband „Stiftungsrecht in Europa" (2001), in welchem er selber die Einführung schrieb.

[3] Wie ein Blick in das Œuvre des Jubilars zeigt, insbesondere seit 2001.

[4] *Reuter* Kindesgrundrechte und elterliche Gewalt (Schriften zum Öffentlichen Recht, Bd. 72), 1968. Und ebenso dann auch *ders.* Die Grundrechtsmündigkeit – Problem oder Scheinproblem?, in: FamRZ 1969, S. 622 ff.

[5] Dazu *Edzard Schmidt-Jortzig* Stifterfreiheit – Bedingungen eines Grundrechts auf Stiftung, in: R. Graf Strachwitz/F. Mercker (Hrsg.), Stiftungen in Theorie, Recht und Praxis. Handbuch für ein modernes Stiftungswesen (2005), S. 55 ff.

Anpassung und Erneuerung des Systems sichert. Gewiss gibt es gegen Beseitigungsaktionen von hoher Hand generelle Abwehrmechanismen. Das Rechtsstaatsprinzip etwa verlangt als Forderung der Rechtssicherheit allemal Bestimmtheit, Vorhersehbarkeit und Berechenbarkeit des hoheitlichen Handelns. Und die Eigentumsgarantie von Art. 14 Abs. 1 GG gewährt unter der Voraussetzung von Art. 19 Abs. 3 GG auch Stiftungen Schutz gegen einen formlosen, übermäßigen und/oder unkompensierten Entzug von vermögenswerten Substraten ihrer Existenz. Aber darüber hinaus ist eigentlich kein Bestandsschutz ersichtlich, selbst wenn heute fast bei jeder politischen Veränderungsinitiative von den Betroffenen unter Hinweis auf die Verfassung lauthals Widerstand ausgerufen wird. Steter Wandel scheint nun einmal in der Moderne mehr denn je das Schicksal eines Gemeinwesens zu sein.

Lassen sich aber bewahrenswerte Prinzipien, Strukturen oder Einrichtungen (vielleicht eben auch Stiftungen) nicht doch wenigstens mit besonderen normativen Ansätzen im Strom der Zeit und der Veränderungen festhalten? Die Möglichkeiten entsprechender Vorkehrungen sind zwar begrenzt. Das Erlöschen zentral wichtiger Gegenständlichkeiten aufgrund Ressourcenversiegens oder Selbstauflösung lässt sich ja allenfalls noch durch faktische Stützungsaktionen verhindern. Aber den Versuch einer gezielten Bestandssicherung sollte eine Rechtsordnung, die sich als Grundlage des Gemeinwesens versteht, schon unternehmen können. Und möglicherweise bewirkt ja bei den Zeitgenossen auch bereits der Mobilisierungseffekt oder Motivationsschub einer entsprechenden Verfassungsanstrengung manches – selbst wenn in einer Demokratie letztlich nur das, was von den Menschen tatsächlich als gut und wichtig empfunden wird, eine gewisse Beständigkeit gewinnen kann.

In den deutschen Verfassungen wenigstens werden verschiedenste Festlegungen getroffen, um einer ziellosen, unkontrollierten Entwicklung des Staates entgegenzuwirken. Selbst systematisch bzw. rechtstechnisch können solche Vorkehrungen aber immer nur relative Sicherheit bieten. Denn wenn die ganze Verfassung beseitigt würde, sei es durch staatliche Neukonstituierung, sei es durch Revolution oder dauerhaften Herrschaftsausfall, brächen eben auch ihre Verbürgungen zusammen. Und dazu mag es dann unter Umständen gar gekommen sein, weil die betreffende Verfassung auf immer stärker werdenden gesellschaftlichen Veränderungsdruck nicht offen und flexibel genug reagieren konnte, sondern sich in ihrer rechtlichen Status-quo-Garantierung gewissermaßen „einmauerte“, deshalb starr, spröde und brüchig wurde und also zerbrach. Die richtige Balance zwischen Kontinuität und Wandel, zwischen Beharrungsvermögen und Anpassungsfähigkeit, zwischen Unnachgiebigkeit und Flexibilität ist demgemäß ein Grundthema aller staatlichen Verfassungen.

I. Lineare konstitutionelle Basisgewährleistungen

Jede Verfassung enthält schon gewisse allgemeine Ausgangsnormen, welche die staatlichen Verhältnisse grundlegender und nachhaltiger festlegen wollen, als es die sonstigen Normen bei ihr vermögen. Es geht um Vorgaben von irgendwie höherer Garantiedichte. Darauf sei nun auch das Grundgesetz für die Bundesrepublik Deutschland einmal durchgemustert. Seitenblicke auf die verschiedenen Landesverfassungen vervollständigen dieses Bild. Und immer ist hierbei mit im Auge zu behalten, inwieweit daraus vielleicht sogar (bestimmte) Stiftungen Rechte herleiten können.

Am augenfälligsten und entschiedendsten sichert das Grundgesetz die sogenannten „verfassungsgestaltenden Grundentscheidungen" gegen eine Abschaffung oder Aufweichung ab (Art. 79 Abs. 3 GG). Das umfasst bekanntlich „die Gliederung des Bundes in Länder, die grundsätzliche Mitwirkung der Länder bei der Gesetzgebung und die in den Artikeln 1 und 20 niedergelegten Grundsätze". Hieran sind irgendwelche Änderungen schlichtweg untersagt, gemeinhin wird diese Verbürgung deshalb als „Ewigkeitsgarantie" bezeichnet. Erst unlängst hat das Bundesverfassungsgericht erneut betont, dass man über diese Sperre nur mit einer völligen Neukonstituierung des Staates hinwegkommen könnte.[6]

Als weitere Bewahrungsverpflichtung werden im Grundgesetz verfassungsoperationale Festlegungen getroffen. Sie kommen in Form von Staatszielbestimmungen und Einrichtungsgarantien vor. Erstere stellen verbindliche Vorschreibungen bestimmter Zielverfolgung dar[7] wie Menschenwürdeentfaltung (Art. 1 Abs. 1 GG), Sozialstaatlichkeit (Art. 20 Abs. 1, 28 Abs. 1 GG), Europaintegration (Art. 23 Abs. 1 Satz 2 GG), Anstrebung gesamtwirtschaftlichen Gleichgewichts (Art. 109 Abs. 2 GG) oder Umwelt- und Tierschutz (Art. 20 a GG). Letztere wollen bestimmte Normenkomplexe mit grundlegend und eigengewichtig ordnender Funktion für den verfassten Staatsauf-

[6] BVerfG, U. v. 30.6.2009 (2 BvE 2/08 u.a.), Rn. 216: „Die verfassunggebende Gewalt der Deutschen, die sich das Grundgesetz gab, wollte jeder künftigen politischen Entwicklung eine unübersteigbare Grenze setzen. Eine Änderung des Grundgesetzes, durch welche die in Artikeln 1 und 20 GG niedergelegten Grundsatze berührt werden, ist unzulässig (Art 79 Abs. 3 GG). Mit der sogenannten Ewigkeitsgarantie wird eine Verfügung über die Identität der freiheitlichen Verfassungsordnung selbst dem verfassungändernden Gesetzgeber aus der Hand genommen".

[7] Dazu statt anderer *Peter Badura* Arten der Verfassungsrechtssätze, in: J. Isensee/P. Kirchhof (Hrsg.), Handbuch des Staatsrechts, Bd. VII (1992), § 159 Rn. 15 ff.; *Karl-Peter Sommermann* Staatsziele und Staatszielbestimmungen (1997), insb. S. 377 ff.; *Hartmut Maurer* Staatsrecht I (5. Aufl. 2007), § 6 Rn. 9 ff.; oder *Joachim Schwind* Zukunftsgestaltende Elemente im deutschen und europäischen Staats- und Verfassungsrecht (2008), S. 214 ff. (233 ff.). – Ausdrückliche konstitutionelle Präzisierungen außerdem in den Landesverfassungen Sachsen Art. 13, Sachsen-Anhalt Art. 3 Abs. 3 und Thüringen Art. 43.

bau gewährleisten[8] wie ungestörte Religionsausübung (Art. 4 Abs. 2 GG), freies Presse- und Rundfunkwesen (Art. 5 Abs. 1 Satz 2 GG), politische Parteien (Art. 21 Abs. 1 GG), kommunale Selbstverwaltung (Art. 28 Abs. 2 GG) oder eine unabhängige Gerichtsbarkeit (Art. 92 Hs. 1 mit 97 Abs. 1 GG). Beide Male allerdings werden nur Grundanlagen bzw. Kerngehalte stärker geschützt, bei der einzelnen Ausführung bzw. in den Randbereichen besteht hingegen breiter Gestaltungsspielraum, für den nur Abwägungsvorgaben Grenzen setzen.

Schließlich gibt das Grundgesetz verfassungsunmittelbare Aufgabenfixierungen an die Hand, u. zw. in Form von Programmsätzen, Gesetzgebungsaufträgen und Verfassungsschutzanordnungen. Hier aber verschwimmen die besonderen Garantierungseffekte bereits. Und wirklich verfassungsrechtliches Einhaltgebieten kommt nur noch bei offener Gegenaktion oder gezielter Vernachlässigung in Frage.[9]

Bestimmte organisatorische Etablierungen wie Stiftungen, privatrechtliche oder öffentlich-rechtliche, werden von all diesen Gewährleistungen nicht erfasst. Es geht vielmehr um inhaltliche Festlegungen, sei es generell-abstrakt staatsstrukturell, sei es speziell-konkret sachgestaltend. Und Adressaten sind die Staatsorgane, insb. das Parlament als der Gesetzgeber. Einzelne (etwa stiftungsmäßige) Ausgestaltungen der Aktivitäten werden weder vorgegeben noch besonders geschützt.

Auch in den Landesverfassungen finden sich im Prinzip dieselben Gewährleistungsformen wie im Grundgesetz wieder, wenn auch weniger zahlreich und ausgeprägt. Immerhin haben aber die meisten Bundesländer, u. zw. bis auf Berlin, Brandenburg, Hamburg, Hessen und Schleswig-Holstein, ähnlich Art. 79 Abs. 3 GG ihre verfassungsgestaltenden Grundentscheidungen unabänderlich gestellt.[10] Und jedenfalls Staatszielbestimmungen kommen mitunter durchaus vielfältig vor.[11]

[8] Vgl. statt anderer *Gunther Abel* Die Bedeutung der Lehre von den Einrichtungsgarantien für die Auslegung des Bonner Grundgesetzes (1964), S. 46 ff., 70 f.; *Edzard Schmidt-Jortzig* Die Einrichtungsgarantien der Verfassung (1979), insb. S. 23 ff.; *Klaus Stern* Das Staatsrecht der Bundesrepublik Deutschland, Bd. III/1 (1988), § 68 II (S. 776 ff.); w. Nachw. bei *Claudia Mainzer* Die dogmatische Figur der Einrichtungsgarantie (2003), S. 115. Grundsätzlich kritisch zu der Kategorie *Kai Waechter* Einrichtungsgarantien als dogmatisches Fossil, in: Die Verwaltung 29 (1996), S. 47 ff.; sowie umdeutend zu einer Autonomieverbürgung im Dienste individueller Freiheitsentfaltung oder dezentraler öffentlicher Aufgabenerfüllung *Ute Mager* Einrichtungsgarantien (2003), insb. S. 395 ff. – Eine bemerkenswerte konstitutionelle Definition liefert übrigens Art. 3 Abs. 2 Verf. Sachsen-Anhalt.

[9] So (freilich zur Verletzung grundrechtlicher Schutzpflichten) deutlich BVerfG (Kammer), NJW 1996, S. 651; 1998, S. 2961 (2962).

[10] Baden-Württemberg (Art. 64 Abs. 1), Bayern (Art. 75 Abs. 1), Bremen (Art. 20); Mecklenburg-Vorpommern (Art. 56 Abs. 3), Niedersachsen (Art. 46 Abs. 2), Nordrhein-Westfalen (Art. 69 Abs. 1), Rheinland-Pfalz (Art. 129 Abs. 2), Saarland (Art. 101 Abs. 2), Sachsen (Art. 74 Abs. 1), Sachsen-Anhalt (Art. 78 Abs. 3) und Thüringen (Art. 83 Abs. 3).

[11] Namentlich in den jüngeren Konstitutionen. Dazu *Rupert Scholz* Inflation der Staats-

II. Besondere konstitutionelle Vorgaben

Neben den allgemeinen Sicherungen für die Gestaltbildung und Aufgabenstellung des Staates enthalten die deutschen Verfassungen noch eine Reihe spezieller Strukturfestlegungen. Das sind solche Verankerungen, die nicht für die staatliche Auftragsentfaltung in ihrer gesamten Breite gelten, sondern nur einzelnen Ausgestaltungen zementieren, dort aber für das gewollte Funktionieren des betreffenden Teilbereichs als unerlässlich gelten.

A. Bestandsgarantien auf Bundesebene

Im Grundgesetz betrifft das vor allem bestimmte Organisationsentscheidungen, die innerhalb der Verfassungsorgane bzw. Staatsfunktionen deren je eigene Wirkungsweise noch besonders strukturieren. Dazu gehört etwa, dass es im Bundestag stets einen Ausschuss für die Angelegenheiten der Europäischen Union (Art. 45 GG), einen Petitionsausschuss (Art. 45 c GG), einen Ausschuss für auswärtige Angelegenheiten und einen für Verteidigung Art. 45 a GG) geben muss sowie einen Wehrbeauftragten (Art. 45 b GG). Ihre Abschaffung bzw. Nichteinrichtung wäre also untersagt; man müsste dazu schon die Verfassung ändern. Für die Bundesregierung gilt sodann, dass sie unter den Ministern mindestens einen Bundesminister für Verteidigung (Art. 65 a GG), einen Bundesjustizminister (Art. 96 Abs. 2 Satz 4 GG) und einen Bundesminister der Finanzen (Art. 108 Abs. 3 Satz 2, 112, 114 Abs. 1 GG) aufzuweisen hat. Bei der Justiz sind zwingend fünf bestimmte obersten Gerichtshöfe des Bundes vorgeschrieben (Art. 95 Abs. 1 GG). Und für die vollziehende Gewalt ist festgelegt, dass es – Art. 87 a Abs. 1 GG – Streitkräfte gibt (wie immer diese im Einzelnen aufgebaut, besetzt und geführt sein mögen) sowie eine Bundesbank (Art. 88 GG).

Dass sodann Berlin durch die Festschreibung der Hauptstadtfunktion auch als Kommune eine grundgesetzliche Existenzverewigung gefunden hat (Art. 22 Abs. 1 GG), mutet in diesem Zusammenhang eher originell an. Und ebenso dürfte wohl als historisches Sonderstück gelten, dass über Art. 27 GG der Bestand einer deutschen Handelsflotte festgeschrieben wurde. Freilich bietet diese Verankerung, wenn die „deutschen Kauffahrteischiffe" einfach von den Eigentümern nicht mehr betrieben werden, ja auch keine wirkliche, eigenständige Bestandsgarantie.

Wo immer auf diese Weise bestimmte Einrichtungen durch die Verfassung abgesichert werden, bleibt deren Organisationsform offen. Natürlich ergibt

ziele? Zur Verfassungsbewegung in den neuen Bundesländern, in: J. Goydke/D. Rauschning/R. Robra/H.-L. Schreiber/C. Wulff (Hrsg.), Vertrauen in den Rechtsstaat – Beiträge zur deutschen Einheit im Recht. Festschrift für Walter Remmers (1995), S. 89 ff.

sich mitunter schon aus dem hoheitlichen Funktionsauftrag, dass auch die institutionelle Gestalt öffentlich-rechtlich sein muss (Parlamentsausschüsse, Ministerien, Teilstreitkräfte, Kommunen). Aber wenn einer Einrichtung eigene Rechtspersönlichkeit verliehen wurde, historisch so gewachsen sein sollte oder einfach üblich geworden ist, bleibt selbst eine privatrechtliche Formgebung freigestellt, und erst recht gilt dies für die Detailgestaltung. Wo hier beispielsweise eine Stiftung bestünde, wäre für sie daher nicht die Rechtsform, sondern nur die Existenz als solche gewährleistet. Allerdings sind Stiftungen auf diesem Feld tatsächlich nirgends anzutreffen.

B. Bestandsgarantien auf Landesebene, insb. Art. 72 NdsVerf. („Traditionsklausel")

Bei den Bundesländern findet man in den Verfassungen entsprechende Vorgaben viel seltener. Nur für gewisse Bildungseinrichtungen und zentrale Verwaltungsstrukturen gibt es noch vereinzelt festere Garantien.[12] Und in den östlichen Bundesländern erhalten mitunter pauschal noch Einrichtungen, die von Kirchen und Religionsgemeinschaften oder auch von nationalen Minderheiten für ihre Aufgaben geschaffen wurden, ausdrückliche Förderungszusagen (und damit eine indirekte Bestandsgewährleistung). Ansonsten sind die Verfassungen jener Länder, deren Territorium sich aus Gebieten unterschiedlicher ehemaliger Staatswesen zusammensetzt, mindestens bestrebt, noch überkommene Identitäten in ihrem Verband weiter zu wahren.[13] Und was für Berlin im Bund gilt, ist über die Hauptstadtfunktion zudem auf Landesebene für Potsdam (Art. 1 Abs. 3 Verf. Brandenburg), Hannover (Art. 1 Abs. 4 Niedersächsische Verf.), Dresden (Art. 2 Abs. 1 Verf. Sachsen), Magdeburg (Art. 1 Abs. 3 Verf. Sachsen-Anhalt) und Erfurt (Art. 44 Abs. 3 Verf. Thüringen) geschehen.

[12] So einerseits in Baden-Württemberg (Art. 85) für den Bestand der bisherigen „Universitäten und Hochschulen mit Promotionsrecht" und bedingt in Hessen (Art. 156 Abs. 2) für gewisse alte Schulverhältnisse, andererseits in Rheinland-Pfalz (Art. 78) für bestimmte Selbstverwaltungsprivilegien „in einzelnen Landesteilen" und wieder in Baden-Württemberg (Art. 90) begrenzt bis zu einer generellen Neuregelung für die „Organisation der Polizei".

[13] So garantiert Baden-Württemberg (Art. 91) für Beamte „aus den bisherigen Ländern" eine gleichmäßige Berücksichtigung bei der Stellenbesetzung in den obersten Landesbehörden – sog. „Heimatklausel" – und bestimmt (Art. 94 Abs. 3) die Fortgeltung von „Recht der bisherigen Länder" (ähnlich Sachsen Art. 120 Abs. 1 und früher Niedersachsen Art. 55 a.F.); und Nordrhein-Westfalen (Art. 89) gewährleistet für eine bestimmte Zeit das Schulwesen „im ehemaligen Land Lippe". In Mecklenburg-Vorpommern (Art. 75) gibt es insoweit nur noch eine Ermächtigung, „zur Pflege und Förderung insbesondere geschichtlicher, kultureller und landschaftlicher Besonderheiten der Landesteile Mecklenburg und Vorpommern" sich selbst verwaltende Landschaftsverbände zu errichten.

Auch hier gilt indessen, dass die einzelne Rechtsform – soweit sie sich nicht aus dem Funktionsauftrag ergibt – offen ist. Ein spezieller Bestandsschutz für bestimmte Stiftungen besteht also nicht, und Gleiches gilt selbstverständlich für die körperschaftliche oder anstaltliche Rechtsform einer abgesicherten Einrichtung. Stiftungen freilich sind auf diesem Feld auch nur selten zu finden. Nur bei den erfassten Einrichtungen der Kirchen, Religionsgemeinschaften oder nationalen Minderheiten mögen sie vorkommen. Und dort bleibt nicht nur eben diese ihre spezielle Rechtsform ungarantiert, sondern es besteht ja auch gar kein wirklicher Bestandsschutz, weil neben der allgemeinen Gewährleistung von Eigentum, Eigenressourcen und Fortbestand der überkommenen Staatsleistungen lediglich z.T. noch ein Anspruch auf angemessene Kostenerstattung, allgemeine Kulturförderung oder den Gemeinnützigkeitsstatus zugesichert wird.[14]

Etwas für den hiesigen Aspekt völlig anderes und eigenständiges bietet indessen Niedersachsen. Dieses hat sich in seiner Verfassung zu einer noch ausgeprägteren, umfassenden Bestandsgarantie für bestimmte traditionsverpflichtete Einrichtungen bekannt.[15] Die einschlägige Verbürgung in Art. 72 der Landesverfassung[16] lautet unter der Überschrift „Besondere Belange und überkommene Einrichtungen der ehemaligen Länder":

„(1) Die kulturellen und historischen Belange der ehemaligen Länder Hannover, Oldenburg, Braunschweig und Schaumburg-Lippe sind durch Gesetzgebung und Verwaltung zu wahren und zu fördern.
(2) Die überkommenen heimatgebundenen Einrichtungen dieser Länder sind weiterhin dem heimatlichen Interesse dienstbar zu machen und zu erhalten, soweit ihre Änderung oder Aufhebung nicht in Verfolg organisatorischer Maßnahmen die sich auf das gesamte Land Niedersachsen erstrecken, notwendig wird".

[14] Vgl. etwa Verf. Brandenburg (Art. 25 Abs. 3), Bremen (Art. 63), Rheinland-Pfalz (Art. 46), Saarland (Art. 40), Sachsen (Art. 6 Abs. 1, 110 Abs. 1, 112 Abs. 2), Sachsen-Anhalt (Art. 32 Abs. 3), Schleswig-Holstein (Art. 5 Abs. 2 Satz 2) und Thüringen (Art. 41).

[15] *Ulrich Scheuner* Die politische Kultur in der Entwicklung Niedersachsens seit dem 17. Jahrhundert (1978), S. 13, sieht darin einen Ausdruck besonderer gestalterischer Einfühlsamkeit und Klugheit; und *Hans-Pater Schneider* Verfassungsrecht, in: H. Faber/ders. (Hrsg.), Niedersächsisches Staats- und Verfassungsrecht (1985), S. 44 (59), bezeichnete die territoriale Traditionsverpflichtung geradezu als „Grundlage der Niedersächsischen Staatsgewalt". Allerdings gibt es auch Kritik; so z.B. *Uwe Berlit* Die neue Niedersächsische Verfassung, in: NVwZ 1994, S. 11 (14): Die Traditionsklausel erschwere „notwendige Umstrukturierungen im regionalen Bereich (und hindere) ein Mehr an Transparenz" bei vielen der alten Einrichtungen.

[16] Niedersächsische Verfassung v. 19.5.1993 (GVBl. S. 107). Die vorangehende Vorläufige Niedersächsische Verfassung v. 13.4.1951 (GVBl. S. 103) enthielt – wenn auch ohne eigene Überschrift – die wortgleiche Vorschrift in Art. 56.

Auch Stiftungen können mithin erfasst werden, sofern sie irgendwie in die Tradition eines der ehemaligen Länder Niedersachsens eingebundene sind. Inwieweit dies aber jeweils der Fall ist und auch die spezifische Rechtsform der Einrichtung möglicherweise Bedeutung hat, bedarf noch spezieller Beleuchtung.

1. Wahrungs- und Förderungsauftrag nach der niedersächsischen „Traditionsklausel"

Dogmatisch lässt sich die Verpflichtung nach Art. 72 Abs. 1 NdsVerf. wohl als Staatszielbestimmung einordnen. Die regionale Traditionswahrung ist für Niedersachsen ein qua constitutione zwingend vorgegebenes Anliegen. Für einen künstlich zusammengefügten Staat wie dieses Land muss eine gelingende Integration der überkommenen Gebietsteile geradezu als Existenzfrage erscheinen. Und sie eben dürfte nur über eine tätige Bejahung und Pflege der gewachsenen Einzelidentitäten zu erreichen sein.[17] Jedenfalls ist die Vorgabe vollauf rechtsverbindlich, selbst wenn zu ihrer Erfüllung ein breiter Gestaltungsspielraum bestehen mag.

Tatbestandlich ist die Verfassungsnorm indessen wenig präzise und konkret. Was die „kulturellen und historischen Belange der ehemaligen Länder" im einzelnen sein sollen, bleibt allemal ausfüllungsbedürftig. Generell lassen sich zwar die „Belange" auf Anliegen, Interessen oder kollektive Bedürfnisse eingrenzen. Schon aber, was davon den ehemaligen Ländern zugeordnet werden kann, wird in Grenzfällen schwer zu bestimmen sein. Denn aktuell präsent sind diese Bezugsgrößen eben nicht mehr, und eine Instanz, ein Organ oder Gremium, was die betreffenden Angelegenheiten verbindlich artikulieren könnte, existiert nicht. Erst recht deutlich wird die Offenheit des vorgegebenen Betreuungsgegenstandes dann jedoch bei der Eingrenzung auf die „kulturellen und historischen" Bezüge. Mag das Geschichtliche noch relativ einfach festgestellt werden können, weil dazu jedwedes zeitlich zurückliegende tatsächliche Geschehen rechnen durfte, so ist „kulturell" eigentlich alles, was mit der gesellschaftlichen Entwicklung eines Subjekts in Verbindung gebracht werden kann. Die Bezeichnung des Umsorgungsgegenstandes in Art. 72 Abs. 1 NdsVerf. zeigt sich mithin weitgehend unscharf und soll ja wohl auch allfälligen Auffassungsänderungen und/oder politischen Einschätzungen zugänglich sein.

Außerdem bleibt dann noch, was das aufgegebene „Wahren" und „Fördern" im einzelnen bedeuten soll, ziemlich im Ungefähren. Das „Wahren" ist

[17] Für diesen Weg der Integrationserreichung steht beispielhaft einige Ebenen höher auch etwa Art. 6 III EU-Vertrag: „Die Union achtet die nationale Identität ihrer Mitgliedstaaten". – Zu diesem Verfassungsziel in Niedersachsen vgl. *Heinrich Korte* Verfassung und Verwaltung des Landes Niedersachsen (1. Aufl. 1962), S. 68; oder *Werner Weber* Festvortrag, in: Zehn Jahre Vorläufige Niedersächsische Verfassung (1961), S. 11 (20).

eher defensiv angelegt, das „Fördern“ hingegen offensiv. Ersteres meint insoweit Bestandssicherung: Das Schutzgut soll umsorgt, behütet und verteidigt werden sowie erhalten und verstetigt sein. Und beim letzteren, dem „Fördern“, geht es um ein Herausstellen und Voranbringen des Bezugsgegenstandes, d.h. um allseitige Wegeebnung für ihn. Wie das Ganze aber praktisch geschehen soll, dafür haben Legislative und Exekutive des Landes unter eigener Verantwortung einzustehen. Näheres oder wenigstens konkrete Hinweise hierzu lassen sich aus der Norm nicht entnehmen.

Aus Art. 72 Abs. 1 NdsVerf. wird eine – auch möglicherweise stiftungsmäßige – Einrichtung daher letztlich wenig Schutz beziehen können. Dafür sind die Abmessungen der Norm zu vage. Angelegt ist für institutionell Überkommenes aber mindestens eine allgemeine Aufgeschlossenheit des staatlichen Apparats, für deren praktische Umsetzung man – um die Politik zu drängen – auf die Verfassung verweisen kann.

2. *Einrichtungsschutz nach Art. 72 Abs. 2 NdsVerf.*

Da stellt sich die im nächsten Absatz folgende Konkretion der niedersächsischen „Traditionsklausel“ schon zupackender und wirksamer dar. Diese sog. „Erhaltungsgarantie“[18] hat dogmatisch manche Ähnlichkeit mit solchen Verbürgungen, die bestimmte Normenkomplexe festschreiben, die von grundlegend und eigengewichtig ordnender Funktion für den verfassten Staatsaufbau sind, den Einrichtungsgarantien also bzw. ihrer öffentlich-rechtlichen Spezies, den „institutionellen Garantien“. Sie unterscheidet sich von Ihnen aber mindestens dadurch, dass es hier um tatsächliche, sachlich-körperliche Erstreckungsgegenstände geht und nicht um abstrakte, erst rechtlich geschaffene Erscheinungen.[19]

a) Hier ist allerdings erst einmal zu klären, welche Funktionssubjekte überhaupt von der Garantie erfasst und geschützt werden. Im Sinne der Norm meint „Einrichtung“ sicherlich jedes organisatorisch irgendwie verfestigte Arrangement von Ideen und Umsetzungsmitteln, u. zw. zunächst ganz unabhängig von der konkreten Rechtsform.[20] Die betreffenden Funktionseinheiten müssen sodann aber auch „überkommen“ sein, d.h. grundsätzlich bereits am 1. Mai 1951 bestanden haben.[21] Schließlich – und das stellt offenkundig das Entscheidende dar – wird „Heimatgebundenheit“ verlangt.

[18] Begriffsschöpfung von Nds.StGH, U. v. 13.7.1972, StGHE 1, 120 (134, 137).

[19] Zutreffend insoweit die Kritik von *Bernd Rebe* in: Korte/ders., Verfassung und Verwaltung des Landes Niedersachsen (2. Aufl. 1986), S. 136 f., an *Werner Weber* Die Traditionsklauseln der Niedersächsischen Verfassung, in: N. Arch. f. Nds. 12 (1963), S. 178 (185).

[20] So ausdrücklich auch Nds. StGH, U. v. 13.7.1972, StGHE 1, 120 (137).

[21] Da nämlich trat die Vorläufige Niedersächsische Verfassung und damit die (erstmalige) Traditionsverpflichtung in Kraft: Art. 61 I Vorl.NdsVerf.

Der Gehalt dieser Prädizierung erschließt sich nicht von selbst. Der Niedersächsische Staatsgerichtshof hat sich jedoch um eine nähere Inhaltsbestimmung bemüht:[22] Nur solche Einrichtungen erfüllen die Voraussetzung, die „in besonders augenfälliger Weise bestimmte Schwerpunkte kultureller, wissenschaftlicher oder ökonomischer Art verkörpern (und) im Verlauf der historischen Entwicklung (der ehemaligen Länder) eine eigenständige Ausprägung erfahren" haben, hinzu kommen müsste im übrigen „eine entsprechende Verankerung im Bewusstsein des für diese Frage aufgeschlossenen Teiles der eingesessenen Bevölkerung".

Welche der vorhandenen Handlungssubjekte diese Bedingungen erfüllen, wird in der niedersächsischen Praxis gewöhnlich durch Bezug auf die Landesministeriums-Beschlüsse vom 10. Dezember 1952 und 10. August 1954 zu § 8 Abs. 1 des ‚Gesetzes über Wappen, Flaggen und Siegel' vom 13. Oktober 1952 (GVBl. S. 169) beantwortet. Dort sind verschiedene Institutionen aufgeführt, die – weil „zu den überkommenen heimatgebundenen Einrichtungen der ehemaligen Länder Oldenburg, Braunschweig und Schaumburg-Lippe gehörend" – das vor der Bildung des Landes Niedersachsen geführte Landessiegel weiter verwenden dürfen.[23] Gewiss sind damit die von Art. 72 Abs. 2 NdsVerf. erfassten Einrichtungen noch nicht abschließend bestimmt, und es bedürfte weiterer Anstrengungen, um die geforderte Eigenschaft vollständig auszuleuchten bzw. in Frage kommende Funktionsgrößen auf deren Erfüllung zu überprüfen.

Unter dem Aspekt eines Bestandsschutzes für Stiftungen soll aber nur mehr ein besonders gewichtiges und im Einschlägigkeitsergebnis auch unstreitiges Beispiel aufgeführt werden, nämlich die *Stiftung Braunschweigischer Kulturbesitz*.

Diese Stiftung wurde zwar erst zum 1. Januar 2005 errichtet,[24] u. zw. als rechtsfähige öffentlich-rechtliche Größe. Aber nach § 1 des Gesetzes entstand sie aus der Stiftung Braunschweigischer Vereinigter Kloster- und Studienfonds sowie der Braunschweig-Stiftung. Beide Altinstitutionen – so heißt es im Gesetz – „gehen in ihr auf",[25] und beide wiesen eben alle Merkmale einer „überkommenen heimatgebundenen Einrichtung" des Altlandes Braunschweig auf, was insbesondere für den Braunschweigischen Vereinigten Kloster- und Studienfonds auch allenthalben herausgestellt und bestätigt

[22] Nds. StGH, U. v. 13.7.1972, StGHE 1, 120 (135 f.).

[23] Die Beschlüsse (samt den einschlägigen Aufzählungen) sind veröffentlicht in: Nds. MBl. 1952 S. 162 und Nds.MBl. 1954 S. 383.

[24] Gesetz über die „Stiftung Braunschweigischer Kulturbesitz" v. 16.12.1004 (Nds. GVBl. S. 849).

[25] § 1 I 2 Errichtungsgesetz. – Zu den beiden Vor-Einrichtungen ausführlich: *Georg v. Hartmann* Die Braunschweigischen Stiftungen des öffentlichen Rechts, in: O. Israel (Hrsg.), Braunschweigische Werkstücke, Reihe A Bd. 11 (1973), S. 48 ff.

wurde.[26] Da mithin von der neuen Stiftung Subjektivität, Vermögen, Aufgaben und Eigenschaften der alten Institutionen (unter neuem Namen) fortgesetzt werden, steht auch ihre Qualität als „überkommene heimatgebundene Einrichtung" fest.

b) Mit den herausgehobenen Einrichtungen soll sodann in bestimmter Weise umgegangen werden. Das Verfassungsgebot richtet sich an sämtliche staatliche Stellen, die zuständig sein können. Es geht also vorwiegend um Verwaltungsbehörden inklusive des kommunalen Sektors. Aber ebenso werden der (Haushalts)Gesetzgeber und die Gubernative angesprochen. Eine „Drittwirkung" hingegen, d.h. eine normative Inpflichtnahme auch Privater, ist der Verfassung nicht zu entnehmen.

Wie die intendierte Betreuung gegenständlich aussehen soll, wird von der Verfassung in zweierlei Form thematisiert. Zum einen sollen die betreffenden Einrichtungen „weiterhin dem heimatlichen Interesse dienstbar" gemacht werden, zum anderen sind sie zu „erhalten". Und die Logik stellt sogleich klar, dass beide Varianten im Grunde umgekehrt gemeint sind, d.h. die Erhaltung der Traditionseinrichtungen ist das zuerst Aufgegebene, und wenn dann der Fortbestand gesichert ist, müssen ihre Wirkungen und Aktivitäten so wie bisher auf das historisch heimatliche Interesse ausgerichtet werden. Es sind also Existenz und Funktion angesprochen, und erstere ist hierbei als apparative, kapazitäre Basis die Voraussetzung für letztere. Freilich verzahnen sich beide Aufgaben wieder. Denn zu erhalten sind die betreffenden Einrichtungen ja nur, soweit sie – wie bisher – auch „weiterhin" dem heimatlichen Interesse dienen. Die Existenz, die erhalten werden soll, ist mithin von vornherein auf eine ganz bestimmte Funktionserbringung ausgerichtet.

Die „Erhaltung" der Traditionseinrichtungen verlangt von den staatlichen Stellen nicht nur finanziellen Einsatz, sondern überhaupt, sich um Zustand und Handlungsfähigkeit der Schutzsubjekte zu kümmern. Und für den zu sichernden gegenständlichen Umfang der Institutionen kommt es auf deren bei Erlass der Traditionsklausel 1951 vorhandenen „tatsächlichen Gesamtstatus" an, u. zw. unabhängig davon, ob das überkommene Erscheinungsbild „auf einer unmittelbaren gesetzlichen Regelung beruh(t oder nur) die tatsächlichen Ausprägungen (darstellt), wie sie sich im Laufe der geschicht-

[26] Z.B. *Korte* Verfassung (o. Fn. 17), S. 80, 83; *Werner Weber* (o. Fn. 19), S. 178 (187 f.); *Heinzgeorg Neumann* Niedersächsische Verfassung (2. Aufl. 1987), Erl. 5 zu Art. 56, durchweg unter Hinweis auf die Entscheidung des Nds. StGH zum parallelen Allgemeinen Hannoverschen Klosterfonds (U. v. 13.7.1972, StGHE 1, 120 ff.); außerdem *Otto Groschupf* Die Entwicklung der Verfassung und Verwaltung in Niedersachsen von 1956 bis 1979, in: JöR NF. 28 (1979), S. 381 (422); *Hans-Peter Schneider* Verfassungsrecht, in: H. Faber/ders. (Hrsg.), Niedersächsisches Staats- und Verwaltungsrecht (1985), S. 44 (70 n. 88); *Korte/Bernd Rebe* Verfassung und Verwaltung des Landes Niedersachsen (2. Aufl. 1986) S. 139 mit N. 151.

lichen Entwicklung herausgebildet haben".[27] Das bedeutet allerdings nicht, dass dieser Bestand auch genau in dem Maße, wie er 1951 vorgefunden wurde, bewahrt und damit gewissermaßen „versteinert" werden müsste. Erhalten werden sollen die Einrichtungen nur in einer vergleichbaren funktionsgerechten Existenz, d.h. es bleiben sog. „Erhaltungsänderungen" durchaus möglich.[28] Auch Rechtsformänderungen – von der Einrichtung selbst vorgenommen blieben sie ja ohnehin unverwehrt – wären also zulässig, soweit sie die funktionsgerechte Handlungsfähigkeit nicht beeinträchtigten.

Demgegenüber ist das „Dienstbarmachen" eine eher summarische Anforderung. Es schließt andere Befassungen oder überhaupt Veränderungen der Wirkungsformen nicht aus. Es verlangt aber, mindestens die Hauptaktivitäten der Einrichtung weiter in die bezeichnete Richtung zu lenken und die Wahrnehmung der heimatlich kulturellen wie historischen Belange im gewesenen Maße weiterzuführen.[29]

Bei aller Unbedingtheit des Normbefehls und auch der Unterschiedlichkeit jeweils tatbestandlicher Vorgabedichte wird man danach insgesamt Absatz 2 des Art. 72 NdsVerf. (ebenfalls) nur eine begrenzte rechtliche Durchsetzbarkeit zusprechen können. Nur in Ausnahmefällen lassen sich nämlich mit der Verfassungsgarantie ganz konkrete Maßnahmen verlangen, und umgekehrt käme eine Verletzung der Verfassungsnorm nur bei völliger Ignorierung oder Vernachlässigung der Schutzobjekte, also etwa schlichtem Untergehenlassen einer Traditionseinrichtung, in Betracht.[30] Erneut ist daher für die verpflichteten Staatsstellen ein weiter Gestaltungsspielraum zu attestieren, auf welchen Wegen und in welchem Maße ihr Erhaltungs- und Ausrichtungseinsatz erfolgen soll.

c) So entschieden die Erhaltungsgarantie nominell auch ansetzt, so unzweideutig eröffnet sie jedoch gleichzeitig auch Möglichkeiten zur „Änderung oder Aufhebung" ihre Schutzgutes. Drei Voraussetzungen werden dazu ausdrücklich genannt:

[27] Nds. StGH, U. v. 13.7.1972, StGHE 1, 120 (137/8).

[28] Vgl. *Werner Weber* (o. Fn. 19) S. 188: Die Absicherungsgarantie bedeute „keine starre Bewahrung des status quo der Einrichtung; vielmehr kann und muß das geschichtlich Gewordene weiterentwickelt und den Zeiterfordernissen angepaßt werden; aber die geschichtlich ausgeprägten bestimmenden Wesenszüge der Institution dürfen nicht verändert, geschweige denn aufgelöst werden". Diese ‚Weber-Formel' manifestierte dann auch der Nds. StGH, U. v. 13.7.1972, StGHE 1, 120 (142).

[29] Nds. StGH, U. v. 13.7.1972, StGHE 1, 120 (143): Wichtig sei, dass die „Wirksamkeit im Dienste der heimatlichen Interessen, wie sie… bisher möglich war, … (auch künftig) in der überkommenen Weise … gewährleistet" bleibt.

[30] Ähnlich zur Verletzung grundrechtlicher Schutzpflichten das BVerfG (Kammer), NJW 1996, S. 651; 1998, S. 2961 (2962): nur, wenn die staatlichen Organe „gänzlich untätig geblieben" oder „die bisher getroffenen Maßnahmen evident unzureichend sind".

Es muss sich bei einschlägigen Eingriffen um „organisatorische Maßnahmen" handeln, alle anderen Vorgehensweisen wären von vornherein unzulässig;
eine entsprechende Maßnahme muss „sich auf das gesamte Land Niedersachsen erstrecken", also alle vergleichbaren Sachverhalte im ganzen Land erfassen;
und sie muss wirklich „notwendig" sein.

Diese drei Kautelen geben nun dem Staat einen Hebel an die Hand, zugunsten von Entwicklungsanpassung und Reform den Schutzwall um die „überkommenen heimatgebundenen Einrichtungen" der Altländer zu überwinden. „Organisationsmaßnahmen", also Regelungen, Vorkehrungen oder überhaupt Anstrengungen, mit denen die Handlungsfähigkeit der unmittelbaren wie mittelbaren Landesverwaltung gestaltet und verbessert werden soll und die eben auch die Traditionseinrichtungen erfassen, werden nicht definitiv mehr blockiert. Sie müssen allerdings landesweit ansetzen, d.h. Initiativen dürfen nicht speziell gegen die überkommenen heimatgebundenen Einrichtungen oder gar eine bestimmte von ihnen gerichtet werden. Und das Vorgehen muss schließlich nicht nur empfehlenswert, erwünscht oder vielversprechend sein, sondern geradezu unerlässlich.

Scheint damit der Schutz „überkommener heimatgebundener Einrichtungen" bei aller Anpassungsoffenheit doch gegen den hoheitlichen Zugriff valide abgesichert, so kommen aus allgemeiner Verfassungsrechtsdogmatik sogar noch zwei weitere Abschirmungen hinzu, wie sie eben für jeden Eingriff in oder Zugriff auf eine verfassungsgeschützte Position gelten.

Da ist zunächst das Verhältnismäßigkeitsprinzip (Übermaßverbot) zu nennen, wonach eine umfassende Proportionalität zwischen dem Zweck der eingreifenden Maßnahme und der nachteiligen Wirkung für das Schutzgut bestehen muss. Dieses Moderationsprinzip wurde zwar ursprünglich nur für die Eingriffsverwaltung entwickelt und galt dort speziell für den Grundrechtsschutz.[31] Mittlerweile aber ist es längst darüber hinausgewachsen, nimmt Gedanken von Einzelfallgerechtigkeit, schonendem („eingriffsminderndem") Ausgleich und staatlicher Argumentationsverpflichtung auf[32] und wird heute ganz allgemein aus dem Rechtsstaatsprinzip abgeleitet oder sogar als ein Rechtsgrundsatz per se behandelt. Insbesondere wird das Verhältnismäßigkeitsprinzip deshalb höchstrichterlich auch im rein staatsorganisatorischen Bereich angewendet.[33] Keine Frage also, dass das Verhältnismäßigkeits-

[31] Vgl. *Philip Kunig* Das Rechtsstaatsprinzip (1986), S. 350 ff.; oder *Rudolf Wendt* Der Garantiegehalt der Grundrechte und das Übermaßverbot, in: AöR 104 (1979), S. 414 ff.

[32] *Eberhard Schmidt-Aßmann* Der Rechtsstaat, in: J. Isensee/P. Kirchhof (Hrsg.), Handbuch des Staatsrechts (3. Aufl.), Bd. II (2004), § 26 Rn. 87.

[33] Beispielsweise BVerfGE 67, 100 (133 ff.); 70, 324 (358 ff.); 72, 127 (152 ff.); 81, 310 (335 ff.); 84, 304 (321 ff.); 90, 286 (387 ff.); 98, 265 (302 f.).

prinzip (Übermaßverbot) auch für jeden Umgestaltungszugriff auf die niedersächsischen Traditionsreinrichtungen Geltung hat.[34]

Schließlich gibt die allgemeine Verfassungsrechtsdogmatik noch eine bestimmte Form für zulässige Aufhebungen, Änderungen oder Beeinträchtigungen der geschützten Institutionen vor. Unverzichtbar ist nämlich stets ein Gesetz.[35] Dies verlangt der – allerdings wissenschaftlich noch nicht gänzlich ausgelotete – sog. „institutionelle Gesetzesvorbehalt", der für die Ausgestaltung und Modifizierung von verfassungsunmittelbaren Strukturentscheidungen gilt. Grund für dieses neben dem Eingriffsvorbehalt zweite, aber weniger geläufige Gesetzeserfordernis ist zum einen die Normenhierarchie, die für alle Ausformungen von Verfassungspositionen immer die nachfolgende rechtliche Rangebene, hier also konkret das formelle Gesetz, aufruft (es sei denn, der Verfassungsvorbehalt verlangt eine Regelung ebenfalls auf Verfassungshöhe). Zum anderen aber spielen auch Wesentlichkeitsgesichtspunkte, Sorgfaltsargumente des legislativen Verfahrens und die latent-generelle Zuständigkeitsvermutung für das Parlament mit.[36] So sehr im einzelnen noch um die Verallgemeinerungsfähigkeit und genaue Abmessung dieses Ansatzes gerungen werden mag, so deutlich spricht in Niedersachsen für seine Verbindlichkeit schon die Verfassung selber. Art. 41 NdsVerf. nämlich fasst das Gesetzeserfordernis ausdrücklich weiter als nach dem grundrechtlichen Eingriffsvorbehalt (für alle „allgemein verbindlichen Vorschriften der Staatsgewalt, durch die Rechte und Pflichten begründet, geändert oder aufgehoben werden"), und Art. 56 Abs. 2 NdsVerf. lässt erkennen, dass im Gegensatz zu den linearen Organisationsentscheidungen (sie werden gemäß Art. 38 Abs. 1 NdsVerf. von der Landesregierung getroffen) die grundsätzlichen, Struktur bestimmenden Gestaltungen gesetzlich beschlossen werden müssen.

Die Balance zwischen Bestandswahrung und Reformierbarkeit scheint im Falle der „überkommenen heimatgebundenen Einrichtungen (der ehemaligen Länder)" in Niedersachsen mithin stärker zugunsten der Traditionspflege auszugehen. Veränderungen sind zwar nicht unmöglich, aber doch sehr limi-

[34] Richtig deshalb auch: *Rebe* (o. Fn. 19) S. 138. Danach stellt sich dann die Kautel der „Notwendigkeit" nurmehr als ein benanntes Element der Verhältnismäßigkeit dar (neben Geeignetheit und Angemessenheit).

[35] Ebenso *Rebe* (o. Fn. 19) S. 138; oder *Neumann* (o. Fn. 26) Art. 56 Erl. 4.

[36] Zum Ganzen *Ernst-Wolfgang Böckenförde* Die Organisationsgewalt im Bereich der Regierung (1964), S. 95 ff.; *Günter C. Burmeister* Herkunft, Inhalt und Stellung des institutionellen Gesetzesvorbehalts (1991), insb. S. 215 ff., 281 ff.; *Christoph Ohler* Der institutionelle Vorbehalt des Gesetzes, in AöR 131 (2006), S. 336 ff.; *Franz Reiner* Das Parlamentsgesetz als Steuerungsmittel und Kontrollmaßstab, in: W. Hoffmann-Riem/E. Schmidt-Aßmann/A. Voßkuhle (Hrsg.), Grundlagen des Verwaltungsrechts, Bd. I (2006), S. 533 (560 ff.); oder aus der Rechtsprechung BVerfGE 8, 155 (167); 40, 237 (248 ff.); und OVG Münster, NJW 1980, S. 1406 (1407).

tiert. Das ist die Konsequenz der verfassungsrechtlichen Kardinalentscheidung für eine Verteidigung und Hegung der Altländertradition.[37]

III. Quintessenz

Das Ergebnis wird freilich noch dadurch wieder aufgeweicht, dass die niedersächsischen „überkommenen heimatgebundenen Einrichtungen" für ihre Verfassungsposition im Grunde nicht wehrfähig sind. Gegen behördliche oder direkt ministerielle Eingriffe in Status, Arbeitsbereich oder Verfahrensweise der Institutionen (bzw. einer von ihnen) steht zwar noch der Verwaltungsrechtsweg offen. Und ihn können sowohl betroffene Einrichtungen selber als auch einsatzbereite, interessierte Bürger beschreiten. Solche Klagen wären jedoch allemal unbegründet, wenn zuvor eben ein salvierendes Parlamentsgesetz erging und dieses die einschlägigen Verfassungsbedingungen einhielt (sowie mit seinen eigenen Vorgaben von der Verwaltung beachtet wurde). Sogleich das entsprechende Gesetz selber anzugreifen, gehörte dagegen vor das Verfassungsgericht. Den erforderlichen Antrag auf abstrakte Normenkontrolle (wenn nicht ein Fachgericht noch konkrete Normenkontrolle veranlasst) darf beim Niedersächsischen Staatsgerichtshof indessen nur die Landesregierung oder ein Fünftel der Landtagsmitglieder stellen, nicht aber eine betroffene Traditionseinrichtung selbst. Engagierte Bürger mögen zwar in Karlsruhe theoretisch noch Verfassungsbeschwerde erheben können, aber reale Erfolgsaussichten bestehen dabei kaum.[38]

Die niedersächsische Konstruktion eines verfassungsrechtlichen Bestandsschutzes für bestimmte Einrichtungen auch stiftungsmäßigen Zuschnitts erweist sich also als ein nicht ganz konsistentes, vor allem aber regionales sowie struktur- und geschichtsabhängiges Instrument. Eine allgemeine Aussage für Stiftungen – selbst im öffentlichen Recht – kann daraus nicht hergeleitet werden. Und auch rechtspolitisch lässt sich kaum eine länderübergreifende Ausweitung oder Übernahme empfehlen. Es bleibt also dabei, dass Stiftungen

[37] *Hans-Peter Schneider* (o. Fn. 26), S. 44 (59) bezeichnet diese Verpflichtung deshalb auch überhaupt als „Grundlage der Niedersächsischen Staatsgewalt".

[38] Beim Nds. StGH ist eine Verfassungsbeschwerde nicht statthaft. Für das Bundesrecht ist die betreffende Möglichkeit bekanntlich durch die Rechtsprechung des BVerfG zu Art. 2 I GG („allgemeine Handlungsfreiheit") eröffnet worden, wonach der einzelne Grundrechtsträger Einschränkungen seines Sich-geben-und-ausleben-Wollens nur hinnehmen muss, wenn diese die weit verstandene (übrige) „verfassungsmäßige Ordnung" einhalten: „Die Freiheit der Entfaltung der Persönlichkeit umfasst auch den grundrechtlichen Anspruch, durch die Staatsgewalt nicht mit einem Nachteil belastet zu werden, der nicht in der verfassungsmäßigen Ordnung begründet ist" (BVerfGE 9, 83, 88; 19, 206, 215; 29, 402, 408). Dass das BVerfG dann die hiermit angelegte potentielle Grenzenlosigkeit der Beschwerdebefugnis durch allerlei Nebenbedingungen, Verfahrenserschwernisse oder restriktive Vorprüfung wieder einzudämmen sucht, ist freilich die Kehrseite.

(von niedersächsischen Ausnahmen abgesehen) sich im Strom der Zeit wie andere operative Organisationsschöpfungen behaupten müssen. Der allgemeinen Vergänglichkeit kann das Recht inhaltlich eben nur mit sehr bedingten Garantien begegnen, aber wenigstens vermag es, feste Verfahrensregeln aufzustellen.

Vergaberechtliche Fragen der rechtlichen Verselbständigung der Universitätsklinika

Winfried Veelken

I. Einführung

Die Universitätsklinika werden geprägt durch eine mehrfache Aufgabenstellung. Neben ihrer Funktion als Krankenhäuser der Maximalversorgung dienen sie den Universitäten zur Erfüllung ihrer Aufgaben in Forschung und Lehre und übernehmen darüber hinaus Aufgaben der Aus- und Weiterbildung des Personals. Vor allem das ab dem 1. Januar 2005 in der Krankenversorgung wirksam gewordene System der Fall-Pauschalen („Diagnosis Related Groups (DRG)“[1] sowie der wachsende Wettbewerb im Krankenhaussektor zwingen zu erhöhter Wirtschaftlichkeit und flexiblem Handeln. Der Wissenschaftsrat hat u.a. zu diesem Zweck mehrfach und nachdrücklich die Verselbständigung der Universitätsklinika gefordert; zahlreiche Bundesländer sind der Empfehlung gefolgt, wobei ganz überwiegend, zum Teil mit einer Experimentierklausel für eine privatrechtliche Rechtsform[2], diejenige einer rechtsfähigen Anstalt des öffentlichen Rechts gewählt worden ist, sei es nur für die Klinika mit vertraglicher Regelung der Beziehungen zwischen diesen und der Universität bzw. den medizinischen Fakultäten (sog. Kooperationsmodell[3]; Baden-Württemberg, Bayern, Nordrhein-Westfalen, Rheinland-Pfalz, Saarland, Sachsen-Anhalt) oder in Form einer gemeinsamen rechts-

[1] Vgl. dazu insbesondere: *J. Klauber, B.-P. Robra, H. Schellschmidt* (Hrsg., Wissenschaftliches Institut der AOK), Krankenhaus-Report 2007, Schwerpunktthema: Krankenhausvergütung – Ende der Konvergenzphase?; *dies.* (Hrsg.) Krankenhaus-Report 2003, Schwerpunktthema: G-DRGs im Jahre 1; *B. Rüschmann, J. Zabel, H.-H. Rüschmann* Zukunft deutscher Universitätsklinika im DRG-System, Krankenhaus-Report 2003 aaO, S. 211 ff.; *M. Arnold, M. Litsch, H. Schellschmidt* (Hrsg., Wissenschaftliches Institut der AOK), Krankenhaus-Report 2000, Schwerpunkt: Vergütungsreform mit DRGs.

[2] Zu den verfassungsrechtlichen, hochschulrechtlichen, organisationsrechtlichen, personalrechtlichen sowie finanzrechtlichen Fragen der Privatisierung der Universitätsklinika vgl. *E. Sandberger* Rechtsfragen der Privatisierung des Universitätsklinikums Gießen und Marburg, in: *W. Löwer* (Hrsg.) Universitätsklinika in öffentlichrechtlicher oder privatrechtlicher Organisationsform 2006, WissR Beih 17.

[3] Vgl. zum Rechtscharakter dieser Abkommen *U. P. König* Die rechtliche Einordnung der Kooperationsvereinbarung zwischen Universität und Universitätsklinikum nach nordrhein-westfälischem Recht, in: *W. Löwer* (Hrsg.) wie N. 2.

fähigen Anstalt des öffentlichen Rechts für Klinika und medizinischer Fakultät (sog. Integrationsmodell, z.B. Berlin, Hamburg, Niedersachsen).[4] Bei diesen Vorgängen hat sich die Frage gestellt und stellt sich (im Hinblick auf mögliche zukünftige Änderungen) weiterhin die Frage der Zuordnung der sog. klinisch-theoretischen Institute (z.B. Institut für Pathologie; Institut für Neuropathologie; Institut für Mikrobiologie, Immunologie und Hygiene; Institut für Klinische und Molekulare Virologie; Institut für Humangenetik), die einerseits Aufgaben in Forschung und Lehre wahrnehmen und andererseits wesentliche Dienstleistungen für die Universitätsklinika erbringen, und welche verschiedentlich nicht Teil der Klinika waren.[5] Neben anderen Erwägungen ist für diese Entscheidung die vergaberechtliche Beurteilung der Dienstleistungsbeziehungen zwischen den rechtlich selbständigen Klinika und den klinisch- theoretischen Instituten von Bedeutung, je nachdem diese den Klinika oder der Universität als Träger zugeordnet sind. Diesen Fragen soll am Beispiel des Bayerischen Universitätsklinikagesetzes vom 18.05.2006[6], der, soweit ersichtlich, jüngsten Organisationsreform der genannten Art nachgegangen werden. Das Vergaberecht gehört zwar nicht zu den unmittelbaren Arbeitsgebieten des Jubilars. Angesichts seiner langen Universitätslaufbahn mag aber auch ein Seitenblick auf neuere organisationsrechtliche Vorgänge in einer anderen der klassischen „höheren" Fakultäten[7], der Medizinischen Fakultäten, auf sein Interesse stoßen.

[4] Vgl. zum Vorstehenden Bayerischer Landtag Gesetzentwurf der Staatsregierung über die Universitätsklinika des Freistaates Bayern (Bayerisches Universitätsklinikagesetz-BayUniklinG) v. 6.12.2005, Dr. S 15/4398, S. 9 ff.; Universitätsklinikum des Saarlandes und Medizinische Fakultät der Universität des Saarlandes, Reform der Universitätsklinika im bundesweiten Vergleich UKS-Report I-2004 http://www.uniklinikum-saarland.de/de/aktuelles/uks_report/UKS-Report_I_2004/Reform der Universitätsklinika im bundesweiten Vergleich – Universitätsklinikum_im_Wandel. Vgl. ferner *R. Strehl* Die Rolle der Universitätsklinika und ihrer Ambulanzen in der zukünftigen Versorgung in: Krankenhaus-Report 2007, wie N. 1, S. 121 ff., 126 ff.; *M. Siess* Universitatsklinika im Wettbewerb in: *M. Arnold, J. Klauber, H. Schellschmidt* (Hrsg., Wissenschaftliches Institut der AOK), Krankenhaus-Report 2002, S. 137 ff., 141. ff.

[5] Vgl. etwa für Bayern Gesetzentwurf der Staatsregierung, wie N. 4, S. 10 zu Art. 1 Abs. 3 des Entwurfs S. 10: „Die Vorschrift ermächtigt das Staatsministerium zu insoweit gegenüber den Klinika rechtlich verbindlichen Organisationsakten. Damit besteht insbesondere die Möglichkeit, die Zuordnung der sog. klinisch-theoretischen Institute, welche bislang nicht Teil der Klinika sind, standortbezogen und flexibel zu regeln".

[6] http://www.stmwfk.bayern.de/downloads/hshochschulgesetzunikling.pdf.

[7] Zur Einteilung in die „höheren" und „unteren" Fakultäten bei den Universitäten des Mittelalters vgl. *J. Hirschberger* Geschichte der Philosophie, 11. und 12. Aufl. 1980/2003, 1. Teil, S. 396 ff., 437 ff. m.w.N.; *A. Borst* Religiöse und geistige Bewegungen im Hochmittelalter, in: *Golo Mann/August Nitschke* (Hrsg.) Propyläen Weltgeschichte. Eine Universalgeschichte, Fünfter Band (1963), S. 489 ff., 514. Spuren dieser Einteilung zeigen sich zum Teil bei den älteren Universitäten gegenwärtig noch etwa in der numerischen Gliederung der Fakultäten.

II. Fragestellung

In vergaberechtlicher Hinsicht stellt sich primär die Frage, ob die Universitätsklinika nach ihrer rechtlichen Verselbständigung zu einer Ausschreibung der von den klinisch-theoretischen Instituten bezogenen (z.B. pathologischen und mikrobiologischen) Dienstleistungen verpflichtet sind. Daran schließt sich gegebenenfalls die Frage an, in welcher Art die Ausschreibung zu erfolgen hätte.

III. Rechtsgrundlagen

1. *Rechtsquellenvielfalt*

Das Vergaberecht ist gekennzeichnet durch seine Rechtsquellenvielfalt, woraus sich eine gewisse Unübersichtlichkeit und Kompliziertheit der Rechtsgrundlagen ergibt. Die historisch zunächst nur nationalen haushaltsrechtlichen Bestimmungen sind zunehmend überlagert worden durch das heute insoweit im Zentrum stehende Europäische Gemeinschaftsrecht, welches wiederum als völkerrechtliche Rechtsquelle das in das institutionelle Recht der WTO (World Trade Organisation) integrierte Abkommen über die öffentliche Auftragsvergabe (Agreement on Government Procurement) zu beachten hat.[8] Zum Verständnis der Fragestellung ist eine, hier naturgemäß nur rudimentär mögliche, Skizzierung der Rechtsgrundlagen unabdingbar.

2. *EU-Vergaberecht*

a) Das EU-Recht erfasst die öffentliche Auftragsvergabe einmal mit seinem Primärrecht, den Bestimmungen und Grundsätzen des Vertrages selbst. Von Bedeutung sind hier einmal das in Art. 18 AEUV/ex-Art. 12 EGV enthaltene Verbot der Diskriminierung aus Gründen der Staatsangehörigkeit, ferner die Grundfreiheiten des AEUV, insbesondere die Warenverkehrsfreiheit (Artt. 34 ff. AEUV/ex-Artt. 28 ff. EGV), die Dienstleistungs- (Artt. 56 ff. AEUV/ex-Artt. 49 ff. EGV) und die Niederlassungsfreiheit (Artt. 49 ff. AEUV/ex-Artt. 43 ff. EGV). Die Grundfreiheiten sind nicht nur gegen Diskriminierungen von seiten der Mitgliedstaaten und ihrer Untergliederungen gerichtet, sondern auch gegen inländische wie ausländische Unternehmen gleichgewichtig treffende Beschränkungen, die – generalisierend formuliert –

[8] Vgl. zur Rechtsquellenvielfalt des Vergaberechts und zur historischen Entwicklung *Immenga/Mestmäcker(-Dreher)* GWB, 4. Aufl. 2007, Vor §§ 97 ff. Rn. 6, 26 ff.; *Bungenberg* in: *Loewenheim/Meessen/Riesenkampff* Kartellrecht, 2. Aufl. 2009, Vor §§ 97 ff. GWB Rn. 9, sowie zu weiteren relevanten internationalen Abkommen Rn. 114 ff.

nicht aus zwingenden Gründen des Allgemeininteresses gerechtfertigt sind.[9] Diskriminierungen und Beschränkungen können auch in Maßnahmen der staatlichen Auftragsvergabe enthalten sein, insbesondere wenn der Auftraggeber ein oder einzelne inländische Auftragnehmer bevorzugt. Die für die Anwendung der Grundfreiheiten notwendige Zuordnung des Auftraggebers (sog. primärrechtlicher Auftraggeberbegriff) zum Staat hat der Europäische Gerichtshof (EuGH) weit gespannt. Dazu gehört neben den Mitgliedstaaten und allen Organen, die gesetzgebende, vollziehende oder rechtsprechende Gewalt ausüben, jede Einrichtung, die

> „unabhängig von ihrer Rechtsform kraft staatlichen Rechtsaktes unter staatlicher Aufsicht eine Dienstleistung im öffentlichen Interesse zu erbringen hat und die hierzu mit besonderen Rechten ausgestattet ist, die über das hinausgehen, was für die Beziehungen zwischen Privatpersonen gilt".[10]

Insgesamt gilt: „Der weite funktionell zu bestimmende Adressatenkreis der Vergaberichtlinien folgt … bereits aus dem primären Gemeinschaftsrecht".[11]

Aus dem Diskriminierungsverbot und den Grundfreiheiten folgen für die Auftragsvergabe nicht nur Verbote, sondern mit dem sog. Transparenzgebot auch positive Verhaltenspflichten, nämlich die Verpflichtung, bei der Vergabe von Aufträgen ein Mindestmaß an Öffentlichkeit und Bindung an vorher bekannt gemachte objektive Vergabekriterien zu wahren.[12] Die primärrechtlichen Vorgaben der Auftragsvergabe sind unabhängig von und gegebenenfalls, insbesondere bei Lücken des Sekundärrechts, neben den sekundärrechtlichen Regelungen (dazu gleich) anwendbar.

Die EU-Grundfreiheiten setzen allerdings eine grenzüberschreitende Wirkung der Beschränkungsmaßnahme voraus. Ob eine solche bei den fraglichen von den klinisch-theoretischen Instituten besorgten Dienstleistungsaufträgen der rechtlich verselbständigten Universitätsklinika anzunehmen ist, lässt sich nicht generell beantworten. Möglicherweise erfordern diese Aufträge eine derart enge zeitliche und örtliche Nähe zum Auftraggeber, dass eine Auftragserfüllung durch Unternehmen aus dem EU-Ausland praktisch ausscheidet. Jedenfalls eine Beschränkung der Dienstleistungsfreiheit wäre dann zu verneinen, während eine (mittelbare) Beschränkung der Niederlas-

[9] Vgl. zu Bedeutung und Begrenzung der Ausnahmen von den Grundfreiheiten im Hinblick auf das Vergaberecht, *Mestmäcker/Schweitzer* Europäisches Wettbewerbsrecht, 2. Aufl. 2004, § 36 Rn. 30 ff.

[10] Vgl. EuGH 12.7.1990, Slg. 1990 I 3313, 3348 f. Rn. 20 – Foster u.a.

[11] *Mestmäcker/Schweitzer* Europäisches Wettbewerbsrecht, wie N. 9, § 36 Rn. 42. Zum persönlichen Anwendungsbereich der Vergabekoordinierungsrichtlinie vgl. unten IV. 2.

[12] Vgl. zu den, hier nur äußerst kursorisch zu erwähnenden, primärrechtlichen Grundlagen des EG-Vergaberechts grundlegend *Mestmäcker/Schweitzer* Europäisches Wettbewerbsrecht, wie N. 9, § 36 Rn. 9 ff.

sungsfreiheit weiterhin in Betracht käme, wenn eine Auftragserteilung durch in der Bundesrepublik tätige Niederlassungen oder Tochtergesellschaften von Unternehmen des EU-Auslands praktisch möglich ist.

b) Die Grundfreiheiten bilden im Zusammenwirken mit den Artt. 114, 115 AEUV/ex-Artt. 94, 95 EGV die Grundlagen für das sekundäre EU-Vergaberecht, d.h. die EU-Vergaberichtlinien, welche die primärrechtlichen Vorgaben konkretisieren und ausgestalten. Die Notwendigkeit einer solchen Ausgestaltung ist in der EU früh gesehen worden; die Praxis der Vergaberichtlinien datiert seit 1969. Mit dem 31.03.2004 in Kraft ist die gegenwärtig maßgebliche „Richtlinie 2004/18/EG über die Koordinierung der Verfahren zur Vergabe öffentlicher Bauaufträge, Lieferaufträge und Dienstleistungsaufträge“[13] (sog. Vergabekoordinierungsrichtlinie, VKR), welche die früheren drei getrennten Richtlinien für die Vergabe von Bau-, von Liefer- und von Dienstleistungsaufträgen[14] abgelöst und in einer Richtlinie zusammengefasst hat. Dagegen ist die nur für bestimmte, im vorliegenden Zusammenhang nicht betroffene Wirtschaftszweige geltende sog. Sektorenkoordinierungsrichtlinie (SKR) vom gleichen Datum[15] im vorliegenden Zusammenhang nicht von Bedeutung. Im vorliegenden Zusammenhang nicht von Interesse bzw. nicht anwendbar sind auch die beiden Rechtsmittelrichtlinien,[16] welche die Durchsetzung der materiellen Vergaberichtlinien (VKR, SKR) sicherstel-

[13] ABl. Nr. L 134/114, berichtigt in ABl. Nr. L 351/44 vom 26.11.2004; geändert durch: Richtlinie 2005/51/EG der Kommission vom 7. September 2005 zur Änderung von Anhang XX der Richtlinie 2004/17/EG und von Anhang VIII der Richtlinie 2004/18/EG des Europäischen Parlaments und des Rates über öffentliche Aufträge, ABl. 2005 L 257/127; Verordnung (EG) Nr. 2083/2005 der Kommission vom 19. Dezember 2005 zur Änderung der Richtlinien 2004/17/EG und 2004/18/EG des Europäischen Parlaments und des Rates im Hinblick auf die Schwellenwerte für die Anwendung auf Verfahren zur Auftragsvergabe, ABl. 2005 L 333/28. Vgl. zur neueren Änderung der Schwellenwerte N. 89.

[14] Vgl. zu diesen Vorgänger-Richtlinien: Richtlinie 92/50/EWG zur Koordinierung der Verfahren zur Vergabe öffentlicher Dienstleistungsaufträge, ABl. 1992 L 209/1 (DKR); Richtlinie 93/36/EWG zur Koordinierung der Verfahren zur Vergabe öffentlicher Lieferaufträge, ABl. 1993 L 199/1 (LKR); Richtlinie 93/37/EWG zur Koordinierung der Vergabe öffentlicher Bauaufträge ABl. 1993 L 199/54 (BKR); mit späteren Änderungen.

[15] Richtlinie 2004/17/EG zur Koordinierung der Zuschlagserteilung durch Auftraggeber im Bereich der Wasser-, Energie- und Verkehrsversorgung sowie der Postdienste, ABl. 2004 Nr. L 134/1.

[16] Richtlinie 89/665/EWG zur Koordinierung der Rechts- und Verwaltungsvorschriften für die Anwendung der Nachprüfungsverfahren im Rahmen der Vergabe öffentlicher Liefer- und Bauaufträge vom 21.12.1989, ABl. Nr. L 395/33, geändert durch RL 92/50/EWG vom 18.6.1992, ABl. Nr. L 209/1; Richtlinie 92/13/EWG zur Koordinierung der Rechts- und Verwaltungsvorschriften für die Anwendung der Gemeinschaftsvorschriften über die Auftragsvergabe durch Auftraggeber im Bereich der Wasser-, Energie- und Verkehrsversorgung sowie im Telekommunikationssektor vom 25. Februar 1992, ABl Nr. L 76/14. Zur Entwicklung der Vergaberichtlinien vgl. *Bungenberg* wie N. 8,Vor §§ 97 ff. GWB Rn. 66 ff.

len sollen und welche in der neuen Rechtsmittelrichtlinie 2007/66/EG geändert und zusammengefasst worden sind.[17]

Die VKR war bis zum 31.01.2006 umzusetzen (Art. 80 Abs. 1 VKR). Nach der ständigen Rechtsprechung des EuGH sind Richtlinien im „vertikalen", Staat – Bürgerverhältnis nach Ablauf der Umsetzungsfrist unmittelbar anwendbar, d.h. von den nationalen Gerichten und Behörden mit Vorrang vor dem nationalen Recht zu beachten, soweit die Richtlinienbestimmungen inhaltlich unbedingt und hinreichend bestimmt sind.

Dies ist nach der Rechtsprechung des EuGH zu bejahen insbesondere für die Vorschriften über den sachlichen und persönlichen Geltungsbereich der Vergaberichtlinien, über die Wahl des Vergabeverfahrens und die Durchführung von Wettbewerben, über die technischen Spezifikationen, die Bekanntmachungsvorschriften, die Vorschriften über die Teilnahme- sowie die Eignungs- und Zuschlagskriterien; d.h. praktisch die meisten Vorschriften der materiellen Vergaberichtlinien (VKR, SKR) im Gegensatz zu den Rechtsmittelrichtlinien.[18] Bei der Auslegung der Richtlinien ist das vergaberechtlich relevante und vorrangige Primärrecht zu berücksichtigen.[19]

Aus der Bindung der Mitgliedstaaten an die primärrechtlichen Vorgaben und, nach Ablauf der Umsetzungsfrist, an die Vergaberichtlinien folgt insbesondere

- die mitgliedstaatliche Umsetzungsgesetzgebung unterliegt dem Grundsatz der gemeinschaftsrechts-, insbesondere richtlinienkonformen Auslegung des nationalen Rechts;
- solange eine mitgliedstaatliche Umsetzung der Richtlinie nicht erfolgt ist, sind die unmittelbar anwendbaren Regelungen der Vergaberichtlinien anzuwenden;
- lassen sich Divergenzen zwischen Richtlinie und nationaler Umsetzungsgesetzgebung nicht im Wege richtlinienkonformer Auslegung beseitigen, setzen sich die unmittelbar anwendbaren Richtlinienbestimmungen durch.[20]

3. Nationales deutsches Vergaberecht

a) Die EU-Vergaberichtlinien setzen für ihre Anwendbarkeit eine in ihnen (vgl. Art. 7 VKR) bzw. – bei zweijährlich möglichen notwendigen Anpassungen (vgl. Art. 78 i.V.m. Art. 77 Abs. 2 VKR) – von der Kommission festge-

[17] Richtlinie 2007/66/EG zur Änderung der Richtlinien 89/665 EWG und 92/13/EWG des Rates im Hinblick auf die Verbesserung der Wirksamkeit der Nachprüfungsverfahren bezüglich der Vergabe öffentlicher Aufträge. Die Richtlinie war von den Mitgliedstaaten bis zum 20.12.2009 umzusetzen.

[18] Vgl. dazu N. 16, 17.

[19] Vgl. III. 2. a.

[20] Vgl. zum Vorstehenden mit Hinweisen auf die Rechtsprechung des EuGH *Mestmäcker/Schweitzer* Europäisches Wettbewerbsrecht, wie N. 9, § 37 Rn. 29 ff.; *Dreher*, wie N. 8, Vor §§ 97 ff. Rn. 97 ff.; *Bungenberg*, wie N. 8, Vor §§ 97 ff. GWB Rn. 71, 72.

setzte Mindestgröße der Aufträge voraus (sog. Schwellenwerte), für die allein eine europaweite Ausschreibung sinnvoll erscheint. Daraus ergibt sich eine Zweiteilung des EU-Vergaberechts. Im Anwendungsbereich der Vergaberichtlinien sind grundsätzlich diese für die Ausgestaltung des mitgliedstaatlichen Vergaberechts oder, wie vorstehend ausgeführt, gegebenenfalls auch kraft unmittelbarer Anwendbarkeit maßgeblich. Das vergaberechtlich relevante EU-Primärrecht[21] bleibt in diesem Bereich, wie erwähnt, erheblich[22] für die Auslegung der Vergaberichtlinien und die Ausfüllung von Lücken.

Außerhalb des Anwendungsbereichs der EU-Vergaberichtlinien, d.h. insbesondere bei Aufträgen unterhalb der Schwellenwerte, muss das mitgliedstaatliche Vergaberecht den aus dem primären Gemeinschaftsrecht folgenden Verboten und verfahrensrechtlichen Mindeststandards Rechnung tragen.[23]

b) Das deutsche Vergaberecht folgt dieser Zweiteilung. Die Umsetzung der EU-Vergaberichtlinien ist durch eine Integration in das Gesetz gegen Wettbewerbsbeschränkungen (GWB) erfolgt mit den §§ 97 ff. GWB sowie deren Durchführungsregelungen (dazu gleich). Diese Vorschriften gelten nur im Anwendungsbereich der EU-Vergaberichtlinien, d.h. insbesondere nur für Auftragsvergaben oberhalb der Schwellenwerte der Richtlinien. Allerdings ist eine Anpassung an die und Umsetzung der gegenwärtig geltenden Vergaberichtlinien aus dem Jahre 2004 (VKR und SKR, s.o.) bis zum Inkrafttreten des Gesetzes zur Modernisierung des Vergaberechts vom 20. April 2009[24] nicht erfolgt; insoweit lag lediglich ein Referentenentwurf des (seinerzeitigen) Bundesministeriums für Wirtschaft und Arbeit vom 29. März 2005[25] sowie seit Sommer 2008 ein Regierungsentwurf[26] vor. In ihrer bis zum Vergaberechtsmodernisierungsgesetz geltenden Fassung bildeten die §§ 97 ff. GWB und ihre Durchführungsvorschriften daher die Umsetzung der Vorgänger-Richtlinien zur VKR und SKR.[27] Das am 24.04.2009 in Kraft getretene (vgl. Art. 4) Gesetz zur Modernisierung des Vergaberechts bezweckt, neben einer Vereinfachung und Modernisierung, die Anpassung an das gegenwärtig geltende gemeinschaftsrechtliche Sekundärrecht, insbesondere auch die Rechtsmittelrichtlinie 2007/66/EG, und hat die §§ 97 ff. GWB teils geändert, teils ergänzt.[28]

[21] Vgl. oben III. 2. a.

[22] Vgl. oben III. 2. b.

[23] Vgl. *Mestmäcker/Schweitzer* Europäisches Wettbewerbsrecht, wie N. 9, § 36 Rn. 14.

[24] BGBl. I 790.

[25] „Entwurf eines Gesetzes zur Neuregelung des Vergaberechts", BMWA I B 3 – 260513, Stand: 29. März 2005, nebst Begründung.

[26] Gesetzentwurf der Bundesregierung v. 13.8.2008, BT-Dr. 16/10117 (mit Stellungnahme des Bundesrates und Gegenäußerung der Bundesregierung) für ein Gesetz zur Modernisierung des Vergaberechts („VergabeRModG").

[27] Vgl. dazu N. 14.

[28] Vgl. zu den Zielen des Gesetzes die Begründung der Bundesregierung zum Gesetzentwurf, wie N. 26, Begründung A. 2, 3. S. 13.

Unterhalb der Schwellenwerte gilt das nicht koordinierte traditionell haushaltsrechtlich geprägte Vergaberecht des Bundes und der Bundesländer fort. An dieser Zweiteilung hat auch die Neuregelung des Vergaberechts nichts geändert.

c) Im Anwendungsbereich der EU-Vergaberichtlinien, d.h. insbesondere oberhalb der Schwellenwerte, regeln die §§ 97 ff. GWB die Auftragsvergabe indessen nicht abschließend. Vielmehr ermächtigen die §§ 97 Abs. 6, 127 GWB die Bundesregierung zum Erlass einer Durchführungsverordnung. Die gegenwärtig geltende Vergabeverordnung (VgV) datiert vom 9.1.2001; sie ist seitdem mehrfach geändert worden.[29] Die gegenwärtig (April 2010) geltende Fassung bildet die Dritte Verordnung zur Änderung der Vergabeverordnung vom 23.10. 2006, welche am 1.11.2006 in Kraft getreten ist.[30] Auch diese Dritte Änderungsverordnung ist inzwischen wiederum wesentlich geändert worden durch Art. 2 des Vergaberechtsmodernisierungsgesetzes[31], welches wesentliche Vorschriften der Verordnung aufgehoben und mit Anpassung an die VKR und SKR in die §§ 97 ff. GWB eingefügt hat; die VgV beschränkt sich daher nunmehr wesentlich auf die Verweisung auf die Vergabeordnungen (dazu gleich, sog. Scharnierfunktion).[32] Das Bundeskabinett hat am 27.01., der Bundesrat am 26.03.2010, das Bundeskabinett wiederum am 28.04.2010 über die vom Bundesrat vorgenommenen Änderungen einer Neufassung der VgV beschlossen, die nach der Verkündung im Bundesgesetzblatt in Kraft treten wird. Die nachfolgenden Ausführungen beziehen sich auf die gegenwärtig noch geltende VgV.

Auch die VgV enthält indessen keine abschließende Regelung, sondern verweist ihrerseits ergänzend und konkretisierend auf die von den sog. Verdingungsausschüssen (paritätische Besetzung mit Vertretern der öffentlichen Hand und solchen der Spitzenverbände der deutschen Wirtschaft) erarbeiteten und im Bundesanzeiger veröffentlichten Verdingungsordnungen,[33] welche durch diese Verweisung in der VgV im Anwendungsbereich der VgV den Charakter von Rechtsnormen erhalten.

[29] Vergabeverordnung vom 9.1.2001 nebst Begründung BGBl. I 110 (VgV); Erste Verordnung zur Änderung der Vergabeverordnung v. 7.11.2002 (BGBl. I 4338), Zweite Verordnung zur Änderung der Vergabeverordnung v. 11.2.2003 (BGBl. I 168), geändert durch Art. 2 des Gesetzes v. 1.9.2005 (BGBl. 2005 I 2676); Dritte Verordnung zur Änderung der Vergabeverordnung, dazu gleich.

[30] Dritte Verordnung zur Änderung der Vergabeverordnung, BGBl. I 2334. Vgl. dazu *Gabriel* Die Vergaberechtsreform 2009 und die Neufassung des vierten Teils des GWB, NJW 2009, 2011; *Bungenberg,* wie N. 8, Vor §§ 97 ff. GWB Rn. 22, 23.

[31] Wie N. 24.

[32] Vgl. dazu *Gabriel,* wie N. 30, S. 2012. Eine Neufassung der Vergabeverordnung war geplant, wenn die Arbeiten zur Novellierung der VOB/A, VOL/A und VOF zum Abschluss gelangt waren, vgl. *Gabriel* aaO, S. 2016. Dies ist inzwischen geschehen (2009) und die Neufassung der VgV verabschiedet (s.o.).

[33] Die Verdingungsordnungen sind Anfang 2006 durch die zuständigen Ausschüsse an die Neuregelung der EG-Vergaberichtlinien (VKR und SKR, s.o.) angepasst und im Bundesanzeiger neu bekannt gemacht worden: Verdingungsordnung für Bauleistungen (VOB, BAnz. Nr. 94 v. 18.5.2006), für Lieferungen und sonstige Leistungen (VOL,

Aus diesen Regelungen ergibt sich im Anwendungsbereich der EU-Vergaberichtlinien der dreistufige Aufbau des deutschen Vergaberechts (sog. Kaskadenprinzip): 1. §§ 97 ff. GWB; 2. Vergabeverordnung; 3. Verdingungsordnungen.[34]

d) Unterhalb der Schwellenwerte der EU-Vergaberichtlinien und damit außerhalb des Anwendungsbereichs der §§ 97 ff. GWB mit seinen Durchführungsvorschriften gilt für Bund und Länder nebst Sondervermögen sowie bundes- und landesunmittelbare juristische Personen des öffentlichen Rechts staatliches Haushaltsrecht[35] sowie die Vergabegesetze der Länder.[36] Gerade in diesem Bereich sind die EG-primärrechtlichen Vorgaben für das mitgliedstaatliche Vergaberecht von besonderer Bedeutung, wenngleich diese Vorgaben in ihrer Intensität hinter den EU-Vergaberichtlinien zurückbleiben und in ihren Konsequenzen im Einzelnen noch ungeklärt sind.[37]

IV. Anwendbarkeit der EG-Vergaberichtlinien und der §§ 97 ff. GWB

1. Vorbemerkung

Zu untersuchen ist zunächst die Anwendbarkeit der Vergaberechtsregelungen oberhalb der gemeinschaftsrechtlichen Schwellenwerte der VKR und der der Umsetzung der EU-Vergaberichtlinien dienenden §§ 97 ff. GWB nebst Ausführungsregelungen. Nach allgemeinen Grundsätzen auszugehen wäre dabei zunächst, entsprechend der Zweistufigkeit des Richtlinienverfahrens, von den letzteren Vorschriften als den nationalen Umsetzungsregelun-

BAnz. Nr. 100a v. 30.5.2006) und für freiberufliche Leistungen (VOF, BAnz. Nr. 91a v. 13.5.2006). Die Verweisungen in der VgV sind statische Verweisungen, d.h. sie verweisen nur auf die Verdingungsordnungen in der in der Verweisungsnorm angegebenen Fassung, nicht auf die Verdingungsordnungen in ihrer jeweils geltenden Fassung. Die gegenwärtig geltende VgV v. 23.10.2006 verweist auf die soeben zitierten Verdingungsordnungen aus dem Jahre 2006. Die geplanten Novellierungen (vgl. dazu *Gabriel*, wie N. 30, S. 2016; *Bungenberg* Schwerpunkte der Vergaberechtspraxis, WuW 2009, 505) sind inzwischen zum Abschluss gelangt und werden mit der Neufassung der VgV 2010 in Kraft treten. Im Folgenden werden die gegenwärtig (April 2010) noch geltenden Verdingungsordnungen 2006 zu Grunde gelegt.

[34] Vgl. zum Vorstehenden *Mestmäcker/Schweitzer* Europäisches Wettbewerbsrecht, wie N. 9, § 37 Rn. 43 ff.; *Dreher,* wie N. 8, Vor §§ 97 ff. Rn. 39 ff. mit kritischer Sicht des Kaskadenprinzips; *Bungenberg,* wie N. 8, Vor §§ 97 ff. GWB Rn. 17 ff.

[35] Insbesondere § 30 Haushaltsgrundsätzegesetz (HGrG) und § 55 Bundeshaushaltsordnung (BHO, entsprechende Bestimmungen in den Landeshaushaltsordnungen), ferner Verweisungen in Verwaltungsrichtlinien auf Teile der Verdingungsordnungen.

[36] Vgl. zu den Vergabegesetzen der Länder *Bungenberg,* wie N. 8, Vor §§ 97 ff. GWB Rn. 35 ff.

[37] Vgl. zum Vorstehenden, wie auch zu verfassungsrechtlichen Bindungen *Mestmäcker/Schweitzer* Europäisches Wettbewerbsrecht, wie N. 9, § 37 Rn. 59, 60; *Dreher,* wie N. 8, Vor §§ 97 ff. Rn. 50 ff.; *Bungenberg,* wie N. 8, Vor §§ 97 ff. GWB Rn. 28 ff.

gen, die aber richtlinienkonform auszulegen sind. Im Falle von Lücken oder Abweichung von den Richtlinienbestimmungen gehen diese Letzteren, soweit sie unmittelbar anwendbar sind, den nationalen Regelungen vor und sind die Richtlinienbestimmungen maßgebend. Im Folgenden sollen die VKR sowie die §§ 97 ff. GWB nebeneinander berücksichtigt werden.

Bei der Anwendbarkeit der Vergaberegelungen oberhalb der Schwellenwerte ist zu unterscheiden zwischen der persönlichen und der sachlichen Anwendbarkeit.

2. *Persönlicher Anwendungsbereich der Vergaberichtlinien, hier: der VKR*

a) Der persönliche Anwendungsbereich der VKR sowie der §§ 97 ff. GWB wird mit dem Begriff des öffentlichen Auftraggebers bestimmt. Er ist definiert in Art. 1 Abs. 9 Unterabsatz 1 VKR sowie § 98 GWB. Art. 1 Abs. 9 VKR zählt vier Arten von Auftraggebern auf:

> „der Staat, die Gebietskörperschaften, die Einrichtungen des öffentlichen Rechts und die Verbände, die aus einer oder mehreren dieser Körperschaften oder Einrichtungen des öffentlichen Rechts bestehen."

Nach der rechtlichen Verselbständigung der Universitätsklinika in Form einer rechtsfähigen Anstalt des öffentlichen Rechts[38] kommt der Charakter des Klinikums als einer „Einrichtung des öffentlichen Rechts" in Betracht. Nach Art. 1 Abs. 9 Unterabsatz 2 VKR gilt als Einrichtung des öffentlichen Rechts

> „jede Einrichtung die
> a) zu dem besonderen Zweck gegründet wurde, im Allgemeininteresse liegende Aufgaben nicht gewerblicher Art zu erfüllen,
> b) Rechtspersönlichkeit besitzt und
> c) überwiegend vom Staat, von Gebietskörperschaften oder von anderen Einrichtungen des öffentlichen Rechts finanziert wird, hinsichtlich ihrer Leitung der Aufsicht durch Letztere unterliegt oder deren Verwaltungs-, Leitungs- oder Aufsichtsorgan mehrheitlich aus Mitgliedern besteht, die vom Staat, von den Gebietskörperschaften oder von anderen Einrichtungen des öffentlichen Rechts ernannt worden sind."[39]

§ 98 Nr. 2 GWB hat die entsprechenden Regelungen in den früheren Vergaberichtlinien umgesetzt:

> „Öffentliche Auftraggeber im Sinne dieses Teils sind: ... 2. andere juristische Personen des öffentlichen und des privaten Rechts, die zu dem be-

[38] Vgl. Art. 1 Abs. 1 Satz 1 BayUniKlinG, wie N. 6.
[39] Vgl. N. 13.

sonderen Zweck gegründet wurden, im Allgemeininteresse liegende Aufgaben nicht gewerblicher Art zu erfüllen, wenn Stellen, die unter Nummer 1 (sc. Gebietskörperschaften sowie deren Sondervermögen, d. Verf.) oder 3 (sc. Verbände, deren Mitglieder unter Nummer 1 oder 2 fallen, d. Verf.) fallen, sie einzeln oder gemeinsam durch Beteiligung oder auf sonstige Weise überwiegend finanzieren oder über ihre Leitung die Aufsicht ausüben oder mehr als die Hälfte der Mitglieder eines ihrer zur Geschäftsführung oder zur Aufsicht berufenen Organe bestimmt haben. Das Gleiche gilt dann, wenn die Stelle, die einzeln oder gemeinsam mit anderen die überwiegende Finanzierung gewährt oder die Mehrheit der Mitglieder eines zur Geschäftsführung oder Aufsicht berufenen Organs bestimmt hat, unter Satz 1 fällt."

b) 1) Die von Art. 1 Abs. 9 Unterabsatz 2 lit. b VKR und § 98 Nr. 2 GWB verlangte Rechtspersönlichkeit erhalten die bayerischen Universitätsklinika mit dem Inkrafttreten des BayUniKlinG am 01.06.2006 (vgl. Art. 18).

2) Art. 1 Abs. 9 Unterabs. 2 lit. a VKR und § 98 Nr. 2 GWB verlangen einen auf die Wahrnehmung von Allgemeininteressen nicht gewerblicher Art gerichteten besonderen Gründungszweck. Bei den „Aufgaben im Allgemeininteresse" und den „Aufgaben nicht gewerblicher Art" handelt es sich um zwei selbständige Kriterien, die demgemäß auch getrennt zu prüfen sind.[40]

(a) Den Begriff der im Allgemeininteresse liegenden Aufgaben hat der EuGH bislang nicht in allgemeiner Weise definiert. Entsprechend der Zielsetzung des Vergaberechts, die Grundfreiheiten und das Wettbewerbsprinzip überall dort zu sichern, wo wegen der besonderen Zwecksetzung und der Staatsnähe einer Einrichtung eine von marktwirtschaftlicher Auftragsvergabe abweichende Nachfrageentscheidung möglich erscheint, ist von einem weiten Begriff des Allgemeininteresses auszugehen. Unerheblich ist es, wenn neben Allgemeininteressen auch Einzelinteressen wahrgenommen werden. Ferner scheidet eine „im Allgemeininteresse liegende Aufgabe" nicht deshalb aus, weil der Auftraggeber zugleich Gewinninteressen verfolgt. Wesentliches Kennzeichen für Aufgaben im Allgemeininteresse ist es, wenn die öffentliche Hand für die Erfüllung dieser Aufgaben eine faktische oder rechtliche Funktionsgarantie trifft. Im Übrigen brauchen die Aufgaben im Allgemeininteresse nicht die einzigen von der Einrichtung wahrgenommenen Aufgaben zu sein, erforderlich ist, dass die Einrichtung – unabhängig von ihrem Umfang – überhaupt im Allgemeininteresse liegende Aufgaben zu erfüllen hat. In einem solchen Fall „gemischter" Zwecksetzung sind auch solche Aufträge auszuschreiben, die nicht im Allgemeininteresse liegen (sog. Infektionstheorie).[41]

[40] Vgl. EuGH 10.11.1998, Slg. 1998 I 6821, 6862 Rn. 35 – BFI Holding.

[41] Vgl. zum Vorstehenden *Mestmäcker/Schweitzer* Europäisches Wettbewerbsrecht, wie N. 9, § 38 Rn. 23 ff.; *Dreher*, wie N. 8, § 98 Rn. 64 ff.; *Bungenberg*, wie N. 8, § 98 GWB Rn. 17 ff. m.N. aus der Rechtsprechung des EuGH.

Der EuGH hat den Betrieb einer Universität als Aufgabe im Allgemeininteresse beurteilt;[42] in der deutschen Vergabepraxis ist die Krankenhausversorgung der Bevölkerung als zu den Aufgaben im Allgemeininteresse gehörend angesehen worden.[43]

Nach den den Universitätsklinika,[44] insbesondere durch Art. 2 Abs. 1 BayUniKlinG den bayerischen Universitätsklinika zugewiesenen Aufgaben bestehen hinsichtlich des auf die Wahrnehmung von Allgemeininteressen gerichteten Zwecks keine Zweifel. Es heißt hier u.a.:

> „Das Klinikum dient in besonderer Weise der Universität, der es zugeordnet ist, zur Erfüllung ihrer Aufgaben in Forschung und Lehre sowie dem wissenschaftlich-medizinischen Fortschritt; es nimmt daran ausgerichtete Aufgaben in der Krankenversorgung wahr. Es erfüllt ferner die ihm in der Aus-, Fort- und Weiterbildung des Personals obliegenden Aufgaben".

(b) Aufgaben im Allgemeininteresse können gewerblicher oder nicht gewerblicher Art sein;[45] für den vergaberechtlichen Begriff des öffentlichen Auftraggebers kommen nur solche nicht gewerblicher Art in Betracht. Die Abgrenzung zwischen den beiden Aufgabenbereichen ist vom Zweck des Europäischen Vergaberechts her vorzunehmen, ob nämlich einer Einrichtung eine von nicht wirtschaftlichen, insbesondere diskriminierenden Gesichtspunkten geleitete Beschaffungspraxis möglich ist. Eine solche Gefahr kann insbesondere anzunehmen sein, wo sich Einrichtungen der Steuerungsfunktion von Markt und Wettbewerb ganz oder zum Teil entziehen können. Der EuGH hat es daher als ein Indiz für gewerbliche Aufgabenerfüllung angesehen, wenn auf dem betreffenden Markt ein „entwickelter Wettbewerb" besteht.[46] „Entwickelter Wettbewerb" schließt aber eine nicht gewerbliche Aufgabenerfüllung nicht aus, soweit sich die Einrichtung, insbesondere kraft Zuweisung staatlicher Finanzmittel, dem Wettbewerbsdruck entziehen kann. Auch eine Gewinnerzielungsabsicht schließt die Nichtgewerblichkeit einer Aufgabe nicht aus, wo diese Absicht dem der Einrichtung zur Wahrung übertragenen Allgemeininteresse untergeordnet ist. Der EuGH geht dann i. Allg von einem gewerblichen Charakter der Aufgabe aus, wenn eine Einrichtung unter normalen, insbesondere wettbewerblichen Marktbedingungen tätig ist, Gewinnerzielungsabsicht besitzt und die mit der Tätigkeit verbundenen Ver-

[42] Vgl. EuGH 3.10.2000, Slg. 2000 I 8035, 8061 ff. – University of Cambridge.

[43] Vgl. OLG Naumburg B. v. 17.4.2004 1 Verg 1503, zitiert bei *Bungenberg*, wie N. 8, § 98 GWB Rn. 22.

[44] Vgl. dazu unter I.

[45] Vgl. EuGH 10.11.1998, Slg. 1998 I 6821, 6862 Rn. 36 – BFI Holding.

[46] Vgl. EuGH 10.11.1998, Slg. 1998 I 6821, 6865 Rn. 49 – BFI Holding; EuGH 10.5.2001, Slg. 2001 I 3605, 3639 Rn. 38 – Agorà und Excelsior.

luste, d.h. insbesondere auch das wirtschaftliche Risiko ihrer Beschaffungspolitik, selbst trägt.[47]

Nach Art. 3 Abs. 2 Satz 1 BayUniKlinG deckt zwar

> „das Klinikum … seine Aufwendungen in der Krankenversorgung durch die für seine Leistungen vereinbarten oder festgelegten Entgelte und durch sonstige Erträge".

Der Freistaat Bayern übernimmt indessen die Gewährträgerschaft (vgl. Art. 3 Abs. 1 BayUniKlinG). Vor allem gewährt der Freistaat Bayern für den nicht mit der Krankenversorgung unmittelbar zusammenhängenden Bedarf umfängliche finanzielle Mittel (vgl. Art. 3 Abs. 2 Satz 2 BayUniKlinG); große Baumaßnahmen werden unmittelbar aus dem Staatshaushalt finanziert (vgl. Art. 3 Abs. 2 Satz 3 BayUniKlinG). Der konkretisierenden Abstimmung der den Universitätsklinika zugewiesenen Aufgaben im Allgemeininteresse einerseits und dem hierfür veranschlagten Finanzbedarf andererseits dienen Zielvereinbarungen zwischen dem Freistaat Bayern und den Universitätsklinika (vgl. Art. 3 Abs. 4 BayUniKlinG).

Auch wenn die Universitätskliniken mit sonstigen Krankenhäusern im Wettbewerb stehen – eine genaue kartellrechtliche Marktabgrenzung kann hier dahinstehen;[48] die Universitätsklinika werden jedenfalls in bestimmten Bereichen eine besondere Marktposition[49] besitzen, wenn insoweit nicht ein eigenständiger sachlicher Markt anzunehmen ist – folgt doch aus der besonderen Aufgabenzuweisung, den Finanzierungsregeln und der Institution der Zielvereinbarungen, dass die Universitätsklinika in ihrem Wirtschaftsverhalten nicht ausschließlich wie sonstige private Unternehmen vom Wettbewerb gesteuert werden und eine Anwendung der Vergaberegeln auszuscheiden hätte.

Die Universitätsklinika sind daher zu dem besonderen Zweck gegründet, im Allgemeininteresse liegende Aufgaben nicht gewerblicher Art zu erfüllen. Dass Wirtschaftsführung und Rechnungswesen der Universitätsklinika kaufmännischen Grundsätzen zu entsprechen haben und die Universitätsklinika die Grundsätze der Wirtschaftlichkeit zu beachten haben (vgl. Art. 5 Abs. 1 BayUniKlinG), steht dem nicht entgegen; sie ersetzen nicht die wettbewerbliche Steuerung der Wirtschaftsführung.

Dieses Ergebnis wird bestätigt dadurch, dass die Bundesrepublik für das „Verzeichnis der Einrichtungen des öffentlichen Rechts und der Kategorien von Einrichtungen des öffentlichen Rechts nach Artikel 1 Abs. 9 Unter-

[47] Vgl. EuGH 22.5.2003, Rs. C-18/01 Slg. 2003, I-5321 Rn. 51 – Korhonen Oy; EuGH 16.10.2003, Rs. C-283/00 Rn. 81–82 – Kommission/Spanien. Vgl. zum Vorstehenden *Mestmäcker/Schweitzer* Europäisches Wettbewerbsrecht, wie N. 9, § 38 Rn. 27 ff.; *Dreher*, wie N. 8, § 98 Rn. 72 ff.; *Bungenberg*, wie N. 8, § 98 GWB Rn. 23 ff.

[48] Zur kartellrechtlichen Abgrenzung der Krankenhausmärkte vgl. für die Fusionskontrolle *Immenga/Mestmäcker* (*-Mestmäcker/Veelken*) GWB 4. Aufl. 2007 § 38 Rn. 54.

[49] Vgl. dazu *R. Strehl*, wie N. 4, S. 133 ff., 135.

absatz 2" des auf Art. 1 Abs. 9 Unterabsatz 3 VKR (bzw. der Vorgänger-Richtlinien) beruhenden Anhangs III benannt hat u.a. (sogar) in privatrechtlicher Rechtsform (auch diese können zu den „Einrichtungen des öffentlichen Rechts" gehören, sog. funktionaler Auftraggeberbegriff) betriebene Krankenhäuser, medizinische Forschungseinrichtungen und medizinische Untersuchungsinstitute.[50] Dieses Verzeichnis besitzt zwar keine konstitutive Bedeutung für den Charakter als öffentlicher Einrichtung. Ihm kommt aber jedenfalls Indiz- bzw. Vermutungswirkung zu, die deutsche Rechtsprechung hat darauf zur Einordnung bestimmter Einrichtungen Bezug genommen.[51]

3) Als dritte kumulativ notwendige Voraussetzung verlangen Art. 1 Abs. 9 Unterabs. 2 lit. c sowie § 98 Nr. 2 GWB eine gewisse in drei alternativen Merkmalen umschriebene „Staatsnähe" der Einrichtung: Überwiegende staatliche Finanzierung der Einrichtung, Aufsicht über die Leitung, Bestimmung der Mitglieder der Aufsichts- oder Leitungsorgane.

(a) Nach der ersten Alternative muss die Einrichtung „überwiegend vom Staat, von Gebietskörperschaften oder von anderen Einrichtungen des öffentlichen Rechts finanziert werden." Finanzielle Leistungen der öffentlichen Hand an eine Einrichtung sind solche, die

> „als Finanzhilfe ohne spezifische Gegenleistung die Tätigkeiten der betreffenden Einrichtung finanzieren oder unterstützen ...".[52]

Eine Zuweisung von Finanzmitteln liegt also nicht vor, soweit sie einer Einrichtung im Rahmen eines Vertragsverhältnisses über Waren oder Dienstleistungen als Gegenleistung erbracht werden. Der EuGH[53] hat hierzu ausgeführt:

> „Zwar kann auch ein solches Vertragsverhältnis eine Verbindung der betreffenden Einrichtung mit dem öffentlichen Auftraggeber zur Folge haben, allerdings ist diese Verbindung von anderer Qualität als diejenige, die durch eine reine Unterstützungsleistung entsteht. Denn eine Verbindung wie die erstgenannte ist eher einer Verbindung gleichzustellen, wie sie in normalen Geschäftsbeziehungen besteht, die im Rahmen von gegenseitigen Verträgen entstehen, die von den Vertragspartnern frei ausgehandelt werden."

Die „überwiegende" staatliche Finanzierung bedeutet „zu mehr als der Hälfte".[54] Berechnungsbasis für diese Quote ist die Gesamtheit der finanziel-

[50] Vgl. VKR Anhang III, Verzeichnis der Einrichtungen des öffentlichen Rechts und der Kategorien von Einrichtungen des öffentlichen Rechts nach Artikel 1 Abs. 9 Unterabsatz 2, III. Deutschland, Nr. 2, erster Spiegelstrich.

[51] Vgl. *Bungenberg,* wie N. 8, § 98 GWB Rn. 13 ff. m.N.

[52] Vgl. EuGH 3.10.2000, Slg. 2000 I 8035, 8071 Rn. 21 – University of Cambridge.

[53] Wie vorige N. Rn. 25.

[54] Wie N. 52 Rn. 33.

len Mittel einer Einrichtung einschließlich eventueller Mittel aus gewerblicher Tätigkeit.[55]

Zahlenangaben darüber, ob die 50 %-Quote bei den Universitätsklinika erreicht oder überschritten ist, liegen, soweit ersichtlich, nicht vor; erforderlich ist insoweit eine Beurteilung für das jeweilige Haushaltsjahr.[56] Eine vertragliche Gegenleistung kann nicht in den in den Zielvereinbarungen (vgl. Art. 3 Abs. 4 BayUniKlinG) festgelegten staatlichen Finanzmitteln gesehen werden. Sie bilden nicht die Gegenleistung für von den Universitätsklinika zu erbringende einzelne Marktleistungen, die Zielvereinbarungen beziehen sich vielmehr in einer relativ globalen Weise auf die mittelfristige wesentliche Gesamtausrichtung des Klinikums; sie setzen ein Näheverhältnis zum Staat voraus und gestalten es aus. In die Berechnungsbasis einzubeziehen sind allerdings die Entgelte für die Krankenversorgung (vgl. Art. 3 Abs. 2 Satz 1 BayUniKlinG).

(b) Eine hinreichende Staatsnähe der Einrichtung wird ferner begründet, wenn diese „hinsichtlich ihrer Leitung der Aufsicht durch Letztere (sc. durch Staat, Gebietskörperschaften oder andere Einrichtungen des öffentlichen Rechts, d. Verf.) unterliegt". Wann dies anzunehmen ist, hat in der bisherigen Praxis Schwierigkeiten bereitet. Wesentlich ist, ob die konkrete Form der Aufsicht es der öffentlichen Hand ermöglicht, die Entscheidungen der Einrichtung in Bezug auf die Auftragsvergabe zu beeinflussen.[57] Eine reine Rechtsaufsicht (vgl. Art. 4 BayUniKlinG) reicht hierzu i. Allg. nicht aus, wohl aber eine über die Rechtsaufsicht hinausgehende Fachaufsicht, die eine Zweckmäßigkeitskontrolle aller Maßnahmen umfasst.[58] Eine derartige Aufsicht kann auch über ein Aufsichtsorgan innerhalb der Einrichtung erfolgen, wenn einmal dieses Aufsichtsorgan über derart weitreichenden Einfluss verfügt und zum anderen der Staat die Entscheidungen in dem Aufsichtsorgan bestimmen kann. Dabei ist auch eine gemeinsame Kontrolle durch mehrere in Art. 1 Abs. 9 Unterabs. 2 lit. c genannten staatlichen Stellen (Staat, Gebietskörperschaften, Einrichtungen des öffentlichen Rechts) ausreichend. Dass der Aufsichtsrat der bayerischen Universitätsklinika nach den ihm durch Art. 8 BayUniKlinG zugewiesenen Befugnissen eine „Aufsicht" im Sinne Art. 1 Abs. 9 Unterabs. 2 lit. c, 2. Alternative VKR bzw. § 98 Nr. 2 GWB über den Klinikumsvorstand als Leiter der „Einrichtung des öffentlichen Rechts" Universitätsklinikum ausüben kann, ist nicht zweifelhaft.

[55] Vgl. EuGH, wie N. 52 Rn. 34 ff.

[56] Vgl. EuGH, wie N. 52 Rn. 40, 41.

[57] Vgl. EuGH 1.2.2001, Slg. 2001 I 939, 980 Rn. 59 – Kommission/Frankreich; EuGH 27.2.2003, Slg. 2003 I 1931, 1996 f. Rn. 70 – Adolf Truley.

[58] Vgl. zum Vorstehenden *Mestmäcker/Schweitzer* Europäisches Wettbewerbsrecht, wie N. 9, § 38 Rn. 19; *Dreher*, wie N. 8, § 98 Rn. 99, 100; *Bungenberg*, wie N. 8, § 98 GWB, Rn. 30.

Entscheidend ist, ob der Freistaat Bayern bzw. die weiteren in Art. 1 Abs. 9 Unterabs. 2 VKR genannten Stellen (Gebietskörperschaften, Einrichtungen des öffentlichen Rechts) einzeln oder gemeinsam die Entscheidungen des Aufsichtsrats bestimmen können. Dabei ist auch das Stimmenvorrecht des Staatsministers bzw. der Staatsministerin für Wissenschaft, Forschung und Kunst nach § 7 Abs. 5 Satz 2 i.V.m. Abs. 1 Satz 1 Nr. 1 BayUniKlinG im Fall einer Patt-Situation zu berücksichtigen.

(c) Die Frage leitet über zur dritten Alternative des Art. 1 Abs. 9 Unterabs. 2 lit. c, § 98 Nr. 2 GWB, nach dem es für die notwendige Staatsnähe der Einrichtung ausreichend ist, wenn das

> „Leitungs- oder Aufsichtsorgan mehrheitlich aus Mitgliedern besteht, die vom Staat, von den Gebietskörperschaften oder von anderen Einrichtungen des öffentlichen Rechts ernannt worden sind".

Während die Mehrheit der Mitglieder des Klinikumsvorstands gemäß Art. 8 Abs. 2 Nr. 1 BayUniKlinG vom Aufsichtsrat bestellt wird, gehören dem achtköpfigen Aufsichtsrat des Universitätsklinikums nach Art. 7 BayUniKlinG der Staatsminister oder die Staatsministerin für Wissenschaft, Forschung und Kunst bzw. seine oder ihre Stellvertretung als Vorsitzender bzw. Vorsitzende an und werden, mit Ausnahme des oder der Vorsitzenden der Hochschulleitung der Universität, die übrigen sechs Aufsichtsratsmitglieder vom Staatsminister bzw. der Staatsministerin bestellt (vgl. Art. 7 Abs. 2 Satz 1 BayUniKlinG). Zwar bestehen insoweit z.T. Vorschlagsrechte des Fakultätsrats der Medizinischen Fakultät bzw. der Hochschulleitung der Universität im Benehmen mit der Klinikumskonferenz bzw. dem Klinikumsvorstand (vgl. Art. 7 Abs. 2 Satz 3 und Satz 4 BayUniKlinG). Indessen heißt es in der Begründung zum Gesetzesentwurf der Staatsregierung[59] ausdrücklich:

> „Der Staatsminister oder die Staatsministerin ist an den jeweiligen Vorschlag nicht gebunden."

Das Vorschlagsrecht kann daher auch materiell die mehrheitliche Ernennung i.S. Art. 1 Abs. 9 Unterabs. 2 lit. c VKR bzw. § 98 Nr. 2 GWB durch den Staatsminister bzw. die Staatsministerin für Wissenschaft, Forschung und Kunst und damit den Freistaat Bayern nicht berühren. Im Übrigen ist auch die Universität, schon wegen der überwiegenden Finanzierung aus dem Staatshaushalt, als „Einrichtung des öffentlichen Rechts" i.S. Art. 1 Abs. 9 Unterabs. 2 VKR, § 98 Nr. 2 GWB anzusehen.[60]

c) Im Ergebnis ist daher festzustellen, dass das bayerische Universitätsklinikum eine „Einrichtung des öffentlichen Rechts" i.S. Art. 1 Abs. 9

[59] Bayerischer Landtag, wie N. 4, S. 11, zu Art. 7.

[60] Vgl. auch oben Text zu N. 39.

Unterabs. 2, § 98 Nr. 2 GWB und damit ein „öffentlicher Auftraggeber" i.S.d. EG-Vergaberechts ist.

3. *Sachlicher Anwendungsbereich*

a) Voraussetzungen

Der sachliche Anwendungsbereich der VKR wie auch der §§ 97 ff. GWB wird bestimmt: 1. durch den Begriff der „öffentlichen Aufträge" mit den Unterteilungen in „öffentliche Bauaufträge", „öffentliche Lieferaufträge" und „öffentliche Dienstleistungsaufträge"; 2. durch die Ausnahmen für bestimmte Arten von „öffentlichen Aufträgen"; und 3. durch die Schwellenwerte für „öffentliche Aufträge". Art. 7 VKR bestimmt hierzu:

> „Diese Richtlinie gilt für die Vergabe öffentlicher Aufträge, die nicht aufgrund der Ausnahmen nach den Artikeln 10 und 11 und nach den Artikeln 12 bis 18 ausgeschlossen sind und deren geschätzter Wert netto ohne Mehrwertsteuer (Mwst) die folgenden Schwellenwerte erreicht oder überschreitet."

b) Öffentliche Aufträge

(1) Der Begriff der öffentlichen Aufträge ist definiert in Art. 1 Abs. 2 lit. a VKR:

> „Öffentliche Aufträge sind zwischen einem oder mehreren Wirtschaftsteilnehmern und einem oder mehreren öffentlichen Auftraggebern geschlossene schriftliche entgeltliche Verträge über die Ausführung von Bauleistungen, die Lieferung von Waren oder die Erbringung von Dienstleistungen im Sinne dieser Richtlinie."[61]

(2) Die Anforderungen an die Vertragsparteien sind im vorliegenden Zusammenhang zu bejahen. Das Universitätsklinikum ist nach dem Inkrafttreten des BayUniKlinG ein rechtlich selbständiger „öffentlicher Auftraggeber".[62] Die klinisch-theoretischen Institute sind, soweit sie nicht dem Universitätsklinikum zugeordnet werden, bzw. (genauer) die Universität als weitere juristische Person (Körperschaft) des öffentlichen Rechts, der die Institute rechtlich eingegliedert sind, ist ein vom Universitätsklinikum juristisch personenverschiedener „Wirtschaftsteilnehmer". Zu diesem letzteren Begriff enthält Art. 1 Abs. 8 Unterabs. 2 VKR die folgende Erläuterung:

[61] In gleichem Sinne § 99 Abs. 1 GWB, „Öffentliche Aufträge sind entgeltliche Verträge von öffentlichen Auftraggebern mit Unternehmen über die Beschaffung von Leistungen, die Liefer-, Bau- oder Dienstleistungen zum Gegenstand haben, Baukonzessionen und Auslobungsverfahren, die zu Dienstleistungsaufträgen führen sollen."

[62] Vgl. unten IV. 2.

„Der Begriff „Wirtschaftsteilnehmer“ umfasst sowohl Unternehmer als auch Lieferanten und Dienstleistungserbringer. Er dient ausschließlich der Vereinfachung des Textes.“

Es handelt sich daher um eine Zusammenfassung der Begriffe „Unternehmer“, „Lieferant“ und „Dienstleistungserbringer“, die wiederum in Art. 1 Abs. 8 Unterabs. 1 definiert werden:

„Die Begriffe „Unternehmer“, „Lieferant“, und „Dienstleistungserbringer“ bezeichnen natürliche oder juristische Personen, öffentliche Einrichtungen oder Gruppen dieser Personen und/oder Einrichtungen, die auf dem Markt die Ausführung von Bauleistungen, die Errichtung von Bauwerken, die Lieferung von Waren, bzw. die Erbringung von Dienstleistungen anbieten.“

Aus der letzteren Begriffsexplikation folgt, dass der Charakter als „Einrichtung des öffentlichen Rechts“, welcher für die Universität zu bejahen ist,[63] als deren rechtlich unselbständige Suborganisationen die klinisch-theoretischen Institute die Leistungen erbringen, die Eigenschaft als „Wirtschaftsteilnehmer“ nicht ausschließt.[64] Eine Frage der konkreten Gestaltung ist, ob die klinischen-theoretischen Institute (bzw. genauer: die Universität im Hinblick auf die Tätigkeitsbereiche der Institute) ihre Dienstleistungen ausschließlich dem Universitätsklinikum erbringen oder ob sie auch für dritte Auftraggeber tätig werden. Auch im ersteren Fall wäre aber, wie Art. 1 Abs. 8 Unterabs. 1 VKR verlangt, ein Anbieten der Dienstleistungen „auf dem Markt“ nicht zu verneinen. Aus der Rechtsprechung des EuGH ergibt sich, dass das Tätigwerden des Auftragnehmers ausschließlich für einen einzigen öffentlichen Auftraggeber die Anwendbarkeit der EG-Vergaberichtlinien allein noch nicht ausschließt.[65]

(3) Der Begriff des „öffentlichen Auftrags“ verlangt den Abschluss eines Vertrages zwischen dem öffentlichen Auftraggeber und dem „Wirtschaftsteilnehmer“. Der Vertragsbegriff ist zwar gemeinschaftsrechtlich-autonom und weit zu interpretieren, unabhängig von einer bestimmten Vertragsart und dem (etwa privat- oder öffentlichrechtlichen) Rechtscharakter des Vertrages. Als unverzichtbares Element verbleibt jedoch die Notwendigkeit einer Willensübereinstimmung zwischen den Parteien, aus der sich für den „Wirtschaftsteilnehmer“ eine in den Anwendungsbereich der VKR fallende

[63] Vgl. dazu oben Text zu N. 60.

[64] Vgl. dazu EuGH 18.11.1999 Slg. 1999 I 8121 Rn. 50, 51 – Teckal. Aus der deutschen Vergabepraxis vgl. OLG Frankfurt B. v. 7.9.2004 11 Verg 11/04 NZ Bau 2004, 692 ff.; OLG Düsseldorf B. v. 5.5.2004 VII Verg 78/03 NZ Bau 2004, 398. Vgl. a. *Bungenberg*, wie N. 8, § 99 GWB Rn. 8.

[65] Vgl. dazu Text zu N. 74.

Leistungspflicht (Bau, Warenlieferung, Dienstleistung), für den öffentlichen Auftraggeber die Pflicht zu einer irgendwie gearteten Gegenleistung ergibt.[66]

Wiederum eine Frage der konkreten Gestaltung ist es, wie nach dem Inkrafttreten des BayUniKlinG die Beziehungen zwischen dem Universitätsklinikum und den klinisch-theoretischen Instituten bzw. der Universität im Hinblick auf die Tätigkeit der Institute gestaltet werden sollen, falls die Institute bei der Universität verbleiben. Denkbar wäre einmal, dass die (bei der Universität verbliebenen) Institute aufgrund einer entsprechend ausgestalteten einseitigen inneruniversitären organisationsrechtlichen Zwecksetzung auf die Befolgung der Anforderungen des Universitätsklinikums ausgerichtet werden. Die Institute hätten dann, ohne dass hierzu Vereinbarungen zwischen ihnen bzw. der Universität einerseits, dem Universitätsklinikum andererseits geschlossen werden müssten, die Anforderungen des Klinikums aufgrund dieser einseitigen Zweckbestimmung zu erfüllen; die Aufwendungen hierfür wären aus dem Haushalt der Institute/der Universität zu decken. Bei einer solchen Gestaltung läge ein „Vertrag" i.S.d. Definition des Art. 1 Abs. 2 lit. a VKR nicht vor und wäre das europäische Vergaberecht jedenfalls nicht unmittelbar anwendbar. Gegen eine solche Gestaltung dürften aber einmal praktische Gründe sprechen; das Universitätsklinikum könnte mit seinen Anforderungen bei den klinisch-theoretischen Instituten auf deren Mittelbedarf Einfluss nehmen, ohne den eigenen Haushalt belasten zu müssen. Besondere Fragen stellen sich, wenn die Anforderungen des Universitätsklinikums im Zusammenhang mit der Krankenversorgung stehen; sollen hier unmittelbare Vertragsbeziehungen zwischen den Instituten/der Universität und den Patienten begründet werden und sollen die Institute/die Universität zu einer direkten Abrechnung mit den Patienten berechtigt sein? Vor allem würde sich die Frage stellen, ob eine derartige Gestaltung nicht als eine Umgehung der Regelungen des europäischen Vergaberechts anzusehen wäre. Der Umgehungsaspekt wird in Art. 9 Abs. 7 Satz 2 VKR im Zusammenhang mit der für die Beurteilung der Schwellenwerte zentralen Methode der Wertberechnung der öffentlichen Aufträge ausdrücklich angesprochen:

> „Die Wahl der Methode zur Berechnung des geschätzten Wertes eines öffentlichen Auftrags darf nicht in der Absicht erfolgen, die Anwendung dieser Richtlinie zu umgehen."

Das Umgehungsverbot gilt aber nicht nur in dieser speziellen Konstellation, sondern findet eine allgemeine Grundlage in der durch Art. 4 Abs. 3 EUV ausgedrückten allgemeinen Loyalitätspflicht der Mitgliedstaaten.

Näher liegt daher, dass zwischen dem Universitätsklinikum und den klinisch-theoretischen Instituten/der Universität, gegebenenfalls auf der Grund-

[66] Vgl. dazu auch *Bungenberg*, wie N. 8, § 99 GWB Rn. 13.

lage einer Rahmenvereinbarung, mit den einzelnen Anforderungen an die Institute jeweils Verträge geschlossen werden, in denen auch die Vergütung, gegebenenfalls durch Verweisung auf eine Rahmenvereinbarung, festgelegt wird. Eine solche Gestaltung fügt sich schließlich auch in die Regelung des Art. 12 BayUniKlinG über die Zusammenarbeit der Universitätsklinika mit den Universitäten ein. Danach arbeiten

> „das Klinikum und die Universität, insbesondere deren Medizinische Fakultät, … eng und vertrauensvoll zusammen. Die Einzelheiten der Zusammenarbeit einschließlich der wechselseitigen Kostenerstattung werden zwischen Klinikum, Medizinischer Fakultät und Universität vereinbart."

(4) Wird von einer derartigen vertraglichen Vereinbarung ausgegangen, ist die Entgeltlichkeit des Vertrages i.S. Art. 1 Abs. 2 lit. a VKR bzw. § 99 Abs. 1 GWB unproblematisch.

(5) Nach der Art der von den klinisch-theoretischen Instituten/der Universität zu erbringenden Leistungen handelt es sich weder um (naturgemäß) „öffentliche Bauaufträge" (Definition in Art. 1 Abs. 2 lit. b VKR) noch um auf „Waren" bezogene „öffentliche Lieferaufträge" (Definition in Art. 1 Abs. 2 lit. c VKR), sondern um „öffentliche Dienstleistungsaufträge". Art. 1 Abs. 2 lit. d) VKR definiert sie wie folgt:

> „‚Öffentliche Dienstleistungsaufträge' sind öffentliche Aufträge über die Erbringung von Dienstleistungen im Sinne von Anhang II, die keine öffentlichen Bau- oder Lieferaufträge sind."

Der Anhang II zur VKR zählt einmal einzelne Dienstleistungen auf unter Teil A, zu denen die Leistungen der klinisch-theoretischen Institute nicht gehören, und umfasst in Teil B weitere einzelne Dienstleistungen, insbesondere Dienstleistungen im „Gesundheitswesen", im Übrigen als Auffangtatbestand „sonstige Dienstleitungen". Die Leistungen der klinisch-theoretischen Institute unterfallen daher dem Teil B.

(6) Als Zwischenergebnis ist daher festzustellen:

Bei den zwischen dem Universitätsklinikum und den klinisch theoretischen Instituten, bzw. der Universität im Hinblick auf die Tätigkeit der Institute, geschlossenen Vereinbarungen handelt es sich um „öffentliche Aufträge" i.S.d. EG-Vergaberechts und der §§ 97 ff. GWB.

c) Ausnahmen vom sachlichen Anwendungsbereich

(1) Ausnahmen vom sachlichen Anwendungsbereich der VKR ergeben sich einmal aufgrund der besonderen Natur des öffentlichen Auftrags; nach den Grundsätzen der sog. in-house-Vergabe; und aufgrund der Schwellenwerte für öffentliche Aufträge (zum Letzteren unter d.)

(2) Ausnahmen nach der besonderen Natur des öffentlichen Auftrags sind in den Artt. 10 bis 19 VKR bzw. § 100 Abs. 2 GWB geregelt. Von den dort aufgezählten Ausnahmekonstellationen kommen im vorliegenden Zusammenhang in Betracht einmal die Regelung in Art. 16 lit. f VKR bzw. § 100 Abs. 2 lit. n GWB über

> „Forschungs- und Entwicklungsdienstleistungen, deren Ergebnisse nicht ausschließlich Eigentum des öffentlichen Auftraggebers für seinen Gebrauch bei der Ausübung seiner eigenen Tätigkeit sind, sofern die Dienstleistung vollständig durch den öffentlichen Auftraggeber vergütet wird."

Diese Ausnahme soll beitragen zu der im EGV im Kapitel „Forschung und Entwicklung", nunmehr Titel XIX. „Forschung, technologische Entwicklung und Raumfahrt", Artt. 179 ff. AEUV, enthaltenen Zielsetzung einer Stärkung der wissenschaftlichen und technischen Grundlagen der europäischen Industrie; die Ausnahme soll allerdings nicht eingreifen, soweit öffentliche Auftraggeber Forschungsaufträge ausschließlich auf eigene Rechnung und für die eigene Nutzung vergeben, in diesen Fällen soll es bei der Anwendung der Vergaberegeln verbleiben.[67] Unabhängig von der eigenen Forschungstätigkeit der klinisch-theoretischen Institute wird Gegenstand der Verträge zwischen ihnen und den Universitätsklinika nicht selbst Forschung und Entwicklung sein, sondern vielmehr die Anwendung schon entwickelter wissenschaftlicher Erkenntnisse und Methoden. In diesem Falle greift die Ausnahme für Forschungs- und Entwicklungsvereinbarungen nicht ein. Im Übrigen würde das Universitätsklinikum Forschungselemente in den von den klinisch-theoretischen Instituten erbrachten Dienstleistungen wohl ausschließlich für den eigenen Aufgabenbereich nutzen (und mit den für die Dienstleistungen gewährten Entgelten finanzieren), so dass auch unter diesem Gesichtspunkt die Ausnahme des Art. 16 lit. f VKR bzw. des § 100 Abs. 2 lit. n GWB nicht eingreift.

Ausgenommen von der Anwendbarkeit der VKR sind gemäß Art. 17 VKR ferner Dienstleistungskonzessionen. Diese sind in Art. 1 Abs. 4 VKR definiert als

> „Verträge, die von öffentlichen Dienstleistungsaufträgen nur insoweit abweichen, als die Gegenleistung für die Erbringung der Dienstleistungen ausschließlich in dem Recht zur Nutzung der Dienstleistung oder in diesem Recht zuzüglich der Zahlung eines Preises besteht."

Eine Dienstleistungskonzession käme im vorliegenden Zusammenhang allenfalls in Betracht, wenn den klinisch-theoretischen Instituten, bzw. der Universität für den Wirkungsbereich der Institute, für Dienstleistungen im Rahmen der Krankenversorgung als Gegenleistung für die Verpflichtung der Institute zur Erbringung solcher Dienstleistungen vertraglich nicht eine vom Universitätsklinikum jeweils zu zahlende Vergütung, sondern im Rahmen

[67] Vgl. dazu *Bungenberg*, wie N. 8, § 100 GWB Rn. 43.

einer generellen vertraglichen Regelung ein eigenes Abrechnungsrecht gegenüber den Patienten eingeräumt würde.[68] Von einer derartigen Gestaltung wird hier aber nicht auszugehen sein.[69]

(3) Nach § 100 Abs. 2 lit. g GWB sind vom Anwendungsbereich ausgenommen

> „Arbeitsverträge und … Aufträge, die an eine Person vergeben werden, die ihrerseits Auftraggeber nach § 98 Nr. 1, 2 oder 3 ist und ein auf Gesetz oder Verordnung beruhendes ausschließliches Recht zur Erbringung der Leistung hat."

Grundlage des Ausnahmetatbestandes ist Art. 18 VKR, der die Freistellung allerdings nur für Dienstleistungsaufträge vorsieht. Dementsprechend ist § 100 Abs. 2 lit g GWB in richtlinienkonformer Auslegung auf Dienstleistungsaufträge zu beschränken.[70]

Auch die Universität ist zwar, auch im Hinblick auf die ihr zugeordneten klinisch-theoretischen Institute, öffentlicher Auftraggeber. Ferner wird es im Schrifttum angesichts des Zwecks des Art. 18 VKR bzw. § 100 Abs. 2 lit. g GWB, ausschließliche Leistungsbeziehungen zwischen öffentlichen Auftraggebern vergaberechtsfrei zu halten, für ausreichend angesehen, wenn der Unternehmer (Auftragnehmer, d.h. hier die Universität im Hinblick auf die klinisch-theoretischen Institute) lediglich gegenüber dem Auftraggeber und nicht auch gegenüber jedermann ein ausschließliches Recht besitzt.[71] Während jedoch Art. 18 VKR die Gewährung des ausschließlichen Rechts lediglich auf der Grundlage „veröffentlichter, mit dem Vertrag übereinstimmender Rechts- und Verwaltungsvorschriften" vorsieht, verlangt § 100 Abs. 2 lit. g GWB in gemeinschaftsrechtlich zulässiger[72] Einschränkung der Ausnahmen ein auf Gesetz oder Verordnung beruhendes ausschließliches Recht. Dass diese Voraussetzung hinsichtlich der Universitätsklinika-Gesetze der Länder vorliegt, ist nicht bekannt geworden; in der bayerischen Reform sind dafür keine Anhaltspunkte ersichtlich, das Universitätsklinika-Gesetz enthält insofern weder eine unmittelbare Regelung noch eine diesbezügliche Verordnungsermächtigung.

[68] Vgl. zum Begriff der Dienstleistungskonzession, die durch das vertraglich eingeräumte Verwertungsrecht, die Dienstleistung unter eigenem Risiko des Dienstleistungserbringers, gekennzeichnet ist, *Bungenberg,* wie N. 8, § 99 GWB Rn. 59.

[69] Vgl. oben 3. b. (3).

[70] Vgl. *Dreher,* wie N. 8, § 100 Rn. 46 m.w.N; *Bungenberg,* wie N. 8 § 100 GWB Rn. 32.

[71] Vgl. *Dreher,* wie N. 8, § 100 Rn. 48 m.w.N. AA offensichtlich unter fehlsamem Hinweis auf EuGH 10.11.1998 RsC-360/96 Gemeinde Arnheim/BFI Holding, Slg. 1998 I 6867 *Bungenberg,* wie N 8, § 100 GWB Rn. 33: Bei den Ausschließlichkeitsrechten müsse es sich um die Erfüllung solcher Aufgaben im allgemeinen Interesse handeln, die in keinem Fall von privaten Unternehmern erfüllt werden könnten.

[72] Vgl. *Dreher,* wie N. 8, § 100 Rn. 47; *Bungenberg,* wie N. 8, § 100 GWB Rn. 33.

(4) Von der Anwendbarkeit der VKR, überhaupt von den Regelungen des europäischen Vergaberechts, und entsprechend auch von der Anwendbarkeit der §§ 97 ff. GWB ausgenommen sind sog. in-house-Geschäfte.[73] In-house-Geschäfte im engeren Sinn sind Leistungen, die eine rechtlich nicht verselbständigte Dienstelle einer öffentlichen Einrichtung als Träger der Dienststelle bzw. anderen Dienststellen des gleichen Rechtsträgers auf Anforderung erbringt. Bei solchen innerhalb der eigenen Organisation des Rechtsträgers erbrachten Leistungen greift das Vergaberecht nicht ein. Es respektiert die Festlegung der eigenen Grenzen der Organisation des öffentlichen Auftraggebers, d.h. die Frage, welche zur Aufgabenerfüllung notwendigen Vorleistungen der öffentliche Auftraggeber selbst erbringt und welche er über den Markt beschafft; es fehlt schon an einem vom Vergaberecht vorausgesetzten Vertrag zwischen Auftraggeber und einem von ihm rechtlich verschiedenen Auftragnehmer.

Daraus folgt für den vorliegenden Zusammenhang: Wenn die klinisch-theoretischen Institute bei der rechtlichen Verselbständigung des Universitätsklinikums diesem zugeordnet werden und unter der Rechtsträgerschaft des Universitätsklinikums stehen, treten im Hinblick auf die von den Instituten dem Universitätsklinikum erbrachten Leistungen vergaberechtliche Fragen nicht auf; weder das europäische noch das deutsche Vergaberecht ist dann anwendbar.

Der EuGH hat indessen auch eine in-house-Vergabe im weiteren Sinn anerkannt und ihr in seiner bisherigen Rechtsprechung wesentliche Konturen verliehen; d.h. wenn der Auftragnehmer zwar rechtlich verselbständigt ist, der Auftragnehmer aber wirtschaftlich und organisatorisch weitgehend dem Auftraggeber zugeordnet ist und der Auftraggeber mit der Beauftragung des Auftragnehmers auch hier in organisatorischer und wirtschaftlicher Betrachtung die Grenzen seiner eigenen Organisation nicht verlässt und sich mit seiner Nachfrage nicht an den Markt wendet. Dem EuGH wurde in dem Verfahren Teckal[74] die Frage vorgelegt, ob eine Gemeinde, die einem aus mehreren Gemeinden (auch der betreffenden Gemeinde selbst) bestehenden rechtlich und unternehmerisch selbständigen Konsortium den Betrieb von Heizungsanlagen übertrug, nach der Richtlinie Nr. 93/36 (LKR, d.h. einem der Vorgänger der VKR[75]) eine Ausschreibung hätte durchführen müssen. Der EuGH stellte hierzu fest, ein Auftrag i.S.d. Vergaberichtlinien setze einen Vertrag und damit eine Vereinbarung zwischen zwei verschiedenen Personen

[73] Vgl. dazu und zum Folgenden *Mestmäcker/Schweitzer* Europäisches Wettbewerbsrecht, wie N. 9, § 39 Rn. 10 ff.; *Dreher,* wie N. 8, § 100 Rn. 51 ff.; mit der terminologischen Unterscheidung zwischen Inhouse-Geschäften (hier: Inhouse-Geschäfte im engeren Sinn) und Quasi-Inhouse-Geschäften (hier: Inhouse-Geschäfte im weiteren Sinn); *Bungenberg,* wie N. 8, § 99, GWB Rn. 42 ff.

[74] EuGH 18.11.1999 Slg. 1999 I 8121, 8154 Rn. 50 –Teckal (Lieferaufträge). Vgl. auch EuGH 7.12.2000, Slg. 2000 I 11037, 11080 Rn. 40 – ARGE (Dienstleistungen).

[75] Vgl. oben N. 14.

voraus. Dazu sei ausreichend, dass der Vertrag zwischen einer Gebietskörperschaft und einer rechtlich von dieser verschiedenen Person geschlossen werde. Etwas anderes könne nur dann angenommen werden,

> „wenn diese Gebietskörperschaft über die fragliche Person eine Kontrolle ausübt wie über ihre eigenen Dienststellen und wenn diese Person zugleich ihre Tätigkeit im Wesentlichen für die Gebietskörperschaften verrichtet, die ihre Anteile innehaben" (Rn. 50).

Die Vergaberichtlinien seien daher anwendbar,

> „wenn ein öffentlicher Auftraggeber wie etwa eine Gebietskörperschaft beabsichtigt, mit einer Einrichtung, die sich formal von ihm unterscheidet und die ihm gegenüber eigene Entscheidungsgewalt besitzt, einen schriftlichen entgeltlichen Vertrag über die Lieferung von Waren zu schließen ..." (Rn. 51).

In einer späteren Entscheidung[76] hat der EuGH klargestellt, dass bei jeder Beteiligung eines Privaten am Auftragnehmer ein in–house-Geschäft nicht mehr vorliege. Zum Kriterium der Kontrolle hat der EuGH in einer weiteren Entscheidung[77] ausgeführt, die auftragnehmende Einrichtung müsse einer Kontrolle unterworfen sein, die es der auftraggebenden öffentlichen Stelle ermögliche, auf die Entscheidungen dieser Einrichtung einzuwirken. Es müsse sich dabei um die Möglichkeit handeln, sowohl auf die strategischen Ziele als auch auf die wichtigen Entscheidungen ausschlaggebend Einfluss zu nehmen. Das Kriterium der Kontrolle „wie über eine eigene Dienststelle" sei jedenfalls enger zu fassen als der Begriff der „Aufsicht über die Leitung" im Begriff der „Einrichtung des öffentlichen Rechts" in Art. 1 Abs. 2 Unterabs. 9 lit. c VKR;[78] geschützt sei mit dem in-house-Privileg lediglich die grundlegende Entscheidung über die Grenzen der eigenen Organisation; verlasse die rechtlich verselbständigte Dienstelle wirtschaftlich oder organisatorisch die Organisation des Auftraggebers, sei dieser an das Vergaberecht gebunden.[79] In Übereinstimmung mit dem Schrifttum[80] geht der EuGH[81] insge-

[76] EuGH 11.1.2005 WuW/E Verg 1025 „Stadt Halle". Vgl. dazu auch BGH 3.7.2008 NZ Bau 2008, 664 ff. = VergabeR 2008, 925 ff.: öffentliche Auftraggeber als Mitglieder eines Versicherungsvereins auf Gegenseitigkeit, an dem eine Beteiligungsmöglichkeit auch für private Gesellschafter besteht.

[77] EuGH 13.10.2005 WuW/E Verg 1155 Rn. 65 „Parking Brixen GmbH"; vgl. auch EuGH 11.5.2006 WuW/E Verg 1245 ff. Rn. 36 „Carbotermo".

[78] Vgl. zu Art. 1 Abs. 2 Unterabs. 9 lit. c VKR oben IV. 2. b. 3) (b).

[79] Vgl. *Mestmäcker/Schweitzer*, wie N. 9, § 39 Rn. 14, 15. Vgl. zu weiteren Konkretisierungen des Kontrollbegriffs auch EuGH 19.4.2007 Rs. C-295/05, VergR 2007, 478 ff. – „Asemfo/Tragsa"; EuGH 13.11.2008 Rs. C-324/07, NZ Bau 2009, 54 ff. – „Coditel/Brabant".

[80] Vgl. *Mestmäcker/Schweitzer*, wie N. 9, § 39 Rn. 18; *Bungenberg* wie N. 8, § 99 GWB Rn. 44.

[81] EuGH 11.1.2005, wie N. 52 Rn. 45, „Stadt Halle".

samt von einer engen Auslegung der Kriterien der in-house-Vergabe als Ausnahmeregelung aus.

Im Schrifttum ist die in der Teckal-Entscheidung[82] aufgestellte Voraussetzung der Beschränkung des Auftragnehmers „im Wesentlichen" auf Tätigkeiten für den Auftraggeber zum Teil interpretiert worden durch eine Bezugnahme auf das Konzernprivileg des Art. 23 Abs. 3 der Sektorenrichtlinie (SKR), wo auf einen mindestens 80 %igen Anteil des öffentlichen Auftraggebers am Umsatz des Auftragnehmers abgestellt wird.[83] Der EuGH[84] sieht eine 90 %ige Tätigkeit für die öffentlichen Anteilseigner als „im Wesentlichen" für diese geleistet an.[85]

Ob die klinisch-theoretischen Institute nach den genannten Kriterien ihre Leistungen ganz oder „im Wesentlichen" für das Universitätsklinikum erbringen, ist Frage der konkreten Gestaltung. Nach der rechtlichen Verselbständigung des Universitätsklinikums unterliegen die Institute jedenfalls keiner mit unmittelbaren hierarchischen Weisungs- und Steuerungsmöglichkeiten verbundenen Integration in die Organisation des Universitätsklinikums, wenn sie bei der Universität verbleiben. Eine Frage der Gestaltung im Einzelfall ist auch, ob und in welchem Umfang vor der rechtlichen Verselbständigung des Klinikums ein derartiges hierarchisches Verhältnis zwischen der Leitung des Universitätsklinikums oder der Universität einerseits und der Leitung der klinisch-theoretischen Institute andererseits bestanden hat und ob und inwieweit durch die rechtliche Verselbständigung des Universitätsklinikums im Hinblick auf Weisungsrechte des Universitätsklinikums oder der Universität gegenüber den Instituten rechtlich oder faktisch Änderungen eintreten. Sollten schon vor der rechtlichen Ausgliederung des Klinikums die klinisch-theoretischen Institute, insbesondere auch im Hinblick auf die Freiheit der Forschung ihrer Leitung, in wesentlichem Umfang unabhängig gewesen sein, ließe sich zwar argumentieren, die rechtliche Verselbständigung des Universitätsklinikums ändere an den schon bislang nicht oder nur in geringem Maße hierarchisch ausgestalteten organisatorischen Beziehungen zwischen Universitätsklinikum bzw. Universität und den klinisch-theoretischen Instituten und deren weitgehender Autonomie nichts Wesentliches und insofern bestünden zwischen dem zukünftigen Verhältnis und der bisherigen (nach der unterstellten Konstellation: kaum bestehenden) Kontrolle „wie über eine eigene Dienstelle" keine wesentlichen Unterschiede;

[82] Wie N. 74.

[83] Vgl. dazu *Mestmäcker/Schweitzer*, wie N. 9, § 39 Rn. 18 m.w.N.

[84] EuGH 19.4.2007 Rs. C-295/05, VergR 2007, 487 ff. – „Asemfo/Tragsa".

[85] Weitergehend – als Einschränkung der Ausnahmen vom Vergaberecht gemeinschaftsrechtlich zulässig – OLG Celle 14.9.2006 13 Verg 3/06, WuW/E Verg 1269: 92,5 % der Tätigkeit für die öffentlichen Anteilseigener reichen nicht aus. Vgl. dazu auch *Bungenberg*, wie N. 8, § 99 GWB Rn. 48.

die Auslegung des Begriffs „eigene Dienststelle" müsse sich konkret an den vor der Ausgliederung bestehenden Organisationsbeziehungen ausrichten. Schon angesichts der engen Interpretation der Kriterien der in-house-Vergabe wäre eine solche Argumentation indessen abzulehnen.

Entsprechendes gilt für eine Argumentation, die aus der gemeinsamen Ausgliederung der öffentlich-rechtlichen Anstalt „Universitätsklinikum" und der öffentlich-rechtlichen Körperschaft „Universität" aus der Juristischen Person des öffentlichen Rechts Bundesland „Freistaat Bayern" eine in-house-Vergabe ableiten wollte. Zwar werden nach Art. 23 Abs. 1 zweiter Halbsatz der Sektorenrichtlinie (SKR)[86] als verbundene Unternehmen u.a. angesehen Unternehmen,

> „die ebenso wie der Auftraggeber dem beherrschenden Einfluss eines anderen Unternehmens unterliegen, sei es aufgrund der Eigentumsverhältnisse, der finanziellen Beteiligung oder der für das Unternehmen geltenden Vorschriften",

und ist die SKR nicht anwendbar auf Aufträge zwischen verbundenen Unternehmen (vgl. Art. 23 Abs. 2 Satz 1 lit. a SKR). Indessen ist die Verbundklausel des Art. 23 SKR für die VKR gerade nicht übernommen.[87] Ferner unterliegt jedenfalls die Universität, wie schon der Charakter als öffentlich-rechtlicher Körperschaft zeigt und aus der den Hochschulen zukommenden Autonomie folgt, in diesem Sinne nicht einem „beherrschenden Einfluss" des Freistaates Bayern. Auf die Eigenschaft der Beteiligten als „Unternehmen" – eine vor allem im Konzern- und Kartellrecht insbesondere für Staat und Gebietskörperschaften bekanntlich weit diskutierte Frage[88] – braucht daher nicht eingegangen zu werden. Schließlich besteht nach der rechtlichen Verselbständigung der Universitätsklinika auch unmittelbar zwischen diesen und der Universität keine in-house-Beziehung, d.h. in „umgekehrter" Konstellation (Abhängigkeit des Auftraggebers vom Auftragnehmer).

Im Ergebnis ist daher eine in-house-Vergabe zu verneinen, wenn die klinisch-theoretischen Institute weiterhin der Universität zugeordnet bleiben.

d) Schwellenwerte

Die Anwendbarkeit der EU-Vergaberichtlinien und, ihnen folgend, der §§ 97 ff. GWB setzt ein bestimmtes wirtschaftliches Gewicht der Auftragsvergabe voraus, welches mit den sog. Schwellenwerten festgelegt wird.

[86] Vgl. dazu oben N. 15.

[87] Vgl. dazu auch *Mestmäcker/Schweitzer* Europäisches Wettbewerbsrecht, wie N. 9, § 39 Rn. 43.

[88] Vgl. zum (europäischen bzw. deutschen) Kartellrecht nur *Emmerich* Kartellrecht 11. Aufl. 2008, § 3 Rn. 35 ff. bzw. § 20 Rn. 13 ff., zum (deutschen) Konzernrecht *Emmerich/Habersack* Konzernrecht, 9. Aufl. 2008 § 2 III.

Grundsätzlich ist maßgebend der Wert des einzelnen Auftrags, die Schwellenwerte, insbesondere auch für die hier vorliegenden Dienstleistungsaufträge, sind mit Wirkung vom 1.1.2008 wie auch im Jahre 2009 erneut geändert worden.[89] Bei regelmäßig wiederkehrenden öffentlichen Aufträgen oder Daueraufträgen über Lieferungen oder Dienstleistungen, von denen im vorliegenden Zusammenhang auszugehen ist,[90] wird der Auftragswert indessen nicht nach dem einzelnen Auftrag, sondern nach dem tatsächlichen oder geschätzten Gesamtwert entsprechender aufeinander folgender Aufträge aus den vorangegangenen zwölf Monaten oder dem vorangegangenen Haushaltsjahr (vgl. Art. 9 Abs. 7 lit. a VKR) berechnet; der so errechnete Auftragswert muss die in N. 89 genannte Schwelle erreichen oder überschreiten. Im vorliegenden Zusammenhang werden die Schwellenwerte der VKR i. Allg. erreicht sein, der Jahreswert der den Universitätsklinika von den klinisch-theoretischen Instituten erbrachten Dienstleistungen erreicht teilweise mehrer Millionen Euro.

4. Ergebnis

Im Ergebnis ist daher festzustellen, dass nach der rechtlichen Verselbständigung der bayerischen Universitätsklinika und Verbleiben der klinisch-theoretischen Institute bei den Universitäten die VKR sowie die §§ 97 ff. GWB nebst Durchführungsvorschriften auf die Dienstleistungsaufträge der Universitätsklinika an die klinisch-theoretischen Institute bzw. die Universitäten anwendbar sind.

[89] Vgl. Art. 7 lit. b dritter Spiegelstrich VKR in der Fassung von Art. 2 Nr. 1b der Verordnung (EG) Nr. 1422/2007 der Kommission vom 4. Dezember 2007 zur Änderung der Richtlinien 2001/17/EG und 2004/18/EG des Europäischen Parlaments und des Rates im Hinblick auf die Schwellenwerte für die Anwendung auf Verfahren zur Auftragsvergabe, ABl. 2007 L 317/34; Verordnung (EG) Nr. 1177/2009 der Kommission der Europäischen Gemeinschaft vom 30. November 2009, ABl. L 314 vom 1. Dezember 2009. Vgl. dazu auch oben N. 13. Die VgV von 2006 (wie N. 30) – Ermächtigungsgrundlage ist insoweit § 127 Nr. 1 GWB – ist an die neuen Schwellenwerte noch nicht angepasst; vgl. auch *Bungenberg*, wie N. 8, Vor §§ 97 ff. GWB Rn. 22, § 100 GWB Rn. 3, 4. Da die in der VgV 2006 festgelegten Schwellenwerte höher sind als die der VO (EG) Nr. 1422/2007, setzen sich die Letzteren durch. Die Anpassung an die gegenwärtigen Schwellenwerte der VKR erfolgt erst mit der Neufassung der VGV 2010, vgl. Text nach N. 32.

[90] Im Schrifttum wird die Abgrenzung zwischen regelmäßig wiederkehrenden Aufträgen oder Daueraufträgen danach vorgenommen, ob es sich um selbständige sich wiederholende Aufträge handelt oder um rechtlich unselbständige Lieferungen/Leistungen im Rahmen von Dauerschuldverhältnissen. Vgl. dazu *Jochum* in: *Grabitz/Hilf* Das Recht der Europäischen Union, IV B 7 Rn. 35, 67.

V. Vergabeverfahren

1. Für das Vergabeverfahren sieht Art. 21 VKR hinsichtlich der Dienstleistungen gemäß Anhang II Teil B, zu denen auch die Leistungen der klinisch-theoretischen Institute an das Universitätsklinikum gehören,[91] erhebliche Erleichterungen vor. Diese (sog. nachrangigen) Dienstleistungen unterliegen nicht den vollen Verfahrensregeln der VKR, sondern im Hinblick auf die speziellen Verfahrensregeln (Artt. 23 ff. VKR) lediglich dem Art. 23 VKR (Regelungen über sog. technische Spezifikationen) und einer nachträglichen Bekanntmachung gemäß Art. 35 Abs. 4 VKR.[92] Nach Systematik und Zweck der VKR ist aber anzunehmen, dass die allgemeinen Grundsätze (Art. 2 bis Art. 6 VKR) auch für Dienstleistungsaufträge gemäß Anhang II Teil B anzuwenden sind. Dies gilt insbesondere für den Art. 2 VKR, der die „Grundsätze für die Vergabe von Aufträgen" formuliert:

> „Die öffentlichen Auftraggeber behandeln alle Wirtschaftsteilnehmer gleich und nicht diskriminierend und gehen in transparenter Weise vor."

Diese Grundsätze folgen auch schon aus dem primären Gemeinschaftsrecht.[93]

2. Das Vergaberecht des GWB sieht eine entsprechend zweistufige Anwendung der Verfahrensvorschriften vor. § 4 Abs. 1 VgV erklärt für die Vergabe von Liefer- und Dienstleistungsaufträgen der in § 98 Nr. 1 bis 3 GWB genannten Auftraggeber – im vorliegenden Zusammenhang greift § 98 Nr. 2 GWB ein[94] – grundsätzlich die Bestimmungen des 2. Abschnitts des Teiles A der Verdingungsordnung für Leistungen (VOL/A) in der Fassung der Bekanntmachung vom 6.4.2006[95] für anwendbar. § 1a Nr. 2 Abs. 2 des 2. Abschnitts der VOL/A erklärt für „Dienstleistungen nach Anhang IB", zu denen die hier fraglichen Dienstleistungen der klinisch-theoretischen Institute gehören, die „Basisparagraphen dieses Abschnitts und (die) §§ 8a und 28a" für anwendbar. Zu den Basisparagraphen gehört § 2, 2. Abschnitt VOL/A, der u.a. eine Leistungsvergabe „in der Regel im Wettbewerb" vorsieht und bestimmt, dass „bei der Vergabe von Leistungen kein Unternehmen diskriminiert werden" darf. Die in § 1a Nr. 2. Abs. 2 weiter genannten § 8a und

[91] Vgl. Anhang II Teil B Nr. 25: Dienstleistungen im Gesundheits-, Veterinär- und Sozialwesen; bzw. Nr. 27: sonstige Dienstleistungen. Vgl. auch oben IV. 3. b. (5).

[92] Zu dieser sog. zweistufigen Anwendung der Verfahrensvorschriften der VKR – volle Anwendung bei Dienstleistungen des Anhangs II Teil A und nur eingeschränkte Anwendung bei Dienstleistungen des Anhangs II Teil B – vgl. *Jochum* in: *Grabitz/Hilf* Das Recht der Europäischen Union, Bd. IV, B 7 Rn. 62 ff.

[93] Vgl. dazu oben III. 2. a.

[94] Vgl. oben III. 2. a.

[95] BAnz. Nr. 100a vom 30.4.2006. Vgl. zur Methode der statischen Verweisung der VgV oben N. 33.

§ 28 entsprechen inhaltlich den Artt. 23 und 35 Abs. 4 VKR.[96] Bei freiberuflichen Leistungen verweist § 5 VgV allerdings auf die Verdingungsordnung für freiberufliche Leistung (VOF). Ob bei den Dienstleistungen der fünf klinisch-theoretischen Institute eine einer freiberuflichen Tätigkeit entsprechende Tätigkeit vorliegt,[97] dürfte eher zu verneinen sein, ist jedenfalls zweifelhaft.[98] Um insoweit sicherzugehen, würde sich jedenfalls die Beachtung der strengeren VOL/A empfehlen.[99]

Unabhängig von diesen untergesetzlichen Bestimmungen sind für alle in den Anwendungsbereich der §§ 97 ff. GWB fallenden öffentlichen Aufträge und damit auch für die hier fraglichen Dienstleistungsaufträge die in § 97 GWB selbst normierten „Allgemeinen(n) Grundsätze" maßgebend, insbesondere die Vergabe grundsätzlich im Wettbewerb, das Transparenzgebot, das Verbot der Diskriminierung, sowie die Zuschlagserteilung auf das wirtschaftlichste Angebot.

VI. Ergebnisse

1. Bei rechtlicher Verselbständigung der Universitätsklinika nach dem BayUniKlinG und Zuordnung der klinisch-theoretischen Institute zur Universität fällt die Auftragsvergabe hinsichtlich der von den klinisch-theoretischen Instituten den Universitätsklinika erbrachten Dienstleistungen in den Anwendungsbereich der EG-Richtlinie 2004/18/EG über die Koordinierung der Verfahren zur Vergabe öffentlicher Bauaufträge, Lieferaufträge und Dienstleistungsaufträge.

Anwendbar sind ferner die §§ 97 ff. GWB, die Bestimmungen der Vergabeverordnung (VgV) sowie der Verdingungsordnung für Leistungen (VOL 2006) Teil A, Abschnitt 2.

2. Bei den hier fraglichen Dienstleistungen sehen die europäischen und deutschen Vergaberegelungen zwar nur eine begrenzte Anwendung der Vorschriften über das Vergabeverfahren vor. Zu beachten sind indessen in jedem Fall die Grundsätze der Nichtdiskriminierung und der Transparenz. Eine Beschränkung der Auftragsvergabe von vornherein auf die klinisch-theoretischen Institute, bzw. die Universität als Rechtsträger, wäre danach sowohl nach europäischem wie deutschem Vergaberecht unzulässig.

3. Werden die klinisch-theoretischen Institute bei der rechtlichen Verselbständigung des Universitätsklinikums dagegen diesem zugeordnet und stehen

[96] Vgl. dazu V. 1.

[97] Dies reicht für den § 5 VgV und die Anwendung der VOF aus; vgl. *Heiermann/Zeiss/Kullack/Blaufuß* Vergaberecht 2005, § 5 VgV Rn. 9.

[98] Vgl. zur im Einzelfall unsicheren Einordnung in die freiberuflichen Leistungen *Heiermann/Zeiss/Kullack/Blaufuß*, vorige N., § 5 VgV Rn. 6 ff.

[99] Vgl. auch *Heiermann/Zeiss/Kullack/Blaufuß*, wie N. 97, § 5 VgV Rn. 12.

die Institute unter der Rechtsträgerschaft des Universitätsklinikums, bestehen im Hinblick auf die von den Instituten dem Universitätsklinikum erbrachten Leistungen keine vergaberechtlichen Probleme; weder das europäische noch das deutsche Vergaberecht ist dann anwendbar.

Verzeichnis der Schriften von Dieter Reuter

I. Selbständige Veröffentlichungen

1. Kindesgrundrechte und elterliche Gewalt, Berlin 1968, (Schriften zum öffentlichen Recht, Bd. 72, 253 S.).
2. Privatrechtliche Schranken der Perpetuierung von Unternehmen. Ein Beitrag zum Problem der Gestaltungsfreiheit im Recht der Unternehmensformen, Frankfurt a.M. 1973, Wirtschaftsrecht und Wirtschaftspolitik, Bd. 32, 475 S.
3. (zus. m. S. Streckel) Grundfragen der betriebsverfassungsrechtlichen Mitbestimmung, Frankfurt a.M. 1973, Aktuelles Recht, Bd. 18, 108 S.
4. Vergütung von AT-Angestellten und betriebsverfassungsrechtliche Mitbestimmung, Königstein 1979, Schriften zum Arbeits- und Wirtschaftsrecht, Bd. 7, XVI und 56 S.
5. Einführung in das Familienrecht, München 1980, 233 S., Begleitbuch zur gleichnamigen Fernsehserie – ZDF, SWF.
6. Der Sozialplan – Entschädigung für Arbeitsplatzverlust oder Steuerung unternehmerischen Handelns, Schriftenreihe der Juristischen Studiengesellschaft Hannover, H. 10. Bielefeld 1983, 30 S.
7. (zus. mit Michael Martinek) Ungerechtfertigte Bereicherung, Handbuch des Schuldrechts Bd. 4, Tübingen 1983, XXXII + 828 S.
8. Welche Maßnahmen empfehlen sich, insbesondere auf gesellschafts- und kapitalmarktrechtlichem Gebiet, um die Eigenkapitalausstattung der Unternehmen nachhaltig zu verbessern?, Gutachten für den 55. Deutschen Juristentag 1984, 122 S.
9. Die Mitbestimmung als Bestandteil des Normativsystems für die juristischen Personen des Handelsrechts – Eine Theorie der Mitbestimmung im Unternehmen nach geltendem Recht –, Schriftenreihe der Juristischen Gesellschaft zu Berlin, Heft 105, 1987, 36 S.
10. Die Stellung des Arbeitsrechts in der Privatrechtsordnung, Berichte aus den Sitzungen der Joachim-Jungius-Gesellschaft der Wissenschaften, Hamburg 1989, 36 S.

II. Kommentierungen

1. Münchener Kommentar zum Bürgerlichen Gesetzbuch, Band 1 – Allgemeiner Teil, **Vereinsrecht**, Vorbem. zu § 21, §§ 21–79 BGB, 1. Aufl.,

München 1978, S. 201 – 434; 2. Aufl., München 1984, S. 287–562; 3. Aufl., München 1993, S. 283– 633; 4. Aufl., München 2001, S. 407–804; 5. Aufl., München 2006, S. 493– 932.

2. Münchener Kommentar zum Bürgerlichen Gesetzbuch, Band 1 – Allgemeiner Teil, **Stiftungsrecht**, Vorbem. zu § 80, §§ 80–88 BGB, 1. Aufl., München 1978, S. 434–456; 2. Aufl., München 1984, S. 562–602; 3. Aufl., München 1993, S. 634–689; 4. Aufl. München 2001, S. 804–901; 4. Aufl., München 2005, Neukommentierung im Ergänzungsband 2005 S. 1–155; 5. Aufl., München 2006, S. 933–1106.
3. Münchener Kommentar zum Bürgerlichen Gesetzbuch, Band 1 – Allgemeiner Teil, **Juristische Personen** des öffentlichen Rechts, § 89 BGB, 1. Aufl., München 1978, S. 457–465; 2. Aufl., München 1984, S. 602–613; 3. Aufl., München 1993, S. 689–701; 4. Aufl., München 2001, S. 889–901; 5. Aufl., München 2006, S. 1106–1118.
4. J. von Staudingers Kommentar zum Bürgerlichen Gesetzbuch, 12. Aufl., Berlin 1991, §§ 652–656 BGB (**Maklerrecht**), 2. Buch, Recht der Schuldverhältnisse, §§ 652–740, S. 1–161; 13. Aufl., Berlin 1995, Vorbem. zu §§ 652 ff.; §§ 652–656 BGB (Maklerrecht), 2. Buch, Recht der Schuldverhältnisse, §§ 652–704, S. 1–222; Neubearbeitung 2003, S. 1–313.
5. J. von Staudingers Kommentar zum Bürgerlichen Gesetzbuch, 12. Aufl., Berlin 1991, §§ 688–700 BGB (**Verwahrung**), 2. Buch, Recht der Schuldverhältnisse, §§ 652–740, S. 186–231; 13. Aufl., Berlin 1995, §§ 688–700 BGB (Verwahrung), 2. Buch, Recht der Schuldverhältnisse, §§652–704, S. 779–840; 14. Aufl., Berlin 2006, §§ 657–704, S. 1041–1102.
6. J. von Staudingers Kommentar zum Bürgerlichen Gesetzbuch, 12. Aufl., Berlin 1989, §§ 598–606 BGB (**Leihe**), 2. Buch, Recht der Schuldverhältnisse, §§ 581–597; Landpacht; §§ 598–610, S. 398–424; 13. Aufl., Berlin 1996, §§ 598–606 BGB (Leihe), 2. Buch, Recht der Schuldverhältnisse, S. 504–589; 14. Aufl., Berlin 2005, §§ 598–606, S. 581–620.

III. Aufsätze

1. (zus. m. F. J. Säcker) Herausgabe von Kindern in die Sowjetzone; NJW 1965, S. 2037–2041.
2. Die Grundrechtsmündigkeit – Problem oder Scheinproblem?; FamRZ 1969, S. 622–625.
3. (zus. m. E.J. Mestmäcker) Stiftungen in Deutschland; Stiftungen in Europa, Baden-Baden 1971, S. 109–146.
4. Gesellschaftsvertragliche Nachfolgeregelung und Pflichtteilsrecht – BGH NJW 1970, 1638; JuS 1971, S. 289–294.
5. Die handelsrechtliche Erbenhaftung (§ 27 HGB); ZHR 135 (1969), S. 511–527.

6. Das neue Betriebsverfassungsgesetz; JuS 1972, S. 163–165.
7. Das neue Ausbildungsförderungsgesetz; JuS 1972, S. 223–224/S. 419–419.
8. Nochmals: Zur Grundrechtsmündigkeit des Minderjährigen am Beispiel der Koalitionsfreiheit (Art. 9 Abs. 3 GG); AuR 1972, S. 231–235.
9. Die (persönliche und amtliche) Rechtsstellung des Betriebsrats im Arbeitskampf; AuR 1973, S. 1–9.
10. Nochmals: Die unverhältnismäßige Aussperrung – BAG (GS) AP, Art. 9 GG – Arbeitskampf – Nr. 43; JuS 1973, S. 284–290.
11. Betriebs- und Unternehmensverfassung; Recht im sozialen Rechtsstaat (Kritik 5); Obladen 1973, S. 197–226.
12. Die Stiftungsabhängigkeit des Unternehmens – ein Mittel zur Lösung des Nachfolgeproblems?; GmbH-Rundschau 1973, S. 241–250.
13. Die freie Wahl des Arbeitsplatzes – ein nicht realisierbares Grundrecht?; RdA 1973, S. 345–353.
14. Das Treuhandmodell des Investmentrechts – Eine Altenative zur Aktiengesellschaft? (Rezensionsabhandlung zur gleichnamigen Schrift von Günter H. Roth); ZHR 137 (1973), S. 404–415.
15. Nominalprinzip und Geldentwertung. Volkswirtschaftliche, sozialpolitische und rechtliche Aspekte einer (teilweisen) Aufgabe des Nominalprinzips; ZHR 137 (1973), S. 482–506.
16. Die Entwicklung des arbeitsrechtlichen Schrifttums im Jahre 1973; ZfA 1974, S. 235–331.
17. Nochmals: Die neue Dimension der Rechtswissenschaft; AuR 1974, S. 415–420.
18. Betriebsverfassung und Privatautonomie (Rezensionsabhandlung zur gleichnamigen Schrift von R. Richardi); ZfA 1975, S. 85–96.
19. Die Arbeitskampffreiheit in der Verfassungs- und Rechtsordnung der Bundesrepublik Deutschland. Wirtschaftsordnung und Staatsverfassung; Festschrift für Franz Böhm zum 80. Geburtstag; Tübingen 1975, S. 521–552.
20. Streik und Aussperrung; RdA 1975, S. 275–288.
21. Anpassung von Gesellschaftsverträgen an veränderte Umstände. (Besprechung von BGH, WM 1974, 331); ZGR 1976, S. 88–96.
22. Geldschuld und Geldwert (Rezensionsabhandlung zur gleichnamigen Schrift von Bernd von Maydell); ZHR 140 (1976), S. 73–84.
23. Eltern-Kinder-Gruppen und Heimaufsicht nach dem JWG; RdJB 1976, S. 193–200.
24. Umfang und Schranken des gewerkschaftlichen Zutrittsrechts zum Betrieb unter besonderer Berücksichtigung der Seeschiffahrt; ZfA 1976, S. 107–181.
25. Artikel „Arbeitsvertrag"; Handwörterbuch der Wirtschaftswissenschaften, Band 1, Stuttgart/New York/Tübingen/Göttingen/Zürich 1976, S. 319–325.

26. (zus. mit J. Körnig) Mitbestimmung und gesellschaftsrechtliche Gestaltungsfreiheit; ZHR 140 (1976), S. 494–519.
27. (zus. mit N. Kunath) Gütergemeinschaft und Ehegatten-OHG – BGH, NJW 1975, 1774; JuS 1977, S. 376–382.
28. Nochmals: Das Kündigungsrecht des GmbH-Gesellschafters; GmbH-Rdsch 1977, S. 77–81.
29. Zulässigkeit und Grenzen tarifvertraglicher Besetzungsregelungen; ZfA 1978, S. 1–44.
30. Stimmrechtsvereinbarungen bei treuhänderischer Abtretung eines GmbH-Anteils; ZGR 1978, S. 633–642.
31. Das Recht auf Arbeit – ein Prinzip des Arbeitsrechts?; RdA 1978, S. 344–351.
32. (zus. m. J. Körnig) Die Mitbestimmung des Betriebsrats bei Betriebsänderungen – Datensetzung oder unternehmerische Mitbestimmung?; AG 1978, S. 325–334.
33. Grundlagen des Kündigungsschutzes – Bestandsaufnahme und Kritik; 25 Jahre Bundesarbeitsgericht, München 1979, S. 405–427. (Hauptreferat auf der Bundestagung der deutschen Arbeitsgerichtsverbände 1978 in Wolfsburg).
34. Der Partizipationsschein als Form der Mitarbeiterbeteiligung; Festschrift für Robert Fischer, Berlin/New York 1979, S. 605–625.
35. Richterliche Kontrolle der Satzung von Publikums-Personengesellschaften?; AG 1979, S. 321–330.
36. Der Einfluß der Mitbestimmung auf das Gesellschafts- und Arbeitsrecht; AcP 179 (1979), S. 509–566.
37. Die Arbeiterselbstverwaltung im Spannungsverhältnis von Gesellschafts- und Arbeitsrecht; ZfA 1979, S. 537–558.
38. Grenzen der Verbandsstrafgewalt; ZGR 1980, S. 101–128.
39. Informationsrechte in Unternehmen und Betrieb; ZHR 144 (1980), S. 493–506.
40. Gewerkschaftliche Präsenz im Betrieb; Arbeitsleben und Rechtspflege; Festschrift für Gerhard Müller, Berlin 1981, S. 387–412.
41. Die Bestandssicherung von Unternehmen – ein Schlüssel zur Zukunft des Handelsgesellschaftsrechts; AcP 181 (1981), S. 1–30.
42. Die Abgrenzung von Vereins- und Gesellschaftsrecht; ZGR 1981, S. 364–375.
43. Die Mitbestimmung des Betriebsrats über die Lage der Arbeitszeit von Ladenangestellten; ZfA 1981, S. 165–204.
44. Die „Wesenselemente“ der Personengesellschaft in der neueren Rechtsprechung. Bestandsaufnahme, literarische Gegenbewegungen, Konsequenzen; GmbH-Rdsch 1981, S. 129–139.
45. Arbeitsrechtliche Aspekte neuer Arbeitszeitstrukturen; RdA 1981, S. 201–208.

46. Probleme der Mitgliedschaft beim Idealverein; ZHR 145 (1981), S. 273–285.
47. Die Personengesellschaft als abhängiges Unternehmen; ZHR 146 (1982), S. 1–29.
48. Reichweite und Grenzen der Legitimität des Bestandsschutzes von Arbeitsverhältnissen; Ordo XXXIII (1982), S. 165–199.
49. Gibt es eine „arbeitsrechtliche Methode"? Ein Plädoyer für die Einheit der Rechtsordnung; Festschrift für Marie Luise Hilger und Hermann Stumpf zum 70. Geburtstag, Berlin 1983, S. 573–599.
50. Probleme der Transferentschädigung im Fußballsport; NJW 1983, S. 649–656.
51. Verbesserung der Risikokapitalausstattung der Unternehmen durch Mitarbeiterbeteiligung?; NJW 1984, S. 1849–1857.
52. Rechtliche Grenzen ausgegliederter Wirtschaftstätigkeit von Idealvereinen; ZIP 1984, S. 1052–1064.
53. Die Verfassung des Vereins gem. § 25 BGB; ZHR 148 (1984), S. 523–554.
54. Genuß ohne Reue? AG 1985, S. 104–108.
55. Rechtsfortbildung im Arbeitsrecht. Zugleich ein Beitrag zum Problem der Einheit oder Vielheit der Rechtsanwendungsmethoden; RdA 1985, S. 321–328.
56. Möglichkeiten und Grenzen gesellschaftsrechtlicher und kapitalmarktrechtlicher Maßnahmen mit dem Ziel einer verbesserten Eigenkapitalausstattung der deutschen Wirtschaft. Eine Nachlese zum 55. Deutschen Juristentag; Festschrift für Walter Stimpel zum 68. Geburtstag, Berlin/New York 1985, S. 645–671.
57. Die Rolle des Arbeitsrechts im marktwirtschaftlichen System; Ordo XXXVI (1985), S. 51–88.
58. Zivilrechtliche Probleme der Schwarzarbeit; Rechts- und Staatswissenschaftliche Veröffentlichungen der Görres-Gesellschaft, 1986, Heft 48, S. 31–49. (Referat auf der Jahrestagung der Görres-Gesellschaft 1984 in Regensburg).
59. Die Unternehmensbeteiligungsgesellschaft – eine Hoffnung für nicht emissionsfähige Unternehmen?; ZRP 1985, S. 248–256.
60. Die Mitarbeiterbeteiligung – Modell für die zukünftige Verfassung der deutschen Unternehmen? Kritische Bemerkungen zur jüngeren Vermögenspolitik; Zeitschrift für Rechtspolitik, 1986, S. 8–11.
61. Die unfaßbare „Neue Beweglichkeit" – BAG NJW 1985, 85; JuS 1986, S. 19–24.
62. Neuere Rechtsprechung zum Personengesellschaftsrecht. Teil 1: JZ 1986, S. 16–23; Teil 2: JZ 1986, S. 72–82.
63. Das Gewissen des Arbeitnehmers als Grenze des Direktionsrechts des Arbeitgebers, Kritische Anmerkungen zu BAG, Urteil v. 20.12.1984; BB 1986, S. 385–391.

64. Ansätze eines Konzernrechts der Personengesellschaft in der höchstrichterlichen Rechtsprechung; AG, 1986, S. 130–138.
65. Wirtschaftliche Aufgaben und Rechtsverfassung des Sportvereins; in: Betriebswirtschaftsliche Grundlagen des Sportvereins, hrsg. von Heinemann, Schorndorf 1987, S. 40–66.
66. Vermögensteilhabe der Arbeitnehmer – Wege, Nutzen und Grenzen; in: Arbeitnehmer und Gesellschaft – Zur Zukunft des Arbeitsrechts in der Wirtschaftsordnung, hrsg. von Beuthien, Stuttgart 1987, S. 89–106.
67. Voraussetzungen und Grenzen der Verbindlichkeit internationalen Sportrechts für Sportvereine und Sportler; in: Einbindung nationalen Sportrechts in internationale Bezüge, hrsg. von Reuter, Heidelberg 1987, S. 53–70.
68. Wirtschaftsethische Einflüsse auf die Auslegung wirtschaftsrechtlicher Generalklauseln; ZGR 1987, S. 489–504.
69. Stiftungsrecht und Vereinsrecht – Konsequenzen aus Übereinstimmung und Unterschieden; in: Entwicklungstendenzen im Stiftungsrecht, hrsg. von Flämig 1987, S. 85–111; zugleich in: Deutsches Stiftungswesen 1977–1988, 1989, S. 95–118.
70. Verbandszweck und Rechtsfähigkeit im Vereinsrecht (Rezensionsabhandlung zur gleichnamigen Schrift von Karsten Schmidt); ZHR 151 (1987), S. 237–257.
71. Die Änderung des Vereinszwecks – Besprechung von BGH NJW 1986, 1033; ZGR 1987, S. 475–488.
72. Der Ausschluß aus dem Verein; NJW 1987, S. 2401–2406.
73. 100 Bände BGHZ – Vereins- und Genossenschaftsrecht; ZHR 151 (1987), S. 355–395.
74. Das Verhältnis der unternehmerischen Mitbestimmung zum Arbeitsrecht; RdA 1988, S. 280–286.
75. Re-Individualisierung des Arbeitsverhältnisses? Überlegungen zu einer Neubestimmung des Verhältnisses Tarifvertrag, Betriebsvereinbarung, Arbeitsvertrag; in: Auflösung des Normalarbeitsverhältnisses?, hrsg. von Besters, Gespräche der List-Gesellschaft, Band 11, Baden-Baden 1988, S. 29–48.
76. Funktionsfähigkeit der Arbeitsmärkte durch Tarifautonomie?; in: Währungsreform und soziale Marktwirtschaft; Schriften des Vereins für Socialpolitik, Gesellschaft für Wirtschafts- und Socialwissenschaften, 1989, S. 507–519. (Referat auf der Tagung des Vereins für Socialpolitik 1989 in Freiburg).
77. Die ethischen Grundlagen des Privatrechts – formale Freiheitsethik oder materiale Verantwortungsethik?; AcP 189 (1989), S. 199–223.
    Auch in: Wirtschaftsethik, Gesellschaftswissenschaftliche Perspektiven, hrsg. von Pappi/Urban, Sonderheft, Kiel 1989.

78. Die Stellung des Arbeitsrechts in der Privatrechtsordnung (Kurzfassung); Jahresbericht der Joachim-Jungius-Gesellschaft der Wissenschaften, Hamburg 1989, Jahrgang 7, Heft 2, S. 161–163.
79. Das Maklerrecht als Sonderrecht der Maklertätigkeit – Versuch einer dogmatischen Ortsbestimmung; NJW 1990, S. 1321–1328.
80. Der Beirat der Personengesellschaft; Festschrift für Ernst Steindorff zum 70. Geburtstag, Berlin/New York 1990, S. 229–247.
81. Regulierungen auf dem Arbeitsmarkt der Bundesrepublik; Siebert (Hrsg.), Gutachten für die Deregulierungskommission (Abschnitt: Juristische Bewertung); Tübingen 1990, S. 189–234.
82. Der Wandel des Arbeitsrechts; Besters (Hrsg.), Der Wandel in den Arbeitsbeziehungen aus der Sicht des Arbeitsrechts; List Forum für Wirtschafts- und Finanzpolitik, Band 16, Heft 2, Baden-Baden 1990, S. 111–127.
83. Rechtliche und rechtspolitische Probleme der Mitarbeiterbeteiligung; BB 1990, S. 713–719.
84. Die Grenzen des Streikrechts; ZfA 1990, S. 535–561; = Limits on the right to strike, 1990, Reprinted from Tel Aviv University Studies in Law, Volume 10, p. 315–335.
85. Das Verhältnis von Individualautonomie, Betriebsautonomie und Tarifautonomie – Ein Beitrag zum Wandel der Arbeitsrechtsordnung; RdA 1991, S. 193–204.
86. Probleme der Unternehmensnachfolge – Gewerblicher Erbhof, verfaßtes Familienunternehmen, Unternehmen an sich –; ZGR 1991, S. 467–487.
87. Rechtsprobleme unternehmensbezogener Stiftungen; DZWir 1991, S. 192–200.
88. Deregulierung auf dem Arbeitsmarkt; DZWir 1991, S. 221–233.
89. Die Mitgliedschaft als sonstiges Recht im Sinne des § 823 I BGB; Festschrift für Hermann Lange zum 70. Geburtstag, Stuttgart/Berlin/Köln 1992, S. 707–728.
90. Elterliche Sorge und Verfassungsrecht; AcP 192 (1992), S. 108–152 (Referat auf der Zivilrechtslehrertagung 1991 in St. Gallen).
91. Der Beirat der GmbH; Festschrift 100 Jahre GmbH-Gesetz, 1992, S. 631–656.
92. Die problematische Tarifeinheit; JuS 1992, S. 105–110.
93. (zus. m. R. Katschinski) Vorzugsaktie und Genußschein; in: Handbuch des Finanzmanagements. Instrumente und Märkte der Unternehmensfinanzierung, hrsg. von Gebhardt, Gerke, Steiner, München 1993, S. 314–344.
94. Die Lohnbestimmung im Betrieb (ohne Mitbestimmungsproblematik) – Realtität, rechtliche Einordnung, rechtspraktische Konsequenzen; ZfA 1993, S. 221–254.

95. Formale Freiheitsethik und Privatrecht; DZWir 1993, Heft 2, S. 45–53. Auch in: Festschrift für Erich Hoppmann zum 70. Geburtstag, Baden-Baden 1994, S. 349–372.
96. Der nichtrechtsfähige wirtschaftliche Verein; Festschrift für Johannes Semler zum 70. Geburtstag, Berlin/New York 1993, S. 931–953.
97. Die Belastung des Bereicherungsgegenstandes mit Sicherungsrechten; Festschrift für Joachim Gernhuber zum 70. Geburtstag, Tübingen 1993, S. 369–386.
98. Aktie und Genußschein – Anmerkungen zum Klöckner-Urteil des BGH; Fritsch/Liener/R. Schmidt (Hrsg.), Die deutsche Aktie, Festschrift zum 40jährigen Bestehen des deutschen Aktieninstituts e.V., S. 251–263.
99. Die Fusion von Gewerkschaften; DZWir 1993, S. 404–411.
100. (zusammen mit J. Habetha): Le droit allemand des associations; Commission des Communautés Européennes, (ed.) Le droit des associations 1993, S. 1–60.
101. Das Sonderarbeitsrecht des Pressebereichs – Eine Bestandsaufnahme –; Arbeitsrecht in der Bewährung, Festschrift für Otto Rudolf Kissel zum 65. Geburtstag, München 1994, S. 941–965.
102. Fehlerhafte Fusionen von politischen Parteien im Vorfeld der Wiedervereinigung Deutschlands – Die Beispiele NDPD/LDP (B.F.D.) und LDP (B.F.D.)/F.D.P.; DZWir 1994, S. 265–278. (Gutachten für die Unabhängige Kommission zur Überprüfung des Vermögens der Parteien und Massenorganisationen der DDR).
103. Möglichkeiten und Grenzen einer Auflockerung des Tarifkartells; ZfA 1995, S. 1–94. (Gutachten für die Monopolkommission).
104. Betriebsverfassung und Tarifvertrag; RdA 1994, S. 152–168.
105. Die Grundlagen des kirchlichen Dienstes im Rahmen kirchlicher Arbeitsverhältnisse. Der neuralgische Dritte Weg; in: Herderkorrespondenz, Monatshefte für Gesellschaft und Religion, 1994, S. 194–200.
106. Die katholische Soziallehre und das deutsche Arbeitsrecht – Gedanken zu Centesimus annus; RdA 1995, S. 1–10.
107. Arbeitsrechtliche Probleme einer Liberalisierung des Ladenschlusses, Gutachten im Auftrag des IFO-Instituts; in: Das Ladenschlußgesetz auf dem Prüfstand, hrsg. von Täger/Vogler/Ludwig/Munz, Berlin 1995, Anhang S. 178–263.
108. Die wirtschaftliche Mitbestimmung der Arbeitnehmer; in: Wirtschaftsordnung als Aufgabe. Zum 100. Geburtstag von Franz Böhm, hrsg. von Ludwig-Erhard-Stiftung, Frankfurt am Main 1995, S. 71–109.
109. Möglichkeiten und Grenzen der tarifvertraglichen Gestaltung durch Betriebsnormen – Beispiel Arbeitszeit; DZWir 1995, S. 353–361.
110. Das selbstgeschaffene Recht des internationalen Sports im Konflikt mit dem Geltungsanspruch des nationalen Rechts; DZWir 1996, S. 1–9.

111. Die Mitgliedschaft ohne Tarifbindung (OT-Mitgliedschaft) im Arbeitgeberverband; RdA 1996, Heft 4, S. 201–209.
112. Ein Plädoyer für das institutionelle Rechtsdenken; in: Festschrift Ernst Joachim Mestmäcker, 1996, S. 271–291.
113. Empfiehlt es sich, die Regelungsbefugnisse der Tarifparteien im Verhältnis zu den Betriebsparteien neu zu ordnen? In: Verhandlungen des 61. Deutschen Juristentages, Karlsruhe 1996, Band II/1, Referate und Beschlüsse K 37–67, München 1997.
114. Soziale Marktwirtschaft und Rechtsentwicklung; in: Historisch-Politische Mitteilungen, Archiv für Christlich-Demokratische Politik, hrsg. von der Konrad-Adenauer-Stiftung, Köln 1997.
115. Die Praxis des Arbeitsrechts – eine Achillesferse der Sozialen Marktwirtschaft; in: Ordo XLVIII (1997), S. 437–464.
116. Das Verhältnis von Tarif- und Betriebsautonomie – Eine Nachlese zum arbeitsrechtlichen Thema des 61. Deutschen Juristentags; in: Tarifautonomie für ein neues Jahrhundert. Festschrift für Günter Schaub, 1998, S. 605–637.
117. Die unselbständige Stiftung; in: Stiftungen in Deutschland und Europa. hrsg. von Frhr. von Campenhausen/Kronke/Werner im Auftrag des Bundesverbandes Deutscher Stiftungen aus Anlaß seines 50jährigen Jubiläums, Düsseldorf 1998, S. 203–228.
118. Für ein konsistentes Arbeits(kampf)recht, in: Festschrift für Günther Wiese zum 70. Geburtstag, Hanau/Lorenz/Matthes (Hrsg.), 1998, S. 427–440.
119. Bestellung und Anstellung von Organmitgliedern im Körperschaftsrecht; in: Festschrift für Wolfgang Zöllner zum 70. Geburtstag, Lieb/Noack, Harm Peter Westermann (Hrsg.), Köln 1998, S. 487–502.
120. Konzessions- oder Normativsystem für Stiftungen? in: Festschrift für Alfons Kraft zum 70. Geburtstag, Hönn/Konzen/Kreutz (Hrsg.), 1998, S. 493–508.
121. Die Wandlung des Arbeitnehmerbegriffs – Befund und Konsequenzen; in: Richterliches Arbeitsrecht: Festschrift für Thomas Dieterich zum 65. Geburtstag, hrsg. von Peter Hanau, München 1999, S. 473–495.
122. Grundfragen des Koalitionsverbandsrechts, in: Festschrift für Alfred Söllner zum 70. Geburtstag, Köbler/Heinze/Hromadka (Hrsg.), München 2000, S. 937–956.
123. Zweck und Grenze der Normsetzungsprärogative der Koalitionen; in: Bitburger Gespräche, Jahrbuch 1998, Gesellschaft für Rechtspolitik Trier, München, S. 69–88.
124. Die Verbände in der Privatrechtsordnung; in: 50 Jahre Bundesgerichtshof. Festgabe aus der Wissenschaft, Canaris/Heldrich/Hopt/Roxin/K. Schmidt/Gunter Widmaier (Hrsg.), München 2000, S. 211–243.

125. Die Anfechtung von Beschlüssen der Wohnungseigentümer durch den Verwalter; ZWE (Zeitschrift für Wohnungseigentum), 2001, S. 286–293.
126. Die Bedeutung von Subsidiarität, Solidarität und Gemeinwohl im deutschen Arbeitsrecht; in: Fortbildung des Arbeitsrechts (Betriebsverfassung und Altersvorsorge) nach den Grundsätzen Subsidiarität, Solidarität und Gemeinwohl (Schriftenreihe der Bayer-Stiftung für deutsches und internationales Arbeits- und Wirtschaftsrecht, Band 7), 2001, S. 21–41.
127. (zus. mit Klaus J. Hopt) Stiftungsrecht in Europa: Eine Einführung; in: Hopt/Reuter (Hrsg.) Stiftungsrecht in Europa, 2001, S. 1–21.
128. Staat und Stiftung; in: Hopt/Reuter (Hrsg.) Stiftungsrecht in Europa, 2001, S. 139–158.
129. Basic Issues of a Reform of the German Law Relating to Foundations; in: European Business Organization Law Review (EBOR) – Liber Amicorum E. J. Mestmäcker, T.M.C. Asser Press 2001, S. 739–759.
130. Können verbandsangehörige Arbeitgeber zum Abschluß von Haustarifverträgen gezwungen werden? NZA (Neue Zeitschrift für Arbeitsrecht), 2001, S. 1097–1107.
131. Neue Impulse für das gemeinwohlorientierte Stiftungswesen? Zum Entwurf eines Gesetzes zur Modernisierung des Stiftungsrechts; in: Kötz/Rawert/Schmidt/Walz (Hrsg.) Non Profit Law Yearbook 2001 (Bucerius Law School – Institut für Stiftungsrecht), Köln 2002, S. 27–64.
132. Möglichkeiten und Grenzen einer Deregulierung des Arbeitsrechts, in: Festschrift für Herbert Wiedemann zum 70. Geburtstag, München 2002, S. 449–491.
133. Die sog. Verwertungskündigung des Vermieters (§ 573 II Nr. 3 BGB); in: Jickeli/Kreutz/Reuter (Hrsg.) im Auftrag der Rechtswissenschaftlichen Fakultät der Christian-Albrechts-Universität zu Kiel, Gedächtnisschrift für Jürgen Sonnenschein, 22. Januar 1938 bis 6. Dezember 2000, Berlin 2003, S. 329–347.
134. Der praktische Nutzen der Rechtsgeschichte für das kollektive Arbeitsrecht; in: Eckert (Hrsg.) Der praktische Nutzen der Rechtsgeschichte, Hans Hattenhauer zum 8. September 2001, 2003, S. 409–424.
135. Die Integration des Verbraucherschutzrechts; in: Eckert/Delbrück (Hrsg.) Reform des deutschen Schuldrechts, 2003, S. 99 ff.
136. Die Haftung des Stiftungsvorstands gegenüber der Stiftung, Dritten und dem Fiskus; in: Kötz/Rawert/Schmidt/Walz (Hrsg.) Non Profit Law Yearbook 2002 (Bucerius Law School – Institut für Stiftungsrecht), Köln 2003, S. 157–178.
137. Möglichkeiten und Grenzen einer Regelung von Arbeitsbeziehungen durch die Betriebspartner; in: ZMV, Die Mitarbeitervertretung, Zeitschrift für die Praxis der Mitarbeitervertretung in den Einrichtungen der katholischen und evangelischen Kirche, ZMV-Sonderheft Tagung 2003, Köln, S. 5–13.

138. Bloße Korrektur der Modalitäten? in: Wirtschaftsdienst, Zeitschrift für Wirtschaftspolitik, Hamburgisches Welt-Wirtschafts-Achiv (HWWA), 2003 Heft 4, S. 230–237.
139. Zulässigkeit und Grenzen nachvertraglicher Wettbewerbsbeschränkungen im Gesellschaftsvertrag einer Freiberufler-Sozietät; in: Fuchs/Schwintowski/Zimmer (Hrsg.), Wirtschafts- und Privatrecht im Spannungsfeld von Privatautonomie, Wettbewerb und Regulierung, Festschrift für Ulrich Immenga zum 70. Geburtstag, München 2004, S. 667–678.
140. Unternehmerische Freiheit und betriebsbedingte Kündigung; RdA 2004, Heft 3, S.161–167.
141. Die Stiftung zwischen Verwaltungs- und Treuhandmodell; in: Häuser/Hammen/Henrichs/Steinbeck/Siebel/Welter, Festschrift für Walther Hadding zum 70. Geburtstag, Berlin, 2004, S. 231–251.
142. Inhaltskontrolle im Arbeitsrecht; in: 50 Jahre Bundesarbeitsgericht, München 2004, S. 177–196.
143. Persönliche Haftung für Schulden des nichtrechtsfähigen Idealvereins; in: NZG 2004 (Neue Zeitschrift für Gesellschaftsrecht) S. 217–220.
144. Der Vorbehalt des Stiftungsgeschäfts; NZG 2004, S. 939–944.
145. Die wirtschaftliche Betätigung von Nonprofit-Organisationen; in: Hopt/von Hippel/Walz (Hrsg.), Nonprofit-Organisationen in Recht, Wirtschaft und Gesellschaft, Tübingen 2005, S. 307–319.
146. Stiftungsrechtliche Vorgaben für die Verwaltung des Stiftungsvermögens; NZG 2005, S. 649–654.
147. Pferdeauktion und Verbrauchsgüterkauf; ZGS 2005, S. 88–95.
148. Die Reform des Vereinsrechts; NZG 2005, S. 738–746.
149. Gegenstand und Inhalt des Bereicherungsanspruchs im deutschen Recht; in: Stathopoulos/Beys/Doris/Karakostas (Hrsg.), Festschrift für Apostolos Georgiades zum 70. Geburtstag, München 2005, S. 321–347.
150. Unabdingbarkeit und Durchsetzung tarifvertraglicher Normen bei Lohn und Arbeitszeit; in: Säcker (Hrsg.), Kollektives Arbeitsrecht case by case, Teil A: Koalitions- und Tarifrecht, Fall 1, S. 21–39, Frankfurt a.M. 2006.
151. Gesetzesvorrang und Tarifautonomie; in: Säcker(Hrsg.), Kollektives Arbeitsrecht case by case, Teil A: Koalitions- und Tarifrecht. Fall 4, S. 75–80, Frankfurt a.M. 2006.
152. Anleger- und Kreditgeberrisiko beim finanzierten Erwerb von Beteiligungen an geschlossenen Immobilienfonds – Anmerkungen zur Rechtsprechung des 2. Zivilsenats des BGH; in: Dauner-Lieb/Hommelhoff/Jacobs/Kaiser/Weber (Hrsg.), Festschrift für Horst Konzen zum 70. Geburtstag, Tübingen 2006, S. 775–790.

153. Kündigungsfrist für den Verbandsaustritt von Arbeitgebern; RdA 2006, S. 117–120.
154. Grenzen der privatrechtlichen Einkommensstiftung der öffentlichen Hand; in: Engel/Möschel (Hrsg.), Festschrift für Ernst Joachim Mestmäcker zum 80. Geburtstag, Baden-Baden 2006, S. 387–410.
155. Die soziale Verantwortung von Managerunternehmen im Spiegel des Rechts; in: Walz/R. Hüttemann/Rawert/K. Schmidt (Hrsg.), Non-Profit Law Yearbook 2005 (Bucerius Law School – Institut für Stiftungsrecht), Köln 2006, S. 185–208.
156. Betriebsräte an die Front? Zur Musterbetriebsvereinbarung der IG Metall über den Einsatz von Leiharbeitnehmern; ZfA 2006, S. 459–477.
157. Stiftungsform, Stiftungsstruktur und Stiftungszweck; AcP Bd. 207 (2007), S. 1–27.
158. Das Verhältnis von ordentlicher und außerordentlicher Kündigung des Arbeitgebers – ein Stufenverhältnis?; in: Festschrift für Reinhard Richardi zum 70. Geburtstag, München 2007, S. 361–377.
159. Die Tarifautonomie der Spartengewerkschaften; in: Justizministerialblatt für Schleswig-Holstein – Schleswig Holsteinische Anzeigen – (SchlHAnz) 2007, S. 413–419.
160. Die privat gegründete kirchliche BGB-Stiftung im Spannungsfeld von staatlicher Verantwortung, Kirchenautonomie und Autonomie von Stifter und Stiftung; in: Gedächtnisschrift für Rainer Walz, S. 537–557.
161. Rechtsfähigkeit und Rechtspersönlichkeit – Rechtstheoretische und rechtspraktische Anmerkungen zu einem großen Thema; AcP 2007, S. 673–717.
162. Der Schutz des Außenseiters im Tarifrecht – funktionswidrig oder institutionell notwendig?; in: Festschrift für Rolf Birk, Tübingen 2008, S. 717–740.
163. Wiederbelebung der Fideikommisse im Rechtskleid der privatnützigen Stiftung?; in: Hattenhauer/Hoyer/Meyer-Pritzl/Schubert (Hrsg.), Gedächtnisschrift für Jörn Eckert, Baden-Baden 2008, S. 677–693.
164. Der Einfluss des AGG auf die Gründung und Tätigkeit von gemeinnützigen Stiftungen und Vereinen; in: Hanau/Thau/Westermann (Hrsg.), Gegen den Strich; in: Festschrift für Klaus Adomeit, 2008, S. 595–610.
165. Die Durchgriffshaftung beim Verein; in: R. Hüttemann/Rawert/K. Schmidt (Hrsg.), Non-Profit Law Yearbook 2007 (Bucerius Law School – Institut für Stiftungsrecht), Köln 2008, S. 63–89.
166. (Keine) Durchgriffshaftung der Vereinsmitglieder wegen Rechtsformverfehlung; NZG 2008, S. 650–653.
167. Die gemeinnützige Stiftung zwischen Staat und Markt; in: Christiana Albertina, Forschungen und Berichte aus der Christian-Albrechts-Universität zu Kiel, Heft 67, November 2008, S. 6–25.

168. Das Verhältnis der Vereinsklassenabgrenzung zu den Grenzen wirtschaftlicher Betätigung nach Gemeinnützigkeitsrecht; NZG 2008, S. 881–887.
169. Zur Lehre Karsten Schmidts vom Innenrecht der Personengesellschaft und der GmbH; in: Festschrift für Karsten Schmidt, Köln 2009, S. 1357–1373.
170. Die Zustiftung im Recht der selbständigen Stiftung; npoR (Zeitschrift für das Recht der Non Profit Organisation), 2009, S. 55–61.
171. Gibt es Betriebsautonomie?; in: Hönn/Oetker/Raab (Hrsg.), Festschrift für Peter Kreutz, Köln 2009, S. 359–377.
172. Zur Vereinsrechtsreform 2009; in: NZG 2009, 1368–1373.
173. Gesellschaftsrecht oder Unternehmensverfassungsrecht? In: Bielefeld/Seuß/Drasdo/Bub (Hrsg.), Festschrift für Werner Merle, München 2010, S. 309–327.
174. Der Verein im Verein; in: Festschrift für Klaus Hopt, (im Druck 2010).
175. Grenzen der Vertragsfreiheit im Maklerrecht; in: Festschrift für Eduard Picker, (im Druck 2010).

IV. Herausgeberschaften

1. Einbindung nationalen Sportrechts in internationale Bezüge, Heidelberg 1987, 90 S.
2. (mit Immenga/Möschel) Festschrift für Ernst-Joachim Mestmäcker zum 70. Geburtstag, Baden-Baden 1996, 1104 S.
3. (mit Hopt) Stiftungsrecht in Europa, Stiftungsrecht und Stiftungsrechtsreform in Deutschland, den Mitgliedstaaten der Europäischen Union, der Schweiz, Liechtenstein und den USA, Köln 2001, 1010 S.
4. (mit Jickeli/Kreutz im Auftrag der Rechtswissenschaftlichen Fakultät der Christian-Albrechts-Universität zu Kiel) Gedächtnisschrift für Jürgen Sonnenschein, 22. Januar 1938–6. Dezember 2000, Berlin 2003, 926 S.
5. (mit Bayer u.a.) Deutsche Zeitschrift für Wirtschaftsrecht.
6. (mit Rüthers u.a.) Schriften zum Wirtschafts-, Arbeits- und Sozialrecht.
7. (mit Kreutz) Zivilrechtliche Schriften. Beiträge zum Wirtschafts-, Bank- und Arbeitsrecht.

V. Urteilsanmerkungen

1. Arbeitsrechtliche Praxis (AP)

BAG, AP Nr. 78 zu § 611 BGB – Gratifikation.
BAG, AP Nr. 3 zu § 74c HGB.
BAG, AP Nr. 167 zu § 242 BGB Ruhegehalt.

BAG, AP Nr. 6 zu § 1 KSchG Betriebsbedingte Kündigung.
BAG, AP Nr. 2 zu § 611 BGB Berufssport.
BAG, AP Nr. 15 zu § 75b HGB.
BAG, AP Nr. 4 zu § 128 HGB und BGH AP Nr. 5–7 zu § 128 HGB.
BAG, AP Nr. 1 zu § 1 TVG Tarifverträge; Druckindustrie.
BAG, AP Nr. 1 zu § 28 BGB.
BAG, AP Nr. 4 zu § 2 TVG Tarifzuständigkeit.
BAG, AP Nr. 30 zu § 7 BetrAVG.
BAG, AP Nr. 1 zu § 9 AÜG.
BAG, AP Nr. 9 zu § 1 BetrVG 1972.
BAG, AP Nr. 37 zu § 87 BetrVG 1972 Lohngestaltung.
BAG, AP Nr. 3 zu § 10 ArbGG.
BAG, AP Nr. 5 zu § 2a ArbGG 1979.
BAG, AP Nr. 83 zu § 2 ArbGG 1979.

2. Sammlung arbeitsrechtlicher Entscheidungen (SAE)

BAG, SAE 1975, 245.
BAG, SAE 1976, 14.
BAG, SAE 1978, 242.
BAG, SAE 1979, 125.
BAG, SAE 1979, 281.
BAG, SAE 1980, 85 ff.
BAG, SAE 1981, 1.
BAG, SAE 1981, 239.
BAG, SAE 1983, 191.
BAG, SAE 1984, 88.
BAG, SAE 1985, 327.
BAG, SAE 1987, 37 ff.
BAG, SAE 1987, 285–287.
BAG, SAE 1988, 222–223.
BAG, SAE 1989, 101–103.
BAG, SAE 1990, 359–361.
BAG, SAE 1999, 262–267.

3. Entscheidungssammlung zum Arbeitsrecht (EzA)

BAG, EzA Nr. 5 zu § 6 Lohnfortzahlungsgesetz.
OLG Münster, EzA Nr. 1 zu § 5 TVG.
LAG Düsseldorf, EzA Nr. 4 zu § 305 und LAG Schleswig-Holstein, EzA Nr. 5 zu § 305 BGB.
BVerfG, EzA Nr. 27 zu § 112 BetrVG 1972.

BAG, EzA Nr. 23 zu § 1 KSchG Soziale Auswahl. 6. BAG, EzA Nr. 31 zu § 4 TVG.
BAG, EzA Nr. 31 zu § 4 TVG.
BAG, EzA zu § 242 BGB Betriebliche Übung Nr. 26.
BAG, EzA zu Art. 9 GG Arbeitskampf Nr. 94.
BAG, EzA 210 zu § 87 BetrVG Betriebliche Lohngestaltung Nr. 25 und 26.
BAG, EzA zu Art. 9 GG Arbeitskampf Nr. 49.
BVerfG, EzA Nr. 22 zu Art. 5 GG.

4. **Weitere Anmerkung zum Bosman-Urteil,** in: Oetker/Preis, Europäisches Arbeits- und Sozialrecht, Band 1, S. 79–90.

5. Anmerkungen

OLG Köln, Beschluß v. 31.5.1996, EWiR, § 812 BGB.
BGH, Urteil v. 9.6.1997, EwiR, §§ 25, 39 BGB.
BGH, Urteil v. 5.3.1998, EwiR, §§ 21, 25, 38 BGB.
BGH, Urteil v. 23.11.1998 – II ZR 54/98, Lindenmaier-Möhring.
BGH, Urteil v. 4.3.1999 – III ZR 105/98, Lindenmaier-Möhring.
BGH, Urteil v. 30.6.2003 – II ZR 153/02, Lindenmaier-Möhring.
BAG, Urteil v. 1.12.2004 – 4 AZR 55/04, RdA.

6. Sonstige

BAG, Die AG 1976, 131 ff. (zus. m. F. Schwierkus).
BGH, JZ 1985, 534, 536 ff.
BGH, JR 1987, S. 369–371.
BGH JZ 1998, S. 950, 952–955.

Ca. 280 Anmerkungen in der Rechtsprechungsübersicht der Juristischen Schulung (JuS) zum Arbeitsrecht und BGB.

VI. Buchrezensionen

1. Toepke, Staatsaufsicht über Stiftungen im deutschen und anglo-amerikanischen Recht. Diss. Hamburg 1967; Wissenschaftsrecht, Wissenschaftsverwaltung, Wissenschaftsförderung 1969, S. 279–281.
2. Mühlhäuser, Publizität bei Stiftungen. Diss. München 1970; ZHR 136 (1972), S. 88–90.
3. Vinken, Die Stiftung als Trägerin von Unternehmen und Unternehmensteilen. Baden-Baden 1970; ZHR 136 (1972), S. 158–161.

4. Hoppmann-Mestmäcker, Normenzwecke und Systemfunktionen im Recht der Wettbewerbsbeschränkungen, 1974; ZHR 140 (1976), S. 128 ff.
5. Borrmann, Pflichtteilsrecht und gesellschaftsvertragliche Fortsetzungsvereinbarungen, 1972; AcP 1975 (1975), S. 359 ff.
6. (zus. mit G. Reinecke) Riemer, Die Stiftungen, Systemat. Teil und Art. 80–89 bis ZGB im Berner Kommentar zum Schweizerischen Privatrecht, Bd. I, 3/3, i. 1975, 758 S.; RabelsZ 1977, S. 607–613.
7. Rittner, Wirtschaftsrecht, 1979; ZHR 145 (1981), S. 545 ff.
8. Kübler, Gesellschaftsrecht. Die privatrechtlichen Ordnungsstrukturen und Regelungsprobleme von Verbänden und Unternehmen, 1981; AG 1982, S. 81–84.
9. Hanau/Ulmer, Mitbestimmungsgesetz, 1981; ZfA 1982, S. 461–472.
10. Hueck, Gesellschaftsrecht, 1983, und Reinhardt/Schulz, Gesellschaftsrecht, 1982; ZHR 149 (1985), S. 352–361.
11. Lassmann/Schwark, Beteiligung der Arbeitnehmer am Produktivvermögen, 1985; AG 1986, S. 300–302.
12. König, Ungerechtfertigte Bereicherung. Tatbestände und Ordnungsprobleme in rechtsvergleichender Sicht, 1985; AcP 187 (1987), S. 484–500.
13. Kirchhof, Private Rechtsetzung, 1987; AcP 188 (1988), S. 649–653.
14. Korinek/Krejci, Der Verein als Unternehmer, 1988; ZHR 153 (1989), S. 707–710.
15. Kronke, Regulierungen auf dem Arbeitsmarkt, in: RabelsZ 1996, Heft 3, S. 600–606.
16. Habersack, Die Mitgliedschaft – subjektives und ‚sonstiges' Recht, in AcP 197 (1997), S. 322–334.

Autorenverzeichnis

ARND ARNOLD, Prof. Dr. iur., Diplomvolkswirt, Universitätsprofessor an der Christian-Albrechts-Universität zu Kiel, Direktor des Instituts für Wirtschafts- und Steuerrecht einschließlich Wirtschaftsstrafrecht

FRANK BAYREUTHER, Prof. Dr. iur., Universitätsprofessor an der Freien Universität Berlin, Lehrstuhl für Bürgerliches Recht und Arbeitsrecht

PETER BENGELSDORF, Prof. Dr. iur., Honorarprofessor an der Christian-Albrechts-Universität zu Kiel

ANDREAS BERGMANN, Prof. Dr. iur., Universitätsprofessor an der Universität Bayreuth

ROLF BIRK, Prof. Dr. iur. Dr. h.c. mult. (em.) Universitätsprofessor an der Universität Trier, ehem. Lehrstuhl für Bürgerliches Recht, Arbeitsrecht und Internationales Privatrecht

ULRICH BURGARD, Prof. Dr. iur., Universitätsprofessor an der Otto-von-Guericke-Universität Magdeburg, Lehrstuhl für Bürgerliches Recht, Handels- und Wirtschaftsrecht, Law and Economics

JAN BUSCHE, Prof. Dr. iur., Universitätsprofessor an der Heinrich-Heine-Universität Düsseldorf, Lehrstuhl für Bürgerliches Recht und Gewerblichen Rechtsschutz

PER CHRISTIANSEN, Dr. iur., Rechtsanwalt, Hamburg

DOROTHEE EINSELE, Prof. Dr. iur., Universitätsprofessorin an der Christian-Albrechts-Universität zu Kiel, Lehrstuhl für Bürgerliches Recht, Handelsrecht, Europäisches und Internationales Privat- und Wirtschaftsrecht sowie Rechtsvergleichung; Direktorin des Instituts für Europäisches und Internationales Privat- und Verfahrensrecht

VOLKER EMMERICH, Prof. Dr. iur., Richter a.D. am OLG Nürnberg, Universitätsprofessor (em.) an der Universität Bayreuth

MICHAEL FISCHER, Prof. Dr. iur., Universitätsprofessor an der Christian-Albrechts-Universität zu Kiel, Lehrstuhl für Bürgerliches Recht, Handelsrecht, Wirtschaftsrecht und Steuerrecht; Direktor des Instituts für Wirtschafts und Steuerrecht einschließlich Wirtschaftsstrafrecht

GERRIT FORST, Dr. iur., Rheinische Friedrich-Wilhelms-Universität Bonn, Wissenschaftlicher Mitarbeiter am Institut für Arbeitsrecht und Recht der sozialen Sicherung bei Prof. Dr. Gregor Thüsing

MARTIN FRANZEN, Prof. Dr. iur., Universitätsprofessor an der Ludwig-Maximilians-Universität München, Lehrstuhl für deutsches, europäisches, internationales Arbeitsrecht und Bürgerliches Recht

MARKUS GEHRLEIN, Prof. Dr. iur., Richter am Bundesgerichtshof Karlsruhe, Honorarprofessor an der Universität Mannheim, Landau

ANNA KATHARINA GOLLAN, Dr. iur., LL.M., Rechtsanwältin, P+P Pöllath + Partners, Berlin

JOACHIM W. HABETHA, Dr. iur., LL.M. (EUI), Rechtsanwalt und Notar Hogan Lovells International LLP, Frankfurt am Main

WALTHER HADDING, Prof. Dr. iur., Universitätsprofessor (em.) an der Johannes Gutenberg-Universität Mainz, ehem. Lehrstuhl für Bürgerliches Recht, Handels-, Wirtschafts- und Zivilprozessrecht

Peter Hanau, Prof. Dr. iur. Dres. h.c., Universitätsprofessor (em.) an der Universität zu Köln, Forschungsinstitut für Sozialrecht

Hans Hattenhauer, Prof. Dr. iur., Universitätsprofessor (em.) an der Christian-Albrechts-Universität zu Kiel, ehem. Inhaber des Lehrstuhls für Deutsche und Europäische Rechtsgeschichte, Bürgerliches Recht und Handelsrecht

Elke Herrmann, Prof. Dr. iur., Universitätsprofessorin an der Universität Siegen, Lehrstuhl für Bürgerliches Recht, Arbeitsrecht, Handels- und Gesellschaftsrecht

Olaf Hoepner, Rechtsanwalt, Vorsitzender Richter am Oberlandesgericht i.R., Kiel

Andreas Hoyer, Prof. Dr. iur., Universitätsprofessor an der Christian-Albrechts-Universität zu Kiel, Lehrstuhl für Strafrecht, Strafprozessrecht; Direktor des Instituts für Wirtschafts- und Steuerrecht einschließlich Wirtschaftsstrafrecht

Rainer Hüttemann, Prof. Dr. iur., Diplomvolkswirt, Universitätsprofessor an der Rheinischen Friedrich-Wilhelms-Universität Bonn, Institut für Steuerrecht

Gerhard Igl, Prof. Dr. iur., Universitätsprofessor an der Christian-Albrechts-Universität zu Kiel, Lehrstuhl für Öffentliches Recht und Sozialrecht und Sozialpolitik in Europa; Geschäftsführender Direktor des Juristischen Seminars am Institut für Wirtschafts- und Steuerrecht einschließlich Wirtschaftstrafrecht

Dominique Jacob, Prof. Dr. iur., M.I.L. (Lund), Universitätsprofessor an der Universität Zürich, Lehrstuhl für Privatrecht, Zentrum für Stiftungsrecht

Matthias Jacobs, Prof. Dr. iur., Universitätsprofessor an der Bucerius Law School – Hochschule für Rechtswissenschaft, Hamburg, Lehrstuhl für Bürgerliches Recht, Arbeitsrecht und Zivilprozessrecht

Joachim Jickeli, Prof. Dr. iur., Universitätsprofessor an der Christian-Albrechts-Universität zu Kiel, Lehrstuhl für Bürgerliches Recht, Handels- und Wirtschaftsrecht

Detlev Joost, Prof. Dr. iur., Universitätsprofessor an der Universität Hamburg, Lehrstuhl für Bürgerliches Recht, Handels- und Gesellschaftsrecht, Arbeitsrecht

Abbo Junker, Prof. Dr. iur., Universitätsprofessor an der Ludwig-Maximilians-Universität München, Lehrstuhl für (Internationales) Arbeitsrecht, Arbeitsrechtsvergleichung und Bürgerliches Recht; Direktor des Zentrums für Arbeitsbeziehungen und Arbeitsrecht – Abt. II (ZAAR)

Ralf Katschinski, Dr. iur., Notar in Hamburg, Lehrbeauftragter an der Universität Hamburg

Heinrich Kiel, Dr. iur., Richter am Bundesarbeitsgericht, Erfurt, Lehrbeauftragter an der Leibniz-Universität Hannover

Sebastian Klausch, Dr. iur., Richter am Landgericht, Kiel

Thomas Koller, Prof. Dr. iur., Rechtsanwalt, Ordinarius für Privatrecht und Sozialversicherungsrecht, unter Berücksichtigung des Steuerrechts am Zivilistischen Seminar der Universität Bern (Schweiz)

Horst Konzen, Prof. Dr. Dr. h.c. Dr. h.c., Universitätsprofessor (em.) an der Johannes-Gutenberg-Universität Mainz, ehem. Lehrstuhl für Bürgerliches Recht, Arbeitsrecht, Handelsrecht, Zivilprozessrecht

Rüdiger Krause, Prof. Dr. iur., Universitätsprofessor an der Georg-August Universität-Göttingen, Lehrstuhl für Arbeitsrecht

Peter Kreutz, Prof. Dr. iur., Universitätsprofessor (em.) an der Christian-Albrechts-Universität zu Kiel, ehem. Inhaber des Lehrstuhls für Bürgerliches Recht, Arbeitsrecht, Wirtschaftsrecht, Handels- und Gesellschaftsrecht

CHRISTOPHER KROIS, LL.B., Wissenschaftlicher Mitarbeiter am Lehrstuhl für Bürgerliches Recht, Arbeitsrecht und Zivilprozessrecht bei Prof. Dr. Matthias Jacobs an der Bucerius Law School – Hochschule für Rechtswissenschaft, Hamburg

THOMAS LOBINGER, Prof. Dr. iur., Universitätsprofessor an der Ruprecht-Karls-Universität Heidelberg, Geschäftsführender Direktor des Instituts für Bürgerliches Recht, Arbeitsrecht und Insolvenzrecht

MANFRED LÖWISCH, Rechtsanwalt, Prof. Dr. Dr. h.c., Universitätsprofessor (em.) an der Albrecht-Ludwigs-Universität Freiburg, Leiter der Forschungsstelle für Hochschulrecht und Hochschularbeitsrecht

STEFAN LUNK, Prof. Dr. iur., Rechtsanwalt, Fachanwalt für Arbeitsrecht, Latham & Watkins LLP, Hamburg, Honorarprofessor an der Christian-Albrechts-Universität zu Kiel

MICHAEL MARTINEK, Prof. Dr. iur. Dr. rer. publ. Dr. h.c. mult., MCJ (New York Univ.), Hon.-Prof. (Johannesburg), Universitätsprofessor an der Universität des Saarlandes, Lehrstuhl für Bürgerliches Recht, Handels- und Wirtschaftsrechts, Internationales Privatrecht und Rechtsvergleichung; Direktor des Instituts für Europäisches Recht

HANS-CHRISTOPH MATTHES, Dr. h.c., Vorsitzender Richter am Bundesarbeitsgericht a.D., Ahnatal

ERNST-JOACHIM MESTMÄCKER, Prof. Dr. iur. Dr. h.c., ehem. Direktor am Max-Planck-Institut für ausländisches und internationales Privatrecht, Hamburg

RUDOLF MEYER-PRITZL, Prof. Dr. iur., Universitätsprofessor an der Christian-Albrechts-Universität zu Kiel, Lehrstuhl für Bürgerliches Recht, Römisches Recht, Europäische Privatrechtsgeschichte der Neuzeit und Rechtsvergleichung, Richter am Oberlandesgericht Schleswig-Holstein

WERNHARD MÖSCHEL, Prof. Dr. iur., Universitätsprofessor (em.) an der Eberhard-Karls-Universität Tübingen, ehem. Lehrstuhl für Bürgerliches Recht, Handels- und Wirtschaftsrecht, Europarecht und Rechtsvergleichung

KARLHEINZ MUSCHELER, Prof. Dr. iur., Universitätsprofessor an der Ruhr-Universität Bochum, Lehrstuhl für Deutsche Rechtsgeschichte, Bürgerliches Recht und Handelsrecht

JÜRGEN OECHSLER, Prof. Dr. iur., Universitätsprofessor an der Johannes-Gutenberg-Universität Mainz, Lehrstuhl für Bürgerliches Recht, Handelsrecht, Deutsches und Europäisches Wirtschaftsrecht

HARTMUT OETKER, Prof. Dr. iur., Universitätsprofessor an der Christian-Albrechts-Universität zu Kiel, Lehrstuhl für Bürgerliches Recht, Arbeitsrecht und Wirtschaftsrecht

MARIAN PASCHKE, Prof. Dr. iur. Dr. h.c., Universitätsprofessor an der Universität Hamburg, Direktor des Instituts für Seerecht und Seehandelsrecht

PETER PICHT, ass. iur., Wissenschaftlicher Assistent am Lehrstuhl für Privatrecht bei Prof. Dr. Dominique Jakob an der Universität Zürich

EDUARD PICKER, Prof. Dr. iur., Universitätsprofessor (em.) an der Eberhard-Karls-Universität Tübingen, ehem. Lehrstuhl für Bürgerliches Recht, Arbeitsrecht und Privatrechtsgeschichte der Neuzeit

HENNING PLÖGER, Dr. iur., Regierungsdirektor am Bundesministerium der Justiz

WOLFGANG PORTMANN, Prof. Dr. iur., Universitätsprofessor an der Universität Zürich, Lehrstuhl für Privat- und Arbeitsrecht

Hans-Joachim Priester, Prof. Dr. iur., Notar a.D., Honorarprofessor an der Universität Hamburg

Martin Probst, Dr. iur., Vorsitzender Richter am Oberlandesgericht Schleswig-Holstein, Richterlicher Mediator und Koordinator des Projekts „Gerichtliche Mediation in Schleswig-Holstein" der ordentlichen Gerichtsbarkeit

Hanns Prütting, Prof. Dr. iur., Universitätsprofessor an der Universität zu Köln, Direktor des Instituts für Verfahrensrecht

Peter Rawert, Prof. Dr. iur., LL.M. (Exeter), Notar in Hamburg, Honorarprofessor an der Christian Albrechts-Universität zu Kiel, Lehrbeauftragter an der Bucerius Law School – Hochschule für Rechtswissenschaft, Hamburg

Hermann Reichold, Prof. Dr., Lehrstuhl für Bürgerliches Recht, Handels-, Wirtschafts- und Arbeitsrecht an der Eberhard Karls-Universität Tübingen

Gerhard Reinecke, Dr. iur., Vorsitzender Richter am Bundesarbeitsgericht, Erfurt

Christoph Reymann, PD Dr. iur., LL.M.(Eur.), Notarassessor, stellvertr. Direktor des Deutschen Instituts für Notarrecht, Würzburg

Reinhard Richardi, Prof. Dr. iur., Universitätsprofessor (em.) an der Universität Regensburg, ehem. Lehrstuhl für Arbeitsrecht und Sozialrecht, Bürgerliches Recht und Handelsrecht

Andreas Richter, Dr. iur., LL.M. (Yale), Fachanwalt für Steuerrecht, P+P Pöllath + Partners, Berlin

Volker Rieble, Prof. Dr. iur., Universitätsprofessor an der Ludwig-Maximilians-Universität München, Lehrstuhl für Arbeitsrecht und Bürgerliches Recht; Direktor des Zentrums für Arbeitsbeziehungen und Arbeitsrecht – Abt. I (ZAAR)

Christian Rolfs, Prof. Dr. iur., Universitätsprofessor an der Universität zu Köln, Direktor des Instituts für Versicherungsrecht

Anne Röthel, Prof. Dr. iur., Universitätsprofessorin an der Bucerius Law School – Hochschule für Rechtswissenschaft, Hamburg, Lehrstuhl Privatrecht I – Bürgerliches Recht, Europäisches und Internationales Privatrecht

Franz Jürgen Säcker, Prof. Dr. iur. Dr.rer.pol. Dr.h.c., Universitätsprofessor an der Freien Universität Berlin, Lehrstuhl für Bürgerliches Recht, Handels-, Wirtschafts-, Wettbewerbs- und Regulierungsrecht; Direktor des Instituts für deutsches und europäisches Wirtschafts-, Wettbewerbs- und Regulierungsrecht

Haimo Schack, Prof. Dr., LL.M. (Berkeley, USA), Richter a.D. am Oberlandesgericht Schleswig-Holstein, Universitätsprofessor an der Christian-Albrechts-Universität zu Kiel, Lehrstuhl für Bürgerliches Recht, Internationales Privat- und Zivilprozessrecht, Urheberrecht; Direktor des Instituts für Europäisches und Internationales Privat- und Verfahrensrecht

Karsten Schmidt, Prof. Dr. iur. Dr. h.c. mult., Präsident der Bucerius Law School – Hochschule für Rechtswissenschaft, Hamburg

Edzard Schmidt-Jortzig, Rechtsanwalt, Prof. Dr. iur., Bundesminister der Justiz a.D., Universitätsprofessor (em.) an der Christian-Albrechts-Universität zu Kiel

Werner Schubert, Prof. Dr. iur., Universitätsprofessor (em.) an der Christian-Albrechts-Universität zu Kiel, ehem. Inhaber des Lehrstuhls für Bürgerliches Recht, Römisches Recht, Europäische Privatrechtsgeschichte der Neuzeit und Rechtsvergleichung

Norbert Sennhauser, lic. iur., Fürsprecher, Wissenschaftlicher Assistent am Zivilistischen Seminar der Universität Bern (Schweiz) bei Prof. Dr. Thomas Koller

Stefan Smid, Prof. Dr. iur., Universitätsprofessor an der Christian-Albrechts-Universität zu Kiel, Lehrstuhl für Bürgerliches Recht und Zivilprozessrecht

Siegmar Streckel, Prof. Dr. iur., Rechtsanwalt i.R., ehemaliger Ordinarius an der Fachhochschule Osnabrück, Mitglied der Bundesschiedsstelle Krankenkassen – Krankenhäuser, Tecklenburg

Gregor Thüsing, Prof. Dr. iur., LL.M., Universitätsprofessor an der Rheinischen Friedrich-Wilhelms-Universität Bonn, Institut für Arbeitsrecht und Recht der Sozialen Sicherung

Alexander Trunk, Prof. Dr. iur., Universitätsprofessor an der Christian-Albrechts-Universität zu Kiel, Institut für Osteuropäisches Recht

Winfried Veelken, Prof. Dr. iur., Universitätsprofessor (em.) an der Friedrich-Alexander-Universität Erlangen-Nürnberg, ehem. Direktor des Instituts für Europäisches Wirtschaftsrecht

Klaus Vieweg, Prof. Dr. iur., Universitätsprofessor an der Friedrich-Alexander-Universität Universität Erlangen-Nürnberg, Lehrstuhl für Bürgerliches Recht, Rechtsinformatik, Technik und Wirtschaftsrecht; Direktor des Instituts für Technik und Recht

Torsten Volkholz, Dr. iur., LLM., Rechtsanwalt Latham & Watkins LLP, Hamburg, Lehrbeauftragter an der Bucerius Law School – Hochschule für Rechtswissenschaft, Hamburg

Rolf Wank, Prof. Dr. iur., Universitätsprofessor an der Ruhr-Universität Bochum, Lehrstuhl für Bürgerliches Recht, Handels-, Wirtschafts- und Arbeitsrecht

Birgit Weitemeyer, Prof. Dr. iur., Universitätsprofessorin an der Bucerius Law School – Hochschule für Rechtswissenschaft, Hamburg, Lehrstuhl für Steuerrecht; Direktorin des Instituts für Stiftungsrecht und das Recht der Non-Profit-Organisationen

Olaf Werner, Prof. Dr. iur., Universitätsprofessor (em.) und Geschäftsführender Direktor des Abbe-Instituts für Stiftungswesen an der Friedrich Schiller-Universität Jena

Harm Peter Westermann, Prof. Dr. iur., Universitätsprofessor (em.) an der Eberhard-Karls-Universität Tübingen, ehem. Lehrstuhl für Bürgerliches Recht, Handels- und Wirtschaftsrecht, Rechtsvergleichung

Stephan Weth, Prof. Dr. iur., Universitätsprofessor an der Universität des Saarlandes, Saarbrücken, Lehrstuhl für Deutsches und Europäisches Prozess- und Arbeitsrecht sowie Bürgerliches Recht

Herbert Wiedemann, Prof. Dr. iur., Universitätsprofessor (em.) an der Universität zu Köln, ehem. Direktor des Instituts für Arbeits- und Wirtschaftsrecht

Günther Wiese, Prof. Dr. iur., Universitätsprofessor (em.) an der Universität Mannheim, ehem. Lehrstuhl für Bürgerliches Recht, Handels- und Arbeitsrecht

